ARM Cortex-M 시리즈 ③

ARM Cortex-M3 STM32F103 정복

(OK-STM103 키트)

工學博士 尹 德 鏞 著

ARM Cortex-M3에 대한 기본적인 이해
STM32F103VET6 소자의 철저한 이해
많은 내장 I/O의 구조와 기능에 대한 이해
외부 I/O 인터페이스 설계

STM32F103VET6의 기본적인 프로그래밍
TFT-LCD 기본 프로그래밍 기술
TFT-LCD 한글 디스플레이 기술
각종 I/O에 대한 제어 프로그래밍 기술
MP3 플레이어 응용 프로그래밍 기술

OK-STM103 키트에서 프로그래밍 실습
C언어를 사용한 프로그래밍 기술
(IAR EWARM C컴파일러 사용)
에뮬레이터에 의한 프로그램 다운로드
(ST-LINK/V2 에뮬레이터를 사용)

OK-STM103 키트 별매

Ohm사

이 책에서 사용하는 예제 프로그램은 본사 또는 저자의 인터넷 웹사이트 자료실에 제공합니다. 따라서, 독자 여러분께서는 이를 다운로드하여 퍼스널컴퓨터에 설치, 사용하시기 바랍니다. 이 책에서 사용하는 소프트웨어는 다음과 같습니다.

- ◉ IAR사의 ARM용 C컴파일러 IAR EWARM V7.80.2
- ◉ ST-LINK/V2용 ST-LINK Utility
- ◉ C언어 예제 프로그램 STM32F103VET6.zip

이 책의 내용 또는 *OK-STM103* 키트에 관하여 기술적인 문의사항이 있는 분은 본사 또는 저자의 인터넷 웹사이트에 공개적으로 질문하여 주시면 저자가 직접 신속하고 정확하게 답변해 드리겠습니다. 그러나, 어떤 경우에도 이 책 또는 키트에 관한 기술적인 문제를 저자에게 개인적으로 전화나 메일을 이용하여 질문하시는 것은 정중히 사절합니다.

- ◉ 본사 웹사이트 : http://www.ohm.co.kr/
- ◉ 본사 E-mail : ohm@ohm.co.kr
- ◉ 저자 웹사이트 : http://cafe.naver.com/mcu32bit/
- ◉ 저자 E-mail : yoon3m@kongju.ac.kr

머 리 말

ARM 마이크로프로세서의 위세가 날로 확장되고 있다. 1990년대 초에 발표된 이후 급속한 진화를 거쳐서 1990년대 후반부터 널리 소개되기 시작한 ARM은 **32비트 RISC 구조**의 고성능이면서도 **가격**이 매우 싸고 **소비전력**이 적다는 등의 장점을 가지고 있어서 이 분야의 시장에 진입한지 불과 10년도 지나지 않아 고성능 임베디드 프로세서 시장을 거의 장악하였다. ARM이 이처럼 경쟁력이 있는 것은 ARM사가 공통의 CPU 코어를 공급하고 각 반도체 회사에서 여기에 필요한 I/O 기능을 추가하여 소자를 제조함으로써 설계 개발에 필요한 시간과 비용을 절감할 수 있었기 때문이다.

그동안 ARM 마이크로프로세서는 소비전력이 적고 고성능이라는 장점 때문에 휴대용 기기나 통신기기에 압도적으로 많이 사용되었다. 그러나, ARM은 2000년대에 들어서면서 기능과 패키지를 간소화하고 저가격이라는 장점을 앞세워 기존의 16비트나 심지어는 8비트의 마이크로컨트롤러 시장까지 파고들기 시작했다. ARM7TDMI 제품군을 중심으로 한 이러한 **스마트 ARM 마이크로컨트롤러**는 가격 대비 성능이나 성능 대비 소비전력 측면에서의 우월성을 바탕으로 일반 MCU 시장에 쉽게 진입하였다.

ARM의 마이크로컨트롤러 시장 공략은 2004년 ARM사에서 **Cortex-M3** 아키텍쳐를 발표하고 곧이어 여기에 해당하는 제품들을 여러 반도체 회사에서 출시하면서 본격적으로 시작되었다. Cortex-M3는 32비트 마이크로컨트롤러로서 설계되었기 때문에 명령처리 속도는 물론이고 인터럽트 처리 기능이나 다양한 I/O 기능의 측면에서 기존의 마이크로컨트롤러 제품들을 압도하였다. 여기에 2009년에 초저가형의 **Cortex-M0** 시리즈를 추가하고, 2010년에는 부동소수점 연산장치를 내장한 **Cortex-M4** 시리즈, 2012년에 초저전력형의 **Cortex-M0+** 시리즈, 2014년에는 Cortex-M4를 더욱 고성능화한 **Cortex-M7** 시리즈를 계속하여 발표함으로써 이제는 ARM이 아래로는 8비트 마이크로컨트롤러 시장에서부터 위로는 DSP 시장까지도 차례로 점령해나가고 있다.

이 책은 STMicroelectronics사의 Cortex-M 시리즈 마이크로컨트롤러를 공부하는 연속물의 세번째로서 광범위한 응용 분야에서 현재 가장 인기가 있는 Cortex-M3 모델인 STM32F103VET6을 중점적으로 설명한다. 만약 이 소자의 성능이 낮아서 좀더 높은 사양의 마이크로컨트롤러를 원하는 사람이라면 더 이상 Cortex-M3 시리즈에서 모델을 찾으려하지 말고 한 차원 위의 Cortex-M4 또는 Cortex-M7 시리즈 모델로 바꾸어 접근하기를 권한다. 이 책에서는 효율적인 학습을 지원하기 위하여 트레이닝용의 *OK-STM103* 키트를 함께 제공한다. 이 키트에서는 **IAR사의 C컴파일러**를 사용하여 C언어로 프로그램을 작성하고, ST-LINK/V2 에뮬레이터를 사용하여 이를 키트에 다운로드하고 실행하는 기술을 익힌다. Cortex-M3는 다양한 기능을 가지고 있고 고성능인 32비트급이라서 마이크로컨트롤러에 처음 입문하는 초보자가 이를 바로 공부하기는 쉽지 않으므로 가급적이면 선행 단계로서 8051, AVR 등과 같은 8비트 마이크로컨트롤러를 먼저 공부하고 나서 Cortex-M3를 공부하는 것이 바람직하다.

기술도서 시장이 점점 축소되고 위축되어 가는 어려운 여건 속에서도 이 책을 출판해주신 Ohm사의 곽종학 사장님과 직원 여러분에게 감사드리는 바이다.

2017년 12월　저자 尹 德 鏞 씀

차 례

제1장 STM32F103VET6의 구조와 기능

제2장 STM32F103VET6의 내장 I/O

제3장 *OK-STM103* 키트 및 개발 툴

제4장 C언어 프로그래밍

STM32
Cortex

제 1 장

STM32F103VET6의 구조와 기능

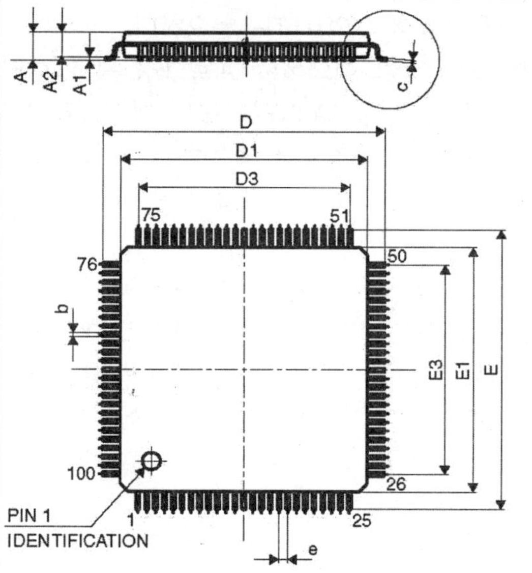

Symbol	millimeters		
	Min	Typ	Max
A	-	-	1.600
A1	0.050	-	0.150
A2	1.350	1.400	1.450
b	0.170	0.220	0.270
c	0.090	-	0.200
D	15.800	16.000	16.200
D1	13.800	14.000	14.200
D3	-	12.000	-
E	15.800	16.000	16.200
E1	13.800	14.000	14.200
E3	-	12.000	-
e	-	0.500	-

☞

이 장에서는 먼저 ARM 마이크로프로세서의 개요와 이중에서 Cortex-M0/M0+/M3/M4/M7 계열에 해당하는 마이크로컨트롤러의 종류 및 특성을 개괄적으로 살펴보고, 그중에서 우리가 이제부터 공부하려는 Cortex-M3 모델인 STM32F103VET6에 대하여 설명한다.

이 책에서 우리가 목표로 하는 STMicroelectronics사의 32비트 ARM Cortex-M3 마이크로컨트롤러인 STM32F103VET6에 대하여는 외부 및 내부 구조에서부터 주요 기능, 레지스터 및 메모리 구조 등에 대하여 자세히 공부한다. STM32F103VET6을 이용한 하드웨어 시스템을 설계하거나 이를 이용한 제어 프로그램을 작성하는데는 이번 장에서 설명하는 내용을 철저히 이해하는 것이 무엇보다도 중요하다.

STM32F103VET6은 기본 CPU 코어 이외에도 프로그램 및 데이터 저장용 메모리와 매우 다양한 I/O 기능을 내장하고 있는 마이크로컨트롤러인데, 이들 I/O 기능을 수행하는 주변장치에 대하여는 여기서 설명하지 않고 제2장에서 설명하며, 제4장에서는 이것의 응용 프로그램을 작성하여 보기로 한다.

대부분의 초보자들이 마이크로프로세서 또는 마이크로컨트롤러를 사용하는 기술이 어렵다고 말하는 것은 이러한 가장 기본적인 하드웨어 구조에 대한 이해를 소홀히 하는데서 기인한다. 마이크로프로세서 응용 기술은 CPU 소자를 포함하는 기본적인 하드웨어에 관한 지식과 철저한 이해를 바탕으로 소프트웨어를 자유자재로 구사하는 능력에 따라 좌우된다는 사실을 명심하라.

1.1 ARM 마이크로프로세서의 개요

이 절에서는 ARM(Advanced RISC Machines) 마이크로프로세서의 탄생과 발전, 종류 및 특징에 대하여 알아보고, 현재까지 전세계의 여러 반도체 회사에서 출시하고 있는 Cortex-M 계열(Cortex-M0/M0+/M3/M4/M7)의 모델들을 개괄적으로 정리하여 보기로 한다.

1. ARM 마이크로프로세서의 역사 및 특징

(1) ARM 마이크로프로세서의 역사 및 제품군

ARM 계열 마이크로프로세서의 역사는 1985년에 영국의 Acorn Computers사에서 Berkeley 대학의 RISC(Reduced Instruction Set Computer) 프로젝트 결과를 기반으로 하는 세계 최초의 상업용 RISC 마이크로프로세서인 26비트 어드레스, 32비트 데이터에 3단계 파이프 라인 처리 구조를 가지는 ARM(Acorn RISC Machine) v1 코어를 개발하면서 시작되었다. 이것은 불과 25000개 정도의 트랜지스터를 사용하여 인텔의 80286과 비슷하거나 다소 우수한 정도의 성능을 발휘할 수 있었다. 이어서 1987년에는 ARMv1과 유사한 구조를 가지고 있지만 32비트 곱셈기 및 캐시 메모리를 내장하고 보조 프로세서를 지원하는 ARMv2가 개발되었다.

1990년에는 Acorn사의 기술 인력과 Apple Computer사 및 VLSI Technology사의 자본을 가지고 합작으로 새로 ARM(Advanced RISC Machines)사를 설립하고, 1992년에 MMU(Memory Management Unit)를 지원하는 32비트 어드레스의 ARMv3 아키텍쳐(architecture)를 개발하여 ARM6 모델로 Apple사의 PDA 제품에 적용함으로써 ARM 칩이 모바일 임베디드 시장에 본격 진입하게 되었다. 이어서 1996년에 발표된 ARMv4에서는 16비트의 Thumb 모드 명령을 사용할 수 있게 되었고, 현재와 같은 여러가지의 기본적인 ARM 구조를 대부분 갖추게 되었다. 이것의 대표적인 모델 제품군은 ARM7TDMI, ARM8, ARM9나 인텔의 StrongARM 등이다.

ARM사는 이후에도 계속하여 1999년에 DSP(Digital Signal Processing)나 Jazelle 명령 확장 기능을 가지는 ARMv5를 발표하여 ARM10이나 Xscale 제품군을 탄생시켰고, 2001년에는 Thumb-2 명령과 TrustZone 보안 기능이나 멀티프로세서싱 기능을 가지는 ARMv6을 발표하여 ARM11 및 MP Core 제품군에 적용하도록 하였다.

ARM 아키텍처의 버전별 역사와 주요 특징을 요약하면 <표 1.1.1>과 같다. 그러나, ARM 제품군(family)은 이와 같은 구조에 따른 버전을 따르지 않고 동일한 특징을 가지는 하드웨어 코어를 사용하는지에 따라 ARM1~ARM11로 구분한다. 이중에서 ARM1~ARM6은 개발된 이후에 상품화 단계까지 이르지 않았거나 또는 대부분 단종되었으며, 현재는 주로 ARM7, ARM9, ARM10, ARM11 제품군이 사용되고 있는데 이것들의 주요 특징을 요약하면 <표 1.1.2>와 같다.

〈표 1.1〉 ARM의 역사와 아키텍처 버전별 주요 특징

버전	발표 연도	특징	적용 제품군
ARMv1	1985	최초의 상업용 RISC 프로세서, 26비트 어드레스 사용.	ARM1
ARMv2	1987	32비트 곱셈기, 온칩 캐시, 32비트 보조 프로세서 지원.	ARM2, ARM3
ARMv3	1992	MMU 지원, 32비트 어드레스 사용, 64비트 MAC.	ARM6, ARM7
ARMv4	1996	Thumb 모드 명령 추가, 26비트 어드레스 기능 폐지.	ARM7TDMI, ARM8, ARM9TDMI, StrongARM
ARMv5	1999	MAC 향상, DSP 및 Jazelle 명령 확장 기능 지원.	ARM9E/J, ARM10, Xscale
ARMv6	2001	SIMD, Thumb-2, TrustZone, 멀티프로세싱 기능 지원.	ARM11, ARM11 MP Core
ARMv7	2004	제품의 브랜드명을 Cortex로 통일하고, 용도에 따라 3가지 코어 제품군으로 나눔.	Cortex-A, Cortex-R, Cortex-M

〈표 1.1.2〉 ARM의 제품군별 주요 특징

	ARM7	ARM9	ARM10	ARM11
발표 연도	1993	1996	1998	2002
파이프라인	3단계	5단계	6단계	8단계/9단계
최고 동작 속도	133 MHz	250 MHz	325 MHz	550 MHz
소비전력	0.25 mW/MHz	0.2 mW/MHz	0.5 mW/MHz	0.6 mW/MHz
명령처리 속도	0.9 MIPS/MHz	1.1 MIPS/MHz	1.35 MIPS/MHz	1.35 MIPS/MHz
기본 아키텍처	폰노이만 구조 온칩 캐시	수정된 하버드 구조 명령캐시/데이터캐시	수정된 하버드 구조 명령캐시/데이터캐시	수정된 하버드 구조 명령캐시/데이터캐시
곱셈기	32×8	32×8	32×16	32×16
적용 제품 코어	ARM720T ARM7EJ-S ARM7TDMI ARM7TDMI-S	ARM920T ARM922T ARM926EJ-S ARM946E-S	ARM1020E ARM1022E ARM1026EJ-S	ARM1136J-S ARM1136JF-S ARM1176JZ-S ARM1176JZF-S

그러다가 2004년에 ARM사는 새로 ARMv7 아키텍처를 기반으로 하는 32비트 마이크로컨트롤러 모델인 Cortex-M3를 발표하면서 마이크로컨트롤러 시장에 본격적으로 뛰어들었다. 즉, 이제까지 주력해왔던 범용 또는 모바일용의 ARM 마이크로프로세서는 Cortex-A라는 브랜드 명칭으로 시리즈화하여 계속 발전시켜 나가고, 새로운 상품으로 진입한 마이크로컨트롤러 제품들은 Cortex-M이라는 브랜드 명칭으로 시리즈

를 구축하여 나감으로써 이 2가지 계열의 제품들을 동일한 비중으로 가져가겠다는 의지를 분명히 하였다.

(2) ARM 마이크로프로세서의 주요 특징

ARM 마이크로프로세서는 제품군에 따라 사양과 성능이 많이 다르지만, 이것들이 공통적으로 갖는 주요 특징을 요약하면 다음과 같다.

① ARM사는 반도체 제조회사가 아니며 ARM 마이크로프로세서 제품을 직접 만들지 않는다. ARM사는 자신이 설계한 ARM 코어를 IP(Intellectual Property) 라이센스 형태로 제공하며, 이 라이센스를 계약한 반도체 회사는 여기에 자사에서 설계한 I/O 회로를 추가하여 ARM 마이크로프로세서 제품 모델을 생산 판매하게 된다. 그러나, ARM사도 에뮬레이터와 같은 하드웨어 개발 툴이나 C컴파일러와 같은 소프트웨어 개발 툴은 자사 제품을 가지고 있다.

② 가격이 싸다. ARM 마이크로프로세서는 구조가 간단하고, ARM사에서 개발한 코어를 많은 반도체 회사에서 라이센스로 받아 동일하게 사용하므로 개발 비용이 적게 들어 제품의 가격이 싸다. 현재 ARM은 전세계 32비트 임베디드 RISC 시장의 약 75% 이상을 장악하고 있는 것으로 알려져 있는데, 현재까지 약 200개 정도의 반도체 회사가 ARM사와 라이센스 관계를 맺고 있으며, 우리나라 삼성전자의 경우에도 1994년부터 ARM 코어를 라이센스하여 여러 가지 모델을 생산하고 있다. 현재 삼성전자에서 생산하는 ARM Cortex-A 계열의 제품들은 전세계의 스마트폰 시장에서 압도적인 시장 점유율을 자랑하고 있다.

③ 소비전력이 적다. ARM 마이크로프로세서는 소비전력이 적게 사용되도록 설계하여 빠른 속도에서도 발열이 적고, 이러한 특징은 ARM 모델이 배터리를 전원으로 사용하는 휴대용 모바일(mobile) 기기에서 가장 각광받는 중요한 요인이 되었다.

④ 칩 면적(die size)이 작다. ARM 마이크로프로세서는 적은 트랜지스터의 수를 사용하고 초미세 공정으로 칩 면적이 작게 설계되어 소형화에 유리하고 발열 문제도 적으며 제조 원가도 싸진다.

⑤ 고성능 32비트 RISC 프로세서이다. ARM 마이크로프로세서는 RISC 구조로 되어 있고 캐시 메모리(cache memory)를 내장하며 파이프라인(pipeline) 처리방식으로 명령을 실행하여 평균적으로 1사이클에 1명령을 처리한다. 초기에는 폰노이만(Von

Neumann) 구조를 사용하였으나 ARM7 제품군부터는 수정된 하버드 구조(Modified Harvard Architecture)를 채택하여 명령 페치와 데이터 액세스를 동시에 수행할 수 있도록 개선하였다. 또한, 명령처리 구조를 단순화하기 위하여 모든 데이터 처리나 연산 명령은 내부 레지스터를 중심으로 이루어지며, 레지스터와 메모리 사이의 데이터 이동은 별도의 로드(load) 및 스토어(store) 명령으로 수행한다.

⑥ 많은 범용 레지스터와 효율적인 명령 세트를 가지고 있다. ARM 마이크로프로세서는 32비트의 고정 길이 명령을 가지며, 명령의 종류가 적으나 연산 명령보다는 데이터 이동이나 제어처리 명령이 많고, 대부분의 명령에서 조건부 실행이 가능한 것과 같이 효율적인 명령 세트를 가지고 있다. 나중에 추가된 16비트의 Thumb 명령을 사용하는 경우에는 메모리에서 코드의 집적 효율을 더욱 높일 수 있어서 적은 메모리와 저소비전력을 필요로 하는 시스템에 적합하다. Cortex-M3 모델부터는 Thumb 명령을 더욱 개선한 Thumb-2 명령을 사용하고 있다.

⑦ 명령 세트를 확장하기가 매우 용이한 구조(ISA ; Instruction Set Architecture)로 되어 있다. ARM 마이크로프로세서는 기본적인 명령 세트 이외에 보조 프로세서(coprocessor)를 이용한 명령 세트 확장이 용이하게 되어 있는데, DSP 보조 프로세서나 VFP 부동소수점 연산 보조 프로세서 등이 이에 해당한다. 이처럼 ARM은 내부 구조가 철저하게 모듈식으로 되어 있어서 제품군에 따라 보조 프로세서는 물론이고 캐시 메모리나 MMU/MPU 또는 Jazelle, TrustZone 등의 기능을 추가로 확장하는 것이 매우 용이하게 수행될 수 있다. Cortex-M4는 DSP 기능과 VFP 부동소수점 연산장치를 내장하고 있는 Cortex-M3의 상위 모델이며, Cortex-M7은 여기에 Cortex-M4를 더욱 고속화한 모델이다.

⑧ 엔디안 모드를 지원한다. ARM 마이크로프로세서는 각 메모리 번지에 바이트 단위로 명령 코드나 데이터가 저장되는 바이트 머신(byte machine)인데, 4바이트의 워드가 낮은 번지에 LSB(Least Significant Byte)부터 차례로 저장되는 리틀 엔디안(little endian) 방식과 낮은 번지에 MSB(Most Significant Byte)부터 차례로 저장되는 빅 엔디안(big endian) 방식을 모두 지원한다. 그러나, Cortex-M 모델들은 리틀 엔디안 방식으로 고정되어 있다.

메모리에 명령 코드나 데이터를 저장할 때 사용하는 빅 엔디안 방식과 리틀 엔디안 방식을 비교하여 설명하면 <그림 1.1.1>과 같다. 전통적으로 Intel사의 마이크로프로세서들은 리틀 엔디안 방식을 주로 사용하였으며, Motorola사의 마이크로프로세서들은 빅 엔디안 방식을 주로 사용하였다. Cortex-M 시리즈에서는 리틀 엔디안 방식만을 고정적으로 사용한다.

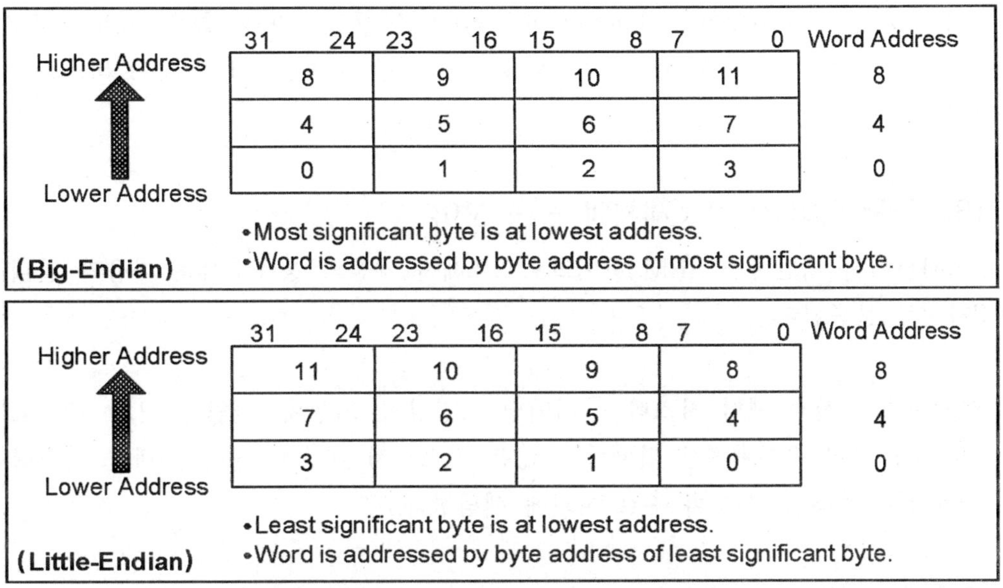

<그림 1.1.1> 메모리의 빅 엔디안 및 리틀 엔디안 데이터 저장 방식

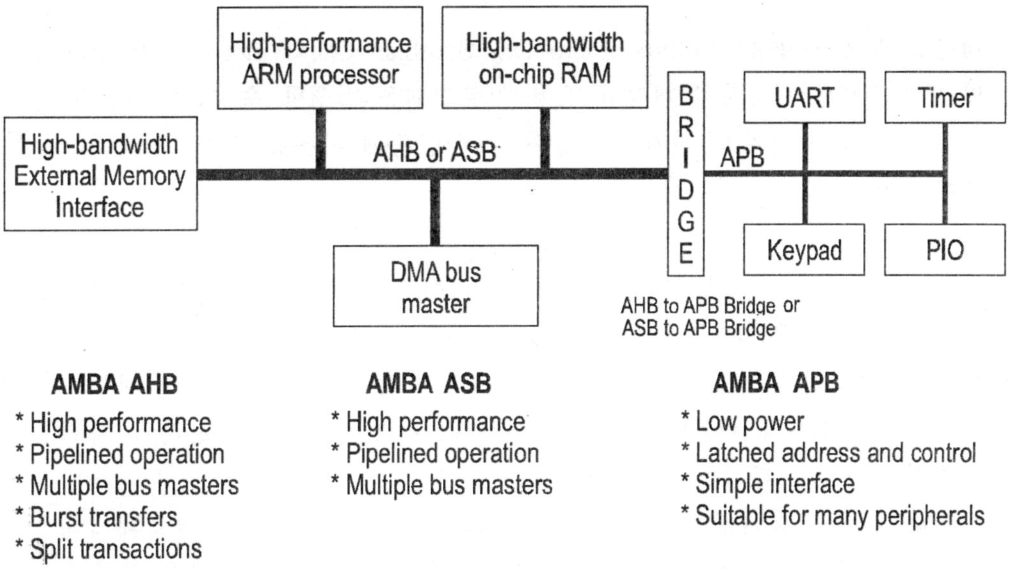

<그림 1.1.2> ARM의 AMBA 버스

ARM 마이크로프로세서의 내부에서는 고성능의 AMBA(Advanced Microcontroller Bus Architecture) 버스 구조를 사용한다. AMBA 버스에는 <그림 1.1.2>에 보인 것과 같이 내부 시스템 버스로 사용되는 고성능의 AHB(Advanced High-performance Bus) 및 ASB(Advanced System Bus) 버스와, 이보다는 느리지만 내부의 주변장치를 접속하는데 유용한 APB(Advanced Peripheral Bus) 버스 등 3가지가 있다. Cortex-M 시리즈에서는 시스템 버스로 AHB 버스를 사용하며, 내부 주변장치에는 APB 버스를 사용하고 있다.

(3) ARM 마이크로프로세서의 응용 분야

ARM사에서 제안하는 ARM 마이크로프로세서 제품의 응용분야는 다음과 같이 크게 3가지로 분류된다.

○ **임베디드 실시간 제어 시스템** - 데이터 저장장치, 자동차, 산업용 기기, 네트웍 장비 등과 같이 운영체제를 탑재하지 않은 프로세서 내장형 실시간 제어 시스템.(오늘날의 Cortex-M 제품이 주로 여기에 해당한다.)

○ **보안 응용 분야** - 스마트 카드, SIM 카드, 화폐 지불 시스템 등과 같이 암호화 처리가 중요한 보안 시스템.(오늘날의 Cortex-M 제품이 주로 여기에 해당한다.)

○ **개방형 응용 플랫폼** - Linux, Palm OS, Symbian OS, Windows CE, Android 등의 운영체제를 탑재하여 다양한 응용 프로그램을 실행할 수 있는 개방형 플랫폼. 휴대용 기기, 오락기기, 디지털 영상처리 장비 등에 사용됨.(오늘날의 Cortex-A 제품이 주로 여기에 해당한다.)

오늘날 Cortex-A 계열에 해당하는 ARM 마이크로프로세서는 저전력소비와 고성능이 중요한 휴대용 통신기기나 네트웍 장비에 가장 널리 사용되고 있다. 휴대용 기기는 전원으로서 배터리를 사용하기 때문에 소비전력이 적은 것이 중요하며, 대부분의 휴대용 통신기기는 고속의 무선통신이나 디지털 영상처리 목적으로 사용하기 때문에 고성능이 중요한 요소가 된다.

그런데, 이러한 휴대용 통신기기는 대용량의 데이터를 처리하고 운영체제까지 탑재하는 경우가 많기 때문에 ARM 마이크로프로세서의 외부에 대용량의 플래시 메모리 또는 DRAM을 인터페이스하게 되므로 외부 시스템 버스가 필수적으로 요구된다. 또한, 휴대용 통신기기에는 그래픽 처리용의 TFT-LCD를 사용하는 경우가 많으므로 여기에 전용의 소자를 사용하지 않고 ARM 마이크로프로세서가 이를 직접 제어하게 되면 경제적으로나 제품의 경박단소화에 유리해진다.

이러한 이유로 ARM 마이크로프로세서는 시간이 갈수록 점점 더 높은 성능이 요구되고 메모리나 TFT-LCD 및 기타 외부 입출력 장치를 구동할 수 있도록 엄청나게 많은 핀수가 필요하였다. 이러한 요구에 부응하여 ARM 마이크로프로세서는 점점 고성능화 및 대형화로 치달아 현재는 1GHz가 넘는 클록 속도에 400개가 넘는 핀을 가지는 모델까지 출시되고 있으며, 따라서 외부 패키지는 거의 대부분 매우 작은 크기의 BGA형을 사용하고 있어서 아마추어 사용자들은 이 소자를 납땜하는데도 적지 않은 어려움을 겪게 된다.

그러나, Cortex-M에 해당하는 임베디드 시스템의 마이크로컨트롤러에서는 이와 같이 높은 성능과 다양한 기능을 가지는 방대한 모델은 오히려 거추장스러울 경우가 많다. 보통의 마이크로컨트롤러에서는 외부에 대규모 메모리를 인터페이스하기 보다는 내부에 적절한 용량의 플래시 메모리나 SRAM을 내장하여 시스템의 설계를 간단히 하고, 사용자 프로그램을 쉽게 다운로드하는 것이 중요할 때가 많다. 또한, 외부에 TFT-LCD를 직접 구동하도록 인터페이스하여 사용하는 경우도 드물고 필요한 I/O는 칩에 내장하여 외부 인터페이스를 최소한으로 줄임으로써 전체적으로 스마트한 컨트롤러 시스템을 지향하는 경향이 있다.

이것들은 대부분 외부에 시스템 버스를 가지고 있지 않아서 핀 수를 적게 하였고, 따라서 수십개 또는 이보다 약간 많은 정도의 핀을 갖는 QFP형 패키지가 많으므로 아마추어들도 어렵지 않게 이를 납땜할 수 있다. 외부에 시스템 버스가 없는 대신에 여러가지 용량의 플래시 메모리와 SRAM을 마이크로컨트롤러 소자에 내장하고 있는 모델들이 시리즈로 출시되고 있으며, 이 내부 메모리에는 USART, SPI, CAN, USB 등의 직렬통신을 사용하여 간편하게 사용자 프로그램을 다운로드하는 ISP(In-System Programming) 또는 IAP(In-Application Programming) 기능을 가지고 있다. 또한, 이러한 ARM 마이크로컨트롤러는 모델에 따라 내부에 다양한 I/O 기능을 내장하고 있어서 웬만한 응용분야에는 특별한 외부 인터페이스를 추가하지 않고 이 소자 1개만을 사용하여 충분하게 컨트롤러를 구성할 수 있게 된다.

2004년에 Cortex-M3을 시작으로 발표되기 시작한 이러한 마이크로컨트롤러는 기존의 ARM이 갖는 장점을 유지하면서 Thumb 및 Thumb-2 명령을 사용하여 프로그램 메모리 사용의 효율을 높이고, C언어를 사용하여 편리하게 프로그램이 가능하도록 하는 등 사용자 편의성을 향상시켰다. 출시된지 몇년만에 현재까지 Cortex-M 시리즈가 마이크로컨트롤러 시장에서 세력을 확대해나가는 속도는 눈부시다. 고성능 응용 분야를 표방하는 Cortex-M3 이외에도 Cortex-M0/M0+는 8비트 시장에서의 경쟁력을 위하여 더욱 저가격화한 모델이며, Cortex-M4/M7은 DSP 기능과 VFP 부동소수점 연산장치를 내장한 Cortex-M3의 고성능 상위 모델이다. 현재 가장 낮은 가격의 Cortex-M0/M0+ 모델은 1달러 이하 수준이므로 성능은 물론이고 가격면에서도 8비트 마이크로컨트롤러와 충분히 경쟁이 되고 있다. 또한, Cortex-M4/M7은 높은 처리 성능과 저렴한 가격을 바탕으로 기존의 DSP 시장을 빠르게 잠식하고 있다.

우리는 ARM 마이크로프로세서를 공부하는 것이 목적이지만 휴대용 통신기기를 염두에 두고 만들어진 방대한 BGA형의 범용 ARM 마이크로프로세서에는 그다지 관심이 없다. 소자의 내부에 플래시 메모리와 SRAM을 가지고 있어서 사용자 프로그램의 다운로드가 가능하고, 주로 외부 시스템 버스는 갖지 않으며, 다양한 I/O를 내장하고 있으면서도 핀 수가 수십 개에서 200개 정도로 적어서 LQFP형의 패키지로 되어 있는 Cortex-M0/M0+/M3/M4/M7 시리즈의 마이크로컨트롤러에 대하여 공부하고자 하는 것이 이 책의 목적이다. 이와 같은 마이크로컨트롤러 모델은 내부 메모리 맵이 고정되어 있어서 사용자가 프로그램을 작성할 때 스타트업 코드 작성에 특별히 신경을 쓰지 않아도 된다는 것도 장점이다.

(4) ARM Cortex-M 계열의 마이크로컨트롤러

2004년에 ARM사는 ARM11로 대표되는 ARMv6 아키텍쳐의 후속으로 ARMv7 아키텍쳐를 발표하면서 제품군을 ARM12가 아니라 Cortex라는 통합 브랜드명으로 사용하였다. 즉, 기존의 ARM 대신에 Cortex라는 통합 브랜드를 사용하면서 아키텍쳐와 코어 제품군을 크게 <표 1.1.3>과 같이 3가지 프로파일(profile)로 나누었다.

먼저, ARMv7-A 아키텍쳐를 가진 Cortex-A 코어 제품군은 고성능(high end) 어플리케이션(Application) 플랫폼으로 사용하는 것을 목표로 하며, 기본적으로 리눅스, 윈도우즈 임베디드, 안드로이드 등의 운영체제를 통하여 스마트폰이나 태블릿 컴퓨터 등에 널리 사용되고 있다. 이 제품군은 상대적으로 소비전력이 크며, 고성능의 명령 처리, 메모리 관리 시스템, 자바 지원 기능, 보안 프로그램 지원 기능 등이 중요하다.

ARMv7-R 아키텍쳐를 가진 Cortex-R 코어 제품군은 고성능의 실시간(Real-time) 처리 분야에 사용하는 것을 목표로 하며, 여기서는 낮은 소비전력과 높은 신뢰성이 필수적으로 요구되고 인터럽트 지연 시간이 짧은 것이 중시된다.

ARMv7-M 아키텍쳐를 가진 Cortex-M 코어 제품군은 저가형의 마이크로컨트롤러(Microcontroller) 응용 분야에 사용하는 것을 목표로 하며, 여기서는 낮은 소비전력과 인터럽트 지연 시간이 짧은 것이 요구되고, 사용의 편의성과 다양한 I/O 기능이 매우 중시되고 있다. 초저가형의 Cortex-M0 및 초저전력형의 Cortex-M0+와 FPGA용의 Cortex-M1은 모두 ARMv7이 아니라 ARMv6 아키텍쳐를 사용하고 있다. DSP급의 고성능을 지향하는 Cortex-M4/M7은 부동소수점 연산장치(FPU ; Floating-Point Unit)를 내장하고 있어서 매우 빠른 실수 연산이 가능하다.

〈표 1.1.3〉 ARM Cortex 제품군의 종류 및 특징

ARM 패밀리	ARM 아키텍쳐	ARM 코어	특징	처리 속도
Cortex-A	ARMv7-A	Cortex-A5	VFP, NEON, Jazelle RCT, Thumb/Thumb-2, 1~4 cores.	1.57 DMIPS/MHz per core
		Cortex-A8	(2005년) VFP, NEON, Jazelle RCT, Thumb/Thumb-2, 13-stage superscalar pipeline.	2.0 DMIPS/MHz
		Cortex-A9 MPCore	(2007년) Application profile, VFPv3 FPU, NEON, Thumb/Thumb-2, Jazelle RCT/DBX, out-of-order speculative issue superscalar, 1~4 SMP cores.	2.50 DMIPS/MHz per core
		Cortex-A15 MPCore	(2010년) Application profile, VFPv4 FPU, NEON, Thumb-2, Jazelle RCT/DBX, out-of-order speculative issue superscalar, Large Physical Address Extensions (LPAE), Hardware virtualization, 1~4 SMP cores.	3.5~4.1 DMIPS/MHz per core
Cortex-R	ARMv7-R	Cortex-R4 Cortex-R4F	Real-time profile, Thumb-2, FPU.	1.50 DMIPS/MHz
Cortex-M	ARMv6-M	Cortex-M0 Cortex-M0+	(2009년) Microcontroller profile, Thumb-2 subset. Hardware multiply instruction.(Cortex-M0+는 2012년)	0.9 DMIPS/MHz
		Cortex-M1	(2007년) FPGA targeted, Microcontroller profile, Thumb-2 subset.	0.8 DMIPS/MHz
	ARMv7-M	Cortex-M3	(2004년) Microcontroller profile, Thumb/Thumb-2. Hardware multiply and divide instruction.	1.25 DMIPS/MHz
	ARMv7E-M	Cortex-M4 Cortex-M4F	(2010년) Microcontroller profile, both Thumb/Thumb-2, FPU. Hardware MAC, SIMD and divide instructions.	1.25 DMIPS/MHz 1.27 DMIPS/MHz
	ARMv7E-M	Cortex-M7	(2014년) single and double precision FPU. 0~64KB instruction cache and data cache, 6-stage superscalar	2.14 DMIPS/MHz

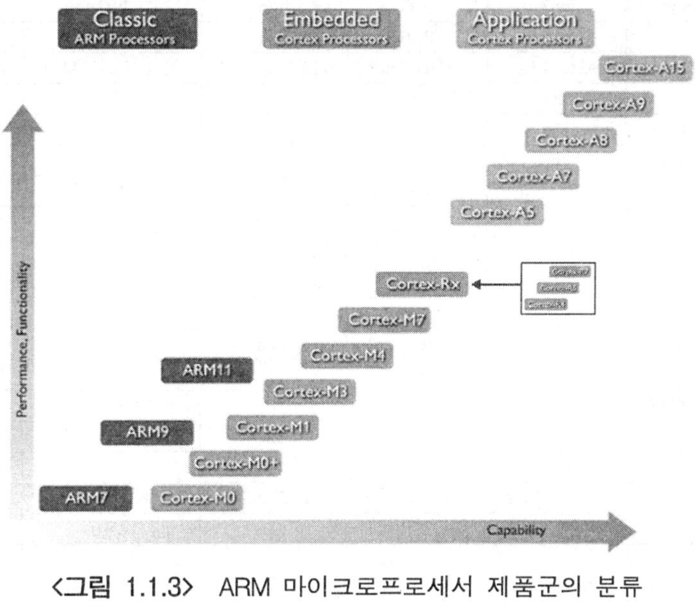

〈그림 1.1.3〉 ARM 마이크로프로세서 제품군의 분류

ARM사가 ARM 마이크로프로세서의 새로운 제품군을 ARM12로 명명하지 않고 이와 같이 3가지의 서로 다른 코어를 포함하면서도 Cortex라는 단일 브랜드를 사용하는 것으로 정책을 바꾼 것은 향후 점점 복잡해지는 어플리케이션 분야에 효율적으로 대응하면서 제품의 브랜드 인지도를 높여가겠다는 의도로 해석된다. 또한, 기존에는 ARM이 모바일 제품을 중심으로 하는 임베디드 시스템에 사용하기 위한 고성능의 범용 마이크로프로세서 모델에만 치중하였으나, 향후에는 이러한 고성능 어플리케이션 용도의 범용 마이크로프로세서는 Cortex-A 제품군으로 계속 이어가고, 이와 동일한 비중으로 Cortex-M 제품군을 가지고 마이크로컨트롤러 시장을 적극적으로 공략하겠다는 의지의 표현으로도 보인다. 이제는 전체 반도체 시장에서 그만큼 마이크로컨트롤러 시장의 규모가 크고 비중이 높아졌기 때문이다.

당연히 우리가 여기서 관심을 갖는 것은 Cortex-M 마이크로컨트롤러 제품군이다. ARM사에서 제공하는 사양이나 여러 자료를 기준으로 하여 Cortex-M0, Cortex-M0+, Cortex-M3, Cortex-M4, Cortex-M7 시리즈의 주요 특성을 비교 정리하여 소개하면 <표 1.1.4>와 같다.

〈표 1.1.4〉 ARM Cortex-M0/M0+/M3/M4/M7의 특성 비교

	Cortex-M0	Cortex-M0+	Cortex-M3	Cortex-M4	Cortex-M7
Architecture Version	ARMv6-M (Von Neuman)	ARMv6-M (Von Neuman)	ARMv7-M (Harvard)	ARMv7E-M (Harvard)	ARMv7E-M (Harvard)
Instruction Set	Thumb, Thumb-2	Thumb, Thumb-2	Thumb, Thumb-2	Thumb, Thumb-2 DSP, SIMD, FPU	Thumb, Thumb-2 DSP, SIMD, FPU
Dhrystone DMIPS/MHz	0.87	0.95	1.25	1.27	2.14
CoreMark/MHz	2.33	2.46	3.34	3.40	5.04
Bus Protocol	AHB Lite	AHB Lite	AHB Lite, APB	AHB Lite, APB	AHB Lite, AXI, APB
Pipeline Stage	3	2	3	3	6
Instruction/Data Cache	No	No	No	No	4~64KB/4~64KB
TCM(Instruction/Data)	No	No	No	No	0~16KB/0~16KB
Number of Interrupts	1~32 + NMI	1~32 + NMI	1~240 + NMI	1~240 + NMI	1~240 + NMI
Interrupt Priority	4	4	8~256	8~256	8~256
Debug	JTAG, SWD	JTAG, SWD	JTAG, SWD	JTAG, SWD	JTAG, SWD
Memory Protection Unit	No	No	Yes(option)	Yes(option)	Yes(option)
Bit Banding Support	No	No	Yes	Yes	Yes
Single Cycle Multiply	Yes(option)	Yes(option)	Yes	Yes	Yes
Hardware Divide	No	No	Yes	Yes	Yes
Single Cycle DSP/SIMD	No	No	No	Yes	Yes
Floating Point Hardware	No	No	No	single precision	single/double precision
CMSIS Support	Yes	Yes	Yes	Yes	Yes
Power Consumption	12.5μW/MHz	9.8μW/MHz	31μW/MHz	32.82μW/MHz	53μW/MHz
Anouncement Year	2009	2012	2004	2010	2014

◀휴게실▶ 마이크로프로세서와 마이크로컨트롤러

(1) 마이크로프로세서

마이크로프로세서(microprocessor, 간단히 μP로 표기)는 컴퓨터의 中央處理裝置(Central Processing Unit ; CPU)를 단일 IC 칩에 집적시켜 만든 반도체 소자로서, 이것은 1971년에 미국의 Intel사에 의하여 세계 최초로 만들어졌으며 오늘날은 이를 흔히 MPU(MicroProcessor Unit)라고 부르기도 한다.

즉, 마이크로프로세서는 CPU의 여러 형태중에서 1개의 소자로 만들어진 종류이므로, 모든 마이크로프로세서는 CPU이지만 모든 CPU가 곧 마이크로프로세서인 것은 아니다. 그러나, 이를 MPU라고 부를 때는 이것이 곧 마이크로프로세서를 의미한다. 이것은 일반 컴퓨터의 중앙처리장치에서 주기억장치를 제외한 연산장치, 제어장치 및 각종 레지스터들을 단지 1개의 IC 소자에 집적시킨 것이므로 연산, 제어, 판단, 기억, 계시(計時), 프로그램에 의한 처리 등의 기본적인 처리기능은 일반 중대형 컴퓨터의 CPU에 비하여 별로 다를 바가 없다.

이같은 마이크로프로세서를 CPU로 사용하여 만든 소형 컴퓨터를 마이크로컴퓨터(microcomputer)라고 한다. 이에 비하여 미니컴퓨터 이상의 중대형 컴퓨터에서는 CPU를 많은 소자를 사용하여 전용으로 설계하게 된다. 마이크로컴퓨터에서처럼 마이크로프로세서를 사용하여 컴퓨터를 설계하면 CPU가 하나의 IC 소자로 간단히 구성되므로 전체 시스템이 소형경량화(小形輕量化)되고, 소비전력이 적어지며, 가격이 낮아질 뿐만 아니라 부품수가 적어서 시스템의 신뢰성이 높아지는 등의 장점을 갖는다.

(2) 마이크로컨트롤러

마이크로프로세서 중에 1개의 칩 내에 CPU 기능은 물론이고 일정한 용량의 메모리(ROM, RAM 등)와 입출력 제어 인터페이스 회로까지를 내장한 것을 특별히 마이크로컨트롤러(microcontroller)라고 부른다. 이것은 마이크로프로세서가 널리 사용되기 시작하면서 1970년대 중반부터 나타난 형태로서 범용의 목적보다는 기기 제어용에 주로 사용되므로 붙여진 이름이며, 이는 1개의 소자만으로 완전한 하나의 컴퓨터 시스템 기능을 갖추고 있으므로 "단일 칩 마이크로컴퓨터(single-chip microcomputer)"라고도 부른다.

제어 응용 시스템에 마이크로컨트롤러를 사용하게 되면 범용 마이크로프로세서나 하드웨어 배선 논리를 사용하는데 비하여 다음과 같은 장점을 얻을 수 있다.

① 제품이 소형경량화된다. 시스템의 컨트롤러 부분이 마이크로컨트롤러 LSI 1개와 극히 소수의 외부 소자들로 간단히 구성되므로 크기와 무게가 현저히 줄어들고 소비전력도 적어진다.
② 제품의 가격이 싸진다. 컨트롤러 부분이 단순화됨에 따라 부품비, 제작비, 개발비가 감소되고, 개발기간도 단축된다.
③ 시스템의 신뢰성이 향상된다. 컨트롤러의 하드웨어가 단순화되어 부품수가 적어지고 고장율이 감소하며 유지보수가 용이해진다.
④ 시스템의 융통성이 커진다. 하드웨어에 의존하는 부분을 소프트웨어로 처리할 수 있게 되므로 기능의 변경이나 확장에 보다 유연하게 대응할 수 있다.

종래의 마이크로컨트롤러는 CPU 기능에다 한정된 용량의 메모리(기본적으로 SRAM과 플래시 메모리를 내장하는 모델이 많음)와 인터럽트 제어기, 직렬 및 병렬 인터페이스, 타이머/카운터 등을 내장하는 정도에 불과하였으나, 최근에는 DMA 제어기와 같은 고성능의 I/O 기능, 다양한 종류의 고속 직렬 통신 기능, A/D 컨버터 및 D/A 컨버터, PWM 출력 기능, TFT-LCD 컨트롤러, 보조기억장치나 카메라 인터페이스 등을 내장하여 각종 제어 분야의 응용 시스템에 사용하기에 보다 편리해지고 있다.

이와 같이 오늘날의 마이크로컨트롤러는 각 응용분야에 적합하도록 여러 반도체 회사에서 매우 많은 종류가 시리즈로 개발 사용되고 있으며, 범용 마이크로프로세서를 지칭하는 MPU와 구별하여 이를 MCU(MicroController Unit 또는 MicroComputer Unit)라고 부르기도 한다. 오늘날 이런 반도체 소자를 지칭하여 "마이컴"이라고 부르는 사례가 있는데 이는 합리적인 근거가 없는 매우 잘못된 표현이다.

그러나, 보통 넓은 의미에서 그냥 마이크로프로세서라고 하면 범용 마이크로프로세서(MPU)는 물론이고 마이크로컨트롤러(MCU)나 RISC 프로세서, DSP 등 CPU의 기능을 갖는 반도체 소자를 모두 지칭하는 포괄적인 개념이 된다.

◀휴게실▶ CPU에서 레지스터 중심 구조와 하버드 구조

종래의 CISC(Complex Instruction Set Computer)형 마이크로프로세서에서 연산을 비롯한 대부분의 명령처리는 누산기(accumulator)를 중심으로 수행되었다. 예를 들어 연산명령을 수행할 때 ALU에 입력되는 오퍼랜드중의 하나는 항상 누산기이며, 그 연산의 결과도 반드시 누산기에 저장된다. 그러나, 이러한 방식에서는 연산명령이 많거나 빠른 처리를 위해서는 누산기에서의 병목현상이 장애가 된다.

이를 해결하기 위하여 현재의 마이크로프로세서들은 모든 레지스터들을 누산기처럼 사용할 수 있는 레지스터 중심 구조를 채택하는 사례가 늘어나고 있으며, 따라서 대부분의 고성능 RISC 마이크로프로세서와 DSP들은 모두 이 방식을 채택하고 있다. 레지스터 중심 구조에서는 $R_0 \sim R_n$의 모든 사용자 범용 레지스터가 ALU의 입력 또는 출력으로 사용될 수 있어서 처리속도가 향상되고 프로그래밍이 용이해진다.

이러한 레지스터 중심 구조의 마이크로프로세서는 C언어로 프로그래밍할 때 특히 그 진가가 발휘된다. 왜냐하면 C컴파일러에서는 함수를 호출할 때 많은 파라미터들을 사용하며 함수 내에서도 많은 변수들을 사용하는데, 이것들을 데이터 메모리인 SRAM이 아니라 CPU 내부의 레지스터로 처리하면 그만큼 CPU의 처리속도가 빨라지고 프로그램의 코드 사이즈도 줄어들기 때문이다. 따라서, 오늘날은 임베디드 시스템 분야에서도 응용 프로그램을 C언어로 작성하는 경우가 상당히 많으므로 이에 유리하도록 마이크로컨트롤러도 대부분 레지스터 중심구조를 채택하는 경향이 있다.

한편, 마이크로프로세서는 명령코드를 프로그램 메모리에서 인출하여 명령 레지스터에 저장하고 나서 실행한다. 프로그램 실행중에 사용되는 오퍼랜드 데이터나 프로그램 실행으로 발생되는 데이터는 내부 레지스터나 데이터 메모리로부터 읽어들이거나 또는 저장한다. 따라서, 이와 같이 프로그램의 명령코드와 데이터는 그 저장 장소와 이동 경로가 다른데도 불구하고 종래의 마이크로프로세서에서는 1개의 데이터 버스를 공통으로 사용하므로 이들 2가지 동작을 수행하기 위하여 서로 버스를 사용하고자 경합하는 병목현상(Von Neumann Bottleneck)이 발생한다.

이러한 단점을 개선하고 CPU의 처리속도를 높이기 위하여 시스템의 어드레스 버스와 데이터 버스를 각각 프로그램용과 데이터용으로 분리한 것을 하버드 구조(Harvard Architecture)라고 하며, 오늘날 대부분의 고성능 RISC 마이크로프로세서와 DSP들은 이 방식을 채택하고 있다. 이와 같은 하버드 구조의 마이크로프로세서에서는 당연히 명령 캐시와 데이터 캐시를 별도로 사용한다. 그러나, 이와 같이 하버드 구조로 마이크로프로세서를 설계하면 2가지의 시스템 버스를 사용해야 하므로 매우 많은 외부 핀이 필요하다. 따라서, 외부의 버스는 프로그램용과 데이터용을 1가지로 사용하여 핀 수를 줄이고 내부의 버스에서만 이를 분리하는 수정 하버드 구조(Modified Harvard Architecture)를 채택하는 경우가 많다.

ARM의 경우 ARM7까지는 폰노이만 구조를 사용하였으나 ARM9 이후에는 수정된 하버드 구조를 사용하고 있으며, 모든 프로그램 메모리와 데이터 메모리를 CPU의 안에 내장하고 외부에는 시스템 버스를 가지고 있지 않아서 핀 수를 크게 절약한 모델도 많다.

이상에서 살펴보았듯이 고성능 마이크로프로세서들은 기본적인 RISC 구조에다 하버드 구조 및 레지스터 중심 구조를 함께 가지는 특징이 있는데, 이것들의 중요한 특징을 요약하면 다음과 같다.

- CPU가 모든 명령을 하드웨어적으로 해독하여 실행한다.
- 파이프라인 처리방식을 사용하여 대부분의 명령을 1클록 사이클 이내에 실행한다.
- 명령어의 구조가 단순하고 수가 상당히 적다.(일반적으로 128종 이하)
- 명령어 형식의 종류가 적다.(일반적으로 4종 이하)
- 명령어에서 주소지정방식의 종류가 적다.(일반적으로 4종 이하)
- 명령어 길이가 워드 및 데이터 버스폭과 같은 길이로 통일되어 있다.
- 범용 레지스터의 수가 많다.(일반적으로 16개 또는 32개 이상)
- 대부분의 연산명령은 범용 레지스터를 중심으로 동작한다.
- 모든 메모리 액세스 동작은 로드(load) 및 스토어(store) 명령으로 수행한다.

2. Cortex-M3 마이크로컨트롤러의 특징과 종류

현재 ARM Cortex-M 계열의 마이크로컨트롤러 제품을 활발하게 생산하는 회사는 STMicroelectronics, TI(Texas Instruments), NXP(Freescale 포함), Atmel, Toshiba, Nuvoton 등이 대표적이다. STMicroelectronics사는 현재 가장 활발하게 Cortex-M 계열 제품을 출시하고 있는 회사의 하나이며, TI사는 세계 최초로 Cortex-M 모델을 상품화하여 출시하였던 Luminary Micro사를 인수하여 이 분야의 사업을 매우 적극적으로 추진하고 있다. NXP사도 그동안 많은 Cortex-M 제품을 출시해 왔는데, 2015년에는 Freescale사를 인수 합병하여 마이크로컨트롤러 제품의 라인업을 더욱 강화하였다. Atmel사는 좀 늦게 Cortex-M 시장에 뛰어 들었지만 매우 활발하게 이 분야의 사업을 전개하여 왔는데, 2016년에 Microchip Technology사에 인수 합병되었다.

Cortex-M3는 2004년에 가장 먼저 발표된 고성능 ARM Cortex-M 모델로서 32비트 고성능 ARM 마이크로컨트롤러 시장의 개척자라고 할 수 있다.

▣ STMicroelectronics사의 Cortex-M3 마이크로컨트롤러

STMicroelectronics사는 비교적 빠른 2008년부터 Cortex-M3 마이크로컨트롤러 제품을 생산하기 시작하여 현재까지 가장 활발하게 Cortex-M3 모델을 생산 판매하는 회사의 하나로 꼽히고 있다. 이 회사의 Cortex-M 제품명은 <그림 1.1.4>와 같은 형식으로 되어 있다.

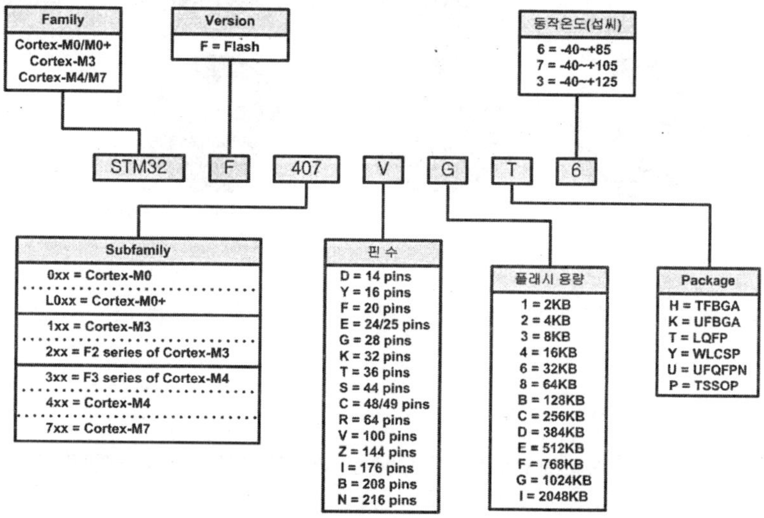

<그림 1.1.4> STMicroelectronics사 STM32 브랜드의 모델명을 정하는 방식

STMicroelectronics사의 ARM Cortex-M0/M0+/M3/M4/M7 모델들은 다음의 <그림 1.1.5>에 보인 것처럼 나누어진다.(STM32T는 Cortex-M3 코어를 기반으로 터치스크린 컨트롤러 분야에 응용하기 위한 전용 모델이며, STM32W는 Cortex-M3 코어를 기반으로 무선통신 네트웍 분야에 응용하기 위한 전용 모델이므로 여기서는 제외하였다.) 이 모델들을 시리즈별로 분류하고 주요 사양들을 도식화하여 요약하면 <그림 1.1.6>과 같다.

이 회사의 Cortex-M3 모델들은 크게 저전력 소비형의 L1 시리즈, 범용의 F1 시리즈, 고성능형의 F2 시리즈로 나누어지며, 가장 모델수가 많은 범용 마이크로컨트롤러인 F1 시리즈는 다시 Value line, Access line, USB Access line, Performance line, Connectivity line 등으로 나누어진다.

STM32 브랜드의 Cortex-M3 모델들을 L1 시리즈, F1 시리즈, F2 시리즈로 나누어 주요 특징을 정리하여 보면 각각 <표 1.1.5>, <표 1.1.6>, <표 1.1.7>과 같다.

L1 시리즈는 소비전력을 극도로 낮춘 32MHz짜리의 저가형 Cortex-M3 모델로서 플래시 메모리는 최대 512KB, SRAM은 최대 80KB까지 내장하고 있으며, 이 회사의 Cortex-M3 모델로는 유일하게 4~16KB의 EEPROM을 가지고 있다. L1 시리즈는 LCD 컨트롤러를 가진 모델과 그렇지 않은 모델로 나누어진다.

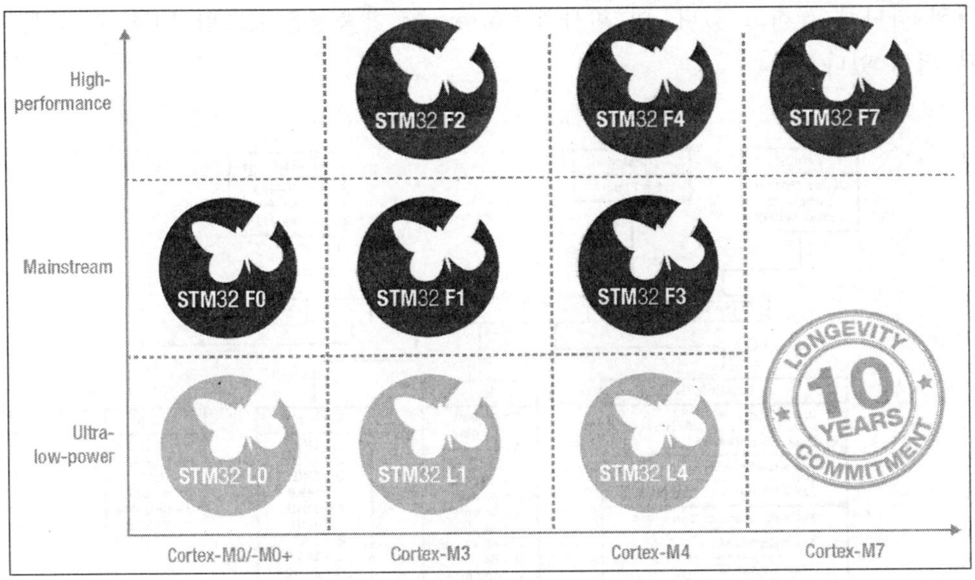

〈그림 1.1.5〉 STMicroelectronics사 Cortex-M0/M0+/M3/M4/M7 모델의 제품 분류

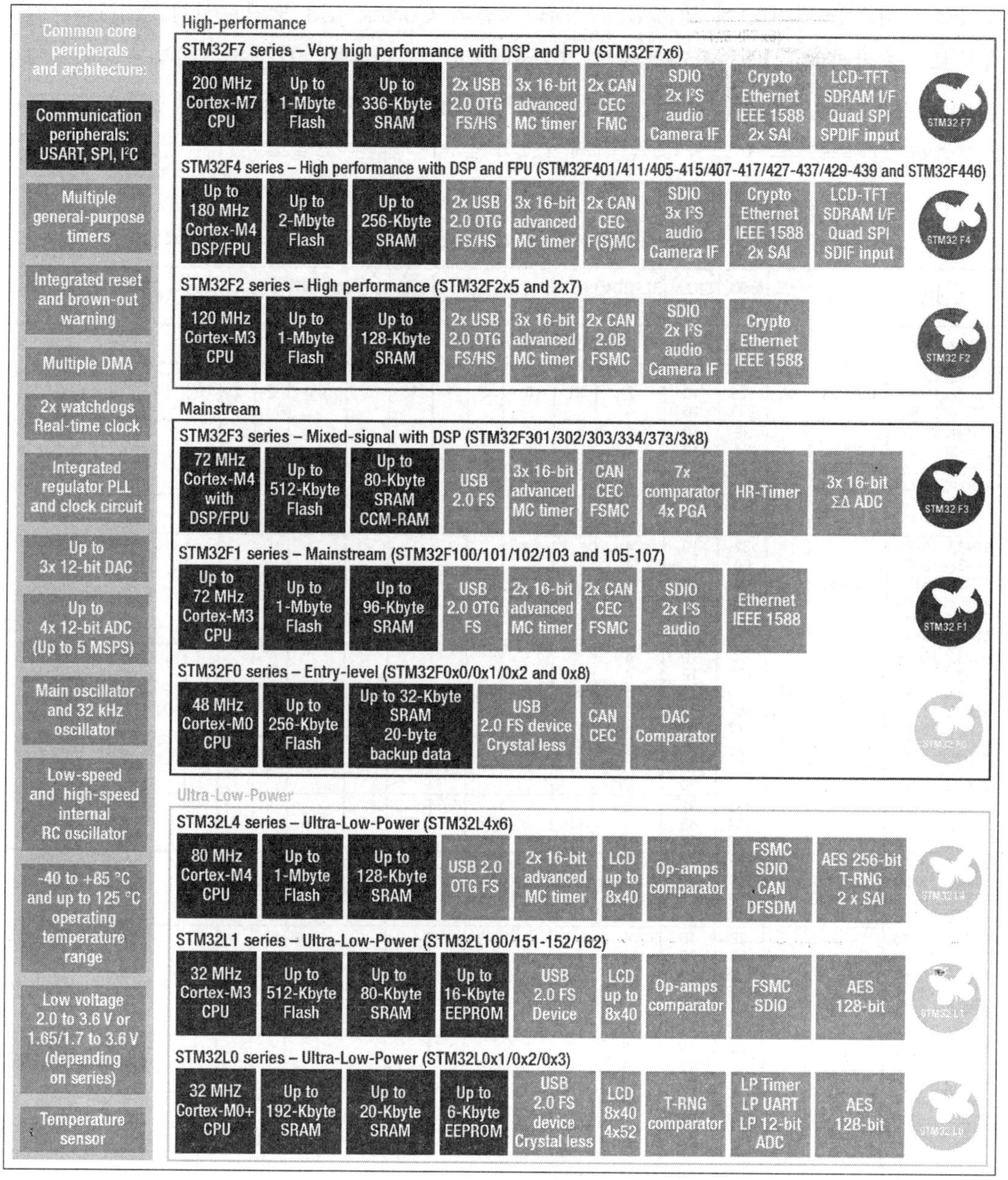

〈그림 1.1.6〉 STMicroelectronics사 Cortex-M0/M0+/M3/M4/M7 모델의 주요 사양

F1 시리즈는 Cortex-M3 중에서 가장 먼저 나온 대표 모델로서 6가지의 서브 패밀리로 나누어져 다양한 모델을 가지고 있다. 모델에 따라 16~1024KB의 플래시 메모리, 4~128KB의 SRAM을 내장하고 있으며, 최고 시스템 클록 주파수는 24MHz~72MHz에 이른다.

F2 시리즈는 2010년에 발표된 최상위 성능의 Cortex-M3 모델로서 120MHz의 빠른 속도로 동작하며, F1 시리즈에서 Connectivity line의 기능을 대부분 수용하여 USART/UART, SPI, I^{2}C, I^{2}S, SDIO, USB, CAN 등 대부분의 직렬통신을 지원하며, Ethernet 인터페이스나 카메라 인터페이스까지 지원하는 모델도 있다.

<표 1.1.5> STMicroelectronics사 STM32L1 시리즈의 주요 특징 요약

모델명	패키지	속도 [MHz]	플래시 [KB]	SRAM [KB]	EEPROM [KB]	I/O 핀	16비트 타이머	WDT	RTC	12 비트 ADC	12 비트 DAC	USART /UART	SPI	I2C	USB	CAN	전원 [V]	비 고
STM32L100C6	UFQFPN48	32	32	4	2	37	8	2	1	14	2	3/0	2	2	1	-	1.8/ 3.3	Value line
STM32L100R8 STM32L100RB STM32L100RC	LQFP64	32	64 128 256	8 10 16	2 2 4	51	8	2	1	20	2	3/0	2	2	1	-	1.8/ 3.3	
STM32L151C6 STM32L151C8 STM32L151CB STM32L151CC	LQFP48 UFQFPN48	32	32 64 128 256	10 10 16 32	4 4 4 8	37	8	2	1	16	2	3/0	2	2	1	-	1.8/ 3.3	without LCD controller
STM32L151UC	WLCSP63	32	256	32	8	51	8	2	1	20	2	3/0	2	2	1	-	1.8/ 3.3	
STM32L151R6 STM32L151R8 STM32L151RB STM32L151RC STM32L151RD STM32L151RE	LQFP64 TFBGA64	32	32 64 128 256 384 512	10 10 16 32 48 80	4 4 4 8 12 16	51	8	2	1	20	2	3/0	2	2	1	-	1.8/ 3.3	
STM32L151V8 STM32L151VB STM32L151VC STM32L151VD STM32L151VE	LQFP100 UFBGA100	32	64 128 256 384 512	10 16 32 48 80	4 4 8 12 16	83	8	2	1	24	2	3/0	2	2	1	-	1.8/ 3.3	
STM32L151QC STM32L151QD STM32L151QE	UFBGA132	32	256 384 512	32 48 80	8 12 16	116	8	2	1	40	2	3/0	3	2	1	-	1.8/ 3.3	
STM32L151ZC STM32L151ZD STM32L151ZE	LQFP144	32	256 384 512	32 48 80	8 12 16	116	8	2	1	40	2	3/0	3	2	1	-	1.8/ 3.3	
STM32L152C6 STM32L152C8 STM32L152CB STM32L152CC	LQFP48 VFQFPN48	32	32 64 128 256	10 10 16 32	4 4 4 8	37	8	2	1	16	2	3/0	2	2	1	-	1.8/ 3.3	with LCD controller
STM32L152R6 STM32L152R8 STM32L152RB STM32L152RC STM32L152RD STM32L152RE	LQFP64 TFBGA64	32	32 64 128 256 384 512	10 10 16 32 48 80	4 4 4 8 12 16	51	8	2	1	20	2	3/0	2	2	1	-	1.8/ 3.3	
STM32L152V8 STM32L152VB STM32L152VC STM32L152VD STM32L152VE	LQFP100 UFBGA100	32	64 128 256 384 512	10 16 32 48 80	4 4 8 12 16	83	8	2	1	24	2	3/0	2	2	1	-	1.8/ 3.3	
STM32L152QC STM32L152QD STM32L152QE	UFBGA132	32	256 384 512	32 48 80	8 12 16	116	8	2	1	40	2	3/0	3	2	1	-	1.8/ 3.3	
STM32L152ZC STM32L152ZD STM32L152ZE	LQFP144	32	256 384 512	32 48 80	8 12 16	116	8	2	1	40	2	3/0	3	2	1	-	1.8/ 3.3	
STM32L162RC STM32L162RD STM32L162RE	LQFP64	32	256 384 512	32 48 80	8 12 16	51	8	2	1	21	2	5/0	3	2	1	-	1.8/ 3.3	with LCD controller AES encryption
STM32L162VC STM32L162VD STM32L162VE	LQFP100	32	256 384 512	32 48 80	8 12 16	83	8	2	1	25	2	5/0	3	2	1	-	1.8/ 3.3	
STM32L162QD	UFBGA132	32	384	48	12	115	8	2	1	40	2	5/0	3	2	1	-	1.8/ 3.3	
STM32L162ZD STM32L162ZE	LQFP144	32	384 512	48 80	12 16	115	8	2	1	40	2	5/0	3	2	1	-	1.8/ 3.3	

<표 1.1.6> STMicroelectronics사 STM32F1 시리즈의 주요 특징 요약

모델명	패키지	속도 [MHz]	플래시 [KB]	SRAM [KB]	I/O 핀	16비트 타이머	WDT	RTC	12 비트 ADC	12 비트 DAC	USART /UART	SPI	I2S	I2C	SDIO	USB	CAN	전원 [V]	비 고
STM32F100C4	LQFP48	24	16	4	37	6	2	1	10	2	2/0	1	-	1	-	-	-	3.3	Value line
STM32F100C6			32	4		6					2/0	1		1					
STM32F100C8			64	8		7					3/0	2		2					
STM32F100CB			128	8		7					3/0	2		2					
STM32F100R4	LQFP64 TFBGA64	24	16	4	51	6	2	1	16	2	2/0	1	-	1	-	-	-	3.3	
STM32F100R6			32	4		6					2/0	1		1					
STM32F100R8			64	8		7					3/0	2		2					
STM32F100RB			128	8		7					3/0	2		2					
STM32F100RC			256	24		11					5/0	3		2					
STM32F100RD			384	32		11					5/0	3		2					
STM32F100RE			512	32		11					5/0	3		2					
STM32F100V8	LQFP100	24	64	8	80	7	2	1	16	2	3/0	2	-	2	-	-	-	3.3	
STM32F100VB			128	8		7					3/0	2		2					
STM32F100VC			256	24		11					5/0	3		2					
STM32F100VD			384	32		11					5/0	3		2					
STM32F100VE			512	32		11					5/0	3		2					
STM32F100ZC	LQFP144	24	256	24	112	11	2	1	16	2	5/0	3	-	2	-	-	-	3.3	
STM32F100ZD			384	32		11					5/0	3		2					
STM32F100ZE			512	32		11					5/0	3		2					
STM32F101T4	VFQFPN36	36	16	4	26	2	2	1	10	-	2/0	1	-	1	-	-	-	3.3	Access line
STM32F101T6			32	6		2					2/0	1		1					
STM32F101T8			64	10		3					2/0	1		1					
STM32F101TB			128	16		3					2/0	1		1					
STM32F101C4	LQFP48	36	16	4	36	2	2	1	10	-	2/0	1	-	1	-	-	-	3.3	
STM32F101C6			32	6		2					2/0	1		1					
STM32F101C8			64	10		3					3/0	2		2					
STM32F101CB			128	16		3					3/0	2		2					
STM32F101R4	LQFP64	36	16	4	51	2	2	1	16	-	2/0	1	-	1	-	-	-	3.3	
STM32F101R6			32	6		2				-	2/0	1		1					
STM32F101R8			64	10		3				-	3/0	2		2					
STM32F101RB			128	16		3				-	3/0	2		2					
STM32F101RC			256	32		6				2	3/2	3		2					
STM32F101RD			384	48		6				2	3/2	3		2					
STM32F101RE			512	48		6				2	3/2	3		2					
STM32F101RF			768	80		12				2	3/2	3		2					
STM32F101RG			1024	80		12				2	3/2	3		2					
STM32F101V8	LQFP100	36	64	10	80	3	2	1	16	-	3/0	2	-	2	-	-	-	3.3	
STM32F101VB			128	16		3				-	3/0	2		2					
STM32F101VC			256	32		6				2	3/2	3		2					
STM32F101VD			384	48		6				2	3/2	3		2					
STM32F101VE			512	48		6				2	3/2	3		2					
STM32F101VF			768	80		12				2	3/2	3		2					
STM32F101VG			1024	80		12				2	3/2	3		2					
STM32F101ZC	LQFP144	36	256	32	112	6	2	1	16	2	3/2	3	-	2	-	-	-	3.3	
STM32F101ZD			384	48		6					3/2	3		2					
STM32F101ZE			512	48		6					3/2	3		2					
STM32F101ZF			768	80		12					3/2	3		2					
STM32F101ZG			1024	80		12					3/2	3		2					
STM32F102C4	LQFP48	48	16	4	36	2	2	1	10	-	2/0	1	-	1	-	D	-	3.3	USB Access line
STM32F102C6			32	6		2					2/0	1		1					
STM32F102C8			64	10		3					3/0	2		2					
STM32F102CB			128	16		3					3/0	2		2					
STM32F102R4	LQFP64	48	16	4	51	2	2	1	16	-	2/0	1	-	1	-	D	-	3.3	
STM32F102R6			32	6		2					2/0	1		1					
STM32F102R8			64	10		3					3/0	2		2					
STM32F102RB			128	16		3					3/0	2		2					
STM32F103T4	VFQFPN36	72	16	6	26	3	2	1	10	-	2/0	1	-	1	-	D	1	3.3	Performance line
STM32F103T6			32	10		3					2/0	1		1					
STM32F103T8			64	20		4					2/0	1		1					
STM32F103TB			128	20		4					2/0	1		1					
STM32F103C4	LQFP48	72	16	6	36	3	2	1	10	-	2/0	1	-	1	-	D	1	3.3	
STM32F103C6			32	10		3					2/0	1		1					
STM32F103C8			64	20		4					3/0	2		2					
STM32F103CB			128	20		4					3/0	2		2					
STM32F103R4	LQFP64 TFBGA64 WLCSP4	72	16	6	51	3	2	1	16	-	2/0	1	-	1	-	D	1	3.3	
STM32F103R6			32	10		3				-	2/0	1	-	1	-				
STM32F103R8			64	20		4				-	3/0	2	-	2	-				
STM32F103RB			128	20		4				-	3/0	2	-	2	-				
STM32F103RC			256	48		8				2	3/2	3	2	2	1				
STM32F103RD			384	64		8				2	3/2	3	2	2	1				
STM32F103RE			512	64		8				2	3/2	3	2	2	1				
STM32F103RF			768	96		14				2	3/2	3	2	2	1				
STM32F103RG			1024	96		14				2	3/2	3	2	2	1				

<표 1.1.6> STMicroelectronics사 STM32F1 시리즈의 주요 특징 요약(계속)

모델명	패키지	속도 [MHz]	플래시 [KB]	SRAM [KB]	I/O 핀	16비트 타이머	WDT	RTC	12 비트 ADC	12 비트 DAC	USART /UART	SPI	I2S	I2C	SDIO	USB	CAN	전원 [V]	비 고
STM32F103V8	LQFP100 LFBGA100	72	64	20	80	4	2	1	16	-	3/0	2	-	2	-	D	1	3.3	Performance line
STM32F103VB			128	20		4				-	3/0	2	-	2	-				
STM32F103VC			256	48		8				2	3/2	3	2	2	1				
STM32F103VD			384	64		8				2	3/2	3	2	2	1				
STM32F103VE			512	64		8				2	3/2	3	2	2	1				
STM32F103VF			768	96		14				2	3/2	3	2	2	1				
STM32F103VG			1024	96		14				2	3/2	3	2	2	1				
STM32F103ZC	LQFP144	72	256	48	112	8	2	1	21	2	3/2	3	2	2	1	D	1	3.3	
STM32F103ZD			384	64		8					3/2	3	2	2					
STM32F103ZE			512	64		8					3/2	3	2	2					
STM32F103ZF			768	96		14					3/2	3	2	2					
STM32F103ZG			1024	96		14					3/2	3	2	2					
STM32F105R8	LQFP64	72	64	20	51	7	2	1	16	2	3/2	3	2	2	-	OTG	2	3.3	Connectivity line
STM32F105RB			128	32							3/2	3	2	2					
STM32F105RC			256	64							3/2	3	2	2					
STM32F105V8	LQFP100	72	64	20	80	7	2	1	16	2	3/2	3	2	2	-	OTG	2	3.3	
STM32F105VB			128	32							3/2	3	2	2					
STM32F105VC			256	64							3/2	3	2	2					
STM32F107RB	LQFP64	72	128	48	51	7	2	1	16	2	3/2	3	2	2	-	OTG	2	3.3	Connectivity line with Ethernet
STM32F107RC			256	64							3/2	3	2	2					
STM32F107VB	LQFP100	72	128	48	80	7	2	1	16	2	3/2	3	2	2	-	OTG	2	3.3	
STM32F107VC			256	64							3/2	3	2	2					

<표 1.1.7> STMicroelectronics사 STM32F2 시리즈의 주요 특징 요약

모델명	패키지	속도 [MHz]	플래시 [KB]	SRAM [KB]	I/O 핀	16/32 비트 타이머	WDT	XRTC	12 비트 ADC	12 비트 DAC	USART /UART	SPI	I2S	I2C	SDIO	USB	CAN	전원 [V]	비 고
STM32F205RB	LQFP64	120	128	64	51	12/2	2	1	16	2	3/3	3	2	2	1	OTG	2	1.8/3.3	Connectivity line과 유사 (USB OTG FS/HS)
STM32F205RC			256	96															
STM32F205RE			512	128															
STM32F205RF			768	128															
STM32F205RG			1024	128															
STM32F215RE	LQFP64	120	512	128	51	12/2	2	1	16	2	3/3	3	2	2	1	OTG	2	1.8/3.3	
STM32F215RG			1024	128															
STM32F205VB	LQFP100	120	128	64	82	12/2	2	1	16	2	3/3	3	2	2	1	OTG	2	1.8/3.3	
STM32F205VC			256	96															
STM32F205VE			512	128															
STM32F205VF			768	128															
STM32F205VG			1024	128															
STM32F215VE	LQFP100	120	512	128	82	12/2	2	1	16	2	3/3	3	2	2	1	OTG	2	1.8/3.3	
STM32F215VG			1024	128															
STM32F205ZC	LQFP144	120	256	96	114	12/2	2	1	16	2	3/3	3	2	2	1	OTG	2	1.8/3.3	
STM32F205ZE			512	128															
STM32F205ZF			768	128															
STM32F205ZG			1024	128															
STM32F215ZE	LQFP144	120	512	128	114	12/2	2	1	16	2	3/3	3	2	2	1	OTG	2	1.8/3.3	
STM32F215ZG			1024	128															
STM32F207VC	LQFP100	120	256	128	82	12/2	2	1	16	2	3/3	3	2	2	1	OTG	2	1.8/3.3	Connectivity line with Ethernet과 유사 (camera IF)
STM32F207VE			512	128															
STM32F207VF			768	128															
STM32F207VG			1024	128															
STM32F217VE	LQFP100	120	512	128	82	12/2	2	1	16	2	3/3	3	2	2	1	OTG	2	1.8/3.3	
STM32F217VG			1024	128															
STM32F207ZC	LQFP144	120	256	128	114	12/2	2	1	24	2	3/3	3	2	2	1	OTG	2	1.8/3.3	
STM32F207ZE			512	128															
STM32F207ZF			768	128															
STM32F207ZG			1024	128															
STM32F217ZE	LQFP144	120	512	128	114	12/2	2	1	24	2	3/3	3	2	2	1	OTG	2	1.8/3.3	
STM32F217ZG			1204	128															
STM32F207IC	UFBGA176	120	256	128	140	12/2	2	1	24	2	3/3	3	2	2	1	OTG	2	1.8/3.3	
STM32F207IE			512	128															
STM32F207IF			768	128															
STM32F207IG			1024	128															
STM32F217IE	UFBGA176	120	512	128	140	12/2	2	1	24	2	3/3	3	2	2	1	OTG	2	1.8/3.3	
STM32F217IG			1204	128															

▣ Texas Instruments사의 Cortex-M3 마이크로컨트롤러

TI사는 ARM 부분의 사업을 확장하기 위하여 2006년에 세계 최초로 Cortex-M3 모델을 Stellaris라는 브랜드로 상품화하여 출시하였던 Luminary Micro사를 2009년에 인수 합병하여 한때는 전세계에서 가장 많은 Cortex-M3 계열의 모델을 출시하였다.

그러나, 최근에 이 회사는 대부분의 기존 Cortex-M3 제품을 단종하고 Cortex-M4 모델과 Cortex-A 시리즈 제품에 주력하는 모습을 보이고 있다. 현재 이 회사에서 판매하는 Cortex-M3 제품은 <표 1.1.8>과 같은 기본 모델인 TMS470M 패밀리와 <표 1.1.9>와 같이 Cortex-M3에 C28x 프로세서를 함께 결합한 F28M3x 모델이 있을 뿐이다. 듀얼 프로세서 구조인 F28M3x 모델에서 C28x 측은 FPU를 내장하는 DSP로서 고속연산 기능을 수행하는 컨트롤러(Control Subsystem)로 사용되며, Cortex-M3 측은 외부 인터페이스를 담당하는 I/O 컨트롤러(Host Subsystem 또는 Host MCU)로 사용된다.

<표 1.1.8> TI사 TMS470M 시리즈의 주요 특징 요약

모델명	패키지	속도 [MHz]	플래시 [KB]	EEPROM [KB]	SRAM [KB]	I/O 핀	16비트 타이머	WDT	ADC 비트/채널	UART /LIN	SPI	I2S	I2C	USB	CAN	전원 [V]	비 고
TMS470MF03107		80	256	64	16	49	16	1	10/16	2/2	2				2		
TMS470MF04207	LQFP100	80	384	64	24	49	16	1	10/16	2/2	2	-	-	-	2	3.3	safety용
TMS470MF06607		80	512	128	64	49	16	1	10/16	2/2	2				2		

<표 1.1.9> TI사 F28M3x(C28x + Cortex-M3)의 주요 특징 요약

모델명	패키지	C28x						Cortex-M3							공유			
		속도 [MHz]	플래시 [KB]	SRAM [KB]	32비트 타이머	DMA 채널	직렬통신	속도 [MHz]	플래시 [KB]	SRAM [KB]	DMA 채널	워치독 타이머	범용 타이머	직렬통신	SRAM [KB]	12비트 ADC 1	12비트 ADC 2	비교기
F28M35E20B	HTQFP 144	60	256	38	3	6	UART 1 SPI 2 I2C 1	60	256	34	32	2	4	UART 5	0	10	10	6
F28M35M20B		75	256	38	3	6		75	256	34	32	2	4	SPI 4	0	10	10	6
F28M35M22C		75	256	38	3	6		75	256	34	32	2	4	I2C 2	64	10	10	6
F28M35M52C		75	512	38	3	6		75	512	34	32	2	4	CAN 2	64	10	10	6
F28M35H22C		150	512	38	3	6		100	256	34	32	2	4	USB 1	64	10	10	6
F28M35H52C		150	512	38	3	6		100	512	34	32	2	4	ENET 1	64	10	10	6
F28M36H33B2	FBGA 289	150	512	38	3	6	UART 1 SPI 2 I2C 1	100	512	130	32	2	4	UART 5	0	12	12	6
F28M36H33C2		150	512	38	3	6		100	512	130	32	2	4	SPI 4	0	12	12	6
F28M36H53B2		150	512	38	3	6		100	512	130	32	2	4	I2C 2	64	12	12	6
F28M36H53C2		150	512	38	3	6		100	512	130	32	2	4	CAN 2	64	12	12	6
F28M36P53C2		150	512	38	3	6		125	512	130	32	2	4	USB 1	64	12	12	6
F28M36P63C2		150	512	38	3	6		125	1024	130	32	2	4	ENET 1	64	12	12	6

▣ NXP사의 Cortex-M3 마이크로컨트롤러

Philips 계열의 NXP사도 상당히 빠른 2008년부터 Cortex-M3 마이크로컨트롤러 제품을 생산하기 시작하여 현재 매우 활발하게 Cortex-M3 모델을 생산 판매하고 있다. 이 회사는 2009년에 세계 최초로 Cortex-M0 계열을 발표하였으며, 2010년에는 세계 최초로 Cortex-M4 계열의 마이크로컨트롤러 제품을 발표하였다.

NXP사의 Cortex-M3 모델은 LPC1700 시리즈를 중심으로 하여 저가형의 LPC1300 시리즈가 있고, 2010년에는 최고 180MHz로 동작하는 고성능의 LPC1800 시리즈를 발표하였으며, 2014년에는 여기에 모터 제어용의 LPC1500 시리즈를 추가하였다. 이 회사의 LPC1300 시리즈, LPC1500 시리즈, LPC1700 시리즈, LPC1800 시리즈에 해당하는 Cortex-M3 모델 제품들에 대하여 주요 특징을 정리하면 각각 <표 1.1.10>~<표 1.1.13>과 같다.

<표 1.1.10> NXP사 LPC1300 시리즈의 주요 특징 요약

모델명	패키지	속도 [MHz]	플래시 [KB]	SRAM [KB]	I/O 핀	16/32 비트 타이머	PWM	WDT	10 비트 ADC	10 비트 DAC	LCD	USART /UART	SPI/ SSP	I2S	I2C	Ether-net MAC	USB	CAN	EMC	전원 [V]	비 고
LPC1311			8	4	28							0/1	0/1								
LPC1313	HVQFN32		32	8	42/28							0/1	0/1								
LPC1315	LQFP48	72	32	8	40/28	2/2	-	1	8	-	-	1/0	0/2	-	1	-	-	-	-	3.3	low price
LPC1316	LQFP64		48	8	40/28							1/0	0/2								
LPC1317			64	10	51/40							1/0	0/2								
LPC1342			16	4	42/28							0/1	0/1				D				
LPC1343	HVQFN32		32	8	40/28							0/1	0/1				D				
LPC1345	LQFP48	72	32	8	40/26	2/2	-	1	8	-	-	1/0	0/2	-	1	-	D	-	-	3.3	low price with USB
LPC1346	LQFP64		48	8	40/26							1/0	0/2				D				
LPC1347			64	10	51/40							1/0	0/2				D				

<표 1.1.11> NXP사 LPC1500 시리즈의 주요 특징 요약

모델명	패키지	속도 [MHz]	플래시 [KB]	SRAM [KB]	I/O 핀	16/32 비트 타이머	PWM	WDT	12 비트 ADC	12 비트 DAC	USART	SPI/ SSP	I2S	I2C	Ether-net MAC	USB	CAN	EMC	전원 [V]	비 고
LPC1517			64	12	46/32															
LPC1518	LQFP48/ 64/100	72	128	20	78/46	4/4	4	1	2/24	1	3	2/2	-	1	-	-	1	-	3.3	motion control
LPC1519			256	36	78/46															
LPC1547			64	12	44/30											D				
LPC1548	LQFP48/ 64/100	72	128	20	76/44	4/4	4	1	2/24	1	3	2/2	-	1	-	D	1	-	3.3	motion control with USB
LPC1549			256	36	76/44											D				

<표 1.1.12> NXP사 LPC1700 시리즈의 주요 특징 요약

모델명	패키지	속도 [MHz]	플래시 [KB]	SRAM [KB]	I/O 핀	32 비트 타이머	PWM	WDT	12 비트 ADC	10 비트 DAC	LCD	USART /UART	SPI/ SSP	I2S	I2C	Ether-net MAC	USB	CAN	EMC	전원 [V]	비 고
LPC1751		100	32	8						-				-		-	D	1			
LPC1752		100	64	16						-				-		-	D	1			
LPC1754	LQFP80	100	128	32	52	4+1	6	1	6	1	-	0/4	1/2	-	2	-	OTG	1	-	3.3	80핀 LQFP
LPC1756		100	256	32						1				1		-	OTG	2			
LPC1758		100	512	64						1				1		1	OTG	2			
LPC1759		120	512	64						1				1		-	OTG	2			
LPC1763		100	256	64						1				1		-	-	-			
LPC1764		100	128	32						-				-		1	D	2			
LPC1765	LQFP100	100	256	64						1				1		-	OTG	2			
LPC1766	TFBGA100	100	256	64	70	4+1	6	1	8	1	-	0/4	1/2	1	3	1	OTG	2	-	3.3	100핀 LQFP
LPC1767		100	512	64						1				1		1	-	-			
LPC1768		100	512	64						1				1		1	OTG	2			
LPC1769		120	512	64						1				1		1	OTG	2			
LPC1774		120	128	40							-	0/4				-	D		8/32		
LPC1776		120	256	80							-	1/4				1	OTG		16/32		
LPC1777	LQFP144	120	512	96							-	1/4				-	OTG		32		
LPC1778	LQFP208	120	512	96	165/ 141/ 109	5	6	1	8	1	-	1/4	1/3	1	3	1	OTG	2	8/16/32	3.3	208핀 LQFP
LPC1785	TFBGA180	120	256	80							1	1/4				-	OTG		32		
LPC1786	TFBGA208	120	256	80							1	1/4				1	OTG		32		
LPC1787		120	512	96							1	1/4				-	OTG		32		
LPC1788		120	512	96							1	1/4				1	OTG		8/16/32		

<표 1.1.13> NXP사 LPC1800 시리즈의 주요 특징 요약

모델명	패키지	속도 [MHz]	플래시 [KB]	SRAM [KB]	I/O 핀	32비트 타이머	PWM	WDT	10비트 ADC	10비트 DAC	LCD	USART /UART	SPI/ SSP	I2S	I2C	Ether-net MAC	USB	CAN	EMC	전원 [V]	비 고
LPC1810	LQFP144 TBGA100	180	-	136	64	4+1	6	1	2x6	1	-	3/1	0/2	1	2	-	-	1	8/16 bit	3.3	144핀 LQFP
LPC1812			512	104													-				
LPC1813			512	104													-				
LPC1815			768	136													-				
LPC1817			1024	136													-				
LPC1820			-	168													OTG				
LPC1822			512	104													OTG				
LPC1823			512	104													OTG				
LPC1825			768	136													OTG				
LPC1827			1024	136													OTG				
LPC1830	LQFP208 TBGA256 TBGA180	180	-	200	80	4+1	6	1	2x8	1	-	3/1	0/2	1	2	1	OTG /H	1	8/16/32 bit	3.3	208핀 LQFP
LPC1833			512	136							-										
LPC1837			1024	136							-										
LPC1850			-	200							1										
LPC1853			512	136							1										
LPC1857			1024	136							1										

▣ Atmel사의 Cortex-M3 마이크로컨트롤러

Atmel사는 기존의 인기있는 8비트 마이크로컨트롤러 AVR 제품이 이에 영향을 받을 것을 염려하였기 때문인지 ARM Cortex-M3 대열에 합류하는 것을 상당히 망설이는 듯하였으나, 결국 2009년부터 SAM3라는 브랜드로 Cortex-M3 마이크로컨트롤러 제품을 출시하기 시작하였다.

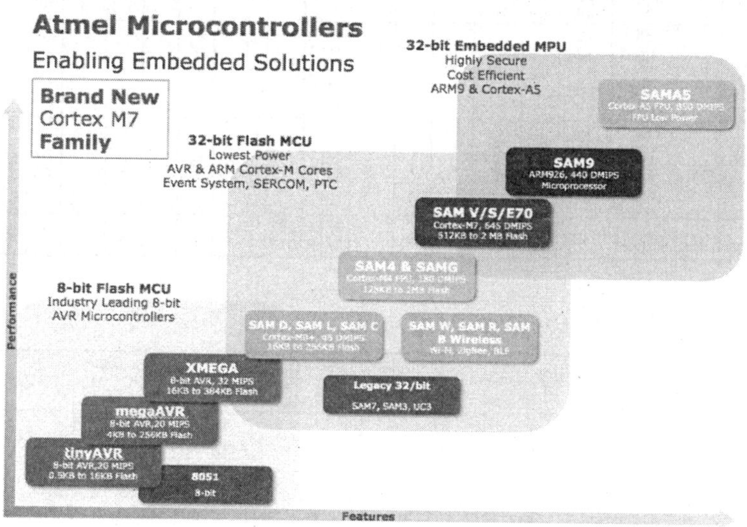

<그림 1.1.7> Atmel사의 마이크로컨트롤러

현재 Atmel사의 Cortex-M3 마이크로컨트롤러 모델은 48MHz로 동작하는 기본형의 SAM3N 시리즈, 64MHz로 동작하며 USB 통신기능을 추가한 SAM3S 시리즈, 96MHz로 동작하는 SAM3U 시리즈 등 3가지 그룹이 있으며, 나중에 여기에 CAN 통

신 기능을 추가한 SAM3A 시리즈 및 CAN 통신과 Ethernet 통신 모듈을 추가한 SAM3X 시리즈가 출시되었다. 이 회사의 Cortex-M3 제품들에 대하여 주요 특징을 정리하면 각각 <표 1.1.14> ~ <표 1.1.18>과 같다.

<표 1.1.14> Atmel사 SAM3N 시리즈의 주요 특징 요약

모델명	패키지	속도 [MHz]	플래시 [KB]	SRAM [KB]	I/O 핀	16 비트 타이머	PWM	WDT	RTC/ RTT	10/12 비트 ADC	10/12 비트 DAC	USART /UART	SPI	I2S/ SDIO	I2C	Ether- net MAC	USB	CAN	EBI	전원 [V]	비 고
SAM3N00A SAM3N0A SAM3N1A SAM3N2A SAM3N4A	LQFP48 QFN48	48	16 32 64 128 256	4 8 8 16 24	34	6	4	1	1/1	8/0	0/0	1/2	2	-/-	2	-	-	-	-	1.8/ 3.3	48핀
SAM3N00B SAM3N0B SAM3N1B SAM3N2B SAM3N4B	LQFP64 QFN64	48	16 32 64 128 256	4 8 8 16 24	47	6	4	1	1/1	10/0	1/0	2/2	3	-/-	2	-	-	-	-	1.8/ 3.3	64핀
SAM3N0C SAM3N1C SAM3N2C SAM3N4C	LQFP100 LFBGA100	48	32 64 128 256	8 8 16 24	79	6	4	1	1/1	16/0	1/0	2/2	3	-/-	2	-	-	-	-	1.8/ 3.3	100핀

<표 1.1.15> Atmel사 SAM3S 시리즈의 주요 특징 요약

모델명	패키지	속도 [MHz]	플래시 [KB]	SRAM [KB]	I/O 핀	16 비트 타이머	PWM	WDT	RTC/ RTT	10/12 비트 ADC	10/12 비트 DAC	USART /UART	SPI	I2S/ SDIO	I2C	Ether- net MAC	USB	CAN	EBI	전원 [V]	비 고
SAM3S1A SAM3S2A SAM3S4A	LQFP48 QFN48	64	64 128 256	16 32 48	34	3	4	1	1/1	0/8	0/0	1/2	2	1/1	2	-	D/ FS	-	-	1.8/ 3.3	48핀
SAM3S1B SAM3S2B SAM3S4B SAM3S8B SAM3SD8B	LQFP64 QFN64	64	64 128 256 512 2×256	16 32 48 64 64	47	3	4	1	1/1	0/10 0/10 0/10 0/11 0/11	0/2	2/2	3	1/1	2	-	D/ FS	-	-	1.8/ 3.3	64핀
SAM3S1C SAM3S2C SAM3S4C SAM3S8C SAM3SD8C	LQFP100 LFBGA100	64	64 128 256 512 2×256	16 32 48 64 64	79	6	4	1	1/1	0/16	0/2	2/2	3	1/1	2	-	D/ FS	-	8bit	1.8/ 3.3	100핀
SAM3S16B SAM3S16C	QFN64 LQFP100	100	1024 1024	128 128	47 79	3 6	4	1	1/1	0/11 0/16	0/2 0/2	2/2	3	1/1	2	-	D/ FS	-	- 8bit	1.8/ 3.3	100MHz

<표 1.1.16> Atmel사 SAM3U 시리즈의 주요 특징 요약

모델명	패키지	속도 [MHz]	플래시 [KB]	SRAM [KB]	I/O 핀	16 비트 타이머	PWM	WDT	RTC/ RTT	10/12 비트 ADC	10/12 비트 DAC	USART /UART	SPI	I2S/ SDIO	I2C	Ether- net MAC	USB	CAN	EBI	전원 [V]	비 고
SAM3U1C SAM3U2C SAM3U4C	LQFP100 LFBGA100	96	64 128 256	20 36 52	57	3	4	1	1/1	4/4	0/0	3/1	4	1/1	1	-	D/ HS	-	8 bit	1.8/ 3.3	100핀
SAM3U1E SAM3U2E SAM3U4E	LQFP144 LFBGA144	96	64 128 256	20 36 52	96	3	4	1	1/1	8/8	0/0	4/1	5	1/1	2	-	D/ HS	-	8/16 bit	1.8/ 3.3	144핀

<표 1.1.17> Atmel사 SAM3A 시리즈의 주요 특징 요약

모델명	패키지	속도 [MHz]	플래시 [KB]	SRAM [KB]	I/O 핀	32 비트 타이머	PWM	WDT	RTC/ RTT	10/12 비트 ADC	10/12 비트 DAC	USART /UART	SPI	I2S/ SDIO	I2C	Ether- net MAC	USB	CAN	EBI	전원 [V]	비 고
SAM3A4C SAM3A8C	LQFP100 LFBGA100	84	128x2 256x2	32+32 64+32	63	9	8	1	1/1	0/16	0/2	3/1	1	1/1	2	-	D/ HS	2	-	1.8/ 3.3	100핀

<표 1.1.18> Atmel사 SAM3X 시리즈의 주요 특징 요약

모델명	패키지	속도 [MHz]	플래시 [KB]	SRAM [KB]	I/O 핀	32 비트 타이머	PWM	WDT	RTC/ RTT	10/12 비트 ADC	10/12 비트 DAC	USART /UART	SPI	I2S/ SDIO	I2C	Ether-net MAC	USB	CAN	EBI	전원 [V]	비 고
SAM3X4C SAM3X8C	LQFP100 LFBGA100	84	128x2 256x2	32+32 64+32	63	9	4	1	1/1	0/16	0/2	3/1	1	1/1	2	1	D/ HS	2	-	1.8/ 3.3	100핀
SAM3X4E SAM3X8E	LQFP144 LFBGA144	84	128x2 256x2	32+32 64+32	103	9	8	1	1/1	0/16	0/2	4/2	1	1/1	2	1	D/ HS	2	8/16 bit	1.8/ 3.3	144핀

▣ Toshiba사의 Cortex-M3 마이크로컨트롤러

Toshiba사에서도 많은 ARM Cortex-M3 시리즈 제품을 출시하고 있다. 이 회사의 Cortex-M3 제품에는 냉장고, 세탁기, 에어컨과 같은 가전제품의 전동기 벡터제어를 목표로 하는 모델이 포함되어 있는데, 이러한 제품은 특이하게 전원전압이 +5V로 되어 있으며, 벡터제어 엔진 및 IGBT(Insulated-Gate Bipolar Transistor) 게이트 드라이브 신호를 발생하는 기능을 내장하고 있어서 이를 전동기 제어 분야에 응용하는데 편리하다.

<표 1.1.19> Toshiba사 TX03 시리즈의 주요 특징 요약

모델명	패키지	속도 [MHz]	플래시 [KB]	SRAM [KB]	DMA 채널	16 비트 타이머	WDT	RTC	10/12 비트 ADC	10 비트 DAC	UART	SPI	I2C	Ether-net	USB	CAN	EBI	Motor /IGBT Control	전원 [V]	비 고
TMPM330FWFG	LQFP100		128	8					12/0		3		3							
TMPM330FYFG	LQFP100		256	16					12/0		3		3							
TMPM330FDFG	LQFP100		512	32					12/0		3		3							
TMPM332FWUG	LQFP64	40	128	8	-	10	1	1	8/0	-	2	-	2	-	-	-	-	-	3.3	CEC용
TMPM333FWFG	LQFP100		128	8					12/0		3		3							
TMPM333FYFG	LQFP100		256	16					12/0		3		3							
TMPM333FDFG	LQFP100		512	32					12/0		3		3							
TMPM341FYXBG	TFBGA113	54	256	32	4	10	1	-	0/15	2	5	1	2	-	D	-	Y	4	3.3	ADC/DAC용
TMPM341FDXBG	TFBGA113		512	32																
TMPM361FYFG	LQFP100	64	256	32	2	16		1	8/0	8	5	1	4	-	-	-	Y	-		
TMPM361FDFG	LQFP100	64	512	40	2	16		1	8/0	8	5	1	4	-	-	-	Y	-		
TMPM361F10FG	LQFP100	64	1024	64	2	16		1	8/0	-	5	1	3	-	-	-	Y	-		
TMPM362F10FG	LQFP144	64	1024	64	2	16		1	16/0	-	12	1	5	-	-	-	Y	-		
TMPM363F10FG	LQFP100	64	1024	64	2	16		1	8/0	8	5	1	4	-	H	1	Y	-		
TMPM364F10FG	LQFP144	64	1024	64	2	16		1	16/0	-	12	1	5	-	H	1	Y	-		
TMPM366FWFG	LQFP100	48	128	32	2	10		-	0/12	-	3	3	2	-	D	-	Y	-		
TMPM366FWXBG	PFBGA109	48	128	32	2	10		-	0/12	-	3	3	2	-	D	-	Y	-		
TMPM366FYFG	LQFP100	48	256	48	2	10	1	-	0/12	-	3	3	2	-	D	-	Y	-	3.3	직렬 통신용
TMPM366FYXBG	PFBGA109	48	256	48	2	10		-	0/12	-	3	3	2	-	D	-	Y	-		
TMPM366FDFG	LQFP100	48	512	64	2	10		-	0/12	-	3	3	2	-	D	-	Y	-		
TMPM366FDXBG	PFBGA109	48	512	64	2	10		-	0/12	-	3	3	2	-	D	-	Y	-		
TMPM367FWFG	LQFP100	80	128	48	32	8		1	0/8	2	6	3	3	-	D	-	Y	8		
TMPM367FYFG	LQFP100	80	256	64	32	8		1	0/8	2	6	3	3	-	D	-	Y	8		
TMPM367FDFG	LQFP100	80	512	128	32	8		1	0/8	2	6	3	3	-	D	-	Y	8		
TMPM369FYFG	LQFP144	80	256	64	32	8		1	0/16	2	6	3	3	1	H/D	2	Y	8		
TMPM369FDFG	LQFP144	80	512	128	32	8		1	0/16	2	6	3	3	1	H/D	2	Y	8		
TMPM370FYFG	LQFP100		256	10		8			0/27		4									
TMPM370FYDFG	QFP100		256	10		8			0/27		4									
TMPM372FWUG	LQFP64	80	128	6	-	8	1	-	0/11	-	4	-	-	-	-	-	-	vector engine	5.0	vector control용
TMPM373FWDUG	LQFP48		128	6		8			0/7		3									
TMPM374FWUG	LQFP44		128	6		8			0/6		3									
TMPM376FDFG	LQFP100		512	32		8			0/22		4									
TMPM380FWFG	LQFP100		128	12		8			0/18		5	2	2							
TMPM380FWDFG	QFP100		128	12		8			0/18		5	2	2							
TMPM380FYFG	LQFP100	40	256	16	2	8	1	1	0/18	-	5	2	2	-	-	-	-	Y	5.0	다기능 타이머용
TMPM380FYDFG	QFP100		256	16		8			0/18		5	2	2							
TMPM382FSFG	QFP64		64	8		6			0/10		3	1	1							
TMPM382FWFG	QFP64		128	12		6			0/10		3	1	1							
TMPM390FWFG	LQFP100	20	128	8	-	10	1	1	12/0	-	3	1	2	-	-	-	-	-	1.8	RTC용
TMPM395FWXBG	FBGA120		128	8								4	1							

이밖에도 ARM Cortex-M3 모델을 생산하는 반도체 회사는 많지만, 여기서는 이 정도로 소개를 마치기로 한다. Cortex-M0/M0+/M3/M4/M7 시리즈의 MCU 제품들은 지금도 활발하게 신제품이 출시되고 있으므로 제조사와 새로운 모델들이 계속하여 증가하고 있다.

만약, 이들 제조사와 제품들에 대한 더 이상의 정보가 필요하면 여러 반도체 회사의 인터넷 홈페이지를 검색하여 쉽게 필요한 내용을 얻을 수 있다.

3. Cortex-M4 마이크로컨트롤러의 특징과 종류

2010년에 발표된 Cortex-M4 마이크로컨트롤러는 Cortex-M3의 상향 호환 모델로서 기본적으로 Cortex-M3의 구조와 유사하며 여기에 DSP(Digital Signal Processor) 기능 및 FPU(Floating-Point Unit)가 추가되어 흔히 DSC(Digital Signal Controller)라고 불린다. 사실 엄밀하게 말하면 Cortex-M3 코어에 DSP 기능이 추가된 것이 Cortex-M4이고, 여기에 FPU가 더 추가된 것이 Cortex-M4F지만, 오늘날 대부분의 반도체 회사에서는 Cortex-M4F 모델을 그냥 Cortex-M4라고 부르는 경향이 있다.

ARM Cortex-M4는 근본적으로 Cortex-M3 코어의 고성능 상향 호환 모델이기 때문에 대부분의 반도체 회사에서는 기존의 Cortex-M3 모델과 핀 배열이 동일하거나 또는 거의 유사하게 만들고 있다. 또한 Cortex-M4 모델이라는 것을 상징하여 대부분 모델명에 "4"라는 숫자가 들어간다.

Cortex-M4 시리즈의 제품은 2010년에 NXP에서 가장 먼저 발표하였으며, 이후 현재까지 STMicroelectronics, TI, Freescale, Atmel, Toshiba, Nuvoton 등이 앞서거니 뒤서거니 이 시리즈의 제품들을 출시하여 시장에서 치열하게 경쟁하고 있다.

▣ NXP사의 Cortex-M4 마이크로컨트롤러

NXP사는 2010년부터 Cortex-M4 마이크로컨트롤러 제품을 생산하기 시작하여 현재 여러 종류의 Cortex-M4 모델을 생산 판매하고 있다. 이 회사의 Cortex-M4 모델에는 LPC4000 패밀리와 LPC4300 패밀리가 있는데, LPC4300 패밀리 모델은 특이하게 Cortex-M0 코어를 함께 내장한 듀얼 코어(dual core) 구조를 가지고 있으며, 최고 204MHz의 고속으로 동작한다.

NXP사의 Cortex-M4 제품에서 LPC4000 패밀리 모델을 요약하면 <표 1.1.20>과 같고 LPC4300 패밀리 모델을 요약하면 <표 1.1.21>과 같다.

<표 1.1.20> NXP사 LPC4000 시리즈의 주요 특징 요약

모델명	패키지	속도 [MHz]	플래시 [KB]	EEP ROM [KB]	SRAM [KB]	FPU	I/O 핀	32 비트 타이머	PWM	WDT /RTC	12 비트 ADC	10 비트 DAC	LCD/ SD	UART	SPI/ SSP	I2S/ I2C	Ether-net MAC	USB	CAN	EMC [bit]	전원 [V]
LPC4072FBD80	LQFP80	120	64	2	24	-	52	5	12	1/1	1x8	1	-/-	4	1/3	1/3	-	D	2	-	3.3
LPC4072FET80	TFBGA80		64	2	24	-	52						-/-	4			-	D		-	
LPC4074FBD80	LQFP80		128	2	40	-	52						-/-	4			-	D		-	
LPC4074FBD144	LQFP144		128	2	40	-	109						-/-	4			-	D		-	
LPC4076FBD144	LQFP144		256	2	80	Y	109						-/1	5			1	O/D		8	
LPC4076FET180	TFBGA180		256	2	80	Y	142						-/1	5			1	O/D		16	
LPC4078FBD80	LQFP80		512	4	96	Y	52						-/1	5			1	O/D		-	
LPC4078FBD100	LQFP100		512	4	96	Y	69						-/1	5			1	O/D		-	
LPC4078FBD144	LQFP144		512	4	96	Y	109						-/1	5			1	O/D		8	
LPC4078FBD208	LQFP208		512	4	96	Y	165						-/1	5			1	O/D		32	
LPC4078FET180	TFBGA180		512	4	96	Y	142						-/1	5			1	O/D		16	
LPC4078FET208	TFBGA208		512	4	96	Y	165						-/1	5			1	O/D		32	
LPC4088FBD144	LQFP144	120	512	4	96	Y	109	5	12	1/1	1x8	1	1/1	5	1/3	1/3	1	O/D	2	8	3.3
LPC4088FET180	TFPGA180		512	4	96	Y	142						1/1	5			1	O/D		16	
LPC4088FBD208	LQFP208		512	4	96	Y	165						1/1	5			1	O/D		32	
LPC4088FET208	TFBGA208		512	4	96	Y	165						1/1	5			1	O/D		32	

<표 1.1.21> NXP사 LPC4300 시리즈의 주요 특징 요약

모델명	패키지	속도 [MHz]	플래시 [KB]	SRAM [KB]	I/O 핀	32 비트 타이머	PWM	WDT /RTC	10 비트 ADC	10 비트 DAC	LCD /SD	UART	SPI/ SSP	I2S	I2C	Ether-net MAC	USB	CAN	EMC	전원 [V]	M0/ FPU
LPC4310 LPC4312 LPC4313 LPC4315 LPC4317	LQFP144/100 BGA100	204	- 512 512 768 1024	168 104 104 136 136	64	5	6	1/1	2x6	1	-	4	1/3	2	2	-	-	2	8/16 bit	3.3	1/1
LPC4320 LPC4322 LPC4323 LPC4325 LPC4327	LQFP144/100 BGA100	204	- 512 512 768 1024	200 104 104 136 136	64	5	6	1/1	2x6	1	-	4	1/3	2	2	-	1	2	8/16 bit	3.3	1/1
LPC4330 LPC4333 LPC4337	LQFP208/144 BGA256/180/ 100	204	- 512 1024	264 136 136	146	5	6	1/1	2x8	1	0/1	4	1/3	2	2	1	2	2	16/ 32 bit	3.3	1/1
LPC4350 LPC4353 LPC4357	LQFP208 BGA256/180	204	- 512 1024	264 136 136	146	5	6	1/1	2x8	1	1/1	4	1/3	2	2	1	2	2	16/ 32 bit	3.3	1/1
LPC4370	TFPGA100/ LBGA256	204	-	282	164	5	1	1/1	2x8	1	1/1	4	1/3	2	2	1	2	2	16/ 32 bit	3.3	2/1

▣ STMicroelectronics사의 Cortex-M4 마이크로컨트롤러

STMicroelectronics사는 비교적 빠른 2011년부터 Cortex-M4 마이크로컨트롤러 제품을 생산하기 시작하였고 현재까지 가장 적극적이고 활발하게 이 제품들을 개발 출시하고 있으며, 여기에서 사용할 수 있는 저가형의 전용 에뮬레이터 ST-LINK/V2도 제공하고 있다. 이 회사의 Cortex-M4 모델은 최고 180MHz의 시스템 클록에서 225 DMIPS(Dhrystone Million Instructions Per Second)의 처리 성능을 발휘한다.

또한, 이 제품들은 소비전력이 매우 적어서 정상 동작의 경우 260μA/MHz 수준에 불과하며, 정지 모드에서는 소자에서 사용하는 전류가 100μA 이하로 떨어진다. 대부분의 다른 Cortex-M4 모델이 그렇듯이 이 회사의 Cortex-M4 제품들도 그 이전에 출시된 Cortex-M3 계열의 F2 시리즈와 핀 배열이 매우 유사하게 되어 있다.

<표 1.1.22> STMicroelectronics사 STM32F4 시리즈의 주요 특징 요약

모델명	패키지	속도 [MHz]	플래시 [KB]	SRAM [KB]	I/O 핀	16/32 비트 타이머	WDT	RTC	12 비트 ADC	12 비트 DAC	USART /UART	SPI	I2S	I2C	SDIO	USB	CAN	Crypto /hash	전원 [V]	비 고
STM32F401CB	UFQFPN48	84	128	64	36	4/2	2	1	1/10	-	3/0	3	2	3	-	OTG	-	-	1.8/ 3.3	Low power
STM32F401CC	UFQFPN48		256	64	36				1/10			3			-					
STM32F401CD	UFQFPN48		384	96	36				1/10			3			-					
STM32F401CE	UFQFPN48		512	96	36				1/10			3			-					
STM32F401RB	LQFP64		128	64	50				1/16			3			1					
STM32F401RC	LQFP64		256	64	50				1/16			3			1					
STM32F401RD	LQFP64		384	96	50				1/16			3			1					
STM32F401RE	LQFP64		512	96	50				1/16			3			1					
STM32F401VB	LQFP100		128	64	81				1/16			4			1					
STM32F401VC	LQFP100		256	64	81				1/16			4			1					
STM32F401VD	LQFP100		384	96	81				1/16			4			1					
STM32F401VE	LQFP100		512	96	81				1/16			4			1					
STM32F410T8	WLCSP36	100	64	32	23	4/2	2	1	1/4	1	2/0	1	1	2	-	-	-	-	1.8/ 3.3	
STM32F410TB	WLCSP36		128		23				1/4		2/0	1	1	2						
STM32F410C8	UFQFPN48		64		36				1/10		3/0	3	3	3						
STM32F410CB	UFQFPN48		128		36				1/10		3/0	3	3	3						
STM32F410R8	LQFP64		64		50				1/16		3/0	3	3	3						
STM32F410RB	LQFP64		128		50				1/16		3/0	3	3	3						
STM32F411CC	UFQFPN48	100	512	128	36	6/2	2	1	2/12	-	3/0	3	2	3	1	OTG	-	-	1.8/ 3.3	
STM32F411CE	UFQFPN48				36							3								
STM32F411RC	LQFP64				48							3								
STM32F411RE	LQFP64				48							3								
STM32F411VC	LQFP100				79							4								
STM32F411VE	LQFP100				79							4								
STM32F405RG	LQFP64	168	1024	192	51	12/2	2	1	3/16	2	4/2	3	2	3	1	OTG	2	-	1.8/ 3.3	1 USB OTG
STM32F405OE	WLCSP90		512		72				3/13											
STM32F405OG	WLCSP90		1024		72				3/13											
STM32F405VG	LQFP100		1024		82				3/16											
STM32F405ZG	LQFP144		1024		114				3/24											
STM32F415RG	LQFP64	168	1024	192	51	12/2	2	1	3/16	2	4/2	3	2	3	1	OTG	2	Y	1.8/ 3.3	
STM32F415OG	WLCSP90		1024		72				3/13											
STM32F415VG	LQFP100		1024		82				3/16											
STM32F415ZG	LQFP144		1024		114				3/24											
STM32F407VE	LQFP100	168	512	192	82	12/2	2	1	3/16	2	4/2	3	2	3	1	2x OTG	2	-	1.8/ 3.3	2 USB OTG, Ethernet MAC10/100, camera IF
STM32F407VG	LQFP100		1024		82				3/16											
STM32F407ZE	LQFP144		512		114				3/24											
STM32F407ZG	LQFP144		1024		114				3/24											
STM32F407IE	BGA176		512		140				3/24											
STM32F407IG	BGA176		1024		140				3/24											
STM32F417VE	LQFP100	168	512	192	82	12/2	2	1	3/16	2	4/2	3	2	3	1	2x OTG	2	Y	1.8/ 3.3	
STM32F417VG	LQFP100		1024		82				3/16											
STM32F417ZE	LQFP144		512		114				3/24											
STM32F417ZG	LQFP144		1024		114				3/24											
STM32F417IE	BGA176		512		140				3/24											
STM32F417IG	BGA176		1024		140				3/24											
STM32F427VG	LQFP100	180	1024	256	82	12/2	2	1	3/16	2	4/4	6	2	3	1	2x OTG	2	-	1.8/ 3.3	
STM32F427VI	LQFP100		2048		82				3/16											
STM32F427ZG	LQFP144		1024		114				3/24											
STM32F427ZI	LQFP144		2048		114				3/24											
STM32F427AG	UFBGA169		1024		130				3/24											
STM32F427AI	UFBGA169		2048		130				3/24											
STM32F427IG	BGA176		1024		140				3/24											
STM32F427II	BGA176		2048		140				3/24											
STM32F437VG	LQFP100	180	1024	256	82	12/2	2	1	3/16	2	4/4	6	2	3	1	2x OTG	2	Y	1.8/ 3.3	
STM32F437VI	LQFP100		2048		82				3/16											
STM32F437ZG	LQFP144		1024		114				3/24											
STM32F437ZI	LQFP144		2048		114				3/24											
STM32F437AI	UFBGA169		2048		130				3/24											
STM32F437IG	BGA176		1024		140				3/24											
STM32F437II	BGA176		2048		140				3/24											
STM32F446RC	LQFP64	180	256	128	50	12/2	2	1	3/14	2	4/2	4	3	4	1	2x OTG	2	-	1.8/ 3.3	
STM32F446RE	LQFP64		512		50				3/14											
STM32F446MC	WLCSP81		256		63				3/16											
STM32F446ME	WLCSP81		512		63				3/16											
STM32F446VC	LQFP100		256		81				3/16											
STM32F446VE	LQFP100		512		81				3/16											
STM32F446ZC	LQFP144		256		114				3/24											
STM32F446ZE	LQFP144		512		114				3/24											

〈표 1.1.22〉 STMicroelectronics사 STM32F4 시리즈의 주요 특징 요약(계속)

모델명	패키지	속도 [MHz]	플래시 [KB]	SRAM [KB]	I/O 핀	16/32 비트 타이머	WDT	RTC	12 비트 ADC	12 비트 DAC	USART /UART	SPI	I2S	I2C	SDIO	USB	CAN	Crypto /hash	전원 [V]	비 고
STM32F429VE	LQFP100		512		82				3/16											
STM32F429VG	LQFP100		1024		82				3/16											
STM32F429VI	LQFP100		2048		82				3/16											
STM32F429ZE	LQFP144		512		114				3/24											
STM32F429ZG	LQFP144		1024		114				3/24											
STM32F429ZI	LQFP144		2048		114				3/24											
STM32F429AG	UFBGA169		1024		130				3/24											
STM32F429AI	UFBGA169		2048		130				3/24											
STM32F429IE	BGA176	180	512	256	140	12/2	2	1	3/24	2	4/4	6	2	3	1	2x OTG	2	-	1.8/ 3.3	
STM32F429IG	BGA176		1024		140				3/24											
STM32F429II	BGA176		2048		140				3/24											
STM32F429BE	LQFP208		512		168				3/24											TFT-LCD and SDRAM, NOR memory inter-face
STM32F429BG	LQFP208		1024		168				3/24											
STM32F429BI	LQFP208		2048		168				3/24											
STM32F429NE	TFBGA216		512		168				3/24											
STM32F429NG	TFBGA216		1024		168				3/24											
STM32F429NI	TFBGA216		2048		168				3/24											
STM32F439VG	LQFP100		1024		82				3/16											
STM32F439VI	LQFP100		2048		82				3/16											
STM32F439ZG	LQFP144		1024		114				3/24											
STM32F439ZI	LQFP144		2048		114				3/24											
STM32F439AI	UFBGA169		2048		114				3/24											
STM32F439IG	BGA176	180	1024	256	140	12/2	2	1	3/24	2	4/4	6	2	3	1	2x OTG	2	Y	1.8/ 3.3	
STM32F439II	BGA176		2048		140				3/24											
STM32F439BG	LQFP208		1024		168				3/24											
STM32F439BI	LQFP208		2048		168				3/24											
STM32F439NG	TFBGA216		1024		168				3/24											
STM32F439NI	TFBGA216		2048		168				3/24											
STM32F469AE	UFBGA169		512		114				3/24											
STM32F469AG	UFBGA169		1024		114				3/24											
STM32F469AI	UFBGA169		2048		114				3/24											
STM32F469IE	BGA176		512		131				3/24											
STM32F469IG	BGA176		1024		131				3/24											
STM32F469II	BGA176	180	2048	384	131	12/2	2	1	3/24	2	4/4	6	2	3	1	2x OTG	2	-	1.8/ 3.3	
STM32F469BE	LQFP208		512		161				3/24											TFT-LCD and SDRAM, NOR memory inter-face, MIPI-DSI
STM32F469BG	LQFP208		1024		161				3/24											
STM32F469BI	LQFP208		2048		161				3/24											
STM32F469NE	TFBGA216		512		161				3/24											
STM32F469NG	TFBGA216		1024		161				3/24											
STM32F469NI	TFBGA216		2048		161				3/24											
STM32F469AG	UFBGA169		1024		114				3/24											
STM32F469AI	UFBGA169		2048		114				3/24											
STM32F469IG	BGA176		1024		131				3/24											
STM32F469II	BGA176	180	2048	384	131	12/2	2	1	3/24	2	4/4	6	2	3	1	2x OTG	2	Y	1.8/ 3.3	
STM32F469BG	LQFP208		1024		161				3/24											
STM32F469BI	LQFP208		2048		161				3/24											
STM32F469NG	TFBGA216		1024		161				3/24											
STM32F469NI	TFBGA216		2048		161				3/24											

STMicroelectronics사의 Cortex-M4 제품은 <표 1.1.22>와 같이 168MHz로 동작하는 고성능의 DSP형 기본 모델을 중심으로 하여 84MHz의 저전력형 모델과 180MHz의 TFT-LCD 드라이버형 STM32F4 패밀리가 있다. 이 회사의 Cortex-M4 모델에는 <표 1.1.23>과 같이 72MHz의 좀더 낮은 속도로 동작하는 STM32F3 패밀리도 있는데, 이것은 좀더 저가형이며 A/D 컨버터, D/A 컨버터, 아날로그 비교기 등의 기능을 강화한 아날로그 신호처리형 모델이다. 이 모델들은 아날로그 회로 때문에 기본적으로 전원전압을 3.3V로 사용하지만, STM32F3x8 모델은 1.8V 전원용이다.

<표 1.1.23> STMicroelectronics사 STM32F3 시리즈의 주요 특징 요약

모델명	패키지	속도 [MHz]	플래시 [KB]	SRAM [KB]	I/O 핀	16/32 비트 타이머	WDT	RTC	16/12 비트 ADC	12 비트 DAC	아날로그 비교기	USART /UART	SPI	I2S	I2C	USB	CAN	전원 [V]	비 고
STM32F301K6	QFN32		32	16	24				-/8			2/2							
STM32F301K8	QFN32		64	16	24				-/8			2/2							
STM32F301C6	LQFP48	72	32	16	37	5/1	2	1	-/11	1	3	3/3	2	2	3	-	-	3.3	
STM32F301C8	LQFP48		64	16	37				-/11			3/3							
STM32F301R6	LQFP64		32	16	51				-/15			3/3							
STM32F301R8	LQFP64		64	16	51				-/15			3/3							
STM32F302K6	QFN32		32	16	24	5/1			-/8		2	2/2	2		3				
STM32F302K8	QFN32		64	16	24	5/1			-/8		2	2/2	2		3				
STM32F302C6	LQFP48		32	16	37	5/1			-/11		3	3/3	2		3				
STM32F302C8	LQFP48		64	16	37	5/1			-/11		3	3/3	2		3				
STM32F302CB	LQFP48		128	32	37	8/1			-/15		4	3/3	3		2				
STM32F302CC	LQFP48		256	40	37	8/1			-/15		4	3/3	3		2				
STM32F302R6	LQFP64		32	16	51	5/1			-/15		3	3/3	2		3				
STM32F302R8	LQFP64		64	16	51	5/1			-/15		3	3/3	2		3				
STM32F302RB	LQFP64	72	128	32	52	8/1	2	1	-/16	1	4	3/3	3	2	2	D/FS	1	3.3	
STM32F302RC	LQFP64		256	40	52	8/1			-/16		4	3/3	3		2				
STM32F302RD	LQFP64		384	64	51	8/1			-/16		4	3/3	4		3				
STM32F302RE	LQFP64		512	64	51	8/1			-/16		4	3/3	4		3				
STM32F302VB	LQFP100		128	32	87	8/1			-/17		4	3/3	3		2				
STM32F302VC	LQFP100		256	40	87	8/1			-/17		4	3/3	3		2				
STM32F302VD	LQFP100		384	64	86	8/1			-/17		4	3/3	4		3				12비트 ADC
STM32F302VE	LQFP100		512	64	86	8/1			-/17		4	3/3	4		3				
STM32F302ZD	LQFP144		384	64	115	8/1			-/18		4	3/3	4		3				
STM32F302ZE	LQFP144		512	64	115	8/1			-/18		4	3/3	4		3				
STM32F303K6	QFN32		32	16	24	7/1			-/9	3	2	2/2	1	-	1	-			
STM32F303K8	QFN32		64	16	24	7/1			-/9	3	2	2/2	1	-	1	-			
STM32F303C6	LQFP48		32	16	37	7/1			-/15	3	3	3/3	1	-	1	-			
STM32F303C8	LQFP48		64	16	37	7/1			-/15	3	3	3/3	1	-	1	-			
STM32F303CB	LQFP48		128	40	37	9/1			-/15	2	7	3/3	3	2	2	D			
STM32F303CC	LQFP48		256	48	37	9/1			-/15	2	7	3/3	3	2	2	D			
STM32F303R6	LQFP64		32	16	51	7/1			-/22	3	3	3/3	1	-	1	-			
STM32F303R8	LQFP64		64	16	51	7/1			-/22	3	3	3/3	1	-	1	-			
STM32F303RB	LQFP64	72	128	40	52	9/1	2	1	-/22	2	7	3/5	3	2	2	D	1	3.3	
STM32F303RC	LQFP64		256	48	52	9/1			-/22	2	7	3/5	3	2	2	D			
STM32F303RD	LQFP64		384	80	51	9/1			-/22	2	7	3/5	4	2	3	D			
STM32F303RE	LQFP64		512	80	51	9/1			-/22	2	7	3/5	4	2	3	D			
STM32F303VB	LQFP100		128	40	87	9/1			-/39	2	7	3/5	3	2	2	D			
STM32F303VC	LQFP100		256	48	87	9/1			-/39	2	7	3/5	3	2	2	D			
STM32F303VD	LQFP100		384	80	86	9/1			-/39	2	7	3/5	4	2	3	D			
STM32F303VE	LQFP100		512	80	86	9/1			-/39	2	7	3/5	4	2	3	D			
STM32F303ZD	LQFP144		384	80	115	9/1			-/40	2	7	3/5	4	2	3	D			
STM32F303ZE	LQFP144		512	80	115	9/1			-/40	2	7	3/5	4	2	3	D			
STM32F334K4	LQFP32		16	16	24				-/9		2	2/-							
STM32F334K6	LQFP32		32	16	25				-/9		2	2/-							
STM32F334K8	LQFP32		64	16	25				-/9		2	2/-							
STM32F334C4	LQFP48	72	16	16	37	7/1	2	1	-/15	3	3	3/-	1	-	1	-	1	3.3	digotal power용 (고해상도 타이머 및 고속 비교기)
STM32F334C6	LQFP48		32	16	37				-/15		3	3/-							
STM32F334C8	LQFP48		64	16	37				-/15		3	3/-							
STM32F334R6	LQFP64		32	16	51				-/21		3	3/-							
STM32F334R8	LQFP64		64	16	51				-/21		3	3/-							
STM32F373C8	LQFP48		64	16	36				8/9										
STM32F373CB	LQFP48		128	24	36				8/9										
STM32F373CC	LQFP48		256	32	36				8/9										
STM32F373R8	LQFP64		64	16	52				8/16										
STM32F373RB	LQFP64	72	128	24	52	9/2	2	1	8/16	3	2	3/3	3	3	2	D/FS	1	3.3	16비트 ADC 추가
STM32F373RC	LQFP64		256	32	52				8/16										
STM32F373V8	LQFP100		64	16	84				21/16										
STM32F373VB	LQFP100		128	24	84				21/16										
STM32F373VC	LQFP100		256	32	84				21/16										
STM32F318K8	QFN32	72	64	16	24	9/2	2	1	-/15	1	3	3/3	2	2	3	-	1	1.8	
STM32F318C8	LQFP48		64	16	37				-/15										
STM32F328C8	LQFP48	72	64	16	37	9/2	2	1	-/15	3	3	3/3	1	-	1	-	1	1.8	
STM32F358CC	LQFP48		256	48	37				-/15										
STM32F358RC	LQFP64	72	256	48	53	9/2	2	1	-/22	2	7	5/5	3	2	2	-	1	1.8	1.8V 전원
STM32F358VC	LQFP100		256	48	88				-/39										
STM32F378CC	LQFP48		256	32	36				8/9										
STM32F378RC	LQFP64	72	256	32	52	9/2	2	1	8/16	3	2	3/3	3	3	2	-	1	1.8	
STM32F378VC	LQFP100		256	32	84				21/16										
STM32F398VE	LQFP100	72	512	80	86	9/2	2	1	-/38	2	7	5/5	4	2	3	-	1	1.8	

▣ Texas Instruments사의 Cortex-M4 마이크로컨트롤러

Luminary Micro사를 인수하여 Stellaris라는 브랜드로 Cortex-M 시리즈의 강자로 부상한 TI사는 Cortex-M4 시리즈에 대해서도 Stellaris 브랜드의 많은 모델을 생산하였었으나, 최근에는 모든 Stellaris 모델을 단종하고 이를 정리하여 자사의 새로운 Cortex-M4 모델과 Cortex-A 시리즈 제품에 주력하는 모습을 보이고 있다.

<표 1.1.24> TI사 TM4C123x 시리즈 Cortex-M4 모델의 주요 특징 요약

모델명	패키지	속도 [MHz]	플래시 [KB]	SRAM [KB]	I/O 핀	32비트 타이머	PWM/ CCP	WDT	RTC	12 비트 ADC	아날로그 /디지털 비교기	UART	SSI SPI	I2S	I2C	USB	CAN	전원 [V]	비 고
TM4C1230C3PM	LQFP64	80	32	12	49	12	-/24	2	1	2/12	2/16	8	4	-	6	-	1	3.3	general
TM4C1230D5PM	LQFP64		64	24	49					2/12	2/16				6				
TM4C1230E6PM	LQFP64		128	32	49					2/12	2/16				6				
TM4C1230H6PM	LQFP64		256	32	49					2/12	2/16				6				
TM4C1231C3PM	LQFP64		32	12	43					2/12	2/16				4				
TM4C1231D5PM	LQFP64		64	24	43					2/12	2/16				4				
TM4C1231E6PM	LQFP64		128	32	43					2/12	2/16				4				
TM4C1231H6PM	LQFP64		256	32	43					2/12	2/16				4				
TM4C1231D5PZ	LQFP100		64	24	69					2/22	3/16				6				
TM4C1231E6PZ	LQFP100		128	32	69					2/22	3/16				6				
TM4C1231H6PZ	LQFP100		256	32	69					2/22	3/16				6				
TM4C1231H6PGE	LQFP144		256	32	105					2/24	3/16				6				
TM4C1232C3PM	LQFP64	80	32	12	49	12	-/24	2	1	2/12	2/16	8	4	-	6	D	1	3.3	USB device
TM4C1232D5PM	LQFP64		64	24	49					2/12	2/16				6				
TM4C1232E6PM	LQFP64		128	32	49					2/12	2/16				6				
TM4C1232H6PM	LQFP64		256	32	49					2/12	2/16				6				
TM4C1233C3PM	LQFP64		32	12	43					2/12	2/16				4				
TM4C1233D5PM	LQFP64		64	24	43					2/12	2/16				4				
TM4C1233E6PM	LQFP64		128	32	43					2/12	2/16				4				
TM4C1233H6PM	LQFP64		256	32	43					2/12	2/16				4				
TM4C1233D5PZ	LQFP100		64	24	69					2/22	3/16				6				
TM4C1233E6PZ	LQFP100		128	32	69					2/22	3/16				6				
TM4C1233H6PZ	LQFP100		256	32	69					2/22	3/16				6				
TM4C1233H6PGE	LQFP144		256	32	105					2/24	3/16				6				
TM4C1236D5PM	LQFP64	80	64	24	49	12	-/24	2	1	2/12	2/16	8	4	-	6	OTG	1	3.3	USB OTG/host /device
TM4C1236E6PM	LQFP64		128	32	49					2/12	2/16				6				
TM4C1236H6PM	LQFP64		256	32	49					2/12	2/16				6				
TM4C1237D5PM	LQFP64		64	24	43					2/12	2/16				4				
TM4C1237E6PM	LQFP64		128	32	43					2/12	2/16				4				
TM4C1237H6PM	LQFP64		256	32	43					2/12	2/16				4				
TM4C1237D5PZ	LQFP100		64	24	69					2/22	3/16				6				
TM4C1237E6PZ	LQFP100		128	32	69					2/22	3/16				6				
TM4C1237H6PZ	LQFP100		256	32	69					2/22	3/16				6				
TM4C1237H6PGE	LQFP144		256	32	105					2/24	3/16				6				
TM4C123AE6PM	LQFP64	80	128	32	49	12	16/24	2	1	2/12	2/16	8	4	-	6	-	2	3.3	QEI, motion control
TM4C123AH6PM	LQFP64		256	32	49					2/12	2/16				6				
TM4C123BE6PM	LQFP64		128	32	43					2/12	2/16				4				
TM4C123BH6PM	LQFP64		256	32	43					2/12	2/16				4				
TM4C123BE6PZ	LQFP100		128	32	69					2/22	3/16				6				
TM4C123BH6PZ	LQFP100		256	32	69					2/22	3/16				6				
TM4C123BH6PGE	LQFP144		256	32	105					2/24	3/16				6				
TM4C123BH6ZRB	BGA157		256	32	120					2/24	3/16				6				
TM4C123FE6PM	LQFP64	80	128	32	49	12	16/24	2	1	2/12	2/16	8	4	-	6	OTG	2	3.3	QEI, motion control + USB OTG
TM4C123FH6PM	LQFP64		256	32	49					2/12	2/16				6				
TM4C123GE6PM	LQFP64		128	32	43					2/12	2/16				4				
TM4C123GH6PM	LQFP64		256	32	43					2/12	2/16				4				
TM4C123GE6PZ	LQFP100		128	32	69					2/22	3/16				6				
TM4C123GH6PZ	LQFP100		256	32	69					2/22	3/16				6				
TM4C123GH6PGE	LQFP144		256	32	105					2/24	3/16				6				
TM4C123GH6ZRB	BGA157		256	32	120					2/24	3/16				6				

TI사에서 새롭게 정리하여 출시하고 있는 Cortex-M4 모델은 <표 1.1.24>에 보인 TM4C123x 패밀리와 <표 1.1.25>에 보인 TM4C129X 패밀리가 있다. TM4C123x 패밀

리가 USB와 CAN 통신 기능을 갖는 80MHz의 기본형 Cortex-M4 모델인데 비하여 TM4C129X 패밀리는 여기에 Ethernet 통신 기능과 LCD 컨트롤러 기능을 추가하고 시스템 클록을 120MHz로 높인 고속형 모델이다.

<표 1.1.25> TI사 TM4C129x 시리즈 Cortex-M4 모델의 주요 특징 요약

모델명	패키지	속도 [MHz]	플래시 [KB]	SRAM [KB]	I/O 핀	32비트 타이머	PWM/ CCP	WDT/ RTC	12 비트 ADC	아날로그 /디지털 비교기	UART	SSI SPI	I2C	Ethernet	LCD	USB	CAN	전원 [V]	비 고
TM4C1290NCPDT	TQFP128		1024		90				2/20					-	0				
TM4C1290NCZAD	BGA212		1024		140				2/24					-	0				
TM4C1292NCPDT	TQFP128		1024		90				2/20					MAC+MII	0				
TM4C1292NCZAD	BGA212		1024		140				2/24					MAC+MII	0				
TM4C1294KCPDT	TQFP128	120	512	256	90	8	8/16	2/1	2/20	3/16	8	4/4	10	MAC+PHY	0	OTG	2	3.3	AES/DES 기능 없음
TM4C1294NCPDT	TQFP128		1024		90				2/20					MAC+PHY	0				
TM4C1294NCZAD	BGA212		1024		140				2/24					MAC+PHY	0				
TM4C1297NCZAD	BGA212		1024		140				2/24					MAC+PHY	1				
TM4C1299KCZAD	BGA212		512		140				2/24					MAC+PHY	1				
TM4C1299NCZAD	BGA212		1024		140				2/24					MAC+PHY	1				
TM4C129CNCPDT	TQFP128		1024		90				2/20					-	0				
TM4C129CNCZAD	BGA212		1024		140				2/24					-	0				
TM4C129DNCPDT	TQFP128		1024		90				2/20					MAC+MII	0				
TM4C129DNCZAD	BGA212		1024		140				2/24					MAC+MII	0				
TM4C129EKCPDT	TQFP128	120	512	256	90	8	8/16	2/1	2/20	3/16	8	4/4	10	MAC+PHY	0	OTG	2	3.3	AES/DES 기능 있음
TM4C129ENCPDT	TQFP128		1024		90				2/20					MAC+PHY	0				
TM4C129ENCZAD	BGA212		1024		140				2/24					MAC+PHY	0				
TM4C129LNCZAD	BGA212		1024		140				2/24					MAC+PHY	1				
TM4C129XKCZAD	BGA212		512		140				2/24					MAC+PHY	1				
TM4C129XNCZAD	BGA212		1024		140				2/24					MAC+PHY	1				

TI사의 Cortex-M4 시리즈 제품에 모델명을 정하는 방식을 요약하면 <그림 1.1.8>과 같다.

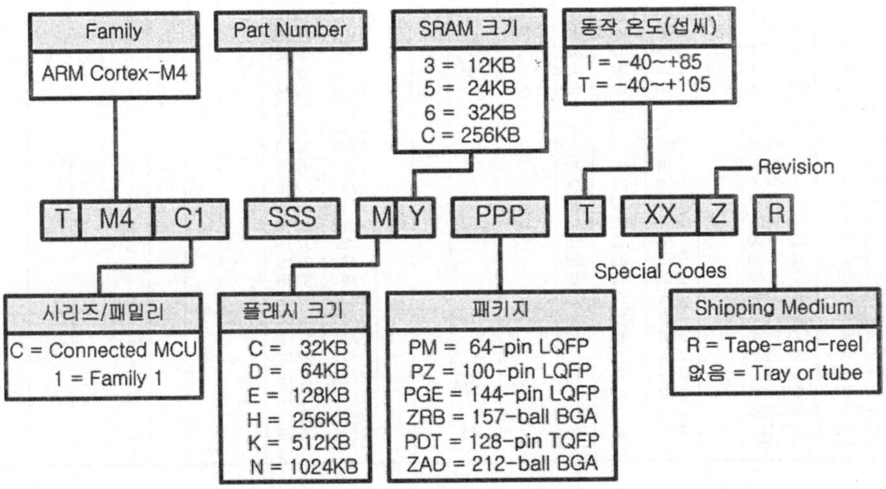

<그림 1.1.8> TI사의 Cortex-M4 모델명을 정하는 방식

■ Freescale사의 Cortex-M4 마이크로컨트롤러

Freescale사는 특이하게 Cortex-M3 시리즈를 거치지 않고 곧바로 Kinetis라는 브랜드로 Cortex-M4 시리즈 시장에 진출하였으며, 나중에 Cortex-M0+와 Cortex-M7 제품도 출시하였다. 이 회사는 2015년 NXP사에 인수 합병되었으나 종전의 Kinetis 브랜드를 갖는 Cortex-M 모델은 그대로 유지되고 있다. Freescale사 Cortex-M 시리즈 모델의 이름은 <그림 1.1.9>와 같은 형식으로 되어 있다.

Freescale사의 Cortex-M4 모델은 크게 K0x, K1x, K2x, K3x, K4x, K5x, K6x, K7x 패밀리로 나누어지며, 이것들의 모델을 정리하면 <표 1.1.26>과 같다. 이중에서 K3x, K4x, K5x 패밀리에는 FPU를 내장하지 않으며, 나머지 패밀리에서는 모델에 따라 FPU를 가진 소자도 있고 가지지 않은 소자도 있다. 이 회사는 모든 Cortex-M 시리즈에 대하여 다음과 같은 원칙으로 용도에 따라 제품군(family)을 분류하고 있다.

K?0x = entry-level 제품
K?1x = baseline(general purpose) 제품
K?2x = USB 제품
K?3x = segment LCD 제품
K?4x = USB 및 segment LCD 제품
K?5x = measurement 제품
K?6x = ethernet LCD 제품
K?7x = graphic LCD 제품
K?8x = scalable 및 secure 제품

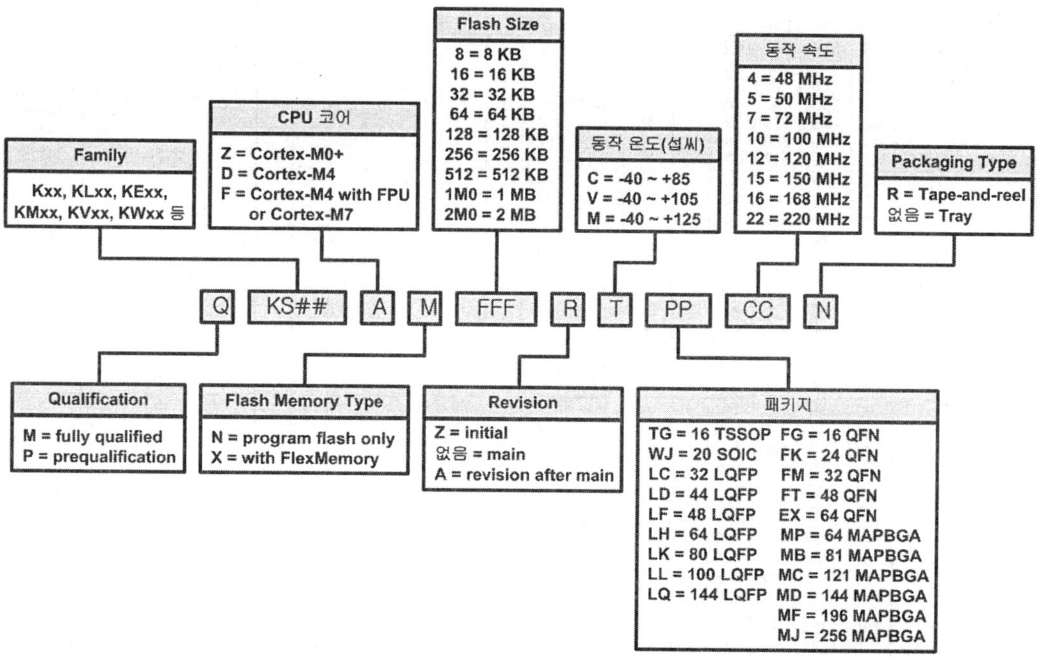

<그림 1.1.9> Freescale사 Cortex-M 시리즈의 모델명을 정하는 방식

〈표 1.1.26〉 Freescale사 Cortex-M4 시리즈의 주요 특징 요약

모델명	속도 [MHz]	플래시 [KB]	Flex NVM [KB]	SRAM [KB]	캐시 [KB]	메모리 보호 (MPU)	NAND flash/ LCD	FPU /EBI	16 비트 ADC	아날로그 비교기	12 비트 DAC	UART	SPI	I2S	I2C	Ethernet MAC	USB	CAN	전원 [V]	비고
MK02FN64Vxx10	100	64	-	16	-	-	-/-	Y/-	Y	Y	Y	Y	Y	Y	Y	-	-	-	1.8/ 3.3	entry-level MCU
MK02FN128Vxx10	100	128	-	16	-	-	-/-	Y/-												
MK10DN32Vxx5	50	32	-	8	-	-	-/-	-/-	Y	Y	-	Y	Y	Y	Y	-	-	-	1.8/ 3.3	baseline MCU
MK10DN64Vxx5	50	64	-	16	-	-	-/-	-/-			-							-		
MK10DN128Vxx5	50	128	-	16	-	-	-/-	-/-			-							-		
MK10DN512Vxx10	100	512	-	128	16	Y	-/-	-/Y			Y							Y		
MK10DX32Vxx5	50	32	32	8	-	-	-/-	-/-			-							-		
MK10DX64Vxx5	50	64	32	16	-	-	-/-	-/-			-							-		
MK10DX128Vxx5	50	128	32	16	-	-	-/-	-/-			-							-		
MK10DX64Vxx7	72	64	32	16	-	-	-/-	-/Y			Y							Y		
MK10DX128Vxx7	72	128	32	32	-	-	-/-	-/Y			Y							Y		
MK10DX256Vxx7	72	256	32	64	-	-	-/-	-/Y			Y							Y		
MK10DX128Vxx10	100	128	128	32	-	Y	-/-	-/Y			Y							Y		
MK10DX256Vxx10	100	256	256	64	-	Y	-/-	-/Y			Y							Y		
MK10FN1M0Vxx12	120	1024	-	128	16	Y	Y/-	Y/Y			Y							Y		
MK10FX512Vxx12	120	512	512	128	16	Y	Y/-	Y/Y			Y							Y		
MK11DN512Vxx5	50	512	-	64	-	-	-/-	-/-			Y							-		
MK11DX128Vxx5	50	128	64	32	-	-	-/-	-/-			-							-		
MK11DX256Vxx5	50	256	64	32	-	-	-/-	-/-			Y							-		
MK20DN32Vxx5	50	32	-	8	-	-	-/-	-/-	Y	Y	-	Y	Y	Y	Y	-	OTG	-	1.8/ 3.3	with USB
MK20DN64Vxx5	50	64	-	16	-	-	-/-	-/-			-							-		
MK20DN128Vxx5	50	128	-	16	-	-	-/-	-/-			-							-		
MK20DN512Vxx10	100	512	-	128	16	Y	-/-	-/Y			Y							Y		
MK20DX32Vxx5	50	32	32	8	-	-	-/-	-/-			-							-		
MK20DX64Vxx5	50	64	32	16	-	-	-/-	-/-			-							-		
MK20DX128Vxx5	50	128	32	16	-	-	-/-	-/-			-							-		
MK20DX64Vxx7	72	64	32	16	-	-	-/-	-/Y			Y							Y		
MK20DX128Vxx7	72	128	32	32	-	-	-/-	-/Y			Y							Y		
MK20DX256Vxx7	72	256	32	64	-	-	-/-	-/Y			Y							Y		
MK20DX128Vxx10	100	128	128	32	-	Y	-/-	-/Y			Y							Y		
MK20DX256Vxx10	100	256	256	64	-	Y	-/-	-/Y			Y							Y		
MK20FN1M0Vxx12	120	1024	-	128	16	Y	Y/-	Y/Y			Y							Y		
MK20FX512Vxx12	120	512	512	128	16	Y	Y/-	Y/Y			Y							Y		
MK30DN512Vxx10	100	512	-	128	-	Y	-/SLCD	-/Y	Y	Y	Y	Y	Y	Y	Y	-	-	Y	1.8/ 3.3	with segment LCD
MK30DX64Vxx7	72	64	32	16		-		-/-												
MK30DX128Vxx7	72	128	32	32		-		-/-												
MK30DX256Vxx7	72	256	32	64		-		-/-												
MK30DX128Vxx10	100	128	128	32		Y		-/Y												
MK30DX256Vxx10	100	256	256	64		Y		-/Y												
MK40DN512Vxx10	100	512	-	128	-	Y	-/SLCD	-/Y	Y	Y	Y	Y	Y	Y	Y	-	OTG	Y	1.8/ 3.3	with USB and segment LCD
MK40DX64Vxx7	72	64	32	16		-		-/-												
MK40DX128Vxx7	72	128	32	32		-		-/-												
MK40DX256Vxx7	72	256	32	64		-		-/-												
MK40DX128Vxx10	100	128	128	32		Y		-/Y												
MK40DX256Vxx10	100	256	256	64		Y		-/Y												
MK40DX512Vxx10	100	512	512	128		Y		-/Y												
MK50DN512Cxx10	100	512	-	128	-	Y	-/-	-/Y	Y	Y	Y	Y	Y	Y	Y	-	OTG	-	1.8/ 3.3	with analog, Ethernet, USB and segment LCD
MK50DX128Cxx7	72	128	32	32		-	-/-	-/Y								-				
MK50DX256Cxx7	72	256	32	64		-	-/-	-/Y								-				
MK50DX256Cxx10	100	256	256	64		-	-/-	-/Y								-				
MK51DN256Cxx10	100	256	-	64		Y	-/SLCD	-/Y								-				
MK51DN512Cxx10	100	512	-	128		Y	-/SLCD	-/Y								-				
MK51DX128Cxx7	72	128	32	32		-	-/SLCD	-/-								-				
MK51DX256Cxx7	72	256	32	64		-	-/SLCD	-/-								-				
MK51DX256Cxx10	100	256	256	64		Y	-/SLCD	-/Y								-				
MK52DN512Cxx10	100	512	-	128		Y	-/-	-/Y								Y				
MK53DN512Cxx10	100	512	-	128		Y	-/SLCD	-/Y								Y				
MK53DX256Cxx10	100	256	256	64		Y	-/SLCD	-/Y								Y				
MK60DN256Vxx10	100	256	-	64	-	Y	-/-	-/Y	Y	Y	Y	Y	Y	Y	Y	Y	OTG	Y	1.8/ 3.3	with Ethernet, USB and Security
MK60DN512Vxx10	100	512	-	128	-		-/-	-/Y												
MK60DX256Vxx10	100	256	256	64	-		-/-	-/Y												
MK60FN1M0Vxx12	120	1024	-	128	16		Y/-	Y/Y												
MK60FN1M0Vxx15	150	1024	-	128	16		Y/-	Y/Y												
MK60FX512Vxx12	120	512	512	128	16		Y/-	Y/Y												
MK60FX512Vxx15	150	512	512	128	16		Y/-	Y/Y												
MK61FN1M0Vxx12	120	1024	-	128	16		Y/-	Y/Y												
MK61FN1M0Vxx15	150	1024	-	128	16		Y/-	Y/Y												
MK61FX512Vxx12	120	512	512	128	16		Y/-	Y/Y												
MK61FX512Vxx15	150	512	512	128	16		Y/-	Y/Y												
MK70FN1M0VMJ12	120	1024	-	128	16	Y	Y/GLCD	Y/Y	Y	Y	Y	Y	Y	Y	Y	Y	OTG	Y	1.8/ 3.3	with GLCD, Ethernet, USB and Security
MK70FN1M0VMJ15	150	1024	-	128	16															
MK70FX512VMJ12	120	512	512	128	16															
MK70FX512VMJ15	150	512	512	128	16															

▣ Atmel사의 Cortex-M4 마이크로컨트롤러

Atmel사도 2011년에 Cortex-M4 마이크로컨트롤러 제품을 발표하였다. 이 회사의 Cortex-M4 마이크로컨트롤러 기본 모델은 <표 1.1.27>과 <표 1.1.28>에 보인 것처럼 각각 100/120MHz로 동작하는 SAM4N 및 SAM4S 시리즈로서 FPU 기능을 가지고 있지 않으며, SAM4L 시리즈는 <표 1.1.29>에 보인 것처럼 48MHz의 저속으로 동작하지만 소비전력을 획기적으로 절감시킨 모델로서 역시 FPU를 가지고 있지 않다. 그리고, SAM4E 시리즈는 이 회사의 4가지 시리즈 중에서 유일하게 FPU를 내장하고 있는 144핀의 고성능 Cortex-M4F 모델로서 <표 1.1.30>에 보인 것처럼 10/100Mbps Ethernet MAC 기능 및 CAN 통신 기능을 가지고 있다.

〈표 1.1.27〉 Atmel사 SAM4N 시리즈의 주요 특징 요약

모델명	패키지	속도 [MHz]	플래시 [KB]	SRAM [KB]	I/O 핀	16 비트 타이머	PWM	WDT	RTC/ RTT	10 비트 ADC	10 비트 DAC	USART /UART	SPI	I2S/ SDIO	I2C	캐시	USB	CAN	EBI	전원 [V]	비 고
ATSAM4N8A	LQFP48 QFN48	100	512	64	34	6	4	1	1/1	1/9	-	1/4	2	-/-	3	-	-	-	-	1.8/ 3.3	48핀
ATSAM4N8B ATSAM4N16B	LQFP64 QFN64	100	512 1024	64 80	47	6	4	1	1/1	1/11	1	2/4	3	-/-	3	-	-	-	-	1.8/ 3.3	64핀
ATSAM4N8C ATSAM4N16C	LQFP100 BGA100	100	512 1024	64 80	79	6	7	1	1/1	1/17	1	3/4	4	-/-	3	-	-	-	-	1.8/ 3.3	100핀

〈표 1.1.28〉 Atmel사 SAM4S 시리즈의 주요 특징 요약

모델명	패키지	속도 [MHz]	플래시 [KB]	SRAM [KB]	I/O 핀	16 비트 타이머	PWM	WDT	RTC/ RTT	12 비트 ADC	12 비트 DAC	USART /UART	SPI	I2S/ SDIO	I2C	캐시	USB	CAN	EBI	전원 [V]	비 고
ATSAM4S2A ATSAM4S4A	LQFP48 QFN48	120	128 256	64 64	34	3	4	1	1/1	1/8	-	2/1	2	1/1	2	-	D/ FS	-	-	1.8/ 3.3	48핀
ATSAM4S2B ATSAM4S4B ATSAM4S8B ATSAM4S16B ATSAM4SA16B ATSAM4SD16B ATSAM4SD32B	LQFP64 QFN64	120	128 256 512 1024 1024 2×512 2×1024	64 64 128 128 160 160 160	47	3	4	1	1/1	1/11	2	2/2	3	1/1	2	- - - - 2KB 2KB 2KB	D/ FS	-	-	1.8/ 3.3	64핀
ATSAM4S2C ATSAM4S4C ATSAM4S8C ATSAM4S16C ATSAM4SA16C ATSAM4SD16C ATSAM4SD32C	LQFP100 BGA100	120	128 256 512 1024 1024 2×512 2×1024	64 64 128 128 160 160 160	79	6	4	1	1/1	1/16	2	2/2	3	1/1	2	- - - - 2KB 2KB 2KB	D/ FS	-	8bit	1.8/ 3.3	100핀

〈표 1.1.29〉 Atmel사 SAM4L 시리즈의 주요 특징 요약

모델명	패키지	속도 [MHz]	플래시 [KB]	SRAM [KB]	I/O 핀	16 비트 타이머	DMA	WDT	RTC/ RTT	12 비트 ADC	10 비트 DAC	USART /UART	SPI	I2S/ SDIO	I2C	캐시	USB	CAN	LCD	전원 [V]	비 고
ATSAM4LC2A ATSAM4LC4A ATSAM4LC8A	TQFP48 QFN48	48	128 256 512	32 32 64	27	3	16	1	-/-	1/3	1	3/3	1	1/0	2	-	D/H D/H D/H	-	Y Y Y	1.8/ 3.3	48핀
ATSAM4LC2B ATSAM4LC4B ATSAM4LC8B	TQFP64 QFN64 BGA64	48	128 256 512	32 32 64	43	3	16	1	-/-	1/7	1	4/4	1	1/0	4	-	D/H D/H D/H	-	Y Y Y	1.8/ 3.3	64핀
ATSAM4LC2C ATSAM4LC4C ATSAM4LC8C	TQFP100 BGA100	48	128 256 512	32 32 64	75	6	16	1	-/-	1/15	1	4/4	1	1/0	4	-	D/H D/H D/H	-	Y Y Y	1.8/ 3.3	100핀

<표 1.1.30> Atmel사 SAM4E 시리즈의 주요 특징 요약

모델명	패키지	속도 [MHz]	플래시 [KB]	SRAM [KB]	I/O 핀	16 비트 타이머	PWM	WDT	RTC/ RTT	12 비트 ADC	12 비트 DAC	USART /UART	SPI	I2S/ SDIO	I2C	Ethernet MAC	USB	CAN	EBI	전원 [V]	비 고
ATSAM4E8C ATSAM4E16C	LQFP100 BGA100	120	512 1024	128 128	79	3	4	1	1/1	2/10	2	2/2	3	1/1	2	Y	D/ FS	1	-	1.8/ 3.3	100핀
ATSAM4E8E ATSAM4E16E	LQFP144 BGA144	120	512 1024	128 128	117	9	4	1	1/1	2/24	2	2/2	3	1/1	2	Y	D/ FS	2	8bit	1.8/ 3.3	144핀

대부분의 회사 제품에서 그렇듯이 Atmel사의 Cortex-M4 모델들도 같은 회사의 Cortex-M3 모델들과 물리적으로 호환될 수 있도록 핀 배열이 유사하게 되어 있다.

▣ Nuvoton사의 Cortex-M4 마이크로컨트롤러

대만의 Nuvoton사는 일찍부터 NuMicro라는 브랜드로 Cortex-M0 마이크로컨트롤러 제품을 생산하여 이 제품에 주력하여 왔으나, 2013년부터는 Cortex-M4를 발표하고 이 시장에 뛰어 들었다. 이 회사의 Cortex-M4 제품도 Cortex-M0 모델에서 그랬듯이 3.3V와 5.0V 겸용으로서 5.0V의 전원을 사용할 수 있다는 점이 매우 독특하다. 그런만큼 시스템 클록의 최고 주파수는 좀 낮은 편이다.

<표 1.1.31> Nuvoton사 M45x 시리즈의 주요 특징 요약

모델명	패키지	속도 [MHz]	플래시 [KB]	SRAM [KB]	I/O 핀	DMA	32 비트 타이머	PWM	WDT /RTC	12 비트 ADC	12 비트 DAC	터치 키	UART	SPI/ I2S	I2C	LIN	CAN	USB	EBI	전원 [V]	비 고
M451LC3AE	LQFP48	72	40	16	39	12	4	12	1/1	10	1	-	4	2/1	2	2	-	-	Y	3.3/ 5.0	Base Series
M451LD3AE	LQFP48		72	16	39					10		-	4	2/1							
M451LE6AE	LQFP48		128	32	39					8		6	3	3/2							
M451LG6AE	LQFP48		256	32	39					8		6	3	3/2							
M451RC3AE	LQFP64		40	16	53					16		-	4	2/1							
M451RD3AE	LQFP64		72	16	53					16		-	4	2/1							
M451RE6AE	LQFP64		128	32	53					12		11	4	3/2							
M451RG6AE	LQFP64		256	32	53					12		11	4	3/2							
M451VE6AE	LQFP100		128	32	85					16		16	4	3/2							
M451VG6AE	LQFP100		256	32	85					16		16	4	3/2							
M452LC3AE	LQFP48	72	40	16	35	12	4	10	1/1	10	1	-	4	2/1	2	2	-	D	Y	3.3/ 5.0	USB Series
M452LD3AE	LQFP48		72	16	35			10		10		-	4	2/1				D			
M452LE6AE	LQFP48		128	32	34			10		8		6	3	3/2				OTG			
M452LG6AE	LQFP48		256	32	34			10		8		6	3	3/2				OTG			
M452RD3AE	LQFP64		72	16	49			12		16		-	4	2/1				D			
M452RE6AE	LQFP64		128	32	48			12		12		11	4	3/2				OTG			
M452RG6AE	LQFP64		256	32	48			12		12		11	4	3/2				OTG			
M453LC3AE	LQFP48	72	40	16	35	12	4	10	1/1	10	1	-	4	2/1	2	2	1	D	Y	3.3/ 5.0	CAN Series
M453LD3AE	LQFP48		72	16	35			10		10		-	4	2/1				D			
M453LE6AE	LQFP48		128	32	34			10		8		6	3	3/2				OTG			
M453LG6AE	LQFP48		256	32	34			10		8		6	3	3/2				OTG			
M453RD3AE	LQFP64		72	16	49			12		16		-	4	2/1				D			
M453RE6AE	LQFP64		128	32	48			12		12		11	4	3/2				OTG			
M453RG6AE	LQFP64		256	32	48			12		12		11	4	3/2				OTG			
M453VD3AE	LQFP100		72	16	72			12		16		-	4	2/1				D			
M453VE6AE	LQFP100		128	32	80			12		16		16	4	3/2				OTG			
M453VG6AE	LQFP100		256	32	80			12		16		16	4	3/2				OTG			
M451MLC3AE	LQFP48	72	40	16	42	12	4	12	1/-	11	1	-	4	2/1	2	2	-	-	Y	3.3/ 5.0	M051 핀 호환
M451MLD3AE	LQFP48		72	16	42			12		11		-	4	2/1							
M451MLE6AE	LQFP48		128	32	42			12		9		10	3	3/2							
M451MLG6AE	LQFP48		256	32	42			12		9		10	3	3/2							
M451MSC3AE	LQFP64		40	16	55			12		13		-	4	2/1							
M451MSD3AE	LQFP64		72	16	55			12		13		-	4	2/1							

<표 1.1.32> Nuvoton사 NUC442/472/505 시리즈의 주요 특징 요약

모델명	패키지	속도 [MHz]	플래시 [KB]	SRAM [KB]	I/O 핀	DMA	32 비트 타이머	PWM	WDT /RTC	12 비트 ADC	아날로그 비교기	UART	SPI/ I2S	I2C	LIN	CAN	USB	EBI	전원 [V]	비 고
NUC442RG8AE	LQFP64		256		45			8		2/8	2	4/3	3/1	2	4					
NUC442RI8AE	LQFP64		512		45			8		2/8	2	4/3	3/1	2	4					
NUC442VG8AE	LQFP100		256		77			16		2/16	3	6/5	4/2	5	6					
NUC442VI8AE	LQFP100	84	512	64	77	16	4	16	2/1	2/16	3	6/5	4/2	5	6	2	D/ OTG	Y	3.3/ 5.0	Connectivity Series
NUC442KG8AE	LQFP128		256		100			16		2/16	3	6/6	4/2	5	6					
NUC442KI8AE	LQFP128		512		100			16		2/16	3	6/6	4/2	5	6					
NUC442JG8AE	LQFP144		256		114			16		2/16	3	6/6	4/2	5	6					
NUC442JI8AE	LQFP144		512		114			16		2/16	3	6/6	4/2	5	6					
NUC472VG8AE	LQFP100		256		77			16		2/16		6/5								
NUC472VI8AE	LQFP100		512		77			16		2/16		6/5								
NUC472KG8AE	LQFP128		256		101			16		2/16		6/6								
NUC472KI8AE	LQFP128	84	512	64	101	16	4	16	2/1	2/16	3	6/6	4/2	5	6	2	D/ OTG	Y	3.3/ 5.0	Advanced Series with Ethernet MAC
NUC472JG8AE	LQFP144		256		114			16		2/16		6/6								
NUC472JI8AE	LQFP144		512		114			16		2/16		6/6								
NUC472HG8AE	LQFP176		256		144			16		2/16		6/6								
NUC472HI8AE	LQFP176		512		144			16		2/16		6/6								
NUC505DLA	LQFP48		512		18			-	2/-	1/5		2								
NUC505DL13Y	LQFP48		2048		25			4	2/1	1/5		3								
NUC505YLA	QFN48		512		18			-	2/-	1/5		2								
NUC505YLA2Y	QFN48	100	512	128	25	16	4	4	2/1	1/5	-	3	3/1	2	-	-	D/ OTG	-	3.3	3.3V 고속형
NUC505DSA	LQFP64		512		34			4	2/-	1/5		3								
NUC505DS13Y	LQFP64		2048		35			4	2/1	1/8		3								
NUC505Y013Y	QFN88		2048		52			4	2/1	1/8		3								

Nuvoton사의 Cortex-M4 제품은 모두 FPU를 내장하고 있으며, 3.3V/5V 겸용으로 사용할 수 있는 모델로는 72MHz까지 동작하는 기본형 M45x 시리즈와 84MHz까지 동작하는 NUC442/472 시리즈가 있고, 3.3V 전용의 모델로는 100MHz까지 동작하는 NUC505 시리즈가 있다. 이것들의 주요 모델을 정리하면 <표 1.1.31> 및 <표 1.1.32>와 같다.

▣ Infineon사의 Cortex-M4 마이크로컨트롤러

8비트인 8051 호환 모델과 독자적인 16비트 및 32비트 MCU 제품들을 고수하던 Infineon사도 결국 2012년에 Cortex-M 시리즈의 마이크로컨트롤러 시장에 뛰어들어 현재까지 XMC1000 시리즈로 불리는 Cortex-M0 제품과 XMC4000 시리즈로 불리는 Cortex-M4 제품을 생산하고 있다. 이 회사의 XMC4000 시리즈 Cortex-M4 마이크로컨트롤러는 모두 FPU를 내장하고 있으며, 80MHz, 120MHz, 144MHz로 동작하는 여러 가지 패밀리가 있는데, 이 모델들을 요약하면 <표 1.1.33>과 같다. XMC4300 패밀리 이상에서는 Ethernet MAC을 지원하며, XMC4500 패밀리 이상에서는 외부 버스 인터페이스를 지원한다.

<표 1.1.33> Infineon사 XMC4000 시리즈의 주요 특징 요약

모델명	패키지	속도 [MHz]	플래시 [KB]	SRAM [KB]	DSP/ FPU	I/O 핀	CCU4/8 타이머	POSIF 타이머	WDT /RTC	12 비트 ADC	12 비트 DAC	USB/ CAN	직렬 채널	터치 센싱	전원 [V]	비 고
XMC4100-Q48F128	VQFN48	80	128	20	Y/Y	30	2/1	1	1/1	2	2	D/2	4	8	3.3	80MHz/ 64~128KB
XMC4100-Q48K128	VQFN48		128			30										
XMC4100-F64F128	LQFP64		128			45										
XMC4100-F64K128	LQFP64		128			45										
XMC4104-Q48F64	VQFN48		64			30										
XMC4104-Q48K64	VQFN48		64			30										
XMC4104-Q48F128	VQFN48		128			30										
XMC4104-Q48K128	VQFN48		128			30										
XMC4104-F64F64	LQFP64		64			45										
XMC4104-F64K64	LQFP64		64			45										
XMC4104-F64F128	LQFP64		128			45										
XMC4104-F64K128	LQFP64		128			45										
XMC4108-Q48K64	VQFN48		64			30										
XMC4108-F64K64	LQFP64		64			45										
XMC4200-Q48F256	VQFN48	80	256	40	Y/Y	30	2/1	1	1/1	2	2	D/2	4	8	3.3	80MHz/ 256KB
XMC4200-Q48K256	VQFN48		256			30										
XMC4200-F64F256	LQFP64		256			45										
XMC4200-F64K256	LQFP64		256			45										
XMC4400-F64F256	LQFP64	120	256	80	Y/Y	41	4/2	2	1/1	4	2	OTG/ 2	4	8	3.3	120MHz/ 256~512KB
XMC4400-F64K256	LQFP64		256			41										
XMC4400-F64F512	LQFP64		512			41										
XMC4400-F64K512	LQFP64		512			41										
XMC4400-F100F256	LQFP100		256			75										
XMC4400-F100K256	LQFP100		256			75										
XMC4400-F100F512	LQFP100		512			75										
XMC4400-F100K512	LQFP100		512			75										
XMC4402-F64F256	LQFP64		256			41										
XMC4402-F64K256	LQFP64		256			41										
XMC4402-F100F256	LQFP100		256			75										
XMC4402-F100K256	LQFP100		256			75										
XMC4500-F100F768	LQFP100	120	768	160	Y/Y	75	4/2	2	1/1	4	2	OTG/ 3	6	8	3.3	120MHz/ 512~1024KB (이더넷) (외부 메모리 인터페이스)
XMC4500-F100K768	LQFP100		768	160		75										
XMC4500-F100F1024	LQFP100		1024	160		75										
XMC4500-F100K1024	LQFP100		1024	160		75										
XMC4500-F144F768	LQFP144		768	160		119										
XMC4500-F144K768	LQFP144		768	160		119										
XMC4500-F144F1024	LQFP144		1024	160		119										
XMC4500-F144K1024	LQFP144		1024	160		119										
XMC4500-E144F1024	LFBGA144		1024	160		119										
XMC4500-E144X1024	LFBGA144		1024	160		119										
XMC4502-F100F768	LQFP100		768	160		75										
XMC4502-F100K768	LQFP100		768	160		75										
XMC4504-F100F512	LQFP100		512	128		75										
XMC4504-F100K512	LQFP100		512	128		75										
XMC4504-F144F512	LQFP144		512	128		119										
XMC4504-F144K512	LQFP144		512	128		119										
XMC4300-F100F256	LQFP100	144	256	128	Y/Y	75	8/4	2	1/1	2	2	OTG/ 2	4	8	3.3	144MHz/ 256KB(이더넷)
XMC4300-F100K256	LQFP100		256	128		75										
XMC4700-F100F1536	LQFP100	144	1536	276	Y/Y	75	16/8	2	1/1	4	2	OTG/ 6	6	8	3.3	144MHz/ 1.5~2MB (이더넷) (외부 메모리 인터페이스)
XMC4700-F100K1536	LQFP100		1536	276		75										
XMC4700-F100F2048	LQFP100		2048	352		75										
XMC4700-F100K2048	LQFP100		2048	352		75										
XMC4700-F144F1536	LQFP144		1536	276		119										
XMC4700-F144K1536	LQFP144		1536	276		119										
XMC4700-F144F2048	LQFP144		2048	352		119										
XMC4700-F144K2048	LQFP144		2048	352		119										
XMC4700-E196F1536	LFBGA196		1536	276		155										
XMC4700-E196K1536	LFBGA196		1536	276		155										
XMC4700-E196F2048	LFBGA196		2048	352		155										
XMC4700-E196K2048	LFBGA196		2048	352		155										
XMC4800-F100F1024	LQFP100	144	1024	200	Y/Y	75	16/8	2	1/1	4	2	OTG/ 6	6	8	3.3	144MHz/ 1~2MB (이더넷) (외부 메모리 인터페이스)
XMC4800-F100K1024	LQFP100		1024	200		75										
XMC4800-F100F1536	LQFP100		1536	276		75										
XMC4800-F100K1536	LQFP100		1536	276		75										
XMC4800-F100F2048	LQFP100		2048	352		75										
XMC4800-F100K2048	LQFP100		2048	352		75										
XMC4800-F144F1024	LQFP144		1024	200		119										
XMC4800-F144K1024	LQFP144		1024	200		119										
XMC4800-F144F1536	LQFP144		1536	276		119										
XMC4800-F144K1536	LQFP144		1536	276		119										
XMC4800-F144F2048	LQFP144		2048	352		119										
XMC4800-F144K2048	LQFP144		2048	352		119										
XMC4800-E196F1024	LFBGA196		1024	200		155										
XMC4800-E196K1024	LFBGA196		1024	200		155										
XMC4800-E196F1536	LFBGA196		1536	276		155										
XMC4800-E196K1536	LFBGA196		1536	276		155										
XMC4800-E196F2048	LFBGA196		2048	352		155										
XMC4800-E196K2048	LFBGA196		2048	352		155										

4. Cortex-M7 마이크로컨트롤러의 특징과 종류

가장 최근인 2014년에 발표된 Cortex-M7 마이크로컨트롤러는 기존의 Cortex-M4보다 우수한 DSP 기능과 IEEE 754 규격을 만족하는 단정도(single precision) 및 배정도(double precision)의 FPU를 갖는 초고성능 마이크로컨트롤러로서 여기에 캐시 메모리(cache memory)까지 추가되어 기존의 Cortex-M4에 비하여 최소 2배 이상의 처리속도를 자랑한다. 이러한 고성능의 실수연산 기능을 갖는 마이크로컨트롤러는 각종 산업용 제어기, 교류 전동기의 실시간 제어 분야에서부터 TFT-LCD를 사용한 영상처리와 디지털 오디오를 포함하는 멀티미디어 분야에 매우 적합하다.

ARM Cortex-M7은 최고 400MHz까지의 시스템 클록으로 동작하며, 6단계의 슈퍼스칼라(superscalar) 파이프라인 처리 기능과 최대 64KB의 명령 캐시 및 데이터 캐시를 내장하여 프로그램 실행 속도를 획기적으로 향상시켰다. 향상된 SIMD 및 MAC 연산처리 성능을 가지며, 2~12클록 사이클에 수행되는 하드웨어 나눗셈 연산장치를 내장하고 있다.

Cortex-M7 시리즈는 초기에 STMicroelectronics, Freescale, Atmel 등의 3개사와 라이센스 계약을 맺었으며, 이들 회사는 2015년부터 본격적으로 이들 제품을 출시하고 있다.

▣ STMicroelectronics사의 Cortex-M7 마이크로컨트롤러

STMicroelectronics사는 2014년에 전세계에서 가장 먼저 Cortex-M7 마이크로컨트롤러를 상품화하여 발표하였고 2015년부터 양산을 시작하였다. 이 회사의 Cortex-M7 모델은 최고 216MHz의 시스템 클록에서 462 DMIPS 및 Dhrystone 2.1의 높은 처리성능을 발휘한다. 처음에는 4KB의 명령캐시와 4KB의 데이터 캐시를 내장하고 있으며 단정도의 연산만 가능한 FPU를 가지는 STM32F745/746/756 시리즈의 모델을 출시하였으나, 2015년 말부터는 16KB의 명령캐시와 16KB의 데이터 캐시를 내장하고 있으며 배정도의 연산이 가능한 FPU를 가지는 STM32F765/767/777/769/779 시리즈 모델을 출시하고 있다. STM32Fxx6 시리즈 이상은 XGA급 해상도(1024×768)를 지원하는 TFT-LCD 컨트롤러를 내장하고 있으며, STM32Fxx7 시리즈부터는 하드웨어적인 JPEG codec을 가지고 있다. 외부 패키지와 핀배열이 기존의 Cortex-M4 모델과 거의 같도록 설계되어 있어서 손쉬운 업그레이드가 가능하다.

또한, 이 회사는 400MHz의 시스템 클록으로 동작하여 약 1.85배 빨라진 초고성능의 Cortex-M7 계열인 STM32H7 시리즈를 2017년에 출시하기 사작하였다.

<표 1.1.34> STMicroelectronics사 STM32F7 시리즈의 주요 특징 요약

모델명	패키지	속도 [MHz]	FPU/ 캐시 메모리	플래시 [KB]	SRAM [KB]	I/O 핀	16/32 비트 타이머	WDT /RTC	camera int./ TFT	12 비트 ADC	12 비트 DAC	USART /UART	SPI	I2C	SDIO	USB	CAN/ Ethernet	Crypto /hash	전원 [V]	비 고
STM32F745VE	LQFP100	216	single prec./ 4KB(IC) 4KB(DC)	512	320	82	13/2	2/1	Y/-	3/16	2	4/4	4	4	1	2x OTG	2/Y	-	1.8/ 3.3	Base Series
STM32F745VG	LQFP100			1024		82				3/16			4							
STM32F745ZE	LQFP144			512		114				3/24			6							
STM32F745ZG	LQFP144			1024		114				3/24			6							
STM32F745IE	LQFP176			512		140				3/24			6							
STM32F745IG	LQFP176			1024		140				3/24			6							
STM32F745BE	LQFP208			512		168				3/24			6							
STM32F745BG	LQFP208			1024		168				3/24			6							
STM32F745NE	TFBGA216			512		168				3/24			6							
STM32F745NG	TFBGA216			1024		168				3/24			6							
STM32F765VG	LQFP100	216	double prec./ 16KB(IC) 16KB(DC)	1024	512	82	13/2	2/1	Y/-	3/16	2	4/4	4	4	2	2x OTG	3/Y	Y	1.8/ 3.3	
STM32F765VI	LQFP100			2048		82				3/16			4							
STM32F765ZG	LQFP144			1024		114				3/24			6							
STM32F765ZI	LQFP144			2048		114				3/24			6							
STM32F765IG	LQFP176			1024		140				3/24			6							
STM32F765II	LQFP176			2048		140				3/24			6							
STM32F765BG	LQFP208			1024		168				3/24			6							
STM32F765BI	LQFP208			2048		168				3/24			6							
STM32F765NG	TFBGA216			1024		168				3/24			6							
STM32F765NI	TFBGA216			2048		168				3/24			6							
STM32F746VE	LQFP100	216	single prec./ 4KB(IC) 4KB(DC)	512	320	82	13/2	2/1	Y/Y	3/16	2	4/4	4	4	1	2x OTG	2/Y	-	1.8/ 3.3	TFT-LCD 제어기
STM32F746VG	LQFP100			1024		82				3/16			4							
STM32F746ZE	LQFP144			512		114				3/24			6							
STM32F746ZG	LQFP144			1024		114				3/24			6							
STM32F746IE	LQFP176			512		140				3/24			6							
STM32F746IG	LQFP176			1024		140				3/24			6							
STM32F746BE	LQFP208			512		168				3/24			6							
STM32F746BG	LQFP208			1024		168				3/24			6							
STM32F746NE	TFBGA216			512		168				3/24			6							
STM32F746NG	TFBGA216			1024		168				3/24			6							
STM32F756VE	LQFP100	216	single prec./ 4KB(IC) 4KB(DC)	512	320	82	13/2	2/1	Y/Y	3/16	2	4/4	4	4	1	2x OTG	2/Y	Y	1.8/ 3.3	
STM32F756VG	LQFP100			1024		82				3/24			6							
STM32F756ZE	LQFP144			512		114				3/24			6							
STM32F756ZG	LQFP144			1024		114				3/24			6							
STM32F756IE	LQFP176			512		140				3/24			6							
STM32F756IG	LQFP176			1024		140				3/24			6							
STM32F756BE	LQFP208			512		168				3/24			6							
STM32F756BG	LQFP208			1024		168				3/24			6							
STM32F756NE	TFBGA216			512		168				3/24			6							
STM32F756NG	TFBGA216			1024		168				3/24			6							
STM32F767VG	LQFP100	216	double prec./ 16KB(IC) 16KB(DC)	1024	512	82	13/2	2/1	Y/Y	3/16	2	4/4	4	4	2	2x OTG	3/Y	-	1.8/ 3.3	TFT-LCD 제어기 + JPEG
STM32F767VI	LQFP100			2048		82				3/16			4							
STM32F767ZG	LQFP144			1024		114				3/24			6							
STM32F767ZI	LQFP144			2048		114				3/24			6							
STM32F767IG	LQFP176			1024		132				3/24			6							
STM32F767II	LQFP176			2048		132				3/24			6							
STM32F767BG	LQFP208			1024		159				3/24			6							
STM32F767BI	LQFP208			2048		159				3/24			6							
STM32F767NG	TFBGA216			1024		159				3/24			6							
STM32F767NI	TFBGA216			2048		159				3/24			6							
STM32F777VG	LQFP100	216	double prec./ 16KB(IC) 16KB(DC)	1024	512	82	13/2	2/1	Y/Y	3/16	2	4/4	4	4	2	2x OTG	3/Y	Y	1.8/ 3.3	
STM32F777VI	LQFP100			2048		82				3/24			6							
STM32F777ZG	LQFP144			1024		114				3/24			6							
STM32F777ZI	LQFP144			2048		114				3/24			6							
STM32F777AG	WLCSP180			1024		129				3/24			6							
STM32F777AI	WLCSP180			2048		129				3/24			6							
STM32F777IG	LQFP176			1024		132				3/24			6							
STM32F777II	LQFP176			2048		132				3/24			6							
STM32F777BG	LQFP208			1024		159				3/24			6							
STM32F777BI	LQFP208			2048		159				3/24			6							
STM32F777NG	TFBGA216			1024		159				3/24			6							
STM32F777NI	TFBGA216			2048		159				3/24			6							
STM32F769AG	WLCSP180	216	double prec./ 16KB(IC) 16KB(DC)	1024	512	129	13/2	2/1	Y/Y	3/24	2	4/4	6	4	2	2x OTG	3/Y	-	1.8/ 3.3	TFT-LCD 제어기 + JPEG + MIPI-DSI
STM32F769AI	WLCSP180			2048		129														
STM32F769IG	LQFP176			1024		132														
STM32F769II	LQFP176			2048		132														
STM32F769BG	LQFP208			1024		159														
STM32F769BI	LQFP208			2048		159														
STM32F769NG	TFBGA216			1024		159														
STM32F769NI	TFBGA216			2048		159														
STM32F779AG	WLCSP180	216	double prec./ 16KB(IC) 16KB(DC)	1024	512	129	13/2	2/1	Y/Y	3/24	2	4/4	6	4	2	2x OTG	3/Y	Y	1.8/ 3.3	
STM32F779AI	WLCSP180			2048		129														
STM32F779IG	LQFP176			1024		132														
STM32F779II	LQFP176			2048		132														
STM32F779BG	LQFP208			1024		159														
STM32F779BI	LQFP208			2048		159														
STM32F779NG	TFBGA216			1024		159														
STM32F779NI	TFBGA216			2048		159														

■ Atmel사의 Cortex-M7 마이크로컨트롤러

Atmel사도 2014년에 Cortex-M7 시리즈 제품을 발표하였다. 이 회사의 Cortex-M7 마이크로컨트롤러는 모두 단정도 및 배정도의 FPU를 내장하고 300MHz의 빠른 속도로 동작하며 <표 1.1.35>에 보인 것처럼 E70, S70, V70, V71 등 4개의 시리즈 제품이 있다. S70 시리즈가 기본형 모델이며, E70에는 CAN 통신 기능이 추가되었고, V70/71에는 다시 Media LB 인터페이스와 이더넷 통신 기능이 추가되었다.

<표 1.1.35> Atmel사 Cortex-M7 마이크로컨트롤러의 주요 특징 요약

모델명	패키지	속도 [MHz]	플래시 [KB]	SRAM [KB]	I/O 핀	16 비트 타이머	WDT	RTC/ RTT	12 비트 ADC	12 비트 DAC	USART /UART	SPI	I2S/ SDIO	I2C	캐시 (I/D)	USB	CAN	EBI	전원 [V]	비 고
ATSAME70J19 ATSAME70J20 ATSAME70J21	LQFP64	300	512 1024 2048	256 384 384	44	4	1	1/1	1/5	1	0/5	1	1/1	2	16KB/ 16KB	D/ FS	1	-	1.8/ 3.3	E시리즈
ATSAME70N19 ATSAME70N20 ATSAME70N21	LQFP100 BGA100	300	512 1024 2048	256 384 384	75	4	1	1/1	1/10	2	3/5	5	1/1	3	16KB/ 16KB	D/ HS	2	-	1.8/ 3.3	
ATSAME70Q19 ATSAME70Q20 ATSAME70Q21	LQFP144 BGA144	300	512 1024 2048	256 384 384	114	4	1	1/1	1/24	2	3/5	6	1/1	3	16KB/ 16KB	D/ HS	2	16 bit	1.8/ 3.3	
ATSAMS70J19 ATSAMS70J20 ATSAMS70J21	LQFP64	300	512 1024 2048	256 384 384	44	4	1	1/1	1/5	1	0/5	1	1/1	2	16KB/ 16KB	D/ FS	-	-	1.8/ 3.3	S시리즈 (CAN 없음)
ATSAMS70N19 ATSAMS70N20 ATSAMS70N21	LQFP100 BGA100	300	512 1024 2048	256 384 384	75	4	1	1/1	1/10	2	3/5	5	1/1	3	16KB/ 16KB	D/ HS	-	-	1.8/ 3.3	
ATSAMS70Q19 ATSAMS70Q20 ATSAMS70Q21	LQFP144 BGA144	300	512 1024 2048	256 384 384	114	4	1	1/1	1/24	2	3/5	6	1/1	3	16KB / 16KB	D/ HS	-	16 bit	1.8/ 3.3	
ATSAMV70J19 ATSAMV70J20	LQFP64	300	512 1024	256 384	44	4	1	1/1	1/5	1	0/5	1	1/1	2	16KB/ 16KB	D/ FS	1	-	1.8/ 3.3	V시리즈 (Media LB)
ATSAMV70N19 ATSAMV70N20	LQFP100 BGA100	300	512 1024	256 384	75	4	1	1/1	1/10	2	3/5	5	1/1	3	16KB/ 16KB	D/ HS	2	-	1.8/ 3.3	
ATSAMV70Q19 ATSAMV70Q20	LQFP144 BGA144	300	512 1024	256 384	114	4	1	1/1	1/24	2	3/5	6	1/1	3	16KB/ 16KB	D/ HS	2	16 bit	1.8/ 3.3	
ATSAMV71J19 ATSAMV71J20 ATSAMV71J21	LQFP64	300	512 1024 2048	256 384 384	44	4	1	1/1	1/5	1	0/5	1	1/1	2	16KB/ 16KB	D/ FS	1	-	1.8/ 3.3	V시리즈 (Media LB) (이더넷)
ATSAMV71N19 ATSAMV71N20 ATSAMV71N21	LQFP100 BGA100	300	512 1024 2048	256 384 384	75	4	1	1/1	1/10	2	3/5	5	1/1	3	16KB/ 16KB	D/ HS	2	-	1.8/ 3.3	
ATSAMV71Q19 ATSAMV71Q20 ATSAMV71Q21	LQFP144 BGA144	300	512 1024 2048	256 384 384	114	4	1	1/1	1/24	2	3/5	6	1/1	3	16KB/ 16KB	D/ HS	2	16 bit	1.8/ 3.3	

■ Freescale사의 Cortex-M7 마이크로컨트롤러

NXP와 합병되기 전의 Freescale에서는 전동기 제어용으로 특화된 KV5x 시리즈를 Cortex-M7 코어로 생산하여 왔다. 이 회사의 전동기 제어용 마이크로컨트롤러인 V 시리즈 제품군은 <표 1.1.36>에 요약한 것처럼 Cortex-M0+ 코어 제품, Cortex-M4 코어 제품, Cortex-M7 코어 제품을 포함하고 있다.

Freescale에서는 특이하게 2014년부터 자사의 모든 Cortex-M 마이크로컨트롤러 제품을 지원하는 정품 C컴파일러 및 IDE 소프트웨어인 KDS(Kinetis Design Studio)를 무료로 제공하고 있다.

<표 1.1.36> Freescale사의 전동기 제어용 V 시리즈 제품의 주요 특징 요약

모델명	속도 [MHz]	플래시 [KB]	SRAM [KB]	캐시 [KB]	FPU	EBI	DMA	16 비트 ADC	아날로그 비교기	12 비트 DAC	UART	SPI	I2C	Ethernet MAC	USB	CAN	전원 [V]	비고
MKV10Z16Vxx7	75	16	8	-	-	-	Y	Y	Y	Y	Y	Y	Y	-	-	-	1.8/3.3	Cortex-M0+
MKV10Z32Vxx7	75	32	8													-		
MKV10Z64Vxx7	75	64	16													-		
MKV10Z128Vxx7	75	128	16													-		
MKV11Z64Vxx7	75	64	16													Y		
MKV11Z128Vxx7	75	128	16													Y		
MKV30F64Vxx10	100	64	16	-	SP	-	Y	Y	Y	Y	Y	Y	Y	-	-	-	1.8/3.3	Cortex-M4
MKV30F128Vxx10	100	128	16															
MKV31F128Vxx10	100	128	24															
MKV31F256Vxx12	120	256	48															
MKV31F512Vxx12	120	512	96															
MKV42F64Vxx16	168	64	16	-	SP	-	Y	Y	Y	Y	Y	Y	Y	-	-	Y	1.8/3.3	Cortex-M4
MKV42F128Vxx16	168	128	24															
MKV42F256Vxx16	168	256	32															
MKV44F64Vxx16	168	64	16															
MKV44F128Vxx16	168	128	24															
MKV44F256Vxx16	168	256	32															
MKV46F128Vxx16	168	128	24															
MKV46F256Vxx16	168	256	32															
MKV56F512Vxx20	200	512	128	I=16 D=8	SP	Y	Y	Y	Y	Y	Y	Y	Y	-	-	Y	1.8/3.3	Cortex-M7
MKV56F1M0Vxx20	200	1024	256											-				
MKV56F512Cxx22	220	512	128											-				
MKV56F1M0Cxx22	220	1024	256											-				
MKV58F512Vxx20	200	512	128											Y				
MKV58F1M0Vxx20	200	1024	256											Y				
MKV58F512Cxx22	220	512	128											Y				
MKV58F1M0Cxx22	220	1024	256											Y				

5. Cortex-M0 마이크로컨트롤러의 특징과 종류

Cortex-M0 마이크로컨트롤러는 8051, PIC, AVR 등과 같은 8비트 마이크로컨트롤러와 시장에서 경쟁하기 위하여 2009년에 발표된 32비트 ARM 마이크로컨트롤러이다. 이것은 "32비트의 성능에 8비트급의 가격"을 목표로 내세우면서 저가격을 무기로 하여 기존의 8비트 시장을 크게 위협하며 공략하고 있다. 현재 판매되는 Cortex-M0 모델들도 이미 기존의 8비트 모델보다 더 싼 가격에 출시되는 것이 많이 있으며, 앞으로 이것들의 가격은 더욱 내려갈 것으로 예상되고 있어서 Cortex-M0와 기존 8비트 마이크로컨트롤러의 싸움은 이미 일방적으로 승부가 결정된 것으로 보아야 한다.

Cortex-M3/M4/M7이 하버드 구조를 가지는 ARMv7 코어를 사용하는데 비하여 Cortex-M0/M0+는 폰노이만 구조의 ARMv6 코어로 되어 있어서 상대적인 성능은 다소 떨어지지만, 기존의 8비트 마이크로컨트롤러 시장을 주도해오던 8051, PIC, AVR 시리즈에 비해서는 월등히 우수한 32비트급의 고성능을 자랑한다. 좀더 구체적으로 말하면 ARM7TDMI의 명령 처리속도가 0.7 DMIPS/MHz 정도이고 Cortex-M3가 1.25 DMIPS/MHz인데 비하여 Cortex-M0는 0.87 DMIPS/MHz 정도의 명령처리 속도를 나타내므로 ARM7TDMI보다는 약간 빠르고 Cortex-M3보다는 느린 저가형 제품이라고 볼 수 있다. Cortex-M0는 이와 같이 Cortex-M3나 Cortex-M4에 비하여 성능은 낮지만 주변장치는 이것들과 매우 유사하여 8비트급의 경쟁 모델들에 비하면 탁월한 기능을 갖는다.

Cortex-M0 시리즈의 제품은 2009년부터 NXP에서 활발하게 제품을 개발하여 출시하고 있으며, 이후로 Nuvoton사, STMicroelectronics사, Infineon사도 Cortex-M0 시장에 참여하는 등 이 모델을 생산하는 반도체 회사는 점점 증가하고 있다.

▣ NXP사의 Cortex-M0 마이크로컨트롤러

NXP사는 가장 빠른 2009년부터 Cortex-M0 마이크로컨트롤러 제품을 생산하여 왔으며, 이 회사의 Cortex-M0 제품은 특히 초저가격 모델로 유명하였는데 이것들을 요약하면 <표 1.1.37>과 같다.

<표 1.1.37> NXP사 LPC1100/1200 시리즈의 주요 특징 요약

모델명	패키지	속도 [MHz]	플래시 [KB]	SRAM [KB]	EEPROM [KB]	I/O 핀	16/32 비트 타이머	PWM	WDT /RTC	10 비트 ADC	10 비트 DAC	UART	I2C	SPI/ SSP	USB	CAN	EBI	전원 [V]	비 고
LPC1101 LPC1102 LPC1104	WLCSP16/25	50	32	2 8 8	-	11/21	2/2	-	1/-	5/6	-	1	1	1/1	-	-	-	3.3	miniature
LPC1110 LPC1111 LPC1112 LPC1113 LPC1114 LPC1115	DIP28 TSSOP20/28 HVQFN33 LQFP48	50	4 8 16 24 32 64	1 4/2 4/2 4/8 4/8 8	-	16 28 28 42 42 42	2/2 2/2 2/2 2/2 2/2 2/2	-	1/- 1/- 1/- 1/- 1/- 1/-	5 8 8 8 8 8	-	1 1 1 1 1 1	1 1 1 1 1 1	1/1 1/1 1/1 2/2 2/2 2/2	-	-	-	3.3	LPC1100(X)L 시리즈 (저전력, 저가격)
LPC1101LV LPC1102LV LPC1112LV LPC1114LV	WLCSP25 HVQFN24 HVQFN32	50	32 32 16 32	2 8 4/2 8	-	21 21 27/20 27/20	2/2	-	1/-	8	-	1	1	1/1	-	-	-	1.8	LPC1100LV 시리즈 (저전압)
LPC11A02 LPC11A04 LPC11A11 LPC11A12 LPC11A13 LPC11A14	WLCSP20 HVQFN32 LQFP48	50	16 32 8 16 24 32	4 8 2 4 6 8	2 4 0.5 1 2 4	18 18 28 42/28 28 42/28	2/2	-	1/-	8	1	1	1	1/1 1/1 2/2 2/2 2/2 2/2	-	-	-	3.3	아날로그형
LPC11C12 LPC11C14 LPC11C22 LPC11C24	LQFP48	50	16 32 16 32	8 8 8 8	-	40 40 36 36	2/2	-	1/-	8	-	1	1	2/2	-	1	-	3.3	CAN용
LPC11D14 LPC12D27	LQFP100	50 45	32 128	8 8	-	42 40	2/2	-	1/- 1/1	8	-	1 2	1	2/2 1/1	-	-	-	3.3	LCD용
LPC11E11 LPC11E12 LPC11E13 LPC11E14 LPC11E36 LPC11E37	HVQFN32 LQFP48	50	8 16 24 32 96 128	4 6 8 10 12 12	0.5 1 2 4 4 4	28 40 40 54/40 54/28 54/40	2/2	-	1/-	8	-	1	1	2/2	-	-	-	3.3	EEPROM형
LPC11U12 LPC11U13 LPC11U14 LPC11U23 LPC11U24 LPC11U34 LPC11U35 LPC11U36 LPC11U37	HVQFN32 LQFP48/64 TFBGA48	50	16 24 32 24 32 40 64 96 128	6 6 6 6 8/6 8 12/10 54/40 54/40	- - - 1 4/2 4 4 4 4	40 40/26 54/40 40 40/26 40/26 54/40 54/40 54/40	2/2	-	1/-	8	-	1	1	2/2	1	-	-	3.3	USB용
LPC1224 LPC1225 LPC1226 LPC1227	LQFP48/64	45/ 30	48/32 80/64 96 128	4 8 8 8	-	55/39 55/39 55/39 55/39	2/2	-	1/1	8	-	2	1	1/1	-	-	-	3.3	산업 컨트롤러용

<표 1.1.38> STMicroelectronics사 STM32F0 시리즈의 주요 특징 요약

모델명	패키지	속도 [MHz]	플래시 [KB]	SRAM [KB]	I/O 핀	32비트 타이머	16비트 타이머	WDT	RTC/ Sys Tick	12 비트 ADC	12 비트 DAC	USART	SPI	I2C	I2S	USB/ CAN	전원 [V]	비 고
STM32F030F4	TSSOP20		16	4	15		5			11		1	1	1				
STM32F030K6	LQFP32		32	4	26		5			12		1	1	1				
STM32F030C6	LQFP48		32	4	39		5			12		1	1	1				
STM32F030C8	LQFP48	48	64	8	39	-	7	2	1/1	12	-	2	2	2	-	-/-	3.3	
STM32F030CC	LQFP48		256	32	37		9			12		6	2	2				
STM32F030R8	LQFP64		64	8	55		7			18		2	2	2				
STM32F030RC	LQFP64		256	32	51		9			18		6	2	2				Low price
STM32F070F6	TSSOP20		32	6	15		5			12		2	1	1				
STM32F070C6	LQFP48		32	6	37		5			13		2	1	1				
STM32F070CB	LQFP48	48	128	16	37	-	8	2	1/1	13	-	4	2	2	-	1/-	3.3	
STM32F070RB	LQFP64		128	16	51		8			19		4	2	2				
STM32F031F4	TSSOP20		16	4	15		5			12		1	1	1	1			
STM32F031F6	TSSOP20		32	4	15		5			12		1	1	1	1			
STM32F031E6	WLCSP25		32	4	20		5			12		1	1	1	1			
STM32F031G4	UFQFPN28		16	4	23		5			13		1	1	1	1			
STM32F031G6	UFQFPN28	48	32	4	23	1	5	2	1/1	13	-	1	1	1	1	-/-	3.3	without DAC
STM32F031K4	UFQFPN32		16	4	27		5			13		1	1	1	1			
STM32F031K6	UFQFPN32		32	4	27		5			13		1	1	1	1			
STM32F031C4	LQFP48		16	4	39		5			13		1	1	1	1			
STM32F031C6	LQFP48		32	4	39		5			13		1	1	1	1			
STM32F051K4	UFQFPN32		16	4	27		7			13		1	1	1	1			
STM32F051K6	UFQFPN32		32	4	27		7			13		2	1	1	1			
STM32F051K8	UFQFPN32		64	8	27		7			13		2	1	1	1			
STM32F051T8	WLCSP36		64	8	29		7			13		2	1	1	1			
STM32F051C4	LQFP48		16	4	39		7			13		1	1	1	1			
STM32F051C6	LQFP48	48	32	4	39	1	7	2	1/1	13	1	2	1	1	1	-/-	3.3	
STM32F051C8	LQFP48		64	8	39		7			13		2	2	2	1			
STM32F051R4	LQFP64		16	4	55		7			19		1	1	1	1			
STM32F051R6	LQFP64		32	4	55		7			19		2	1	1	1			
STM32F051R8	LQFP64		64	8	55		7			19		2	2	2	1			
STM32F071CB	LQFP48		128	16	37		8			13		4	2	2	2			with DAC
STM32F071RB	LQFP64		128	16	51		8			19		4	2	2	2			
STM32F071V8	LQFP100	48	64	16	87	1	8	2	1/1	19	2	4	2	2	2	-/-	3.3	
STM32F071VB	LQFP100		128	16	87		8			19		4	2	2	2			
STM32F091CB	LQFP48		128	32	38		8			13		6	2	2	2			
STM32F091CC	LQFP48		256	32	38		8			13		6	2	2	2			
STM32F091RB	LQFP64		128	32	52		8			19		8	2	2	2			
STM32F091RC	LQFP64	48	256	32	52	1	8	2	1/1	19	2	8	2	2	2	-/1	3.3	
STM32F091VB	LQFP100		128	32	88		8			19		8	2	2	2			
STM32F091VC	LQFP100		256	32	88		8			19		8	2	2	2			
STM32F042F4	TSSOP20		16	6	16		5			13		2	1	1	1			
STM32F042F6	TSSOP20		32	6	16		5			13		2	1	1	1			
STM32F042G4	UFQFPN28		16	6	24		5			13		2	1	1	1			
STM32F042G6	UFQFPN28		32	6	24		5			13		2	1	1	1			
STM32F042K4	UFQFPN32	48	16	6	28	1	5	2	1/1	13	-	2	1	1	1	1/1	3.3	
STM32F042K6	UFQFPN32		32	6	28		5			13		2	1	1	1			
STM32F042T6	WLCSP36		32	6	30		5			13		2	1	1	1			
STM32F042C4	LQFP48		16	6	38		5			13		2	2	1	1			CAN + USB
STM32F042C6	LQFP48		32	6	38		5			13		2	2	1	1			
STM32F072C8	LQFP48		64	16	37		9			13		4	2	2	2			
STM32F072CB	LQFP48		128	16	37		9			13		4	2	2	2			
STM32F072R8	LQFP64		64	16	51		9			19		4	2	2	2			
STM32F072RB	LQFP64	48	128	16	51	1	9	2	1/1	19	1	4	2	2	2	1/1	3.3	
STM32F072V8	LQFP100		64	16	87		9			19		4	2	2	2			
STM32F072VB	LQFP100		128	16	87		9			19		4	2	2	2			
STM32F038F6	TSSOP20		32	4	12		5			13		1	1	1	1			
STM32F038E6	WLCSP25		32	4	20		5			13		1	1	1	1			
STM32F038G6	UFQFPN28	48	32	4	20	1	5	2	1/1	13	-	1	1	1	1	-/-	1.8	
STM32F038K6	UFQFPN32		32	4	26		5			13		1	1	1	1			
STM32F038C6	LQFP48		32	4	38		5			12		1	1	1	1			
STM32F048G6	UFQFPN28		32	6	24		6			13		2	1	1	1			
STM32F048T6	WLCSP36	48	32	6	30	1	6	2	1/1	13	-	2	1	1	1	1/1	1.8	
STM32F048C6	LQFP48		32	6	38		6			13		2	2	1	1			
STM32F058T8	WLCSP36		64	8	28		8			13		2	2	2	1			1.8V
STM32F058C8	LQFP48	48	64	8	38	1	8	2	1/1	13	1	2	2	2	1	-/-	1.8	
STM32F058R8	LQFP64		64	8	54		8			19		2	2	2	1			
STM32F078CB	LQFP48		128	16	37		9			13		4	2	2	2			
STM32F078RB	LQFP64	48	128	16	51	1	9	2	1/1	19	2	4	2	2	2	1/1	1.8	
STM32F078VB	LQFP100		128	16	87		9			19		4	2	2	2			
STM32F098CC	LQFP48		256	32	37		8			13		6	2	2	2			
STM32F098RC	LQFP64	48	256	32	51	1	8	2	1/1	19	2	8	2	2	2	-/1	1.8	
STM32F098VC	LQFP100		256	32	87		8			19		8	2	2	2			

▣ STMicroelectronics사의 Cortex-M0 마이크로컨트롤러

STMicroelectronics사는 2012년에 Cortex-M0 마이크로컨트롤러 제품을 출시함으로써 Cortex-M0/M3/M4의 기본 라인업을 완성하였고, 이어 2014년에는 Cortex-M0+ 모델과 Cortex-M7 모델을 추가함으로써 이 회사는 전세계에서 독보적으로 ARM Cortex-M0/M0+/M3/M4/M7의 전체 모델을 생산하고 있다. 이 회사는 현재까지 가장 적극적으로 Cortex-M 시리즈의 제품을 개발하고 판매하는 회사로 평가되고 있다.

STMicroelectronics사의 Cortex-M0 제품을 요약하면 <표 1.1.38>과 같다.

▣ Nuvoton사의 Cortex-M0 마이크로컨트롤러

대만의 Nuvoton사는 NuMicro라는 브랜드로 활발하게 Cortex-M0 마이크로컨트롤러 제품을 생산하고 있다. 대부분의 Cortex-M 시리즈 제품들은 3.3V 전원을 사용하는데 비하여 이 회사의 Cortex-M0 모델은 3.3V와 5.0V 겸용으로 되어 있어서 필요할 경우에는 5.0V의 전원을 사용할 수 있다는 점에서 매우 유리할 수 있으며, USB, CAN, LIN 등과 같은 통신기능을 강조한 제품이 많고, 특이하게 8051과 핀을 유사하게 만든 Mini51 시리즈나 M051 시리즈도 있다.

Nuvoton사의 Cortex-M0 시리즈 모델을 알기 쉽게 <그림 1.1.10>에 요약하여 보였으며, 이 회사의 Cortex-M0 모델명을 정하는 규칙을 도시하면 <그림 1.1.11>과 같다. NUC100/120/130/140 시리즈의 제품의 특징을 요약하면 <표 1.1.39>와 같고, Mini51 시리즈 및 M051 시리즈의 제품을 요약하면 <표 1.1.40>과 같다.

초창기 Nuvoton사의 Cortex-M0 마이크로컨트롤러는 모두 3.3V와 5.0V 겸용이며 D/A 컨버터가 없다는 특징이 있었으나, 나중에는 3.3V 전용이며 D/A 컨버터를 내장한 Ultra Low Power형의 Nano100/110/120/130 시리즈를 출시하였는데, 이를 요약하면 <표 1.1.41>과 같다.

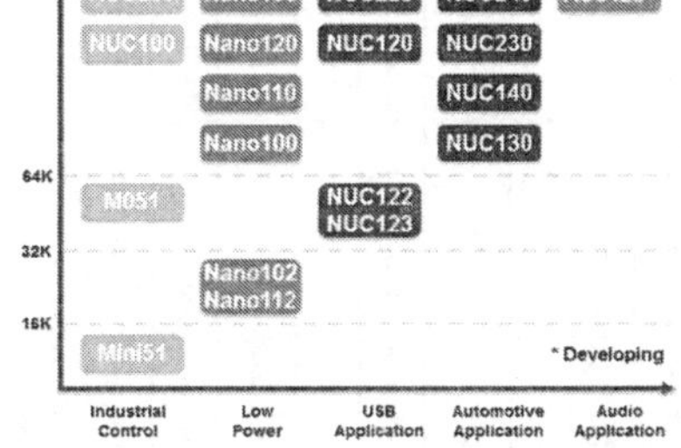

<그림 1.1.10> Nuvoton사의 Cortex-M0 시리즈 요약

<표 1.1.39> Nuvoton사 NUC100/120/130/140 시리즈의 주요 특징 요약

모델명	패키지	속도 [MHz]	플래시 [KB]	SRAM [KB]	I/O 핀	DMA	32 비트 타이머	PWM	WDT /RTC	12 비트 ADC	AC	UART	SPI	I2C	I2S	USB	CAN /LIN	EBI	전원 [V]	비 고
NUC100LC1DN	LQFP48		32	4	37			6			1	2	1					-		
NUC100LD1DN	LQFP48		64	4	37			6			1	2	1					-		
NUC100LD2DN	LQFP48		64	8	37			6			1	2	1					-		
NUC100LD3DN	LQFP48		64	16	37			6			1	2	1					-		
NUC100LE3DN	LQFP48		128	16	37			6			1	2	1					-		
NUC100RC1DN	LQFP64		32	4	51			6			2	3	2					Y		
NUC100RD1DN	LQFP64	50	64	4	51	9	4	6	1/1	8	2	3	2	2	1	-	-/-	Y	3.3 /5.0	
NUC100RD2DN	LQFP64		64	8	51			6			2	3	2					Y		
NUC100RD3DN	LQFP64		64	16	51			6			2	3	2					Y		
NUC100RE3DN	LQFP64		128	16	51			6			2	3	2					Y		
NUC100VD2DN	LQFP100		64	8	84			8			2	3	4					Y		Advanced Series
NUC100VD3DN	LQFP100		64	16	84			8			2	3	4					Y		
NUC100VE3DN	LQFP100		128	16	84			8			2	3	4					Y		
NUC200LC2AN	LQFP48		32	8	35			6		7	1	4	1							
NUC200LD2AN	LQFP48		64	8	35			6		7	1	4	1							
NUC200LE3AN	LQFP48		128	16	35			6		7	1	4	1							
NUC200SC2AN	LQFP64	50	32	8	49	9	4	6	1/1	7	2	5	2	2	1	-	-/-	-	3.3 /5.0	
NUC200SD2AN	LQFP64		64	8	49			6		7	2	5	2							
NUC200SE3AN	LQFP64		128	16	49			6		7	2	5	2							
NUC200VE3AN	LQFP100		128	16	83			8		8	2	6	4							
NUC120LC1DN	LQFP48		32	4	33			4			1	2	1					-		
NUC120LD1DN	LQFP48		64	4	33			4			1	2	1					-		
NUC120LD2DN	LQFP48		64	8	33			4			1	2	1					-		
NUC120LD3DN	LQFP48		64	16	33			4			1	2	1					-		
NUC120LE3DN	LQFP48		128	16	33			4			1	2	1					-		
NUC120RC1DN	LQFP64		32	4	47			6			2	2	2					Y		
NUC120RD1DN	LQFP64	50	64	4	47	9	4	6	1/1	8	2	2	2	2	1	1	-/-	Y	3.3 /5.0	
NUC120RD2DN	LQFP64		64	8	47			6			2	2	2					Y		
NUC120RD3DN	LQFP64		64	16	47			6			2	2	2					Y		
NUC120RE3DN	LQFP64		128	16	47			6			2	2	2					Y		
NUC120VD2DN	LQFP100		64	8	80			8			2	3	4					Y		
NUC120VD3DN	LQFP100		64	16	80			8			2	3	4					Y		
NUC120VE3DN	LQFP100		128	16	80			8			2	3	4					Y		
NUC122ZC1AN	QFN33		32	4	18			-	1/-			1								
NUC122ZD2AN	QFN33		64	8	18			-	1/-			1								
NUC122LC1AN	LQFP48	60	32	4	30	-	4	4	1/1	-	-	2	2	1	-	1	-/-	-	3.3 /5.0	USB Series
NUC122LD2AN	LQFP48		64	8	30			4	1/1			2								
NUC122SC1AN	LQFP64		32	4	41			4	1/1			2								
NUC122SD2AN	LQFP64		64	8	41			4	1/1			2								
NUC123ZC2AN1	QFN33		36	12	20			2	1/-	-		1		1						
NUC123ZD4AN0	QFN33		68	20	20			2	1/-	-		1		1						
NUC123LC2AN1	LQFP48	72	36	12	36	6	4	4	1/-	8	-	2	3	2	1	1	-/-	-	3.3 /5.0	
NUC123LD4AN0	LQFP48		68	20	36			4	1/-	8		2		2						
NUC123SC2AN1	LQFP64		36	12	47			4	1/-	8		2		2						
NUC123SD4AN0	LQFP64		68	20	47			4	1/-	8		2		2						
NUC220LC2AN	LQFP48		32	8	31			4		7	1	4	1							
NUC220LD2AN	LQFP48		64	8	31			4		7	1	4	1							
NUC220LE3AN	LQFP48		128	16	31			4		7	1	4	1							
NUC220SC2AN	LQFP64	50	32	8	45	9	4	6	1/1	7	2	4	2	2	1	1	-/-	-	3.3 /5.0	
NUC220SD2AN	LQFP64		64	8	45			6		7	2	4	2							
NUC220SE3AN	LQFP64		128	16	45			6		7	2	4	2							
NUC220VE3AN	LQFP100		128	16	79			8		8	2	6	4							
NUC130LC1CN	LQFP48		32	4	35			4			1		1					-		
NUC130LD2CN	LQFP48		64	8	35			4			1		1					-		
NUC130LE3CN	LQFP48		128	16	35			4			1		1					-		
NUC130RC1CN	LQFP64	50	32	4	49	9	4	6	1/1	8	2	3	2	2	1	-	1/2	Y	3.3 /5.0	
NUC130RD2CN	LQFP64		64	8	49			6			2		2					Y		
NUC130RE3CN	LQFP64		128	16	49			6			2		2					Y		
NUC130VE3CN	LQFP100		128	16	80			8			2		4					Y		
NUC230LC2AE	LQFP48		32	8	35			4		7	1	5	1							Automotive Series
NUC230LD2AE	LQFP48		64	8	35			4		7	1	5	1							
NUC230LE3AE	LQFP48		128	16	35			4		7	1	5	1							
NUC230SC2AE	LQFP64	50	32	8	49	9	4	4	1/1	7	2	5	2	2	1	-	2/3	-	3.3 /5.0	
NUC230SD2AE	LQFP64		64	8	49			4		7	2	5	2							
NUC230SE3AE	LQFP64		128	16	49			4		7	2	5	2							
NUC230VE3AE	LQFP100		128	16	83			8		8	2	6	4							
NUC140LC1CN	LQFP48		32	4	31			4			1	2	1					-		
NUC140LD2CN	LQFP48		64	8	31			4			1	2	1					-		
NUC140LE3CN	LQFP48		128	16	31			4			1	2	1					-		
NUC140RC1CN	LQFP64	50	32	4	45	9	4	4	1/1	8	2	3	2	2	1	1	1/2	Y	3.3 /5.0	
NUC140RD2CN	LQFP64		64	8	45			4			2	3	2					Y		
NUC140RE3CN	LQFP64		128	16	45			4			2	3	2					Y		
NUC140VE3CN	LQFP100		128	16	76			8			2	3	4					Y		
NUC240LC2AE	LQFP48		32	8	31			4		7	1	4	1							Connectivity Series
NUC240LD2AE	LQFP48		64	8	31			4		7	1	4	1							
NUC240LE3AE	LQFP48		128	16	31			4		7	1	4	1							
NUC240SC2AE	LQFP64	50	32	8	45	9	4	4	1/1	7	2	5	2	2	1	1	2/2	-	3.3 /5.0	
NUC240SD2AE	LQFP64		64	8	45			4		7	2	5	2							
NUC240SE3AE	LQFP64		128	16	45			4		7	2	5	2							
NUC240VE3AE	LQFP100		128	16	79			8		8	2	6	4							

<표 1.1.40> Nuvoton사 Mini51 및 M051 시리즈의 주요 특징 요약

모델명	패키지	속도 [MHz]	플래시 [KB]	SRAM [KB]	I/O 핀	DMA	32 비트 타이머	PWM	WDT /RTC	10/12 비트 ADC	AC	UART	SPI	I2C	I2S	USB	CAN /LIN	EBI	전원 [V]	비 고
MINI51FDE	TSSOP20	24	4	2	17	-	2	3	1/-	4/-	-	1	1	1	-	-	-/-	-	3.3 /5.0	Mini51 시리즈
MINI52FDE	TSSOP20	24	8	2	17			3		4/-	-	1		1						
MINI54FDE	TSSOP20	24	16	2	17			3		4/-	-	1		1						
MINI58FDE	TSSOP20	50	32	4	17			6		4/-	-	2		2						
MINI51TDE	QFN33	24	4	2	29			6		8/-	2	1		1						
MINI52TDE	QFN33	24	8	2	29			6		8/-	2	1		1						
MINI54TDE	QFN33	24	16	2	29			6		8/-	2	1		1						
MINI58TDE	QFN33	50	32	4	29			6		8/-	2	2		2						
MINI51ZDE	QFN33	24	4	2	29			6		8/-	2	1		1						
MINI52ZDE	QFN33	24	8	2	29			6		8/-	2	1		1						
MINI54ZDE	QFN33	24	16	2	29			6		8/-	2	1		1						
MINI58ZDE	QFN33	50	32	4	29			6		8/-	2	2		2						
MINI51LDE	LQFP48	24	4	2	30			6		8/-	2	1		1						
MINI52LDE	LQFP48	24	8	2	30			6		8/-	2	1		1						
MINI54LDE	LQFP48	24	16	2	30			6		8/-	2	1		1						
MINI58LDE	LQFP48	50	32	4	30			6		8/-	2	2		2						
M052ZDE/N	QFN33	50	8	4	24	9	4	5	1/-	-/5	4	2	1	2	-	-	-/-	-	3.3 /5.0	M051 시리즈
M054ZDE/N	QFN33		16		24			5		-/5			1					-		
M058ZDE/N	QFN33		32		24			5		-/5			1					-		
M0516ZDE/N	QFN33		64		24			5		-/5			1					-		
M052LDE/N	LQFP48		8		40			8		-/8			2					Y		
M054LDE/N	LQFP48		16		40			8		-/8			2					Y		
M058LDE/N	LQFP48		32		40			8		-/8			2					Y		
M0516LDE/N	LQFP48		64		40			8		-/8			2					Y		
M058SFAN	TSSOP20	50	4	4	14	-	4	1	1/-	-/2	-	1	1	1	-	-	-/-	-	3.3 /5.0	M058S 시리즈
M058SZAN	QFN33				26			2		-/5				1						
M058SLAN	LQFP48				42			4		-/8				2						
M058SSAN	LQFP64				55			4		-/8				2						

<표 1.1.41> Nuvoton사 Nano100/110/120/130 시리즈의 주요 특징 요약

모델명	패키지	속도 [MHz]	플래시 [KB]	SRAM [KB]	I/O 핀	DMA	32 비트 타이머	PWM	WDT /RTC	12 비트 ADC	12 비트 DAC	UART	SPI	I2C	I2S	USB	LCD	EBI	전원 [V]	비 고
NANO100NC2BN	QFN48	42	32	8	38	8	4	6	1/1	7	2	4	3	2	1	-	-	-	3.3	Base Series
NANO100ND2BN	QFN48		64	8	38			6		7		4						-		
NANO100ND3BN	QFN48		64	16	38			6		7		4						-		
NANO100NE3BN	QFN48		128	16	38			6		7		4						-		
NANO100LC2BN	LQFP48		32	8	38			6		7		4						-		
NANO100LD2BN	LQFP48		64	8	38			6		7		4						-		
NANO100LD3BN	LQFP48		64	16	38			6		7		4						-		
NANO100LE3BN	LQFP48		128	16	38			6		7		4						-		
NANO100SC2BN	LQFP64		32	8	52			8		7		5						-		
NANO100SD2BN	LQFP64		64	8	52			8		7		5						-		
NANO100SD3BN	LQFP64		64	16	52			8		7		5						-		
NANO100SE3BN	LQFP64		128	16	52			8		7		5						-		
NANO100KD3BN	LQFP128		64	16	86			8		12		5						Y		
NANO100KE3BN	LQFP128		128	16	86			8		12		5						Y		
NANO110SC2BN	LQFP64	42	32	8	51	8	4	7	1/1	7	2	5	3	2	1	-	Y		3.3	LCD Series
NANO110SD2BN	LQFP64		64	8	51			7		7										
NANO110SD3BN	LQFP64		64	16	51			7		7								-		
NANO110SE3BN	LQFP64		128	16	51			7		7								-		
NANO110RC2BN	LQFP64		32	8	51			7		7								-		
NANO110RD2BN	LQFP64		64	8	51			7		7								-		
NANO110RD3BN	LQFP64		64	16	51			7		7								Y		
NANO110RE3BN	LQFP64		128	16	51			7		7								Y		
NANO110KC2BN	LQFP128		32	8	86			8		12								Y		
NANO110KD2BN	LQFP128		64	8	86			8		12								Y		
NANO110KD3BN	LQFP128		64	16	86			8		12										
NANO110KE3BN	LQFP128		128	16	86			8		12										
NANO120LC2BN	LQFP48	42	32	8	34	8	4	4	1/1	7	2	4	3	2	1	1	-	-	3.3	Connectivity Series
NANO120LD2BN	LQFP48		64	8	34			4		7		4						-		
NANO120LD3BN	LQFP48		64	16	34			4		7		4						-		
NANO120LE3BN	LQFP48		128	16	34			4		7		4						-		
NANO120SC2BN	LQFP64		32	8	48			8		7		5						-		
NANO120SD2BN	LQFP64		64	8	48			8		7		5						-		
NANO120SD3BN	LQFP64		64	16	48			8		7		5						-		
NANO120SE3BN	LQFP64		128	16	48			8		7		5						-		
NANO120KD3BN	LQFP128		64	16	86			8		8		5						Y		
NANO120KE3BN	LQFP128		128	16	86			8		8		5						Y		
NANO130SC2BN	LQFP64	42	32	8	47	8	4	7	1/1	7	2	5	3	2	1	1	Y	-	3.3	Advanced Series
NANO130SD2BN	LQFP64		64	8	47			7		7								-		
NANO130SD3BN	LQFP64		64	16	47			7		7								-		
NANO130SE3BN	LQFP64		128	16	47			7		7								-		
NANO130KC2BN	LQFP128		32	8	86			8		8								Y		
NANO130KD2BN	LQFP128		64	8	86			8		8								Y		
NANO130KD3BN	LQFP128		64	16	86			8		8								Y		
NANO130KE3BN	LQFP128		128	16	86			8		8								Y		

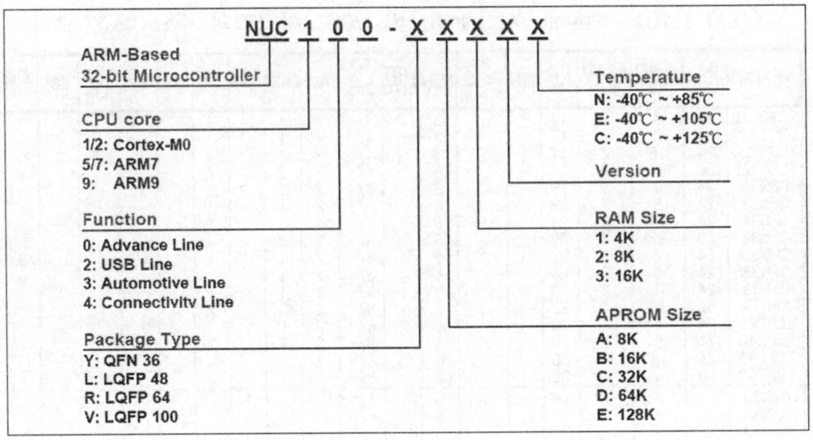

〈그림 1.1.11〉 Nuvoton사 Cortex-M0 시리즈의 모델명을 정하는 방식

▣ Infineon사의 Cortex-M0 마이크로컨트롤러

Infineon사는 2013년에 Cortex-M0 마이크로컨트롤러 제품을 발표하였는데, 이것들은 +5V 전원을 사용할 수 있고 모두 핀수가 적은 TSSOP형의 팩키지라는 것이 특징이 있으며, 나중에 여기에 새로 VQFN 팩키지가 추가되었다. 이러한 소형 패키지로 된 Cortex-M0 소자는 스마트 센서나 터치 스크린 컨트롤러, LED 조명 등과 같이 소형 제품의 컨트롤러로 사용하는데 유리하다.

이 모델들의 주요 사양을 요약하면 <표 1.1.42>와 같다. 이중에서 XMC1300/1400 모델에는 수치연산용 보조프로세서(coprocessor)를 내장하고 있어서 고속의 실시간 수치연산 기능이 가능하다. 이러한 기능은 고성능 모터제어 시스템에서 유용하게 사용될 수 있다.

〈표 1.1.42〉 Infineon사 XMC1000 시리즈의 주요 특징 요약

모델명	패키지	속도 [MHz]	플래시 [KB]	SRAM [KB]	on-chip ROM [KB]	I/O 핀	CCU4/8 타이머	POSIF 타이머	WDT /RTC	12 비트 ADC	아날로그 비교기	보조 프로 세서	직렬 채널	터치 센싱	전원 [V]	비 고
XMC1100-T016F0008	TSSOP16	32	8	16	8	14	1/-	-	1/1	1/7	-	N	2	-	3.3/ 5.0	산업용
XMC1100-T016F0016	TSSOP16		16			14				1/7						
XMC1100-T016F0032	TSSOP16		32			14				1/7						
XMC1100-T016F0064	TSSOP16		64			14				1/7						
XMC1100-T016X0016	TSSOP16		16			14				1/7						
XMC1100-T016X0032	TSSOP16		32			14				1/7						
XMC1100-T016X0064	TSSOP16		64			14				1/7						
XMC1100-T038F0016	TSSOP38		16			34				1/12						
XMC1100-T038F0032	TSSOP38		32			34				1/12						
XMC1100-T038F0064	TSSOP38		64			34				1/12						
XMC1100-T038X0064	TSSOP38		64			34				1/12						
XMC1100-Q024F0008	VQFN24		8			22				1/9						
XMC1100-Q024F0016	VQFN24		16			22				1/9						
XMC1100-Q024F0032	VQFN24		32			22				1/9						
XMC1100-Q024F0064	VQFN24		64			22				1/9						
XMC1100-Q040F0016	VQFN40		16			35				1/12						
XMC1100-Q040F0032	VQFN40		32			35				1/12						
XMC1100-Q040F0064	VQFN40		64			35				1/12						

<표 1.1.42> Infineon사 XMC1000 시리즈의 주요 특징 요약(계속)

모델명	패키지	속도 [MHz]	플래시 [KB]	SRAM [KB]	on-chip ROM [KB]	I/O 핀	CCU4/8 타이머	POSIF 타이머	WDT /RTC	12 비트 ADC	아날로그 비교기	보조 프로 세서	직렬 채널	터치 센싱	전원 [V]	비 고
XMC1201-T038F0016	TSSOP38	32	16	16	8	34	1/-	-	1/1	2/12	-	N	2	16	3.3/ 5.0	LED 조명용
XMC1201-T038F0032	TSSOP38		32			34				2/12	-			16		
XMC1201-T038F0064	TSSOP38		64			34				2/12	-			16		
XMC1201-T038F0128	TSSOP38		128			34				2/12	-			16		
XMC1201-T038F0200	TSSOP38		200			34				2/12	-			16		
XMC1202-T016X0016	TSSOP16		16			14				2/7	2			-		
XMC1202-T016X0032	TSSOP16		32			14				2/7	2			-		
XMC1202-T016X0064	TSSOP16		64			14				2/7	2			-		
XMC1202-T028X0016	TSSOP28		16			26				2/10	3			-		
XMC1202-T028X0032	TSSOP28		32			26				2/10	3			-		
XMC1202-T028X0064	TSSOP28		64			26				2/10	3			-		
XMC1201-Q040F0016	VQFN40		16			35				2/12	3			16		
XMC1201-Q040F0032	VQFN40		32			35				2/12	3			16		
XMC1201-Q040F0064	VQFN40		64			35				2/12	3			16		
XMC1201-Q040F0128	VQFN40		128			35				2/12	3			16		
XMC1201-Q040F0200	VQFN40		200			35				2/12	3			16		
XMC1202-Q024X0016	VQFN24		16			22				2/8	3			-		
XMC1202-Q024X0032	VQFN24		32			22				2/8	3			-		
XMC1202-Q040X0016	VQFN40		16			35				2/12	3			-		
XMC1202-Q040X0032	VQFN40		32			35				2/12	3			-		
XMC1301-T016F0008	TSSOP16	32	8	16	8	14	1/1	1	1/1	2/7	2	N	2	-	3.3/ 5.0	모터 제어용 (보조 프로세서)
XMC1301-T016F0016	TSSOP16		16			14				2/7	2	N				
XMC1301-T016F0032	TSSOP16		32			14				2/7	2	N				
XMC1301-T016X0008	TSSOP16		8			14				2/7	2	N				
XMC1301-T016X0016	TSSOP16		16			14				2/7	2	N				
XMC1301-T038F0008	TSSOP38		8			34				2/12	3	N				
XMC1301-T038F0016	TSSOP38		16			34				2/12	3	N				
XMC1301-T038F0032	TSSOP38		32			34				2/12	3	N				
XMC1301-T038F0064	TSSOP38		64			34				2/12	3	N				
XMC1302-T016X0008	TSSOP16		8			14				2/7	2	Y				
XMC1302-T016X0016	TSSOP16		16			14				2/7	2	Y				
XMC1302-T016X0032	TSSOP16		32			14				2/7	2	Y				
XMC1302-T038X0016	TSSOP38		16			34				2/12	3	Y				
XMC1302-T038X0032	TSSOP38		32			34				2/12	3	Y				
XMC1302-T038X0064	TSSOP38		64			34				2/12	3	Y				
XMC1302-T038X0128	TSSOP38		128			34				2/12	3	Y				
XMC1302-T038X0200	TSSOP38		200			34				2/12	3	Y				
XMC1301-Q024F0016	VQFN24		16			22				2/8	3	N				
XMC1301-Q024F0032	VQFN24		32			22				2/8	3	N				
XMC1301-Q040F0008	VQFN40		8			34				2/12	3	N				
XMC1301-Q040F0016	VQFN40		16			34				2/12	3	N				
XMC1301-Q040F0032	VQFN40		32			34				2/12	3	N				
XMC1302-Q024F0016	VQFN24		16			22				2/8	3	Y				
XMC1302-Q024F0032	VQFN24		32			22				2/8	3	Y				
XMC1302-Q024F0064	VQFN24		64			22				2/8	3	Y				
XMC1302-Q024X0016	VQFN24		16			22				2/8	3	Y				
XMC1302-Q024X0032	VQFN24		32			22				2/8	3	Y				
XMC1302-Q024X0064	VQFN24		64			22				2/8	3	Y				
XMC1302-Q040X0016	VQFN40		16			34				2/12	3	Y				
XMC1302-Q040X0032	VQFN40		32			34				2/12	3	Y				
XMC1302-Q040X0064	VQFN40		64			34				2/12	3	Y				
XMC1302-Q040X0128	VQFN40		128			34				2/12	3	Y				
XMC1302-Q040X0200	VQFN40		200			34				2/12	3	Y				
XMC1401-Q048F0064	VQFN48	48	64	16	8	42	1/1	1	1/1	2/12	3	N	4	24	3.3/ 5.0	
XMC1401-Q048F0128	VQFN48		128			42				2/12	3	N		24		
XMC1401-F064F0064	LQFP64		64			55				2/12	3	N		24		
XMC1401-F064X0128	LQFP64		128			55				2/12	3	N		24		
XMC1402-Q040F0032	VQFN40		32			35				2/12	3	Y		-		
XMC1402-Q040F0064	VQFN40		64			35				2/12	3	Y		-		
XMC1402-Q040F0128	VQFN40		128			35				2/12	3	Y		-		
XMC1402-Q048X0032	VQFN48		32			42				2/12	3	Y		-		
XMC1402-Q048X0064	VQFN48		64			42				2/12	3	Y		-		
XMC1402-Q048X0128	VQFN48		128			42				2/12	3	Y		-		
XMC1402-Q064X0064	VQFN64		64			55				2/12	3	Y		-		
XMC1402-Q064X0128	VQFN64		128			55				2/12	3	Y		-		
XMC1402-Q064X0200	VQFN64		200			55				2/12	3	Y		-		
XMC1402-F064X0064	LQFP64		64			55				2/12	3	Y		-		
XMC1402-F064X0128	LQFP64		128			55				2/12	3	Y		-		
XMC1402-F064X0200	LQFP64		200			55				2/12	3	Y		-		
XMC1403-Q048X0064	VQFN48		64			42				2/12	3	N		-		
XMC1403-Q048X0128	VQFN48		128			42				2/12	3	N		-		
XMC1403-Q048X0200	VQFN48		200			42				2/12	3	N		-		
XMC1403-Q064X0064	VQFN64		64			55				2/12	3	N		-		

6. Cortex-M0+ 마이크로컨트롤러의 특징과 종류

2009년에 Cortex-M0 마이크로컨트롤러 코어를 발표한 ARM은 2012년에 이를 더욱 발전시킨 Cortex-M0+를 발표하고 Freescale 및 NXP사와 협력하여 상품화하였다. Atmel과 STMicroelectronics사는 이보다 좀더 늦게 Cortex-M0+ 제품을 출시하였다.

Cortex-M0+는 Cortex-M0와 100% 호환되는 명령세트를 가지고 있으나 소비전력을 더욱 감소시키고 Cortex-M0의 3단계 파이프라인 처리방식을 2단계로 간소화시켜 프로그램 실행 속도를 향상시켰으며, 주변장치의 액세스를 더욱 고속화시켜 GPIO를 1 클록 사이클에 액세스한다. 또한, 인터럽트 벡터 테이블을 재배치 가능(relocatable)하게 바꾸는 등 여러 가지 측면에서 Cortex-M3/M4와 유사한 기능을 채용하고 있는 특징을 가지고 있다.

특히 ARM사에서는 Cortex-M0+가 향후 사물인터넷(IoT ; Internet of Things)에서 중요한 컨트롤러로 사용될 것이라고 강조하고 있다. 이것은 아마 Cortex-M0+가 기존의 Cortex-M0 코어에 비하여 더욱 낮은 소비전력 특성과 더욱 빠른 주변장치 액세스 특성을 갖도록 하여 배터리를 기반으로 하는 통신 컨트롤러에서 사용하기에 적합하도록 만들었기 때문으로 판단된다. 예를 들어 Cortex-M0/M3/M4의 소비전력이 25℃와 1.8V의 동작 조건에서 각각 73, 149, 157 mW/MHz인데 비하여 Cortex-M0+에서는 이것이 52 mW/MHz로 감소하였다.

▣ Freescale사의 Cortex-M0+ 마이크로컨트롤러

NXP와 통합되기 전부터 Freescale에서 생산하던 Cortex-M0+ 제품에는 초저전력용(ultra-low power)의 L시리즈, 계측용(metrology)의 M시리즈, 전동기 제어용의 V시리즈, 5V 전원용의 E시리즈, 자동차용(automotive)의 EA시리즈 등이 다양하게 갖추어져 있는데, 이중에서 L시리즈 제품의 특징을 요약하면 <표 1.1.43>과 같다. 앞에서도 설명하였지만, 이 회사는 모든 Cortex-M 시리즈에 대하여 다음과 같은 원칙으로 용도에 따라 제품군(family)을 분류하고 있다.

K?0x = entry-level 제품
K?1x = baseline(general purpose) 제품
K?2x = USB 제품
K?3x = segment LCD 제품
K?4x = USB 및 segment LCD 제품
K?5x = measurement 제품
K?6x = ethernet LCD 제품
K?7x = graphic LCD 제품
K?8x = scalable 및 secure 제품

<표 1.1.43> Freescale사 Cortex-M0+ 계열 제품(L시리즈)의 주요 특징 요약

모델명	패키지	속도 [MHz]	플래시 [KB]	SRAM [KB]	캐시 [B]	DMA	GPIO	RTC/워치독	32비트 타이머	TSI	12비트 ADC	아날로그 비교기	12비트 DAC	저전력 UART	UART	SPI	I2C	USB	전원 [V]	비고
MKL02Z8VFG4	QFN16		8	1	32	-	14	-/1	-	-	6	2	-				2			
MKL02Z16VFG4	QFN16		16	2	32	-	14	-/1	-	-	6	2	-				2			
MKL02Z32VFG4	QFN16		32	4	32	-	14	-/1	-	-	6	2	-				2			
MKL02Z16VFK4	QFN24		16	2	32	-	22	-/1	-	-	12	4	-				2			
MKL02Z32VFK4	QFN24		32	4	32	-	22	-/1	-	-	12	4	-				2			
MKL02Z16VFM4	QFN32		16	2	32	-	28	-/1	-	-	14	4	-				2			
MKL02Z32VFM4	QFN32		32	4	32	-	28	-/1	-	-	14	4	-				2			
MKL03Z8VFG4	QFN16		8	2	-	-	14	1/1	-	-	4	4	-				2			
MKL03Z16VFG4	QFN16		16	2	-	-	14	1/1	-	-	4	4	-				2			
MKL03Z32VFG4	QFN16		32	2	-	-	14	1/1	-	-	4	4	-				2			
MKL03Z8VFK4	QFN24		8	2	-	-	22	1/1	-	-	7	5	-				2			
MKL03Z16VFK4	QFN24		16	2	-	-	22	1/1	-	-	7	5	-				2			
MKL03Z32VFK4	QFN24		32	2	-	-	22	1/1	-	-	7	5	-				2			
MKL04Z8VFK4	QFN24		8	1	64	4	22	1/1	2	-	12	4	-				1			
MKL04Z16VFK4	QFN24		16	2	64	4	22	1/1	2	-	12	4	-				1			
MKL04Z32VFK4	QFN24		32	4	64	4	22	1/1	2	-	12	4	-				1			
MKL04Z8VLC4	LQFP32		8	1	64	4	28	1/1	2	-	14	4	-				1			
MKL04Z16VLC4	LQFP32	48	16	2	64	4	28	1/1	2	-	14	4	-	1	-	1	1	-	1.8/3.3	Entry-level MCU
MKL04Z32VLC4	LQFP32		32	4	64	4	28	1/1	2	-	14	4	-				1			
MKL04Z8VFM4	QFN32		8	1	64	4	28	1/1	2	-	14	4	-				1			
MKL04Z16VFM4	QFN32		16	2	64	4	28	1/1	2	-	14	4	-				1			
MKL04Z32VFM4	QFN32		32	4	64	4	28	1/1	2	-	14	4	-				1			
MKL04Z16VLF4	LQFP48		16	2	64	4	41	1/1	2	-	14	4	-				1			
MKL04Z32VLF4	LQFP48		32	4	64	4	41	1/1	2	-	14	4	-				1			
MKL05Z8VFK4	QFN24		8	1	64	4	22	1/1	2	8	12	4	1				1			
MKL05Z16VFK4	QFN24		16	2	64	4	22	1/1	2	8	12	4	1				1			
MKL05Z32VFK4	QFN24		32	4	64	4	22	1/1	2	8	12	4	1				1			
MKL05Z8VLC4	LQFP32		8	1	64	4	28	1/1	2	12	14	4	1				1			
MKL05Z16VLC4	LQFP32		16	2	64	4	28	1/1	2	12	14	4	1				1			
MKL05Z32VLC4	LQFP32		32	4	64	4	28	1/1	2	12	14	4	1				1			
MKL05Z8VFM4	QFN32		8	1	64	4	28	1/1	2	12	14	4	1				1			
MKL05Z16VFM4	QFN32		16	2	64	4	28	1/1	2	12	14	4	1				1			
MKL05Z32VFM4	QFN32		32	4	64	4	28	1/1	2	12	14	4	1				1			
MKL05Z16VLF4	LQFP48		16	2	64	4	41	1/1	2	12	14	4	1				1			
MKL05Z32VLF4	LQFP48		32	4	64	4	41	1/1	2	12	14	4	1				1			
MKL13Z32VFM4	QFN32		32	4			28			-	16/9	3	1	2	-					
MKL13Z64VFM4	QFN32		64	8			28			-	16/9	3	1	2	-					
MKL13Z32VFT4	QFN48		32	4			40			-	16/15	4	1	2	-					
MKL13Z64VFT4	QFN48		64	8			40			-	16/15	4	1	2	-					
MKL13Z32VLH4	LQFP64		32	4			54			-	16/16	6	1	2	-					
MKL13Z64VLH4	LQFP64		64	8			54			-	16/16	6	1	2	-					
MKL13Z32VMP4	BGA64		32	4			54			-	16/16	6	1	2	-					
MKL13Z64VMP4	BGA64		64	8			54			-	16/16	6	1	2	-					
MKL13Z32VLK4	LQFP80		32	4			70			-	16/16	6	1	2	-					
MKL13Z64VLK4	LQFP80		64	8			70			-	16/16	6	1	2	-					
MKL14Z32VFM4	QFN32		32	4			28			-	9	3	-	1	2					
MKL14Z64VFM4	QFN32		64	8			28			-	9	3	-	1	2					
MKL14Z32VFT4	QFN48		32	4			40			-	15	4	-	1	2					
MKL14Z64VFT4	QFN48		64	8			40			-	15	4	-	1	2					
MKL14Z32VLH4	LQFP64		32	4			54			-	16	6	-	1	2					
MKL14Z64VLH4	LQFP64		64	8			54			-	16	6	-	1	2					
MKL14Z32VLK4	LQFP80		32	4			70			-	16	6	-	1	2					
MKL14Z64VLK4	LQFP80		64	8			70			-	16	6	-	1	2					
MKL15Z32VFM4	QFN32		32	4			28			9	16/9	3	1	1	2					
MKL15Z64VFM4	QFN32		64	8			28			9	16/9	3	1	1	2					
MKL15Z128VFM4	QFN32	48	128	16	64	4	28	1/1	2	9	16/9	3	1	1	2	2	2	-	1.8/3.3	Baseline MCU
MKL15Z32VFT4	QFN48		32	4			40			14	16/15	4	1	1	2					
MKL15Z64VFT4	QFN48		64	8			40			14	16/15	4	1	1	2					
MKL15Z128VFT4	QFN48		128	16			40			14	16/15	4	1	1	2					
MKL15Z32VLH4	LQFP64		32	4			54			16	16/16	6	1	1	2					
MKL15Z64VLH4	LQFP64		64	8			54			16	16/16	6	1	1	2					
MKL15Z128VLH4	LQFP64		128	16			54			16	16/16	6	1	1	2					
MKL15Z32VLK4	LQFP80		32	4			70			16	16/16	6	1	1	2					
MKL15Z64VLK4	LQFP80		64	8			70			16	16/16	6	1	1	2					
MKL15Z128VLK4	LQFP80		128	16			70			16	16/16	6	1	1	2					
MKL16Z32VFM4	QFN32		32	4			28			9	16/9	3	1	1	2					
MKL16Z64VFM4	QFN32		64	8			28			9	16/9	3	1	1	2					
MKL16Z128VFM4	QFN32		128	16			28			9	16/9	3	1	1	2					
MKL16Z32VFT4	QFN48		32	4			40			14	16/15	4	1	1	1					
MKL16Z64VFT4	QFN48		64	8			40			14	16/15	4	1	1	1					
MKL16Z128VFT4	QFN48		128	16			40			14	16/15	4	1	1	1					
MKL16Z32VLH4	LQFP64		32	4			54			16	16/16	6	1	1	1					
MKL16Z64VLH4	LQFP64		64	8			54			16	16/16	6	1	1	1					
MKL16Z128VLH4	LQFP64		128	16			54			16	16/16	6	1	1	1					
MKL16Z256VLH4	LQFP64		256	32			54			16	16/16	6	1	1	2					
MKL16Z256VMP4	BGA64		256	32			54			16	16/16	6	1	1	2					

<표 1.1.43> Freescale사 Cortex-M0+ 계열 제품(L시리즈)의 주요 특징 요약(계속)

모델명	패키지	속도 [MHz]	플래시 [KB]	SRAM [KB]	캐시 [B]	DMA	GPIO	RTC/워치독	32비트 타이머	TSI	12비트 ADC	아날로그 비교기	12비트 DAC	저전력 UART	UART	SPI	I2C	USB	전원 [V]	비고
MKL24Z32VFM4	QFN32		32	4			23			-	7	3	-							
MKL24Z64VFM4	QFN32		64	8			23			-	7	3	-							
MKL24Z32VFT4	QFN48		32	4			36			-	13	4	-							
MKL24Z64VFT4	QFN48		64	8			36			-	13	4	-							
MKL24Z32VLH4	LQFP64		32	4			50			-	14	6	-							
MKL24Z64VLH4	LQFP64		64	8			50			-	14	6	-							
MKL24Z32VLK4	LQFP80		32	4			66			-	14	6	-							
MKL24Z64VLK4	LQFP80		64	8			66			-	14	6	-							
MKL25Z32VFM4	QFN32		32	4			23			9	16/7	3	1							
MKL25Z64VFM4	QFN32		64	8			23			9	16/7	3	1							
MKL25Z128VFM4	QFN32		128	16			23			9	16/7	3	1							
MKL25Z32VFT4	QFN48		32	4			36			14	16/13	4	1							
MKL25Z64VFT4	QFN48		64	8			36			14	16/13	4	1							
MKL25Z128VFT4	QFN48		128	16			36			14	16/13	4	1							
MKL25Z32VLH4	LQFP64		32	4			50			16	16/14	6	1							
MKL25Z64VLH4	LQFP64		64	8			50			16	16/14	6	1							
MKL25Z128VLH4	LQFP64		128	16			50			16	16/14	6	1							
MKL25Z32VLK4	LQFP80	48	32	4	64	4	66	1/1	2	16	16/14	6	1	1	2	2	2	1	1.8/3.3	with USB
MKL25Z64VLK4	LQFP80		64	8			66			16	16/14	6	1							
MKL25Z128VLK4	LQFP80		128	16			66			16	16/14	6	1							
MKL26Z32VFM4	QFN32		32	4			23			9	16/7	3	1							
MKL26Z64VFM4	QFN32		64	8			23			9	16/7	3	1							
MKL26Z128VFM4	QFN32		128	16			23			9	16/7	3	1							
MKL26Z32VFT4	QFN48		32	4			36			14	16/10	4	1							
MKL26Z64VFT4	QFN48		64	8			36			14	16/10	4	1							
MKL26Z128VFT4	QFN48		128	16			36			14	16/10	4	1							
MKL26Z32VLH4	LQFP64		32	4			50			14	16/10	4	1							
MKL26Z64VLH4	LQFP64		64	8			50			14	16/10	4	1							
MKL26Z128VLH4	LQFP64		128	16			50			14	16/10	4	1							
MKL26Z256VLH4	LQFP64		256	32			50			16	16/8	6	1							
MKL26Z128VMP4	BGA64		128	16			50			16	16/8	6	1							
MKL26Z256VMP4	BGA64		256	32			50			16	16/8	6	1							
MKL26Z128VLL4	LQFP100		128	16			80			16	16/4	6	1							
MKL26Z256VLL4	LQFP100		256	32			80			16	16/4	6	1							
MKL26Z128VMC4	BGA121		128	16			80			16	16/4	6	1							
MKL26Z256VMC4	BGA121		256	32			80			16	16/4	6	1							
MKL33Z32VFT4	QFN48		32	4			40			-	16/14	6	1	2	1					
MKL33Z64VFT4	QFN48		64	8			40			-	16/14	6	1	2	1					
MKL33Z32VLH4	LQFP64		32	4			54			-	16/16	6	1	2	1					
MKL33Z64VLH4	LQFP64		64	8			54			-	16/16	6	1	2	1					
MKL33Z128VLH4	LQFP64		128	16			54			-	16/16	3	1	2	1					
MKL33Z256VLH4	LQFP64		256	32			54			-	16/16	3	1	2	1					
MKL33Z32VMP4	BGA64		32	4			54			-	16/16	6	1	2	1					
MKL33Z64VMP4	BGA64		64	8			54			-	16/16	6	1	2	1					
MKL33Z128VMP4	BGA64		128	16			54			-	16/16	3	1	2	1					
MKL33Z256VMP4	BGA64		256	32			54			-	16/16	4	1	2	1					
MKL33Z32VLK4	LQFP80		32	4			70			-	16/16	6	1	2	1					
MKL33Z64VLK4	LQFP80	48	64	8	64	4	70	1/1	2	-	16/16	6	1	2	1	2	2	-	1.8/3.3	with segment LCD
MKL34Z64VLH4	LQFP64		64	8			54			-	16/16	6	-	1	2					
MKL34Z64VLL4	LQFP100		64	8			84			-	16/16	6	-	1	2					
MKL36Z64VLH4	LQFP64		64	8			54			16	16/16	6	1	1	2					
MKL36Z128VLH4	LQFP64		128	16			54			16	16/16	4	1	1	2					
MKL36Z256VLH4	LQFP64		256	32			54			16	16/16	6	1	1	2					
MKL36Z256VMP4	BGA64		256	32			54			16	16/16	4	1	1	2					
MKL36Z64VLL4	LQFP100		64	8			84			16	16/16	4	1	1	2					
MKL36Z128VLL4	LQFP100		128	16			84			16	16/16	4	1	1	2					
MKL36Z256VLL4	LQFP100		256	32			84			16	16/16	4	1	1	2					
MKL36Z128VMC4	BGA121		128	16			84			16	16/16	6	1	1	2					
MKL36Z256VMC4	BGA121		256	32			84			16	16/16	6	1	1	2					
MKL43Z128VLH4	LQFP64		128	16			50			-	16/14	6			1					
MKL43Z256VLH4	LQFP64		256	32			50			-	16/14	6			1					
MKL43Z128VMP4	BGA64		128	16			50			-	16/14	6			1					
MKL43Z256VMP4	BGA64		256	32			50			-	16/14	6			1					
MKL46Z128VLH4	LQFP64		128	16			50			-	16/14	4			2					
MKL46Z256VLH4	LQFP64	48	256	32	64	4	50	1/1	2	-	16/14	4	1	1	2	2	2	1	1.8/3.3	with USB and segment LCD
MKL46Z256VMP4	BGA64		256	32			50			16	16/14	4			2					
MKL46Z128VLL4	LQFP100		128	16			84			16	16/16	6			2					
MKL46Z256VLL4	LQFP100		256	32			84			16	16/16	6			2					
MKL46Z128VMC4	BGA121		128	16			84			16	16/16	6			2					
MKL46Z256VMC4	BGA121		256	32			84			16	16/16	6			2					

▣ NXP사의 Cortex-M0+ 마이크로컨트롤러

NXP사의 Cortex-M0+ 계열 제품에는 LPC800 시리즈와 LPC1100 시리즈가 있는데,

이를 요약하면 <표 1.1.44>와 같다.

<표 1.1.44> NXP사 Cortex-M0+ 계열 제품의 주요 특징 요약

모델명	패키지	속도 [MHz]	플래시 [KB]	SRAM [KB]	EEPROM [KB]	I/O 핀	표준 타이머	PWM	WDT /RTC	12 비트 ADC	10 비트 DAC	아날로그 비교기	UART	I2C	SPI	USB	CAN	전원 [V]	비 고
LPC810 LPC811 LPC812 LPC822 LPC824	DIP8 S020 TSSOP16/20 HVQFN32	30	4 8 16 16 32	1 2 4 4 8	-	6 14 18/14 29/16 29/16	5 5 6 6 6	4 4 4 8 8	1/-	- - - 12/5 12/5	-	1	2 2/3 3 3 3	1 1 1 4 4	1 1/2 2 2 2	-	-	3.3	low power형
LPC11E66 LPC11E67 LPC11E68	LQFP48/64 LQFP100	50	64 128 256	12 20 36	4 4 4	36 80/36 80/36	6	14 19 19	1/1	8 12/8 12/8	-	-	4 5/4 5/4	2	2	-	-	3.3	EEPROM형
LPC11U66 LPC11U67 LPC11U68	LQFP48/64 LQFP100	50	64 128 256	12 16 32	4 4 4	34 80/34 80/34	11	14 14 17	1/1	8 12/8 12/8	-	-	3 5/3 5/3	2	2	1	-	3.3	USB용

▣ Atmel사의 Cortex-M0+ 마이크로컨트롤러

8비트 AVR을 고수하는 정책에서 탈피하여 Cortex-M 시리즈를 생산하기 시작한 Atmel사도 갈수록 더욱 적극적으로 Cortex-M 시리즈의 마이크로컨트롤러 모델을 개발하여 2013년에는 Cortex-M0+ 마이크로컨트롤러 모델을 출시하였다. 이 회사의 Cortex-M0+ 모델인 SAMD 시리즈를 요약 정리하면 <표 1.1.45>와 같으며, 이 모델들의 이름을 정하는 규칙은 <그림 1.1.12>에 보였다. 또한, 좀더 나중에 출시한 5V에서 사용할 수 있는 모델인 SAMC 시리즈를 요약 정리하면 <표 1.1.46>과 같다.

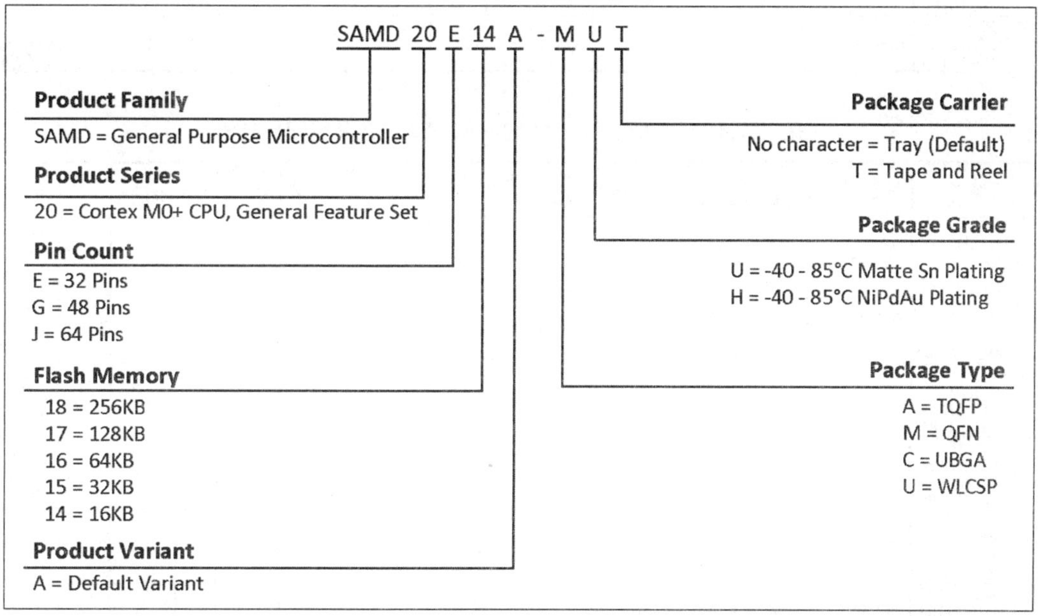

<그림 1.1.12> Atmel사 Cortex-M0+ 시리즈의 모델명을 정하는 방식

<표 1.1.45> Atmel사 SAMD 시리즈의 주요 특징 요약

모델명	패키지	속도 [MHz]	플래시 [KB]	SRAM [KB]	캐시 [B]	DMA	GPIO	RTC/ 워치독	타이머/ 카운터	PTC X×Y	12비트 ADC	아날로그 비교기	10비트 DAC	SERCOM (USART, SPI,I2C)	USB	외부 인터럽트	전원 [V]	비고
ATSAMD09C13 ATSAMD09D14	SOIC14 QFN24	48	8 16	4 4	64	-	12 22	1/1	2	-	5 10	-	-	2	-	8	1.8/ 3.3	D09 series
ATSAMD10C13 ATSAMD10C14 ATSAMD10D13 ATSAMD10D14	SOIC14 SOIC20 QFN24	48	8 16 8 16	4 4 4 4	64	6	12 12 18/22 18/22	1/1	3	7 7 13/16 13/16	5 5 8/10 8/10	2	1	2 2 3 3	-	8	1.8/ 3.3	D10 series
ATSAMD11C14 ATSAMD11D14	SOIC14 SOIC20 QFN24	48	16 16	4 4	64	6	12 18/22	1/1	3	7 13/16	5 8/10	2	1	2 3	D	8	1.8/ 3.3	D11 series
ATSAMD20E14 ATSAMD20E15 ATSAMD20E16 ATSAMD20E17 ATSAMD20E18	QFN32 TQFP32	48	16 32 64 128 256	2 4 8 16 32	64	-	26	1/1	6	10x6	10	2	1	4	-	16	1.8/ 3.3	D20E series (32핀)
ATSAMD20G14 ATSAMD20G15 ATSAMD20G16 ATSAMD20G17 ATSAMD20G18	QFN48 TQFP48	48	16 32 64 128 256	2 4 8 16 32	64	-	38	1/1	6	12x10	14	2	1	6	-	16	1.8/ 3.3	D20G series (48핀)
ATSAMD20J14 ATSAMD20J15 ATSAMD20J16 ATSAMD20J17 ATSAMD20J18	QFN64 TQFP64	48	16 32 64 128 256	2 4 8 16 32	64	-	52	1/1	8	16x16	20	2	1	6	-	16	1.8/ 3.3	D20J series (64핀)
ATSAMD21E15 ATSAMD21E16 ATSAMD21E17 ATSAMD21E18	QFN32 TQFP32	48	32 64 128 256	4 8 16 32	64	12	26	1/1	3	10x6	10	2	1	4	H/D	16	1.8/ 3.3	D21E series (32핀)
ATSAMD21G15 ATSAMD21G16 ATSAMD21G17 ATSAMD21G18	QFN48 TQFP48	48	32 64 128 256	4 8 16 32	64	12	38	1/1	3	12x10	14	2	1	6	H/D	16	1.8/ 3.3	D21G series (48핀)
ATSAMD21J15 ATSAMD21J16 ATSAMD21J17 ATSAMD21J18	QFN64 TQFP64	48	32 64 128 256	4 8 16 32	64	12	52	1/1	5	16x16	20	2	1	6	H/D	16	1.8/ 3.3	D21J series (64핀)
ATSAMDA1E14A ATSAMDA1E15A ATSAMDA1E16A	QFN32 TQFP32	48	16 32 64	4 4 8	64	8	26	1/1	8	10x6	10	2	1	4	H/D	16	3.3	DA1E series (32핀)
ATSAMDA1G14A ATSAMDA1G15A ATSAMDA1G16A	QFN48 TQFP48	48	16 32 64	4 4 8	64	8	38	1/1	8	12x10	14	2	1	6	H/D	16	3.3	DA1G series (48핀)
ATSAMDA1J14A ATSAMDA1J15A ATSAMDA1J16A	TQFP64	48	16 32 64	4 4 8	64	8	52	1/1	8	16x16	20	2	1	6	H/D	16	3.3	DA1J series (64핀)

<표 1.1.46> Atmel사 SAMC 시리즈의 주요 특징 요약

모델명	패키지	속도 [MHz]	플래시 [KB]	SRAM [KB]	캐시 [B]	DMA	GPIO	RTC/ 워치독	타이머/ 카운터	PTC X×Y	12비트 ADC	아날로그 비교기	10비트 DAC	SERCOM (USART, SPI,I2C)	USB	외부 인터럽트	전원 [V]	비고
ATSAMC20E15A ATSAMC20E16A ATSAMC20E17A ATSAMC20E18A	QFN32 TQFP32	48	32 64 128 256	4 8 16 32	64	6	26	1/1	6	8x8	10	2	-	4	-	16	3.3/5	C20E series (32핀)
ATSAMC20G15A ATSAMC20G16A ATSAMC20G17A ATSAMC20G18A	QFN48 TQFP48	48	32 64 128 256	4 8 16 32	64	6	38	1/1	6	11x11	12	2	-	4	-	16	3.3/5	C20G series (48핀)
ATSAMC20J15A ATSAMC20J16A ATSAMC20J17A ATSAMC20J18A	QFN64 TQFP64	48	32 64 128 256	4 8 16 32	64	6	52	1/1	8	16x16	12	2	-	4	-	16	3.3/5	C20J series (64핀)
ATSAMC21E15A ATSAMC21E16A ATSAMC21E17A ATSAMC21E18A	QFN32 TQFP32	48	32 64 128 256	4 8 16 32	64	12	26	1/1	8	8x8	10	2	1	4	-	16	3.3/5	C21E series (32핀)
ATSAMC21G15A ATSAMC21G16A ATSAMC21G17A ATSAMC21G18A	QFN48 TQFP48	48	32 64 128 256	4 8 16 32	64	12	38	1/1	8	11x11	14	2	1	6	-	16	3.3/5	C21G series (48핀)
ATSAMC21J15A ATSAMC21J16A ATSAMC21J17A ATSAMC21J18A	QFN64 TQFP64	48	32 64 128 256	4 8 16 32	64	12	52	1/1	8	16x16	20	2	1	6	-	16	3.3/5	C21J series (64핀)

<표 1.1.47> STMicroelectronics사 Cortex-M0+ 시리즈의 주요 특징 요약

모델명	패키지	속도 [MHz]	플래시 [KB]	SRAM [KB]	EEPROM [KB] / TSC	I/O 핀	16비트 타이머	WDT	RTC/ Sys Tick	12 비트 ADC	12 비트 DAC	USART/ UART	SPI	I2C	I2S	USB/ LCD	전원 [V]	비 고
STM32L011D3	TSSOP14	32	8	2	512B/-	11	3	2	1/1	4	-	1/1	1	1	-	-/-	3.3	without DAC
STM32L011D4	TSSOP14		16			11				4								
STM32L011F3	TSSOP20		8			16				9								
STM32L011F4	TSSOP20		16			16				9								
STM32L011E3	WLCSP25		8			21				10								
STM32L011E4	WLCSP25		16			21				10								
STM32L011G3	UFQFPN28		8			24				10								
STM32L011G4	UFQFPN28		16			24				10								
STM32L011K3	LQFP32		8			26				10								
STM32L011K4	LQFP32		16			26				10								
STM32L021D4	TSSOP14	32	16	2	512B/-	11	3	2	1/1	4	-	1/1	1	1	-	-/-	3.3	
STM32L021F4	TSSOP20					16				9								
STM32L021G4	UFQFPN28					24				10								
STM32L021K4	LQFP32					26				10								
STM32L031F4	TSSOP20	32	16	8	1/-	15	4	2	1/1	10	-	1/1	1	1	-	-/-	3.3	
STM32L031F6	TSSOP20		32			15												
STM32L031E4	WLCSP25		16			20												
STM32L031E6	WLCSP25		32			20												
STM32L031G4	UFQFPN28		16			21												
STM32L031G6	UFQFPN28		32			21												
STM32L031K4	LQFP32		16			27												
STM32L031K6	LQFP32		32			27												
STM32L031C4	LQFP48		16			38												
STM32L031C6	LQFP48		32			38												
STM32L041F4	TSSOP20	32	16	8	1/-	15	4	2	1/1	10	-	1/1	1	1	-	-/-	3.3	
STM32L041F6	TSSOP20		32			15												
STM32L041G4	UFQFPN28		16			21												
STM32L041G6	UFQFPN28		32			21												
STM32L041K4	LQFP32		16			27												
STM32L041K6	LQFP32		32			27												
STM32L041C4	LQFP48		16			38												
STM32L041C6	LQFP48		32			38												
STM32L051K6	LQFP32	32	32	8	2/-	27	5	2	1/1	10	-	2/0	2	1	0	-/-	3.3	
STM32L051K8	LQFP32		64			27				10		2/0		1	0			
STM32L051T6	WLCSP36		32			29				10		2/1		2	1			
STM32L051T8	WLCSP36		64			29				10		2/1		2	1			
STM32L051C6	LQFP48		32			37				10		2/1		2	1			
STM32L051C8	LQFP48		64			37				10		2/1		2	1			
STM32L051R6	LQFP64		32			51				16		2/1		2	1			
STM32L051R8	LQFP64		64			51				16		2/1		2	1			
STM32L071K8	UFQFPN32	32	64	20	3/-	23	7	2	1/1	10	-	3/1	3	2	0	-/-	3.3	
STM32L071KB	LQFP32		128		6/-	25				10		3/1	3	2	0			
STM32L071KZ	LQFP32		192		6/-	25				10		3/1	3	2	0			
STM32L071C8	LQFP48		64		3/-	37				13		4/1	4	3	1			
STM32L071CB	LQFP48		128		6/-	40				13		4/1	4	3	1			
STM32L071CZ	LQFP48		192		6/-	40				13		4/1	4	3	1			
STM32L071RB	LQFP64		128		6/-	51				16		4/1	4	3	1			
STM32L071RZ	LQFP64		192		6/-	51				16		4/1	4	3	1			
STM32L071V8	LQFP100		64		3/-	84				16		4/1	4	3	1			
STM32L071VB	LQFP100		128		6/-	84				16		4/1	4	3	1			
STM32L071VZ	LQFP100		192		6/-	84				16		4/1	4	3	1			
STM32L081KZ	LQFP32	32	192	20	6/-	25	7	2	1/1	10	-	3/1	3	2	0	-/-	3.3	
STM32L081CB	LQFP48		128			40				13		4/1	4	3	1			
STM32L081CZ	LQFP48		192			40				13		4/1	4	3	1			
STM32L052K6	LQFP32	32	32	8	2/14	27	5	2	1/1	10	1	2/0	2	1	0	D/-	3.3	with DAC, USB and TSC
STM32L052K8	LQFP32		64		2/14	27				10		2/0		1	0			
STM32L052T6	WLCSP36		32		2/14	29				10		2/1		2	1			
STM32L052T8	WLCSP36		64		2/14	29				10		2/1		2	1			
STM32L052C6	LQFP48		32		2/17	37				10		2/1		2	1			
STM32L052C8	LQFP48		64		2/17	37				10		2/1		2	1			
STM32L052R6	LQFP64		32		2/24	51				16		2/1		2	1			
STM32L052R8	LQFP64		64		2/24	51				16		2/1		2	1			
STM32L062K8	LQFP32	32	64	8	2/14	27	5	2	1/1	10	1	2/0	2	1	0	D/-	3.3	
STM32L062T8	WLCSP36		64		2/14	29				10		2/1	2	2				
STM32L072KB	LQFP32	32	128	20	6/13	25	7	2	1/1	10	2	3/1	3	2	0	D/-	3.3	
STM32L072KZ	LQFP32		192		6/13	25				10		3/1	3	2	0			
STM32L072CB	LQFP48		128		6/19	40				13		4/1	4	3	1			
STM32L072CZ	LQFP48		192		6/19	40				13		4/1	4	3	1			
STM32L072RB	LQFP64		128		6/24	51				16		4/1	4	3	1			
STM32L072RZ	LQFP64		192		6/24	51				16		4/1	4	3	1			
STM32L072V8	LQFP100		64		3/24	84				16		4/1	4	3	1			
STM32L072VB	LQFP100		128		6/24	84				16		4/1	4	3	1			
STM32L072VZ	LQFP100		192		6/24	84				16		4/1	4	3	1			
STM32L082KB	LQFP32	32	128	20	6/13	25	7	2	1/1	10	2	3/1	3	2	0	D/-	3.3	
STM32L082KZ	LQFP32		192		6/13	25				10		3/1	3	2	0			
STM32L082CZ	WLCSP49		192		6/19	40				13		4/1	4	3	1			

<표 1.1.47> STMicroelectronics사 Cortex-M0+ 시리즈의 주요 특징 요약(계속)

모델명	패키지	속도 [MHz]	플래시 [KB]	SRAM [KB]	EEPROM [KB] / TSC	I/O 핀	16비트 타이머	WDT	RTC/ Sys Tick	12 비트 ADC	12 비트 DAC	USART/ UART	SPI	I2C	I2S	USB/ LCD	전원 [V]	비 고
STM32L053C6	LQFP48	32	32	8	2/17	37	5	2	1/1	10	1	2/1	2	2	1	D/Y	3.3	
STM32L053C8	LQFP48		64		2/17	37				10								
STM32L053R6	LQFP64		32		2/24	51				16								
STM32L053R8	LQFP64		64		2/24	51				16								
STM32L063C8	LQFP48	32	64	8	2/17	37	5	2	1/1	10	1	2/1	2	2	1	D/Y	3.3	
STM32L063R8	LQFP64		64		2/24	51				16								
STM32L073CB	LQFP48	32	128	20	6/17	37	7	2	1/1	10	2	4/1	4	3	1	D/Y	3.3	with DAC, USB, TSC and LCD controller
STM32L073CZ	LQFP48		192		6/17	37				10								
STM32L073RB	LQFP64		128		6/24	51				16								
STM32L073RZ	LQFP64		192		6/24	51				16								
STM32L073V8	LQFP100		64		3/24	84				16								
STM32L073VB	LQFP100		128		6/24	84				16								
STM32L073VZ	LQFP100		192		6/24	84				16								
STM32L083CB	LQFP48	32	128	20	6/17	40	7	2	1/1	10	2	4/1	4	3	1	D/Y	3.3	
STM32L083CZ	LQFP48		192		6/17	40				10								
STM32L083RB	LQFP64		128		6/24	51				16								
STM32L083RZ	LQFP64		192		6/24	51				16								
STM32L083V8	LQFP100		64		3/24	84				16								
STM32L083VB	LQFP100		128		6/24	84				16								
STM32L083VZ	LQFP100		192		6/24	84				16								

▣ STMicroelectronics사의 Cortex-M0+ 마이크로컨트롤러

STMicroelectronics사는 2014년에 Cortex-M0+ 모델을 출시함으로써 현재 전세계에서 유일하게 Cortex-M0/M0+/M3/M4/M7의 전체 모델을 생산하고 있다.

STMicroelectronics사의 Cortex-M0+ 제품을 요약하면 <표 1.1.47>과 같다.

▣ Silicon Labs사의 Cortex-M0+ 마이크로컨트롤러

8051 호환 마이크로컨트롤러 제품으로 유명한 Silicon Labs사는 2013년에 Energy Micro사를 인수하여 Cortex-M0+/M3/M4 시장에 뛰어들었다. 이 회사의 Cortex-M0+ 제품을 요약하면 <표 1.1.48>과 같다.

<표 1.1.48> Silicon Labs사 Cortex-M0+ 시리즈의 주요 특징 요약

모델명	패키지	속도 [MHz]	플래시 [KB]	SRAM [KB]	GPIO	16비트 타이머	PWM	RTC/ 워치독	AES	12비트 ADC	10비트 DAC	아날로그 비교기	USART/ UART	SPI/ I2S/ I2C	전원 [V]	비고	
EFM32ZG108F4-QFN24	QFN24	24	4	2	17	2	6	1/1	-	-	-	1	1/1	1/1/1	3.3	4KB 플래시	Zero Gecko 패밀리
EFM32ZG110F4-QFN24	QFN24				17				Y	1							
EFM32ZG210F4-QFN32	QFN32				24				Y	1							
EFM32ZG222F4-QFP48	QFP48				37				Y	1							
EFM32ZG108F8-QFN24	QFN24	24	8	2	17	2	6	1/1	-	-	-	1	1/1	1/1/1	3.3	8KB 플래시	
EFM32ZG110F8-QFN24	QFN24				17				Y	1							
EFM32ZG210F8-QFN32	QFN32				24				Y	1							
EFM32ZG222F8-QFP48	QFP48				37				Y	1							
EFM32ZG108F16-QFN24	QFN24	24	16	4	17	2	6	1/1	-	-	-	1	1/1	1/1/1	3.3	16KB 플래시	
EFM32ZG110F16-QFN24	QFN24				17				Y	1							
EFM32ZG210F16-QFN32	QFN32				24				Y	1							
EFM32ZG222F16-QFP48	QFP48				37				Y	1							
EFM32ZG108F32-QFN24	QFN24	24	32	4	17	2	6	1/1	-	-	-	1	1/1	1/1/1	3.3	32KB 플래시	
EFM32ZG110F32-QFN24	QFN24				17				Y	1							
EFM32ZG210F32-QFN32	QFN32				24				Y	1							
EFM32ZG222F32-QFP48	QFP48				37				Y	1							

〈표 1.1.48〉 Silicon Labs사 Cortex-M0+ 시리즈의 주요 특징 요약(계속)

모델명	패키지	속도 [MHz]	플래시 [KB]	SRAM [KB]	GPIO	16비트 타이머	PWM	RTC/ 워치독	AES	12비트 ADC	10비트 DAC	아날로그 비교기	USART/ UART	SPI/ I2S/ I2C	전원 [V]	비고	
EFM32HG108F32-QFN24	QFN24	25	32	4	17	3	9	1/1	-	-	-	1	2/1	2/1/1	3.3	32KB 플래시	Happy Gecko 패밀리
EFM32HG110F32-QFN24	QFN24			4	17				Y	1							
EFM32HG210F32-QFN32	QFN32			4	24				Y	1							
EFM32HG222F32-QFP48	QFP48			4	37				Y	1							
EFM32HG308F32-QFN24	QFN24			8	15				-	-							
EFM32HG309F32-QFN24	QFN24			8	15				Y	1							
EFM32HG310F32-QFN32	QFN32			8	22				Y	1							
EFM32HG321F32-QFP48	QFP48			8	35				-	1							
EFM32HG322F32-QFP48	QFP48			8	35				Y	1							
EFM32HG350F32-CSP36	CSP36			8	22				Y	1							
EFM32HG108F64-QFN24	QFN24	25	64	8	17	3	9	1/1	-	-	-	1	2/1	2/1/1	3.3	64KB 플래시	
EFM32HG110F64-QFN24	QFN24				17				Y	1							
EFM32HG210F64-QFN32	QFN32				24				Y	1							
EFM32HG222F64-QFP48	QFP48				37				Y	1							
EFM32HG308F64-QFN24	QFN24				15				-	-							
EFM32HG309F64-QFN24	QFN24				15				Y	1							
EFM32HG310F64-QFN32	QFN32				22				Y	1							
EFM32HG321F64-QFP48	QFP48				35				-	1							
EFM32HG322F64-QFP48	QFP48				35				Y	1							
EFM32HG350F64-CSP36	CSP36				22				Y	1							

◀참고▶ 최근에 전세계 반도체 회사들 사이에 예상을 뛰어 넘는 인수 합병이 빈번하게 이루어지고 있다. 과거에는 2001년에 맥심(Maxim Integrated)사가 달라스 반도체(Dallas Semiconductor)사를 인수하고 2011년에 TI(Texas Instruments)사가 NS(National Semiconductor)사를 인수한 사례에서 보듯이 뚜렷한 특징이 없이 단지 업체의 규모를 늘리기 위하여 또는 메모리 반도체 시장의 부침에 따라 중소규모의 반도체 회사들이 서로 합종연횡을 꾀하거나 강자가 약자를 인수 합병하는 경우가 많았다.

그러나, 최근에 규모가 매우 큰 반도체 업체들 사이의 인수 합병은 전문가들의 예상을 뛰어 넘을 정도로 전격적으로 진행되고, 절대 강자가 또 다른 강자를 잡아먹는 방식이 많으며 대부분 마이크로컨트롤러 소자를 중심으로 하는 것이어서 전체 반도체 시장이나 마이크로컨트롤러의 시장 상황에 매우 중대한 변화를 일으키고 있다. 예를 들면 2015년 3월에 네덜란드의 NXP사가 모토롤러 계열의 프리스케일(Freescale)사를 인수 합병한다고 발표하였고, 2016년 1월에는 마이크로칩 테크놀로지(Microchip Technology)사가 아트멜(Atmel)사를 인수한다고 발표하였으며, 2016년 7월에는 일본의 소프트방크가 ARM을 인수 합병하는 것으로 발표하였고, 2016년 10월에는 미국의 퀄컴(Qualcomm)사가 NXP사를 인수 합병한다고 발표하였다. 특히, 소프트방크가 ARM을 인수하거나, NXP가 프리스케일을 인수한지 불과 1년만에 다시 퀄컴에 합병되는 것은 이 분야 전문가들도 거의 예측하지 못하였을 만큼 충격적으로 받아들여졌다.

이러한 반도체 업계의 급속한 변화는 우리가 관심을 갖는 마이크로컨트롤러 시장의 미래를 예측하기 매우 어렵게 하고 있다. 그러나, 그럼에도 불구하고 우리가 충분히 예상할 수 있는 것은 향후 마이크로컨트롤러 시장은 지속적으로 ARM Cortex-M 계열의 제품이 강세를 지속 또는 확대해 나갈 것이며, 그전에 오랫동안 시장을 지배해왔던 인텔의 8051 계열이나 아트멜의 AVR 계열, 마이크로칩 테크놀로지의 PIC 계열 등의 마이크로컨트롤러 제품은 상대적으로 입지가 계속 축소될 것이라는 점이다. ARM Cortex-M 계열은 그동안 STMicroelectronics의 압도적인 우세 속에서 프리스케일, NXP, TI를 비롯한 전세계의 많은 반도체 회사들이 각각 개별적으로 이에 도전하는 상황이었으나, 앞으로는 프리스케일과 NXP를 인수 합병하여 큰 힘을 얻은 퀄컴이 현재까지 절대 강자로 군림하고 있는 STMicroelectronics에 강력하게 도전하는 양상으로 시장이 전개될 가능성이 높다. 그 외의 반도체 회사들은 객관적인 열세 속에서도 자신만의 제품 특색을 살려가면서 틈새 시장을 공략할 것이다.

1.2 STM32F103VET6의 기본 구조와 기능

이 절에서는 STMicroelectronics사에서 생산 판매하는 STM32F1 시리즈의 ARM Cortex-M3 마이크로컨트롤러 중에서 이제부터 우리가 공부하려는 STM32F103VET6의 특징, 외부 및 내부 구조, 전반적인 기능 등에 대하여 설명한다.

1. STM32F103VET6의 특징

STM32F103VET6을 중심으로 STM32F1 시리즈에 속하는 마이크로컨트롤러들의 특징을 요약하면 다음과 같다.

① 고성능 32비트 ARM Cortex-M3 코어를 갖는 제어용 마이크로컨트롤러로서 동작 온도가 -40℃~+85℃의 범위일 때 최고 72MHz의 시스템 클록으로 동작한다.

② 1클록 사이클에 정수의 곱셈 연산이나 나눗셈 연산이 가능하다.

③ 512KB의 플래시 메모리와 64KB의 SRAM을 내장하고 있으며, 특별히 플래시 메모리에 2개의 옵션 바이트를 가지고 있다.

④ 2.0~3.6V의 전원으로 동작하며, VBAT 단자를 통하여 별도로 공급되는 1.8~3.6V의 전원으로는 LSE, RTC, 백업 레지스터 등을 구동한다.

⑤ 내부에 1% 정밀도의 8MHz RC 오실레이터 HSI를 가지고 있으며, 4~16MHz의 크리스털을 외부에 접속하여 사용하는 오실레이터 회로 HSE를 가지고 있다.

⑥ 12채널까지 동작할 수 있는 DMA 제어기를 가지고 있다.

⑦ 최고 50MHz의 높은 속도로 동작하는 80개의 병렬 I/O 포트(GPIO)를 가지고 있으며, 이중에서 61개는 5V 로직이 사용 가능한 비트(5V-tolerant I/O)이다.

⑧ 총 11개의 타이머를 가지고 있다. 여기에는 1개의 SysTick 타이머, 8개의 16비트 타이머, 2개의 워치독 타이머 등을 포함한다.

⑨ 총 12개의 직렬통신 포트를 가지고 있다. 여기에는 3개의 USART, 2개의 UART, 3개의 SPI(2개의 I^2S 기능을 포함), 2개의 I^2C, 1개의 CAN 2.0A/B, 1개의 USB를 포함한다. 또한, SD 카드 인터페이스를 위한 SDIO를 가지고 있다.

⑩ 12비트 분해능 및 최고 1μs의 고속 변환이 가능한 A/D 컨버터를 3개 가지고 있다. 여기에는 외부에서 16개, 내부에서 3개의 아날로그 채널을 연결할 수 있다.

⑪ 12비트 분해능의 D/A 컨버터를 2개 가지고 있다.
⑫ 시계 및 캘린더 구현을 위한 RTC를 가지고 있다.
⑬ 32비트 CRC 계산기를 가지고 있다.
⑭ JTAG(Joint Test Action Group) 및 SWD(Serial Wire Debug) 인터페이스를 사용한 디버그 기능을 지원한다. STMicroelectronics사에서는 이 2가지의 인터페이스를 사용하는 초저가형 에뮬레이터 ST-LINK/V2를 제공한다.
⑮ 100핀 LQFP(Low-profile Quad Flat Package) 패키지로 되어 있다.
⑯ 산업용(industrial)으로서 -40℃~+85℃의 온도 범위에서 사용할 수 있는 버전과 -40℃~+105℃의 온도 범위에서 사용할 수 있는 버전이 있다.

STMicroelectronics사에서 비교적 초창기에 출시한 ARM Cortex-M3 모델 중에서 STM32F101xx/102xx/103xx 시리즈는 소자에 내장하고 있는 플래시 메모리의 용량에 따라 16~32KB의 Low-density device, 64~128KB의 Medium-density device, 256~512KB의 High-density device, 768~1024KB의 XL-density device로 나눈다.

이중에서 대중적으로 매우 인기가 있는 STM32F103xx 시리즈를 선정하고, 다시 100핀짜리 모델만을 발췌하여 주요 사양을 비교하여 정리하면 <표 1.2.1>과 같다. 이제부터 우리가 이 책에서 공부하는 STM32F103VET6 모델은 512KB의 플래시 메모리와 64KB의 SRAM을 가지는 High-density device이다.

<표 1.2.1> 100핀짜리 STM32F103xx 시리즈 모델의 주요 사양 비교

항목 \ 모델		Medium-density		High-density			XL-density	
		STM32F103V8	STM32F103VB	STM32F103VC	STM32F103VD	STM32F103VE	STM32F103VF	STM32F103VG
플래시 메모리 [KB]		64	128	256	384	512	768	1024
SRAM [KB]		20	20	48	64	64	96	96
GPIO		80개						
FSMC		-		Yes				
16비트 타이머	Advanced Control	1개 (TIM1)		2개 (TIM1/TIM8)			2개 (TIM1/TIM8)	
	General Purpose	3개 (TIM2/TIM3/TIM4)		4개 (TIM2/TIM3/TIM4/TIM5)			10개 (TIM2~TIM5, TIM9~TIM14)	
	Basic	-		2개 (TIM6/TIM7)			2개 (TIM6/TIM7)	
직렬 통신	USART/UART	3개 (USART1~USART3)		3개/2개 (USART1/USART2/USART3/UART4/UART5)				
	SPI(I2S)	2개 (SPI1/SPI2)		3개(2개) (SPI1/SPI2/SPI3)(I2S2/I2S3)				
	I2C	2개 (I2C1/I2C2)						
	USB FS Device	1개						
	CAN	1개						
SDIO		-		1개				
12비트 A/D 컨버터		2개/16채널 (ADC1/ADC2)		3개/16채널 (ADC1/ADC2/ADC3)				
12비트 D/A 컨버터		-		2개				
시스템 클록 최고 주파수		72MHz						
동작 전압		2.0~3.6V						
동작 온도		-40~+85℃ 버전, -40~+105℃ 버전						
패키지		LQFP100						

2. STM32F103VET6의 외부 구조

STM32F103VET6 모델은 100핀의 LQFP 패키지로 되어 있는데, 이것의 모양과 크기는 9페이지의 그림에 보였다. 패키지의 크기가 매우 작고 핀 간격이 좁아서 납땜하기가 쉽지는 않지만, 어느 정도 숙련된 전기전자 분야의 엔지니어라면 손으로 납땜하는 것도 충분히 가능하다.

STM32F103VET6의 외부 핀 배열은 <그림 1.2.1>에 보였고, 각 핀의 기능을 요약하면 <표 1.2.2>와 같다. <그림 1.2.1>에는 이 마이크로컨트롤러가 기본적으로 사용하는 핀의 이름만을 표시하였다. 그러나, 범용 병렬 입출력 제어기(GPIO)는 이들 각 핀을 여러 가지의 주변장치용 신호로 사용하도록 여러 가지의 부수적 기능을 설정할 수 있는데 이를 <표 1.2.3>, <표 2.1.11> 및 <표 3.1.3>에 요약하였다.

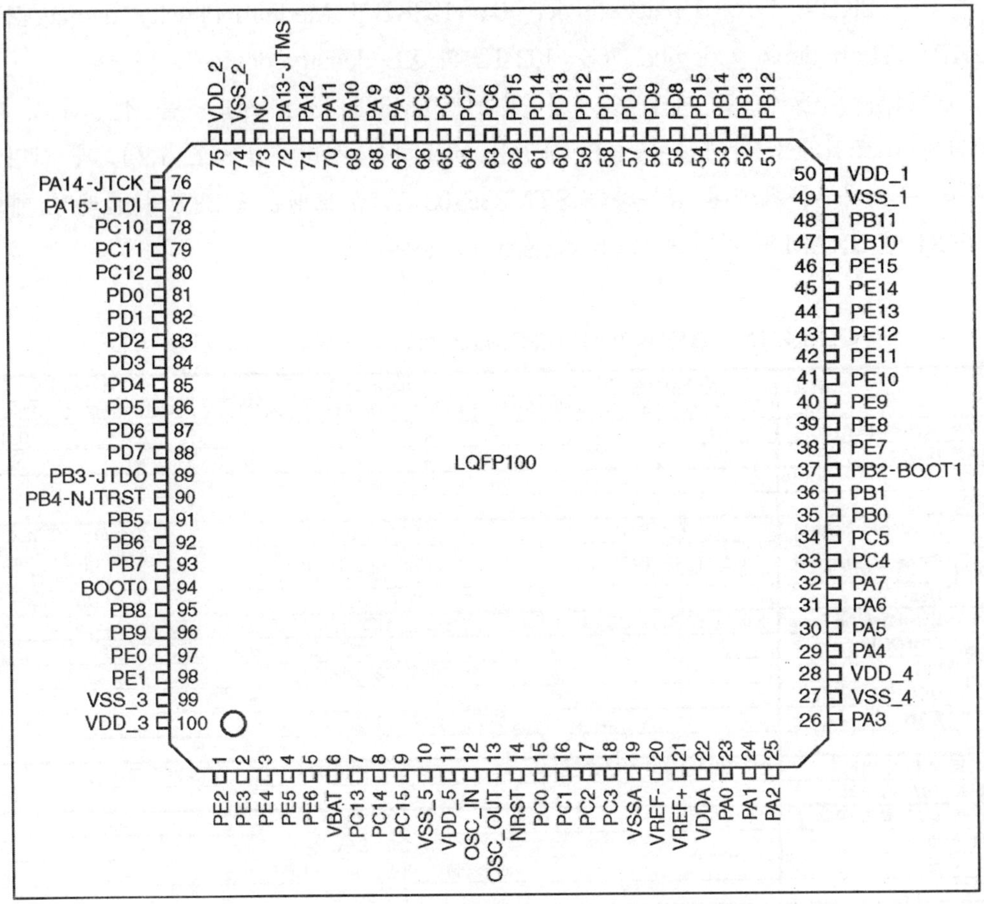

<그림 1.2.1> STM32F103VET6의 외부 구조

<표 1.2.2> STM32F103VET6 외부 핀의 기능 요약

신호 이름	핀번호	I/O	기 능
			전원
VDD_1/2 VDD_3 VDD_4/5	50, 75, 100, 28, 11	power	Digital Circuit Power Supply : 디지털 회로의 전원 및 CPU에 내장된 전압 레귤레이터의 입력 단자. 여기에는 2.0~3.6V가 입력되어야 하며, 이 전원 단자들은 4.7μF와 0.1μF 커패시터로 필터링 및 디커플링해주는 것이 좋다.
VBAT	6	power	Backup Power Supply : LSE, RTC, 백업 레지스터 등과 같은 배터리 백업 회로 부분의 전원. 여기에는 1.8~3.6V의 백업용 전원이 입력되어야 한다.
VSS_1/2 VSS_3 VSS_4/5	49, 74, 99, 27, 10	ground	Digital Circuit Ground : 이 소자에서 모든 디지털 회로의 접지 단자.
VREF+ VREF-	21 20	power	Positive Reference Voltage : A/D 컨버터의 기준 전압. 2.4~VDDA 범위의 안정된 전압이 입력되어야 한다.
VDDA	22	power	Analog Circuit Power Supply : A/D 컨버터, D/A 컨버터, RC 오실레이터, PLL 등과 같은 아날로그 회로 부분의 전원. 여기에는 2.4~3.6V가 입력되어야 하며, 1μF와 0.01μF 커패시터로 필터링 및 디커플링해주는 것이 좋다.
VSSA	19	ground	Analog Circuit Ground : 이 소자에서 모든 아날로그 회로의 접지 단자.
NC	73	-	Not Connected : 사용하지 않는 단자이다.
			클록 오실레이터
OSC_IN OSC_OUT	12 13	I O	HSE Oscillator Input / HSE Oscillator Output : 외부에 수정발진자를 접속하여 내부에서 HSE 클록을 발생하는 회로의 입력 단자. 여기에는 4~16MHz의 수정발진자를 접속하며, 접지와의 사이에 5~25pF의 커패시터를 접속한다. 수정발진자를 사용하는 대신에 외부에서 클록신호를 인가하려면 OSC_IN 단자에 접속해야 하며, 이때 OSC_OUT 단자는 사용하지 않는다.
OSC32_IN OSC32_OUT	8 9	I O	LSE Oscillator Input / LSE Oscillator Output : 외부에 수정발진자를 접속하여 내부에서 LSE 클록을 발생하는 회로의 입력 단자. 여기에는 32.768kHz의 수정발진자를 접속하며, 접지와의 사이에 5~15pF의 커패시터를 접속한다. 수정발진자를 사용하는 대신에 외부에서 클록신호를 인가하려면 OSC32_IN 단자에 접속해야 하며, 이때 OSC32_OUT 단자는 사용하지 않는다. ※ OSC32_IN 신호는 GPIO의 PC14와 기능을 겸하고 있으며, OSC32_OUT 신호는 GPIO의 PC15와 기능을 겸하고 있다.
			리셋 및 부팅
NRST	14	I/O	External System Reset : CPU 외부 시스템 리셋 신호. 이 신호는 내부에서 약 40kΩ의 저항으로 VDD에 풀업되어 있으며 300ns 이상의 low enable 신호에 의하여 동작한다. 이 신호는 내부에서 워치독 타이머나 소프트웨어 리셋 등에 의하여 20μs 이상의 리셋 출력 신호로 동작하기도 한다.
BOOT0 BOOT1	94 37	I I	Boot 0 / Boot 1 : 부팅 모드를 결정하는 입력 단자. 리셋 후에 SYSCLK의 4번째 상승 에지에서 이 단자 신호가 입력되고, 아래와 같이 부팅 모드를 결정한다. ※ BOOT1 신호는 GPIO의 PB2와 기능을 겸하고 있다. BOOT1:0=x0 : 플래시 메모리의 0x0800 0000 번지에서 부팅한다. BOOT1:0=01 : 시스템 메모리의 0x1FFF B000 번지에서 부팅한다. BOOT1:0=11 : SRAM의 0x2000 0000 번지에서 부팅한다.
			JTAG 및 SWD
JTMS/SWDIO	72	I/O	Test Mode Select 또는 Serial Wire Data Input/Output : JTAG 인터페이스의 JTMS 신호 또는 SWD 인터페이스의 직렬 데이터 입출력 신호. 내부에서 약 40kΩ 정도의 저항으로 풀업되어 있다. ※ 이 신호는 GPIO의 PA13 단자와 기능을 겸하고 있다.
JTCK/SWCLK	76	I	Test Clock 또는 Serial Wire Clock : JTAG 인터페이스의 JTCK 신호 또는 SWD 인터페이스의 직렬 클록 신호. 내부에서 약 40kΩ 정도의 저항으로 풀다운되어 있다. ※ 이 신호는 GPIO의 PA14 단자와 기능을 겸하고 있다.
JTDI	77	I	Test Data Input : JTAG 인터페이스의 JTDI 신호. 내부에서 약 40kΩ 정도의 저항으로 풀업되어 있다. ※ 이 신호는 GPIO의 PA15 단자와 기능을 겸하고 있다.
JTDO	89	O	Test Data Output : JTAG 인터페이스의 JTDO 신호. 내부에서 풀업 또는 풀다운되지 않고 플로팅되어 있다. ※ 이 신호는 GPIO의 PB3 단자와 기능을 겸하고 있다.
NJTRST	90	I	Test Reset : JTAG 인터페이스의 NJTRST 신호. 내부에서 약 40kΩ 정도의 저항으로 풀업되어 있다. ※ 이 신호는 GPIO의 PB4 단자와 기능을 겸하고 있다.

<표 1.2.2> STM32F103VET6 외부 핀의 기능 요약(계속)

신호 이름	핀번호	I/O	기 능
			병렬 I/O 포트
PA0	23	I/O	General-Purpose Input/Output Port A : 16비트의 병렬 I/O 포트. 16비트의 병렬 입출력은 물론이고, 비트 단위의 입출력이 가능하다. 출력 모드로 사용할 때는 푸시풀(push-pull) 또는 오픈 드레인(open drain)으로 설정할 수 있다. 입력 모드로 사용할 때는 플로팅(floating), 약 40kΩ(30kΩ~50kΩ) 정도의 풀업저항이나 풀다운 저항을 갖는 입력, 아날로그 입력 등으로 동작한다. 각 핀은 몇가지의 부수적인 기능을 수행할 수도 있다. *핀은 +5V 레벨의 로직 신호를 입력하는 것이 가능(5V-tolerant)하다.
PA1	24	I/O	
PA2	25	I/O	
PA3	26	I/O	
PA4	29	I/O	
PA5	30	I/O	
PA6	31	I/O	
PA7	32	I/O	
PA8	67	I/O *	
PA9	68	I/O *	
PA10	69	I/O *	
PA11	70	I/O *	
PA12	71	I/O *	
PA13	72	I/O *	
PA14	76	I/O *	
PA15	77	I/O *	
PB0	35	I/O	General-Purpose Input/Output Port B : 16비트의 병렬 I/O 포트. 16비트의 병렬 입출력은 물론이고, 비트 단위의 입출력이 가능하다. 출력 모드로 사용할 때는 푸시풀(push-pull) 또는 오픈 드레인(open drain)으로 설정할 수 있다. 입력 모드로 사용할 때는 플로팅(floating), 약 40kΩ(30kΩ~50kΩ) 정도의 풀업저항이나 풀다운 저항을 갖는 입력, 아날로그 입력 등으로 동작한다. 각 핀은 몇가지의 부수적인 기능을 수행할 수도 있다. *핀은 +5V 레벨의 로직 신호를 입력하는 것이 가능(5V-tolerant)하다.
PB1	36	I/O	
PB2	37	I/O *	
PB3	89	I/O *	
PB4	90	I/O *	
PB5	91	I/O *	
PB6	92	I/O *	
PB7	93	I/O *	
PB8	95	I/O *	
PB9	96	I/O *	
PB10	47	I/O *	
PB11	48	I/O *	
PB12	51	I/O *	
PB13	52	I/O *	
PB14	53	I/O *	
PB15	54	I/O *	
PC0	15	I/O	General-Purpose Input/Output Port C : 16비트의 병렬 I/O 포트. 16비트의 병렬 입출력은 물론이고, 비트 단위의 입출력이 가능하다. 출력 모드로 사용할 때는 푸시풀(push-pull) 또는 오픈 드레인(open drain)으로 설정할 수 있다. 입력 모드로 사용할 때는 플로팅(floating), 약 40kΩ(30kΩ~50kΩ) 정도의 풀업저항이나 풀다운 저항을 갖는 입력, 아날로그 입력 등으로 동작한다. 각 핀은 몇가지의 부수적인 기능을 수행할 수도 있다. *핀은 +5V 레벨의 로직 신호를 입력하는 것이 가능(5V-tolerant)하다.
PC1	16	I/O	
PC2	17	I/O	
PC3	18	I/O	
PC4	33	I/O	
PC5	34	I/O	
PC6	63	I/O *	
PC7	64	I/O *	
PC8	65	I/O *	
PC9	66	I/O *	
PC10	78	I/O *	
PC11	79	I/O *	
PC12	80	I/O *	
PC13	7	I/O	
PC14	8	I/O	
PC15	9	I/O	
PD0	81	I/O *	General-Purpose Input/Output Port D : 16비트의 병렬 I/O 포트. 16비트의 병렬 입출력은 물론이고, 비트 단위의 입출력이 가능하다. 출력 모드로 사용할 때는 푸시풀(push-pull) 또는 오픈 드레인(open drain)으로 설정할 수 있다. 입력 모드로 사용할 때는 플로팅(floating), 약 40kΩ(30kΩ~50kΩ) 정도의 풀업저항이나 풀다운 저항을 갖는 입력, 아날로그 입력 등으로 동작한다. 각 핀은 몇가지의 부수적인 기능을 수행할 수도 있다. *핀은 +5V 레벨의 로직 신호를 입력하는 것이 가능(5V-tolerant)하다.
PD1	82	I/O *	
PD2	83	I/O *	
PD3	84	I/O *	
PD4	85	I/O *	
PD5	86	I/O *	
PD6	87	I/O *	
PD7	88	I/O *	
PD8	55	I/O *	
PD9	56	I/O *	
PD10	57	I/O *	
PD11	58	I/O *	
PD12	59	I/O *	
PD13	60	I/O *	
PD14	61	I/O *	
PD15	62	I/O *	

<표 1.2.2> STM32F103VET6 외부 핀의 기능 요약(계속)

신호 이름	핀번호	I/O	기 능
PE0	97	I/O *	General-Purpose Input/Output Port E : 16비트의 병렬 I/O 포트. 16비트의 병렬 입출력은 물론이고, 비트 단위의 입출력이 가능하다. 출력 모드로 사용할 때는 푸시풀(push-pull) 또는 오픈 드레인(open drain)으로 설정할 수 있다. 입력 모드로 사용할 때는 플로팅(floating), 약 40kΩ(30kΩ~50kΩ) 정도의 풀업저항이나 풀다운 저항을 갖는 입력, 아날로그 입력 등으로 동작한다. 각 핀은 몇가지의 부수적인 기능을 수행할 수도 있다. *핀은 +5V 레벨의 로직 신호를 입력하는 것이 가능(5V-tolerant)하다.
PE1	98	I/O *	
PE2	1	I/O *	
PE3	2	I/O *	
PE4	3	I/O *	
PE5	4	I/O *	
PE6	5	I/O *	
PE7	38	I/O *	
PE8	39	I/O *	
PE9	40	I/O *	
PE10	41	I/O *	
PE11	42	I/O *	
PE12	43	I/O *	
PE13	44	I/O *	
PE14	45	I/O *	
PE15	46	I/O *	

STM32F103VET6의 모든 외부 핀을 기능별로 정리하고, GPIO에 할당되는 부수적인 기능을 요약 정리하면 <표 1.2.3>과 같다. 여기서 기본 상태의 부수적인 기능은 편의상 타이머 관련 단자, 직렬통신 포트 관련 단자, 아날로그 관련 및 기타 단자로 나누어 표시하였다. 재배치(remap) 상태의 부수적인 기능 단자는 AFIO_MAPR 레지스터를 사용하여 부수적인 기능의 단자를 재배치한 것을 의미한다.

〈표 1.2.3〉 STM32F103VET6의 GPIO에 할당되는 부수적인 기능의 요약

핀 번호	핀이름	기본 기능	부수적 기능			
			기본 상태			재배치(remap) 상태
			타이머	직렬통신 포트	아날로그 및 기타	
50	VDD_1	VDD_1				
75	VDD_2	VDD_2				
100	VDD_3	VDD_3				
28	VDD_4	VDD_4				
11	VDD_5	VDD_5				
6	VBAT	VBAT				
22	VDDA	VDDA				
49	VSS_1	VSS_1				
74	VSS_2	VSS_2				
99	VSS_3	VSS_3				
27	VSS_4	VSS_4				
10	VSS_5	VSS_5				
19	VSSA	VSSA				
21	VREF+	VREF+				
20	VREF-	VREF-				
14	NRST	NRST				
12	OSC_IN	OSC_IN				
13	OSC_OUT	OSC_OUT				
94	BOOT0	BOOT0				
73	NC	NC				

<표 1.2.3> STM32F103VET6의 GPIO에 할당되는 부수적인 기능의 요약(계속)

핀 번호	핀이름	기본 기능	부수적 기능			
			기본 상태			재배치(remap) 상태
			타이머	직렬통신 포트	아날로그 및 기타	
23	PA0	PA0	TIM5_CH1/TIM8_ETR TIM2_CH1_ETR	USART2_CTS	ADC123_IN0 WKUP	
24	PA1	PA1	TIM2_CH2/TIM5_CH2	USART2_RTS	ADC123_IN1	
25	PA2	PA2	TIM2_CH3/TIM5_CH3	USART2_TX	ADC123_IN2	
26	PA3	PA3	TIM2_CH4/TIM5_CH4	USART2_RX	ADC123_IN3	
29	PA4	PA4		USART2_CK/SPI1_NSS	ADC12_IN4/DAC_OUT1	
30	PA5	PA5		SPI1_SCK	ADC12_IN5//DAC_OUT2	
31	PA6	PA6	TIM3_CH1/TIM8_BKIN	SPI1_MISO	ADC12_IN6	TIM1_BKIN
32	PA7	PA7	TIM3_CH2/TIM8_CH1N	SPI1_MOSI	ADC12_IN7	TIM1_CH1N
67	PA8	PA8	TIM1_CH1	USART1_CK	MCO	
68	PA9	PA9	TIM1_CH2	USART1_TX		
69	PA10	PA10	TIM1_CH3	USART1_RX		
70	PA11	PA11	TIM1_CH4	USART1_CTS/CAN_RX USBDM		
71	PA12	PA12	TIM1_ETR	USART1_RTS/CAN_TX USBDP		
72	PA13	JTMS-SWDIO				PA13
76	PA14	JTCK-SWCLK				PA14
77	PA15	JTDI		SPI3_NSS/I2S3_WS		PA15/TIM2_CH1_ETR/SPI1_NSS
35	PB0	PB0	TIM3_CH3/TIM8_CH2N		ADC12_IN8	TIM1_CH2N
36	PB1	PB1	TIM3_CH4/TIM8_CH3N		ADC12_IN9	TIM1_CH3N
37	PB2	PB2/BOOT1				
89	PB3	JTDO		SPI3_SCK/I2S3_CK		PB3/TIM2_CH2/SPI1_SCK
90	PB4	NJTRST		SPI3_MISO		PB4/TIM3_CH1/SPI1_MISO
91	PB5	PB5		SPI3_MOSI/I2S3_SD I2C1_SMBA		TIM3_CH2/SPI1_MOSI
92	PB6	PB6	TIM4_CH1	I2C1_SCL		USART1_TX
93	PB7	PB7	TIM4_CH2	I2C1_SDA	FSMC_NADV	USART1_RX
95	PB8	PB8	TIM4_CH3		SDIO_D4	I2C1_SCL/CAN_RX
96	PB9	PB9	TIM4_CH4		SDIO_D5	I2C1_SDA/CAN_TX
47	PB10	PB10		USART3_TX/I2C2_SCL		TIM2_CH3
48	PB11	PB11		USART3_RX/I2C2_SDA		TIM2_CH4
51	PB12	PB12	TIM1_BKIN	USART3_CK/I2C2_SMBA SPI2_NSS/I2S2_WS		
52	PB13	PB13	TIM1_CH1N	USART3_CTS SPI2_SCK/I2S2_CK		
53	PB14	PB14	TIM1_CH2N	USART3_RTS/SPI2_MISO		
54	PB15	PB15	TIM1_CH3N	SPI2_MOSI/I2S2_SD		
15	PC0	PC0	ADC123_IN10			
16	PC1	PC1	ADC123_IN11			
17	PC2	PC2	ADC123_IN12			
18	PC3	PC3	ADC123_IN13			
33	PC4	PC4	ADC123_IN14			
34	PC5	PC5	ADC123_IN15			
63	PC6	PC6	TIM8_CH1	I2S2_MCK	SDIO_D6	TIM3_CH1
64	PC7	PC7	TIM8_CH2	I2S3_MCK	SDIO_D7	TIM3_CH2
65	PC8	PC8	TIM8_CH3		SDIO_D0	TIM3_CH3
66	PC9	PC9	TIM8_CH4		SDIO_D1	TIM3_CH4
78	PC10	PC10		UART4_TX	SDIO_D2	USART3_TX
79	PC11	PC11		UART4_RX	SDIO_D3	USART3_RX
80	PC12	PC12		UART5_TX	SDIO_CK	USART3_CK
7	PC13	PC13			TAMPER-RTC	
8	PC14	PC14			OSC32_IN	
9	PC15	PC15			OSC32_OUT	

<표 1.2.3> STM32F103VET6의 GPIO에 할당되는 부수적인 기능의 요약(계속)

핀 번호	핀이름	기본 기능	부수적 기능			
			기본 상태			재배치(remap) 상태
			타이머	직렬통신 포트	아날로그 및 기타	
81	PD0	PD0			FSMC_D2	CAN_RX
82	PD1	PD1			FSMC_D3	CAN_TX
83	PD2	PD2	TIM3_ETR	UART5_RX	SDIO_CMD	
84	PD3	PD3			FSMC_CLK	USART2_CTS
85	PD4	PD4			FSMC_NOE	USART2_RTS
86	PD5	PD5			FSMC_NWE	USART2_TX
87	PD6	PD6			FSMC_NWAIT	USART2_RX
88	PD7	PD7			FSMC_NE1/FSMC_NCE2	USART2_CK
55	PD8	PD8			FSMC_D13	USART3_TX
56	PD9	PD9			FSMC_D14	USART3_RX
57	PD10	PD10			FSMC_D15	USART3_CK
58	PD11	PD11			FSMC_A16	USART3_CTS
59	PD12	PD12			FSMC_A17	USART3_RTS/TIM4_CH1
60	PD13	PD13			FSMC_A18	TIM4_CH2
61	PD14	PD14			FSMC_D0	TIM4_CH3
62	PD15	PD15			FSMC_D1	TIM4_CH4
97	PE0	PE0	TIM4_ETR		FSMC_NBL0	
98	PE1	PE1			FSMC_NBL1	
1	PE2	PE2			FSMC_A23	
2	PE3	PE3			FSMC_A19	
3	PE4	PE4			FSMC_A20	
4	PE5	PE5			FSMC_A21	
5	PE6	PE6			FSMC_A22	
38	PE7	PE7			FSMC_D4	TIM1_ETR
39	PE8	PE8			FSMC_D5	TIM1_CH1N
40	PE9	PE9			FSMC_D6	TIM1_CH1
41	PE10	PE10			FSMC_D7	TIM1_CH2N
42	PE11	PE11			FSMC_D8	TIM1_CH2
43	PE12	PE12			FSMC_D9	TIM1_CH3N
44	PE13	PE13			FSMC_D10	TIM1_CH3
45	PE14	PE14			FSMC_D11	TIM1_CH4
46	PE15	PE15			FSMC_D12	TIM1_BKIN

3. STM32F103VET6의 내부 구조

(1) 전체 구조

STMicroelectronics사의 32비트 ARM Cortex-M3 모델인 STM32F103VET6을 포함하는 STM32F103 계열의 내부 구조를 블록도로 보이면 <그림 1.2.2>와 같다. 이 소자의 내부는 크게 CPU 코어 부분, 메모리 부분, 주변장치 부분으로 나누어진다. CPU 코어는 프로그램 명령을 인출하여 해독하고 실행하는 부분으로서 72MHz의 시스템 클록 및 3단계 파이프라인 방식을 사용하여 고성능으로 동작하는 32비트 RISC 구조이며, 사용자 명령의 고속 인출을 위하여 4개의 32비트 워드 길이(총 16바이트)에 해당하는 프리페치 버퍼(prefetch buffer)를 가지고 있다. 이 CPU 코어에는 기본적으로

JTAG 및 SWD 디버그 인터페이스와 인터럽트 제어기 NVIC가 부속된다.

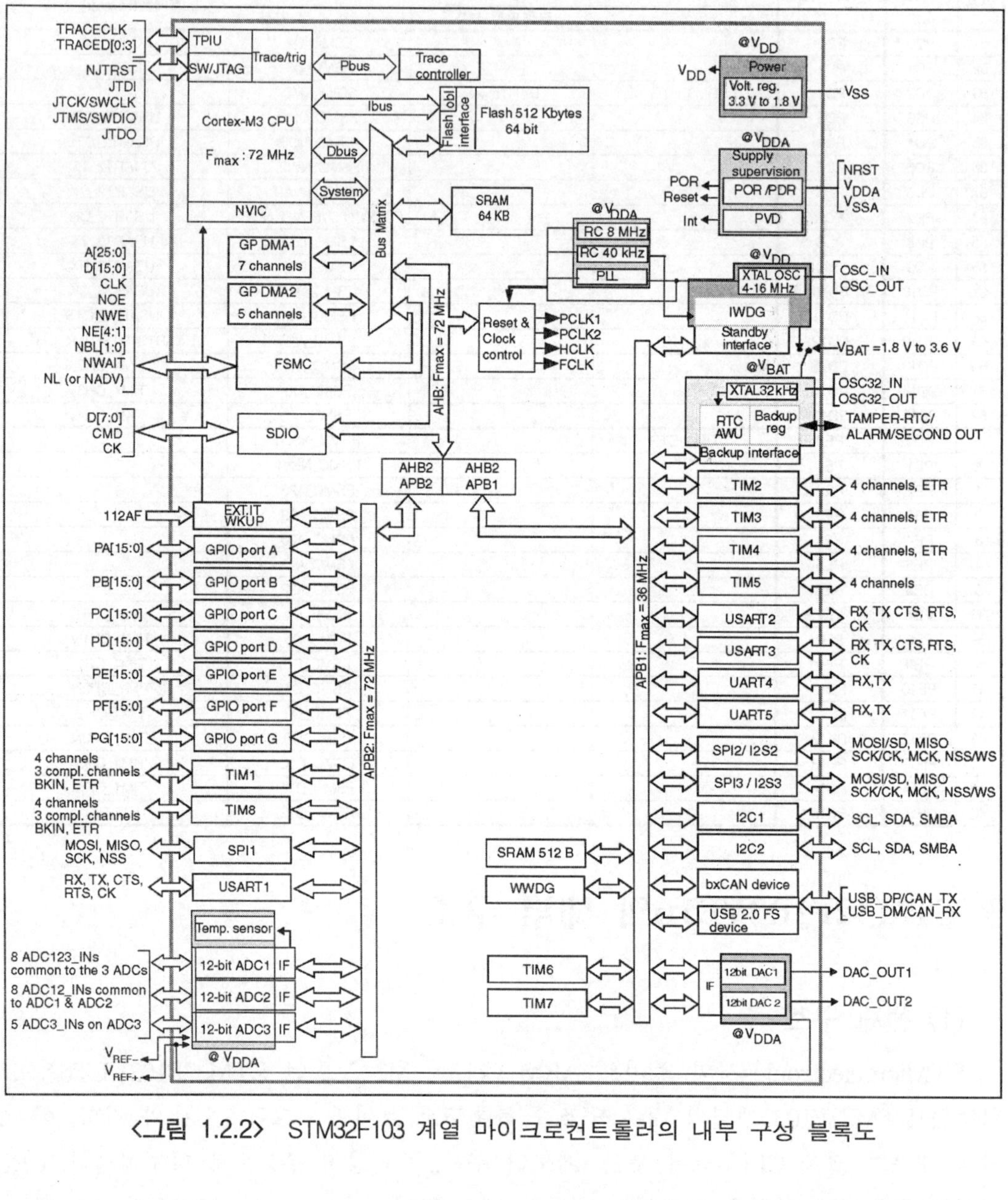

〈그림 1.2.2〉 STM32F103 계열 마이크로컨트롤러의 내부 구성 블록도

CPU 코어는 시스템 버스 AHB(Advanced High-performance Bus)를 통하여 여러 가지의 메모리와 DMA 제어기 등에 접속되어 있으며, 각종 주변장치들은 주변장치 버스 APB(Advanced Peripheral Bus)를 통하여 CPU 코어에 접속되어 있다. 그러나, SDIO, CRC, RCC와 같은 몇가지의 주변장치들은 APB 버스가 아니라 특별히 72MHz

까지 동작하는 AHB 버스에 접속된다. 주변장치 버스는 APB1과 APB2의 2가지가 있는데, APB1은 최고 36MHz까지 동작하고 APB2는 최고 72MHz까지 동작한다.

STM32F103VET6의 메모리는 512KB의 플래시 메모리와 64KB의 SRAM으로 구성된다. 사용자 프로그램은 플래시 메모리와 SRAM에서 모두 실행 가능하며, 3가지의 부팅 모드를 사용할 수 있다.

STM32F103VET6에서 각 구성 요소별로 연결되는 버스를 중심으로 하여 좀더 간단하게 내부 구조를 블록도로 표시하면 <그림 1.2.3>과 같다.

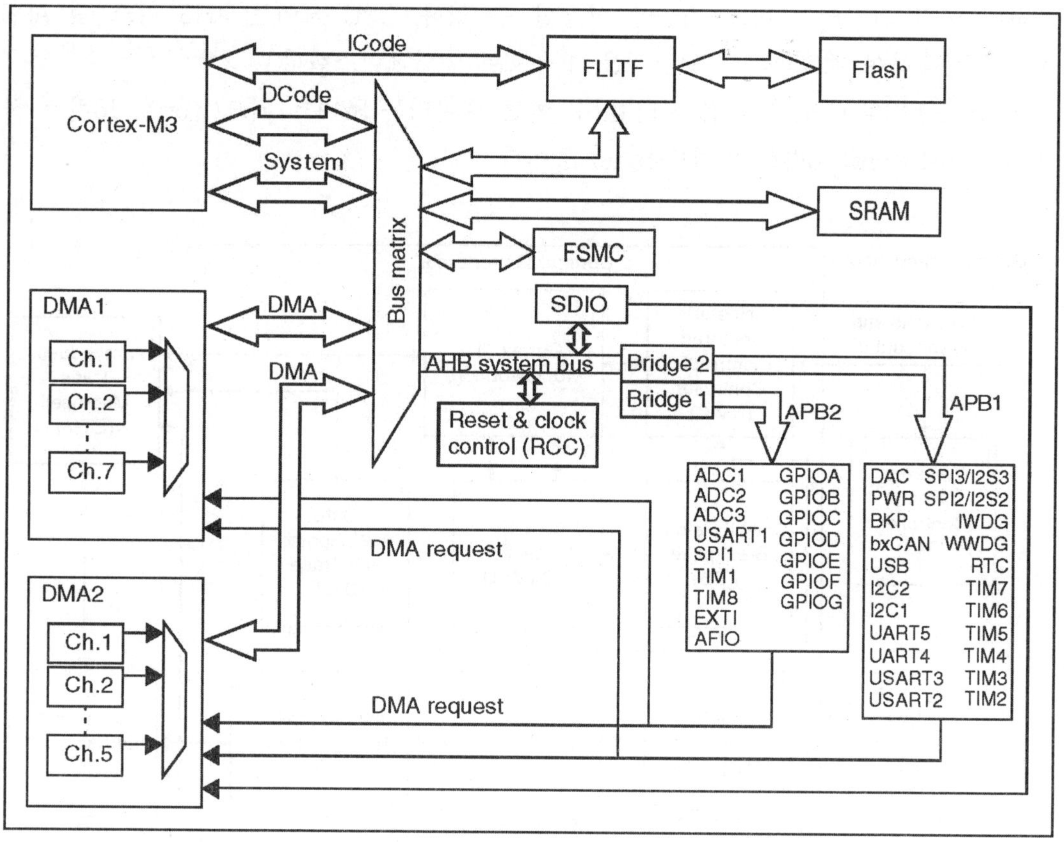

<그림 1.2.3> STM32F103 계열 마이크로컨트롤러의 간단한 내부 구성도

(2) CPU 코어

STM32F103VET6은 ARM사에서 설계 개발한 ARMv7-M 아키텍쳐에 해당하는 Cortex-M3 코어를 내장하고 있으며, 이에 관한 자세한 기술적인 사항을 알고자 하면 참고문헌[1]의 "Cortex-M3 Processor Technical Reference Manual(ARM 100165_0201_

00_en)” 및 참고문헌[2]의 “Cortex-M3 Devices Generic User Guide(ARM DUI 0552A)”를 읽어보기 바란다.

ARM사에서 개발한 Cortex-M3 코어의 구조를 블록도로 보이면 <그림 1.2.4>와 같다. 이것은 RISC 및 하버드 구조를 가지고 있고, 3단계 파이프라인(pipeline) 처리방식을 사용하여 명령을 매우 고속으로 실행한다. 이것은 프로그램 메모리의 용량을 적게 차지하면서 높은 성능을 발휘할 수 있도록 16비트의 Thumb 명령 및 Thumb-2 명령을 기본으로 사용한다. Cortex-M3에서는 JTAG 인터페이스 기능 이외에도 간단하게 2핀의 신호를 사용하는 SWD(Serial Wire Debug) 인터페이스를 지원하며, 이를 이용하여 여러 가지의 디버그 기능을 사용할 수 있다. CPU 코어는 AHB 버스 및 APB 버스를 사용하여 메모리와 주변장치를 고속으로 인터페이스한다.

Cortex-M3의 CPU가 직접 처리할 수 있는 데이터는 32비트 워드(word), 16비트 하프 워드(halfword), 8비트 바이트(byte) 등이다.

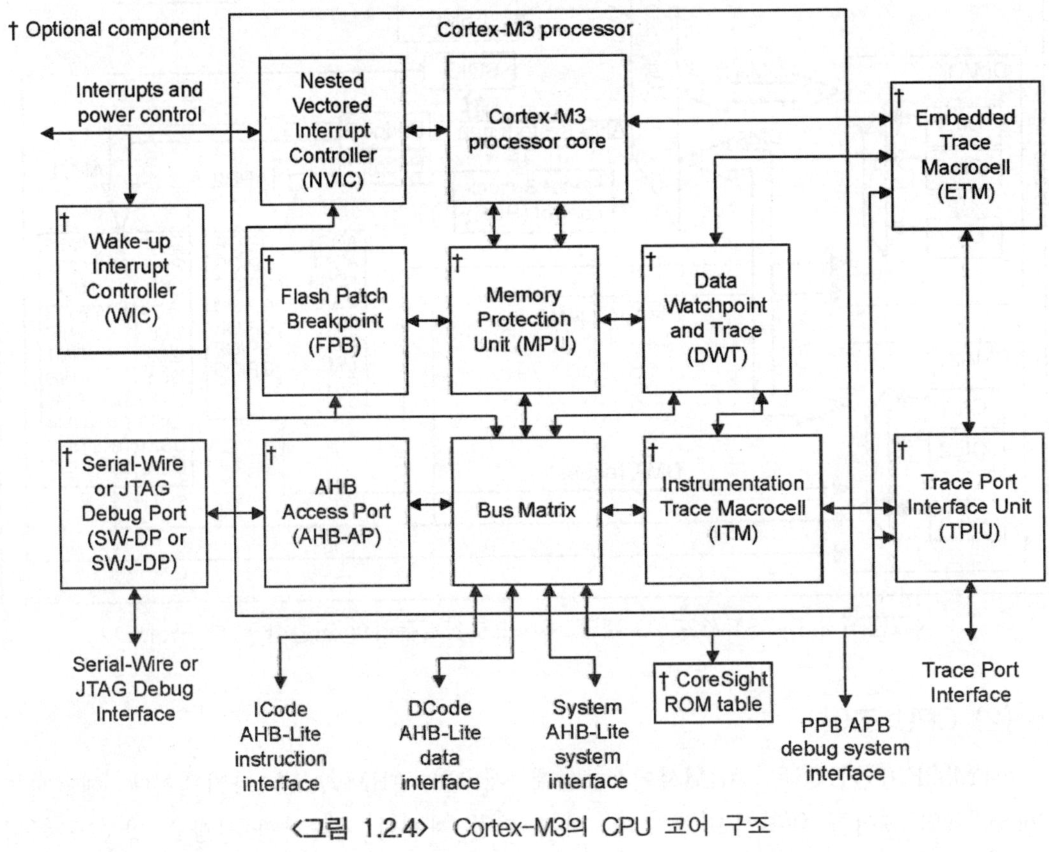

<그림 1.2.4> Cortex-M3의 CPU 코어 구조

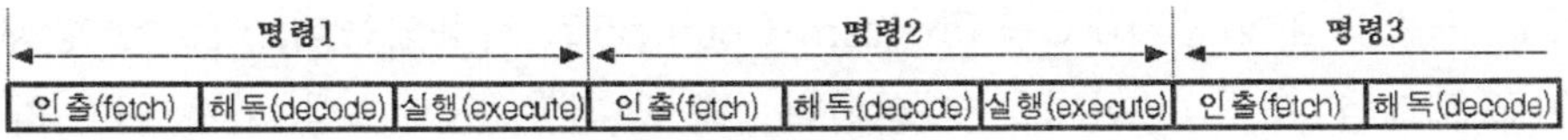

(a) 순차처리방식

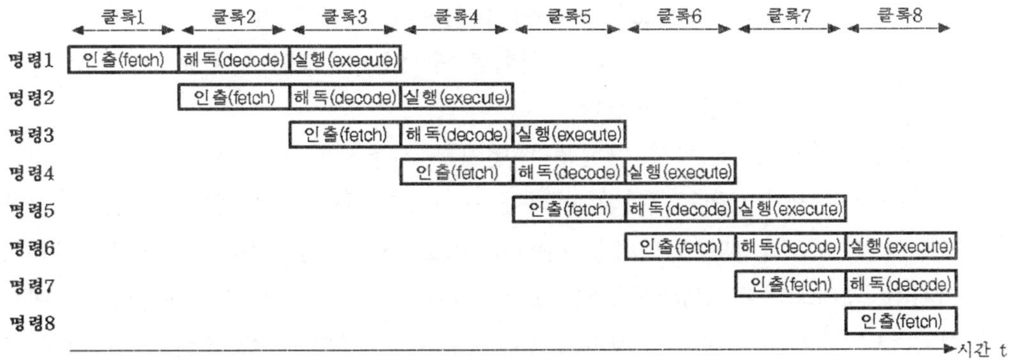

(b) 3단계 파이프라인 처리방식

<그림 1.2.5> 순차처리방식과 파이프라인 처리방식의 비교

(3) 레지스터 구조

Cortex-M3은 리셋 후에 기본적으로 Thread mode에서 응용 프로그램을 실행하며, 예외(exception) 처리를 수행할 때는 Handler mode로 들어가고 예외 처리가 끝나면 다시 Thread mode로 되돌아온다. 그리고, Thread mode에서 응용 프로그램을 실행할 때는 CONTROL 레지스터의 설정에 따라 Unprivileged level과 Privileged level에서 명령이 실행될 수 있으며, Handler mode에서는 모든 명령이 Privileged level로 실행된다. Unprivileged level에서 명령이 실행될 경우에는 일부 리소스(resource)를 액세스하는 것이 제한된다.

Cortex-M3의 코어 레지스터를 <그림 1.2.6>에 보였다. 여기서 R0~R12는 데이터 저장용으로 사용되는 32비트 범용 레지스터이다.

R13 레지스터는 스택 포인터(SP ; Stack Pointer)로 사용되는데, Thread mode에서는 CONTROL 레지스터의 비트1을 0으로 설정하면 MSP(Main Stack Pointer)로 동작용하고, 1로 설정하면 PSP(Process Stack Pointer)로 동작하지만, Handler mode에서는 무조건 MSP로 동작한다. 따라서, 리셋 직후 R13은 MSP로 동작하며 초기값으로 0x0000 0000 번지의 값을 갖는다.

R14는 링크 레지스터(LR ; Link Register)로 사용되는데, 이것은 서브루틴, 기능 호출(function call), 예외 처리 등을 사용할 때 복귀 정보를 저장한다. 리셋 직후 이 값은 0xFFFF FFFF로 된다.

R15는 프로그램 카운터(PC ; Program Counter)로 사용되는데, 이것은 항상 다음에 실행할 프로그램 명령의 번지를 가리킨다. 리셋 직후 프로그램 카운터는 리셋 벡터 0x0000 0004 번지의 값을 갖는다.

CONTROL 레지스터는 Thread mode에서 현재의 스택 포인터로 MSP와 PSP 중에서 어느 것을 사용할 것인지 지정하는 역할을 수행한다. 그러나, Handler mode에서는 이에 관계없이 항상 MSP를 사용한다.

만약, ARM Cortex-M3에서 어셈블리 언어를 사용하여 사용자 프로그램을 작성하는 경우에는 사용자가 CPU 코어의 이러한 레지스터 구조와 어셈블리 명령을 상세히 이해하는 것이 중요하지만, C언어로 사용자 프로그램을 작성하는 경우에는 사용자가 직접 이러한 레지스터를 취급하지 않으므로 여기서 설명한 만큼 개략적으로 CPU 코어의 레지스터 구조를 이해하는 것만으로도 충분하다. 만약, 이에 관하여 더 자세한 사항을 알고자 한다면 참고문헌[1] 및 참고문헌[2]를 읽어보기 바란다.

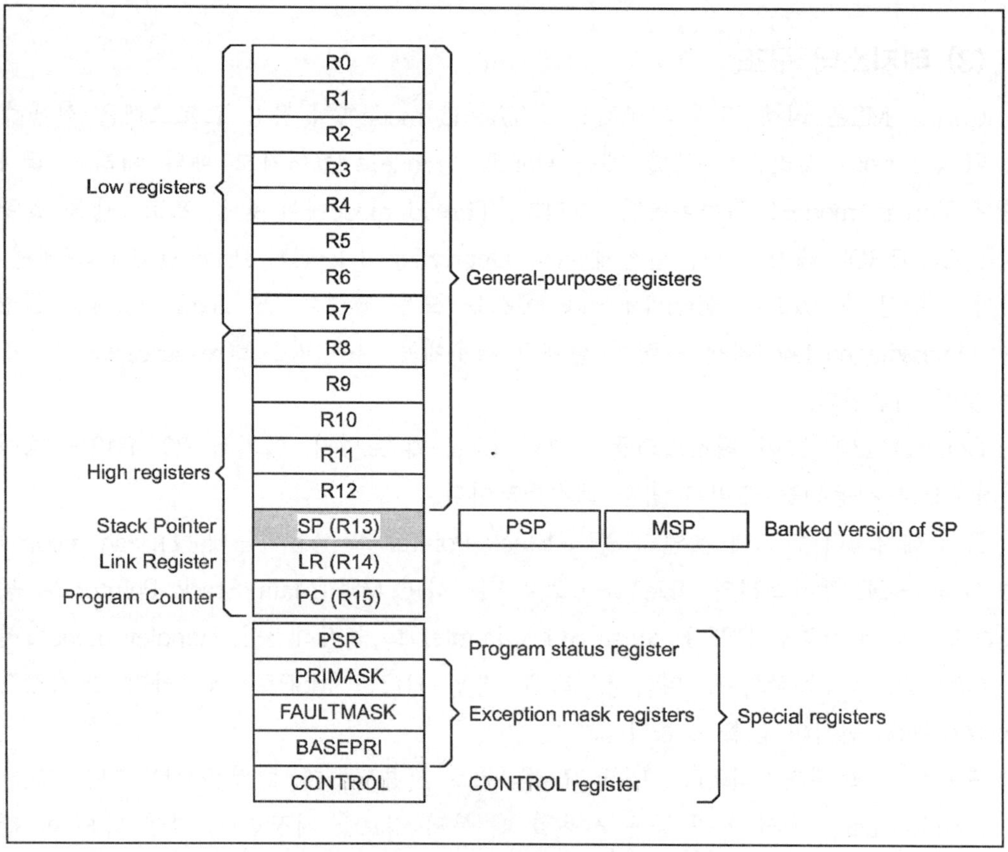

<그림 1.2.6> Cortex-M3의 코어 레지스터

◀휴게실▶ **EEPROM과 플래시 메모리**

STM32F103VET6에는 512KB의 플래시 메모리와 64KB의 SRAM을 내장하고 있다. 이 소자에는 없지만 어떤 MCU에는 불휘발성 데이터 메모리로서 EEPROM을 내장하고 있는 경우도 있다. EEPROM과 플래시 메모리는 하나의 뿌리에서 발전해온 매우 유사한 메모리이지만 사용방법이 서로 다르다. 이것들은 오늘날 독립된 메모리 소자로서도 널리 사용되고 있으므로 충분히 알아둘 필요가 있다.

EEPROM(E^2PROM, Electrically Erasable PROM)은 온보드(on-board) 상태에서 사용자가 내용을 바이트 단위로 리드하거나 라이트할 수 있으므로 사실상 SRAM과 유사하게 사용할 수 있는 불휘발성 메모리이며, 따라서 제조회사에 따라서는 이를 EEPROM이라고 부르지 않고 EAPROM(Electrically Alterable PROM) 또는 NVRAM(Non-Volatile RAM)이라고 부르기도 한다. 그러나, 이것의 리드 동작은 액세스 시간이 다소 느리기는 하더라도 SRAM과 유사하므로 별 문제가 없는데 비하여, 라이트 동작을 수행하는 경우에는 1바이트를 라이트할 때마다 수[ms] 이상의 시간지연이 필요하므로 SRAM처럼 사용할 수는 없다. 따라서, EEPROM은 실시간으로 사용되는 변수를 저장하는 메모리나 스택 메모리로는 사용될 수 없으며, 한번 내용을 저장하면 비교적 오랫동안 이를 기억하고 있으면서 주로 이를 읽어 사용하기만 하거나 전원을 꺼도 지워져서는 안되는 중요한 데이터를 백업하여 두어야 하는 설정값 저장용 메모리로 적합하다. 이 메모리 소자는 28Cxxx의 형태로 이름을 짓는 경우가 많다.

한편, 플래시 메모리(flash memory)는 온보드 상태에서 사용자가 내용을 바이트 단위로 자유로이 리드할 수는 있지만, 라이트 동작은 페이지(page) 또는 섹터(sector)라고 불리는 블록(block) 단위로만 수행할 수 있는 변형된 EEPROM이다. 블록의 크기는 메모리 소자나 메이커에 따라 다르지만 대체로 64바이트, 128바이트, 256바이트 등에서부터 많게는 128KB까지도 사용한다. 이렇게 플래시 메모리는 EEPROM과 매우 유사하지만 바이트 단위로 라이트하는 것이 불가능하므로 페이지 모드 라이트 기능만을 가지는 EEPROM이라고 생각하면 되며, 따라서 역시 SRAM처럼 실시간 데이터 메모리로 사용하는 것은 불가능하다. 그러나, 플래시 메모리는 EEPROM에 비해 메모리 셀의 구조가 간단하여 훨씬 더 대용량의 메모리 소자를 만드는데 적합하며, 1개의 블록 전체를 라이트하는데 수 [ms] 정도가 걸리므로 대용량 데이터를 라이트할 때는 EEPROM보다 훨씬 속도가 빠르다는 장점을 가진다.

그런데, 플래시 메모리는 내부 구조에 따라서 NOR형 플래시와 NAND형 플래시 메모리로 나눌 수 있다. NOR형 플래시는 다른 메모리 소자와 같이 외부 구조가 어드레스 버스, 데이터 버스, 그리고 몇 가지의 제어신호 및 전원으로 되어 있어서 프로그램 저장용으로 널리 사용된다. NOR형 플래시 메모리는 대부분 29Cxxx 형태의 이름을 가지고 있다. 그러나, NAND형 플래시 메모리는 어드레스 버스와 데이터 버스가 따로 있는 것이 아니고 8개(또는 16개)의 데이터 신호와 몇 개의 제어신호 및 전원핀을 가지고 있다. 8개의 데이터 신호선은 어드레스 및 제어명령을 라이트하거나 데이터 값을 읽고 쓰는 용도로 사용된다. 이렇게 하면 메모리를 읽고 쓰는 소프트웨어의 작업은 좀 번거로워지지만 메모리 용량이 증가하더라도 핀 수가 늘어나지 않으므로 하드웨어 규격을 통일할 수 있어서 플래시 메모리를 마치 하드디스크처럼 사용하는 것이 가능하다.

특히, 요즈음에는 1.8[V]나 3.3[V]의 저전압에서 동작하는 수십 MB~수십 GB짜리 대용량의 NAND형 플래시 메모리 카드가 많이 개발되어 휴대전화, 디지털 카메라, MP3 플레이어, 이동형 USB 메모리 등과 같은 용도에 널리 사용되고 있으며, 종래의 자기 디스크형 하드디스크를 NAND형 플래시 메모리로 대체한 SSD(Solid State Drive)도 널리 사용되고 있다. 이러한 기기에 NAND형 플래시 메모리 카드를 사용할 때는 편의성과 하드웨어 및 소프트웨어적인 호환성이 중요하므로 SD(Secure Digital), MMC(MultiMedia Card), CF(Compact Flash) 등과 같은 표준 규격이 만들어져 사용되고 있다.

SD 카드

MMC 카드

CF 카드

4. STM32F103VET6의 메모리 구조

ARM Cortex-M3의 메모리 구조는 <그림 1.2.7>에 보인 바와 같이 총 4GB 용량이 몇가지의 영역으로 나누어진다. External RAM과 External device 영역은 소자의 외부에 위치하며, 그밖의 모든 영역은 소자의 내부에 위치한다. 마지막의 Private peripheral bus 영역은 NVIC(Nested Vectored Interrupt Controller), MPU(Memory Protection Unit), SCB(System Control Block), 시스틱 타이머 등과 같은 CPU 코어에 속하는 주변장치들을 배치하는 영역이다.

Code, SRAM, External (S)RAM 영역은 모두 프로그램 저장 영역 또는 데이터 저장 영역으로 사용할 수 있으며, 사용자 프로그램을 실행할 때는 항상 0x00000000 번지에서 시작되는 Code 영역으로 맵핑하여 실행해야 한다.

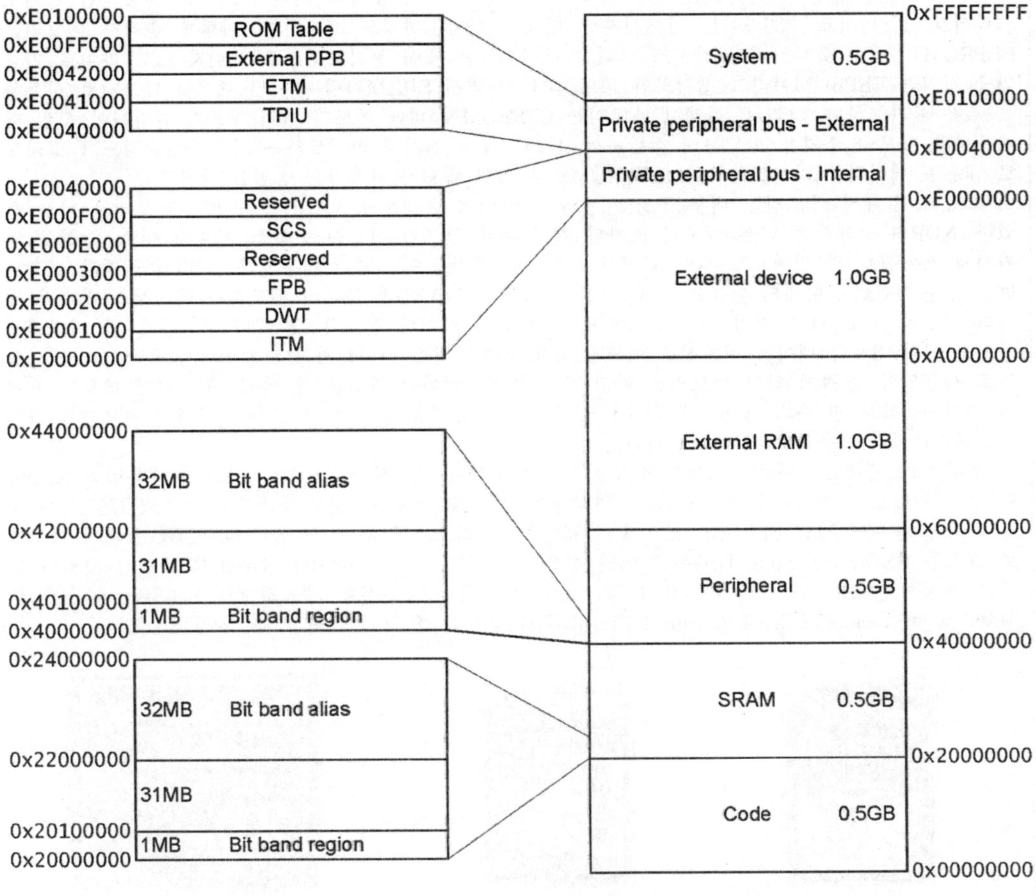

<그림 1.2.7> Cortex-M3 계열 마이크로컨트롤러의 전체 메모리 맵

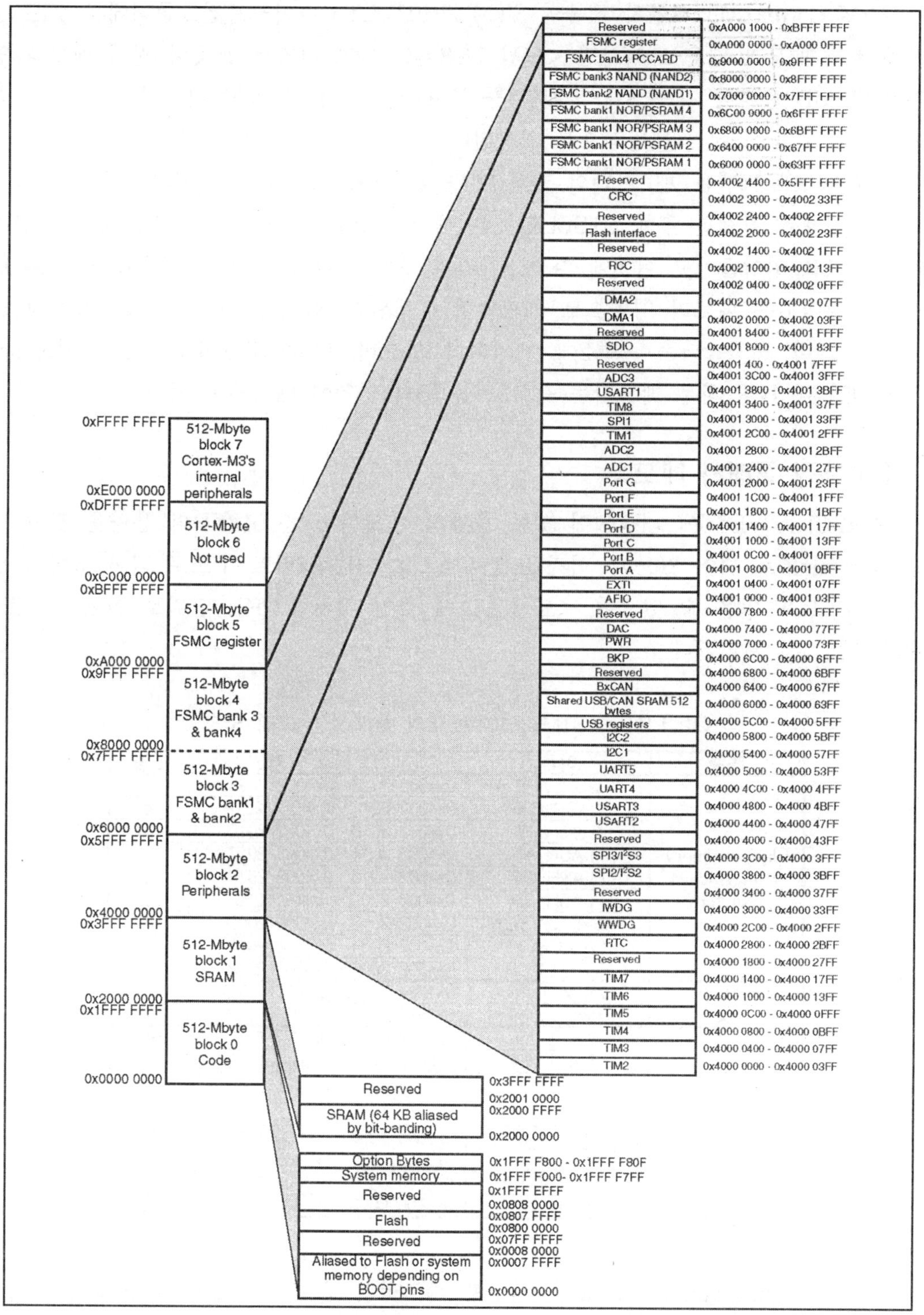

〈그림 1.2.8〉 STM32F103VET6 마이크로컨트롤러의 메모리 맵

ARM Cortex-M3 계열의 제품인 STM32F103VET6 마이크로컨트롤러에서 4GB 용량의 전체 메모리 맵을 도시하면 <그림 1.2.8>과 같다. 여기서 보듯이 전체 메모리 영역은 512MB 용량을 갖는 8개의 메인 블록(main block)으로 나누어지며, 메모리의 데이터는 항상 리틀 엔디안 방식으로 저장된다.

사용자 프로그램은 맨 아래의 블록0이나 블록1에 저장되어 실행되는데, 이것들은 시스템 리셋이 발생한 후에 SYSCLK의 4번째 상승 에지에서 BOOT0 및 BOOT1 단자의 설정값을 읽어들이고 이것에 따라 3가지의 부팅 영역이 선택된 후 0x0000 0000 번지부터 시작되는 메모리 영역으로 매핑되어 실행된다. 이 소자의 모든 주변장치에 있는 I/O 제어 레지스터는 블록2에 배치되어 있으며, FSMC(Flexible Static Memory Controller)에 의한 외부 메모리는 블록3~블록5의 영역에 배치되어 있다.

(1) 내장 플래시 메모리

STM32F103VET6에 내장되어 있는 플래시 메모리는 총 512KB의 용량을 갖는 단일 뱅크(bank)로 되어 있는데, 이것은 물리적으로 64K×64비트 구조로 되어 있어서 한 번에 64비트씩 읽을 수 있으며, <표 1.2.3>에 보인 것처럼 2KB 단위로 이루어진 256개의 페이지로 관리된다.

<표 1.2.3> STM32F103VET6의 플래시 메모리 구조

블록	이름	어드레스 영역	용량
Flash memory interface registers	FLASH_WRPR	0x4002 2020~0x4002 2023	4
	FLASH_OBR	0x4002 201C~0x4002 201F	4
	(reserved)	0x4002 2018~0x4002 201B	4
	FLASH_AR	0x4002 2014~0x4002 2017	4
	FLASH_CR	0x4002 2010~0x4002 2013	4
	FLASH_SR	0x4002 200C~0x4002 200F	4
	FLASH_OPTKEYR	0x4002 2008~0x4002 200B	4
	FLASH_KEYR	0x4002 2004~0x4002 2007	4
	FLASH_ACR	0x4002 2000~0x4002 2003	4
Information block	Option bytes	0x1FFF F800~0x1FFF F80F	16
	System memory	0x1FFF F000~0x1FFF F7FF	2KB
Main memory	페이지 255	0x0807 F800~0x0807 FFFF	2KB
	페이지 254	0x0807 F000~0x0807 F7FF	2KB
	⋮	⋮	⋮
	페이지 3	0x0800 1800~0x0800 1FFF	2KB
	페이지 2	0x0800 1000~0x0800 17FF	2KB
	페이지 1	0x0800 0800~0x0800 0FFF	2KB
	페이지 0	0x0800 0000~0x0800 07FF	2KB

정보 블록(information block)은 시스템 메모리와 옵션 바이트로 나누어진다. 시스템 메모리는 부트 로더(boot loader) 프로그램이 들어있는 영역으로서 이것은 직렬통신

USART1을 통하여 플래시 메모리의 프로그램을 갱신하는데 사용된다. 이에 관한 자세한 사항은 STMicroelectronics사의 응용노트 AN2606을 참조하기 바란다. 옵션 바이트는 STM32F103VET6 소자의 특별한 시스템 기능 설정 데이터를 저장하는 16바이트의 플래시 메모리 공간이다.

메인 메모리 블록은 사용자 프로그램이나 상수 데이터를 저장하는 프로그램 메모리 영역으로서, 플래시 메모리의 write, erase, protection 등의 기능은 모두 기본적으로 페이지 단위로 수행된다. 플래시 메모리는 AHB 버스에 연결되어 있는데, 여기서 명령을 인출(instruction fetch)할 때는 특별히 I-Code bus를 사용하며, 데이터를 액세스할 때는 D-Code bus를 사용한다. D-Code bus가 I-Code bus에 대하여 액세스 우선권을 갖는다. 플래시 메모리에서 명령을 읽어들일 때는 기본적인 1사이클의 액세스 동작에 추가하여 제로 웨이트(zero wait)에서 2개까지의 웨이트 사이클을 줄 수 있는데, 사용하는 시스템 클록의 주파수가 24MHz 이하이면 제로 웨이트로 동작이 가능하지만, 시스템 클록이 24~48MHz이면 1개의 웨이트 사이클을 주어야 하며, 시스템 클록이 48~72MHz이면 2개의 웨이트 사이클을 주어야 한다. 플래시 메모리를 액세스할 때의 웨이트 사이클은 FLASH_ACR 레지스터에서 LATENCY[2:0] 비트로 설정한다. 또한, 만약 시스템 클록이 8MHz 이하일 경우에는 HCLK의 반주기 동안에 명령을 인출하는 하프 사이클 액세스(half-cycle access) 동작을 사용할 수도 있다.

플래시 메모리 컨트롤러에는 플래시 메모리의 액세스 동작을 빠르게 향상시킴으로써 프로그램의 실행 속도를 높이기 위하여 16바이트의 프리페치 버퍼(prefetch buffer)를 가지고 있다. 프리페치 버퍼의 사용 여부는 FLASH_ACR 레지스터의 PRFTBE 비트로 설정하며, 이것은 SYSCLK과 HCLK이 동일하게 24MHz 이하로 느리게 동작하고 있을 때만 on/off할 수 있다.

STM32F103VET6의 플래시 메모리 컨트롤러에 가지고 있는 I/O 제어 레지스터의 기능을 설명하면 다음과 같다.

▣ 플래시 액세스 제어 레지스터 FLASH_ACR (리셋 값 : 0x0000 0030)

b31	b30	b29	b28	b27	b26	b25	b24	b23	b22	b21	b20	b19	b18	b17	b16
-	-	-	-	-	-	-	-	-	-	-	-	-	-	-	-
-	-	-	-	-	-	-	-	-	-	-	-	-	-	-	-

b15	b14	b13	b12	b11	b10	b9	b8	b7	b6	b5	b4	b3	b2	b1	b0
-	-	-	-	-	-	-	-	-	-	PRFTBS	PRFTBE	HLFCYA	LATENCY[2:0]		
-	-	-	-	-	-	-	-	-	-	r	rw	rw	rw	rw	rw

- PRFTBS : Prefetch Buffer Status
  0 = 현재 프리페치 버퍼 동작이 금지되어 있다.
  1 = 현재 프리페치 버퍼 동작이 허용되어 있다.
- PRFTBE : Prefetch Buffer Enable

0 = 명령 인출 동작에서 프리페치 동작을 금지한다.
1 = 명령 인출 동작에서 프리페치 동작을 허용한다.

- HLFCYA : Flash Half Cycle Access Enable
  0 = 플래시 하프 사이클 액세스를 금지한다.
  1 = 플래시 하프 사이클 액세스를 허용한다.
- LATENCY[2:0] : Latency
  플래시 메모리를 액세스할 때의 웨이트 사이클(wait state) 수를 설정한다.
  000 = 0개의 웨이트 사이클을 설정한다.(SYSCLK이 0~24MHz의 경우)
  001 = 1개의 웨이트 사이클을 설정한다.(SYSCLK이 24~48MHz의 경우)
  010 = 2개의 웨이트 사이클을 설정한다.(SYSCLK이 48~72MHz의 경우)

▣ 플래시 FPEC 키 레지스터 FLASH_KEYR (리셋 값 : 0xXXXX XXXX)

b31	b30	b29	b28	b27	b26	b25	b24	b23	b22	b21	b20	b19	b18	b17	b16
FKEYR[31:16]															
w	w	w	w	w	w	w	w	w	w	w	w	w	w	w	w

b15	b14	b13	b12	b11	b10	b9	b8	b7	b6	b5	b4	b3	b2	b1	b0
FKEYR[15:0]															
w	w	w	w	w	w	w	w	w	w	w	w	w	w	w	w

- FKEYR[31:0] : FPEC Key
  이것은 FPEC(Flash Program and Erase Controller)의 보호기능 잠금을 해제하가 위한 값을 나타낸다. 플래시 메모리를 액세스할 때는 여기에 여러 가지로 지정된 값을 써주어야 한다. 이 레지스터를 읽으면 항상 0으로 읽혀진다.

▣ 플래시 OPTKEY 레지스터 FLASH_OPTKEYR (리셋 값 : 0xXXXX XXXX)

b31	b30	b29	b28	b27	b26	b25	b24	b23	b22	b21	b20	b19	b18	b17	b16
OPTKEYR[31:16]															
w	w	w	w	w	w	w	w	w	w	w	w	w	w	w	w

b15	b14	b13	b12	b11	b10	b9	b8	b7	b6	b5	b4	b3	b2	b1	b0
OPTKEYR[15:0]															
w	w	w	w	w	w	w	w	w	w	w	w	w	w	w	w

- OPTKEYR[31:0] : Option Byte Key
  이것은 옵션 바이트의 프로그래밍이 가능해지도록 설정하려는 목적으로 FLASH_CR 레지스터의 OPTWRE 비트를 해제하기 위한 값을 나타낸다. 이 레지스터를 읽으면 항상 0으로 읽혀진다.

▣ 플래시 상태 레지스터 FLASH_SR (리셋 값 : 0x0000 0000)

b31	b30	b29	b28	b27	b26	b25	b24	b23	b22	b21	b20	b19	b18	b17	b16
–	–	–	–	–	–	–	–	–	–	–	–	–	–	–	–
–	–	–	–	–	–	–	–	–	–	–	–	–	–	–	–

b15	b14	b13	b12	b11	b10	b9	b8	b7	b6	b5	b4	b3	b2	b1	b0
–	–	–	–	–	–	–	–	–	–	EOP	WRPRT ERR	–	PG ERR	–	BSY
–	–	–	–	–	–	–	–	–	–	rc_w1	rc_w1	–	rc_w1	–	r

- EOP : End of Operation
  이것은 플래시 메모리의 프로그램 또는 삭제 동작이 성공적으로 완료되면 1로 세트되며, 이를 클리어하려면 1을 써주어야 한다.
- WRPRTERR : Write Protection Error
  이것은 쓰기 금지로 보호기능이 설정된 플래시 메모리 번지에 쓰기 동작이 시도되면 1로 세트되며, 이를 클리어하려면 1을 써주어야 한다.
- PGERR : Programming Error

이것은 프로그램하려는 플래시 메모리의 번지가 미리 삭제되어 0xFFFF 값으로 되어 있지 않을 때 여기에 쓰기 동작이 시도되면 1로 세트되며, 이를 클리어하려면 1을 써주어야 한다.

- BSY : Busy
  이것은 현재 플래시 메모리 액세스 동작이 진행 중이라는 것을 나타낸다. 이것은 플래시 액세스 동작이 시작될 때 1이 되고, 동작이 완료되거나 에러가 발생하면 0으로 된다.

▣ 플래시 제어 레지스터 FLASH_CR (리셋 값 : 0x0000 0080)

b31	b30	b29	b28	b27	b26	b25	b24	b23	b22	b21	b20	b19	b18	b17	b16
–	–	–	–	–	–	–	–	–	–	–	–	–	–	–	–
–	–	–	–	–	–	–	–	–	–	–	–	–	–	–	–

b15	b14	b13	b12	b11	b10	b9	b8	b7	b6	b5	b4	b3	b2	b1	b0
–	–	–	EOPIE	–	ERRIE	OPTWRE	–	LOCK	STRT	OPTER	OPTPG	–	MER	PER	PG
–	–	–	rw	–	rw	rw	–	rw	rw	rw	rw	–	rw	rw	rw

- EOPIE : End of Operation Interrupt Enable
  0 = EOP 인터럽트를 금지한다.
  1 = EOP 인터럽트를 허용한다.
- ERRIE : Error Interrupt Enable
  0 = PGERR와 WRPRTERR 인터럽트를 금지한다.
  1 = PGERR와 WRPRTERR 인터럽트를 허용한다.
- OPTWRE : Option Byte Write Enable
  0 = 옵션 바이트의 값을 변경하는 것을 허용하지 않는다.
  1 = 옵션 바이트의 값을 변경하는 것을 허용한다.
- LOCK : Lock
  이 비트에는 1을 쓰는 것만 가능하다. 이것은 FPEC와 FLASH_CR 레지스터를 변경하지 못하도록 잠그는(lock) 기능을 수행한다. 이 비트를 0으로 클리어하여 잠금을 해제하려면 지정된 시퀀스의 동작을 수행해야 한다.
- STRT : Start
  이 비트를 1로 설정하면 플래시 메모리 삭제 기능을 트리거한다. 이것은 BSY=0으로 되면 0으로 클리어된다.
- OPTER : Option Byte Erase
  이 비트는 옵션 바이트의 삭제 기능을 선택한다.
- OPTPG : Option Byte Programming
  이 비트는 옵션 바이트의 프로그래밍 기능을 선택한다.
- MER : Mass Erase
  이 비트는 플래시 메모리에서 모든 사용자 페이지를 삭제하는 기능을 선택한다.
- PER : Page Erase
  이 비트는 플래시 메모리에서 지정된 페이지를 삭제하는 기능을 선택한다.
- PG : Programming
  이 비트는 플래시 메모리의 프로그래밍 기능을 선택한다.

▣ 플래시 어드레스 레지스터 FLASH_AR (리셋 값 : 0x0000 0000)

b31	b30	b29	b28	b27	b26	b25	b24	b23	b22	b21	b20	b19	b18	b17	b16
FAR[31:16]															
w	w	w	w	w	w	w	w	w	w	w	w	w	w	w	w

b15	b14	b13	b12	b11	b10	b9	b8	b7	b6	b5	b4	b3	b2	b1	b0
FAR[15:0]															
w	w	w	w	w	w	w	w	w	w	w	w	w	w	w	w

- FAR[31:0] : Flash Memory Address
  프로그램할 플래시 메모리의 어드레스를 지정하거나 또는 삭제할 플래시 메모리의 페이지를 지정한다. 만약 BSY=1이면 이 레지스터에 값을 쓰는 것은 허용되지 않는다.

▣ 플래시 옵션 바이트 레지스터 FLASH_OBR (리셋 값 : 0x03FF FFFC)

b31	b30	b29	b28	b27	b26	b25	b24	b23	b22	b21	b20	b19	b18	b17	b16
-	-	-	-	-	-	Data1[7:0]								Data0[7:6]	
-	-	-	-	-	-	r	r	r	r	r	r	r	r	r	r

b15	b14	b13	b12	b11	b10	b9	b8	b7	b6	b5	b4	b3	b2	b1	b0
Data0[5:0]						USER[7:0]								RDPRT	OPTERR
r	r	r	r	r	r	r	r	r	r	r	r	r	r	r	r

- Data1[7:0] : Data1 of Option Bytes
  이것은 리셋 후에 OBL(Option Byte Loader)에 의하여 옵션 바이트를 읽어서 저장된 Data1에 해당하는 8비트 데이터이다.
- Data0[7:0] : Data0 of Option Bytes
  이것은 리셋 후에 OBL에 의하여 옵션 바이트를 읽어서 저장된 Data0에 해당하는 8비트 데이터이다.
- USER[7:0] : USER of Option Bytes
  이것은 리셋 후에 OBL에 의하여 옵션 바이트를 읽어서 저장된 USER에 해당하는 8비트 데이터이다.
- RDPRT : Read Protection
  이 비트는 플래시 메모리가 읽기 금지 보호되어 있다는 것을 나타낸다.
- OPTERR : Option Byte Error
  이 비트는 리셋 후에 OBL에 의하여 옵션 바이트를 읽었을 때 옵션 바이트와 그 반전값이 서로 매칭되지 않았다는 것을 나타낸다. 이 경우에는 이 비트가 1로 세트되면서 FLASH_OBR 및 FLASH_WRPR 레지스터가 0xFF로 채워진다.

▣ 플래시 쓰기 보호 레지스터 FLASH_WRPR (리셋 값 : 0xFFFF FFFF)

b31	b30	b29	b28	b27	b26	b25	b24	b23	b22	b21	b20	b19	b18	b17	b16
WRP[31:16]															
r	r	r	r	r	r	r	r	r	r	r	r	r	r	r	r

b15	b14	b13	b12	b11	b10	b9	b8	b7	b6	b5	b4	b3	b2	b1	b0
WRP[15:0]															
r	r	r	r	r	r	r	r	r	r	r	r	r	r	r	r

- WRP[31:0] : Write Protect
  이것은 리셋 후에 OBL에 의하여 옵션 바이트를 읽어서 저장된 WRP3~WRP0에 해당하는 데이터를 포함한다.
  0 = 쓰기 금지 보호기능이 유효하다.
  1 = 쓰기 금지 보호기능이 유효하지 않다.

STM32F103VET6은 <표 1.2.4>에 보인 것처럼 4개의 32비트짜리 옵션 바이트를 가지고 있는데, 이것들은 사용자가 이 마이크로컨트롤러의 여러 가지 시스템 기능을 설정하는 용도로 사용한다. 옵션 바이트의 내용을 잘 보면 8비트 설정 데이터와 이것의 반전 데이터가 연속으로 저장되는 것을 볼 수 있는데, 이것은 시스템 리셋 후에 이를 읽어들일 때 에러를 검출하기 위함이다. 따라서 전체 옵션 바이트의 메모리 용량은 16바이트지만 실제로 옵션 바이트의 데이터 양은 8바이트이다.

옵션 바이트는 안전상의 이유로 디폴트 상태에서 쓰기 금지 기능이 설정되어 있으므로 사용자 프로그램에서 옵션 바이트 값을 변경하려면 매우 복잡한 절차를 거쳐야 한다. 하지만, 실제로 사용자 프로그램에서 옵션 바이트를 변경할 경우는 매우 적으며, 보통은 ST-LINK/V2 에뮬레이터에서 옵션 바이트를 변경하는 것이 쉽고 편리하다. 그러나, 옵션 바이트의 내용을 읽는 것은 FLASH_OBR 레지스터를 사용하여 쉽게 수행할 수 있다.

옵션 바이트의 내용을 상세하게 설명하면 <표 1.2.5>와 같다.

<표 1.2.4> STM32F103VET6의 옵션 바이트 구성

메모리 어드레스	[31:24]	[23:16]	[15:8]	[7:0]
0x1FFF F80C	nWRP3	WRP3	nWRP2	WRP2
0x1FFF F808	nWRP1	WRP1	nWRP0	WRP0
0x1FFF F804	nData1	Data1	nData0	Data0
0x1FFF F800	nUSER	USER	nRDP	RDP

<표 1.2.5> STM32F103VET6의 옵션 바이트 내용

메모리 어드레스	옵션 바이트의 내용
0x1FFF F80C	비트[31:24] nWRP3 비트[23:16] WRP3 : Flash Memory Write Protection 3 Option Byte 이것은 플래시 메모리 쓰기 금지 보호기능 3을 설정할 수 있는 공간으로서 FLASH_WRPR 레지스터의 [31:24] 비트로 읽어들일 수 있다. 비트[15:8] nWRP2 비트[7:0] WRP2 : Flash Memory Write Protection 2 Option Byte 이것은 플래시 메모리 쓰기 금지 보호기능 2를 설정할 수 있는 공간으로서 FLASH_WRPR 레지스터의 [23:16] 비트로 읽어들일 수 있다.
0x1FFF F808	비트[31:24] nWRP1 비트[23:16] WRP1 : Flash Memory Write Protection 1 Option Byte 이것은 플래시 메모리 쓰기 금지 보호기능 1을 설정할 수 있는 공간으로서 FLASH_WRPR 레지스터의 [15:8] 비트로 읽어들일 수 있다. 비트[15:8] nWRP0 비트[7:0] WRP0 : Flash Memory Write Protection 0 Option Byte 이것은 플래시 메모리 쓰기 금지 보호기능 0을 설정할 수 있는 공간으로서 FLASH_WRPR 레지스터의 [7:0] 비트로 읽어들일 수 있다.
0x1FFF F804	비트[31:24] nData1 비트[23:16] Data1 : User Data 1 Storage Option Byte 이것은 옵션 바이트 데이터 1을 저장할 수 있는 공간으로서 FLASH_OBR 레지스터의 [25:18] 비트로 읽어들일 수 있다. 비트[15:8] nData0 비트[7:0] Data0 : User Data 0 Storage Option Byte 이것은 옵션 바이트 데이터 0을 저장할 수 있는 공간으로서 FLASH_OBR 레지스터의 [17:10] 비트로 읽어들일 수 있다.
0x1FFF F800	비트[31:24] nUSER 비트[23:16] USER : User Option Byte 이것은 FLASH_OBR 레지스터의 [9:2] 비트로 읽어들일 수 있다. 여기서는 아래와 같이 3개의 비트만 사용한다. 비트18 nRST_STDBY : Standby Mode Reset 0 = 대기 모드에 들어갈 때 리셋이 발생한다. 1 = 대기 모드에 들어갈 때 리셋이 발생하지 않는다. 비트17 nRST_STOP : Stop Mode Reset 0 = 정지 모드에 들어갈 때 리셋이 발생한다. 1 = 정지 모드에 들어갈 때 리셋이 발생하지 않는다. 비트16 WDG_SW : Software Watchdog 0 = 하드웨어 워치독을 사용한다. 1 = 소프트웨어 워치독을 사용한다. 비트[15:8] nRDP 비트[7:0] RDP : Read Protection Option Byte 이것은 플래시 메모리에 저장되어 있는 프로그램 코드를 보호하기 위한 것으로 이를 해제하려면 지정된 절차를 따라야 한다.

(2) 내장 SRAM

STM32F103VET6에 내장된 SRAM은 0x2000 0000 번지에서 시작하여 총 64KB의 용량을 가지고 있는데, 이것은 바이트(byte, 8비트), 하프 워드(half word, 16비트), 워드(word, 32비트) 단위로 액세스할 수 있다. SRAM은 플래시 메모리에 비하여 상당히 빠르며, 최대 속도인 72MHz에서도 제로 웨이트(zero wait)로 액세스된다.

Cortex-M3에서 SRAM 메모리 데이터는 항상 <그림 1.2.9>에 보인 것처럼 리틀 엔디안 방식(little-endian format)으로 저장된다.

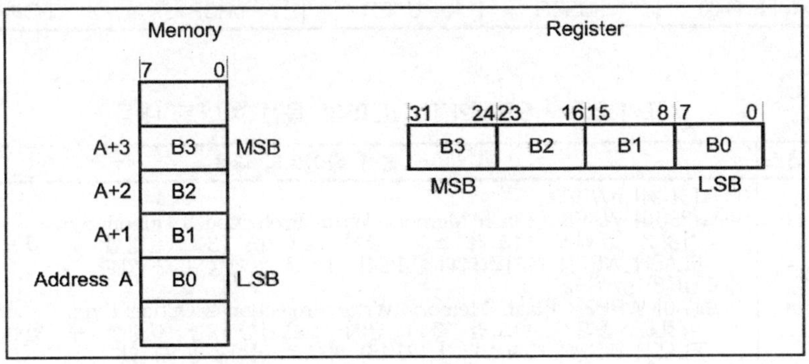

<그림 1.2.9> Cortex-M3에서 데이터를 저장할 때 사용하는 리틀 엔디안 방식

(3) 부트 모드의 설정

STM32F103VET6은 <표 1.2.6>에 보인 것과 같이 3가지의 부트 모드가 있는데, 이것은 BOOT0 및 BOOT1 단자의 설정값에 의해 결정된다. CPU는 리셋이 발생한 직후 SYSCLK의 4번째 상승 에지에서 BOOT0 및 BOOT1 단자를 검출하고 이 비트의 입력값에 따라 1가지의 부트 모드를 결정한다. 이 단자들은 CPU가 대기 모드에서 정상 모드로 되돌아오는 경우에도 다시 검출된다.

<표 1.2.6> STM32F103VET6에서 부트 모드의 설정

부트 모드 설정 단자		부트 모드 및 동작
BOOT1	BOOT0	
x	0	**Main Flash memory** : 0x0800 0000번지부터 시작되는 512KB 용량의 플래시 메모리를 0x0000 0000번지부터 시작되는 코드 영역으로 매핑하여 프로그램을 부팅한다.
0	1	**System memory** : 0x1FFF F000번지부터 시작되는 2KB 용량의 시스템 메모리를 0x0000 0000번지부터 시작되는 코드 영역으로 매핑하여 프로그램을 부팅한다.
1	1	**Embedded SRAM** : 0x2000 0000번지부터 시작되는 64KB 용량의 SRAM 메모리를 0x0000 0000번지부터 시작되는 코드 영역으로 매핑하여 프로그램을 부팅한다.

STM32F103VET6에서 BOOT1=0 및 BOOT0=1로 설정하여 0x1FFF F000 번지의 시스템 메모리로 부팅하는 경우에는 이 메모리에 내장되어 있는 부트로더(bootloader) 프로그램에 의하여 직렬통신 포트 USART1로 플래시 메모리에 사용자 프로그램을 다운로드할 수 있다. Cortex-M3에서는 사용자 프로그램이 실행되고 있는 동안에 플래시 메모리의 프로그램 내용을 갱신하는 기능을 IAP(In-Application Programming)라고 하며, 이중에서 JTAG이나 SWD 인터페이스를 통하여 에뮬레이터를 사용하거나 또는 시스템 메모리에서 부트로더를 사용하여 직렬통신 포트로 사용자 프로그램을 다운로드하는 것을 ICP(In-Circuit Programming)라고 부른다. 만약, STM32F103VET6의 부트로더 사용 방법에 관하여 보다 자세한 사항을 알고자 하면 STMicroelectronics사의 응용노트 AN2606을 참조하기 바란다.

◀휴게실▶ **I/O 제어 레지스터의 비트 속성**

STM32F103VET6에서 사용하는 I/O 제어 레지스터의 각 비트들은 고유한 속성을 가지고 있다. 이 책에서는 I/O 제어 레지스터의 기능을 설명하는 그림에서 각 비트 속성을 다음과 같이 표시하고 있다.

- rw : (read/write) 사용자 프로그램에서 read하거나 write할 수 있는 비트이다.
- r : (read-only) 사용자 프로그램에서 read만 할 수 있는 비트이다.
- w : (write-only) 사용자 프로그램에서 write만 할 수 있는 비트이다.
- rwo : (read/write once) read 및 write가 가능하지만, write는 1번만 할 수 있는 비트이다.
- rc_w1 : (read/clear) 사용자 프로그램에서 read하거나 1을 write하여 클리어할 수 있는 비트이다. 이 비트에 0을 write하면 아무 동작도 일어나지 않는다.
- rc_w0 : (read/clear) 사용자 프로그램에서 read하거나 0을 write하여 클리어할 수 있는 비트이다. 이 비트에 1을 write하면 아무 동작도 일어나지 않는다.
- rc_r : (read/clear) 사용자 프로그램에서 read할 수 있고, read 후 자동으로 클리어되는 비트이다.
- rs : (read/set) 사용자 프로그램에서 read하거나 1을 write하여 세트할 수 있는 비트이다. 이 비트에 0을 write하면 아무 동작도 일어나지 않는다.
- rt_w : (read-only write trigger) 사용자 프로그램에서 read만 할 수 있는 비트이다. 여기에 0이나 1을 write하면 이벤트가 발생하지만 비트 값에는 영향을 주지 않는다.
- t : (toggle) 사용자 프로그램에서 1을 write하여 비트 값을 toggle할 수 있는 비트이다.
- Reserved 또는 Rev. 또는 - : 사용하지 않는 비트이다.

(4) 내장 주변장치

STM32F103VET6 마이크로컨트롤러의 AHB, APB1, APB2 버스에 접속된 주변장치들을 요약하면 <표 1.2.7>과 같다. Cortex-M3 마이크로컨트롤러에서는 소자의 소비전력을 절감하기 위하여 리셋 후 디폴트 상태에서 모든 주변장치에 클록 신호를 공급하지 않는다. 따라서, 사용자가 어떤 주변장치를 사용하려면 초기화를 수행하기 전에 먼저 리셋 및 클록 컨트롤러의 RCC_AHBENR, RCC_APB1ENR, RCC_APB2ENR 레지스터를 사용하여 해당 주변장치에 클록 신호를 공급해야 한다.

그런데, <표 1.2.7>에서 보듯이 GPIO, CRC, RCC, DMA, FLASH 컨트롤러, USB,

DCMI, JPEG, FMC 등은 분명히 주변장치에 해당하지만 이것들은 APB 버스가 아니라 특별히 AHB 버스에 접속되어 있음에 유의하라.

<표 1.2.7> STM32F103VET6의 AHB, APB1, APB2 버스에 접속된 주변장치

버스	어드레스	주변장치	
AHB (72MHz)	0xA000 0000~0xA000 0FFF	FSMC	Flexible Static Memory Controller
	0x4002 3000~0x4002 33FF	CRC	Cyclic Redundancy Check
	0x4002 2000~0x4002 23FF	Flash Memory Interface	Flash Memory Interface Controller
	0x4002 1000~0x4002 13FF	RCC	Reset and Clock Controller
	0x4002 0400~0x4002 07FF	DMA2	Direct Memory Access Controller 2
	0x4002 0000~0x4002 03FF	DMA1	Direct Memory Access Controller 1
	0x4001 8000~0x4001 83FF	SDIO	SD Card I/O Interface
APB2 (72MHz)	0x4001 3C00~0x4001 3FFF	ADC3	Analog-to-Digital Converter 3
	0x4001 3800~0x4001 3BFF	USART1	Universal Synchronous/Asynchronous Receiver/Transmitter 1
	0x4001 3400~0x4001 37FF	TIM8	Timer 8
	0x4001 3000~0x4001 33FF	SPI1	Serial Peripheral Interface 1
	0x4001 2C00~0x4001 2FFF	TIM1	Timer 1
	0x4001 2800~0x4001 2BFF	ADC2	Analog-to-Digital Converter 2
	0x4001 2400~0x4001 27FF	ADC1	Analog-to-Digital Converter 1
	0x4001 1800~0x4001 1BFF	GPIO Port E	General-Purpose I/O Controller Port E
	0x4001 1400~0x4001 17FF	GPIO Port D	General-Purpose I/O Controller Port D
	0x4001 1000~0x4001 13FF	GPIO Port C	General-Purpose I/O Controller Port C
	0x4001 0C00~0x4001 0FFF	GPIO Port B	General-Purpose I/O Controller Port B
	0x4001 0800~0x4001 0BFF	GPIO Port A	General-Purpose I/O Controller Port A
	0x4001 0400~0x4001 07FF	EXTI	External Interrupt Controller
	0x4001 0000~0x4001 03FF	AFIO	Alternate Function I/O Controller
APB1 (36MHz)	0x4000 7400~0x4000 77FF	DAC	USB On-The-Go High-Speed
	0x4000 7000~0x4000 73FF	PWR	Chrom-ART Accelerator Controller
	0x4000 6C00~0x4000 6FFF	BKP	Backup Registers
	0x4000 6400~0x4000 67FF	BxCAN	Controller Area Network
	0x4000 6000~0x4000 63FF	USB/CAN SRAM	USB/CAN Shared SRAM
	0x4000 5C00~0x4000 5FFF	USB FS Device	USB Full-Speed Device
	0x4000 5800~0x4000 5BFF	I2C2	Inter-Integrated Circuit Interface 2
	0x4000 5400~0x4000 57FF	I2C1	Inter-Integrated Circuit Interface 1
	0x4000 5000~0x4000 53FF	UART5	Universal Asynchronous Receiver/Transmitter 5
	0x4000 4C00~0x4000 4FFF	UART4	Universal Asynchronous Receiver/Transmitter 4
	0x4000 4800~0x4000 4BFF	USART3	Universal Synchronous/Asynchronous Receiver/Transmitter 3
	0x4000 4400~0x4000 47FF	USART2	Universal Synchronous/Asynchronous Receiver/Transmitter 2
	0x4000 3C00~0x4000 3FFF	SPI3/I2S3	Serial Peripheral Interface 3
	0x4000 3800~0x4000 3BFF	SPI2/I2S2	Serial Peripheral Interface 2
	0x4000 3000~0x4000 33FF	IWDG	Independent Watchdog
	0x4000 2C00~0x4000 2FFF	WWDG	Window Watchdog
	0x4000 2800~0x4000 2BFF	RTC	Real Time Clock
	0x4000 1400~0x4000 17FF	TIM7	Timer 7
	0x4000 1000~0x4000 13FF	TIM6	Timer 6
	0x4000 0C00~0x4000 0FFF	TIM5	Timer 5
	0x4000 0800~0x4000 0BFF	TIM4	Timer 4
	0x4000 0400~0x4000 07FF	TIM3	Timer 3
	0x4000 0000~0x4000 03FF	TIM2	Timer 2

1.3 STM32F103VET6의 기본 시스템 제어기

STM32F103VET6은 Cortex-M3 코어를 가지는 마이크로컨트롤러(MCU)로서 내부에 많은 시스템 제어 기능을 가지고 있다. 이중에서 일반적인 주변장치로 분류할 수 있는 부분들은 제2장에서 취급하고, 이 절에서는 기본적인 시스템 또는 I/O 제어 시스템을 구성하는 시스템 제어기의 성격을 가지는 부분들을 정리하여 설명한다.

1. 전력관리 제어기(PWR)

STM32F103VET6의 전력관리 제어기(Power Controller ; PWR)는 <그림 1.3.1>에 보인 것처럼 기본적으로 VDD 단자를 통하여 입력된 전원전압 2.0~3.6V를 각 회로에 공급하고, 이로부터 내부 정전압 레귤레이터에서 1.8V의 전원을 만들어 CPU 코어에 공급한다. 그러나, MCU의 내부 회로 중에서 LSE 발진회로, RTC, 백업 레지스터, PC15~PC13의 I/O 전원 등은 VDD 단자의 전원 공급이 차단되더라도 VBAT 단자로 공급되는 1.8~3.6V의 전원을 사용하여 동작한다.

또한, A/D 컨버터, D/A 컨버터, 리셋 회로, 온도 센서, PLL 회로와 같은 아날로그 회로에는 VDDA 단자를 통하여 별도의 전원을 공급해야 하는데, 이 아날로그 회로 전압의 범위는 2.4~3.6V로서 VDD 전압보다 크거나 같아야 한다.

(1) 정전압 레귤레이터

STM32F103VET6에 내장된 정전압 레귤레이터는 외부에서 VDD 단자를 통하여 입력된 2.0~3.6V의 전원으로부터 1.8V의 전압을 만들어 백업 회로를 제외한 모든 CPU 코어의 디지털 회로에 공급한다.

CPU가 정상 모드(Run mode)로 동작할 때 이 레귤레이터는 1.8V의 전압으로 full power를 출력하며, CPU가 정지 모드(Stop mode)에 있을 때는 1.8V의 전압으로 내부의 레지스터나 SRAM 내용을 유지할 수 있을 정도까지 low power를 공급하는 저전력 모드로 동작할 수 있다. 그러나, CPU가 대기 모드(Standby mode)에 있을 때는 이 레귤레이터의 출력 전압이 차단되므로 배터리 백업 회로를 제외한 모든 내부 레지스터나 SRAM의 내용이 소실된다.

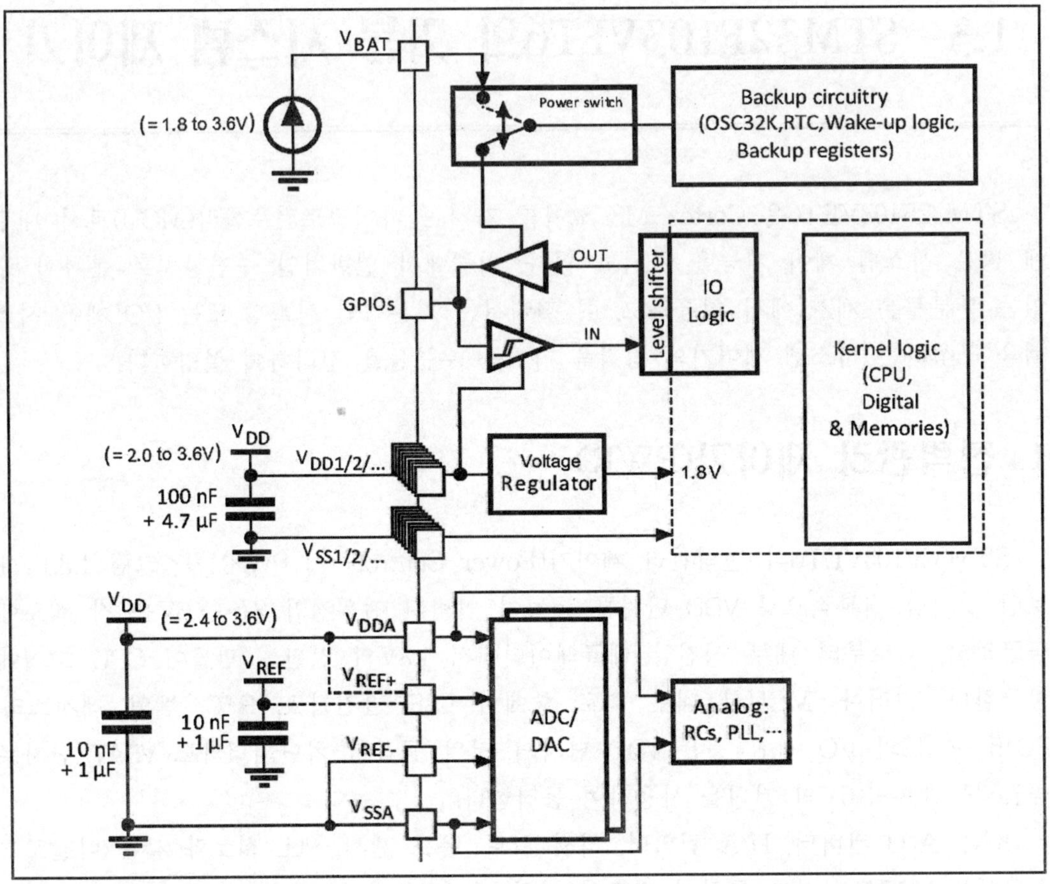

<그림 1.3.1> STM32F103 계열 마이크로컨트롤러의 전력관리 제어기 구성

(2) 배터리 백업 영역

디지털 전원 단자 VDD에 외부에서 전원이 공급되지 않더라도 VBAT 단자를 통하여 별도로 1.8~3.6V 범위의 전원을 공급받는 회로 부분을 배터리 백업 영역(battery backup domain)이라고 한다. 만약 VDD 단자의 전원이 차단되면 리셋 제어기의 전원 검출회로에서 이를 인식하여 배터리 백업 영역의 전원 공급을 VDD 단자에서 VBAT 단자로 스위칭한다. 배터리 백업 영역에 포함되는 회로는 LSE 오실레이터, RTC, 백업 레지스터, PLL 회로, GPIO의 PC15~PC13 단자 등이다. 만약 특별히 배터리 백업 기능을 사용하지 않는 경우라면 VBAT 단자에 VDD 전원을 연결하고 0.1μF 커패시터로 바이패스(bypass)하여 주는 것이 바람직하다.

이와 같이 내부의 배터리 백업 영역이 VDD 단자를 통하여 전원을 공급받을 경우에는 PC15~PC13 단자가 GPIO를 포함한 모든 기능으로 사용될 수 있으나 이것들의 입출력 전류 용량은 3mA로 제한된다. 그러나, 배터리 백업 영역이 VBAT 단자로 전원을 공급받을 경우에는 PC15~PC13 단자가 GPIO로 사용될 수 없고 LSE 오실레이터 및 RTC와 관련된 부수적인 기능으로만 사용되어야 한다.

(3) 아날로그 회로의 전원

A/D 컨버터 및 D/A 컨버터를 비롯한 아날로그 회로의 전원에는 디지털 회로 전원인 VDD에 비하여 좀더 안정된 전원을 공급해야만 정밀한 동작이 가능하므로 VDDA와 VSSA 단자를 통하여 별도로 2.4~3.6V의 전원을 공급하며, 이때 A/D 컨버터 동작 클록의 주파수는 0.6MHz~14MHz의 범위에서 사용할 수 있다. 또한, A/D 컨버터의 기준전압 단자 VREF+에는 2.4V~VDDA 범위의 안정된 전압을 인가해야 한다.

일반적으로 VDDA 단자에는 VDD 전원을 1μF 및 0.01μF의 커패시터로 필터링하여 공급하며, 이때 VSSA 단자는 디지털 전원의 접지 단자인 VSS에 함께 접속해야 한다. 그러나, 완전히 분리된 다른 전원을 VDDA 단자에 공급하는 경우에는 이것의 전위가 VDD 단자보다 높거나 같아야 하며, 이를 위해 쇼트키 다이오드를 VDDA 단자에서 VDD 단자 쪽으로 연결하여 사용하기도 한다.

(4) 전원 감시기

STM32F103VET6에는 전원 투입 리셋이나 전원전압 인터럽트 등을 검출하기 위한 전원 감시기(power supply supervisor)를 가지고 있다.

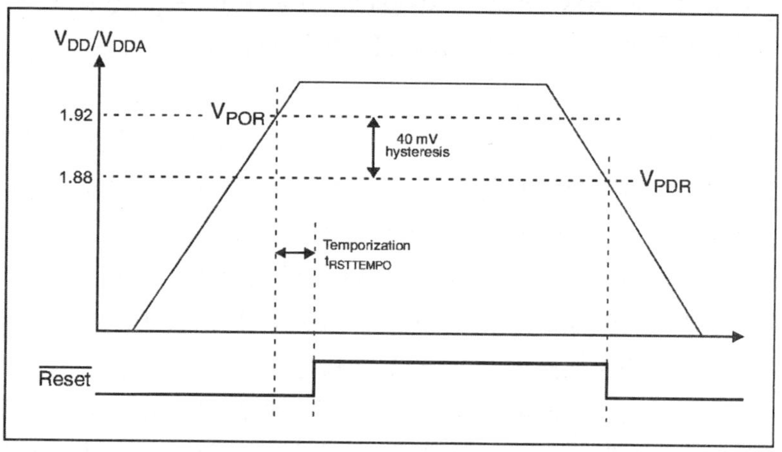

<그림 1.3.2> STM32F103VET6에서 전원 투입/전원 제거 리셋의 동작 원리

전원 감시기의 첫번째 기능으로 전원 투입/전원 제거 리셋 회로에서는 전원이 투입(Power-On)되거나 전원이 제거(Power-Down)될 때 전원 단자의 전압을 감시하여 각각 지정된 값 V_{POR}, V_{PDR} 이하일 경우에는 리셋 신호를 발생한다. 전원 감시기는 전원전압 V_{DD}와 V_{DDA}를 모두 관찰하는데, 항상 V_{DDA}가 먼저 투입되어 V_{DD}보다 전압이 높거나 같아야 한다. STM32F103VET6에서는 <그림 1.3.2>에 보인 것처럼 전원을 투입할 때 전원전압이 V_{POR}=1.92V를 초과하여 증가하면 리셋 신호가 해제되고, 전원을 제거할 때 전원전압이 V_{PDR}=1.88V 미만으로 떨어지면 리셋 신호가 발생하여 그 사이의 히스테리시스 전압 값이 40mV 정도로 동작한다. 전원 투입시 리셋이 해제되는 지연시간 $t_{RSTTEMPO}$는 2.5ms이다.

STM32F103VET6에서 전원 감시기의 두번째 기능은 PVD(Programmable Voltage Detector)로서 전원 전압이 지정값 이하로 떨어지면 인터럽트를 발생하는 기능이다. PVD는 PWR_CR 레지스터에서 PVDE=1로 설정하면 동작하며, PLS[2:0] 비트를 사용하여 문턱전압 레벨을 아래와 같이 8단계로 설정할 수 있다. PVD의 하강 문턱전압과 상승 문턱전압 사이의 히스테리시스 전압 값은 약 100mV 정도이다. 만약, 전원 전압이 지정된 하강 문턱전압 레벨 이하로 떨어지거나 다시 상승 문턱전압 이상으로 높아지면 <그림 1.3.3>에 보인 것처럼 PWR_CSR 레지스터의 PVDO 비트가 각각 1로 세트되거나 0으로 클리어되면서 인터럽트 EXTI 16번을 요청한다.

앞에서 설명하였듯이 전원 감시기의 V_{POR}, V_{PDR} 감시 기능은 전원 전압을 감시하면서 이 마이크로컨트롤러가 정상적으로 동작할 수 없는 전압이 되면 리셋 신호를 발생하여 모든 동작을 정지시킴으로써 시스템을 보호하는데 비하여, PVD 기능은 전원 전압이 낮아지고 있을 때 이를 사전에 경고하여 사용자가 그에 적합한 대책을 강구할 수 있도록 인터럽트를 발생함으로써 시스템을 보호한다.

① PLS[2:0]=000 : PVD threshold 0(상승 문턱전압 2.18V, 하강 문턱전압 2.08V)
② PLS[2:0]=001 : PVD threshold 1(상승 문턱전압 2.28V, 하강 문턱전압 2.18V)
③ PLS[2:0]=010 : PVD threshold 2(상승 문턱전압 2.38V, 하강 문턱전압 2.28V)
④ PLS[2:0]=011 : PVD threshold 3(상승 문턱전압 2.48V, 하강 문턱전압 2.38V)
⑤ PLS[2:0]=100 : PVD threshold 4(상승 문턱전압 2.58V, 하강 문턱전압 2.48V)
⑥ PLS[2:0]=101 : PVD threshold 5(상승 문턱전압 2.68V, 하강 문턱전압 2.58V)
⑦ PLS[2:0]=110 : PVD threshold 6(상승 문턱전압 2.78V, 하강 문턱전압 2.68V)
⑧ PLS[2:0]=111 : PVD threshold 7(상승 문턱전압 2.88V, 하강 문턱전압 2.78V)

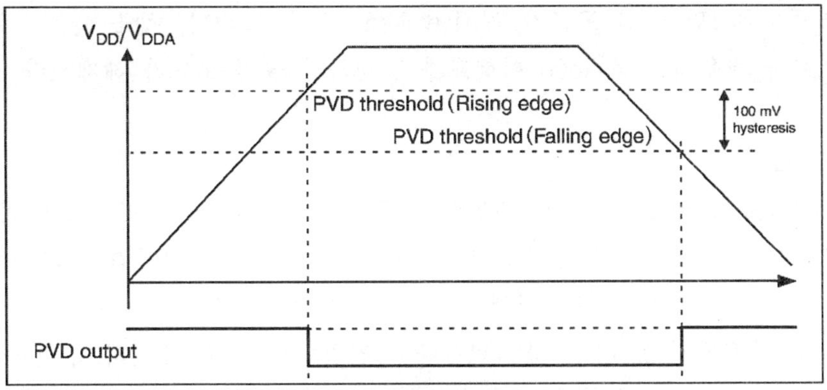

<그림 1.3.3> STM32F103VET6에서 PVD 기능의 동작 원리

(5) 저전력 모드

STM32F103VET6은 전원이 투입되어 전원전압이 V_{POR} 이상으로 높아지고 리셋 지연시간 $t_{RSTTEMPO}$가 경과하여 전원 투입 리셋이 종료되면 RCC로부터 HCLK을 공급받으면서 정상 모드(Run mode)로 동작하여 프로그램 명령을 실행한다. 이러한 정상 모드에서는 SYSCLK, HCLK, PCLK1, PCLK2 등의 클록 주파수를 낮추어 공급하거나, RCC_AHBENR, RCC_APB1ENR, RCC_APB2ENR 레지스터를 설정하여 시스템에서 사용하지 않는 주변장치의 클록 공급을 차단하면 소비전력을 낮출 수 있다.

그러나, STM32F103VET6은 소비전력을 더욱 절감하기 위하여 다음과 같은 3가지의 저전력 모드(Low-power mode)를 가지고 있다.

▣ 슬립 모드

슬립 모드(Sleep mode)는 Cortex-M3 코어에 클록 신호의 공급을 차단하여 프로그램의 실행을 중단하지만 NVIC, SysTick 등의 기본 시스템 주변장치를 포함하는 모든 주변장치는 정상적으로 동작시킴으로써 마이크로컨트롤러의 소비전력을 절약하는 모드이다. 슬립 모드에서 모든 I/O 핀의 상태는 정상 모드에서와 동일하게 유지된다.

슬립 모드에 진입하기 위해서는 어셈블리 언어 명령 WFI(Wait for Interrupt) 또는 WFE(Wait for Event)를 실행하면 되는데, 시스템 제어 블록의 SCB_SCR(System Control Register) 레지스터에서 SLEEPONEXIT=0으로 설정하여 두면 CPU는 WFI 또는 WFE 명령을 실행하자마자 곧바로 슬립 모드에 들어가고, SLEEPONEXIT=1로 설정하였을 경우에는 CPU가 WFI 명령을 실행한 이후에 가장 우선순위가 낮은 인터럽트의 서비스 루틴이 종료될 때 슬립 모드로 진입한다.

WFI 명령으로 슬립 모드에 들어갔을 경우에는 주변장치에서 인터럽트가 발생하고 이것이 허용상태이면 슬립 모드가 해제(wakeup)된다. 그러나, WFE 명령으로 슬립 모드에 들어갔을 경우에는 wakeup 이벤트가 발생하면 슬립 모드가 해제된다.

▣ 정지 모드

정지 모드(Stop mode)는 소자 내부의 모든 클록이 정지되어 CPU 코어의 프로그램 실행을 중단하고 주변장치의 동작도 모두 정지시킴으로써 소비전력을 더 많이 절약하는 모드이다. 이때는 내부 1.8V 영역의 클록을 차단하고 PLL, HSI, HSE 오실레이터의 동작도 모두 금지되지만, 내부 SRAM이나 레지스터의 값은 유지되고, 모든 I/O 핀의 상태도 정상 모드에서와 동일하게 유지된다. 정지 모드에서는 1.8V 전압 레귤레이터를 정상적으로 동작시킬 수도 있고 저전력 모드로 동작시킬 수도 있는데, 만약 PWR_CR 레지스터에서 LPDS=1로 설정하면 정지 모드에서 1.8V 전압 레귤레이터가 저전력 모드로 동작한다. 그러나, 정지 모드에서도 IWDG, RTC, LSI RC 오실레이터, LSE 오실레이터 등은 정상적으로 사용할 수 있다.

정지 모드에 진입하기 위해서는 SCB_SCR 레지스터에서 SLEEPDEEP=1로 설정하고 PWR_CR 레지스터에서 PDDS=0으로 설정한 상태에서 WFI 또는 WFE 명령을 실행하면 된다.

WFI 명령으로 정지 모드에 들어갔을 경우에는 주변장치에서 EXTI 인터럽트가 발생하고 이것이 허용상태이면 정지 모드가 해제된다. 그러나, WFE 명령으로 정지 모드에 들어갔을 경우에는 EXTI 이벤트가 발생하면 정지 모드가 해제된다. 정지 모드에서 해제되면 마이크로컨트롤러의 시스템 클록은 무조건 HSI로 동작하게 된다.

▣ 대기 모드

대기 모드(Standby mode)는 1.8V 레귤레이터의 동작을 금지하여 CPU 코어의 동작을 멈추고 PLL, HSI, HSE 오실레이터의 동작도 모두 정지시킴으로써 소비전력을 가장 많이 절약하는 모드이다. 당연히 이때 배터리 백업 영역을 제외한 내부 SRAM이나 레지스터의 값은 모두 소실되며, 리셋 단자, PC15~PC13 단자, WKUP 단자를 제외한 모든 I/O 핀들은 high impedance 상태로 된다. 그러나, 대기 모드에서도 IWDG, RTC, LSI RC 오실레이터, LSE 오실레이터 등은 정상적으로 사용할 수 있다.

대기 모드에 진입하기 위해서는 SCB_SCR 레지스터에서 SLEEPDEEP=1로 설정하고 PWR_CR 레지스터에서 PDDS=1로 설정한 상태에서 WFI 또는 WFE 명령을 실행하면 된다.

대기 모드는 WKUP 단자의 상승 에지 신호, RTC 알람의 상승에지 신호, 외부 리셋 단자 NRST의 리셋, IWDG 리셋 등에 의하여 해제된다. 대기 모드에서 해제되면 시스템 클록은 무조건 HSI를 사용하면서 시스템 리셋의 경우처럼 다시 부팅하여 프로그램의 실행을 시작하지만, PWR_CSR 레지스터의 SBF 비트에 대기 모드로부터 해제되어 부팅하였다는 사실이 표시된다.

▣ 저전력 모드에서 자동으로 깨어나기

RTC 알람은 마이크로컨트롤러가 저전력 모드인 정지 모드와 대기 모드에 있는 것을 해제하여 깨어나도록 하는 auto-wakeup 기능을 가지고 있다. 이를 위해 RTC에서는 일정한 주기로 wake up 신호를 발생할 수 있는데, 이렇게 하려면 RTC의 클록 소스로는 LSE, LSI, HSE 중에서 앞의 2가지만을 사용해야 한다.

또한 RTC의 알람(alarm) 이벤트를 이용하여 정지 모드에서 깨어나도록 하려면 EXTI 17번 인터럽트를 사용한다. 그러나, 대기 모드에서는 이 방법을 사용할 수 없다.

이상에서 설명한 3가지 저전력 모드의 진입 방법, 해제 방법, 주요 동작 등을 요약하여 비교하면 <표 1.3.1>과 같다.

〈표 1.3.1〉 STM32F103VET6에서 저전력 모드의 요약

저전력 모드	모드 진입	모드 해제	1.8V 영역의 클록	VDD 영역의 클록	1.8V 전압 레귤레이터
슬립 모드 (Sleep mode)	WFI 명령 WFE 명령	모든 인터럽트. wakeup 이벤트.	CPU 클록 차단. 다른 클록은 동작.	정지.	정상 동작
정지 모드 (Stop mode)	SLEEPDEEP=1 PDDS=0 WFI/WFE 명령	EXTI 인터럽트. EXTI 이벤트.	1.8V 영역의 모든 클록 차단.	HSI 및 HSE 오실레이터 정지. PLL 정지.	정상 동작 또는 저전력 모드로 동작.
대기 모드 (Standby mode)	SLEEPDEEP=1 PDDS=1 WFI/WFE 명령	WKUP 단자 신호. RTC 알람. NRST 단자 리셋. IWDG 리셋.	1.8V 영역의 모든 클록 차단.	HSI 및 HSE 오실레이터 정지. PLL 정지.	정지.

(6) 전력관리 제어기의 I/O 제어 레지스터

전력관리 제어기와 관련된 I/O 제어 레지스터는 <표 1.3.2>와 같이 2개가 있는데, 이 레지스터들의 기능을 정리하면 아래와 같다.

〈표 1.3.2〉 STM32F103VET6의 전력관리 제어기와 관련된 I/O 제어 레지스터 요약

어드레스	레지스터 이름	레지스터의 풀어 쓴 이름	리셋 후 초기값
0x4000_7000	PWR_CR	PWR Power Control Register	0x0000_0000
0x4000_7004	PWR_CSR	PWR Power Control/Status Register	0x0000_0000

▣ PWR 전력 제어 레지스터 PWR_CR (리셋 직후 디폴트값 : 0x0000 0000)

b31	b30	b29	b28	b27	b26	b25	b24	b23	b22	b21	b20	b19	b18	b17	b16
–	–	–	–	–	–	–	–	–	–	–	–	–	–	–	–
–	–	–	–	–	–	–	–	–	–	–	–	–	–	–	–

b15	b14	b13	b12	b11	b10	b9	b8	b7	b6	b5	b4	b3	b2	b1	b0
–	–	–	–	–	–	–	DBP	PLS[2:0]			PVDE	CSBF	CWUF	PDDS	LPDS
–	–	–	–	–	–	–	rw	rw	rw	rw	rw	rc_w1	rc_w1	rw	rw

- DBP : Disable Backup Domain Write Protection
  0 = RTC와 백업 레지스터의 액세스를 금지한다.
  (리셋 상태에서는 이것들의 액세스가 자동적으로 금지된다.)
  1 = RTC와 백업 레지스터의 액세스를 허용한다.
- PLS[2:0] : PVD(Power Voltage Detector) Level Selection
  이것은 PVD에 의해 검출되는 문턱 전압을 설정한다.
  000 = PVD 문턱전압 레벨0 (상승 에지 2.18V / 하강 에지 2.08V) (default)
  001 = PVD 문턱전압 레벨1 (상승 에지 2.28V / 하강 에지 2.18V)
  010 = PVD 문턱전압 레벨2 (상승 에지 2.38V / 하강 에지 2.28V)
  011 = PVD 문턱전압 레벨3 (상승 에지 2.48V / 하강 에지 2.38V)
  100 = PVD 문턱전압 레벨4 (상승 에지 2.58V / 하강 에지 2.48V)
  101 = PVD 문턱전압 레벨5 (상승 에지 2.68V / 하강 에지 2.58V)
  110 = PVD 문턱전압 레벨6 (상승 에지 2.78V / 하강 에지 2.68V)
  111 = PVD 문턱전압 레벨7 (상승 에지 2.88V / 하강 에지 2.78V)
- PVDE : Power Voltage Detector Enable
  이 비트는 사용자가 전원 감시기 PVD의 동작을 허용 또는 금지하는데 사용한다.
  0 = PVD 동작을 금지한다. (default)
  1 = PVD 동작을 허용한다.
- CSBF : Clear Standby Flag(이 비트는 항상 0으로 읽혀짐.)
  0 = 아무 의미가 없다.
  1 = PWR_CSR 레지스터의 SBF(Standby flag) 비트를 클리어한다.
- CWUF : Clear Wakeup Flag(이 비트는 항상 0으로 읽혀짐.)
  0 = 아무 의미가 없다.
  1 = 2개의 시스템 클록이 지난 후에 PWR_CSR 레지스터의 WUF(Wakeup flag) 비트를 클리어한다.
- PDDS : Power Down Deepsleep
  0 = CPU가 deepsleep 상태로 들어갈 때 정지 모드로 설정된다.(1.8V 레귤레이터는 LPDS로 결정됨.)
  1 = CPU가 deepsleep 상태로 들어갈 때 대기 모드로 설정된다.
- LPDS : Low-Power Deepsleep
  0 = CPU가 정지 모드에 있을 때 1.8V 전압 레귤레이터를 정상 모드로 동작시킨다.
  1 = CPU가 정지 모드에 있을 때 1.8V 전압 레귤레이터를 저전력 모드로 동작시킨다.

▣ PWR 전력 제어/상태 레지스터 PWR_CSR (리셋 직후 디폴트값 : 0x0000 0000)

b31	b30	b29	b28	b27	b26	b25	b24	b23	b22	b21	b20	b19	b18	b17	b16
–	–	–	–	–	–	–	–	–	–	–	–	–	–	–	–
–	–	–	–	–	–	–	–	–	–	–	–	–	–	–	–

b15	b14	b13	b12	b11	b10	b9	b8	b7	b6	b5	b4	b3	b2	b1	b0
–	–	–	–	–	–	–	EWUP	–	–	–	–	–	PVDO	SBF	WUF
–	–	–	–	–	–	–	rw	–	–	–	–	–	r	r	r

- EWUP : Enable WKUP Pin
  0 = WKUP 단자가 GPIO로 동작한다.
  1 = WKUP 단자에 상승 에지 신호가 입력되면 대기 모드에서 깨어난다. 이것은 내부에서 40k의 저항으로 풀다운되어 있다.
- PVDO : PVD Output
  이것은 PVDE 비트가 1일 때만 유효하며, 대기 모드에서는 PVD가 동작하지 않으므로 의미가 없다.
  0 = 현재 V_{DD} 전압이 PLS[2:0] 비트로 지정된 PVD 문턱 전압보다 높다.
  1 = 현재 V_{DD} 전압이 PLS[2:0] 비트로 지정된 PVD 문턱 전압보다 낮다.

- SBF : Standby Flag
  이것은 대기 모드에서 해제되면 1로 세트되며, POR/PDR 동작 및 CSBF 비트에 의해서만 클리어된다.
  0 = CPU가 대기 모드에 들어간 적이 없다.
  1 = CPU가 대기 모드에 있다가 해제되어 다시 부팅함으로써 정상 모드로 되돌아왔다.
- WUF : Wakeup Flag
  이것은 대기 모드에서 내부의 웨이크업 신호를 감지하면 1로 세트되며, CWUF 비트에 의해서만 클리어된다.
  0 = 어떤 웨이크업 이벤트도 발생하지 않았다.
  1 = WKUP 핀이나 RTC 알람에 의하여 웨이크업 이벤트가 발생하였다.

2. 리셋 및 클록 제어기(RCC)

STM32F103VET6의 리셋 및 클록 제어기(Reset and Clock Controller ; RCC)는 크게 리셋 제어기 부분과 클록 제어기 부분으로 나눌 수 있다.

(1) 리셋 제어기

리셋 제어기 회로는 시스템 리셋, 전원 리셋, 백업 영역 리셋의 3가지 종류로 나누어진다. 시스템 리셋과 전원 리셋은 <그림 1.3.4>와 같은 구조를 가지고 있으며, 백업 영역 리셋은 배터리 백업 영역에 대해서만 독립적으로 동작한다.

시스템 리셋과 전원 리셋 중에서 시스템 내부에서 발생하는 리셋은 펄스 제너레이터 회로에 의하여 20μs 이상의 L상태 펄스 신호를 만들며, 이것이 NRST 단자를 통하여 외부로도 출력된다. NRST 단자는 마이크로컨트롤러 소자의 내부에서 40kΩ의 저항으로 풀업되어 있다.

이 소자의 메모리 맵에서 리셋 벡터는 0x0000 0004 번지로 고정되어 있다.

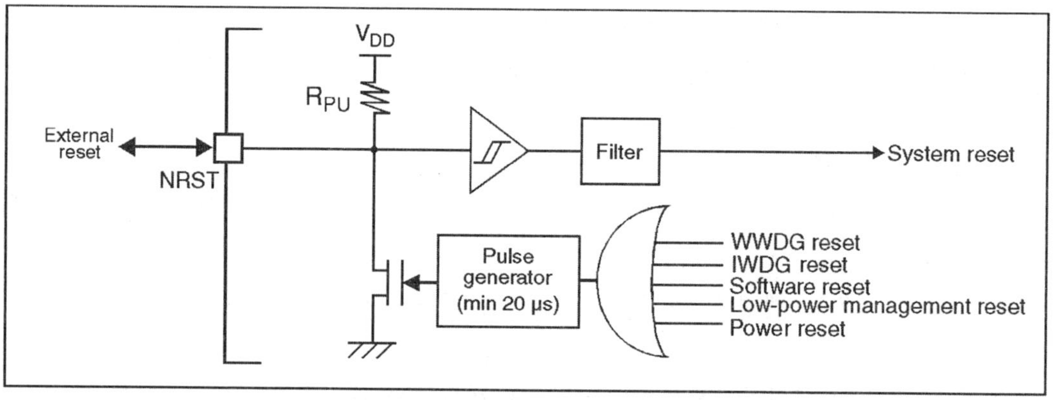

<그림 1.3.4> STM32F103VET6 리셋 회로의 구조

▣ 시스템 리셋

시스템 리셋(system reset)은 클록 제어기에 있는 RCC_CSR 레지스터의 7개 리셋 플랙과 백업 영역의 레지스터들을 제외한 모든 레지스터를 디폴트 값으로 만든다. 다음과 같은 경우에 시스템 리셋이 발생한다.

① NRST 단자에 300ns 이상의 L레벨 신호가 입력되는 경우(외부 리셋)
② 윈도우 워치독 회로에서 타임 아웃이 발생하는 경우(WWDG 리셋)
③ 독립 워치독 회로에서 타임 아웃이 발생하는 경우(IWDG 리셋)
④ SCB_AIRCR 레지스터에서 SYSRESETREQ=1로 설정한 경우(소프트웨어 리셋)
⑤ 저전력 관리 리셋이 발생된 경우(저전력 관리 리셋)

Cortex-M3 코어의 시스템 제어 블록에(SCB)서 AIRCR(Application Interrupt and Reset Control Register) 레지스터의 SYSRESETREQ 비트를 1로 설정하면 소프트웨어 리셋이 발생하며, 이는 소프트웨어적인 방법으로 마이크로컨트롤러와 전체 시스템을 리셋시키는데 매우 유용하다.

저전력 관리 리셋(low-power management reset)은 사용자 옵션 바이트(USER option byte)에서 nRST_STDBY=0으로 설정해둔 상태에서 대기 모드로 들어가거나, nRST_STOP=0으로 설정해둔 상태에서 정지 모드로 들어가는 시퀀스가 수행되면 해당 모드로 들어가는 대신에 시스템 리셋이 발생한다.

▣ 전원 리셋

전원 리셋(power reset)은 배터리 백업 영역의 레지스터들을 제외한 모든 레지스터를 디폴트 값으로 만들며, 다음과 같은 경우에 전원 리셋이 발생한다.

① 전원 투입 리셋(POR) 또는 전원 제거 리셋(PDR)이 발생하는 경우
② 대기 모드에서 해제되어 다시 부팅하는 경우

▣ 백업 영역 리셋

백업 영역 리셋(backup domain reset)은 RTC 레지스터와 RCC_BDCR 레지스터를 리셋시켜 디폴트 값으로 만들며, 다음과 같은 경우에 백업 영역 리셋이 발생한다. 이 리셋이 발생하더라도 백업 SRAM은 영향을 받지 않는다.

① RCC_BDCR 레지스터에서 BDRST=1로 세트하는 백업 영역 소프트웨어 리셋
② V_{DD} 및 V_{BAT} 전원이 모두 꺼져 있다가 이중에서 적어도 1개가 켜지는 경우

(2) 클록 제어기

ARM Cortex-M3 소자의 클록 제어기는 HSI, HSE, LSI, LSE 등과 같은 오실레이터를 사용하여 CPU 코어나 주변장치들이 동작하는데 필요한 클록을 발생하고, 이들 장치들에게 클록 신호를 공급할 것인지 여부를 지정하는 기능을 수행한다. 사용하지 않는 장치에 클록 신호를 공급하지 않으면 소자의 소비전력을 절감할 수 있다.

STM32F103VET6의 클록 제어기는 전체적으로 매우 복잡한 구조를 가지는데 이를 <그림 1.3.5>에 블록도로 보였다.

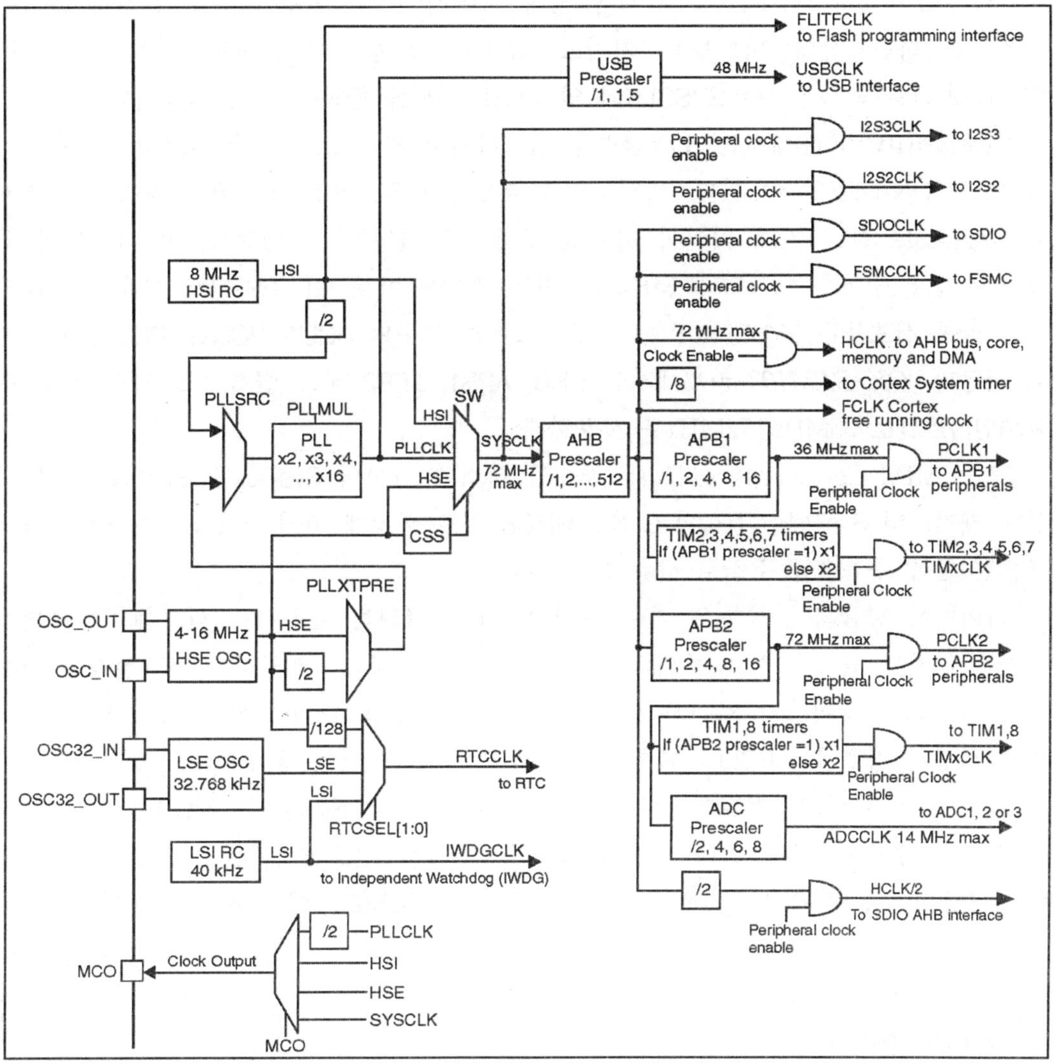

<그림 1.3.5> STM32F103VET6 클록 제어기의 전체 구성 블록도

시스템 클록 SYSCLK을 발생하는 소스에는 HSI 오실레이터 클록(8MHz), HSE 오실레이터 클록(4~16MHz), PLL 클록 등의 3가지가 있으며, 그밖의 2차적인 클록으로서 RTC나 독립 워치독 타이머 IWDG에서 사용하기 위한 40kHz의 LSI 오실레이터 클록, RTC에서 사용하기 위한 32.768kHz의 LSE 오실레이터 클록 등이 있다.

STM32F103VET6 마이크로컨트롤러 소자가 리셋된 후에는 RCC_CFGR 레지스터에서 디폴트로 HSI 클록을 시스템 클록 SYSCLK으로 선택하며, HCLK 프리스케일러 값도 1로 설정되므로 CPU 코어는 8MHz의 HCLK에 의하여 동작한다. SYSCLK의 입력을 HSI에서 다른 클록으로 변경하려면 먼저 해당 클록의 동작이 안정되어 있어야 한다. RCC_CR 레지스터에는 현재 각종 클록 오실레이터가 안정 상태로 동작하고 있는지를 표시하는 상태 비트들을 가지고 있으며, 또한 RCC_CFGR 레지스터에서는 SWS[1:0] 비트를 사용하여 SYSCLK의 입력으로 사용할 클록 소스를 지정한다.

STM32F103VET6에서는 소비전력을 절약하기 위하여 모든 클록 소스의 출력을 독립적으로 ON/OFF할 수 있다. 또한, AHB, APB1, APB2 버스 클록에는 각각 프리스케일러(prescaler)를 가지고 있어서 사용할 주파수를 설정할 수 있는데, 이 버스들의 최고 사용가능 주파수는 각각 72MHz, 36MHz, 72MHz이다. 이 소자에서 사용하는 대부분의 클록 신호들은 SYSCLK 또는 이것으로부터 분주된 HCLK, PCLK1, PCLK2를 가지고 만든다. *OK-STM103* 키트에서는 AHB, APB1, APB2 버스 클록으로 각각 최고 주파수인 72MHz, 36MHz, 72MHz를 사용한다.

모든 ARM Cortex-M 시리즈에 공통인 시스템 타이머 SysTick은 SysTick 제어 및 상태 레지스터 SysTick_CTRL의 CLKSOURCE 비트 설정에 따라 HCLK 또는 HCLK을 8분주한 클록 주파수를 소스로 사용할 수 있다.

타이머에 공급되는 클록은 다른 주변장치에 공급되는 클록과는 다르게 좀 특별한 기능을 가지고 있다는 점에 주의해야 한다. 즉, APBx 플리스케일러가 1로 설정된 경우에는 PCLKx 클록이 그대로 타이머에 공급되지만, APBx 플리스케일러가 그밖의 분주비로 설정된 경우에는 PCLKx 클록 주파수의 2배가 타이머에 공급된다는 것이다.

이와 같이 마이크로컨트롤러의 내부에서 만들어진 클록 신호는 MCO 단자를 통하여 외부로 출력할 수도 있다. 외부로 출력하는 클록 신호는 RCC_CFGR 레지스터의 MCO[2:0] 비트를 사용하여 SYSCLK, HSI, HSE, PLLCLK/2 중에서 하나를 선택할 수 있다.

▣ HSE 클록

HSE(High Speed External clock) 클록 신호는 <그림 1.3.6>에 보인 것처럼 외부

단자 OSC_IN, OSC_OUT에 4~16MHz의 크리스털이나 세라믹 레조네이터를 접속하여 동작하는 발진회로의 출력 주파수 또는 OSC_IN 단자로 공급되는 외부의 구형파 클록 주파수로 동작한다. 외부에 크리스털을 접속하는 경우에 로드 커패시터 C_{L1}과 C_{L2}로는 5~25pF의 세라믹 커패시터를 사용하며, 이것들은 OSC_IN 및 OSC_OUT 단자에 최대한 가깝게 설치하는 것이 좋다.

HSE 오실레이터는 RCC_CR 레지스터에서 HSEON 비트를 사용하여 ON/OFF할 수 있으며, 이때 HSE 오실레이터가 안정된 동작을 하는지 여부는 RCC_CR 레지스터의 HSERDY 비트에 표시된다.

OSC_IN 단자에 외부 클록을 공급하는 경우에는 OSC_OUT 단자를 사용하지 말고 그냥 오픈시켜 두거나 GPIO로 사용할 수도 있다. 이와 같이 OSC_IN 단자에 외부 클록을 사용하려면 RCC_CR 레지스터에서 HSEON = HSEBYP = 1로 설정해야 하며, 외부 클록 신호는 25MHz까지 사용할 수 있다.

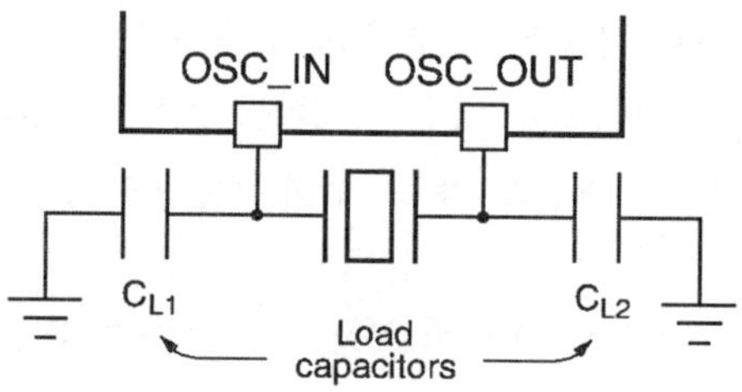

〈그림 1.3.6〉 HSE 오실레이터를 위한 외부 크리스털의 사용

▣ HSI 클록

HSI 클록은 내부의 RC 오실레이터에 의하여 발생되는 8MHz의 클록 신호로서 직접 SYSCLK으로 공급되거나 2로 나눈 후에 PLL 클록 소스로 공급된다. HSI는 외부에 아무런 소자를 사용하지 않고 내부 회로만으로 발진하므로 경제적이고 스타트업 시간도 빠르다는 장점이 있지만, 외부의 크리스털을 사용하는 HSE 클록에 비하여 주파수의 정밀도가 낮은 단점이 있다.

HSI 오실레이터의 클록 주파수는 제품마다 다를 수 있으므로 STMicroelectronics사에서 제조할 때 25℃에서 ±1%의 정밀도로 조정하여 만들어지며, 마이크로컨트롤러가 리셋된 후에 이를 위한 조정값이 RCC_CR 레지스터의 HSICAL[7:0] 비트로 로드된다. 이 소자를 사용할 때 전원전압이나 온도에 따라 발진 주파수가 달라질 수 있으므로 사용자가 이를 다시 좀더 정확하게 캘리브레이션(calibration)하려면 RCC_CR 레지스터의 HSITRIM[4:0] 비트를 사용하는데, 이 설정값은 HSICAL[7:0] 비트와 더해져서 캘리브레이션을 수행한다.

HSI 오실레이터는 RCC_CR 레지스터의 HSION 비트로 ON/OFF할 수 있으며, 이 오실레이터가 안정적인 동작을 하고 있는지 여부는 HSIRDY 비트에 표시된다.

이 마이크로컨트롤러가 리셋된 직후에는 디폴트로 8MHz의 HSI 클록 신호를 시스템 클록 SYSCLK으로 사용하며, 클록 안전 시스템(CSS ; Clock Security System)에서 HSE 오실레이터의 동작 실패를 감지하였거나 또는 정지 모드 및 대기 모드에서 해제되는 경우에도 시스템 클록으로 HSI가 사용된다.

◉ PLL 회로

PLL(Phase-Locked Loop) 회로는 HSI/2, HSE, HSE/2 클록 신호 중의 하나를 입력으로 받아서 이보다 높은 출력 주파수를 발생하는 주파수 체배 회로이다. 정지 모드나 대기 모드로 들어가면 PLL 기능은 자동적으로 금지되며, 시스템 클록으로 HSE 또는 HSE를 PLL로 체배한 클록이 사용되고 있을 때 CSS에서 HSE 오실레이터의 동작 실패가 검출되는 경우에도 PLL 기능이 자동으로 금지된다.

PLL 기능을 사용할 때는 반드시 다음과 같은 절차를 따라야 하며, PLL의 입력 주파수는 1~25MHz로 제한되고 PLL의 출력 주파수는 16~72MHz 범위로 제한된다.

① RCC_CR 레지스터에서 PLLON 비트를 0으로 하여 PLL 회로를 정지시킨다.
② RCC_CR 레지스터에서 PLLRDY 비트가 0으로 되기까지 기다린다.
③ RCC_CFGR 레지스터를 사용하여 PLL 관련 파라미터들을 설정한다.
④ RCC_CR 레지스터에서 PLLON 비트를 1로 하여 PLL 회로를 동작시킨다.
⑤ RCC_CR 레지스터에서 PLLRDY 비트가 1로 되기까지 기다린다.
⑥ RCC_CFGR 레지스터에서 SW[1:0] 비트를 사용하여 PLLCLK을 선택한다.

RCC_CIR 레지스터를 사용하면 PLL의 동작이 개시될 때 PLLRDY 인터럽트를 발생하도록 설정할 수 있다.

클록 제어기에서 PLL 회로와 관련된 부분의 구조는 <그림 1.3.7>과 같다. PLL의 입력 소스로는 HSI/2, HSE, HSE/2 클록을 사용할 수 있으며, RCC_CFGR 레지스터의 PLLXTPRE 및 PLLSRC 비트를 사용하여 이들 클록이 선택되어 PLL 회로에 공급된다. PLL 회로에서는 RCC_CFGR 레지스터의 PLLMUL[3:0] 비트를 사용하여 주파수를 2~16배로 체배할 수 있는데, 여기서 PLL의 VCO(Voltage-Controlled Oscillator) 출력 주파수는 16MHz~72MHz의 범위로 제한된다. 이렇게 만들어진 PLL의 출력 주파수 신호는 RCC_CFGR 레지스터의 SW[1:0] 비트를 사용하여 SYSCLK으로 선택될 수 있으며, 이를 다시 프리스케일러로 적절히 분주하여 HCLK과 PCLK1, PCLK2를 만든다.

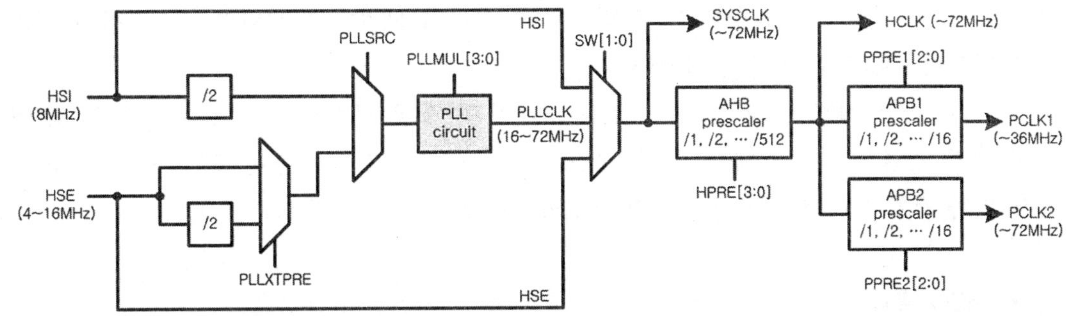

〈그림 1.3.7〉 STM32F103VET6 클록 제어기의 PLL 관련 회로

▣ LSE 클록

LSE는 외부 단자 OSC32_IN 및 OSC32_OUT에 32.768kHz의 낮은 주파수를 갖는 크리스털 또는 레조네이터를 연결하여 사용하는 발진회로이다. 로드 커패시터로는 5~15pF의 세라믹 커패시터를 사용한다. 이것은 적은 소비전력으로 정확한 클록 주파수를 발생하여 RTC에 공급하기 위한 오실레이터이다.

LSE 오실레이터는 RCC_BDCR 레지스터의 LSEON 비트로 ON/OFF할 수 있으며, 이 오실레이터가 안정적인 동작을 하고 있는지 여부는 LSERDY 비트에 표시된다.

OSC32_IN 단자에 외부 클록을 공급하는 경우에는 OSC32_OUT 단자를 사용하지 말고 오픈시켜 두거나 GPIO로 사용할 수 있다. 이와 같이 OSC32_IN 단자에 외부 클록을 사용하려면 RCC_BDCR 레지스터에서 LSEON = LSEBYP = 1로 설정해야 하며, 외부 클록 신호는 1MHz까지 사용할 수 있다.

▣ LSI 클록

LSI 클록은 내부의 RC 오실레이터에 의하여 발생되는 40kHz의 저주파 클록 신호로서 정지 모드나 대기 모드에서도 동작하여 RTC와 IWDG에 클록을 공급한다.

LSI 오실레이터는 RCC_CSR 레지스터의 LSION 비트로 ON/OFF할 수 있으며, 이 오실레이터가 안정적인 동작을 하고 있는지 여부는 LSIRDY 비트에 표시된다.

◉ 클록 안전 시스템

클록 안전 시스템(Clock Security System ; CSS)은 HSE 오실레이터의 정상 동작

여부를 감시하기 위한 장치로서 HSE 오실레이터의 스타트업 시간이 지나면 이것의 동작이 허용되고, HSE 오실레이터가 멈추면 이것의 동작도 금지된다. 만약, HSE 클록이 정상적으로 동작하지 않고 실패(failure)가 검출되면 HSE 오실레이터는 자동적으로 설정이 금지되고, 클록 안전 시스템 인터럽트에 의하여 NMI가 발생되며, 클록 실패 이벤트가 타이머 TIM1, TIM8에 전달된다.

만약, HSE가 직접적으로 또는 PLL을 거쳐서 시스템 클록으로 사용되고 있을 때 클록 실패가 검출되면 시스템 클록이 HSI로 바뀌어 사용되고 HSE는 금지 상태로 된다. 이때 만약 PLL이 사용되고 있었다면 PLL의 동작도 역시 금지된다.

◉ MCO 출력

MCO(Microcontroller Clock Output) 신호는 PA8 단자에 포함되는 부수적인 기능으로서 이 단자를 통하여 마이크로컨트롤러 내부의 여러 가지 클록 신호를 외부로 출력할 수 있다.

RCC_CFGR 레지스터의 MCO[2:0] 비트를 사용하면 4가지의 클록 SYSCLK, HSI, HSE, PLLCLK/2 중의 1가지를 선택하여 MCO 단자에 출력할 수 있다. 이처럼 MCO 단자에 SYSCLK을 출력하는 경우에는 이것이 50MHz를 초과하지 않도록 해야 한다.

(3) 저전력 모드

STM32F103VET6의 저전력 모드에서 마이크로컨트롤러 소자의 소비전력을 줄이기 위하여 클록 신호를 제어하는 내역을 정리하면 다음과 같다.

- AHB, APB1, APB2 버스를 통하여 각 주변장치에 공급되는 클록을 소프트웨어로 차단시킬 수 있다.
- 슬립 모드에서는 CPU 클록을 정지시키며, AHB에서 APB로 넘겨지는 클록도 차단되어 모든 주변장치의 클록이 금지된다.
- 정지 모드에서는 CPU 코어의 모든 클록이 정지되고, PLL, HSI, HSE 오실레이터의 동작도 정지된다.
- 대기 모드에서는 CPU 코어의 모든 클록이 정지되고, PLL, HSI, HSE 오실레이터의 동작도 정지된다.
- 정지 모드에서 인터럽트가 걸리거나 대기 모드에서 리셋이 걸려서 이들 모드가 해제되는 경우에는 무조건 HSI가 시스템 클록으로 사용된다.

(4) 클록 제어기와 관련된 I/O 제어 레지스터

클록 제어기와 관련된 I/O 제어 레지스터는 <표 1.3.3>과 같이 10개가 있는데, 이 레지스터들의 기능을 정리하면 아래와 같다.

<표 1.3.3> STM32F103VET6의 클록 제어기와 관련된 I/O 제어 레지스터 요약

어드레스	레지스터 이름	레지스터의 풀어 쓴 이름	리셋 후 초기값
0x4002_1000	RCC_CR	RCC Clock Control Register	0x0000_XX83
0x4002_1004	RCC_CFGR	RCC Clock Configuration Register	0x0000_0000
0x4002_1008	RCC_CIR	RCC Clock Interrupt Register	0x0000_0000
0x4002_100C	RCC_APB2RSTR	RCC APB2 Peripheral Reset Register	0x0000_0000
0x4002_1010	RCC_APB1RSTR	RCC APB1 Peripheral Reset Register	0x0000_0000
0x4002_1014	RCC_AHBENR	RCC AHB Peripheral Clock Enable Register	0x0000_0014
0x4002_1018	RCC_APB2ENR	RCC APB2 Peripheral Clock Enable Register	0x0000_0000
0x4002_101C	RCC_APB1ENR	RCC APB1 Peripheral Clock Enable Register	0x0000_0000
0x4002_1020	RCC_BDCR	RCC Backup Domain Control Register	0x0000_0000
0x4002_1024	RCC_CSR	RCC Control and Status Register	0x0C00_0000

■ RCC 클록 제어 레지스터 RCC_CR (리셋 직후 디폴트값 : 0x0000_XX83)

b31	b30	b29	b28	b27	b26	b25	b24	b23	b22	b21	b20	b19	b18	b17	b16
–	–	–	–	–	–	PLLRDY	PLLON	–	–	–	–	CSSON	HSEBYP	HSERDY	HSEON
–	–	–	–	–	–	r	rw	–	–	–	–	rw	rw	r	rw

b15	b14	b13	b12	b11	b10	b9	b8	b7	b6	b5	b4	b3	b2	b1	b0
HSICAL[7:0]								HSITRIM[4:0]					–	HSIRDY	HSION
r	r	r	r	r	r	r	r	rw	rw	rw	rw	rw	–	r	rw

- PLLRDY : PLL Clock Ready Flag
  PLL 회로가 안정적으로 동작하여 클록 신호가 출력되는 것을 나타낸다.
  0 = PLL 동작이 unlocked 상태이다.
  1 = PLL 동작이 안정적으로 locked 상태이다.
- PLLON : PLL Enable
  PLL 회로의 동작을 ON/OFF한다. 정지 모드나 대기 모드로 들어갈 때는 하드웨어적으로 PLL이 금지되며, PLL 출력이 시스템 클록으로 사용되고 있는 경우에는 이 비트가 클리어될 수 없다.
  0 = PLL의 동작을 OFF시킨다.
  1 = PLL의 동작을 ON시킨다.
- CSSON : Clock Security System Enable
  0 = CSS를 OFF시켜 클록 검출기를 사용하지 않는다.
  1 = CSS를 ON시켜 HSE가 동작중이면 클록 검출기를 사용하도록 한다.
- HSEBYP : HSE Crystal Oscillator Bypass
  외부 클록이 HSE를 통과하여 입력될 수 있도록 한다. 이것은 HSEON=0일 때만 변경할 수 있다.
  0 = HSE 크리스털 오실레이터를 바이패스시키지 않는다.
  1 = HSE 크리스털 오실레이터를 바이패스하여 외부 클록(4~16MHz 사용 가능)을 통과시킨다.
- HSERDY : HSE Oscillator Ready Flag
  HSE 오실레이터가 안정적으로 동작하여 클록 신호가 출력되는 것을 나타낸다.
  0 = HSE 오실레이터 동작이 ready 상태가 아니다.
  1 = HSE 오실레이터 동작이 ready 상태이다.
- HSEON : HSE Oscillator Enable
  HSE 오실레이터를 ON/OFF한다. 정지 모드나 대기 모드로 들어갈 때는 하드웨어적으로 HSE의 동작이 금지되며, HSE가 시스템 클록으로 사용되고 있는 경우에는 이 비트가 클리어될 수 없다.
  0 = HSE 오실레이터를 OFF시킨다.
  1 = HSE 오실레이터를 ON시킨다.
- HSICAL[7:0] : HSI Clock Calibration
  이 값은 HSI 오실레이터를 캘리브레이션하기 위하여 MCU가 스타트업할 때 자동적으로 초기화된다.

이 초기화 값은 반도체 제조사에서 조정하여 설정한 값이다.

- HSITRIM[4:0] : HSI Clock Trimming
  이 값은 HSI 오실레이터 주파수를 캘리브레이션하기 위하여 HSICAL[7:0] 비트에 더해지는 값이다. 이것은 반도체 제조사에서 HSI 오실레이터의 출력 주파수가 8MHz±1%의 정밀도로 되도록 초기값을 16으로 지정하였다.
- HSIRDY : HSI Oscillator Ready Flag
  HSI 오실레이터가 안정적으로 동작하여 클록 신호가 출력되는 것을 나타낸다.
  0 = HSI 오실레이터 동작이 ready 상태가 아니다.
  1 = HSI 오실레이터 동작이 ready 상태이다.
- HSION : HSI Oscillator Enable
  HSI 오실레이터를 ON/OFF한다. 정지 모드나 대기 모드가 해제될 때와 HSE의 클록 실패가 검출되었을 경우에는 하드웨어적으로 HSI의 동작이 시작되며, HSI가 시스템 클록으로 사용되고 있는 경우에는 이 비트가 클리어될 수 없다.
  0 = HSI 오실레이터를 OFF시킨다.
  1 = HSI 오실레이터를 ON시킨다.

▣ RCC 클록 설정 레지스터 RCC_CFGR (리셋 직후 디폴트값 : 0x0000_0000)

b31	b30	b29	b28	b27	b26	b25	b24	b23	b22	b21	b20	b19	b18	b17	b16
-	-	-	-	-	MCO[2:0]			-	USBPRE	PLLMUL[3:0]				PLL XTPRE	PLLSRC
-	-	-	-	-	rw	rw	rw	-	rw	rw	rw	rw	rw	rw	rw

b15	b14	b13	b12	b11	b10	b9	b8	b7	b6	b5	b4	b3	b2	b1	b0
ADCPRE[1:0]		PPRE2[2:0]			PPRE1[2:0]			HPRE[3:0]				SWS[1:0]		SW[1:0]	
rw	rw	rw	rw	rw	rw	rw	rw	rw	rw	rw	rw	r	r	rw	rw

- MCO[2:0] : Microcontroller Clock Output
  PA8/MCO 단자로 출력할 클록 신호를 지정한다. 여기에 출력되는 클록 주파수는 50MHz 이하로 사용하는 것이 좋다.
  0xx = MCO 단자에 클록 신호를 출력하지 않는다.
  100 = MCO 단자에 SYSCLK 클록을 출력한다.
  101 = MCO 단자에 HSI 클록을 출력한다.
  110 = MCO 단자에 HSE 클록을 출력한다.
  111 = MCO 단자에 PLLCLK/2 클록을 출력한다.
- USBPRE : USB Prescaler
  0 = 48MHz의 USB 클록을 만들기 위하여 PLLCLK 신호를 1.5로 나눈다.
  1 = 48MHz의 USB 클록을 만들기 위하여 PLLCLK 신호를 1로 나눈다.
- PLLMUL[3:0] : PLL Multiplication Factor
  이것은 PLLCLK 신호를 만들기 위하여 입력 주파수를 체배하는 비를 지정한다. 이렇게 하여 만들어진 PLLCLK의 주파수는 72MHz를 초과하지 말아야 한다.
  0000 = 입력 주파수×2의 PLLCLK을 만든다. 1000 = 입력 주파수×10의 PLLCLK을 만든다.
  0001 = 입력 주파수×3의 PLLCLK을 만든다. 1001 = 입력 주파수×11의 PLLCLK을 만든다.
  0010 = 입력 주파수×4의 PLLCLK을 만든다. 1010 = 입력 주파수×12의 PLLCLK을 만든다.
  0011 = 입력 주파수×5의 PLLCLK을 만든다. 1011 = 입력 주파수×13의 PLLCLK을 만든다.
  0100 = 입력 주파수×6의 PLLCLK을 만든다. 1100 = 입력 주파수×14의 PLLCLK을 만든다.
  0101 = 입력 주파수×7의 PLLCLK을 만든다. 1101 = 입력 주파수×15의 PLLCLK을 만든다.
  0110 = 입력 주파수×8의 PLLCLK을 만든다. 1110 = 입력 주파수×16의 PLLCLK을 만든다.
  0111 = 입력 주파수×9의 PLLCLK을 만든다. 1111 = 입력 주파수×16의 PLLCLK을 만든다.
- PLLXTPRE : HSE Divider for PLL Entry
  0 = HSE 클록을 분주하지 않고 그냥 PLL 회로에 입력한다.
  1 = HSE 클록을 2로 분주하여 PLL 회로에 입력한다.
- PLLSRC : PLL Entry Clock Source
  0 = HSI/2 클록을 PLL 회로의 입력으로 사용한다.
  1 = HSE 또는 HSE/2 클록을 PLL 회로의 입력으로 사용한다.
- ADCPRE[1:0] : ADC Prescaler
  00 = PCLK2/2를 A/D 컨버터 클록으로 사용한다.
  01 = PCLK2/4를 A/D 컨버터 클록으로 사용한다.
  10 = PCLK2/6을 A/D 컨버터 클록으로 사용한다.
  11 = PCLK2/8을 A/D 컨버터 클록으로 사용한다.

- PPRE2[2:0] : APB2 High-Speed Prescaler for PCLK2
  0xx = HCLK/1을 PCLK2로 사용한다.
  100 = HCLK/2를 PCLK2로 사용한다.
  101 = HCLK/4를 PCLK2로 사용한다.
  110 = HCLK/8을 PCLK2로 사용한다.
  111 = HCLK/16을 PCLK2로 사용한다.
- PPRE1[2:0] : APB1 Low-Speed Prescaler for PCLK1
  0xx = HCLK/1을 PCLK1로 사용한다.
  100 = HCLK/2를 PCLK1로 사용한다.
  101 = HCLK/4를 PCLK1로 사용한다.
  110 = HCLK/8을 PCLK1로 사용한다.
  111 = HCLK/16을 PCLK1로 사용한다.
- HPRE[3:0] : AHB Prescaler for HCLK
  0xxx = SYSCLK/1을 HCLK으로 사용한다.
  1000 = SYSCLK/2를 HCLK으로 사용한다.
  1001 = SYSCLK/4를 HCLK으로 사용한다.
  1010 = SYSCLK/8을 HCLK으로 사용한다.
  1011 = SYSCLK/16을 HCLK으로 사용한다.
  1100 = SYSCLK/64를 HCLK으로 사용한다.
  1101 = SYSCLK/128을 HCLK으로 사용한다.
  1110 = SYSCLK/256을 HCLK으로 사용한다.
  1111 = SYSCLK/512를 HCLK으로 사용한다.
- SWS[1:0] : System Clock Switch Status
  00 = 현재 SYSCLK으로 HSI가 사용되고 있다.
  01 = 현재 SYSCLK으로 HSE가 사용되고 있다.
  10 = 현재 SYSCLK으로 PLLCLK이 사용되고 있다.
  11 = (사용하지 않음).
- SW[1:0] : System Clock Switch
  시스템 클록의 소스를 지정한다. 정지 모드와 대기 모드에서 깨어나는 경우나 HSE 오실레이터에서 클록 실패가 검출되면 시스템 클록은 자동적으로 HSI로 지정된다.
  00 = SYSCLK으로 HSI를 선정한다.
  01 = SYSCLK으로 HSE를 선정한다.
  10 = SYSCLK으로 PLLCLK을 선정한다.
  11 = (사용하지 않음).

■ RCC 클록 인터럽트 레지스터 RCC_CIR (리셋 직후 디폴트값 : 0x0000 0000)

b31	b30	b29	b28	b27	b26	b25	b24	b23	b22	b21	b20	b19	b18	b17	b16
-	-	-	-	-	-	-	-	CSSC	-	-	PLL RDYC	HSE RDYC	HSI RDYC	LSE RDYC	LSI RDYC
-	-	-	-	-	-	-	-	w	-	-	w	w	w	w	w

b15	b14	b13	b12	b11	b10	b9	b8	b7	b6	b5	b4	b3	b2	b1	b0
-	-	-	PLL RDYIE	HSE RDYIE	HSI RDYIE	LSE RDYIE	LSI RDYIE	CSSF	-	-	PLL RDYF	HSE RDYF	HSI RDYF	LSE RDYF	LSI RDYF
-	-	-	rw	rw	rw	rw	rw	r	-	-	r	r	r	r	r

- CSSC : Clock Security System Interrupt Clear
  0 = 아무 동작을 하지 않는다.
  1 = CSSF 플래그 비트를 클리어한다.
- PLLRDYC : PLL Ready Interrupt Clear
- HSERDYC : HSE Ready Interrupt Clear
- HSIRDYC : HSI Ready Interrupt Clear
- LSERDYC : LSE Ready Interrupt Clear
- LSIRDYC : LSI Ready Interrupt Clear
  0 = 아무 동작을 하지 않는다.
  1 = 해당 클록에 의한 인터럽트 플래그 xxxRDYF 비트를 0으로 클리어한다.
- PLLRDYIE : PLL Ready Interrupt Enable
- HSERDYIE : HSE Ready Interrupt Enable
- HSIRDYIE : HSI Ready Interrupt Enable

- LSERDYIE : LSE Ready Interrupt Enable
- LSIRDYIE : LSI Ready Interrupt Enable
  0 = 해당 클록에 의한 인터럽트를 금지한다.
  1 = 해당 클록이 안정되어 ready 상태가 되면 인터럽트가 발생하는 것을 허용한다.
- CSSF : Clock Security System Interrupt Flag
  0 = HSE 오실레이터에서 클록 실패가 발생하지 않았다.
  1 = HSE 오실레이터에서 클록 실패가 발생하여 인터럽트를 요청한다.
- PLLRDYF : PLL Ready Interrupt Flag
- HSERDYF : HSE Ready Interrupt Flag
- HSIRDYF : HSI Ready Interrupt Flag
- LSERDYF : LSE Ready Interrupt Flag
- LSIRDYF : LSI Ready Interrupt Flag
  0 = 해당 클록에 의하여 인터럽트를 요청하지 않는다.
  1 = 해당 클록이 안정되고 xxxRDYIE=1로 설정되어 있으면 인터럽트를 요청한다.

▣ RCC APB2 주변장치 리셋 레지스터 RCC_APB2RSTR (디폴트값 : 0x0000 0000)

b31	b30	b29	b28	b27	b26	b25	b24	b23	b22	b21	b20	b19	b18	b17	b16
–	–	–	–	–	–	–	–	–	–	TIM11 RST	TIM10 RST	TIM9 RST	–	–	–
–	–	–	–	–	–	–	–	–	–	rw	rw	rw	–	–	–

b15	b14	b13	b12	b11	b10	b9	b8	b7	b6	b5	b4	b3	b2	b1	b0
ADC3 RST	USART1 RST	TIM8 RST	SPI1 RST	TIM1 RST	ADC2 RST	ADC1 RST	IOPG RST	IOPF RST	IOPE RST	IOPD RST	IOPC RST	IOPB RST	IOPA RST	–	AFIO RST
rw	rw	rw	rw	rw	rw	rw	rw	rw	rw	rw	rw	rw	rw	–	rw

- TIM11RST : TIM11 Timer Reset
- TIM10RST : TIM10 Timer Reset
- TIM9RST : TIM9 Timer Reset
- ADC3RST : ADC3 Interface Reset
- USART1RST : USART1 Reset
- TIM8RST : TIM8 Timer Reset
- SPI1RST : SPI1 Reset
- TIM1RST : TIM1 Timer Reset
- ADC2RST : ADC2 Interface Reset
- ADC1RST : ADC1 Interface Reset
- IOPGRST : I/O Port G Reset
- IOPFRST : I/O Port F Reset
- IOPERST : I/O Port E Reset
- IOPDRST : I/O Port D Reset
- IOPCRST : I/O Port C Reset
- IOPBRST : I/O Port B Reset
- IOPARST : I/O Port A Reset
- AFIORST : Alternate Function I/O Reset
  0 = 아무 동작도 하지 않음.
  1 = 해당되는 주변장치를 리셋한다.

▣ RCC APB1 주변장치 리셋 레지스터 RCC_APB1RSTR (디폴트값 : 0x0000 0000)

b31	b30	b29	b28	b27	b26	b25	b24	b23	b22	b21	b20	b19	b18	b17	b16
–	–	DAC RST	PWR RST	BKP RST	–	CAN RST	–	USB RST	I2C2 RST	I2C1 RST	UART5 RST	UART4 RST	USART3 RST	USART2 RST	–
–	–	rw	rw	rw	–	rw	–	rw	rw	rw	rw	rw	rw	rw	–

b15	b14	b13	b12	b11	b10	b9	b8	b7	b6	b5	b4	b3	b2	b1	b0
SPI3 RST	SPI2 RST	–	–	WWDG RST	–	–	TIM14 RST	TIM13 RST	TIM12 RST	TIM7 RST	TIM6 RST	TIM5 RST	TIM4 RST	TIM3 RST	TIM2 RST
rw	rw	–	–	rw	–	–	rw	rw	rw	rw	rw	rw	rw	rw	rw

- DACRST : DAC Reset
- PWRRST : Power Interface Reset
- BKPRST : Backup Interface Reset
- CANRST : CAN Reset
- USBRST : USB Reset
- I2C2RST : I2C2 Reset
- I2C1RST : I2C1 Reset
- UART5RST : UART5 Reset
- UART4RST : UART4 Reset
- USART3RST : USART3 Reset
- USART2RST : USART2 Reset
- SPI3RST : SPI3 Reset
- SPI2RST : SPI2 Reset
- WWDGRST : Window Watchdog Reset
- TIM14RST : TIM14 Timer Reset
- TIM13RST : TIM13 Timer Reset
- TIM12RST : TIM12 Timer Reset
- TIM7RST : TIM7 Timer Reset
- TIM6RST : TIM6 Timer Reset
- TIM5RST : TIM5 Timer Reset
- TIM4RST : TIM4 Timer Reset
- TIM3RST : TIM3 Timer Reset
- TIM2RST : TIM2 Timer Reset

  0 = 아무 동작도 하지 않는다.
  1 = 해당되는 주변장치를 리셋한다.

▣ RCC AHB 주변장치 클록 허용 레지스터 RCC_AHBENR (디폴트값 : 0x0000 0014)

b31	b30	b29	b28	b27	b26	b25	b24	b23	b22	b21	b20	b19	b18	b17	b16
–	–	–	–	–	–	–	–	–	–	–	–	–	–	–	–
–	–	–	–	–	–	–	–	–	–	–	–	–	–	–	–

b15	b14	b13	b12	b11	b10	b9	b8	b7	b6	b5	b4	b3	b2	b1	b0
–	–	–	–	–	SDIO EN	–	FSMC EN	–	CRC EN	–	FLITF EN	–	SRAM EN	DMA2 EN	DMA1 EN
–	–	–	–	–	rw	–	rw	–	rw	–	rw	–	rw	rw	rw

- SDIOEN : SDIO Clock Enable
- FSMCEN : FSMC Clock Enable
- CRCEN : CRC Clock Enable
- FLITFEN : FLITF Clock Enable
- SRAMEN : SRAM Interface Clock Enable
- DMA2 : DMA2 Clock Enable
- DMA1 : DMA1 Clock Enable

  0 = 해당되는 주변장치의 클록 공급을 차단한다.
  1 = 해당되는 주변장치의 클록 공급을 허용한다.

▣ RCC APB2 주변장치 클록 허용 레지스터 RCC_APB2ENR (디폴트값 : 0x0000 0000)

b31	b30	b29	b28	b27	b26	b25	b24	b23	b22	b21	b20	b19	b18	b17	b16
–	–	–	–	–	–	–	–	–	–	TIM11 EN	TIM10 EN	TIM9 EN	–	–	–
–	–	–	–	–	–	–	–	–	–	rw	rw	rw	–	–	–

b15	b14	b13	b12	b11	b10	b9	b8	b7	b6	b5	b4	b3	b2	b1	b0
ADC3 EN	USART1 EN	TIM8 EN	SPI1 EN	TIM1 EN	ADC2 EN	ADC1 EN	IOPG EN	IOPF EN	IOPE EN	IOPD EN	IOPC EN	IOPB EN	IOPA EN	–	AFIO EN
rw	rw	rw	rw	rw	rw	rw	rw	rw	rw	rw	rw	rw	rw	–	rw

- TIM11EN : TIM11 Timer Clock Enable
- TIM10EN : TIM10 Timer Clock Enable
- TIM9EN : TIM9 Timer Clock Enable
- ADC3EN : ADC3 Interface Clock Enable
- USART1EN : USART1 Clock Enable
- TIM8EN : TIM8 Timer Clock Enable
- SPI1EN : SPI1 Clock Enable
- TIM1EN : TIM1 Timer Clock Enable
- ADC2EN : ADC2 Interface Clock Enable
- ADC1EN : ADC1 Interface Clock Enable
- IOPGEN : I/O Port G Clock Enable
- IOPFEN : I/O Port F Clock Enable
- IOPEEN : I/O Port E Clock Enable
- IOPDEN : I/O Port D Clock Enable
- IOPCEN : I/O Port C Clock Enable
- IOPBEN : I/O Port B Clock Enable
- IOPAEN : I/O Port A Clock Enable
- AFIOEN : Alternate Function I/O Clock Enable

  0 = 해당되는 주변장치의 클록 공급을 차단한다.
  1 = 해당되는 주변장치의 클록 공급을 허용한다.

▣ RCC APB1 주변장치 클록 허용 레지스터 RCC_APB1ENR (디폴트값 : 0x0000 0000)

b31	b30	b29	b28	b27	b26	b25	b24	b23	b22	b21	b20	b19	b18	b17	b16
–	–	DAC EN	PWR EN	BKP EN	–	CAN EN	–	USB EN	I2C2 EN	I2C1 EN	UART5 EN	UART4 EN	USART3 EN	USART2 EN	–
–	–	rw	rw	rw	–	rw	–	rw	rw	rw	rw	rw	rw	rw	–

b15	b14	b13	b12	b11	b10	b9	b8	b7	b6	b5	b4	b3	b2	b1	b0
SPI3 EN	SPI2 EN	–	–	WWDG EN	–	–	TIM14 EN	TIM13 EN	TIM12 EN	TIM7 EN	TIM6 EN	TIM5 EN	TIM4 EN	TIM3 EN	TIM2 EN
rw	rw	–	–	rw	–	–	rw	rw	rw	rw	rw	rw	rw	rw	rw

- DACEN : DAC Clock Enable
- PWREN : Power Interface Clock Enable
- BKPEN : Backup Interface Clock Enable
- CANEN : CAN Clock Enable
- USBEN : USB Clock Enable
- I2C2EN : I2C2 Clock Enable
- I2C1EN : I2C1 Clock Enable
- UART5EN : UART5 Clock Enable
- UART4EN : UART4 Clock Enable
- USART3EN : USART3 Clock Enable
- USART2EN : USART2 Clock Enable
- SPI3EN : SPI3 Clock Enable
- SPI2EN : SPI2 Clock Enable
- WWDGEN : Window Watchdog Clock Enable
- TIM14EN : TIM14 Timer Clock Enable
- TIM13EN : TIM13 Timer Clock Enable
- TIM12EN : TIM12 Timer Clock Enable
- TIM7EN : TIM7 Timer Clock Enable
- TIM6EN : TIM6 Timer Clock Enable
- TIM5EN : TIM5 Timer Clock Enable
- TIM4EN : TIM4 Timer Clock Enable
- TIM3EN : TIM3 Timer Clock Enable
- TIM2EN : TIM2 Timer Clock Enable

  0 = 해당되는 주변장치의 클록 공급을 차단한다.
  1 = 해당되는 주변장치의 클록 공급을 허용한다.

▣ RCC 백업 영역 제어 레지스터 RCC_BDCR (디폴트값 : 0x0000 0000)

b31	b30	b29	b28	b27	b26	b25	b24	b23	b22	b21	b20	b19	b18	b17	b16
–	–	–	–	–	–	–	–	–	–	–	–	–	–	–	BDRST
–	–	–	–	–	–	–	–	–	–	–	–	–	–	–	rw

b15	b14	b13	b12	b11	b10	b9	b8	b7	b6	b5	b4	b3	b2	b1	b0
RTCEN	–	–	–	–	–	RTCSEL[1:0]		–	–	–	–	–	LSEBYP	LSERDY	LSEON
rw	–	–	–	–	–	rw	rw	–	–	–	–	–	rw	r	rw

- BDRST : Backup Domain Software Reset
  0 = 아무 동작도 하지 않는다.
  1 = 배터리 백업 영역을 모두 리셋한다.
- RTCEN : RTC Clock Enable
  0 = RTC 클록 공급을 금지한다.
  1 = RTC 클록 공급을 허용한다.
- RTCSEL[1:0] : RTC Clock Source Selection
  RTC 클록 소스를 지정한다. 일단 한번 RTC 클록 소스가 선정되면 백업 영역을 리셋하기 전에는 이를 변경할 수 없다.
  00 = RTC 클록을 사용하지 않는다.
  01 = RTC 클록으로 LSE를 사용한다.
  10 = RTC 클록으로 LSI를 사용한다.
  11 = RTC 클록으로 HSE를 128로 분주하여 사용한다.
- LSEBYP : LSE Oscillator Bypass
  이것은 LSEON=0일 때만 변경할 수 있다.
  0 = LSE 크리스털 오실레이터를 바이패스시키지 않는다.
  1 = LSE 크리스털 오실레이터를 바이패스하여 외부 클록을 통과시킨다.
- LSERDY : LSE Oscillator Ready Flag
  LSE 오실레이터가 안정적으로 동작하여 클록 신호가 출력되는 것을 나타낸다.
  0 = LSE 오실레이터 동작이 ready 상태가 아니다.
  1 = LSE 오실레이터 동작이 ready 상태이다.
- LSEON : LSE Oscillator Enable
  0 = LSE 오실레이터를 OFF시킨다.
  1 = LSE 오실레이터를 ON시킨다.

▣ RCC 클록 제어 및 상태 레지스터 RCC_CSR (리셋 직후 디폴트값 : 0x0C00_0000)

b31	b30	b29	b28	b27	b26	b25	b24	b23	b22	b21	b20	b19	b18	b17	b16
LPWR RSTF	WWDG RSTF	IWDG RSTF	SFT RSTF	POR RSTF	PIN RSTF	–	RMVF	–	–	–	–	–	–	–	–
rw	rw	rw	rw	rw	rw	–	rw	–	–	–	–	–	–	–	–

b15	b14	b13	b12	b11	b10	b9	b8	b7	b6	b5	b4	b3	b2	b1	b0
–	–	–	–	–	–	–	–	–	–	–	–	–	–	LSIRDY	LSION
–	–	–	–	–	–	–	–	–	–	–	–	–	–	r	rw

- LPWRRSTF : Low Power Reset Flag
  0 = 저전력 관리 리셋이 발생하지 않았다.
  1 = 저전력 관리 리셋이 발생하였다.
- WWDGRSTF : Window Watchdog Reset Flag
  0 = WWDG 리셋이 발생하지 않았다.
  1 = WWDG 리셋이 발생하였다.
- IWDGRSTF : Independent Watchdog Reset Flag
  0 = IWDG 리셋이 발생하지 않았다.
  1 = IWDG 리셋이 발생하였다.
- SFTRSTF : Software Reset Flag
  0 = 소프트웨어 리셋이 발생하지 않았다.
  1 = 소프트웨어 리셋이 발생하였다.
- PORRSTF : POR/PDR Reset Flag
  0 = POR/PDR 리셋이 발생하지 않았다.

1 = POR/PDR 리셋이 발생하였다.
- PINRSTF : PIN Reset Flag
0 = NRST 단자의 리셋이 발생하지 않았다.
1 = NRST 단자의 리셋이 발생하였다.
- RMVF : Remove Reset Flag
0 = 아무 동작도 하지 않는다.
1 = 이 레지스터의 모든 리셋 플랙을 0으로 클리어한다.
- LSIRDY : LSI Oscillator Ready Flag
0 = LSI 오실레이터 동작이 ready 상태가 아니다.
1 = LSI 오실레이터 동작이 ready 상태이다.
- LSION : LSI Oscillator Enable
0 = LSI 오실레이터를 OFF시킨다.
1 = LSI 오실레이터를 ON시킨다.

3. 시스템 제어 블록(SCB)

(1) 시스템 제어 블록의 기능

시스템 제어 블록(System Control Block ; SCB)은 Cortex-M3의 코어에 기본적으로 내장된 부분으로서 시스템의 여러가지 구성 정보를 제공한다.

(2) 시스템 제어 블록과 관련된 I/O 제어 레지스터

시스템 제어 블록과 관련된 I/O 제어 레지스터는 <표 1.3.4>에 보인 것처럼 매우 많은데 이중에서 사용자가 알아둘 필요가 있는 몇개의 레지스터만을 발췌하여 이것들의 기능을 정리하면 아래와 같다.(여기서 ＊로 표시된 레지스터만 설명함.)

〈표 1.3.4〉 STM32F103VET6의 시스템 제어 블록과 관련된 I/O 제어 레지스터 요약

어드레스	레지스터 이름	레지스터의 풀어 쓴 이름	리셋 후 초기값
0xE000_ED00	SCB_CPUID ＊	SCB CPUID Base Register	0x411F_C231
0xE000_ED04	SCB_ICSR ＊	SCB Interrupt Control and State Register	0x0000_0000
0xE000_ED08	SCB_VTOR	SCB Interrupt Vector Table Offset Register	0xXXXX_XXXX
0xE000_ED0C	SCB_AIRCR ＊	SCB Application Interrupt and Reset Control Register	0xFA05_0000
0xE000_ED10	SCB_SCR ＊	SCB System Control Register	0x0000_0000
0xE000_ED14	SCB_CCR ＊	SCB Configuration and Control Register	0x0000_0000
0xE000_ED18	SCB_SHPR1 ＊	SCB System Handler Priority Register 1	0x0000_0000
0xE000_ED1C	SCB_SHPR2 ＊	SCB System Handler Priority Register 2	0x0000_0000
0xE000_ED20	SCB_SHPR3 ＊	SCB System Handler Priority Register 3	0x0000_0000
0xE000_ED24	SCB_SHCRS	SCB System Handler Control and State Register	0x0000_0000
0xE000_ED28	SCB_CFSR	SCB Configurable Fault Status Register	0x0000_0000
0xE000_ED2C	SCB_HFSR	SCB HardFault Status Register	0x0000_0000
0xE000_ED34	SCB_MMAR	SCB MemManage Fault Address Register	0xXXXX_XXXX
0xE000_ED38	SCB_BFAR	SCB BusFault Address Register	0xXXXX_XXXX

▣ SCB CPUID 베이스 레지스터 SCB_CPUID (리셋 직후 디폴트값 : 0x411F_C231)

b31	b30	b29	b28	b27	b26	b25	b24	b23	b22	b21	b20	b19	b18	b17	b16
Implementer[7:0]								Variant[3:0]				Constant[3:0]			
r	r	r	r	r	r	r	r	r	r	r	r	r	r	r	r

b15	b14	b13	b12	b11	b10	b9	b8	b7	b6	b5	b4	b3	b2	b1	b0
PartNo[11:0]												Revision[3:0]			
r	r	r	r	r	r	r	r	r	r	r	r	r	r	r	r

- Implementer[7:0] : Implementer Code
  0x41 = ARM
- Variant[3:0] : Variant Number of Product Revision Identifier
  0x0 = revision 0
  0x1 = revision 1
  0x2 = revision 2
- Constant[3:0] : Processor Architecture
  0xF = ARMv7-M architecture
- PartNo[11:0] : Part Number of the Processor
  0xC23 = Cortex-M3
- Revision : Patch Release of Product Revision Identifier
  0x0 = patch 0
  0x1 = patch 1

▣ SCB 인터럽트 제어 및 상태 레지스터 SCB_ICSR (디폴트값 : 0x0000_0000)

b31	b30	b29	b28	b27	b26	b25	b24	b23	b22	b21	b20	b19	b18	b17	b16
NMIPEND SET	–	–	PEND SVSET	PEND SVCLR	PEND STSET	PEND STCLR	–	–	ISR PENDING	VECTPENDING[9:4]					
rw	–	–	rw	w	rw	w	–	–	r	r	r	r	r	r	r

b15	b14	b13	b12	b11	b10	b9	b8	b7	b6	b5	b4	b3	b2	b1	b0
VECTPENDING[3:0]				RETO BASE	–	–	VECTACTIVE[8:0]								
r	r	r	r	r	–	–	rw	rw	rw	rw	rw	rw	rw	rw	rw

- NMIPENDSET : NMI Interrupt Set-Pending Bit
  Write : 0 = 아무 동작도 하지 않는다.
  1 = NMI 인터럽트가 요청되고 있는(pending) 것처럼 설정한다.
  Read : 0 = 현재 NMI 인터럽트가 요청되고 있지 않다.
  1 = 현재 NMI 인터럽트가 요청되어 있다.(NMI 처리 루틴이 시작되면 이 비트는 0으로 된다.)
- PENDSVSET : PendSV Interrupt Set-Pending Bit
  Write : 0 = 아무 동작도 하지 않는다.
  1 = PendSV 인터럽트가 요청되고 있는(pending) 것처럼 설정한다.
  Read : 0 = 현재 PendSV 인터럽트가 요청되고 있지 않다.
  1 = 현재 PendSV 인터럽트가 요청되어 있다.
- PENDSVCLR : PendSV Interrupt Clear-Pending Bit
  0 = 아무 동작도 하지 않는다.
  1 = PendSV 인터럽트가 요청되고 있는(pending) 것을 해제한다.
- PENDSTSET : SysTick Interrupt Set-Pending Bit
  Write : 0 = 아무 동작도 하지 않는다.
  1 = SysTick 인터럽트가 요청되고 있는(pending) 것처럼 설정한다.
  Read : 0 = 현재 SysTick 인터럽트가 요청되고 있지 않다.
  1 = 현재 SysTick 인터럽트가 요청되어 있다.
- PENDSTCLR : SysTick Interrupt Clear-Pending Bit
  0 = 아무 동작도 하지 않는다.
  1 = SysTick 인터럽트가 요청되고 있는(pending) 것을 해제한다.
- ISRPEDING : Interrupt Pending Flag Bit Excluding NMI
  0 = 아무 인터럽트도 요청되어 있지 않다.
  1 = NMI가 아닌 인터럽트가 요청되고 있다.

- VECTPEDING[9:0] : Interrupt Pending Vector
  000000000 = 아무 인터럽트도 요청되어 있지 않다.
  XXXXXXXXX = 현재 요청되고 허용된 인터럽트 중에서 가장 우선순위가 높은 인터럽트의 번호를 나타낸다.
- RETOBASE : Return to Base Level
  0 = 현재 처리해야 할 active exception이 있다.
  1 = 현재 처리해야 할 active exception이 없다.
- VECTACTIVE[8:0] : Interrupt Active Vector
  000000000 = Thread mode.
  XXXXXXXXX = 현재 처리되고 있는 인터럽트의 번호를 나타낸다.

▣ SCB 응용 인터럽트 및 리셋 제어 레지스터 SCB_AIRCR (디폴트값 : 0xFA05_0000)

b31	b30	b29	b28	b27	b26	b25	b24	b23	b22	b21	b20	b19	b18	b17	b16
VECTKEY[15:0]															
rw	rw	rw	rw	rw	rw	rw	rw	rw	rw	rw	rw	rw	rw	rw	rw

b15	b14	b13	b12	b11	b10	b9	b8	b7	b6	b5	b4	b3	b2	b1	b0
ENDIANESS	–	–	–	–	PRIGROUP[2:0]			–	–	–	–	–	SYS RESET REQ	VECTCLR ACTIVE	VECT RESET
r	–	–	–	–	rw	rw	rw	–	–	–	–	–	w	w	w

- VECTKEY[15:0] : Register Key
  이 비트를 읽으면 의미없는 값 0xFA05가 읽힌다. 이 비트에는 무조건 0x05FA를 라이트해야 한다.
- ENDIANESS : Data Endianess Bit
  Cortex-M 계열에서 이 비트는 Little-endian을 사용한다는 의미로 항상 0으로 읽힌다.
  0 = little endian
  1 = big endian
- PRIGROUP[2:0] : Interrupt Priority Grouping Field
  이 비트는 인터럽트 우선순위 레지스터 SCB_SHPRx 및 NVIC_IPRx에 설정할 우선순위를 그룹으로 나누는 기능을 수행한다. 즉, <표 1.3.5>와 같이 8비트의 우선순위값 중에서 상위의 x비트와 하위의 y비트로 나눈다.

<표 1.3.5> 인터럽트 우선순위 그룹 설정

PRIGROUP[2:0]	Interrupt Priority Level Value			Number of	
	Binary Point	Group Priority Bits	Subpriority Bits	Group Priority	Subpriority
011	xxxx	[7:4]	–	16	–
100	xxx.y	[7:5]	[4]	8	2
101	xx.yy	[7:6]	[5:4]	4	4
110	x.yyy	[7]	[6:4]	2	8
111	.yyyy	–	[7:4]	–	16

- SYSRESETREQ : System Reset Request
  이 비트는 항상 0으로 읽히며, 라이트할 때는 다음과 같은 의미가 있다.
  0 = 아무 동작도 수행하지 않는다.
  1 = 시스템 리셋을 요청하는 소프트웨어 리셋 신호를 발생한다.
- VECTCLRACTIVE
  이것은 디버그 모드에서만 사용하는 비트이다. 이 비트를 읽으면 0으로 읽히며, 이 레지스터에 어떤 값을 쓸 때는 항상 이 비트를 0으로 써야 한다.
- VECTRESET
  이것은 디버그 모드에서만 사용하는 비트이다. 이 비트를 읽으면 0으로 읽히며, 이 레지스터에 어떤 값을 쓸 때는 항상 이 비트를 0으로 써야 한다.

■ SCB 시스템 제어 레지스터 SCB_SCR (리셋 직후 디폴트값 : 0x0000_0000)

b31	b30	b29	b28	b27	b26	b25	b24	b23	b22	b21	b20	b19	b18	b17	b16
-	-	-	-	-	-	-	-	-	-	-	-	-	-	-	-
-	-	-	-	-	-	-	-	-	-	-	-	-	-	-	-

b15	b14	b13	b12	b11	b10	b9	b8	b7	b6	b5	b4	b3	b2	b1	b0
-	-	-	-	-	-	-	-	-	-	-	SEVONPEND	-	SLEEPDEEP	SLEEPONEXIT	-
-	-	-	-	-	-	-	-	-	-	-	rw	-	rw	rw	-

- SEVONPEND : Send Event on Pending Bit
  0 = 허용된 인터럽트나 모든 이벤트 신호가 프로세서를 깨어나도록 한다.
  1 = 허용된 이벤트나 모든 인터럽트가 프로세서를 깨어나도록 한다.
- SLEEPDEEP : Sleep or Deep Sleep Selection
  0 = 저전력 모드에서 sleep 모드를 사용한다.
  1 = 저전력 모드에서 deep sleep 모드를 사용한다.(정지 모드 및 대기 모드)
- SLEEPONEXIT
  0 = 인터럽트 Handler mode에서 Thread mode로 되돌아갈 때 sleep 상태로 들어가지 않는다.
  1 = 인터럽트 Handler mode에서 Thread mode로 되돌아갈 때 sleep 또는 deep sleep 상태로 들어간다.

■ SCB 설정 및 제어 레지스터 SCB_CCR (리셋 직후 디폴트값 : 0x0000_0000)

b31	b30	b29	b28	b27	b26	b25	b24	b23	b22	b21	b20	b19	b18	b17	b16
-	-	-	-	-	-	-	-	-	-	-	-	-	-	-	-
-	-	-	-	-	-	-	-	-	-	-	-	-	-	-	-

b15	b14	b13	b12	b11	b10	b9	b8	b7	b6	b5	b4	b3	b2	b1	b0
-	-	-	-	-	-	STKALIGN	BFHFNMIGN	-	-	-	DIV_0_TRP	UNALIGN_TRP	-	USERSETMPEND	NONBASETHRDENA
-	-	-	-	-	-	rw	rw	-	-	-	rw	rw	-	rw	rw

- STKALIGN : Stack Alignment
  0 = exception entry에서 스택이 4바이트로 정렬된다.
  1 = exception entry에서 스택이 8바이트로 정렬된다.
- BFHFNMIGN : Data BusFault
  0 = load 및 store 명령에 의하여 발생한 data bus fault가 lockup을 야기한다.
  1 = 우선순위 -1 또는 -2의 핸들러는 load 및 store 명령에 의하여 발생한 data bus fault를 무시한다.
- DIV_0_TRP : Divide-by-0 Trap
  0 = 0으로 나눗셈을 시도하였을 때 fault가 발생하지 않는다. 계산 결과 몫이 0으로 된다.
  1 = 0으로 나눗셈을 시도하였을 때 fault가 발생한다.
- UNALIGN_TRP : Unaligned Access Trap
  0 = halfword 또는 word 정렬을 위반하는 액세스를 시도하였을 때 UsageFault를 발생하지 않는다.
  1 = halfword 또는 word 정렬을 위반하는 액세스를 시도하였을 때 UsageFault를 발생한다.
- USERSETMPEND : STIR Access
  0 = STIR 레지스터에 대하여 unprivileged software access를 금지한다.
  1 = STIR 레지스터에 대하여 unprivileged software access를 허용한다.
- NONBASETHRDENA : Thread Mode Enter
  0 = exception이 발생하지 않았을 때만 Thread mode로 들어갈 수 있다.
  1 = 어느 경우에나 Thread mode로 들어갈 수 있다.

■ SCB 시스템 핸들러 우선순위 레지스터1 SCB_SHPR1 (디폴트값 : 0x0000_0000)

b31	b30	b29	b28	b27	b26	b25	b24	b23	b22	b21	b20	b19	b18	b17	b16
-	-	-	-	-	-	-	-	PRI_6[7:0]							
-	-	-	-	-	-	-	-	rw	rw	rw	rw	rw	rw	rw	r

b15	b14	b13	b12	b11	b10	b9	b8	b7	b6	b5	b4	b3	b2	b1	b0
PRI_5[7:0]								PRI_4[7:0]							
rw	rw	rw	rw	rw	rw	rw	r	rw	rw	rw	rw	rw	rw	rw	r

- PRI_6[7:0] : Priority of System Handler 6, UsageFault
  UsageFault 인터럽트의 우선순위를 레벨 0~255의 범위에서 설정한다. 이 값은 8비트로 구성되지만, 프로세서는 이중에서 상위 일부 비트만을 사용하며 나머지 비트들은 무시되고 읽으면 0으로 읽힌다.
- PRI_5[7:0] : Priority of System Handler 5, BusFault
  BusFault 인터럽트의 우선순위를 레벨 0~255의 범위에서 설정한다. 이 값은 8비트로 구성되지만, 프로세서는 이중에서 상위 일부 비트만을 사용하며 나머지 비트들은 무시되고 읽으면 0으로 읽힌다.
- PRI_4[7:0] : Priority of System Handler 4, MemManage
  MemManage 인터럽트의 우선순위를 레벨 0~255의 범위에서 설정한다. 이 값은 8비트로 구성되지만, 프로세서는 이중에서 상위 일부 비트만을 사용하며 나머지 비트들은 무시되고 읽으면 0으로 읽힌다.

▣ SCB 시스템 핸들러 우선순위 레지스터2 SCB_SHPR2 (디폴트값 : 0x0000_0000)

b31	b30	b29	b28	b27	b26	b25	b24	b23	b22	b21	b20	b19	b18	b17	b16
PRI_11[7:0]								-	-	-	-	-	-	-	-
rw	rw	rw	rw	rw	rw	rw	r	-	-	-	-	-	-	-	-

b15	b14	b13	b12	b11	b10	b9	b8	b7	b6	b5	b4	b3	b2	b1	b0
-	-	-	-	-	-	-	-	-	-	-	-	-	-	-	-
-	-	-	-	-	-	-	-	-	-	-	-	-	-	-	-

- PRI_11[7:0] : Priority of System Handler 11, SVCall
  SVCall 인터럽트의 우선순위를 레벨 0~255의 범위에서 설정한다. 이 값은 8비트로 구성되지만, 프로세서는 이중에서 상위 일부 비트만을 사용하며 나머지 비트들은 무시되고 읽으면 0으로 읽힌다.

▣ SCB 시스템 핸들러 우선순위 레지스터3 SCB_SHPR3 (디폴트값 : 0x0000_0000)

b31	b30	b29	b28	b27	b26	b25	b24	b23	b22	b21	b20	b19	b18	b17	b16
PRI_15[7:0]								PRI_14[7:0]							
rw	rw	rw	rw	rw	rw	rw	r	rw	rw	rw	rw	rw	rw	rw	r

b15	b14	b13	b12	b11	b10	b9	b8	b7	b6	b5	b4	b3	b2	b1	b0
-	-	-	-	-	-	-	-	-	-	-	-	-	-	-	-
-	-	-	-	-	-	-	-	-	-	-	-	-	-	-	-

- PRI_15[7:0] : Priority of System Handler 15, SysTick
  SysTick 인터럽트의 우선순위를 레벨 0~255의 범위에서 설정한다. 이 값은 8비트로 구성되지만, 프로세서는 이중에서 상위 일부 비트만을 사용하며 나머지 비트들은 무시되고 읽으면 0으로 읽힌다.
- PRI_14[7:0] : Priority of System Handler 14, PendSV
  PendSV 인터럽트의 우선순위를 레벨 0~255의 범위에서 설정한다. 이 값은 8비트로 구성되지만, 프로세서는 이중에서 상위 일부 비트만을 사용하며 나머지 비트들은 무시되고 읽으면 0으로 읽힌다.

4. 시스틱 타이머(SysTick)

(1) 시스틱 타이머의 구조와 기능

시스틱 타이머(SysTick timer ; SysTick)는 특정한 STM32F103VET6 마이크로컨트롤러 모델이 아니라 모든 Cortex-M 시리즈 마이크로컨트롤러의 코어에 기본적으로 동일하게 내장된 24비트 타이머로서, 주로 운영체제나 시스템 프로그램에서 사용하도록 만들어 놓은 것이다.

시스틱 타이머의 구조를 보이면 <그림 1.3.8>과 같다. 이것은 HCLK 또는 HCLK/8 클록 입력에 따라 SysTick_LOAD 레지스터에 설정된 자동 재저장 값(reload value)으로부터 0까지 다운 카운터(down counter)로 동작하며, 카운터 값이 0으로 되면 바로 그 다음의 클록이 입력될 때 SysTick_CTRL 레지스터에서 COUNTFLAG=1로 되면서 SysTick 인터럽트를 요청하고, 카운터는 다시 SysTick_LOAD 레지스터의 값으로 재저장된다. 만약 SysTick_LOAD 레지스터에 0을 설정하면 이 카운터의 동작이 금지된다.

사용자 프로그램에서 SysTick_CTRL 레지스터를 읽으면 COUNTFLAG이 0으로 클리어된다. 또한, SysTick_VAL 레지스터에 임의의 값을 라이트하면 이 레지스터가 0으로 클리어되고 COUNTFLAG도 0으로 클리어된다. 언제든지 SysTick_VAL 레지스터의 값을 읽으면 현재의 시스틱 타이머 값이 읽혀진다. 이 마이크로컨트롤러가 디버깅을 위하여 동작을 정지(halt)하면 SysTick 타이머도 동작하지 않고 멈추게 된다.

시스틱 타이머 SysTick을 초기화하고 값을 설정하는 순서는 다음과 같다.

① SysTick_LOAD 레지스터에 자동 재저장 값을 설정한다.

② SysTick_VAL 레지스터에 임의의 값을 라이트하여 이 레지스터를 클리어한다.

③ SysTick_CTRL 레지스터를 초기화한다.

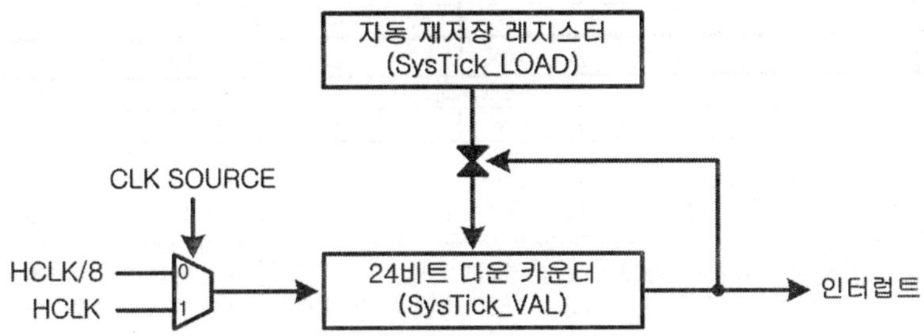

<그림 1.3.8> 시스틱 타이머 SysTick의 구조

(2) 시스틱 타이머와 관련된 I/O 제어 레지스터

시스틱 타이머와 관련된 I/O 제어 레지스터는 <표 1.3.6>과 같이 4개가 있는데, 이 레지스터들의 기능을 정리하면 아래와 같다.

<표 1.3.6> STM32F103VET6의 시스틱 타이머와 관련된 I/O 제어 레지스터 요약

어드레스	레지스터 이름	레지스터의 풀어 쓴 이름	리셋 후 초기값
0xE000_E010	SysTick_CTRL	SysTick Control and Status Register	0x0000_0004
0xE000_E014	SysTick_LOAD	SysTick Reload Value Register	0x0000_0000
0xE000_E018	SysTick_VAL	SysTick Current Value Register	0x0000_0000
0xE000_E01C	SysTick_CALIB	SysTick Calibration Value Register	0xC000_0000

▣ SysTick 제어 및 상태 레지스터 SysTick_CTRL (디폴트값 : 0x0000_0000)

b31	b30	b29	b28	b27	b26	b25	b24	b23	b22	b21	b20	b19	b18	b17	b16
-	-	-	-	-	-	-	-	-	-	-	-	-	-	-	COUNT FLAG
-	-	-	-	-	-	-	-	-	-	-	-	-	-	-	rw

b15	b14	b13	b12	b11	b10	b9	b8	b7	b6	b5	b4	b3	b2	b1	b0
-	-	-	-	-	-	-	-	-	-	-	-	-	CLK SOURCE	TICK INT	ENABLE
-	-	-	-	-	-	-	-	-	-	-	-	-	rw	rw	rw

- COUNTFLAG : Count Flag
  이 비트는 시스틱 타이머의 카운터가 0으로 되었음을 나타낸다. SysTick_CTRL 레지스터를 읽으면 이 비트는 0으로 클리어된다.
- CLKSOURCE : SysTick Clock Source Selection
  0 = 시스틱 타이머의 클록 소스로 외부 레퍼런스 클록(HCLK/8)을 사용한다.
  1 = 시스틱 타이머의 클록 소스로 프로세서 클록(HCLK)을 사용한다.
- TICKINT : SysTick Exception Request Enable
  0 = 시스틱 타이머의 카운터가 0으로 되었을 때 SysTick 인터럽트를 요청하지 않는다.
  1 = 시스틱 타이머의 카운터가 0으로 되었을 때 SysTick 인터럽트를 요청한다.
- ENABLE : SysTick Counter Enable
  0 = SysTick 타이머의 동작을 금지한다.
  1 = SysTick 타이머의 동작을 허용한다.

▣ SysTick 재저장 값 레지스터 SysTick_LOAD (디폴트값 : 0x0000_0000)

b31	b30	b29	b28	b27	b26	b25	b24	b23	b22	b21	b20	b19	b18	b17	b16
-	-	-	-	-	-	-	-	RELOAD[23:16]							
-	-	-	-	-	-	-	-	rw	rw	rw	rw	rw	rw	rw	rw

b15	b14	b13	b12	b11	b10	b9	b8	b7	b6	b5	b4	b3	b2	b1	b0
RELOAD[15:0]															
rw	rw	rw	rw	rw	rw	rw	rw	rw	rw	rw	rw	rw	rw	rw	rw

- RELOAD[23:0] : SysTick Counter Reload Value
  시스틱 카운터가 다운 카운터로 동작하다가 0에 이르면 그 다음 클록 사이클에 이 값이 SysTick_VAL 레지스터에 재저장된다. 시스틱 카운터가 24비트 구조이므로 이 값은 0x0000 0000에서 0x00FF FFFF까지 설정할 수 있으며, 0x0000 0000으로 설정하면 시스틱 카운터가 정지한다. 시스틱 타이머를 사용하여 N개의 펄스가 입력될 때마다 주기적으로 인터럽트를 발생하고 싶으면 이 값을 N-1로 설정한다.

▣ SysTick 현재 값 레지스터 SysTick_VAL (리셋 직후 디폴트값 : 0x0000_0000)

b31	b30	b29	b28	b27	b26	b25	b24	b23	b22	b21	b20	b19	b18	b17	b16
-	-	-	-	-	-	-	-	CURRENT[23:16]							
-	-	-	-	-	-	-	-	rw	rw	rw	rw	rw	rw	rw	rw

b15	b14	b13	b12	b11	b10	b9	b8	b7	b6	b5	b4	b3	b2	b1	b0
CURRENT[15:0]															
rw	rw	rw	rw	rw	rw	rw	rw	rw	rw	rw	rw	rw	rw	rw	rw

- CURRENT[23:0] : SysTick Counter Current Value
  이 레지스터를 읽으면 시스틱 카운터의 현재값이 읽혀진다. 그러나, 이 레지스터에 임의의 값을 라이트하면 이 레지스터가 0으로 클리어되며, SysTick_CTRL 레지스터의 COUNTFLAG 비트도 클리어된다.

■ SysTick 캘리브레이션 값 레지스터 SysTick_CALIB (디폴트값 : 0xC000_0000)

b31	b30	b29	b28	b27	b26	b25	b24	b23	b22	b21	b20	b19	b18	b17	b16
NOREF	SKEW	–	–	–	–	–	–	TENMS[23:16]							
r	r	–	–	–	–	–	–	r	r	r	r	r	r	r	r

b15	b14	b13	b12	b11	b10	b9	b8	b7	b6	b5	b4	b3	b2	b1	b0
TENMS[15:0]															
r	r	r	r	r	r	r	r	r	r	r	r	r	r	r	r

- NOREF : No Reference Flag
  0 = 현재 외부 레퍼런스 클록(HCLK/8)이 공급되고 있다.
  1 = 현재 외부 레퍼런스 클록(HCLK/8)이 공급되지 않고 있다.
- SKEW : SKEW Flag
  0 = 현재 TENMS[23:0]의 값이 정확하고 유효하다.
  1 = 현재 TENMS[23:0]의 값이 유효하지 않다.
- TENMS[23:0] : Calibration Value
  SysTick 타이머를 캘리브레이션하기 위한 값이다. 이 값이 0이면 유효하지 않은 것이다.

5. 인터럽트 제어기(NVIC, EXTI)

(1) 인터럽트 제어기(NVIC)의 구조와 기능

중첩 및 벡터형 인터럽트 제어기(Nested Vectored Interrupt Controller ; NVIC)는 특정한 STM32F103VET6 마이크로컨트롤러 모델이 아니라 모든 Cortex-M 시리즈 제품의 CPU의 코어에 기본적으로 내장된 인터럽트 제어기이다.

ARM Cortex-M3의 NVIC에서 처리할 수 있는 인터럽트는 <그림 1.3.9>와 같다. 여기서 보듯이 NVIC에서는 이론적으로 68개의 차단가능 인터럽트를 지원할 수 있지만 STM32F103VET6 마이크로컨트롤러에는 실제로 총 60개의 차단가능 인터럽트를 사용하고 있으며, 이것들은 0～255의 인터럽트 우선순위 레벨로 설정할 수 있다. 우선순위 레벨 값이 작아지면 인터럽트 우선순위가 높은 것이다. 시스템 인터럽트에 해당하는 MemManage, BusFault, UsageFault, SVCall, PendSV, SysTick의 인터럽트 우선순위는 시스템 제어 블록의 SCB_SHPR1～SCB_SHPR3 레지스터로 설정하고, 나머지 60개 차단가능 인터럽트의 우선순위는 NVIC_IPR0～NVIC_IPR14 레지스터로 설정한다.

CPU가 인터럽트 핸들러(handler)를 처리하기 위하여 예외처리 모드(Exception mode)로 들어갈 때는 현재의 상태를 스택에 자동으로 저장하고, 다시 예외처리 모드에서 정상 모드(Thread mode)로 되돌아올 때는 이 상태를 스택에서 자동으로 꺼내오도록 되어 있기 때문에 Cortex-M3의 NVIC 인터럽트 처리는 명령 실행에 의한 오버헤드(overhead)가 없이 짧은 지연시간(latency)으로 매우 빠르게 수행된다.

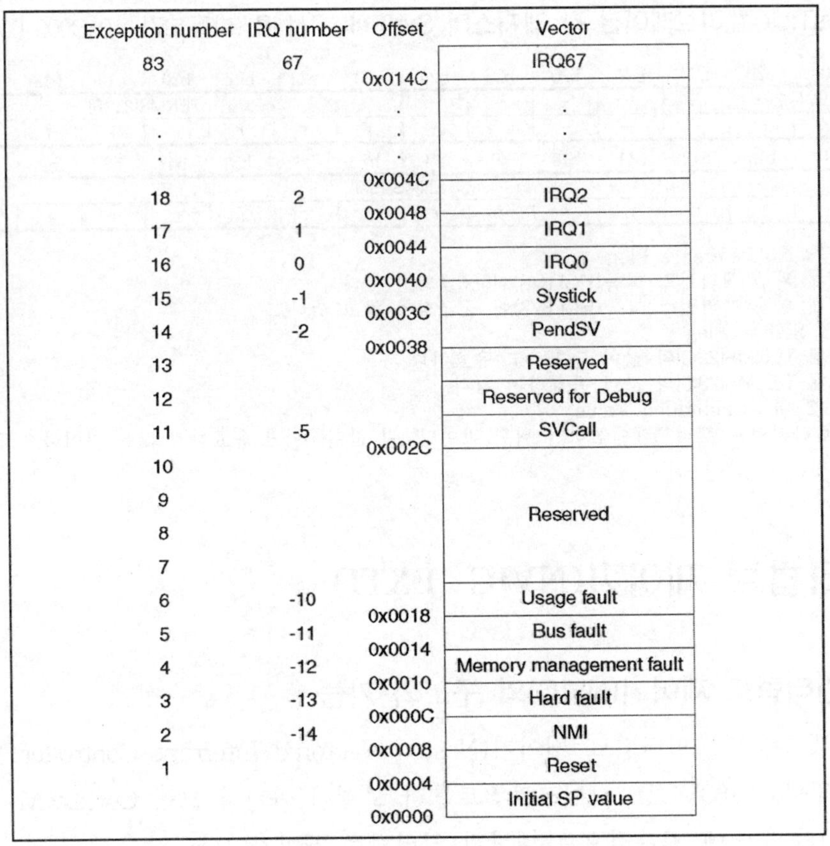

<그림 1.3.9> ARM Cortex-M3의 인터럽트 벡터 테이블

NVIC가 인터럽트 요청 신호를 검출하거나 사용자가 NVIC_ISPRx 레지스터에서 해당 인터럽트 펜딩 비트에 1을 써주면 인터럽트가 요청되어 대기 상태(pending state)로 되면서 NVIC_ISPRx 레지스터의 해당 비트가 1로 셋트된다. 만약, 이 인터럽트가 현재 허용 상태로 설정되어 있다면 CPU가 인터럽트 처리를 시작하는데, CPU가 예외처리 모드(Exception mode)의 인터럽트 서비스 루틴으로 들어가면 인터럽트 대기 상태는 해제되고 인터럽트 처리 상태(active state)가 된다. 인터럽트 처리가 종료되고 인터럽트 처리 상태도 해제되면 CPU가 정상 모드(Thread mode)로 되돌아온다. 그러나, 만약 인터럽트가 현재 허용되지 않도록 금지 상태로 설정되어 있다면 요청된 인터럽트는 계속하여 대기 상태에 머무르게 된다.

STM32F103VET6에서 사용하는 전체 인터럽트를 요약하면 <표 1.3.7>과 같다. 이 중에서 인터럽트 0~59번은 차단 가능 인터럽트이며, 그 앞쪽에 있는 시스템 인터럽트들은 차단 가능하지 않다.

<표 1.3.7> STM32F103VET6의 전체 인터럽트 요약

인터럽트 번호	우선 순위	우선순위 설정	인터럽트 이름	인터럽트 소스 설명	인터럽트 벡터
-	-	-	-	(reserved)	0x0000_0000
-	-3	고정	Reset	Reset	0x0000_0004
-14	-2	고정	NMI	Non-maskable interrupt by RCC CSS	0x0000_0008
-13	-1	고정	HardFault	Hard fault	0x0000_000C
-12	0	가능	MemManage	Memory management fault	0x0000_0010
-11	1	가능	BusFault	Bus fault	0x0000_0014
-10	2	가능	UsageFault	Undefined instruction or illegal state	0x0000_0018
-	-	-	-	(reserved)	0x0000_001C ... 0x0000_002B
-5	3	가능	SVCall	System service call via SWI instruction	0x0000_002C
-4	4	가능	DebugMon	Debug Monitor	0x0000_0030
-	-	-	-	(reserved)	0x0000_0034
-2	5	가능	PendSV	Pendable request for system service	0x0000_0038
-1	6	가능	SysTick	System tick timer	0x0000_003C
0	7	가능	WWDG	Window Watchdog interrupt	0x0000_0040
1	8	가능	PVD	PVD interrupt (EXTI line 16)	0x0000_0044
2	9	가능	TAMPER	Tamper interrupt	0x0000_0048
3	10	가능	RTC	RTC Wakeup interrupt	0x0000_004C
4	11	가능	FLASH	Flash global interrupt	0x0000_0050
5	12	가능	RCC	RCC global interrupt	0x0000_0054
6	13	가능	EXTI0	EXTI Line 0 interrupt	0x0000_0058
7	14	가능	EXTI1	EXTI Line 1 interrupt	0x0000_005C
8	15	가능	EXTI2	EXTI Line 2 interrupt	0x0000_0060
9	16	가능	EXTI3	EXTI Line 3 interrupt	0x0000_0064
10	17	가능	EXTI4	EXTI Line 4 interrupt	0x0000_0068
11	18	가능	DMA1_Channel1	DMA1 Channel 1 global interrupt	0x0000_006C
12	19	가능	DMA1_Channel2	DMA1 Channel 2 global interrupt	0x0000_0070
13	20	가능	DMA1_Channel3	DMA1 Channel 3 global interrupt	0x0000_0074
14	21	가능	DMA1_Channel4	DMA1 Channel 4 global interrupt	0x0000_0078
15	22	가능	DMA1_Channel5	DMA1 Channel 5 global interrupt	0x0000_007C
16	23	가능	DMA1_Channel6	DMA1 Channel 6 global interrupt	0x0000_0080
17	24	가능	DMA1_Channel7	DMA1 Channel 7 global interrupt	0x0000_0084
18	25	가능	ADC1_2	ADC1 and ADC2 global interrupt	0x0000_0088
19	26	가능	USB_HP_CAN1_TX	USB High Priority or CAN1 TX interrupt	0x0000_008C
20	27	가능	USB_LP_CAN1_RX0	USB Low Priority or CAN1 RX0 interrupt	0x0000_0090
21	28	가능	CAN1_RX1	CAN1 RX1 interrupt	0x0000_0094
22	29	가능	CAN1_SCE	CAN1 SCE interrupt	0x0000_0098
23	30	가능	EXTI9_5	EXTI Line[9:5] interrupt	0x0000_009C
24	31	가능	TIM1_BRK	TIM1 Break interrupt	0x0000_00A0
25	32	가능	TIM1_UP	TIM1 Update interrupt	0x0000_00A4
26	33	가능	TIM1_TRG_COM	TIM1 Trigger and Commutation interrupt	0x0000_00A8
27	34	가능	TIM1_CC	TIM1 Capture Compare interrupt	0x0000_00AC
28	35	가능	TIM2	TIM2 global interrupt	0x0000_00B0
29	36	가능	TIM3	TIM3 global interrupt	0x0000_00B4
30	37	가능	TIM4	TIM4 global interrupt	0x0000_00B8
31	38	가능	I2C1_EV	I2C1 event interrupt	0x0000_00BC
32	39	가능	I2C1_ER	I2C1 error interrupt	0x0000_00C0
33	40	가능	I2C2_EV	I2C2 event interrupt	0x0000_00C4
34	41	가능	I2C2_ER	I2C2 error interrupt	0x0000_00C8

<표 1.3.7> STM32F103VET6의 전체 인터럽트 요약(계속)

인터럽트 번호	우선 순위	우선순위 설정	인터럽트 이름	인터럽트 소스 설명	인터럽트 벡터
35	42	가능	SPI1	SPI1 global interrupt	0x0000_00CC
36	43	가능	SPI2	SPI2 global interrupt	0x0000_00D0
37	44	가능	USART1	USART1 global interrupt	0x0000_00D4
38	45	가능	USART2	USART2 global interrupt	0x0000_00D8
39	46	가능	USART3	USART3 global interrupt	0x0000_00DC
40	47	가능	EXTI15_10	EXTI Line[15:10] interrupt	0x0000_00E0
41	48	가능	RTC_Alarm	RTC Alarm A/B interrupt (EXTI line 17)	0x0000_00E4
42	49	가능	USBWakeup	USB Wakeup interrupt (EXTI line 18)	0x0000_00E8
43	50	가능	TIM8_BRK	TIM8 Break interrupt	0x0000_00EC
44	51	가능	TIM8_UP	TIM8 Update interrupt	0x0000_00F0
45	52	가능	TIM8_TRG_COM	TIM8 Trigger and Commutation interrupt	0x0000_00F4
46	53	가능	TIM8_CC	TIM8 Capture Compare interrupt	0x0000_00F8
47	54	가능	ADC3	ADC3 global interrupt	0x0000_00FC
48	55	가능	FSMC	FSMC global interrupt	0x0000_0100
49	56	가능	SDIO	SDIO global interrupt	0x0000_0104
50	57	가능	TIM5	TIM5 global interrupt	0x0000_0108
51	58	가능	SPI3	SPI3 global interrupt	0x0000_010C
52	59	가능	UART4	UART4 global interrupt	0x0000_0110
53	60	가능	UART5	UART5 global interrupt	0x0000_0114
54	61	가능	TIM6	TIM6 global interrupt	0x0000_0118
55	62	가능	TIM7	TIM7 global interrupt	0x0000_011C
56	63	가능	DMA2_Channel1	DMA2 Channel 1 global interrupt	0x0000_0120
57	64	가능	DMA2_Channel2	DMA2 Channel 2 global interrupt	0x0000_0124
58	65	가능	DMA2_Channel3	DMA2 Channel 3 global interrupt	0x0000_0128
59	66	가능	DMA2_Channel4_5	DMA2 Channel 4 and Channel 5 global interrupt	0x0000_012C

인터럽트 신호에는 레벨 인식형(level-sensitive)과 에지 트리거형(edge-trigger)이 있는데, 레벨 인식형에서는 인터럽트 처리를 종료하였을 때 아직도 인터럽트 신호가 입력되고 있으면 동일한 인터럽트가 또다시 검출되어 처리되는 단점이 있다. 그러나, 에지 트리거형에서는 1클록 주기 이상의 인터럽트 펄스가 입력되더라도 정확히 1번만 인터럽트가 인식되는 장점이 있는 반면에 하드웨어적으로 잡음에 취약하다는 특징이 있다. STM32F103VET6에서 외부 인터럽트 신호는 모두 에지 트리거형을 사용하는데, 상승 에지에 의한 트리거는 EXTI_RTSR 레지스터로 설정하고 하강 에지에 의한 트리거는 EXTI_FTSR 레지스터로 설정한다.

(2) 인터럽트 제어기와 관련된 I/O 제어 레지스터

인터럽트 제어기 NVIC와 관련된 I/O 제어 레지스터는 <표 1.3.8>과 같이 26개가 있는데, 이 레지스터들의 기능을 정리하면 아래와 같다.

<표 1.3.8> STM32F103VET6의 인터럽트 제어기와 관련된 I/O 제어 레지스터 요약

어드레스	레지스터 이름	레지스터의 풀어 쓴 이름	리셋 후 초기값
0xE000_E100	NVIC_ISER0~1	NVIC Interrupt Set-Enable Register x(x=0~1)	0x0000_0000
0xE000_E180	NVIC_ICER0~1	NVIC Interrupt Clear-Enable Register x(x=0~1)	0x0000_0000
0xE000_E200	NVIC_ISPR0~1	NVIC Interrupt Set-Pending Register x(x=0~1)	0x0000_0000
0xE000_E280	NVIC_ICPR0~1	NVIC Interrupt Clear-Pending Register x(x=0~1)	0x0000_0000
0xE000_E300	NVIC_IABR0~1	NVIC Interrupt Active Bit Register x(x=0~1)	0x0000_0000
0xE000_E400	NVIC_IPR0~14	NVIC Interrupt Priority Register x(x=0~14)	0x0000_0000
0xE000_EF00	STIR	NVIC Software Trigger Interrupt Register	0x0000_0000

▣ NVIC 인터럽트 허용 설정 레지스터x NVIC_ISERx (디폴트값 : 0x0000_0000)

b31	b30	b29	b28	b27	b26	b25	b24	b23	b22	b21	b20	b19	b18	b17	b16
SETENA[31:16]															
rs	rs	rs	rs	rs	rs	rs	rs	rs	rs	rs	rs	rs	rs	rs	rs

b15	b14	b13	b12	b11	b10	b9	b8	b7	b6	b5	b4	b3	b2	b1	b0
SETENA[15:0]															
rs	rs	rs	rs	rs	rs	rs	rs	rs	rs	rs	rs	rs	rs	rs	rs

- SETENA[31:0] : Interrupt Set-Enable Bit (x = 0, 1)
  Write : 0 = 아무 동작도 하지 않는다.
  1 = 해당 인터럽트를 허용하도록 설정한다.
  Read : 0 = 현재 해당 인터럽트가 금지되어 있다.
  1 = 현재 해당 인터럽트가 허용되어 있다.

▣ NVIC 인터럽트 금지 설정 레지스터x NVIC_ICERx (디폴트값 : 0x0000_0000)

b31	b30	b29	b28	b27	b26	b25	b24	b23	b22	b21	b20	b19	b18	b17	b16
CLRENA[31:16]															
rc_w1	rc_w1	rc_w1	rc_w1	rc_w1	rc_w1	rc_w1	rc_w1	rc_w1	rc_w1	rc_w1	rc_w1	rc_w1	rc_w1	rc_w1	rc_w1

b15	b14	b13	b12	b11	b10	b9	b8	b7	b6	b5	b4	b3	b2	b1	b0
CLRENA[15:0]															
rc_w1	rc_w1	rc_w1	rc_w1	rc_w1	rc_w1	rc_w1	rc_w1	rc_w1	rc_w1	rc_w1	rc_w1	rc_w1	rc_w1	rc_w1	rc_w1

- CLRENA[31:0] : Interrupt Clear-Enable Bit (x = 0, 1)
  Write : 0 = 아무 동작도 하지 않는다.
  1 = 해당 인터럽트를 금지하도록 설정한다.
  Read : 0 = 현재 해당 인터럽트가 금지되어 있다.
  1 = 현재 해당 인터럽트가 허용되어 있다.

▣ NVIC 인터럽트 대기 설정 및 상태 레지스터x NVIC_ISPRx (디폴트값 : 0x0000_0000)

b31	b30	b29	b28	b27	b26	b25	b24	b23	b22	b21	b20	b19	b18	b17	b16
SETPEND[31:16]															
rs	rs	rs	rs	rs	rs	rs	rs	rs	rs	rs	rs	rs	rs	rs	rs

b15	b14	b13	b12	b11	b10	b9	b8	b7	b6	b5	b4	b3	b2	b1	b0
SETPEND[15:0]															
rs	rs	rs	rs	rs	rs	rs	rs	rs	rs	rs	rs	rs	rs	rs	rs

- SETPEND[31:0] : Interrupt Set-Pending Bit (x = 0, 1)
  Write : 0 = 아무 동작도 하지 않는다.
  1 = 해당 인터럽트가 요청되고 있는 것으로 설정한다.
  Read : 0 = 현재 해당 인터럽트가 요청되고 있지 않다.

1 = 현재 해당 인터럽트가 요청되고 있다.

▣ NVIC 인터럽트 대기 해제 레지스터x NVIC_ICPRx (디폴트값 : 0x0000_0000)

b31	b30	b29	b28	b27	b26	b25	b24	b23	b22	b21	b20	b19	b18	b17	b16
CLRPEND[31:16]															
rc_w1	rc_w1	rc_w1	rc_w1	rc_w1	rc_w1	rc_w1	rc_w1	rc_w1	rc_w1	rc_w1	rc_w1	rc_w1	rc_w1	rc_w1	rc_w1
b15	b14	b13	b12	b11	b10	b9	b8	b7	b6	b5	b4	b3	b2	b1	b0
CLRPEND[15:0]															
rc_w1	rc_w1	rc_w1	rc_w1	rc_w1	rc_w1	rc_w1	rc_w1	rc_w1	rc_w1	rc_w1	rc_w1	rc_w1	rc_w1	rc_w1	rc_w1

- CLRPEND[31:0] : Interrupt Clear-Pending Bit (x = 0, 1)
  Write : 0 = 아무 동작도 하지 않는다.
  1 = 해당 인터럽트가 요청되고 있는 것을 해제한다.
  Read : 0 = 현재 해당 인터럽트가 요청되고 있지 않다.
  1 = 현재 해당 인터럽트가 요청되고 있다.

★주의★ 인터럽트가 발생되고 허용되어 CPU가 인터럽트 서비스 루틴을 실행하기 시작하면 인터럽트 대기상태(pending state)는 인터럽트 동작상태(active state)로 바뀌므로 사용자가 NVIC_ICPRx 레지스터의 해당 비트에 1을 라이트하여 인터럽트 대기상태를 해제할 필요는 없다. 그러나, 이 인터럽트를 발생한 주변장치의 I/O 제어 레지스터에 있는 인터럽트 대기 비트(interrupt pending bit)는 인터럽트가 처리되는 동안에도 자동적으로 0이 되지 않으므로 인터럽트 서비스 루틴에서 사용자가 강제로 클리어시켜 주어야 한다. 이 인터럽트 대기 비트는 대부분 1을 라이트하여 클리어하게 되어 있는데(rc_w1), 간혹 0을 라이트하여 클리어하는(rc_w0) 레지스터도 있으니 주의해야 한다.

▣ NVIC 인터럽트 동작 비트 레지스터x NVIC_IABRx (디폴트값 : 0x0000_0000)

b31	b30	b29	b28	b27	b26	b25	b24	b23	b22	b21	b20	b19	b18	b17	b16
ACTIVE[31:16]															
r	r	r	r	r	r	r	r	r	r	r	r	r	r	r	r
b15	b14	b13	b12	b11	b10	b9	b8	b7	b6	b5	b4	b3	b2	b1	b0
ACTIVE[15:0]															
r	r	r	r	r	r	r	r	r	r	r	r	r	r	r	r

- ACTIVE[31:0] : Interrupt Active Flag (x = 0, 1)
  0 = 현재 해당 인터럽트가 동작하고 있지 않다.
  1 = 현재 해당 인터럽트가 동작하고 있다.

▣ NVIC 인터럽트 우선순위 레지스터 NVIC_IPRx (디폴트값 : 0x0000_0000)

b31	b30	b29	b28	b27	b26	b25	b24	b23	b22	b21	b20	b19	b18	b17	b16
PRI_3[7:0]								PRI_2[7:0]							
rw	rw	rw	rw	rw	rw	rw	r	rw	rw	rw	rw	rw	rw	rw	r
b15	b14	b13	b12	b11	b10	b9	b8	b7	b6	b5	b4	b3	b2	b1	b0
PRI_1[7:0]								PRI_0[7:0]							
rw	rw	rw	rw	rw	rw	rw	rw	rw	rw	rw	rw	rw	rw	rw	r

⋮

b31	b30	b29	b28	b27	b26	b25	b24	b23	b22	b21	b20	b19	b18	b17	b16
PRI_59[7:0]								PRI_58[7:0]							
rw	rw	rw	rw	rw	rw	rw	r	rw	rw	rw	rw	rw	rw	rw	r
b15	b14	b13	b12	b11	b10	b9	b8	b7	b6	b5	b4	b3	b2	b1	b0
PRI_57[7:0]								PRI_56[7:0]							
rw	rw	rw	rw	rw	rw	rw	r	rw	rw	rw	rw	rw	rw	rw	r

- PRI_m[7:0] : Interrupt Priority Field Bit(m = 0~59) (x = 0~14)
  인터럽트의 우선순위를 레벨 0~255의 범위에서 설정한다. 이 값은 8비트로 구성되지만, SCB_AIRCR 레지스터의 PRIGROUP[2:0] 비트로 지정한 바에 따라 프로세서는 이중에서 상위 일부 비트만을 사용하고 나머지 비트들은 무시되며, 이를 읽으면 0으로 읽힌다.

▣ NVIC 소프트웨어 트리거 인터럽트 레지스터 NVIC_STIR (디폴트값 : 0x0000_0000)

b31	b30	b29	b28	b27	b26	b25	b24	b23	b22	b21	b20	b19	b18	b17	b16
-	-	-	-	-	-	-	-	-	-	-	-	-	-	-	-
-	-	-	-	-	-	-	-	-	-	-	-	-	-	-	-

b15	b14	b13	b12	b11	b10	b9	b8	b7	b6	b5	b4	b3	b2	b1	b0
-	-	-	-	-	-	-	INTID[8:0]								
-	-	-	-	-	-	-	w	w	w	w	w	w	w	w	w

- INTID[8:0] : Software-Generated Interrupt ID
  이것은 소프트웨어적으로 인터럽트를 발생하는데 사용한다. 여기에 IRQ 번호를 써놓으면 SCB_CCR 레지스터의 USERSETMPEND 비트를 사용하여 소프트웨어 인터럽트를 발생할 때 이 인터럽트가 발생한다.

(3) 확장 인터럽트 및 이벤트 제어기(EXTI)의 구조와 기능

확장 인터럽트 및 이벤트 제어기(Extended Interrupt and Event Controller ; EXTI)는 Cortex-M3의 CPU 코어가 아니라 STM32F103VET6 마이크로컨트롤러의 주변장치에 해당하는 인터럽트 제어기이다. 이것은 마이크로컨트롤러의 내부 또는 외부에서 입력되는 비동기 인터럽트/이벤트 신호를 인식하여 CPU의 인터럽트 제어기 NVIC에게 전달하거나 이벤트를 발생하고 전력 제어기에 wake-up 신호를 전달하기도 한다.

STM32F103VET6의 EXTI에 입력되는 외부 인터럽트나 이벤트 신호는 총 32개까지 가능한데, 이중에서 실제로는 19개의 인터럽트만 사용한다. 이것들을 제어하는 확장 인터럽트 및 이벤트 제어기의 내부 구조와 기능을 블록도로 보이면 <그림 1.3.10>과 같다.

EXTI가 처리하는 19개의 모든 인터럽트와 이벤트는 각각 인터럽트 마스크 레지스터와 이벤트 마스크 레지스터를 사용하여 개별적으로 허용/금지를 설정할 수 있다. 또한, 이들 인터럽트/이벤트 신호는 상승 에지를 사용할 것인지 하강 에지를 사용할 것인지 사용자가 선택할 수 있다. 이들 인터럽트 신호의 상승 에지 또는 하강 에지 입력에 의하여 인터럽트 요청이 검출되면 인터럽트 대기 레지스터의 해당 비트가 1로 세트된다. 이렇게 요청된 인터럽트 신호가 NVIC로 전달되려면 인터럽트 마스크 레지스터 EXTI_IMR의 해당 비트를 1로 세트하여 놓아야 한다.

이벤트를 사용하려면 인터럽트에서와 마찬가지로 신호 입력의 상승 에지를 사용할 것인지 하강 에지를 사용할 것인지를 설정하고 이벤트 마스크 레지스터 EXTI_EMR에서 해당 비트를 1로 세트시켜 놓아야 한다. 이벤트 입력 신호가 검출되면 이벤트 펄스가 발생되지만 인터럽트 대기 레지스터의 해당 비트는 세트되지 않는다.

RTC, USB와 같은 통신 주변장치는 CPU가 실행 모드에 있을 때는 물론이고 정지 모드에 있을 경우에도 인터럽트를 발생하는 것이 가능하여 시스템을 정지 모드로부터 깨어나도록 할 수 있다.

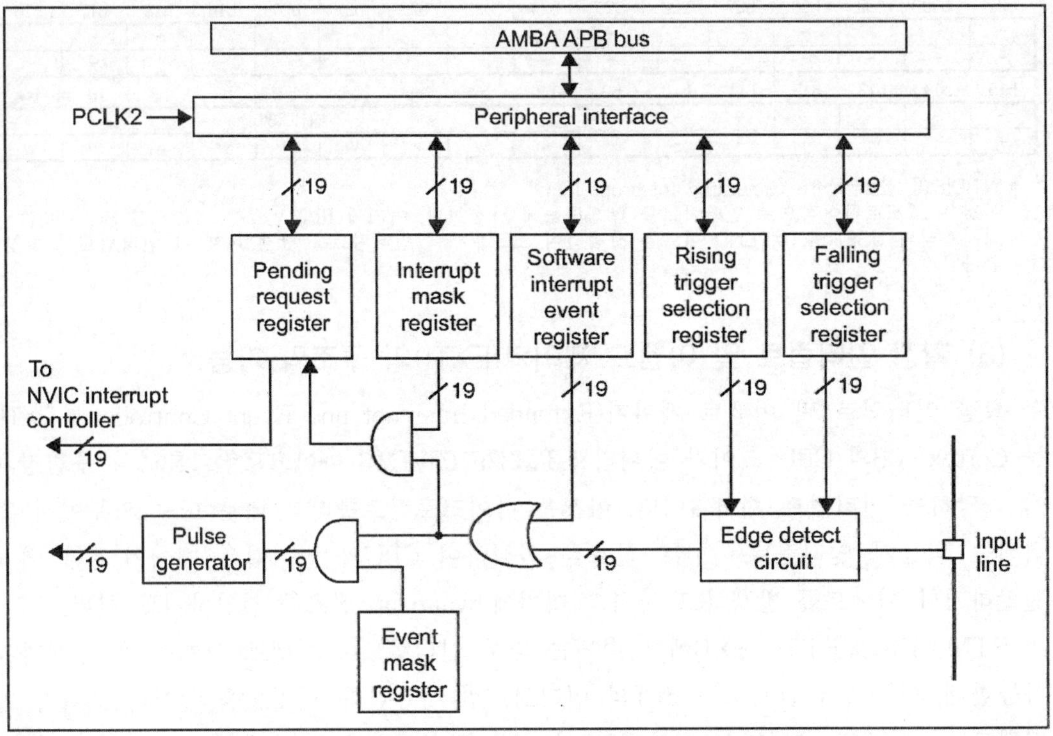

<그림 1.3.10> EXTI의 내부 구성 블록도

EXTI에 의하여 처리되는 19개의 인터럽트 중에서 GPIO 단자로 입력되는 16개의 외부 인터럽트 EXTI0~EXTI15는 <그림 1.3.11>과 같이 AFIO_EXTICRx 레지스터를 사용하여 인터럽트 신호 단자를 선택할 수 있다. 그러나, 이러한 16개의 외부 인터럽트 EXTI0~EXTI15는 NVIC로 전달되어 모두 각각 독립적인 인터럽트 벡터를 가지고 처리되는 것이 아니라 <표 1.3.7>에서 보인 것처럼 단지 7개의 인터럽트 벡터를 중복하여 사용하고 있다는 것에 주의해야 한다. 즉, EXTI0~EXTI4의 5개 인터럽트 신호는 각각 개별적으로 인터럽트 벡터를 갖지만, 그 나머지의 외부 인터럽트 신호는 EXTI9_5나 EXTI15_10처럼 여러 개의 인터럽트가 하나의 인터럽트 벡터를 중복하여 사용한다.

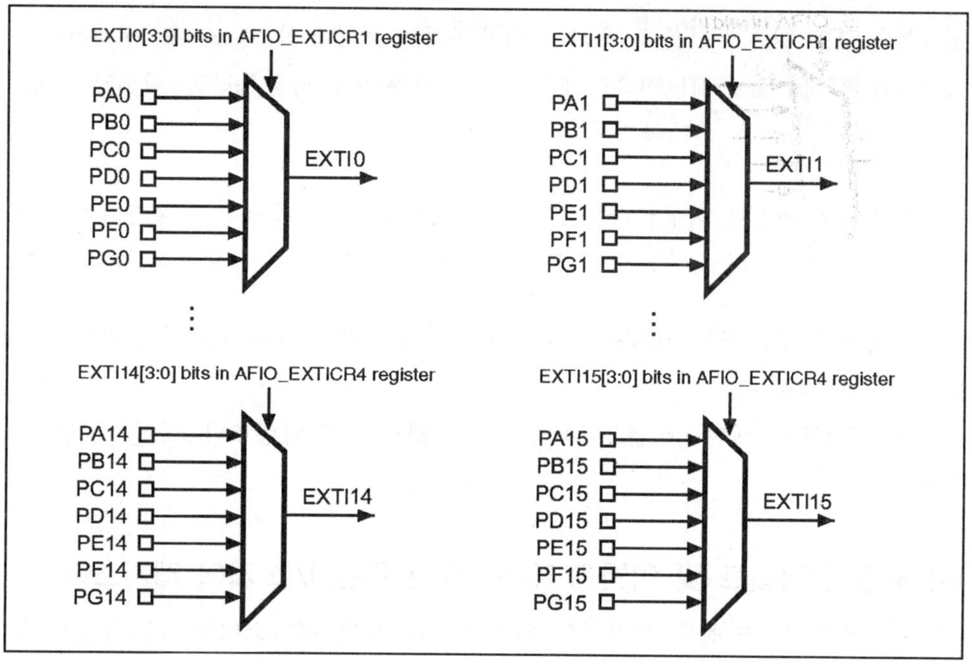

<그림 1.3.11> GPIO 단자를 EXTI0~EXTI15 인터럽트 신호에 매핑하는 방법

GPIO 단자로 입력되는 16개의 외부 인터럽트 EXTI0~EXTI15 이외의 나머지 3개 인터럽트는 다음과 같다.

EXTI 라인16 - PVD 출력 인터럽트
EXTI 라인17 - RTC Alarm 인터럽트
EXTI 라인18 - USB wakeup 인터럽트

EXTI에서 하드웨어 인터럽트를 발생시켜 사용하려면 다음과 같은 순서로 초기화를 수행하는 것이 바람직하다.

① EXTI_IMR 레지스터를 사용하여 해당하는 인터럽트의 마스크를 해제한다.
② EXTI_RTSR 및 EXTI_FTSR 레지스터를 사용하여 해당하는 인터럽트 입력 신호의 트리거 에지 방식을 선택한다.
③ NVIC_ISER 레지스터를 사용하여 해당하는 인터럽트를 허용상태로 설정한다.

또한, EXTI에서 하드웨어 이벤트를 발생시켜 사용하려면 다음과 같은 순서로 초기화를 수행하는 것이 바람직하다.

① EXTI_EMR 레지스터를 사용하여 사용하려는 이벤트의 마스크를 해제한다.

② EXTI_RTSR 및 EXTI_FTSR 레지스터를 사용하여 사용하려는 이벤트 입력 신호의 트리거 에지 방식을 선택한다.

소프트웨어 인터럽트 이벤트 레지스터 EXTI_SWIER를 사용하면 소프트웨어에 의하여 19가지의 인터럽트나 이벤트를 발생시킬 수 있다. 이를 사용하는 방법은 다음과 같다.

① EXTI_IMR 또는 EXTI_EMR 레지스터를 사용하여 사용하려는 인터럽트나 이벤트의 마스크를 해제한다.

② EXTI_SWIER 레지스터를 사용하여 사용하려는 인터럽트나 이벤트 비트를 1로 설정한다.

(4) 확장 인터럽트 및 이벤트 제어기와 관련된 I/O 제어 레지스터

확장 인터럽트 및 이벤트 제어기와 관련된 I/O 제어 레지스터는 <표 1.3.9>와 같이 6개가 있는데, 이 레지스터들의 기능을 정리하면 아래와 같다.

<표 1.3.9> STM32F103VET6의 EXTI와 관련된 I/O 제어 레지스터 요약

어드레스	레지스터 이름	레지스터의 풀어 쓴 이름	리셋 후 초기값
0x4001_0400	EXTI_IMR	EXTI Interrupt Mask Register	0x0000_0000
0x4001_0404	EXTI_EMR	EXTI Event Mask Register	0x0000_0000
0x4001_0408	EXTI_RTSR	EXTI Rising Trigger Selection Register	0x0000_0000
0x4001_040C	EXTI_FTSR	EXTI Falling Trigger Selection Register	0x0000_0000
0x4001_0410	EXTI_SWIER	EXTI Software Interrupt and Event Register	0x0000_0000
0x4001_0414	EXTI_PR	EXTI Pending Register	0xXXXX_XXXX

▣ EXTI 인터럽트 마스크 레지스터 EXTI_IMR (리셋 직후 디폴트값 : 0x0000_0000)

b31	b30	b29	b28	b27	b26	b25	b24	b23	b22	b21	b20	b19	b18	b17	b16
-	-	-	-	-	-	-	-	-	-	-	-	-	MR18	MR17	MR16
-	-	-	-	-	-	-	-	-	-	-	-	-	rw	rw	rw

b15	b14	b13	b12	b11	b10	b9	b8	b7	b6	b5	b4	b3	b2	b1	b0
MR15	MR14	MR13	MR12	MR11	MR10	MR9	MR8	MR7	MR6	MR5	MR4	MR3	MR2	MR1	MR0
rw	rw	rw	rw	rw	rw	rw	rw	rw	rw	rw	rw	rw	rw	rw	rw

- MRx : Interrupt Mask on External/Internal Line x

  0 = EXTIx 라인으로부터 입력되는 인터럽트 요청을 차단(mask)한다.

  1 = EXTIx 라인으로부터 입력되는 인터럽트 요청을 차단하지 않고 허용한다.

▣ EXTI 이벤트 마스크 레지스터 EXTI_EMR (리셋 직후 디폴트값 : 0x0000_0000)

b31	b30	b29	b28	b27	b26	b25	b24	b23	b22	b21	b20	b19	b18	b17	b16
–	–	–	–	–	–	–	–	–	–	–	–	–	MR18	MR17	MR16
–	–	–	–	–	–	–	–	–	–	–	–	–	rw	rw	rw

b15	b14	b13	b12	b11	b10	b9	b8	b7	b6	b5	b4	b3	b2	b1	b0
MR15	MR14	MR13	MR12	MR11	MR10	MR9	MR8	MR7	MR6	MR5	MR4	MR3	MR2	MR1	MR0
rw	rw	rw	rw	rw	rw	rw	rw	rw	rw	rw	rw	rw	rw	rw	rw

- MRx : Event Mask on External/Internal Line x
  0 = EXTIx 라인으로부터 입력되는 이벤트 요청을 차단(mask)한다.
  1 = EXTIx 라인으로부터 입력되는 이벤트 요청을 차단하지 않는다.

▣ EXTI 상승 에지 선택 레지스터 EXTI_RTSR (리셋 직후 디폴트값 : 0x0000_0000)

b31	b30	b29	b28	b27	b26	b25	b24	b23	b22	b21	b20	b19	b18	b17	b16
–	–	–	–	–	–	–	–	–	–	–	–	–	TR18	TR17	TR16
–	–	–	–	–	–	–	–	–	–	–	–	–	rw	rw	rw

b15	b14	b13	b12	b11	b10	b9	b8	b7	b6	b5	b4	b3	b2	b1	b0
TR15	TR14	TR13	TR12	TR11	TR10	TR9	TR8	TR7	TR6	TR5	TR4	TR3	TR2	TR1	TR0
rw	rw	rw	rw	rw	rw	rw	rw	rw	rw	rw	rw	rw	rw	rw	rw

- TRx : Rising Trigger Configuration Bit on Line x
  0 = 해당 라인에서 인터럽트 또는 이벤트 입력신호의 상승 에지를 사용하는 것이 금지된다.
  1 = 해당 라인에서 인터럽트 또는 이벤트 입력신호의 상승 에지를 사용하는 것이 허용된다.

(★동일한 비트에 대하여 EXTI_RTSR 레지스터로 상승 에지를 허용하고 EXTI_FTSR 레지스터로 하강 에지를 허용하면 상승 에지와 하강 에지 모두에서 입력 신호가 검출된다.)

▣ EXTI 하강 에지 선택 레지스터 EXTI_FTSR (리셋 직후 디폴트값 : 0x0000_0000)

b31	b30	b29	b28	b27	b26	b25	b24	b23	b22	b21	b20	b19	b18	b17	b16
–	–	–	–	–	–	–	–	–	–	–	–	–	TR18	TR17	TR16
–	–	–	–	–	–	–	–	–	–	–	–	–	rw	rw	rw

b15	b14	b13	b12	b11	b10	b9	b8	b7	b6	b5	b4	b3	b2	b1	b0
TR15	TR14	TR13	TR12	TR11	TR10	TR9	TR8	TR7	TR6	TR5	TR4	TR3	TR2	TR1	TR0
rw	rw	rw	rw	rw	rw	rw	rw	rw	rw	rw	rw	rw	rw	rw	rw

- TRx : Falling Trigger Selection Bit on Line x
  0 = 해당 라인에서 인터럽트 또는 이벤트 입력신호의 하강 에지를 사용하는 것이 금지된다.
  1 = 해당 라인에서 인터럽트 또는 이벤트 입력신호의 하강 에지를 사용하는 것이 허용된다.

(★동일한 비트에 대하여 EXTI_RTSR 레지스터로 상승 에지를 허용하고 EXTI_FTSR 레지스터로 하강 에지를 허용하면 상승 에지와 하강 에지 모두에서 입력 신호가 검출된다.)

▣ EXTI 소프트웨어 인터럽트 이벤트 레지스터 EXTI_SWIER (디폴트값 : 0x0000_0000)

b31	b30	b29	b28	b27	b26	b25	b24	b23	b22	b21	b20	b19	b18	b17	b16
–	–	–	–	–	–	–	–	–	–	–	–	–	SWIER18	SWIER17	SWIER16
–	–	–	–	–	–	–	–	–	–	–	–	–	rw	rw	rw

b15	b14	b13	b12	b11	b10	b9	b8	b7	b6	b5	b4	b3	b2	b1	b0
SWIER15	SWIER14	SWIER13	SWIER12	SWIER11	SWIER10	SWIER9	SWIER8	SWIER7	SWIER6	SWIER5	SWIER4	SWIER3	SWIER2	SWIER1	SWIER0
rw	rw	rw	rw	rw	rw	rw	rw	rw	rw	rw	rw	rw	rw	rw	rw

- SWIERx : Software Interrupt on Line x
  이 비트에 1을 라이트하면 EXTI_PR 레지스터의 해당 비트가 1로 되면서 인터럽트 대기 상태가 되고, 이때 EXTI_IMR 또는 EXTI_EMR 레지스터에서 인터럽트나 이벤트가 허용 상태로 설정되었다면 해당

인터럽트 또는 이벤트가 발생한다. EXTI_PR 레지스터에서 1을 라이트하여 클리어하면 이 레지스터의 해당 비트도 0으로 클리어된다.

■ EXTI 대기 레지스터 EXTI_PR (리셋 직후 디폴트값 : 0xXXXX_XXXX)

b31	b30	b29	b28	b27	b26	b25	b24	b23	b22	b21	b20	b19	b18	b17	b16
-	-	-	-	-	-	-	-	-	-	-	-	-	PR18	PR17	PR16
-	-	-	-	-	-	-	-	-	-	-	-	-	rc_w1	rc_w1	rc_w1

b15	b14	b13	b12	b11	b10	b9	b8	b7	b6	b5	b4	b3	b2	b1	b0
PR15	PR14	PR13	PR12	PR11	PR10	PR9	PR8	PR7	PR6	PR5	PR4	PR3	PR2	PR1	PR0
rc_w1	rc_w1	rc_w1	rc_w1	rc_w1	rc_w1	rc_w1	rc_w1	rc_w1	rc_w1	rc_w1	rc_w1	rc_w1	rc_w1	rc_w1	rc_w1

• PRx : Pending Bit on Line x
0 = 해당 라인에 트리거 입력 신호가 들어오지 않았다.
1 = 해당 라인에 트리거 입력 신호가 들어와서 인터럽트 또는 이벤트 대기 상태에 있다.
이 비트는 사용자의 인터럽트 서비스 루틴에서 강제로 클리어시켜 주어야 하며, 이를 클리어하려면 1을 라이트해야 한다.

6. DMA 제어기(DMA)

(1) DMA 제어기의 구조와 기능

DMA(Direct Memory Access)는 CPU 코어의 프로그램 명령을 사용하지 않고 메모리와 메모리 사이 또는 메모리와 주변장치 사이에 직접 데이터를 전송하는 방법이다. 이를 사용하면 CPU의 프로그램에 의존하지 않고 전용의 하드웨어에 의하여 데이터 전송이 수행되기 때문에 고속으로 데이터를 전송하는 것이 가능하고, 이때 CPU는 프로그램으로 다른 일을 할 수 있으므로 CPU 자원의 활용도가 높다는 장점이 있다.

STM32F103VET6의 DMA 제어기 특징을 요약하면 다음과 같다.

- DMA1이라고 부르는 첫번째 제어장치에 7개의 독립적인 DMA 채널을 가지고 있으며, DMA2라는 또다른 제어장치에 5개의 독립적인 DMA 채널을 가지고 있다.
- 메모리 대 메모리, 메모리 대 주변장치, 주변장치 대 주변장치의 DMA 전송이 모두 가능하다. DMA로 데이터 전송이 가능한 장치는 플래시 메모리, SRAM, 그리고 AHB, APB1, APB2 버스에 접속되어 있는 주변장치들이다.
- 각 채널에는 지정된 장치들로부터 DMA 요청 신호선이 연결되어 있으며, 소프트웨어적으로 DMA를 트리거하는 것도 가능하다.
- 하나의 채널에 여러 가지 주변장치들이 DMA를 요청하였을 경우에 대하여 소프트웨어로 우선순위(very high, high, medium, low)를 지정할 수 있으며, 만약 이 소프트웨어 우선순위가 같을 경우에는 하드웨어적으로 우선순위를 결정한다.

- DMA로 전송하는 데이터의 길이는 byte, half word, word로 지정할 수 있으며, 이때 소스 어드레스(source address)와 데스티네이션 어드레스(destination address)는 전송 데이터의 길이에 따라 정렬된다.
- DMA로 전송하는 데이터의 수는 65535개까지 가능하다.
- DMA half transfer, DMA transfer complete, DMA transfer error와 같은 상황이 발생하면 각 채널별로 인터럽트를 요청한다.

STM32F103VET6의 DMA 제어기 구조를 블록도로 보이면 <그림 1.3.12>와 같다. DMA 컨트롤러는 Cortex-M3의 CPU 코어와 시스템 버스를 공유하여 직접 데이터를 전송한다. DMA를 수행할 때는 CPU와 DMA 제어기가 동일한 장치(메모리나 주변장치)를 액세스하게 되는 경우 CPU의 액세스 동작이 잠시 몇 사이클 정도 중단된다. 버스 매트릭스 회로에서는 CPU와 DMA 제어기가 어느 정도의 지분을 가지고 동작할 수 있도록 라운드 로빈 방식(round-robin scheduling)으로 버스 사용을 할당한다.

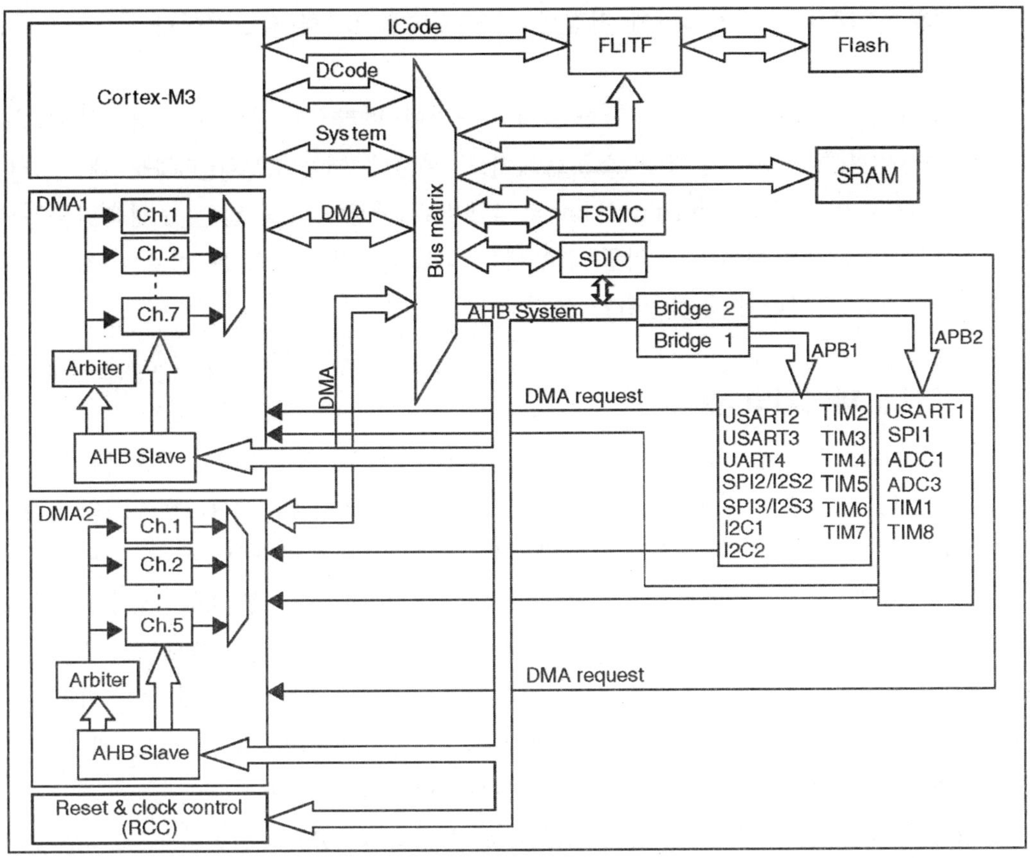

〈그림 1.3.12〉 DMA 제어기의 구조

(2) DMA 제어기의 동작

주변장치가 DMA 제어기에게 DMA를 요청(DMA request)하면 DMA 제어기는 미리 정해져 있는 우선순위에 따라 이 요청을 허용하여 DMA 처리동작을 개시하며 즉시 해당 주변장치에게 DMA 허용(DMA acknowledge) 신호를 보낸다.

DMA 전송은 다음과 같이 3가지의 동작으로 수행된다.

① 전송의 소스(source)측으로 지정된 메모리 번지 또는 주변장치의 데이터 레지스터에서 데이터를 읽어온다. DMA 전송을 처음 시작할 때 메모리 또는 주변장치의 베이스 번지는 각각 DMAn_CMARx 레지스터와 DMAn_CPARx 레지스터에 지정한다.

② 전송의 데스티네이션(destination)측으로 지정된 메모리 번지 또는 주변장치의 데이터 레지스터에 데이터를 저장한다. DMA 전송을 처음 시작할 때 메모리 또는 주변장치의 베이스 번지는 각각 DMAn_CMARx 레지스터와 DMAn_CPARx 레지스터에 지정한다.

③ DMAn_CNDTRx 레지스터에 저장된 전송 횟수를 1만큼 감소시킨다.

DMA 조정기(arbiter)는 미리 지정된 우선순위에 따라 각 채널에게 버스를 사용하는 권한을 부여한다. 우선순위를 소프트웨어로 지정할 때는 DMAn_CCRx 레지스터를 사용하여 very high, high, medium, low의 4단계로 지정하며, 동일한 우선순위를 가지는 2개 이상의 DMA 채널이 동작할 경우에는 하드웨어적으로 낮은 번호의 채널이 높은 번호의 채널에 비하여 우선순위가 높다.

(3) DMA 제어기의 설정

한번에 DMA로 전송하는 데이터의 폭은 DMAn_CCRx 레지스터의 MSIZE[1:0] 비트 및 PSIZE[1:0] 비트로 설정한다. 또한 전송할 횟수는 DMAn_CNDTRx 레지스터로 지정한다. DMA로 1번 전송이 수행될 때마다 메모리 번지나 주변장치 번지를 증가시키려면 DMAn_CCRx 레지스터에서 각각 MINC 비트 및 PINC 비트를 1로 세트하면 된다. 만약 이와 같이 DMA 전송에서 번지가 증가하도록 설정하였다면 데이터 길이를 byte, half word, word로 지정함에 따라 각각 번지가 1, 2, 4씩 증가한다. 그러나, 이렇게 증가하고 있는 현재의 번지는 사용자가 확인할 수 없으며, DMAn_CMARx 레지스터와 DMAn_CPARx 레지스터에 설정된 베이스 번지는 변하지 않는다.

DMA 동작을 순환 모드(circular mode)로 설정하면 DMA 전송이 완료되었을 때 DMAn_CNDTRx 레지스터가 초기값으로 자동 재저장(auto reload)된다. 그러나, 순환 모드가 아닌 경우에는 전송이 완료되어 DMAn_CNDTRx 레지스터가 0으로 되면 이후에는 DMA 동작이 정지되어 수행되지 않으므로 해당 DMA 채널을 금지 상태로 하고 이 레지스터를 다시 초기화해주어야 한다. 단, 어드레스는 DMAn_CMARx 레지스터와 DMAn_CPARx 레지스터에 설정된 베이스 번지를 다시 사용하므로 새로 초기화할 필요가 없다.

DMA 전송에서 소스측 번지와 데스티네이션측 번지를 증가로 설정하였을 때 데이터 길이에 따라 전송되는 데이터의 형태를 요약하여 설명하면 <표 1.3.10>과 같다.

〈표 1.3.10〉 데이터 길이에 따른 DMA 전송 데이터의 형태(MINC=PINC=1일 경우)

Source port width	Destination port width	Number of data items to transfer (NDT)	Source content: address / data	Transfer operations	Destination content: address / data
8	8	4	@0x0 / B0 @0x1 / B1 @0x2 / B2 @0x3 / B3	1: READ B0[7:0] @0x0 then WRITE B0[7:0] @0x0 2: READ B1[7:0] @0x1 then WRITE B1[7:0] @0x1 3: READ B2[7:0] @0x2 then WRITE B2[7:0] @0x2 4: READ B3[7:0] @0x3 then WRITE B3[7:0] @0x3	@0x0 / B0 @0x1 / B1 @0x2 / B2 @0x3 / B3
8	16	4	@0x0 / B0 @0x1 / B1 @0x2 / B2 @0x3 / B3	1: READ B0[7:0] @0x0 then WRITE 00B0[15:0] @0x0 2: READ B1[7:0] @0x1 then WRITE 00B1[15:0] @0x2 3: READ B3[7:0] @0x2 then WRITE 00B2[15:0] @0x4 4: READ B4[7:0] @0x3 then WRITE 00B3[15:0] @0x6	@0x0 / 00B0 @0x2 / 00B1 @0x4 / 00B2 @0x6 / 00B3
8	32	4	@0x0 / B0 @0x1 / B1 @0x2 / B2 @0x3 / B3	1: READ B0[7:0] @0x0 then WRITE 000000B0[31:0] @0x0 2: READ B1[7:0] @0x1 then WRITE 000000B1[31:0] @0x4 3: READ B3[7:0] @0x2 then WRITE 000000B2[31:0] @0x8 4: READ B4[7:0] @0x3 then WRITE 000000B3[31:0] @0xC	@0x0 / 000000B0 @0x4 / 000000B1 @0x8 / 000000B2 @0xC / 000000B3
16	8	4	@0x0 / B1B0 @0x2 / B3B2 @0x4 / B5B4 @0x6 / B7B6	1: READ B1B0[15:0] @0x0 then WRITE B0[7:0] @0x0 2: READ B3B2[15:0] @0x2 then WRITE B2[7:0] @0x1 3: READ B5B4[15:0] @0x4 then WRITE B4[7:0] @0x2 4: READ B7B6[15:0] @0x6 then WRITE B6[7:0] @0x3	@0x0 / B0 @0x1 / B2 @0x2 / B4 @0x3 / B6
16	16	4	@0x0 / B1B0 @0x2 / B3B2 @0x4 / B5B4 @0x6 / B7B6	1: READ B1B0[15:0] @0x0 then WRITE B1B0[15:0] @0x0 2: READ B3B2[15:0] @0x2 then WRITE B3B2[15:0] @0x2 3: READ B5B4[15:0] @0x4 then WRITE B5B4[15:0] @0x4 4: READ B7B6[15:0] @0x6 then WRITE B7B6[15:0] @0x6	@0x0 / B1B0 @0x2 / B3B2 @0x4 / B5B4 @0x6 / B7B6
16	32	4	@0x0 / B1B0 @0x2 / B3B2 @0x4 / B5B4 @0x6 / B7B6	1: READ B1B0[15:0] @0x0 then WRITE 0000B1B0[31:0] @0x0 2: READ B3B2[15:0] @0x2 then WRITE 0000B3B2[31:0] @0x4 3: READ B5B4[15:0] @0x4 then WRITE 0000B5B4[31:0] @0x8 4: READ B7B6[15:0] @0x6 then WRITE 0000B7B6[31:0] @0xC	@0x0 / 0000B1B0 @0x4 / 0000B3B2 @0x8 / 0000B5B4 @0xC / 0000B7B6
32	8	4	@0x0 / B3B2B1B0 @0x4 / B7B6B5B4 @0x8 / BBBAB9B8 @0xC/BFBEBDBC	1: READ B3B2B1B0[31:0] @0x0 then WRITE B0[7:0] @0x0 2: READ B7B6B5B4[31:0] @0x4 then WRITE B4[7:0] @0x1 3: READ BBBAB9B8[31:0] @0x8 then WRITE B8[7:0] @0x2 4: READ BFBEBDBC[31:0] @0xC then WRITE BC[7:0] @0x3	@0x0 / B0 @0x1 / B4 @0x2 / B8 @0x3 / BC
32	16	4	@0x0 / B3B2B1B0 @0x4 / B7B6B5B4 @0x8 / BBBAB9B8 @0xC/BFBEBDBC	1: READ B3B2B1B0[31:0] @0x0 then WRITE B1B0[15:0] @0x0 2: READ B7B6B5B4[31:0] @0x4 then WRITE B5B4[15:0] @0x2 3: READ BBBAB9B8[31:0] @0x8 then WRITE B9B8[15:0] @0x4 4: READ BFBEBDBC[31:0] @0xC then WRITE BDBC[15:0] @0x6	@0x0 / B1B0 @0x2 / B5B4 @0x4 / B9B8 @0x6 / BDBC
32	32	4	@0x0 / B3B2B1B0 @0x4 / B7B6B5B4 @0x8 / BBBAB9B8 @0xC/BFBEBDBC	1: READ B3B2B1B0[31:0] @0x0 then WRITE B3B2B1B0[31:0] @0x0 2: READ B7B6B5B4[31:0] @0x4 then WRITE B7B6B5B4[31:0] @0x4 3: READ BBBAB9B8[31:0] @0x8 then WRITE BBBAB9B8[31:0] @0x8 4: READ BFBEBDBC[31:0] @0xC then WRITE BFBEBDBC[31:0] @0xC	@0x0 / B3B2B1B0 @0x4 / B7B6B5B4 @0x8 / BBBAB9B8 @0xC/BFBEBDBC

DMA 채널을 초기화할 때는 다음과 같은 순서로 설정하는 것이 바람직하다.

① 전송할 메모리의 베이스 어드레스를 DMAn_CMARx 레지스터에 설정하고, 주변장치의 베이스 어드레스를 DMAn_CPARx 레지스터에 지정한다.

② 전송할 데이터의 수를 DMAn_CNDTRx 레지스터에 설정한다. 1번 전송이 수행될 때마다 이 값이 1씩 감소하며, 이 값이 0으로 되면 DMA 전송이 종료된다.

③ DMAn_CCRx 레지스터에서 여러가지 항목을 설정한다.

④ DMAn_CCRx 레지스터에서 EN 비트를 1로 설정하여 해당 DMA 채널의 동작을 허용한다.

DMA 전송 중에 구조적으로 액세스할 수 없는 번지를 읽거나 쓰려고 시도하면 DMA 에러가 발생하고 DMAn_ISRx 레지스터에서 TEIF=1로 세트되면서 인터럽트를 요청한다. DMA 인터럽트는 그밖에 DMA 전송이 완료되거나(DMA complete) DMA 전송의 반이 수행(DMA half transfer)되는 경우에도 요청된다.

(4) DMA 요청의 하드웨어 맵핑

STM32F103VET6에서 주변장치들이 DMA1 제어기의 각 채널에 맵핑되는 관계를 그림으로 표시하면 <그림 1.3.13>과 같고, 이를 표로 정리하면 <표 1.3.11>과 같다. 이 그림에서 보듯이 DMA1 제어기의 각 채널에는 3~7가지의 주변장치가 DMA를 요청할 수 있도록 OR 처리되고 있다. 따라서, 이들 주변장치들의 DMA 요청이 중복되도록 주변장치를 설정하면 안된다.

주변장치가 DMA를 요청하려면 해당 주변장치를 초기화하여 DMA를 사용하도록 해야 한다. 그러나, 메모리에 대해서는 따로 초기화가 필요 없으므로 메모리 대 메모리의 DMA 동작은 DMA 제어기에서 소프트웨어적으로 설정하여 DMA를 수행한다.

〈표 1.3.11〉 STM32F103VET6의 DMA1에서 주변장치의 하드웨어 맵핑 요약

주변장치	채널1	채널2	채널3	채널4	채널5	채널6	채널7
ADC1	ADC1	-	-	-	-	-	-
SPI/I2S	-	SPI1_RX	SPI1_TX	SPI2/I2S2_RX	SPI2/I2S2_TX	-	-
USART	-	USART3_TX	USART3_RX	USART1_TX	USART1_RX	USART2_RX	USART2_TX
I2C	-	-	-	I2C2_TX	I2C2_RX	I2C1_TX	I2C1_RX
TIM1	-	TIM1_CH1	TIM1_CH2	TIM1_CH4 TIM1_TRIG TIM1_COM	TIM1_UP	TIM1_CH3	-
TIM2	TIM2_CH3	TIM2_UP	-	-	TIM2_CH1	-	TIM2_CH2 TIM2_CH4
TIM3	-	TIM3_CH3	TIM3_CH4 TIM3_UP	-	-	TIM3_CH1 TIM3_TRIG	-
TIM4	TIM4_CH1	-	-	TIM4_CH2	TIM4_CH3	-	TIM4_UP

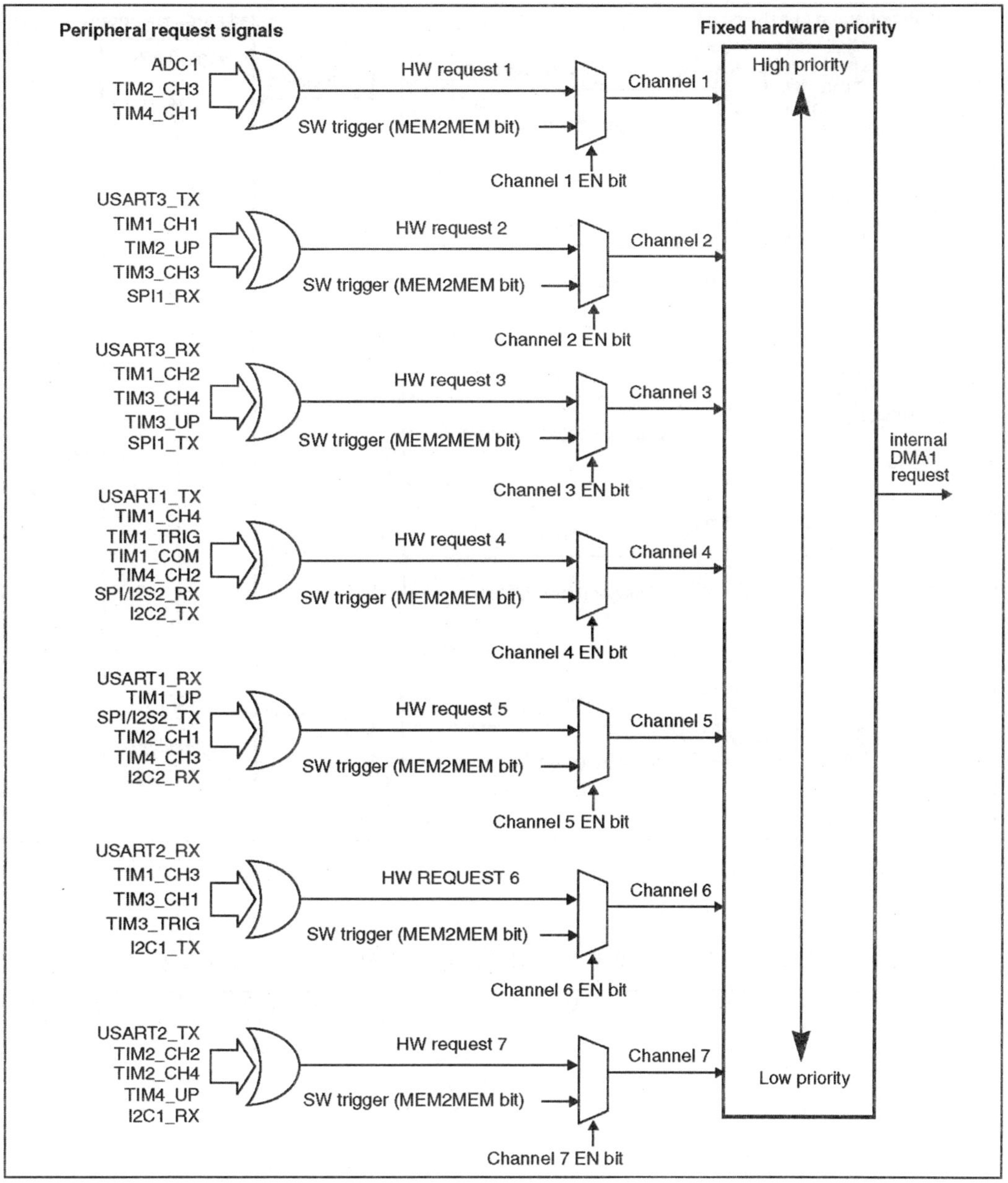

<그림 1.3.13> DMA1에서 각 채널별 주변장치의 하드웨어 맵핑 관계

마찬가지로 DMA2 제어기의 각 채널에 주변장치들이 맵핑되는 관계를 그림으로 표시하면 <그림 1.3.14>와 같고, 이를 표로 정리하면 <표 1.3.12>와 같다. 이 그림에서 보듯이 DMA2 제어기의 각 채널에는 3~6가지의 주변장치가 DMA를 요청할 수 있도록 OR 처리되고 있다.

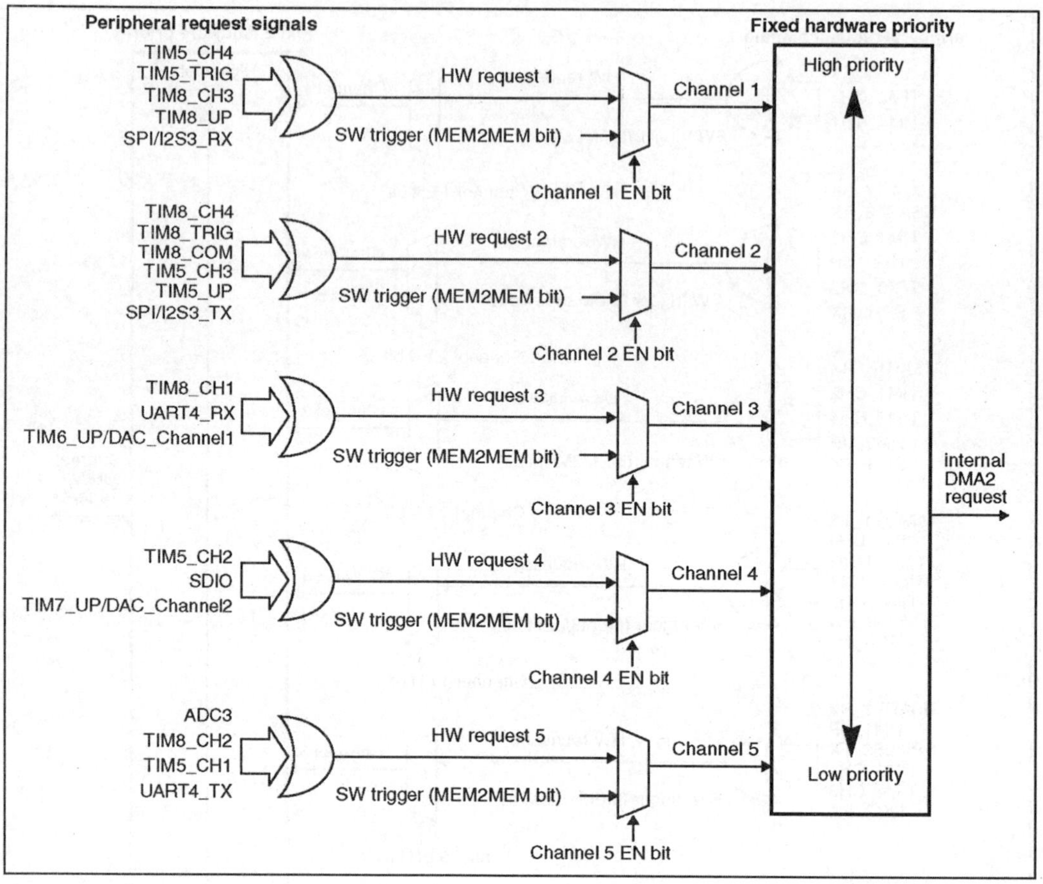

<그림 1.3.14> DMA2에서 각 채널별 주변장치의 하드웨어 맵핑 관계

<표 1.3.12> STM32F103VET6의 DMA2에서 주변장치의 하드웨어 맵핑 요약

주변장치	채널1	채널2	채널3	채널4	채널5
ADC3					ADC3
SPI3/I2S3	SPI3/I2S3_RX	SPI3/I2S3_TX			
UART4			UART4_RX		UART4_TX
SDIO				SDIO	
TIM5	TIM5_CH4 TIM5_TRIG	TIM5_CH3 TIM5_UP		TIM5_CH2	TIM5_CH1
TIM6/ DAC_Channel1			TIM6_UP/ DAC_Channel1		
TIM7/ DAC_Channel2				TIM7_UP/ DAC_Channel2	
TIM8	TIM8_CH3 TIM8_UP	TIM8_CH4 TIM8_TRIG TIM8_COM	TIM8_CH1		TIM8_CH2

(5) DMA 제어기와 관련된 I/O 제어 레지스터

STM32F103VET6에서 DMA 제어기 DMA1에는 모두 7개의 채널을 가지고 있어서 이와 관련된 I/O 제어 레지스터는 <표 1.3.13>과 같이 총 30개가 있는데, 이 레지스터들의 기능을 정리하면 아래와 같다.

<표 1.3.13> STM32F103VET6의 DMA1 제어기와 관련된 I/O 제어 레지스터 요약

어드레스	레지스터 이름	레지스터의 풀어 쓴 이름	리셋 후 초기값
0x4002_0000	DMA1_ISR	DMA1 Interrupt Status Register	0x0000_0000
0x4002_0004	DMA1_IFCR	DMA1 Interrupt Flag Clear Register	0x0000_0000
0x4002_0008	DMA1_CCR1	DMA1 Channel 1 Configuration Register	0x0000_0000
0x4002_000C	DMA1_CNDTR1	DMA1 Channel 1 Number of Data Register	0x0000_0000
0x4002_0010	DMA1_CPAR1	DMA1 Channel 1 Peripheral Address Register	0x0000_0000
0x4002_0014	DMA1_CMAR1	DMA1 Channel 1 Memory Address Register	0x0000_0000
0x4002_001C	DMA1_CCR2	DMA1 Channel 2 Configuration Register	0x0000_0000
0x4002_0020	DMA1_CNDTR2	DMA1 Channel 2 Number of Data Register	0x0000_0000
0x4002_0024	DMA1_CPAR2	DMA1 Channel 2 Peripheral Address Register	0x0000_0000
0x4002_0028	DMA1_CMAR2	DMA1 Channel 2 Memory Address Register	0x0000_0000
0x4002_0030	DMA1_CCR3	DMA1 Channel 3 Configuration Register	0x0000_0000
0x4002_0034	DMA1_CNDTR3	DMA1 Channel 3 Number of Data Register	0x0000_0000
0x4002_0038	DMA1_CPAR3	DMA1 Channel 3 Peripheral Address Register	0x0000_0000
0x4002_003C	DMA1_CMAR3	DMA1 Channel 3 Memory Address Register	0x0000_0000
0x4002_0044	DMA1_CCR4	DMA1 Channel 4 Configuration Register	0x0000_0000
0x4002_0048	DMA1_CNDTR4	DMA1 Channel 4 Number of Data Register	0x0000_0000
0x4002_004C	DMA1_CPAR4	DMA1 Channel 4 Peripheral Address Register	0x0000_0000
0x4002_0050	DMA1_CMAR4	DMA1 Channel 4 Memory Address Register	0x0000_0000
0x4002_0058	DMA1_CCR5	DMA1 Channel 5 Configuration Register	0x0000_0000
0x4002_005C	DMA1_CNDTR5	DMA1 Channel 5 Number of Data Register	0x0000_0000
0x4002_0060	DMA1_CPAR5	DMA1 Channel 5 Peripheral Address Register	0x0000_0000
0x4002_0064	DMA1_CMAR5	DMA1 Channel 5 Memory Address Register	0x0000_0000
0x4002_006C	DMA1_CCR6	DMA1 Channel 6 Configuration Register	0x0000_0000
0x4002_0070	DMA1_CNDTR6	DMA1 Channel 6 Number of Data Register	0x0000_0000
0x4002_0074	DMA1_CPAR6	DMA1 Channel 6 Peripheral Address Register	0x0000_0000
0x4002_0078	DMA1_CMAR6	DMA1 Channel 6 Memory Address Register	0x0000_0000
0x4002_0080	DMA1_CCR7	DMA1 Channel 7 Configuration Register	0x0000_0000
0x4002_0084	DMA1_CNDTR7	DMA1 Channel 7 Number of Data Register	0x0000_0000
0x4002_0088	DMA1_CPAR7	DMA1 Channel 7 Peripheral Address Register	0x0000_0000
0x4002_008C	DMA1_CMAR7	DMA1 Channel 7 Memory Address Register	0x0000_0000

또한, DMA 제어기 DMA2에는 모두 5개의 채널을 가지고 있어서 이와 관련된 I/O 제어 레지스터는 <표 1.3.14>와 같이 총 22개가 있는데, 이 레지스터들의 기능을 정리하면 아래와 같다.

이제부터 이들 DMA1과 DMA2에 공통적으로 가지고 있는 레지스터들은 한번에 묶어서 설명하기로 한다.

<표 1.3.14> STM32F103VET6의 DMA2 제어기와 관련된 I/O 제어 레지스터 요약

어드레스	레지스터 이름	레지스터의 풀어 쓴 이름	리셋 후 초기값
0x4002_0400	DMA2_ISR	DMA2 Interrupt Status Register	0x0000_0000
0x4002_0404	DMA2_IFCR	DMA2 Interrupt Flag Clear Register	0x0000_0000
0x4002_0408	DMA2_CCR1	DMA2 Channel 1 Configuration Register	0x0000_0000
0x4002_040C	DMA2_CNDTR1	DMA2 Channel 1 Number of Data Register	0x0000_0000
0x4002_0410	DMA2_CPAR1	DMA2 Channel 1 Peripheral Address Register	0x0000_0000
0x4002_0414	DMA2_CMAR1	DMA2 Channel 1 Memory Address Register	0x0000_0000
0x4002_041C	DMA2_CCR2	DMA2 Channel 2 Configuration Register	0x0000_0000
0x4002_0420	DMA2_CNDTR2	DMA2 Channel 2 Number of Data Register	0x0000_0000
0x4002_0424	DMA2_CPAR2	DMA2 Channel 2 Peripheral Address Register	0x0000_0000
0x4002_0428	DMA2_CMAR2	DMA2 Channel 2 Memory Address Register	0x0000_0000
0x4002_0430	DMA2_CCR3	DMA2 Channel 3 Configuration Register	0x0000_0000
0x4002_0434	DMA2_CNDTR3	DMA2 Channel 3 Number of Data Register	0x0000_0000
0x4002_0438	DMA2_CPAR3	DMA2 Channel 3 Peripheral Address Register	0x0000_0000
0x4002_043C	DMA2_CMAR3	DMA2 Channel 3 Memory Address Register	0x0000_0000
0x4002_0444	DMA2_CCR4	DMA2 Channel 4 Configuration Register	0x0000_0000
0x4002_0448	DMA2_CNDTR4	DMA2 Channel 4 Number of Data Register	0x0000_0000
0x4002_044C	DMA2_CPAR4	DMA2 Channel 4 Peripheral Address Register	0x0000_0000
0x4002_0450	DMA2_CMAR4	DMA2 Channel 4 Memory Address Register	0x0000_0000
0x4002_0458	DMA2_CCR5	DMA2 Channel 5 Configuration Register	0x0000_0000
0x4002_045C	DMA2_CNDTR5	DMA2 Channel 5 Number of Data Register	0x0000_0000
0x4002_0460	DMA2_CPAR5	DMA2 Channel 5 Peripheral Address Register	0x0000_0000
0x4002_0464	DMA2_CMAR5	DMA2 Channel 5 Memory Address Register	0x0000_0000

▣ DMAn 인터럽트 상태 레지스터 DMAn_ISR (리셋 직후 디폴트값 : 0x0000_0000)

b31	b30	b29	b28	b27	b26	b25	b24	b23	b22	b21	b20	b19	b18	b17	b16
–	–	–	–	TEIF7	HTIF7	TCIF7	GIF7	TEIF6	HTIF6	TCIF6	GIF6	TEIF5	HTIF5	TCIF5	GIF5
–	–	–	–	r	r	r	r	r	r	r	r	r	r	r	r

b15	b14	b13	b12	b11	b10	b9	b8	b7	b6	b5	b4	b3	b2	b1	b0
TEIF4	HTIF4	TCIF4	GIF4	TEIF3	HTIF3	TCIF3	GIF3	TEIF2	HTIF2	TCIF2	GIF2	TEIF1	HTIF1	TCIF1	GIF1
r	r	r	r	r	r	r	r	r	r	r	r	r	r	r	r

- TEIFx : Channel x Transfer Error Interrupt Flag(x=1~7 for DMA1 and x=1~5 for DMA2)
  0 = 채널 x에서 전송 에러(TE)가 발생하지 않았다.
  1 = 채널 x에서 잘못된 번지에 전송을 시도하는 전송 에러(TE)가 발생하였다.
- HTIFx : Channel x Half Transfer Interrupt Flag(x=1~7 for DMA1 and x=1~5 for DMA2)
  0 = 채널 x에서 half transfer 전송(HT)이 수행되지 않았다.
  1 = 채널 x에서 half transfer 전송(HT)이 수행되었다.
- TCIFx : Channel x Transfer Complete Interrupt Flag(x=1~7 for DMA1 and x=1~5 for DMA2)
  0 = 채널 x에서 전송이 완료(TC)되지 않았다.
  1 = 채널 x에서 전송이 완료(TC)되었다.
- GIFx : Channel x Global Interrupt Flag(x=1~7 for DMA1 and x=1~5 for DMA2)
  0 = 채널 x에서 TE, HT, TC 이벤트가 하나도 발생되지 않았다.
  1 = 채널 x에서 TE, HT, TC 이벤트가 하나라도 발생되었다.

▣ DMAn 인터럽트 플랙 클리어 레지스터 DMAn_IFCR (디폴트값 : 0x0000_0000)

b31	b30	b29	b28	b27	b26	b25	b24	b23	b22	b21	b20	b19	b18	b17	b16
–	–	–	–	CTEIF7	CHTIF7	CTCIF7	CGIF7	CTEIF6	CHTIF6	CTCIF6	CGIF6	CTEIF5	CHTIF5	CTCIF5	CGIF5
–	–	–	–	w	w	w	w	w	w	w	w	w	w	w	w

b15	b14	b13	b12	b11	b10	b9	b8	b7	b6	b5	b4	b3	b2	b1	b0
CTEIF4	CHTIF4	CTCIF4	CGIF4	CTEIF3	CHTIF3	CTCIF3	CGIF3	CTEIF2	CHTIF2	CTCIF2	CGIF2	CTEIF1	CHTIF1	CTCIF1	CGIF1
w	w	w	w	w	w	w	w	w	w	w	w	w	w	w	w

- CTEIFx : Channel x Transfer Error Interrupt Flag Clear(x=1~7 for DMA1 and x=1~5 for DMA2)
  0 = 아무 동작도 하지 않음.
  1 = 해당 DMA_ISR 레지스터의 TEIFx 비트를 0으로 클리어한다.
- CHTIFx : Channel x Half Transfer Interrupt Flag Clear(x=1~7 for DMA1 and x=1~5 for DMA2)
  0 = 아무 동작도 하지 않음.
  1 = 해당 DMA_ISR 레지스터의 HTIFx 비트를 0으로 클리어한다.
- CTCIFx : Channel x Transfer Complete Interrupt Flag Clear(x=1~7 for DMA1, x=1~5 for DMA2)
  0 = 아무 동작도 하지 않음.
  1 = 해당 DMA_ISR 레지스터의 TCIFx 비트를 0으로 클리어한다.
- CGIFx : Channel x Global Interrupt Flag Clear(x=1~7 for DMA1 and x=1~5 for DMA2)
  0 = 아무 동작도 하지 않음.
  1 = 해당 DMA_ISR 레지스터의 TEIFx, HTIFx, TCIFx, GIFx 비트를 모두 0으로 클리어한다.

▣ DMAn 채널x 설정 레지스터 DMAn_CCRx (리셋 직후 디폴트값 : 0x0000_0000)

b31	b30	b29	b28	b27	b26	b25	b24	b23	b22	b21	b20	b19	b18	b17	b16
-	-	-	-	-	-	-	-	-	-	-	-	-	-	-	-
-	-	-	-	-	-	-	-	-	-	-	-	-	-	-	-

b15	b14	b13	b12	b11	b10	b9	b8	b7	b6	b5	b4	b3	b2	b1	b0
-	MEM2MEM	PL[1:0]		MSIZE[1:0]		PSIZE[1:0]		MINC	PINC	CIRC	DIR	TEIE	HTIE	TCIE	EN
-	rw	rw	rw	rw	rw	rw	rw	rw	rw	rw	rw	rw	rw	rw	rw

- MEM2MEM : Memory to Memory Mode(x=1~7 for DMA1 and x=1~5 for DMA2)
  0 = 메모리 대 메모리 전송 모드를 금지한다.
  1 = 메모리 대 메모리 전송 모드를허용한다.
- PL[1:0] : Channel Priority Level
  00 = Low.
  01 = Medium.
  10 = High.
  11 = Very high.
- MSIZE[1:0] : Memory Data Size
  00 = 8 bits.
  01 = 16 bits.
  10 = 32 bits.
  11 = (사용하지 않음).
- PSIZE[1:0] : Peripheral Data Size
  00 = 8 bits.
  01 = 16 bits.
  10 = 32 bits.
  11 = (사용하지 않음).
- MINC : Memory Increment Mode
  0 = DMA 전송을 한번 수행할 때마다 메모리 번지를 증가시키지 않고 그대로 유지한다.
  1 = DMA 전송을 한번 수행할 때마다 메모리 번지를 증가시킨다.
- PINC : Peripheral Increment Mode
  0 = DMA 전송을 한번 수행할 때마다 주변장치 번지를 증가시키지 않고 그대로 유지한다.
  1 = DMA 전송을 한번 수행할 때마다 주변장치 번지를 증가시킨다.
- CIRC : Circular Mode
  0 = 순환 모드를 사용하지 않는다.
  1 = DMA 전송이 완료되면 DMA_CNDTRx 레지스터 값이 자동 재저장되는 순환 모드를 사용한다.
- DIR : Data Transfer Direction
  0 = 주변장치로부터 데이터를 읽는다(Read from peripheral).
  1 = 메모리로부터 데이터를 읽는다(Read from memory).
- TEIE : Transfer Error Interrupt Enable
  0 = 전송 에러 인터럽트(TE)를 금지한다.
  1 = 전송 에러 인터럽트(TE)를 허용한다.
- HTIE : Half Transfer Interrupt Enable
  0 = half transfer 인터럽트(HT)를 금지한다.
  1 = half transfer 인터럽트(HT)를 허용한다.

- TCIE : Transfer Complete Interrupt Enable
  0 = 전송 완료 인터럽트(TC)를 금지한다.
  1 = 전송 완료 인터럽트(TC)를 허용한다.
- EN : Channel Enable
  0 = 이 채널의 DMA 동작을 금지한다.
  1 = 이 채널의 DMA 동작을 허용한다.

▣ DMAn 채널x 데이터수 레지스터 DMAn_CNDTRx (디폴트값 : 0x0000_0000)

b31	b30	b29	b28	b27	b26	b25	b24	b23	b22	b21	b20	b19	b18	b17	b16
-	-	-	-	-	-	-	-	-	-	-	-	-	-	-	-
-	-	-	-	-	-	-	-	-	-	-	-	-	-	-	-

b15	b14	b13	b12	b11	b10	b9	b8	b7	b6	b5	b4	b3	b2	b1	b0
NDT[15:0]															
rw	rw	rw	rw	rw	rw	rw	rw	rw	rw	rw	rw	rw	rw	rw	rw

- NDT[15:0] : Number of Data to Transfer(x=1~7 for DMA1 and x=1~5 for DMA2)
  이 레지스터에는 DMA로 전송할 데이터의 수를 0~65535의 범위로 설정한다. 이 레지스터 값은 DMA 전송이 수행될 때마다 1씩 감소하여 0이 되면 DMA가 완료된다. 순환 모드로 설정하면 DMA가 완료되었을 때 이 레지스터가 초기값으로 자동 재저장된다. 이 레지스터 값이 0일 경우에는 DMA 동작이 수행되지 않는다. 이 레지스터는 해당 DMA 채널이 금지상태일 때만 값을 쓸 수 있으며, 채널이 허용상태로 되면 이 레지스터는 read-only로 된다.

▣ DMAn 채널x 주변장치 어드레스 레지스터 DMAn_CPARx (디폴트값 : 0x0000_0000)

b31	b30	b29	b28	b27	b26	b25	b24	b23	b22	b21	b20	b19	b18	b17	b16
PA[31:16]															
-	-	-	-	-	-	-	-	-	-	-	-	-	-	-	-

b15	b14	b13	b12	b11	b10	b9	b8	b7	b6	b5	b4	b3	b2	b1	b0
PA[15:0]															
rw	rw	rw	rw	rw	rw	rw	rw	rw	rw	rw	rw	rw	rw	rw	rw

- PA[31:0] : Peripheral Address(x=1~7 for DMA1 and x=1~5 for DMA2)
  이 레지스터에는 DMA로 데이터를 전송할 주변장치의 베이스 어드레스를 설정한다. PSIZE[1:0]이 01(16비트)로 지정된 경우에는 PA[0] 비트값이 무시되며, 데이터 액세스는 half-word address 경계로 수행된다. PSIZE[1:0]이 10(32비트)으로 지정된 경우에는 PA[1:0] 비트값이 무시되며, 데이터 액세스는 word address 경계로 수행된다.

▣ DMAn 채널x 메모리 어드레스 레지스터 DMAn_CMARx (디폴트값 : 0x0000_0000)

b31	b30	b29	b28	b27	b26	b25	b24	b23	b22	b21	b20	b19	b18	b17	b16
MA[31:16]															
-	-	-	-	-	-	-	-	-	-	-	-	-	-	-	-

b15	b14	b13	b12	b11	b10	b9	b8	b7	b6	b5	b4	b3	b2	b1	b0
MA[15:0]															
rw	rw	rw	rw	rw	rw	rw	rw	rw	rw	rw	rw	rw	rw	rw	rw

- MA[31:0] : Memory Address(x=1~7 for DMA1 and x=1~5 for DMA2)
  이 레지스터에는 DMA로 데이터를 전송할 메모리의 베이스 어드레스를 설정한다. MSIZE[1:0]이 01(16비트)로 지정된 경우에는 MA[0] 비트값이 무시되며, 데이터 액세스는 half-word address 경계로 수행된다. MSIZE[1:0]이 10(32비트)으로 지정된 경우에는 MA[1:0] 비트값이 무시되며, 데이터 액세스는 word address 경계로 수행된다.

6. 디버그 지원 장치(DBG)

(1) Cortex-M3의 디버그 지원 장치 개요

Cortex-M3 코어에 내장된 하드웨어적인 디버그 지원 회로는 CPU가 지정된 명령을 페치(break point)하거나 지정된 데이터를 액세스(watch point)하는 경우에는 CPU를 정지시키고 여러 가지의 조사 및 디버깅 기능을 수행할 수 있으며, 기능이 완료된 이후에는 다시 CPU의 명령처리를 재개할 수 있다.

Cortex-M3에서의 이러한 디버깅 기능은 표준의 JTAG(Joint Test Action Group) 인터페이스나 및 ARM 전용의 SWD(Serial Wire Debug) 인터페이스를 통하여 수행할 수 있다. 이를 위하여 Cortex-M3의 디버그 지원 장치에는 <그림 1.3.15>와 같은 내부 구조를 가지고 있는데, JTAG/SWD 인터페이스 신호 부분은 SWJ-DP(Serial Wire/JTAG Debug Port)와 AHP-AP(AHB Access Port)로 구성되며, 그 내부에는 DWT(Data Watchpoint Trigger), FPB(Flash Patch Breakpoint), ITM(Instrumentation Trace Macrocell), ETM(Embedded Trace Macrocell), TPIU(Trace Port Interface Unit) 등으로 구성된다.

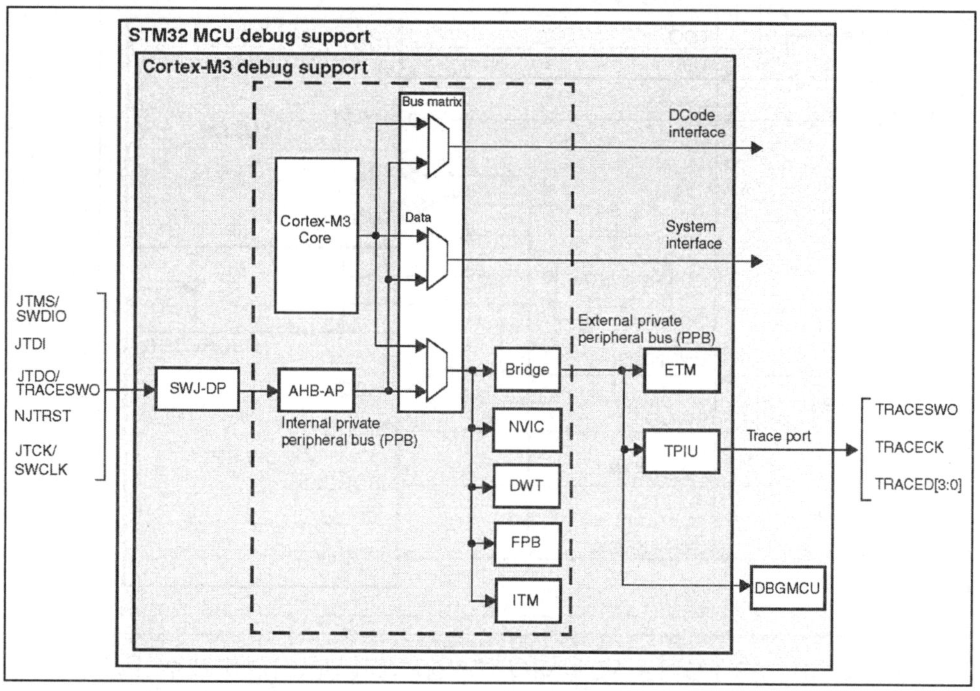

<그림 1.3.15> ARM Cortex-M3 디버그 지원장치의 내부 구성 블록도

만약, 이에 관한 더 자세한 기술적인 사항을 알고 싶다면 ARM사에서 제공하는 관련 문서를 참조하기 바란다.

(2) JTAG 및 SWD 신호

STM32F103VET6에서 사용하는 JTAG 인터페이스 신호는 <그림 1.3.16>에 정리한 것처럼 JTMS(JTAG Test Mode Select), JTCK(JTAG Test Clock), JTDI(JTAG Test Data Input), JTDO(JTAG Test Data Output), NJTRST(JTAG Test nReset) 등 5개가 있으며, 또한 SWD 인터페이스 신호에는 SWDIO(Serial Wire Data Input/Output)와 SWCLK(Serial Wire Clock)의 2개가 있다.

SWJ-DP는 <그림 1.3.16>과 같이 다시 JTAG-DP(JTAG Debug Port)와 SW-DP (Serial Wire Debug Port)로 나누어져서 이것들이 각각 JTAG 및 SWD 인터페이스 신호를 처리한다. 리셋 직후 STM32F103VET6의 DBG는 디폴트로 JTAG-DP가 액티브되어 동작하지만, 테스트 결과 이것이 유효하지 않은 것으로 판단되면 즉시 SW-DP로 동작이 넘어간다.

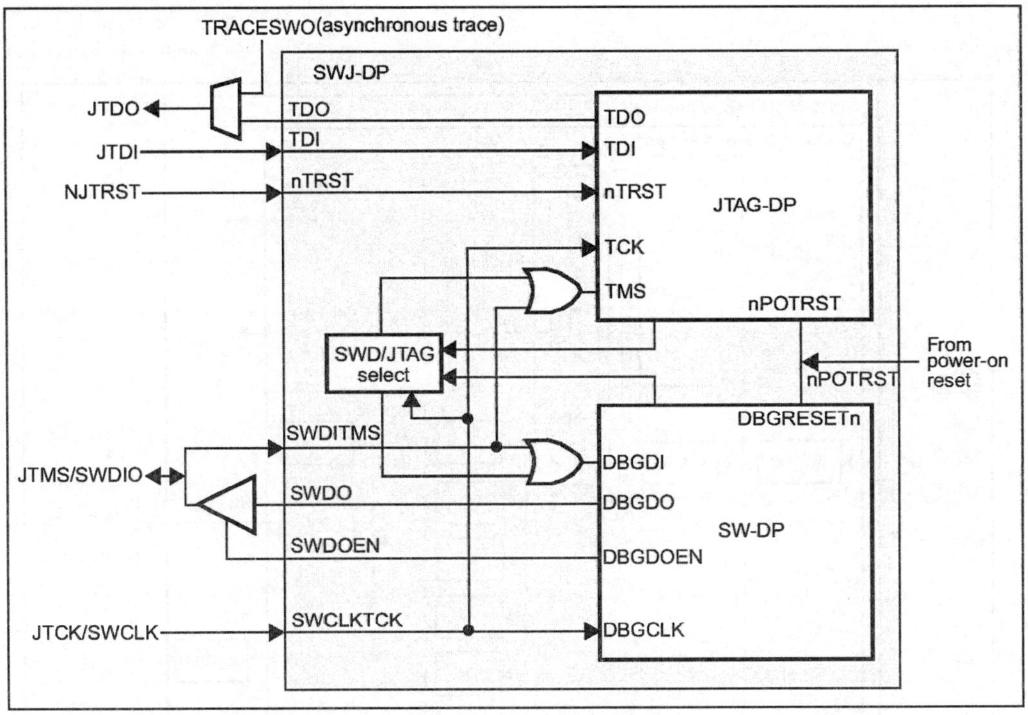

〈그림 1.3.16〉 ARM Cortex-M3 디버그 지원장치에서 SWJ-DP의 내부 구성 블록도

STMicroelectronics사의 ST-LINK/V2 에뮬레이터에서 20핀의 플랫 케이블에 사용되는 컨넥터는 <그림 1.3.17>과 같고, 여기에 할당된 JTAG 및 SWD용 신호를 정리하면 <표 1.3.15>와 같다. 이들 신호는 대부분 GPIO의 포트 A와 B에 부수적인 기능으로 들어있는데, 리셋 후에는 이것들이 디폴트로 JTAG 및 SWD 인터페이스 신호로 동작한다.

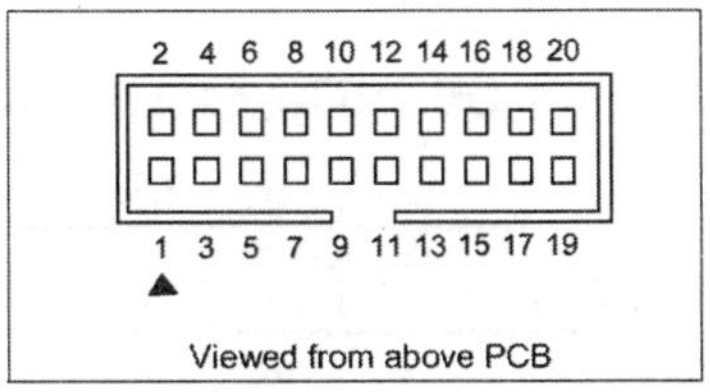

<그림 1.3.17> ST-LINK/V2 에뮬레이터의 20핀 플랫 케이블용 컨넥터

<표 1.3.15> ST-LINK/V2에서 JTAG용 및 SWD용 케이블의 핀 배열

핀 번호	핀 이름	JTAG용의 기능	SWD용의 기능	STM32F103VET6의 단자
1	VAPP	MCU VDD[1]	MCU VDD[1]	VDD
2	VAPP	MCU VDD[1]	MCU VDD[1]	VDD
3	TRST	JNTRST	GND	PB4, 내부에서 40kΩ 저항으로 풀업
4	GND	GND	GND	GND
5	TDI	JTDI	GND	PA15, 내부에서 40kΩ 저항으로 풀업
6	GND	GND	GND	GND
7	TMS_SWDIO	JTMS	SWDIO	PA13, 내부에서 40kΩ 저항으로 풀업
8	GND	GND	GND	GND
9	TCK_SWCLK	JTCK	SWCLK	PA14, 내부에서 40kΩ 저항으로 풀다운
10	GND	GND	GND	GND
11	NC	Not connected	Not connected	
12	GND	GND	GND	GND
13	TDO_SWO	JTDO	TRACESWO[2]	PB3
14	GND	GND	GND	GND
15	NRST	NRST	NRST	NRST
16	GND	GND	GND	GND
17	NC	Not connected	Not connected	
18	GND	GND	GND	GND
19	VDD	Not connected	Not connected	
20	GND	GND	GND	GND

(1) 이 전원은 타겟 보드로부터 ST-LINK/V2에 공급되어야 한다.
(2) SWV(Serial Wire Viewer)를 위해서만 옵션으로 사용하는 기능이다.

(3) DBG와 관련된 I/O 제어 레지스터

디버그 지원 장치와 관련된 I/O 제어 레지스터는 <표 1.3.16>과 같이 2개가 있는데,

여기서 사용자가 알아 둘만한 것은 DBGMCU_IDCODE 레지스터 뿐이므로 이 레지스터 1개만을 설명한다.

<표 1.3.16> STM32F103VET6의 DBG와 관련된 I/O 제어 레지스터 요약

어드레스	레지스터 이름	레지스터의 풀어 쓴 이름	리셋 후 초기값
0xE004_2000	DBGMCU_IDCODE	Debug MCU ID Code Register	0xXXXX_0XXX
0xE004_2004	DBGMCU_CR	Debug MCU Configuration Register	0x0000_0000

▣ 디버그 MCU ID 코드 레지스터 DBGMCU_IDCODE (디폴트값 : 0xXXXX_0XXX)

b31	b30	b29	b28	b27	b26	b25	b24	b23	b22	b21	b20	b19	b18	b17	b16
REV_ID[15:0]															
r	r	r	r	r	r	r	r	r	r	r	r	r	r	r	r

b15	b14	b13	b12	b11	b10	b9	b8	b7	b6	b5	b4	b3	b2	b1	b0
–	–	–	–	DEV_ID[11:0]											
–	–	–	–	r	r	r	r	r	r	r	r	r	r	r	r

- REV_ID[15:0] : Revision Identifier
  이 필드는 MCU 소자의 개정 버전(revision)을 나타낸다. 예를 들어 버전 A는 0x1000으로 나타내고, 버전 Z는 0x1001로 나타낸다.
- DEV_ID[11:0] : Device Identifier
  이 필드는 Cortex-M3 high-density device 마이크로컨트롤러 소자를 나타내는 값 0x414를 저장하고 있다.

제2장

STM32F103VET6의 내장 I/O 기능

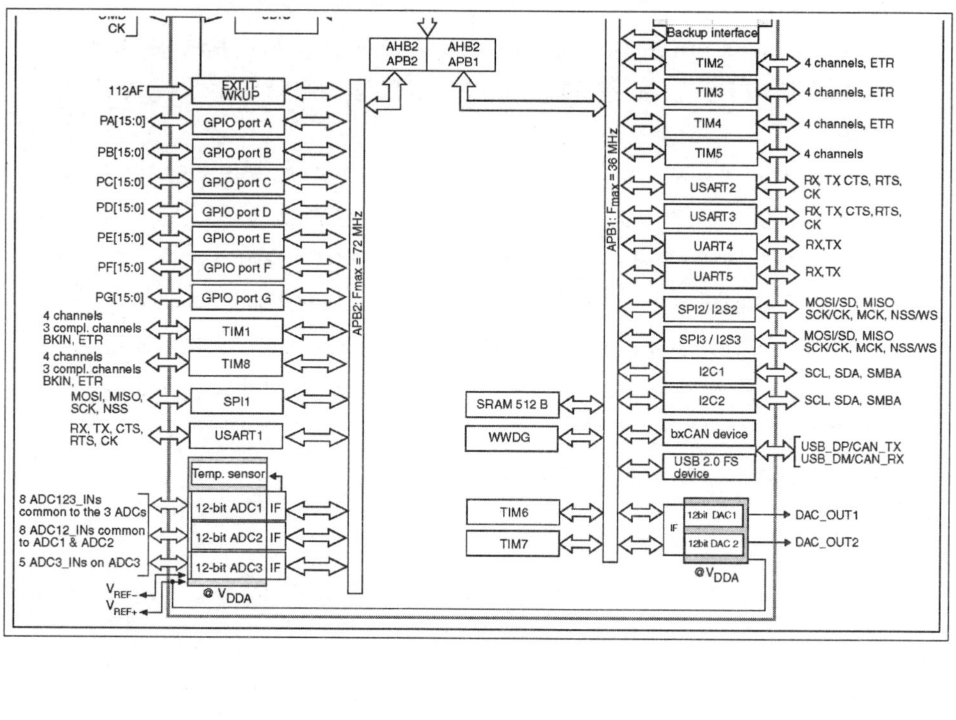

☞

이 장에서는 Cortex-M3 계열의 STM32F103VET6 마이크로컨트롤러에 내장되어 있는 여러 가지 I/O 기능들을 이해하고 이를 사용자 프로그램으로 충분히 활용하는 기술에 대하여 공부한다.

우리가 STM32F103VET6과 같은 마이크로컨트롤러를 배우고자 하는 것은 이 소자가 매우 빠른 명령 처리속도를 가지며 이러한 다양한 I/O 기능을 내장하고 있어서 컨트롤 분야에 편리하게 사용할 수 있기 때문이다. MCU에서는 이처럼 I/O 기능을 기본적인 사항부터 바르게 이해하고 활용하는 것이 중요하므로 이를 제2장에서 별도로 취급하는 것이다.

대부분의 초보자들이 마이크로프로세서 또는 마이크로컨트롤러를 사용하는 기술이 어렵다고 말하는 것은 이러한 소자의 가장 기본적인 기능을 공부하는 과정을 소홀히 하는데서 기인한다. 하드웨어를 모르면 당연히 소프트웨어가 어렵거나 불가능하다. 마이크로프로세서 응용기술은 MCU 소자를 포함하는 하드웨어에 관한 기본적인 지식을 바탕으로 소프트웨어를 자유자재로 구사하는 능력에 따라 좌우된다는 사실을 다시 한번 명심하라. 이 분야의 기술에서 항상 소프트웨어(software)보다는 하드웨어(hardware)가 먼저다.

2.1 병렬 I/O 포트(GPIO)

이 절에서는 STM32F103VET6에 내장되어 있는 병렬 I/O 포트의 구조와 기능에 대하여 알아보기로 한다.

1. GPIO의 개요

STMicroelectronics사 STM32F103VET6의 범용 병렬 I/O 포트(General-Purpose Input/Output Controller ; GPIO)는 병렬로 16비트씩의 데이터를 입출력할 수 있는 가장 기본적인 주변장치이다. 이것의 특징을 요약하면 다음과 같다.

① 16비트 입출력이 가능한 포트 A, B, C, D, E를 가지고 있어서 총 80비트의 병렬 입출력이 가능하다.

② 모든 GPIO 포트는 크게 입력 모드, 출력 모드, 부수적인 기능 모드, 아날로그 모드와 같이 4가지 모드 중의 하나로 동작할 수 있다.

③ 포트를 입력 모드로 설정할 경우에는 입력 단자를 플로팅 상태로 사용하도록 선택할 수도 있고, 약 40kΩ의 저항으로 풀업(pull-up) 또는 풀다운(pull-down)하여 동작하도록 선택할 수도 있다.

④ 포트를 출력 모드로 설정할 경우에는 출력 단자를 푸시풀(push-pull)형 또는 오픈 드레인(open-drain)형으로 선택하여 사용할 수 있다.

⑤ 포트를 부수적인 기능의 출력 단자로 설정할 경우에도 푸시풀형 또는 오픈 드레인형으로 사용할 수 있다.

⑥ 아날로그 입출력 모드의 경우에는 단자를 하이 임피던스의 플로팅(floating) 상태로 설정하여 사용한다.

⑦ 리셋 직후 모든 GPIO 단자는 플로팅 상태의 입력 모드로 동작한다. 단, 예외적으로 PA15/JTDI, PA13/JTMS/SWDIO, PB4/NJTRST 단자는 내부에서 약 40kΩ의 저항으로 풀업되고, PA14/JTCK/SWCLK 단자는 약 40kΩ 저항으로 풀다운된다.

⑧ 각 단자를 출력 모드나 부수적인 기능의 출력으로 사용할 경우에는 신호의 최대 속도를 저속(2MHz 이하), 중속(10MHz 이하), 고속(50MHz 이하) 중의 하나로 설정할 수 있다. 속도를 낮게 설정할수록 이 소자의 소비전력은 적어진다.

⑨ 출력 모드에서 비트 단위로 출력을 셋트 또는 리셋하는 기능을 가지고 있다.

⑩ 모든 GPIO 포트의 설정 내용을 변경하지 못하도록 잠그는 기능이 있다.

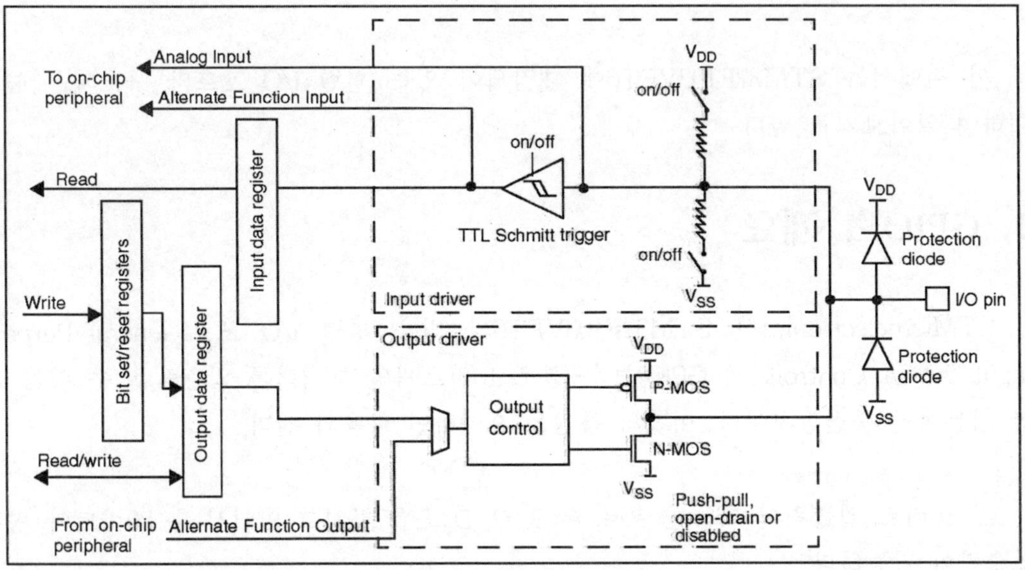

〈그림 2.1.1〉 GPIO에서 표준 입출력 단자의 기본 구조

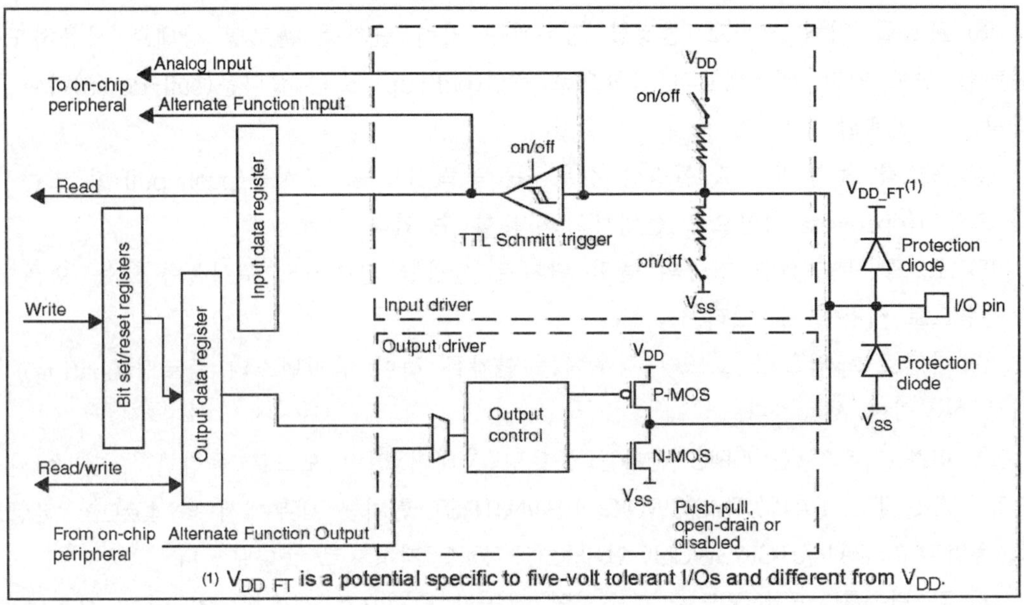

〈그림 2.1.2〉 GPIO에서 5V 적용 가능 단자의 구조

⑪ 부수적인 기능에서 아날로그 신호로 사용되는 것을 제외한 총 61개의 핀은 5V 로직 회로와 직접 연결할 수 있도록 5V 적용 가능(5V-tolerant) 단자로 동작한다.

⑫ 각 단자의 입출력 구동 전류는 최대 ±8mA이지만, 만약 출력전압을 V_{OL}=1.3, $V_{OH}=V_{DD}-1.3$까지 허용한다면 구동 전류를 최대 ±20mA까지 사용할 수 있다. 그러나, 예외적으로 PC13~PC15 단자에서는 최대 구동 전류가 ±3mA로 작다.

⑬ GPIO의 모든 단자는 외부 인터럽트 신호선으로 사용할 수 있는데, 인터럽트 신호는 AFIO_EXTICR1~AFIO_EXTICR4 레지스터를 사용하여 선택되며, 이것들을 인터럽트 단자로 사용하려면 GPIO에서 미리 플로팅 상태의 입력 모드로 설정되어야 한다.

GPIO의 표준 입출력 단자와 5V 적용 가능 단자의 구조를 보이면 각각 <그림 2.1.1> 및 <그림 2.1.2>와 같다.

GPIO의 동작 모드는 GPIOx_CRL과 GPIOx_CRH 레지스터로 설정하는데, 동작 모드는 크게 입력 모드, 출력 모드, 부수적인 기능 모드, 아날로그 모드의 4가지로 나누어진다. 입력 모드에서 데이터는 GPIOx_IDR 레지스터를 통하여 읽어들이며, 입력 단자를 플로팅하여 사용할 수도 있고 약 40kΩ의 저항으로 풀업 또는 풀다운 회로를 구성하여 사용할 수도 있다. 출력 모드에서 데이터는 GPIOx_ODR 레지스터를 통하여 출력하며, 출력 회로를 사용자가 푸시풀형 또는 오픈 드레인형으로 설정할 수 있고, 출력 신호의 최고 속도를 2/10/50MHz 중의 1가지로 선택하여 사용할 수 있다. 또한, 출력 모드에서는 GPIOx_BSRR 또는 GPIOx_BRR 레지스터를 사용하여 출력 데이터를 비트 단위로 셋트 또는 리셋시킬 수 있다. 부수적인 기능에서 입력 단자는 입력 모드와 유사하게 동작하며, 부수적인 기능에서 출력 단자는 출력 모드와 비슷하게 동작한다. 아날로그 모드에서는 입출력 단자에 부속되어 있는 모든 내부 회로가 제거되어 플로팅 상태로 동작한다.

리셋된 직후에 디폴트로 모든 GPIO 단자는 CNFy[1:0]=01 및 MODEy[1:0]=00으로 설정되어 플로팅 상태의 입력 모드로 동작한다. 단, JTAG 또는 SWD 접속용으로 사용되는 PA15/JTDI, PA13/JTMS/SWDIO, PB4/NJTRST 단자는 내부에서 약 40kΩ의 저항으로 풀업되고, PA14/JTCK/SWCLK 단자는 약 40kΩ 저항으로 풀다운된다.

모든 GPIO 포트에 대하여 이미 설정한 I/O 포트의 기능을 함부로 변경할 수 없도록 GPIOx_LCKR 레지스터를 사용하여 기능을 잠금(lock) 수 있다. 이렇게 하면 해당 포트의 GPIO에 관련된 모든 I/O 제어 레지스터들은 변경이 불가능하며, 이러한 기능 잠금 상태는 이 마이크로컨트롤러의 시스템 리셋에 의해서만 해제될 수 있다.

<표 2.1.1> GPIO 동작 모드 및 기능 설정 요약

동작 모드		CNFy[1:0]		MODEy[1:0]		GPIOx_ODR 레지스터
아날로그 모드	analog	0	0	0	0	don't care(영향 없음)
입력 모드	input floating	0	1	0	0	don't care(영향 없음)
	input pull-up	1	0			1(= 풀업 저항 설정)
	input pull-down					0(= 풀다운 저항 설정)
출력 모드	push-pull	0	0	01=10MHz 10=2MHz 11=50MHz		포트 출력값(0 또는 1)
	open-drain	0	1			포트 출력값(0 또는 1)
부수적 기능 출력 모드	push-pull	1	0			don't care(영향 없음)
	open-drain	1	1			don't care(영향 없음)

STM32F103VET6에서 GPIO의 여러 가지 동작 모드 및 기능 설정이 가능한 내용을 정리하면 <표 2.1.1>과 같다.

GPIO 단자에는 많은 부수적인 기능(alternate function)을 가지고 있는데, 부수적인 기능의 입력 단자로 사용하려면 해당 핀을 CNFy[1:0]=01/10으로 설정하고 MODEy[1:0]=00으로 설정하여 이 신호를 입력 모드로 해주어야 하며, 부수적인 기능의 출력 단자로 사용하려면 해당 핀을 CNFy[1:0]=10/11로 설정하고 MODEy[1:0]=01~11로 설정하여 이 신호를 부수적인 기능의 출력 모드로 해주어야 한다. 만약, 부수적인 기능에서 양방향(bidirectional)으로 사용하는 단자라면 이것도 마찬가지로 부수적인 기능의 출력 모드로 설정해주어야 하며, 이때 입력 드라이버 회로는 플로팅 상태의 입력으로 동작한다. 부수적인 기능을 사용하려면 GPIO 단자를 이와 같이 기본 설정하고 나서 실제로 해당 주변장치를 올바르게 초기화 설정해야 한다.

GPIO 단자에 설정되는 부수적인 기능은 각 단자마다 여러 가지가 있으나 당연히 이것들 중에서 1가지 기능만을 선택하여 사용할 수 있다. 이렇게 되면 어느 핀에서 이를 GPIO 단자로 사용하거나 1가지의 부수적인 기능으로 사용할 때 나머지의 선택되지 못한 부수적인 기능들은 사용할 수 없게 된다. STMicroelectronics사의 ARM Cortex-M3 모델에서는 이 문제를 개선하기 위하여 부수적인 기능을 다른 GPIO 단자로 옮겨서 재배치(remap)하는 것이 가능하도록 해놓았는데, 이러한 기능은 뒤에서 설명하는 주변장치 AFIO에서 처리한다.

◀참고▶ STMicroelectronics사의 ARM Cortex-M3 제품에는 이와 같이 GPIO를 입력 모드로 설정할 때 플로팅 상태, 풀업 저항 사용, 풀다운 저항 사용을 사용자가 선택하여 설정할 수 있다. 이중에서 풀업 또는 풀다운 저항을 사용하려면 모두 CNFy[1:0]=10 및 MODEy[1:0]=00으로 설정하며, 여기서 풀업 저항을 사용할 것인지 풀다운 저항을 사용할 것인지는 매우 특이하게도 해당 GPIO의 출력 데이터 레지스터인 GPIOx_ODR의 비트값으로 설정한다. 이 비트를 1로 설정하면 해당 핀은 풀업 저항을 사용하는 입력 모드로 동작하며, 이 비트를 0으로 설정하면 풀다운 저항을 사용하는 입력 모드로 동작한다. 그러나, 이후에

나온 같은 회사의 ARM Cortex-M0/M4/M7 모델에서는 GPIO의 구조와 기능을 상당히 많이 개선하였는데, GPIOx_PUPDR 레지스터를 사용하여 쉽게 풀업 및 풀다운 저항 사용 여부를 사용자가 선택할 수 있으며, 이것들을 입력 모드는 물론이고 출력 모드나 부수적인 기능 모드에서도 설정하여 사용할 수 있다.

◀참고▶ STMicroelectronics사의 ARM Cortex-M3 제품에는 이와 같이 GPIO의 부수적인 기능을 사용할 때 핀 배치의 유연성이 부족하여 사용자가 하드웨어를 설계할 때 상당히 불편하게 되어 있다. 그러나, 이후에 나온 같은 회사의 ARM Cortex-M0/M4/M7 모델에서는 GPIO의 구조와 기능을 상당히 많이 개선하였는데, 동일한 부수적인 기능이 여러 개의 GPIO 단자에 복수로 분산 배치되어 있어서 하나의 GPIO 단자에 최대 8가지 또는 16가지의 부수적인 기능을 가지고 있으며, GPIOx_AFRL 또는 GPIOx_AFRH 레지스터를 사용하여 쉽게 이들 부수적인 기능을 선택하여 설정할 수 있다.

<표 2.1.1>을 바탕으로 STM32F103VET6에서 GPIO를 여러 가지 동작 모드 및 기능으로 설정하는 내용을 정리하면 다음과 같다.

① 아날로그 모드
- 아날로그 모드 : CNFy[1:0] : MODEy[1:0] = 0000 = 0x0

② GPIO 입력 모드
- 플로팅 상태 입력 모드 : CNFy[1:0] : MODEy[1:0] = 0100 = 0x4
- 풀업 입력 모드 : CNFy[1:0] : MODEy[1:0] = 1000 = 0x8 (GPIOx_ODR의 해당 비트 = 1)
- 풀다운 입력 모드 : CNFy[1:0] : MODEy[1:0] = 1000 = 0x8 (GPIOx_ODR의 해당 비트 = 0)

③ GPIO 출력 모드
- 푸시풀 출력 모드(2MHz) : CNFy[1:0] : MODEy[1:0] = 0010 = 0x2
- 푸시풀 출력 모드(10MHz) : CNFy[1:0] : MODEy[1:0] = 0001 = 0x1
- 푸시풀 출력 모드(50MHz) : CNFy[1:0] : MODEy[1:0] = 0011 = 0x3
- 오픈드레인 출력 모드(2MHz) : CNFy[1:0] : MODEy[1:0] = 0110 = 0x6
- 오픈드레인 출력 모드(10MHz) : CNFy[1:0] : MODEy[1:0] = 0101 = 0x5
- 오픈드레인 출력 모드(50MHz) : CNFy[1:0] : MODEy[1:0] = 0111 = 0x7

④ 부수적인 기능 입력 모드
- 플로팅 상태 입력 모드 : CNFy[1:0] : MODEy[1:0] = 0100 = 0x4
- 풀업 입력 모드 : CNFy[1:0] : MODEy[1:0] = 1000 = 0x8 (GPIOx_ODR의 해당 비트 = 1)
- 풀다운 입력 모드 : CNFy[1:0] : MODEy[1:0] = 1000 = 0x8 (GPIOx_ODR의 해당 비트 = 0)

⑤ 부수적인 기능 출력 모드
- 푸시풀 출력 모드(2MHz) : CNFy[1:0] : MODEy[1:0] = 1010 = 0xA
- 푸시풀 출력 모드(10MHz) : CNFy[1:0] : MODEy[1:0] = 1001 = 0x9
- 푸시풀 출력 모드(50MHz) : CNFy[1:0] : MODEy[1:0] = 1011 = 0xB
- 오픈드레인 출력 모드(2MHz) : CNFy[1:0] : MODEy[1:0] = 1110 = 0xE
- 오픈드레인 출력 모드(10MHz) : CNFy[1:0] : MODEy[1:0] = 1101 = 0xD
- 오픈드레인 출력 모드(50MHz) : CNFy[1:0] : MODEy[1:0] = 1111 = 0xF

2. GPIO의 구조와 동작

GPIO의 구조와 동작을 입력 모드, 출력 모드, 부수적인 기능 모드, 아날로그 모드 등의 4가지 모드별로 나누어 설명하면 다음과 같다.

(1) 입력 모드

GPIO를 입력 모드로 설정하면 내부 회로가 <그림 2.1.3>과 같이 동작하는데, 이를 요약하면 다음과 같다.

- 모든 출력 회로는 GPIO 핀에 연결되지 않도록 차단된다.
- 모든 입력 신호는 슈미트 트리거(Schmitt trigger) 회로를 거쳐서 확실한 디지털 신호로 변환된 후에 입력된다.
- 입력 데이터는 APB2 클록 사이클마다 샘플링되어 GPIOx_IDR 레지스터에 저장되며, 이 데이터는 GPIOx_IDR 레지스터를 통하여 읽어들인다.
- 입력 모드에서의 회로 구조는 플로팅 상태, 40kΩ의 풀업 저항 사용, 40kΩ의 풀다운 저항 사용 등 3가지를 선택하여 사용할 수 있다.(★ 부수적인 기능의 입력 단자도 이와 같다.)
- 지정된 전압 범위를 벗어나는 입력 신호가 들어오더라도 입력단 다이오드에 의하여 회로가 보호되며, 61개의 핀에는 5V 로직의 신호를 연결하는 것도 가능하다.

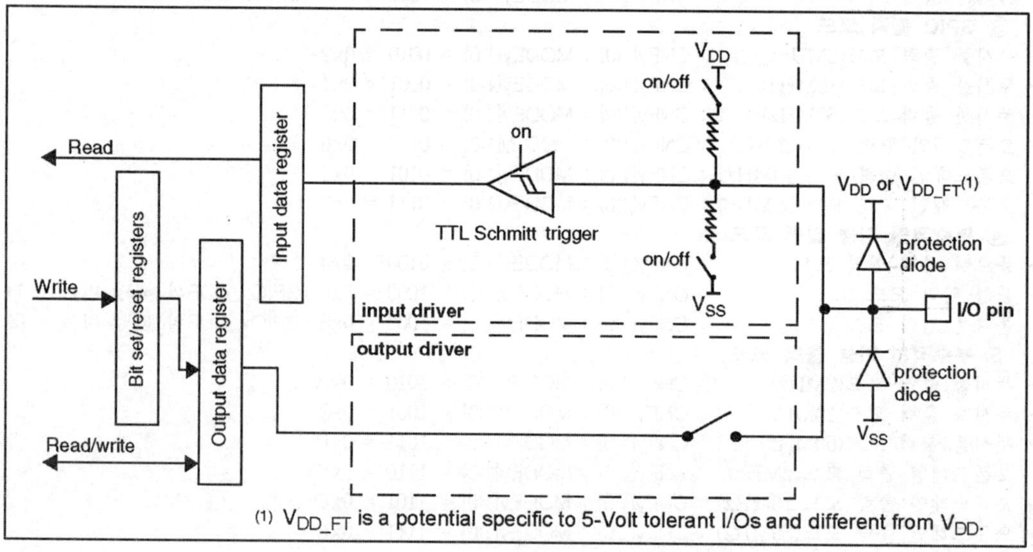

<그림 2.1.3> GPIO의 입력 모드 동작

(2) 출력 모드

GPIO를 출력 모드로 설정하면 내부 회로가 <그림 2.1.4>와 같이 동작하는데, 이를 요약하면 다음과 같다.

- 출력 데이터는 GPIOx_ODR 레지스터를 사용하여 출력하며, GPIOx_BSRR 및 GPIOx_BRR 레지스터를 사용하여 비트 단위로 출력 데이터를 변경할 수도 있다.
- 출력단 회로를 푸시풀형 또는 오픈 드레인형으로 설정할 수 있다.
- 푸시풀형에서 0을 출력하면 하단의 N-MOS형 트랜지스터가 ON되어 부하로부터 싱크 전류(sink current)가 흘러들어올 수 있고, 1을 출력하면 상단의 P-MOS형 트랜지스터가 ON되어 부하로 소스 전류(source current)가 흘러나갈 수 있다.
- 오픈 드레인형에서는 0을 출력하면 하단의 N-MOS형 트랜지스터가 ON되어 싱크 전류(sink current)가 흐를 수 있지만, 1을 출력하더라도 상단의 P-MOS형 트랜지스터는 OFF 상태이므로 출력 신호가 하이 임피던스(high impedance)로 된다.
- 출력 신호의 최고 속도를 2/10/50MHz로 설정할 수 있다.
- 출력 모드에서는 풀업 저항과 풀다운 저항이 사용되지 않는다.
- 출력 모드에서도 모든 입력 신호는 슈미트 트리거 회로를 거쳐서 입력되므로 데이터를 입력하는 것이 가능하다.
- 출력 모드를 오픈 드레인형으로 설정하였을 경우에 입력 레지스터 GPIOx_IDR을 읽으면 I/O 단자의 디지털 값이 읽혀진다.
- 출력 모드를 푸시풀형으로 설정하였을 경우에 출력 레지스터 GPIOx_ODR을 읽으면 이 레지스터에 가장 최근에 출력한 값이 읽혀진다.

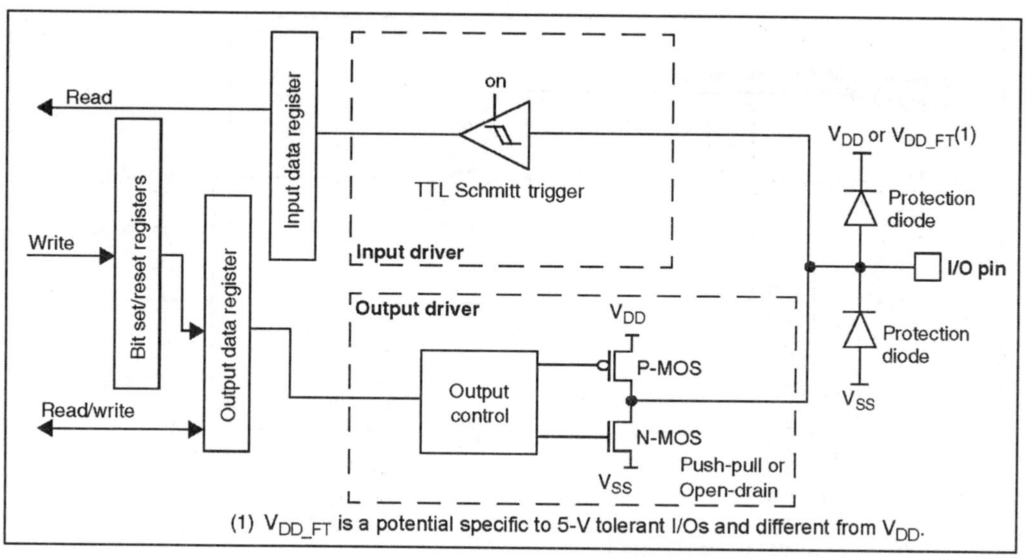

<그림 2.1.4> GPIO의 출력 모드 동작

(3) 부수적인 기능 모드

GPIO를 부수적인 기능 모드로 설정하면 내부 회로가 <그림 2.1.5>와 같이 동작하는데, 이를 요약하면 다음과 같다.

- 출력단 회로가 GPIOx_ODR 레지스터와는 분리 차단되고, 지정된 주변장치의 출력신호와 연결된다.
- 출력단 회로를 푸시풀형 또는 오픈 드레인형으로 설정할 수 있다.
- 푸시풀형 출력회로 및 오픈 드레인형 출력회로의 동작은 출력 모드에서와 동일하다.
- 출력 신호의 최고 속도를 2/10/50MHz로 설정할 수 있다.
- 부수적인 기능 모드에서도 모든 입력 신호는 슈미트 트리거 회로를 거쳐서 입력되므로 데이터를 입력하는 것이 가능하다.(★ 부수적인 기능에서 입력 단자의 동작은 GPIO의 입력 모드 동작과 같다.)
- 부수적인 기능에서 출력 모드를 오픈 드레인형으로 설정하였을 경우에 입력 레지스터 GPIOx_IDR을 읽으면 I/O 단자의 디지털 값이 읽혀진다.
- 부수적인 기능에서 출력 모드를 푸시풀형으로 설정하였을 경우에 출력 레지스터 GPIOx_ODR을 읽으면 이 레지스터에 가장 최근에 출력한 값이 읽혀진다.

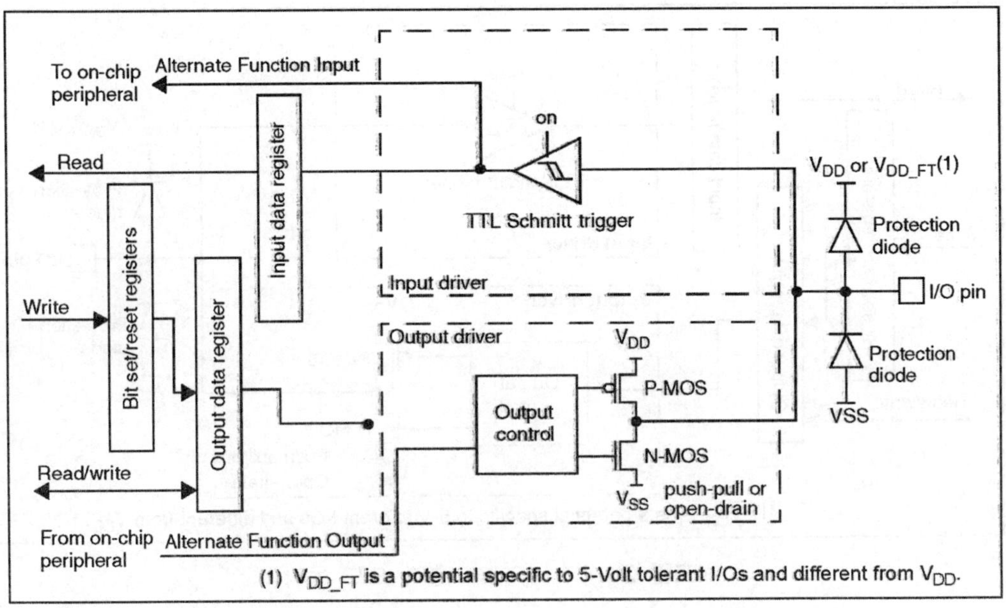

<그림 2.1.5> GPIO의 부수적인 기능 모드 동작

◀참고▶ <그림 2.1.5>에 보면 부수적인 기능의 입력 단자에는 풀업/풀다운 저항이 사용되지 않는 것처럼 표시되었지만, 뒤에서 설명하는 <표 2.1.3>~<표 2.1.9>에서 보듯이 주변장치의 종류에 따라 부수적인 기능의 입력 단자는 플로팅 상태의 입력으로 동작하기도 하고 풀업/풀다운 입력으로 동작하기도 한다.

(4) 아날로그 모드

GPIO를 아날로그 모드로 설정하면 내부 회로가 <그림 2.1.6>과 같이 동작하는데, 이를 요약하면 다음과 같다.

- 모든 디지털 출력 회로는 분리 차단되며, D/A 컨버터의 출력을 사용하는 경우에만 아날로그 출력 신호가 출력단 회로에 연결된다.
- 아날로그 모드에서는 풀업 저항과 풀다운 저항이 사용되지 않는다.
- 따라서, 아날로그 모드에서는 핀 상태가 플로팅되어 하이 임피던스 상태로 된다.
- 아날로그 모드에서는 입력측의 슈미트 트리거 회로가 차단되며, 슈미트 트리거의 출력은 항상 0으로 되므로 GPIOx_IDR 레지스터를 읽으면 0으로 읽혀진다.
- 아날로그 모드에서는 5V 로직에 적응하는 회로가 사용되지 않는다.

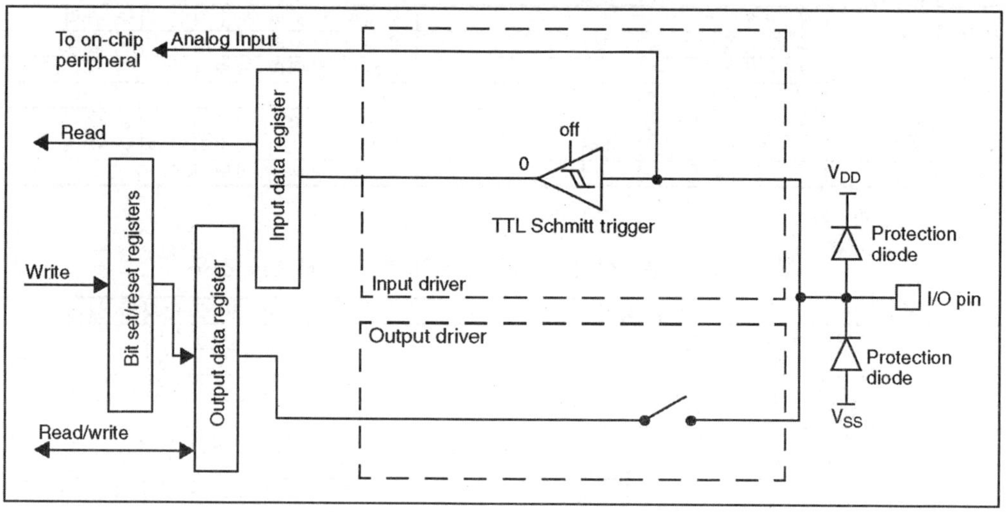

<그림 2.1.6> GPIO의 아날로그 모드 동작

(5) 부수적인 기능을 설정하였을 때 GPIO 단자의 상태

각 GPIO 단자에 해당하는 부수적인 기능을 설정하였을 경우 그 GPIO 단자의 상태는 어떻게 되는지를 요약하면 다음과 같다.

<표 2.1.2> 부수적인 기능으로 ADC/DAC를 설정하였을 경우

ADC/DAC의 단자	기능 설정	해당 GPIO 단자의 상태
ADCx_INy	A/D 컨버터의 아날로그 입력	아날로그 모드
DAC_OUTx	D/A 컨버터의 아날로그 출력	아날로그 모드

<표 2.1.3> 부수적인 기능으로 TIM1/8을 설정하였을 경우

TIM1/8의 단자	기능 설정	해당 GPIO 단자의 상태
TIM1/8_CHx	채널x의 입력 캡쳐	플로팅 상태의 입력
	채널x의 출력 비교	푸시풀 구조의 부수적인 기능 출력
TIM1/8_CHxN	채널x의 출력 비교에서 반전 출력	푸시풀 구조의 부수적인 기능 출력
TIM1/8_BKIN	브레이크 입력	플로팅 상태의 입력
TIM1/8_ETR	외부 트리거 입력	플로팅 상태의 입력

<표 2.1.4> 부수적인 기능으로 TIM2/3/4/5를 설정하였을 경우

TIM2/3/4/5의 단자	기능 설정	해당 GPIO 단자의 상태
TIM2/3/4/5_CHx	채널x의 입력 캡쳐	플로팅 상태의 입력
	채널x의 출력 비교	푸시풀 구조의 부수적인 기능 출력
TIM2/3/4/5_ETR	외부 트리거 입력	플로팅 상태의 입력

<표 2.1.5> 부수적인 기능으로 USARTx를 설정하였을 경우

USARTx의 단자	기능 설정	해당 GPIO 단자의 상태
USARTx_TX	풀 듀플렉스	푸시풀 구조의 부수적인 기능 출력
	하프 듀플렉스 동기 모드	푸시풀 구조의 부수적인 기능 출력
USARTx_RX	풀 듀플렉스	플로팅 상태의 입력/풀업 구조의 입력
	하프 듀플렉스 동기 모드	GPIO
USARTx_CK	동기 모드의 클록	푸시풀 구조의 부수적인 기능 출력
USARTx_RTS	하드웨어적인 흐름 제어	푸시풀 구조의 부수적인 기능 출력
USARTx_CTS	하드웨어적인 흐름 제어	플로팅 상태의 입력/풀업 구조의 입력

<표 2.1.6> 부수적인 기능으로 SPIx를 설정하였을 경우

SPIx의 단자	기능 설정	해당 GPIO 단자의 상태
SPIx_MOSI	마스터/풀 듀플렉스	푸시풀 구조의 부수적인 기능 출력
	슬레이브/풀 듀플렉스	플로팅 상태의 입력/풀업 구조의 입력
	마스터/심플렉스(양방향 데이터)	푸시풀 구조의 부수적인 기능 출력
	슬레이브/심플렉스(양방향 데이터)	GPIO
SPIx_MISO	마스터/풀 듀플렉스	플로팅 상태의 입력/풀업 구조의 입력
	슬레이브/풀 듀플렉스(point to point)	푸시풀 구조의 부수적인 기능 출력
	슬레이브/풀 듀플렉스(multi-slave)	오픈 드레인 구조의 부수적인 기능 출력
	마스터/심플렉스(양방향 데이터)	GPIO
	슬레이브/심플렉스(양방향 데이터)(point to point)	푸시풀 구조의 부수적인 기능 출력
	슬레이브/심플렉스(양방향 데이터)(multi-slave)	오픈 드레인 구조의 부수적인 기능 출력
SPIx_SCK	마스터	푸시풀 구조의 부수적인 기능 출력
	슬레이브	플로팅 상태의 입력
SPIx_NSS	마스터/슬레이브 하드웨어 제어	플로팅 상태의 입력/풀업 구조의 입력/풀다운 구조의 입력
	마스터 하드웨어 NSS 출력	푸시풀 구조의 부수적인 기능 출력
	소프트웨어 제어	GPIO

<표 2.1.7> 부수적인 기능으로 I2Cx를 설정하였을 경우

I2Cx의 단자	기능 설정	해당 GPIO 단자의 상태
I2Cx_SCL	I2C 클록	오픈 드레인 구조의 부수적인 기능 출력
I2Cx_SDA	I2C 데이터	오픈 드레인 구조의 부수적인 기능 입출력

<표 2.1.8> 부수적인 기능으로 BxCAN을 설정하였을 경우

BxCAN의 단자	기능 설정	해당 GPIO 단자의 상태
CAN_TX	송신 데이터	푸시풀 구조의 부수적인 기능 출력
CAN_RX	수신 데이터	플로팅 상태의 입력/풀업 구조의 입력

<표 2.1.9> 기타 부수적인 기능을 설정하였을 경우

부수적인 기능 단자	기능 설정	해당 GPIO 단자의 상태
MCO	클록 출력	푸시풀 구조의 부수적인 기능 출력
EXTIx	외부 인터럽트	플로팅 상태의 입력/풀업 구조의 입력/ 풀다운 구조의 입력

3. GPIO 관련 I/O 제어 레지스터

GPIO와 관련된 I/O 제어 레지스터는 <표 2.1.10>과 같이 각 포트별로 7개씩을 가지고 있는데, 이 레지스터들의 기능을 정리하면 아래와 같다.

<표 2.1.10> STM32F103VET6의 GPIO와 관련된 I/O 제어 레지스터 요약

어드레스	레지스터 이름	레지스터의 풀어 쓴 이름	리셋 후 초기값
0x4001_??00	GPIOx_CRL	GPIO Port Configuration Register Low (x = A, B, C, D, E)	0x4444_4444
0x4001_??04	GPIOx_CRH	GPIO Port Configuration Register High	0x4444_4444
0x4001_??08	GPIOx_IDR	GPIO Port Input Data Register	0x0000_XXXX
0x4001_??0C	GPIOx_ODR	GPIO Port Output Data Register	0x0000_0000
0x4001_??10	GPIOx_BSRR	GPIO Port Bit Set/Reset Register	0x0000_0000
0x4001_??14	GPIOx_BRR	GPIO Port Bit Reset Register	0x0000_0000
0x4001_??18	GPIOx_LCKR	GPIO Port Configuration Lock Register	0x0000_0000

▣ GPIO 포트 설정 레지스터 GPIOx_CRL (디폴트값 : 0x4444 4444)

b31	b30	b29	b28	b27	b26	b25	b24	b23	b22	b21	b20	b19	b18	b17	b16
CNF7[1:0]		MODE7[1:0]		CNF6[1:0]		MODE6[1:0]		CNF5[1:0]		MODE5[1:0]		CNF4[1:0]		MODE4[1:0]	
rw	rw	rw	rw	rw	rw	rw	rw	rw	rw	rw	rw	rw	rw	rw	rw

b15	b14	b13	b12	b11	b10	b9	b8	b7	b6	b5	b4	b3	b2	b1	b0
CNF3[1:0]		MODE3[1:0]		CNF2[1:0]		MODE2[1:0]		CNF1[1:0]		MODE1[1:0]		CNF0[1:0]		MODE0[1:0]	
rw	rw	rw	rw	rw	rw	rw	rw	rw	rw	rw	rw	rw	rw	rw	rw

- CNFy[1:0] : Port x Configuration Bits (y = 0~7) (x = A, B, C, D, E)

  < MODEy[1:0] = 00일 경우 >

00 = 아날로그 모드(analog mode).
01 = 플로팅 입력(floating input). ☞ 리셋 후에는 default로 이 상태에서 동작한다.
10 = 풀업/풀다운 입력(input with pull-up/pull-down).
11 = (사용하지 않음).
< MODEy[1:0] ≠ 00일 경우 >
00 = 범용 푸시풀 출력(general purpose output with push-pull).
01 = 범용 오픈 드레인 출력(general purpose output with open-drain).
10 = 부수적인 기능의 푸시풀 출력(alternate function output with push-pull).
11 = 부수적인 기능의 오픈 드레인 출력(alternate function output with open-drain).

- MODEy[1:0] : Port x Mode Bits (y = 0~7) (x = A, B, C, D, E)
  00 = 입력 모드. ☞ 리셋 후에는 default로 이 상태에서 동작한다.
  01 = 중속(10MHz) 출력 모드 또는 부수적인 기능의 출력 모드.
  10 = 저속(2MHz) 출력 모드 또는 부수적인 기능의 출력 모드.
  11 = 고속(50MHz) 출력 모드 또는 부수적인 기능의 출력 모드.

▣ GPIO 포트 설정 레지스터 GPIOx_CRH (디폴트값 : 0x4444 4444)

b31	b30	b29	b28	b27	b26	b25	b24	b23	b22	b21	b20	b19	b18	b17	b16
CNF15[1:0]		MODE15[1:0]		CNF14[1:0]		MODE14[1:0]		CNF13[1:0]		MODE13[1:0]		CNF12[1:0]		MODE12[1:0]	
rw	rw	rw	rw	rw	rw	rw	rw	rw	rw	rw	rw	rw	rw	rw	rw

b15	b14	b13	b12	b11	b10	b9	b8	b7	b6	b5	b4	b3	b2	b1	b0
CNF11[1:0]		MODE11[1:0]		CNF10[1:0]		MODE10[1:0]		CNF9[1:0]		MODE9[1:0]		CNF8[1:0]		MODE8[1:0]	
rw	rw	rw	rw	rw	rw	rw	rw	rw	rw	rw	rw	rw	rw	rw	rw

- CNFy[1:0] : Port x Configuration Bits (y = 8~15) (x = A, B, C, D, E)
  < MODEy[1:0] = 00일 경우 >
  00 = 아날로그 모드(analog mode).
  01 = 플로팅 입력(floating input). ☞ 리셋 후에는 default로 이 상태에서 동작한다.
  10 = 풀업/풀다운 입력(input with pull-up/pull-down).
  11 = (사용하지 않음).
  < MODEy[1:0] ≠ 00일 경우 >
  00 = 범용 푸시풀 출력(general purpose output with push-pull).
  01 = 범용 오픈 드레인 출력(general purpose output with open-drain).
  10 = 부수적인 기능의 푸시풀 출력(alternate function output with push-pull).
  11 = 부수적인 기능의 오픈 드레인 출력(alternate function output with open-drain).
- MODEy[1:0] : Port x Mode Bits (y = 8~15) (x = A, B, C, D, E)
  00 = 입력 모드. ☞ 리셋 후에는 default로 이 상태에서 동작한다.
  01 = 중속(10MHz) 출력 모드 또는 부수적인 기능의 출력 모드.
  10 = 저속(2MHz) 출력 모드 또는 부수적인 기능의 출력 모드.
  11 = 고속(50MHz) 출력 모드 또는 부수적인 기능의 출력 모드.

▣ GPIO 포트 입력 데이터 레지스터 GPIOx_IDR (디폴트값 : 0x0000 XXXX)

b31	b30	b29	b28	b27	b26	b25	b24	b23	b22	b21	b20	b19	b18	b17	b16
-	-	-	-	-	-	-	-	-	-	-	-	-	-	-	-
-	-	-	-	-	-	-	-	-	-	-	-	-	-	-	-

b15	b14	b13	b12	b11	b10	b9	b8	b7	b6	b5	b4	b3	b2	b1	b0
IDR[15:0]															
r	r	r	r	r	r	r	r	r	r	r	r	r	r	r	r

- IDR[15:0] : Port x Input Data (x = A, B, C, D, E)
  포트 x의 입력 데이터를 읽어들이는 값이다. 이 레지스터의 리셋 후 디폴트값은 외부 하드웨어에 의해서만 결정된다.

▣ GPIO 포트 출력 데이터 레지스터 GPIOx_ODR (디폴트값 : 0x0000 0000)

b31	b30	b29	b28	b27	b26	b25	b24	b23	b22	b21	b20	b19	b18	b17	b16
-	-	-	-	-	-	-	-	-	-	-	-	-	-	-	-
-	-	-	-	-	-	-	-	-	-	-	-	-	-	-	-

b15	b14	b13	b12	b11	b10	b9	b8	b7	b6	b5	b4	b3	b2	b1	b0
ODR[15:0]															
rw	rw	rw	rw	rw	rw	rw	rw	rw	rw	rw	rw	rw	rw	rw	rw

- ODR[15:0] : Port x Output Data (x = A, B, C, D, E)
  포트 x로 출력 데이터를 라이트하는 값이다.

▣ GPIO 포트 비트 셋트/리셋 레지스터 GPIOx_BSRR (디폴트값 : 0x0000 0000)

b31	b30	b29	b28	b27	b26	b25	b24	b23	b22	b21	b20	b19	b18	b17	b16
BR[15:0]															
w	w	w	w	w	w	w	w	w	w	w	w	w	w	w	w

b15	b14	b13	b12	b11	b10	b9	b8	b7	b6	b5	b4	b3	b2	b1	b0
BS[15:0]															
w	w	w	w	w	w	w	w	w	w	w	w	w	w	w	w

- BR[15:0] : Port x Reset Bit (x = A, B, C, D, E)
  0 = 아무 동작도 하지 않는다.
  1 = GPIOx_ODR 레지스터의 해당 비트를 리셋시킨다.
- BS[15:0] : Port x Set Bit
  0 = 아무 동작도 하지 않는다.
  1 = GPIOx_ODR 레지스터의 해당 비트를 셋트시킨다.

☞ 만약 이 레지스터를 사용하여 동일한 비트를 리셋 및 세트하도록 모순되게 잘못 설정하는 경우에는 비트 세트로 동작한다.

▣ GPIO 포트 비트 리셋 레지스터 GPIOx_BRR (디폴트값 : 0x0000 0000)

b31	b30	b29	b28	b27	b26	b25	b24	b23	b22	b21	b20	b19	b18	b17	b16
-	-	-	-	-	-	-	-	-	-	-	-	-	-	-	-
-	-	-	-	-	-	-	-	-	-	-	-	-	-	-	-

b15	b14	b13	b12	b11	b10	b9	b8	b7	b6	b5	b4	b3	b2	b1	b0
BR[15:0]															
w	w	w	w	w	w	w	w	w	w	w	w	w	w	w	w

- BR[15:0] : Port x Reset Bit (x = A, B, C, D, E)
  0 = 아무 동작도 하지 않는다.
  1 = GPIOx_ODR 레지스터의 해당 비트를 리셋시킨다.

▣ GPIO 포트 설정 잠금 레지스터 GPIOx_LCKR (디폴트값 : 0x0000 0000)

b31	b30	b29	b28	b27	b26	b25	b24	b23	b22	b21	b20	b19	b18	b17	b16
-	-	-	-	-	-	-	-	-	-	-	-	-	-	-	LCKK
-	-	-	-	-	-	-	-	-	-	-	-	-	-	-	rw

b15	b14	b13	b12	b11	b10	b9	b8	b7	b6	b5	b4	b3	b2	b1	b0
LCK[15:0]															
rw	rw	rw	rw	rw	rw	rw	rw	rw	rw	rw	rw	rw	rw	rw	rw

- LCKK : Lock Key
  Read : 0 = 현재 포트 잠금 기능이 동작하지 않고 있다.

1 = 현재 포트 잠금 기능이 동작하고 있다.(아래의 시퀀스로 설정하면 이 비트가 1로 된다.)
Write : 포트 설정 잠금 기능을 동작시키려면 다음과 같이 정해진 4단계의 시퀀스로 설정해야 한다.
시퀀스 ① : LCKK=1로 하고 LCK[15:0] 비트를 결정하여 이 레지스터에 라이트한다.
시퀀스 ② : LCKK=0으로 하고 LCK[15:0] 비트를 같은 값으로 하여 이 레지스터에 라이트한다.
시퀀스 ③ : LCKK=1로 하고 LCK[15:0] 비트를 같은 값으로 하여 이 레지스터에 라이트한다.
시퀀스 ④ : 이 레지스터를 읽는다.

- LCK[15:0] : Port x Lock Bit (x = A, B, C, D, E)
0 = 포트 잠금 기능을 설정하지 않는다.
1 = 포트의 지정 비트에 잠금 기능을 설정한다. 이와 같이 잠금 기능이 설정되면 GPIOx_CRL 또는 GPIOx_CRH 레지스터에서 해당 비트를 설정하는 4비트가 변경되지 않고 보호된다. 이 잠금 기능은 CPU가 리셋되어야만 해제된다.

4. AFIO의 구조와 동작

AFIO(Alternate Function I/O)는 GPIO 단자에 부수적으로 할당되는 기능을 다양화하기 위하여 단자의 기능을 변경할 수 있도록 설정하는 주변장치이다. 이를 사용하면 하나의 GPIO 단자에 고정적으로 배치되어 있는 주변장치의 부수적인 기능을 다른 GPIO 단자로 옮길 수 있으므로 사용자의 하드웨어 설계에 유연성이 높아진다. 단자 구조의 기술적인 특성 때문에 AFIO를 사용하더라도 아날로그 신호 단자는 옮길 수 없으며, 디지털 신호 단자에 대하여만 재배치(remap)할 수 있도록 되어 있다.

STM32F103VET6에서 GPIO에 기본적으로 할당되는 부수적인 기능과 AFIO를 사용하여 재배치할 수 있는 부수적인 기능을 모두 요약하면 <표 2.1.11>과 같다.

<표 2.1.11> STM32F103VET6의 GPIO에 할당되는 부수적인 기능의 요약

핀 번호	핀이름	기본 기능	부수적 기능			
			기본 상태			재배치(remap) 상태
			타이머	직렬통신 포트	아날로그 및 기타	
23	PA0	PA0	TIM5_CH1/TIM8_ETR TIM2_CH1_ETR	USART2_CTS	ADC123_IN0 WKUP	
24	PA1	PA1	TIM2_CH2/TIM5_CH2	USART2_RTS	ADC123_IN1	
25	PA2	PA2	TIM2_CH3/TIM5_CH3	USART2_TX	ADC123_IN2	
26	PA3	PA3	TIM2_CH4/TIM5_CH4	USART2_RX	ADC123_IN3	
29	PA4	PA4		USART2_CK/SPI1_NSS	ADC12_IN4/DAC_OUT1	
30	PA5	PA5		SPI1_SCK	ADC12_IN5//DAC_OUT2	
31	PA6	PA6	TIM3_CH1/TIM8_BKIN	SPI1_MISO	ADC12_IN6	TIM1_BKIN
32	PA7	PA7	TIM3_CH2/TIM8_CH1N	SPI1_MOSI	ADC12_IN7	TIM1_CH1N
67	PA8	PA8	TIM1_CH1	USART1_CK	MCO	
68	PA9	PA9	TIM1_CH2	USART1_TX		
69	PA10	PA10	TIM1_CH3	USART1_RX		
70	PA11	PA11	TIM1_CH4	USART1_CTS/CAN_RX USBDM		
71	PA12	PA12	TIM1_ETR	USART1_RTS/CAN_TX USBDP		
72	PA13	JTMS-SWDIO				PA13
76	PA14	JTCK-SWCLK				PA14
77	PA15	JTDI		SPI3_NSS/I2S3_WS		PA15/TIM2_CH1_ETR/SPI1_NSS
35	PB0	PB0	TIM3_CH3/TIM8_CH2N		ADC12_IN8	TIM1_CH2N
36	PB1	PB1	TIM3_CH4/TIM8_CH3N		ADC12_IN9	TIM1_CH3N
37	PB2	PB2/BOOT1				
89	PB3	JTDO		SPI3_SCK/I2S3_CK		PB3/TIM2_CH2/SPI1_SCK
90	PB4	NJTRST		SPI3_MISO		PB4/TIM3_CH1/SPI1_MISO
91	PB5	PB5		SPI3_MOSI/I2S3_SD I2C1_SMBA		TIM3_CH2/SPI1_MOSI
92	PB6	PB6	TIM4_CH1	I2C1_SCL		USART1_TX
93	PB7	PB7	TIM4_CH2	I2C1_SDA	FSMC_NADV	USART1_RX
95	PB8	PB8	TIM4_CH3		SDIO_D4	I2C1_SCL/CAN_RX
96	PB9	PB9	TIM4_CH4		SDIO_D5	I2C1_SDA/CAN_TX
47	PB10	PB10		USART3_TX/I2C2_SCL		TIM2_CH3
48	PB11	PB11		USART3_RX/I2C2_SDA		TIM2_CH4
51	PB12	PB12	TIM1_BKIN	USART3_CK/I2C2_SMBA SPI2_NSS/I2S2_WS		
52	PB13	PB13	TIM1_CH1N	USART3_CTS SPI2_SCK/I2S2_CK		
53	PB14	PB14	TIM1_CH2N	USART3_RTS/SPI2_MISO		
54	PB15	PB15	TIM1_CH3N	SPI2_MOSI/I2S2_SD		
15	PC0	PC0	ADC123_IN10			
16	PC1	PC1	ADC123_IN11			
17	PC2	PC2	ADC123_IN12			
18	PC3	PC3	ADC123_IN13			
33	PC4	PC4	ADC123_IN14			
34	PC5	PC5	ADC123_IN15			
63	PC6	PC6	TIM8_CH1	I2S2_MCK	SDIO_D6	TIM3_CH1
64	PC7	PC7	TIM8_CH2	I2S3_MCK	SDIO_D7	TIM3_CH2
65	PC8	PC8	TIM8_CH3		SDIO_D0	TIM3_CH3
66	PC9	PC9	TIM8_CH4		SDIO_D1	TIM3_CH4
78	PC10	PC10		UART4_TX	SDIO_D2	USART3_TX
79	PC11	PC11		UART4_RX	SDIO_D3	USART3_RX
80	PC12	PC12		UART5_TX	SDIO_CK	USART3_CK
7	PC13	PC13			TAMPER-RTC	
8	PC14	PC14			OSC32_IN	
9	PC15	PC15			OSC32_OUT	

<표 2.1.11> STM32F103VET6의 GPIO에 할당되는 부수적인 기능의 요약(계속)

핀 번호	핀이름	기본 기능	부수적 기능			
			기본 상태			재배치(remap) 상태
			타이머	직렬통신 포트	아날로그 및 기타	
81	PD0	PD0			FSMC_D2	CAN_RX
82	PD1	PD1			FSMC_D3	CAN_TX
83	PD2	PD2	TIM3_ETR	UART5_RX	SDIO_CMD	
84	PD3	PD3			FSMC_CLK	USART2_CTS
85	PD4	PD4			FSMC_NOE	USART2_RTS
86	PD5	PD5			FSMC_NWE	USART2_TX
87	PD6	PD6			FSMC_NWAIT	USART2_RX
88	PD7	PD7			FSMC_NE1/FSMC_NCE2	USART2_CK
55	PD8	PD8			FSMC_D13	USART3_TX
56	PD9	PD9			FSMC_D14	USART3_RX
57	PD10	PD10			FSMC_D15	USART3_CK
58	PD11	PD11			FSMC_A16	USART3_CTS
59	PD12	PD12			FSMC_A17	USART3_RTS/TIM4_CH1
60	PD13	PD13			FSMC_A18	TIM4_CH2
61	PD14	PD14			FSMC_D0	TIM4_CH3
62	PD15	PD15			FSMC_D1	TIM4_CH4
97	PE0	PE0	TIM4_ETR		FSMC_NBL0	
98	PE1	PE1			FSMC_NBL1	
1	PE2	PE2			FSMC_A23	
2	PE3	PE3			FSMC_A19	
3	PE4	PE4			FSMC_A20	
4	PE5	PE5			FSMC_A21	
5	PE6	PE6			FSMC_A22	
38	PE7	PE7			FSMC_D4	TIM1_ETR
39	PE8	PE8			FSMC_D5	TIM1_CH1N
40	PE9	PE9			FSMC_D6	TIM1_CH1
41	PE10	PE10			FSMC_D7	TIM1_CH2N
42	PE11	PE11			FSMC_D8	TIM1_CH2
43	PE12	PE12			FSMC_D9	TIM1_CH3N
44	PE13	PE13			FSMC_D10	TIM1_CH3
45	PE14	PE14			FSMC_D11	TIM1_CH4
46	PE15	PE15			FSMC_D12	TIM1_BKIN

STM32F103VET6에서 AFIO를 사용하여 GPIO에 할당되는 부수적인 기능을 재배치할 수 있는 내역을 각 주변장치별로 요약하면 다음과 같다. 이러한 기능은 레지스터 AFIO_MAPR 및 AFIO_MAPR2를 사용하여 수행한다.

<표 2.1.12> AFIO의 AFIO_MAPR 레지스터를 사용한 JTAG/SWD 관련 단자의 설정

SWJ_CFG[2:0]	디버그 기능 사용 요약	각 단자의 사용				
		PA13/JTMS/SWDIO	PA14/JTCK/SWCLK	PA15/JTDI	PB3/JTDO	PB4/NJTRST
000	JTAG 사용, SWD 사용 (리셋후 디폴트 상태)	○	○	○	○	○
001	JTAG 사용, SWD 사용 (NJTRST는 제외)	○	○	○	○	GPIO
010	JTAG 금지, SWD 사용	○	○	GPIO	GPIO	GPIO
100	JTAG 금지, SWD 금지	GPIO	GPIO	GPIO	GPIO	GPIO

<표 2.1.13> AFIO의 AFIO_MAPR 레지스터를 사용한 ADC 관련 단자의 재배치

부수적인 기능	원래의 핀 배치	AFIO에 의한 핀 재배치
(레귤러 변환에서) ADC1 외부 트리거 단자	**ADC1_ETRGREG_REMAP = 0**	**ADC1_ETRGREG_REMAP = 1**
	EXTI11	TIM8_TRGO
(인젝티드 변환에서) ADC1 외부 트리거 단자	**ADC1_ETRGINJ_REMAP = 0**	**ADC1_ETRGINJ_REMAP = 1**
	EXTI15	TIM8_CH4
(레귤러 변환에서) ADC2 외부 트리거 단자	**ADC2_ETRGREG_REMAP = 0**	**ADC2_ETRGREG_REMAP = 1**
	EXTI11	TIM8_TRGO
(인젝티드 변환에서) ADC2 외부 트리거 단자	**ADC2_ETRGINJ_REMAP = 0**	**ADC2_ETRGINJ_REMAP = 1**
	EXTI15	TIM8_CH4

<표 2.1.14> AFIO의 AFIO_MAPR 레지스터를 사용한 TIM1 관련 단자의 재배치

부수적인 기능	원래의 핀 배치 TIM1_REMAP[1:0] = 00	AFIO에 의한 핀 부분 재배치 TIM1_REMAP[1:0] = 01	AFIO에 의한 핀 전체 재배치 TIM1_REMAP[1:0] = 11
TIM1_CH1	PA8		PE9
TIM1_CH2	PA9		PE11
TIM1_CH3	PA10		PE13
TIM1_CH4	PA11		PE14
TIM1_ETR	PA12		PE7
TIM1_BKIN	PB12	PA6	PE15
TIM1_CH1N	PB13	PA7	PE8
TIM1_CH2N	PB14	PB0	PE10
TIM1_CH3N	PB15	PB1	PE12

<표 2.1.15> AFIO의 AFIO_MAPR 레지스터를 사용한 TIM2 관련 단자의 재배치

부수적인 기능	원래의 핀 배치 TIM2_REMAP[1:0]=00	AFIO에 의한 핀 부분 또는 전체 재배치		
		TIM2_REMAP[1:0]=01	TIM2_REMAP[1:0]=10	TIM2_REMAP[1:0]=11
TIM2_CH1_ETR	PA0	PA15	PA0	PA15
TIM2_CH2	PA1	PB3	PA1	PB3
TIM2_CH3	PA2		PB10	
TIM2_CH4	PA3		PB11	

<표 2.1.16> AFIO의 AFIO_MAPR 레지스터를 사용한 TIM3 관련 단자의 재배치

부수적인 기능	원래의 핀 배치 TIM3_REMAP[1:0] = 00	AFIO에 의한 핀 부분 재배치 TIM3_REMAP[1:0] = 10	AFIO에 의한 핀 전체 재배치 TIM3_REMAP[1:0] = 11
TIM3_CH1	PA6	PB4	PC6
TIM3_CH2	PA7	PB5	PC7
TIM3_CH3	PB0		PC8
TIM3_CH4	PB1		PC9
TIM3_ETR	PD2		

〈표 2.1.17〉 AFIO의 AFIO_MAPR 레지스터를 사용한 TIM4 관련 단자의 재배치

부수적인 기능	원래의 핀 배치 TIM4_REMAP = 0	AFIO에 의한 핀 재배치 TIM4_REMAP = 1
TIM4_CH1	PB6	PD12
TIM4_CH2	PB7	PD13
TIM4_CH3	PB8	PD14
TIM4_CH4	PB9	PD15
TIM4_ETR	PE0	

〈표 2.1.18〉 AFIO의 AFIO_MAPR 레지스터를 사용한 TIM5 관련 단자의 재배치

부수적인 기능	원래의 핀 배치 TIM5CH4_IREMAP = 0	AFIO에 의한 핀 재배치 TIM5CH4_IREMAP = 1
TIM5_CH1	PA0	
TIM5_CH2	PA1	
TIM5_CH3	PA2	
TIM5_CH4	PA3	LSI 클록

〈표 2.1.19〉 AFIO의 AFIO_MAPR 레지스터를 사용한 USART1 관련 단자의 재배치

부수적인 기능	원래의 핀 배치 USART1_REMAP = 0	AFIO에 의한 핀 재배치 USART1_REMAP = 1
USART1_CK	PA8	
USART1_TX	PA9	PB6
USART1_RX	PA10	PB7
USART1_CTS	PA11	
USART1_RTS	PA12	

〈표 2.1.20〉 AFIO의 AFIO_MAPR 레지스터를 사용한 USART2 관련 단자의 재배치

부수적인 기능	원래의 핀 배치 USART2_REMAP = 0	AFIO에 의한 핀 재배치 USART2_REMAP = 1
USART2_CTS	PA0	PD3
USART2_RTS	PA1	PD4
USART2_TX	PA2	PD5
USART2_RX	PA3	PD6
USART2_CK	PA4	PD7

〈표 2.1.21〉 AFIO의 AFIO_MAPR 레지스터를 사용한 USART3 관련 단자의 재배치

부수적인 기능	원래의 핀 배치 USART3_REMAP[1:0] = 00	AFIO에 의한 핀 부분 재배치 USART3_REMAP[1:0] = 01	AFIO에 의한 핀 전체 재배치 USART3_REMAP[1:0] = 11
USART3_TX	PB10	PC10	PD8
USART3_RX	PB11	PC11	PD9
USART3_CK	PB12	PC12	PD10
USART3_CTS	PB13		PD11
USART3_RTS	PB14		PD12

<표 2.1.22> AFIO의 AFIO_MAPR 레지스터를 사용한 SPI1 관련 단자의 재배치

부수적인 기능	원래의 핀 배치 SPI1_REMAP = 0	AFIO에 의한 핀 재배치 SPI1_REMAP = 1
SPI1_NSS	PA4	PA15
SPI1_SCK	PA5	PB3
SPI1_MISO	PA6	PB4
SPI1_MOSI	PA7	PB5

<표 2.1.23> AFIO의 AFIO_MAPR 레지스터를 사용한 I2C1 관련 단자의 재배치

부수적인 기능	원래의 핀 배치 I2C1_REMAP = 0	AFIO에 의한 핀 재배치 I2C1_REMAP = 1
I2C1_SCL	PB6	PB8
I2C1_SDA	PB7	PB9

<표 2.1.24> AFIO의 AFIO_MAPR 레지스터를 사용한 CAN 관련 단자의 재배치

부수적인 기능	원래의 핀 배치 CAN_REMAP[1:0] = 00	AFIO에 의한 핀 재배치 CAN_REMAP[1:0] = 10	AFIO에 의한 핀 재배치 CAN_REMAP[1:0] = 11
CAN_RX	PA11	PB8	PD0
CAN_TX	PA12	PB9	PD1

5. AFIO 관련 I/O 제어 레지스터

AFIO와 관련된 I/O 제어 레지스터는 <표 2.1.25>와 같이 7개가 있는데, 이 레지스터들의 기능을 정리하면 아래와 같다.

<표 2.1.25> STM32F103VET6의 AFIO와 관련된 I/O 제어 레지스터 요약

어드레스	레지스터 이름	레지스터의 풀어 쓴 이름	리셋 후 초기값
0x4001_0000	AFIO_EVCR	AFIO Event Control Register	0x0000_0000
0x4001_0004	AFIO_MAPR	AFIO Remap and Debug I/O Configuration Register	0x0000_0000
0x4001_0008	AFIO_EXTICR1	AFIO External Interrupt Configuration Register 1	0x0000_0000
0x4001_000C	AFIO_EXTICR2	AFIO External Interrupt Configuration Register 2	0x0000_0000
0x4001_0010	AFIO_EXTICR3	AFIO External Interrupt Configuration Register 3	0x0000_0000
0x4001_0014	AFIO_EXTICR4	AFIO External Interrupt Configuration Register 4	0x0000_0000
0x4001_0018	AFIO_MAPR2	AFIO Remap and Debug I/O Configuration Register 2	0x0000_0000

■ AFIO 이벤트 제어 레지스터 AFIO_EVCR (디폴트값 : 0x0000 0000)

b31	b30	b29	b28	b27	b26	b25	b24	b23	b22	b21	b20	b19	b18	b17	b16
–	–	–	–	–	–	–	–	–	–	–	–	–	–	–	–
–	–	–	–	–	–	–	–	–	–	–	–	–	–	–	–

b15	b14	b13	b12	b11	b10	b9	b8	b7	b6	b5	b4	b3	b2	b1	b0
–	–	–	–	–	–	–	–	EVOE	PORT[2:0]			PIN[3:0]			
–	–	–	–	–	–	–	–	rw	rw	rw	rw	rw	rw	rw	rw

- EVOE : Event Output Enable
  0 = 이벤트 신호를 출력하지 않는다.
  1 = PORT[2:0] 및 PIN[3:0]으로 지정한 GPIO 단자로 EVENTOUT 신호를 출력한다.
- PORT[2:0] : Port Selection for EVENTOUT signal
  000 = 포트A를 선택한다.
  001 = 포트B를 선택한다.
  010 = 포트C를 선택한다.
  011 = 포트D를 선택한다.
  100 = 포트E를 선택한다.
  101~111 = (사용하지 않음.)
- PIN[3:0] : Pin Selection for EVENTOUT signal (x = A, B, C, D, E)
  0000 = Px0 핀을 선택한다.
  0001 = Px1 핀을 선택한다.
  0010 = Px2 핀을 선택한다.
  0011 = Px3 핀을 선택한다.
  0100 = Px4 핀을 선택한다.
  0101 = Px5 핀을 선택한다.
  0110 = Px6 핀을 선택한다.
  0111 = Px7 핀을 선택한다.
  1000 = Px8 핀을 선택한다.
  1001 = Px9 핀을 선택한다.
  1010 = Px10 핀을 선택한다.
  1011 = Px11 핀을 선택한다.
  1100 = Px12 핀을 선택한다.
  1101 = Px13 핀을 선택한다.
  1110 = Px14 핀을 선택한다.
  1111 = Px15 핀을 선택한다.

▣ AFIO 부수적인 기능 재배치 설정 레지스터 AFIO_MAPR (디폴트값 : 0x0000 0000)

b31	b30	b29	b28	b27	b26	b25	b24	b23	b22	b21	b20	b19	b18	b17	b16
–	–	–	–	–	SWJ_CFG[2:0]			–	–	–	ADC2_ETRGREG_REMAP	ADC2_ETRGINJ_REMAP	ADC1_ETRGREG_REMAP	ADC1_ETRGINJ_REMAP	TIM5CH4_IREMAP
–	–	–	–	–	w	w	w	–	–	–	rw	rw	rw	rw	rw

b15	b14	b13	b12	b11	b10	b9	b8	b7	b6	b5	b4	b3	b2	b1	b0
PD01_REMAP	CAN_REMAP[1:0]		TIM4_REMAP	TIM3_REMAP[1:0]		TIM2_REMAP[1:0]		TIM1_REMAP[1:0]		USART3_REMAP[1:0]		USART2_REMAP	USART1_REMAP	I2C1_REMAP	SPI1_REMAP
rw	rw	rw	rw	rw	rw	rw	rw	rw	rw	rw	rw	rw	rw	rw	rw

- SWJ_CFG[2:0] : Serial Wire JTAG Configuration
  000 = JTAG과 SWD를 모두 사용하는 리셋 상태로 한다.
  001 = NJTRST를 제외하고 JTAG과 SWD를 모두 사용한다.
  010 = JTAG은 사용하는 것을 금지하고 SWD는 사용하는 것을 허용한다.
  100 = JTAG과 SWD를 모두 사용하는 것을 금지한다.
- ADC2_ETRGREG_REMAP : ADC2 External Trigger Regular Conversion Remap
  0 = ADC2의 레귤러 변환을 위한 외부 트리거 신호로 EXTI11을 사용한다.
  1 = ADC2의 레귤러 변환을 위한 외부 트리거 신호로 TIM8_TRGO를 사용한다.
- ADC2_ETRGINJ_REMAP : ADC2 External Trigger Injected Conversion Remap
  0 = ADC2의 인젝티드 변환을 위한 외부 트리거 신호로 EXTI15를 사용한다.
  1 = ADC2의 인젝티드 변환을 위한 외부 트리거 신호로 TIM8_CH4를 사용한다.
- ADC1_ETRGREG_REMAP : ADC1 External Trigger Regular Conversion Remap
  0 = ADC1의 레귤러 변환을 위한 외부 트리거 신호로 EXTI11을 사용한다.
  1 = ADC1의 레귤러 변환을 위한 외부 트리거 신호로 TIM8_TRGO를 사용한다.
- ADC1_ETRGINJ_REMAP : ADC1 External Trigger Injected Conversion Remap
  0 = ADC1의 인젝티드 변환을 위한 외부 트리거 신호로 EXTI15를 사용한다.
  1 = ADC1의 인젝티드 변환을 위한 외부 트리거 신호로 TIM8_CH4를 사용한다.
- TIM5CH4_IREMAP : TIM5 Channel 4 Internal Remap
  0 = 마이크로컨트롤러 내부에서 TIM5_CH4를 PA3 단자에 연결한다.
  1 = 마이크로컨트롤러 내부에서 TIM5_CH4를 LSI 클록에 연결한다.
- PD01_REMAP : PD0/PD1 Mapping on OSC_IN/OSC_OUT
  이 기능은 36/48/64핀의 마이크로컨트롤러에만 적용되므로 100핀 구조인 STM32F103VET6에는 적용되지 않는다.
- CAN_REMAP[1:0] : CAN Alternate Function Remap
  00 = CAN 신호를 재배치하지 않는다.
  01 = (사용하지 않음.)

10 = CAN 신호를 CAN_RX/PB8, CAN_TX/PB9로 재배치한다.
11 = CAN 신호를 CAN_RX/PD0, CAN_TX/PD1로 재배치한다.

- TIM4_REMAP : TIM4 Remap
  0 = TIM4 신호를 재배치하지 않는다.
  1 = TIM4 신호를 TIM4_CH1/PD12, TIM4_CH2/PD13, TIM4_CH3/PD14, TIM4_CH4/PD15로 부분 재배치하고, TIM4_ETR/PE0는 원래대로 사용한다.
- TIM3_REMAP[1:0] : TIM3 Remap
  00 = TIM3 신호를 재배치하지 않는다.
  01 = (사용하지 않음.)
  10 = TIM3 신호를 TIM3_CH1/PB4, TIM3_CH2/PB5로 부분 재배치하고, TIM3_CH3/PB0, TIM3_CH4/PB1, TIM3_ETR/PD2는 원래대로 사용한다.
  11 = TIM3 신호를 TIM3_CH1/PC6, TIM3_CH2/PC7, TIM3_CH3/PC8, TIM3_CH4/PC9로 부분 재배치하고, TIM3_ETR/PE0는 원래대로 사용한다.
- TIM2_REMAP[1:0] : TIM2 Remap
  00 = TIM2 신호를 재배치하지 않는다.
  01 = TIM2 신호를 TIM2_CH1_ETR/PA15, TIM2_CH2/PB3으로 부분 재배치하고, TIM2_CH3/PA2, TIM2_CH4/PA3은 원래대로 사용한다.
  10 = TIM2 신호를 TIM2_CH3/PB10, TIM2_CH4/PB11로 부분 재배치하고, TIM2_CH1_ETR/PA0, TIM2_CH2/PA1은 원래대로 사용한다.
  11 = TIM2 신호를 TIM2_CH1_ETR/PA15, TIM2_CH2/PB3, TIM2_CH3/PB10, TIM2_CH4/PB11로 재배치한다.
- TIM1_REMAP[1:0] : TIM1 Remap
  00 = TIM1 신호를 재배치하지 않는다.
  01 = TIM1 신호를 TIM1_CH1N/PA7, TIM1_CH2N/PB0, TIM1_CH3N/PB1, TIM1_BKIN/PA6으로 부분 재배치하고, TIM1_CH1/PA8, TIM1_CH2/PA9, TIM1_CH3/PA10, TIM1_CH4/PA11, TIM1_ETR/PA12는 원래대로 사용한다.
  10 = (사용하지 않음.)
  11 = TIM1 신호를 TIM1_ETR/PE7, TIM1_CH1N/PE8, TIM1_CH1/PE9, TIM1_CH2N/PE10, TIM1_CH2/PE11, TIM1_CH3N/PE12, TIM1_CH3/PE13, TIM1_CH4/PE14, TIM1_BKIN/PE15로 재배치한다.
- USART3_REMAP : USART3 Remap
  00 = USART3 신호를 재배치하지 않는다.
  01 = USART3 신호를 USART3_TX/PC10, USART3_RX/PC11, USART3_CK/PC12로 부분 재배치하고, USART3_CTS/PB13, USART3_RTS/PB14는 원래대로 사용한다.
  10 = (사용하지 않음.)
  11 = USART3 신호를 USART3_TX/PD8, USART3_RX/PD9, USART3_CK/PD10, USART3_CTS/PD11, USART3_RTS/PD12로 재배치한다.
- USART2_REMAP : USART2 Remap
  0 = USART2 신호를 재배치하지 않는다.
  1 = USART2 신호를 USART2_CTS/PD3, USART2_RTS/PD4, USART2_TX/PD5, USART2_RX/PD6, USART2_CK/PD7로 재배치한다.
- USART1_REMAP : USART1 Remap
  0 = USART1 신호를 재배치하지 않는다.
  1 = USART1 신호를 USART1_TX/PB6, USART1_RX/PB7로 재배치한다.
- I2C1_REMAP : I2C1 Remap
  0 = I2C1 신호를 재배치하지 않는다.
  1 = I2C1 신호를 I2C1_SCL/PB8, I2C1_SDA/PB9로 재배치한다.
- SPI1_REMAP : SPI1 Remap
  0 = SPI1 신호를 재배치하지 않는다.
  1 = SPI1 신호를 SPI1_NSS/PA15, SPI1_SCK/PB3, SPI1_MISO/PB4, SPI1_MOSI/PB5로 재배치한다.

▣ AFIO 외부 인터럽트 설정 레지스터1 AFIO_EXTICR1 (디폴트값 : 0x0000 0000)

b31	b30	b29	b28	b27	b26	b25	b24	b23	b22	b21	b20	b19	b18	b17	b16
-	-	-	-	-	-	-	-	-	-	-	-	-	-	-	-
-	-	-	-	-	-	-	-	-	-	-	-	-	-	-	-

b15	b14	b13	b12	b11	b10	b9	b8	b7	b6	b5	b4	b3	b2	b1	b0
EXTI3[3:0]				EXTI2[3:0]				EXTI1[3:0]				EXTI0[3:0]			
rw	rw	rw	rw	rw	rw	rw	rw	rw	rw	rw	rw	rw	rw	rw	rw

- EXTIx[3:0] : EXTIx Interrupt Configuration (x = 0~3)
  0000 = PAx 단자를 외부 인터럽트 EXTIx 신호선으로 사용한다.
  0001 = PBx 단자를 외부 인터럽트 EXTIx 신호선으로 사용한다.
  0010 = PCx 단자를 외부 인터럽트 EXTIx 신호선으로 사용한다.
  0011 = PDx 단자를 외부 인터럽트 EXTIx 신호선으로 사용한다.
  0100 = PEx 단자를 외부 인터럽트 EXTIx 신호선으로 사용한다.
  0101 = PFx 단자를 외부 인터럽트 EXTIx 신호선으로 사용한다.(STM32F103VET6에는 해당되지 않음)
  0110 = PGx 단자를 외부 인터럽트 EXTIx 신호선으로 사용한다.(STM32F103VET6에는 해당되지 않음)

▣ AFIO 외부 인터럽트 설정 레지스터2 AFIO_EXTICR2 (디폴트값 : 0x0000 0000)

b31	b30	b29	b28	b27	b26	b25	b24	b23	b22	b21	b20	b19	b18	b17	b16
-	-	-	-	-	-	-	-	-	-	-	-	-	-	-	-
-	-	-	-	-	-	-	-	-	-	-	-	-	-	-	-

b15	b14	b13	b12	b11	b10	b9	b8	b7	b6	b5	b4	b3	b2	b1	b0
EXTI7[3:0]				EXTI6[3:0]				EXTI5[3:0]				EXTI4[3:0]			
rw	rw	rw	rw	rw	rw	rw	rw	rw	rw	rw	rw	rw	rw	rw	rw

- EXTIx[3:0] : EXTIx Interrupt Configuration (x = 4~7)
  0000 = PAx 단자를 외부 인터럽트 신호선으로 사용한다.
  0001 = PBx 단자를 외부 인터럽트 EXTIx 신호선으로 사용한다.
  0010 = PCx 단자를 외부 인터럽트 EXTIx 신호선으로 사용한다.
  0011 = PDx 단자를 외부 인터럽트 EXTIx 신호선으로 사용한다.
  0100 = PEx 단자를 외부 인터럽트 EXTIx 신호선으로 사용한다.
  0101 = PFx 단자를 외부 인터럽트 EXTIx 신호선으로 사용한다.(STM32F103VET6에는 해당되지 않음)
  0110 = PGx 단자를 외부 인터럽트 EXTIx 신호선으로 사용한다.(STM32F103VET6에는 해당되지 않음)

▣ AFIO 외부 인터럽트 설정 레지스터3 AFIO_EXTICR3 (디폴트값 : 0x0000 0000)

b31	b30	b29	b28	b27	b26	b25	b24	b23	b22	b21	b20	b19	b18	b17	b16
-	-	-	-	-	-	-	-	-	-	-	-	-	-	-	-
-	-	-	-	-	-	-	-	-	-	-	-	-	-	-	-

b15	b14	b13	b12	b11	b10	b9	b8	b7	b6	b5	b4	b3	b2	b1	b0
EXTI11[3:0]				EXTI10[3:0]				EXTI9[3:0]				EXTI8[3:0]			
rw	rw	rw	rw	rw	rw	rw	rw	rw	rw	rw	rw	rw	rw	rw	rw

- EXTIx[3:0] : EXTIx Interrupt Configuration (x = 8~11)
  0000 = PAx 단자를 외부 인터럽트 신호선으로 사용한다.
  0001 = PBx 단자를 외부 인터럽트 EXTIx 신호선으로 사용한다.
  0010 = PCx 단자를 외부 인터럽트 EXTIx 신호선으로 사용한다.
  0011 = PDx 단자를 외부 인터럽트 EXTIx 신호선으로 사용한다.
  0100 = PEx 단자를 외부 인터럽트 EXTIx 신호선으로 사용한다.
  0101 = PFx 단자를 외부 인터럽트 EXTIx 신호선으로 사용한다.(STM32F103VET6에는 해당되지 않음)
  0110 = PGx 단자를 외부 인터럽트 EXTIx 신호선으로 사용한다.(STM32F103VET6에는 해당되지 않음)

▣ AFIO 외부 인터럽트 설정 레지스터4 AFIO_EXTICR4 (디폴트값 : 0x0000 0000)

b31	b30	b29	b28	b27	b26	b25	b24	b23	b22	b21	b20	b19	b18	b17	b16
-	-	-	-	-	-	-	-	-	-	-	-	-	-	-	-
-	-	-	-	-	-	-	-	-	-	-	-	-	-	-	-

b15	b14	b13	b12	b11	b10	b9	b8	b7	b6	b5	b4	b3	b2	b1	b0
EXTI15[3:0]				EXTI14[3:0]				EXTI13[3:0]				EXTI12[3:0]			
rw	rw	rw	rw	rw	rw	rw	rw	rw	rw	rw	rw	rw	rw	rw	rw

- EXTIx[3:0] : EXTIx Interrupt Configuration (x = 12~15)
  0000 = PAx 단자를 외부 인터럽트 신호선으로 사용한다.
  0001 = PBx 단자를 외부 인터럽트 EXTIx 신호선으로 사용한다.
  0010 = PCx 단자를 외부 인터럽트 EXTIx 신호선으로 사용한다.
  0011 = PDx 단자를 외부 인터럽트 EXTIx 신호선으로 사용한다.
  0100 = PEx 단자를 외부 인터럽트 EXTIx 신호선으로 사용한다.
  0101 = PFx 단자를 외부 인터럽트 EXTIx 신호선으로 사용한다.(STM32F103VET6에는 해당되지 않음)
  0110 = PGx 단자를 외부 인터럽트 EXTIx 신호선으로 사용한다.(STM32F103VET6에는 해당되지 않음)

▣ AFIO 부수적인 기능 재배치 설정 레지스터2 AFIO_MAPR2 (디폴트값 : 0x0000 0000)

b31	b30	b29	b28	b27	b26	b25	b24	b23	b22	b21	b20	b19	b18	b17	b16
-	-	-	-	-	-	-	-	-	-	-	-	-	-	-	-
-	-	-	-	-	-	-	-	-	-	-	-	-	-	-	-

b15	b14	b13	b12	b11	b10	b9	b8	b7	b6	b5	b4	b3	b2	b1	b0
-	-	-	-	-	FSMC_NADV	TIM14_REMAP	TIM13_REMAP	TIM11_REMAP	TIM10_REMAP	TIM9_REMAP	-	-	-	-	-
-	-	-	-	-	rw	rw	rw	rw	rw	rw	-	-	-	-	-

이 레지스터는 144핀 이상의 모델에서만 사용되며, 100핀의 STM32F103VET6에는 적용되지 않는다.

- FSMC_NADV : NADV Connect/Disconnect
  0 = FSMC의 NADV 신호를 출력으로 연결한다.
  1 = FSMC의 NADV 신호를 출력으로 연결하지 않는다.
- TIM14_REMAP : TIM14 Remap
  0 = TIM14 신호를 재배치하지 않는다.
  1 = TIM14 신호를 TIM14_CH1/PF9로 재배치한다.
- TIM13_REMAP : TIM13 Remap
  0 = TIM13 신호를 재배치하지 않는다.
  1 = TIM13 신호를 TIM13_CH1/PF8로 재배치한다.
- TIM11_REMAP : TIM11 Remap
  0 = TIM11 신호를 재배치하지 않는다.
  1 = TIM11 신호를 TIM11_CH1/PF7로 재배치한다.
- TIM10_REMAP : TIM10 Remap
  0 = TIM10 신호를 재배치하지 않는다.
  1 = TIM10 신호를 TIM10_CH1/PF6으로 재배치한다.
- TIM9_REMAP : TIM9 Remap
  0 = TIM9 신호를 재배치하지 않는다.
  1 = TIM9 신호를 TIM9_CH1/PE5, TIM9_CH2/PE6으로 재배치한다.

2.2 A/D 컨버터(ADC)

이 절에서는 STM32F103VET6에 내장되어 있는 A/D 컨버터의 구조와 기능에 대하여 알아보기로 한다.

1. A/D 컨버터의 개요

STM32F103VET6은 18채널 12비트 분해능의 축차비교형(successive approximation) A/D 컨버터를 3개 가지고 있다. 각 채널의 입력 신호는 내부의 아날로그 멀티플렉서(analog multiplexer)에 의하여 선택되며, 선택된 아날로그 입력은 샘플링 회로를 거쳐서 A/D 변환된다.

STM32F103VET6에 내장된 A/D 컨버터의 주요 특징을 요약하면 다음과 같다.

① STM32F103VET6에는 12비트 분해능으로 동작하는 축차비교형 A/D 컨버터를 3개(ADC1, ADC2, ADC3) 가지고 있으며, 이것들은 동시에 또는 교대로 사용하여 A/D 변환 동작을 수행할 수 있다.

② 샘플링 시간을 포함한 A/D 변환시간은 최소 1.0μs까지 가능하다. 샘플링 시간을 사용자가 설정할 수 있다.

③ 3개의 A/D 컨버터에는 16개의 외부 아날로그 입력과 2개의 내부 아날로그 입력이 사용 가능하다. 내부 입력은 내장 온도센서로 부터의 V_{SENSE}와 1.20V의 내장 기준 전압 V_{REFINT}이다.

④ 각 채널을 A/D 변환하는 방법에는 단일 변환 모드(single mode), 연속 변환 모드(continuous mode), 스캔 변환 모드(scan mode), 불연속 변환 모드(discontinuous mode) 등이 있다.

⑤ 3개의 A/D 컨버터 중에서 2개(Dual mode)를 동시에 A/D 변환하는 것이 가능하다.

⑥ A/D 변환 시작(start-of-conversion)은 소프트웨어 트리거를 사용할 수도 있고 TIM1~TIM5, TIM8 등에 의한 하드웨어 트리거를 사용할 수도 있다.

⑦ 12비트의 A/D 변환 결과는 16비트의 변환 결과 레지스터에 우측정렬 또는 좌측정렬로 저장할 수 있다.

⑧ A/D 변환 결과값이 특정한 영역에 들어가는지를 감시하는 아날로그 워치독 기능을 가지고 있다.

⑨ A/D 컨버터의 클록은 최고 14MHz까지 사용할 수 있으며, 이 클록 소스로는 RCC에서 발생한 PCLK2를 분주비 2, 4, 6, 8로 나누어 사용한다.

⑩ A/D 변환 완료, injected simultaneous mode에서의 A/D 변환 완료, 아날로그 워치독 등의 인터럽트를 요청할 수 있다.

⑪ A/D 컨버터 및 D/A 컨버터와 같은 아날로그 회로에는 독립적인 아날로그 전원 V_{DDA} = 2.4V~3.6V를 공급해야 하며, 이 전원은 내부에서 A/D 변환을 위한 기준전압으로도 사용되기 때문에 아날로그 입력신호의 범위는 0~V_{DDA}가 된다.

2. A/D 컨버터의 구조와 동작

(1) A/D 컨버터의 내부 구조

STM32F103VET6에서 A/D 컨버터와 관련된 부분의 내부 구조를 블록도로 보이면 <그림 2.2.1>과 같다. 단, ADC3의 경우에는 하드웨어 트리거 신호를 사용하는 것이 이 블록도와 다르게 되어 있다. 또한 각 A/D 컨버터의 채널에 연결되는 아날로그 입력 신호를 정리하면 <표 2.2.1>과 같다.

<표 2.2.1> 3개의 A/D 컨버터 각 채널에 연결되는 아날로그 입력 신호

채널	ADC1	ADC2	ADC3
VIN0	ADC123_IN0	ADC123_IN0	ADC123_IN0
VIN1	ADC123_IN1	ADC123_IN1	ADC123_IN1
VIN2	ADC123_IN2	ADC123_IN2	ADC123_IN2
VIN3	ADC123_IN3	ADC123_IN3	ADC123_IN3
VIN4	ADC12_IN4	ADC12_IN4	ADC3_IN4 *
VIN5	ADC12_IN5	ADC12_IN5	ADC3_IN5 *
VIN6	ADC12_IN6	ADC12_IN6	ADC3_IN6 *
VIN7	ADC12_IN7	ADC12_IN7	ADC3_IN7 *
VIN8	ADC12_IN8	ADC12_IN8	ADC3_IN8 *
VIN9	ADC12_IN9	ADC12_IN9	(Vss)
VIN10	ADC123_IN10	ADC123_IN10	ADC123_IN10
VIN11	ADC123_IN11	ADC123_IN11	ADC123_IN11
VIN12	ADC123_IN12	ADC123_IN12	ADC123_IN12
VIN13	ADC123_IN13	ADC123_IN13	ADC123_IN13
VIN14	ADC12_IN14	ADC12_IN14	(Vss)
VIN15	ADC12_IN15	ADC12_IN15	(Vss)
VIN16	VSENSE	(Vss)	(Vss)
VIN17	VREFINT	(Vss)	(Vss)

*는 100핀 패키지를 가지는 STM32F103VET6에는 없는 단자를 나타낸다.

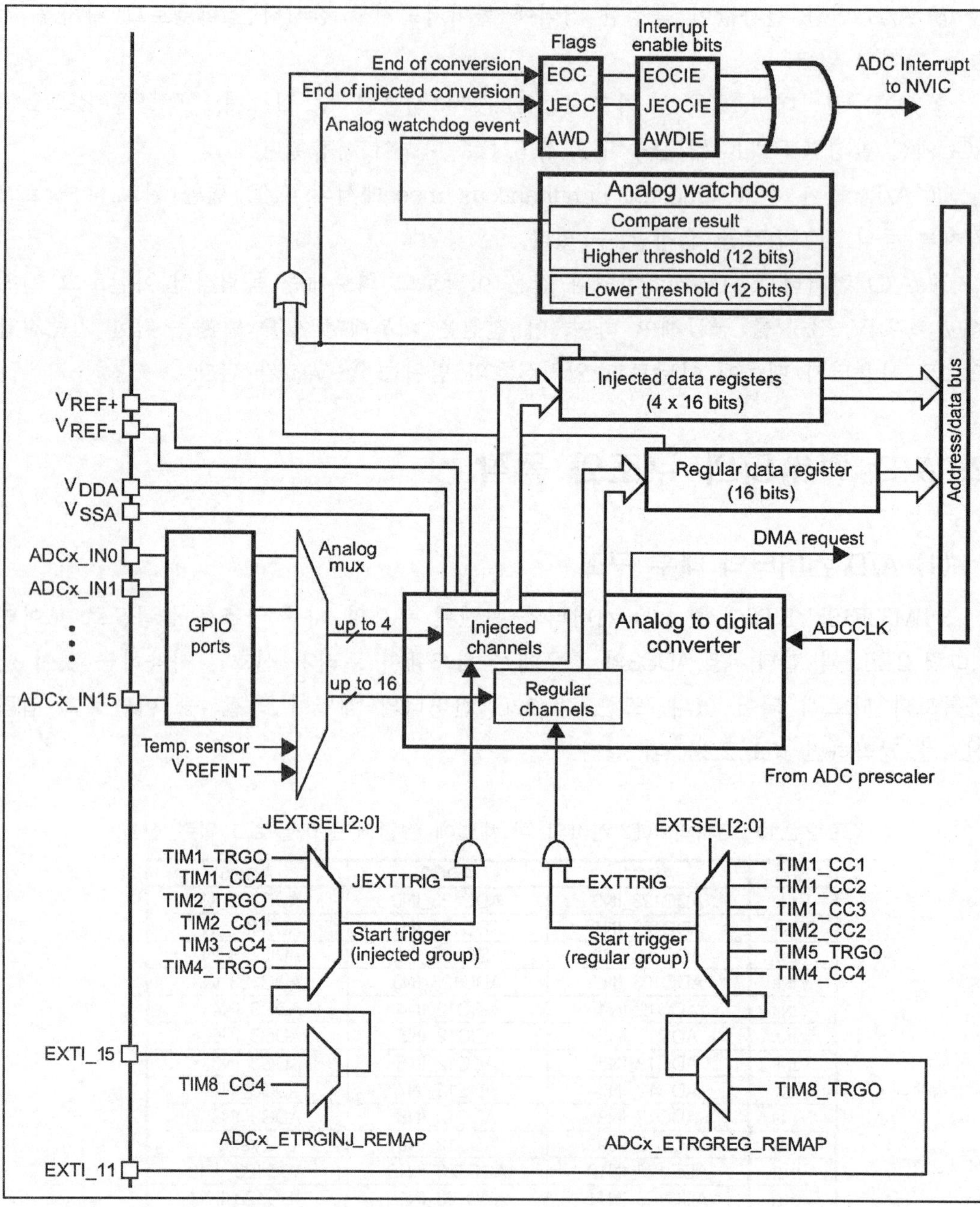

<그림 2.2.1> STM32F103VET6에서 A/D 컨버터의 구성 블록도(x = 1, 2, 3)

(2) A/D 컨버터의 캘리브레이션

STM32F103VET6의 A/D 컨버터에는 캘리브레이션(calibration) 기능을 가지고 있는데, 캘리브레이션을 수행하면 A/D 컨버터의 오프셋 오차(offset error)에 해당하는 캘리브레이션 팩터(calibration factor)를 측정하여 소자의 내부에 기억하고 있다가 그 이후 매번 A/D 변환을 수행할 때마다 변환 결과에서 자동으로 이 캘리브레이션 팩터를 빼는 방법으로 A/D 컨버터의 오프셋 오차를 제거한다. 따라서, A/D 변환을 수행하기 전에 캘리브레이션을 실시하면 좀더 정확한 A/D 변환 결과를 얻을 수 있다.

캘리브레이션은 전원을 투입하고 A/D 컨버터를 사용하기 전에 1번 수행하는 것이 바람직하며, ADON=1로 설정하여 A/D 컨버터를 인에이블한 상태에서 최소 2개 이상의 ADCCLK 주기가 경과한 이후에 ADCx_CR2 레지스터의 CAL=1로 설정함으로써 시작된다. A/D 컨버터의 캘리브레이션이 수행되는 동안에는 CAL=1로 유지되다가 캘리브레이션이 완료되면 이 비트가 0으로 클리어되고 캘리브레이션 팩터가 내부에 저장되는데, 이 값은 ADC_DR 레지스터를 통하여 읽어볼 수도 있다.

(3) A/D 컨버터 클록 및 기준전압

A/D 컨버터를 동작시키는 클록 ADCCLK은 최고 14MHz까지 사용할 수 있는데, 클록 소스로는 RCC에서 공급되는 PCLK2를 분주비 2, 4, 6, 8로 나누어 사용한다. 이 분주비는 RCC_CFGR 레지스터의 ADCPRE[1:0] 비트로 설정한다. *OK-STM103* 키트에서는 72MHz의 PCLK2를 6으로 나누어 12MHz의 ADCCLK을 사용한다.

A/D 컨버터의 샘플링 시간이나 변환시간은 모두 이 ADCCLK 클록의 주기로 표시하게 된다. 샘플링 시간은 1.5~239.5 클록 사이클의 범위에서 8가지로 사용자가 설정할 수 있고 순수한 A/D 변환시간은 12.5 클록이므로 샘플링 시간을 포함하는 전체 A/D 변환 시간은 14~252 클록 사이클이 된다.

STM32F103VET6의 A/D 컨버터에는 별도의 외부 기준전압 단자 V_{REF+} 및 V_{REF-}를 가지고 있는데, 보통 V_{REF-} 단자는 접지하고 V_{REF+} 단자에 외부에서 기준전압을 인가한다. 따라서, A/D 컨버터의 아날로그 입력 범위는 0~V_{REF+}가 되는데, *OK-STM103* 키트에서는 V_{REF+} = 3.3V로 사용하므로 아날로그 입력 범위는 0~3.3V가 된다.

(4) A/D 컨버터의 사용 및 금지

A/D 컨버터는 ADCx_CR2 레지스터에서 ADON=1로 설정하면 전원이 공급되는데, A/D 컨버터의 상태가 안정화되는데는 t_{STAB} = 1μs 이상의 시간이 필요하다. 반대로, A/D 컨버터를 사용하다가 소비전력을 절감하기 위하여 A/D 컨버터의 동작을 정지시키고 클록을 차단하려면 ADCx_CR2 레지스터에서 ADON=0으로 설정한다.

A/D 컨버터가 허용 상태로 되면 레귤러 채널(regular channel)에서는 ADCx_CR2

레지스터에서 EXTTRIG 및 EXTSEL[2:0] 비트로 지정한 외부 트리거 이벤트에 의하여 A/D 변환을 시작할 수 있으며, 이러한 외부 트리거 방법 중의 하나는 SWSTART=1로 설정하여 소프트웨어적으로 A/D 변환을 시작하는 것이다. 또한, 인젝티드 채널(injected channel)에서는 JEXTTRIG 및 JEXTSEL[2:0] 비트로 지정한 외부 트리거 이벤트에 의하여 A/D 변환을 시작할 수 있으며, 이러한 외부 트리거 방법 중의 하나는 JSWSTART=1로 설정하여 소프트웨어적으로 A/D 변환을 시작하는 것이다.

(5) A/D 컨버터의 채널 선택 및 트리거

STM32F103VET6의 A/D 컨버터에는 <표 2.2.1>에 보였듯이 16개의 외부 아날로그 입력(ADCx_IN0~ADCx_IN15) 채널과 2개의 내부 아날로그 채널이 있다. 2개의 내부 아날로그 채널은 모두 ADC1에만 적용되는데, 온도 센서는 ADC1_IN16 채널에 연결되어 있으며, 1.20V의 내부전압인 VREFINT는 ADC1_IN17 채널에 연결되어 있다.

이들 아날로그 채널은 2가지의 그룹으로 나누어 A/D 변환을 수행할 수 있는데, 각 그룹 내에서는 임의의 채널을 선정하여 임의의 순서로 A/D 변환할 수 있다. 먼저 레귤러 그룹(regular group)은 최대 16개 채널의 A/D 변환을 지정할 수 있는데, 사용할 채널의 수, 이름, 순서 등은 ADCx_SQR1~3 레지스터를 사용하여 지정한다. 인젝티드 그룹(injected group)은 최대 4개 채널의 A/D 변환을 지정할 수 있는데, 사용할 채널의 수, 이름, 순서 등은 ADCx_JSQR 레지스터를 사용하여 지정한다.

A/D 컨버터의 변환 동작을 소프트웨어적으로 스타트하려면 레귤러 채널의 경우에는 ADCx_CR2 레지스터에서 SWSTART 트리거 방법을 선택하고 SWSTART=1로 설정하며, 인젝티드 채널의 경우에는 JSWSTART 트리거 방법을 선택하고 JSWSTART=1로 설정한다. 그러나, A/D 변환 동작을 외부의 트리거 신호에 의하여 하드웨어적으로 스타트시킬 수도 있다.

레귤러 그룹 채널의 A/D 변환에서 트리거 방법을 지정하려면 ADCx_CR2 레지스터에서 EXTTRIG=1로 설정하고 트리거 신호의 종류는 EXTSEL[2:0] 비트로 지정한다. 인젝티드 그룹 채널의 A/D 변환에서 트리거 방법을 지정하려면 ADCx_CR2 레지스터에서 JEXTTRIG=1로 설정하고 트리거 신호의 종류는 JEXTSEL[2:0] 비트로 지정한다.

(6) A/D 변환 시간

A/D 변환 시간 t_{CONV}는 A/D 변환을 시작하는 순간부터 A/D 변환이 완료되어 디지털 결과값이 나오는 순간까지를 말하는데, 이것은 샘플링 시간(sampling time) t_S와 변

환 시간(conversion time) t_C의 합으로 표시되며, 이들 시간은 기본적으로 A/D 컨버터 클록 ADCCLK의 주기수로 표시된다.

샘플링 시간 t_S는 ADCx_SMPR1~2 레지스터를 사용하여 각 아날로그 채널별로 다르게 설정할 수 있는데, 그 값은 1.5, 7.5, 13.5, 28.5, 41.5, 55.5, 71.5, 239.5 주기의 8가지 중에서 하나를 선택할 수 있으며, 이것은 아날로그 입력전압이 샘플 홀드 회로의 커패시터에 충분히 충전되는데 필요한 시간으로 설정하는 것이 바람직하다. 샘플링 시간을 너무 짧게 하면 아날로그 전압이 제대로 샘플링 되지 않으므로 A/D 변환 결과의 정확성이 떨어지며, 샘플링 시간을 너무 길게 하면 전체 A/D 변환 시간이 길어지는 단점이 있다.

변환 시간 t_C는 12.5 클록 주기로 일정하게 고정된다. 따라서, 예를 들어 14MHz의 ADCCLK을 사용하는 경우 샘플링 시간을 가장 짧은 1.5사이클로 설정하였다면 전체 A/D 변환시간은 ADCCLK으로 $t_{CONV} = t_S + t_C = 1.5 + 12.5 = 14$ 클록 주기가 되며, 이를 시간으로 환산하여 보면 1μs가 된다. 그러나, 이 책의 *OK-STM103* 키트에서처럼 12MHz의 ADCCLK을 사용하면 똑같이 14 클록 주기에 동작이 수행되지만 A/D 변환 시간은 1.17μs로 약간 길어진다.

(7) A/D 변환 모드

▣ 단일 변환 모드

단일 변환 모드(single conversion mode)에서는 트리거가 발생하였을 때마다 1번의 A/D 변환을 수행하는데, 이를 소프트웨어로 트리거하여 스타트하려면 ADCx_CR2 레지스터에서 CONT=0으로 설정한 상태에서 레귤러 채널에 대하여는 SWSTART=1을 설정하고, 인젝티드 채널에 대하여는 JSWSTART=1을 설정하며, 이들 각각에 대하여 외부 트리거를 사용하여 하드웨어적으로 스타트할 수도 있다.

레귤러 채널의 A/D 변환이 완료되면 변환 결과가 16비트의 ADCx_DR 레지스터에 저장되고 ADCx_SR 레지스터에서 EOC=1로 세트되면서 인터럽트가 요청된다. 그러나, 인젝티드 채널의 A/D 변환이 완료되면 변환 결과가 16비트의 ADCx_JDR1 레지스터에 저장되고 ADCx_SR 레지스터에서 JEOC=1로 세트되면서 인터럽트가 요청된다.

▣ 연속 변환 모드

연속 변환 모드(continuous conversion mode)에서는 한번의 트리거에 의하여 그룹으로 설정되어 있는 여러 채널의 A/D 변환이 연속적으로 수행되는데, 이를 스타트하려면 ADCx_CR2 레지스터에서 CONT=1로 설정한 상태에서 레귤러 그룹 채널에 대하여는 SWSTART=1을 설정하며, 외부 트리거를 사용하여 A/D 변환 동작을 스타트할 수도 있다.

■ **스캔 모드**

스캔 모드(scan mode)에서는 그룹으로 설정된 아날로그 채널들을 스캔하면서 차례로 A/D 변환을 수행한다. 이를 사용하려면 ADCx_CR1 레지스터에서 SCAN=1로 설정하며, 레귤러 그룹에 대하여는 ADCx_SQRx 레지스터에 지정된 채널들을 스캔하고, 인젝티드 그룹에 대하여는 ADCx_JSQR 레지스터에 지정된 채널들을 스캔한다.

스캔 모드에서는 기본적으로 한번의 트리거에 의하여 한 채널씩 단일 변환이 수행되는데, 만약 레귤러 채널에서 CONT=1로 설정되어 있다면 마지막 채널에서 A/D 변환 동작이 멈추지 않고 다시 첫번째 채널로 이어진다. 레귤러 채널의 A/D 변환 결과는 ADCx_DR 레지스터에 저장되며, 이때는 DMA=1로 설정하여 ADCx_DR 레지스터의 변환 결과를 SRAM으로 전송해야 한다. 인젝티드 채널에서는 A/D 변환이 완료되면 변환 결과가 ADCx_JDRx 레지스터에 저장된다.

인젝티드 채널이 동작하는 방법은 2가지가 있는데, 첫째로 ADCx_CR1 레지스터에서 JAUTO=0으로 설정하면 트리거 인젝션(triggered injection) 방식으로 동작하게 된다. 여기서는 먼저 ADCx_CR2 레지스터에서 SWSTART=1로 설정하거나 외부 트리거에 의하여 레귤러 그룹 채널의 A/D 변환이 시작된다. 만약, 레귤러 채널의 동작 중에 JWSTART =1로 설정되거나 외부 인젝티드 트리거가 발생하면 현재 수행중이던 레귤러 채널의 A/D 변환은 리셋되고 인젝티드 채널의 스캔 모드 A/D 변환으로 전환되며, 인젝티드 채널의 A/D 변환이 완료된 이후에는 다시 레귤러 채널의 동작이 중단되었던 위치로 되돌아와서 레귤러 채널의 A/D 변환이 계속된다. 그러나, 반대로 인젝티드 채널의 A/D 변환 동작 중에 레귤러 채널의 트리거가 발생하였다면 인젝티드 채널의 동작은 중단되지 않으며, 인젝티드 그룹의 시퀀스가 끝난 후에 레귤러 그룹 시퀀스가 시작된다.

둘째, ADCx_CR1 레지스터에서 JAUTO=1로 설정하면 자동 인젝션(auto-injection) 방식으로 동작한다. 여기서는 레귤러 그룹 채널의 A/D 변환이 모두 완료된 후에 자동으로 인젝티드 그룹 채널의 A/D 변환이 이어지므로 최대 20개 채널의 A/D 변환을 일련적으로 수행할 수 있다. 이 경우에는 인젝티드 채널에서 외부 트리거를 금지해야 하며, CONT=1로 설정해야만 레귤러 그룹과 인젝티드 그룹의 채널들이 연속되어 동작한다.

■ **불연속 모드**

불연속 모드(discontinuous mode)는 외부 트리거가 발생할 때마다 전체 시컨스로 지정된 채널들 중에서 일부 채널만을 차례로 시프트하면서 A/D 변환하는 방법인데, 이것은 레귤러 그룹과 인젝티드 그룹에서 서로 동작이 다르다.

레귤러 그룹의 불연속 모드는 ADCx_CR1 레지스터에서 DISCEN=1로 설정하며, 전체 그룹 채널의 수와 시컨스는 ADCx_SQR1~3 레지스터에 설정하고, 불연속 동작을 위한 채널의 수는 ADCx_CR1 레지스터의 DISCNUM[2:0]으로 1~8개를 범위에서 지정한다. 예를 들어 전체 시컨스가 0, 1, 2, 3, 6, 7, 9, 10의 8개로 설정되어 있고, 불연속 모드를 위한 채널 수가 3으로 지정되어 있다면 외부 트리거에 의하여 다음과 같이 A/D 변환 동작을 수행한다.

① 첫번째 외부 트리거 : 채널 0, 1, 2의 A/D 변환 + EOC=1
② 두번째 외부 트리거 : 채널 3, 6, 7의 A/D 변환 + EOC=1
③ 세번째 외부 트리거 : 채널 9, 10의 A/D 변환 + EOC=1
④ 네번째 외부 트리거 : 채널 0, 1, 2의 A/D 변환 + EOC=1

인젝티드 그룹의 불연속 모드에서는 한번의 외부 트리거에 1개의 채널씩만 차례로 시프트하면서 A/D 변환되며, 시컨스가 끝날 때만 JEOC=1로 표시된다. 이를 사용하려면 ADCx_CR1 레지스터에서 JDISCEN=1로 설정하며, 전체 그룹 채널의 수와 시컨스는 ADCx_JSQR 레지스터에 설정한다. 예를 들어 전체 시컨스가 1, 2, 3의 3개로 설정되어 있다면 외부 트리거에 의하여 다음과 같이 A/D 변환 동작을 수행한다.

① 첫번째 외부 트리거 : 채널 1의 A/D 변환
② 두번째 외부 트리거 : 채널 2의 A/D 변환
③ 세번째 외부 트리거 : 채널 3의 A/D 변환 + JEOC=1
④ 네번째 외부 트리거 : 채널 1의 A/D 변환

(8) A/D 변환 결과의 저장

A/D 컨버터의 변환 결과는 ADCx_CR2 레지스터의 ALIGN 비트에 따라 우측 정렬 또는 좌측 정렬이 가능하다.

레귤러 그룹 채널의 A/D 변환 결과는 ADCx_DR 레지스터에 저장되고, 인젝티드 그룹 채널의 A/D 변환 결과는 ADCx_JDR1~4 레지스터에 저장된다. 그런데, 인젝티드 그룹 채널의 A/D 변환 결과를 저장할 때는 A/D 변환 값에서 ADCx_JOFR1~4 레지스터에 미리 지정되어 있던 값을 뺀 후에 이를 ADCx_JDR1~4 레지스터에 저장한다. 따라서, ADCx_JDR1~4 레지스터에 저장되는 A/D 변환 결과는 음수가 될 수 있으며, 이는 결과 레지스터에서 SEXT 비트로 표시된다.

레귤러 그룹 채널의 A/D 변환 결과가 ADCx_DR 레지스터에 저장되는 형식과 인젝티드 그룹 채널의 A/D 변환 결과가 ADCx_JDR1~4 레지스터에 저장되는 형식을 그림으로 비교하여 설명하면 <그림 2.2.2>와 같다. 인젝티드 그룹 채널에서 우측 정렬의 경우에는 왼쪽에 남는 4개의 비트가 항상 SEXT(sign-extended) 비트로 동작하며, 좌측 정렬의 경우에는 좌측 첫번째 비트를 SEXT 비트로 사용하기 위하여 왼쪽으로 1비트만큼 덜 시프트되어 표시된다. A/D 변환 결과 레지스터 값이 양수일 경우에는 SEXT=0이며, 음수일 경우에는 SEXT=1이 된다.

Regular group

0	0	0	0	D11	D10	D9	D8	D7	D6	D5	D4	D3	D2	D1	D0

Injected group

SEXT	SEXT	SEXT	SEXT	D11	D10	D9	D8	D7	D6	D5	D4	D3	D2	D1	D0

(a) 우측 정렬의 경우

Regular group

D11	D10	D9	D8	D7	D6	D5	D4	D3	D2	D1	D0	0	0	0	0

Injected group

SEXT	D11	D10	D9	D8	D7	D6	D5	D4	D3	D2	D1	D0	0	0	0

(b) 좌측 정렬의 경우

<그림 2.2.2> A/D 변환 결과가 저장되는 형식

(9) 아날로그 워치독 기능

A/D 컨버터에는 하나의 지정된 채널 또는 허용된 모든 채널에 대하여 아날로그 입력값이 지정된 범위(window)에 있는지를 감시하는 아날로그 윈도우 워치독(analog window watchdog) 기능을 가지고 있다.

이 기능을 사용하려면 ADCx_CR1 레지스터에서 AWDEN=1 또는 JAWDEN=1로 설정해야 하며, A/D 변환된 아날로그 전압값의 범위는 하위 문턱(low threshold) 전압을 ADCx_LTR 레지스터에서 LT[11:0] 비트로 설정하고, 상위 문턱(high threshold) 전압을

ADCx_HTR 레지스터에서 HT[11:0] 비트로 설정한다. 만약 지정된 아날로그 입력 채널의 A/D 변환 결과가 하위 문턱 전압보다 낮아지거나 상위 문턱 전압보다 높아져서 설정된 범위를 벗어나게 되면 ADCx_SR 레지스터에서 AWD=1로 세트되면서 인터럽트를 요청한다.

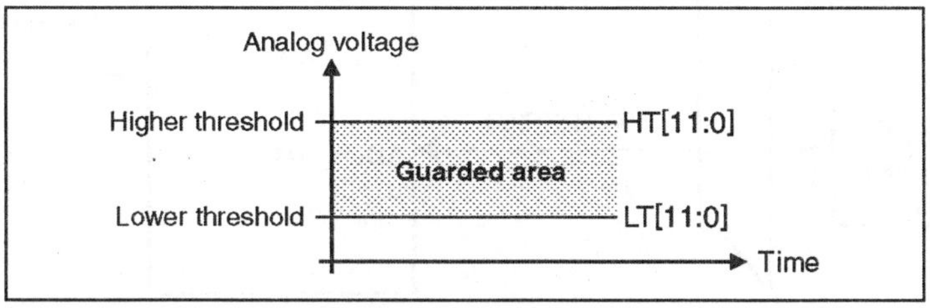

<그림 2.2.3> 아날로그 워치독의 윈도우 지정

아날로그 워치독으로 감시하려는 아날로그 입력이 모든 A/D 변환 채널일 경우에는 ADCx_CR1 레지스터에서 AWDSGL=0으로 설정한다. 그러나, 특정한 1개의 A/D 변환 채널을 아날로그 워치독으로 감시하려면 AWDSGL=1로 설정하고, 사용할 채널 번호는 AWDCH[4:0] 비트로 지정한다. 레귤러 그룹과 인젝티드 그룹의 경우 아날로그 워치독에서 사용할 채널을 설정하는 방법을 요약하면 <표 2.2.2>와 같다.

<표 2.2.2> 아날로그 워치독에서 사용할 채널의 설정

아날로그 워치독에서 사용하는 채널	ADCx_CR1 레지스터		
	AWDSGL 비트	AWDEN 비트	JAWDEN 비트
아날로그 워치독을 사용하지 않음	x	0	0
모든 레귤러 채널	0	1	0
지정된 1개의 레귤러 채널	1	1	0
모든 인젝티드 채널	0	0	1
지정된 1개의 인젝티드 채널	1	0	1
모든 레귤러 또는 인젝티드 채널	0	1	1
지정된 1개의 레귤러 또는 인젝티드 채널	1	1	1

(10) A/D 컨버터의 내부 채널 사용

STM32F103VET6의 A/D 컨버터에는 16개의 외부입력 채널과 2개의 내부입력 채널을 가지고 있다. 앞의 <표 2.2.1>에서도 보였듯이 내부 채널은 ADC1에서만 적용되며 <그림 2.2.4>에 보인 것처럼 ADC1_IN16과 ADC1_IN17의 2개만 사용된다. 이들 내부 채널을 A/D 변환할 때는 샘플링 시간을 적어도 17.1μs 이상으로 충분히 크게 설정하는 것이 바람직하다.

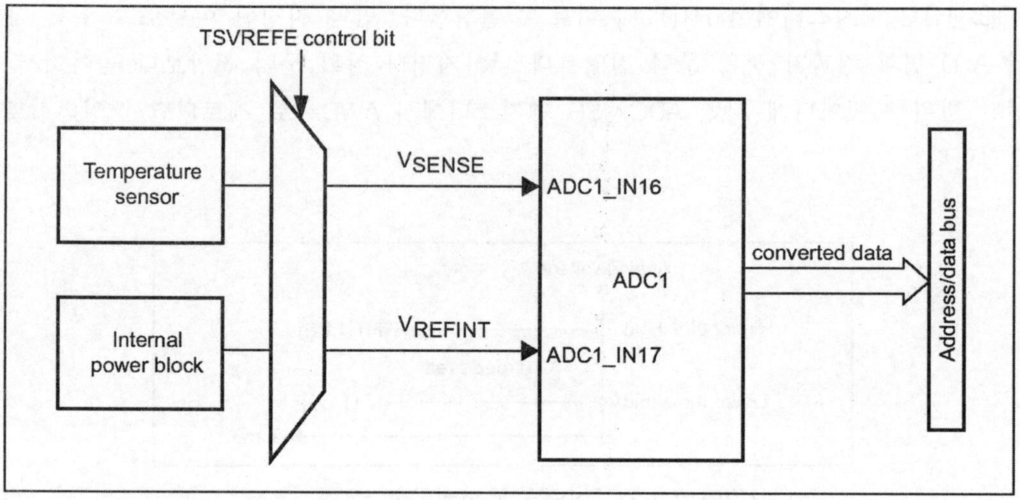

<그림 2.2.4> A/D 컨버터의 내부 채널 사용

▣ ADC1 채널16으로 내부 온도센서를 측정하는 방법

마이크로컨트롤러에 내장된 온도센서는 내부입력 채널인 ADC1_IN16에 연결되어 있다. 이 온도센서 오차는 ±1℃로 정확성이 상당히 낮은 편이므로 기온을 측정하는 용도보다는 마이크로컨트롤러 소자의 발열 변화를 측정하는 용도로 적합하다. 이를 A/D 컨버터로 읽어들이려면 먼저 ADCx_CR2 레지스터에서 TSVREFE=1로 설정하여 온도센서의 동작을 인에이블하고, 10μs 이상의 기동 시간을 기다린 후에 동작시켜야 한다. A/D 컨버터의 기준전압으로 정확하게 V_{REF+} = 3.3V가 인가되었을 경우 내부의 온도센서로부터 읽은 전압값이 V_{SENSE}라고 하면 온도값은 다음과 같이 계산한다.

$$V_{SENSE}[V] = \frac{3.3}{4095} \times AD\_DATA$$

$$Temperature[℃] = (V_{25} - V_{SENSE}) / Slope + 25$$

여기서 V_{25}는 25℃에서 A/D 변환한 전압 값으로 1.43V이며, Slope는 온도에 대한 전압의 기울기로서 4.3mV/℃이다.

▣ ADC1 채널17로 내부 기준전압을 측정하는 방법

내부입력 채널인 ADC1_IN17은 내부 기준전압 V_{REFINT}에 연결되어 있다. 이 전압은 A/D 컨버터 등에서 여러 가지 용도로 사용하기 위한 기준전압으로서 1.20V로 되어 있다.

이를 A/D 컨버터로 읽어들이려면 먼저 ADCx_CR2 레지스터에서 TSVREFE=1로 설정하여 기준전압의 동작을 인에이블하고, 충분한 기동 시간을 기다린 후에 동작시켜야 한다. A/D 컨버터의 기준전압으로 정확하게 V_{REF+} = 3.3V가 인가되었다면 측정된 내부 기준전압은 다음과 같이 계산될 수 있다.

$$V_{REFINT}[V] = \frac{3.3}{4095} \times AD\_DATA$$

(11) A/D 컨버터의 인터럽트 발생

STM32F103VET6의 A/D 컨버터에서는 다음과 같이 3가지의 상황에서 인터럽트를 발생할 수 있다.

- 레귤러 그룹의 A/D 변환 완료(EOC=1)
- 인젝티드 그룹의 A/D 변환 완료(JEOC=1)
- 아날로그 워치독에서 윈도우 지정 범위를 벗어남(AWD=1)

3개 A/D 컨버터의 상태 레지스터 ADCx_SR에는 레귤러 채널이나 인젝티드 채널의 A/D 변환이 시작되었음을 나타내는 상태 비트 STRT와 JSTRT를 가지고 있지만 이것들은 인터럽트를 발생하지 않는다.

(12) 듀얼 ADC 모드

STM32F103VET6은 3개의 A/D 컨버터 ADC1~ADC3을 가지고 있다. 이제까지는 이중에서 어느 1개만 사용하는 방법을 설명하였지만, 동시에 2개의 A/D 컨버터 ADC1, ADC2가 A/D 변환을 수행하는 듀얼 ADC 모드(dual ADC mode) 동작도 가능하다.

듀얼 ADC 모드에서는 <그림 2.2.5>에서 보인 것처럼 ADC1이 마스터(master)로 동작하고 ADC2는 슬레이브(slave)로 사용된다. 여기서는 ADCx_CR1 레지스터의 DUALMOD[3:0] 비트로 지정하는 동작 모드에 따라 2개의 A/D 컨버터를 차례로 트리거하여 스타트하거나 동시에 스타트하기도 한다. 듀얼 ADC 모드에는 다음과 같이 6가지의 기본 동작이 있는데, 레귤러 그룹 채널과 인젝티드 그룹 채널에서 이것들을 조합하여 사용할 수도 있다.

- Regular Simultaneous Mode
- Injected Simultaneous Mode
- Fast Interleaved Mode

- Slow Interleaved Mode
- Alternate Trigger Mode
- Independent Mode

그리고 이러한 기본 모드들을 조합한 모드에는 아래와 같이 것이 가능하다.

- Regular Simultaneous Mode + Injected Simultaneous Mode
- Regular Simultaneous Mode + Alternate Trigger Mode
- Injected Simultaneous Mode + Interleaved Mode

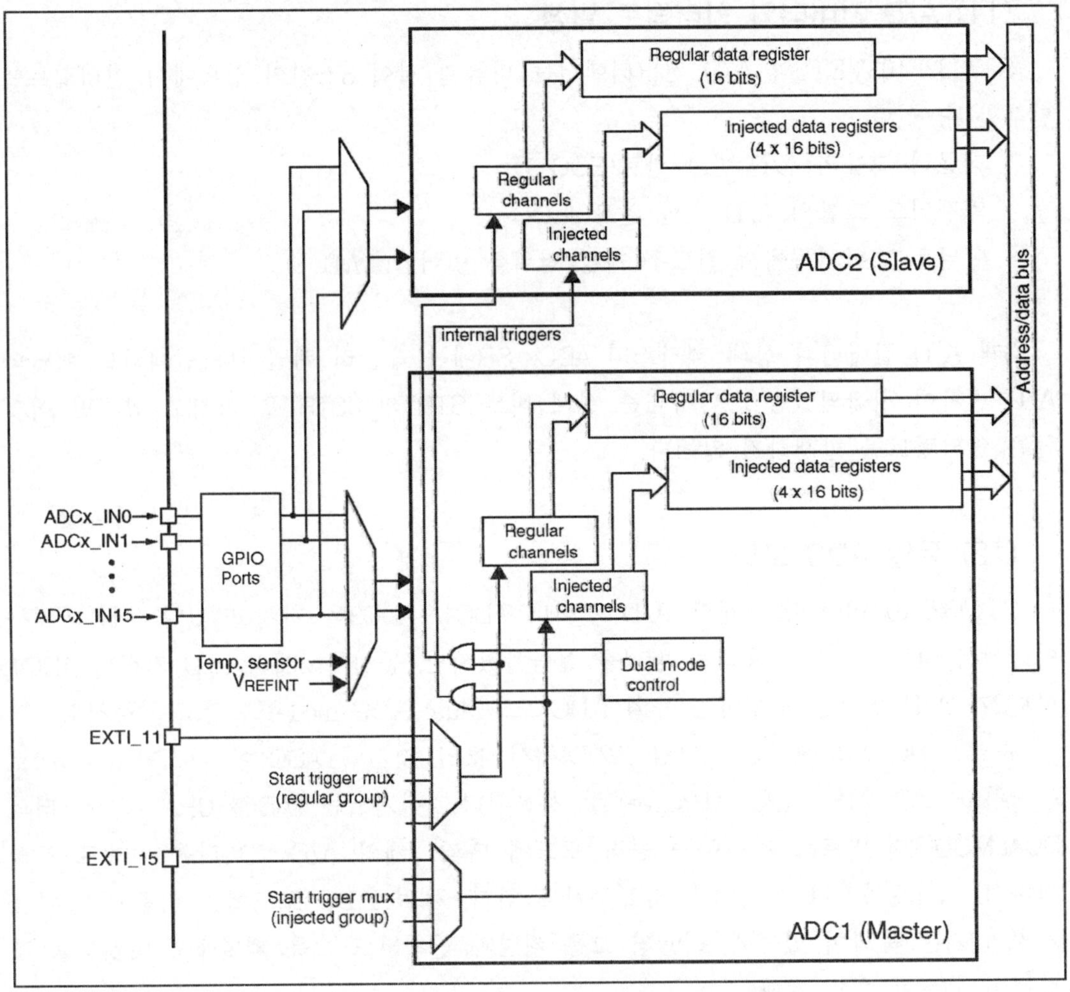

〈그림 2.2.5〉 듀얼 ADC 동작의 블록도

▣ A/D 컨버터에서 DMA의 사용

레귤러 그룹 채널의 A/D 변환 결과를 저장하는 레지스터는 오직 ADCx_DR 1개 밖에 없기 때문에 레귤러 그룹에서 여러개의 채널에 대하여 A/D 변환을 수행하는 경우에는 데이터의 손실을 방지하기 위하여 DMA를 사용하는 것이 바람직하다. DMA=1로 설정하면 레귤러 채널의 A/D 변환이 완료될 때마다 DMA 요청이 발생하여 ADCx_DR 레지스터에서 저장된 데이터를 지정된 SRAM 번지로 전송한다.

DMA 전송은 ADC1과 ADC3에서만 적용하며 ADC2에는 DMA 전송 기능을 갖지 않는다.

▣ Regular Simultaneous Mode

이 동작 모드에서는 ADC1_CR2 레지스터의 EXTTRIG 및 EXTSEL[2:0] 비트를 사용하여 외부 트리거 신호를 지정하면 이에 따라 ADC1의 레귤러 그룹 멀티플렉서로부터 지정된 외부 트리거 신호가 입력되고, 이 트리거 신호는 ADC2에도 전달되어 동시에 A/D 변환이 트리거된다. 각 채널에서 A/D 변환이 완료되어 DMA 요청이 발생하면 32비트 레지스터 ADC1_DR의 하위 16비트에는 ADC1의 변환 결과가 저장되고 상위 16비트에는 ADC2의 변환 결과가 저장되어 있다가 이 값이 SRAM으로 DMA 전송된다. ADC1과 ADC2의 모든 레귤러 채널에 대하여 A/D 변환이 완료되면 EOC=1로 되면서 인터럽트가 요청된다.

이 동작 모드에서는 동일한 아날로그 입력 채널을 2개의 A/D 컨버터에서 중복하여 사용하면 안되며, 각 A/D 컨버터에 지정된 그룹 채널들의 시퀀스 길이가 같아야 하고 샘플링 시간도 서로 같게 설정되어야 한다.

각각 16개 채널로 구성되는 레귤러 그룹의 Regular Simultaneous Mode 동작 예를 그림으로 보이면 <그림 2.2.6>과 같다.

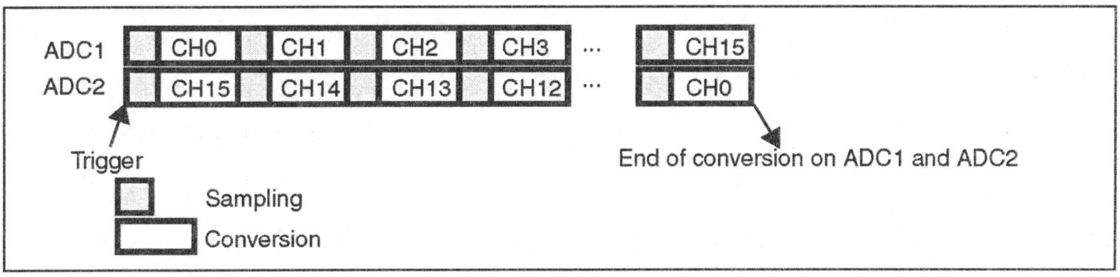

<그림 2.2.6> Regular Simultaneous Mode의 동작 예(16채널 시퀀스의 경우)

▣ Injected Simultaneous Mode

이 동작 모드에서는 ADC1_CR2 레지스터의 JEXTTRIG 및 JEXTSEL[2:0] 비트를 사용하여 외부 트리거 신호를 지정하면 이에 따라 ADC1의 인젝티드 그룹 멀티플렉서로부터 지정된 외부 트리거 신호가 입력되고, 이 트리거 신호는 ADC2에도 전달되어 동시에 A/D 변환이 트리거된다. A/D 변환이 완료되면 변환 결과는 ADCx_JDR1~4 레지스터에 저장된다. ADC1과 ADC2의 모든 인젝티드 채널에 대하여 A/D 변환이 완료되면 JEOC=1로 되면서 인터럽트가 요청된다.

이 동작 모드에서는 동일한 아날로그 입력 채널을 2개의 A/D 컨버터에서 중복하여 사용하면 안되며, 각 A/D 컨버터에 지정된 채널들의 시퀀스 길이가 같아야 하고 샘플링 시간도 서로 같게 설정되어야 한다.

각각 4개 채널로 구성되는 인젝티드 그룹의 Injected Simultaneous Mode 동작 예를 그림으로 보이면 <그림 2.2.7>과 같다.

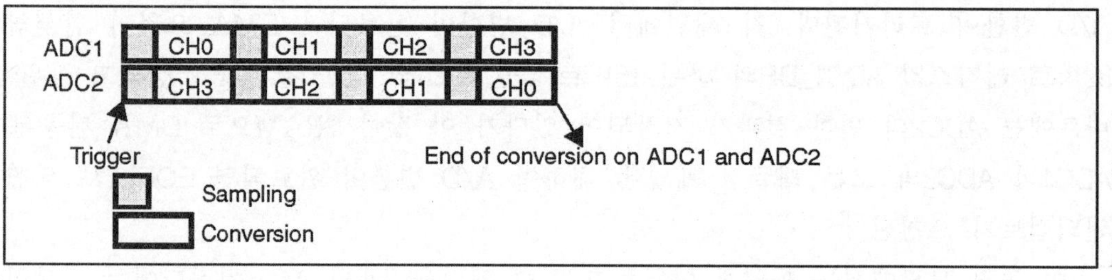

<그림 2.2.7> Injected Simultaneous Mode의 동작 예(4채널 시퀀스의 경우)

▣ Fast Interleaved Mode

이 동작 모드는 보통 레귤러 그룹의 동일한 1개 채널에 대해서 사용하는 것으로, 여기서는 ADC1_CR2 레지스터의 EXTTRIG 및 EXTSEL[2:0] 비트를 사용하여 외부 트리거 신호를 지정하면 이에 따라 ADC2의 레귤러 그룹이 먼저 트리거되고, ADC1의 레귤러 그룹에서는 7개의 ADCCLK만큼 지연되어 트리거된다. ADC1에서 EOC 인터럽트가 발생되며, 이어서 DMA가 요청되면 32비트 레지스터 ADC1_DR의 하위 16비트에는 ADC1의 변환 결과가 저장되고 상위 16비트에는 ADC2의 변환 결과가 저장되어 있다가 이 값이 SRAM으로 DMA 전송된다. 각 A/D 컨버터에서 CONT=1로 설정하면 여러개의 채널에 대하여 이러한 A/D 변환을 연속적으로 수행할 수 있다.

각각 1개 채널을 갖는 레귤러 그룹에서 Fast Interleaved Mode의 동작 예를 그림으로 보이면 <그림 2.2.8>과 같다.

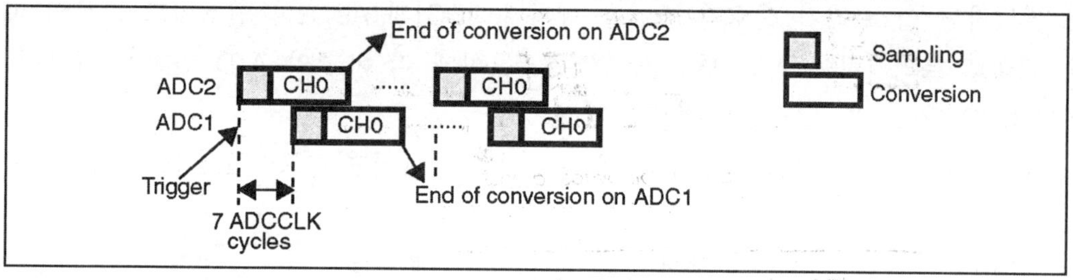

<그림 2.2.8> Fast Interleaved Mode의 동작 예

■ Slow Interleaved Mode

이 동작 모드는 보통 레귤러 그룹의 동일한 1개 채널에 대해서 사용하는 것으로, 여기서는 ADC1_CR2 레지스터의 EXTTRIG 및 EXTSEL[2:0] 비트를 사용하여 외부 트리거 신호를 지정하면 이에 따라 ADC2의 레귤러 그룹이 먼저 트리거되고, ADC1의 레귤러 그룹에서는 14개의 ADCCLK만큼 지연되어 트리거된다. ADC1에서 EOC 인터럽트가 발생되며, 이어서 DMA가 요청되면 32비트 레지스터 ADC1_DR의 하위 16비트에는 ADC1의 변환 결과가 저장되고 상위 16비트에는 ADC2의 변환 결과가 저장되어 있다가 이 값이 SRAM으로 DMA 전송된다. Slow Interleaved Mode에서는 CONT=1로 설정할 수 없으며, ADC2가 28개의 ADCCLK 주기로 자동 반복하여 트리거된다.

레귤러 그룹에서 Slow Interleaved Mode의 동작 예를 그림으로 보이면 <그림 2.2.9>와 같다.

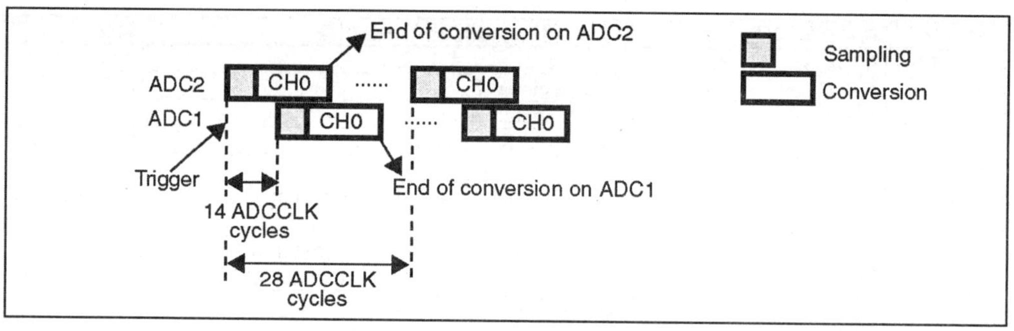

<그림 2.2.9> Slow Interleaved Mode의 동작 예

■ Alternate Trigger Mode

이 동작 모드는 인젝티드 그룹 채널에 대해서만 사용하는 것으로, 여기서는 ADC1_CR2 레지스터의 JEXTTRIG 및 JEXTSEL[2:0] 비트를 사용하여 외부 트리거 신호를 지정하면 이 트리거 신호가 들어올 때마다 ADC1과 ADC2의 인젝티드 그룹의 채널을 교대로 트리거하여 A/D 변환을 수행한다. 이때 각 채널의 A/D 변환이 완료될 때마다 EOC 및 JEOC 인터럽트가 요청된다.

Alternate Trigger Mode의 동작 예를 그림으로 보이면 <그림 2.2.10>과 같다.

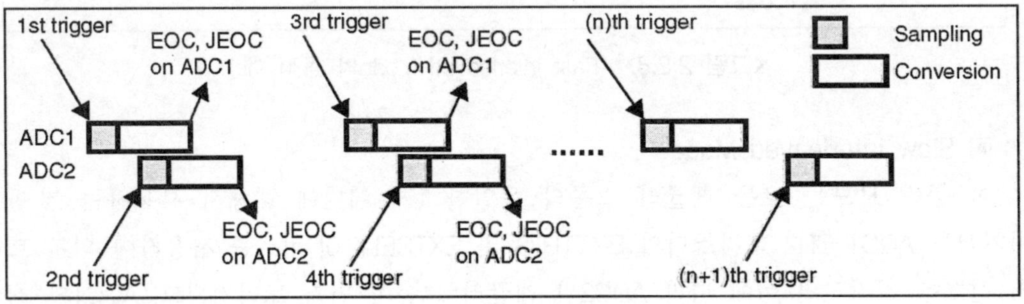

<그림 2.2.10> Alternate Trigger Mode의 동작 예

3. A/D 컨버터 관련 I/O 제어 레지스터

A/D 컨버터와 관련된 I/O 제어 레지스터는 <표 2.2.3>과 같이 각 A/D 컨버터별로 20개씩을 가지고 있는데, 이 레지스터들의 기능을 정리하면 아래와 같다.

<표 2.2.3> STM32F103VET6의 A/D 컨버터와 관련된 I/O 제어 레지스터 요약

어드레스	레지스터 이름	레지스터의 풀어 쓴 이름	리셋 후 초기값
0x4001_??00	ADCx_SR	ADCx Status Register (x = 1, 2, 3)	0x0000_0000
0x4001_??04	ADCx_CR1	ADCx Control Register 1	0x0000_0000
0x4001_??08	ADCx_CR2	ADCx Control Register 2	0x0000_0000
0x4001_??0C	ADCx_SMPR1	ADCx Sample Time Register 1	0x0000_0000
0x4001_??10	ADCx_SMPR2	ADCx Sample Time Register 2	0x0000_0000
0x4001_??14	ADCx_JOFR1	ADCx Injected Channel Data Offset Register 1	0x0000_0000
0x4001_??18	ADCx_JOFR2	ADCx Injected Channel Data Offset Register 2	0x0000_0000
0x4001_??1C	ADCx_JOFR3	ADCx Injected Channel Data Offset Register 3	0x0000_0000
0x4001_??20	ADCx_JOFR4	ADCx Injected Channel Data Offset Register 4	0x0000_0000
0x4001_??24	ADCx_HTR	ADCx Watchdog High Threshold Register	0x0000_0FFF
0x4001_??28	ADCx_LTR	ADCx Watchdog Low Threshold Register	0x0000_0000
0x4001_??2C	ADCx_SQR1	ADCx Regular Sequence Register 1	0x0000_0000
0x4001_??30	ADCx_SQR2	ADCx Regular Sequence Register 2	0x0000_0000
0x4001_??34	ADCx_SQR3	ADCx Regular Sequence Register 3	0x0000_0000
0x4001_??38	ADCx_JSQR	ADCx Injected Sequence Register	0x0000_0000
0x4001_??3C	ADCx_JDR1	ADCx Injected Data Register 1	0x0000_0000
0x4001_??40	ADCx_JDR2	ADCx Injected Data Register 2	0x0000_0000
0x4001_??44	ADCx_JDR3	ADCx Injected Data Register 3	0x0000_0000
0x4001_??48	ADCx_JDR4	ADCx Injected Data Register 4	0x0000_0000
0x4001_??4C	ADCx_DR	ADCx Regular Data Register	0x0000_0000

▣ ADCx 상태 레지스터 ADCx_SR (리셋 직후 디폴트값 : 0x0000 0000)

b31	b30	b29	b28	b27	b26	b25	b24	b23	b22	b21	b20	b19	b18	b17	b16
-	-	-	-	-	-	-	-	-	-	-	-	-	-	-	-
-	-	-	-	-	-	-	-	-	-	-	-	-	-	-	-

b15	b14	b13	b12	b11	b10	b9	b8	b7	b6	b5	b4	b3	b2	b1	b0
-	-	-	-	-	-	-	-	-	-	-	STRT	JSTRT	JEOC	EOC	AWD
-	-	-	-	-	-	-	-	-	-	-	rc_w0	rc_w0	rc_w0	rc_w0	rc_w0

- STRT : Regular Channel Start Flag
  0 = 레귤러 채널의 A/D 변환이 시작되지 않았다.
  1 = 레귤러 채널의 A/D 변환이 시작되었다.
- JSTRT : Injected Channel Start Flag
  0 = 인젝티드 채널의 A/D 변환이 시작되지 않았다.
  1 = 인젝티드 채널의 A/D 변환이 시작되었다.
- JEOC : Injected Channel End of Conversion Flag
  0 = 모든 인젝티드 채널 시퀀스의 A/D 변환이 완료되지 않았다.
  1 = 모든 인젝티드 채널 시퀀스의 A/D 변환이 완료되었다.
- EOC : End of Conversion Flag
  0 = 레귤러 채널 또는 인젝티드 채널의 A/D 변환이 완료되지 않았다.
  1 = 레귤러 채널 또는 인젝티드 채널의 A/D 변환이 완료되었다. 이 비트는 ADCx_DR 레지스터를 읽으면 0으로 클리어된다.
- AWD : Analog Watchdog Flag
  0 = 아날로그 워치독 이벤트가 발생하지 않았다.
  1 = 아날로그 워치독 이벤트가 발생하였다.(아날로그 입력값이 지정된 윈도우의 범위를 벗어났다.)

▣ ADCx 제어 레지스터1 ADCx_CR1 (리셋 직후 디폴트값 : 0x0000 0000)

b31	b30	b29	b28	b27	b26	b25	b24	b23	b22	b21	b20	b19	b18	b17	b16
-	-	-	-	-	-	-	-	AWDEN	JAWDEN	-	-	DUALMOD[3:0]			
-	-	-	-	-	-	-	-	rw	rw	-	-	rw	rw	rw	rw

b15	b14	b13	b12	b11	b10	b9	b8	b7	b6	b5	b4	b3	b2	b1	b0
DISCNUM[2:0]			JDISCEN	DISCEN	JAUTO	AWDSGL	SCAN	JEOCIE	AWDIE	EOCIE	AWDCH[4:0]				
rw	rw	rw	rw	rw	rw	rw	rw	rw	rw	rw	rw	rw	rw	rw	rw

- AWDEN : Analog Watchdog Enable on Regular Channels
  0 = 레귤러 채널에 대하여 아날로그 워치독을 금지한다.
  1 = 레귤러 채널에 대하여 아날로그 워치독을 허용한다.
- JAWDEN : Analog Watchdog Enable on Injected Channels
  0 = 인젝티드 채널에 대하여 아날로그 워치독을 금지한다.
  1 = 인젝티드 채널에 대하여 아날로그 워치독을 허용한다.
- DUALMOD[3:0] : Dual Mode Selection
  이것은 ADC1에서만 유효한 비트로서 동작 모드를 선택한다.
  0000 = independent mode
  0001 = (regular simultaneous + injected simultaneous) combined mode
  0010 = (regular simultaneous + alternate trigger) combined mode
  0011 = (injected simultaneous + fast interleaved) combined mode
  0100 = (injected simultaneous + slow interleaved) combined mode
  0101 = injected simultaneous mode only
  0110 = regular simultaneous mode only
  0111 = fast interleaved only
  1000 = slow interleaved only
  1001 = alternate trigger mode only
- DISCNUM[2:0] : Discontinuous Mode Channel Count
  불연속 모드에서 한번의 외부 트리거에 의하여 연속적으로 A/D 변환할 레귤러 채널의 수를 지정한다.
  000 = 채널 수 1개. 100 = 채널 수 5개.
  001 = 채널 수 2개. 101 = 채널 수 6개.

010 = 채널 수 3개.
011 = 채널 수 4개.
110 = 채널 수 7개.
111 = 채널 수 8개.

- JDISCEN : Discontinuous Mode on Injected Channels
  0 = 인젝티드 채널에 대하여 불연속 모드를 금지한다.
  1 = 인젝티드 채널에 대하여 불연속 모드를 허용한다.
- DISCEN : Discontinuous Mode on Regular Channels
  0 = 레귤러 채널에 대하여 불연속 모드를 금지한다.
  1 = 레귤러 채널에 대하여 불연속 모드를 허용한다.
- JAUTO : Automatic Injected Group Conversion
  0 = 자동 인젝티드 그룹 A/D 변환을 금지한다.
  1 = 자동 인젝티드 그룹 A/D 변환을 허용한다.
- AWDSGL : Enable Watchdog on Single Channel
  0 = 모든 채널에 대하여 아날로그 워치독을 허용한다.
  1 = AWDCH[4:0] 비트로 지정된 1개의 채널에 대해서만 아날로그 워치독을 허용한다.
- SCAN : Scan Mode
  0 = 스캔 모드를 금지한다.
  1 = 스캔 모드를 허용한다.
- JEOCIE : End of Conversion Interrupt Enable for Injected Channels
  0 = 인젝티드 채널에 대하여 A/D 변환 완료 인터럽트를 금지한다.
  1 = 인젝티드 채널에 대하여 JEOC=1일 때 A/D 변환 완료 인터럽트를 허용한다.
- AWDIE : Analog Watchdog Interrupt Enable
  0 = 아날로그 워치독 인터럽트를 금지한다.
  1 = 아날로그 워치독 인터럽트를 허용한다.
- EOCIE : End of Conversion Interrupt Enable for Regular Channels
  0 = 레귤러 채널에 대하여 A/D 변환 완료 인터럽트를 금지한다.
  1 = 레귤러 채널에 대하여 EOC=1일 때 A/D 변환 완료 인터럽트를 허용한다.
- AWDCH[4:0] : Analog Watchdog Channel Select
  00000 = 아날로그 워치독의 입력으로 채널0을 사용한다.
  00001 = 아날로그 워치독의 입력으로 채널1을 사용한다.
  00010 = 아날로그 워치독의 입력으로 채널2를 사용한다.
  .
  .
  .
  10000 = 아날로그 워치독의 입력으로 채널16을 사용한다.
  10001 = 아날로그 워치독의 입력으로 채널17을 사용한다.
  ADC1에서는 채널16에 온도 센서가 연결되고, 채널17에 V_{REFINT}가 연결되어 있다.
  ADC2에서는 채널16과 채널17이 모두 접지 V_{SS}에 연결되어 있다.
  ADC3에서는 채널9, 채널14, 채널15, 채널16, 채널17이 모두 접지 V_{SS}에 연결되어 있다.

▣ ADCx 제어 레지스터2 ADCx_CR2 (리셋 직후 디폴트값 : 0x0000 0000)

b31	b30	b29	b28	b27	b26	b25	b24	b23	b22	b21	b20	b19	b18	b17	b16
–	–	–	–	–	–	–	–	TSVREFE	SWSTART	JSWSTART	EXTTRIG	EXTSEL[2:0]			–
–	–	–	–	–	–	–	–	rw	rw	rw	rw	rw	rw	rw	–

b15	b14	b13	b12	b11	b10	b9	b8	b7	b6	b5	b4	b3	b2	b1	b0
JEXTTRIG	JEXTSEL[2:0]			ALIGN	–	–	DMA	–	–	–	–	RSTCAL	CAL	CONT	ADON
rw	rw	rw	rw	rw	–	–	rw	–	–	–	–	rw	rw	rw	rw

- TSVREFE : Temperature Sensor and V_{REFINT} Enable
  이것은 ADC1에서만 유효하다.
  0 = 내장 온도 센서와 기준전압 V_{REFINT} 회로의 동작을 금지한다.
  1 = 내장 온도 센서와 기준전압 V_{REFINT} 회로의 동작을 허용한다.
- SWSTART : Start Conversion of Regular Channels
  0 = A/D 컨버터가 리셋 상태에 있게 된다.
  1 = 레귤러 채널의 A/D 변환을 시작한다. A/D 변환이 시작되면 이 비트는 자동으로 다시 0이 된다.
- JSWSTART : Start Conversion of Injected Channels

0 = A/D 컨버터가 리셋 상태에 있게 된다.
1 = 인젝티드 채널의 A/D 변환을 시작한다. A/D 변환이 시작되면 이 비트는 자동으로 다시 0이 된다.

- EXTTRIG : External Trigger Conversion Mode for Regular Channels
  0 = 레귤러 채널에서 외부 트리거 신호의 사용을 금지한다.
  1 = 레귤러 채널에서 EXTSEL[2:0]과 같은 외부 트리거 신호의 사용을 허용한다.
- EXTSEL[2:0] : External Event Trigger Select for Regular Group
  ① ADC1과 ADC2에서는 다음과 같이 외부 트리거 신호를 사용한다.
  000 = TIM1 CC1 이벤트
  001 = TIM1 CC2 이벤트
  010 = TIM1 CC3 이벤트
  011 = TIM2 CC2 이벤트
  100 = TIM3 TRGO 이벤트
  101 = TIM4 CC4 이벤트
  110 = TIM8 TRGO 또는 EXTI 라인11(ADCx_ETRGREG_REMAP으로 선택)
  111 = SWSTART
  ② ADC3에서는 다음과 같이 외부 트리거 신호를 사용한다.
  000 = TIM3 CC1 이벤트
  001 = TIM2 CC3 이벤트
  010 = TIM1 CC3 이벤트
  011 = TIM8 CC1 이벤트
  100 = TIM8 TRGO 이벤트
  101 = TIM5 CC1 이벤트
  110 = TIM5 CC3 이벤트
  111 = SWSTART
- JEXTTRIG : External Trigger Conversion Mode for Injected Channels
  0 = 인젝티드 채널에서 외부 트리거 신호의 사용을 금지한다.
  1 = 인젝티드 채널에서 JEXTSEL[2:0]과 같은 외부 트리거 신호의 사용을 허용한다.
- JEXTSEL[2:0] : External Event Trigger Select for Injected Group
  ① ADC1과 ADC2에서는 다음과 같이 외부 트리거 신호를 사용한다.
  000 = TIM1 TRGO 이벤트
  001 = TIM1 CC4 이벤트
  010 = TIM2 TRGO 이벤트
  011 = TIM2 CC1 이벤트
  100 = TIM3 CC4 이벤트
  101 = TIM4 TRGO 이벤트
  110 = TIM8 CC4 또는 EXTI 라인15(ADCx_ETRGINJ_REMAP으로 선택)
  111 = JSWSTART
  ② ADC3에서는 다음과 같이 외부 트리거 신호를 사용한다.
  000 = TIM1 TRGO 이벤트
  001 = TIM1 CC4 이벤트
  010 = TIM4 CC3 이벤트
  011 = TIM8 CC2 이벤트
  100 = TIM8 CC4 이벤트
  101 = TIM5 TRGO 이벤트
  110 = TIM5 CC4 이벤트
  111 = JSWSTART
- ALIGN : Data Alignment
  0 = A/D 변환 결과를 우측 정렬하여 레지스터에 저장한다.
  1 = A/D 변환 결과를 좌측 정렬하여 레지스터에 저장한다.
- DMA : DMA Mode
  0 = DMA 모드를 금지한다.
  1 = DMA 모드를 허용한다.
- RSTCAL : Reset Calibration
  0 = 캘리브레이션 레지스터의 초기화가 수행되었다.
  1 = 캘리브레이션 레지스터를 초기화한다. 초기화가 끝나면 이 비트는 자동으로 다시 0이 된다.
- CAL : A/D Calibration
  0 = A/D 컨버터의 캘리브레이션이 완료되었다.
  1 = A/D 컨버터의 캘리브레이션을 수행한다. 이 동작을 위해서는 ADON=1 상태여야 하며, 캘리브레이션이 끝나면 이 비트는 자동으로 다시 0이 된다.

- CONT : Continuous Conversion
  0 = 단일 변환 모드(single conversion mode)로 설정한다.
  1 = 연속 변환 모드(continuous conversion mode)로 설정한다.
- ADON : A/D Conversion ON/OFF
  0 = A/D 변환을 금지하고 A/D 컨버터는 파워다운 모드로 들어간다.
  1 = A/D 변환을 허용한다. 또한, 이미 ADON=1로 있는 상태에서 다시 이 비트에 1을 쓰면 A/D 변환 동작이 트리거된다. 그러나, ADON=1로 있는 상태에서 다시 이 비트에 1을 쓰더라도 이와 동시에 이 레지스터의 다른 비트값이 변경되면 A/D 변환 동작이 트리거되지 않는다.

▣ ADCx 샘플링 시간 레지스터1 ADCx_SMPR1 (리셋 직후 디폴트값 : 0x0000 0000)

b31	b30	b29	b28	b27	b26	b25	b24	b23	b22	b21	b20	b19	b18	b17	b16
–	–	–	–	–	–	–	–	SMP17[2:0]			SMP16[2:0]			SMP15[2:1]	
–	–	–	–	–	–	–	–	rw	rw	rw	rw	rw	rw	rw	rw

b15	b14	b13	b12	b11	b10	b9	b8	b7	b6	b5	b4	b3	b2	b1	b0
SMP15[0]	SMP14[2:0]			SMP13[2:0]			SMP12[2:0]			SMP11[2:0]			SMP10[2:0]		
rw	rw	rw	rw	rw	rw	rw	rw	rw	rw	rw	rw	rw	rw	rw	rw

- SMPx[2:0] : Channel x Sampling Time Selection
  각 채널에 대하여 샘플링 시간을 ADCCLK 클록 사이클의 수로 설정한다.
  000 = A/D 컨버터 클록의 1.5주기.
  001 = A/D 컨버터 클록의 7.5주기.
  010 = A/D 컨버터 클록의 13.5주기.
  011 = A/D 컨버터 클록의 28.5주기.
  100 = A/D 컨버터 클록의 41.5주기.
  101 = A/D 컨버터 클록의 55.5주기.
  110 = A/D 컨버터 클록의 71.5주기.
  111 = A/D 컨버터 클록의 239.5주기.

▣ ADCx 샘플링 시간 레지스터2 ADCx_SMPR2 (리셋 직후 디폴트값 : 0x0000 0000)

b31	b30	b29	b28	b27	b26	b25	b24	b23	b22	b21	b20	b19	b18	b17	b16
–	–	SMP9[2:0]			SMP8[2:0]			SMP7[2:0]			SMP6[2:0]			SMP5[2:1]	
–	–	rw	rw	rw	rw	rw	rw	rw	rw	rw	rw	rw	rw	rw	rw

b15	b14	b13	b12	b11	b10	b9	b8	b7	b6	b5	b4	b3	b2	b1	b0
SMP5[0]	SMP4[2:0]			SMP3[2:0]			SMP2[2:0]			SMP1[2:0]			SMP0[2:0]		
rw	rw	rw	rw	rw	rw	rw	rw	rw	rw	rw	rw	rw	rw	rw	rw

- SMPx[2:0] : Channel x Sampling Time Selection
  각 채널에 대하여 샘플링 시간을 ADCCLK 클록 사이클의 수로 설정한다.
  000 = A/D 컨버터 클록의 1.5주기.
  001 = A/D 컨버터 클록의 7.5주기.
  010 = A/D 컨버터 클록의 13.5주기.
  011 = A/D 컨버터 클록의 28.5주기.
  100 = A/D 컨버터 클록의 41.5주기.
  101 = A/D 컨버터 클록의 55.5주기.
  110 = A/D 컨버터 클록의 71.5주기.
  111 = A/D 컨버터 클록의 239.5주기.

▣ ADCx 인젝티드 채널 데이터 오프셋 레지스터y ADCx_JOFRy (디폴트값 : 0x0000 0000)

b31	b30	b29	b28	b27	b26	b25	b24	b23	b22	b21	b20	b19	b18	b17	b16
–	–	–	–	–	–	–	–	–	–	–	–	–	–	–	–
–	–	–	–	–	–	–	–	–	–	–	–	–	–	–	–

b15	b14	b13	b12	b11	b10	b9	b8	b7	b6	b5	b4	b3	b2	b1	b0
–	–	–	–	JOFFSETy[11:0]											
–	–	–	–	rw	rw	rw	rw	rw	rw	rw	rw	rw	rw	rw	rw

- JOFFSETy[11:0] : Data Offset for Injected Channel y(y = 1~4)
  이것은 인젝티드 채널의 A/D 변환 결과를 보정하기 위하여 ADCx_JDRy 레지스터의 값에서 이를 빼주는 값이다.

■ ADCx 워치독 상위 문턱 레지스터 ADCx_HTR (디폴트값 : 0x0000 0FFF)

b31	b30	b29	b28	b27	b26	b25	b24	b23	b22	b21	b20	b19	b18	b17	b16
-	-	-	-	-	-	-	-	-	-	-	-	-	-	-	-
-	-	-	-	-	-	-	-	-	-	-	-	-	-	-	-

b15	b14	b13	b12	b11	b10	b9	b8	b7	b6	b5	b4	b3	b2	b1	b0
-	-	-	-	HT[11:0]											
-	-	-	-	rw	rw	rw	rw	rw	rw	rw	rw	rw	rw	rw	rw

- HT[11:0] : Analog Watchdog Higher Threshold
  아날로그 워치독이 동작하기 위한 상위 문턱 값을 설정한다. 지정된 아날로그 입력이 이 값을 초과하여 입력되면 ADCx_SR 레지스터에서 AWD=1로 되면서 아날로그 워치독 이벤트가 발생한다.

■ ADCx 워치독 하위 문턱 레지스터 ADCx_LTR (디폴트값 : 0x0000 0000)

b31	b30	b29	b28	b27	b26	b25	b24	b23	b22	b21	b20	b19	b18	b17	b16
-	-	-	-	-	-	-	-	-	-	-	-	-	-	-	-
-	-	-	-	-	-	-	-	-	-	-	-	-	-	-	-

b15	b14	b13	b12	b11	b10	b9	b8	b7	b6	b5	b4	b3	b2	b1	b0
-	-	-	-	LT[11:0]											
-	-	-	-	rw	rw	rw	rw	rw	rw	rw	rw	rw	rw	rw	rw

- LT[11:0] : Analog Watchdog Lower Threshold
  아날로그 워치독이 동작하기 위한 하위 문턱 값을 설정한다. 지정된 아날로그 입력이 이 값 미만으로 입력되면 ADCx_SR 레지스터에서 AWD=1로 되면서 아날로그 워치독 이벤트가 발생한다.

■ ADCx 레귤러 시퀀스 레지스터1 ADCx_SQR1 (리셋 직후 디폴트값 : 0x0000 0000)

b31	b30	b29	b28	b27	b26	b25	b24	b23	b22	b21	b20	b19	b18	b17	b16
-	-	-	-	-	-	-	-	L[3:0]				SQ16[4:1]			
-	-	-	-	-	-	-	-	rw	rw	rw	rw	rw	rw	rw	rw

b15	b14	b13	b12	b11	b10	b9	b8	b7	b6	b5	b4	b3	b2	b1	b0
SQ16[0]	SQ15[4:0]					SQ14[4:0]					SQ13[4:0]				
rw	rw	rw	rw	rw	rw	rw	rw	rw	rw	rw	rw	rw	rw	rw	rw

- L[3:0] : Length of Regular Sequence Channels
  레귤러 그룹에서 연속적으로 A/D 변환을 수행할 시퀀스의 채널 수를 지정한다.
  0000 = 채널수 1개
  0001 = 채널수 2개
  0010 = 채널수 3개
  .
  .
  .
  1111 = 채널수 16개
- SQ16[4:0] : 16th Conversion in Regular Sequence
- SQ15[4:0] : 15th Conversion in Regular Sequence
- SQ14[4:0] : 14th Conversion in Regular Sequence
- SQ13[4:0] : 13th Conversion in Regular Sequence
  레귤러 그룹에서 연속적으로 A/D 변환을 수행할 채널 번호를 지정한다.

▣ ADCx 레귤러 시퀀스 레지스터2 ADCx_SQR2 (리셋 직후 디폴트값 : 0x0000 0000)

b31	b30	b29	b28	b27	b26	b25	b24	b23	b22	b21	b20	b19	b18	b17	b16
–	–	SQ12[4:0]					SQ11[4:0]					SQ10[4:1]			
–	–	rw	rw	rw	rw	rw	rw	rw	rw	rw	rw	rw	rw	rw	rw

b15	b14	b13	b12	b11	b10	b9	b8	b7	b6	b5	b4	b3	b2	b1	b0
SQ10[0]	SQ9[4:0]					SQ8[4:0]					SQ7[4:0]				
rw	rw	rw	rw	rw	rw	rw	rw	rw	rw	rw	rw	rw	rw	rw	rw

- SQ12[4:0] : 12th Conversion in Regular Sequence
- SQ11[4:0] : 11th Conversion in Regular Sequence
- SQ10[4:0] : 10th Conversion in Regular Sequence
- SQ9[4:0] : 9th Conversion in Regular Sequence
- SQ8[4:0] : 8th Conversion in Regular Sequence
- SQ7[4:0] : 7th Conversion in Regular Sequence

  레귤러 그룹에서 연속적으로 A/D 변환을 수행할 채널 번호를 지정한다.

▣ ADCx 레귤러 시퀀스 레지스터3 ADCx_SQR3 (리셋 직후 디폴트값 : 0x0000 0000)

b31	b30	b29	b28	b27	b26	b25	b24	b23	b22	b21	b20	b19	b18	b17	b16
–	–	SQ6[4:0]					SQ5[4:0]					SQ4[4:1]			
–	–	rw	rw	rw	rw	rw	rw	rw	rw	rw	rw	rw	rw	rw	rw

b15	b14	b13	b12	b11	b10	b9	b8	b7	b6	b5	b4	b3	b2	b1	b0
SQ4[0]	SQ3[4:0]					SQ2[4:0]					SQ1[4:0]				
rw	rw	rw	rw	rw	rw	rw	rw	rw	rw	rw	rw	rw	rw	rw	rw

- SQ6[4:0] : 6th Conversion in Regular Sequence
- SQ5[4:0] : 5th Conversion in Regular Sequence
- SQ4[4:0] : 4th Conversion in Regular Sequence
- SQ3[4:0] : 3rd Conversion in Regular Sequence
- SQ2[4:0] : 2nd Conversion in Regular Sequence
- SQ1[4:0] : 1st Conversion in Regular Sequence

  레귤러 그룹에서 연속적으로 A/D 변환을 수행할 채널 번호를 지정한다.

▣ ADCx 인젝티드 시퀀스 레지스터 ADCx_JSQR (리셋 직후 디폴트값 : 0x0000 0000)

b31	b30	b29	b28	b27	b26	b25	b24	b23	b22	b21	b20	b19	b18	b17	b16
–	–	–	–	–	–	–	–	–	–	JL[1:0]		JSQ4[4:1]			
–	–	–	–	–	–	–	–	–	–	rw	rw	rw	rw	rw	rw

b15	b14	b13	b12	b11	b10	b9	b8	b7	b6	b5	b4	b3	b2	b1	b0
JSQ4[0]	JSQ3[4:0]					JSQ2[4:0]					JSQ1[4:0]				
rw	rw	rw	rw	rw	rw	rw	rw	rw	rw	rw	rw	rw	rw	rw	rw

- JL[1:0] : Length of Injected Sequence Channels

  인젝티드 그룹에서 연속적으로 A/D 변환을 수행할 시퀀스의 채널 수를 지정한다.

  00 = 채널수 1개 (★ JSQ4[4:0]의 A/D 변환 동작을 수행)

  01 = 채널수 2개 (★ JSQ3[4:0] > JSQ4[4:0] 순서로 A/D 변환 동작을 수행)

  10 = 채널수 3개 (★ JSQ2[4:0] > JSQ3[4:0] > JSQ4[4:0] 순서로 A/D 변환 동작을 수행)

  11 = 채널수 4개 (★ JSQ1[4:0] > JSQ2[4:0] > JSQ3[4:0] > JSQ4[4:0] 순서로 A/D 변환 동작을 수행)
- JSQ4[4:0] : 4th Conversion in Injected Sequence
- JSQ3[4:0] : 3rd Conversion in Injected Sequence
- JSQ2[4:0] : 2nd Conversion in Injected Sequence
- JSQ1[4:0] : 1st Conversion in Injected Sequence

  인젝티드 그룹에서 연속적으로 A/D 변환을 수행할 채널 번호를 지정한다.

▣ ADCx 인젝티드 데이터 레지스터y ADCx_JDRy (리셋 직후 디폴트값 : 0x0000 0000)

b31	b30	b29	b28	b27	b26	b25	b24	b23	b22	b21	b20	b19	b18	b17	b16
–	–	–	–	–	–	–	–	–	–	–	–	–	–	–	–
–	–	–	–	–	–	–	–	–	–	–	–	–	–	–	–

b15	b14	b13	b12	b11	b10	b9	b8	b7	b6	b5	b4	b3	b2	b1	b0
JDATAy[15:0]															
r	r	r	r	r	r	r	r	r	r	r	r	r	r	r	r

- JDATAy[15:0] : Conversion Data for Injected Channel y(y=1~4)
  인젝티드 채널 y의 A/D 변환 결과가 저장된다. 데이터는 정렬방법에 따라 우측정렬 또는 좌측정렬로 저장된다.

▣ ADCx 레귤러 데이터 레지스터 ADCx_DR (리셋 직후 디폴트값 : 0x0000 0000)

b31	b30	b29	b28	b27	b26	b25	b24	b23	b22	b21	b20	b19	b18	b17	b16
–	–	–	–	–	–	–	–	–	–	–	–	–	–	–	–
–	–	–	–	–	–	–	–	–	–	–	–	–	–	–	–

b15	b14	b13	b12	b11	b10	b9	b8	b7	b6	b5	b4	b3	b2	b1	b0
DATA[15:0]															
r	r	r	r	r	r	r	r	r	r	r	r	r	r	r	r

- DATA[15:0] : Conversion Data for Regular Channel
  레귤러 채널의 A/D 변환 결과가 저장된다. 데이터는 정렬방법에 따라 우측정렬 또는 좌측정렬로 저장된다.

2.3 D/A 컨버터(DAC)

이 절에서는 STM32F103VET6에 내장되어 있는 D/A 컨버터의 구조와 기능에 대하여 공부하기로 한다.

1. D/A 컨버터의 개요

STM32F103VET6은 2개의 12비트 전압출력형(voltage output) D/A 컨버터를 가지고 있다. 이 D/A 컨버터의 주요 특징을 요약하여 보면 다음과 같다.

① STM32F103VET6에는 2개의 12비트 D/A 컨버터를 가지고 있다.

② D/A 컨버터의 아날로그 출력신호 DAC_OUT1과 DAC_OUT2는 각각 GPIO에서 PA4 및 PA5 단자의 부수적인 기능으로 되어 있다.

③ 2개의 D/A 컨버터에 데이터를 각각 독립적으로(independently) 출력할 수도 있고, 동시에(simultaneously) 데이터를 출력할 수도 있다.

④ D/A 컨버터의 분해능을 12비트 또는 8비트로 설정하여 사용할 수 있다.

⑤ 12비트 분해능의 경우에는 출력 데이터를 좌측 정렬 또는 우측 정렬로 사용할 수 있으며, 8비트 분해능의 경우에는 우측 정렬만 사용한다.

⑥ 노이즈 파형(noise wave)이나 삼각파(triangular wave)를 출력하는 기능을 가지고 있다.

⑦ 출력 버퍼를 사용하면 출력 임피던스가 작아지고 소비전력이 증가하지만, 아날로그 출력전압이 좀더 rail-to-rail형에 가까워진다. 즉, 출력 버퍼를 ON하면 출력전압의 범위가 0.2~V_{DDA}-0.2이며, 출력 버퍼를 OFF하면 0.5~V_{REF+}-1LSB이다.

⑧ 기준전압 입력 단자 V_{REF+}(= 2.4V~V_{DDA})를 가지고 있으며, 아날로그 출력전압의 이론적인 범위는 0~V_{REF+} 이다.

⑨ 출력된 데이터를 가지고 D/A 변환을 시작하는 트리거를 사용하지 않을 수도 있고, 소프트웨어 트리거와 외부 하드웨어 트리거 방법을 사용할 수도 있다.

⑩ DMA 방식으로 데이터를 출력할 수 있다.

2. D/A 컨버터의 구조와 동작

(1) D/A 컨버터의 내부 구조

STM32F103VET6에서 D/A 컨버터 1개의 내부 구조를 블록도로 보이면 <그림 2.3.1>과 같다. 여기서 x는 D/A 컨버터의 번호를 나타내는 1 또는 2이다.

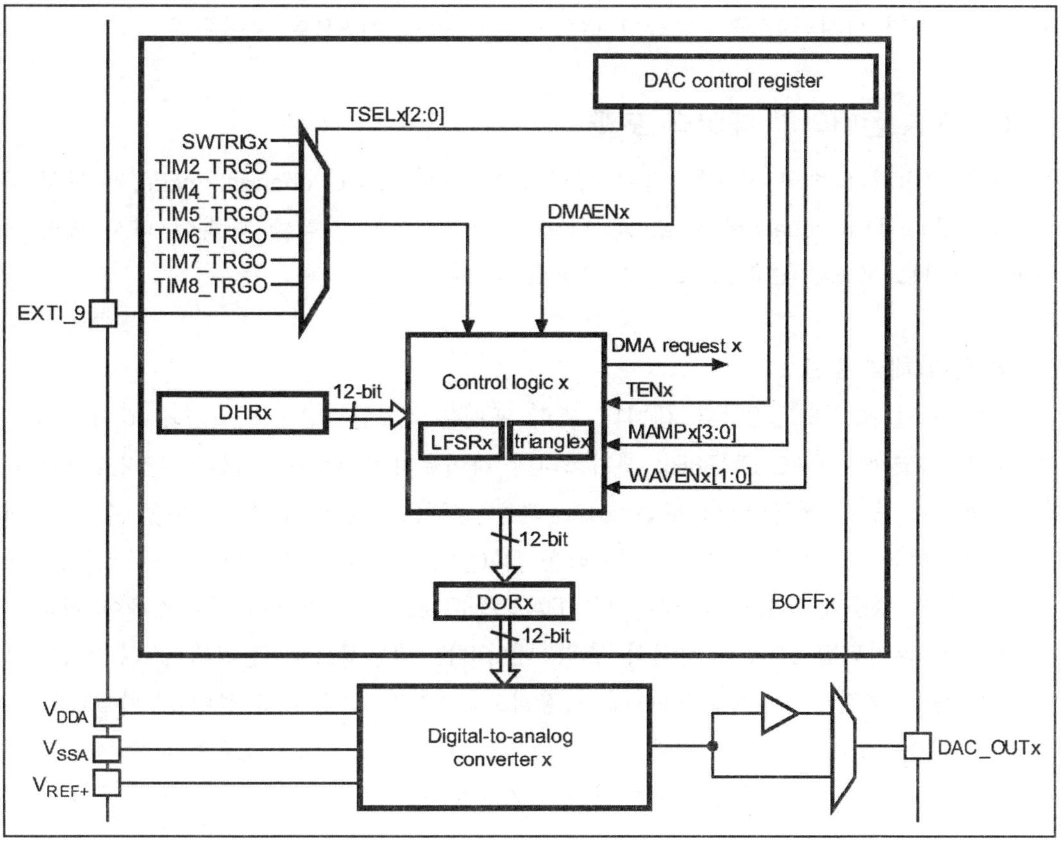

<그림 2.3.1> D/A 컨버터의 구성 블록도(x = 1, 2)

(2) D/A 컨버터의 사용

D/A 컨버터는 DAC_CR 레지스터에서 ENx=1로 설정하면 허용되는데, 이렇게 설정하고 D/A 컨버터의 상태가 안정화되기까지 t_{WAKEUP} = 6.5~10μs만큼의 스타트업 시간이 필요하다. D/A 컨버터 채널1과 채널2를 허용상태로 설정하면 각각 PA4 및 PA5 단자가 DAC_OUT1과 DAC_OUT2 출력신호로 동작하므로 GPIO에서는 아날로그 모드로

설정해주기만 하면 된다.

아날로그 전원 전압이 V_{DDA} = 2.4V~3.6V로 입력되고 $V_{REF+} \leq V_{DDA}$일 때 D/A 컨버터의 이론적인 출력전압 범위는 0~V_{REF+}이지만 하드웨어적인 특성 때문에 이 범위의 양쪽 끝 부근 전압값은 출력하기 어렵다. DAC_CR 레지스터의 BOFFx 비트를 사용하여 이 문제를 보완하기 위한 출력 버퍼의 사용 여부를 사용자가 선택할 수 있는데, 만약 BOFFx=0으로 설정하여 출력 버퍼를 ON하면 출력 임피던스가 작아지면서 출력전압의 범위가 0.2~V_{DDA}-0.2로 늘어나고, BOFFx=1로 설정하여 출력 버퍼를 OFF하면 출력 임피던스가 커지면서 출력전압의 범위가 0.5~V_{REF+}-1LSB로 줄어든다.

(3) D/A 컨버터의 데이터 포맷

D/A 컨버터의 출력 모드는 단일 채널 모드(single DAC channel mode)와 듀얼 채널 모드(dual DAC channel mode)로 나눌 수 있고, 이들 각각에 대하여 다시 출력 데이터를 8비트 모드와 12비트 모드로 사용할 수 있다.

▣ 단일 채널 모드

단일 채널 모드에서 8비트 데이터 출력 포맷은 <그림 2.3.2>의 (a)와 같이 데이터를 우측 정렬하여 DAC_DHR8Rx 레지스터에 라이트하면 된다. 그러나, 12비트 데이터 출력 포맷은 우측 정렬(right-aligned)과 좌측 정렬(left-aligned)을 사용할 수 있는데, 우측 정렬하는 경우에는 12비트 데이터를 DAC_DHR12Rx 레지스터에 라이트하고, 좌측 정렬하는 경우에는 12비트 데이터를 DAC_DHR12Lx 레지스터에 라이트해야 한다.

이렇게 라이트된 D/A 컨버터의 출력 데이터는 내부적으로 정리되어 해당 채널의 데이터 홀딩 레지스터 DAC_DHRx에 저장되고, 트리거 신호에 의하여 출력 레지스터 DAC_DORx로 옮겨져서 D/A 변환이 수행된다. 그러나, 사용자가 DAC_DORx 레지스터에 출력 데이터를 직접 라이트하는 것은 불가능하다.

▣ 듀얼 채널 모드

듀얼 채널 모드에서 8비트 데이터 출력 포맷은 <그림 2.3.2>의 (b)와 같이 2개 채널의 데이터를 우측 정렬하여 DAC_DHR8RD 레지스터의 하위 바이트부터 채널1과 채널2의 데이터가 차례로 위치하도록 라이트한다. 그러나, 12비트 데이터 출력 포맷은 우측 정렬과 좌측 정렬을 사용할 수 있는데, 우측 정렬하는 경우에는 2개 채널의 12비트 데이터를 DAC_DHR12RD 레지스터에 라이트하고, 좌측 정렬하는 경우에는 2개 채널의 12비트 데이터를 DAC_DHR12LD 레지스터에 라이트해야 한다.

이렇게 라이트된 D/A 컨버터의 채널1, 채널2 출력 데이터는 내부적으로 정리되어 데이터 홀딩 레지스터 DAC_DHR1과 DAC_DHR2에 각각 저장되고, 트리거 신호에 의하여 출력 레지스터 DAC_DOR1과 DAC_DOR2로 옮겨져서 2채널 동시에 D/A 변환이 수행된다. 그러나, 사용자가 DAC_DOR1과 DAC_DOR2 레지스터에 출력 데이터를 직접 라이트하는 것은 불가능하다.

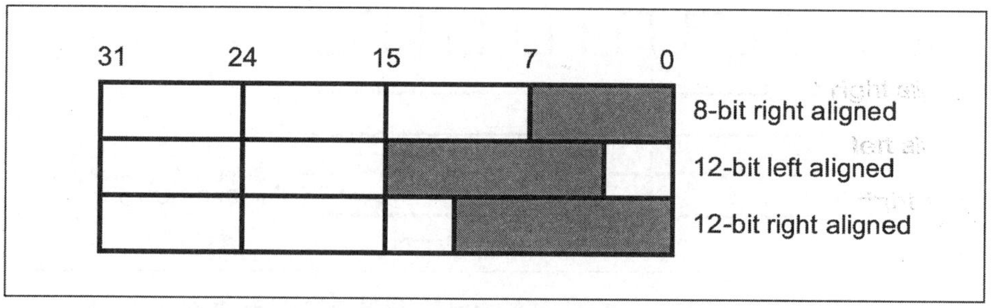

(a) 단일 채널 모드

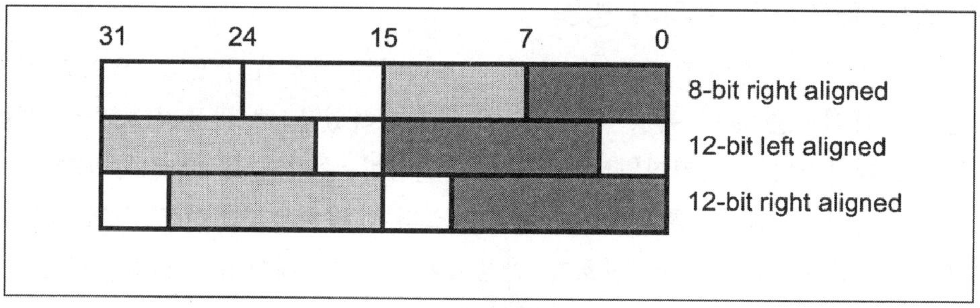

(b) 듀얼 채널 모드

<그림 2.3.2> D/A 컨버터의 데이터 포맷

DAC_CR 레지스터에서 TENx=0으로 설정하여 트리거를 사용하지 않는 경우와 TENx=1 상태에서 TSELx[2:0]=111로 하여 소프트웨어 트리거(software trigger)로 설정한 경우에는 <그림 2.3.3>에 보인 것처럼 DAC_DHRx 레지스터에 저장된 출력 데이터가 1개의 APB1 클록만에 DAC_DORx 레지스터로 옮겨져서 D/A 변환이 시작된다. 그러나, TENx=1에서 하드웨어 트리거를 사용하는 경우에는 동작이 약간 느려져서 트리거 신호를 받은 후 3개의 APB1 클록이 경과한 후에 DAC_DHRx 레지스터의 데이터가 DAC_DORx 레지스터로 옮겨져서 D/A 변환이 시작된다. 이와 같이 D/A 컨버터의 출력 데이터가 DAC_DORx 레지스터로 옮겨지면 $t_{SETTLING}$ = 3~4μs만큼의 시간이 지난 후에 해당 아날로그 전압이 DAC_OUTx 단자로 출력된다.

아날로그 전원 전압이 V_{DDA} = 2.4V~3.6V로 입력될 때 D/A 컨버터의 이론적인 출력전압 범위는 0~V_{REF+}로서 출력 데이터에 따라 다음과 같은 전압이 출력된다.

$$\text{D/A 컨버터 출력전압} = V_{REF+} \times \frac{\text{DAC\_DORx}}{4095} \ [\text{V}]$$

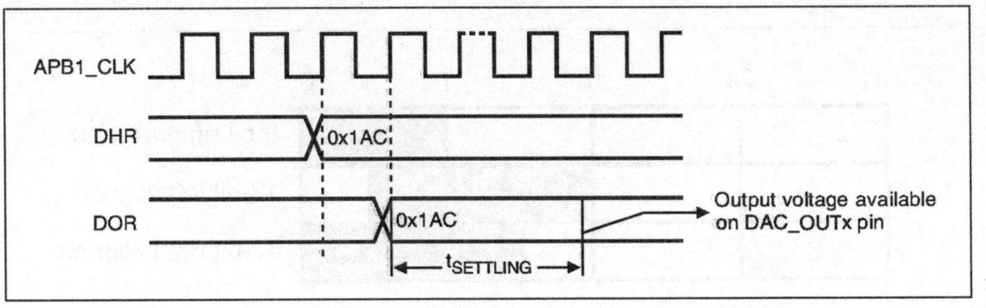

<그림 2.3.3> TENx=0일 때 D/A 컨버터 출력 데이터의 동작 타이밍

(4) 출력 데이터의 트리거 방법

DAC_CR 레지스터에서 TENx=0으로 하여 트리거를 사용하지 않는 것으로 설정하면 D/A 변환할 데이터를 출력 홀딩 레지스터에 라이트하였을 때 자동적으로 이 데이터가 DAC_DORx 레지스터로 옮겨지면서 아날로그 전압이 출력된다. 그러나, TENx=1로 설정하면 D/A 변환할 데이터를 출력 홀딩 레지스터에 라이트하더라도 소프트웨어 또는 하드웨어적인 방법으로 트리거 신호가 발생되어야만 이 데이터가 DAC_DORx 레지스터로 옮겨져서 아날로그 전압으로 변환된다.

D/A 변환을 트리거하는 신호에는 타이머 TIM2, TIM4, TIM5, TIM6, TIM7, TIM8의 트리거 신호 TRGO가 있으며, 외부 인터럽트 신호 EXTI_9도 사용할 수 있고, 소프트웨어 트리거의 경우에는 DAC_SWTRIGR 레지스터에서 SWTRIGx 비트에 1을 써주어야 한다.

(5) DMA를 사용한 D/A 변환

DAC_CR 레지스터에서 DMAENx 비트를 1로 설정하면 DMA를 사용하여 D/A 변환을 수행하는 것이 가능하다. 이때는 외부의 하드웨어 트리거 신호에 의해서 D/A 변환이 시작될 경우에만 DMA 요청 신호가 발생되고 이 DMA 동작으로 출력 데이터가 홀딩 레지스터에 저장되며, DAC_DHRx 레지스터의 값은 즉시 DAC_DORx 레지스터로 옮겨진다.

외부 하드웨어 트리거 신호가 들어왔는데도 아직 DMA 요청신호가 발생되지 않은 상태에서 다시 외부의 하드웨어 트리거 신호가 입력되면 나중에 들어온 트리거 신호는 무시되고 처리되지 않는다. STM32F103VET6에서는 이 경우 아무런 에러도 발생하지 않지만, 이후에 나온 Cortex-M0/M4/M7에서는 이런 경우에 D/A 컨버터의 언더런 에러(underrun error)가 발생하고 인터럽트를 요청한다.

(6) 노이즈 파형 및 삼각파 발생

DAC_CR 레지스터에서 TENx=1로 하고 WAVEx[1:0]=01로 설정하면 D/A 컨버터로 잡음 신호를 발생할 수 있다. 이 동작에서는 LFSR(Linear Feedback Shift Register) 레지스터에 초기값 0xAAA가 로드되고, 그 이후에는 트리거 신호가 들어올 때마다 MAMPx[3:0] 비트에 의해 지정된 방법으로 이 레지스터값이 마스크되고 DAC_DHRx 레지스터에 더해져서 DAC_DORx 레지스터로 옮겨짐으로써 계속하여 랜덤한 출력값을 생성하게 된다.

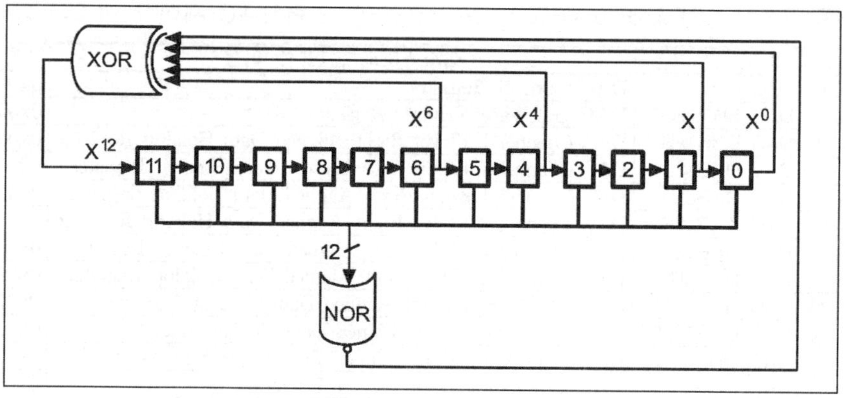

<그림 2.3.4> LFSR 레지스터를 사용한 노이즈 파형 발생

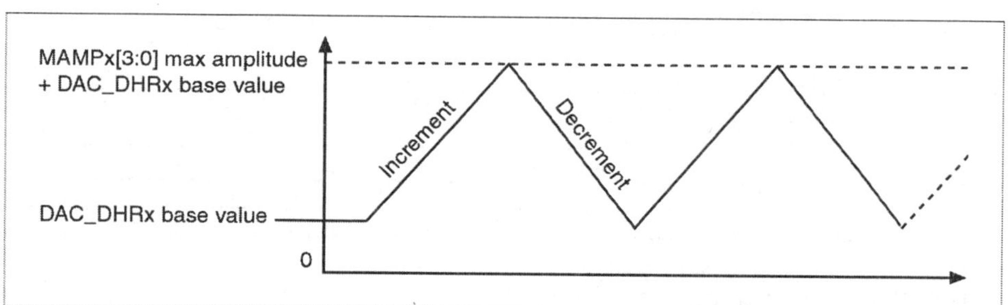

<그림 2.3.5> 삼각파 발생 모드의 동작

DAC_CR 레지스터에서 TENx=1로 하고 WAVEx[1:0]=10으로 설정하면 D/A 컨버터로 삼각파 신호를 발생할 수 있다. 이 동작에서는 트리거 신호가 들어올 때마다 삼각파 발생 카운터가 1씩 증가 또는 감소하고, 이 값이 DAC_DHRx 레지스터에 저장되어 있는 베이스 값에 더해져서 DAC_DORx 레지스터로 옮겨짐으로써 삼각파를 발생한다. 삼각파 발생 카운터는 0에서 MAMPx[3:0] 비트로 지정한 값까지 변하므로 삼각파의 피크값은 MAMPx[3:0] 비트 지정값에 DAC_DHRx 레지스터의 베이스 값을 더한 값이 되며, 출력값이 이 피크값보다 작을 때는 삼각파 발생 카운터가 1씩 증가하고, 출력값이 설정된 피크값에 도달한 이후에는 카운터가 다시 1씩 감소한다.

3. D/A 컨버터 관련 I/O 제어 레지스터

D/A 컨버터와 관련된 I/O 제어 레지스터는 <표 2.3.1>과 같이 14개가 있는데, 이 레지스터들의 기능을 정리하면 아래와 같다.

〈표 2.3.1〉 STM32F103VET6의 D/A 컨버터와 관련된 I/O 제어 레지스터 요약

어드레스	레지스터 이름	레지스터의 풀어 쓴 이름	리셋 후 초기값
0x4000_7400	DAC_CR	DAC Control Register	0x0000_0000
0x4000_7404	DAC_SWTRIGR	DAC Software Trigger Register	0x0000_0000
0x4000_7408	DAC_DHR12R1	DAC Channel 1 12-Bit Right-Aligned Data Holding Register	0x0000_0000
0x4000_740C	DAC_DHR12L1	DAC Channel 1 12-Bit Left-Aligned Data Holding Register	0x0000_0000
0x4000_7410	DAC_DHR8R1	DAC Channel 1 8-Bit Right-Aligned Data Holding Register	0x0000_0000
0x4000_7414	DAC_DHR12R2	DAC Channel 2 12-Bit Right-Aligned Data Holding Register	0x0000_0000
0x4000_7418	DAC_DHR12L2	DAC Channel 2 12-Bit Left-Aligned Data Holding Register	0x0000_0000
0x4000_741C	DAC_DHR8R2	DAC Channel 2 8-Bit Right-Aligned Data Holding Register	0x0000_0000
0x4000_7420	DAC_DHR12RD	Dual DAC 12-Bit Right-Aligned Data Holding Register	0x0000_0000
0x4000_7424	DAC_DHR12LD	Dual DAC 12-Bit Left-Aligned Data Holding Register	0x0000_0000
0x4000_7428	DAC_DHR8RD	Dual DAC 8-Bit Right-Aligned Data Holding Register	0x0000_0000
0x4000_742C	DAC_DOR1	DAC Channel 1 Data Output Register	0x0000_0000
0x4000_7430	DAC_DOR2	DAC Channel 2 Data Output Register	0x0000_0000

■ DAC 제어 레지스터 DAC_CR (리셋 직후 디폴트값 : 0x0000 0000)

b31	b30	b29	b28	b27	b26	b25	b24	b23	b22	b21	b20	b19	b18	b17	b16
–	–	–	DMAEN2	MAMP2[3:0]				WAVE2[1:0]		TSEL2[2:0]			TEN2	BOFF2	EN2
–	–	–	rw	rw	rw	rw	rw	rw	rw	rw	rw	rw	rw	rw	rw

b15	b14	b13	b12	b11	b10	b9	b8	b7	b6	b5	b4	b3	b2	b1	b0
–	–	–	DMAEN1	MAMP1[3:0]				WAVE1[1:0]		TSEL1[2:0]			TEN1	BOFF1	EN1
–	–	–	rw	rw	rw	rw	rw	rw	rw	rw	rw	rw	rw	rw	rw

- DMAEN2 : DAC Channel 2 DMA Enable
  0 = D/A 컨버터 채널2의 DMA 동작을 금지한다.
  1 = D/A 컨버터 채널2의 DMA 동작을 허용한다.
- MAMP2[3:0] : DAC Channel 2 Mask/Amplitude Selector

노이즈 파형 발생 모드에서 마스크 워드를 지정하고, 삼각파 발생 모드에서는 진폭을 설정한다.
0000 = LSFR 레지스터에서 비트0을 unmask한다. / 삼각파 진폭이 1.
0001 = LSFR 레지스터에서 비트1~0을 unmask한다. / 삼각파 진폭이 3.
0010 = LSFR 레지스터에서 비트2~0을 unmask한다. / 삼각파 진폭이 7.
0011 = LSFR 레지스터에서 비트3~0을 unmask한다. / 삼각파 진폭이 15.
0100 = LSFR 레지스터에서 비트4~0을 unmask한다. / 삼각파 진폭이 31.
0101 = LSFR 레지스터에서 비트5~0을 unmask한다. / 삼각파 진폭이 63.
0110 = LSFR 레지스터에서 비트6~0을 unmask한다. / 삼각파 진폭이 127.
0111 = LSFR 레지스터에서 비트7~0을 unmask한다. / 삼각파 진폭이 255.
1000 = LSFR 레지스터에서 비트8~0을 unmask한다. / 삼각파 진폭이 511.
1001 = LSFR 레지스터에서 비트9~0을 unmask한다. / 삼각파 진폭이 1023.
1010 = LSFR 레지스터에서 비트10~0을 unmask한다. / 삼각파 진폭이 2047.
1011 이상 = LSFR 레지스터에서 비트11~0을 unmask한다. / 삼각파 진폭이 4095.

- WAVE2[1:0] : DAC Channel 2 Noise/Triangle Wave Generation Enable
  이 비트는 TEN2=1일 때만 유효하며, 노이즈 파형 또는 삼각파 발생 모드를 설정한다.
  00 = 파형 발생 모드를 금지한다.
  01 = 노이즈 파형 발생 모드를 허용한다.
  1x = 삼각파 발생 모드를 허용한다.
- TSEL2[2:0] : DAC Channel 2 Trigger Selection
  이 비트는 TEN2=1일 때만 유효하며, 트리거 방식을 선택한다.
  000 = 타이머6의 TRGO 이벤트.
  001 = 타이머8의 TRGO 이벤트.
  010 = 타이머7의 TRGO 이벤트.
  011 = 타이머5의 TRGO 이벤트.
  100 = 타이머2의 TRGO 이벤트.
  101 = 타이머4의 TRGO 이벤트.
  110 = 외부 인터럽트 EXTI 라인9.
  111 = 소프트웨어 트리거(DAC_SWTRIGR 레지스터의 SWTRIG2 비트).
- TEN2 : DAC Channel 2 Trigger Enable
  0 = D/A 컨버터 채널2에 트리거를 사용하지 않아서 홀딩 레지스터 DAC_DHR2에 값을 쓰면 1개의 APB1 클록 후에 자동적으로 DAC_DOR2 레지스터로 옮겨진다.
  1 = D/A 컨버터 채널2에 트리거를 사용하며, 하드웨어 트리거의 경우에는 트리거 신호가 들어오면 3개의 APB1 클록(소프트웨어 트리거의 경우에는 1클록) 후에 홀딩 레지스터 DAC_DHR2의 값이 DAC_DOR2 레지스터로 옮겨진다.
- BOFF2 : DAC Channel 2 Output Buffer Disable
  0 = D/A 컨버터 채널2의 출력 버퍼를 사용하여 아날로그 전압을 출력한다.(0.2 ~ V_{DDA}-0.2)
  1 = D/A 컨버터 채널2의 출력 버퍼를 사용하지 않고 아날로그 전압을 출력한다.(0.5 ~ V_{REF+}-1LSB)
- EN2 : DAC Channel 2 Enable
  0 = D/A 컨버터 채널2를 금지한다.
  1 = D/A 컨버터 채널2를 허용한다.
- DMAEN1 : DAC Channel 1 DMA Enable
  0 = D/A 컨버터 채널1의 DMA 동작을 금지한다.
  1 = D/A 컨버터 채널1의 DMA 동작을 허용한다.
- MAMP1[3:0] : DAC Channel 1 Mask/Amplitude Selector
  노이즈 파형 발생 모드에서 마스크 워드를 지정하고, 삼각파 발생 모드에서는 진폭을 설정한다.
  0000 = LSFR 레지스터에서 비트0을 unmask한다. / 삼각파 진폭이 1.
  0001 = LSFR 레지스터에서 비트1~0을 unmask한다. / 삼각파 진폭이 3.
  0010 = LSFR 레지스터에서 비트2~0을 unmask한다. / 삼각파 진폭이 7.
  0011 = LSFR 레지스터에서 비트3~0을 unmask한다. / 삼각파 진폭이 15.
  0100 = LSFR 레지스터에서 비트4~0을 unmask한다. / 삼각파 진폭이 31.
  0101 = LSFR 레지스터에서 비트5~0을 unmask한다. / 삼각파 진폭이 63.
  0110 = LSFR 레지스터에서 비트6~0을 unmask한다. / 삼각파 진폭이 127.
  0111 = LSFR 레지스터에서 비트7~0을 unmask한다. / 삼각파 진폭이 255.
  1000 = LSFR 레지스터에서 비트8~0을 unmask한다. / 삼각파 진폭이 511.
  1001 = LSFR 레지스터에서 비트9~0을 unmask한다. / 삼각파 진폭이 1023.
  1010 = LSFR 레지스터에서 비트10~0을 unmask한다. / 삼각파 진폭이 2047.
  1011 이상 = LSFR 레지스터에서 비트11~0을 unmask한다. / 삼각파 진폭이 4095.
- WAVE1[1:0] : DAC Channel 1 Noise/Triangle Wave Generation Enable
  이 비트는 TEN1=1일 때만 유효하며, 노이즈 파형 또는 삼각파 발생 모드를 설정한다.

00 = 파형 발생 모드를 금지한다.
01 = 노이즈 파형 발생 모드를 허용한다.
1x = 삼각파 발생 모드를 허용한다.

- TSEL1[2:0] : DAC Channel 1 Trigger Selection
  이 비트는 TEN1=1일 때만 유효하며, 트리거 방식을 선택한다.
  000 = 타이머6의 TRGO 이벤트.
  001 = 타이머8의 TRGO 이벤트.
  010 = 타이머7의 TRGO 이벤트.
  011 = 타이머5의 TRGO 이벤트.
  100 = 타이머2의 TRGO 이벤트.
  101 = 타이머4의 TRGO 이벤트.
  110 = 외부 인터럽트 EXTI 라인9.
  111 = 소프트웨어 트리거(DAC_SWTRIGR 레지스터의 SWTRIG1 비트).
- TEN1 : DAC Channel 1 Trigger Enable
  0 = D/A 컨버터 채널1에 트리거를 사용하지 않아서 홀딩 레지스터 DAC_DHR1에 값을 쓰면 1개의 APB1 클록 후에 자동적으로 DAC_DOR1 레지스터로 옮겨진다.
  1 = D/A 컨버터 채널1에 트리거를 사용하며, 하드웨어 트리거의 경우에는 트리거 신호가 들어오면 3개의 APB1 클록(소프트웨어 트리거의 경우에는 1클록) 후에 홀딩 레지스터 DAC_DHR1의 값이 DAC_DOR1 레지스터로 옮겨진다.
- BOFF1 : DAC Channel 1 Output Buffer Disable
  0 = D/A 컨버터 채널1의 출력 버퍼를 사용하여 아날로그 전압을 출력한다.(0.2 ~ V_{DDA}-0.2)
  1 = D/A 컨버터 채널1의 출력 버퍼를 사용하지 않고 아날로그 전압을 출력한다.(0.5 ~ V_{REF+}-1LSB)
- EN1 : DAC Channel 1 Enable
  0 = D/A 컨버터 채널1을 금지한다.
  1 = D/A 컨버터 채널1을 허용한다.

▣ DAC 소프트웨어 트리거 레지스터 DAC_SWTRIGR (디폴트값 : 0x0000 0000)

b31	b30	b29	b28	b27	b26	b25	b24	b23	b22	b21	b20	b19	b18	b17	b16
-	-	-	-	-	-	-	-	-	-	-	-	-	-	-	-
-	-	-	-	-	-	-	-	-	-	-	-	-	-	-	-

b15	b14	b13	b12	b11	b10	b9	b8	b7	b6	b5	b4	b3	b2	b1	b0
-	-	-	-	-	-	-	-	-	-	-	-	-	-	SWTRIG2	SWTRIG1
-	-	-	-	-	-	-	-	-	-	-	-	-	-	w	w

- SWTRIG2 : DAC Channel 2 Software Trigger
  0 = 채널2에 소프트웨어 트리거를 발생하지 않는다.
  1 = 채널2에 소프트웨어 트리거를 발생한다. 트리거 동작이 수행되고 나면 다시 0으로 클리어된다.
- SWTRIG1 : DAC Channel 1 Software Trigger
  0 = 채널1에 소프트웨어 트리거를 발생하지 않는다.
  1 = 채널1에 소프트웨어 트리거를 발생한다. 트리거 동작이 수행되고 나면 다시 0으로 클리어된다.

▣ DAC 12비트 우측정렬 데이터 홀딩 레지스터 DAC_DHR12R1 (디폴트값 : 0x0000 0000)

b31	b30	b29	b28	b27	b26	b25	b24	b23	b22	b21	b20	b19	b18	b17	b16
-	-	-	-	-	-	-	-	-	-	-	-	-	-	-	-
-	-	-	-	-	-	-	-	-	-	-	-	-	-	-	-

b15	b14	b13	b12	b11	b10	b9	b8	b7	b6	b5	b4	b3	b2	b1	b0
-	-	-	-	DACC1DHR[11:0]											
-	-	-	-	rw	rw	rw	rw	rw	rw	rw	rw	rw	rw	rw	rw

- DACC1DHR[11:0] : DAC Channel 1 12-Bit Right-Aligned Data
  사용자가 D/A 컨버터 채널1로 출력하기 위한 12비트 우측정렬의 데이터 값을 라이트하는 비트이다. 이 값은 내부적으로 DAC_DHR1 레지스터의 비트11~0에 저장된다.

▣ DAC 12비트 좌측정렬 데이터 홀딩 레지스터 DAC_DHR12L1 (디폴트값 : 0x0000 0000)

b31	b30	b29	b28	b27	b26	b25	b24	b23	b22	b21	b20	b19	b18	b17	b16
-	-	-	-	-	-	-	-	-	-	-	-	-	-	-	-
-	-	-	-	-	-	-	-	-	-	-	-	-	-	-	-

b15	b14	b13	b12	b11	b10	b9	b8	b7	b6	b5	b4	b3	b2	b1	b0
DACC1DHR[11:0]												-	-	-	-
rw	rw	rw	rw	rw	rw	rw	rw	rw	rw	rw	rw	-	-	-	-

- DACC1DHR[11:0] : DAC Channel 1 12-Bit Left-Aligned Data
  사용자가 D/A 컨버터 채널1로 출력하기 위한 12비트 좌측정렬의 데이터 값을 라이트하는 비트이다. 이 값은 내부적으로 DAC_DHR1 레지스터의 비트11~0에 저장된다.

▣ DAC 8비트 우측정렬 데이터 홀딩 레지스터 DAC_DHR8R1 (디폴트값 : 0x0000 0000)

b31	b30	b29	b28	b27	b26	b25	b24	b23	b22	b21	b20	b19	b18	b17	b16
-	-	-	-	-	-	-	-	-	-	-	-	-	-	-	-
-	-	-	-	-	-	-	-	-	-	-	-	-	-	-	-

b15	b14	b13	b12	b11	b10	b9	b8	b7	b6	b5	b4	b3	b2	b1	b0
-	-	-	-	-	-	-	-	DACC1DHR[7:0]							
-	-	-	-	-	-	-	-	rw	rw	rw	rw	rw	rw	rw	rw

- DACC1DHR[7:0] : DAC Channel 1 8-Bit Right-Aligned Data
  사용자가 D/A 컨버터 채널1로 출력하기 위한 8비트 우측정렬의 데이터 값을 라이트하는 비트이다. 이 값은 내부적으로 DAC_DHR1 레지스터의 비트11~4에 저장된다.

▣ DAC 12비트 우측정렬 데이터 홀딩 레지스터 DAC_DHR12R2 (디폴트값 : 0x0000 0000)

b31	b30	b29	b28	b27	b26	b25	b24	b23	b22	b21	b20	b19	b18	b17	b16
-	-	-	-	-	-	-	-	-	-	-	-	-	-	-	-
-	-	-	-	-	-	-	-	-	-	-	-	-	-	-	-

b15	b14	b13	b12	b11	b10	b9	b8	b7	b6	b5	b4	b3	b2	b1	b0
-	-	-	-	DACC2DHR[11:0]											
-	-	-	-	rw	rw	rw	rw	rw	rw	rw	rw	rw	rw	rw	rw

- DACC2DHR[11:0] : DAC Channel 2 12-Bit Right-Aligned Data
  사용자가 D/A 컨버터 채널2로 출력하기 위한 12비트 우측정렬의 데이터 값을 라이트하는 비트이다. 이 값은 내부적으로 DAC_DHR2 레지스터의 비트11~0에 저장된다.

▣ DAC 12비트 좌측정렬 데이터 홀딩 레지스터 DAC_DHR12L2 (디폴트값 : 0x0000 0000)

b31	b30	b29	b28	b27	b26	b25	b24	b23	b22	b21	b20	b19	b18	b17	b16
-	-	-	-	-	-	-	-	-	-	-	-	-	-	-	-
-	-	-	-	-	-	-	-	-	-	-	-	-	-	-	-

b15	b14	b13	b12	b11	b10	b9	b8	b7	b6	b5	b4	b3	b2	b1	b0
DACC2DHR[11:0]												-	-	-	-
rw	rw	rw	rw	rw	rw	rw	rw	rw	rw	rw	rw	-	-	-	-

- DACC2DHR[11:0] : DAC Channel 2 12-Bit Left-Aligned Data
  사용자가 D/A 컨버터 채널2로 출력하기 위한 12비트 좌측정렬의 데이터 값을 라이트하는 비트이다. 이 값은 내부적으로 DAC_DHR2 레지스터의 비트11~0에 저장된다.

▣ DAC 8비트 우측정렬 데이터 홀딩 레지스터 DAC_DHR8R2 (디폴트값 : 0x0000 0000)

b31	b30	b29	b28	b27	b26	b25	b24	b23	b22	b21	b20	b19	b18	b17	b16
-	-	-	-	-	-	-	-	-	-	-	-	-	-	-	-
-	-	-	-	-	-	-	-	-	-	-	-	-	-	-	-

b15	b14	b13	b12	b11	b10	b9	b8	b7	b6	b5	b4	b3	b2	b1	b0
-	-	-	-	-	-	-	-	DACC2DHR[7:0]							
-	-	-	-	-	-	-	-	rw	rw	rw	rw	rw	rw	rw	rw

- DACC2DHR[7:0] : DAC Channel 2 8-Bit Right-Aligned Data
  사용자가 D/A 컨버터 채널2로 출력하기 위한 8비트 우측정렬의 데이터 값을 라이트하는 비트이다. 이 값은 내부적으로 DAC_DHR2 레지스터의 비트11~4에 저장된다.

▣ DAC 듀얼 12비트 우측정렬 데이터 홀딩 레지스터 DAC_DHR12RD (디폴트값 : 0x0000 0000)

b31	b30	b29	b28	b27	b26	b25	b24	b23	b22	b21	b20	b19	b18	b17	b16
-	-	-	-	DACC2DHR[11:0]											
-	-	-	-	rw	rw	rw	rw	rw	rw	rw	rw	rw	rw	rw	rw

b15	b14	b13	b12	b11	b10	b9	b8	b7	b6	b5	b4	b3	b2	b1	b0
-	-	-	-	DACC1DHR[11:0]											
-	-	-	-	rw	rw	rw	rw	rw	rw	rw	rw	rw	rw	rw	rw

- DACC2DHR[11:0] : DAC Channel 2 12-Bit Right-Aligned Data
  사용자가 D/A 컨버터 채널2로 출력하기 위한 12비트 우측정렬의 데이터 값을 라이트하는 비트이다. 이 값은 내부적으로 DAC_DHR2 레지스터의 비트11~0에 저장된다.
- DACC1DHR[11:0] : DAC Channel 1 12-Bit Right-Aligned Data
  사용자가 D/A 컨버터 채널1로 출력하기 위한 12비트 우측정렬의 데이터 값을 라이트하는 비트이다. 이 값은 내부적으로 DAC_DHR1 레지스터의 비트11~0에 저장된다.

▣ DAC 듀얼 12비트 좌측정렬 데이터 홀딩 레지스터 DAC_DHR12LD (디폴트값 : 0x0000 0000)

b31	b30	b29	b28	b27	b26	b25	b24	b23	b22	b21	b20	b19	b18	b17	b16
DACC2DHR[11:0]												-	-	-	-
rw	rw	rw	rw	rw	rw	rw	rw	rw	rw	rw	rw	-	-	-	-

b15	b14	b13	b12	b11	b10	b9	b8	b7	b6	b5	b4	b3	b2	b1	b0
DACC1DHR[11:0]												-	-	-	-
rw	rw	rw	rw	rw	rw	rw	rw	rw	rw	rw	rw	-	-	-	-

- DACC2DHR[11:0] : DAC Channel 2 12-Bit Left-Aligned Data
  사용자가 D/A 컨버터 채널2로 출력하기 위한 12비트 좌측정렬의 데이터 값을 라이트하는 비트이다. 이 값은 내부적으로 DAC_DHR2 레지스터의 비트11~0에 저장된다.
- DACC1DHR[11:0] : DAC Channel 1 12-Bit Left-Aligned Data
  사용자가 D/A 컨버터 채널1로 출력하기 위한 12비트 좌측정렬의 데이터 값을 라이트하는 비트이다. 이 값은 내부적으로 DAC_DHR1 레지스터의 비트11~0에 저장된다.

▣ DAC 8비트 우측정렬 데이터 홀딩 레지스터 DAC_DHR8RD (디폴트값 : 0x0000 0000)

b31	b30	b29	b28	b27	b26	b25	b24	b23	b22	b21	b20	b19	b18	b17	b16
-	-	-	-	-	-	-	-	-	-	-	-	-	-	-	-
-	-	-	-	-	-	-	-	-	-	-	-	-	-	-	-

b15	b14	b13	b12	b11	b10	b9	b8	b7	b6	b5	b4	b3	b2	b1	b0
DACC2DHR[7:0]								DACC1DHR[7:0]							
rw	rw	rw	rw	rw	rw	rw	rw	rw	rw	rw	rw	rw	rw	rw	rw

- DACC2DHR[7:0] : DAC Channel 2 8-Bit Right-Aligned Data

사용자가 D/A 컨버터 채널2로 출력하기 위한 8비트 우측정렬의 데이터 값을 라이트하는 비트이다. 이 값은 내부적으로 DAC_DHR2 레지스터의 비트11~4에 저장된다.

- DACC1DHR[7:0] : DAC Channel 1 8-Bit Right-Aligned Data
  사용자가 D/A 컨버터 채널2로 출력하기 위한 8비트 우측정렬의 데이터 값을 라이트하는 비트이다. 이 값은 내부적으로 DAC_DHR1 레지스터의 비트11~4에 저장된다.

▣ DAC 채널1 데이터 출력 레지스터 DAC_DOR1 (리셋 직후 디폴트값 : 0x0000 0000)

b31	b30	b29	b28	b27	b26	b25	b24	b23	b22	b21	b20	b19	b18	b17	b16
-	-	-	-	-	-	-	-	-	-	-	-	-	-	-	-
-	-	-	-	-	-	-	-	-	-	-	-	-	-	-	-

b15	b14	b13	b12	b11	b10	b9	b8	b7	b6	b5	b4	b3	b2	b1	b0
-	-	-	-	DACC1DOR[11:0]											
-	-	-	-	r	r	r	r	r	r	r	r	r	r	r	r

- DACC1DOR[11:0] : DAC Channel 1 Data Output
  D/A 컨버터 채널1에서 아날로그 전압으로 변환하여 출력하기 위한 12비트의 출력 데이터 값이다.

▣ DAC 채널2 데이터 출력 레지스터 DAC_DOR2 (리셋 직후 디폴트값 : 0x0000 0000)

b31	b30	b29	b28	b27	b26	b25	b24	b23	b22	b21	b20	b19	b18	b17	b16
-	-	-	-	-	-	-	-	-	-	-	-	-	-	-	-
-	-	-	-	-	-	-	-	-	-	-	-	-	-	-	-

b15	b14	b13	b12	b11	b10	b9	b8	b7	b6	b5	b4	b3	b2	b1	b0
-	-	-	-	DACC2DOR[11:0]											
-	-	-	-	r	r	r	r	r	r	r	r	r	r	r	r

- DACC2DOR[11:0] : DAC Channel 2 Data Output
  D/A 컨버터 채널2에서 아날로그 전압으로 변환하여 출력하기 위한 12비트의 출력 데이터 값이다.

2.4 워치독 타이머(IWDG, WWDG)

이 절에서는 STM32F103VET6에 내장되어 있는 독립 워치독 타이머(IWDG) 및 윈도우 워치독 타이머(WWDG)의 구조와 기능에 대하여 알아보기로 한다.

1. 독립 워치독 타이머(IWDG)의 구조와 동작

STM32F103VET6의 독립 워치독 타이머(IWDG ; Independent Watchdog Timer)는 소프트웨어 실패 등으로 인한 마이크로컨트롤러의 오동작이 발생할 경우 시스템 리셋을 발생시켜 시스템의 안전과 신뢰성을 높이는 주변장치이다. 시스템이 오동작하고 있다는 것은 소프트웨어가 IWDG의 다운 카운터를 주기적으로 갱신하지 않아서 이 다운 카운터 값이 0에 도달하게 되는 것을 보고 판단하는데, 이 카운터의 클록 소스로는 40kHz의 내부 발진회로인 LSI를 사용하므로 만약 시스템 클록의 동작이 실패하더라도 IWDG는 정상적으로 동작되는 것이 보장된다.

(1) IWDG의 특징 및 주요 기능

독립 워치독 타이머의 특징이나 주요 기능을 요약하면 다음과 같다.

① 12비트 다운 카운터로 되어 있다.

② 40kHz의 LSI를 클록 소스로 동작하며, 이 클록을 프리스케일러로 4~256까지 분주하여 카운터에 공급한다. 이를 이용하면 독립 워치독 타이머의 최대 타임아웃 주기를 0.4096~26.2144초의 범위로 설정할 수 있다.

③ 다운 카운터가 재저장 레지스터 값에서 출발하여 0까지 감소하면 워치독 타임아웃(timeout)이 발생하여 시스템 리셋이 수행된다.

④ 워치독 타임아웃이 발생하는 것을 방지하려면 주기적으로 카운터에 재저장 레지스터 값을 재저장(reload)해 주어야 한다.

⑤ IWDG_PR, IWDG_RLR 레지스터에는 보호 기능을 가지고 있어서 이들 레지스터를 액세스하려면 먼저 IWDG_KR 레지스터에 0x0000_5555 값을 써주어야 한다.

(2) IWDG의 구조 및 기본 동작

STM32F103VET6에 내장된 독립 워치독 타이머의 내부 구조를 블록도로 보이면 <그림 2.4.1>과 같다. 여기서 보듯이 이 IWDG는 2.0~3.6V의 V_{DD} 전압 영역에서 동작한다.

IWDG는 12비트 다운 카운터로 동작하며, 클록 소스로는 40kHz의 LSI 출력 주파수를 프리스케일러에서 4, 8, 16, 32, 64, 128, 256으로 분주하여 사용한다.

IWDG의 동작을 스타트시키려면 IWDG_KR 레지스터에 0x0000_CCCC 값을 써주어야 한다. 그러면 다운 카운터는 디폴트값 0x0FFF에서부터 시작하여 클록이 입력될 때마다 1씩 감소한다. 만약, 이 카운터 값이 0이 되었을 때 다시 클록이 들어오면 타임아웃이 되면서 시스템 리셋이 발생한다. 이와 같이 IWDG에 의한 시스템 리셋이 발생하지 않도록 하려면 타임아웃이 발생하기 전에 소프트웨어적으로 IWDG_KR 레지스터에 0x0000_AAAA 값을 써서 IWDG_RLR 레지스터의 값을 다운 카운터에 재저장해 주어야 한다.

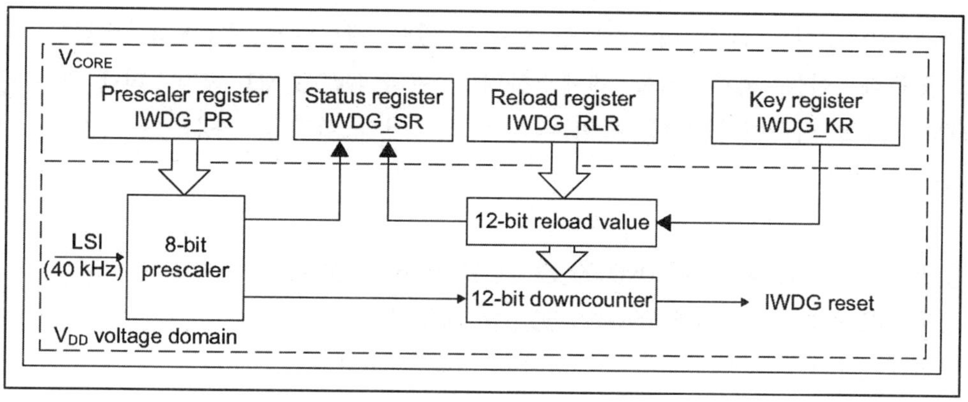

<그림 2.4.1> 독립 워치독 타이머 IWDG의 구성 블록도

<표 2.4.1> IWDG의 타임아웃 주기

PR[2:0]에 의한 분주비	RL[11:0]의 설정값	타임아웃 주기
4	0~4095	0.1 ~ 409.6 [ms]
8	0~4095	0.2 ~ 819.2 [ms]
16	0~4095	0.4 ~ 1638.4 [ms]
32	0~4095	0.8 ~ 3276.8 [ms]
64	0~4095	1.6 ~ 6553.6 [ms]
128	0~4095	3.2 ~ 13107.2 [ms]
256	0~4095	6.4 ~ 26214.4 [ms]

따라서, IWDG의 타임아웃 주기는 다음과 같이 계산되며, 실제로 설정할 수 있는 타임아웃 주기를 계산하여 보면 <표 2.4.1>과 같다.

$$t_{IWDG} = \frac{RL[11:0]+1}{40kHz/(PR[2:0]\text{을 사용한 프리스케일러의 분주비})}\ [sec]$$

(3) 키 레지스터 IWDG_KR의 기능

독립 워치독 타이머는 시스템의 신뢰성을 높이기 위한 장치이므로 이것이 시스템의 오류로 인하여 오동작하는 것을 방지하기 위하여 키 레지스터 IWDG_KR를 사용한 레지스터 액세스 보호기능을 가지고 있다.

먼저, IWDG의 동작을 스타트하려면 IWDG_KR에 지정된 값 0x0000_CCCC를 써주어야 한다. 그러면, 12비트 다운 카운터는 디폴트로 0x0FFF부터 동작을 시작한다.

다운 카운터가 0으로 되어 IWDG의 타임아웃에 의한 시스템 리셋이 발생하지 않도록 하려면 IWDG_KR 레지스터에 지정된 값 0x0000_AAAA 값을 써서 IWDG_RLR 레지스터의 값을 다운 카운터에 재저장해 주어야 한다.

IWDG_PR, IWDG_RLR 레지스터는 함부로 값을 갱신하지 못하도록 보호기능을 가지고 있는데, 이들 레지스터를 액세스하려면 먼저 IWDG_KR 레지스터에 지정된 값 0x0000_5555를 써주어야 한다. 독립 워치독 타이머의 설정을 변경하는 과정을 요약하면 다음과 같다.

① IWDG_KR 레지스터에 0x0000_CCCC를 써서 IWDG를 스타트한다.
② IWDG_KR 레지스터에 0x0000_5555를 써준다.
③ IWDG_PR 레지스터에 적절하게 분주비를 설정한다.
④ IWDG_RLR 레지스터에 적절하게 다운 카운터의 초기값을 설정한다.
⑤ IWDG_SR 레지스터가 0x0000_0000으로 될 때까지 대기한다.
⑥ IWDG_KR 레지스터에 0x0000_0AAA를 써준다.
⑦ 다운 카운터가 IWDG_RLR 레지스터 값으로 재저장되면서 동작이 시작된다.

2. IWDG 관련 I/O 제어 레지스터

독립 워치독 타이머와 관련된 I/O 제어 레지스터는 <표 2.4.2>와 같이 4개가 있는데, 이 레지스터의 기능을 정리하면 아래와 같다.

<표 2.4.2> STM32F103VET6의 IWDG와 관련된 I/O 제어 레지스터 요약

어드레스	레지스터 이름	레지스터의 풀어 쓴 이름	리셋 후 초기값
0x4000_3000	IWDG_KR	IWDG Key Register	0x0000_0000
0x4000_3004	IWDG_PR	IWDG Prescaler Register	0x0000_0000
0x4000_3008	IWDG_RLR	IWDG Reload Register	0x0000_0FFF
0x4000_300C	IWDG_SR	IWDG Status Register	0x0000_0000

▣ IWDG 키 레지스터 IWDG_KR (리셋 직후 디폴트값 : 0x0000 0000)

b31	b30	b29	b28	b27	b26	b25	b24	b23	b22	b21	b20	b19	b18	b17	b16
-	-	-	-	-	-	-	-	-	-	-	-	-	-	-	-
-	-	-	-	-	-	-	-	-	-	-	-	-	-	-	-

b15	b14	b13	b12	b11	b10	b9	b8	b7	b6	b5	b4	b3	b2	b1	b0
KEY[15:0]															
w	w	w	w	w	w	w	w	w	w	w	w	w	w	w	w

- KEY[15:0] : Key Value
  0xCCCC = 여기에 이 값을 써주면 독립 워치독 타이머 IWDG가 동작을 개시한다.
  0xAAAA = 주기적으로 지정된 시간 이내에 이 값을 써주면 다운 카운터가 0에 도달하지 않는다.
  0x5555 = 여기에 이 값을 쓰고 나면 IWDG_PR, IWDG_RLR 레지스터를 액세스하는 것이 가능하다.

▣ IWDG 프리스케일러 레지스터 IWDG_PR (리셋 직후 디폴트값 : 0x0000 0000)

b31	b30	b29	b28	b27	b26	b25	b24	b23	b22	b21	b20	b19	b18	b17	b16
-	-	-	-	-	-	-	-	-	-	-	-	-	-	-	-
-	-	-	-	-	-	-	-	-	-	-	-	-	-	-	-

b15	b14	b13	b12	b11	b10	b9	b8	b7	b6	b5	b4	b3	b2	b1	b0
-	-	-	-	-	-	-	-	-	-	-	-	-	PR[2:0]		
-	-	-	-	-	-	-	-	-	-	-	-	-	rw	rw	rw

- PR[2:0] : Prescaler Divider
  이것은 LSI의 주파수 40kHz를 분주하여 IWDG에 클록 소스를 공급하는 분주비를 지정한다. 이것은 상태 레지스터에서 PVU=0으로 되어 있을 경우에만 갱신이 가능하다.

000 = 분주비가 /4.	100 = 분주비가 /64.
001 = 분주비가 /8.	101 = 분주비가 /128.
010 = 분주비가 /16.	110 = 분주비가 /256.
011 = 분주비가 /32.	111 = 분주비가 /256.

▣ IWDG 재저장 레지스터 IWDG_RLR (리셋 직후 디폴트값 : 0x0000 0FFF)

b31	b30	b29	b28	b27	b26	b25	b24	b23	b22	b21	b20	b19	b18	b17	b16
-	-	-	-	-	-	-	-	-	-	-	-	-	-	-	-
-	-	-	-	-	-	-	-	-	-	-	-	-	-	-	-

b15	b14	b13	b12	b11	b10	b9	b8	b7	b6	b5	b4	b3	b2	b1	b0
-	-	-	-	RL[11:0]											
-	-	-	-	rw	rw	rw	rw	rw	rw	rw	rw	rw	rw	rw	rw

- RL[11:0] : Watchdog Counter Reload Value
  이것은 IWDG의 카운터에 초기화할 값을 저장하는 비트로서 이 값은 상태 레지스터에서 RVU=0으로 되어 있을 경우에만 갱신이 가능하다.
  IWDG_KR 레지스터에 0xAAAA 값을 써주면 이 초기화 값이 워치독 카운터에 로드되어 써지며, 이 값에서부터 다운 카운터의 동작이 수행된다. IWDG의 타임아웃 시간은 LSI의 주파수 40kHz, 프리스케일러 레지스터로 지정한 분주비, 그리고 이 재저장 레지스터의 값에 의하여 결정된다.

■ IWDG 상태 레지스터 IWDG_SR (리셋 직후 디폴트값 : 0x0000 0000)

b31	b30	b29	b28	b27	b26	b25	b24	b23	b22	b21	b20	b19	b18	b17	b16
-	-	-	-	-	-	-	-	-	-	-	-	-	-	-	-
-	-	-	-	-	-	-	-	-	-	-	-	-	-	-	-

b15	b14	b13	b12	b11	b10	b9	b8	b7	b6	b5	b4	b3	b2	b1	b0
-	-	-	-	-	-	-	-	-	-	-	-	-	-	RVU	PVU
-	-	-	-	-	-	-	-	-	-	-	-	-	-	r	r

- RVU : Watchdog Counter Reload Value Update
  0 = 현재 IWDG_RLR 레지스터의 값이 갱신되는 중이다.
  1 = 현재 IWDG_RLR 레지스터의 값을 새롭게 갱신하는 것이 가능하다.
- PVU : Watchdog Counter Prescaler Value Update
  0 = 현재 IWDG_PR 레지스터의 값이 갱신되는 중이다.
  1 = 현재 IWDG_PR 레지스터의 값을 새롭게 갱신하는 것이 가능하다.

3. 윈도우 워치독 타이머(WWDG)의 구조와 동작

STM32F103VET6의 윈도우 워치독 타이머(WWDG ; System Window Watchdog Timer)는 소프트웨어 실패 등으로 인한 마이크로컨트롤러의 오동작이 발생할 경우 시스템 리셋을 발생시켜 시스템의 안전과 신뢰성을 높이는 주변장치이다. 시스템이 오동작하고 있다는 것은 소프트웨어가 WWDG의 다운 카운터를 주기적으로 갱신하지 않아서 이 다운 카운터 값이 0x40 미만으로 떨어지는 것을 보고 판단하는데, 이 카운터의 클록 소스로는 PCLK1을 분주하여 사용한다.

(1) WWDG의 특징 및 주요 기능

윈도우 워치독 타이머의 특징이나 주요 기능을 요약하면 다음과 같다.

① 7비트 다운 카운터로 되어 있다.

② PCLK1을 클록 소스로 동작하며, 이 클록을 4096으로 먼저 나누고 다시 프리스케일러를 사용하여 1, 2, 4, 8로 분주한 후에 카운터에 공급한다.

③ 다운 카운터가 재저장 레지스터 값에서 출발하여 감소하다가 0x40 미만으로 낮아지면 워치독 타임아웃이 발생하여 시스템 리셋이 수행된다.

④ 워치독 타임아웃을 방지하려면 주기적으로 카운터에 재저장 레지스터 값을 재저장해 주어야 한다.

⑤ 다운 카운터가 윈도우 영역 밖에 있을 때 재저장 동작을 수행하면 시스템 리셋이 발생한다.

⑥ 다운 카운터가 0x40으로 되면 WWDG의 EWI 인터럽트를 요청할 수 있다.

(2) WWDG의 구조 및 기본 동작

STM32F103VET6에 내장된 윈도우 워치독 타이머의 내부 구조를 블록도로 보이면 <그림 2.4.2>와 같다.

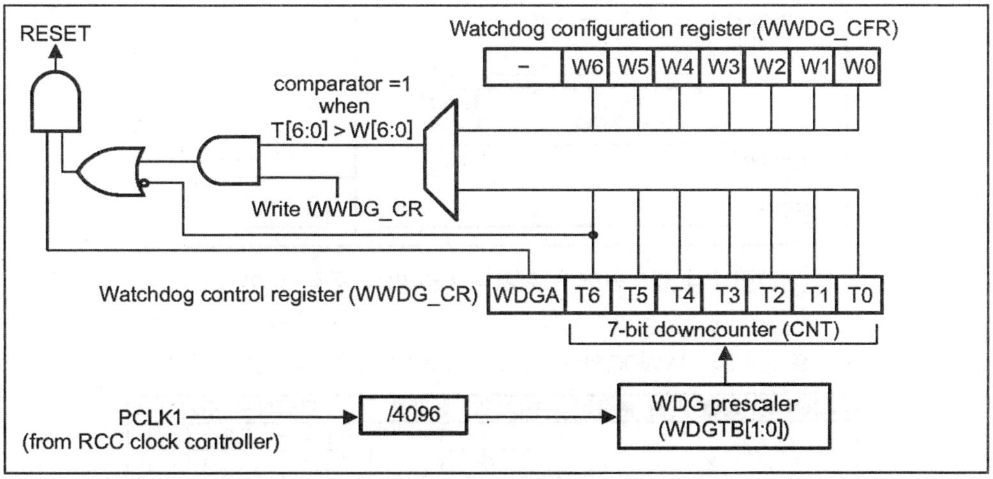

<그림 2.4.2> 윈도우 워치독 타이머의 구성 블록도

WWDG는 7비트 다운 카운터로 동작하며, 클록 소스로는 PCLK1을 먼저 4096으로 나누고, 이를 다시 프리스케일러에서 1, 2, 4, 8로 분주하여 사용한다. *OK-STM103* 키트에서는 PCLK1 주파수를 36MHz로 설정하여 사용한다.

윈도우 워치독 타이머 WWDG의 동작을 허용하려면 WWDG_CR 레지스터에서 WDGA=1로 설정하면 되는데, 동작이 시작되면 다운 카운터는 디폴트값 0x7F에서부터 클록이 입력될 때마다 1씩 감소한다. 그러다가 이 카운터 값이 0x40에서 0x3F로 바뀌는 순간에(즉, WWDG_CR 레지스터에서 T[6]=0으로 바뀌는 순간에) 타임아웃이 되면서 시스템 리셋이 발생한다.

이와 같이 WWDG에 의한 시스템 리셋이 발생하지 않도록 하려면 타임아웃이 발생하기 전에 소프트웨어적으로 WWDG_CR 레지스터의 T[6:0] 비트에 카운터 값을 재저장해주어야 한다. 그런데, 이때는 <그림 2.4.3>에 보인 것처럼 카운터 값 T[6:0]이 WWDG_CFR 레지스터에 설정되어 있는 윈도우 값 W[6:0]보다 작거나 같을 때 카운터를 재저장해주어야 하며, 만약 T[6:0] > W[6:0]일 때 재저장 동작을 수행하면 시스템 리셋이 발생한다.

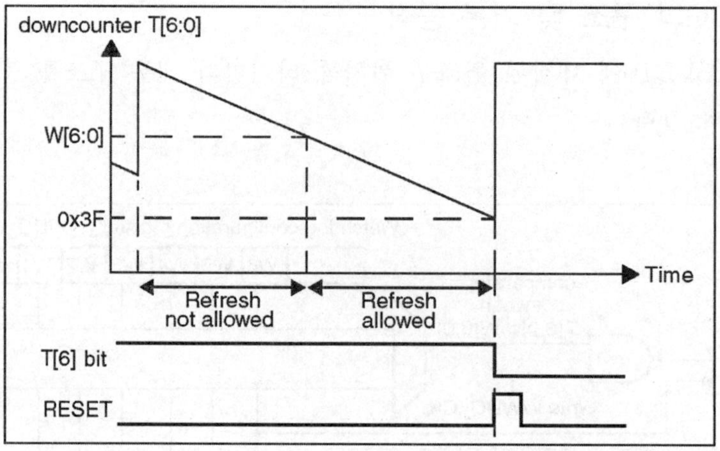

<그림 2.4.3> 윈도우 워치독 타이머의 동작 타이밍도

<표 2.4.3> WWDG의 타임아웃 주기(PCLK1=36MHz의 경우)

WDGTB[1:0]에 의한 분주비	T[5:0]의 설정값	타임아웃 주기
1	0~63	0.114 ~ 7.282 [ms]
2	0~63	0.228 ~ 14.564 [ms]
4	0~63	0.455 ~ 29.127 [ms]
8	0~63	0.910 ~ 58.254 [ms]

따라서, WWDG의 타임아웃 주기는 다음과 같이 계산되며, *OK-STM103* 키트에서 PCLK1 주파수가 36MHz인 것을 감안하여 이 키트에서 실제로 설정할 수 있는 타임아웃 주기를 계산하여 보면 <표 2.4.3>과 같다.

$$t_{WWDG} = \frac{T[5:0]+1}{PCLK1/(4096 \times 2^{WDGTB[1:0]})} \text{ [sec]}$$

4. WWDG 관련 I/O 제어 레지스터

윈도우 워치독 타이머와 관련된 I/O 제어 레지스터는 <표 2.4.4>와 같이 3개가 있는데, 이 레지스터의 기능을 정리하면 아래와 같다.

<표 2.4.4> STM32F103VET6의 WWDG와 관련된 I/O 제어 레지스터 요약

어드레스	레지스터 이름	레지스터의 풀어 쓴 이름	리셋 후 초기값
0x4000_2C00	WWDG_CR	WWDG Control Register	0x0000_007F
0x4000_2C04	WWDG_CFR	WWDG Configuration Register	0x0000_007F
0x4000_2C08	WWDG_SR	WWDG Status Register	0x0000_0000

▣ WWDG 제어 레지스터 WWDG_CR (리셋 직후 디폴트값 : 0x0000 007F)

b31	b30	b29	b28	b27	b26	b25	b24	b23	b22	b21	b20	b19	b18	b17	b16
-	-	-	-	-	-	-	-	-	-	-	-	-	-	-	-
-	-	-	-	-	-	-	-	-	-	-	-	-	-	-	-

b15	b14	b13	b12	b11	b10	b9	b8	b7	b6	b5	b4	b3	b2	b1	b0
-	-	-	-	-	-	-	-	WDGA	T[6:0]						
-	-	-	-	-	-	-	-	rs	rw	rw	rw	rw	rw	rw	rw

- WDGA : Watchdog Activation Bit
  0 = WWDG의 동작을 금지한다.
  1 = WWDG의 동작을 허용한다.
- T[6:0] : 7-Bit Counter Value
  이것은 윈도우 워치독 타이머 WWDG의 7비트 다운 카운터이다. 이것은 클록이 입력될 때마다 1씩 감소하다가 카운터 값이 0x40에서 0x3F로 감소하면서 T[6]=0으로 되는 순간에 시스템 리셋이 발생한다. 클록 주파수는 PCLK1/4096/$2^{WDGTB[1:0]}$을 사용한다.

▣ WWDG 설정 레지스터 WWDG_CFR (리셋 직후 디폴트값 : 0x0000 007F)

b31	b30	b29	b28	b27	b26	b25	b24	b23	b22	b21	b20	b19	b18	b17	b16
-	-	-	-	-	-	-	-	-	-	-	-	-	-	-	-
-	-	-	-	-	-	-	-	-	-	-	-	-	-	-	-

b15	b14	b13	b12	b11	b10	b9	b8	b7	b6	b5	b4	b3	b2	b1	b0
-	-	-	-	-	-	EWI	WDGTB[1:0]		W[6:0]						
-	-	-	-	-	-	rs	rw	rw	rw	rw	rw	rw	rw	rw	rw

- EWI : Early Wakeup Interrupt
  0 = WWDG 인터럽트를 요청하지 않는다.
  1 = 7비트 다운 카운터의 값이 0x40에 도달하면 WWDG 인터럽트를 발생한다.
- WDGTB[1:0] : Watchdog Timer Base
  00 = WWDG의 클록 소스로 PCLK1/4096/1을 사용한다.
  01 = WWDG의 클록 소스로 PCLK1/4096/2를 사용한다.
  10 = WWDG의 클록 소스로 PCLK1/4096/4를 사용한다.
  11 = WWDG의 클록 소스로 PCLK1/4096/8을 사용한다.
- W[6:0] : 7-Bit Window Value
  이것은 윈도우 워치독 타이머 WWDG의 7비트 다운 카운터와 비교될 윈도우 값을 지정하는데 사용한다. 만약, 다운 카운터의 값이 이 윈도우의 밖에 있을 때 다운 카운터를 재저장하면 시스템 리셋이 발생한다.

▣ WWDG 상태 레지스터 WWDG_SR (리셋 직후 디폴트값 : 0x0000 0000)

b31	b30	b29	b28	b27	b26	b25	b24	b23	b22	b21	b20	b19	b18	b17	b16
-	-	-	-	-	-	-	-	-	-	-	-	-	-	-	-
-	-	-	-	-	-	-	-	-	-	-	-	-	-	-	-

b15	b14	b13	b12	b11	b10	b9	b8	b7	b6	b5	b4	b3	b2	b1	b0
-	-	-	-	-	-	-	-	-	-	-	-	-	-	-	EWIF
-	-	-	-	-	-	-	-	-	-	-	-	-	-	-	rc_w0

- EWIF : Early Wakeup Interrupt Flag
  0 = WWDG의 다운 카운터가 0x40에 도달하지 않았다.
  1 = WWDG의 다운 카운터가 0x40에 도달하였으므로 인터럽트를 요청한다.

2.5 고성능 제어 타이머(TIM1/8)

이 절에서는 STM32F103VET6에 내장되어 있는 2개의 고성능 제어 타이머 TIM1 및 TIM8의 구조와 기능에 대하여 알아보기로 한다.

1. STM32F103VET6 타이머의 개요

STM32F103VET6에는 TIM1, TIM2, TIM3, TIM4, TIM5, TIM6, TIM7, TIM8 등 일반적인 성격을 가진 것만 하더라도 8개의 타이머(timer)를 가지고 있다. 이것들은 서로 완전히 독립적으로 동작하며, 각 타이머별로 구조와 기능이 서로 조금씩 다른데 그 특징을 요약하면 <표 2.5.1>과 같다.

〈표 2.5.1〉 STM32F103VET6 일반 타이머의 종류 및 특징 요약

타이머의 종류		카운터 길이	카운터 형태	프리 스케일러	캡쳐/비교 채널	DMA 발생	컴플리멘터리 출력	클록 입력 최고 주파수	기 타
Advanced Control	TIM1 TIM8	16비트	증가형, 감소형, 증가/감소형 (자동 재저장)	1~65536	4(반전 3)	○	○	36MHz	3상 홀센서 입력 2상 엔코더 입력 ADC/DAC 트리거
General Purpose	TIM2 TIM3 TIM4 TIM5	16비트	증가형, 감소형, 증가/감소형 (자동 재저장)	1~65536	4	○	×	36MHz	3상 홀센서 입력 2상 엔코더 입력 ADC/DAC 트리거
Basic	TIM6 TIM7	16비트	증가형 (자동 재저장)	1~65536	0	○	×	36MHz	DAC 트리거

각 타이머에서 캡쳐/비교 채널은 PWM 출력으로 사용될 수 있으며, 이중에서 TIM1, TIM8의 PWM 채널 신호는 반전 출력을 갖는다.

타이머 TIM1, TIM8 및 TIM2~5에는 3상 홀센서 및 2상 증가형 로터리 엔코더의 신호를 입력하여 처리하는 기능을 가지고 있다. 또한, 타이머 TIM1, TIM8 및 TIM2~5는 ADC/DAC 트리거 신호로 사용될 수 있는 기능을 가지고 있고, TIM6, TIM7은 DAC 트리거 신호로 사용될 수 있는 기능을 가지고 있다.

이밖에도 타이머 TIM1, TIM8은 내부적으로 TIM2~5와 연결되어 동기적으로 동작하는 기능을 가지고 있다.

STM32F103VET6은 이밖에도 2개의 워치독 타이머 IWDG, WWDG와 시스틱 타이

머 SysTick을 더 가지고 있다.

2. 타이머 TIM1/8의 개요

고성능 제어 타이머(Advanced Control Timer) TIM1과 TIM8은 STM32F103VET6에 내장된 8개의 일반 타이머 중에서 가장 많은 기능을 가지고 있는 대표적인 타이머로서 입력 신호의 펄스폭을 측정하는 입력 캡처(input capture) 기능이나 소프트웨어적으로 데드 타임(dead time)을 줄 수 있는 반전 출력을 포함하는 PWM 출력 기능을 가지고 있는데, 이 타이머의 주요 특징을 요약하면 다음과 같다.

- 16비트 구조의 자동 재저장(auto-reload) 기능을 갖는 증가형, 감소형, 증가/감소형 타이머이다.
- 분주비를 1~65536의 범위로 사용할 수 있는 16비트 프리스케일러(prescaler)를 가지고 있다.
- 4개의 독립적인 채널(채널1~채널4)을 가지고 있는데 이것들은 입력 캡쳐, 출력 비교, PWM 출력, 단일 펄스 출력 기능을 가진다.
- 3개 채널(채널1~채널3)의 PWM 출력 신호에 반전 출력을 포함하며 여기에는 사용자가 데드 타임을 줄 수 있다.
- 카운터가 지정된 사이클 수만큼 동작한 후에 레지스터를 업데이트하는 반복 카운터(repetition counter) 기능을 가진다.
- 타이머의 출력 신호를 리셋 상태나 특정한 상태로 만드는 브레이크 입력(break input)을 가지고 있다.
- 업데이트 이벤트, 트리거 이벤트, 입력 캡쳐, 출력 비교, 브레이크 입력 등의 경우에 인터럽트나 DMA를 발생시키는 기능을 가지고 있다.
- 증가형 2상 엔코더(incremental quadrature encoder)와 3상 홀 센서의 신호를 처리하는 기능을 갖는다.
- 외부 클록 입력이나 이벤트 트리거 신호로 사용할 수 있는 트리거 입력 단자를 가지고 있다.
- 타이머 TIM2~5와 서로 연결하여 동기적으로 동작할 수 있는 기능을 가진다.

3. 타이머 TIM1/8의 구조와 동작

고성능 제어 타이머 TIM1/8의 구조를 블록도로 보이면 <그림 2.5.1>과 같다. 여기서 x는 타이머 TIM1이나 TIM8을 의미하는 1 또는 8이다. 이 타이머에는 4개의 입력 캡쳐 또는 4개의 PWM 출력으로 사용될 수 있는 TIMx_CH1~TIMx_CH4 단자를 가지고 있으며, 이것이 PWM 출력 모드로 사용될 때 앞의 3개 채널에 대해서는 반전된 출력 단자 TIMx_CH1N~TIMx_CH3N을 갖는다. 각 채널에는 입력 캡쳐 값을 저장하거나 출력 비교에 사용되는 16비트의 캡쳐/비교 레지스터를 가지고 있다.

타이머 TIM1/8은 카운터 레지스터 TIMx_CNT, 프리스케일러 레지스터 TIMx_PSC, 자동 재저장 레지스터 TIMx_ARR, 반복 카운터 레지스터 TIMx_RCR 등의 주요 구성

부분으로 이루어진다. 이중에서 자동 재저장 레지스터는 프리로드 레지스터(preload register)를 가지고 있어서 소프트웨어로 자동 재저장 레지스터를 액세스하면 실제로는 프리로드 레지스터를 액세스하게 되며, 이 프리로드 레지스터의 값은 업데이트 이벤트가 발생할 때 자동 재저장 레지스터로 옮겨진다. 카운터는 프리스케일러로부터 클록 신호 CK_CNT를 받아서 동작한다.

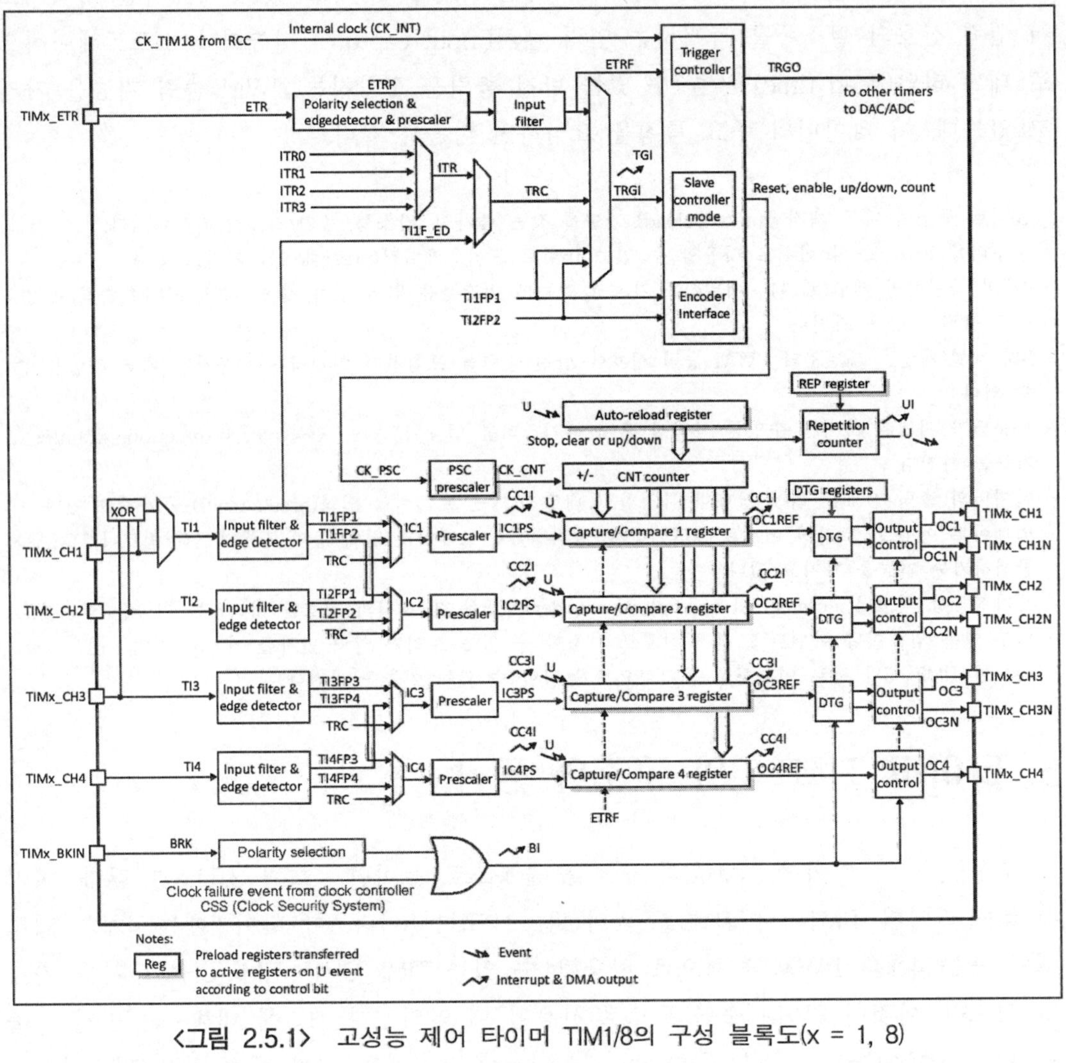

<그림 2.5.1> 고성능 제어 타이머 TIM1/8의 구성 블록도(x = 1, 8)

(1) 클록 소스의 선택 및 프리스케일러

타이머 TIM1/8의 카운터는 크게 3가지 클록 소스 그룹 중에서 하나를 선택하여 사용할 수 있다.

▣ 내부 클록 CK_INT

내부 클록 CK_INT는 마이크로컨트롤러의 RCC에서 공급하는 클록 신호를 사용하는 것으로서 여기서는 RCC를 설정하는 방법에 따라 PCLKx 또는 PCLKx×2의 클록이 공급되며, 이는 TIMx_SMCR 레지스터에서 SMS[2:0]=000으로 설정한다. *OK-STM103* 키트에서는 TIM1/8의 내부 클록 CK_INT로서 PCLK2 클록이 공급되므로 시스템 클록에 해당하는 72MHz의 주파수를 사용한다.

▣ 외부 클록 소스 모드1

외부 클록 소스 모드1은 TRGI 신호의 상승 에지에서 카운터가 동작하는 모드로서 TIMx_SMCR 레지스터에서 SMS[2:0]=111로 설정하며, TRGI 신호로 사용될 수 있는 입력 신호는 <그림 2.5.1>에서 보듯이 ITRx, TI1F_ED, TI1FP1, TI2FP2, ETRF 등 여러 가지가 있다. 여기서 ITRx는 다른 타이머의 트리거 출력 신호 TRGO를 타이머 TIM1/8의 트리거 입력 신호로 사용하는 것을 나타내는데, ITR0은 TIM5/1의 트리거 출력, ITR1은 TIM2/2의 트리거 출력, ITR2는 TIM3/4의 트리거 출력, ITR3은 TIM4/5의 트리거 출력에 해당한다.

외부 클록 소스 모드1에서 클록 입력 소스를 선택하는 방법의 예로서 TI2FP2를 선택한 경우의 블록도를 보이면 아래의 <그림 2.5.2>와 같다.

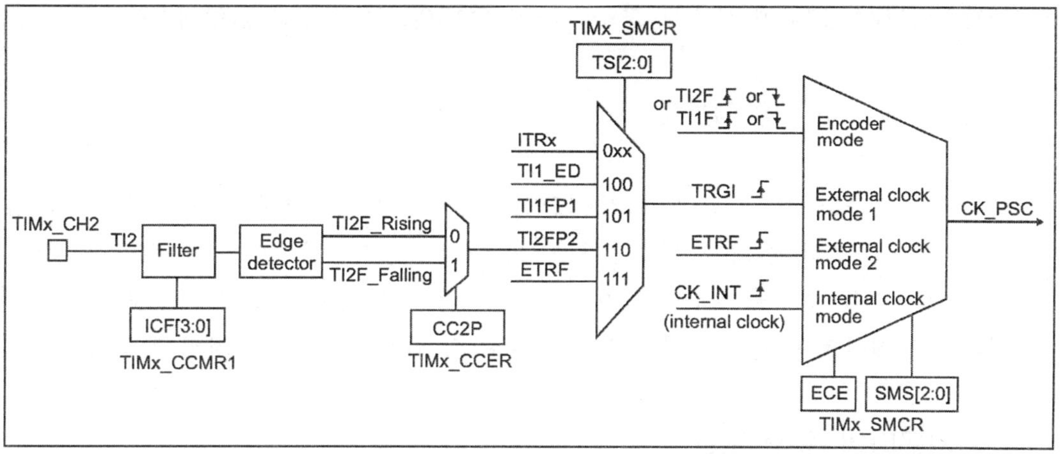

<그림 2.5.2> 외부 클록 소스 모드1에서 클록 소스를 선택하는 방법

■ 외부 클록 소스 모드2

외부 클록 소스 모드2는 외부의 트리거 입력 신호 TIMx_ETR의 상승 에지 또는 하강 에지에서 카운터가 동작하는 모드로서, 이것은 TIMx_SMCR 레지스터에서 ECE=1로 설정한다.

외부 클록 소스 모드2에서 클록 입력 소스를 선택하는 방법의 블록도를 보이면 아래의 <그림 2.5.3>과 같다.

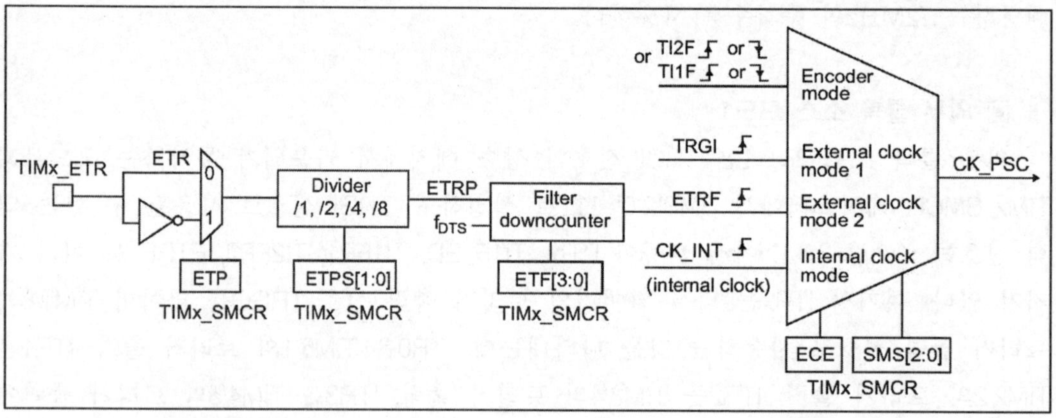

<그림 2.5.3> 외부 클록 소스 모드2에서 클록 소스를 선택하는 방법

위와 같은 방법으로 선택된 클록 소스 CK_PSC는 프리스케일러를 거쳐서 분주된 CK_CNT 신호로 만들어지고 이 클록 신호가 카운터에 입력된다. 16비트의 프리스케일러 레지스터 TIMx_PSC에 16비트 분주비를 PSC[15:0]으로 설정하면 주파수는

$$f_{CK\_CNT} = f_{CK\_PSC} / (PSC[15:0] + 1)$$

로 분주되어 카운터에 공급된다. 여기서 PSC[15:0]에는 0~65535를 설정할 수 있으므로 분주비는 1~65536의 범위가 된다. 만약, 카운터의 동작중에 프리스케일러 레지스터 TIMx_PSC의 값을 변경하더라도 이것은 즉시 적용되지 않고 프리로드 버퍼에 저장되어 있다가 업데이트 이벤트가 발생하면 TIMx_PSC 레지스터로 옮겨져서 적용된다.

(2) 카운터의 동작 모드

타이머 TIM1/8에서 카운터 레지스터 TIMx_CNT의 카운팅 동작은 다음과 같이 3가지가 있다.

■ 증가형 카운터 모드

증가형 카운터 모드에서는 클록 신호의 입력에 따라 16비트 카운터가 0부터 자동 재저장 레지스터 TIMx_ARR에 설정된 값까지 증가하며, 카운터의 값이 TIMx_ARR에 설정된 값을 넘어가게 되면 오버플로우(overflow) 이벤트가 발생하여 카운터가 클리어 되면서 0부터 다시 출발하게 된다.

카운터 오버플로우가 되거나 또는 TIMx_EGR 레지스터에서 UG=1로 설정하면 이것이 업데이트 이벤트 UEV를 발생시켜서 카운터를 클리어하고 프리로드 버퍼에 저장되어 있던 설정값을 해당 레지스터(TIMx_PSC, TIMx_ARR)로 갱신한다. 그러나, 반복 카운터가 사용되는 경우에는 반복 카운터 레지스터 TIMx_RCR에 지정된 횟수만큼 이러한 상향 카운터의 오버플로우가 반복되었을 때 업데이트 이벤트 UEV가 발생한다.

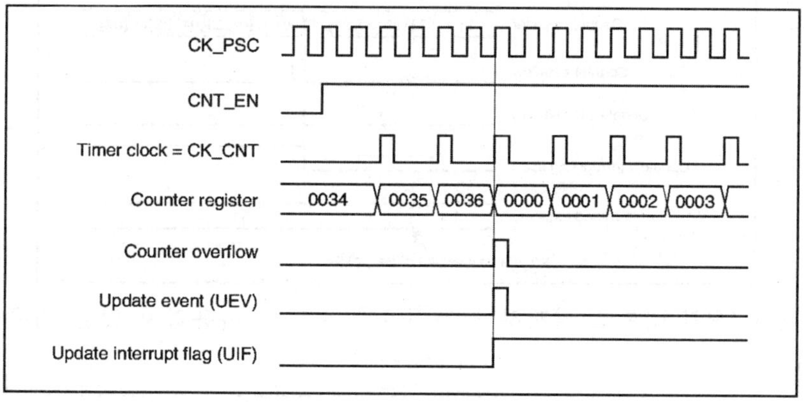

(a) 프리스케일러가 2인 경우

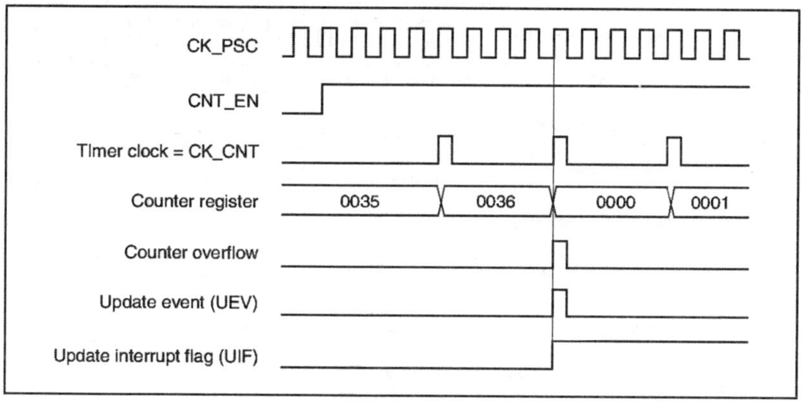

(b) 프리스케일러가 4인 경우

〈그림 2.5.4〉 업데이트 이벤트가 발생하였을 때 TIM1/8의 증가형 카운터 동작

제어 레지스터 TIMx_CR1에서 UDIS=1로 설정하면 업데이트 이벤트의 발생을 금지한다. 이처럼 업데이트 이벤트 발생을 금지하면 업데이트 이벤트가 발생할 상황이 되더라도 프리로드 버퍼의 설정값을 해당 레지스터로 업데이트하는 동작은 수행되지 않지만 카운터와 프리스케일러 레지스터는 다시 초기화되어 0부터 시작한다.

<그림 2.5.4>에 분주비가 각각 2와 4인 경우 업데이트 이벤트가 발생하여 증가형 카운터의 동작이 0부터 다시 시작하는 것을 보였다. 여기서 자동 재저장 레지스터 TIMx_ARR은 0x36으로 설정되어 있다고 가정한다.

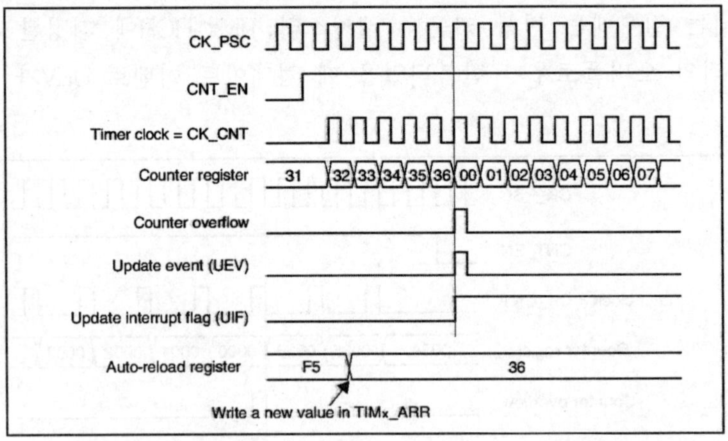

(a) ARPE=0으로 설정하여 프리로드 버퍼를 사용하지 않는 경우

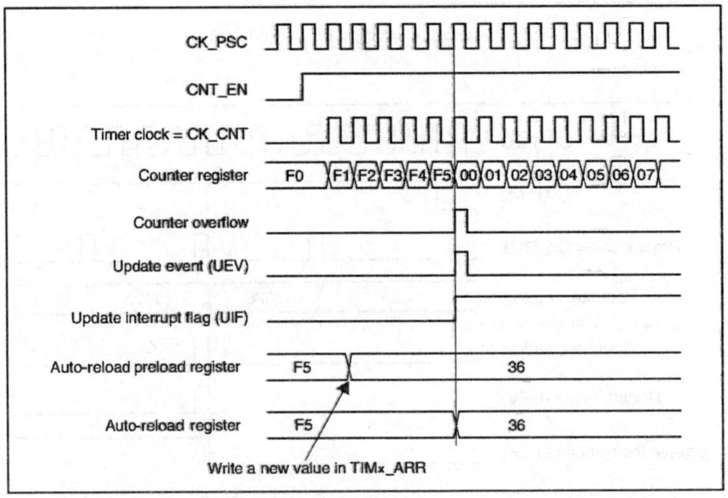

(b) ARPE=1로 설정하여 프리로드 버퍼를 사용하는 경우

〈그림 2.5.5〉 증가형 카운터 모드에서 TIMx_ARR 레지스터의 값을 변경하는 방법

자동 재저장 레지스터 TIMx_ARR에 값을 변경하는 경우 프리로드 버퍼를 사용할지 여부를 지정할 수 있다. 즉, TIMx_CR1 레지스터에서 ARPE=1로 설정하면 사용자가 자동 재저장 레지스터 TIMx_ARR의 값을 변경하더라도 이는 즉시 적용되지 않고 버퍼에 저장되어 있다가 업데이트 이벤트가 발생할 때 이 값이 해당 레지스터로 옮겨져서 갱신된다. <그림 2.5.5>에는 버퍼를 사용하지 않는 경우와 사용하는 경우에 각각 자동 재저장 레지스터 TIMx_ARR의 값을 0xF5에서 0x36으로 변경하는 동작을 보였다.

▣ 감소형 카운터 모드

감소형 카운터 모드에서는 클록 신호의 입력에 따라 16비트 카운터가 자동 재저장 레지스터 TIMx_ARR에 설정된 값에서부터 0까지 감소하며, 카운터의 값이 0을 지나가게 되면 언더플로우(underflow) 이벤트가 발생하고 카운터가 TIMx_ARR의 값으로 자동 재저장되어 다시 출발하게 된다.

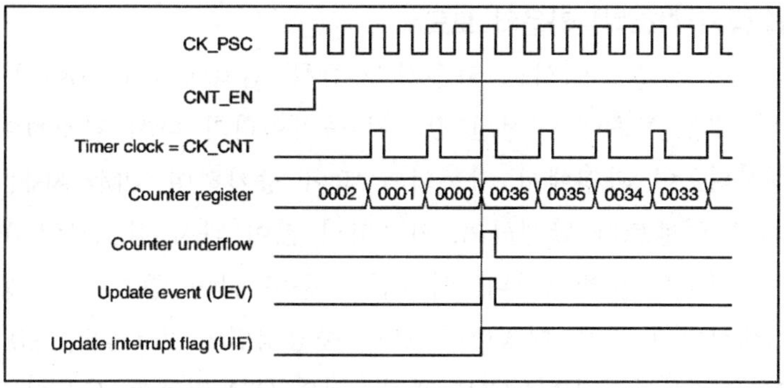

(a) 프리스케일러가 2인 경우

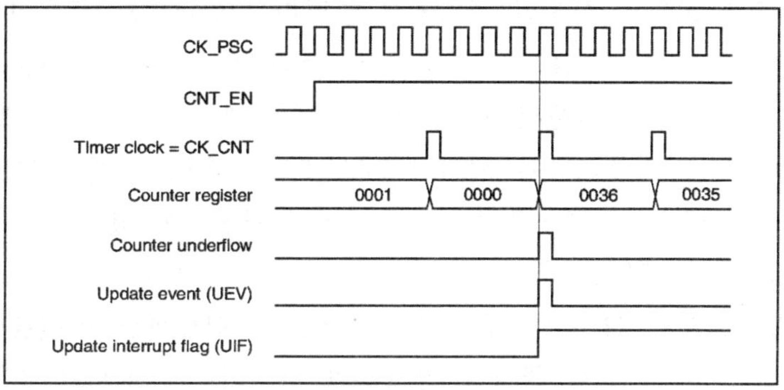

(b) 프리스케일러가 4인 경우

〈그림 2.5.6〉 업데이트 이벤트가 발생하였을 때 TIM1/8의 감소형 카운터 동작

카운터 언더플로우가 되거나 TIMx_EGR 레지스터에서 UG=1로 설정하면 이것이 업데이트 이벤트 UEV를 발생시켜서 카운터를 자동 재저장하고 프리로드 버퍼에 저장되어 있던 설정값을 해당 레지스터(TIMx_PSC, TIMx_ARR)로 갱신한다. 그러나, 반복 카운터가 사용되는 경우에는 반복 카운터 레지스터 TIMx_RCR에 지정된 횟수만큼 이러한 하향 카운터의 언더플로우가 반복되었을 때 업데이트 이벤트 UEV가 발생한다.

제어 레지스터 TIMx_CR1에서 UDIS=1로 설정하면 업데이트 이벤트의 발생을 금지한다. 이처럼 업데이트 이벤트 발생을 금지하면 업데이트 이벤트가 발생할 상황이 되더라도 버퍼의 설정값을 해당 레지스터로 업데이트하는 동작은 수행되지 않지만 카운터는 자동 재저장되며 프리스케일러 레지스터는 다시 초기화되어 0부터 시작한다.

<그림 2.5.6>에 분주비가 각각 2와 4인 경우 업데이트 이벤트가 발생하여 감소형 카운터의 동작이 TIMx_ARR 레지스터 값으로 자동 재저장되고 다시 시작하는 것을 보였다. 여기서 TIMx_ARR 레지스터는 0x36으로 설정되어 있다고 가정한다.

▣ 중앙 정렬(증가/감소형) 카운터 모드

증가/감소형 카운터 모드에서는 카운터가 클록 입력에 따라 0에서 출발하여 자동 재저장 레지스터 TIMx_ARR에 설정된 값까지 증가했다가 다시 감소하여 0으로 돌아오는 동작을 수행한다. 이 과정에서 카운터의 값이 증가하여 TIMx_ARR 값에 도달하는 순간에 오버플로우 이벤트가 발생하며, 카운터의 값이 다시 감소하여 0에 도달하는 순간에 언더플로우 이벤트가 발생한다. 이처럼 카운터 값이 증가/감소 동작을 수행하여 이를 파형으로 생각하면 좌우 대칭이 되므로 중앙정렬(center-aligned) 카운터 모드라고도 하는데, 이 모드에서는 TIMx_CR1 레지스터의 DIR 비트를 사용하지 않는다.

증가/감소형 카운터 모드는 TIMx_CR1 레지스터에서 CMS[1:0]=01~11로 설정하는데, 만약 이때 출력 모드로 설정된 채널에서 출력비교 인터럽트 플래이 셋트되는 것은 CMS[1:0]=01이라면 카운터가 감소할 경우이고, CMS[1:0]=10이라면 카운터가 증가할 경우이며, CMS[1:0]=11이라면 카운터가 증가하거나 감소할 경우에 모두 해당한다.

오버플로우 또는 언더플로우가 되거나 TIMx_EGR 레지스터에서 UG=1로 설정하면 이것이 업데이트 이벤트 UEV를 발생시켜서 버퍼에 저장되어 있던 설정값을 해당 레지스터(TIMx_PSC, TIMx_ARR)로 갱신한다.

제어 레지스터 TIMx_CR1에서 UDIS=1로 설정하면 업데이트 이벤트의 발생을 금지한다. 이처럼 업데이트 이벤트 발생을 금지하면 업데이트 이벤트가 발생할 상황이 되더라도 프리로드 버퍼의 설정값을 해당 레지스터로 업데이트하는 동작은 수행되지 않지만 카운터의 동작은 정상적으로 수행된다.

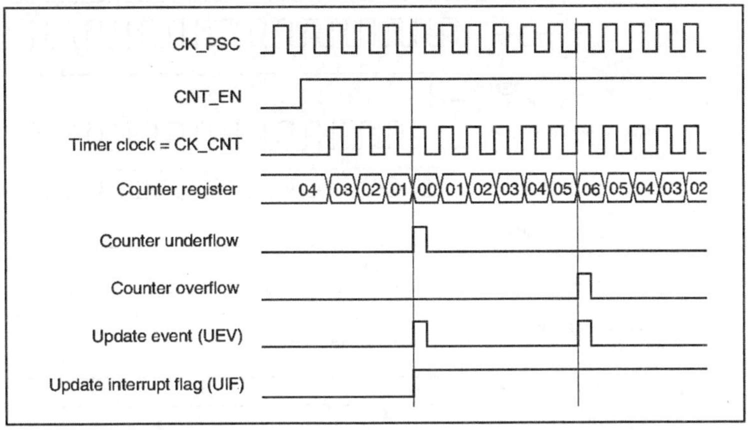

<그림 2.5.7> 업데이트 이벤트가 발생하였을 때 TIM1/8의 증가/감소형 카운터 동작

<그림 2.5.7>에 분주비가 1인 경우 업데이트 이벤트가 발생하여 증가/감소형 카운터의 동작이 수행되는 것을 보였다. 여기서 자동 재저장 레지스터 TIMx_ARR은 0x06으로 설정되어 있다고 가정한다.

증가/감소형 카운터 모드에서 자동 재저장 레지스터 TIMx_ARR 값은 언더플로우와 오버플로우에서 모두 갱신되며, 이 경우에도 역시 TIMx_CR1 레지스터에서 ARPE=1로 설정하면 사용자가 자동 재저장 레지스터 TIMx_ARR의 값을 변경하더라도 이는 즉시 적용되지 않고 프리로드 버퍼에 저장되어 있다가 업데이트 이벤트가 발생할 때 이 값이 해당 레지스터로 옮겨져서 갱신된다.

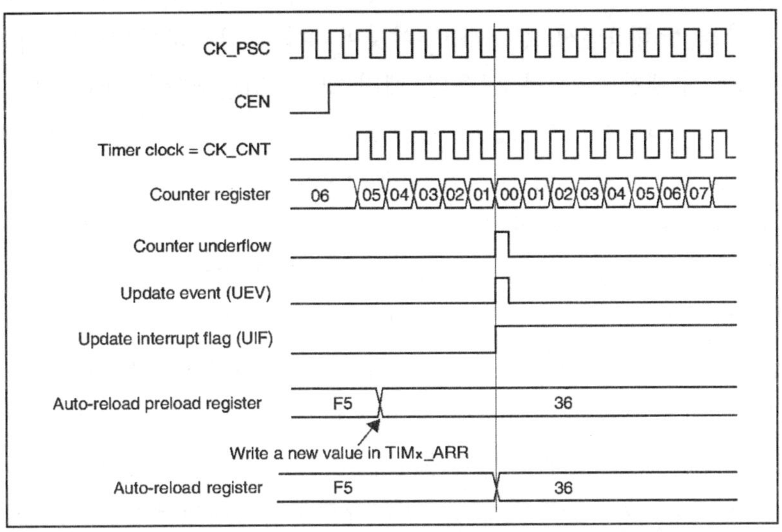

(a) ARPE=1에서 언더플로우가 발생하는 경우

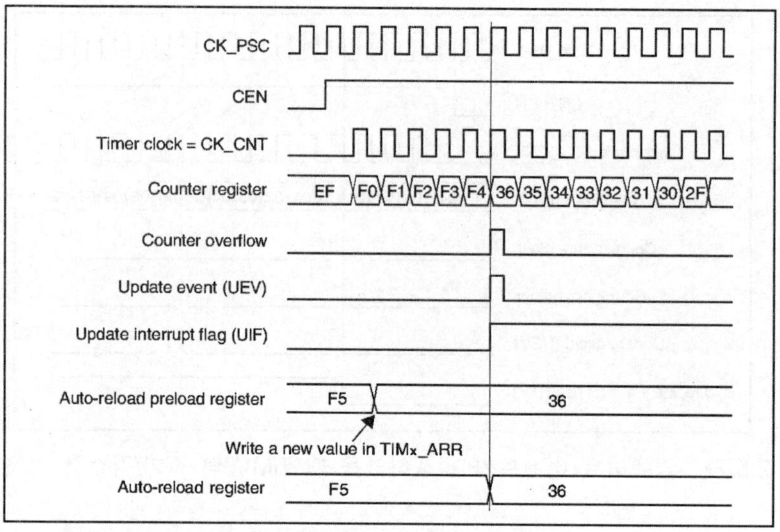

(b) ARPE=1에서 오버플로우가 발생하는 경우

<그림 2.5.8> 증가/감소형 카운터 모드에서 TIMx_ARR 레지스터 값을 변경하는 방법

<그림 2.5.8>에는 ARPE=1로 설정하여 프리로드 버퍼를 사용하는 경우 언더플로우 및 오버플로우가 발생할 때 각각 자동 재저장 레지스터 TIMx_ARR의 값을 0xF5에서 0x36으로 변경하는 동작을 보였다.

(3) 반복 카운터

타이머 TIM1/8의 반복 카운터는 반복 카운터 레지스터 TIMx_RCR에 지정된 횟수만큼 카운팅 동작을 반복하면서 감소하고 이것이 0까지 감소하여 사이클이 종료되면 업데이트 이벤트를 수행한다. 반복 카운터 레지스터 TIMx_RCR은 16비트의 자동 재저장 성격을 갖는 레지스터로서 1사이클이 종료될 때마다 이 값이 반복 카운터에 자동 재저장되어 지정된 횟수의 카운팅 동작을 반복적으로 수행하게 된다.

반복 카운터는 증가형 카운터 모드에서 오버플로우가 발생, 감소형 카운터 모드에서 언더플로우가 발생, 증가/감소형 카운터 모드에서 오버플로우 또는 언더플로우가 발생하는 경우에 1씩 감소하며, 이것이 0에 이르면 업데이트 이벤트 UEV가 발생하고 이 값은 TIMx_RCR 레지스터에 설정되어 있는 값으로 자동 재저장된다.

TIMx_RCR 레지스터에 따른 카운터의 카운팅 및 업데이트 동작을 설명하면 <그림 2.5.9>와 같다. 여기서 증가/감소형 카운터의 경우에 TIMx_RCR 레지스터 값을 홀수로 설정하면 업데이트는 오버플로우 또는 언더플로우 1가지에서만 동작하게 된다. 만약 카운터 동작을 시작하기 전에 TIMx_RCR 레지스터 값을 설정한다면 업데이트 이벤트는 오버플로우에서 발생하고, 카운터 동작을 시작한 후에 TIMx_RCR 레지스터 값을 설정한다면 업데이트 이벤트는 언더플로우에서 발생한다.

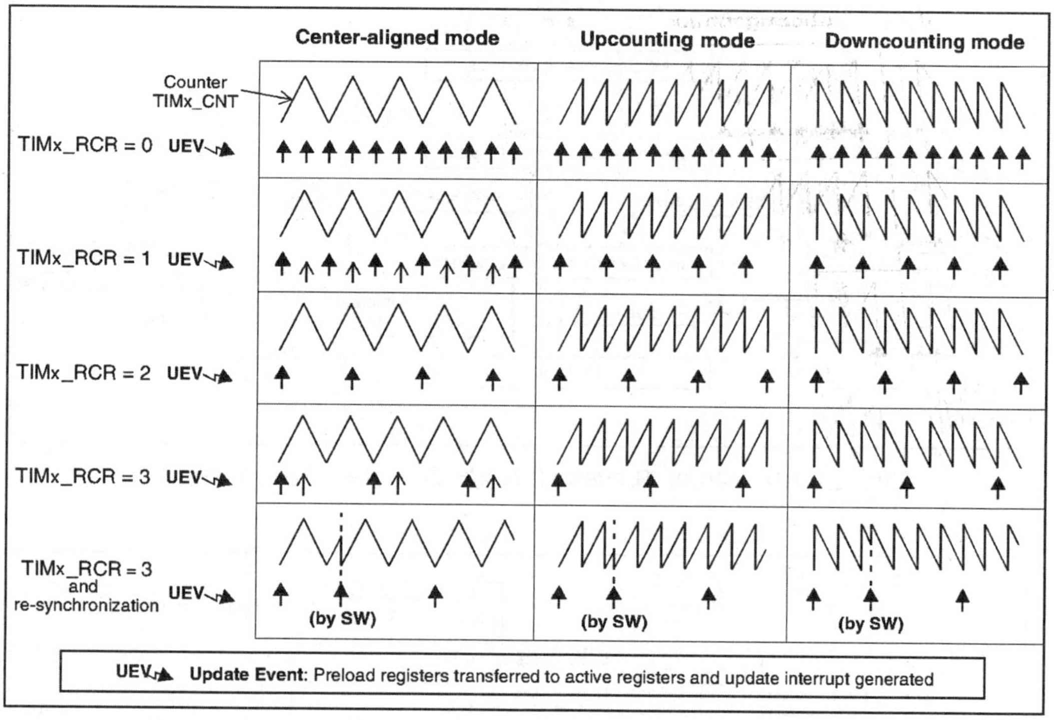

<그림 2.5.9> TIMx_RCR 레지스터에 따른 카운팅 및 업데이트 동작

(4) 캡쳐/비교 채널의 구조

타이머 TIM1/8에는 총 4개(채널1~채널4)의 캡쳐/비교 채널을 가지고 있어서 입력 캡쳐 기능과 출력 비교 기능을 수행할 수 있으며, PWM 출력을 갖는 4개의 채널 중에서 채널1~채널3은 데드 타임(dead time)을 줄 수 있는 반전 출력을 가지고 있다. 각 채널에는 캡쳐/비교 레지스터 TIMx_CCRx(뒤쪽의 x=1~4)를 가지고 있는데, 이것들은 각각 1개씩의 프리로드 레지스터를 가지고 있어서 사용자는 이를 통하여 해당 레지스터를 액세스한다.

캡쳐/비교 채널의 내부 구조는 <그림 2.5.10>과 같고, 이것의 입력측 구조는 <그림 2.5.11>과 같다. 각 채널의 입력단자에서 들어오는 신호 TIMx_CHx는 내부에서 TIx로 바뀌고, 이것은 필터를 거쳐서 TIxF로 바뀌며, 다시 에지 검출기(edge detector)를 거쳐서 TIxFPy(y=1~2) 신호가 된다. 이 신호는 다시 프리스케일러를 거쳐서 최종적으로 ICxPS가 되어 입력 캡쳐 트리거 신호를 사용되게 된다.

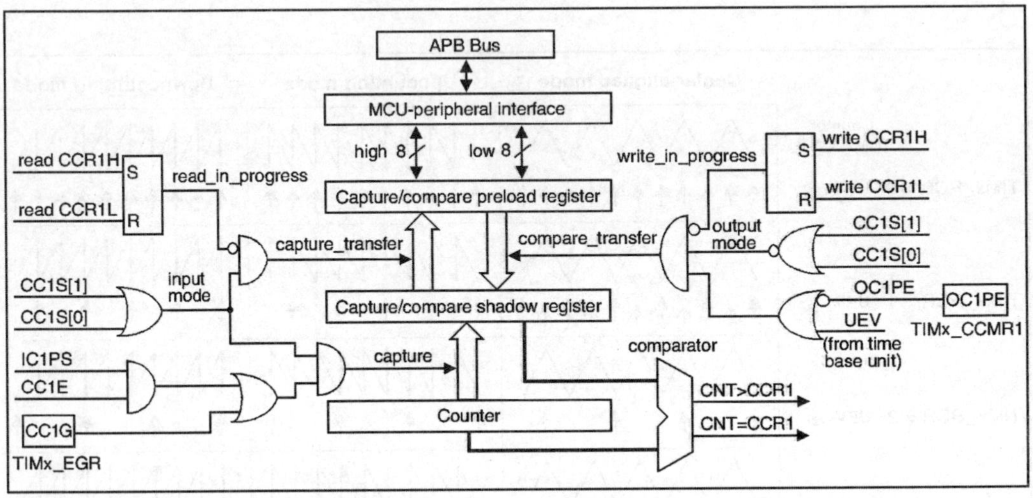

<그림 2.5.10> 타이머 TIM1/8에서 캡쳐/비교 채널의 구조(채널1의 경우)

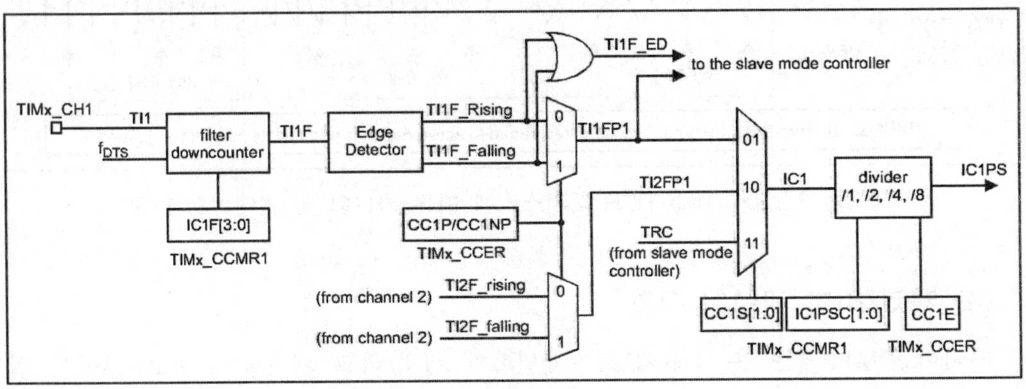

<그림 2.5.11> 타이머 TIM1/8 캡쳐/비교 채널의 입력단 구조(채널1의 경우)

출력측 구조는 반전 출력이 있는 채널1~3의 경우 <그림 2.5.12>의 (a)와 같고, 반전 출력이 없는 채널4의 경우에는 <그림 2.5.12>의 (b)와 같다. 출력단에서는 카운터 값과 캡쳐/비교 레지스터의 값을 비교하여 대소관계 신호를 만들고, 이것이 출력모드 제어기를 거치면 기본 출력파형 신호 OCxREF 신호로 바뀌는데, 여기에 데드타임을 추가하면서 정상신호 OCx와 반전신호 OCxN이 만들어진다.

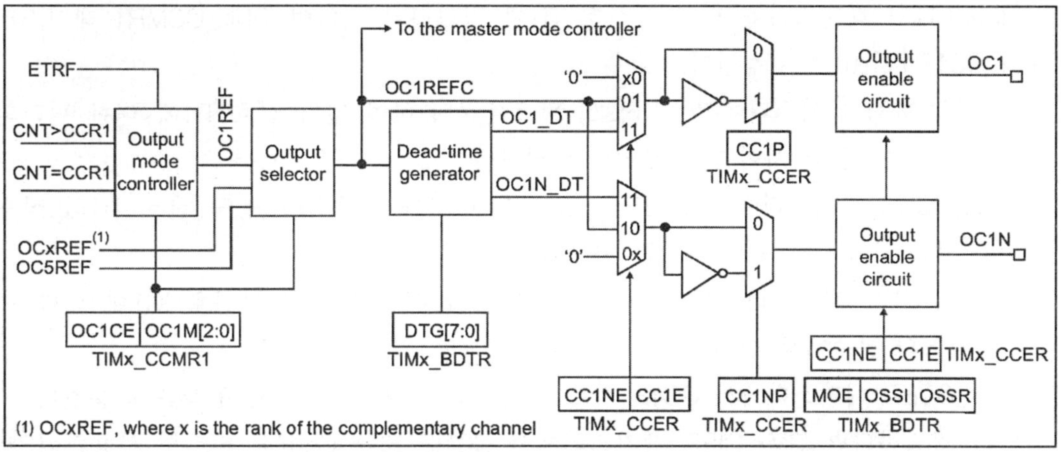

(a) 채널1의 경우(채널1~3은 모두 동일한 구조)

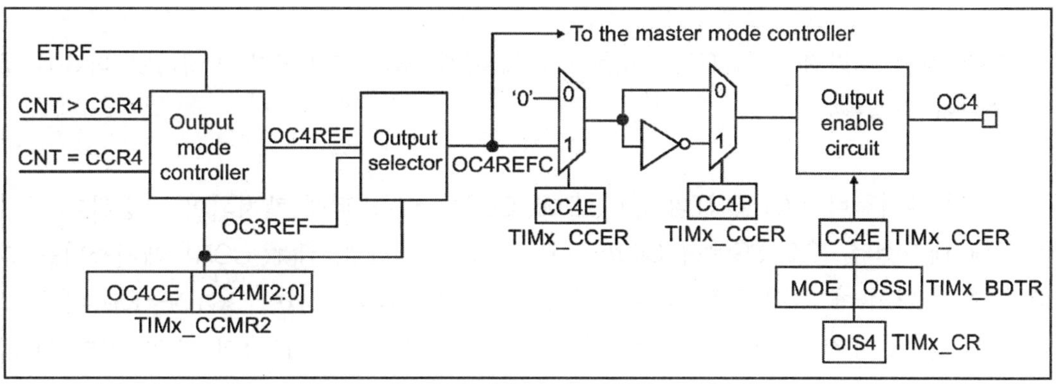

(b) 채널4의 경우

〈그림 2.5.12〉 타이머 TIM1/8 캡처/비교 채널의 출력단 구조

(5) 입력 캡쳐 모드

입력 캡쳐 모드에서는 ICx 신호에 캡쳐 트리거 신호가 들어오면 현재의 카운터 값을 TIMx_CCRx 레지스터에 캡쳐하여 저장하고, 상태 레지스터 TIMx_SR에 CCxIF=1로 표시하여 인터럽트나 DMA를 요청한다. 만약 현재 CCxIF=1로 되어 있을 때 또다시 캡쳐가 발생하면 오버 캡쳐 에러가 되어 상태 레지스터 TIMx_SR에 CCxOF=1로 표시한다. CCxIF 플랙은 TIMx_CCRx 레지스터 값을 읽으면 클리어되며, 이 비트에 0을 쓰면 소프트웨어적으로 클리어할 수 있다.

예를 들어 트리거 신호 TI1을 사용하여 TIMx_CCR1 레지스터에 카운터 값을 캡쳐하려면 다음과 같이 설정하면 된다.

- TIMx_CCR1 레지스터를 트리거 신호 TI1에 링크하기 위하여 TIMx_CCMR1 레지스터에서 CC1S[1:0]=01로 설정한다.
- TIMx_CCMR1 레지스터에서 IC1F[3:0] 비트를 사용하여 입력 신호 TI1에 대한 필터의 샘플링 시간을 5클럭 사이클 이상으로 설정한다.
- TIMx_CCER 레지스터에서 CC1P와 CC1NP 비트를 사용하여 입력 신호 TI1의 상승 에지를 사용할 것인지 하강 에지를 사용할 것인지 설정한다.
- TIMx_CCMR1 레지스터에서 IC1PSC[1:0] 비트를 사용하여 입력 신호 IC1에 대한 프리스케일러의 분주비를 설정한다.
- TIMx_CCER 레지스터에서 CC1E 비트를 사용하여 채널1의 캡쳐 동작을 허용한다.
- 만약 필요하다면 TIMx_DIER 레지스터에서 CC1IE 또는 CC1DE 비트를 사용하여 채널1의 캡쳐 동작이 수행될 때 인터럽트 또는 DMA 발생을 허용한다.

이와 같이 트리거 신호 TI1을 사용하여 채널1의 캡쳐 트리거가 발생하면 다음과 같은 동작이 수행된다.

- 카운터 레지스터 TIMx_CNT의 값이 TIMx_CCR1 레지스터에 캡쳐되어 저장된다.
- 상태 레지스터 TIMx_SR에서 CC1IF=1로 세트된다. 만약, TIMx_CCR1 레지스터를 읽기 전에 또다시 채널1의 입력 캡쳐가 수행되면 오버 캡쳐가 되어 CC1OF=1로 된다.
- TIMx_DIER 레지스터에서 CC1IE=1로 설정되어 있었다면 채널1의 캡쳐 인터럽트가 발생된다.
- TIMx_DIER 레지스터에서 CC1DE=1로 설정되어 있었다면 채널1의 캡쳐 DMA가 발생된다.

(6) PWM 입력 모드

이것은 입력 캡쳐 모드의 특별한 경우로서 1개의 TIx 입력 신호가 2개의 ICx 신호에 맵핑되고, 이 2개의 ICx 신호는 액티브 에지(active edge)가 서로 반대로 동작하며, 2개의 TIxFPy 신호중에서 1개는 트리거 신호로 사용되고 슬레이브 모드 컨트롤러는 리셋 모드로 설정된다.

예를 들어 <그림 2.5.13>에 보인 것처럼 입력 신호 TI1에 대하여 TIMx_CCR1 레지스터로 주기(period)를 측정하고 TIMx_CCR2 레지스터로 듀티비(duty cycle)를 측정하고자 한다면 다음과 같이 설정하면 된다.

- TIMx_CCR1 레지스터를 트리거 신호 TI1에 링크하기 위하여 TIMx_CCMR1 레지스터에서 CC1S[1:0]=01로 설정한다.
- TI1FP1 신호의 상승 에지에서 TIMx_CCR1 레지스터를 캡쳐하고 카운터를 클리어하도록 하기 위해서 TIMx_CCER 레지스터에서 CC1P=CC1NP=0(상승 에지에서 동작)으로 설정한다.
- TIMx_CCR2 레지스터를 트리거 신호 TI1에 링크하기 위하여 TIMx_CCMR1 레지스터에서 CC2S[1:0]=10으로 설정한다.
- TI1FP2 신호의 하강 에지에서 TIMx_CCR2 레지스터를 캡쳐하도록 설정하기 위해서 TIMx_CCER 레지스터에서 CC2P=1, CC2NP=0(하강 에지에서 동작)으로 설정한다.
- 유효한 트리거 입력을 선택하기 위하여 TIMx_SMCR 레지스터에서 TS[2:0]=101로 하여 TI1FP1 신호를 선택한다.
- TIMx_SMCR 레지스터에서 SMS[2:0]=100으로 하여 슬레이브 모드 컨트롤러를 리셋 모드로 설정한다.
- TIMx_CCER 레지스터에서 CC1E=CC2E=1로 설정하여 TIMx_CCR1 및 TIMx_CCR2 레지스터의 캡쳐 동작을 허용한다.

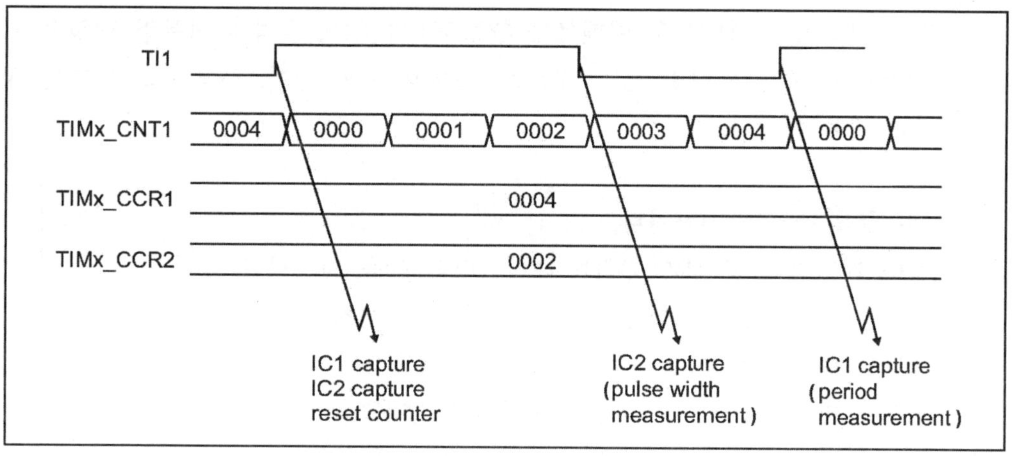

〈그림 2.5.13〉 PWM 입력 모드의 동작 타이밍

(7) 강제 출력 모드

TIMx_CCMRx 레지스터에서 CCxS[1:0]=00으로 하여 출력 모드를 설정하면 카운터와 출력비교 레지스터를 비교하여 출력비교 신호 OCx/OCxN이 발생되는데, 이 신호들은 사용자가 소프트웨어적인 방법으로 강제로 특정 상태가 되도록 할 수도 있다.

만약, 출력비교 신호 OCx를 강제로 액티브 레벨이 되도록 만들려면 TIMx_CCMRx 레지스터에서 OCxM[2:0]=101로 설정하면 되며, 출력비교 신호 OCx를 강제로 액티브 레벨의 반대로 되도록 하려면 TIMx_CCMRx 레지스터에서 OCxM[2:0]=100으로 설정하면 된다.

(8) 출력비교 모드

출력비교 모드는 카운터의 값과 캡쳐/비교 레지스터의 값을 비교하여 출력 파형을 발생하는 동작 모드로서, 비교 매치가 발생하면 다음과 같은 동작이 수행된다.

- 출력핀의 값을 TIMx_CCMRx 레지스터의 OCxM 비트에서 지정한대로 출력하며, 출력신호의 극성은 TIMx_CCER 레지스터의 CCxP 비트에서 지정한대로 동작한다.
- TIMx_SR 레지스터에서 인터럽트 플랙 CCxIF을 셋트시키며, TIMx_DIER 레지스터에서 CCxIE=1로 설정되어 있다면 인터럽트를 발생한다.
- TIMx_DIER 레지스터에서 CCxDE=1로 설정되어 있고 TIMx_CR2 레지스터에서 CCDS=0으로 설정되어 있다면 DMA를 요청한다.

출력비교 모드에서 업데이트 이벤트는 OCxREF와 OCx 출력에 아무런 영향을 주지 않는다. 출력비교 모드는 단일 펄스 모드로 사용될 수도 있다. 출력비교 모드를 설정하는 순서는 다음과 같다.

- 카운터의 클록 소스를 선택한다.
- TIMx_ARR 레지스터 및 TIMx_CCRx 레지스터의 값을 지정한다.
- 비교 매치에서 인터럽트를 발생하려면 CCxIE=1로 설정한다.
- 출력 모드를 설정하고 CCxE=1로 출력신호를 허용한다. 예를 들어 만약 비교 매치가 발생할 때마다 출력신호를 토글(toggle)하려면 OCxM[2:0]=011로 설정한다.
- TIMx_CR1 레지스터에서 CEN=1로 하여 카운터를 허용한다.

출력비교 레지스터 TIMx_CCRx는 소프트웨어에 의하여 즉시 변경될 수도 있고 프리로드 레지스터를 거쳐서 업데이트 이벤트에서 갱신되도록 할 수도 있다. <그림 2.5.14>에는 비교 매치가 발생할 때마다 출력신호를 토글시키고 소프트웨어에 의해 TIMx_CCRx 레지스터의 값을 즉시 변경시키는 경우의 동작을 보였다.

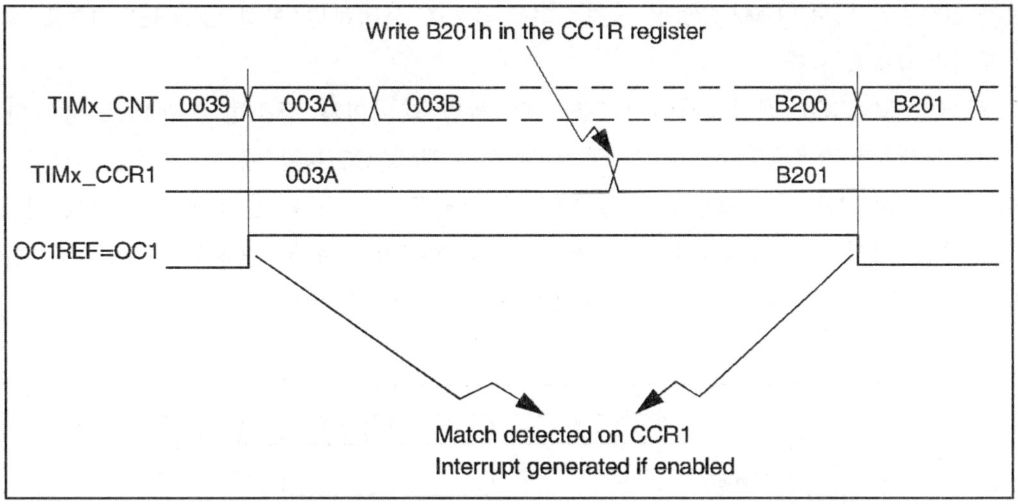

〈그림 2.5.14〉 OC1 신호를 토글하는 출력비교 모드의 동작 타이밍

(9) PWM 모드

PWM(Pulse Width Modulation) 모드는 앞에서 설명한 출력비교 모드의 일종으로서 자동 재저장 레지스터 TIMx_ARR에 의하여 결정되는 주파수와 캡쳐/비교 레지스터 TIMx_CCRx에 의하여 결정되는 듀티비를 갖는 PWM 신호를 출력한다. PWM 모드의 동작은 4개의 OCx 채널에 대하여 각각 독립적으로 설정될 수 있으며, 캡쳐/비교 모드 레지스터 TIMx_CCMRx에서 OCxM[2:0]=110으로 설정하면 PWM 모드1을 사용하고 OCxM[2:0]=111로 설정하면 PWM 모드2를 사용하게 된다.

이때 타이머는 TIMx_CR1 레지스터의 CMS[1:0] 비트 설정에 따라 에지 배열 모드(edge_aligned mode) 또는 중앙 배열 모드(center-aligned mode)로 PWM 신호를 발생한다.

▣ PWM 에지 배열 모드

PWM 에지 배열 모드는 타이머가 증가형 카운터로 동작할 때 또는 감소형 카운터로 동작할 때 1가지의 경우에만 상태가 변하는 PWM 신호를 발생하는 모드로서 PWM 신호가 1주기 내에서 중앙 정렬되지 않는다.

먼저 TIMx_CR1 레지스터에서 DIR=0으로 하면 타이머가 증가형 카운터로 동작한다. PWM 모드1의 경우를 예로 들면 TIMx_CNT < TIMx_CCRx일 때는 OCxREF=1로 표시되고, TIMx_CNT ≥ TIMx_CCRx일 때는 OCxREF=0으로 된다. 만약 TIMx_CCRx 레지스터를 주기 레지스터 TIMx_ARR의 값보다 크게 설정하면 항상 OCxREF=1로 되어 듀티

비가 100%로 되며, TIMx_CCRx 레지스터를 0으로 설정하면 항상 OCxREF=0으로 되어 듀티비가 0%로 된다.

또한, TIMx_CR1 레지스터에서 DIR=1로 하면 타이머가 감소형 카운터로 동작한다. PWM 모드1의 경우를 예로 들면 TIMx_CNT > TIMx_CCRx일 때는 OCxREF=0으로 표시되고, TIMx_CNT ≤ TIMx_CCRx일 때는 OCxREF=1로 된다. 만약 TIMx_CCRx 레지스터를 주기 레지스터 TIMx_ARR의 값보다 크게 설정하면 항상 OCxREF=1로 되어 듀티비가 100%로 되며, 이 동작에서는 듀티비가 0%로 될 수 없다.

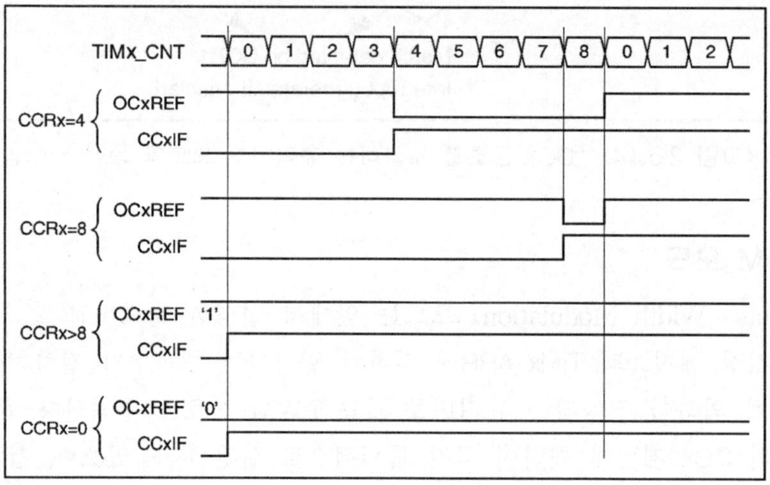

<그림 2.5.15> PWM 에지 배열 모드의 동작(증가형 카운터, TIMx_ARR=8의 경우)

▣ PWM 중앙 배열 모드

PWM 중앙 배열 모드는 타이머가 증가/감소형 카운터로 동작할 때 PWM 신호를 발생하는 모드로서 PWM 신호가 1주기 내에서 중앙 정렬된다. 이것은 TIMx_CR1 레지스터에서 CMS[1:0] 비트가 00이 아닌 경우에 설정되며, OCxREF는 카운터가 증가 동작을 수행하던 중에 비교 매치되었을 때 클리어되고, 감소 동작을 수행하던 중에 비교 매치되었을 때 셋트된다. 비교 매치 인터럽트 플랙은 카운터가 증가 동작에서 비교 매치가 되었을 때 셋트되도록 설정할 수도 있고 감소 동작에서 비교 매치가 되었을 때 셋트되도록 설정할 수도 있다.

<그림 2.5.16>에는 PWM 중앙 배열 모드에서 TIMx_ARR=8로 지정하였을 때 여러 가지의 TIMx_CCRx 레지스터 값에 대하여 PWM 출력 신호가 어떻게 발생되는지를 보였다. 여기서 화살표 ↗는 TIMx_CR1 레지스터의 CMS[1:0] 비트를 어떻게 설정하는지에 따라 인터럽트 플랙 CCxIF가 어느 순간에 1로 셋트되는지를 보여준다.

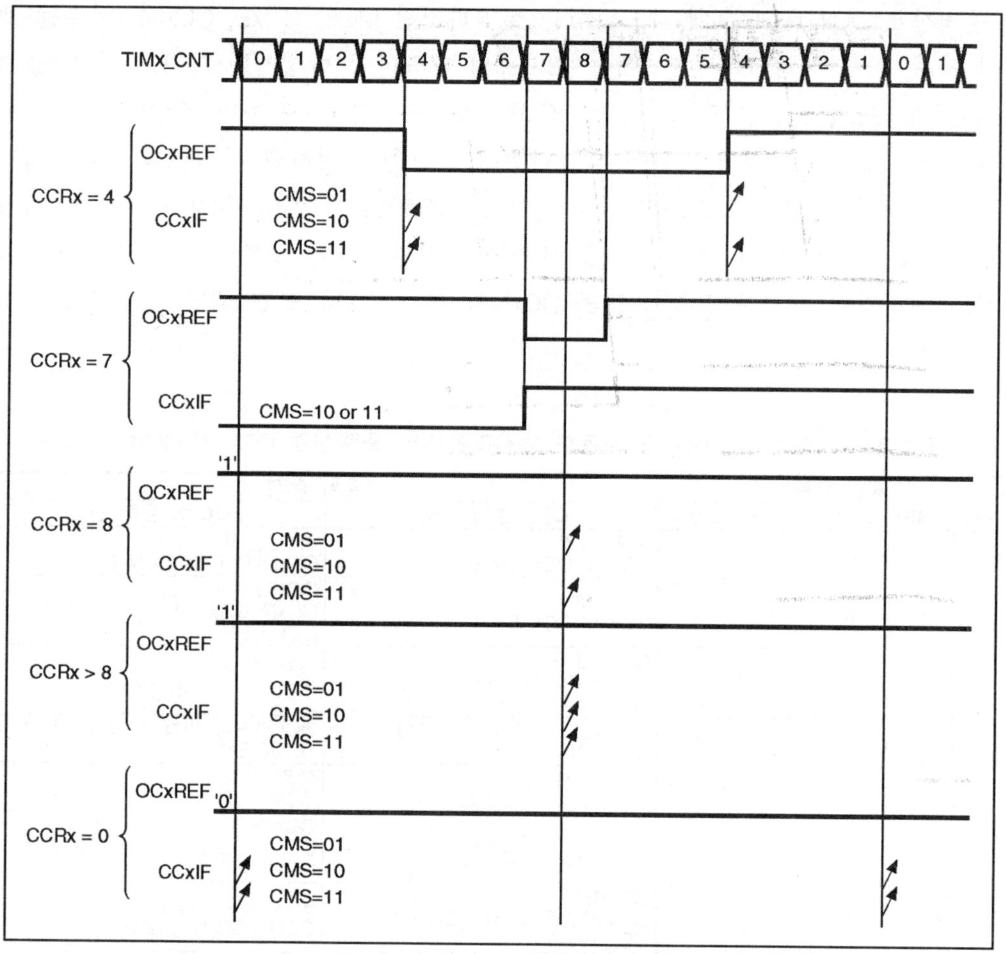

〈그림 2.5.16〉 PWM 중앙 배열 모드의 동작(TIMx_ARR = 8의 경우)

(10) 컴플리멘터리 출력과 데드타임 설정

타이머 TIM1/8에서는 채널 1~3에 대하여 1쌍의 컴플리멘터리(complementary) 신호 OCx 및 OCxN을 출력할 수 있으며, 이들 출력신호의 스위칭 온 및 스위칭 오프 순간을 관리하는 데드타임(dead time)을 설정할 수 있다. 이들 신호 OCx 및 OCxN의 출력 허용 여부는 각각 TIMx_CCER 레지스터의 CCxE와 CCxNE 비트로 설정하며, 이것들을 출력하는데는 TIMx_BDTR 레지스터의 MOE, OSSR, OSSI 비트와 TIMx_CR2 레지스터의 OISx, OISxN 비트 등을 올바르게 설정하는 것도 필요하다. 또한 이것들의 극성은 TIMx_CCER 레지스터의 CCxP와 CCxNP 비트로 각각 설정한다. 이들 출력제어 비트들을 사용하여 출력신호를 제어하는 내용을 요약하면 <표 2.5.2>와 같다.

출력신호 OCx와 OCxN에 데드타임을 설정하려면 MOE, CCxE, CCxNE 비트를 셋트해야 하며, 이를 위하여 각 채널에는 10비트의 데드타임 발생기를 가지고 있다. 출력신호 OCx와 OCxN은 레퍼런스 신호 OCxREF로부터 만들어지는데, OCx 신호는 항상 OCxREF와 동일한 극성의 파형이 되지만 데드타임을 부여하면 이 신호의 상승 에지에서 시간지연이 발생하며, OCxN 신호는 항상 OCxREF와 반대 극성의 파형이 되지만 데드타임을 부여하면 이 신호의 상승 에지에서 시간지연이 발생한다. 만약 데드타임에 의한 지연시간이 출력신호 OCx 또는 OCxN의 펄스폭보다 크면 해당 출력신호가 발생하지 않는다.

〈표 2.5.2〉 출력제어 비트를 사용한 컴플리멘터리 출력신호 OCx 및 OCxN의 제어

제어 비트					출력 상태	
MOE	**OSSI**	**OSSR**	**CCxE**	**CCxNE**	**OCx 출력 상태**	**OCxN 출력 상태**
1	X	0	0	0	출력 금지 OCx=0, OCx_EN=0	출력 금지 OCxN=0, OCxN_EN=0
		0	0	1	출력 금지 OCx=0, OCx_EN=0	OCxREF + 극성 OCxN=OCxREF xor OCxNP, OCxN_EN=1
		0	1	0	OCxREF + 극성 OCx=OCxREF xor OCxP, OCx_EN=1	출력 금지 OCxN=0, OCxN_EN=0
		0	1	1	OCxREF + 극성 + 데드타임 OCx_EN=1	OCxREF의 반대 극성 + 데드타임 OCxN_EN=1
		1	0	0	출력 금지 OCx=CCxP, OCx_EN=0	출력 금지 OCxN=CCxNP, OCxN_EN=0
		1	0	1	출력 허용에서 오프 상태 OCx=CCxP, OCx_EN=1	OCxREF + 극성 OCxN=OCxREF xor OCxNP, OCxN_EN=1
		1	1	0	OCxREF + 극성 OCx=OCxREF xor OCxP, OCx_EN=1	출력 허용에서 오프 상태 OCxN=CCxNP, OCxN_EN=1
		1	1	1	OCxREF + 극성 + 데드타임 OCx_EN=1	OCxREF의 반대 극성 + 데드타임 OCxN_EN=1
0	0	X	0	0	출력 금지 비동기적으로 OCx=CCxP, OCx_EN=0, OCxN=CCxNP, OCxN_EN=0 그리고 나서 데드타임 후에 OCx=OISx, OCxN=OISxN	
	0		0	1		
	0		1	0		
	0		1	1		
	1		0	0		
	1		0	1	출력 허용에서 오프 상태 비동기적으로 OCx=CCxP, OCx_EN=1, OCxN=CCxNP, OCxN_EN=1 그리고 나서 데드타임 후에 OCx=OISx, OCxN=OISxN	
	1		1	0		
	1		1	1		

☞ 채널의 출력단자가 모두 사용되지 않을 때(CCxE=CCxNE=0)는 OISx=OISxN=CCxP=CCxNP=0으로 설정해야 한다.

<그림 2.5.17>에는 타이머 TIM1/8의 컴플리멘터리 출력신호 OCx 및 OCxN에 데드타임 기능을 설정한 경우 OCxREF 신호와 이들 출력신호의 관계를 파형으로 보였다. 여기서 MOE=CCxE=CCxNE=1, CCxP=CCxNP=0으로 설정하였다. 그림 (a)에는 정상적

으로 데드타임이 주어진 경우를 보였으며, 그림 (b)와 (c)에는 데드타임이 출력 펄스의 폭보다 길어서 출력 파형이 발생하지 않는 경우의 예를 보였다.

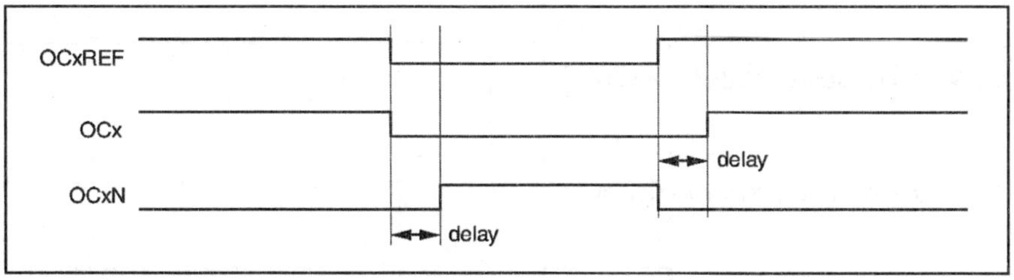

(a) 데드타임이 적절한 경우

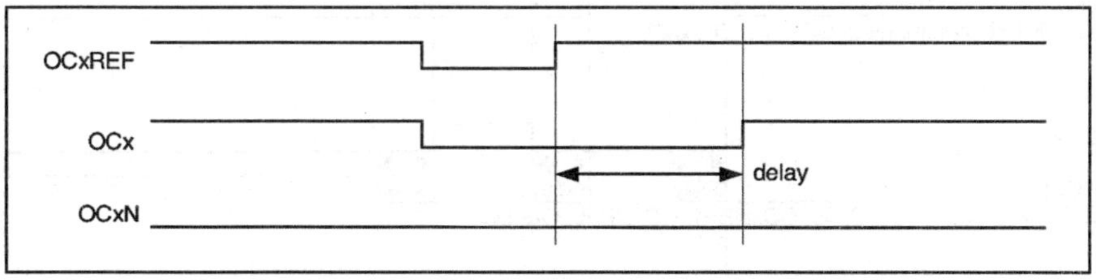

(b) 데드타임이 OCxN 신호의 펄스폭보다 큰 경우

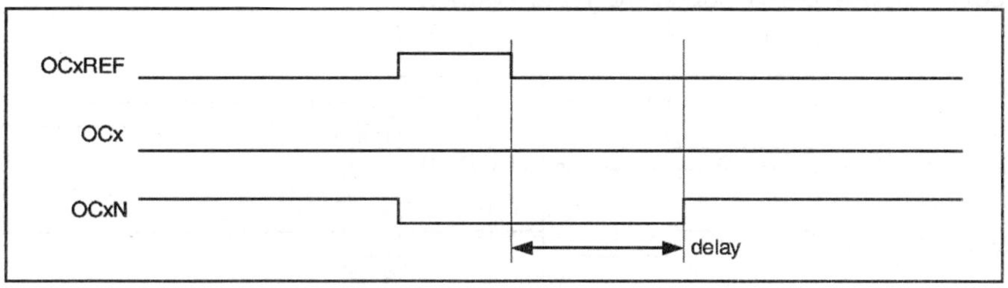

(c) 데드타임이 OCx 신호의 펄스폭보다 큰 경우

<그림 2.5.17> 데드타임을 갖는 컴플리멘터리 출력신호 OCx 및 OCxN의 발생

(11) 브레이크 기능

브레이크 기능을 이용하면 TIM1/8의 출력신호 OCx 및 OCxN을 허용상태로 하였더라도 이들 PWM 신호를 비활성 상태(inactive state)로 출력시킬 수 있다. 이러한 동작은 출력신호 제어 비트에 따라 여러 가지로 수행될 수 있는데 이를 <표 2.5.2>에서 정리한 바 있다. 브레이크 기능은 어떤 비상 상황이 발생하였을 때 시스템의 동작을 중단하고 안전한 상태로 전환시키는데 사용할 수 있다.

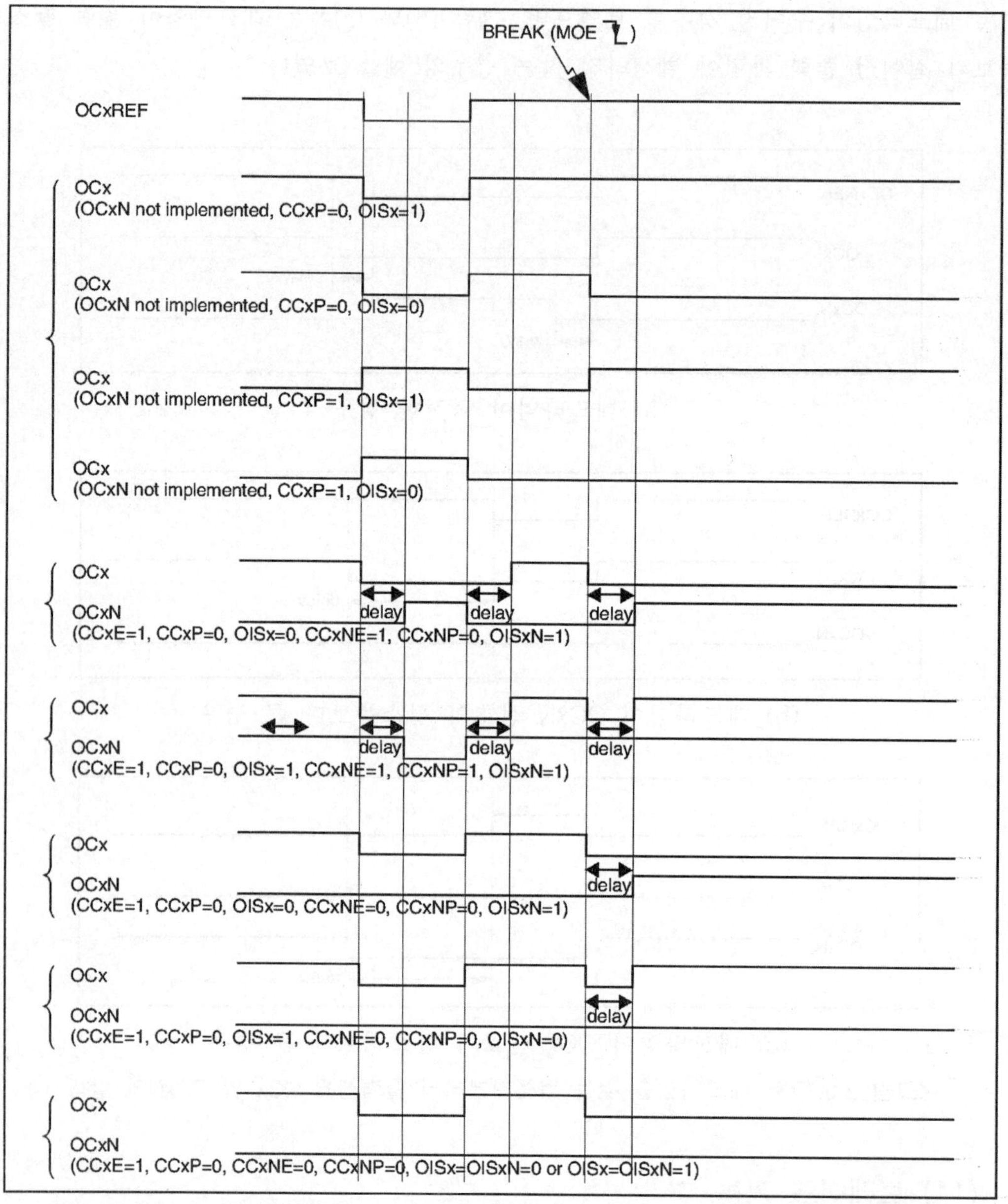

<그림 2.5.18> 브레이크가 발생하였을 때 출력신호 OCx 및 OCxN의 동작

브레이크 소스로는 외부의 TIMx_BKIN 또는 TIMx_BKIN2 신호를 사용할 수도 있고, RCC의 CSS에 의한 클록 실패, PVD 출력, 아날로그 워치독 출력 등을 사용할 수도 있다. 리셋 직후에는 디폴트로 브레이크 기능이 금지되며 MOE=0이다. 브레이크 기능을 사용하려면 TIMx_BDTR 레지스터에서 BKE=1로 설정해야 하며, 브레이크 신호의 극

성은 BKP로 설정한다. 브레이크 기능이 설정되어 있을 때 브레이크 입력이 들어오면 다음과 같은 일이 수행된다.

- MOE=0이 되면서 출력신호를 비활성 상태(OSSI 비트에 따라 아이들 상태 또는 리셋 상태)로 만든다.
- MOE=0이 되고 나면 TIMx_CR2 레지스터의 OISx 비트 설정에 따라 각 채널을 지정된 레벨로 구동한다.
- TIMx_SR 레지스터에서 BIF=1 또는 B2IF=1로 되고, 이때 TIMx_DIER 레지스터에서 BIE=1로 설정되어 있었다면 인터럽트를 발생한다.
- TIMx_BDTR 레지스터에서 AOE=1로 설정하였다면 다음의 업데이트 이벤트에서 다시 자동적으로 MOE=1로 된다.

여러 가지의 출력신호 제어 비트 설정에 따라 브레이크가 발생하였을 때 출력신호가 어떻게 반응하는지를 요약 정리하면 <그림 2.5.18>과 같다.

(12) 단일 펄스 모드

단일 펄스 모드(One-Pulse Mode)는 PWM 모드의 특별한 경우로서, 지정된 시간지연 이후에 원하는 시간 길이를 갖는 단일 펄스를 출력하고 카운터가 업데이트 이벤트가 발생할 때까지 자동적으로 정지한다.

단일 펄스 모드는 TIMx_CR1 레지스터의 OPM 비트를 1로 셋트하면 수행된다. 시간지연은 카운터가 현재값으로부터 TIMx_CCRx 레지스터 값에 이르기까지의 시간으로 수행되며, 펄스폭은 카운터가 TIMx_CCRx 레지스터 값으로부터 TIMx_ARR 레지스터 값에 이르기까지의 시간으로 수행된다. 증가형 카운터로 동작할 때는 이들 레지스터를 TIMx_CNT < TIMx_CCRx < TIMx_ARR 및 TIM1_CCRx > 0 의 관계를 만족하도록 설정해야 하며, 감소형 카운터로 동작할 때는 TIMx_CNT > TIMx_CCRx 로 설정해야 한다.

<그림 2.5.19>에는 트리거 입력 TI2에 의하여 지연시간 t_{DELAY} 후에 펄스폭 t_{PULSE}를 갖는 양의 펄스(positive pulse)를 OC1 단자에 출력하는 예를 보였다. 이와 같이 OC1 단자에서 단일 펄스가 만들어지는 것은 다음과 같이 수행된다.

- 지연시간 t_{DELAY}는 카운터가 TIMx_CCR1 레지스터 값에 도달하기까지의 시간으로 처리된다.
- 펄스폭 t_{PULSE}는 카운터가 TIMx_CCR1 레지스터 값과 같을 때부터 TIMx_ARR 레지스터에 도달하기까지의 시간으로 처리된다.
- 카운터와 출력비교 레지스터 TIMx_CCR1 값이 일치하는 비교 매치가 발생하였을 때 출력신호가 0→1로 되고, 카운터가 자동 재저장 레지스터 TIMx_ARR 값에 이르렀을 때 출력신호가 1→0으로 되도록 하려면 TIMx_CCMR1 레지스터에서 OC1M[2:0]=111로 하여 PWM 모드2로 설정한다.

그리고, 여기서 TI2 신호가 TI2FP2에 맵핑되기를 원한다면 다음과 같이 설정하면 된다.

- TI2 신호를 TI2FP2에 맵핑하기 위하여 TIMx_CCMR1 레지스터에서 CC2S[1:0]=01로 설정한다.
- TI2FP2 신호의 상승 에지에서 트리거 동작이 수행되도록 하려면 TIMx_CCER 레지스터에서 CC2P=0, CC2NP=0으로 설정한다.
- TI2FP2를 슬레이브 모드 컨트롤러의 트리거 입력신호 TRGI로 사용하기 위하여 TIMx_SMCR 레지스터에서 SMS[2:0]=110으로 설정한다.

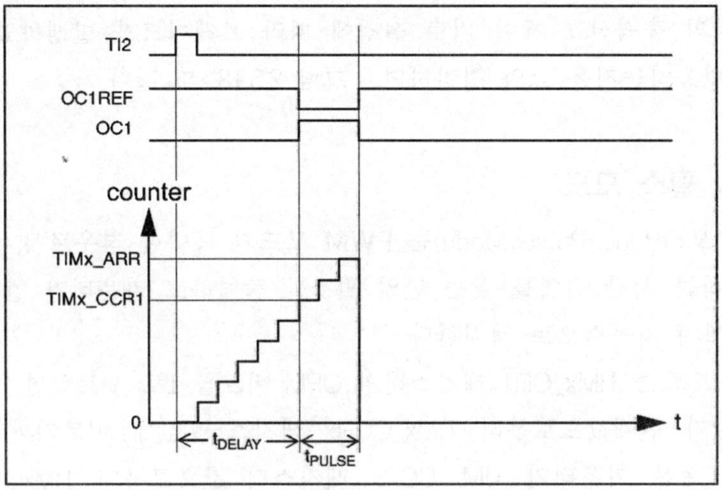

<그림 2.5.19> 단일 펄스 모드의 동작 예

(13) 엔코더 인터페이스 모드

전동기의 증가형 로터리 엔코더(incremental rotary encoder)로부터 A상 및 B상 신호를 타이머 TIM1/8에 인가하여 전동기의 회전속도나 회전방향을 검출할 수 있다. 이러한 엔코더 인터페이스 모드를 사용하려면 카운터 입력신호로 TI1 및 TI2 신호를 어떻게 조합하여 사용하는지에 따라 TIMx_SMCR 레지스터에서 SMS[2:0] 비트를 001, 010, 011로 적절하게 설정해야 한다. 또한, TI1 및 TI2 신호의 극성은 TIMx_CCER 레지스터에서 CC1P 및 CC2P 비트로 설정하며, 이때 필요하면 입력 필터를 사용할 수 있다.

엔코더 인터페이스 모드에서 카운터는 <표 2.5.3>과 <그림 2.5.20>에 보인 것처럼 TI1 및 TI2 신호의 시퀀스에 따라 증가 또는 감소하는 동작을 한다. 이렇게 증가 또는 감소하는 상태는 TIMx_CR1 레지스터에서 DIR 비트에 하드웨어적으로 표시되므로 이를 읽으면 전동기의 회전방향을 알 수 있다.

<표 2.5.3> 카운터의 계수 방향과 엔코더 신호의 관계

입력 신호의 active edge	반대쪽 신호의 레벨	TI1FP1 신호		TI2FP2 신호	
		상승 에지	하강 에지	상승 에지	하강 에지
TI1	H	감소	증가	-	-
	L	증가	감소	-	-
TI2	H	-	-	증가	감소
	L	-	-	감소	증가
TI1 및 TI2	H	감소	증가	증가	감소
	L	증가	감소	감소	증가

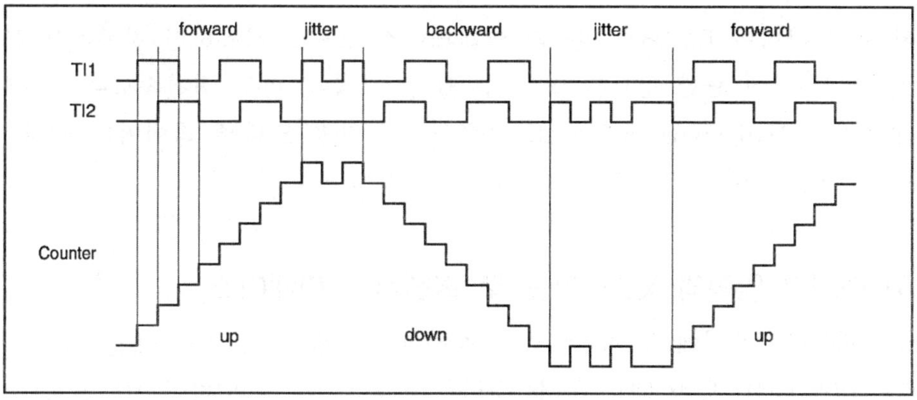

(a) TI1FP1 신호의 극성을 정상으로 사용한 경우

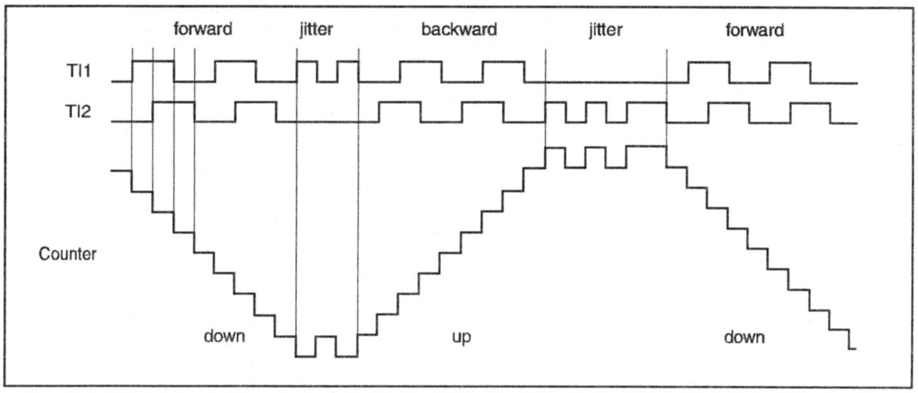

(b) TI1FP1 신호의 극성을 반전시켜 사용한 경우

<그림 2.5.20> 인코더 인터페이스 모드의 동작

<그림 2.5.20>의 (a)는 다음과 같이 설정한 경우에 엔코더 인터페이스 모드의 동작을 보여준다. <그림 2.5.20>의 (b)에는 TIMx_CCER 레지스터에서 CC1P=1로 설정하여 TI1FP1 신호의 극성을 반전시켜 사용한 예를 보였다.

- TIMx_CCMR1 레지스터에서 CC1S[1:0]=01로 설정하여 IC1을 TI1FP1과 TI1에 맵핑하였다.
- TIMx_CCMR1 레지스터에서 CC2S[1:0]=01로 설정하여 IC2를 TI2FP2와 TI2에 맵핑하였다.
- TIMx_CCER 레지스터에서 CC1P=0으로 설정하여 TI1FP1 신호의 극성을 정상으로 사용하였다.
- TIMx_CCER 레지스터에서 CC2P=0으로 설정하여 TI2FP2 신호의 극성을 정상으로 사용하였다.
- TIMx_SMCR 레지스터에서 SMS[3:0]=0011로 설정하여 TI1FP1 및 TI2FP2 신호의 상승 에지와 하강 에지에서 모두 카운트되도록 하였다. 그러면 로터리 엔코더에 의한 입력신호의 주파수를 4체배한 결과가 된다.
- TIMx_CR1 레지스터에서 CEN=1로 설정하여 카운터를 허용한다.

이와 같이 타이머 TIM1/8을 엔코더 인터페이스 모드로 사용하면 전동기의 회전방향이나 현재의 위치에 관한 정보를 얻을 수 있다. 그러나, 만약 회전속도나 가속도 등과 같은 동적인 정보(dynamic information)를 알고싶다면 또다른 타이머를 캡쳐 모드로 사용하여 일정한 주기로 카운터 값을 읽어서 계산하면 된다.

(14) 타이머 입력의 XOR 기능 및 홀센서 인터페이스

TIMx_CR2 레지스터에서 TI1S=1로 설정하면 <그림 2.5.21>에 보인 것처럼 3개의 입력신호 TIMx_CH1, TIMx_CH2, TIMx_CH3을 논리적으로 XOR하여 TI1 신호로 사용하게 된다. 이러한 XOR 출력은 타이머의 트리거 또는 입력 캡쳐 신호로 사용될 수도 있고, BLDC 모터를 제어할 때 이 모터의 홀센서 입력신호를 사용하여 모터를 구동하기 위한 PWM 스위칭 신호를 발생하거나 또는 모터의 회전속도를 검출하는 로터리 엔코더 기능으로 유용하게 사용될 수도 있다.

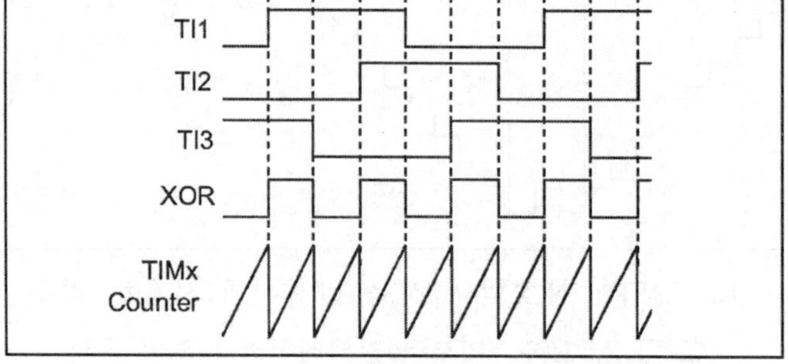

<그림 2.5.21> 3개의 입력신호를 XOR하는 기능

<그림 2.5.22>에는 고성능 제어 타이머 TIM1/8이 홀센서의 신호를 입력으로 사용하여 BLDC 모터를 PWM 제어하기 위한 3상 출력신호를 발생하는 예를 보였다. 이를 위해서는 다음과 같이 설정한다.

- 홀센서로부터 들어오는 3개의 입력신호 TIMx_CH1, TIMx_CH2, TIMx_CH3을 XOR하여 TI1이 신호를 얻기 위하여 TIMx_CR2 레지스터에서 TI1S=1로 설정한다.
- 카운터는 TI1 신호의 변화에 의해서만 클리어될 수 있도록 TIMx_ARR 레지스터를 최대값으로 설정하고, 카운터 값이 TI1 신호의 2차례 변화 사이에서 최대값에 도달하지 않도록 프리스케일러를 설정한다.
- 채널1을 캡쳐 모드로 설정하고, TIMx_CCMR1 레지스터에서 CC1S[1:0]=01로 설정하여 캡쳐 트리거 신호 IC1이 TI1에 맵핑되도록 한다.
- TIMx_CCMR1 레지스터에서 OC2M[2:0]=111로 하여 채널2를 PWM 모드2로 설정하고, CC2S[1:0]=00으로 하여 채널2를 출력으로 설정한다.
- TIMx_CR2 레지스터에서 MMS[2:0]=101로 설정하여 OC2REF를 트리거 출력신호 TRGO로 사용하도록 한다.

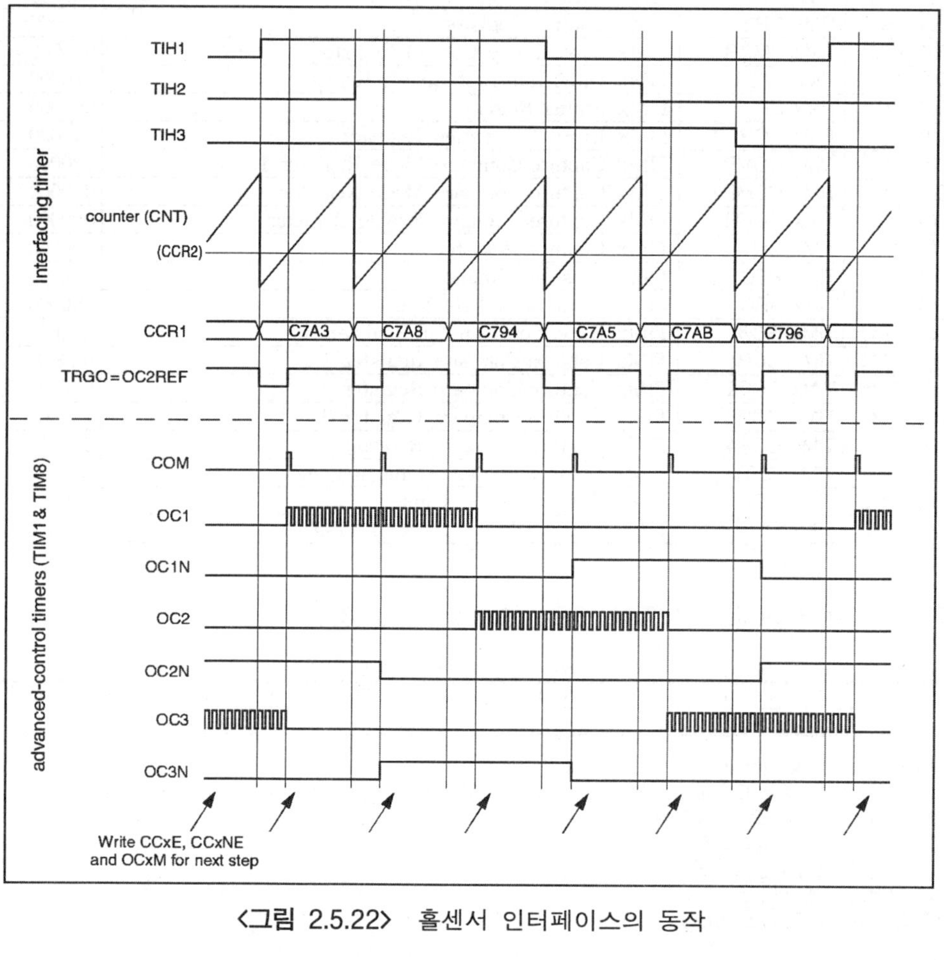

〈그림 2.5.22〉 홀센서 인터페이스의 동작

TIMx_CR2 레지스터에서 CCUS=1로 설정하여 COM 신호는 트리거 입력의 상승 에지에 의하여 발생되도록 하며, 이에 따라 OC2REF의 상승 에지에서 인터럽트가 발생하면 인터럽트 처리 루틴에서 COM 이벤트 후에 다음 스텝의 PWM 제어 비트(CCxE, OCxM[2:0])를 설정한다.

4. 타이머 TIM1/8 관련 I/O 제어 레지스터

타이머 TIM1/8과 관련된 I/O 제어 레지스터는 <표 2.5.4>와 같이 20개가 있는데, 이 레지스터들의 기능을 정리하면 아래와 같다.

<표 2.5.4> 타이머 TIM1/TIM8과 관련된 I/O 제어 레지스터 요약

어드레스	레지스터 이름	레지스터의 풀어 쓴 이름	리셋 후 초기값
0x4001_??00	TIMx_CR1	TIMx Control Register 1 (x=1, 8)	0x0000
0x4001_??04	TIMx_CR2	TIMx Control Register 2	0x0000
0x4001_??08	TIMx_SMCR	TIMx Slave Mode Control Register	0x0000
0x4001_??0C	TIMx_DIER	TIMx DMA/Interrupt Enable Register	0x0000
0x4001_??10	TIMx_SR	TIMx Status Register	0x0000
0x4001_??14	TIMx_EGR	TIMx Event Generation Register	0x0000
0x4001_??18	TIMx_CCMR1	TIMx Capture/Compare Mode Register 1	0x0000
0x4001_??1C	TIMx_CCMR2	TIMx Capture/Compare Mode Register 2	0x0000
0x4001_??20	TIMx_CCER	TIMx Capture/Compare Enable Register	0x0000
0x4001_??24	TIMx_CNT	TIMx Counter Register	0x0000
0x4001_??28	TIMx_PSC	TIMx Prescaler Register	0x0000
0x4001_??2C	TIMx_ARR	TIMx Auto-Reload Register	0x0000
0x4001_??30	TIMx_RCR	TIMx Repetition Counter Register	0x0000
0x4001_??34	TIMx_CCR1	TIMx Capture/Compare Register 1	0x0000
0x4001_??38	TIMx_CCR2	TIMx Capture/Compare Register 2	0x0000
0x4001_??3C	TIMx_CCR3	TIMx Capture/Compare Register 3	0x0000
0x4001_??40	TIMx_CCR4	TIMx Capture/Compare Register 4	0x0000
0x4001_??44	TIMx_BDTR	TIMx Break and Dead-Time Register	0x0000
0x4001_??48	TIMx_DCR	TIMx DMA Control Register	0x0000
0x4001_??4C	TIMx_DMAR	TIMx DMA Address for Full Transfer	0x0000

▣ TIMx 제어 레지스터1 TIMx_CR1 (디폴트값 : 0x0000)

b15	b14	b13	b12	b11	b10	b9	b8	b7	b6	b5	b4	b3	b2	b1	b0
-	-	-	-	-	-	CKD[1:0]		ARPE	CMS[1:0]		DIR	OPM	URS	UDIS	CEN
-	-	-	-	-	-	rw	rw	rw	rw	rw	rw	rw	rw	rw	rw

- CKD[1:0] : Clock Division
  이것은 타이머 클록 CK_INT와 데드타임 및 샘플링 클록 t_{DTS}의 관계를 설정한다.
  00 = t_{DTS}를 t_{CK_INT}로 설정한다.
  01 = t_{DTS}를 $2 \times t_{CK_INT}$로 설정한다.
  10 = t_{DTS}를 $4 \times t_{CK_INT}$로 설정한다.
  11 = (사용하지 않음).
- ARPE : Auto-Reload Preload Enable

0 = TIMx_ARR 레지스터에 프리로드 버퍼를 사용하지 않는다.
1 = TIMx_ARR 레지스터에 프리로드 버퍼를 사용한다.

- CMS[1:0] : Center-Aligned Mode Selection
  00 = edge-aligned mode. 카운터가 DIR 비트의 설정에 따라 증가형 또는 감소형으로 동작한다.
  01 = center-aligned mode 1. 카운터가 증가형 동작 및 감소형 동작을 반복한다. TIMx_CCMRx 레지스터에서 CCxS[1:0]=00으로 설정하여 출력으로 동작하는 채널의 출력비교 인터럽트 플랙은 카운터가 감소형으로 동작할 때만 세트된다.
  10 = center-aligned mode 2. 카운터가 증가형 동작 및 감소형 동작을 반복한다. TIMx_CCMRx 레지스터에서 CCxS[1:0]=00으로 설정하여 출력으로 동작하는 채널의 출력비교 인터럽트 플랙은 카운터가 증가형으로 동작할 때만 세트된다.
  11 = center-aligned mode 3. 카운터가 증가형 동작 및 감소형 동작을 반복한다. TIMx_CCMRx 레지스터에서 CCxS[1:0]=00으로 설정하여 출력으로 동작하는 채널의 출력비교 인터럽트 플랙은 카운터가 증가형으로 동작할 때와 감소형으로 동작할 때 모두 세트된다.
- DIR : Direction
  이 비트는 카운터가 center-aligned mode나 encoder mode로 설정된 경우에는 설정이 불가능하고 read only 비트로 된다.
  0 = 카운터가 증가형으로 동작한다.
  1 = 카운터가 감소형으로 동작한다.
- OPM : One Pulse Mode
  0 = 카운터가 업데이트 이벤트에서 정지하지 않고 동작을 계속한다.
  1 = 카운터가 업데이트 이벤트에서 정지하며 CEN=0으로 된다.
- URS : Update Request Source
  0 = 카운터 오버플로우/언더플로우, UG 비트의 세트, 슬레이브 모드 컨트롤러에서의 업데이트 이벤트 등 3가지의 원인으로 업데이트 인터럽트와 DMA를 발생한다.
  1 = 오직 카운터의 오버플로우/언더플로우만이 업데이트 인터럽트와 DMA를 발생한다.
- UDIS : Update Disable
  0 = 업데이트 이벤트 UEV를 허용한다. 카운터 오버플로우/언더플로우, UG 비트의 세트, 슬레이브 모드 컨트롤러에서의 업데이트 이벤트 등 3가지의 원인으로 업데이트 인터럽트와 DMA를 발생하며, 이때 프리로드 레지스터의 값이 해당 레지스터로 옮겨진다.
  1 = 업데이트 이벤트 UEV를 금지한다. 그러나, 이 경우에도 UG=1로 설정되거나 슬레이브 모드 컨트롤러에서 하드웨어 리셋이 수신되면 카운터와 프리스케일러의 초기화는 수행된다.
- CEN : Counter Enable
  0 = TIMx의 카운터 동작이 금지된다.
  1 = TIMx의 카운터 동작이 허용된다.

▣ TIMx 제어 레지스터2 TIMx_CR2 (디폴트값 : 0x0000)

b15	b14	b13	b12	b11	b10	b9	b8	b7	b6	b5	b4	b3	b2	b1	b0
-	OIS4	OIS3N	OIS3	OIS2N	OIS2	OIS1N	OIS1	TI1S	MMS[2:0]			CCDS	CCUS	-	CCPC
-	rw	rw	rw	rw	rw	rw	rw	rw	rw	rw	rw	rw	rw	-	rw

- OIS4 : Output Idle State 4(OC4 output)
  0 = TIMx_BDTR 레지스터에서 MOE=0으로 설정한 경우에 데드 타임이 지나면 OC4=0으로 출력된다.
  1 = TIMx_BDTR 레지스터에서 MOE=0으로 설정한 경우에 데드 타임이 지나면 OC4=1로 출력된다.
- OIS3N : Output Idle State 3(OC3N output)
  0 = TIMx_BDTR 레지스터에서 MOE=0으로 설정한 경우에 데드 타임이 지나면 OC3N=0으로 출력된다.
  1 = TIMx_BDTR 레지스터에서 MOE=0으로 설정한 경우에 데드 타임이 지나면 OC3N=1로 출력된다.
- OIS3 : Output Idle State 3(OC3 output)
  0 = TIMx_BDTR 레지스터에서 MOE=0으로 설정한 경우에(OC3N이 사용되는 경우에는 데드 타임이 지났을 때) OC3=0으로 출력된다.
  1 = TIMx_BDTR 레지스터에서 MOE=0으로 설정한 경우에(OC3N이 사용되는 경우에는 데드 타임이 지났을 때) OC3=1로 출력된다.
- OIS2N : Output Idle State 2(OC2N output)
  0 = TIMx_BDTR 레지스터에서 MOE=0으로 설정한 경우에 데드 타임이 지나면 OC2N=0으로 출력된다.
  1 = TIMx_BDTR 레지스터에서 MOE=0으로 설정한 경우에 데드 타임이 지나면 OC2N=1로 출력된다.
- OIS2 : Output Idle State 2(OC2 output)
  0 = TIMx_BDTR 레지스터에서 MOE=0으로 설정한 경우에(OC2N이 사용되는 경우에는 데드 타임이 지

낫을 때) OC2=0으로 출력된다.
1 = TIMx_BDTR 레지스터에서 MOE=0으로 설정한 경우에(OC2N이 사용되는 경우에는 데드 타임이 지났을 때) OC2=1로 출력된다.

- OIS1N : Output Idle State 1(OC1N output)
  0 = TIMx_BDTR 레지스터에서 MOE=0으로 설정한 경우에 데드 타임이 지나면 OC1N=0으로 출력된다.
  1 = TIMx_BDTR 레지스터에서 MOE=0으로 설정한 경우에 데드 타임이 지나면 OC1N=1로 출력된다.
- OIS1 : Output Idle State 1(OC1 output)
  0 = TIMx_BDTR 레지스터에서 MOE=0으로 설정한 경우에(OC1N이 사용되는 경우에는 데드 타임이 지났을 때) OC1=0으로 출력된다.
  1 = TIMx_BDTR 레지스터에서 MOE=0으로 설정한 경우에(OC1N이 사용되는 경우에는 데드 타임이 지났을 때) OC1=1로 출력된다.
- TI1S : TI1 Selection
  0 = TIMx_CH1 단자를 TI1 신호에 연결한다.
  1 = TIMx_CH1, TIMx_CH2, TIMx_CH3 단자를 XOR하여 TI1 신호에 연결한다.
- MMS[2:0] : Master Mode Selection
  000 = Reset. TIMx_EGR 레지스터의 UG 비트가 트리거 출력신호 TRGO로 사용된다.
  001 = Enable. 카운터 허용 신호 CNT_EN이 트리거 출력신호 TRGO로 사용된다.
  010 = Update. 업데이트 이벤트가 트리거 출력신호 TRGO로 사용된다.
  011 = Compare Pulse. 캡쳐 또는 비교 매치가 발생하여 CC1IF=1로 되면 트리거 출력신호 TRGO에 1개의 positive pulse가 발생된다.
  100 = Compare. OC1REF 신호가 트리거 출력신호 TRGO로 사용된다.
  101 = Compare. OC2REF 신호가 트리거 출력신호 TRGO로 사용된다.
  110 = Compare. OC3REF 신호가 트리거 출력신호 TRGO로 사용된다.
  111 = Compare. OC4REF 신호가 트리거 출력신호 TRGO로 사용된다.
- CCDS : Capture/Compare DMA Selection
  0 = CCx 이벤트가 발생하였을 때 CCx DMA를 요청한다.
  1 = 업데이트 이벤트가 발생하였을 때 CCx DMA를 요청한다.
- CCUS : Capture/Compare Control Update Selection
  0 = 캡쳐/비교 제어 비트가 프리로드되어 있을 때(CCPC=1) TIMx_EGR 레지스터의 COMG 비트를 세트하면 이것이 업데이트된다.
  1 = 캡쳐/비교 제어 비트가 프리로드되어 있을 때(CCPC=1) TIMx_EGR 레지스터의 COMG 비트를 세트하거나 TRGI 신호에 상승 에지가 입력되면 이것이 업데이트된다.
- CCPC : Capture/Compare Preloaded Control
  0 = CCxE, CCxNE, OCxM 비트가 프리로드되지 않는다.
  1 = CCxE, CCxNE, OCxM 비트가 프리로드된다. 이 비트들을 라이트하면 프리로드 레지스터에 저장되어 있다가 CCUS 비트로 지정된 이벤트가 발생할 때 해당 레지스터로 업데이트된다.

▣ TIMx 슬레이브 모드 제어 레지스터 TIMx_SMCR (디폴트값 : 0x0000)

b15	b14	b13	b12	b11	b10	b9	b8	b7	b6	b5	b4	b3	b2	b1	b0
ETP	ECE	ETPS[1:0]		ETF[3:0]				MSM	TS[2:0]			–	SMS[2:0]		
rw	rw	rw	rw	rw	rw	rw	rw	rw	rw	rw	rw	–	rw	rw	rw

- ETP : External Trigger Polarity
  0 = ETR 신호가 non-inverted로서 active high 또는 rising edge로 동작한다.
  1 = ETR 신호가 inverted로서 active low 또는 falling edge로 동작한다.
- ECE : External Clock Enable
  0 = 외부 클록 모드2(External clock mode 2)를 금지한다.
  1 = 외부 클록 모드2를 허용한다. 이것은 SMS[2:0]=111 및 TS[2:0]=111로 설정한 것과 동일하다. 이때 카운터는 ETRF의 active edge에 의하여 동작한다.
- ETPS[1:0] : External Trigger Prescaler
  00 = 프리스케일러를 사용하지 않는다.
  01 = ETR 신호를 2분주하여 ETRP 신호를 출력한다.
  10 = ETR 신호를 4분주하여 ETRP 신호를 출력한다.
  11 = ETR 신호를 8분주하여 ETRP 신호를 출력한다.
- ETF[3:0] : External Trigger Filter
  이것은 ETRP 신호를 샘플링하는데 사용하는 주파수와 디지털 필터가 ETRP 신호에 인가되는 시간을 이벤트의 갯수 N으로 정의한다.

0000 : $f_{SAMPLING}$ = f_{DTS}, 필터는 사용하지 않음.
0001 : $f_{SAMPLING}$ = f_{CK_INT}, N = 2.
0010 : $f_{SAMPLING}$ = f_{CK_INT}, N = 4.
0011 : $f_{SAMPLING}$ = f_{CK_INT}, N = 8.
0100 : $f_{SAMPLING}$ = $f_{DTS}/2$, N = 6.
0101 : $f_{SAMPLING}$ = $f_{DTS}/2$, N = 8.
0110 : $f_{SAMPLING}$ = $f_{DTS}/4$, N = 6.
0111 : $f_{SAMPLING}$ = $f_{DTS}/4$, N = 8.
1000 : $f_{SAMPLING}$ = $f_{DTS}/8$, N = 6.
1001 : $f_{SAMPLING}$ = $f_{DTS}/8$, N = 8.
1010 : $f_{SAMPLING}$ = $f_{DTS}/16$, N = 5.
1011 : $f_{SAMPLING}$ = $f_{DTS}/16$, N = 6.
1100 : $f_{SAMPLING}$ = $f_{DTS}/16$, N = 8.
1101 : $f_{SAMPLING}$ = $f_{DTS}/32$, N = 5.
1110 : $f_{SAMPLING}$ = $f_{DTS}/32$, N = 6.
1111 : $f_{SAMPLING}$ = $f_{DTS}/32$, N = 8.

- MSM : Master/Slave Mode
  0 = 아무 영향이 없다.
  1 = 트리거 입력 TRGI에 의한 이벤트의 효과가 타이머와 트리거 출력 TRGO로 사이의 동기를 취하기 위하여 지연된다. 이것은 하나의 외부 이벤트로 여러개의 타이머를 동기화시킬 때 유용하다.
- TS[2:0] : Trigger Selection
  이것은 카운터를 동기화시키기 위하여 사용되는 트리거 입력을 선택한다.
  000 = 내부 트리거 0 (ITR0). TIM1에서는 TIM5, TIM8에서는 TIM1의 트리거 출력 TRGO에 연결된다.
  001 = 내부 트리거 1 (ITR1). TIM1에서는 TIM2, TIM8에서는 TIM2의 트리거 출력 TRGO에 연결된다.
  010 = 내부 트리거 2 (ITR2). TIM1에서는 TIM3, TIM8에서는 TIM4의 트리거 출력 TRGO에 연결된다.
  011 = 내부 트리거 3 (ITR3). TIM1에서는 TIM4, TIM8에서는 TIM5의 트리거 출력 TRGO에 연결된다.
  100 = TI1 에지 검출기 (TI1F_ED)
  101 = 필터링된 타이머 입력 1 (TI1FP1)
  110 = 필터링된 타이머 입력 2 (TI2FP2)
  111 = 외부 트리거 입력 (ETRF)
- SMS[2:0] : Slave Mode Selection
  외부 트리거 신호가 선택되었을 때 TRGI가 어떻게 동작하는지를 지정한다.
  000 = Slave mode disabled. 만약 CEN=1이면 프리스케일러에 내부 클록 CK_INT가 바로 공급된다.
  001 = Encoder mode 1. 카운터가 TI2FP2에 따라 TI1FP1에서 증가/감소형으로 동작한다.
  010 = Encoder mode 2. 카운터가 TI1FP1에 따라 TI2FP2에서 증가/감소형으로 동작한다.
  011 = Encoder mode 3. 카운터가 TI1FP1 및 TI2FP2에서 모두 증가/감소형으로 동작한다.
  100 = Reset mode. TRGI의 상승 에지에서 카운터를 초기화하고 업데이트 이벤트가 발생한다.
  101 = Gated mode. TRGI이 high level에 있을 때 카운터 클록이 허용되고, low level에서는 카운터의 동작이 정지한다.
  110 = Trigger mode. TRGI의 상승 에지에서 카운터가 스타트한다.
  111 = External clock mode 1. TRGI의 상승 에지가 카운터의 클록 입력으로 작용한다.

▣ TIMx DMA/인터럽트 허용 레지스터 TIMx_DIER (디폴트값 : 0x0000)

b15	b14	b13	b12	b11	b10	b9	b8	b7	b6	b5	b4	b3	b2	b1	b0
–	TDE	COMDE	CC4DE	CC3DE	CC2DE	CC1DE	UDE	BIE	TIE	COMIE	CC4IE	CC3IE	CC2IE	CC1IE	UIE
–	rw	rw	rw	rw	rw	rw	rw	rw	rw	rw	rw	rw	rw	rw	rw

- TDE : Trigger DMA Request Enable
  0 = 트리거 입력에 의한 DMA 요청을 금지한다.
  1 = 트리거 입력에 의한 DMA 요청을 허용한다.
- COMDE : COM DMA Request Enable
  0 = COM 이벤트에 의한 DMA 요청을 금지한다.
  1 = COM 이벤트에 의한 DMA 요청을 허용한다.
- CC4DE : Capture/Compare 4 DMA Request Enable
  0 = 캡쳐/비교 채널4에 의한 DMA 요청을 금지한다.
  1 = 캡쳐/비교 채널4에 의한 DMA 요청을 허용한다.
- CC3DE : Capture/Compare 3 DMA Request Enable
  0 = 캡쳐/비교 채널3에 의한 DMA 요청을 금지한다.
  1 = 캡쳐/비교 채널3에 의한 DMA 요청을 허용한다.
- CC2DE : Capture/Compare 2 DMA Request Enable
  0 = 캡쳐/비교 채널2에 의한 DMA 요청을 금지한다.
  1 = 캡쳐/비교 채널2에 의한 DMA 요청을 허용한다.
- CC1DE : Capture/Compare 1 DMA Request Enable
  0 = 캡쳐/비교 채널1에 의한 DMA 요청을 금지한다.
  1 = 캡쳐/비교 채널1에 의한 DMA 요청을 허용한다.

- UDE : Updated DMA Request Enable
  0 = 업데이트 이벤트에 의한 DMA 요청을 금지한다.
  1 = 업데이트 이벤트에 의한 DMA 요청을 허용한다.
- BIE : Break Interrupt Enable
  0 = 브레이크 인터럽트를 금지한다.
  1 = 브레이크 인터럽트를 허용한다.
- TIE : Trigger Interrupt Enable
  0 = 트리거 입력에 의한 인터럽트를 금지한다.
  1 = 트리거 입력에 의한 인터럽트를 허용한다.
- COMIE : COM Interrupt Enable
  0 = COM 이벤트에 의한 인터럽트를 금지한다.
  1 = COM 이벤트에 의한 인터럽트를 허용한다.
- CC4IE : Capture/Compare 4 Interrupt Enable
  0 = 캡쳐/비교 채널4에 의한 인터럽트를 금지한다.
  1 = 캡쳐/비교 채널4에 의한 인터럽트를 허용한다.
- CC3IE : Capture/Compare 3 Interrupt Enable
  0 = 캡쳐/비교 채널3에 의한 인터럽트를 금지한다.
  1 = 캡쳐/비교 채널3에 의한 인터럽트를 허용한다.
- CC2IE : Capture/Compare 2 Interrupt Enable
  0 = 캡쳐/비교 채널2에 의한 인터럽트를 금지한다.
  1 = 캡쳐/비교 채널2에 의한 인터럽트를 허용한다.
- CC1IE : Capture/Compare 1 Interrupt Enable
  0 = 캡쳐/비교 채널1에 의한 인터럽트를 금지한다.
  1 = 캡쳐/비교 채널1에 의한 인터럽트를 허용한다.
- UIE : Update Interrupt Enable
  0 = 업데이트 이벤트에 의한 인터럽트를 금지한다.
  1 = 업데이트 이벤트에 의한 인터럽트를 허용한다.

▣ TIMx 상태 레지스터 TIMx_SR (디폴트값 : 0x0000)

b15	b14	b13	b12	b11	b10	b9	b8	b7	b6	b5	b4	b3	b2	b1	b0
-	-	-	CC4OF	CC3OF	CC2OF	CC1OF	B2IF	BIF	TIF	COMIF	CC4IF	CC3IF	CC2IF	CC1IF	UIF
-	-	-	rc_w0	rc_w0	rc_w0	rc_w0	rc_w0	rc_w0	rc_w0	rc_w0	rc_w0	rc_w0	rc_w0	rc_w0	rc_w0

- CC4OF : Capture/Compare 4 Overcapture Flag
  0 = 오버캡쳐가 발생하지 않았다.
  1 = 현재 CC4IF=1인데 또다시 카운터 값이 TIMx_CCR4 레지스터에 캡쳐되어 오버캡쳐가 발생하였다.
- CC3OF : Capture/Compare 3 Overcapture Flag
  0 = 오버캡쳐가 발생하지 않았다.
  1 = 현재 CC3IF=1인데 또다시 카운터 값이 TIMx_CCR3 레지스터에 캡쳐되어 오버캡쳐가 발생하였다.
- CC2OF : Capture/Compare 2 Overcapture Flag
  0 = 오버캡쳐가 발생하지 않았다.
  1 = 현재 CC2IF=1인데 또다시 카운터 값이 TIMx_CCR2 레지스터에 캡쳐되어 오버캡쳐가 발생하였다.
- CC1OF : Capture/Compare 1 Overcapture Flag
  0 = 오버캡쳐가 발생하지 않았다.
  1 = 현재 CC1IF=1인데 또다시 카운터 값이 TIMx_CCR1 레지스터에 캡쳐되어 오버캡쳐가 발생하였다.
- B2IF : Break 2 Interrupt Flag
  0 = 브레이크2 이벤트가 발생하지 않았다.
  1 = 브레이크2 입력에서 액티브 레벨이 검출되었다.
- BIF : Break Interrupt Flag
  0 = 브레이크 이벤트가 발생하지 않았다.
  1 = 브레이크 입력에서 액티브 레벨이 검출되었다.
- TIF : Trigger Interrupt Flag
  0 = 트리거 이벤트가 발생하지 않았다.
  1 = 트리거 이벤트에 의한 인터럽트가 요청되었다.
- COMIF : COM Interrupt Flag
  0 = COM 이벤트(캡쳐/비교 제어 비트 CCxE, CCxNE, OCxM이 업데이트 됨)가 발생하지 않았다.
  1 = COM 이벤트에 의한 인터럽트가 요청되었다.

- CC4IF : Capture/Compare 4 Interrupt Flag
  <CC4 채널이 출력 모드인 경우>
  0 = 비교 매치가 발생하지 않았다.
  1 = 카운터 TIMx_CNT의 값이 출력비교 레지스터 TIMx_CCR4의 값과 매치되었다.
  <CC4 채널이 입력 모드인 경우>
  0 = 입력 캡쳐가 발생하지 않았다.
  1 = IC4 신호에 의하여 카운터 값이 TIMx_CCR4 레지스터에 캡쳐되었다.
- CC3IF : Capture/Compare 3 Interrupt Flag
  <CC3 채널이 출력 모드인 경우>
  0 = 비교 매치가 발생하지 않았다.
  1 = 카운터 TIMx_CNT의 값이 출력비교 레지스터 TIMx_CCR3의 값과 매치되었다.
  <CC3 채널이 입력 모드인 경우>
  0 = 입력 캡쳐가 발생하지 않았다.
  1 = IC3 신호에 의하여 카운터 값이 TIMx_CCR3 레지스터에 캡쳐되었다.
- CC2IF : Capture/Compare 2 Interrupt Flag
  <CC2 채널이 출력 모드인 경우>
  0 = 비교 매치가 발생하지 않았다.
  1 = 카운터 TIMx_CNT의 값이 출력비교 레지스터 TIMx_CCR2의 값과 매치되었다.
  <CC2 채널이 입력 모드인 경우>
  0 = 입력 캡쳐가 발생하지 않았다.
  1 = IC2 신호에 의하여 카운터 값이 TIMx_CCR2 레지스터에 캡쳐되었다.
- CC1IF : Capture/Compare 1 Interrupt Flag
  <CC1 채널이 출력 모드인 경우>
  0 = 비교 매치가 발생하지 않았다.
  1 = 카운터 TIMx_CNT의 값이 출력비교 레지스터 TIMx_CCR1의 값과 매치되었다.
  <CC1 채널이 입력 모드인 경우>
  0 = 입력 캡쳐가 발생하지 않았다.
  1 = IC1 신호에 의하여 카운터 값이 TIMx_CCR1 레지스터에 캡쳐되었다.
- UIF : Update Interrupt Flag
  0 = 업데이트 이벤트가 발생하지 않았다.
  1 = 업데이트 이벤트에 의한 인터럽트가 요청되었다.

▣ TIMx 이벤트 발생 레지스터 TIMx_EGR (디폴트값 : 0x0000)

b15	b14	b13	b12	b11	b10	b9	b8	b7	b6	b5	b4	b3	b2	b1	b0
-	-	-	-	-	-	-	-	BG	TG	COMG	CC4G	CC3G	CC2G	CC1G	UG
-	-	-	-	-	-	-	-	w	w	w	w	w	w	w	w

- BG : Break Generation
  0 = 브레이크 이벤트를 발생하지 않는다.
  1 = 브레이크 이벤트를 발생하고 MOE=0, BIF=1로 된다.
- TG : Trigger Generation
  0 = 트리거 이벤트를 발생하지 않는다.
  1 = 트리거 이벤트를 발생하고 TIF=1로 된다.
- COMG : Capture/Compare Control Update Generation
  0 = COM 이벤트(캡쳐/비교 제어 비트 CCxE, CCxNE, OCxM이 업데이트 됨)를 발생하지 않는다.
  1 = COM 이벤트를 발생하여 CCPC=1로 되면서 CCxE, CCxNE, OCxM 비트를 업데이트한다.
- CC4G : Capture/Compare 4 Generation
  <CC4 채널이 출력 모드인 경우>
  0 = 비교 매치를 발생하지 않는다.
  1 = 채널 CC4에서 비교 매치를 발생하여 CC4IF=1로 된다.
  <CC4 채널이 입력 모드인 경우>
  0 = 입력 캡쳐를 발생하지 않는다.
  1 = 상태 레지스터에서 CC4IF=1로 되면서 현재의 카운터 값을 TIMx_CCR4 레지스터에 캡쳐한다.
- CC3G : Capture/Compare 3 Generation
  <CC3 채널이 출력 모드인 경우>
  0 = 비교 매치를 발생하지 않는다.
  1 = 채널 CC3에서 비교 매치를 발생하여 CC3IF=1로 된다.

<CC3 채널이 입력 모드인 경우>
0 = 입력 캡쳐를 발생하지 않는다.
1 = 상태 레지스터에서 CC3IF=1로 되면서 현재의 카운터 값을 TIMx_CCR3 레지스터에 캡쳐한다.

- CC2G : Capture/Compare 2 Generation
  <CC2 채널이 출력 모드인 경우>
  0 = 비교 매치를 발생하지 않는다.
  1 = 채널 CC2에서 비교 매치를 발생하여 CC2IF=1로 된다.
  <CC2 채널이 입력 모드인 경우>
  0 = 입력 캡쳐를 발생하지 않는다.
  1 = 상태 레지스터에서 CC2IF=1로 되면서 현재의 카운터 값을 TIMx_CCR2 레지스터에 캡쳐한다.
- CC1G : Capture/Compare 1 Generation
  <CC1 채널이 출력 모드인 경우>
  0 = 비교 매치를 발생하지 않는다.
  1 = 채널 CC1에서 비교 매치를 발생하여 CC1IF=1로 된다.
  <CC1 채널이 입력 모드인 경우>
  0 = 입력 캡쳐를 발생하지 않는다.
  1 = 상태 레지스터에서 CC1IF=1로 되면서 현재의 카운터 값을 TIMx_CCR1 레지스터에 캡쳐한다.
- UG : Update Generation
  0 = 업데이트 이벤트가 발생하지 않는다.
  1 = 업데이트 이벤트를 발생하여 UIF=1로 된다.

▣ TIMx 캡쳐/비교 모드 레지스터1 TIMx_CCMR1 (디폴트값 : 0x0000)

<출력 비교 모드>

b15	b14	b13	b12	b11	b10	b9	b8	b7	b6	b5	b4	b3	b2	b1	b0
OC2CE	OC2M[2:0]			OC2PE	OC2FE	CC2S[1:0]		OC1CE	OC1M[2:0]			OC1PE	OC1FE	CC1S[1:0]	
rw	rw	rw	rw	rw	rw	rw	rw	rw	rw	rw	rw	rw	rw	rw	rw

- OC2CE : Output Compare 2 Clear Enable
  0 = OC2REF가 ETRF 입력에 영향을 받지 않는다.
  1 = ETRF 입력이 high level로 검출되면 OC2REF가 클리어된다.
- OC2M[2:0] : Output Compare 2 Mode
  이 비트들은 출력 신호 OC2와 OC2N을 구동하기 위한 출력 기준 신호 OC2REF의 동작을 정의한다. OC2REF 신호는 active high로 동작하지만 OC2와 OC2N 신호의 active level은 CC2P와 CC2NP 비트의 영향을 받는다.
  000 = Frozen. 카운터 TIMx_CNT와 출력비교 레지스터 TIMx_CCR2의 값을 비교한 결과가 출력에 영향을 주지 않는다.
  001 = Set channel 2 to active level on match. 카운터 TIMx_CNT와 출력비교 레지스터 TIMx_CCR2의 값을 비교하여 매치되었을 때 OC2REF=1로 된다.
  010 = Set channel 2 to inactive level on match. 카운터 TIMx_CNT와 출력비교 레지스터 TIMx_CCR2의 값을 비교하여 매치되었을 때 OC2REF=0으로 된다.
  011 = Toggle. TIMx_CNT와 출력비교 레지스터 TIMx_CCR2의 값을 비교하여 매치되었을 때 OC2REF가 토글된다.
  100 = Force inactive level. 강제로 OC2REF=0으로 만든다.
  101 = Force active level. 강제로 OC2REF=1로 만든다.
  110 = PWM mode 1. 증가형 카운터에서 TIMx_CNT < TIMx_CCR2 이면 채널2가 active(OC2REF=1)되고, 그외의 조건에서는 inactive(OC2REF=0)된다.
  감소형 카운터에서는 TIMx_CNT > TIMx_CCR2 이면 채널2가 inactive되고, 그외의 조건에서는 active된다.
  111 = PWM mode 2. 증가형 카운터에서 TIMx_CNT < TIMx_CCR2 이면 채널2가 inactive(OC2REF=0)되고, 그외의 조건에서는 active(OC2REF=1)된다.
  감소형 카운터에서는 TIMx_CNT > TIMx_CCR2 이면 채널2가 active되고, 그외의 조건에서는 inactive된다.
- OC2PE : Output Compare 2 Preload Enable
  0 = TIMx_CCR2에 프리로드 레지스터의 사용을 금지하고 이 레지스터를 직접 액세스한다. 오직 단일 펄스 모드에서만 프리로드 레지스터를 금지한 상태에서 PWM 모드를 사용할 수 있다.
  1 = TIMx_CCR2에 프리로드 레지스터를 사용하여 액세스한다. 업데이트 이벤트가 발생하면 프리로드 레지스터의 값이 TIMx_CCR2 레지스터로 로드된다.

- OC2FE : Output Compare 2 Fast Enable
  이 비트는 트리거 입력에서부터 출력 신호가 나오기까지의 시간을 좀더 빠르게 하기 위하여 사용된다.
  0 = 트리거 입력에 의하여 채널2의 출력신호가 나오기까지 최소 5클록 사이클이 소요된다.
  1 = 트리거 입력에 의하여 채널2의 출력신호가 나오기까지의 시간이 3클록 사이클로 단축된다.
- CC2S[1:0] : Capture/Compare 2 Selection
  이 비트는 CC2E=0으로 하여 채널2가 꺼져있을 때만 설정할 수 있다.
  00 = CC2 채널을 출력으로 설정한다.
  01 = CC2 채널을 입력으로 설정하고, IC2를 TI2에 맵핑한다.
  10 = CC2 채널을 입력으로 설정하고, IC2를 TI1에 맵핑한다.
  11 = CC2 채널을 입력으로 설정하고, IC2를 TRC에 맵핑한다. 이것은 TIMx_SMCR 레지스터의 TS[2:0] 비트로 지정된 내부 트리거 입력이 선택되었을 경우에만 동작한다.
- OC1CE : Output Compare 1 Clear Enable
  0 = OC1REF가 ETRF 입력에 영향을 받지 않는다.
  1 = ETRF 입력이 high level로 검출되면 OC1REF가 클리어된다.
- OC1M[2:0] : Output Compare 1 Mode
  이 비트들은 출력 신호 OC1과 OC1N을 구동하기 위한 출력 기준 신호 OC1REF의 동작을 정의한다. OC1REF 신호는 active high로 동작하지만 OC1과 OC1N 신호의 active level은 CC1P와 CC1NP 비트의 영향을 받는다.
  000 = Frozen. 카운터 TIMx_CNT와 출력비교 레지스터 TIMx_CCR1의 값을 비교한 결과가 출력에 영향을 주지 않는다.
  001 = Set channel 1 to active level on match. 카운터 TIMx_CNT와 출력비교 레지스터 TIMx_CCR1의 값을 비교하여 매치되었을 때 OC1REF=1로 된다.
  010 = Set channel 1 to inactive level on match. 카운터 TIMx_CNT와 출력비교 레지스터 TIMx_CCR1의 값을 비교하여 매치되었을 때 OC1REF=0으로 된다.
  011 = Toggle. TIMx_CNT와 출력비교 레지스터 TIMx_CCR1의 값을 비교하여 매치되었을 때 OC1REF가 토글된다.
  100 = Force inactive level. 강제로 OC1REF=0으로 만든다.
  101 = Force active level. 강제로 OC1REF=1로 만든다.
  110 = PWM mode 1. 증가형 카운터에서 TIMx_CNT < TIMx_CCR1 이면 채널1이 active(OC1REF=1) 되고, 그외의 조건에서는 inactive(OC1REF=0)된다.
  감소형 카운터에서는 TIMx_CNT > TIMx_CCR1 이면 채널1이 inactive되고, 그외의 조건에서는 active된다.
  111 = PWM mode 2. 증가형 카운터에서 TIMx_CNT < TIMx_CCR1 이면 채널1이 inactive(OC1REF=0) 되고, 그외의 조건에서는 active(OC1REF=1)된다.
  감소형 카운터에서는 TIMx_CNT > TIMx_CCR1 이면 채널1이 active되고, 그외의 조건에서는 inactive된다.
- OC1PE : Output Compare 1 Preload Enable
  0 = TIMx_CCR1에 프리로드 레지스터의 사용을 금지하고 이 레지스터를 직접 액세스한다. 오직 단일 펄스 모드에서만 프리로드 레지스터를 금지한 상태에서 PWM 모드를 사용할 수 있다.
  1 = TIMx_CCR1에 프리로드 레지스터를 사용하여 액세스한다. 업데이트 이벤트가 발생하면 프리로드 레지스터의 값이 TIMx_CCR1 레지스터로 로드된다.
- OC1FE : Output Compare 1 Fast Enable
  이 비트는 트리거 입력에서부터 출력 신호가 나오기까지의 시간을 좀더 빠르게 하기 위하여 사용된다.
  0 = 트리거 입력에 의하여 채널1의 출력신호가 나오기까지 최소 5클록 사이클이 소요된다.
  1 = 트리거 입력에 의하여 채널1의 출력신호가 나오기까지의 시간이 3클록 사이클로 단축된다.
- CC1S[1:0] : Capture/Compare 1 Selection
  이 비트는 CC1E=0으로 하여 채널1이 꺼져있을 때만 설정할 수 있다.
  00 = CC1 채널을 출력으로 설정한다.
  01 = CC1 채널을 입력으로 설정하고, IC1을 TI1에 맵핑한다.
  10 = CC1 채널을 입력으로 설정하고, IC1을 TI2에 맵핑한다.
  11 = CC1 채널을 입력으로 설정하고, IC1을 TRC에 맵핑한다. 이것은 TIMx_SMCR 레지스터의 TS[2:0] 비트로 지정된 내부 트리거 입력이 선택되었을 경우에만 동작한다.

<입력 캡쳐 모드>

b15	b14	b13	b12	b11	b10	b9	b8	b7	b6	b5	b4	b3	b2	b1	b0
IC2F[3:0]				IC2PSC[1:0]		CC2S[1:0]		IC1F[3:0]				IC1PSC[1:0]		CC1S[1:0]	
rw	rw	rw	rw	rw	rw	rw	rw	rw	rw	rw	rw	rw	rw	rw	rw

- IC2F[3:0] : Input Capture 2 Filter
  이것은 TI2 신호를 샘플링하는데 사용하는 주파수와 디지털 필터가 TI2 신호에 인가되는 시간을 이벤트의 갯수 N으로 정의한다.
  0000 : $f_{SAMPLING} = f_{DTS}$, 필터는 사용하지 않음.
  0001 : $f_{SAMPLING} = f_{CK\_INT}$, N = 2.
  0010 : $f_{SAMPLING} = f_{CK\_INT}$, N = 4.
  0011 : $f_{SAMPLING} = f_{CK\_INT}$, N = 8.
  0100 : $f_{SAMPLING} = f_{DTS}/2$, N = 6.
  0101 : $f_{SAMPLING} = f_{DTS}/2$, N = 8.
  0110 : $f_{SAMPLING} = f_{DTS}/4$, N = 6.
  0111 : $f_{SAMPLING} = f_{DTS}/4$, N = 8.
  1000 : $f_{SAMPLING} = f_{DTS}/8$, N = 6.
  1001 : $f_{SAMPLING} = f_{DTS}/8$, N = 8.
  1010 : $f_{SAMPLING} = f_{DTS}/16$, N = 5.
  1011 : $f_{SAMPLING} = f_{DTS}/16$, N = 6.
  1100 : $f_{SAMPLING} = f_{DTS}/16$, N = 8.
  1101 : $f_{SAMPLING} = f_{DTS}/32$, N = 5.
  1110 : $f_{SAMPLING} = f_{DTS}/32$, N = 6.
  1111 : $f_{SAMPLING} = f_{DTS}/32$, N = 8.
- IC2PSC[1:0] : Input Capture 2 Prescaler
  이 비트는 IC2의 입력신호에 사용할 프리스케일러의 분주비를 지정한다. CC2E=0으로 되면 이 프리스케일러는 즉시 리셋된다.
  00 = 프리스케일러를 사용하지 않는다. 분주비는 1로 된다.
  01 = 프리스케일러의 분주비를 2로 한다.
  10 = 프리스케일러의 분주비를 4로 한다.
  11 = 프리스케일러의 분주비를 8로 한다.
- CC2S[1:0] : Capture/Compare 2 Selection
  이 비트는 CC2E=0으로 하여 채널2가 꺼져있을 때만 설정할 수 있다.
  00 = CC2 채널을 출력으로 설정한다.
  01 = CC2 채널을 입력으로 설정하고, IC2를 TI2에 맵핑한다.
  10 = CC2 채널을 입력으로 설정하고, IC2를 TI1에 맵핑한다.
  11 = CC2 채널을 입력으로 설정하고, IC2를 TRC에 맵핑한다. 이것은 TIMx_SMCR 레지스터의 TS[2:0] 비트로 지정된 내부 트리거 입력이 선택되었을 경우에만 동작한다.
- IC1F[3:0] : Input Capture 1 Filter
  이것은 TI1 신호를 샘플링하는데 사용하는 주파수와 디지털 필터가 TI1 신호에 인가되는 시간을 이벤트의 갯수 N으로 정의한다.
  0000 : $f_{SAMPLING} = f_{DTS}$, 필터는 사용하지 않음.
  0001 : $f_{SAMPLING} = f_{CK\_INT}$, N = 2.
  0010 : $f_{SAMPLING} = f_{CK\_INT}$, N = 4.
  0011 : $f_{SAMPLING} = f_{CK\_INT}$, N = 8.
  0100 : $f_{SAMPLING} = f_{DTS}/2$, N = 6.
  0101 : $f_{SAMPLING} = f_{DTS}/2$, N = 8.
  0110 : $f_{SAMPLING} = f_{DTS}/4$, N = 6.
  0111 : $f_{SAMPLING} = f_{DTS}/4$, N = 8.
  1000 : $f_{SAMPLING} = f_{DTS}/8$, N = 6.
  1001 : $f_{SAMPLING} = f_{DTS}/8$, N = 8.
  1010 : $f_{SAMPLING} = f_{DTS}/16$, N = 5.
  1011 : $f_{SAMPLING} = f_{DTS}/16$, N = 6.
  1100 : $f_{SAMPLING} = f_{DTS}/16$, N = 8.
  1101 : $f_{SAMPLING} = f_{DTS}/32$, N = 5.
  1110 : $f_{SAMPLING} = f_{DTS}/32$, N = 6.
  1111 : $f_{SAMPLING} = f_{DTS}/32$, N = 8.
- IC1PSC[1:0] : Input Capture 1 Prescaler
  이 비트는 IC1의 입력신호에 사용할 프리스케일러의 분주비를 지정한다. CC1E=0으로 되면 이 프리스케일러는 즉시 리셋된다.
  00 = 프리스케일러를 사용하지 않는다. 분주비는 1로 된다.
  01 = 프리스케일러의 분주비를 2로 한다.
  10 = 프리스케일러의 분주비를 4로 한다.
  11 = 프리스케일러의 분주비를 8로 한다.
- CC1S[1:0] : Capture/Compare 1 Selection
  이 비트는 CC1E=0으로 하여 채널1이 꺼져있을 때만 설정할 수 있다.
  00 = CC1 채널을 출력으로 설정한다.
  01 = CC1 채널을 입력으로 설정하고, IC1을 TI1에 맵핑한다.
  10 = CC1 채널을 입력으로 설정하고, IC1을 TI2에 맵핑한다.
  11 = CC1 채널을 입력으로 설정하고, IC1을 TRC에 맵핑한다. 이것은 TIMx_SMCR 레지스터의 TS[2:0] 비트로 지정된 내부 트리거 입력이 선택되었을 경우에만 동작한다.

▣ TIMx 캡쳐/비교 모드 레지스터2 TIMx_CCMR2 (디폴트값 : 0x0000)

<출력 비교 모드>

b15	b14	b13	b12	b11	b10	b9	b8	b7	b6	b5	b4	b3	b2	b1	b0
OC4CE	OC4M[2:0]			OC4PE	OC4FE	CC4S[1:0]		OC3CE	OC3M[2:0]			OC3PE	OC3FE	CC3S[1:0]	
rw	rw	rw	rw	rw	rw	rw	rw	rw	rw	rw	rw	rw	rw	rw	rw

- OC4CE : Output Compare 4 Clear Enable
  0 = OC4REF가 ETRF 입력에 영향을 받지 않는다.
  1 = ETRF 입력이 high level로 검출되면 OC4REF가 클리어된다.
- OC4M[2:0] : Output Compare 4 Mode
  이 비트들은 출력 신호 OC4를 구동하기 위한 출력 기준 신호 OC4REF의 동작을 정의한다. OC4REF 신호는 active high로 동작하지만 OC4 신호의 active level은 CC4P 비트의 영향을 받는다.
  000 = Frozen. 카운터 TIMx_CNT와 출력비교 레지스터 TIMx_CCR4의 값을 비교한 결과가 출력에 영향을 주지 않는다.
  001 = Set channel 4 to active level on match. 카운터 TIMx_CNT와 출력비교 레지스터 TIMx_CCR4의 값을 비교하여 매치되었을 때 OC4REF=1로 된다.
  010 = Set channel 4 to inactive level on match. 카운터 TIMx_CNT와 출력비교 레지스터 TIMx_CCR4의 값을 비교하여 매치되었을 때 OC4REF=0으로 된다.
  011 = Toggle. TIMx_CNT와 출력비교 레지스터 TIMx_CCR4의 값을 비교하여 매치되었을 때 OC4REF가 토글된다.
  100 = Force inactive level. 강제로 OC4REF=0으로 만든다.
  101 = Force active level. 강제로 OC4REF=1로 만든다.
  110 = PWM mode 1. 증가형 카운터에서 TIMx_CNT < TIMx_CCR4 이면 채널4가 active(OC4REF=1)되고, 그외의 조건에서는 inactive(OC4REF=0)된다.
  감소형 카운터에서는 TIMx_CNT > TIMx_CCR4 이면 채널4가 inactive되고, 그외의 조건에서는 active된다.
  111 = PWM mode 2. 증가형 카운터에서 TIMx_CNT < TIMx_CCR4 이면 채널4가 inactive(OC4REF=0)되고, 그외의 조건에서는 active(OC4REF=1)된다.
  감소형 카운터에서는 TIMx_CNT > TIMx_CCR4 이면 채널4가 active되고, 그외의 조건에서는 inactive된다.
- OC4PE : Output Compare 4 Preload Enable
  0 = TIMx_CCR4에 프리로드 레지스터의 사용을 금지하고 이 레지스터를 직접 액세스한다. 오직 단일 펄스 모드에서만 프리로드 레지스터를 금지한 상태에서 PWM 모드를 사용할 수 있다.
  1 = TIMx_CCR4에 프리로드 레지스터를 사용하여 액세스한다. 업데이트 이벤트가 발생하면 프리로드 레지스터의 값이 TIMx_CCR4 레지스터로 로드된다.
- OC4FE : Output Compare 4 Fast Enable
  이 비트는 트리거 입력에서부터 출력 신호가 나오기까지의 시간을 좀더 빠르게 하기 위하여 사용된다.
  0 = 트리거 입력에 의하여 채널4의 출력신호가 나오기까지 최소 5클록 사이클이 소요된다.
  1 = 트리거 입력에 의하여 채널4의 출력신호가 나오기까지의 시간이 3클록 사이클로 단축된다.
- CC4S[1:0] : Capture/Compare 4 Selection
  이 비트는 CC4E=0으로 하여 채널4가 꺼져있을 때만 설정할 수 있다.
  00 = CC4 채널을 출력으로 설정한다.
  01 = CC4 채널을 입력으로 설정하고, IC4를 TI4에 맵핑한다.
  10 = CC4 채널을 입력으로 설정하고, IC4를 TI3에 맵핑한다.
  11 = CC4 채널을 입력으로 설정하고, IC4를 TRC에 맵핑한다. 이것은 TIMx_SMCR 레지스터의 TS[2:0] 비트로 지정된 내부 트리거 입력이 선택되었을 경우에만 동작한다.
- OC3CE : Output Compare 3 Clear Enable
  0 = OC3REF가 ETRF 입력에 영향을 받지 않는다.
  1 = ETRF 입력이 high level로 검출되면 OC3REF가 클리어된다.
- OC3M[2:0] : Output Compare 3 Mode
  이 비트들은 출력 신호 OC3과 OC3N을 구동하기 위한 출력 기준 신호 OC3REF의 동작을 정의한다. OC3REF 신호는 active high로 동작하지만 OC3과 OC3N 신호의 active level은 CC3P와 CC3NP 비트의 영향을 받는다.
  000 = Frozen. 카운터 TIMx_CNT와 출력비교 레지스터 TIMx_CCR3의 값을 비교한 결과가 출력에 영향을 주지 않는다.
  001 = Set channel 3 to active level on match. 카운터 TIMx_CNT와 출력비교 레지스터 TIMx_CCR3의 값을 비교하여 매치되었을 때 OC3REF=1로 된다.
  010 = Set channel 3 to inactive level on match. 카운터 TIMx_CNT와 출력비교 레지스터 TIMx_CCR3의 값을 비교하여 매치되었을 때 OC3REF=0으로 된다.
  011 = Toggle. TIMx_CNT와 출력비교 레지스터 TIMx_CCR3의 값을 비교하여 매치되었을 때 OC3REF가 토글된다.
  100 = Force inactive level. 강제로 OC3REF=0으로 만든다.
  101 = Force active level. 강제로 OC3REF=1로 만든다.
  110 = PWM mode 1. 증가형 카운터에서 TIMx_CNT < TIMx_CCR3 이면 채널3이 active(OC3REF=1)되고, 그외의 조건에서는 inactive(OC3REF=0)된다.

감소형 카운터에서는 TIMx_CNT > TIMx_CCR3 이면 채널3이 inactive되고, 그외의 조건에서는 active된다.

111 = PWM mode 2. 증가형 카운터에서 TIMx_CNT < TIMx_CCR3 이면 채널3이 inactive(OC3REF=0)되고, 그외의 조건에서는 active(OC3REF=1)된다.
감소형 카운터에서는 TIMx_CNT > TIMx_CCR3 이면 채널3이 active되고, 그외의 조건에서는 inactive된다.

- OC3PE : Output Compare 3 Preload Enable
  0 = TIMx_CCR3에 프리로드 레지스터의 사용을 금지하고 이 레지스터를 직접 액세스한다. 오직 단일 펄스 모드에서만 프리로드 레지스터를 금지한 상태에서 PWM 모드를 사용할 수 있다.
  1 = TIMx_CCR3에 프리로드 레지스터를 사용하여 액세스한다. 업데이트 이벤트가 발생하면 프리로드 레지스터의 값이 TIMx_CCR3 레지스터로 로드된다.
- OC3FE : Output Compare 3 Fast Enable
  이 비트는 트리거 입력에서부터 출력 신호가 나오기까지의 시간을 좀더 빠르게 하기 위하여 사용된다.
  0 = 트리거 입력에 의하여 채널3의 출력신호가 나오기까지 최소 5클록 사이클이 소요된다.
  1 = 트리거 입력에 의하여 채널3의 출력신호가 나오기까지의 시간이 3클록 사이클로 단축된다.
- CC3S[1:0] : Capture/Compare 3 Selection
  이 비트는 CC3E=0으로 하여 채널3이 꺼져있을 때만 설정할 수 있다.
  00 = CC3 채널을 출력으로 설정한다.
  01 = CC3 채널을 입력으로 설정하고, IC3을 TI3에 맵핑한다.
  10 = CC3 채널을 입력으로 설정하고, IC3을 TI4에 맵핑한다.
  11 = CC3 채널을 입력으로 설정하고, IC3을 TRC에 맵핑한다. 이것은 TIMx_SMCR 레지스터의 TS[2:0] 비트로 지정된 내부 트리거 입력이 선택되었을 경우에만 동작한다.

<입력 캡쳐 모드>

b15	b14	b13	b12	b11	b10	b9	b8	b7	b6	b5	b4	b3	b2	b1	b0
IC4F[3:0]				IC4PSC[1:0]		CC4S[1:0]		IC3F[3:0]				IC3PSC[1:0]		CC3S[1:0]	
rw	rw	rw	rw	rw	rw	rw	rw	rw	rw	rw	rw	rw	rw	rw	rw

- IC4F[3:0] : Input Capture 4 Filter
  이것은 TI4 신호를 샘플링하는데 사용하는 주파수와 디지털 필터가 TI4 신호에 인가되는 시간을 이벤트의 갯수 N으로 정의한다.

  0000 : $f_{SAMPLING} = f_{DTS}$, 필터는 사용하지 않음.
  0001 : $f_{SAMPLING} = f_{CK\_INT}$, N = 2.
  0010 : $f_{SAMPLING} = f_{CK\_INT}$, N = 4.
  0011 : $f_{SAMPLING} = f_{CK\_INT}$, N = 8.
  0100 : $f_{SAMPLING} = f_{DTS}/2$, N = 6.
  0101 : $f_{SAMPLING} = f_{DTS}/2$, N = 8.
  0110 : $f_{SAMPLING} = f_{DTS}/4$, N = 6.
  0111 : $f_{SAMPLING} = f_{DTS}/4$, N = 8.
  1000 : $f_{SAMPLING} = f_{DTS}/8$, N = 6.
  1001 : $f_{SAMPLING} = f_{DTS}/8$, N = 8.
  1010 : $f_{SAMPLING} = f_{DTS}/16$, N = 5.
  1011 : $f_{SAMPLING} = f_{DTS}/16$, N = 6.
  1100 : $f_{SAMPLING} = f_{DTS}/16$, N = 8.
  1101 : $f_{SAMPLING} = f_{DTS}/32$, N = 5.
  1110 : $f_{SAMPLING} = f_{DTS}/32$, N = 6.
  1111 : $f_{SAMPLING} = f_{DTS}/32$, N = 8.
- IC4PSC[1:0] : Input Capture 4 Prescaler
  이 비트는 IC4의 입력신호에 사용할 프리스케일러의 분주비를 지정한다. CC4E=0으로 되면 이 프리스케일러는 즉시 리셋된다.
  00 = 프리스케일러를 사용하지 않는다. 분주비는 1로 된다.
  01 = 프리스케일러의 분주비를 2로 한다.
  10 = 프리스케일러의 분주비를 4로 한다.
  11 = 프리스케일러의 분주비를 8로 한다.
- CC4S[1:0] : Capture/Compare 2 Selection
  이 비트는 CC4E=0으로 하여 채널4가 꺼져있을 때만 설정할 수 있다.
  00 = CC4 채널을 출력으로 설정한다.
  01 = CC4 채널을 입력으로 설정하고, IC4를 TI4에 맵핑한다.
  10 = CC4 채널을 입력으로 설정하고, IC4를 TI3에 맵핑한다.
  11 = CC4 채널을 입력으로 설정하고, IC4를 TRC에 맵핑한다. 이것은 TIMx_SMCR 레지스터의 TS[2:0] 비트로 지정된 내부 트리거 입력이 선택되었을 경우에만 동작한다.
- IC3F[3:0] : Input Capture 1 Filter
  이것은 TI3 신호를 샘플링하는데 사용하는 주파수와 디지털 필터가 TI3 신호에 인가되는 시간을 이벤트의 갯수 N으로 정의한다.

  0000 : $f_{SAMPLING} = f_{DTS}$, 필터는 사용하지 않음.
  0001 : $f_{SAMPLING} = f_{CK\_INT}$, N = 2.
  1000 : $f_{SAMPLING} = f_{DTS}/8$, N = 6.
  1001 : $f_{SAMPLING} = f_{DTS}/8$, N = 8.

0010 : $f_{SAMPLING}$ = f_{CK_INT}, N = 4.
0011 : $f_{SAMPLING}$ = f_{CK_INT}, N = 8.
0100 : $f_{SAMPLING}$ = $f_{DTS}/2$, N = 6.
0101 : $f_{SAMPLING}$ = $f_{DTS}/2$, N = 8.
0110 : $f_{SAMPLING}$ = $f_{DTS}/4$, N = 6.
0111 : $f_{SAMPLING}$ = $f_{DTS}/4$, N = 8.
1010 : $f_{SAMPLING}$ = $f_{DTS}/16$, N = 5.
1011 : $f_{SAMPLING}$ = $f_{DTS}/16$, N = 6.
1100 : $f_{SAMPLING}$ = $f_{DTS}/16$, N = 8.
1101 : $f_{SAMPLING}$ = $f_{DTS}/32$, N = 5.
1110 : $f_{SAMPLING}$ = $f_{DTS}/32$, N = 6.
1111 : $f_{SAMPLING}$ = $f_{DTS}/32$, N = 8.

- IC3PSC[1:0] : Input Capture 3 Prescaler
  이 비트는 IC3의 입력신호에 사용할 프리스케일러의 분주비를 지정한다. CC3E=0으로 되면 이 프리스케일러는 즉시 리셋된다.
  00 = 프리스케일러를 사용하지 않는다. 분주비는 1로 된다.
  01 = 프리스케일러의 분주비를 2로 한다.
  10 = 프리스케일러의 분주비를 4로 한다.
  11 = 프리스케일러의 분주비를 8로 한다.
- CC3S[1:0] : Capture/Compare 3 Selection
  이 비트는 CC3E=0으로 하여 채널3이 꺼져있을 때만 설정할 수 있다.
  00 = CC3 채널을 출력으로 설정한다.
  01 = CC3 채널을 입력으로 설정하고, IC3을 TI3에 맵핑한다.
  10 = CC3 채널을 입력으로 설정하고, IC3을 TI4에 맵핑한다.
  11 = CC3 채널을 입력으로 설정하고, IC3을 TRC에 맵핑한다. 이것은 TIMx_SMCR 레지스터의 TS[2:0] 비트로 지정된 내부 트리거 입력이 선택되었을 경우에만 동작한다.

▣ TIMx 캡쳐/비교 허용 레지스터 TIMx_CCER (디폴트값 : 0x0000)

b15	b14	b13	b12	b11	b10	b9	b8	b7	b6	b5	b4	b3	b2	b1	b0
-	-	CC4P	CC4E	CC3NP	CC3NE	CC3P	CC3E	CC2NP	CC2NE	CC2P	CC2E	CC1NP	CC1NE	CC1P	CC1E
-	-	rw	rw	rw	rw	rw	rw	rw	rw	rw	rw	rw	rw	rw	rw

- CC4P : Capture/Compare 4 Output Polarity
  <CC4 채널이 출력 모드인 경우>
  0 = OC4 출력이 active high로 동작한다.
  1 = OC4 출력이 active low로 동작한다.
  <CC4 채널이 입력 모드인 경우>
  이 경우에는 트리거 또는 캡쳐 입력으로 사용되는 TI3FP4와 TI4FP4 신호의 극성(active polarity)을 선택한다.
  0 = non-inverted/rising edge. TI3FP4와 TI4FP4 신호를 반전시키지 않고 상승 에지에서 동작한다.
  1 = inverted/falling edge. TI3FP4와 TI4FP4 신호를 반전시켜서 하강 에지에서 동작한다.
- CC4E : Capture/Compare 4 Output Enable
  <CC4 채널이 출력 모드인 경우>
  0 = OC4 출력을 inactive 상태로 한다.
  1 = OC4 신호를 해당 단자에 출력한다.
  <CC4 채널이 입력 모드인 경우>
  0 = CC4 채널의 캡쳐 동작을 금지한다.
  1 = CC4 채널의 캡쳐 동작을 허용한다.
- CC3NP : Capture/Compare 3 Complementary Output Polarity
  <CC3 채널이 출력 모드인 경우>
  0 = OC3N 출력이 active high로 동작한다.
  1 = OC3N 출력이 active low로 동작한다.
  <CC3 채널이 입력 모드인 경우>
  이 경우에는 CC3NP/CC3P 비트를 조합하여 트리거 또는 캡쳐 입력으로 사용되는 TI3FP3과 TI4FP3 신호의 극성(active polarity)을 선택한다. CC3P의 설명을 참조하라.
- CC3NE : Capture/Compare 3 Complementary Output Enable
  0 = OC3N 출력을 inactive 상태로 한다. 이때 OC3N의 출력 레벨은 MOE, OSSI, OSSR, OIS3, OIS3N, CC3NE 비트에 따라 결정된다.
  1 = MOE, OSSI, OSSR, OIS1, OIS3N, CC3NE 비트의 설정에 따라 OC3N 신호를 출력한다.
- CC3P : Capture/Compare 3 Output Polarity
  <CC3 채널이 출력 모드인 경우>
  0 = OC3 출력이 active high로 동작한다.
  1 = OC3 출력이 active low로 동작한다.

<CC3 채널이 입력 모드인 경우>
이 경우에는 CC3NP/CC3P 비트를 조합하여 트리거 또는 캡쳐 입력으로 사용되는 TI3FP3과 TI4FP3 신호의 극성(active polarity)을 선택한다.
00 = non-inverted/rising edge. TI3FP3과 TI4FP3 신호를 반전시키지 않고 상승 에지에서 동작한다.
01 = inverted/falling edge. TI3FP3과 TI4FP3 신호를 반전시켜서 하강 에지에서 동작한다.
10 = (사용하지 않음).
11 = non-inverted/both edges. TI3FP3과 TI4FP3 신호를 반전시키지 않고 상승 에지 및 하강 에지에서 모두 동작한다.

- CC3E : Capture/Compare 3 Output Enable
<CC3 채널이 출력 모드인 경우>
0 = OC3 출력을 inactive 상태로 한다. 이때 OC3의 출력 레벨은 MOE, OSSI, OSSR, OIS3, OIS3N, CC3NE 비트에 따라 결정된다.
1 = MOE, OSSI, OSSR, OIS3, OIS3N, CC3NE 비트의 설정에 따라 OC3 신호를 출력한다.
<CC3 채널이 입력 모드인 경우>
0 = CC3 채널의 캡쳐 동작을 금지한다.
1 = CC3 채널의 캡쳐 동작을 허용한다.
- CC2NP : Capture/Compare 2 Complementary Output Polarity
<CC2 채널이 출력 모드인 경우>
0 = OC2N 출력이 active high로 동작한다.
1 = OC2N 출력이 active low로 동작한다.
<CC2 채널이 입력 모드인 경우>
이 경우에는 CC2NP/CC2P 비트를 조합하여 트리거 또는 캡쳐 입력으로 사용되는 TI1FP2와 TI2FP2 신호의 극성(active polarity)을 선택한다. CC2P의 설명을 참조하라.
- CC2NE : Capture/Compare 2 Complementary Output Enable
0 = OC2N 출력을 inactive 상태로 한다. 이때 OC1N의 출력 레벨은 MOE, OSSI, OSSR, OIS2, OIS2N, CC2NE 비트에 따라 결정된다.
1 = MOE, OSSI, OSSR, OIS2, OIS2N, CC2NE 비트의 설정에 따라 OC2N 신호를 출력한다.
- CC2P : Capture/Compare 2 Output Polarity
<CC2 채널이 출력 모드인 경우>
0 = OC2 출력이 active high로 동작한다.
1 = OC2 출력이 active low로 동작한다.
<CC2 채널이 입력 모드인 경우>
이 경우에는 CC2NP/CC2P 비트를 조합하여 트리거 또는 캡쳐 입력으로 사용되는 TI1FP2와 TI2FP2 신호의 극성(active polarity)을 선택한다.
00 = non-inverted/rising edge. TI1FP2와 TI2FP2 신호를 반전시키지 않고 상승 에지에서 동작한다.
01 = inverted/falling edge. TI1FP2와 TI2FP2 신호를 반전시켜서 하강 에지에서 동작한다.
10 = (사용하지 않음).
11 = non-inverted/both edges. TI1FP2와 TI2FP2 신호를 반전시키지 않고 상승 에지 및 하강 에지에서 모두 동작한다.
- CC2E : Capture/Compare 2 Output Enable
<CC2 채널이 출력 모드인 경우>
0 = OC2 출력을 inactive 상태로 한다. 이때 OC2의 출력 레벨은 MOE, OSSI, OSSR, OIS2, OIS2N, CC2NE 비트에 따라 결정된다.
1 = MOE, OSSI, OSSR, OIS2, OIS2N, CC2NE 비트의 설정에 따라 OC2 신호를 출력한다.
<CC2 채널이 입력 모드인 경우>
0 = CC2 채널의 캡쳐 동작을 금지한다.
1 = CC2 채널의 캡쳐 동작을 허용한다.
- CC1NP : Capture/Compare 1 Complementary Output Polarity
<CC1 채널이 출력 모드인 경우>
0 = OC1N 출력이 active high로 동작한다.
1 = OC1N 출력이 active low로 동작한다.
<CC1 채널이 입력 모드인 경우>
이 경우에는 CC1NP/CC1P 비트를 조합하여 트리거 또는 캡쳐 입력으로 사용되는 TI1FP1과 TI2FP1 신호의 극성(active polarity)을 선택한다. CC1P의 설명을 참조하라.
- CC1NE : Capture/Compare 1 Complementary Output Enable
0 = OC1N 출력을 inactive 상태로 한다. 이때 OC1N의 출력 레벨은 MOE, OSSI, OSSR, OIS1, OIS1N, CC1NE 비트에 따라 결정된다.
1 = MOE, OSSI, OSSR, OIS1, OIS1N, CC1NE 비트의 설정에 따라 OC1N 신호를 출력한다.
- CC1P : Capture/Compare 1 Output Polarity

<CC1 채널이 출력 모드인 경우>
0 = OC1 출력이 active high로 동작한다.
1 = OC1 출력이 active low로 동작한다.
<CC1 채널이 입력 모드인 경우>
이 경우에는 CC1NP/CC1P 비트를 조합하여 트리거 또는 캡쳐 입력으로 사용되는 TI1FP1과 TI2FP1 신호의 극성(active polarity)을 선택한다.
00 = non-inverted/rising edge. TI1FP1과 TI2FP1 신호를 반전시키지 않고 상승 에지에서 동작한다.
01 = inverted/falling edge. TI1FP1과 TI2FP1 신호를 반전시켜서 하강 에지에서 동작한다.
10 = (사용하지 않음).
11 = non-inverted/both edges. TI1FP1과 TI2FP1 신호를 반전시키지 않고 상승 에지 및 하강 에지에서 모두 동작한다.

- CC1E : Capture/Compare 1 Output Enable

<CC1 채널이 출력 모드인 경우>
0 = OC1 출력을 inactive 상태로 한다. 이때 OC1의 출력 레벨은 MOE, OSSI, OSSR, OIS1, OIS1N, CC1NE 비트에 따라 결정된다.
1 = MOE, OSSI, OSSR, OIS1, OIS1N, CC1NE 비트의 설정에 따라 OC1 신호를 출력한다.
<CC1 채널이 입력 모드인 경우>
0 = CC1 채널의 캡쳐 동작을 금지한다.
1 = CC1 채널의 캡쳐 동작을 허용한다.

▣ TIMx 카운터 레지스터 TIMx_CNT (디폴트값 : 0x0000)

b15	b14	b13	b12	b11	b10	b9	b8	b7	b6	b5	b4	b3	b2	b1	b0
CNT[15:0]															
rw	rw	rw	rw	rw	rw	rw	rw	rw	rw	rw	rw	rw	rw	rw	rw

- CNT[15:0] : Counter Value

타이머 TIMx의 16비트 카운터 값이다.

▣ TIMx 프리스케일러 레지스터 TIMx_PSC (디폴트값 : 0x0000)

b15	b14	b13	b12	b11	b10	b9	b8	b7	b6	b5	b4	b3	b2	b1	b0
PSC[15:0]															
rw	rw	rw	rw	rw	rw	rw	rw	rw	rw	rw	rw	rw	rw	rw	rw

- PSC[15:0] : Prescaler Value

카운터 TIMx_CNT에 입력되는 클록을 $f_{CK\_CNT} = f_{CK\_PSC}/(PSC[15:0] + 1)$ 처럼 분주하는 프리스케일러의 분주비 값이다.

▣ TIMx 자동 재저장 레지스터 TIMx_ARR (디폴트값 : 0x0000)

b15	b14	b13	b12	b11	b10	b9	b8	b7	b6	b5	b4	b3	b2	b1	b0
ARR[15:0]															
rw	rw	rw	rw	rw	rw	rw	rw	rw	rw	rw	rw	rw	rw	rw	rw

- ARR[15:0] : Auto-Reload Value

동작 모드에 따라 기능이 조금씩 달라지기는 하지만 주로 카운터 TIMx_CNT가 증가하는 상한값을 지정하여 타이머의 동작 주기를 결정하는 레지스터 값이다. 이 값을 0으로 설정하면 카운터의 동작이 정지된다.

▣ TIMx 반복 카운터 레지스터 TIMx_RCR (디폴트값 : 0x0000)

b15	b14	b13	b12	b11	b10	b9	b8	b7	b6	b5	b4	b3	b2	b1	b0
REP[15:0]															
rw	rw	rw	rw	rw	rw	rw	rw	rw	rw	rw	rw	rw	rw	rw	rw

- REP[15:0] : Repetition Counter Value
  출력 비교 레지스터의 업데이트 비율(updated rate)을 설정하는 값이다. 반복 카운터가 0으로 되면 업데이트 이벤트가 발생하며 REP[15:0] 값이 반복 카운터로 로드된다.

▣ TIMx 캡쳐/비교 레지스터1 TIMx_CCR1 (디폴트값 : 0x0000)

b15	b14	b13	b12	b11	b10	b9	b8	b7	b6	b5	b4	b3	b2	b1	b0
CCR1[15:0]															
rw	rw	rw	rw	rw	rw	rw	rw	rw	rw	rw	rw	rw	rw	rw	rw

- CCR1[15:0] : Capture/Compare 1 Value
  <CC1 채널이 출력 모드인 경우>
  카운터 TIMx_CNT와 CCR1[15:0] 값을 비교하여 매치가 되면 출력신호 OC1을 발생한다.
  <CC1 채널이 입력 모드인 경우>
  캡쳐 입력신호 IC1에 의하여 현재의 카운터 값 TIMx_CNT를 캡쳐하여 CCR1[15:0]에 저장한다.

▣ TIMx 캡쳐/비교 레지스터2 TIMx_CCR2 (디폴트값 : 0x0000)

b15	b14	b13	b12	b11	b10	b9	b8	b7	b6	b5	b4	b3	b2	b1	b0
CCR2[15:0]															
rw	rw	rw	rw	rw	rw	rw	rw	rw	rw	rw	rw	rw	rw	rw	rw

- CCR2[15:0] : Capture/Compare 2 Value
  <CC2 채널이 출력 모드인 경우>
  카운터 TIMx_CNT와 CCR2[15:0] 값을 비교하여 매치가 되면 출력신호 OC2를 발생한다.
  <CC2 채널이 입력 모드인 경우>
  캡쳐 입력신호 IC2에 의하여 현재의 카운터 값 TIMx_CNT를 캡쳐하여 CCR2[15:0]에 저장한다.

▣ TIMx 캡쳐/비교 레지스터3 TIMx_CCR3 (디폴트값 : 0x0000)

b15	b14	b13	b12	b11	b10	b9	b8	b7	b6	b5	b4	b3	b2	b1	b0
CCR3[15:0]															
rw	rw	rw	rw	rw	rw	rw	rw	rw	rw	rw	rw	rw	rw	rw	rw

- CCR3[15:0] : Capture/Compare 3 Value
  <CC3 채널이 출력 모드인 경우>
  카운터 TIMx_CNT와 CCR3[15:0] 값을 비교하여 매치가 되면 출력신호 OC3을 발생한다.
  <CC3 채널이 입력 모드인 경우>
  캡쳐 입력신호 IC3에 의하여 현재의 카운터 값 TIMx_CNT를 캡쳐하여 CCR3[15:0]에 저장한다.

▣ TIMx 캡쳐/비교 레지스터4 TIMx_CCR4 (디폴트값 : 0x0000)

b15	b14	b13	b12	b11	b10	b9	b8	b7	b6	b5	b4	b3	b2	b1	b0
CCR4[15:0]															
rw	rw	rw	rw	rw	rw	rw	rw	rw	rw	rw	rw	rw	rw	rw	rw

- CCR4[15:0] : Capture/Compare 4 Value
  <CC4 채널이 출력 모드인 경우>
  카운터 TIMx_CNT와 CCR4[15:0] 값을 비교하여 매치가 되면 출력신호 OC4를 발생한다.
  <CC4 채널이 입력 모드인 경우>
  캡쳐 입력신호 IC4에 의하여 현재의 카운터 값 TIMx_CNT를 캡쳐하여 CCR4[15:0]에 저장한다.

▣ TIMx 브레이크 및 데드타임 레지스터 TIMx_BDTR (디폴트값 : 0x0000)

b15	b14	b13	b12	b11	b10	b9	b8	b7	b6	b5	b4	b3	b2	b1	b0
MOE	AOE	BKP	BKE	OSSR	OSSI	LOCK[1:0]		DTG[7:0]							
rw	rw	rw	rw	rw	rw	rw	rw	rw	rw	rw	rw	rw	rw	rw	rw

- MOE : Main Output Enable
  0 = 출력 모드로 설정된 채널에서 OCx와 OCxN의 출력이 금지되고 이 신호들이 아이들 상태로 된다.
  1 = 출력 모드로 설정된 채널에서 CCxE, CCxNE의 제어에 따라 각각 OCx, OCxN 신호가 출력된다.
- AOE : Automatic Output Enable
  0 = MOE 비트가 소프트웨어에 의해서만 1로 셋트될 수 있다.
  1 = MOE 비트가 소프트웨어에 의해서 또는 다음의 업데이트 이벤트에서 자동적으로 셋트될 수 있다.
- BKP : Break Polarity
  0 = 브레이크 입력 BRK가 active low로 동작한다.
  1 = 브레이크 입력 BRK가 active high로 동작한다.
- BKE : Break Enable
  0 = 브레이크 입력이 금지된다.
  1 = 브레이크 입력(BRKIN 신호를 비롯한 몇가지 조건에 의해 발생됨)이 허용된다.
- OSSR : Off-State Selection for Run Mode
  이 비트는 MOE=1일 때 OCx와 OCxN 신호를 모두 가지는 채널에서만 유효하다.
  0 = inactive될 때 OCx와 OCxN 신호의 출력이 금지된다.
  1 = inactive될 때 OCx와 OCxN 신호의 출력이 허용되고 inactive level로 출력된다.
- OSSI : Off-State Selection for Idle Mode
  이 비트는 MOE=0일 때 OCx와 OCxN 신호를 모두 가지는 채널에서만 유효하다.
  0 = inactive될 때 OCx와 OCxN 신호의 출력이 금지된다.
  1 = inactive될 때 OCx와 OCxN 신호의 출력이 허용되고 idle level로 출력된다.
- LOCK[1:0] : Lock Configuration
  00 = LOCK OFF. 어떤 비트도 쓰기 금지가 되지 않는다.
  01 = LOCK Level 1. TIMx_BDTR 레지스터의 AOE, BKP, BKE, DTG[7:0] 비트와 TIMx_CR2 레지스터의 OISx, OISxN 비트가 쓰기 금지된다.
  10 = LOCK Level 2. 위의 LOCK Level 1에 추가하여 TIMx_BDTR 레지스터의 OSSR, OSSI 비트와 TIMx_CCER 레지스터의 CCxP, CCxNP 비트가 쓰기 금지된다.
  11 = LOCK Level 3. 위의 LOCK Level 2에 추가하여 TIMx_CCMRx 레지스터의 OCxM, OCxPE 비트가 쓰기 금지된다.
- DTG[7:0] : Dead-Time Generator Setup
  DTG[7:5]=0xx면 데드타임이 DTG[7:0]×t_{DTS}로 설정된다.
  DTG[7:5]=10x면 데드타임이 (64+DTG[5:0])×2×t_{DTS}로 설정된다.
  DTG[7:5]=110이면 데드타임이 (32+DTG[4:0])×8×t_{DTS}로 설정된다.
  DTG[7:5]=111이면 데드타임이 (32+DTG[4:0])×16×t_{DTS}로 설정된다.

▣ TIMx DMA 제어 레지스터 TIMx_DCR (디폴트값 : 0x0000)

b15	b14	b13	b12	b11	b10	b9	b8	b7	b6	b5	b4	b3	b2	b1	b0
–	–	–	DBL[4:0]					–	–	–	DBA[4:0]				
–	–	–	rw	rw	rw	rw	rw	–	–	–	rw	rw	rw	rw	rw

- DBL[4:0] : DMA Burst Length
  이 비트는 DMA 전송의 횟수를 지정한다. TIMx_DMAR 레지스터에 의하여 1번 리드 동작 또는 라이트 동작이 수행되는 것을 1회의 전송으로 간주한다.
  00000 = 1회 전송
  00001 = 2회 전송
  00010 = 3회 전송
  ...
  10001 = 18회 전송
- DBA[4:0] : DMA Base Address
  이 비트는 DMA 전송이 시작되는 베이스 어드레스를 지정한다.
  00000 = TIMx_CR1
  00001 = TIMx_CR2

00010 = TIMx_SMCR
00011 = TIMx_DIER
...
예를 들어 DBL[4:0]=7, DBA[4:0]=00000으로 설정하였다면 TIMx_CR1 레지스터에서부터 시작하여 8개의 레지스터에 차례로 DMA 전송이 수행된다.

▣ TIMx DMA 어드레스 레지스터 TIMx_DMAR (디폴트값 : 0x0000)

b15	b14	b13	b12	b11	b10	b9	b8	b7	b6	b5	b4	b3	b2	b1	b0
DMAB[15:0]															
rw	rw	rw	rw	rw	rw	rw	rw	rw	rw	rw	rw	rw	rw	rw	rw

- DMAB[15:0] : DMA Register for Burst Access
  이 비트는 DMA 채널의 주변장치 어드레스를 지정한다.

2.6 범용 타이머(TIM2/3/4/5)

이 절에서는 STM32F103VET6에 내장되어 있는 범용 타이머 TIM2/3/4/5의 구조와 기능에 대하여 알아보기로 한다.

1. 타이머 TIM2/3/4/5의 개요

범용 타이머(General-Purpose Timer) TIM2,TIM3,TIM4,TIM5는 STM32F103VET6에 내장된 10개의 일반 타이머에 해당하는데, 이것들은 고성능 타이머 TIM1/8과 매우 유사한 구조를 가지고 있다. 이것들은 입력 신호의 펄스폭을 측정하는 입력 캡쳐 기능이나 PWM 출력 파형을 발생하는 기능을 가지고 있는데, 이 타이머들의 주요 특징을 요약하면 다음과 같다.

- 16비트 구조의 자동 재저장(auto-reload) 기능을 갖는 증가형, 감소형, 증가/감소형 타이머이다.
- 분주비를 1~65536의 범위로 사용할 수 있는 16비트 프리스케일러(prescaler)를 가지고 있다.
- 4개의 독립적인 채널을 가지고 있는데 이것들은 입력 캡쳐, 출력 비교, PWM 출력, 단일 펄스 출력 기능을 가진다.
- TIM1/8에는 PWM 출력에 반전 신호를 가지고 있었으나 이것들은 반전 출력신호가 없다.
- TIM1/8에는 반복 카운터를 가지고 있었으나 여기에는 반복 카운터가 없다.
- TIM1/8에는 브레이크 기능이 있었으나 여기에는 브레이크 기능이 없다.
- 업데이트 이벤트, 트리거 이벤트, 입력 캡쳐, 출력 비교 등의 경우에 인터럽트나 DMA를 발생시키는 기능을 가지고 있다.
- 증가형 2상 엔코더(quadrature encoder) 또는 3상 홀 센서의 신호를 처리하는 기능을 갖는다.
- 외부 클록 입력이나 이벤트 트리거 신호로 사용할 수 있는 트리거 입력 단자를 가지고 있다.
- 몇 개의 다른 타이머를 서로 연결하여 동기적으로 동작할 수 있는 가능을 가진다.

2. 타이머 TIM2/3/4/5의 구조와 동작

범용 타이머 TIM2, TIM3, TIM4, TIM5의 구조를 블록도로 보이면 <그림 2.6.1>과 같다. 이 그림을 보면 <그림 2.5.1>에서 보였던 고성능 제어 타이머 TIM1/8의 블록도와 매우 유사하지만, TIM1/8에 있던 반전 PWM 출력단자 TIMx_CH1N~TIMx_CH3N, 반복 카운터, 브레이크 기능 등 3가지 주요 기능이 빠진 것을 알 수 있다.

이들 타이머에는 4개의 입력 캡쳐 또는 4개의 PWM 출력으로 사용될 수 있는 TIMx_CH1~TIMx_CH4 단자를 가지고 있다. 각 채널에는 입력 캡쳐 값을 저장하거나 출력 비교에 사용되는 16비트의 캡쳐/비교 레지스터를 가지고 있다.

이들 범용 타이머 TIM2/3/4/5는 카운터 레지스터 TIMx_CNT, 프리스케일러 레지스터 TIMx_PSC, 자동 재저장 레지스터 TIMx_ARR 등의 주요 구성 부분으로 이루어진다. 이 중에서 자동 재저장 레지스터는 프리로드 레지스터(preload register)를 가지고 있어서 소프트웨어로 자동 재저장 레지스터를 액세스하면 실제로는 프리로드 레지스터를 액세스하게 되며, 이 프리로드 레지스터의 값은 업데이트 이벤트가 발생할 때 자동 재저장 레지스터로 옮겨진다. 카운터는 프리스케일러에서 분주된 클록 신호 CK_CNT를 받아서 동작한다.

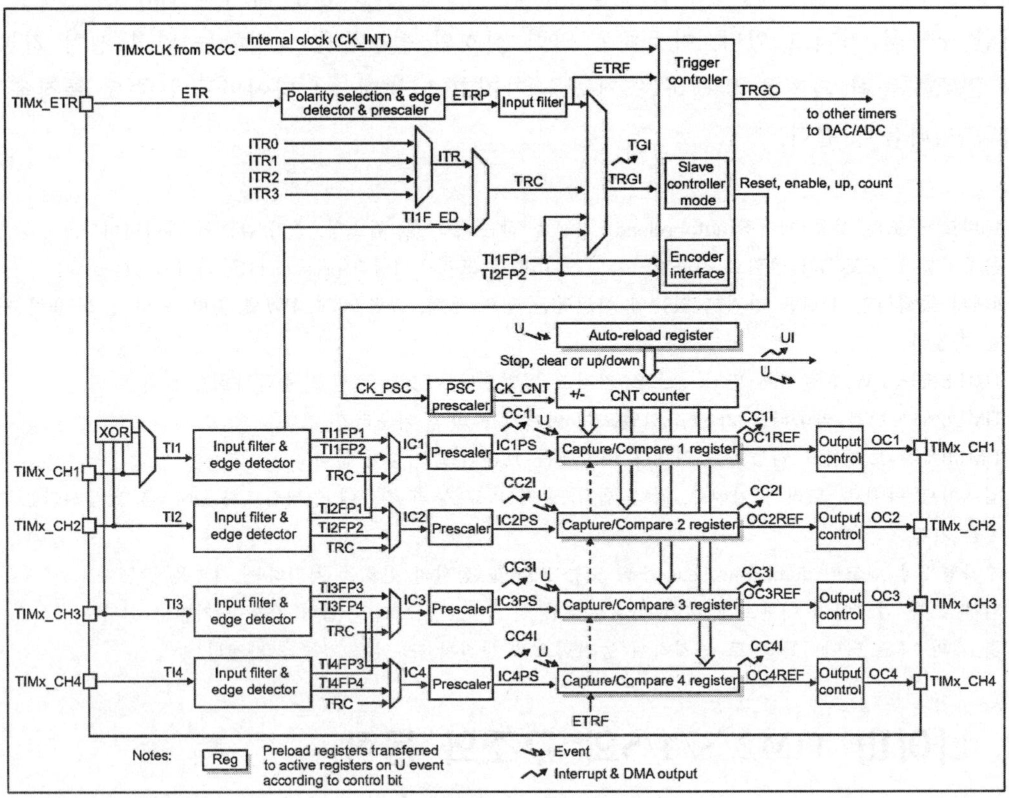

<그림 2.6.1> 범용 타이머 TIM2/3/4/5의 구성 블록도(x = 2, 3, 4, 5)

이와 같이 범용 타이머 TIM2/3/4/5의 구조 및 동작은 3가지 기능이 빠진 것을 제외하면 타이머 TIM1/8에서와 거의 같기 때문에 여기서 일일이 다시 설명하지 않는다. 따

라서, 이것들의 자세한 기능이나 동작에 대하여는 제2.5절의 타이머 TIM1/8에 대한 설명이나 참고문헌 [3]을 참조하여 공부하기 바란다.

TIM2/3/4/5는 모두 APB1 버스에 연결되어 있으므로 이들 범용 타이머의 CK_INT에는 36MHz가 공급될 것으로 생각하기 쉽지만 APB1 버스 클록을 발생하는 프리스케일러가 1이 아닌 경우에는 여기에 2배의 APB1 버스 클록이 공급되므로 OK-STM103 키트에서 TIM2/3/4/5의 CK_INT에는 72MHz 클록이 사용된다는 점에 주의해야 한다.

3. 타이머 TIM2/3/4/5 관련 I/O 제어 레지스터

타이머 TIM2/3/4/5와 관련된 I/O 제어 레지스터는 <표 2.6.1>과 같이 각각 18개씩이 있는데, 이 레지스터들의 기능을 정리하면 아래와 같다.

<표 2.6.1> 타이머 TIM2/3/4/5와 관련된 I/O 제어 레지스터 요약

어드레스	레지스터 이름	레지스터의 풀어 쓴 이름	리셋 후 초기값
0x4000_0?00	TIMx_CR1	TIMx Control Register 1 (x = 2, 3, 4, 5)	0x0000
0x4000_0?04	TIMx_CR2	TIMx Control Register 2	0x0000
0x4000_0?08	TIMx_SMCR	TIMx Slave Mode Control Register	0x0000
0x4000_0?0C	TIMx_DIER	TIMx DMA/Interrupt Enable Register	0x0000
0x4000_0?10	TIMx_SR	TIMx Status Register	0x0000
0x4000_0?14	TIMx_EGR	TIMx Event Generation Register	0x0000
0x4000_0?18	TIMx_CCMR1	TIMx Capture/Compare Mode Register 1	0x0000
0x4000_0?1C	TIMx_CCMR2	TIMx Capture/Compare Mode Register 2	0x0000
0x4000_0?20	TIMx_CCER	TIMx Capture/Compare Enable Register	0x0000
0x4000_0?24	TIMx_CNT	TIMx Counter Register	0x0000
0x4000_0?28	TIMx_PSC	TIMx Prescaler Register	0x0000
0x4000_0?2C	TIMx_ARR	TIMx Auto-Reload Register	0x0000
0x4000_0?34	TIMx_CCR1	TIMx Capture/Compare Register 1	0x0000
0x4000_0?38	TIMx_CCR2	TIMx Capture/Compare Register 2	0x0000
0x4000_0?3C	TIMx_CCR3	TIMx Capture/Compare Register 3	0x0000
0x4000_0?40	TIMx_CCR4	TIMx Capture/Compare Register 4	0x0000
0x4000_0?48	TIMx_DCR	TIMx DMA Control Register	0x0000
0x4000_0?4C	TIMx_DMAR	TIMx DMA Address for Full Transfer	0x0000

▣ TIMx 제어 레지스터1 TIMx_CR1 (디폴트값 : 0x0000)

b15	b14	b13	b12	b11	b10	b9	b8	b7	b6	b5	b4	b3	b2	b1	b0
-	-	-	-	-	-	CKD[1:0]		ARPE	CMS[1:0]		DIR	OPM	URS	UDIS	CEN
-	-	-	-	-	-	rw	rw	rw	rw	rw	rw	rw	rw	rw	rw

- CKD[1:0] : Clock Division
  이것은 타이머 클록 CK_INT와 디지털 필터의 샘플링 클록 t_{DTS}의 관계를 설정한다.
  00 = t_{DTS}를 t_{CK_INT}로 설정한다.
  01 = t_{DTS}를 $2 \times t_{CK_INT}$로 설정한다.
  10 = t_{DTS}를 $4 \times t_{CK_INT}$로 설정한다.
  11 = (사용하지 않음).

- ARPE : Auto-Reload Preload Enable
  0 = TIMx_ARR 레지스터에 프리로드 버퍼를 사용하지 않는다.
  1 = TIMx_ARR 레지스터에 프리로드 버퍼를 사용한다.
- CMS[1:0] : Center-Aligned Mode Selection
  00 = edge-aligned mode. 카운터가 DIR 비트의 설정에 따라 증가형 또는 감소형으로 동작한다.
  01 = center-aligned mode 1. 카운터가 증가형 동작 및 감소형 동작을 반복한다. TIMx_CCMRx 레지스터에서 CCxS[1:0]=00으로 설정하여 출력으로 동작하는 채널의 출력비교 인터럽트 플랙은 카운터가 감소형으로 동작할 때만 세트된다.
  10 = center-aligned mode 2. 카운터가 증가형 동작 및 감소형 동작을 반복한다. TIMx_CCMRx 레지스터에서 CCxS[1:0]=00으로 설정하여 출력으로 동작하는 채널의 출력비교 인터럽트 플랙은 카운터가 증가형으로 동작할 때만 세트된다.
  11 = center-aligned mode 3. 카운터가 증가형 동작 및 감소형 동작을 반복한다. TIMx_CCMRx 레지스터에서 CCxS[1:0]=00으로 설정하여 출력으로 동작하는 채널의 출력비교 인터럽트 플랙은 카운터가 증가형으로 동작할 때와 감소형으로 동작할 때 모두 세트된다.
- DIR : Direction
  이 비트는 카운터가 center-aligned mode나 encoder mode로 설정된 경우에는 설정이 불가능하고 read only 비트로 된다.
  0 = 카운터가 증가형으로 동작한다.
  1 = 카운터가 감소형으로 동작한다.
- OPM : One Pulse Mode
  0 = 카운터가 업데이트 이벤트에서 정지하지 않고 동작을 계속한다.
  1 = 카운터가 업데이트 이벤트에서 정지하며 CEN=0으로 된다.
- URS : Update Request Source
  0 = 카운터 오버플로우/언더플로우, UG 비트의 세트, 슬레이브 모드 컨트롤러에서의 업데이트 이벤트 등 3가지의 원인으로 업데이트 인터럽트와 DMA를 발생한다.
  1 = 오직 카운터의 오버플로우/언더플로우만이 업데이트 인터럽트와 DMA를 발생한다.
- UDIS : Update Disable
  0 = 업데이트 이벤트 UEV를 허용한다. 카운터 오버플로우/언더플로우, UG 비트의 세트, 슬레이브 모드 컨트롤러에서의 업데이트 이벤트 등 3가지의 원인으로 업데이트 인터럽트와 DMA를 발생하며, 이때 프리로드 레지스터의 값이 해당 레지스터로 옮겨진다.
  1 = 업데이트 이벤트 UEV를 금지한다. 그러나, 이 경우에도 UG=1로 설정되거나 슬레이브 모드 컨트롤러에서 하드웨어 리셋이 수신되면 카운터와 프리스케일러의 초기화는 수행된다.
- CEN : Counter Enable
  0 = TIMx의 카운터 동작이 금지된다.
  1 = TIMx의 카운터 동작이 허용된다.

▣ TIMx 제어 레지스터2 TIMx_CR2 (디폴트값 : 0x0000)

b15	b14	b13	b12	b11	b10	b9	b8	b7	b6	b5	b4	b3	b2	b1	b0
-	-	-	-	-	-	-	-	TI1S	MMS[2:0]			CCDS	-	-	-
-	-	-	-	-	-	-	-	rw	rw	rw	rw	rw	-	-	-

- TI1S : TI1 Selection
  0 = TIMx_CH1 단자를 TI1 신호에 연결한다.
  1 = TIMx_CH1, TIMx_CH2, TIMx_CH3 단자를 XOR하여 TI1 신호에 연결한다.
- MMS[2:0] : Master Mode Selection
  000 = Reset. TIMx_EGR 레지스터의 UG 비트가 트리거 출력신호 TRGO로 사용된다.
  001 = Enable. 카운터 허용 신호 CNT_EN이 트리거 출력신호 TRGO로 사용된다.
  010 = Update. 업데이트 이벤트가 트리거 출력신호 TRGO로 사용된다.
  011 = Compare Pulse. 캡쳐 또는 비교 매치가 발생하여 CC1IF=1로 되면 트리거 출력신호 TRGO에 1개의 positive pulse가 발생된다.
  100 = Compare. OC1REF 신호가 트리거 출력신호 TRGO로 사용된다.
  101 = Compare. OC2REF 신호가 트리거 출력신호 TRGO로 사용된다.
  110 = Compare. OC3REF 신호가 트리거 출력신호 TRGO로 사용된다.
  111 = Compare. OC4REF 신호가 트리거 출력신호 TRGO로 사용된다.
- CCDS : Capture/Compare DMA Selection
  0 = CCx 이벤트가 발생하였을 때 CCx DMA를 요청한다.
  1 = 업데이트 이벤트가 발생하였을 때 CCx DMA를 요청한다.

▣ TIMx 슬레이브 모드 제어 레지스터 TIMx_SMCR (디폴트값 : 0x0000)

b15	b14	b13	b12	b11	b10	b9	b8	b7	b6	b5	b4	b3	b2	b1	b0
ETP	ECE	ETPS[1:0]		ETF[3:0]				MSM	TS[2:0]			-	SMS[2:0]		
rw	rw	rw	rw	rw	rw	rw	rw	rw	rw	rw	rw	-	rw	rw	rw

- ETP : External Trigger Polarity
  0 = ETR 신호가 non-inverted로서 active high 또는 rising edge로 동작한다.
  1 = ETR 신호가 inverted로서 active low 또는 falling edge로 동작한다.
- ECE : External Clock Enable
  0 = 외부 클록 모드2(External clock mode 2)를 금지한다.
  1 = 외부 클록 모드2를 허용한다. 이것은 SMS[2:0]=111 및 TS[2:0]=111로 설정한 것과 동일하다. 이때 카운터는 ETRF의 active edge에 의하여 동작한다.
- ETPS[1:0] : External Trigger Prescaler
  00 = 프리스케일러를 사용하지 않는다.
  01 = ETR 신호를 2분주하여 ETRP 신호를 출력한다.
  10 = ETR 신호를 4분주하여 ETRP 신호를 출력한다.
  11 = ETR 신호를 8분주하여 ETRP 신호를 출력한다.
- ETF[3:0] : External Trigger Filter
  이것은 ETRP 신호를 샘플링하는데 사용하는 주파수와 디지털 필터가 ETRP 신호에 인가되는 시간을 이벤트의 갯수 N으로 정의한다.
  0000 : $f_{SAMPLING} = f_{DTS}$, 필터는 사용하지 않음.
  0001 : $f_{SAMPLING} = f_{CK\_INT}$, N = 2.
  0010 : $f_{SAMPLING} = f_{CK\_INT}$, N = 4.
  0011 : $f_{SAMPLING} = f_{CK\_INT}$, N = 8.
  0100 : $f_{SAMPLING} = f_{DTS}/2$, N = 6.
  0101 : $f_{SAMPLING} = f_{DTS}/2$, N = 8.
  0110 : $f_{SAMPLING} = f_{DTS}/4$, N = 6.
  0111 : $f_{SAMPLING} = f_{DTS}/4$, N = 8.
  1000 : $f_{SAMPLING} = f_{DTS}/8$, N = 6.
  1001 : $f_{SAMPLING} = f_{DTS}/8$, N = 8.
  1010 : $f_{SAMPLING} = f_{DTS}/16$, N = 5.
  1011 : $f_{SAMPLING} = f_{DTS}/16$, N = 6.
  1100 : $f_{SAMPLING} = f_{DTS}/16$, N = 8.
  1101 : $f_{SAMPLING} = f_{DTS}/32$, N = 5.
  1110 : $f_{SAMPLING} = f_{DTS}/32$, N = 6.
  1111 : $f_{SAMPLING} = f_{DTS}/32$, N = 8.
- MSM : Master/Slave Mode
  0 = 아무 영향이 없다.
  1 = 트리거 입력 TRGI에 의한 이벤트의 효과가 타이머와 트리거 출력 TRGO로 사이의 동기를 취하기 위하여 지연된다. 이것은 하나의 외부 이벤트로 여러개의 타이머를 동기화시킬 때 유용하다.
- TS[2:0] : Trigger Selection
  이것은 카운터를 동기화시키기 위하여 사용되는 트리거 입력을 선택한다.
  000 = 내부 트리거 0 (ITR0). TIM2/3/4/5에서 각각 TIM1/1/1/2의 트리거 출력 TRGO에 연결된다.
  001 = 내부 트리거 1 (ITR1). TIM2/3/4/5에서 각각 TIM8/2/2/3의 트리거 출력 TRGO에 연결된다.
  010 = 내부 트리거 2 (ITR2). TIM2/3/4/5에서 각각 TIM3/5/3/4의 트리거 출력 TRGO에 연결된다.
  011 = 내부 트리거 3 (ITR3). TIM2/3/4/5에서 각각 TIM4/4/8/8의 트리거 출력 TRGO에 연결된다.
  100 = TI1 에지 검출기 (TI1F_ED)
  101 = 필터링된 타이머 입력 1 (TI1FP1)
  110 = 필터링된 타이머 입력 2 (TI2FP2)
  111 = 외부 트리거 입력 (ETRF)
- SMS[2:0] : Slave Mode Selection
  외부 트리거 신호가 선택되었을 때 TRGI가 어떻게 동작하는지를 지정한다.
  000 = Slave mode disabled. 만약 CEN=1이면 프리스케일러에 내부 클록 CK_INT가 바로 공급된다.
  001 = Encoder mode 1. 카운터가 TI2FP2에 따라 TI1FP1에서 증가/감소형으로 동작한다.
  010 = Encoder mode 2. 카운터가 TI1FP1에 따라 TI2FP2에서 증가/감소형으로 동작한다.
  011 = Encoder mode 3. 카운터가 TI1FP1 및 TI2FP2에서 모두 증가/감소형으로 동작한다.
  100 = Reset mode. TRGI의 상승 에지에서 카운터를 초기화하고 업데이트 이벤트가 발생한다.
  101 = Gated mode. TRGI이 high level에 있을 때 카운터 클록이 허용되고, low level에서는 카운터의 동작이 정지한다.
  110 = Trigger mode. TRGI의 상승 에지에서 카운터가 스타트한다.
  111 = External clock mode 1. TRGI의 상승 에지가 카운터의 클록 입력으로 작용한다.

▣ TIMx DMA/인터럽트 허용 레지스터 TIMx_DIER (디폴트값 : 0x0000)

b15	b14	b13	b12	b11	b10	b9	b8	b7	b6	b5	b4	b3	b2	b1	b0
–	TDE	–	CC4DE	CC3DE	CC2DE	CC1DE	UDE	–	TIE	–	CC4IE	CC3IE	CC2IE	CC1IE	UIE
–	rw	–	rw	rw	rw	rw	rw	–	rw	–	rw	rw	rw	rw	rw

- TDE : Trigger DMA Request Enable
  0 = 트리거 입력에 의한 DMA 요청을 금지한다.
  1 = 트리거 입력에 의한 DMA 요청을 허용한다.
- CC4DE : Capture/Compare 4 DMA Request Enable
  0 = 캡쳐/비교 채널4에 의한 DMA 요청을 금지한다.
  1 = 캡쳐/비교 채널4에 의한 DMA 요청을 허용한다.
- CC3DE : Capture/Compare 3 DMA Request Enable
  0 = 캡쳐/비교 채널3에 의한 DMA 요청을 금지한다.
  1 = 캡쳐/비교 채널3에 의한 DMA 요청을 허용한다.
- CC2DE : Capture/Compare 2 DMA Request Enable
  0 = 캡쳐/비교 채널2에 의한 DMA 요청을 금지한다.
  1 = 캡쳐/비교 채널2에 의한 DMA 요청을 허용한다.
- CC1DE : Capture/Compare 1 DMA Request Enable
  0 = 캡쳐/비교 채널1에 의한 DMA 요청을 금지한다.
  1 = 캡쳐/비교 채널1에 의한 DMA 요청을 허용한다.
- UDE : Updated DMA Request Enable
  0 = 업데이트 이벤트에 의한 DMA 요청을 금지한다.
  1 = 업데이트 이벤트에 의한 DMA 요청을 허용한다.
- TIE : Trigger Interrupt Enable
  0 = 트리거 입력에 의한 인터럽트를 금지한다.
  1 = 트리거 입력에 의한 인터럽트를 허용한다.
- CC4IE : Capture/Compare 4 Interrupt Enable
  0 = 캡쳐/비교 채널4에 의한 인터럽트를 금지한다.
  1 = 캡쳐/비교 채널4에 의한 인터럽트를 허용한다.
- CC3IE : Capture/Compare 3 Interrupt Enable
  0 = 캡쳐/비교 채널3에 의한 인터럽트를 금지한다.
  1 = 캡쳐/비교 채널3에 의한 인터럽트를 허용한다.
- CC2IE : Capture/Compare 2 Interrupt Enable
  0 = 캡쳐/비교 채널2에 의한 인터럽트를 금지한다.
  1 = 캡쳐/비교 채널2에 의한 인터럽트를 허용한다.
- CC1IE : Capture/Compare 1 Interrupt Enable
  0 = 캡쳐/비교 채널1에 의한 인터럽트를 금지한다.
  1 = 캡쳐/비교 채널1에 의한 인터럽트를 허용한다.
- UIE : Update Interrupt Enable
  0 = 업데이트 이벤트에 의한 인터럽트를 금지한다.
  1 = 업데이트 이벤트에 의한 인터럽트를 허용한다.

▣ TIMx 상태 레지스터 TIMx_SR (디폴트값 : 0x0000)

b15	b14	b13	b12	b11	b10	b9	b8	b7	b6	b5	b4	b3	b2	b1	b0
–	–	–	CC4OF	CC3OF	CC2OF	CC1OF	–	–	TIF	–	CC4IF	CC3IF	CC2IF	CC1IF	UIF
–	–	–	rc_w0	rc_w0	rc_w0	rc_w0	–	–	rc_w0	–	rc_w0	rc_w0	rc_w0	rc_w0	rc_w0

- CC4OF : Capture/Compare 4 Overcapture Flag
  0 = 오버캡쳐가 발생하지 않았다.
  1 = 현재 CC4IF=1인데 또다시 카운터 값이 TIMx_CCR4 레지스터에 캡쳐되어 오버캡쳐가 발생하였다.
- CC3OF : Capture/Compare 3 Overcapture Flag
  0 = 오버캡쳐가 발생하지 않았다.
  1 = 현재 CC3IF=1인데 또다시 카운터 값이 TIMx_CCR3 레지스터에 캡쳐되어 오버캡쳐가 발생하였다.
- CC2OF : Capture/Compare 2 Overcapture Flag
  0 = 오버캡쳐가 발생하지 않았다.
  1 = 현재 CC2IF=1인데 또다시 카운터 값이 TIMx_CCR2 레지스터에 캡쳐되어 오버캡쳐가 발생하였다.

- CC1OF : Capture/Compare 1 Overcapture Flag
  0 = 오버캡쳐가 발생하지 않았다.
  1 = 현재 CC1IF=1인데 또다시 카운터 값이 TIMx_CCR1 레지스터에 캡쳐되어 오버캡쳐가 발생하였다.
- TIF : Trigger Interrupt Flag
  0 = 트리거 이벤트가 발생하지 않았다.
  1 = 트리거 이벤트에 의한 인터럽트가 요청되었다.
- CC4IF : Capture/Compare 4 Interrupt Flag
  <CC4 채널이 출력 모드인 경우>
  0 = 비교 매치가 발생하지 않았다.
  1 = 카운터 TIMx_CNT의 값이 출력비교 레지스터 TIMx_CCR4의 값과 매치되었다.
  <CC4 채널이 입력 모드인 경우>
  0 = 입력 캡쳐가 발생하지 않았다.
  1 = IC4 신호에 의하여 카운터 값이 TIMx_CCR4 레지스터에 캡쳐되었다.
- CC3IF : Capture/Compare 3 Interrupt Flag
  <CC3 채널이 출력 모드인 경우>
  0 = 비교 매치가 발생하지 않았다.
  1 = 카운터 TIMx_CNT의 값이 출력비교 레지스터 TIMx_CCR3의 값과 매치되었다.
  <CC3 채널이 입력 모드인 경우>
  0 = 입력 캡쳐가 발생하지 않았다.
  1 = IC3 신호에 의하여 카운터 값이 TIMx_CCR3 레지스터에 캡쳐되었다.
- CC2IF : Capture/Compare 2 Interrupt Flag
  <CC2 채널이 출력 모드인 경우>
  0 = 비교 매치가 발생하지 않았다.
  1 = 카운터 TIMx_CNT의 값이 출력비교 레지스터 TIMx_CCR2의 값과 매치되었다.
  <CC2 채널이 입력 모드인 경우>
  0 = 입력 캡쳐가 발생하지 않았다.
  1 = IC2 신호에 의하여 카운터 값이 TIMx_CCR2 레지스터에 캡쳐되었다.
- CC1IF : Capture/Compare 1 Interrupt Flag
  <CC1 채널이 출력 모드인 경우>
  0 = 비교 매치가 발생하지 않았다.
  1 = 카운터 TIMx_CNT의 값이 출력비교 레지스터 TIMx_CCR1의 값과 매치되었다.
  <CC1 채널이 입력 모드인 경우>
  0 = 입력 캡쳐가 발생하지 않았다.
  1 = IC1 신호에 의하여 카운터 값이 TIMx_CCR1 레지스터에 캡쳐되었다.
- UIF : Update Interrupt Flag
  0 = 업데이트 이벤트가 발생하지 않았다.
  1 = 업데이트 이벤트에 의한 인터럽트가 요청되었다.

▣ TIMx 이벤트 발생 레지스터 TIMx_EGR (디폴트값 : 0x0000)

b15	b14	b13	b12	b11	b10	b9	b8	b7	b6	b5	b4	b3	b2	b1	b0
-	-	-	-	-	-	-	-	-	TG	-	CC4G	CC3G	CC2G	CC1G	UG
-	-	-	-	-	-	-	-	-	w	-	w	w	w	w	w

- TG : Trigger Generation
  0 = 트리거 이벤트를 발생하지 않는다.
  1 = 트리거 이벤트를 발생하고 TIF=1로 된다.
- CC4G : Capture/Compare 4 Generation
  <CC4 채널이 출력 모드인 경우>
  0 = 비교 매치를 발생하지 않는다.
  1 = 채널 CC4에서 비교 매치를 발생하여 CC4IF=1로 된다.
  <CC4 채널이 입력 모드인 경우>
  0 = 입력 캡쳐를 발생하지 않는다.
  1 = 상태 레지스터에서 CC4IF=1로 되면서 현재의 카운터 값을 TIMx_CCR4 레지스터에 캡쳐한다.
- CC3G : Capture/Compare 3 Generation
  <CC3 채널이 출력 모드인 경우>
  0 = 비교 매치를 발생하지 않는다.
  1 = 채널 CC3에서 비교 매치를 발생하여 CC3IF=1로 된다.

<CC3 채널이 입력 모드인 경우>
0 = 입력 캡처를 발생하지 않는다.
1 = 상태 레지스터에서 CC3IF=1로 되면서 현재의 카운터 값을 TIMx_CCR3 레지스터에 캡처한다.

- CC2G : Capture/Compare 2 Generation
  <CC2 채널이 출력 모드인 경우>
  0 = 비교 매치를 발생하지 않는다.
  1 = 채널 CC2에서 비교 매치를 발생하여 CC2IF=1로 된다.
  <CC2 채널이 입력 모드인 경우>
  0 = 입력 캡처를 발생하지 않는다.
  1 = 상태 레지스터에서 CC2IF=1로 되면서 현재의 카운터 값을 TIMx_CCR2 레지스터에 캡처한다.
- CC1G : Capture/Compare 1 Generation
  <CC1 채널이 출력 모드인 경우>
  0 = 비교 매치를 발생하지 않는다.
  1 = 채널 CC1에서 비교 매치를 발생하여 CC1IF=1로 된다.
  <CC1 채널이 입력 모드인 경우>
  0 = 입력 캡처를 발생하지 않는다.
  1 = 상태 레지스터에서 CC1IF=1로 되면서 현재의 카운터 값을 TIMx_CCR1 레지스터에 캡처한다.
- UG : Update Generation
  0 = 업데이트 이벤트가 발생하지 않는다.
  1 = 업데이트 이벤트를 발생하여 UIF=1로 된다.

▣ TIMx 캡처/비교 모드 레지스터1 TIMx_CCMR1 (디폴트값 : 0x0000)

<출력 비교 모드>

b15	b14	b13	b12	b11	b10	b9	b8	b7	b6	b5	b4	b3	b2	b1	b0
OC2CE	OC2M[2:0]			OC2PE	OC2FE	CC2S[1:0]		OC1CE	OC1M[2:0]			OC1PE	OC1FE	CC1S[1:0]	
rw	rw	rw	rw	rw	rw	rw	rw	rw	rw	rw	rw	rw	rw	rw	rw

- OC2CE : Output Compare 2 Clear Enable
  0 = OC2REF가 ETRF 입력에 영향을 받지 않는다.
  1 = ETRF 입력이 high level로 검출되면 OC2REF가 클리어된다.
- OC2M[2:0] : Output Compare 2 Mode
  이 비트들은 출력 신호 OC2와 OC2N을 구동하기 위한 출력 기준 신호 OC2REF의 동작을 정의한다. OC2REF 신호는 active high로 동작하지만 OC2와 OC2N 신호의 active level은 CC2P와 CC2NP 비트의 영향을 받는다.
  000 = Frozen. 카운터 TIMx_CNT와 출력비교 레지스터 TIMx_CCR2의 값을 비교한 결과가 출력에 영향을 주지 않는다.
  001 = Set channel 2 to active level on match. 카운터 TIMx_CNT와 출력비교 레지스터 TIMx_CCR2의 값을 비교하여 매치되었을 때 OC2REF=1로 된다.
  010 = Set channel 2 to inactive level on match. 카운터 TIMx_CNT와 출력비교 레지스터 TIMx_CCR2의 값을 비교하여 매치되었을 때 OC2REF=0으로 된다.
  011 = Toggle. TIMx_CNT와 출력비교 레지스터 TIMx_CCR2의 값을 비교하여 매치되었을 때 OC2REF가 토글된다.
  100 = Force inactive level. 강제로 OC2REF=0으로 만든다.
  101 = Force active level. 강제로 OC2REF=1로 만든다.
  110 = PWM mode 1. 증가형 카운터에서 TIMx_CNT < TIMx_CCR2 이면 채널2가 active(OC2REF=1) 되고, 그외의 조건에서는 inactive(OC2REF=0)된다.
  감소형 카운터에서는 TIMx_CNT > TIMx_CCR2 이면 채널2가 inactive되고, 그외의 조건에서는 active된다.
  111 = PWM mode 2. 증가형 카운터에서 TIMx_CNT < TIMx_CCR2 이면 채널2가 inactive(OC2REF=0) 되고, 그외의 조건에서는 active(OC2REF=1)된다.
  감소형 카운터에서는 TIMx_CNT > TIMx_CCR2 이면 채널2가 active되고, 그외의 조건에서는 inactive된다.
- OC2PE : Output Compare 2 Preload Enable
  0 = TIMx_CCR2에 프리로드 레지스터의 사용을 금지하고 이 레지스터를 직접 액세스한다. 오직 단일 펄스 모드에서만 프리로드 레지스터를 금지한 상태에서 PWM 모드를 사용할 수 있다.
  1 = TIMx_CCR2에 프리로드 레지스터를 사용하여 액세스한다. 업데이트 이벤트가 발생하면 프리로드 레지스터의 값이 TIMx_CCR2 레지스터로 로드된다.

- OC2FE : Output Compare 2 Fast Enable
  이 비트는 트리거 입력에서부터 출력 신호가 나오기까지의 시간을 좀더 빠르게 하기 위하여 사용된다.
  0 = 트리거 입력에 의하여 채널2의 출력신호가 나오기까지 최소 5클록 사이클이 소요된다.
  1 = 트리거 입력에 의하여 채널2의 출력신호가 나오기까지의 시간이 3클록 사이클로 단축된다.
- CC2S[1:0] : Capture/Compare 2 Selection
  이 비트는 CC2E=0으로 하여 채널2가 꺼져있을 때만 설정할 수 있다.
  00 = CC2 채널을 출력으로 설정한다.
  01 = CC2 채널을 입력으로 설정하고, IC2를 TI2에 맵핑한다.
  10 = CC2 채널을 입력으로 설정하고, IC2를 TI1에 맵핑한다.
  11 = CC2 채널을 입력으로 설정하고, IC2를 TRC에 맵핑한다. 이것은 TIMx_SMCR 레지스터의 TS[2:0] 비트로 지정된 내부 트리거 입력이 선택되었을 경우에만 동작한다.
- OC1CE : Output Compare 1 Clear Enable
  0 = OC1REF가 ETRF 입력에 영향을 받지 않는다.
  1 = ETRF 입력이 high level로 검출되면 OC1REF가 클리어된다.
- OC1M[2:0] : Output Compare 1 Mode
  이 비트들은 출력 신호 OC1과 OC1N을 구동하기 위한 출력 기준 신호 OC1REF의 동작을 정의한다. OC1REF 신호는 active high로 동작하지만 OC1과 OC1N 신호의 active level은 CC1P와 CC1NP 비트의 영향을 받는다.
  000 = Frozen. 카운터 TIMx_CNT와 출력비교 레지스터 TIMx_CCR1의 값을 비교한 결과가 출력에 영향을 주지 않는다.
  001 = Set channel 1 to active level on match. 카운터 TIMx_CNT와 출력비교 레지스터 TIMx_CCR1의 값을 비교하여 매치되었을 때 OC1REF=1로 된다.
  010 = Set channel 1 to inactive level on match. 카운터 TIMx_CNT와 출력비교 레지스터 TIMx_CCR1의 값을 비교하여 매치되었을 때 OC1REF=0으로 된다.
  011 = Toggle. TIMx_CNT와 출력비교 레지스터 TIMx_CCR1의 값을 비교하여 매치되었을 때 OC1REF가 토글된다.
  100 = Force inactive level. 강제로 OC1REF=0으로 만든다.
  101 = Force active level. 강제로 OC1REF=1로 만든다.
  110 = PWM mode 1. 증가형 카운터에서 TIMx_CNT < TIMx_CCR1 이면 채널1이 active(OC1REF=1)되고, 그외의 조건에서는 inactive(OC1REF=0)된다.
  감소형 카운터에서는 TIMx_CNT > TIMx_CCR1 이면 채널1이 inactive되고, 그외의 조건에서는 active된다.
  111 = PWM mode 2. 증가형 카운터에서 TIMx_CNT < TIMx_CCR1 이면 채널1이 inactive(OC1REF=0)되고, 그외의 조건에서는 active(OC1REF=1)된다.
  감소형 카운터에서는 TIMx_CNT > TIMx_CCR1 이면 채널1이 active되고, 그외의 조건에서는 inactive된다.
- OC1PE : Output Compare 1 Preload Enable
  0 = TIMx_CCR1에 프리로드 레지스터의 사용을 금지하고 이 레지스터를 직접 액세스한다. 오직 단일 펄스 모드에서만 프리로드 레지스터를 금지한 상태에서 PWM 모드를 사용할 수 있다.
  1 = TIMx_CCR1에 프리로드 레지스터를 사용하여 액세스한다. 업데이트 이벤트가 발생하면 프리로드 레지스터의 값이 TIMx_CCR1 레지스터로 로드된다.
- OC1FE : Output Compare 1 Fast Enable
  이 비트는 트리거 입력에서부터 출력 신호가 나오기까지의 시간을 좀더 빠르게 하기 위하여 사용된다.
  0 = 트리거 입력에 의하여 채널1의 출력신호가 나오기까지 최소 5클록 사이클이 소요된다.
  1 = 트리거 입력에 의하여 채널1의 출력신호가 나오기까지의 시간이 3클록 사이클로 단축된다.
- CC1S[1:0] : Capture/Compare 1 Selection
  이 비트는 CC1E=0으로 하여 채널1이 꺼져있을 때만 설정할 수 있다.
  00 = CC1 채널을 출력으로 설정한다.
  01 = CC1 채널을 입력으로 설정하고, IC1을 TI1에 맵핑한다.
  10 = CC1 채널을 입력으로 설정하고, IC1을 TI2에 맵핑한다.
  11 = CC1 채널을 입력으로 설정하고, IC1을 TRC에 맵핑한다. 이것은 TIMx_SMCR 레지스터의 TS[2:0] 비트로 지정된 내부 트리거 입력이 선택되었을 경우에만 동작한다.

<입력 캡쳐 모드>

b15	b14	b13	b12	b11	b10	b9	b8	b7	b6	b5	b4	b3	b2	b1	b0
IC2F[3:0]				IC2PSC[1:0]		CC2S[1:0]		IC1F[3:0]				IC1PSC[1:0]		CC1S[1:0]	
rw	rw	rw	rw	rw	rw	rw	rw	rw	rw	rw	rw	rw	rw	rw	rw

- IC2F[3:0] : Input Capture 2 Filter
  이것은 TI2 신호를 샘플링하는데 사용하는 주파수와 디지털 필터가 TI2 신호에 인가되는 시간을 이벤트의 갯수 N으로 정의한다.
  0000 : $f_{SAMPLING} = f_{DTS}$, 필터는 사용하지 않음.
  0001 : $f_{SAMPLING} = f_{CK\_INT}$, N = 2.
  0010 : $f_{SAMPLING} = f_{CK\_INT}$, N = 4.
  0011 : $f_{SAMPLING} = f_{CK\_INT}$, N = 8.
  0100 : $f_{SAMPLING} = f_{DTS}/2$, N = 6.
  0101 : $f_{SAMPLING} = f_{DTS}/2$, N = 8.
  0110 : $f_{SAMPLING} = f_{DTS}/4$, N = 6.
  0111 : $f_{SAMPLING} = f_{DTS}/4$, N = 8.
  1000 : $f_{SAMPLING} = f_{DTS}/8$, N = 6.
  1001 : $f_{SAMPLING} = f_{DTS}/8$, N = 8.
  1010 : $f_{SAMPLING} = f_{DTS}/16$, N = 5.
  1011 : $f_{SAMPLING} = f_{DTS}/16$, N = 6.
  1100 : $f_{SAMPLING} = f_{DTS}/16$, N = 8.
  1101 : $f_{SAMPLING} = f_{DTS}/32$, N = 5.
  1110 : $f_{SAMPLING} = f_{DTS}/32$, N = 6.
  1111 : $f_{SAMPLING} = f_{DTS}/32$, N = 8.
- IC2PSC[1:0] : Input Capture 2 Prescaler
  이 비트는 IC2의 입력신호에 사용할 프리스케일러의 분주비를 지정한다. CC2E=0으로 되면 이 프리스케일러는 즉시 리셋된다.
  00 = 프리스케일러를 사용하지 않는다. 분주비는 1로 된다.
  01 = 프리스케일러의 분주비를 2로 한다.
  10 = 프리스케일러의 분주비를 4로 한다.
  11 = 프리스케일러의 분주비를 8로 한다.
- CC2S[1:0] : Capture/Compare 2 Selection
  이 비트는 CC2E=0으로 하여 채널2가 꺼져있을 때만 설정할 수 있다.
  00 = CC2 채널을 출력으로 설정한다.
  01 = CC2 채널을 입력으로 설정하고, IC2를 TI2에 맵핑한다.
  10 = CC2 채널을 입력으로 설정하고, IC2를 TI1에 맵핑한다.
  11 = CC2 채널을 입력으로 설정하고, IC2를 TRC에 맵핑한다. 이것은 TIMx_SMCR 레지스터의 TS[2:0] 비트로 지정된 내부 트리거 입력이 선택되었을 경우에만 동작한다.
- IC1F[3:0] : Input Capture 1 Filter
  이것은 TI1 신호를 샘플링하는데 사용하는 주파수와 디지털 필터가 TI1 신호에 인가되는 시간을 이벤트의 갯수 N으로 정의한다.
  0000 : $f_{SAMPLING} = f_{DTS}$, 필터는 사용하지 않음.
  0001 : $f_{SAMPLING} = f_{CK\_INT}$, N = 2.
  0010 : $f_{SAMPLING} = f_{CK\_INT}$, N = 4.
  0011 : $f_{SAMPLING} = f_{CK\_INT}$, N = 8.
  0100 : $f_{SAMPLING} = f_{DTS}/2$, N = 6.
  0101 : $f_{SAMPLING} = f_{DTS}/2$, N = 8.
  0110 : $f_{SAMPLING} = f_{DTS}/4$, N = 6.
  0111 : $f_{SAMPLING} = f_{DTS}/4$, N = 8.
  1000 : $f_{SAMPLING} = f_{DTS}/8$, N = 6.
  1001 : $f_{SAMPLING} = f_{DTS}/8$, N = 8.
  1010 : $f_{SAMPLING} = f_{DTS}/16$, N = 5.
  1011 : $f_{SAMPLING} = f_{DTS}/16$, N = 6.
  1100 : $f_{SAMPLING} = f_{DTS}/16$, N = 8.
  1101 : $f_{SAMPLING} = f_{DTS}/32$, N = 5.
  1110 : $f_{SAMPLING} = f_{DTS}/32$, N = 6.
  1111 : $f_{SAMPLING} = f_{DTS}/32$, N = 8.
- IC1PSC[1:0] : Input Capture 1 Prescaler
  이 비트는 IC1의 입력신호에 사용할 프리스케일러의 분주비를 지정한다. CC1E=0으로 되면 이 프리스케일러는 즉시 리셋된다.
  00 = 프리스케일러를 사용하지 않는다. 분주비는 1로 된다.
  01 = 프리스케일러의 분주비를 2로 한다.
  10 = 프리스케일러의 분주비를 4로 한다.
  11 = 프리스케일러의 분주비를 8로 한다.
- CC1S[1:0] : Capture/Compare 1 Selection
  이 비트는 CC1E=0으로 하여 채널1이 꺼져있을 때만 설정할 수 있다.
  00 = CC1 채널을 출력으로 설정한다.
  01 = CC1 채널을 입력으로 설정하고, IC1을 TI1에 맵핑한다.
  10 = CC1 채널을 입력으로 설정하고, IC1을 TI2에 맵핑한다.
  11 = CC1 채널을 입력으로 설정하고, IC1을 TRC에 맵핑한다. 이것은 TIMx_SMCR 레지스터의 TS[2:0] 비트로 지정된 내부 트리거 입력이 선택되었을 경우에만 동작한다.

▣ TIMx 캡쳐/비교 모드 레지스터2 TIMx_CCMR2 (디폴트값 : 0x0000)

<출력 비교 모드>

b15	b14	b13	b12	b11	b10	b9	b8	b7	b6	b5	b4	b3	b2	b1	b0
OC4CE	OC4M[2:0]			OC4PE	OC4FE	CC4S[1:0]		OC3CE	OC3M[2:0]			OC3PE	OC3FE	CC3S[1:0]	
rw	rw	rw	rw	rw	rw	rw	rw	rw	rw	rw	rw	rw	rw	rw	rw

- OC4CE : Output Compare 4 Clear Enable
  0 = OC4REF가 ETRF 입력에 영향을 받지 않는다.
  1 = ETRF 입력이 high level로 검출되면 OC4REF가 클리어된다.
- OC4M[2:0] : Output Compare 4 Mode
  이 비트들은 출력 신호 OC4를 구동하기 위한 출력 기준 신호 OC4REF의 동작을 정의한다. OC4REF 신호는 active high로 동작하지만 OC4 신호의 active level은 CC4P 비트의 영향을 받는다.
  000 = Frozen. 카운터 TIMx_CNT와 출력비교 레지스터 TIMx_CCR4의 값을 비교한 결과가 출력에 영향을 주지 않는다.
  001 = Set channel 4 to active level on match. 카운터 TIMx_CNT와 출력비교 레지스터 TIMx_CCR4의 값을 비교하여 매치되었을 때 OC4REF=1로 된다.
  010 = Set channel 4 to inactive level on match. 카운터 TIMx_CNT와 출력비교 레지스터 TIMx_CCR4의 값을 비교하여 매치되었을 때 OC4REF=0으로 된다.
  011 = Toggle. TIMx_CNT와 출력비교 레지스터 TIMx_CCR4의 값을 비교하여 매치되었을 때 OC4REF가 토글된다.
  100 = Force inactive level. 강제로 OC4REF=0으로 만든다.
  101 = Force active level. 강제로 OC4REF=1로 만든다.
  110 = PWM mode 1. 증가형 카운터에서 TIMx_CNT < TIMx_CCR4 이면 채널4가 active(OC4REF=1)되고, 그외의 조건에서는 inactive(OC4REF=0)된다.
  감소형 카운터에서는 TIMx_CNT > TIMx_CCR4 이면 채널4가 inactive되고, 그외의 조건에서는 active된다.
  111 = PWM mode 2. 증가형 카운터에서 TIMx_CNT < TIMx_CCR4 이면 채널4가 inactive(OC4REF=0)되고, 그외의 조건에서는 active(OC4REF=1)된다.
  감소형 카운터에서는 TIMx_CNT > TIMx_CCR4 이면 채널4가 active되고, 그외의 조건에서는 inactive된다.
- OC4PE : Output Compare 4 Preload Enable
  0 = TIMx_CCR4에 프리로드 레지스터의 사용을 금지하고 이 레지스터를 직접 액세스한다. 오직 단일 펄스 모드에서만 프리로드 레지스터를 금지한 상태에서 PWM 모드를 사용할 수 있다.
  1 = TIMx_CCR4에 프리로드 레지스터를 사용하여 액세스한다. 업데이트 이벤트가 발생하면 프리로드 레지스터의 값이 TIMx_CCR4 레지스터로 로드된다.
- OC4FE : Output Compare 4 Fast Enable
  이 비트는 트리거 입력에서부터 출력 신호가 나오기까지의 시간을 좀더 빠르게 하기 위하여 사용된다.
  0 = 트리거 입력에 의하여 채널4의 출력신호가 나오기까지 최소 5클록 사이클이 소요된다.
  1 = 트리거 입력에 의하여 채널4의 출력신호가 나오기까지의 시간이 3클록 사이클로 단축된다.
- CC4S[1:0] : Capture/Compare 4 Selection
  이 비트는 CC4E=0으로 하여 채널4가 꺼져있을 때만 설정할 수 있다.
  00 = CC4 채널을 출력으로 설정한다.
  01 = CC4 채널을 입력으로 설정하고, IC4를 TI4에 맵핑한다.
  10 = CC4 채널을 입력으로 설정하고, IC4를 TI3에 맵핑한다.
  11 = CC4 채널을 입력으로 설정하고, IC4를 TRC에 맵핑한다. 이것은 TIMx_SMCR 레지스터의 TS[2:0] 비트로 지정된 내부 트리거 입력이 선택되었을 경우에만 동작한다.
- OC3CE : Output Compare 3 Clear Enable
  0 = OC3REF가 ETRF 입력에 영향을 받지 않는다.
  1 = ETRF 입력이 high level로 검출되면 OC3REF가 클리어된다.
- OC3M[2:0] : Output Compare 3 Mode
  이 비트들은 출력 신호 OC3과 OC3N을 구동하기 위한 출력 기준 신호 OC3REF의 동작을 정의한다. OC3REF 신호는 active high로 동작하지만 OC3과 OC3N 신호의 active level은 CC3P와 CC3NP 비트의 영향을 받는다.
  000 = Frozen. 카운터 TIMx_CNT와 출력비교 레지스터 TIMx_CCR3의 값을 비교한 결과가 출력에 영향을 주지 않는다.
  001 = Set channel 3 to active level on match. 카운터 TIMx_CNT와 출력비교 레지스터 TIMx_CCR3의 값을 비교하여 매치되었을 때 OC3REF=1로 된다.
  010 = Set channel 3 to inactive level on match. 카운터 TIMx_CNT와 출력비교 레지스터 TIMx_CCR3의 값을 비교하여 매치되었을 때 OC3REF=0으로 된다.
  011 = Toggle. TIMx_CNT와 출력비교 레지스터 TIMx_CCR3의 값을 비교하여 매치되었을 때 OC3REF가 토글된다.
  100 = Force inactive level. 강제로 OC3REF=0으로 만든다.
  101 = Force active level. 강제로 OC3REF=1로 만든다.
  110 = PWM mode 1. 증가형 카운터에서 TIMx_CNT < TIMx_CCR3 이면 채널3이 active(OC3REF=1)되고, 그외의 조건에서는 inactive(OC3REF=0)된다.

감소형 카운터에서는 TIMx_CNT > TIMx_CCR3 이면 채널3이 inactive되고, 그외의 조건에서는 active된다.

111 = PWM mode 2. 증가형 카운터에서 TIMx_CNT < TIMx_CCR3 이면 채널3이 inactive(OC3REF=0)되고, 그외의 조건에서는 active(OC3REF=1)된다.
감소형 카운터에서는 TIMx_CNT > TIMx_CCR3 이면 채널3이 active되고, 그외의 조건에서는 inactive된다.

- OC3PE : Output Compare 3 Preload Enable
  0 = TIMx_CCR3에 프리로드 레지스터의 사용을 금지하고 이 레지스터를 직접 액세스한다. 오직 단일 펄스 모드에서만 프리로드 레지스터를 금지한 상태에서 PWM 모드를 사용할 수 있다.
  1 = TIMx_CCR3에 프리로드 레지스터를 사용하여 액세스한다. 업데이트 이벤트가 발생하면 프리로드 레지스터의 값이 TIMx_CCR3 레지스터로 로드된다.
- OC3FE : Output Compare 3 Fast Enable
  이 비트는 트리거 입력에서부터 출력 신호가 나오기까지의 시간을 좀더 빠르게 하기 위하여 사용된다.
  0 = 트리거 입력에 의하여 채널3의 출력신호가 나오기까지 최소 5클록 사이클이 소요된다.
  1 = 트리거 입력에 의하여 채널3의 출력신호가 나오기까지의 시간이 3클록 사이클로 단축된다.
- CC3S[1:0] : Capture/Compare 3 Selection
  이 비트는 CC3E=0으로 하여 채널3이 꺼져있을 때만 설정할 수 있다.
  00 = CC3 채널을 출력으로 설정한다.
  01 = CC3 채널을 입력으로 설정하고, IC3을 TI3에 맵핑한다.
  10 = CC3 채널을 입력으로 설정하고, IC3을 TI4에 맵핑한다.
  11 = CC3 채널을 입력으로 설정하고, IC3을 TRC에 맵핑한다. 이것은 TIMx_SMCR 레지스터의 TS[2:0] 비트로 지정된 내부 트리거 입력이 선택되었을 경우에만 동작한다.

<입력 캡쳐 모드>

b15	b14	b13	b12	b11	b10	b9	b8	b7	b6	b5	b4	b3	b2	b1	b0
IC4F[3:0]				IC4PSC[1:0]		CC4S[1:0]		IC3F[3:0]				IC3PSC[1:0]		CC3S[1:0]	
rw	rw	rw	rw	rw	rw	rw	rw	rw	rw	rw	rw	rw	rw	rw	rw

- IC4F[3:0] : Input Capture 4 Filter
  이것은 TI4 신호를 샘플링하는데 사용하는 주파수와 디지털 필터가 TI4 신호에 인가되는 시간을 이벤트의 갯수 N으로 정의한다.

  0000 : $f_{SAMPLING} = f_{DTS}$, 필터는 사용하지 않음.
  0001 : $f_{SAMPLING} = f_{CK\_INT}$, N = 2.
  0010 : $f_{SAMPLING} = f_{CK\_INT}$, N = 4.
  0011 : $f_{SAMPLING} = f_{CK\_INT}$, N = 8.
  0100 : $f_{SAMPLING} = f_{DTS}/2$, N = 6.
  0101 : $f_{SAMPLING} = f_{DTS}/2$, N = 8.
  0110 : $f_{SAMPLING} = f_{DTS}/4$, N = 6.
  0111 : $f_{SAMPLING} = f_{DTS}/4$, N = 8.
  1000 : $f_{SAMPLING} = f_{DTS}/8$, N = 6.
  1001 : $f_{SAMPLING} = f_{DTS}/8$, N = 8.
  1010 : $f_{SAMPLING} = f_{DTS}/16$, N = 5.
  1011 : $f_{SAMPLING} = f_{DTS}/16$, N = 6.
  1100 : $f_{SAMPLING} = f_{DTS}/16$, N = 8.
  1101 : $f_{SAMPLING} = f_{DTS}/32$, N = 5.
  1110 : $f_{SAMPLING} = f_{DTS}/32$, N = 6.
  1111 : $f_{SAMPLING} = f_{DTS}/32$, N = 8.
- IC4PSC[1:0] : Input Capture 4 Prescaler
  이 비트는 IC4의 입력신호에 사용할 프리스케일러의 분주비를 지정한다. CC4E=0으로 되면 이 프리스케일러는 즉시 리셋된다.
  00 = 프리스케일러를 사용하지 않는다. 분주비는 1로 된다.
  01 = 프리스케일러의 분주비를 2로 한다.
  10 = 프리스케일러의 분주비를 4로 한다.
  11 = 프리스케일러의 분주비를 8로 한다.
- CC4S[1:0] : Capture/Compare 2 Selection
  이 비트는 CC4E=0으로 하여 채널4가 꺼져있을 때만 설정할 수 있다.
  00 = CC4 채널을 출력으로 설정한다.
  01 = CC4 채널을 입력으로 설정하고, IC4를 TI4에 맵핑한다.
  10 = CC4 채널을 입력으로 설정하고, IC4를 TI3에 맵핑한다.
  11 = CC4 채널을 입력으로 설정하고, IC4를 TRC에 맵핑한다. 이것은 TIMx_SMCR 레지스터의 TS[2:0] 비트로 지정된 내부 트리거 입력이 선택되었을 경우에만 동작한다.
- IC3F[3:0] : Input Capture 1 Filter
  이것은 TI3 신호를 샘플링하는데 사용하는 주파수와 디지털 필터가 TI3 신호에 인가되는 시간을 이벤트의 갯수 N으로 정의한다.

  0000 : $f_{SAMPLING} = f_{DTS}$, 필터는 사용하지 않음.
  0001 : $f_{SAMPLING} = f_{CK\_INT}$, N = 2.
  1000 : $f_{SAMPLING} = f_{DTS}/8$, N = 6.
  1001 : $f_{SAMPLING} = f_{DTS}/8$, N = 8.

0010 : $f_{SAMPLING}$ = f_{CK_INT}, N = 4.
0011 : $f_{SAMPLING}$ = f_{CK_INT}, N = 8.
0100 : $f_{SAMPLING}$ = $f_{DTS}/2$, N = 6.
0101 : $f_{SAMPLING}$ = $f_{DTS}/2$, N = 8.
0110 : $f_{SAMPLING}$ = $f_{DTS}/4$, N = 6.
0111 : $f_{SAMPLING}$ = $f_{DTS}/4$, N = 8.
1010 : $f_{SAMPLING}$ = $f_{DTS}/16$, N = 5.
1011 : $f_{SAMPLING}$ = $f_{DTS}/16$, N = 6.
1100 : $f_{SAMPLING}$ = $f_{DTS}/16$, N = 8.
1101 : $f_{SAMPLING}$ = $f_{DTS}/32$, N = 5.
1110 : $f_{SAMPLING}$ = $f_{DTS}/32$, N = 6.
1111 : $f_{SAMPLING}$ = $f_{DTS}/32$, N = 8.

- IC3PSC[1:0] : Input Capture 3 Prescaler
  이 비트는 IC3의 입력신호에 사용할 프리스케일러의 분주비를 지정한다. CC3E=0으로 되면 이 프리스케일러는 즉시 리셋된다.
  00 = 프리스케일러를 사용하지 않는다. 분주비는 1로 된다.
  01 = 프리스케일러의 분주비를 2로 한다.
  10 = 프리스케일러의 분주비를 4로 한다.
  11 = 프리스케일러의 분주비를 8로 한다.
- CC3S[1:0] : Capture/Compare 3 Selection
  이 비트는 CC3E=0으로 하여 채널3이 꺼져있을 때만 설정할 수 있다.
  00 = CC3 채널을 출력으로 설정한다.
  01 = CC3 채널을 입력으로 설정하고, IC3을 TI3에 맵핑한다.
  10 = CC3 채널을 입력으로 설정하고, IC3을 TI4에 맵핑한다.
  11 = CC3 채널을 입력으로 설정하고, IC3을 TRC에 맵핑한다. 이것은 TIMx_SMCR 레지스터의 TS[2:0] 비트로 지정된 내부 트리거 입력이 선택되었을 경우에만 동작한다.

▣ TIMx 캡쳐/비교 허용 레지스터 TIMx_CCER (디폴트값 : 0x0000)

b15	b14	b13	b12	b11	b10	b9	b8	b7	b6	b5	b4	b3	b2	b1	b0
–	–	CC4P	CC4E	–	–	CC3P	CC3E	–	–	CC2P	CC2E	–	–	CC1P	CC1E
–	–	rw	rw	–	–	rw	rw	–	–	rw	rw	–	–	rw	rw

- CC4P : Capture/Compare 4 Output Polarity
  <CC4 채널이 출력 모드인 경우>
  0 = OC4 출력이 active high로 동작한다.
  1 = OC4 출력이 active low로 동작한다.
  <CC4 채널이 입력 모드인 경우>
  이 경우에는 CC4NP/CC4P 비트를 조합하여 트리거 또는 캡쳐 입력으로 사용되는 TI3FP4와 TI4FP4 신호의 극성(active polarity)을 선택한다.
  00 = non-inverted/rising edge. TI3FP4와 TI4FP4 신호를 반전시키지 않고 상승 에지에서 동작한다.
  01 = inverted/falling edge. TI3FP4와 TI4FP4 신호를 반전시켜서 하강 에지에서 동작한다.
  10 = (사용하지 않음).
  11 = non-inverted/both edges. TI3FP4와 TI4FP4 신호를 반전시키지 않고 상승 에지 및 하강 에지에서 모두 동작한다.
- CC4E : Capture/Compare 4 Output Enable
  <CC4 채널이 출력 모드인 경우>
  0 = OC4 출력을 inactive 상태로 한다.(OC4=0, OC4_EN=0)
  1 = OC4 신호를 해당 단자에 출력한다.
  <CC4 채널이 입력 모드인 경우>
  0 = CC4 채널의 캡쳐 동작을 금지한다.
  1 = CC4 채널의 캡쳐 동작을 허용한다.
- CC3P : Capture/Compare 3 Output Polarity
  <CC3 채널이 출력 모드인 경우>
  0 = OC3 출력이 active high로 동작한다.
  1 = OC3 출력이 active low로 동작한다.
  <CC3 채널이 입력 모드인 경우>
  이 경우에는 CC3NP/CC3P 비트를 조합하여 트리거 또는 캡쳐 입력으로 사용되는 TI3FP3과 TI4FP3 신호의 극성(active polarity)을 선택한다.
  00 = non-inverted/rising edge. TI3FP3과 TI4FP3 신호를 반전시키지 않고 상승 에지에서 동작한다.
  01 = inverted/falling edge. TI3FP3과 TI4FP3 신호를 반전시켜서 하강 에지에서 동작한다.
  10 = (사용하지 않음).
  11 = non-inverted/both edges. TI3FP3과 TI4FP3 신호를 반전시키지 않고 상승 에지 및 하강 에지에서 모두 동작한다.

- CC3E : Capture/Compare 3 Output Enable
  <CC3 채널이 출력 모드인 경우>
  0 = OC3 출력을 inactive 상태로 한다.(OC3=0, OC3_EN=0)
  1 = OC3 신호를 해당 단자에 출력한다.
  <CC3 채널이 입력 모드인 경우>
  0 = CC3 채널의 캡처 동작을 금지한다.
  1 = CC3 채널의 캡처 동작을 허용한다.
- CC2P : Capture/Compare 2 Output Polarity
  <CC2 채널이 출력 모드인 경우>
  0 = OC2 출력이 active high로 동작한다.
  1 = OC2 출력이 active low로 동작한다.
  <CC2 채널이 입력 모드인 경우>
  이 경우에는 CC2NP/CC2P 비트를 조합하여 트리거 또는 캡처 입력으로 사용되는 TI1FP2와 TI2FP2 신호의 극성(active polarity)을 선택한다.
  00 = non-inverted/rising edge. TI1FP2와 TI2FP2 신호를 반전시키지 않고 상승 에지에서 동작한다.
  01 = inverted/falling edge. TI1FP2와 TI2FP2 신호를 반전시켜서 하강 에지에서 동작한다.
  10 = (사용하지 않음).
  11 = non-inverted/both edges. TI1FP2와 TI2FP2 신호를 반전시키지 않고 상승 에지 및 하강 에지에서 모두 동작한다.
- CC2E : Capture/Compare 2 Output Enable
  <CC2 채널이 출력 모드인 경우>
  0 = OC2 출력을 inactive 상태로 한다.(OC2=0, OC2_EN=0)
  1 = OC2 신호를 해당 단자에 출력한다.
  <CC2 채널이 입력 모드인 경우>
  0 = CC2 채널의 캡처 동작을 금지한다.
  1 = CC2 채널의 캡처 동작을 허용한다.
- CC1P : Capture/Compare 1 Output Polarity
  <CC1 채널이 출력 모드인 경우>
  0 = OC1 출력이 active high로 동작한다.
  1 = OC1 출력이 active low로 동작한다.
  <CC1 채널이 입력 모드인 경우>
  이 경우에는 CC1NP/CC1P 비트를 조합하여 트리거 또는 캡처 입력으로 사용되는 TI1FP1과 TI2FP1 신호의 극성(active polarity)을 선택한다.
  00 = non-inverted/rising edge. TI1FP1과 TI2FP1 신호를 반전시키지 않고 상승 에지에서 동작한다.
  01 = inverted/falling edge. TI1FP1과 TI2FP1 신호를 반전시켜서 하강 에지에서 동작한다.
  10 = (사용하지 않음).
  11 = non-inverted/both edges. TI1FP1과 TI2FP1 신호를 반전시키지 않고 상승 에지 및 하강 에지에서 모두 동작한다.
- CC1E : Capture/Compare 1 Output Enable
  <CC1 채널이 출력 모드인 경우>
  0 = OC1 출력을 inactive 상태로 한다.(OC1=0, OC1_EN=0)
  1 = OC1 신호를 해당 단자에 출력한다.
  <CC1 채널이 입력 모드인 경우>
  0 = CC1 채널의 캡처 동작을 금지한다.
  1 = CC1 채널의 캡처 동작을 허용한다.

▣ TIMx 카운터 레지스터 TIMx_CNT (디폴트값 : 0x0000)

b15	b14	b13	b12	b11	b10	b9	b8	b7	b6	b5	b4	b3	b2	b1	b0
CNT[15:0]															
rw	rw	rw	rw	rw	rw	rw	rw	rw	rw	rw	rw	rw	rw	rw	rw

- CNT[15:0] : Counter Value
  이 타이머의 16비트 카운터 값이다.

▣ TIMx 프리스케일러 레지스터 TIMx_PSC (디폴트값 : 0x0000)

b15	b14	b13	b12	b11	b10	b9	b8	b7	b6	b5	b4	b3	b2	b1	b0
PSC[15:0]															
rw	rw	rw	rw	rw	rw	rw	rw	rw	rw	rw	rw	rw	rw	rw	rw

- PSC[15:0] : Prescaler Value
  카운터 TIMx_CNT에 입력되는 클록을 $f_{CK\_CNT} = f_{CK\_PSC}/(PSC[15:0] + 1)$ 처럼 분주하는 프리스케일러의 분주 레지스터 값이다.

▣ TIMx 자동 재저장 레지스터 TIMx_ARR (디폴트값 : 0x0000)

b15	b14	b13	b12	b11	b10	b9	b8	b7	b6	b5	b4	b3	b2	b1	b0
ARR[15:0]															
rw	rw	rw	rw	rw	rw	rw	rw	rw	rw	rw	rw	rw	rw	rw	rw

- ARR[15:0] : Auto-Reload Value
  이 타이머의 16비트 자동 재저장 레지스터 값이다. 동작 모드에 따라 기능이 조금씩 달라지기는 하지만 주로 카운터 TIMx_CNT가 증가하는 상한값을 지정하여 타이머의 동작 주기를 결정한다. 이 값을 0으로 설정하면 카운터의 동작이 정지된다.

▣ TIMx 캡쳐/비교 레지스터1 TIMx_CCR1 (디폴트값 : 0x0000)

b15	b14	b13	b12	b11	b10	b9	b8	b7	b6	b5	b4	b3	b2	b1	b0
CCR1[15:0]															
rw	rw	rw	rw	rw	rw	rw	rw	rw	rw	rw	rw	rw	rw	rw	rw

- CCR1[15:0] : Capture/Compare 1 Value
  <CC1 채널이 출력 모드인 경우> 카운터 TIMx_CNT와 이 레지스터 값을 비교하여 매치가 되면 출력신호 OC1을 발생한다.
  <CC1 채널이 입력 모드인 경우> 캡쳐 입력신호 IC1에 의하여 현재의 카운터 값 TIMx_CNT를 캡쳐하여 이 레지스터에 저장한다.

▣ TIMx 캡쳐/비교 레지스터2 TIMx_CCR2 (디폴트값 : 0x0000)

b15	b14	b13	b12	b11	b10	b9	b8	b7	b6	b5	b4	b3	b2	b1	b0
CCR2[15:0]															
rw	rw	rw	rw	rw	rw	rw	rw	rw	rw	rw	rw	rw	rw	rw	rw

- CCR2[15:0] : Capture/Compare 2 Value
  <CC2 채널이 출력 모드인 경우> 카운터 TIMx_CNT와 이 레지스터 값을 비교하여 매치가 되면 출력신호 OC2를 발생한다.
  <CC2 채널이 입력 모드인 경우> 캡쳐 입력신호 IC2에 의하여 현재의 카운터 값 TIMx_CNT를 캡쳐하여 이 레지스터에 저장한다.

▣ TIMx 캡쳐/비교 레지스터3 TIMx_CCR3 (디폴트값 : 0x0000)

b15	b14	b13	b12	b11	b10	b9	b8	b7	b6	b5	b4	b3	b2	b1	b0
CCR3[15:0]															
rw	rw	rw	rw	rw	rw	rw	rw	rw	rw	rw	rw	rw	rw	rw	rw

- CCR3[15:0] : Capture/Compare 3 Value
  <CC3 채널이 출력 모드인 경우> 카운터 TIMx_CNT와 이 레지스터 값을 비교하여 매치가 되면 출력신호 OC3을 발생한다.
  <CC3 채널이 입력 모드인 경우> 캡쳐 입력신호 IC3에 의하여 현재의 카운터 값 TIMx_CNT를 캡쳐하여 이 레지스터에 저장한다.

▣ TIMx 캡처/비교 레지스터4 TIMx_CCR4 (디폴트값 : 0x0000)

b15	b14	b13	b12	b11	b10	b9	b8	b7	b6	b5	b4	b3	b2	b1	b0
CCR4[15:0]															
rw	rw	rw	rw	rw	rw	rw	rw	rw	rw	rw	rw	rw	rw	rw	rw

- CCR4[15:0] : Capture/Compare 4 Value
  <CC4 채널이 출력 모드인 경우> 카운터 TIMx_CNT와 이 레지스터 값을 비교하여 매치가 되면 출력신호 OC4를 발생한다.
  <CC4 채널이 입력 모드인 경우> 캡쳐 입력신호 IC4에 의하여 현재의 카운터 값 TIMx_CNT를 캡처하여 이 레지스터에 저장한다.

▣ TIMx DMA 제어 레지스터 TIMx_DCR (디폴트값 : 0x0000)

b15	b14	b13	b12	b11	b10	b9	b8	b7	b6	b5	b4	b3	b2	b1	b0
–	–	–	DBL[4:0]					–	–	–	DBA[4:0]				
–	–	–	rw	rw	rw	rw	rw	–	–	–	rw	rw	rw	rw	rw

- DBL[4:0] : DMA Burst Length
  이 비트는 DMA 전송의 횟수를 지정한다. TIMx_DMAR 레지스터에 의하여 1번 리드 동작 또는 라이트 동작이 수행되는 것을 1회의 전송으로 간주한다.
  00000 = 1회 전송
  00001 = 2회 전송
  00010 = 3회 전송
  ...
  10001 = 18회 전송
- DBA[4:0] : DMA Base Address
  이 비트는 DMA 전송이 시작되는 베이스 어드레스를 지정한다.
  00000 = TIMx_CR1
  00001 = TIMx_CR2
  00010 = TIMx_SMCR
  00011 = TIMx_DIER
  ...
  예를 들어 DBL[4:0]=7, DBA[4:0]=00000으로 설정하였다면 TIMx_CR1 레지스터에서부터 시작하여 8개의 레지스터에 차례로 DMA 전송이 수행된다.

▣ TIMx DMA 어드레스 레지스터 TIMx_DMAR (디폴트값 : 0x0000)

b15	b14	b13	b12	b11	b10	b9	b8	b7	b6	b5	b4	b3	b2	b1	b0
DMAB[15:0]															
rw	rw	rw	rw	rw	rw	rw	rw	rw	rw	rw	rw	rw	rw	rw	rw

- DMAB[15:0] : DMA Register for Burst Access
  이 비트는 DMA 채널의 주변장치 어드레스를 지정한다. 더 자세한 사항은 참고문헌 [3]을 참조하라.

2.7 기본 타이머(TIM6/7)

이 절에서는 STM32F103VET6에 내장되어 있는 기본 타이머 TIM6 및 TIM7의 구조와 기능에 대하여 공부하기로 한다.

1. 타이머 TIM6/7의 개요

STM32F103VET6에서 타이머 TIM6/7은 16비트 구조의 자동 재저장(auto-reload) 기능을 갖는 기본 타이머(basic timer)로서, 특별히 D/A 컨버터와 연결되어 트리거 신호로 사용될 수 있다.

- 16비트 구조의 자동 재저장 기능을 갖는 상향 카운터(up-counter)이다.
- 16비트의 프리스케일러를 사용하여 클록 소스를 분주비 1~65536으로 분주할 수 있다.
- 카운터 오버플로우 이벤트가 발생할 때 인터럽트나 DMA를 요청할 수 있다.
- 고성능 제어 타이머나 일반 타이머에서는 입력 캡쳐 기능이나 PWM 출력 기능을 갖는 채널이 있었으나 기본 타이머 TIM6/7에는 이런 기능들이 없다.

2. 타이머 TIM6/7의 구조와 동작

기본 타이머 TIM6/7의 내부 구조를 블록도로 보이면 <그림 2.7.1>과 같다.

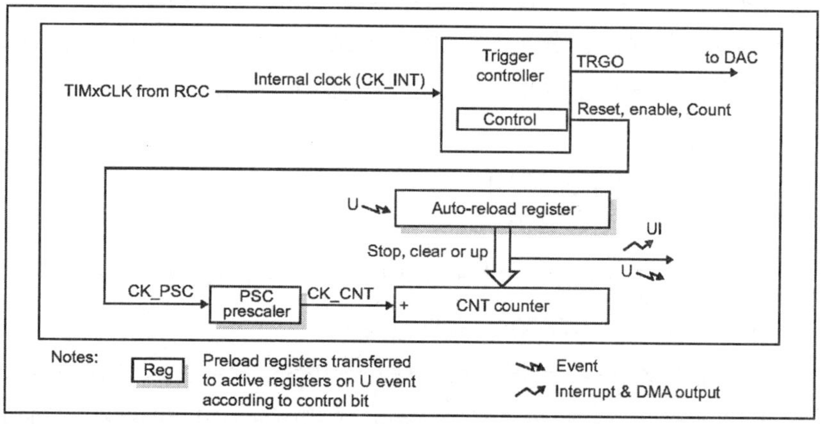

<그림 2.7.1> 기본 타이머 TIM6/7의 구성 블록도(x = 6, 7)

타이머 TIM6/7은 STM32F103VET6의 다른 타이머에 비하여 구조가 매우 간단하여 카운터 레지스터 TIMx_CNT, 프리스케일러 레지스터 TIMx_PSC, 자동 재저장 레지스터 TIMx_ARR의 3부분으로 구성된다. 카운터는 16비트 구조의 상향 카운터이며, 자동 재저장 레지스터는 카운터가 오버플로우될 때 카운터 값을 자동으로 초기화하는 기능을 수행한다. 프리스케일러 레지스터는 클록 소스를 지정된 값으로 분주하여 카운터에 공급한다.

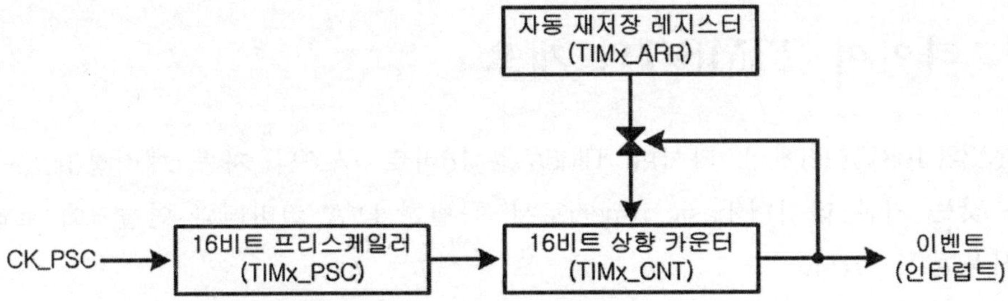

〈그림 2.7.2〉 타이머 TIM6/7의 기본 구조

(1) 클록 소스 및 프리스케일러

제어 레지스터 TIMx_CR1에서 CEN=1로 설정하면 카운터에 클록이 공급되어 동작을 시작한다. TIM6/7은 모두 APB1 버스에 연결되어 있으므로 이들 기본 타이머의 CK_INT에는 36MHz가 공급될 것으로 생각하기 쉽지만 APB1 버스 클록을 발생하는 프리스케일러가 1이 아닌 경우에는 여기에 2배의 APB1 버스 클록이 공급되므로 OK-STM103 키트에서 TIM6/7의 CK_INT에는 72MHz 클록이 사용된다는 점에 주의해야 한다.

클록 소스 CK_INT는 트리거 컨트롤러 회로를 거쳐서 CK_PSC 신호로 바뀌며, 이것이 프리스케일러를 거쳐서 분주된 CK_CNT 신호가 카운터로 입력된다. 프리스케일러 레지스터 TIMx_PSC에 16비트 분주비를 PSC[15:0]으로 설정하면 주파수는

$$f_{CK\_CNT} = f_{CK\_PSC} / (PSC[15:0] + 1)$$

로 분주되어 카운터에 공급된다. 여기서 PSC[15:0]에는 0~65535를 설정할 수 있으므로 프리스케일러의 분주비는 1~65536의 범위가 된다.

만약, 이 타이머의 카운트 동작 중에 프리스케일러 레지스터 TIMx_PSC의 값을 변경하더라도 이 분주비는 즉시 적용되지 않고 프리스케일러 버퍼에 저장되어 있다가

업데이트 이벤트가 발생한 다음의 주기부터 적용된다. TIMx_ARR=0x00FC일 때 프리스케일러 설정값을 0에서 3으로 바꾸어 분주비가 1에서 4로 변경되는 동작을 도시하면 <그림 2.7.3>과 같다.

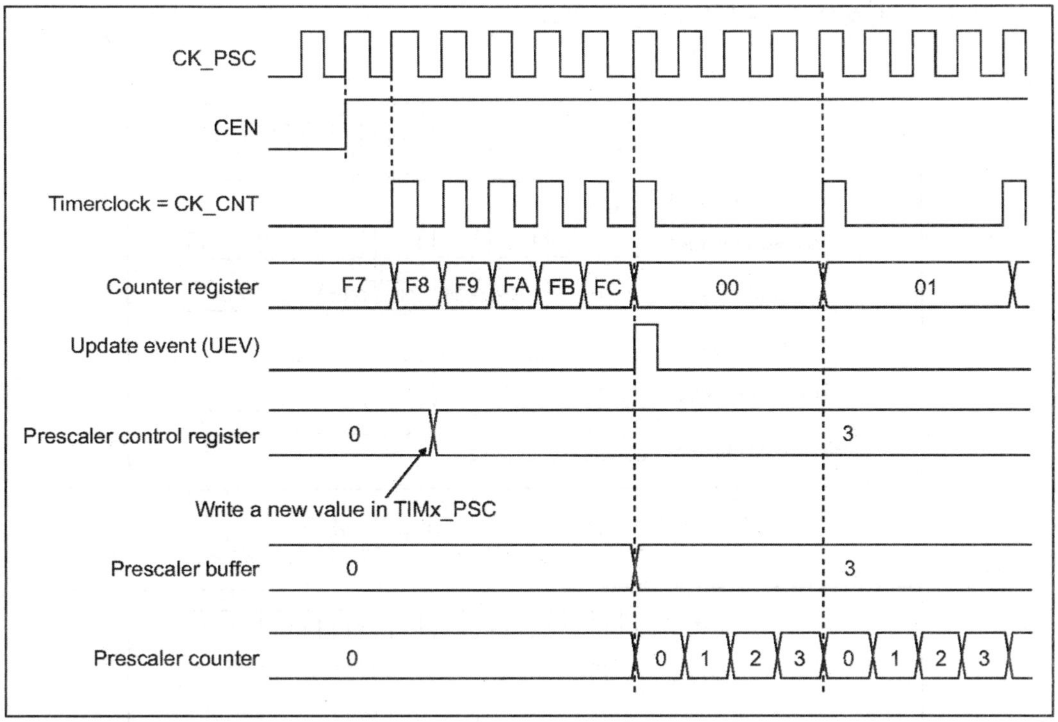

<그림 2.7.3> 타이머 TIM6/7의 프리스케일러 분주비를 1에서 4로 변경하는 동작

(2) 카운터의 동작

카운터 레지스터 TIMx_CNT는 클록 신호의 입력에 따라 0에서 자동 재저장 레지스터 TIMx_ARR에 설정된 값까지 증가하며, 카운터의 값이 TIMx_ARR에 설정된 값을 넘어가게 되면 카운터 오버플로우 이벤트가 발생하여 카운터가 클리어되면서 0부터 다시 출발하게 된다. 카운터 오버플로우가 발생하거나 또는 TIMx_EGR 레지스터에서 UG=1로 설정하면 이것이 업데이트 이벤트 UEV를 발생시켜서 카운터를 클리어하고 버퍼에 저장되어 있던 설정값을 해당 레지스터로 갱신한다.

그러나, 제어 레지스터 TIMx_CR1에서 UDIS=1로 설정하면 업데이트 이벤트의 발생을 금지한다. 이처럼 업데이트 이벤트 발생을 금지하면 업데이트 이벤트가 발생할 상황이 되더라도 버퍼의 설정값을 해당 레지스터로 업데이트하는 동작은 수행되지 않지만 카운터와 프리스케일러 레지스터는 다시 초기화되어 0부터 시작한다.

<그림 2.7.4>에 프리스케일러의 분주비가 각각 2와 4인 경우 업데이트 이벤트가 발생하여 카운터의 동작이 0부터 다시 시작하는 동작 과정을 보였다. 여기서 현재 자동 재저장 레지스터 TIMx_ARR은 36으로 설정되어 있다고 가정한다. 이때 프리스케일러가 0~36으로 동작하므로 분주비는 37로 된다.

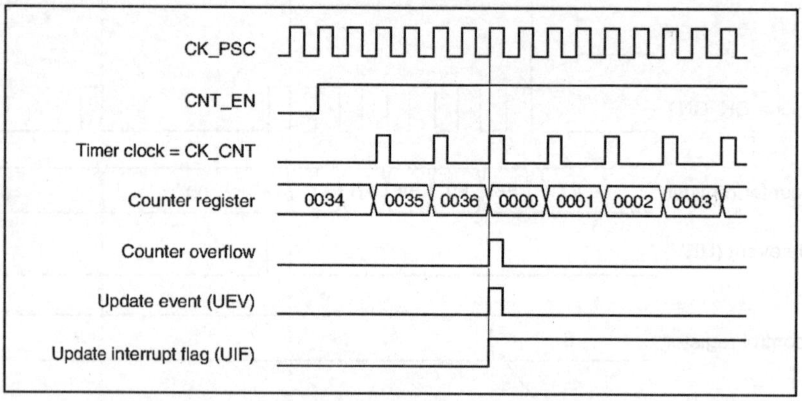

(a) 프리스케일러 분주비가 2인 경우

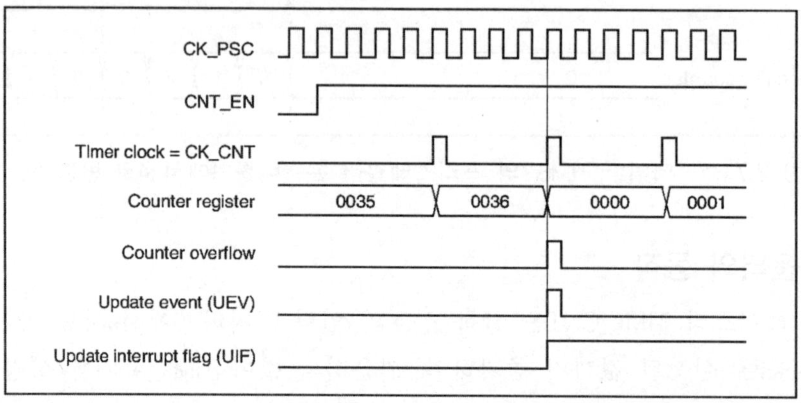

(b) 프리스케일러 분주비가 4인 경우

<그림 2.7.4> 업데이트 이벤트가 발생하였을 때 TIM6/7의 동작

동작 중에 자동 재저장 레지스터 TIMx_ARR의 값을 갱신하는 경우에는 프리로드 버퍼(preload buffer)를 사용할지 여부를 사용자가 선택할 수 있다. 즉, TIMx_CR1 레지스터에서 ARPE=1로 설정하면 사용자가 자동 재저장 레지스터 TIMx_ARR의 값을 변경하더라도 이는 즉시 적용되지 않고 버퍼에 저장되어 있다가 업데이트 이벤트가 발생

할 때 이 값이 해당 레지스터로 옮겨져서 갱신된다. 그러나, ARPE=0으로 설정하면 사용자가 자동 재저장 레지스터 TIMx_ARR의 값을 변경할 때 즉시 갱신된다.

<그림 2.7.5>에는 이 버퍼를 사용하지 않는 경우와 사용하는 경우에 각각 자동 재저장 레지스터 TIMx_ARR의 값을 0xF5에서 0x36으로 변경하는 동작을 보였다.

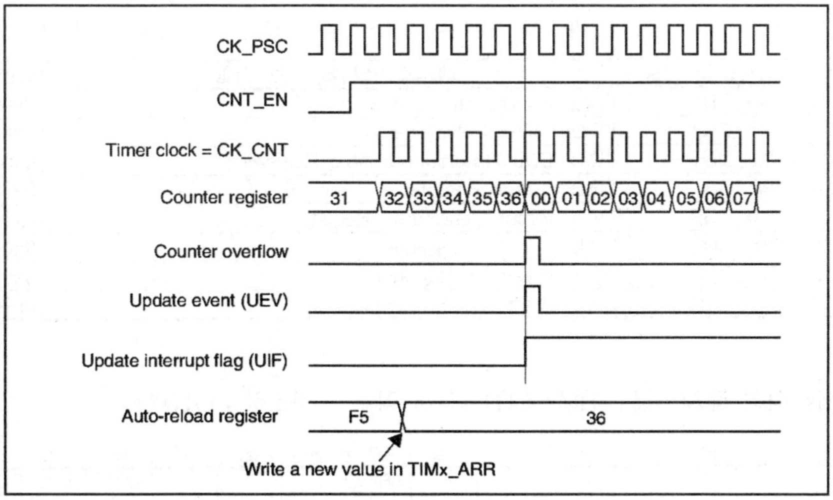

(a) ARPE=0으로 설정하여 프리로드 버퍼를 사용하지 않는 경우

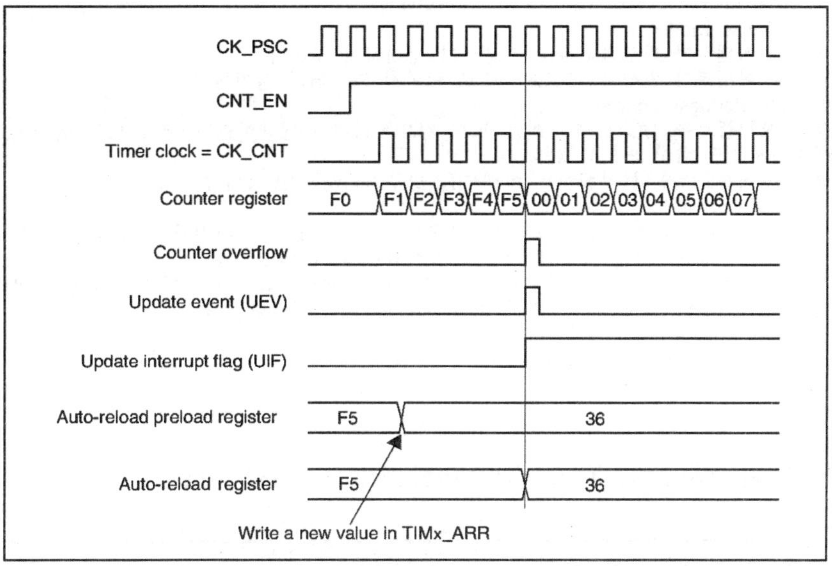

(b) ARPE=1로 설정하여 프리로드 버퍼를 사용하는 경우

<그림 2.7.5> 자동 재저장 레지스터 TIMx_ARR의 값을 변경하는 방법

3. 타이머 TIM6/7 관련 I/O 제어 레지스터

타이머 TIM6/7과 관련된 I/O 제어 레지스터는 <표 2.7.1>과 같이 각각 8개를 가지고 있는데, 이 레지스터들의 기능을 정리하면 아래와 같다.

<표 2.7.1> STM32F103VET6의 타이머 TIM6/7과 관련된 I/O 제어 레지스터 요약

어드레스	레지스터 이름	레지스터의 풀어 쓴 이름	리셋 후 초기값
0x4000_1?00	TIMx_CR1	TIMx Control Register 1 (x = 6, 7)	0x0000
0x4000_1?04	TIMx_CR2	TIMx Control Register 2	0x0000
0x4000_1?0C	TIMx_DIER	TIMx DMA/Interrupt Enable Register	0x0000
0x4000_1?10	TIMx_SR	TIMx Status Register	0x0000
0x4000_1?14	TIMx_EGR	TIMx Event Generation Register	0x0000
0x4000_1?24	TIMx_CNT	TIMx Counter Register	0x0000
0x4000_1?28	TIMx_PSC	TIMx Prescaler Register	0x0000
0x4000_1?2C	TIMx_ARR	TIMx Auto-Reload Register	0x0000

▣ TIMx 제어 레지스터1 TIMx_CR1 (리셋 직후 디폴트값 : 0x0000)

b15	b14	b13	b12	b11	b10	b9	b8	b7	b6	b5	b4	b3	b2	b1	b0
-	-	-	-	-	-	-	-	ARPE	-	-	-	OPM	URS	UDIS	CEN
-	-	-	-	-	-	-	-	rw	-	-	-	rw	rw	rw	rw

- ARPE : Auto-Reload Preload Enable
  0 = TIMx_ARR 레지스터의 프리로드 버퍼를 사용하지 않는다.
  1 = TIMx_ARR 레지스터의 프리로드 버퍼를 사용한다.
- OPM : One-Pulse Mode
  0 = 업데이트 이벤트가 발생하더라도 카운터가 정지하지 않는다.
  1 = 업데이트 이벤트가 발생하면 CEN=0으로 되면서 카운터가 정지한다.
- URS : Update Request Source
  0 = 카운터 오버플로우, UG=1, 슬레이브 모드 컨트롤러에서 업데이트 발생이 모두 업데이트 이벤트를 발생시켜서 UEV=1이 되도록 한다.
  1 = 카운터 오버플로우만이 업데이트 이벤트를 발생시켜서 UEV=1이 되도록 한다.
- UDIS : Update Disable
  0 = URS 비트로 설정된 조건이 만족될 때 업데이트 이벤트를 발생시켜서 UEV=1이 되며, 이때 프리로드 버퍼에 저장되어 있던 값들이 해당 레지스터로 옮겨진다.
  1 = 업데이트 이벤트의 발생을 금지한다. 그러나, 이 경우에도 업데이트 이벤트 조건이 만족되면 카운터와 프리스케일러 레지스터는 다시 초기화되어 0부터 시작한다.
- CEN : Counter Enable
  0 = TIMx의 카운터 동작을 금지한다.
  1 = TIMx의 카운터 동작을 허용한다.

▣ TIMx 제어 레지스터2 TIMx_CR2 (리셋 직후 디폴트값 : 0x0000)

b15	b14	b13	b12	b11	b10	b9	b8	b7	b6	b5	b4	b3	b2	b1	b0
-	-	-	-	-	-	-	-	-	MMS[2:0]			-	-	-	-
-	-	-	-	-	-	-	-	-	rw	rw	rw	-	-	-	-

- MMS[2:0] : Master Mode Selection
  이 비트는 마스터 모드로 사용되는 타이머에서 슬레이브 모드로 사용되는 타이머에게 동기를 취하기 위한 신호 TRGO를 보내는 방법을 설정한다.

000 = Reset. TIMx_EGR 레지스터의 UG 비트가 트리거 출력 신호 TRGO를 발생한다.
001 = Enable. TIMx_CR1 레지스터의 CEN 비트가 CNT_EN 신호로서 사용되어 트리거 출력 신호 TRGO를 발생한다.
010 = Update. 업데이트 이벤트가 트리거 출력 신호 TRGO를 발생한다. 이렇게 하면 마스터 타이머를 슬레이브 타이머의 프리스케일러로 사용할 수 있다.

▣ TIMx DMA/인터럽트 허용 레지스터 TIMx_DIER (리셋 직후 디폴트값 : 0x0000)

b15	b14	b13	b12	b11	b10	b9	b8	b7	b6	b5	b4	b3	b2	b1	b0
-	-	-	-	-	-	-	UDE	-	-	-	-	-	-	-	UIE
-	-	-	-	-	-	-	rw	-	-	-	-	-	-	-	rw

• UDE : Update DMA Request Enable
0 = 업데이트 이벤트에서 DMA를 발생하는 것을 금지한다.
1 = 업데이트 이벤트에서 DMA를 발생하는 것을 허용한다.
• UIE : Update Interrupt Request Enable
0 = 업데이트 이벤트에서 인터럽트를 발생하는 것을 금지한다.
1 = 업데이트 이벤트에서 인터럽트를 발생하는 것을 허용한다.

▣ TIMx 상태 레지스터 TIMx_SR (리셋 직후 디폴트값 : 0x0000)

b15	b14	b13	b12	b11	b10	b9	b8	b7	b6	b5	b4	b3	b2	b1	b0
-	-	-	-	-	-	-	-	-	-	-	-	-	-	-	UIF
-	-	-	-	-	-	-	-	-	-	-	-	-	-	-	rc_w0

• UIF : Update Interrupt Flag
0 = 업데이트 이벤트가 발생하지 않았다.
1 = 업데이트 이벤트가 발생하였다. TIMx_CR1 레지스터에서 UDIS=0으로 설정되어 있을 때 카운터 오버플로우가 발생하면 이 비트가 1로 세트된다.

▣ TIMx 이벤트 발생 레지스터 TIMx_EGR (리셋 직후 디폴트값 : 0x0000)

b15	b14	b13	b12	b11	b10	b9	b8	b7	b6	b5	b4	b3	b2	b1	b0
-	-	-	-	-	-	-	-	-	-	-	-	-	-	-	UG
-	-	-	-	-	-	-	-	-	-	-	-	-	-	-	w

• UG : Update Event Generation
0 = 아무런 동작도 수행하지 않는다.
1 = 강제로 업데이트 이벤트를 발생하며, 카운터와 프리스케일러 레지스터를 클리어하여 0부터 다시 동작하도록 한다.

▣ TIMx 카운터 레지스터 TIMx_CNT (리셋 직후 디폴트값 : 0x0000)

b15	b14	b13	b12	b11	b10	b9	b8	b7	b6	b5	b4	b3	b2	b1	b0
CNT[15:0]															
rw	rw	rw	rw	rw	rw	rw	rw	rw	rw	rw	rw	rw	rw	rw	rw

• CNT[15:0] : Counter Value
타이머 TIMx의 16비트 카운터 값이다.

▣ TIMx 프리스케일러 레지스터 TIMx_PSC (리셋 직후 디폴트값 : 0x0000)

b15	b14	b13	b12	b11	b10	b9	b8	b7	b6	b5	b4	b3	b2	b1	b0
PSC[15:0]															
rw	rw	rw	rw	rw	rw	rw	rw	rw	rw	rw	rw	rw	rw	rw	rw

- PSC[15:0] : Prescaler Value
  클록 CK_PSC를 분주하여 타이머 TIMx의 16비트 카운터에 $f_{CK\_CNT} = f_{CK\_PSC}$ / (PSC[15:0] + 1)의 주파수로 공급하는 클록 분주 레지스터 값이다.

▣ TIMx 자동 재저장 레지스터 TIMx_ARR (리셋 직후 디폴트값 : 0x0000)

b15	b14	b13	b12	b11	b10	b9	b8	b7	b6	b5	b4	b3	b2	b1	b0
ARR[15:0]															
rw	rw	rw	rw	rw	rw	rw	rw	rw	rw	rw	rw	rw	rw	rw	rw

- ARR[15:0] : Auto-Reload Value
  타이머 TIMx의 16비트 카운터 레지스터 값이 이 값보다 더 커지면 오버플로우가 되면서 업데이트 이벤트가 발생한다. 이 값을 0으로 설정하면 TIMx 카운터의 동작이 정지된다.

2.8 동기 및 비동기 직렬통신 포트(USART)

이 절에서는 STM32F103VET6에 내장되어 있는 3개의 USART와 2개의 UART 직렬통신 포트의 구조와 기능에 대하여 알아보기로 한다.

1. USART 직렬통신 포트의 개요

STM32F103VET6에는 서로 매우 유사한 기능을 갖는 3개의 USART(Universal Synchronous Asynchronous Receiver Transmitter) 직렬통신 포트 USART1~3과 2개의 UART(Universal Asynchronous Receiver Transmitter) 직렬통신 포트 UART4~5를 내장하고 있는데, 이것들은 동기 또는 비동기 전송 모드에서 모두 전이중 통신이 가능하며, 내부의 보레이트 발생기를 이용하여 4.5 Mbit/s까지의 전송을 수행할 수 있다. 3개의 USART와 2개의 UART 직렬통신 포트는 <표 2.8.1>에 요약한 것처럼 기능이 서로 약간 다르다.

〈표 2.8.1〉 USART 및 UART 직렬통신 포트의 기능 비교

항 목	USART1 USART2 USART3	UART4	UART5
Syncronous mode	○	×	×
Smartcard mode	○	×	×
Hardware flow control for MODEM	○	×	×
Multibuffer communication using DMA	○	○	×
Multiprocessor communication	○	○	○
Single-wire half-duplex communication	○	○	○
IrDA SIR ENDEC block	○	○	○
LIN mode	○	○	○
Overrun error detection	○	○	○
Noise error detection	○	○	○
Frame error detection	○	○	○
Parity error detection	○	○	○
Data length	8~9 bits	8~9 bits	8~9 bits
Stop bits	0.5, 1, 1.5, 2	1, 2	1, 2

STM32F103VET6의 USART 직렬통신 포트가 동기 통신 모드로 사용되는 경우에는 SPI 마스터 모드와 매우 유사한 동작을 수행하며 CK 단자를 통하여 동기 클록신호를 출력한다. 비동기 통신 모드로 사용되는 경우 전송 데이터는 8~9비트로 설정하고

스톱 비트는 0.5, 1, 1.5, 2비트로 설정할 수 있으며, 전송중에 패리티 비트를 사용하지 않을 수도 있고 짝수 또는 홀수 패리티(even or odd parity)를 임의로 설정하여 사용할 수도 있다. 수신 동작에서는 패리티 에러(parity error), 프레임 에러(frame error), 오버런 에러(overrun error)와 잡음을 검출하는 기능을 가지고 있다.

또한, USART 및 UART 포트에는 송수신 동작에서 어드레스 비트를 사용하여 멀티프로세서 통신을 지원하고, 하드웨어 흐름 제어 기능을 가지며, 이외에도 IrDA 모드, LIN 모드 등을 지원한다. 이들 직렬통신 포트는 연속적인 고속 데이터 송수신을 위하여 DMA와 연계된 기능을 수행할 수 있다.

STM32F103VET6의 USART 직렬통신 포트가 가지는 주요 기능 및 특징을 요약하면 아래와 같다.

- NRZ 표준 포맷의 비동기 전이중 통신을 기본으로 사용할 수 있다.
- 최고 4.5 Mbit/s의 통신속도가 가능하다.
- 1문자의 길이를 8, 9비트 중의 하나로 설정할 수 있다.
- 문자의 전송이 항상 LSB부터 시작한다.
- 스톱 비트를 0.5, 1, 1.5, 2비트로 설정할 수 있다.(UART4~5에서는 1, 2비트만 사용)
- 데이터를 수신할 때 16배속 클록으로 오버샘플링을 사용한다.
- 1개의 신호선으로 반이중 통신을 사용할 수 있다.
- SPI와 유사한 동기 모드를 사용할 있으며, 이때는 CK 클록 출력신호를 사용한다.
- DMA와 연계된 고속 데이터 전송이 가능하다.
- 송신부와 수신부를 개별적으로 허용할 수 있다.
- 송신 버퍼 empty, 수신 버퍼 full, busy, 전송 완료 등의 상태를 체크할 수 있다.
- 오버런 에러, 잡음 에러, 프레임 에러, 패리티 에러 등을 검출할 수 있다.
- 총 10개의 인터럽트 소스를 가지고 있다.
- 어드레스가 일치하는지를 조사하여 멀티프로세서 통신이 가능하다.
- 수신부에서 idle line이나 어드레스를 검출하여 슬립 모드에서 깨어나는 기능이 가능하다.
- 확장 기능으로서 LIN 통신이나 IrDA 통신이 가능하다.
- 확장 기능으로서 스마트 카드 모드를 사용할 수 있다.

2. USART 직렬통신 포트의 구조와 동작

<그림 2.8.1>에 USART 직렬통신 포트의 내부 구성 블록도를 보였다. 직렬통신 포트 USART1은 PCLK2 클록을 사용하며, USART2~3과 UART4~5는 PCLK1 클록을 사용하여 동작한다.

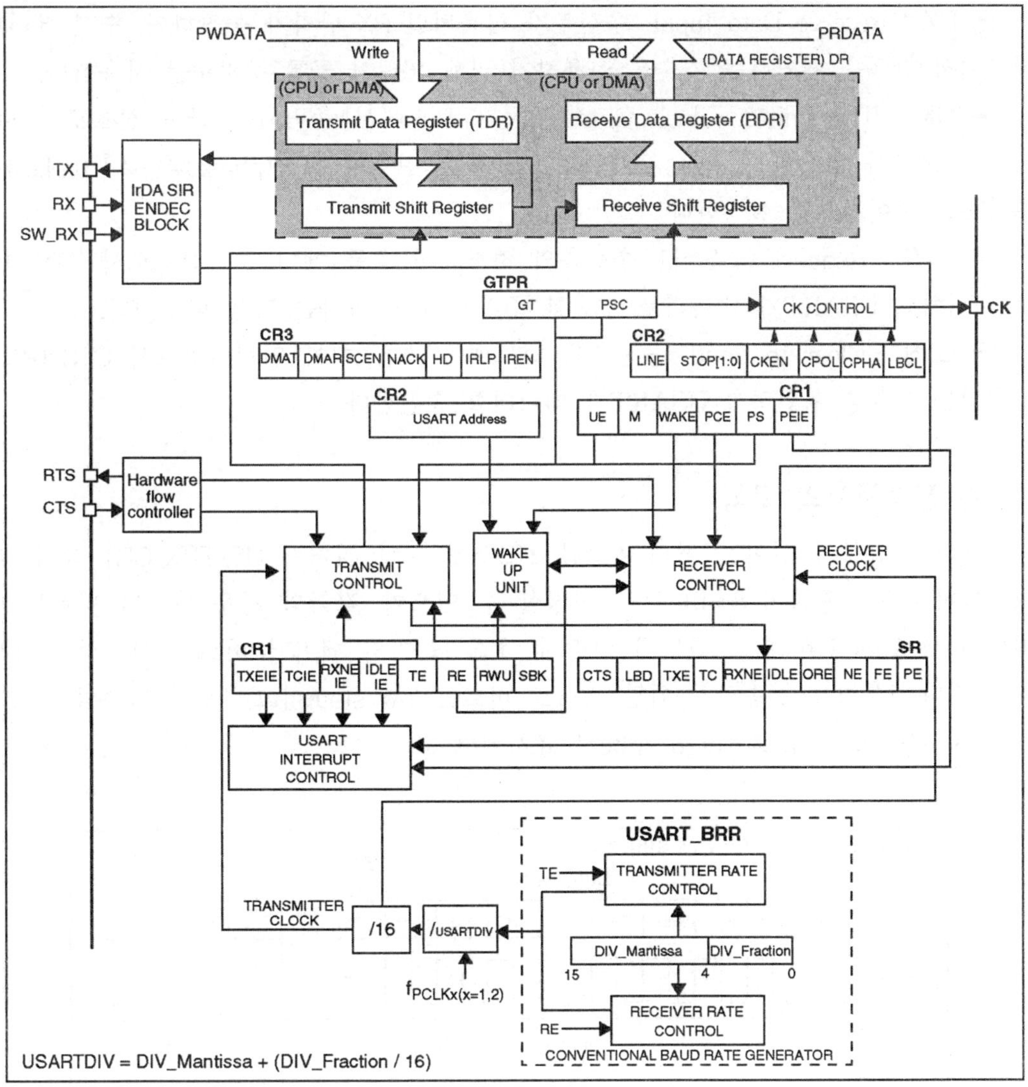

〈그림 2.8.1〉 USARTx 직렬통신 포트의 구성 블록도

(1) 핀의 기능

USART에서는 기본적으로 TX와 RX 단자가 사용되며, 동기 모드에서는 추가로 클록 출력단자 CK가 사용되고, 하드웨어 흐름 제어에서는 CTS, RTS 신호가 사용된다.

▣ TX : Transmit Data Output. 송신부가 허용되면 TX 단자가 동작하며, 통신이 수행되지 않는 대기 상태에서는 이 신호에 high 레벨이 출력된다. 싱글 와이어 모드와 스마트 카드 모드에서는 이 단자가 송신 및 수신을 모두 수행한다.

■ RX : Receive Data Input. 수신부가 허용되면 RX 단자가 동작하며, 수신 데이터 비트에서 잡음을 제거하는 기술을 적용하기 위해 16배의 클록 주파수를 사용한다.

■ CK : Transmitter Clock Output. 동기 모드에서 출력되는 클록 신호로서 SPI 마스터 모드와 비슷한 동작을 수행하며, 이 클록 신호의 위상(phase)과 극성(polarity)은 소프트웨어적으로 설정한다.

■ RTS : Request to Send. 수신측의 하드웨어 흐름 제어 출력신호로서 RTS=0으로 출력하면 USART가 데이터를 수신할 준비가 되어 있다는 것을 나타낸다.

■ CTS : Clear to Send. 송신측의 하드웨어 흐름 제어 입력신호로서 CTS=0으로 입력되는 신호를 확인하고 USART가 데이터를 송신한다.

(2) 전송문자의 구성

1개의 전송문자 길이는 아래 <그림 2.8.2>에 보인 것처럼 USARTx_CR1 레지스터의 M 비트를 사용하여 8~9비트로 설정할 수 있으며, 각각의 경우 마지막 비트는 패리티 비트로 사용될 수도 있는데 이렇게 하면 1문자의 데이터 비트는 사실상 7~8비트로 된다. 1문자를 전송하기 위한 스타트 비트는 low state이고, 1문자 전송의 마지막에 위치하는 스톱 비트는 high state로 표시된다.

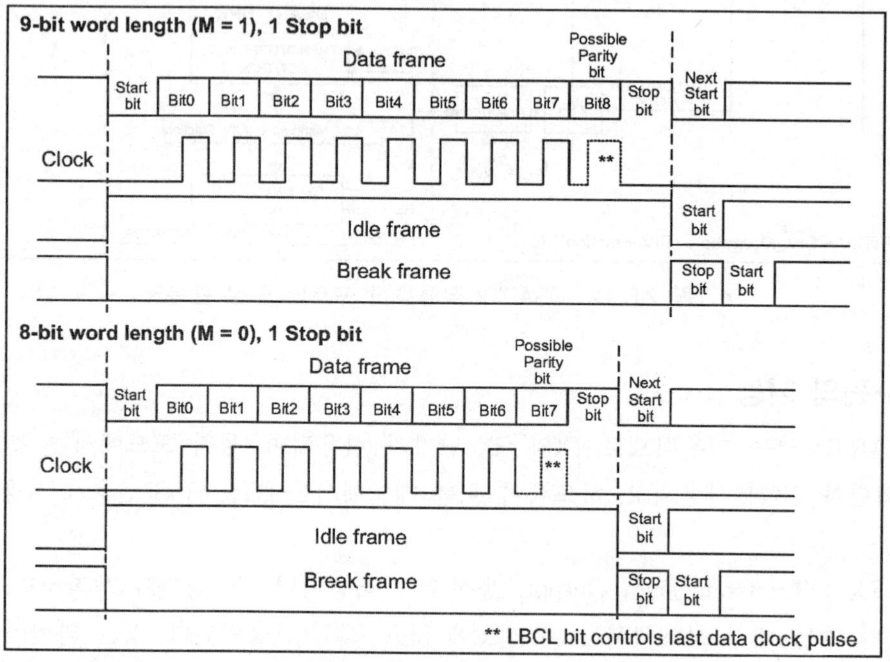

<그림 2.8.2> USARTx 직렬통신 포트에서 전송문자의 1개의 길이

아이들 문자(idle character)는 1프레임의 모든 데이터 비트가 1로 구성되는 문자이며 그 뒤에는 스톱 비트와 다음 프레임의 스타트 비트가 이어진다. 또한, 브레이크 문자(break character)는 1프레임의 모든 데이터 비트가 0으로 구성되는 문자이며, 그 뒤에는 1 또는 2개의 스톱 비트와 다음 프레임의 스타트 비트가 이어진다.

동기 모드에서는 TX 신호뿐만 아니라 CK 단자를 사용하여 클록 신호를 함께 출력하는데 1문자의 마지막 비트에 해당하는 클록의 출력 여부는 USARTx_CR2 레지스터의 LBCL 비트로 지정한다.

송신부와 수신부는 모두 동일한 보레이트 발생기에 의한 클록 신호를 사용하여 구동되며, 각 클록은 개별적으로 허용될 수 있다.

(3) 송신부의 동작

USARTx_CR1 레지스터에서 TE=1로 설정하면 송신부가 동작하고 TX 신호가 활성화된다. 송신 버퍼인 USARTx_DR 레지스터를 거쳐서 시프트 레지스터에 옮겨진 송신 데이터는 TX 단자를 통하여 직렬로 출력되고, 동기 모드에서는 CK 클록 신호도 함께 출력된다.

송신은 처음에 1개의 스타트 비트로 시작하며, 데이터 비트들이 LSB부터 차례로 전송되고, 마지막에 지정된 수의 스톱 비트가 전송된다. 데이터 비트는 8~9비트를 사용할 수 있는데, 만약 패리티 비트를 사용하도록 설정하면 데이터 비트의 MSB는 패리티 비트로 바뀌므로 실제 데이터 비트는 7~8비트가 된다. USART1~3에서는 스톱 비트의 길이는 0.5, 1, 1.5, 2비트 중에서 1가지를 선택할 수 있고, UART4~5에서는 스톱 비트로 1, 2비트 중에서 1가지를 선택할 수 있다.

USART의 송신부를 초기화하고 데이터를 송신하는 절차를 요약하면 다음과 같다.

① USARTx_CR1 레지스터에서 UE=1로 하여 USARTx의 동작을 허용한다.

② USARTx_CR1 레지스터에서 M 비트를 사용하여 1문자의 길이를 지정한다.

③ USARTx_CR2 레지스터에서 STOP[1:0] 비트를 사용하여 스톱 비트의 수를 지정한다.

④ 만약 멀티버퍼(multibuffer) 통신을 사용하려면 USARTx_CR3 레지스터에서 DMAT=1로 하여 DMA를 허용한다.

⑤ USARTx_BRR 레지스터를 사용하여 보레이트를 설정한다.

⑥ USARTx_CR1 레지스터에서 TE=1로 하여 송신부의 동작을 허용하고 idle frame이 전송되는 상태로 한다.

⑦ USARTx_DR 레지스터에 송신할 데이터를 라이트한다. 그러면 USARTx_SR 레지스터에서 TXE=0으로 된다. 1문자씩 여러번 전송할 경우에는 TXE=1이 되는 것을 확인하고 USARTx_DR 레지스터에 송신할 데이터를 라이트하는 과정을 필요한 횟수만큼 반복한다.

⑧ 전송할 마지막 문자를 USARTx_DR 레지스터에 라이트하고 USARTx_SR 레지스터에서 TC=1이 되면 이것은 모든 송신이 완료되고 송신 버퍼가 비어 TXE=1이 되었다는 것을 의미한다.

USARTx_CR1 레지스터에서 TE=1로 설정하면 송신부가 동작을 시작하고 TX 신호에는 계속 idle frame을 출력하므로 TX 신호가 high 상태로 유지된다.

USARTx_CR1 레지스터에서 SBK=1로 설정하면 브레이크 문자가 출력된다. 하나의 break frame은 스타트 비트와 M 비트로 지정된 대로 8~9개의 '0' 비트, 그리고 STOP[1:0] 비트로 지정된 1~2개의 스톱 비트로 구성된다.

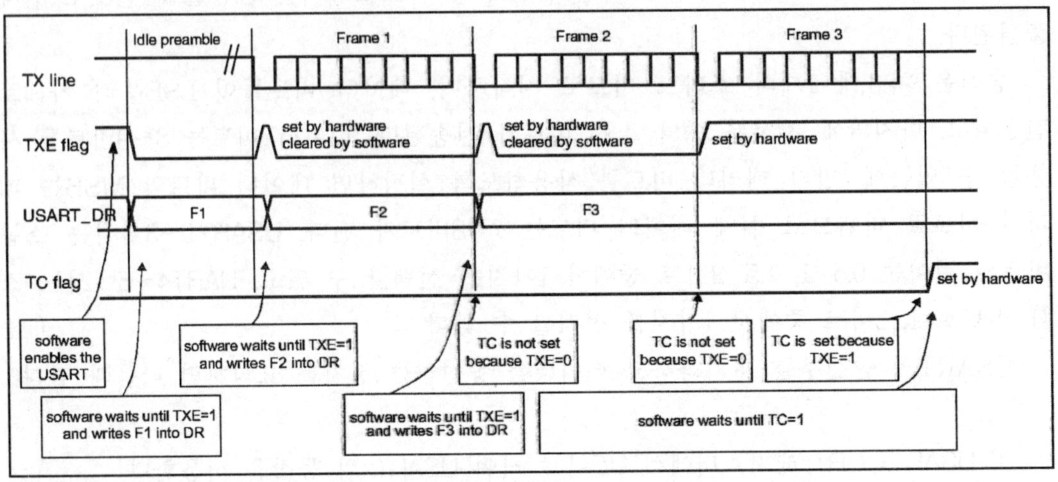

〈그림 2.8.3〉 USARTx 직렬통신 포트의 송신부 동작

(4) 수신부의 동작

USARTx_CR1 레지스터에서 RE=1로 설정하면 수신부가 동작하고 RX 신호가 활성화된다. 시프트 레지스터에 1문자가 수신되면 이것은 즉시 수신 버퍼인 USARTx_DR 레지스터에 옮겨지고 RXNE=1로 표시된다.

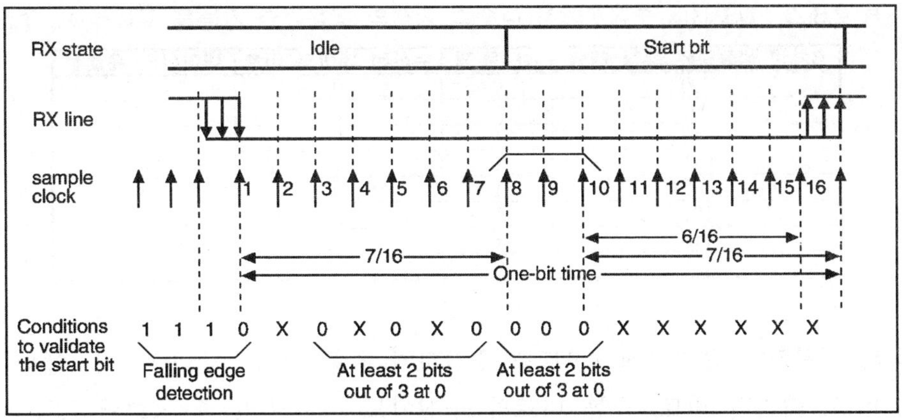

<그림 2.8.4> USARTx 수신부에서 스타트 비트의 검출

수신은 처음에 스타트 비트를 인식하는 것으로부터 시작된다. 스타트 비트는 <그림 2.8.4>에 보인 것처럼 하강 에지가 입력된 이후 16개의 클록 주기 동안에 검출되는데, 다음과 같이 2가지의 조건이 충족되어야만 스타트 비트가 제대로 인식된다.

첫번째 조건은 스타트 비트의 하강 에지가 입력되고 나서 3번째, 5번째, 7번째 클록에서 검출된 로직 레벨이 모두 0이어야 하며, 두번째 조건은 8번째, 9번째, 10번째 클록에서 검출된 로직 레벨이 모두 0이어야 한다.

만약 이들 조건에서 검출한 3개의 값이 모두 0이라면 이것은 정상적인 스타트 비트로 처리한다. 그러나, 검출한 3개의 값 중에서 2개만 0이라면 이것을 스타트 비트로 처리하기는 하지만 스타트 비트에 잡음이 포함되어 있다고 판단하여 상태 레지스터에 NE=1로 표시한다. 또한, 검출한 3개의 값 중에서 1개 이하만 0이라면 이것은 스타트 비트가 아니라고 판단하여 상태 레지스터에서 NE=0으로 유지하고 수신부는 idle state로 되돌아간다.

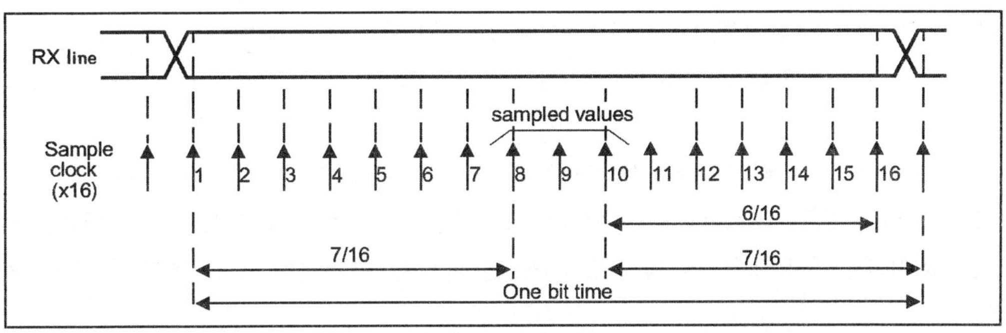

<그림 2.8.5> USARTx 수신부에서 데이터 비트의 검출

<표 2.8.2> USARTx 수신부에서 다수결 방식의 잡음검출 기능을 갖는 비트 수신

3차례 샘플링된 로직 레벨	NE 플랙	수신된 데이터 비트	데이터의 유효성
000	0	0	○
001	1	0	×
010	1	0	×
011	1	1	×
100	1	0	×
101	1	1	×
110	1	1	×
111	0	1	○

잡음과 구분하여 올바르게 1비트를 수신하기 위한 기법은 스타트 비트뿐만 아니라 데이터 비트, 패리티 비트, 스톱 비트의 수신에도 적용된다. 즉, <그림 2.8.5>와 <표 2.8.2>에 보인 것처럼 1비트를 인식하기 위한 16개의 주파수 클록 중에서 8번째, 9번째, 10번째 클록에서 검출된 로직 레벨을 다수결로 결정하여 수신 비트를 인식한다. 이렇게 비트를 다수결로 처리할 때 3번 검출된 로직 레벨이 1가지 값으로 일치하지 않으면 잡음이 포함된 것이므로 상태 레지스터에 NE=1로 표시하며, 다수결로 처리하여 수신된 결과가 USARTx_DR 레지스터에 저장된다.

만약, 수신부에서 RXNE=0으로 되기 전에 또 하나의 문자가 수신되면 오버런 에러(overrun error)가 되어 ORE=1로 된다. 또한, 수신부에서 스톱 비트의 값이 1이 아니라 0으로 검출되면 프레임 에러(frame error)가 되어 FE=1로 된다.

패리티 체크 기능을 사용하려면 USARTx_CR1 레지스터에서 PCE=1로 설정하고 PS 비트로 우수 패리티(even parity) 방식이나 기수 패리티(odd parity) 방식을 선택한다. 패리티를 사용하게 되면 데이터 비트의 최상위 비트가 패리티 비트로 동작하게 되는데, 송신부에서는 패리티 비트를 계산하여 함께 전송하고 수신부에서는 데이터 비트로부터 계산된 패리티 값과 수신된 패리티 비트를 비교하여 만약 이것이 서로 일치하지 않으면 패리티 에러(parity error)가 되어 PE=1로 된다.

수신부에서 idle frame을 수신하면 이는 정상적인 수신 데이터로 처리된다. 그러나, 브레이크 문자를 수신하면 USART는 이를 프레임 에러로 처리한다.

USART의 수신부를 초기화하고 데이터를 수신하는 절차를 요약하면 다음과 같다.

① USARTx_CR1 레지스터에서 UE=1로 하여 USARTx의 동작을 허용한다.

② USARTx_CR1 레지스터에서 M 비트를 사용하여 1문자의 길이를 지정한다.

③ USARTx_CR2 레지스터에서 STOP[1:0] 비트를 사용하여 스톱 비트의 수를 지정한다.

④ 만약 멀티버퍼 통신을 사용한다면 USARTx_CR3 레지스터에서 DMAT=1로 하여

DMA를 허용한다.

⑤ USARTx_BRR 레지스터를 사용하여 보레이트를 설정한다.

⑥ USARTx_CR1 레지스터에서 RE=1로 하여 수신부의 동작을 허용하고 스타트 비트를 검출하기 위하여 대기하는 idle state로 한다.

⑦ USARTx_SR 레지스터에서 RXNE=1로 되면 시프트 레지스터에서 수신된 문자가 USARTx_DR 레지스터로 복사된 것이므로 이를 읽으면 된다. 이때 패리티 에러가 발생했는지 여부를 PE 비트로 확인하는 것이 좋으며, 수신 과정에서는 이밖에도 프레임 에러나 오버런 에러, 잡음 등이 검출될 수 있으므로 확인하는 것이 좋다.

⑧ 수신된 문자를 USARTx_DR 레지스터에서 읽으면 RXNE=0으로 되며, 이 비트가 다시 세트되는 것을 확인하여 반복적으로 수신 문자를 읽을 수 있다.

(5) 보레이트 발생기

8개의 직렬통신 포트 중에서 USART1은 PCLK2 클록을 사용하고, USART2~3과 UART4~5는 PCLK1 클록을 사용한다. *OK-STM103* 키트에서는 PCLK1 주파수를 36MHz로 설정하고, PCLK2 주파수를 72MHz로 설정하여 사용한다.

보레이트 발생기(baud rate generator)는 USART의 송신부와 수신부에 클록 신호를 공급하는 회로로서 UE=1인 상태에서 USARTx_BRR 레지스터를 사용하여 초기화한다. STM32F103VET6에서는 16배속 모드를 사용하므로 보레이트가 다음과 같이 결정된다.

$$\text{Tx/Rx baud} = f_{CK} / (16 \times \text{USARTDIV})$$

이렇게 하여 계산된 분주비 USARTDIV 값을 USARTx_BRR 레지스터에 설정할 경우에는 정수부(mantissa)로 12비트, 소수부(fraction)로 4비트로 구성되는 고정 소수점 방식의 실수(unsigned fixed-point real number)를 사용하므로 주의가 필요하다.

예를 들어 USART2에 클록 소스가 f_{CK}=36MHz로 공급되고 있을 때 230400 bps의 전송속도를 설정하려면 USARTDIV = 36000000 / (16×230400) = 9.765625로 계산되므로 USARTx_BRR 레지스터에서 정수부에는 DIV_Mantissa[11:0] = 9 = 0x009로 설정한다. 또한, 16×0.765625 = 12.25 ≒ 12이므로 USARTx_BRR 레지스터에서 소수부에는 DIV_Fraction[3:0] = 12 = 0xC로 설정한다. 따라서, USARTx_BRR 레지스터는 0x009C로 설정해야 한다.

또 다른 예로서 UART4에 클록 소스가 f_{CK}=36MHz로 공급되고 있을 때 19200 bps

의 전송속도를 설정하려면 USARTDIV = 36000000 / (16×19200) = 117.1875로 계산되므로 USARTx_BRR 레지스터에서 정수부에는 DIV_Mantissa[11:0] = 117 = 0x075로 설정한다. 또한, 16×0.1875 = 3이므로 소수부에는 DIV_Fraction[3:0] = 3 = 0x3으로 설정한다. 따라서, USARTx_BRR 레지스터는 0x0753으로 설정해야 한다.

OK-STM103 키트에서 72MHz의 PCLK2를 사용하는 USART1과 36MHz를 사용하는 그 나머지 포트들에 여러가지의 표준 전송속도에 대하여 보레이트 레지스터를 설정하는 값과 그때 실제로 설정되는 보레이트의 오차를 계산하여 정리하면 <표 2.8.3>과 같다.

<표 2.8.3> USART 직렬통신 포트에서 보레이트 발생

보레이트 (bps)	f_{CK}=72MHz의 경우 (USART1)			f_{CK}=36MHz의 경우 (USART2, USART3, UART4, UART5)		
	실제 보레이트	USARTx_BRR값	오차(%)	실제 보레이트	USARTx_BRR값	오차(%)
2,400	2,400	**1875.0 = 0x7530**	+0.00%	2,400	**937.5 = 0x3A98**	+0.00%
4,800	4,800	**937.5 = 0x3A98**	+0.00%	4,800	**468.75 = 0x1D4C**	+0.00%
9,600	9,600	**468.75 = 0x1D4C**	+0.00%	9,600	**234.375 = 0x0EA6**	+0.00%
19,200	19,200	**234.375 = 0x0EA6**	+0.00%	19,200	**117.1815 = 0x0753**	+0.00%
38,400	38,400.00	**117.1875 = 0x0753**	+0.00%	38,379.53	**58.59375 = 0x03AA**	−0.05%
57,600	57,600.00	**78.125 = 0x04E2**	+0.00%	57,600	**39.0625 = 0x0271**	+0.00%
115,200	115,200.00	**39.0625 = 0x0271**	+0.00%	115,015.97	**19.53125 = 0x0139**	−0.16%
230,400	230,031.95	**19.53125 = 0x0139**	−0.16%	230,769.23	**9.765625 = 0x009C**	+0.16%
460,800	461,538.46	**9.765625 = 0x009C**	+0.16%	461,538.46	**4.8828125 = 0x004E**	+0.16%
921,600	923,076.92	**4.8828125 = 0x004E**	+0.16%	923,076.92	**2.44140625 = 0x0027**	+0.16%
1,125,000	1,125,000.00	**4.0 = 0x0040**	+0.00%	1,125,000.00	**2.0 = 0x0020**	+0.00%
2,250,000	2,250,000.00	**2.0 = 0x0020**	+0.00%	2,250,000.00	**1.0 = 0x0010**	+0.00%
4,500,000	4,500,000.00	**1.0 = 0x0010**	+0.00%	–	–	–

USART가 비동기 모드로 동작할 경우에 수신측의 클록 주파수가 너무 큰 오차를 갖는다면 송신측과 수신측의 보레이트가 서로 맞지 않아서 정상적인 통신이 불가능하게 될 수 있다. 따라서, 통신 오류를 줄이려면 수신측의 보레이트 발생기에서 사용하는 클록 주파수는 가급적 정확한 주파수를 사용해야 한다. 수신측의 보레이트 발생기에서 허용되는 최대 주파수 오차에 영향을 주는 요인에는 송신측의 주파수 오차, 수신측의 보레이트 양자화 오차, 전송선에서 데이터 신호의 상승 시간 및 하강 시간 등이 있다. 1문자의 데이터 길이, 각 비트를 수신할 때 3번 샘플링하여 다수결 원칙으로 인식하는 잡음제거 기능의 사용 여부 등에 따라 달라지기는 하지만 수신측의 보레이트 발생기에 사용되는 클록의 오차는 최대 ±2~3%를 넘지 않는 것이 바람직하다.

(6) 동기 모드

USART의 동기 모드는 다른 기기와 USART 방식으로 직렬통신을 수행하기 위한 것이 아니라 <그림 2.8.6>에 보인 것처럼 다른 기기와 SPI 방식으로 직렬통신을 수행하는 특이한 모드이다. 여기서는 TX, RX 신호뿐만 아니라 CK 신호도 사용한다. 이러한 동기 모드는 USARTx_CR2 레지스터에서 CLKEN=1로 설정하면 개시되며, 이때는 반드시 USARTx_CR2 레지스터에서 LINEN=0이어야 하고 USARTx_CR3 레지스터에서 SCEN=HDSEL=IREN=0이어야 한다.

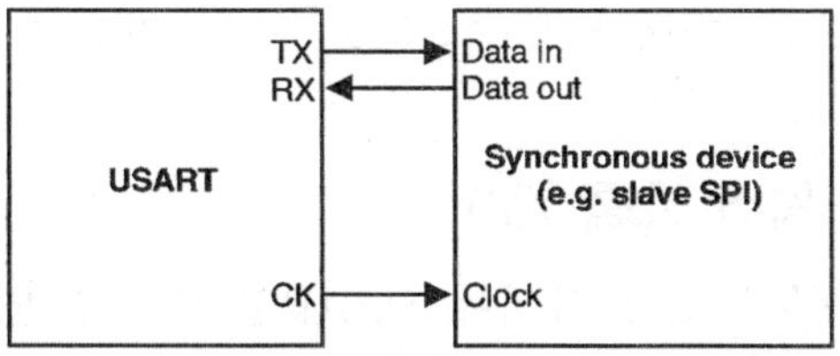

〈그림 2.8.6〉 USART에서 동기 모드 직렬통신의 개요

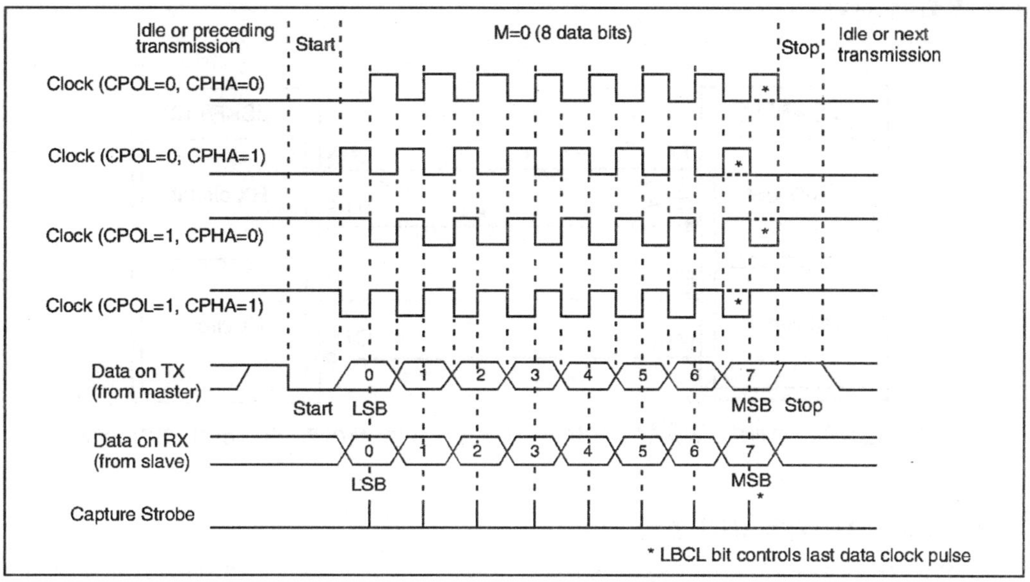

〈그림 2.8.7〉 USART에서 동기 모드의 동작 타이밍(데이터 비트가 8인 경우)

동기 모드에서 USART는 마스터로서 CK 신호를 출력하면서 양방향의 데이터 전송을 제어한다. USARTx_CR2 레지스터의 LBCL 비트에 따라 마지막 비트의 클록 신호는 출력할 수도 있고 출력하지 않을 수도 있다. 클록 신호는 SPI 통신에서처럼 USARTx_CR2 레지스터의 CPOL, CPHA 비트를 사용하여 극성과 위상을 지정한다.

동기 모드에서 USART는 CK 신호를 추가로 사용하는 것 이외에는 비동기 모드와 거의 유사한 방법으로 데이터를 송신한다. 그러나, 동기 모드에서는 SPI 통신처럼 동작하기 위하여 <그림 2.8.7>과 같이 송신측에서 데이터 비트를 송신할 때만 클록 신호를 함께 출력하고 스타트 비트와 스톱 비트를 보내는 경우에는 클록 신호를 출력하지 않으므로 수신측에서 스타트 비트와 스톱 비트는 수신하지 않고 무시하게 된다.

이와 같이 동기 모드에서 데이터 수신 동작은 비동기 모드와 다르다. 데이터 수신부의 동작은 RE=1로 허용되며, CPOL, CPHA 비트로 지정된 방식에 따라 외부 클록신호 CK에 의하여 동기식으로 데이터가 수신되고, 잡음 검출 기능은 사용되지 않는다.

(7) USART의 하드웨어 흐름 제어

2개의 STM32F103VET6 소자 사이에 USART 포트를 통하여 핸드세이킹을 사용한 직렬 데이터 전송이 가능하다. 이때는 CTS 입력 신호와 RTS 출력 신호가 사용되는데, 이것들을 사용하려면 USARTx_CR3 레지스터에서 각각 CTSE=1 및 RTSE=1로 설정해야 한다.

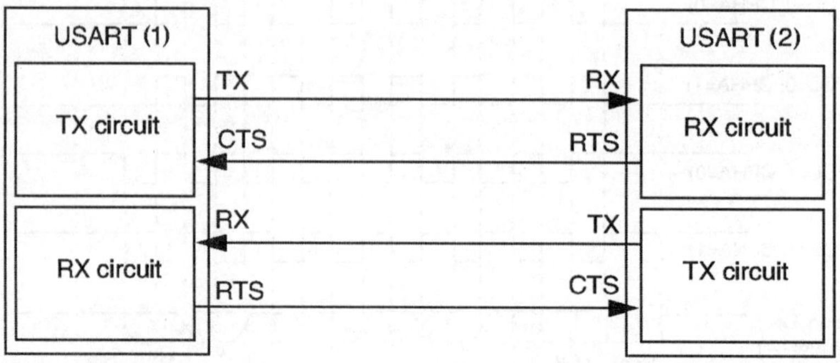

<그림 2.8.8> 2개의 USART 사이에 하드웨어 흐름 제어를 수행하기 위한 연결

▣ USART 송신측의 CTS 흐름 제어

CTSE=1로 설정하여 CTS 흐름 제어를 허용하면 송신측에서 데이터를 송신하기 전에 하드웨어적으로 수신측으로부터 CTS=0으로 신호가 입력되는지 확인한다. 이렇게 하여 송신 동작이 진행되는 동안에 CTS=1로 신호가 바뀌더라도 현재 송신중인 문자는 전송을 완료한 후에 송신측의 동작이 정지된다. CTS=0으로 신호가 입력되는 동안에는 상태 레지스터에서 CTSIF=1로 표시되는데, 이것은 수신측에서 데이터를 수신할 준비가 되어 있다는 것을 의미한다.

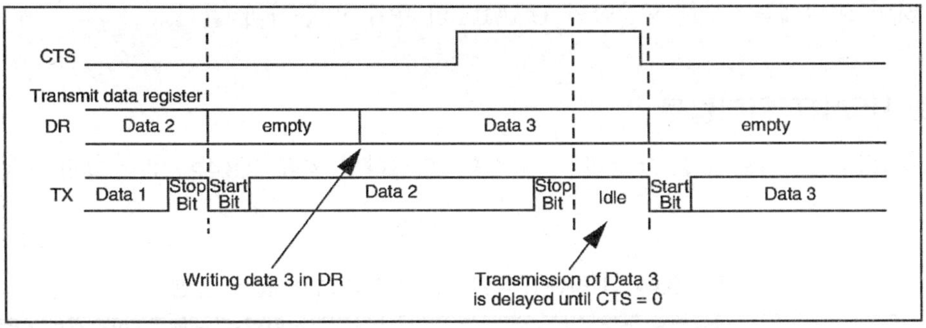

<그림 2.8.9> USART를 사용한 송신측에서의 CTS 흐름 제어

▣ USART 수신측의 RTS 흐름 제어

RTSE=1로 설정하여 RTS 흐름 제어를 허용하면 수신측에서 데이터를 수신할 준비가 되었을 때 하드웨어적으로 송신측에게 RTS=0으로 신호를 출력한다. 만약, 현재 수신 버퍼가 full로 차있으면 RTS=1로 출력하여 현재 데이터를 수신할 수 없는 상태라는 것을 알린다.

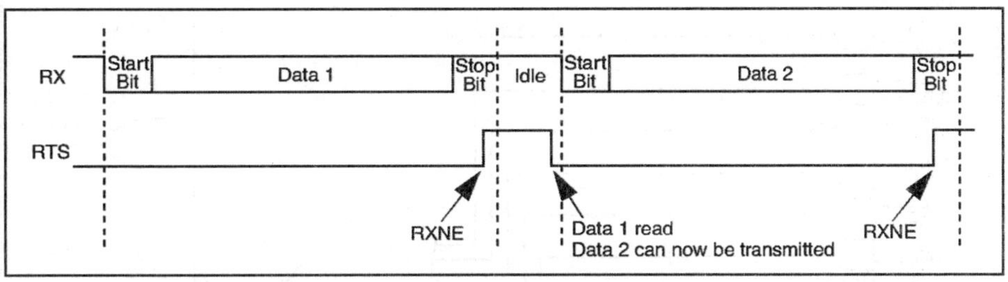

<그림 2.8.10> USART를 사용한 수신측에서의 RTS 흐름 제어

(8) 1선 방식의 반이중 통신

USARTx_CR3 레지스터에서 HDSEL=1로 설정하면 USART는 1선 방식의 반이중 통신(single-wire half-duplex communication) 모드로 동작한다. 이 모드를 사용하려면 USARTx_CR2 레지스터에서 LINEN=CLKEN=0으로 설정하고, USARTx_CR3 레지스터에서 SCEN=IREN=0으로 설정해야 한다.

이 모드에서는 내부에서 TX 및 RX 단자가 서로 연결되고 외부의 RX 단자는 사용되지 않는다. 외부의 TX 단자가 송신 동작을 수행할 출력 단자로 동작하지만, 출력 동작을 하지 않을 때는 입력(floating input) 단자로 동작하여 데이터 수신 기능을 수행할 수 있다. 이와 같이 TX 단자 1개만을 가지고 반이중 방식으로 직렬 통신을 수행한다는 것이 이외에는 모두 정상적인 USART의 송수신 동작과 같다.

(9) USART 인터럽트

USART의 인터럽트를 요청하는 소스를 요약하면 <표 2.8.4> 및 <그림 2.8.11>과 같다.

<표 2.8.4> USART 직렬통신 포트의 인터럽트 발생

인터럽트 소스		인터럽트 플랙	인터럽트 허용 제어
송신 동작	Transmit data register empty	TXE	TXEIE
	Transmission complete	TC	TCIE
	CTS interrupt	CTS	CTSIE
수신 동작	Receive data register not empty(data ready to be read)	RXNE	RXNEIE
	Overrun error detected	ORE	
	Parity error detected	PE	PEIE
	Noise flag, Overrun error, Framing error in multibuffer communication	NE or ORE or FE	EIE
	Idle line detected	IDLE	IDLEIE
	LIN break detected	LBD	LBDIE

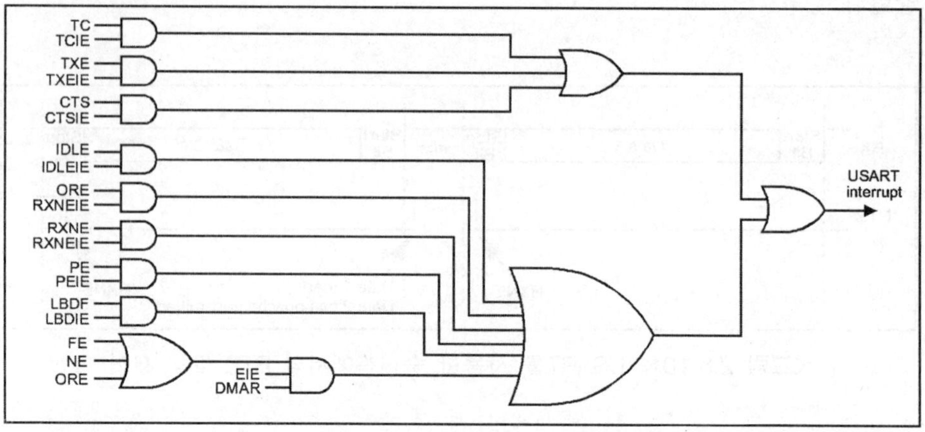

<그림 2.8.11> USART의 인터럽트 매핑

이밖에 USART의 스마트 카드 모드, IrDA 모드, LIN 모드 동작 등에 대하여는 여기서 설명하지 않으므로 이러한 내용에 대하여는 참고문헌 [3]을 참조하기 바란다.

3. USART 직렬통신 포트 관련 I/O 제어 레지스터

USART 직렬통신 포트와 관련된 I/O 제어 레지스터는 <표 2.8.5>와 같이 11개씩이 있는데, 이 레지스터들의 기능을 정리하면 아래와 같다.

<표 2.8.5> STM32F103VET6의 USART 및 UART 포트와 관련된 I/O 레지스터 요약

어드레스	레지스터 이름	레지스터의 풀어 쓴 이름	리셋 후 초기값
0x400?_??00	USARTx_SR UARTx_SR	USARTx Status Register 1 (x = 1~3) UARTx Status Register 1 (x = 4~5)	0x0000_00C0
0x400?_??04	USARTx_DR UARTx_DR	USARTx Data Register UARTx Data Register	0xXXXX_XXXX
0x400?_??08	USARTx_BRR UARTx_BRR	USARTx Baudrate Register UARTx Baudrate Register	0x0000_0000
0x400?_??0C	USARTx_CR1 UARTx_CR1	USARTx Control Register 1 UARTx Control Register 1	0x0000_0000
0x400?_??10	USARTx_CR2 UARTx_CR2	USARTx Control Register 2 UARTx Control Register 2	0x0000_0000
0x400?_??14	USARTx_CR3 UARTx_CR3	USARTx Control Register 3 UARTx Control Register 3	0x0000_0000
0x400?_??18	USARTx_GTPR UARTx_GTPR	USARTx Guard Time and Prescaler Register UARTx Guard Time and Prescaler Register	0x0000_0000

▣ USARTx 상태 레지스터 USARTx_SR (리셋 값 : 0x0000 00C0)

b31	b30	b29	b28	b27	b26	b25	b24	b23	b22	b21	b20	b19	b18	b17	b16
-	-	-	-	-	-	-	-	-	-	-	-	-	-	-	-
-	-	-	-	-	-	-	-	-	-	-	-	-	-	-	-

b15	b14	b13	b12	b11	b10	b9	b8	b7	b6	b5	b4	b3	b2	b1	b0
-	-	-	-	-	-	CTS	LBD	TXE	TC	RXNE	IDLE	ORE	NE	FE	PE
-	-	-	-	-	-	rc_w0	rc_w0	r	rc_w0	rc_w0	r	r	r	r	r

- CTS : CTS Flag
  이 비트는 USART1~3에서만 사용하며, CTS 단자에 상승 에지 또는 하강 에지가 입력되어 상태가 변동하였음을 나타낸다.
  0 = CTS 단자의 입력 상태에 변동이 없다.
  1 = CTS 단자의 입력 상태에 변동이 있다.
- LBD : LIN Break Detection Flag
  이 비트는 LIN 모드에서만 사용된다.
- TXE : Transmit Data Register Empty
  이 비트가 1이면 송신 버퍼인 USARTx_DR 레지스터의 내용이 송신 시프트 레지스터로 옮겨져서 현재 송신 버퍼가 비어있는 상태임을 나타낸다.
  0 = 현재 송신 버퍼에 데이터를 가지고 있다.
  1 = 현재 송신 버퍼가 비어 있다. USARTx_DR 레지스터에 송신 문자를 쓰면 이 비트는 0으로 된다.
- TC : Transmission Complete
  이 비트가 1이면 송신이 완료되어 송신 버퍼와 송신 시프트 레지스터가 모두 비어있음을 나타낸다.
  0 = 데이터 전송 동작이 완료되지 않았다.
  1 = 데이터 전송 동작이 모두 완료되었다.
- RXNE : Receive Data Register Not Empty
  이 비트가 1이면 현재 수신 버퍼인 USARTx_DR 레지스터의 수신된 문자가 들어있음을 나타낸다.
  0 = 수신 버퍼에 수신된 데이터가 없다.
  1 = 수신 버퍼에 수신된 데이터가 있다. USARTx_DR 레지스터를 읽으면 이 비트는 0으로 된다.
- IDLE : Idle Line Detected
  이 비트가 1이면 현재 RX 라인이 idle 상태에 있음을 나타낸다.
  0 = 현재 RX 라인이 idle 상태에 있지 않다.
  1 = 현재 RX 라인이 idle 상태에 있다. USARTx_SR과 USARTx_DR 레지스터를 읽으면 이 비트는 0으로 된다.
- ORE : Overrun Error Flag
  이 비트가 1이면 USARTx_DR 레지스터에 수신된 문자를 읽지 않은 상태에서 또다시 문자가 수신되어 USARTx_DR 레지스터에 저장됨으로써 오버런 에러가 발생하였음을 나타낸다.
  0 = 오버런 에러가 발생하지 않았다.
  1 = 오버런 에러가 발생하였다. USARTx_SR과 USARTx_DR 레지스터를 읽으면 이 비트는 0으로 된다.
- NE : Noise Error Flag

이 비트가 1이면 문자 수신 프레임에서 잡음이 검출되었음을 나타낸다.
0 = 수신 신호에 잡음이 검출되지 않았다.
1 = 수신 신호에 잡음이 검출되었다. USARTx_SR과 USARTx_DR 레지스터를 읽으면 이 비트는 0으로 된다.

- FE : Framing Error Flag
이 비트가 1이면 동기 불일치, 잡음, 브레이크 문자 등에 의하여 스톱 비트가 high로 검출되지 않는 프레임 에러가 발생하였음을 나타낸다.
0 = 프레임 에러가 발생하지 않았다.
1 = 프레임 에러가 발생하였다. USARTx_SR과 USARTx_DR 레지스터를 읽으면 이 비트는 0으로 된다.
- PE : Parity Error Flag
이 비트가 1이면 수신측에서 패리티 에러가 발생하였음을 나타낸다.
0 = 패리티 에러가 발생하지 않았다.
1 = 패리티 에러가 발생하였다. USARTx_SR과 USARTx_DR 레지스터를 읽으면 이 비트는 0으로 된다.

▣ USARTx 데이터 레지스터 USARTx_DR (리셋 직후 디폴트값 : 0xXXXX XXXX)

b31	b30	b29	b28	b27	b26	b25	b24	b23	b22	b21	b20	b19	b18	b17	b16
-	-	-	-	-	-	-	-	-	-	-	-	-	-	-	-
-	-	-	-	-	-	-	-	-	-	-	-	-	-	-	-

b15	b14	b13	b12	b11	b10	b9	b8	b7	b6	b5	b4	b3	b2	b1	b0
-	-	-	-	-	-	-	DR[8:0]								
-	-	-	-	-	-	-	r	rw	rw	rw	rw	rw	rw	rw	rw

- DR[8:0] : Transmit/Receive Data Value
이것은 송신 데이터 또는 수신 데이터를 저장하는 2개의 레지스터로 구성된다. 송신할 데이터를 여기에 라이트하면 이 송신 버퍼에 저장되어 있다가 송신 시프트 레지스터로 옮겨진다. M=0으로 설정된 경우에는 1문자가 8비트이므로 DR[7:0]이 사용되고, M=1로 설정된 경우에는 1문자가 9비트이므로 DR[8:0]이 사용된다. 패리티를 사용하도록 설정한 경우에는 이중에서 MSB가 비트가 패리티 비트로 대체된다.
수신 시프트 레지스터로 수신된 문자는 수신 버퍼로 옮겨져 저장된다. 역시 M=0으로 설정된 경우에는 1문자가 8비트이므로 DR[7:0]이 사용되고, M=1로 설정된 경우에는 1문자가 9비트이므로 DR[8:0]이 사용된다. 패리티를 사용하도록 설정한 경우에는 이중에서 MSB가 비트가 패리티 비트로 수신된다.

▣ USARTx 보레이트 레지스터 USARTx_BRR (리셋 직후 디폴트값 : 0x0000 0000)

b31	b30	b29	b28	b27	b26	b25	b24	b23	b22	b21	b20	b19	b18	b17	b16
-	-	-	-	-	-	-	-	-	-	-	-	-	-	-	-
-	-	-	-	-	-	-	-	-	-	-	-	-	-	-	-

b15	b14	b13	b12	b11	b10	b9	b8	b7	b6	b5	b4	b3	b2	b1	b0
DIV_Matissa[11:0]												DIV_Fraction[3:0]			
rw	rw	rw	rw	rw	rw	rw	rw	rw	rw	rw	rw	rw	rw	rw	rw

- DIV_Mantissa[11:0] : Mantissa of USARTDIV
이 값은 USART의 보레이트를 설정하기 위하여 클록 입력을 나누는 분주비의 정수부를 설정한다.
- DIV_Fraction[3:0] : Fraction of USARTDIV
이 값은 USART의 보레이트를 설정하기 위하여 클록 입력을 나누는 분주비의 소수부를 설정한다.

▣ USARTx 제어 레지스터1 USARTx_CR1 (리셋 직후 디폴트값 : 0x0000 0000)

b31	b30	b29	b28	b27	b26	b25	b24	b23	b22	b21	b20	b19	b18	b17	b16
-	-	-	-	-	-	-	-	-	-	-	-	-	-	-	-
-	-	-	-	-	-	-	-	-	-	-	-	-	-	-	-

b15	b14	b13	b12	b11	b10	b9	b8	b7	b6	b5	b4	b3	b2	b1	b0
-	-	UE	M	WAKE	PCE	PS	PEIE	TXEIE	TCIE	RXNEIE	IDLEIE	TE	RE	RWU	SBK
-	-	rw	rw	rw	rw	rw	rw	rw	rw	rw	rw	rw	rw	rw	rw

- UE : USART Enable
  0 = USART의 동작을 금지하고 저전력 모드에 있도록 한다.
  1 = USART의 동작을 허용한다.
- M : Word Length
  0 = 1문자의 프레임을 1 스타트 비트, 8 데이터 비트, n개의 스톱 비트로 정의한다.
  1 = 1문자의 프레임을 1 스타트 비트, 9 데이터 비트, n개의 스톱 비트로 정의한다.
  스톱 비트의 수는 USARTx_CR2 레지스터의 STOP[1:0] 비트로 지정한다.
- WAKE: Receiver Wakeup Method
  0 = USART에서 idle detection으로 웨이크업 기능을 수행한다.
  1 = USART에서 address mark detection으로 웨이크업 기능을 수행한다.
- PCE: Parity Control Enable
  0 = 패리티 비트의 생성 및 체크를 수행하지 않는다.
  1 = 데이터 비트의 MSB에 패리티 비트를 송신하고 수신할 때 패리티를 체크한다. M=0일 경우에는 8번째 데이터 비트, M=1일 경우에는 9번째 데이터 비트가 패리티 비트로 사용된다. 패리티 방식은 PS 비트로 설정한다.
- PS: Parity Selection
  0 = 우수 패리티(even parity) 방식을 사용한다.
  1 = 기수 패리티(odd parity) 방식을 사용한다.
- PEIE : Parity Error Interrupt Enable
  0 = 패리티 에러 인터럽트를 금지한다.
  1 = USARTx_SR 레지스터에서 PE=1로 되면 패리티 에러 인터럽트를 발생한다.
- TXEIE : Transmit Data Register Empty Interrupt Enable
  0 = 송신 데이터 없음 인터럽트를 금지한다.
  1 = USARTx_SR 레지스터에서 TXE=1로 되면 송신 데이터 없음 인터럽트를 발생한다.
- TCIE : Transmission Complete Interrupt Enable
  0 = 송신 완료 인터럽트를 금지한다.
  1 = USARTx_SR 레지스터에서 TC=1로 되면 송신 완료 인터럽트를 발생한다.
- RXNEIE : Receive Data Register Not Empty Interrupt Enable
  0 = 수신 데이터 있음 인터럽트를 금지한다.
  1 = USARTx_SR 레지스터에서 RXNE=1 또는 ORE=1로 되면 인터럽트를 발생한다.
- IDLEIE : Idle Interrupt Enable
  0 = 아이들 라인 검출 인터럽트를 금지한다.
  1 = USARTx_SR 레지스터에서 IDLE=1로 되면 아이들 라인 검출 인터럽트를 발생한다.
- TE : Transmitter Enable
  0 = USART 송신부의 동작을 금지한다.
  1 = USART 송신부의 동작을 허용한다.
- RE : Receiver Enable
  0 = USART 수신부의 동작을 금지한다.
  1 = USART 수신부의 동작을 허용한다.
- RWU : Receiver Wakeup
  0 = USART 수신부를 정상적인 동작 상태로 설정한다.
  1 = USART 수신부를 mute mode로 설정한다.
- SBK : Send Break
  0 = 브레이크 문자를 전송하지 않는다.
  1 = 브레이크 문자를 전송한다.

▣ USARTx 제어 레지스터2 USARTx_CR2 (리셋 직후 디폴트값 : 0x0000 0000)

b31	b30	b29	b28	b27	b26	b25	b24	b23	b22	b21	b20	b19	b18	b17	b16
–	–	–	–	–	–	–	–	–	–	–	–	–	–	–	–
–	–	–	–	–	–	–	–	–	–	–	–	–	–	–	–

b15	b14	b13	b12	b11	b10	b9	b8	b7	b6	b5	b4	b3	b2	b1	b0
–	LINEN	STOP[1:0]		CLKEN	CPOL	CPHA	LBCL	–	LBDIE	LBDL	–	ADD[3:0]			
–	rw	rw	rw	rw	rw	rw	rw	–	rw	rw	–	rw	rw	rw	rw

- LINEN : LIN Mode Enable
  0 = LIN 모드를 금지한다.
  1 = LIN 모드를 허용한다.

- STOP[1:0] : Stop Bits
  00 = 1 스톱 비트.
  01 = 0.5 스톱 비트.(이것은 USART1~3에서만 사용할 수 있다.)
  10 = 2 스톱 비트.
  11 = 1.5 스톱 비트.(이것은 USART1~3에서만 사용할 수 있다.)
- CLKEN : Clock Enable
  이것은 USART1~3에서만 사용할 수 있다.
  0 = CK 핀의 사용을 금지하고 비동기 모드로 동작한다.
  1 = CK 핀의 사용을 허용하고 동기 모드로 동작한다.
- CPOL : Clock Polarity
  이것은 USART1~3에서만 사용할 수 있다.
  0 = CK 신호가 평소에 low 상태이다.
  1 = CK 신호가 평소에 high 상태이다.
- CPHA : Clock Phase
  이것은 USART1~3에서만 사용할 수 있다.
  0 = CK 신호의 첫번째 에지(leading edge)에서 데이터 캡쳐가 수행된다.
  1 = CK 신호의 두번째 에지(trailing edge)에서 데이터 캡쳐가 수행된다.
- LBCL : Last Bit Clock Pulse
  이것은 USART1~3에서만 사용할 수 있다.
  0 = 데이터의 마지막 비트가 송신될 때 CK 단자에 클록 신호가 출력되지 않는다.
  1 = 데이터의 마지막 비트가 송신될 때 CK 단자에 클록 신호가 출력된다.
- LBDIE : LIN Break Detection Interrupt Enable
  0 = LIN 브레이크 검출 인터럽트를 금지한다.
  1 = LBD 플랙이 셋트되면 LIN 브레이크 검출 인터럽트를 발생한다.
- LBDL : LIN Break Detection Length
  0 = 10비트의 LIN 브레이크 문자를 검출한다.
  1 = 11비트의 LIN 브레이크 문자를 검출한다.
- ADD[3:0] : Address of the USART Node
  이 비트는 멀티프로세서 통신에서 USART의 노드를 나타내는 어드레스를 저장한다. 이것은 멀티프로세서 시스템이 뮤트 모드나 정지 모드에 있을 때 웨이크업 기능을 위하여 어드레스 마크를 검출하는데 사용된다.

▣ USARTx 제어 레지스터3 USARTx_CR3 (리셋 직후 디폴트값 : 0x0000 0000)

b31	b30	b29	b28	b27	b26	b25	b24	b23	b22	b21	b20	b19	b18	b17	b16
-	-	-	-	-	-	-	-	-	-	-	-	-	-	-	-
-	-	-	-	-	-	-	-	-	-	-	-	-	-	-	-

b15	b14	b13	b12	b11	b10	b9	b8	b7	b6	b5	b4	b3	b2	b1	b0
-	-	-	-	-	CTSIE	CTSE	RTSE	DMAT	DMAR	SCEN	NACK	HDSEL	IRLP	IREN	EIE
-	-	-	-	-	rw	rw	rw	rw	rw	rw	rw	rw	rw	rw	rw

- CTSIE : CTS Interrupt Enable
  이것은 USART1~3에서만 사용할 수 있다.
  0 = CTS 인터럽트를 금지한다.
  1 = USARTx_SR 레지스터에서 CTS=1로 셋트되면 CTS 인터럽트를 발생한다.
- CTSE : CTS Enable
  이것은 USART1~3에서만 사용할 수 있다.
  0 = CTS 신호에 의한 하드웨어 흐름 제어를 금지한다.
  1 = CTS 신호에 의한 하드웨어 흐름 제어를 허용한다. 이때는 CTS=0으로 입력되는 경우에만 송신측에서 데이터를 송신한다.
- RTSE : RTS Enable
  이것은 USART1~3에서만 사용할 수 있다.
  0 = RTS 신호에 의한 하드웨어 흐름 제어를 금지한다.
  1 = RTS 신호에 의한 하드웨어 흐름 제어를 허용한다. 이때는 수신측에서 수신 버퍼가 비어있어서 데이터를 수신할 수 있을 때만 RTS=0으로 출력한다.
- DMAT : DMA Enable Transmitter
  이것은 USART1~3과 UART4에서만 사용할 수 있다.
  0 = 송신을 위하여 DMA를 사용하지 않는다.

1 = 송신을 위하여 DMA를 사용한다.
- DMAR : DMA Enable Receiver
  이것은 USART1~3과 UART4에서만 사용할 수 있다.
  0 = 수신을 위하여 DMA를 사용하지 않는다.
  1 = 수신을 위하여 DMA를 사용한다.
- SCEN : Smartcard Mode Enable
  이것은 USART1~3에서만 사용할 수 있다.
  0 = 스마트 카드 모드를 사용하지 않는다.
  1 = 스마트 카드 모드를 사용한다.
- NACK : Smartcard NACK Enable
  이것은 USART1~3에서만 사용할 수 있다.
  0 = 스마트 카드 모드에서 패리티 에러가 발생하였을 때 NACK 신호를 전송하지 않는다.
  1 = 스마트 카드 모드에서 패리티 에러가 발생하였을 때 NACK 신호를 전송한다.
- HDSEL : Half-Duplex Selection
  0 = 1개의 신호선에 의한 반이중 통신 모드를 사용하지 않는다.
  1 = 1개의 신호선에 의한 반이중 통신 모드를 사용한다.
- IRLP : IrDA Low-Power Mode
  이 비트는 UE=0으로 설정되어 USART의 동작이 금지된 상태에서만 설정할 수 있다.
  0 = IrDA 모드에서 정상 모드를 사용한다.
  1 = IrDA 모드에서 저전력 모드를 사용한다.
- IREN : IrDA Mode Enable
  0 = IrDA 모드를 사용하지 않는다.
  1 = IrDA 모드를 사용한다.
- EIE : Error Interrupt Enable
  0 = 에러 인터럽트를 금지한다.
  1 = FE, ORE, NE 등의 플랙이 셋트되면 에러 인터럽트를 발생한다.

▣ USARTx 보호 시간 및 프리스케일러 레지스터 USARTx_GTPR (리셋 값 : 0x0000 0000)

b31	b30	b29	b28	b27	b26	b25	b24	b23	b22	b21	b20	b19	b18	b17	b16
-	-	-	-	-	-	-	-	-	-	-	-	-	-	-	-
-	-	-	-	-	-	-	-	-	-	-	-	-	-	-	-

b15	b14	b13	b12	b11	b10	b9	b8	b7	b6	b5	b4	b3	b2	b1	b0
GT[7:0]								PSC[7:0]							
rw	rw	rw	rw	rw	rw	rw	rw	rw	rw	rw	rw	rw	rw	rw	rw

- GT[7:0] : Guard Time Value
  이 비트는 스마트 카드 모드에서만 사용된다.
- PSC[7:0] : Prescaler Value
  이 비트는 스마트 카드 모드나 IrDA 모드에서만 사용된다.

4. RS-232C 직렬통신

STM32F103VET6 마이크로컨트롤러의 USART 및 UART 직렬통신 포트에서 TX 단자로 출력하고 RX 단자로 입력하는 직렬 데이터 신호는 +3.3V의 TTL 로직 레벨이므로 이 상태로 원거리를 전송하는데는 매우 부적합하다. 따라서, 이들 신호를 먼 거리로 전송하는데 적합한 신호로 변환하기 위한 신호레벨의 인터페이스 회로가 필요한데, 이 부분은 통일된 규격이 필요하므로 국제기구를 통하여 규격화가 계속 진행되어 왔으며, 오래전부터 현재까지 일반적으로 널리 사용되어 왔던 통신 국제규격의 예로는 RS-232C, RS-422A, RS-485 등이 있다.

이러한 비동기 직렬통신의 개념을 알기 쉽게 도시하면 <그림 2.8.12>와 같다. 먼 거리가 아닌 경우에는 굳이 신호레벨 변환을 거치지 않고 TTL 레벨의 직렬 신호로 직접 통신을 수행하기도 하는데 이런 경우를 흔히 UART 통신이라고 부른다.

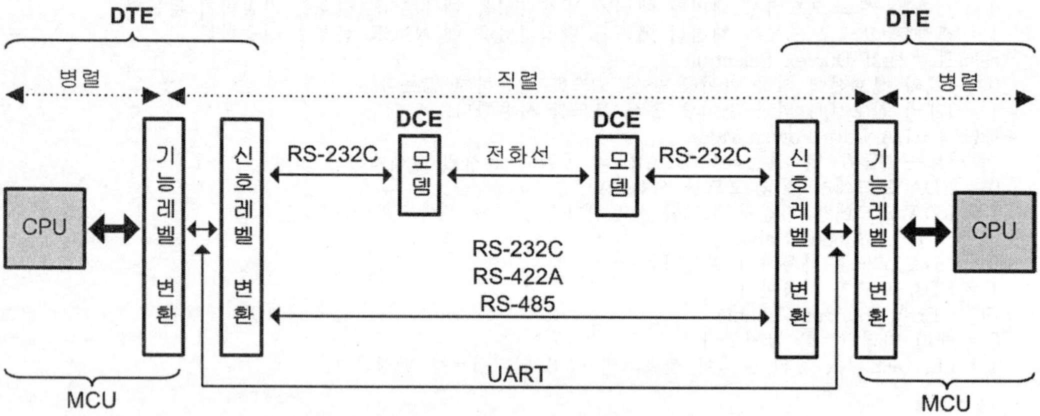

<그림 2.8.12> 비동기 직렬통신의 개념도

<표 2.8.6> RS-232C 및 기타 통신방식의 전기적인 사양 요약

항 목	RS-232C	RS-422A	RS-485
동작 모드	single end	differential	differential
접속 가능 대수	1 드라이버/1 리시버 (1:1 통신)	1 드라이버/10 리시버 (1:多 통신)	32 드라이버/ 32 리시버 (多:多 멀티드롭 통신)
최대 전송선 길이	50피트(약 15 m)	4000피트(약 1200 m)	4000피트(약 1200 m)
최대 전송속도 12 m	20 Kbps	10 Mbps	10 Mbps
최대 전송속도 120 m		1 Mbps	1 Mbps
최대 전송속도 1200 m		100 Kbps	100 Kbps
드라이버 출력전압	±5V ~ ±15V	±2V ~ ±6V	±1.5V ~ ±6V
리시버 입력전압 "1" = mark "0" = space	±3V ~ ±25V -3V ~ -25V +3V ~ +25V	±0.2V ~ ±6V V_A-V_B = -0.2V ~ -6V V_A-V_B = +0.2V ~ +6V	±0.2V ~ ±6V V_A-V_B = -0.2V ~ -6V V_A-V_B = +0.2V ~ +6V
최대 동상전압		±7V	-7V ~ +12V
드라이버 부하저항	3 kΩ ~ 7 kΩ	100 Ω	54 Ω
리시버 입력저항	3 kΩ ~ 7 kΩ	> 4 kΩ	> 12 kΩ
드라이버 IC	SN75150, SN75188 µA9636A, MC1488	SN75151, SN75153 SN75158, SN75159, MC3487	
		SN75172, SN75174	
리시버 IC	SN75152, SN75154 SN75189, MC1489	SN75157, MC3486	
		SN75173, SN75175	
커넥터	DB-25 25핀, DB-9 9핀	규정되지 않음	규정되지 않음
신호선 접속법	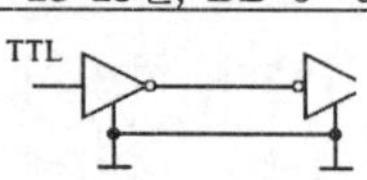 TTL (단일선 인터페이스)	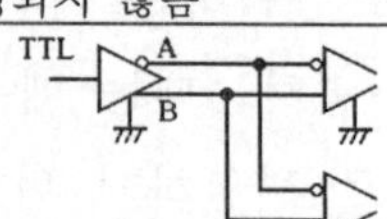 TTL A B (평형 차동 인터페이스)	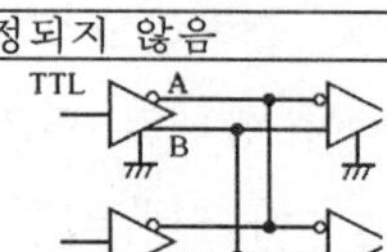 TTL A B (평형 차동 인터페이스)

(1) RS-232C의 전기적 사양

RS-232C 통신방식은 디지털 데이터 통신회선으로 전화선을 사용하기 위하여 1962년에 EIA(Electronic Industries Association)에서 컴퓨터나 터미널 등과 같은 DTE(Data Terminal Equipment, 데이터 단말장치)와 모뎀(MODEM) 등과 같은 DCE(Data Communication Equipment 또는 Data Circuit-Terminating Equipment, 회선 종단장치) 사이에 데이터 전송용으로 제정한 통신 권고규격(recommended standard)이다. 이 규격에서는 25핀과 9핀 커넥터에 데이터 신호와 핸드세이킹 신호들을 지정하고 이들 신호명은 물론 각 신호들의 전기적인 사양까지를 자세하게 규정하고 있다. RS-232C 방식의 전기적 사양을 다른 통신방식과 비교하여 요약하면 <표 2.8.6>과 같다.

(2) RS-232C 신호의 기능 및 커넥터 구조

RS-232C 직렬통신에서 정의된 신호들의 기능을 요약하면 <표 2.8.7>과 같다. 이중에서 핸드세이킹 제어에 필수적인 신호는 $\overline{\text{RTS}}$ 및 $\overline{\text{CTS}}$이다.

<표 2.8.7> RS-232C 신호의 기능

신호 이름	I/O	기능
TxD	O	Transmitter Data : DTE에서 직렬로 송신하는 출력 데이터 신호이다.
RxD	I	Receiver Data : DTE에서 직렬로 수신하는 입력 데이터 신호이다.
$\overline{\text{DTR}}$	O	Data Terminal Ready : DTE가 송수신이 가능한 레디 상태에 있음을 DCE에게 알려주는 신호이다. 이를 L상태로 하면 모뎀이 회선과 접속되고, H상태로 하면 모뎀이 회선과 단절된다.
$\overline{\text{DSR}}$	I	Data Set Ready : DCE가 동작 가능한 상태에 있음을 DTE에게 알려주는 신호이다. 즉, 이는 $\overline{\text{DTR}}$ 신호에 의하여 모뎀을 회선과 접속하고 DTE에게 응답하는 신호이다.
$\overline{\text{RTS}}$	O	Request to Send : DTE가 DCE에 대하여 송신할 데이터가 있음을 알려주는 신호이다. 이 신호가 L상태인 동안에만 DCE는 회선에 캐리어를 출력한다.
$\overline{\text{CTS}}$	I	Clear to Send : DCE가 $\overline{\text{RTS}}$ 신호를 받고 회선에 캐리어를 출력하여 데이터를 송신할 수 있는 상태에 있음을 DTE에게 알려주는 신호이다. 즉, 이는 $\overline{\text{RTS}}$ 신호에 의하여 회선에 캐리어를 출력하기 시작하고 DTE에게 응답하는 신호이다.
$\overline{\text{CD}}$	I	Carrier Detect : 상대방에서 송신되어 오는 캐리어를 검출하였음을 나타내는 신호이다. 실제로 데이터를 수신하는 것은 이 신호가 L상태로 된 이후이다.
RI	I	Ring Indicator : DCE가 회선에서 호출 신호를 받으면 액티브되는 신호이다.

☞ 여기서 I/O는 DTE측을 기준으로 하여 표현한 것이다.

RS-232C에 표준으로 사용되는 D형 커넥터는 반드시 **DTE측에 수컷**(male)을 사용하고 **DCE측에 암컷**(female)을 사용해야 한다. 따라서, 통신 케이블에 사용되는 커넥터는 각각 이와 반대가 된다. 그런데, 25핀의 DB-25 커넥터에는 사실상 사용하지 않는 핀이 많고 부피가 커서 불편하므로 나중에 이보다 간편한 DB-9라고 불리는 9핀 D형 커넥터도 표준으로 추가되어 현재는 거의 이 DB-9를 사용하고 있다. RS-232C의 커넥터 및 각 신호의 이름을 보이면 <그림 2.8.13> 및 <표 2.8.8>과 같다.

◀참고▶ RS-232C 직렬통신에서 DTE와 DCE를 제대로 이해하지 못하여 통신 커넥터를 잘못 사용하는 예를 너무나도 자주 볼 수 있다. 현재 시중에 나와 있는 마이크로컨트롤러 트레이닝 키트의 상당수에서도 RS-232C 커넥터가 암컷으로 잘못 사용되고 있다. 규모가 크든 작든 관계없이 직렬통신의 주체가 되는 단말기는 DTE에 해당하므로 퍼스널컴퓨터나 *OK-STM103* 키트도 당연히 DTE에 해당한다. 통신 규격에 따르면 DTE 측의 RS-232C 커넥터는 반드시 9핀 또는 25핀 수컷 커넥터를 사용해야 하며, 따라서 이들 사이를 직접 연결하는 RS-232C 통신 케이블에서는 암컷 커넥터를 사용해야 한다.

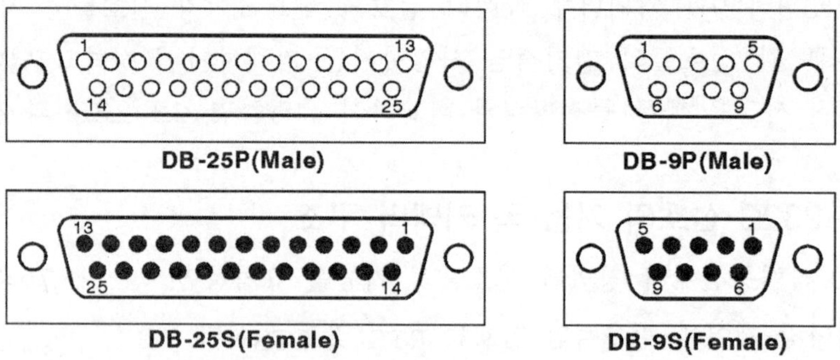

<그림 2.8.13> RS-232C의 커넥터 및 핀 배열

<표 2.8.8> RS-232C 커넥터의 핀 배열 및 기능

커넥터 핀번호		일반적인 신호명	RS-232C 신호명	기능	신호의 방향
25핀	9핀				
1		FG	AA	Protective Ground	-
2	3	TxD	BA	Transmitted Data	DTE → DCE
3	2	RxD	BB	Received Data	DTE ← DCE
4	7	$\overline{\text{RTS}}$	CA	Request to Send	DTE → DCE
5	8	$\overline{\text{CTS}}$	CB	Clear to Send	DTE ← DCE
6	6	$\overline{\text{DSR}}$	CC	Data Set Ready	DTE ← DCE
7	5	GND	AB	Signal Ground	-
8	1	$\overline{\text{CD}}$	CF	Received Line Signal Detector	DTE ← DCE
9		-	-	사용하지 않음(reserved)	-
10		-	-	사용하지 않음(reserved)	-
11		-	-	사용하지 않음(not used)	-
12			SCF	Secondary Received Line Signal Detector	DTE ← DCE
13			SCB	Secondary Clear to Send	DTE ← DCE
14			SBA	Secondary Transmitted Data	DTE → DCE
15			DB	Transmission Signal Element Timing	DTE ← DCE
16			SBB	Secondary Received Data	DTE ← DCE
17			DD	Receiver Signal Element Timing	DTE ← DCE
18			-	사용하지 않음(not used)	-
19			SCA	Secondary Request to Send	DTE → DCE
20	4	$\overline{\text{DTR}}$	CD	Data Terminal Ready	DTE → DCE
21			CG	Signal Quality Detector	DTE ← DCE
22	9	RI	CE	Ring Indicator	DTE ← DCE
23			CH/CI	Data Signal Rate Selector	DTE ↔ DCE
24			DA	Transmission Signal Element Timing	DTE → DCE
25			-	사용하지 않음(not used)	-

(3) RS-232C 신호선의 접속

오늘날은 전화선을 통한 원거리 통신에 인터넷을 많이 사용하므로 RS-232C 방식의 비동기 직렬통신에서 모뎀을 사용하는 경우는 많이 줄어들었다. 그러나, 15m 이하로 비교적 가까운 거리에서 컴퓨터(DTE)와 컴퓨터(DTE) 사이에 모뎀을 사용하지 않고 UART 또는 RS-232C 방식으로 직접 연결하는 직렬통신은 아직도 많이 사용되고 있다. 이와 같이 DTE와 DTE를 직렬통신 케이블로 직접 접속할 경우에는 <그림 2.8.14>와 같이 여러가지의 연결 방법이 가능하다.

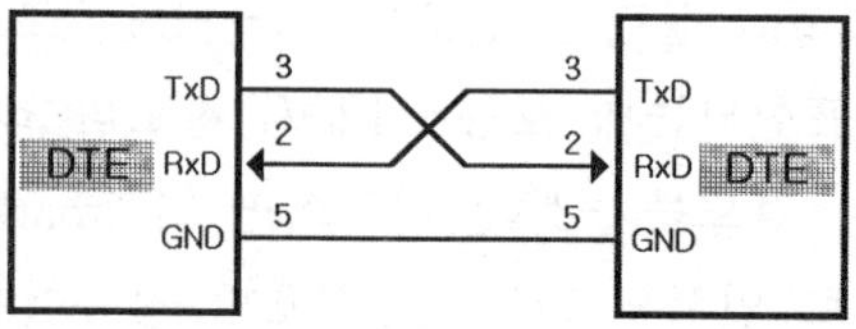

(a) No Handshaking 방법

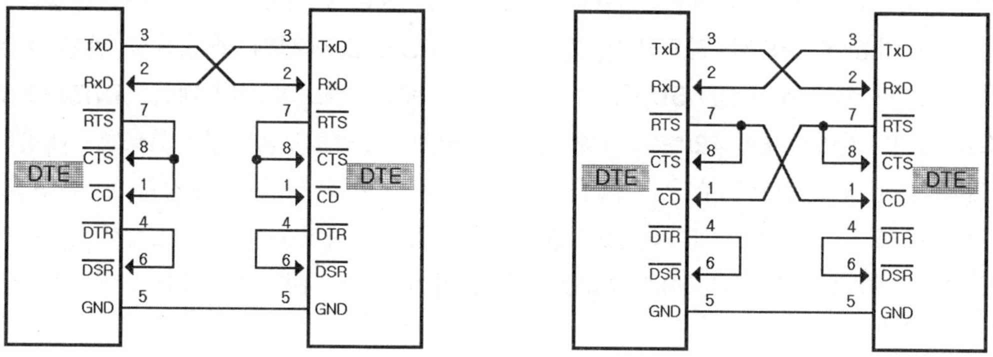

(b) Pseudo Handshaking 방법

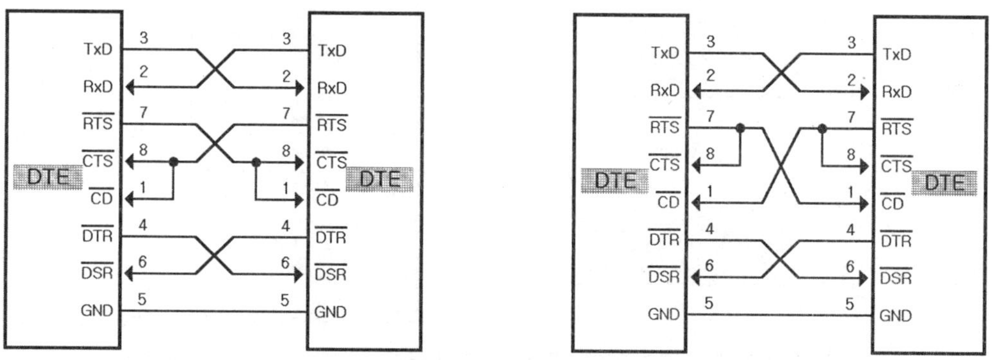

(c) Handshaking 방법

<그림 2.8.14> RS-232C로 DTE와 DTE를 접속하는 방법(9핀 커넥터의 경우)

여기서 (a)는 핸드세이킹 기능을 사용하지 않는 경우로서 마이크로컨트롤러 키트에서 가장 널리 사용하는 방식이며, (b)는 제어논리에서는 핸드세이킹 기능을 사용하지만 실제 하드웨어에서는 핸드세이킹 신호선을 서로 접속하지 않고 이에 필요한 제어신호를 루프백(loopback)시켜 마치 상대측이 레디 상태에 있는 것처럼 처리해주는 경우이다. 또한, (c)는 핸드세이킹 기능을 제대로 사용하는 경우이다.

(4) RS-232C 신호 레벨의 변환

RS-232C 통신 방식의 전기적 사양은 앞의 <표 2.8.6>에서 보인 바와 같이 부논리로 되어 출력전압이 "1"(mark) 상태인 경우는 -5~-15[V]로 표현되고 "0"(space) 상태인 경우는 +5~+15[V]로 표현되는데 보통 ±12[V] 정도의 레벨을 사용한다. 이에 비하여 수신측에서 입력신호의 감도는 -3[V] 이하이면 "1"(mark) 상태로 인식되고 +3[V] 이상이면 "0"(space) 상태로 인식되므로 전송신호의 잡음여유(noise margin)는 최소한 2[V] 이상으로 된다. 이러한 동작을 도시하면 <그림 2.8.15>와 같다.

따라서, 직렬통신 인터페이스 회로의 신호레벨 변환 단계에서는 이처럼 전압레벨을 변환하는 기능이 반드시 필요하다. 전통적으로 RS-232C에서의 전압레벨 변환 회로는 송신 신호의 경우에는 SN75188(또는 MC1488), 수신 신호의 경우에는 SN75189(또는 MC1489)가 널리 사용되었다. 그러나, 최근에는 승압회로와 반전회로를 내장하여 +3.3[V]의 입력 전원으로부터 ±7[V] 정도의 내부 전원을 만들어 동작하고, 송수신 변환 회로를 모두 내장하여 1개의 소자만으로 RS-232C 직렬통신의 신호레벨 변환 회로를 구성할 수 있는 MAXIM사의 MAX3232 소자가 널리 사용되고 있다.

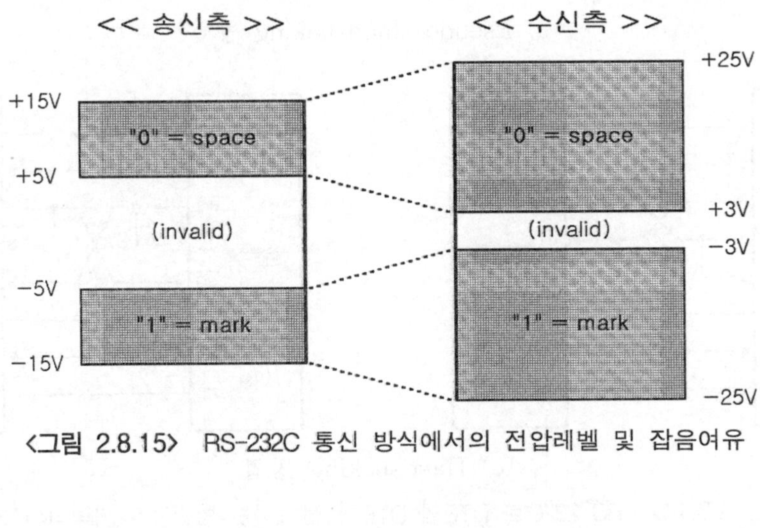

<그림 2.8.15> RS-232C 통신 방식에서의 전압레벨 및 잡음여유

◀참고▶ *OK-STM103* 키트에서는 굳이 여러 개의 직렬통신 포트를 필요로 하지 않으므로 UART4 포트 1개만을 사용한다. UART4 직렬통신 포트 신호에서 MAX3232 소자(U9)를 사용하여 3.3V의 TTL 레벨 신호를 RS-232C 신호로 변환한 후에 9핀 D형 커넥터 CN5에 연결하였다.

◀휴게실▶

ASCII 코드

일반적인 ASCII(American Standard Code for Information Interchange) 코드는 국제표준기구(ISO, International Standard Organization)에서 제정한 국제표준의 문자 데이터 표현을 위한 코드로서 컴퓨터 내부에서의 문자표현은 물론 컴퓨터와 컴퓨터 사이의 정보교환 또는 컴퓨터와 주변장치 사이의 정보교환에 가장 일반적으로 사용된다.

이 ASCII 코드는 7비트로 표현되므로 모두 128문자를 나타낼 수 있는데, 이중에서 20H~7EH(총95자)는 도형문자로서 영문의 대/소문자, 아라비아 숫자, 각종 문장부호 등을 표현하는데 사용되고, 00H~1FH 및 7FH(총33자)는 기능제어문자로서 주변장치의 제어, 직렬통신제어 등에 사용된다.

그러나, 현재 퍼스널컴퓨터에서는 ASCII 코드를 8비트로 정의하며, 표준 ASCII 문자의 경우에는 최상위 비트인 b7=0으로 하여 128문자를 수용하고, b7=1인 128문자를 추가하여 확장 ASCII 코드(Extended ASCII code)라 한다. 확장 ASCII 코드에는 각종 외국어 문자나 특수 문자 등이 정의되어 있으며, 우리 나라의 경우에는 KS 규격에서 이 확장 ASCII 코드 영역을 이용하여 한글이나 한자 코드를 정의하고 있다.

(1) 전체 ASCII 코드표

코드값	문자	코드값	문자	코드값	문자	코드값	문자
00H	NUL	20H	space	40H	@	60H	`
01H	SOH	21H	!	41H	A	61H	a
02H	STX	22H	"	42H	B	62H	b
03H	ETX	23H	#	43H	C	63H	c
04H	EOT	24H	$	44H	D	64H	d
05H	ENQ	25H	%	45H	E	65H	e
06H	ACK	26H	&	46H	F	66H	f
07H	BEL	27H	'	47H	G	67H	g
08H	BS	28H	(	48H	H	68H	h
09H	HT	29H	)	49H	I	69H	i
0AH	LF	2AH	*	4AH	J	6AH	j
0BH	VT	2BH	+	4BH	K	6BH	k
0CH	FF	2CH	,	4CH	L	6CH	l
0DH	CR	2DH	-	4DH	M	6DH	m
0EH	SO	2EH	.	4EH	N	6EH	n
0FH	SI	2FH	/	4FH	O	6FH	o
10H	DLE	30H	0	50H	P	70H	p
11H	DC1	31H	1	51H	Q	71H	q
12H	DC2	32H	2	52H	R	72H	r
13H	DC3	33H	3	53H	S	73H	s
14H	DC4	34H	4	54H	T	74H	t
15H	NAK	35H	5	55H	U	75H	u
16H	SYN	36H	6	56H	V	76H	v
17H	ETB	37H	7	57H	W	77H	w
18H	CAN	38H	8	58H	X	78H	x
19H	EM	39H	9	59H	Y	79H	y
1AH	SUB	3AH	:	5AH	Z	7AH	z
1BH	ESC	3BH	;	5BH	[	7BH	{
1CH	FS	3CH	<	5CH	\	7CH	|
1DH	GS	3DH	=	5DH	]	7DH	}
1EH	RS	3EH	>	5EH	^	7EH	~
1FH	US	3FH	?	5FH	_	7FH	DEL

(2) 기능제어문자

ASCII 코드값	기능제어문자	의 미
00H(0)	NUL	null(all zeros)
01H(1)	SOH	start of heading
02H(2)	STX	start of text
03H(3)	ETX	end of text
04H(4)	EOT	end of transmission
05H(5)	ENQ	enquiry
06H(6)	ACK	acknowledge
07H(7)	BEL	bell(beep)
08H(8)	BS	backspace
09H(9)	HT	horizontal tabulation
0AH(10)	LF	line feed
0BH(11)	VT	vertical tabulation
0CH(12)	FF	form feed
0DH(13)	CR	carriage return
0EH(14)	SO	shift out
0FH(15)	SI	shift in
10H(16)	DLE	data link escape
11H(17)	DC1	device control 1
12H(18)	DC2	device control 2
13H(19)	DC3	device control 3
14H(20)	DC4	device control 4
15H(21)	NAK	negative acknowledge
16H(22)	SYN	synchronous idle
17H(23)	ETB	end of transmission block
18H(24)	CAN	cancel
19H(25)	EM	end of medium
1AH(26)	SUB	substitute
1BH(27)	ESC	escape
1CH(28)	FS	file separator
1DH(29)	GS	group separator
1EH(30)	RS	record separator
1FH(31)	US	unit separator
7FH(127)	DEL	delete

(3) 특수 기호의 명칭

ASCII 코드 중에 특수한 기호들의 정확한 명칭을 요약하면 다음 표와 같다.

<table>
<tr><th>문자</th><th>명 칭</th><th>문자</th><th>명 칭</th></tr>
<tr><td>!</td><td>exclamation mark</td><td>:</td><td>colon</td></tr>
<tr><td>"</td><td>quotation mark</td><td>;</td><td>semicolon</td></tr>
<tr><td>#</td><td>number sign(sharp sign)</td><td>< ></td><td>less than / greater than</td></tr>
<tr><td>$</td><td>dollar sign</td><td>=</td><td>equal sign</td></tr>
<tr><td>%</td><td>percent</td><td>?</td><td>question mark</td></tr>
<tr><td>&</td><td>ampersand(and mark)</td><td>@</td><td>commercial at mark</td></tr>
<tr><td>'</td><td>apostrophe(acute accent)</td><td>[ ]</td><td>opening/closing bracket</td></tr>
<tr><td>( )</td><td>opening/closing parenthesis</td><td>\</td><td>backslash</td></tr>
<tr><td>*</td><td>asterisk</td><td>^</td><td>circumflex(circumflex accent)</td></tr>
<tr><td>+</td><td>plus sign</td><td>_</td><td>underscore(underline)</td></tr>
<tr><td>,</td><td>comma</td><td>`</td><td>single quotation mark(grave accent)</td></tr>
<tr><td>-</td><td>minus sign(hyphen, dash)</td><td>{ }</td><td>opening/closing brace</td></tr>
<tr><td>.</td><td>period</td><td>|</td><td>vertical bar</td></tr>
<tr><td>/</td><td>slash(slant)</td><td>~</td><td>tilde</td></tr>
</table>

2.9 동기식 직렬통신 포트(SPI)

이 절에서는 STM32F103VET6에 내장되어 있는 3개의 SPI 직렬통신 포트(SPI1, SPI2, SPI3)에 대하여 공부한다. 이중에서 SPI2와 SPI3에는 I2S(Inter-IC Sound) 통신 기능을 포함하고 있지만 이 책에서는 I2S를 생략하고 설명하지 않는다.

1. SPI 직렬통신의 개요

SPI(Serial Peripheral Interface)는 Motorola사에 의하여 개발되었고 지금은 표준화되어 전세계적으로 널리 사용하는 근거리용 직렬통신 규격으로서, 하나의 임베디드 컨트롤 보드에 있는 마스터(master)와 슬레이브(slave) 소자 사이에서 MOSI, MISO, SCK, $\overline{\text{SS}}$ 등 4개의 통신선을 사용하는 고속 동기식 직렬통신 방식이다.

일반적으로 SPI 직렬통신은 <그림 2.9.1>에 보인 것처럼 반드시 1개의 마스터와 1개의 슬레이브 사이에서만 수행된다. 마스터는 1개의 슬레이브를 선택하고, 송신 데이터와 함께 클록 신호를 동시에 슬레이브에게 보낸다. 그러면 슬레이브는 이 클록 신호를 사용하여 데이터를 수신하면서 동시에 자신의 데이터를 마스터에게 보낸다.

이와 같이 SPI 직렬통신에서는 마스터가 전체적으로 통신 제어를 주도하며, 항상 송신 동작과 수신 동작이 동시에 수행되어 전이중(full duplex) 통신이 된다. 따라서, 만약 마스터가 슬레이브에게 데이터를 보내는 것이 목적이라면 마스터가 받은 수신 데이터는 무시하면 되며, 반대로 마스터가 슬레이브로부터 데이터를 가져오는 것이 목적이라면 슬레이브에게 더미 데이터(dummy data)를 송신하면서 수신된 데이터를 읽으면 된다.

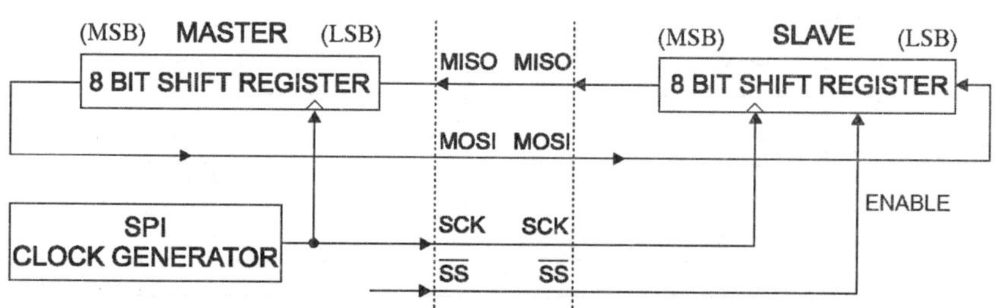

<그림 2.9.1> SPI 마스터와 슬레이브 사이의 데이터 전송

1개의 마스터에는 <그림 2.9.2>처럼 하드웨어적으로 여러 개의 슬레이브가 접속될 수 있는데, 마스터는 각 슬레이브에게 전용의 슬레이브 선택 신호($\overline{SS}$)를 출력하여 1개의 슬레이브를 지정한 후에 이것과 1:1로 통신을 수행한다.

SPI 직렬통신 포트에서는 각각의 통신 채널마다 슬레이브 선택 신호를 포함하여 4개씩의 신호가 사용되는데, MOSI(Master-Out Slave-In) 신호는 마스터에서 출력되고 슬레이브로 입력되는 신호이고, MISO(Master-In Slave-Out) 신호는 슬레이브에서 출력되고 마스터로 입력되는 신호이며, SCK(Serial Clock) 신호는 마스터에 의하여 구동되는 직렬전송 클록 신호이다.

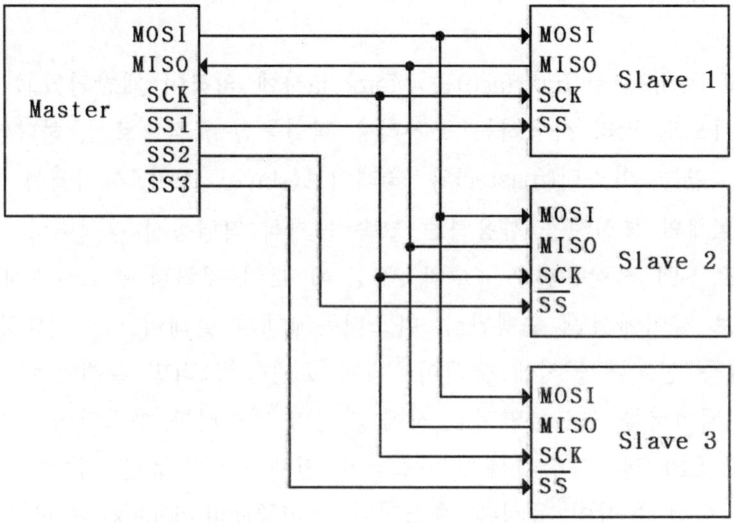

<그림 2.9.2> SPI 직렬통신 시스템의 구성도

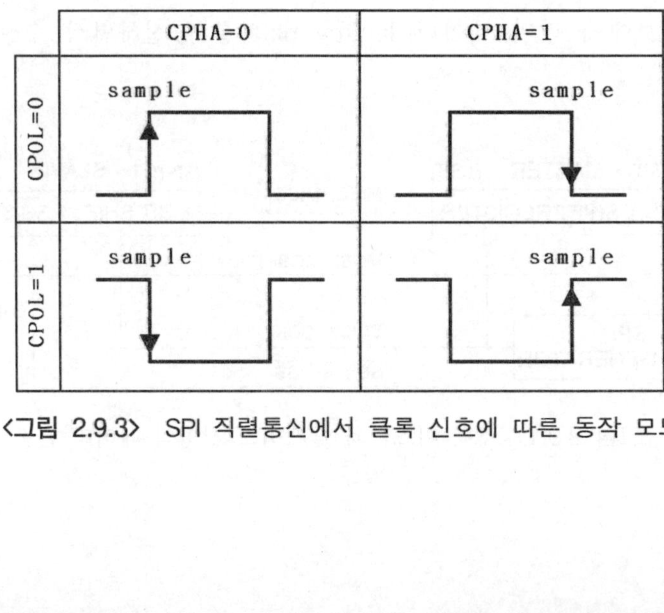

<그림 2.9.3> SPI 직렬통신에서 클록 신호에 따른 동작 모드

SPI는 클록 신호 SCK를 이용한 동기식 통신이므로 항상 마스터측에서 클록 신호를 만들어 슬레이브에게 공급한다. 그런데, SPI 직렬통신에서는 클록 신호에 의한 데이터의 인식(sampling) 방법이 명확히 1가지로 규정되어 있지 않고 <그림 2.9.3>과 같이 4가지 방법중에서 사용자가 하나를 선택할 수 있도록 되어 있다. 즉, 클록의 극성(clock polarity)을 지정하는데 따라 수신 데이터가 클록 신호의 상승 에지(rising edge)에서 인식될 수도 있고 하강 에지(falling edge)에서 인식될 수도 있다. 또한, 클록의 위상(clock phase)을 지정하는데 따라 데이터가 클록신호의 앞쪽 에지(leading edge)에서 인식될 수도 있고 뒤쪽 에지(trailing edge)에서 인식될 수도 있다.

STM32F103VET6에서 SPI 직렬통신 포트의 주요 특징을 요약하면 다음과 같다.

① 4개의 포트 SPI1～SPI3을 가지고 있으며, 이중에서 뒤의 2개는 I^2S 통신기능을 포함한다.

② 마스터로 동작할 수도 있고 슬레이브로 동작할 수도 있다. 멀티 마스터 모드로 사용하는 것도 가능하다.

③ 3개의 신호선(슬레이브 선택 신호를 포함하면 4개)을 사용하여 동기식 전이중 통신(full duplex)을 수행할 수 있다.

④ 2개의 신호선을 사용(데이터 신호선을 양방향으로 사용)하여 동기식 반이중 통신(half duplex)을 수행할 수 있다.

⑤ 2개의 신호선을 사용(데이터 신호선을 단방향으로 사용)하여 동기식 단방향 통신(simplex)을 수행할 수 있다.

⑥ 한 번에 전송하는 문자의 길이를 8비트 또는 16비트로 지정할 수 있다.

⑦ 마스터 모드에서 클록 주파수를 $f_{PLCK}/2$～$f_{PLCK}/256$의 8가지로 지정할 수 있다.

⑧ 슬레이브 모드에서는 클록 주파수를 $f_{PLCK}/2$ 이하로 사용해야 한다.

⑨ 클록 신호의 극성과 위상을 지정하여 4가지의 클록 모드 동작이 가능하다.

⑩ 한 문자를 MSB부터 전송할 수도 있고 LSB부터 전송할 수도 있다.

⑪ 상태 레지스터에 송수신의 동작 상태를 나타내는 busy flag, 송신 완료 플랙, 수신 완료 플랙 등이 있다.

⑫ 상태 레지스터에는 또한 마스터 모드 위반, 오버런 에러, CRC 에러 등의 플랙이 있어서 인터럽트를 요청한다.

⑬ NSS 신호는 하드웨어적으로 또는 소프트웨어적으로 관리할 수 있다.

⑭ CRC 체크 기능을 사용할 수 있으며, DMA 방식으로 SPI 통신을 수행할 수도 있다.

2. SPI 직렬통신 포트의 구조와 동작

STM32F103VET6에서 SPI 직렬통신 포트의 내부 구조를 블록도로 보이면 기본적으로 4개 모두 <그림 2.9.4>와 같게 되어 있다.

여기서 MOSI, MISO, SCK 단자는 전형적인 SPI 통신 신호들이며, NSS는 슬레이브 선택 신호로서 low enable형으로 동작한다. STM32F103VET6이 슬레이브 모드로 동작할 때는 NSS 단자가 슬레이브 선택 입력신호이지만, 멀티 마스터 방식으로 사용되는 시스템에서는 이 단자가 충돌을 검출하는 기능을 수행한다.

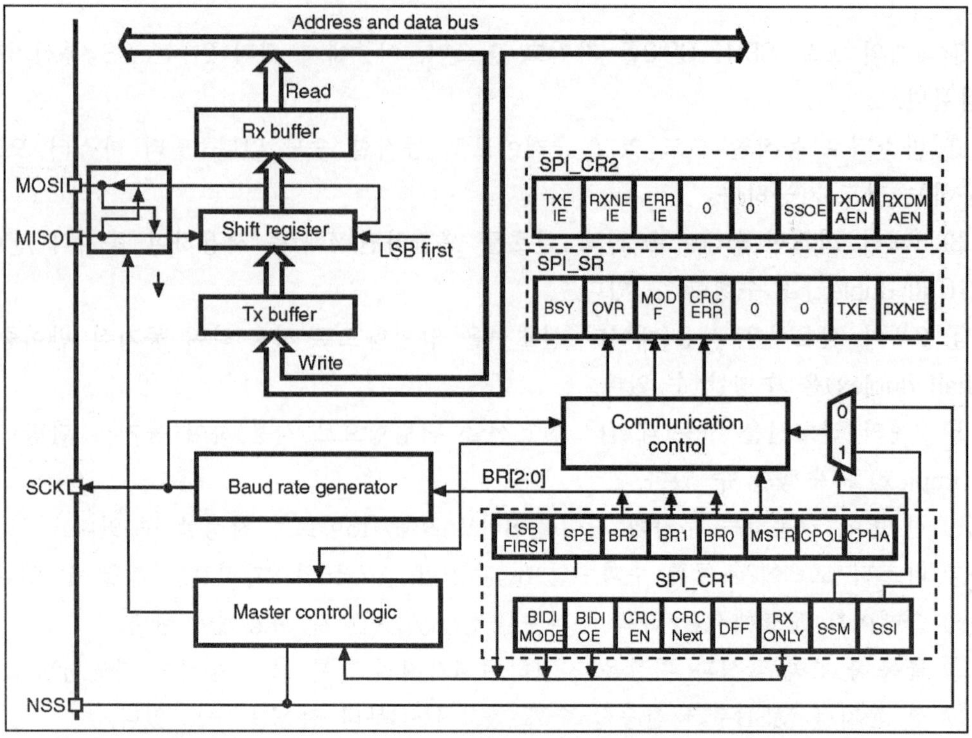

<그림 2.9.4> SPI 직렬통신 포트의 구성 블록도

(1) 마스터에 슬레이브 여러개를 접속하여 사용하는 방식

STM32F103VET6의 SPI 직렬통신에서는 기본적으로 1개의 마스터에 여러 개의 슬레이브가 접속될 수 있는 표준 방식으로 사용되는데, 이때의 시스템 구조는 <그림 2.9.5>와 같다. 마스터가 각 슬레이브 중의 1개를 지정하는 슬레이브 선택 신호로는 사용자가 임의로 GPIO 단자를 할당하여 사용할 수 있으며, 이때 NSS 단자는 Vcc에 연결하든지 GPIO로 설정하여 사용할 수 있다.

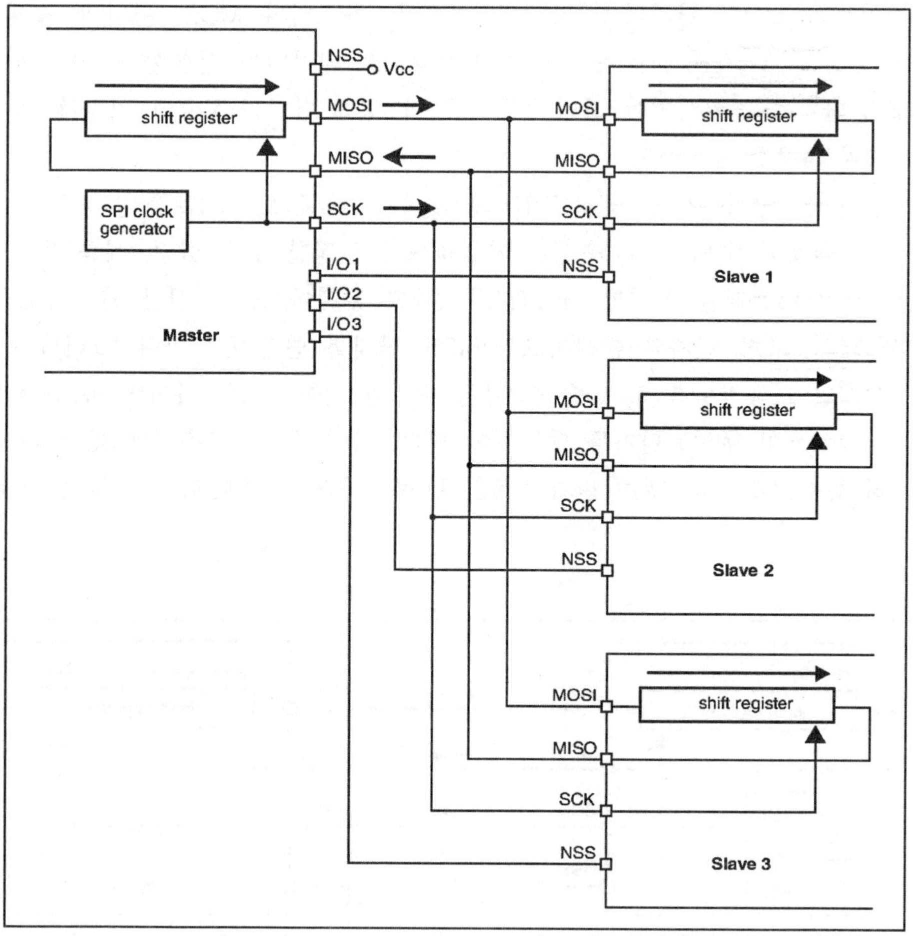

<그림 2.9.5> 1개의 마스터에 여러 개의 슬레이브를 접속하는 방식

(2) 마스터에 슬레이브 1개를 접속하여 사용하는 방식

STM32F103VET6의 SPI 직렬통신에서 1개의 마스터에 1개의 슬레이브만을 접속하는 사용하는 방식은 다시 3가지의 형태로 나눌 수 있다.

전이중 통신 방식에서는 <그림 2.9.6>과 같이 3개의 신호선을 사용한다. MOSI는 마스터에서 슬레이브 쪽으로 데이터를 전송하고 MISO는 반대로 슬레이브에서 마스터 쪽으로 데이터를 전송하므로 전이중 통신이 가능하다. 이때 슬레이브측의 NSS 단자는 접지시켜야 하며, 마스터측의 NSS 단자는 Vcc에 연결하거나 GPIO로 설정하여 사용할 수 있다.

반이중 통신 방식에서는 SPIx_CR1 레지스터에서 BIDIMODE=1로 설정하여 <그림 2.9.7>과 같이 2개의 신호선을 사용한다. BIDIMODE 모드에서는 마스터의 MISO 단자와 슬레이브의 MOSI 단자가 사용되지 않으며, 마스터의 MOSI 단자와 슬레이브의 MISO 단자를 크로스(cross)로 연결하여 양방향으로 데이터를 전송한다. 이때 슬레이브측의 NSS 단자는 접지시켜야 하며, 마스터측의 NSS 단자는 Vcc에 연결하거나 GPIO로 설정하여 사용할 수 있다.

단방향 통신 방식에서는 SPIx_CR1 레지스터의 RXONLY 비트를 사용하여 송신만 가능하도록 설정할 수도 있고, 수신만 가능하도록 설정할 수도 있다. 예를 들어 <그림 2.9.8>과 같이 마스터를 송신만 가능하도록 하고 슬레이브를 수신만 가능하도록 하였다면 마스터의 MOSI 단자와 슬레이브의 MOSI 단자를 연결해야 한다. 그러나, 만약 마스터를 수신만 가능하도록 하고 슬레이브를 송신만 가능하도록 하려면 마스터의 MISO 단자와 슬레이브의 MISO 단자를 연결해야 한다. 이때 슬레이브측의 NSS 단자는 접지시켜야 하며, 마스터측의 NSS 단자는 Vcc에 연결하거나 GPIO로 설정하여 사용할 수 있다.

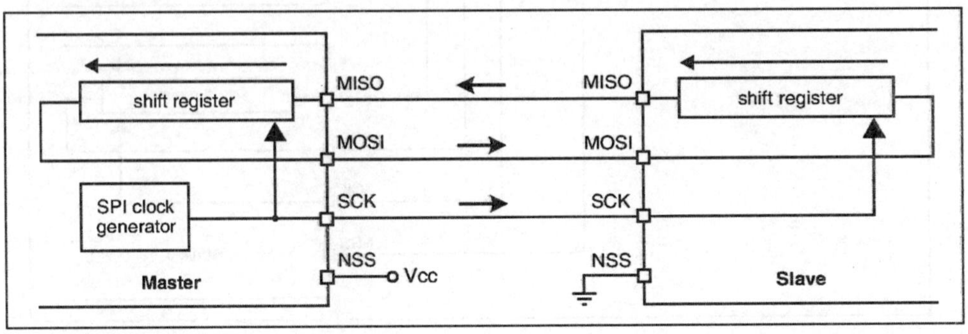

<그림 2.9.6> 1개의 마스터에 1개의 슬레이브를 접속하는 방식(전이중 통신)

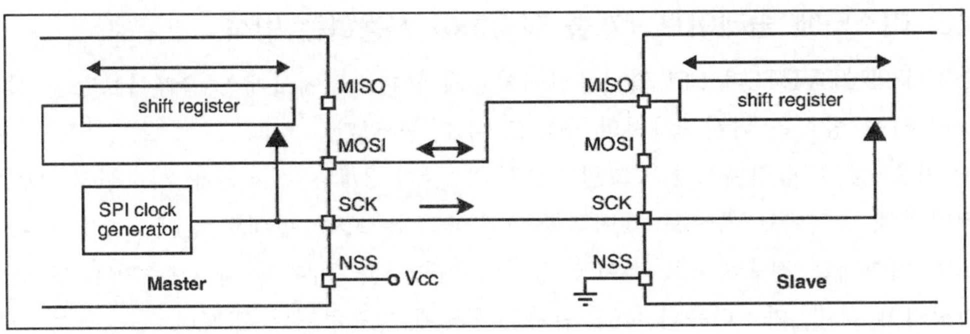

<그림 2.9.7> 1개의 마스터에 1개의 슬레이브를 접속하는 방식(반이중 통신)

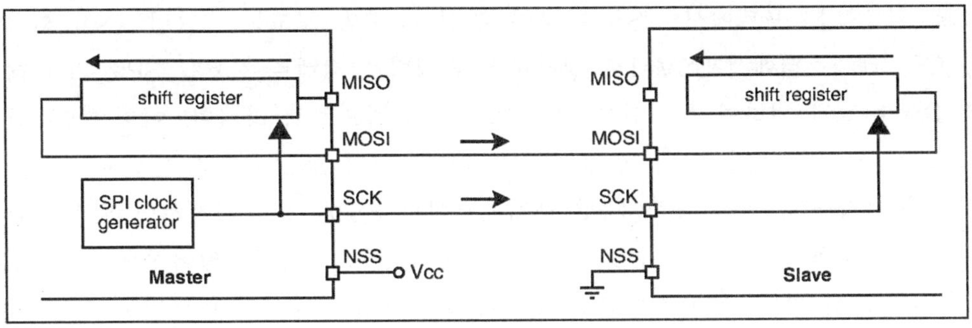

<그림 2.9.8> 1개의 마스터에 1개의 슬레이브를 접속하는 방식(단방향 통신)

(3) NSS 핀의 관리

STM32F103VET6의 SPI 직렬통신 포트의 NSS 단자는 슬레이브 모드에서 칩 선택을 위한 low enable의 입력신호로 사용된다. 즉, 외부에서 이 신호가 V_{DD}에 연결되거나 H레벨로 입력되면 슬레이브가 선택되지 않은 것이고, V_{SS}에 연결되거나 L레벨로 입력되면 슬레이브가 선택된 것을 의미한다.

그러나, 마스터 모드에서는 이 단자가 출력으로 사용될 수도 있고 입력으로 사용될 수도 있다. 마스터 모드에서 이 단자가 출력으로 사용될 때는 외부의 단일 슬레이브를 선택하는 기능을 수행하며, 입력으로 사용될 때는 이 단자가 멀티마스터의 버스 충돌을 방지하는 기능을 수행한다.

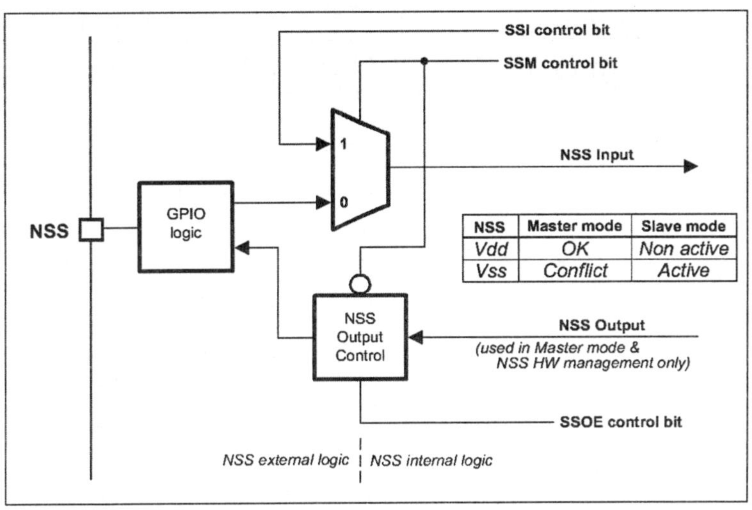

<그림 2.9.9> NSS 단자와 관련된 내부 구조

SPI 직렬통신 포트에서 NSS 단자와 관련된 내부 구조는 <그림 2.9.9>와 같다. SPIx_CR1 레지스터에서 SSM=1로 설정하면 슬레이브 셀렉트 신호는 SPIx_CR1 레지스터의 SSI 비트에 의하여 동작함으로써 소프트웨어적으로 관리되며, 이때 NSS 단자는 GPIO로 사용될 수 있다. 그러나, SPIx_CR1 레지스터의 SSM=0으로 설정하면 2가지 경우로 나누어지는데, 만약 SPIx_CR2 레지스터에서 SSOE=1로 설정하면 SPI 직렬통신 포트가 마스터로 사용되고 NSS 단자가 출력신호로서 하드웨어적으로 관리되며, SSOE=0으로 설정하면 SPI 직렬통신 포트가 멀티마스터 방식의 마스터로 사용되는 것이 가능하다. 따라서, SPI 직렬통신 포트를 일반적인 1개의 마스터, 복수의 슬레이브 방식으로 구성하여 마스터로 사용하려면 SSM=SSI=1, SSOE=0으로 설정하고, 여러 개의 슬레이브 선택 신호는 NSS가 아니라 GPIO 단자들에 할당하여 사용한다.

(4) SPI 통신 포트의 데이터 전송 포맷

클록 신호 SCK의 극성과 위상에 따라 데이터가 전송되는 포맷을 그림으로 설명하면 <그림 2.9.10>과 같다. 여기서는 MSB를 먼저 전송하는 경우의 예를 들었으며, 1문자 데이터의 길이는 8비트 또는 16비트로 설정할 수 있다.

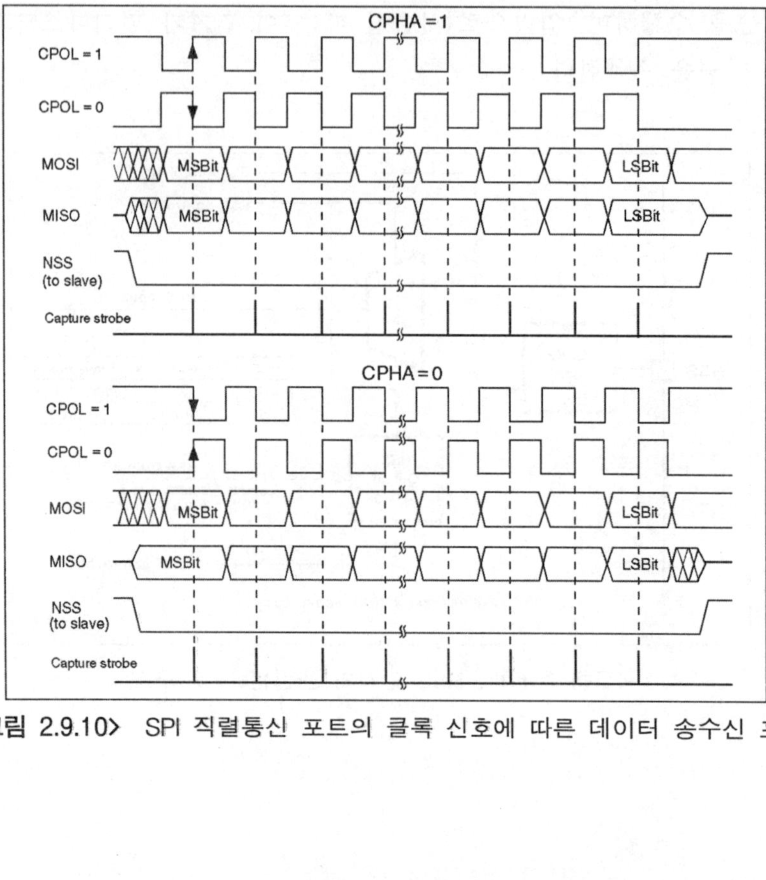

<그림 2.9.10> SPI 직렬통신 포트의 클록 신호에 따른 데이터 송수신 포맷

SPI의 데이터는 SPIx_CR1 레지스터의 LSBFIRST 비트 설정에 따라 MSB부터 전송할 수도 있고 LSB부터 전송할 수도 있다. 1문자 데이터의 길이는 SPIx_CR1 레지스터의 DFF 비트 설정에 따라 8비트 또는 16비트로 구성된다.

(5) CRC 검사 기능

STM32F103VET6의 SPI 직렬통신 모듈에는 지정된 문자수의 데이터 블록을 전송하고 마지막에 CRC 문자를 전송하며, 수신측에서는 수신중에 CRC를 계산한 후 이를 마지막에 수신된 CRC 문자와 비교하여 일치하는지 체크하는 기능을 갖는다. 이러한 CRC 검사 기능을 사용하려면 SPIx_CR1 레지스터에서 CRCEN=1로 설정해야 하는데, DFF 비트에 의하여 전송 문자의 길이가 8비트 또는 16비트로 설정됨에 따라 CRC 기능도 그에 맞도록 8비트 또는 16비트로 수행된다.

SPI 직렬통신 모듈에서 CRC 검사 기능을 사용하려면 송신측에서는 CRC 값을 미리 계산하여 SPIx_TXCRCR 레지스터에 저장하여 놓고 데이터를 전송하다가 데이터 블록의 마지막 문자를 SPIx_DR 레지스터에 라이트한 직후에 SPIx_CR1 레지스터에서 CRCNEXT=1로 설정해야 한다. 그러면 SPIx_TXCRCR 레지스터에 저장되어 있던 CRC 값이 데이터 블록의 마지막에 전송된다.

CRC 값은 이 마이크로컨트롤러에 내장되어 있는 CRC 계산기를 이용하여 계산할 수 있다. 그러면 SPI 직렬통신 모듈의 수신측에서는 문자를 수신하면서 실시간으로 CRC 값을 계산하여 SPIx_RXCRCR 레지스터에 저장하며, 데이터 블록의 마지막 문자로 CRC 값이 수신되면 이를 SPIx_RXCRCR 레지스터 값과 비교하는데, 만약 이 CRC 값이 서로 일치하지 않으면 상태 레지스터에서 CRCERR=1로 세트되면서 인터럽트를 요청한다.

(6) 상태 레지스터의 기능

STM32F103VET6의 SPI 직렬통신의 상태 레지스터 SPIx_SR에는 통신 동작의 상태가 표시된다. TXE(Tx buffer empty) 플랙 비트는 평소에 송신 버퍼가 비어 있을 때 1로 세트되어 있다가 송신할 문자를 송신 버퍼에 라이트하면 이것이 0으로 클리어된다. 그러나, 이 문자가 송신 시프트 레지스터로 옮겨져서 전송이 시작되면 이 비트는 다시 1로 세트된다. 이때 만약 SPIx_CR2 레지스터에서 TXEIE=1로 설정되어 있다면 SPI 인터럽트가 요청된다.

RXNE(Rx buffer not empty) 플랙 비트는 평소에 수신 버퍼가 비어 있을 때 0으로 클리어되어 있다가 수신 버퍼에 문자가 수신되어 저장되면 1로 세트된다. 이때 만약

SPIx_CR2 레지스터에서 RXNEIE=1로 설정되어 있다면 SPI 인터럽트가 요청된다. 그리고 SPIx_DR 레지스터의 수신 문자를 읽으면 이 비트는 다시 0으로 클리어된다.

BUSY(busy) 플랙 비트는 현재 SPI 통신 모듈이 통신 동작을 수행하고 있음을 나타낸다. 이것은 통신을 종료하고 SPI 모듈을 금지시키거나 정지 모드로 들어갈 때 아직 전송되지 않은 문자가 남아있는지를 확인하는 용도로 유용하며, 멀티 마스터 시스템에서 충돌을 방지하는데도 유용하게 사용된다.

SPI가 마스터로 설정되어 동작하고 있을 때 NSS 신호가 0으로 입력되면(하드웨어 모드로 외부 NSS 단자에서 입력되든지 또는 소프트웨어 모드로 SSI 비트에 의하여 입력되든지) 마스터 모드 에러(master mode fault)가 발생하면서 상태 레지스터에서 MODF=1로 세트된다. 이렇게 마스터 모드 에러가 발생하면 SPIx_CR1 레지스터에서 SPE=0으로 되면서 SPI 모듈의 동작이 금지되고, MSTR=0으로 클리어되어 슬레이브 모드로 설정된다.

SPIx_CR1 레지스터에서 CRCEN 비트를 1로 설정하여 CRC 검사 기능을 사용하고 있을 때 수신된 CRC 값을 SPIx_RXCRCR 레지스터 값과 비교하여 일치하지 않으면 CRC 에러가 발생하면서 상태 레지스터에서 CRCERR=1로 세트된다. 이 비트를 다시 클리어하려면 0을 써주어야 한다.

SPI의 동작에서 현재 송신 버퍼에 송신 데이터를 라이트할 수 있도록 비어 있어서 TXE=1로 되거나 또는 수신 버퍼에 수신된 데이터가 있어서 RXNE=1로 되면 SPIx 인터럽트가 요청된다. 이들 인터럽트가 발생되도록 하려면 SPIx_CR2 레지스터에서 각각 TXEIE와 RXNEIE 비트를 1로 설정해야 한다. 또한, 마스터 모드 에러나 CRC 에러가 발생하는 경우에도 인터럽트가 요청된다. 이들 에러 인터럽트가 발생되도록 하려면 SPIx_CR2 레지스터에서 ERRIE=1로 설정해야 한다.

(7) SPI 마스터 모드의 설정 및 동작

SPI의 마스터 모드(master mode)는 전체적인 통신 동작을 주관하고 클록 신호를 발생하여 SCK 단자로 출력하는 기능을 수행한다. SPI 직렬통신 포트를 마스터 모드로 설정하는 절차는 다음과 같다.

① SPIx_CR1 레지스터에서 BR[2:0] 비트를 사용하여 클록을 설정하고 전송 속도를 결정한다.

② SPIx_CR1 레지스터에서 CPOL과 CPHA 비트를 사용하여 클록 신호가 데이터를 샘플링하는 방식을 설정한다.

③ SPIx_CR1 레지스터에서 DFF 비트를 사용하여 전송 문자의 데이터 길이를 8비트 또는 16비트로 설정한다.

④ SPIx_CR1 레지스터에서 LSBFIRST 비트를 사용하여 MSB부터 전송할지 또는 LSB부터 전송할지 설정한다.

⑤ SPIx_CR1 레지스터에서 SSM, SSI 비트와 SPIx_CR2 레지스터에서 SSOE 비트를 사용하여 NSS 단자의 사용 방법을 설정한다.

⑥ SPIx_CR1 레지스터에서 MSTR=SPE=1로 세트하여 SPI 직렬통신 포트를 마스터 모드로 설정하는 작업을 마무리한다.

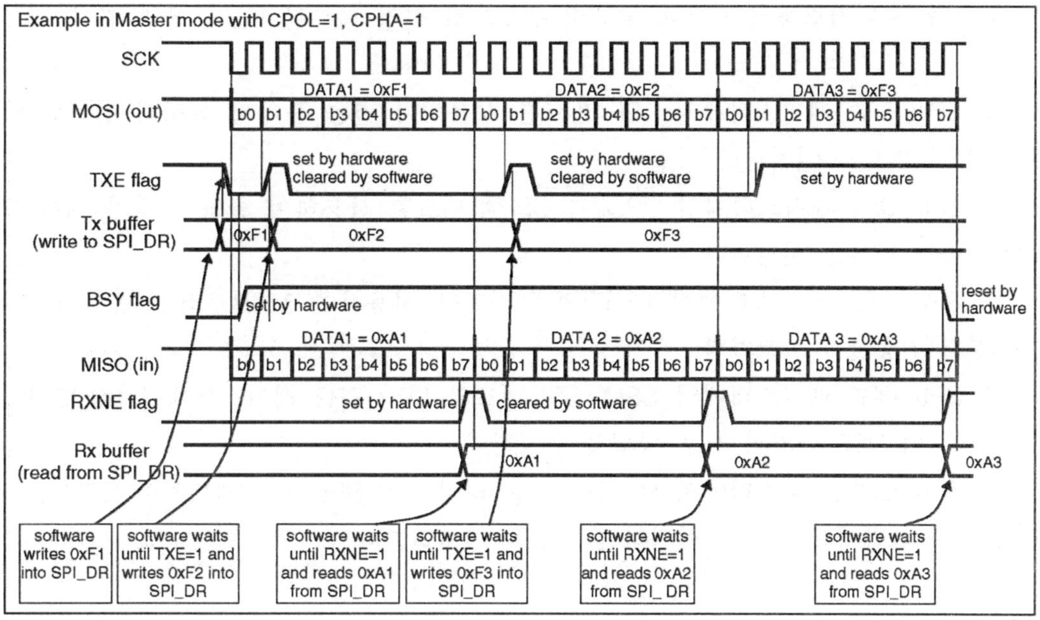

<그림 2.9.11> SPI 직렬통신 포트의 마스터측에서 전이중 통신 동작

이와 같이 설정하고 나면 해당 SPI 직렬통신 포트의 SCK 및 MOSI는 출력 단자로 동작하고, MISO는 입력 단자로 동작한다. 이 상태에서 마스터가 송신할 문자를 송신 버퍼인 SPIx_DR 레지스터에 쓰면 SCK 신호가 발생되면서 지정된 순서로 전송 문자가 MOSI 단자에 출력된다. 송신 버퍼의 문자가 시프트 레지스터로 옮겨져서 전송이 시작되면 상태 레지스터에서 TXE=1로 되어 인터럽트를 요청한다.

이와 같이 전송 문자가 MOSI 단자로 출력되는 동안에 MISO 단자를 통해서는 슬레이브로부터 수신되는 데이터가 입력된다. 이 직렬 입력 동작이 완료되면 시프트 레지스터의 수신 문자는 수신 버퍼로 옮겨지고, 상태 레지스터에서 RXNE=1로 되어 인터럽트를 요청한다. 마이크로컨트롤러가 수신 버퍼인 SPIx_DR 레지스터를 읽으면 이 RXNE 비트는 다시 0으로 클리어된다.

이와 같은 SPI 직렬통신 포트의 마스터 모드 동작을 좀더 알기 쉽게 그림으로 설명하면 <그림 2.9.11>과 같다.

(8) SPI 슬레이브 모드의 설정 및 동작

SPI의 슬레이브 모드(slave mode)는 마스터로부터 SCK 단자를 통하여 클록 신호를 받으며 마스터의 주관으로 모든 통신 동작을 수행한다. 따라서, 슬레이브 모드에서는 SPIx_CR1 레지스터에서 BR[2:0] 비트를 어떻게 설정하든지 전송 속도에 영향을 주지 않는다. SPI 직렬통신 포트를 슬레이브 모드로 설정하는 절차는 다음과 같다.

① SPIx_CR1 레지스터에서 DFF 비트를 사용하여 전송 문자의 데이터 길이를 8비트 또는 16비트로 설정한다.

② SPIx_CR1 레지스터에서 CPOL과 CPHA 비트를 사용하여 클록 신호가 데이터를 샘플링하는 방식을 설정한다.

③ SPIx_CR1 레지스터에서 LSBFIRST 비트를 사용하여 MSB부터 전송할지 또는 LSB부터 전송할지 설정한다.

④ SPIx_CR1 레지스터에서 SSM, SSI 비트와 SPIx_CR2 레지스터에서 SSOE 비트를 사용하여 NSS 단자의 사용 방법을 설정한다.

⑤ SPIx_CR1 레지스터에서 MSTR=0으로 리셋하고, SPE=1로 세트하여 SPI 직렬통신 포트를 슬레이브 모드로 설정하는 작업을 마무리한다.

이와 같이 설정하고 나면 해당 SPI 직렬통신 포트의 SCK 및 MOSI는 입력 단자로 동작하고, MISO는 출력 단자로 동작한다. 이 상태에서 슬레이브가 송신할 문자가 있으면 이를 송신 버퍼인 SPIx_DR 레지스터에 이를 써놓고 기다린다. 그러다가 마스터측에서 SCK 신호와 함께 MOSI 단자에 데이터를 보내게 되면 슬레이브는 이를 수신함과 송신 버퍼에 써두었던 데이터를 MISO 단자로 출력한다. 송신 버퍼의 문자가 시프트 레지스터로 옮겨지면 상태 레지스터에서 TXE=1로 되어 인터럽트를 요청한다.

마스터가 보낸 전송 문자가 MOSI 단자를 통하여 수신 완료되면 시프트 레지스터의 수신 문자는 수신 버퍼로 옮겨지고, 상태 레지스터에서 RXNE=1로 되어 인터럽트를 요청한다. 마이크로컨트롤러가 수신 버퍼인 SPIx_DR 레지스터를 읽으면 이 RXNE 비트는 다시 0으로 클리어된다.

이와 같은 SPI 직렬통신 포트의 슬레이브 모드 동작을 좀더 알기 쉽게 그림으로 설명하면 <그림 2.9.12>와 같다.

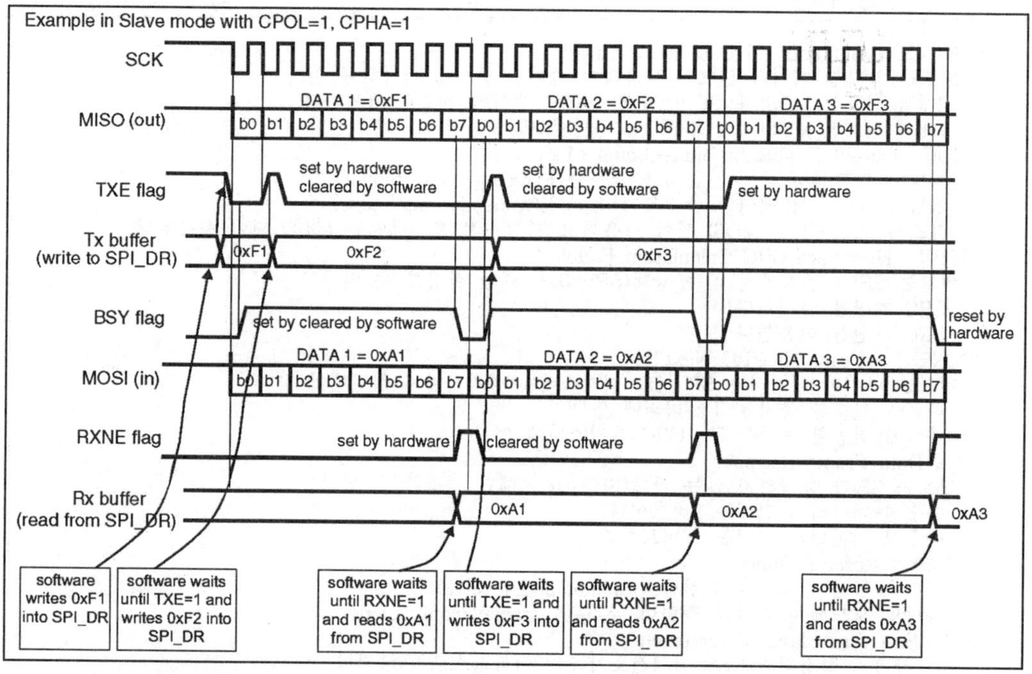

〈그림 2.9.12〉 SPI 직렬통신 포트의 슬레이브측에서 전이중 통신 동작

3. SPI 직렬통신 포트 관련 I/O 제어 레지스터

동기식 직렬통신 포트 SPI1~SPI3과 관련된 I/O 제어 레지스터는 <표 2.9.1>과 같이 각각 9개씩이 있는데, 이 레지스터들의 기능을 정리하면 아래와 같다.

〈표 2.9.1〉 STM32F103VET6의 SPI 포트와 관련된 I/O 제어 레지스터 요약

어드레스	레지스터 이름	레지스터의 풀어 쓴 이름	리셋 후 초기값
0x400?_??00	SPIx_CR1	SPIx Control Register 1 (x = 1, 2, 3)	0x0000
0x400?_??04	SPIx_CR2	SPIx Control Register 2	0x0000
0x400?_??08	SPIx_SR	SPIx Status Register	0x0002
0x400?_??0C	SPIx_DR	SPIx Data Register	0x0000
0x400?_??10	SPIx_CRCPR	SPIx CRC Polynomial Register	0x0007
0x400?_??14	SPIx_RXCRCR	SPIx Receive CRC Register	0x0000
0x400?_??18	SPIx_TXCRCR	SPIx Transmit CRC Register	0x0000
0x400?_??1C	SPIx_I2SCFGR	SPIx I2S Configuration Register	0x0000
0x400?_??20	SPIx_I2SPR	SPIx I2S Prescaler Register	0x0002

▣ SPI 제어 레지스터1 SPIx_CR1 (리셋 직후 디폴트값 : 0x0000)

b15	b14	b13	b12	b11	b10	b9	b8	b7	b6	b5	b4	b3	b2	b1	b0
BIDI MODE	BIDI OE	CRC EN	CRC NEXT	DFF	RXONLY	SSM	SSI	LSB FIRST	SPE	BR[2:0]			MSTR	CPOL	CPHA
rw	rw	rw	rw	rw	rw	rw	rw	rw	rw	rw	rw	rw	rw	rw	rw

- BIDIMODE : Bidirectional Data Mode Enable
  이 비트는 양방향 데이터 신호를 사용하여 반이중 통신을 가능하게 한다.
  0 = 2개의 신호선 MOSI, MISO가 각각 단방향 데이터 신호로 사용된다.
  1 = 1개의 신호선 MOSI 또는 MISO가 양방향 데이터 신호로 사용된다. (이때는 RXONLY=0 일 것)
- BIDIOE : Output Enable in Bidirectional Mode
  0 = 양방향 모드에서 데이터 출력을 금지한다.(receive-only mode)
  1 = 양방향 모드에서 데이터 출력을 허용한다.(transmit-only mode)
  마스터 모드에서는 MOSI 핀이 사용되고, 슬레이브 모드에서는 MISO 핀이 사용된다.
- CRCEN : Hardware CRC Calculation Enable
  이 비트는 SPI가 동작하지 않는 상태(SPE=0)일 때만 설정할 수 있다.
  0 = CRC 계산을 금지한다.
  1 = CRC 계산을 허용한다.
- CRCNEXT : Transmit CRC Next
  이 비트는 마지막 데이터가 SPIx_DR 레지스터에 써지자마자 설정해야 한다.
  0 = 다음에 전송할 문자는 Tx 버퍼에 있다.
  1 = 다음에 전송할 문자는 Tx CRC 레지스터에 있다.
- DFF : Data Frame Format
  이 비트는 SPI가 동작하지 않는 상태(SPE=0)일 때만 설정할 수 있다.
  0 = 송수신 데이터의 길이는 8비트이다.
  1 = 송수신 데이터의 길이는 16비트이다.
- RXONLY : Receive Only
  0 = 전이중 통신 방식을 사용한다.(transmit and receive)
  1 = 양방향 모드에서 데이터 출력이 금지된다.(receive-only mode)
- SSM : Software Slave Management
  이 비트가 1로 설정되면 NSS 입력신호가 SSI 비트값으로 대체되어 동작한다.
  0 = 소프트웨어에 의한 슬레이브 관리가 금지된다.
  1 = 소프트웨어에 의한 슬레이브 관리가 허용된다.
- SSI : Internal Slave Select
  이 비트는 SSM 비트가 1로 설정되어 있을 때만 의미가 있다. SSM 비트가 1로 설정되어 있을 때는 이 SSI 비트값이 내부에서 NSS 신호로 사용된다.
- LSBFIRST : LSB First in Frame Format
  0 = 1문자 내에서 MSB가 먼저 전송된다.
  1 = 1문자 내에서 LSB가 먼저 전송된다.
- SPE : SPI Enable
  0 = SPI 모듈의 모든 동작이 금지된다.
  1 = SPI 모듈의 동작이 허용된다.
- BR[2:0] : Baud Rate Control
  SPI의 전송속도를 결정한다. SPI1에서는 f_{PCLK}으로 최대 72MHz의 PCLK2가 사용되며, SPI2~SPI3에서는 f_{PCLK}으로 최대 36MHz의 PCLK1이 사용된다.
  000 = 보레이트는 f_{PCLK} / 2
  001 = 보레이트는 f_{PCLK} / 4
  010 = 보레이트는 f_{PCLK} / 8
  011 = 보레이트는 f_{PCLK} / 16
  100 = 보레이트는 f_{PCLK} / 32
  101 = 보레이트는 f_{PCLK} / 64
  110 = 보레이트는 f_{PCLK} / 128
  111 = 보레이트는 f_{PCLK} / 256
- MSTR : Master Selection
  0 = SPI가 슬레이브 모드로 동작한다.
  1 = SPI가 마스터 모드로 동작한다.
- CPOL : Clock Polarity
  0 = 아이들 상태일 때 클록 신호 SCK가 0이다.
  1 = 아이들 상태일 때 클록 신호 SCK가 1이다.

- CPHA : Clock Phase
  0 = 클록 신호 SCK의 첫번째 에지(leading edge)에서 데이터가 캡쳐된다.
  1 = 클록 신호 SCK의 두번째 에지(trailing edge)에서 데이터가 캡쳐된다.

▣ SPI 제어 레지스터2 SPIx_CR2 (리셋 직후 디폴트값 : 0x0000)

b15	b14	b13	b12	b11	b10	b9	b8	b7	b6	b5	b4	b3	b2	b1	b0
-	-	-	-	-	-	-	-	TXEIE	RXNEIE	ERRIE	-	-	SSOE	TXDMA EN	RXDMA EN
-	-	-	-	-	-	-	-	rw	rw	rw	-	-	rw	rw	rw

- TXEIE : Tx Buffer Empty Interrupt Enable
  0 = TXE 인터럽트가 금지된다.
  1 = 상태 레지스터에서 TXE=1로 세트되면 인터럽트가 요청된다.
- RXNEIE : Rx Buffer Not Empty Interrupt Enable
  0 = RXNE 인터럽트가 금지된다.
  1 = 상태 레지스터에서 RXNE=1로 세트되면 인터럽트가 요청된다.
- ERRIE : Error Interrupt Enable
  0 = 에러 인터럽트가 금지된다.
  1 = 상태 레지스터에서 CRCERR, MODF 비트가 1로 세트되면 인터럽트가 요청된다.
- SSOE : SS Output Enable
  0 = 마스터 모드에서 슬레이브 선택 신호의 출력을 금지하여 멀티마스터 동작이 가능하게 한다.
  1 = 마스터 모드에서 슬레이브 선택 신호의 출력을 허용한다. 이때는 멀티마스터 동작이 불가능하다.
- TXDMAEN : Tx Buffer DMA Enable
  0 = Tx Buffer DMA를 금지한다.
  1 = Tx Buffer DMA를 허용한다.
- RXDMAEN : Rx Buffer DMA Enable
  0 = Rx Buffer DMA를 금지한다.
  1 = Rx Buffer DMA를 허용한다.

▣ SPI 상태 레지스터 SPIx_SR (리셋 직후 디폴트값 : 0x0002)

b15	b14	b13	b12	b11	b10	b9	b8	b7	b6	b5	b4	b3	b2	b1	b0
-	-	-	-	-	-	-	-	BSY	OVR	MODF	CRCERR	UDR	CHSIDE	TXE	RXNE
-	-	-	-	-	-	-	-	r	r	r	rc_w0	r	r	r	r

- BSY : Busy Flag
  0 = 현재 SPI 전송 동작이 수행되고 있지 않다.
  1 = 현재 SPI 전송 동작이 수행되고 있거나 송신 버퍼(Tx buffer)가 비어있지 않다.
- OVR : Overrun Flag
  이 비트는 I2S 동작에서만 사용된다.
  0 = 오버런 에러가 발생하지 안았다.
  1 = 오버런 에러가 발생하였다.
- MODF : Master Mode Fault
  0 = master mode fault 에러가 발생하지 안았다.
  1 = master mode fault 에러가 발생하였다.
- CRCERR : CRC Error Flag
  0 = CRC 에러가 발생하지 안았다.
  1 = CRC 값이 수신되었고 SPIx_RXCRCR 레지스터의 값과 일치하지 않는다.
- UDR : Underrun Error
  이 비트는 I2S 동작에서만 사용된다.
  0 = 언더런 에러가 발생하지 안았다.
  1 = 언더런 에러가 발생하였다.
- CHSIDE : Channel Side
  이 비트는 I2S 동작에서만 사용된다.
  0 = 채널의 왼쪽이 송신 또는 수신된다.
  1 = 채널의 오른쪽이 송신 또는 수신된다.

- TXE : Transmit Buffer Empty
  0 = 송신 버퍼(Tx buffer)가 비어 있지 않다.
  1 = 송신 버퍼(Tx buffer)가 비어 있다.
- RXNE : Receive Buffer Not Empty
  0 = 수신 버퍼(Rx buffer)가 비어 있다.
  1 = 수신 버퍼(Rx buffer)가 문자가 수신되어 비어 있지 않다. SPIx_DR 레지스터를 읽으면 이 비트는 0으로 클리어된다.

▣ SPI 데이터 레지스터 SPIx_DR (리셋 직후 디폴트값 : 0x0000)

b15	b14	b13	b12	b11	b10	b9	b8	b7	b6	b5	b4	b3	b2	b1	b0
DR[15:0]															
rw	rw	rw	rw	rw	rw	rw	rw	rw	rw	rw	rw	rw	rw	rw	rw

- DR[15:0] : Data Register
  송신할 데이터를 쓰거나 또는 수신된 데이터를 읽는 2개의 버퍼 레지스터. 송신할 데이터를 쓰면 송신 버퍼에 써지고, 수신 데이터를 읽으면 수신 버퍼가 읽혀진다. 이 레지스터는 SPIx_CR1 레지스터에서 DFF 비트의 설정에 따라 8비트 또는 16비트 길이로 동작한다. DFF=0으로 설정하여 8비트 길이로 동작하는 경우에는 아래쪽의 DR[7:0]을 사용하며, 이때 사용하지 않는 상위 비트 DR[15:8]은 0으로 된다.

▣ SPI CRC 다항식 레지스터 SPIx_CRCPR (리셋 직후 디폴트값 : 0x0007)

b15	b14	b13	b12	b11	b10	b9	b8	b7	b6	b5	b4	b3	b2	b1	b0
CRCPOLY[15:0]															
rw	rw	rw	rw	rw	rw	rw	rw	rw	rw	rw	rw	rw	rw	rw	rw

- CRCPOLY[15:0] : CRC Polynomial Register
  CRC를 계산하는 다항식의 수를 지정한다. 디폴트로 7이지만, 사용자가 임의의 홀수 값으로 지정할 수 있다.

▣ SPI Rx CRC 레지스터 SPIx_RXCRCR (리셋 직후 디폴트값 : 0x0000)

b15	b14	b13	b12	b11	b10	b9	b8	b7	b6	b5	b4	b3	b2	b1	b0
RxCRCR[15:0]															
r	r	r	r	r	r	r	r	r	r	r	r	r	r	r	r

- RxCRCR[15:0] : Rx CRC Register
  CRC를 사용하도록 허용되면 이 레지스터에는 수신 데이터로부터 계산된 CRC 값이 저장된다. 계산하는 다항식의 수는 SPIx_CRCPR 레지스터의 설정에 따른다. SPIx_CR1 레지스터에서 DFF=0으로 설정하여 송수신 데이터가 8비트 길이로 동작하는 경우에는 이 레지스터도 하위 8비트인 RxCRCR[7:0]만 사용된다. SPIx_CR1 레지스터에서 CRCEN=1로 설정하면 이 레지스터가 0으로 클리어된다.

▣ SPI Tx CRC 레지스터 SPIx_TXCRCR (리셋 직후 디폴트값 : 0x0000)

b15	b14	b13	b12	b11	b10	b9	b8	b7	b6	b5	b4	b3	b2	b1	b0
TxCRCR[15:0]															
r	r	r	r	r	r	r	r	r	r	r	r	r	r	r	r

- TxCRCR[15:0] : Tx CRC Register
  CRC를 사용하도록 허용되면 이 레지스터에는 송신 데이터로부터 계산된 CRC 값이 저장된다. 계산하는 다항식의 수는 SPIx_CRCPR 레지스터의 설정에 따른다. SPIx_CR1 레지스터에서 DFF=0으로 설정하여 송수신 데이터가 8비트 길이로 동작하는 경우에는 이 레지스터도 하위 8비트인 TxCRCR[7:0]만 사용된다. SPIx_CR1 레지스터에서 CRCEN=1로 설정하면 이 레지스터가 0으로 클리어된다.

▣ SPI I2S 설정 레지스터 SPIx_I2SCFGR (리셋 직후 디폴트값 : 0x0000)

b15	b14	b13	b12	b11	b10	b9	b8	b7	b6	b5	b4	b3	b2	b1	b0
–	–	–	–	I2SMOD	I2SE	I2SCFG[1:0]		PCM SYNC	–	I2SSTD[1:0]		CKPOL	DATLEN[1:0]		CHLEN
–	–	–	–	rw	rw	rw	rw	rw	–	rw	rw	rw	rw	rw	rw

이 레지스터는 I2S 동작에서만 사용된다.

▣ SPI I2S 프리스케일러 레지스터 SPIx_I2SPR (리셋 직후 디폴트값 : 0x0000)

b15	b14	b13	b12	b11	b10	b9	b8	b7	b6	b5	b4	b3	b2	b1	b0
–	–	–	–	–	–	MCKOE	ODD	I2SDIV[7:0]							
–	–	–	–	–	–	rw	rw	rw	rw	rw	rw	rw	rw	rw	rw

이 레지스터는 I2S 동작에서만 사용된다.

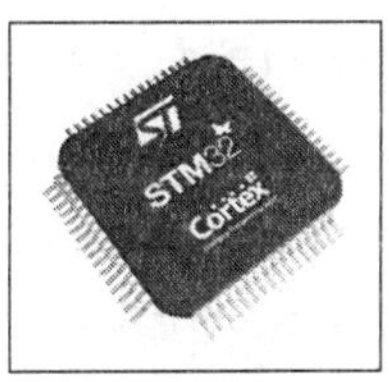

2.10 동기식 직렬통신 포트(I2C)

이 절에서는 STM32F103VET6에 내장되어 있는 2개의 I2C 동기식 직렬통신 포트 I2C1, I2C2의 구조와 기능에 대하여 알아보기로 한다.

1. I2C 직렬통신의 개요

I2C(Inter-Integrated Circuit)는 1980년대 초에 필립스(Philips)사에서 제안한 근거리용 표준 직렬통신 방식으로서 I^2C 또는 IIC 통신이라고 표기하기도 한다. 이것은 IC 소자들을 연결하기 위한 단거리용 2선식 직렬통신 방식으로서 마이크로컨트롤러에 여러 가지의 메모리 또는 I/O 소자들을 인터페이스하기 위하여 고안된 방법이며, 항상 마스터(master)와 슬레이브(slave) 사이에서 직렬로 데이터를 송수신할 수 있다.

마이크로컨트롤러에 메모리나 I/O 소자를 인터페이스하는 것은 물론 어드레스 버스와 데이터 버스를 사용하는 병렬 방식이 기본이지만, TV나 VCR과 같은 가전제품에서는 이렇게 할 경우 많은 버스선이나 인터페이스 소자들 때문에 PCB의 면적을 많이 차지하게 되고 이는 제품의 가격을 낮추거나 소형화하는데 매우 불리하게 된다. 이 때문에 가전제품 메이커인 필립스에서는 2선식의 간편한 양방향 직렬통신용 버스를 제안하게 되었는데 이것이 바로 I2C이다.

I2C 버스를 사용하는 직렬통신 방식은 1980년대에 시작하여 현재의 V2.1에 이르는 동안에 많은 반도체 소자에서 채택하고 있다. 이것의 특징을 요약하면 다음과 같다.

- SDA, SCL 2개의 선으로 양방향 직렬통신을 수행(2.3V~5.5V의 전원 전압을 사용)
- SDA, SCL은 오픈 드레인 출력으로 외부에 수kΩ의 풀업 저항을 사용하는 것이 필요
- 반드시 마스터와 슬레이브 사이에 직렬 동기식 양방향 데이터 통신을 수행
- 마스터가 데이터를 송신 또는 수신을 하기 위하여 데이터 SDA는 양방향 신호
- 마스터가 데이터를 송신 또는 수신하더라도 클록신호 SCL은 항상 마스터가 발생
- 100kbps, 400kbps, 3.4Mbps의 3가지 전송속도를 지원
- 마스터가 슬레이브에게 7비트 또는 10비트 어드레스로 지정 가능
- 마스터가 전체호출 기능으로 전체 슬레이브를 동시에 지정하는 것이 가능
- 멀티마스터 조정 기능 지원

(1) I2C 통신의 기본 구성

I2C 버스를 사용하는 시스템의 전체 구성을 보면 <그림 2.10.1>의 (a)와 같다. 즉, 기본적으로는 1개의 마스터가 여러개의 슬레이브 중에서 1개를 어드레스로 지정하여 이와 데이터를 송수신하며, 전체호출(general call 또는 data broadcast) 기능을 사용하면 마스터가 한번에 전체의 슬레이브를 지정하여 모든 슬레이브에게 데이터를 송신하는 것도 가능하다. 그러나, 복잡한 시스템에서는 마스터가 여러개 존재하는 멀티마스터(multi-master) 기능도 가능하다.

이처럼 하나의 시스템에 여러개의 디바이스를 접속하기 위하여 SDA(Serial Data)와 SCL(Serial Clock) 신호의 출력단은 <그림 2.10.1>의 (b)에 보인 바와 같이 모두 오픈 콜렉터(open-collector) 또는 오픈 드레인(open-drain) 방식으로 되어 있으며, 따라서 이 버스에는 반드시 외부에 풀업 저항(pullup resistor)을 접속해야 한다. 풀업 저항의 크기는 사용하는 소자에서 출력단 트랜지스터의 용량에 따라 달라지지만 대체로 수 kΩ 정도면 무난하다.

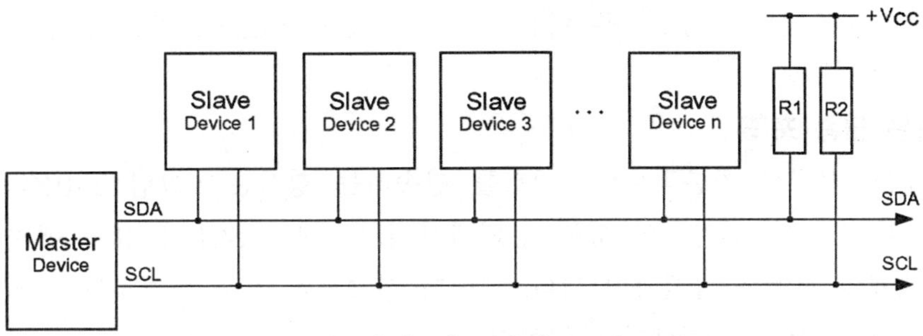

(a) 전체 시스템의 구성

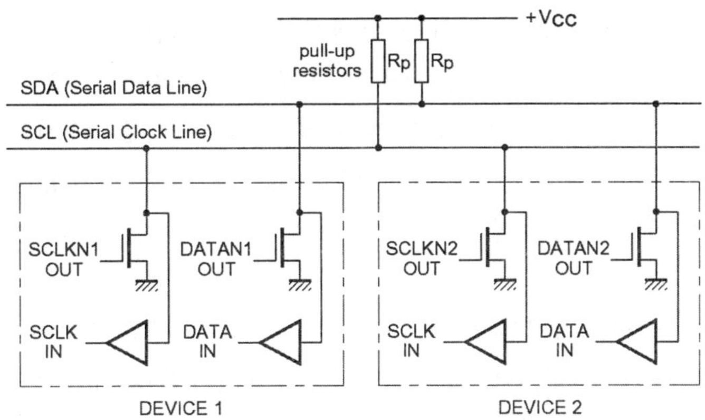

(b) 내부 회로의 구성

〈그림 2.10.1〉 I2C 직렬통신을 사용한 시스템의 구성도

I2C 직렬통신의 전송선에는 데이터 신호선인 SDA(Serial Data)와 클록 신호선인 SCL(Serial Clock)이 있다. 데이터 전송을 시작하고 클록을 발생하며 전송을 종료하는 모든 일을 주관하는 측의 장치를 마스터(master)라 하고, 마스터에 의하여 주소가 지정되어 마스터의 제어를 받으면서 동작하는 측의 장치를 슬레이브(slave)라고 한다. 또한, 데이터를 버스로 내보내는 측을 송신측(transmitter)이라고 하고, 버스로부터 데이터를 받는 측을 수신측(receiver)이라고 한다.

마스터는 슬레이브의 어드레스를 지정하여 1개를 선택하고, 이 선택된 슬레이브에게 데이터를 송신하거나 이것으로부터 데이터를 수신할 수 있다. 그러나, 전체호출 기능을 이용하여 마스터가 동시에 모든 슬레이브에게 데이터를 송신할 수도 있다.

I2C 직렬통신의 전송속도는 표준 모드(standard mode, 100kbps), 고속 모드(fast mode, 400kbps), 최고속 모드(high speed mode, 3.4Mbps)의 3가지로 나누어진다.

하나의 통신 시스템에서 동시에 I2C 버스를 제어하려고 시도하는 여러개의 마스터를 멀티마스터(multi-master)라고 하며, 이들 멀티마스터가 각각 발생하는 여러개의 클록 신호들 중에서 하나의 클록으로 동기(synchronization)를 취하고 1개의 디바이스를 선택하여 마스터의 기능을 허용하는 것을 조정(arbitration)이라고 한다.

(2) 기본 전송 포맷

I2C 직렬통신에서 기본적으로 1비트를 전송하는 형식은 <그림 2.10.2>의 (a)처럼 데이터 신호 SDA가 안정되어 있는 상태에서 클록 신호 SCL이 상승 에지에서 하강 에지까지 1개의 펄스를 발생하면 된다. 데이터 신호선이 값을 변경하는 것은 클록이 L 상태를 유지하고 있는 동안에만 가능하다.

그러나, 마스터가 데이터 전송의 시작을 표시하는 START 조건은 <그림 2.10.2>의 (b)처럼 SCL 클록신호가 H를 유지하는 상태에서 SDA 데이터 신호가 하강 에지로 변화해야 한다. 또한, 마스터가 데이터 전송의 종료를 표시하는 STOP 조건은 SCL 클록 신호가 H를 유지하는 상태에서 SDA 데이터 신호가 상승 에지로 변화해야 한다. START 조건과 STOP 조건의 사이에서는 항상 버스가 바쁜 동작(busy) 상태인 것으로 간주되며, 따라서 이 기간동안에는 어느 다른 마스터도 버스 제어권을 가지려고 시도하지 말아야 한다.

START 이후에 STOP 조건이 발생되지 않고 다시 START 조건이 출력되는 것이 가능한데 이를 REPEATED START라고 한다. REPEATED START는 버스 제어권을 포기하지 않고 새로운 전송을 시작하는 것뿐이며 모든 사항이 START와 동일하다.

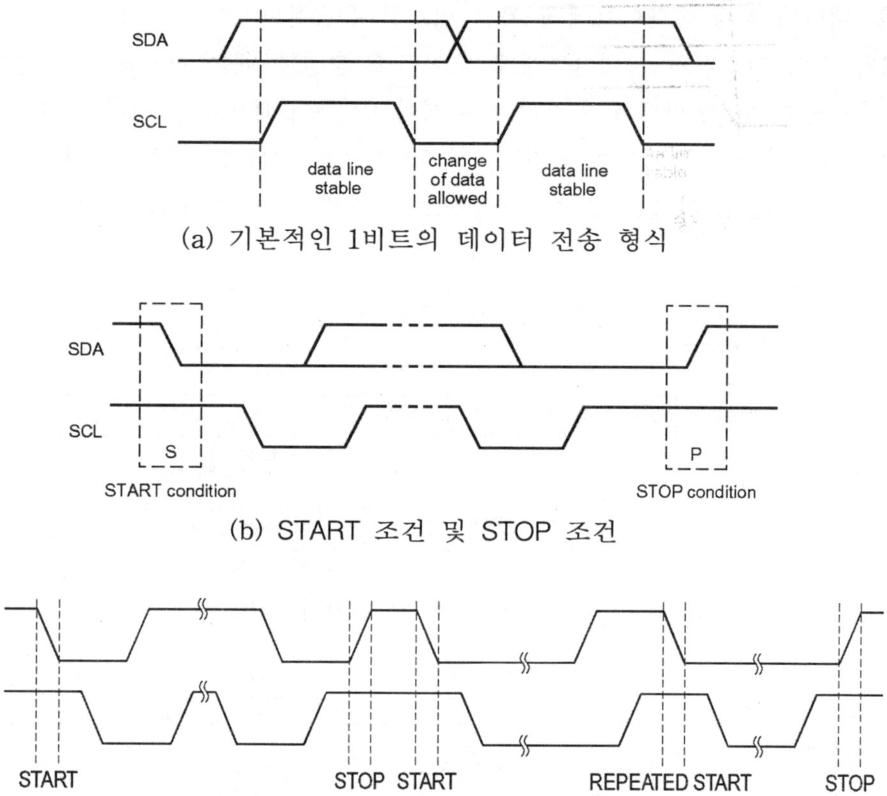

(a) 기본적인 1비트의 데이터 전송 형식

(b) START 조건 및 STOP 조건

(c) START, REPEATED START, STOP 조건

<그림 2.10.2> I2C 직렬통신을 사용한 데이터 전송

(3) 데이터 송신 및 수신 포맷

I2C 직렬통신에서 마스터가 슬레이브에게 데이터를 송신하거나 반대로 마스터가 슬레이브로부터 데이터를 수신하는 기본 형식은 <그림 2.10.3>의 (a)와 같다.

마스터가 슬레이브에게 데이터를 송신할 때는 먼저 마스터가 7비트의 슬레이브 어드레스를 보내고, 이어서 송신(transmit 또는 write)을 의미하는 L상태의 1비트를 보내며, 이에 대하여 지정된 어드레스를 가지고 있는 슬레이브는 L상태의 1비트 확인 신호(acknowledge)로 응답한다. 그러면 마스터는 n 바이트의 데이터를 연속으로 송신하며 각 바이트를 송신할 때마다 해당 슬레이브로부터 확인 비트로 응답을 받는다.

마스터가 슬레이브로부터 데이터를 수신할 때는 먼저 마스터가 7비트의 슬레이브 어드레스를 보내고, 이어서 수신(receive 또는 read)을 의미하는 H상태의 1비트를 보내며, 이에 대하여 지정된 어드레스를 가지고 있는 슬레이브는 L상태의 1비트 확인 신호로 응답한다. 그러면 마스터는 n 바이트의 데이터를 연속으로 수신하며 각 바이트를 수신할 때마다 해당 슬레이브에게 확인 비트로 응답한다.

이와 같이 마스터가 슬레이브에게 데이터를 송신할 때는 마스터가 송신측, 슬레이브가 수신측이 되고, 반대로 마스터가 슬레이브로부터 데이터를 수신할 때는 마스터가 수신측, 슬레이브가 송신측이 되지만, 클록신호 SCL이나 START, STOP 조건은 항상 마스터가 발생한다. 이러한 동작을 파형으로 보이면 <그림 2.10.3>의 (b)와 같다.

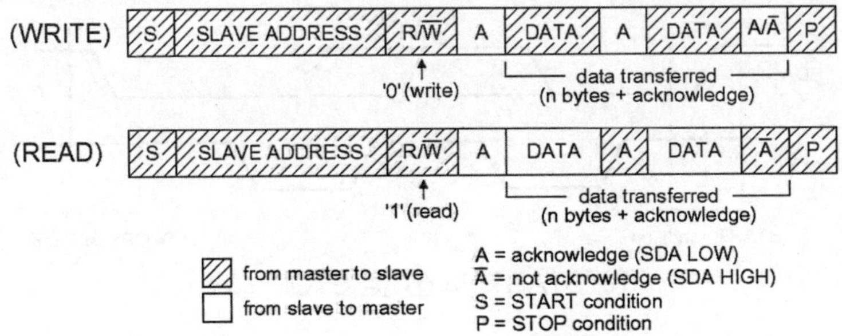

(a) 송신 및 수신 데이터 포맷

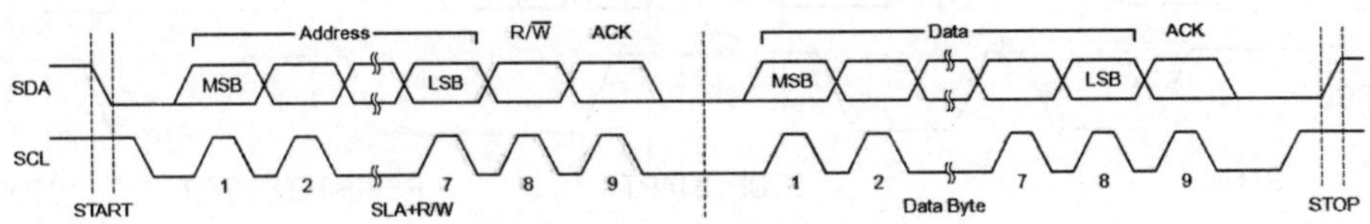

(b) 송수신 동작 파형

〈그림 2.10.3〉 I2C 직렬통신을 사용한 데이터 송수신 포맷

이처럼 I2C 직렬통신 형식에서는 하나의 전송 프레임이 어드레스 패킷(address packet)과 데이터 패킷(data packet)으로 나누어진다. 어드레스 패킷의 형식은 9비트로 구성되는데, 마스터가 슬레이브에게 데이터를 송신하는 경우에는 슬레이브 어드레스, 라이트 신호, 확인 신호(SLA+W)로 이루어지고, 마스터가 슬레이브로부터 데이터를 수신하는 경우에는 슬레이브 어드레스, 리드 신호, 확인 신호(SLA+R)로 이루어진다. 7비트의 어드레스를 전송할 때는 반드시 MSB부터 전송해야 한다.

데이터 패킷의 형식은 8비트의 데이터와 1비트의 확인 신호를 합하여 9비트로 구성되는데, 8비트의 데이터를 전송할 때도 반드시 MSB부터 전송해야 한다. 어드레스 패킷이나 데이터 패킷을 전송할 때 슬레이브가 바쁜 동작(busy) 상태에 있거나 기타의 이유로 L상태의 확인 신호를 응답하지 않으면 마스터는 STOP 조건을 발생하거나 또는 REPEATED START를 발생할 수 있다.

(4) 7비트 어드레스와 10비트 어드레스

I2C 직렬통신에서 처음에는 7비트 어드레스 방식으로 슬레이브를 지정하였으나 V2.0 규격부터는 좀더 많은 슬레이브를 사용할 수 있도록 10비트 어드레스를 사용하는 것도 가능해졌다. 10비트 어드레스 방식은 기존의 7비트 어드레스 방식과 호환 및 혼용이 가능한 방식으로서 STM32F103VET6에서도 이를 지원한다.

어드레스 패킷에서 7비트의 어드레스 값을 0000000으로 전송하면 모든 슬레이브가 동시에 지정되는데 이를 전체호출(general call)이라고 한다. 또한, 7비트 어드레스 방식에서 1111XXX의 어드레스는 향후의 기능 확장을 위하여 예약된 어드레스로서 사용하지 말아야 하는데, 이중에서 11110XX는 나중에 10비트 어드레스 방식을 지정하는데 사용되었다. 즉, 10비트 어드레스 방식에서는 어드레스 패킷이 2차례 전송되는데, 첫번째 어드레스 패킷에서는 11110XX가 전송되고 두번째는 YYYYYYYY가 전송되어 이를 합한 XXYYYYYYYY가 10비트의 슬레이브 어드레스로 사용된다.

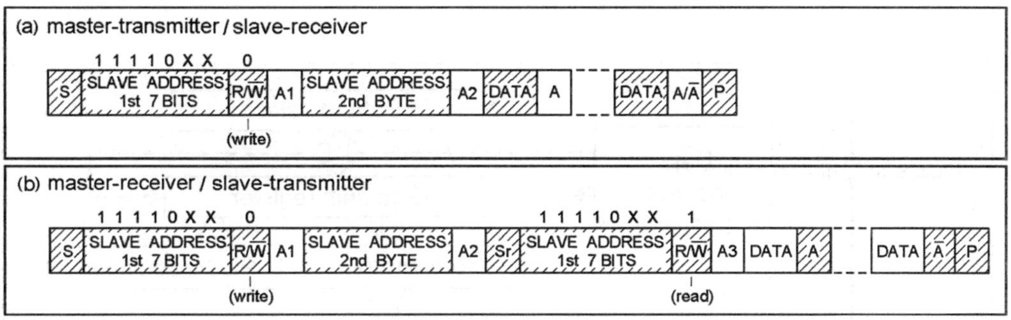

<그림 2.10.4> I2C 직렬통신에서 10비트 어드레스를 사용하는 방식

10비트 어드레스를 사용하는 방식을 좀더 자세하게 설명하면 <그림 2.10.4>와 같다. 마스터가 송신하고 슬레이브가 수신을 수행하는 경우에는 그림의 (a)처럼 동작하는데, 먼저 START 조건을 출력한 후에 11110XX0을 출력하여 이것이 10비트 어드레스의 첫번째 바이트이며 라이트 라이트 동작을 수행할 것이라고 슬레이브에게 알린다. 이때 10비트 어드레스의 상위 2비트 XX가 일치하는 슬레이브는 여러 개가 있을 수 있으므로 그것들은 A1으로 응답할 것이다. 그러면 마스터는 10비트 어드레스의 하위 8비트 YYYYYYYY에 해당하는 두번째의 바이트를 출력하는데, 이때 이 어드레스와 일치하는 슬레이브는 1개만 있어야 하므로 그 슬레이브가 A2처럼 응답하게 된다. 그러면 이후에는 마스터가 지정된 1개의 슬레이브에게 데이터를 전송하는 동작 시퀀스를 수행한다.

그러나, 마스터가 수신하고 슬레이브가 송신을 수행하는 경우에는 그림의 (b)처럼 동작하는데, 여기서도 첫번째 바이트와 두번째 바이트로 10비트의 어드레스를 출력하여 슬레이브를 선택하는 과정은 (a)에서와 동일하다. 그러나, 여기서는 이후에 마스터가 슬레이브로부터 데이터를 수신하기 전에 먼저 REPEATED START 조건을 출력하고 이어서 슬레이브 어드레스의 첫 번째 바이트 11110XX1을 다시 출력하면서 마지막 비트를 1로 하여 리드 동작이라는 것을 슬레이브에게 알려주어야 한다.

2. I2C 직렬통신 포트의 구조와 동작

(1) I2C 직렬통신 포트의 내부 구조

STM32F103VET6에서 2개의 I2C 직렬통신 포트인 I2C1과 I2C2의 내부 구조를 블록도로 보이면 <그림 2.10.5>와 같다. 이 직렬통신 포트 I2Cx의 클록 소스는 최고 36MHz인 PCLK1을 사용한다.

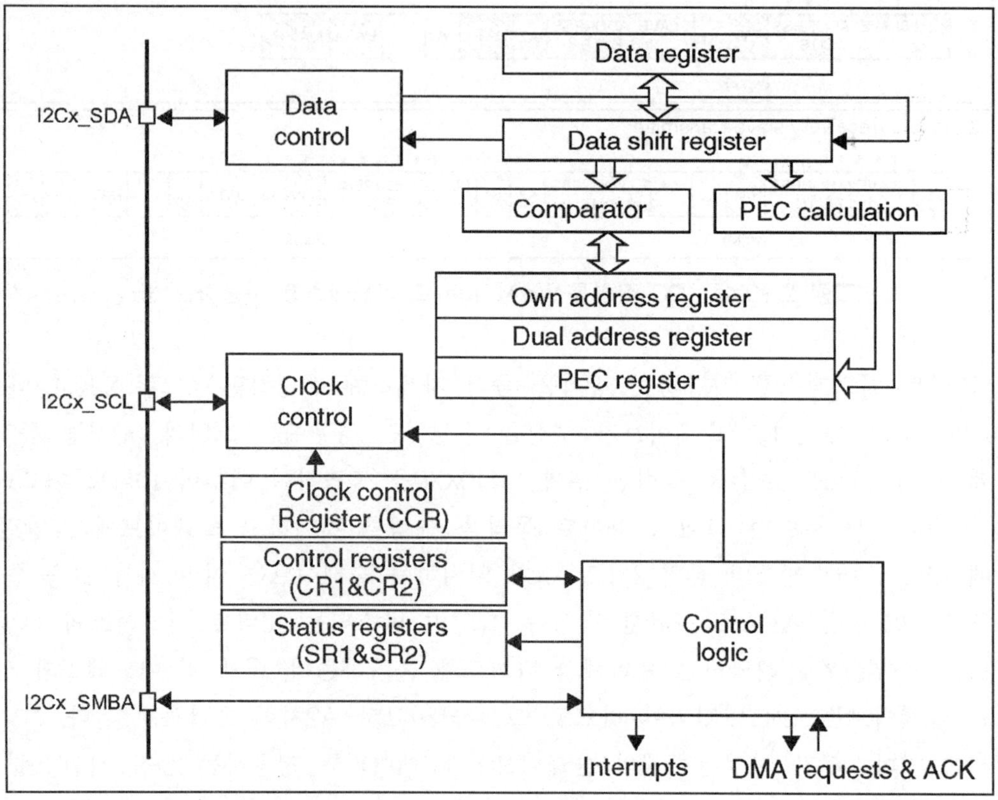

〈그림 2.10.5〉 STM32F103VET6에서 I2Cx 직렬통신 포트의 구성 블록도(x = 1~2)

(2) I2C 직렬통신 포트의 특징

STM32F103VET6에서 2개의 I2C 직렬통신 포트가 가지는 주요 기능 및 특징을 요약하면 아래와 같다.

- 마스터 모드와 슬레이브 모드로 사용할 수 있다.
- 멀티마스터 기능을 가지고 있다.
- 표준 모드(100kHz), 고속 모드(400kHz)의 2가지 전송속도를 지원한다.
- 클록 소스는 PCLK1을 사용한다.
- 7비트 어드레스 모드 또는 10비트 어드레스 모드를 사용할 수 있다.
- 전체호출(general call) 기능을 가지고 있다.
- 사용자가 셋업시간(setup time)과 유지시간(hold time)을 설정할 수 있다.
- 아날로그 노이즈 필터 기능을 가지고 있다.
- 소프트웨어 리셋이 가능하다.
- PEC(Packet Error Checking) 기능을 가지고 있다.
- 1바이트 버퍼를 갖는 DMA 기능을 사용할 수 있다.
- SMBus rev 2.0 사양을 지원하는 기능을 갖는다.
- PMBus rev 1.1 사양을 지원하는 기능을 갖는다.

STM32F103VET6 소자의 I2C 직렬통신 포트에서 전송속도가 100kHz 이하의 경우에는 표준 모드 버스(standard mode bus)를 사용하고, 전송속도가 100kHz를 초과하여 400kHz 이하의 경우에는 고속 모드 버스(fast mode bus)를 사용한다.

(3) I2C 직렬통신 포트의 마스터 모드 동작

STM32F103VET6 소자의 I2C 직렬통신 포트는 디폴트로 슬레이브 모드에서 동작한다. 이것은 START 조건을 출력하면 마스터 모드로 바뀌어 동작을 시작하며, STOP 조건을 출력하든지 또는 버스 조정에 실패하면 다시 슬레이브 모드로 되돌아온다.

마스터 모드에서는 클록 신호를 발생하며 모든 데이터 전송을 주관한다. 모든 데이터 전송은 START 조건으로 시작하고 STOP 조건으로 끝난다.

이제 STM32F103VET6 소자의 I2C 직렬통신 포트를 마스터로 사용하는 경우에 초기화 과정 및 사용 방법을 설명한다.

▣ 마스터 모드의 초기화

STM32F103VET6 소자의 I2C 직렬통신 포트를 마스터로 사용하려면 이를 다음과 같은 과정으로 초기화하고 사용한다.

① I2Cx_CR2 레지스터에서 FREQ[5:0] 비트를 사용하여 입력 클록 주파수를 설정한다. 표준 모드에서는 2MHz 이상, 고속 모드에서는 4MHz 이상으로 설정해야 한다.

② 클록 제어 레지스터 I2Cx_CCR을 초기화한다.

③ 클록 상승시간 설정 레지스터 I2Cx_TRISE를 초기화한다.

④ I2Cx_CR1 레지스터를 초기화하고 PE=1로 설정한다.

⑤ I2Cx_CR1 레지스터에서 START=1로 설정하여 START 조건을 출력한다.

▣ 클록 신호 SCL의 발생

STM32F103VET6 소자의 I2C 직렬통신 포트에서 사용하는 클록 소스는 PCLK1이지만, 여기서는 이를 직접 사용하지 않고 I2Cx_CR2 레지스터의 FREQ[5:0] 비트를 사용하여 지정된 주파수를 만들어 사용한다. 즉, FREQ[5:0] 비트로 지정하는 숫자가 곧 I2C 모듈에서 사용하는 클록의 주파수를 MHz 단위로 표시하는데, 표준 모드에서는 2MHz~36MHz로 지정하고 고속 모드에서는 4MHz~36MHz로 지정해야 한다. 예를 들어 표준 모드에서 FREQ[5:0]=8로 지정하여 I2C 모듈이 8MHz를 사용한다면 이 클록 신호의 주기는 T_{PCLK1}=1/8000000=125ns로 표시한다.

I2C 통신 모듈에서 클록 신호 SCL의 동작 파형을 보이면 <그림 2.10.6>과 같다. 여기서, 클록 신호의 high 레벨 구간은 $T_{high}=t_{r(SCL)}+t_{w(SCLH)}$로 정의되며, low 레벨은 구간은 $T_{low}=t_{f(SCL)}+t_{w(SCLL)}$로 정의된다.

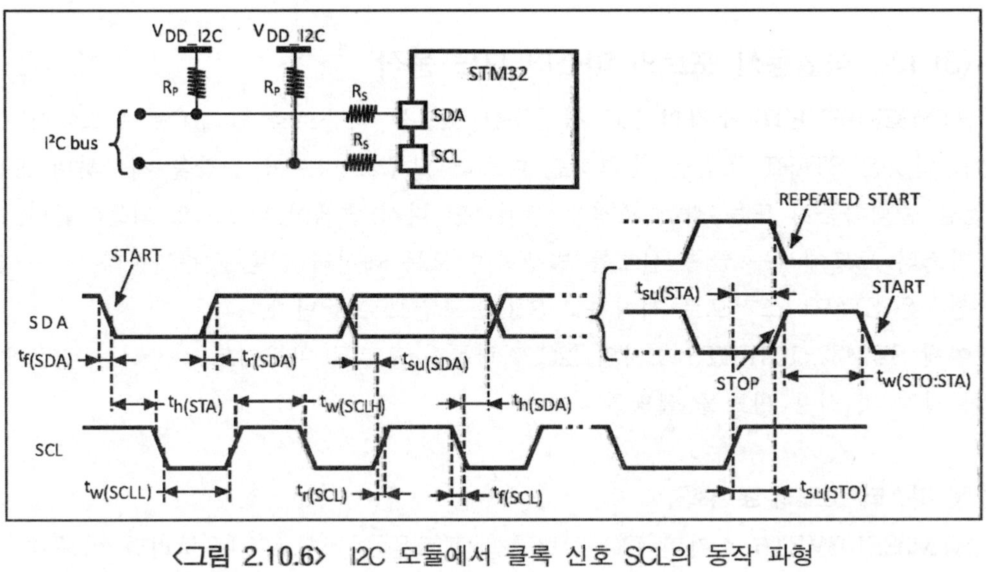

<그림 2.10.6> I2C 모듈에서 클록 신호 SCL의 동작 파형

SCL 클록 신호의 high 레벨 구간(T_{high})과 low 레벨은 구간(T_{low})은 I2Cx_CCR 레지스터를 사용하여 설정한다. 먼저, F/S 비트로 표준 모드와 고속 모드를 선택하며, 여기서 고속 모드를 선택하였을 경우에는 DUTY 비트로 클록 신호의 듀티비를 설정하는데 T_{low}/T_{high}=2 또는 16/9를 선택할 수 있다. 그런 상태에서 CCR[11:0] 비트로는 클록 신호의 high 레벨 구간과 low 레벨은 구간을 설정하는데, 표준 모드에서는 이것이 동일하게 $T_{high}=T_{low}=CCR \times T_{PCLK1}$으로 동작한다. 그러나, 고속 모드에서는 DUTY=0인 경우에 $T_{high}=CCR \times T_{PCLK1}$, $T_{low}=2 \times CCR \times T_{PCLK1}$로 다르게 동작하고, DUTY=1인 경우에 $T_{high}=9 \times CCR \times T_{PCLK1}$, $T_{low}=16 \times CCR \times T_{PCLK1}$로 동작한다.

예를 들어 표준 모드에서 I2C 직렬통신 포트의 전송속도를 100kHz로 설정하려면 이것의 1주기는 1/100000=10μs이다. 이때 만약 FREQ[5:0]=8로 지정하여 I2C 모듈이 8MHz를 사용하도록 한다면 이 클록 신호의 주기는 T_{PCLK1}=1/8000000=125ns가 되므로 10μs/125ns=80으로 되며, 따라서 CCR[11:0]=40으로 설정해야 한다. 그러면 최종적으로 SCL은 $T_{high}=T_{low}=CCR \times T_{PCLK1}$=40×125ns=5μs의 클록 신호가 만들어진다.

다른 예로 고속 모드에서 I2C 직렬통신 포트의 전송속도를 400kHz로 설정하려면 이것의 1주기는 1/400000=2.5μs이다. 이때 만약 FREQ[5:0]=36으로 지정하여 I2C 모듈이 36MHz를 사용하도록 한다면 이 클록 신호의 주기는 T_{PCLK1}=1/36000000=27.8ns가 되므로 2.5μs/27.8ns=90으로 되며, 따라서 DUTY=0으로 하는 경우 CCR[11:0]=30으로 설정해야 한다. 그러면 최종적으로 SCL은 $T_{high}=CCR \times T_{PCLK1}$=30×27.8ns=833.3ns이고 $T_{low}=2 \times CCR \times T_{PCLK1}$=2×30×27.8ns=1666.7ns인 클록 신호가 만들어진다.

이제 I2Cx_CR2 레지스터에서 FREQ[5:0]=36으로 지정하여 I2C 모듈이 36MHz를 클록으로 사용하는 상태에서 여러 가지의 전송속도를 설정하기 위하여 I2Cx_CCR 레지스터를 초기화하는 값을 계산한 예를 보이면 <표 2.10.1>과 같다.

〈표 2.10.1〉 I2C 모듈에서 I2Cx_CCR 레지스터를 사용한 클록 신호 SCL의 설정 예

전송속도(kHz)		T_{low}/T_{high} 비율	I2Cx_CCR 레지스터			
			F/S	DUTY	CCR[11:0]	레지스터 설정 값
400	고속 모드	2	1	0	30	0x801E
300	고속 모드	2	1	0	40	0x8028
200	고속 모드	2	1	0	60	0x803C
100	표준 모드	1	0	x	180	0x00B4
50	표준 모드	1	0	x	360	0x0168
20	표준 모드	1	0	x	900	0x0384

이와 같이 STM32F103VET6 소자의 I2C 직렬통신 포트에서 SCL 클록 신호의 high 레벨 구간과 low 레벨은 구간은 I2Cx_CCR 레지스터를 사용하여 설정한다. 그런

데, 슬레이브는 SCL 클록 신호를 연장(stretch)할 수 있기 때문에 마스터는 SCL 클록 신호를 high로 출력한 후에 TRISE[5:0] 비트로 설정한 시간이 끝날 때 SCL 클록 신호의 입력을 체크한다. 만약 여기서 클록 신호 SCL이 low로 입력되면 그것은 슬레이브가 클록 신호를 연장하고 있다는 것을 의미하며, 이때는 하이 레벨 카운터가 동작을 멈추고 SCL 클록 신호의 high 구간이 설정된 최소값으로 동작한다. 그러나, 클록 신호 SCL이 high로 입력되면 하이 레벨 카운터가 카운팅 동작을 계속한다. 이와 같은 SCL 클록 신호의 피드백 동작을 통하여 마스터가 SCL 클록 신호의 주파수를 안정적으로 발생하는 것이 가능해진다.

▣ 마스터 송신 모드의 동작

I2C 직렬통신 포트가 마스터 송신 모드로 동작할 때의 전체적인 동작 시퀀스를 그림으로 설명하면 <그림 2.10.7>과 같다.

① BUSY=0일 때 I2Cx_CR1 레지스터에서 START=1로 설정하여 START 조건을 출력하면서 마스터 모드로 들어간다.

② START 조건이 출력되고 나면 I2Cx_SR1 레지스터에서 SB=1로 표시되므로 이를 확인하여 I2Cx_DR 레지스터에 슬레이브 어드레스를 써서 전송한다.

③ 만약 7비트의 슬레이브 어드레스를 사용하는 경우라면 이와 같이 1바이트의 어드레스가 전송되고 슬레이브로부터 ACK 응답을 받았을 때 I2Cx_SR1 레지스터에서 ADDR=1로 표시되므로 이를 확인하고, 이어서 I2Cx_SR2 레지스터를 읽어주어야 한다. 그러나, 10비트의 슬레이브 어드레스를 사용하는 경우라면 이와 같이 어드레스의 첫번째 바이트인 Header(11110xx0, 여기서 xx는 10비트 어드레스의 상위 2비트를 나타냄.)가 전송되고 슬레이브로부터 ACK 응답을 받았을 때 I2Cx_SR1 레지스터에서 ADDR10=1로 표시되므로 이를 확인하고, 다시 I2Cx_DR 레지스터에 어드레스의 두번째 바이트인 Address를 써주면, 이것이 전송되고 슬레이브로부터 ACK 응답을 받았을 때 I2Cx_SR1 레지스터에서 ADDR=1로 표시되므로 이를 확인하고, 이어서 I2Cx_SR2 레지스터를 읽어주어야 한다.

④ 7비트 어드레스를 사용하는 경우에는 앞의 ③에서 전송하였던 어드레스 바이트의 최하위 비트를 0으로 하여 송신 모드를 표시하며, 10비트 어드레스를 사용하는 경우에는 헤더 바이트의 최하위 비트를 0으로 하여 송신 모드를 표시한다.

⑤ 이후에는 I2Cx_SR1 레지스터에서 TxE=1로 되는 것을 확인하면서 I2Cx_DR 레지스터에 송신할 데이터를 써주면, 이것이 전송되고 슬레이브로부터 ACK 응답을 받았을

때 자동적으로 데이터 레지스터의 값이 시프트 레지스터로 옮겨져서 송신이 이루어진다.

⑥ 그러다가 마지막 데이터 바이트를 전송하였을 경우에는 I2Cx_SR1 레지스터에서 TxE=1뿐만 아니라 BTF=1까지 체크하여 데이터 전송이 완료된 것을 확인하고 나서 STOP 조건을 출력한다. 이렇게 STOP 조건을 출력하고 나면 I2Cx_SR2 레지스터에서 MSL=0으로 되면서 I2C 모듈은 자동적으로 슬레이브 모드로 돌아간다.

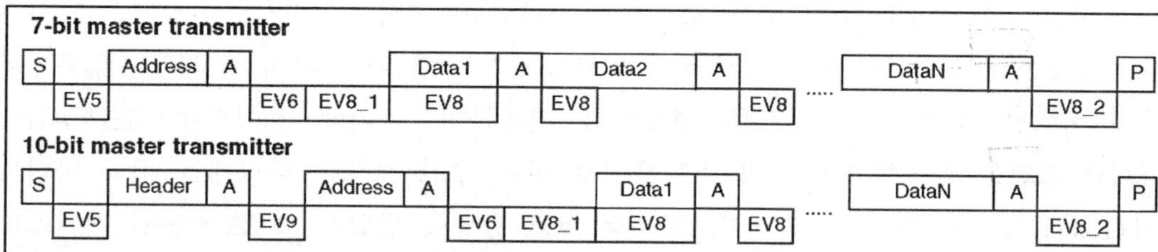

Legend: S= Start, S_r = Repeated Start, P= Stop, A= Acknowledge,
EVx= Event (with interrupt if ITEVFEN = 1)

EV5: SB=1, cleared by reading SR1 register followed by writing DR register with Address.
EV6: ADDR=1, cleared by reading SR1 register followed by reading SR2.
EV8_1: TxE=1, shift register empty, data register empty, write Data1 in DR.
EV8: TxE=1, shift register not empty,.data register empty, cleared by writing DR register
EV8_2: TxE=1, BTF = 1, Program Stop request. TxE and BTF are cleared by hardware by the Stop condition
EV9: ADD10=1, cleared by reading SR1 register followed by writing DR register.

<그림 2.10.7> 마스터 모드에서 송신 동작의 전체 시퀀스(N바이트 송신)

▣ 마스터 수신 모드의 동작

I2C 직렬통신 포트가 마스터 수신 모드로 동작할 때의 전체적인 동작 시퀀스를 그림으로 설명하면 <그림 2.10.8>과 같다. 여기서 보듯이 동작 시퀀스 ①~③은 마스터 송신 모드와 마스터 수신 모드에서 서로 동일하다.

① BUSY=0일 때 I2Cx_CR1 레지스터에서 START=1로 설정하여 START 조건을 출력하면서 마스터 모드로 들어간다.

② START 조건이 출력되고 나면 I2Cx_SR1 레지스터에서 SB=1로 표시되므로 이를 확인하여 I2Cx_DR 레지스터에 슬레이브 어드레스를 써서 전송한다.

③ 만약 7비트의 슬레이브 어드레스를 사용하는 경우라면 이와 같이 1바이트의 어드레스가 전송되고 슬레이브로부터 ACK 응답을 받았을 때 I2Cx_SR1 레지스터에서 ADDR=1로 표시되므로 이를 확인하고, 이어서 I2Cx_SR2 레지스터를 읽어주어야 한다. 그러나, 10비트의 슬레이브 어드레스를 사용하는 경우라면 이와 같이 어드레스의 첫번

째 바이트인 Header(11110xx0, 여기서 xx는 10비트 어드레스의 상위 2비트를 나타냄.)가 전송되고 슬레이브로부터 ACK 응답을 받았을 때 I2Cx_SR1 레지스터에서 ADDR10=1로 표시되므로 이를 확인하고, 다시 I2Cx_DR 레지스터에 어드레스의 두번째 바이트인 Address를 써주면, 이것이 전송되고 슬레이브로부터 ACK 응답을 받았을 때 I2Cx_SR1 레지스터에서 ADDR=1로 표시되므로 이를 확인하고, 이어서 I2Cx_SR2 레지스터를 읽어주어야 한다.

④ 7비트 어드레스를 사용하는 경우에는 앞의 ③에서 전송하였던 어드레스 바이트의 최하위 비트를 1로 하여 수신 모드를 표시하였다. 그러나, 10비트 어드레스를 사용하는 경우에는 앞의 ③에서처럼 최하위 비트를 0으로 한 헤더 바이트(11110xx0)와 2번째 바이트인 Address 바이트를 연속하여 전송하며, 여기에 추가하여 REPEATED START 조건을 출력하고 최하위 비트를 1로 하여 수신 모드를 나타내는 헤더 바이트(11110xx1)를 전송한 후에 슬레이브로부터 ACK 응답을 받았을 때 I2Cx_SR1 레지스터에서 ADDR=1로 표시되므로 이를 확인하고, 이어서 I2Cx_SR2 레지스터를 읽어주어야 한다.

⑤ 이후에는 I2Cx_SR1 레지스터에서 RxNE=1로 되는 것을 확인하면서 슬레이브에게 ACK 응답을 보내어 수신 동작을 수행하며, 이때 I2Cx_DR 레지스터에 수신되어 있는 데이터를 읽어주면 다시 RxNE=0으로 된다.

⑥ 그러다가 마지막 데이터 바이트를 수신하였을 경우에는 I2Cx_SR1 레지스터에서 RxNE=1를 확인하고 슬레이브에게 NACK으로 응답을 보내 수신 동작을 종료하겠다는 것을 알리고 나서 STOP 조건을 출력한다. 이렇게 STOP 조건을 출력하고 나면 I2Cx_SR2 레지스터에서 MSL=0으로 되면서 I2C 모듈은 자동적으로 슬레이브 모드로 돌아간다.

이상의 과정은 I2C 모듈이 높은 인터럽트 우선순위를 가질 경우에 널리 사용하는 마스터 수신 동작인데, 이것은 <그림 2.10.8>의 (a)에 방식1로 도시하였다. 그러나, I2C 모듈의 인터럽트 우선순위가 낮거나 폴링(polling) 방식을 사용하는 경우에는 (b)와 같은 방식2가 적합하다. 방식2에서는 마지막에서 3번째 데이터 바이트인 DataN-2가 수신되어 RxNE=1로 표시되고 이것이 I2Cx_DR 레지스터에 저장되어 있을 때 이를 읽지 않는다. 이 상태에서 다시 시프트 레지스터에 DataN-1이 수신되면 I2Cx_SR1 레지스터에서 BTF=1로 표시되는데, 이를 확인하여 슬레이브에게 ACK으로 응답을 보내고 I2Cx_DR 레지스터의 DataN-2를 읽는다. 그러면 시프트 레지스터에 있던 DataN-1은 I2Cx_DR 레지스터로 옮겨지고 RxNE=1로 표시되며, 시프트 레지스터는 마지막 바이트인 DataN의 수신 동작을 수행하게 된다. 이때 슬레이브에게 NACK으로 응답을 보내고 STOP 조건을 출력하며, I2Cx_DR 레지스터에 저장되어 있는 DataN-1을 읽는다. 잠시 후에 DataN이 수신 완료되어 RxNE=1로 표시되면 이것을 읽음으로써 모든 마스터 수신 동작 시퀀스가 마무리된다.

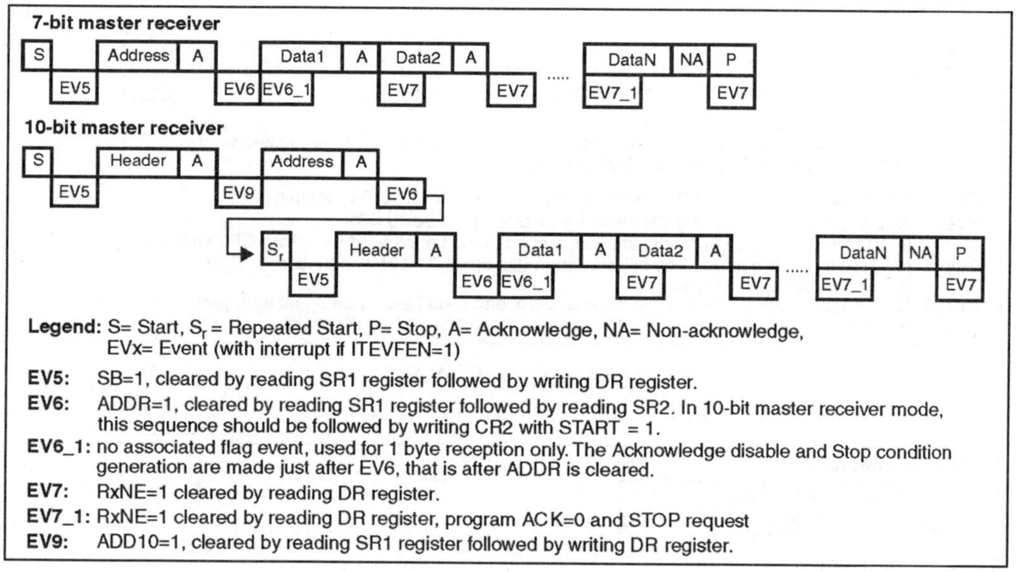

(a) 방식1

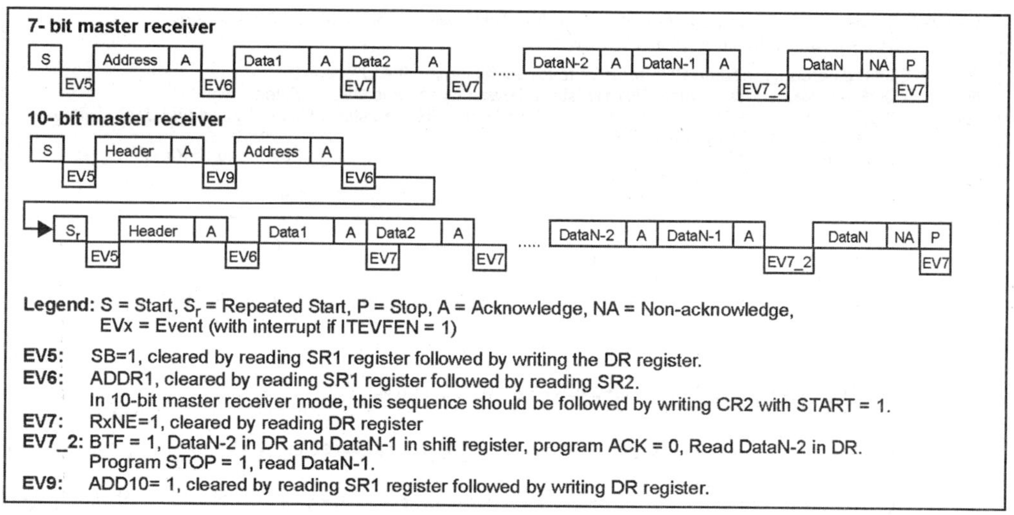

(b) 방식2

<그림 2.10.8> 마스터 모드에서 수신 동작의 전체 시퀀스(N바이트 수신)

그런데, 이와 같은 방식2에서 수신 바이트가 N ≤ 2인 경우에는 특별하게 처리되어야 하므로 이를 <그림 2.10.9>에 도시하였다.

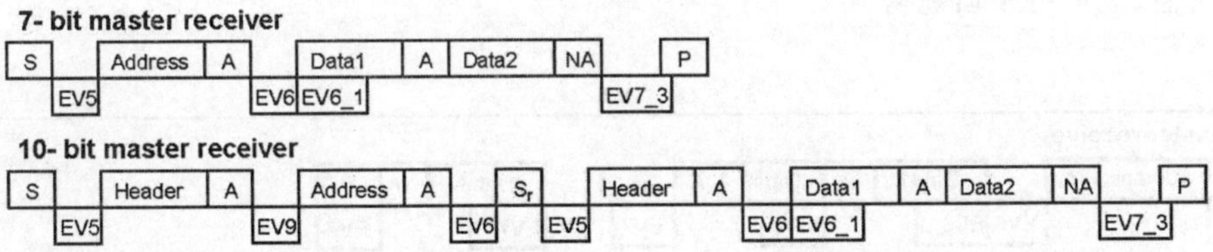

Legend: S = Start, S_r = Repeated Start, P = Stop, A = Acknowledge, NA = Non-acknowledge,
EVx = Event (with interrupt if ITEVFEN = 1)

EV5: SB=1, cleared by reading SR1 register followed by writing the DR register.
EV6: ADDR1, cleared by reading SR1 register followed by reading SR2.
In 10-bit master receiver mode, this sequence should be followed by writing CR2 with START = 1.
EV6_1: No associated flag event. The acknowledge disable should be done just after EV6, that is after ADDR is cleared.
EV7_3: BTF = 1, program STOP = 1, read DR twice (Read Data1 and Data2) just after programming the STOP.
EV9: ADD10= 1, cleared by reading SR1 register followed by writing DR register.

(a) N=2의 경우

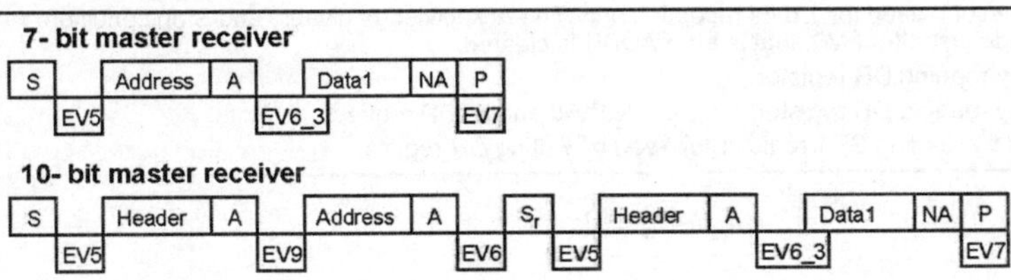

Legend: S = Start, S_r = Repeated Start, P = Stop, A = Acknowledge, NA = Non-acknowledge,
EVx = Event (with interrupt if ITEVFEN = 1)

EV5: SB=1, cleared by reading SR1 register followed by writing the DR register.
EV6: ADDR =1, cleared by reading SR1 resister followed by reading SR2 register.
EV6_3: ADDR = 1, program ACK = 0, clear ADDR by reading SR1 register followed by reading SR2 register, program STOP =1 just after ADDR is cleared.
Note: The EV6_3 software sequence must complete before the current byte end of transfer.
EV7: RxNE =1, cleared by reading DR register.
EV9: ADD10= 1, cleared by reading SR1 register followed by writing DR register.

(b) N=1의 경우

<그림 2.10.9> 마스터 모드 수신 동작의 방식2에서 N=2 및 N=1의 경우

(4) I2C 직렬통신 포트의 슬레이브 모드 동작

STM32F103VET6 소자의 I2C 직렬통신 포트는 디폴트로 슬레이브 모드에서 동작한다. 이것은 START 조건을 출력하면 마스터 모드로 바뀌어 동작을 시작하며, STOP 조건을 출력하든지 또는 버스 조정에 실패하면 다시 슬레이브 모드로 되돌아온다.

슬레이브 모드에서는 마스터로부터 입력되는 클록 신호에 따라 모든 동작이 이루어지며, 마스터가 지정하는 슬레이브 어드레스와 자신의 어드레스가 일치하는 경우에만 데이터 전송이 수행된다.

▣ 슬레이브 모드의 초기화

STM32F103VET6 소자의 I2C 직렬통신 포트를 슬레이브로 사용하려면 이를 다음과 같은 과정으로 초기화하고 사용한다.

① I2Cx_CR2 레지스터에서 FREQ[5:0] 비트를 사용하여 입력 클록 주파수를 설정한다. 표준 모드에서는 2MHz 이상, 고속 모드에서는 4MHz 이상으로 설정해야 한다.

② I2Cx_OAR1 레지스터 또는 I2Cx_OAR2 레지스터에 슬레이브 어드레스를 설정하고 I2Cx_CR1 레지스터에 전체 호출 사용 여부 등을 설정한다.

③ START 조건이 검출되면 곧바로 이어서 슬레이브 어드레스가 수신되어 이것이 I2Cx_OAR1 레지스터에 설정된 슬레이브 어드레스와 일치하는지 비교된다. 그러나, 만약 ENDUAL=1로 설정되어 듀얼 어드레싱 모드를 사용하는 경우에는 I2Cx_OAR1 레지스터 또는 I2Cx_OAR2 레지스터에 설정된 어느 하나의 어드레스와 일치하면 된다. 또한, ENGC=1로 설정되어 전체 호출을 사용하는 경우에는 수신된 어드레스가 0x00이면 된다.

④ 만약 수신된 슬레이브 어드레스가 자신의 어드레스와 일치하지 않으면 이를 무시하고 다음의 START 조건이 수신되기를 기다린다. 그러나, 수신된 슬레이브가 자신의 어드레스와 일치하면 ACK로 응답하고 ADDR=1로 세트하면서 인터럽트를 요청한다. 이때 만약 ENDUAL=1로 설정되어 듀얼 어드레싱 모드를 사용하는 경우라면 어느 어드레스와 일치하였는지가 DUALF 비트에 표시된다.

⑤ 7비트 어드레스 모드에서는 이와 같이 어드레스 패킷이 수신되고 나면 슬레이브가 송신 모드로 동작하게 되는지 수신 모드로 동작하게 되는지도 결정된다. 그러나, 10비트 어드레싱 모드에서는 어드레스 패킷이 수신되고 나면 슬레이브가 일단 수신 모드에 있게 되며, 다시 REPEATED START 조건에 있어서 HEADER가 수신될 때 송신 모드로 동작할지 수신 모드로 동작할지가 결정된다.

▣ 슬레이브 송신 모드의 동작

I2C 직렬통신 포트가 슬레이브 송신 모드로 동작할 때의 전체적인 동작 시퀀스를 그림으로 설명하면 <그림 2.10.10>과 같다.

① 슬레이브가 어드레스를 수신하여 이것이 자신의 어드레스와 일치하면 ADDR=1로 세트되는데, 이때 I2Cx_SR1과 I2Cx_SR2 레지스터를 차례로 읽으면 ADDR 비트가 0으로 클리어된다. 이때 슬레이브가 필요하다면 ADDR=0으로 될 때까지 SCL 클록 신호 low 부분을 연장(stretch)할 수 있다.

② TxE=1이면 I2Cx_DR 레지스터에 송신할 데이터를 써서 송신을 수행한다. 이 동작은 지정된 데이터 바이트 수만큼 반복할 수 있다.

③ 만약 TxE=1이고 I2Cx_DR 레지스터에 새로운 송신 데이터를 쓰지 않으면 상태 레지스터에서 BTF=1이 되는데, 이 비트는 I2Cx_SR1 레지스터를 읽고 I2Cx_DR 레지스터를 써주어야만 다시 0으로 클리어된다. BTF=1로 유지되고 있는 동안에는 SCL 클록 신호가 low 상태로 연장된다.

④ 슬레이브가 마스터에게 데이터를 전송할 때마다 마스터는 ACK로 응답하는데, 만약 이것이 NACK으로 응답되고 STOP 조건이 수신되면 데이터 전송은 종료된다.

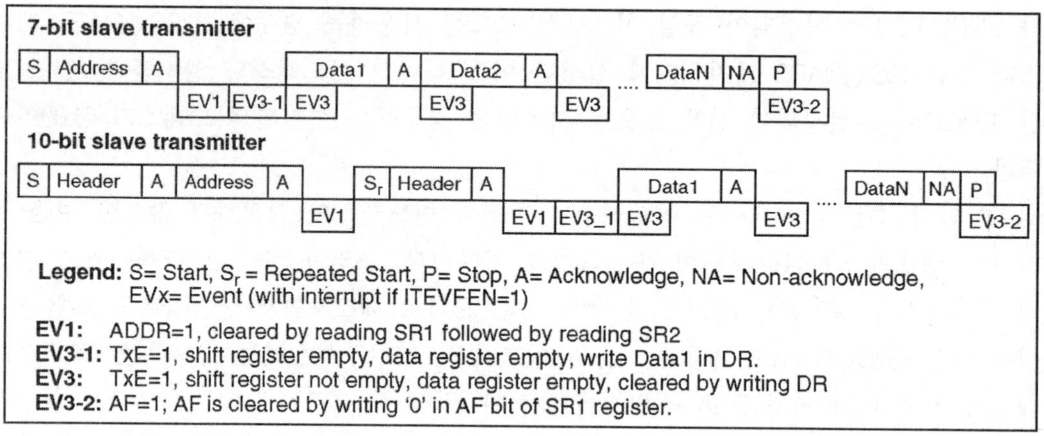

<그림 2.10.10> 슬레이브 모드에서 송신 동작의 전체 시퀀스(N바이트 송신)

▣ 슬레이브 수신 모드의 동작

I2C 직렬통신 포트가 슬레이브 수신 모드로 동작할 때의 전체적인 동작 시퀀스를 그림으로 설명하면 <그림 2.10.11>과 같다. 여기서 보듯이 동작 시퀀스 ①은 슬레이브 송신 모드와 슬레이브 수신 모드에서 서로 동일하다.

① 슬레이브가 어드레스를 수신하여 이것이 자신의 어드레스와 일치하면 ADDR=1로 세트되는데, 이때 I2Cx_SR1과 I2Cx_SR2 레지스터를 차례로 읽으면 ADDR 비트가 0으로 클리어된다. 이때 슬레이브가 필요하다면 ADDR=0으로 될 때까지 SCL 클록 신호

low 부분을 연장(stretch)할 수 있다.

② RxNE=1이면 I2Cx_DR 레지스터에 수신된 데이터가 있다는 의미이므로 마스터에게 ACK로 응답하고 이 수신 데이터를 읽는다. 이 동작은 지정된 데이터 바이트 수만큼 반복할 수 있다.

③ 만약 RxNE=1이고 I2Cx_DR 레지스터에 새로운 수신 데이터를 읽지 않으면 상태 레지스터에서 BTF=1이 되는데, 이 비트는 I2Cx_SR1 레지스터를 읽고 I2Cx_DR 레지스터를 읽어야만 다시 0으로 클리어된다. BTF=1로 유지되고 있는 동안에는 SCL 클록 신호가 low 상태로 연장된다.

④ 만약 마스터로부터 STOP 조건이 수신되면 데이터 전송은 종료된다.

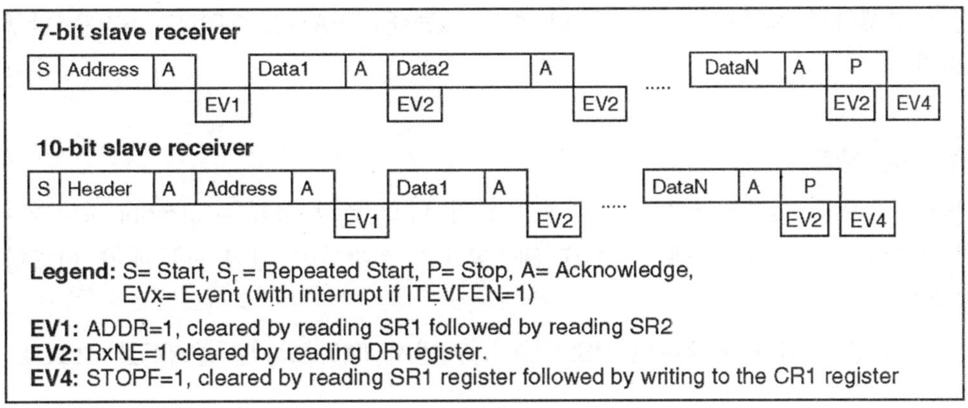

<그림 2.10.11> 슬레이브 모드에서 수신 동작의 전체 시퀀스(N바이트 수신)

(5) I2C 직렬통신의 에러

STM32F103VET6의 I2C 직렬통신 포트에서 발생하는 에러에는 다음과 같은 종류가 있다. 이들 에러가 발생하면 통신이 정상적으로 수행되지 않으며, ITERREN=1로 설정할 경우 에러 인터럽트가 요청된다.

▣ 버스 에러

어드레스나 데이터 전송 중에 STOP 조건이나 START 조건이 검출되면 BERR=1이 되면서 버스 에러(buss error)가 발생하며, 이때 만약 ITERREN=1로 설정되어 있었다면 에러 인터럽트가 요청된다.

슬레이브 모드에서 잘못된 START 조건에 의한 버스 에러가 발생하면 전송 데이터를 포기하고 다시 패킷을 시작하며, 어드레스나 STOP 조건을 수신하기 위하여 기다린다. 또한, 슬레이브 모드에서 잘못된 STOP 조건에 의한 버스 에러가 발생하면 정상적인 STOP 조건을 수신한 경우처럼 SDA 신호와 SCL 신호가 릴리즈(release) 상태로 된다.

▣ 확인 실패

확인 신호 ACK를 수신해야 하는 경우에 이를 받지 못하면 AF=1이 되면서 확인 실패(acknowledge fail) 에러가 발생하며, 이때 만약 ITERREN=1로 설정되어 있었다면 에러 인터럽트가 요청된다.

슬레이브 모드에서 송신 동작을 수행하다가 확인 실패가 발생하면 SDA 신호와 SCL 신호가 릴리즈 상태로 된다. 또한, 마스터 모드에서 송신 동작을 수행하다가 확인 실패가 발생하면 소프트웨어로 STOP 조건 또는 REPEATED START 조건을 발생해야만 한다.

▣ 조정 실패

멀티마스터로 사용되는 I2C 모듈에서 만약 버스 조정 실패(arbitration lost)가 발생하면 ARLO=1이 되며, 이때 만약 ITERREN=1로 설정되어 있었다면 에러 인터럽트가 요청된다.

버스 조정 실패가 발생하면 MSL=0으로 되면서 I2C 모듈은 슬레이브 모드로 되돌아 간다.

▣ 오버런 에러 또는 언더런 에러

슬레이브 모드에서 클록 신호 연장이 금지되어 있을 때 데이터가 수신되어 RxNE=1인 상태에서 이 데이터 레지스터를 읽어들이기 전에 다음 데이터가 수신되면 OVR=1이 되면서 오버런 에러(overrun error)가 발생하며, 이때 만약 ITERREN=1로 설정되어 있었다면 에러 인터럽트가 요청된다. 오버런 에러가 발생하면 마지막에 수신된 데이터는 사라져서 잃어버리게 된다.

슬레이브 모드에서 클록 신호 연장이 금지되어 있을 때 데이터를 모두 전송하여 TxE=1인 상태에서 이 데이터 레지스터에 새로운 데이터를 쓰기 전에 마스터로부터 클록 신호가 들어오면 OVR=1이 되면서 언더런 에러(underrun error)가 발생하며, 이때 만약 ITERREN=1로 설정되어 있었다면 에러 인터럽트가 요청된다. 언더런 에러가 발생하면 기존에 데이터 레지스터에 저장되어 있던 데이터가 다시 한번 전송된다.

(6) I2C 직렬통신 포트의 인터럽트

STM32F103VET6 소자의 I2C 직렬통신 포트에서 발생하는 인터럽트의 종류를 요약하면 <표 2.10.2> 및 <그림 2.10.12>와 같다.

<표 2.10.2> I2C 직렬통신 포트의 인터럽트 발생

인터럽트 소스	인터럽트 플랙	인터럽트 허용 제어
Receive buffer not empty	RxNE	ITEVFEN 또는 ITBUFEN
Transmit buffer empty	TxE	
Startbit sent(Master)	SB	ITEVFEN
Address sent(Master) or Address matched(Slave)	ADDR	
10-Bit header sent(Master)	ADD10	
Stop received(Slave)	STOPF	
Data byte transfer finished	BTF	
Bus error	BERR	ITERREN
Arbitration loss(Master)	ARLO	
Acknowledge failure	AF	
Overrun/underrun	OVR	
PEC error	PECERR	
Timeout/t_{LOW} error(SMBus mode)	TIMEOUT	
SMBus alert(SMBus mode)	SMBALERT	

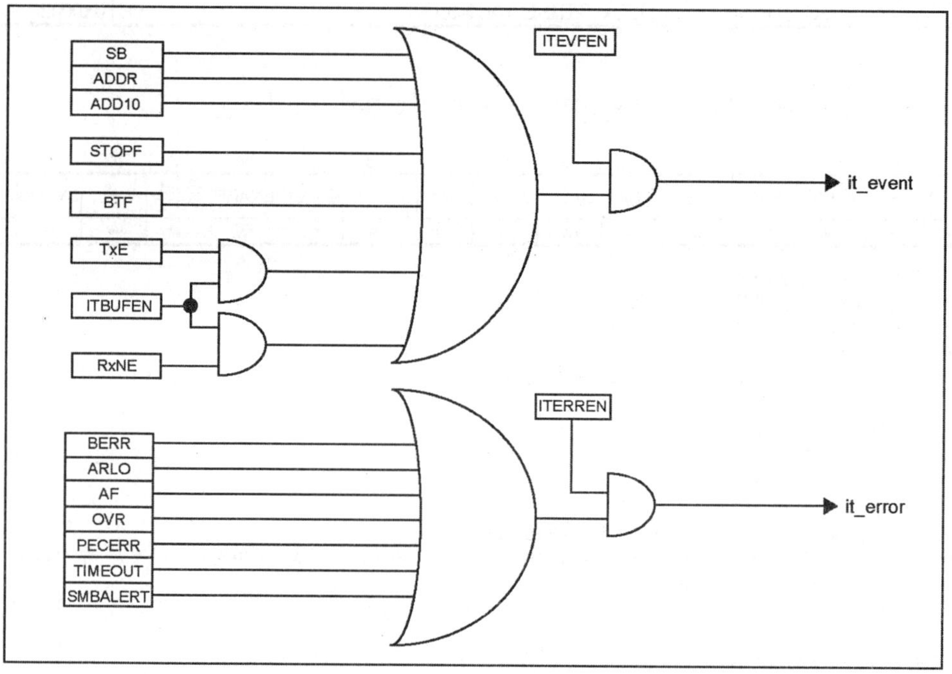

<그림 2.10.12> I2C 직렬통신 포트의 인터럽트 발생

이밖에 STM32F103VET6 소자의 I2C 직렬통신 포트를 DMA와 연계하여 사용하는 방법, 그리고 SMBus 기능 등에 대해서는 여기서는 설명하지 않는다. 이러한 내용에 대하여는 참고문헌 [3]을 참조하기 바란다.

3. I2C 직렬통신 포트 관련 I/O 제어 레지스터

I2C 직렬통신 포트 I2C1, I2C2와 관련된 I/O 제어 레지스터는 <표 2.10.3>과 같이 각각 11개씩이 있는데, 이 레지스터들의 기능을 정리하면 아래와 같다.

<표 2.10.3> STM32F103VET6의 I2C 포트와 관련된 I/O 레지스터 요약

어드레스	레지스터 이름	레지스터의 풀어 쓴 이름	리셋 후 초기값
0x4000_5?00	I2Cx_CR1	I2Cx Control Register 1 (x = 1, 2)	0x0000
0x4000_5?04	I2Cx_CR2	I2Cx Control Register 2	0x0000
0x4000_5?08	I2Cx_OAR1	I2Cx Own Address Register 1	0x0000
0x4000_5?0C	I2Cx_OAR2	I2Cx Own Address Register 2	0x0000
0x4000_5?10	I2Cx_DR	I2Cx Data Register	0x0000
0x4000_5?14	I2Cx_SR1	I2Cx Status Register 1	0x0000
0x4000_5?18	I2Cx_SR2	I2Cx Status Register 2	0x0000
0x4000_5?1C	I2Cx_CCR	I2Cx Clock Control Register	0x0000
0x4000_5?20	I2Cx_TRISE	I2Cx TRISE Register	0x0002

▣ I2Cx 제어 레지스터1 I2Cx_CR1 (리셋 직후 디폴트값 : 0x0000)

b15	b14	b13	b12	b11	b10	b9	b8	b7	b6	b5	b4	b3	b2	b1	b0
SWRST	-	ALERT	PEC	POS	ACK	STOP	START	NO STRETCH	ENGC	ENPEC	ENARP	SMB TYPE	-	SMBUS	PE
rw	-	rw	rw	rw	rw	rw	rw	rw	rw	rw	rw	rw	-	rw	rw

- SWRST : Software Reset
  0 = I2C 모듈을 리셋하지 않는다.
  1 = I2C 모듈을 리셋하여 초기 상태로 한다.
- ALERT : SMBus Alert
  이것은 SMBus 모드에서만 사용되는 비트이다.
  0 = SMBA 단자에 1을 출력한다.
  1 = SMBA 단자에 0을 출력한다.
- PEC : Packet Error Checking
  0 = PEC 전송을 금지한다.
  1 = PEC 전송을 허용한다.
- POS : Acknowledge/PEC Position for Data Reception
  0 = 현재 시프트 레지스터에 수신되어 있는 데이터가 PEC라는 것을 의미한다. 이것을 수신하고 나면 ACK 비트에 의하여 ACK로 응답한다.
  1 = 시프트 레지스터에 수신될 다음 데이터가 PEC라는 것을 의미한다. 이것을 수신하고 나면 ACK 비트에 의하여 ACK로 응답한다.
- ACK : Acknowledge Enable
  0 = ACK로 응답하지 않는다.
  1 = 현재의 문자를 수신한 후에 ACK로 응답한다.
- STOP : STOP Generation
  0 = 아무 동작도 수행하지 않는다.

1 = 마스터 모드에서 START 조건 출력 후에 또는 현재 바이트의 전송 후에 STOP 조건을 출력한다. 슬레이브 모드에서는 현재 바이트의 전송 후에 SCL과 SDA 신호를 release한다.

- START : START Generation
  0 = 아무 동작도 수행하지 않는다.
  1 = 마스터 모드에서 REPEATED START 조건을 출력한다. 슬레이브 모드에서는 버스가 free일 경우에만 START 조건을 출력한다.
- NOSTRETCH : Clock Stretching Disable
  0 = 슬레이브 모드에서 ADDR=1 또는 BTF=1일 때 SCL 클록 신호의 연장을 허용한다.
  1 = 슬레이브 모드에서 ADDR=1 또는 BTF=1일 때 SCL 클록 신호의 연장을 금지한다.
- ENGC : General Call Enable
  0 = 전체 호출을 금지한다. 이때는 어드레스 0x00에 대하여 NACK으로 응답한다.
  1 = 전체 호출을 허용한다. 이때는 어드레스 0x00에 대하여 ACK으로 응답한다.
- ENPEC : PEC Enable
  0 = PEC 계산을 금지한다.
  1 = PEC 계산을 허용한다.
- ENARP : ARP Enable
  이것은 SMBus 모드에서만 사용되는 비트이다.
  0 = ARP를 금지한다.
  1 = ARP를 허용한다.
- SMBTYPE : SMBus Type
  이것은 SMBus 모드에서만 사용되는 비트이다.
  0 = SMBus Device로 동작한다.
  1 = SMBus Host로 동작한다.
- SMBUS : SMBus Mode
  0 = I2C 직렬통신 포트가 I2C 모드로 동작한다.
  1 = I2C 직렬통신 포트가 SMBus 모드로 동작한다.
- PE : Peripheral Enable
  0 = I2C 직렬통신 포트의 사용을 금지한다.
  1 = I2C 직렬통신 포트의 사용을 허용한다.

▣ I2Cx 제어 레지스터2 I2Cx_CR2 (리셋 직후 디폴트값 : 0x0000)

b15	b14	b13	b12	b11	b10	b9	b8	b7	b6	b5	b4	b3	b2	b1	b0
–	–	–	LAST	DMA EN	ITBUF EN	ITEVT EN	ITERR EN	–	–	FREQ[5:0]					
–	–	–	rw	rw	rw	rw	rw	–	–	rw	rw	rw	rw	rw	rw

- LAST : DMA Last Transfer
  0 = 다음 DMA의 EOT가 마지막 전송이 아니다.
  1 = 다음 DMA의 EOT가 마지막 전송이다.
- DMAEN : DMA Request Enable
  0 = DMA 요청을 금지한다.
  1 = 상태 레지스터에서 TxE=1 또는 RxNE=1일 때 DMA 요청을 허용한다.
- ITBUFEN : Buffer Interrupt Enable
  0 = 상태 레지스터에서 TxE=1 또는 RxNE=1일 때 인터럽트를 요청하지 않는다.
  1 = 상태 레지스터에서 TxE=1 또는 RxNE=1일 때 인터럽트를 요청한다.
- ITEVTEN : Event Interrupt Enable
  0 = 이벤트 인터럽트를 요청하지 않는다.
  1 = 상태 레지스터에서 SB, ADDR, ADD10, STOPF 비트가 1로 되거나, TxE=RxNE=0이면서 BTF=1로 되거나, ITBUFEN=1일 때 TxE=1 또는 RxNE=1로 되면 이벤트 인터럽트를 요청한다.
- ITERREN : Error Interrupt Enable
  0 = 에러 인터럽트를 요청하지 않는다.
  1 = 상태 레지스터에서 BERR, ARLO, AF, OVR, PECERR, TIMEOUT, SMBALERT 비트가 1로 되면 에러 인터럽트를 요청한다.
- FREQ[5:0] : Peripheral Clock Frequency
  I2C 모듈에서 SCL 신호를 발생하거나 데이터 셋업 시간 및 유지 시간을 발생하는데 사용할 클록의 주파수를 설정한다. 이것은 최저 2MHz에서 최대 PCLK1까지 사용할 수 있되 50MHz를 넘을 수 없다. STM32F103VET6에서는 PCLK1의 최고 주파수가 36MHz이므로 여기서는 2MHz~36MHz의 범위로

설정해야 한다.
000000 = (사용하지 않음).
000001 = (사용하지 않음).
000010 = 2MHz
000011 = 3MHz
.
.
.
100100 = 36MHz
100101~111111 = (사용하지 않음).

▣ I2Cx 자신의 슬레이브 어드레스 레지스터1 I2Cx_OAR1 (리셋후 디폴트값 : 0x0000)

b15	b14	b13	b12	b11	b10	b9	b8	b7	b6	b5	b4	b3	b2	b1	b0
ADDMODE	–	–	–	–	–	ADD[9:8]		ADD[7:1]							ADD0
rw	–	–	–	–	–	rw	rw	rw	rw	rw	rw	rw	rw	rw	rw

- ADDMODE : Addressing Mode in Slave Mode
  0 = 슬레이브 모드에서 7비트의 슬레이브 어드레스를 사용한다.
  1 = 슬레이브 모드에서 10비트 슬레이브 어드레스를 사용한다.
- ADD[9:8] : Interface Address Bit 9~8
  이 비트들은 10비트 어드레스 모드에서만 사용하며, 7비트 어드레스 모드에서는 사용하지 않는 don't care 비트로 된다.
- ADD[7:1] : Interface Address Bit 7~1
  이 비트들은 7비트 또는 10비트 어드레스 모드에서 슬레이브 어드레스를 지정하는데 사용된다.
- ADD0 : Interface Address Bit 0
  이 비트는 10비트 어드레스 모드에서만 사용하며, 7비트 어드레스 모드에서는 사용하지 않는 don't care 비트로 된다.

▣ I2Cx 자신의 슬레이브 어드레스 레지스터2 I2Cx_OAR2 (리셋후 디폴트값 : 0x0000)

b15	b14	b13	b12	b11	b10	b9	b8	b7	b6	b5	b4	b3	b2	b1	b0
–	–	–	–	–	–	–	–	ADD2[7:1]							ENDUAL
–	–	–	–	–	–	–	–	rw	rw	rw	rw	rw	rw	rw	rw

- ADD2[7:1] : Interface Address Bit 7~1
  듀얼 어드레싱 모드에서 두번째의 슬레이브 어드레스로 사용되는 비트이다.
- ENDUAL : Dual Addressing Mode Enable
  0 = I2Cx_OAR1 레지스터를 사용하여 1가지의 슬레이브 어드레스만을 사용한다.
  1 = I2Cx_OAR1 및 I2Cx_OAR2 레지스터를 사용하여 2가지의 슬레이브 어드레스를 사용한다. 듀얼 어드레싱 모드에서는 모두 7비트의 슬레이브 어드레스를 사용해야 한다.

▣ I2Cx 데이터 레지스터 I2Cx_DR (리셋 직후 디폴트값 : 0x0000)

b15	b14	b13	b12	b11	b10	b9	b8	b7	b6	b5	b4	b3	b2	b1	b0
–	–	–	–	–	–	–	–	DR[7:0]							
–	–	–	–	–	–	–	–	rw	rw	rw	rw	rw	rw	rw	rw

- DR[7:0] : 8-Bit Transmit/Receive Data
  여기에는 I2C 모듈에서 8비트의 송신할 데이터나 수신된 데이터 바이트가 저장되어 있다. 송신 모드에서는 TxE=1일 때 여기에 데이터를 쓰면 자동적으로 시프트 레지스터로 옮겨져서 송신이 시작되며, 수신 모드에서는 시프트 레지스터로 수신된 데이터가 여기로 옮겨지면 RxNE=1로 표시되면서 인터럽트를 요청한다. CPU가 이 데이터 레지스터를 읽으면 다시 RxNE=0으로 클리어된다. 만약, ARLO 이벤트가 발생하였다면 시프트 레지스터에서 수신된 데이터가 데이터 레지스터로 옮겨지지 않으며 RxNE=1로 셋트되지도 않는다.

▣ I2Cx 상태 레지스터1 I2Cx_SR1 (리셋 직후 디폴트값 : 0x0000)

b15	b14	b13	b12	b11	b10	b9	b8	b7	b6	b5	b4	b3	b2	b1	b0
SMB ALERT	TIME OUT	–	PECERR	OVR	AF	ARLO	BERR	TxE	RxNE	–	STOPF	ADD10	BTF	ADDR	SB
rc_w0	rc_w0	–	rc_w0	rc_w0	rc_w0	rc_w0	rc_w0	r	r	–	r	r	r	r	r

- SMBALERT : SMBus Alert
  이것은 SMBus 모드에서만 사용되는 비트이다.
- TIMEOUT : Timeout or Tlow Error
  이것은 SMBus 모드에서만 사용되는 비트이다.
  0 = 타임 아웃 에러가 발생하지 않았다.
  1 = 클록 신호 SCL이 25ms 이상 0으로 유지되어 타임 아웃 에러가 발생하였다.
- PECERR : PEC Error in Reception
  0 = PEC 에러가 발생하지 않았다. 이때는 PEC 수신 후에 ACK로 응답한다.
  1 = 수신된 PEC 값이 PEC 레지스터 값과 일치하지 않아 에러가 발생하였다. 이때는 PEC 수신 후에 NACK으로 응답한다.
- OVR : Overrun/Underrun Error
  0 = 오버런이나 언더런 에러가 발생하지 않았다.
  1 = 슬레이브 모드에서 NOSTETCH=1일 때 오버런이나 언더런 에러가 발생하였다. 슬레이브 모드에서 데이터 레지스터에 아직 읽지 않은 데이터가 저장되어 있을 때 새로운 문자가 수신되면 오버런 에러가 된다. 슬레이브 모드에서 TxE=1일 때 데이터 레지스터에 새로운 데이터를 쓰기 전에 클록이 들어오면 이전의 데이터가 다시 한번 송신되며 언더런 에러가 된다.
- AF : Acknowledge Failure
  0 = 응답 실패 에러가 발생하지 않았다.
  1 = 응답 실패 에러가 발생하였다.
- ARLO : Arbitration Lost
  0 = 버스 조정 실패 에러가 발생하지 않았다.
  1 = 버스 조정 실패 에러가 발생하였다.
- BERR : Bus Error
  0 = 버스 에러가 발생하지 않았다.
  1 = START나 STOP 조건이 잘못된 순간에 검출되어 버스 에러가 발생하였다.
- TXE : Transmit Data Register Empty
  0 = 현재 송신 데이터 레지스터 I2Cx_DR이 비어있지 않다.
  1 = 현재 송신 데이터 레지스터 I2Cx_DR이 비어 있어서 송신할 데이터가 없음을 나타낸다. 이것은 I2Cx_DR 레지스터에 송신할 데이터를 라이트하면 클리어된다.
- RXNE : Receive Data Register Not Empty
  0 = 현재 수신 데이터 레지스터 I2Cx_DR이 비어있다.
  1 = 현재 수신 데이터 레지스터 I2Cx_DR에 수신된 데이터가 저장되어 있다. 이것은 I2Cx_DR 레지스터를 읽으면 0으로 클리어된다.
- STOPF : STOP Detection in Slave Mode
  0 = 슬레이브 모드에서 STOP 조건이 검출되지 않았다.
  1 = 슬레이브 모드에서 STOP 조건이 검출되었다. 이것은 I2Cx_SR1 레지스터를 읽고 나서 I2Cx_CR1 레지스터를 쓰면 0으로 클리어된다.
- ADDR10 : 10-Bit Header Sent in Master Mode
  0 = 마스터가 10비트 어드레스를 전송하지 않았다.
  1 = 마스터가 10비트 어드레스 모드에서 첫 번째의 어드레스 바이트인 HEADER를 전송하였다. 이것은 I2Cx_SR1 레지스터를 읽고 나서 I2Cx_DR 레지스터를 쓰면 0으로 클리어된다.
- BTF : Byte Transfer Finished
  0 = 데이터 바이트 전송이 수행되지 않았다.
  1 = 데이터 바이트 전송이 성공적으로 수행되었다. 수신 동작에서 새로운 바이트가 수신되고 데이터 레지스터를 아직 읽지 않은 상태에서는 RxNE=1이 함께 표시된다. 송신 동작에서 바이트를 송신하고 데이터 레지스터를 아직 새로 쓰지 않은 상태에서는 TxE=1이 함께 표시된다.
  이것은 I2Cx_SR1 레지스터를 읽고 나서 I2Cx_DR 레지스터를 읽거나 쓰면 0으로 클리어된다.
- ADDR : Address Sent(in Master mode)/Matched(in Slave Mode)
  이 비트는 마스터 모드에서 다음과 같이 어드레스 전송의 완료를 나타낸다.
  0 = 어드레스 전송이 종료되지 않았다.
  1 = 어드레스 전송이 종료되었다. 7비트 어드레스 모드에서는 첫번째 ACK를 수신하면 이 비트가 1로 되고, 10비트 어드레스 모드에서는 두번째 ACK를 수신하면 이 비트가 1로 된다.
  이 비트는 슬레이브 모드에서 다음과 같이 수신된 슬레이브 어드레스가 지정된 값과 일치하는지를 나타낸다.
0 = 어드레스가 수신되지 않았거나 수신된 어드레스가 지정된 어드레스 값과 일치하지 않는다.
1 = 수신된 어드레스가 지정 어드레스 값과 일치한다.
이것은 I2Cx_SR1 레지스터를 읽고 나서 I2Cx_SR2 레지스터를 읽으면 0으로 클리어된다.

- SB : Start Bit in Master Mode
  0 = 마스터 모드에서 START 조건을 발생하지 않았다.
  1 = 마스터 모드에서 START 조건을 발생하였다. 이것은 I2Cx_SR1 레지스터를 읽고 나서 I2Cx_DR 레지스터를 쓰면 0으로 클리어된다.

▣ I2Cx 상태 레지스터2 I2Cx_SR2 (리셋 직후 디폴트값 : 0x0000)

b15	b14	b13	b12	b11	b10	b9	b8	b7	b6	b5	b4	b3	b2	b1	b0
PEC[7:0]								DUALF	SMB HOST	SMB DEFAULT	GEN CALL	-	TRA	BUSY	MSL
r	r	r	r	r	r	r	r	r	r	r	r	-	r	r	r

- PEC[7:0] : PEC Value
  이것은 ENPEC=1일 때 내부에서 계산한 PEC 값을 저장하는 비트이다.
- DUALF : Dual Flag in Slave Mode
  0 = 슬레이브 모드에서 수신된 어드레스가 I2Cx_OAR1 레지스터와 일치한다.
  1 = 슬레이브 모드에서 수신된 어드레스가 I2Cx_OAR2 레지스터와 일치한다.
- SMBHOST : SMBus Host Header
  이것은 SMBus 모드에서만 사용되는 비트이다.
- SMBDEFAULT : SMBus Device Default Address
  이것은 SMBus 모드에서만 사용되는 비트이다.
- GENCALL : General Call Address in Slave Mode
  0 = 슬레이브 모드에서 전체 호출 어드레스가 수신되지 않았다.
  1 = 슬레이브 모드에서 ENGC=1일 때 전체 호출 어드레스가 수신되었다.
- TRA : Transmitter/Receiver
  0 = 어드레스 바이트의 R/-W 비트가 0으로 되어 슬레이브가 데이터를 수신하게 된다.
  1 = 어드레스 바이트의 R/-W 비트가 1로 되어 슬레이브가 데이터를 송신하게 된다. 이것은 STOP 조건이 검출되거나(STOPF=1) REPEATED START 조건이 검출되면 0으로 클리어된다.
- BUSY : Bus Busy
  0 = 현재 I2C 직렬통신 포트의 버스에서 통신이 수행되고 있지 않다.
  1 = 현재 I2C 직렬통신 포트의 버스에서 통신이 수행되고 있다.
  이것은 SDA나 SCL 신호가 low로 검출되면 1이 되고, STOP 조건이 검출되면 0이 된다.
- MSL : Master/Slave
  0 = I2C 직렬통신 포트가 현재 슬레이브 모드로 동작한다. STOP 조건을 출력하면 자동으로 슬레이브 모드가 된다.
  1 = I2C 직렬통신 포트가 현재 마스터 모드로 동작한다. START 조건을 출력하여 SB=1이 되면 자동으로 마스터 모드가 된다.

▣ I2Cx 클록 제어 레지스터 I2Cx_CCR (리셋 직후 디폴트값 : 0x0000)

b15	b14	b13	b12	b11	b10	b9	b8	b7	b6	b5	b4	b3	b2	b1	b0
F/S	DUTY	-	-	CCR[11:0]											
rw	rw	-	-	rw	rw	rw	rw	rw	rw	rw	rw	rw	rw	rw	rw

- F/S : I2C Master Mode Selection
  0 = 최소 2MHz 이상의 클록을 사용하는 표준 모드(Sm mode)로 동작한다.
  1 = 최소 4MHz 이상의 클록을 사용하는 고속 모드(Fm mode)로 동작한다.
- DUTY : Fm Mode Duty Cycle
  0 = 고속 모드에서 클록을 T_{low}/T_{high} = 2로 사용한다.
  1 = 고속 모드에서 클록을 T_{low}/T_{high} = 16/9로 사용한다.
- CCR[11:0] : Clock Control Register in Sm/Fm Mode(Master Mode)
  마스터 모드의 표준 모드에서는 클록 신호 SCL을 다음과 같이 대칭으로 설정한다.
  $T_{high} = T_{low} = CCR[11:0] \times T_{PCLK1}$

마스터 모드의 고속 모드에서는 클록 신호 SCL을 다음과 같이 비대칭으로 설정한다.
DUTY=0의 경우 : T_{high} = CCR[11:0] × T_{PCLK1}
T_{low} = 2 × CCR[11:0] × T_{PCLK1}
DUTY=1의 경우 : T_{high} = 9 × CCR[11:0] × T_{PCLK1}
T_{low} = 16 × CCR[11:0] × T_{PCLK1}

▣ I2Cx TRISE 레지스터 I2Cx_TRISE (리셋 직후 디폴트값 : 0x0002)

b15	b14	b13	b12	b11	b10	b9	b8	b7	b6	b5	b4	b3	b2	b1	b0
-	-	-	-	-	-	-	-	-	-	TRISE[5:0]					
-	-	-	-	-	-	-	-	-	-	rw	rw	rw	rw	rw	rw

- TRISE[5:0] : Maximum Rise Time in Sm/Fm Mode(Master Mode)
  이 값은 반드시 I2C 모듈이 금지된 상태(PE=0)에서 설정되어야 한다.
  이것은 마스터 모드에서 클록 신호 SCL의 상승 시간이 얼마든지 상관없이 일정한 주파수의 SCL 클록 신호를 만들기 위하여 설정해주는 값으로서, 데이터 시트에서 I2C 클록의 최대 상승 시간에 1을 더한 값으로 설정한다. 예를 들어서 데이터 시트에 보면 저속 모드에서 SCL의 상승 시간 $t_{r(SCL)}$의 최대값은 1000ns이다. 이때 만약 I2Cx_CR2 레지스터에서 FREQ[5:0]=8로 설정하였다면 T_{PCLK1}=125ns가 되므로 1000ns/125ns=8이 되고 여기에 1을 더하여 TRISE[5:0]=9로 설정해야 한다. 만약 이 계산에서 결과가 소수점이 있는 실수로 되는 경우에는 정수부만 취하여 사용한다.

2.11 비동기 직렬통신 포트(bxCAN)

이 절에서는 제2장의 마지막으로 STM32F103VET6에 내장되어 있는 1개의 CAN 직렬통신 포트(bxCAN ; Basic Extended CAN)에 대하여 공부한다.

1. CAN 직렬통신의 개요

CAN(Control Area Network)은 자동차에서 특별한 호스트 컴퓨터 없이 마이크로컨트롤러를 가지고 있는 각 장치들이 멀티 포인트(multi-point) 구조로 서로 통신하기 위해 설계된 표준의 비동기 직렬통신 규격으로서, 최근에는 자동차뿐만 아니라 산업용 자동화 장비나 의료용 장비에까지 광범위하게 사용되고 있다.

CAN 통신은 1983년에 Mercedes-Benz사의 요청으로 Robert Bosch사에서 개발에 착수하여 1986년에 V1.0 규격을 발표하였고, 1991년에는 V2.0 A/B로 규격을 업그레이드하였으며, 1992년에는 Benz 자동차에 이를 최초로 적용하였다. 1993년에는 이것이 ISO 11898로 표준 규격이 되었고, 나중에 이 규격은 저속 통신용과 고속 통신용으로 분리되었다.

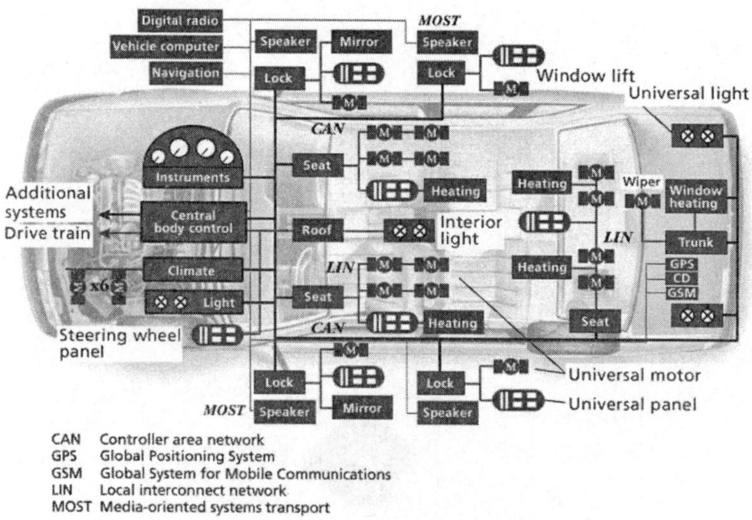

〈그림 2.11.1〉 CAN 통신을 적용한 자동차의 전형적인 구조

(1) CAN 통신의 특징

CAN 통신의 특징을 요약하여 보면 다음과 같다.

① 자동차용으로 시작하여 산업용으로 널리 사용되고 있는 최신의 표준 비동기 직렬통신 방식이다.

② 멀티 마스터(multi-master) 통신이 가능하다. 모든 CAN 컨트롤러들이 대등한 자격의 마스터로 CAN 버스에 연결되어 각 마스터들 사이에 임의로 통신을 수행할 수 있다.

③ 잡음에 매우 강한 차동 직렬통신 방식이다. RS-485처럼 CANH와 CANL의 차동신호를 twisted pair의 형태로 사용하므로 잡음에 강하다.

④ 반이중(half duplex) 방식의 비동기 직렬통신이지만 통신속도가 최고 1Mbps로 비교적 빠르다. 안정적인 전송속도는 통신 거리가 멀수록 낮아져서 1Mbps/40m에서 시작하여 500kbps/100m, 250kbps/200m, 125kbps/500m, 50kbps/1000m, 20kbps/2500m, 10kbps/5000m 정도로 낮아진다.

⑤ 최대 5000m 정도까지 비교적 원거리 통신이 가능하다. 5000m에서의 안정적인 속도는 10kbps이다.

⑥ 1프레임(frame)당 8바이트의 메시지 방식으로 통신한다.

⑦ 지정된 ID(identifier)만을 선택하여 수신할 수 있다. 표준 CAN(standard CAN)의 2.0A 규격에서는 11비트의 ID를 사용하므로 2,048개의 디바이스를 접속할 수 있고, 확장 CAN(extended CAN)의 2.0B 규격에서는 29비트의 ID를 사용하므로 536,870,912개의 디바이스를 접속할 수 있다.

⑧ 하드웨어 패킷 통신으로 동작하므로 사용자 소프트웨어에서는 송신 메일박스에 메시지 데이터를 저장하고 송신을 요청하면 실제의 송신 동작은 모두 하드웨어가 알아서 수행하기 때문에 사용이 편리하다.

⑨ 플러그 앤 플레이(plug & play) 기능이 가능하다.

⑩ 우선순위 제어와 하드웨어적인 오류 보정이 가능하다.

⑪ CAN 통신의 컨넥터 규격은 명확하게 규정되어 있지 않다. 그러나, 관행적으로 9핀짜리 RS-232C 컨넥터를 많이 사용한다.

여러 개의 마이크로컨트롤러 사이에서 오직 1:1로만 통신(point-to-point)할 수 있는 UART나 RS-232C 등의 통신 방식과 CAN처럼 공통 버스를 사용하여 멀티 마스터로 통신할 수 있는 방식을 그림으로 비교하면 <그림 2.11.2>와 같다. 원래 자동차에서 멀티 마스터 통신 방식의 CAN을 사용하려는 중요한 목적 중의 하나는 이와 같이 공통 버스를 통신선으로 사용하여 통신선의 수를 줄이고자 함이었다.

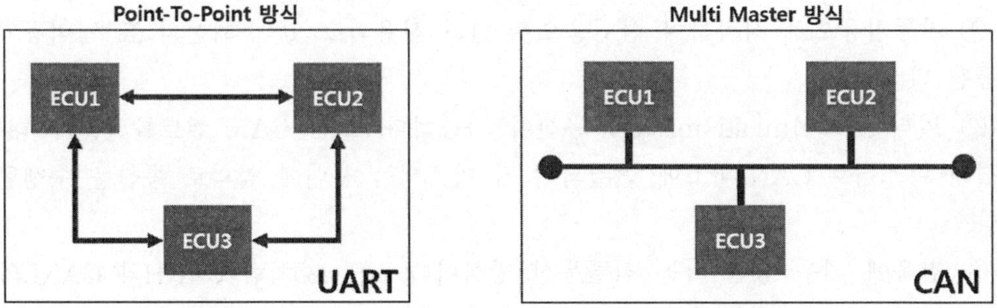

<그림 2.11.2> 포인트 투 포인트 통신방식과 멀티 마스터 통신방식의 비교

(2) CAN 통신의 신호

CAN 통신을 위한 각 디바이스(device) 또는 노드(node)들이 CAN 버스에 연결되는 형태는 <그림 2.11.3>과 같다. 각 디바이스에는 CAN 컨트롤러(controller)와 CAN 트랜시버(transceiver)를 가지고 있는데, 여기서 CAN 컨트롤러는 일반적으로 마이크로 컨트롤러에 내장되며, CAN 트랜시버는 CAN 통신 전용의 드라이버 IC를 사용한다. CAN 트랜시버 IC 소자에는 5V 전용의 MCP2551이나 3.3V/5V 겸용의 MCP2561/2 모델을 비롯하여 여러 반도체 회사에서 IFX1040/50, MAX305x 및 MAX1305x 시리즈, NCV735x 시리즈, TCAN33x 시리즈, TCAN104x/5x 시리즈, TJA104x/5x 시리즈, TLE625x 시리즈, PCA82C250/1, SN65HVD23x/25x 시리즈 등을 출시하고 있고, 절연형 CAN 트랜시버로는 MCP2557, MAX14878, ISO1050 등의 모델이 있다.

CAN 트랜시버는 CAN 컨트롤러로부터 받은 단극성의 디지털 송신 신호 CAN_TX를 차동의 CANH 및 CANL 신호로 변환하여 송신을 수행하며, 반대로 차동신호 CANH 및 CANL로 수신된 데이터를 단극성 디지털 수신 신호 CAN_RX로 변환하여 CAN 컨트롤러에게 보내준다.

CAN_TX 및 CAN_RX의 단극성 신호에서 송수신 데이터는 0과 1로 구성되지만, 이를 차동신호로 변환한 CANH 및 CANL에서는 데이터 0을 dominant 상태라고 부르고 데이터 1을 recessive 상태라고 부른다. 트랜시버가 사용하는 차동의 통신 신호 CANH 및 CANL은 <그림 2.11.4>처럼 고속(high-speed) CAN 통신 규격과 저속(low-speed)) CAN 통신 규격에서 서로 다르다. 현재 CAN 통신에서는 11비트 ID의 표준 CAN V2.0A 사양과 고속 CAN 버스 신호를 널리 사용한다.

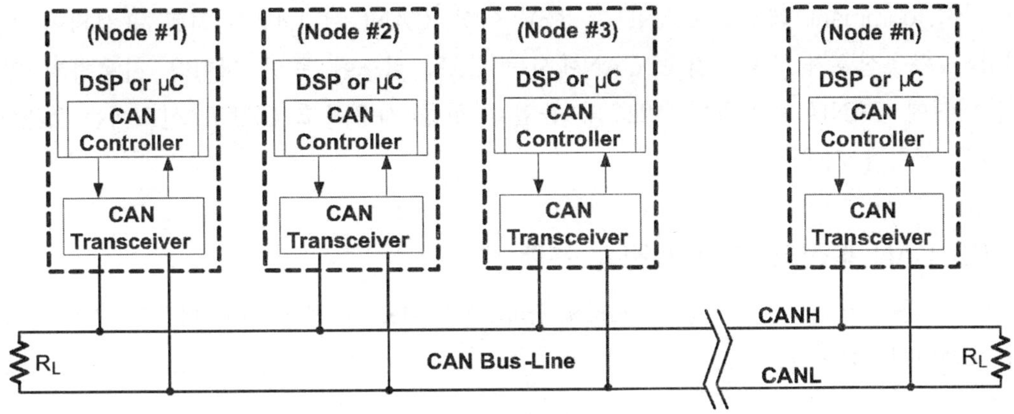

<그림 2.11.3> CAN 통신 디바이스가 CAN 버스에 접속되는 형태

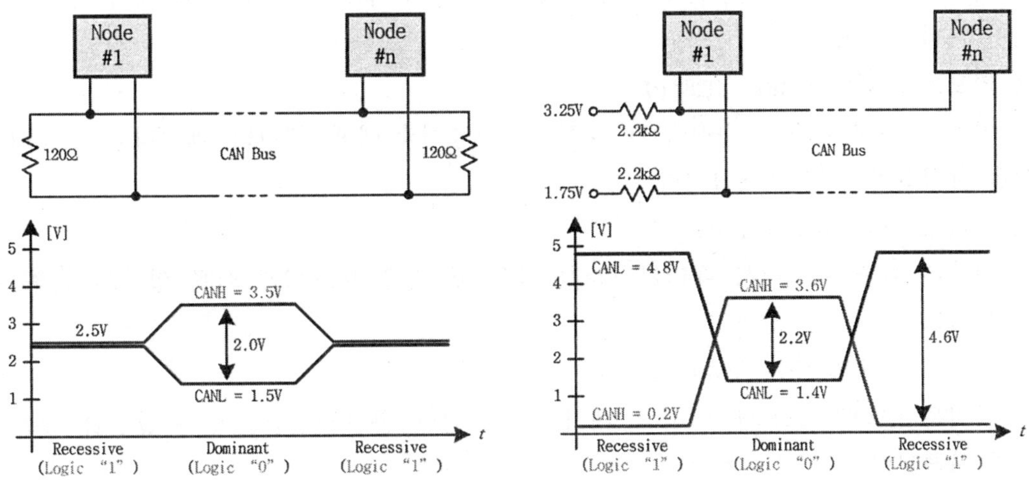

(a) 고속 CAN 신호

(b) 저속 CAN 신호

<그림 2.11.4> 고속 CAN과 저속 CAN의 차동 신호

고속의 CAN 통신 규격은 ISO 11898-2로 규정되어 있는데 이것은 10kbps에서 1Mbps까지 빠른 전송이 가능하며, 5V 전원을 사용하는 CAN 버스에서 recessive(1) 레벨은 CANH와 CANL이 모두 2.5V로 표시되고, dominant(0) 레벨은 CANH = 3.5V 이상, CANL = 1.5V 이하로 표시되어 2V 이상의 차동신호가 된다. 여기서는 CAN 버스의 양쪽 끝에 각각 120Ω의 종단 저항을 사용해야 한다.

저속의 CAN 통신 규격은 ISO 11898-3으로 규정되어 있는데 이것은 40kbps에서 125kbps까지 전송 속도가 느린 편이며, 5V 전원을 사용하는 CAN 버스에서 recessive 레벨은 CANH = 0.2V 이하, CANL = 4.8V 이상으로 표시되어 4.6V 이상의 차동신호가 되고, dominant 레벨은 CANH = 3.6V 이상, CANL = 1.4V 이하로 표시되어 2.2V 이상의 차동신호가 된다. 저속 CAN에서는 CAN 버스에 종단 저항을 사용하지 않으며, 대신에 CANH 신호에는 2.2kΩ의 풀업 저항을 사용하고 CANL 신호에는 2.2kΩ의 풀다운 저항을 사용한다.

(3) CAN 통신의 데이터 전송 포맷

CAN 통신의 데이터 전송은 프레임(frame) 단위로 수행되는데, 다음과 같이 5가지의 프레임이 있다.

① 데이터 프레임(data frame)

이것은 하나의 노드(송신측)에서 다른 노드(수신측)로 데이터 메시지를 전송하기 위한 프레임이다.

② 리모트 프레임(remote frame)

이것은 하나의 노드(수신측)가 다른 노드(송신측)에게 데이터 메시지를 전송해줄 것을 요청하기 위한 프레임이다.

③ 에러 프레임(error frame)

이것은 어느 노드에서 에러가 발생하였을 때 다른 노드에게 이를 알리기 위한 프레임이다.

④ 오버로드 프레임(overload frame)

이것은 수신측 노드에서 아직 메시지를 수신할 준비가 되어 있지 않음을 알리기 위한 프레임이다.

⑤ 프레임 사이의 공간(interframe space)

이것은 데이터 프레임 또는 리모트 프레임의 사이를 분리하기 위한 프레임이다.

▣ 데이터 프레임

데이터 프레임은 CAN 직렬통신에서 가장 자주 사용하는 데이터 전송 프레임으로서 <그림 2.11.5>에 보인 바와 같이 11비트의 ID를 사용하는 표준 CAN 2.0A 규격과 29비트의 ID를 사용하는 확장 CAN 2.0B 규격에서 약간 다르다. 데이터 프레임을 구성하는 각 필드의 이름과 기능을 요약하여 설명하면 다음과 같다.

① SOF(Start of Frame)는 프레임의 시작을 나타내는 비트로서, 평소에 전송선의 상태가 recessive(1) 레벨에 있다가 dominant(0) 레벨로 떨어지면 SOF 비트가 된다.

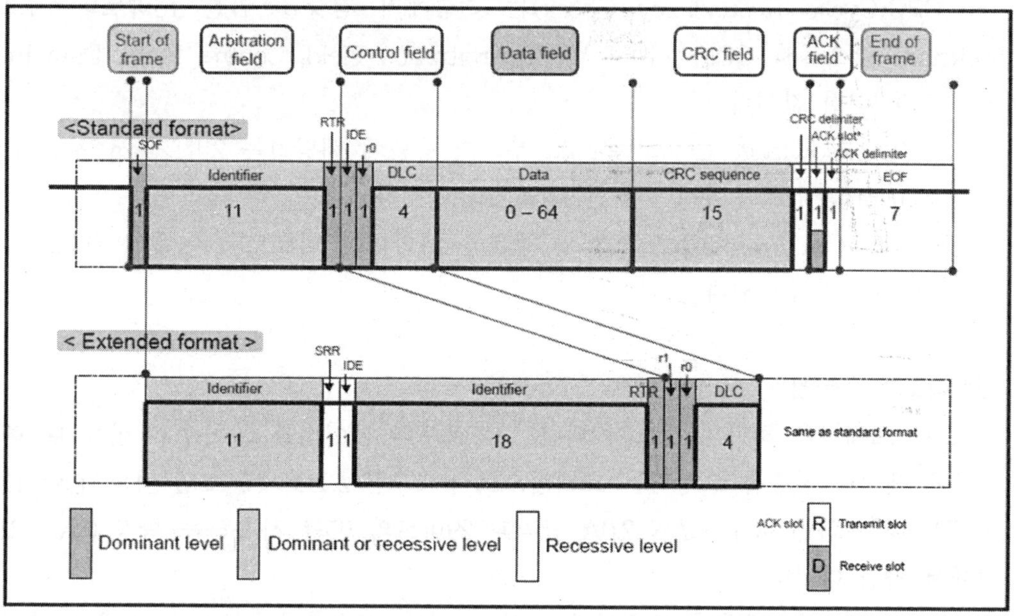

〈그림 2.11.5〉 CAN 통신에서 데이터 프레임의 비트 구성

② ID(Identifier)는 각 CAN controller 디바이스를 구분하는 고유 번호로서, 표준 CAN V2.0A에서는 11비트로 구성되고, 확장 CAN V2.0B에서는 29비트로 구성된다.

③ RTR(Remote Transmission Request)은 데이터 프레임과 리모트 프레임을 구분하는 비트로서, 데이터 프레임에서는 이 비트가 dominant(0) 레벨로 표시되며, 리모트 프레임에서는 recessive(1) 레벨로 표시된다.

④ SRR(Substitute Remote Request)은 확장 V2.0B 규격에서 표준 V2.0A 규격의 RTR 자리에 위치하는 것으로서 항상 recessive(1) 비트이다. 그 다음에 이어지는 IDE 비트와 함께 이것이 확장 V2.0B 규격의 프레임이라는 것을 표시한다.

⑤ IDE(Identifier Extension)는 표준 V2.0A 규격과 확장 V2.0B 규격의 프레임을 서로 구분하기 위한 비트로서 표준 V2.0A에서는 항상 dominant(0) 비트이고 확장 V2.0B에서는 recessive(1) 비트이다.

⑥ R1, R0(Reserved)는 2개의 예약 비트로서 아무 기능도 수행되지 않으며 그냥 항상 dominant(0) 비트이다.

⑦ DLC(Data Length Code)는 1개의 데이터 프레임에 포함되는 데이터의 바이트 수를 나타내는 4비트 필드로서 0~8의 범위를 가질 수 있다.

⑧ Data field는 데이터 프레임으로 전송하는 8바이트의 데이터 영역이다. 각 데이터 바이트는 MSB부터 LSB의 순서로 전송된다.

⑨ CRC(Cyclic Redundancy Check)는 전송에러 검출을 위한 16비트의 체크섬(checksum) 값으로서, SOF에서 시작하여 Arbitration Field, Control Field, Data Field까지를 모두 더한 값이다.

⑩ ACK(Acknowledge)는 수신측으로 부터의 응답에 해당하는 2비트로서 첫번째 비트는 dominant(0)이고 두번째 비트는 recessive(1)이다.

⑪ EOF(End of Frame)는 프레임의 종료를 나타내는 비트로서 연속된 7비트 길이의 recessive(1)로 구성된다.

▣ 리모트 프레임

리모트 프레임은 하나의 노드가 다른 노드로부터 데이터를 읽어오고 싶을 때 해당 노드에게 데이터 전송을 요청하는 프레임으로서 <그림 2.11.6>에 보인 바와 같이 11비트의 ID를 사용하는 표준 CAN 2.0A 규격과 29비트의 ID를 사용하는 확장 CAN 2.0B 규격에서 약간 다르다.

리모트 프레임은 데이터 프레임과 구조가 서로 비슷하지만 2가지 점에서 차이가 있는데, 첫째는 RTR 비트가 데이터 프레임에서는 dominant(0)이었으나 리모트 프레임에서는 recessive(1)이며, 두번째는 데이터 프레임은 당연히 데이터 필드를 가지고 있으나 리모트 프레임에서는 데이터 필드가 없다.

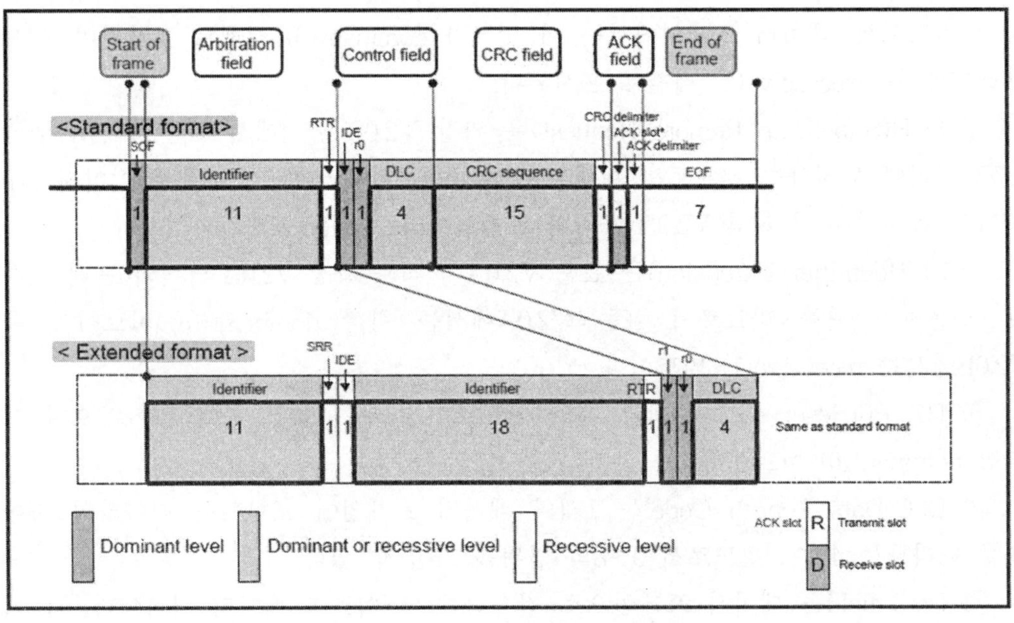

<그림 2.11.6> CAN 통신에서 리모트 프레임의 비트 구성

2. bxCAN 직렬통신 포트의 구조와 동작

(1) STM32F103VET6에서 bxCAN 직렬통신 포트의 특징

STM32F103VET6에는 1개의 CAN 통신 포트(bxCAN)를 내장하고 있는데, 이것의 특징을 요약하면 다음과 같다.

① 표준 CAN 2.0A 사양 및 확장 CAN 2.0B 사양을 지원한다.
② 최대 1Mbps까지의 전송이 가능하다.
③ 타임 트리거 통신(Time Triggered Communication)을 옵션으로 지원한다.
④ 송신부에는 CAN_TX 단자와 3개의 송신 메일박스(mailbox)를 가지고 있다.
⑤ 송신 우선순위 설정이 가능하다.
⑥ Time Stamp on SOF 송신 기능을 가진다.
⑦ 수신부에는 CAN_RX 단자와 2개의 수신 FIFO를 가지고 있는데, 각 FIFO는 3개의 수신 메일박스로 구성되며 여기에서 오버런 에러가 발생하는 것을 검출할 수 있다.
⑧ 14개의 필터 뱅크(filter bank)를 가지고 있어서 원하는 메시지만을 선별하여 수신할 수 있다.
⑨ ID 리스트를 체크하는 기능을 가지고 있다.
⑩ Time Stamp on SOF 수신 기능을 가진다.

STM32F103VET6의 CAN 통신 포트에는 데이터 송신 단자 CAN_TX와 데이터 수신 단자 CAN_RX를 가지고 있는데, 여기서 외부에 CAN 트랜시버 소자를 연결하여 CAN 네트웍을 구성하는 형식은 <그림 2.11.7>과 같다.

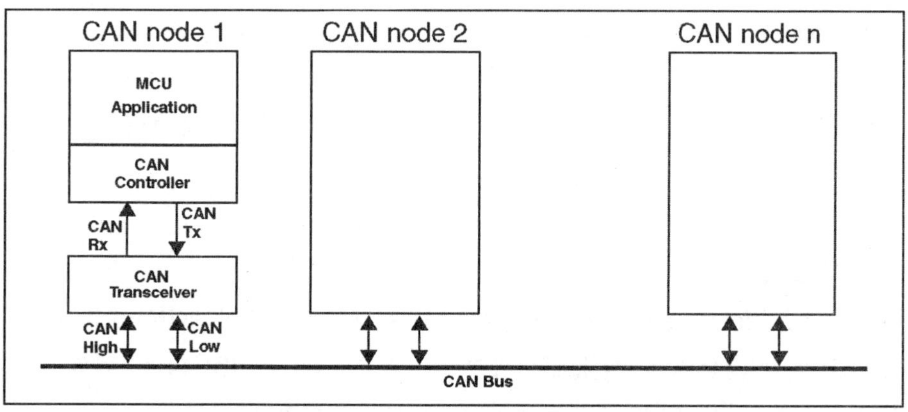

<그림 2.11.7> CAN 네트웍의 토폴로지

STM32F103VET6에서 bxCAN 직렬통신 포트의 내부 구성 블록도를 보이면 <그림 2.11.8>과 같다.

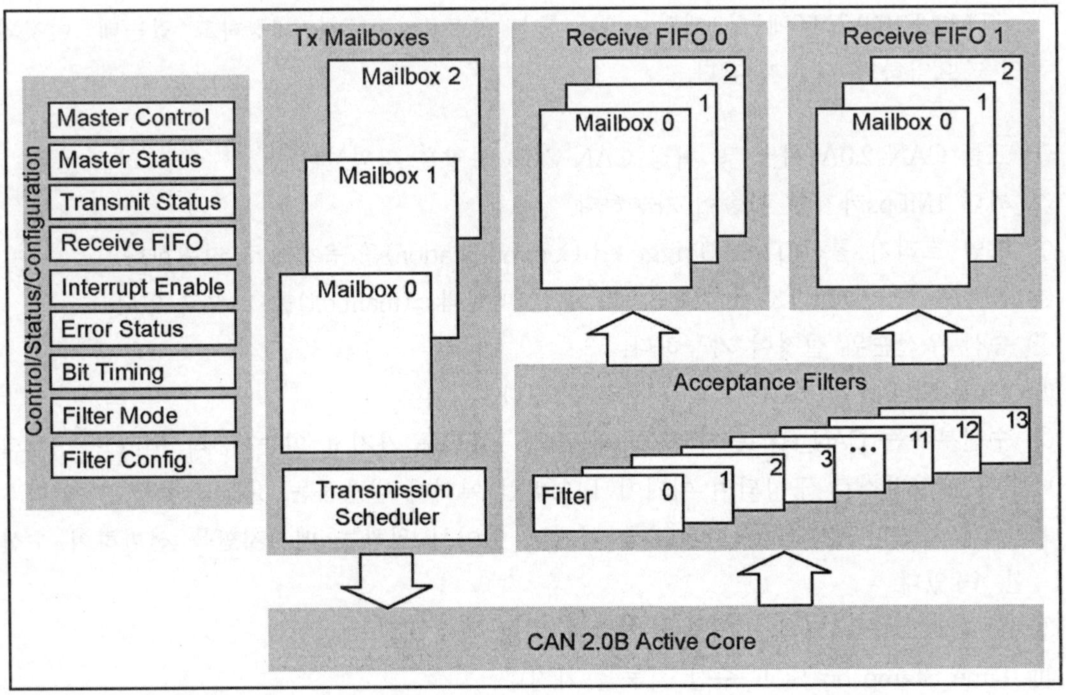

<그림 2.11.8> STM32F103VET6에서 bxCAN의 내부 구성 블록도

(2) bxCAN의 동작 모드

STM32F103VET6의 bxCAN 직렬통신 포트는 초기화 모드, 정상동작 모드, 슬립 모드 등의 3가지의 동작 모드를 가지고 있는데, 시스템 리셋 후에는 슬립 모드에서 시작하며, 이때 CAN_TX 단자는 내부에서 풀업되므로 recessive(1)를 출력하는 상태로 있게 된다.

bxCAN 직렬통신 포트에서 이들 3가지의 동작 모드들 사이에 모드를 전환하는 과정을 그림으로 설명하면 <그림 2.11.9>와 같다.

▣ 초기화 모드

초기화 모드(Initialization mode)는 CAN_MCR 레지스터에서 INRQ=1로 써주면 설정되고 이 모드로 설정되면 CAN_MSR 레지스터에 INAK=1로 표시되며, 이렇게 하드웨어가 초기화 모드에 있을 때만 소프트웨어 초기화가 수행될 수 있다.

초기화 모드에서는 CAN_TX 단자가 recessive(1) 상태로 유지되며, 모든 송수신 동작이 금지된다. CAN 컨트롤러를 초기화하려면 초기화 모드로 설정하고 나서 먼저 CAN_BTR 레지스터에서 비트 타이밍을 설정해야 하며, CAN 필터 뱅크를 초기화하려면 CAN_FMR 레지스터에서 FINIT=1로 설정하고 나서 작업해야 한다.

초기화 모드를 종료하려면 CAN_MCR 레지스터에 INRQ=0으로 써주면 되고 이렇게 하면 CAN_MSR 레지스터에 INAK=0으로 표시된다.

▣ 정상동작 모드

CAN_MCR 레지스터에 INRQ=0으로 하여 초기화 모드를 종료하면 INAK=0으로 표시되면서 자동으로 정상동작 모드(Normal mode)에 들어가게 된다. 그러면 11비트의 버스 아이들 상태(bus idle state)가 지나서 데이터 전송을 위한 동기를 회복한 후에 CAN 버스를 사용하여 송신 또는 수신 동작을 수행할 수 있게 된다.

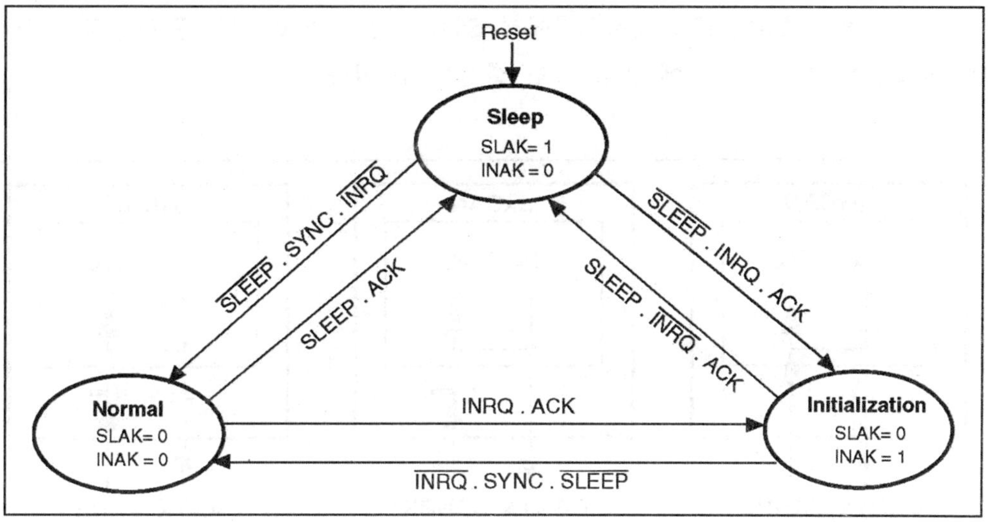

〈그림 2.11.9〉 bxCAN에서 3가지 동작 모드 사이의 전환 방법

▣ 슬립 모드

슬립 모드(Sleep mode)는 bxCAN 직렬통신 포트에서의 소비전력을 줄이기 위하여 이 포트를 저전력 상태로 두는 모드이다. 슬립 모드로 들어가려면 CAN_MCR 레지스터에서 SLEEP=1로 써주면 되고 이 모드로 설정되면 CAN_MSR 레지스터에 SLAK=1로 표시되며, 슬립 모드에서는 bxCAN의 클록은 차단되고 모든 송수신 동작은 금지되지만 사용자 소프트웨어에서 메일박스를 액세스하는 것은 가능하다.

만약 슬립 모드에서 초기화 모드로 전환하려면 먼저 CAN_MCR 레지스터에서 SLEEP=0으로 써주고 CAN_MSR 레지스터에 SLAK=0으로 표시되도록 하여 슬립 모드를 해제한 후에 CAN_MCR 레지스터에서 INRQ=1로 써주고 CAN_MSR 레지스터에 INAK=1로 표시되어야 한다.

슬립 모드에서 정상동작 모드로 전환하려면 CAN_MCR 레지스터에서 SLEEP=0으로 써주고 CAN_MSR 레지스터에 SLAK=0으로 표시되도록 하여 슬립 모드를 해제하며, 이후에 11비트의 버스 아이들 상태가 지나서 데이터 전송을 위한 동기를 회복한 후에 CAN 버스를 사용하여 송신 또는 수신 동작을 수행할 수 있다.

(3) bxCAN의 테스트 모드

STM32F103VET6의 bxCAN 직렬통신 포트에는 이 포트의 동작을 테스트하기 위하여 침묵 모드, 루프백 모드, 디버그 모드 등 3가지의 테스트 모드를 가지고 있는데, 여기서 침묵 모드와 루프백 모드는 동시에 혼합하여 사용할 수도 있다.

테스트 모드는 CAN_BTR 레지스터에서 SILM 또는 LBKM 비트를 사용하여 설정하는데, 이것들은 초기화 모드에 있을 때만 설정할 수 있다.

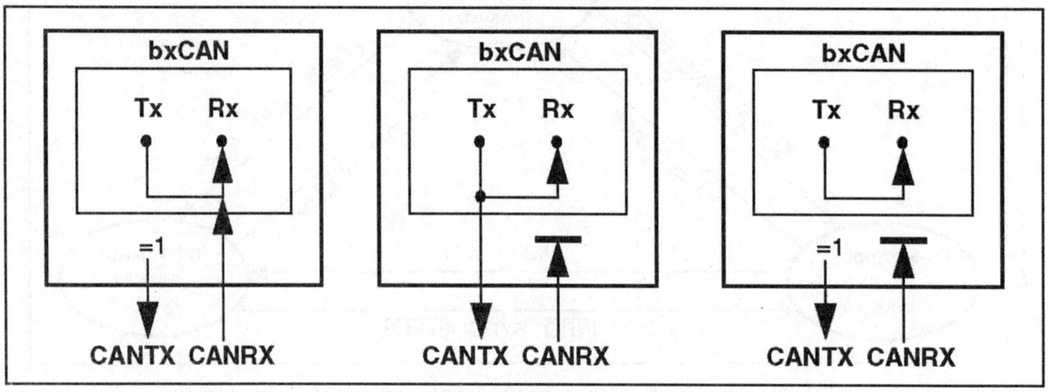

(a) 침묵 모드 (b) 루프백 모드 (c) 침묵 모드 + 루프백 모드

<그림 2.11.10> bxCAN에서 3가지 테스트 모드의 동작

▣ 침묵 모드

침묵 모드(Silent mode)는 데이터 프레임이나 리모트 프레임을 수신할 수는 있지만 CAN 버스의 CAN_TX 단자를 내부에서 차단하여 recessive(1) 상태로 유지하고 있으면서 송신 동작을 시작하지 못하는 모드이다. 이 모드로 설정하려면 초기화 모드에서

CAN_BTR 레지스터에 SILM=1로 써주면 된다.

이 모드에서 만약 dominant bit(0)를 송신하게 되면 이것은 실제로 CAN_TX 단자로 출력되지 않고 내부적으로 루프백되어 CAN_RX 신호로 되돌아오게 된다. 침묵 모드는 CAN 버스에 영향을 주지 않으면서 트래픽(traffic)을 분석하는 용도로 사용할 수 있다.

■ 루프백 모드

루프백 모드(Silent mode)는 CAN_TX로 출력하는 송신 메시지를 내부적으로 되돌려서 수신 메시지로 수신하여 수신 메일박스에 저장하는 모드이다. 이때 수신 필터는 사용하지 않으며, CAN_RX 단자는 내부적으로 차단되어 동작하지 않는다. 이 모드로 설정하려면 초기화 모드에서 CAN_BTR 레지스터에 LBKM=1로 써주면 된다.

■ 침묵 모드 + 루프백 모드

CAN_BTR 레지스터에서 SILM=LBKM=1로 써주면 침묵 모드와 루프백 모드를 동시에 결합하여 사용할 수 있다. 이렇게 하면 CAN_TX 및 CAN_RX 단자에 연결되어 동작하는 CAN 시스템에 전혀 영향을 주지 않으면서 모든 테스트 동작이 가능하다.

■ 디버그 모드

마이크로컨트롤러가 디버그 모드에 있을 때 bxCAN은 정상 동작하도록 설정할 수도 있고 정지시킬 수도 있는데, 이는 CAN_MCR 레지스터에서 DBF 비트로 선택한다.

(4) 송수신 메일박스의 구조와 기능

CAN 메시지를 송신 또는 수신하는 것은 메일박스를 사용하여 소프트웨어와 하드웨어의 인터페이스로 수행된다. 메일박스에는 ID, 데이터, 제어 방법, 상태 정보, 시간 스탬프 등 메시지에 관련된 모든 정보들이 포함되어 있다.

■ 송신 메일박스

bxCAN은 송신측에 3개의 송신 메일박스를 가지고 있다. 사용자 프로그램은 이중에서 하나를 선정하여 이 송신 메일박스가 empty state에 있는 것을 확인하고 여기에 송신할 메시지를 저장한다. 이것의 상태는 CAN_TSR 레지스터에 하드웨어적으로 표시되는데, 여기서 TMEx=1로 표시되어 해당 송신 메일박스가 empty state에 있을 때만 쓰는 것이 가능하다. 여기서 x는 송신 메일박스의 번호로서 x=0~2이다.

송신 메일박스의 송신 우선순위를 지정하는 방법에는 2가지가 있는데, CAN_MCR 레지스터에서 TXFP=1로 설정하면 송신을 요청한 메일박스의 순서로 송신이 수행되며, TXFP=0으로 설정하면 ID가 작은 메일박스부터 송신이 수행된다.

CAN_MCR 레지스터에서 NART=0으로 설정하면 CAN 버스의 상태에 따라 송신 동작이 즉시 수행되기 어려울 경우에도 하드웨어가 자동으로 버스 상태를 체크하면서 반복적으로 메시지 송신을 시도한다. 그러나, NART=1로 설정하면 송신 요청 후에 오직 1번만 송신을 시도하고 그 결과를 상태 레지스터에 표시한다.

▣ 수신 FIFO 및 메일박스

bxCAN은 수신측에 각각 3개의 출력 메일박스로 구성되는 2개의 수신 FIFO를 가지고 있다. CAN_RX 단자에서 수신된 수신 메시지는 필터를 거쳐서 차례대로 이 FIFO의 출력 메일박스에 자동적으로 저장되며, 사용자 프로그램은 이 출력 메일박스를 선입선출(FIFO ; First-In First-Out) 방식으로 읽어서 가져올 수 있는데, 한번씩 읽을 때마다 이 FIFO에서 현재 읽어들인 출력 메일박스는 해제되고 그 다음의 메일박스가 읽혀질 수 있는 상태가 된다. 현재 대기중인 출력 메일박스를 해제하는 것은 이밖에 CAN_RFnR 레지스터에서 RFOMn=1로 설정하는 것으로도 가능하다. 여기서 n은 FIFO의 번호로서 n=0~1이다.

수신 동작에서 사용된 필터의 번호인 필터 인덱스는 CAN_RDTnR 레지스터에서 FMI[7:0] 비트에 저장되며, 수신 시각을 나타내는 16비트의 타임 스탬프는 TIME[7:0] 비트에 저장된다.

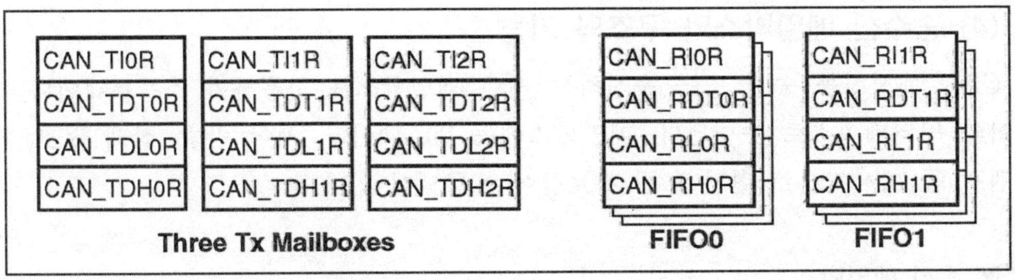

〈그림 2.11.11〉 bxCAN에서 송신 메일박스(x=0~2)와 수신 FIFO(n=0~1)의 구조

하나의 수신 FIFO에 3개를 초과하여 수신 메시지가 저장되려고 하면 오버런이 되며, CAN_RFnR 레지스터에 FOVRn=1로 표시된다. 오버런 에러가 발생하면 부득이 1개의 수신 메시지는 소실될 수밖에 없는데, 만약 CAN_MCR 레지스터에 RFLM=0으로 설

정하면 마지막에 수신된 메시지가 FIFO에 저장되면서 가장 오래된 첫번째의 수신 메시지가 소실되며, RFLM=1로 설정하면 마지막으로 수신된 메시지가 더 이상 FIFO에 저장되지 않고 소실된다.

(5) bxCAN의 송신 동작

bxCAN으로 메시지를 송신하려면 비어있는 송신 메일박스를 1개 선택하고(empty state), 여기에 ID, DLC, 데이터를 모두 설정한 후에 CAN_TIxR(x=0~2) 레지스터에서 TXRQ=1로 설정하여 송신을 요청한다.(pending state) 그러면 메일박스의 송신 우선순위에 따라 가장 순위가 높은 송신 메일박스가 scheduled state로 바뀌고, CAN 버스가 아이들 상태(idle state)로 되는 것을 확인하여 송신을 시작한다.(transmit state)

이 메일박스의 송신이 성공적으로 완료되면 이것의 상태는 다시 empty state로 바뀌고, CAN_TSR 레지스터에서 해당 메일박스의 상태가 RQCPx=TXOKx=1로 되어 성공적으로 전송이 완료되었음을 표시한다. 그러나, 만약 전송에 실패하면 CAN_TSR 레지스터에서 전송 에러의 원인에 따라 ALSTx=1 또는 TERRx=1로 표시된다.

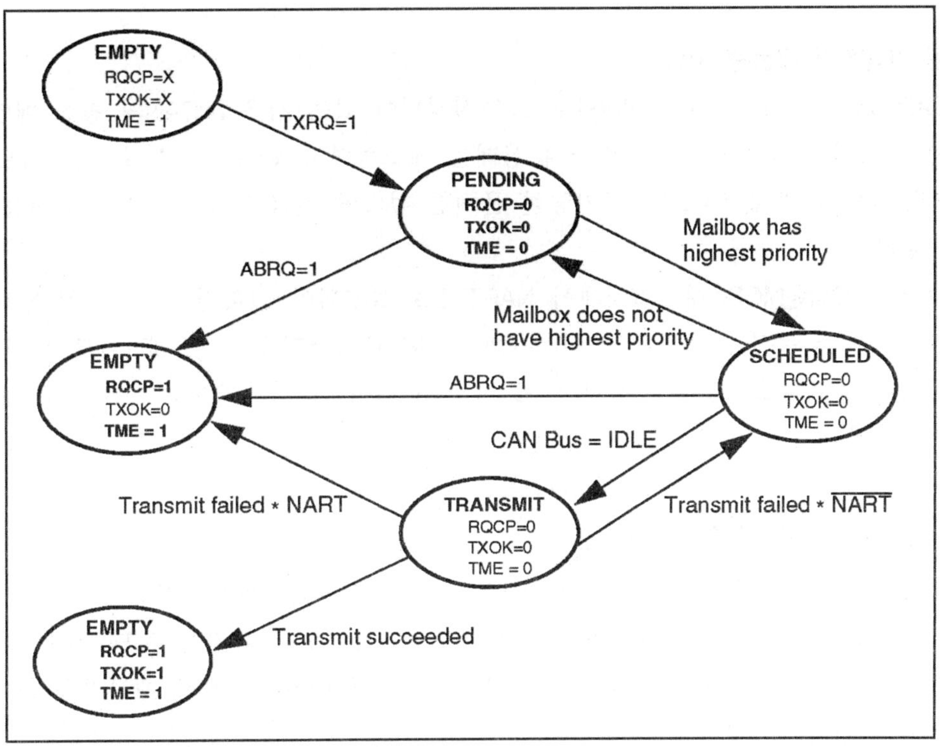

<그림 2.11.12> bxCAN에서 송신 동작에 따른 송신 메일박스의 상태 변화

■ **송신 우선순위**

여러개의 송신 메일박스가 송신 대기중일 때 우선순위를 지정하는 방법에는 2가지가 있다. CAN_MCR 레지스터에서 TXFP=0으로 설정하면 송신 우선순위는 메일박스에 저장된 메시지의 ID에 따라 결정되며, 메시지의 ID가 작을수록 우선순위가 높다. 그러나, TXFP=1로 설정한 경우에는 우선순위의 기준이 달라져서 메일박스의 송신을 요청한 순서에 의하여 처리된다.

■ **송신 요청의 취소**

CAN_TCR 레지스터에서 ABRQx=1로 설정하면 해당 메일박스에 pending state 또는 scheduled state로 되어 있던 송신 요청을 취소할 수 있다.

그러나, 현재 transmit state에 있어서 송신 동작 중이던 메일박스의 송신 요청을 취소하면 2가지의 결과가 나타날 수 있다. 만약 해당 메일박스의 송신이 성공적으로 완료된 경우에는 CAN_TSR 레지스터에서 RQCPx=1, TXOKx=1로 표시되면서 해당 메일박스의 상태는 empty state로 되며, 송신에 실패하면 RQCPx=1, TXOKx=0으로 표시되면서 해당 메일박스의 송신이 취소되고 empty state로 된다.

■ **반복적인 재전송 시도**

CAN_MCR 레지스터에서 NART=0으로 설정되어 있는 경우 bxCAN의 송신 메일박스가 송신 요청을 받으면 CAN 버스의 상태를 체크하면서 반복적으로 송신을 시도한다. 따라서, 만약 하드웨어적으로 불가능한 문제만 없다면 결국은 성공적으로 송신을 완료하게 된다.

그러나, CAN_MCR 레지스터에서 NART=1로 설정되어 있다면 송신 요청을 받았을 때 오직 1번만 송신을 시도하고 나서 CAN_TSR 레지스터에서 RQCPx=1로 되면서 송신 동작이 종료되고, 그 결과에 따라 CAN_TSR 레지스터의 TXOKx, ALSTx, TERRx 비트에 표시된다.

(6) bxCAN의 수신 동작

bxCAN의 수신부에는 각각 3개의 메일박스로 구성되는 2개의 FIFO를 가지고 있다. CPU의 처리 부담을 덜어주기 위하여 여기서의 모든 수신 동작은 하드웨어적으로 수행되며, 사용자 프로그램에서는 수신된 FIFO의 출력 메일박스에서 메시지를 읽어들이기만 하면 된다.

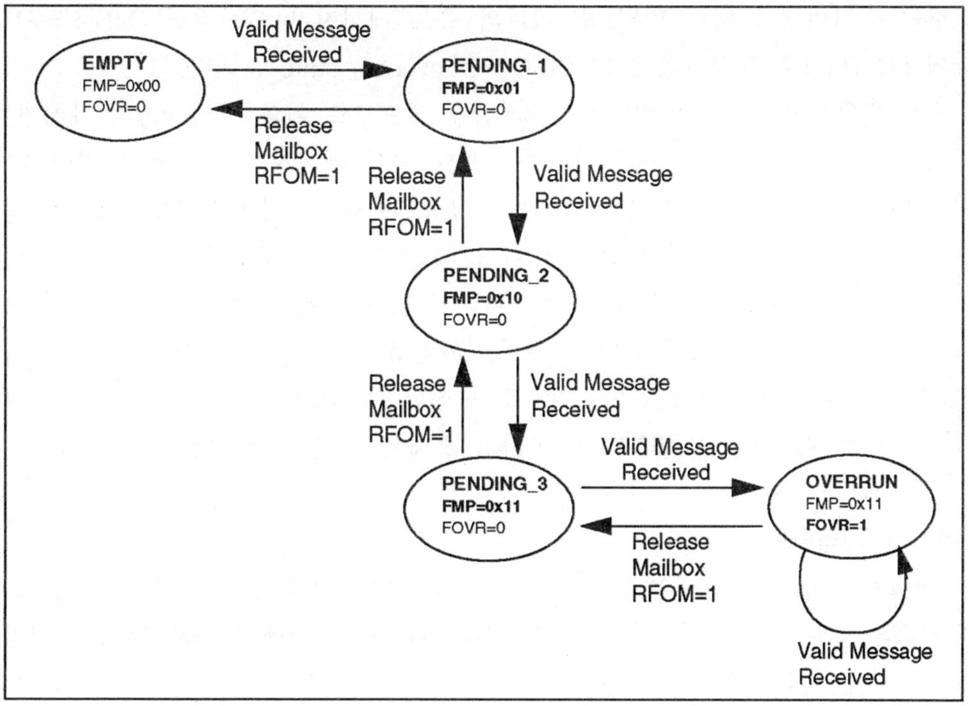

<그림 2.11.13> bxCAN에서 수신 FIFO의 상태 변화

▣ 수신 FIFO 관리

CAN 프로토콜에 따라 올바르게 수신되고 ID 필터링이 완료된 수신 메시지는 유효한 것으로 간주된다.

수신 FIFO n이 empty state에서 시작하여 첫번째로 유효한 메시지가 FIFO n에 저장되면 pending_1 state로 되고, CAN_RFnR 레지스터에 FMPn[1:0]=01로 표시되며, 이 메시지는 사용자 프로그램으로 FIFO n의 출력 메일박스에서 읽을 수 있다. 사용자가 이 메시지를 읽거나 CAN_RFnR 레지스터에서 RFOMn=1로 써주면 FIFO n은 다시 비어 empty state로 된다.

수신 FIFO n이 pending_1 state에 있을 때 두번째로 유효한 메시지가 FIFO n에 저장되면 pending_2 state로 되고, CAN_RFnR 레지스터에 FMPn[1:0]=10으로 표시된다. 마찬가지로 이 상태에서 세번째로 유효한 메시지가 FIFO n에 저장되면 pending_3 state로 되고, CAN_RFnR 레지스터에 FMPn[1:0]=11로 표시된다.

▣ 오버런

수신 FIFO n이 pending_3 state에 있을 때는 3개의 메일박스에 수신 메시지가 꽉

차있다는 의미이므로 이때 만약 또 하나의 유효 메시지가 수신되면 CAN_RFnR 레지스터에 FOVRn=1로 표시되면서 그 FIFO n은 overrun state가 된다.

수신 FIFO n의 수신 메일박스는 3개밖에 없으므로 이와 같이 4번의 메시지가 수신되어 오버런 에러가 발생하면 부득이 1개의 수신 메시지는 소실될 수밖에 없는데, 이때는 2가지의 처리 방식이 있다. 만약 CAN_MCR 레지스터에 RFLM=0으로 설정하여 FIFO lock 기능을 사용하지 않는다면 마지막으로 수신된 메시지가 FIFO n에 저장되면서 첫번째의 수신 메시지가 소실되며, 따라서 FIFO n에는 항상 가장 최근에 수신된 3개의 메시지를 가지고 있게 된다. 그러나, CAN_MCR 레지스터에 RFLM=1로 설정하여 FIFO lock 기능을 사용한다면 마지막으로 수신된 메시지가 더 이상 FIFO n에 저장되지 않고 소실되며, 따라서 FIFO n에는 가장 오래된 3개의 메시지를 가지고 있게 된다.

▣ 수신 인터럽트

수신 FIFO n에 새로 올바른 메시지가 수신되어 저장되면 CAN_RFnR 레지스터에 FMPn[1:0]의 값이 증가되며, 이때 만약 CAN_IER 레지스터에서 FMPIEn=1로 설정되어 있었다면 수신 인터럽트가 발생된다.

FIFO n에 3번째의 메시지가 수신되어 FIFO n이 full로 되면 CAN_RFnR 레지스터에서 FULLn=1로 되며, 이때 만약 CAN_IER 레지스터에서 FFIEn=1로 설정되어 있었다면 FIFO full 인터럽트가 발생된다. 또한, FIFO n에서 오버런이 발생하면 CAN_RFnR 레지스터에서 FOVRn=1로 되며, 이때 만약 CAN_IER 레지스터에서 FOVIEn=1로 설정되어 있었다면 오버런 인터럽트가 발생된다.

(7) 수신 FIFO에서의 ID 필터링

CAN 프로토콜에서 메시지의 ID(Identifier)는 각 노드의 어드레스와 관계되는 것이 아니라 메시지의 내용과 관련이 있는 것이다. 즉, 어느 노드의 송신측에서는 특정한 노드를 지정하여 메시지를 송신하는 것이 아니라 나머지의 모든 노드에게 한번에 메시지를 방송하듯이 송신하는데, 이들 각 노드의 수신측에서는 CAN 버스로부터 이 메시지를 수신하여 자신에게 해당하는 ID를 가진 메시지만을 선택하고 유효 메시지로 판단하여 FIFO의 출력 메일박스에 저장하며, 해당하지 않는 ID를 가진 메시지는 무시하고 버린다. 이러한 모든 과정은 bxCAN 직렬통신 포트에서 미리 설정된 ID에 따라 하드웨어적으로 자동 처리되며, 유효 메시지로 판단하여 FIFO의 출력 메일박스에 저장된 메시지를 사용자가 읽어들이는 것은 소프트웨어적으로 처리한다.

이러한 하드웨어적인 처리를 위하여 STM32F103VET6의 bxCAN 직렬통신 포트에는 총 14개의 필터 뱅크(filter bank) x=0~13을 가지고 있다. 각 필터 뱅크에는 2개의 32비트 필터 레지스터 CAN_FxR1과 CAN_FxR2를 가지고 있어서 이를 사용하여 여러 가지 방법으로 ID를 설정할 수 있다.

▣ 필터 크기와 모드 설정

필터 뱅크를 설정하려면 먼저 CAN_FMR 레지스터에 FINIT=1로 설정하여 필터 초기화 모드로 들어가든지 또는 CAN_FA1R 레지스터에서 FACTx=0으로 하여 해당 필터 뱅크 x(=0~13)를 not active 상태로 해제해야 한다.

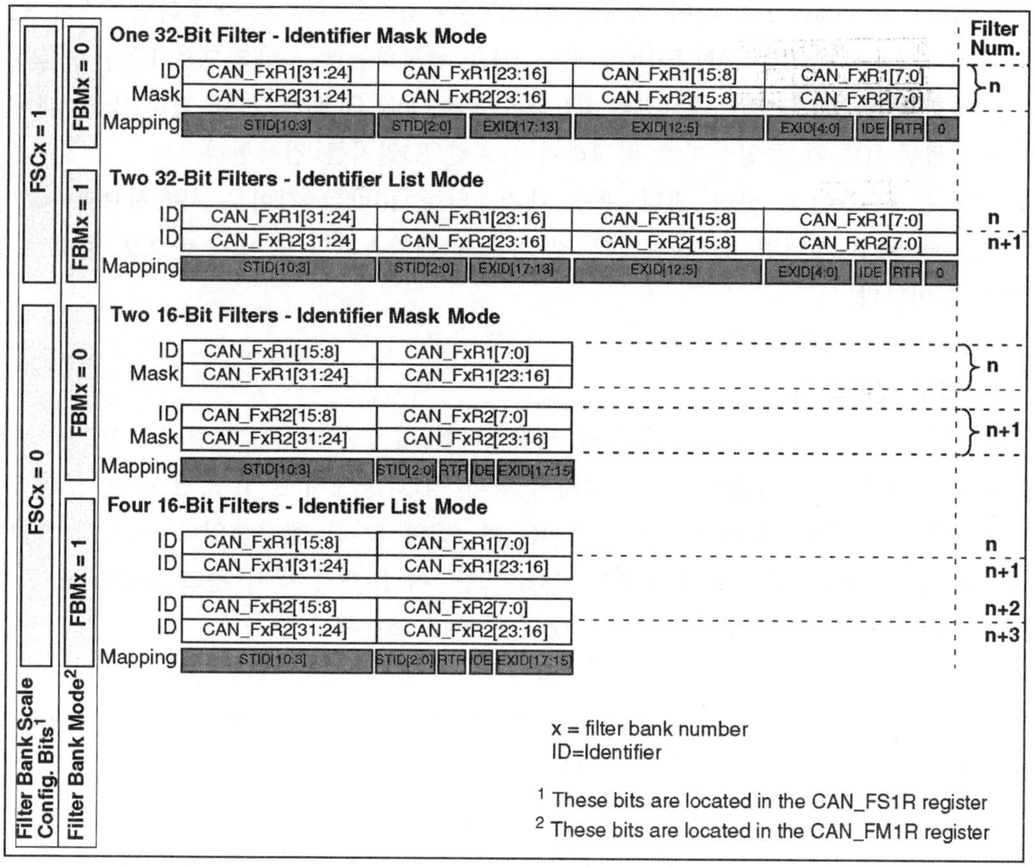

〈그림 2.11.14〉 bxCAN에서 필터 뱅크 0~13 레지스터의 설정 방법

각 필터 뱅크의 크기는 CAN_FS1R 레지스터에서 FSCx 비트를 사용하여 2개의 16비트 길이 또는 1개의 32비트 길이로 설정한다. 필터의 길이를 16비트로 설정하면 사실상 11비트의 ID만을 사용할 수 있다. 또한, 14개 필터의 동작 모드는 CAN_FM1R 레

지스터에서 FBMx 비트를 사용하여 ID 마스크 모드(Identifier Mask Mode) 또는 ID 리스트 모드(Identifier List Mode)로 설정할 수 있다.

FSCx=1 및 FBMx=0으로 하여 필터를 32비트의 ID 마스크 모드로 설정하면 <그림 2.11.14>에 보인 것처럼 2개의 32비트 필터 뱅크 레지스터 CAN_FxRr 중에서 첫번째 레지스터인 CAN_FxR1은 ID를 설정하는데 사용되고, 두번째 레지스터인 CAN_FxR2는 마스크 레지스터로 사용되는데, 이때는 수신된 메시지의 ID 레지스터 CAN_RInR이 필터 뱅크 레지스터 CAN_FxR1과 CAN_FxR2의 조합으로 지정된 비트들의 값과 일치(must match)하는지를 비교하고 don't care로 지정된 비트는 무시하여 유효한 ID인지를 검사한다.

FSCx=1 및 FBMx=1로 하여 필터를 32비트 ID 리스트 모드로 설정하면 2개의 32비트 필터 뱅크 레지스터 CAN_FxRr이 모두 ID를 설정하는데 사용되므로 ID의 수를 2배로 설정하게 되며, 수신된 메시지의 ID 레지스터 CAN_RInR가 이들 필터 뱅크 레지스터에 설정된 ID들과 동일한지를 비교하여 유효한 ID인지를 검사한다.

그러나, FSCx=1로 하여 필터 뱅크 레지스터를 16비트 길이로 사용하므로 <그림 2.11.14>에 보인 것처럼 ID 레지스터 및 마스크 레지스터의 길이가 반으로 줄고 수는 2배로 늘어난다.

▣ 필터 설정의 예

위에서 설명한 방식으로 필터 뱅크 레지스터를 설정한 예를 <그림 2.11.15>에 보였다. 여기서 보면 우선 FIFO 0에는 14개의 필터 뱅크 중에서 0, 1, 3, 5, 6, 9, 13의 7개를 할당하였고, FIFO 1에는 2, 4, 7, 8, 10, 11, 12의 7개를 할당하였다. 이렇게 하려면 CAN_FFA1R=0x00001D94로 설정해야 한다. 또한, 이 14개의 필터 뱅크 중에서 5, 7, 10은 active되지 않으므로 CAN_FA1R=0x00003B5F로 설정해야 한다.

그림에서 필터 뱅크 0의 경우처럼 하나의 ID 뱅크 레지스터를 32비트 ID 리스트 모드로 설정하면 2개의 32비트 필터가 만들어진다. 그러나, 필터 뱅크 1의 경우처럼 32비트 ID 마스크 모드로 설정하면 1개의 32비트 필터가 만들어진다.

또한, 필터 뱅크 3의 경우처럼 하나의 ID 뱅크 레지스터를 16비트 ID 리스트 모드로 설정하면 4개의 16비트 필터가 만들어지며, 필터 뱅크 6의 경우처럼 16비트 ID 마스크 모드로 설정하면 2개의 16비트 필터가 만들어진다.

이렇게 필터 뱅크 레지스터를 사용하여 여러개의 필터를 설정하였을 때 필터의 번호는 그림의 오른쪽에 표시한 Filter Number와 같다. 이 필터 번호는 낮은 필터 뱅크로부터 차례로 부여되고 active로 설정되지 않은 필터에도 부여되며, 나중에 수신 메시지의 ID 유효성을 판정하는데 사용된 필터 번호는 필터 인덱스(filter index)가 되어 CAN_RDTnR 레지스터의 FMI[7:0] 비트에 저장된다.

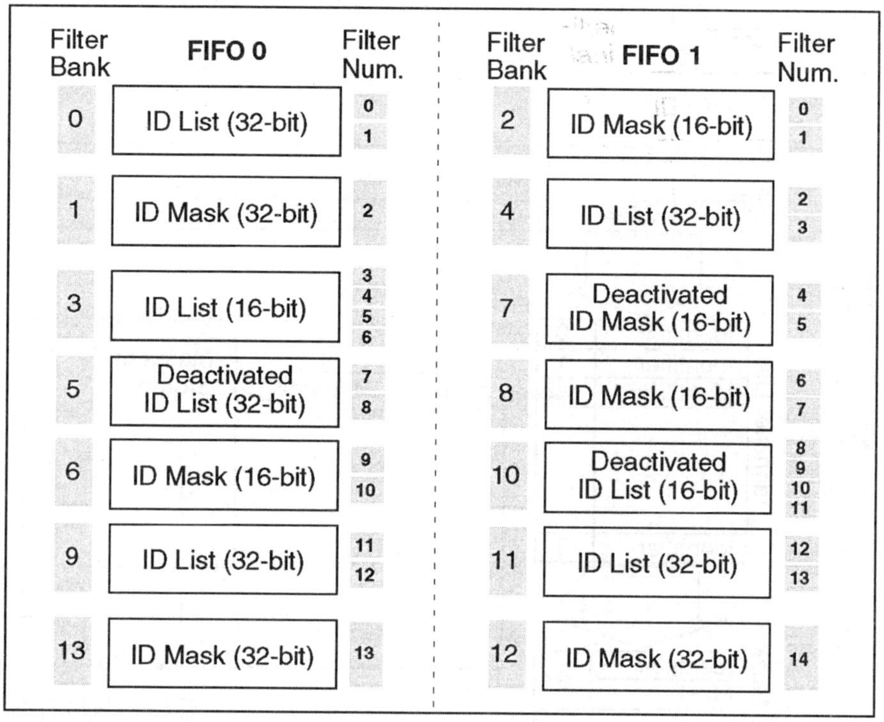

<그림 2.11.15> bxCAN에서 필터 뱅크 0~13을 각 FIFO에 할당하고 설정한 예

▣ 필터 매치 인덱스

CAN 버스에서 수신된 수신 메시지에 포함된 ID 값은 필터 뱅크 레지스터에 미리 설정되어 있는 여러가지의 필터와 하드웨어적으로 비교되어 유효한 ID인지를 판단하며, 이렇게 필터링된 수신 FIFO n의 수신 메일박스에 차례로 저장되고 이때 ID 유효성을 판정하는데 사용된 필터 번호는 필터 인덱스(filter index)가 되어 CAN_RDTnR 레지스터의 FMI[7:0] 비트에 저장된다.

그런데, 수신된 메시지의 ID를 여러가지의 필터와 비교하다보면 다수의 필터와 조건이 부합되는 경우가 발생할 수 있다. 이런 경우 유효한 ID의 필터 인덱스를 선정하는데는 우선순위가 있다. 32비트 필터가 16비트 필터에 비하여 우선순위가 높고, 필터의 길이가 동일할 경우에는 리스트 모드를 사용한 필터가 마스크 모드를 사용한 필터보다 우선순위가 높으며, 길이와 모드까지 동일할 경우에는 필터 번호가 작은 것이 우선순위가 높다.

이와 같이 유효한 ID를 갖는 메시지가 수신되어 수신 FIFO n의 메일박스에 저장되면 CAN_RFnR 레지스터에 FMPn[1:0]의 값이 증가되며, 이때 만약 CAN_IER 레지스터에서 FMPIEn=1로 설정되어 있었다면 수신 인터럽트가 발생된다.

수신 메시지에서 유효 ID를 필터링하고(필터 인덱스는 4) 이 메시지가 수신 FIFO에 저장되는 과정을 <그림 2.11.16>에 보였다.

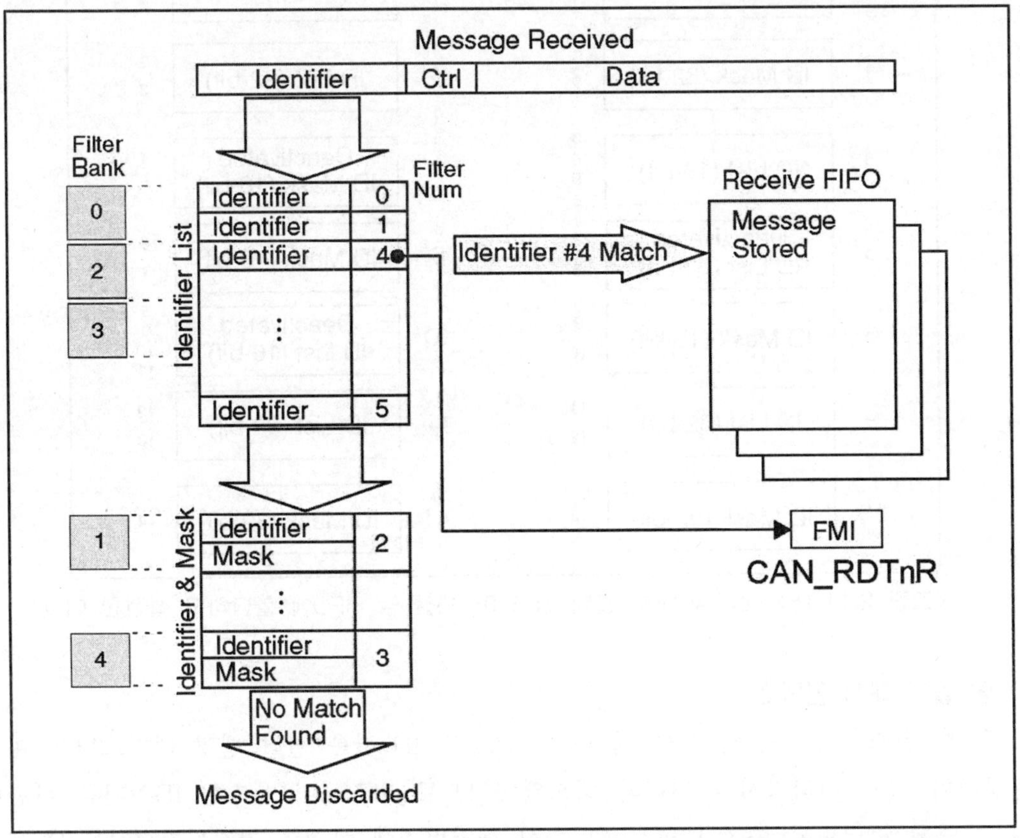

<그림 2.11.16> bxCAN에서 ID 필터를 사용하여 메시지를 수신하는 과정

(8) 에러 관리

CAN 프로토콜의 통신을 수행하는 동안에 발생하는 에러의 관리는 CAN_ESR 레지스터에 가지고 있는 TEC(Transmit Error Counter)와 REC(Receive Error Counter)를 사용하여 전적으로 하드웨어적으로 처리된다. 이 에러 카운터의 값은 에러의 발생 여부에 따라 증가하거나 감소하는데, 통신 네트웍의 안정성을 판단하기 위하여 사용자 프로그램에서 이 카운터 값을 읽을 수도 있고, 에러 발생 조건을 지정하여 인터럽트를 발생하도록 설정할 수도 있다.

송신 에러 카운터 TEC 또는 수신 에러 카운터 REC가 95를 초과하면 Error Warning 상태가 되어 CAN_ESR 레지스터에서 EWGF=1로 표시되고, 이것들이 127을 초과하면 Error Passive 상태가 되어 EPVF=1로 표시되며, 이것들이 모두 127 이하로 되면 Error Active 상태가 된다.

또한, 송신 에러 카운터 TEC가 255를 초과하면 CAN_ESR 레지스터에서 BOFF=1로 되면서 bxCAN이 Bus-Off state로 들어가는데, 이 상태에서는 bxCAN이 송신 동작이나 수신 동작을 수행하지 못한다. 이러한 Bus-Off state를 해제하려면 2가지 방법이 있는데, CAN_MCR 레지스터에서 ABOM=1로 설정한 경우에는 CAN_RX 단자에서 11비트의 recessive를 128번 수신한 후에 하드웨어적으로 자동으로 Bus-Off state가 해제되며, ABOM=0으로 설정한 경우에는 CAN_RX 단자에서 11비트의 recessive를 128번 수신한 후에 소프트웨어적으로 CAN_MCR 레지스터에서 INRQ 비트에 1로 세트하였다가 다시 0으로 리셋하면 Bus-Off state가 해제된다.

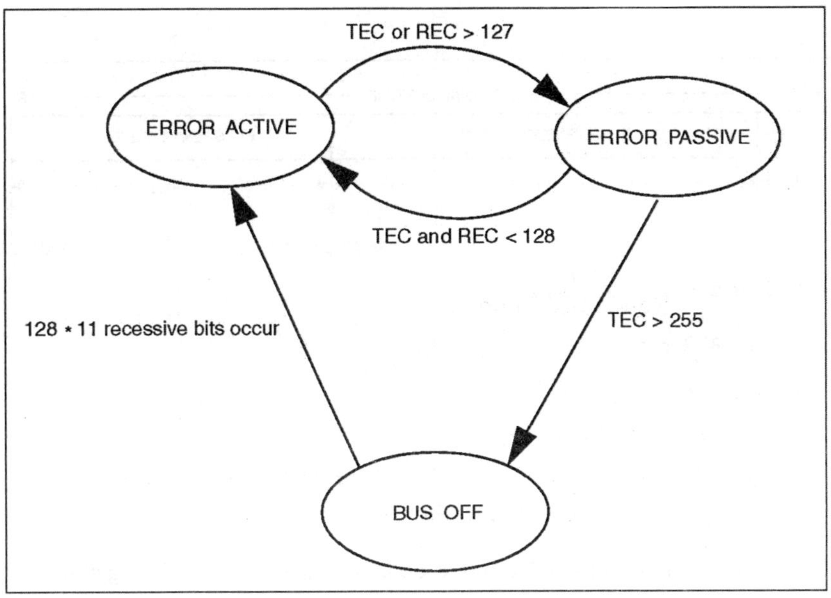

<그림 2.11.17> bxCAN에서의 에러 상태도

(9) 비트 타이밍

bxCAN이 비동기 직렬통신을 수행하기 위한 비트 타이밍(bit timing) 로직은 CAN 버스 선을 모니터링하여 시작 비트 SOF를 검출하고 샘플링 포인트를 조정하여 동기를 맞춘다. 이러한 동작은 정상적인 1개의 비트 시간을 <그림 2.11.18>에 보인 바와 같이 3개의 세그먼트로 분할하여 수행한다.

첫째 세그먼트는 SYNC_SEG(Synchronization Segment)로서 여기는 새로운 비트가 시작될 것으로 기대되는 구간이며, 이것은 1개의 일정한 기본시간 t_q를 갖는다.

둘째 세그먼트는 BS1(Bit Segment 1)로서 샘플링 포인트의 위치를 정의하는 구간이다. 이 시간은 1~16개의 기본시간 t_q로 설정할 수 있으며, CAN 네트웍에 연결된 다양한 노드에서의 주파수 차이에 기인하는 positive phase 변동을 보상하기 위하여 자동적으로 확장될 수 있다.

셋째 세그먼트는 BS2(Bit Segment 2)로서 송신 포인트의 위치를 정의하는 구간이다. 이 시간은 1~8개의 기본 시간 t_q로 설정할 수 있으며, CAN 네트웍에 연결된 다양한 노드에서의 주파수 차이에 기인하는 negative phase 변동을 보상하기 위하여 자동적으로 축소될 수 있다.

SJW(reSynchronization Jump Width)는 비트 세그먼트를 확장하거나 축소하는 기본시간의 최대 수를 1~4의 범위로 정의한다.

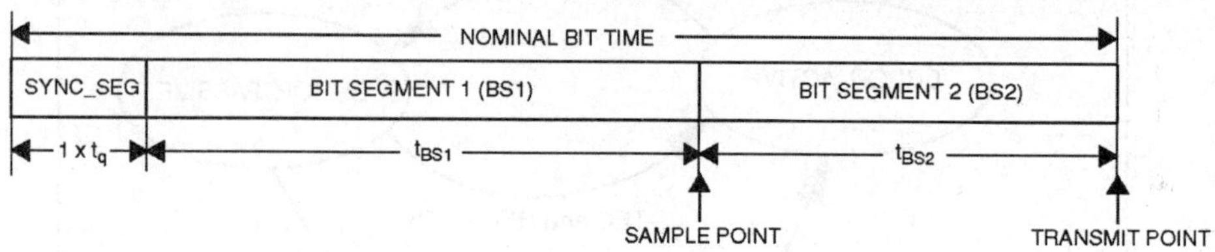

$$\text{BaudRate} = \frac{1}{\text{NominalBitTime}}$$

$$\text{NominalBitTime} = 1 \times t_q + t_{BS1} + t_{BS2}$$

with $t_{BS1} = t_q \times (TS1[3:0] + 1)$,
$t_{BS2} = t_q \times (TS2[2:0] + 1)$,
$t_q = (BRP[9:0] + 1) \times t_{PCLK}$ where t_q refers to the Time quantum
t_{PCLK} = time period of the APB clock,

BRP[9:0], TS1[3:0] and TS2[2:0] are defined in the CAN_BTR Register.

<그림 2.11.18> bxCAN에서 비트 타이밍

유효 에지(valid edge)는 CAN 버스의 신호 레벨이 recessive(1)에서 dominant(0)로 첫번째 변하는 순간으로 정의된다. 만약 유효 에지가 SYNC_SEG가 아니라 BS1에서 늦게 검출되었다면 BS1은 샘플링 포인트가 지연되도록 SJW만큼 연장된다. 역으로 만

약 유효 에지가 SYNC_SEG가 아니라 BS2에서 앞당겨 검출되었다면 BS2는 송신 포인트가 빨라지도록 SJW만큼 단축된다.

(10) bxCAN의 인터럽트

bxCAN은 <그림 2.11.19>에 요약하여 보인 바와 같이 크게 송신 인터럽트, FIFO 0 인터럽트, FIFO 1 인터럽트, 상태 변화 및 에러 인터럽트 등 4가지의 인터럽트를 발생한다. 이들 인터럽트는 NVIC에서 각각 인터럽트 19~22번에 해당하는 인터럽트로 연결된다.

bxCAN에서 각종 인터럽트의 발생 여부는 CAN_IER 레지스터로 설정한다.

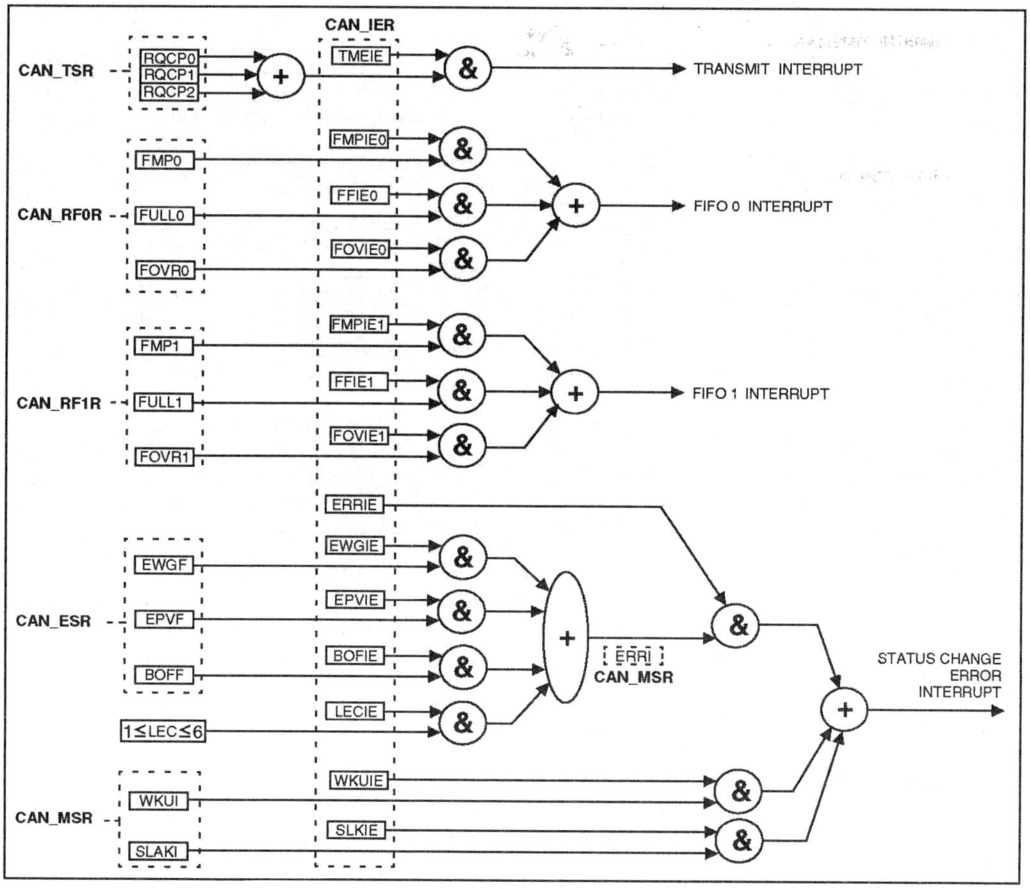

<그림 2.11.19> bxCAN에서 인터럽트의 발생

3. bxCAN 직렬통신 포트 관련 I/O 제어 레지스터

동기식 직렬통신 포트 bxCAN과 관련된 I/O 제어 레지스터는 <표 2.11.1>과 같은데, 이 레지스터들의 기능을 정리하면 아래와 같다. 이것들은 크게 CAN 제어 및 상태 레지스터, CAN 메일박스 레지스터, CAN 필터 레지스터의 3그룹으로 나누어진다.

<표 2.11.1> STM32F103VET6의 bxCAN 포트와 관련된 I/O 제어 레지스터 요약

어드레스	레지스터 이름	레지스터의 풀어 쓴 이름	리셋 후 초기값
0x4000_6400	CAN_MCR	CAN Master Control Register	0x0001_0002
0x4000_6404	CAN_MSR	CAN Master Status Register	0x0000_0C02
0x4000_6408	CAN_TSR	CAN Transmit Status Register	0x1C00_0000
0x4000_640C	CAN_RF0R	CAN Receive FIFO 0 Register	0x0000_0000
0x4000_6410	CAN_RF1R	CAN Receive FIFO 1 Register	0x0000_0000
0x4000_6414	CAN_IER	CAN Interrupt Enable Register	0x0000_0000
0x4000_6418	CAN_ESR	CAN Error Status Register	0x0000_0000
0x4000_641C	CAN_BTR	CAN Bit Timing Register	0x0123_0000
0x4000_6580	CAN_TI0R	CAN Transmit Mailbox 0 Identifier Register	0xXXXX_XXXX
0x4000_6584	CAN_TDT0R	CAN Transmit Mailbox 0 Data Length Control and Time Stamp Register	0xXXXX_XXXX
0x4000_6588	CAN_TDL0R	CAN Transmit Mailbox 0 Data Low Register	0xXXXX_XXXX
0x4000_658C	CAN_TDH0R	CAN Transmit Mailbox 0 Data High Register	0xXXXX_XXXX
0x4000_6590	CAN_TI1R	CAN Transmit Mailbox 1 Identifier Register	0xXXXX_XXXX
0x4000_6594	CAN_TDT1R	CAN Transmit Mailbox 1 Data Length Control and Time Stamp Register	0xXXXX_XXXX
0x4000_6598	CAN_TDL1R	CAN Transmit Mailbox 1 Data Low Register	0xXXXX_XXXX
0x4000_659C	CAN_TDH1R	CAN Transmit Mailbox 1 Data High Register	0xXXXX_XXXX
0x4000_65A0	CAN_TI2R	CAN Transmit Mailbox 2 Identifier Register	0xXXXX_XXXX
0x4000_65A4	CAN_TDT2R	CAN Transmit Mailbox 2 Data Length Control and Time Stamp Register	0xXXXX_XXXX
0x4000_65A8	CAN_TDL2R	CAN Transmit Mailbox 2 Data Low Register	0xXXXX_XXXX
0x4000_65AC	CAN_TDH2R	CAN Transmit Mailbox 2 Data High Register	0xXXXX_XXXX
0x4000_65B0	CAN_RI0R	CAN Receive FIFO 0 Mailbox Identifier Register	0xXXXX_XXXX
0x4000_65B4	CAN_RDT0R	CAN Receive FIFO 0 Mailbox Data Length Control and Time Stamp Register	0xXXXX_XXXX
0x4000_65B8	CAN_RDL0R	CAN Receive FIFO 0 Mailbox Data Low Register	0xXXXX_XXXX
0x4000_65BC	CAN_RDH0R	CAN Receive FIFO 0 Mailbox Data High Register	0xXXXX_XXXX
0x4000_65C0	CAN_RI1R	CAN Receive FIFO 1 Mailbox Identifier Register	0xXXXX_XXXX
0x4000_65C4	CAN_RDT1R	CAN Receive FIFO 1 Mailbox Data Length Control and Time Stamp Register	0xXXXX_XXXX
0x4000_65C8	CAN_RDL1R	CAN Receive FIFO 1 Mailbox Data Low Register	0xXXXX_XXXX
0x4000_65CC	CAN_RDH1R	CAN Receive FIFO 1 Mailbox Data High Register	0xXXXX_XXXX
0x4000_6600	CAN_FMR	CAN Filter Master Register	0x2A1C_0E01
0x4000_6604	CAN_FM1R	CAN Filter Mode Register	0x0000_0000
0x4000_660C	CAN_FS1R	CAN Filter Scale Register	0x0000_0000
0x4000_6614	CAN_FFA1R	CAN Filter FIFO Assignment Register	0x0000_0000
0x4000_661C	CAN_FA1R	CAN Filter Activation Register	0x0000_0000
0x4000_6640	CAN_F0R1	CAN Filter Bank 0 Register 1	0xXXXX_XXXX
0x4000_6644	CAN_F0R2	CAN Filter Bank 0 Register 2	0xXXXX_XXXX
0x4000_6648	CAN_F1R1	CAN Filter Bank 1 Register 1	0xXXXX_XXXX
0x4000_664C	CAN_F1R2	CAN Filter Bank 1 Register 2	0xXXXX_XXXX
· · ·	· · ·	· · ·	· · ·
0x4000_66A8	CAN_F13R1	CAN Filter Bank 13 Register 1	0xXXXX_XXXX
0x4000_66AC	CAN_F13R2	CAN Filter Bank 13 Register 2	0xXXXX_XXXX

(1) CAN 제어 및 상태 레지스터

■ CAN 마스터 제어 레지스터 CAN_MCR (리셋 직후 디폴트값 : 0x0001 0002)

b31	b30	b29	b28	b27	b26	b25	b24	b23	b22	b21	b20	b19	b18	b17	b16
-	-	-	-	-	-	-	-	-	-	-	-	-	-	-	DBF
-	-	-	-	-	-	-	-	-	-	-	-	-	-	-	rw

b15	b14	b13	b12	b11	b10	b9	b8	b7	b6	b5	b4	b3	b2	b1	b0
RESET	-	-	-	-	-	-	-	TTCM	ABOM	AWUM	NART	RFLM	TXFP	SLEEP	INRQ
rs	-	-	-	-	-	-	-	rw	rw	rw	rw	rw	rw	rw	rw

- DBF : Debug Freeze
  0 = 디버그 중에 CAN의 송수신이 정상적으로 동작한다.
  1 = 디버그 중에 CAN의 송수신이 정지하며, 수신 FIFO를 액세스하는 것은 가능하다.
- RESET : bxCAN Software Master Reset
  0 = 아무런 영향 없이 CAN이 정상적으로 동작한다.
  1 = bxCAN 직렬통신 포트를 리셋하고 슬립 모드로 들어가며, 이 비트는 자동적으로 다시 0이 된다.
- TTCM : Time Triggered Communication Mode
  0 = 타임 트리거 통신 모드를 금지한다.
  1 = 타임 트리거 통신 모드를 허용한다.
- ABOM : Automatic Bus-Off Management
  0 = CAN_RX 단자에서 11비트 recessive가 128번 검출된 후에 CAN_MCR 레지스터에서 INRQ 비트를 1로 세트하였다가 다시 0으로 리셋하면 소프트웨어적으로 Bus-Off state가 해제된다.
  1 = 11비트 recessive가 128번 검출된 후에 하드웨어적으로 Bus-Off state가 자동 해제된다.
- AWUM : Automatic Wakeup Mode
  0 = CAN_MCR 레지스터에서 SLEEP=0으로 써주면 소프트웨어적으로 슬립 모드가 해제된다.
  1 = CAN 메시지가 수신되면 하드웨어적으로 슬립 모드가 자동 해제된다.
- NART : No Automatic Retransmission
  0 = 정상적인 송신 완료가 수행될 때까지 CAN 하드웨어는 메시지 송신을 반복적으로 시도한다.
  1 = 오직 1번만 메시지 송신을 시도하고 그 결과(성공, 에러, 조정 실패)를 상태 레지스터에 표시한다.
- RFLM : Receive FIFO Locked Mode
  0 = 오버런 에러가 발생할 때 수신 FIFO를 lock하지 않으므로 마지막으로 수신된 메시지가 FIFO에 저장되고, 가장 오래된 메시지가 소실된다.
  1 = 오버런 에러가 발생할 때 수신 FIFO를 lock하므로 마지막으로 수신된 메시지가 FIFO에 저장되지 않고 소실된다.
- TXFP : Transmit FIFO Priority
  0 = 송신 FIFO에서 메시지의 ID가 작을수록 우선순위가 높다.
  1 = 송신 FIFO에서 송신을 요청한 순서대로 우선순위가 높다.
- SLEEP : Sleep Mode Request
  0 = 슬립 모드를 해제하고 정상동작 모드로 들어간다. AWUM=1일 때 CAN_RX 단자에서 SOF가 검출되면 하드웨어적으로 이 비트가 0이 되면서 슬립 모드가 해제된다.
  1 = 현재의 CAN 동작을 완료하고 슬립 모드로 들어간다. 슬립 모드가 되면 CAN_MSR 레지스터에서 SLAK=1로 표시된다. 시스템 리셋 후에는 이 비트가 1로 되면서 슬립 모드로 출발한다.
- INRQ : Initialization Mode Request
  0 = 초기화 모드를 해제하고 정상동작 모드로 들어간다. 이후 CAN_RX 단자에서 11비트의 recessive를 수신하고 나면 CAN 송수신 동작이 가능한 상태로 동기화되며, 이것은 CAN_MSR 레지스터에서 INAK=0으로 표시된다.
  1 = 현재의 CAN 동작을 완료하고 초기화 모드로 들어간다. 초기화 모드가 되면 CAN_MSR 레지스터에서 INAK=1로 표시된다.

■ CAN 마스터 상태 레지스터 CAN_MSR (리셋 직후 디폴트값 : 0x0000 0C02)

b31	b30	b29	b28	b27	b26	b25	b24	b23	b22	b21	b20	b19	b18	b17	b16
-	-	-	-	-	-	-	-	-	-	-	-	-	-	-	-
-	-	-	-	-	-	-	-	-	-	-	-	-	-	-	-

b15	b14	b13	b12	b11	b10	b9	b8	b7	b6	b5	b4	b3	b2	b1	b0
-	-	-	-	RX	SAMP	RXM	TXM	-	-	-	SLAKI	WKUI	ERRI	SLAK	INAK
-	-	-	-	r	r	r	r	-	-	-	rc_w1	rc_w1	rc_w1	r	r

- RX : CAN Rx Signal
  이 비트는 현재 CAN_RX 단자에서 입력되는 신호의 값을 나타낸다.
- SAMP : Last Sample Point
  가장 최근에 CAN_RX 단자에서 샘플된 신호의 값(현재의 수신 비트)을 나타낸다.
- RXM : Receive Mode
  이 비트가 1이면 현재 CAN 하드웨어는 수신 동작을 하고 있다는 것을 나타낸다.
- TXM : Transmit Mode
  이 비트가 1이면 현재 CAN 하드웨어는 송신 동작을 하고 있다는 것을 나타낸다.
- SLAKI : Sleep Acknowledge Interrupt
  bxCAN이 슬립 모드로 들어가면 이 비트가 1이 되는데, 이때 CAN_IER 레지스터에서 SLKIE=1로 설정되어 있었다면 인터럽트를 발생한다. 이 비트는 소프트웨어적으로 클리어할 수도 있고, SLAK=0으로 되면 자동으로 클리어된다. SLKIE=0으로 설정되어 있어서 폴링 방식을 사용할 때는 SLAKI 비트가 아니라 SLAK 비트를 폴링해야 한다.
- WKUI : Wakeup Interrupt
  bxCAN이 슬립 모드에 있을 때 CAN_RX 단자에서 SOF 비트를 검출하면 이 비트가 1이 되는데, 이때 만약 CAN_IER 레지스터에서 WKUIE=1로 설정되어 있었다면 인터럽트를 발생한다.
- ERRI : Error Interrupt
  bxCAN에서 에러가 발생하여 CAN_ESR 레지스터에 해당 에러가 표시되고 CAN_IER 레지스터에서 해당 에러의 인터럽트가 허용되어 있으면 이 비트가 1이 되는데, 이때 만약 CAN_IER 레지스터에서 ERRIE=1로 설정되어 있었다면 인터럽트를 발생한다.
- SLAK : Sleep Acknowledge
  이 비트는 CAN 하드웨어가 슬립 모드로 되면 1로 세트된다. CAN 하드웨어가 슬립 모드를 벗어나면 이 비트가 다시 0으로 클리어되며, 이후 CAN_RX 단자에서 11비트의 recessive를 수신하고 나면 정상적인 CAN 송신 또는 수신 동작이 가능한 동기 상태로 된다.
- INAK : Initialization Acknowledge
  이 비트는 CAN 하드웨어가 초기화 모드로 되면 1로 세트된다. CAN 하드웨어가 초기화 모드를 벗어나면 이 비트가 다시 0으로 클리어되며, 이후 CAN_RX 단자에서 11비트의 recessive를 수신하고 나면 정상적인 CAN 송신 또는 수신 동작이 가능한 동기 상태로 된다.

▣ CAN 송신 상태 레지스터 CAN_TSR (리셋 직후 디폴트값 : 0x1C00 0000)

b31	b30	b29	b28	b27	b26	b25	b24	b23	b22	b21	b20	b19	b18	b17	b16
LOW2	LOW1	LOW0	TME2	TME1	TME0	CODE[1:0]		ABRQ2	–	–	–	TERR2	ALST2	TXOK2	RQCP2
r	r	r	r	r	r	r	r	rs	–	–	–	rc_w1	rc_w1	rc_w1	rc_w1

b15	b14	b13	b12	b11	b10	b9	b8	b7	b6	b5	b4	b3	b2	b1	b0
ABRQ1	–	–	–	TERR1	ALST1	TXOK1	RQCP1	ABRQ0	–	–	–	TERR0	ALST0	TXOK0	RQCP0
rs	–	–	–	rc_w1	rc_w1	rc_w1	rc_w1	rs	–	–	–	rc_w1	rc_w1	rc_w1	rc_w1

- LOWx : Lowest Priority Flag for Mailbox x (x = 0~2)
  현재 2개 이상의 송신 메일박스가 pending state에 있고 메일박스 x가 가장 낮은 우선순위를 가지고 있다면 이 비트가 1로 세트된다.
- TMEx : Transmit Mailbox x Empty (x = 0~2)
  현재 송신 메일박스 x가 empty state에 있다면 이 비트는 1로 세트된다.
- CODE[1:0] : Mailbox Code
  적어도 1개 이상의 송신 메일박스가 empty state에 있을 경우 다음에 사용할 수 있는 송신 메일박스의 번호를 나타낸다. 3개의 송신 메일박스가 모두 pending state에 있는 경우에는 이 값이 가장 우선순위가 낮은 송신 메일박스의 번호를 나타낸다.
- ABRQx : Abort Request for Mailbox x (x = 0~2)
  송신 메일박스 x에 대한 송신 요청을 취소하고자 하면 이 비트를 1로 세트한다. 송신 메일박스 x가 empty state로 되면 이 비트는 자동으로 0이 된다.
- TERRx : Transmission Error of Mailbox x (x =0~2)
  송신 메일박스 x의 송신이 에러 때문에 실패하면 이 비트가 1로 세트된다.
- ALSTx : Arbitration Lost for Mailbox x (x = 0~2)
  송신 메일박스 x의 송신이 버스 조정 때문에 실패하면 이 비트가 1로 세트된다.
- TXOKx : Transmission OK of Mailbox x (x = 0~2)
  송신 메일박스 x의 송신이 성공적으로 수행되었으면 이 비트가 1로 세트된다.
- RQCPx : Request Completed Mailbox x (x = 0~2)
  송신 요청 또는 취소 요청이 수행되었으면 이 비트가 1로 세트된다. 이 비트는 소프트웨어적으로 1을 써주면 클리어되며, CAN_TIxR 레지스터에서 TXRQ=1로 설정해도 0으로 클리어된다. 이 비트가 클리어될 때는 TERRx, ALSTx, TXOKx 비트가 모두 함께 클리어된다.

▣ CAN 수신 FIFO n 레지스터 CAN_RFnR (리셋 직후 디폴트값 : 0x0000 0000)

b31	b30	b29	b28	b27	b26	b25	b24	b23	b22	b21	b20	b19	b18	b17	b16
-	-	-	-	-	-	-	-	-	-	-	-	-	-	-	-
-	-	-	-	-	-	-	-	-	-	-	-	-	-	-	-
b15	**b14**	**b13**	**b12**	**b11**	**b10**	**b9**	**b8**	**b7**	**b6**	**b5**	**b4**	**b3**	**b2**	**b1**	**b0**
-	-	-	-	-	-	-	-	-	-	RFOMn	FOVRn	FULLn	-	FMPn[1:0]	
-	-	-	-	-	-	-	-	-	-	rs	rc_w1	rc_w1	-	r	r

n=0~1은 수신 FIFO의 번호를 나타낸다.

- RFOMn : Release FIFO n Output Mailbox
  수신 FIFO n의 출력 메일박스를 해제하여 empty state로 하려면 이 비트를 1로 세트하며, 동작이 완료되면 이 비트는 자동적으로 다시 0이 된다. 만약 수신 FIFO n에 2개 이상의 메시지가 있는 경우에는 첫번째의 메시지만을 해제하므로 그 다음의 메시지를 액세스할 수 있게 된다.
- FOVRn : FIFO n Overrun
  수신 FIFO n에 3개의 메시지가 저장되어 있을 때 새로운 메시지가 수신되어 저장되려고 하면 오버런이 되어 이 비트가 1로 세트된다.
- FULLn : FIFO n Full
  수신 FIFO n에 3개의 메시지가 저장되어 있으면 이 비트가 1로 세트된다.
- FMPn[1:0] : FIFO n Message Pending
  현재 수신 FIFO n에 저장되어 있는 메시지의 수를 나타낸다. 이 값은 수신 메시지가 FIFO n에 저장될 때마다 1씩 증가하며, RFOMn=1로 하여 FIFO n의 출력 메일박스를 해제할 때마다 1씩 감소한다.

▣ CAN 인터럽트 허용 레지스터 CAN_IER (리셋 직후 디폴트값 : 0x0000 0000)

b31	b30	b29	b28	b27	b26	b25	b24	b23	b22	b21	b20	b19	b18	b17	b16
-	-	-	-	-	-	-	-	-	-	-	-	-	-	SLKIE	WKUIE
-	-	-	-	-	-	-	-	-	-	-	-	-	-	rw	rw
b15	**b14**	**b13**	**b12**	**b11**	**b10**	**b9**	**b8**	**b7**	**b6**	**b5**	**b4**	**b3**	**b2**	**b1**	**b0**
ERRIE	-	-	-	LECIE	BOFIE	EPVIE	EWGIE	-	FOVIE1	FFIE1	FMPIE1	FOVIE0	FFIE0	FMPIE0	TMEIE
rw	-	-	-	rw	rw	rw	rw	-	rw	rw	rw	rw	rw	rw	rw

- SLKIE : Sleep Interrupt Enable
  0 = SLKI 비트가 1로 되었을 때 인터럽트를 발생하지 않는다.
  1 = SLKI 비트가 1로 되었을 때 인터럽트를 발생한다.
- WKUIE : Wakeup Interrupt Enable
  0 = WKUI 비트가 1로 되었을 때 인터럽트를 발생하지 않는다.
  1 = WKUI 비트가 1로 되었을 때 인터럽트를 발생한다.
- ERRIE : Error Interrupt Enable
  0 = CAN_ESR 레지스터에서 지정된 에러의 조건(LEC[2:0], BOF, EPVF, EWGF)이 나타났을 때 인터럽트를 발생하지 않는다.
  1 = CAN_ESR 레지스터에서 지정된 에러의 조건(LEC[2:0], BOF, EPVF, EWGF)이 나타났을 때 인터럽트를 발생한다.
- LECIE : Last Error Code Interrupt Enable
  0 = 에러가 발생하여 CAN_ESR 레지스터에서 LEC[2:0]의 에러 코드가 갱신되더라도 ERRI가 불변이다.
  1 = 에러가 발생하여 CAN_ESR 레지스터에서 LEC[2:0]의 에러 코드가 갱신되면 ERRI=1로 세트된다.
- BOFIE : Bus-Off Interrupt Enable
  0 = CAN_ESR 레지스터에서 BOFF=1로 되더라도 ERRI가 불변이다.
  1 = CAN_ESR 레지스터에서 BOFF=1로 되면 ERRI=1로 세트된다.
- EPVIE : Error Passive Interrupt Enable
  0 = CAN_ESR 레지스터에서 EPVF=1로 되더라도 ERRI가 불변이다.
  1 = CAN_ESR 레지스터에서 EPVF=1로 되면 ERRI=1로 세트된다.
- EWGIE : Error Warning Interrupt Enable
  0 = CAN_ESR 레지스터에서 EWGF=1로 되더라도 ERRI가 불변이다.

1 = CAN_ESR 레지스터에서 EWGF=1로 되면 ERRI=1로 세트된다.

- FOVIE1 : FIFO 1 Overrun Interrupt Enable
  0 = FOVR1 비트가 1로 되었을 때 인터럽트를 발생하지 않는다.
  1 = FOVR1 비트가 1로 되었을 때 인터럽트를 발생한다.
- FFIE1 : FIFO 1 Full Interrupt Enable
  0 = FULL1 비트가 1로 되었을 때 인터럽트를 발생하지 않는다.
  1 = FULL1 비트가 1로 되었을 때 인터럽트를 발생한다.
- FMPIE1 : FIFO 1 Message Pending Interrupt Enable
  0 = FMP1[1:0]의 값이 00이 아닐 때 인터럽트를 발생하지 않는다.
  1 = FMP1[1:0]의 값이 00이 아닐 때 인터럽트를 발생한다.
- FOVIE0 : FIFO 0 Overrun Interrupt Enable
  0 = FOVR0 비트가 1로 되었을 때 인터럽트를 발생하지 않는다.
  1 = FOVR0 비트가 1로 되었을 때 인터럽트를 발생한다.
- FFIE0 : FIFO 0 Full Interrupt Enable
  0 = FULL0 비트가 1로 되었을 때 인터럽트를 발생하지 않는다.
  1 = FULL0 비트가 1로 되었을 때 인터럽트를 발생한다.
- FMPIE0 : FIFO 0 Message Pending Interrupt Enable
  0 = FMP0[1:0]의 값이 00이 아닐 때 인터럽트를 발생하지 않는다.
  1 = FMP0[1:0]의 값이 00이 아닐 때 인터럽트를 발생한다.
- TMEIE : Transmit Mailbox Empty Interrupt Enable
  0 = RQCPx가 1로 되어 현재의 송신 메일박스가 empty state로 될 때 인터럽트를 발생하지 않는다.
  1 = RQCPx가 1로 되어 현재의 송신 메일박스가 empty state로 될 때 인터럽트를 발생한다.

▣ CAN 에러 상태 레지스터 CAN_ESR (리셋 직후 디폴트값 : 0x0000 0000)

b31	b30	b29	b28	b27	b26	b25	b24	b23	b22	b21	b20	b19	b18	b17	b16
REC[7:0]								TEC[7:0]							
r	r	r	r	r	r	r	r	r	r	r	r	r	r	r	r

b15	b14	b13	b12	b11	b10	b9	b8	b7	b6	b5	b4	b3	b2	b1	b0
-	-	-	-	-	-	-	-	-	LEC[2:0]			-	BOFF	EPVF	EWGF
-	-	-	-	-	-	-	-	-	rw	rw	rw	-	r	r	r

- REC[7:0] : Receive Error Counter
  CAN 수신 동작을 수행하다가 에러가 발생할 때마다 이 카운터가 1 또는 8씩 증가하며, 정상적으로 수신에 성공하면 1씩 감소한다. 이 값이 127을 초과하면 CAN 컨트롤러는 error passive state로 들어간다.
- TEC[7:0] : Least Significant Byte of the 9-Bit Transmit Error Counter
  CAN 송신 동작을 수행하다가 에러가 발생할 때마다 이 카운터가 1씩 증가하며, 이 값이 255를 초과하면 CAN 컨트롤러는 Bus-Off state로 들어간다.
- LEC[2:0] : Last Error Code
  이 비트는 CAN 버스에서 가장 최근에 발생한 에러의 종류를 나타낸다. 에러 없이 정상적으로 송신 동작 또는 수신 동작이 수행되면 이 값은 0으로 된다. 소프트웨어적으로 이 값은 111로만 쓸 수 있다.

000 = no error.	100 = Bit Recessive Error.
001 = Stuff Error.	101 = Bit Dominant Error.
010 = Form Error.	110 = CRC Error.
011 = Acknowledge Error.	111 = 소프트웨어로 설정할 수 있는 값.

- BOFF : Bus-Off Flag
  이 비트는 TEC[7:0] 값이 255를 초과하여 CAN 컨트롤러가 Bus-Off state로 들어가면 1로 세트된다. 이렇게 되면 bxCAN이 송신 동작 및 수신 동작을 수행하지 못하고 멈추게 된다. Bus-Off state를 해제하는 것은 하드웨어적인 방법과 소프트웨어적인 방법이 있는데, 이는 ABOM 비트로 설정한다.
- EPVF : Error Passive Flag
  이 비트는 REC[7:0] 또는 TEC[7:0] 값이 127을 초과하여 CAN 컨트롤러가 error passive limit에 도달하면 1로 세트된다.
- EWGF : Error Warning Flag
  이 비트는 REC[7:0] 또는 TEC[7:0] 값이 95를 초과하여 CAN 컨트롤러가 error warning limit에 도달하면 1로 세트된다.

▣ CAN 비트 타이밍 레지스터 CAN_BTR (리셋 직후 디폴트값 : 0x0123 0000)

b31	b30	b29	b28	b27	b26	b25	b24	b23	b22	b21	b20	b19	b18	b17	b16
SILM	LBKM	-	-	-	-	SJW[1:0]		-	TS2[2:0]			TS1[3:0]			
rw	rw	-	-	-	-	rw	rw	-	rw	rw	rw	rw	rw	rw	rw
b15	**b14**	**b13**	**b12**	**b11**	**b10**	**b9**	**b8**	**b7**	**b6**	**b5**	**b4**	**b3**	**b2**	**b1**	**b0**
-	-	-	-	-	-	BRP[9:0]									
-	-	-	-	-	-	rw	rw	rw	rw	rw	rw	rw	rw	rw	rw

이 레지스터는 CAN 하드웨어가 초기화 모드에 있을 때만 변경할 수 있다.

- SILM : Silent Mode
  0 = CAN이 정상적으로 동작한다.
  1 = CAN이 침묵 모드로 동작한다.
- LBKM : Loopback Mode
  0 = CAN에서 루프백 모드를 금지한다.
  1 = CAN에서 루프백 모드를 허용한다.
- SJW[1:0] : Resynchronization Jump Width
  이것은 CAN 하드웨어가 다시 동기화되기 위하여 비트를 연장하거나 단축하기 위한 기본시간 주기의 최대 수를 1~4로 정의(레지스터 설정값은 0~3)한다.
  $t_{RJW} = t_q \times (SJW[1:0] + 1)$
- TS2[3:0] : Time Segment 2
  이것은 시간 세그먼트 2에서 기본시간 주기의 수를 1~16으로 정의(레지스터 설정값은 0~15)한다.
  $t_{BS2} = t_q \times (TS2[2:0] + 1)$
- TS1[3:0] : Time Segment 1
  이것은 시간 세그먼트 1에서 기본시간 주기의 수를 1~8로 정의(레지스터 설정값은 0~7)한다.
  $t_{BS1} = t_q \times (TS1[3:0] + 1)$
- BRP[9:0] : Baud Rate Prescaler
  이것은 기본시간 주기의 길이를 정의한다.
  $t_q = (BRP[9:0] + 1) \times t_{PCLK1}$

★ 보레이트 계산 방법 ★

$$\begin{aligned} \text{Normal\_Bit\_Time} &= t_q + t_{BS1} + t_{BS2} = t_q \times (1 + TS1[3:0] + 1 + TS2[2:0] + 1) = t_q \times (TS1[3:0] + TS2[2:0] + 3) \\ &= (BRP[9:0]+1) \times (TS1[3:0]+TS2[2:0]+3) \times t_{PCLK1} \end{aligned}$$

$$\begin{aligned} \text{따라서 Baud\_Rate} &= 1 / \text{Normal\_Bit\_Time} = PCLK1 / \{(BRP[9:0]+1) \times (TS1[3:0]+TS2[2:0]+3)\} \\ &= 36MHz / \{(BRP[9:0]+1) \times (TS1[3:0]+TS2[2:0]+3)\} \end{aligned}$$

예를 들어서 가장 빠른 1Mbps 속도로 전송하려면 1Mbps = 36MHz / {(2+1)×(5+4+3)} 이 성립하므로 CAN_BTR 레지스터에서 BRP[9:0]=2, TS1[3:0]=5, TS2[2:0]=4로 설정하면 된다.

(2) CAN 메일박스 레지스터

▣ CAN 송신 메일박스 x의 ID 레지스터 CAN_TIxR (리셋후 디폴트값 : 0xXXXX XXXX)

b31	b30	b29	b28	b27	b26	b25	b24	b23	b22	b21	b20	b19	b18	b17	b16
STID[10:0] / EXID[28:18]											EXID[17:13]				
rw	rw	rw	rw	rw	rw	rw	rw	rw	rw	rw	rw	rw	rw	rw	rw
b15	**b14**	**b13**	**b12**	**b11**	**b10**	**b9**	**b8**	**b7**	**b6**	**b5**	**b4**	**b3**	**b2**	**b1**	**b0**
EXID[12:0]													IDE	RTR	TXRQ
rw	rw	rw	rw	rw	rw	rw	rw	rw	rw	rw	rw	rw	rw	rw	rw

이 레지스터는 해당 메일박스가 empty state로 있을 때만 변경할 수 있다. x=0~2는 송신 메일박스의 번호를 나타낸다.

- STID[10:0] : Standard Identifier
  IDE=0으로 설정된 경우에 사용되는 11비트의 표준 ID이다.
- EXID[28:0] : Extended Identifier
  IDE=1로 설정된 경우에 사용되는 29비트의 확장 ID이다.

- IDE : Identifier Extension
  0 = 해당 송신 메일박스가 11비트의 표준 ID를 사용한다.
  1 = 해당 송신 메일박스가 29비트의 확장 ID를 사용한다.
- RTR : Remote Transmission Request
  0 = 해당 송신 메일박스가 데이터 프레임으로 동작한다.
  1 = 해당 송신 메일박스가 리모트 프레임으로 동작한다.
- TXRQ : Transmit Mailbox Request
  0 = 아무 동작도 수행하지 않는다.(이 비트는 리셋 후에 디폴트로 0이다.)
  1 = 해당 송신 메일박스의 메시지 송신을 요청한다. 송신이 완료되어 해당 메일박스가 empty state로 되면 자동적으로 이 비트가 다시 0이 된다.

▣ CAN 송신 메일박스 x의 데이터 길이 제어 및 타임 스탬프 레지스터 CAN_TDTxR

(리셋후 디폴트값 : 0xXXXX XXXX)

b31	b30	b29	b28	b27	b26	b25	b24	b23	b22	b21	b20	b19	b18	b17	b16
TIME[15:0]															
rw	rw	rw	rw	rw	rw	rw	rw	rw	rw	rw	rw	rw	rw	rw	rw

b15	b14	b13	b12	b11	b10	b9	b8	b7	b6	b5	b4	b3	b2	b1	b0
–	–	–	–	–	–	–	TGT	–	–	–	–	DLC[3:0]			
–	–	–	–	–	–	–	rw	–	–	–	–	rw	rw	rw	rw

이 레지스터는 해당 메일박스가 empty state로 있을 때만 변경할 수 있다. x=0~2는 송신 메일박스의 번호를 나타낸다.

- TIME[15:0] : Message Time Stamp
  이 비트들에는 SOF를 송신할 때 캡쳐되는 16비트 타이머의 값을 저장한다.
- TGT : Transmit Global Time
  이 비트는 CAN_MCR 레지스터에서 TTCM=1로 설정하여 타임 트리거 통신 모드를 사용하는 경우에만 유효하다.
  0 = TIME[15:0]의 타임 스탬프 값을 전송하지 않는다.
  1 = TIME[15:0]의 타임 스탬프 값을 8바이트 메시지의 마지막 2바이트로 전송한다. TIME[15:8]을 바이트 6으로 전송하고, TIME[7:0]을 바이트7로 전송한다. 이때는 DLC[3:0]=8로 설정해야 한다.
- DLC[3:0] : Data Length Code
  이 비트는 송신 메일박스의 데이터 프레임 또는 리모트 프레임에 포함되는 데이터의 바이트 수를 0~8의 범위로 지정한다. 리모트 프레임의 경우에는 이 값을 0으로 설정한다.

▣ CAN 송신 메일박스 x의 데이터 로우 레지스터 CAN_TDLxR

(리셋 직후 디폴트값 : 0xXXXX XXXX)

b31	b30	b29	b28	b27	b26	b25	b24	b23	b22	b21	b20	b19	b18	b17	b16
DATA3[7:0]								DATA2[7:0]							
rw	rw	rw	rw	rw	rw	rw	rw	rw	rw	rw	rw	rw	rw	rw	rw

b15	b14	b13	b12	b11	b10	b9	b8	b7	b6	b5	b4	b3	b2	b1	b0
DATA1[7:0]								DATA0[7:0]							
rw	rw	rw	rw	rw	rw	rw	rw	rw	rw	rw	rw	rw	rw	rw	rw

이 레지스터는 해당 메일박스가 empty state로 있을 때만 변경할 수 있다. x=0~2는 송신 메일박스의 번호를 나타낸다.

- DATA3[7:0] : Data Byte 3
  이것은 송신 메일박스에서 메시지의 바이트 3 데이터이다.
- DATA2[7:0] : Data Byte 2
  이것은 송신 메일박스에서 메시지의 바이트 2 데이터이다.
- DATA1[7:0] : Data Byte 1
  이것은 송신 메일박스에서 메시지의 바이트 1 데이터이다.
- DATA0[7:0] : Data Byte 0
  이것은 송신 메일박스에서 메시지의 바이트 0 데이터이다.

▣ CAN 송신 메일박스 x의 데이터 하이 레지스터 CAN_TDHxR

(리셋 직후 디폴트값 : 0xXXXX XXXX)

b31	b30	b29	b28	b27	b26	b25	b24	b23	b22	b21	b20	b19	b18	b17	b16
DATA7[7:0]								DATA6[7:0]							
rw	rw	rw	rw	rw	rw	rw	rw	rw	rw	rw	rw	rw	rw	rw	rw

b15	b14	b13	b12	b11	b10	b9	b8	b7	b6	b5	b4	b3	b2	b1	b0
DATA5[7:0]								DATA4[7:0]							
rw	rw	rw	rw	rw	rw	rw	rw	rw	rw	rw	rw	rw	rw	rw	rw

이 레지스터는 해당 메일박스가 empty state로 있을 때만 변경할 수 있다. x=0~2는 송신 메일박스의 번호를 나타낸다.

- DATA7[7:0] : Data Byte 7
  이것은 송신 메일박스에서 메시지의 바이트 7 데이터이다. 만약 TTCM=TGT=1로 설정되었다면 이 바이트는 TIME[7:0]의 값으로 채워진다.
- DATA6[7:0] : Data Byte 6
  이것은 송신 메일박스에서 메시지의 바이트 6 데이터이다. 만약 TTCM=TGT=1로 설정되었다면 이 바이트는 TIME[15:8]의 값으로 채워진다.
- DATA5[7:0] : Data Byte 5
  이것은 송신 메일박스에서 메시지의 바이트 5 데이터이다.
- DATA4[7:0] : Data Byte 4
  이것은 송신 메일박스에서 메시지의 바이트 4 데이터이다.

▣ CAN 수신 FIFO n의 메일박스 ID 레지스터 CAN_RInR

(리셋후 디폴트값 : 0xXXXX XXXX)

b31	b30	b29	b28	b27	b26	b25	b24	b23	b22	b21	b20	b19	b18	b17	b16
STID[10:0] / EXID[28:18]											EXID[17:13]				
r	r	r	r	r	r	r	r	r	r	r	r	r	r	r	r

b15	b14	b13	b12	b11	b10	b9	b8	b7	b6	b5	b4	b3	b2	b1	b0
EXID[12:0]													IDE	RTR	–
r	r	r	r	r	r	r	r	r	r	r	r	r	r	r	–

n=0~1은 수신 FIFO의 번호를 나타낸다.

- STID[10:0] : Standard Identifier
  IDE=0으로 설정된 경우에 사용되는 11비트의 표준 ID이다.
- EXID[28:0] : Extended Identifier
  IDE=1로 설정된 경우에 사용되는 29비트의 확장 ID이다.
- IDE : Identifier Extension
  0 = 해당 수신 메일박스가 11비트의 표준 ID를 사용한다.
  1 = 해당 수신 메일박스가 29비트의 확장 ID를 사용한다.
- RTR : Remote Transmission Request
  0 = 해당 수신 메일박스가 데이터 프레임으로 동작한다.
  1 = 해당 수신 메일박스가 리모트 프레임으로 동작한다.

▣ CAN 수신 FIFO n의 메일박스 데이터 길이 제어 및 타임 스탬프 레지스터 CAN_RDTnR

(리셋후 디폴트값 : 0xXXXX XXXX)

b31	b30	b29	b28	b27	b26	b25	b24	b23	b22	b21	b20	b19	b18	b17	b16
TIME[15:0]															
r	r	r	r	r	r	r	r	r	r	r	r	r	r	r	r

b15	b14	b13	b12	b11	b10	b9	b8	b7	b6	b5	b4	b3	b2	b1	b0
FMI[7:0]								–	–	–	–	DLC[3:0]			
r	r	r	r	r	r	r	r	–	–	–	–	r	r	r	r

n=0~1은 수신 FIFO의 번호를 나타낸다.

- TIME[15:0] : Message Time Stamp
  이 비트들에는 CAN_RX 단자에서 SOF가 검출될 때 캡쳐되는 16비트 타이머의 값을 저장한다.
- FMI[7:0] : Filter Match Index
  이 비트에는 수신 메일박스에 저장된 메시지의 ID 유효성을 필터링하는데 사용되었던 필터의 인덱스가 저장된다.
- DLC[3:0] : Data Length Code
  이 비트는 수신 메일박스의 데이터 프레임 또는 리모트 프레임에 포함되는 데이터의 바이트 수를 0~8의 범위로 표시한다. 리모트 프레임에서는 이 값이 0으로 된다.

▣ CAN 수신 FIFO n의 메일박스 데이터 로우 레지스터 CAN_RDLnR

(리셋 직후 디폴트값 : 0xXXXX XXXX)

b31	b30	b29	b28	b27	b26	b25	b24	b23	b22	b21	b20	b19	b18	b17	b16
DATA3[7:0]								DATA2[7:0]							
r	r	r	r	r	r	r	r	r	r	r	r	r	r	r	r

b15	b14	b13	b12	b11	b10	b9	b8	b7	b6	b5	b4	b3	b2	b1	b0
DATA1[7:0]								DATA0[7:0]							
r	r	r	r	r	r	r	r	r	r	r	r	r	r	r	r

n=0~1은 수신 FIFO의 번호를 나타낸다.

- DATA3[7:0] : Data Byte 3
  이것은 수신 메일박스에서 메시지의 바이트 3 데이터이다.
- DATA2[7:0] : Data Byte 2
  이것은 수신 메일박스에서 메시지의 바이트 2 데이터이다.
- DATA1[7:0] : Data Byte 1
  이것은 수신 메일박스에서 메시지의 바이트 1 데이터이다.
- DATA0[7:0] : Data Byte 0
  이것은 수신 메일박스에서 메시지의 바이트 0 데이터이다.

▣ CAN 수신 FIFO n의 메일박스 데이터 하이 레지스터 CAN_RDHnR

(리셋 직후 디폴트값 : 0xXXXX XXXX)

b31	b30	b29	b28	b27	b26	b25	b24	b23	b22	b21	b20	b19	b18	b17	b16
DATA7[7:0]								DATA6[7:0]							
r	r	r	r	r	r	r	r	r	r	r	r	r	r	r	r

b15	b14	b13	b12	b11	b10	b9	b8	b7	b6	b5	b4	b3	b2	b1	b0
DATA5[7:0]								DATA4[7:0]							
r	r	r	r	r	r	r	r	r	r	r	r	r	r	r	r

n=0~1은 수신 FIFO의 번호를 나타낸다.

- DATA7[7:0] : Data Byte 7
  이것은 수신 메일박스에서 메시지의 바이트 7 데이터이다.
- DATA6[7:0] : Data Byte 6
  이것은 수신 메일박스에서 메시지의 바이트 6 데이터이다.
- DATA5[7:0] : Data Byte 5
  이것은 수신 메일박스에서 메시지의 바이트 5 데이터이다.
- DATA4[7:0] : Data Byte 4
  이것은 수신 메일박스에서 메시지의 바이트 4 데이터이다.

(3) CAN 필터 레지스터

▣ CAN 필터 마스터 레지스터 CAN_FMR (리셋 직후 디폴트값 : 0x2A1C 0E01)

b31	b30	b29	b28	b27	b26	b25	b24	b23	b22	b21	b20	b19	b18	b17	b16
-	-	-	-	-	-	-	-	-	-	-	-	-	-	-	-
-	-	-	-	-	-	-	-	-	-	-	-	-	-	-	-

b15	b14	b13	b12	b11	b10	b9	b8	b7	b6	b5	b4	b3	b2	b1	b0
-	-	CAN2SB[5:0]						-	-	-	-	-	-	-	FINIT
-	-	rw	rw	rw	rw	rw	rw	-	-	-	-	-	-	-	rw

- CAN2SB[5:0] : CAN2 Start Bank
  이것은 CAN2 인터페이스(슬레이브)를 위한 시작 뱅크를 0~27의 범위로 정의한다. STM32F103VET6에는 CAN 통신 포트를 1개만 가지고 있으므로 이 비트는 의미가 없다.
- FINIT : Filter Initialization Mode
  0 = 필터가 정상으로 동작하는 모드이다.
  1 = 필터를 초기화하는 모드이다.

▣ CAN 필터 모드 레지스터 CAN_FM1R (리셋 직후 디폴트값 : 0x0000 0000)

b31	b30	b29	b28	b27	b26	b25	b24	b23	b22	b21	b20	b19	b18	b17	b16
-	-	-	-	-	-	-	-	-	-	-	-	-	-	-	-
-	-	-	-	-	-	-	-	-	-	-	-	-	-	-	-

b15	b14	b13	b12	b11	b10	b9	b8	b7	b6	b5	b4	b3	b2	b1	b0
-	-	FBM13	FBM12	FBM11	FBM10	FBM9	FBM8	FBM7	FBM6	FBM5	FBM4	FBM3	FBM2	FBM1	FBM0
-	-	rw	rw	rw	rw	rw	rw	rw	rw	rw	rw	rw	rw	rw	rw

이 레지스터는 CAN_FMR 레지스터에서 FINIT=1 상태인 필터 초기화 모드에서만 변경할 수 있다.

- FBMx : Filter Bank x Mode
  0 = 필터 뱅크 x에 있는 2개의 32비트 레지스터가 ID 마스크 모드로 동작한다.
  1 = 필터 뱅크 x에 있는 2개의 32비트 레지스터가 ID 리스트 모드로 동작한다.

▣ CAN 필터 길이 레지스터 CAN_FS1R (리셋 직후 디폴트값 : 0x0000 0000)

b31	b30	b29	b28	b27	b26	b25	b24	b23	b22	b21	b20	b19	b18	b17	b16
-	-	-	-	-	-	-	-	-	-	-	-	-	-	-	-
-	-	-	-	-	-	-	-	-	-	-	-	-	-	-	-

b15	b14	b13	b12	b11	b10	b9	b8	b7	b6	b5	b4	b3	b2	b1	b0
-	-	FSC13	FSC12	FSC11	FSC10	FSC9	FSC8	FSC7	FSC6	FSC5	FSC4	FSC3	FSC2	FSC1	FSC0
-	-	rw	rw	rw	rw	rw	rw	rw	rw	rw	rw	rw	rw	rw	rw

이 레지스터는 CAN_FMR 레지스터에서 FINIT=1 상태인 필터 초기화 모드에서만 변경할 수 있다.

- FSCx : Filter Bank x Scale Configuration
  0 = 필터 뱅크 x를 2개의 16비트 길이로 설정한다.
  1 = 필터 뱅크 x를 1개의 32비트 길이로 설정한다.

▣ CAN 필터 FIFO 할당 레지스터 CAN_FFA1R (리셋 직후 디폴트값 : 0x0000 0000)

b31	b30	b29	b28	b27	b26	b25	b24	b23	b22	b21	b20	b19	b18	b17	b16
-	-	-	-	-	-	-	-	-	-	-	-	-	-	-	-
-	-	-	-	-	-	-	-	-	-	-	-	-	-	-	-

b15	b14	b13	b12	b11	b10	b9	b8	b7	b6	b5	b4	b3	b2	b1	b0
-	-	FFA13	FFA12	FFA11	FFA10	FFA9	FFA8	FFA7	FFA6	FFA5	FFA4	FFA3	FFA2	FFA1	FFA0
-	-	rw	rw	rw	rw	rw	rw	rw	rw	rw	rw	rw	rw	rw	rw

이 레지스터는 CAN_FMR 레지스터에서 FINIT=1 상태인 필터 초기화 모드에서만 변경할 수 있다.

- FFAx : Filter FIFO Assignment for Filter Bank x
  0 = 필터 뱅크 x를 FIFO 0에 할당한다.
  1 = 필터 뱅크 x를 FIFO 1에 할당한다.

▣ CAN 필터 활성화 레지스터 CAN_FA1R (리셋 직후 디폴트값 : 0x0000 0000)

b31	b30	b29	b28	b27	b26	b25	b24	b23	b22	b21	b20	b19	b18	b17	b16
-	-	-	-	-	-	-	-	-	-	-	-	-	-	-	-
-	-	-	-	-	-	-	-	-	-	-	-	-	-	-	-

b15	b14	b13	b12	b11	b10	b9	b8	b7	b6	b5	b4	b3	b2	b1	b0
-	-	FACT13	FACT12	FACT11	FACT10	FACT9	FACT8	FACT7	FACT6	FACT5	FACT4	FACT3	FACT2	FACT1	FACT0
-	-	rw	rw	rw	rw	rw	rw	rw	rw	rw	rw	rw	rw	rw	rw

- FACTx : Filter Bank x Active
  0 = 필터 뱅크 x를 사용하지 않는다.
  1 = 필터 뱅크 x를 활성화하여 사용한다.

▣ CAN 필터 뱅크 x 레지스터 r CAN_FxRr (리셋 직후 디폴트값 : 0xXXXX XXXX)

b31	b30	b29	b28	b27	b26	b25	b24	b23	b22	b21	b20	b19	b18	b17	b16
FB31	FB30	FB29	FB28	FB27	FB26	FB25	FB24	FB23	FB22	FB21	FB20	FB19	FB18	FB17	FB16
rw	rw	rw	rw	rw	rw	rw	rw	rw	rw	rw	rw	rw	rw	rw	rw

b15	b14	b13	b12	b11	b10	b9	b8	b7	b6	b5	b4	b3	b2	b1	b0
FB15	FB14	FB13	FB12	FB11	FB10	FB9	FB8	FB7	FB6	FB5	FB4	FB3	FB2	FB1	FB0
rw	rw	rw	rw	rw	rw	rw	rw	rw	rw	rw	rw	rw	rw	rw	rw

이 레지스터는 CAN_FMR 레지스터에서 FINIT=1 상태인 필터 초기화 모드에 있거나 또는 CAN_FA1R 레지스터에서 FACTx=0인 필터 해제 상태에 있는 경우에만 변경할 수 있다.
여기서 x=0~13은 필터 뱅크의 번호이며, r=1~2는 레지스터의 번호이다.

- FB[31:0] : Filter Bits
  <**ID 레지스터**로 사용하는 경우>
  0 = ID의 해당 필터 비트를 dominant(0)로 지정한다.
  1 = ID의 해당 필터 비트를 recessive(1)로 지정한다.
  <**마스크 레지스터**로 사용하는 경우>
  0 = ID의 해당 비트를 무시하고 필터 비트와 비교하지 않는다.(don't care)
  1 = ID의 해당 비트가 필터 비트와 일치해야 한다.(must match)

제3장

OK-STM103 키트 및 개발 툴

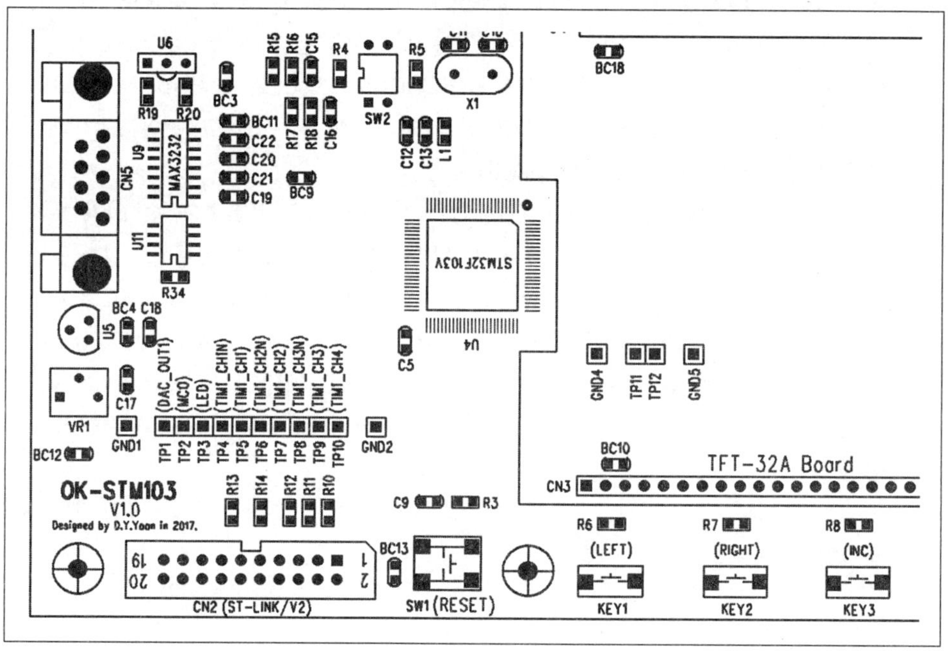

☞

이 장에서는 먼저 저자가 설계한 STM32F103VET6 Cortex-M3 마이크로컨트롤러의 트레이닝 키트 *OK-STM103*의 구조와 기능을 살펴보고, 이를 사용하는데 필요한 각종 하드웨어 개발 툴 및 소프트웨어 개발 툴을 소개한다.

이 키트에 사용된 회로 및 설계 개념들을 철저히 분석하여 이해하는 것은 이 키트를 올바르게 사용하는데 필수적일 뿐만 아니라 앞으로 독자 여러분이 자신에게 필요한 ARM Cortex-M3 마이크로컨트롤러 응용 시스템을 설계하는 능력을 기르는 데에도 크게 도움이 될 것이다.

하드웨어 개발 툴 중에서 가장 중요한 것은 사용자가 프로그램을 다운로드하고 디버깅하는 에뮬레이터인데, 여기서는 이것들의 종류와 사용 방법을 익힌다. 이 책에서 기본으로 사용하는 제품은 STMicroelectronics 사에서 제공하는 JTAG 또는 SWD 인터페이스 방식의 Cortex-M 시리즈 마이크로컨트롤러 전용 저가형 에뮬레이터인 ST-LINK/V2이므로 이것의 사용 방법을 자세하게 설명한다.

또한, 이 장에서는 STM32F103VET6 마이크로컨트롤러를 사용하는데 필요한 소프트웨어 개발 툴을 설치하는 방법과 이것들의 기능을 요약하여 소개한다. 본서에서는 현재 가장 널리 사랑받고 있는 C컴파일러의 하나인 IAR EWARM V7.80을 기본으로 사용한다. 그러나, ARM Cortex-M3에서는 어셈블리 언어로 프로그래밍하는 경우가 매우 드물기 때문에 본서에서도 어셈블리 언어 프로그램은 거의 취급하지 않는다.

이 장에서 설명하는 내용들은 제4장의 C언어 프로그래밍 실습에서 중요하게 사용되니 잘 익혀두기 바란다.

3.1 *OK-STM103* 키트의 구조와 기능

1. *OK-STM103* 키트의 개요 및 사양

OK-STM103 키트는 STMicroelectronics사의 32비트 ARM Cortex-M3 마이크로 컨트롤러 시리즈에 해당하는 STM32F103VET6 소자의 하드웨어 및 소프트웨어 학습용으로 설계된 아주 작은 규모의 단일 보드 컴퓨터 시스템(training kit)으로서 이것의 기본 구조는 <그림 3.1.1>과 같고, 이에 대한 자세한 기술적인 사양은 <표 3.1.1>과 같다.

<표 3.1.1> *OK-STM103* 키트 V1.0의 설계 사양

항 목	사 양	비 고
1. CPU	STM32F103VET6	72MHz로 동작
2. ROM	CPU에 내장된 512KB의 플래시 메모리	프로그램 및 상수 데이터 저장
3. RAM	CPU에 내장된 64KB의 SRAM	프로그램, 스택, 사용자 데이터 저장
4. 프로그램 입력/실행	1. 전용 JTAG/SWD 에뮬레이터를 사용하는 방법 2. 기타 JTAG/SWD 에뮬레이터를 사용하는 방법	기본으로 ST-LINK/V2 에뮬레이터 사용 J-Link, ULINK 에뮬레이터도 사용 가능
5. I/O	1. CPU 프로그램용 커넥터	
	JTAG/SWD 인터페이스용 20핀 커넥터(CN2)	ST-LINK/V2 에뮬레이터 사용
	2. 기본 입출력 장치	
	(1) 16자×2행 텍스트 LCD 모듈	
	(2) 320×240픽셀 터치스크린 TFT-LCD 모듈	별도의 *TFT-32A* 보드를 장착하여 사용
	(3) SPI를 사용한 SD 카드 인터페이스(CN7)	
	(4) 4개의 키입력 스위치(KEY1~KEY4)	
	(5) 1개의 상태표시 LED(LED1)	
	(6) +5V용 버저	
	(7) RS-232C 직렬통신 커넥터(CN5)	표준 9핀 RS-232C 케이블 사용
	(8) CAN 직렬통신 커넥터(CN5)	RS-232C와 CAN을 동일 커넥터로 사용
	3. 기타 입출력 장치	
	(1) 5V, 3.3V 전압센서(ADC1_IN0, ADC1_IN1)	A/D 입력 범위는 0V~+3.3V
	(2) 가변저항 VR1에 의한 전압센서(ADC1_IN2)	
	(3) LM35DZ 온도센서(U5, ADC1_IN3)	온도측정 범위는 0~100℃
	(4) D/A 컨버터 출력(DAC_OUT1)	D/A 출력 범위는 0V~+3.3V
	D/A 컨버터를 사용한 음악연주 출력	CN6 커넥터에 외장형 스피커를 연결
	(5) TV 리모컨 입력(U6)	
	(6) 12개의 테스트 포인트(TP1~TP12)	
	(7) SPI를 사용한 DS3234 리얼타임 클록(U8)	2.4V 충전용 NiMH 배터리로 전원 백업
	(8) I2C를 사용한 AT24C16 EEPROM(U7)	
	(9) VS1053b를 사용한 MP3 플레이어 회로	CN6 커넥터에 외장형 스피커를 연결
6. 전원	+5V(키트에서 +3.3V 및 +1.8V 레귤레이터 사용)	
7. PCB	160×130mm 양면 에폭시 기판	

OK-STM103 키트는 <그림 3.1.1>에서 보는 것처럼 32비트의 ARM Cortex-M3 마이크로컨트롤러인 STM32F103VET6을 중심으로 하여 CPU에 내장된 여러 가지 기본 I/O 기능과 다양한 외부 확장 I/O를 가지고 있다.

STM32F103VET6은 100핀 LQFP 패키지로 되어 있으며, 16비트 포트 5개를 포함하여 총 80개의 병렬 I/O 핀을 가지고 있는데 이것들은 대부분 CPU에 내장된 주변장치를 위한 입출력 신호 단자와 기능을 겸하고 있다. *OK-STM103* 키트에서 이들 병렬 I/O 포트에 접속할 수 있는 기능에는 16자×2행의 텍스트 LCD 모듈, 320×240 픽셀의 터치스크린형 TFT-LCD 모듈, 4개의 키 입력 스위치와 1개의 상태표시용 LED, 버저(buzzer) 등이 있으며, 내장된 주변장치를 사용하여 외부에 접속한 기능에는 RS-232C 및 CAN 직렬통신 커넥터 CN5, 반도체 온도센서 LM35D와 각종 전압센서를 접속한 A/D 컨버터 입력 4개, 1개의 D/A 컨버터 출력, I2C 직렬통신을 이용한 AT24C16 EEPROM, SPI 직렬통신을 이용한 DS3234 RTC, SPI 직렬통신을 이용한 SD 카드 인터페이스와 VS1053b를 사용한 MP3 플레이어 회로 등이 있다.

사용자는 이러한 많은 하드웨어를 통하여 Cortex-M3 마이크로컨트롤러의 다양한 프로그래밍 연습 및 응용이 가능할 것이며, 사용자 프로그램의 다운로드 및 디버깅은 JTAG 또는 SWD 인터페이스를 통하여 ST-LINK/V2 에뮬레이터로 수행한다.

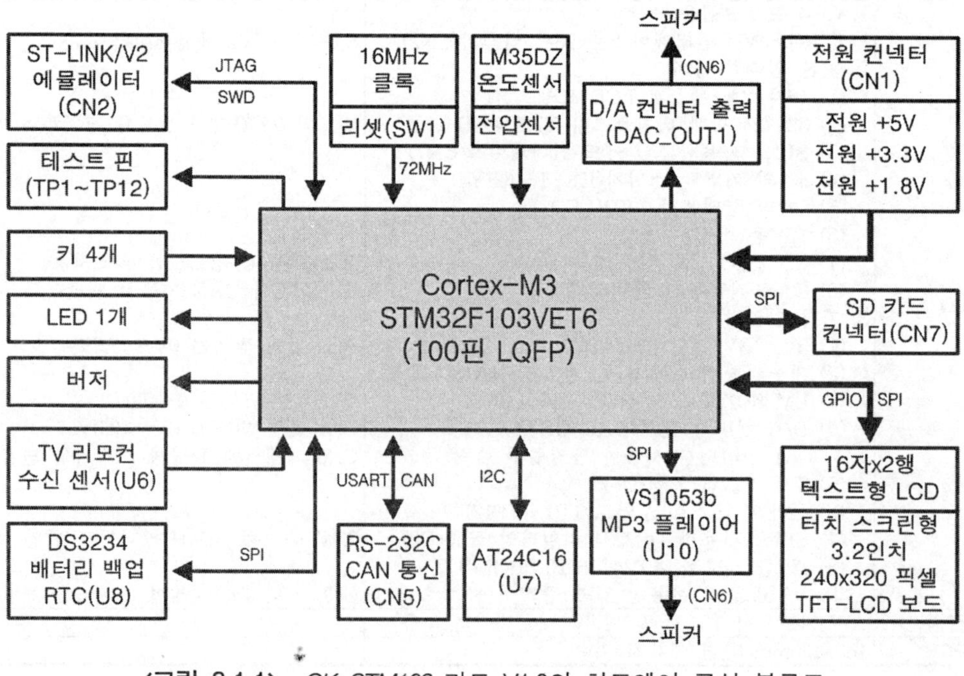

<그림 3.1.1> *OK-STM103* 키트 V1.0의 하드웨어 구성 블록도

OK-STM103 키트는 적어도 8051이나 AVR과 같은 8비트 마이크로컨트롤러 이상을 사용해본 경험이 있으면서 ARM Cortex-M3 계열의 마이크로컨트롤러는 처음으로 공부하는 아마추어나 현장 엔지니어 또는 대학생을 위한 교육용 키트로 사용될 것을 기본 목표로 하여 설계하였다. 따라서, 이 키트는 매우 다양한 기본 기능을 내장하고 있으면서도 PCB 기판을 양면으로 하고 크기가 약 160×130mm에 불과하도록 작게 설계하여 큰 부담없이 저렴한 비용으로 사용자가 직접 납땜 조립하여 사용할 수 있도록 하였다. 이것은 STM32F103VET6 소자의 기본 기능을 익히는데 목표를 두고 있는 교육용 트레이닝 키트지만, 사용자들이 이 마이크로컨트롤러 소자를 재미있게 공부하면서 더불어 난이도가 높은 고급 응용기술까지 익힐 수 있도록 TFT-LCD 모듈이나 터치스크린, SD 카드, MP3 플레이어 회로 등을 장착하여 상당한 정도의 수준을 갖는 응용 프로그래밍 기술을 직접 체험할 수 있도록 설계하였다.

이 책에서는 사용자가 이 키트에 프로그램을 다운로드하거나 디버깅하기 위하여 기본적으로 초저가형의 ST-LINK/V2 에뮬레이터를 사용하지만, JTAG 또는 SWD 인터페이스를 지원하는 다른 에뮬레이터를 사용할 수도 있다.

OK-STM103 키트에서 사용하는 STM32F103VET6 마이크로컨트롤러는 512KB의 플래시 메모리와 64KB의 SRAM을 내장하고 있어서 MCU로서는 메모리 용량이 상당히 큰 편이므로 여기서 대규모의 응용 프로그램을 작성할 수도 있으며, 사용자 프로그램을 플래시 메모리에서 실행시킬 수도 있고 SRAM에서 실행시킬 수도 있다.

이 책에서는 마이크로프로세서의 초보 입문자들도 재미있게 이를 따라 익히며, 여러 응용분야에 종사하는 사용자들이 각각 자신의 분야에 필요한 ARM Cortex-M3 응용 기술을 연마할 수 있도록 가능한한 여러 가지의 다양한 응용 프로그램을 C언어로 제시하고 이를 키트에서 실행하여 볼 수 있도록 하였다. 이 책에서 C컴파일러는 현재 널리 인기를 얻고 있는 **IAR EWARM V7.80.2** 이상을 사용한다. 그러나, ARM 계열 마이크로프로세서에서는 거의 어셈블리 언어를 사용하지 않는 추세이므로 이 책에서도 어셈블리 언어 예제는 취급하지 않는다.

2. *OK-STM103* 키트의 하드웨어 구조

이제 사용자가 *OK-STM103* 키트의 기능들을 충분히 활용하고 나아가 이를 응용하는 능력을 기르기 위해서는 이 키트의 구조 및 기능을 자세히 이해하여야 한다. 여기서는 이것의 전체적인 하드웨어 구조와 설계 사양을 설명하고자 한다.

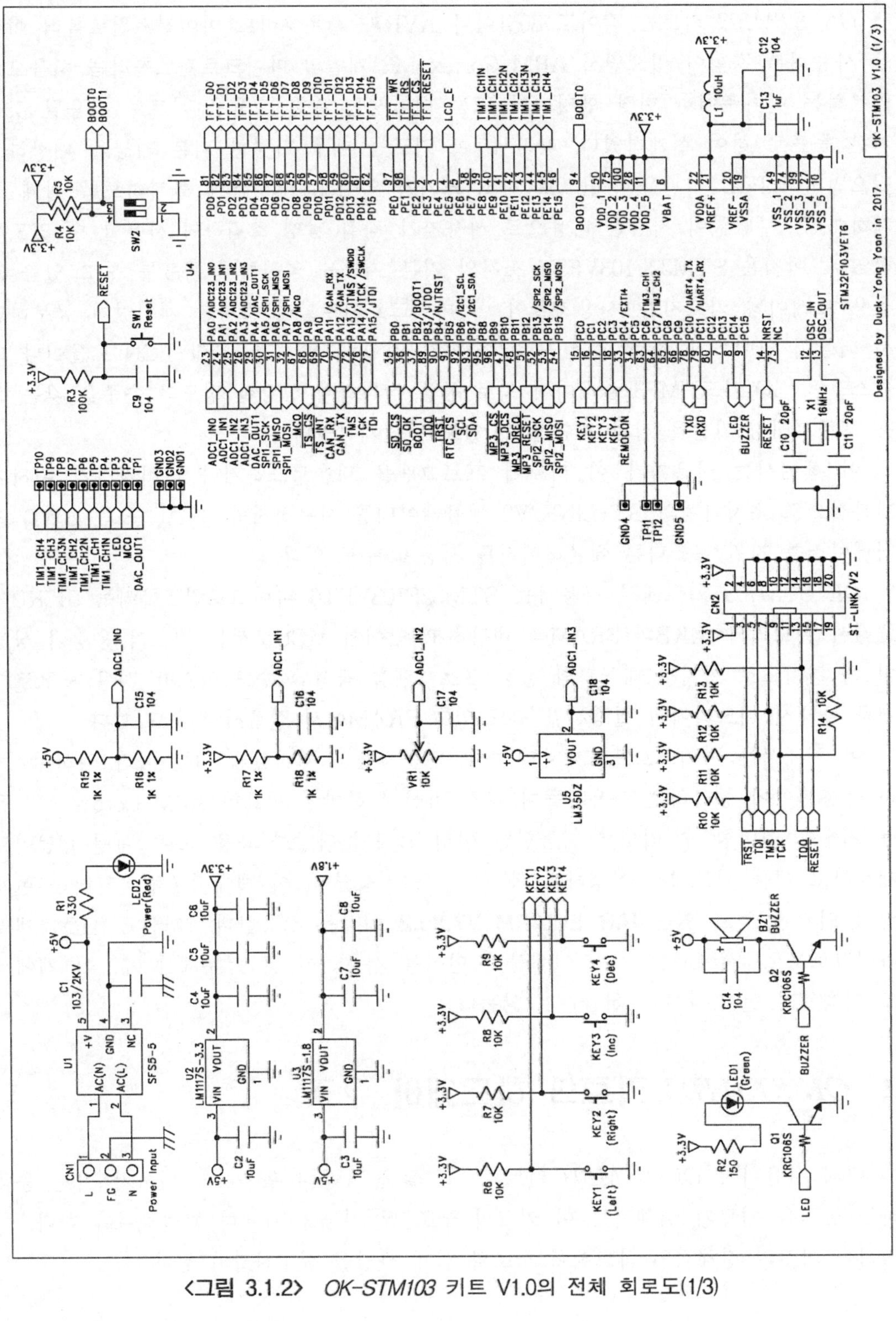

〈그림 3.1.2〉 *OK-STM103* 키트 V1.0의 전체 회로도(1/3)

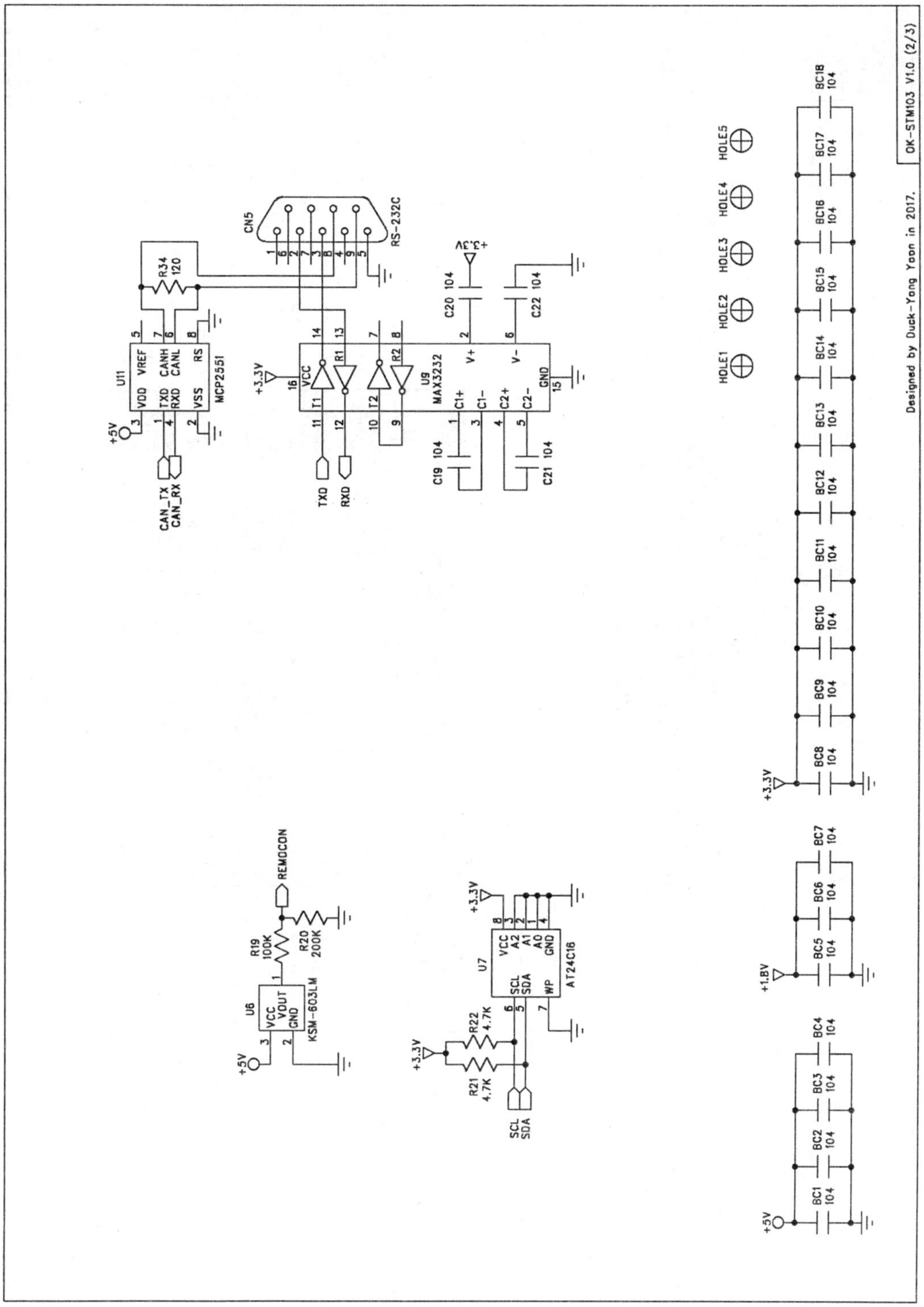

〈그림 3.1.2〉 *OK-STM103* 키트 V1.0의 전체 회로도(2/3)

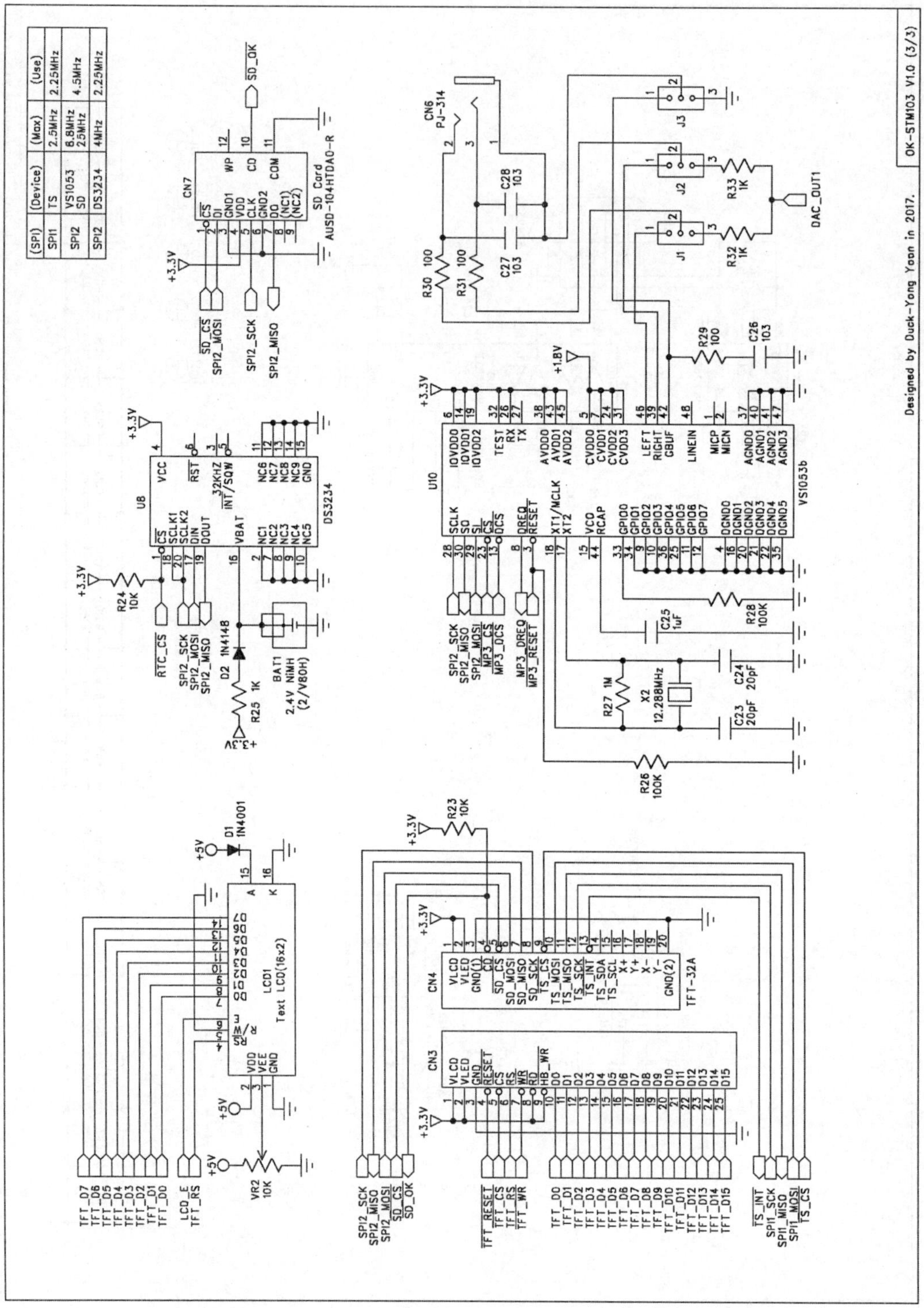

<그림 3.1.2> OK-STM103 키트 V1.0의 전체 회로도(3/3)

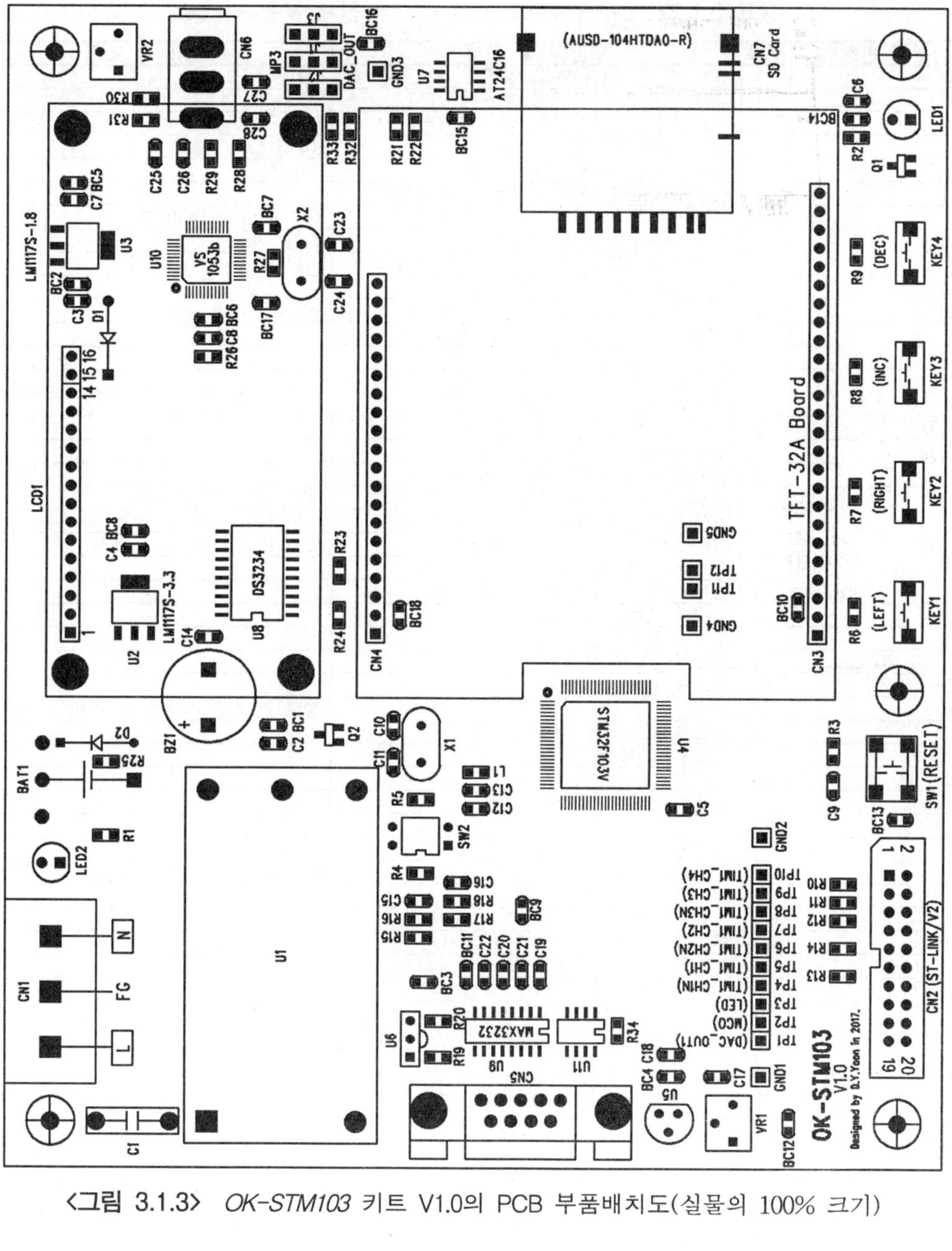

〈그림 3.1.3〉 *OK-STM103* 키트 V1.0의 PCB 부품배치도(실물의 100% 크기)

OK-STM103 키트 V1.0 메인 보드의 전체 회로도는 <그림 3.1.2>에 보인 바와 같고, 실제 키트의 PCB(Printed Circuit Board) 모양 및 부품배치도는 <그림 3.1.3>에 보였으며, 여기에서 사용하는 모든 부품의 리스트를 <표 3.1.2>에 정리하였다.

〈표 3.1.2〉 *OK-STM103* 키트 V1.0의 전체 부품 리스트

부품 번호	수량	부품명 및 규격	비 고
U1	1	SFS5-5 (5V/1A PCB 장착형 SMPS)	POWERPLAZA 제품
U2	1	LM1117S-3.3 (정전압 레귤레이터)	SOT-223형
U3	1	LM1117S-1.8 (정전압 레귤레이터)	SOT-223형
U4	1	STM32F103VET6	100핀 LQFP형
U5	1	LM35DZ (반도체 온도 센서)	TO-92형
U6	1	KSM-603LM (TV 리모컨 수신 센서)	
U7	1	AT24C16N (시리얼 EEPROM)	8핀 narrow SOIC형
U8	1	DS3234 (SPI 통신형 RTC)	20핀 wide SOIC형
U9	1	MAX3232 (RS-232C 통신 인터페이스)	16핀 narrow SOIC형
U10	1	VS1053b (MP3 CODEC)	48핀 LQFP형
U11	1	MCP2551 (CAN 통신 인터페이스)	8핀 narrow SOIC형
X1	1	16MHz (ATS형 수정발진자)	
X2	1	12.288MHz (ATS형 수정발진자)	
D1	1	1N4001 (정류용 다이오드)	
D2	1	1N4148 (신호용 다이오드)	
LED1	1	5AG3HD00 (5Φ 녹색 LED)	
LED2	1	5AR3PD00 (5Φ 적색 LED)	
Q1, 2	2	KRC106S (NPN형 트랜지스터)	
LCD1	1	LC1621-SMLYH6 텍스트형 LCD 모듈	좌측 상단 커넥터형
	1	16핀(1x16) 핀 헤더 소켓(straight형)	40핀(1x40)짜리를 잘라서 사용
	1	16핀(1x16) 핀 헤더(straight형)	40핀(1x40)짜리를 잘라서 사용
	2	F-10mm (PCB 서포트, 금속, 3Φ)	
	4	M3x5 (둥근 머리 볼트, 3Φ, 5mm)	
R1	1	2012형 330Ω 칩 저항	
R2	1	2012형 150Ω 칩 저항	
R3, 19, 26, 28	4	2012형 100K 칩 저항	
R4~14, 23, 24	13	2012형 10K 칩 저항	
R15~18	4	2012형 1% 1K 칩 저항	정밀 저항을 사용하는 것이 바람직함
R20	1	2012형 200K 칩 저항	
R21, 22	2	2012형 4.7K 칩 저항	
R25, 32, 33	3	2012형 1K 칩 저항	
R27	1	2012형 1M 칩 저항	
R29~31	3	2012형 100Ω 칩 저항	
R34	1	2012형 120Ω 칩 저항	
VR1, 2	2	GF063P 10K 반고정 저항	1K~20K 범위에서 임의 사용 가능
L1	1	2012형 10μH 칩 인덕터	
C1	1	1kV 0.01μF 고압 세라믹 커패시터	
C2~8	7	2012형 10μF 칩 세라믹 커패시터	
C9,12,14~22,BC1~18	29	2012형 0.1μF 칩 세라믹 커패시터	
C10, 11, 23, 24	4	2012형 20pF 칩 세라믹 커패시터	
C13, 25	2	2012형 1μF 칩 세라믹 커패시터	
C26~28	3	2012형 0.01μF 칩 세라믹 커패시터	
BAT1	1	2/V80H (2.4V 70mAh NiMH 전지)	
BZ1	1	SM-1205C 또는 KPX-1205 (+5V용 버저)	
SW1	1	ITS-1102T (4핀 택트 스위치)	
SW2	1	BSD-102 (4핀 DIP 스위치)	
KEY1~4	4	ITS-1107 (2핀 택트 스위치)	
TP1~10, GND1~2	1	14핀(1x14) 핀 헤더(straight형)	40핀(1x40)짜리를 잘라서 사용
TP11~12, GND4~5	1	6핀(1x6) 핀 헤더(straight형)	40핀(1x40)짜리를 잘라서 사용
J1~3	3	3핀(1x3) 핀 헤더(straight형)	40핀(1x40)짜리를 잘라서 사용
	3	DS1028 (2.54mm 점퍼, close 타입)	
J4, 5	2	2핀(1x2) 핀 헤더(straight형)	40핀(1x40)짜리를 잘라서 사용
	2	DS1028 (2.54mm 점퍼, close 타입)	
CN1	1	BR-762C(3핀) 전원 커넥터	
CN2	1	20핀(2x10) 박스 헤더(straight형)	
CN3	1	25핀(1x25) 핀 헤더 소켓(straight형)	40핀(1x40)짜리를 잘라서 사용
CN4	1	20핀(1x20) 핀 헤더 소켓(straight형)	40핀(1x40)짜리를 잘라서 사용
CN5	1	DS1037-09M (9핀 D형 커넥터, 수컷)	
CN6	1	PJ-314 (스테레오 3.5Φ 이어폰 잭)	
CN7	1	AUSD-104HTDA0-R (SD 카드 커넥터)	*TFT-32A* 보드의 CN3을 대체함

(1) MCU 및 주변회로

STM32F103VET6의 주변회로는 <그림 3.1.2>에서 보는 것처럼 마이크로컨트롤러 소자와 이에 기본적으로 추가되는 시스템 리셋 회로, 시스템 클록 발생회로, 부팅 방법 설정 회로, JTAG 및 SWD 에뮬레이터 인터페이스 회로 등으로 구성된다.

▣ MCU 회로

이 키트의 MCU 소자는 ARM Cortex-M3 마이크로컨트롤러인 STM32F103VET6을 사용한다. 이는 100핀 LQFP 패키지로 되어 있는데 크기가 매우 작고 핀 간격이 좁아서 납땜에 능숙하지 않는 사람은 조립하기가 꽤 어려울 수도 있다.

▣ 시스템 리셋 회로

시스템 리셋 회로는 키트에 전원을 투입할 경우 또는 기타 필요할 때마다 임의로 시스템 전체를 강제로 리셋시키기 위한 회로이다. 전원 투입 리셋 회로는 마이크로컨트롤러 외부의 100KΩ 저항(R3)과 0.1μF 커패시터(C9) 소자로 구성되며, 사용자 리셋 회로는 여기에 SW1을 추가함으로써 간단히 구현된다.

리셋 회로에서 만든 시스템 리셋 신호 $\overline{\text{RESET}}$은 마이크로컨트롤러 소자의 NRST 단자는 물론이고 에뮬레이터 인터페이스 회로와도 연결되어 있어서 ST-LINK/V2 에뮬레이터가 필요할 때 시스템을 리셋시킬 수 있어야 한다.

▣ 시스템 클록 발생회로

STM32F103VET6은 외부 고속 클록(HSE)으로서 4~16MHz의 크리스털을 사용할 수 있도록 되어 있으며, *OK-STM103* 키트에서는 16MHz의 크리스털을 사용하고 내부 PLL 회로에서 이를 4.5배로 체배하여 72MHz의 시스템 클록을 사용한다.

클록 발생 회로에는 안정된 발진 동작을 위하여 수정발진자 옆에 5~25pF의 커패시터를 풀다운하도록 되어 있는데, 이 키트에서는 20pF의 세라믹 커패시터(C10, C11)를 사용하였다.

▣ ST-LINK/V2 인터페이스 회로

원래 ARM 표준의 JTAG 커넥터는 기본적으로 20핀 또는 14핀으로 되어 있는데, STMicroelectronics사의 Cortex-M 시리즈 전용 에뮬레이터인 ST-LINK/V2에서는 20핀 커넥터를 사용한다. Cortex-M3 소자인 STM32F103VET6에서는 표준의 JTAG과 SWD(Serial Wire Debug) 인터페이스 신호를 함께 제공하는데, ST-LINK/V2에서는 이를 모두 사용할 수 있도록 JTAG용의 20핀 커넥터에 SWD 신호를 함께 할당하고 있다. 따라서, *OK-STM103* 키트에서도 CN2에 20핀 커넥터를 사용하여 JTAG 또는 SWD 인터페이스 방식으로 ST-LINK/V2 에뮬레이터를 접속할 수 있다.

STM32F103VET6 마이크로컨트롤러를 위한 에뮬레이터는 그밖에도 여러 회사의 제품들이 있으나 이 책에서는 STMicroelectronics사의 ST-LINK/V2를 기본 장비로 사용한다.

(2) 병렬포트에 접속한 I/O 회로

STM32F103VET6은 포트A에서 포트E까지 5개의 16비트 병렬 I/O 포트를 가지고 있다. 이 키트에서 병렬 I/O 포트에 접속한 장치들을 요약하면 다음과 같다.

▣ 키, LED, 버저, 점퍼 스위치 등

키 입력은 KEY1~KEY4의 4개가 있는데, 이것들은 각각 PC0~PC3에 차례로 접속하였으며 외부에 10kΩ의 풀업저항을 사용하였다.

상태 표시 LED 출력은 LED1 1개가 있는데, 이것은 병렬 I/O 포트의 PC14에 접속하였다. STM32F103VET6의 병렬 I/O 포트 핀들은 최대 25mA까지의 소스 및 싱크 전류 용량을 가지고 있으므로 LED를 직접 구동하는 것이 가능하지만, 좀더 안정된 동작을 할 수도 있고 H상태의 출력으로 LED를 점등하기 위하여 외부에 KRC106S 트랜지스터를 사용하였다.

OK-STM103 키트에서는 +5V용 버저도 1개 사용하는데 이는 PC15 신호에 접속하였으며, 충분한 전류 구동을 위해 KRC106S 트랜지스터를 사용하여 ON/OFF한다.

외부 스피커 접속용 커넥터 CN6에 앰프 내장형 스피커를 연결하면 음악을 들을 수 있다. 여기에는 점퍼 스위치 J1~3을 통하여 DAC_OUT1 신호를 출력할 수도 있고, VS1053b를 사용한 MP3 플레이어의 신호를 출력할 수도 있다.

시스템 리셋 후에 부트 모드를 결정하는 BOOT0 및 BOOT1 신호는 스위치 SW2를 사용하여 각각 H상태 또는 L상태로 설정할 수 있다. *OK-STM103* 키트에서는 항상 이 스위치 2개를 모두 ON시킴으로써 BOOT0 및 BOOT1 신호가 L상태가 되도록 하여 사용자 프로그램이 0x0800_0000 번지의 플래시 메모리에서 부팅하도록 하였다.

▣ I/O 인터페이스의 요약

OK-STM103 키트에서 STM32F103VET6의 병렬 I/O 포트와 그 부수적인 기능으로 사용된 하드웨어 디바이스들을 요약하면 <표 3.1.3>과 같다.

<표 3.1.3> *OK-STM103* 키트 V1.0에서 STM32F103VET6의 핀 배열 요약

핀번호	핀이름	I/O	5V호환	기본 기능	부수적 기능		*OK-STM103* 키트에서 사용하는 기능
					기본 상태	재배치(remap) 상태	
50	VDD_1	P		VDD_1			+3.3V
75	VDD_2	P		VDD_2			+3.3V
100	VDD_3	P		VDD_3			+3.3V
28	VDD_4	P		VDD_4			+3.3V
11	VDD_5	P		VDD_5			+3.3V
6	VBAT	P		VBAT			+3.3V
22	VDDA	P		VDDA			LC 필터를 거친 +3.3V
49	VSS_1	P		VSS_1			GND
74	VSS_2	P		VSS_2			GND
99	VSS_3	P		VSS_3			GND
27	VSS_4	P		VSS_4			GND
10	VSS_5	P		VSS_5			GND
19	VSSA	P		VSSA			GND
21	VREF+	P		VREF+			LC 필터를 거친 +3.3V
20	VREF-	P		VREF-			GND
14	NRST	I/O		NRST			리셋 스위치
12	OSC_IN	I		OSC_IN			16MHz X-Tal
13	OSC_OUT	O		OSC_OUT			16MHz X-Tal
94	BOOT0	I		BOOT0			(SW2-1)BOOT0
23	PA0	I/O		PA0	WKUP/USART2_CTS/ADC123_IN0/TIM5_CH1/TIM2_CH1_ETR/TIM8_ETR		ADC123_IN0 (+5V 전압)
24	PA1	I/O		PA1	USART2_RTS/ADC123_IN1/TIM2_CH2/TIM5_CH2		ADC123_IN1 (+3.3V 전압)
25	PA2	I/O		PA2	USART2_TX/ADC123_IN2/TIM2_CH3/TIM5_CH3		ADC123_IN2 (VR1 전압)
26	PA3	I/O		PA3	USART2_RX/ADC123_IN3/TIM2_CH4/TIM5_CH4/		ADC123_IN3 (LM35DZ)
29	PA4	I/O		PA4	SPI1_NSS/USART2_CK/ADC12_IN4/DAC_OUT1		(TP1)DAC_OUT1
30	PA5	I/O		PA5	SPI1_SCK/ADC12_IN5/DAC_OUT2		SPI1_SCK
31	PA6	I/O		PA6	SPI1_MISO/TIM8_BKIN/ADC12_IN6/TIM3_CH1	TIM1_BKIN	SPI1_MISO
32	PA7	I/O		PA7	SPI1_MOSI/TIM8_CH1N/ADC12_IN7/TIM3_CH2	TIM1_CH1N	SPI1_MOSI
67	PA8	I/O	○	PA8	USART1_CK/TIM1_CH1/MCO		(TP2)MCO
68	PA9	I/O	○	PA9	USART1_TX/TIM1_CH2		PA9 출력 (-TS_CS)
69	PA10	I/O	○	PA10	USART1_RX/TIM1_CH3		PA10 입력 (-TS_INT)
70	PA11	I/O	○	PA11	TIM1_CH4/USART1_CTS/CAN_RX/USBDM		CAN_RX
71	PA12	I/O	○	PA12	TIM1_ETR/USART1_RTS/CAN_TX/USBDP		CAN_TX
72	PA13	I/O	○	JTMS-SWDIO		PA13	JTMS/SWDIO
76	PA14	I/O	○	JTCK-SWCLK		PA14	JTCK/SWCLK
77	PA15	I/O	○	JTDI	SPI3_NSS/I2S3_WS	PA15/TIM2_CH1_ETR/SPI1_NSS	JTDI
35	PB0	I/O		PB0	ADC12_IN8/TIM3_CH3/TIM8_CH2N	TIM1_CH2N	PB0 출력 (-SD_CS)
36	PB1	I/O		PB1	ADC12_IN9/TIM3_CH4/TIM8_CH3N	TIM1_CH3N	PB1 입력 (-SD_OK)
37	PB2	I/O	○	PB2/BOOT1			(SW2-2)BOOT1
89	PB3	I/O	○	JTDO	SPI3_SCK/I2S3_CK	PB3/TIM2_CH2/SPI1_SCK	JTDO
90	PB4	I/O	○	NJTRST	SPI3_MISO	PB4/TIM3_CH1/SPI1_MISO	NJTRST
91	PB5	I/O		PB5	I2C1_SMBA/SPI3_MOSI/I2S3_SD	TIM3_CH2/SPI1_MOSI	PB5 출력 (-RTC_CS)
92	PB6	I/O	○	PB6	I2C1_SCL/TIM4_CH1	USART1_TX	I2C1_SCL
93	PB7	I/O	○	PB7	I2C1_SDA/TIM4_CH2/FSMC_NADV	USART1_RX	I2C1_SDA
95	PB8	I/O	○	PB8	TIM4_CH3/SDIO_D4	I2C1_SCL/CAN_RX	
96	PB9	I/O	○	PB9	TIM4_CH4/SDIO_D5	I2C1_SDA/CAN_TX	PB9 출력 (-MP3_CS)
47	PB10	I/O	○	PB10	I2C2_SCL/USART3_TX	TIM2_CH3	PB10 출력 (-MP3_DCS)
48	PB11	I/O	○	PB11	I2C2_SDA/USART3_RX	TIM2_CH4	PB11 입력 (MP3_REQ)
51	PB12	I/O	○	PB12	TIM1_BKIN/USART3_CK/SPI2_NSS/I2S2_WS/I2C2_SMBA		PB12 출력 (-MP3_RESET)
52	PB13	I/O	○	PB13	TIM1_CH1N/USART3_CTS/SPI2_SCK/I2S2_CK/		SPI2_SCK
53	PB14	I/O	○	PB14	SPI2_MISO/USART3_RTS/TIM1_CH2N		SPI2_MISO
54	PB15	I/O	○	PB15	SPI2_MOSI/I2S2_SD/TIM1_CH3N		SPI2_MOSI

<표 3.1.3> *OK-STM103* 키트 V1.0에서 STM32F103VET6의 핀 배열 요약(계속)

핀 번호	핀이름	I/O	5V 호환	기본 기능	부수적 기능		*OK-STM103* 키트에서 사용하는 기능
					기본 상태	재배치(remap) 상태	
15	PC0	I/O		PC0	ADC123_IN10		PC0 입력 (KEY1)
16	PC1	I/O		PC1	ADC123_IN11		PC1 입력 (KEY2)
17	PC2	I/O		PC2	ADC123_IN12		PC2 입력 (KEY3)
18	PC3	I/O		PC3	ADC123_IN13		PC3 입력 (KEY4)
33	PC4	I/O		PC4	ADC123_IN14		PC4 입력 (REMOCON)
34	PC5	I/O		PC5	ADC123_IN15		
63	PC6	I/O	○	PC6	TIM8_CH1/I2S2_MCK/SDIO_D6	TIM3_CH1	(TP11)TIM3_CH1
64	PC7	I/O	○	PC7	TIM8_CH2/I2S3_MCK/SDIO_D7	TIM3_CH2	(TP12)TIM3_CH2
65	PC8	I/O	○	PC8	TIM8_CH3/SDIO_D0	TIM3_CH3	
66	PC9	I/O	○	PC9	TIM8_CH4/SDIO_D1	TIM3_CH4	
78	PC10	I/O	○	PC10	UART4_TX/SDIO_D2	USART3_TX	USART4_TX
79	PC11	I/O	○	PC11	UART4_RX/SDIO_D3	USART3_RX	USART4_RX
80	PC12	I/O	○	PC12	UART5_TX/SDIO_CK	USART3_CK	
7	PC13	I/O		PC13	TAMPER-RTC		
8	PC14	I/O		PC14	OSC32_IN		PC14 출력 (TP3)LED
9	PC15	I/O		PC15	OSC32_OUT		PC15 출력 (BUZZER)
81	PD0	I/O	○	PD0	FSMC_D2	CAN_RX	TFT-LCD/text LCD의 D0
82	PD1	I/O	○	PD1	FSMC_D3	CAN_TX	TFT-LCD/text LCD의 D1
83	PD2	I/O	○	PD2	TIM3_ETR/UART5_RX/SDIO_CMD		TFT-LCD/text LCD의 D2
84	PD3	I/O	○	PD3	FSMC_CLK	USART2_CTS	TFT-LCD/text LCD의 D3
85	PD4	I/O	○	PD4	FSMC_NOE	USART2_RTS	TFT-LCD/text LCD의 D4
86	PD5	I/O	○	PD5	FSMC_NWE	USART2_TX	TFT-LCD/text LCD의 D5
87	PD6	I/O	○	PD6	FSMC_NWAIT	USART2_RX	TFT-LCD/text LCD의 D6
88	PD7	I/O	○	PD7	FSMC_NE1/FSMC_NCE2	USART2_CK	TFT-LCD/text LCD의 D7
55	PD8	I/O	○	PD8	FSMC_D13	USART3_TX	TFT-LCD의 D8
56	PD9	I/O	○	PD9	FSMC_D14	USART3_RX	TFT-LCD의 D9
57	PD10	I/O	○	PD10	FSMC_D15	USART3_CK	TFT-LCD의 D10
58	PD11	I/O	○	PD11	FSMC_A16	USART3_CTS	TFT-LCD의 D11
59	PD12	I/O	○	PD12	FSMC_A17	USART3_RTS/TIM4_CH1	TFT-LCD의 D12
60	PD13	I/O	○	PD13	FSMC_A18	TIM4_CH2	TFT-LCD의 D13
61	PD14	I/O	○	PD14	FSMC_D0	TIM4_CH3	TFT-LCD의 D14
62	PD15	I/O	○	PD15	FSMC_D1	TIM4_CH4	TFT-LCD의 D15
97	PE0	I/O	○	PE0	TIM4_ETR/FSMC_NBL0		TFT-LCD의 -TFT_WR
98	PE1	I/O	○	PE1	FSMC_NBL1		TFT-LCD의 TFT_RS text LCD의 RS
1	PE2	I/O	○	PE2	FSMC_A23		TFT-LCD의 -TFT_CS
2	PE3	I/O	○	PE3	FSMC_A19		TFT-LCD의 -TFT_RESET
3	PE4	I/O	○	PE4	FSMC_A20		
4	PE5	I/O	○	PE5	FSMC_A21		text LCD의 LCD_E
5	PE6	I/O	○	PE6	FSMC_A22		
38	PE7	I/O	○	PE7	FSMC_D4	TIM1_ETR	
39	PE8	I/O	○	PE8	FSMC_D5	TIM1_CH1N	(TP4)TIM1_CH1N
40	PE9	I/O	○	PE9	FSMC_D6	TIM1_CH1	(TP5)TIM1_CH1
41	PE10	I/O	○	PE10	FSMC_D7	TIM1_CH2N	(TP6)TIM1_CH2N
42	PE11	I/O	○	PE11	FSMC_D8	TIM1_CH2	(TP7)TIM1_CH2
43	PE12	I/O	○	PE12	FSMC_D9	TIM1_CH3N	(TP8)TIM1_CH3N
44	PE13	I/O	○	PE13	FSMC_D10	TIM1_CH3	(TP9)TIM1_CH3
45	PE14	I/O	○	PE14	FSMC_D11	TIM1_CH4	(TP10)TIM1_CH4
46	PE15	I/O	○	PE15	FSMC_D12	TIM1_BKIN	

(3) *OK-STM103* 키트의 커넥터 요약

OK-STM103 키트 V1.0에는 기판에서 외부로 접속하기 위한 커넥터가 모두 7개 있고, 테스트 포인트가 12개 있는데 이를 <표 3.1.4>에 요약하였다.

<표 3.1.4> *OK-STM103* 키트 V1.0의 외부 접속 커넥터 요약

커넥터		기능			
J1~3	스피커 출력신호 선택	1-2	MP3_OUT	2-3	DAC_OUT
J4, J5	DAC 출력을 ADC 입력으로 연결	J4	DAC_OUT1	J5	DAC_OUT2
SW2	부팅 모드 설정	1-4	BOOT0	2-3	BOOT1
CN1	전원 커넥터 (BR-762C 3핀)	1 2	L FG	3	N
CN2	ST-LINK/V2 에뮬레이터용 (2x10핀 2.54mm/straight형 박스 헤더)	1 3 5 7 9 11 13 15 17 19	MCU VDD NJTRST JTDI JTMS/SWDIO JTCK/SWCLK (사용 안함) JTDO -RESET (사용 안함) (사용 안함)	2 4 6 8 10 12 14 16 18 20	MCU VDD GND GND GND GND GND GND GND GND GND
CN3	TFT-LCD 보드 접속용 - 좌측 (1x25핀 2.54mm/straight형 핀 헤더 소켓)	1 2 3 4 5 6 7 8 9 10 11 12 13	VLCD(+3.3V) VLED(+3.3V) GND -TFT_RESET -TFT_CS TFT_RS -TFT_WR -TFT_RD (사용 안함) D0 D1 D2 D3	14 15 16 17 18 19 20 21 22 23 24 25	D4 D5 D6 D7 D8 D9 D10 D11 D12 D13 D14 D15
CN4	TFT-LCD 보드 접속용 - 우측 (1x20핀 2.54mm/straight형 핀 헤더 소켓)	1 2 3 4 5 6 7 8 9 10	VLCD(+3.3V) VLED(+3.3V) GND -SD_OK -SD_CS SD_MOSI SD_MISO SD_SCK -TS_CS TS_MOSI	11 12 13 14 15 16 17 18 19 20	TS_MISO TS_SCK -TS_INT (사용 안함) (사용 안함) (사용 안함) (사용 안함) (사용 안함) (사용 안함) GND
CN5	RS-232C 및 CAN 통신용 (DS1037-09M, 9핀 수컷 커넥터)	1 2 3 4 5	(사용 안함) RxD TxD (사용 안함) GND	6 7 8 9	(사용 안함) (사용 안함) CANH CANL
CN6	MP3 플레이어 스피커 접속용 (PJ-314 스테레오 3.5Φ 잭)	1	COMMON	2 3	LEFT RIGHT
LCD1	텍스트 LCD 모듈 접속용 (1x16핀 2.54mm/straight형 핀 헤더 소켓)	1 2 3 4 5 6 7 8	GND VDD VEE RS R/-W E D0 D1	9 10 11 12 13 14 15 16	D2 D3 D4 D5 D6 D7 A K
CN7	SD 카드 접속용 (AUSD-104HTDA0-R)	1 2 3 4 5 6	-SD_CS MOSI GND VDD SCK GND	7 8 9 10 11 12	MISO (사용 안함) (사용 안함) -SD_OK GND (사용 안함)
테스트 핀	신호 측정용 (1x14핀 2.54mm/straight형 핀 헤더) (1x6핀 2.54mm/straight형 핀 헤더)	GND1~3 TP1 TP2 TP3 TP4 TP5 TP6	GND MCO1 MCO2 LED TIM1_CNIN TIM1_CH1 TIM1_CH2N	TP7 TP8 TP9 TP10 GND4~5 TP11 TP12	TIM1_CH2 TIM1_CH3N TIM1_CH3 TIM1_CH4 GND TIM3_CH1 TIM3_CH2

3. *TFT-32A* 보드의 하드웨어 구조

TFT-32A 보드 V1.0은 320x240 픽셀의 해상도와 터치 스크린을 가지고 있는 3.2인치 262,144 컬러의 TFT-LCD 모듈 FL320QVC18-A0에 사용자가 이를 사용하기 쉽도록 8/16비트 병렬 인터페이스 회로와 터치 스크린 컨트롤러 및 SD 카드를 포함하는 PCB를 부착하여 TFT-LCD 응용 보드로 만든 것이다.

이 TFT-LCD 모듈은 원래 16비트 병렬 인터페이스만 가능하도록 만들어져 있어서 8비트 마이크로컨트롤러에서는 사용하기가 불편하였으나 TFT-LCD 모듈을 이처럼 전용 보드에 장착하여 만들면 이를 편리하게 8비트 또는 16비트 인터페이스 방법을 사용자가 임의로 선택하여 사용할 수 있으며, 커넥터를 사용하여 쉽게 마이크로프로세서에 접속할 수 있다. 74HC574 8비트 래치를 사용하여 사용자는 이와 같이 8비트 또는 16비트로 편리하게 인터페이스할 수 있으나 TFT-LCD 모듈의 입장에서 보면 항상 데이터 액세스는 16비트 단위로 수행된다.

그러나, *OK-STM103* 키트에서는 STM32F103VET6 마이크로컨트롤러가 GPIO를 사용하여 16비트 방식으로 TFT-LCD를 직접 인터페이스하므로 *TFT-32A* 보드에서 반드시 U2(74HC574), R3, J1은 조립하지 말아야 한다. 만약 이것들을 이미 조립하였다면 점퍼 스위치 J1을 OFF로 설정하면 된다.

TFT-32A 보드에서는 터치 스크린 컨트롤러로서 SPI 인터페이스형인 ADS7846을 사용한다. 그러나, 만약 필요하다면 터치 스크린에서 나오는 X+, Y+, X-, Y- 신호를 사용자가 직접 A/D 컨버터로 읽어들이는 방식을 사용할 수도 있다.

TFT-32A 보드 V1.0의 주요 사양을 요약하면 <표 3.1.5>와 같다.

〈표 3.1.5〉 *TFT-32A* 보드 V1.0의 사양

항 목	사 양	비 고
1. TFT-LCD 모듈	FL320QVC18-A0(CN4) 3.2인치, 터치 스크린 내장형	컨트롤러 HX8347-A
2. 인터페이스 방식	① 8비트 인터페이스 방식 (J1 = ON) ② 16비트 인터페이스 방식(J1 = OFF)	*OK-STM103* 키트에서는 16비트 방식을 사용함
3. 터치 스크린	SPI 인터페이스(ADS7846N 또는 ADS7846E 사용)	
4. SD 카드	SD 카드(CN3)	
5. 접속 커넥터	CN1(25핀) 및 CN2(20핀)	
6. 백라이트	TFT-LCD 소자 내부에 5개의 LED 내장	
7. 전원	① LCD 전원 : +3.3V(+2.8V도 사용 가능) ② LED 전원 : +3.3V(백라이트용)	*OK-STM103* 키트에서는 모두 +3.3V를 사용함
8. PCB 크기	66×80mm 양면 에폭시 기판	

(1) *TFT-32A* 보드의 구조

TFT-32A 보드 V1.0의 PCB 외형 및 부품 배치도는 <그림 3.1.4>와 같다. 또한, 이것의 회로도는 <그림 3.1.5>와 같고, 부품 리스트는 <표 3.1.6>과 같다. 외부 접속 커넥터 CN1과 CN2의 각 핀 기능을 요약하면 <표 3.1.7>과 같다.

이러한 확장 보드를 메인 보드에 연결할 때는 PCB의 상하 방향을 반대로 하거나 커넥터의 핀을 하나씩 시프트하여 잘못 꽂는 사고가 종종 발생하는데, 이렇게 되면 키트의 하드웨어에 치명적인 고장을 일으킬 수 있다. *TFT-32A* 보드에서는 이러한 사고를 예방하기 위하여 커넥터 CN1과 CN2의 핀 개수를 25개와 20개로 서로 다르게 하였는데, 이렇게 하면 이 PCB를 메인 보드와 접속할 때 방향을 반대로 잘못 꽂거나 커넥터 위치가 어긋나도록 잘못 꽂는 사고를 훨씬 줄일 수 있다.

TFT-LCD 모듈을 이 보드에 조립할 때는 FPCB의 37개 핀을 *TFT-32A* 보드의 PCB 패턴과 정확하게 일치시키고, FPCB에 붙어있는 양면 접착 테이프로 위치를 잘 고정시킨 후에 납땜하는 것이 좋다. 납땜 후에는 TFT-LCD 패널의 뒷면에 붙어있는 양면 접착 테이프를 이용하여 TFT-LCD 모듈의 패널을 *TFT-32A* 보드의 PCB에 붙여주면 되는데, 이때 TFT-LCD 모듈의 3군데 모서리에 있는 돌기가 PCB의 구멍에 일치하도록 위치를 정확히 잘 맞추어야 한다.

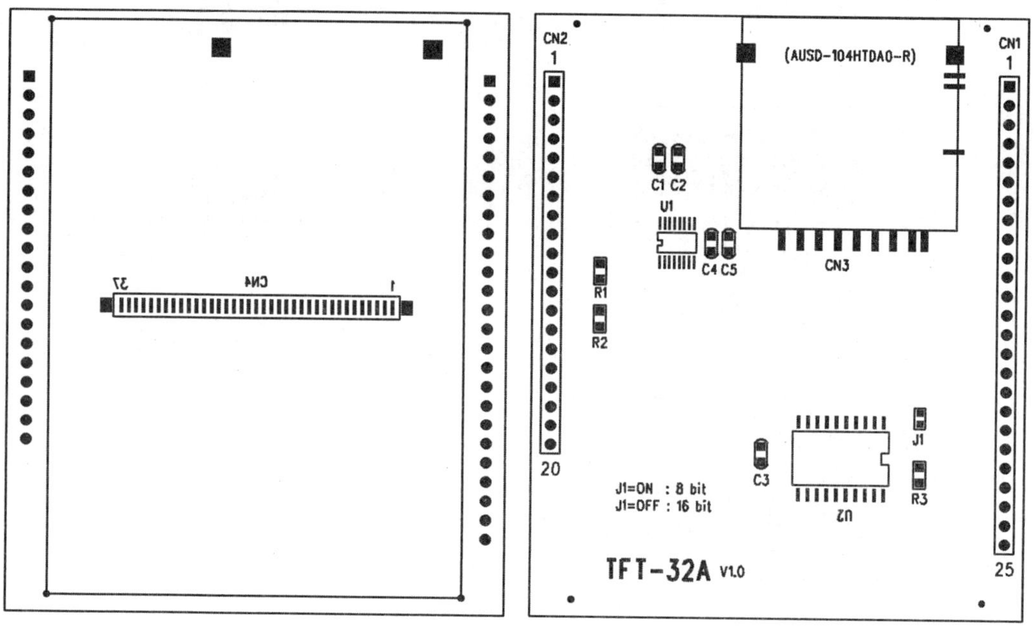

(a) 보드의 앞면(TFT-LCD 모듈 부착면) (b) 보드의 뒷면

<그림 3.1.4> *TFT-32A* 보드 V1.0의 PCB 부품배치도(실물의 100% 크기)

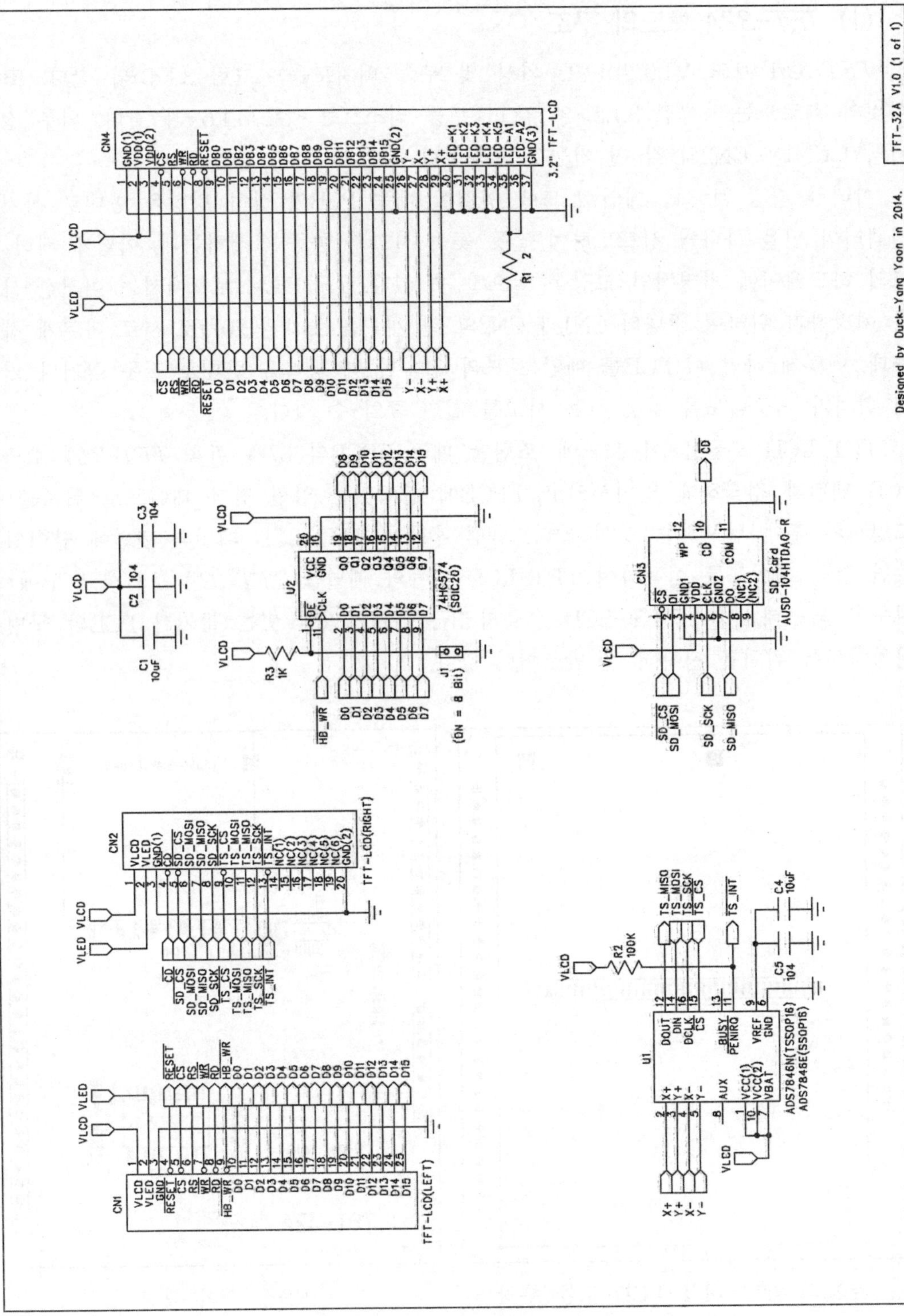

〈그림 3.1.5〉 *TFT-32A* 보드 V1.0의 회로도

<표 3.1.6> *TFT-32A* 보드 V1.0의 부품 리스트

부품 번호	수량	부품명 및 규격	대표적인 구입처
CN4	1	FL320QVC18-A0 (3.2인치 HX8347-A 컨트롤러형)	http://www.ohm.co.kr
U1	1	ADS7846N(16핀 TSSOP형) 또는 ADS7846E(16핀 SSOP형)	http://www.findlcd.com http://www.devicemart.co.kr
U2	1	74HC574 (20핀 wide SOIC형)	
R1	1	2012형 2Ω 칩 저항	
R2	1	2012형 100K 칩 저항	
R3	1	2012형 1K 칩 저항	
C1, 4	2	2012형 10μF 칩 세라믹 커패시터	
C2, 3, 5	3	2012형 0.1μF 칩 세라믹 커패시터	
CN1	1	25핀(1x25) 핀 헤더(straight형)	
CN2	1	20핀(1x20) 핀 헤더(straight형)	
CN3	1	AUSD-104HTDA0-R (SD 카드 커넥터)	
PCB	1	*TFT-32A* V1.0(66×80mm 양면 에폭시)	http://www.ohm.co.kr

<표 3.1.7> *TFT-32A* 보드 V1.0의 외부 접속 커넥터 핀 기능

커넥터	신호명	핀번호	기 능
CN1	VLCD	1	TFT-LCD 모듈 전원(3.3V 사용 권장)
	VLED	2	LED 백라이트 전원(3.3V 사용 권장)
	GND	3	전원 VLCD 및 VLED의 접지 단자
	-RESET	4	TFT-LCD 모듈 리셋 신호(최소 10μs 이상의 펄스로 리셋 동작)
	-CS	5	TFT-LCD 모듈 칩선택 신호
	RS	6	커맨드와 파라미터를 구분하는 신호(0=커맨드, 1=파라미터)
	-WR	7	TFT-LCD 모듈의 라이트 스트로브 신호
	-RD	8	TFT-LCD 모듈의 리드 스트로브 신호
	-HB_WR	9	8비트 인터페이스 방식에서 상위 바이트를 라이트하는 스트로브 신호
	D0~D7	10~17	16비트 데이터 버스의 하위 바이트
	D8~D15	18~25	16비트 데이터 버스의 상위 바이트(사용하지 않음)
CN2	VLCD	1	TFT-LCD 모듈 전원(모듈 내부에서 커넥터 CN1의 1번 핀과 연결됨)
	VLED	2	LED 백라이트 전원(모듈 내부에서 커넥터 CN1의 2번 핀과 연결됨)
	GND	3	전원의 접지 단자(모듈 내부에서 커넥터 CN1의 3번 핀과 연결됨)
	-CD	4	(사용하지 않음)
	-SD_CS	5	(사용하지 않음)
	SD_MOSI	6	(사용하지 않음)
	SD_MISO	7	(사용하지 않음)
	SD_SCK	8	(사용하지 않음)
	-TS_CS	9	터치 스크린 컨트롤러 ADS7846의 칩선택 신호
	TS_MOSI	10	터치 스크린 컨트롤러 ADS7846의 SPI 통신 데이터 입력 신호
	TS_MISO	11	터치 스크린 컨트롤러 ADS7846의 SPI 통신 데이터 출력 신호
	TS_SCK	12	터치 스크린 컨트롤러 ADS7846의 SPI 통신 클록 입력 신호
	-TS_INT	13	터치 스크린 컨트롤러 ADS7846의 인터럽트 출력 신호
	NC(1)	14	(사용하지 않음)
	NC(2)	15	(사용하지 않음)
	NC(3)	16	(사용하지 않음)
	NC(4)	17	(사용하지 않음)
	NC(5)	18	(사용하지 않음)
	NC(6)	19	(사용하지 않음)
	GND	20	전원의 접지 단자(모듈 내부에서 커넥터 CN1의 3번 핀과 연결됨)

만약 TFT-LCD 모듈에 붙어있는 양면 테이프로 이것을 *TFT-32A* 보드의 PCB에 접착시키는데 부족함이 있다면 TFT-LCD와 PCB 사이에 강력 본드를 1~2방울 떨어뜨려 보다 확실하게 접착시켜주는 방법도 있다.

TFT-LCD 모듈을 먼저 조립하고 나면 커넥터 CN1과 CN2를 납땜하는 것이 불편하므로, 가급적이면 커넥터 CN1과 CN2를 가장 먼저 납땜하고 그 이후에 나머지 부품들을 조립하는 것이 바람직하다.

(2) *TFT-32A* 보드의 동작 타이밍

3.2인치 TFT-LCD 모듈 FL320QVC18-A0에 사용된 컨트롤러 HX8347-A의 동작 타이밍은 <그림 3.1.6>과 같다. 따라서, 이를 컨트롤러로 사용한 *TFT-32A* 보드 V1.0의 동작 타이밍도 이와 동일하다.

만약, *TFT-32A* 보드를 마이크로컨트롤러에 8비트 인터페이스 방식으로 접속하려면 74HC574를 사용한다. 8비트 방식에서는 74HC574의 클록 입력 신호인 -HB_WR를 사용하여 먼저 16비트 데이터의 상위 바이트를 D7~D0에 라이트하고, 다음에는 -CS, RS, -WR 신호를 사용하여 16비트 데이터의 하위 바이트를 D7~D0에 라이트한다. 그러면 실제로 TFT-LCD 모듈에는 이렇게 하위 바이트를 라이트하는 순간에 74HC574에 미리 저장되어 있던 8비트를 포함한 16비트의 데이터 전체가 동시에 라이트된다. 이때 *TFT-32A* 보드의 D15~D8 신호는 74HC574의 출력신호 Q7~Q0에 해당하므로 사용하지 말고 오픈시켜 놓아야 한다.

마이크로컨트롤러와 *TFT-32A* 보드를 8비트 인터페이스 방식 및 16비트 인터페이스 방식으로 사용하는 방법을 요약하면 <표 3.1.8>과 같다. *OK-STM103* 키트에서는 16비트 인터페이스 방식으로 사용하므로 점퍼 스위치 J1을 OFF시켜야 한다.

〈표 3.1.8〉 *TFT-32A* 보드 V1.0의 외부 인터페이스 방식 요약

인터페이스	점퍼 스위치 J1	사용 방법
8비트 방식	J1 = ON	① 점퍼 스위치 J1을 ON시킴.(U2와 R3을 반드시 조립해야 함.) ② D7~D0 버스를 통하여 상위 바이트를 -HB_WR 신호로 라이트하고, 하위 바이트를 -CS, RS, -WR 신호로 라이트함. ③ 사용하지 않는 -RD 신호는 +3.3V에 접속함. ④ 사용하지 않는 D15~D8은 오픈시켜두어야 함.
16비트 방식	J1 = OFF	① 점퍼 스위치 J1을 OFF시킴. ② D15~D8에 상위 바이트, D7~D0에 하위 바이트를 접속함. ③ 사용하지 않는 -RD 및 -HB_WR 신호는 +3.3V에 접속함. ④ U2와 R3을 조립하지 않아도 됨.

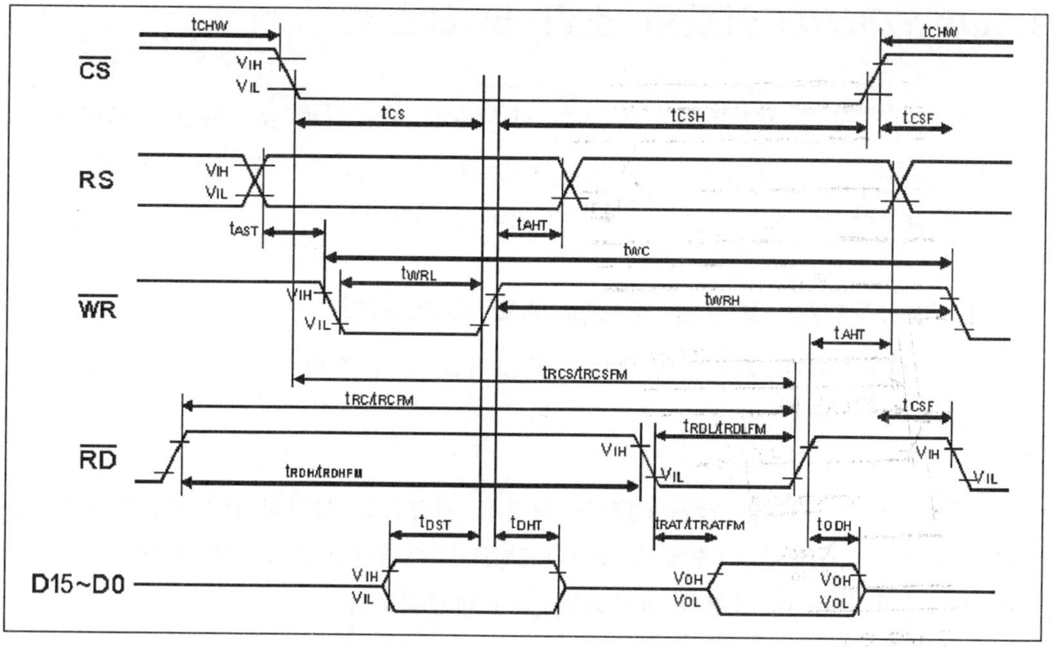

(VCC=1.65V to 2.9V, Ta = -30 to 70°C)

Signal	Symbol	Parameter	Min.	Max.	Unit	Description
RS	t_{AST}	Address setup time	10	-	ns	-
	t_{AHT}	Address hold time (Write/Read)	10	-		
$\overline{CS}$	t_{CHW}	Chip select "H" pulse width	0	-	ns	-
	t_{CS}	Chip select setup time (Write)	35	-		
	t_{RCSFM}	Chip select setup time	355	-		
	t_{CSF}	Chip select wait time (Write/Read)	10	-		
	t_{CSH}	Chip select hold time	10	-		
$\overline{WR}$	t_{WC}	Write cycle	100	-	ns	-
	t_{WRH}	Control pulse "H" duration	35	-		
	t_{WRL}	Control pulse "L" duration	35	-		
$\overline{RD}$	t_{RCFM}	Read cycle	450	-	ns	When read from GRAM
	t_{RDHFM}	Control pulse "H" duration	90	-		
	t_{RDLFM}	Control pulse "L" duration	355	-		
D15~D0	t_{DST}	Data setup time	15	-	ns	For maximum C_L=30pF For minimum C_L=8pF
	t_{DHT}	Data hold time	10	-		
	t_{RATFM}	Read access time	-	340		
	t_{ODH}	Output disable time	20	80		

<그림 3.1.6> HX8347-A의 동작 타이밍

◀참고▶ TFT-LCD 모듈의 화면은 유리로 덮여 있는데 이 유리는 생각보다 매우 약하여 깨지기 쉬우니 취급에 주의가 필요하다. 사용 중에 이를 바닥에 떨어뜨리거나 충격을 주지 말아야 하는 것은 물론이고, *TFT-32A* 보드를 *OK-STM103* 키트의 메인 보드에 끼우거나 뺄 때도 주의가 필요하다. 특히 *TFT-32A* 보드를 *OK-STM103* 키트의 메인 보드에 끼울 때 화면의 중앙 부분을 누르는 것은 매우 위험하므로 반드시 화면의 좌우 외곽부 즉, CN1과 CN2 커넥터가 있는 부분의 변두리 쪽을 눌러서 끼워야 한다.

4. *OK-STM103* 키트의 조립 및 테스트

이제 만약 *OK-STM103* 키트 V1.0을 사용자가 직접 납땜 조립하고자 하면 <그림 3.1.2>의 회로도와 <그림 3.1.3>의 PCB 부품 배치도, 그리고 <표 3.1.2>의 전체 부품 리스트를 참조하면서 반드시 다음 설명을 읽고 작업하라.

(1) *OK-STM103* 키트를 조립할 때의 유의 사항

OK-STM103 키트 V1.0을 납땜하거나 조립할 때의 주의 사항들을 요약하면 다음과 같다.

① 납땜에 자신이 없다면 납땜 기술을 충분히 연습하고 작업하거나 전문가에게 납땜을 부탁하라. 납땜 작업 중에 부품이나 PCB가 손상되면 복구하기가 어려우니 충분히 자신감이 있을 때 납땜을 실시하는 것이 바람직하다.

② 납땜은 신속하고 확실히 하라. 1개의 핀을 납땜하는데 수초 이상이 걸리면 부품이 과열되어 손상될 수 있다. 또한, IC 소자의 경우 같은 소자에 있는 여러 개의 핀들을 연속하여 납땜하지 말고, 다른 소자를 번갈아 돌아가면서 납땜하라. 이와 같이 하면 납땜 중에 부품의 온도가 높아졌던 것이 다른 부품을 납땜하는 동안에 냉각되어 다시 돌아와서 납땜하더라도 보다 안전해진다.

③ 부품이 서로 바뀌지 않도록 철저히 체크하며, PCB에 표시되어 있는 부품의 방향이나 극성 표시를 올바르게 확인하고 삽입하라. 만약, 방향이나 극성이 잘못되어 조립되면 키트가 정상적으로 동작하지 않음은 물론이고 부품이 소손될 수 있으며, 나중에 이를 교체하려면 부품은 물론 PCB까지 망가뜨릴 우려가 있다. 특히, RS-232C용의 커넥터처럼 모양이 비슷한 부품이라도 핀의 암수를 올바르게 구분하여 선정하는 등 정확한 부품을 사용해야 한다는 점을 다시 한번 확인하라.

④ 부품을 PCB 홀에 삽입할 때는 이를 PCB의 바닥면에 완전히 밀착시킨 후에 납땜하라. 부품이 PCB의 바닥면에 밀착되지 않고 위로 들떠 있으면 부품이 기계적으로 단단히 고정되지 않을 수도 있으며, 기능적으로나 미관상으로도 좋지 않다.

그러나, LM35DZ 온도센서(U5)와 같이 특수한 소자의 경우에는 주의가 필요하다. 이것은 PCB 주변의 기온을 측정하는 것이므로 PCB 윗면에 수직으로 세우지 말고 핀을 90도로 꺾어서 소자가 PCB의 옆쪽 밖으로 돌출되도록 젖혀두어야만 주위 공기의 흐름에 의하여 좀더 정확한 온도를 측정할 수 있다.

⑤ STM32F103VET6 MCU와 VS1053b 소자를 가장 먼저 조립하라. 이것들은 핀 간격이 매우 좁은 LQFP형의 소자이므로 전용의 솔더크림과 정밀한 인두를 사용하여 납땜하며, 상당히 숙달된 납땜 기술을 필요로 한다. 납땜이 부실하면 자칫 기판을 망가뜨리거나 나중에 기판이 오동작하는 가장 큰 원인이 되므로 주의해야 한다.

⑥ 텍스트 LCD와 TFT-LCD 모듈은 직접 기판에 고정하여 조립하지 말고 지정된 커넥터를 사용하여 착탈식으로 처리하라. 이것은 이와 같이 착탈식으로 처리해야만 키트를 정비할 때 필요에 따라서 이를 붙이거나 뗄 수 있다.

⑦ 키트의 입력전원은 220V 교류를 사용하므로 감전사고에 주의하라. 이 키트에는 PCB 장착형 SMPS를 사용하고 있다. SMPS의 출력전압 +5V와 이를 이용하여 만든 +3.3V 및 +1.8V는 손으로 만져도 문제가 없지만, 220V의 교류입력 부분은 손으로 만지면 감전사고를 일으킬 수 있다.

(2) 조립하지 않아도 되는 부품

이 키트는 매우 많은 기능을 가지고 있으므로 경우에 따라서는 일부 부품을 조립하지 않고 비워두어도 무방하다.

① 이 키트에 교류 220V의 전원을 공급할 때 FG(Frame Ground)선을 연결하지 않는다면 커패시터 C1은 조립하지 않아도 된다. 이것은 정전기에 의하여 직류전원의 접지와 교류전원의 FG 단자 사이에 과도한 전위차가 발생하지 않도록 하는 소자인데, 키트에 FG선을 연결하지 않는다면 이 소자는 아무 소용이 없기 때문이다.

② 만약 CAN 통신을 사용하지 않는다면 U11과 R34는 조립하지 않아도 무방하다. 그러나, CAN 통신을 사용하고자 하는 경우에는 이를 조립해야 한다.

③ 키트의 부품 중에서 L1과 C12, C13은 마이크로컨트롤러의 아날로그 회로에 보다 안정된 전원을 공급하기 위한 저역통과 필터 기능을 수행한다. 하지만, 인덕터 소자를 가지고 있지 않거나 아날로그 회로가 다소 불안정 또는 부정확한 동작을 하는 것을 감수하겠다면 이들 소자를 조립하지 않아도 되며, 이때 L1은 반드시 점퍼선으로 연결하여 단락시켜 주어야 한다.

④ 키트에서 테스트 핀 TP11, TP12와 그 옆의 접지 단자 GND4, GND5는 TFT-LCD 보드 *TFT-32A* 보드의 아래쪽에 위치한다. 따라서, 6핀짜리 straight형의 핀 헤더를 사용하는 경우에는 이것이 TFT-LCD 보드에 닿지 않도록 메인 보드의 뒷면에 조립하는 것이 좋으며, right angle형의 핀 헤더를 사용하는 경우에는 이를 메인 보드의 앞면에 조립할 수도 있다.

⑤ 이 키트에서는 TFT-LCD 모듈을 16비트 방식으로 인터페이스하므로 TFT-LCD 보드 *TFT-32A* 보드에서 U2, R3, J1은 조립하지 말아야 한다.

⑥ 만약 SD 카드를 사용하지 않는다면 키트에서 CN7과 *TFT-32A* 보드에서 CN3으로 표시되는 SD 카드 커넥터는 조립하지 않아도 된다.

(3) *OK-STM103* 키트를 조립하고 나서 동작을 테스트하는 방법

이제 *OK-STM103* 키트의 조립이 모두 끝났으면 이것이 잘 동작하는지 테스트해야 한다. 여러분이 올바른 부품을 사용하여 제대로 납땜하였다면 틀림없이 잘 동작할 것이니 걱정할 필요는 없다. “잘 동작하도록 설계해 놓은 것을 동작하지 않게 조립하는 것도 보통 능력이 아니다!”라는 점을 상기하고, “남들은 이를 설계하고 만들기도 하는데 단지 조립하여 사용하라는 것을 못하랴!”라고 자신의 오기를 자극하시라.

이제 설레는 가슴을 진정시키고 주변을 깨끗하게 정리한 후에 차분하게 다음과 같은 순서로 테스트를 시작한다.

① 조립이 끝났으면 작업하던 테이블 위를 깨끗이 청소하고 다시 한번 조립상태를 세밀하게 점검하라. 부품이 바뀌지 않고 올바르게 선정되었는지, 극성이 바르게 조립되었는지, 납땜 상태는 양호한지 등을 중점적으로 체크한다.

② 이 키트에서 전원을 넣은 상태에서 PCB를 함부로 만지면 220V 교류전원에 감전될 수 있다는 점에 주의하라. PCB 기판의 모든 납땜이나 수정 작업은 반드시 전원을 끄고 실시하라.

③ 조립이 끝나면 *OK-STM103* 키트에는 아무 프로그램도 들어있지 않으므로 전원을 넣어봐야 아무 동작도 수행되지 않는다. 그러나, 전원을 투입하고 나서 LED2가 점등되는지, TFT-LCD 화면에 백라이트 조명이 들어오는지 그리고 심하게 열이 나거나 연기가 나는 소자는 없는지 주의하여 관찰하는 것이 좋다.

④ 아직은 사용자가 직접 프로그램을 작성하는 것은 어려우므로 이 책의 예제 프로그램에 함께 제공되는 kit_test.hex 파일을 다운로드하여 실행한다. 그러기 위해서는 먼저 제3.2절에서 설명하는 것처럼 해당 소프트웨어를 설치하고 ST-LINK/V2 에뮬레이터의 사용 방법을 익혀야 한다.

⑤ 위의 ④에서 수행한 테스트 프로그램이 모두 올바르게 실행된다면 이제 여러분이 조립한 *OK-STM103* 키트는 거의 정상적으로 동작하는 것으로 봐도 좋다. 그러나, 동작에 문제가 있으면 회로도를 보면서 해당 부분의 하드웨어를 체크해야 한다. 만약, 키트가 올바르게 동작하지 않고 스스로 이 문제를 해결할 능력이 부족하다면 전문가의 도움을 받는 것이 좋다.

예제 프로그램에 함께 제공되는 kit_test.hex 프로그램은 *OK-STM103* 키트의 각 부분 하드웨어 동작을 점검하기 위한 8가지의 테스트 프로그램으로서 이것을 실행하는 방법과 실행하였을 경우의 동작은 다음과 같다. 이 테스트 프로그램의 소스는 C언어로 작성하였으며 이 키트의 예제 프로그램과 함께 제공된다.

① 제3.2절의 설명에 따라 ST-LINK/V2 에뮬레이터용 ST-LINK Utility 프로그램을 설치하고 기본적인 설정을 완료하라.

② 제3.2절의 설명에 따라 예제 프로그램을 설치하고, 지정된 폴더에서 kit_test.hex 파일을 찾아 키트에 다운로드한다. ST-LINK Utility 프로그램에서 직접 다운로드를 수행하는 경우에는 사용자 프로그램을 다운로드하고 나면 자동으로 실행이 시작된다. 그러나, 어떤 디버거 소프트웨어에서는 사용자 프로그램을 다운로드하고 나서 *OK-STM103* 키트의 리셋 스위치를 눌러주어야만 프로그램이 실행되기도 한다.

③ 이 프로그램을 실행하면 TFT-LCD 화면에 8가지의 테스트 메뉴가 나타난다. 그러면 KEY3과 KEY4를 사용하여 테스트 메뉴를 선택하고, 이렇게 선택된 테스트 기능은 KEY1을 눌러서 실행한다. 모든 테스트 결과는 화면에 표시되며, 각 테스트가 종료되면 화면은 다시 테스트 메뉴로 돌아온다.

④ 테스트 (1)은 TFT-LCD 모듈의 화면처리 동작을 테스트하는 메뉴이다. 먼저 TFT-LCD 화면에 한글 및 영문 메시지를 출력하여 동작을 확인하고, 이어서 화면에 수평의 컬러 바(bar)를 출력하여 색깔이 올바르게 되는지 확인하며, 마지막으로 여러 가지의 수학적인 그래픽 함수 파형을 표시한다.

⑤ 테스트 (2)는 터치 스크린 테스트로서 사용자가 화면을 터치하면 그 좌표값이 화면에 표시되며, 2개의 지정된 아이콘을 누르면 지정된 기능이 수행된다.

⑥ 테스트 (3)은 주파수 출력 테스트로서 MCO(TP2) 단자에 여러 가지 주파수 신호를 5초씩 차례로 출력한다. 이를 통하여 MCU 내부에서 여러 가지의 발진회로들이 올바르게 설정되어 사용되고 있는지를 확인할 수 있다.

⑦ 테스트 (4)는 전원전압 테스트로서 A/D 컨버터로 키트의 +5V, +3.3V, VR1로 설정한 전압, 온도센서, MCU 내부의 V_{REFINT} 전압 등을 측정하여 전압값은 소수점 아래 2째 자리까지 표시하고 온도값은 소수점 아래 첫째 자리까지 표시한다.

⑧ 테스트 (5)는 아날로그 출력 테스트로서 DAC_OUT1(TP1) 출력 단자를 통하여 약 1kHz의 삼각파와 정현파를 5초씩 교대로 출력한다.

⑨ 테스트 (6)은 RS-232C 직렬통신 테스트로서 19200 bps로 송신한 데이터 문자열을 루프백 방법으로 수신하여 송신 데이터와 수신 데이터가 일치하는지를 확인하는 방법으로 직렬통신이 정상적으로 수행되는지 테스트한다.

⑩ 테스트 (7)은 디지털 시계 프로그램 예제로서 DS3234(U8) RTC 소자를 사용하여 디지털 시계를 구현한다. 이 디지털 시계에는 캘린더 표시를 포함하며, 현재 시각을 설정하는 기능을 가지고 있다.

⑪ 테스트 (8)은 아날로그 시계 프로그램 예제로서 DS3234(U8) RTC 소자를 사용하여 아날로그 시계를 구현한다. 이 정도의 작은 화면에 멋지게 디스플레이되는 아날로그 시계를 감상할 수 있다. 아날로그 시계에도 캘린더와 디지털 시계가 포함되며, 현재 시각을 설정하는 기능을 가지고 있다.

이상의 테스트를 실시하면서 정상 동작 여부를 확인하여 만약 *OK-STM103* 키트의 동작에 문제가 있다면 원인을 찾아 조치해야 한다. 만약, 자신이 마이크로프로세서의 초보자이거나 STM32F103VET6 마이크로컨트롤러에 충분히 익숙하지 않은 사용자라면 키트를 점검하는 일은 쉽지 않겠지만, 자신의 실제 키트와 회로도를 대조하면서 원리적으로 차분히 접근하면 꼭 어려운 것만도 아니어서 대부분의 오류는 무난하게 찾아낼 수가 있다.

하드웨어를 디버깅할 때는 물론 좋은 계측기가 필요하지만, 계측기에 지나치게 의

존하지 말고 자신의 눈이나 감각으로 직접 부품의 납땜 상태나 소자의 핀 접속 상태 또는 동작 중에 부품의 과열 여부 등 여러 가지의 상태를 확인하는 것이 중요하다. 키트 동작의 오류는 거의 대부분 납땜 불량이나 부품의 오삽 등과 같은 작업자의 실수에 의하여 발생하므로 자신의 눈이나 확대경 등을 사용하여 키트를 세밀하게 관찰하면 웬만한 문제는 어렵지 않게 오류를 찾아내어 수정할 수 있다.

5. RS-232C 통신 케이블의 제작

OK-STM103 키트에서는 커넥터 CN5를 통하여 외부와 RS-232C 직렬통신을 수행할 수 있다. 이에 사용되는 통신 케이블은 시중에서 구입할 수도 있지만, 만약 필요하다면 <그림 3.1.7>을 보면서 사용자가 이를 직접 만들 수도 있다.

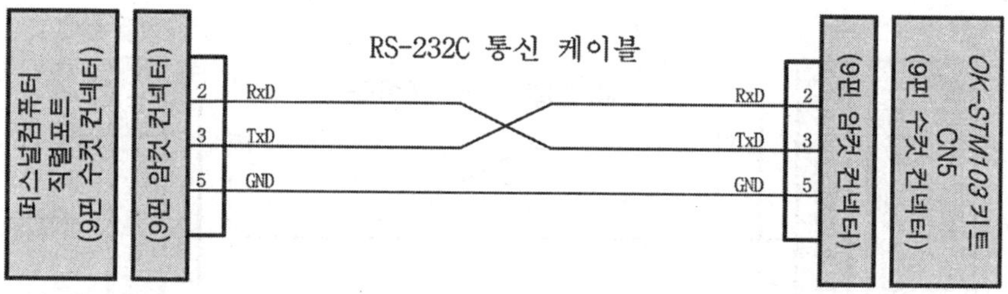

<그림 3.1.7> RS-232C 직렬통신용 케이블의 결선도

RS-232C의 커넥터는 컴퓨터와 같은 DTE(Data Terminal Equipment, 데이터 단말장치)측에 D형 커넥터의 수컷을 사용하고, 모뎀과 같은 DCE(Data Communication Equipment 또는 Data Circuit-Terminating Equipment, 회선 종단장치)측에 D형 커넥터의 암컷을 사용하도록 되어 있다. 그러나, *OK-STM103* 키트는 DTE로서 퍼스널컴퓨터와 직접 즉, DTE끼리 직접 통신을 수행하므로 RS-232C 통신 케이블의 양쪽에는 모두 암컷 커넥터를 사용해야 한다. 그러므로 키트의 커넥터 CN5는 당연히 수컷으로 되어 있다. 흔히 마이크로프로세서 트레이닝 키트의 직렬통신 포트에 암컷 커넥터를 사용하는 경우가 있으나 이는 잘못된 것이다.

일부의 통신 프로그램에서는 RS-232C 통신 케이블에서 TxD 및 RxD 신호는 물론이고 $\overline{\text{RTS}}$, $\overline{\text{CTS}}$, $\overline{\text{DTR}}$, $\overline{\text{DSR}}$과 같은 모뎀제어 신호를 사용하여 핸드세이킹 제어를 수행하는 경우도 있지만 대부분의 마이크로컨트롤러 보드에서는 TxD 및 RxD 신호만을 사용하여 간단히 RS-232C 규격의 비동기 직렬통신을 수행한다. 따라서, 이런 경우에는 퍼스널컴퓨터 측의 직렬통신 프로그램에서도 핸드세이킹 제어를 사용하지 않도록 설정해야만 정상적으로 통신을 수행할 수 있다.

RS-232C 통신 케이블의 길이는 규격상 최대 15m까지 사용할 수 있다. 그러나, 우리의 경우처럼 가까운 거리에서 퍼스널컴퓨터와 *OK-STM103* 키트 사이에 통신을 수행할 것이라면 1m 정도의 길이로 만들면 충분하다.

◀**참고**▶ 시중에서 상업용으로 판매하는 RS-232C 직렬통신 케이블을 구입할 경우에는 이를 직렬포트 연장 케이블과 혼동하면 안된다. RS-232C 직렬통신 케이블은 양쪽 모두 9핀 암컷 커넥터로 되어 있지만, 직렬포트 연장 케이블은 한쪽이 9핀 암컷 커넥터로 되어 있고 다른 한쪽은 9핀 수컷 커넥터로 되어 있다.

만약 *OK-STM103* 키트에서 USART 포트의 동작을 확인하기 위한 루프백 테스트(loopback test)를 실시할 경우에는 RS-232C 직렬통신 케이블을 <그림 3.1.8>과 같이 결선하면 된다.

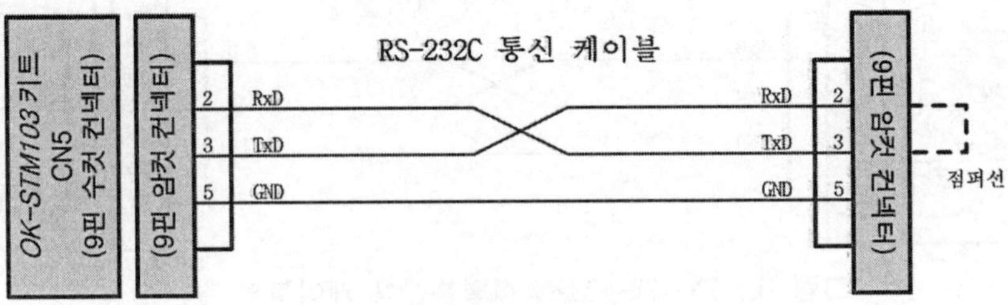

〈그림 3.1.8〉 RS-232C 직렬통신의 루프백 테스트 결선도

3.2 Cortex-M용 에뮬레이터 ST-LINK/V2

이 절에서는 ARM Cortex-M 계열의 마이크로컨트롤러를 사용하여 시스템을 개발할 때 사용자가 사용할 수 있는 하드웨어 및 소프트웨어 개발 툴에는 어떤 것들이 있는지를 알아보고, 이중에서 STMicroelectronics사에서 Cortex-M 제품 전용으로 아주 저렴하게 제공하는 ST-LINK/V2 에뮬레이터의 사용방법을 자세히 설명한다.

1. 하드웨어 및 소프트웨어 개발 툴

사용자가 마이크로컨트롤러를 사용하여 응용 시스템을 개발할 때 꼭 필요한 것이 하드웨어 및 소프트웨어 개발 툴(development tool)이다. 최근까지도 ARM 마이크로프로세서를 사용하려면 고가의 개발용 하드웨어 장비와 소프트웨어를 구입하는 것이 거의 필수적인 것으로 인식되어 왔다. 그러나, 최근에는 ARM이 Cortex-M 시리즈 모델을 통하여 마이크로컨트롤러 시장에 진출하고 이것의 구조가 사용자 편의 위주로 상당히 개선되었으며, 이와 더불어 매우 저렴하거나 심지어는 무료용의 개발 툴까지 널리 보급됨으로써 이제는 아마추어 사용자들도 그다지 많은 비용을 들이지 않고 부담 없이 ARM 마이크로컨트롤러 소자를 사용할 수 있게 되었다.

(1) 소프트웨어 개발 툴

ARM의 소프트웨어 개발 툴은 어셈블러, C컴파일러, IDE 소프트웨어, 디버거, IAP 다운로드 프로그램 등으로 나눌 수 있다.

▣ 어셈블러

오늘날 대부분의 마이크로컨트롤러에서는 어셈블리 언어 또는 C언어를 사용하여 사용자의 응용 프로그램을 개발하고 있다. 따라서, 이들 마이크로컨트롤러에 대하여는 해당 반도체 회사 또는 다른 소프트웨어 회사에서 크로스 어셈블러(cross assembler)와 크로스 C컴파일러(cross C compiler)를 제공하고 있다.

그러나, ARM Cortex-M 시리즈의 마이크로컨트롤러는 상당히 C언어 지향적으로 개발된 소자이므로 여기서는 어셈블리 언어를 사용하여 응용 프로그램을 개발하는 일이 매우 드물며, 거의 대부분의 경우에 C언어를 사용하고 있다. 종래의 ARM 마이크로프로세서 모델에서는 적어도 사용자 프로그램의 스타트업(startup) 코드를 작성하는 데는 어셈블리 언어가 필요하였으나, Cortex-M 마이크로컨트롤러에서는 이러한 스타트업 파일이 매우 간결해졌고 또한 제조사에서 이를 만들어 기본적으로 제공하므로 사용자가 이를 작성할 필요가 없는 경우가 대부분이다. 물론 소프트웨어도 ARM용의 어셈블러가 따로 판매되는 경우는 드물고 대부분 C컴파일러에 포함되어 판매되고 있으며, 평가용 버전에 포함된 어셈블러도 기능의 제한이 없는 경우가 많다.

▣ C 컴파일러

ARM용의 C컴파일러는 ARM사의 제품이 가장 널리 사용되고 있기 때문에 이것 이외의 제품들은 불과 몇가지 정도가 있을 뿐이다. 현재 비교적 많이 사용되는 ARM용의 C컴파일러를 요약하면 <표 3.2.1>과 같다.

〈표 3.2.1〉 ARM용 C컴파일러의 종류

개발 회사	소프트웨어명	최신 버전	비 고
ARM	SDT(Software Development Toolkit)	-	현재는 단종되었음
	ADS(ARM Developer Suite)	-	현재는 단종되었음
	RVDS(RealView Development Suite)	-	현재는 단종되었음
	DS-5(Development Studio)	v5.28	
Keil	PK-ARM(Professional Developer's Kit for ARM)	-	현재는 단종되었음
	MDK-ARM(Microcontroller Development Kit for ARM)	V5.25	2005년 ARM사에 합병됨
IAR	EWARM(Embedded Workbench for ARM)	V8.20.1	
Atollic	TrueSTUDIO	V8.1.0	2017년 STMicroelectronics 사에 합병됨
NXP (Freescale을 합병함)	CodeWarrior	V10.7.0	
	Kinetis Design Studio (자사 Cortex-M 모델 전용의 소프트웨어 개발 툴)	V3.2.0	GCC 계열의 무료용
Embest Technology	CooCox	20170510	GCC 계열의 무료용
EmBitz	EmBitz(옛 Em:: Blocks)	V1.11	GCC 계열의 무료용

ARM사의 C컴파일러는 처음에 SDT가 사용되다가 단종되었고, 현재는 ADS와 RVDS를 거쳐 DS-5가 사용되고 있다. 이미 예전부터 8051 컴파일러로 유명하였던 Keil사는 2005년에 ARM사에 흡수 합병되었지만, 이후에도 독자적인 ARM용 C컴파일러인 PK-ARM을 MDK-ARM으로 바꾸어 계속 유지시켜 나가고 있다.

그밖에도 ARM용 C컴파일러로는 IAR사의 EWARM과 Atollic사의 TrueSTUDIO 또는 NXP(Freescale을 인수 합병함)사의 CodeWarrior 등이 현재 널리 사용되고 있다. 이중에서 Atollic은 2017년 12월에 STMicroelectronics사에 인수 합병되어 상당한 변화가 예상된다. 이 책에서는 IAR사의 EWARM을 기본으로 사용한다.

초창기의 ARM용 C컴파일러는 수백만원이 넘는 고가였으나 현재는 GCC 계열의 무료용 소프트웨어도 몇가지가 사용되고 있다. 그리고, 이제 많은 반도체 회사에서 Cortex-M 계열의 마이크로컨트롤러를 가지고 동일한 시장에서 경쟁하려다 보니 자사 제품의 사용 촉진을 위하여 완전한 기능을 갖는 정품 C컴파일러 소프트웨어를 조건없이 무료로 제공하는 회사도 나타났는데 NXP(Freescale을 인수 합병함)사의 KDS와 STMicroelectronics(Atollic을 인수 합병함)사의 TrueSTUDIO가 그러한 예이다.

▣ IDE 및 디버거 소프트웨어

IDE(Integrated Development Environment)는 에디터, 어셈블러, C컴파일러, 링커, 다운로더, 디버거 등 사용자가 프로그램 개발에 필요한 모든 소프트웨어를 종합적으로 사용할 수 있는 통합 관리 프로그램이라고 할 수 있다. IDE는 에디터와 디버거를 포함하는 경우가 많으며, 독립적인 제품으로 판매되기도 하지만 대부분의 경우에는 기본적으로 매크로 어셈블러, C컴파일러와 함께 패키지로 제공된다. 위의 <표 3.2.1>에서 열거한 소프트웨어 제품들에는 C컴파일러는 물론이고 IDE를 포함하고 있다.

디버거(debugger) 소프트웨어는 에뮬레이터를 그림자처럼 따라다니며 함께 사용된다. 디버거와 에뮬레이터를 사용하면 어셈블리 언어 또는 C언어 레벨에서 프로그램을 실행하면서 실시간으로 디버깅을 수행할 수 있다. 이러한 디버깅을 위한 기능에는 사용자 프로그램의 다운로드 및 실행, 싱글 스텝 트레이스(single-step trace), 브레이크 포인트, 메모리 액세스, 레지스터 및 변수값의 실시간 워치(watch) 등이 있다.

▣ 다운로드 프로그램

ARM 마이크로프로세서 중에서 내부에 플래시 메모리와 SRAM을 가지고 있어 MCU화된 모델에는 이 플래시 메모리 또는 SRAM에 사용자 프로그램을 다운로드하는 ISP(In-System Programming) 또는 IAP(In-Application Programming) 기능을 가지고 있는 경우가 많다. 그러나, 이러한 다운로드 동작은 제조사마다 특성있게 수행되므로 다운로드 프로그램이나 다운로드 케이블도 각 제조사마다 천차만별로 다르다.

다운로드 프로그램과 다운로드 케이블을 사용할 때는 에뮬레이터를 사용하는 경우처럼 실시간 디버깅 기능은 없지만, 간편하고 저렴한 가격으로 사용자 프로그램을 다운로드하여 실행할 수 있으므로 특히 아마추어 사용자들에게 인기가 있다.

부트로더 방식의 다운로드를 위해서 ARM 소자 내부에는 ROM으로 부트 프로그램이 들어있다. 이 부트 프로그램은 퍼스널컴퓨터와 RS-232C, SPI, USB, CAN 등의 직렬통신으로 통신하면서 사용자 프로그램을 소자 내부의 플래시 메모리 또는 SRAM에 다운로드한다. 이러한 방식의 다운로드는 제품이 판매된 이후에 사용자가 제품의 펌웨어(firmware)를 업그레이드하는 용도로 많이 사용된다.

(2) 하드웨어 개발 툴

ARM의 하드웨어 개발 툴은 에뮬레이터, 평가용 보드, 다운로드 케이블, 그리고 이것들에 관련된 소프트웨어 등으로 나눌 수 있다.

▣ 에뮬레이터

사용자가 작성한 프로그램을 타겟 보드(target board)로 다운로드하여 실시간으로 실행하면서 하드웨어나 소프트웨어의 오류를 쉽게 디버깅(debugging)할 수 있도록 도와주는 하드웨어 장비를 에뮬레이터(emulator)라고 한다. 일반적으로 에뮬레이터에는 타겟 보드에 사용자 프로그램을 다운로드(In-Circuit Programming)할 수 있고, 다운로드한 프로그램을 1개의 명령어씩 실행하는 싱글 스텝(single step) 또는 트레이스(trace) 기능, 사용자가 원하는 위치까지 프로그램을 실행한 후에 정지시키는 브레이크 포인트(break point) 기능, 프로그램의 실행 상황을 실시간으로 화면에 보여주는 윈도우 워치(window watch) 기능 등을 가지고 있다.

전통적으로 마이크로프로세서의 에뮬레이터에는 CPU 소켓에 직접 포드(pod)를 접속하여 사용하는 ICE(In-Circuit Emulator) 형태가 많았으나 요즈음에는 하드웨어적으로 좀더 간편하게 IEEE 1149.1 표준의 JTAG(Joint Test Access Group) 인터페이스를 사용하는 방식이 널리 사용되고 있다. ARM 소자에 사용할 수 있는 에뮬레이터로는 ARM사의 Multi-ICE, Keil사의 ULINK, Segger사 및 IAR사의 J-link, Lauterbach사의 TRACE32 등이 있으며, Macraigor Systems사의 Wiggler 케이블과 같이 퍼스널컴퓨터의 병렬포트에 접속하여 사용하는 간이형 JTAG 인터페이스도 있다.

그러나, ARM Cortex-M 시리즈의 마이크로컨트롤러에서는 JTAG보다 좀더 간단한 구조의 SWD(Serial-Wire Debug) 방식 에뮬레이터 인터페이스도 함께 제공하고 있으며, 이 책에서는 JTAG 및 SWD 인터페이스를 모두 지원하는 STMicroelectronics사의 ST-LINK/V2 에뮬레이터를 기본으로 사용한다.

이러한 에뮬레이터는 디버거(debugger)라는 호스트컴퓨터 프로그램과 함께 사용되는데, 에뮬레이터를 사용하는 개발 시스템의 구성도를 <그림 3.2.1>에 보였다. 과거에는 JTAG 에뮬레이터와 호스트 컴퓨터의 접속에 전용의 확장 카드와 접속 케이블을 사용하는 경우가 많았으나, 점차로 퍼스널컴퓨터의 병렬포트와 직렬포트를 사용하는 추세를 거쳐서 오늘날에는 USB 직렬통신으로 접속하는 경우가 대부분이다.

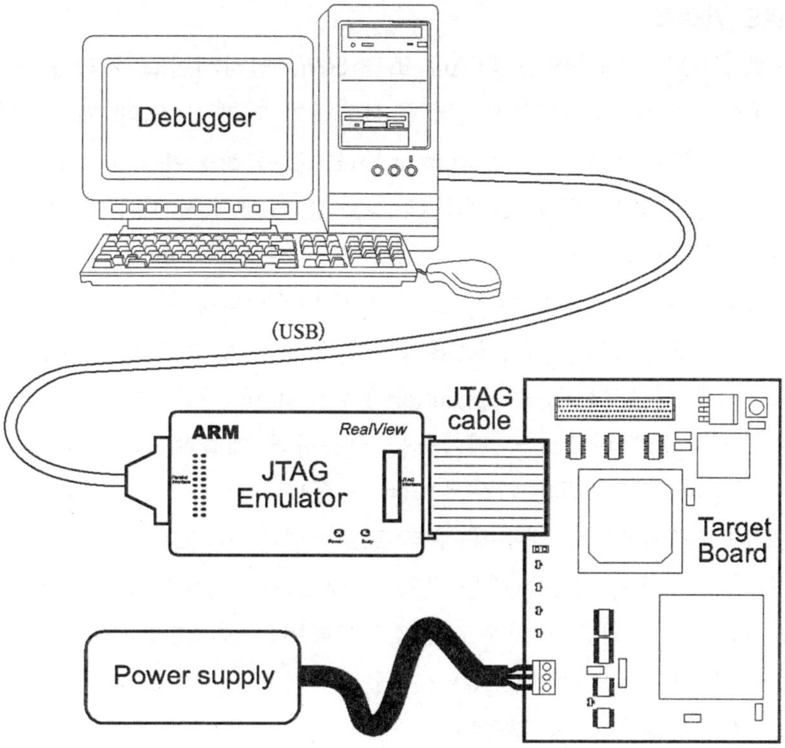

〈그림 3.2.1〉 JTAG 에뮬레이터와 디버거를 사용한 ARM 개발 시스템의 구성

▣ 평가용 보드

평가용 보드(evaluation board)는 마이크로컨트롤러를 사용하여 기본적인 하드웨어 설계 기술을 배우고 이를 사용해 봄으로써 마이크로컨트롤러의 하드웨어 또는 소프트웨어 실행 성능이나 응용분야를 평가해 볼 수 있도록 해당 마이크로컨트롤러의 제조회사 또는 협력사에서 개발 판매하는 간단한 트레이닝 보드이다. 이 마이크로컨트롤러를 처음 익히는 사람은 평가용 보드를 사용하여 짧은 시간에 저렴한 비용으로 많은 경험을 쌓을 수 있으므로 이를 스타터 키트(starter kit)라고 부르는 경우도 있다.

STM32F103 MCU를 공부할 수 있도록 STMicroelectronics에서 제공하는 평가용 보드에는 NUCLEO-F103RB가 있고 관련 소프트웨어로는 STM32CubeF1이 있다.

그러나, 해당 마이크로컨트롤러 모델이 출시된지 얼마 되지 않아서 이를 이용한 응용설계 기술이 널리 소개되지 않았거나 또는 개발 툴을 구하기 어려운 경우라면 모르지만, 오늘날처럼 관련 정보의 획득이 용이하고 ARM을 사용하기가 쉬워진 환경에서는 평가용 보드나 스타터 키트의 필요성이 상당히 적어졌다.

▣ 다운로드 케이블

일반적으로 ARM의 내부에는 JTAG 또는 SWD 인터페이스 기능을 포함하고 있어서 이러한 기능을 지원하는 에뮬레이터를 사용하여 타겟 보드의 메모리에 사용자 프로그램을 다운로드(In-Circuit Programming)하는 것이 보통이다.

그러나, 오늘날의 MCU화된 ARM Cortex-M 모델들은 내부에 플래시 메모리와 SRAM을 가지고 있고 여기에 사용자 프로그램을 다운로드할 수 있는 간편한 방법을 추가적으로 제공하고 있다. 즉, ARM 소자의 내부 ROM에 부트로더 프로그램을 가지고 있어서 이것이 RS-232C, SPI, USB, CAN 등의 직렬통신으로 외부와 통신하면서 사용자 프로그램을 다운로드(In-Application Programming)할 수 있는 것이다. 이와 같이 일반 통신 케이블인 다운로드 케이블을 사용하면 에뮬레이터에 비하여 좀더 저렴한 비용으로 사용자 프로그램을 다운로드할 수 있다.

STM32F103VET6에서도 내부에 부트 프로그램을 가지고 있어서 USART1 직렬통신 포트를 통하여 사용자 프로그램을 플래시 메모리나 SRAM에 다운로드할 수 있다. 이에 필요한 퍼스널컴퓨터용의 다운로더 소프트웨어는 STMicroelectronics사에서 제공한다. 이 책에서는 저렴한 ST-LINK/V2 에뮬레이터를 사용하므로 굳이 이러한 다운로드 방법에는 크게 관심을 두지 않는다.

2. ST-LINK/V2 에뮬레이터

ST-LINK/V2는 STMicroelectronics사에서 저렴하게 제공하는 STM8 및 STM32 시리즈 마이크로컨트롤러용의 USB 포트형 에뮬레이터로서 디버거와 프로그래머의 기능을 갖는다. 이것은 퍼스널컴퓨터와 USB 포트로 연결되어 여기서 공급되는 +5V 전원으로 동작하며, 타겟 보드(target board)와는 SWIM(Single Wire Interface Module), JTAG(Joint Test Action Group), SWD(Serial Wire Debug) 방식으로 접속될 수 있어서 STMicroelectronics사의 모든 Cortex-M 마이크로컨트롤러 제품에 사용할 수 있고, 1.65~3.6V 범위의 로직 신호 레벨을 지원한다. 그러나, ARM Cortex-M0/M0+ 시리즈의 마이크로컨트롤러에서는 SWD 방식만을 사용할 수 있다.

이 장비의 내부에서 사용하고 있는 마이크로컨트롤러에는 DFU(Direct Firmware Upgrade) 기능을 가지고 있어서 ST-LINK Utility 프로그램을 사용하여 펌웨어를 새로운 버전으로 쉽게 업그레이드할 수 있다. 새로운 마이크로컨트롤러 제품이 출시되면 이를 지원할 수 있도록 펌웨어를 업그레이드해야 하는 경우가 종종 있다.

(1) ST-LINK/V2 에뮬레이터의 구조

ST-LINK/V2는 <그림 3.2.2>에 보인 것처럼 USB 케이블(A), ST-LINK/V2 에뮬레이터 본체(B), SWIM용 케이블(C), SWIM용 플랫 케이블(D), JTAG 및 SWD용 케이블(E) 등으로 구성된다. ARM Cortex-M 모델에서는 C와 D를 사용하지 않는다.

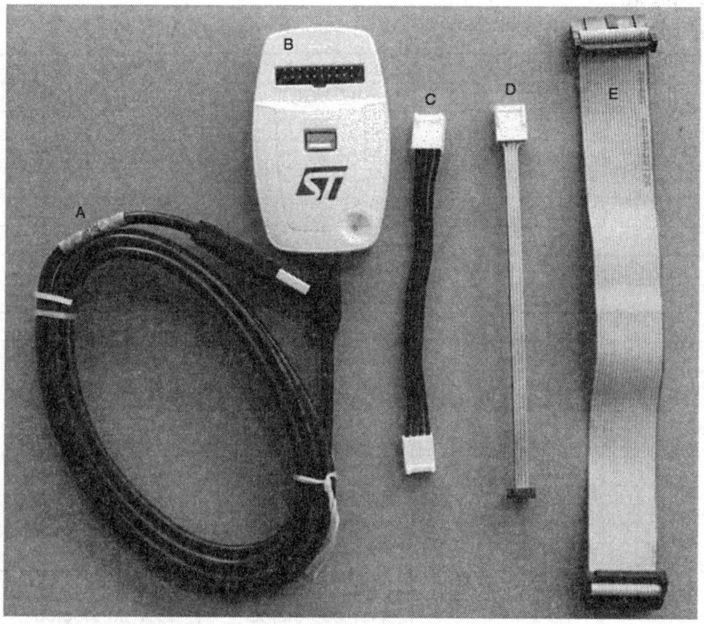

<그림 3.2.2> ST-LINK/V2 에뮬레이터의 구성품

(2) ST-LINK/V2 에뮬레이터의 접속

ST-LINK/V2는 퍼스널컴퓨터와 A/mini B형의 USB 케이블로 접속하며, 타겟 보드와는 20핀의 플랫 케이블로 접속한다. 플랫 케이블에 사용되는 JTAG 표준형 20핀 커넥터의 모양과 핀 번호는 <그림 3.2.3>과 같다.

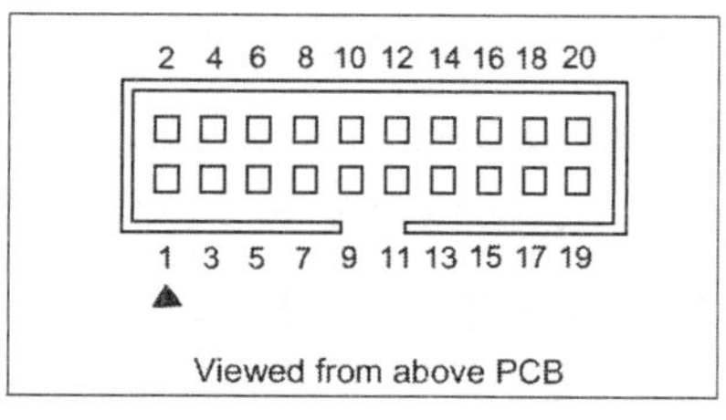

<그림 3.2.3> ST-LINK/V2의 20핀 플랫 케이블용 커넥터

ST-LINK/V2의 플랫 케이블에 있는 20핀의 신호명을 요약하면 <표 3.2.2>와 같다. 여기서 보는 바와 같이 Cortex-M3에서 만약 SWD 인터페이스 방식을 사용하겠다면 MCU VDD, GND, SWDIO, SWCLK, NRST 등 5개의 핀만으로도 충분한데, 이 신호들을 JTAG 표준 커넥터에 함께 포함시켜 놓았기 때문에 상당히 크고 거추장스러운 20핀 짜리의 커넥터를 사용해야 하는 불편이 있다.

〈표 3.2.2〉 ST-LINK/V2에서 JTAG용 및 SWD용 케이블의 핀 배열

핀 번호	핀 이름	JTAG용의 기능	SWD용의 기능
1	VAPP	MCU VDD(1)	MCU VDD(1)
2	VAPP	MCU VDD(1)	MCU VDD(1)
3	TRST	JNTRST	GND
4	GND	GND	GND
5	TDI	JTDI	GND
6	GND	GND	GND
7	TMS_SWDIO	JTMS	SWDIO
8	GND	GND	GND
9	TCK_SWCLK	JTCK	SWCLK
10	GND	GND	GND
11	NC	Not connected	Not connected
12	GND	GND	GND
13	TDO_SWO	JTDO	TRACESWO(2)
14	GND	GND	GND
15	NRST	NRST	NRST
16	GND	GND	GND
17	NC	Not connected	Not connected
18	GND	GND	GND
19	VDD	Not connected	Not connected
20	GND	GND	GND

(1) 이 전원은 타겟 보드로부터 ST-LINK/V2에 공급되어야 한다.

(2) SWV(Serial Wire Viewer)를 위해서만 옵션으로 사용하는 기능이다.

(3) ST-LINK Utility 프로그램의 설치

STMicroelectronics사에서 제공하는 ST-LINK Utility 프로그램은 자사의 Cortex-M 마이크로컨트롤러 전용의 에뮬레이터인 ST-LINK/V2를 사용하여 사용자 프로그램을 다운로드하고 실행할 수 있는 프로그램이다. 이를 설치하는 방법은 다음과 같다.

① STM32 ST-LINK Utility_v4.0.0 setup.exe 프로그램을 실행시키면 <그림 3.2.4>와 같은 화면이 나타나는데 여기서 Next 버튼을 누른다. 이어서 <그림 3.2.5>처럼 소프트웨어 라이센스에 대한 설명이 나타나면 Yes 버튼을 눌러서 지나간다.

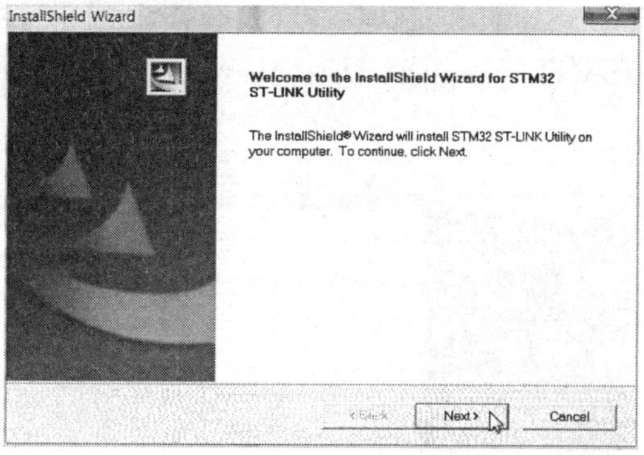

<그림 3.2.4> ST-LINK Utility 설치 시작 화면

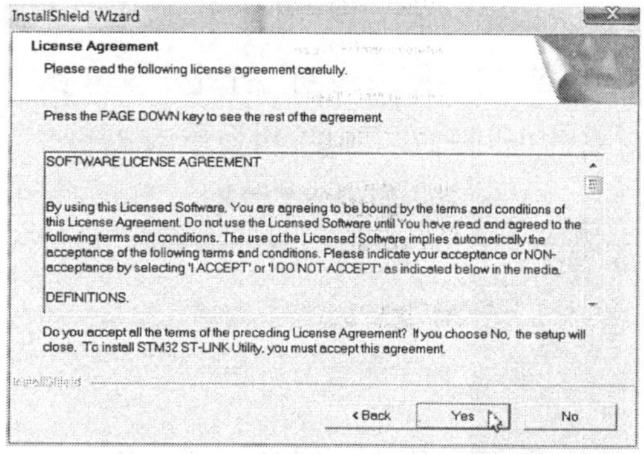

<그림 3.2.5> 라이센스 동의 여부 화면

② <그림 3.2.6>처럼 소프트웨어를 설치할 폴더를 묻는 화면이 나타나면 디폴트 폴더를 그냥 사용하는 것이 좋으므로 Next 버튼을 누른다.

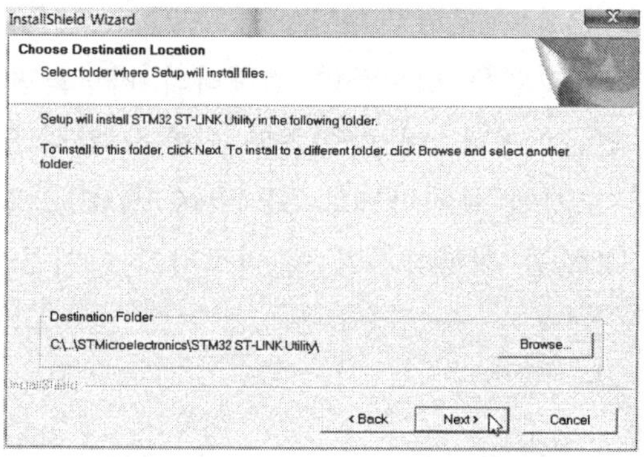

<그림 3.2.6> ST-LINK Utility를 설치할 폴더를 묻는 화면

③ ST-LINK Utility 프로그램이 설치되고 나면 이어서 <그림 3.2.7>과 같이 USB 드라이버 파일을 설치하는 화면이 나타나며, 여기서 다음(N) 버튼을 누른다.

<그림 3.2.7> USB 드라이버의 설치를 알려주는 화면

④ USB 드라이버 파일의 설치가 완료되면 <그림 3.2.8>과 같은 화면이 나타나므로 마침 버튼을 누르며, 이어서 <그림 3.2.9>처럼 ST-LINK Utility의 설치를 완료하는 화면이 나타나면 Finish 버튼을 누른다.

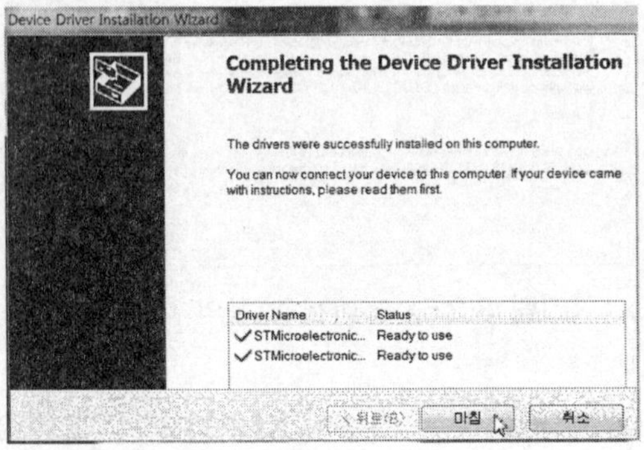

<그림 3.2.8> USB 드라이버 설치 종료

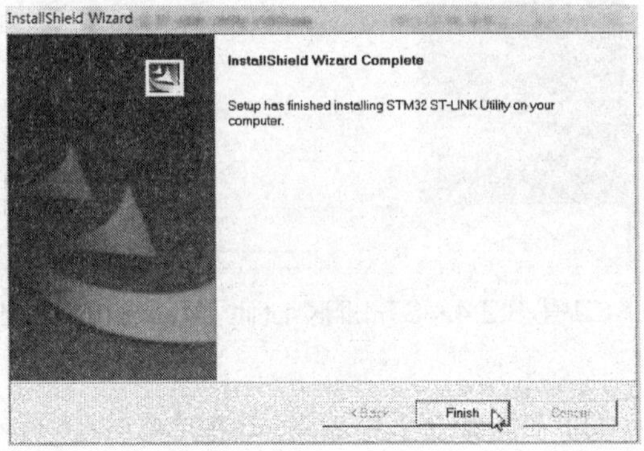

<그림 3.2.9> ST-LINK Utility 설치 종료 화면

⑤ ST-LINK Utility 프로그램을 설치하면 컴퓨터의 바탕화면에 <그림 3.2.10>과 같이 바로가기 아이콘이 만들어진다. 이 아이콘의 이름은 원래 STM32 ST-LINK Utility인데 이것은 너무 길어서 보기에 불편하므로 ST-LINK V4.0.0으로 짧게 변경하여 사용한다. 이제부터 ST-LINK Utility를 실행하려면 이 바로가기 아이콘을 누르면 된다.

<그림 3.2.10> ST-LINK Utility 프로그램의 바로가기 아이콘

(4) ST-LINK Utility로 사용자 프로그램을 다운로드 하기

ST-LINK Utility 프로그램은 ST-LINK/V2 에뮬레이터를 사용하여 프로그램을 키트로 다운로드하고 실행하는 기능을 가지고 있다. 여기서는 그 방법을 설명한다.

만약, IAR EWARM 소프트웨어의 내부에서 ST-LINK Utility를 사용하여 사용자 프로그램을 다운로드하고, 실시간으로 실행하면서 디버깅하려면 IAR EWARM 소프트웨어에서 이를 위한 옵션을 설정해주어야 한다.

① 바탕화면에 있는 ST-LINK Utility 프로그램의 바로가기 아이콘을 눌러서 이 프로그램을 실행시키면 <그림 3.2.11>과 같이 나타난다.

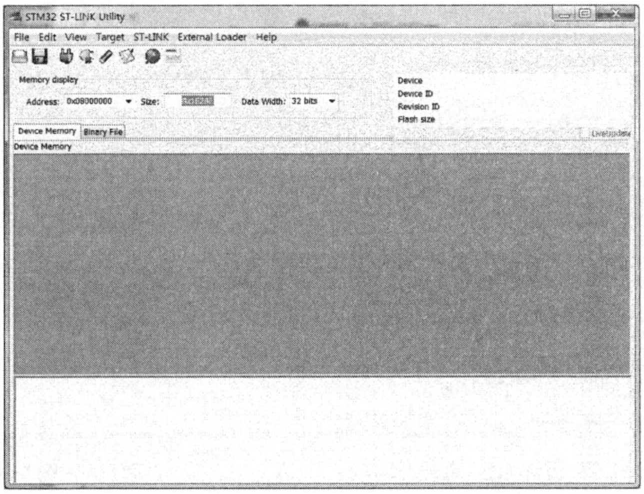

<그림 3.2.11> ST-LINK Utility를 실행한 처음 화면

② 이제 첫번째로 할 일은 <그림 3.2.12>처럼 타겟 보드와의 인터페이스를 JTAG 또는 SWD 방식으로 설정하는 것이다. JTAG 인터페이스를 사용하는 것이 좋다.

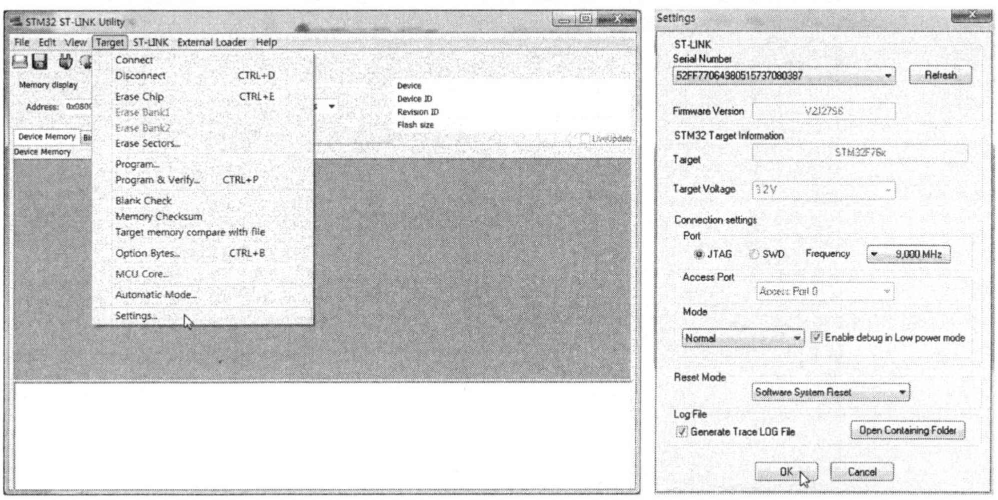

<그림 3.2.12> 타겟 보드 인터페이스를 SWD 방식으로 설정하는 화면

③ 이와 같이 타겟 보드와의 인터페이스를 JTAG 방식으로 설정하거나 그 이후에 Target → Connect 메뉴를 실행하면 <그림 3.2.13>과 ST-LINK/V2 에뮬레이터가 타겟 보드의 정보를 읽어서 화면에 표시한다. 이상의 과정은 처음에 1번만 수행하면 되며, 이후에 ST-LINK Utility를 사용할 때는 다시 설정할 필요가 없다.

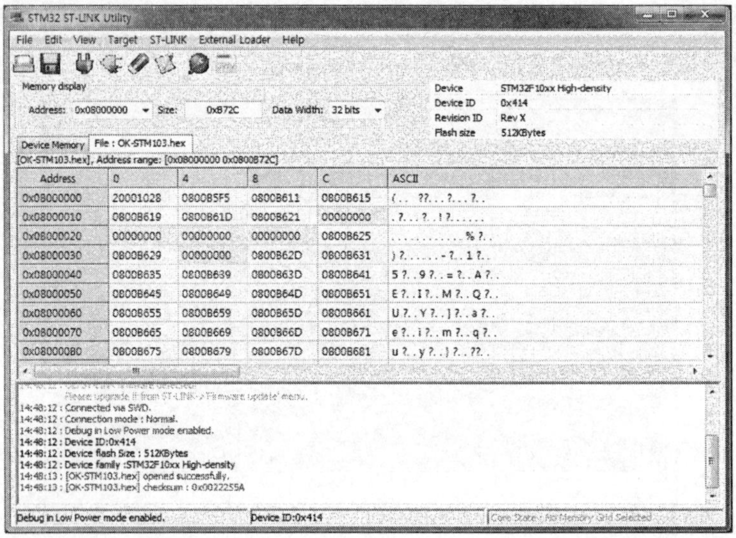

<그림 3.2.13> ST-LINK/V2 에뮬레이터가 타겟 보드와 연결되어 정보를 읽어온 화면

④ 사용자 프로그램의 HEX 파일을 키트에 다운로드하려면 <그림 3.2.14>와 같이 Target → Program & Verify... 메뉴를 실행한다.

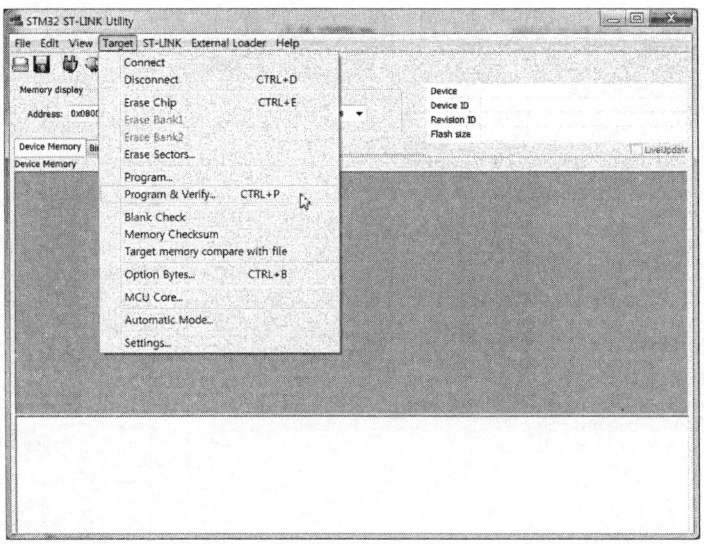

<그림 3.2.14> 사용자 프로그램을 다운로드하기 위하여 들어가는 화면

⑤ <그림 3.2.15>와 같은 화면이 나타나면 매번 다운로드할 때마다 Browse 버튼을 눌러서 사용자 프로그램의 HEX 파일을 새로 지정하여 읽어와야 한다. 만약 매번 이렇게 하지 않으면 사용자 프로그램을 수정하여 다시 컴파일하더라도 컴퓨터의 버퍼에 이미 읽혀져 있던 예전의 HEX 파일을 다운로드하게 되므로 주의해야 한다.

<그림 3.2.15> 새로 Browse를 실행하여 사용자 프로그램의 HEX 파일을 읽기

⑥ 이제 <그림 3.2.16>과 같이 Start 버튼을 눌러서 이 HEX 파일의 내용을 다운로드한다. 이때 그림처럼 Reset after programming 항목을 체크하여 놓으면 다운로드를 수행한 후에 자동으로 사용자 프로그램을 실행한다.

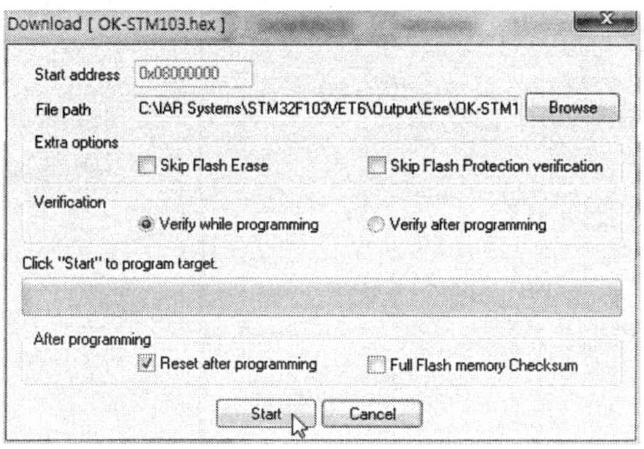

<그림 3.2.16> 사용자 프로그램의 HEX 파일을 다운로드하고 실행하는 화면

⑦ 그러나, 여기서 Reset after programming 항목을 체크하여 놓지 않았거나 나중에 사용자 프로그램의 실행을 시작 또는 중지하려면 <그림 3.2.17>처럼 Target → MCU Core... 메뉴를 실행한다. 여기서 Run이나 System Reset 버튼을 누르면 타겟 보드에 있

는 사용자 프로그램이 실행되며, Halt 버튼을 누르면 실행이 중지된다.

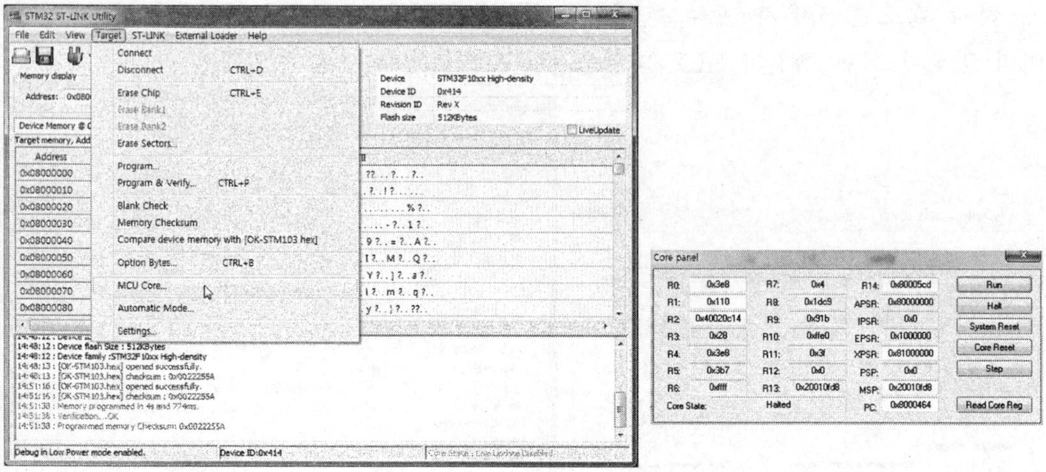

<그림 3.2.17> 사용자 프로그램의 실행을 시작하거나 중지하는 화면

⑧ 만약, ST-LINK/V2 에뮬레이터의 펌웨어를 최신 버전으로 업데이트하려면 <그림 3.2.18>에서처럼 ST-LINK → Firmware update 메뉴를 실행하고, Device Connect 버튼을 누른 후에 Yes >>>> 버튼을 누르면 업데이트가 수행된다. 그러나, 이미 최신 버전으로 업데이트가 되어 있는 경우에는 Yes >>>> 버튼이 활성화되지 않는다.

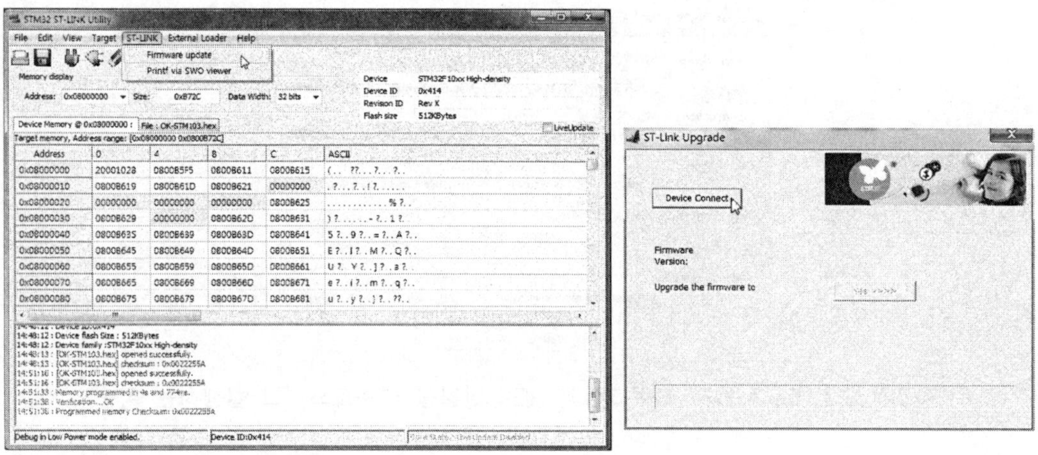

<그림 3.2.18> ST-LINK/V2의 펌웨어를 업그레이드하는 화면

3.3 IAR EWARM 컴파일러의 설치 및 사용

이 절에서는 IAR사의 C컴파일러를 포함한 ARM용 소프트웨어 개발툴 패키지인 EWARM(Embedded Workbench for ARM)의 설치와 사용 방법 그리고 이것의 주요 기능을 요약하여 설명한다. 자신이 사용하는 마이크로컨트롤러 모델을 지원하고 이 책의 예제를 사용하는데 문제가 발생하지 않도록 하려면 사용자는 가급적 최신 버전의 소프트웨어를 선정하여 사용하는 것이 바람직하다.

이 컴파일러를 사용하여 작성한 C언어 예제 프로그램을 번역하여 생성된 사용자 프로그램의 HEX 파일을 *OK-STM103* 키트에 다운로드하고 실행하는 방법은 이미 앞의 제3.2절에서 설명하였다.

1. IAR EWARM 프로그램의 설치

IAR EWARM V7.80.2 소프트웨어를 설치하는 방법은 다음과 같다. 여기서는 운영체제가 Windows 7인 경우를 기준으로 설명하지만 그 외의 운영체제에서도 이와 유사한 방법으로 설치할 수 있다.

① 설치 원본 파일 EWARM-CD-7802-11975.exe를 실행시키면 <그림 3.3.1>과 같은 화면이 나타난다.

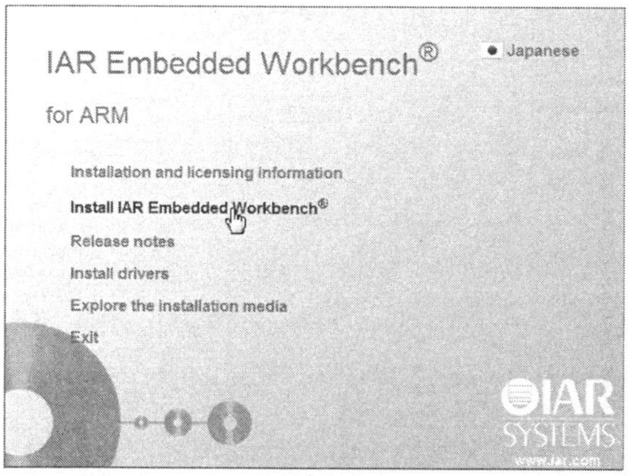

<그림 3.3.1> IAR EWARM을 설치할 때의 첫 화면

② 여기서 Install IAR Embedded Workbench® 메뉴를 누르면 <그림 3.3.2>의 왼쪽처럼 설치 시작을 알리는 화면이 나온다. 여기서 Next 버튼을 누르면 <그림 3.3.2>의 오른쪽처럼 소프트웨어 라이센스에 관한 설명이 나오는데, I accept the terms of the license agreement 항목을 선택하고 Next 버튼을 누른다.

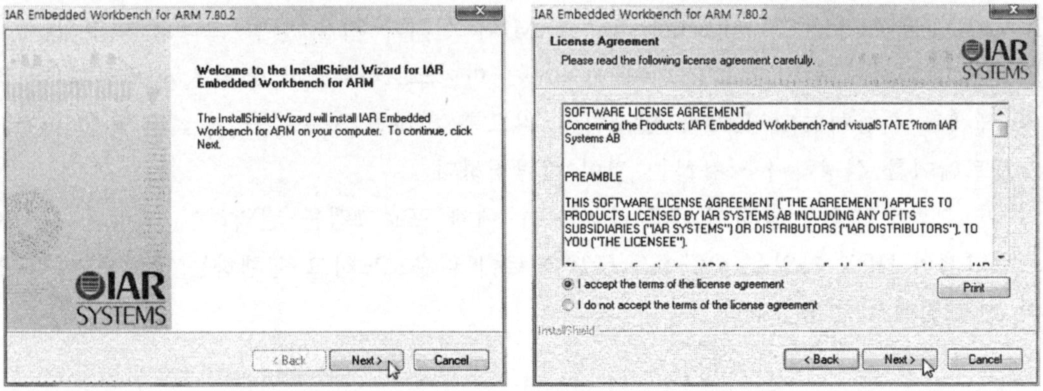

<그림 3.3.2> IAR EWARM의 설치를 시작하는 화면

③ <그림 3.3.3>의 왼쪽과 같이 이 소프트웨어를 설치할 경로 이름을 묻는 화면이 나타나면 반드시 Change... 버튼을 눌러서 <그림 3.3.3>의 오른쪽처럼 소프트웨어를 설치할 폴더를 C:\IAR Systems\Embedded Workbench 7.5로 변경하고 확인 버튼을 누른다. 그러나, 만약 경로 이름을 이와 같이 설정하지 않고 자기 맘대로 다르게 변경하면 이 책의 예제 프로그램을 사용하는데 문제가 발생할 수 있으니 주의하라.

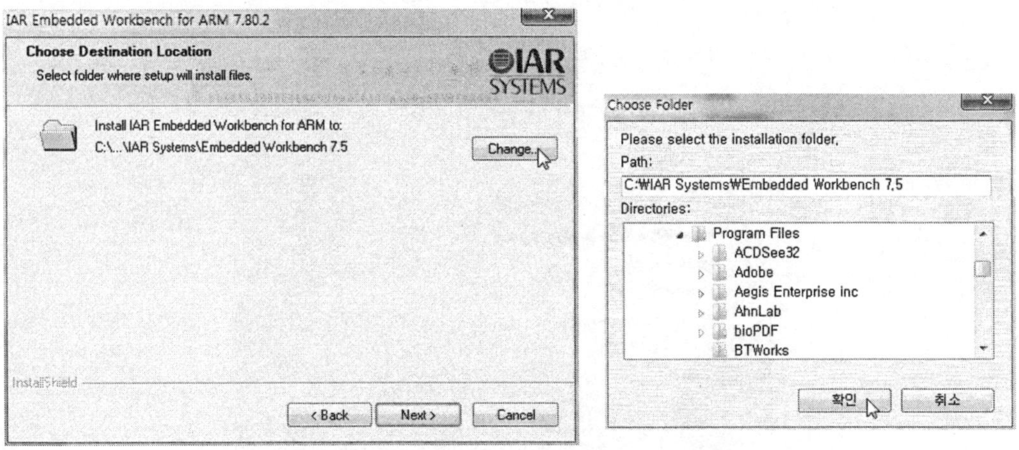

<그림 3.3.3> 소프트웨어를 설치할 경로를 변경하는 화면

④ 그리고 나서 <그림 3.3.4>에서처럼 소프트웨어를 설치할 경로 이름이 올바르게 입력된 것이 확인되면 Next 버튼을 누른다.

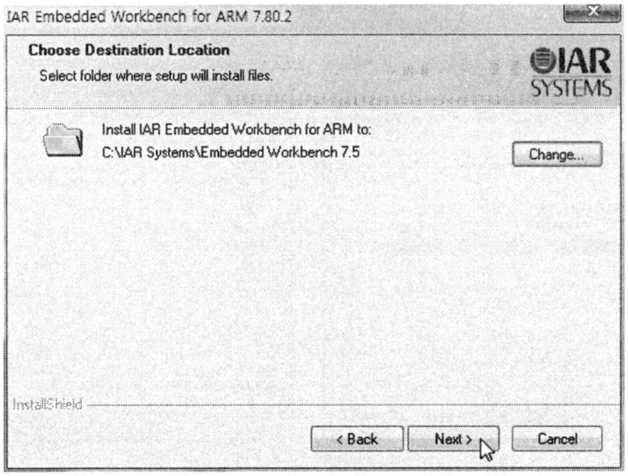

<그림 3.3.4> 소프트웨어 설치 폴더가 올바르게 지정되었는지를 확인하는 화면

⑤ <그림 3.3.5>에서와 같이 USB 드라이버의 설치를 지정하는 화면이 나오면 ST-LINK와 Dongle drivers 항목을 체크하고 Next 버튼을 누른다.

향후 IAR EWARM의 외부에서 ST-LINK Utility 프로그램을 통하여 ST-LINK/V2를 사용할 경우에는 필요 없지만, 만약 IAR EWARM 소프트웨어의 내부에서 직접 이 에뮬레이터를 사용하겠다면 이처럼 드라이버 파일을 설치하는 것이 필요하다.

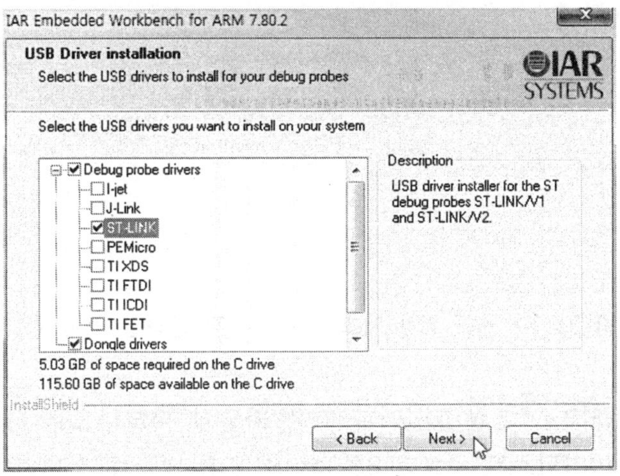

<그림 3.3.5> USB 드라이버를 설치할 것인지 지정하는 화면

⑥ 설치 준비의 마지막 단계로 <그림 3.3.6>의 왼쪽 화면이 나타나면 Next 버튼을 누르고, 다시 <그림 3.3.6>의 오른쪽 화면이 나타나면 Install 버튼을 눌러서 설치 작업을 시작한다.

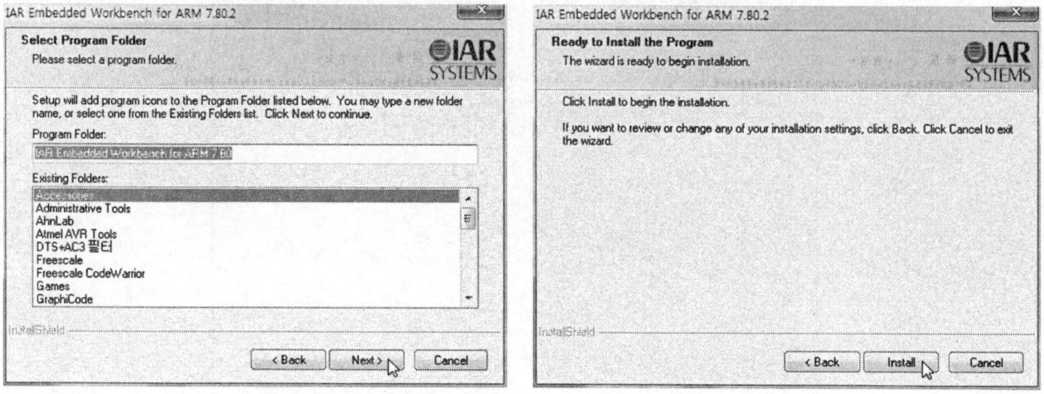

<그림 3.3.6> 설치 시작을 확인하는 화면

⑦ 그러면 오랜 시간동안 설치가 수행되면서 화면에 <그림 3.3.7>처럼 진행상태가 표시된다.

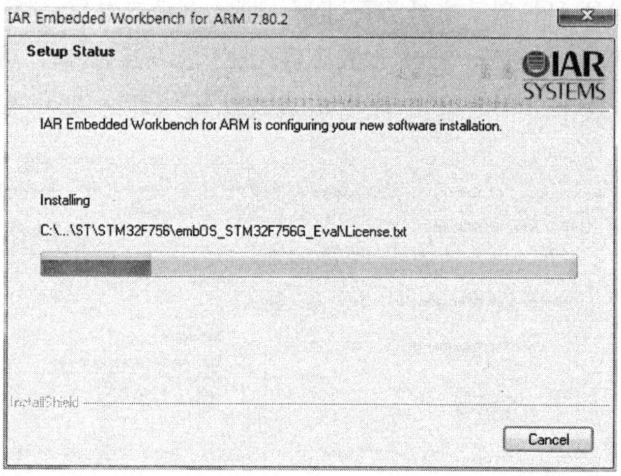

<그림 3.3.7> IAR EWARM의 설치 진행 상태를 보여주는 화면

⑧ 설치가 완료되면 <그림 3.3.8>과 같은 화면이 나타나므로 Finish 버튼을 눌러서 설치를 종료하며, 마지막으로 <그림 3.3.9>에서 Exit 메뉴를 선택하여 설치 프로그램을 끝내고 빠져 나온다.

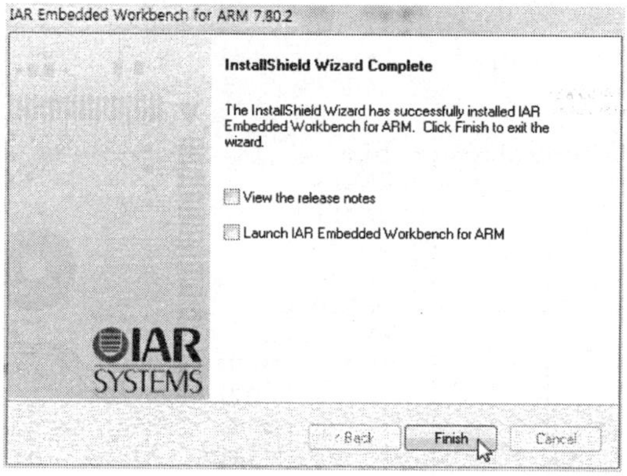

<그림 3.3.8> 설치를 종료하는 화면

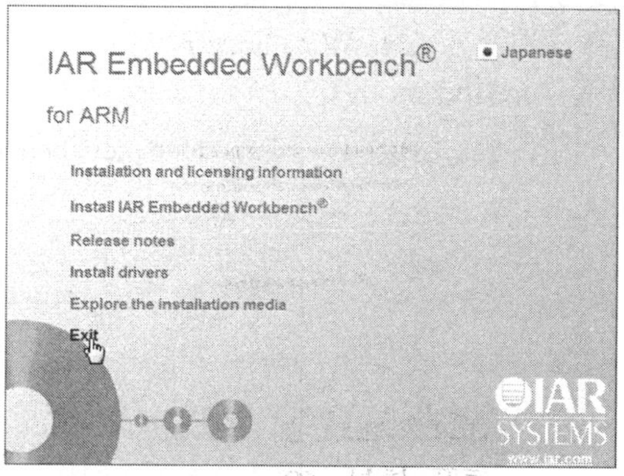

<그림 3.3.9> 설치 프로그램의 종료

⑨ 이와 같이 IAR EWARM 소프트웨어의 설치하고 나면 컴퓨터의 바탕화면에 이것의 바로가기 아이콘이 자동으로 생성되지 않는다. 따라서, 사용자가 <그림 3.3.10>처럼 바탕화면에 C:\IAR Systems\Embedded Workbench 7.5\common\bin\IarIdePm.exe 파일의 바로가기 아이콘을 직접 만들어 놓는 것이 좋다.

<그림 3.3.10> IAR EWARM 소프트웨어의 바로가기 아이콘

⑩ IAR EWARM 소프트웨어 V7.80.2를 모두 설치하고 나면 C:\IAR Systems\ 폴더 아래에 설치된 파일 디렉토리의 구조는 <그림 3.3.11>과 같게 된다. 단, 여기서 C:\IAR Systems\STM32F103VET6\ 폴더는 자동으로 생성되는 것이 아니라 나중에 이 책에서 제공하는 예제 파일을 설치하면 생성되는 폴더이다.

```
C:\─┬─ ...
    ├─ ...
    ├─Windows...
    ├─ ...
    └─IAR Systems─┬─Embedded Workbench 7.5─┬─arm─────┬─bin
                  │                        │         ├─CMSIS
                  │                        │         ├─config
                  │                        │         ├─cstat
                  │                        │         ├─doc
                  │                        │         ├─drivers
                  │                        │         ├─examples
                  │                        │         ├─inc─┬─AmbiqMicro
                  │                        │         │     ├─AnalogDevices
                  │                        │         │     ├─asm
                  │                        │         │     ├─Atmel
                  │                        │         │     ├─c
                  │                        │         │     ├─Cirrus
                  │                        │         │     ├─cpp
                  │                        │         │     ├─Cypress
                  │                        │         │     ├─ecpp
                  │                        │         │     ├─Epson
                  │                        │         │     ├─Faraday
                  │                        │         │     ├─Fujitsu
                  │                        │         │     ├─Hilscher
                  │                        │         │     ├─Holtek
                  │                        │         │     ├─Infineon
                  │                        │         │     ├─Intel
                  │                        │         │     ├─Marvell
                  │                        │         │     ├─Microchip
                  │                        │         │     ├─NetSilicon
                  │                        │         │     ├─Nuvoton
                  │                        │         │     ├─NXP
                  │                        │         │     ├─OKI
                  │                        │         │     ├─OnSemiconductor
                  │                        │         │     ├─Renesas
                  │                        │         │     ├─Samsung
                  │                        │         │     ├─Socle
                  │                        │         │     ├─Sonix
                  │                        │         │     ├─ST
                  │                        │         │     ├─TexasInstruments
                  │                        │         │     └─Toshiba
                  │                        │         ├─lib
                  │                        │         ├─plugins
                  │                        │         ├─RTOS
                  │                        │         ├─src
                  │                        │         └─tutor
                  │                        ├─common─┬─bin
                  │                        │        ├─config
                  │                        │        ├─doc
                  │                        │        └─plugins
                  │                        └─install-info
                  └─STM32F103VET6─┬─Include─┬─CMSIS
                                  │         └─STM32F1xx_HAL_Driver─┬─Inc
                                  │                                └─Src
                                  ├─Linker
                                  ├─Ouput─┬─Exe
                                  │       ├─List
                                  │       └─Obj
                                  └─settings
```

〈그림 3.3.11〉 IAR EWARM V7.80.2를 설치한 후의 파일 디렉토리 구조

2. 예제 프로그램의 설치

이 책에서 제공하는 *OK-STM103* 키트용의 C언어 예제 파일은 간단하게 압축파일 STM32F103VET6.zip으로 제공된다. 이 파일을 C:\IAR Systems\ 폴더에 복사하여 놓고 압축을 풀면 <그림 3.3.11>에서처럼 C:\IAR Systems\STM32F103VET6\ 폴더에 예제 프로그램이 설치된다.

이 예제 파일에는 책에서 사용하는 예제 파일은 물론이고 STMicroelectronics사에서 제공하는 ARM Cortex-M 시리즈용의 CMSIS 파일과 주변장치를 드라이브하는데 유용하게 사용되는 인클루드 파일 및 예제 파일들을 포함하고 있다.

사용자가 자신의 예제 프로그램을 작성하여 컴파일하면 ST-LINK Utility를 사용하여 *OK-STM103* 키트에 다운로드하여 실행하게될 HEX 파일은 항상 OK-STM103.hex라는 이름으로 C:\IAR Systems\STM32F103VET6\Output\Exe\ 폴더에 생성된다.

3. IAR EWARM의 환경 설정

이번에는 IAR EWARM에서 사용자 프로젝트를 생성하고, STM32F103VET6 마이크로컨트롤러에 적합하도록 프로그래밍 환경을 설정하며, C언어로 사용자 프로그램을 작성하는 방법을 구체적으로 설명한다.

IAR EWARM에서 모든 사용자 프로그램은 프로젝트 단위로 처리된다. 그러나, 이때 모든 예제 프로그램들이 각각 전용의 개별적인 프로젝트로 처리된다면 상당히 불편하게 되므로 이 책에서는 Cortex-M3.eww라는 하나의 프로젝트를 사용하면서 여기에 필요할 때마다 예제 소스 파일만을 바꾸어 등록하는 방법으로 좀더 편리하게 사용자 예제 프로그램을 작성하기로 한다.

(1) 기존의 프로젝트를 읽기 또는 새로운 프로젝트를 생성하기

이제부터 IAR EWARM에서 C언어를 사용하려면 앞에서 설명한 것처럼 이 소프트웨어가 퍼스널컴퓨터에 미리 설치되어 있어야 한다.

① 바탕화면에 만들어 놓은 IAR EWARM V7.80.2 소프트웨어의 바로가기 아이콘을 클릭하여 이 프로그램을 실행한다. 그러면, 첫번째로 <그림 3.3.12>와 같은 화면이 나타난다.

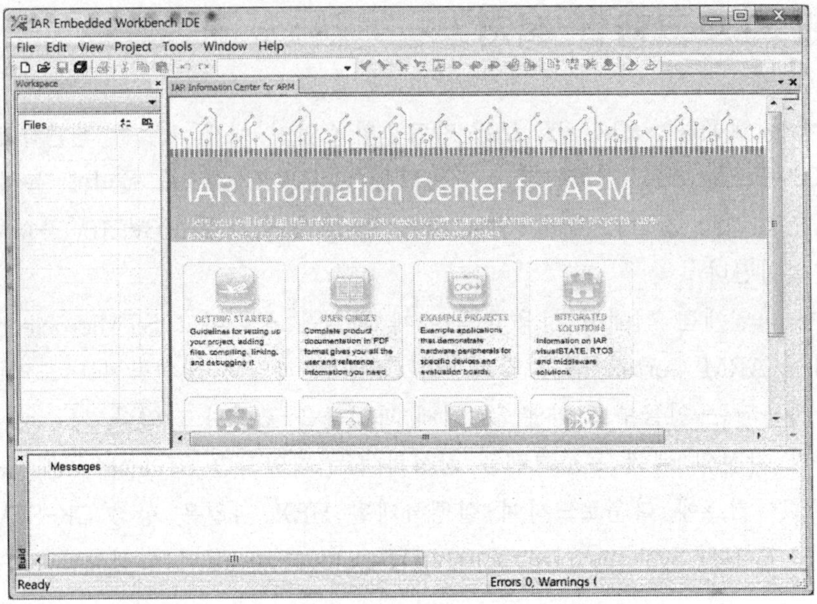

<그림 3.3.12> IAR EWARM을 실행하였을 때의 첫 화면

② 여기서 기존에 만들어져 있던 프로젝트 파일을 불러오려면 <그림 3.3.13>처럼 File → Open → Workspace... 메뉴를 선택하고, <그림 3.3.14>와 같이 파일 선택창이 나타나면 원하는 프로젝트 파일 Cortex-M3.eww를 선택하고 열기(O) 버튼을 누른다.

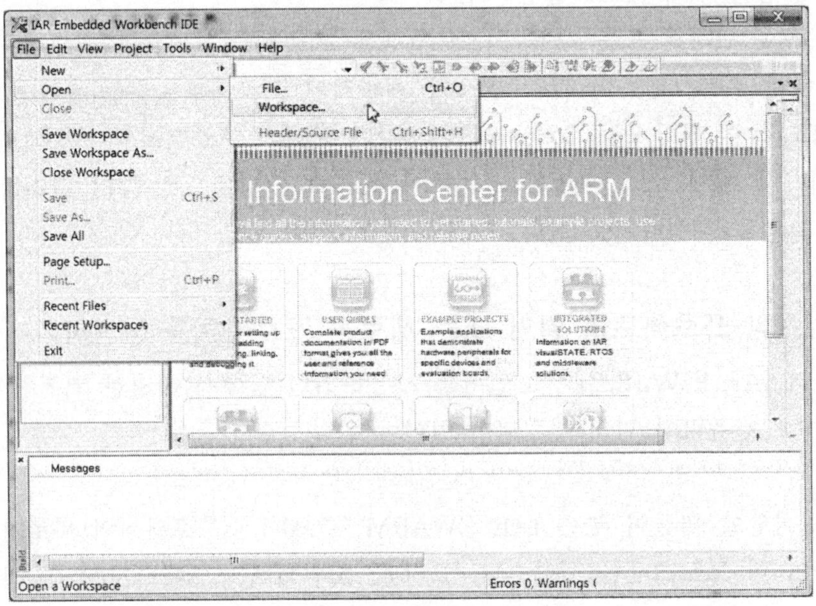

<그림 3.3.13> 기존의 프로젝트를 불러오기 위한 화면

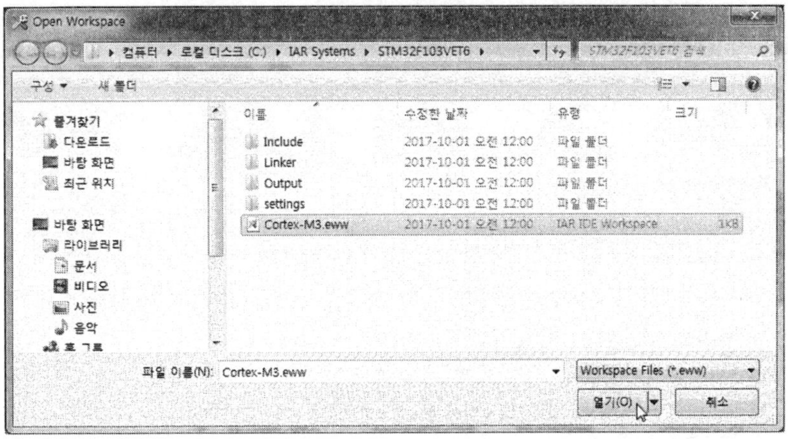

<그림 3.3.14> 기존의 프로젝트 파일 Cortex-M3.eww를 불러오기

③ 프로젝트 Cortex-M3.eww를 불러오면 초기에는 <그림 3.3.15>와 같이 예제 프로그램 kit_test.c가 등록되어 있다.

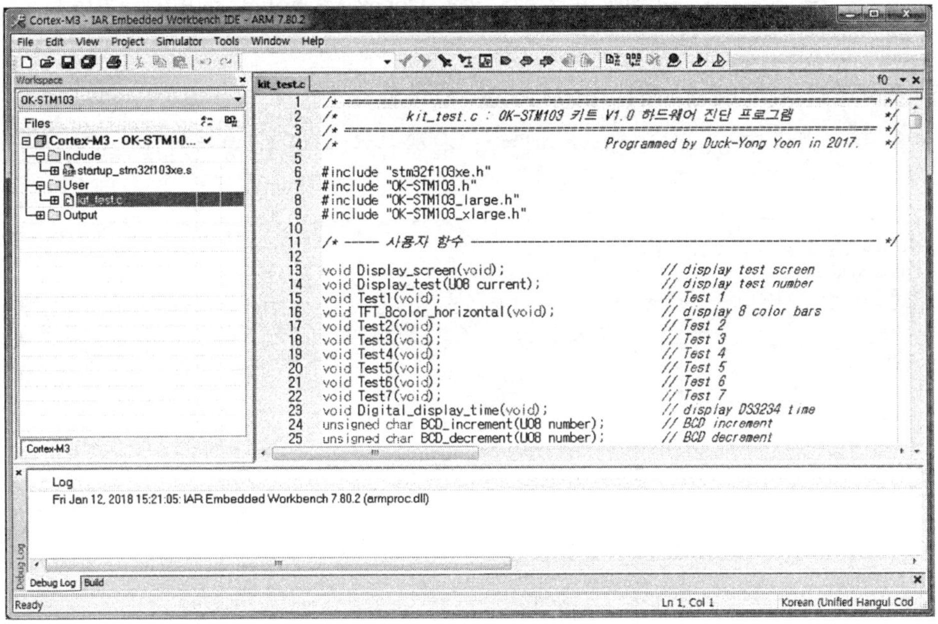

<그림 3.3.15> 프로젝트 파일 Cortex-M3.eww를 불러온 화면

④ 그러나, 단번에 IAR EWARM 프로그램을 실행하고 프로젝트 Cortex-M3.eww를 불러오려면 <그림 3.3.16>처럼 하드디스크의 C:\IAR Systems\STM32F103VET6\ 폴더에서 Cortex-M3.eww 파일을 더블 클릭하여 실행하면 된다.

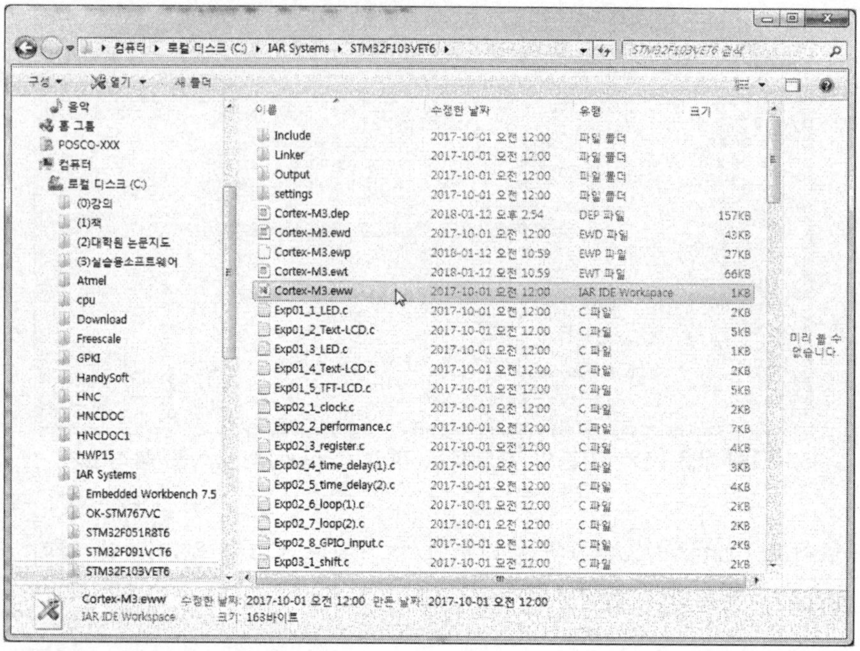

<그림 3.3.16> 단번에 프로젝트 파일 Cortex-M3.eww로 들어가는 화면

⑤ 프로젝트에서 예제 파일 kit_test.c를 컴파일하려면 <그림 3.3.17>과 같이 Make 아이콘을 누르거나 Project → Make 메뉴를 실행하거나 단축 펑션키 F7을 누른다.

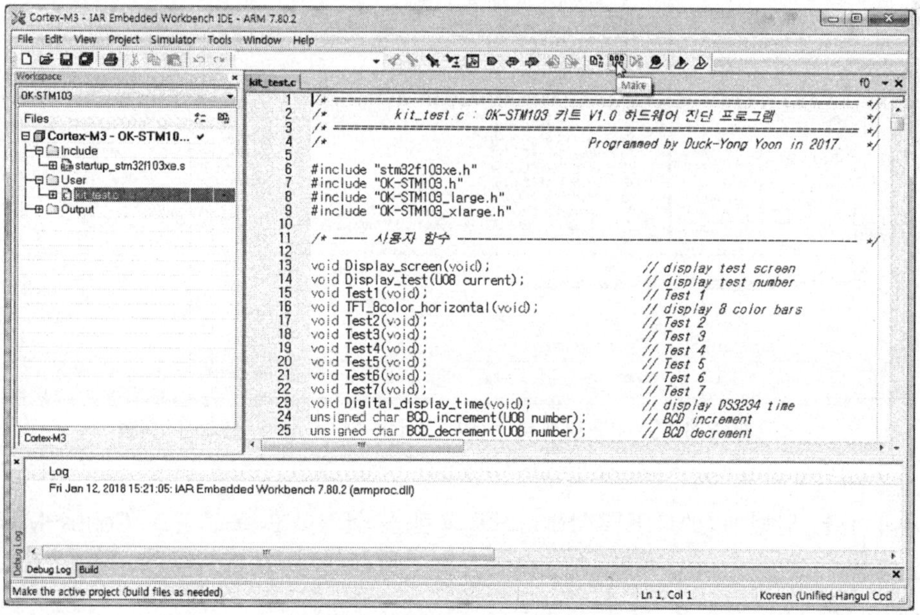

<그림 3.3.17> 예제 프로그램 kit_test.c를 컴파일하는 화면

⑥ 만약, 새로운 사용자 프로젝트를 만들려면 <그림 3.3.18>과 같이 Project → Create New Project... 메뉴를 실행하고 지정된 절차에 따라 만들면 되며, 만들어진 프로젝트 파일은 마지막에 <그림 3.3.19>와 같이 File → Save Workspace 메뉴를 실행하여 저장한다.

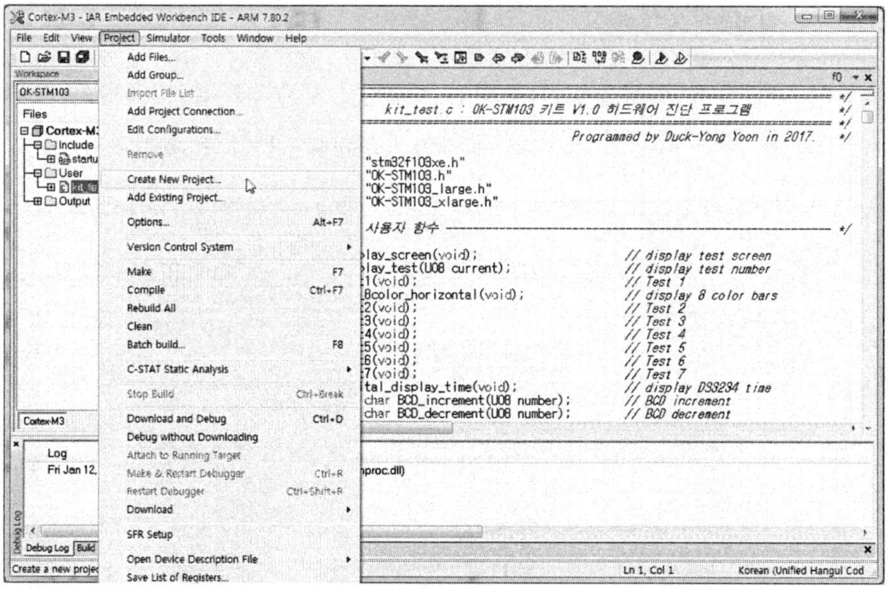

<그림 3.3.18> 새로운 프로젝트를 작성하기 위한 화면

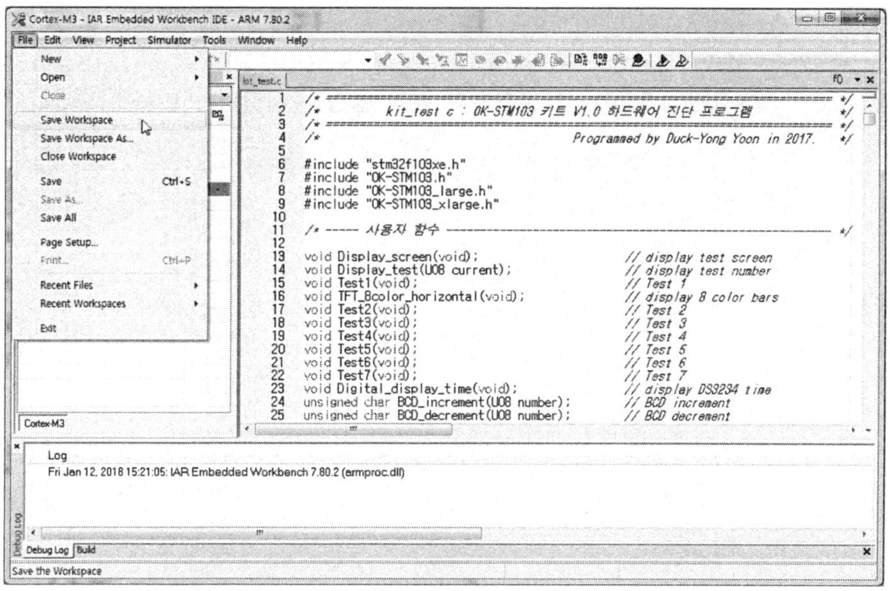

<그림 3.3.19> 프로젝트를 파일로 저장하는 화면

(2) 프로젝트의 환경 설정

새로운 프로젝트를 만들었으면 STM32F103VET6 및 *OK-STM103* 키트에 적합하도록 프로그래밍 환경을 설정해 주어야만 사용자 프로그램을 올바르게 컴파일할 수 있다. 여기서는 책에서 제공하는 Cortex-M3.eww 프로젝트에 설정된 내용을 살펴봄으로써 주요 환경 설정에 대하여 설명한다.

① 프로젝트의 환경 설정을 시작하려면 <그림 3.3.20>과 같이 화면의 프로젝트 이름 위에 마우스를 놓고 오른쪽 버튼을 눌러서 Options... 메뉴를 실행한다.

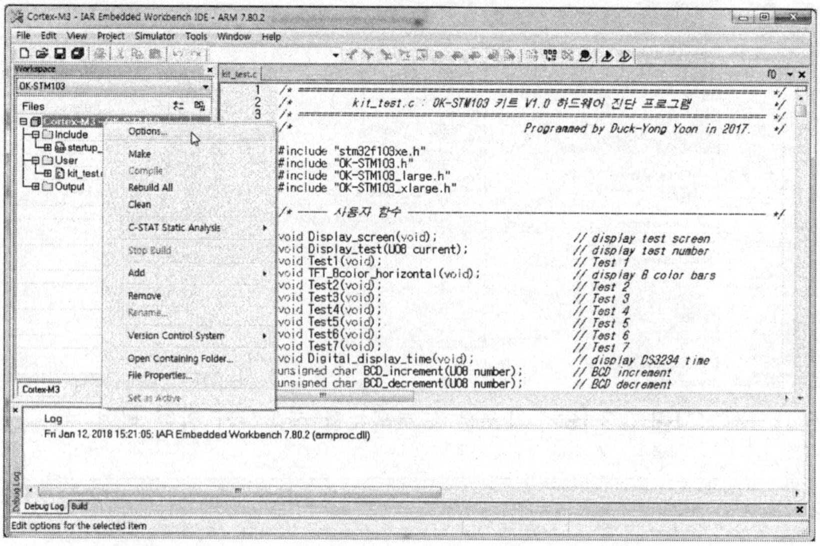

〈그림 3.3.20〉 프로젝트의 환경 설정을 시작하는 방법

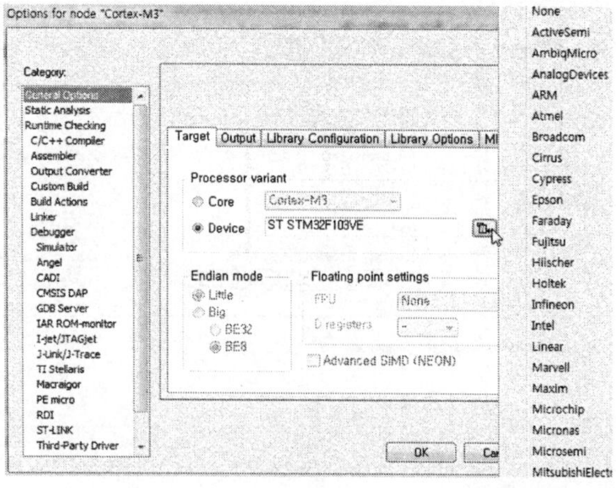

〈그림 3.3.21〉 MCU 모델을 지정하기

② 사용할 MCU 모델을 지정하려면 <그림 3.3.21>과 같이 General Options → Target 메뉴에서 Core는 Cortex-M3으로 선택하고, Device는 STMicroelectronics사의 STM32F103VE를 선택한다.

③ 컴파일한 결과 파일을 저장할 폴더 및 라이브러리 사용 조건을 <그림 3.3.22>에서와 같이 각각 지정하는데, 여기서 CMSIS를 사용하는 것으로 설정하는 것이 바람직하다.

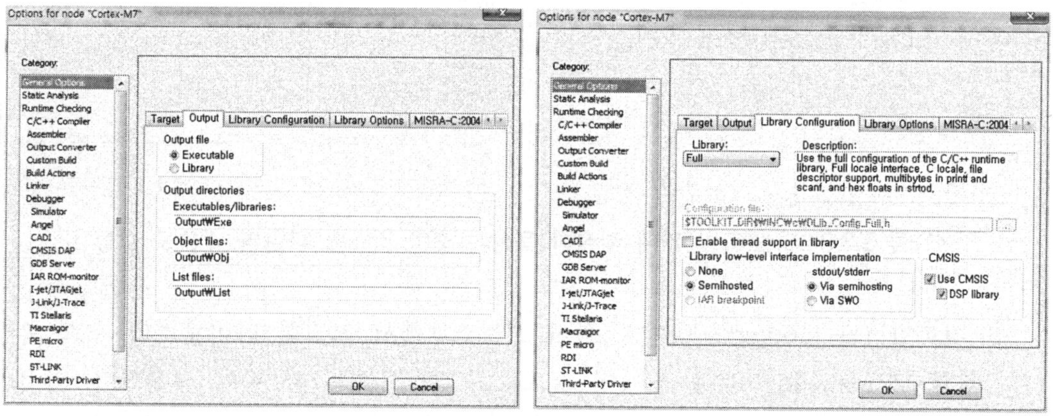

<그림 3.3.22> 컴파일 결과를 저장할 폴더와 라이브러리 사용 조건의 설정

④ 컴파일할 C언어의 사용 조건을 <그림 3.3.23>에서와 같이 각각 지정하는데, 여기서 char는 unsigned char로 인식하도록 설정하는 것이 중요하다.

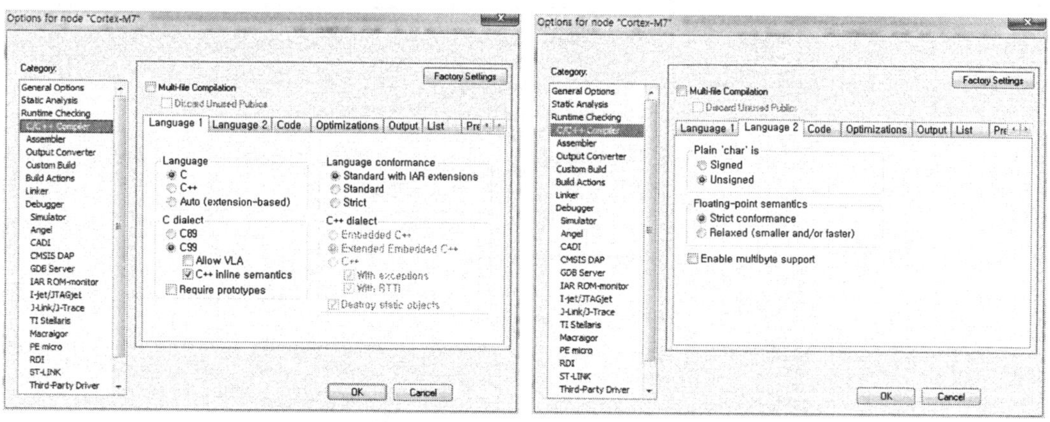

<그림 3.3.23> 컴파일할 C언어의 사용 조건의 설정

⑤ 컴파일할 때 최적화 옵션과 출력 리스팅 파일의 내용을 <그림 3.3.24>에서와 같이 각각 지정하는데, 여기서는 최적화 레벨을 High에서 Size로 설정하는 것이 중요하다.

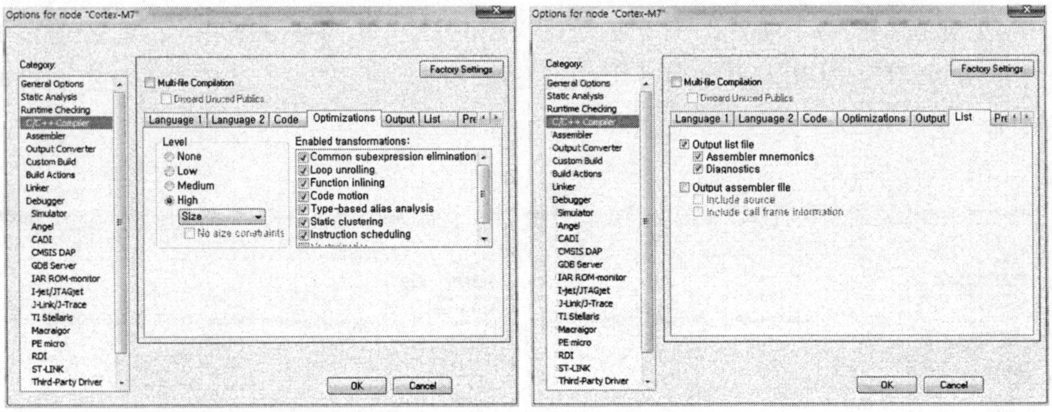

<그림 3.3.24> 컴파일할 때 최적화 옵션과 출력 리스팅 파일의 내용을 설정

⑥ 컴파일러의 Preprocessor가 사용자 프로그램에서 지정한 라이브러리 소스 파일이나 인클루드 파일을 불러올 폴더의 경로를 <그림 3.3.25>와 같이 설정한다. 이것은 이 파일들이 모두 C:\IAR Systems\STM32F103VET6\Include\ 및 그 하위 폴더에 위치하기 때문인데, 이 경로를 올바르게 지정하지 않으면 사용자 프로그램을 컴파일할 때 해당 파일을 찾아오지 못하므로 많은 에러가 발생하게 된다.

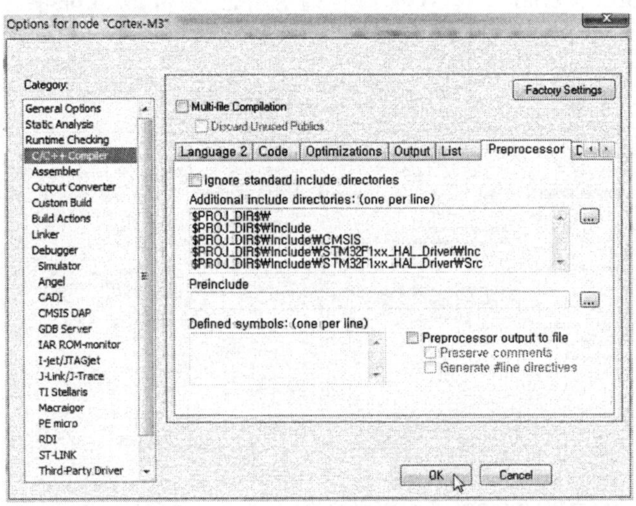

<그림 3.3.25> 인클로드 파일을 불러오기 위한 폴더 경로를 설정

⑦ 사용자 프로그램을 컴파일하여 생성될 실행 파일이 인텔 HEX 형식으로 되도록 <그림 3.3.26>과 같이 Intel extended로 선택하고, 출력 파일명은 OK-STM103.hex로 지정한다.

나중에 사용자가 이 출력 파일 OK-STM103.hex를 ST-LINK/V2 에뮬레이터 및 ST-LINK Utility 프로그램으로 *OK-STM103* 키트에 다운로드하여 실행하게 된다.

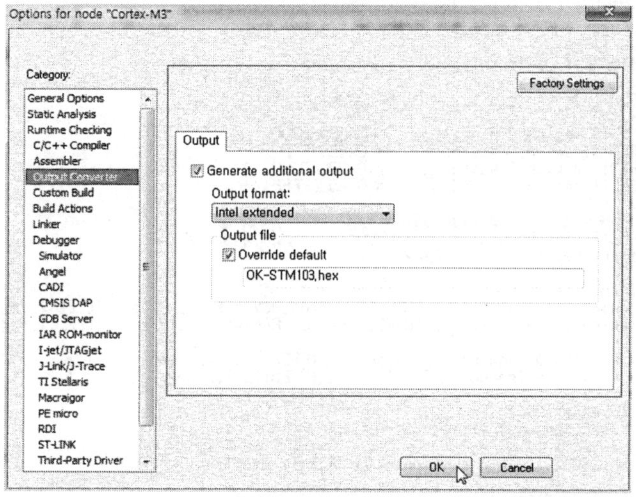

<그림 3.3.26> 컴파일한 출력의 실행 파일을 지정

⑧ 링커가 컴파일한 결과 파일들을 링크하여 실행 파일을 생성할 때 사용하는 조건을 규정하는 커맨드 파일을 <그림 3.3.27>의 왼쪽과 같이 지정하고, 링커의 출력 파일을 오른쪽 그림과 같이 지정한다.

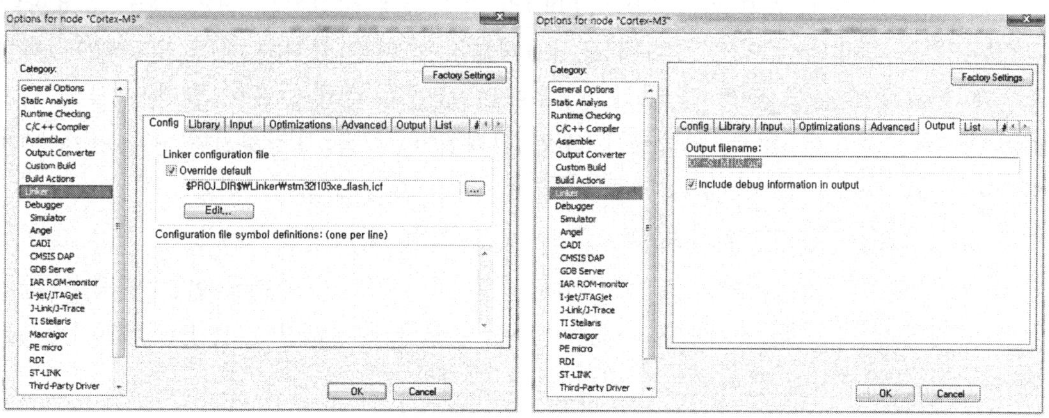

<그림 3.3.27> 링커 커맨드 파일 및 링커 출력 파일명을 지정

⑨ 실제의 링커 커맨드 파일은 C:\IAR Systems\STM32F103VET6\Linker\ 폴더에 제공하는 stm32f103xe_flash.icf 파일인데, 그 내용은 <그림 3.3.28>에 보인 바와 같다. 우리가 사용하는 *OK-STM103* 키트에서는 스택(cstack)의 용량과 힙(heap)의 용량을 각각 0x1000 및 0x0800으로 늘리는 것으로 수정하여 사용한다.

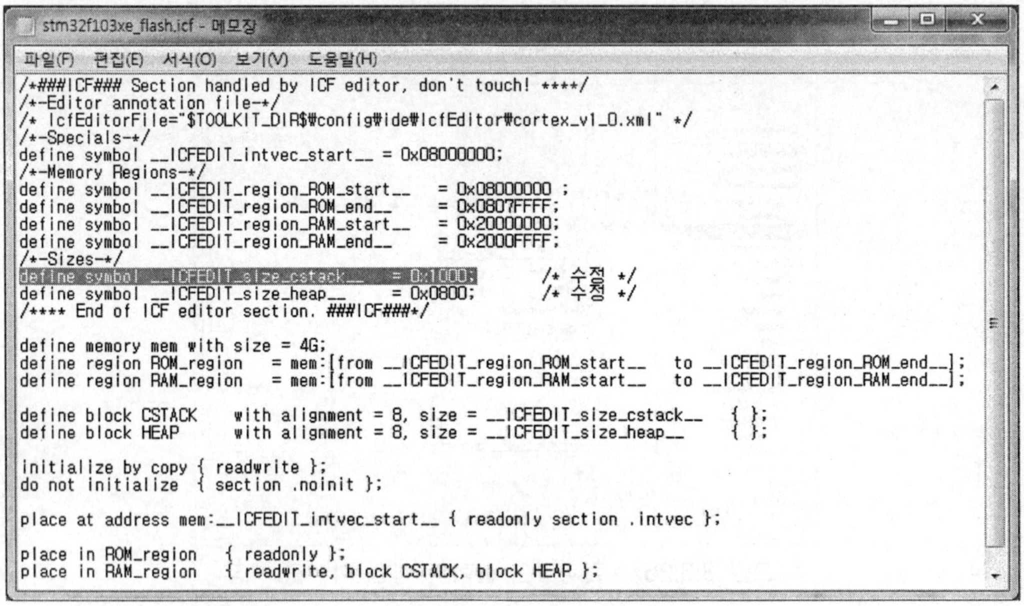

```
stm32f103xe_flash.icf - 메모장
파일(F) 편집(E) 서식(O) 보기(V) 도움말(H)
/*###ICF### Section handled by ICF editor, don't touch! ****/
/*-Editor annotation file-*/
/* IcfEditorFile="$TOOLKIT_DIR$\config\ide\IcfEditor\cortex_v1_0.xml" */
/*-Specials-*/
define symbol __ICFEDIT_intvec_start__ = 0x08000000;
/*-Memory Regions-*/
define symbol __ICFEDIT_region_ROM_start__   = 0x08000000 ;
define symbol __ICFEDIT_region_ROM_end__     = 0x0807FFFF;
define symbol __ICFEDIT_region_RAM_start__   = 0x20000000;
define symbol __ICFEDIT_region_RAM_end__     = 0x2000FFFF;
/*-Sizes-*/
define symbol __ICFEDIT_size_cstack__   = 0x1000;          /* 수정 */
define symbol __ICFEDIT_size_heap__     = 0x0800;          /* 수정 */
/**** End of ICF editor section. ###ICF###*/

define memory mem with size = 4G;
define region ROM_region   = mem:[from __ICFEDIT_region_ROM_start__   to __ICFEDIT_region_ROM_end__];
define region RAM_region   = mem:[from __ICFEDIT_region_RAM_start__   to __ICFEDIT_region_RAM_end__];

define block CSTACK    with alignment = 8, size = __ICFEDIT_size_cstack__   { };
define block HEAP      with alignment = 8, size = __ICFEDIT_size_heap__     { };

initialize by copy { readwrite };
do not initialize  { section .noinit };

place at address mem:__ICFEDIT_intvec_start__ { readonly section .intvec };

place in ROM_region   { readonly };
place in RAM_region   { readwrite, block CSTACK, block HEAP };
```

<그림 3.3.28> 링커 커맨드 파일 stm32f103xe_flash.icf의 내용

(3) 편집 화면의 설정

C언어 프로그램은 프로그램의 흐름이 매우 체계적인 언어인데, 이 흐름을 파악하려면 화면에서 소스의 행(row)과 열(column)이 적절하게 정렬되는 것이 매우 중요하다. 그러나, 편집 화면에서 어떤 글씨체를 사용하는지에 따라 글자의 폭이 달라지고, 특히 소스에 한글과 영문을 함께 사용하는 경우에는 당연히 글자의 폭이 달라서 열이 가지런히 맞추어지지 않으므로 시각성이 매우 나빠진다. 이를 해결하려면 사용자가 편집 화면의 글씨체와 글씨 크기를 올바르게 설정하여 사용해야 한다.

IAR EWARM 소프트웨어를 처음 설치하였을 때 화면에서 사용하는 기본 글씨체와 글씨 크기는 이런 점에서 별로 바람직하지 못하므로 이제부터 이를 다음과 같이 새로 설정하여 사용하기로 한다. 이는 처음에 한번만 설정하면 IAR EWARM 소프트웨어가 이를 저장하여 관리하므로 매번 다시 설정할 필요가 없다.

① 편집 화면의 설정은 Tools → Options... 메뉴를 선택하여 <그림 3.3.29>와 같은 화면에서 수행한다. 먼저 Common Fonts 메뉴를 선택하여 Fixed Width Font는 Courier, size = 10으로 설정하고, Proportional Width Font는 MS Sans Serif, size = 10으로 설정한다.

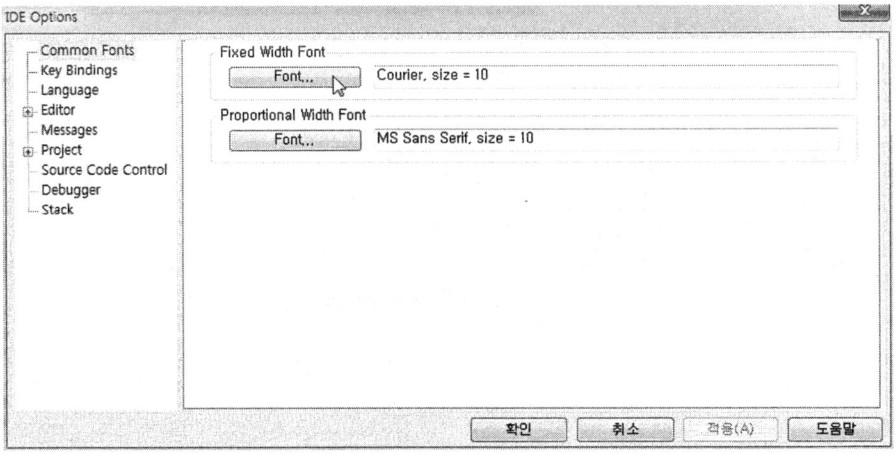

<그림 3.3.29> 화면의 기본 글씨체와 글씨 크기를 설정하기

② 다음에는 편집 화면의 설정에서 Editor 메뉴를 선택하여 <그림 3.3.30>과 같이 설정한다. 여기서 Tab size를 8로 설정하고 Tab Key Function에서 Insert tab을 선택하는 것이 중요하며, 만약 편집 화면에 보이는 소스 프로그램의 각 행에 행번호를 보이도록 하려면 Show line numbers 항목을 ☑로 체크한다.

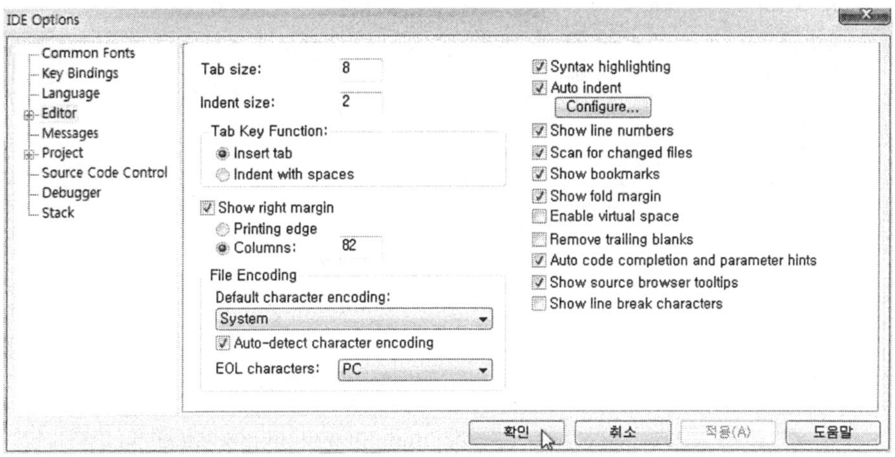

<그림 3.3.30> 편집창의 여러 가지 기능을 설정하기

③ 다음에는 편집 화면의 설정에서 Editor → Colors and Fonts 메뉴를 선택하고 여기서 <그림 3.3.31>과 같이 Editor Font를 돋움체, size = 12로 설정한다. 이는 요즈음에는 대부분 컴퓨터에서 고해상도 모니터를 사용한다는 점을 감안하고, 화면에서 소스의 열이 흐트러지지 않고 잘 정돈되어 보이도록 하기 위함이다.

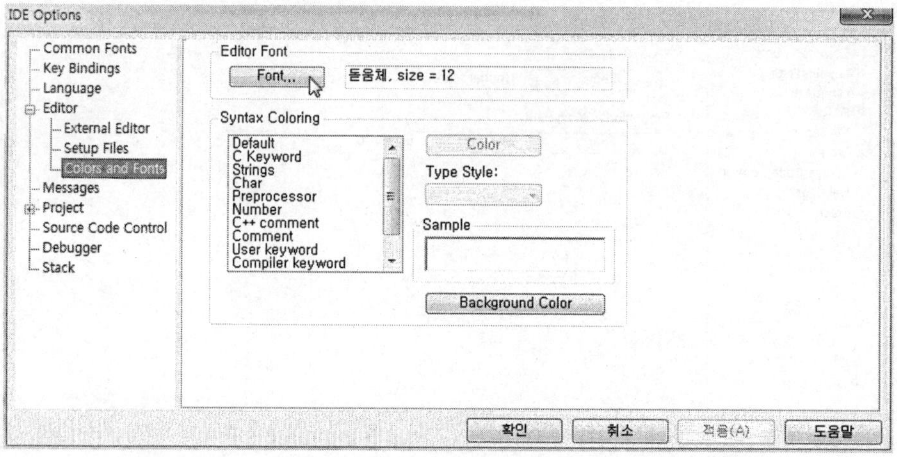

〈그림 3.3.31〉 편집창의 글씨체 및 글씨 크기를 설정하기

④ 다음에는 <그림 3.3.32>와 같이 Syntax Coloring 항목에서 C언어의 구문에 따른 글씨의 속성을 설정한다. 먼저 Default에서 Color를 Black으로 설정하고, Type Style을 Normal로 설정하여 편집창의 기본 글씨체를 검은 색에 보통 글씨체로 보이도록 한다.

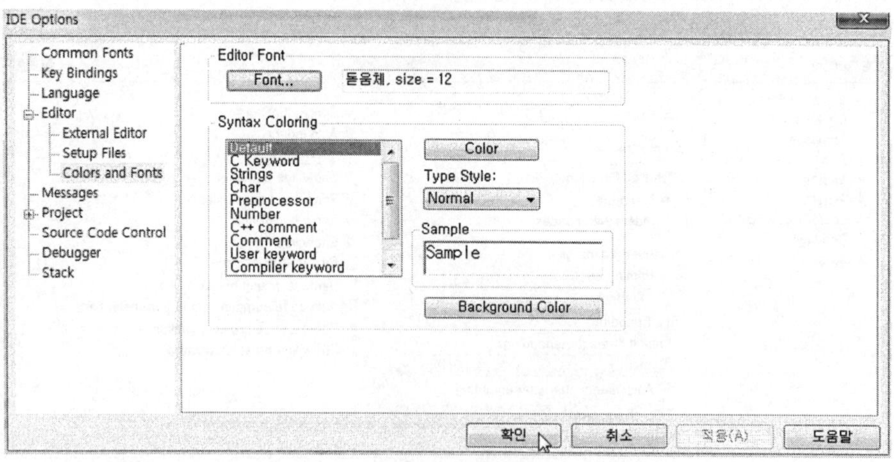

〈그림 3.3.32〉 편집창의 구문에 따른 글씨의 속성을 지정하기(1)

⑤ 이어서 Syntax Coloring 항목의 C Keyword에서 Color를 Red로 설정하고, Type Style을 Normal로 설정하여 편집창의 모든 C언어 예약어 글씨체를 적색에 보통 글씨체로 보이도록 한다.

이와 같은 방법으로 구문에 따른 글씨 속성을 아래와 같이 지정한다. 여기에 명시하지 않은 항목은 원래의 기본 설정을 그대로 두면 된다.

Number에서 Color를 Green으로, Type Style을 Normal로 설정.
C++ comment에서 Color를 Blue로, Type Style을 Italic으로 설정.
Comment에서 Color를 Blue로, Type Style을 Italic으로 설정.

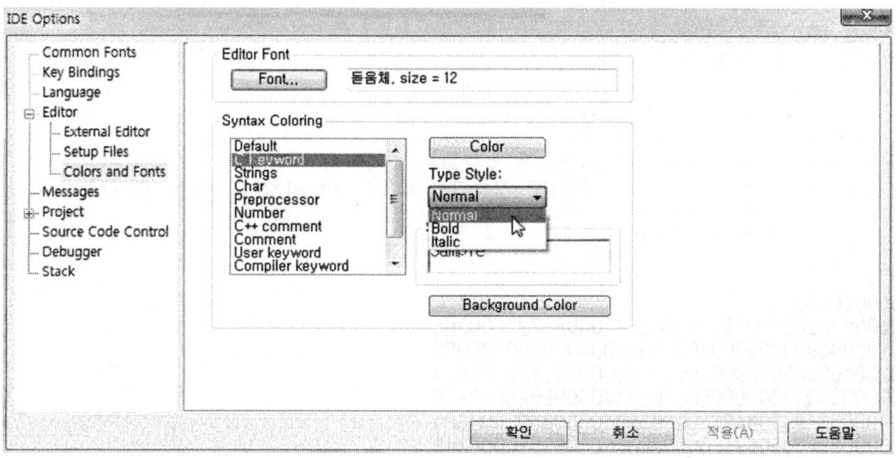

<그림 3.3.33> 편집창의 구문에 따른 글씨의 속성을 지정하기(2)

(4) 사용자 프로그램 HEX 파일의 다운로드 및 실행

IAR EWARM에서 C언어로 작성하여 컴파일한 사용자 프로그램의 인텔 HEX 형식 실행 파일을 ST-LINK/V2 에뮬레이터와 ST-LINK Utility 프로그램을 사용하여 *OK-STM103* 키트에 다운로드하고 실행하는 방법은 이미 제3.2절에서 설명하였으니 참조하기 바란다.

또한, 참고로 다음 페이지에 설명하는 인텔 HEX 파일의 형식을 이해하여 두는 것이 바람직하다. 모든 마이크로컨트롤러에서는 타겟 보드에 다운로드하여 실행할 오브젝트 파일을 바이너리 형식의 파일 또는 인텔 HEX 형식의 파일로 생성하는데, 인텔 HEX 파일로 만들면 사용자가 프로그램에 대한 여러 가지 정보를 알 수 있어서 편리할 때가 많다.

◀휴게실▶

인텔 HEX 파일의 형식

인텔 HEX 파일은 정확하게 "Intel Hexadecimal Object File Format"이라고 불리며, 마이크로프로세서용의 오브젝트 파일을 ROM 라이터나 ROM 에뮬레이터와 같은 주변장치에게 전송하기 위하여 만든 ASCII 포맷의 파일로서 오늘날 어셈블러나 C컴파일러에서 널리 사용되고 있다. 이 HEX 파일은 8비트 마이크로프로세서용으로 사용되는 16비트 선형 어드레스(linear address) 형식은 물론이고, 8086/8088과 같은 16비트 마이크로프로세서를 위한 20비트 세그먼트 어드레스 형식이나 80386 이상의 32비트의 마이크로프로세서를 위한 32비트 선형 어드레스 형식까지 지원한다. HEX 파일에는 이밖에도 ASCII-Hex 파일 형식, Motorola HEX 파일 형식, Tektronix HEX 파일 형식 등이 있는데, 이것들은 표현 형식이 서로 매우 다른 구조로 되어 있다.

인텔 HEX 파일은 기본적으로 1행으로 되어 있는 많은 레코드(record)들로 구성되며, 각 레코드는 아래 예와 같이 항상 6개의 필드로 구성된다. 인텔 HEX 파일에 사용되는 모든 문자는 ASCII 문자이며, 각 레코드의 끝에는 구분기호(delimiter)로서 캐리지 리턴(0x0D) 및 라인 피드(0x0A) 문자가 추가되어 있으나 사람이 눈에는 보이지 않는다.

다음은 IAR EWARM에서 컴파일한 결과를 인텔 HEX 파일로 생성한 것이다. 이것을 예로 하여 각 필드의 기능을 설명하기로 한다.

① 레코드의 시작 표시
② 레코드의 길이
③ 데이터가 메모리에 로드되는 시작번지
④ 레코드의 형식(00=계속되는 레코드, 01=마지막 레코드, 02~05=특수 레코드)
⑤ 데이터
⑥ 체크섬

```
:020000040800F2
:1000000007810002071FC00082F9C0008879C0008D5
:10001000000000000000000000000000000000000E0
:100020000000000000000000000000179E000813
:10003000000000000000000000E3A40008DBA60008A8
:1000400053A800084FFC00085BFC00088DFC00086A
:100050008FFC000891FC000893FC000895FC000848
:040000050800FC8172
:00000001FF
```

①은 1문자로 구성되는 Record Mark 필드로서 한 레코드의 시작을 의미한다. 모든 레코드 즉 모든 행은 항상 이 ":" 문자로 시작한다.

②는 2문자로 구성되는 RECLEN(Record Length) 필드로서 이 레코드에 포함된 데이터 바이트 수를 의미한다. 위에서 첫번째 레코드의 경우는 데이터가 2바이트이므로 0x02이며, 그 다음 부터는 16바이트이므로 0x10이다. 마지막 레코드에는 데이터 필드가 없으므로 0x00이다.

③은 4문자로 구성되는 LOAD OFFSET 필드로서 이 레코드의 데이터를 로드하기 시작할 메모리의 오프셋 번지를 16비트로 나타낸다. 그러나, 20비트나 32비트 어드레스 형식에서는 이 레코드의 데이터가 상위 어드레스 비트로 사용된다.

④는 2문자로 구성된 RECTYP(Record Type) 필드로서 레코드의 형식을 나타낸다. 00은 정상적인 데이터 레코드이고, 01은 인텔 HEX 파일의 마지막 레코드를 나타낸다. 02와 03은 20비트 어드레스를 지정하기 위한 레코드이며, 04와 05는 32비트 어드레스를 지정하기 위한 레코드이다. 위의 예에서 첫번째 레코드의 형식이 04로 된 것은 이 레코드에 포함된 데이터 0010이 32비트 어드레스의 상위 16비트로 사용되는 어드레스 값이라는 것을 나타낸다.

⑤는 DATA 필드로서 ②에서 지정한 길이의 레코드 데이터이다.

⑥은 2문자로 구성되는 체크섬(checksum) 값으로서 이는 레코드에서 ":"를 제외한 ②~⑤ 필드를 모두 더한 총합을 2의 보수로 취한 것으로서 레코드 단위로 전송 에러를 검출하기 위하여 사용된다.

4. IAR EWARM의 주요 기능 요약

IAR EWARM은 ANSI 표준의 C 및 C++ 컴파일러이므로 대부분의 기능이 ANSI 표준을 따르고 있다. 일반 ANSI C 표준의 기능은 C언어 책을 통하여 별도로 공부해야 하므로 여기서 자세하게 설명하지 않으며, ARM Cortex-M을 위한 C언어를 사용할 때 알아야 하는 중요한 특징과 기능만을 정리하여 알아보기로 한다. 이에 관한 더 자세한 사항에 대하여는 참고문헌 [7]을 참조하기 바란다.

(1) IAR EWARM C컴파일러의 개요

IAR EWARM(Embedded Workbench for ARM)은 IAR Systems사에서 개발한 ARM용 소프트웨어 개발툴로서 여기에는 IDE(Integrated Development Environment), C/C++ 컴파일러, 어셈블러, C-SPY 디버거(debugger), C-SPY 시뮬레이터(simulator) 등이 포함되어 있다.

이 소프트웨어는 현재 ARM 응용 개발자들이 널리 사용하는 제품중의 하나이므로 이 책에서 기본적으로 사용하는 C컴파일러로 선정하였다. 이 제품의 가격은 수백만원에 이르지만 정품을 구입하여 사용하는 것이 정석이다. 그러나, 이 회사의 제품에는 30일의 시간 제한이 있으나 거의 대부분 기능을 사용할 수 있는 평가용 버전(30-day time-limited evaluation version)과 시간 제한은 없으나 일부 기능을 축소하고 코드 사이즈를 32KB로 제한한 버전(Kickstart, size-limited evaluation version)이 있다. 단, Kickstart 버전에서 Cortex-M3에 대하여는 코드 사이즈가 16KB로 제한된다.

(2) C언어 프로그램의 작성 과정

C컴파일러를 사용하여 사용자가 ARM용의 C언어 프로그램을 작성하고 이를 ARM 마이크로컨트롤러 소자에 다운로드하여 실행하는 과정은 소프트웨어 개발의 기본적인 흐름이지만, 이 체계를 전체적으로 정리하여 정확히 파악하지 않으면 초보자에게는 헷갈릴 수도 있다.

프로그램을 정확하고 효율적으로 작성하기 위해서는 먼저 이러한 개발 과정을 이해하고 해당 소프트웨어의 매뉴얼을 숙지하여 정상적인 사용법을 잘 알아두는 것이 중요하다. 그러나, 어떤 소프트웨어 매뉴얼이나 도움말이라도 그 소프트웨어의 모든 기능을 완벽하게 설명하고 있지는 못하므로 많은 프로그래밍 경험을 통하여 자신이 사용하는 C컴파일러의 기능과 특성을 정확하게 파악하고 있는 것이 좋다.

IAR EWARM C컴파일러에서 C언어로 프로그램을 작성하고 이를 *OK-STM103* 키트에 다운로드하여 실행하는 과정을 요약하면 <그림 3.3.34>와 같다. 사용자는 이 소프트웨어 패키지에 내장된 텍스트 에디터를 사용하여 소스 파일을 작성하고, C컴파일러를 사용하여 이를 재배치 가능한 ELF(Executable and Linking Format) 형식의 오브젝트 파일로 컴파일하며, 링커(linker)를 사용하여 이 오브젝트 파일과 필요하면 다른 오브젝트 파일 또는 라이브러리 파일을 링크함으로써 최종적으로 1개의 실행 파일을 생성한다. 이렇게 하여 만들어진 인텔 HEX 형식의 실행 파일은 ST-LINK/V2 에뮬레이터와 디버거 또는 ST-LINK Utility 프로그램을 사용하여 *OK-STM103* 키트에 다운로드하여 실행한다.

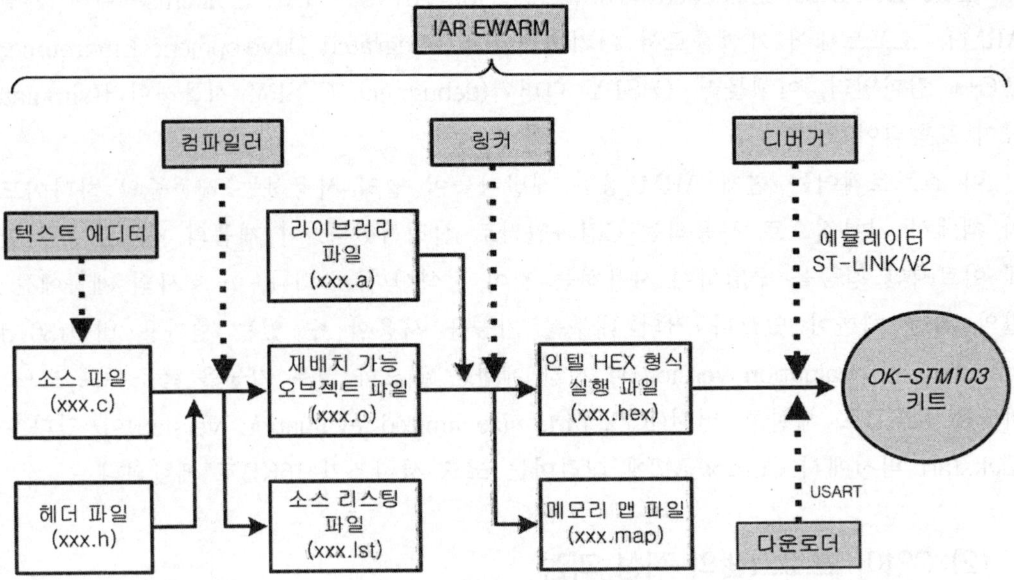

<그림 3.3.34> IAR EWARM에서 C언어 프로그램을 작성하는 체계도

(3) IAR EWARM C컴파일러의 기본적인 사항 요약

① 기본적으로 ANSI C 및 ANSI C++ 규격을 따르고 있으며, 컴파일을 수행한 결과 DWARF 디버그 정보를 갖는 ELF 포맷의 오브젝트 파일을 생성한다.

② C언어 소스에서 대문자와 소문자는 구별한다.

③ 분리기호(delimiter)로 사용하는 공백문자(space, ASCII 코드로 0x20)나 탭 문자(horizontal tabulation, ASCII 코드로 0x09)는 무시한다. 이밖에 사용할 수 있는 구분기호를 요약하면 <표 3.3.1>과 같다.

<표 3.3.1> 표준 C언어에서 사용하는 구분 기호

구분기호	기 능	사용 예
' (작은 따옴표)	문자 상수(character)	unsigned char c = 'A';

" (큰 따옴표)	① 문자열 상수(string)
	② #include문으로 사용자 헤더파일을 삽입
	③ printf나 scanf문에서 서식지정
		static char a[ ] = "ABCD";
		#include "OK-STM103.h"
		printf("result = %d\n", x);

:	라벨(label)	label:
;	실행문의 종료	x = 0x1234;
\	이스케이프(escape) 문자	printf("result = %d\n", x);
%	printf나 scanf문에서 서식지정	printf("result = %d\n", x);
( )	① 함수의 인수 ② 제어문의 조건	sin(x); if(a>b)
[ ]	배열	unsigned char a[5];
{ }	① 함수의 시작과 끝 ② 복문	void Beep(void) { ... } if(a>b) { ... }
< >	#include문으로 헤더파일을 삽입	#include <stdio.h>

④ 주석(comment)은 ANSI C의 방법대로 /* ... */를 사용하거나 ANSI C++의 방법대로 //로 시작할 수도 있다.

⑤ 상수나 변수명은 A~Z, a~z, 0~9, _ 등을 조합하여 예약어와 중복되지 않도록 사용하되 첫번째 글자로 0~9를 사용할 수 없다.

⑥ 각종 연산자의 기능과 사용 형식을 요약하면 <표 3.3.2>와 같다.

<표 3.3.2> 표준 C언어의 연산기능 및 연산자

<table>
<tr><th>종 류</th><th>사용 형식</th><th>간략형</th><th>기 능</th></tr>
<tr><td rowspan="9">산술 연산</td><td>a = a + b</td><td>a += b</td><td>a와 b를 더하여 a에 저장한다.</td></tr>
<tr><td>a = a - b</td><td>a -= b</td><td>a에서 b를 빼어 a에 저장한다.</td></tr>
<tr><td>a = a * b</td><td>a *= b</td><td>a와 b를 곱하여 a에 저장한다.</td></tr>
<tr><td>a = a / b</td><td>a /= b</td><td>a에서 b를 나누어 몫을 a에 저장한다.</td></tr>
<tr><td>a = a % b</td><td>a %= b</td><td>a에서 b를 나누어 나머지를 a에 저장한다.</td></tr>
<tr><td>a++</td><td></td><td>a값을 사용하고 나서 1만큼 증가시켜 놓는다.</td></tr>
<tr><td>a--</td><td></td><td>a값을 사용하고 나서 1만큼 감소시켜 놓는다.</td></tr>
<tr><td>++a</td><td></td><td>a값을 먼저 1만큼 증가시키고 나서 사용한다.</td></tr>
<tr><td>--a</td><td></td><td>a값을 먼저 1만큼 감소시키고 나서 사용한다.</td></tr>
<tr><td rowspan="6">비트 단위의 논리 연산</td><td>a = a & b</td><td>a &= b</td><td>a와 b를 AND하여 a에 저장한다.</td></tr>
<tr><td>a = a | b</td><td>a |= b</td><td>a와 b를 OR하여 a에 저장한다.</td></tr>
<tr><td>a = a ^ b</td><td>a ^= b</td><td>a와 b를 XOR하여 a에 저장한다.</td></tr>
<tr><td>a = ~b</td><td></td><td>b를 반전(1의 보수)시켜 a에 저장한다.</td></tr>
<tr><td>a = a << b</td><td>a <<= b</td><td>a를 비트수 b만큼 좌측으로 시프트하여 a에 저장한다.</td></tr>
<tr><td>a = a >> b</td><td>a >>= b</td><td>a를 비트수 b만큼 우측으로 시프트하여 a에 저장한다.</td></tr>
<tr><td rowspan="3">논리 연산</td><td>!(a식)</td><td></td><td>(a식)의 논리값을 반전시킨다.</td></tr>
<tr><td>(a식) && (b식)</td><td></td><td>(a식)과 (b식)의 논리값이 모두 참이면 결과가 참이다.</td></tr>
<tr><td>(a식) || (b식)</td><td></td><td>(a식) 또는 (b식)의 논리값이 참이면 결과가 참이다.</td></tr>
<tr><td rowspan="6">비교 연산</td><td>a == b</td><td></td><td>a와 b가 같으면 비교 결과가 참이다.</td></tr>
<tr><td>a != b</td><td></td><td>a와 b가 같지 않으면 비교 결과가 참이다.</td></tr>
<tr><td>a > b</td><td></td><td>a가 b보다 크면 비교 결과가 참이다.</td></tr>
<tr><td>a >= b</td><td></td><td>a가 b보다 크거나 같으면 비교 결과가 참이다.</td></tr>
<tr><td>a < b</td><td></td><td>a가 b보다 작으면 비교 결과가 참이다.</td></tr>
<tr><td>a <= b</td><td></td><td>a가 b보다 작거나 같으면 비교 결과가 참이다.</td></tr>
</table>

⑦ C언어에서 사용하는 이러한 각종 연산자의 우선순위를 요약하면 <표 3.3.3>과 같다.

〈표 3.3.3〉 표준 C언어 연산자의 우선순위

우선순위	같은 행에서 결합방향	종류	연산자
높음(1)	왼쪽 → 오른쪽	식, 구조체, 공용체	( ) [ ] -> . x++ x--
↑	왼쪽 ← 오른쪽	단항	! ~ ++ -- - (형명칭) * & sizeof
	왼쪽 → 오른쪽	곱셈, 나눗셈	* / %
	왼쪽 → 오른쪽	덧셈, 뺄셈	+ -
	왼쪽 → 오른쪽	비트이동	<< >>
	왼쪽 → 오른쪽	대소비교	< <= > >=
	왼쪽 → 오른쪽	등가판정	== !=
	왼쪽 → 오른쪽	비트단위 AND	&
	왼쪽 → 오른쪽	비트단위 XOR	^
	왼쪽 → 오른쪽	비트단위 OR		
	왼쪽 → 오른쪽	논리연산 AND	&&
	왼쪽 → 오른쪽	논리연산 OR	||
	왼쪽 ← 오른쪽	조건	? :
	왼쪽 ← 오른쪽	대입	= += -= *= /= %= >>= <<= &= ^= |=
낮음(15)	왼쪽 → 오른쪽	나열	,

⑧ 32비트 ARM용의 C컴파일러에서 변수나 함수가 가질 수 있는 데이터의 형에는 <표 3.3.4>와 같은 것이 있다. 여기서 signed int형과 unsigned int형이 4바이트(32비트)로 사용되며, 이것들은 각각 signed long형 및 unsigned long형과 동일하게 사용된다는 것에 유의해야 한다.

〈표 3.3.4〉 IAR EWARM C컴파일러에서의 데이터 형

종류	데이터 형	바이트 수	데이터의 범위
정수	signed char	1	-128 ~ +127 $(-2^7 \sim +2^7-1)$
	unsigned char	1	0 ~ 255 $(0 \sim 2^8-1)$
	signed short	2	-32768 ~ +32767 $(-2^{15} \sim +2^{15}-1)$
	unsigned short	2	0 ~ 65535 $(0 \sim 2^{16}-1)$
	signed int	4	-2147483648 ~ +2147483647 $(-2^{31} \sim +2^{31}-1)$
	unsigned int	4	0 ~ 4294967295 $(0 \sim 2^{32}-1)$
	signed long	4	-2147483648 ~ +2147483647 $(-2^{31} \sim +2^{31}-1)$
	unsigned long	4	0 ~ 4294967295 $(0 \sim 2^{32}-1)$
	signed long long	8	-9223372036854775808LL ~ +9223372036854775807LL $(-2^{63} \sim +2^{63}-1)$
	unsigned long long	8	0 ~ 18446744073709551615ULL $(0 \sim 2^{64}-1)$
실수	float	4	$\pm1.17549435\times10^{-38} \sim \pm3.40282347\times10^{38}$
	double	8	$\pm2.2250738585072014\times10^{-308} \sim \pm1.7976931348623157\times10^{308}$
	long double	8	$\pm2.2250738585072014\times10^{-308} \sim \pm1.7976931348623157\times10^{308}$
기타	포인터	4	0x00000000 ~ 0xFFFFFFFF

(4) I/O 제어 레지스터의 절대번지 액세스

8051 또는 AVR과 같은 8비트 마이크로컨트롤러에서는 I/O 제어 레지스터 또는 SFR(special function register)이나 메모리의 절대번지를 액세스할 때 이것들의 번지를 헤더파일에 모아서 포인터로 정의해두고 사용자 프로그램에서는 마치 C컴파일러가 이들 레지스터를 자동으로 알아서 인식하는 것처럼 사용하였다.

이러한 방법은 C언어의 기본적인 기능을 이용하고 있어서 매우 보편성이 있기 때문에 32비트 ARM에서도 물론 사용할 수 있으며, 본서에서도 STM32F103VET6에 대해서 기본적으로 이런 방법을 사용한다. 그러나, 또 다른 방법으로서 Cortex-M 시리즈에서는 누구나 표준적으로 사용할 수 있는 CMSIS 라이브러리 헤더파일을 제공하기도 한다.

▣ CMSIS 파일에서 제공하는 구조체 포인터를 사용하는 방법

ARM사에서는 사용자가 Cortex-M 시리즈의 마이크로컨트롤러를 사용하여 C언어로 프로그램할 때 소프트웨어의 호환성을 높여서 사용자의 편의성을 제고하기 위하여 CMSIS(Cortex Microcontroller Software Interface Standard)라는 라이브러리를 사용하도록 하였다. 이것은 흔히 라이브러리(library)라고 불리기는 하지만 라이브러리 형식의 파일이 아니라 라이브러리 함수가 소스로 제공되는 헤더파일이다.

당연히 Cortex-M 마이크로컨트롤러의 CPU 코어에 해당하는 부분의 CMSIS 파일은 ARM사에서 제공하고, 각 주변장치 부분의 CMSIS 파일은 해당 반도체 제조사가 제공한다. Cortex-M3의 STM32F103VET6 소자에 관한 CMSIS 파일은 코어 부분의 경우 ARM사의 core_cm3.h 파일을 기본으로 사용하여 여러 가지 라이브러리 함수를 제공하며, 주변장치 부분의 경우 STMicroelectronics사의 stm32f103xe.h 파일을 기본으로 사용하여 여러 가지 주변장치에 관련되는 라이브러리 함수를 제공한다.

STM32F103VET6 소자에서 C언어를 사용하여 프로그래밍할 때 I/O 제어 레지스터를 액세스하는 첫번째 방법은 이처럼 core_cm3.h 파일 및 stm32f103xe.h 파일에 제공되는 구조체 포인터를 사용하여 쉽게 처리하는 것이다. 오늘날 많은 Cortex-M 마이크로컨트롤러 사용자들은 이러한 구조체 포인터와 라이브러리 함수들을 사용하여 자신의 프로그램을 작성하고 있다. 그러나, 이와 같이 CMSIS로 제공하는 라이브러리 함수가 너무나도 많고 복잡하며 저자의 경우에는 이것들이 개인적인 프로그래밍 취향에 그다지 맞지 않으므로 잘 사용하지 않고 있는데, 그렇다고 하더라도 I/O 제어 레지스터의 절대번지를 지정하는 구조체 포인터는 편리하므로 이 책의 모든 예제 프로그램에서 기본적으로 사용한다.

예를 들어 병렬 I/O 포트 GPIO의 경우 헤더파일 stm32f103xe.h에서는 이를 구조체 포인터로서 다음과 같이 정의하고 있다.

```
typedef struct
{
  __IO uint32_t CRL;
  __IO uint32_t CRH;
  __IO uint32_t IDR;
  __IO uint32_t ODR;
  __IO uint32_t BSRR;
  __IO uint32_t BRR;
  __IO uint32_t LCKR;
} GPIO_TypeDef;

#define FLASH_BASE          ((uint32_t)0x08000000) /*!< FLASH base address in the alias region */
#define FLASH_BANK1_END     ((uint32_t)0x0807FFFF) /*!< FLASH END address of bank1 */
#define SRAM_BASE           ((uint32_t)0x20000000) /*!< SRAM base address in the alias region */
#define PERIPH_BASE         ((uint32_t)0x40000000) /*!< Peripheral base address in the alias region */
#define SRAM_BB_BASE        ((uint32_t)0x22000000) /*!< SRAM base address in the bit-band region */
#define PERIPH_BB_BASE      ((uint32_t)0x42000000) /*!< Peripheral base address in the bit-band region */
#define FSMC_BASE           ((uint32_t)0x60000000) /*!< FSMC base address */
#define FSMC_R_BASE         ((uint32_t)0xA0000000) /*!< FSMC registers base address */

#define APB1PERIPH_BASE     PERIPH_BASE
#define APB2PERIPH_BASE     (PERIPH_BASE + 0x10000)
#define AHBPERIPH_BASE      (PERIPH_BASE + 0x20000)

#define GPIOA_BASE          (APB2PERIPH_BASE + 0x0800)
#define GPIOB_BASE          (APB2PERIPH_BASE + 0x0C00)
#define GPIOC_BASE          (APB2PERIPH_BASE + 0x1000)
#define GPIOD_BASE          (APB2PERIPH_BASE + 0x1400)
#define GPIOE_BASE          (APB2PERIPH_BASE + 0x1800)
#define GPIOF_BASE          (APB2PERIPH_BASE + 0x1C00)
#define GPIOG_BASE          (APB2PERIPH_BASE + 0x2000)

#define GPIOA               ((GPIO_TypeDef *) GPIOA_BASE)
#define GPIOB               ((GPIO_TypeDef *) GPIOB_BASE)
#define GPIOC               ((GPIO_TypeDef *) GPIOC_BASE)
#define GPIOD               ((GPIO_TypeDef *) GPIOD_BASE)
#define GPIOE               ((GPIO_TypeDef *) GPIOE_BASE)
#define GPIOF               ((GPIO_TypeDef *) GPIOF_BASE)
#define GPIOG               ((GPIO_TypeDef *) GPIOG_BASE)
```

이를 이용하여 병렬 I/O 포트의 I/O 제어 레지스터를 액세스하려면 다음과 같이 프로그래밍한다.

```
#include "stm32f103xe.h"

GPIOA->CRL  = 0xFFFF3333;
GPIOA->CRH  = 0xBBBB4444;
GPIOA->ODR  = 0x00000040;
GPIOA->BSRR = 0x00000800;
a = GPIOA->IDR;
```

이 방법은 사용자가 각 I/O 제어 레지스터의 절대번지를 알 필요가 없이 주변장치의 이름과 레지스터의 이름만으로 쉽게 액세스할 수 있어서 편리하다.

그러나, 이 방법에서는 간혹 레지스터의 이름을 레퍼런스 매뉴얼에서와 다르게 정의하여 사용하는 경우가 있으므로 세심한 주의가 필요하다. 예를 들어 AFIO에는 AFIO_EXTICR1, AFIO_EXTICR2, AFIO_EXTICR3, AFIO_EXTICR4 레지스터가 있는데 이는 당연히

```
AFIO->EXTICR1 = 0x00001234;
AFIO->EXTICR2 = 0x00003456;
AFIO->EXTICR3 = 0x00001234;
AFIO->EXTICR4 = 0x00003456;
```

처럼 사용해야 하지만, AFIO의 구조체에서 이 레지스터들을 4개의 배열로 정의하여 놓았으므로 실제로는

```
AFIO->EXTICR[0] = 0x00001234;
AFIO->EXTICR[1] = 0x00003456;
AFIO->EXTICR[2] = 0x00001234;
AFIO->EXTICR[3] = 0x00003456;
```

과 같이 사용해야 한다.

▣ 사용자가 절대번지를 포인터로 정의하여 사용하는 방법

8051이나 AVR에서도 그랬던 것처럼 사용자가 STM32F103VET6의 I/O 제어 레지스터의 절대 번지를 포인터로 정의하여 두고 그 정의에 따라 레지스터 이름을 사용하는 방식이다. 즉,

```
#define  GPIOA_CRL     (*(__IO uint32_t *) 0x40010800)
#define  GPIOA_CRH     (*(__IO uint32_t *) 0x40010804)
#define  GPIOA_IDR     (*(__IO uint32_t *) 0x40010808)
#define  GPIOA_ODR     (*(__IO uint32_t *) 0x4001080C)
#define  GPIOA_BSRR    (*(__IO uint32_t *) 0x40010810)
#define  GPIOA_BRR     (*(__IO uint32_t *) 0x40010814)
#define  GPIOA_LCKR    (*(__IO uint32_t *) 0x40010818)

GPIOA_CRL  = 0xFFFF3333;
GPIOA_CRH  = 0xBBBB4444;
GPIOA_ODR  = 0x00000040;
GPIOA_BSRR = 0x00000800;
a = GPIOA_IDR;
```

와 같이 사용한다.

이것은 다른 마이크로컨트롤러에서도 널리 사용하는 일반적인 방법이기는 하지만, 이를 사용하려면 사용자가 미리 모든 I/O 제어 레지스터를 포인터로 정의해 놓아야 하는 불편이 있다. 그러나, 이 방법에서는 I/O 제어 레지스터의 절대번지를 이와 같이 사용자가 직접 정의하므로 레지스터의 이름을 레퍼런스 매뉴얼과 동일하게 할 수 있는 장점이 있으며, 만약 필요하면 다음과 같이 원래 32비트의 I/O 제어 레지스터를 8비트씩 나누어 그 일부만을 액세스할 수도 있다.

```
#define  GPIOA_ODR_LOW   (*(__IO uint8_t *) 0x4001080C)
#define  GPIOA_ODR_HIGH  (*(__IO uint8_t *) 0x4001080D)

GPIOA_ODR_LOW   = 0x40;
GPIOA_ODR_HIGH  = 0x00;
```

(5) 인라인 어셈블 기능

IAR EWARM에서는 C언어 소스에서 인라인 어셈블(inline assemble) 명령의 사용을 지원한다. 이는 asm volatile 키워드를 사용하여 다음과 같은 형식으로 어셈블리 명령을 사용할 수 있도록 한다. 여기서 volatile 지시어를 반드시 사용해야 하는 것은 아니지만 이를 사용하면 컴파일러가 인라인 어셈블 명령을 최적화하지 않으므로 가급적이면 아래와 같이 사용하는 것이 좋다.

```
asm volatile("assembly instruction");
asm volatile("assembly instruction");          /* comment */
asm volatile("assembly instruction");          // comment
```

인라인 어셈블 명령을 사용하는 형식에는 이밖에도 다음과 같이 여러 행으로 사용하는 방법이 있다.

```
asm volatile("        assembly instruction \n"
             "        assembly instruction \n"      /* comment */
             "        assembly instruction \n"      // comment
                        . . .
             "        assembly instruction \n"
             "label:  assembly instruction \n"
             "        assembly instruction \n");
```

인라인 어셈블 명령의 행에서도 주석은 C언어 소스 행과 같이 사용할 수 있다. 즉, 주석문으로 /* ... */의 형식과 // ... 의 형식을 모두 사용할 수 있다.

(6) 인터럽트 처리 프로그래밍

STM32F103VET6에서 사용하는 인터럽트의 종류나 인터럽트 벡터 번지를 요약하여 <표 1.3.7>에서 보인 바 있다. 각 인터럽트가 발생하여 처리가 시작되면 CPU는 해당 인터럽트의 벡터 번지에서 32비트로 된 인터럽트 처리루틴의 시작번지를 인출하여 그곳으로 점프한다.

이러한 인터럽트 실행에는 특정한 프로그램 메모리 번지가 사용되므로 C언어로는 이를 처리할 수 없으며, STMicroelectronics사에서 각 C컴파일러에 맞도록 어셈블리 언어로 된 스타트업 파일을 만들어 제공한다. IAR EWARM에 맞는 Cortex-M3용의 스타트업 파일은 startup_stm32f103xe.s인데, 여기서는 <표 3.3.5>에서 보였듯이 각 인터럽트 벡터에 인터럽트 처리루틴의 이름을 지정하여 그곳으로 점프하도록 하였다. 따라서, 사용자가 인터럽트 처리 프로그램을 작성하려면 여기에 지정된 이름으로 인터럽트 처리 함수의 이름을 사용해야 한다.

<표 3.3.5> 스타트업 파일에 지정된 STM32F103VET6의 인터럽트 함수 이름

인터럽트 번호	우선순위	우선순위 성격	인터럽트 이름	인터럽트 처리 함수의 이름	인터럽트 벡터
-	-	-	-	(reserved)	0x0000_0000
	-3	고정	Reset	Reset_Handler	0x0000_0004
	-2	고정	NMI	NMI_Handler	0x0000_0008
	-1	고정	HardFault	HardFault_Handler	0x0000_000C
	0	설정 가능	MemManage	MemManage_Handler	0x0000_0010
	1	설정 가능	Bus Fault	BusFault_Handler	0x0000_0014
	2	설정 가능	UsageFault	UsageFault_Handler	0x0000_0018
	-	-	-	(reserved)	0x0000_001C
	-	-	-	(reserved)	0x0000_0020
	-	-	-	(reserved)	0x0000_0024
	-	-	-	(reserved)	0x0000_0028
	3	설정 가능	SVCall	SVC_Handler	0x0000_002C
	4	설정 가능	DebugMon	DebugMon_Handler	0x0000_0030
	-	-	-	(reserved)	0x0000_0034
	5	설정 가능	PendSV	PendSV_Handler	0x0000_0038
	6	설정 가능	SysTick	SysTick_Handler	0x0000_003C
0	7	설정 가능	WWDG	WWDG_IRQHandler	0x0000_0040
1	8	설정 가능	PVD	PVD_IRQHandler	0x0000_0044
2	9	설정 가능	TAMPER	TAMPER_IRQHandler	0x0000_0048
3	10	설정 가능	RTC	RTC_IRQHandler	0x0000_004C
4	11	설정 가능	FLASH	FLASH_IRQHandler	0x0000_0050
5	12	설정 가능	RCC	RCC_IRQHandler	0x0000_0054
6	13	설정 가능	EXTI0	EXTI0_IRQHandler	0x0000_0058
7	14	설정 가능	EXTI1	EXTI1_IRQHandler	0x0000_005C
8	15	설정 가능	EXTI2	EXTI2_IRQHandler	0x0000_0060
9	16	설정 가능	EXTI3	EXTI3_IRQHandler	0x0000_0064
10	17	설정 가능	EXTI4	EXTI4_IRQHandler	0x0000_0068
11	18	설정 가능	DMA1_Channel1	DMA1_Channel1_IRQHandler	0x0000_006C
12	19	설정 가능	DMA1_Channel2	DMA1_Channel2_IRQHandler	0x0000_0070
13	20	설정 가능	DMA1_Channel3	DMA1_Channel3_IRQHandler	0x0000_0074
14	21	설정 가능	DMA1_Channel4	DMA1_Channel4_IRQHandler	0x0000_0078
15	22	설정 가능	DMA1_Channel5	DMA1_Channel5_IRQHandler	0x0000_007C
16	23	설정 가능	DMA1_Channel6	DMA1_Channel6_IRQHandler	0x0000_0080
17	24	설정 가능	DMA1_Channel7	DMA1_Channel7_IRQHandler	0x0000_0084
18	25	설정 가능	ADC1_2	ADC1_2_IRQHandler	0x0000_0088
19	26	설정 가능	USB_HP_CAN1_TX	USB_HP_CAN1_TX_IRQHandler	0x0000_008C
20	27	설정 가능	USB_LP_CAN1_RX0	USB_LP_CAN1_RX0_IRQHandler	0x0000_0090
21	28	설정 가능	CAN1_RX1	CAN1_RX1_IRQHandler	0x0000_0094
22	29	설정 가능	CAN1_SCE	CAN1_SCE_IRQHandler	0x0000_0098

<표 3.3.5> 스타트업 파일에 지정된 STM32F103VET6의 인터럽트 함수 이름(계속)

인터럽트 번호	우선순위	우선순위 성격	인터럽트 이름	인터럽트 처리 함수의 이름	인터럽트 벡터
23	30	설정 가능	EXTI9_5	EXTI9_5_IRQHandler	0x0000_009C
24	31	설정 가능	TIM1_BRK	TIM1_BRK_IRQHandler	0x0000_00A0
25	32	설정 가능	TIM1_UP	TIM1_UP_IRQHandler	0x0000_00A4
26	33	설정 가능	TIM1_TRG_COM	TIM1_TRG_COM_IRQHandler	0x0000_00A8
27	34	설정 가능	TIM1_CC	TIM1_CC_IRQHandler	0x0000_00AC
28	35	설정 가능	TIM2	TIM2_IRQHandler	0x0000_00B0
29	36	설정 가능	TIM3	TIM3_IRQHandler	0x0000_00B4
30	37	설정 가능	TIM4	TIM4_IRQHandler	0x0000_00B8
31	38	설정 가능	I2C1_EV	I2C1_EV_IRQHandler	0x0000_00BC
32	39	설정 가능	I2C1_ER	I2C1_ER_IRQHandler	0x0000_00C0
33	40	설정 가능	I2C2_EV	I2C2_EV_IRQHandler	0x0000_00C4
34	41	설정 가능	I2C2_ER	I2C2_ER_IRQHandler	0x0000_00C8
35	42	설정 가능	SPI1	SPI1_IRQHandler	0x0000_00CC
36	43	설정 가능	SPI2	SPI2_IRQHandler	0x0000_00D0
37	44	설정 가능	USART1	USART1_IRQHandler	0x0000_00D4
38	45	설정 가능	USART2	USART2_IRQHandler	0x0000_00D8
39	46	설정 가능	USART3	USART3_IRQHandler	0x0000_00DC
40	47	설정 가능	EXTI15_10	EXTI15_10_IRQHandler	0x0000_00E0
41	48	설정 가능	RTC_Alarm	RTC_Alarm_IRQHandler	0x0000_00E4
42	49	설정 가능	USBWakeup	USBWakeup_IRQHandler	0x0000_00E8
43	50	설정 가능	TIM8_BRK	TIM8_BRK_IRQHandler	0x0000_00EC
44	51	설정 가능	TIM8_UP	TIM8_UP_IRQHandler	0x0000_00F0
45	52	설정 가능	TIM8_TRG_COM	TIM8_TRG_COM_IRQHandler	0x0000_00F4
46	53	설정 가능	TIM8_CC	TIM8_CC_IRQHandler	0x0000_00F8
47	54	설정 가능	ADC3	ADC3_IRQHandler	0x0000_00FC
48	55	설정 가능	FSMC	FSMC_IRQHandler	0x0000_0100
49	56	설정 가능	SDIO	SDIO_IRQHandler	0x0000_0104
50	57	설정 가능	TIM5	TIM5_IRQHandler	0x0000_0108
51	58	설정 가능	SPI3	SPI3_IRQHandler	0x0000_010C
52	59	설정 가능	UART4	UART4_IRQHandler	0x0000_0110
53	60	설정 가능	UART5	UART5_IRQHandler	0x0000_0114
54	61	설정 가능	TIM6	TIM6_IRQHandler	0x0000_0118
55	62	설정 가능	TIM7	TIM7_IRQHandler	0x0000_011C
56	63	설정 가능	DMA2_Channel1	DMA2_Channel1_IRQHandler	0x0000_0120
57	64	설정 가능	DMA2_Channel2	DMA2_Channel2_IRQHandler	0x0000_0124
58	65	설정 가능	DMA2_Channel3	DMA2_Channel3_IRQHandler	0x0000_0128
59	66	설정 가능	DMA2_Channel4_5	DMA2_Channel4_5_IRQHandler	0x0000_012C

IAR EWARM 컴파일러에서 STM32F103VET6을 사용할 때 필요한 스타트업 파일 startup_stm32f103xe.s의 내용을 보이면 다음과 같다.

<파일 startup_stm32f103xe.s> IAR EWARM에서 STM32F103VET6을 위한 스타트업 파일

```
;******************** (C) COPYRIGHT 2016 STMicroelectronics ********************
;* File Name          : startup_stm32f103xe.s
;* Author             : MCD Application Team
;* Version            : V4.2.0
;* Date               : 31-March-2017
;* Description        : STM32F103xE Performance Line Devices vector table for EWARM toolchain.
;*                      This module performs:
;*                      - Set the initial SP
;*                      - Set the initial PC == __iar_program_start,
;*                      - Set the vector table entries with the exceptions ISR address.
;*                      - Configure the system clock
;*                      - Branches to main in the C library (which eventually calls main()).
;*                      After Reset the Cortex-M3 processor is in Thread mode,
;*                      priority is Privileged, and the Stack is set to Main.
;********************************************************************************
;*
;* COPYRIGHT(c) 2016 STMicroelectronics
;*
```

```
;* Redistribution and use in source and binary forms, with or without modification,
;* are permitted provided that the following conditions are met:
;*   1. Redistributions of source code must retain the above copyright notice,
;*      this list of conditions and the following disclaimer.
;*   2. Redistributions in binary form must reproduce the above copyright notice,
;*      this list of conditions and the following disclaimer in the documentation
;*      and/or other materials provided with the distribution.
;*   3. Neither the name of STMicroelectronics nor the names of its contributors
;*      may be used to endorse or promote products derived from this software
;*      without specific prior written permission.
;*
;* THIS SOFTWARE IS PROVIDED BY THE COPYRIGHT HOLDERS AND CONTRIBUTORS "AS IS"
;* AND ANY EXPRESS OR IMPLIED WARRANTIES, INCLUDING, BUT NOT LIMITED TO, THE
;* IMPLIED WARRANTIES OF MERCHANTABILITY AND FITNESS FOR A PARTICULAR PURPOSE ARE
;* DISCLAIMED. IN NO EVENT SHALL THE COPYRIGHT HOLDER OR CONTRIBUTORS BE LIABLE
;* FOR ANY DIRECT, INDIRECT, INCIDENTAL, SPECIAL, EXEMPLARY, OR CONSEQUENTIAL
;* DAMAGES (INCLUDING, BUT NOT LIMITED TO, PROCUREMENT OF SUBSTITUTE GOODS OR
;* SERVICES; LOSS OF USE, DATA, OR PROFITS; OR BUSINESS INTERRUPTION) HOWEVER
;* CAUSED AND ON ANY THEORY OF LIABILITY, WHETHER IN CONTRACT, STRICT LIABILITY,
;* OR TORT (INCLUDING NEGLIGENCE OR OTHERWISE) ARISING IN ANY WAY OUT OF THE USE
;* OF THIS SOFTWARE, EVEN IF ADVISED OF THE POSSIBILITY OF SUCH DAMAGE.
;*
;*******************************************************************************
;
; The modules in this file are included in the libraries, and may be replaced
; by any user-defined modules that define the PUBLIC symbol _program_start or
; a user defined start symbol.
; To override the cstartup defined in the library, simply add your modified
; version to the workbench project.
;
; The vector table is normally located at address 0.
; When debugging in RAM, it can be located in RAM, aligned to at least 2^6.
; The name "__vector_table" has special meaning for C-SPY:
; it is where the SP start value is found, and the NVIC vector
; table register (VTOR) is initialized to this address if != 0.
;
; Cortex-M version
;

        MODULE  ?cstartup

        ;; Forward declaration of sections.
        SECTION CSTACK:DATA:NOROOT(3)

        SECTION .intvec:CODE:NOROOT(2)

        EXTERN  __iar_program_start
        EXTERN  SystemInit
        PUBLIC  __vector_table

        DATA

__vector_table
        DCD     sfe(CSTACK)
        DCD     Reset_Handler             ; Reset Handler
        DCD     NMI_Handler               ; NMI Handler
        DCD     HardFault_Handler         ; Hard Fault Handler
        DCD     MemManage_Handler         ; MPU Fault Handler
        DCD     BusFault_Handler          ; Bus Fault Handler
        DCD     UsageFault_Handler        ; Usage Fault Handler
        DCD     0                         ; Reserved
        DCD     0                         ; Reserved
        DCD     0                         ; Reserved
        DCD     0                         ; Reserved
        DCD     SVC_Handler               ; SVCall Handler
        DCD     DebugMon_Handler          ; Debug Monitor Handler
        DCD     0                         ; Reserved
        DCD     PendSV_Handler            ; PendSV Handler
        DCD     SysTick_Handler           ; SysTick Handler

         ; External Interrupts
```

```
        DCD     WWDG_IRQHandler            ; Window Watchdog
        DCD     PVD_IRQHandler             ; PVD through EXTI Line detect
        DCD     TAMPER_IRQHandler          ; Tamper
        DCD     RTC_IRQHandler             ; RTC
        DCD     FLASH_IRQHandler           ; Flash
        DCD     RCC_IRQHandler             ; RCC
        DCD     EXTI0_IRQHandler           ; EXTI Line 0
        DCD     EXTI1_IRQHandler           ; EXTI Line 1
        DCD     EXTI2_IRQHandler           ; EXTI Line 2
        DCD     EXTI3_IRQHandler           ; EXTI Line 3
        DCD     EXTI4_IRQHandler           ; EXTI Line 4
        DCD     DMA1_Channel1_IRQHandler   ; DMA1 Channel 1
        DCD     DMA1_Channel2_IRQHandler   ; DMA1 Channel 2
        DCD     DMA1_Channel3_IRQHandler   ; DMA1 Channel 3
        DCD     DMA1_Channel4_IRQHandler   ; DMA1 Channel 4
        DCD     DMA1_Channel5_IRQHandler   ; DMA1 Channel 5
        DCD     DMA1_Channel6_IRQHandler   ; DMA1 Channel 6
        DCD     DMA1_Channel7_IRQHandler   ; DMA1 Channel 7
        DCD     ADC1_2_IRQHandler          ; ADC1 & ADC2
        DCD     USB_HP_CAN1_TX_IRQHandler  ; USB High Priority or CAN1 TX
        DCD     USB_LP_CAN1_RX0_IRQHandler ; USB Low  Priority or CAN1 RX0
        DCD     CAN1_RX1_IRQHandler        ; CAN1 RX1
        DCD     CAN1_SCE_IRQHandler        ; CAN1 SCE
        DCD     EXTI9_5_IRQHandler         ; EXTI Line 9..5
        DCD     TIM1_BRK_IRQHandler        ; TIM1 Break
        DCD     TIM1_UP_IRQHandler         ; TIM1 Update
        DCD     TIM1_TRG_COM_IRQHandler    ; TIM1 Trigger and Commutation
        DCD     TIM1_CC_IRQHandler         ; TIM1 Capture Compare
        DCD     TIM2_IRQHandler            ; TIM2
        DCD     TIM3_IRQHandler            ; TIM3
        DCD     TIM4_IRQHandler            ; TIM4
        DCD     I2C1_EV_IRQHandler         ; I2C1 Event
        DCD     I2C1_ER_IRQHandler         ; I2C1 Error
        DCD     I2C2_EV_IRQHandler         ; I2C2 Event
        DCD     I2C2_ER_IRQHandler         ; I2C2 Error
        DCD     SPI1_IRQHandler            ; SPI1
        DCD     SPI2_IRQHandler            ; SPI2
        DCD     USART1_IRQHandler          ; USART1
        DCD     USART2_IRQHandler          ; USART2
        DCD     USART3_IRQHandler          ; USART3
        DCD     EXTI15_10_IRQHandler       ; EXTI Line 15..10
        DCD     RTC_Alarm_IRQHandler       ; RTC Alarm through EXTI Line
        DCD     USBWakeUp_IRQHandler       ; USB Wakeup from suspend
        DCD     TIM8_BRK_IRQHandler        ; TIM8 Break
        DCD     TIM8_UP_IRQHandler         ; TIM8 Update
        DCD     TIM8_TRG_COM_IRQHandler    ; TIM8 Trigger and Commutation
        DCD     TIM8_CC_IRQHandler         ; TIM8 Capture Compare
        DCD     ADC3_IRQHandler            ; ADC3
        DCD     FSMC_IRQHandler            ; FSMC
        DCD     SDIO_IRQHandler            ; SDIO
        DCD     TIM5_IRQHandler            ; TIM5
        DCD     SPI3_IRQHandler            ; SPI3
        DCD     UART4_IRQHandler           ; UART4
        DCD     UART5_IRQHandler           ; UART5
        DCD     TIM6_IRQHandler            ; TIM6
        DCD     TIM7_IRQHandler            ; TIM7
        DCD     DMA2_Channel1_IRQHandler   ; DMA2 Channel1
        DCD     DMA2_Channel2_IRQHandler   ; DMA2 Channel2
        DCD     DMA2_Channel3_IRQHandler   ; DMA2 Channel3
        DCD     DMA2_Channel4_5_IRQHandler ; DMA2 Channel4 & Channel5

;;;;;;;;;;;;;;;;;;;;;;;;;;;;;;;;;;;;;;;;;;;;;;;;;;;;;;;;
;;
;; Default interrupt handlers.
;;
        THUMB

        PUBWEAK Reset_Handler
        SECTION .text:CODE:REORDER:NOROOT(2)
Reset_Handler
        LDR     R0, =SystemInit
```

```
        BLX     R0
        LDR     R0, =__iar_program_start
        BX      R0

        PUBWEAK NMI_Handler
        SECTION .text:CODE:REORDER:NOROOT(1)
NMI_Handler
        B NMI_Handler

        PUBWEAK HardFault_Handler
        SECTION .text:CODE:REORDER:NOROOT(1)
HardFault_Handler
        B HardFault_Handler

        PUBWEAK MemManage_Handler
        SECTION .text:CODE:REORDER:NOROOT(1)
MemManage_Handler
        B MemManage_Handler

        PUBWEAK BusFault_Handler
        SECTION .text:CODE:REORDER:NOROOT(1)
BusFault_Handler
        B BusFault_Handler

        PUBWEAK UsageFault_Handler
        SECTION .text:CODE:REORDER:NOROOT(1)
UsageFault_Handler
        B UsageFault_Handler

        PUBWEAK SVC_Handler
        SECTION .text:CODE:REORDER:NOROOT(1)
SVC_Handler
        B SVC_Handler

        PUBWEAK DebugMon_Handler
        SECTION .text:CODE:REORDER:NOROOT(1)
DebugMon_Handler
        B DebugMon_Handler

        PUBWEAK PendSV_Handler
        SECTION .text:CODE:REORDER:NOROOT(1)
PendSV_Handler
        B PendSV_Handler

        PUBWEAK SysTick_Handler
        SECTION .text:CODE:REORDER:NOROOT(1)
SysTick_Handler
        B SysTick_Handler

        PUBWEAK WWDG_IRQHandler
        SECTION .text:CODE:REORDER:NOROOT(1)
WWDG_IRQHandler
        B WWDG_IRQHandler

        PUBWEAK PVD_IRQHandler
        SECTION .text:CODE:REORDER:NOROOT(1)
PVD_IRQHandler
        B PVD_IRQHandler

        PUBWEAK TAMPER_IRQHandler
        SECTION .text:CODE:REORDER:NOROOT(1)
TAMPER_IRQHandler
        B TAMPER_IRQHandler

        PUBWEAK RTC_IRQHandler
        SECTION .text:CODE:REORDER:NOROOT(1)
RTC_IRQHandler
        B RTC_IRQHandler

        PUBWEAK FLASH_IRQHandler
        SECTION .text:CODE:REORDER:NOROOT(1)
```

```
FLASH_IRQHandler
        B FLASH_IRQHandler

        PUBWEAK RCC_IRQHandler
        SECTION .text:CODE:REORDER:NOROOT(1)
RCC_IRQHandler
        B RCC_IRQHandler

        PUBWEAK EXTI0_IRQHandler
        SECTION .text:CODE:REORDER:NOROOT(1)
EXTI0_IRQHandler
        B EXTI0_IRQHandler

        PUBWEAK EXTI1_IRQHandler
        SECTION .text:CODE:REORDER:NOROOT(1)
EXTI1_IRQHandler
        B EXTI1_IRQHandler

        PUBWEAK EXTI2_IRQHandler
        SECTION .text:CODE:REORDER:NOROOT(1)
EXTI2_IRQHandler
        B EXTI2_IRQHandler

        PUBWEAK EXTI3_IRQHandler
        SECTION .text:CODE:REORDER:NOROOT(1)
EXTI3_IRQHandler
        B EXTI3_IRQHandler

        PUBWEAK EXTI4_IRQHandler
        SECTION .text:CODE:REORDER:NOROOT(1)
EXTI4_IRQHandler
        B EXTI4_IRQHandler

                        (중간 생략)

        PUBWEAK TIM6_IRQHandler
        SECTION .text:CODE:REORDER:NOROOT(1)
TIM6_IRQHandler
        B TIM6_IRQHandler

        PUBWEAK TIM7_IRQHandler
        SECTION .text:CODE:REORDER:NOROOT(1)
TIM7_IRQHandler
        B TIM7_IRQHandler

        PUBWEAK DMA2_Channel1_IRQHandler
        SECTION .text:CODE:REORDER:NOROOT(1)
DMA2_Channel1_IRQHandler
        B DMA2_Channel1_IRQHandler

        PUBWEAK DMA2_Channel2_IRQHandler
        SECTION .text:CODE:REORDER:NOROOT(1)
DMA2_Channel2_IRQHandler
        B DMA2_Channel2_IRQHandler

        PUBWEAK DMA2_Channel3_IRQHandler
        SECTION .text:CODE:REORDER:NOROOT(1)
DMA2_Channel3_IRQHandler
        B DMA2_Channel3_IRQHandler

        PUBWEAK DMA2_Channel4_5_IRQHandler
        SECTION .text:CODE:REORDER:NOROOT(1)
DMA2_Channel4_5_IRQHandler
        B DMA2_Channel4_5_IRQHandler

        END

/************************ (C) COPYRIGHT STMicroelectronics *****END OF FILE****/
```

(7) 레지스터의 사용

C언어의 중요한 특징중의 하나는 함수 중심의 언어라는 것이며, 일반적으로 함수를 호출할 때는 입력 파라미터가 전달되고, 함수가 수행되고 나서 리턴될 때는 출력 파라미터를 전달하게 된다. 이러한 함수 파라미터를 어떻게 전달하고 그것이 함수 안에서 어떤 방법으로 사용되는지는 C컴파일러의 성능에 중요한 영향을 준다. 종래의 C컴파일러들은 이러한 파라미터를 대부분 스택을 통하여 전달함으로써 일반성은 있었으나 액세스에 필요한 시간이 길어서 처리성능이 낮았다. 그러나, ARM은 R0~R15의 16개 레지스터를 가지고 있으므로 이러한 파라미터 전달에 주로 레지스터를 사용하며, 이는 C언어로 작성된 사용자 프로그램의 실행속도를 상당히 높여준다.

모든 함수를 컴파일할 때 함수를 호출하는 루틴과 호출되는 함수 사이에는 입출력 파라미터들이 서로 잘 매칭되어야 하므로 C컴파일러에서 이러한 함수 처리 방법은 매우 규칙적으로 정해져 있으며, IAR EWARM은 ARM사의 AAPCS(Procedure Call Standard for the ARM Architecture) 규격에 따라 이를 처리한다. AAPCS 규격에서 ARM의 레지스터 기능을 요약하면 <표 3.4.6>과 같다. AAPCS 규격에 대하여는 참고문헌 [8]을 참조하기 바란다.

<표 3.4.6> AAPCS 규격에서 레지스터의 사용

레지스터	별칭	특수 용도	함수 호출에서의 기능
r15	-	PC	Program counter.
r14	-	LR	Link register.
r13	-	SP	Stack pointer.
r12	-	IP	The Intra-Procedure-call scratch register.
r11	v8	-	Variable register 8.
r10	v7	-	Variable register 7.
r9		v6 SB TR	Variable register 6 / Platform register. The meaning of this register is defined by the platform standard.
r8	v5	-	Variable register 5.
r7	v4	-	Variable register 4.
r6	v3	-	Variable register 3.
r5	v2	-	Variable register 2.
r4	v1	-	Variable register 1.
r3	a4	-	Argument / Scratch register 4.
r2	a3	-	Argument / Scratch register 3.
r1	a2	-	Argument / Result / Scratch register 2.
r0	a1	-	Argument / Result / Scratch register 1.

어셈블리 언어에서 레지스터 이름은 대문자 또는 소문자를 자유롭게 사용할 수 있다. 이 표에서 보듯이 IAR EWARM에서 함수를 호출할 때 인수들은 R0~R3에 차례

로 할당되어 전달되며, 인수가 많아서 이를 초과하면 그 초과분은 스택을 통하여 전달된다. 32비트 이하의 파라미터들은 1개의 레지스터로 전달되지만, 32비트를 넘는 파라미터는 연속된 2개의 레지스터를 사용한다. 만약 함수에서 리턴할 때 리턴값이 사용되면 이는 R0에 할당되지만, 리턴값이 64비트 길이를 갖는 더블 워드로 되어 있으면 R0~R1이 사용된다. 따라서, 이 레지스터들은 함수 호출 전후에 저장되고 복구되지 않는다. 함수 내부의 루틴에서 R0~R3은 각각 a1~a4로 부르기도 한다.

또한, 레지스터 R4~R8과 R10~R11은 함수 내부의 지역변수(local variable)로 사용되므로 함수 내부에서 이를 사용하기 전에 미리 스택에 값을 저장하여 대피시키며 함수를 종료하기 전에 이를 복구한다. 함수 내부의 루틴에서 R4~R8과 R10~R11은 각각 v1~v5 및 v7~v8로 부르기도 한다.

레지스터 R9는 플랫폼에 따라 v6, SB(static base), TR(thread register) 등의 3가지 다른 기능으로 사용될 수 있다. 이 레지스터는 함수 호출 전후에 저장되고 복구된다.

레지스터 R12는 함수 호출 사이에 필요한 데이터 전달용으로 사용할 수 있다. 이 레지스터는 함수 호출 전후에 저장되고 복구되지 않는다.

이밖에 레지스터 R13은 스택 포인터로 사용되고, R14는 링크 레지스터로 사용되며, R15는 프로그램 카운터로 사용된다. 이 레지스터들은 모두 함수 호출 전후에 저장되고 복구되지 않는다.

스택은 높은 번지에서 낮은 번지쪽(downwards)으로 저장되며, 항상 4바이트 경계로 정렬되어 사용되지만 public interface에서는 8바이트 경계로 사용된다. 스택 베이스(stack base)는 스택 상단의 어드레스를 의미하며, 이것의 1번지 아래부터 스택으로 사용된다. 스택 리미트(stack limit)는 스택으로 사용될 수 있도록 지정된 최하위 번지를 의미한다. 스택 포인터(stack pointer)는 스택에 마지막으로 값이 저장된 번지를 가리키는 레지스터이며, 스택 프레임(stack frame)은 함수에 의하여 스택에 레지스터나 지역변수를 저장한 번지를 가리키는 포인터이다.

5. 주요 내장함수 및 헤더파일

(1) C언어 기본 헤더파일 및 주요 내장함수 요약

IAR EWARM에서 사용하는 C언어의 기본 헤더파일들은 모두 C:\IAR Systems\Embedded Workbench 7.5\arm\inc\c\ 폴더에 위치하는데, 사용자 프로그램에서 이를 인클루드하려면

```
#include <stdio.h>
#include <math.h>
```

와 같은 형식으로 사용한다. 이처럼 IAR EWARM C컴파일러에서 기본적으로 제공하는 헤더파일에는 assert.h, ctype.h, errno.h, float.h, inttypes.h, limits.h, locale.h, math.h, setjmp.h, signal.h, stddef.h, stdint.h, stdio.h, stdlib.h, string.h, time.h 등이 있다.

이러한 IAR EWARM의 기본 헤더파일에 정의되어 있는 모든 C언어 내장함수와 그것들이 정의되어 있는 헤더파일을 요약 정리하면 <표 3.4.7>과 같다.

〈표 3.4.7〉 IAR EWARM의 C언어 내장함수 및 그것이 정의되어 있는 헤더파일

함수의 형	함 수	헤더파일
void	abort(void);	stdlib.h
int	abs(int i);	stdlib.h
char	*asctime(const struct tm *clock);	time.h
int	atexit(void (*function)(void));	stdlib.h
double	atof(const char *str);	stdlib.h
int	atoi(const char *str);	stdlib.h
long	atol(const char *str);	stdlib.h
long long	atoll(const char *str);	stdlib.h
void	*calloc(size_t n, size_t size);	stdlib.h
void	clearerr(FILE *fp);	stdio.h
clock_t	clock(void);	time.h
char	*ctime(const time_t *clock);	time.h
div_t	div(int n, int d);	stdlib.h
double	difftime(time_t time1, time_t time2);	time.h
void	exit(int code);	stdlib.h
char	*getenv(const char *name);	stdlib.h
struct tm	*gmtime(const time_t *clock);	time.h
int	fclose(FILE *fp);	stdio.h
FILE	*fdopen(int fd, const char *mode);	stdio.h
int	feof(FILE *fp);	stdio.h
int	ferror(FILE *fp);	stdio.h
int	fflush(FILE *fp);	stdio.h
int	fgetc(FILE *fp);	stdio.h
int	fgetpos(FILE *fp, fpos_t *pos);	stdio.h
char	*fgets(char *buf, int n, FILE *fp);	stdio.h
FILE	*fopen(const char *file, const char *mode);	stdio.h
int	fprintf(FILE *fp, const char *format, ...);	stdio.h
int	fputc(int ch, FILE *fp);	stdio.h
int	fputs(const char *str, FILE *fp);	stdio.h
size_t	fread(void *buf, size_t size, size_t count, FILE *fp);	stdio.h
void	free(void *aptr);	stdlib.h
FILE	*freopen(const char *file, const char *mode, FILE *fp);	stdio.h
int	fscanf(FILE *fp, const char *format, ...);	stdio.h
int	fseek(FILE *fp, long offset, int whence);	stdio.h
int	fsetpos(FILE *fp, const fpos_t *pos);	stdio.h
long	ftell(FILE *fp);	stdio.h
size_t	fwrite(const void *buf, size_t size, size_t count, FILE *fp);	stdio.h
int	getc(FILE *fp);	stdio.h
int	getchar(void);	stdio.h
char	*gets(char *buf);	stdio.h
int	getw(FILE *fp);	stdio.h
int	isalnum(int c);	ctype.h
int	isalpha(int c);	ctype.h
int	isblank(int c);	ctype.h
int	iscntrl(int c);	ctype.h
int	isdigit(int c);	ctype.h
int	isgraph(int c);	ctype.h

```
int                 islower(int c);                                        ctype.h
int                 isprint(int c);                                        ctype.h
int                 ispunct(int c);                                        ctype.h
int                 isspace(int c);                                        ctype.h
int                 isupper(int c);                                        ctype.h
int                 isxdigit(int c);                                       ctype.h
long                labs(long i);                                          stdlib.h
ldiv_t              ldiv(long n, long d);                                  stdlib.h
long long           llabs(long long i);                                    stdlib.h
lldiv_t             lldiv(long long n, long long d);                       stdlib.h
struct tm           *localtime(const time_t *clock);                       time.h
void                *malloc(size_t nbytes);                                stdlib.h
int                 mblen(const char *s, size_t n);                        stdlib.h
size_t              mbstowcs(wchar_t *pwc, const char *s, size_t n);       stdlib.h
int                 mbtowc(wchar_t *pwc, const char *s, size_t n);         stdlib.h
void                *memchr(const void *src, int c, size_t length);        string.h
int                 memcmp(const void *s1, const void *s2, size_t n);      string.h
void                *memcpy(void *out, const void *in, size_t n);          string.h
void                *memmove(void *dest, const void *src, size_t length);  string.h
void                *memset(void *dest, int c, size_t length );            string.h
time_t              mktime(struct tm *timep);                              time.h
void                perror(const char *prefix);                            stdio.h
int                 printf(const char *format, ...);                       stdio.h
int                 putc(int chr, FILE *fp);                               stdio.h
int                 putchar(int chr);                                      stdio.h
int                 puts(const char *str);                                 stdio.h
int                 putw(int w, FILE *fp);                                 stdio.h
int                 raise(int sig);                                        signal.h
int                 rand(void);                                            stdlib.h
void                *realloc(void *aptr, size_t nbytes);                   stdlib.h
void                rewind(FILE *fp);                                      stdio.h
int                 scanf(const char *format, ...);                        stdio.h
int                 sscanf(char *str, const char *format, ...);            stdio.h
void                setbuf(FILE *fp, char *buf);                           stdio.h
void                setvbuf(FILE *fp, char *buf, int mode, size_t size);   stdio.h
int                 snprintf(char *str, size_t size, const char *format, ...);  stdio.h
int                 sprintf(char *str, const char *format, ...);           stdio.h
void                srand(unsigned int seed);                              stdlib.h
int                 strcasecmp(const char *a, const char *b);              string.h
char                *strcat(char *dest, const char *src);                  string.h
char                *strchr(const char *str, int c);                       string.h
int                 strcmp(const char *a, const char *b);                  string.h
int                 strcoll(const char *stra, const char *strb);           string.h
char                *strcpy(char *dest, const char *src);                  string.h
size_t              strcspn(const char *stra, const char *strb);           string.h
char                *strerror(int errnum);                                 string.h
size_t              strlen(const char *str);                               string.h
int                 strncasecmp(const char *a, const char *b, size_t length);  string.h
char                *strncat(char *dest, const char *src, size_t length);  string.h
int                 strncmp(const char *a, const char *b, size_t length);  string.h
char                *strncpy(char *dest, const char *src, size_t length);  string.h
size_t              strspn(const char *stra, const char *strb);            string.h
char                *strrchr(const char *str, int c);                      string.h
char                *strstr(const char *stra, const char *strb);           string.h
size_t              strftime(char *str,size_t maxsize,const char *format,const struct tm *timep); time.h
double              strtod(const char *str, char **tail);                  stdlib.h
float               strtof(const char *str, char **tail);                  stdlib.h
long                strtol(const char *str, char **ptr, int base);         stdlib.h
long long           strtoll(const char *str, char **ptr, int base);        stdlib.h
unsigned long       strtoul(const char *str, char **ptr, int base);        stdlib.h
size_t              strxfrm(char *stra, const char *strb, size_t n);       string.h
int                 system(const char *str);                               stdlib.h
time_t              time(time_t *t);                                       time.h
int                 tolower(int c);                                        ctype.h
int                 toupper(int c);                                        ctype.h
int                 vprintf(const char *format, va_list list);             stdio.h
int                 vfprintf(FILE *fp, const char *format, va_list list);  stdio.h
int                 vsprintf(char *str, const char *format, va_list list); stdio.h
int                 vsnprintf(char *str, size_t size, const char *format, va_list list); stdio.h
size_t              wcstombs(char *str, const wchar_t *pwc, size_t n);     stdlib.h
int                 wctomb(char *str, wchar_t wchar);                      stdlib.h
```

```
double          acos(double x);                         math.h
float           acosf(float x);                         math.h
double          acosh(double x);                        math.h
float           acoshf(float x);                        math.h
double          asin(double x);                         math.h
float           asinf(float x);                         math.h
double          asinh(double x);                        math.h
float           asinhf(float x);                        math.h
double          atan(double x);                         math.h
float           atanf(float x);                         math.h
double          atan2(double y, double x);              math.h
float           atan2f(float y, float x);               math.h
double          atanh(double x);                        math.h
float           atanhf(float x);                        math.h
double          ceil(double x);                         math.h
float           ceilf(float x);                         math.h
double          cos(double x);                          math.h
float           cosf(float x);                          math.h
double          cosh(double x);                         math.h
float           coshf(float x);                         math.h
double          exp(double x);                          math.h
float           expf(float x);                          math.h
double          fabs(double x);                         math.h
float           fabsf(float x);                         math.h
double          floor(double x);                        math.h
float           floorf(float x);                        math.h
double          fmax(double x, double y);               math.h
float           fmaxf(float x, float y);                math.h
double          fmin(double x, double y);               math.h
float           fminf(float x, float y);                math.h
double          fmod(double x, double y);               math.h
float           fmodf(float x, float y);                math.h
double          frexp(double x, int *exp);              math.h
float           frexpf(float x, int *exp);              math.h
int             isfinite(double x);                     math.h
int             isinf(double x);                        math.h
int             isnan(double x);                        math.h
double          ldexp(double x, int exp);               math.h
float           ldexpf(float x, int exp);               math.h
double          log(double x);                          math.h
float           logf(float x);                          math.h
double          log10(double x);                        math.h
float           log10f(float x);                        math.h
double          modf(double x, double *iptr);           math.h
float           modff(float x, float *iptr);            math.h
double          pow(double x, double y);                math.h
float           powf(float x, float y);                 math.h
double          round(double x);                        math.h
double          sin(double x);                          math.h
float           sinf(float x);                          math.h
double          sinh(double x);                         math.h
float           sinhf(float x);                         math.h
double          sqrt(double x);                         math.h
float           sqrtf(float x);                         math.h
double          tan(double x);                          math.h
float           tanf(float x);                          math.h
double          tanh(double x);                         math.h
float           tanhf(float x);                         math.h
```

(2) Cortex-M3용 기본 헤더파일

IAR EWARM C컴파일러에서 제공하는 Cortex-M3 코어용의 C언어 기본 헤더파일 core_cm3.h는 다음과 같다. 이 헤더파일에는 Cortex-M3 소자를 사용할 때 필요한 여러가지 사항들을 정의하고 있으며, Cortex-M3 코어의 기본 레지스터, NVIC 관련 레지스터, SCB 관련 레지스터, SysTick 관련 레지스터 등도 여기에 정의되어 있다.

<파일 core_cm3.h> IAR EWARM에서 제공하는 Cortex-M3용의 기본 헤더파일

```
/**************************************************************************//**
 * @file     core_cm3.h
 * @brief    CMSIS Cortex-M3 Core Peripheral Access Layer Header File
 * @version  V4.30
 * @date     20. October 2015
 ******************************************************************************/
/* Copyright (c) 2009 - 2015 ARM LIMITED

   All rights reserved.
   Redistribution and use in source and binary forms, with or without
   modification, are permitted provided that the following conditions are met:
   - Redistributions of source code must retain the above copyright
     notice, this list of conditions and the following disclaimer.
   - Redistributions in binary form must reproduce the above copyright
     notice, this list of conditions and the following disclaimer in the
     documentation and/or other materials provided with the distribution.
   - Neither the name of ARM nor the names of its contributors may be used
     to endorse or promote products derived from this software without
     specific prior written permission.
   *
   THIS SOFTWARE IS PROVIDED BY THE COPYRIGHT HOLDERS AND CONTRIBUTORS "AS IS"
   AND ANY EXPRESS OR IMPLIED WARRANTIES, INCLUDING, BUT NOT LIMITED TO, THE
   IMPLIED WARRANTIES OF MERCHANTABILITY AND FITNESS FOR A PARTICULAR PURPOSE
   ARE DISCLAIMED. IN NO EVENT SHALL COPYRIGHT HOLDERS AND CONTRIBUTORS BE
   LIABLE FOR ANY DIRECT, INDIRECT, INCIDENTAL, SPECIAL, EXEMPLARY, OR
   CONSEQUENTIAL DAMAGES (INCLUDING, BUT NOT LIMITED TO, PROCUREMENT OF
   SUBSTITUTE GOODS OR SERVICES; LOSS OF USE, DATA, OR PROFITS; OR BUSINESS
   INTERRUPTION) HOWEVER CAUSED AND ON ANY THEORY OF LIABILITY, WHETHER IN
   CONTRACT, STRICT LIABILITY, OR TORT (INCLUDING NEGLIGENCE OR OTHERWISE)
   ARISING IN ANY WAY OUT OF THE USE OF THIS SOFTWARE, EVEN IF ADVISED OF THE
   POSSIBILITY OF SUCH DAMAGE.
   ---------------------------------------------------------------------------*/

#if   defined ( __ICCARM__ )
 #pragma system_include         /* treat file as system include file for MISRA check */
#elif defined(__ARMCC_VERSION) && (__ARMCC_VERSION >= 6010050)
  #pragma clang system_header   /* treat file as system include file */
#endif

#ifndef __CORE_CM3_H_GENERIC
#define __CORE_CM3_H_GENERIC

#include <stdint.h>

#ifdef __cplusplus
 extern "C" {
#endif

/**
  \page CMSIS_MISRA_Exceptions  MISRA-C:2004 Compliance Exceptions
  CMSIS violates the following MISRA-C:2004 rules:

   \li Required Rule 8.5, object/function definition in header file.<br>
     Function definitions in header files are used to allow 'inlining'.

   \li Required Rule 18.4, declaration of union type or object of union type: '{...}'.<br>
     Unions are used for effective representation of core registers.

   \li Advisory Rule 19.7, Function-like macro defined.<br>
     Function-like macros are used to allow more efficient code.
 */

/*******************************************************************************
 *                 CMSIS definitions
 ******************************************************************************/

/*  CMSIS CM3 definitions */
#define __CM3_CMSIS_VERSION_MAIN  (0x04U)                              /*!< [31:16] CMSIS HAL main version */
#define __CM3_CMSIS_VERSION_SUB   (0x1EU)                              /*!< [15:0]  CMSIS HAL sub version */
#define __CM3_CMSIS_VERSION       ((__CM3_CMSIS_VERSION_MAIN << 16U) | \
```

```
                                __CM3_CMSIS_VERSION_SUB           )  /*!< CMSIS HAL version number */
#define __CORTEX_M                (0x03U)                            /*!< Cortex-M Core */

#if   defined ( __CC_ARM )
  #define __ASM            __asm                                     /*!< asm keyword for ARM Compiler */
  #define __INLINE         __inline                                  /*!< inline keyword for ARM Compiler */
  #define __STATIC_INLINE  static __inline

#elif defined(__ARMCC_VERSION) && (__ARMCC_VERSION >= 6010050)
  #define __ASM            __asm                                     /*!< asm keyword for ARM Compiler */
  #define __INLINE         __inline                                  /*!< inline keyword for ARM Compiler */
  #define __STATIC_INLINE  static __inline

#elif defined ( __GNUC__ )
  #define __ASM            __asm                                     /*!< asm keyword for GNU Compiler */
  #define __INLINE         inline                                    /*!< inline keyword for GNU Compiler */
  #define __STATIC_INLINE  static inline

#elif defined ( __ICCARM__ )
  #define __ASM            __asm                                     /*!< asm keyword for IAR Compiler */
  #define __INLINE         inline                                    /*!< inline keyword for IAR Compiler.
                                                                      Only available in High optimization mode! */
  #define __STATIC_INLINE  static inline

#elif defined ( __TMS470__ )
  #define __ASM            __asm                                     /*!< asm keyword for TI CCS Compiler */
  #define __STATIC_INLINE  static inline

#elif defined ( __TASKING__ )
  #define __ASM            __asm                                     /*!< asm keyword for TASKING Compiler */
  #define __INLINE         inline                                    /*!< inline keyword for TASKING Compiler */
  #define __STATIC_INLINE  static inline

#elif defined ( __CSMC__ )
  #define __packed
  #define __ASM            _asm                                      /*!< asm keyword for COSMIC Compiler */
  #define __INLINE         inline                                    /*!< inline keyword for COSMIC Compiler.
                                                                      Use -pc99 on compile line */
  #define __STATIC_INLINE  static inline

#else
  #error Unknown compiler
#endif

/** FPU_USED indicates whether an FPU is used or not.
    This core does not support an FPU at all
*/
#define __FPU_USED       0U

#if defined ( __CC_ARM )
  #if defined __TARGET_FPU_VFP
    #error "Compiler generates FPU instructions for a device without an FPU (check __FPU_PRESENT)"
  #endif

#elif defined(__ARMCC_VERSION) && (__ARMCC_VERSION >= 6010050)
  #if defined __ARM_PCS_VFP
    #error "Compiler generates FPU instructions for a device without an FPU (check __FPU_PRESENT)"
  #endif

#elif defined ( __GNUC__ )
  #if defined (__VFP_FP__) && !defined(__SOFTFP__)
    #error "Compiler generates FPU instructions for a device without an FPU (check __FPU_PRESENT)"
  #endif

#elif defined ( __ICCARM__ )
  #if defined __ARMVFP__
    #error "Compiler generates FPU instructions for a device without an FPU (check __FPU_PRESENT)"
  #endif

#elif defined ( __TMS470__ )
  #if defined __TI_VFP_SUPPORT__
    #error "Compiler generates FPU instructions for a device without an FPU (check __FPU_PRESENT)"
  #endif

#elif defined ( __TASKING__ )
  #if defined __FPU_VFP__
    #error "Compiler generates FPU instructions for a device without an FPU (check __FPU_PRESENT)"
  #endif

#elif defined ( __CSMC__ )
```

```
  #if ( __CSMC__ & 0x400U)
    #error "Compiler generates FPU instructions for a device without an FPU (check __FPU_PRESENT)"
  #endif

#endif

#include "core_cmInstr.h"                /* Core Instruction Access */
#include "core_cmFunc.h"                 /* Core Function Access */

#ifdef __cplusplus
}
#endif

#endif /* __CORE_CM3_H_GENERIC */

#ifndef __CMSIS_GENERIC

#ifndef __CORE_CM3_H_DEPENDANT
#define __CORE_CM3_H_DEPENDANT

#ifdef __cplusplus
 extern "C" {
#endif

/* check device defines and use defaults */
#if defined __CHECK_DEVICE_DEFINES
  #ifndef __CM3_REV
    #define __CM3_REV               0x0200U
    #warning "__CM3_REV not defined in device header file; using default!"
  #endif

  #ifndef __MPU_PRESENT
    #define __MPU_PRESENT           0U
    #warning "__MPU_PRESENT not defined in device header file; using default!"
  #endif

  #ifndef __NVIC_PRIO_BITS
    #define __NVIC_PRIO_BITS        4U
    #warning "__NVIC_PRIO_BITS not defined in device header file; using default!"
  #endif

  #ifndef __Vendor_SysTickConfig
    #define __Vendor_SysTickConfig  0U
    #warning "__Vendor_SysTickConfig not defined in device header file; using default!"
  #endif
#endif

/* IO definitions (access restrictions to peripheral registers) */
/**
    \defgroup CMSIS_glob_defs CMSIS Global Defines

    <strong>IO Type Qualifiers</strong> are used
    \li to specify the access to peripheral variables.
    \li for automatic generation of peripheral register debug information.
*/
#ifdef __cplusplus
  #define   __I     volatile             /*!< Defines 'read only' permissions */
#else
  #define   __I     volatile const       /*!< Defines 'read only' permissions */
#endif
#define     __O     volatile             /*!< Defines 'write only' permissions */
#define     __IO    volatile             /*!< Defines 'read / write' permissions */

/* following defines should be used for structure members */
#define     __IM     volatile const      /*! Defines 'read only' structure member permissions */
#define     __OM     volatile            /*! Defines 'write only' structure member permissions */
#define     __IOM    volatile            /*! Defines 'read / write' structure member permissions */

/*******************************************************************************
 *                 Register Abstraction
  Core Register contain:
  - Core Register
  - Core NVIC Register
  - Core SCB Register
  - Core SysTick Register
  - Core Debug Register
  - Core MPU Register
 ******************************************************************************/
/**
  \defgroup CMSIS_core_register Defines and Type Definitions
  \brief Type definitions and defines for Cortex-M processor based devices.
```

```
 */

/**
  \ingroup    CMSIS_core_register
  \defgroup   CMSIS_CORE  Status and Control Registers
  \brief      Core Register type definitions.
  @{
 */

/**
  \brief  Union type to access the Application Program Status Register (APSR).
 */
typedef union
{ struct
  { uint32_t _reserved0:27;              /*!< bit:  0..26  Reserved */
    uint32_t Q:1;                        /*!< bit:     27  Saturation condition flag */
    uint32_t V:1;                        /*!< bit:     28  Overflow condition code flag */
    uint32_t C:1;                        /*!< bit:     29  Carry condition code flag */
    uint32_t Z:1;                        /*!< bit:     30  Zero condition code flag */
    uint32_t N:1;                        /*!< bit:     31  Negative condition code flag */
  } b;                                   /*!< Structure used for bit  access */
  uint32_t w;                            /*!< Type      used for word access */
} APSR_Type;

/* APSR Register Definitions */
#define APSR_N_Pos                       31U                                    /*!< APSR: N Position */
#define APSR_N_Msk                       (1UL << APSR_N_Pos)                    /*!< APSR: N Mask */

#define APSR_Z_Pos                       30U                                    /*!< APSR: Z Position */
#define APSR_Z_Msk                       (1UL << APSR_Z_Pos)                    /*!< APSR: Z Mask */

#define APSR_C_Pos                       29U                                    /*!< APSR: C Position */
#define APSR_C_Msk                       (1UL << APSR_C_Pos)                    /*!< APSR: C Mask */

#define APSR_V_Pos                       28U                                    /*!< APSR: V Position */
#define APSR_V_Msk                       (1UL << APSR_V_Pos)                    /*!< APSR: V Mask */

#define APSR_Q_Pos                       27U                                    /*!< APSR: Q Position */
#define APSR_Q_Msk                       (1UL << APSR_Q_Pos)                    /*!< APSR: Q Mask */

/**
  \brief  Union type to access the Interrupt Program Status Register (IPSR).
 */
typedef union
{ struct
  { uint32_t ISR:9;                      /*!< bit:  0.. 8  Exception number */
    uint32_t _reserved0:23;              /*!< bit:  9..31  Reserved */
  } b;                                   /*!< Structure used for bit  access */
  uint32_t w;                            /*!< Type      used for word access */
} IPSR_Type;

/* IPSR Register Definitions */
#define IPSR_ISR_Pos                     0U                                     /*!< IPSR: ISR Position */
#define IPSR_ISR_Msk                     (0x1FFUL /*<< IPSR_ISR_Pos*/)          /*!< IPSR: ISR Mask */

/**
  \brief  Union type to access the Special-Purpose Program Status Registers (xPSR).
 */
typedef union
{ struct
  { uint32_t ISR:9;                      /*!< bit:  0.. 8  Exception number */
    uint32_t _reserved0:15;              /*!< bit:  9..23  Reserved */
    uint32_t T:1;                        /*!< bit:     24  Thumb bit        (read 0) */
    uint32_t IT:2;                       /*!< bit: 25..26  saved IT state   (read 0) */
    uint32_t Q:1;                        /*!< bit:     27  Saturation condition flag */
    uint32_t V:1;                        /*!< bit:     28  Overflow condition code flag */
    uint32_t C:1;                        /*!< bit:     29  Carry condition code flag */
    uint32_t Z:1;                        /*!< bit:     30  Zero condition code flag */
    uint32_t N:1;                        /*!< bit:     31  Negative condition code flag */
  } b;                                   /*!< Structure used for bit  access */
  uint32_t w;                            /*!< Type      used for word access */
} xPSR_Type;

/* xPSR Register Definitions */
#define xPSR_N_Pos                       31U                                    /*!< xPSR: N Position */
#define xPSR_N_Msk                       (1UL << xPSR_N_Pos)                    /*!< xPSR: N Mask */

#define xPSR_Z_Pos                       30U                                    /*!< xPSR: Z Position */
#define xPSR_Z_Msk                       (1UL << xPSR_Z_Pos)                    /*!< xPSR: Z Mask */

#define xPSR_C_Pos                       29U                                    /*!< xPSR: C Position */
```

```
#define xPSR_C_Msk                 (1UL << xPSR_C_Pos)                /*!< xPSR: C Mask */

#define xPSR_V_Pos                 28U                                /*!< xPSR: V Position */
#define xPSR_V_Msk                 (1UL << xPSR_V_Pos)                /*!< xPSR: V Mask */

#define xPSR_Q_Pos                 27U                                /*!< xPSR: Q Position */
#define xPSR_Q_Msk                 (1UL << xPSR_Q_Pos)                /*!< xPSR: Q Mask */

#define xPSR_IT_Pos                25U                                /*!< xPSR: IT Position */
#define xPSR_IT_Msk                (3UL << xPSR_IT_Pos)               /*!< xPSR: IT Mask */

#define xPSR_T_Pos                 24U                                /*!< xPSR: T Position */
#define xPSR_T_Msk                 (1UL << xPSR_T_Pos)                /*!< xPSR: T Mask */

#define xPSR_ISR_Pos               0U                                 /*!< xPSR: ISR Position */
#define xPSR_ISR_Msk               (0x1FFUL /*<< xPSR_ISR_Pos*/)      /*!< xPSR: ISR Mask */

/**
  \brief  Union type to access the Control Registers (CONTROL).
 */
typedef union
{ struct
  { uint32_t nPRIV:1;                  /*!< bit:      0  Execution privilege in Thread mode */
    uint32_t SPSEL:1;                  /*!< bit:      1  Stack to be used */
    uint32_t _reserved1:30;            /*!< bit:  2..31  Reserved */
  } b;                                 /*!< Structure used for bit  access */
  uint32_t w;                          /*!< Type      used for word access */
} CONTROL_Type;

/* CONTROL Register Definitions */
#define CONTROL_SPSEL_Pos          1U                                 /*!< CONTROL: SPSEL Position */
#define CONTROL_SPSEL_Msk          (1UL << CONTROL_SPSEL_Pos)         /*!< CONTROL: SPSEL Mask */

#define CONTROL_nPRIV_Pos          0U                                 /*!< CONTROL: nPRIV Position */
#define CONTROL_nPRIV_Msk          (1UL /*<< CONTROL_nPRIV_Pos*/)     /*!< CONTROL: nPRIV Mask */

/*@} end of group CMSIS_CORE */

/**
  \ingroup    CMSIS_core_register
  \defgroup   CMSIS_NVIC  Nested Vectored Interrupt Controller (NVIC)
  \brief      Type definitions for the NVIC Registers
  @{
 */

/**
  \brief  Structure type to access the Nested Vectored Interrupt Controller (NVIC).
 */
typedef struct
{ __IOM uint32_t ISER[8U];             /*!< Offset: 0x000 (R/W)  Interrupt Set Enable Register */
        uint32_t RESERVED0[24U];
  __IOM uint32_t ICER[8U];             /*!< Offset: 0x080 (R/W)  Interrupt Clear Enable Register */
        uint32_t RSERVED1[24U];
  __IOM uint32_t ISPR[8U];             /*!< Offset: 0x100 (R/W)  Interrupt Set Pending Register */
        uint32_t RESERVED2[24U];
  __IOM uint32_t ICPR[8U];             /*!< Offset: 0x180 (R/W)  Interrupt Clear Pending Register */
        uint32_t RESERVED3[24U];
  __IOM uint32_t IABR[8U];             /*!< Offset: 0x200 (R/W)  Interrupt Active bit Register */
        uint32_t RESERVED4[56U];
  __IOM uint8_t  IP[240U];             /*!< Offset: 0x300 (R/W)  Interrupt Priority Register (8Bit wide) */
        uint32_t RESERVED5[644U];
  __OM  uint32_t STIR;                 /*!< Offset: 0xE00 ( /W)  Software Trigger Interrupt Register */
}  NVIC_Type;

/* Software Triggered Interrupt Register Definitions */
#define NVIC_STIR_INTID_Pos        0U                                      /*!< STIR: INTLINESNUM Position */
#define NVIC_STIR_INTID_Msk        (0x1FFUL /*<< NVIC_STIR_INTID_Pos*/)    /*!< STIR: INTLINESNUM Mask */

/*@} end of group CMSIS_NVIC */

/**
  \ingroup  CMSIS_core_register
  \defgroup CMSIS_SCB     System Control Block (SCB)
  \brief    Type definitions for the System Control Block Registers
  @{
 */

/**
  \brief  Structure type to access the System Control Block (SCB).
 */
typedef struct
```

```
{ __IM  uint32_t CPUID;            /*!< Offset: 0x000 (R/ )  CPUID Base Register */
  __IOM uint32_t ICSR;             /*!< Offset: 0x004 (R/W)  Interrupt Control and State Register */
  __IOM uint32_t VTOR;             /*!< Offset: 0x008 (R/W)  Vector Table Offset Register */
  __IOM uint32_t AIRCR;            /*!< Offset: 0x00C (R/W)  Application Interrupt and Reset Control Register */
  __IOM uint32_t SCR;              /*!< Offset: 0x010 (R/W)  System Control Register */
  __IOM uint32_t CCR;              /*!< Offset: 0x014 (R/W)  Configuration Control Register */
  __IOM uint8_t  SHP[12U];         /*!< Offset: 0x018 (R/W)  System Handlers Priority Registers(4-7,8-11,12-15) */
  __IOM uint32_t SHCSR;            /*!< Offset: 0x024 (R/W)  System Handler Control and State Register */
  __IOM uint32_t CFSR;             /*!< Offset: 0x028 (R/W)  Configurable Fault Status Register */
  __IOM uint32_t HFSR;             /*!< Offset: 0x02C (R/W)  HardFault Status Register */
  __IOM uint32_t DFSR;             /*!< Offset: 0x030 (R/W)  Debug Fault Status Register */
  __IOM uint32_t MMFAR;            /*!< Offset: 0x034 (R/W)  MemManage Fault Address Register */
  __IOM uint32_t BFAR;             /*!< Offset: 0x038 (R/W)  BusFault Address Register */
  __IOM uint32_t AFSR;             /*!< Offset: 0x03C (R/W)  Auxiliary Fault Status Register */
  __IM  uint32_t PFR[2U];          /*!< Offset: 0x040 (R/ )  Processor Feature Register */
  __IM  uint32_t DFR;              /*!< Offset: 0x048 (R/ )  Debug Feature Register */
  __IM  uint32_t ADR;              /*!< Offset: 0x04C (R/ )  Auxiliary Feature Register */
  __IM  uint32_t MMFR[4U];         /*!< Offset: 0x050 (R/ )  Memory Model Feature Register */
  __IM  uint32_t ISAR[5U];         /*!< Offset: 0x060 (R/ )  Instruction Set Attributes Register */
        uint32_t RESERVED0[5U];
  __IOM uint32_t CPACR;            /*!< Offset: 0x088 (R/W)  Coprocessor Access Control Register */
} SCB_Type;
```

(중간 생략)

```
/**
  \ingroup  CMSIS_core_register
  \defgroup CMSIS_SCnSCB System Controls not in SCB (SCnSCB)
  \brief    Type definitions for the System Control and ID Register not in the SCB
  @{
 */

/**
  \brief  Structure type to access the System Control and ID Register not in the SCB.
 */
typedef struct
{
        uint32_t RESERVED0[1U];
  __IM  uint32_t ICTR;                  /*!< Offset: 0x004 (R/ ) Interrupt Controller Type Register */
#if ((defined __CM3_REV) && (__CM3_REV >= 0x200U))
  __IOM uint32_t ACTLR;                 /*!< Offset: 0x008 (R/W) Auxiliary Control Register */
#else
        uint32_t RESERVED1[1U];
#endif
} SCnSCB_Type;

/* Interrupt Controller Type Register Definitions */
#define SCnSCB_ICTR_INTLINESNUM_Pos  0U                                        /*!< ICTR: INTLINESNUM Position */
#define SCnSCB_ICTR_INTLINESNUM_Msk  (0xFUL /*<< SCnSCB_ICTR_INTLINESNUM_Pos*/) /*!< ICTR: INTLINESNUM Mask */

/* Auxiliary Control Register Definitions */

#define SCnSCB_ACTLR_DISFOLD_Pos     2U                                       /*!< ACTLR: DISFOLD Position */
#define SCnSCB_ACTLR_DISFOLD_Msk     (1UL << SCnSCB_ACTLR_DISFOLD_Pos)        /*!< ACTLR: DISFOLD Mask */
#define SCnSCB_ACTLR_DISDEFWBUF_Pos  1U                                       /*!< ACTLR: DISDEFWBUF Position */
#define SCnSCB_ACTLR_DISDEFWBUF_Msk  (1UL << SCnSCB_ACTLR_DISDEFWBUF_Pos)     /*!< ACTLR: DISDEFWBUF Mask */

#define SCnSCB_ACTLR_DISMCYCINT_Pos  0U                                        /*!< ACTLR: DISMCYCINT Position */
#define SCnSCB_ACTLR_DISMCYCINT_Msk  (1UL /*<< SCnSCB_ACTLR_DISMCYCINT_Pos*/) /*!< ACTLR: DISMCYCINT Mask */

/*@} end of group CMSIS_SCnotSCB */

/**
  \ingroup  CMSIS_core_register
  \defgroup CMSIS_SysTick     System Tick Timer (SysTick)
  \brief    Type definitions for the System Timer Registers.
  @{
 */

/**
  \brief  Structure type to access the System Timer (SysTick).
 */
typedef struct
{ __IOM uint32_t CTRL;              /*!< Offset: 0x000 (R/W)  SysTick Control and Status Register */
  __IOM uint32_t LOAD;              /*!< Offset: 0x004 (R/W)  SysTick Reload Value Register */
  __IOM uint32_t VAL;               /*!< Offset: 0x008 (R/W)  SysTick Current Value Register */
  __IM  uint32_t CALIB;             /*!< Offset: 0x00C (R/ )  SysTick Calibration Register */
} SysTick_Type;

/* SysTick Control / Status Register Definitions */
#define SysTick_CTRL_COUNTFLAG_Pos 16U                                  /*!< SysTick CTRL: COUNTFLAG Position */
```

```
#define SysTick_CTRL_COUNTFLAG_Msk (1UL << SysTick_CTRL_COUNTFLAG_Pos)  /*!< SysTick CTRL: COUNTFLAG Mask */

#define SysTick_CTRL_CLKSOURCE_Pos 2U                                  /*!< SysTick CTRL: CLKSOURCE Position */
#define SysTick_CTRL_CLKSOURCE_Msk (1UL << SysTick_CTRL_CLKSOURCE_Pos)  /*!< SysTick CTRL: CLKSOURCE Mask */

#define SysTick_CTRL_TICKINT_Pos   1U                                  /*!< SysTick CTRL: TICKINT Position */
#define SysTick_CTRL_TICKINT_Msk   (1UL << SysTick_CTRL_TICKINT_Pos)    /*!< SysTick CTRL: TICKINT Mask */

#define SysTick_CTRL_ENABLE_Pos    0U                                  /*!< SysTick CTRL: ENABLE Position */
#define SysTick_CTRL_ENABLE_Msk    (1UL /*<< SysTick_CTRL_ENABLE_Pos*/) /*!< SysTick CTRL: ENABLE Mask */

/* SysTick Reload Register Definitions */
#define SysTick_LOAD_RELOAD_Pos    0U                                  /*!< SysTick LOAD: RELOAD Position */
#define SysTick_LOAD_RELOAD_Msk    (0xFFFFFFUL /*<< SysTick_LOAD_RELOAD_Pos*/) /*!< SysTick LOAD: RELOAD Mask */

/* SysTick Current Register Definitions */
#define SysTick_VAL_CURRENT_Pos    0U                                  /*!< SysTick VAL: CURRENT Position */
#define SysTick_VAL_CURRENT_Msk    (0xFFFFFFUL /*<< SysTick_VAL_CURRENT_Pos*/) /*!< SysTick VAL: CURRENT Mask */

/* SysTick Calibration Register Definitions */
#define SysTick_CALIB_NOREF_Pos    31U                                 /*!< SysTick CALIB: NOREF Position */
#define SysTick_CALIB_NOREF_Msk    (1UL << SysTick_CALIB_NOREF_Pos)     /*!< SysTick CALIB: NOREF Mask */

#define SysTick_CALIB_SKEW_Pos     30U                                 /*!< SysTick CALIB: SKEW Position */
#define SysTick_CALIB_SKEW_Msk     (1UL << SysTick_CALIB_SKEW_Pos)      /*!< SysTick CALIB: SKEW Mask */

#define SysTick_CALIB_TENMS_Pos    0U                                  /*!< SysTick CALIB: TENMS Position */
#define SysTick_CALIB_TENMS_Msk    (0xFFFFFFUL /*<< SysTick_CALIB_TENMS_Pos*/) /*!< SysTick CALIB: TENMS Mask */

/*@} end of group CMSIS_SysTick */

                        (중간 생략)

/**
  \ingroup    CMSIS_core_register
  \defgroup   CMSIS_core_base     Core Definitions
  \brief      Definitions for base addresses, unions, and structures.
  @{
 */

/* Memory mapping of Cortex-M3 Hardware */
#define SCS_BASE            (0xE000E000UL)                            /*!< System Control Space Base Address */
#define ITM_BASE            (0xE0000000UL)                            /*!< ITM Base Address */
#define DWT_BASE            (0xE0001000UL)                            /*!< DWT Base Address */
#define TPI_BASE            (0xE0040000UL)                            /*!< TPI Base Address */
#define CoreDebug_BASE      (0xE000EDF0UL)                            /*!< Core Debug Base Address */
#define SysTick_BASE        (SCS_BASE +  0x0010UL)                    /*!< SysTick Base Address */
#define NVIC_BASE           (SCS_BASE +  0x0100UL)                    /*!< NVIC Base Address */
#define SCB_BASE            (SCS_BASE +  0x0D00UL)                    /*!< System Control Block Base Address */

#define SCnSCB              ((SCnSCB_Type    *)     SCS_BASE      )   /*!< System control Register not in SCB */
#define SCB                 ((SCB_Type       *)     SCB_BASE      )   /*!< SCB configuration struct */
#define SysTick             ((SysTick_Type   *)     SysTick_BASE  )   /*!< SysTick configuration struct */
#define NVIC                ((NVIC_Type      *)     NVIC_BASE     )   /*!< NVIC configuration struct */
#define ITM                 ((ITM_Type       *)     ITM_BASE      )   /*!< ITM configuration struct */
#define DWT                 ((DWT_Type       *)     DWT_BASE      )   /*!< DWT configuration struct */
#define TPI                 ((TPI_Type       *)     TPI_BASE      )   /*!< TPI configuration struct */
#define CoreDebug           ((CoreDebug_Type *)     CoreDebug_BASE)   /*!< Core Debug configuration struct */

#if (__MPU_PRESENT == 1U)
  #define MPU_BASE          (SCS_BASE +  0x0D90UL)                    /*!< Memory Protection Unit */
  #define MPU               ((MPU_Type       *)     MPU_BASE      )   /*!< Memory Protection Unit */
#endif

/*@} */

/*******************************************************************************
 *                Hardware Abstraction Layer
  Core Function Interface contains:
  - Core NVIC Functions
  - Core SysTick Functions
  - Core Debug Functions
  - Core Register Access Functions
 ******************************************************************************/
/**
  \defgroup CMSIS_Core_FunctionInterface Functions and Instructions Reference
*/

/* ##########################   NVIC functions  #################################### */
/**
  \ingroup  CMSIS_Core_FunctionInterface
```

```
  \defgroup CMSIS_Core_NVICFunctions NVIC Functions
  \brief    Functions that manage interrupts and exceptions via the NVIC.
  @{
 */

/**
  \brief   Set Priority Grouping
  \details Sets the priority grouping field using the required unlock sequence.
           The parameter PriorityGroup is assigned to the field SCB->AIRCR [10:8] PRIGROUP field.
           Only values from 0..7 are used.
           In case of a conflict between priority grouping and available
           priority bits (__NVIC_PRIO_BITS), the smallest possible priority group is set.
  \param [in]      PriorityGroup  Priority grouping field.
 */
__STATIC_INLINE void NVIC_SetPriorityGrouping(uint32_t PriorityGroup)
{
  uint32_t reg_value;
  uint32_t PriorityGroupTmp = (PriorityGroup & (uint32_t)0x07UL);     /* only values 0..7 are used      */

  reg_value = SCB->AIRCR;                                              /* read old register configuration */
  reg_value &= ~((uint32_t)(SCB_AIRCR_VECTKEY_Msk | SCB_AIRCR_PRIGROUP_Msk)); /* clear bits to change */
  reg_value = (reg_value                                    |
              ((uint32_t)0x5FAUL << SCB_AIRCR_VECTKEY_Pos) |
              (PriorityGroupTmp << 8U)                      );       /* Insert write key and priorty group */
  SCB->AIRCR = reg_value;
}

/**
  \brief   Get Priority Grouping
  \details Reads the priority grouping field from the NVIC Interrupt Controller.
  \return                Priority grouping field (SCB->AIRCR [10:8] PRIGROUP field).
 */
__STATIC_INLINE uint32_t NVIC_GetPriorityGrouping(void)
{
  return ((uint32_t)((SCB->AIRCR & SCB_AIRCR_PRIGROUP_Msk) >> SCB_AIRCR_PRIGROUP_Pos));
}

/**
  \brief   Enable External Interrupt
  \details Enables a device-specific interrupt in the NVIC interrupt controller.
  \param [in]      IRQn  External interrupt number. Value cannot be negative.
 */
__STATIC_INLINE void NVIC_EnableIRQ(IRQn_Type IRQn)
{
  NVIC->ISER[(((uint32_t)(int32_t)IRQn) >> 5UL)] = (uint32_t)(1UL << (((uint32_t)(int32_t)IRQn) & 0x1FUL));
}

/**
  \brief   Disable External Interrupt
  \details Disables a device-specific interrupt in the NVIC interrupt controller.
  \param [in]      IRQn  External interrupt number. Value cannot be negative.
 */
__STATIC_INLINE void NVIC_DisableIRQ(IRQn_Type IRQn)
{
  NVIC->ICER[(((uint32_t)(int32_t)IRQn) >> 5UL)] = (uint32_t)(1UL << (((uint32_t)(int32_t)IRQn) & 0x1FUL));
}

/**
  \brief   Get Pending Interrupt
  \details Reads the pending register in the NVIC and returns the pending bit for the specified interrupt.
  \param [in]      IRQn  Interrupt number.
  \return             0  Interrupt status is not pending.
  \return             1  Interrupt status is pending.
 */
__STATIC_INLINE uint32_t NVIC_GetPendingIRQ(IRQn_Type IRQn)
{
  return((uint32_t)(((NVIC->ISPR[(((uint32_t)(int32_t)IRQn) >> 5UL)] & (1UL << (((uint32_t)(int32_t)IRQn) & 0x1FUL))) != 0UL) ? 1UL : 0UL));
}

/**
  \brief   Set Pending Interrupt
  \details Sets the pending bit of an external interrupt.
  \param [in]      IRQn  Interrupt number. Value cannot be negative.
 */
__STATIC_INLINE void NVIC_SetPendingIRQ(IRQn_Type IRQn)
{
  NVIC->ISPR[(((uint32_t)(int32_t)IRQn) >> 5UL)] = (uint32_t)(1UL << (((uint32_t)(int32_t)IRQn) & 0x1FUL));
}

/**
  \brief   Clear Pending Interrupt
```

```
  \details Clears the pending bit of an external interrupt.
  \param [in]      IRQn  External interrupt number. Value cannot be negative.
 */
__STATIC_INLINE void NVIC_ClearPendingIRQ(IRQn_Type IRQn)
{
  NVIC->ICPR[(((uint32_t)(int32_t)IRQn) >> 5UL)] = (uint32_t)(1UL << (((uint32_t)(int32_t)IRQn) & 0x1FUL));
}

/**
  \brief   Get Active Interrupt
  \details Reads the active register in NVIC and returns the active bit.
  \param [in]      IRQn  Interrupt number.
  \return             0  Interrupt status is not active.
  \return             1  Interrupt status is active.
 */
__STATIC_INLINE uint32_t NVIC_GetActive(IRQn_Type IRQn)
{
  return((uint32_t)(((NVIC->IABR[(((uint32_t)(int32_t)IRQn) >> 5UL)] & (1UL << (((uint32_t)(int32_t)IRQn) & 0x1FUL))) != 0UL) ? 1UL : 0UL));
}

/**
  \brief   Set Interrupt Priority
  \details Sets the priority of an interrupt.
  \note    The priority cannot be set for every core interrupt.
  \param [in]      IRQn  Interrupt number.
  \param [in]  priority  Priority to set.
 */
__STATIC_INLINE void NVIC_SetPriority(IRQn_Type IRQn, uint32_t priority)
{
  if ((int32_t)(IRQn) < 0)
  { SCB->SHP[(((uint32_t)(int32_t)IRQn) & 0xFUL)-4UL] = (uint8_t)((priority << (8U - __NVIC_PRIO_BITS)) & (uint32_t)0xFFUL);
  }
  else
  { NVIC->IP[((uint32_t)(int32_t)IRQn)]                = (uint8_t)((priority << (8U - __NVIC_PRIO_BITS)) & (uint32_t)0xFFUL);
  }
}

/**
  \brief   Get Interrupt Priority
  \details Reads the priority of an interrupt.
           The interrupt number can be positive to specify an external (device specific) interrupt,
           or negative to specify an internal (core) interrupt.
  \param [in]   IRQn  Interrupt number.
  \return             Interrupt Priority.
                      Value is aligned automatically to the implemented priority bits of the microcontroller.
 */
__STATIC_INLINE uint32_t NVIC_GetPriority(IRQn_Type IRQn)
{
  if ((int32_t)(IRQn) < 0)
  { return(((uint32_t)SCB->SHP[(((uint32_t)(int32_t)IRQn) & 0xFUL)-4UL] >> (8U - __NVIC_PRIO_BITS)));
  }
  else
  { return(((uint32_t)NVIC->IP[((uint32_t)(int32_t)IRQn)]                >> (8U - __NVIC_PRIO_BITS)));
  }
}

/**
  \brief   Encode Priority
  \details Encodes the priority for an interrupt with the given priority group,
           preemptive priority value, and subpriority value.
           In case of a conflict between priority grouping and available
           priority bits (__NVIC_PRIO_BITS), the smallest possible priority group is set.
  \param [in]     PriorityGroup  Used priority group.
  \param [in]   PreemptPriority  Preemptive priority value (starting from 0).
  \param [in]       SubPriority  Subpriority value (starting from 0).
  \return                        Encoded priority. Value can be used in the function \ref NVIC_SetPriority().
 */
__STATIC_INLINE uint32_t NVIC_EncodePriority (uint32_t PriorityGroup, uint32_t PreemptPriority, uint32_t SubPriority)
{
  uint32_t PriorityGroupTmp = (PriorityGroup & (uint32_t)0x07UL);   /* only values 0..7 are used */
  uint32_t PreemptPriorityBits;
  uint32_t SubPriorityBits;

  PreemptPriorityBits = ((7UL - PriorityGroupTmp) > (uint32_t)(__NVIC_PRIO_BITS)) ? (uint32_t)(__NVIC_PRIO_BITS)
                        : (uint32_t)(7UL - PriorityGroupTmp);
  SubPriorityBits     = ((PriorityGroupTmp + (uint32_t)(__NVIC_PRIO_BITS)) < (uint32_t)7UL) ? (uint32_t)0UL
                        : (uint32_t)((PriorityGroupTmp - 7UL) + (uint32_t)(__NVIC_PRIO_BITS));

  return (((PreemptPriority & (uint32_t)((1UL << (PreemptPriorityBits)) - 1UL)) << SubPriorityBits) |
          ((SubPriority     & (uint32_t)((1UL << (SubPriorityBits    )) - 1UL)))
         );
}
```

```
/**
  \brief   Decode Priority
  \details Decodes an interrupt priority value with a given priority group to
           preemptive priority value and subpriority value.
           In case of a conflict between priority grouping and available
           priority bits (__NVIC_PRIO_BITS) the smallest possible priority group is set.
  \param [in]         Priority   Priority value, which can be retrieved with the function \ref NVIC_GetPriority().
  \param [in]     PriorityGroup  Used priority group.
  \param [out] pPreemptPriority  Preemptive priority value (starting from 0).
  \param [out]     pSubPriority  Subpriority value (starting from 0).
 */
__STATIC_INLINE void NVIC_DecodePriority (uint32_t Priority, uint32_t PriorityGroup, uint32_t* const pPreemptPriority, uint32_t* const pSubPriority)
{
  uint32_t PriorityGroupTmp = (PriorityGroup & (uint32_t)0x07UL);   /* only values 0..7 are used */
  uint32_t PreemptPriorityBits;
  uint32_t SubPriorityBits;

  PreemptPriorityBits = ((7UL - PriorityGroupTmp) > (uint32_t)(__NVIC_PRIO_BITS)) ? (uint32_t)(__NVIC_PRIO_BITS)
                        : (uint32_t)(7UL - PriorityGroupTmp);
  SubPriorityBits     = ((PriorityGroupTmp + (uint32_t)(__NVIC_PRIO_BITS)) < (uint32_t)7UL) ? (uint32_t)0UL
                        : (uint32_t)((PriorityGroupTmp - 7UL) + (uint32_t)(__NVIC_PRIO_BITS));

  *pPreemptPriority = (Priority >> SubPriorityBits) & (uint32_t)((1UL << (PreemptPriorityBits)) - 1UL);
  *pSubPriority     = (Priority                   ) & (uint32_t)((1UL << (SubPriorityBits    )) - 1UL);
}

/**
  \brief   System Reset
  \details Initiates a system reset request to reset the MCU.
 */
__STATIC_INLINE void NVIC_SystemReset(void)
{
  __DSB();                                                          /* Ensure all outstanding memory accesses included
                                                                       buffered write are completed before reset */
  SCB->AIRCR  = (uint32_t)((0x5FAUL << SCB_AIRCR_VECTKEY_Pos)    |
                           (SCB->AIRCR & SCB_AIRCR_PRIGROUP_Msk) |
                            SCB_AIRCR_SYSRESETREQ_Msk    );         /* Keep priority group unchanged */
  __DSB();                                                          /* Ensure completion of memory access */

  for(;;)                                                           /* wait until reset */
  { __NOP();
  }
}

/*@} end of CMSIS_Core_NVICFunctions */

/* ##################################    SysTick function  ############################################ */
/**
  \ingroup  CMSIS_Core_FunctionInterface
  \defgroup CMSIS_Core_SysTickFunctions SysTick Functions
  \brief    Functions that configure the System.
  @{
 */

#if (__Vendor_SysTickConfig == 0U)

/**
  \brief   System Tick Configuration
  \details Initializes the System Timer and its interrupt, and starts the System Tick Timer.
           Counter is in free running mode to generate periodic interrupts.
  \param [in]  ticks  Number of ticks between two interrupts.
  \return          0  Function succeeded.
  \return          1  Function failed.
  \note    When the variable __Vendor_SysTickConfig is set to 1, then the
           function SysTick_Config is not included. In this case, the file device.h
           must contain a vendor-specific implementation of this function.
 */
__STATIC_INLINE uint32_t SysTick_Config(uint32_t ticks)
{
  if ((ticks - 1UL) > SysTick_LOAD_RELOAD_Msk)
  { return (1UL);                                                   /* Reload value impossible */
  }

  SysTick->LOAD  = (uint32_t)(ticks - 1UL);                         /* set reload register */
  NVIC_SetPriority (SysTick_IRQn, (1UL << __NVIC_PRIO_BITS) - 1UL); /* set Priority for Systick Interrupt */
  SysTick->VAL   = 0UL;                                             /* Load the SysTick Counter Value */
  SysTick->CTRL  = SysTick_CTRL_CLKSOURCE_Msk |
                   SysTick_CTRL_TICKINT_Msk   |
                   SysTick_CTRL_ENABLE_Msk;                         /* Enable SysTick IRQ and SysTick Timer */
  return (0UL);                                                     /* Function successful */
```

```
}
#endif

/*@} end of CMSIS_Core_SysTickFunctions */

                    (중간 생략)

#ifdef __cplusplus
}
#endif

#endif /* __CORE_CM3_H_DEPENDANT */

#endif /* __CMSIS_GENERIC */
```

(3) STM32F103VET6용 기본 헤더파일

IAR EWARM C컴파일러에서 제공하는 STM32F103VET6 마이크로컨트롤러용의 C언어 헤더파일 stm32f103xe.h는 다음과 같다. 이 헤더파일에는 STM32F103VET6 소자를 사용할 때 필요한 I/O 제어 레지스터의 이름이나 번지와 같은 여러가지 사항들을 정의하고 있다.

<파일 stm32f103xe.h> IAR EWARM에서 제공하는 STM32F103VET6용의 헤더파일

```
/**************************************************************************************
  * @file    stm32f103xe.h
  * @author  MCD Application Team
  * @version V4.2.0
  * @date    31-March-2017
  * @brief   CMSIS Cortex-M3 Device Peripheral Access Layer Header File.
  *          This file contains all the peripheral register's definitions, bits
  *          definitions and memory mapping for STM32F1xx devices.
  *
  *          This file contains:
  *           - Data structures and the address mapping for all peripherals
  *           - Peripheral's registers declarations and bits definition
  *           - Macros to access peripheral뭩 registers hardware
  *
  **************************************************************************************
  * @attention
  *
  * COPYRIGHT(c) 2016 STMicroelectronics
  *
  * Redistribution and use in source and binary forms, with or without modification,
  * are permitted provided that the following conditions are met:
  *   1. Redistributions of source code must retain the above copyright notice,
  *      this list of conditions and the following disclaimer.
  *   2. Redistributions in binary form must reproduce the above copyright notice,
  *      this list of conditions and the following disclaimer in the documentation
  *      and/or other materials provided with the distribution.
  *   3. Neither the name of STMicroelectronics nor the names of its contributors
  *      may be used to endorse or promote products derived from this software
  *      without specific prior written permission.
  *
  * THIS SOFTWARE IS PROVIDED BY THE COPYRIGHT HOLDERS AND CONTRIBUTORS "AS IS"
  * AND ANY EXPRESS OR IMPLIED WARRANTIES, INCLUDING, BUT NOT LIMITED TO, THE
  * IMPLIED WARRANTIES OF MERCHANTABILITY AND FITNESS FOR A PARTICULAR PURPOSE ARE
  * DISCLAIMED. IN NO EVENT SHALL THE COPYRIGHT HOLDER OR CONTRIBUTORS BE LIABLE
  * FOR ANY DIRECT, INDIRECT, INCIDENTAL, SPECIAL, EXEMPLARY, OR CONSEQUENTIAL
  * DAMAGES (INCLUDING, BUT NOT LIMITED TO, PROCUREMENT OF SUBSTITUTE GOODS OR
  * SERVICES; LOSS OF USE, DATA, OR PROFITS; OR BUSINESS INTERRUPTION) HOWEVER
  * CAUSED AND ON ANY THEORY OF LIABILITY, WHETHER IN CONTRACT, STRICT LIABILITY,
  * OR TORT (INCLUDING NEGLIGENCE OR OTHERWISE) ARISING IN ANY WAY OUT OF THE USE
  * OF THIS SOFTWARE, EVEN IF ADVISED OF THE POSSIBILITY OF SUCH DAMAGE.
  *
  **************************************************************************************/
```

```
#ifndef __STM32F103xE_H
#define __STM32F103xE_H

#ifdef __cplusplus
 extern "C" {
#endif

/**
  * @brief Configuration of the Cortex-M3 Processor and Core Peripherals
  */
#define __MPU_PRESENT             0       /*!< Other STM32 devices does not provide an MPU  */
#define __CM3_REV                 0x0200  /*!< Core Revision r2p0                           */
#define __NVIC_PRIO_BITS          4       /*!< STM32 uses 4 Bits for the Priority Levels    */
#define __Vendor_SysTickConfig    0       /*!< Set to 1 if different SysTick Config is used */

/**
 * @brief STM32F10x Interrupt Number Definition, according to the selected device
 *        in @ref Library_configuration_section
 */

 /*!< Interrupt Number Definition */
typedef enum
{
/******  Cortex-M3 Processor Exceptions Numbers ***************************************************/
  NonMaskableInt_IRQn          = -14,    /*!< 2 Non Maskable Interrupt                          */
  HardFault_IRQn               = -13,    /*!< 3 Cortex-M3 Hard Fault Interrupt                  */
  MemoryManagement_IRQn        = -12,    /*!< 4 Cortex-M3 Memory Management Interrupt           */
  BusFault_IRQn                = -11,    /*!< 5 Cortex-M3 Bus Fault Interrupt                   */
  UsageFault_IRQn              = -10,    /*!< 6 Cortex-M3 Usage Fault Interrupt                 */
  SVCall_IRQn                  = -5,     /*!< 11 Cortex-M3 SV Call Interrupt                    */
  DebugMonitor_IRQn            = -4,     /*!< 12 Cortex-M3 Debug Monitor Interrupt              */
  PendSV_IRQn                  = -2,     /*!< 14 Cortex-M3 Pend SV Interrupt                    */
  SysTick_IRQn                 = -1,     /*!< 15 Cortex-M3 System Tick Interrupt                */

/******  STM32 specific Interrupt Numbers *********************************************************/
  WWDG_IRQn                    = 0,      /*!< Window WatchDog Interrupt                         */
  PVD_IRQn                     = 1,      /*!< PVD through EXTI Line detection Interrupt         */
  TAMPER_IRQn                  = 2,      /*!< Tamper Interrupt                                  */
  RTC_IRQn                     = 3,      /*!< RTC global Interrupt                              */
  FLASH_IRQn                   = 4,      /*!< FLASH global Interrupt                            */
  RCC_IRQn                     = 5,      /*!< RCC global Interrupt                              */
  EXTI0_IRQn                   = 6,      /*!< EXTI Line0 Interrupt                              */
  EXTI1_IRQn                   = 7,      /*!< EXTI Line1 Interrupt                              */
  EXTI2_IRQn                   = 8,      /*!< EXTI Line2 Interrupt                              */
  EXTI3_IRQn                   = 9,      /*!< EXTI Line3 Interrupt                              */
  EXTI4_IRQn                   = 10,     /*!< EXTI Line4 Interrupt                              */
  DMA1_Channel1_IRQn           = 11,     /*!< DMA1 Channel 1 global Interrupt                   */
  DMA1_Channel2_IRQn           = 12,     /*!< DMA1 Channel 2 global Interrupt                   */
  DMA1_Channel3_IRQn           = 13,     /*!< DMA1 Channel 3 global Interrupt                   */
  DMA1_Channel4_IRQn           = 14,     /*!< DMA1 Channel 4 global Interrupt                   */
  DMA1_Channel5_IRQn           = 15,     /*!< DMA1 Channel 5 global Interrupt                   */
  DMA1_Channel6_IRQn           = 16,     /*!< DMA1 Channel 6 global Interrupt                   */
  DMA1_Channel7_IRQn           = 17,     /*!< DMA1 Channel 7 global Interrupt                   */
  ADC1_2_IRQn                  = 18,     /*!< ADC1 and ADC2 global Interrupt                    */
  USB_HP_CAN1_TX_IRQn          = 19,     /*!< USB Device High Priority or CAN1 TX Interrupts    */
  USB_LP_CAN1_RX0_IRQn         = 20,     /*!< USB Device Low Priority or CAN1 RX0 Interrupts    */
  CAN1_RX1_IRQn                = 21,     /*!< CAN1 RX1 Interrupt                                */
  CAN1_SCE_IRQn                = 22,     /*!< CAN1 SCE Interrupt                                */
  EXTI9_5_IRQn                 = 23,     /*!< External Line[9:5] Interrupts                     */
  TIM1_BRK_IRQn                = 24,     /*!< TIM1 Break Interrupt                              */
  TIM1_UP_IRQn                 = 25,     /*!< TIM1 Update Interrupt                             */
  TIM1_TRG_COM_IRQn            = 26,     /*!< TIM1 Trigger and Commutation Interrupt            */
  TIM1_CC_IRQn                 = 27,     /*!< TIM1 Capture Compare Interrupt                    */
  TIM2_IRQn                    = 28,     /*!< TIM2 global Interrupt                             */
  TIM3_IRQn                    = 29,     /*!< TIM3 global Interrupt                             */
  TIM4_IRQn                    = 30,     /*!< TIM4 global Interrupt                             */
  I2C1_EV_IRQn                 = 31,     /*!< I2C1 Event Interrupt                              */
  I2C1_ER_IRQn                 = 32,     /*!< I2C1 Error Interrupt                              */
  I2C2_EV_IRQn                 = 33,     /*!< I2C2 Event Interrupt                              */
  I2C2_ER_IRQn                 = 34,     /*!< I2C2 Error Interrupt                              */
  SPI1_IRQn                    = 35,     /*!< SPI1 global Interrupt                             */
  SPI2_IRQn                    = 36,     /*!< SPI2 global Interrupt                             */
  USART1_IRQn                  = 37,     /*!< USART1 global Interrupt                           */
  USART2_IRQn                  = 38,     /*!< USART2 global Interrupt                           */
  USART3_IRQn                  = 39,     /*!< USART3 global Interrupt                           */
  EXTI15_10_IRQn               = 40,     /*!< External Line[15:10] Interrupts                   */
  RTC_Alarm_IRQn               = 41,     /*!< RTC Alarm through EXTI Line Interrupt             */
  USBWakeUp_IRQn               = 42,     /*!< USB Device WakeUp from suspend through EXTI Line Interrupt */
  TIM8_BRK_IRQn                = 43,     /*!< TIM8 Break Interrupt                              */
  TIM8_UP_IRQn                 = 44,     /*!< TIM8 Update Interrupt                             */
```

```
  TIM8_TRG_COM_IRQn           = 45,     /*!< TIM8 Trigger and Commutation Interrupt            */
  TIM8_CC_IRQn                = 46,     /*!< TIM8 Capture Compare Interrupt                    */
  ADC3_IRQn                   = 47,     /*!< ADC3 global Interrupt                             */
  FSMC_IRQn                   = 48,     /*!< FSMC global Interrupt                             */
  SDIO_IRQn                   = 49,     /*!< SDIO global Interrupt                             */
  TIM5_IRQn                   = 50,     /*!< TIM5 global Interrupt                             */
  SPI3_IRQn                   = 51,     /*!< SPI3 global Interrupt                             */
  UART4_IRQn                  = 52,     /*!< UART4 global Interrupt                            */
  UART5_IRQn                  = 53,     /*!< UART5 global Interrupt                            */
  TIM6_IRQn                   = 54,     /*!< TIM6 global Interrupt                             */
  TIM7_IRQn                   = 55,     /*!< TIM7 global Interrupt                             */
  DMA2_Channel1_IRQn          = 56,     /*!< DMA2 Channel 1 global Interrupt                   */
  DMA2_Channel2_IRQn          = 57,     /*!< DMA2 Channel 2 global Interrupt                   */
  DMA2_Channel3_IRQn          = 58,     /*!< DMA2 Channel 3 global Interrupt                   */
  DMA2_Channel4_5_IRQn        = 59,     /*!< DMA2 Channel 4 and Channel 5 global Interrupt     */
} IRQn_Type;

#include "core_cm3.h"
#include "system_stm32f1xx.h"
#include <stdint.h>

/**
  * @brief Analog to Digital Converter
  */

typedef struct
{
  __IO uint32_t SR;
  __IO uint32_t CR1;
  __IO uint32_t CR2;
  __IO uint32_t SMPR1;
  __IO uint32_t SMPR2;
  __IO uint32_t JOFR1;
  __IO uint32_t JOFR2;
  __IO uint32_t JOFR3;
  __IO uint32_t JOFR4;
  __IO uint32_t HTR;
  __IO uint32_t LTR;
  __IO uint32_t SQR1;
  __IO uint32_t SQR2;
  __IO uint32_t SQR3;
  __IO uint32_t JSQR;
  __IO uint32_t JDR1;
  __IO uint32_t JDR2;
  __IO uint32_t JDR3;
  __IO uint32_t JDR4;
  __IO uint32_t DR;
} ADC_TypeDef;

typedef struct
{
  __IO uint32_t SR;  /*!< ADC status register,    used for ADC multimode (bits common to several ADC instances). Address offset: ADC1 base address        */
  __IO uint32_t CR1; /*!< ADC control register 1, used for ADC multimode (bits common to several ADC instances). Address offset: ADC1 base address + 0x04 */
  __IO uint32_t CR2; /*!< ADC control register 2, used for ADC multimode (bits common to several ADC instances). Address offset: ADC1 base address + 0x08 */
  uint32_t  RESERVED[16];
  __IO uint32_t DR;  /*!< ADC data register,      used for ADC multimode (bits common to several ADC instances). Address offset: ADC1 base address + 0x4C */
} ADC_Common_TypeDef;

/**
  * @brief Backup Registers
  */

typedef struct
{
  uint32_t  RESERVED0;
  __IO uint32_t DR1;
  __IO uint32_t DR2;
  __IO uint32_t DR3;
  __IO uint32_t DR4;
  __IO uint32_t DR5;
  __IO uint32_t DR6;
  __IO uint32_t DR7;
  __IO uint32_t DR8;
  __IO uint32_t DR9;
  __IO uint32_t DR10;
  __IO uint32_t RTCCR;
  __IO uint32_t CR;
  __IO uint32_t CSR;
  uint32_t  RESERVED13[2];
  __IO uint32_t DR11;
  __IO uint32_t DR12;
```

```
  __IO uint32_t DR13;
  __IO uint32_t DR14;
  __IO uint32_t DR15;
  __IO uint32_t DR16;
  __IO uint32_t DR17;
  __IO uint32_t DR18;
  __IO uint32_t DR19;
  __IO uint32_t DR20;
  __IO uint32_t DR21;
  __IO uint32_t DR22;
  __IO uint32_t DR23;
  __IO uint32_t DR24;
  __IO uint32_t DR25;
  __IO uint32_t DR26;
  __IO uint32_t DR27;
  __IO uint32_t DR28;
  __IO uint32_t DR29;
  __IO uint32_t DR30;
  __IO uint32_t DR31;
  __IO uint32_t DR32;
  __IO uint32_t DR33;
  __IO uint32_t DR34;
  __IO uint32_t DR35;
  __IO uint32_t DR36;
  __IO uint32_t DR37;
  __IO uint32_t DR38;
  __IO uint32_t DR39;
  __IO uint32_t DR40;
  __IO uint32_t DR41;
  __IO uint32_t DR42;
} BKP_TypeDef;

/**
  * @brief Controller Area Network TxMailBox
  */

typedef struct
{
  __IO uint32_t TIR;
  __IO uint32_t TDTR;
  __IO uint32_t TDLR;
  __IO uint32_t TDHR;
} CAN_TxMailBox_TypeDef;

/**
  * @brief Controller Area Network FIFOMailBox
  */

typedef struct
{
  __IO uint32_t RIR;
  __IO uint32_t RDTR;
  __IO uint32_t RDLR;
  __IO uint32_t RDHR;
} CAN_FIFOMailBox_TypeDef;

/**
  * @brief Controller Area Network FilterRegister
  */

typedef struct
{
  __IO uint32_t FR1;
  __IO uint32_t FR2;
} CAN_FilterRegister_TypeDef;

/**
  * @brief Controller Area Network
  */

typedef struct
{
  __IO uint32_t MCR;
  __IO uint32_t MSR;
  __IO uint32_t TSR;
  __IO uint32_t RF0R;
  __IO uint32_t RF1R;
  __IO uint32_t IER;
  __IO uint32_t ESR;
  __IO uint32_t BTR;
  uint32_t  RESERVED0[88];
```

```
  CAN_TxMailBox_TypeDef sTxMailBox[3];
  CAN_FIFOMailBox_TypeDef sFIFOMailBox[2];
  uint32_t  RESERVED1[12];
  __IO uint32_t FMR;
  __IO uint32_t FM1R;
  uint32_t  RESERVED2;
  __IO uint32_t FS1R;
  uint32_t  RESERVED3;
  __IO uint32_t FFA1R;
  uint32_t  RESERVED4;
  __IO uint32_t FA1R;
  uint32_t  RESERVED5[8];
  CAN_FilterRegister_TypeDef sFilterRegister[14];
} CAN_TypeDef;

/**
  * @brief CRC calculation unit
  */

typedef struct
{
  __IO uint32_t DR;           /*!< CRC Data register,                    Address offset: 0x00 */
  __IO uint8_t  IDR;          /*!< CRC Independent data register,        Address offset: 0x04 */
  uint8_t       RESERVED0;    /*!< Reserved,                             Address offset: 0x05 */
  uint16_t      RESERVED1;    /*!< Reserved,                             Address offset: 0x06 */
  __IO uint32_t CR;           /*!< CRC Control register,                 Address offset: 0x08 */
} CRC_TypeDef;

/**
  * @brief Digital to Analog Converter
  */

typedef struct
{
  __IO uint32_t CR;
  __IO uint32_t SWTRIGR;
  __IO uint32_t DHR12R1;
  __IO uint32_t DHR12L1;
  __IO uint32_t DHR8R1;
  __IO uint32_t DHR12R2;
  __IO uint32_t DHR12L2;
  __IO uint32_t DHR8R2;
  __IO uint32_t DHR12RD;
  __IO uint32_t DHR12LD;
  __IO uint32_t DHR8RD;
  __IO uint32_t DOR1;
  __IO uint32_t DOR2;
} DAC_TypeDef;

/**
  * @brief Debug MCU
  */

typedef struct
{
  __IO uint32_t IDCODE;
  __IO uint32_t CR;
}DBGMCU_TypeDef;

/**
  * @brief DMA Controller
  */

typedef struct
{
  __IO uint32_t CCR;
  __IO uint32_t CNDTR;
  __IO uint32_t CPAR;
  __IO uint32_t CMAR;
} DMA_Channel_TypeDef;

typedef struct
{
  __IO uint32_t ISR;
  __IO uint32_t IFCR;
} DMA_TypeDef;

/**
  * @brief External Interrupt/Event Controller
  */
```

```
typedef struct
{
  __IO uint32_t IMR;
  __IO uint32_t EMR;
  __IO uint32_t RTSR;
  __IO uint32_t FTSR;
  __IO uint32_t SWIER;
  __IO uint32_t PR;
} EXTI_TypeDef;

/**
  * @brief FLASH Registers
  */

typedef struct
{
  __IO uint32_t ACR;
  __IO uint32_t KEYR;
  __IO uint32_t OPTKEYR;
  __IO uint32_t SR;
  __IO uint32_t CR;
  __IO uint32_t AR;
  __IO uint32_t RESERVED;
  __IO uint32_t OBR;
  __IO uint32_t WRPR;
} FLASH_TypeDef;

/**
  * @brief Option Bytes Registers
  */

typedef struct
{
  __IO uint16_t RDP;
  __IO uint16_t USER;
  __IO uint16_t Data0;
  __IO uint16_t Data1;
  __IO uint16_t WRP0;
  __IO uint16_t WRP1;
  __IO uint16_t WRP2;
  __IO uint16_t WRP3;
} OB_TypeDef;

/**
  * @brief Flexible Static Memory Controller
  */

typedef struct
{
  __IO uint32_t BTCR[8];
} FSMC_Bank1_TypeDef;

/**
  * @brief Flexible Static Memory Controller Bank1E
  */

typedef struct
{
  __IO uint32_t BWTR[7];
} FSMC_Bank1E_TypeDef;

/**
  * @brief Flexible Static Memory Controller Bank2
  */

typedef struct
{
  __IO uint32_t PCR2;       /*!< NAND Flash control register 2,                       Address offset: 0x60 */
  __IO uint32_t SR2;        /*!< NAND Flash FIFO status and interrupt register 2,     Address offset: 0x64 */
  __IO uint32_t PMEM2;      /*!< NAND Flash Common memory space timing register 2,    Address offset: 0x68 */
  __IO uint32_t PATT2;      /*!< NAND Flash Attribute memory space timing register 2, Address offset: 0x6C */
  uint32_t      RESERVED0;  /*!< Reserved, 0x70                                                            */
  __IO uint32_t ECCR2;      /*!< NAND Flash ECC result registers 2,                   Address offset: 0x74 */
  uint32_t      RESERVED1;  /*!< Reserved, 0x78                                                            */
  uint32_t      RESERVED2;  /*!< Reserved, 0x7C                                                            */
  __IO uint32_t PCR3;       /*!< NAND Flash control register 3,                       Address offset: 0x80 */
  __IO uint32_t SR3;        /*!< NAND Flash FIFO status and interrupt register 3,     Address offset: 0x84 */
  __IO uint32_t PMEM3;      /*!< NAND Flash Common memory space timing register 3,    Address offset: 0x88 */
  __IO uint32_t PATT3;      /*!< NAND Flash Attribute memory space timing register 3, Address offset: 0x8C */
  uint32_t      RESERVED3;  /*!< Reserved, 0x90                                                            */
  __IO uint32_t ECCR3;      /*!< NAND Flash ECC result registers 3,                   Address offset: 0x94 */
```

```
} FSMC_Bank2_3_TypeDef;

/**
  * @brief Flexible Static Memory Controller Bank4
  */

typedef struct
{
  __IO uint32_t PCR4;
  __IO uint32_t SR4;
  __IO uint32_t PMEM4;
  __IO uint32_t PATT4;
  __IO uint32_t PIO4;
} FSMC_Bank4_TypeDef;

/**
  * @brief General Purpose I/O
  */

typedef struct
{
  __IO uint32_t CRL;
  __IO uint32_t CRH;
  __IO uint32_t IDR;
  __IO uint32_t ODR;
  __IO uint32_t BSRR;
  __IO uint32_t BRR;
  __IO uint32_t LCKR;
} GPIO_TypeDef;

/**
  * @brief Alternate Function I/O
  */

typedef struct
{
  __IO uint32_t EVCR;
  __IO uint32_t MAPR;
  __IO uint32_t EXTICR[4];
  uint32_t RESERVED0;
  __IO uint32_t MAPR2;
} AFIO_TypeDef;
/**
  * @brief Inter Integrated Circuit Interface
  */

typedef struct
{
  __IO uint32_t CR1;
  __IO uint32_t CR2;
  __IO uint32_t OAR1;
  __IO uint32_t OAR2;
  __IO uint32_t DR;
  __IO uint32_t SR1;
  __IO uint32_t SR2;
  __IO uint32_t CCR;
  __IO uint32_t TRISE;
} I2C_TypeDef;

/**
  * @brief Independent WATCHDOG
  */

typedef struct
{
  __IO uint32_t KR;           /*!< Key register,                  Address offset: 0x00 */
  __IO uint32_t PR;           /*!< Prescaler register,            Address offset: 0x04 */
  __IO uint32_t RLR;          /*!< Reload register,               Address offset: 0x08 */
  __IO uint32_t SR;           /*!< Status register,               Address offset: 0x0C */
} IWDG_TypeDef;

/**
  * @brief Power Control
  */

typedef struct
{
  __IO uint32_t CR;
  __IO uint32_t CSR;
} PWR_TypeDef;
```

```
/**
  * @brief Reset and Clock Control
  */

typedef struct
{
  __IO uint32_t CR;
  __IO uint32_t CFGR;
  __IO uint32_t CIR;
  __IO uint32_t APB2RSTR;
  __IO uint32_t APB1RSTR;
  __IO uint32_t AHBENR;
  __IO uint32_t APB2ENR;
  __IO uint32_t APB1ENR;
  __IO uint32_t BDCR;
  __IO uint32_t CSR;
} RCC_TypeDef;

/**
  * @brief Real-Time Clock
  */

typedef struct
{
  __IO uint32_t CRH;
  __IO uint32_t CRL;
  __IO uint32_t PRLH;
  __IO uint32_t PRLL;
  __IO uint32_t DIVH;
  __IO uint32_t DIVL;
  __IO uint32_t CNTH;
  __IO uint32_t CNTL;
  __IO uint32_t ALRH;
  __IO uint32_t ALRL;
} RTC_TypeDef;

/**
  * @brief SD host Interface
  */

typedef struct
{
  __IO uint32_t POWER;
  __IO uint32_t CLKCR;
  __IO uint32_t ARG;
  __IO uint32_t CMD;
  __I uint32_t RESPCMD;
  __I uint32_t RESP1;
  __I uint32_t RESP2;
  __I uint32_t RESP3;
  __I uint32_t RESP4;
  __IO uint32_t DTIMER;
  __IO uint32_t DLEN;
  __IO uint32_t DCTRL;
  __I uint32_t DCOUNT;
  __I uint32_t STA;
  __IO uint32_t ICR;
  __IO uint32_t MASK;
  uint32_t  RESERVED0[2];
  __I uint32_t FIFOCNT;
  uint32_t  RESERVED1[13];
  __IO uint32_t FIFO;
} SDIO_TypeDef;

/**
  * @brief Serial Peripheral Interface
  */

typedef struct
{
  __IO uint32_t CR1;
  __IO uint32_t CR2;
  __IO uint32_t SR;
  __IO uint32_t DR;
  __IO uint32_t CRCPR;
  __IO uint32_t RXCRCR;
  __IO uint32_t TXCRCR;
  __IO uint32_t I2SCFGR;
  __IO uint32_t I2SPR;
} SPI_TypeDef;
```

```
/**
  * @brief TIM Timers
  */
typedef struct
{
  __IO uint32_t CR1;            /*!< TIM control register 1,                    Address offset: 0x00 */
  __IO uint32_t CR2;            /*!< TIM control register 2,                    Address offset: 0x04 */
  __IO uint32_t SMCR;           /*!< TIM slave Mode Control register,           Address offset: 0x08 */
  __IO uint32_t DIER;           /*!< TIM DMA/interrupt enable register,         Address offset: 0x0C */
  __IO uint32_t SR;             /*!< TIM status register,                       Address offset: 0x10 */
  __IO uint32_t EGR;            /*!< TIM event generation register,             Address offset: 0x14 */
  __IO uint32_t CCMR1;          /*!< TIM  capture/compare mode register 1,      Address offset: 0x18 */
  __IO uint32_t CCMR2;          /*!< TIM  capture/compare mode register 2,      Address offset: 0x1C */
  __IO uint32_t CCER;           /*!< TIM capture/compare enable register,       Address offset: 0x20 */
  __IO uint32_t CNT;            /*!< TIM counter register,                      Address offset: 0x24 */
  __IO uint32_t PSC;            /*!< TIM prescaler register,                    Address offset: 0x28 */
  __IO uint32_t ARR;            /*!< TIM auto-reload register,                  Address offset: 0x2C */
  __IO uint32_t RCR;            /*!< TIM  repetition counter register,          Address offset: 0x30 */
  __IO uint32_t CCR1;           /*!< TIM capture/compare register 1,            Address offset: 0x34 */
  __IO uint32_t CCR2;           /*!< TIM capture/compare register 2,            Address offset: 0x38 */
  __IO uint32_t CCR3;           /*!< TIM capture/compare register 3,            Address offset: 0x3C */
  __IO uint32_t CCR4;           /*!< TIM capture/compare register 4,            Address offset: 0x40 */
  __IO uint32_t BDTR;           /*!< TIM break and dead-time register,          Address offset: 0x44 */
  __IO uint32_t DCR;            /*!< TIM DMA control register,                  Address offset: 0x48 */
  __IO uint32_t DMAR;           /*!< TIM DMA address for full transfer register, Address offset: 0x4C */
  __IO uint32_t OR;             /*!< TIM option register,                       Address offset: 0x50 */
}TIM_TypeDef;

/**
  * @brief Universal Synchronous Asynchronous Receiver Transmitter
  */

typedef struct
{
  __IO uint32_t SR;             /*!< USART Status register,                   Address offset: 0x00 */
  __IO uint32_t DR;             /*!< USART Data register,                     Address offset: 0x04 */
  __IO uint32_t BRR;            /*!< USART Baud rate register,                Address offset: 0x08 */
  __IO uint32_t CR1;            /*!< USART Control register 1,                Address offset: 0x0C */
  __IO uint32_t CR2;            /*!< USART Control register 2,                Address offset: 0x10 */
  __IO uint32_t CR3;            /*!< USART Control register 3,                Address offset: 0x14 */
  __IO uint32_t GTPR;           /*!< USART Guard time and prescaler register, Address offset: 0x18 */
} USART_TypeDef;

/**
  * @brief Universal Serial Bus Full Speed Device
  */

typedef struct
{
  __IO uint16_t EP0R;           /*!< USB Endpoint 0 register,           Address offset: 0x00 */
  __IO uint16_t RESERVED0;      /*!< Reserved */
  __IO uint16_t EP1R;           /*!< USB Endpoint 1 register,           Address offset: 0x04 */
  __IO uint16_t RESERVED1;      /*!< Reserved */
  __IO uint16_t EP2R;           /*!< USB Endpoint 2 register,           Address offset: 0x08 */
  __IO uint16_t RESERVED2;      /*!< Reserved */
  __IO uint16_t EP3R;           /*!< USB Endpoint 3 register,           Address offset: 0x0C */
  __IO uint16_t RESERVED3;      /*!< Reserved */
  __IO uint16_t EP4R;           /*!< USB Endpoint 4 register,           Address offset: 0x10 */
  __IO uint16_t RESERVED4;      /*!< Reserved */
  __IO uint16_t EP5R;           /*!< USB Endpoint 5 register,           Address offset: 0x14 */
  __IO uint16_t RESERVED5;      /*!< Reserved */
  __IO uint16_t EP6R;           /*!< USB Endpoint 6 register,           Address offset: 0x18 */
  __IO uint16_t RESERVED6;      /*!< Reserved */
  __IO uint16_t EP7R;           /*!< USB Endpoint 7 register,           Address offset: 0x1C */
  __IO uint16_t RESERVED7[17];  /*!< Reserved */
  __IO uint16_t CNTR;           /*!< Control register,                  Address offset: 0x40 */
  __IO uint16_t RESERVED8;      /*!< Reserved */
  __IO uint16_t ISTR;           /*!< Interrupt status register,         Address offset: 0x44 */
  __IO uint16_t RESERVED9;      /*!< Reserved */
  __IO uint16_t FNR;            /*!< Frame number register,             Address offset: 0x48 */
  __IO uint16_t RESERVEDA;      /*!< Reserved */
  __IO uint16_t DADDR;          /*!< Device address register,           Address offset: 0x4C */
  __IO uint16_t RESERVEDB;      /*!< Reserved */
  __IO uint16_t BTABLE;         /*!< Buffer Table address register,     Address offset: 0x50 */
  __IO uint16_t RESERVEDC;      /*!< Reserved */
} USB_TypeDef;

/**
  * @brief Window WATCHDOG
  */
```

```
typedef struct
{
  __IO uint32_t CR;           /*!< WWDG Control register,         Address offset: 0x00 */
  __IO uint32_t CFR;          /*!< WWDG Configuration register,   Address offset: 0x04 */
  __IO uint32_t SR;           /*!< WWDG Status register,          Address offset: 0x08 */
} WWDG_TypeDef;

/** @addtogroup Peripheral_memory_map
  * @{
  */

#define FLASH_BASE            ((uint32_t)0x08000000) /*!< FLASH base address in the alias region */
#define FLASH_BANK1_END       ((uint32_t)0x0807FFFF) /*!< FLASH END address of bank1 */
#define SRAM_BASE             ((uint32_t)0x20000000) /*!< SRAM base address in the alias region */
#define PERIPH_BASE           ((uint32_t)0x40000000) /*!< Peripheral base address in the alias region */

#define SRAM_BB_BASE          ((uint32_t)0x22000000) /*!< SRAM base address in the bit-band region */
#define PERIPH_BB_BASE        ((uint32_t)0x42000000) /*!< Peripheral base address in the bit-band region */

#define FSMC_BASE             ((uint32_t)0x60000000) /*!< FSMC base address */
#define FSMC_R_BASE           ((uint32_t)0xA0000000) /*!< FSMC registers base address */

/*!< Peripheral memory map */
#define APB1PERIPH_BASE       PERIPH_BASE
#define APB2PERIPH_BASE       (PERIPH_BASE + 0x10000)
#define AHBPERIPH_BASE        (PERIPH_BASE + 0x20000)

#define TIM2_BASE             (APB1PERIPH_BASE + 0x0000)
#define TIM3_BASE             (APB1PERIPH_BASE + 0x0400)
#define TIM4_BASE             (APB1PERIPH_BASE + 0x0800)
#define TIM5_BASE             (APB1PERIPH_BASE + 0x0C00)
#define TIM6_BASE             (APB1PERIPH_BASE + 0x1000)
#define TIM7_BASE             (APB1PERIPH_BASE + 0x1400)
#define RTC_BASE              (APB1PERIPH_BASE + 0x2800)
#define WWDG_BASE             (APB1PERIPH_BASE + 0x2C00)
#define IWDG_BASE             (APB1PERIPH_BASE + 0x3000)
#define SPI2_BASE             (APB1PERIPH_BASE + 0x3800)
#define SPI3_BASE             (APB1PERIPH_BASE + 0x3C00)
#define USART2_BASE           (APB1PERIPH_BASE + 0x4400)
#define USART3_BASE           (APB1PERIPH_BASE + 0x4800)
#define UART4_BASE            (APB1PERIPH_BASE + 0x4C00)
#define UART5_BASE            (APB1PERIPH_BASE + 0x5000)
#define I2C1_BASE             (APB1PERIPH_BASE + 0x5400)
#define I2C2_BASE             (APB1PERIPH_BASE + 0x5800)
#define CAN1_BASE             (APB1PERIPH_BASE + 0x6400)
#define BKP_BASE              (APB1PERIPH_BASE + 0x6C00)
#define PWR_BASE              (APB1PERIPH_BASE + 0x7000)
#define DAC_BASE              (APB1PERIPH_BASE + 0x7400)
#define AFIO_BASE             (APB2PERIPH_BASE + 0x0000)
#define EXTI_BASE             (APB2PERIPH_BASE + 0x0400)
#define GPIOA_BASE            (APB2PERIPH_BASE + 0x0800)
#define GPIOB_BASE            (APB2PERIPH_BASE + 0x0C00)
#define GPIOC_BASE            (APB2PERIPH_BASE + 0x1000)
#define GPIOD_BASE            (APB2PERIPH_BASE + 0x1400)
#define GPIOE_BASE            (APB2PERIPH_BASE + 0x1800)
#define GPIOF_BASE            (APB2PERIPH_BASE + 0x1C00)
#define GPIOG_BASE            (APB2PERIPH_BASE + 0x2000)
#define ADC1_BASE             (APB2PERIPH_BASE + 0x2400)
#define ADC2_BASE             (APB2PERIPH_BASE + 0x2800)
#define TIM1_BASE             (APB2PERIPH_BASE + 0x2C00)
#define SPI1_BASE             (APB2PERIPH_BASE + 0x3000)
#define TIM8_BASE             (APB2PERIPH_BASE + 0x3400)
#define USART1_BASE           (APB2PERIPH_BASE + 0x3800)
#define ADC3_BASE             (APB2PERIPH_BASE + 0x3C00)

#define SDIO_BASE             (PERIPH_BASE + 0x18000)

#define DMA1_BASE             (AHBPERIPH_BASE + 0x0000)
#define DMA1_Channel1_BASE    (AHBPERIPH_BASE + 0x0008)
#define DMA1_Channel2_BASE    (AHBPERIPH_BASE + 0x001C)
#define DMA1_Channel3_BASE    (AHBPERIPH_BASE + 0x0030)
#define DMA1_Channel4_BASE    (AHBPERIPH_BASE + 0x0044)
#define DMA1_Channel5_BASE    (AHBPERIPH_BASE + 0x0058)
#define DMA1_Channel6_BASE    (AHBPERIPH_BASE + 0x006C)
#define DMA1_Channel7_BASE    (AHBPERIPH_BASE + 0x0080)
#define DMA2_BASE             (AHBPERIPH_BASE + 0x0400)
#define DMA2_Channel1_BASE    (AHBPERIPH_BASE + 0x0408)
#define DMA2_Channel2_BASE    (AHBPERIPH_BASE + 0x041C)
#define DMA2_Channel3_BASE    (AHBPERIPH_BASE + 0x0430)
#define DMA2_Channel4_BASE    (AHBPERIPH_BASE + 0x0444)
#define DMA2_Channel5_BASE    (AHBPERIPH_BASE + 0x0458)
```

```
#define RCC_BASE              (AHBPERIPH_BASE + 0x1000)
#define CRC_BASE              (AHBPERIPH_BASE + 0x3000)

#define FLASH_R_BASE          (AHBPERIPH_BASE + 0x2000)    /*!< Flash registers base address */
#define FLASHSIZE_BASE        ((uint32_t)0x1FFFF7E0)       /*!< FLASH Size register base address */
#define UID_BASE              ((uint32_t)0x1FFFF7E8)       /*!< Unique device ID register base address */
#define OB_BASE               ((uint32_t)0x1FFFF800)       /*!< Flash Option Bytes base address */


#define FSMC_BANK1            (FSMC_BASE)                  /*!< FSMC Bank1 base address */
#define FSMC_BANK1_1          (FSMC_BANK1)                 /*!< FSMC Bank1_1 base address */
#define FSMC_BANK1_2          (FSMC_BANK1 + 0x04000000)    /*!< FSMC Bank1_2 base address */
#define FSMC_BANK1_3          (FSMC_BANK1 + 0x08000000)    /*!< FSMC Bank1_3 base address */
#define FSMC_BANK1_4          (FSMC_BANK1 + 0x0C000000)    /*!< FSMC Bank1_4 base address */

#define FSMC_BANK2            (FSMC_BASE + 0x10000000)     /*!< FSMC Bank2 base address */
#define FSMC_BANK3            (FSMC_BASE + 0x20000000)     /*!< FSMC Bank3 base address */
#define FSMC_BANK4            (FSMC_BASE + 0x30000000)     /*!< FSMC Bank4 base address */

#define FSMC_BANK1_R_BASE     (FSMC_R_BASE + 0x0000)       /*!< FSMC Bank1 registers base address */
#define FSMC_BANK1E_R_BASE    (FSMC_R_BASE + 0x0104)       /*!< FSMC Bank1E registers base address */
#define FSMC_BANK2_3_R_BASE   (FSMC_R_BASE + 0x0060)       /*!< FSMC Bank2/Bank3 registers base address */
#define FSMC_BANK4_R_BASE     (FSMC_R_BASE + 0x00A0)       /*!< FSMC Bank4 registers base address */

#define DBGMCU_BASE           ((uint32_t)0xE0042000)       /*!< Debug MCU registers base address */

/* USB device FS */
#define USB_BASE              (APB1PERIPH_BASE + 0x00005C00) /*!< USB_IP Peripheral Registers base address */
#define USB_PMAADDR           (APB1PERIPH_BASE + 0x00006000) /*!< USB_IP Packet Memory Area base address */

/** @addtogroup Peripheral_declaration
  * @{
  */

#define TIM2                  ((TIM_TypeDef *) TIM2_BASE)
#define TIM3                  ((TIM_TypeDef *) TIM3_BASE)
#define TIM4                  ((TIM_TypeDef *) TIM4_BASE)
#define TIM5                  ((TIM_TypeDef *) TIM5_BASE)
#define TIM6                  ((TIM_TypeDef *) TIM6_BASE)
#define TIM7                  ((TIM_TypeDef *) TIM7_BASE)
#define RTC                   ((RTC_TypeDef *) RTC_BASE)
#define WWDG                  ((WWDG_TypeDef *) WWDG_BASE)
#define IWDG                  ((IWDG_TypeDef *) IWDG_BASE)
#define SPI2                  ((SPI_TypeDef *) SPI2_BASE)
#define SPI3                  ((SPI_TypeDef *) SPI3_BASE)
#define USART2                ((USART_TypeDef *) USART2_BASE)
#define USART3                ((USART_TypeDef *) USART3_BASE)
#define UART4                 ((USART_TypeDef *) UART4_BASE)
#define UART5                 ((USART_TypeDef *) UART5_BASE)
#define I2C1                  ((I2C_TypeDef *) I2C1_BASE)
#define I2C2                  ((I2C_TypeDef *) I2C2_BASE)
#define USB                   ((USB_TypeDef *) USB_BASE)
#define CAN1                  ((CAN_TypeDef *) CAN1_BASE)
#define BKP                   ((BKP_TypeDef *) BKP_BASE)
#define PWR                   ((PWR_TypeDef *) PWR_BASE)
#define DAC                   ((DAC_TypeDef *) DAC_BASE)
#define AFIO                  ((AFIO_TypeDef *) AFIO_BASE)
#define EXTI                  ((EXTI_TypeDef *) EXTI_BASE)
#define GPIOA                 ((GPIO_TypeDef *) GPIOA_BASE)
#define GPIOB                 ((GPIO_TypeDef *) GPIOB_BASE)
#define GPIOC                 ((GPIO_TypeDef *) GPIOC_BASE)
#define GPIOD                 ((GPIO_TypeDef *) GPIOD_BASE)
#define GPIOE                 ((GPIO_TypeDef *) GPIOE_BASE)
#define GPIOF                 ((GPIO_TypeDef *) GPIOF_BASE)
#define GPIOG                 ((GPIO_TypeDef *) GPIOG_BASE)
#define ADC1                  ((ADC_TypeDef *) ADC1_BASE)
#define ADC2                  ((ADC_TypeDef *) ADC2_BASE)
#define ADC3                  ((ADC_TypeDef *) ADC3_BASE)
#define ADC12_COMMON          ((ADC_Common_TypeDef *) ADC1_BASE)
#define TIM1                  ((TIM_TypeDef *) TIM1_BASE)
#define SPI1                  ((SPI_TypeDef *) SPI1_BASE)
#define TIM8                  ((TIM_TypeDef *) TIM8_BASE)
#define USART1                ((USART_TypeDef *) USART1_BASE)
#define SDIO                  ((SDIO_TypeDef *) SDIO_BASE)
#define DMA1                  ((DMA_TypeDef *) DMA1_BASE)
#define DMA2                  ((DMA_TypeDef *) DMA2_BASE)
#define DMA1_Channel1         ((DMA_Channel_TypeDef *) DMA1_Channel1_BASE)
#define DMA1_Channel2         ((DMA_Channel_TypeDef *) DMA1_Channel2_BASE)
#define DMA1_Channel3         ((DMA_Channel_TypeDef *) DMA1_Channel3_BASE)
#define DMA1_Channel4         ((DMA_Channel_TypeDef *) DMA1_Channel4_BASE)
#define DMA1_Channel5         ((DMA_Channel_TypeDef *) DMA1_Channel5_BASE)
```

```
#define DMA1_Channel6          ((DMA_Channel_TypeDef *) DMA1_Channel6_BASE)
#define DMA1_Channel7          ((DMA_Channel_TypeDef *) DMA1_Channel7_BASE)
#define DMA2_Channel1          ((DMA_Channel_TypeDef *) DMA2_Channel1_BASE)
#define DMA2_Channel2          ((DMA_Channel_TypeDef *) DMA2_Channel2_BASE)
#define DMA2_Channel3          ((DMA_Channel_TypeDef *) DMA2_Channel3_BASE)
#define DMA2_Channel4          ((DMA_Channel_TypeDef *) DMA2_Channel4_BASE)
#define DMA2_Channel5          ((DMA_Channel_TypeDef *) DMA2_Channel5_BASE)
#define RCC                    ((RCC_TypeDef *) RCC_BASE)
#define CRC                    ((CRC_TypeDef *) CRC_BASE)
#define FLASH                  ((FLASH_TypeDef *) FLASH_R_BASE)
#define OB                     ((OB_TypeDef *) OB_BASE)
#define FSMC_Bank1             ((FSMC_Bank1_TypeDef *) FSMC_BANK1_R_BASE)
#define FSMC_Bank1E            ((FSMC_Bank1E_TypeDef *) FSMC_BANK1E_R_BASE)
#define FSMC_Bank2_3           ((FSMC_Bank2_3_TypeDef *) FSMC_BANK2_3_R_BASE)
#define FSMC_Bank4             ((FSMC_Bank4_TypeDef *) FSMC_BANK4_R_BASE)
#define DBGMCU                 ((DBGMCU_TypeDef *) DBGMCU_BASE)

/******************************************************************************/
/*                   Peripheral Registers_Bits_Definition                     */
/******************************************************************************/

/******************************************************************************/
/*                                                                            */
/*                       CRC calculation unit (CRC)                           */
/*                                                                            */
/******************************************************************************/

/*******************  Bit definition for CRC_DR register  *********************/
#define CRC_DR_DR_Pos          (0U)
#define CRC_DR_DR_Msk          (0xFFFFFFFFU << CRC_DR_DR_Pos) /*!< 0xFFFFFFFF */
#define CRC_DR_DR              CRC_DR_DR_Msk                  /*!< Data register bits */

/*******************  Bit definition for CRC_IDR register  ********************/
#define CRC_IDR_IDR_Pos        (0U)
#define CRC_IDR_IDR_Msk        (0xFFU << CRC_IDR_IDR_Pos)     /*!< 0x000000FF */
#define CRC_IDR_IDR            CRC_IDR_IDR_Msk                /*!< General-purpose 8-bit data register bits */

/********************  Bit definition for CRC_CR register  ********************/
#define CRC_CR_RESET_Pos       (0U)
#define CRC_CR_RESET_Msk       (0x1U << CRC_CR_RESET_Pos)     /*!< 0x00000001 */
#define CRC_CR_RESET           CRC_CR_RESET_Msk               /*!< RESET bit */

/******************************************************************************/
/*                                                                            */
/*                             Power Control                                  */
/*                                                                            */
/******************************************************************************/

/********************  Bit definition for PWR_CR register  ********************/
#define PWR_CR_LPDS_Pos        (0U)
#define PWR_CR_LPDS_Msk        (0x1U << PWR_CR_LPDS_Pos)      /*!< 0x00000001 */
#define PWR_CR_LPDS            PWR_CR_LPDS_Msk                /*!< Low-Power Deepsleep */
#define PWR_CR_PDDS_Pos        (1U)
#define PWR_CR_PDDS_Msk        (0x1U << PWR_CR_PDDS_Pos)      /*!< 0x00000002 */
#define PWR_CR_PDDS            PWR_CR_PDDS_Msk                /*!< Power Down Deepsleep */
#define PWR_CR_CWUF_Pos        (2U)
#define PWR_CR_CWUF_Msk        (0x1U << PWR_CR_CWUF_Pos)      /*!< 0x00000004 */
#define PWR_CR_CWUF            PWR_CR_CWUF_Msk                /*!< Clear Wakeup Flag */
#define PWR_CR_CSBF_Pos        (3U)
#define PWR_CR_CSBF_Msk        (0x1U << PWR_CR_CSBF_Pos)      /*!< 0x00000008 */
#define PWR_CR_CSBF            PWR_CR_CSBF_Msk                /*!< Clear Standby Flag */
#define PWR_CR_PVDE_Pos        (4U)
#define PWR_CR_PVDE_Msk        (0x1U << PWR_CR_PVDE_Pos)      /*!< 0x00000010 */
#define PWR_CR_PVDE            PWR_CR_PVDE_Msk                /*!< Power Voltage Detector Enable */

#define PWR_CR_PLS_Pos         (5U)
#define PWR_CR_PLS_Msk         (0x7U << PWR_CR_PLS_Pos)       /*!< 0x000000E0 */
#define PWR_CR_PLS             PWR_CR_PLS_Msk                 /*!< PLS[2:0] bits (PVD Level Selection) */
#define PWR_CR_PLS_0           (0x1U << PWR_CR_PLS_Pos)       /*!< 0x00000020 */
#define PWR_CR_PLS_1           (0x2U << PWR_CR_PLS_Pos)       /*!< 0x00000040 */
#define PWR_CR_PLS_2           (0x4U << PWR_CR_PLS_Pos)       /*!< 0x00000080 */

/*!< PVD level configuration */
#define PWR_CR_PLS_2V2         ((uint32_t)0x00000000)         /*!< PVD level 2.2V */
#define PWR_CR_PLS_2V3         ((uint32_t)0x00000020)         /*!< PVD level 2.3V */
#define PWR_CR_PLS_2V4         ((uint32_t)0x00000040)         /*!< PVD level 2.4V */
#define PWR_CR_PLS_2V5         ((uint32_t)0x00000060)         /*!< PVD level 2.5V */
#define PWR_CR_PLS_2V6         ((uint32_t)0x00000080)         /*!< PVD level 2.6V */
#define PWR_CR_PLS_2V7         ((uint32_t)0x000000A0)         /*!< PVD level 2.7V */
#define PWR_CR_PLS_2V8         ((uint32_t)0x000000C0)         /*!< PVD level 2.8V */
#define PWR_CR_PLS_2V9         ((uint32_t)0x000000E0)         /*!< PVD level 2.9V */
```

```
#define PWR_CR_DBP_Pos            (8U)
#define PWR_CR_DBP_Msk            (0x1U << PWR_CR_DBP_Pos)          /*!< 0x00000100 */
#define PWR_CR_DBP                PWR_CR_DBP_Msk                    /*!< Disable Backup Domain write protection */

/*******************  Bit definition for PWR_CSR register  ********************/
#define PWR_CSR_WUF_Pos           (0U)
#define PWR_CSR_WUF_Msk           (0x1U << PWR_CSR_WUF_Pos)         /*!< 0x00000001 */
#define PWR_CSR_WUF               PWR_CSR_WUF_Msk                   /*!< Wakeup Flag */
#define PWR_CSR_SBF_Pos           (1U)
#define PWR_CSR_SBF_Msk           (0x1U << PWR_CSR_SBF_Pos)         /*!< 0x00000002 */
#define PWR_CSR_SBF               PWR_CSR_SBF_Msk                   /*!< Standby Flag */
#define PWR_CSR_PVDO_Pos          (2U)
#define PWR_CSR_PVDO_Msk          (0x1U << PWR_CSR_PVDO_Pos)        /*!< 0x00000004 */
#define PWR_CSR_PVDO              PWR_CSR_PVDO_Msk                  /*!< PVD Output */
#define PWR_CSR_EWUP_Pos          (8U)
#define PWR_CSR_EWUP_Msk          (0x1U << PWR_CSR_EWUP_Pos)        /*!< 0x00000100 */
#define PWR_CSR_EWUP              PWR_CSR_EWUP_Msk                  /*!< Enable WKUP pin */

                         (중간 생략)

/******************************************************************************/
/*                                                                            */
/*                               SystemTick                                   */
/*                                                                            */
/******************************************************************************/

/*****************  Bit definition for SysTick_CTRL register  *****************/
#define SysTick_CTRL_ENABLE          ((uint32_t)0x00000001)   /*!< Counter enable */
#define SysTick_CTRL_TICKINT         ((uint32_t)0x00000002)   /*!< Counting down to 0 pends the SysTick handler */
#define SysTick_CTRL_CLKSOURCE       ((uint32_t)0x00000004)   /*!< Clock source */
#define SysTick_CTRL_COUNTFLAG       ((uint32_t)0x00010000)   /*!< Count Flag */

/*****************  Bit definition for SysTick_LOAD register  *****************/
#define SysTick_LOAD_RELOAD          ((uint32_t)0x00FFFFFF)   /*!< Value to load into the SysTick Current Value Register when the counter reaches 0 */

/*****************  Bit definition for SysTick_VAL register  ******************/
#define SysTick_VAL_CURRENT          ((uint32_t)0x00FFFFFF)   /*!< Current value at the time the register is accessed */

/*****************  Bit definition for SysTick_CALIB register  ****************/
#define SysTick_CALIB_TENMS          ((uint32_t)0x00FFFFFF)   /*!< Reload value to use for 10ms timing */
#define SysTick_CALIB_SKEW           ((uint32_t)0x40000000)   /*!< Calibration value is not exactly 10 ms */
#define SysTick_CALIB_NOREF          ((uint32_t)0x80000000)   /*!< The reference clock is not provided */

/******************************************************************************/
/*                                                                            */
/*                  Nested Vectored Interrupt Controller                      */
/*                                                                            */
/******************************************************************************/

/******************  Bit definition for NVIC_ISER register  *******************/
#define NVIC_ISER_SETENA_Pos          (0U)
#define NVIC_ISER_SETENA_Msk          (0xFFFFFFFFU << NVIC_ISER_SETENA_Pos) /*!< 0xFFFFFFFF */
#define NVIC_ISER_SETENA              NVIC_ISER_SETENA_Msk                  /*!< Interrupt set enable bits */
#define NVIC_ISER_SETENA_0            (0x00000001U << NVIC_ISER_SETENA_Pos) /*!< 0x00000001 */
#define NVIC_ISER_SETENA_1            (0x00000002U << NVIC_ISER_SETENA_Pos) /*!< 0x00000002 */
#define NVIC_ISER_SETENA_2            (0x00000004U << NVIC_ISER_SETENA_Pos) /*!< 0x00000004 */
#define NVIC_ISER_SETENA_3            (0x00000008U << NVIC_ISER_SETENA_Pos) /*!< 0x00000008 */
#define NVIC_ISER_SETENA_4            (0x00000010U << NVIC_ISER_SETENA_Pos) /*!< 0x00000010 */
#define NVIC_ISER_SETENA_5            (0x00000020U << NVIC_ISER_SETENA_Pos) /*!< 0x00000020 */
#define NVIC_ISER_SETENA_6            (0x00000040U << NVIC_ISER_SETENA_Pos) /*!< 0x00000040 */
#define NVIC_ISER_SETENA_7            (0x00000080U << NVIC_ISER_SETENA_Pos) /*!< 0x00000080 */
#define NVIC_ISER_SETENA_8            (0x00000100U << NVIC_ISER_SETENA_Pos) /*!< 0x00000100 */
#define NVIC_ISER_SETENA_9            (0x00000200U << NVIC_ISER_SETENA_Pos) /*!< 0x00000200 */
#define NVIC_ISER_SETENA_10           (0x00000400U << NVIC_ISER_SETENA_Pos) /*!< 0x00000400 */
#define NVIC_ISER_SETENA_11           (0x00000800U << NVIC_ISER_SETENA_Pos) /*!< 0x00000800 */
#define NVIC_ISER_SETENA_12           (0x00001000U << NVIC_ISER_SETENA_Pos) /*!< 0x00001000 */
#define NVIC_ISER_SETENA_13           (0x00002000U << NVIC_ISER_SETENA_Pos) /*!< 0x00002000 */
#define NVIC_ISER_SETENA_14           (0x00004000U << NVIC_ISER_SETENA_Pos) /*!< 0x00004000 */
#define NVIC_ISER_SETENA_15           (0x00008000U << NVIC_ISER_SETENA_Pos) /*!< 0x00008000 */
#define NVIC_ISER_SETENA_16           (0x00010000U << NVIC_ISER_SETENA_Pos) /*!< 0x00010000 */
#define NVIC_ISER_SETENA_17           (0x00020000U << NVIC_ISER_SETENA_Pos) /*!< 0x00020000 */
#define NVIC_ISER_SETENA_18           (0x00040000U << NVIC_ISER_SETENA_Pos) /*!< 0x00040000 */
#define NVIC_ISER_SETENA_19           (0x00080000U << NVIC_ISER_SETENA_Pos) /*!< 0x00080000 */
#define NVIC_ISER_SETENA_20           (0x00100000U << NVIC_ISER_SETENA_Pos) /*!< 0x00100000 */
#define NVIC_ISER_SETENA_21           (0x00200000U << NVIC_ISER_SETENA_Pos) /*!< 0x00200000 */
#define NVIC_ISER_SETENA_22           (0x00400000U << NVIC_ISER_SETENA_Pos) /*!< 0x00400000 */
#define NVIC_ISER_SETENA_23           (0x00800000U << NVIC_ISER_SETENA_Pos) /*!< 0x00800000 */
#define NVIC_ISER_SETENA_24           (0x01000000U << NVIC_ISER_SETENA_Pos) /*!< 0x01000000 */
#define NVIC_ISER_SETENA_25           (0x02000000U << NVIC_ISER_SETENA_Pos) /*!< 0x02000000 */
#define NVIC_ISER_SETENA_26           (0x04000000U << NVIC_ISER_SETENA_Pos) /*!< 0x04000000 */
```

```
#define NVIC_ISER_SETENA_27          (0x08000000U << NVIC_ISER_SETENA_Pos) /*!< 0x08000000 */
#define NVIC_ISER_SETENA_28          (0x10000000U << NVIC_ISER_SETENA_Pos) /*!< 0x10000000 */
#define NVIC_ISER_SETENA_29          (0x20000000U << NVIC_ISER_SETENA_Pos) /*!< 0x20000000 */
#define NVIC_ISER_SETENA_30          (0x40000000U << NVIC_ISER_SETENA_Pos) /*!< 0x40000000 */
#define NVIC_ISER_SETENA_31          (0x80000000U << NVIC_ISER_SETENA_Pos) /*!< 0x80000000 */

/******************  Bit definition for NVIC_ICER register  *******************/
#define NVIC_ICER_CLRENA_Pos         (0U)
#define NVIC_ICER_CLRENA_Msk         (0xFFFFFFFFU << NVIC_ICER_CLRENA_Pos) /*!< 0xFFFFFFFF */
#define NVIC_ICER_CLRENA             NVIC_ICER_CLRENA_Msk                 /*!< Interrupt clear-enable bits */
#define NVIC_ICER_CLRENA_0           (0x00000001U << NVIC_ICER_CLRENA_Pos) /*!< 0x00000001 */
#define NVIC_ICER_CLRENA_1           (0x00000002U << NVIC_ICER_CLRENA_Pos) /*!< 0x00000002 */
#define NVIC_ICER_CLRENA_2           (0x00000004U << NVIC_ICER_CLRENA_Pos) /*!< 0x00000004 */
#define NVIC_ICER_CLRENA_3           (0x00000008U << NVIC_ICER_CLRENA_Pos) /*!< 0x00000008 */
#define NVIC_ICER_CLRENA_4           (0x00000010U << NVIC_ICER_CLRENA_Pos) /*!< 0x00000010 */
#define NVIC_ICER_CLRENA_5           (0x00000020U << NVIC_ICER_CLRENA_Pos) /*!< 0x00000020 */
#define NVIC_ICER_CLRENA_6           (0x00000040U << NVIC_ICER_CLRENA_Pos) /*!< 0x00000040 */
#define NVIC_ICER_CLRENA_7           (0x00000080U << NVIC_ICER_CLRENA_Pos) /*!< 0x00000080 */
#define NVIC_ICER_CLRENA_8           (0x00000100U << NVIC_ICER_CLRENA_Pos) /*!< 0x00000100 */
#define NVIC_ICER_CLRENA_9           (0x00000200U << NVIC_ICER_CLRENA_Pos) /*!< 0x00000200 */
#define NVIC_ICER_CLRENA_10          (0x00000400U << NVIC_ICER_CLRENA_Pos) /*!< 0x00000400 */
#define NVIC_ICER_CLRENA_11          (0x00000800U << NVIC_ICER_CLRENA_Pos) /*!< 0x00000800 */
#define NVIC_ICER_CLRENA_12          (0x00001000U << NVIC_ICER_CLRENA_Pos) /*!< 0x00001000 */
#define NVIC_ICER_CLRENA_13          (0x00002000U << NVIC_ICER_CLRENA_Pos) /*!< 0x00002000 */
#define NVIC_ICER_CLRENA_14          (0x00004000U << NVIC_ICER_CLRENA_Pos) /*!< 0x00004000 */
#define NVIC_ICER_CLRENA_15          (0x00008000U << NVIC_ICER_CLRENA_Pos) /*!< 0x00008000 */
#define NVIC_ICER_CLRENA_16          (0x00010000U << NVIC_ICER_CLRENA_Pos) /*!< 0x00010000 */
#define NVIC_ICER_CLRENA_17          (0x00020000U << NVIC_ICER_CLRENA_Pos) /*!< 0x00020000 */
#define NVIC_ICER_CLRENA_18          (0x00040000U << NVIC_ICER_CLRENA_Pos) /*!< 0x00040000 */
#define NVIC_ICER_CLRENA_19          (0x00080000U << NVIC_ICER_CLRENA_Pos) /*!< 0x00080000 */
#define NVIC_ICER_CLRENA_20          (0x00100000U << NVIC_ICER_CLRENA_Pos) /*!< 0x00100000 */
#define NVIC_ICER_CLRENA_21          (0x00200000U << NVIC_ICER_CLRENA_Pos) /*!< 0x00200000 */
#define NVIC_ICER_CLRENA_22          (0x00400000U << NVIC_ICER_CLRENA_Pos) /*!< 0x00400000 */
#define NVIC_ICER_CLRENA_23          (0x00800000U << NVIC_ICER_CLRENA_Pos) /*!< 0x00800000 */
#define NVIC_ICER_CLRENA_24          (0x01000000U << NVIC_ICER_CLRENA_Pos) /*!< 0x01000000 */
#define NVIC_ICER_CLRENA_25          (0x02000000U << NVIC_ICER_CLRENA_Pos) /*!< 0x02000000 */
#define NVIC_ICER_CLRENA_26          (0x04000000U << NVIC_ICER_CLRENA_Pos) /*!< 0x04000000 */
#define NVIC_ICER_CLRENA_27          (0x08000000U << NVIC_ICER_CLRENA_Pos) /*!< 0x08000000 */
#define NVIC_ICER_CLRENA_28          (0x10000000U << NVIC_ICER_CLRENA_Pos) /*!< 0x10000000 */
#define NVIC_ICER_CLRENA_29          (0x20000000U << NVIC_ICER_CLRENA_Pos) /*!< 0x20000000 */
#define NVIC_ICER_CLRENA_30          (0x40000000U << NVIC_ICER_CLRENA_Pos) /*!< 0x40000000 */
#define NVIC_ICER_CLRENA_31          (0x80000000U << NVIC_ICER_CLRENA_Pos) /*!< 0x80000000 */

/******************  Bit definition for NVIC_ISPR register  *******************/
#define NVIC_ISPR_SETPEND_Pos        (0U)
#define NVIC_ISPR_SETPEND_Msk        (0xFFFFFFFFU << NVIC_ISPR_SETPEND_Pos) /*!< 0xFFFFFFFF */
#define NVIC_ISPR_SETPEND            NVIC_ISPR_SETPEND_Msk                 /*!< Interrupt set-pending bits */
#define NVIC_ISPR_SETPEND_0          (0x00000001U << NVIC_ISPR_SETPEND_Pos) /*!< 0x00000001 */
#define NVIC_ISPR_SETPEND_1          (0x00000002U << NVIC_ISPR_SETPEND_Pos) /*!< 0x00000002 */
#define NVIC_ISPR_SETPEND_2          (0x00000004U << NVIC_ISPR_SETPEND_Pos) /*!< 0x00000004 */
#define NVIC_ISPR_SETPEND_3          (0x00000008U << NVIC_ISPR_SETPEND_Pos) /*!< 0x00000008 */
#define NVIC_ISPR_SETPEND_4          (0x00000010U << NVIC_ISPR_SETPEND_Pos) /*!< 0x00000010 */
#define NVIC_ISPR_SETPEND_5          (0x00000020U << NVIC_ISPR_SETPEND_Pos) /*!< 0x00000020 */
#define NVIC_ISPR_SETPEND_6          (0x00000040U << NVIC_ISPR_SETPEND_Pos) /*!< 0x00000040 */
#define NVIC_ISPR_SETPEND_7          (0x00000080U << NVIC_ISPR_SETPEND_Pos) /*!< 0x00000080 */
#define NVIC_ISPR_SETPEND_8          (0x00000100U << NVIC_ISPR_SETPEND_Pos) /*!< 0x00000100 */
#define NVIC_ISPR_SETPEND_9          (0x00000200U << NVIC_ISPR_SETPEND_Pos) /*!< 0x00000200 */
#define NVIC_ISPR_SETPEND_10         (0x00000400U << NVIC_ISPR_SETPEND_Pos) /*!< 0x00000400 */
#define NVIC_ISPR_SETPEND_11         (0x00000800U << NVIC_ISPR_SETPEND_Pos) /*!< 0x00000800 */
#define NVIC_ISPR_SETPEND_12         (0x00001000U << NVIC_ISPR_SETPEND_Pos) /*!< 0x00001000 */
#define NVIC_ISPR_SETPEND_13         (0x00002000U << NVIC_ISPR_SETPEND_Pos) /*!< 0x00002000 */
#define NVIC_ISPR_SETPEND_14         (0x00004000U << NVIC_ISPR_SETPEND_Pos) /*!< 0x00004000 */
#define NVIC_ISPR_SETPEND_15         (0x00008000U << NVIC_ISPR_SETPEND_Pos) /*!< 0x00008000 */
#define NVIC_ISPR_SETPEND_16         (0x00010000U << NVIC_ISPR_SETPEND_Pos) /*!< 0x00010000 */
#define NVIC_ISPR_SETPEND_17         (0x00020000U << NVIC_ISPR_SETPEND_Pos) /*!< 0x00020000 */
#define NVIC_ISPR_SETPEND_18         (0x00040000U << NVIC_ISPR_SETPEND_Pos) /*!< 0x00040000 */
#define NVIC_ISPR_SETPEND_19         (0x00080000U << NVIC_ISPR_SETPEND_Pos) /*!< 0x00080000 */
#define NVIC_ISPR_SETPEND_20         (0x00100000U << NVIC_ISPR_SETPEND_Pos) /*!< 0x00100000 */
#define NVIC_ISPR_SETPEND_21         (0x00200000U << NVIC_ISPR_SETPEND_Pos) /*!< 0x00200000 */
#define NVIC_ISPR_SETPEND_22         (0x00400000U << NVIC_ISPR_SETPEND_Pos) /*!< 0x00400000 */
#define NVIC_ISPR_SETPEND_23         (0x00800000U << NVIC_ISPR_SETPEND_Pos) /*!< 0x00800000 */
#define NVIC_ISPR_SETPEND_24         (0x01000000U << NVIC_ISPR_SETPEND_Pos) /*!< 0x01000000 */
#define NVIC_ISPR_SETPEND_25         (0x02000000U << NVIC_ISPR_SETPEND_Pos) /*!< 0x02000000 */
#define NVIC_ISPR_SETPEND_26         (0x04000000U << NVIC_ISPR_SETPEND_Pos) /*!< 0x04000000 */
#define NVIC_ISPR_SETPEND_27         (0x08000000U << NVIC_ISPR_SETPEND_Pos) /*!< 0x08000000 */
#define NVIC_ISPR_SETPEND_28         (0x10000000U << NVIC_ISPR_SETPEND_Pos) /*!< 0x10000000 */
#define NVIC_ISPR_SETPEND_29         (0x20000000U << NVIC_ISPR_SETPEND_Pos) /*!< 0x20000000 */
#define NVIC_ISPR_SETPEND_30         (0x40000000U << NVIC_ISPR_SETPEND_Pos) /*!< 0x40000000 */
#define NVIC_ISPR_SETPEND_31         (0x80000000U << NVIC_ISPR_SETPEND_Pos) /*!< 0x80000000 */

/******************  Bit definition for NVIC_ICPR register  *******************/
```

```
#define NVIC_ICPR_CLRPEND_Pos         (0U)
#define NVIC_ICPR_CLRPEND_Msk         (0xFFFFFFFFU << NVIC_ICPR_CLRPEND_Pos) /*!< 0xFFFFFFFF */
#define NVIC_ICPR_CLRPEND             NVIC_ICPR_CLRPEND_Msk                  /*!< Interrupt clear-pending bits */
#define NVIC_ICPR_CLRPEND_0           (0x00000001U << NVIC_ICPR_CLRPEND_Pos) /*!< 0x00000001 */
#define NVIC_ICPR_CLRPEND_1           (0x00000002U << NVIC_ICPR_CLRPEND_Pos) /*!< 0x00000002 */
#define NVIC_ICPR_CLRPEND_2           (0x00000004U << NVIC_ICPR_CLRPEND_Pos) /*!< 0x00000004 */
#define NVIC_ICPR_CLRPEND_3           (0x00000008U << NVIC_ICPR_CLRPEND_Pos) /*!< 0x00000008 */
#define NVIC_ICPR_CLRPEND_4           (0x00000010U << NVIC_ICPR_CLRPEND_Pos) /*!< 0x00000010 */
#define NVIC_ICPR_CLRPEND_5           (0x00000020U << NVIC_ICPR_CLRPEND_Pos) /*!< 0x00000020 */
#define NVIC_ICPR_CLRPEND_6           (0x00000040U << NVIC_ICPR_CLRPEND_Pos) /*!< 0x00000040 */
#define NVIC_ICPR_CLRPEND_7           (0x00000080U << NVIC_ICPR_CLRPEND_Pos) /*!< 0x00000080 */
#define NVIC_ICPR_CLRPEND_8           (0x00000100U << NVIC_ICPR_CLRPEND_Pos) /*!< 0x00000100 */
#define NVIC_ICPR_CLRPEND_9           (0x00000200U << NVIC_ICPR_CLRPEND_Pos) /*!< 0x00000200 */
#define NVIC_ICPR_CLRPEND_10          (0x00000400U << NVIC_ICPR_CLRPEND_Pos) /*!< 0x00000400 */
#define NVIC_ICPR_CLRPEND_11          (0x00000800U << NVIC_ICPR_CLRPEND_Pos) /*!< 0x00000800 */
#define NVIC_ICPR_CLRPEND_12          (0x00001000U << NVIC_ICPR_CLRPEND_Pos) /*!< 0x00001000 */
#define NVIC_ICPR_CLRPEND_13          (0x00002000U << NVIC_ICPR_CLRPEND_Pos) /*!< 0x00002000 */
#define NVIC_ICPR_CLRPEND_14          (0x00004000U << NVIC_ICPR_CLRPEND_Pos) /*!< 0x00004000 */
#define NVIC_ICPR_CLRPEND_15          (0x00008000U << NVIC_ICPR_CLRPEND_Pos) /*!< 0x00008000 */
#define NVIC_ICPR_CLRPEND_16          (0x00010000U << NVIC_ICPR_CLRPEND_Pos) /*!< 0x00010000 */
#define NVIC_ICPR_CLRPEND_17          (0x00020000U << NVIC_ICPR_CLRPEND_Pos) /*!< 0x00020000 */
#define NVIC_ICPR_CLRPEND_18          (0x00040000U << NVIC_ICPR_CLRPEND_Pos) /*!< 0x00040000 */
#define NVIC_ICPR_CLRPEND_19          (0x00080000U << NVIC_ICPR_CLRPEND_Pos) /*!< 0x00080000 */
#define NVIC_ICPR_CLRPEND_20          (0x00100000U << NVIC_ICPR_CLRPEND_Pos) /*!< 0x00100000 */
#define NVIC_ICPR_CLRPEND_21          (0x00200000U << NVIC_ICPR_CLRPEND_Pos) /*!< 0x00200000 */
#define NVIC_ICPR_CLRPEND_22          (0x00400000U << NVIC_ICPR_CLRPEND_Pos) /*!< 0x00400000 */
#define NVIC_ICPR_CLRPEND_23          (0x00800000U << NVIC_ICPR_CLRPEND_Pos) /*!< 0x00800000 */
#define NVIC_ICPR_CLRPEND_24          (0x01000000U << NVIC_ICPR_CLRPEND_Pos) /*!< 0x01000000 */
#define NVIC_ICPR_CLRPEND_25          (0x02000000U << NVIC_ICPR_CLRPEND_Pos) /*!< 0x02000000 */
#define NVIC_ICPR_CLRPEND_26          (0x04000000U << NVIC_ICPR_CLRPEND_Pos) /*!< 0x04000000 */
#define NVIC_ICPR_CLRPEND_27          (0x08000000U << NVIC_ICPR_CLRPEND_Pos) /*!< 0x08000000 */
#define NVIC_ICPR_CLRPEND_28          (0x10000000U << NVIC_ICPR_CLRPEND_Pos) /*!< 0x10000000 */
#define NVIC_ICPR_CLRPEND_29          (0x20000000U << NVIC_ICPR_CLRPEND_Pos) /*!< 0x20000000 */
#define NVIC_ICPR_CLRPEND_30          (0x40000000U << NVIC_ICPR_CLRPEND_Pos) /*!< 0x40000000 */
#define NVIC_ICPR_CLRPEND_31          (0x80000000U << NVIC_ICPR_CLRPEND_Pos) /*!< 0x80000000 */

/******************  Bit definition for NVIC_IABR register  *******************/
#define NVIC_IABR_ACTIVE_Pos          (0U)
#define NVIC_IABR_ACTIVE_Msk          (0xFFFFFFFFU << NVIC_IABR_ACTIVE_Pos) /*!< 0xFFFFFFFF */
#define NVIC_IABR_ACTIVE              NVIC_IABR_ACTIVE_Msk                  /*!< Interrupt active flags */
#define NVIC_IABR_ACTIVE_0            (0x00000001U << NVIC_IABR_ACTIVE_Pos) /*!< 0x00000001 */
#define NVIC_IABR_ACTIVE_1            (0x00000002U << NVIC_IABR_ACTIVE_Pos) /*!< 0x00000002 */
#define NVIC_IABR_ACTIVE_2            (0x00000004U << NVIC_IABR_ACTIVE_Pos) /*!< 0x00000004 */
#define NVIC_IABR_ACTIVE_3            (0x00000008U << NVIC_IABR_ACTIVE_Pos) /*!< 0x00000008 */
#define NVIC_IABR_ACTIVE_4            (0x00000010U << NVIC_IABR_ACTIVE_Pos) /*!< 0x00000010 */
#define NVIC_IABR_ACTIVE_5            (0x00000020U << NVIC_IABR_ACTIVE_Pos) /*!< 0x00000020 */
#define NVIC_IABR_ACTIVE_6            (0x00000040U << NVIC_IABR_ACTIVE_Pos) /*!< 0x00000040 */
#define NVIC_IABR_ACTIVE_7            (0x00000080U << NVIC_IABR_ACTIVE_Pos) /*!< 0x00000080 */
#define NVIC_IABR_ACTIVE_8            (0x00000100U << NVIC_IABR_ACTIVE_Pos) /*!< 0x00000100 */
#define NVIC_IABR_ACTIVE_9            (0x00000200U << NVIC_IABR_ACTIVE_Pos) /*!< 0x00000200 */
#define NVIC_IABR_ACTIVE_10           (0x00000400U << NVIC_IABR_ACTIVE_Pos) /*!< 0x00000400 */
#define NVIC_IABR_ACTIVE_11           (0x00000800U << NVIC_IABR_ACTIVE_Pos) /*!< 0x00000800 */
#define NVIC_IABR_ACTIVE_12           (0x00001000U << NVIC_IABR_ACTIVE_Pos) /*!< 0x00001000 */
#define NVIC_IABR_ACTIVE_13           (0x00002000U << NVIC_IABR_ACTIVE_Pos) /*!< 0x00002000 */
#define NVIC_IABR_ACTIVE_14           (0x00004000U << NVIC_IABR_ACTIVE_Pos) /*!< 0x00004000 */
#define NVIC_IABR_ACTIVE_15           (0x00008000U << NVIC_IABR_ACTIVE_Pos) /*!< 0x00008000 */
#define NVIC_IABR_ACTIVE_16           (0x00010000U << NVIC_IABR_ACTIVE_Pos) /*!< 0x00010000 */
#define NVIC_IABR_ACTIVE_17           (0x00020000U << NVIC_IABR_ACTIVE_Pos) /*!< 0x00020000 */
#define NVIC_IABR_ACTIVE_18           (0x00040000U << NVIC_IABR_ACTIVE_Pos) /*!< 0x00040000 */
#define NVIC_IABR_ACTIVE_19           (0x00080000U << NVIC_IABR_ACTIVE_Pos) /*!< 0x00080000 */
#define NVIC_IABR_ACTIVE_20           (0x00100000U << NVIC_IABR_ACTIVE_Pos) /*!< 0x00100000 */
#define NVIC_IABR_ACTIVE_21           (0x00200000U << NVIC_IABR_ACTIVE_Pos) /*!< 0x00200000 */
#define NVIC_IABR_ACTIVE_22           (0x00400000U << NVIC_IABR_ACTIVE_Pos) /*!< 0x00400000 */
#define NVIC_IABR_ACTIVE_23           (0x00800000U << NVIC_IABR_ACTIVE_Pos) /*!< 0x00800000 */
#define NVIC_IABR_ACTIVE_24           (0x01000000U << NVIC_IABR_ACTIVE_Pos) /*!< 0x01000000 */
#define NVIC_IABR_ACTIVE_25           (0x02000000U << NVIC_IABR_ACTIVE_Pos) /*!< 0x02000000 */
#define NVIC_IABR_ACTIVE_26           (0x04000000U << NVIC_IABR_ACTIVE_Pos) /*!< 0x04000000 */
#define NVIC_IABR_ACTIVE_27           (0x08000000U << NVIC_IABR_ACTIVE_Pos) /*!< 0x08000000 */
#define NVIC_IABR_ACTIVE_28           (0x10000000U << NVIC_IABR_ACTIVE_Pos) /*!< 0x10000000 */
#define NVIC_IABR_ACTIVE_29           (0x20000000U << NVIC_IABR_ACTIVE_Pos) /*!< 0x20000000 */
#define NVIC_IABR_ACTIVE_30           (0x40000000U << NVIC_IABR_ACTIVE_Pos) /*!< 0x40000000 */
#define NVIC_IABR_ACTIVE_31           (0x80000000U << NVIC_IABR_ACTIVE_Pos) /*!< 0x80000000 */

/******************  Bit definition for NVIC_PRI0 register  *******************/
#define NVIC_IPR0_PRI_0               ((uint32_t)0x000000FF)            /*!< Priority of interrupt 0 */
#define NVIC_IPR0_PRI_1               ((uint32_t)0x0000FF00)            /*!< Priority of interrupt 1 */
#define NVIC_IPR0_PRI_2               ((uint32_t)0x00FF0000)            /*!< Priority of interrupt 2 */
#define NVIC_IPR0_PRI_3               ((uint32_t)0xFF000000)            /*!< Priority of interrupt 3 */

/******************  Bit definition for NVIC_PRI1 register  *******************/
#define NVIC_IPR1_PRI_4               ((uint32_t)0x000000FF)            /*!< Priority of interrupt 4 */
```

```
#define NVIC_IPR1_PRI_5                ((uint32_t)0x0000FF00)         /*!< Priority of interrupt 5 */
#define NVIC_IPR1_PRI_6                ((uint32_t)0x00FF0000)         /*!< Priority of interrupt 6 */
#define NVIC_IPR1_PRI_7                ((uint32_t)0xFF000000)         /*!< Priority of interrupt 7 */

/******************  Bit definition for NVIC_PRI2 register  *******************/
#define NVIC_IPR2_PRI_8                ((uint32_t)0x000000FF)         /*!< Priority of interrupt 8 */
#define NVIC_IPR2_PRI_9                ((uint32_t)0x0000FF00)         /*!< Priority of interrupt 9 */
#define NVIC_IPR2_PRI_10               ((uint32_t)0x00FF0000)         /*!< Priority of interrupt 10 */
#define NVIC_IPR2_PRI_11               ((uint32_t)0xFF000000)         /*!< Priority of interrupt 11 */

/******************  Bit definition for NVIC_PRI3 register  *******************/
#define NVIC_IPR3_PRI_12               ((uint32_t)0x000000FF)         /*!< Priority of interrupt 12 */
#define NVIC_IPR3_PRI_13               ((uint32_t)0x0000FF00)         /*!< Priority of interrupt 13 */
#define NVIC_IPR3_PRI_14               ((uint32_t)0x00FF0000)         /*!< Priority of interrupt 14 */
#define NVIC_IPR3_PRI_15               ((uint32_t)0xFF000000)         /*!< Priority of interrupt 15 */

/******************  Bit definition for NVIC_PRI4 register  *******************/
#define NVIC_IPR4_PRI_16               ((uint32_t)0x000000FF)         /*!< Priority of interrupt 16 */
#define NVIC_IPR4_PRI_17               ((uint32_t)0x0000FF00)         /*!< Priority of interrupt 17 */
#define NVIC_IPR4_PRI_18               ((uint32_t)0x00FF0000)         /*!< Priority of interrupt 18 */
#define NVIC_IPR4_PRI_19               ((uint32_t)0xFF000000)         /*!< Priority of interrupt 19 */

/******************  Bit definition for NVIC_PRI5 register  *******************/
#define NVIC_IPR5_PRI_20               ((uint32_t)0x000000FF)         /*!< Priority of interrupt 20 */
#define NVIC_IPR5_PRI_21               ((uint32_t)0x0000FF00)         /*!< Priority of interrupt 21 */
#define NVIC_IPR5_PRI_22               ((uint32_t)0x00FF0000)         /*!< Priority of interrupt 22 */
#define NVIC_IPR5_PRI_23               ((uint32_t)0xFF000000)         /*!< Priority of interrupt 23 */

/******************  Bit definition for NVIC_PRI6 register  *******************/
#define NVIC_IPR6_PRI_24               ((uint32_t)0x000000FF)         /*!< Priority of interrupt 24 */
#define NVIC_IPR6_PRI_25               ((uint32_t)0x0000FF00)         /*!< Priority of interrupt 25 */
#define NVIC_IPR6_PRI_26               ((uint32_t)0x00FF0000)         /*!< Priority of interrupt 26 */
#define NVIC_IPR6_PRI_27               ((uint32_t)0xFF000000)         /*!< Priority of interrupt 27 */

/******************  Bit definition for NVIC_PRI7 register  *******************/
#define NVIC_IPR7_PRI_28               ((uint32_t)0x000000FF)         /*!< Priority of interrupt 28 */
#define NVIC_IPR7_PRI_29               ((uint32_t)0x0000FF00)         /*!< Priority of interrupt 29 */
#define NVIC_IPR7_PRI_30               ((uint32_t)0x00FF0000)         /*!< Priority of interrupt 30 */
#define NVIC_IPR7_PRI_31               ((uint32_t)0xFF000000)         /*!< Priority of interrupt 31 */
```

(중간 생략)

```
/******************************************************************************/
/*  For a painless codes migration between the STM32F1xx device product      */
/*  lines, the aliases defined below are put in place to overcome the        */
/*  differences in the interrupt handlers and IRQn definitions.              */
/*  No need to update developed interrupt code when moving across            */
/*  product lines within the same STM32F1 Family                             */
/******************************************************************************/

/* Aliases for __IRQn */
#define ADC1_IRQn                      ADC1_2_IRQn
#define DMA2_Channel4_IRQn             DMA2_Channel4_5_IRQn
#define TIM1_BRK_TIM15_IRQn            TIM1_BRK_IRQn
#define TIM1_BRK_TIM9_IRQn             TIM1_BRK_IRQn
#define TIM9_IRQn                      TIM1_BRK_IRQn
#define TIM1_TRG_COM_TIM11_IRQn        TIM1_TRG_COM_IRQn
#define TIM1_TRG_COM_TIM17_IRQn        TIM1_TRG_COM_IRQn
#define TIM11_IRQn                     TIM1_TRG_COM_IRQn
#define TIM10_IRQn                     TIM1_UP_IRQn
#define TIM1_UP_TIM16_IRQn             TIM1_UP_IRQn
#define TIM1_UP_TIM10_IRQn             TIM1_UP_IRQn
#define TIM6_DAC_IRQn                  TIM6_IRQn
#define TIM12_IRQn                     TIM8_BRK_IRQn
#define TIM8_BRK_TIM12_IRQn            TIM8_BRK_IRQn
#define TIM14_IRQn                     TIM8_TRG_COM_IRQn
#define TIM8_TRG_COM_TIM14_IRQn        TIM8_TRG_COM_IRQn
#define TIM8_UP_TIM13_IRQn             TIM8_UP_IRQn
#define TIM13_IRQn                     TIM8_UP_IRQn
#define CEC_IRQn                       USBWakeUp_IRQn
#define OTG_FS_WKUP_IRQn               USBWakeUp_IRQn
#define CAN1_TX_IRQn                   USB_HP_CAN1_TX_IRQn
#define USB_HP_IRQn                    USB_HP_CAN1_TX_IRQn
#define USB_LP_IRQn                    USB_LP_CAN1_RX0_IRQn
#define CAN1_RX0_IRQn                  USB_LP_CAN1_RX0_IRQn

/* Aliases for __IRQHandler */
#define ADC1_IRQHandler                ADC1_2_IRQHandler
#define DMA2_Channel4_IRQHandler       DMA2_Channel4_5_IRQHandler
#define TIM1_BRK_TIM15_IRQHandler      TIM1_BRK_IRQHandler
#define TIM1_BRK_TIM9_IRQHandler       TIM1_BRK_IRQHandler
```

```
#define TIM9_IRQHandler                  TIM1_BRK_IRQHandler
#define TIM1_TRG_COM_TIM11_IRQHandler TIM1_TRG_COM_IRQHandler
#define TIM1_TRG_COM_TIM17_IRQHandler TIM1_TRG_COM_IRQHandler
#define TIM11_IRQHandler                 TIM1_TRG_COM_IRQHandler
#define TIM10_IRQHandler                 TIM1_UP_IRQHandler
#define TIM1_UP_TIM16_IRQHandler         TIM1_UP_IRQHandler
#define TIM1_UP_TIM10_IRQHandler         TIM1_UP_IRQHandler
#define TIM6_DAC_IRQHandler              TIM6_IRQHandler
#define TIM12_IRQHandler                 TIM8_BRK_IRQHandler
#define TIM8_BRK_TIM12_IRQHandler        TIM8_BRK_IRQHandler
#define TIM14_IRQHandler                 TIM8_TRG_COM_IRQHandler
#define TIM8_TRG_COM_TIM14_IRQHandler TIM8_TRG_COM_IRQHandler
#define TIM8_UP_TIM13_IRQHandler         TIM8_UP_IRQHandler
#define TIM13_IRQHandler                 TIM8_UP_IRQHandler
#define CEC_IRQHandler                   USBWakeUp_IRQHandler
#define OTG_FS_WKUP_IRQHandler           USBWakeUp_IRQHandler
#define CAN1_TX_IRQHandler               USB_HP_CAN1_TX_IRQHandler
#define USB_HP_IRQHandler                USB_HP_CAN1_TX_IRQHandler
#define USB_LP_IRQHandler                USB_LP_CAN1_RX0_IRQHandler
#define CAN1_RX0_IRQHandler              USB_LP_CAN1_RX0_IRQHandler
#ifdef __cplusplus
  }
#endif /* __cplusplus */

#endif /* __STM32F103xE_H */

/************************** (C) COPYRIGHT STMicroelectronics *****END OF FILE****/
```

제4장

C언어 프로그래밍

총 107개의 다양한 C언어 예제 프로그램

☞

이 장에서는 STM32F103VET6 마이크로컨트롤러를 사용한 교육용 트레이닝 키트 *OK-STM103*을 이용하여 C언어 프로그램을 작성하는 기술을 구체적이고 단계적으로 공부하기로 한다. 32비트 ARM Cortex-M3 계열의 마이크로컨트롤러에서는 여러 가지 이유로 사용자가 어셈블리 언어로 프로그램하는 것은 그다지 바람직하지 않으므로 여기서는 C언어만을 사용한다.

이 책에서는 IAR사의 EWARM C컴파일러 V7.80을 기본으로 사용한다. 이것은 학생이나 엔지니어가 개인적으로 구입하기에는 만만하지 않은 수준의 가격이지만, 당연히 정품을 구입하여 사용하는 것이 원칙이다. 그러나, 대부분의 기능을 정품과 같이 지원하는 30일 시간제한 평가용 버전을 사용하거나 오브젝트 파일의 용량이 제한되는 Kickstart 평가용 버전을 사용할 수도 있다. 단, 용량제한 평가판에서는 Cortex-M3의 경우 오브젝트 코드를 16KB로 제한하고 있으므로 이 책의 대부분 예제를 사용하는데 한계가 있다.

그리고, 작성된 사용자 프로그램의 HEX 파일을 *OK-STM103* 키트에 다운로드하는데는 ST-LINK/V2 에뮬레이터와 ST-LINK Utility 소프트웨어를 사용한다. 현재 이 ST-LINK/V2 에뮬레이터는 수만원 이하의 매우 저렴한 가격으로 구입할 수 있으며, ST-LINK Utility는 STMicroelectronics사의 홈페이지에서 다운받을 수 있다.

4.1 IAR EWARM을 사용한 C언어 프로그래밍 기초

이 절에서는 퍼스널컴퓨터에서 IAR사의 EWARM C컴파일러를 사용하여 C언어로 사용자 프로그램을 작성하고 이를 컴파일하여 생성된 인텔 HEX 형식의 오브젝트 파일을 ST-LINK/V2 에뮬레이터를 사용하여 *OK-STM103* 키트에 다운로드하고 실행하는 방법을 익힌다.

관련 내용	(1) 제3.1절 *OK-STM103* 키트의 구조와 기능 (2) 제3.2절 Cortex-M3용 에뮬레이터 ST-LINK/V2 (3) 제3.3절 IAR EWARM 컴파일러의 설치 및 사용

1. C언어 프로그램의 작성 및 실행 방법

이제부터 여러분이 STM32F103VET6 마이크로컨트롤러를 위한 C언어 프로그램을 작성하려면 앞의 제3.3절의 설명에 따라서 IAR EWARM과 C언어 예제 프로그램이 퍼스널컴퓨터에 설치되어 있어야 하며, 올바르게 동작하는 것이 확인된 *OK-STM103* 키트와 ST-LINK/V2 에뮬레이터를 가지고 있어야 한다.

IAR EWARM에서는 모든 프로그램 작성을 프로젝트 단위로 관리하므로 C언어 예제 프로그램마다 이를 관리하는 별도의 프로젝트를 만들어야 한다. 그러나, 이 책에서처럼 매우 많은 예제 프로그램을 다루는 경우에는 그렇게 하면 프로젝트의 수가 너무 많아져서 취급하기에 상당히 불편하므로 이 책에서는 하나의 프로젝트만을 만들어 놓고 필요할 때마다 여기에 다른 예제 프로그램을 교체하여 등록시키는 방법을 사용하기로 한다. 이를 위하여 이제부터 이 책의 모든 C언어 예제 프로그램은 프로젝트 파일명을 Cortex-M3.eww로 통일하여 사용하기로 한다.

(1) IAR EWARM에서 C언어 프로그램 작성의 기본

① <그림 4.1.1>과 같이 바탕화면에 있는 IAR EWARM의 바로가기 아이콘을 눌러서 이 프로그램을 실행하면 IAR EWARM 안으로 들어가서 <그림 4.1.2>와 같은 초기화면이 나타난다.

<그림 4.1.1> IAR EWARM 소프트웨어의 바로가기 아이콘

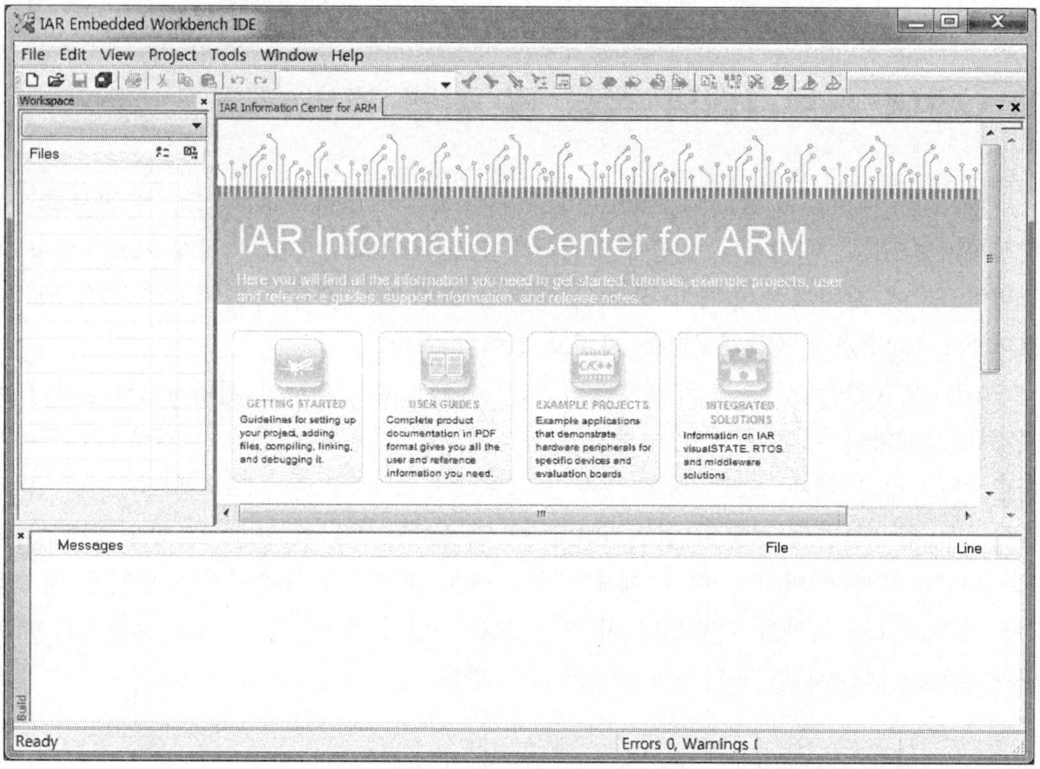

<그림 4.1.2> IAR EWARM에 들어갔을 때의 초기화면

② 이 상태에서 기존에 작성되어 있던 프로젝트를 불러오려면 <그림 4.1.3>과 같이 File → Open → Workspace... 메뉴를 실행하여 <그림 4.1.4>의 선택창이 나타나도록

하고, 여기서 C:\IAR Systems\STM32F103VET6 폴더를 찾아가 프로젝트 작업 파일 Cortex-M3.eww를 선택하면 된다.

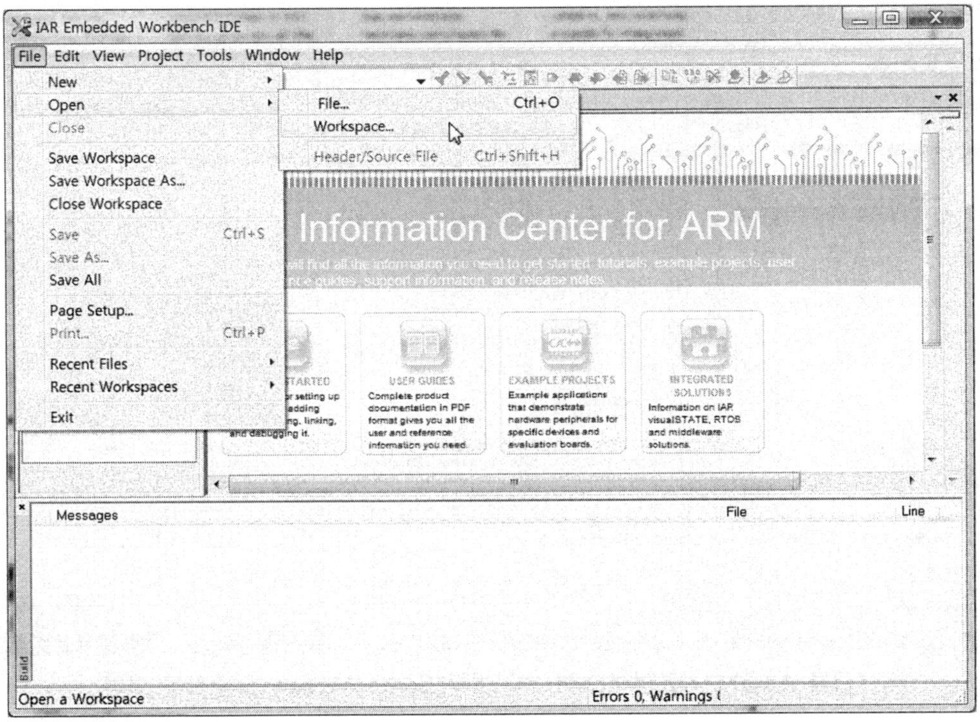

<그림 4.1.3> 기존의 C언어 프로젝트를 불러오기

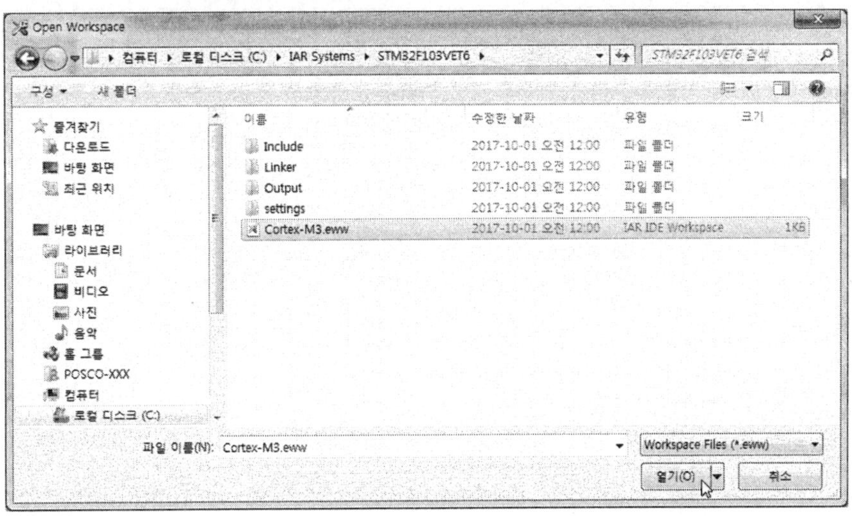

<그림 4.1.4> 불러올 C언어 프로젝트 파일을 선택하기

③ 그러면 화면에는 <그림 4.1.5>와 같이 프로젝트 Cortex-M3.eww가 불러지고, 현재 여기에 등록되어 있는 사용자 프로그램 kit_test.c가 우측의 편집창에 보인다.

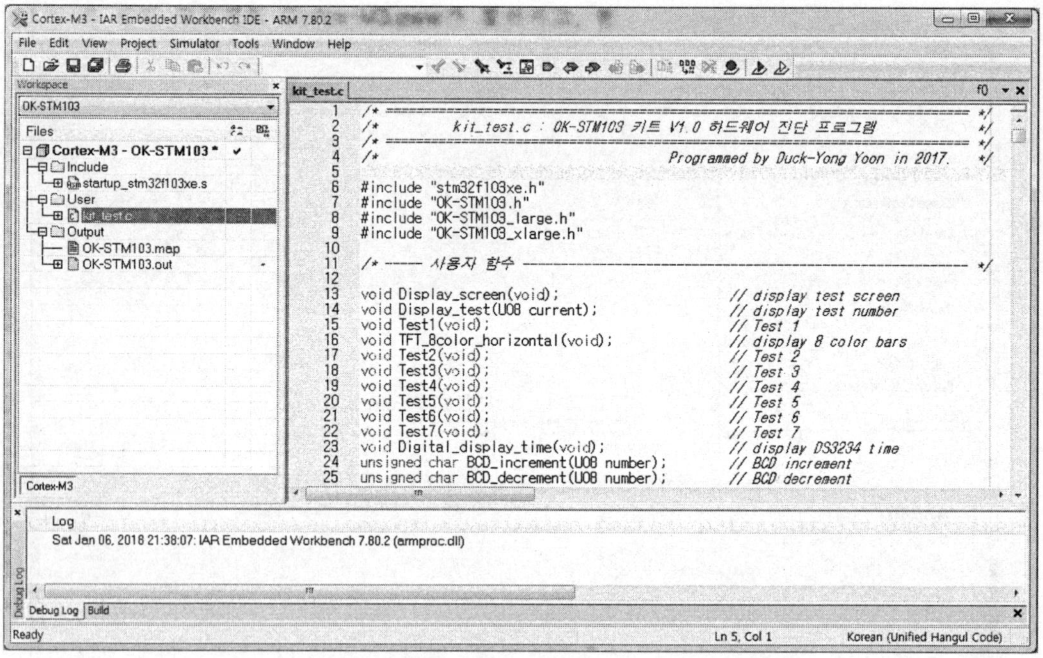

<그림 4.1.5> 기존의 C언어 프로젝트 Cortex-M3.eww를 불러온 화면

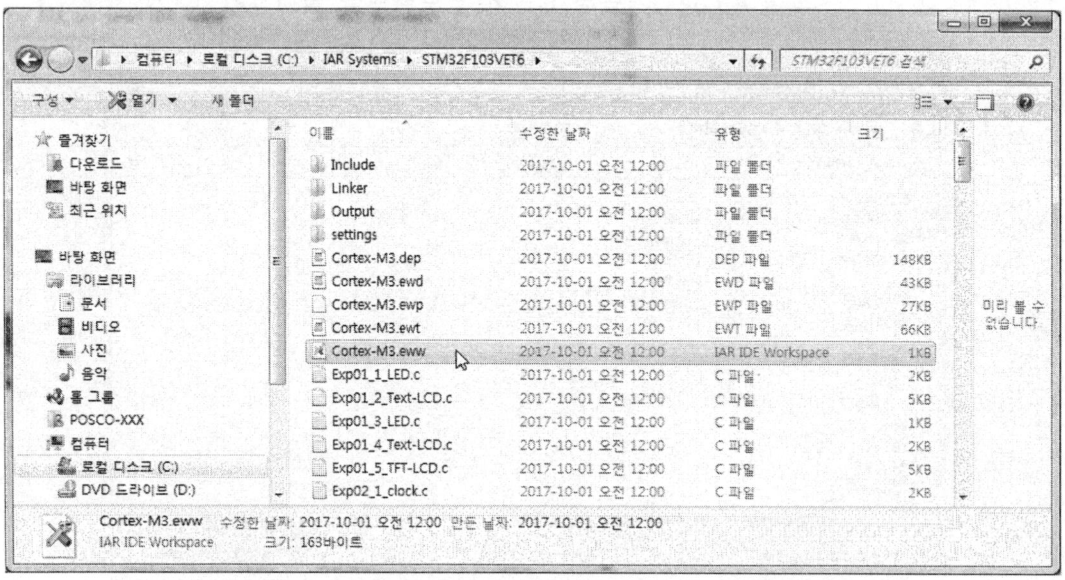

<그림 4.1.6> 컴퓨터에서 프로젝트 파일 Cortex-M3.eww를 직접 실행

④ 그런데, 이와 같은 과정은 <그림 4.1.6>처럼 퍼스널컴퓨터 운영체제의 컴퓨터에서 C:\IAR Systems\STM32F103VET6\ 폴더를 찾아 Cortex-M3.eww 파일을 더블 클릭함으로써 좀더 쉽게 수행할 수 있다.

⑤ 이 프로젝트 파일에는 이제부터 *OK-STM103* 키트에서 STM32F103VET6의 C언어 프로그램을 작성하는데 필요한 모든 옵션을 지정하여 두었으므로 그대로 사용하면 된다. 이러한 옵션 설정의 내용을 알고 싶으면 제3.3절의 설명을 참조하라.

(2) C언어 예제 프로젝트에서 소스 파일을 교체하여 등록하기

이제부터 이 책의 모든 C언어 예제 프로그램은 프로젝트 Cortex-M3.eww에 등록하여 사용하게 된다. 앞에서도 설명한 바와 같이 모든 예제 프로그램마다 이를 관리하는 프로젝트를 따로 만들어 사용하면 많은 예제 프로그램을 다루는 경우에는 프로젝트의 수가 너무 많아서 사용하기에 불편하므로, 이 책에서는 모든 C언어 예제 프로그램에 대하여 하나의 공통적인 프로젝트 Cortex-M3.eww를 만들어 놓고 필요할 때마다 여기에 다른 예제 프로그램을 교체하여 등록시키는 방법을 사용하기로 한다.

① <그림 4.1.7>처럼 화면 좌측의 프로젝트창에서 현재 이 프로젝트에 등록되어 있는 예제 프로그램 소스 파일의 이름을 확인한다. 현재 등록되어 있는 kit_test.c 파일을 이제부터 자신이 사용할 예제 파일 Exp01_1_LED.c로 교체 등록하기로 한다.

프로젝트창에서 User 그룹의 버튼 위에 마우스 커서를 올려놓고 오른쪽 버튼을 누르면 <그림 4.1.7>과 같이 현재의 프로젝트에 새로운 소스 파일을 추가할 수 있는 메뉴가 펼쳐진다. 여기서 Add → Add Files... 메뉴를 클릭하면 <그림 4.1.8>과 같이 팝업창에 새로 등록할 C언어 예제 소스 파일의 리스트가 나타나는데, 여기에서 C:\IAR Systems\STM32F103VET6\ 폴더를 찾아서 자신이 원하는 Exp01_1_LED.c 파일을 선택하고 열기(O) 버튼을 누른다.

② 그러면 현재의 C언어 프로젝트에는 예전의 kit_test.c 파일과 이 프로젝트에 새로 등록한 Exp01_1_LED.c 파일 등 2개의 예제 파일이 존재하게 된다. 이제 kit_test.c 파일은 필요 없으므로 현재의 프로젝트에서 이것의 등록을 해제하려면 kit_test.c 파일명 위에 마우스 커서를 올려놓고 오른쪽 버튼을 누른다. 그러면 <그림 4.1.9>와 같이 파일을 제거할 수 있는 메뉴가 펼쳐지는데, 여기서 Remove 메뉴를 클릭하면 이 파일이 현재의 프로젝트에서 등록이 해제된다.

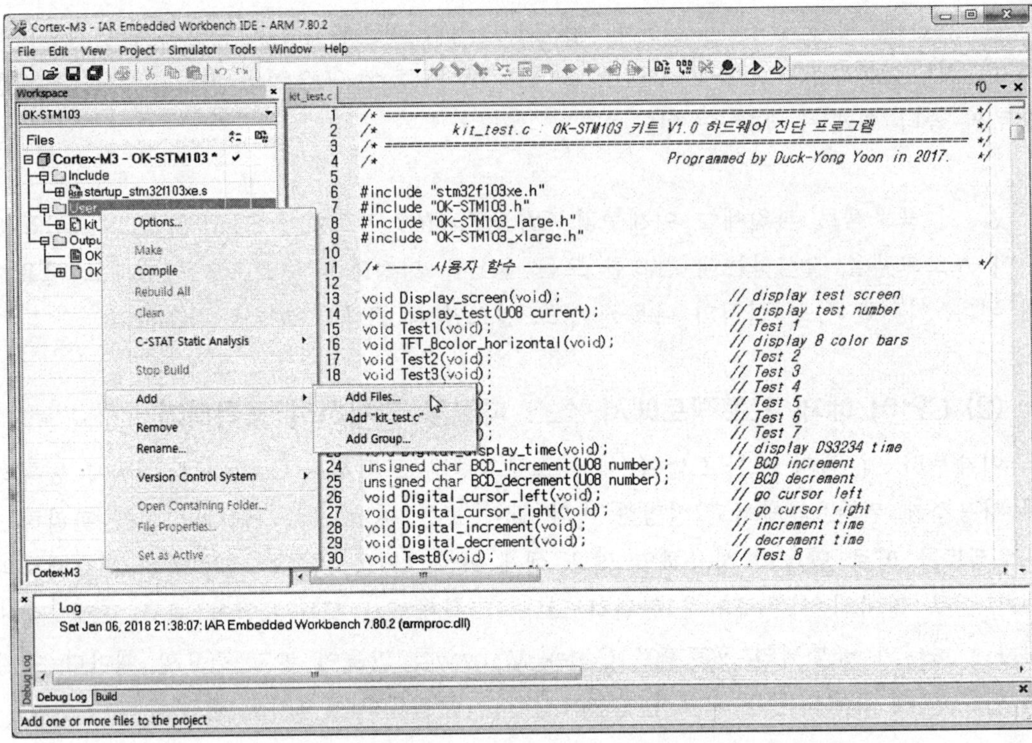

<그림 4.1.7> 현재의 C언어 프로젝트에 새로운 예제 파일을 추가

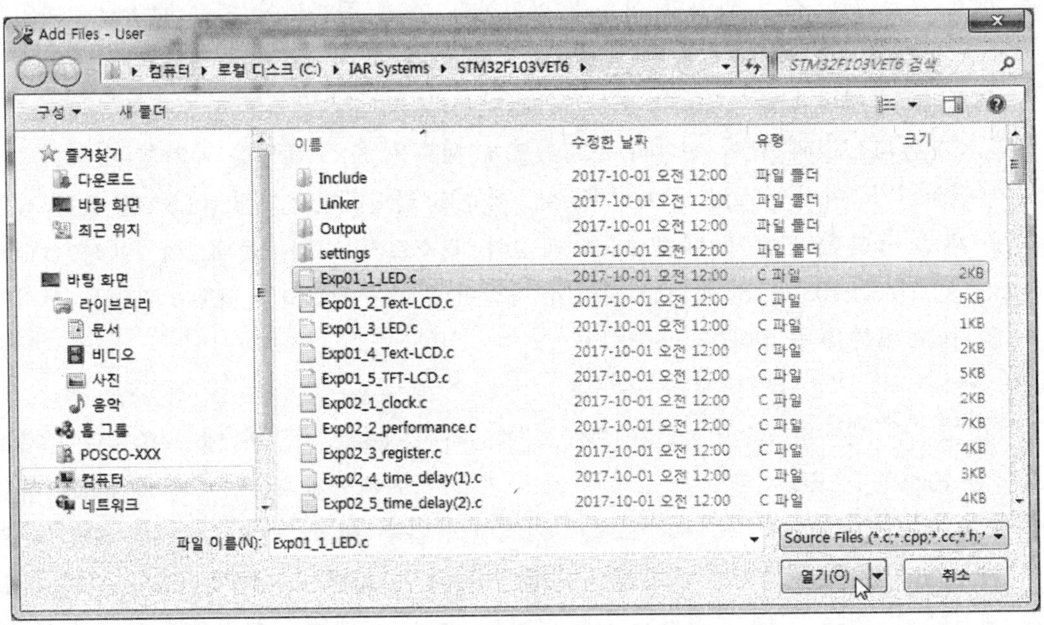

<그림 4.1.8> 현재의 C언어 프로젝트에 새로 추가할 소스 파일의 선택

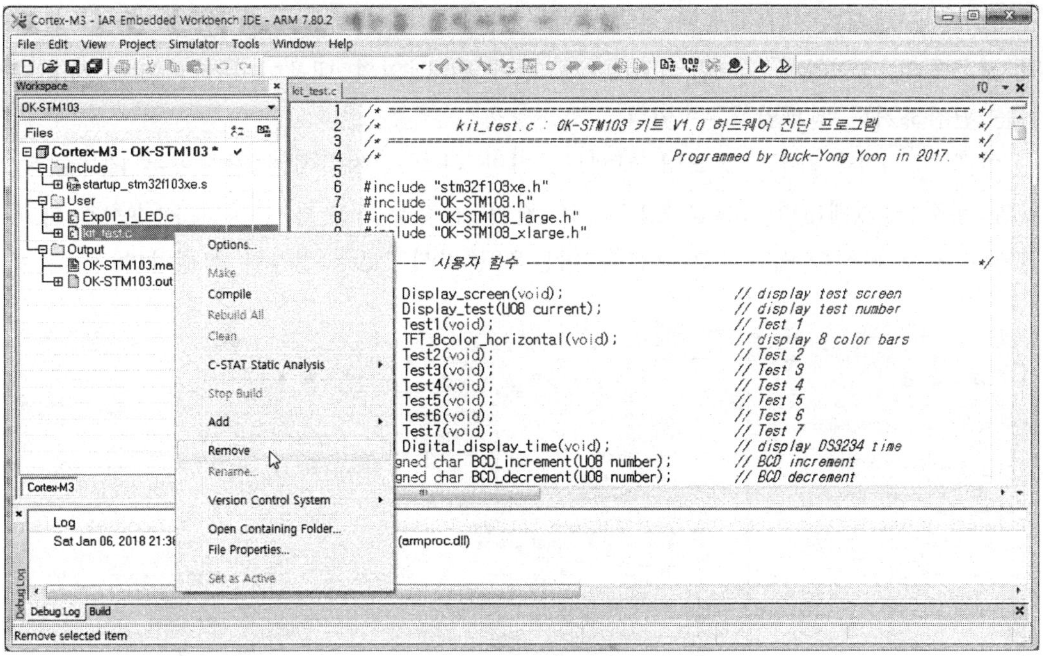

<그림 4.1.9> 현재의 C언어 프로젝트에서 필요 없는 파일의 등록 해제

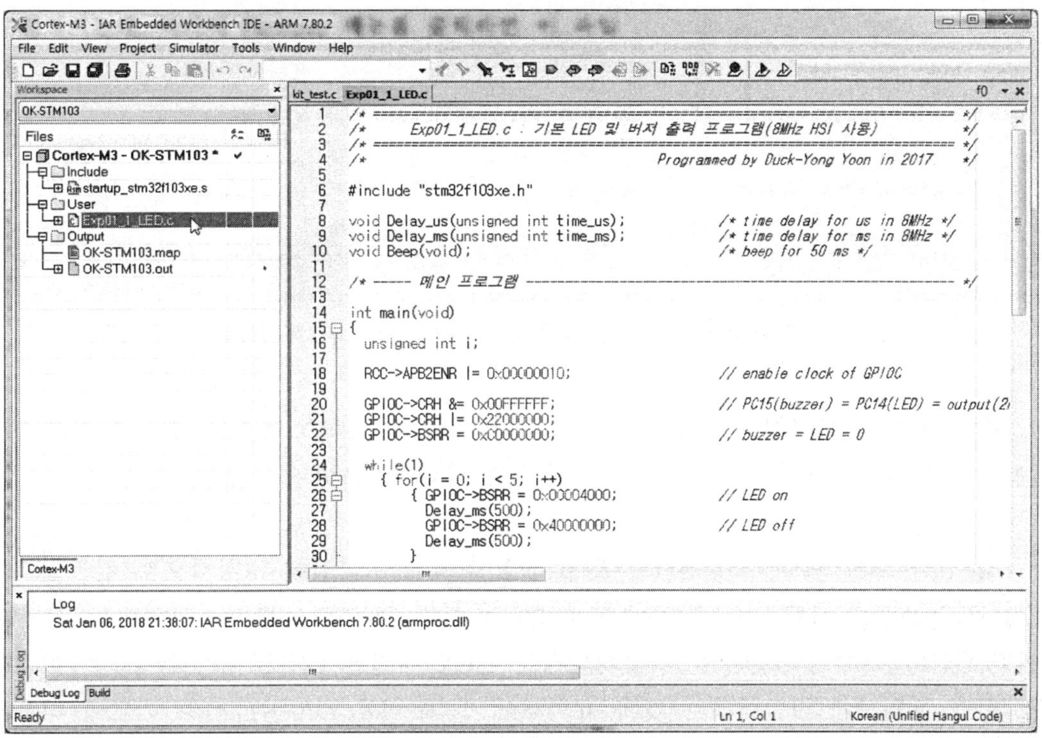

<그림 4.1.10> 현재의 C언어 프로젝트에 교체 등록된 소스 파일의 편집

③ 이제 현재의 프로젝트에 유일하게 남아있는 예제 파일 Exp01_1_LED.c를 클릭하면 오른쪽의 작업창에 <그림 4.1.10>과 같이 이 파일의 내용이 나타나므로 사용자가 이를 편집하거나 컴파일할 수 있다.

이때 프로젝트에서는 등록이 해제되었지만 아직 편집창에는 남아있는 kit_test.c 파일의 흔적을 없애려면 <그림 4.1.11>과 같이 편집창 상단에 표시된 kit_test.c 파일명 위에 마우스 커서를 올려놓고 오른쪽 버튼을 눌러서 Close 메뉴를 실행한다.

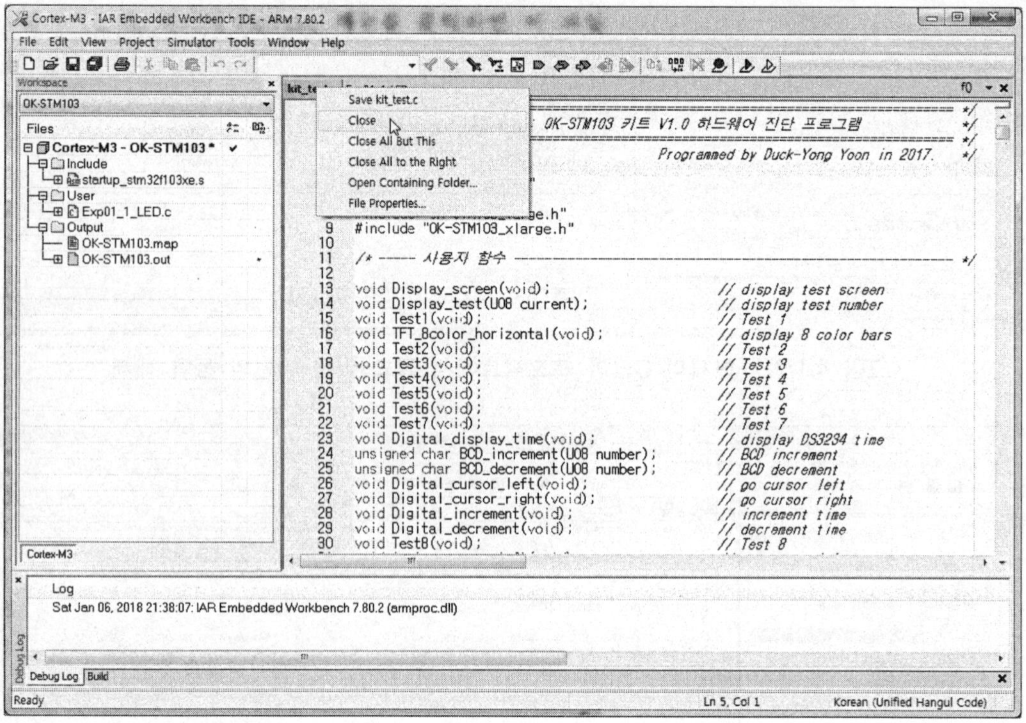

〈그림 4.1.11〉 편집창에서 기존의 소스 파일을 제거

④ 사용자 프로그램의 편집이 끝났으면 Project → Make 메뉴를 누르거나 단축키 F7 키를 눌러 컴파일을 수행한다. 또는 편집창 상단의 Make 아이콘을 눌러도 된다.

⑤ 만약 이때 에러가 발생하지 않았다면 소스 프로그램이 정상적으로 컴파일되어 C:\IAR Systems\STM32F103VET6\Output\Exe\ 폴더에 OK-STM103.hex 파일이 생성된다. 어떤 C언어 예제 프로그램을 사용하더라도 HEX 파일은 OK-STM103.hex라는 이름으로 항상 동일하게 만들어지는 것에 유의해야 한다. 이를 *OK-STM103* 키트에 다운로드하여 실행하면 된다.

(3) C언어 프로젝트에서 신규 예제 파일을 작성하여 등록하기

앞에서는 기존에 이미 만들어져 있는 예제 프로그램의 소스 파일을 C언어 프로젝트 Cortex-M3.eww에 등록하여 사용하였지만, 여기서는 새로운 예제 파일을 작성하여 편집하고 이를 C언어 프로젝트 Cortex-M3.eww에 등록하여 사용하는 방법을 설명한다. 이때도 물론 기존에 이 C언어 프로젝트에 등록되어 있던 예제 파일은 등록을 해제하여야 한다.

① IAR EWARM의 프로젝트창에서 <그림 4.1.12>와 같이 File → New → File 메뉴를 실행하면 <그림 4.1.13>과 같이 새로운 파일 Untitled1이 만들어지면서 편집창에 아무 내용도 없는 빈 화면이 나타난다. 그러면 사용자가 이 편집창에서 원하는 파일의 내용을 작성하면 된다.

이렇게 새로 작성하는 파일은 임시로 Untitled1이라는 파일명으로 지정되었으나 나중에 사용자가 원하는 이름으로 저장할 수 있다. 또한, 이 파일은 아직 프로젝트에 등록되지 않았으므로 나중에 등록해야 한다.

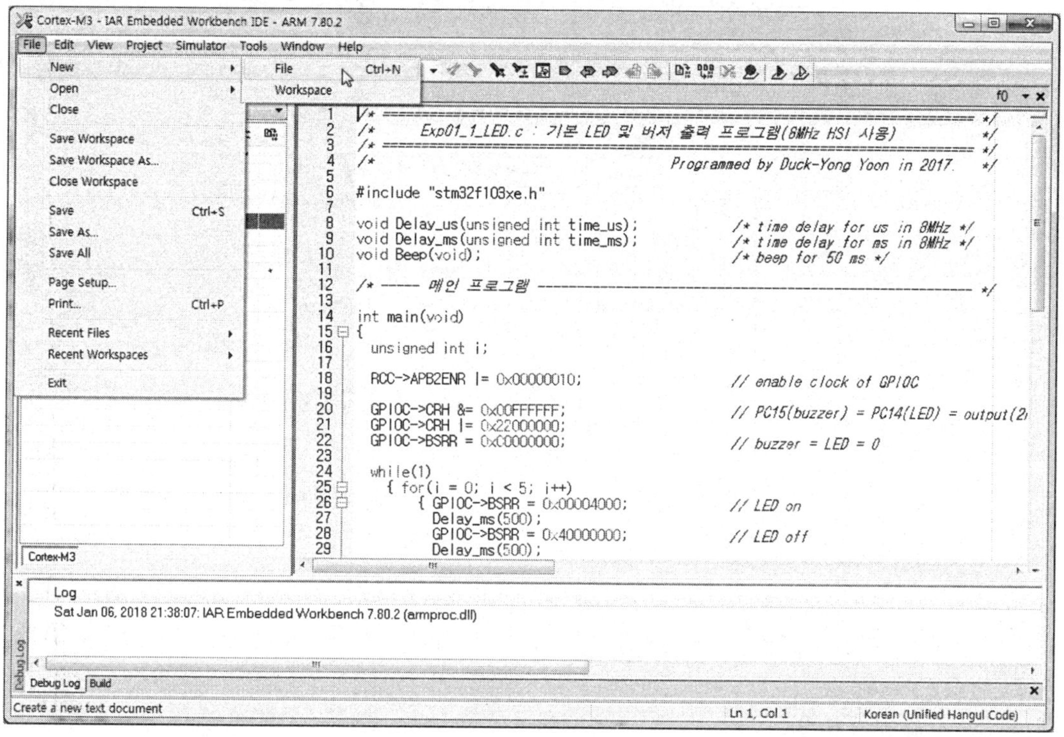

<그림 4.1.12> 현재의 편집창에서 새로운 예제 소스 파일을 생성하기

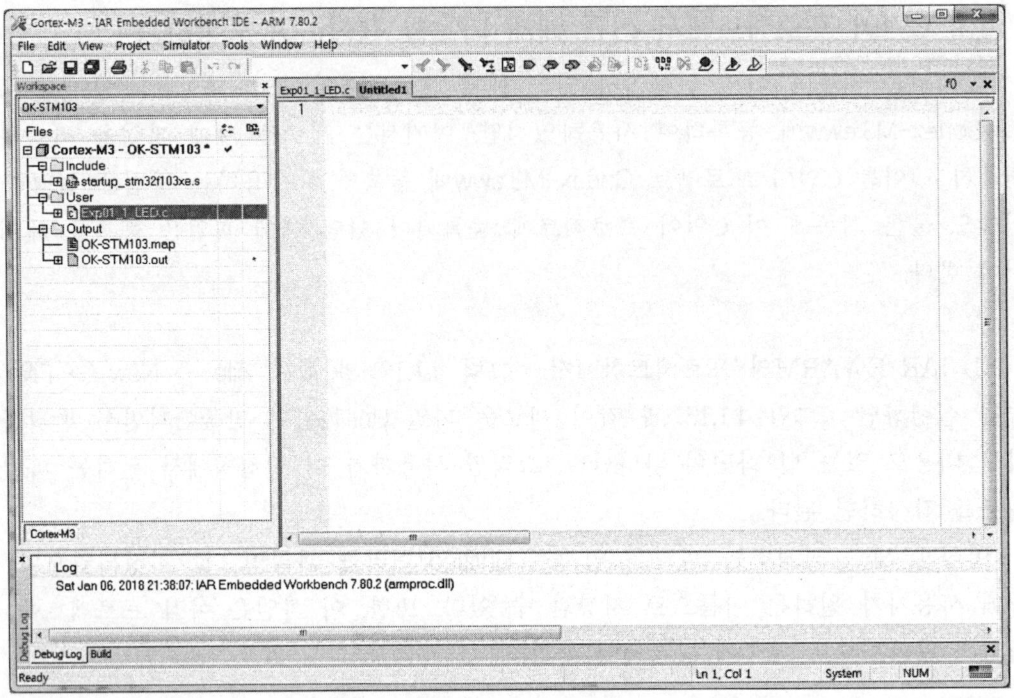

<그림 4.1.13> 현재의 편집창에 새로 생성된 파일

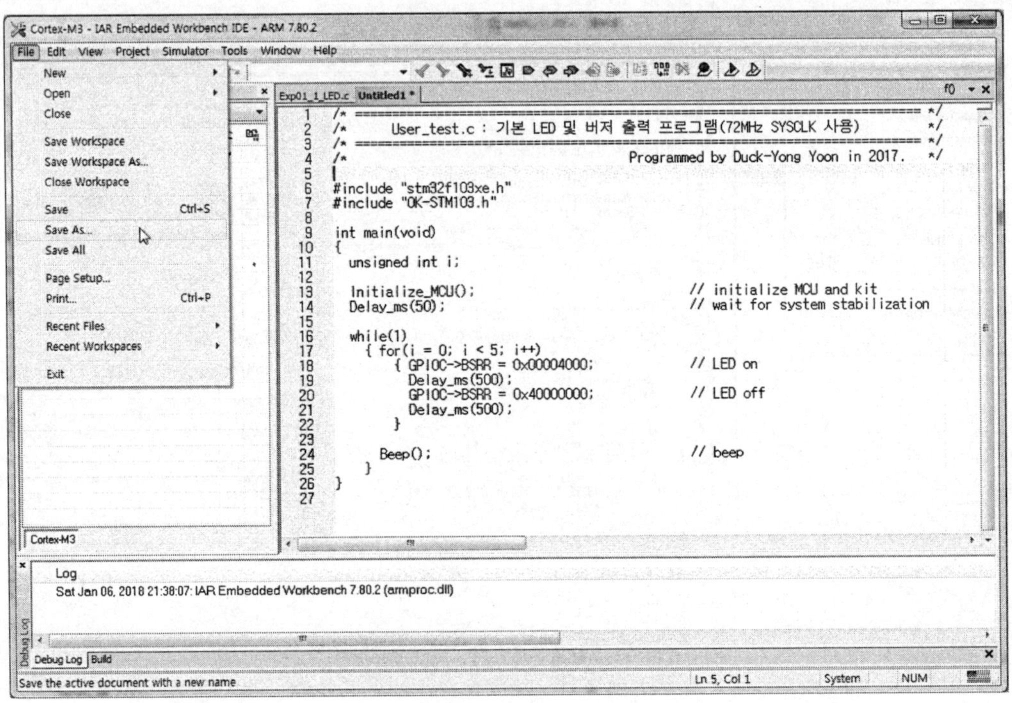

<그림 4.1.14> 새로 작성한 파일을 이름을 수정하여 저장하기

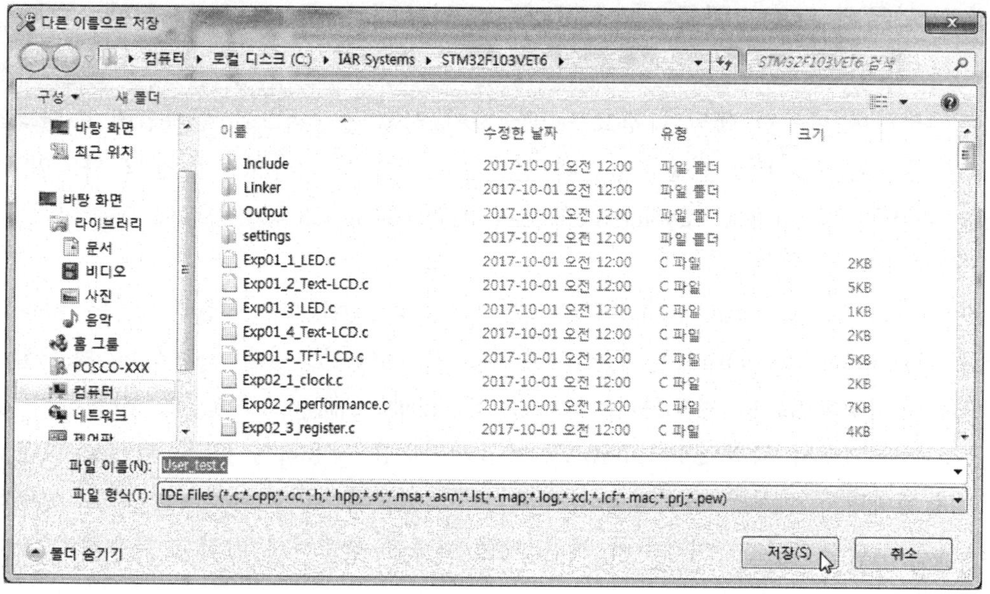

<그림 4.1.15> 새로 작성한 파일을 저장할 이름을 지정

◀참고▶ 예제 프로그램의 소스를 입력할 때는 자신이 모든 내용을 일일이 키보드에서 입력하지 말고 필요하다면 기존의 파일에서 필요한 부분을 복사해 오는 것도 좋은 방법이다. 이를 위해서는 현재의 프로젝트에 임시로 여러개의 소스 파일을 등록해 놓고 그 파일들을 찾아다니면서 필요한 부분을 블록으로 지정하여 복사해 오는 것도 좋다. 이러한 편집작업이 모두 완료되고 나면 이제 필요 없는 파일들은 프로젝트에서 등록을 해제하여 제거하면 된다.

또한 기존의 파일과 상당히 유사한 파일을 신규로 작성할 때는 이를 새로 만들기 보다 Windows 운영체제에서 그 파일을 원하는 새로운 이름으로 C:\IAR Systems\STM32F103VET6\ 폴더에 복사하여 놓은 다음에 이를 현재의 프로젝트에 교체 등록하여 놓고 이를 수정하여 편집하면 편리하다.

② 새로운 파일의 편집 작업을 마치고 이를 새로운 파일명으로 하드 디스크의 현재 작업 폴더 C:\IAR Systems\STM32F103VET6\에 저장하려면 <그림 4.1.14>와 같이 File → Save As... 메뉴를 실행한다. 그러면 <그림 4.1.15>와 같이 파일명을 지정하여 저장할 수 있는 팝업창이 나타나는데, 여기서 파일명을 원하는대로 지정하고 저장(S) 버튼을 누르면 된다. 여기서는 파일명을 User_test.c로 하였다.

③ 그러나, 지금까지 새로 작성하여 저장한 파일 User_test.c는 아직 프로젝트에 등록되지는 않았다. 이미 앞에서 프로젝트에 등록되어 있던 파일 Exp01_1_LED.c를 현재 새로 작성한 파일 User_test.c로 교체하여 등록하는 방법은 앞의 (2)에서 설명한 방법대로 수행하면 된다.

(4) 사용자 프로그램을 *OK-STM103* 키트에 다운로드하여 실행

이와 같이 Cortex-M3.eww 프로젝트에서 사용자의 C언어 예제 프로그램을 작성하고 컴파일하여 아무런 에러나 경고도 발생하지 않고 정상적으로 컴파일이 수행되었으면 *OK-STM103* 키트에 다운로드하여 실행한다. 키트에 다운로드할 실행 파일인 인텔 HEX 파일은 항상 C:\IAR Systems\STM32F103VET6\Output\Exe\ 폴더에 저장되어 있는 OK-STM103.hex 파일이다.

이 책에서는 ST-LINK Utility 프로그램에서 ST-LINK/V2 에뮬레이터를 사용하여 HEX 파일을 다운로드하는 방법을 기본으로 사용하는데, 이에 관해서는 제3.2절에서 자세하게 설명하였으니 참조하라. 그러나, ST-LINK Utility 프로그램을 사용하지 않고 IAR EWARM에서 직접 ST-LINK/V2 에뮬레이터를 사용하여 HEX 파일을 다운로드하고 실행하면서 실시간 디버깅을 수행할 수도 있는데, 이에 관해서는 따로 설명하지 않으니 필요하다면 독자 여러분이 직접 관련 자료를 참조하여 익히고 사용하라.

2. 비능률적인 C언어 프로그래밍

먼저 일반적인 방법으로 *OK-STM103* 키트에서 실행하기 위한 프로그램을 작성하여 보기로 한다. 그러나, 이러한 방법은 모든 예제에서 필요할 때마다 상당히 많은 분량의 동일한 함수들을 반복하여 사용해야 하므로 매우 불편하고 비능률적인 프로그래밍 방법이라는 것을 곧 알게 된다.

▣ LED 점등 예제

첫번째 예제는 *OK-STM103* 키트에서 LED1을 500ms의 시간 간격으로 점멸하고 이것이 5차례 반복될 때마다 1번씩 비프음을 울리는 프로그램이다. IAR EWARM에서 이 예제 파일을 기본 작업 프로젝트 Cortex-M3.eww에 등록하라.

<프로그램 Exp01_1.c> LED를 점등하는 예제

```
/* ============================================================================ */
/*      Exp01_1_LED.c : 기본 LED 및 버저 출력 프로그램(8MHz HSI 사용)             */
/* ============================================================================ */
/*                                   Programmed by Duck-Yong Yoon in 2017.      */

#include "stm32f103xe.h"

void Delay_us(unsigned int time_us);              /* time delay for us in 8MHz */
void Delay_ms(unsigned int time_ms);              /* time delay for ms in 8MHz */
void Beep(void);                                  /* beep for 50 ms */
```

```
/* ----- 메인 프로그램 ------------------------------------------------------- */

int main(void)
{
  unsigned int i;

  RCC->APB2ENR |= 0x00000010;                      // enable clock of GPIOC

  GPIOC->CRH &= 0x00FFFFFF;                        // PC15(buzzer) = PC14(LED) = output(2MHz)
  GPIOC->CRH |= 0x22000000;
  GPIOC->BSRR = 0xC0000000;                        // buzzer = LED = 0

  while(1)
    { for(i = 0; i < 5; i++)
        { GPIOC->BSRR = 0x00004000;                // LED on
          Delay_ms(500);
          GPIOC->BSRR = 0x40000000;                // LED off
          Delay_ms(500);
        }

      Beep();                                      // beep
    }
}

/* ----- 사용자 함수 --------------------------------------------------------- */

void SystemInit(void)                              /* dummy system function */
{
  asm volatile("NOP");
}

void Delay_us(unsigned int time_us)                /* time delay for us in 8MHz */
{
  register unsigned int i;

  for(i = 0; i < time_us; i++)                     // 3 cycle
    { asm volatile("NOP");
      asm volatile("NOP");
      asm volatile("NOP");
      asm volatile("NOP");
      asm volatile("NOP");                         // 5 cycle
    }
}

void Delay_ms(unsigned int time_ms)                /* time delay for ms in 8MHz */
{
  register unsigned int i;

  for(i = 0; i < time_ms; i++)
    Delay_us(1000);
}

void Beep(void)                                    /* beep for 50 ms */
{
  GPIOC->BSRR = 0x00008000;                        // buzzer on
  Delay_ms(50);                                    // delay 50 ms
  GPIOC->BSRR = 0x80000000;                        // buzzer off
}
```

☞ 프로그램의 서두에서 항상 헤더파일 "stm32f103xe.h"를 인클루드시켜 주어야 한다. 이것은 이제부터 우리가 사용하는 STM32F103VET6 마이크로컨트롤러의 I/O 레지스터 이름이나 주소 등 이 소자를 사용하는데 필요한 하드웨어적인 기술 정보를 제공한다. 이 헤더파일의 내용은 제3.3절에 보였다.

마이크로컨트롤러에서 사용자가 프로그램을 작성하다 보면 거의 대부분의 경우 시간지연 함수를 필요로 한다. 이 시간지연 함수는 간단해 보이지만 상당히 어렵고 중요한 루틴이므로 나중에 제4.2절에서 자세히 공부한다. 리셋 후에 STM32F103VET6 마이크로컨트롤러는 디폴트로 8MHz의 HSI로 동작하므로 이 예제에서는 8MHz의 시스템 클록을 기준으로 시간지연 함수를 만들어 사용하였다.

대부분의 C컴파일러에서 main() 함수는 void형인데 비하여 IAR EWARM의 C언어 프로그램에서는 반드시 int형으로 지정하여야 한다는 것과 같은 특이 사항은 기억하여 두는 것이 좋다. 또한, 사용자 프로그램에는 항상 SystemInit() 함수를 만들어 놓아야 한다는 사실을 기억하기 바란다.

이 예제 프로그램을 현재의 프로젝트에 등록하고 컴파일하라. 만약 컴파일 과정에서 어떤 에러가 발생하였다면 프로그램 소스에서 오류가 있었던 것이므로 화면 하단의 Messages 창에 나타나는 에러 메시지를 보고 소스의 해당 부분을 수정하여 다시 컴파일하라.

이제 정상적으로 컴파일이 수행되었으면 OK-STM103.hex 파일이 생성되었을 것이므로 이를 *OK-STM103* 키트에 다운로드하여 실행하라.

▣ 텍스트 LCD 모듈 출력 예제

두번째 예제는 *OK-STM103* 키트에 내장된 텍스트 LCD 모듈에 간단한 메시지를 출력하면서 LED를 점등하는 프로그램이다. IAR EWARM에서 이 예제 파일을 기본 작업 프로젝트 Cortex-M3.eww에 등록하라.

<프로그램 Exp01_2.c> 텍스트 LCD 모듈에 메시지를 출력하는 예제

```
/* ========================================================================== */
/*      Exp01_2_Text-LCD.c : 기본 텍스트 LCD 출력 프로그램(8MHz HSI 사용)       */
/* ========================================================================== */
/*                                 Programmed by Duck-Yong Yoon in 2017.      */

#include "stm32f103xe.h"

void Delay_us(unsigned int time_us);             /* time delay for us in 8MHz */
void Delay_ms(unsigned int time_ms);             /* time delay for ms in 8MHz */
void Beep(void);                                 /* beep for 50 ms */
void Initialize_LCD(void);                       /* initialize text LCD module */
void LCD_command(unsigned char command);         /* write a command(instruction) to text LCD */
void LCD_data(unsigned char data);               /* display a character on text LCD */
void LCD_string(unsigned char command, unsigned char *string);  /* display a string on LCD */

/* ----- 메인 프로그램 -------------------------------------------------------- */

int main(void)
{
  unsigned int i;

  RCC->APB2ENR |= 0x00000070;                   // port C, D, E clock enable

  GPIOC->CRH &= 0x00FFFFFF;                     // PC15(buzzer) = PC14(LED) = output(2MHz)
  GPIOC->CRH |= 0x22000000;
  GPIOC->BSRR = 0xC0000000;                     // buzzer = LED = 0

  GPIOD->CRL = 0x22222222;                      // PD7~PD0 = output(2MHz)

  GPIOE->CRL &= 0xFF0FFF0F;                     // PE5(LCD_E) = PE1(TFT_RS) = output(2MHz)
```

```
  GPIOE->CRL |= 0x00200020;
  GPIOE->BSRR = 0x00220000;                   // LCD_E = TFT_RS = 0

  Delay_ms(50);                               // wait for system stabilization
  Initialize_LCD();                           // initialize text LCD module

  LCD_string(0x80," OK-STM103 V1.0 ");        // display title

  while(1)
    { LCD_string(0xC0," 200ms interval ");
      Beep();
      for(i = 0; i < 12; i++)
        { GPIOC->BSRR = 0x00004000;           // LED on
          Delay_ms(200);
          GPIOC->BSRR = 0x40000000;           // LED off
          Delay_ms(200);
        }

      LCD_string(0xC0," 400ms interval ");
      Beep();
      for(i = 0; i < 6; i++)
        { GPIOC->BSRR = 0x00004000;           // LED on
          Delay_ms(400);
          GPIOC->BSRR = 0x40000000;           // LED off
          Delay_ms(400);
        }

      LCD_string(0xC0," 600ms interval ");
      Beep();
      for(i = 0; i < 4; i++)
        { GPIOC->BSRR = 0x00004000;           // LED on
          Delay_ms(600);
          GPIOC->BSRR = 0x40000000;           // LED off
          Delay_ms(600);
        }
    }
}

/* ----- 사용자 함수 ---------------------------------------------------------- */

void SystemInit(void)                         /* dummy system function */
{
  asm volatile("NOP");
}

void Delay_us(unsigned int time_us)           /* time delay for us in 8MHz */
{
  register unsigned int i;

  for(i = 0; i < time_us; i++)                // 3 cycle
    { asm volatile("NOP");
      asm volatile("NOP");
      asm volatile("NOP");
      asm volatile("NOP");
      asm volatile("NOP");                    // 5 cycle
    }
}

void Delay_ms(unsigned int time_ms)           /* time delay for ms in 8MHz */
{
  register unsigned int i;

  for(i = 0; i < time_ms; i++)
    Delay_us(1000);
}

void Beep(void)                               /* beep for 50 ms */
{
  GPIOC->BSRR = 0x00008000;                   // buzzer on
  Delay_ms(50);                               // delay 50 ms
  GPIOC->BSRR = 0x80000000;                   // buzzer off
}
```

```
void Initialize_LCD(void)                    /* initialize text LCD module */
{
  LCD_command(0x38);                         // function set(8 bit, 2 line, 5x7 dot)
  LCD_command(0x0C);                         // display control(display ON, cursor OFF)
  LCD_command(0x06);                         // entry mode set(increment, not shift)
  LCD_command(0x01);                         // clear display
  Delay_ms(2);
}

void LCD_command(unsigned char command)      /* write a command(instruction) to text LCD */
{
  GPIOE->BSRR = 0x00220000;                  // E = 0, Rs = 0
  GPIOD->ODR = command;                      // output command
  Delay_us(1);
  GPIOE->BSRR = 0x00000020;                  // E = 1
  Delay_us(1);
  GPIOE->BSRR = 0x00200000;                  // E = 0
  Delay_us(50);
}

void LCD_data(unsigned char data)            /* display a character on text LCD */
{
  GPIOE->BSRR = 0x00200002;                  // E = 0, Rs = 1
  GPIOD->ODR = data;                         // output data
  Delay_us(1);
  GPIOE->BSRR = 0x00000020;                  // E = 1
  Delay_us(1);
  GPIOE->BSRR = 0x00200000;                  // E = 0
  Delay_us(50);
}

void LCD_string(unsigned char command, unsigned char *string)   /* display a string on LCD */
{
  LCD_command(command);                      // start position of string
  while(*string != '\0')                     // display string
    { LCD_data(*string);
       string++;
    }
}
```

☞ 이 C언어 예제 프로그램을 살펴보면 텍스트 LCD 모듈에 메시지를 출력하는 메인 프로그램은 몇줄 정도에 불과하지만, 이를 위하여 부수적으로 많은 사용자 정의 함수들이 추가된다. 텍스트 LCD 모듈을 동작시키려면 먼저 이 텍스트 LCD 모듈을 초기화하는 과정이 필요하며, 여기에 명령이나 데이터를 출력하는 함수 또는 문자열을 출력하는 함수들은 상당히 복잡하므로 이처럼 미리 사용자 정의 함수로 만들어 둔다.

그밖에도 텍스트 LCD 모듈의 구동에는 몇가지의 시간지연 함수들이 필요하다. 하지만, 시간지연 함수나 텍스트 LCD 모듈 관련 함수, 키입력 함수 등은 앞으로 거의 모든 예제에서 공통적으로 사용하는 것들인데 매번 이렇게 각 사용자 예제 프로그램에서 이를 포함하도록 입력해주는 것은 상당히 불편하다. 그래서 나중에 보면 알지만 이러한 기본적인 정의나 공통 사용자 함수들은 미리 헤더파일 OK-STM103.h로 만들어 놓고 필요할 때 이를 인클루드하는 편리한 방법을 사용한다.

이 프로그램을 컴파일하고 올바르게 컴파일이 수행되었으면 OK-STM103.hex 파일이 생성되었을 것이니 이를 *OK-STM103* 키트에 다운로드하여 실행하라.

3. 능률적인 C언어 프로그래밍

앞에서 공부한 2개의 예제는 아주 간단한 기능을 수행하는 프로그램이지만 소스가 상당히 길다. 이 프로그램에는 핵심적인 기능을 수행하는 메인 함수 이외에 마이크로 컨트롤러 또는 주변장치들에 대한 기본 설정 부분이나 여러 가지의 사용자 정의 함수들이 사용되기 때문이다.

그러나, 이러한 기본적인 하드웨어 설정 부분이나 사용자 정의 함수들은 단지 이 예제 프로그램 뿐만 아니라 앞으로 사용할 대부분의 예제 프로그램에서도 마찬가지로 필요하다. 그때마다 매번 프로그램 소스에 이러한 사용자 정의 함수를 포함하도록 직접 입력하는 것은 상당히 힘들고 비능률적인 작업이 될 수 있다. 이를 쉽게 해결하려면 항상 기본적으로 사용되는 공통적인 사용자 정의 함수들을 모아서 별도의 헤더파일로 만들어놓고 이를 필요할 때마다 인클루드하여 주면 된다.

여기서는 이러한 공통적인 사용자 정의 함수들을 사용하여 앞의 예제 프로그램들을 좀더 간단하게 다시 작성하여 보기로 한다. 그러면 여러분은 전체 프로그램이 얼마나 간단해졌는지를 뚜렷이 느낄 수 있을 것이다.

▣ LED 점등 예제

앞의 예제 프로그램 Exp01_1.c에서 기본적인 하드웨어 정의 부분과 공통 사용자 정의 함수들을 사용자 헤더파일 OK-STM103.h로 처리하여 다시 작성하면 다음과 같다. 이들 2개의 프로그램 Exp01_1.c와 Exp01_3.c를 서로 비교하여 보라. 헤더파일을 사용함으로써 프로그램의 소스가 상당히 짧고 간단해지며, 따라서 이를 작성하고 입력하는 시간이 크게 절감된다는 것을 느낄 수 있을 것이다.

<프로그램 Exp01_3.c> LED를 점등하는 예제

```
/* ========================================================================== */
/*      Exp01_3_LED.c : 기본 LED 및 버저 출력 프로그램(72MHz SYSCLK 사용)       */
/* ========================================================================== */
/*                                     Programmed by Duck-Yong Yoon in 2017.  */

#include "stm32f103xe.h"
#include "OK-STM103.h"

int main(void)
{
  unsigned int i;

  Initialize_MCU();                            // initialize MCU and kit
  Delay_ms(50);                                // wait for system stabilization

  while(1)
```

```
    { for(i = 0; i < 5; i++)
        { GPIOC->BSRR = 0x00004000;                 // LED on
          Delay_ms(500);
          GPIOC->BSRR = 0x40000000;                 // LED off
          Delay_ms(500);
        }

      Beep();                                       // beep
    }
}
```

이를 컴파일하고 *OK-STM103* 키트에 다운로드하여 실행하여 보라. 앞의 예제 프로그램 Exp01_1.c와 동일한 실행 결과를 볼 수 있는가?

▣ 텍스트 LCD 모듈 출력 예제

두번째 예제 프로그램 Exp01_2.c에서 기본적인 하드웨어 정의 부분과 공통적인 사용자 정의 함수들을 헤더파일 OK-STM103.h로 처리하여 다시 작성하면 다음과 같다. 이들 2개의 프로그램 Exp01_2.c와 Exp01_4.c의 내용을 서로 비교하여 보라. 헤더파일을 사용함으로써 프로그램의 소스가 상당히 짧고 간단해지며, 따라서 이를 작성하고 입력하는 시간이 크게 절감된다는 것을 느낄 수 있을 것이다.

〈프로그램 Exp01_4.c〉 텍스트 LCD 모듈에 메시지를 출력하는 예제

```
/* ============================================================================ */
/*    Exp01_4_Text-LCD.c : 기본 텍스트 LCD 출력 프로그램(72MHz SYSCLK 사용)      */
/* ============================================================================ */
/*                                     Programmed by Duck-Yong Yoon in 2017.    */

#include "stm32f103xe.h"
#include "OK-STM103.h"

int main(void)
{
  unsigned int i;

  Initialize_MCU();                                 // initialize MCU and kit
  Delay_ms(50);                                     // wait for system stabilization
  Initialize_LCD();                                 // initialize text LCD module

  LCD_string(0x80," OK-STM103 V1.0 ");              // display title

  while(1)
    { LCD_string(0xC0," 200ms interval ");
      Beep();
      for(i = 0; i < 12; i++)
        { GPIOC->BSRR = 0x00004000;                 // LED on
          Delay_ms(200);
          GPIOC->BSRR = 0x40000000;                 // LED off
          Delay_ms(200);
        }

      LCD_string(0xC0," 400ms interval ");
      Beep();
```

```
      for(i = 0; i < 6; i++)
        { GPIOC->BSRR = 0x00004000;              // LED on
          Delay_ms(400);
          GPIOC->BSRR = 0x40000000;              // LED off
          Delay_ms(400);
        }

      LCD_string(0xC0," 600ms interval ");
      Beep();
      for(i = 0; i < 4; i++)
        { GPIOC->BSRR = 0x00004000;              // LED on
          Delay_ms(600);
          GPIOC->BSRR = 0x40000000;              // LED off
          Delay_ms(600);
        }
    }
}
```

이를 컴파일하고 *OK-STM103* 키트에 다운로드하여 실행하여 보라. 앞의 예제 프로그램 Exp01_2.c와 동일한 실행 결과를 볼 수 있는가?

▣ TFT-LCD 모듈 출력 예제

이번에는 기본 헤더파일 OK-STM103.h에 포함된 사용자 정의 함수들을 이용하여 TFT-LCD에 메시지를 출력하는 예제 프로그램을 살펴본다. 이것도 실제로는 상당히 긴 프로그램이지만 TFT-LCD 출력에 관련된 여러가지 기능을 헤더파일에서 사용자 정의 함수들이 처리하여 주기 때문에 사용자 프로그램에서는 이것들을 이용하여 간편하게 프로그램을 작성할 수 있다. 이 내용에 관하여는 나중에 제4.5절 및 제4.6절에서 공부하므로 여기서는 내용을 자세히 이해하지 않고 그냥 넘어가도 좋다.

<프로그램 Exp01_5.c> TFT-LCD 모듈에 메시지를 출력하는 예제

```
/* ============================================================================ */
/*             Exp01_5_TFT-LCD.c : 기본 TFT-LCD 출력 프로그램                    */
/* ============================================================================ */
/*                                  Programmed by Duck-Yong Yoon in 2017.       */

#include "stm32f103xe.h"
#include "OK-STM103.h"
#include "OK-STM103_large.h"

void TFT_8color_horizontal(void);               /* display 8-color horizontal */

/* ----- 메인 프로그램 -------------------------------------------------------- */

int main(void)
{
  Initialize_MCU();                             // initialize MCU and kit
  Delay_ms(50);                                 // wait for system stabilization
  Initialize_LCD();                             // initialize text LCD module
  Initialize_TFT_LCD();                         // initialize TFT-LCD module

  LCD_string(0x80," OK-STM103 V1.0 ");          // display title
```

```
  LCD_string(0xC0,"   Exp01_5.c    ");

  while(1)
    { TFT_clear_screen();                              // clear screen
      TFT_landscape_mode();                            // landscape mode

      TFT_string( 0, 0,Green,  Black,"****************************************");
      TFT_string( 0, 2,Magenta,Black,"  Cortex-M3 시리즈 OK-STM103 키트 V1.0  ");
      TFT_string( 0, 4,Cyan,   Black,"        (TFT-32A 보드 V1.0 포함)        ");
      TFT_string( 0, 6,Green,  Black,"****************************************");
      TFT_string( 0, 8,Black,  Black,"                                        ");
      TFT_string( 0,10,Magenta,Black,"       (디스플레이 모드 = Landscape)     ");
      TFT_string( 0,13,Cyan,   Black,"   3.2인치, 320x240 픽셀, 65536 컬러    ");
      TFT_string( 0,15,White,  Black,"        컨트롤러/드라이버 HX8347-A       ");
      TFT_string( 5,18,Green,  Black,"16x16 한글");
      TFT_string(24,18,Cyan,   Black,"8x16 영문");
      TFT_string_large( 2,21,Green,  Black,"24x24 한글");
      TFT_string_large(14,21,Cyan,   Black,"12x24 영문");
      TFT_string( 0,24,Black,  Black,"                                        ");
      TFT_string( 0,26,White,  Blue, "       윤교수의 마이크로프로세서 월드     ");
      TFT_string( 0,28,Green,  Black,"   (http://cafe.naver.com/mcu32bit)     ");
      Beep();
      Delay_ms(5000);

      TFT_clear_screen();                              // clear screen
      TFT_portrait_mode();                             // portrait mode

      TFT_string( 0, 0,Green,  Black,"******************************");
      TFT_string( 0, 2,Magenta,Black,"     OK-STM103 키트  V1.0     ");
      TFT_string( 0, 4,Cyan,   Black,"   (TFT-32A 보드 V1.0 포함)    ");
      TFT_string( 0, 6,Green,  Black,"******************************");
      TFT_string( 0, 8,Black,  Black,"                              ");
      TFT_string( 0,10,Magenta,Black," (디스플레이 모드 = Portrait) ");
      TFT_string( 0,14,Cyan,   Black,"   3.2인치, 240x320 픽셀      ");
      TFT_string( 0,16,Yellow, Black,"         65536 컬러           ");
      TFT_string( 0,20,Red,    Black,"   16비트 CPU 인터페이스      ");
      TFT_string( 0,23,White,  Black,"  컨트롤러/드라이버 HX8347-A  ");
      TFT_string( 2,28,Green,  Black,"16x16 한글");
      TFT_string(18,28,Cyan,   Black,"8x16 영문");
      TFT_string_large( 0,31,Green,  Black,"24x24");
      TFT_string_large( 5,31,Magenta,Black,"한글");
      TFT_string_large(11,31,Cyan,   Black,"12x24");
      TFT_string_large(16,31,Red,    Black,"영문");
      TFT_string( 0,36,White,  Blue, "윤교수의 마이크로프로세서 월드");
      TFT_string( 0,38,Green,  Black,"http://cafe.naver.com/mcu32bit");
      Beep();
      Delay_ms(5000);

      TFT_clear_screen();                              // clear screen
      TFT_landscape_mode();                            // landscape mode

      TFT_8color_horizontal();                         // display 8-Color(horizontal)
      TFT_string(18, 1,Black,Transparent,"백색");
      TFT_string(18, 5,White,Transparent,"흑색");
      TFT_string(18, 8,Green,Transparent,"적색");
      TFT_string(18,12,Red,  Transparent,"녹색");
      TFT_string(18,16,Cyan, Transparent,"청색");
      TFT_string(18,20,Black,Transparent,"노랑");
      TFT_string(18,24,Red,  Transparent,"녹청");
      TFT_string(18,27,White,Transparent,"자홍");
      Beep();
      Delay_ms(5000);
    }
}

/* ----- 사용자 정의 함수 ---------------------------------------------------- */

unsigned int Color[8] =                                // 8-color data
   { White, Black, Red, Green, Blue, Yellow, Cyan, Magenta };

void TFT_8color_horizontal(void)                       /* display 8-color horizontal */
```

```
{
  unsigned int i, j, k;

  TFT_GRAM_address(0,0);

  for(i = 0; i < 8; i++)
    for(j = 0; j < 30; j++)
      for(k = 0; k < 320; k++)
        TFT_data(Color[i]);
}
```

이 프로그램을 컴파일하고 *OK-STM103* 키트에 다운로드하여 실행하여 보라. 그리고, 이처럼 간단하고 짧은 예제 프로그램으로 TFT-LCD에 다양한 디스플레이 동작이 수행한다는 것을 확인하라.

4. 헤더파일 OK-STM103.h의 내용

이제 여러분은 이 책에서 앞으로 C언어로 사용자 프로그램을 작성할 때는 예제 프로그램 Exp01_3.c, Exp01_4.c, Exp01_5.c에서와 같이 항상 프로그램의 서두에서 헤더파일 stm32f103xe.h와 OK-STM103.h를 인클루드하여 준다는 것을 기억하라.

OK-STM103 키트의 기본적인 헤더파일 OK-STM103.h에는 마이크로컨트롤러의 초기화, 키 입력, 버저를 사용한 비프음 출력, LED 점등, 텍스트 LCD 모듈 출력, TFT-LCD 모듈 한글 및 영문 ASCII 출력, 터치스크린 입력 등에 관련된 사용자 정의 함수를 가지고 있다. 그러나, TFT-LCD 모듈에 큰 글씨체인 12×24 픽셀의 영문 ASCII 문자나 24×24 픽셀의 한글을 표시할 때는 그에 맞는 기능을 제공하는 헤더파일 OK-STM103_large.h를 추가로 사용해야 한다. 또한, TFT-LCD 모듈에 매우 큰 글씨체인 32×48 픽셀의 숫자나 가장 큰 글씨체인 40×56 픽셀의 숫자를 표시할 때는 그에 맞는 기능을 제공하는 헤더파일 OK-STM103_xlarge.h를 추가로 사용한다. 이 키트에서는 이밖에도 SD 카드를 액세스하는데 필요한 헤더파일 OK-STM103_SD_card.h를 제공하며, VS1053b 소자를 사용하여 MP3 플레이어를 구현하는데 필요한 헤더파일 OK-STM103_VS1053b.h를 제공한다. 여러분도 필요하다면 스스로 자신만의 헤더파일을 만들어 사용할 수 있다. 그러나, 만약 이들 헤더파일에 포함되지 않은 사용자 정의 함수를 추가로 사용하려면 자신이 사용자 프로그램에 직접 써넣으면 된다. 헤더파일에는 가급적이면 어느 예제 프로그램에서나 공통적으로 자주 사용하는 내용들만을 포함시키는 것이 바람직하다.

기본 헤더파일 OK-STM103.h의 내용은 다음과 같다. 단, 여기서 TFT-LCD 및 터치스크린과 관련되는 부분은 제외하였으며, 이 내용은 제4.5절에서 설명한다. 이제부터 여러분은 이 헤더파일의 내용을 잘 이해하고 활용하는 것이 *OK-STM103* 키트의 유능한 응용 프로그래머가 되는 지름길이 될 것이다.

<헤더파일 OK-STM103.h> 기본적인 시스템의 정의 및 사용자 정의 함수

```
/* ============================================================================ */
/*          OK-STM103 V1.0 키트용(STM32F103VET6) 기본 헤더 파일                  */
/* ============================================================================ */
/*                              Programmed by Duck-Yong Yoon in 2017.           */

// -----------------------------------------------------------------------------
//  이 헤더파일은 OK-STM103 키트 V1.0을 위한 것입니다. 이것은 아래의 조건에서만
//  올바른 동작을 보장합니다.
// -----------------------------------------------------------------------------
//      (1) 시스템 클록  : 72MHz
//      (2) C 컴파일러   : IAR EWARM V7.80.2
//      (3) 최적화 옵션  : High/Size
//      (4) CSTACK 크기  : 0x1000
//      (5) TFT-LCD 모듈 : Ohm사 FL320QVC18-A0(HX8347-A)
// -----------------------------------------------------------------------------

#include <math.h>

/* ---------------------------------------------------------------------------- */

typedef unsigned char   U08;                    // data type definition
typedef   signed char   S08;
typedef unsigned short  U16;
typedef   signed short  S16;
typedef unsigned int    U32;
typedef   signed int    S32;

/* ---------------------------------------------------------------------------- */
/*              사용자 정의 함수 선언                                            */
/* ---------------------------------------------------------------------------- */

void Initialize_MCU(void);                      // initialize STM32F103VET6 MCU
void Delay_us(U32 time_us);                     // time delay for us in 72MHz
void Delay_ms(U32 time_ms);                     // time delay for ms in 72MHz
void Tick(void);                                // tick for 100 us
void Beep(void);                                // beep for 50 ms
void Beep_3times(void);                         // beep 3 times
unsigned char Key_input(void);                  // input key KEY1~KEY4
unsigned char Key_input_silent(void);           // input key KEY1~KEY4 without beep sound
void LED_on(void);                              // turn LED1 on
void LED_off(void);                             // turn LED1 off
void LED_toggle(void);                          // toggle LED1 to blink

void Initialize_LCD(void);                      // initialize text LCD module
void LCD_command(U08 command);                  // write a command(instruction) to text LCD
void LCD_data(U08 data);                        // display a character on text LCD
void LCD_string(U08 command, U08 *string);      // display a string on LCD

void LCD_binary(U16 number, U08 digit);         // display 8 or 16 bit binary number
void LCD_unsigned_decimal(U32 number, U08 zerofill, U08 digit); // display unsigned decimal number
void LCD_signed_decimal(S32 number, U08 zerofill, U08 digit);  // display signed decimal number
void LCD_hexadecimal(U32 number, U08 digit);    // display hexadecimal number
void LCD_0x_hexadecimal(U32 number, U08 digit); // display hexadecimal number with 0x
void LCD_unsigned_float(float number, U08 integral, U08 fractional); // display unsigned floating-point number
void LCD_signed_float(float number, U08 integral, U08 fractional);  // display signed floating-point number
```

```
void DS3234_initialize(void);                   // initialize DS3234 RTC
unsigned char DS3234_read(U16 address);         // read DS3234
void DS3234_write(U16 address, U08 value);      // write DS3234

/* ---------------------------------------------------------------------------- */
/*              OK-STM103 키트 기본 함수                                          */
/* ---------------------------------------------------------------------------- */

void SystemInit(void)                           /* dummy system function */
{
  asm volatile("NOP");
}

void Initialize_MCU(void)                       /* initialize STM32F103VET6 MCU */
{
// (1) 프리페치 버퍼 및 웨이트 사이클 설정
  FLASH->ACR = 0x00000012;                      // prefetch enable and 2 waits

// (2) HSE 및 PLL 설정(시스템 클록 SYSCLK = 72MHz)
  RCC->CR |= 0x00010001;                        // HSE on, HSI on
  while((RCC->CR & 0x00000002) == 0);           // wait until HSIRDY = 1
  RCC->CFGR = 0x00000000;                       // system clock = HSI
  while((RCC->CFGR & 0x0000000C) != 0);         // wait until SYSCLK = HSI

  RCC->CR &= 0xFEFFFFFF;                        // PLL off
  RCC->CFGR = 0x001F8400;                       // PLL 설정(PLLSRC = HSE/2, PLLMUL = 9)
  RCC->CR |= 0x01000000;                        // PLL on
  while((RCC->CR & 0x02000000) == 0);           // wait until PLLRDY = 1

// (3) SYSCLK 및 주변장치 클록 설정(SYSCLK=PLL=72MHz, PCLK1=36MHz, PCLK2=72MHz)
  RCC->CFGR = 0x001F8402;                       // (ADC clock=72MHz/6=12MHz)
  while((RCC->CFGR & 0x0000000C) != 0x00000008);// wait until SYSCLK = PLL
  RCC->CR |= 0x00080000;                        // CSS on

// (4) 키트의 주변장치에 클록을 공급
  RCC->APB1ENR |= 0x32284812;                   // DAC,PWR,CAN,I2C1,UART4,SPI2,WWDG,TIM6,TIM3 클럭 공급
  RCC->APB2ENR |= 0x00001E7D;                   // SPI1,TIM1,ADC2,ADC1,GPIOA~GPIOE,AFIO 클럭 공급

// (5) 키트에 맞게 GPIO를 초기화

  GPIOA->CRH &= 0xFFF00000;                     // 포트A 설정
  GPIOA->CRH |= 0x000B843B;
  GPIOA->ODR |= 0x00000800;                     // CAN_RX = pullup
  GPIOA->CRL  = 0xB4B00000;
  GPIOA->BSRR = 0x00000200;                     // -TS_CS = 1

  GPIOB->CRH  = 0xB4B34332;                     // 포트B 설정
  GPIOB->CRL &= 0x000FFF00;
  GPIOB->CRL |= 0xEE300043;
  GPIOB->BSRR = 0x00001621;                     // -MP3_RESET = -MP3_DCS = -MP3_CS = -RTC_CS = -SD_CS = 1

  GPIOC->CRH  = 0x33228B22;                     // 포트C 설정
  GPIOC->ODR |= 0x00000800;                     // UART4_RX = pullup
  GPIOC->CRL  = 0xBB244444;
  GPIOC->BSRR = 0xC0000000;                     // BUZZER = LED = 0

  GPIOD->CRH  = 0x33333333;                     // 포트D 설정
  GPIOD->CRL  = 0x33333333;                     // TFT_D0~TFT_D15 = push-pull output

  GPIOE->CRH  = 0x2BBBBBBB;                     // 포트E 설정
  GPIOE->CRL  = 0x22323333;                     // PE14~PE8 = TIM1 alternate function
  GPIOE->BSRR = 0x0020000D;                     // -TFT_WR = -TFT_CS = -TFT_RESET = 1, LCD_E = 0
}

void Delay_us(U32 time_us)                      /* time delay for us in 72MHz */
{
  register unsigned int i;

  for(i = 0; i < time_us; i++)
    { asm("NOP");
      asm("NOP");
```

```
        asm("NOP");
        asm("NOP");
        asm("NOP");                                  // 5
        asm("NOP");
        asm("NOP");
        asm("NOP");
        asm("NOP");
        asm("NOP");                                  // 10
        asm("NOP");
        asm("NOP");
        asm("NOP");
        asm("NOP");
        asm("NOP");                                  // 15
        asm("NOP");
        asm("NOP");
        asm("NOP");
        asm("NOP");
        asm("NOP");                                  // 20
        asm("NOP");
        asm("NOP");
        asm("NOP");
        asm("NOP");
        asm("NOP");                                  // 25
        asm("NOP");
        asm("NOP");
        asm("NOP");
        asm("NOP");
        asm("NOP");                                  // 30
        asm("NOP");
        asm("NOP");
        asm("NOP");
        asm("NOP");
        asm("NOP");                                  // 35
        asm("NOP");
        asm("NOP");
        asm("NOP");
        asm("NOP");
        asm("NOP");                                  // 40
        asm("NOP");
        asm("NOP");
        asm("NOP");
        asm("NOP");
        asm("NOP");                                  // 45
        asm("NOP");
        asm("NOP");
        asm("NOP");
        asm("NOP");
        asm("NOP");                                  // 50
        asm("NOP");
        asm("NOP");
        asm("NOP");
        asm("NOP");
        asm("NOP");                                  // 55
        asm("NOP");
        asm("NOP");
        asm("NOP");
        asm("NOP");
        asm("NOP");                                  // 60
        asm("NOP");
        asm("NOP");
        asm("NOP");                                  // 65
        asm("NOP");                                  // 66
    }
}

void Delay_ms(U32 time_ms)                           /* time delay for ms in 72MHz */
{
  register unsigned int i;
```

```
  for(i = 0; i < time_ms; i++)
    Delay_us(1000);
}

void Tick(void)                             /* tick for 100 us */
{
  GPIOC->BSRR = 0x00008000;                 // buzzer on
  Delay_us(100);                            // delay 100 us
  GPIOC->BSRR = 0x80000000;                 // buzzer off
}

void Beep(void)                             /* beep for 50 ms */
{
  GPIOC->BSRR = 0x00008000;                 // buzzer on
  Delay_ms(50);                             // delay 50 ms
  GPIOC->BSRR = 0x80000000;                 // buzzer off
}

void Beep_3times(void)                      /* beep 3 times */
{
  Beep();                                   // beep for 50 ms
  Delay_ms(100);
  Beep();                                   // beep for 50 ms
  Delay_ms(100);
  Beep();                                   // beep for 50 ms
}

#define KEY1            0x0E                // KEY1 value
#define KEY2            0x0D                // KEY2 value
#define KEY3            0x0B                // KEY3 value
#define KEY4            0x07                // KEY4 value
#define no_key          0x0F                // no key input
#define MENU_key        0x0A                // MENU key

unsigned char key_flag = 0;

unsigned char Key_input(void)               /* input key KEY1~KEY4 */
{
  unsigned char key;

  key = GPIOC->IDR & 0x0000000F;            // any key pressed ?
  if(key == 0x0F)                           // if no key, check key off
    { if(key_flag == 0)
        return key;
      else
        { Delay_ms(20);
          key_flag = 0;
          return key;
        }
    }
  else                                      // if key input, check continuous key
    { if(key_flag != 0)                     // if continuous key, treat as no key input
        return 0x0F;
      else                                  // if new key, beep and delay for debounce
        { Beep();
          key_flag = 1;
          return key;
        }
    }
}

unsigned char Key_input_silent(void)        /* input key KEY1~KEY4 without beep sound */
{
  unsigned char key;

  key = GPIOC->IDR & 0x0000000F;            // any key pressed ?
  if(key == 0x0F)                           // if no key, check key off
    { if(key_flag == 0)
        return key;
      else
        { Delay_ms(20);
```

```
            key_flag = 0;
            return key;
          }
      }
    else                                          // if key input, check continuous key
      { if(key_flag != 0)                         // if continuous key, treat as no key input
          return 0x0F;
        else                                      // if new key, delay for debounce
          { Delay_ms(20);
            key_flag = 1;
            return key;
          }
      }
}

void LED_on(void)                                 /* turn LED1 on */
{
  GPIOC->BSRR = 0x00004000;                       // LED1 on
}

void LED_off(void)                                /* turn LED1 off */
{
  GPIOC->BSRR = 0x40000000;                       // LED1 off
}

void LED_toggle(void)                             /* toggle LED1 to blink */
{
  GPIOC->ODR ^= 0x00004000;                       // toggle LED1
}

/* ------------------------------------------------------------------------ */
/*                텍스트 LCD 기본 함수                                        */
/* ------------------------------------------------------------------------ */

void Initialize_LCD(void)                         /* initialize text LCD module */
{
  RCC->APB2ENR |= 0x00000060;                     // enable clock of GPIOD, GPIOE (72MHz)

  GPIOD->CRL  = 0x33333333;                       // PD7~PD0 = TFT_D7~TFT_D0

  GPIOE->CRL &= 0xFF0FFF0F;                       // PE5 = LCD_E, PE1 = TFT_RS
  GPIOE->CRL |= 0x00300030;
  GPIOE->BSRR = 0x00220000;                       // LCD_E = TFT_RS = 0

  LCD_command(0x38);                              // function set(8 bit, 2 line, 5x7 dot)
  LCD_command(0x0C);                              // display control(display ON, cursor OFF)
  LCD_command(0x06);                              // entry mode set(increment, not shift)
  LCD_command(0x01);                              // clear display
  Delay_ms(2);
}

void LCD_command(U08 command)                     /* write a command(instruction) to text LCD */
{
  GPIOE->BSRR = 0x00220000;                       // E = 0, Rs = 0
  GPIOD->ODR = command;                           // output command
  Delay_us(1);
  GPIOE->BSRR = 0x00000020;                       // E = 1
  Delay_us(1);
  GPIOE->BSRR = 0x00200000;                       // E = 0
  Delay_us(50);
}

void LCD_data(U08 data)                           /* display a character on text LCD */
{
  GPIOE->BSRR = 0x00200002;                       // E = 0, Rs = 1
  GPIOD->ODR = data;                              // output data
  Delay_us(1);
  GPIOE->BSRR = 0x00000020;                       // E = 1
  Delay_us(1);
  GPIOE->BSRR = 0x00200000;                       // E = 0
  Delay_us(50);
```

```
}

void LCD_string(U08 command, U08 *string)         /* display a string on text LCD */
{
  LCD_command(command);                           // start position of string
  while(*string != '\0')                          // display string
    { LCD_data(*string);
      string++;
    }
}

/* ---------------------------------------------------------------------------- */
/*              텍스트 LCD 모듈의 수치 데이터 출력 함수                            */
/* ---------------------------------------------------------------------------- */

void LCD_binary(U16 number, U08 digit)            /* display 8 or 16 bit binary number */
{
  unsigned char i, shift;

  if((digit == 0) || (digit > 16)) return;

  shift = digit - 1;
  for(i = 0; i < digit; i++ )
    { LCD_data(((number >> shift) & 0x01) + '0');
      shift--;
    }
}

void LCD_unsigned_decimal(U32 number, U08 zerofill, U08 digit) /* display unsigned decimal number */
{
  unsigned char zero_flag, character;
  unsigned long div;

  if((digit == 0) || (digit > 9)) return;

  div = 1;
  while(--digit) div *= 10;

  zero_flag = zerofill;
  while(div > 0)                                  // display number
    { character = number / div;
      if((character == 0) && (zero_flag == 0) && (div != 1))
        LCD_data(character + ' ');
      else
        { zero_flag = 1;
          LCD_data(character + '0');
        }
      number %= div;
      div /= 10;
    }
}

void LCD_signed_decimal(S32 number, U08 zerofill, U08 digit)    /* display signed decimal number */
{
  unsigned char zero_flag, character;
  unsigned long div;

  if((digit == 0) || (digit > 9)) return;

  if(number >= 0)                                 // display sign
    LCD_data('+');
  else
    { LCD_data('-');
      number = -number;
    }

  div = 1;
  while(--digit) div *= 10;

  zero_flag = zerofill;
  while(div > 0)                                  // display number
```

```
    { character = number / div;
      if((character == 0) && (zero_flag == 0) && (div != 1))
        LCD_data(character + ' ');
      else
        { zero_flag = 1;
          LCD_data(character + '0');
        }
      number %= div;
      div /= 10;
    }
}

void LCD_hexadecimal(U32 number, U08 digit)        /* display hexadecimal number */
{
  unsigned char i, character;

  if((digit == 0) || (digit > 8)) return;

  for(i = digit; i > 0; i--)
    { character = (number >> 4*(i-1)) & 0x0F;
      if(character < 10) LCD_data(character + '0');
      else               LCD_data(character - 10 + 'A');
    }
}

void LCD_0x_hexadecimal(U32 number, U08 digit)  /* display hexadecimal number with 0x */
{
  unsigned char i, character;

  if((digit == 0) || (digit > 8)) return;

  LCD_data('0');
  LCD_data('x');

  for(i = digit; i > 0; i--)
    { character = (number >> 4*(i-1)) & 0x0F;
      if(character < 10) LCD_data(character + '0');
      else               LCD_data(character - 10 + 'A');
    }
}

void LCD_unsigned_float(float number, U08 integral, U08 fractional) /* display unsigned floating-point number */
{
  unsigned char zero_flag, digit, character;     // integral = digits of integral part
  unsigned long div, integer;                    // fractional = digits of fractional part

  digit = integral + fractional;
  if((integral == 0) || (fractional == 0) || (digit > 9)) return;

  div = 1;
  while(--digit) div *= 10;

  while(fractional--) number *= 10.;
  integer = (U32)(number + 0.5);

  zero_flag = 0;
  digit = 1;
  while(div > 0)                                 // display number
    { character = integer / div;
      if((character == 0) && (zero_flag == 0) && (digit != integral))
        LCD_data(character + ' ');
      else
        { zero_flag = 1;
          LCD_data(character + '0');
        }
      integer %= div;
      div /= 10;

      if(digit == integral)
        LCD_data('.');
      digit++;
```

```
    }
}

void LCD_signed_float(float number, U08 integral, U08 fractional) /* display signed floating-point number */
{
  unsigned char zero_flag, digit, character;
  unsigned long div, integer;

  digit = integral + fractional;
  if((integral == 0) || (fractional == 0) || (digit > 9)) return;

  if(number >= 0)                                   // display sign
    LCD_data('+');
  else
    { LCD_data('-');
      number = -number;
    }

  div = 1;
  while(--digit) div *= 10;

  while(fractional--) number *= 10.;
  integer = (U32)(number + 0.5);

  zero_flag = 0;
  digit = 1;
  while(div > 0)                                    // display number
    { character = integer / div;
      if((character == 0) && (zero_flag == 0) && (digit != integral))
        LCD_data(character + ' ');
      else
        { zero_flag = 1;
          LCD_data(character + '0');
        }
      integer %= div;
      div /= 10;

      if(digit == integral)
        LCD_data('.');
      digit++;
    }
}

/* ---------------------------------------------------------------------------- */
/*                      DS3234 RTC 관련 함수                                    */
/* ---------------------------------------------------------------------------- */

void DS3234_initialize(void)                        /* initialize DS3234 RTC */
{
  unsigned char SEC, MIN, HOUR, WEEK, DATE, MON, YEAR;

  RCC->APB1ENR |= 0x00004000;                       // enable clock of SPI2 (PCLK1=36MHz)
  RCC->APB2ENR |= 0x00000008;                       // enable clock of GPIOB (PCLK2=72MHz)

  GPIOB->CRH &= 0x000FFFFF;                         // PB15 = SPI2_MOSI, PB14 = SPI2_MISO, PB13 = SPI2_SCK
  GPIOB->CRH |= 0xB4B00000;
  GPIOB->CRL &= 0xFF0FFFFF;                         // PB5 = -RTC_CS
  GPIOB->CRL |= 0x00300000;
  GPIOB->BSRR = 0x00000020;                         // -RTC_CS = 1

  SPI2->CR1 = 0x0B5D;                               // master mode, 36MHz/16 = 2.25MHz (Max 4MHz)
  SPI2->CR2 = 0x0000;                               // 16-bit data, disable SS output, CPOL=0 and CPHA=1

  SEC  =  DS3234_read(0x00);                        // if not second, initialize
  MIN  =  DS3234_read(0x01);                        // if not minute, initialize
  HOUR =  DS3234_read(0x02);                        // if not 12 hour system, initialize
  WEEK =  DS3234_read(0x03);                        // if not weekday, initialize
  DATE =  DS3234_read(0x04);                        // if not date, initialize
  MON  =  DS3234_read(0x05);                        // if not month, initialize
  YEAR =  DS3234_read(0x06);                        // if not year, initialize
```

```
  if((SEC > 0x59) || (MIN > 0x59) || (HOUR < 0x40) || (WEEK > 0x07) || (DATE > 0x31) || (MON > 0x12) || (YEAR > 0x99))
    { DS3234_write(0x00, 0x00);                         // second = 0x00
      DS3234_write(0x01, 0x00);                         // minute = 0x00
      DS3234_write(0x02, 0x12 + 0x40);                  // hour = 0x12 AM
      DS3234_write(0x03, 0x01);                         // weekday = 0x01(Sunday)
      DS3234_write(0x04, 0x01);                         // date = 0x01
      DS3234_write(0x05, 0x10);                         // month = 0x10
      DS3234_write(0x06, 0x17);                         // year = 0x2017
      DS3234_write(0x0E, 0x00);                         // control register
      DS3234_write(0x0F, 0x00);                         // control register
    }
}

unsigned char DS3234_read(U16 address)                  /* read DS3234 */
{
  unsigned short word;

  word = SPI2->DR;                                      // clear RXNE flag

  GPIOB->BSRR = 0x00200000;                             // -RTS_CS = 0
  SPI2->DR = address << 8;
  while((SPI2->SR & 0x0003) != 0x0003);
  word = SPI2->DR;
  GPIOB->BSRR = 0x00000020;                             // -RTS_CS = 1

  return word & 0x00FF;
}

void DS3234_write(U16 address, U08 value)               /* write DS3234 */
{
  unsigned short word;

  word = SPI2->DR;                                      // clear RXNE flag

  GPIOB->BSRR = 0x00200000;                             // -RTS_CS = 0
  SPI2->DR = ((0x80 + address) << 8) + value;
  while((SPI2->SR & 0x0003) != 0x0003);
  word |= SPI2->DR;
  GPIOB->BSRR = 0x00000020;                             // -RTS_CS = 1
}

                         (이하 생략)
```

이 헤더파일 OK-STM103.h에 포함되어 있는 *OK-STM103* 키트의 기본적인 사용자 정의 함수들을 요약 정리하면 <표 4.1.1>과 같다. 이 사용자 정의 함수들은 앞으로 여러분이 *OK-STM103* 키트에서 C언어로 프로그램을 작성할 때 유용하게 사용할 것이므로 잘 알아두어야 하며, 가급적이면 이 함수들의 내용까지 정확히 이해하도록 노력할 것을 권한다.

C언어에서는 대문자와 소문자를 구분하여 다르게 사용한다. C언어 고유의 모든 지시어나 내장함수들은 항상 소문자로 시작한다. 그러나, 이 책의 C언어 예제에서는 모든 사용자 정의 함수를 대문자로 시작하는데 유의하라.

그리고, *OK-STM103* 키트 또는 STM32F103VET6 마이크로컨트롤러를 위한 C언어 예제 프로그램을 작성하는 동안에 컴파일러의 기능이나 문법에 관한 문제를 만나면 항상 제3.3절의 설명을 참조하거나 IAR EWARM 소프트웨어에 포함된 매뉴얼 및 도움말 기능을 이용하기 바란다. 그러나, 당연히 **표준적인 C언어의 문법이나 기능에 대한 사항은 C언어에 관한 책을 보고 별도로 익혀야 한다**. 이 책은 C언어를 사용하여 STM32F103VET6 마이크로컨트롤러의 프로그래밍 기술을 공부하고자 하는 책이지 기본적인 C언어를 익히자는 책이 아니다.

〈표 4.1.1〉 헤더파일 OK-STM103.h에 포함된 기본 사용자 정의 함수들의 요약

사용자 함수	기 능	입력 파라미터	리턴 값
Initialize_MCU()	STM32F103VET6 MCU를 *OK-STM103* 키트의 사양에 맞도록 초기화한다.	-	-
Delay_us() Delay_ms()	1~(2^{32}-1)μs 범위의 시간 지연을 수행한다. 1~(2^{32}-1)ms 범위의 시간 지연을 수행한다.	U32 time_us U32 time_ms	-
Tick() Beep() Beep_3times()	버저를 100μs 길이로 짧게 1차례 울린다. 버저를 50ms 길이로 1차례 울린다. 버저를 50ms 길이, 100ms 간격으로 3차례 울린다.	-	-
Key_input() Key_input_silent()	키 KEY1~KEY4를 읽어온다. (디바운싱○, 비프○) 키 KEY1~KEY4를 읽어온다. (디바운싱○, 비프×)	-	unsigned char unsigned char
LED_on() LED_off() LED_toggle()	LED1을 켠다. LED1을 끈다. LED1의 점등 상태를 반전시킨다.	-	-
Initialize_LCD() LCD_command() LCD_data() LCD_string()	텍스트 LCD 모듈을 초기화한다. 텍스트 LCD 모듈에 1개의 제어명령을 출력한다. 텍스트 LCD 모듈에서 현재의 커서 위치에 1문자를 표시한다. 텍스트 LCD 모듈에서 커서 위치를 지정하고 그 위치부터 문자열을 출력한다.	- U08 command U08 data U08 command, char *string	- - - -
LCD_binary()	텍스트 LCD 모듈에서 현재의 커서 위치부터 8비트 또는 16비트의 2진수를 표시한다.	U16 number, U08 digit	-
LCD_unsigned_decimal() LCD_signed_decimal()	텍스트 LCD 모듈에서 현재의 커서 위치부터 부호없는 10진수 또는 부호있는 10진수를 표시한다. (zerofill=1이면 선두의 무효 자리를 0으로 채운다.)	U32 number, U08 zerofill, digit	-
LCD_hexadecimal() LCD_0x_hexadecimal()	텍스트 LCD 모듈에서 현재의 커서 위치부터 16진수 또는 0x를 앞세운 16진수를 표시한다.	U32 number, U08 digit	-
LCD_unsigned_float() LCD_signed_float()	텍스트 LCD 모듈에서 현재의 커서 위치부터 부호없는 실수 또는 부호있는 실수를 표시한다. (integral=실수부 자릿수, fractional=소수부 자릿수)	U32 number, U08 integral, fractional	-
DS3234_initialize() DS3234_read() DS3234_write()	DS3234 RTC를 초기화한다. DS3234의 지정 번지에서 1개의 데이터를 읽어온다. DS3234의 지정 번지에 1개의 데이터를 쓰고 온다.	- U16 address U16 address, U08 value	- unsigned char -

5. 실습 과제

(1) C언어에서 #include < >와 #include " " 지시어는 어떻게 다른가?

(2) C언어에서 /* ~ */ 문은 어떤 의미인가? 또한 이와 유사한 기능을 수행하는 다른

방법은 무엇인가?

(3) C언어에서 while 문 및 do ~ while 문의 기능과 사용 방법을 설명하라.

(4) C언어 프로그램에서 사용자 정의함수가 호출되기 전에 앞에서 정의되는 경우와 호출된 이후에 뒤에서 정의되는 경우 각각 이것들을 어떻게 처리해야 올바르게 동작하는지 설명하라.

(5) C언어에서 지시어 void는 어떤 용도로 사용되는가?

(6) 예제 프로그램 Exp01_3.c에서 LED가 점멸하는 속도를 500[ms]에서 100[ms]로 빠르게 수정한 프로그램 Exp01_3R.c를 작성하라.

◀참고▶ 이 책에서 사용하는 모든 C언어 예제 프로그램의 소스 파일은 Exp01_3_LED.c와 같은 형식으로 이름을 짓는다. 여기서 첫번째 숫자는 제4장의 절을 나타내는 번호이며, 두번째 숫자는 이 절에서 사용하는 여러개의 예제 프로그램을 서로 구분하기 위한 일련번호이다. 그리고, LED는 해당 예제 프로그램이 뭐하는 내용인지를 간단히 파악할 수 있도록 알려주는 역할을 한다. 그러나, 앞으로 이 책에서는 실제의 파일명이 Exp01_3_LED.c로 되어 있더라도 때로는 뒷부분의 _LED는 생략하고 그냥 간단히 Exp01_3.c라고 부르기도 한다는 점에 유의하라.

4.2 기본적인 C언어 프로그래밍 기법

이 절에서는 *OK-STM103* 키트에서 C언어로 프로그래밍할 때 매우 자주 사용되는 몇가지의 중요한 기본적인 프로그래밍 기법을 익힌다.

관련 내용	(1) 제1.2절 STM32F103VET6의 기본 구조와 기능 (2) 제1.3절 STM32F103VET6의 기본 시스템 제어기 (3) 제3.1절 *OK-STM103* 키트의 구조와 기능 (4) 제3.3절 IAR EWARM 컴파일러의 설치 및 사용

1. 시스템 클록의 설정

STM32F103VET6 마이크로컨트롤러는 리셋 후에 디폴트로 8MHz의 HSI 오실레이터를 사용하여 발진하며, 이를 바탕으로 SYSCLK, HCLK, APB1CLK, APB2CLK 신호가 모두 8MHz의 클록 주파수로 동작한다.

그러나, STM32F103VET6 마이크로컨트롤러는 최고 72MHz의 시스템 클록 주파수까지 동작할 수 있으며, 시간지연 루틴이나 USART 직렬통신 등에서 정확한 클록 신호가 필요하다는 점을 고려하면 외부 크리스털을 사용한 HSE 발진회로 및 PLL 회로를 사용하여 72MHz의 클록을 발생하고 이를 시스템 클록으로 사용하는 것이 바람직하다. *OK-STM103* 키트에는 이를 위해 OSC_IN 및 OSC_OUT 단자에 16MHz의 크리스털을 접속하여 두었으므로 PLL을 사용하여 이를 4.5배의 주파수로 체배하면 72MHz의 클록을 만들 수 있다.

HSE 클록이 PLL 회로를 거쳐서 시스템 클록을 발생하는 과정은 <그림 1.3.7>에서 설명하였다. HSE 클록과 PLL을 사용하려면 일단 HSE 클록을 인에이블하고 PLL 회로를 정지시킨 후에 PLL을 원하는 파라미터로 설정하며, 다시 PLL을 동작시켜서 안정적인 동작이 수행되는 것을 확인한 후에 HSI 클록을 HSE 기반의 PLL 클록으로 교체하여야 한다. 이러한 설정 과정은 매우 까다롭고 세심한 프로그래밍 작업이 요구되는 분야이므로 초보자들에게는 어려울 수 있다. 대부분의 경우 PLL의 설정에 실패하면 시스템이 정지하지 않도록 클록 안전 시스템(CSS)이 이를 감지하여 시스템 클록을 8MHz의 HSI를 사용하는 모드로 되돌린다.

▣ 시스템 클록을 72MHz로 설정하는 프로그램

OK-STM103 키트에서는 독자들의 어려움을 덜어주고자 이와 같이 HSE 발진회로 및 PLL 회로를 사용하여 16MHz의 크리스털로부터 72MHz의 시스템 클록을 설정하는 과정을 헤더파일 OK-STM103.h에서 Initialize_MCU() 함수로 만들어 제공하므로 사용자 프로그램의 서두에서 이 함수를 그냥 간단히 호출하여 주면 된다. 기본 헤더파일 OK-STM103.h에서 Initialize_MCU() 함수 부분을 발췌하여 보이면 다음과 같다.

<헤더파일 OK-STM103.h> MCU 초기화 함수 부분만을 발췌하여 정리

```
        (이전 생략)
void Initialize_MCU(void)                               /* initialize STM32F103VET6 MCU */
{
// (1) 프리페치 버퍼 및 웨이트 사이클 설정
  FLASH->ACR = 0x00000012;                              // prefetch enable and 2 waits

// (2) HSE 및 PLL 설정(시스템 클록 SYSCLK = 72MHz)
  RCC->CR |= 0x00010001;                                // HSE on, HSI on
  while((RCC->CR & 0x00000002) == 0);                   // wait until HSIRDY = 1
  RCC->CFGR = 0x00000000;                               // system clock = HSI
  while((RCC->CFGR & 0x0000000C) != 0);                 // wait until SYSCLK = HSI

  RCC->CR &= 0xFEFFFFFF;                                // PLL off
  RCC->CFGR = 0x001F8400;                               // PLL 설정(PLLSRC = HSE/2, PLLMUL = 9)
  RCC->CR |= 0x01000000;                                // PLL on
  while((RCC->CR & 0x02000000) == 0);                   // wait until PLLRDY = 1

// (3) SYSCLK 및 주변장치 클록 설정(SYSCLK=PLL=72MHz, PCLK1=36MHz, PCLK2=72MHz)
  RCC->CFGR = 0x001F8402;                               // (ADC clock=72MHz/6=12MHz)
  while((RCC->CFGR & 0x0000000C) != 0x00000008);// wait until SYSCLK = PLL
  RCC->CR |= 0x00080000;                                // CSS on

// (4) 키트의 주변장치에 클록을 공급
  RCC->APB1ENR |= 0x32284812;                           // DAC,PWR,CAN,I2C1,UART4,SPI2,WWDG,TIM6,TIM3 클럭 공급
  RCC->APB2ENR |= 0x00001E7D;                           // SPI1,TIM1,ADC2,ADC1,GPIOA~GPIOE,AFIO 클럭 공급

// (5) 키트에 맞게 GPIO를 초기화

  GPIOA->CRH &= 0xFFF00000;                             // 포트A 설정
  GPIOA->CRH |= 0x000B843B;
  GPIOA->ODR |= 0x00000800;                             // CAN_RX = pullup
  GPIOA->CRL  = 0xB4B00000;
  GPIOA->BSRR = 0x00000200;                             // -TS_CS = 1

  GPIOB->CRH  = 0xB4B34332;                             // 포트B 설정
  GPIOB->CRL &= 0x000FFF00;
  GPIOB->CRL |= 0xEE300043;
  GPIOB->BSRR = 0x00001621;                             // -MP3_RESET = -MP3_DCS = -MP3_CS = -RTC_CS = -SD_CS = 1

  GPIOC->CRH  = 0x33228B22;                             // 포트C 설정
  GPIOC->ODR |= 0x00000800;                             // UART4_RX = pullup
  GPIOC->CRL  = 0xBB244444;
  GPIOC->BSRR = 0xC0000000;                             // BUZZER = LED = 0

  GPIOD->CRH  = 0x33333333;                             // 포트D 설정
  GPIOD->CRL  = 0x33333333;                             // TFT_D0~TFT_D15 = push-pull output

  GPIOE->CRH  = 0x2BBBBBBB;                             // 포트E 설정
  GPIOE->CRL  = 0x22323333;                             // PE14~PE8 = TIM1 alternate function
  GPIOE->BSRR = 0x0020000D;                             // -TFT_WR = -TFT_CS = -TFT_RESET = 1, LCD_E = 0
```

```
}
            (이후 생략)
```

☞ 앞으로 *OK-STM103* 키트의 모든 예제 프로그램을 실행할 때는 72MHz의 시스템 클록을 사용하므로 단계 (1)에서처럼 웨이트 사이클을 2로 설정하고, 프리페치 버퍼를 사용하는 것으로 설정하는 것이 매우 중요하다.

그 다음의 단계 (2)~(3)은 RCC에서 클록을 설정하는 과정이고, 단계 (4)는 *OK-STM103* 키트에서 사용하는 주변장치에 클록을 공급하도록 설정하는 과정이며, 마지막으로 단계 (5)는 *OK-STM103* 키트의 하드웨어에 적합하도록 GPIO를 초기화하는 과정이다.

▣ 마이크로컨트롤러의 여러 가지 클록을 확인하는 프로그램

시스템 클록이 72MHz의 주파수로 잘 설정되어 동작하는지를 가장 확실하게 확인하는 방법은 STM32F103VET6의 PA8 단자에 부수적인 기능으로 포함된 MCO 신호로 클록을 출력하여 오실로스코프로 관측하는 것이다. *OK-STM103* 키트에서는 이를 위하여 테스트 핀 TP2에 MCO 신호를 연결하여 두었다.

다음은 테스트 핀 TP2(MCO)에 여러 가지의 클록 신호를 출력하여 오실로스코프로 이를 확인할 수 있는 예제 프로그램이다.

<프로그램 Exp02_1.c> TP2(MCO)에서 여러가지 클록 신호를 관측하기

```
/* ========================================================================== */
/*              Exp02_1_clock.c : MCO 단자 주파수 출력 프로그램                */
/* ========================================================================== */
/*                                    Programmed by Duck-Yong Yoon in 2017.   */

#include "stm32f103xe.h"
#include "OK-STM103.h"
#include "OK-STM103_large.h"

int main(void)
{
  Initialize_MCU();                               // initialize MCU and kit
  Delay_ms(50);                                   // wait for system stabilization
  Initialize_LCD();                               // initialize text LCD module
  Initialize_TFT_LCD();                           // initialize TFT-LCD module

  LCD_string(0x80," OK-STM103 V1.0 ");            // display title
  LCD_string(0xC0,"    Exp02_1.c     ");
  Beep();

  TFT_string(0, 5,White,Magenta,"    MCO(TP2) 단자 주파수 출력 테스트    ");
  TFT_string(0, 8,White,   Black,"           오실로스코프를 사용하여        ");
  TFT_string(0,10,White,   Black,"  TP2 단자의 클록 주파수를 관측하시오!  ");

  RCC->APB2ENR |= 0x00000004;                     // GPIOA 클럭 공급

  GPIOA->CRH &= 0xFFFFFFF0;                       // PA8 = MCO
  GPIOA->CRH |= 0x0000000B;
```

```
  while(1)
    { TFT_string_large(2,18,  Cyan,Black," MCO = SYSCLK = 72MHz ");
      RCC->CFGR &= 0xF8FFFFFF;                          // MCO = SYSCLK
      RCC->CFGR |= 0x04000000;
      Delay_ms(5000);
      Beep();

      TFT_string_large(2,18,Yellow,Black,"   MCO = HSI = 8MHz   ");
      RCC->CFGR &= 0xF8FFFFFF;                          // MCO = HSI
      RCC->CFGR |= 0x05000000;
      Delay_ms(5000);
      Beep();

      TFT_string_large(2,18, Green,Black,"  MCO = HSE = 16MHz   ");
      RCC->CFGR &= 0xF8FFFFFF;                          // MCO = HSE
      RCC->CFGR |= 0x06000000;
      Delay_ms(5000);
      Beep();

      TFT_string_large(2,18, White,Black,"MCO = PLLCLK/2 = 36MHz");
      RCC->CFGR &= 0xF8FFFFFF;                          // MCO = PLLCLK/2
      RCC->CFGR |= 0x07000000;
      Delay_ms(5000);
      Beep();
    }
}
```

위의 예제 프로그램을 *OK-STM103* 키트에서 실행하고 테스트 핀 TP2(MCO)에서 출력되는 클록 신호를 오실로스코프로 관측하여 보라. 이렇게 관측된 클록 주파수가 TFT-LCD 화면에 표시되는 값과 일치하는가?

▣ 마이크로컨트롤러의 연산처리 성능을 측정하는 프로그램

이번에는 이와 같이 시스템 클록이 최고 주파수인 72MHz로 동작할 때 이 마이크로컨트롤러 STM32F103VET6의 실수 연산처리 성능은 어느 정도인지를 경험할 수 있는 프로그램을 작성하여 보기로 한다.

다음은 이 마이크로컨트롤러의 실수 곱셈 및 나눗셈, sin(x)와 cos(x)의 삼각함수 연산을 수행하는데 걸리는 시간을 SysTick 타이머로 측정하고 이를 TFT-LCD에 표시하는 프로그램이다.

<프로그램 Exp02_2.c> 마이크로컨트롤러의 산술연산 성능을 측정하는 예제

```
/* ========================================================================== */
/*      Exp02_2_performance.c : STM32F103VET6의 연산속도 테스트 프로그램       */
/* ========================================================================== */
/*                                  Programmed by Duck-Yong Yoon in 2017.     */

#include "stm32f103xe.h"
#include "OK-STM103.h"
#include <arm_math.h>                          // 반드시 마지막에 인클루드할 것.

#define PI_rad  3.14159265358979F
```

```
float answer;                                      // function calculation result
float *result;

int main(void)
{
  signed int i;
  unsigned int count;
  float x, y;
  unsigned int sum_sinx, sum_sinf32x, number;   // 연산시간 평균 처리용 변수

  Initialize_MCU();                              // initialize MCU and kit
  Delay_ms(50);                                  // wait for system stabilization
  Initialize_LCD();                              // initialize text LCD module
  Initialize_TFT_LCD();                          // initialize TFT-LCD modul

  LCD_string(0x80," OK-STM103 V1.0 ");           // display title
  LCD_string(0xC0,"   Exp02_2.c    ");
  Beep();

  SysTick->LOAD  = 0x00FFFFFF;                   // maximum value
  SysTick->CTRL  = 0x00000005;                   // SysTick enable and clock source = 72MHz
  SysTick->VAL   = 0;                            // clear SysTick Counter

  while(1)
    { TFT_clear_screen();
      TFT_string(3, 2,White,Magenta,"  STM32F103VET6의  연산속도 측정  ");
      TFT_string(3, 5,Cyan,   Black,"          (실수 계산 시간)         ");
      TFT_string(3, 8,Yellow, Black,"       x = 0.0, y = 000.000      ");
      TFT_string(3,12,White,  Black,"  x * y     = 0000 = 00.000 us   ");
      TFT_string(3,14,White,  Black,"  x / y     = 0000 = 00.000 us   ");
      TFT_string(3,18,White,  Black,"  sqrt(x)   = 0000 = 00.000 us   ");
      TFT_string(3,20,White,  Black,"  sqrtf(x)  = 0000 = 00.000 us   ");
      TFT_string(3,24,White,  Black,"  exp(x)    = 0000 = 00.000 us   ");
      TFT_string(3,26,White,  Black,"  expf(x)   = 0000 = 00.000 us   ");
      Rectangle(10,88, 309,232, White);
      Line(10,136, 309,136, White);
      Line(10,184, 309,184, White);

      for(i = 1; i <= 9; i++)
        { x = 1.1 * (float)i;
          y = 111.111 * (float)i;

          TFT_color(Yellow,Black);
          TFT_xy(14,8);
          TFT_unsigned_float(x,1,1);
          TFT_xy(23,8);
          TFT_unsigned_float(y,3,3);

          SysTick->VAL = 0;                      // x * y
          answer = x * y;
          count = SysTick->VAL;
          if(count == 0) count = 0x00FFFFFF;
          count = 0x00FFFFFF + 1 - count;
          TFT_color(Green,Black);
          TFT_xy(18,12);
          TFT_unsigned_decimal(count,0,4);
          TFT_xy(25,12);
          TFT_unsigned_float((float)count/72.,2,3);

          SysTick->VAL = 0;                      // x / y
          answer = x / y;
          count = SysTick->VAL;
          if(count == 0) count = 0x00FFFFFF;
          count = 0x00FFFFFF + 1 - count;
          TFT_xy(18,14);
          TFT_unsigned_decimal(count,0,4);
          TFT_xy(25,14);
          TFT_unsigned_float((float)count/72.,2,3);

          SysTick->VAL = 0;                      // sqrt(x)
```

```
        answer = sqrt(x);
        count = SysTick->VAL;
        count = 0x00FFFFFF + 1 - count;
        TFT_color(Cyan,Black);
        TFT_xy(18,18);
        TFT_unsigned_decimal(count,0,4);
        TFT_xy(25,18);
        TFT_unsigned_float((float)count/72.,2,3);

        SysTick->VAL = 0;                        // sqrtf(x)
        answer = sqrtf(x);
        count = SysTick->VAL;
        count = 0x00FFFFFF + 1 - count;
        TFT_xy(18,20);
        TFT_unsigned_decimal(count,0,4);
        TFT_xy(25,20);
        TFT_unsigned_float((float)count/72.,2,3);

        SysTick->VAL = 0;                        // exp(x)
        answer = exp(x);
        count = SysTick->VAL;
        count = 0x00FFFFFF + 1 - count;
        TFT_xy(18,24);
        TFT_unsigned_decimal(count,0,4);
        TFT_xy(25,24);
        TFT_unsigned_float((float)count/72.,2,3);

        SysTick->VAL = 0;                        // expf(x)
        answer = expf(x);
        count = SysTick->VAL;
        count = 0x00FFFFFF + 1 - count;
        TFT_xy(18,26);
        TFT_unsigned_decimal(count,0,4);
        TFT_xy(25,26);
        TFT_unsigned_float((float)count/72.,2,3);

        LED_toggle();                            // blink LED1
        Delay_ms(1000);
      }
    Beep();

    TFT_clear_screen();
    TFT_string(3, 2,White,Magenta,"  STM32F103VET6의  연산속도 측정  ");
    TFT_string(3, 5,Cyan,   Black,"       (삼각함수 계산 시간)       ");
    TFT_string(3, 8,Yellow, Black,"             x = +90              ");
    TFT_string(3,12,White,  Black,"sin(x)            = 0000 = 00.000 us");
    TFT_string(3,14,White,  Black,"arm_sin_f32(x)    = 0000 = 00.000 us");
    TFT_string(3,18,White,  Black,"cos(x)            = 0000 = 00.000 us");
    TFT_string(3,20,White,  Black,"arm_cos_f32(x)    = 0000 = 00.000 us");
    TFT_string(3,24,White,  Black,"sin(x)의 평균            = 00.000 us");
    TFT_string(3,26,White,  Black,"arm_sin_f32(x)의 평균    = 00.000 us");
    TFT_color(Yellow,Black);
    TFT_xy(24,8);
    TFT_English(0x7F);
    Rectangle(10,88, 309,184, White);
    Line(10,136, 309,136, White);

    number = 1;
    sum_sinx = 0;
    sum_sinf32x = 0;
    for(i = -90; i <= 90; i += 5)
      { x = (float)i * PI_rad / 180.;

        TFT_color(Yellow,Black);
        TFT_xy(21,8);
        TFT_signed_decimal(i,1,2);

        SysTick->VAL = 0;                        // sin()
        answer = sin(x);
        count = SysTick->VAL;
        count = 0x00FFFFFF + 1 - count;
```

```
            TFT_color(Green,Black);
            TFT_xy(21,12);
            TFT_unsigned_decimal(count,0,4);
            TFT_xy(28,12);
            TFT_unsigned_float((float)count/72.,2,3);

            sum_sinx += count;

            SysTick->VAL = 0;                       // arm_sin_f32()
            answer = arm_sin_f32(x);
            count = SysTick->VAL;
            count = 0x00FFFFFF + 1 - count;
            TFT_xy(21,14);
            TFT_unsigned_decimal(count,0,4);
            TFT_xy(28,14);
            TFT_unsigned_float((float)count/72.,2,3);

            sum_sinf32x += count;

            SysTick->VAL = 0;                       // cos()
            answer = cos(x);
            count = SysTick->VAL;
            count = 0x00FFFFFF + 1 - count;
            TFT_color(Cyan,Black);
            TFT_xy(21,18);
            TFT_unsigned_decimal(count,0,4);
            TFT_xy(28,18);
            TFT_unsigned_float((float)count/72.,2,3);

            SysTick->VAL = 0;                       // arm_cos_f32()
            answer = arm_cos_f32(x);
            count = SysTick->VAL;
            count = 0x00FFFFFF + 1 - count;
            TFT_xy(21,20);
            TFT_unsigned_decimal(count,0,4);
            TFT_xy(28,20);
            TFT_unsigned_float((float)count/72.,2,3);

            TFT_color(Yellow,Black);                // 평균
            TFT_xy(28,24);
            TFT_unsigned_float((float)sum_sinx/72./(float)number,2,3);
            TFT_xy(28,26);
            TFT_unsigned_float((float)sum_sinf32x/72./(float)number,2,3);
            number += 1;

            LED_toggle();                           // blink LED1
            Delay_ms(1000);
          }
        Beep();
      }
  }
```

☞ 이 프로그램을 실행하면 여러 가지 실수연산을 수행하는데 소요되는 시간을 알 수 있다. C언어에 기본적으로 내장된 sqrt(x), exp(x)와 같은 함수는 인수를 double형으로 사용하는데 비하여 sqrtf(x), expf(x)는 인수를 float형으로 사용하므로 연산시간이 좀더 빠르다.

C언어의 내장함수 중에서 아주 중요한 공학함수인 sin(x), cos(x)는 일반적인 처리 알고리즘으로 수행되기 때문에 각 마이크로컨트롤러의 장점을 살려서 최고의 연산처리 성능을 발휘하는데는 여러 가지로 부족함이 있다. ARM사에서는 이 때문에 Cortex-M 시리즈 마이크로컨트롤러의 장점을 살려서 최고의 연산성능을 발휘할 수 있도록 별도의 헤더파일로 수학함수를 제공하고 있다. 예를 들어 C언어의 기본함수 sin(x)를 좀더 빠르게 연산할 수 있도록 arm_sin_f32(x) 함수를 제공하며, cos(x)를 대체할 수 있는 arm_cos_f32(x) 함수를 제공한다. 이런 추가적인 수학함수들은 모두 헤더파일 arm_math.h에 정의되어 있다.

위의 예제 프로그램에서는 이와 같이 C언어의 일반 삼각함수와 Cortex-M 시리즈용으로 특별히 제공되

는 삼각함수의 처리속도를 비교하였다. ARM Cortex-M3 계열인 STM32F103VET6 마이크로컨트롤러는 매우 높은 연산처리 성능을 가지므로 일반 삼각함수 sin(x)와 cos(x)도 상당히 빠르게 처리되지만, 특별히 제공되는 arm_sin_f32(x)나 arm_cos_f32(x)와 같은 함수는 이보다 훨씬 빠른 처리속도를 나타낸다.

2. 시스템 레지스터 및 I/O 제어 레지스터의 액세스

Cortex-M3 마이크로컨트롤러의 레지스터는 크게 ARM사에서 설계한 CPU 코어에 해당하는 시스템 레지스터와 각 반도체 회사에서 마이크로컨트롤러 제품을 만들 때 설계한 주변장치의 I/O 제어 레지스터로 나누어진다.

STM32F103VET6의 경우에도 마찬가지로 이와 같이 2부분으로 구성되어 있어서 CPU 코어에 해당하는 장치에는 인터럽트 제어기 NVIC, 시스템 제어 블록 SCB, 시스틱 타이머 SysTick 등이 있는데, 이 장치에 포함되는 레지스터들은 모두 C컴파일러의 core_cm3.h 파일에 정의되어 있다. 그리고, 나머지의 모든 주변장치에 해당하는 I/O 제어 레지스터들은 stm32f103xe.h 파일에 정의되어 있다. 이들 헤더파일의 내용은 제3.3절에서 보였으니 참조하기 바란다.

그런데, core_cm3.h 파일과 stm32f103xe.h 파일에서 레지스터를 정의할 때는 모두 구조체를 사용하여 1개의 장치마다 1개씩의 구조체 안에 해당 주변장치의 모든 레지스터들을 포함시키고 있다. 따라서, 예를 들어 GPIO 포트 A의 출력 데이터 레지스터는 원래 GPIOA_ODR이라는 이름을 갖는데, IAR EWARM C컴파일러에서는 이를 구조체 형식으로 GPIOA->ODR이라고 지칭하여

예 GPIOA->ODR = 0x0123;

과 같이 사용한다.

그러나, 일부의 I/O 제어 레지스터는 구조체 안에서 배열로 지정되어 있어서 이를 사용할 때 주의해야 한다. 예를 들어 AFIO_EXTICR1 ~ AFIO_EXTICR4 레지스터는 각각 AFIO->EXTICR1 ~ AFIO->EXTICR4처럼 사용할 것 같지만, 이것들은 구조체 안에서 배열로 지정되어 있기 때문에 각각

예
```
AFIO->EXTICR[0] = 0x01234567;
AFIO->EXTICR[1] = 0x01234567;
AFIO->EXTICR[2] = 0x01234567;
AFIO->EXTICR[3] = 0x01234567;
```

처럼 사용해야 한다.

IAR EWARM C컴파일러에서 시스템 레지스터나 I/O 제어 레지스터를 액세스하는 또다른 방법으로는 포인터를 사용하는 것이다. 예를 들어 GPIOA의 I/O 제어 레지스터들은 0x40010800 번지부터 시작하고 이중에서 ODR, BSRR, BSR 레지스터는 각각 오프셋 번지가 0x0C, 0x10, 0x14이므로 GPIOA_ODR, GPIOA_BSRR, GPIOA_BSR 레지스터는 절대번지 0x4001080C, 0x40010810, 0x40010814에 위치한다. 따라서, 이것들을 각각

```
예  *(__IO uint32_t *) 0x40010800 = 0x01234567;     // GPIOA_ODR (32비트)
    *(__IO uint32_t *) 0x40010810 = 0x01234567;     // GPIOA_BSRR(32비트)
    *(__IO uint32_t *) 0x40010814 = 0x01234567;     // GPIOA_BSR (32비트)
```

처럼 액세스할 수 있다.

다음은 STM32F103VET6 마이크로컨트롤러의 몇가지 시스템 레지스터와 I/O 제어 레지스터를 읽어서 TFT-LCD 화면에 표시하는 프로그램이다.

<프로그램 Exp02_3.c> 여러 가지 레지스터를 액세스하는 예제

```
/* ============================================================================ */
/*      Exp02_3_register.c : 몇가지 시스템 레지스터 및 I/O 레지스터 값의 확인      */
/* ============================================================================ */
/*                                   Programmed by Duck-Yong Yoon in 2017.      */

#include "stm32f103xe.h"
#include "OK-STM103.h"

int main(void)
{
  unsigned int x;

  Initialize_MCU();                              // initialize MCU and kit
  Delay_ms(50);                                  // wait for system stabilization
  Initialize_LCD();                              // initialize text LCD module
  Initialize_TFT_LCD();                          // initialize TFT-LCD module
  Beep();                                        // beep

  LCD_string(0x80," OK-STM103 V1.0 ");           // display title
  LCD_string(0xC0,"   Exp02_3.c    ");

  TFT_string(0, 1, White,Magenta,"  시스템 제어 블록(SCB)의  레지스터 값  ");
  TFT_string(0, 3, White,  Black," CPUID = 0x00000000      SCR = 0x00000000");
  TFT_string(0, 5, White,  Black," AIRCR = 0x00000000      CCR = 0x00000000");
  TFT_string(0, 9, White,Magenta,"   플래시 메모리 제어기의 레지스터 값   ");
  TFT_string(0,11,Yellow,  Black,"       FLASH_ACR = 0x00000000           ");
  TFT_string(0,13,Yellow,  Black,"       FLASH_CR  = 0x00000000           ");
  TFT_string(0,15,Yellow,  Black,"       FLASH_OBR = 0x00000000           ");
  TFT_string(0,18, White,Magenta,"          I/O 제어 레지스터 값          ");
  TFT_string(0,20,Yellow,  Black,"PWR_CR = 0x00000000 PWR_CSR = 0x00000000");
  TFT_string(0,22,Yellow,  Black,"RCC_CR = 0x00000000 RCC_CSR = 0x00000000");
  TFT_string(0,24,Yellow,  Black,"       GPIOB_IDR = 0x00000000           ");
  TFT_string(0,26,Yellow,  Black,"       GPIOC_IDR = 0x00000000           ");
  TFT_string(0,28,Yellow,  Black,"    SysTick_CTRL = 0x00000000           ");

  while(1)
    { x = SCB->CPUID;                            // SCB_CPUID
```

```
		TFT_xy(11,3);
		TFT_color(Cyan,Black);
		TFT_hexadecimal(x,8);
		x = SCB->SCR;					// SCB_SCR
		TFT_xy(32,3);
		TFT_hexadecimal(x,8);
		x = SCB->AIRCR;					// SCB_AIRCR
		TFT_xy(11,5);
		TFT_hexadecimal(x,8);
		x = SCB->CCR;					// SCB_CCR
		TFT_xy(32,5);
		TFT_hexadecimal(x,8);

		x = FLASH->ACR;					// FLASH_ACR
		TFT_xy(21,11);
		TFT_hexadecimal(x,8);
		x = FLASH->CR;					// FLASH_CR
		TFT_xy(21,13);
		TFT_hexadecimal(x,8);
		x = FLASH->OBR;					// FLASH_OBR
		TFT_xy(21,15);
		TFT_hexadecimal(x,8);

		x = PWR->CR;					// PWR_CR
		TFT_xy(11,20);
		TFT_hexadecimal(x,8);
		x = PWR->CSR;					// PWR_CSR
		TFT_xy(32,20);
		TFT_hexadecimal(x,8);
		x = RCC->CR;					// RCC_CR
		TFT_xy(11,22);
		TFT_hexadecimal(x,8);
		x = RCC->CSR;					// RCC_CSR
		TFT_xy(32,22);
		TFT_hexadecimal(x,8);
		x = GPIOB->IDR;					// GPIOB_IDR
		TFT_xy(21,24);
		TFT_hexadecimal(x,8);
		x = GPIOC->IDR;					// GPIOC_IDR
		TFT_xy(21,26);
		TFT_hexadecimal(x,8);
		x = SysTick->CTRL;				// SysTick_CTRL
		TFT_xy(21,28);
		TFT_hexadecimal(x,8);

		LED_toggle();					// blink LED1
		Delay_ms(500);
	}
}
```

OK-STM103 키트에서 이 프로그램을 실행하고 각 레지스터 값들이 어떻게 표시되는지 관찰하라. 그리고, KEY1~KEY4를 눌러보면서 GPIOC_IDR 레지스터 값이 그에 맞게 변동하는지 살펴보라.

3. 시간지연 함수

마이크로컨트롤러에서 프로그램을 작성하다보면 가장 자주 사용하는 루틴중의 하나가 아마도 시간지연(time delay) 함수일 것이다. 마이크로프로세서는 매우 동작이 빠르기 때문에 텍스트 LCD 모듈처럼 훨씬 느린 주변장치의 속도에 맞도록 동작 타이밍을 일치시키고자 하면 종종 시간지연 루틴이 필요하다. 또한, 빠르게 동작하는 마이크로프로세서에 비하여 사람의 눈으로 알아볼 수 있도록 LED를 느리게 점멸하거나 키입력 루틴에서 소프트웨어적으로 시간지연을 주는 방법으로 디바운싱을 구현하려면 역시 시간지연 루틴이 절대적으로 필요하다.

정밀한 시간지연 루틴을 구현하려면 하드웨어적으로 타이머를 이용하는 것이 좋지만, 이렇게 하는 것은 시스템 사이의 호환성을 떨어뜨릴 뿐만 아니라 이 루틴이 타이머 하드웨어 1개를 독점적으로 점유하기 때문에 그만큼 사용 가능한 I/O 디바이스가 감소하여 불리할 경우도 있다. 따라서, 아주 정밀한 시간지연이 요구되지 않는 대부분의 경우에는 소프트웨어적으로 시간지연 루틴을 구현하는 것이 일반적이며, 이 책에서는 소프트웨어적인 시간지연 함수를 만드는 방법을 공부한다.

종종 일반적으로 사용할 수 있는 시간지연 함수를 만들고 싶다는 사람을 볼 수 있는데 이는 애당초 무모하고 불가능한 일이다. 타이머를 사용하여 하드웨어적으로 시간지연 함수를 구현하든 또는 소프트웨어적으로 시간지연 함수를 구현하든 모든 시간지연 함수에서 지연시간 값은 마이크로프로세서에 따라 다르고 또한 시스템 클록의 주파수나 C컴파일러의 최적화 옵션 등과 같은 사용환경에 따라 상당히 달라지므로 이러한 함수의 일반성이란 존재하지 않는다. 현재 자신이 사용하는 마이크로프로세서와 자신이 사용하는 C언어 환경에 따라 그때 그때 최적한 시간지연 함수를 만들어 사용해야 하는 것이다.

8051이나 AVR과 같이 낮은 성능의 마이크로프로세서에서는 모든 어셈블리 명령에 대하여 실행시간이 정해져 있으므로 C언어 프로그램을 컴파일할 때 생성되는 어셈블리 언어 중간파일에서 반복처리 루틴의 실행시간을 수작업으로 계산하여 어렵지 않게 시간지연 함수를 구현할 수 있다. 그러나, 파이프라인 처리기능이나 캐시 메모리와 같은 고급기능을 갖는 고성능 마이크로프로세서에서는 각 어셈블리 명령의 실행시간이 일정하게 정의되지 않는 경우가 대부분이므로 이와 같이 프로그래머가 시간지연 함수의 시간지연 값을 계산하는 것이 거의 불가능하다. Cortex-M3 마이크로컨트롤러의 경우도 당연히 이에 해당한다.

STM32F103VET6 마이크로컨트롤러에서도 실행시간이 정확하지 않거나 일정하지 않은 어셈블리 명령이 존재한다. 따라서, 이런 경우에는 시간지연 함수를 컴파일하여 생성되는 어셈블리 언어 중간파일을 보면서 대략적인 시간지연 값을 계산하는 방법으로 일단 대략적인 시간지연 함수를 작성한 후에 이 프로그램을 실행하고 실험을 통하여 지연시간을 측정하면서 좀더 정확한 시간지연 값을 얻을 수 있도록 프로그램을 수정하여 조정한다. 이때 시간지연을 측정하는 방법으로는 시간지연 함수가 시작될 때 GPIO의 어느 출력 핀에 H상태를 출력하고 시간지연 함수가 끝난 직후에 이 출력 핀에 L상태를 출력하여 만들어지는 펄스폭을 오실로스코프로 측정하는 방식이 널리 사용된다. 이때 1가지의 시간값에 대하여만 측정하지 말고 몇가지 지연시간 값의 경우에 대하여 측정하면서 시간지연 함수를 조정하는 것이 좋다.

다음은 이렇게 하여 만들어진 시간지연 함수인데, 이는 앞의 제4.1절에서 소개한 바 있는 OK-STM103.h 헤더파일의 내용을 발췌한 것이다.

<헤더파일 OK-STM103.h> 시간지연 함수 부분만을 발췌하여 정리

```
          (이전 생략)
void Delay_us(U32 time_us)                    /* time delay for us in 72MHz */
{
  register unsigned int i;

  for(i = 0; i < time_us; i++)
    { asm("NOP");
      asm("NOP");
      asm("NOP");
      asm("NOP");
      asm("NOP");                             // 5
      asm("NOP");
      asm("NOP");
      asm("NOP");
      asm("NOP");
      asm("NOP");                             // 10
      asm("NOP");
      asm("NOP");
      asm("NOP");
      asm("NOP");
      asm("NOP");                             // 15
      asm("NOP");
      asm("NOP");
      asm("NOP");
      asm("NOP");
      asm("NOP");                             // 20
      asm("NOP");
      asm("NOP");
      asm("NOP");
      asm("NOP");
      asm("NOP");                             // 25
      asm("NOP");
      asm("NOP");
      asm("NOP");
      asm("NOP");
      asm("NOP");                             // 30
      asm("NOP");
      asm("NOP");
      asm("NOP");
      asm("NOP");
      asm("NOP");
```

```
        asm("NOP");                         // 35
        asm("NOP");
        asm("NOP");
        asm("NOP");
        asm("NOP");
        asm("NOP");                         // 40
        asm("NOP");
        asm("NOP");
        asm("NOP");
        asm("NOP");
        asm("NOP");                         // 45
        asm("NOP");
        asm("NOP");
        asm("NOP");
        asm("NOP");
        asm("NOP");                         // 50
        asm("NOP");
        asm("NOP");
        asm("NOP");
        asm("NOP");
        asm("NOP");                         // 55
        asm("NOP");
        asm("NOP");
        asm("NOP");
        asm("NOP");
        asm("NOP");                         // 60
        asm("NOP");
        asm("NOP");
        asm("NOP");
        asm("NOP");
        asm("NOP");                         // 65
        asm("NOP");                         // 66
      }
}

void Delay_ms(U32 time_ms)                  /* time delay for ms in 72MHz */
{
  register unsigned int i;

  for(i = 0; i < time_ms; i++)
    Delay_us(1000);
}

                (이후 생략)
```

☞ 여기서는 μs 단위의 시간지연 함수 Delay_us()는 unsigned int형의 32비트 입력 파라미터를 사용하고 이것이 내부에서 반복처리 루틴의 반복 횟수로 사용되므로 1~4,294,967,295μs의 시간지연을 얻을 수 있다. 또한, ms 단위의 시간지연 함수 Delay_ms()는 unsigned int형의 32비트 입력 파라미터를 사용하고 이것이 내부에서 반복처리 루틴의 반복 횟수로 사용되므로 1~4,294,967,295ms의 시간지연을 얻을 수 있다.

그러나, Delay_ms() 함수에서는 Delay_us(); 함수를 반복 실행하면서 다소의 오버헤드가 발생하며, 최적화 옵션을 어떻게 주느냐에 따라 Delay_us() 함수에서도 미세한 오버헤드가 발생할 수 있다. 하지만 이런 정도의 오차는 전체 시간지연 값에 비하여 매우 미미하므로 대부분의 경우 무시될 수 있다.

이상에서 설명한 C언어 프로그램에서의 시간지연 함수는 STM32F103VET6을 72MHz의 시스템 클록으로 동작시키는 경우에만 적용되며, 프로그램을 컴파일할 때 최적화 옵션을 High 레벨의 Size 조건으로 설정해야 한다. 만약, 시스템 클록의 주파수가 달라지거나 최적화 옵션을 이와 다르게 설정하면 그에 따라 이들 시간지연 함수도 다시 설계해야 한다.

다음은 이러한 소프트웨어적인 시간지연 함수의 시간지연 값이 정확한지 테스트하는 예제 프로그램이다. Delay_us() 함수를 사용하여 1μs, 10μs, 100μs의 시간지연을 만들고, Delay_ms() 함수를 사용하여 1ms, 10ms, 100ms의 시간지연을 만들었다.

<프로그램 Exp02_4.c> C언어에서 시간지연 값을 테스트하기 위한 예제(1)

```
/* ============================================================================ */
/*            Exp02_4_time_delay(1).c : 시간지연 루틴 테스트 프로그램           */
/* ============================================================================ */
/*                                   Programmed by Duck-Yong Yoon in 2017.     */

#include "stm32f103xe.h"
#include "OK-STM103.h"

int main(void)
{
  unsigned int i;

  Initialize_MCU();                          // initialize MCU and kit
  Delay_ms(50);                              // wait for system stabilization
  Initialize_LCD();                          // initialize text LCD module
  Initialize_TFT_LCD();                      // initialize TFT-LCD module

  LCD_string(0x80," OK-STM103 V1.0 ");       // display title
  LCD_string(0xC0,"   Exp02_4.c    ");

  TFT_string(0,8,White,Magenta,"   시간지연 함수  정확도 테스트 (TP3)   ");
  TFT_string(18,19,Yellow,Black,"(5초)");

  while(1)
    { TFT_string(0,16,Cyan,Black,"        H 구간 = L 구간 = 10 us         ");
      Beep();
      for(i = 0; i < 250000; i++)
        { LED_on();                          // LED1 on
          Delay_us(10);
          LED_off();                         // LED1 off
          Delay_us(10);
        }

      TFT_string(0,16,Cyan,Black,"        H 구간 = L 구간 = 100 us        ");
      Beep();
      for(i = 0; i < 25000; i++)
        { LED_on();                          // LED1 on
          Delay_us(100);
          LED_off();                         // LED1 off
          Delay_us(100);
        }

      TFT_string(0,16,Cyan,Black,"        H 구간 = L 구간 = 1 ms          ");
      Beep();
      for(i = 0; i < 2500; i++)
        { LED_on();                          // LED1 on
          Delay_ms(1);
          LED_off();                         // LED1 off
          Delay_ms(1);
        }

      TFT_string(0,16,Cyan,Black,"        H 구간 = L 구간 = 10 ms         ");
      Beep();
      for(i = 0; i < 250; i++)
        { LED_on();                          // LED1 on
          Delay_ms(10);
          LED_off();                         // LED1 off
          Delay_ms(10);
        }
```

```
      TFT_string(0,16,Cyan,Black,"          H 구간 = L 구간 = 100 ms         ");
      Beep();
      for(i = 0; i < 25; i++)
        { LED_on();                              // LED1 on
          Delay_ms(100);
          LED_off();                             // LED1 off
          Delay_ms(100);
        }
    }
}
```

OK-STM103 키트에서 이 프로그램을 실행하고 테스트 핀 TP3(LED)에 출력되는 펄스 폭을 오실로스코프로 측정하여 TFT-LCD 화면에 표시되는 시간지연 값과 일치하는지 살펴보라.

위의 프로그램에서는 시간지연 값의 정확성을 측정하기 위한 장비로서 오실로스코프가 필요하다는 단점이 있으며, 또한 이 오실로스코프로 펄스 폭의 시간값을 읽는 정확성은 사람에 따라 다소 다를 수도 있다. 다음 예제 프로그램에서는 이러한 단점이나 불편 사항을 개선하여 시간지연 함수의 시간지연 값을 SysTick 타이머로 자동 측정하고 이를 TFT-LCD 화면에 실시간으로 표시하도록 하였다.

<프로그램 Exp02_5.c> C언어에서 시간지연 값을 테스트하기 위한 예제(2)

```
/* ========================================================================== */
/*      Exp02_5_time_delay(2).c : 시간지연 함수의 정확성을 측정하는 프로그램      */
/* ========================================================================== */
/*                                   Programmed by Duck-Yong Yoon in 2017.     */

#include "stm32f103xe.h"
#include "OK-STM103.h"

int main(void)
{
  unsigned int count;

  Initialize_MCU();                              // initialize MCU and kit
  Delay_ms(50);                                  // wait for system stabilization
  Initialize_LCD();                              // initialize text LCD module
  Initialize_TFT_LCD();                          // initialize TFT-LCD module

  LCD_string(0x80," OK-STM103 V1.0 ");           // display title
  LCD_string(0xC0,"   Exp02_5.c    ");
  Beep();

  TFT_string(0, 2,White,Magenta,"   시간지연 사용자 함수의 정확성 측정   ");
  TFT_string(2, 5,Yellow, Black,"  Delay_us(), Delay_ms() for 72MHz  ");
  TFT_string(2,11,White,  Black,"Delay_us(1)   = 0000000 = 000.000 us");
  TFT_string(2,13,White,  Black,"Delay_us(10)  = 0000000 = 000.000 us");
  TFT_string(2,15,White,  Black,"Delay_us(100) = 0000000 = 000.000 us");
  TFT_string(2,19,White,  Black,"Delay_ms(1)   = 0000000 = 000.000 ms");
  TFT_string(2,21,White,  Black,"Delay_ms(10)  = 0000000 = 000.000 ms");
  TFT_string(2,23,White,  Black,"Delay_ms(100) = 0000000 = 000.000 ms");
  Rectangle(5,80, 314,208, White);
  Line(5,144, 314,144, White);
```

```
	SysTick->LOAD  = 0x00FFFFFF;		// maximum value
	SysTick->CTRL  = 0x00000005;		// SysTick enable and interrupt no request
	SysTick->VAL   = 0;			// clear SysTick Counter

	while(1)
	  { SysTick->CTRL  = 0x00000005;	// SysTick enable and clock source = 72MHz
	    SysTick->VAL = 0;			// Delay_us(1)
	    Delay_us(1);
	    count = SysTick->VAL;
	    count = 0x00FFFFFF + 1 - count;
	    TFT_color(Green,Black);
	    TFT_xy(18,11);
	    TFT_unsigned_decimal(count,0,7);
	    TFT_xy(28,11);
	    TFT_unsigned_float((float)count/72.,3,3);

	    SysTick->VAL = 0;			// Delay_us(10)
	    Delay_us(10);
	    count = SysTick->VAL;
	    count = 0x00FFFFFF + 1 - count;
	    TFT_xy(18,13);
	    TFT_unsigned_decimal(count,0,7);
	    TFT_xy(28,13);
	    TFT_unsigned_float((float)count/72.,3,3);

	    SysTick->VAL = 0;			// Delay_us(100)
	    Delay_us(100);
	    count = SysTick->VAL;
	    count = 0x00FFFFFF + 1 - count;
	    TFT_xy(18,15);
	    TFT_unsigned_decimal(count,0,7);
	    TFT_xy(28,15);
	    TFT_unsigned_float((float)count/72.,3,3);

	    SysTick->CTRL  = 0x00000001;	// SysTick enable and clock source = 72MHz/8
	    SysTick->VAL = 0;			// Delay_ms(1)
	    Delay_ms(1);
	    count = SysTick->VAL;
	    count = 0x00FFFFFF + 1 - count;
	    TFT_color(Cyan,Black);
	    TFT_xy(18,19);
	    TFT_unsigned_decimal(count,0,7);
	    TFT_xy(28,19);
	    TFT_unsigned_float((float)count/9000.,3,3);

	    SysTick->VAL = 0;			// Delay_ms(10)
	    Delay_ms(10);
	    count = SysTick->VAL;
	    count = 0x00FFFFFF + 1 - count;
	    TFT_xy(18,21);
	    TFT_unsigned_decimal(count,0,7);
	    TFT_xy(28,21);
	    TFT_unsigned_float((float)count/9000.,3,3);

	    SysTick->VAL = 0;			// Delay_ms(100)
	    Delay_ms(100);
	    count = SysTick->VAL;
	    count = 0x00FFFFFF + 1 - count;
	    TFT_xy(18,23);
	    TFT_unsigned_decimal(count,0,7);
	    TFT_xy(28,23);
	    TFT_unsigned_float((float)count/9000.,3,3);

	    LED_toggle();			// blink LED1
	    Delay_ms(500);
	  }
}
```

☞ 여기서는 μs 단위의 시간값을 측정할 때는 SysTick 타이머에 72MHz의 클록을 사용하여 측정하였고, ms 단위의 시간값을 측정할 때는 SysTick 타이머에 72MHz/8의 클록을 사용하여 측정하였다.

OK-STM103 키트에서 이 프로그램을 실행하고 TFT-LCD에 표시되는 각 함수의 시간지연 값을 확인하여 보라. 이 프로그램을 컴파일할 때 C컴파일러의 최적화 옵션을 High 레벨의 Size 조건으로 설정하였는지 확인하고, 그렇게 했는데도 만약 이 시간지연 값이 정확하지 않다면 프로그램에서 Delay_us() 부분을 변경하면서 시간지연 값을 최대한 정확하게 수정하여 보라. 또한, C컴파일러의 최적화 옵션을 다르게 설정하면 이 시간지연 값이 달라지는지 확인하여 보라.

4. 무한 루프의 사용

운영체제를 가진 범용 컴퓨터에서는 사용자 프로그램의 실행이 끝나면 CPU의 제어가 운영체제로 다시 되돌아가지만, 마이크로컨트롤러에서는 운영체제를 사용하지 않는 경우가 대부분이므로 사용자 프로그램의 실행이 종료되면 되돌아 갈 곳이 없다. 그럼에도 불구하고 만약 사용자 프로그램의 실행이 종료되도록 프로그램을 작성한다면 그 이후에는 CPU가 알 수 없는 위치로 되돌아가서 프로그램 메모리에서 지정되지 않은 임의의 영역을 읽어서 이를 명령으로 해석하고 실행하기 때문에 예측할 수 없는 결과가 발생하게 된다. 따라서, 운영체제가 없는 마이크로컨트롤러의 사용자 프로그램에서는 절대로 main() 함수의 실행이 종료되지 않도록 무한 루프 구조로 프로그램을 작성하는 것이 일반적이다.

C언어에서 무한 루프 구조로 프로그램을 작성하는 것에는 2가지의 형태가 있다. 첫 번째 방법은 프로그램의 주요 부분을 실행하고 나서 마지막에 의미 없는 하나의 명령을 반복하여 실행하면서 무한 루프에 빠지도록 하는 것이다. 이렇게 처리하는 경우에는 결국 프로그램의 주요 부분은 1회만 실행되는 결과가 된다. 다음은 이러한 프로그램의 예이다.

<프로그램 Exp02_6.c> 프로그램의 무한 루프 처리방식(1)

```
/* ============================================================================ */
/*             Exp02_6_loop(1).c : 무한루프 처리 프로그램(1)                    */
/* ============================================================================ */
/*                                       Programmed by Duck-Yong Yoon in 2017.   */

#include "stm32f103xe.h"
#include "OK-STM103.h"
```

```
int main(void)
{
  unsigned int i;

  Initialize_MCU();                                   // initialize MCU and kit
  Delay_ms(50);                                       // wait for system stabilization
  Initialize_LCD();                                   // initialize text LCD module
  Initialize_TFT_LCD();                               // initialize TFT-LCD module

  LCD_string(0x80," OK-STM103 V1.0 ");                // display title
  LCD_string(0xC0,"   Exp02_6.c    ");
  TFT_string(0,10,White,Magenta,"      무한루프 처리 프로그램(1)       ");

  TFT_string(0,15,White,Black," (1) 원하는 작업을 수행함.           ");
  for(i = 0; i < 5; i++)                              // ***** 작업 수행 *****
    { LED_on();                                       // LED1 on
      Delay_ms(500);
      LED_off();                                      // LED1 off
      Delay_ms(500);
    }                                                 // ***** 작업 종료 *****
  Beep();                                             // beep

  TFT_string(0,18,White,Black," (2) 작업을 종료하고 무한루프로 들어감. ");
  while(1);                                           // ***** 무한 루프 *****
}
```

☞ 여기서는 전체 프로그램이 1회만 실행되고 나서 마지막에 while(1); 명령만 반복하여 실행하게 된다. 여기서 while(1); 명령은 for(;;);로 대체하여 사용해도 되는데, 왜 그런지는 독자 여러분이 직접 C언어의 문법을 익혀서 이해하도록 하라.

두번째 방법은 프로그램의 주요 부분을 무한히 반복하여 실행하면서 무한 루프에 빠지도록 하는 것이다. 대부분의 마이크로컨트롤러 프로그램은 이런 구조를 가지는데, 다음은 이와 같은 프로그램의 예이다.

<프로그램 Exp02_7.c> 프로그램의 무한 루프 처리방식(2)

```
/* ========================================================================== */
/*              Exp02_7_loop(2).c : 무한루프 처리 프로그램(2)                  */
/* ========================================================================== */
/*                                      Programmed by Duck-Yong Yoon in 2017.   */

#include "stm32f103xe.h"
#include "OK-STM103.h"

int main(void)
{
  unsigned int i;

  Initialize_MCU();                                   // initialize MCU and kit
  Delay_ms(50);                                       // wait for system stabilization
  Initialize_LCD();                                   // initialize text LCD module
  Initialize_TFT_LCD();                               // initialize TFT-LCD module

  LCD_string(0x80," OK-STM103 V1.0 ");                // display title
  LCD_string(0xC0,"   Exp02_7.c    ");
  TFT_string(0,10,White,Magenta,"      무한루프 처리 프로그램(2)       ");
```

```
    TFT_string(0,15,White, Black,"  무한루프로 작업을 반복하여 수행함.  ");
    while(1)                                   // ***** 무한 루프의 시작 부분 *****
      { for(i = 0; i < 5; i++)
          { LED_on();                          // LED1 on
            Delay_ms(500);
            LED_off();                         // LED1 off
            Delay_ms(500);
          }
        Beep();                                // beep
      }                                        // ***** 무한 루프의 끝 부분 *****
}
```

☞ 여기서는 while(1)문 안에 포함된 부분이 무한히 반복하여 실행된다. 따라서, 앞의 예제 프로그램 Exp02_6.c와는 다른 실행 결과가 된다. 물론 여기서 while(1)을 for(;;) 명령으로 대체하여 사용해도 된다.

이상의 예제 프로그램 Exp02_6.c 및 Exp02_7.c에서 만약 이를 무한 루프로 처리하지 않는다면 CPU는 메인 함수 main()을 실행하고 알 수 없는 곳으로 리턴할 것이다. 그러나, main() 함수도 하나의 C언어 함수이기 때문에 이것이 종료되면 스택의 복귀주소로 리턴하게 되는데, C컴파일러가 만든 스타트업 루틴에서 이를 서브루틴으로 호출하지 않고 점프 명령을 사용하였다면 되돌아 갈 곳을 알 수 없으며, 이를 서브루틴처럼 정상적으로 호출하였다고 하더라도 되돌아간 이후의 동작은 일반적으로 정해져 있지 않다.

5. 사용하지 않는 단자의 처리

마이크로컨트롤러에서 하드웨어적으로 사용하지 않는 GPIO 단자는 어떻게 처리해야 하는지 의문을 가지는 사람이 많다. 모든 마이크로컨트롤러에서 GPIO 단자는 초기화하지 않으면 전원 투입 후에 디폴트로 디지털 입력 모드에 있게 되는데, 만약 이를 사용하지 않고 그대로 둔다면 기능적으로는 별 문제가 발생하지 않는다.

그러나, 이와 같은 플로팅(floating) 상태의 입력 모드에서는 MOSFET 트랜지스터를 사용하는 입력단의 게이트 신호가 플로팅 상태에 있게 되므로 외부에서 약간의 전자기적인 자극만 들어오더라도 트랜지스터가 활성 영역(active region) 또는 포화 영역(saturation region)으로 동작하게 되어 시스템이 불안정하게 되거나 원하지 않는 소비전력의 증가를 유발하게 된다. 특히 컨넥터를 사용하여 외부에서 GPIO 입력 신호나 외부 인터럽트 신호 또는 UART와 같은 직렬통신의 수신 신호를 받아들이는 경우에 어떤 이유로 이 컨넥터를 연결하지 않게 되면 이들 신호는 시스템에 심각한 기능적인 오동작을 유발할 수 있다.

이와 같이 사용하지 않는 GPIO 단자를 안전하게 처리하는 방법이나 컨넥터가 연결되지 않았을 때의 입력신호가 시스템의 오동작을 유발하지 않도록 안전하게 처리하는 방법은 무엇일까? 첫째로, 사용하지 않는 GPIO 단자는 출력 모드로 설정하거나 또는 풀업 저항이나 풀다운 저항을 사용하는 입력 모드로 설정한다. 모든 오동작은 MOSFET의 게이트 단자가 불안정한 플로팅 상태에 놓이기 때문에 발생하는 것이므로 이를 피하면 된다. 그러나, 출력 모드로 설정하는 경우에는 이 단자가 하드웨어 오류로 접지와 단락되거나 여기에 뜻하지 않은 부하가 연결되는 경우에는 소비전력을 유발할 수도 있으므로, 이보다는 기능적으로 좀더 안전한 풀업/풀다운 형태의 입력 모드를 사용하는 것이 바람직하다. 단, GPIO 내부에서 풀업 저항이나 풀다운 저항을 소프트웨어로 설정하여 사용할 수 있다면 모르지만, 이러한 기능이 없어서 외부에서 풀업 저항이나 풀다운 저항을 추가로 연결해주어야 하는 경우에는 이 방법이 경제적으로 불리할 수 있다.

둘째로, GPIO 단자가 컨넥터를 사용하여 디지털 입력 신호, 외부 인터럽트 신호, 또는 UART와 같은 직렬통신의 수신 신호를 받고 있는 경우에 컨넥터를 접속하지 않아 이 신호선이 개방(open)되는 경우에도 문제를 발생하지 않도록 풀업 처리하는 것이 바람직하다. 만약 마이크로컨트롤러 내부에서 소프트웨어적으로 풀업 저항을 연결할 수 있으며 더욱 좋으며, 그렇지 않은 경우에는 단자의 외부에서 수 kΩ에서 수십 kΩ 정도의 풀업 저항을 연결한다.

다음은 GPIO의 입력 신호를 플로팅 상태로 그냥 두었을 경우와 이를 풀업 처리하였을 경우 동작의 안정성을 확인하기 위한 예제 프로그램이다. *OK-STM103* 키트에서 GPIO의 PE8~PE14 단자는 각각 테스트 핀 TP4~TP10에 연결되어 있는데, 이중에서 PE8~PE11 단자는 플로팅 상태로 두고 그 이상의 PE12~PE15 단자는 내부에서 풀업 처리하였다. 이 프로그램을 실행한 후에 테스트 핀 TP4~TP10을 사람의 손으로 만져보면 플로팅 상태의 입력 신호는 노이즈의 영향으로 값이 마구 변하는데 비하여 내부적으로 풀업 처리한 입력 신호는 안정적으로 1의 논리 상태를 유지하고 있는 것을 확인할 수 있다.

<프로그램 Exp02_8.c> 플로팅 상태 입력 신호의 위험성을 확인하는 프로그램

```
/* ======================================================================== */
/*        Exp02_8_GPIO_input.c : 플로팅 상태 입력 신호의 위험성을 확인            */
/* ======================================================================== */
/*                                  Programmed by Duck-Yong Yoon in 2017.    */
```

```
#include "stm32f103xe.h"
#include "OK-STM103.h"

int main(void)
{
  Initialize_MCU();                               // initialize MCU and kit
  Delay_ms(50);                                   // wait for system stabilization
  Initialize_LCD();                               // initialize text LCD module
  Initialize_TFT_LCD();                           // initialize TFT-LCD module

  LCD_string(0x80," OK-STM103 V1.0 ");            // display title
  LCD_string(0xC0,"   Exp02_8.c    ");

  TFT_string(0,3,White,Magenta,"       GPIO 입력 모드 동작 테스트       ");
  TFT_string(0,6,White,  Black,"  (TP4~TP10을 손가락으로 터치하면서     ");
  TFT_string(0,8,White,  Black,"   아래의 입력 데이터를 관찰하시오!)    ");
  TFT_string(0,14,Cyan,  Black,"        (pullup bit) (floating bit)     ");
  TFT_string(0,16,Cyan,  Black,"                 |      |               ");
  TFT_string(0,18,Cyan,  Black,"                 |      |               ");
  TFT_string(0,20,Cyan,  Black,"               ==== ====                ");
  TFT_string(0,22,White, Black,"   GPIOE_IDR = 0000 0000 XXXX XXXX      ");
  TFT_string(0,24,Cyan,  Black,"               ==== ====                ");

  GPIOE->CRH = 0x88884444;                        // PE15~PE12 = input with pullup
  GPIOE->BSRR = 0x0000F000;                       // PE11~PE8 = input with floating

  while(1)
    { TFT_color(Magenta,Black);
      TFT_xy(16,22);                              // display PE15~PE12
      TFT_binary((GPIOE->IDR >> 12) & 0x000F, 4);
      TFT_xy(21,22);                              // display PE11~PE8
      TFT_binary((GPIOE->IDR >> 8) & 0x000F, 4);

      LED_toggle();                               // blink LED1
      Delay_ms(100);
    }
}
```

☞ 이 프로그램을 실행하고 테스트 핀 TP4~TP10 부분을 손가락으로 터치하면서 TFT-LCD 화면에 표시되는 디지털 입력 데이터값을 관찰하여 보라.

6. 실습 과제

(1) IAR EWARM을 사용한 C언어 프로그램에서 다음이 의미하는 것을 설명하라.

uint8_t
int8_t
uint16_t
int16_t
uint32_t
int32_t
uint64_t
int64_t

(2) C언어에서 << 및 >> 연산자의 기능을 설명하라.

(3) C언어에서 다음과 같은 표현식의 의미를 설명하라.

```
a += 1;        a -= 1;        a *= 1;
a /= 1;        a &= 1;        a |= 1;
a ^= 1;        a >>= 1;       a <<= 1;
```

(4) C언어에서 지시어 volatile의 의미와 용도를 설명하라.

(5) C언어에서 최적화란 무엇이며, IAR EWARM C컴파일러에서 최적화 옵션을 설정하는 방법을 설명하라.

(6) 예제 프로그램 Exp02_3.c에서 시스템 레지스터 SCB_CPUID의 값이 의미하는 사항을 설명하라.

(7) 예제 프로그램 Exp02_6.c에서 while(1);문을 사용하였을 때와 for(;;);문을 사용하였을 때 각각 이 부분이 어떻게 어셈블리 언어 소스로 번역되는지 조사하여 설명하라.

(8) 예제 프로그램 Exp02_8.c에서 PE12~PE15 단자를 풀다운 처리하도록 수정한 프로그램 Exp02_8R.c를 작성하라. 이를 실행하고 테스트 핀 TP4~TP10을 사람의 손으로 만져보면서 입력 데이터를 관찰하라. 이 실험에서 어떤 결과를 얻을 수 있는가?

4.3 텍스트 LCD 모듈 응용 프로그램

이 절에서는 *OK-STM103* 키트에서 사용하는 텍스트 LCD 모듈의 구조, 기능, 사용 방법에 대하여 공부하고 이를 프로그램하는 기술을 익히기로 한다. 이 텍스트 LCD 모듈은 앞으로 이 책의 많은 예제에서 사용하므로 잘 알아두어야 한다.

1. 텍스트 LCD 모듈의 특징

종래의 7세그먼트 LED(Light Emitting Diode)가 아라비아 숫자 및 16진수에 필요한 A~F 정도의 문자를 겨우 표현할 수 있는데 비하여, 텍스트 LCD(Liquid Crystal Display) 모듈은 모든 ASCII 문자들을 비교적 미려하게 표현할 수 있으므로 오늘날 전기/전자기기의 간단한 문자표시용 출력장치에 널리 사용된다. 그러나, 이러한 텍스트 LCD 모듈 소자는 LED처럼 스스로 발광하는 능력을 가지고 있지 않아서 주위의 조도가 낮은 곳에서는 사용하기 어렵고, 사람이 이를 보는 각도에 따라 시각적 특성이 달라지며, 일반적으로 5×7 도트로 1개의 문자를 표현하므로 영문 소문자의 g, j, p, q, y와 같은 문자들은 다소 어색하게 표시된다. 이중에서 LCD 모듈이 발광능력이 없는 단점은 표시부의 배경 부분에 LED 등을 사용하여 밝게 조명을 하는 장치를 부착한 백라이트(backlight) 기능으로 보완되고 있다.

LCD 모듈은 LCD 패널과 LCD 컨트롤러 및 드라이버 IC를 1개의 기판에 모두 장착하여 하나의 일체형 단일 부품으로 만든 소자로서, 지정된 위치에 도트 매트릭스(dot matrix) 방식으로 ASCII 문자를 표시할 수 있는 텍스트형(text 또는 character type) LCD 모듈과 그래픽 방식으로 화면을 표시할 수 있는 그래픽형(graphic type) LCD 모듈 및 TFT-LCD형이 있다. 텍스트형은 표시문자가 ASCII 문자 정도로 제한되는 단점이 있으나, 대부분의 경우에 그 구조가 간단하고 사용 방법이 거의 표준화되어 있어 매우 편리하므로 오래 전부터 현재까지 널리 사용되어 오고 있다. 이에 비하여 TFT-LCD를 포함하는 그래픽형은 영문 ASCII 문자 이외에 한글이나 한자까지 자유롭게 표시할 수 있고 그밖에도 임의의 도형을 표시할 수 있으므로 최근에 들어서 그 사용이 폭발적으로 증가하였다. 그러나, 그래픽 LCD 모듈은 상대적으로 구조가 복잡하고 제조회사나 모델에 따라서 구조와 사용방법이 상당히 다른 경우가 많아서 사용이 불편하고 프로그래밍 과정이 번거롭다는 단점이 있다. 또한, 화면의 해상도가 높은 만큼 외형상 크기도 그래픽 LCD가 상대적으로 크며, 가격도 텍스트 LCD에 비하여 그래픽 LCD가 상당히 비싼 편이다.

<표 4.3.1>에는 표시문자 수에 따른 여러가지 텍스트 LCD 모듈의 종류를 보였으며, 또한 참고로서 <표 4.3.2>에는 전형적인 텍스트 LCD 모듈의 모델들을 보였다.

텍스트 LCD 모듈은 컨트롤러가 일본에서 처음으로 상용화되었기 때문에 ASCII 문자는 물론 일본어 문자가 기본 표시문자로 포함되어 있으나, 현재는 이것이 세계 각국에서 기본적으로 사용하는 디스플레이 소자가 되었으므로 모델에 따라서는 일본어 문자 대신에 다른 특수문자의 표시 기능을 가지는 제품도 많이 출시되고 있다.

백라이트 기능을 갖는 모델의 경우에는 어두운 곳에서도 화면을 선명하게 볼 수 있다. 그러나, 이중에서 LED를 사용한 백라이트형 모델은 전체 소비전력이 커지며, EL(Electro-Luminescence)이나 CCFL(Cold Cathode Fluorescent Lamp)형의 백라이트는 추가적인 전원장치를 요구하므로 이를 사용하려면 경제적 비용이 증가된다.

<표 4.3.1> 텍스트 LCD 모듈의 종류

모 델	비 고
8문자×1행, 8문자×2행 16문자×1행, 16문자×2행, 16문자×4행 20문자×1행, 20문자×2행, 20문자×4행 24문자×1행, 24문자×2행, 24문자×4행 32문자×1행, 32문자×2행 40문자×1행, 40문자×2행, 40문자×4행	각 모델별로 백라이트형이 따로 있으며, 백라이트의 색에는 red, orange, amber, yellow, green 등이 있다.

<표 4.3.2> 전형적인 텍스트 LCD 모듈 제품의 예

모 델	문자수 (열×행)	외형 칫수 (W×H×D mm)	표시부 칫수 (W×H mm)	문자 폰트 (W×H dot)	문자 크기 (W×H mm)	LED 백라이트
ABC008001A	8×1	60×33×12.0	44.0×13.0	5×8	4.41×7.88	○
HY-0802B	8×2	40×29.5×12.5	31.0×14.5	5×8	2.70×4.35	○
GCB0802C	8×2	58×32×12.6	37.8×16.0	5×8	2.96×5.56	○
ABC0080002G	8×2	40×36.1×7.4	30.5×14.0	5×8	2.95×4.75	○
LC1611	16×1	80×36×14.0	64.6×16.0	5×8	3.07×6.56	○
WH1601A	16×1	80×36×13.2	66.0×16.0	5×8	3.07×6.56	○
ABC016002E	16×2	80×36×10.0	64.0×16.0	5×8	2.96×5.56	○
ABC016002F	16×2	85×30×13.5	65.0×17.2	5×8	2.95×4.35	○
LC1621-SMLYH6	16×2	80×36×14.0	64.6×16.0	5×8	2.95×5.55	○
LC1623	16×2	84×44×14.0	64.6×16.0	5×8	2.95×5.55	○
LMC1623A	16×2	80×36×14.0	64.5×14.0	5×8	2.95×4.35	○
ABC016004A	16×4	87×60×14.5	61.8×25.2	5×8	2.96×4.76	○
ABC020002A	20×2	116×37×13.0	85.0×19.8	5×8	3.20×5.55	○
GC2004C	20×4	146×62.5×13.5	123.0×42.5	5×8	4.85×9.23	○
HY-2004A	20×4	98×60×13.7	77.0×26.5	5×8	2.95×4.75	○
BC2402A	24×2	118×36×13.1	94.5×16.0	5×8	3.20×5.55	○
LC2421	24×2	118×36×14.0	93.5×15.8	5×8	3.20×5.55	○
LC4041	40×4	190×54×14.5	147.0×29.5	5×8	2.78×4.97	○
BC4004A	40×4	190×54×13.6	147.0×29.5	5×8	2.78×4.89	○

2. 텍스트 LCD 모듈의 구조

(1) 내부 구조

일반적으로 텍스트 LCD 모듈의 내부는 컨트롤러, 드라이버, LCD 패널, 백라이트 유닛 등으로 구성되며, 개략적인 구조를 보이면 <그림 4.3.1>과 같다. 보통 컨트롤러와 드라이버는 각각 별도의 LSI로 되어 있으나, 요즈음에는 이 기능들을 일체형으로 만든 반도체 소자도 출시되고 있다.

여기서는 모든 기술적인 사양들을 현재 널리 사용되고 있는 삼성전자의 LCD 컨트롤러 S6A0069(옛 모델명 KS0066) 및 드라이버 S6A0065(옛 모델명 KS0065) 모델을 중심으로 설명한다. LCD 컨트롤러/드라이버에는 이와 유사한 기능을 가지는 모델들이 많은데 이것들은 <표 4.3.3>에 정리하였다. 그러나, 다른 모델들의 경우에도 삼성전자의 모델들과 크게 다르지 않으므로 프로그램할 때는 기능이 같은 것으로 간주하고 사용하더라도 별로 문제가 없다.

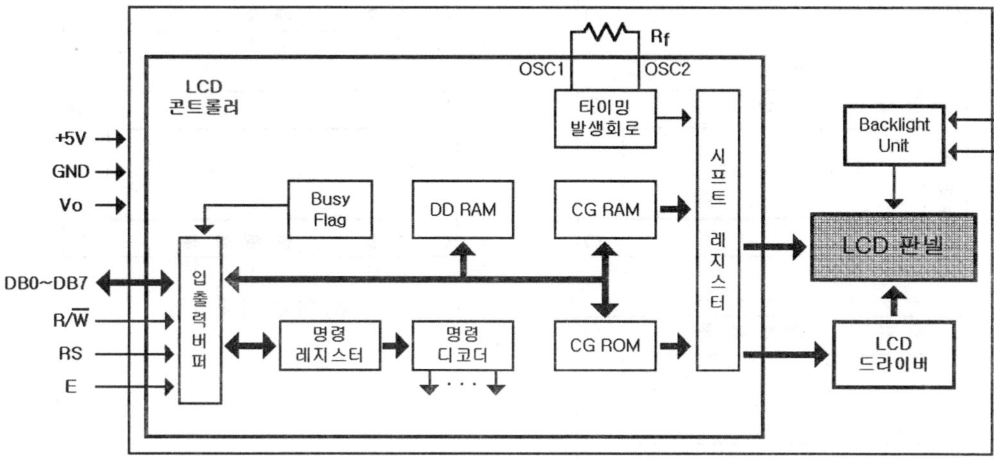

<그림 4.3.1> 텍스트 LCD 모듈의 내부 구조

<표 4.3.3> 텍스트 LCD 모듈의 컨트롤러 및 드라이버 LSI

반도체 회사	LCD 컨트롤러	LCD 드라이버
삼성전자	S6A0069(구 모델 KS0066)	S6A0065(구 모델 KS0065)
Hitachi	HD44780U	HD44100
Epson	SED1278	SED1181
Sitronix	ST7066	ST7065
Novatek	NT3881	NT3882

LCD 컨트롤러의 내부에는 표시할 문자 데이터를 저장하는 DD RAM, 이들 문자 코드를 실제로 표시할 문자 폰트로 변환하는 CG ROM, 사용자 정의 문자를 저장하는 CG RAM 등의 메모리를 내장하고 있다. 또한, LCD 모듈을 초기화하거나 제어하는데 사용되는 명령을 저장하는 명령 레지스터 및 이를 해독하는 명령 해독기가 있으며, 각 문자의 폰트를 시프트 레지스터에 의하여 수평 구동신호와 수직 구동신호로 변환하는 회로를 내장하고 있다.

LCD 모듈의 내부 동작을 위한 클록은 외부에서 OSC1 단자로 공급될 수도 있으나 대부분은 OSC1 및 OSC2 단자에 저항 Rf를 접속함으로써 내장된 클록발생회로에 의하여 만들어진다. +5V 전원을 사용하는 대부분의 LCD 모듈에서는 Rf = 91[kΩ]을 접속하여 발진 주파수를 270[kHz]로 사용한다.

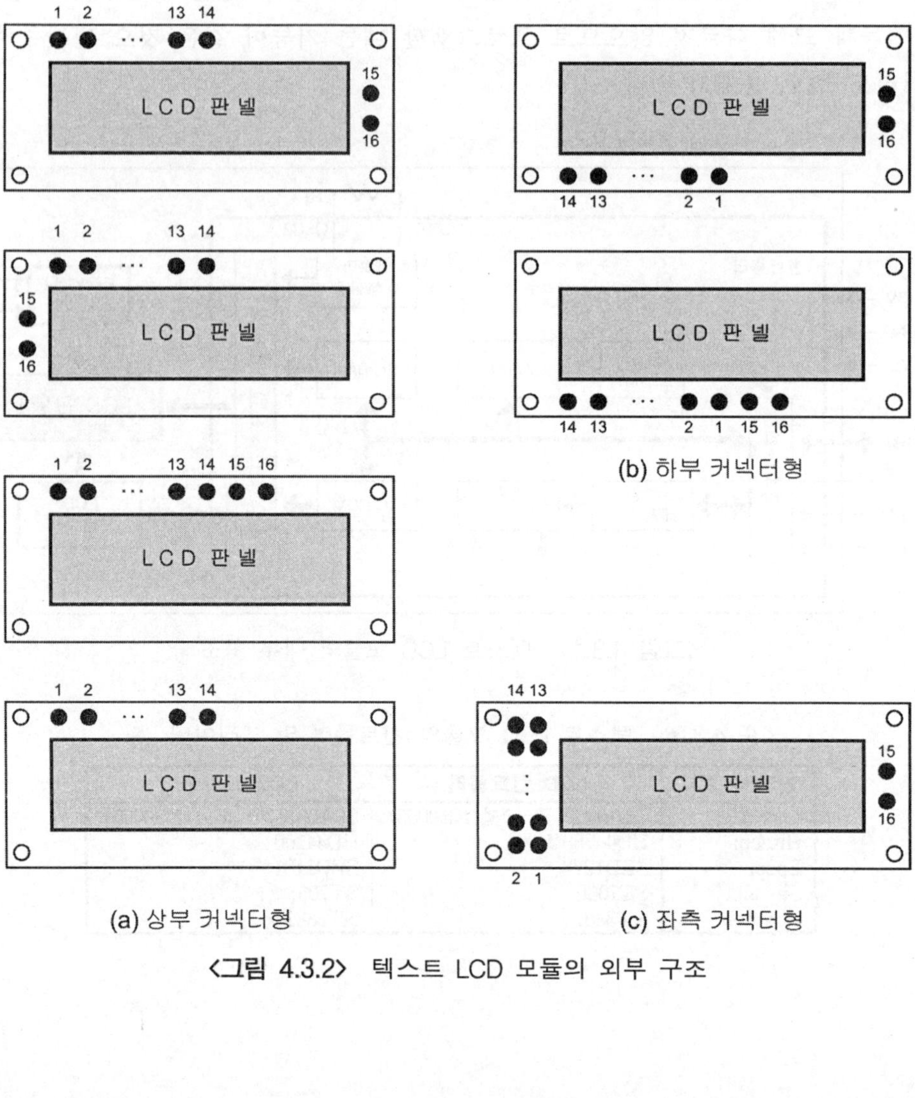

〈그림 4.3.2〉 텍스트 LCD 모듈의 외부 구조

(2) 외부 구조

텍스트 LCD 모듈의 외부 구조에는 여러가지의 형태가 있으나 이것들을 정리하면 대체로 <그림 4.3.2>와 같은 3가지로 나눌 수 있다. 상부 커넥터형은 텍스트 LCD 모듈에서 가장 많이 사용되는 형태로서 14핀의 커넥터가 좌측 상단에 위치하며, 백라이트가 있는 모델의 경우에는 이를 위한 2개의 핀이 LCD 모듈의 우측 또는 좌측편에 위치한다. 그러나, 나중에 백라이트 단자가 14핀 커넥터에 나란히 이어서 16핀으로 구성되는 형태도 출시되었고, 현재는 별도의 백라이트 단자가 없이 14핀의 커넥터 중에서 +5V 및 GND 단자를 통하여 LED 백라이트의 전원까지 공급되는 모델도 나오고 있다. *OK-STM103* 키트에서는 상부 커넥터형 제품을 사용한다.

하부 커넥터형은 LCD 모듈의 하단에 커넥터가 위치하며, 대부분의 경우 오른쪽에서부터 1번 핀이 시작되는 것에 유의해야 한다. 요즈음에는 백라이트 단자를 포함한 16핀이 일렬로 배열되어 있으면서도 여기에 다시 좌측 또는 우측에 백라이트 단자인 15번 및 16번 핀이 중복하여 달려있는 모델도 있고, 하나의 모델에서 상부 커넥터형과 하부 커넥터형의 핀들을 모두 가지고 있는 제품도 출시되고 있다. 또한, 이들 중에서 LED 백라이트 단자가 좌측 또는 우측에 있는 경우 15번(A) 및 16번(K) 핀이 이 그림에서와 달리 상하가 서로 반대로 되어있는 모델도 종종 있으니 주의해야 한다.

〈표 4.3.4〉 텍스트 LCD 모듈 인터페이스 커넥터 핀의 기능

<table>
<tr><th>핀</th><th>신호명</th><th colspan="2">기 능</th></tr>
<tr><td>1</td><td>Vss</td><td colspan="2">전원 GND</td></tr>
<tr><td>2</td><td>Vdd</td><td colspan="2">전원 +5V</td></tr>
<tr><td>3</td><td>V_O</td><td colspan="2">화면밝기 제어 동작전압, operating voltage ($Vdd-V_O$ = 4.2~4.6V)</td></tr>
<tr><td>4</td><td>R_S</td><td colspan="2">Register Select (1 = data register, 0 = instruction register)</td></tr>
<tr><td>5</td><td>$R/\overline{W}$</td><td colspan="2">Read/Write (1 = CPU ← LCD, 0 = CPU → LCD)</td></tr>
<tr><td>6</td><td>E</td><td colspan="2">Enable signal for read/write LCD</td></tr>
<tr><td>7</td><td>DB0</td><td colspan="2" rowspan="8">(LSB)
데이터 버스(4비트 인터페이스 모드에서는 DB7~DB4를 사용함)
(MSB)</td></tr>
<tr><td>8</td><td>DB1</td></tr>
<tr><td>9</td><td>DB2</td></tr>
<tr><td>10</td><td>DB3</td></tr>
<tr><td>11</td><td>DB4</td></tr>
<tr><td>12</td><td>DB5</td></tr>
<tr><td>13</td><td>DB6</td></tr>
<tr><td>14</td><td>DB7</td></tr>
<tr><td>15</td><td>A/EL1</td><td>Anode : +LED(LED backlight용 전원 +3.9~4.4V)</td><td>EL 단자 1</td></tr>
<tr><td>16</td><td>K/EL2</td><td>Cathode : -LED(LED backlight용 전원의 GND)</td><td>EL 단자 2</td></tr>
</table>

☞ V_O에는 주로 낮은 전압을 인가할수록 화면이 선명하게 표시되며 대체로 GND 레벨이면 무난하다.

☞ 4비트로 인터페이스하는 경우 DB7~DB4에는 상위 니블과 하위 니블의 순서로 데이터를 전송한다.

텍스트 LCD 모듈을 마이크로프로세서와 인터페이스하기 위한 14핀 커넥터 및 백라이트 기능이 있는 모델의 경우에 추가되는 2개의 백라이트용 전원 단자를 요약하면 <표 4.3.4>와 같다. 여기서, LED 백라이트형 제품의 경우에는 15번 및 16번 핀이 각각 애노드(A ; Anode) 및 캐소드(K ; Cathode) 단자로 사용되지만, EL 백라이트 제품의 경우에는 이것들이 백라이트용의 교류전원 단자로 사용된다.

LCD 모듈에 외부에서 전원을 접속하는 방법의 예를 보이면 <그림 4.3.3>과 같다. 여기서 Vo는 화면의 밝기를 제어하는 단자로서 대부분 부전압(-)을 인가할수록 표시화면이 또렷해지는데, 대체로 Vdd-Vo = 4.2~4.6[V]가 적정한 수준이므로 그림의 (a)보다는 (b)처럼 처리하는 경우가 많으며, V_R=10[kΩ]~20[kΩ] 정도로 사용한다. 이를 더욱 간단히 하려면 Vo 단자를 수백[Ω] 정도의 저항을 통하여 GND에 풀다운시키면 된다. 그러나, 이렇게 하면 LCD 모듈의 모델에 따라 저항값이 다소 달라지는 경우가 있으므로 사용자가 화면을 보면서 시행착오법으로 이 저항값을 선정하여야 한다.

LED 백라이트에서는 전원에 직렬로 저항을 사용하는 방법이 일반적이지만, 백라이트용으로 +5V의 안정된 전원을 사용하는 경우에는 그림의 (c)처럼 직렬로 다이오드를 1개 연결하면 쉽게 백라이트 전원의 사양을 만족시킬 수 있는 좋은 방법이 된다.

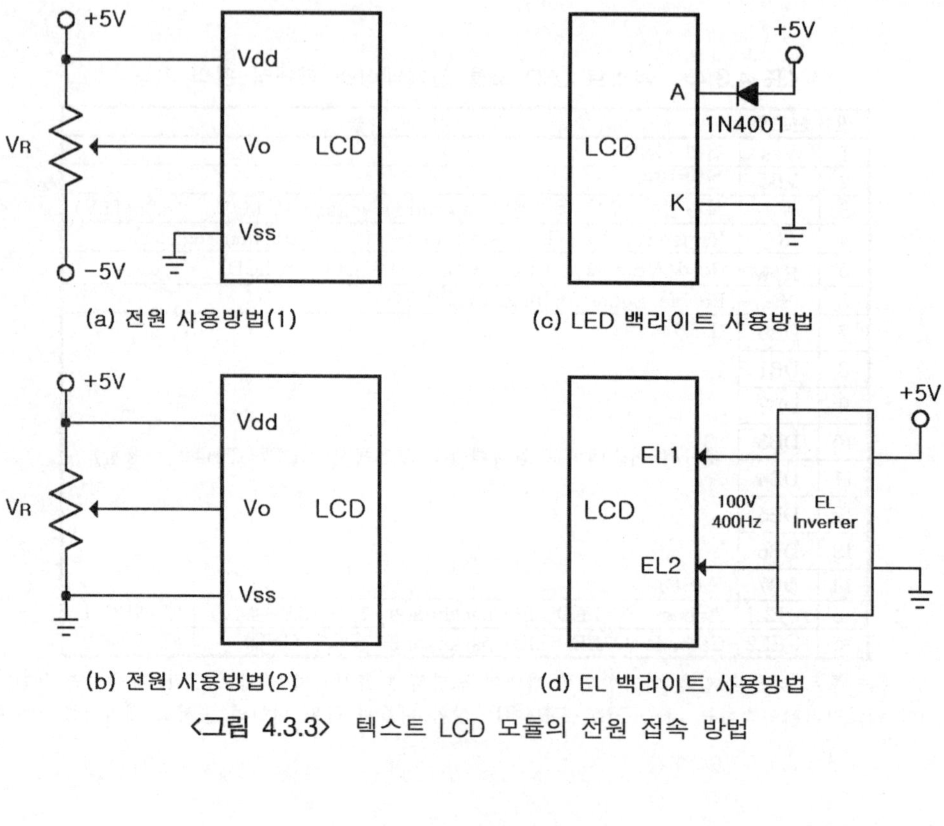

(a) 전원 사용방법(1)

(c) LED 백라이트 사용방법

(b) 전원 사용방법(2)

(d) EL 백라이트 사용방법

<그림 4.3.3> 텍스트 LCD 모듈의 전원 접속 방법

그러나, EL 백라이트형 LCD 모듈의 경우에는 약 100V/400Hz 정도의 교류전원을 필요로 하므로 그림의 (d)에서처럼 EL 백라이트용의 인버터를 추가로 사용해야 한다. 이러한 인버터는 소형으로 +5V 직류전압 입력에 100V/400Hz 정도의 교류전압 출력을 갖는 제품들이 판매되고 있다.

(3) 동작 타이밍

텍스트 LCD 모듈을 마이크로프로세서와 접속할 때는 각 제어신호의 동작 타이밍을 세심하게 고려하여야 한다. 텍스트 LCD 모듈은 일반적인 주변 LSI들에 비하여 제어신호의 동작이 다소 특이하고 동작시간이 상당히 느린 편이므로 이를 마이크로프로세서에 접속할 때는 인터페이스 회로를 주의하여 설계하여야 한다.

LCD 모듈의 리드 및 라이트 동작시의 타이밍도를 보이면 <그림 4.3.4>와 같다. 여기서 표시된 타이밍값은 LCD 컨트롤러로서 Hitachi사의 HD44780U를 사용한 경우지만, 이 값들은 삼성전자의 S6A0069, Epson의 SED1278, Sitronix의 ST7066 등도 거의 유사하다.(그러나, 매우 오래된 HD44780S 모델은 동작이 이보다 훨씬 느리다.)

특히, 텍스트 LCD 모듈의 타이밍에서 주의할 사항은 액세스 시간이 길어서 최소한 인가해 주어야 하는 $R/\overline{W}$ 신호폭이 상당히 넓으므로 대부분의 마이크로프로세서에서 여러 개의 웨이트 사이클을 주어야 하며, 인에이블 신호 E에는 보통 칩선택 신호를 정논리로 하여 사용하므로 이보다 앞과 뒤로 펄스폭이 길어야 되는 $R/\overline{W}$ 신호에는 CPU의 $\overline{WR}$ 신호를 그대로 사용하면 동작 타이밍이 맞지 않는다는 것이다. 이러한 까다로운 타이밍 조건 때문에 대부분의 마이크로프로세서에서는 어드레스 디코더의 출력과 $\overline{RD}$ 및 $\overline{WR}$ 신호를 모두 조합하여 E 신호를 만들고, LCD 모듈의 Rs 및 $R/\overline{W}$ 신호에는 각각 CPU의 어드레스 신호 A1, A0을 사용하는 것이 좋다. 따라서, 이렇게 하면 텍스트 LCD 모듈의 리드 번지와 라이트 번지가 별도로 정해진다.

그러나, ARM Cortex-M 시리즈와 같은 고성능 마이크로프로세서에서는 시스템 클록 주파수가 높고 CPU의 동작이 너무 빨라서 텍스트 LCD 모듈이 요구하는 액세스 시간을 충족시키기 어렵기 때문에 이런 방법을 사용하기 곤란할 경우가 많으며, 이때는 병렬 I/O 포트를 사용하여 인터페이스하는 것이 바람직하다. 그러나, 이렇게 하면 하드웨어의 타이밍 문제는 해결되지만, 텍스트 LCD 모듈의 제어신호를 일일이 병렬 출력 비트로 제어해야 하기 때문에 소프트웨어 작성이 불편해진다. *OK-STM103* 키트에서는 GPIOD와 GPIOE 포트를 사용하여 텍스트 LCD 모듈을 인터페이스하였으며, 여기에 항상 라이트 동작만 수행하므로 $R/\overline{W}$ 신호는 GND에 연결하였다.

동작 모드	타이밍	기호	Min.	Typ.	Max.	단위
Write Operation	Enable cycle time	t_{cycE}	500	–	–	ns
	Enable high level width	PW_{EH}	230	–	–	
	Enable rise/fall time	t_{Er}, t_{Ef}	–	–	20	
	Address setup time(Rs, $R/\overline{W}$, E)	t_{AS}	40	–	–	
	Address hold time (Rs, $R/\overline{W}$, E)	t_{AH}	10	–	–	
	Data setup time	t_{DSW}	80	–	–	
	Data hold time	t_{H}	10	–	–	
Read Operation	Enable cycle time	t_{cycE}	500	–	–	ns
	Enable high level width	PW_{EH}	230	–	–	
	Enable rise/fall time	t_{Er}, t_{Ef}	–	–	20	
	Address setup time(Rs, $R/\overline{W}$, E)	t_{AS}	40	–	–	
	Address hold time (Rs, $R/\overline{W}$, E)	t_{AH}	10	–	–	
	Data delay time	t_{DDR}	–	–	160	
	Data hold time	t_{DHR}	5	–	–	

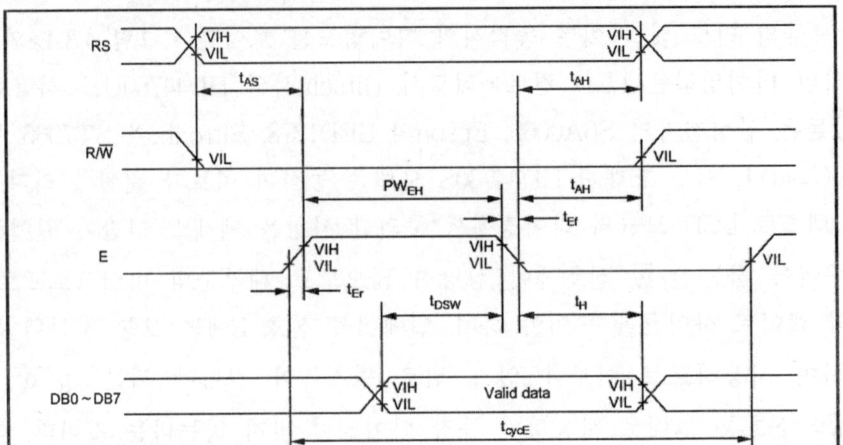

< Write Operation >

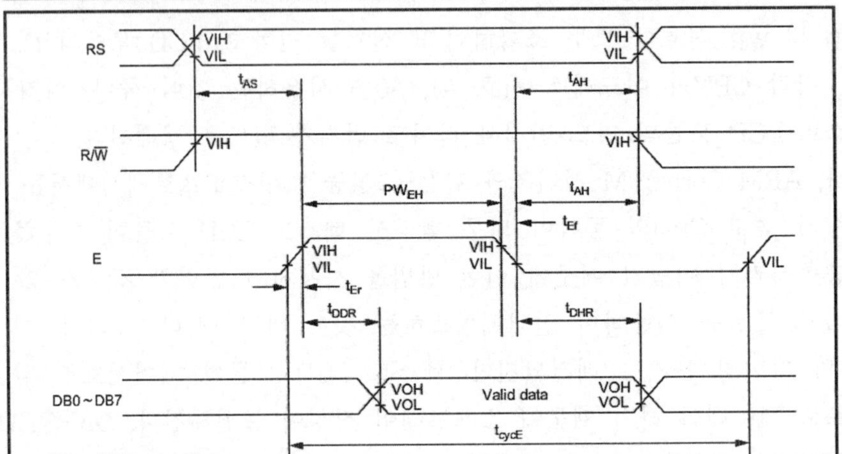

< Read Operation >

<그림 4.3.4> 텍스트 LCD 모듈의 동작 타이밍

3. 텍스트 LCD 모듈의 프로그래밍

(1) 제어 명령

텍스트 LCD 모듈을 사용하기 위한 제어 명령(Instruction 또는 Command)을 정리하면 <표 4.3.5>와 같다. 이들 명령은 마이크로프로세서가 텍스트 LCD를 초기화하거나 제어하는 프로그램에서 사용되며 데이터 버스 DB0~DB7을 통하여 전송된다.

텍스트 LCD 모듈이 각 명령을 받아 이를 실행하는데는 지정된 길이의 시간이 필요하므로 CPU는 그 다음의 명령이나 데이터를 보내기 전에 충분히 시간지연을 주어 대기하거나, 또는 LCD 모듈의 상태를 읽고 busy flag을 조사하여 앞에서 전송한 제어 명령의 실행이 완료되었는지 여부를 확인하여야 한다. 이 표에 표시된 실행시간은 LCD 컨트롤러로서 Hitachi사의 HD44780U를 f_{osc}=270kHz에서 사용한 경우지만, 이 값들은 삼성전자의 S6A0069, Epson의 SED1278, Sitronix의 ST7066 등도 거의 유사하다.(이 동작 시간은 매우 오래된 HD44780S 모델에서도 이와 거의 유사하다.)

<표 4.3.5> 텍스트 LCD 모듈의 제어 명령표

기 능	제어 신호		제 어 명 령								실행 시간
	Rs	$R/\overline{W}$	DB7	DB6	DB5	DB4	DB3	DB2	DB1	DB0	(Max.)
① Clear display	0	0	0	0	0	0	0	0	0	1	1.52 ms
② Return home	0	0	0	0	0	0	0	0	1	-	1.52 ms
③ Entry mode set	0	0	0	0	0	0	0	1	I/D	S	37 μs
④ Display ON/OFF control	0	0	0	0	0	0	1	D	C	B	37 μs
⑤ Cursor or display shift	0	0	0	0	0	1	S/C	R/L	-	-	37 μs
⑥ Function set	0	0	0	0	1	DL	N	F	-	-	37 μs
⑦ Set CG RAM address	0	0	0	1	CG RAM address						37 μs
⑧ Set DD RAM address	0	0	1	DD RAM address							37 μs
⑨ Read busy flag and address	0	1	BF	Address Counter							0 μs
Data write to CG RAM or DD RAM	1	0	write data								41 μs
Data read from CG RAM or DD RAM	1	1	read data								41 μs

☞ -는 Don't care 비트를 나타냄. 여기서 각 명령 동작의 실행시간은 f_{osc}=270kHz일 경우임.

① Clear display

모든 DD RAM 번지에 공백 문자(20H)를 써서 화면 전체를 지우고, 어드레스 카운터(address counter)를 DD RAM 어드레스 00H로 하여 커서를 home 위치로 한다. 또한 이 명령은 엔트리 모드에서 I/D=1로 강제 설정하는 기능을 포함한다.

② Return home

DD RAM의 내용은 변경하지 않고 어드레스 카운터를 00H로 하여 커서만을 home

위치로 보낸다.

③ Entry mode set

CPU가 LCD 모듈에 데이터를 리드하거나 라이트할 경우에 DD RAM 어드레스 즉 커서의 위치를 오른쪽으로 증가시킬 것인가(I/D=1) 왼쪽으로 감소시킬 것인가(I/D=0)를 결정하며, 또 이때 화면을 시프트할 것인지(S=1) 아닌지(S=0)를 지정한다.

④ Display ON/OFF control

현재 DD RAM의 내용이 화면에 표시되도록 ON/OFF하거나(D), 커서를 ON/OFF하거나(C), 커서를 깜박이게 할 것인지(B)의 여부를 지정한다. 커서가 깜빡이는 시간 간격은 f_{osc}=270kHz에서 약 380ms 정도이다.

⑤ Cursor or display shift

화면표시 내용은 변경하지 않는 상태에서 화면(S/C=1) 또는 커서(S/C=0)를 오른쪽(R/L=1) 또는 왼쪽(R/L=0)으로 시프트하도록 지정한다.

⑥ Function set

CPU와의 인터페이스에서 데이터의 길이를 8비트(DL=1) 또는 4비트(DL=0)로 지정하고, 화면표시 행수를 2행(N=1) 또는 1행(N=0)으로 지정하며, 문자의 폰트를 5×11 도트(F=1, 실제 표시는 5×10 도트) 또는 5×8 도트(F=0, 실제 표시는 5×7 도트)로 지정한다.

◀참고▶ CPU와 4비트 방식으로 인터페이스할 경우에는 DB4~DB7을 사용하며, 상위 4비트를 먼저 전송하고 하위 4비트를 나중에 전송해야 한다. 또한, 외형적으로 16문자×1행으로 되어 있는 텍스트 LCD 모듈은 소프트웨어적으로 8문자×2행의 구조를 가지므로 N=1로 설정해야 하는데 유의하라.

⑦ Set CG RAM address

CG RAM의 어드레스를 지정한다. 이후에 송수신하는 데이터는 CG RAM의 데이터이다.

⑧ Set DD RAM address

DD RAM의 어드레스를 지정한다. 이후에 송수신하는 데이터는 DD RAM의 데이터이다.

⑨ Read busy flag & address

텍스트 LCD 모듈이 내부 동작중임을 나타내는 busy flag(BF) 및 어드레스 카운터의 내용을 리드한다. LCD 모듈이 각 제어 코드를 실행하는데는 지정된 시간이 필요하므로 CPU는 다음 제어 코드를 보내기 전에 충분히 시간지연을 주어 대기하는 방법을 사용할 수도 있으며, CPU가 이 BF를 읽어서 이것이 1로 표시되어 있는 경우에는 계속 기다리고 0인 경우에는 다음 제어 코드를 보내는 방법을 사용하면 보다 효율적인 처리가 가능하다.

▣ 초기화 프로그래밍 순서 - 8비트 인터페이스의 경우

CPU와 텍스트 LCD 모듈 사이에 8비트 데이터 버스를 사용하여 인터페이스한 경우에 LCD 모듈에 전원을 투입하고 나서 이를 초기화하여 사용하는 과정을 요약하면 다음과 같다.

① 전원을 투입하거나 리셋 스위치를 누른다.
② 초기화를 수행하기 전에 최소한 30 ms 이상을 기다린다.
③ Function set 명령(0011****B)을 보내고, 4.1ms 이상을 기다린 후에 다시 Function set 명령(0011****B)을 보내며, 100μs 이상을 기다린 후에 다시 한번 Function set 명령(0011****B)을 보낸다. 이상의 3회 라이트 동작에서는 비지 체크를 수행하면 안된다.(*는 don't care)
④ Function set 명령(0011XX00B)을 보낸다.
⑤ Display ON/OFF control 명령(00001XXXB)을 보낸다.
⑥ Entry mode set 명령(000001XXB)을 보낸다.
⑦ DD RAM 어드레스를 보낸다.
⑧ 표시할 문자 데이터를 보낸다.
⑨ 필요할 경우 ⑦~⑧의 과정을 반복한다.

◀참고▶ 텍스트 LCD 모듈이 리셋되고 나서 내부적인 준비를 마치고 동작을 개시하려면 텍스트 LCD 모듈에 따라 약 15~30 ms가 소요되므로 전원 투입후나 리셋 후에 최초의 초기화 명령을 보내기 전에는 충분한 시간 지연을 주어야 한다. 텍스트 LCD 모듈에 따라서는 이것이 40~50 ms정도에 달하는 것도 있다. 이렇게 리셋 후에 약간의 대기시간을 필요로 하는 것은 각 소자들이 리셋신호를 인식하는 전압레벨이 다르거나 리셋후의 동작과정이 소자마다 다른데 기인한다. 이 때문에 시스템 부팅시에는 최소한 50 ms 정도의 충분한 시간 지연을 주는 것이 바람직하다.

◀참고▶ 위에서 ③번의 초기화 처리과정은 HD44780U, SED1278, ST7066 등에서만 해당된다. 그러나, 삼성전자의 S6A0069(또는 KS0066) LCD 컨트롤러에서는 이를 개선하였기 때문에 ③번 항목이 필요없으므로 생략한다. 이는 아래에서 설명하는 4비트 인터페이스의 경우에도 동일하게 적용된다.

◀참고▶ 텍스트 LCD 모듈에 전원이 인가되었으나 초기화가 올바르게 되지 않은 상태에서는 첫번째 행의 모든 문자들이 검은 색으로 표시된다.

▣ 초기화 프로그래밍 순서 - 4비트 인터페이스의 경우

CPU와 텍스트 LCD 모듈 사이에 4비트 데이터 버스를 사용하여 인터페이스한 경우에 텍스트 LCD 모듈에 전원을 투입하고 나서 이를 초기화하여 사용하는 과정을 요약하면 다음과 같다.

① 전원을 투입하거나 리셋 스위치를 누른다.
② 초기화를 수행하기 전에 최소한 30 ms 이상을 기다린다.
③ Function set 명령(0011****B)을 보내고, 4.1ms 이상을 기다린 후에 다시 Function set 명령(0011****B)을 보내며, 100μs 이상을 기다린 후에 다시 한번 Function set 명령(0011****B)을 보낸다. 이상의 3회 라이트 동작에서는 비지 체크를 수행하면 안된다.(*는 don't care)
④ Function set 명령(0010****B)을 8비트로 보낸다.
⑤ Function set 명령(0010XX00B)을 상위 4비트와 하위 4비트로 나누어 각각 DB7~DB4로 보낸다.
⑥ Display ON/OFF control 명령(00001XXXB)을 상위 4비트와 하위 4비트로 나누어 각각 DB7~DB4로 보낸다.
⑦ Entry mode set 명령(000001XXB)을 상위 4비트와 하위 4비트로 나누어 각각 DB7~DB4로 보낸다.
⑧ DD RAM 어드레스를 상위 4비트와 하위 4비트로 나누어 각각 DB7~DB4로 보낸다.
⑨ 표시할 문자 데이터를 상위 4비트와 하위 4비트로 나누어 각각 DB7~DB4로 보낸다.
⑩ 필요할 경우 ⑧~⑨의 과정을 반복한다.

◀참고▶ 텍스트 LCD 모듈이 리셋되고 나면 이것은 디폴트(default)로 8비트 인터페이스 모드로 동작하므로 ④에서 라이트한 Function set 명령은 텍스트 LCD 모듈이 비록 상위 4비트만을 받았더라도 8비트 모드로 처리된 것이다. 따라서, 텍스트 LCD 모듈이 이 명령의 하위 4비트까지 받도록 하려면 ⑤에서처럼 처음부터 4비트씩 다시 보내야만 한다. 이후의 모든 명령이나 데이터는 1바이트를 상위 4비트와 하위 4비트로 나누어 2차례에 전송해야 한다.

(2) DD RAM 어드레스

텍스트 LCD 모듈의 DD RAM은 표시할 문자들의 ASCII 코드 데이터가 저장되는 내부 메모리이며 모두 80개의 번지가 있는데, 화면의 각 행과 열의 문자 위치에는 고유한 어드레스값이 부여되어 있다.

그런데, 첫번째 행은 DD RAM 어드레스가 00H부터 시작되고 2번째 행은 항상 40H부터 시작되므로, 텍스트 LCD 모듈이 2행 이상으로 구성되는 경우에 각 행과 행 사이에는 어드레스가 연속하여 있지 않게 되어 주의하여야 한다. 또한, 물리적으로 4행으로 되어 있는 텍스트 LCD 모듈은 어드레스가 1행과 3행이 이어져 있고 2행과 4행이 이어져 있어서 논리적으로는 2행으로 동작한다.

텍스트 LCD 모듈의 각 모델에 따라 표시 문자의 위치에 대한 DD RAM의 어드레스를 보이면 <그림 4.3.5>와 같다.

	1															16
제1행	00	01	02	03	04	05	06	07	08	09	0A	0B	0C	0D	0E	0F

(a) 16문자×1행 (☞ 2행인 것처럼 설정할 것.)

	1															16
제1행	00	01	02	03	04	05	06	07	08	09	0A	0B	0C	0D	0E	0F
제2행	40	41	42	43	44	45	46	47	48	49	4A	4B	4C	4D	4E	4F

(b) 16문자×2행

	1															16
제1행	00	01	02	03	04	05	06	07	08	09	0A	0B	0C	0D	0E	0F
제2행	40	41	42	43	44	45	46	47	48	49	4A	4B	4C	4D	4E	4F
제3행	10	11	12	13	14	15	16	17	18	19	1A	1B	1C	1D	1E	1F
제4행	50	51	52	53	54	55	56	57	58	59	5A	5B	5C	5D	5E	5F

(c) 16문자×4행

	1																			20
제1행	00	01	02	03	04	05	06	07	08	09	0A	0B	0C	0D	0E	0F	10	11	12	13
제2행	40	41	42	43	44	45	46	47	48	49	4A	4B	4C	4D	4E	4F	50	51	52	53

(d) 20문자×2행

	1																			20
제1행	00	01	02	03	04	05	06	07	08	09	0A	0B	0C	0D	0E	0F	10	11	12	13
제2행	40	41	42	43	44	45	46	47	48	49	4A	4B	4C	4D	4E	4F	50	51	52	53
제3행	14	15	16	17	18	19	1A	1B	1C	1D	1E	1F	20	21	22	23	24	25	26	27
제4행	54	55	56	57	58	59	5A	5B	5C	5D	5E	5F	60	61	62	63	64	65	66	67

(e) 20문자×4행

	1																							24
제1행	00	01	02	03	04	05	06	07	08	09	0A	0B	0C	0D	0E	0F	10	11	12	13	14	15	16	17
제2행	40	41	42	43	44	45	46	47	48	49	4A	4B	4C	4D	4E	4F	50	51	52	53	54	55	56	57

(f) 24문자×2행

	1																							40
제1행	00	01	02	03	04	05	06	07	08	09	0A	0B	0C	0D	0E	0F	10	11	12	13	…	25	26	27
제2행	40	41	42	43	44	45	46	47	48	49	4A	4B	4C	4D	4E	4F	50	51	52	53	…	65	66	67

(g) 40문자×2행

〈그림 4.3.5〉 텍스트 LCD 모듈의 DD RAM 어드레스

〈그림 4.3.6〉 텍스트 LCD 모듈의 표시문자 세트

(3) 표시 문자 세트

텍스트 LCD 모듈에서 화면에 표시할 수 있는 문자의 종류와 그 코드값을 보이면 <그림 4.3.6>과 같다. 표시 가능한 문자들중에는 대부분의 ASCII 도형문자들이 포함되며, 기타 일본어 가나문자와 몇가지의 특수문자들이 포함된다. 그러나, 요즈음에는 대부분의 LCD 컨트롤러에서 일본어가 사용되던 위치에 다른 특수문자 세트를 가지는 여러가지 버전이 판매되고 있으며, 이러한 경우에도 00H~0FH의 사용자 정의문자 영역과 20H~7DH의 ASCII 문자 영역은 항상 동일한 구조를 갖는다.

문자 코드의 00H~0FH의 영역에는 64바이트의 CG RAM이 내장되어 있어서 사용자 정의문자를 저장하여 사용할 수 있다. 여기에는 최대 8문자(5×7 도트의 경우) 또는 4문자(5×10 도트의 경우)까지 사용자가 폰트를 정의할 수 있는데, 이는 당연히 전원이 투입된 후에 사용자에 의하여 새로 정의되어야 유효하므로 전원을 끄면 사용자 정의문자는 모두 소실되어 기억되지 않는다.

◀참고▶ 코드 영역 E0H~FFH는 5×10 도트용의 문자를 정의하는 영역인데, 여기서 g, j, p, q, y는 영문의 알파벳 소문자와 같으나, 원래의 알파벳의 소문자에서는 문자의 폰트를 5×7 도트로 사용하는데 비하여 이 문자들은 5×10 도트를 사용하므로 다른 일반 문자들보다 아래쪽으로 약간 길어진다. 그러나, 이 문자들을 5×7 도트형의 텍스트 LCD 모듈에서 사용하면 아래 부분이 모두 잘려서 보이지 않게 된다.

(4) 사용자 정의 문자

앞에서도 설명한 바와 같이 텍스트 LCD 모듈에는 LCD 컨트롤러가 내장되어 있는데, 이것의 내부에는 각종 제어회로와 DD RAM, CG ROM, CG RAM 등의 메모리를 함께 가지고 있다. CG ROM에는 모두 192개(일본어형) 또는 240개(유럽형)의 기본 문자 폰트(character font)를 가지고 있어서 사용자가 화면에 표시하고자 하는 문자 코드를 DD RAM에 써주기만 하면 이것에 해당하는 폰트가 자동으로 CG ROM에서 찾아져서 화면에 디스플레이된다.

그러나, 이처럼 CG ROM에 지정된 기본 문자 이외의 문자를 화면에 표시하려면 사용자 정의문자를 만들어 사용할 수 있는데, 이와 같이 사용자 정의문자를 지정하는데 사용하는 메모리가 CG RAM이며, 이 CG RAM에는 5×7 도트를 사용하는 경우에 최대 8문자까지 정의할 수 있고, 5×10 도트의 경우에는 최대 4문자까지 정의하여 사용할 수 있다. 사용자 정의문자는 <그림 4.3.6>의 00H~0FH 영역에 할당되어 있는데 1문자가 2개의 코드 영역을 차지하므로 실제 코드값은 00H~07H(또는 08H~0FH)로 사용한다.

〈표 4.3.6〉 텍스트 LCD 모듈에서의 사용자 정의문자 지정방법

문자 코드(DD RAM data)	CG RAM address	CG RAM data(문자 폰트)
7 6 5 4 3 2 1 0	X X 5 4 3 2 1 0	7 6 5 4 3 2 1 0
0 0 0 0 X 0 0 0	0 1 0 0 0 0 0 0	X X X 1 0 0 0 0
	0 0 1	X X X 1 1 0 0 0
	0 1 0	X X X 1 1 1 0 0
	0 1 1	X X X 1 1 1 1 0
	1 0 0	X X X 1 1 1 0 0
	1 0 1	X X X 1 1 0 0 0
	1 1 0	X X X 1 0 0 0 0
	1 1 1	X X X 0 0 0 0 0
0 0 0 0 X 0 0 1	0 1 0 0 1 0 0 0	X X X 0 1 1 1 1
	0 0 1	X X X 0 1 0 0 1
	0 1 0	X X X 0 1 0 0 1
	0 1 1	X X X 0 1 0 0 1
	1 0 0	X X X 0 1 0 0 1
	1 0 1	X X X 0 1 0 0 1
	1 1 0	X X X 0 1 1 1 1
	1 1 1	X X X 0 0 0 0 0
0 0 0 0 X 0 1 0	0 1 0 1 0 0 0 0	X X X 0 1 0 0 0
	0 0 1	X X X 0 1 0 0 0
	0 1 0	X X X 0 1 0 0 0
	0 1 1	X X X 0 1 1 1 0
	1 0 0	X X X 0 1 0 0 0
	1 0 1	X X X 0 1 0 0 0
	1 1 0	X X X 0 1 0 0 0
	1 1 1	X X X 0 0 0 0 0
0 0 0 0 X 0 1 1	0 1 0 1 1 0 0 0	X X X 0 0 0 0 1
	0 0 1	X X X 0 0 0 1 0
	0 1 0	X X X 0 0 1 0 0
	0 1 1	X X X 0 1 0 0 0
	1 0 0	X X X 0 0 0 0 0
	1 0 1	X X X 0 0 0 0 0
	1 1 0	X X X 0 1 1 1 1
	1 1 1	X X X 0 0 0 0 0
0 0 0 0 X 1 0 0	0 1 1 0 0 0 0 0	X X X 1 0 0 0 0
	0 0 1	X X X 0 1 0 0 0
	0 1 0	X X X 0 0 1 0 0
	0 1 1	X X X 0 0 0 1 0
	1 0 0	X X X 0 0 0 0 0
	1 0 1	X X X 0 0 0 0 0
	1 1 0	X X X 1 1 1 1 0
	1 1 1	X X X 0 0 0 0 0
0 0 0 0 X 1 0 1	0 1 1 0 1 0 0 0	X X X 0 1 1 1 1
	0 0 1	X X X 0 1 0 0 0
	0 1 0	X X X 0 1 0 0 0
	0 1 1	X X X 0 1 1 1 1
	1 0 0	X X X 0 1 0 0 0
	1 0 1	X X X 0 1 0 0 0
	1 1 0	X X X 0 1 1 1 1
	1 1 1	X X X 0 0 0 0 0
0 0 0 0 X 1 1 0	0 1 1 1 0 0 0 0	X X X 0 0 1 0 0
	0 0 1	X X X 0 0 1 0 0
	0 1 0	X X X 0 0 1 0 0
	0 1 1	X X X 1 1 1 0 0
	1 0 0	X X X 0 0 1 0 0
	1 0 1	X X X 0 0 1 0 0
	1 1 0	X X X 0 0 1 0 0
	1 1 1	X X X 0 0 0 0 0
0 0 0 0 X 1 1 1	0 1 1 1 1 0 0 0	X X X 0 0 0 0 1
	0 0 1	X X X 0 0 0 1 1
	0 1 0	X X X 0 0 1 1 1
	0 1 1	X X X 0 1 1 1 1
	1 0 0	X X X 0 0 1 1 1
	1 0 1	X X X 0 0 0 1 1
	1 1 0	X X X 0 0 0 0 1
	1 1 1	X X X 0 0 0 0 0

☞ 여기서 X는 don't care를 의미함.

CG RAM에 사용자 정의문자의 폰트를 작성해 넣으려면 초기화 과정에서 문자 코드와 문자 폰트를 <표 4.3.6>에 나타낸 방법으로 미리 설정해 두는 것이 좋다. 텍스트 LCD 모듈의 CG RAM에 프로그램으로 실제 사용자 정의문자의 폰트를 작성해 넣는 방법을 요약하면 다음과 같다.

① 사용자 정의문자 코드는 00H~0FH 영역에 해당되며, 이중에서 아래의 3비트만 유효하고 b3은 don't care이므로 실제 코드값은 00H~07H(또는 08H~0FH)로 지정해야 한다.

② 이 문자 코드의 아래 3비트 b2~b0는 그대로 CG RAM 어드레스의 b5~b3에 대응되고 CG RAM 어드레스의 그 나머지 비트 b2~b0에 의하여 문자코드 1개당 8개의 번지가 할당된다. <표 4.3.5>에서 보였던 바와 같이 CG RAM 어드레스를 지정하는 명령의 상위 2비트는 무조건 b7 = 0, b6 = 1로 된다.

③ 따라서, 예를 들어 문자코드 00H의 문자폰트를 써넣으려면 먼저 CG RAM 어드레스 지정 명령 40H(= 01000000B)를 instruction 번지(Rs = 0)에 쓰고, 다음에 8개의 CG RAM 데이터를 순서대로 data 번지(Rs = 1)에 쓴다.(여기서, CG RAM의 어드레스는 Entry mode set 명령에서 커서를 증가시키는 방향으로 설정하였다면 자동으로 1씩 증가되므로 8개의 폰트 데이터를 순서대로 써넣으면 되는 것이다.)

마찬가지로 문자코드 01H의 문자폰트를 써넣으려면 먼저 CG RAM 어드레스 지정 명령 48H(= 01001000B)를 instruction 번지(Rs = 0)에 쓰고, 다음에 8개의 CG RAM 데이터를 순서대로 data 번지(Rs = 1)에 쓴다.

④ 문자 폰트 데이터는 도트(dot)를 검게 표시하고 싶은 부분의 비트를 1로 하고 공백부분은 0으로 한다. 5×8 도트의 경우에 마지막인 8번째 줄은 커서가 나타나는 위치로서 일반적으로 문자 표시에는 사용하지 않으므로 모두 0으로 한다. 이렇게 하면 실제의 문자 폰트는 5×7 도트로 구성된다.

⑤ <표 4.3.6>에서의 예는 문자코드 00H~07H 영역에 차례로 8개의 문자 "▶", "ㅁ", "ㅏ", "ㅅ"(2문자), "ㅌ", "ㅓ", "◀"의 폰트를 설정하는 경우를 보인 것이다.

◀휴게실▶ 텍스트 LCD 모듈과 그래픽 LCD 모듈의 차이점

텍스트형과 그래픽형 LCD 모듈의 근본적인 차이점은 무엇일까? 이것은 아주 간단한 이야기지만, 사용자들이 이를 잘 구분하지 못하는 경우를 자주 보게 된다. 이를 분명히 알아두는 것이 LCD 모듈을 공부하는데 매우 중요한 키포인트가 될 것이므로 여기에서 설명하기로 한다.

텍스트 LCD 모듈에는 아래 <그림 4.3.7>의 (a)에서 보는 것처럼 1개의 텍스트 문자를 표시할 자리가 각 문자당 5×8 도트씩으로 미리 마련되어 있다. 예를 들어 16자×2행 짜리의 텍스트 LCD 모듈이라면 화면 전체에 이런 자리가 32개 있는 것이다. 이 각 문자 박스는 5×8 도트로 구성되지만 가장 아래의 도트 라인은 사용하지 않고 비워두므로 실제 문자의 크기는 5×7 도트로 되어 있다. 마지막 라인은 예를 들면 커서와 같은 특수한 용도로만 사용된다. 5×8 도트의 문자 박스들 사이에는 약간의 빈 공간이 있다. 문자와 문자 사이에 약간의 거리를 둠으로써 사람이 이를 읽을 때 가독성을 좋게 하기 위함이다. 도트 1개의 크기와 문자 사이의 이격 거리가 얼마인지는 LCD 모듈의 모델마다 다른데, 이는 각 텍스트 LCD 모듈의 데이터 시트에서 dot size, character size, character pitch 등의 사양을 보면 알 수 있다.

텍스트 LCD 모듈의 사용자가 각 문자 박스에 원하는 문자를 표시하려면 제어 명령으로 커서를 해당 위치로 지정하고 나서 그 문자의 **1바이트 ASCII 코드만을 출력**하면 된다. 즉, 사용자는 LCD 화면의 각 도트 하나하나를 직접 구동하지 않고 출력할 문자의 ASCII 코드만을 출력하면 LCD 컨트롤러가 그 문자에 해당하는 폰트를 내장 ROM에서 불러다가 화면에 표시한다. 이 때문에 텍스트 LCD 모듈에는 반드시 문자 발생기(character generator) ROM과 LCD 컨트롤러를 내장하고 있다.

이에 비하여 그래픽 LCD 모듈은 <그림 4.3.7>의 (b)에서 보는 것처럼 모든 도트들이 바둑판처럼 가로 세로가 일정한 간격의 배열로 되어 있어서 여기에 텍스트 문자든 그래픽이든 자유롭게 나타낼 수 있으며, 물론 화면에서 각 텍스트 문자를 표시할 자리도 따로 정해져 있지 않고 또한 문자의 크기를 일정하게 지정하지도 않는다.

그래픽 LCD 모듈에 텍스트 문자를 출력할 때는 사용자가 일일이 **도트 하나하나에 해당하는 데이터를 전송**하여 그래픽적인 방법으로 문자의 모양을 그려주어야 하며, 따라서 이와 같이 그래픽 LCD 모듈에서는 화면에 영문 ASCII 또는 한글 문자를 디스플레이하는 것만도 상당히 복잡한 프로그램을 필요로 하고 화면처리 시간도 오래 걸리므로 디스플레이 속도가 현저하게 느려진다. 일반적으로 단색 그래픽 LCD 모듈에서는 도트 1개에 1비트의 데이터가 대응되므로 좀 덜하지만 컬러 TFT-LCD 모듈에서는 각 픽셀(TFT-LCD에서는 1개의 화소를 도트가 아니라 픽셀이라고 부른다.)을 여러가지 원하는 색깔로 표시할 수 있어야 하므로 1픽셀당 여러 비트의 데이터가 대응된다. *OK-STM103* 키트에서 사용하는 TFT-LCD 모듈은 65,536가지의 컬러를 표시할 수 있으므로 1픽셀을 표시하기 위하여 16비트(2바이트)의 데이터를 전송해야 하며, 따라서 240×320 픽셀의 화면을 표시하려면 총 240×320×2=153,600 바이트의 엄청난 데이터를 전송해야 한다. 이 때문에 TFT- LCD 모듈을 사용하는 마이크로컨트롤러는 처리속도가 빨라야 하며, 때로는 TFT-LCD 디스플레이를 위한 전용의 LSI를 사용하여 하드웨어적인 방법으로 처리하기도 한다.

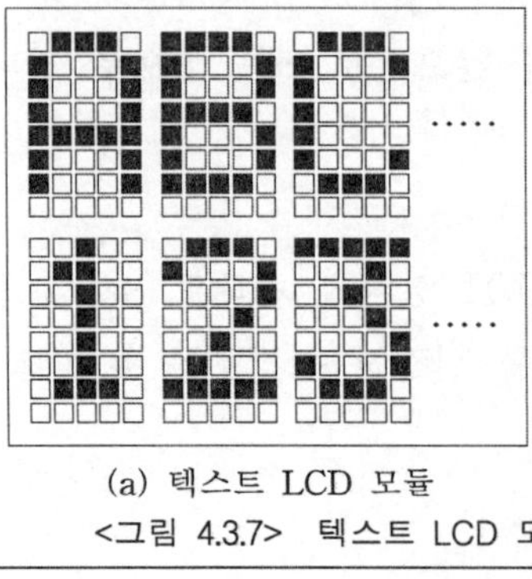

(a) 텍스트 LCD 모듈

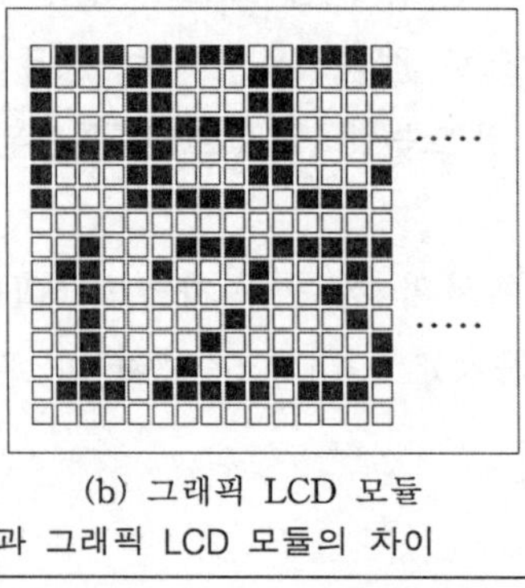

(b) 그래픽 LCD 모듈

<그림 4.3.7> 텍스트 LCD 모듈과 그래픽 LCD 모듈의 차이

(5) 헤더파일에서 지원하는 텍스트 LCD 모듈 관련 함수

OK-STM103 키트용의 기본 헤더파일 OK-STM103.h에서 제공하는 텍스트 LCD 모듈 관련 함수를 요약하면 <표 4.3.7>과 같다.

<표 4.3.7> 헤더파일 OK-STM103.h에 포함된 텍스트 LCD 관련 함수들의 요약

사용자 함수	기 능	입력 파라미터
Initialize_LCD()	텍스트 LCD 모듈을 초기화한다.	-
LCD_command()	텍스트 LCD 모듈에 1개의 제어명령을 출력한다.	U08 command
LCD_data()	텍스트 LCD 모듈에서 현재의 커서 위치에 1문자를 표시한다.	U08 data
LCD_string()	텍스트 LCD 모듈에서 커서 위치를 지정하고 그 위치부터 문자열을 출력한다.	U08 command, char *string
LCD_binary()	텍스트 LCD 모듈에서 현재의 커서 위치부터 8비트 또는 16비트의 2진수를 표시한다.	U16 number, U08 digit
LCD_unsigned_decimal() LCD_signed_decimal()	텍스트 LCD 모듈에서 현재의 커서 위치부터 부호없는 10진수 또는 부호있는 10진수를 표시한다. (zerofill=1이면 선두의 무효 자리를 0으로 채운다.)	U32 number, U08 zerofill, digit
LCD_hexadecimal() LCD_0x_hexadecimal()	텍스트 LCD 모듈에서 현재의 커서 위치부터 16진수 또는 0x를 앞세운 16진수를 표시한다.	U32 number, U08 digit
LCD_unsigned_float() LCD_signed_float()	텍스트 LCD 모듈에서 현재의 커서 위치부터 부호없는 실수 또는 부호있는 실수를 표시한다. (integral=실수부 자릿수, fractional=소수부 자릿수)	U32 number, U08 integral, fractional

또한, 이와 같이 *OK-STM103* 키트용의 기본 헤더파일 OK-STM103.h에서 제공하는 텍스트 LCD 모듈 관련 함수 중에서 기본적인 몇가지의 소스를 발췌하여 보이면 다음과 같다.

<헤더파일 OK-STM103.h> 텍스트형 LCD 모듈 관련 함수 부분만을 발췌하여 정리

```
            (이전 생략)

/* ------------------------------------------------------------------------ */
/*            텍스트 LCD 기본 함수                                            */
/* ------------------------------------------------------------------------ */

void Initialize_LCD(void)                     /* initialize text LCD module */
{
  RCC->APB2ENR |= 0x00000060;                 // enable clock of GPIOD, GPIOE (72MHz)

  GPIOD->CRL  = 0x33333333;                   // PD7~PD0 = TFT_D7~TFT_D0

  GPIOE->CRL &= 0xFF0FFF0F;                   // PE5 = LCD_E, PE1 = TFT_RS
  GPIOE->CRL |= 0x00300030;
  GPIOE->BSRR = 0x00220000;                   // LCD_E = TFT_RS = 0

  LCD_command(0x38);                          // function set(8 bit, 2 line, 5x7 dot)
  LCD_command(0x0C);                          // display control(display ON, cursor OFF)
```

```
  LCD_command(0x06);                           // entry mode set(increment, not shift)
  LCD_command(0x01);                           // clear display
  Delay_ms(2);
}

void LCD_command(U08 command)                  /* write a command(instruction) to text LCD */
{
  GPIOE->BSRR = 0x00220000;                    // E = 0, Rs = 0
  GPIOD->ODR = command;                        // output command
  Delay_us(1);
  GPIOE->BSRR = 0x00000020;                    // E = 1
  Delay_us(1);
  GPIOE->BSRR = 0x00200000;                    // E = 0
  Delay_us(50);
}

void LCD_data(U08 data)                        /* display a character on text LCD */
{
  GPIOE->BSRR = 0x00200002;                    // E = 0, Rs = 1
  GPIOD->ODR = data;                           // output data
  Delay_us(1);
  GPIOE->BSRR = 0x00000020;                    // E = 1
  Delay_us(1);
  GPIOE->BSRR = 0x00200000;                    // E = 0
  Delay_us(50);
}

void LCD_string(U08 command, U08 *string)      /* display a string on text LCD */
{
  LCD_command(command);                        // start position of string
  while(*string != '\0')                       // display string
    { LCD_data(*string);
      string++;
    }
}
            (이후 생략)
```

4. 텍스트 LCD 모듈의 기본 출력 프로그램

텍스트 LCD 모듈을 사용하는 프로그램으로 먼저 이를 초기화하고 여기에 문자열을 출력하는 예제를 살펴본다. 이 예제에서는 텍스트 LCD를 초기화하고 여기에 16자 이내의 문자열을 기본 출력하는 방법과 16자 이상의 긴 행을 표시하고 이를 좌우로 시프트하는 방법을 공부한다.

〈프로그램 Exp03_1.c〉 텍스트 LCD 모듈 기본 출력 예제

```
/* ========================================================================== */
/*      Exp03_1_shift.c : 텍스트 LCD 기본 출력 및 시프트 동작 프로그램        */
/* ========================================================================== */
/*                              Programmed by Duck-Yong Yoon in 2017.         */

#include "stm32f103xe.h"
#include "OK-STM103.h"
```

```
int main(void)
{
  unsigned int i;

  Initialize_MCU();                          // initialize MCU and kit
  Delay_ms(50);                              // wait for system stabilization
  Initialize_LCD();                          // initialize text LCD module

  while(1)
    { LCD_string(0x80," OK-STM103 V1.0 ");   // display logo
      LCD_string(0xC0,"   2017/10/01   ");   // display message 1
      Beep();
      Delay_ms(2000);
      LCD_string(0xC0,"   Cortex-M3    ");   // display message 2
      Beep();
      Delay_ms(2000);
      LCD_string(0xC0," STM32F103VET6  ");   // display message 3
      Beep();
      Delay_ms(2000);

      LCD_string(0x80,"0123456789ABCDEF0123456789ABCDEF"); // display long line
      LCD_string(0xC0,"Go shift left and right 16 times");
      Beep();
      Delay_ms(1000);

      for(i = 0; i < 16; i++)                // shift left
        { LCD_command(0x18);
          Tick();
          Delay_ms(300);
        }
      Beep();
      Delay_ms(1000);

      for(i = 0; i < 16; i++)                // shift right
        { LCD_command(0x1C);
          Tick();
          Delay_ms(300);
        }
      Beep();
      Delay_ms(1000);
    }
}
```

☞ 처음에 마이크로컨트롤러가 리셋 후에 기동되고 나서 텍스트 LCD 모듈을 초기화하기 전에 적어도 수십 ms(여기서는 50ms)의 시간지연을 주어야 한다는 것을 기억하라. 이것은 전원을 투입한 후에 동작을 개시하는 시간이 대부분의 경우 마이크로컨트롤러보다 텍스트 LCD 모듈이 상당히 늦기 때문이다.

이 책에서 *OK-STM103* 키트용으로 제공하는 C언어 프로그램용의 기본 헤더파일 OK-STM103.h에서 Initialize_LCD(), LCD_command(), LCD_data(), LCD_string() 등의 함수에 대한 동작을 확실하게 이해하라.

5. 수치 데이터의 출력 프로그램

텍스트 LCD 모듈에 문자 데이터(character)가 아니라 수치 데이터(value)를 디스플레이하려면 먼저 숫자의 각 자리(digit)에 해당하는 값을 하나씩 ASCII 문자로 변환하여 출력해야 한다. 이는 상당히 복잡하며 정수의 경우와 실수의 경우가 다르고, 정수 중에서도 2진수, 10진수, 16진수의 처리 방식이 모두 다르다.

C언어에서 텍스트 LCD 모듈에 수치 데이터를 출력하는 것은 다음과 같이 3가지의 방법으로 생각할 수 있다. 첫째는 수치 데이터를 출력할 때마다 이를 사용자 정의 함수로 만들어 사용하는 방법이고, 둘째는 *OK-STM103* 키트용의 기본 헤더파일 OK-STM103.h에서 이 책의 저자가 만들어 제공하는 함수를 사용하는 방법이며, 셋째는 C컴파일러에서 표준으로 제공하는 printf() 함수를 사용하는 방법이다. 이중에서 역시 가장 권장할만한 방법은 헤더파일 OK-STM103.h에서 제공하는 함수를 사용하는 것이며, 앞으로 이 책의 예제 프로그램에서는 이 방법을 기본으로 사용한다.

(1) 정수 데이터의 출력

먼저 수치 데이터 중에서 정수값을 텍스트 LCD 모듈에 디스플레이하는 프로그래밍 기술을 익혀보기로 한다.

이 예제는 첫번째 루틴에서 8비트 수치 데이터를 0~255 범위에서 1씩 증가시키면서 이를 10진수는 물론 16진수와 2진수로까지 텍스트 LCD 모듈에 동시에 표시한다. 두번째 루틴에서는 구구단을 나타내며, 세번째 루틴에서는 좀더 큰 수치값을 취급해보기 위하여 10자리 구구단을 표시한다.

▣ 사용자가 직접 수치 데이터 출력 함수를 만들어 사용하는 경우

사용자가 직접 수치 데이터를 출력하는 함수를 만들어 사용하는 방법으로 위와 같은 기능을 수행하는 프로그램을 작성하여 보면 다음과 같다. 이 방법은 내용적으로 그다지 어렵지는 않지만 정수나 실수에 대하여 표현할 수치 데이터의 크기나 자릿수에 따라 매번 그에 맞는 함수를 만들어 사용해야 하므로 상당히 번거롭다.

〈프로그램 Exp03_2.c〉 정수 데이터의 출력 예제(1)

```
/* ========================================================================== */
/*              Exp03_2_integer(1).c : 정수 데이터 출력 프로그램(1)            */
/* ========================================================================== */
/*                                     Programmed by Duck-Yong Yoon in 2017.  */

#include "stm32f103xe.h"
#include "OK-STM103.h"

void LCD_2d(unsigned int number);                /* display 2-digit decimal number */
void LCD_3d(unsigned int number);                /* display 3-digit decimal number */
void LCD_4d(unsigned int number);                /* display 4-digit decimal number */
void LCD_2hex(unsigned int number);              /* display 2-digit hex number */
void LCD_8bin(unsigned int number);              /* display 8-bit binary number */

/* ----- 메인 프로그램 ------------------------------------------------------- */

int main(void)
{
```

```
  unsigned int i, j;

  Initialize_MCU();                                    // initialize MCU and kit
  Delay_ms(50);                                        // wait for system stabilization
  Initialize_LCD();                                    // initialize text LCD module

  while(1)
    { LCD_string(0x80," INTEGER = 000  ");             // display 8-bit integer
      LCD_string(0xC0,"= 00H = 00000000");
      Beep();

      for(i = 0; i <= 255; i++)                        // integer number from 0 to 255
        { LCD_command(0x8B);                           // decimal number
          LCD_3d(i);
          LCD_command(0xC2);                           // hexadecimal number
          LCD_2hex(i);
          LCD_command(0xC8);                           // binary number
          LCD_8bin(i);
          Delay_ms(250);
          if((i % 8) == 0) Delay_ms(1000);
        }

      LCD_string(0x80," MULTI TABLE(1) ");             // display multiplication table(1)
      LCD_string(0xC0,"    0 x 0 = 00   ");
      Beep();

      for(i = 2; i <= 9; i++)
        for(j = 1; j <= 9; j++)
          { LCD_command(0xC3);                         // display multiplicand
            LCD_data(i+'0');
            LCD_command(0xC7);                         // display multiplier
            LCD_data(j+'0');
            LCD_command(0xCB);                         // display multiplication
            LCD_2d(i*j);
            Tick();
            Delay_ms(1000);
          }

      LCD_string(0x80," MULTI TABLE(2) ");             // display multiplication table(2)
      LCD_string(0xC0," 00 x 00 = 0000 ");
      Beep();

      for(i = 10; i <= 90; i += 10)
        for(j = 10; j <= 90; j += 10)
          { LCD_command(0xC1);                         // display multiplicand
            LCD_2d(i);
            LCD_command(0xC6);                         // display multiplier
            LCD_2d(j);
            LCD_command(0xCB);                         // display multiplication
            LCD_4d(i*j);
            Tick();
            Delay_ms(1000);
          }
    }
}

/* ----- 사용자 정의 함수 ---------------------------------------------------- */

void LCD_2d(unsigned int number)                       /* display 2-digit decimal number */
{
  unsigned int i;

  i = number/10;                                       // 10^1
  if(i == 0) LCD_data(' ');
  else       LCD_data(i + '0');

  i = number % 10;                                     // 10^0
  LCD_data(i + '0');
}

void LCD_3d(unsigned int number)                       /* display 3-digit decimal number */
```

```
{
  unsigned int i, flag;

  flag = 0;
  i = number/100;                                 // 10^2
  if(i == 0) LCD_data(' ');
  else {     LCD_data(i + '0');
             flag = 1;
       }

  number = number % 100;                          // 10^1
  i = number/10;
  if((i == 0) && (flag == 0))
             LCD_data(' ');
  else {     LCD_data(i + '0');
             flag = 1;
       }

  i = number % 10;                                // 10^0
  LCD_data(i + '0');
}

void LCD_4d(unsigned int number)                  /* display 4-digit decimal number */
{
  unsigned int i, flag;

  flag = 0;
  i = number/1000;                                // 10^3
  if(i == 0) LCD_data(' ');
  else {     LCD_data(i + '0');
             flag = 1;
       }

  number = number % 1000;                         // 10^2
  i = number/100;
  if((i == 0) && (flag == 0))
             LCD_data(' ');
  else {     LCD_data(i + '0');
             flag = 1;
       }

  number = number % 100;                          // 10^1
  i = number/10;
  if((i == 0) && (flag == 0))
             LCD_data(' ');
  else {     LCD_data(i + '0');
             flag = 1;
       }

  i = number % 10;                                // 10^0
  LCD_data(i + '0');
}

void LCD_2hex(unsigned int number)                /* display 2-digit hex number */
{
  unsigned int i;

  i = (number >> 4) & 0x0F;                       // 16^1
  if(i <= 9) LCD_data(i + '0');
  else       LCD_data(i - 10 + 'A');

  i = number & 0x0F;                              // 16^0
  if(i <= 9) LCD_data(i + '0');
  else       LCD_data(i - 10 + 'A');
}

void LCD_8bin(unsigned int number)                /* display 8-bit binary number */
{
  LCD_data(((number >> 7) & 0x01) + '0');         // 2^7
  LCD_data(((number >> 6) & 0x01) + '0');         // 2^6
  LCD_data(((number >> 5) & 0x01) + '0');         // 2^5
```

```
    LCD_data(((number >> 4) & 0x01) + '0');          // 2^4
    LCD_data(((number >> 3) & 0x01) + '0');          // 2^3
    LCD_data(((number >> 2) & 0x01) + '0');          // 2^2
    LCD_data(((number >> 1) & 0x01) + '0');          // 2^1
    LCD_data((number & 0x01) + '0');                 // 2^0
}
```

☞ 텍스트 LCD 모듈에 수치 데이터를 출력하려면 위에서와 같이 사용자 정의 함수에서 숫자의 각 자리를 1문자의 ASCII 코드로 변환하여 출력하면 된다. 원리를 알고 이해하면 이러한 루틴이 그다지 어려운 것은 아니기 때문에 필요할 때마다 이렇게 사용자 정의 함수를 만들어 사용할 수 있다.

10진수에서는 각 자리의 수가 0~9로 되지만, 16진수에서는 0~F로 되어야 하며, 2진수에서는 1비트가 1자리가 된다. 10진수는 10의 멱급수로 표시할 수 있으므로 각 자리는 10의 누승 데이터로 나눈 몫으로 구할 수 있으며, 이렇게 구한 각 자리의 수를 ASCII 문자로 변환하면 된다. 예를 들어 234는

$$234 = 2\times10^2 + 3\times10^1 + 4\times10^0$$

으로 표시되므로 100자리의 수는 234를 10^2에 해당하는 100으로 나눈 몫이며, 10자리의 수는 그 나머지를 다시 10^1에 해당하는 10으로 나눈 몫이고, 1자리의 수는 최종적인 나머지가 된다. 그러나, 16진수는 이보다 처리가 훨씬 용이하여 최하위 비트부터 4비트씩 끊어나가면 각 4비트 단위의 수가 그대로 1자리의 16진수로 된다. 10진수에서는 1~9의 숫자가 처음으로 나타나기 전에 왼쪽에 붙는 0은 의미가 없어서 표시하지 않는 것이 일반적이므로 이를 처리하기 위하여 flag이라는 변수를 사용하고 있는 부분에 주목해야 한다.

main 함수에서는 C언어의 for 문이나 while 문을 사용한 반복처리 기법을 확실히 이해하라. 구구단 루틴에서는 다중루프(nested loop)를 사용하고 있으니 주의하여 살펴보면서 프로그램의 흐름을 정확하게 파악하여야 한다.

위의 예제에서 변화하는 숫자들을 빠른 속도로 텍스트 LCD 모듈에 표시하면 사람의 눈으로 읽기가 거의 불가능하기 때문에 시간지연 루틴을 사용하여 약 1초의 간격으로 천천히 디스플레이하였다.

▣ 헤더파일 OK-STM103.h에서 제공하는 함수를 사용하는 경우

OK-STM103 키트용의 기본 헤더파일 OK-STM103.h에는 수치 데이터 표현을 위한 사용자 함수를 만들어 제공한다. 이 출력함수는 표현할 수치 데이터의 자릿수를 파라미터로 지정하게 되어 있으므로 출력할 데이터의 길이에 상관없이 일반적으로 사용할 수 있다는 점에서 편리하며, 뒤에서 설명하는 C컴파일러의 printf() 함수를 사용하는 % 서식 지정 방법에 비하여 훨씬 더 간편하고 실행속도가 빠르며 적은 메모리 용량을 차지한다는 점에서 우수하다. 앞으로의 예제 프로그램에서는 대부분 이 방법을 사용할 것이다.

위의 예제 프로그램 Exp03_2.c를 OK-STM103.h에서 제공하는 함수를 사용하여 수정하면 다음과 같다. 전체적으로 소스가 훨씬 간단해졌음을 알 수 있다.

<프로그램 Exp03_3.c> 정수 데이터의 출력 예제(2)

```
/* ========================================================================== */
/*                Exp03_3_integer(2).c : 정수 데이터 출력 프로그램(2)                */
/* ========================================================================== */
/*                                    Programmed by Duck-Yong Yoon in 2017.    */

#include "stm32f103xe.h"
#include "OK-STM103.h"

int main(void)
{
  unsigned int i, j;

  Initialize_MCU();                                // initialize MCU and kit
  Delay_ms(50);                                    // wait for system stabilization
  Initialize_LCD();                                // initialize text LCD module

  while(1)
    { LCD_string(0x80," INTEGER = 000   ");       // display 8-bit integer
      LCD_string(0xC0,"= 00H = 00000000");
      Beep();

      for(i = 0; i <= 255; i++)                    // integer number from 0 to 255
        { LCD_command(0x8B);                       // decimal number
          LCD_unsigned_decimal(i,0,3);
          LCD_command(0xC2);                       // hexadecimal number
          LCD_hexadecimal(i,2);
          LCD_command(0xC8);                       // binary number
          LCD_binary(i,8);
          Delay_ms(250);
          if((i % 8) == 0) Delay_ms(1000);
        }

      LCD_string(0x80," MULTI TABLE(1) ");        // display multiplication table(1)
      LCD_string(0xC0,"    0 x 0 = 00   ");
      Beep();

      for(i = 2; i <= 9; i++)
        for(j = 1; j <= 9; j++)
          { LCD_command(0xC3);                     // display multiplicand
            LCD_data(i+'0');
            LCD_command(0xC7);                     // display multiplier
            LCD_data(j+'0');
            LCD_command(0xCB);                     // display multiplication
            LCD_unsigned_decimal(i*j,0,2);
            Tick();
            Delay_ms(1000);
          }

      LCD_string(0x80," MULTI TABLE(2) ");        // display multiplication table(2)
      LCD_string(0xC0," 00 x 00 = 0000 ");
      Beep();

      for(i = 10; i <= 90; i += 10)
        for(j = 10; j <= 90; j += 10)
          { LCD_command(0xC1);                     // display multiplicand
            LCD_unsigned_decimal(i,0,2);
            LCD_command(0xC6);                     // display multiplier
            LCD_unsigned_decimal(j,0,2);
            LCD_command(0xCB);                     // display multiplication
            LCD_unsigned_decimal(i*j,0,4);
            Tick();
            Delay_ms(1000);
          }
    }
}
```

▣ C컴파일러의 printf() 함수를 사용하는 경우

IAR EWARM C컴파일러에서 표준으로 제공하는 printf() 함수를 사용하여 % 서식 지정 방식으로 수치 데이터를 출력하도록 앞의 예제 프로그램 Exp03_3.c를 다시 작성하여 보면 다음과 같다. 단, C언어의 printf() 함수에는 2진수 출력 기능이 없으므로 이 부분은 OK-STM103.h에서 제공하는 함수를 사용하였다.

<프로그램 Exp03_4.c> 정수 데이터의 출력 예제(3)

```c
/* ============================================================================ */
/*            Exp03_4_integer(3).c : 정수 데이터 출력 프로그램(3)               */
/* ============================================================================ */
/*                                  Programmed by Duck-Yong Yoon in 2017.       */

#include <stdio.h>
#include "stm32f103xe.h"
#include "OK-STM103.h"

int putchar(int character)                      /* output a character to stream */
{
  LCD_data(character);

  return character;
}

int main(void)
{
  unsigned int i, j;

  Initialize_MCU();                             // initialize MCU and kit
  Delay_ms(50);                                 // wait for system stabilization
  Initialize_LCD();                             // initialize text LCD module

  while(1)
    { LCD_string(0x80," INTEGER = 000  ");      // display 8-bit integer
      LCD_string(0xC0,"= 00H = 00000000");
      Beep();

      for(i = 0; i <= 255; i++)                 // integer number from 0 to 255
        { LCD_command(0x8B);                    // decimal number
          printf("%3d", i);
          LCD_command(0xC2);                    // hexadecimal number
          printf("%02X", i);
          LCD_command(0xC8);                    // binary number
          LCD_binary(i,8);
          Delay_ms(250);
          if((i % 8) == 0) Delay_ms(1000);
        }

      LCD_string(0x80," MULTI TABLE(1) ");      // display multiplication table(1)
      LCD_string(0xC0,"   0 x 0 = 00   ");
      Beep();

      for(i = 2; i <= 9; i++)
        for(j = 1; j <= 9; j++)
          { LCD_command(0xC3);                  // display multiplicand
            LCD_data(i+'0');
            LCD_command(0xC7);                  // display multiplier
            LCD_data(j+'0');
            LCD_command(0xCB);                  // display multiplication
            printf("%2d", i*j);
            Tick();
            Delay_ms(1000);
          }
```

```
    LCD_string(0x80," MULTI TABLE(2) ");       // display multiplication table(2)
    LCD_string(0xC0," 00 x 00 = 0000 ");
    Beep();

    for(i = 10; i <= 90; i += 10)
      for(j = 10; j <= 90; j += 10)
        { LCD_command(0xC1);                    // display multiplicand
          printf("%2d", i);
          LCD_command(0xC6);                    // display multiplier
          printf("%2d", j);
          LCD_command(0xCB);                    // display multiplication
          printf("%4d", i*j);
          Tick();
          Delay_ms(1000);
        }
  }
}
```

오늘날 대부분의 마이크로컨트롤러용 C컴파일러에서는 표준 printf() 함수를 지원하고 있으며 이것은 내부적으로 1문자를 출력하는 저수준의 스트림 출력(low-level stream output) 함수 putchar()를 사용하여 미리 지정된 장치로 %서식 지정 문자열을 출력한다. 따라서, 사용자는 자신의 하드웨어에 맞게 이 putchar() 함수의 내용을 수정함으로써 사용자가 printf() 함수로 출력하는 장치를 임의로 변경할 수 있다. 디폴트 출력장치로는 흔히 직렬통신 포트를 사용하고 있지만, 이와 같이 printf() 함수를 수정하면 저수준 스트림 출력장치로 RS-232C 직렬통신 포트는 물론 텍스트 LCD 모듈이나 TFT-LCD 모듈도 사용할 수 있다.

이와 같이 C언어 프로그램에서 printf() 함수를 사용하여 %로 서식 지정하는 데이터를 출력한다면 각종 출력장치의 액세스가 매우 편리해진다. 이를 이용하면 이제까지 우리가 텍스트 LCD 모듈의 출력 예제에서 했던 것처럼 수치 데이터를 출력하기 위하여 각종 사용자 정의 함수를 만들어 사용할 필요가 없기 때문이다.

그러나, 이와 같이 printf() 함수를 사용하여 % 서식 지정으로 출력하는 방법은 사용하기에 편리한 장점이 있는 반면에 오브젝트 파일이 상당히 길어지고 그에 따라 이 출력 루틴의 실행속도가 낮아진다는 단점을 갖는다. 또한, printf() 함수에는 2진수 출력 기능을 지원하지 않는 불편함도 있다.

IAR EWARM에서 printf() 함수를 사용하는 절차와 방법은 다음과 같다.

① 사용자 프로그램의 서두에서 헤더파일 stdio.h를 인클루드한다. printf() 함수에 관련된 모든 사항은 이 헤더파일에 정의되어 있다.

② 1문자를 출력하는 저수준 스트림 함수에서 사용할 주변장치를 초기화한다. 이는 보통 별도의 사용자 정의 함수로 만들어 사용하는 것이 좋다. 일반적으로 1문자를 출

력하는 저수준 스트림 출력함수에는 해당 출력장치를 초기화하는 기능을 포함하지 않으므로 이를 별도로 미리 초기화해 놓아야 한다.

③ 1문자를 출력하는 저수준 스트림 출력함수 putchar() 또는 fputc()를 만든다. 이 함수에서는 모든 ASCII 문자를 출력할 수 있어야 한다.

④ 필요할 때 printf() 함수를 사용한다. 여기서는 일반적인 ANSI C 표준의 모든 % 서식 지정이 사용될 수 있다.

IAR EWARM C컴파일러의 printf() 함수에서 사용할 수 있는 %서식 지정 형식을 요약하면 다음과 같다. 이는 ANSI C에서 표준으로 사용하는 %서식 지정 형식을 모두 포함하고 있다. 그러나 이 컴파일러의 라이브러리 옵션을 설정하는데 따라 이중에서 일부 기능은 동작하지 않도록 할 수도 있는데, 모든 %서식 지정 형식을 사용하려면 <그림 4.3.8>에 보인 것처럼 컴파일러의 General options → Library options 옵션에서 Printf formatter 항목을 Full로 설정하는 것이 좋다.

%[-][+][[0]w][.n][l]변환문자

%: 서식 제어 문자열의 시작을 의미한다.
-: 서식은 항상 필드의 오른쪽으로 정렬이 되지만 -를 붙이면 왼쪽으로 정렬된다.
+: 필드의 서두에 항상 부호를 붙인다.
0: 필드의 왼쪽 남는 자리를 공백으로 두지 않고 0을 채워서 표시한다.
w: 전체 수치 데이터 필드의 폭(field width)을 자릿수로 나타낸다.
.n: 실수의 경우 소수점 이하의 자릿수(precision)를 나타낸다.
l: long형 정수를 나타내며 변환문자 d, i, u, o, x의 앞에 붙을 수 있다.
ll: long long형 정수를 나타내며 변환문자 d, i, u, o, x의 앞에 붙을 수 있다.
변환문자 d 또는 i: 부호 있는 10진수(signed int)로 표시한다.
변환문자 u: 부호 없는 10진수(unsigned int)로 표시한다.
변환문자 o: 부호 없는 8진수(unsigned int)로 표시한다.
변환문자 x: 부호 없는 16진수(unsigned int)로 표시한다.(a~f를 소문자로 출력)
변환문자 X: 부호 없는 16진수(unsigned int)로 표시한다.(A~F를 대문자로 출력)
변환문자 f: 부동소수점 수(double)를 소수점을 포함하는 실수 형식으로 표시한다.
변환문자 e: 부동소수점 수(double)를 지수 형식으로 표시한다.(e를 소문자로 출력)
변환문자 E: 부동소수점 수(double)를 지수 형식으로 표시한다.(E를 대문자로 출력)
변환문자 g: 값에 따라 %f나 %e 중에서 적당한 방식으로 표시한다.
변환문자 G: 값에 따라 %f나 %E 중에서 적당한 방식으로 표시한다.
변환문자 c: 1문자(unsigned char)를 표시한다.
변환문자 s: 문자열(char *)을 표시한다.
변환문자 p: 포인터의 주소값(void *)을 표시한다.

예
```
printf("%5d\n",123);          --->   123
printf("%05d\n",123);         ---> 00123
```

```
printf("%-5d\n",123);                    ---> 123
printf("%7.2f\n",123.456);               --->  123.46
printf("%07.2f\n",123.456);              ---> 0123.46
printf("%+7.2f\n",123.456);              ---> +123.46
printf("%10.2e\n",123.456);              --->  1.23e+002
printf("%10.2E\n",123.456);              --->  1.23E+002
```

☞ 필드를 지정한 값이 실제 숫자의 폭보다 작으면 서식지정은 무시되고 숫자 전체가 표시된다. 부동소수점 수에서 소수점 이하의 맨 아래 자리는 바로 그 아래에서 반올림 처리된다.

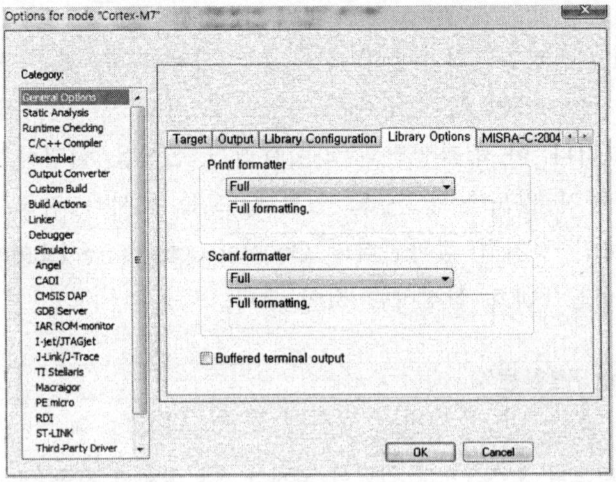

<그림 4.3.8> printf() 함수에서 모든 %서식을 사용하기 위한 라이브러리 옵션의 설정

(2) 실수(부동소수점수) 데이터의 출력

다음에는 텍스트 LCD 모듈에 수치 데이터 중에서 실수(real number) 또는 부동소수점수(floating-point number)를 디스플레이하는 프로그래밍 기술을 익혀보기로 한다. 일단 여기서는 양의 실수만 예를 든다.

부동소수점수의 경우에도 헤더파일 OK-STM103.h에 수치 데이터를 LCD 모듈에 출력하기 위한 사용자 함수를 만들어 놓았다. 이 함수들은 출력할 데이터의 길이에 상관없이 일반적으로 사용할 수 있도록 표시할 정수부의 자릿수와 소수부의 자릿수를 사용자가 지정할 수 있도록 하였다.

헤더파일 OK-STM103.h에서 제공하는 출력 함수를 사용하여 간편하게 실수의 구구단을 텍스트 LCD에 출력하는 프로그램을 C언어로 작성하여 보면 다음과 같다. 물론 이것은 표준 printf() 함수를 사용하여 구현할 수도 있다.

<프로그램 Exp03_5.c> 실수 데이터의 출력

```
/* ========================================================================== */
/*      Exp03_5_float.c : 실수(부동소수점수) 데이터 출력 프로그램                */
/* ========================================================================== */
/*                                      Programmed by Duck-Yong Yoon in 2017.  */

#include "stm32f103xe.h"
#include "OK-STM103.h"

int main(void)
{
  unsigned int i, j;
  float x, y;

  Initialize_MCU();                           // initialize MCU and kit
  Delay_ms(50);                               // wait for system stabilization
  Initialize_LCD();                           // initialize text LCD module

  while(1)
    { Beep();
      LCD_string(0x80," REAL MULTIPLY  ");    // display title
      LCD_string(0xC0,"0.0 x 0.0 =00.00");
      Delay_ms(1000);

      x = 0.0;                                // initial floating-point number
      for(i = 1; i <= 9; i++)
        { x += 1.1;
          y = 0.0;
          for(j = 1; j <= 9; j++)
            { y += 1.1;
              LCD_command(0xC0);              // display multiplicand
              LCD_unsigned_float(x,1,1);
              LCD_command(0xC6);              // display multiplier
              LCD_unsigned_float(y,1,1);
              LCD_command(0xCB);              // display multiplication
              LCD_unsigned_float(x*y,2,2);
              Tick();
              Delay_ms(1000);
            }
        }
    }
}
```

6. 사용자 정의 문자 출력 프로그램

앞에서 설명한 것처럼 텍스트 LCD 모듈에는 5×7도트 크기로 최대 8문자까지의 사용자 정의 문자를 만들어 사용할 수 있다.

텍스트 LCD 모듈에 8글자의 사용자 정의 문자를 만들어 저장하고 이를 디스플레이하는 예제 프로그램은 다음과 같다. 이 예제에서는 텍스트 LCD 모듈에 8개의 사용자 정의 문자 "▶", "ㅁ", "ㅏ", "스"(연속된 2문자), "ㅌ", "ㅓ", "◀"의 폰트를 다운로드하고 이를 텍스트 LCD 모듈의 출력 문자열에 포함시켜 디스플레이한다. 여기에는 받침이 없는 한글 글자 "마스터"가 포함된다.

<프로그램 Exp03_6.c> 텍스트 LCD 모듈 사용자 정의 문자 출력 예제

```
/* ========================================================================== */
/*      Exp03_6_user_font.c : 텍스트 LCD 사용자 정의 문자 출력 프로그램          */
/* ========================================================================== */
/*                                    Programmed by Duck-Yong Yoon in 2017.   */

#include "stm32f103xe.h"
#include "OK-STM103.h"

void Set_user_font(void);                               /* set user character font */

unsigned char font[] = {
  0x10, 0x18, 0x1C, 0x1E, 0x1C, 0x18, 0x10, 0x00,    // character 0 (left arrow)
  0x0F, 0x09, 0x09, 0x09, 0x09, 0x09, 0x0F, 0x00,    // character 1 (마)
  0x08, 0x08, 0x08, 0x0E, 0x08, 0x08, 0x08, 0x00,    // character 2
  0x01, 0x02, 0x04, 0x08, 0x00, 0x00, 0x0F, 0x00,    // character 3 (스)
  0x10, 0x08, 0x04, 0x02, 0x00, 0x00, 0x1E, 0x00,    // character 4
  0x0F, 0x08, 0x08, 0x0F, 0x08, 0x08, 0x0F, 0x00,    // character 5 (터)
  0x04, 0x04, 0x04, 0x1C, 0x04, 0x04, 0x04, 0x00,    // character 6
  0x01, 0x03, 0x07, 0x0F, 0x07, 0x03, 0x01, 0x00 };  // character 7 (right arrow)

/* ----- 메인 프로그램 -------------------------------------------------------- */

int main(void)
{
  Initialize_MCU();                                 // initialize MCU and kit
  Delay_ms(50);                                     // wait for system stabilization
  Initialize_LCD();                                 // initialize text LCD module

  Set_user_font();                                  // set user character font

  while(1)
    { Beep();
      LCD_command(0x80);                            // display logo
      LCD_data(0x00);
      LCD_data(0x00);
      LCD_string(0x82," OK!-STM103 ");
      LCD_data(0x07);
      LCD_data(0x07);

      LCD_string(0xC0,"Cortex-M3 ");                // display message 1
      LCD_data(0x01);
      LCD_data(0x02);
      LCD_data(0x03);
      LCD_data(0x04);
      LCD_data(0x05);
      LCD_data(0x06);
      Delay_ms(2000);

      LCD_string(0xC0,"   2017/10/01   ");          // display message 2
      Delay_ms(2000);

      LCD_string(0xC0," DUCK-YONG YOON ");          // display message 3
      Delay_ms(2000);
    }
}

/* ----- 사용자 정의 함수 ----------------------------------------------------- */

void Set_user_font(void)                            /* set user character font */
{
  unsigned int i;

  LCD_command(0x40);                                // set CGRAM address
  for(i = 0; i <= 63; i++)                          // download font data
     LCD_data(font[i]);
}
```

☞ 사용자 정의 문자를 텍스트 LCD 모듈에 다운로드하는 동작은 Set_user_font() 함수에서처럼 각 문자의 CGRAM 번지를 지정하고 8바이트의 폰트 데이터를 라이트하면 된다. 여기서는 8문자의 폰트를 연속으로 다운로드하기 때문에 첫 문자의 CGRAM 번지를 한번만 지정하고 나서 64바이트의 폰트 데이터를 연속으로 라이트하도록 처리하였다.

사용자 정의 문자에 해당하는 0x00~0x07의 문자들도 문자열에 해당되기는 하지만, 이것들은 C언어에서 문자열을 의미하는 " " 안에 ASCII 문자로 포함시킬 수 없기 때문에 직접 코드값으로 지정하여 LCD_data() 함수로 1글자씩 출력해야 한다.

7. 실습 과제

(1) 헤더파일 OK-STM103.h에서 LCD_string() 함수의 동작을 상세하게 설명하라.

(2) 예제 Exp03_2.c의 사용자 함수 LCD_3d()에서 flag이라는 변수가 수행하는 역할을 설명하라.

(3) 예제 프로그램 Exp03_3.c를 다음과 같이 16비트 수를 사용하여 0~65535 범위의 수를 반복적으로 표기하는 프로그램 Exp03_3R.c로 수정하라.

```
16-Bit Integer
0000H = 00000
```

(4) 예제 프로그램 Exp03_5.c에서 실수를 출력할 때 printf() 함수를 사용하도록 수정한 프로그램 Exp03_5R1.c를 작성하라.

(5) 예제 프로그램 Exp03_5.c를 다음과 같이 삼각함수의 소수점 아래 4자리까지 표시하는 프로그램 Exp03_5R2.c로 수정하라. 단, 함수값은 + 또는 -의 부호가 있으며, 각도는 0~360도의 범위에서 5도씩 증가시킨다.

```
sin(000)=+0.0000
cos(000)=+0.0000
```

4.4 키입력 및 인터럽트 처리 프로그램

이 절에서는 *OK-STM103* 키트에 내장된 키의 입력을 수행하는 프로그램과 인터럽트 처리 프로그램을 작성하는 프로그래밍 기술을 익힌다.

관련 내용	(1) 제1.2절 STM32F103VET6의 기본 구조와 기능 (2) 제1.3절 STM32F103VET6의 기본 시스템 제어기 (3) 제3.1절 *OK-STM103* 키트의 구조와 기능 (4) 제3.3절 IAR EWARM 컴파일러의 설치 및 사용

1. 키입력 프로그램

OK-STM103 키트에는 외부 데이터 입력을 위하여 4개의 키 KEY1~KEY4를 가지고 있다. 이들 키를 입력하는 것은 매우 단순해 보이지만 여기에 디바운싱 기술을 적용하여 제대로 키를 읽는 기술은 그렇게 쉽지 않다.

(1) 키입력의 기본

키(key)에는 여러 가지 종류가 있는데 마이크로프로세서 응용 시스템에서 사용하는 대부분의 키는 기계적인 방법으로 금속 접점을 ON/OFF시키는 구조로 되어 있으며, 이를 <그림 4.4.1>의 (a)와 같이 풀업 저항(pull-up resistor)과 함께 사용하여 키를 누르지 않았을 때는 논리적으로 H상태(+3.3V)의 출력을 발생하고 키를 눌렀을 때는 L상태(0V)의 출력을 발생하도록 하여 마이크로프로세서가 키 입력 여부를 확인할 수 있게 된다.

그러나, 이러한 기계적인 접점 방식으로 되어 있는 키를 누르거나 뗄 때는 접점 부분에서의 기계적인 진동(bouncing)에 의하여 출력 파형이 <그림 4.4.2>와 같은 형태로 되고, 이를 매우 빠르게 동작하는 마이크로프로세서가 읽어들이게 되면 키를 여러 번 누른 것으로 잘못 인식할 수 있다. 이러한 진동은 대부분 최대 약 20ms 정도 이내에 끝나는 것으로 알려져 있으나, 키 접점 부분이 산화, 부식, 먼지 등으로 청결하지 못한 경우에는 이보다 더 길어질 수도 있다.

마이크로프로세서가 안정된 키 입력 동작을 수행하기 위해서는 이러한 키 접점에서의 진동을 제거해야 하는데 이를 디바운싱(debouncing)이라고 한다. 키 접점에서의 하드웨어적인 디바운싱 기법으로는 <그림 4.4.1>의 (b)처럼 저항 및 커패시터를 이용한 저역통과 필터(LPF ; Low-Pass Filter)를 사용하여 진동하는 신호를 완만하게 만들고, 여기에 슈미트 트리거(Schmitt Trigger) 회로를 추가하여 정확한 디지털 신호를 얻어내는 방법이 사용된다. 하지만, 이러한 하드웨어적인 디바운싱 방법은 추가적인 회로가 필요하게 되고, 따라서 키의 개수가 많을 때는 경제적인 부담과 수용 면적의 증가 때문에 이를 적용하기가 어렵다.

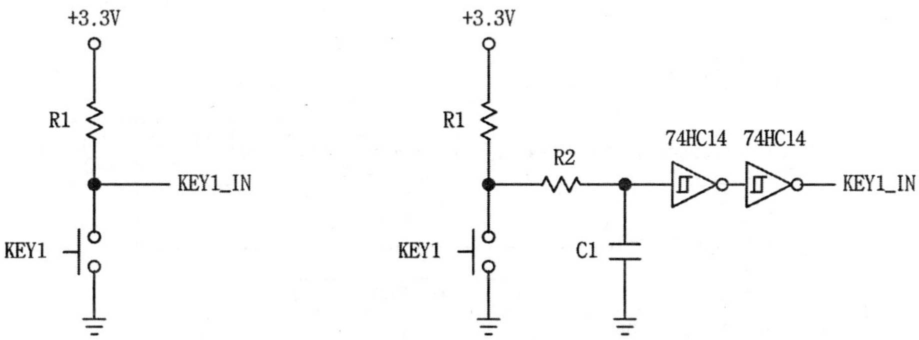

(a) 키입력 기본회로 (b) 하드웨어 디바운싱 기능을 갖는 키입력 회로

<그림 4.4.1> 키입력 회로

<그림 4.4.2> 바운싱 현상이 포함된 키입력 신호

소프트웨어적인 디바운싱 기법에서는 시간지연(time delay) 루틴을 이용한다. 즉, 키가 눌려질 때는 처음 L상태가 검출되면 약 20ms의 시간지연 후에 다시 L상태를 확인하고 나서 키가 눌려진 것으로 인식하고, 반대로 키가 떼어질 때는 처음 H상태가 검출되면 약 20ms의 시간지연 후에 다시 H상태를 확인하고 나서 키가 떼어진 것으로 인식하면 된다. 이렇게 하여 1번 눌려진 동작과 1번 떼어진 동작이 검출되어야만 키가

정확히 1번 입력된 것으로 처리된다. 퍼스널컴퓨터에서는 키가 일정한 시간동안 계속 하여 눌러져 있으면 이를 반복키(typematic key)로 처리하지만 마이크로프로세서 응용 시스템에서는 이런 기능을 거의 사용하지 않는다. 이러한 소프트웨어적인 디바운싱 방법은 마이크로프로세서의 키 스캔 동작에 따르는 처리시간이 부담되는 단점이 있지만, 키입력 회로가 간단해지고 시스템에 유연성이 있으므로 널리 사용된다.

이러한 키는 낱개로 몇 개 정도가 사용되는 경우도 있지만 많은 수의 키를 포함하는 전용 보드를 사용하기도 한다. 보통은 숫자키나 몇 개의 기능키 정도를 가지는 소규모 보드를 키패드(keypad)라고 하고, 알파벳키와 숫자키, 기능키 등을 가지는 완전한 보드를 키보드(keyboard)라고 한다.

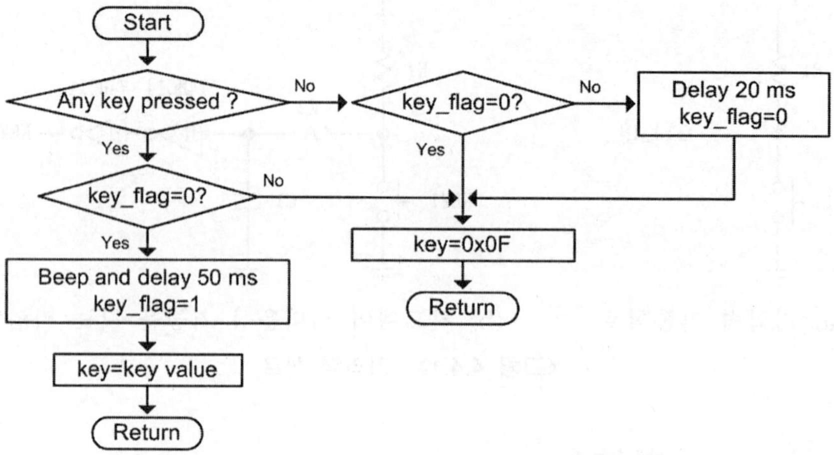

<그림 4.4.3> 키입력 함수 Key_input()의 순서도

앞에서 설명한 소프트웨어적인 디바운싱 기법을 적용하여 *OK-STM103* 키트에 내장된 4개의 키 KEY1~KEY4를 읽어들이는 루틴은 C언어 프로그램용의 기본 헤더파일 OK-STM103.h에 Key_input()이라는 함수로 작성하여 놓았으므로 사용자는 필요할 때 이를 호출하여 쉽게 키입력을 수행할 수 있다.

C언어 프로그램에서의 키입력 함수인 Key_input()의 동작을 보여주는 플로우차트는 <그림 4.4.3>과 같으며, 헤더파일 OK-STM103.h에 포함된 키입력 함수 Key_input()을 발췌하여 다시 보이면 다음과 같다. 키입력 함수 Key_input()에는 소프트웨어적인 디바운싱 기능과 키를 누를 때마다 비프음을 울려주는 기능을 갖지만, Key_input_silent() 함수는 이중에서 비프음을 울리는 기능을 제외하였다.

<헤더파일 OK-STM103.h> 이 헤더파일에서 발췌한 Key_input() 함수

```
                    (이전 생략)

#define KEY1            0x0E                    // KEY1 value
#define KEY2            0x0D                    // KEY2 value
#define KEY3            0x0B                    // KEY3 value
#define KEY4            0x07                    // KEY4 value
#define no_key          0x0F                    // no key input
#define MENU_key        0x0A                    // MENU key

unsigned char key_flag = 0;

unsigned char Key_input(void)                   /* input key KEY1~KEY4 */
{
  unsigned char key;

  key = GPIOC->IDR & 0x0000000F;                // any key pressed ?
  if(key == 0x0F)                               // if no key, check key off
    { if(key_flag == 0)
        return key;
      else
        { Delay_ms(20);
          key_flag = 0;
          return key;
        }
    }
  else                                          // if key input, check continuous key
    { if(key_flag != 0)                         // if continuous key, treat as no key input
        return 0x0F;
      else                                      // if new key, beep and delay for debounce
        { Beep();
          key_flag = 1;
          return key;
        }
    }
}

unsigned char Key_input_silent(void)            /* input key KEY1~KEY4 without beep sound */
{
  unsigned char key;

  key = GPIOC->IDR & 0x0000000F;                // any key pressed ?
  if(key == 0x0F)                               // if no key, check key off
    { if(key_flag == 0)
        return key;
      else
        { Delay_ms(20);
          key_flag = 0;
          return key;
        }
    }
  else                                          // if key input, check continuous key
    { if(key_flag != 0)                         // if continuous key, treat as no key input
        return 0x0F;
      else                                      // if new key, delay for debounce
        { Delay_ms(20);
          key_flag = 1;
          return key;
        }
    }
}

                    (이후 생략)
```

(2) 기본적인 키입력 프로그램

여기서는 *OK-STM103* 키트에 내장된 4개의 키 KEY1~KEY4를 읽어들여 현재 어느 키가 눌러졌는지를 확인하는 예제 프로그램을 살펴보기로 한다. 키입력을 검출하여 그 키에 해당하는 GPIOC 포트의 비트값을 TFT-LCD에 보여주는 프로그램을 작성하여 보면 다음과 같다. 여기에는 디바운싱 기능을 사용하지 않았으며, 이 동작은 <그림 3.1.2>의 *OK-STM103* 키트 회로도와 함께 이해하는 것이 필요하다.

〈프로그램 Exp04_1.c〉 키입력 값을 표시하는 프로그램

```
/* ============================================================================ */
/*      Exp04_1_key_value.c : 키입력 값 표시(키입력 함수를 사용하지 않음)      */
/* ============================================================================ */
/*                                        Programmed by Duck-Yong Yoon in 2017.  */

#include "stm32f103xe.h"
#include "OK-STM103.h"
#include "OK-STM103_large.h"

int main(void)
{
  unsigned int key;

  Initialize_MCU();                              // initialize MCU and kit
  Delay_ms(50);                                  // wait for system stabilization
  Initialize_LCD();                              // initialize text LCD module
  Initialize_TFT_LCD();                          // initialize TFT-LCD module

  LCD_string(0x80," OK-STM103 V1.0 ");           // display title
  LCD_string(0xC0,"    Exp04_1.c    ");
  Beep();

  TFT_string(14,9,White,Magenta," 키입력 값 ");
  TFT_string_large(0,15,White,Black,"GPIOC = 0b0000000000000000");

  while(1)
    { key = GPIOC->IDR & 0x0000000F;             // read GPIOC
      TFT_xy(10,15);                             // display value
      TFT_color(Cyan,Black);
      TFT_binary_large(key,16);
    }
}
```

☞ *OK-STM103* 키트에서 키 KEY1~KEY4는 각각 STM32F103VET6의 GPIO의 PC3~PC0 비트에 접속되어 있으며, 이 키트의 회로도를 보면 알 수 있듯이 누르지 않은 키는 논리값 1로 입력되고 누른 키는 논리값 0으로 입력된다는 점을 항상 기억해야 한다. 키입력 동작을 수행할 때 GPIOC에서 나머지 비트들의 입력값은 키입력 동작과 아무런 관련이 없어서 무의미하므로 AND 마스킹의 선택적 리셋 기능을 사용하여 제거하였다.

이 프로그램을 컴파일하여 다운로드하고 실행하라. 그리고, 키 KEY1~KEY4를 차례로 누르면서 TFT-LCD의 화면에 나타나는 비트값이 올바른지 관찰하라.

이번에는 기본 헤더파일 OK-STM103.h에서 제공하는 키입력 함수 Key_input()을 사용하여 임의의 키를 입력하고, 이 키입력에 따라 지정된 기능을 수행하는 프로그램을 작성하여 보면 다음과 같다. 이 함수에는 디바운싱 기능과 키를 1번 누르면 키입력이 정확하게 1회만 검출되도록 하는 원터치(one-touch) 기능을 가지고 있다.

<프로그램 Exp04_2.c> OK-STM103.h의 키입력 함수를 사용한 키입력 프로그램

```
/* ============================================================================ */
/*                         Exp04_2_key_input.c : 키입력 함수                     */
/* ============================================================================ */
/*                                     Programmed by Duck-Yong Yoon in 2017.    */

#include "stm32f103xe.h"
#include "OK-STM103.h"
#include "OK-STM103_large.h"

int main(void)
{
  unsigned char key;

  Initialize_MCU();                               // initialize MCU and kit
  Delay_ms(50);                                   // wait for system stabilization
  Initialize_LCD();                               // initialize text LCD module
  Initialize_TFT_LCD();                           // initialize TFT-LCD module

  LCD_string(0x80," OK-STM103 V1.0 ");            // display title
  LCD_string(0xC0,"   Exp04_2.c    ");
  Beep();

  TFT_string(6, 9,White,Magenta," 키 KEY1~KEY4를 누르시오 ! ");

  while(1)
    { key = Key_input();                          // key input
      switch(key)
        { case KEY1 : LED_on();
                      TFT_string_large(7,18, Cyan,Black, "KEY1 is OK !");
                      Delay_ms(50);
                      LED_off();
                      break;
          case KEY2 : LED_on();
                      TFT_string_large(7,18, Cyan,Black, "KEY2 is OK !");
                      Delay_ms(50);
                      LED_off();
                      break;
          case KEY3 : LED_on();
                      TFT_string_large(7,18, Cyan,Black, "KEY3 is OK !");
                      Delay_ms(50);
                      LED_off();
                      break;
          case KEY4 : LED_on();
                      TFT_string_large(7,18, Cyan,Black, "KEY4 is OK !");
                      Delay_ms(50);
                      LED_off();
                      break;
          default:    break;
        }
    }
}
```

(3) 키입력 카운트 프로그램

앞에서의 기본적인 키입력 프로그램에서는 단지 키입력을 확인하는 정도였으므로 그 내부에서 디바운싱 기능과 원터치 기능이 올바르게 수행되는지 여부를 느끼기가 쉽지 않았다. 그러나, 다음의 키입력 카운트 프로그램을 살펴보면 디바운싱 기능이나 키를 한번 눌렀을 때 정확히 키입력이 1번만 인식되도록 하는 기능이 얼마나 중요한지를 확실히 알 수 있다.

▣ 디바운싱 기능을 사용하지 않은 경우

키입력 동작에서 디바운싱 기능 및 원터치 기능을 사용하지 않고 키를 검출하여 각각의 키입력 횟수를 TFT-LCD에 표시하는 프로그램을 다음과 같다.

<프로그램 Exp04_3.c> 디바운싱 기능을 사용하지 않은 키입력 카운트 프로그램

```
/* ============================================================================ */
/*  Exp04_3_key_count(1).c : 키입력 카운트(디바운싱 및 원터치 기능을 사용안함)  */
/* ============================================================================ */
/*                                   Programmed by Duck-Yong Yoon in 2017.     */

#include "stm32f103xe.h"
#include "OK-STM103.h"
#include "OK-STM103_large.h"

int main(void)
{
  unsigned char key;
  unsigned int KEY1_count, KEY2_count, KEY3_count, KEY4_count;

  Initialize_MCU();                              // initialize MCU and kit
  Delay_ms(50);                                  // wait for system stabilization
  Initialize_LCD();                              // initialize text LCD module
  Initialize_TFT_LCD();                          // initialize TFT-LCD module

  LCD_string(0x80," OK-STM103 V1.0 ");           // display title
  LCD_string(0xC0,"    Exp04_3.c     ");
  Beep();

  TFT_string(1,2, White,Magenta, "        키입력 카운트 프로그램        ");
  TFT_string(1,5, Yellow, Black, "              (디바운싱 X)              ");
  TFT_string(1,7, Yellow, Black, "              (원터치   X)              ");
  TFT_string_large(4,12, White,Black, "KEY1 입력 = 000000");
  TFT_string_large(4,16, White,Black, "KEY2 입력 = 000000");
  TFT_string_large(4,20, White,Black, "KEY3 입력 = 000000");
  TFT_string_large(4,24, White,Black, "KEY4 입력 = 000000");

  KEY1_count = 0;                                // initialize variables
  KEY2_count = 0;
  KEY3_count = 0;
  KEY4_count = 0;

  while(1)
    { key = GPIOC->IDR & 0x0000000F;             // key input
      switch(key)
        { case KEY1 : KEY1_count++;              // increment KEY1 count
                      TFT_xy(16,12);             // display KEY1 count
                      TFT_color(Green,Black);
                      TFT_unsigned_decimal_large(KEY1_count,1,6);
```

```
                break;
      case KEY2 : KEY2_count++;                 // increment KEY2 count
                  TFT_xy(16,16);                // display KEY2 count
                  TFT_color(Green,Black);
                  TFT_unsigned_decimal_large(KEY2_count,1,6);
                  break;
      case KEY3 : KEY3_count++;                 // increment KEY3 count
                  TFT_xy(16,20);                // display KEY3 count
                  TFT_color(Green,Black);
                  TFT_unsigned_decimal_large(KEY3_count,1,6);
                  break;
      case KEY4 : KEY4_count++;                 // increment KEY4 count
                  TFT_xy(16,24);                // display KEY4 count
                  TFT_color(Green,Black);
                  TFT_unsigned_decimal_large(KEY4_count,1,6);
                  break;
      default:    break;
    }
  }
}
```

☞ 여기서는 키입력 함수 Key_input()을 사용하지 않고 직접 GPIOC를 직접 읽어서 키를 검출하였으므로 디바운싱 기능이나 키입력을 1번만 수행하는 원터치 기능은 포함되지 않는다. 키 KEY1~KEY4를 누른 횟수는 각각의 변수에 저장되며, 이를 TFT-LCD 모듈에 6자리 10진수로 표시하였다.

이 프로그램을 컴파일하여 다운로드하고 실행하라. 그리고, 키 KEY1~KEY4를 차례로 누르면서 TFT-LCD 화면에 나타나는 카운트 값을 관찰하라. 디바운싱 기능과 키입력을 1회만 수행하는 원터치 기능이 포함되어 있지 않으므로 키를 분명히 1번만 눌렀는데도 카운트값이 마구잡이로 크게 변하는 것을 볼 수 있는가?

▣ 디바운싱 기능을 사용한 경우

이번에는 디바운싱 기능과 키입력이 1회만 검출되도록 하는 원터치 기능을 사용한 키입력 카운트 프로그램을 C언어로 작성하여 보면 다음과 같다.

<프로그램 Exp04_4.c> 디바운싱 기능을 사용한 키입력 카운트 프로그램

```
/* ========================================================================== */
/*   Exp04_4_key_count(2).c : 키입력 카운트(디바운싱 및 원터치 기능을 사용함)   */
/* ========================================================================== */
/*                                   Programmed by Duck-Yong Yoon in 2017.    */

#include "stm32f103xe.h"
#include "OK-STM103.h"
#include "OK-STM103_large.h"

int main(void)
{
  unsigned char key;
  unsigned int KEY1_count, KEY2_count, KEY3_count, KEY4_count;

  Initialize_MCU();                             // initialize MCU and kit
  Delay_ms(50);                                 // wait for system stabilization
```

```
  Initialize_LCD();                          // initialize text LCD module
  Initialize_TFT_LCD();                      // initialize TFT-LCD module

  LCD_string(0x80," OK-STM103 V1.0 ");       // display title
  LCD_string(0xC0,"    Exp04_4.c     ");
  Beep();

  TFT_string(1,2, White,Magenta, "      키입력 카운트 프로그램      ");
  TFT_string(1,5, Yellow, Black, "          (디바운싱 O)           ");
  TFT_string(1,7, Yellow, Black, "          (원터치  O)            ");
  TFT_string_large(4,12, White,Black, "KEY1 입력 = 000000");
  TFT_string_large(4,16, White,Black, "KEY2 입력 = 000000");
  TFT_string_large(4,20, White,Black, "KEY3 입력 = 000000");
  TFT_string_large(4,24, White,Black, "KEY4 입력 = 000000");

  KEY1_count = 0;                            // initialize variables
  KEY2_count = 0;
  KEY3_count = 0;
  KEY4_count = 0;

  while(1)
    { key = Key_input();                     // key input
      switch(key)
        { case KEY1 : KEY1_count++;          // increment KEY1 count
                      TFT_xy(16,12);         // display KEY1 count
                      TFT_color(Green,Black);
                      TFT_unsigned_decimal_large(KEY1_count,1,6);
                      break;
          case KEY2 : KEY2_count++;          // increment KEY2 count
                      TFT_xy(16,16);         // display KEY2 count
                      TFT_color(Green,Black);
                      TFT_unsigned_decimal_large(KEY2_count,1,6);
                      break;
          case KEY3 : KEY3_count++;          // increment KEY3 count
                      TFT_xy(16,20);         // display KEY3 count
                      TFT_color(Green,Black);
                      TFT_unsigned_decimal_large(KEY3_count,1,6);
                      break;
          case KEY4 : KEY4_count++;          // increment KEY4 count
                      TFT_xy(16,24);         // display KEY4 count
                      TFT_color(Green,Black);
                      TFT_unsigned_decimal_large(KEY4_count,1,6);
                      break;
          default:    break;
        }
    }
}
```

☞ 여기서는 키입력 함수 Key_input()을 사용하여 디바운싱 기능과 키입력을 정확히 1번만 수행하는 원터치 기능을 수행하였다. 역시 키 KEY1~KEY4를 누른 횟수는 각각의 변수에 저장되며, 이를 TFT-LCD에 6자리 10진수로 표시하였다.

이 프로그램을 컴파일하여 다운로드하고 실행하라. 그리고, 키 KEY1~KEY4를 차례로 누르면서 TFT-LCD 화면에 나타나는 카운트 값을 관찰하라. 기본 헤더파일 OK-STM103.h에서 제공하는 키입력 함수 Key_input()에는 디바운싱 기능과 키입력을 1회만 수행하는 원터치 기능이 포함되어 있으므로 이 프로그램에서 키를 누를 때마다 해당 키의 카운트 값이 정확히 1씩 증가하는 것을 볼 수 있는가?

2. 인터럽트 처리 프로그램

표준의 C언어에서는 원천적으로 인터럽트와 같이 매우 하드웨어 의존적인 기능을 지원하지 않으므로 C컴파일러마다 인터럽트와 관련된 기능을 처리하는 방식이 다르다. IAR EWARM 컴파일러에서도 고유한 인터럽트 프로그램 처리방식이 있으니 사용자는 반드시 이 원칙에 따라 프로그램을 작성해야 한다.

STM32F103VET6 마이크로컨트롤러는 벡터형 인터럽트 방식을 사용하므로 각 인터럽트마다 자신의 인터럽트 시작번지를 가지고 있다. 따라서, 사용자는 이들 번지에서 인터럽트 처리 프로그램이 시작되도록 프로그램을 작성해야 한다. 그러나, 이러한 하드웨어 의존적인 처리는 C언어에서 불가능하므로 IAR EWARM에서는 어셈블리 언어로 된 스타트업 파일 startup_stm32f103xe.s에서 이러한 기능을 처리하고 있다. 이에 관한 자세한 사항은 앞의 제3.3절에서 설명하였으니 참조하기 바란다. 결국 사용자는 <표 3.3.5>에 정리한 이름으로 인터럽트 처리 프로그램의 함수명을 정하여 사용하면 된다.

여기서는 *OK-STM103* 키트에서 키 KEY1~KEY4의 입력으로 외부 인터럽트를 발생시키는 예제를 살펴보기로 한다.

▣ 디바운싱 기능을 사용하지 않은 경우

OK-STM103 키트에서 디바운싱 기능 및 키입력을 1회만 수행하는 원터치 기능을 사용하지 않고 키 KEY1~KEY4의 입력에 의한 외부 인터럽트를 발생시키는 방법으로 키입력 카운트 프로그램을 작성하면 다음과 같다.

<프로그램 Exp04_5.c> 키입력 인터럽트 카운트 프로그램(1)

```
/* ============================================================================ */
/*  Exp04_5_key_interrupt(1).c : 키입력에 의한 EXTI 인터럽트(디바운싱 사용안함) */
/* ============================================================================ */
/*                                     Programmed by Duck-Yong Yoon in 2017.    */

#include "stm32f103xe.h"
#include "OK-STM103.h"
#include "OK-STM103_large.h"

void EXTI0_IRQHandler(void);                         /* EXTI0 interrupt function */
void EXTI1_IRQHandler(void);                         /* EXTI1 interrupt function */
void EXTI2_IRQHandler(void);                         /* EXTI2 interrupt function */
void EXTI3_IRQHandler(void);                         /* EXTI3 interrupt function */

/* ----- 인터럽트 처리 프로그램 ---------------------------------------------- */

volatile unsigned int interrupt_flag, KEY1_count, KEY2_count, KEY3_count, KEY4_count;

void EXTI0_IRQHandler(void)                          /* EXTI0 interrupt function */
{
  KEY1_count++;
```

```
  LED_on();                                  // LED on
  Beep();
  LED_off();                                 // LED off

  EXTI->PR = 0x00000001;                     // clear pending bit of EXTI0

  interrupt_flag = 1;
}

void EXTI1_IRQHandler(void)                  /* EXTI1 interrupt function */
{
  KEY2_count++;

  LED_on();                                  // LED on
  Beep();
  LED_off();                                 // LED off

  EXTI->PR = 0x00000002;                     // clear pending bit of EXTI1

  interrupt_flag = 1;
}

void EXTI2_IRQHandler(void)                  /* EXTI2 interrupt function */
{
  KEY3_count++;

  LED_on();                                  // LED on
  Beep();
  LED_off();                                 // LED off

  EXTI->PR = 0x00000004;                     // clear pending bit of EXTI2

  interrupt_flag = 1;
}

void EXTI3_IRQHandler(void)                  /* EXTI3 interrupt function */
{
  KEY4_count++;

  LED_on();                                  // LED on
  Beep();
  LED_off();                                 // LED off

  EXTI->PR = 0x00000008;                     // clear pending bit of EXTI3

  interrupt_flag = 1;
}

/* ----- 메인 프로그램 ------------------------------------------------------------ */

int main(void)
{
  Initialize_MCU();                          // initialize MCU and kit
  Delay_ms(50);                              // wait for system stabilization
  Initialize_LCD();                          // initialize text LCD module
  Initialize_TFT_LCD();                      // initialize TFT-LCD module

  LCD_string(0x80," OK-STM103 V1.0 ");       // display title
  LCD_string(0xC0,"    Exp04_5.c     ");
  Beep();

  TFT_string(1,2, White,Magenta, "         키입력 인터럽트 프로그램         ");
  TFT_string(1,5, Yellow, Black, "                (디바운싱 X)               ");
  TFT_string(1,7, Yellow, Black, "                (원터치   X)               ");
  TFT_string_large(4,12, White,Black, "KEY1 입력 = 000000");
  TFT_string_large(4,16, White,Black, "KEY2 입력 = 000000");
  TFT_string_large(4,20, White,Black, "KEY3 입력 = 000000");
  TFT_string_large(4,24, White,Black, "KEY4 입력 = 000000");

  GPIOC->CRL &= 0xFFFFFF00;                  // PC3,2,1,0 = input mode
  GPIOC->CRL |= 0x00000044;
  RCC->APB2ENR |= 0x00000011;                // enable PORTC and AFIO
```

```
  AFIO->EXTICR[0] = 0x00002222;                // EXTI3,2,1,0 = PC3,2,1,0(KEY4,3,2,1)
  EXTI->IMR = 0x0000000F;                      // enable EXTI3,2,1,0 interrupt
  EXTI->RTSR = 0x00000000;                     // disable EXTI3,2,1,0 rising edge
  EXTI->FTSR = 0x0000000F;                     // enable EXTI3,2,1,0 falling edge
  NVIC->ISER[0] = 0x000003C0;                  // enable (9)EXTI3 ~ (6)EXTI0 interrupt

  interrupt_flag = 0;                          // initialize variables
  KEY1_count = 0;
  KEY2_count = 0;
  KEY3_count = 0;
  KEY4_count = 0;

  while(1)
    { if(interrupt_flag == 1)                  // interrupt ?
        { interrupt_flag = 0;
          TFT_color(Green,Black);
          TFT_xy(16,12);                       // display KEY1 count
          TFT_unsigned_decimal_large(KEY1_count,1,6);
          TFT_xy(16,16);                       // display KEY2 count
          TFT_unsigned_decimal_large(KEY2_count,1,6);
          TFT_xy(16,20);                       // display KEY3 count
          TFT_unsigned_decimal_large(KEY3_count,1,6);
          TFT_xy(16,24);                       // display KEY4 count
          TFT_unsigned_decimal_large(KEY4_count,1,6);
        }
    }
}
```

☞ 키 KEY1~KEY4는 각각 GPIO의 PC0~PC3에 연결되어 있어서 이것들이 입력되면 각각 인터럽트 EXTI0~EXTI3을 발생한다. 따라서, 키 KEY1~KEY4의 입력 횟수를 인터럽트 방식으로 처리하여 읽고자 하면 이들 각각에 대하여 인터럽트 처리함수를 만들어야 한다.

이러한 외부 인터럽트 함수에서는 사용자가 외부 인터럽트 펜딩 비트를 클리어시켜주어야 하는데, 이를 인터럽트 함수 시작부분에서 수행하지 않고 인터럽트 함수의 끝부분에서 수행하면 그동안에 키 바운싱에 의하여 추가로 발생된 인터럽트 플랙을 삭제하게 되므로 바운싱 현상을 현저하게 감소시킬 수 있다.

이 예제 프로그램을 컴파일하여 다운로드하고 실행하라. 그리고, 키 KEY1~KEY4를 여러 차례 눌러보면서 인터럽트가 발생하는 것을 확인하라. 이 프로그램에서는 각 키에 의한 인터럽트 신호를 하강 에지 트리거 방식으로 설정하였지만 디바운싱 기능 및 원터치 기능을 적용하지 않았으므로 TFT-LCD 모듈에 표시되는 각 키의 인터럽트 카운트 값이 정확히 1씩 증가하지 않는 경우가 가끔 발생한다.

▣ 디바운싱 기능을 사용한 경우

위의 프로그램에서 어떤 방법으로 키를 누르더라도 해당 인터럽트가 정확히 1번씩만 발생하도록 디바운싱 기능 및 원터치 기능을 적용하여 프로그램을 수정하면 다음과 같다.

<프로그램 Exp04_6.c> 키입력 인터럽트 카운트 프로그램(2)

```
/* ============================================================================ */
/*    Exp04_6_key_interrupt(2).c : 키입력에 의한 EXTI 인터럽트(디바운싱 사용함)  */
/* ============================================================================ */
/*                                      Programmed by Duck-Yong Yoon in 2017.   */

#include "stm32f103xe.h"
#include "OK-STM103.h"
#include "OK-STM103_large.h"

void EXTI0_IRQHandler(void);                     /* EXTI0 interrupt function */
void EXTI1_IRQHandler(void);                     /* EXTI1 interrupt function */
void EXTI2_IRQHandler(void);                     /* EXTI2 interrupt function */
void EXTI3_IRQHandler(void);                     /* EXTI3 interrupt function */

/* ----- 인터럽트 처리 프로그램 ------------------------------------------------ */

volatile unsigned int interrupt_flag, KEY1_count, KEY2_count, KEY3_count, KEY4_count;

void EXTI0_IRQHandler(void)                      /* EXTI0 interrupt function */
{
  KEY1_count++;

  LED_on();                                      // LED on
  Beep();
  LED_off();                                     // LED off

  while((GPIOC->IDR & 0x00000001) != 0x00000001); // debouncing
  Delay_ms(20);
  EXTI->PR = 0x00000001;                         // clear pending bit of EXTI0
  NVIC->ICPR[0] = 0x00000040;                    // clear pending bit of (6)EXTI0

  interrupt_flag = 1;
}

void EXTI1_IRQHandler(void)                      /* EXTI1 interrupt function */
{
  KEY2_count++;

  LED_on();                                      // LED on
  Beep();
  LED_off();                                     // LED off

  while((GPIOC->IDR & 0x00000002) != 0x00000002); // debouncing
  Delay_ms(20);
  EXTI->PR = 0x00000002;                         // clear pending bit of EXTI1
  NVIC->ICPR[0] = 0x00000080;                    // clear pending bit of (7)EXTI1

  interrupt_flag = 1;
}

void EXTI2_IRQHandler(void)                      /* EXTI2 interrupt function */
{
  KEY3_count++;

  LED_on();                                      // LED on
  Beep();
  LED_off();                                     // LED off

  while((GPIOC->IDR & 0x00000004) != 0x00000004); // debouncing
  Delay_ms(20);
  EXTI->PR = 0x00000004;                         // clear pending bit of EXTI2
  NVIC->ICPR[0] = 0x00000100;                    // clear pending bit of (8)EXTI2

  interrupt_flag = 1;
}

void EXTI3_IRQHandler(void)                      /* EXTI3 interrupt function */
{
```

```
  KEY4_count++;

  LED_on();                                              // LED on
  Beep();
  LED_off();                                             // LED off

  while((GPIOC->IDR & 0x00000008) != 0x00000008); // debouncing
  Delay_ms(20);
  EXTI->PR = 0x00000008;                                 // clear pending bit of EXTI3
  NVIC->ICPR[0] = 0x00000200;                            // clear pending bit of (9)EXTI3

  interrupt_flag = 1;
}

/* ----- 메인 프로그램 -------------------------------------------------------- */

int main(void)
{
  Initialize_MCU();                                      // initialize MCU and kit
  Delay_ms(50);                                          // wait for system stabilization
  Initialize_LCD();                                      // initialize text LCD module
  Initialize_TFT_LCD();                                  // initialize TFT-LCD module

  LCD_string(0x80," OK-STM103 V1.0 ");                   // display title
  LCD_string(0xC0,"    Exp04_6.c     ");
  Beep();

  TFT_string(1,2, White,Magenta, "       키입력 인터럽트 프로그램       ");
  TFT_string(1,5, Yellow, Black, "             (디바운싱 0)             ");
  TFT_string(1,7, Yellow, Black, "             (원터치   0)             ");
  TFT_string_large(4,12, White,Black, "KEY1 입력 = 000000");
  TFT_string_large(4,16, White,Black, "KEY2 입력 = 000000");
  TFT_string_large(4,20, White,Black, "KEY3 입력 = 000000");
  TFT_string_large(4,24, White,Black, "KEY4 입력 = 000000");

  GPIOC->CRL &= 0xFFFFFF00;                              // PC3,2,1,0 = input mode
  GPIOC->CRL |= 0x00000044;
  RCC->APB2ENR |= 0x00000011;                            // enable PORTC and AFIO
  AFIO->EXTICR[0] = 0x00002222;                          // EXTI3,2,1,0 = PC3,2,1,0(KEY4,3,2,1)
  EXTI->IMR = 0x0000000F;                                // enable EXTI3,2,1,0 interrupt
  EXTI->RTSR = 0x00000000;                               // disable EXTI3,2,1,0 rising edge
  EXTI->FTSR = 0x0000000F;                               // enable EXTI3,2,1,0 falling edge
  NVIC->ISER[0] = 0x000003C0;                            // enable (9)EXTI3 ~ (6)EXTI0 interrupt

  interrupt_flag = 0;                                    // initialize variables
  KEY1_count = 0;
  KEY2_count = 0;
  KEY3_count = 0;
  KEY4_count = 0;

  while(1)
    { if(interrupt_flag == 1)                            // interrupt ?
        { interrupt_flag = 0;
          TFT_color(Green,Black);
          TFT_xy(16,12);                                 // display KEY1 count
          TFT_unsigned_decimal_large(KEY1_count,1,6);
          TFT_xy(16,16);                                 // display KEY2 count
          TFT_unsigned_decimal_large(KEY2_count,1,6);
          TFT_xy(16,20);                                 // display KEY3 count
          TFT_unsigned_decimal_large(KEY3_count,1,6);
          TFT_xy(16,24);                                 // display KEY4 count
          TFT_unsigned_decimal_large(KEY4_count,1,6);
        }
    }
}
```

☞ 이 프로그램에서는 인터럽트 함수를 종료하기 전에 모든 키가 떼어진 것을 확인하고 20ms 정도를 기다리는 방법으로 디바운싱을 수행하였다. 그리고 나서 현재까지 발생한 키입력 인터럽트를 모두 무시하도록 인터럽트 펜딩 비트를 클리어하면 완벽한 디바운싱 기능이 수행된다. 그런데, 여기서 만약 외부 인터럽트 신호에 바운싱이 없었다면 현재의 인터럽트를 발생시킨 외부 인터럽트 펜딩 레지스터 EXTI_PR의 해당 비트만을 클리어하면 되지만, 여기서는 바운싱에 의하여 외부 인터럽트 신호가 추가로 입력되었고 이것은 EXTI를 거쳐서 이미 NVIC에까지 전달되어 있으므로 NVIC_ICPRx 레지스터의 해당 비트까지 클리어 시켜 주어야 한다는 점에 유의해야 한다.

3. 실습 과제

(1) STM32F103VET6의 외부 인터럽트에서 레벨 트리거 방식과 에지 트리거 방식의 차이를 비교 설명하라.

(2) 예제 프로그램 Exp04_6.c에서 키입력 인터럽트 펜딩 비트를 클리어하여 주는 명령 EXTI->PR = 0x00000001;과 NVIC->ICPR[0] = 0x00000040;을 해당 인터럽트 함수의 서두로 옮기고 프로그램을 실행하여 보라. 실행 결과가 어떻게 달라지는가?
이처럼 키입력의 디바운싱 효과를 얻기 위해서는 인터럽트 서비스 루틴의 끝 부분에서 인터럽트 펜딩 비트를 클리어해야만 하는 이유를 설명하라.

(3) 예제 프로그램 Exp04_6.c에 자기 자신이 고안한 또다른 키입력 디바운싱 방법을 적용한 프로그램 Exp04_6R.c을 작성하라.

4.5 TFT-LCD 모듈 영문 ASCII 출력 프로그램

이 절에서는 *OK-STM103* 키트에서 사용하는 TFT-LCD 모듈의 구조, 기능, 사용 방법에 대하여 공부하고, 여기에 영문 ASCII 문자를 출력하는 프로그램 작성 기술을 익히기로 한다. 이 TFT-LCD 모듈은 앞으로 많은 예제 프로그램에서 자주 사용하므로 잘 알아두어야 한다.

관련 내용	(1) 제3.1절 *OK-STM103* 키트의 구조와 기능 (2) 제4.1절 IAR EWARM을 사용한 C언어 프로그래밍 기초 (3) 제4.3절 텍스트형 LCD 모듈 응용 프로그램

1. TFT-LCD 컨트롤러 HX8347-A

OK-STM103 키트에서 사용하고 있는 *TFT-32A* 보드의 3.2인치 TFT-LCD 모듈에는 컨트롤러로서 Himax사의 HX8347-A 소자를 사용한다. 이것은 소스 드라이버, 게이트 드라이버, 그래픽 RAM(GRAM)을 모두 포함하고 있는 소형 TFT-LCD 모듈의 컨트롤러로서 최대 240RGB×320의 해상도와 262,144 컬러를 지원한다.

이것은 외부와 시스템 인터페이스 방식, RGB 인터페이스 방식, SPI 방식으로 접속할 수 있으며, 픽셀당 18비트를 사용하면 R = G = B = 6비트로 총 262,144 컬러를 표현할 수도 있고, 만약 픽셀당 16비트를 사용하면 R = 5비트, G = 6비트, B = 5비트로 총 65,536 컬러를 표현할 수 있다. 시스템 인터페이스 방식에서 외부와의 데이터 버스는 8비트, 16비트, 18비트 중에 임의로 선택하여 사용할 수 있다.

모든 내부 로직과 I/O 인터페이스는 IOVCC = 1.65V～3.3V의 범위에서 동작하고, 드라이버 회로는 VCI = 2.3V～3.3V의 범위에서 동작하며, 정상적인 동작 온도 범위는 -40～+85℃이다. 따라서, 이 TFT-LCD 컨트롤러나 이를 사용한 TFT-LCD 모듈의 데이터 시트에서는 +2.8V의 전원을 사용하도록 권장하지만 우리의 *OK-STM103* 키트에서처럼 여기에 +3.3V 전원을 사용하더라도 아무 문제가 없다.

HX8347은 총 1291개의 핀을 가지고 있으며, 기능적인 내부 구조를 블록도로 보이면 <그림 4.5.1>과 같다.

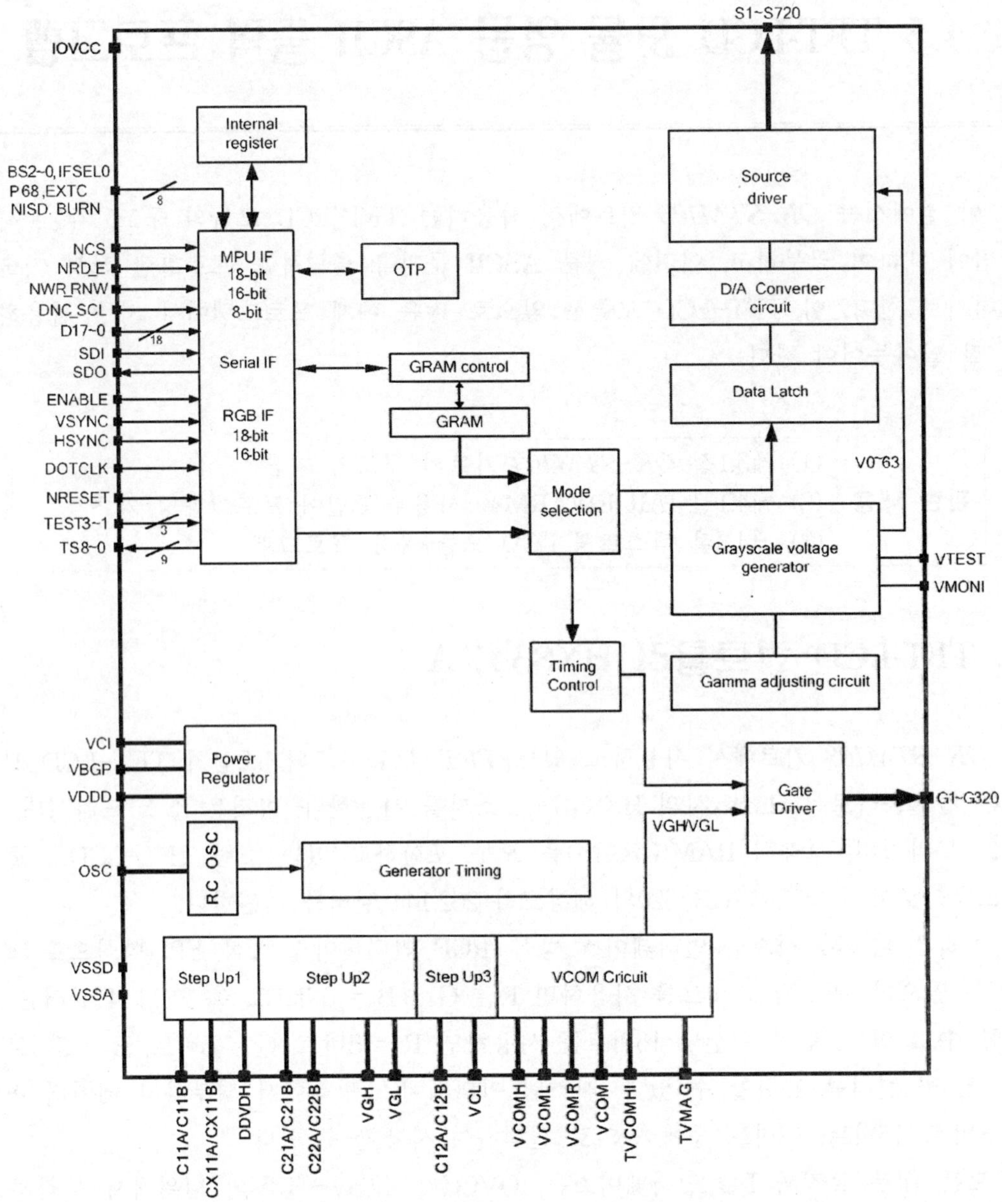

〈그림 4.5.1〉 HX8347의 내부 구성 블록도

(1) CPU 인터페이스 방식

HX8347은 시스템 인터페이스 방식, RGB 인터페이스 방식, SPI 인터페이스 방식을 모두 지원하며, 시스템 인터페이스 방식에서는 인텔 8080형의 동작 파형과 모토롤라 MC6800형의 동작 파형을 선택적으로 사용할 수 있다. 어느 인터페이스 방식을 사용하든지 GRAM에 전송하는 픽셀 데이터는 18비트 또는 16비트를 선택하여 사용할 수 있으며, 시스템 인터페이스 방식에서는 하드웨어적으로 접속하는 병렬 버스를 8비트, 16비트, 18비트 중에서 임의로 선택하여 사용할 수 있다.

이러한 모든 설정은 HX8347의 외부 핀과 내부 제어 레지스터를 사용하여 수행되는데, 우리가 사용하는 TFT-LCD 모듈에서는 인텔 8080형의 동작 파형으로 16비트 병렬 버스에 의한 시스템 인터페이스 방식을 사용하도록 하드웨어가 고정되어 있으며, 따라서 총 표시 가능한 컬러도 65,536가지로 제한된다. HX8347에서 16비트 병렬 버스를 사용하는 경우에는 데이터 버스의 D17~D0 중에서 D15~D0을 사용한다.

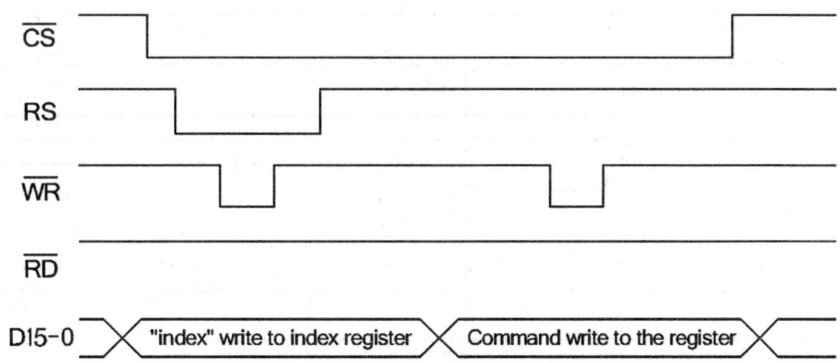

(a) 제어 레지스터값의 설정

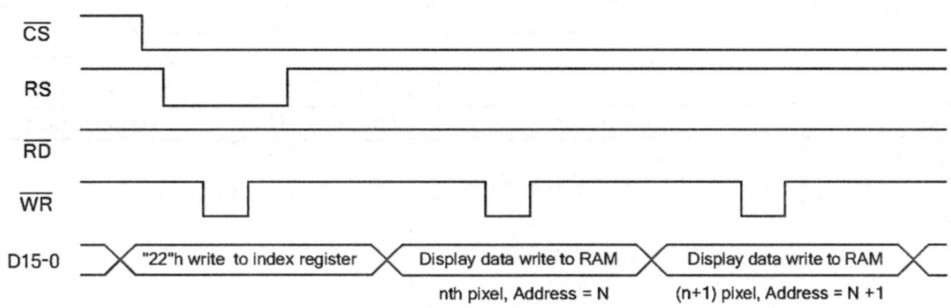

(b) GRAM 데이터 출력

<그림 4.5.2> HX8347의 시스템 인터페이스 방식에서 데이터 쓰기

<그림 4.5.2>에는 시스템 인터페이스 방식에서 16비트 버스로 인덱스 레지스터를 통하여 제어 레지스터를 설정하거나 또는 GRAM에 픽셀 데이터를 출력하는 동작 타이밍도를 보였다. 이 그림에서 보듯이 HX8347의 어느 제어 레지스터에 값을 쓰려면 먼저 인덱스 레지스터에 목적 레지스터 번호를 지정하고 나서 해당 레지스터에 값을 써주면 된다. 처음에 화면의 픽셀 위치를 지정하고 나서 22번의 데이터 레지스터에 컬

러 값을 연속적으로 쓰면 픽셀이 화면의 우측으로 자동으로 이동되면서 써진다.

<그림 4.5.3>에는 인텔 8080형의 시스템 인터페이스 동작에서 HX8347-A 소자의 read/write 동작을 수행하는 정확한 타이밍도를 보였다. TFT-LCD 모듈의 화면처리 속도를 빠르게 하려면 이 동작 타이밍도에 명시된 사양의 범위에서 최대한 데이터 액세스 속도를 빠르게 수행하는 것이 필요하다.

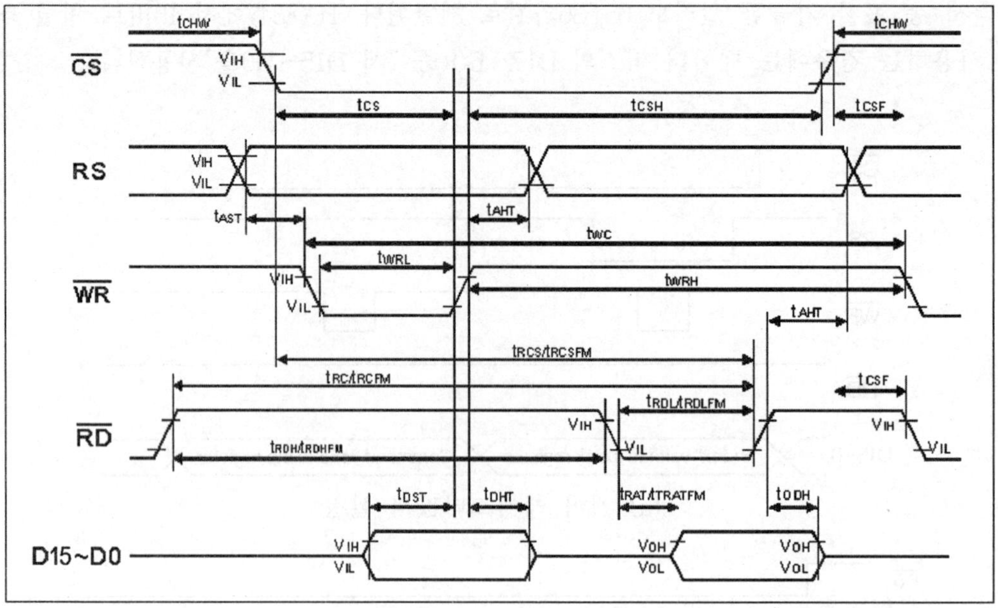

(VCC=1.65V to 2.9V, Ta = -30 to 70°C)

Signal	Symbol	Parameter	Min.	Max.	Unit	Description
RS	t_{AST}	Address setup time	10	-	ns	-
	t_{AHT}	Address hold time (Write/Read)	10	-		
$\overline{CS}$	t_{CHW}	Chip select "H" pulse width	0	-	ns	-
	t_{CS}	Chip select setup time (Write)	35	-		
	t_{RCSFM}	Chip select setup time	355	-		
	t_{CSF}	Chip select wait time (Write/Read)	10	-		
	t_{CSH}	Chip select hold time	10	-		
$\overline{WR}$	t_{WC}	Write cycle	100	-	ns	-
	t_{WRH}	Control pulse "H" duration	35	-		
	t_{WRL}	Control pulse "L" duration	35	-		
$\overline{RD}$	t_{RCFM}	Read cycle	450	-	ns	When read from GRAM
	t_{RDHFM}	Control pulse "H" duration	90	-		
	t_{RDLFM}	Control pulse "L" duration	355	-		
D15~D0	t_{DST}	Data setup time	15	-	ns	For maximum C_L=30pF For minimum C_L=8pF
	t_{DHT}	Data hold time	10	-		
	t_{RATFM}	Read access time	-	340		
	t_{ODH}	Output disable time	20	80		

<그림 4.5.3> HX8347-A의 시스템 인터페이스 방식 동작 타이밍

(2) 픽셀의 컬러 데이터 포맷

GRAM의 데이터가 각 픽셀에 컬러를 표현하는 포맷에는 <그림 4.5.4> (a)와 같이 18비트 포맷을 사용할 수도 있고, (b)와 같이 16비트 포맷을 사용할 수도 있다. 이 책의 *OK-STM103* 키트에서 사용하는 TFT-LCD 모듈 소자는 항상 16비트 포맷을 사용하여 65,536 가지의 컬러를 표시할 수 있도록 정해져 있다.

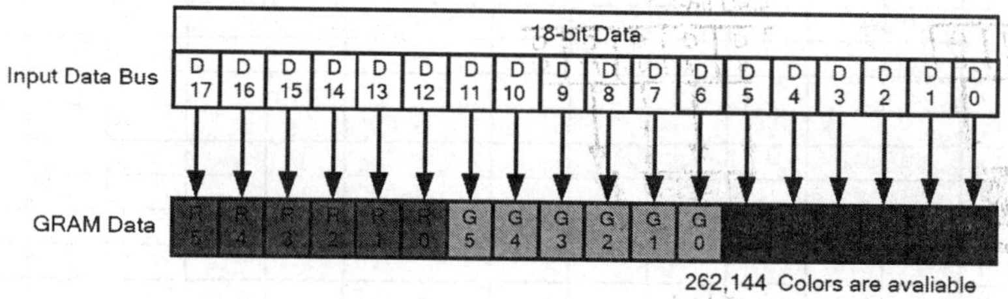

(a) 18비트 데이터 포맷

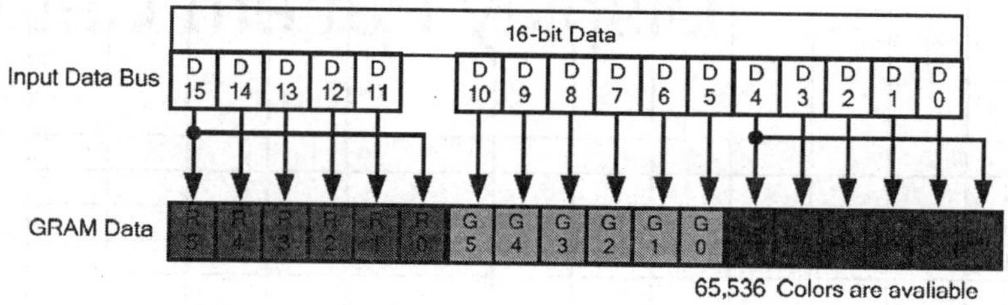

(b) 16비트 데이터 포맷

<그림 4.5.4> TFT-LCD 모듈의 1픽셀을 표시하는 데이터 포맷

(3) 소스 및 게이트 드라이브

HX8347의 내부에는 5.5MHz의 시스템 클록 발생기를 가지고 있어서 외부의 클록 입력이 없이 이것으로 동작할 수 있다. 수직 방향으로는 240개의 픽셀에 대응하는 RGB 신호선(S1~S720)이 있어서 소스 드라이버 회로는 GRAM에 저장되어 있는 디지털 이미지 데이터를 각 신호선에 해당하는 아날로그 전압으로 변환하여 이를 구동하게 된다. 이러한 그레이 스케일 전압(gray scale voltage) V0~V63을 발생하는데는 D/A 컨버터와 연산 증폭기 회로가 사용되는데, 이에 필요한 +, -전압은 내부의 DC-DC 컨버터에서 자체적으로 만들어 공급한다.

또한, 수평 방향으로는 320개의 게이트 채널 신호선(G1~G320)이 존재하여 각 픽셀의 라인을 순차적으로 구동하는데, 여기에는 내부의 DC-DC 컨버터에서 만든 전압 VGH = +9.0V~+16.5V와 VGL = -6.0V~-13.5V가 사용된다.

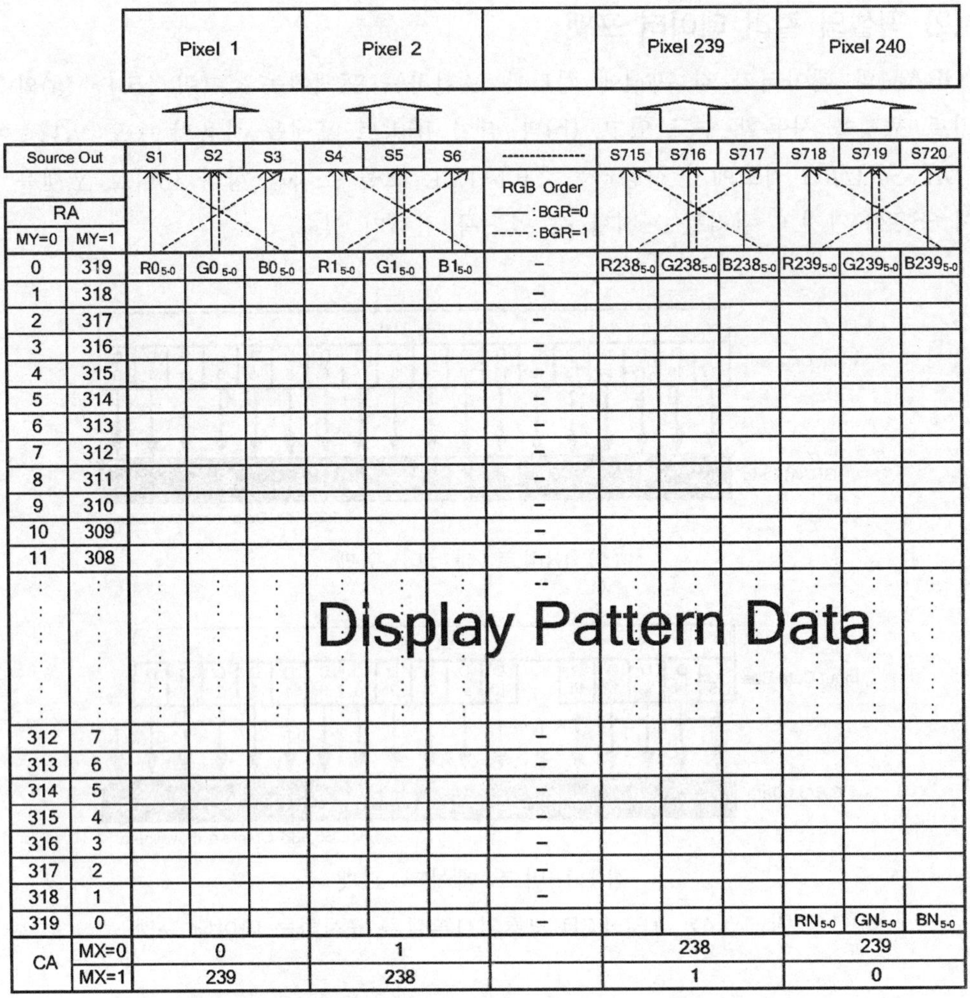

RA = Row Address
CA = Column Address
MX = Mirror X-axis (Column address direction parameter), D6 parameter of Memory Access Control command
MY = Mirror Y-axis (Row address direction parameter), D7 parameter of Memory Access Control command
RGB = Red, Green and Blue pixel position change, D3 parameter of Memory Access Control command

<그림 4.5.5> HX8347의 GRAM과 소스 드라이버 및 게이트 드라이버의 관계

(4) GRAM 액세스

HX8347의 내부에는 GRAM을 액세스할 때 어드레스를 관리하는 어드레스 카운터(AC ; Address Counter)가 있는데, 이 어드레스 값은 X = 0~239, Y = 0~319의 범위에서 사용된다.

Display Data Direction	MADCTR parameter			Image in the Host	Image in the Driver (GRAM)
	MV	MX	MY		
Normal	0	0	0	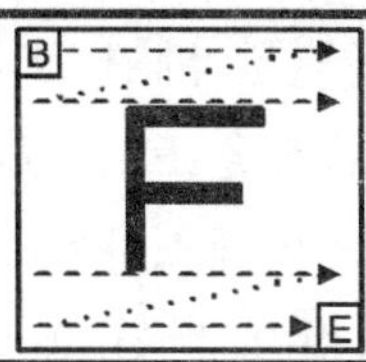	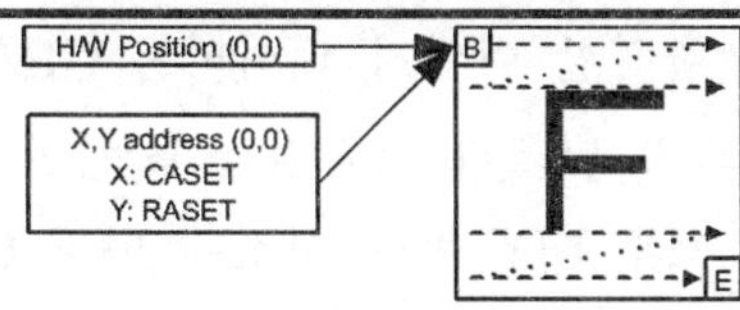
Y-Mirror	0	0	1	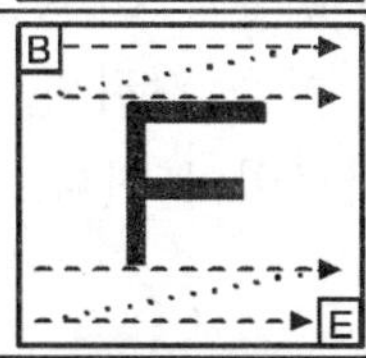	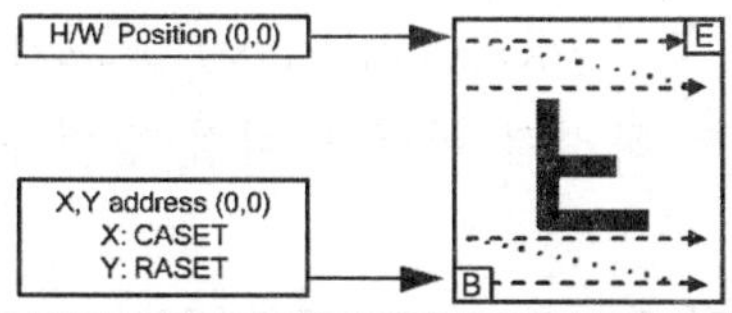
X-Mirror	0	1	0	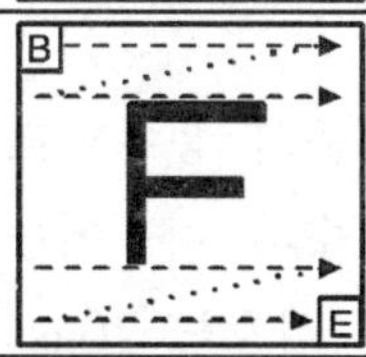	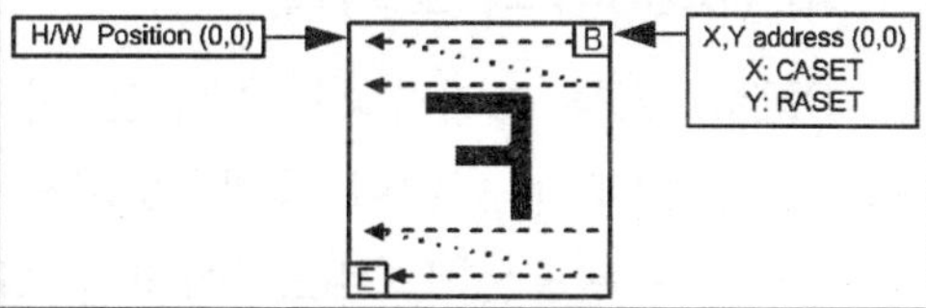
X-Mirror Y-Mirror	0	1	1	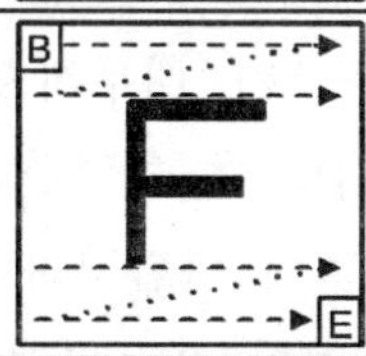	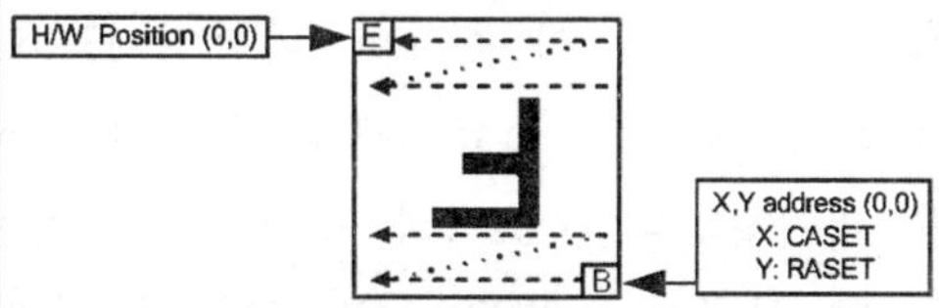
X-Y Exchange	1	0	0	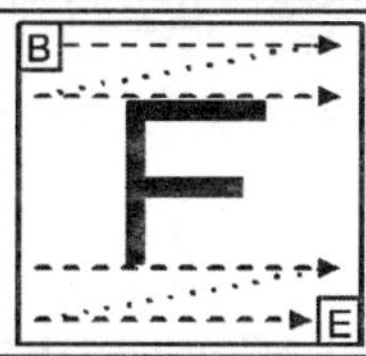	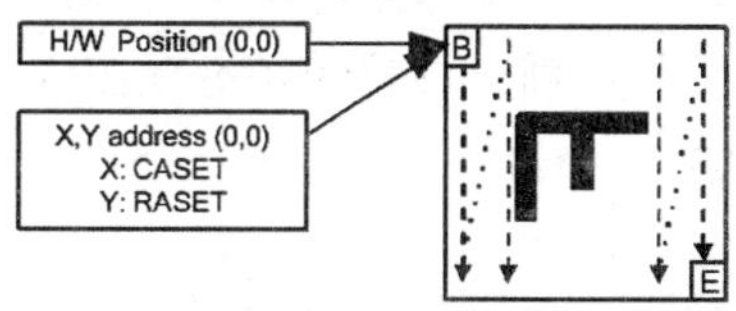
X-Y Exchange Y-Mirror	1	0	1	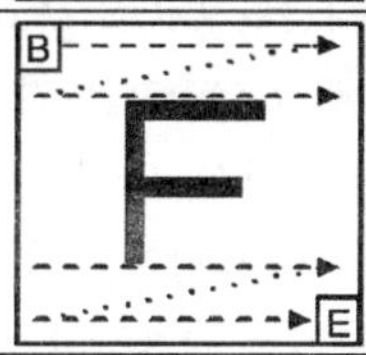	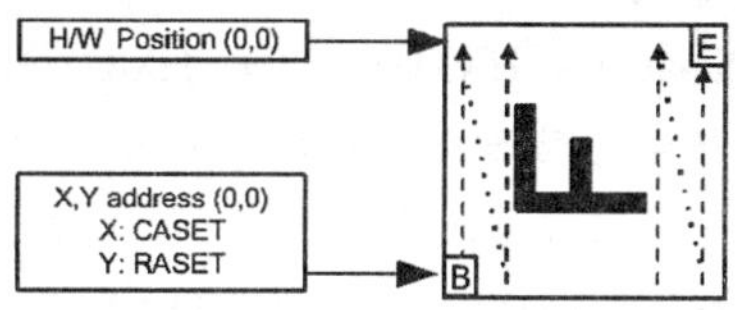
X-Y Exchange X-Mirror	1	1	0		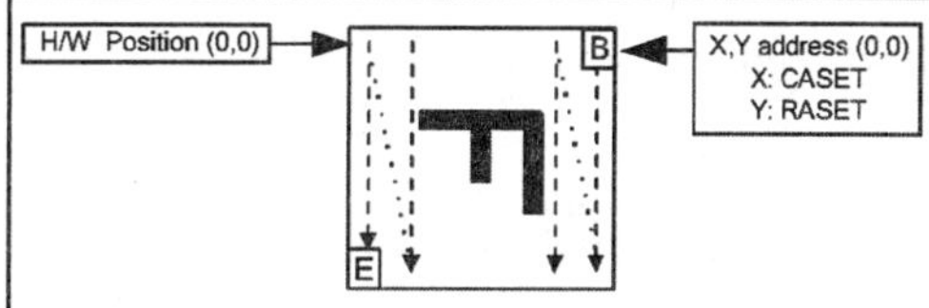
X-Y Exchange X-Mirror Y-Mirror	1	1	1	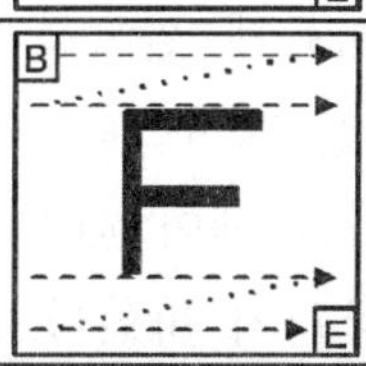	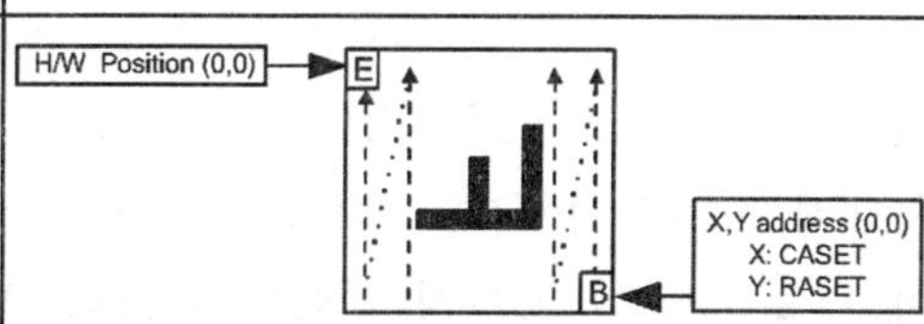

<그림 4.5.6> HX8347의 GRAM을 액세스하는 어드레스 방향 설정 방법

CPU가 HX8347의 GRAM을 액세스할 때마다 이 어드레스 값은 1씩 증가하거나 감소하는데, 이는 제어 레지스터 R16의 MV, MX, MY 비트 설정에 따라 결정된다. 화면에 출력할 이미지 데이터를 GRAM에 출력할 때나 또는 GRAM을 읽고자 할 때 어드레스의 변화의 시작점을 B로 표시하고 끝점을 E로 표시할 때 제어 레지스터 R16의 MV, MX, MY 비트 설정에 따라 GRAM을 액세스하는 방법을 요약하면 <그림 4.5.6>과 같다. 화면에 출력하는 이미지는 세로방향으로 긴 초상화(portrait) 모드와 가로방향으로 긴 풍경화(landscape) 모드가 있는데 이들 각각의 경우에 화면이 올바르게 표시되도록 하려면 이러한 설정 방법을 잘 알아두어야 한다.

(5) HX8347의 초기화

HX8347-A를 초기화하는 방법은 이 제품의 응용노트에서 설명하고 있으므로 사용자는 이를 참조하는 것이 좋다. 초기화 함수의 처음에는 일반적으로 HX8347-A의 리셋 기능을 수행하는데, 하드웨어적인 리셋 신호는 10μs 이상의 하강 펄스(low pulse)로 충분하지만 이 신호에 의하여 HX8347-A가 내부적으로 리셋동작을 완료하는데는 최대 120ms까지 소요되므로 CPU가 리셋 신호를 출력한 후에 적어도 120ms 이상동안을 대기하였다가 초기화 동작을 시작하는 것이 바람직하다.

이 책에서는 TFT-LCD 모듈에 대한 C언어 프로그래밍을 위하여 *OK-STM103* 키트의 기본 헤더파일 OK-STM103.h에 HX8347-A의 초기화 함수 및 기타 관련 함수를 제공하고 있다.

◀**참고**▶ TFT-LCD 모듈의 초기화 함수는 헤더파일 OK-STM103.h에 Initialize_TFT_LCD( )로 제공한다. Himax사의 HX8347 소자는 HX8347-A에서 HX8347-G까지 여러 가지의 버전이 있는데, 이들 사이에는 기능과 동작 타이밍에서 여러 가지 차이가 있다. 따라서, 자신이 사용하는 제품이 이 책의 설명과 다른 버전일 경우에는 문제가 될 수 있으므로 반드시 이 초기화 함수를 해당 버전의 제품에 맞는 초기화 루틴으로 수정하여 사용해야 한다. 이들 초기화 루틴에는 사용자가 이해하기 어려운 사항이 종종 있으나 제조사에서 권장하는 방법이므로 무조건 그대로 따르면 된다.

(6) 제어 레지스터 요약

이제부터 사용자가 HX8347-A를 사용하는데 필요한 제어 레지스터의 일부를 발췌하여 소개하면 다음과 같다. 이 소자의 제어 레지스터는 이보다 훨씬 많지만 여기서는 사용자가 알아야 하는 일부만 소개한다. 이들 제어 레지스터에 대한 보다 자세한 설명이 필요하면 이 소자의 데이터 시트를 참조하기 바란다.

◎ IR : Index Register

R/W	RS	b15	b14	b13	b12	b11	b10	b9	b8	b7	b6	b5	b4	b3	b2	b1	b0
W	0	0	0	0	0	0	0	0	0	ID7	ID6	ID5	ID4	ID3	ID2	ID1	ID0
디폴트값		0	0	0	0	0	0	0	0	0	0	0	0	0	0	0	0

◎ R02~03 : Column Address Start 2~1 Register

	R/W	RS	b15	b14	b13	b12	b11	b10	b9	b8	b7	b6	b5	b4	b3	b2	b1	b0
R02	R/W	1	0	0	0	0	0	0	0	0	SC15	SC14	SC13	SC12	SC11	SC10	SC9	SC8
	디폴트값		0	0	0	0	0	0	0	0	0	0	0	0	0	0	0	0

	R/W	RS	b15	b14	b13	b12	b11	b10	b9	b8	b7	b6	b5	b4	b3	b2	b1	b0
R03	R/W	1	0	0	0	0	0	0	0	0	SC7	SC6	SC5	SC4	SC3	SC2	SC1	SC0
	디폴트값		0	0	0	0	0	0	0	0	0	0	0	0	0	0	0	0

◎ R04~05 : Column Address End 2~1 Register

	R/W	RS	b15	b14	b13	b12	b11	b10	b9	b8	b7	b6	b5	b4	b3	b2	b1	b0
R04	R/W	1	0	0	0	0	0	0	0	0	EC15	EC14	EC13	EC12	EC11	EC10	EC9	EC8
	디폴트값		0	0	0	0	0	0	0	0	0	0	0	0	0	0	0	0

	R/W	RS	b15	b14	b13	b12	b11	b10	b9	b8	b7	b6	b5	b4	b3	b2	b1	b0
R05	R/W	1	0	0	0	0	0	0	0	0	EC7	EC6	EC5	EC4	EC3	EC2	EC1	EC0
	디폴트값		0	0	0	0	0	0	0	0	1	1	1	0	1	1	1	1

◎ R06~07 : Row Address Start 2~1 Register

	R/W	RS	b15	b14	b13	b12	b11	b10	b9	b8	b7	b6	b5	b4	b3	b2	b1	b0
R06	R/W	1	0	0	0	0	0	0	0	0	SP15	SP14	SP13	SP12	SP11	SP10	SP9	SP8
	디폴트값		0	0	0	0	0	0	0	0	0	0	0	0	0	0	0	0

	R/W	RS	b15	b14	b13	b12	b11	b10	b9	b8	b7	b6	b5	b4	b3	b2	b1	b0
R07	R/W	1	0	0	0	0	0	0	0	0	SP7	SP6	SP5	SP4	SP3	SP2	SP1	SP0
	디폴트값		0	0	0	0	0	0	0	0	0	0	0	0	0	0	0	0

◎ R08~09 : Row Address End 2~1 Register

	R/W	RS	b15	b14	b13	b12	b11	b10	b9	b8	b7	b6	b5	b4	b3	b2	b1	b0
R08	R/W	1	0	0	0	0	0	0	0	0	EP15	EP14	EP13	EP12	EP11	EP10	EP9	EP8
	디폴트값		0	0	0	0	0	0	0	0	0	0	0	0	0	0	0	1

	R/W	RS	b15	b14	b13	b12	b11	b10	b9	b8	b7	b6	b5	b4	b3	b2	b1	b0
R09	R/W	1	0	0	0	0	0	0	0	0	EP7	EP6	EP5	EP4	EP3	EP2	EP1	EP0
	디폴트값		0	0	0	0	0	0	0	0	0	0	1	1	1	1	1	1

◎ R16 : Memory Access Control Register

	R/W	RS	b15	b14	b13	b12	b11	b10	b9	b8	b7	b6	b5	b4	b3	b2	b1	b0
R16	R/W	1	0	0	0	0	0	0	0	0	MY	MX	MV	(ML)	BGR	0	0	0
	디폴트값		0	0	0	0	0	0	0	0	0	0	0	0	0	0	0	0

◎ R22 : Read Data Register

	R/W	RS	b17	b16	b15	b14	b13	b12	b11	b10	b9	b8	b7	b6	b5	b4	b3	b2	b1	b0
R22	R	1	RD17	RD16	RD15	RD14	RD13	RD12	RD11	RD10	RD9	RD8	RD7	RD6	RD5	RD4	RD3	RD2	RD1	RD0
	디폴트값		-	-	-	-	-	-	-	-	-	-	-	-	-	-	-	-	-	-

◎ **R22 : Write Data Register**

	R/W	RS	b15	b14	b13	b12	b11	b10	b9	b8	b7	b6	b5	b4	b3	b2	b1	b0
R22	W	1	WD15	WD14	WD13	WD12	WD11	WD10	WD9	WD8	WD7	WD6	WD5	WD4	WD3	WD2	WD1	WD0
	디폴트값		-	-	-	-	-	-	-	-	-	-	-	-	-	-	-	-

2. 영문 ASCII 문자의 출력 원리

(1) TFT-LCD 화면의 구성

TFT-32A 보드에서 사용하는 3.2인치 TFT-LCD 모듈의 화면은 <그림 4.5.7>과 같이 240×320 픽셀의 해상도를 가진다. 그러나, 대부분의 TFT-LCD 컨트롤러는 화면을 여러 방향으로 자유자재로 사용할 수 있도록 제어하는 기능을 가지고 있다. 이 그림의 (a)처럼 TFT-LCD의 화면을 세로로 길게 사용하는 것을 초상화 모드(portrait mode)라고 하며, 이 때는 화면의 (x, y) 좌표가 그림처럼 좌측 상단이 (0, 0)이고 우측 하단이 (239, 319)로 된다. 또한, 그림의 (b)처럼 TFT-LCD의 화면을 가로로 길게 사용하는 것을 풍경화 모드(landscape mode)라고 하며, 이 때는 화면의 (x, y) 좌표가 그림처럼 좌측 상단이 (0, 0)이고 우측 하단이 (319, 239)로 된다.

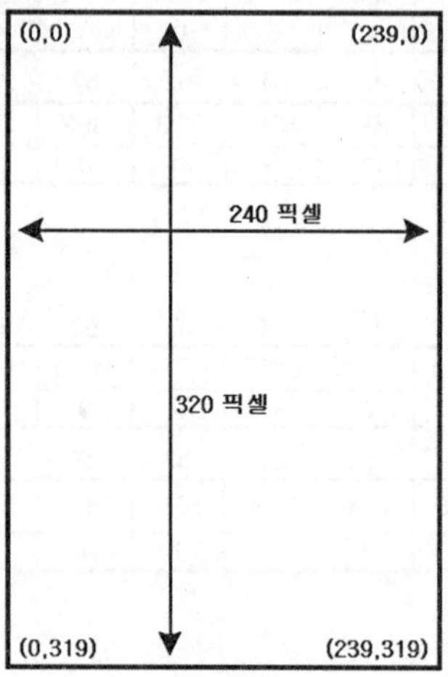

(a) 초상화 모드

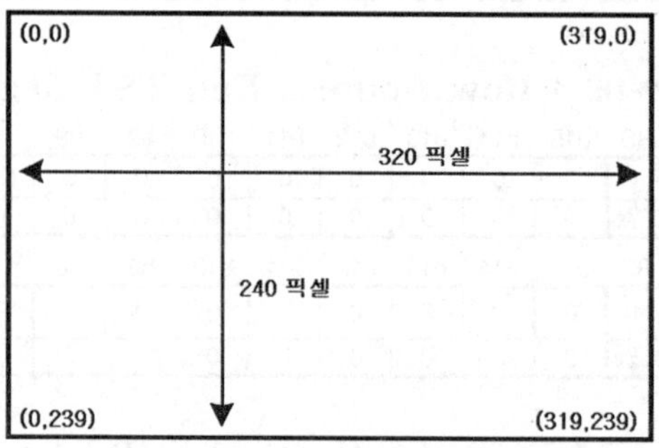

(b) 풍경화 모드

<그림 4.5.7> *TFT-32A* 보드에서 TFT-LCD 화면의 구조

TFT-LCD 모듈의 화면에 이미지 데이터를 출력할 때는 각 픽셀 좌표 (x, y)의 어드레스를 지정하고 데이터를 출력하면 된다. 그러나, 연속적인 픽셀에 대량의 데이터를 출력할 때는 이처럼 각 픽셀의 주소와 데이터를 반복하여 출력하게 되면 화면처리 속

도가 상당히 떨어지게 되므로 처음에 한번 시작주소를 출력하고 나면 그 이후에는 데이터만을 연속적으로 출력하는 것이 바람직하다.

즉, 초상화 모드에서는 y=0인 상태에서 x=0~239의 픽셀에 대하여 연속적으로 데이터를 출력하고, 이후에 계속하여 데이터를 출력하면 자동으로 y=1로 바뀌면서 다시 x=0~239의 픽셀에 대하여 연속적으로 데이터를 출력하게 된다. 이런 동작을 y=319까지 계속 수행하면 1화면 분량의 데이터를 고속으로 출력할 수 있다. 한편, 풍경화 모드에서는 y=0인 상태에서 x=0~319의 픽셀에 대하여 연속적으로 데이터를 출력하고, 이후에 계속하여 데이터를 출력하면 자동으로 y=1로 바뀌면서 다시 x=0~319의 픽셀에 대하여 연속적으로 데이터를 출력하게 된다. 이런 동작을 y=239까지 계속 수행하면 1화면 분량의 데이터를 고속으로 출력할 수 있다.

대부분의 TFT-LCD 컨트롤러는 이와 같은 방법으로 초상화 모드와 풍경화 모드의 화면 출력 기능을 지원한다. 그러나, 그 세부적인 동작은 TFT-LCD 컨트롤러마다 조금씩 다르므로 세심하게 살펴서 사용해야 한다. HX8347은 초상화 모드와 풍경화 모드의 화면 출력 기능을 자유롭게 지원한다.

HX8347-A에서 화면을 초상화 모드로 사용하려면 제어 레지스터 R16 레지스터에서 MV=0, MX=0, MY=0, BGR=1로 설정하여 TFT-LCD 모듈의 화면을 <그림 4.5.6>의 첫번째 그림처럼 동작시키면 된다. 이를 위해서는 R04~R05 레지스터에서 x방향 어드레스(column address)의 끝을 239로 지정하고, R08~R09 레지스터에서 y방향 어드레스(row address)의 끝을 319로 지정해야 한다. 또한, 풍경화 모드는 제어 레지스터 R16에서 MV=1, MX=1, MY=0, BGR=1로 설정하여 TFT-LCD 모듈의 화면을 <그림 4.5.6>의 일곱번째 그림처럼 동작시키면 된다. 이때는 x, y의 좌표마저도 그에 따라 변경되므로 R04~R05에서 x방향 어드레스(column address)의 끝을 319로 지정하고, R08~R09에서 y방향 어드레스(row address)의 끝을 239로 지정해야 한다.

OK-STM103 키트에서는 TFT-LCD 모듈의 화면을 기본적으로 풍경화 모드에서 사용하며, 일부의 특별한 경우에만 초상화 모드로 바꾸어 사용한다.

(2) 영문 ASCII 문자 화면표시의 기초

영문 ASCII 문자를 화면에 표시하는데는 최소한 가로×세로 = 5×8 픽셀의 문자 박스(character box)에 가로×세로 = 5×7 픽셀의 문자 폰트(character font)를 만들면 된다. 그러나, TFT-LCD 모듈의 화면을 영문 전용으로만 사용한다면 이렇게 할 수도 있지만, 하나의 화면에 한글과 영문이 혼용되어 표시되는 경우라면 영문 ASCII 글자들의 모양과 크기가 한글 글자들과 균형 및 조화를 이루도록 해야 한다.

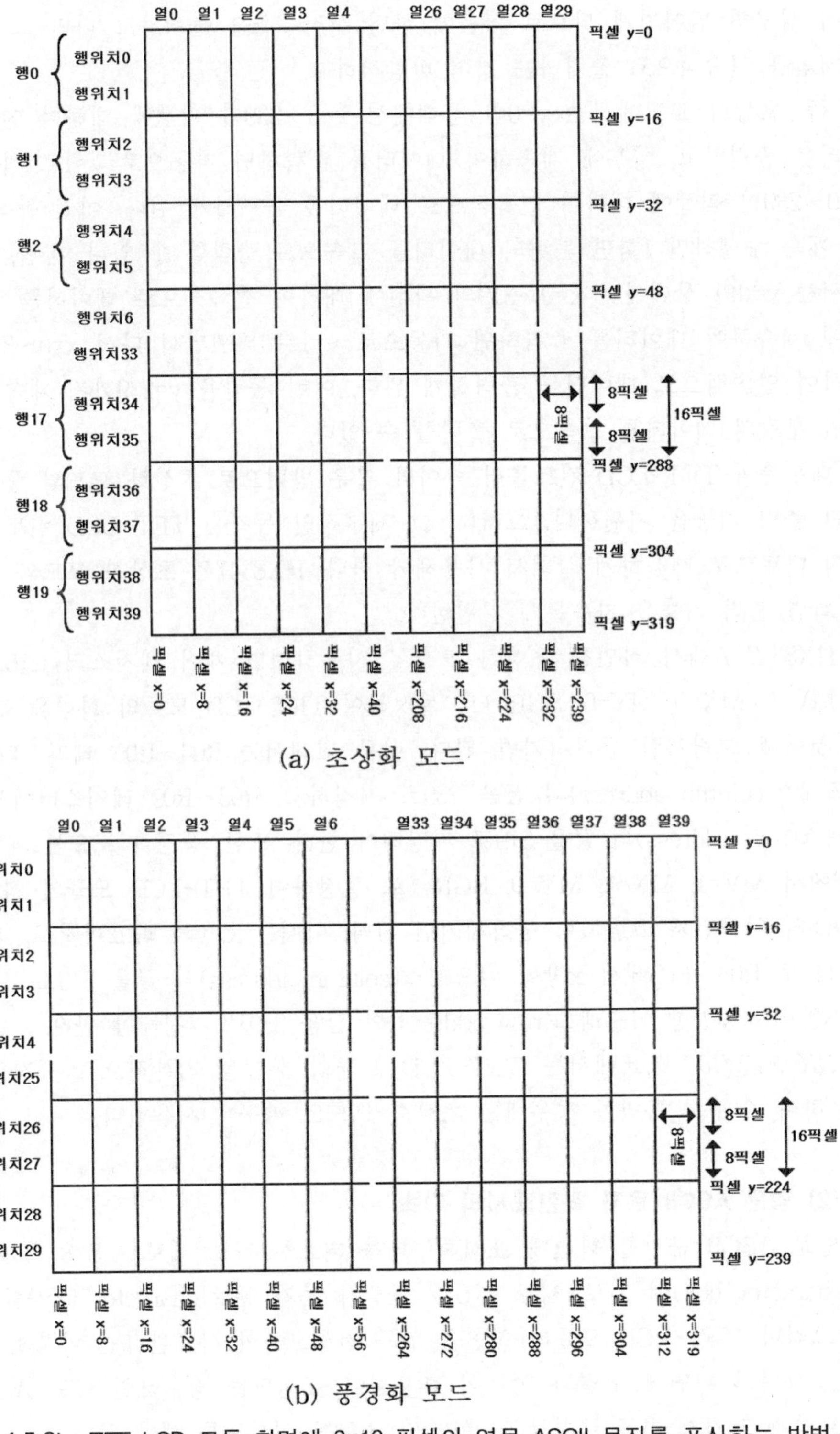

(a) 초상화 모드

(b) 풍경화 모드

<그림 4.5.8> TFT-LCD 모듈 화면에 8×16 픽셀의 영문 ASCII 문자를 표시하는 방법

〈표 4.5.1〉 표준 ASCII 코드표

코드값	문자	코드값	문자	코드값	문자	코드값	문자
0x00	NUL	0x20	space	0x40	@	0x60	`
0x01	SOH	0x21	!	0x41	A	0x61	a
0x02	STX	0x22	"	0x42	B	0x62	b
0x03	ETX	0x23	#	0x43	C	0x63	c
0x04	EOT	0x24	$	0x44	D	0x64	d
0x05	ENQ	0x25	%	0x45	E	0x65	e
0x06	ACK	0x26	&	0x46	F	0x66	f
0x07	BEL	0x27	'	0x47	G	0x67	g
0x08	BS	0x28	(	0x48	H	0x68	h
0x09	HT	0x29	)	0x49	I	0x69	i
0x0A	LF	0x2A	*	0x4A	J	0x6A	j
0x0B	VT	0x2B	+	0x4B	K	0x6B	k
0x0C	FF	0x2C	,	0x4C	L	0x6C	l
0x0D	CR	0x2D	-	0x4D	M	0x6D	m
0x0E	SO	0x2E	.	0x4E	N	0x6E	n
0x0F	SI	0x2F	/	0x4F	O	0x6F	o
0x10	DLE	0x30	0	0x50	P	0x70	p
0x11	DC1	0x31	1	0x51	Q	0x71	q
0x12	DC2	0x32	2	0x52	R	0x72	r
0x13	DC3	0x33	3	0x53	S	0x73	s
0x14	DC4	0x34	4	0x54	T	0x74	t
0x15	NAK	0x35	5	0x55	U	0x75	u
0x16	SYN	0x36	6	0x56	V	0x76	v
0x17	ETB	0x37	7	0x57	W	0x77	w
0x18	CAN	0x38	8	0x58	X	0x78	x
0x19	EM	0x39	9	0x59	Y	0x79	y
0x1A	SUB	0x3A	:	0x5A	Z	0x7A	z
0x1B	ESC	0x3B	;	0x5B	[	0x7B	{
0x1C	FS	0x3C	<	0x5C	\	0x7C	|
0x1D	GS	0x3D	=	0x5D	]	0x7D	}
0x1E	RS	0x3E	>	0x5E	^	0x7E	~
0x1F	US	0x3F	?	0x5F	_	0x7F	DEL

한글의 표시에는 최소한 가로×세로 = 16×16 픽셀의 문자 박스가 필요하다는 점을 고려하여, 영문 ASCII 문자들이 한글 글자와 높이는 비슷하고 좌우 폭은 한글의 ½이 되도록 가로×세로 = 8×16 픽셀의 문자 박스를 사용하는 것이 가장 바람직하다. 이러한 방식의 한글을 전각 문자라고 하고 영문을 반각 문자라고 한다.

이렇게 하면 이 책에서 사용하는 240×320 픽셀 해상도의 TFT-LCD 모듈 화면에 표시할 수 있는 영문 ASCII 문자는 <그림 4.5.8>과 같다. 즉, 초상화 모드에서는 그림의 (a)처럼 30열×20행의 영문 ASCII 문자를 표시할 수 있고, 풍경화 모드에서는 그림의 (b)처럼 40열×15행의 영문 ASCII 문자를 표시할 수 있게 된다. 각각의 경우에 세로 방향으로는 1문자가 16픽셀로 구성되지만 문자를 표시하는 위치는 8픽셀 단위로 지정할 수 있게 하면 행 간격을 1문자 또는 ½문자씩 둘 수 있다.

<표 4.5.1>에는 표준 ASCII 코드표를 보였다. ASCII 코드란 컴퓨터와 컴퓨터 사이

의 정보교환 또는 컴퓨터와 주변장치 사이의 정보교환을 위하여 만든 7비트, 128문자의 국제표준 코드인데, 이 ASCII 코드의 128문자 중에서 0x20~0x7E(총 95자)는 도형문자로서 영문의 대/소문자, 아라비아 숫자, 각종 문장부호 등을 표현하는데 사용되고, 0x00~0x1F 및 0x7F(총 33자)는 기능제어 문자로서 주변장치의 제어, 직렬통신 제어 등에 사용된다. 따라서, 화면에 표시되는 코드는 원칙적으로 95자의 도형문자에만 해당되지만, IBM PC 호환 퍼스널컴퓨터의 모니터에서와 같이 특별한 경우에는 기능제어 문자에 해당하는 33자에 사용자가 임의의 도형문자를 정의하여 사용하기도 한다. 그러나, 우리나라에서는 기본적으로 ASCII 코드를 8비트로 정의하며, 표준 ASCII 문자의 경우에는 최상위 비트를 b7=0으로 하여 128문자를 수용하고, b7=1인 경우에는 이 8비트 코드값과 그 다음에 오는 1바이트를 하나로 연결하여 총 16비트의 한글 및 한자 코드로 사용하고 있다.

(3) 영문 ASCII 문자의 화면표시

TFT-LCD 모듈의 화면에 8×16 픽셀 크기의 영문 ASCII 문자를 표시하기 위한 문자의 폰트 구조를 보이면 <그림 4.5.9>와 같다. 먼저, 각 영문 ASCII 문자의 폰트는 각 픽셀에 대응하는 비트들을 세로 방향으로 모아서 2진수 1바이트 데이터를 구성하는데 위쪽이 LSB, 아래쪽이 MSB가 되도록 1바이트 데이터를 만들어야 한다.

이렇게 만들어진 데이터들을 수평방향으로 8바이트를 연속하여 배열하고, 윗줄이 끝나면 아랫줄에 대하여도 동일한 방식으로 8바이트를 배열한다. 따라서, 영문 ASCII 문자 1개에는 모두 16바이트의 폰트 데이터가 필요하다.

예를 들어서 ASCII 문자 "1"을 화면의 첫번째 행, 첫번째 열에 표시하고자 한다면 이에 해당하는 ASCII 코드값 0x31이 메인 루틴으로부터 영문 ASCII 문자 디스플레이 서브루틴으로 전달된다. 그러면 이 디스플레이 루틴은 미리 준비되어 있는 폰트 테이블로부터 이 문자 "1"에 해당하는 16바이트의 폰트 데이터를 찾아낸 후에, 먼저 행위치(y)=0, 열위치(x)=0으로 놓고 0x00, 0x00, 0x10, 0xF8, 0xF8, 0x00, 0x00, 0x00의 8바이트 폰트 데이터를 차례로 픽셀의 컬러 데이터로 변환하여 TFT-LCD 모듈에 출력한다. 이어서 디스플레이 루틴은 다시 행위치(y)=1, 열위치(x)=0으로 놓고 8바이트의 폰트 데이터 0x00, 0x00, 0x08, 0x0F, 0x0F, 0x08, 0x00, 0x00을 차례로 픽셀의 컬러 데이터로 변환하여 TFT-LCD 모듈에 출력한다. 이렇게 16바이트의 폰트 데이터에 대한 값을 컬러 데이터로 변환하여 TFT-LCD 모듈에 출력하면 1개의 영문 ASCII 문자가 모두 완성된다.

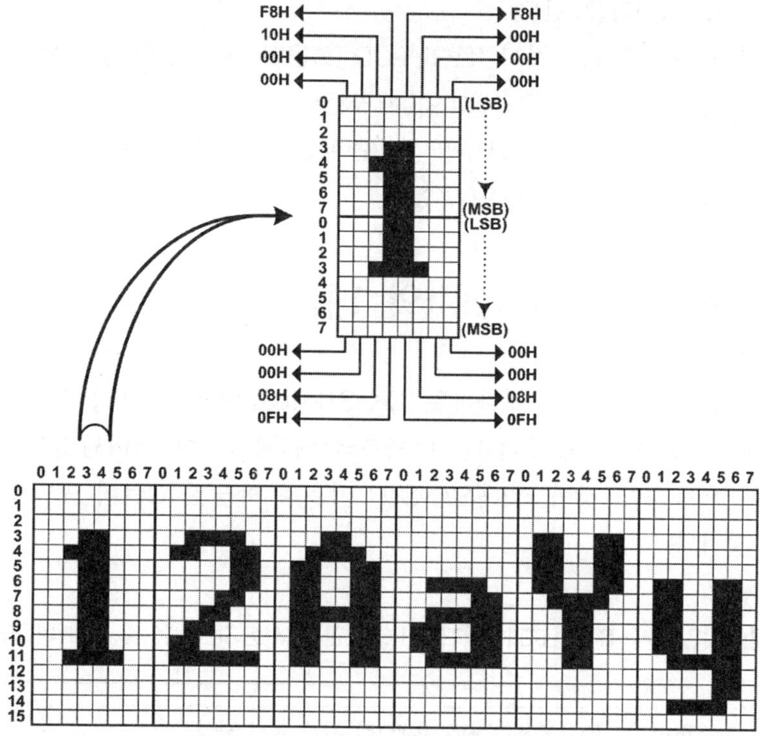

<그림 4.5.9> 8×16 픽셀의 문자 박스로 표시된 영문 ASCII 문자의 폰트 구조

컬러 TFT-LCD 모듈에서 폰트 데이터를 각 픽셀의 컬러 데이터로 변환하는 동작은 단색 그래픽 LCD 모듈에서와 전혀 다르다는 것에 유의해야 한다. 즉, 단색 그래픽 LCD 모듈에서는 폰트 데이터의 1비트가 화면의 1도트에 대응하므로 폰트 데이터를 그냥 LCD에 출력하면 되었다. 이렇게 되면 1의 값을 가지는 비트에는 도트가 검게 출력되고 0의 값을 가지는 비트는 도트가 출력되지 않았다. 그러나, 컬러 TFT-LCD 모듈에서는 이 폰트 데이터를 그냥 출력하면 안되며, 폰트 데이터의 각 비트를 이에 대응하는 전경색 16비트 컬러 데이터 또는 배경색 16비트 컬러 데이터로 변환하여 출력해야 한다. 즉, 폰트 데이터 1비트가 화면의 1픽셀에 대응하며 이는 다시 16비트의 컬러 데이터에 대응된다. 현재의 문자를 어느 컬러로 표시할 것인지는 별도로 미리 지정되어 있으므로 폰트 데이터의 1로 된 비트는 그 컬러 코드에 해당하는 16비트 데이터로 변환된다. 이렇게 문자를 표시하는 색을 전경색(foreground color)이라고 한다. 한편, 폰트 데이터의 0으로 된 비트는 미리 지정된 배경색(background color)에 해당하는 16비트 데이터로 변환된다. 만약 폰트 데이터의 0으로 된 비트를 출력하지 않고 그냥 건너뛰면 현재 화면의 바탕색이 그냥 유지되며, 이렇게 출력되는 문자를 투명 글씨

(transparent character)라고 한다.

OK-STM103 키트에서는 컬러 TFT-LCD 모듈의 영문 ASCII 문자용 폰트를 C언어 프로그램용 헤더파일 OK-STM103.h에 제공한다. 이들 폰트에서 ASCII 코드표의 기능제어 문자에 해당하는 0x00~0x1F 및 0x7F 부분에는 IBM-PC 호환 퍼스널컴퓨터의 모니터에서 사용하는 특수 문자들을 넣었다.

3. 헤더파일 OK-STM103.h의 내용

OK-STM103 키트의 기본 헤더파일 OK-STM103.h에서 TFT-LCD 모듈과 관련된 부분을 발췌하여 보이면 다음과 같다. 이제부터 여러분은 이 헤더파일의 내용을 잘 이해하고 제대로 활용하는 것이 *OK-STM103* 키트의 유능한 C언어 프로그래머가 되는 지름길이 될 것이다.

<헤더파일 OK-STM103.h> TFT-LCD 관련 사용자 함수 및 폰트의 정의

```
/* ======================================================================== */
/*              OK-STM103 V1.0 키트용(STM32F103VET6) 기본 헤더 파일          */
/* ======================================================================== */
/*                              Programmed by Duck-Yong Yoon in 2017.       */

// ---------------------------------------------------------------------------
//   이 헤더파일은 OK-STM103 키트 V1.0을 위한 것입니다. 이것은 아래의 조건에서만
//  올바른 동작을 보장합니다.
// ---------------------------------------------------------------------------
//        (1) 시스템 클록  : 72MHz
//        (2) C 컴파일러   : IAR EWARM V7.80.2
//        (3) 최적화 옵션  : High/Size
//        (4) CSTACK 크기  : 0x1000
//        (5) TFT-LCD 모듈 : Ohm사 FL320QVC18-A0(HX8347-A)
// ---------------------------------------------------------------------------

#include <math.h>

/* ------------------------------------------------------------------------ */

typedef unsigned char   U08;                    // data type definition
typedef   signed char   S08;
typedef unsigned short  U16;
typedef   signed short  S16;
typedef unsigned int    U32;
typedef   signed int    S32;

                        (중간 생략)

/* ------------------------------------------------------------------------ */
/*              한글 폰트 처리 테이블                                        */
/* ------------------------------------------------------------------------ */
const unsigned char table_cho[21] =             // 초성 : 자음(14) + 쌍자음(5) = 19개
        {0,0,1,2,3,4,5,6,7,8,9,10,11,12,13,14,15,16,17,18,19};
const unsigned char table_joong[30] =           // 중성 : 자음(10) + 쌍자음(11) = 21개
        {0,0,0,1,2,3,4,5,0,0,6,7,8,9,10,11,0,0,12,13,14,15,16,17,0,0,18,19,20,21};
const unsigned char table_jong[30] =            // 종성 : 자음(14) + 쌍자음(11) + 쌍자음(2) = 27개
        {0,0,1,2,3,4,5,6,7,8,9,10,11,12,13,14,15,16,0,17,18,19,20,21,22,23,24,25,26,27};
```

```
const unsigned char bul_cho1[22] = {0,0,0,0,0,0,0,0,0,1,3,3,3,1,2,4,4,4,2,1,3,0}; // 벌수
const unsigned char bul_cho2[22] = {0,5,5,5,5,5,5,5,5,6,7,7,7,6,6,7,7,7,6,6,7,5};
const unsigned char bul_jong[22] = {0,0,2,0,2,1,2,1,2,3,0,2,1,3,3,1,2,1,3,3,1,1};

/* ---------------------------------------------------------------------------- */
/*                       16x16 한글 명조체 폰트                                 */
/* ---------------------------------------------------------------------------- */
const unsigned char KM_font[360][32] = {        /* 16x16 Korean character font */
  {0x00,0x00,0x00,0x00,0x00,0x00,0x00,0x00,0x00,0x00,0x00,0x00,0x00,0x00,0x00,0x00,
   0x00,0x00,0x00,0x00,0x00,0x00,0x00,0x00,0x00,0x00,0x00,0x00,0x00,0x00,0x00,0x00},
  {0x00,0x00,0x08,0x08,0x08,0x88,0xC8,0x78,0x38,0x00,0x00,0x00,0x00,0x00,0x00,0x00,
   0x00,0x00,0x02,0x02,0x01,0x01,0x00,0x00,0x00,0x00,0x00,0x00,0x00,0x00,0x00,0x00},
  {0x00,0x08,0x08,0xC8,0xF8,0x38,0xC8,0xF8,0x38,0x00,0x00,0x00,0x00,0x00,0x00,0x00,
   0x00,0x02,0x01,0x01,0x02,0x01,0x01,0x00,0x00,0x00,0x00,0x00,0x00,0x00,0x00,0x00},
  {0x00,0x08,0xF8,0xF8,0x00,0x00,0x00,0x00,0x00,0x00,0x00,0x00,0x00,0x00,0x00,0x00,
   0x00,0x00,0x01,0x03,0x02,0x02,0x02,0x02,0x02,0x02,0x00,0x00,0x00,0x00,0x00,0x00},

                     (중간 생략)

  {0x00,0x00,0x00,0x00,0x00,0x00,0x00,0x00,0x00,0x00,0x00,0x00,0x00,0x00,0x00,0x00,
   0x00,0x00,0x00,0x14,0x14,0x14,0x14,0x14,0x14,0x14,0x14,0x7C,0x3C,0x00,0x00,0x00},
  {0x00,0x00,0x00,0x00,0x00,0x00,0x00,0x00,0x00,0x00,0x00,0x00,0x00,0x00,0x00,0x00,
   0x00,0x00,0x00,0x04,0x3C,0x7C,0x54,0x54,0x54,0x54,0x54,0x54,0x54,0x00,0x00,0x00},
  {0x00,0x00,0x00,0x00,0x00,0x00,0x00,0x00,0x00,0x00,0x00,0x00,0x00,0x00,0x00,0x00,
   0x00,0x00,0x00,0x44,0x44,0x7C,0x7C,0x44,0x44,0x7C,0x7C,0x44,0x44,0x00,0x00,0x00},
  {0x00,0x00,0x00,0x00,0x00,0x00,0x00,0x00,0x00,0x00,0x00,0x00,0x00,0x00,0x00,0x00,
   0x00,0x00,0x00,0x08,0x28,0x78,0x5C,0x5C,0x5C,0x5C,0x78,0x28,0x08,0x00,0x00,0x00}};

/* ---------------------------------------------------------------------------- */
/*                       16x16 한글 고딕체 폰트                                 */
/* ---------------------------------------------------------------------------- */
const unsigned char KG_font[360][32] = {        /* 16x16 Korean character font */
  {0x00,0x00,0x00,0x00,0x00,0x00,0x00,0x00,0x00,0x00,0x00,0x00,0x00,0x00,0x00,0x00,
   0x00,0x00,0x00,0x00,0x00,0x00,0x00,0x00,0x00,0x00,0x00,0x00,0x00,0x00,0x00,0x00},
  {0x00,0x00,0x02,0x02,0x02,0x82,0xC2,0x7E,0x3E,0x00,0x00,0x00,0x00,0x00,0x00,0x00,
   0x00,0x00,0x02,0x02,0x01,0x01,0x00,0x00,0x00,0x00,0x00,0x00,0x00,0x00,0x00,0x00},
  {0x00,0x00,0x02,0x02,0xFE,0xFE,0x02,0xFE,0xFE,0x00,0x00,0x00,0x00,0x00,0x00,0x00,
   0x00,0x00,0x02,0x03,0x01,0x02,0x03,0x01,0x00,0x00,0x00,0x00,0x00,0x00,0x00,0x00},
  {0x00,0x00,0xFE,0xFE,0x00,0x00,0x00,0x00,0x00,0x00,0x00,0x00,0x00,0x00,0x00,0x00,
   0x00,0x00,0x03,0x03,0x02,0x02,0x02,0x02,0x02,0x00,0x00,0x00,0x00,0x00,0x00,0x00},

                     (중간 생략)

  {0x00,0x00,0x00,0x00,0x00,0x00,0x00,0x00,0x00,0x00,0x00,0x00,0x00,0x00,0x00,0x00,
   0x00,0x00,0x00,0x0A,0x0A,0x0A,0x0A,0x0A,0x0A,0x0A,0x0A,0x3E,0x3E,0x00,0x00,0x00},
  {0x00,0x00,0x00,0x00,0x00,0x00,0x00,0x00,0x00,0x00,0x00,0x00,0x00,0x00,0x00,0x00,
   0x00,0x00,0x00,0x3E,0x3E,0x2A,0x2A,0x2A,0x2A,0x2A,0x2A,0x2A,0x2A,0x00,0x00,0x00},
  {0x00,0x00,0x00,0x00,0x00,0x00,0x00,0x00,0x00,0x00,0x00,0x00,0x00,0x00,0x00,0x00,
   0x00,0x00,0x00,0x22,0x22,0x3E,0x3E,0x22,0x22,0x3E,0x3E,0x22,0x22,0x00,0x00,0x00},
  {0x00,0x00,0x00,0x00,0x00,0x00,0x00,0x00,0x00,0x00,0x00,0x00,0x00,0x00,0x00,0x00,
   0x00,0x00,0x00,0x14,0x3C,0x2C,0x2C,0x2E,0x2E,0x2C,0x2C,0x3C,0x14,0x00,0x00,0x00}};

/* ---------------------------------------------------------------------------- */
/*                       16x16 한글 필기체 폰트                                 */
/* ---------------------------------------------------------------------------- */
const unsigned char KP_font[360][32] = {        /* 16x16 Korean character font */
  {0x00,0x00,0x00,0x00,0x00,0x00,0x00,0x00,0x00,0x00,0x00,0x00,0x00,0x00,0x00,0x00,
   0x00,0x00,0x00,0x00,0x00,0x00,0x00,0x00,0x00,0x00,0x00,0x00,0x00,0x00,0x00,0x00},
  {0x08,0x08,0x08,0x08,0x08,0x88,0xC8,0x78,0x30,0x00,0x00,0x00,0x00,0x00,0x00,0x00,
   0x00,0x00,0x04,0x06,0x03,0x01,0x00,0x00,0x00,0x00,0x00,0x00,0x00,0x00,0x00,0x00},
  {0x08,0x08,0x08,0xC8,0xF8,0x30,0x90,0xF0,0x60,0x00,0x00,0x00,0x00,0x00,0x00,0x00,
   0x00,0x04,0x07,0x03,0x00,0x06,0x07,0x01,0x00,0x00,0x00,0x00,0x00,0x00,0x00,0x00},

                     (중간 생략)

  {0x00,0x00,0x00,0x00,0x00,0x00,0x00,0x00,0x00,0x00,0x00,0x00,0x00,0x00,0x00,0x00,
   0x00,0x00,0x00,0x00,0x04,0x3C,0x7C,0x54,0x54,0x54,0x54,0x54,0x40,0x00,0x00,0x00},
  {0x00,0x00,0x00,0x00,0x00,0x00,0x00,0x00,0x00,0x00,0x00,0x00,0x00,0x00,0x00,0x00,
   0x00,0x00,0x00,0x00,0x44,0x7C,0x7C,0x44,0x64,0x74,0x54,0x04,0x00,0x00,0x00,0x00},
  {0x00,0x00,0x00,0x00,0x00,0x00,0x00,0x00,0x00,0x00,0x00,0x00,0x00,0x00,0x00,0x00,
   0x00,0x00,0x00,0x00,0x08,0x28,0x7A,0x5A,0x4E,0x7C,0x38,0x00,0x00,0x00,0x00,0x00}};
```

```
/* ------------------------------------------------------------------------ */
/*              한글 완성형(KS) -> 조합형(KSSM) 변환 테이블                   */
/* ------------------------------------------------------------------------ */
const unsigned char KS_Table[2350][2] = {
{0x88,0x61}, {0x88,0x62}, {0x88,0x65}, {0x88,0x68}, {0x88,0x69}, {0x88,0x6A}, {0x88,0x6B},
{0x88,0x71}, {0x88,0x73}, {0x88,0x74}, {0x88,0x75}, {0x88,0x76}, {0x88,0x77}, {0x88,0x78},
{0x88,0x79}, {0x88,0x7B}, {0x88,0x7C}, {0x88,0x7D}, {0x88,0x81}, {0x88,0x82}, {0x88,0x85},
{0x88,0x89}, {0x88,0x91}, {0x88,0x93}, {0x88,0x95}, {0x88,0x96}, {0x88,0x97}, {0x88,0xA1},

                  (중간 생략)

{0xD3,0x41}, {0xD3,0x42}, {0xD3,0x45}, {0xD3,0x49}, {0xD3,0x51}, {0xD3,0x55}, {0xD3,0x57},
{0xD3,0x61}, {0xD3,0x62}, {0xD3,0x65}, {0xD3,0x67}, {0xD3,0x68}, {0xD3,0x69}, {0xD3,0x6A},
{0xD3,0x71}, {0xD3,0x73}, {0xD3,0x75}, {0xD3,0x77}, {0xD3,0x7B}, {0xD3,0x81}, {0xD3,0x85},
{0xD3,0x89}, {0xD3,0x91}, {0xD3,0x93}, {0xD3,0x97}, {0xD3,0xA1}, {0xD3,0xA2}, {0xD3,0xA5},
{0xD3,0xA9}, {0xD3,0xB1}, {0xD3,0xB3}, {0xD3,0xB5}, {0xD3,0xB7} };

/* ------------------------------------------------------------------------ */
/*              8x16 영문 ASCII 명조체 폰트                                    */
/* ------------------------------------------------------------------------ */
const unsigned char E_font[128][16] = {          /* 8x16 English ASCII character font */
  {0x00,0x00,0x00,0x00,0x00,0x00,0x00,0x00,0x00,0x00,0x00,0x00,0x00,0x00,0x00,0x00},  // 0x00
  {0xF0,0x08,0x28,0x08,0x08,0x28,0x08,0xF0,0x07,0x08,0x09,0x0B,0x0B,0x09,0x08,0x07},  // 0x01
  {0xF0,0xF8,0xD8,0xF8,0xF8,0xD8,0xF8,0xF0,0x07,0x0F,0x0E,0x0C,0x0C,0x0E,0x0F,0x07},  // 0x02
  {0x00,0xF0,0xF8,0xF8,0xF0,0xF8,0xF8,0xF0,0x00,0x00,0x03,0x07,0x0F,0x07,0x03,0x00},  // 0x03
  {0x00,0x80,0xC0,0xE0,0xF0,0xE0,0xC0,0x80,0x00,0x00,0x01,0x03,0x07,0x03,0x01,0x00},  // 0x04
  {0x00,0xC0,0xC0,0xF8,0xF8,0xF8,0xC0,0xC0,0x00,0x03,0x0B,0x09,0x0F,0x09,0x0B,0x03},  // 0x05
  {0x00,0xC0,0xE0,0xF0,0xF8,0xF0,0xE0,0xC0,0x00,0x01,0x0B,0x0B,0x0F,0x0B,0x0B,0x01},  // 0x06
  {0x00,0x00,0x80,0xC0,0xC0,0x80,0x00,0x00,0x00,0x00,0x01,0x03,0x03,0x01,0x00,0x00},  // 0x07
  {0xFE,0xFE,0x7E,0x3E,0x3E,0x7E,0xFE,0xFE,0x7F,0x7F,0x7E,0x7C,0x7C,0x7E,0x7F,0x7F},  // 0x08
  {0x00,0xC0,0x60,0x20,0x20,0x60,0xC0,0x00,0x00,0x03,0x06,0x04,0x04,0x06,0x03,0x00},  // 0x09
  {0xFE,0x3E,0x9E,0xDE,0xDE,0x9E,0x3E,0xFE,0x7F,0x7C,0x79,0x7B,0x7B,0x79,0x7C,0x7F},  // 0x0A
  {0x00,0x00,0x80,0xC0,0xE8,0xB8,0x18,0x78,0x00,0x07,0x0F,0x08,0x08,0x0F,0x07,0x00},  // 0x0B
  {0x00,0x70,0xF8,0x88,0x88,0xF8,0x70,0x00,0x00,0x02,0x02,0x0F,0x0F,0x02,0x02,0x00},  // 0x0C
  {0x00,0x00,0x00,0xF8,0xF8,0x30,0x60,0xC0,0x00,0x06,0x0F,0x0F,0x07,0x00,0x00,0x00},  // 0x0D
  {0x00,0x00,0xF8,0xF8,0x28,0x28,0xF8,0xF8,0x00,0x07,0x07,0x03,0x00,0x0E,0x0F,0x07},  // 0x0E
  {0x00,0x10,0xC0,0xE0,0x28,0xE0,0xC0,0x10,0x00,0x04,0x01,0x03,0x0A,0x03,0x01,0x04},  // 0x0F
  {0x00,0xF8,0xF0,0xE0,0xC0,0xC0,0x80,0x80,0x00,0x0F,0x07,0x03,0x01,0x01,0x00,0x00},  // 0x10
  {0x00,0x80,0x80,0xC0,0xC0,0xE0,0xF0,0xF8,0x00,0x00,0x00,0x01,0x01,0x03,0x07,0x0F},  // 0x11
  {0x00,0x20,0x30,0xF8,0xF8,0x30,0x20,0x00,0x00,0x02,0x06,0x0F,0x0F,0x06,0x02,0x00},  // 0x12
  {0x00,0x70,0xF8,0xF8,0x00,0xF8,0xF8,0x70,0x00,0x00,0x0D,0x0D,0x00,0x0D,0x0D,0x00},  // 0x13
  {0x70,0xF8,0x88,0xF8,0xF8,0x08,0xF8,0xF8,0x00,0x00,0x00,0x0F,0x0F,0x00,0x0F,0x0F},  // 0x14
  {0x00,0xD8,0xFC,0x24,0x64,0xCC,0x88,0x00,0x00,0x08,0x19,0x13,0x12,0x1F,0x0D,0x00},  // 0x15
  {0x00,0x00,0x00,0x00,0x00,0x00,0x00,0x00,0x00,0x0F,0x0F,0x0F,0x0F,0x0F,0x0F,0x0F},  // 0x16
  {0x00,0x20,0x30,0xF8,0xF8,0x30,0x20,0x00,0x00,0x12,0x16,0x1F,0x1F,0x16,0x12,0x00},  // 0x17
  {0x00,0x20,0x30,0xF8,0xF8,0x30,0x20,0x00,0x00,0x00,0x00,0x0F,0x0F,0x00,0x00,0x00},  // 0x18
  {0x00,0x00,0x00,0xF8,0xF8,0x00,0x00,0x00,0x00,0x02,0x06,0x0F,0x0F,0x06,0x02,0x00},  // 0x19
  {0x00,0x80,0x80,0x80,0x80,0xE0,0xC0,0x80,0x00,0x00,0x00,0x00,0x00,0x03,0x01,0x00},  // 0x1A
  {0x00,0x80,0xC0,0xE0,0x80,0x80,0x80,0x80,0x00,0x00,0x01,0x03,0x00,0x00,0x00,0x00},  // 0x1B
  {0x00,0xC0,0xC0,0x00,0x00,0x00,0x00,0x00,0x00,0x03,0x03,0x02,0x02,0x02,0x02,0x02},  // 0x1C
  {0x80,0xC0,0xE0,0x80,0x80,0xE0,0xC0,0x80,0x00,0x01,0x03,0x00,0x00,0x03,0x01,0x00},  // 0x1D
  {0x00,0x00,0x00,0xC0,0xF8,0xC0,0x00,0x00,0x00,0x0C,0x0F,0x0F,0x0F,0x0F,0x0F,0x0C},  // 0x1E
  {0x00,0x18,0x78,0xF8,0xF8,0xF8,0x78,0x18,0x00,0x00,0x00,0x01,0x0F,0x01,0x00,0x00},  // 0x1F
  {0x00,0x00,0x00,0x00,0x00,0x00,0x00,0x00,0x00,0x00,0x00,0x00,0x00,0x00,0x00,0x00},  // space
  {0x00,0x00,0x70,0xF8,0xF8,0x70,0x00,0x00,0x00,0x00,0x00,0x0D,0x0D,0x00,0x00,0x00},  // !
  {0x00,0x20,0x38,0x18,0x20,0x38,0x18,0x00,0x00,0x00,0x00,0x00,0x00,0x00,0x00,0x00},  // "
  {0x00,0x20,0xF8,0xF8,0x20,0xF8,0xF8,0x20,0x00,0x02,0x0F,0x0F,0x02,0x0F,0x0F,0x02},  // #
  {0x00,0x60,0xF0,0x9C,0x9C,0xB0,0x20,0x00,0x00,0x02,0x06,0x1C,0x1C,0x07,0x03,0x00},  // $
  {0x00,0x20,0x70,0x70,0xA0,0xC0,0x60,0x20,0x00,0x04,0x06,0x03,0x05,0x0E,0x0E,0x04},  // %
  {0x00,0x00,0xB0,0xF8,0xC8,0x78,0xB0,0x80,0x00,0x07,0x0F,0x08,0x09,0x07,0x0F,0x08},  // &
  {0x00,0x00,0x20,0x38,0x18,0x00,0x00,0x00,0x00,0x00,0x00,0x00,0x00,0x00,0x00,0x00},  // '
  {0x00,0x00,0xE0,0xF0,0x18,0x08,0x00,0x00,0x00,0x00,0x03,0x07,0x0C,0x08,0x00,0x00},  // (
  {0x00,0x00,0x08,0x18,0xF0,0xE0,0x00,0x00,0x00,0x00,0x08,0x0C,0x07,0x03,0x00,0x00},  // )
  {0x00,0x80,0xA0,0xE0,0xC0,0xE0,0xA0,0x80,0x00,0x00,0x02,0x03,0x01,0x03,0x02,0x00},  // *
  {0x00,0x80,0x80,0xE0,0xE0,0x80,0x80,0x00,0x00,0x00,0x00,0x03,0x03,0x00,0x00,0x00},  // +
  {0x00,0x00,0x00,0x00,0x00,0x00,0x00,0x00,0x00,0x00,0x10,0x1C,0x0C,0x00,0x00,0x00},  // ,
  {0x00,0x80,0x80,0x80,0x80,0x80,0x80,0x00,0x00,0x00,0x00,0x00,0x00,0x00,0x00,0x00},  // -
  {0x00,0x00,0x00,0x00,0x00,0x00,0x00,0x00,0x00,0x00,0x00,0x0C,0x0C,0x00,0x00,0x00},  // .
  {0x00,0x00,0x00,0x00,0x80,0xC0,0x60,0x30,0x00,0x0C,0x06,0x03,0x01,0x00,0x00,0x00},  // /
  {0x00,0xF0,0xF8,0x08,0x08,0xF8,0xF0,0x00,0x00,0x07,0x0F,0x08,0x08,0x0F,0x07,0x00},  // 0
```

```
{0x00, 0x00, 0x10, 0xF8, 0xF8, 0x00, 0x00, 0x00, 0x00, 0x00, 0x08, 0x0F, 0x0F, 0x08, 0x00, 0x00},  // 1
{0x00, 0x10, 0x18, 0x08, 0x88, 0xF8, 0x70, 0x00, 0x00, 0x0C, 0x0E, 0x0B, 0x09, 0x08, 0x08, 0x00},  // 2
{0x00, 0x08, 0x08, 0x48, 0xE8, 0xB8, 0x18, 0x00, 0x00, 0x04, 0x0C, 0x08, 0x08, 0x0F, 0x07, 0x00},  // 3
{0x00, 0xC0, 0xE0, 0x30, 0xF8, 0xF8, 0x00, 0x00, 0x00, 0x03, 0x03, 0x02, 0x0F, 0x0F, 0x02, 0x00},  // 4
{0x00, 0x78, 0x78, 0x48, 0x48, 0xC8, 0x88, 0x00, 0x00, 0x04, 0x0C, 0x08, 0x08, 0x0F, 0x07, 0x00},  // 5
{0x00, 0xE0, 0xF0, 0x98, 0x88, 0x88, 0x00, 0x00, 0x00, 0x07, 0x0F, 0x08, 0x08, 0x0F, 0x07, 0x00},  // 6
{0x00, 0x08, 0x08, 0x88, 0xC8, 0x78, 0x38, 0x00, 0x00, 0x00, 0x0F, 0x0F, 0x00, 0x00, 0x00, 0x00},  // 7
{0x00, 0x70, 0xF8, 0x88, 0x88, 0xF8, 0x70, 0x00, 0x00, 0x07, 0x0F, 0x08, 0x08, 0x0F, 0x07, 0x00},  // 8
{0x00, 0x70, 0xF8, 0x88, 0x88, 0xF8, 0xF0, 0x00, 0x00, 0x00, 0x08, 0x08, 0x0C, 0x07, 0x03, 0x00},  // 9
{0x00, 0x00, 0x00, 0x30, 0x30, 0x00, 0x00, 0x00, 0x00, 0x00, 0x00, 0x06, 0x06, 0x00, 0x00, 0x00},  // :
{0x00, 0x00, 0x00, 0x30, 0x30, 0x00, 0x00, 0x00, 0x00, 0x00, 0x08, 0x0E, 0x06, 0x00, 0x00, 0x00},  // ;
{0x00, 0x80, 0xC0, 0x60, 0x30, 0x18, 0x08, 0x00, 0x00, 0x00, 0x01, 0x03, 0x06, 0x0C, 0x08, 0x00},  // <
{0x00, 0x40, 0x40, 0x40, 0x40, 0x40, 0x40, 0x00, 0x00, 0x02, 0x02, 0x02, 0x02, 0x02, 0x02, 0x00},  // =
{0x00, 0x08, 0x18, 0x30, 0x60, 0xC0, 0x80, 0x00, 0x00, 0x08, 0x0C, 0x06, 0x03, 0x01, 0x00, 0x00},  // >
{0x00, 0x10, 0x18, 0x88, 0xC8, 0x78, 0x30, 0x00, 0x00, 0x00, 0x00, 0x0D, 0x0D, 0x00, 0x00, 0x00},  // ?
{0x00, 0xF0, 0xF8, 0x08, 0xC8, 0xF8, 0xF0, 0x00, 0x00, 0x07, 0x0F, 0x08, 0x0B, 0x0B, 0x01, 0x00},  // @
{0x00, 0xE0, 0xF0, 0x18, 0x18, 0xF0, 0xE0, 0x00, 0x00, 0x0F, 0x0F, 0x01, 0x01, 0x0F, 0x0F, 0x00},  // A
{0x00, 0xF8, 0xF8, 0x88, 0x88, 0xF8, 0x70, 0x00, 0x00, 0x0F, 0x0F, 0x08, 0x08, 0x0F, 0x07, 0x00},  // B
{0x00, 0xF0, 0xF8, 0x08, 0x08, 0x18, 0x10, 0x00, 0x00, 0x07, 0x0F, 0x08, 0x08, 0x0C, 0x04, 0x00},  // C
{0x00, 0xF8, 0xF8, 0x08, 0x08, 0xF8, 0xF0, 0x00, 0x00, 0x0F, 0x0F, 0x08, 0x08, 0x0F, 0x07, 0x00},  // D
{0x00, 0xF8, 0xF8, 0x88, 0x88, 0x88, 0x08, 0x00, 0x00, 0x0F, 0x0F, 0x08, 0x08, 0x08, 0x08, 0x00},  // E
{0x00, 0xF8, 0xF8, 0x88, 0x88, 0x88, 0x08, 0x00, 0x00, 0x0F, 0x0F, 0x00, 0x00, 0x00, 0x00, 0x00},  // F
{0x00, 0xF0, 0xF8, 0x08, 0x08, 0x08, 0x08, 0x00, 0x00, 0x07, 0x0F, 0x08, 0x09, 0x0F, 0x0F, 0x00},  // G
{0x00, 0xF8, 0xF8, 0x80, 0x80, 0xF8, 0xF8, 0x00, 0x00, 0x0F, 0x0F, 0x00, 0x00, 0x0F, 0x0F, 0x00},  // H
{0x00, 0x00, 0x08, 0xF8, 0xF8, 0x08, 0x00, 0x00, 0x00, 0x00, 0x08, 0x0F, 0x0F, 0x08, 0x00, 0x00},  // I
{0x00, 0x00, 0x00, 0x00, 0x00, 0xF8, 0xF8, 0x00, 0x00, 0x04, 0x0C, 0x08, 0x08, 0x0F, 0x07, 0x00},  // J
{0x00, 0xF8, 0xF8, 0x80, 0xE0, 0x78, 0x18, 0x00, 0x00, 0x0F, 0x0F, 0x00, 0x03, 0x0F, 0x0C, 0x00},  // K
{0x00, 0xF8, 0xF8, 0x00, 0x00, 0x00, 0x00, 0x00, 0x00, 0x0F, 0x0F, 0x08, 0x08, 0x08, 0x08, 0x00},  // L
{0x00, 0xF8, 0xF8, 0x30, 0xE0, 0x30, 0xF8, 0xF8, 0x00, 0x0F, 0x0F, 0x00, 0x00, 0x00, 0x0F, 0x0F},  // M
{0x00, 0xF8, 0xF8, 0xE0, 0x80, 0xF8, 0xF8, 0x00, 0x00, 0x0F, 0x0F, 0x00, 0x03, 0x0F, 0x0F, 0x00},  // N
{0x00, 0xF0, 0xF8, 0x08, 0x08, 0xF8, 0xF0, 0x00, 0x00, 0x07, 0x0F, 0x08, 0x08, 0x0F, 0x07, 0x00},  // O
{0x00, 0xF8, 0xF8, 0x88, 0x88, 0xF8, 0x70, 0x00, 0x00, 0x0F, 0x0F, 0x00, 0x00, 0x00, 0x00, 0x00},  // P
{0x00, 0xF0, 0xF8, 0x08, 0x08, 0xF8, 0xF0, 0x00, 0x00, 0x07, 0x0F, 0x08, 0x08, 0x1F, 0x17, 0x00},  // Q
{0x00, 0xF8, 0xF8, 0x88, 0x88, 0xF8, 0x70, 0x00, 0x00, 0x0F, 0x0F, 0x01, 0x03, 0x0E, 0x0C, 0x00},  // R
{0x00, 0x70, 0xF8, 0x88, 0x88, 0x98, 0x10, 0x00, 0x00, 0x04, 0x0C, 0x08, 0x08, 0x0F, 0x07, 0x00},  // S
{0x00, 0x08, 0x08, 0xF8, 0xF8, 0x08, 0x08, 0x00, 0x00, 0x00, 0x00, 0x0F, 0x0F, 0x00, 0x00, 0x00},  // T
{0x00, 0xF8, 0xF8, 0x00, 0x00, 0xF8, 0xF8, 0x00, 0x00, 0x07, 0x0F, 0x08, 0x08, 0x0F, 0x07, 0x00},  // U
{0x00, 0xF8, 0xF8, 0x00, 0x00, 0xF8, 0xF8, 0x00, 0x00, 0x03, 0x07, 0x0C, 0x0C, 0x07, 0x03, 0x00},  // V
{0x00, 0xF8, 0xF8, 0x00, 0x80, 0x00, 0xF8, 0xF8, 0x00, 0x0F, 0x0F, 0x06, 0x03, 0x06, 0x0F, 0x0F},  // W
{0x00, 0x38, 0x78, 0xC0, 0xC0, 0x78, 0x38, 0x00, 0x00, 0x0E, 0x0F, 0x01, 0x01, 0x0F, 0x0E, 0x00},  // X
{0x00, 0x78, 0xF8, 0x80, 0x80, 0xF8, 0x78, 0x00, 0x00, 0x00, 0x00, 0x0F, 0x0F, 0x00, 0x00, 0x00},  // Y
{0x00, 0x08, 0x08, 0x88, 0xC8, 0x78, 0x38, 0x00, 0x00, 0x0E, 0x0F, 0x09, 0x08, 0x08, 0x08, 0x00},  // Z
{0x00, 0x00, 0xF8, 0xF8, 0x08, 0x08, 0x00, 0x00, 0x00, 0x00, 0x0F, 0x0F, 0x08, 0x08, 0x00, 0x00},  // [
{0x00, 0x30, 0x60, 0xC0, 0x80, 0x00, 0x00, 0x00, 0x00, 0x00, 0x00, 0x00, 0x01, 0x03, 0x06, 0x0C},  /* \ */
{0x00, 0x00, 0x08, 0x08, 0xF8, 0xF8, 0x00, 0x00, 0x00, 0x00, 0x08, 0x08, 0x0F, 0x0F, 0x00, 0x00},  // ]
{0x00, 0x10, 0x18, 0x0C, 0x0C, 0x18, 0x10, 0x00, 0x00, 0x00, 0x00, 0x00, 0x00, 0x00, 0x00, 0x00},  // ^
{0x00, 0x00, 0x00, 0x00, 0x00, 0x00, 0x00, 0x00, 0x20, 0x20, 0x20, 0x20, 0x20, 0x20, 0x20, 0x20},  // _
{0x00, 0x00, 0x00, 0x18, 0x38, 0x20, 0x00, 0x00, 0x00, 0x00, 0x00, 0x00, 0x00, 0x00, 0x00, 0x00},  // `
{0x00, 0x00, 0x40, 0x40, 0x40, 0xC0, 0x80, 0x00, 0x00, 0x06, 0x0F, 0x09, 0x09, 0x0F, 0x0F, 0x00},  // a
{0x00, 0xF8, 0xF8, 0x40, 0x40, 0xC0, 0x80, 0x00, 0x00, 0x0F, 0x0F, 0x08, 0x08, 0x0F, 0x07, 0x00},  // b
{0x00, 0x80, 0xC0, 0x40, 0x40, 0xC0, 0x80, 0x00, 0x00, 0x07, 0x0F, 0x08, 0x08, 0x0C, 0x04, 0x00},  // c
{0x00, 0x80, 0xC0, 0x40, 0x40, 0xF8, 0xF8, 0x00, 0x00, 0x07, 0x0F, 0x08, 0x08, 0x0F, 0x0F, 0x00},  // d
{0x00, 0x80, 0xC0, 0x40, 0x40, 0xC0, 0x80, 0x00, 0x00, 0x07, 0x0F, 0x0A, 0x0A, 0x0B, 0x0B, 0x00},  // e
{0x00, 0x80, 0xF0, 0xF8, 0x88, 0x98, 0x10, 0x00, 0x00, 0x00, 0x0F, 0x0F, 0x00, 0x00, 0x00, 0x00},  // f
{0x00, 0x80, 0xC0, 0x40, 0x40, 0xC0, 0x80, 0x00, 0x00, 0x07, 0x4F, 0x48, 0x48, 0x7F, 0x3F, 0x00},  // g
{0x00, 0xF8, 0xF8, 0x40, 0x40, 0xC0, 0x80, 0x00, 0x00, 0x0F, 0x0F, 0x00, 0x00, 0x0F, 0x0F, 0x00},  // h
{0x00, 0x00, 0x40, 0xD8, 0xD8, 0x00, 0x00, 0x00, 0x00, 0x00, 0x08, 0x0F, 0x0F, 0x08, 0x00, 0x00},  // i
{0x00, 0x00, 0x00, 0x00, 0x40, 0xD8, 0xD8, 0x00, 0x00, 0x00, 0x10, 0x30, 0x20, 0x3F, 0x1F, 0x00},  // j
{0x00, 0xF8, 0xF8, 0x00, 0x80, 0xC0, 0x40, 0x00, 0x00, 0x0F, 0x0F, 0x03, 0x07, 0x0C, 0x08, 0x00},  // k
{0x00, 0x00, 0x08, 0xF8, 0xF8, 0x00, 0x00, 0x00, 0x00, 0x00, 0x08, 0x0F, 0x0F, 0x08, 0x00, 0x00},  // l
{0x00, 0xC0, 0xC0, 0xC0, 0x80, 0xC0, 0xC0, 0x80, 0x00, 0x0F, 0x0F, 0x00, 0x07, 0x00, 0x0F, 0x0F},  // m
{0x00, 0xC0, 0xC0, 0x40, 0x40, 0xC0, 0x80, 0x00, 0x00, 0x0F, 0x0F, 0x00, 0x00, 0x0F, 0x0F, 0x00},  // n
{0x00, 0x80, 0xC0, 0x40, 0x40, 0xC0, 0x80, 0x00, 0x00, 0x07, 0x0F, 0x08, 0x08, 0x0F, 0x07, 0x00},  // o
{0x00, 0xC0, 0xC0, 0x40, 0x40, 0xC0, 0x80, 0x00, 0x00, 0x7F, 0x7F, 0x08, 0x08, 0x0F, 0x07, 0x00},  // p
{0x00, 0x80, 0xC0, 0x40, 0x40, 0xC0, 0xC0, 0x00, 0x00, 0x07, 0x0F, 0x08, 0x08, 0x7F, 0x7F, 0x00},  // q
{0x00, 0xC0, 0xC0, 0x80, 0xC0, 0x40, 0x40, 0x00, 0x00, 0x0F, 0x0F, 0x01, 0x00, 0x00, 0x00, 0x00},  // r
{0x00, 0x80, 0xC0, 0x40, 0x40, 0x40, 0x40, 0x00, 0x00, 0x08, 0x09, 0x09, 0x09, 0x0F, 0x06, 0x00},  // s
{0x00, 0x40, 0xF8, 0xF8, 0x40, 0x40, 0x00, 0x00, 0x00, 0x00, 0x07, 0x0F, 0x08, 0x0C, 0x04, 0x00},  // t
{0x00, 0xC0, 0xC0, 0x00, 0x00, 0xC0, 0xC0, 0x00, 0x00, 0x07, 0x0F, 0x08, 0x08, 0x0F, 0x0F, 0x00},  // u
{0x00, 0xC0, 0xC0, 0x00, 0x00, 0xC0, 0xC0, 0x00, 0x00, 0x03, 0x07, 0x0C, 0x0C, 0x07, 0x03, 0x00},  // v
{0x00, 0xC0, 0xC0, 0x00, 0x00, 0x00, 0xC0, 0xC0, 0x00, 0x07, 0x0F, 0x0C, 0x07, 0x0C, 0x0F, 0x07},  // w
```

```
  {0x00,0x40,0xC0,0x80,0x00,0x80,0xC0,0x40,0x00,0x08,0x0C,0x07,0x03,0x07,0x0C,0x08}, // x
  {0x00,0xC0,0xC0,0x00,0x00,0xC0,0xC0,0x00,0x00,0x07,0x4F,0x48,0x48,0x7F,0x3F,0x00}, // y
  {0x00,0x40,0x40,0x40,0xC0,0xC0,0x40,0x00,0x00,0x0C,0x0E,0x0B,0x09,0x08,0x08,0x00}, // z
  {0x00,0x00,0x80,0xF0,0x78,0x08,0x08,0x00,0x00,0x00,0x00,0x07,0x0F,0x08,0x08,0x00}, // {
  {0x00,0x00,0x00,0x78,0x78,0x00,0x00,0x00,0x00,0x00,0x00,0x0F,0x0F,0x00,0x00,0x00}, // |
  {0x00,0x00,0x08,0x08,0x78,0xF0,0x80,0x00,0x00,0x00,0x08,0x08,0x0F,0x07,0x00,0x00}, // }
  {0x00,0x80,0xC0,0x40,0xC0,0x80,0xC0,0x40,0x00,0x00,0x00,0x00,0x00,0x00,0x00,0x00}, // ~
  {0x00,0x00,0x60,0x90,0x90,0x60,0x00,0x00,0x00,0x00,0x00,0x00,0x00,0x00,0x00,0x00}};// 0x7F

/* ------------------------------------------------------------------------------ */
/*          사용자 정의 함수 선언                                                   */
/* ------------------------------------------------------------------------------ */

void Initialize_TFT_LCD(void);                    // initialize TFT-LCD with HX8347-A
void TFT_command(U16 IR);                         // write IR to TFT-LCD
void TFT_data(U16 data);                          // write data to TFT-LCD
void TFT_write(U16 reg, U16 val);                 // write TFT-LCD register
void TFT_clear_screen(void);                      // TFT-LCD clear screen with black color
void TFT_color_screen(U16 color);                 // TFT-LCD full screen color
void TFT_GRAM_address(U16 xPos, U16 yPos);        // set GRAM address of TFT-LCD
void TFT_xy(U08 xChar, U08 yChar);                // set character position
void TFT_color(U16 colorfore, U16 colorback);     // set foreground and background color
void TFT_pixel(U16 xPos, U16 yPos, U16 color);    // write a pixel
void TFT_portrait_mode(void);                     // set portrait entry mode
void TFT_landscape_mode(void);                    // set landscape entry mode
void TFT_cursor(U16 cursor_color);                // set cursor and color
void TFT_underscore(U16 underscore_color);        // set underscore and color
void TFT_outline(U16 outline_color);              // set outline and color
void TFT_string(U08 xChar, U08 yChar, U16 colorfore, U16 colorback, U08 *str); // write TFT-LCD string
void TFT_English(U08 code);                       // write a English ASCII character
unsigned short KS_code_conversion(U16 KS_code); // convert 완성형(KS) to 조합형(KSSM)
void TFT_Korean(U16 code);                        // write a Korean character
void TFT_English_pixel(U16 Xpixel,U16 Ypixel, U08 code); // write a English ASCII character
void TFT_string_2X(U08 xChar, U08 yChar, U16 colorfore, U16 colorback, U08 *str); // write TFT-LCD string
void TFT_English_2X(U08 code);                    // write a English ASCII character
void TFT_Korean_2X(U16 code);                     // write a Korean character

void TFT_binary(U32 number, U08 digit);           // display binary number
void TFT_unsigned_decimal(U32 number, U08 zerofill, U08 digit); // display unsigned decimal number
void TFT_signed_decimal(S32 number, U08 zerofill, U08 digit);   // display signed decimal number
void TFT_hexadecimal(U32 number, U08 digit);      // display hexadecimal number
void TFT_0x_hexadecimal(U32 number, U08 digit); // display hexadecimal number with 0x
void TFT_unsigned_float(float number, U08 integral, U08 fractional);// display unsigned floating-point number
void TFT_signed_float(float number, U08 integral, U08 fractional); // display signed floating-point number

void Line(S16 x1,S16 y1, S16 x2,S16 y2, U16 color);         // draw a straight line
void Rectangle(S16 x1,S16 y1, S16 x2,S16 y2, U16 color);// draw a rectangle
void Block(S16 x1,S16 y1, S16 x2,S16 y2, U16 color, U16 fill); // draw a rectangle with filled color
void Circle(S16 x1,S16 y1, S16 r, U16 color);     // draw a circle
void Sine(S16 peak, U08 mode, U16 color);         // draw a sine curve

void Initialize_touch_screen(void);               // initialize touch screen
unsigned short Read_ADS7846(U16 command);         // read X, Y value from ADS7846
void Touch_screen_input(void);                    // touch screen input of X, Y average value from ADS7846

/* ------------------------------------------------------------------------------ */
/*      TFT-LCD 기본 문자 출력 함수(영문 : 8x16 픽셀, 한글 : 16x16 픽셀)              */
/* ------------------------------------------------------------------------------ */

#define Transparent     0x0821                    //   1,   1,   1
#define White           0xFFFF                    // 255, 255, 255
#define Black           0x0000                    //   0,   0,   0
#define Red             0xF800                    // 255,   0,   0
#define Green           0x07E0                    //   0, 255,   0
#define Blue            0x001F                    //   0,   0, 255
#define Yellow          0xFFE0                    // 255, 255,   0
#define Cyan            0x07FF                    //   0, 255, 255
#define Magenta         0xF81F                    // 255,   0, 255
#define Brown           0xA145                    // 160,  40,  40
#define Khaki           0xF731                    // 240, 228, 136
#define Orange          0xFD20                    // 255, 164,   0
```

```
#define Pink          0xFB56                  // 255, 104, 176
#define Silver        0xC618                  // 192, 192, 192
#define Violet        0xEC1D                  // 232, 128, 232
#define Olive         0x8400                  // 128, 128,   0
#define Purple        0x8010                  // 128,   0, 128
#define Maroon        0x7800                  // 128,   0,   0
#define Navy          0x000F                  //   0,   0, 128
#define DarkGreen     0x03E0                  //   0, 128,   0
#define DarkCyan      0x03EF                  //   0, 128, 128
#define DarkGrey      0x7BEF                  // 128, 128, 128
#define LightGrey     0xC618                  // 192, 192, 192

unsigned char  ScreenMode = 'L';              // screen mode(P = portrait, L = landscape)
unsigned char  XcharacterLimit = 40;          // character number of line (40 or 30)
unsigned char  YcharacterLimit = 30;          // line number of screen (30 or 40)
unsigned char  XcharacterLimit_large = 26;    // large character number of line (26 or 20)
unsigned char  YcharacterLimit_large = 30;    // line number of screen (30 or 40)
unsigned char  Xcharacter, Ycharacter;        // Xcharacter(0-29), Ycharacter(0-39) for portrait
                                              // Xcharacter(0-39), Ycharacter(0-29) for landscape
unsigned char  nextline_flag = 0;             // 0 = first line, 1 = next line
unsigned char  Xcursor, Ycursor;              // cursor position
unsigned char  cursor_flag = 0;               // 0 = cursor off, 1 = cursor on
unsigned short cursor;                        // cursor color
unsigned char  underscore_flag = 0;           // 0 = underscore off, 1 = underscore on
unsigned short underscore;                    // underscore color
unsigned char  outline_flag = 0;              // 0 = outline off, 1 = outline on
unsigned short outline;                       // outline color
unsigned short foreground, background;        // foreground and background color
unsigned char  Kfont_type = 'M';              // M = 명조체, G = 고딕체, P = 필기체

void Initialize_TFT_LCD(void)                 /* initialize TFT-LCD with HX8347-A */
{
  RCC->APB2ENR |= 0x00000060;                 // enable clock of GPIOD, GPIOE (72MHz)

  GPIOD->CRH  = 0x33333333;                   // PD15~PD0 = output(max 50MHz)
  GPIOD->CRL  = 0x33333333;

  GPIOE->CRL &= 0xFF0F0000;                   // PE5 = PE3~PE0 = output(max 50MHz)
  GPIOE->CRL |= 0x00303333;                   // -TFT_RESET = -TFT_CS = -TFT_WR = 1
  GPIOE->BSRR = 0x0022000D;                   // LCD_E = TFT_RS = 0

  GPIOE->BSRR = 0x00080000;                   // -TFT_RESET = 0
  Delay_ms(1);
  GPIOE->BSRR = 0x00000008;                   // -TFT_RESET = 1
  Delay_ms(120);

  TFT_write(0x02, 0x0000);                    // window setting
  TFT_write(0x03, 0x0000);                    // x = 0~319
  TFT_write(0x04, 0x0001);
  TFT_write(0x05, 0x003F);
  TFT_write(0x06, 0x0000);                    // y = 0~239
  TFT_write(0x07, 0x0000);
  TFT_write(0x08, 0x0000);
  TFT_write(0x09, 0x00EF);

  TFT_write(0x01, 0x0006);                    // display setting
  TFT_write(0x16, 0x0068);                    // MV=1, MX=1, MY=0, BGR=1
  TFT_write(0x18, 0x0000);                    // SM=0
  TFT_write(0x70, 0x0065);                    // GS=1, SS=1, 16 bit/pixel
  TFT_write(0x23, 0x0095);
  TFT_write(0x24, 0x0095);
  TFT_write(0x25, 0x00FF);
  TFT_write(0x27, 0x0002);
  TFT_write(0x28, 0x0002);
  TFT_write(0x29, 0x0002);
  TFT_write(0x2A, 0x0002);
  TFT_write(0x2C, 0x0002);
  TFT_write(0x2D, 0x0002);
  TFT_write(0x3A, 0x0001);
  TFT_write(0x3B, 0x0001);
  TFT_write(0x3C, 0x00F0);
```

```
  TFT_write(0x3D, 0x0000);
  Delay_ms(20);
  TFT_write(0x35, 0x0038);
  TFT_write(0x36, 0x0078);
  TFT_write(0x3E, 0x0038);
  TFT_write(0x40, 0x000F);
  TFT_write(0x41, 0x00F0);

  TFT_write(0x19, 0x0049);                        // power setting
  TFT_write(0x93, 0x000F);
  Delay_ms(10);
  TFT_write(0x20, 0x0040);
  TFT_write(0x1D, 0x0007);
  Delay_ms(10);
  TFT_write(0x1E, 0x0000);
  TFT_write(0x1F, 0x0004);
  TFT_write(0x44, 0x0040);                        // VCom control for 3.3V
  TFT_write(0x45, 0x0012);
  Delay_ms(10);
  TFT_write(0x1C, 0x0004);
  Delay_ms(20);
  TFT_write(0x43, 0x0080);
  Delay_ms(5);
  TFT_write(0x1B, 0x0018);
  Delay_ms(40);
  TFT_write(0x1B, 0x0010);
  Delay_ms(40);

  TFT_write(0x46, 0x00A4);                        // gamma setting
  TFT_write(0x47, 0x0053);
  TFT_write(0x48, 0x0010);
  TFT_write(0x49, 0x005F);
  TFT_write(0x4A, 0x0004);
  TFT_write(0x4B, 0x003F);
  TFT_write(0x4C, 0x0002);
  TFT_write(0x4D, 0x00F6);
  TFT_write(0x4E, 0x0012);
  TFT_write(0x4F, 0x004C);
  TFT_write(0x50, 0x0046);
  TFT_write(0x51, 0x0044);

  TFT_write(0x90, 0x007F);                        // display on setting
  TFT_write(0x26, 0x0004);
  Delay_ms(40);
  TFT_write(0x26, 0x0024);
  TFT_write(0x26, 0x002C);
  Delay_ms(40);
  TFT_write(0x26, 0x003C);

  TFT_write(0x57, 0x0002);                        // internal VDDD setting
  TFT_write(0x55, 0x0000);
  TFT_write(0xFE, 0x005A);
  TFT_write(0x57, 0x0000);

  TFT_clear_screen();                             // clear screen
}

void TFT_command(U16 IR)                          /* write IR to TFT-LCD */
{
  GPIOE->BSRR = 0x00060000;                       // -CS = 0, Rs = 0
  GPIOD->ODR  = IR;
  GPIOE->BSRR = 0x00010000;                       // -WR = 0
  asm("NOP");
  asm("NOP");
  GPIOE->BSRR = 0x00000001;                       // -WR = 1
  GPIOE->BSRR = 0x00000004;                       // -CS = 1
}

void TFT_data(U16 data)                           /* write data to TFT-LCD */
{
  GPIOE->BSRR = 0x00040002;                       // -CS = 0, RS = 1
```

```
  GPIOD->ODR  = data;
  GPIOE->BSRR = 0x00010000;                        // -WR = 0
  asm("NOP");
  asm("NOP");
  GPIOE->BSRR = 0x00000001;                        // -WR = 1
  GPIOE->BSRR = 0x00000004;                        // -CS = 1
}

void TFT_write(U16 reg, U16 val)                   /* write TFT-LCD register */
{
  TFT_command(reg);
  TFT_data(val);
}

/* ------------------------------------------------------------------------- */
/*              TFT 보드 출력제어 함수                                          */
/* ------------------------------------------------------------------------- */

void TFT_clear_screen(void)                        /* TFT-LCD clear screen with black color */
{
  TFT_color_screen(Black);
}

void TFT_color_screen(U16 color)                   /* TFT-LCD full screen color */
{
  unsigned short i, j;

  TFT_GRAM_address(0,0);

  for(i = 0; i < 320; i++)
    for(j = 0; j < 240; j++)
      TFT_data(color);
}

void TFT_GRAM_address(U16 xPos, U16 yPos)          /* set GRAM address of TFT-LCD */
{
  if(ScreenMode == 'L')
    { if((xPos > 319) || (yPos > 239))
        return;
      TFT_write(0x02, xPos >> 8);                  // xPos = 0~319
      TFT_write(0x03, xPos & 0x00FF);
      TFT_write(0x06, 0x0000);                     // yPos = 0~239
      TFT_write(0x07, yPos);
    }
  else
    { if((xPos > 239) || (yPos > 319))
        return;
      TFT_write(0x02, 0x0000);                     // xPos = 0~239
      TFT_write(0x03, xPos);
      TFT_write(0x06, yPos >> 8);                  // yPos = 0~319
      TFT_write(0x07, yPos & 0x00FF);
    }

  TFT_command(0x22);
}

void TFT_xy(U08 xChar, U08 yChar)                  /* set character position (x,y) */
{
  Xcharacter = xChar;
  Ycharacter = yChar;
}

void TFT_color(U16 colorfore, U16 colorback)       /* set foreground and background color */
{
  foreground = colorfore;
  background = colorback;
}

void TFT_pixel(U16 xPos, U16 yPos, U16 color)      /* write a pixel */
{
  if(ScreenMode == 'L')
```

```
    { if((xPos > 319) || (yPos > 239))
        return;
      TFT_write(0x02, xPos >> 8);                       // xPos = 0~319
      TFT_write(0x03, xPos & 0x00FF);
      TFT_write(0x06, 0x0000);                          // yPos = 0~239
      TFT_write(0x07, yPos);
    }
  else
    { if((xPos > 239) || (yPos > 319))
        return;
      TFT_write(0x02, 0x0000);                          // xPos = 0~239
      TFT_write(0x03, xPos);
      TFT_write(0x06, yPos >> 8);                       // yPos = 0~319
      TFT_write(0x07, yPos & 0x00FF);
    }

  if(color != Transparent)                              // transparent mode ?
    TFT_write(0x22, color);
}

/* ---------------------------------------------------------------------- */
/*              TFT-LCD 문자 출력 함수                                    */
/* ---------------------------------------------------------------------- */

void TFT_portrait_mode(void)                            /* set portrait mode */
{
  TFT_write(0x16, 0x0008);                              // MV=0, MX=0, MY=0, BGR=1

  TFT_write(0x02, 0x0000);                              // x = 0~239
  TFT_write(0x03, 0x0000);
  TFT_write(0x04, 0x0000);
  TFT_write(0x05, 0x00EF);
  TFT_write(0x06, 0x0000);                              // y = 0~319
  TFT_write(0x07, 0x0000);
  TFT_write(0x08, 0x0001);
  TFT_write(0x09, 0x003F);

  XcharacterLimit = 30;                                 // 30x40 character unit
  YcharacterLimit = 40;
  XcharacterLimit_large = 20;                           // 20x40 large character unit
  YcharacterLimit_large = 40;
  ScreenMode = 'P';
}

void TFT_landscape_mode(void)                           /* set landscape mode */
{
  TFT_write(0x16, 0x0068);                              // MV=1, MX=1, MY=0, BGR=1

  TFT_write(0x02, 0x0000);                              // x = 0~319
  TFT_write(0x03, 0x0000);
  TFT_write(0x04, 0x0001);
  TFT_write(0x05, 0x003F);
  TFT_write(0x06, 0x0000);                              // y = 0~239
  TFT_write(0x07, 0x0000);
  TFT_write(0x08, 0x0000);
  TFT_write(0x09, 0x00EF);

  XcharacterLimit = 40;                                 // 40x30 character unit
  YcharacterLimit = 30;
  XcharacterLimit_large = 26;                           // 26x30 large character unit
  YcharacterLimit_large = 30;
  ScreenMode = 'L';
}

void TFT_cursor(U16 cursor_color)                       /* set cursor and color */
{
  if(cursor_color == Transparent)                       // disable cursor
    cursor_flag = 0;
  else                                                  // enable cursor
    { cursor_flag = 1;
      cursor = cursor_color;
```

```
    }
}

void TFT_underscore(U16 underscore_color)          /* set underscore and color */
{
  if(underscore_color == Transparent)              // disable underscore
    underscore_flag = 0;
  else                                             // enable underscore
    { underscore_flag = 1;
      underscore = underscore_color;
    }
}

void TFT_outline(U16 outline_color)                /* set outline and color */
{
  if(outline_color == Transparent)                 // disable outline
    outline_flag = 0;
  else                                             // enable outline
    { outline_flag = 1;
      outline = outline_color;
    }
}

void TFT_string(U08 xChar, U08 yChar, U16 colorfore, U16 colorback, U08 *str) /* write TFT-LCD string */
{
  unsigned char ch1, ch2;
  unsigned short hangeul;

  Xcharacter = xChar;
  Ycharacter = yChar;

  foreground = colorfore;
  background = colorback;

  while(*str)
    { ch1 = *str;
      str++;

      if(ch1 < 0x80)                               // English ASCII character
        TFT_English(ch1);
      else                                         // Korean
        { ch2 = *str;
          hangeul = (ch1 << 8) + ch2;
          str++;
          hangeul = KS_code_conversion(hangeul);// convert 완성형 to 조합형
          TFT_Korean(hangeul);
        }
    }
}

void TFT_English(U08 code)                         /* write a English ASCII character */
{
  unsigned char  data, x, y;
  unsigned short pixel[8][16];
  unsigned short xPos, yPos, dot0, dot1, dot2, dot3, dot4;

  for(x = 0; x < 8; x++)                           // read English ASCII font
    { data = E_font[code][x];
      for(y = 0; y < 8; y++)
        { if(data & 0x01) pixel[x][y] = foreground;
          else            pixel[x][y] = background;
          data = data >> 1;
        }
    }

  for(x = 0; x < 8; x++)
    { data = E_font[code][x+8];
      for(y = 0; y < 8; y++)
        { if(data & 0x01) pixel[x][y+8] = foreground;
          else            pixel[x][y+8] = background;
          data = data >> 1;
```

```
      }
   }

  if(outline_flag == 1)                             // display outline
    for(x = 0; x < 8; x++)
      { dot0 = E_font[code][x] + E_font[code][x+8]*256;
        dot1 = dot0 >> 1;                                   // up side
        dot2 = dot0;                                        // down side
        dot3 = E_font[code][x+1] + E_font[code][x+9]*256;// left side
        dot4 = E_font[code][x-1] + E_font[code][x+7]*256;// right side

        for(y = 0; y < 15; y++)
          { if(!(dot0 & 0x0001))
              { if(dot1 & 0x0001) pixel[x][y] = outline;
                if(dot2 & 0x0001) pixel[x][y] = outline;
                if((dot3 & 0x0001) && (x < 7 )) pixel[x][y] = outline;
                if((dot4 & 0x0001) && (x > 0 )) pixel[x][y] = outline;
              }

            dot1 >>= 1;
            dot2 = dot0;
            dot0 >>= 1;
            dot3 >>= 1;
            dot4 >>= 1;
          }
      }
  if(Xcharacter >= XcharacterLimit)                 // end of line ?
    { Xcharacter = 0;
      Ycharacter += 2;
      if(Ycharacter >= (YcharacterLimit-1))         // end of screen ?
        Ycharacter = 0;
    }

  if(underscore_flag == 1)
    { for(x = 0; x < 8; x++)                        // display underscore
          pixel[x][15] = underscore;
    }

  if((cursor_flag == 1) && (Xcharacter == Xcursor) &&(Ycharacter == Ycursor))
    { for(x = 0; x < 8; x++)                        // display cursor
        { pixel[x][14] = cursor;
          pixel[x][15] = cursor;
        }
    }

  if(background != Transparent)                     // transparent mode ?
    { xPos = Xcharacter*8;

      for(y = 0; y < 16; y++)                       // if no, write a character in higher speed
        { yPos = Ycharacter*8 + y;

          if(ScreenMode == 'L')
            { TFT_write(0x02, xPos >> 8);           // xPos = 0~319
              TFT_write(0x03, xPos & 0x00FF);
              TFT_write(0x06, 0x0000);              // yPos = 0~239
              TFT_write(0x07, yPos);
            }
          else
            { TFT_write(0x02, 0x0000);              // xPos = 0~239
              TFT_write(0x03, xPos);
              TFT_write(0x06, yPos >> 8);           // yPos = 0~319
              TFT_write(0x07, yPos & 0x00FF);
            }

          TFT_command(0x22);
          TFT_data(pixel[0][y]);
          TFT_data(pixel[1][y]);
          TFT_data(pixel[2][y]);
          TFT_data(pixel[3][y]);
          TFT_data(pixel[4][y]);
          TFT_data(pixel[5][y]);
```

```
        TFT_data(pixel[6][y]);
        TFT_data(pixel[7][y]);
      }
    }
  else
    { for(y = 0; y < 16; y++)                  // if yes, write a character
        for(x = 0; x < 8; x++)
          TFT_pixel(Xcharacter*8 + x, Ycharacter*8 + y, pixel[x][y]);
    }

  Xcharacter += 1;                              // go to next position
}

unsigned short KS_code_conversion(U16 KS_code)  /* convert 완성형(KS) to 조합형(KSSM) */
{
  unsigned char  HB, LB;
  unsigned short index, KSSM;

  HB = KS_code >> 8;
  LB = KS_code & 0x00FF;

  if(KS_code >= 0xB0A1 && KS_code <= 0xC8FE)
    { index = (HB - 0xB0)*94 + LB - 0xA1;
      KSSM  =  KS_Table[index][0] * 256;
      KSSM |=  KS_Table[index][1];

      return KSSM;
    }
  else
    return 0;
}

void TFT_Korean(U16 code)                       /* write a Korean character */
{
  unsigned char  cho_5bit, joong_5bit, jong_5bit;
  unsigned char  cho_bul, joong_bul, jong_bul = 0, i, jong_flag;
  unsigned short ch;
  unsigned char  Kbuffer[32] = {0};             // 32 byte Korean font buffer

  cho_5bit   = table_cho[(code >> 10) & 0x001F];  // get 5bit(14-10) of chosung
  joong_5bit = table_joong[(code >> 5) & 0x001F]; // get 5bit(09-05) of joongsung
  jong_5bit  = table_jong[code & 0x001F];         // get 5bit(04-00) of jongsung

  if(jong_5bit == 0)                            // if jongsung not exist
    { jong_flag = 0;
      cho_bul = bul_cho1[joong_5bit];
      if((cho_5bit == 1) || (cho_5bit == 16))
        joong_bul = 0;
      else
        joong_bul = 1;
    }
  else                                          // if jongsung exist
    { jong_flag = 1;
      cho_bul = bul_cho2[joong_5bit];
      if((cho_5bit == 1) || (cho_5bit == 16))
        joong_bul = 2;
      else
        joong_bul = 3;
      jong_bul = bul_jong[joong_5bit];
    }

  ch = cho_bul*20 + cho_5bit;                   // get chosung font
  if(Kfont_type == 'M')
    for(i = 0; i < 32; i++) Kbuffer[i] = KM_font[ch][i];
  else if(Kfont_type == 'G')
    for(i = 0; i < 32; i++) Kbuffer[i] = KG_font[ch][i];
  else if(Kfont_type == 'P')
    for(i = 0; i < 32; i++) Kbuffer[i] = KP_font[ch][i];

  ch = 8*20 + joong_bul*22 + joong_5bit;        // OR joongsung font
  if(Kfont_type == 'M')
```

```
  for(i = 0; i < 32; i++) Kbuffer[i] |= KM_font[ch][i];
else if(Kfont_type == 'G')
  for(i = 0; i < 32; i++) Kbuffer[i] |= KG_font[ch][i];
else if(Kfont_type == 'P')
  for(i = 0; i < 32; i++) Kbuffer[i] |= KP_font[ch][i];

if(jong_flag)                                       // OR jongsung font
  { ch = 8*20 + 4*22 + jong_bul*28 + jong_5bit;
    if(Kfont_type == 'M')
      for(i = 0; i < 32; i++) Kbuffer[i] |= KM_font[ch][i];
    else if(Kfont_type == 'G')
      for(i = 0; i < 32; i++) Kbuffer[i] |= KG_font[ch][i];
    else if(Kfont_type == 'P')
      for(i = 0; i < 32; i++) Kbuffer[i] |= KP_font[ch][i];
  }

unsigned char  data, x, y;
unsigned short pixel[16][16];
unsigned short xPos, yPos, dot0, dot1, dot2, dot3, dot4;

for(x = 0; x < 16; x++)                             // read Korean font
  { data = Kbuffer[x];
    for(y = 0; y < 8; y++)
      { if(data & 0x01) pixel[x][y] = foreground;
        else            pixel[x][y] = background;
        data = data >> 1;
      }
  }

for(x = 0; x < 16; x++)
  { data = Kbuffer[x+16];
    for(y = 0; y < 8; y++)
      { if(data & 0x01) pixel[x][y+8] = foreground;
        else            pixel[x][y+8] = background;
        data = data >> 1;
      }
  }

if(outline_flag == 1)                               // display outline
  for(x = 0; x < 16; x++)
    { dot0 = Kbuffer[x] + Kbuffer[x+16]*256;
      dot1 = dot0 >> 1;                         // up side
      dot2 = dot0;                              // down side
      dot3 = Kbuffer[x+1] + Kbuffer[x+17]*256;  // left side
      dot4 = Kbuffer[x-1] + Kbuffer[x+15]*256;  // right side

      for(y = 0; y < 16; y++)
        { if(!(dot0 & 0x0001))
            { if(dot1 & 0x0001) pixel[x][y] = outline;
              if(dot2 & 0x0001) pixel[x][y] = outline;
              if((dot3 & 0x0001) && (x < 15 )) pixel[x][y] = outline;
              if((dot4 & 0x0001) && (x > 0 ))  pixel[x][y] = outline;
            }

          dot1 >>= 1;
          dot2 = dot0;
          dot0 >>= 1;
          dot3 >>= 1;
          dot4 >>= 1;
        }
    }

if(Xcharacter >= (XcharacterLimit-1))               // end of line ?
  { Xcharacter = 0;
    Ycharacter += 2;
    if(Ycharacter >= (YcharacterLimit-1))           // end of screen ?
      Ycharacter = 0;
  }

if(underscore_flag == 1)
  { for(x = 0; x < 16; x++)                         // display underscore
```

```
          pixel[x][15] = underscore;
    }

  if((cursor_flag == 1) && (Xcharacter == Xcursor) &&(Ycharacter == Ycursor))
    { for(x = 0; x < 16; x++)                   // display cursor
        { pixel[x][14] = cursor;
          pixel[x][15] = cursor;
        }
    }

  if(background != Transparent)                 // transparent mode ?
    { xPos = Xcharacter*8;

      for(y = 0; y < 16; y++)                   // if no, write a character in higher speed
        { yPos = Ycharacter*8 + y;

          if(ScreenMode == 'L')
            { TFT_write(0x02, xPos >> 8);       // xPos = 0~319
              TFT_write(0x03, xPos & 0x00FF);
              TFT_write(0x06, 0x0000);          // yPos = 0~239
              TFT_write(0x07, yPos);
            }
          else
            { TFT_write(0x02, 0x0000);          // xPos = 0~239
              TFT_write(0x03, xPos);
              TFT_write(0x06, yPos >> 8);       // yPos = 0~319
              TFT_write(0x07, yPos & 0x00FF);
            }

          TFT_command(0x22);
          TFT_data(pixel[0][y]);
          TFT_data(pixel[1][y]);
          TFT_data(pixel[2][y]);
          TFT_data(pixel[3][y]);
          TFT_data(pixel[4][y]);
          TFT_data(pixel[5][y]);
          TFT_data(pixel[6][y]);
          TFT_data(pixel[7][y]);
          TFT_data(pixel[8][y]);
          TFT_data(pixel[9][y]);
          TFT_data(pixel[10][y]);
          TFT_data(pixel[11][y]);
          TFT_data(pixel[12][y]);
          TFT_data(pixel[13][y]);
          TFT_data(pixel[14][y]);
          TFT_data(pixel[15][y]);
        }
    }
  else
    { for(y = 0; y < 16; y++)                   // if yes, write a character
        for(x = 0; x < 16; x++)
          TFT_pixel(Xcharacter*8 + x, Ycharacter*8 + y, pixel[x][y]);
    }

  Xcharacter += 2;                              // go to next position
}

void TFT_English_pixel(U16 Xpixel,U16 Ypixel, U08 code) /* write a English ASCII character */
{
  unsigned char data, x, y;
  unsigned short pixel[8][16];

  for(x = 0; x < 8; x++)                        // read English ASCII font
    { data = E_font[code][x];
      for(y = 0; y < 8; y++)
        { if(data & 0x01) pixel[x][y] = foreground;
          else            pixel[x][y] = background;
          data = data >> 1;
        }
    }
```

```
  for(x = 0; x < 8; x++)
    { data = E_font[code][x+8];
      for(y = 0; y < 8; y++)
        { if(data & 0x01) pixel[x][y+8] = foreground;
          else            pixel[x][y+8] = background;
          data = data >> 1;
        }
    }

  for(y = 0; y < 16; y++)                          // write character
    for(x = 0; x < 8; x++)
      TFT_pixel(Xpixel + x, Ypixel + y, pixel[x][y]);
}

/* ------------------------------------------------------------------------ */
/*            TFT-LCD 수치 데이터 출력 함수                                   */
/* ------------------------------------------------------------------------ */

void TFT_binary(U32 number, U08 digit)             /* display binary number */
{
  unsigned char i;

  if((digit == 0) || (digit > 32)) return;

  for(i = digit; i > 0; i--)
    TFT_English(((number >> (i-1)) & 0x01) + '0');
}

void TFT_unsigned_decimal(U32 number, U08 zerofill, U08 digit) /* display unsigned decimal number */
{
  unsigned char zero_flag, character;
  unsigned int  div;

  if((digit == 0) || (digit > 9)) return;

  div = 1;
  while(--digit) div *= 10;

  zero_flag = zerofill;
  while(div > 0)                                   // display number
    { character = number / div;
      if((character == 0) && (zero_flag == 0) && (div != 1))
        TFT_English(character + ' ');
      else
        { zero_flag = 1;
          TFT_English(character + '0');
        }
      number %= div;
      div /= 10;
    }
}

void TFT_signed_decimal(S32 number, U08 zerofill, U08 digit)  /* display signed decimal number */
{
  unsigned char zero_flag, character;
  unsigned int  div;

  if((digit == 0) || (digit > 9)) return;

  if(number >= 0)                                  // display sign
    TFT_English('+');
  else
    { TFT_English('-');
      number = -number;
    }

  div = 1;
  while(--digit) div *= 10;

  zero_flag = zerofill;
  while(div > 0)                                   // display number
```

```
    { character = number / div;
      if((character == 0) && (zero_flag == 0) && (div != 1))
        TFT_English(character + ' ');
      else
        { zero_flag = 1;
          TFT_English(character + '0');
        }
      number %= div;
      div /= 10;
    }
}

void TFT_hexadecimal(U32 number, U08 digit)       /* display hexadecimal number */
{
  unsigned char i, character;

  if((digit == 0) || (digit > 8)) return;

  for(i = digit; i > 0; i--)
    { character = (number >> 4*(i-1)) & 0x0F;
      if(character < 10) TFT_English(character + '0');
      else               TFT_English(character - 10 + 'A');
    }
}

void TFT_0x_hexadecimal(U32 number, U08 digit)  /* display hexadecimal number with 0x */
{
  unsigned char i, character;

  if((digit == 0) || (digit > 8)) return;

  TFT_English('0');
  TFT_English('x');

  for(i = digit; i > 0; i--)
    { character = (number >> 4*(i-1)) & 0x0F;
      if(character < 10) TFT_English(character + '0');
      else               TFT_English(character - 10 + 'A');
    }
}

void TFT_unsigned_float(float number, U08 integral, U08 fractional) /* display unsigned floating-point number */
{
  unsigned char zero_flag, digit, character;     // integral = digits of integral part
  unsigned int  div, integer;                    // fractional = digits of fractional part

  digit = integral + fractional;
  if((integral == 0) || (fractional == 0) || (digit > 9)) return;

  div = 1;
  while(--digit) div *= 10;

  while(fractional--) number *= 10.;
  integer = (U32)(number + 0.5);

  zero_flag = 0;
  digit = 1;
  while(div > 0)                                 // display number
    { character = integer / div;
      if((character == 0) && (zero_flag == 0) && (digit != integral))
        TFT_English(character + ' ');
      else
        { zero_flag = 1;
          TFT_English(character + '0');
        }
      integer %= div;
      div /= 10;

      if(digit == integral)
        TFT_English('.');
      digit++;
```

```
    }
}

void TFT_signed_float(float number, U08 integral, U08 fractional) /* display signed floating-point number */
{
  unsigned char zero_flag, digit, character;
  unsigned int  div, integer;

  digit = integral + fractional;
  if((integral == 0) || (fractional == 0) || (digit > 9)) return;

  if(number >= 0)                                         // display sign
    TFT_English('+');
  else
    { TFT_English('-');
      number = -number;
    }

  div = 1;
  while(--digit) div *= 10;

  while(fractional--) number *= 10.;
  integer = (U32)(number + 0.5);

  zero_flag = 0;
  digit = 1;
  while(div > 0)                                          // display number
    { character = integer / div;
      if((character == 0) && (zero_flag == 0) && (digit != integral))
        TFT_English(character + ' ');
      else
        { zero_flag = 1;
          TFT_English(character + '0');
        }
      integer %= div;
      div /= 10;

      if(digit == integral)
        TFT_English('.');
      digit++;
    }
}

/* ---------------------------------------------------------------------------- */
/*                TFT-LCD 문자를 2배 확대하는 출력 함수                          */
/* ---------------------------------------------------------------------------- */

void TFT_string_2X(U08 xChar, U08 yChar, U16 colorfore, U16 colorback, U08 *str) /* write TFT-LCD string */
{
  unsigned char ch1, ch2;
  unsigned short hangeul;

  Xcharacter = xChar;
  Ycharacter = yChar;

  foreground = colorfore;
  background = colorback;

  nextline_flag = 0;                                      // start first line

  while(*str)
    { ch1 = *str;
      str++;

      if(ch1 < 0x80)                                      // English ASCII character
        TFT_English_2X(ch1);
      else                                                // Korean
        { ch2 = *str;
          hangeul = (ch1 << 8) + ch2;
          str++;
          hangeul = KS_code_conversion(hangeul);// convert 완성형 to 조합형
```

```
          TFT_Korean_2X(hangeul);
        }
    }
}

void TFT_English_2X(U08 code)                    /* write a English ASCII character */
{
  unsigned char  data, x, y;
  unsigned short pixel[8][16];
  unsigned short xPos, yPos, dot0, dot1, dot2, dot3, dot4;

  for(x = 0; x < 8; x++)                         // read English ASCII font
    { data = E_font[code][x];
      for(y = 0; y < 8; y++)
        { if(data & 0x01) pixel[x][y] = foreground;
          else            pixel[x][y] = background;
          data = data >> 1;
        }
    }

  for(x = 0; x < 8; x++)
    { data = E_font[code][x+8];
      for(y = 0; y < 8; y++)
        { if(data & 0x01) pixel[x][y+8] = foreground;
          else            pixel[x][y+8] = background;
          data = data >> 1;
        }
    }

  if(outline_flag == 1)                          // display outline
    for(x = 0; x < 8; x++)
      { dot0 = E_font[code][x] + E_font[code][x+8]*256;
        dot1 = dot0 >> 1;                                 // up side
        dot2 = dot0;                                      // down side
        dot3 = E_font[code][x+1] + E_font[code][x+9]*256;// left side
        dot4 = E_font[code][x-1] + E_font[code][x+7]*256;// right side

        for(y = 0; y < 15; y++)
          { if(!(dot0 & 0x0001))
              { if(dot1 & 0x0001) pixel[x][y] = outline;
                if(dot2 & 0x0001) pixel[x][y] = outline;
                if((dot3 & 0x0001) && (x < 7 )) pixel[x][y] = outline;
                if((dot4 & 0x0001) && (x > 0 )) pixel[x][y] = outline;
              }

            dot1 >>= 1;
            dot2 = dot0;
            dot0 >>= 1;
            dot3 >>= 1;
            dot4 >>= 1;
          }
      }

  if(Xcharacter >= (XcharacterLimit-1))          // end of line ?
    { nextline_flag = 1;
      Xcharacter = 0;
      Ycharacter += 4;
      if(Ycharacter >= (YcharacterLimit-3))      // end of screen ?
        Ycharacter = 0;
    }

  if(underscore_flag == 1)
    { for(x = 0; x < 8; x++)                     // display underscore
          pixel[x][15] = underscore;
    }

  if((cursor_flag == 1) && (Xcharacter == Xcursor) &&(Ycharacter == Ycursor))
    { for(x = 0; x < 8; x++)                     // display cursor
        { pixel[x][14] = cursor;
          pixel[x][15] = cursor;
        }
```

```
  }

if((nextline_flag == 1) && (Xcharacter == 0) && (code == ' '))
  return;
else if(background != Transparent)              // transparent mode ?
  { xPos = Xcharacter*8;

    for(y = 0; y < 16; y++)                     // if no, write a character in higher speed
      { yPos = Ycharacter*8 + y*2;

        if(ScreenMode == 'L')
          { TFT_write(0x02, xPos >> 8);         // xPos = 0~319
            TFT_write(0x03, xPos & 0x00FF);
            TFT_write(0x06, 0x0000);            // yPos = 0~239
            TFT_write(0x07, yPos);
          }
        else
          { TFT_write(0x02, 0x0000);            // xPos = 0~239
            TFT_write(0x03, xPos);
            TFT_write(0x06, yPos >> 8);         // yPos = 0~319
            TFT_write(0x07, yPos & 0x00FF);
          }

        TFT_command(0x22);
        TFT_data(pixel[0][y]);
        TFT_data(pixel[0][y]);
        TFT_data(pixel[1][y]);
        TFT_data(pixel[1][y]);
        TFT_data(pixel[2][y]);
        TFT_data(pixel[2][y]);
        TFT_data(pixel[3][y]);
        TFT_data(pixel[3][y]);
        TFT_data(pixel[4][y]);
        TFT_data(pixel[4][y]);
        TFT_data(pixel[5][y]);
        TFT_data(pixel[5][y]);
        TFT_data(pixel[6][y]);
        TFT_data(pixel[6][y]);
        TFT_data(pixel[7][y]);
        TFT_data(pixel[7][y]);

        yPos = Ycharacter*8 + y*2 + 1;

        if(ScreenMode == 'L')
          { TFT_write(0x02, xPos >> 8);         // xPos = 0~319
            TFT_write(0x03, xPos & 0x00FF);
            TFT_write(0x06, 0x0000);            // yPos = 0~239
            TFT_write(0x07, yPos);
          }
        else
          { TFT_write(0x02, 0x0000);            // xPos = 0~239
            TFT_write(0x03, xPos);
            TFT_write(0x06, yPos >> 8);         // yPos = 0~319
            TFT_write(0x07, yPos & 0x00FF);
          }

        TFT_command(0x22);
        TFT_data(pixel[0][y]);
        TFT_data(pixel[0][y]);
        TFT_data(pixel[1][y]);
        TFT_data(pixel[1][y]);
        TFT_data(pixel[2][y]);
        TFT_data(pixel[2][y]);
        TFT_data(pixel[3][y]);
        TFT_data(pixel[3][y]);
        TFT_data(pixel[4][y]);
        TFT_data(pixel[4][y]);
        TFT_data(pixel[5][y]);
        TFT_data(pixel[5][y]);
        TFT_data(pixel[6][y]);
        TFT_data(pixel[6][y]);
```

```
        TFT_data(pixel[7][y]);
        TFT_data(pixel[7][y]);
      }
  }
  else
  { for(y = 0; y < 16; y++)                      // if yes, write a character
      for(x = 0; x < 8; x++)
        { TFT_pixel(Xcharacter*8 + (x*2),   Ycharacter*8 + (y*2), pixel[x][y]);
          TFT_pixel(Xcharacter*8 + (x*2+1), Ycharacter*8 + (y*2), pixel[x][y]);
          TFT_pixel(Xcharacter*8 + (x*2),   Ycharacter*8 + (y*2+1), pixel[x][y]);
          TFT_pixel(Xcharacter*8 + (x*2+1), Ycharacter*8 + (y*2+1), pixel[x][y]);
        }
  }

  Xcharacter += 2;                               // go to next position
}

void TFT_Korean_2X(U16 code)                     /* write a Korean character */
{
  unsigned char  cho_5bit, joong_5bit, jong_5bit;
  unsigned char  cho_bul, joong_bul, jong_bul = 0, jong_flag;
  unsigned short ch, i;
  unsigned char  Kbuffer[32] = {0};              // 32 byte Korean font buffer

  if(Xcharacter == (XcharacterLimit-3))          // last character of line ?
    TFT_English_2X(' ');                         // display space and go to next line
  if(Xcharacter == (XcharacterLimit-2))          // last character of line ?
    TFT_English_2X(' ');                         // display space and go to next line
  if(Xcharacter == (XcharacterLimit-1))          // last character of line ?
    TFT_English(' ');                            // display space and go to next line

  cho_5bit   = table_cho[(code >> 10) & 0x001F];  // get 5bit(14-10) of chosung
  joong_5bit = table_joong[(code >> 5) & 0x001F]; // get 5bit(09-05) of joongsung
  jong_5bit  = table_jong[code & 0x001F];         // get 5bit(04-00) of jongsung

  if(jong_5bit == 0)                             // if jongsung not exist
    { jong_flag = 0;
      cho_bul = bul_cho1[joong_5bit];
      if((cho_5bit == 1) || (cho_5bit == 16))
        joong_bul = 0;
      else
        joong_bul = 1;
    }
  else                                           // if jongsung exist
    { jong_flag = 1;
      cho_bul = bul_cho2[joong_5bit];
      if((cho_5bit == 1) || (cho_5bit == 16))
        joong_bul = 2;
      else
        joong_bul = 3;
      jong_bul = bul_jong[joong_5bit];
    }

  ch = cho_bul*20 + cho_5bit;                    // get chosung font
  if(Kfont_type == 'M')
    for(i = 0; i < 32; i++) Kbuffer[i] = KM_font[ch][i];
  else if(Kfont_type == 'G')
    for(i = 0; i < 32; i++) Kbuffer[i] = KG_font[ch][i];
  else if(Kfont_type == 'P')
    for(i = 0; i < 32; i++) Kbuffer[i] = KP_font[ch][i];

  ch = 8*20 + joong_bul*22 + joong_5bit;         // OR joongsung font
  if(Kfont_type == 'M')
    for(i = 0; i < 32; i++) Kbuffer[i] |= KM_font[ch][i];
  else if(Kfont_type == 'G')
    for(i = 0; i < 32; i++) Kbuffer[i] |= KG_font[ch][i];
  else if(Kfont_type == 'P')
    for(i = 0; i < 32; i++) Kbuffer[i] |= KP_font[ch][i];

  if(jong_flag)                                  // OR jongsung font
    { ch = 8*20 + 4*22 + jong_bul*28 + jong_5bit;
```

```
    if(Kfont_type == 'M')
      for(i = 0; i < 32; i++) Kbuffer[i] |= KM_font[ch][i];
    else if(Kfont_type == 'G')
      for(i = 0; i < 32; i++) Kbuffer[i] |= KG_font[ch][i];
    else if(Kfont_type == 'P')
      for(i = 0; i < 32; i++) Kbuffer[i] |= KP_font[ch][i];
  }

unsigned char  data, x, y;
unsigned short pixel[16][16];
unsigned short xPos, yPos, dot0, dot1, dot2, dot3, dot4;

for(x = 0; x < 16; x++)                         // read Korean font
  { data = Kbuffer[x];
    for(y = 0; y < 8; y++)
      { if(data & 0x01) pixel[x][y] = foreground;
        else            pixel[x][y] = background;
        data = data >> 1;
      }
  }

for(x = 0; x < 16; x++)
  { data = Kbuffer[x+16];
    for(y = 0; y < 8; y++)
      { if(data & 0x01) pixel[x][y+8] = foreground;
        else            pixel[x][y+8] = background;
        data = data >> 1;
      }
  }

if(outline_flag == 1)                           // display outline
  for(x = 0; x < 16; x++)
    { dot0 = Kbuffer[x] + Kbuffer[x+16]*256;
      dot1 = dot0 >> 1;                         // up side
      dot2 = dot0;                              // down side
      dot3 = Kbuffer[x+1] + Kbuffer[x+17]*256;  // left side
      dot4 = Kbuffer[x-1] + Kbuffer[x+15]*256;  // right side

      for(y = 0; y < 16; y++)
        { if(!(dot0 & 0x0001))
            { if(dot1 & 0x0001) pixel[x][y] = outline;
              if(dot2 & 0x0001) pixel[x][y] = outline;
              if((dot3 & 0x0001) && (x < 15 )) pixel[x][y] = outline;
              if((dot4 & 0x0001) && (x > 0 ))  pixel[x][y] = outline;
            }

          dot1 >>= 1;
          dot2 = dot0;
          dot0 >>= 1;
          dot3 >>= 1;
          dot4 >>= 1;
        }
    }

if(Xcharacter >= (XcharacterLimit-3))           // end of line ?
  { Xcharacter = 0;
    Ycharacter += 4;
    if(Ycharacter >= (YcharacterLimit-3))       // end of screen ?
      Ycharacter = 0;
  }

if(underscore_flag == 1)
  { for(x = 0; x < 16; x++)                     // display underscore
        pixel[x][15] = underscore;
  }

if((cursor_flag == 1) && (Xcharacter == Xcursor) && (Ycharacter == Ycursor))
  { for(x = 0; x < 16; x++)                     // display cursor
      { pixel[x][14] = cursor;
        pixel[x][15] = cursor;
      }
```

```
  }

if(background != Transparent)                    // transparent mode ?
  { xPos = Xcharacter*8;

    for(y = 0; y < 16; y++)                      // if no, write a character in higher speed
      { yPos = Ycharacter*8 + y*2;

        if(ScreenMode == 'L')
          { TFT_write(0x02, xPos >> 8);          // xPos = 0~319
            TFT_write(0x03, xPos & 0x00FF);
            TFT_write(0x06, 0x0000);             // yPos = 0~239
            TFT_write(0x07, yPos);
          }
        else
          { TFT_write(0x02, 0x0000);             // xPos = 0~239
            TFT_write(0x03, xPos);
            TFT_write(0x06, yPos >> 8);          // yPos = 0~319
            TFT_write(0x07, yPos & 0x00FF);
          }

        TFT_command(0x22);
        TFT_data(pixel[0][y]);
        TFT_data(pixel[0][y]);
        TFT_data(pixel[1][y]);
        TFT_data(pixel[1][y]);
        TFT_data(pixel[2][y]);
        TFT_data(pixel[2][y]);
        TFT_data(pixel[3][y]);
        TFT_data(pixel[3][y]);
        TFT_data(pixel[4][y]);
        TFT_data(pixel[4][y]);
        TFT_data(pixel[5][y]);
        TFT_data(pixel[5][y]);
        TFT_data(pixel[6][y]);
        TFT_data(pixel[6][y]);
        TFT_data(pixel[7][y]);
        TFT_data(pixel[7][y]);
        TFT_data(pixel[8][y]);
        TFT_data(pixel[8][y]);
        TFT_data(pixel[9][y]);
        TFT_data(pixel[9][y]);
        TFT_data(pixel[10][y]);
        TFT_data(pixel[10][y]);
        TFT_data(pixel[11][y]);
        TFT_data(pixel[11][y]);
        TFT_data(pixel[12][y]);
        TFT_data(pixel[12][y]);
        TFT_data(pixel[13][y]);
        TFT_data(pixel[13][y]);
        TFT_data(pixel[14][y]);
        TFT_data(pixel[14][y]);
        TFT_data(pixel[15][y]);
        TFT_data(pixel[15][y]);

        yPos = Ycharacter*8 + y*2 + 1;

        if(ScreenMode == 'L')
          { TFT_write(0x02, xPos >> 8);          // xPos = 0~319
            TFT_write(0x03, xPos & 0x00FF);
            TFT_write(0x06, 0x0000);             // yPos = 0~239
            TFT_write(0x07, yPos);
          }
        else
          { TFT_write(0x02, 0x0000);             // xPos = 0~239
            TFT_write(0x03, xPos);
            TFT_write(0x06, yPos >> 8);          // yPos = 0~319
            TFT_write(0x07, yPos & 0x00FF);
          }

        TFT_command(0x22);
```

```
          TFT_data(pixel[0][y]);
          TFT_data(pixel[0][y]);
          TFT_data(pixel[1][y]);
          TFT_data(pixel[1][y]);
          TFT_data(pixel[2][y]);
          TFT_data(pixel[2][y]);
          TFT_data(pixel[3][y]);
          TFT_data(pixel[3][y]);
          TFT_data(pixel[4][y]);
          TFT_data(pixel[4][y]);
          TFT_data(pixel[5][y]);
          TFT_data(pixel[5][y]);
          TFT_data(pixel[6][y]);
          TFT_data(pixel[6][y]);
          TFT_data(pixel[7][y]);
          TFT_data(pixel[7][y]);
          TFT_data(pixel[8][y]);
          TFT_data(pixel[8][y]);
          TFT_data(pixel[9][y]);
          TFT_data(pixel[9][y]);
          TFT_data(pixel[10][y]);
          TFT_data(pixel[10][y]);
          TFT_data(pixel[11][y]);
          TFT_data(pixel[11][y]);
          TFT_data(pixel[12][y]);
          TFT_data(pixel[12][y]);
          TFT_data(pixel[13][y]);
          TFT_data(pixel[13][y]);
          TFT_data(pixel[14][y]);
          TFT_data(pixel[14][y]);
          TFT_data(pixel[15][y]);
          TFT_data(pixel[15][y]);
        }
    }
  else
    { for(y = 0; y < 16; y++)                        // if yes, write a character
        for(x = 0; x < 16; x++)
          { TFT_pixel(Xcharacter*8 + (x*2),   Ycharacter*8 + (y*2), pixel[x][y]);
            TFT_pixel(Xcharacter*8 + (x*2+1), Ycharacter*8 + (y*2), pixel[x][y]);
            TFT_pixel(Xcharacter*8 + (x*2),   Ycharacter*8 + (y*2+1), pixel[x][y]);
            TFT_pixel(Xcharacter*8 + (x*2+1), Ycharacter*8 + (y*2+1), pixel[x][y]);
          }
    }

  Xcharacter += 4;                                   // go to next position
}

/* ------------------------------------------------------------------------ */
/*             그래픽 함수                                                   */
/* ------------------------------------------------------------------------ */

void Line(S16 x1,S16 y1, S16 x2,S16 y2, U16 color)      /* draw a straight line */
{
  short x, y;

  if((x1 == x2) && (y1 == y2))                     // if x1 == x2 and y1 == y2, it is a dot
    TFT_pixel(x1, y1, color);
  else
    { if(x1 < x2) x = x2 - x1;                      // calculate x length
      else        x = x1 - x2;
      if(y1 < y2) y = y2 - y1;                      // calculate y length
      else        y = y1 - y2;

      if((x >= y) && (x1 <= x2))                    // if x is long and y is short
        for(x = x1; x <= x2; x++)
          { y = y1 + (int)(x - x1)*(int)(y2 - y1)/(x2 - x1);
            TFT_pixel(x, y, color);
          }
      else if((x >= y) && (x1 > x2))
        for(x = x1; x >= x2; x--)
          { y = y1 + (int)(x - x1)*(int)(y2 - y1)/(x2 - x1);
```

```
          TFT_pixel(x, y, color);
        }
      else if((x < y) && (y1 <= y2))            // if x is short and y is long
        for(y = y1; y <= y2; y++)
        { x = x1 + (int)(y - y1)*(int)(x2 - x1)/(y2 - y1);
          TFT_pixel(x, y, color);
        }
      else if((x < y) && (y1 > y2))
        for(y = y1; y >= y2; y--)
        { x = x1 + (int)(y - y1)*(int)(x2 - x1)/(y2 - y1);
          TFT_pixel(x, y, color);
        }
    }
}

void Rectangle(S16 x1,S16 y1, S16 x2,S16 y2, U16 color) /* draw a rectangle */
{
  Line(x1,y1, x1,y2, color);                    // horizontal line
  Line(x2,y1, x2,y2, color);
  Line(x1,y1, x2,y1, color);                    // vertical line
  Line(x1,y2, x2,y2, color);
}

void Block(S16 x1,S16 y1, S16 x2,S16 y2, U16 color, U16 fill) /* draw a rectangle with filled color */
{
  short i;

  Line(x1,y1, x1,y2, color);                    // horizontal line
  Line(x2,y1, x2,y2, color);
  Line(x1,y1, x2,y1, color);                    // vertical line
  Line(x1,y2, x2,y2, color);

  if((y1 < y2) && (x1 != x2))                   // fill block
    { for(i = y1+1; i <= y2-1; i++)
        Line(x1+1,i, x2-1,i, fill);
    }
  else if((y1 > y2) && (x1 != x2))
    { for(i = y2+1; i <= y1-1; i++)
        Line(x1+1,i, x2-1,i, fill);
    }
}

void Circle(S16 x1,S16 y1, S16 r, U16 color)    /* draw a circle */
{
  short x, y;
  float s;

  for(y = y1 - r*3/4; y <= y1 + r*3/4; y++)     // draw with y variable
    { s = sqrt((int)r*(int)r - (int)(y-y1)*(int)(y-y1)) + 0.5;
      x = x1 + (int)s;
      TFT_pixel(x, y, color);
      x = x1 - (int)s;
      TFT_pixel(x, y, color);
    }

  for(x = x1 - r*3/4; x <= x1 + r*3/4; x++)     // draw with x variable
    { s = sqrt((int)r*(int)r - (int)(x-x1)*(int)(x-x1)) + 0.5;
      y = y1 + (int)s;
      TFT_pixel(x, y, color);
      y = y1 - (int)s;
      TFT_pixel(x, y, color);
    }
}

#define M_PI        3.141592654

void Sine(S16 peak, U08 mode, U16 color)        /* draw a sine curve */
{
  short x, y;

  if(mode == 0)
```

```
    for(x = 0; x <= 319; x++)
      { y = 120 - (int)(sin((float)x * 1.6875 * M_PI / 180.) * peak + 0.5);
        TFT_pixel(x, y, color);
      }
  else
    for(x = 0; x <= 319; x++)
      { y = 120 + (int)(sin((float)x * 1.6875 * M_PI / 180.) * peak + 0.5);
        TFT_pixel(x, y, color);
      }
}

/* ------------------------------------------------------------------------------ */
/*                  TFT-32A 보드 터치 스크린 컨트롤러 입력 함수                           */
/* ------------------------------------------------------------------------------ */

#define x_touch_min       250             // minimum value of touch screen x-axis
#define x_touch_max       3700            // maximum value of touch screen x-axis
#define y_touch_min       350             // minimum value of touch screen y-axis
#define y_touch_max       3750            // maximum value of touch screen y-axis

#define ADS7846_CMD_X     0x00D0          // 12-bit resolution X position measurement command
#define ADS7846_CMD_Y     0x0090          // 12-bit resolution Y position measurement command

unsigned short x_12bit, y_12bit;          // x_12bit(0-4095), y_12bit(0-4095)
unsigned short x_touch, y_touch;          // x_touch(0-239),  y_touch(0-319)

void Initialize_touch_screen(void)        /* initialize touch screen */
{
  RCC->APB2ENR |= 0x00001004;             // enable clock of SPI1, GPIOA (PCLK2=72MHz)

  GPIOA->CRH &= 0xFFFFF00F;               // PA10 = -TS_INT, PA9 = -TS_CS
  GPIOA->CRH |= 0x00000430;
  GPIOA->CRL &= 0x000FFFFF;               // PA7 = SPI1_MOSI, PA6 = SPI1_MISO, PA5 = SPI1_SCK
  GPIOA->CRL |= 0xB4B00000;
  GPIOA->BSRR = 0x00000200;               // -TS_CS = 1

  SPI1->CR1 = 0x0B64;                     // master mode, 72MHz/32 = 2.25MHz (Max 2.5MHz)
  SPI1->CR2 = 0x0000;                     // 16-bit data, disable SS output, CPOL = CPHA = 0

  Read_ADS7846(ADS7846_CMD_X);            // dummy input for -TS_INT signal
}

unsigned short Read_ADS7846(U16 command)  /* read X, Y value from ADS7846 */
{
  unsigned short axis;

  axis = SPI1->DR;                        // clear RXNE flag

  GPIOA->BSRR = 0x02000000;               // -TS_CS = 0
  SPI1->DR = command;
  while((SPI1->SR & 0x0003) != 0x0003);
  axis = SPI1->DR;
  Delay_us(1);
  SPI1->DR = 0x0000;
  while((SPI1->SR & 0x0003) != 0x0003);
  axis = SPI1->DR;
  GPIOA->BSRR = 0x00000200;               // -TS_CS = 1

  axis >>= 3;
  return axis;
}

void Touch_screen_input(void)             /* touch screen input of X, Y average value from ADS7846 */
{
  unsigned char i;
  unsigned short temp;

  x_12bit = 0;                            // initial value
  y_12bit = 0;

  for(i = 0; i < 16; i++)                 // read X, Y value by 16 times if -PENIRQ enable
```

```
    { if((GPIOA->IDR & 0x00000400) == 0)          // -TS_INT = 0 ?
        x_12bit += Read_ADS7846(ADS7846_CMD_X);  // if yes, measure X position
      else                                       // if not, return with 0
        { x_12bit = 0;
          y_12bit = 0;
          break;
        }
      Delay_us(10);

      if((GPIOA->IDR & 0x00000400) == 0)          // -TS_INT = 0 ?
        y_12bit += Read_ADS7846(ADS7846_CMD_Y);  // if yes, measure Y position
      else                                       // if not, return with 0
        { x_12bit = 0;
          y_12bit = 0;
          break;
        }
      Delay_us(10);
    }

  x_12bit >>= 4;                                 // calculate average for 16 times
  y_12bit >>= 4;

  if((x_12bit == 0) && (y_12bit == 0))
    { x_touch = 0;
      y_touch = 0;
      return;
    }

  if(x_12bit <= x_touch_min)                     // convert to pixel x-axis value
    x_touch = 0;
  else if(x_12bit >= x_touch_max)
    x_touch = 239;
  else
    x_touch = (unsigned int)((float)(x_12bit - x_touch_min) * 239./(float)(x_touch_max - x_touch_min));

  if(y_12bit <= y_touch_min)                     // convert to pixel y-axis value
    y_touch = 319;
  else if(y_12bit >= y_touch_max)
    y_touch = 0;
  else
    y_touch = 319 - (unsigned int)((float)(y_12bit - y_touch_min) * 319./(float)(y_touch_max - y_touch_min));

  if(ScreenMode == 'L')                          // adjust axis value for landscape mode
    { temp = x_12bit;                            // exchange x_12bit and y_12bit
      x_12bit = y_12bit;
      y_12bit = temp;
      temp = x_touch;                            // exchange x_touch and y_touch
      x_touch = y_touch;
      y_touch = 239 - temp;
    }
}
```

이 헤더파일 OK-STM103.h에 포함되어 있는 TFT-LCD 모듈 관련 사용자 정의 함수들을 모두 요약 정리하면 <표 4.5.2>와 같다. 여기에 정리한 사용자 정의 함수들은 앞으로 여러분이 *OK-STM103* 키트에서 C언어로 프로그램을 작성할 때 유용하게 사용할 것이므로 잘 알아두어야 하며, 이제 가급적이면 이 함수들의 내용까지 정확히 이해하도록 노력하기 바란다.

<표 4.5.2> 헤더파일 OK-STM103.h에 포함된 TFT-LCD 관련 함수들의 요약

사용자 정의 함수	기 능	입력 파라미터	리턴 값
Initialize_TFT_LCD()	TFT-LCD 모듈을 초기화한다.	-	-
TFT_command()	TFT-LCD 모듈에 인덱스 레지스터 값을 출력한다.	U16 IR	-
TFT_data()	TFT-LCD 모듈에 제어 레지스터 값 또는 GRAM 데이터를 출력한다.	U16 data	-
TFT_write()	TFT-LCD 모듈의 레지스터에 값을 출력한다.	U16 reg, val	-
TFT_clear_screen()	TFT-LCD 모듈 화면 전체를 검게 하여 클리어한다.	-	-
TFT_color_screen()	TFT-LCD 모듈 화면 전체를 지정된 색으로 표시한다.	U16 color	-
TFT_GRAM_address()	TFT-LCD 모듈의 GRAM 어드레스를 지정하여 화면에 출력할 데이터의 시작 위치를 설정한다.	U16 xPos, yPos	-
TFT_xy()	TFT-LCD 모듈의 문자 출력 좌표를 설정한다.	U08 xChar, yChar	-
TFT_color()	TFT-LCD 모듈에 출력하는 문자의 전경색과 배경색을 설정한다.	U16 colorfore, colorback	-
TFT_pixel()	TFT-LCD 모듈의 픽셀 출력 좌표와 컬러를 설정한다.	U16 xPos, yPos, color	-
TFT_portrait_mode()	TFT-LCD 모듈의 스크린 문자 출력 방향을 초상화 모드(Portrait)로 설정한다.	-	-
TFT_landscape_mode()	TFT-LCD 모듈의 스크린 문자 출력 방향을 풍경화 모드(Landscape)로 설정한다.	-	-
TFT_cursor()	TFT-LCD 모듈의 출력 문자에 지정된 색깔로 커서를 표시하도록 설정하거나 커서 표시를 해제한다.	U16 cursor_color	-
TFT_underscore()	TFT-LCD 모듈의 출력 문자에 지정된 색깔로 밑줄을 표시하도록 설정하거나 밑줄 표시를 해제한다.	U16 underscore_color	-
TFT_outline()	TFT-LCD 모듈의 출력 문자에 지정된 색깔로 외곽선을 표시하도록 설정하거나 외곽선 표시를 해제한다.	U16 outline_color	-
TFT_string()	TFT-LCD 모듈에 시작 위치와 컬러를 지정하고 그 위치부터 문자열을 출력한다.	U08 xChar, yChar U16 colorfore, colorback, char *str	-
TFT_English()	TFT-LCD 모듈에 영문 1글자를 출력한다.	U08 code	-
KS_code_conversion()	완성형 한글 코드를 조합형 한글 코드로 변환한다.	U16 KS_code	unsigned short
TFT_Korean()	TFT-LCD 모듈에 한글 1글자를 출력한다.	U16 code	-
TFT_English_pixel()	TFT-LCD 모듈에 픽셀 출력 좌표로 위치를 지정하여 영문 1글자를 출력한다.	U16 Xpixel, Ypixel, U08 code	-
TFT_string_2X()	TFT_string() 함수에서 글자를 가로,세로 2배로 확대한다.	TFT_string()과 동일	-
TFT_English_2X()	TFT_English() 함수에서 글자를 가로,세로 2배로 확대한다.	TFT_English()와 동일	-
TFT_Korean_2X()	TFT_Korean() 함수에서 글자를 가로,세로 2배로 확대한다.	TFT_Korean()과 동일	-
TFT_binary()	TFT-LCD 모듈에 2진수를 출력한다.	U16 number, U08 digit	-
TFT_unsigned_decimal()	TFT-LCD 모듈에 부호 없는 정수를 출력한다. (zerofill = 1이면 선두의 무효 자리를 0으로 채운다.)	U32 number, U08 zerofill, digit	-
TFT_signed_decimal()	TFT-LCD 모듈에 부호 있는 정수를 출력한다. (zerofill = 1이면 선두의 무효 자리를 0으로 채운다.)	S32 number, U08 zerofill, digit	-
TFT_hexadecimal()	TFT-LCD 모듈에 16진수를 출력한다.	U32 number, U08 digit	-
TFT_0x_hexadecimal()	TFT-LCD 모듈에 0x를 포함하는 16진수를 출력한다.	U32 number, U08 digit	-
TFT_unsigned_float()	TFT-LCD 모듈에 부호 없는 실수를 출력한다. (integral = 실수부 자릿수, fractional = 소수부 자릿수)	float number, U08 integral, fractional	-
TFT_signed_float()	TFT-LCD 모듈에 부호 있는 실수를 출력한다. (integral = 실수부 자릿수, fractional = 소수부 자릿수)	float number, U08 integral, fractional	-
Line()	TFT-LCD 모듈에 직선을 그린다.	S16 x1, y1, x2, y2, U16 color	
Rectangle()	TFT-LCD 모듈에 사각형을 그린다.	S16 x1, y1, x2, y2, U16 color	
Block()	TFT-LCD 모듈에 지정된 컬러로 채운 사각형을 그린다.	S16 x1, y1, x2, y2, U16 color, fill	-
Circle()	TFT-LCD 모듈에 원을 그린다.	S16 x1, y1, r, U16 color	
Sine()	TFT-LCD 모듈에 정현파(sine 또는 cosine) 곡선을 그린다.	S16 peak, U08 mode, U16 color	
Initialize_touch_screen()	터치 스크린 컨트롤러를 ADS7846으로 사용하기 위하여 SPI 통신포트를 CPOL=CPHA=0에 2.25MHz의 속도로 초기화한다.	-	-
Touch_screen_input()	터치 스크린 컨트롤러 ADS7846을 사용하여 터치 스크린의 X, Y 좌표값을 입력한다.	-	x_touch y_touch

OK-STM103 키트에서는 TFT-LCD 모듈에서 12×24 픽셀의 영문 ASCII 폰트 및 24×24 픽셀의 한글 폰트를 사용한 큰 글씨도 표시할 수 있는데, 이 폰트 및 이를 처리하는 여러가지 함수들을 제공하는 헤더파일 OK-STM103_large.h는 제4.6절에서 소개한다. 또한, *OK-STM103* 키트의 TFT-LCD 모듈에서는 특수용으로 32×48 픽셀의 "매우 큰 글씨"라고 부르는 명조체 숫자 및 40×56 픽셀의 "가장 큰 글씨"라고 부르는 명조체 숫자도 표시할 수 있는데, 이 폰트와 이를 처리하는 여러가지 함수들을 제공하는 헤더파일 OK-STM103_xlarge.h도 제4.6절에서 소개한다.

4. 영문 ASCII 문자의 출력 프로그램

OK-STM103 키트의 TFT-LCD 모듈 화면에 다양한 영문 ASCII 문자를 출력하는 프로그램을 C언어로 작성하여 보면 다음과 같다.

<프로그램 Exp05_1.c> 영문 ASCII 문자 출력 프로그램

```
/* ============================================================================ */
/*              Exp05_1_basic.c : TFT-LCD 영문 ASCII 출력 프로그램              */
/* ============================================================================ */
/*                                  Programmed by Duck-Yong Yoon in 2017.      */

#include "stm32f103xe.h"
#include "OK-STM103.h"

int main(void)
{
  unsigned int x, y;
  unsigned char code;

  Initialize_MCU();                              // initialize MCU and kit
  Delay_ms(50);                                  // wait for system stabilization
  Initialize_LCD();                              // initialize text LCD module
  Initialize_TFT_LCD();                          // initialize TFT-LCD modul

  LCD_string(0x80," OK-STM103 V1.0 ");           // display title
  LCD_string(0xC0,"   Exp05_1.c    ");

  while(1)
    { TFT_color_screen(White);                   // display full color(white)
      TFT_landscape_mode();                      // landscape mode
      Beep();

      TFT_string( 6, 2,White, Black," OK-STM103  ASCII Character ");
      TFT_string(12, 4,White, Black,      " (White Screen) ");

      TFT_string( 0,10,White,  Blue,"Foreground White Color / Blue Background");

      TFT_string( 1,15,Red,     Cyan, "Foreground Red Color / Cyan Background");

      TFT_outline(Black);
      TFT_string( 1,20,Yellow,Transparent,"Foreground Yellow Color/Black Outline");
      TFT_outline(Transparent);

      TFT_underscore(Red);
      TFT_string( 3,25,Blue,Transparent, "Foreground Blue Color / Transparent");
      TFT_underscore(Transparent);
```

```
    Delay_ms(5000);

    TFT_color_screen(White);                    // display full color(white)
    TFT_portrait_mode();                        // portrait mode
    Beep();

    TFT_string( 1, 2,White, Black," OK-STM103  ASCII Character ");
    TFT_string( 7, 4,White, Black,      " (White Screen) ");

    TFT_string( 4,12,White,  Blue,   "Foreground White Color");
    TFT_string( 3,14,White,  Blue,  "on Background Blue Color");

    TFT_string( 5,18,Red,    Cyan,   "Foreground Red Color");
    TFT_string( 3,20,Red,    Cyan,  "on Background Cyan Color");

    TFT_outline(Black);
    TFT_string( 3,24,Yellow,Transparent,  "Foreground Yellow Color");
    TFT_string( 6,26,Yellow,Transparent,     "with Black Outline");
    TFT_outline(Transparent);

    TFT_underscore(Red);
    TFT_string( 4,30,Blue,Transparent,    "Foreground Blue Color");
    TFT_string( 2,32,Blue,Transparent,  "on Transparent Background");
    TFT_underscore(Transparent);
    Delay_ms(5000);

    TFT_clear_screen();                         // clear screen
    TFT_landscape_mode();                       // landscape mode
    Beep();

    TFT_string(11, 5,White,Magenta," ASCII Code Table ");
    code = 0x00;
    for(y = 0; y <= 7; y++)
      { TFT_xy(1,8+y*2); TFT_color(Green,Black);
        TFT_0x_hexadecimal(code,2);
        TFT_English(' '); TFT_English(':');
        TFT_color(Cyan,Black);

        for(x = 0; x <= 15; x++)
          { TFT_English(' ');
            TFT_English(code++);
          }
      }
    Delay_ms(5000);

    TFT_clear_screen();                         // clear screen
    TFT_portrait_mode();                        // portrait mode
    Beep();

    TFT_string( 6, 2,White,Magenta," ASCII Code Table ");
    code = 0x00;
    for(y = 0; y <= 15; y++)
      { TFT_xy(4,6+y*2); TFT_color(Green,Black);
        TFT_0x_hexadecimal(code,2);
        TFT_English(' '); TFT_English(':');
        TFT_color(Cyan,Black);

        for(x = 0; x <= 7; x++)
          { TFT_English(' ');
            TFT_English(code++);
          }
      }
    Delay_ms(5000);
  }
}
```

☞ 여기서는 먼저 헤더파일 OK-STM103.h에서 제공하는 여러가지 TFT-LCD 모듈 관련 사용자 함수들의 기능을 잘 이해하는 것이 필요하다.

5. 수치 데이터 출력 프로그램

TFT-LCD 모듈에 수치 데이터를 ASCII 문자로 변환하여 출력하는 것은 매우 자주 사용하는 일이다. 여기서는 정수나 실수와 같은 수치 데이터를 TFT-LCD 모듈의 화면에 출력하는 프로그램 기술에 대하여 공부하기로 한다.

C언어를 사용하여 TFT-LCD 모듈에 수치 데이터를 출력하는 것은 텍스트 LCD 모듈에서와 마찬가지로 다음과 같이 3가지의 방법으로 생각할 수 있다. 첫째는 수치 데이터를 출력할 때마다 이를 사용자 정의 함수로 만들어 사용하는 방법이고, 둘째는 *OK-STM103* 키트용의 헤더파일 OK-STM103.h 및 OK-STM103_large.h에서 제공하는 함수를 사용하는 방법이며, 셋째는 IAR EWARM C컴파일러의 표준 printf() 함수를 사용하는 방법이다. 이중에서 역시 가장 권장할만한 방법은 헤더파일 OK-STM103.h 및 OK-STM103_large.h에서 제공하는 함수를 사용하는 것이며, 앞으로 이 책의 예제 프로그램에서는 이 방법을 기본으로 사용한다.

■ 사용자가 직접 수치 데이터 출력 함수를 만들어 사용하는 경우

다음은 *OK-STM103* 키트의 TFT-LCD 모듈에 단자리 구구단, 10자리 구구단, 실수 구구단을 구현한 프로그램이다. 여기서는 수치 데이터를 출력하는 함수를 사용자 프로그램에서 직접 만들어 사용하였는데, 이 방법은 내용적으로 어렵지는 않지만 정수나 실수에 대하여 표현할 수치 데이터의 크기나 자릿수에 따라 매번 그에 맞는 함수를 만들어 사용해야 하므로 상당히 번거롭다.

<프로그램 Exp05_2.c> 수치 데이터 출력 프로그램(1)

```
/* ========================================================================== */
/*      Exp05_2_numeric(1).c : TFT-LCD 수치 데이터 출력 프로그램(1)            */
/* ========================================================================== */
/*                                   Programmed by Duck-Yong Yoon in 2017.    */

#include "stm32f103xe.h"
#include "OK-STM103.h"

void TFT_2d(unsigned int number);                /* display 2-digit decimal number */
void TFT_4d(unsigned int number);                /* display 4-digit decimal number */
void TFT_1d1(float number);                      /* floating-point number x.x */
void TFT_2d2(float number);                      /* floating-point number xx.xx */

/* ----- 메인 프로그램 -------------------------------------------------------- */

int main(void)
{
  unsigned int x, y;
  float a, b;

  Initialize_MCU();                              // initialize MCU and kit
```

```
  Delay_ms(50);                                    // wait for system stabilization
  Initialize_LCD();                                // initialize text LCD module
  Initialize_TFT_LCD();                            // initialize TFT-LCD module

  LCD_string(0x80," OK-STM103 V1.0 ");             // display title
  LCD_string(0xC0,"    Exp05_2.c    ");

  while(1)
    { TFT_clear_screen();                          // 정수
      TFT_string(6,0,White, Magenta," Multiplication Table(정수) ");

      for(x = 2; x <= 9; x++)
        { for(y = 1; y <= 9; y++)
            { TFT_color(Green, Black);             // 단자리 구구단
              TFT_xy( 5,3*y); TFT_English(x + '0');
              TFT_xy( 7,3*y); TFT_English('x');
              TFT_xy( 9,3*y); TFT_English(y + '0');
              TFT_xy(11,3*y); TFT_English('=');
              TFT_xy(13,3*y); TFT_2d(x*y);

              TFT_color(Yellow, Black);            // 10자리 구구단
              TFT_xy(21,3*y); TFT_2d(x*10);
              TFT_xy(24,3*y); TFT_English('x');
              TFT_xy(26,3*y); TFT_2d(y*10);
              TFT_xy(29,3*y); TFT_English('=');
              TFT_xy(31,3*y); TFT_4d((x*10)*(y*10));
            }
          Beep();
          Delay_ms(3000);
        }

      TFT_clear_screen();                          // 실수
      TFT_string(6,0,White, Magenta," Multiplication Table(실수) ");

      for(x = 1,a = 1.1; x <= 9; x++, a += 1.1)
        { for(y = 1, b = 1.1; y <= 9; y++, b += 1.1)
            { TFT_color(Green, Black);             // 실수 구구단
              TFT_xy(11,3*y); TFT_1d1(a);
              TFT_xy(15,3*y); TFT_English('x');
              TFT_xy(17,3*y); TFT_1d1(b);
              TFT_xy(21,3*y); TFT_English('=');
              TFT_xy(23,3*y); TFT_2d2(a*b);
            }
          Beep();
          Delay_ms(3000);
        }
    }
}

/* ----- 사용자 정의 함수 ------------------------------------------------------ */

void TFT_2d(unsigned int number)                   /* display 2-digit decimal number */
{
  unsigned int i;

  i = number/10;                                   // 10^1
  if(i == 0) TFT_English(' ');
  else       TFT_English(i + '0');

  i = number % 10;                                 // 10^0
  TFT_English(i + '0');
}

void TFT_4d(unsigned int number)                   /* display 4-digit decimal number */
{
  unsigned int i, flag;

  flag = 0;
  i = number/1000;                                 // 10^3
  if(i == 0) TFT_English(' ');
  else {     TFT_English(i + '0');
             flag = 1;
       }
```

```
  number = number % 1000;                             // 10^2
  i = number/100;
  if((i == 0) && (flag == 0))
              TFT_English(' ');
  else {      TFT_English(i + '0');
              flag = 1;
       }

  number = number % 100;                              // 10^1
  i = number/10;
  if((i == 0) && (flag == 0))
              TFT_English(' ');
  else {      TFT_English(i + '0');
              flag = 1;
       }

  i = number % 10;                                    // 10^0
  TFT_English(i + '0');
}

void TFT_1d1(float number)                            /* floating-point number x.x */
{
  unsigned int i, j;

  j = (unsigned int)(number*10. + 0.5);
  i = j / 10;                                         // 10^0
  TFT_English(i + '0');
  TFT_English('.');
  i = j % 10;                                         // 10^-1
  TFT_English(i + '0');
}

void TFT_2d2(float number)                            /* floating-point number xx.xx */
{
  unsigned int i, j;

  j = (unsigned int)(number*100. + 0.5);
  i = j / 1000;                                       // 10^1
  if(i == 0) TFT_English(' ');
  else       TFT_English(i + '0');

  j = j % 1000;                                       // 10^0
  i = j / 100;
  TFT_English(i + '0');
  TFT_English('.');

  j = j % 100;                                        // 10^-1
  i = j / 10;
  TFT_English(i + '0');

  i = j % 10;                                         // 10^-2
  TFT_English(i + '0');
}
```

▣ 헤더파일 OK-STM103.h에서 제공하는 함수를 사용하는 경우

OK-STM103 키트용의 기본 헤더파일 OK-STM103.h에는 수치 데이터 표현을 위한 사용자 함수를 만들어 제공한다. 물론 12×24 픽셀의 큰 글씨로 된 수치 데이터 출력함수는 헤더파일 OK-STM103_large.h에 제공한다. 이들 출력함수에서는 표현할 수치 데이터의 자릿수를 파라미터로 지정하게 되어 있으므로 출력할 데이터의 길이에 상관없이 일반적으로 사용할 수 있다는 점에서 매우 편리하며, 뒤에서 설명하는 C컴파일러의 printf() 함수를 사용하는 %서식 지정 방법에 비하여 훨씬 더 간편하고 실행속도가 빠

르며 적은 메모리 용량을 차지한다는 점에서 우수하다.

위의 예제 프로그램 Exp05_2.c를 OK-STM103.h에서 제공하는 함수를 사용하여 수정하면 다음과 같다. 전체적으로 소스가 훨씬 간단해졌음을 알 수 있다.

<프로그램 Exp05_3.c> 수치 데이터 출력 프로그램(2)

```
/* ============================================================================ */
/*      Exp05_3_numeric(2).c : TFT-LCD 수치 데이터 출력 프로그램(2)               */
/* ============================================================================ */
/*                                        Programmed by Duck-Yong Yoon in 2017. */

#include "stm32f103xe.h"
#include "OK-STM103.h"

int main(void)
{
  unsigned int x, y;
  float a, b;

  Initialize_MCU();                              // initialize MCU and kit
  Delay_ms(50);                                  // wait for system stabilization
  Initialize_LCD();                              // initialize text LCD module
  Initialize_TFT_LCD();                          // initialize TFT-LCD module

  LCD_string(0x80," OK-STM103 V1.0 ");           // display title
  LCD_string(0xC0,"   Exp05_3.c    ");

  while(1)
    { TFT_clear_screen();                        // 정수
      TFT_string(6,0,White, Magenta," Multiplication Table(정수) ");

      for(x = 2; x <= 9; x++)
        { for(y = 1; y <= 9; y++)
            { TFT_color(Green, Black);           // 단자리 구구단
              TFT_xy( 5,3*y); TFT_English(x + '0');
              TFT_xy( 7,3*y); TFT_English('x');
              TFT_xy( 9,3*y); TFT_English(y + '0');
              TFT_xy(11,3*y); TFT_English('=');
              TFT_xy(13,3*y); TFT_unsigned_decimal(x*y,0,2);

              TFT_color(Yellow, Black);          // 10자리 구구단
              TFT_xy(21,3*y); TFT_unsigned_decimal(x*10,0,2);
              TFT_xy(24,3*y); TFT_English('x');
              TFT_xy(26,3*y); TFT_unsigned_decimal(y*10,0,2);
              TFT_xy(29,3*y); TFT_English('=');
              TFT_xy(31,3*y); TFT_unsigned_decimal((x*10)*(y*10),0,4);
            }
          Beep();
          Delay_ms(3000);
        }

      TFT_clear_screen();                        // 실수
      TFT_string(6,0,White, Magenta," Multiplication Table(실수) ");

      for(x = 1,a = 1.1; x <= 9; x++, a += 1.1)
        { for(y = 1, b = 1.1; y <= 9; y++, b += 1.1)
            { TFT_color(Green, Black);           // 실수 구구단
              TFT_xy(11,3*y); TFT_unsigned_float(a,1,1);
              TFT_xy(15,3*y); TFT_English('x');
              TFT_xy(17,3*y); TFT_unsigned_float(b,1,1);
              TFT_xy(21,3*y); TFT_English('=');
              TFT_xy(23,3*y); TFT_unsigned_float(a*b,2,2);
            }
          Beep();
          Delay_ms(3000);
        }
    }
```

```
}
```

▣ C컴파일러의 printf() 함수를 사용하는 경우

IAR EWARM C컴파일러에서 제공하는 표준 printf() 함수를 사용하여 % 서식지정 방식으로 수치 데이터를 출력하도록 앞의 예제 프로그램 Exp05_3.c를 다시 작성하여 보면 다음과 같다. 이 C컴파일러에서 제공하는 printf() 함수를 사용하여 % 서식지정 방식으로 수치 데이터를 출력하는 방법에 대하여는 앞의 제4.3절에서 자세히 설명하였으니 참조하라.

<프로그램 Exp05_4.c> 수치 데이터 출력 프로그램(3)

```
/* ============================================================================ */
/*      Exp05_4_numeric(3).c : TFT-LCD 수치 데이터 출력 프로그램(3)                */
/* ============================================================================ */
/*                                   Programmed by Duck-Yong Yoon in 2017.     */

#include <stdio.h>
#include "stm32f103xe.h"
#include "OK-STM103.h"

int putchar(int character)                      /* output a character to stream */
{
  TFT_English(character);

  return character;
}

int main(void)
{
  unsigned int x, y;
  float a, b;

  Initialize_MCU();                             // initialize MCU and kit
  Delay_ms(50);                                 // wait for system stabilization
  Initialize_LCD();                             // initialize text LCD module
  Initialize_TFT_LCD();                         // initialize TFT-LCD module

  LCD_string(0x80," OK-STM103 V1.0 ");          // display title
  LCD_string(0xC0,"    Exp05_4.c    ");

  while(1)
    { TFT_clear_screen();                       // 정수
      TFT_string(6,0,White, Magenta," Multiplication Table(정수) ");

      for(x = 2; x <= 9; x++)
        { for(y = 1; y <= 9; y++)
            { TFT_color(Green, Black);          // 단자리 구구단
              TFT_xy( 5,3*y);
              printf("%1d x %1d = %2d", x, y, x*y);

              TFT_color(Yellow, Black);         // 10자리 구구단
              TFT_xy(21,3*y);
              printf("%2d x %2d = %4d", x*10, y*10, (x*10)*(y*10));
            }
          Beep();
          Delay_ms(3000);
        }

      TFT_clear_screen();                       // 실수
```

```
        TFT_string(6,0,White, Magenta," Multiplication Table(실수) ");

        for(x = 1,a = 1.1; x <= 9; x++, a += 1.1)
          { for(y = 1, b = 1.1; y <= 9; y++, b += 1.1)
              { TFT_color(Green, Black);          // 실수 구구단
                TFT_xy(11,3*y);
                printf("%3.1f x %3.1f = %5.2f", a, b, a*b);
              }
            Beep();
            Delay_ms(3000);
          }
      }
  }
```

6. Visiting Count 프로그램

이번에는 *OK-STM103* 키트의 TFT-LCD 모듈에서 풍경화 모드로 40자×15행의 영문 ASCII 문자를 출력하는 기능을 이용하여 재미있는 난수 응용 프로그램을 작성하여 보기로 한다.

이것은 C언어의 난수(random number) 발생 기능을 이용한 일종의 주사위 프로그램으로서 난수에서 나올 수 있는 값을 4등분으로 나누어 각각 동서남북으로 전진하는 방법으로 진행한다. C언어의 난수 발생함수는 rand()로서 이것은 헤더파일 stdlib.h에 정의되어 있는데, IAR EWARM C컴파일러에서는 난수의 범위가 32비트 0x00000000 ~ 0x3FFFFFFF로 발생된다. 여기서는 이 난수의 값이 0x00000000~0x0FFFFFFF라면 동쪽으로 1글자 이동(x를 1증가)하고, 0x10000000~0x1FFFFFFF라면 서쪽으로 1글자 이동(x를 1감소)하며, 난수값이 0x20000000~0x2FFFFFFF라면 남쪽으로 1글자 이동(y를 1증가)하고, 0x30000000~0x3FFFFFFF라면 북쪽으로 1글자 이동(y를 1감소)한다. 처음에 출발하는 시작점의 위치도 난수를 사용하여 매번 달라지도록 한다.

그러면서 각 좌표에 해당하는 40×15=600개의 방에는 지나간 횟수(visiting count)를 메모리 배열로 저장한다. 이렇게 각 방을 돌아다니다가 외곽의 벽을 만나면 더 이상 진행하지 못하므로 그대로 그 자리에 머무르고 다시 난수를 발생한다. 이러한 동작을 600개의 방을 단 1번씩이라도 모두 방문하여 남은 빈 방이 없게 될 때까지 계속하고, 10ms의 주기로 한 번씩 난수를 발생할 때마다 각 방의 방문 횟수를 화면에 1글자로 표시한다.

각 방의 방문 횟수는 1글자만으로 표시해야 하므로 0~9값은 그냥 아라비아 숫자로 표시하고, 10~35값은 대문자 A~Z로 표시하며, 36~61값은 소문자 a~z로 표시한다. 대부분의 경우 이 범위 이상의 값은 잘 나오지 않지만 만약에 62 이상의 방문 횟수가 나오면 그 방은 #로 표시한다.

<프로그램 Exp05_5.c> Visiting Count 프로그램(1)

```c
/* ============================================================================ */
/*              Exp05_5_visiting(1).c : Visiting Count Program(1)              */
/* ============================================================================ */
/*                                   Programmed by Duck-Yong Yoon in 2017.     */

#include <stdlib.h>
#include "stm32f103xe.h"
#include "OK-STM103.h"

int main(void)
{
  unsigned int i, j, random, total = 0, visit_flag, x, y;
  unsigned char key, count, table[40][15];

  Initialize_MCU();                             // initialize MCU and kit
  Delay_ms(50);                                 // wait for system stabilization
  Initialize_LCD();                             // initialize text LCD module
  Initialize_TFT_LCD();                         // initialize TFT-LCD module

  LCD_string(0x80," OK-STM103 V1.0 ");          // display title
  LCD_string(0xC0,"   Exp05_5.c     ");

  SysTick->LOAD  = 0x00FFFFFF;                  // maximum value
  SysTick->VAL   = 0;                           // clear SysTick Counter
  SysTick->CTRL  = 0x00000001;                  // SysTick enable and no interrupt

  while(1)
    { TFT_string(6,10, White,Magenta, " Visiting Count Program (1) "); // wait KEY1 to start
      TFT_string(8,15, White,  Black, " Press KEY1 to start !! ");
      TFT_string(4,20, Yellow, Black, " (Total Visiting Count = ");
      TFT_unsigned_decimal(total,1,5);
      TFT_English(')');
      TFT_English(' ');
      Beep();

      key = 0;                                  // random starting time
      while(key != KEY1) key = Key_input();
      random = SysTick->VAL;
      srand(random);                            // initialize random number

      TFT_color(White,Black);
      for(j = 0; j <= 14; j++)                  // clear visiting room
        for(i = 0; i <= 39; i++)
          { table[i][j] = 0;
            TFT_xy(i, 2*j);
            TFT_English('0');
          }
      visit_flag = 0;
      total = 0;

      x = rand() % 40;                          // starting position
      y = rand() % 15;

      while(visit_flag == 0)
        { random = rand();                      // get random number(0x00000000~0x3FFFFFFF)

          if(random <= 0x0FFFFFFF)              // 0x00000000 - 0x0FFFFFFF
            { if(x != 39)
                { x++; table[x][y] += 1; } }
          else if(random <= 0x1FFFFFFF)         // 0x10000000 - 0x1FFFFFFF
            { if(x != 0)
                { x--; table[x][y] += 1; } }
          else if(random <= 0x2FFFFFFF)         // 0x20000000 - 0x2FFFFFFF
            { if(y != 14)
                { y++; table[x][y] += 1; } }
          else if(random <= 0x3FFFFFFF)         // 0x30000000 - 0x3FFFFFFF
            { if(y != 0)
                { y--; table[x][y] += 1; } }

          count = table[x][y];                  // display visiting count
```

```
            if(count >= 62)
            { count = '#';
              TFT_color(Yellow,Blue);
            }
            else if(count >= 36)
              { count = count - 36 + 'a';
                TFT_color(Cyan,Blue);
              }
            else if(count >= 10)
              { count = count - 10 + 'A';
                TFT_color(Green,Blue);
              }
            else
              { count = count + '0';
                TFT_color(Magenta,Blue);
              }
            TFT_xy(x, 2*y);
            TFT_English(count);

            visit_flag = 1;                       // check end
            for(j = 0; j <= 14; j++)
              for(i = 0; i <= 39; i++)
                if(table[i][j] == 0)
                  visit_flag = 0;

            total++;                              // increment total count
            Delay_ms(10);
          }
      }
}
```

☞ 난수를 발생시키기 시작할 때는 srand() 함수로 난수의 seed를 제공하야 하는데 이 값을 항상 같은 상수값으로 주게 되면 난수를 발생하는 패턴이 늘 일정하여 재미가 없게 된다. 이를 피하기 위하여 여기서는 SysTick 타이머를 설정한 후에 프로그램을 시작할 때 이것에 의한 시간값을 읽어서 seed로 사용함으로써 매번 난수를 발생하는 seed가 달라지도록 처리하였다. 이 타이머의 동작을 설정한 후에 사용자가 KEY1을 눌러서 프로그램의 동작이 시작되기 까지의 시간이 매번 일정하지 않기 때문에 seed의 값이 랜덤하게 달라지는 것이다.

난수 발생과 관련된 srand() 및 rand() 함수는 C컴파일러의 stdlib.h 파일에 정의되어 있다.

위의 프로그램에서는 사방의 끝에 벽이 있다고 가정하고 이 벽을 만나면 거기서 더 이상 진행하지 못하도록 하였으나, 여기서 벽을 없애 동쪽 끝이 서쪽 끝과 연결되었다고 하고, 마찬가지로 남쪽 끝이 북쪽 끝과 연결되었다고 가정하면 동서남북 방향으로 이동이 훨씬 더 수월해질 수 있다. 다음은 위의 예제 프로그램을 이렇게 벽을 없애는 것으로 수정한 것이다.

<프로그램 Exp05_6.c> Visiting Count 프로그램(2)

```
/* ========================================================================== */
/*             Exp05_6_visiting(2).c : Visiting Count Program(2)              */
/* ========================================================================== */
/*                                    Programmed by Duck-Yong Yoon in 2017.   */

#include <stdlib.h>
#include "stm32f103xe.h"
```

```
#include "OK-STM103.h"

int main(void)
{
  unsigned int i, j, random, total = 0, visit_flag, x, y;
  unsigned char key, count, table[40][15];

  Initialize_MCU();                              // initialize MCU and kit
  Delay_ms(50);                                  // wait for system stabilization
  Initialize_LCD();                              // initialize text LCD module
  Initialize_TFT_LCD();                          // initialize TFT-LCD module

  LCD_string(0x80," OK-STM103 V1.0 ");           // display title
  LCD_string(0xC0,"    Exp05_6.c    ");

  SysTick->LOAD  = 0x00FFFFFF;                   // maximum value
  SysTick->VAL   = 0;                            // clear SysTick Counter
  SysTick->CTRL  = 0x00000001;                   // SysTick enable and no interrupt

  while(1)
    { TFT_string(6,10, White,Magenta, " Visiting Count Program (2) "); // wait KEY1 to start
      TFT_string(8,15, White,  Black,  " Press KEY1 to start !! ");
      TFT_string(4,20, Yellow, Black,  " (Total Visiting Count = ");
      TFT_unsigned_decimal(total,1,5);
      TFT_English(')');
      TFT_English(' ');
      Beep();

      key = 0;                                   // random starting time
      while(key != KEY1) key = Key_input();
      random = SysTick->VAL;
      srand(random);                             // initialize random number

      TFT_color(White,Black);
      for(j = 0; j <= 14; j++)                   // clear visiting room
        for(i = 0; i <= 39; i++)
          { table[i][j] = 0;
            TFT_xy(i, 2*j);
            TFT_English('0');
          }
      visit_flag = 0;
      total = 0;

      x = rand() % 40;                           // starting position
      y = rand() % 15;

      while(visit_flag == 0)
        { random = rand();                       // get random number(0x00000000~0x3FFFFFFF)

          if(random <= 0x0FFFFFFF)               // 0x00000000 - 0x0FFFFFFF
            { if(x == 39) x = 0;
              else        x++;
              table[x][y] += 1;
            }
          else if(random <= 0x1FFFFFFF)          // 0x10000000 - 0x1FFFFFFF
            { if(x == 0)  x = 39;
              else        x--;
              table[x][y] += 1;
            }
          else if(random <= 0x2FFFFFFF)          // 0x20000000 - 0x2FFFFFFF
            { if(y == 14) y = 0;
              else        y++;
              table[x][y] += 1;
            }
          else if(random <= 0x3FFFFFFF)          // 0x30000000 - 0x3FFFFFFF
            { if(y == 0)  y = 14;
              else        y--;
              table[x][y] += 1;
            }

          count = table[x][y];                   // display visiting count
          if(count >= 62)
          { count = '#';
            TFT_color(Yellow,Blue);
```

```
        }
      else if(count >= 36)
        { count = count - 36 + 'a';
          TFT_color(Cyan,Blue);
        }
      else if(count >= 10)
        { count = count - 10 + 'A';
          TFT_color(Green,Blue);
        }
      else
        { count = count + '0';
          TFT_color(Magenta,Blue);
        }
      TFT_xy(x, 2*y);
      TFT_English(count);

      visit_flag = 1;                         // check end
      for(j = 0; j <= 14; j++)
        for(i = 0; i <= 39; i++)
          if(table[i][j] == 0)
            visit_flag = 0;

      total++;                                // increment total count
      Delay_ms(10);
    }
  }
}
```

위에서 소개한 2가지 Visiting Count 프로그램에서는 40×15 = 600개의 방을 만들고 각 방을 방문한 횟수를 1개의 문자로 표시하였다. 그러나, 각 방을 문자 단위가 아니라 pixel 단위로 사용한다면 총 320×240 = 76800개의 방을 만들 수 있으며, 이 방들을 지나갈 때마다 해당 방을 나타내는 pixel에 점을 찍으면 컴퓨터가 TFT-LCD 화면에 그리는 추상화가 된다. 여기서는 각 방을 지나간 횟수를 표시할 수 없으므로 한번이라도 지나갔는지의 여부만 표시한다.

그런데, STM32F103VET6 마이크로컨트롤러는 64KB의 SRAM을 가지고 있고 이 책의 모든 예제 프로그램에서는 스택 메모리로 4KB를 사용하며 힙(heap) 메모리로 2KB를 사용하고 있으므로 사용자 변수 영역은 약 58KB 정도에 불과하다. 따라서, 여기서는 320×240 해상도의 화면 중에서 중앙 부분의 280×200 영역만 사용하며, 이렇게 하면 각 방을 나타내는 배열은 280×200 = 56000 바이트로 처리할 수 있다.

다음은 이와 같이 TFT-LCD 화면에서 280×200 = 56000개의 방을 돌아다니면서 지나가는 방에 점을 찍어서 컴퓨터가 만드는 추상화를 감상하여 보기 위한 예제 프로그램이다. 모든 방을 한번 이상 지나가거나 총 방문 횟수가 65000번에 이르면 동작을 종료하고 5초 후에 처음부터 다시 시작한다. 매번 그림을 그릴 때마다 pixel의 시작 좌표와 컬러가 랜덤하게 변하도록 하였다.

<프로그램 Exp05_7.c> Visiting Count 프로그램(3)

```
/* ============================================================================ */
/*              Exp05_7_visiting(3).c : Visiting Count Program(3)               */
/* ============================================================================ */
/*                                         Programmed by Duck-Yong Yoon in 2017.  */

#include <stdlib.h>
#include "stm32f103xe.h"
#include "OK-STM103.h"

unsigned char table[280][200];
unsigned int Color[8] = { White, DarkGrey, Red, Green, Blue, Yellow, Cyan, Magenta };

int main(void)
{
  unsigned char key = 0;
  unsigned int i, j, random, total = 0, visit_flag, x, y, current_color;

  Initialize_MCU();                               // initialize MCU and kit
  Delay_ms(50);                                   // wait for system stabilization
  Initialize_LCD();                               // initialize text LCD module
  Initialize_TFT_LCD();                           // initialize TFT-LCD module

  LCD_string(0x80," OK-STM103 V1.0 ");            // display title
  LCD_string(0xC0,"   Exp05_7.c    ");

  SysTick->LOAD  = 0x00FFFFFF;                    // maximum value
  SysTick->VAL   = 0;                             // clear SysTick Counter
  SysTick->CTRL  = 0x00000001;                    // SysTick enable and no interrupt

  TFT_string(6,10, White,Magenta, " Visiting Count Program (3) "); // wait KEY1 to start
  TFT_string(8,15, Cyan,   Black, " Press KEY1 to start !! ");
  Beep();

  while(key != KEY1) key = Key_input();           // random starting time
  random = SysTick->VAL;
  srand(random);                                  // initialize random number

  while(1)
    { TFT_clear_screen();                         // clear screen
      TFT_string(4,0, Magenta,Black, "Random Graphic by Microprocessor");
      current_color = Color[rand() % 8];          // draw outline
      Rectangle(19,19, 300,220, current_color);
      Rectangle(18,18, 301,221, current_color);
      current_color = Color[rand() % 8];          // get drawing color

      for(j = 0; j <= 199; j++)                   // clear visiting room
        for(i = 0; i <= 279; i++)
          table[i][j] = 0;

      total = 0;                                  // start visiting count
      visit_flag = 0;

      x = rand() % 280;                           // starting position
      y = rand() % 200;

      while((visit_flag == 0) && (total < 65000))
        { random = rand();                        // get random number(0x00000000~0x3FFFFFFF)

          if(random <= 0x0FFFFFFF)                // 0x00000000 - 0x0FFFFFFF
            { if(x != 279)
                { x++; table[x][y] = 1; } }
          else if(random <= 0x1FFFFFFF)           // 0x10000000 - 0x1FFFFFFF
            { if(x != 0)
                { x--; table[x][y] = 1; } }
          else if(random <= 0x2FFFFFFF)           // 0x20000000 - 0x2FFFFFFF
            { if(y != 199)
                { y++; table[x][y] = 1; } }
          else if(random <= 0x3FFFFFFF)           // 0x30000000 - 0x3FFFFFFF
            { if(y != 0)
                { y--; table[x][y] = 1; } }
```

```
        TFT_pixel(x+20, y+20, current_color);

        visit_flag = 1;                            // check end
        for(j = 0; j <= 199; j++)
          for(i = 0; i <= 279; i++)
            if(table[i][j] == 0)
              { visit_flag = 0;
                i = 280;
                j = 200;
              }
        total++;                                   // increment total count
      }
    TFT_string(5,28, Cyan,Black, "(Total Visiting Count = ");
    TFT_unsigned_decimal(total,1,5);
    TFT_English(')');
    Beep();
    Delay_ms(5000);
  }
}
```

☞ 이 예제 프로그램을 컴파일할 때 스택 메모리는 4KB로 할당되어 있으므로 용량이 매우 큰 배열 table[280][200]을 메인 함수에 로컬 변수로 정의하면 스택의 메모리 용량이 초과되어 프로그램이 정상적으로 동작하지 않는다. 이 문제를 해결하려면 위에서와 같이 table[280][200]은 함수 밖에서 전역 변수로 정의하여야 한다.

7. 실습 과제

(1) 폰트(font) 또는 폰트 데이터란 무엇인지 설명하라. 그리고 여러 가지 폰트의 종류에 대하여 조사해 보라.

(2) 예제 프로그램 Exp05_2.c에서 실수에 10을 곱하여 10배 큰 정수로 만들 때

```
j = (unsigned int)(number*10. + 0.5);
```

에서처럼 0.5를 더해주는 이유는 무엇인가?

(3) 예제 프로그램 Exp05_4.c에서 1.1~9.9 범위의 실수 곱셈 구구단을 1.11~9.99 범위의 실수 곱셈 구구단으로 수정한 프로그램 Exp05_4R.c를 작성하라.

4.6 TFT-LCD 모듈 한글 출력 프로그램

이 절에서는 *OK-STM103* 키트에서 사용하는 TFT-LCD 모듈에 16×16 픽셀 크기의 조합형 한글을 출력하는 프로그램 기술을 익히기로 하며, 부수적으로 이보다 더 큰 24×24 픽셀의 한글 출력 프로그램도 공부한다. 여기서는 STM32F103VET6 마이크로컨트롤러의 풍부한 플래시 메모리의 용량을 사용하여 명조체, 고딕체, 필기체의 3가지 글씨체를 지원하며, 다양한 컬러를 사용하는 것은 물론이고 커서나 투명글씨, 외곽선체와 같은 고급 기능을 사용할 수 있다. 한글 출력 프로그램에서는 당연히 부수적으로 영문 ASCII 문자도 출력할 수 있는데 영문 ASCII 문자는 가로방향으로 항상 한글 크기의 ½에 해당하는 반각 문자로 처리한다.

조합형 한글 표시방식은 완성형 한글 표시방식에 비하여 폰트를 저장하는 메모리를 적게 차지하므로 마이크로컨트롤러에서 널리 사용되고 있다. 그러나, 현재 퍼스널컴퓨터의 모든 Windows 운영체제는 완성형 한글 코드를 표준으로 사용하고 있으므로 우리가 프로그램을 작성할 때 C언어 소스 파일에 한글 문자를 사용하면 이는 완성형 코드로 저장된다. 따라서, 한글을 출력하는 사용자 함수에서는 먼저 완성형 한글 코드를 조합형 코드로 변환한 후에 이를 조합형 표시방식으로 디스플레이하게 된다.

관련 내용	(1) 제3.1절 *OK-STM103* 키트의 구조와 기능 (2) 제4.1절 IAR EWARM을 사용한 C언어 프로그래밍 기초 (3) 제4.5절 TFT-LCD 모듈 영문 ASCII 출력 프로그램

1. 한글의 구조와 화면표시 기술

한글을 TFT-LCD 모듈에 표시하는 프로그램 기술은 앞의 제4.5절에서 설명한 영문 ASCII 문자 표시에 비하여 훨씬 더 복잡하다. 이는 풀어쓰기 구조를 가지는 영어와 달리 한글은 모아쓰기라는 독특한 구조를 가지기 때문이다.

한글은 조선 제4대 임금이신 세종대왕께서 1443년에 창제하고 1446년에 반포하신 우리 고유의 문자로서 세계에서 그 유래를 찾기 어려우리만큼 과학적이고 아름다운 문자라고 평가되고 있다. 그러나, 한글은 이렇게 자랑스러운 우리 민족의 유산이지만,

모아쓰기라는 독특한 특성 때문에 컴퓨터로 이를 처리하기에는 다소 까다롭다. 하지만, 한글은 초성, 중성, 종성의 3가지 자소(字素)로 조합되는 규칙성을 가지므로 음절 단위의 완성된 형태만을 가지는 중국의 한자(漢字)에 비하면 훨씬 처리하기에 용이한 것도 사실이다.

다시 말하면 영문 ASCII 문자는 기본적으로 언어 구조가 풀어쓰기로 되어 있으므로 1가지의 폰트를 사용하여 화면에 이를 표시하는 과정이 아주 간단하게 처리되지만, 한글은 모아쓰기 구조를 가지므로 초성의 자음 "ㄱ" 하나만을 놓고 보더라도 중성과 종성에 무엇이 오느냐에 따라 매우 다른 모양의 폰트가 필요하며, 따라서 이를 출력하는 프로그램에는 초성, 중성, 종성에 해당하는 다양한 모양의 폰트 데이터를 가지고 있어야 하고, 상황에 따라 이중에서 가장 적합한 모양의 폰트를 찾아서 1음절의 문자를 구성해야만 한다는 것이다.

이제 한글을 TFT-LCD 모듈에 표시하려면 먼저 한글의 과학적인 구조를 자세히 살펴볼 필요가 있다.

(1) 한글 표시 화면의 구성

제4.5절에서 영문 ASCII 문자는 가로×세로 = 8×16 픽셀 크기의 반각 문자로 표시하였으나 한글은 가로×세로 = 16×16 픽셀의 문자 박스에 전각 문자로 표시한다. 즉, 반각인 영문 ASCII 문자를 가로 방향으로 2개 합치면 전각인 한글 1글자의 면적이 된다.

이렇게 하면 이 책에서 사용하는 320×240 픽셀 해상도의 TFT-LCD 모듈 화면에 표시할 수 있는 한글 글자는 <그림 4.6.1>에 보인 바와 같다. 즉, 초상화 모드에서는 그림의 (a)처럼 15열×20행의 한글 글자를 표시할 수 있고, 풍경화 모드에서는 그림의 (b)처럼 20열×15행의 한글 글자를 표시할 수 있게 된다.

각각의 경우에 가로 방향과 세로 방향으로는 1문자가 16픽셀로 구성되지만 문자를 표시하는 위치는 8픽셀 단위로 지정할 수 있게 하면 각 글자 간격과 행 간격을 1문자 또는 ½문자 간격으로 처리할 수 있어서 편리하다.

(2) 한글의 구조

한글은 초성(初聲), 중성(中聲), 종성(終聲)의 3가지 자소(字素)가 모여서 1음절(音節)의 글자를 구성하는 과학적인 모아쓰기 구조를 갖는 언어이다. 그러나, 글자에 따라서는 종성(받침)이 없고 초성과 중성으로만 만들어지기도 한다.

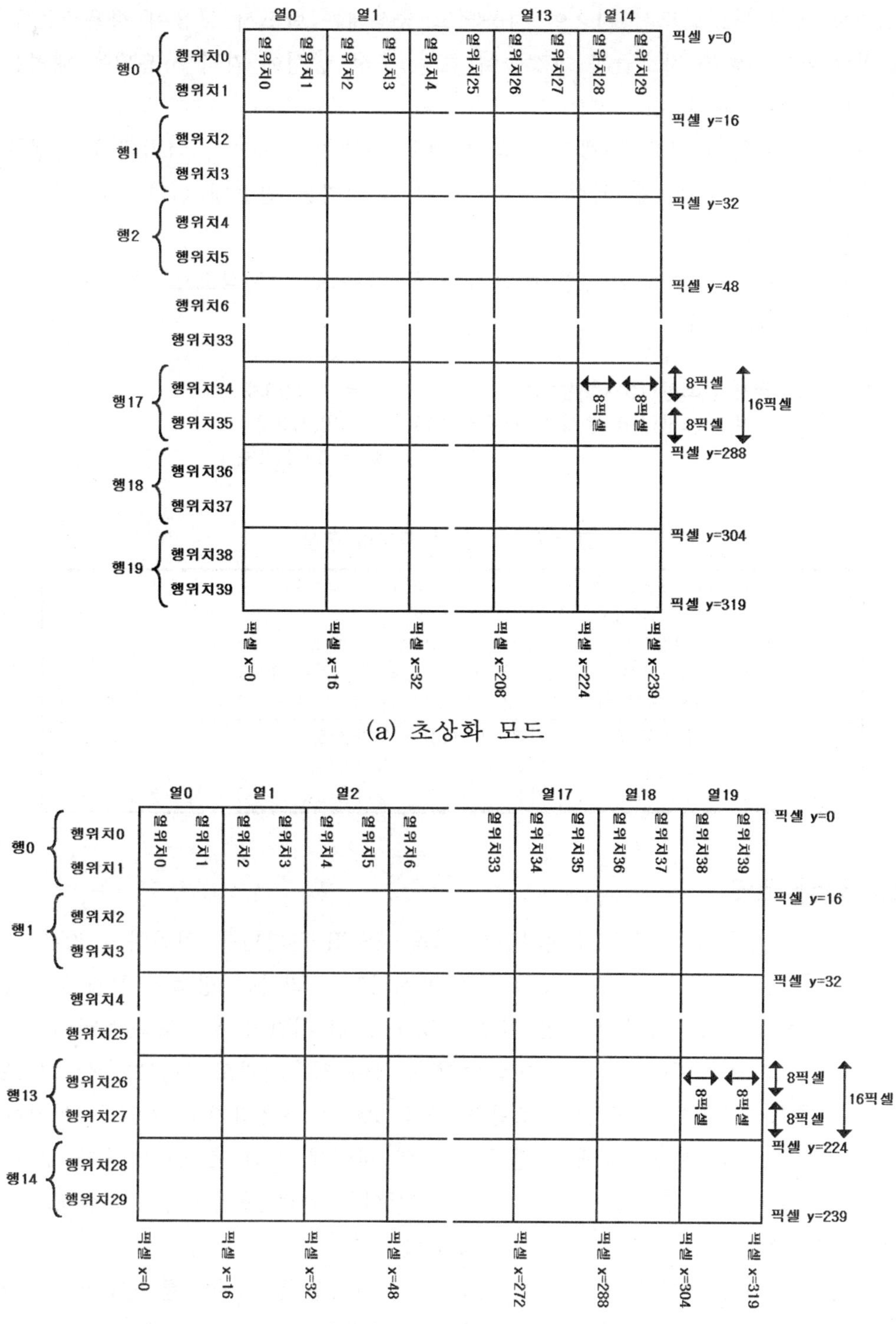

(a) 초상화 모드

(b) 풍경화 모드

<그림 4.6.1> TFT-LCD 모듈 화면에 16×16 픽셀의 한글 글자를 표시하는 방법

초성과 종성에는 반드시 자음이 사용되고 중성에는 반드시 모음이 사용되는데, 이렇게 한글을 구성하는 자소들과 그것들이 초성, 중성, 종성에 각각 사용되는 내역을 정리하면 <표 4.6.1>과 같다.

이와 같이 한글은 자음 14개와 모음 10개를 기본으로 하면서 여기에서 파생된 쌍자음, 복자음 및 복모음들을 과학적으로 결합시켜 글자를 만들게 된다. 이것이 한글의 기본적인 특징이다.

이렇게 각 자소를 사용하여 한글 글자가 구성되므로 이론적으로 만들 수 있는 총 글자 수는 다음과 같다.

받침이 없는 글자 : 초성(19)×중성(21) = 399자
받침이 있는 글자 : 초성(19)×중성(21)×종성(27) = 10,773자
계 = 11,172자

<표 4.6.1> 한글 글자의 구성

한글 자소	기본 자음(14개)	ㄱ ㄴ ㄷ ㄹ ㅁ ㅂ ㅅ ㅇ ㅈ ㅊ ㅋ ㅌ ㅍ ㅎ
	쌍자음(5개)	ㄲ ㄸ ㅃ ㅆ ㅉ
	복자음(11개)	ㄳ ㄵㄶ ㄺ ㄻ ㄼ ㄽ ㄾ ㄿ ㅀ ㅄ
	기본 모음(10개)	ㅏ ㅑ ㅓ ㅕ ㅗ ㅛ ㅜ ㅠ ㅡ ㅣ
	복모음(11개)	ㅐ ㅒ ㅔ ㅖ ㅘ ㅙ ㅚ ㅝ ㅞ ㅟ ㅢ
글자 구성	초성(19개)	기본 자음(14) + 쌍자음(5)
	중성(21개)	기본 모음(10) + 복모음(11)
	종성(27개)	기본 자음(14) + 쌍자음(2 ; ㄲ ㅆ) + 복자음(11)

(3) 한글 코드

우리나라에 컴퓨터가 처음 소개되면서 영문 ASCII 문자만을 처리하는 컴퓨터에서 이와 충돌이 되지 않으면서 추가로 한글을 표시하고 처리하는 방법이 문제가 되었다. 국내에서 컴퓨터가 사용되기 시작한 이후 상당히 오랜 시간이 지나도록 N바이트 코드나 3바이트 코드와 같은 여러가지 한글처리 방식이 사용되기도 하였고, 각 회사별로 서로 다른 종류의 2바이트(16비트) 조합형 한글 코드를 사용하기도 하였다. 이러한 상황은 당시의 컴퓨터 사용자들에게 컴퓨터 모델 사이에 전혀 소프트웨어의 호환성이 유지되지 않아서 많은 혼란을 주었지만, 각 회사의 영업적 이해관계나 기술적인 차이 등으로 하여 쉽게 해결될 전망이 보이지 않았다.

그러던 중에 1987년에 정부는 많은 논란 끝에 완성형 한글 코드를 KS 표준 규격으로 정하였는데, 그것이 오늘날까지 사용되는 KSC5601-1987 정보 교환용 부호(현재는 이를 1998년에 개정하여 KSX 1001로 되어 있음.)이다. 이는 한글이 초성, 중성, 종성으로 구성되어 모두 11,172자를 표현할 수 있다는 점을 고려하지 않고, 사용빈도가 높은 한글 글자들을 완성된 형태로 2,350자만 정의하고, 여기에 한자 4,888자, 특수문자 1,128자, 사용자 정의문자 188자 등을 지정함으로써 한글의 기본적인 원리와 장점을 훼손하는 방식이라는 거센 비판을 받았다. 실제로 이를 사용하면 표시할 수 없는 글자가 상당히 많아서 종종 불편을 초래하며, 사용자 정의문자에 이를 정의한다고 하더라도 일반성이 없고 순서대로 정렬(sort)하는데 문제가 생기므로 불편이 전혀 해결되지 않는다. 그러나, 완성형 코드는 국제적 표준코드인 ISO 2022와 비교적 충돌이 적고 글자체를 보다 미려하게 디자인할 수 있는 등의 장점도 가지고 있다.

이러한 완성형 한글 코드의 심각한 문제점을 인식하여 정부는 1992년에 기존의 완성형 코드에 보조적으로 조합형 코드를 사용할 수 있도록 KS 표준 규격을 개정하였는데, 그것이 KSC5601-1992 정보 교환용 부호의 보조 부호(현재는 역시 1998년에 개정되어 KSX 1001로 되어 있음.)이다. 현재는 이와 같이 16비트 완성형의 KS 코드와 2바이트(16비트) 조합형의 KSSM(Korea Specification Support Model) 코드가 모두 국가 표준규격으로 정해져 있는데, 이는 어쩔 수 없는 현실의 반영으로 볼 수도 있으나 국가 표준이 2가지라는 것은 사리에 맞지 않는 것으로서 아직까지도 적지 않은 혼란을 불러일으키고 있다.

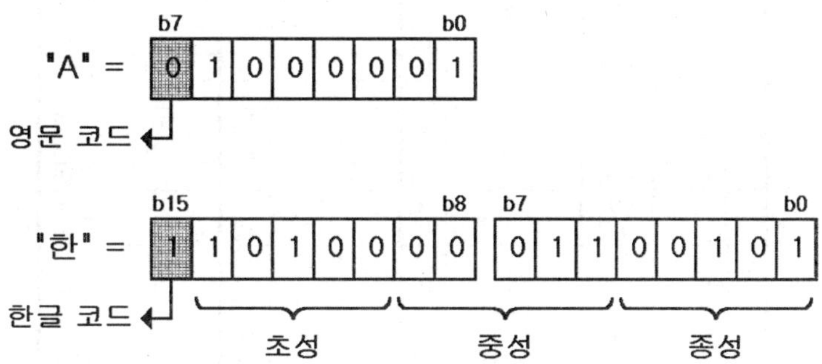

<그림 4.6.2> 2바이트 조합형 한글 코드의 구조

그러나, 이러한 문제들에 관계없이 TFT-LCD 모듈에 한글을 표시해야 하는 우리의 입장에서는 메모리 용량의 한계 때문에 반드시 2바이트 조합형 한글 코드를 사용해야 하므로 여기서는 이것에 대하여 자세히 알아보기로 한다.

KS 표준 규격인 2바이트 조합형 한글 코드에서는 <그림 4.6.2>에 보인 것처럼 초성, 중성, 종성을 각각 5비트의 길이로 나타낸다. 영문 ASCII 코드인 경우에는 8비트로 나타내는데, 여기서 최상위 비트를 b7 = 0으로 하여 영문이라는 것을 나타내고, 나머지 7개의 비트(b6~b0)들로는 이 문자의 ASCII 코드값을 나타낸다. 그러나, 한글 코드는 최상위 비트를 b7 = 1로 표시하고 이 경우에는 이 바이트와 그 다음에 오는 또 하나의 바이트를 연속으로 붙여서 총 2바이트(16비트)를 한글 코드로 사용하게 된다. 이때, 나머지 15개의 비트(b14~b0)들은 차례로 5비트씩 분할하여 각각 초성, 중성, 종성을 표시하게 된다.

이렇게 초성, 중성, 종성의 자소를 각각 5비트로 표시할 수 있는 것은 앞에서도 살펴보았듯이 초성이 19자, 중성이 21자, 종성이 27자이기 때문에 모두 5비트로 표현 가능한 2^5 = 32종류 이하이기 때문이다. 그러나, 실제로는 초성, 중성, 종성에 각각 자리채움 표시(fill code)를 1개씩 추가하여 20자, 22자, 28자로 된다.

〈표 4.6.2〉 KSC5601-1992의 2바이트 조합형 한글코드

비트값		초성(20자)		중성(22자)		종성(28자)	
10진수	2진수						
0	00000						
1	00001	fill code	0			fill code	0
2	00010	ㄱ	1	fill code	0	ㄱ	1
3	00011	ㄲ	2	ㅏ	1	ㄲ	2
4	00100	ㄴ	3	ㅐ	2	ㄳ	3
5	00101	ㄷ	4	ㅑ	3	ㄴ	4
6	00110	ㄸ	5	ㅒ	4	ㄵ	5
7	00111	ㄹ	6	ㅓ	5	ㄶ	6
8	01000	ㅁ	7			ㄷ	7
9	01001	ㅂ	8			ㄹ	8
10	01010	ㅃ	9	ㅔ	6	ㄺ	9
11	01011	ㅅ	10	ㅕ	7	ㄻ	10
12	01100	ㅆ	11	ㅖ	8	ㄼ	11
13	01101	ㅇ	12	ㅗ	9	ㄽ	12
14	01110	ㅈ	13	ㅘ	10	ㄾ	13
15	01111	ㅉ	14	ㅙ	11	ㄿ	14
16	10000	ㅊ	15			ㅀ	15
17	10001	ㅋ	16			ㅁ	16
18	10010	ㅌ	17	ㅚ	12	*	
19	10011	ㅍ	18	ㅛ	13	ㅂ	17
20	10100	ㅎ	19	ㅜ	14	ㅄ	18
21	10101	(한자)		ㅝ	15	ㅅ	19
22	10110	(한자)		ㅞ	16	ㅆ	20
23	10111	(한자)		ㅟ	17	ㅇ	21
24	11000	(한자)				ㅈ	22
25	11001	(한자)				ㅊ	23
26	11010	(한자)		ㅠ	18	ㅋ	24
27	11011	(한자)		ㅡ	19	ㅌ	25
28	11100	(한자)		ㅢ	20	ㅍ	26
29	11101	(한자)		ㅣ	21	ㅎ	27
30	11110	(한자)		*		*	
31	11111			*			

KSC5601-1992 정보 교환용 부호의 보조 부호로 정의된 2바이트 조합형 한글 코드를 보이면 <표 4.6.2>와 같다. 이중에서 사선으로 표시한 부분은 사용하지 못하도록 되어 있는 빈 자리이며, 그중에서 *표로 표시한 부분은 한글 고어(古語)를 정의하기도

하는 자리이지만 현재 우리는 이를 전혀 사용하지 않으므로 그냥 비워두기로 한다. 초성, 중성, 종성의 우측에 있는 각 숫자들은 이들 비트들이 00000에서부터 2진수가 증가하면서 차례로 연속하여 정의되어 있지 않기 때문에 나중에 각 자소들을 인덱싱(indexing)하는데 편리하게 사용하기 위한 인수들이다.

키입력 루틴에서 사용하는 한글 오토마타(automata) 프로그램은 키보드에서 입력되는 자소들을 모아서 <표 4.6.2>와 같은 2바이트 조합형 한글 코드를 만든다. 한글 1음절은 초성+중성 또는 초성+중성+종성으로 구성되므로 초성에 해당하는 자음과 중성에 해당하는 모음이 입력될 때까지는 비교적 처리가 용이하지만, 그 다음에 자음이 입력되는 경우에는 처리가 복잡해진다. 이 자음은 일단 종성으로 처리되었다가 그 다음에 또다시 자음이 입력되면 그대로 종성으로 확정되지만, 만약 그 다음에 입력된 것이 모음인 경우에는 이 자음이 2번째 음절의 초성으로 바뀌어 처리된다.

여기서, fill code는 1음절을 구성하는 3가지의 자소 중에서 최소한 어느 1가지 또는 2가지가 생략된 경우에 그 생략 부분을 채워서 2바이트의 조합형 한글 코드를 완성해주는 값이다. 즉, 받침이 없는 글자에서는 항상 종성이 fill code로 채워지고, "ㅏㄴ"과 같이 표시하는 경우는 초성이 fill code로 채워지며, "ㅜ"와 같이 표시하는 경우는 초성과 종성이 모두 fill code로 채워진다.

(4) 조합형 한글의 화면표시

TFT-LCD 모듈 화면에 이와 같이 16×16 픽셀 크기의 한글 글자를 표시하기 위한 문자의 폰트 구조를 보이면 <그림 4.6.3>과 같다. 즉, 한글 각 자소의 폰트는 각 픽셀에 대응하는 비트들을 세로 방향으로 모아서 2진수 1바이트 데이터를 만들고(위쪽이 LSB, 아래쪽이 MSB가 되도록 1바이트 데이터를 만들어야 한다.) 이것들을 수평방향으로 16바이트를 연속하여 배열하며, 윗줄이 끝나면 아랫줄에 대하여도 동일한 방식으로 16바이트를 배열한다. 따라서, 한글 자소 1개에는 모두 32바이트의 폰트 데이터가 필요하다.

앞의 4.5절에서 살펴본 바와 같이 영문 ASCII 문자의 경우에는 각 문자의 코드에 대하여 8×16 도트의 문자 박스에 이 문자를 표시하기 위하여 각 문자당 16바이트씩으로 구성되는 폰트 데이터 테이블을 미리 만들어 저장해 놓았다가 이를 찾아서 화면에 출력하면 되므로 비교적 처리가 단순하고 쉬웠다.

그러나, 조합형 한글에서는 이렇게 초성, 중성, 종성의 각 자소가 16×16 픽셀에 대응되는 32바이트의 폰트를 가지고 있으며, 1음절의 글자를 완성하려면 <그림 4.6.3>에 보인 것처럼 이 초성, 중성, 종성의 폰트 데이터를 모두 OR시켜서 32바이트의 최종적인 폰트 데이터로 만들고, 이를 TFT-LCD 모듈에 출력하려면 각 비트를 해당 픽셀에 대응되는 16비트 컬러 데이터로 변환하여 출력하게 된다.

더구나, 이들 초성, 중성, 종성은 각각 1가지씩의 폰트만을 가지는 것이 아니라 여러 벌의 폰트를 가지고 있어야 한다. 즉, 초성의 "ㄱ"은 항상 조합형 한글 코드 내에서는 같은 값으로 표시되지만 이를 화면에 표시할 때는 글자에 따라 다른 모양의 폰트가 사용되어야 한다. 예를 들면 "가"에서의 초성과 "강"에서의 초성, 그리고 "고"에서의 초성 및 "공"에서의 초성, "광"에서의 초성은 모두 같은 초성의 "ㄱ"으로 코드가 표시되지만, 이를 화면에 표시할 때는 서로 상당히 다른 모양이 되어야만 전체적인 글자의 모양이 보기 좋도록 균형과 조화를 이루게 되는 것이다. 이것은 "ㄱ"뿐만 아니라 모든 초성에 대하여 마찬가지이며, 나아가 초성뿐만 아니라 중성이나 종성에서도 또한 마찬가지이다.

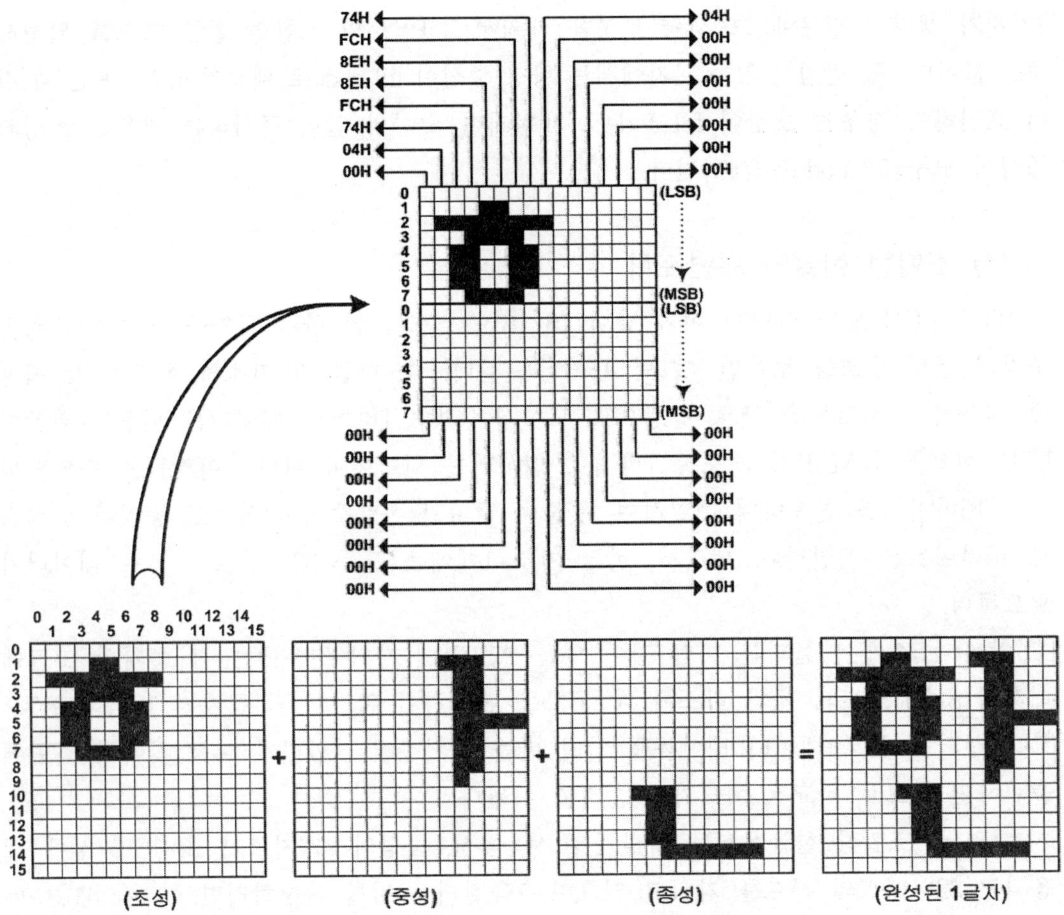

〈그림 4.6.3〉 16×16 픽셀의 문자 박스로 된 한글의 폰트 구조

<표 4.6.3> 8×4×4벌 방식 조합형 한글의 구성

초성	초성 0벌	받침없는 ㅏㅐㅑㅒㅓㅔㅕㅖㅣ 와 결합
	초성 1벌	받침없는 ㅗㅛㅡ 와 결합
	초성 2벌	받침없는 ㅜㅠ 와 결합
	초성 3벌	받침없는 ㅘㅙㅚㅢ 와 결합
	초성 4벌	받침없는 ㅝㅞㅟ 와 결합
	초성 5벌	받침있는 ㅏㅐㅑㅒㅓㅔㅕㅖㅣ 와 결합
	초성 6벌	받침있는 ㅗㅛㅜㅠㅡ 와 결합
	초성 7벌	받침있는 ㅘㅙㅚㅝㅞㅟㅢ 와 결합
중성	중성 0벌	받침없는 ㄱㅋ 와 결합
	중성 1벌	받침없는 ㄱㅋ 이외의 자음과 결합
	중성 2벌	받침있는 ㄱㅋ 와 결합
	중성 3벌	받침있는 ㄱㅋ 이외의 자음과 결합
종성	종성 0벌	중성 ㅏㅑㅘ 와 결합
	종성 1벌	중성 ㅓㅕㅚㅝㅟㅢㅣ 와 결합
	종성 2벌	중성 ㅐㅒㅔㅖㅙㅞ 와 결합
	종성 3벌	중성 ㅗㅛㅜㅠㅡ 와 결합

결국 초성, 중성, 종성을 화면에 표시하기 위한 폰트 데이터에는 여러 개의 벌을 가져야 하며, 이들 각 자소에 대한 벌수가 많을수록 좀더 미려한 글자 모양을 얻을 수 있다. 그러나, 이들 벌수를 지나치게 많게 만들면 화면표시 처리 과정이 복잡해지는 것은 물론이고 폰트 데이터를 저장하는 메모리 용량이 지나치게 커지므로 실용적이지 못하다. 그래서 이들 벌수를 처리하는 방식에는 여러가지가 있지만, 가장 널리 사용되는 것이 8×4×4벌 방식이며 이 책에서도 이를 따르기로 한다. 즉, 초성 폰트 8벌, 중성 폰트 4벌, 종성 폰트 4벌로 사용한다는 것이다.

만약 초성, 중성, 종성에 각각 1벌씩의 폰트만을 사용한다면 이들 폰트를 저장하는데 필요한 메모리 용량은

초성(20)×32바이트 + 중성(22)×32바이트 + 종성(28)×32바이트 = 2,240바이트

가 될 것이다. 하지만, 8×4×4벌 방식을 사용하면 총 폰트 데이터의 용량은 크게 증가하여

초성(20)×8벌×32바이트 + 중성(22)×4벌×32바이트 + 종성(28)×4벌×32바이트 = 11,520바이트

즉, 약 11KB가 된다. 이런 정도의 메모리 용량은 대부분의 마이크로프로세서 응용 시스템에서 충분히 실용적으로 사용할 수 있는 양이다. 그러나, 완성형의 경우는 2,350자를 모두 32바이트의 완성된 문자 폰트로 만들어 저장해야 하므로

2,350자×32바이트 = 75,200바이트

즉, 약 73KB 정도의 엄청난 메모리 용량을 필요로 한다. 이는 많은 8비트급의 마이크로컨트롤러 응용 시스템에서 전체 주기억 용량을 초과하는 많은 양의 메모리이므로

처리하기가 어려워서 거의 실용적이지 못하다.

만약 조합형 한글로 만들 수 있는 11,172자의 한글을 모두 이런 식으로 완성형 폰트로 만들어 저장한다면 11,172자×32바이트 = 357,504 바이트라는 방대한 메모리 용량이 필요하게 된다. 이와 같이 마이크로컨트롤러 응용 시스템의 TFT-LCD 모듈에서 한글을 표시할 때 대부분 조합형 처리방식을 선호하는 가장 중요한 이유는 바로 폰트 데이터를 저장하는데 메모리 용량을 작게 차지하기 때문이다.

8×4×4벌을 사용하는 조합형 한글의 표시 방식을 요약하면 <표 4.6.3>과 같다. 이와 같이 한글의 구조에 따라 8×4×4벌로 나누어 처리하는 이유는 각각의 경우에 해당하는 한글 음절의 글자들을 살펴보면서 한글의 과학성과 아름다움을 이해한다면 충분히 알 수 있게 될 것이다.

이제 2바이트(16비트) 조합형 한글 코드로 표시된 문자 코드를 받아서 이를 화면에 표시하는 알고리즘을 차례로 요약하여 설명하면 다음과 같다.

① 2바이트의 한글 코드로부터 각각 초성, 중성, 종성에 해당하는 5비트의 코드값을 분리한다.

```
void TFT_Korean(unsigned int Kcode)
{ unsigned char cho_5bit;                          // 초성
  unsigned char joong_5bit;                        // 중성
  unsigned char jong_5bit;                         // 종성

  cho_5bit   = (Kcode >> 10) & 0x001F;
  joong_5bit = (Kcode >> 5) & 0x001F;
  jong_5bit  = Kcode & 0x001F;
       .
       .
       .
}
```

② 그런데, 이들 5비트의 코드는 2바이트 조합형 한글 코드표에서 초성, 중성, 종성 모두 각 자소들이 순차적으로 정의되어 있지 않기 때문에, 예를 들어 초성의 경우 "ㄱ, ㄲ, ㄴ, ㄷ, ㄸ, ..."에 순서대로 1, 2, 3, 4, 5, ...의 번호를 매길 수가 없으므로 아래와 같이 인덱스 테이블로 처리하면 편리하다. 이렇게 하여 만들어지는 인덱스 번호는 <표 4.6.2>에서 표시한 것과 같다.

```
unsigned char table_cho[21]={0,0,1,2,3,4,5,6,7,8,9,10,11,12,13,14,15,16,17,18,19};
unsigned char table_joong[30]={0,0,0,1,2,3,4,5,0,0,6,7,8,9,10,11,0,0,12,13,14,15,16,17,0,0,18,19,20,21};
unsigned char table_jong[30]={0,0,1,2,3,4,5,6,7,8,9,10,11,12,13,14,15,16,0,17,18,19,20,21,22,23,24,25,26,27};
```

```
void TFT_Korean(unsigned int Kcode)
{ unsigned char cho_5bit;                              // 초성
  unsigned char joong_5bit;                            // 중성
  unsigned char jong_5bit;                             // 종성

  cho_5bit   = table_cho[(Kcode >> 10) & 0x001F];
  joong_5bit = table_joong[(Kcode >> 5) & 0x001F];
  jong_5bit  = table_jong[Kcode & 0x001F];
       .
       .
       .
}
```

③ 여기서는 초성, 중성, 종성에 8×4×4벌 방식을 사용하는데, 이것들의 조합에 따른 각 자소들의 벌수를 알아내는 것도 상당히 복잡하므로 역시 테이블로 처리하는 것이 편리하다.

```
unsigned char table_cho[21]={0,0,1,2,3,4,5,6,7,8,9,10,11,12,13,14,15,16,17,18,19};
unsigned char table_joong[30]={0,0,0,1,2,3,4,5,0,0,6,7,8,9,10,11,0,0,12,13,14,15,16,17,0,0,18,19,20,21};
unsigned char table_jong[30]={0,0,1,2,3,4,5,6,7,8,9,10,11,12,13,14,15,16,0,17,18,19,20,21,22,23,24,25,26,27};
unsigned char bul_cho1[22]={0,0,0,0,0,0,0,0,0,1,3,3,3,1,2,4,4,4,2,1,3,0};
unsigned char bul_cho2[22]={0,5,5,5,5,5,5,5,5,6,7,7,7,6,6,7,7,7,6,6,7,5};
unsigned char bul_jong[22]={0,0,2,0,2,1,2,1,2,3,0,2,1,3,3,1,2,1,3,3,1,1};

void TFT_Korean(unsigned int Kcode)
{ unsigned char cho_5bit;                              // 초성
  unsigned char joong_5bit;                            // 중성
  unsigned char jong_5bit;                             // 종성
  unsigned char cho_bul, joong_bul, jong_bul;          // 초성, 중성, 종성의 벌수

  cho_5bit   = table_cho[(Kcode >> 10) & 0x001F];
  joong_5bit = table_joong[(Kcode >> 5) & 0x001F];
  jong_5bit  = table_jong[Kcode & 0x001F];

  if(jong_5bit == 0)                                   // 먼저 종성이 있는지 없는지를 조사
    { cho_bul = bul_cho1[joong_5bit];                  // 초성
      if(cho_5bit == 1 || cho_5bit == 16)              // 중성
        joong_bul = 0;
      else
        joong_bul = 1;
    }
  else
    { cho_bul = bul_cho2[joong_5bit];                  // 초성
      if(cho_5bit == 1 || cho_5bit == 16)              // 중성
        joong_bul = 2;
      else
        joong_bul = 3;
      jong_bul = bul_jong[joong_5bit];                 // 종성
    }
       .
       .
       .
}
```

④ 이렇게 하여 cho_bul, joong_bul, jong_bul이 결정되면 이에 따라 각각 초성, 중성, 종성의 문자 폰트 중에서 이 벌수에 해당하는 것을 꺼내어 사용하면 된다. 이와 같이 해당 폰트를 얻기 위해서는 어드레스를 올바르게 계산해야 한다. 각 글자 폰트들은 모두 32바이트씩으로 이루어져 있으므로 초성이나 중성의 각 자소별 코드에 32를 곱하면 해당 자소의 위치를 알 수 있다. 그러나, 벌수의 경우에는 자소 하나를 뛰어 넘는 것이 아니라 한 벌 전체를 건너뛰는 것이므로 각 벌의 크기를 알아야 한다. 예를 들어 초성의 경우 20자(fill code 포함)이니 20×32하면 한 벌의 크기가 된다.

초성 : 20자×32 = 640
중성 : 22자×32 = 704
종성 : 28자×32 = 896
전체 폰트의 메모리 용량 = 640×8 + 704×4 + 896×4 = 5,120+2,816+3,584 = 11,520 바이트

따라서, 초성, 중성, 종성의 자소 및 벌수에 따른 폰트 데이터를 얻기 위한 계산식은 아래와 같이 나타낼 수 있다.

초성의 폰트 = (cho_bul×20 + cho_5bit)×32 에서부터 32바이트
중성의 폰트 = (8×20 + joong_bul×22 + joong_5bit)×32 에서부터 32바이트
종성의 폰트 = (8×20 + 4×22 + jong_bul×28 + jong_5bit)×32 에서부터 32바이트

⑤ 이렇게 하여 원하는 초성, 중성, 종성의 폰트를 얻을 수 있게 되면 이것들을 모두 같은 32바이트 버퍼에서 OR로 합하여 1개의 완성된 문자를 생성한다. 이렇게 만들어진 32바이트의 버퍼를 <그림 4.6.3>에서 설명한 방법처럼 차례로 TFT-LCD 모듈에 출력하면 된다.

```
unsigned char table_cho[21]={0,0,1,2,3,4,5,6,7,8,9,10,11,12,13,14,15,16,17,18,19};
unsigned char table_joong[30]={0,0,0,1,2,3,4,5,0,0,6,7,8,9,10,11,0,0,12,13,14,15,16,17,0,0,18,19,20,21};
unsigned char table_jong[30]={0,0,1,2,3,4,5,6,7,8,9,10,11,12,13,14,15,16,0,17,18,19,20,21,22,23,24,25,26,27};
unsigned char bul_cho1[22]={0,0,0,0,0,0,0,0,0,0,1,3,3,3,1,2,4,4,4,2,1,3,0};
unsigned char bul_cho2[22]={0,5,5,5,5,5,5,5,5,6,7,7,7,6,6,7,7,7,6,6,7,5};
unsigned char bul_jong[22]={0,0,2,0,2,1,2,1,2,3,0,2,1,3,3,1,2,1,3,3,1,1};

unsigned char KoreanBuffer[32];
unsigned char K_font[8*20 + 4*22 + 4*28][32];

void TFT_Korean(unsigned int Kcode)
{ unsigned char cho_5bit;                         // 초성
  unsigned char joong_5bit;                       // 중성
  unsigned char jong_5bit;                        // 종성
  unsigned char cho_bul, joong_bul, jong_bul;     // 초성, 중성, 종성의 벌수
  unsigned char i;
  unsigned int ch;
```

```
    cho_5bit   = table_cho[(Kcode >> 10) & 0x001F];
    joong_5bit = table_joong[(Kcode >> 5) & 0x001F];
    jong_5bit  = table_jong[Kcode & 0x001F];

    if(jong_5bit == 0)                          // 먼저 종성이 있는지 없는지를 조사
      { cho_bul = bul_cho1[joong_5bit];         // 초성
        if(cho_5bit == 1 || cho_5bit == 16)     // 중성
          joong_bul = 0;
        else
          joong_bul = 1;
      }
    else
      { cho_bul = bul_cho2[joong_5bit];         // 초성
        if(cho_5bit == 1 || cho_5bit == 16)     // 중성
          joong_bul = 2;
        else
          joong_bul = 3;
        jong_bul = bul_jong[joong_5bit];        // 종성
      }

    ch = cho_bul*20 + cho_5bit;                 // 초성 폰트를 읽어 버퍼로 복사
    for(i = 0; i < 32; i++)
      KoreanBuffer[i] = K_font[ch][i];

    ch = 8*20 + joong_bul*22 + joong_5bit;      // 중성 폰트를 읽어 버퍼에 OR
    for(i = 0; i < 32; i++)
      KoreanBuffer[i] |= K_font[ch][i];

    ch = 8*20 + 4*22 + jong_bul*28 + jong_5bit; // 종성 폰트를 읽어 버퍼에 OR
    for(i = 0; i < 32; i++)
      KoreanBuffer[i] |= K_font[ch][i];
        .
        .
        .
}
```

이렇게 만들어진 한글 폰트 데이터를 컬러 TFT-LCD 모듈에 출력하기 위하여 각 픽셀의 컬러 데이터로 변환하는 동작은 단색 그래픽 LCD 모듈에서와 전혀 다르다. 즉, 단색 그래픽 LCD 모듈에서는 폰트 데이터의 1비트가 화면의 1도트에 대응하므로 위와 같이 만들어진 버퍼 KoreanBuffer[32]의 폰트 데이터를 그냥 LCD에 출력하면 되었다. 그러면 1의 값을 가지는 비트에는 도트가 밝게 출력되고 0의 값을 가지는 비트는 어둡게 되어 도트가 출력되지 않았다.

그러나, 컬러 TFT-LCD 모듈에서는 이 폰트 데이터를 그냥 출력하면 안되며, 반드시 폰트 데이터의 각 비트를 이에 대응하는 전경색 16비트 컬러 데이터 또는 배경색 16비트 컬러 데이터로 변환하여 출력해야 한다. 즉, 폰트 데이터 1비트가 화면의 1픽셀에 대응하며, 이는 다시 16비트의 컬러 데이터에 대응된다. 현재의 문자를 어느 컬러로 표시할 것인지는 미리 지정되어 있으므로 폰트 데이터의 1로 된 비트는 그 컬러 코드

에 해당하는 16비트 데이터로 변환된다. 이렇게 문자를 표시하는 색을 전경색(foreground color)이라고 한다. 한편, 폰트 데이터의 0으로 된 비트는 미리 지정된 배경색(background color)에 해당하는 16비트 데이터로 변환된다. 만약 폰트 데이터의 0으로 된 비트를 출력하지 않고 그냥 건너뛰면 현재 화면의 바탕색이 그냥 유지되므로 이렇게 출력되는 문자를 투명 글씨(transparent character)라고 한다.

OK-STM103 키트에서 사용하는 TFT-LCD 모듈의 16×16픽셀 크기 조합형 한글용 폰트 파일은 C언어용의 기본 헤더파일 OK-STM103.h에 포함되어 제공되는데, 이 파일들의 내용은 앞의 제4.5절에서 이미 살펴보았다. STM32F103VET6의 경우에는 플래시 메모리가 512KB로 충분히 크므로 이 헤더파일에서는 명조체, 고딕체, 필기체 등 3가지의 한글 글씨체 폰트를 지원한다.

(5) 화면표시의 부수적인 기능

TFT-LCD 모듈에 영문 ASCII나 한글로 된 문자열을 표시할 때 고려해야 할 부수적인 기능으로는 줄바꿈 기능이나 밑줄(underscore) 표시 기능, 커서(cursor) 표시 기능, 외곽선(outline) 표시 기능, 투명 글씨 표시 기능 등과 같은 것이 있다.

▣ 줄바꿈 기능

대부분의 경우는 1행 이내의 길이를 갖는 짧은 문자열을 출력하므로 문제가 없지만 TFT_string() 함수로 한 번에 1행의 길이를 넘는 긴 문자열을 출력하는 경우에는 행의 끝에서 자동으로 줄바꿈 기능을 수행하도록 처리해야 편리하다. 이 경우 1행이 끝나면 줄바꿈 기능을 수행하는 것이 당연하지만, 마지막에 반각 1글자 분량의 공간이 남아있더라도 한글 문자를 표시하는 것은 불가능하므로 이 경우에도 줄바꿈 기능을 수행해야 한다.

헤더파일 OK-STM103.h의 TFT-LCD 모듈 화면 표시 함수에서는 이러한 줄바꿈 기능을 위하여 현재 출력하는 문자의 위치를 Xcharacter와 Ycharacter 전역변수로 관리한다. 반각인 영문 ASCII 문자를 출력할 때마다 Xcharacter를 1씩 증가시키며, 전각인 한글 글자를 출력할 때마다 Xcharacter를 2씩 증가시킨다. 그러다가 행의 마지막 부분에서 줄바꿈 기능이 필요하면 Xcharacter를 0으로 만들고 Ycharacter를 2만큼 증가시키면 된다.

▣ 밑줄 표시 기능

OK-STM103.h 헤더파일에서는 기본적으로 underscore_flag = 0으로 되어 있어서 밑줄을 표시하지 않는 모드에 있으므로, 화면에 출력하는 문자에 밑줄을 표시하도록 하려면 먼저 TFT_underscore(U16 cursor_color) 함수를 사용하여 underscore_flag = 1로 설정하고 밑줄의 색깔을 지정한다.

다시 밑줄이 보이지 않는 상태로 해제하려면 TFT_underscore(Transparent) 함수를 사용하여 커서의 색깔을 투명하게 지정하면 된다.

▣ 커서 표시 기능

텍스트 LCD 모듈에서는 LCD 컨트롤러가 하드웨어적으로 커서 표시 기능을 지원하므로 처리하기가 쉬웠지만, TFT-LCD 모듈에 커서를 표시하려면 이는 사용자 프로그램에서 소프트웨어적으로 처리해야 한다. TFT-LCD 화면에 출력할 문자의 폰트를 사용자가 일일이 픽셀 데이터로 변환하여 디스플레이하는 것처럼 당연히 커서도 사용자 프로그램에서 소프트웨어적으로 처리해야 한다. 그러나, 커서는 항상 필요한 것은 아니므로 커서가 화면에 표시되도록 하고 싶을 경우에만 이를 디스플레이 ON 상태로 설정하도록 처리하는 것이 좋으며, 항상 사용자 프로그램에서 커서의 위치를 기억하여 관리해야 한다.

헤더파일 OK-STM103.h의 TFT-LCD 모듈 화면 표시 함수에서는 이러한 커서 표시 기능을 위하여 현재 커서의 위치를 Xcursor와 Ycursor 전역변수로 관리한다. 영문 ASCII 문자나 한글 글자를 출력할 때마다 현재의 Xcharacter 값이 Xcursor와 같고 Ycharacter 값이 Ycursor와 같은가를 비교하여 이것들이 모두 일치하면 현재의 문자를 출력할 때 커서를 함께 표시한다. 여기서 커서는 문자 박스에서 가장 아랫부분 2줄의 픽셀에 수평으로 직선을 긋는 것으로 표시하며, 반각(8×16 픽셀)인 영문 ASCII 문자와 전각(16×16 픽셀)인 한글 글자의 폭에 각각 맞도록 표시한다.

OK-STM103.h 헤더파일에서는 기본적으로 cursor_flag = 0으로 되어 있어서 커서를 표시하지 않는 모드에 있으므로, TFT-LCD 모듈 화면에 커서가 보이도록 하려면 먼저 TFT_cursor(U16 cursor_color) 함수를 사용하여 cursor_flag = 1로 설정하고 커서의 색깔을 지정한다. 그리고 나서 커서의 위치를 전역변수 Xcursor와 Ycursor로 지정한다. 커서의 위치는 필요할 때마다 사용자 프로그램에서 Xcursor 및 Ycursor 변수의 값을 적절히 수정하는 방법으로 변경할 수 있다. 커서의 위치는 8픽셀 단위로 움직이는 행단위 및 열단위에 해당하므로 전역변수 Xcursor 및 Ycursor의 사용가능 범위는 전역변수 Xcharacter 및 Ycharacter의 사용가능 범위와 같다.

다시 커서를 보이지 않는 상태로 해제하려면 TFT_cursor(Transparent) 함수를 사용하여 커서의 색깔을 투명하게 지정하면 된다.

■ 투명 글씨 표시 기능

TFT-LCD 모듈 화면에 문자를 출력할 때 전경색과 배경색의 종류를 합리적으로 잘 선택하면 화면에서 글씨가 항상 선명하게 잘 보이도록 처리할 수 있다. 그러나, 화면에 이미 정해져 있는 배경색이나 그림이 표시되어 있는 상태에서 이 배경을 망가뜨리지 않고 여기에 추가로 원하는 문자를 디스플레이하려면 배경 부분을 새로 출력하지 말고 글씨 부분만 출력해야 한다. 이러한 방법으로 출력하는 문자를 흔히 투명 글씨(transparent character)라고 한다.

OK-STM103.h 헤더파일에는 모든 문자출력 함수에 투명 글씨를 처리하는 기능을 가지고 있는데, 이렇게 문자를 투명 글씨로 표시하려면 문자를 출력할 때 전경색은 원하는 색을 지정하고 배경색을 Transparent로 지정하면 된다.

■ 외곽선체 표시 기능

이미 정해진 배경 위에 투명 글씨를 출력하면서 불가피하게 배경 부분과 투명 글씨 부분의 색을 서로 같거나 비슷하게 지정해야 하는 경우에는 사람의 눈으로 이 글씨를 쉽게 알아보기가 어렵게 된다. 이런 예는 그림 파일을 화면에 먼저 출력하고 그 위에 투명 글씨로 파일명을 표시하거나 메시지를 출력하는 경우에 흔히 볼 수 있다.

이런 문제를 해결하는 좋은 방법은 투명 글씨에 외곽선을 추가하는 것이다. 즉, TFT-LCD 모듈의 화면에 문자를 출력하면서 글씨 부분은 정상적으로 출력하고 이 글씨의 주변에 지정된 색으로 외곽선을 표시하는 것이다. 이렇게 하면 글씨 부분과 배경의 색깔이 비슷하더라도 그 경계선이 또렷해져서 시각적 효과가 크게 향상된다. 이러한 문자의 외곽선 처리는 투명 글씨는 물론이고 정상적으로 전경색과 배경색을 지정하는 문자의 경우에도 사용이 가능하다.

OK-STM103.h 헤더파일에서는 기본적으로 outline_flag = 0으로 되어 있어서 외곽선을 표시하지 않는 상태에 있으므로, 이제부터 출력할 문자에 외곽선이 보이도록 하려면 TFT_outline(U16 outline_color) 함수를 사용하여 outline_flag = 1로 설정하고 외곽선의 색깔을 적절하게 지정한다.

다시 외곽선이 보이지 않는 상태로 해제하려면 TFT_outline(Transparent) 함수를 사용하여 외곽선의 색깔을 투명하게 지정한다.

(6) 완성형 코드를 조합형 코드로 자동 변환하는 기능

이상에서 조합형 한글 코드를 사용하여 TFT-LCD 모듈에 한글 글자를 표시하는 기술에 대하여 설명하였다. 그러나, 현재 퍼스널컴퓨터의 Windows 운영체제에서는 모두 기본적으로 KS 완성형 코드를 사용하여 한글 문자를 처리하며, 따라서 우리가 여기에서 C언어 소스 프로그램을 작성하고 컴파일하면 한글 문자들은 모두 완성형 코드로 저장되므로 TFT-LCD 모듈에 한글 문자들이 모두 깨져서 알 수 없는 모양으로 나타나게 된다. 하지만 앞에서 설명하였듯이 *OK-STM103* 키트에서 직접 완성형 코드 방식으로 한글을 표시하려면 문자 폰트를 저장하는데 프로그램 메모리의 용량을 너무 많이 차지하므로 사용하기가 어렵다.

이러한 문제를 해결하는 하나의 좋은 방법은 완성형 코드로 작성된 사용자 프로그램을 실행할 때 이를 한글 출력 루틴의 내부에서 조합형 코드로 변환하여 출력하는 것이다. 즉, 기본적으로는 조합형 처리방식을 그대로 사용하면서 한글을 출력하는 함수에 한글 코드값을 인수로 넘겨주기 직전에 이 코드값을 완성형에서 조합형으로 변환하는 것이다.

기본 헤더파일 OK-STM103.h에서는 이처럼 KS 완성형 한글 코드를 KS 조합형 한글 코드로 변환하는 KS_code_conversion() 함수를 제공한다. 이들 2가지의 한글 코드에는 서로 아무런 규칙성을 갖지 않으므로 코드를 상호 변환하려면 변환 테이블을 사용하는 것이 좋으며, 이 함수에서는 OK-STM103.h 헤더파일에 포함된 코드변환 테이블을 사용하여 KS 완성형 코드(변수명 KS_code)를 KS 조합형 코드(변수명 KSSM)로 변환한다.

2. 큰 글씨를 출력하는 기능

앞의 제4.5절에서 설명한 8×16 픽셀의 반각 영문 ASCII 문자나 이번 절에서 설명한 16×16 픽셀의 전각 한글 문자들은 320×240 픽셀의 해상도를 갖는 TFT-LCD 모듈에서 훌륭하게 사용된다. 그러나, 응용 시스템에 따라서는 이 정도의 글씨로는 크기가 너무 작아서 사용하기에 불편할 경우도 있다. 이때는 화면에 글씨를 좀더 크게 표시할 필요가 있는데, 그 방법에는 2가지를 생각할 수 있다.

첫번째 방법은 기존의 영문 ASCII 문자나 한글 폰트를 화면에 출력할 때 일정한 비율로 확대하여 출력하는 것이다. 이를테면 가로 및 세로 방향으로 각각 2배를 확대하여 4배 크기의 글씨를 출력한다. 이와 같이 비트맵 방식으로 문자를 확대하면 기존의 폰트를 그대로 사용하므로 메모리 용량은 절약되지만 글자의 모양이 그다지 미려하지는 못하다는 단점이 있다.

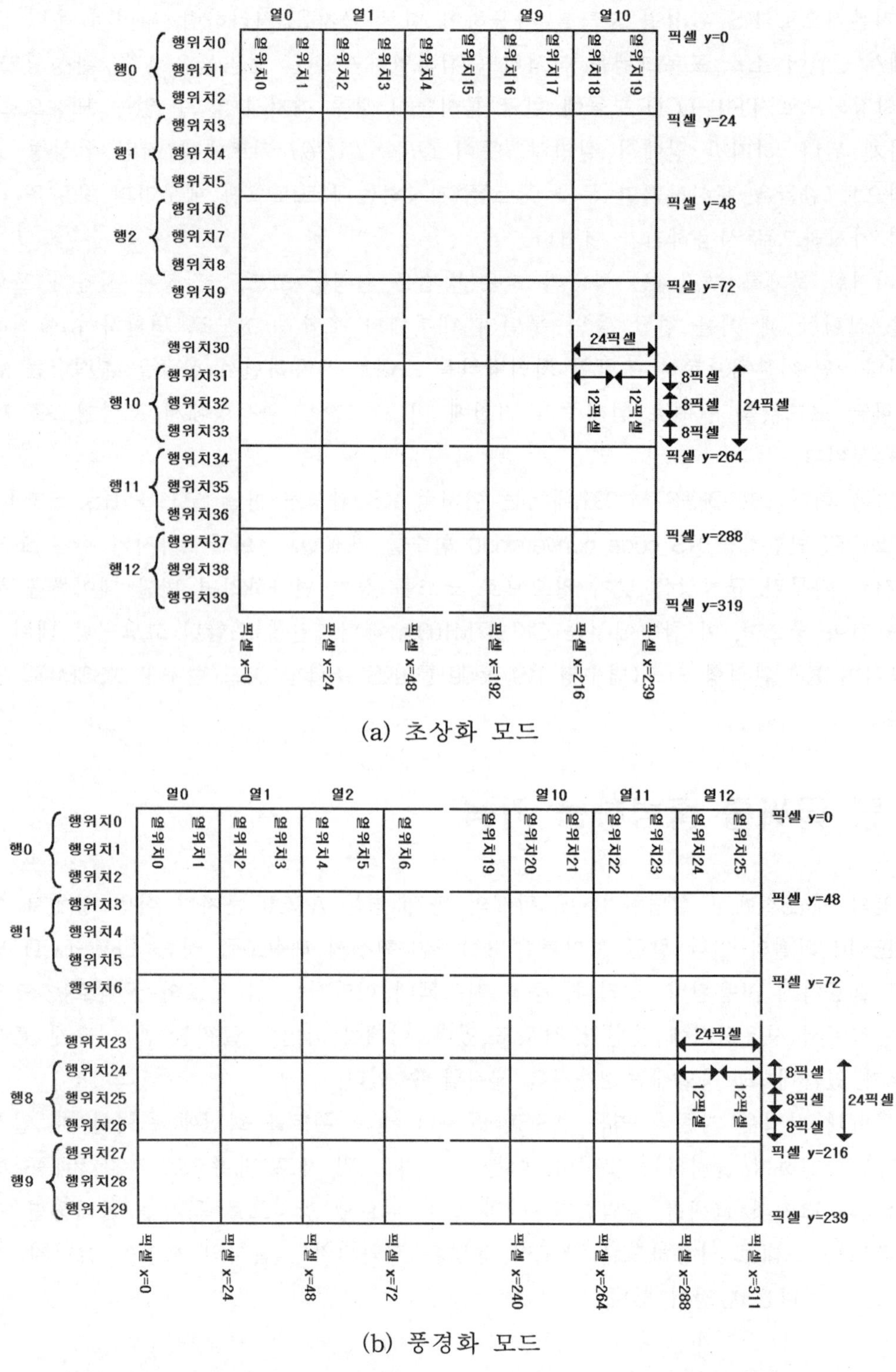

(a) 초상화 모드

(b) 풍경화 모드

<그림 4.6.4> TFT-LCD 모듈 화면에 24×24 픽셀의 한글 글자를 표시하는 방법

두번째 방법은 좀더 큰 문자를 표시하기 위한 새로운 폰트 데이터를 사용하는 것이다. 이 방법은 폰트 데이터를 저장하는데 당연히 더 많은 메모리 용량을 필요로 한다. 이 책에서는 12×24 픽셀의 영문 ASCII 문자용 폰트와 24×24 픽셀의 한글용 폰트를 추가로 제공하며, 물론 이것들을 출력하기 위한 함수도 함께 제공한다. 이때 TFT-LCD 모듈의 화면 사용을 정리하면 <그림 4.6.4>와 같다. 이와 같은 큰 글씨는 당연히 앞의 8×16 픽셀 영문 ASCII 문자나 16×16 픽셀의 한글 문자에 비하여 훨씬 미려한 글씨체를 자랑한다.

8×16 픽셀의 영문 ASCII 문자용 폰트와 16×16 픽셀의 한글용 폰트 및 이것들을 출력하기 위한 함수를 제공하는 헤더파일 OK-STM103.h는 앞의 제4.5절에서 보였고, 여기서 사용하는 함수들은 <표 4.5.2>에 정리한 바 있다. 12×24 픽셀의 영문 ASCII 문자용 폰트와 24×24 픽셀의 한글용 폰트는 물론이고 이것들을 출력하기 위한 함수를 제공하는 헤더파일 OK-STM103_large.h의 내용은 다음과 같다. STM32F103VET6의 플래시 메모리가 512KB로 충분히 크므로 24×24 픽셀의 한글에 대해서도 명조체, 고딕체, 필기체 등 3가지의 한글 글씨체 폰트를 사용할 수 있도록 지원한다.

<헤더파일 OK-STM103_large.h> TFT-LCD용 영문 ASCII 및 한글 큰 글씨 처리

```
/* ========================================================================== */
/*              OK-STM103 V1.0 키트용(STM32F103VET6) 큰 글씨 헤더 파일          */
/* ========================================================================== */
/*                                    Programmed by Duck-Yong Yoon in 2017.   */

// --------------------------------------------------------------------------
//  이 헤더파일은 OK-STM103 키트 V1.0을 위한 것입니다. 이것은 아래의 조건에서만
//  올바른 동작을 보장합니다.
// --------------------------------------------------------------------------
//      (1) 시스템 클록   : 72MHz
//      (2) C 컴파일러    : IAR EWARM V7.80.2
//      (3) 최적화 옵션   : High/Size
//      (4) CSTACK 크기   : 0x1000
//      (5) TFT-LCD 모듈  : Ohm사 FL320QVC18-A0(HX8347-A)
//      (6) 인클루드      : 기본 헤더 파일 OK-STM103.h의 뒤에 인클루드할 것.
// --------------------------------------------------------------------------

/* -------------------------------------------------------------------------- */
/*                        24x24 한글 명조체 폰트                               */
/* -------------------------------------------------------------------------- */
const unsigned char KM_font_large[360][72] = {  /* 24x24 Korean character font */
  {0x00,0x00,0x00,0x00,0x00,0x00,0x00,0x00,0x00,0x00,0x00,0x00,0x00,0x00,0x00,0x00,0x00,0x00,
   0x00,0x00,0x00,0x00,0x00,0x00,0x00,0x00,0x00,0x00,0x00,0x00,0x00,0x00,0x00,0x00,0x00,0x00,
   0x00,0x00,0x00,0x00,0x00,0x00,0x00,0x00,0x00,0x00,0x00,0x00,0x00,0x00,0x00,0x00,0x00,0x00,
   0x00,0x00,0x00,0x00,0x00,0x00,0x00,0x00,0x00,0x00,0x00,0x00,0x00,0x00,0x00,0x00,0x00,0x00},
  {0x00,0x00,0x40,0xC0,0xC0,0x40,0x40,0x40,0x40,0xC0,0xC0,0xC0,0x00,0x00,0x00,0x00,0x00,0x00,
   0x00,0x00,0x00,0x00,0x00,0x00,0x00,0x00,0x00,0x00,0x00,0x80,0xC0,0x70,0x3C,0x0F,0x07,0x01,
   0x00,0x00,0x00,0x00,0x00,0x00,0x00,0x00,0x00,0x00,0x00,0x00,0x00,0x00,0x04,0x02,0x03,0x01,
   0x00,0x00,0x00,0x00,0x00,0x00,0x00,0x00,0x00,0x00,0x00,0x00,0x00,0x00,0x00,0x00,0x00,0x00},

                                (중간 생략)

  {0x00,0x00,0x00,0x00,0x00,0x00,0x00,0x00,0x00,0x00,0x00,0x00,0x00,0x00,0x00,0x00,0x00,0x00,
   0x00,0x00,0x00,0x00,0x00,0x00,0x00,0x00,0x00,0x00,0x00,0x80,0x80,0x80,0x80,0x80,0x80,0x80,
   0x80,0x80,0x80,0x80,0x80,0xC0,0xC0,0x80,0x00,0x00,0x00,0x00,0x00,0x00,0x00,0x00,0x40,0xC0,
```

```
   0xC1,0x40,0x42,0x7E,0x5C,0x40,0x40,0x41,0x7F,0x5E,0x40,0x40,0x60,0x60,0x40,0x00,0x00,0x00},
  {0x00,0x00,0x00,0x00,0x00,0x00,0x00,0x00,0x00,0x00,0x00,0x00,0x00,0x00,0x00,0x00,0x00,0x00,
   0x00,0x00,0x00,0x00,0x00,0x00,0x00,0x00,0x00,0x00,0x80,0x00,0x00,0x00,0x00,0x20,0x20,0x60,
   0x60,0x60,0x40,0x00,0x00,0x80,0x80,0x00,0x00,0x00,0x00,0x00,0x00,0x00,0x00,0x00,0x00,0x01,
   0x03,0x03,0x31,0x79,0xCD,0x85,0x87,0x87,0xCD,0x79,0x31,0x01,0x01,0x01,0x00,0x00,0x00,0x00}};

/* -------------------------------------------------------------------------- */
/*                    24x24 한글 고딕체 폰트                                  */
/* -------------------------------------------------------------------------- */
const unsigned char KG_font_large[360][72] = {  /* 24x24 Korean character font */
  {0x00,0x00,0x00,0x00,0x00,0x00,0x00,0x00,0x00,0x00,0x00,0x00,0x00,0x00,0x00,0x00,0x00,0x00,
   0x00,0x00,0x00,0x00,0x00,0x00,0x00,0x00,0x00,0x00,0x00,0x00,0x00,0x00,0x00,0x00,0x00,0x00,
   0x00,0x00,0x00,0x00,0x00,0x00,0x00,0x00,0x00,0x00,0x00,0x00,0x00,0x00,0x00,0x00,0x00,0x00,
   0x00,0x00,0x00,0x00,0x00,0x00,0x00,0x00,0x00,0x00,0x00,0x00,0x00,0x00,0x00,0x00,0x00,0x00},
  {0x00,0x10,0x10,0x10,0x10,0x10,0x10,0x10,0x10,0x10,0x10,0xF0,0xF0,0x00,0x00,0x00,0x00,0x00,
   0x00,0x00,0x00,0x00,0x00,0x00,0x00,0x00,0x00,0x00,0x00,0x80,0xC0,0x60,0x30,0x1C,0x0F,0x03,
   0x00,0x00,0x00,0x00,0x00,0x00,0x00,0x00,0x00,0x00,0x00,0x00,0x00,0x04,0x04,0x02,0x03,0x01,
   0x00,0x00,0x00,0x00,0x00,0x00,0x00,0x00,0x00,0x00,0x00,0x00,0x00,0x00,0x00,0x00,0x00,0x00},

                    (중간 생략)

  {0x00,0x00,0x00,0x00,0x00,0x00,0x00,0x00,0x00,0x00,0x00,0x00,0x00,0x00,0x00,0x00,0x00,0x00,
   0x00,0x00,0x00,0x00,0x00,0x00,0x00,0x00,0x00,0x00,0x80,0x80,0x80,0x80,0x80,0x80,0x80,0x80,
   0x80,0x80,0x80,0x80,0x80,0x80,0x80,0x80,0x00,0x00,0x00,0x00,0x00,0x00,0x00,0x00,0x40,0x40,
   0x40,0x7F,0x7F,0x40,0x40,0x40,0x40,0x40,0x40,0x7F,0x7F,0x40,0x40,0x40,0x00,0x00,0x00,0x00},
  {0x00,0x00,0x00,0x00,0x00,0x00,0x00,0x00,0x00,0x00,0x00,0x00,0x00,0x00,0x00,0x00,0x00,0x00,
   0x00,0x00,0x00,0x00,0x00,0x00,0x00,0x00,0x00,0x00,0x00,0x00,0x00,0x00,0x40,0x40,0x40,0x40,
   0x40,0x40,0x40,0x40,0x00,0x00,0x00,0x00,0x00,0x00,0x00,0x00,0x00,0x00,0x00,0x00,0x01,0x19,
   0x3D,0x25,0x67,0x43,0x43,0x43,0x43,0x43,0x43,0x67,0x25,0x3D,0x19,0x01,0x00,0x00,0x00,0x00}};

/* -------------------------------------------------------------------------- */
/*                    24x24 한글 필기체 폰트                                  */
/* -------------------------------------------------------------------------- */
const unsigned char KP_font_large[360][72] = {  /* 24x24 Korean character font */
  {0x00,0x00,0x00,0x00,0x00,0x00,0x00,0x00,0x00,0x00,0x00,0x00,0x00,0x00,0x00,0x00,0x00,0x00,
   0x00,0x00,0x00,0x00,0x00,0x00,0x00,0x00,0x00,0x00,0x00,0x00,0x00,0x00,0x00,0x00,0x00,0x00,
   0x00,0x00,0x00,0x00,0x00,0x00,0x00,0x00,0x00,0x00,0x00,0x00,0x00,0x00,0x00,0x00,0x00,0x00,
   0x00,0x00,0x00,0x00,0x00,0x00,0x00,0x00,0x00,0x00,0x00,0x00,0x00,0x00,0x00,0x00,0x00,0x00},
  {0x00,0x10,0x10,0x10,0x10,0x10,0x10,0x10,0x10,0x10,0x10,0xF0,0xE0,0x00,0x00,0x00,0x00,0x00,
   0x00,0x00,0x00,0x00,0x00,0x00,0x00,0x00,0x00,0x00,0x00,0x00,0x00,0x00,0x00,0xE0,0xFE,0x1F,
   0x01,0x00,0x00,0x00,0x00,0x00,0x00,0x00,0x00,0x00,0x00,0x00,0x00,0x00,0x00,0x00,0x00,0x00,
   0x00,0x00,0x0E,0x0F,0x01,0x00,0x00,0x00,0x00,0x00,0x00,0x00,0x00,0x00,0x00,0x00,0x00,0x00},

                    (중간 생략)

  {0x00,0x00,0x00,0x00,0x00,0x00,0x00,0x00,0x00,0x00,0x00,0x00,0x00,0x00,0x00,0x00,0x00,0x00,
   0x00,0x00,0x00,0x00,0x00,0x00,0x00,0x00,0x00,0x00,0x00,0x00,0x00,0x00,0x00,0x00,0x00,0x00,
   0x00,0x00,0x00,0x00,0x00,0x00,0x00,0x00,0x00,0x00,0x00,0x00,0x00,0x00,0x00,0x00,0x00,0x00,
   0x00,0x01,0x31,0x79,0x4D,0x47,0x63,0x31,0x39,0x7D,0x4F,0x43,0x61,0x30,0x10,0x00,0x00,0x00},
  {0x00,0x00,0x00,0x00,0x00,0x00,0x00,0x00,0x00,0x00,0x00,0x00,0x00,0x00,0x00,0x00,0x00,0x00,
   0x00,0x00,0x00,0x00,0x00,0x00,0x00,0x00,0x00,0x00,0x00,0x00,0x00,0x00,0x00,0x00,0x00,0x80,
   0x80,0x00,0x00,0x00,0x00,0x00,0x00,0x00,0x00,0x00,0x00,0x00,0x00,0x00,0x00,0x00,0x00,0x00,
   0x02,0x02,0x02,0x62,0xF2,0x9A,0x8F,0xC7,0x62,0x32,0x1E,0x0C,0x00,0x00,0x00,0x00,0x00,0x00}};

/* -------------------------------------------------------------------------- */
/*                    12x24 영문 ASCII 명조체 폰트                            */
/* -------------------------------------------------------------------------- */
const unsigned char E_font_large[128][36] = {   /* 12x24 English ASCII character font */
  {0x00,0x00,0x00,0x00,0x00,0x00,0x00,0x00,0x00,0x00,0x00,0x00,0x00,0x00,0x00,0x00,0x00,0x00,  // 0x00
   0x00,0x00,0x00,0x00,0x00,0x00,0x00,0x00,0x00,0x00,0x00,0x00,0x00,0x00,0x00,0x00,0x00,0x00},
  {0x00,0x00,0xC0,0x20,0x20,0x10,0x10,0x10,0x20,0x20,0xC0,0x00,0x00,0xFF,0x00,0x00,0x46,0x86,  // 0x01
   0x80,0x86,0x46,0x00,0x00,0xFF,0x00,0x00,0x03,0x04,0x04,0x08,0x08,0x08,0x04,0x04,0x03,0x00},
  {0x00,0x00,0xC0,0xE0,0xE0,0xF0,0xF0,0xF0,0xE0,0xE0,0xC0,0x00,0x00,0xFF,0xFF,0xFF,0xB9,0x79,  // 0x02
   0x7F,0x79,0xB9,0xFF,0xFF,0xFF,0x00,0x00,0x03,0x07,0x07,0x0F,0x0F,0x0F,0x07,0x07,0x03,0x00},
  {0x00,0x00,0x80,0xC0,0xC0,0x80,0x00,0x80,0xC0,0xC0,0x80,0x00,0x00,0x1E,0x7F,0xFF,0xFF,0xFF,  // 0x03
   0xFF,0xFF,0xFF,0xFF,0x7F,0x1E,0x00,0x00,0x00,0x01,0x03,0x07,0x0F,0x07,0x03,0x01,0x00,0x00},
  {0x00,0x00,0x00,0x00,0x00,0x80,0xE0,0x80,0x00,0x00,0x00,0x00,0x00,0x10,0x38,0x7C,0xFE,0xFF,  // 0x04
   0xFF,0xFF,0xFE,0x7C,0x38,0x10,0x00,0x00,0x00,0x00,0x00,0x03,0x0F,0x03,0x00,0x00,0x00,0x00},
  {0x00,0x00,0x00,0x00,0x00,0x80,0xE0,0x80,0x00,0x00,0x00,0x00,0x00,0xF0,0xF8,0xFC,0xFE,0xFF,  // 0x05
   0xFF,0xFF,0xFE,0xFC,0xF8,0xF0,0x00,0x00,0x01,0x01,0x09,0x0C,0x0F,0x0C,0x09,0x01,0x01,0x00},
  {0x00,0x00,0x00,0x00,0xC0,0xE0,0xE0,0xE0,0xC0,0x00,0x00,0x00,0x00,0xF8,0xFC,0xFC,0xFB,0xFF,  // 0x06
   0xFF,0xFF,0xFB,0xFC,0xFC,0xF8,0x00,0x00,0x01,0x01,0x09,0x0C,0x0F,0x0C,0x09,0x01,0x01,0x00},
  {0x00,0x00,0x00,0x00,0x00,0x00,0x00,0x00,0x00,0x00,0x00,0x00,0x00,0x00,0x00,0x1C,0x3E,0x7F,  // 0x07
```

```
 0x7F, 0x7F, 0x3E, 0x1C, 0x00, 0x00, 0x00, 0x00, 0x00, 0x00, 0x00, 0x00, 0x00, 0x00, 0x00, 0x00, 0x00, 0x00},
{0x00, 0xFF, 0xFF, 0xFF, 0xFF, 0xFF, 0xFF, 0xFF, 0xFF, 0xFF, 0xFF, 0xFF, 0x00, 0xFF, 0xFF, 0xE3, 0xC1, 0x80,  // 0x08
 0x80, 0x80, 0xC1, 0xE3, 0xFF, 0xFF, 0x00, 0x7F, 0x7F, 0x7F, 0x7F, 0x7F, 0x7F, 0x7F, 0x7F, 0x7F, 0x7F, 0x7F},
{0x00, 0x00, 0x00, 0x00, 0x00, 0x00, 0x00, 0x00, 0x00, 0x00, 0x00, 0x00, 0x00, 0x00, 0x00, 0x3C, 0x42, 0x81,  // 0x09
 0x81, 0x81, 0x42, 0x3C, 0x00, 0x00, 0x00, 0x00, 0x00, 0x00, 0x00, 0x00, 0x00, 0x00, 0x00, 0x00, 0x00, 0x00},
{0x00, 0xFF, 0xFF, 0xFF, 0xFF, 0xFF, 0xFF, 0xFF, 0xFF, 0xFF, 0xFF, 0xFF, 0x00, 0xFF, 0xFF, 0x81, 0x3C, 0x7E,  // 0x0A
 0x7E, 0x7E, 0x3C, 0x81, 0xFF, 0xFF, 0x00, 0x7F, 0x7F, 0x7F, 0x7F, 0x7F, 0x7F, 0x7F, 0x7F, 0x7F, 0x7F, 0x7F},
{0x00, 0x00, 0x00, 0x00, 0x00, 0x00, 0x20, 0x60, 0xE0, 0xE0, 0xE0, 0x00, 0x00, 0xC0, 0xE0, 0x30, 0x18, 0x1C,  // 0x0B
 0x36, 0xE3, 0xC1, 0x01, 0x03, 0x00, 0x00, 0x03, 0x07, 0x0C, 0x08, 0x08, 0x0C, 0x07, 0x03, 0x00, 0x00, 0x00},
{0x00, 0x80, 0xC0, 0x40, 0x60, 0x20, 0x20, 0x60, 0x40, 0xC0, 0x80, 0x00, 0x00, 0x07, 0x8F, 0x88, 0x98, 0xF0,  // 0x0C
 0xF0, 0x98, 0x88, 0x8F, 0x07, 0x00, 0x00, 0x00, 0x00, 0x00, 0x00, 0x0F, 0x0F, 0x00, 0x00, 0x00, 0x00, 0x00},
{0x00, 0x00, 0x00, 0x00, 0x00, 0x00, 0xF0, 0x30, 0x60, 0xC0, 0x80, 0x00, 0x00, 0x00, 0x00, 0x00, 0x80, 0x80,  // 0x0D
 0xFF, 0x00, 0x20, 0x18, 0x0F, 0x00, 0x00, 0x00, 0x06, 0x0F, 0x0F, 0x07, 0x03, 0x00, 0x00, 0x00, 0x00, 0x00},
{0x00, 0x00, 0x00, 0x00, 0x00, 0xF8, 0x98, 0x30, 0x60, 0xC0, 0x00, 0x00, 0x00, 0x80, 0xC0, 0xE0, 0xE0, 0xFF,  // 0x0E
 0x01, 0x03, 0x06, 0xFF, 0x00, 0x00, 0x00, 0x01, 0x03, 0x03, 0x01, 0x0C, 0x1E, 0x1F, 0x0F, 0x07, 0x00, 0x00},
{0x00, 0x00, 0x00, 0x00, 0x00, 0x00, 0xC0, 0x00, 0x00, 0x00, 0x00, 0x00, 0x00, 0x10, 0x11, 0xBA, 0x44, 0x82,  // 0xFF
 0x83, 0x82, 0x44, 0xBA, 0x11, 0x10, 0x00, 0x00, 0x01, 0x00, 0x00, 0x00, 0x07, 0x00, 0x00, 0x00, 0x01, 0x00},
{0x00, 0xE0, 0xC0, 0x80, 0x00, 0x00, 0x00, 0x00, 0x00, 0x00, 0x00, 0x00, 0x00, 0xFF, 0xFF, 0xFF, 0xFF, 0xFF,  // 0x10
 0x7E, 0x7E, 0x3C, 0x3C, 0x18, 0x18, 0x00, 0x07, 0x03, 0x01, 0x00, 0x00, 0x00, 0x00, 0x00, 0x00, 0x00, 0x00},
{0x00, 0x00, 0x00, 0x00, 0x00, 0x00, 0x00, 0x00, 0x00, 0x80, 0xC0, 0xE0, 0x00, 0x18, 0x18, 0x3C, 0x3C, 0x7E,  // 0x11
 0x7E, 0xFF, 0xFF, 0xFF, 0xFF, 0xFF, 0x00, 0x00, 0x00, 0x00, 0x00, 0x00, 0x00, 0x00, 0x00, 0x01, 0x03, 0x07},
{0x00, 0x00, 0x40, 0x60, 0x30, 0xF8, 0xF8, 0x30, 0x60, 0x40, 0x00, 0x00, 0x00, 0x00, 0x00, 0x00, 0x00, 0xFF,  // 0x12
 0xFF, 0x00, 0x00, 0x00, 0x00, 0x00, 0x00, 0x00, 0x01, 0x03, 0x06, 0x0F, 0x0F, 0x06, 0x03, 0x01, 0x00, 0x00},
{0x00, 0x00, 0xF0, 0xF8, 0xF0, 0x00, 0x00, 0xF0, 0xF8, 0xF0, 0x00, 0x00, 0x00, 0x00, 0x07, 0x3F, 0x07, 0x00,  // 0x13
 0x00, 0x07, 0x3F, 0x07, 0x00, 0x00, 0x00, 0x00, 0x06, 0x0F, 0x06, 0x00, 0x00, 0x06, 0x0F, 0x06, 0x00, 0x00},
{0x00, 0xE0, 0xF0, 0x30, 0x10, 0x10, 0xF0, 0xF0, 0x10, 0xF0, 0xF0, 0x10, 0x00, 0x03, 0x07, 0x06, 0x04, 0x04,  // 0x14
 0xFF, 0xFF, 0x00, 0xFF, 0xFF, 0x00, 0x00, 0x00, 0x00, 0x00, 0x00, 0x08, 0x0F, 0x0F, 0x08, 0x0F, 0x0F, 0x08},
{0x00, 0x00, 0xC0, 0xE0, 0x30, 0x10, 0x10, 0x10, 0x30, 0x60, 0xC0, 0x00, 0x00, 0x00, 0x18, 0x3D, 0x67, 0x42,  // 0x15
 0x42, 0x42, 0xE6, 0xBC, 0x18, 0x00, 0x00, 0x00, 0x03, 0x06, 0x0C, 0x08, 0x08, 0x08, 0x0C, 0x07, 0x03, 0x00},
{0x00, 0x00, 0x00, 0x00, 0x00, 0x00, 0x00, 0x00, 0x00, 0x00, 0x00, 0x00, 0x00, 0x80, 0x80, 0x80, 0x80, 0x80,  // 0x16
 0x80, 0x80, 0x80, 0x80, 0x80, 0x00, 0x00, 0x0F, 0x0F, 0x0F, 0x0F, 0x0F, 0x0F, 0x0F, 0x0F, 0x0F, 0x0F, 0x00},
{0x00, 0x00, 0x80, 0xC0, 0x60, 0xF0, 0xF0, 0x60, 0xC0, 0x80, 0x00, 0x00, 0x00, 0x00, 0x80, 0x80, 0x00, 0xFF,  // 0x17
 0xFF, 0x00, 0x80, 0x80, 0x00, 0x00, 0x00, 0x00, 0x18, 0x19, 0x1B, 0x1F, 0x1F, 0x1B, 0x19, 0x18, 0x00, 0x00},
{0x00, 0x00, 0x80, 0xC0, 0xE0, 0xF0, 0xF8, 0xF0, 0xE0, 0xC0, 0x80, 0x00, 0x00, 0x01, 0x01, 0x01, 0xFF, 0xFF,  // 0x18
 0xFF, 0xFF, 0xFF, 0x01, 0x01, 0x01, 0x00, 0x00, 0x00, 0x00, 0x0F, 0x0F, 0x0F, 0x0F, 0x0F, 0x00, 0x00, 0x00},
{0x00, 0x00, 0x00, 0x00, 0xF8, 0xF8, 0xF8, 0xF8, 0xF8, 0x00, 0x00, 0x00, 0x00, 0x40, 0xC0, 0xC0, 0xFF, 0xFF,  // 0x19
 0xFF, 0xFF, 0xFF, 0xC0, 0xC0, 0x40, 0x00, 0x00, 0x00, 0x01, 0x03, 0x07, 0x0F, 0x07, 0x03, 0x01, 0x00, 0x00},
{0x00, 0x00, 0x00, 0x00, 0x80, 0xC0, 0x00, 0x00, 0x00, 0x00, 0x00, 0x00, 0x08, 0x1C, 0x3E, 0x7F, 0xFF, 0xFF,  // 0x1A
 0x3E, 0x3E, 0x3E, 0x3E, 0x3E, 0x3E, 0x00, 0x00, 0x00, 0x00, 0x00, 0x01, 0x00, 0x00, 0x00, 0x00, 0x00, 0x00},
{0x00, 0x00, 0x00, 0x00, 0x00, 0x00, 0xC0, 0x80, 0x00, 0x00, 0x00, 0x00, 0x3E, 0x3E, 0x3E, 0x3E, 0x3E, 0x3E,  // 0x1B
 0xFF, 0xFF, 0x7F, 0x3E, 0x1C, 0x08, 0x00, 0x00, 0x00, 0x00, 0x00, 0x00, 0x01, 0x00, 0x00, 0x00, 0x00, 0x00},
{0x00, 0x00, 0x00, 0x00, 0x00, 0x00, 0x00, 0x00, 0x00, 0x00, 0x00, 0x00, 0x00, 0x00, 0xF8, 0xF8, 0x00, 0x00,  // 0x1C
 0x00, 0x00, 0x00, 0x00, 0x00, 0x00, 0x00, 0x00, 0x01, 0x01, 0x01, 0x01, 0x01, 0x01, 0x01, 0x01, 0x01, 0x00},
{0x00, 0x00, 0x00, 0x00, 0x00, 0x00, 0x00, 0x00, 0x00, 0x00, 0x00, 0x00, 0x00, 0x18, 0x3C, 0x7E, 0xDB, 0x18,  // 0x1D
 0x18, 0x18, 0xDB, 0x7E, 0x3C, 0x18, 0x00, 0x00, 0x00, 0x00, 0x00, 0x00, 0x00, 0x00, 0x00, 0x00, 0x00, 0x00},
{0x00, 0x00, 0x00, 0x00, 0x00, 0x80, 0x80, 0x00, 0x00, 0x00, 0x00, 0x00, 0x00, 0x80, 0xE0, 0xF8, 0xFE, 0xFF,  // 0x1E
 0xFF, 0xFE, 0xF8, 0xE0, 0x80, 0x00, 0x00, 0x01, 0x01, 0x01, 0x01, 0x01, 0x01, 0x01, 0x01, 0x01, 0x01, 0x00},
{0x00, 0x80, 0x80, 0x80, 0x80, 0x80, 0x80, 0x80, 0x80, 0x80, 0x80, 0x00, 0x00, 0x01, 0x07, 0x1F, 0x7F, 0xFF,  // 0x1F
 0xFF, 0x7F, 0x1F, 0x07, 0x01, 0x00, 0x00, 0x00, 0x00, 0x00, 0x00, 0x01, 0x01, 0x00, 0x00, 0x00, 0x00, 0x00},
{0x00, 0x00, 0x00, 0x00, 0x00, 0x00, 0x00, 0x00, 0x00, 0x00, 0x00, 0x00, 0x00, 0x00, 0x00, 0x00, 0x00, 0x00,  // space
 0x00, 0x00, 0x00, 0x00, 0x00, 0x00, 0x00, 0x00, 0x00, 0x00, 0x00, 0x00, 0x00, 0x00, 0x00, 0x00, 0x00, 0x00},
{0x00, 0x00, 0x00, 0x00, 0xF0, 0xF8, 0xF0, 0x00, 0x00, 0x00, 0x00, 0x00, 0x00, 0x00, 0x00, 0x00, 0x07, 0x3F,  // !
 0x07, 0x00, 0x00, 0x00, 0x00, 0x00, 0x00, 0x00, 0x00, 0x00, 0x06, 0x0F, 0x06, 0x00, 0x00, 0x00, 0x00, 0x00},
{0x00, 0x00, 0x10, 0xB8, 0xF8, 0x70, 0x00, 0x10, 0xB8, 0xF8, 0x70, 0x00, 0x00, 0x00, 0x01, 0x01, 0x00, 0x00,  // "
 0x00, 0x01, 0x01, 0x00, 0x00, 0x00, 0x00, 0x00, 0x00, 0x00, 0x00, 0x00, 0x00, 0x00, 0x00, 0x00, 0x00, 0x00},
{0x00, 0x00, 0x00, 0xF8, 0xF8, 0x80, 0x80, 0x80, 0xFC, 0xFC, 0x40, 0x40, 0x00, 0x81, 0x81, 0xFF, 0xFF, 0x40,  // #
 0x40, 0x40, 0xFF, 0xFF, 0x20, 0x20, 0x00, 0x00, 0x00, 0x0F, 0x0F, 0x00, 0x00, 0x00, 0x07, 0x07, 0x00, 0x00},
{0x00, 0xC0, 0xE0, 0x30, 0x10, 0xFC, 0xFC, 0x10, 0x30, 0x60, 0xF0, 0x00, 0x00, 0x83, 0x07, 0x0E, 0x0C, 0xFF,  // $
 0xFF, 0x30, 0x30, 0x60, 0xE1, 0xC0, 0x00, 0x0F, 0x06, 0x0C, 0x08, 0x3F, 0x3F, 0x08, 0x08, 0x0C, 0x07, 0x03},
{0x00, 0xF0, 0xF8, 0x08, 0x08, 0xF8, 0xF0, 0x00, 0xC0, 0x70, 0x1C, 0x04, 0x00, 0x00, 0x01, 0x01, 0xC1, 0x71,  // %
 0x9C, 0xC7, 0x41, 0x40, 0xC0, 0x80, 0x00, 0x10, 0x1C, 0x07, 0x01, 0x00, 0x07, 0x0F, 0x08, 0x08, 0x0F, 0x07},
{0x00, 0x00, 0xF0, 0xF8, 0x98, 0x08, 0x08, 0x98, 0xF0, 0x00, 0x00, 0x00, 0xF0, 0xF8, 0x1C, 0x0F, 0x07, 0x1F,  // &
 0x7B, 0xE1, 0xC8, 0xF8, 0x38, 0x08, 0x01, 0x07, 0x0E, 0x0C, 0x08, 0x0C, 0x06, 0x03, 0x03, 0x07, 0x0E, 0x07},
{0x00, 0x00, 0x00, 0x10, 0xB8, 0xF8, 0x70, 0x00, 0x00, 0x00, 0x00, 0x00, 0x00, 0x00, 0x00, 0x01, 0x01, 0x00,  // %
 0x00, 0x00, 0x00, 0x00, 0x00, 0x00, 0x00, 0x00, 0x00, 0x00, 0x00, 0x00, 0x00, 0x00, 0x00, 0x00, 0x00, 0x00},
{0x00, 0x00, 0x00, 0x00, 0x00, 0x80, 0xE0, 0x30, 0x08, 0x00, 0x00, 0x00, 0x00, 0x00, 0x00, 0x00, 0x7E, 0xFF,  // '
 0x81, 0x00, 0x00, 0x00, 0x00, 0x00, 0x00, 0x00, 0x00, 0x00, 0x00, 0x01, 0x07, 0x0C, 0x10, 0x00, 0x00, 0x00},
{0x00, 0x00, 0x00, 0x08, 0x30, 0xE0, 0x80, 0x00, 0x00, 0x00, 0x00, 0x00, 0x00, 0x00, 0x00, 0x00, 0x00, 0x81,  // (
 0xFF, 0x7E, 0x00, 0x00, 0x00, 0x00, 0x00, 0x00, 0x00, 0x10, 0x0C, 0x07, 0x01, 0x00, 0x00, 0x00, 0x00, 0x00},
{0x00, 0x80, 0x80, 0x00, 0x00, 0xE0, 0xF0, 0xE0, 0x00, 0x00, 0x80, 0x80, 0x00, 0xC1, 0xE3, 0x63, 0x14, 0x88,  // )
 0xFF, 0x88, 0x14, 0x63, 0xE3, 0xC1, 0x00, 0x00, 0x00, 0x00, 0x00, 0x03, 0x07, 0x03, 0x00, 0x00, 0x00, 0x00},
{0x00, 0x00, 0x00, 0x00, 0x00, 0x80, 0x80, 0x00, 0x00, 0x00, 0x00, 0x00, 0x00, 0x18, 0x18, 0x18, 0x18, 0xFF,  // *
 0xFF, 0x18, 0x18, 0x18, 0x18, 0x00, 0x00, 0x00, 0x00, 0x00, 0x00, 0x01, 0x01, 0x00, 0x00, 0x00, 0x00, 0x00},
```

```
{0x00, 0x00, 0x00, 0x00, 0x00, 0x00, 0x00, 0x00, 0x00, 0x00, 0x00, 0x00, 0x00, 0x00, 0x00, 0x00, 0x00, 0x00,  // +
 0x00, 0x00, 0x00, 0x00, 0x00, 0x00, 0x00, 0x00, 0x00, 0x46, 0x6F, 0x3F, 0x1E, 0x00, 0x00, 0x00, 0x00, 0x00},
{0x00, 0x00, 0x00, 0x00, 0x00, 0x00, 0x00, 0x00, 0x00, 0x00, 0x00, 0x00, 0x00, 0x18, 0x18, 0x18, 0x18, 0x18,  // ,
 0x18, 0x18, 0x18, 0x18, 0x18, 0x00, 0x00, 0x00, 0x00, 0x00, 0x00, 0x00, 0x00, 0x00, 0x00, 0x00, 0x00, 0x00},
{0x00, 0x00, 0x00, 0x00, 0x00, 0x00, 0x00, 0x00, 0x00, 0x00, 0x00, 0x00, 0x00, 0x00, 0x00, 0x00, 0x00, 0x00,  // .
 0x00, 0x00, 0x00, 0x00, 0x00, 0x00, 0x00, 0x00, 0x00, 0x06, 0x0F, 0x0F, 0x06, 0x00, 0x00, 0x00, 0x00, 0x00},
{0x00, 0x00, 0x00, 0x00, 0x00, 0x00, 0x00, 0x00, 0xC0, 0x70, 0x18, 0x00, 0x00, 0x00, 0x00, 0x00, 0xC0, 0x70,  // /
 0x1C, 0x07, 0x01, 0x00, 0x00, 0x00, 0x00, 0x10, 0x1C, 0x07, 0x01, 0x00, 0x00, 0x00, 0x00, 0x00, 0x00, 0x00},
{0x00, 0x80, 0xE0, 0x70, 0x10, 0x18, 0x08, 0x18, 0x10, 0x70, 0xE0, 0x80, 0x00, 0xFF, 0xFF, 0x00, 0x00, 0x00,  // 0
 0x00, 0x00, 0x00, 0x00, 0xFF, 0xFF, 0x00, 0x00, 0x03, 0x07, 0x04, 0x0C, 0x08, 0x0C, 0x04, 0x07, 0x03, 0x00},
{0x00, 0x00, 0x00, 0x00, 0x40, 0x60, 0xF0, 0xF8, 0x00, 0x00, 0x00, 0x00, 0x00, 0x00, 0x00, 0x00, 0x00, 0x00,  // 1
 0xFF, 0xFF, 0x00, 0x00, 0x00, 0x00, 0x00, 0x00, 0x00, 0x00, 0x08, 0x08, 0x0F, 0x0F, 0x08, 0x08, 0x00, 0x00},
{0x00, 0xE0, 0xF0, 0x18, 0x08, 0x08, 0x08, 0x08, 0x18, 0xF0, 0xE0, 0x00, 0x00, 0x00, 0x00, 0x80, 0xC0, 0x60,  // 2
 0x30, 0x18, 0x0C, 0x07, 0x03, 0x00, 0x00, 0x0E, 0x0F, 0x09, 0x08, 0x08, 0x08, 0x08, 0x08, 0x0E, 0x0E, 0x00},
{0x00, 0x00, 0xE0, 0xF0, 0x18, 0x08, 0x08, 0x08, 0x18, 0xF0, 0xE0, 0x00, 0x00, 0x80, 0x80, 0x00, 0x00, 0x0C,  // 3
 0x0C, 0x0C, 0x0E, 0x1B, 0xF1, 0xE0, 0x00, 0x01, 0x03, 0x06, 0x0C, 0x08, 0x08, 0x08, 0x0C, 0x06, 0x03, 0x01},
{0x00, 0x00, 0x00, 0x00, 0x00, 0xC0, 0x70, 0xF8, 0xF8, 0x00, 0x00, 0x00, 0x00, 0xC0, 0xF0, 0x9C, 0x87, 0x81,  // 4
 0x80, 0xFF, 0xFF, 0x80, 0x80, 0x80, 0x00, 0x00, 0x00, 0x00, 0x00, 0x08, 0x08, 0x0F, 0x0F, 0x08, 0x08, 0x00},
{0x00, 0x00, 0xF8, 0xF8, 0x08, 0x08, 0x08, 0x08, 0x08, 0x08, 0x08, 0x00, 0x00, 0x80, 0x87, 0x07, 0x03, 0x01,  // 5
 0x01, 0x01, 0x03, 0x0E, 0xFC, 0xF0, 0x00, 0x01, 0x03, 0x06, 0x0C, 0x08, 0x08, 0x08, 0x0C, 0x06, 0x03, 0x01},
{0x00, 0x80, 0xE0, 0x70, 0x18, 0x08, 0x08, 0x08, 0x18, 0x70, 0x60, 0x00, 0x00, 0xFF, 0xFF, 0x0C, 0x06, 0x02,  // 6
 0x02, 0x02, 0x06, 0x0C, 0xF8, 0xF0, 0x00, 0x00, 0x03, 0x07, 0x0C, 0x08, 0x08, 0x08, 0x0C, 0x07, 0x03, 0x00},
{0x00, 0x70, 0x38, 0x18, 0x08, 0x08, 0x08, 0x08, 0x08, 0xC8, 0x78, 0x18, 0x00, 0x00, 0x00, 0x00, 0x00, 0x80,  // 7
 0xF0, 0x7C, 0x0F, 0x01, 0x00, 0x00, 0x00, 0x00, 0x00, 0x00, 0x00, 0x0F, 0x0F, 0x00, 0x00, 0x00, 0x00, 0x00},
{0x00, 0x00, 0xE0, 0xF0, 0x18, 0x08, 0x08, 0x08, 0x18, 0xF0, 0xE0, 0x00, 0x00, 0xC0, 0xE0, 0x31, 0x1B, 0x0E,  // 8
 0x0C, 0x0E, 0x1B, 0x31, 0xE0, 0xC0, 0x00, 0x01, 0x03, 0x06, 0x0C, 0x08, 0x08, 0x08, 0x0C, 0x06, 0x03, 0x01},
{0x00, 0x80, 0xE0, 0x70, 0x18, 0x08, 0x08, 0x08, 0x18, 0x70, 0xE0, 0x80, 0x00, 0x07, 0x0F, 0x18, 0x30, 0x20,  // 9
 0x20, 0x20, 0x30, 0x18, 0xFF, 0xFF, 0x00, 0x00, 0x03, 0x07, 0x0C, 0x08, 0x08, 0x08, 0x0C, 0x07, 0x03, 0x00},
{0x00, 0x00, 0x00, 0x00, 0x80, 0xC0, 0xC0, 0x80, 0x00, 0x00, 0x00, 0x00, 0x00, 0x00, 0x00, 0x00, 0x01, 0x83,  // :
 0x83, 0x01, 0x00, 0x00, 0x00, 0x00, 0x00, 0x00, 0x00, 0x00, 0x03, 0x07, 0x07, 0x03, 0x00, 0x00, 0x00, 0x00},
{0x00, 0x00, 0x00, 0x00, 0x80, 0xC0, 0xC0, 0x80, 0x00, 0x00, 0x00, 0x00, 0x00, 0x00, 0x00, 0x00, 0x01, 0x83,  // ;
 0x83, 0x01, 0x00, 0x00, 0x00, 0x00, 0x00, 0x00, 0x00, 0x00, 0x23, 0x37, 0x1F, 0x0F, 0x00, 0x00, 0x00, 0x00},
{0x00, 0x00, 0x00, 0x00, 0x00, 0x00, 0x80, 0xC0, 0x60, 0x30, 0x00, 0x00, 0x00, 0x10, 0x38, 0x6C, 0xC6, 0x83,  // <
 0x01, 0x00, 0x00, 0x00, 0x00, 0x00, 0x00, 0x00, 0x00, 0x00, 0x01, 0x03, 0x06, 0x0C, 0x18, 0x00, 0x00},
{0x00, 0x00, 0x00, 0x00, 0x00, 0x00, 0x00, 0x00, 0x00, 0x00, 0x00, 0x00, 0x00, 0xC3, 0xC3, 0xC3, 0xC3, 0xC3,  // =
 0xC3, 0xC3, 0xC3, 0xC3, 0xC3, 0x00, 0x00, 0x00, 0x00, 0x00, 0x00, 0x00, 0x00, 0x00, 0x00, 0x00, 0x00, 0x00},
{0x00, 0x00, 0x30, 0x60, 0xC0, 0x80, 0x00, 0x00, 0x00, 0x00, 0x00, 0x00, 0x00, 0x00, 0x00, 0x00, 0x00, 0x01,  // >
 0x83, 0xC6, 0x6C, 0x38, 0x10, 0x00, 0x00, 0x00, 0x18, 0x0C, 0x06, 0x03, 0x01, 0x00, 0x00, 0x00, 0x00, 0x00},
{0x00, 0xE0, 0xF0, 0x18, 0x08, 0x08, 0x08, 0x08, 0x18, 0xF0, 0xE0, 0x00, 0x00, 0x00, 0x00, 0x00, 0x00, 0x70,  // ?
 0x78, 0x0C, 0x07, 0x03, 0x00, 0x00, 0x00, 0x00, 0x00, 0x00, 0x06, 0x0F, 0x0F, 0x06, 0x00, 0x00, 0x00, 0x00},
{0x00, 0xE0, 0x30, 0x18, 0x08, 0x88, 0x88, 0x88, 0x08, 0x98, 0x30, 0xE0, 0x00, 0xFF, 0x00, 0xFE, 0xFF, 0x81,  // @
 0x80, 0x81, 0xFF, 0xFF, 0x00, 0xFF, 0x00, 0x07, 0x0C, 0x18, 0x11, 0x11, 0x11, 0x10, 0x10, 0x11, 0x19, 0x08},
{0x00, 0x00, 0x00, 0x00, 0xC0, 0x78, 0xF8, 0xC0, 0x00, 0x00, 0x00, 0x00, 0x00, 0x00, 0xF0, 0x5E, 0x43, 0x40,  // A
 0x41, 0x4F, 0xFE, 0xF0, 0x00, 0x00, 0x08, 0x0F, 0x09, 0x00, 0x00, 0x00, 0x00, 0x00, 0x08, 0x0F, 0x0F, 0x08},
{0x00, 0x08, 0xF8, 0xF8, 0x08, 0x08, 0x08, 0x08, 0x18, 0xF0, 0xE0, 0x00, 0x00, 0x00, 0xFF, 0xFF, 0x08, 0x08,  // B
 0x08, 0x08, 0x0C, 0x1F, 0xF3, 0xE0, 0x00, 0x08, 0x0F, 0x0F, 0x08, 0x08, 0x08, 0x08, 0x08, 0x0C, 0x07, 0x03},
{0x00, 0x80, 0xE0, 0x70, 0x18, 0x08, 0x08, 0x08, 0x08, 0x18, 0x30, 0xF8, 0x00, 0xFF, 0xFF, 0x00, 0x00, 0x00,  // C
 0x00, 0x00, 0x00, 0x00, 0x00, 0x00, 0x00, 0x00, 0x03, 0x07, 0x0C, 0x08, 0x08, 0x08, 0x08, 0x0C, 0x06, 0x03},
{0x00, 0x08, 0xF8, 0xF8, 0x08, 0x08, 0x08, 0x08, 0x18, 0x70, 0xE0, 0x80, 0x00, 0x00, 0xFF, 0xFF, 0x00, 0x00,  // D
 0x00, 0x00, 0x00, 0x00, 0xFF, 0xFF, 0x00, 0x08, 0x0F, 0x0F, 0x08, 0x08, 0x08, 0x08, 0x0C, 0x07, 0x03, 0x00},
```

(중간 생략)

```
{0x08, 0xF8, 0xF8, 0x08, 0x00, 0x00, 0xF8, 0x00, 0x08, 0xF8, 0xF8, 0x08, 0x00, 0x01, 0x7F, 0xFE, 0xC0, 0x7E,  // W
 0x7F, 0xFE, 0xC0, 0x7F, 0x03, 0x00, 0x00, 0x00, 0x00, 0x0F, 0x0F, 0x00, 0x00, 0x0F, 0x0F, 0x00, 0x00, 0x00},
{0x00, 0x08, 0x38, 0xF8, 0xE8, 0x80, 0x00, 0x00, 0xC8, 0xF8, 0x38, 0x08, 0x00, 0x00, 0x00, 0x80, 0xE3, 0x7F,  // X
 0x3E, 0xFF, 0xE3, 0x80, 0x00, 0x00, 0x00, 0x08, 0x0E, 0x0F, 0x09, 0x00, 0x00, 0x00, 0x0B, 0x0F, 0x0E, 0x08},
{0x08, 0x38, 0xF8, 0xE8, 0x80, 0x00, 0x00, 0x00, 0xC8, 0xF8, 0x38, 0x08, 0x00, 0x00, 0x00, 0x03, 0x0F, 0xFE,  // Y
 0xFE, 0x0F, 0x03, 0x00, 0x00, 0x00, 0x00, 0x00, 0x00, 0x08, 0x0C, 0x0F, 0x0F, 0x0C, 0x08, 0x00, 0x00, 0x00},
{0x00, 0x78, 0x18, 0x08, 0x08, 0x08, 0x08, 0x88, 0xE8, 0xF8, 0x38, 0x00, 0x00, 0x00, 0x00, 0xC0, 0xF0, 0x78,  // Z
 0x1E, 0x0F, 0x03, 0x00, 0x00, 0x00, 0x00, 0x0C, 0x0F, 0x0F, 0x0D, 0x0C, 0x0C, 0x0C, 0x0C, 0x0C, 0x0E, 0x0F},
{0x00, 0x00, 0x00, 0x00, 0xF8, 0xF8, 0x08, 0x08, 0x08, 0x08, 0x00, 0x00, 0x00, 0x00, 0x00, 0x00, 0xFF, 0xFF,  // [
 0x00, 0x00, 0x00, 0x00, 0x00, 0x00, 0x00, 0x00, 0x00, 0x00, 0x1F, 0x1F, 0x10, 0x10, 0x10, 0x10, 0x00, 0x00},
{0x00, 0x04, 0x1C, 0x70, 0xC0, 0x00, 0x00, 0x00, 0x00, 0x00, 0x00, 0x00, 0x00, 0x00, 0x00, 0x00, 0x01, 0x07,  /* \ */
 0x1C, 0x70, 0xC0, 0x00, 0x00, 0x00, 0x00, 0x00, 0x00, 0x00, 0x00, 0x00, 0x00, 0x00, 0x01, 0x07, 0x1C, 0x10},
{0x00, 0x00, 0x00, 0x08, 0x08, 0x08, 0x08, 0xF8, 0xF8, 0x00, 0x00, 0x00, 0x00, 0x00, 0x00, 0x00, 0x00, 0x00,  // ]
 0x00, 0xFF, 0xFF, 0x00, 0x00, 0x00, 0x00, 0x00, 0x00, 0x10, 0x10, 0x10, 0x10, 0x1F, 0x1F, 0x00, 0x00, 0x00},
{0x00, 0x80, 0xC0, 0x60, 0x30, 0x18, 0x30, 0x60, 0xC0, 0x80, 0x00, 0x00, 0x00, 0x00, 0x00, 0x00, 0x00, 0x00,  // ^
 0x00, 0x00, 0x00, 0x00, 0x00, 0x00, 0x00, 0x00, 0x00, 0x00, 0x00, 0x00, 0x00, 0x00, 0x00, 0x00, 0x00, 0x00},
{0x00, 0x00, 0x00, 0x00, 0x00, 0x00, 0x00, 0x00, 0x00, 0x00, 0x00, 0x00, 0x00, 0x00, 0x00, 0x00, 0x00, 0x00,  // _
 0x00, 0x00, 0x00, 0x00, 0x00, 0x00, 0x20, 0x20, 0x20, 0x20, 0x20, 0x20, 0x20, 0x20, 0x20, 0x20, 0x20, 0x20},
{0x00, 0x00, 0x10, 0x18, 0x38, 0x30, 0x60, 0x40, 0x00, 0x00, 0x00, 0x00, 0x00, 0x00, 0x00, 0x00, 0x00, 0x00,  // `
 0x00, 0x00, 0x00, 0x00, 0x00, 0x00, 0x00, 0x00, 0x00, 0x00, 0x00, 0x00, 0x00, 0x00, 0x00, 0x00, 0x00, 0x00},
```

```
 {0x00,0x00,0x00,0x00,0x00,0x00,0x00,0x00,0x00,0x00,0x00,0x00,0x00,0x80,0xCC,0x6E,0x26,0x22,  // a
  0x22,0x26,0xFC,0xF8,0x00,0x00,0x00,0x07,0x0F,0x0C,0x08,0x08,0x08,0x0C,0x07,0x0F,0x08,0x08},
 {0x00,0x10,0xF0,0xF0,0x00,0x00,0x00,0x00,0x00,0x00,0x00,0x00,0x00,0x00,0xFF,0xFF,0x08,0x04,  // b
  0x02,0x02,0x06,0x0C,0xFC,0xF0,0x00,0x00,0x0F,0x0F,0x04,0x08,0x08,0x08,0x08,0x0C,0x07,0x03},
 {0x00,0x00,0x00,0x00,0x00,0x00,0x00,0x00,0x00,0x00,0x00,0x00,0x00,0xF0,0xFC,0x0C,0x06,0x02,  // c
  0x02,0x02,0x02,0x0E,0x1C,0x18,0x00,0x01,0x07,0x06,0x0C,0x08,0x08,0x08,0x0C,0x04,0x06,0x03},
 {0x00,0x00,0x00,0x00,0x00,0x00,0x00,0x00,0x10,0xF0,0xF0,0x00,0x00,0xF0,0xFC,0x0C,0x06,0x02,  // d
  0x02,0x02,0x04,0xFF,0xFF,0x00,0x00,0x03,0x07,0x0C,0x08,0x08,0x08,0x08,0x04,0x07,0x0F,0x08},

                       (중간 생략)

 {0x00,0x00,0x00,0x00,0x00,0x00,0x00,0x00,0x00,0x00,0x00,0x00,0x02,0x1E,0xFE,0xE2,0x00,0xE0,  // w
  0xFE,0xE0,0x00,0xE2,0x3E,0x02,0x00,0x00,0x01,0x0F,0x0F,0x01,0x01,0x0F,0x0F,0x01,0x00,0x00},
 {0x00,0x00,0x00,0x00,0x00,0x00,0x00,0x00,0x00,0x00,0x00,0x00,0x00,0x02,0x06,0x0E,0x1A,0xF0,  // x
  0xE0,0xF0,0x1A,0x0E,0x06,0x02,0x00,0x08,0x0C,0x0E,0x0B,0x01,0x00,0x01,0x0B,0x0E,0x0C,0x08},
 {0x00,0x00,0x00,0x00,0x00,0x00,0x00,0x00,0x00,0x00,0x00,0x00,0x00,0x00,0x02,0x0E,0x3E,0xF2,  // y
  0xC0,0x80,0xC0,0x72,0x1E,0x02,0x00,0x80,0xC0,0xC0,0x60,0x38,0x0F,0x03,0x01,0x00,0x00,0x00},
 {0x00,0x00,0x00,0x00,0x00,0x00,0x00,0x00,0x00,0x00,0x00,0x00,0x00,0x0E,0x06,0x02,0x82,0xC2,  // z
  0x62,0x32,0x1A,0x0E,0x06,0x00,0x00,0x0C,0x0E,0x0B,0x09,0x08,0x08,0x08,0x08,0x0C,0x0E,0x00},
 {0x00,0x00,0x00,0x00,0x00,0xE0,0xF0,0x18,0x08,0x08,0x08,0x00,0x00,0x00,0x08,0x08,0x1C,0xF7,  // {
  0xE3,0x00,0x00,0x00,0x00,0x00,0x00,0x00,0x00,0x00,0x00,0x07,0x0F,0x18,0x10,0x10,0x10,0x00},
 {0x00,0x00,0x00,0x00,0x00,0xFC,0xFC,0x00,0x00,0x00,0x00,0x00,0x00,0x00,0x00,0x00,0x00,0xE7,  // |
  0xE7,0x00,0x00,0x00,0x00,0x00,0x00,0x00,0x00,0x00,0x00,0x3F,0x3F,0x00,0x00,0x00,0x00,0x00},
 {0x00,0x08,0x08,0x08,0x18,0xF0,0xE0,0x00,0x00,0x00,0x00,0x00,0x00,0x00,0x00,0x00,0x00,0xE3,  // }
  0xF7,0x1C,0x08,0x08,0x00,0x00,0x00,0x10,0x10,0x10,0x18,0x0F,0x07,0x00,0x00,0x00,0x00,0x00},
 {0x00,0x00,0x00,0x00,0x00,0x00,0x00,0x00,0x00,0x00,0x00,0x00,0x00,0x10,0x18,0x0C,0x04,0x0C,  // ~
  0x08,0x18,0x10,0x18,0x0C,0x04,0x00,0x00,0x00,0x00,0x00,0x00,0x00,0x00,0x00,0x00,0x00,0x00},
 {0x00,0x00,0x00,0xF0,0x98,0x08,0x08,0x98,0xF0,0x00,0x00,0x00,0x00,0x00,0x00,0x00,0x01,0x01,  // 0xFF
  0x01,0x01,0x00,0x00,0x00,0x00,0x00,0x00,0x00,0x00,0x00,0x00,0x00,0x00,0x00,0x00,0x00,0x00}};

/* ------------------------------------------------------------------------ */
/*              사용자 정의 함수 선언                                          */
/* ------------------------------------------------------------------------ */

void TFT_string_large(U08 xChar, U08 yChar, U16 colorfore, U16 colorback, U08 *str); // write TFT-LCD string
void TFT_English_large(U08 code);                 // write a English ASCII character
void TFT_Korean_large(U16 code);                  // write a Korean character
void TFT_English_pixel_large(U16 Xpixel,U16 Ypixel, U08 code); // write a English ASCII character
void TFT_string_large_2X(U08 xChar, U08 yChar, U16 colorfore, U16 colorback, char *str); // write TFT-LCD string
void TFT_English_large_2X(U08 code);              // write a English ASCII character
void TFT_Korean_large_2X(U16 code);               // write a Korean character

void TFT_binary_large(U32 number, U08 digit);             // display binary number
void TFT_unsigned_decimal_large(U32 number, U08 zerofill, U08 digit); // display unsigned decimal number
void TFT_signed_decimal_large(S32 number, U08 zerofill, U08 digit);   // display signed decimal number
void TFT_hexadecimal_large(U32 number, U08 digit);        // display hexadecimal number
void TFT_0x_hexadecimal_large(U32 number, U08 digit);     // display hexadecimal number with 0x
void TFT_unsigned_float_large(float number, U08 integral, U08 fractional); // display unsigned floating-point number
void TFT_signed_float_large(float number, U08 integral, U08 fractional);   // display signed floating-point number

/* ------------------------------------------------------------------------ */
/*      TFT-LCD 큰 문자 출력 함수(영문 : 12x24 픽셀, 한글 : 24x24 픽셀)          */
/* ------------------------------------------------------------------------ */

unsigned char  Kfont_type_large = 'M';           // M = 명조체, G = 고딕체, P = 필기체

void TFT_string_large(U08 xChar, U08 yChar, U16 colorfore, U16 colorback, U08 *str)  /* write TFT-LCD string */
{
  unsigned char ch1, ch2;
  unsigned short hangeul;

  Xcharacter = xChar;
  Ycharacter = yChar;

  foreground = colorfore;
  background = colorback;

  while(*str)
    { ch1 = *str;
      str++;

      if(ch1 < 0x80)                          // English ASCII character
        TFT_English_large(ch1);
```

```
    else                                          // Korean
      { ch2 = *str;
        hangeul = (ch1 << 8) + ch2;
        str++;
        hangeul = KS_code_conversion(hangeul);// convert 완성형 to 조합형
        TFT_Korean_large(hangeul);
      }
    }
}

void TFT_English_large(U08 code)                 /* write a English ASCII character(12x24 pixel) */
{
  unsigned char  data, x, y;
  unsigned short pixel[12][24];
  unsigned short xPos, yPos, dot0, dot1, dot2, dot3, dot4;

  for(x = 0; x < 12; x++)                        // read English ASCII font
    { data = E_font_large[code][x];
      for(y = 0; y < 8; y++)
        { if(data & 0x01) pixel[x][y] = foreground;
          else            pixel[x][y] = background;
          data = data >> 1;
        }
    }

  for(x = 0; x < 12; x++)
    { data = E_font_large[code][x+12];
      for(y = 0; y < 8; y++)
        { if(data & 0x01) pixel[x][y+8] = foreground;
          else            pixel[x][y+8] = background;
          data = data >> 1;
        }
    }

  for(x = 0; x < 12; x++)
    { data = E_font_large[code][x+24];
      for(y = 0; y < 8; y++)
        { if(data & 0x01) pixel[x][y+16] = foreground;
          else            pixel[x][y+16] = background;
          data = data >> 1;
        }
    }

  if(outline_flag == 1)                          // display outline
    { for(x = 0; x < 12; x++)
        { dot0 = E_font_large[code][x] + E_font_large[code][x+12]*256;
          dot1 = dot0 >> 1;                                      // up side
          dot2 = dot0;                                           // down side
          dot3 = E_font_large[code][x+1] + E_font_large[code][x+13]*256;// left side
          dot4 = E_font_large[code][x-1] + E_font_large[code][x+11]*256;// right side

          for(y = 0; y < 15; y++)
            { if(!(dot0 & 0x0001))
                { if(dot1 & 0x0001) pixel[x][y] = outline;
                  if(dot2 & 0x0001) pixel[x][y] = outline;
                  if((dot3 & 0x0001) && (x < 11 )) pixel[x][y] = outline;
                  if((dot4 & 0x0001) && (x > 0 ))  pixel[x][y] = outline;
                }

              dot1 >>= 1;
              dot2 = dot0;
              dot0 >>= 1;
              dot3 >>= 1;
              dot4 >>= 1;
            }
        }
      for(x = 0; x < 12; x++)
        { dot0 = E_font_large[code][x+12] + E_font_large[code][x+24]*256;
          dot1 = dot0 >> 1;                                          // up side
          dot2 = dot0;                                               // down side
          dot3 = E_font_large[code][x+13] + E_font_large[code][x+25]*256;// left side
          dot4 = E_font_large[code][x+11] + E_font_large[code][x+23]*256;// right side
```

```
          for(y = 0; y < 16; y++)
            { if(!(dot0 & 0x0001))
                { if(dot1 & 0x0001) pixel[x][y+8] = outline;
                  if(dot2 & 0x0001) pixel[x][y+8] = outline;
                  if((dot3 & 0x0001) && (x < 11 )) pixel[x][y+8] = outline;
                  if((dot4 & 0x0001) && (x > 0 ))  pixel[x][y+8] = outline;
                }

              dot1 >>= 1;
              dot2 = dot0;
              dot0 >>= 1;
              dot3 >>= 1;
              dot4 >>= 1;
            }
        }
  }

if(Xcharacter >= XcharacterLimit_large)        // end of line ?
  { Xcharacter = 0;
    Ycharacter += 3;
    if(Ycharacter >= (YcharacterLimit_large-2))// end of screen ?
      Ycharacter = 0;
  }

if(underscore_flag == 1)
  { for(x = 0; x < 12; x++)                    // display underscore
        pixel[x][23] = underscore;
  }

if((cursor_flag == 1) && (Xcharacter == Xcursor) &&(Ycharacter == Ycursor))
  { for(x = 0; x < 12; x++)                    // display cursor
      { pixel[x][22] = cursor;
        pixel[x][23] = cursor;
      }
  }

if(background != Transparent)                  // transparent mode ?
  { xPos = Xcharacter*12;

    for(y = 0; y < 24; y++)                    // if no, write a character in higher speed
      { yPos = Ycharacter*8 + y;

        if(ScreenMode == 'L')
          { TFT_write(0x02, xPos >> 8);        // xPos = 0~319
            TFT_write(0x03, xPos & 0x00FF);
            TFT_write(0x06, 0x0000);           // yPos = 0~239
            TFT_write(0x07, yPos);
          }
        else
          { TFT_write(0x02, 0x0000);           // xPos = 0~239
            TFT_write(0x03, xPos);
            TFT_write(0x06, yPos >> 8);        // yPos = 0~319
            TFT_write(0x07, yPos & 0x00FF);
          }

        TFT_command(0x22);
        TFT_data(pixel[0][y]);
        TFT_data(pixel[1][y]);
        TFT_data(pixel[2][y]);
        TFT_data(pixel[3][y]);
        TFT_data(pixel[4][y]);
        TFT_data(pixel[5][y]);
        TFT_data(pixel[6][y]);
        TFT_data(pixel[7][y]);
        TFT_data(pixel[8][y]);
        TFT_data(pixel[9][y]);
        TFT_data(pixel[10][y]);
        TFT_data(pixel[11][y]);
      }
  }
else
  { for(y = 0; y < 24; y++)                    // if yes, write a character
      for(x = 0; x < 12; x++)
```

```
        TFT_pixel(Xcharacter*12 + x, Ycharacter*8 + y, pixel[x][y]);
    }

  Xcharacter += 1;                                 // go to next position
}

void TFT_Korean_large(U16 code)                    /* write a Korean character(24x24 pixel) */
{
  unsigned char  cho_5bit, joong_5bit, jong_5bit;
  unsigned char  cho_bul, joong_bul, jong_bul = 0, i, jong_flag;
  unsigned short ch;
  unsigned char  Kbuffer[72] = {0};                // 72 byte Korean font buffer

  if(Xcharacter == (XcharacterLimit_large-1))      // last character of line ?
    TFT_English_large(' ');                        // display space and go to next line

  cho_5bit   = table_cho[(code >> 10) & 0x001F];  // get 5bit(14-10) of chosung
  joong_5bit = table_joong[(code >> 5) & 0x001F]; // get 5bit(09-05) of joongsung
  jong_5bit  = table_jong[code & 0x001F];          // get 5bit(04-00) of jongsung

  if(jong_5bit == 0)                               // if jongsung not exist
    { jong_flag = 0;
      cho_bul = bul_cho1[joong_5bit];
      if((cho_5bit == 1) || (cho_5bit == 16))
        joong_bul = 0;
      else
        joong_bul = 1;
    }
  else                                             // if jongsung exist
    { jong_flag = 1;
      cho_bul = bul_cho2[joong_5bit];
      if((cho_5bit == 1) || (cho_5bit == 16))
        joong_bul = 2;
      else
        joong_bul = 3;
      jong_bul = bul_jong[joong_5bit];
    }

  ch = cho_bul*20 + cho_5bit;                      // get chosung font
  if(Kfont_type_large == 'M')
    for(i = 0; i < 72; i++) Kbuffer[i] = KM_font_large[ch][i];
  else if(Kfont_type_large == 'G')
    for(i = 0; i < 72; i++) Kbuffer[i] = KG_font_large[ch][i];
  else if(Kfont_type_large == 'P')
    for(i = 0; i < 72; i++) Kbuffer[i] = KP_font_large[ch][i];

  ch = 8*20 + joong_bul*22 + joong_5bit;           // OR joongsung font
  if(Kfont_type_large == 'M')
    for(i = 0; i < 72; i++) Kbuffer[i] |= KM_font_large[ch][i];
  else if(Kfont_type_large == 'G')
    for(i = 0; i < 72; i++) Kbuffer[i] |= KG_font_large[ch][i];
  else if(Kfont_type_large == 'P')
    for(i = 0; i < 72; i++) Kbuffer[i] |= KP_font_large[ch][i];

  if(jong_flag)                                    // OR jongsung font
    { ch = 8*20 + 4*22 + jong_bul*28 + jong_5bit;
      if(Kfont_type_large == 'M')
        for(i = 0; i < 72; i++) Kbuffer[i] |= KM_font_large[ch][i];
      else if(Kfont_type_large == 'G')
        for(i = 0; i < 72; i++) Kbuffer[i] |= KG_font_large[ch][i];
      else if(Kfont_type_large == 'P')
        for(i = 0; i < 72; i++) Kbuffer[i] |= KP_font_large[ch][i];
    }

  unsigned char  data, x, y;
  unsigned short pixel[24][24];
  unsigned short xPos, yPos, dot0, dot1, dot2, dot3, dot4;

  for(x = 0; x < 24; x++)                          // read Korean font
    { data = Kbuffer[x];
      for(y = 0; y < 8; y++)
        { if(data & 0x01) pixel[x][y] = foreground;
          else            pixel[x][y] = background;
```

```
        data = data >> 1;
      }
  }

 for(x = 0; x < 24; x++)
   { data = Kbuffer[x+24];
     for(y = 0; y < 8; y++)
       { if(data & 0x01) pixel[x][y+8] = foreground;
         else            pixel[x][y+8] = background;
         data = data >> 1;
       }
   }

 for(x = 0; x < 24; x++)
   { data = Kbuffer[x+48];
     for(y = 0; y < 8; y++)
       { if(data & 0x01) pixel[x][y+16] = foreground;
         else            pixel[x][y+16] = background;
         data = data >> 1;
       }
   }

 if(outline_flag == 1)                          // display outline
   { for(x = 0; x < 24; x++)
       { dot0 = Kbuffer[x] + Kbuffer[x+24]*256;
         dot1 = dot0 >> 1;                              // up side
         dot2 = dot0;                                   // down side
         dot3 = Kbuffer[x+1] + Kbuffer[x+25]*256;       // left side
         dot4 = Kbuffer[x-1] + Kbuffer[x+23]*256;       // right side

         for(y = 0; y < 16; y++)
           { if(!(dot0 & 0x0001))
               { if(dot1 & 0x0001) pixel[x][y] = outline;
                 if(dot2 & 0x0001) pixel[x][y] = outline;
                 if((dot3 & 0x0001) && (x < 23 )) pixel[x][y] = outline;
                 if((dot4 & 0x0001) && (x > 1 ))  pixel[x][y] = outline;
               }

             dot1 >>= 1;
             dot2 = dot0;
             dot0 >>= 1;
             dot3 >>= 1;
             dot4 >>= 1;
           }
       }

     for(x = 0; x < 24; x++)
       { dot0 = Kbuffer[x+24] + Kbuffer[x+48]*256;
         dot1 = dot0 >> 1;                              // up side
         dot2 = dot0;                                   // down side
         dot3 = Kbuffer[x+25] + Kbuffer[x+49]*256;      // left side
         dot4 = Kbuffer[x+23] + Kbuffer[x+47]*256;      // right side

         for(y = 0; y < 16; y++)
           { if(!(dot0 & 0x0001))
               { if(dot1 & 0x0001) pixel[x][y+8] = outline;
                 if(dot2 & 0x0001) pixel[x][y+8] = outline;
                 if((dot3 & 0x0001) && (x < 23 )) pixel[x][y+8] = outline;
                 if((dot4 & 0x0001) && (x > 1 ))  pixel[x][y+8] = outline;
               }

             dot1 >>= 1;
             dot2 = dot0;
             dot0 >>= 1;
             dot3 >>= 1;
             dot4 >>= 1;
           }
       }
   }

if(Xcharacter >= (XcharacterLimit_large-1))    // end of line ?
  { Xcharacter = 0;
    Ycharacter += 3;
```

```
    if(Ycharacter >= (YcharacterLimit_large-2))// end of screen ?
      Ycharacter = 0;
  }

  if(underscore_flag == 1)
    { for(x = 0; x < 24; x++)                          // display underscore
        pixel[x][23] = underscore;
    }

  if((cursor_flag == 1) && (Xcharacter == Xcursor) && (Ycharacter == Ycursor))
    { for(x = 0; x < 24; x++)                          // display cursor
        { pixel[x][22] = cursor;
          pixel[x][23] = cursor;
        }
    }

  if(background != Transparent)                        // transparent mode ?
    { xPos = Xcharacter*12;

      for(y = 0; y < 24; y++)                          // if no, write a character in higher speed
        { yPos = Ycharacter*8 + y;

          if(ScreenMode == 'L')
            { TFT_write(0x02, xPos >> 8);              // xPos = 0~319
              TFT_write(0x03, xPos & 0x00FF);
              TFT_write(0x06, 0x0000);                 // yPos = 0~239
              TFT_write(0x07, yPos);
            }
          else
            { TFT_write(0x02, 0x0000);                 // xPos = 0~239
              TFT_write(0x03, xPos);
              TFT_write(0x06, yPos >> 8);              // yPos = 0~319
              TFT_write(0x07, yPos & 0x00FF);
            }

          TFT_command(0x22);
          TFT_data(pixel[0][y]);
          TFT_data(pixel[1][y]);
          TFT_data(pixel[2][y]);
          TFT_data(pixel[3][y]);
          TFT_data(pixel[4][y]);
          TFT_data(pixel[5][y]);
          TFT_data(pixel[6][y]);
          TFT_data(pixel[7][y]);
          TFT_data(pixel[8][y]);
          TFT_data(pixel[9][y]);
          TFT_data(pixel[10][y]);
          TFT_data(pixel[11][y]);
          TFT_data(pixel[12][y]);
          TFT_data(pixel[13][y]);
          TFT_data(pixel[14][y]);
          TFT_data(pixel[15][y]);
          TFT_data(pixel[16][y]);
          TFT_data(pixel[17][y]);
          TFT_data(pixel[18][y]);
          TFT_data(pixel[19][y]);
          TFT_data(pixel[20][y]);
          TFT_data(pixel[21][y]);
          TFT_data(pixel[22][y]);
          TFT_data(pixel[23][y]);
        }
    }
  else
    { for(y = 0; y < 24; y++)                          // if yes, write a character
        for(x = 0; x < 24; x++)
          TFT_pixel(Xcharacter*12 + x, Ycharacter*8 + y, pixel[x][y]);
    }

  Xcharacter += 2;                                     // go to next position
}

void TFT_English_pixel_large(U16 Xpixel,U16 Ypixel, U08 code) /* write a English ASCII character */
{
```

```
  unsigned char data, x, y;
  unsigned short pixel[12][24];

  for(x = 0; x < 12; x++)                           // read English ASCII font
    { data = E_font_large[code][x];
      for(y = 0; y < 8; y++)
        { if(data & 0x01) pixel[x][y] = foreground;
          else            pixel[x][y] = background;
          data = data >> 1;
        }
    }

  for(x = 0; x < 12; x++)
    { data = E_font_large[code][x+12];
      for(y = 0; y < 8; y++)
        { if(data & 0x01) pixel[x][y+8] = foreground;
          else            pixel[x][y+8] = background;
          data = data >> 1;
        }
    }

  for(x = 0; x < 12; x++)
    { data = E_font_large[code][x+24];
      for(y = 0; y < 8; y++)
        { if(data & 0x01) pixel[x][y+16] = foreground;
          else            pixel[x][y+16] = background;
          data = data >> 1;
        }
    }

  for(y = 0; y < 24; y++)                           // write character
    for(x = 0; x < 12; x++)
      TFT_pixel(Xpixel + x, Ypixel + y, pixel[x][y]);
}

/* ------------------------------------------------------------------------ */
/*             TFT-LCD 큰 문자를 2배 확대하는 출력 함수                         */
/* ------------------------------------------------------------------------ */

void TFT_string_large_2X(U08 xChar, U08 yChar, U16 colorfore, U16 colorback, char *str) /* write TFT-LCD string */
{
  unsigned char ch1, ch2;
  unsigned short hangeul;

  Xcharacter = xChar;
  Ycharacter = yChar;

  foreground = colorfore;
  background = colorback;

  nextline_flag = 0;                                // start first line

  while(*str)
    { ch1 = *str;
      str++;

      if(ch1 < 0x80)                                // English ASCII character
        TFT_English_large_2X(ch1);
      else                                          // Korean
        { ch2 = *str;
          hangeul = (ch1 << 8) + ch2;
          str++;
          hangeul = KS_code_conversion(hangeul);// convert 완성형 to 조합형
          TFT_Korean_large_2X(hangeul);
        }
    }
}

void TFT_English_large_2X(U08 code)                 /* write a English ASCII character(12x24 pixel) */
{
  unsigned char  data, x, y;
  unsigned short pixel[12][24];
  unsigned short xPos, yPos, dot0, dot1, dot2, dot3, dot4;
```

```
for(x = 0; x < 12; x++)                               // read English ASCII font
  { data = E_font_large[code][x];
    for(y = 0; y < 8; y++)
      { if(data & 0x01) pixel[x][y] = foreground;
        else            pixel[x][y] = background;
        data = data >> 1;
      }
  }

for(x = 0; x < 12; x++)
  { data = E_font_large[code][x+12];
    for(y = 0; y < 8; y++)
      { if(data & 0x01) pixel[x][y+8] = foreground;
        else            pixel[x][y+8] = background;
        data = data >> 1;
      }
  }

for(x = 0; x < 12; x++)
  { data = E_font_large[code][x+24];
    for(y = 0; y < 8; y++)
      { if(data & 0x01) pixel[x][y+16] = foreground;
        else            pixel[x][y+16] = background;
        data = data >> 1;
      }
  }

if(outline_flag == 1)                                 // display outline
  { for(x = 0; x < 12; x++)
      { dot0 = E_font_large[code][x] + E_font_large[code][x+12]*256;
        dot1 = dot0 >> 1;                                               // up side
        dot2 = dot0;                                                    // down side
        dot3 = E_font_large[code][x+1] + E_font_large[code][x+13]*256;// left side
        dot4 = E_font_large[code][x-1] + E_font_large[code][x+11]*256;// right side

        for(y = 0; y < 15; y++)
          { if(!(dot0 & 0x0001))
              { if(dot1 & 0x0001) pixel[x][y] = outline;
                if(dot2 & 0x0001) pixel[x][y] = outline;
                if((dot3 & 0x0001) && (x < 11 )) pixel[x][y] = outline;
                if((dot4 & 0x0001) && (x > 0 ))  pixel[x][y] = outline;
              }

            dot1 >>= 1;
            dot2 = dot0;
            dot0 >>= 1;
            dot3 >>= 1;
            dot4 >>= 1;
          }
      }
    for(x = 0; x < 12; x++)
      { dot0 = E_font_large[code][x+12] + E_font_large[code][x+24]*256;
        dot1 = dot0 >> 1;                                               // up side
        dot2 = dot0;                                                    // down side
        dot3 = E_font_large[code][x+13] + E_font_large[code][x+25]*256;// left side
        dot4 = E_font_large[code][x+11] + E_font_large[code][x+23]*256;// right side

        for(y = 0; y < 16; y++)
          { if(!(dot0 & 0x0001))
              { if(dot1 & 0x0001) pixel[x][y+8] = outline;
                if(dot2 & 0x0001) pixel[x][y+8] = outline;
                if((dot3 & 0x0001) && (x < 11 )) pixel[x][y+8] = outline;
                if((dot4 & 0x0001) && (x > 0 ))  pixel[x][y+8] = outline;
              }

            dot1 >>= 1;
            dot2 = dot0;
            dot0 >>= 1;
            dot3 >>= 1;
            dot4 >>= 1;
          }
      }
```

```
    }

  if(Xcharacter >= (XcharacterLimit_large-1))    // end of line ?
    { nextline_flag = 1;
      Xcharacter = 0;
      Ycharacter += 6;
      if(Ycharacter >= (YcharacterLimit_large-5))// end of screen ?
        Ycharacter = 0;
    }

  if(underscore_flag == 1)
    { for(x = 0; x < 12; x++)                    // display underscore
          pixel[x][23] = underscore;
    }

  if((cursor_flag == 1) && (Xcharacter == Xcursor) &&(Ycharacter == Ycursor))
    { for(x = 0; x < 12; x++)                    // display cursor
        { pixel[x][22] = cursor;
          pixel[x][23] = cursor;
        }
    }

  if((nextline_flag == 1) && (Xcharacter == 0) && (code == ' '))
    return;
  else if(background != Transparent)             // transparent mode ?
    { xPos = Xcharacter*12;

      for(y = 0; y < 24; y++)                    // if no, write a character in higher speed
        { yPos = Ycharacter*8 + y*2;

          if(ScreenMode == 'P')
            { TFT_write(0x02, 0x0000);           // xPos = 0~239
              TFT_write(0x03, xPos);
              TFT_write(0x06, yPos >> 8);        // yPos = 0~319
              TFT_write(0x07, yPos & 0x00FF);
            }
          else
            { TFT_write(0x02, xPos >> 8);        // xPos = 0~319
              TFT_write(0x03, xPos & 0x00FF);
              TFT_write(0x06, 0x0000);           // yPos = 0~239
              TFT_write(0x07, yPos);
            }

          TFT_command(0x22);
          TFT_data(pixel[0][y]);
          TFT_data(pixel[0][y]);
          TFT_data(pixel[1][y]);
          TFT_data(pixel[1][y]);
          TFT_data(pixel[2][y]);
          TFT_data(pixel[2][y]);
          TFT_data(pixel[3][y]);
          TFT_data(pixel[3][y]);
          TFT_data(pixel[4][y]);
          TFT_data(pixel[4][y]);
          TFT_data(pixel[5][y]);
          TFT_data(pixel[5][y]);
          TFT_data(pixel[6][y]);
          TFT_data(pixel[6][y]);
          TFT_data(pixel[7][y]);
          TFT_data(pixel[7][y]);
          TFT_data(pixel[8][y]);
          TFT_data(pixel[8][y]);
          TFT_data(pixel[9][y]);
          TFT_data(pixel[9][y]);
          TFT_data(pixel[10][y]);
          TFT_data(pixel[10][y]);
          TFT_data(pixel[11][y]);
          TFT_data(pixel[11][y]);

          yPos = Ycharacter*8 + y*2 + 1;

          if(ScreenMode == 'P')
            { TFT_write(0x02, 0x0000);           // xPos = 0~239
```

```
          TFT_write(0x03, xPos);
          TFT_write(0x06, yPos >> 8);          // yPos = 0~319
          TFT_write(0x07, yPos & 0x00FF);
        }
      else
        { TFT_write(0x02, xPos >> 8);          // xPos = 0~319
          TFT_write(0x03, xPos & 0x00FF);
          TFT_write(0x06, 0x0000);             // yPos = 0~239
          TFT_write(0x07, yPos);
        }

      TFT_command(0x22);
      TFT_data(pixel[0][y]);
      TFT_data(pixel[0][y]);
      TFT_data(pixel[1][y]);
      TFT_data(pixel[1][y]);
      TFT_data(pixel[2][y]);
      TFT_data(pixel[2][y]);
      TFT_data(pixel[3][y]);
      TFT_data(pixel[3][y]);
      TFT_data(pixel[4][y]);
      TFT_data(pixel[4][y]);
      TFT_data(pixel[5][y]);
      TFT_data(pixel[5][y]);
      TFT_data(pixel[6][y]);
      TFT_data(pixel[6][y]);
      TFT_data(pixel[7][y]);
      TFT_data(pixel[7][y]);
      TFT_data(pixel[8][y]);
      TFT_data(pixel[8][y]);
      TFT_data(pixel[9][y]);
      TFT_data(pixel[9][y]);
      TFT_data(pixel[10][y]);
      TFT_data(pixel[10][y]);
      TFT_data(pixel[11][y]);
      TFT_data(pixel[11][y]);
    }
  }
  else
    { for(y = 0; y < 24; y++)                     // if yes, write a character
        for(x = 0; x < 12; x++)
          { TFT_pixel(Xcharacter*12 + (x*2),   Ycharacter*12 + (y*2), pixel[x][y]);
            TFT_pixel(Xcharacter*12 + (x*2+1), Ycharacter*12 + (y*2), pixel[x][y]);
            TFT_pixel(Xcharacter*12 + (x*2),   Ycharacter*12 + (y*2+1), pixel[x][y]);
            TFT_pixel(Xcharacter*12 + (x*2+1), Ycharacter*12 + (y*2+1), pixel[x][y]);
          }
    }

  Xcharacter += 2;                                // go to next position
}

void TFT_Korean_large_2X(U16 code)                /* write a Korean character(24x24 pixel) */
{
  unsigned char  cho_5bit, joong_5bit, jong_5bit;
  unsigned char  cho_bul, joong_bul, jong_bul = 0, i, jong_flag;
  unsigned short ch;
  unsigned char  Kbuffer[72] = {0};               // 72 byte Korean font buffer

  if(Xcharacter == (XcharacterLimit_large-3))     // last character of line ?
    TFT_English_large_2X(' ');                    // display space and go to next line
  if(Xcharacter == (XcharacterLimit_large-2))     // last character of line ?
    TFT_English_large_2X(' ');                    // display space and go to next line
  if(Xcharacter == (XcharacterLimit_large-1))     // last character of line ?
    TFT_English_large(' ');                       // display space and go to next line

  cho_5bit   = table_cho[(code >> 10) & 0x001F];  // get 5bit(14-10) of chosung
  joong_5bit = table_joong[(code >> 5) & 0x001F]; // get 5bit(09-05) of joongsung
  jong_5bit  = table_jong[code & 0x001F];          // get 5bit(04-00) of jongsung

  if(jong_5bit == 0)                              // if jongsung not exist
    { jong_flag = 0;
      cho_bul = bul_cho1[joong_5bit];
      if((cho_5bit == 1) || (cho_5bit == 16))
```

```
        joong_bul = 0;
      else
        joong_bul = 1;
    }
  else                                              // if jongsung exist
    { jong_flag = 1;
      cho_bul = bul_cho2[joong_5bit];
      if((cho_5bit == 1) || (cho_5bit == 16))
        joong_bul = 2;
      else
        joong_bul = 3;
      jong_bul = bul_jong[joong_5bit];
    }

  ch = cho_bul*20 + cho_5bit;                       // get chosung font
  if(Kfont_type_large == 'M')
    for(i = 0; i < 72; i++) Kbuffer[i] = KM_font_large[ch][i];
  else if(Kfont_type_large == 'G')
    for(i = 0; i < 72; i++) Kbuffer[i] = KG_font_large[ch][i];
  else if(Kfont_type_large == 'P')
    for(i = 0; i < 72; i++) Kbuffer[i] = KP_font_large[ch][i];

  ch = 8*20 + joong_bul*22 + joong_5bit;            // OR joongsung font
  if(Kfont_type_large == 'M')
    for(i = 0; i < 72; i++) Kbuffer[i] |= KM_font_large[ch][i];
  else if(Kfont_type_large == 'G')
    for(i = 0; i < 72; i++) Kbuffer[i] |= KG_font_large[ch][i];
  else if(Kfont_type_large == 'P')
    for(i = 0; i < 72; i++) Kbuffer[i] |= KP_font_large[ch][i];

  if(jong_flag)                                     // OR jongsung font
    { ch = 8*20 + 4*22 + jong_bul*28 + jong_5bit;
      if(Kfont_type_large == 'M')
        for(i = 0; i < 72; i++) Kbuffer[i] |= KM_font_large[ch][i];
      else if(Kfont_type_large == 'G')
        for(i = 0; i < 72; i++) Kbuffer[i] |= KG_font_large[ch][i];
      else if(Kfont_type_large == 'P')
        for(i = 0; i < 72; i++) Kbuffer[i] |= KP_font_large[ch][i];
    }

  unsigned char  data, x, y;
  unsigned short pixel[24][24];
  unsigned short xPos, yPos, dot0, dot1, dot2, dot3, dot4;

  for(x = 0; x < 24; x++)                           // read Korean font
    { data = Kbuffer[x];
      for(y = 0; y < 8; y++)
        { if(data & 0x01) pixel[x][y] = foreground;
          else            pixel[x][y] = background;
          data = data >> 1;
        }
    }

  for(x = 0; x < 24; x++)
    { data = Kbuffer[x+24];
      for(y = 0; y < 8; y++)
        { if(data & 0x01) pixel[x][y+8] = foreground;
          else            pixel[x][y+8] = background;
          data = data >> 1;
        }
    }

  for(x = 0; x < 24; x++)
    { data = Kbuffer[x+48];
      for(y = 0; y < 8; y++)
        { if(data & 0x01) pixel[x][y+16] = foreground;
          else            pixel[x][y+16] = background;
          data = data >> 1;
        }
    }

  if(outline_flag == 1)                             // display outline
    { for(x = 0; x < 24; x++)
```

```
      { dot0 = Kbuffer[x] + Kbuffer[x+24]*256;
        dot1 = dot0 >> 1;                                // up side
        dot2 = dot0;                                     // down side
        dot3 = Kbuffer[x+1] + Kbuffer[x+25]*256;         // left side
        dot4 = Kbuffer[x-1] + Kbuffer[x+23]*256;         // right side

        for(y = 0; y < 16; y++)
          { if(!(dot0 & 0x0001))
              { if(dot1 & 0x0001) pixel[x][y] = outline;
                if(dot2 & 0x0001) pixel[x][y] = outline;
                if((dot3 & 0x0001) && (x < 23 )) pixel[x][y] = outline;
                if((dot4 & 0x0001) && (x > 1 ))  pixel[x][y] = outline;
              }

            dot1 >>= 1;
            dot2 = dot0;
            dot0 >>= 1;
            dot3 >>= 1;
            dot4 >>= 1;
          }
      }

    for(x = 0; x < 24; x++)
      { dot0 = Kbuffer[x+24] + Kbuffer[x+48]*256;
        dot1 = dot0 >> 1;                                // up side
        dot2 = dot0;                                     // down side
        dot3 = Kbuffer[x+25] + Kbuffer[x+49]*256;        // left side
        dot4 = Kbuffer[x+23] + Kbuffer[x+47]*256;        // right side

        for(y = 0; y < 16; y++)
          { if(!(dot0 & 0x0001))
              { if(dot1 & 0x0001) pixel[x][y+8] = outline;
                if(dot2 & 0x0001) pixel[x][y+8] = outline;
                if((dot3 & 0x0001) && (x < 23)) pixel[x][y+8] = outline;
                if((dot4 & 0x0001) && (x > 1 )) pixel[x][y+8] = outline;
              }

            dot1 >>= 1;
            dot2 = dot0;
            dot0 >>= 1;
            dot3 >>= 1;
            dot4 >>= 1;
          }
      }
  }

  if(Xcharacter >= (XcharacterLimit_large-3))     // end of line ?
    { Xcharacter = 0;
      Ycharacter += 6;
      if(Ycharacter >= (YcharacterLimit_large-5))// end of screen ?
        Ycharacter = 0;
    }

  if(underscore_flag == 1)
    { for(x = 0; x < 24; x++)                     // display underscore
        pixel[x][23] = underscore;
    }

  if((cursor_flag == 1) && (Xcharacter == Xcursor) && (Ycharacter == Ycursor))
    { for(x = 0; x < 24; x++)                     // display cursor
        { pixel[x][22] = cursor;
          pixel[x][23] = cursor;
        }
    }

  if(background != Transparent)                   // transparent mode ?
    { xPos = Xcharacter*12;

      for(y = 0; y < 24; y++)                     // if no, write a character in higher speed
        { yPos = Ycharacter*8 + y*2;

          if(ScreenMode == 'P')
            { TFT_write(0x02, 0x0000);            // xPos = 0~239
```

```
    TFT_write(0x03, xPos);
    TFT_write(0x06, yPos >> 8);         // yPos = 0~319
    TFT_write(0x07, yPos & 0x00FF);
  }
else
  { TFT_write(0x02, xPos >> 8);         // xPos = 0~319
    TFT_write(0x03, xPos & 0x00FF);
    TFT_write(0x06, 0x0000);            // yPos = 0~239
    TFT_write(0x07, yPos);
  }

TFT_command(0x22);
TFT_data(pixel[0][y]);
TFT_data(pixel[0][y]);
TFT_data(pixel[1][y]);
TFT_data(pixel[1][y]);
TFT_data(pixel[2][y]);
TFT_data(pixel[2][y]);
TFT_data(pixel[3][y]);
TFT_data(pixel[3][y]);
TFT_data(pixel[4][y]);
TFT_data(pixel[4][y]);
TFT_data(pixel[5][y]);
TFT_data(pixel[5][y]);
TFT_data(pixel[6][y]);
TFT_data(pixel[6][y]);
TFT_data(pixel[7][y]);
TFT_data(pixel[7][y]);
TFT_data(pixel[8][y]);
TFT_data(pixel[8][y]);
TFT_data(pixel[9][y]);
TFT_data(pixel[9][y]);
TFT_data(pixel[10][y]);
TFT_data(pixel[10][y]);
TFT_data(pixel[11][y]);
TFT_data(pixel[11][y]);
TFT_data(pixel[12][y]);
TFT_data(pixel[12][y]);
TFT_data(pixel[13][y]);
TFT_data(pixel[13][y]);
TFT_data(pixel[14][y]);
TFT_data(pixel[14][y]);
TFT_data(pixel[15][y]);
TFT_data(pixel[15][y]);
TFT_data(pixel[16][y]);
TFT_data(pixel[16][y]);
TFT_data(pixel[17][y]);
TFT_data(pixel[17][y]);
TFT_data(pixel[18][y]);
TFT_data(pixel[18][y]);
TFT_data(pixel[19][y]);
TFT_data(pixel[19][y]);
TFT_data(pixel[20][y]);
TFT_data(pixel[20][y]);
TFT_data(pixel[21][y]);
TFT_data(pixel[21][y]);
TFT_data(pixel[22][y]);
TFT_data(pixel[22][y]);
TFT_data(pixel[23][y]);
TFT_data(pixel[23][y]);

yPos = Ycharacter*8 + y*2 + 1;

if(ScreenMode == 'P')
  { TFT_write(0x02, 0x0000);            // xPos = 0~239
    TFT_write(0x03, xPos);
    TFT_write(0x06, yPos >> 8);         // yPos = 0~319
    TFT_write(0x07, yPos & 0x00FF);
  }
else
  { TFT_write(0x02, xPos >> 8);         // xPos = 0~319
    TFT_write(0x03, xPos & 0x00FF);
    TFT_write(0x06, 0x0000);            // yPos = 0~239
```

```
            TFT_write(0x07, yPos);
          }

        TFT_command(0x22);
        TFT_data(pixel[0][y]);
        TFT_data(pixel[0][y]);
        TFT_data(pixel[1][y]);
        TFT_data(pixel[1][y]);
        TFT_data(pixel[2][y]);
        TFT_data(pixel[2][y]);
        TFT_data(pixel[3][y]);
        TFT_data(pixel[3][y]);
        TFT_data(pixel[4][y]);
        TFT_data(pixel[4][y]);
        TFT_data(pixel[5][y]);
        TFT_data(pixel[5][y]);
        TFT_data(pixel[6][y]);
        TFT_data(pixel[6][y]);
        TFT_data(pixel[7][y]);
        TFT_data(pixel[7][y]);
        TFT_data(pixel[8][y]);
        TFT_data(pixel[8][y]);
        TFT_data(pixel[9][y]);
        TFT_data(pixel[9][y]);
        TFT_data(pixel[10][y]);
        TFT_data(pixel[10][y]);
        TFT_data(pixel[11][y]);
        TFT_data(pixel[11][y]);
        TFT_data(pixel[12][y]);
        TFT_data(pixel[12][y]);
        TFT_data(pixel[13][y]);
        TFT_data(pixel[13][y]);
        TFT_data(pixel[14][y]);
        TFT_data(pixel[14][y]);
        TFT_data(pixel[15][y]);
        TFT_data(pixel[15][y]);
        TFT_data(pixel[16][y]);
        TFT_data(pixel[16][y]);
        TFT_data(pixel[17][y]);
        TFT_data(pixel[17][y]);
        TFT_data(pixel[18][y]);
        TFT_data(pixel[18][y]);
        TFT_data(pixel[19][y]);
        TFT_data(pixel[19][y]);
        TFT_data(pixel[20][y]);
        TFT_data(pixel[20][y]);
        TFT_data(pixel[21][y]);
        TFT_data(pixel[21][y]);
        TFT_data(pixel[22][y]);
        TFT_data(pixel[22][y]);
        TFT_data(pixel[23][y]);
        TFT_data(pixel[23][y]);
      }
    }
  else
    { for(y = 0; y < 24; y++)                          // if yes, write a character
        for(x = 0; x < 24; x++)
          { TFT_pixel(Xcharacter*12 + (x*2),   Ycharacter*12 + (y*2), pixel[x][y]);
            TFT_pixel(Xcharacter*12 + (x*2+1), Ycharacter*12 + (y*2), pixel[x][y]);
            TFT_pixel(Xcharacter*12 + (x*2),   Ycharacter*12 + (y*2+1), pixel[x][y]);
            TFT_pixel(Xcharacter*12 + (x*2+1), Ycharacter*12 + (y*2+1), pixel[x][y]);
          }
    }

  Xcharacter += 4;                                     // go to next position
}

/* ------------------------------------------------------------------------- */
/*      TFT-LCD 수치 데이터 큰 문자(12x24, 24x24 픽셀) 출력 함수                */
/* ------------------------------------------------------------------------- */

void TFT_binary_large(U32 number, U08 digit)          /* display binary number */
{
```

```
  unsigned char i;

  if((digit == 0) || (digit > 32)) return;

  for(i = digit; i > 0; i--)
    TFT_English_large(((number >> (i-1)) & 0x01) + '0');
}

void TFT_unsigned_decimal_large(U32 number, U08 zerofill, U08 digit) /* display unsigned decimal number */
{
  unsigned char zero_flag, character;
  unsigned int  div;

  if((digit == 0) || (digit > 9)) return;

  div = 1;
  while(--digit) div *= 10;

  zero_flag = zerofill;
  while(div > 0)                                  // display number
    { character = number / div;
      if((character == 0) && (zero_flag == 0) && (div != 1))
        TFT_English_large(character + ' ');
      else
        { zero_flag = 1;
          TFT_English_large(character + '0');
        }
      number %= div;
      div /= 10;
    }
}

void TFT_signed_decimal_large(S32 number, U08 zerofill, U08 digit)  /* display signed decimal number */
{
  unsigned char zero_flag, character;
  unsigned int  div;

  if((digit == 0) || (digit > 9)) return;

  if(number >= 0)                                 // display sign
    TFT_English_large('+');
  else
    { TFT_English_large('-');
      number = -number;
    }

  div = 1;
  while(--digit) div *= 10;

  zero_flag = zerofill;
  while(div > 0)                                  // display number
    { character = number / div;
      if((character == 0) && (zero_flag == 0) && (div != 1))
        TFT_English_large(character + ' ');
      else
        { zero_flag = 1;
          TFT_English_large(character + '0');
        }
      number %= div;
      div /= 10;
    }
}

void TFT_hexadecimal_large(U32 number, U08 digit)       /* display hexadecimal number */
{
  unsigned char i, character;

  if((digit == 0) || (digit > 8)) return;

  for(i = digit; i > 0; i--)
    { character = (number >> 4*(i-1)) & 0x0F;
      if(character < 10) TFT_English_large(character + '0');
      else               TFT_English_large(character - 10 + 'A');
```

```
    }
}

void TFT_0x_hexadecimal_large(U32 number, U08 digit)     /* display hexadecimal number with 0x */
{
  unsigned char i, character;

  if((digit == 0) || (digit > 8)) return;

  TFT_English_large('0');
  TFT_English_large('x');

  for(i = digit; i > 0; i--)
    { character = (number >> 4*(i-1)) & 0x0F;
      if(character < 10) TFT_English_large(character + '0');
      else               TFT_English_large(character - 10 + 'A');
    }
}

void TFT_unsigned_float_large(float number, U08 integral, U08 fractional) /* display unsigned floating-point number */
{
  unsigned char zero_flag, digit, character;    // integral = digits of integral part
  unsigned int  div, integer;                   // fractional = digits of fractional part

  digit = integral + fractional;
  if((integral == 0) || (fractional == 0) || (digit > 9)) return;

  div = 1;
  while(--digit) div *= 10;

  while(fractional--) number *= 10.;
  integer = (U32)(number + 0.5);

  zero_flag = 0;
  digit = 1;
  while(div > 0)                                // display number
    { character = integer / div;
      if((character == 0) && (zero_flag == 0) && (digit != integral))
        TFT_English_large(character + ' ');
      else
        { zero_flag = 1;
          TFT_English_large(character + '0');
        }
      integer %= div;
      div /= 10;

      if(digit == integral)
        TFT_English_large('.');
      digit++;
    }
}

void TFT_signed_float_large(float number, U08 integral, U08 fractional) /* display signed floating-point number */
{
  unsigned char zero_flag, digit, character;
  unsigned int  div, integer;

  digit = integral + fractional;
  if((integral == 0) || (fractional == 0) || (digit > 9)) return;

  if(number >= 0)                               // display sign
    TFT_English_large('+');
  else
    { TFT_English_large('-');
      number = -number;
    }

  div = 1;
  while(--digit) div *= 10;

  while(fractional--) number *= 10.;
  integer = (U32)(number + 0.5);
```

```
    zero_flag = 0;
    digit = 1;
    while(div > 0)                                  // display number
      { character = integer / div;
        if((character == 0) && (zero_flag == 0) && (digit != integral))
          TFT_English_large(character + ' ');
        else
          { zero_flag = 1;
            TFT_English_large(character + '0');
          }
        integer %= div;
        div /= 10;

        if(digit == integral)
          TFT_English_large('.');
        digit++;
      }
}
```

이 헤더파일 OK-STM103_large.h에 포함되어 있는 TFT-LCD 모듈의 **큰 글씨** 출력 관련 사용자 정의 함수들을 모두 요약 정리하면 <표 4.6.4>와 같다. 8×16 픽셀의 영문 ASCII나 16×16 픽셀의 한글과 같은 **보통 글씨** 출력함수와 구분하기 위하여 이들 큰 글씨 출력함수의 이름에는 모두 _large가 추가된다는 점에 유의해야 한다. 큰 글씨를 출력하는 함수에서도 앞에서 설명한 줄바꿈 기능이나 밑줄 표시 기능, 커서 표시 기능, 외곽선 표시 기능, 투명 글씨 표시 기능 등을 모두 지원한다.

<표 4.6.4> TFT-LCD 모듈 큰 글씨 표시용 사용자 정의 함수들의 요약

사용자 정의 함수	기 능	입력 파라미터
TFT_portrait_mode_large()	TFT-LCD 모듈의 스크린 문자출력 방향을 큰 글씨 출력의 초상화 모드(Portrait)로 설정한다.	-
TFT_landscape_mode_large()	TFT-LCD 모듈의 스크린 문자출력 방향을 큰 글씨 출력의 풍경화 모드(Landscape)로 설정한다.	-
TFT_string_large()	TFT-LCD 모듈에 시작 위치와 컬러를 지정하고 그 위치부터 큰 글씨의 문자열을 출력한다.	U08 xChar, yChar, U16 colorfore, colorback, char *str
TFT_English_large()	TFT-LCD 모듈에 큰 글씨의 영문 1글자를 출력한다.	U08 code
TFT_Korean_large()	TFT-LCD 모듈에 큰 글씨의 한글 1글자를 출력한다.	U16 code
TFT_English_pixel_large()	TFT-LCD 모듈에 픽셀 출력 좌표로 위치를 지정하여 큰 글씨의 영문 1글자를 출력한다.	U16 Xpixel, Ypixel, U08 code
TFT_string_large_2X()	TFT_string_large() 함수에서 글자를 가로,세로 2배로 확대한다.	TFT_string_large()와 동일
TFT_English_large_2X()	TFT_English_large() 함수에서 글자를 가로,세로 2배로 확대한다.	TFT_English_large()와 동일
TFT_Korean_large_2X()	TFT_Korean_large() 함수에서 글자를 가로,세로 2배로 확대한다.	TFT_Korean_large()와 동일
TFT_binary_large()	TFT-LCD 모듈에 2진수를 큰 글씨로 출력한다.	U16 number, U08 digit
TFT_unsigned_decimal_large()	TFT-LCD 모듈에 부호 없는 정수를 큰 글씨로 출력한다. (zerofill = 1이면 선두의 무효 자리를 0으로 채운다.)	U32 number, U08 zerofill, digit
TFT_signed_decimal_large()	TFT-LCD 모듈에 부호 있는 정수를 큰 글씨로 출력한다. (zerofill = 1이면 선두의 무효 자리를 0으로 채운다.)	S32 number, U08 zerofill, digit
TFT_hexadecimal_large()	TFT-LCD 모듈에 16진수를 큰 글씨로 출력한다.	U32 number, U08 digit
TFT_0x_hexadecimal_large()	TFT-LCD 모듈에 0x를 포함하는 16진수를 큰 글씨로 출력한다.	U32 number, U08 digit
TFT_unsigned_float_large()	TFT-LCD 모듈에 부호 없는 실수를 출력한다. (integral = 실수부 자릿수, fractional = 소수부 자릿수)	float number, U08 integral, fractional
TFT_signed_float_large()	TFT-LCD 모듈에 부호 있는 실수를 큰 글씨로 출력한다. (integral = 실수부 자릿수, fractional = 소수부 자릿수)	float number, U08 integral, fractional

3. 매우 큰 글씨 및 가장 큰 글씨를 출력하는 기능

앞에서 보통 글씨보다 좀더 큰 글씨로서 12×24 픽셀의 반각 영문 ASCII 문자와 24×24 픽셀의 한글 문자들을 TFT-LCD 모듈에 표시하는 기술에 대해 설명하였지만, 마이크로컨트롤러를 사용한 응용 시스템을 설계하다보면 이보다 훨씬 더 큰 글씨가 필요한 경우도 종종 있다. 사람이 좀더 먼 거리에서도 쉽게 화면의 내용을 알아볼 수 있도록 하기 위함이다.

그런데, 이런 경우는 기계장치에서 제어 변수값이나 실시간 측정 데이터를 화면에 표시하는 경우가 대부분이므로 모든 영문 ASCII 또는 한글 문자를 표시할 필요는 없고 단지 0~9의 숫자나 이 데이터 및 단위를 표시하기 위한 몇가지 정도의 문자 또는 기호 정도만 표시하면 된다. 따라서, 이에 필요한 폰트는 사용자가 필요한대로 쉽게 만들어 사용할 수 있다.

이 책에서는 이러한 응용 목적으로 사용할 수 있도록 32×48 픽셀의 **매우 큰 글씨**와 40×56 픽셀의 **가장 큰 글씨**를 위한 폰트 및 이것들을 출력하기 위한 함수를 헤더파일 OK-STM103_xlarge.h에 추가로 제공한다. 나중에 이를 이용하여 TFT-LCD에 디지털 시계 등을 구현하는 예제를 소개할 것이다. 이는 STM32F103VET6의 플래시 메모리가 512KB로 충분히 크므로 가능한 일이다.

<헤더파일 OK-STM103_xlarge.h> 매우 큰 글씨 및 가장 큰 글씨 처리

```
/* ========================================================================== */
/*      OK-STM103 V1.0 키트용(STM32F103VET6) 매우/가장 큰 글씨 헤더 파일        */
/* ========================================================================== */
/*                                   Programmed by Duck-Yong Yoon in 2017.    */

// ----------------------------------------------------------------------------
//   이 헤더파일은 OK-STM103 키트 V1.0을 위한 것입니다. 이것은 아래의 조건에서만
//  올바른 동작을 보장합니다.
// ----------------------------------------------------------------------------
//      (1) 시스템 클록  : 72MHz
//      (2) C 컴파일러   : IAR EWARM V7.80.2
//      (3) 최적화 옵션  : High/Size
//      (4) CSTACK 크기  : 0x1000
//      (5) TFT-LCD 모듈 : Ohm사 FL320QVC18-A0(HX8347-A)
//      (6) 인클루드     : 기본 헤더 파일 OK-STM103.h의 뒤에 인클루드할 것.
// ----------------------------------------------------------------------------

/* -------------------------------------------------------------------------- */
/*              32x48 픽셀의 매우 큰 글씨 폰트(명조체)                          */
/* -------------------------------------------------------------------------- */
const unsigned char font_32x48[17][192] = {          /* 32x48 character font */
  {0x00,0x00,0x00,0x00,0x00,0x00,0x00,0x00,0x00,0x0f,0xf0,0x00,0x00,0x3f,0xfc,0x00,  // '0'
   0x00,0xff,0xff,0x00,0x01,0xfe,0x7f,0x80,0x01,0xfc,0x1f,0xc0,0x03,0xf8,0x1f,0xc0,
   0x07,0xf0,0x0f,0xe0,0x07,0xf0,0x0f,0xe0,0x0f,0xe0,0x07,0xf0,0x0f,0xe0,0x07,0xf0,
   0x0f,0xe0,0x07,0xf8,0x1f,0xe0,0x07,0xf8,0x1f,0xc0,0x03,0xf8,0x1f,0xc0,0x03,0xf8,
   0x1f,0xc0,0x03,0xfc,0x1f,0xc0,0x03,0xfc,0x3f,0xc0,0x03,0xfc,0x3f,0xc0,0x03,0xfc,
   0x3f,0xc0,0x03,0xfc,0x3f,0xc0,0x03,0xfc,0x3f,0xc0,0x03,0xfc,0x3f,0xc0,0x03,0xfc,
```

```
 0x3f, 0xc0, 0x03, 0xfc, 0x3f, 0xc0, 0x03, 0xfc, 0x3f, 0xc0, 0x03, 0xfc, 0x1f, 0xc0, 0x03, 0xfc,
 0x1f, 0xc0, 0x03, 0xfc, 0x1f, 0xc0, 0x03, 0xf8, 0x1f, 0xc0, 0x03, 0xf8, 0x1f, 0xe0, 0x07, 0xf8,
 0x0f, 0xe0, 0x07, 0xf8, 0x0f, 0xe0, 0x07, 0xf0, 0x0f, 0xe0, 0x07, 0xf0, 0x07, 0xf0, 0x0f, 0xe0,
 0x07, 0xf0, 0x0f, 0xe0, 0x03, 0xf8, 0x1f, 0xc0, 0x01, 0xfc, 0x1f, 0xc0, 0x01, 0xfe, 0x7f, 0x80,
 0x00, 0xff, 0xff, 0x00, 0x00, 0x3f, 0xfc, 0x00, 0x00, 0x0f, 0xf0, 0x00, 0x00, 0x00, 0x00, 0x00,
 0x00, 0x00, 0x00, 0x00, 0x00, 0x00, 0x00, 0x00, 0x00, 0x00, 0x00, 0x00, 0x00, 0x00, 0x00, 0x00},
{0x00, 0x00, 0x00, 0x00, 0x00, 0x00, 0x00, 0x00, 0x00, 0x00, 0x70, 0x00, 0x00, 0x01, 0xf0, 0x00,  // '1'
 0x00, 0x0f, 0xf0, 0x00, 0x00, 0xff, 0xf0, 0x00, 0x03, 0xff, 0xf0, 0x00, 0x03, 0xff, 0xf0, 0x00,
 0x00, 0x0f, 0xf0, 0x00, 0x00, 0x07, 0xf0, 0x00, 0x00, 0x07, 0xf0, 0x00, 0x00, 0x07, 0xf0, 0x00,
 0x00, 0x07, 0xf0, 0x00, 0x00, 0x07, 0xf0, 0x00, 0x00, 0x07, 0xf0, 0x00, 0x00, 0x07, 0xf0, 0x00,
 0x00, 0x07, 0xf0, 0x00, 0x00, 0x07, 0xf0, 0x00, 0x00, 0x07, 0xf0, 0x00, 0x00, 0x07, 0xf0, 0x00,
 0x00, 0x07, 0xf0, 0x00, 0x00, 0x07, 0xf0, 0x00, 0x00, 0x07, 0xf0, 0x00, 0x00, 0x07, 0xf0, 0x00,
 0x00, 0x07, 0xf0, 0x00, 0x00, 0x07, 0xf0, 0x00, 0x00, 0x07, 0xf0, 0x00, 0x00, 0x07, 0xf0, 0x00,
 0x00, 0x07, 0xf0, 0x00, 0x00, 0x07, 0xf0, 0x00, 0x00, 0x07, 0xf0, 0x00, 0x00, 0x07, 0xf0, 0x00,
 0x00, 0x07, 0xf0, 0x00, 0x00, 0x07, 0xf0, 0x00, 0x00, 0x07, 0xf0, 0x00, 0x00, 0x07, 0xf0, 0x00,
 0x00, 0x07, 0xf0, 0x00, 0x00, 0x07, 0xf8, 0x00, 0x00, 0x0f, 0xfc, 0x00, 0x07, 0xff, 0xff, 0xe0,
 0x07, 0xff, 0xff, 0xf0, 0x07, 0xff, 0xff, 0xf0, 0x00, 0x00, 0x00, 0x00, 0x00, 0x00, 0x00, 0x00,
 0x00, 0x00, 0x00, 0x00, 0x00, 0x00, 0x00, 0x00, 0x00, 0x00, 0x00, 0x00, 0x00, 0x00, 0x00, 0x00},

                    (중간 생략)

{0x00, 0x00, 0x00, 0x00, 0x00, 0x00, 0x00, 0x00, 0x00, 0x3f, 0xf8, 0x00, 0x01, 0xff, 0xff, 0x00,  // '8'
 0x03, 0xff, 0xff, 0x80, 0x07, 0xf8, 0x7f, 0xc0, 0x0f, 0xe0, 0x1f, 0xe0, 0x0f, 0xe0, 0x0f, 0xf0,
 0x1f, 0xc0, 0x07, 0xf0, 0x1f, 0xc0, 0x07, 0xf0, 0x1f, 0xc0, 0x07, 0xf0, 0x1f, 0xc0, 0x07, 0xf0,
 0x1f, 0xc0, 0x07, 0xf0, 0x1f, 0xc0, 0x07, 0xf0, 0x1f, 0xe0, 0x07, 0xf0, 0x1f, 0xf0, 0x0f, 0xe0,
 0x0f, 0xfc, 0x0f, 0xe0, 0x0f, 0xfe, 0x1f, 0xc0, 0x07, 0xff, 0xff, 0x80, 0x03, 0xff, 0xfe, 0x00,
 0x00, 0xff, 0xf8, 0x00, 0x00, 0x7f, 0xfe, 0x00, 0x00, 0xff, 0xff, 0x80, 0x03, 0xff, 0xff, 0xc0,
 0x07, 0xf1, 0xff, 0xe0, 0x0f, 0xe0, 0xff, 0xf0, 0x1f, 0xe0, 0x3f, 0xf8, 0x1f, 0xc0, 0x1f, 0xf8,
 0x3f, 0xc0, 0x0f, 0xf8, 0x3f, 0x80, 0x07, 0xfc, 0x3f, 0x80, 0x03, 0xfc, 0x7f, 0x80, 0x03, 0xfc,
 0x7f, 0x80, 0x01, 0xfc, 0x7f, 0x80, 0x01, 0xfc, 0x7f, 0x80, 0x03, 0xfc, 0x3f, 0xc0, 0x03, 0xf8,
 0x3f, 0xc0, 0x07, 0xf8, 0x3f, 0xe0, 0x07, 0xf0, 0x1f, 0xf0, 0x1f, 0xf0, 0x0f, 0xf8, 0x7f, 0xe0,
 0x07, 0xff, 0xff, 0x80, 0x03, 0xff, 0xff, 0x00, 0x00, 0x7f, 0xf8, 0x00, 0x00, 0x00, 0x00, 0x00,
 0x00, 0x00, 0x00, 0x00, 0x00, 0x00, 0x00, 0x00, 0x00, 0x00, 0x00, 0x00, 0x00, 0x00, 0x00, 0x00},
{0x00, 0x00, 0x00, 0x00, 0x00, 0x00, 0x00, 0x00, 0x00, 0x3f, 0xf0, 0x00, 0x00, 0xff, 0xfc, 0x00,  // '9'
 0x03, 0xff, 0xff, 0x00, 0x07, 0xf8, 0xff, 0x80, 0x0f, 0xf0, 0x3f, 0xc0, 0x0f, 0xe0, 0x1f, 0xc0,
 0x1f, 0xe0, 0x1f, 0xe0, 0x1f, 0xc0, 0x0f, 0xe0, 0x3f, 0xc0, 0x0f, 0xf0, 0x3f, 0xc0, 0x0f, 0xf0,
 0x3f, 0xc0, 0x07, 0xf0, 0x3f, 0xc0, 0x07, 0xf0, 0x3f, 0xc0, 0x07, 0xf8, 0x3f, 0xc0, 0x07, 0xf8,
 0x3f, 0xc0, 0x07, 0xf8, 0x3f, 0xc0, 0x07, 0xf8, 0x3f, 0xc0, 0x07, 0xf8, 0x3f, 0xc0, 0x07, 0xf8,
 0x1f, 0xe0, 0x0f, 0xf8, 0x1f, 0xe0, 0x0f, 0xf8, 0x0f, 0xf0, 0x3f, 0xf8, 0x07, 0xf8, 0xff, 0xf8,
 0x07, 0xff, 0xff, 0xf8, 0x01, 0xff, 0xf7, 0xf8, 0x00, 0x7f, 0x87, 0xf8, 0x00, 0x00, 0x07, 0xf8,
 0x00, 0x00, 0x07, 0xf8, 0x00, 0x00, 0x07, 0xf8, 0x00, 0x00, 0x07, 0xf0, 0x00, 0x00, 0x0f, 0xf0,
 0x07, 0xe0, 0x0f, 0xf0, 0x0f, 0xf0, 0x0f, 0xf0, 0x1f, 0xf8, 0x0f, 0xe0, 0x1f, 0xf8, 0x1f, 0xe0,
 0x1f, 0xf8, 0x1f, 0xc0, 0x1f, 0xf8, 0x3f, 0x80, 0x1f, 0xf0, 0x7f, 0x00, 0x0f, 0xf8, 0xfe, 0x00,
 0x07, 0xff, 0xfc, 0x00, 0x03, 0xff, 0xf8, 0x00, 0x00, 0xff, 0xc0, 0x00, 0x00, 0x00, 0x00, 0x00,
 0x00, 0x00, 0x00, 0x00, 0x00, 0x00, 0x00, 0x00, 0x00, 0x00, 0x00, 0x00, 0x00, 0x00, 0x00, 0x00},
{0x00, 0x00, 0x00, 0x00, 0x00, 0x00, 0x00, 0x00, 0x00, 0x00, 0x00, 0x00, 0x00, 0x00, 0x00, 0x00,  // ' ' (space)
 0x00, 0x00, 0x00, 0x00, 0x00, 0x00, 0x00, 0x00, 0x00, 0x00, 0x00, 0x00, 0x00, 0x00, 0x00, 0x00,
 0x00, 0x00, 0x00, 0x00, 0x00, 0x00, 0x00, 0x00, 0x00, 0x00, 0x00, 0x00, 0x00, 0x00, 0x00, 0x00,
 0x00, 0x00, 0x00, 0x00, 0x00, 0x00, 0x00, 0x00, 0x00, 0x00, 0x00, 0x00, 0x00, 0x00, 0x00, 0x00,
 0x00, 0x00, 0x00, 0x00, 0x00, 0x00, 0x00, 0x00, 0x00, 0x00, 0x00, 0x00, 0x00, 0x00, 0x00, 0x00,
 0x00, 0x00, 0x00, 0x00, 0x00, 0x00, 0x00, 0x00, 0x00, 0x00, 0x00, 0x00, 0x00, 0x00, 0x00, 0x00,
 0x00, 0x00, 0x00, 0x00, 0x00, 0x00, 0x00, 0x00, 0x00, 0x00, 0x00, 0x00, 0x00, 0x00, 0x00, 0x00,
 0x00, 0x00, 0x00, 0x00, 0x00, 0x00, 0x00, 0x00, 0x00, 0x00, 0x00, 0x00, 0x00, 0x00, 0x00, 0x00,
 0x00, 0x00, 0x00, 0x00, 0x00, 0x00, 0x00, 0x00, 0x00, 0x00, 0x00, 0x00, 0x00, 0x00, 0x00, 0x00,
 0x00, 0x00, 0x00, 0x00, 0x00, 0x00, 0x00, 0x00, 0x00, 0x00, 0x00, 0x00, 0x00, 0x00, 0x00, 0x00,
 0x00, 0x00, 0x00, 0x00, 0x00, 0x00, 0x00, 0x00, 0x00, 0x00, 0x00, 0x00, 0x00, 0x00, 0x00, 0x00,
 0x00, 0x00, 0x00, 0x00, 0x00, 0x00, 0x00, 0x00, 0x00, 0x00, 0x00, 0x00, 0x00, 0x00, 0x00, 0x00},
{0x00, 0x00, 0x00, 0x00, 0x00, 0x00, 0x00, 0x00, 0x00, 0x00, 0x00, 0x00, 0x00, 0x00, 0x00, 0x00,  // '.' (period)
 0x00, 0x00, 0x00, 0x00, 0x00, 0x00, 0x00, 0x00, 0x00, 0x00, 0x00, 0x00, 0x00, 0x00, 0x00, 0x00,
 0x00, 0x00, 0x00, 0x00, 0x00, 0x00, 0x00, 0x00, 0x00, 0x00, 0x00, 0x00, 0x00, 0x00, 0x00, 0x00,
 0x00, 0x00, 0x00, 0x00, 0x00, 0x00, 0x00, 0x00, 0x00, 0x00, 0x00, 0x00, 0x00, 0x00, 0x00, 0x00,
 0x00, 0x00, 0x00, 0x00, 0x00, 0x00, 0x00, 0x00, 0x00, 0x00, 0x00, 0x00, 0x00, 0x00, 0x00, 0x00,
 0x00, 0x00, 0x00, 0x00, 0x00, 0x00, 0x00, 0x00, 0x00, 0x00, 0x00, 0x00, 0x00, 0x00, 0x00, 0x00,
 0x00, 0x00, 0x00, 0x00, 0x00, 0x00, 0x00, 0x00, 0x00, 0x00, 0x00, 0x00, 0x00, 0x00, 0x00, 0x00,
 0x00, 0x00, 0x00, 0x00, 0x00, 0x07, 0xe0, 0x00, 0x00, 0x0f, 0xf0, 0x00, 0x00, 0x1f, 0xf8, 0x00,
 0x00, 0x1f, 0xf8, 0x00, 0x00, 0x1f, 0xf8, 0x00, 0x00, 0x1f, 0xf8, 0x00, 0x00, 0x1f, 0xf8, 0x00,
 0x00, 0x1f, 0xf8, 0x00, 0x00, 0x0f, 0xf0, 0x00, 0x00, 0x07, 0xe0, 0x00, 0x00, 0x00, 0x00, 0x00,
 0x00, 0x00, 0x00, 0x00, 0x00, 0x00, 0x00, 0x00, 0x00, 0x00, 0x00, 0x00, 0x00, 0x00, 0x00, 0x00,
 0x00, 0x00, 0x00, 0x00, 0x00, 0x00, 0x00, 0x00, 0x00, 0x00, 0x00, 0x00, 0x00, 0x00, 0x00, 0x00},
{0x00, 0x00, 0x00, 0x00, 0x00, 0x00, 0x00, 0x00, 0x00, 0x00, 0x00, 0x00, 0x00, 0x00, 0x00, 0x00,  // ',' (comma)
 0x00, 0x00, 0x00, 0x00, 0x00, 0x00, 0x00, 0x00, 0x00, 0x00, 0x00, 0x00, 0x00, 0x00, 0x00, 0x00,
 0x00, 0x00, 0x00, 0x00, 0x00, 0x00, 0x00, 0x00, 0x00, 0x00, 0x00, 0x00, 0x00, 0x00, 0x00, 0x00,
 0x00, 0x00, 0x00, 0x00, 0x00, 0x00, 0x00, 0x00, 0x00, 0x00, 0x00, 0x00, 0x00, 0x00, 0x00, 0x00,
```

```
 0x00,0x00,0x00,0x00,0x00,0x00,0x00,0x00,0x00,0x00,0x00,0x00,0x00,0x00,0x00,0x00,
 0x00,0x00,0x00,0x00,0x00,0x00,0x00,0x00,0x00,0x00,0x00,0x00,0x00,0x00,0x00,0x00,
 0x00,0x00,0x00,0x00,0x00,0x00,0x00,0x00,0x00,0x07,0xe0,0x00,0x00,0x0f,0xf0,0x00,
 0x00,0x1f,0xf8,0x00,0x00,0x1f,0xf8,0x00,0x00,0x1f,0xf8,0x00,0x00,0x1f,0xf8,0x00,
 0x00,0x1f,0xf8,0x00,0x00,0x1f,0xf8,0x00,0x00,0x0f,0xf8,0x00,0x00,0x03,0xf8,0x00,
 0x00,0x01,0xf8,0x00,0x00,0x01,0xf0,0x00,0x00,0x01,0xf0,0x00,0x00,0x03,0xe0,0x00,
 0x00,0x07,0xe0,0x00,0x00,0x0f,0xc0,0x00,0x00,0x1f,0x00,0x00,0x00,0x1e,0x00,0x00,
 0x00,0x00,0x00,0x00,0x00,0x00,0x00,0x00,0x00,0x00,0x00,0x00,0x00,0x00,0x00,0x00},
{0x00,0x00,0x00,0x00,0x00,0x00,0x00,0x00,0x00,0x00,0x00,0x00,0x00,0x00,0x00,0x00, // '+'(plus)
 0x00,0x00,0x00,0x00,0x00,0x00,0x00,0x00,0x00,0x00,0x00,0x00,0x00,0x00,0x00,0x00,
 0x00,0x00,0x00,0x00,0x00,0x00,0x00,0x00,0x00,0x03,0xe0,0x00,0x00,0x03,0xe0,0x00,
 0x00,0x03,0xe0,0x00,0x00,0x03,0xe0,0x00,0x00,0x03,0xe0,0x00,0x00,0x03,0xe0,0x00,
 0x00,0x03,0xe0,0x00,0x00,0x03,0xe0,0x00,0x00,0x03,0xe0,0x00,0x00,0x03,0xe0,0x00,
 0x0f,0xff,0xff,0xf8,0x0f,0xff,0xff,0xf8,0x0f,0xff,0xff,0xf8,0x0f,0xff,0xff,0xf8,
 0x00,0x03,0xe0,0x00,0x00,0x03,0xe0,0x00,0x00,0x03,0xe0,0x00,0x00,0x03,0xe0,0x00,
 0x00,0x03,0xe0,0x00,0x00,0x03,0xe0,0x00,0x00,0x03,0xe0,0x00,0x00,0x03,0xe0,0x00,
 0x00,0x03,0xe0,0x00,0x00,0x03,0xe0,0x00,0x00,0x00,0x00,0x00,0x00,0x00,0x00,0x00,
 0x00,0x00,0x00,0x00,0x00,0x00,0x00,0x00,0x00,0x00,0x00,0x00,0x00,0x00,0x00,0x00,
 0x00,0x00,0x00,0x00,0x00,0x00,0x00,0x00,0x00,0x00,0x00,0x00,0x00,0x00,0x00,0x00,
 0x00,0x00,0x00,0x00,0x00,0x00,0x00,0x00,0x00,0x00,0x00,0x00,0x00,0x00,0x00,0x00},
{0x00,0x00,0x00,0x00,0x00,0x00,0x00,0x00,0x00,0x00,0x00,0x00,0x00,0x00,0x00,0x00, // '-'(minus)
 0x00,0x00,0x00,0x00,0x00,0x00,0x00,0x00,0x00,0x00,0x00,0x00,0x00,0x00,0x00,0x00,
 0x00,0x00,0x00,0x00,0x00,0x00,0x00,0x00,0x00,0x00,0x00,0x00,0x00,0x00,0x00,0x00,
 0x00,0x00,0x00,0x00,0x00,0x00,0x00,0x00,0x00,0x00,0x00,0x00,0x00,0x00,0x00,0x00,
 0x00,0x00,0x00,0x00,0x00,0x00,0x00,0x00,0x00,0x00,0x00,0x00,0x00,0x00,0x00,0x00,
 0x1f,0xff,0xff,0xf8,0x1f,0xff,0xff,0xf8,0x1f,0xff,0xff,0xf8,0x1f,0xff,0xff,0xf8,
 0x00,0x00,0x00,0x00,0x00,0x00,0x00,0x00,0x00,0x00,0x00,0x00,0x00,0x00,0x00,0x00,
 0x00,0x00,0x00,0x00,0x00,0x00,0x00,0x00,0x00,0x00,0x00,0x00,0x00,0x00,0x00,0x00,
 0x00,0x00,0x00,0x00,0x00,0x00,0x00,0x00,0x00,0x00,0x00,0x00,0x00,0x00,0x00,0x00,
 0x00,0x00,0x00,0x00,0x00,0x00,0x00,0x00,0x00,0x00,0x00,0x00,0x00,0x00,0x00,0x00,
 0x00,0x00,0x00,0x00,0x00,0x00,0x00,0x00,0x00,0x00,0x00,0x00,0x00,0x00,0x00,0x00,
 0x00,0x00,0x00,0x00,0x00,0x00,0x00,0x00,0x00,0x00,0x00,0x00,0x00,0x00,0x00,0x00},
{0x00,0x00,0x00,0x00,0x00,0x00,0x00,0x00,0x00,0x00,0x00,0x00,0x00,0x00,0x00,0x00, // ':'(colon)
 0x00,0x00,0x00,0x00,0x00,0x00,0x00,0x00,0x00,0x00,0x00,0x00,0x00,0x00,0x00,0x00,
 0x00,0x00,0x00,0x00,0x00,0x07,0xe0,0x00,0x00,0x0f,0xf0,0x00,0x00,0x1f,0xf8,0x00,
 0x00,0x1f,0xf8,0x00,0x00,0x1f,0xf8,0x00,0x00,0x1f,0xf8,0x00,0x00,0x1f,0xf8,0x00,
 0x00,0x1f,0xf8,0x00,0x00,0x0f,0xf0,0x00,0x00,0x07,0xe0,0x00,0x00,0x00,0x00,0x00,
 0x00,0x00,0x00,0x00,0x00,0x00,0x00,0x00,0x00,0x00,0x00,0x00,0x00,0x00,0x00,0x00,
 0x00,0x00,0x00,0x00,0x00,0x00,0x00,0x00,0x00,0x07,0xe0,0x00,0x00,0x0f,0xf0,0x00,
 0x00,0x1f,0xf8,0x00,0x00,0x1f,0xf8,0x00,0x00,0x1f,0xf8,0x00,0x00,0x1f,0xf8,0x00,
 0x00,0x1f,0xf8,0x00,0x00,0x1f,0xf8,0x00,0x00,0x0f,0xf0,0x00,0x00,0x07,0xe0,0x00,
 0x00,0x00,0x00,0x00,0x00,0x00,0x00,0x00,0x00,0x00,0x00,0x00,0x00,0x00,0x00,0x00,
 0x00,0x00,0x00,0x00,0x00,0x00,0x00,0x00,0x00,0x00,0x00,0x00,0x00,0x00,0x00,0x00,
 0x00,0x00,0x00,0x00,0x00,0x00,0x00,0x00,0x00,0x00,0x00,0x00,0x00,0x00,0x00,0x00},
{0x00,0x00,0x00,0x00,0x00,0x00,0x00,0x00,0x00,0x00,0x00,0x00,0x00,0x00,0x00,0x00, // ';'(semicolon)
 0x00,0x00,0x00,0x00,0x00,0x00,0x00,0x00,0x00,0x00,0x00,0x00,0x00,0x00,0x00,0x00,
 0x00,0x00,0x00,0x00,0x00,0x07,0xe0,0x00,0x00,0x0f,0xf0,0x00,0x00,0x1f,0xf8,0x00,
 0x00,0x1f,0xf8,0x00,0x00,0x1f,0xf8,0x00,0x00,0x1f,0xf8,0x00,0x00,0x1f,0xf8,0x00,
 0x00,0x1f,0xf8,0x00,0x00,0x0f,0xf0,0x00,0x00,0x07,0xe0,0x00,0x00,0x00,0x00,0x00,
 0x00,0x00,0x00,0x00,0x00,0x00,0x00,0x00,0x00,0x00,0x00,0x00,0x00,0x00,0x00,0x00,
 0x00,0x00,0x00,0x00,0x00,0x00,0x00,0x00,0x00,0x07,0xe0,0x00,0x00,0x0f,0xf0,0x00,
 0x00,0x1f,0xf8,0x00,0x00,0x1f,0xf8,0x00,0x00,0x1f,0xf8,0x00,0x00,0x1f,0xf8,0x00,
 0x00,0x1f,0xf8,0x00,0x00,0x1f,0xf8,0x00,0x00,0x0f,0xf8,0x00,0x00,0x03,0xf8,0x00,
 0x00,0x01,0xf8,0x00,0x00,0x01,0xf0,0x00,0x00,0x01,0xf0,0x00,0x00,0x03,0xe0,0x00,
 0x00,0x07,0xe0,0x00,0x00,0x0f,0xc0,0x00,0x00,0x1f,0x00,0x00,0x00,0x1e,0x00,0x00,
 0x00,0x00,0x00,0x00,0x00,0x00,0x00,0x00,0x00,0x00,0x00,0x00,0x00,0x00,0x00,0x00}};

/* ------------------------------------------------------------------------ */
/*                  사용자 정의 함수 선언                                   */
/* ------------------------------------------------------------------------ */

void TFT_English_vlarge(U08 code);                    // write 32x48 font character
void TFT_unsigned_decimal_vlarge(U32 number, U08 zerofill, U08 digit); // display unsigned decimal number
void TFT_hexadecimal_vlarge(U32 number, U08 digit); // display hexadecimal number
void TFT_unsigned_float_vlarge(float number, U08 integral, U08 fractional); // display unsigned floating-point number

/* ------------------------------------------------------------------------ */
/*                  TFT-LCD 매우 큰 글씨(32x48 픽셀) 출력 함수              */
/* ------------------------------------------------------------------------ */

void TFT_English_vlarge(U08 code)                     /* write 32x48 font character */
{
  unsigned char data, x, y;
```

```
unsigned short i, xPos, yPos;

if(code == ' ')       code = 10;                    // code conversion
else if(code == '.') code = 11;
else if(code == ',') code = 12;
else if(code == '+') code = 13;
else if(code == '-') code = 14;
else if(code == ':') code = 15;
else if(code == ';') code = 16;
else                  code -= '0';

i = 0;
xPos = Xcharacter*8;
yPos = Ycharacter*8;
for(y = 0; y < 48; y++)                             // repeat 48 pixel line
  { if(ScreenMode == 'L')
      { TFT_write(0x02, xPos >> 8);                 // xPos = 0~319
        TFT_write(0x03, xPos & 0x00FF);
        TFT_write(0x06, 0x0000);                    // yPos = 0~239
        TFT_write(0x07, yPos + y);
      }
    else
      { TFT_write(0x02, 0x0000);                    // xPos = 0~239
        TFT_write(0x03, xPos);
        TFT_write(0x06, (yPos + y) >> 8);           // yPos = 0~319
        TFT_write(0x07, (yPos + y) & 0x00FF);
      }

    TFT_command(0x22);

    if((cursor_flag == 1) && (Xcharacter == Xcursor) && (Ycharacter == Ycursor) && (y == 45))
      { for(x = 0; x < 32; x++)                     // display cursor
          TFT_data(cursor);
      }
    else if((cursor_flag == 1) && (Xcharacter == Xcursor) && (Ycharacter == Ycursor) && (y == 46))
      { for(x = 0; x < 32; x++)
          TFT_data(cursor);
      }
    else                                            // display 1 pixel line(8 x 4 = 32 pixel)
      { data = font_32x48[code][i++];
        for(x = 0; x < 8; x++)
          { if(data & 0x80) TFT_data(foreground);
            else            TFT_data(background);
            data = data << 1;
          }

        data = font_32x48[code][i++];
        for(x = 0; x < 8; x++)
          { if(data & 0x80) TFT_data(foreground);
            else            TFT_data(background);
            data = data << 1;
          }

        data = font_32x48[code][i++];
        for(x = 0; x < 8; x++)
          { if(data & 0x80) TFT_data(foreground);
            else            TFT_data(background);
            data = data << 1;
          }

        data = font_32x48[code][i++];
        for(x = 0; x < 8; x++)
          { if(data & 0x80) TFT_data(foreground);
            else            TFT_data(background);
            data = data << 1;
          }
      }
  }

Xcharacter += 4;
if(Xcharacter >= XcharacterLimit)                   // end of line ?
  { Xcharacter = 0;
    Ycharacter += 6;
```

```
    }
}

void TFT_unsigned_decimal_vlarge(U32 number, U08 zerofill, U08 digit) /* display unsigned decimal number */
{
  unsigned char zero_flag, character;
  unsigned int  div;

  if((digit == 0) || (digit > 9)) return;

  div = 1;
  while(--digit) div *= 10;

  zero_flag = zerofill;
  while(div > 0)                                  // display number
    { character = number / div;
      if((character == 0) && (zero_flag == 0) && (div != 1))
        TFT_English_vlarge(character + ' ');
      else
        { zero_flag = 1;
          TFT_English_vlarge(character + '0');
        }
      number %= div;
      div /= 10;
    }
}

void TFT_hexadecimal_vlarge(U32 number, U08 digit)       /* display hexadecimal number */
{
  unsigned char i, character;

  if((digit == 0) || (digit > 8)) return;

  for(i = digit; i > 0; i--)
    { character = (number >> 4*(i-1)) & 0x0F;
      if(character < 10) TFT_English_vlarge(character + '0');
      else               TFT_English_vlarge(character - 10 + 'A');
    }
}

void TFT_unsigned_float_vlarge(float number, U08 integral, U08 fractional) /* display unsigned floating-point number */
{
  unsigned char zero_flag, digit, character;    // integral = digits of integral part
  unsigned int  div, integer;                   // fractional = digits of fractional part

  digit = integral + fractional;
  if((integral == 0) || (fractional == 0) || (digit > 9)) return;

  div = 1;
  while(--digit) div *= 10;

  while(fractional--) number *= 10.;
  integer = (U32)(number + 0.5);

  zero_flag = 0;
  digit = 1;
  while(div > 0)                                  // display number
    { character = integer / div;
      if((character == 0) && (zero_flag == 0) && (digit != integral))
        TFT_English_vlarge(character + ' ');
      else
        { zero_flag = 1;
          TFT_English_vlarge(character + '0');
        }
      integer %= div;
      div /= 10;

      if(digit == integral)
        TFT_English_vlarge('.');
      digit++;
    }
}
```

```
/* ------------------------------------------------------------------------ */
/*              40x56 픽셀의 가장 큰 글씨 폰트(명조체)                        */
/* ------------------------------------------------------------------------ */
const unsigned char font_40x56[13][280] = {              /* 40x56 character font */
{0x00,0x00,0x00,0x00,0x00,0x00,0x00,0x00,0x00,0x00,0x00,0x01,0xff,0x80,0x00,0x00,  // '0'
 0x0f,0xff,0xf0,0x00,0x00,0x1f,0xff,0xf8,0x00,0x00,0x3f,0xe7,0xfc,0x00,0x00,0x7f,
 0xc3,0xfe,0x00,0x00,0xff,0x81,0xff,0x00,0x01,0xff,0x00,0xff,0x80,0x03,0xff,0x00,
 0xff,0xc0,0x03,0xfe,0x00,0x7f,0xc0,0x07,0xfe,0x00,0x7f,0xe0,0x07,0xfe,0x00,0x7f,
 0xe0,0x07,0xfc,0x00,0x3f,0xe0,0x0f,0xfc,0x00,0x3f,0xf0,0x0f,0xfc,0x00,0x3f,0xf0,
 0x0f,0xfc,0x00,0x3f,0xf0,0x1f,0xfc,0x00,0x3f,0xf0,0x1f,0xfc,0x00,0x3f,0xf8,0x1f,
 0xf8,0x00,0x3f,0xf8,0x1f,0xf8,0x00,0x1f,0xf8,0x1f,0xf8,0x00,0x1f,0xf8,0x1f,0xf8,
 0x00,0x1f,0xf8,0x1f,0xf8,0x00,0x1f,0xf8,0x1f,0xf8,0x00,0x1f,0xf8,0x1f,0xf8,0x00,
 0x1f,0xf8,0x1f,0xf8,0x00,0x1f,0xf8,0x1f,0xf8,0x00,0x1f,0xf8,0x1f,0xf8,0x00,0x1f,
 0xf8,0x1f,0xf8,0x00,0x1f,0xf8,0x1f,0xf8,0x00,0x1f,0xf8,0x1f,0xf8,0x00,0x1f,0xf8,
 0x1f,0xf8,0x00,0x1f,0xf8,0x1f,0xf8,0x00,0x3f,0xf8,0x1f,0xfc,0x00,0x3f,0xf8,0x1f,
 0xfc,0x00,0x3f,0xf8,0x0f,0xfc,0x00,0x3f,0xf0,0x0f,0xfc,0x00,0x3f,0xf0,0x0f,0xfc,
 0x00,0x3f,0xf0,0x07,0xfc,0x00,0x3f,0xe0,0x07,0xfe,0x00,0x7f,0xe0,0x07,0xfe,0x00,
 0x7f,0xe0,0x03,0xfe,0x00,0x7f,0xc0,0x03,0xff,0x00,0xff,0xc0,0x01,0xff,0x00,0xff,
 0x80,0x00,0xff,0x81,0xff,0x00,0x00,0x7f,0xc3,0xfe,0x00,0x00,0x7f,0xe7,0xfc,0x00,
 0x00,0x1f,0xff,0xf8,0x00,0x00,0x0f,0xff,0xf0,0x00,0x00,0x01,0xff,0x80,0x00,0x00,
 0x00,0x00,0x00,0x00,0x00,0x00,0x00,0x00,0x00,0x00,0x00,0x00,0x00,0x00,0x00,0x00,
 0x00,0x00,0x00,0x00,0x00,0x00,0x00,0x00 },
{0x00,0x00,0x00,0x00,0x00,0x00,0x00,0x00,0x00,0x00,0x00,0x00,0x0f,0x80,0x00,0x00,  // '1'
 0x00,0x3f,0x80,0x00,0x00,0x00,0xff,0x80,0x00,0x00,0x03,0xff,0x80,0x00,0x00,0x1f,
 0xff,0x80,0x00,0x00,0xff,0xff,0x80,0x00,0x00,0xff,0xff,0x80,0x00,0x00,0xff,0xff,
 0x80,0x00,0x00,0x03,0xff,0x80,0x00,0x00,0x01,0xff,0x80,0x00,0x00,0x01,0xff,0x80,
 0x00,0x00,0x01,0xff,0x80,0x00,0x00,0x01,0xff,0x80,0x00,0x00,0x01,0xff,0x80,0x00,
 0x00,0x01,0xff,0x80,0x00,0x00,0x01,0xff,0x80,0x00,0x00,0x01,0xff,0x80,0x00,0x00,
 0x01,0xff,0x80,0x00,0x00,0x01,0xff,0x80,0x00,0x00,0x01,0xff,0x80,0x00,0x00,0x01,
 0xff,0x80,0x00,0x00,0x01,0xff,0x80,0x00,0x00,0x01,0xff,0x80,0x00,0x00,0x01,0xff,
 0x80,0x00,0x00,0x01,0xff,0x80,0x00,0x00,0x01,0xff,0x80,0x00,0x00,0x01,0xff,0x80,
 0x00,0x00,0x01,0xff,0x80,0x00,0x00,0x01,0xff,0x80,0x00,0x00,0x01,0xff,0x80,0x00,
 0x00,0x01,0xff,0x80,0x00,0x00,0x01,0xff,0x80,0x00,0x00,0x01,0xff,0x80,0x00,0x00,
 0x01,0xff,0x80,0x00,0x00,0x01,0xff,0x80,0x00,0x00,0x01,0xff,0x80,0x00,0x00,0x01,
 0xff,0x80,0x00,0x00,0x01,0xff,0x80,0x00,0x00,0x01,0xff,0x80,0x00,0x00,0x01,0xff,
 0x80,0x00,0x00,0x01,0xff,0x80,0x00,0x00,0x01,0xff,0x80,0x00,0x00,0x01,0xff,0x80,
 0x00,0x00,0x01,0xff,0xc0,0x00,0x00,0x03,0xff,0xc0,0x00,0x00,0x0f,0xff,0xf0,0x00,
 0x03,0xff,0xff,0xff,0xc0,0x03,0xff,0xff,0xff,0xc0,0x03,0xff,0xff,0xff,0xc0,0x00,
 0x00,0x00,0x00,0x00,0x00,0x00,0x00,0x00,0x00,0x00,0x00,0x00,0x00,0x00,0x00,0x00,
 0x00,0x00,0x00,0x00,0x00,0x00,0x00,0x00},

                        (중간 생략)

{0x00,0x00,0x00,0x00,0x00,0x00,0x00,0x00,0x00,0x00,0x00,0x07,0xff,0x80,0x00,0x00,  // '9'
 0x3f,0xff,0xf0,0x00,0x00,0x7f,0xff,0xfc,0x00,0x01,0xff,0xcf,0xfe,0x00,0x03,0xff,
 0x87,0xff,0x00,0x03,0xff,0x03,0xff,0x80,0x07,0xfe,0x01,0xff,0x80,0x0f,0xfe,0x00,
 0xff,0xc0,0x0f,0xfc,0x00,0xff,0xc0,0x1f,0xfc,0x00,0xff,0xe0,0x1f,0xfc,0x00,0x7f,
 0xe0,0x1f,0xf8,0x00,0x7f,0xe0,0x1f,0xf8,0x00,0x7f,0xe0,0x1f,0xf8,0x00,0x7f,0xf0,
 0x1f,0xf8,0x00,0x3f,0xf0,0x1f,0xf8,0x00,0x3f,0xf0,0x1f,0xf8,0x00,0x3f,0xf0,0x1f,
 0xf8,0x00,0x3f,0xf0,0x1f,0xf8,0x00,0x3f,0xf0,0x1f,0xf8,0x00,0x3f,0xf0,0x1f,0xfc,
 0x00,0x3f,0xf8,0x1f,0xfc,0x00,0x3f,0xf8,0x1f,0xfc,0x00,0x7f,0xf8,0x0f,0xfe,0x00,
 0xff,0xf8,0x0f,0xfe,0x01,0xff,0xf8,0x07,0xff,0x03,0xff,0xf8,0x03,0xff,0xdf,0xff,
 0xf8,0x03,0xff,0xff,0xff,0xf8,0x00,0xff,0xff,0xff,0xf8,0x00,0x7f,0xff,0xbf,0xf0,
 0x00,0x1f,0xfc,0x3f,0xf0,0x00,0x00,0x00,0x3f,0xf0,0x00,0x00,0x00,0x3f,0xf0,0x00,
 0x00,0x00,0x7f,0xf0,0x00,0x00,0x00,0x7f,0xf0,0x00,0x00,0x00,0x7f,0xe0,0x03,0xfc,
 0x00,0x7f,0xe0,0x07,0xff,0x00,0x7f,0xe0,0x0f,0xff,0x00,0xff,0xc0,0x0f,0xff,0x80,
 0xff,0xc0,0x0f,0xff,0x81,0xff,0x80,0x0f,0xff,0x01,0xff,0x80,0x0f,0xfe,0x03,0xff,
 0x00,0x0f,0xfe,0x03,0xfe,0x00,0x0f,0xff,0x07,0xfc,0x00,0x07,0xff,0x9f,0xf8,0x00,
 0x03,0xff,0xff,0xf0,0x00,0x00,0xff,0xff,0xc0,0x00,0x00,0x3f,0xfe,0x00,0x00,0x00,
 0x00,0x00,0x00,0x00,0x00,0x00,0x00,0x00,0x00,0x00,0x00,0x00,0x00,0x00,0x00,0x00,
 0x00,0x00,0x00,0x00,0x00,0x00,0x00,0x00},
{0x00,0x00,0x00,0x00,0x00,0x00,0x00,0x00,0x00,0x00,0x00,0x00,0x00,0x00,0x00,0x00,  //  ' '(space)
 0x00,0x00,0x00,0x00,0x00,0x00,0x00,0x00,0x00,0x00,0x00,0x00,0x00,0x00,0x00,0x00,
 0x00,0x00,0x00,0x00,0x00,0x00,0x00,0x00,0x00,0x00,0x00,0x00,0x00,0x00,0x00,0x00,
 0x00,0x00,0x00,0x00,0x00,0x00,0x00,0x00,0x00,0x00,0x00,0x00,0x00,0x00,0x00,0x00,
 0x00,0x00,0x00,0x00,0x00,0x00,0x00,0x00,0x00,0x00,0x00,0x00,0x00,0x00,0x00,0x00,
 0x00,0x00,0x00,0x00,0x00,0x00,0x00,0x00,0x00,0x00,0x00,0x00,0x00,0x00,0x00,0x00,
 0x00,0x00,0x00,0x00,0x00,0x00,0x00,0x00,0x00,0x00,0x00,0x00,0x00,0x00,0x00,0x00,
 0x00,0x00,0x00,0x00,0x00,0x00,0x00,0x00,0x00,0x00,0x00,0x00,0x00,0x00,0x00,0x00,
 0x00,0x00,0x00,0x00,0x00,0x00,0x00,0x00,0x00,0x00,0x00,0x00,0x00,0x00,0x00,0x00,
 0x00,0x00,0x00,0x00,0x00,0x00,0x00,0x00,0x00,0x00,0x00,0x00,0x00,0x00,0x00,0x00,
 0x00,0x00,0x00,0x00,0x00,0x00,0x00,0x00,0x00,0x00,0x00,0x00,0x00,0x00,0x00,0x00,
```

```
 0x00, 0x00, 0x00, 0x00, 0x00, 0x00, 0x00, 0x00, 0x00, 0x00, 0x00, 0x00, 0x00, 0x00, 0x00, 0x00,
 0x00, 0x00, 0x00, 0x00, 0x00, 0x00, 0x00, 0x00, 0x00, 0x00, 0x00, 0x00, 0x00, 0x00, 0x00, 0x00,
 0x00, 0x00, 0x00, 0x00, 0x00, 0x00, 0x00, 0x00, 0x00, 0x00, 0x00, 0x00, 0x00, 0x00, 0x00, 0x00,
 0x00, 0x00, 0x00, 0x00, 0x00, 0x00, 0x00, 0x00, 0x00, 0x00, 0x00, 0x00, 0x00, 0x00, 0x00, 0x00,
 0x00, 0x00, 0x00, 0x00, 0x00, 0x00, 0x00, 0x00, 0x00, 0x00, 0x00, 0x00, 0x00, 0x00, 0x00, 0x00,
 0x00, 0x00, 0x00, 0x00, 0x00, 0x00, 0x00, 0x00},
{0x00, 0x00, 0x00, 0x00, 0x00, 0x00, 0x00, 0x00, 0x00, 0x00, 0x00, 0x00, 0x00, 0x00, 0x00, 0x00,  // '+'(plus)
 0x00, 0x00, 0x00, 0x00, 0x00, 0x00, 0x00, 0x00, 0x00, 0x00, 0x00, 0x00, 0x00, 0x00, 0x00, 0x00,
 0x00, 0x00, 0x00, 0x00, 0x00, 0x00, 0x00, 0x00, 0x00, 0x00, 0x00, 0x00, 0x00, 0x00, 0x00, 0x00,
 0x00, 0x00, 0x00, 0x00, 0x00, 0x00, 0x00, 0x00, 0x00, 0x00, 0x00, 0x00, 0x00, 0x00, 0x00, 0x00,
 0x00, 0x00, 0x00, 0x7e, 0x00, 0x00, 0x00, 0x00, 0x7e, 0x00, 0x00, 0x00, 0x00, 0x7e, 0x00, 0x00,
 0x00, 0x00, 0x7e, 0x00, 0x00, 0x00, 0x00, 0x7e, 0x00, 0x00, 0x00, 0x00, 0x7e, 0x00, 0x00, 0x00,
 0x00, 0x7e, 0x00, 0x00, 0x00, 0x00, 0x7e, 0x00, 0x00, 0x00, 0x00, 0x7e, 0x00, 0x00, 0x00, 0x00,
 0x7e, 0x00, 0x00, 0x00, 0x00, 0x7e, 0x00, 0x00, 0x03, 0xff, 0xff, 0xff, 0xc0, 0x03, 0xff, 0xff,
 0xff, 0xc0, 0x03, 0xff, 0xff, 0xff, 0xc0, 0x03, 0xff, 0xff, 0xff, 0xc0, 0x03, 0xff, 0xff, 0xff,
 0xc0, 0x03, 0xff, 0xff, 0xff, 0xc0, 0x00, 0x00, 0x7e, 0x00, 0x00, 0x00, 0x00, 0x7e, 0x00, 0x00,
 0x00, 0x00, 0x7e, 0x00, 0x00, 0x00, 0x00, 0x7e, 0x00, 0x00, 0x00, 0x00, 0x7e, 0x00, 0x00, 0x00,
 0x00, 0x7e, 0x00, 0x00, 0x00, 0x00, 0x7e, 0x00, 0x00, 0x00, 0x00, 0x7e, 0x00, 0x00, 0x00, 0x00,
 0x7e, 0x00, 0x00, 0x00, 0x00, 0x7e, 0x00, 0x00, 0x00, 0x00, 0x7e, 0x00, 0x00, 0x00, 0x00, 0x00,
 0x00, 0x00, 0x00, 0x00, 0x00, 0x00, 0x00, 0x00, 0x00, 0x00, 0x00, 0x00, 0x00, 0x00, 0x00, 0x00,
 0x00, 0x00, 0x00, 0x00, 0x00, 0x00, 0x00, 0x00, 0x00, 0x00, 0x00, 0x00, 0x00, 0x00, 0x00, 0x00,
 0x00, 0x00, 0x00, 0x00, 0x00, 0x00, 0x00, 0x00, 0x00, 0x00, 0x00, 0x00, 0x00, 0x00, 0x00, 0x00,
 0x00, 0x00, 0x00, 0x00, 0x00, 0x00, 0x00, 0x00, 0x00, 0x00, 0x00, 0x00, 0x00, 0x00, 0x00, 0x00,
 0x00, 0x00, 0x00, 0x00, 0x00, 0x00, 0x00, 0x00},
{0x00, 0x00, 0x00, 0x00, 0x00, 0x00, 0x00, 0x00, 0x00, 0x00, 0x00, 0x00, 0x00, 0x00, 0x00, 0x00,  // '-'(minus)
 0x00, 0x00, 0x00, 0x00, 0x00, 0x00, 0x00, 0x00, 0x00, 0x00, 0x00, 0x00, 0x00, 0x00, 0x00, 0x00,
 0x00, 0x00, 0x00, 0x00, 0x00, 0x00, 0x00, 0x00, 0x00, 0x00, 0x00, 0x00, 0x00, 0x00, 0x00, 0x00,
 0x00, 0x00, 0x00, 0x00, 0x00, 0x00, 0x00, 0x00, 0x00, 0x00, 0x00, 0x00, 0x00, 0x00, 0x00, 0x00,
 0x00, 0x00, 0x00, 0x00, 0x00, 0x00, 0x00, 0x00, 0x00, 0x00, 0x00, 0x00, 0x00, 0x00, 0x00, 0x00,
 0x00, 0x00, 0x00, 0x00, 0x00, 0x00, 0x00, 0x00, 0x00, 0x00, 0x00, 0x00, 0x00, 0x00, 0x00, 0x00,
 0x00, 0x00, 0x00, 0x00, 0x00, 0x00, 0x00, 0x00, 0x00, 0x00, 0x00, 0x00, 0x00, 0x00, 0x00, 0x00,
 0x00, 0x00, 0x00, 0x00, 0x00, 0x00, 0x00, 0x00, 0x03, 0xff, 0xff, 0xff, 0xc0, 0x03, 0xff, 0xff,
 0xff, 0xc0, 0x03, 0xff, 0xff, 0xff, 0xc0, 0x03, 0xff, 0xff, 0xff, 0xc0, 0x03, 0xff, 0xff, 0xff,
 0xc0, 0x03, 0xff, 0xff, 0xff, 0xc0, 0x00, 0x00, 0x00, 0x00, 0x00, 0x00, 0x00, 0x00, 0x00, 0x00,
 0x00, 0x00, 0x00, 0x00, 0x00, 0x00, 0x00, 0x00, 0x00, 0x00, 0x00, 0x00, 0x00, 0x00, 0x00, 0x00,
 0x00, 0x00, 0x00, 0x00, 0x00, 0x00, 0x00, 0x00, 0x00, 0x00, 0x00, 0x00, 0x00, 0x00, 0x00, 0x00,
 0x00, 0x00, 0x00, 0x00, 0x00, 0x00, 0x00, 0x00, 0x00, 0x00, 0x00, 0x00, 0x00, 0x00, 0x00, 0x00,
 0x00, 0x00, 0x00, 0x00, 0x00, 0x00, 0x00, 0x00, 0x00, 0x00, 0x00, 0x00, 0x00, 0x00, 0x00, 0x00,
 0x00, 0x00, 0x00, 0x00, 0x00, 0x00, 0x00, 0x00, 0x00, 0x00, 0x00, 0x00, 0x00, 0x00, 0x00, 0x00,
 0x00, 0x00, 0x00, 0x00, 0x00, 0x00, 0x00, 0x00, 0x00, 0x00, 0x00, 0x00, 0x00, 0x00, 0x00, 0x00,
 0x00, 0x00, 0x00, 0x00, 0x00, 0x00, 0x00, 0x00, 0x00, 0x00, 0x00, 0x00, 0x00, 0x00, 0x00, 0x00,
 0x00, 0x00, 0x00, 0x00, 0x00, 0x00, 0x00, 0x00},
};

const unsigned char font_24x56[3][168] = {                /* 24x56 character font */
{0x00, 0x00, 0x00, 0x00, 0x00, 0x00, 0x00, 0x00, 0x00, 0x00, 0x00, 0x00, 0x00, 0x00,  // ' '(space)
 0x00, 0x00, 0x00, 0x00, 0x00, 0x00, 0x00, 0x00, 0x00, 0x00, 0x00, 0x00, 0x00, 0x00,
 0x00, 0x00, 0x00, 0x00, 0x00, 0x00, 0x00, 0x00, 0x00, 0x00, 0x00, 0x00, 0x00, 0x00,
 0x00, 0x00, 0x00, 0x00, 0x00, 0x00, 0x00, 0x00, 0x00, 0x00, 0x00, 0x00, 0x00, 0x00,
 0x00, 0x00, 0x00, 0x00, 0x00, 0x00, 0x00, 0x00, 0x00, 0x00, 0x00, 0x00, 0x00, 0x00,
 0x00, 0x00, 0x00, 0x00, 0x00, 0x00, 0x00, 0x00, 0x00, 0x00, 0x00, 0x00, 0x00, 0x00,
 0x00, 0x00, 0x00, 0x00, 0x00, 0x00, 0x00, 0x00, 0x00, 0x00, 0x00, 0x00, 0x00, 0x00,
 0x00, 0x00, 0x00, 0x00, 0x00, 0x00, 0x00, 0x00, 0x00, 0x00, 0x00, 0x00, 0x00, 0x00,
 0x00, 0x00, 0x00, 0x00, 0x00, 0x00, 0x00, 0x00, 0x00, 0x00, 0x00, 0x00, 0x00, 0x00,
 0x00, 0x00, 0x00, 0x00, 0x00, 0x00, 0x00, 0x00, 0x00, 0x00, 0x00, 0x00, 0x00, 0x00,
 0x00, 0x00, 0x00, 0x00, 0x00, 0x00, 0x00, 0x00, 0x00, 0x00, 0x00, 0x00, 0x00, 0x00,
 0x00, 0x00, 0x00, 0x00, 0x00, 0x00, 0x00, 0x00, 0x00, 0x00, 0x00, 0x00, 0x00, 0x00},
{0x00, 0x00, 0x00, 0x00, 0x00, 0x00, 0x00, 0x00, 0x00, 0x00, 0x00, 0x00, 0x00, 0x00,  // '.'(period)
 0x00, 0x00, 0x00, 0x00, 0x00, 0x00, 0x00, 0x00, 0x00, 0x00, 0x00, 0x00, 0x00, 0x00,
 0x00, 0x00, 0x00, 0x00, 0x00, 0x00, 0x00, 0x00, 0x00, 0x00, 0x00, 0x00, 0x00, 0x00,
 0x00, 0x00, 0x00, 0x00, 0x00, 0x00, 0x00, 0x00, 0x00, 0x00, 0x00, 0x00, 0x00, 0x00,
 0x00, 0x00, 0x00, 0x00, 0x00, 0x00, 0x00, 0x00, 0x00, 0x00, 0x00, 0x00, 0x00, 0x00,
 0x00, 0x00, 0x00, 0x00, 0x00, 0x00, 0x00, 0x00, 0x00, 0x00, 0x00, 0x00, 0x00, 0x00,
 0x00, 0x00, 0x00, 0x00, 0x00, 0x00, 0x00, 0x00, 0x00, 0x00, 0x00, 0x00, 0x00, 0x00,
 0x00, 0x00, 0x00, 0x00, 0x00, 0x00, 0x00, 0x00, 0x00, 0x00, 0x00, 0x00, 0x00, 0x00,
 0x00, 0x00, 0x00, 0x3c, 0x00, 0x00, 0xff, 0x00, 0x01, 0xff, 0x80, 0x01, 0xff, 0x80,
 0x03, 0xff, 0xc0, 0x03, 0xff, 0xc0, 0x03, 0xff, 0xc0, 0x03, 0xff, 0xc0, 0x01, 0xff,
 0x80, 0x01, 0xff, 0x80, 0x00, 0xff, 0x00, 0x00, 0x3c, 0x00, 0x00, 0x00, 0x00, 0x00,
 0x00, 0x00, 0x00, 0x00, 0x00, 0x00, 0x00, 0x00, 0x00, 0x00, 0x00, 0x00, 0x00, 0x00},
{0x00, 0x00, 0x00, 0x00, 0x00, 0x00, 0x00, 0x00, 0x00, 0x00, 0x00, 0x00, 0x00, 0x00,  // ':'(colon)
 0x00, 0x00, 0x00, 0x00, 0x00, 0x00, 0x00, 0x00, 0x00, 0x00, 0x00, 0x00, 0x00, 0x00,
 0x00, 0x00, 0x00, 0x3c, 0x00, 0x00, 0xff, 0x00, 0x01, 0xff, 0x80, 0x01, 0xff, 0x80,
 0x03, 0xff, 0xc0, 0x03, 0xff, 0xc0, 0x03, 0xff, 0xc0, 0x03, 0xff, 0xc0, 0x01, 0xff,
```

```
 0x80,0x01,0xff,0x80,0x00,0xff,0x00,0x00,0x3c,0x00,0x00,0x00,0x00,0x00,
 0x00,0x00,0x00,0x00,0x00,0x00,0x00,0x00,0x00,0x00,0x00,0x00,0x00,0x00,
 0x00,0x00,0x00,0x00,0x00,0x00,0x00,0x00,0x00,0x00,0x00,0x00,0x00,0x00,
 0x00,0x00,0x00,0x00,0x00,0x3c,0x00,0x00,0xff,0x00,0x01,0xff,0x80,0x01,
 0xff,0x80,0x03,0xff,0xc0,0x03,0xff,0xc0,0x03,0xff,0xc0,0x03,0xff,0xc0,
 0x01,0xff,0x80,0x01,0xff,0x80,0x00,0xff,0x00,0x00,0x3c,0x00,0x00,0x00,
 0x00,0x00,0x00,0x00,0x00,0x00,0x00,0x00,0x00,0x00,0x00,0x00,0x00,0x00,
 0x00,0x00,0x00,0x00,0x00,0x00,0x00,0x00,0x00,0x00,0x00,0x00,0x00,0x00}};

/* ------------------------------------------------------------------------ */
/*              사용자 정의 함수 선언                                         */
/* ------------------------------------------------------------------------ */

void TFT_English_xlarge(U08 code);                 // write 40x56 font(0~9) character
void TFT_font40x56(U08 code);                      // write 40x56 font character
void TFT_font24x56(U08 code);                      // write 24x56 font character
void TFT_unsigned_decimal_xlarge(U32 number, U08 zerofill, U08 digit); // display unsigned decimal number
void TFT_hexadecimal_xlarge(U32 number, U08 digit);     // display hexadecimal number
void TFT_unsigned_float_xlarge(float number, U08 integral, U08 fractional); // display unsigned floating-point number

/* ------------------------------------------------------------------------ */
/*      TFT-LCD 가장 큰 글씨(숫자:40x56 픽셀, 기호:24x56 픽셀) 출력 함수       */
/* ------------------------------------------------------------------------ */

void TFT_English_xlarge(U08 code)                 /* write 40x56 font(0~9) character */
{
  if((code >= '0') && (code <= '9'))              // if '0'~'9', 40x56 font character
    TFT_font40x56(code);
  else if(code == ' ')                            // if space, 40x56 font character
    TFT_font40x56(code);
  else if((code == '+') || (code == '-'))         // if '+' or '-', 40x56 font character
    TFT_font40x56(code);
  else                                            // if not, 24x56 font character
    TFT_font24x56(code);
}

void TFT_font40x56(U08 code)                      /* write 40x56 font(0~9) character */
{
  unsigned char data, x, y;
  unsigned short i, xPos, yPos;

  if(code == ' ')      code = 10;                 // code conversion
  else if(code == '+') code = 11;
  else if(code == '-') code = 12;
  else                 code -= '0';

  i = 0;
  xPos = Xcharacter*8;
  yPos = Ycharacter*8;
  for(y = 0; y < 56; y++)                         // repeat 56 pixel line
    { if(ScreenMode == 'L')
        { TFT_write(0x02, xPos >> 8);             // xPos = 0~319
          TFT_write(0x03, xPos & 0x00FF);
          TFT_write(0x06, 0x0000);                // yPos = 0~239
          TFT_write(0x07, yPos + y);
        }
      else
        { TFT_write(0x02, 0x0000);                // xPos = 0~239
          TFT_write(0x03, xPos);
          TFT_write(0x06, (yPos + y) >> 8);       // yPos = 0~319
          TFT_write(0x07, (yPos + y) & 0x00FF);
        }

      TFT_command(0x22);

      data = font_40x56[code][i++];               // display 1 pixel line(8 x 5 = 40 pixel)
      for(x = 0; x < 8; x++)
        { if(data & 0x80) TFT_data(foreground);
          else            TFT_data(background);
          data = data << 1;
        }

      data = font_40x56[code][i++];
```

```
        for(x = 0; x < 8; x++)
          { if(data & 0x80) TFT_data(foreground);
            else            TFT_data(background);
            data = data << 1;
          }

        data = font_40x56[code][i++];
        for(x = 0; x < 8; x++)
          { if(data & 0x80) TFT_data(foreground);
            else            TFT_data(background);
            data = data << 1;
          }

        data = font_40x56[code][i++];
        for(x = 0; x < 8; x++)
          { if(data & 0x80) TFT_data(foreground);
            else            TFT_data(background);
            data = data << 1;
          }

        data = font_40x56[code][i++];
        for(x = 0; x < 8; x++)
          { if(data & 0x80) TFT_data(foreground);
            else            TFT_data(background);
            data = data << 1;
          }
      }

  Xcharacter += 5;
  if(Xcharacter >= XcharacterLimit)                       // end of line ?
    { Xcharacter = 0;
      Ycharacter += 7;
    }
}

void TFT_font24x56(U08 code)                              /* write 24x56 font(space,period,colon) character */
{
  unsigned char data, x, y;
  unsigned short i, xPos, yPos;

  if(code == '/')      code = 0;                          // code conversion
  else if(code == '.') code = 1;
  else if(code == ':') code = 2;

  i = 0;
  xPos = Xcharacter*8;
  yPos = Ycharacter*8;
  for(y = 0; y < 56; y++)                                 // repeat 56 pixel line
    { if(ScreenMode == 'L')
        { TFT_write(0x02, xPos >> 8);                     // xPos = 0~319
          TFT_write(0x03, xPos & 0x00FF);
          TFT_write(0x06, 0x0000);                        // yPos = 0~239
          TFT_write(0x07, yPos + y);
        }
      else
        { TFT_write(0x02, 0x0000);                        // xPos = 0~239
          TFT_write(0x03, xPos);
          TFT_write(0x06, (yPos + y) >> 8);               // yPos = 0~319
          TFT_write(0x07, (yPos + y) & 0x00FF);
        }

      TFT_command(0x22);

      data = font_24x56[code][i++];                       // display 1 pixel line(8 x 3 = 24 pixel)
      for(x = 0; x < 8; x++)
        { if(data & 0x80) TFT_data(foreground);
          else            TFT_data(background);
          data = data << 1;
        }

      data = font_24x56[code][i++];
      for(x = 0; x < 8; x++)
        { if(data & 0x80) TFT_data(foreground);
```

```
          else            TFT_data(background);
          data = data << 1;
        }

      data = font_24x56[code][i++];
      for(x = 0; x < 8; x++)
        { if(data & 0x80) TFT_data(foreground);
          else            TFT_data(background);
          data = data << 1;
        }
    }

  Xcharacter += 3;
  if(Xcharacter >= XcharacterLimit)                // end of line ?
    { Xcharacter = 0;
      Ycharacter += 7;
    }
}

void TFT_unsigned_decimal_xlarge(U32 number, U08 zerofill, U08 digit) /* display unsigned decimal number */
{
  unsigned char zero_flag, character;
  unsigned int  div;

  if((digit == 0) || (digit > 9)) return;

  div = 1;
  while(--digit) div *= 10;

  zero_flag = zerofill;
  while(div > 0)                                   // display number
    { character = number / div;
      if((character == 0) && (zero_flag == 0) && (div != 1))
        TFT_English_xlarge(character + ' ');
      else
        { zero_flag = 1;
          TFT_English_xlarge(character + '0');
        }
      number %= div;
      div /= 10;
    }
}

void TFT_hexadecimal_xlarge(U32 number, U08 digit)      /* display hexadecimal number */
{
  unsigned char i, character;

  if((digit == 0) || (digit > 8)) return;

  for(i = digit; i > 0; i--)
    { character = (number >> 4*(i-1)) & 0x0F;
      if(character < 10) TFT_English_xlarge(character + '0');
      else               TFT_English_xlarge(character - 10 + 'A');
    }
}

void TFT_unsigned_float_xlarge(float number, U08 integral, U08 fractional) /* display unsigned floating-point number */
{
  unsigned char zero_flag, digit, character;     // integral = digits of integral part
  unsigned int  div, integer;                    // fractional = digits of fractional part

  digit = integral + fractional;
  if((integral == 0) || (fractional == 0) || (digit > 9)) return;

  div = 1;
  while(--digit) div *= 10;

  while(fractional--) number *= 10.;
  integer = (U32)(number + 0.5);

  zero_flag = 0;
  digit = 1;
  while(div > 0)                                   // display number
```

```
    { character = integer / div;
      if((character == 0) && (zero_flag == 0) && (digit != integral))
        TFT_English_xlarge(character + ' ');
      else
        { zero_flag = 1;
          TFT_English_xlarge(character + '0');
        }
      integer %= div;
      div /= 10;

      if(digit == integral)
        TFT_English_xlarge('.');
      digit++;
    }
}
```

이 헤더파일 OK-STM103_xlarge.h에서 제공하는 TFT-LCD 모듈의 매우 큰 글씨 및 가장 큰 글씨 출력에 관련되는 사용자 정의 함수들을 모두 요약 정리하면 <표 4.6.5>와 같다. 32×48 픽셀의 **매우 큰 글씨**를 출력하는 함수의 이름에는 _vlarge가 붙고, 40×56 픽셀의 **가장 큰 글씨** 출력함수 이름에는 _xlarge가 추가된다는 점에 유의해야 한다. 매우 큰 글씨를 출력하는 함수에는 커서 표시 기능이 포함되지만, 가장 큰 글씨의 출력에는 어떤 부수적인 속성도 포함되지 않는다.

<표 4.6.5> 매우 큰 글씨 및 가장 큰 글씨 표시용 사용자 정의 함수들의 요약

사용자 정의 함수	기 능	입력 파라미터
TFT_English_vlarge()	TFT-LCD 모듈에 **매우 큰 글씨**(32×48)의 1글자를 출력한다.	U08 code
TFT_unsigned_decimal_vlarge()	TFT-LCD 모듈에 부호 없는 정수를 매우 큰 글씨로 출력한다. (zerofill = 1이면 선두의 무효 자리를 0으로 채운다.)	U32 number, U08 zerofill, digit
TFT_hexadecimal_vlarge()	TFT-LCD 모듈에 16진수를 매우 큰 글씨로 출력한다.	U32 number, U08 digit
TFT_unsigned_float_vlarge()	TFT-LCD 모듈에 부호 없는 실수를 매우 큰 글씨로 출력한다. (integral = 실수부 자릿수, fractional = 소수부 자릿수)	float number, U08 integral, fractional
TFT_English_xlarge()	TFT-LCD 모듈에 **가장 큰 글씨**(40×56)의 1글자를 출력한다.	U08 code
TFT_unsigned_decimal_xlarge()	TFT-LCD 모듈에 부호 없는 정수를 가장 큰 글씨로 출력한다. (zerofill = 1이면 선두의 무효 자리를 0으로 채운다.)	U32 number, U08 zerofill, digit
TFT_hexadecimal_xlarge()	TFT-LCD 모듈에 16진수를 가장 큰 글씨로 출력한다.	U32 number, U08 digit
TFT_unsigned_float_xlarge()	TFT-LCD 모듈에 부호 없는 실수를 가장 큰 글씨로 출력한다. (integral = 실수부 자릿수, fractional = 소수부 자릿수)	float number, U08 integral, fractional

이 헤더파일 OK-STM103_xlarge.h에서 각 문자를 출력하는 함수의 동작원리는 잘 알아두는 것이 좋다. 산업용 컨트롤러를 개발할 때 이런 특별한 글씨는 사용자가 필요에 따라서 종종 만들어 사용해야 하기 때문이다. 앞에서 설명한 보통 글씨나 큰 글씨의 경우에는 예를 들어 <그림 4.5.9>나 <그림 4.6.3>에서 보였듯이 1바이트의 폰트 데이터가 세로 방향으로 8개의 픽셀을 표시하며 가장 위쪽의 픽셀이 LSB로 되어 있다.

이 때문에 TFT-LCD 화면에서 수평방향으로 픽셀을 1개씩 차례를 출력하려면 먼저 폰트 데이터의 각 바이트에서 1비트씩을 분리하고 이를 다시 16비트의 컬러 데이터로 변환해야 하기 때문에 큰 용량의 SRAM 메모리 버퍼를 사용하게 된다.

그러나, 매우 큰 글씨와 가장 큰 글씨의 경우에는 이렇게 하면 너무 큰 SRAM 버퍼를 필요로 하여 대부분의 마이크로컨트롤러에서는 구현하기 어려우므로 폰트 데이터를 가로 방향으로 배치하여 SRAM 버퍼를 사용하지 않는 방식으로 변경하였다. 예를 들어 32×48 픽셀의 매우 큰 글씨에서 숫자 '1'은 <그림 4.6.5>에 보인 것처럼 폰트 데이터를 가로 방향으로 배치하고 왼쪽 픽셀을 MSB로 사용하였다. 그러면 이를 화면에 출력할 때 폰트 데이터의 각 바이트에서 MSB부터 LSB까지 차례로 1비트씩을 분리하고 이를 16비트의 컬러 데이터로 변환하여 바로 TFT-LCD의 화면에 출력하면 되기 때문에 SRAM 버퍼를 사용할 필요가 없다. 이 과정을 충분히 이해하기 위해서는 위의 헤더 파일에서 TFT_English_vlarge() 함수의 내부를 잘 알아야 한다.

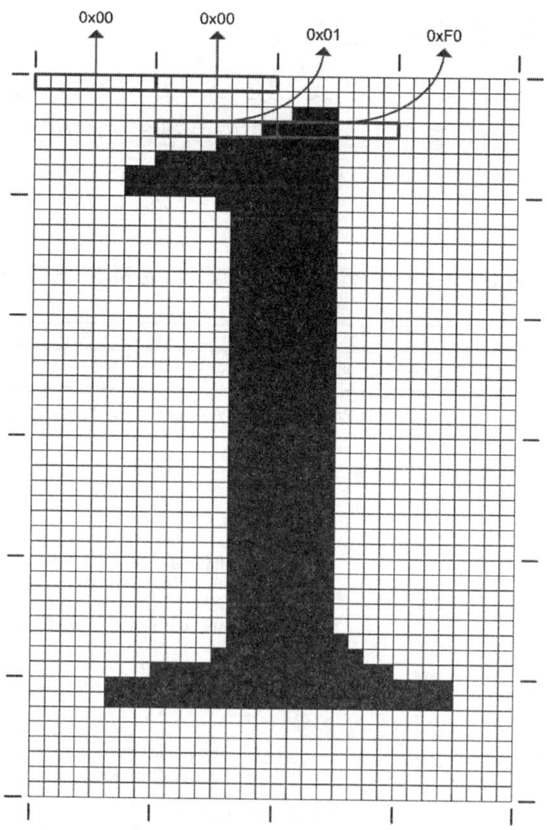

<그림 4.6.5> 32×48 픽셀의 매우 큰 글씨에서 숫자 '1'의 폰트 데이터 구성

4. 한글 디스플레이 프로그램

이제 320×240 픽셀의 TFT-LCD 모듈에 8×16 픽셀로 구성되는 영문 ASCII 문자나 16×16 픽셀로 구성되는 조합형 한글을 디스플레이할 수 있는 프로그램을 작성하여 보기로 한다. 그러나, 일부 예제에서는 좀더 큰 글씨체를 사용하기도 한다.

C언어에서 한글을 디스플레이하는 함수는 상당히 길고 복잡하여 사용자 프로그램에 이를 직접 작성하는 것은 불편하므로 모두 기본 헤더파일 OK-STM103.h에 제공하는데, 이에 관련되는 함수들은 앞의 <표 4.5.2>에 정리하였다. 또한, 24×24 픽셀의 큰 글씨 한글 출력에 관련된 모든 함수는 헤더파일 OK-STM103_large.h에 제공하고 이 함수들은 <표 4.6.4>에 정리하였으며, 32×48 픽셀의 매우 큰 글씨 숫자와 40×56 픽셀의 가장 큰 글씨 숫자 출력에 관련된 모든 함수는 헤더파일 OK-STM103_xlarge.h에 제공하고 이 함수들은 <표 4.6.5>에 정리하였다.

(1) 기본적인 한글 출력 프로그램

먼저 *OK-STM103* 키트에서 한글 및 영문 ASCII 문자로 된 문자열 메시지를 전경색과 배경색을 달리 하면서 출력하는 예제 프로그램을 C언어로 작성하여 보면 다음과 같다.

<프로그램 Exp06_1.c> 한글 및 영문 ASCII 문자를 출력하는 프로그램

```
/* ============================================================================ */
/*      Exp06_1_basic.c : TFT-LCD에서 기본적인 한글 출력 프로그램                  */
/* ============================================================================ */
/*                                   Programmed by Duck-Yong Yoon in 2017.     */

#include "stm32f103xe.h"
#include "OK-STM103.h"

int main(void)
{
  Initialize_MCU();                             // initialize MCU and kit
  Delay_ms(50);                                 // wait for system stabilization
  Initialize_LCD();                             // initialize text LCD module
  Initialize_TFT_LCD();                         // initialize TFT-LCD module

  LCD_string(0x80," OK-STM103 V1.0 ");          // display title
  LCD_string(0xC0,"   Exp06_1.c    ");

  while(1)
    { TFT_clear_screen();                       // clear screen
      TFT_landscape_mode();                     // landscape mode
      Beep();

      TFT_string( 0, 0,Green,  Black,"****************************************");
      TFT_string( 0, 2,Magenta,Black,"  Cortex-M3 시리즈 OK-STM103 키트 V1.0  ");
      TFT_string( 0, 4,Cyan,   Black,"         (TFT-32A 보드 V1.0 포함)        ");
```

```
		TFT_string( 0, 6,Green,   Black,"******************************************");
		TFT_string( 0, 8,Black,   Black,"                                          ");
		TFT_string( 0,10,Magenta,Black,"       (디스플레이 모드 = Landscape)      ");
		TFT_string( 0,14,Cyan,    Black,"    3.2인치, 320x240 픽셀, 65536 컬러     ");
		TFT_string( 0,16,White,   Black," 컨트롤러/드라이버 HX8347-A(대만 Himax) ");
		TFT_string( 0,20,Red,     Black," 빨강 Red    ");
		TFT_string(13,20,Green,   Black," 녹색 Green  ");
		TFT_string(26,20,Blue,    Black," 파랑 Blue    ");
		TFT_string( 0,22,Yellow,  Black," 노랑 Yellow ");
		TFT_string(13,22,Cyan,    Black," 녹청 Cyan   ");
		TFT_string(26,22,Magenta,Black," 자홍 Magenta ");
		TFT_string( 0,24,Black,   Black,"                                          ");
		TFT_string( 0,26,White,   Blue, "      윤교수의 마이크로프로세서 월드      ");
		TFT_string( 0,28,Green,   Black,"     (http://cafe.naver.com/mcu32bit)     ");
		Delay_ms(5000);

		TFT_clear_screen();                    // clear screen
		TFT_portrait_mode();                   // portrait mode
		Beep();

		TFT_string( 0, 0,Green,   Black,"******************************");
		TFT_string( 0, 2,Magenta,Black,"      OK-STM103 키트  V1.0    ");
		TFT_string( 0, 4,Cyan,    Black,"   (TFT-32A 보드 V1.0 포함)   ");
		TFT_string( 0, 6,Green,   Black,"******************************");
		TFT_string( 0, 8,Black,   Black,"                              ");
		TFT_string( 0,10,Magenta,Black," (디스플레이 모드 = Portrait) ");
		TFT_string( 0,14,Cyan,    Black,"    3.2인치, 240x320 픽셀     ");
		TFT_string( 0,16,Yellow,  Black,"          65536 컬러          ");
		TFT_string( 0,20,Red,     Black,"     16비트 CPU 인터페이스    ");
		TFT_string( 0,24,White,   Black,"  컨트롤러/드라이버 HX8347-A  ");
		TFT_string( 0,26,White,   Black,"          (대만 Himax)        ");
		TFT_string( 0,30,Red,     Black," 빨강 Red ");
		TFT_string(10,30,Green,   Black," 녹색 Gre ");
		TFT_string(20,30,Blue,    Black," 파랑 Blu ");
		TFT_string( 0,32,Yellow,  Black," 노랑 Yel ");
		TFT_string(10,32,Cyan,    Black," 녹청 Cya ");
		TFT_string(20,32,Magenta,Black," 자홍 Mag ");
		TFT_string( 0,36,White,   Blue, "윤교수의 마이크로프로세서 월드");
		TFT_string( 0,38,Green,   Black,"http://cafe.naver.com/mcu32bit");
		Delay_ms(5000);
	}
}
```

☞ TFT-LCD의 화면 모드를 지정하지 않으면 디폴트로 풍경화 모드(landscape mode)로 동작하며, 한글 글씨체는 디폴트로 명조체를 사용한다.

(2) 큰 글씨를 출력하는 프로그램

다음 예제 프로그램은 6×16 픽셀의 영문 ASCII와 16×16 픽셀의 한글을 표시하는 보통 글씨는 물론이고, 여기에 12×24 픽셀의 영문 ASCII와 24×24 픽셀의 한글을 표시하는 큰 글씨, 그리고 32×48 픽셀의 매우 큰 글씨 숫자 및 40×56 픽셀의 가장 큰 글씨 숫자 등을 다양하게 출력하는 프로그램이다. 이중에서 보통 글씨와 큰 글씨의 한글은 명조체, 고딕체, 필기체를 선택하여 사용할 수 있으며, 색깔, 투명 글씨, 외곽선체 등과 같은 다양한 속성도 표시할 수 있다.

〈프로그램 Exp06_2.c〉 큰 글씨, 매우 큰 글씨, 가장 큰 글씨를 출력하는 프로그램

```
/* ========================================================================== */
/*      Exp06_2_large.c : TFT-LCD에 여러가지 큰 글씨를 출력하는 프로그램       */
/* ========================================================================== */
/*                                   Programmed by Duck-Yong Yoon in 2017.    */

#include "stm32f103xe.h"
#include "OK-STM103.h"
#include "OK-STM103_large.h"
#include "OK-STM103_xlarge.h"

int main(void)
{
  unsigned short i;

  Initialize_MCU();                             // initialize MCU and kit
  Delay_ms(50);                                 // wait for system stabilization
  Initialize_LCD();                             // initialize text LCD module
  Initialize_TFT_LCD();                         // initialize TFT-LCD module

  LCD_string(0x80," OK-STM103 V1.0 ");          // display title
  LCD_string(0xC0,"   Exp06_2.c    ");

  while(1)
    { TFT_clear_screen();                       // clear screen
      TFT_landscape_mode();                     // landscape mode
      Beep();

      TFT_string(0, 0,Green,  Black,"****************************************");
      TFT_string(0, 2,Magenta,Black,"       OK-STM103 트레이닝 키트 V1.0      ");
      TFT_string(0, 4,Cyan,   Black,"        (TFT-32A 보드 V1.0 포함)        ");
      TFT_string(0, 6,Green,  Black,"****************************************");
      TFT_string(0, 9,Magenta,Black,"       (디스플레이 모드 = Landscape)     ");

      TFT_string(0,13,Cyan,   Black,"        8x16 English ASCII Normal       ");
      TFT_string(0,15,Yellow, Black,"       16x16 한글 보통 글씨 명조체       ");

      TFT_string_large(1,18, Cyan,  Black, "12x24 English ASCII Large");
      TFT_string_large(1,21, Yellow,Black, "24x24 한글 큰 글씨 명조체");

      TFT_string(0,26,White,  Blue, "      윤교수의 마이크로프로세서 월드      ");
      TFT_string(0,28,Green,  Black,"     (http://cafe.naver.com/mcu32bit)     ");
      Delay_ms(5000);

      Beep();
      Kfont_type = 'G';
      TFT_string(0,15,Yellow, Black,"       16x16 한글 보통 글씨 고딕체       ");
      Kfont_type_large = 'G';
      TFT_string_large(1,21, Yellow,Black, "24x24 한글 큰 글씨 고딕체");
      Kfont_type = 'M';
      Kfont_type_large = 'M';
      Delay_ms(3000);

      Beep();
      Kfont_type = 'P';
      TFT_string(0,15,Yellow, Black,"       16x16 한글 보통 글씨 필기체       ");
      Kfont_type_large = 'P';
      TFT_string_large(1,21, Yellow,Black, "24x24 한글 큰 글씨 필기체");
      Kfont_type = 'M';
      Kfont_type_large = 'M';
      Delay_ms(3000);

      Beep();
      TFT_string(0, 9,Cyan,Black,"       16x16 한글 보통 글씨 명조체       ");
      Kfont_type = 'G';
      TFT_string(0,11,Cyan,Black,"       16x16 한글 보통 글씨 고딕체       ");
      Kfont_type = 'P';
      TFT_string(0,13,Cyan,Black,"       16x16 한글 보통 글씨 필기체       ");
      Kfont_type = 'M';
      TFT_string_large(1,15, Yellow,Black, "24x24 한글 큰 글씨 명조체");
```

```
Kfont_type_large = 'G';
TFT_string_large(1,18, Yellow,Black, "24x24 한글 큰 글씨 고딕체");
Kfont_type_large = 'P';
TFT_string_large(1,21, Yellow,Black, "24x24 한글 큰 글씨 필기체");
Kfont_type_large = 'M';
Delay_ms(3000);

TFT_string(0, 9,Cyan,Black,"                                                  ");
TFT_string(0,11,Cyan,Black,"                                                  ");
TFT_string(0,13,Cyan,Black,"                                                  ");
TFT_string_large(1,15, Yellow,Black, "                              ");
TFT_string_large(1,18, Yellow,Black, "                              ");
TFT_string_large(1,21, Yellow,Black, "                              ");
Beep();
TFT_string( 8, 8,Magenta,Black,"32x48 아주 큰 글씨 숫자");
TFT_xy(0,10);
TFT_color(Cyan,Black);
for(i = 0; i < 10; i++)
  TFT_English_vlarge(i + '0');
TFT_string( 8,17,Magenta,Black,"40x56 가장 큰 글씨 숫자");
TFT_xy(0,19);
TFT_color(Yellow,Black);
for(i = 0; i < 8; i++)
  TFT_English_xlarge(i + '0');
Delay_ms(3000);

TFT_string(0, 8,Cyan,Black,"                                                  ");
TFT_string(0,10,Cyan,Black,"                                                  ");
TFT_string(0,12,Cyan,Black,"                                                  ");
TFT_string(0,14,Cyan,Black,"                                                  ");
TFT_string(0,16,Cyan,Black,"                                                  ");
TFT_string(0,18,Cyan,Black,"                                                  ");
TFT_string(0,20,Cyan,Black,"                                                  ");
TFT_string(0,22,Cyan,Black,"                                                  ");
TFT_string(0,24,Cyan,Black,"                                                  ");
Beep();
TFT_string(0, 8,Cyan,Black,"       16x16 한글 보통 글씨 명조체       ");
Kfont_type = 'G';
TFT_string(0,10,Cyan,Black,"       16x16 한글 보통 글씨 고딕체       ");
Kfont_type = 'P';
TFT_string(0,12,Cyan,Black,"       16x16 한글 보통 글씨 필기체       ");
Kfont_type = 'M';
TFT_string_2X(0,14,Yellow,Black,"명조체 글씨 2배 확대");
Kfont_type = 'G';
TFT_string_2X(0,18,Yellow,Black,"고딕체 글씨 2배 확대");
Kfont_type = 'P';
TFT_string_2X(0,22,Yellow,Black,"필기체 글씨 2배 확대");
Kfont_type = 'M';
Delay_ms(3000);

TFT_string(0, 2,Cyan,Black,"                                                  ");
TFT_string(0, 4,Cyan,Black,"                                                  ");
TFT_string(0, 6,Cyan,Black,"                                                  ");
TFT_string(0, 8,Cyan,Black,"                                                  ");
TFT_string(0,10,Cyan,Black,"                                                  ");
TFT_string(0,12,Cyan,Black,"                                                  ");
TFT_string(0,14,Cyan,Black,"                                                  ");
TFT_string(0,16,Cyan,Black,"                                                  ");
TFT_string(0,18,Cyan,Black,"                                                  ");
TFT_string(0,20,Cyan,Black,"                                                  ");
TFT_string(0,22,Cyan,Black,"                                                  ");
TFT_string(0,24,Cyan,Black,"                                                  ");
TFT_string(0,26,Cyan,Black,"                                                  ");
TFT_string(0,28,Cyan,Black,"                                                  ");
Beep();
TFT_string_large(0,2,Cyan,Black," 24x24 한글 큰글씨 명조체 ");
Kfont_type_large = 'G';
TFT_string_large(0,5,Cyan,Black," 24x24 한글 큰글씨 고딕체 ");
Kfont_type_large = 'P';
TFT_string_large(0,8,Cyan,Black," 24x24 한글 큰글씨 필기체 ");
Kfont_type_large = 'M';
TFT_string_large_2X(0,11,Yellow,Black,"명조 2배 확대");
Kfont_type_large = 'G';
```

```
        TFT_string_large_2X(0,17,Yellow,Black,"고딕 2배 확대");
        Kfont_type_large = 'P';
        TFT_string_large_2X(0,23,Yellow,Black,"필기 2배 확대");
        Kfont_type_large = 'M';
        Delay_ms(3000);

        TFT_clear_screen();                              // clear screen
        TFT_portrait_mode();                             // portrait mode
        Beep();

        TFT_string(0, 0,Green,  Black,"******************************");
        TFT_string(0, 2,Magenta,Black," OK-STM103 트레이닝 키트 V1.0 ");
        TFT_string(0, 4,Cyan,   Black,"   (TFT-32A 보드 V1.0 포함)  ");
        TFT_string(0, 6,Green,  Black,"******************************");
        TFT_string(0,10,Magenta,Black," (디스플레이 모드 = Portrait) ");

        TFT_string(0,16,Cyan,   Black,"     8x16 English Normal     ");
        TFT_string(0,19,Yellow, Black,"    16x16 한글 보통 명조체    ");

        TFT_string_large(1,24, Cyan,  Black, "12x24 English Large");
        TFT_string_large(1,28, Yellow,Black, "24x24 한글 큰 명조");

        TFT_string(0,36,White,  Blue, "윤교수의 마이크로프로세서 월드");
        TFT_string(0,38,Green,  Black,"http://cafe.naver.com/mcu32bit");
        Delay_ms(5000);

        Beep();
        Kfont_type = 'G';
        TFT_string(0,19,Yellow, Black,"    16x16 한글 보통 고딕체    ");
        Kfont_type_large = 'G';
        TFT_string_large(1,28, Yellow,Black, "24x24 한글 큰 고딕");
        Kfont_type = 'M';
        Kfont_type_large = 'M';
        Delay_ms(3000);

        Beep();
        Kfont_type = 'P';
        TFT_string(0,19,Yellow, Black,"    16x16 한글 보통 필기체    ");
        Kfont_type_large = 'P';
        TFT_string_large(1,28, Yellow,Black, "24x24 한글 큰 필기");
        Kfont_type = 'M';
        Kfont_type_large = 'M';
        Delay_ms(3000);

        Beep();
        TFT_string(0,15,Cyan,Black,"    16x16 한글 보통 명조체    ");
        Kfont_type = 'G';
        TFT_string(0,17,Cyan,Black,"    16x16 한글 보통 고딕체    ");
        Kfont_type = 'P';
        TFT_string(0,19,Cyan,Black,"    16x16 한글 보통 필기체    ");
        Kfont_type = 'M';
        TFT_string_large(1,23, Yellow,Black, "24x24 한글 큰 명조 ");
        Kfont_type_large = 'G';
        TFT_string_large(1,26, Yellow,Black, "24x24 한글 큰 고딕 ");
        Kfont_type_large = 'P';
        TFT_string_large(1,29, Yellow,Black, "24x24 한글 큰 필기 ");
        Kfont_type_large = 'M';
        Delay_ms(5000);
    }
}
```

☞ 16×16 픽셀의 보통 글씨로 한글 글씨체를 명조체, 고딕체, 필기체에서 선택하려면 Kfont_type 변수를 각각 M, G, P로 지정한다. 또한, 24×24 픽셀의 큰 글씨로 한글 글씨체를 명조체, 고딕체, 필기체에서 선택하려면 Kfont_type_large 변수를 각각 M, G, P로 지정한다.

이 예제 프로그램을 컴파일하여 *OK-STM103* 키트에 다운로드하고 실행하고 화면에 보이는 여러 가지 크기의 글씨체를 세밀하게 관찰하라. 글씨의 크기가 커짐에 따라 글씨가 좀더 미려해지는 것을 느낄 수 있는가?

(3) 투명 글씨, 외곽선체 및 밑줄을 출력하는 프로그램

TFT-LCD 모듈에 문자를 출력할 때 필요하면 투명 글씨나 외곽선체를 사용할 수 있다. 먼저, 투명 글씨를 사용하려면 해당 문자의 전경색을 사용자가 원하는대로 지정하고 배경색을 Transparent로 지정하면 된다.

외곽선체 출력 기능의 사용 여부와 색깔은 함수로 지정한다. 즉, 기본 헤더파일 OK-STM103.h에서 기본적으로 outline_flag = 0으로 되어 있어서 문자에 외곽선을 표시하지 않는 상태에 있는데, 만약 이제부터 출력할 문자에 외곽선을 표시하도록 설정하려면 TFT_outline(U16 outline_color) 함수를 사용하여 outline_flag = 1로 설정하고 원하는 외곽선의 색깔을 지정한다. 나중에 다시 외곽선이 보이지 않는 상태로 해제하려면 TFT_outline(Transparent) 함수를 사용하여 외곽선의 색깔을 투명하게 지정한다.

다음 예제 프로그램에서는 투명 글씨의 사용 예와 외곽선체를 사용하여 화면에서 글씨를 좀더 또렷하게 볼 수 있는 예를 보여준다.

<프로그램 Exp06_3.c> 투명 글씨 및 외곽선체를 사용하는 프로그램

```
/* ============================================================================ */
/*      Exp06_3_transparent.c : TFT-LCD 투명 글씨 및 외곽선체 출력 프로그램      */
/* ============================================================================ */
/*                                       Programmed by Duck-Yong Yoon in 2017.  */

#include "stm32f103xe.h"
#include "OK-STM103.h"
#include "OK-STM103_large.h"

int main(void)
{
  Initialize_MCU();                            // initialize MCU and kit
  Delay_ms(50);                                // wait for system stabilization
  Initialize_LCD();                            // initialize text LCD module
  Initialize_TFT_LCD();                        // initialize TFT-LCD module

  LCD_string(0x80," OK-STM103 V1.0 ");         // display title
  LCD_string(0xC0,"    Exp06_3.c    ");

  while(1)
    { TFT_color_screen(White);
      TFT_string(1, 2, White,Magenta," 투명 글씨 및 외곽선체 사용 예(16x16) ");
      TFT_string(7, 7, White,Blue,      " (1) 외곽선이 없을 경우 ");
      TFT_string(3,10, Yellow,Transparent,"한글, English, ABCDEF, 0123456789");
      TFT_string(6,13, Yellow,Transparent,"글씨가 잘 보이지 않습니다.");

      TFT_string(7,18, White,Blue,      " (2) 외곽선이 있을 경우 ");
      TFT_outline(Blue);
      TFT_string(3,22, Yellow,Transparent,"한글, English, ABCDEF, 0123456789");
```

```
        TFT_string(7,25, Yellow,Transparent,"이제 글씨가 잘 보입니다.");
        TFT_outline(Transparent);
        Beep();
        Delay_ms(5000);

        TFT_color_screen(Yellow);
        TFT_string(1, 2, White,Magenta," 투명 글씨 및 외곽선체 사용 예(16x16) ");
        TFT_string(7, 7, White,Blue,     " (1) 외곽선이 없을 경우 ");
        TFT_string(3,10, White,Transparent,"한글, English, ABCDEF, 0123456789");
        TFT_string(6,13, White,Transparent,"글씨가 잘 보이지 않습니다.");

        TFT_string(7,18, White,Blue,     " (2) 외곽선이 있을 경우 ");
        TFT_outline(Blue);
        TFT_string(3,22, White,Transparent,"한글, English, ABCDEF, 0123456789");
        TFT_string(7,25, White,Transparent,"이제 글씨가 잘 보입니다.");
        TFT_outline(Transparent);
        Beep();
        Delay_ms(5000);

        TFT_color_screen(White);
        TFT_string(1, 2, White,Magenta," 투명 글씨 및 외곽선체 사용 예(24x24) ");
        TFT_string(7, 7, White,Blue,     " (1) 외곽선이 없을 경우 ");
        TFT_string_large(3,10, Yellow,Transparent,"한글, English, 01234");
        TFT_string_large(0,13, Yellow,Transparent,"글씨가 잘 보이지 않습니다.");

        TFT_string(7,18, White,Blue,     " (2) 외곽선이 있을 경우 ");
        TFT_outline(Blue);
        TFT_string_large(3,22, Yellow,Transparent,"한글, English, 01234");
        TFT_string_large(1,25, Yellow,Transparent,"이제 글씨가 잘 보입니다.");
        TFT_outline(Transparent);
        Beep();
        Delay_ms(5000);

        TFT_color_screen(Yellow);
        TFT_string(1, 2, White,Magenta," 투명 글씨 및 외곽선체 사용 예(24x24) ");
        TFT_string(7, 7, White,Blue,     " (1) 외곽선이 없을 경우 ");
        TFT_string_large(3,10, White,Transparent,"한글, English, 01234");
        TFT_string_large(0,13, White,Transparent,"글씨가 잘 보이지 않습니다.");

        TFT_string(7,18, White,Blue,     " (2) 외곽선이 있을 경우 ");
        TFT_outline(Blue);
        TFT_string_large(3,22, White,Transparent,"한글, English, 01234");
        TFT_string_large(1,25, White,Transparent,"이제 글씨가 잘 보입니다.");
        TFT_outline(Transparent);
        Beep();
        Delay_ms(5000);
    }
}
```

☞ 문자 출력 함수에서 투명 글씨를 사용하려면 TFT_string(), TFT_color() 등의 함수에서 배경색을 Transparent로 지정한다. 외곽선을 표시하는 상태로 설정하려면 TFT_outline() 함수를 사용하여 외곽선의 색깔을 지정하며, 다시 외곽선을 표시하지 않도록 해제하려면 TFT_outline(Transparent) 함수를 사용한다.

이 예제를 실행하여 보면 주변의 배경과 비슷한 색깔을 사용하였기 때문에 흐리게 보이는 문자들이 외곽선을 사용하여 훨씬 선명하게 보이는 것을 확인할 수 있다.

출력하는 문자에 밑줄을 표시하는 방법도 TFT_underscore(U16 outline_color) 함수를 사용하는 것 이외에는 외곽선체 사용 방법과 동일하다. 즉, 헤더파일 OK-STM103.h에서 기본적으로 underscore_flag = 0으로 되어 있어서 문자에 밑줄을 표시하지 않는 상태에 있는데, 만약 이제부터 화면에 출력할 문자에 밑줄을 표시하도록 설정하려면

TFT_underscore(U16 underscore_color) 함수를 사용하여 underscore_flag = 1로 설정하고 원하는 밑줄의 색깔을 지정한다. 나중에 다시 밑줄이 보이지 않는 상태로 해제하려면 TFT_underscore(Transparent) 함수를 사용하면 된다.

다음 예제 프로그램에서는 보통 글씨 및 큰 글씨에서 각각 밑줄과 외곽선체를 사용하여 영문 또는 한글을 출력하는 방법을 보여준다.

<프로그램 Exp06_4.c> 밑줄 및 외곽선체를 사용하는 프로그램

```
/* ============================================================================ */
/*      Exp06_4_underscore.c : TFT-LCD 밑줄 및 외곽선체 출력 프로그램           */
/* ============================================================================ */
/*                                      Programmed by Duck-Yong Yoon in 2017.   */

#include "stm32f103xe.h"
#include "OK-STM103.h"
#include "OK-STM103_large.h"

int main(void)
{
  Initialize_MCU();                               // initialize MCU and kit
  Delay_ms(50);                                   // wait for system stabilization
  Initialize_LCD();                               // initialize text LCD module
  Initialize_TFT_LCD();                           // initialize TFT-LCD module

  LCD_string(0x80," OK-STM103 V1.0 ");            // display title
  LCD_string(0xC0,"    Exp06_4.c   ");

  while(1)
    { TFT_clear_screen();
      Beep();

      TFT_landscape_mode();                       // landscape mode
      TFT_string_large(2,1, White,Magenta," 밑줄/외곽선체 사용 예 ");
      TFT_string(6, 7, Green,Black,"한글/English 12345 정상체");
      TFT_underscore(Yellow);
      TFT_string(6,10, Cyan, Black,"한글/English 12345 밑줄");
      TFT_underscore(Transparent);
      TFT_outline(Red);
      TFT_string(6,13, White,Black,"한글/English 12345 외곽선체");
      TFT_outline(Transparent);

      TFT_string_large(1,18, Green,Black,"한글/English 12345 정상체");
      TFT_underscore(Yellow);
      TFT_string_large(1,22, Cyan, Black,"한글/English 12345 밑줄");
      TFT_underscore(Transparent);
      TFT_outline(Red);
      TFT_string_large(1,26, White,Black,"한글/English 12345 외곽선");
      TFT_outline(Transparent);
      Delay_ms(5000);

      TFT_clear_screen();
      Beep();

      TFT_portrait_mode();                        // portrait mode
      TFT_string_large(0,3, White,Magenta," 밑줄/외곽선체 사용 ");
      TFT_string(2,11, Green,Black,"한글/English 12345 정상체");
      TFT_underscore(Yellow);
      TFT_string(2,14, Cyan, Black,"한글/English 12345 밑줄");
      TFT_underscore(Transparent);
      TFT_outline(Red);
      TFT_string(2,17, White,Black,"한글/English 12345 외곽선체");
      TFT_outline(Transparent);
```

```
        TFT_string_large(1,24, Green,Black,"한글/English 12345");
        TFT_underscore(Yellow);
        TFT_string_large(1,29, Cyan, Black,"한글/English 12345");
        TFT_underscore(Transparent);
        TFT_outline(Red);
        TFT_string_large(1,34, White,Black,"한글/English 12345");
        TFT_outline(Transparent);
        Delay_ms(5000);
    }
}
```

(4) 커서를 표시하는 프로그램

TFT-LCD 모듈 화면에 여러가지 종류의 정보를 표시하여 놓고 키입력을 이용하여 이것들 중에서 일부 항목의 설정을 변경하려는 경우에는 커서가 있어야 편리하다. 커서는 현재 사용자가 키로 설정 작업을 수행하려는 항목이 어떤 것인지를 선택할 수 있도록 해준다.

헤더파일 OK-STM103.h에서는 기본적으로 cursor_flag = 0으로 되어 있어서 커서를 표시하지 않는 모드에 있으며, 만약 이제부터 화면에 커서가 보이도록 설정하려면 먼저 TFT_cursor(U16 cursor_color) 함수를 사용하여 cursor_flag = 1로 설정하고 커서의 색깔을 지정한다. 다시 커서를 보이지 않게 해제하려면 TFT_cursor(Transparent) 함수를 사용하면 된다.

이와 같이 커서를 사용하는 예제 프로그램은 제4.9절과 제4.17절에서 디지털 시계 프로그램 예제로 제공하니 참조하기 바란다.

(5) 여러 행이 연속되는 문자열 출력 프로그램

OK-STM103 키트에서 사용하는 한글 및 영문 ASCII 문자로 된 문자열 출력 함수에는 긴 문자열이 여러 행에 걸쳐서 연속으로 표시될 수 있도록 하는 기능이 포함되어 있다. 다음 예제 프로그램에서 이런 기능을 확인할 수 있다. 두번째 화면에 표시되는 김소월 시(詩) "진달래 꽃"은 모든 행의 길이가 짧으므로 각 행을 별도의 TFT_string() 함수로 출력하였다. 그러나, 첫번째 화면의 "국기에 대한 맹세"는 1개의 문장이 상당히 길어서 여러 행의 차지하는데 이를 하나의 TFT_string() 함수로 출력하더라도 내부에서 알아서 행을 연속시켜 출력하여 준다.

<프로그램 Exp06_5.c> 긴 문자열을 출력하는 프로그램

```
/* ========================================================================== */
/*      Exp06_5_string(1).c : TFT-LCD에 긴 문자열을 출력하는 프로그램          */
/* ========================================================================== */
/*                                 Programmed by Duck-Yong Yoon in 2017.      */

#include "stm32f103xe.h"
#include "OK-STM103.h"
#include "OK-STM103_large.h"

int main(void)
{
  Initialize_MCU();                            // initialize MCU and kit
  Delay_ms(50);                                // wait for system stabilization
  Initialize_LCD();                            // initialize text LCD module
  Initialize_TFT_LCD();                        // initialize TFT-LCD module

  LCD_string(0x80," OK-STM103 V1.0 ");         // display title
  LCD_string(0xC0,"   Exp06_5.c    ");

  while(1)
    { TFT_clear_screen();                      // display screen 1
      TFT_landscape_mode();                    // landscape mode
      Beep();

      TFT_string(11, 2,White,Magenta," 국기에 대한 맹세 ");
      Delay_ms(1000);
      TFT_string(17, 6,Magenta,Black,"(현행)");
      Delay_ms(1000);
      TFT_string( 0, 9,Green,  Black,"   나는 자랑스러운 태극기 앞에 자유롭고 정의로운 대한민국의
무궁한 영광을 위하여 충성을 다할 것을 굳게 다짐합니다.");
      Delay_ms(1000);
      TFT_string(15,18,Magenta,Black,"(옛 버전)");
      Delay_ms(1000);
      Kfont_type = 'P';
      TFT_string( 0,21,Yellow, Black,"   나는 자랑스런 태극기 앞에 조국과 민족의 무궁한 영광을 위
하여 몸과 마음을 바쳐 충성을 다할 것을 굳게 다짐합니다.");
      Kfont_type = 'M';
      Delay_ms(5000);

      TFT_clear_screen();                      // display screen 2
      TFT_landscape_mode();                    // landscape mode
      Beep();

      TFT_string_large(4,4,White,Magenta," 국기에 대한 맹세 ");
      Delay_ms(1000);
      TFT_string_large(0,9,Green,  Black,"   나는 자랑스러운 태극기 앞에 자유롭고 정의로운 대한민
국의 무궁한 영광을 위하여 충성을 다할 것을 굳게 다짐합니다.");
      Delay_ms(5000);

      TFT_clear_screen();                      // display screen 3
      TFT_portrait_mode();                     // portrait mode
      Beep();

      TFT_string( 9, 1,White, Magenta," 진달래 꽃 ");
      Delay_ms(1000);
      TFT_string(18, 5,Green, Black,"김소월");
      Delay_ms(1000);
      TFT_string( 0, 9,Cyan,  Black,"나보기가 역겨워");
      Delay_ms(1000);
      TFT_string( 0,11,Cyan,  Black,"가실 때에는");
      Delay_ms(1000);
      TFT_string( 0,13,Cyan,  Black,"말없이 고이 보내드리오리다.");
      Delay_ms(1000);
      TFT_string( 0,17,Yellow,Black,"영변에 약산");
      Delay_ms(1000);
      TFT_string( 0,19,Yellow,Black,"진달래꽃");
      Delay_ms(1000);
      TFT_string( 0,21,Yellow,Black,"아름따다 가실 길에 뿌리오리다.");
```

```
        Delay_ms(1000);
        TFT_string( 0,25,Cyan,  Black,"가시는 걸음 걸음");
        Delay_ms(1000);
        TFT_string( 0,27,Cyan,  Black,"놓인 그 꽃을");
        Delay_ms(1000);
        TFT_string( 0,29,Cyan,  Black,"사뿐히 즈려밟고 가시옵소서.");
        Delay_ms(1000);
        TFT_string( 0,33,Red,   Black,"나보기가 역겨워");
        Delay_ms(1000);
        TFT_string( 0,35,Red,   Black,"가실 때에는");
        Delay_ms(1000);
        TFT_string( 0,37,Red,   Black,"죽어도 아니 눈물 흘리오리다.");
        Delay_ms(5000);
      }
}
```

위의 예제 프로그램에서는 TFT_string() 함수가 각 문자를 실시간으로 출력하므로 너무 빨라서 사람이 보기에 불편할 수 있다. 만약 이를 좀더 천천히 출력하고자 한다면 다음의 예제에서처럼 TFT_string() 함수를 TFT_string_slow() 함수로 변형하여 사용할 수 있다. 이 TFT_string_slow() 함수에는 글자를 천천히 표시하는 기능과 각 글자를 타이프라이터(typewriter)로 입력하는 것처럼 적절한 기계음을 발생시키는 기능을 갖도록 하였다. 이러한 기계음을 쉽게 발생하려면 헤더파일 OK-STM103.h에서 제공하는 함수 Tick()을 사용하는 것이 좋다.

<프로그램 Exp06_6.c> 문자열을 천천히 출력하는 프로그램

```
/* ============================================================================ */
/*    Exp06_6_string(2).c : TFT-LCD에 긴 문자열을 천천히 출력하는 프로그램       */
/* ============================================================================ */
/*                                      Programmed by Duck-Yong Yoon in 2017.   */

#include "stm32f103xe.h"
#include "OK-STM103.h"
#include "OK-STM103_large.h"

void TFT_string_slow(U08 xChar, U08 yChar, U16 colorfore, U16 colorback, char *str);    /* write TFT-LCD string */
void TFT_string_large_slow(U08 xChar, U08 yChar, U16 colorfore, U16 colorback, char *str); /* write TFT-LCD string */

/* ----- 메인 프로그램 ------------------------------------------------------- */

int main(void)
{
  Initialize_MCU();                               // initialize MCU and kit
  Delay_ms(50);                                   // wait for system stabilization
  Initialize_LCD();                               // initialize text LCD module
  Initialize_TFT_LCD();                           // initialize TFT-LCD module

  LCD_string(0x80," OK-STM103 V1.0 ");            // display title
  LCD_string(0xC0,"   Exp06_6.c    ");

  while(1)
    { TFT_clear_screen();                         // display screen 1
      TFT_landscape_mode();                       // landscape mode
      Beep();

      TFT_string_slow(11, 2,White,Magenta," 국기에 대한 맹세 ");
```

```
	Delay_ms(1000);
	TFT_string_slow(17, 6,Magenta,Black,"(현행)");
	Delay_ms(1000);
	TFT_string_slow( 0, 9,Green,  Black,"    나는 자랑스러운 태극기 앞에 자유롭고 정의로운 대한
민국의 무궁한 영광을 위하여 충성을 다할 것을 굳게 다짐합니다.");
	Delay_ms(1000);
	TFT_string_slow(15,18,Magenta,Black,"(옛 버전)");
	Delay_ms(1000);
	Kfont_type = 'P';
	TFT_string_slow( 0,21,Yellow, Black,"    나는 자랑스런 태극기 앞에 조국과 민족의 무궁한 영광
을 위하여 몸과 마음을 바쳐 충성을 다할 것을 굳게 다짐합니다.");
	Kfont_type = 'M';
	Delay_ms(3000);

	TFT_clear_screen();				// display screen 2
	TFT_landscape_mode();				// landscape mode
	Beep();

	TFT_string_large_slow(4,4,White,Magenta," 국기에 대한 맹세 ");
	Delay_ms(1000);
	TFT_string_large_slow(0,9,Green,  Black,"    나는 자랑스러운 태극기 앞에 자유롭고 정의로운
대한민국의 무궁한 영광을 위하여 충성을 다할 것을 굳게 다짐합니다.");
	Delay_ms(3000);

	TFT_clear_screen();				// display screen 3
	TFT_portrait_mode();				// portrait mode
	Beep();

	TFT_string_slow( 9, 1,White, Magenta," 진달래 꽃 ");
	Delay_ms(1000);
	TFT_string_slow(18, 5,Green, Black,"김소월");
	Delay_ms(1000);
	TFT_string_slow( 0, 9,Cyan,  Black,"나보기가 역겨워");
	Delay_ms(1000);
	TFT_string_slow( 0,11,Cyan,  Black,"가실 때에는");
	Delay_ms(1000);
	TFT_string_slow( 0,13,Cyan,  Black,"말없이 고이 보내드리오리다.");
	Delay_ms(1000);
	TFT_string_slow( 0,17,Yellow,Black,"영변에 약산");
	Delay_ms(1000);
	TFT_string_slow( 0,19,Yellow,Black,"진달래꽃");
	Delay_ms(1000);
	TFT_string_slow( 0,21,Yellow,Black,"아름따다 가실 길에 뿌리오리다.");
	Delay_ms(1000);
	TFT_string_slow( 0,25,Cyan,  Black,"가시는 걸음 걸음");
	Delay_ms(1000);
	TFT_string_slow( 0,27,Cyan,  Black,"놓인 그 꽃을");
	Delay_ms(1000);
	TFT_string_slow( 0,29,Cyan,  Black,"사뿐히 즈려밟고 가시옵소서.");
	Delay_ms(1000);
	TFT_string_slow( 0,33,Red,   Black,"나보기가 역겨워");
	Delay_ms(1000);
	TFT_string_slow( 0,35,Red,   Black,"가실 때에는");
	Delay_ms(1000);
	TFT_string_slow( 0,37,Red,   Black,"죽어도 아니 눈물 흘리오리다.");
	Delay_ms(3000);
    }
}

/* ----- 사용자 정의 함수 ------------------------------------------------------ */

void TFT_string_slow(U08 xChar, U08 yChar, U16 colorfore, U16 colorback, char *str) /* write TFT-LCD string */
{
  unsigned char ch1, ch2;
  unsigned short hangeul;

  Xcharacter = xChar;
  Ycharacter = yChar;

  foreground = colorfore;
  background = colorback;
```

```
  nextline_flag = 0;                              // start first line

  while(*str)
    { ch1 = *str;
      str++;

      if(ch1 < 0x80)                              // English ASCII character
        TFT_English(ch1);
      else                                        // Korean
        { ch2 = *str;
          hangeul = (ch1 << 8) + ch2;
          str++;
          hangeul = KS_code_conversion(hangeul);// convert 완성형 to 조합형
          TFT_Korean(hangeul);
        }

      if(ch1 != ' ') Tick();                      // tick sound

      Delay_ms(200);                              // delay for slow display
    }
}

void TFT_string_large_slow(U08 xChar, U08 yChar, U16 colorfore, U16 colorback, char *str) /* write TFT-LCD string */
{
  unsigned char ch1, ch2;
  unsigned short hangeul;

  Xcharacter = xChar;
  Ycharacter = yChar;

  foreground = colorfore;
  background = colorback;

  nextline_flag = 0;                              // start first line

  while(*str)
    { ch1 = *str;
      str++;

      if(ch1 < 0x80)                              // English ASCII character
        TFT_English_large(ch1);
      else                                        // Korean
        { ch2 = *str;
          hangeul = (ch1 << 8) + ch2;
          str++;
          hangeul = KS_code_conversion(hangeul);// convert 완성형 to 조합형
          TFT_Korean_large(hangeul);
        }

      if(ch1 != ' ') Tick();                      // tick sound

      Delay_ms(200);                              // delay for slow display
    }
}
```

5. printf() 함수를 사용한 수치 데이터 출력

앞의 예제 프로그램 Exp03_4.c에서 C컴파일러의 printf() 함수를 사용하여 텍스트형 LCD에 수치 데이터를 포함하는 문자열을 %서식 지정 방식으로 디스플레이하는 방법을 보였고, 예제 프로그램 Exp05_4.c에서는 같은 방법으로 TFT-LCD에 수치 데이터

를 디스플레이하는 방법을 보였다.

그러나, 하나의 프로그램에서 printf() 함수를 사용하여 텍스트 LCD나 TFT-LCD와 같이 여러개의 장치에 수치 데이터를 출력하려면 어떻게 해야 할까? 그리고, printf() 함수를 사용하여 TFT-LCD에 출력하는 문자열에 2바이트의 코드 길이를 갖는 한글이 포함되면 putchar() 함수를 어떻게 만들어야 이것들이 올바르게 처리될까? 이런 문제를 해결한 예제 프로그램을 아래에 소개한다.

<프로그램 Exp06_7.c> printf() 함수의 사용 방법

```c
/* ========================================================================== */
/*    Exp06_7_printf.c : 텍스트 LCD 및 TFT-LCD를 모두 사용하는 printf() 함수    */
/* ========================================================================== */
/*                                     Programmed by Duck-Yong Yoon in 2017.  */

#include <stdio.h>
#include "stm32f103xe.h"
#include "OK-STM103.h"

unsigned int device = 'L';                       // device for printf()
                                                 // 'L'=text LCD, 'T' = TFT-LCD
unsigned int high_code = 0;                      // high byte of 16-bit Korean code

int putchar(int character)                       /* output a character to stream */
{
  if(device == 'L')                              // text LCD
    LCD_data(character);
  else if(device == 'T')                         // TFT-LCD
    { if(high_code >= 0x80)
        { TFT_Korean(KS_code_conversion((high_code << 8) + character));
          high_code = 0;
        }
      else if(character >= 0x80)
        high_code = character;
      else
        TFT_English(character);
    }

  return character;
}

int main(void)
{
  unsigned int i;
  float x;

  Initialize_MCU();                              // initialize MCU and kit
  Delay_ms(50);                                  // wait for system stabilization
  Initialize_LCD();                              // initialize text LCD module
  Initialize_TFT_LCD();                          // initialize TFT-LCD module

  while(1)
    { LCD_string(0x80,"    printf()    ");       // display title on text LCD
      LCD_string(0xC0," 00 x 00 = 0000 ");
      TFT_clear_screen();                        // clear TFT-LCD screen
      TFT_string(9,8,White, Magenta," printf() 함수의 사용 ");
      Beep();

      for(i = 1; i <= 9; i++)
        { device = 'L';                          // printf()를 사용한 text LCD 출력
          LCD_command(0xC1);
          printf("%2d x %2d = %4d", i*11, i*11, (i*11)*(i*11));
```

```
        device = 'T';                          // printf()를 사용한 TFT-LCD 출력
        TFT_color(Cyan, Black);
        TFT_xy(7,18);
        printf("정수 곱셈 : %2d x %2d = %4d", i*11, i*11, (i*11)*(i*11));

        Tick();
        Delay_ms(2000);
      }

    LCD_string(0x80,"    printf()    ");       // display title on text LCD
    LCD_string(0xC0," 0.0x0.0 = 00.00");
    TFT_clear_screen();                        // clear TFT-LCD screen
    TFT_string(9,8,White, Magenta," printf() 함수의 사용 ");
    Beep();

    for(i = 1, x = 1.1; i <= 9; i++, x += 1.1)
      { device = 'L';                          // printf()를 사용한 text LCD 출력
        LCD_command(0xC1);
        printf("%3.1fx%3.1f = %5.2f", x, x, x*x);

        device = 'T';                          // printf()를 사용한 TFT-LCD 출력
        TFT_color(Green, Black);
        TFT_xy(6,18);
        printf("실수 곱셈 : %3.1f x %3.1f = %5.2f", x, x, x*x);

        Tick();
        Delay_ms(2000);
      }
  }
}
```

☞ IAR EWARM C컴파일러에서는 저수준 스트림 출력함수를 위의 예제에서처럼 int putchar(int character)로 만드는 대신에 int fputc(int character, FILE *f)로 만들어도 된다.

하나의 프로그램에서 printf() 함수를 사용하여 여러 개의 장치로 문자열을 출력하려면 putchar() 함수에 그러한 기능을 모두 만들어 두어야 한다. 위의 예제 프로그램에서는 printf() 함수를 사용하기 전에 출력 장치를 글로벌 변수 device에 표시하고, putchar() 함수 내부에서는 이 device 값에 따라 해당하는 장치를 구분하여 문자를 출력하도록 하였다. 이때 출력 장치를 구분하는 방법에는 if문을 사용할 수도 있고 case문을 사용할 수도 있다.

putchar() 함수에서 TFT-LCD에 한글을 출력하려면 특별한 주의가 필요하다. 즉, printf() 함수는 항상 1바이트씩만을 putchar() 함수에게 전달하여 출력하도록 하기 때문에 이 데이터가 0x7F보다 커서 한글 코드가 시작되는 것으로 판단되면 이것과 다음에 전달되는 1바이트를 합하여 16비트의 한글 코드를 만든 다음에 이를 조합형 코드로 변환하여 화면에 출력해야 한다. 그렇게 하기 위하여 먼저 받은 8비트 코드가 한글 코드라고 판단되면 이를 글로벌 변수 high_code에 저장하여 두고, 나중에 두번째로 받은 8비트 코드와 이를 합쳐서 16비트의 완성형 한글 코드로 만든다.

6. 실습 과제

(1) 한글 코드에는 조합형 및 완성형 이외에 또 어떤 방식이 있는지 조사하라. 또한, 조합형 한글 코드와 완성형 한글 코드의 장단점을 서로 비교하여 설명하라.

(2) 문자 폰트에는 비트맵 방식 이외에 또 어떤 방식이 있는지 조사하고, 이것들의 장단점은 무엇인지 비교하여 설명하라.

(3) 컴퓨터 모니터에서 주로 사용하는 문자 폰트와 이 책에서 사용하는 TFT-LCD 모듈용의 문자 폰트에는 어떤 차이가 있는지 비교하여 설명하라.

(4) 헤더파일 OK-STM103.h 및 OK-STM103_large.h에서 한글 및 영문 ASCII 문자 출력 함수를 보고 밑줄 및 커서를 출력하는 원리를 설명하라.

(5) 예제 프로그램 Exp06_7.c에서 putchar() 함수의 동작을 설명하라. 특히 printf() 함수에서 TFT-LCD에 한글 문자를 출력하는 경우에 대한 동작을 상세하게 설명하라.

(6) 예제 프로그램 Exp06_7.c에서 UART4에도 동일한 내용을 출력하도록 수정한 프로그램 Exp06_7R.c를 작성하라. 여기서 UART4로 출력할 때는 전역변수 device를 'U'로 설정하도록 하라.

4.7 TFT-LCD 모듈 그래픽 출력 프로그램

이 절에서는 *OK-STM103* 키트의 TFT-LCD 모듈에 그래픽 화면을 출력하는 프로그래밍 기술에 대하여 공부한다. 그래픽은 크게 함수에 의한 그래픽 처리와 그림 파일과 같은 이미지 데이터를 출력하는 그래픽 처리로 나눌 수 있다.

관련 내용	(1) 제2.2절 A/D 컨버터(ADC) (2) 제3.1절 *OK-STM103* 키트의 구조와 기능 (3) 제4.5절 TFT-LCD 모듈 영문 ASCII 출력 프로그램

1. 수학함수에 의한 그래픽 디스플레이 프로그램

여기서는 TFT-LCD 모듈에 수학함수로 직선이나 사각형, 원 등의 그래픽 도형을 디스플레이하는 예제 프로그램을 작성하여 보기로 한다. TFT-LCD 모듈에서 수학적인 연산으로 이러한 기본 도형을 그리는 사용자 함수는 헤더파일 OK-STM103.h에 만들어 놓았으며 이를 앞의 <표 4.5.2>에서 정리한 바 있다. 이처럼 도형을 그리는 함수 Line(), Rectangle(), Block(), Circle(), Sine() 등의 내용은 초보자들에게는 적잖이 어려울 수 있지만 최대한 본인의 노력으로 이해할 필요가 있으며, 이밖에도 자신이 필요로 하는 도형 그리기 함수가 있으면 이를 프로그램으로 작성할 수 있어야 한다.

수학이나 소프트웨어 공학에서는 아주 다양한 그래픽 알고리즘들이 개발되어 있으나 여기서는 그러한 알고리즘을 공부하는 것이 목적이 아니므로 그냥 초보적인 수준의 기법들을 적용하여 그래픽 도형을 출력하는 몇가지의 프로그래밍 예를 보였다.

다음은 기본 헤더파일 OK-STM103.h에 내장된 도형 그리기 함수를 이용하여 여러 가지 그래픽 쇼를 구현한 예제 프로그램이다.

<프로그램 Exp07_1.c> 수학함수를 이용한 그래픽 프로그램

```
/* ========================================================================= */
/*              Exp07_1_function.c : 수학함수를 이용한 그래픽                  */
/* ========================================================================= */
/*                                     Programmed by Duck-Yong Yoon in 2017.  */

#include "stm32f103xe.h"
```

```
#include "OK-STM103.h"

int main(void)
{
  unsigned short i, x, y;

  Initialize_MCU();                                // initialize MCU and kit
  Delay_ms(50);                                    // wait for system stabilization
  Initialize_LCD();                                // initialize text LCD module
  Initialize_TFT_LCD();                            // initialize TFT-LCD module

  LCD_string(0x80," OK-STM103 V1.0 ");             // display title
  LCD_string(0xC0,"   Exp07_1.c    ");

  while(1)
    { Beep();

      Rectangle(0,0, 319,239, Magenta);            // graphic show of line
      Rectangle(1,1, 318,238, Magenta);
      for(x = 10; x <= 310; x += 10)
        { Line(x,0, x,239, Green);
          Delay_ms(20);
        }
      for(y = 10; y <= 230; y += 10)
        { Line(0,y, 319,y, Green);
          Delay_ms(20);
        }
      Delay_ms(3000);
      TFT_clear_screen();

      Rectangle(0,0, 319,239, Magenta);            // graphic show of ramp
      Rectangle(1,1, 318,238, Magenta);
      for(i = 0,x = 20,y = 12; i <= 34; i++,x += 20,y += 12)
        { Line(x,0, 0,y, Red);
          Line(0,239-y, x,239, Red);
          Delay_ms(20);
        }
      for(i = 0,x = 700,y = 420; i <= 34; i++,x -= 20,y -= 12)
        { Line(x,0, 0,y, Cyan);
          Line(0,239-y, x,239, Cyan);
          Delay_ms(20);
        }
      Delay_ms(3000);
      TFT_clear_screen();

      Rectangle(0,0, 319,239, Magenta);            // graphic show of rectangle
      Rectangle(1,1, 318,238, Magenta);
      for(i = 0,x = 152,y = 114; i <= 18; i++,x -= 8,y -= 6)
        { Rectangle(x,y, 319-x,239-y, Cyan);
          Delay_ms(20);
        }
      Delay_ms(1000);
      for(i = 0,x = 8,y = 6; i <= 18; i++,x += 8,y += 6)
        { Rectangle(x,y, 319-x,239-y, Red);
          Delay_ms(20);
        }
      for(i = 0,x = 152,y = 114; i <= 18; i++,x -= 8,y -= 6)
        { Rectangle(x,y, 319-x,239-y, Green);
          Delay_ms(20);
        }
      Delay_ms(3000);
      TFT_clear_screen();

      Rectangle(0,0, 319,239, Magenta);            // graphic show of circle
      Rectangle(1,1, 318,238, Magenta);
      for(i = 10; i <= 160; i += 10)
        { Circle(160,120,i, Green);
          Delay_ms(20);
        }
      Delay_ms(1000);
      for(i = 160; i >= 10; i -= 10)
        { Circle(160,120,i, Red);
          Delay_ms(20);
```

```
      }
    for(i = 10; i <= 160; i += 10)
      { Circle(160,120,i, White);
        Delay_ms(20);
      }
    Delay_ms(3000);
    TFT_clear_screen();

    Rectangle(0,0, 319,239, Magenta);          // graphic show of 2 circles
    Rectangle(1,1, 318,238, Magenta);
    for(i = 10; i <= 120; i += 10)
      { Circle(80,120,i, Green);
        Circle(240,120,i, Green);
        Delay_ms(20);
      }
    Delay_ms(1000);
    for(i = 120; i >= 10; i -= 10)
      { Circle(80,120,i, Red);
        Circle(240,120,i, Red);
        Delay_ms(20);
      }
    for(i = 10; i <= 120; i += 10)
      { Circle(80,120,i, Yellow);
        Circle(240,120,i, Yellow);
        Delay_ms(20);
      }
    Delay_ms(3000);
    TFT_clear_screen();

    Rectangle(0,0, 319,239, Magenta);          // graphic show of sine curve
    Rectangle(1,1, 318,238, Magenta);
    Line(0,120, 319,120, Magenta);
    for(i = 10; i <= 120; i += 10)
      { Sine(i, 0, Green);
        Delay_ms(20);
      }
    Delay_ms(1000);
    for(i = 10; i <= 120; i += 10)
      { Sine(i, 1, Blue);
        Delay_ms(20);
      }
    Delay_ms(3000);
    TFT_clear_screen();
  }
}
```

☞ 헤더파일 OK-STM103.h에서 제공하는 그래픽 함수 Line(), Rectangle(), Block(), Circle(), Sine() 등의 동작 원리를 이해하고, 그것들이 이 예제 프로그램에서 어떻게 활용되고 있는지 잘 분석하는 것이 좋다.

이번에는 난수를 발생시켜 도형의 크기와 색을 랜덤하게 변화시키는 방법으로 여러가지 그래픽 쇼를 구현한 예제 프로그램이다.

<프로그램 Exp07_2.c> 수학함수와 난수를 이용한 랜덤 그래픽 프로그램

```
/* ============================================================================ */
/*              Exp07_2_random.c : 난수를 이용한 랜덤 그래픽                        */
/* ============================================================================ */
/*                                    Programmed by Duck-Yong Yoon in 2017.     */

#include <stdlib.h>
#include "stm32f103xe.h"
```

```
#include "OK-STM103.h"

void Gradation(U16 x1,U16 y1, U16 x2,U16 y2, U16 color); /* gradation for rectangle */

/* ----- 메인 프로그램 -------------------------------------------------------- */

int main(void)
{
  unsigned char i, key;
  unsigned short color, fill, random;
  signed short x1, y1, x2, y2, r;
  unsigned short Color[16] = { White, DarkGrey, Red, Green, Blue, Yellow, Cyan, Magenta,
                               Pink, Purple, LightGrey, Violet, Navy, Khaki, DarkGreen, Olive };

  Initialize_MCU();                             // initialize MCU and kit
  Delay_ms(50);                                 // wait for system stabilization
  Initialize_LCD();                             // initialize text LCD module
  Initialize_TFT_LCD();                         // initialize TFT-LCD module

  LCD_string(0x80," OK-STM103 V1.0 ");          // display title
  LCD_string(0xC0,"    Exp07_2.c     ");
  Beep();

  TFT_string(6,10, White,Magenta, " 난수를 이용한 랜덤 그래픽 "); // wait KEY1 to start
  TFT_string(8,15,  Cyan,  Black, " Press KEY1 to start ! ");

  SysTick->LOAD  = 0x00FFFFFF;                  // maximum value
  SysTick->VAL   = 0;                           // clear SysTick Counter
  SysTick->CTRL  = 0x00000001;                  // SysTick enable and no interrupt

  key = 0;                                      // random starting time
  while(key != KEY1) key = Key_input();
  random = SysTick->VAL;
  srand(random);
  TFT_clear_screen();                           // clear screen

  while(1)
    { Rectangle(0,0, 319,239, Magenta);         // graphic show 1(line 1)
      Rectangle(1,1, 318,238, Magenta);
      for(i = 0; i < 100; i++)
        { x2 = rand() % 320;
          y2 = rand() % 240;

          Line(2,2, x2,y2, White);
          Delay_ms(30);
        }
      Delay_ms(1000);
      TFT_clear_screen();
      Beep();

      Rectangle(0,0, 319,239, Magenta);         // graphic show 2(line 2)
      Rectangle(1,1, 318,238, Magenta);
      for(i = 0; i < 100; i++)
        { x2 = rand() % 320;
          y2 = rand() % 240;

          Line(2,237, x2,y2, Yellow);
          Delay_ms(30);
        }
      Delay_ms(1000);
      TFT_clear_screen();
      Beep();

      Rectangle(0,0, 319,239, Magenta);         // graphic show 3(line 3)
      Rectangle(1,1, 318,238, Magenta);
      for(i = 0; i < 100; i++)
        { x2 = rand() % 320;
          y2 = rand() % 240;

          Line(317,237, x2,y2, Green);
          Delay_ms(30);
        }
      Delay_ms(1000);
```

```
TFT_clear_screen();
Beep();

Rectangle(0,0, 319,239, Magenta);          // graphic show 4(line 4)
Rectangle(1,1, 318,238, Magenta);
for(i = 0; i < 100; i++)
  { x2 = rand() % 320;
    y2 = rand() % 240;

    Line(317,2, x2,y2, Cyan);
    Delay_ms(30);
  }
Delay_ms(3000);
TFT_clear_screen();
Beep();

Rectangle(0,0, 319,239, Magenta);          // graphic show 5(rectangle)
Rectangle(1,1, 318,238, Magenta);
for(i = 0; i < 50; i++)
  { x1 = rand() % 320;
    y1 = rand() % 240;
    x2 = rand() % 320;
    y2 = rand() % 240;
    color = rand() % 16;

    Rectangle(x1,y1, x2,y2, Color[color]);
    Delay_ms(50);
  }
Delay_ms(3000);
TFT_clear_screen();
Beep();

Rectangle(0,0, 319,239, Magenta);          // graphic show 6(block)
Rectangle(1,1, 318,238, Magenta);
for(i = 0; i < 30; i++)
  { x1 = rand() % 320;
    y1 = rand() % 240;
    x2 = rand() % 320;
    y2 = rand() % 240;
    color = rand() % 16;
    fill = rand() % 16;

    Block(x1,y1, x2,y2, Color[color], Color[fill]);
    Delay_ms(50);
  }
Delay_ms(3000);
TFT_clear_screen();
Beep();

Rectangle(0,0, 319,239, Magenta);          // graphic show 7(circle)
Rectangle(1,1, 318,238, Magenta);
for(i = 0; i < 50; i++)
  { x1 = rand() % 320;
    y1 = rand() % 240;
    r = rand() % 120;
    color = rand() % 16;

    Circle(x1,y1, r, Color[color]);
    Delay_ms(50);
  }
Delay_ms(3000);
TFT_clear_screen();
Beep();

Rectangle(0,0, 319,239, Magenta);          // graphic show 8(gradation)
Rectangle(1,1, 318,238, Magenta);
for(i = 0; i < 30; i++)
  { x1 = rand() % 320;
    y1 = rand() % 240;
    r = rand() & 0x007F;
    x2 = x1 + r;
    y2 = y1 + r;
    color = (rand() % 32) << 11;
```

```
          color |= (rand() % 64) << 5;
          color |= (rand() % 32);

          Gradation(x1,y1, x2,y2, color);
          Delay_ms(50);
        }
      Delay_ms(3000);
      TFT_clear_screen();
      Beep();
    }
}
/* ----- 사용자 정의 함수 ---------------------------------------------------- */

void Gradation(U16 x1,U16 y1, U16 x2,U16 y2, U16 color) /* gradation for rectangle */
{
  unsigned short i, limit, red, green, blue;

  red   = (color >> 11) & 0x001F;
  green = (color >> 5) & 0x003F;
  blue  = color & 0x001F;

  limit = abs(x1-x2) / 2;

  for(i = 0; i < limit; i++)
  { Rectangle(x1++,y1++, x2--,y2--, color);

    red   += 1;
    green += 2;
    blue  += 1;

    color  = (red % 32) >> 11;
    color |= (green % 64) << 5;
    color |= (blue % 32);
  }
}
```

☞ 난수를 발생시키기 시작할 때는 srand() 함수를 사용하여 난수의 seed 값을 제공하야 하는데 이 값을 항상 같은 상수값으로 주게 되면 리셋 후에 난수를 발생하는 패턴이 늘 일정한 순서로 수행되는 단점이 있다. 이를 피하기 위하여 여기서는 시스틱 타이머 SysTick을 설정한 후에 이것에 의한 카운터 레지스터 값을 seed로 사용함으로써 매번 난수를 발생하는 seed 값이 달라지도록 처리하였다. 타이머의 동작을 설정한 후에 사용자가 KEY1을 누르도록 하면 프로그램의 동작이 시작되기 까지의 시간이 매번 일정하지 않기 때문에 seed 값이 다르게 적용되는 것이다.

2. 이미지 데이터 그래픽 디스플레이 프로그램

퍼스널컴퓨터에서 사용하는 BMP, PCX, JPG, GIF 등의 그림 파일에 있는 이미지 데이터를 사용하여 TFT-LCD 모듈에 이미지 그래픽을 구현할 수 있다. 이를 위해서는 그림 파일의 각 픽셀(pixel) 데이터를 상수로 읽어들여 TFT-LCD 모듈의 해당 위치에 차례로 출력하여야 한다. 그러나, 이런 그림 파일은 데이터의 용량이 매우 크므로 이를 저장하고 읽어들일 때는 기억용량이 충분히 큰 보조기억장치가 필요한데, 마이크로컨트롤러 및 TFT-LCD 모듈 응용 시스템에서는 이러한 보조기억장치로 SD 카드를 사용하는 것이 편리하며, 이에 관련된 프로그램 작성 기술은 나중에 제4.19절에서 설명하니 참조하라.

여기서는 여러가지 그림의 이미지 데이터를 C언어의 상수 배열로 플래시 메모리에 미리 저장하여 가지고 있다가 이를 읽어서 TFT-LCD 모듈에 출력하는데, 이렇게 하면 STM32F103VET6의 플래시 메모리 용량이 512KB로 상당히 큰 편인데도 아주 작은 그래픽 이미지들만을 몇 개 정도 출력할 수 있다. 320×240 픽셀의 TFT-LCD 모듈에 픽셀당 16비트의 컬러로 1화면 분량의 이미지를 출력하려면 무려 153,600 바이트의 데이터 용량이 필요하게 되기 때문이다.

그림 파일의 이미지 데이터를 읽어서 이를 C언어의 상수 배열로 만드는 것은 상당히 지루하고 힘든 작업이므로 전용의 변환 프로그램을 사용하는 것이 좋다. 인터넷에서 보면 이런 목적으로 BMP 파일에서 이미지 데이터를 추출하여 C언어 소스의 배열로 변환해주는 유틸리티 프로그램을 쉽게 구할 수 있다. 또한 여기에 PCX, JPG, GIF 등의 그림 파일을 BMP 파일 형식으로 변환하거나 또는 그림의 크기를 임의로 확대 및 축소할 수 있는 기능을 갖는 이미지 처리용 유틸리티 프로그램을 함께 사용하면 편리하다.

이제 인터넷에서 쉽게 구할 수 있는 3가지의 간단한 이미지 그림을 C언어 상수 배열로 저장하였다가 이를 TFT-LCD 모듈에 차례로 출력하는 예제 프로그램을 보기로 한다. 여기서 사용하는 이미지 그림은 ARM Cortex-M 시리즈의 마이크로컨트롤러 사진, STMicroelectronics사의 로고, 그리고 IAR Systems사의 로고이다.

STMicroelectronics

IAR SYSTEMS

〈그림 4.7.1〉 TFT-LCD 모듈에 출력할 BMP 형식의 이미지 그림

〈프로그램 Exp07_3.c〉 상수 배열로 처리한 이미지 그림 출력 프로그램

```
/* ============================================================================ */
/*              Exp07_3_image.c : 비트맵 이미지 그래픽                          */
/* ============================================================================ */
/*                                    Programmed by Duck-Yong Yoon in 2017.    */

#include "stm32f103xe.h"
```

```
#include "OK-STM103.h"

const unsigned short Cortex[] = {                    // Cortex-M chip 180 x 173 pixel
0xFFFF, 0xFFFF, 0xFFFF, 0xFFFF, 0xFFFF, 0xFFFF, 0xFFFF, 0xFFFF, 0xFFFF, 0xFFFF,
0xFFFF, 0xFFFF, 0xFFFF, 0xFFFF, 0xFFFF, 0xFFFF, 0xFFFF, 0xFFFF, 0xFFFF, 0xFFFF,
0xFFFF, 0xFFFF, 0xFFFF, 0xFFFF, 0xFFFF, 0xFFFF, 0xFFFF, 0xFFFF, 0xFFFF, 0xFFFF,
0xFFFF, 0xFFFF, 0xFFFF, 0xFFFF, 0xFFFF, 0xFFFF, 0xFFFF, 0xFFFF, 0xFFFF, 0xFFFF,

                    (중간 생략)

0xFFFF, 0xFFFF, 0xFFFF, 0xFFFF, 0xFFFF, 0xFFFF, 0xFFFF, 0xFFFF, 0xFFFF, 0xFFFF,
0xFFFF, 0xFFFF, 0xFFFF, 0xFFFF, 0xFFFF, 0xFFFF, 0xFFFF, 0xFFFF, 0xFFFF, 0xFFFF,
0xFFFF, 0xFFFF, 0xFFFF, 0xFFFF, 0xFFFF, 0xFFFF, 0xFFFF, 0xFFFF, 0xFFFF, 0xFFFF,
0xFFFF, 0xFFFF, 0xFFFF, 0xFFFF, 0xFFFF, 0xFFFF, 0xFFFF, 0xFFFF, 0xFFFF, 0xFFFF };

const unsigned short STMicroelectronics[] = {   // STMicroelectronics logo 200 x 120 pixel
0x000A, 0x000A, 0x000A, 0x000A, 0x000A, 0x000A, 0x000A, 0x000A, 0x000A, 0x000A,
0x000A, 0x000A, 0x000A, 0x000A, 0x000A, 0x000A, 0x000A, 0x000A, 0x000A, 0x000A,
0x000A, 0x000A, 0x000A, 0x000A, 0x000A, 0x000A, 0x000A, 0x000A, 0x000A, 0x000A,
0x000A, 0x000A, 0x000A, 0x000A, 0x000A, 0x000A, 0x000A, 0x000A, 0x000A, 0x000A,

                    (중간 생략)

0x000A, 0x000A, 0x000A, 0x000A, 0x000A, 0x000A, 0x000A, 0x000A, 0x000A, 0x000A,
0x000A, 0x000A, 0x000A, 0x000A, 0x000A, 0x000A, 0x000A, 0x000A, 0x000A, 0x000A,
0x000A, 0x000A, 0x000A, 0x000A, 0x000A, 0x000A, 0x000A, 0x000A, 0x000A, 0x000A,
0x000A, 0x000A, 0x000A, 0x000A, 0x000A, 0x000A, 0x000A, 0x000A, 0x000A, 0x000A };

const unsigned short IARSystems[] = {                // IAR Systems logo 266 x 168 pixel
0xFEE0, 0xFEE0, 0xFEE0, 0xFEE0, 0xFEE0, 0xFEE0, 0xFEE0, 0xFEE0, 0xFEE0, 0xFEE0,
0xFEE0, 0xFEE0, 0xFEE0, 0xFEE0, 0xFEE0, 0xFEE0, 0xFEE0, 0xFEE0, 0xFEE0, 0xFEE0,
0xFEE0, 0xFEE0, 0xFEE0, 0xFEE0, 0xFEE0, 0xFEE0, 0xFEE0, 0xFEE0, 0xFEE0, 0xFEE0,
0xFEE0, 0xFEE0, 0xFEE0, 0xFEE0, 0xFEE0, 0xFEE0, 0xFEE0, 0xFEE0, 0xFEE0, 0xFEE0,

                    (중간 생략)

0xFEE0, 0xFEE0, 0xFEE0, 0xFEE0, 0xFEE0, 0xFEE0, 0xFEE0, 0xFEE0, 0xFEE0, 0xFEE0,
0xFEE0, 0xFEE0, 0xFEE0, 0xFEE0, 0xFEE0, 0xFEE0, 0xFEE0, 0xFEE0, 0xFEE0, 0xFEE0,
0xFEE0, 0xFEE0, 0xFEE0, 0xFEE0, 0xFEE0, 0xFEE0, 0xFEE0, 0xFEE0, 0xFEE0, 0xFEE0,
0xFEE0, 0xFEE0, 0xFEE0, 0xFEE0, 0xFEE0, 0xFEE0, 0xFEE0, 0xFEE0 };

int main(void)
{
  unsigned short i, x, y, color;

  Initialize_MCU();                               // initialize MCU and kit
  Delay_ms(50);                                   // wait for system stabilization
  Initialize_LCD();                               // initialize text LCD module
  Initialize_TFT_LCD();                           // initialize TFT-LCD module

  LCD_string(0x80," OK-STM103 V1.0 ");            // display title
  LCD_string(0xC0,"   Exp07_3.c    ");

  while(1)
    { TFT_string(8,2, Cyan,Black, "Cortex-M 시리즈 MCU 소자");  // Cortex-M chip
      Beep();
      Rectangle(0,0, 319,239, Magenta);
      i = 0;
      for(y = 0; y < 173; y++)
        for(x = 0; x < 180; x++)
          { color = Cortex[i++];
            TFT_pixel(x+70,y+45, color);
          }
      Delay_ms(3000);
      TFT_clear_screen();

      TFT_string(7,3, Cyan,Black, "STMicroelectronics사의 로고"); // STMicroelectronics
      Beep();
      Rectangle(0,0, 319,239, Magenta);
      i = 0;
      for(y = 0; y < 120; y++)
        for(x = 0; x < 200; x++)
          { color = STMicroelectronics[i++];
```

```
        TFT_pixel(x+60,y+80, color);
      }
    Delay_ms(3000);
    TFT_clear_screen();

    TFT_string(7,2, Cyan,Black, "    IAR Systems사의 로고    "); // IAR Systems
    Beep();
    Rectangle(0,0, 319,239, Magenta);
    i = 0;
    for(y = 0; y < 168; y++)
      for(x = 0; x < 266; x++)
        { color = IARSystems[i++];
          TFT_pixel(x+27,y+45, color);
        }
    Delay_ms(3000);
    TFT_clear_screen();
  }
}
```

이번에는 여러 개의 화면 컷(cut)으로 되어있는 이미지 그림을 빠르게 연속으로 디스플레이하여 간단한 애니메이션 영상을 구현하는 예제 프로그램이다. 이 예제에서는 모두 7컷으로 구성되는 그림을 C언어 상수 배열로 저장하여 놓고 이를 차례를 출력하여 예쁜 소녀가 고개를 숙여 인사하는 간단한 애니메이션을 구현하였다. 7개의 화면을 순서대로 출력하면 고개를 숙이는 모양이 되고, 이를 역순으로 출력하면 인사를 마치고 다시 고개를 드는 모양의 된다.

이 경우는 그림이 매우 작기 때문에 이를 연속으로 출력하는데 STM32F103VET6이 충분한 처리속도를 보이지만, 그림의 크기가 이보다 상당히 커지거나 1초당 출력할 화면의 컷 수가 많아지면 TFT-LCD 모듈로 출력할 데이터 전송량이 급증하여 이보다 훨씬 빠른 그래픽 처리가 필요하게 된다. 이런 경우에는 Cortex-M4/M7과 같은 동영상 처리용의 고성능 마이크로컨트롤러와 이에 적합한 RGB 인터페이스 방식의 TFT-LCD 모듈을 사용하는 것이 바람직하다.

<그림 4.7.2> 애니메이션으로 구현한 인사하는 소녀 그림

<프로그램 Exp07_4.c> 연속된 이미지 그림을 출력하여 애니메이션을 구현한 예

```
/* ========================================================================= */
/*              Exp07_4_animation.c : 간단한 애니메이션 그래픽                 */
/* ========================================================================= */
/*                                  Programmed by Duck-Yong Yoon in 2017.    */

#include "stm32f103xe.h"
#include "OK-STM103.h"
```

```
const unsigned short girl[7][32*57] = {          // greeting girl 32 x 57 pixel
{ 0x0104, 0x0104, 0x0104, 0x0104, 0x0104, 0x0104, 0x0104, 0x0104, // cut 1
  0x0104, 0x0104, 0x0104, 0x0104, 0x0104, 0x0104, 0x0104, 0x0104,
  0x0104, 0x0104, 0x0104, 0x0104, 0x0104, 0x0104, 0x0104, 0x0104,
  0x0104, 0x0104, 0x0104, 0x0104, 0x0104, 0x0104, 0x0104, 0x0104,

                    (중간 생략)

  0x0104, 0x0104, 0x0104, 0x0104, 0x0104, 0x0104, 0x0104, 0x0104,
  0x0104, 0x0104, 0x0104, 0x0104, 0x0104, 0x0104, 0x0104, 0x0104,
  0x0104, 0x0104, 0x0104, 0x0104, 0x0104, 0x0104, 0x0104, 0x0104,
  0x0104, 0x0104, 0x0104, 0x0104, 0x0104, 0x0104, 0x0104, 0x0104 },
{ 0x0104, 0x0104, 0x0104, 0x0104, 0x0104, 0x0104, 0x0104, 0x0104, // cut 2
  0x0104, 0x0104, 0x0104, 0x0104, 0x0104, 0x0104, 0x0104, 0x0104,
  0x0104, 0x0104, 0x0104, 0x0104, 0x0104, 0x0104, 0x0104, 0x0104,
  0x0104, 0x0104, 0x0104, 0x0104, 0x0104, 0x0104, 0x0104, 0x0104,

                    (중간 생략)

  0x0104, 0x0104, 0x0104, 0x0104, 0x0104, 0x0104, 0x0104, 0x0104,
  0x0104, 0x0104, 0x0104, 0x0104, 0x0104, 0x0104, 0x0104, 0x0104,
  0x0104, 0x0104, 0x0104, 0x0104, 0x0104, 0x0104, 0x0104, 0x0104,
  0x0104, 0x0104, 0x0104, 0x0104, 0x0104, 0x0104, 0x0104, 0x0104 },
{ 0x0104, 0x0104, 0x0104, 0x0104, 0x0104, 0x0104, 0x0104, 0x0104, // cut 3
  0x0104, 0x0104, 0x0104, 0x0104, 0x0104, 0x0104, 0x0104, 0x0104,
  0x0104, 0x0104, 0x0104, 0x0104, 0x0104, 0x0104, 0x0104, 0x0104,
  0x0104, 0x0104, 0x0104, 0x0104, 0x0104, 0x0104, 0x0104, 0x0104,

                    (중간 생략)

  0x0104, 0x0104, 0x0104, 0x0104, 0x0104, 0x0104, 0x0104, 0x0104,
  0x0104, 0x0104, 0x0104, 0x0104, 0x0104, 0x0104, 0x0104, 0x0104,
  0x0104, 0x0104, 0x0104, 0x0104, 0x0104, 0x0104, 0x0104, 0x0104,
  0x0104, 0x0104, 0x0104, 0x0104, 0x0104, 0x0104, 0x0104, 0x0104 },
{ 0x0104, 0x0104, 0x0104, 0x0104, 0x0104, 0x0104, 0x0104, 0x0104, // cut 4
  0x0104, 0x0104, 0x0104, 0x0104, 0x0104, 0x0104, 0x0104, 0x0104,
  0x0104, 0x0104, 0x0104, 0x0104, 0x0104, 0x0104, 0x0104, 0x0104,
  0x0104, 0x0104, 0x0104, 0x0104, 0x0104, 0x0104, 0x0104, 0x0104,

                    (중간 생략)

  0x0104, 0x0104, 0x0104, 0x0104, 0x0104, 0x0104, 0x0104, 0x0104,
  0x0104, 0x0104, 0x0104, 0x0104, 0x0104, 0x0104, 0x0104, 0x0104,
  0x0104, 0x0104, 0x0104, 0x0104, 0x0104, 0x0104, 0x0104, 0x0104,
  0x0104, 0x0104, 0x0104, 0x0104, 0x0104, 0x0104, 0x0104, 0x0104 },
{ 0x0104, 0x0104, 0x0104, 0x0104, 0x0104, 0x0104, 0x0104, 0x0104, // cut 5
  0x0104, 0x0104, 0x0104, 0x0104, 0x0104, 0x0104, 0x0104, 0x0104,
  0x0104, 0x0104, 0x0104, 0x0104, 0x0104, 0x0104, 0x0104, 0x0104,
  0x0104, 0x0104, 0x0104, 0x0104, 0x0104, 0x0104, 0x0104, 0x0104,

                    (중간 생략)

  0x0104, 0x0104, 0x0104, 0x0104, 0x0104, 0x0104, 0x0104, 0x0104,
  0x0104, 0x0104, 0x0104, 0x0104, 0x0104, 0x0104, 0x0104, 0x0104,
  0x0104, 0x0104, 0x0104, 0x0104, 0x0104, 0x0104, 0x0104, 0x0104,
  0x0104, 0x0104, 0x0104, 0x0104, 0x0104, 0x0104, 0x0104, 0x0104 },
{ 0x0104, 0x0104, 0x0104, 0x0104, 0x0104, 0x0104, 0x0104, 0x0104, // cut 6
  0x0104, 0x0104, 0x0104, 0x0104, 0x0104, 0x0104, 0x0104, 0x0104,
  0x0104, 0x0104, 0x0104, 0x0104, 0x0104, 0x0104, 0x0104, 0x0104,
  0x0104, 0x0104, 0x0104, 0x0104, 0x0104, 0x0104, 0x0104, 0x0104,

                    (중간 생략)

  0x0104, 0x0104, 0x0104, 0x0104, 0x0104, 0x0104, 0x0104, 0x0104,
  0x0104, 0x0104, 0x0104, 0x0104, 0x0104, 0x0104, 0x0104, 0x0104,
  0x0104, 0x0104, 0x0104, 0x0104, 0x0104, 0x0104, 0x0104, 0x0104,
  0x0104, 0x0104, 0x0104, 0x0104, 0x0104, 0x0104, 0x0104, 0x0104 },
{ 0x0104, 0x0104, 0x0104, 0x0104, 0x0104, 0x0104, 0x0104, 0x0104, // cut 7
  0x0104, 0x0104, 0x0104, 0x0104, 0x0104, 0x0104, 0x0104, 0x0104,
  0x0104, 0x0104, 0x0104, 0x0104, 0x0104, 0x0104, 0x0104, 0x0104,
  0x0104, 0x0104, 0x0104, 0x0104, 0x0104, 0x0104, 0x0104, 0x0104,
```

```
                    (중간 생략)
   0x0104, 0x0104, 0x0104, 0x0104, 0x0104, 0x0104, 0x0104, 0x0104,
   0x0104, 0x0104, 0x0104, 0x0104, 0x0104, 0x0104, 0x0104, 0x0104,
   0x0104, 0x0104, 0x0104, 0x0104, 0x0104, 0x0104, 0x0104, 0x0104,
   0x0104, 0x0104, 0x0104, 0x0104, 0x0104, 0x0104, 0x0104, 0x0104 }};

int main(void)
{
  unsigned short i, cut, x, y, color;

  Initialize_MCU();                         // initialize MCU and kit
  Delay_ms(50);                             // wait for system stabilization
  Initialize_LCD();                         // initialize text LCD module
  Initialize_TFT_LCD();                     // initialize TFT-LCD module

  LCD_string(0x80," OK-STM103 V1.0 ");     // display title
  LCD_string(0xC0,"    Exp07_4.c    ");

  while(1)
    { TFT_string(14,22, Cyan,Black, "안녕하세요 ?");
      for(cut = 0; cut <= 6; cut++)         // 머리를 숙이는 동작
        { i = 0;
          for(y = 0; y < 57; y++)
            for(x = 0; x < 32; x++)
              { color = girl[cut][i++];
                TFT_pixel(x+144,y+92, color);
              }
          Delay_ms(100);
        }
      Delay_ms(500);

      for(cut = 7; cut > 0; cut--)          // 다시 되돌아 오는 동작
        { i = 0;
          for(y = 0; y < 57; y++)
            for(x = 0; x < 32; x++)
              { color = girl[cut-1][i++];
                TFT_pixel(x+144,y+92, color);
              }
          Delay_ms(100);
        }
      TFT_string(14,22, Cyan,Black, "            ");
      Delay_ms(2000);
    }
}
```

3. 센서 측정에 의한 그래픽 디스플레이 프로그램

이번에는 A/D 컨버터를 사용하여 읽어들인 센서 측정 데이터를 TFT-LCD 모듈에 그래픽 곡선으로 디스플레이하는 프로그램을 작성해 보기로 한다. 이를 적절히 응용하면 TFT-LCD 모듈의 화면에 간단한 디지털 오실로스코프를 구현할 수 있다.

OK-STM103 키트의 가변저항 VR1에서 읽어들인 전압값을 TFT-LCD 모듈에 그래프로 보여주는 프로그램을 작성하여 보면 다음과 같다. 여기서 y축은 0~3.3V의 전압을 나타내며, x축으로는 0~5.82초 동안 20ms의 시간 간격으로 A/D 변환한 데이터를 표시하였다. TFT-LCD에서 1화면 분량이 디스플레이되면 현재의 그래프를 클리어

하고 나서 다시 처음부터 그래프를 그리기 시작함으로써 오실로스코프의 sweep 기능처럼 동작한다.

<프로그램 Exp07_5.c> VR1을 실시간으로 측정한 데이터 그래픽

```
/* ========================================================================== */
/*      Exp07_5_realtime.c : VR1 전압을 실시간으로 A/D 변환하여 측정한 파형      */
/* ========================================================================== */
/*                                   Programmed by Duck-Yong Yoon in 2017.    */

#include "stm32f103xe.h"
#include "OK-STM103.h"

void SysTick_Handler(void);                     /* SysTick interrupt with 20ms interval */
void Draw_axis(void);                           /* draw x-axis and y-axis */

unsigned short x0, x, y0, y;
volatile unsigned short ADC_result, ADC_count, end_flag;
volatile unsigned char ADC_buffer[291];

/* ----- 인터럽트 처리 프로그램 ------------------------------------------ */

void SysTick_Handler(void)                      /* SysTick interrupt with 20ms interval */
{
  ADC1->CR2 |= 0x00400000;                      // start conversion by software
  while(!(ADC1->SR & 0x00000002));              // wait for end of conversion

  x = ADC_count;
  ADC_buffer[x] = (unsigned short)((float)ADC1->DR*3.3*50./4095. + 0.5);

  if(ADC_count != 0)                            // draw graph
    { x0 = ADC_count - 1;
      x = ADC_count;
      y0 = ADC_buffer[x0];
      y = ADC_buffer[x];
      Line(20+x0,215-y0, 20+x,215-y, Magenta);
    }

  if(ADC_count >= 290)                          // screen end ?
    { end_flag = 1;
      ADC_count = 0;
    }
  else
    ADC_count++;
}

/* ----- 메인 프로그램 ------------------------------------------------- */

int main(void)
{
  unsigned short i;

  Initialize_MCU();                             // initialize MCU and kit
  Delay_ms(50);                                 // wait for system stabilization
  Initialize_LCD();                             // initialize text LCD module
  Initialize_TFT_LCD();                         // initialize TFT-LCD module

  LCD_string(0x80," OK-STM103 V1.0 ");          // display title
  LCD_string(0xC0,"   Exp07_5.c    ");

  RCC->APB2ENR |= 0x00000200;                   // enable ADC1 clock
  ADC1->CR2 = 0x00000001;                       // enable ADC1(ADON = 1)
  Delay_us(1);
  ADC1->CR2 |= 0x00000004;                      // start ADC1 calibration(CAL = 1)
  while(ADC1->CR2 & 0x00000004);
```

```
  RCC->APB2ENR |= 0x00000004;                    // enable GPIOA clock
  GPIOA->CRL &= 0xFFFF0000;                      // use ADC0~ADC3
  RCC->CFGR &= 0xFFFF3FFF;                       // ADCCLK = PCLK2/6 = 72MHz/6 = 12MHz
  RCC->CFGR |= 0x00008000;

  ADC1->CR1 = 0x00000000;                        // 12-bit resolution, right alignment
  ADC1->CR2 = 0x001E0001;                        // use SWSTART, CONT = 0, ADON = 1
  ADC1->SQR1 = 0x00000000;                       // total regular channel number = 1
  ADC1->SQR3 = 0x00000002;                       // channel 2 (VR1)
  ADC1->SMPR2 = 0x00000040;                      // sampling time of channel 2 = 7.5 cycle

  SysTick->LOAD  = 179999;                       // 9MHz/(179999+1) = 50Hz
  SysTick->VAL   = 0;                            // clear SysTick Counter
  SysTick->CTRL  = 0x00000003;                   // 72MHz/8 = 9MHz, enable SysTick and interrupt

  while(1)
    { Draw_axis();                               // draw x-axis and y-axis
      Beep();
      end_flag = 0;
      ADC_count = 0;
      SysTick->CTRL  = 0x0000003;                // enable SysTick and interrupt

      while(end_flag == 0);                      // wait screen graph end

      SysTick->CTRL  = 0x0000000;                // disable SysTick and interrupt
      for(i = 1; i <= 290; i++)                  // clear old graph
        { x0 = i - 1;
          x = i;
          y0 = ADC_buffer[x0];
          y = ADC_buffer[x];
          Line(20+x0,215-y0, 20+x,215-y, Black);
        }
    }
}

/* ----- 사용자 정의 함수 ------------------------------------------------------- */

void Draw_axis(void)                             /* draw x-axis and y-axis */
{
  TFT_string(15,0, White,Blue, " VR1 전압 ");     // display title

  Line(15,215, 310,215, White);                  // draw x-axis
  Line(305,210, 310,215, White);
  Line(305,220, 310,215, White);
  Line(70,212, 70,218, White);                   // draw x-axis scale
  Line(120,212, 120,218, White);
  Line(170,212, 170,218, White);
  Line(220,212, 220,218, White);
  Line(270,212, 270,218, White);
  TFT_color(Cyan,Black);                         // write time scale
  TFT_English_pixel(16,222, '0');
  TFT_English_pixel(66,222, '1');
  TFT_English_pixel(116,222, '2');
  TFT_English_pixel(166,222, '3');
  TFT_English_pixel(216,222, '4');
  TFT_English_pixel(266,222, '5');
  TFT_color(Magenta,Black);
  TFT_English_pixel(288,222, '[');
  TFT_English_pixel(296,222, 's');
  TFT_English_pixel(304,222, ']');

  Line(20,220, 20,5, White);                     // draw y-axis
  Line(15,10, 20,5, White);
  Line(25,10, 20,5, White);
  Line(17,165, 23,165, White);                   // draw y-axis scale
  Line(17,115, 23,115, White);
  Line(17,65, 23,65, White);
  Line(17,15, 23,15, White);
  TFT_color(Cyan,Black);                         // write voltage scale
  TFT_English_pixel(5,208, '0');
  TFT_English_pixel(5,158, '1');
```

```
    TFT_English_pixel(5,108, '2');
    TFT_English_pixel(5,58, '3');
    TFT_English_pixel(5,8, '4');
    TFT_color(Magenta,Black);
    TFT_English_pixel(28,8, '[');
    TFT_English_pixel(36,8, 'V');
    TFT_English_pixel(44,8, ']');
}
```

☞ 여기서는 20ms의 일정한 시간주기로 VR1의 전압을 A/D 변환하여 읽어들이기 위해서 SysTick 타이머의 인터럽트 기능을 사용하였다. 20ms 간격으로 50번 A/D 변환을 수행하면 1초가 되며, 1화면에서 290번 A/D 변환이 수행되어 5.82초 동안의 그래프가 만들어진다.

그래프에서 x축과 y축의 눈금에 값을 적으려면 세심한 주의가 필요하다. 즉, OK-STM103.h 파일에서 제공하는 기본적인 문자 출력함수를 사용하면 화면에 표시하는 글자 위치가 8픽셀의 간격으로 지정되어 있어서 글자를 원하는 위치에 정확히 쓰기가 어려우므로 여기서는 글자의 위치를 1픽셀 단위로 자유롭게 지정할 수 있는 TFT_English_pixel() 함수를 사용하였다.

이 프로그램을 컴파일하고 *OK-STM103* 키트에 다운로드하여 실행하라. 그리고, 작은 드라이버를 사용하여 가변저항 VR1을 좌우로 천천히 돌리면서 TFT-LCD 모듈에 표시되는 그래프를 관찰하라. 비록 간단하고 해상도는 낮지만 TFT-LCD 모듈로 구현한 간이 디지털 오실로스코프의 맛을 볼 수 있겠는가?

4. 실습 과제

(1) 헤더파일 OK-STM103.h의 원 그리기 함수 Circle()에서 x에 대한 y함수로 원을 한번 그리고 나서 y에 대한 x함수로 원을 또 한번 그려주는 이유를 설명하라.

(2) 예제 프로그램 Exp07_3.c를 수정하여 자신이 다니는 학교 또는 회사 마크를 디스플레이하는 프로그램 Exp07_3R.c를 작성하라.

(3) 예제 프로그램 Exp07_4.c를 수정하여 다른 간단한 애니메이션을 구현하는 프로그램 Exp07_4R.c를 작성하라.

4.8 터치 스크린 입력 프로그램

여기서는 3.2인치 TFT-LCD 모듈 화면에 부착되어 있는 터치 스크린의 원리를 이해하고, 이를 통하여 사용자가 누른 터치 입력을 검출할 수 있는 프로그램 작성 기술을 공부한다.

관련 내용	(1) 제2.9절 동기식 직렬통신 포트(SPI) (2) 제3.1절 *OK-STM103* 키트의 구조와 기능 (3) ADS7846 터치 스크린 컨트롤러의 데이터 시트(TI사)

1. 터치 스크린의 구조와 기능

터치 스크린(touch screen)은 컴퓨터 모니터의 브라운관 또는 TFT-LCD의 화면에 손이나 펜에 의한 직접 접촉 방식으로 명령이나 데이터를 입력할 수 있는 첨단 입력 장치이다. 이를 위하여 <그림 4.8.1>에 보인 것처럼 평면으로 된 스크린의 표면에 터치 패널(touch panel)을 설치하고 이 신호를 터치 스크린 컨트롤러가 인식하여 CPU가 읽어들일 수 있게 된다.

터치 스크린은 종래의 키보드나 마우스, 조이스틱과는 다른 개념의 입력장치로서 휴대가 간편하고 직관적이어서 사용이 매우 쉽기 때문에 종래에는 은행의 ATM과 같은 금융기기나 OA기기 등의 고가 장비에나 주로 사용되었으나, 요즈음은 신용카드 결제 단말기에서부터 휴대전화, 태블릿 PC, 네비게이션 시스템 등의 휴대용 멀티미디어 기기에까지 매우 광범위하게 사용되어 우리 생활에 폭넓게 자리잡고 있다.

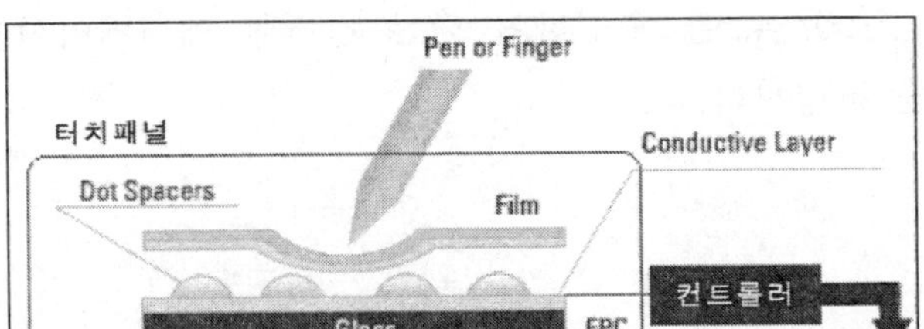

<그림 4.8.1> 터치 스크린의 구조(저항막 방식의 경우)

(1) 터치 스크린의 원리 및 종류

터치 스크린은 상당히 최근 기술이 적용되는 첨단제품으로서 현재도 여러 가지 종류가 있지만 앞으로도 계속하여 새로운 방식의 터치 스크린이 개발될 것으로 예상된다. 현재까지 널리 사용되어온 방식은 저항막 방식이지만 최근에 휴대용 기기를 중심으로 하여 멀티 터치 기능이 있는 정전용량 방식의 사용이 크게 증가하는 추세이다.

▣ 저항막 방식

저항막 방식(resistive)의 터치 스크린은 <그림 4.8.2> (b)에 보인 것처럼 산화 인듐 주석(ITO ; Indium Tin Oxide)을 코팅한 2장의 투명 전도막을 상판(film)과 하판(film 또는 glass)으로 맞붙여 놓은 구조로 되어 있는데, 이것들의 사이는 평소에 돌출부(dot spacer)에 의하여 일정한 간격을 유지하면서 절연되어 있으나 이를 손 또는 펜으로 누르면 상판과 하판이 연결되어 (c)와 같은 등가회로를 구성하게 된다.

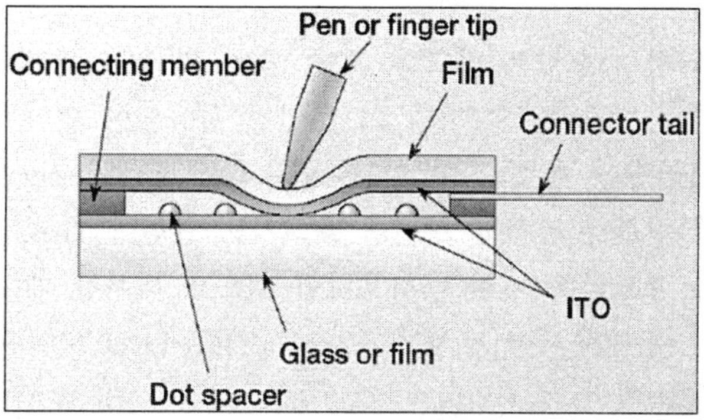

(a)

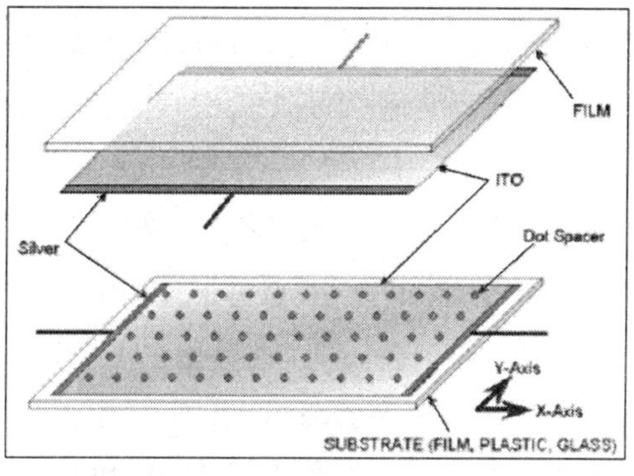

(b)

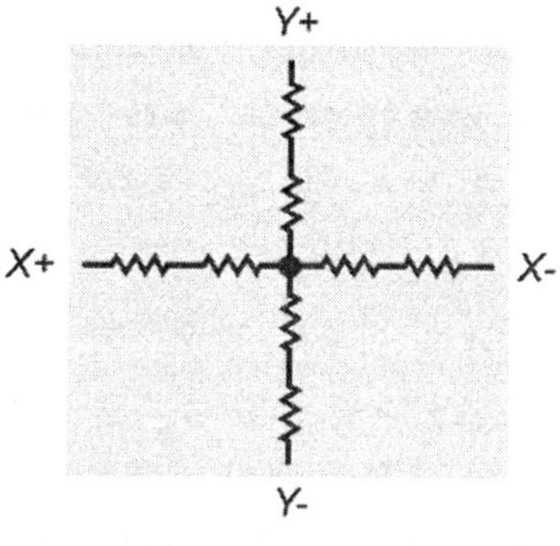

(c)

<그림 4.8.2> 저항막 방식 터치 스크린의 구조

즉, 상판에는 상하 방향으로 Y+와 Y- 단자를 설치하고 하판에는 좌우 방향으로 X+와 X- 단자를 설치하여 놓았으므로, 외부 접촉에 의하여 상판과 하판이 1점에서 만나게 되면 상하좌우의 4방향으로 저항에 의한 회로가 구성되는 것이다.

그러면 터치 스크린 컨트롤러는 먼저 X+ 단자와 X- 단자에 전원을 인가하고 Y+ 단자에서의 전압을 측정하여 X축 방향의 좌표값을 검출할 수 있으며, 다시 Y+ 단자와 Y- 단자에 전원을 인가하고 X+ 단자에서의 전압을 측정하여 Y축 방향의 좌표값을 검출할 수 있게 된다.

이러한 방식을 4선식 구조라고 하는데, 저항막 방식의 터치 스크린에는 이밖에 5선식 구조를 사용하기도 한다. 5선식에서는 하판에 상하좌우 방향으로 Y+, Y-, X+, X-의 단자를 모두 가지고 있으며, 상판에는 출력 단자만을 가지고 있다. 외부 접촉에 의하여 상판과 하판이 만나면 먼저 하판의 X+와 X- 사이에 전원을 인가하고 상판의 출력단자로 전압을 검출하여 X축 방향의 좌표를 측정할 수 있으며, 다시 하판의 Y+와 Y- 사이에 전원을 인가하고 상판의 출력단자로 전압을 검출하여 Y축 방향의 좌표를 측정할 수 있다.

저항막 방식의 터치 스크린은 비교적 위치 정밀도가 높고 응답속도가 빠르며, 구조가 간단하고 제조가 용이하여 현재까지 가장 널리 사용되어 왔다. 그러나, 기본적으로 어느 한 순간에는 1점만을 검출할 수 있는 싱글 터치(single touch) 방식이며, 전도막의 투과율이 낮아서 이를 사용하면 화면이 흐려지는 단점이 있고, 접촉 감도를 높이기 위하여 상판 필름을 부드러운 재질로 사용하면 펜으로 터치할 때 상처가 나기 쉬워서 내구성이 나빠진다. 이 책에서 사용하는 3.2인치 TFT-LCD 모듈은 저항막 방식의 터치 스크린을 채용하고 있다.

▣ 정전용량 방식

정전용량 방식(capacitive)의 터치 스크린은 2장의 서브스트레이트(substrate)에 특수 전도성 금속인 안티몬 주석 산화물(ATO ; Antimony Tin Oxide)을 코팅하여 상판과 하판으로 접속하고 이 사이에 형성된 정전용량을 통하여 전류가 흐르도록 한 것이다. 이때 상판을 손으로 터치하면 사람의 몸에 의하여 추가로 정전용량이 생기고 이로 인하여 전류에 변화가 발생하는 부분을 검출하여 위치를 측정하는 원리로 동작한다. 즉, <그림 4.8.3>에 보인 것처럼 평소에는 터치 패드 사이에 정전용량 C_P만이 존재하지만 사람의 손을 가까이 하면 병렬로 정전용량 C_F가 추가되어 전류 파형의 시간지연이 발생한다. 이러한 정전용량의 변화를 오실레이터 회로에 적용하면 발진 주파수가 달라지고 이를 마이크로컨트롤러의 타이머/카운터로 측정할 수 있다.

정전용량 방식은 동작원리에 따라 4선 저항막 방식과 유사하게 생각할 수 있는 투영 정전용량 방식(projected capacitive)과 5선 저항막 방식처럼 생각할 수 있는 표면 정전용량 방식(surface capacitive) 등 여러가지가 있다. 정전용량 방식의 터치 스크린은 인체의 정전용량을 이용하므로 손에 장갑을 끼거나 사람의 손이 아닌 펜 등의 물체를 사용하면 잘 동작하지 않는 단점이 있다. 그러나, 동시에 여러 점을 검출하는 멀티 터치(multi-touch) 구조가 가능하고, 상판과 하판을 좀더 강한 유리 재질로 만들 수 있기 때문에 수명이 길고 견고하며, 빛의 투과성을 높게 만들 수 있다.

터치 스크린에는 이밖에도 적외선 방식이나 초음파 반사 방식 등이 있다. 이러한 각종 터치 스크린 방식들의 특징을 요약 비교하면 <표 4.8.1>과 같다.

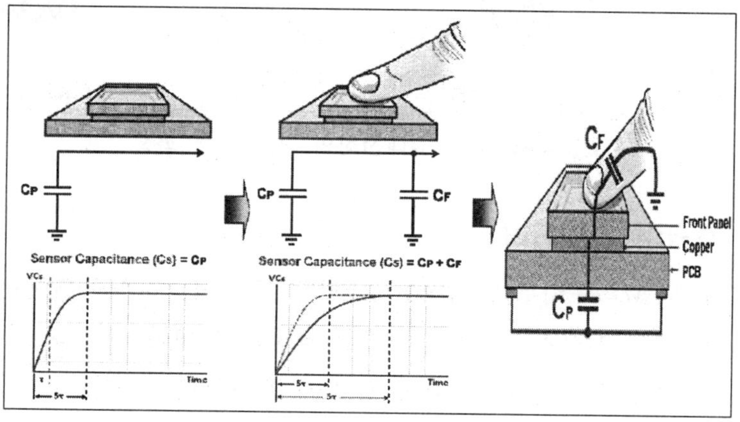

〈그림 4.8.3〉 정전용량 방식 터치 스크린의 구조

〈표 4.8.1〉 여러가지 터치 스크린 방식의 특징 비교

	저항막 방식	정전용량 방식	적외선 방식	초음파 반사 방식
터치 방법	손가락, 스타일러스 펜	손가락	손가락, 스타일러스 펜	손가락, 스타일러스 펜
내구성/수명	△	◎	◎	◎
빛 투과율	× (75~85%)	○ (>90%)	◎ (100%)	○ (>92%)
해상도	◎	◎	△	○
응답속도	◎	△	◎	△
경제성/가격	◎	×	○	○
소형화	◎	◎	△	△
대형화	△	△	△	○
멀티 터치	△	◎	×	×
기술진입 장벽	낮음	높음	높음	높음
장점	낮은 가격, 높은 정밀도, 빠른 응답	높은 내구성, 높은 빛 투과율	충격이나 긁힘에 강해 내구성이 좋음	표면이 유리라서 내구성이 좋음
단점	낮은 내구성, 낮은 빛 투과율	장갑이나 펜에는 반응하지 않음	가격이 높고 부피가 큼	센서 오염과 액체에 취약
적용 분야	소형에서 대형까지 (휴대전화, OA기기, POS, 금융단말기, TV, 모니터)	소형에 더 적합 (휴대전화, 게임기, ATM)	대형에 더 적합 (TV, 모니터, POS, ATM)	대형에 더 적합 (티켓발매기, ATM, 전자칠판, 산업용 기기)

◎ 아주 우수, ○ 우수, △ 보통, × 미흡

특히 휴대전화의 경우 <그림 4.8.4>에 보인 것처럼 외형이 초기의 바(bar)형에서 폴더(folder)형과 슬라이딩(sliding)형을 거쳐서 요즈음에는 터치스크린(touch screen)형이 많이 사용되는 추세에 있다. 이러한 터치 스크린을 내장한 모델을 흔히 터치폰(touch phone)이라고 부르는데, 여기에 처음에는 저항막 방식의 터치 스크린을 사용하였으나 지금은 대부분 멀티 터치 기능을 가지는 정전용량 방식을 사용하고 있다.

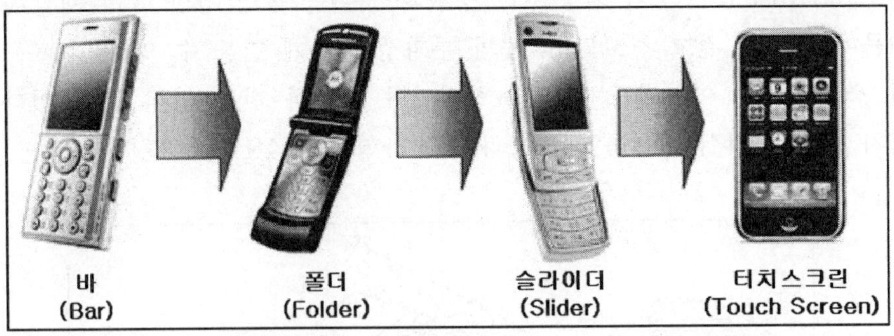

〈그림 4.8.4〉 휴대전화의 구조 변천 과정

(2) 터치 스크린 컨트롤러

이 책의 *OK-STM103* 키트에 장착된 3.2인치 TFT-LCD 모듈에서는 모두 저항막 방식의 터치 스크린을 사용하고 있다. 이것을 사용하여 터치 위치를 검출하려면 터치 스크린의 X-, X+ 사이와 Y-, Y+ 사이에 전원을 인가할 수 있도록 트랜지스터로 스위치를 부착하고 X+ 및 Y+ 신호를 마이크로컨트롤러의 A/D 컨버터로 읽어들이는 방법으로 가능하다.

그러나, 이런 직접 제어 방법보다는 역시 전용의 터치 스크린 컨트롤러를 사용하는 것이 간편하다. *TFT-32A* 보드에서는 CPU와 SPI 직렬통신 방식으로 인터페이스하는 ADS7846 터치 스크린 컨트롤러를 사용한다. 이것은 +3.3V와 +5.0V에서 사용할 수 있고, x축과 y축의 위치를 12비트의 축차비교형 A/D 컨버터로 디지털 변환하며, x축과 y축의 위치검출 기능 이외에도 z축의 압력 측정, 배터리 전압 측정, 소자의 온도 측정 기능 등을 가지고 있다. 이것의 내부에는 A/D 변환용으로 +2.5V의 정밀한 기준전원을 가지고 있으며, 동작을 수행하지 않는 동안에는 파워다운(power down) 기능을 설정할 수 있어서 휴대용 기기에서 사용할 때 소비전력을 크게 줄일 수 있다.

<그림 4.8.5> (a)에는 *TFT-32A* 보드에서 사용하고 있는 16핀 SSOP형 또는 TSSOP형 패키지의 ADS7846 핀 배열을 보였으며, (b)에는 이 소자의 내부 구성 블록도를 보였다. 또한, ADS7846 컨트롤러를 사용한 전형적인 터치 스크린 응용회로는

<그림 4.8.6>에 보였다. 터치 스크린의 4개 단자 X+, X-, Y+, Y-를 ADS7846의 해당 핀에 연결하고, 마이크로컨트롤러와는 SPI 통신 및 인터럽트 신호로 접속한다. 여기서 인터럽트 신호는 오픈 드레인(open drain)형 출력이므로 반드시 50kΩ~100kΩ 정도의 저항으로 풀업해주어야 한다. 터치한 입력좌표를 읽어들이는 방식에는 인터럽트 기능을 이용할 수도 있고 폴링 방식을 이용할 수도 있는데, 이 책의 *OK-STM103* 키트 예제 프로그램에서는 폴링 방식을 기본으로 사용한다.

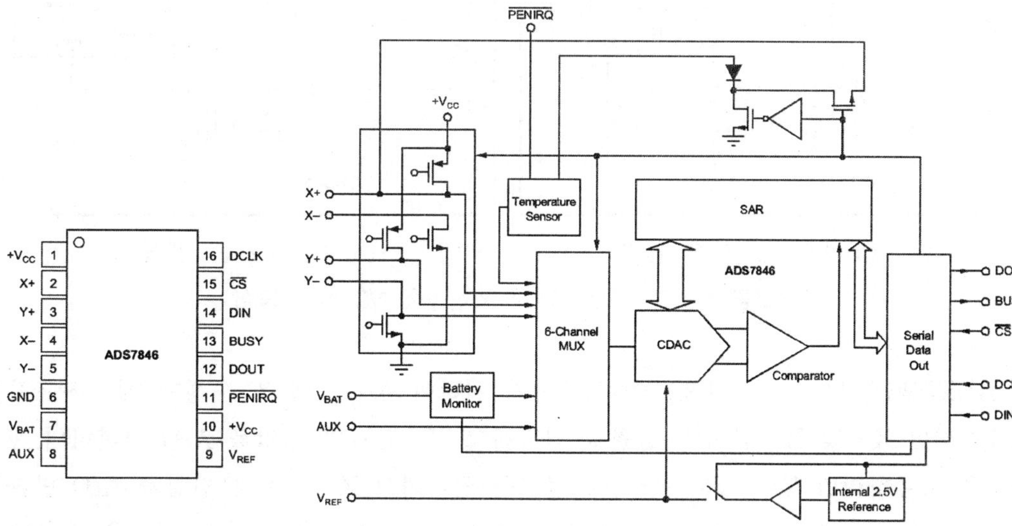

(a) 16핀 SSOP형 핀배열　　　　(b) 내부 구성 블록도

〈그림 4.8.5〉 ADS7846 터치 스크린 컨트롤러의 구조

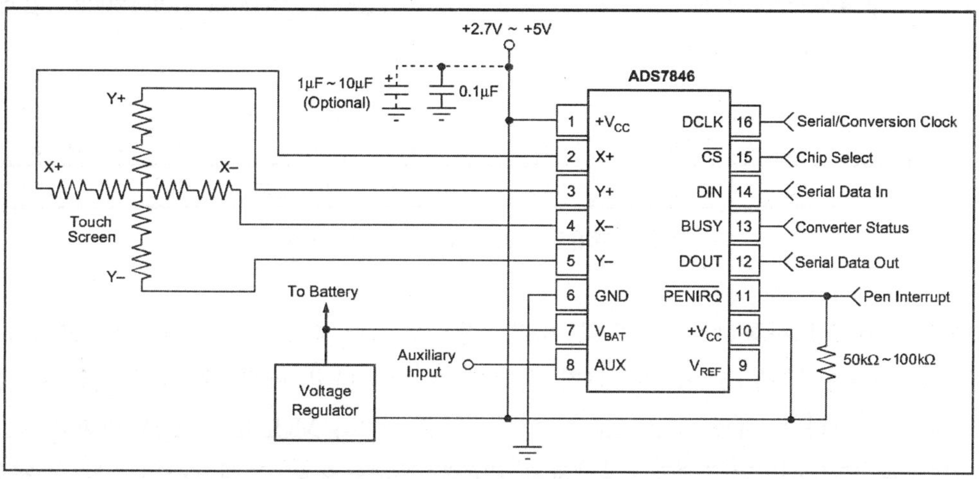

〈그림 4.8.6〉 ADS7846의 전형적인 응용회로

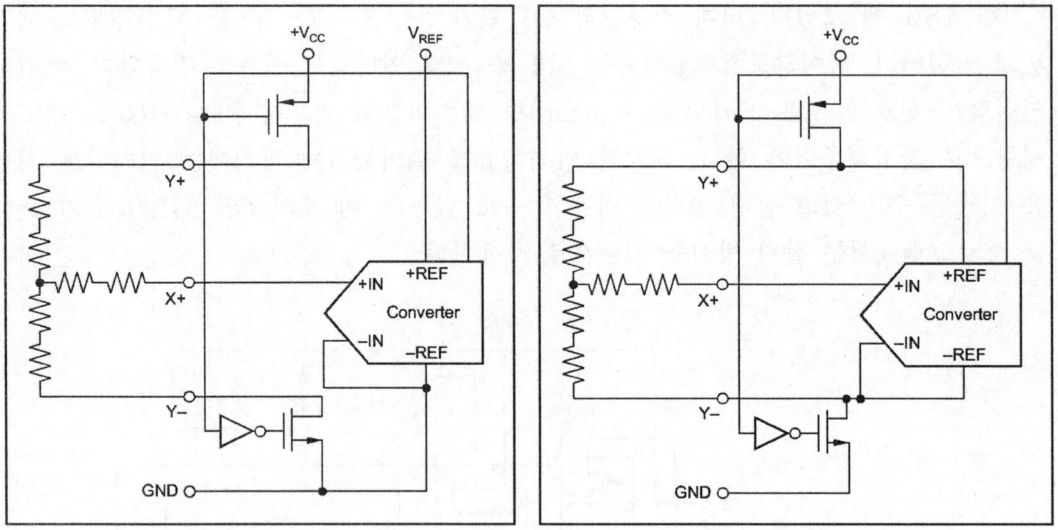

(a) 단극성 기준 입력 (b) 차동 기준 입력

<그림 4.8.7> ADS7846의 x축, y축 A/D 변환 방식

ADS7846에서는 x, y 좌표값을 검출하기 위하여 A/D 변환을 수행할 때 x좌표값을 검출하려면 X+ 및 X- 단자에 전원을 인가하고 Y+ 단자의 전압을 A/D 변환하며, y좌표값을 검출하려면 Y+ 및 Y- 단자에 전원을 인가하고 X+ 단자의 전압을 A/D 변환한다. 그런데, 이렇게 터치 스크린에 전원을 스위칭하여 인가하고 A/D 변환을 수행하는 방식에는 <그림 4.8.7>에 보인 것처럼 2가지가 있다. 이 그림의 (a)와 같은 단극성 기준(Single-Ended Reference) 입력 방식은 트랜지스터 스위치에서의 전압강하 때문에 검출값의 정확도가 떨어지므로 (b)와 같은 차동 기준(Differential Reference) 입력 방식을 사용하는 것이 유리하다.

b7(MSB)	b6	b5	b4	b3	b2	b1	b0(LSB)
S	A2	A1	A0	MODE	$SER/\overline{DFR}$	PD1	PD0

<그림 4.8.8> ADS7846의 제어명령

ADS7846에서 사용하는 8비트의 제어명령은 <그림 4.8.8>과 같다. 마이크로컨트롤러가 터치한 위치값을 읽으려면 먼저 이 명령을 전송하고 나서 데이터를 읽어야 한다. 여기서 S는 스타트 비트(start bit)로서 항상 1로 되며, MODE는 A/D 변환을 12비트 분해능으로 수행하려면 0으로 설정하고 8비트 분해능으로 수행하려면 1로 설정한다. $SER/\overline{DFR}$은 단극성 기준 입력방식과 차동 기준 입력방식을 선택하는데 사용하며, 또한 PD1~PD0은 <표 4.8.2>에 보인 것처럼 파워다운 기능과 내부 기준전압을 사용하는 방법을 결정한다.

A2~A0은 A/D 컨버터의 입력을 선택하는 멀티플렉서의 채널 어드레스로서 이것으로 <표 4.8.3>에 보인 것처럼 어떤 신호를 A/D 변환할 것인지 지정한다.

이 책의 *OK-STM103* 키트 예제 프로그램에서는 A/D 컨버터를 12비트 분해능으로 사용하고, PD1 = PD0 = 0으로 설정하며, 차동 기준 입력방식에서 x축과 y축의 좌표값만을 측정한다. 정확한 좌표값의 측정을 위해서는 매번 터치 스크린을 사용하기 전에 측정값의 캘리브레이션(calibration)을 수행하는 것이 바람직하지만 이 책에서는 이를 수행하지 않고 그냥 사용하는 것으로 한다.

<표 4.8.2> ADS7846 제어명령에서 PD1 및 PD0 비트의 기능

PD1	PD0	$\overline{PENIRQ}$	기 능
0	0	사용	A/D 변환을 하지 않는 시간에는 파워다운.
0	1	금지	내부 기준전압은 off 상태, A/D 변환기는 on 상태.
1	0	사용	내부 기준전압은 on 상태, A/D 변환기는 off 상태.
1	1	금지	내부 기준전압과 A/D 변환기가 모두 on 상태.

<표 4.8.3> ADS7846 제어명령에서 A2~A0 비트의 기능

SER/$\overline{DFR}$	A2	A1	A0	A/D 입력	드라이버 ON	기 능	기준 입력 모드
1	0	0	0	TEMP0		온도 측정 0	단극성 기준 입력
1	0	0	1	X+	Y+, Y-	y축 좌표 측정	단극성 기준 입력
1	0	1	0	V_{BAT}		배터리 전압 측정	단극성 기준 입력
1	0	1	1	X+	Y+, X-	z1축 압력 측정	단극성 기준 입력
1	1	0	0	Y-	Y+, X-	z2축 압력 측정	단극성 기준 입력
1	1	0	1	Y+	X+, X-	x축 좌표 측정	단극성 기준 입력
1	1	1	0	AUX_{IN}		보조입력 측정	단극성 기준 입력
1	1	1	1	TEMP1		온도 측정 1	단극성 기준 입력
0	0	0	1	X+	Y+, Y-	y축 좌표 측정 ★	차동 기준 입력
0	0	1	1	X+	Y+, X-	z1축 압력 측정	차동 기준 입력
0	1	0	0	Y-	Y+, X-	z2축 압력 측정	차동 기준 입력
0	1	0	1	Y+	X+, X-	x축 좌표 측정 ★	차동 기준 입력

ADS7846을 SPI 직렬통신으로 액세스하는 데이터 포맷은 <그림 4.8.9>에 설명하였다. 먼저 마이크로컨트롤러가 8비트의 제어명령을 ADS7846으로 송신하는데, 제어명령의 상위 5비트가 전송되고 나면 ADS7846은 나머지 3비트의 제어명령이 전송되는 동안에 지정된 채널의 입력신호를 샘플링하여 A/D 변환을 시작한다. 마이크로컨트롤러는 이어서 2차례 더미 데이터를 전송하면서 ADS7846으로부터 데이터를 읽어오면 된다. 첫번째로 읽는 바이트는 최상위 비트가 0이고 나머지 7비트에 A/D 변환결과의 b11~b5가 포함되며, 두번째 바이트는 상위 5비트에 A/D 변환결과의 b4~b0이 포함되

고 나머지 3비트는 0으로 채워진다. 그러나, STM32F103VET6 마이크로컨트롤러의 SPI 포트에서는 한번에 16비트의 데이터 전송이 가능하므로 이러한 동작을 보다 쉽게 처리할 수 있다.

SPI 통신의 클록 신호는 CPOL=0, CPHA=0인 모드0을 사용하며, 클록 신호의 high 구간과 low 구간이 각각 최소한 200ns 이상이어야 하므로 최대 2.5MHz까지의 전송속도를 사용할 수 있다. 이 책의 *OK-STM103* 키트 예제 프로그램에서는 최대 한계 주파수보다 낮은 2.25MHz의 속도로 ADS7846과 SPI 통신을 수행한다.

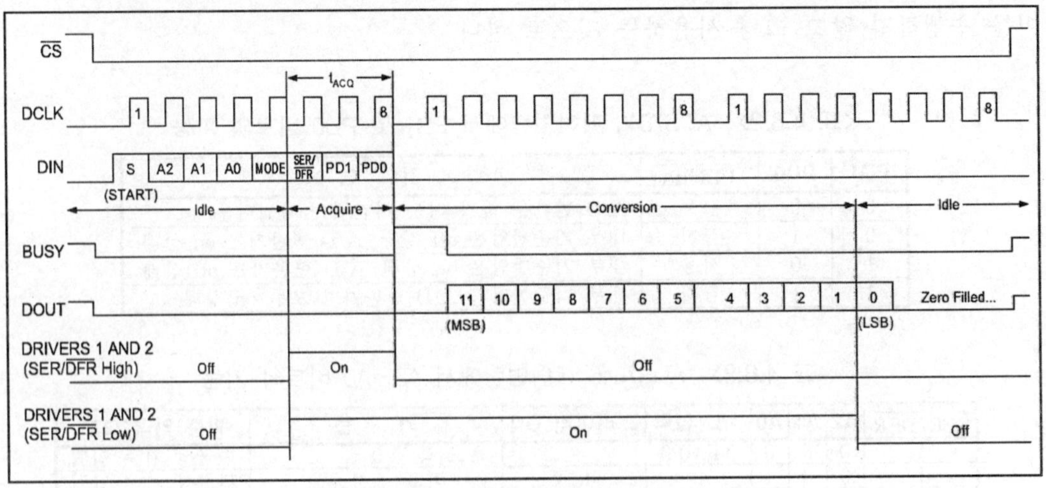

〈그림 4.8.9〉 ADS7846의 통신 포맷

이와 같은 방법으로 ADS7846을 사용하여 터치 스크린을 입력하기 위한 루틴들은 이 책의 기본 헤더파일 OK-STM103.h에 미리 만들어 제공하므로 사용자는 이 함수를 간단히 호출하여 사용하면 된다. 이 헤더파일의 내용은 제4.5절에서 보였으며, 터치 스크린 관련 함수는 <표 4.5.2>에 요약하였다.

사용자가 헤더파일 OK-STM103.h에서 제공하는 함수를 이용하여 터치 스크린을 읽으려면 먼저 Initialize_touch_screen() 함수를 실행하여 STM32F103VET6의 SPI 포트와 ADS7846을 초기화한 후에 Touch_screen_input() 함수를 실행하면 된다. 그러면 사용자가 누른 터치 스크린의 x좌표값과 y좌표값이 읽혀져서 각각 전역변수 x_12bit 및 y_12bit에 저장되고 240×320 픽셀의 TFT-LCD 해상도에 맞도록 환산된 좌표값이 각각 전역변수 x_touch 및 y_touch에 저장된다. TFT-LCD 해상도에 맞도록 환산된 좌표값 x_touch와 y_touch는 각각 초상화 모드에서는 0~239 및 0~319의 범위가 되고, 풍경화 모드에서는 0~319 및 0~239의 범위가 된다. 터치 스크린을 누르지 않은 경우에는 이들 전역변수가 모두 0으로 읽혀진다.

ADS7846에서 읽어들인 터치 스크린의 12비트 원시 데이터인 x_12bit 및 y_12bit로부터 240×320 픽셀의 TFT-LCD 해상도에 맞도록 좌표값 x_touch 및 y_touch를 환산할 때는 외곽 부분의 자투리 값을 제거하고 비례식으로 처리하였다. 이 외곽부의 자투리 값은 TFT-LCD 제품에 따라 약간씩의 차이가 있으므로 정확한 좌표값 인식을 위해서는 매번 캘리브레이션을 수행하는 것이 바람직하지만, *OK-STM103* 키트에서 사용하는 TFT-LCD 모델의 경우에는 저자가 실험해본 결과 위의 헤더파일에서와 같이 일정한 값을 제거하더라도 실용적으로 거의 문제가 없었으므로 여기서는 이처럼 캘리브레이션을 실시하지 않는 방법을 사용하였다.

만약 현재 TFT-LCD가 풍경화 모드로 설정되어 있다면 Touch_screen_input() 함수에서는 이를 감지하여 240×320 픽셀의 초상화 모드에 맞도록 환산된 좌표값 x_touch 및 y_touch를 다시 한번 풍경화 모드에 맞도록 변환하여 저장한다.

(3) 터치 스크린용 입력 펜

앞에서도 설명하였듯이 저항막 방식의 터치 스크린은 터치 감도를 좋게 하기 위하여 터치 스크린의 상판을 부드러운 재질로 만든다. 따라서, 사용자가 터치 스크린을 날카로운 물건으로 누르거나 문지르면 표면이 상처를 입어 터치 스크린이 쉽게 망가지거나 수명이 짧아질 수 있으므로 주의가 필요하다.

본 저자의 경험으로는 <그림 4.8.10>과 같은 터치 스크린 전용의 스타일러스 펜(stylus pen) 또는 터치 펜(touch pen)을 구하여 사용하는 것이 좋다. 그러나, 이것이 없다면 완전히 사용하여 더 이상 잉크가 나오지 않는 볼펜 등을 사용할 수도 있다. 이것들은 끝이 둥글고 부드럽게 처리되어 있어서 터치 스크린의 표면에서 잘 미끄러지고 터치 스크린을 손상시키지 않으며 필기감이 좋다.

<그림 4.8.10> 터치 스크린 전용의 스타일러스 펜

2. 터치 스크린 활용 프로그램

이제 *OK-STM103* 키트에서 사용하는 3.2인치 TFT-LCD 모듈에 내장되어 있는 터치 스크린을 사용하는 프로그램을 작성하여 보기로 한다.

(1) 터치 스크린을 이용한 좌표 입력

OK-STM103 키트에서 터치 스크린을 입력하는 루틴은 앞에서 설명하였듯이 기본 헤더파일 OK-STM103.h에 함수로 만들어 두었기 때문에 이를 호출하여 간단히 사용할 수 있다. 터치 스크린으로 입력된 좌표를 읽어서 TFT-LCD 화면에 디스플레이하는 프로그램은 다음과 같다.

〈프로그램 Exp08_1.c〉 터치 스크린의 좌표를 입력하는 프로그램

```
/* ========================================================================== */
/*      Exp08_1_touch_screen.c : 터치 스크린 입력 프로그램(풍경화 모드)         */
/* ========================================================================== */
/*                              Programmed by Duck-Yong Yoon in 2017.        */

#include "stm32f103xe.h"
#include "OK-STM103.h"

int main(void)
{
  Initialize_MCU();                              // initialize MCU and kit
  Delay_ms(50);                                  // wait for system stabilization
  Initialize_LCD();                              // initialize text LCD module
  Initialize_TFT_LCD();                          // initialize TFT-LCD module
  Initialize_touch_screen();                     // initialize touch screen

  LCD_string(0x80," OK-STM103 V1.0 ");           // display title
  LCD_string(0xC0,"   Exp08_1.c    ");
  Beep();

  Rectangle(0,0, 319,239, Green);                // display title
  Rectangle(1,1, 318,238, Green);

  TFT_string( 8,5,White,Magenta, " 터치스크린 좌표 테스트 ");

  TFT_string( 1, 1, Cyan,   Black, "(0,0)");
  TFT_string(32, 1, Cyan,   Black, "(319,0)");
  TFT_string( 1,27, Cyan,   Black, "(0,239)");
  TFT_string(30,27, Cyan,   Black, "(319,239)");

  TFT_string( 9, 9, Cyan,   Black, " 원시 데이터");
  TFT_string(21, 9, Magenta,Black, " x = 0000 ");
  TFT_string(21,11, Magenta,Black, " y = 0000 ");
  TFT_string( 9,15, Cyan,   Black, " 픽셀 데이터");
  TFT_string(21,15, Magenta,Black, " x =  000 ");
  TFT_string(21,17, Magenta,Black, " y =  000 ");
  TFT_string( 8,22, White,   Blue, " 비프음 ");
  TFT_string(20,22, White,    Red, " LED ON/OFF ");
  Rectangle(61,173, 130,194, White);
  Rectangle(157,173, 258,194, White);

  while(1)
    { Touch_screen_input();                      // input touch screen
```

```
        TFT_color(Cyan,Black);
        TFT_xy(26,9);                          // display 12-bit original X data
        TFT_unsigned_decimal(x_12bit,0,4);
        TFT_xy(26,11);                         // display 12-bit original Y data
        TFT_unsigned_decimal(y_12bit,0,4);
        TFT_xy(27,15);                         // display pixel X data
        TFT_unsigned_decimal(x_touch,0,3);
        TFT_xy(27,17);                         // display pixel Y data
        TFT_unsigned_decimal(y_touch,0,3);

        if((x_touch >= 61) && (x_touch <= 130) && (y_touch >= 173) && (y_touch <= 194))
          { Beep();                            // beep
            Delay_ms(200);
          }
        else if((x_touch >= 157) && (x_touch <= 258) && (y_touch >= 173) && (y_touch <= 194))
          { Beep();
            LED_toggle();                      // blink LED1
            Delay_ms(200);
          }
      }
}
```

☞ *OK-STM103* 키트에서 터치 스크린을 입력하려면 먼저 Initialize_touch_screen() 함수로 SPI 통신 포트와 터치 스크린 컨트롤러를 초기화해야 한다. 그리고 나서 키를 입력할 때처럼 터치 스크린을 읽고 싶을 때마다 한번씩 Touch_screen_input() 함수를 실행하면 되는데, 이때 입력된 터치 스크린의 x축 값과 y축 값은 각각 전역변수 x_12bit와 y_12bit에 저장되며, 이를 TFT-LCD 모듈의 풍경화 모드에서 화면 좌표 (0, 0)~(319, 239)의 범위로 환산한 값은 각각 전역변수 x_touch와 y_touch에 저장된다. 이 예제 프로그램에서는 화면이 풍경화 모드로 되어 있으므로 화면의 좌표는 (0, 0)~(319, 239) 범위로 입력되지만, 만약 화면이 초상화 모드라면 좌표는 (0, 0)~(239, 319) 범위로 입력된다.

위의 예제 프로그램에서는 이들 좌표값을 TFT-LCD 모듈의 화면에 표시하여 사용자가 쉽게 알 수 있게 하였다. 이 프로그램을 실행하고 터치펜으로 터치 스크린 화면의 여기저기를 눌러보면서 좌표값이 올바르게 표시되는지 확인하여 보라. 만약, 터치 스크린으로 아이콘을 구현할 때는 읽어들인 좌표값을 if문으로 비교하여 이 아이콘의 위치를 터치한 것으로 판단되면 해당하는 기능을 수행하면 된다.

터치 스크린이 정확하게 동작하려면 좌표값 x_touch와 y_touch가 정확하게 얻어져야 한다. 이 좌표값은 터치 스크린에서 측정한 원시 좌표값 x_12bit와 y_12bit에 상수값 x_touch_min, x_touch_max, y_touch_min, y_touch_max를 적용하여 환산함으로써 얻어지는데, 이러한 환산에서는 올바른 상수값의 적용이 매우 중요하다. 이 상수 값들은 터치 스크린 주변의 자투리 부분에 해당하는데, 이것들은 제품에 따라 조금씩 다르다. 이 책에서는 OK-STM103.h에서 이 상수값들을 각각 250, 3700, 350, 3750으로 정의하여 놓았는데, 만약 자신이 사용하는 터치 스크린의 위치값이 불량하다면 위의 프로그램에서 표시되는 원시 좌표값을 보면서 이 상수값을 측정하여 헤더 파일 OK-STM103.h에 정의한 이들 상수값을 변경하면 된다.

(2) 터치 스크린을 이용한 낙서장

이번에는 *OK-STM103* 키트에서 터치 스크린을 이용하여 낙서장을 만들어 보기로 한다. 낙서장을 프로그램으로 구현하려면 터치 스크린의 좌표를 연속적으로 입력하여 이전에 읽었던 점의 좌표와 현재의 좌표를 직선으로 연결하면 된다. 이 방법을 이용하면 터치 스크린에 손으로 글씨나 선을 쉽게 쓸 수 있다.

<프로그램 Exp08_2.c> 터치 스크린을 이용한 낙서장 프로그램

```
/* ============================================================================ */
/*      Exp08_2_scratch_pad.c : 터치스크린을 이용한 낙서장 프로그그램               */
/* ============================================================================ */
/*                                       Programmed by Duck-Yong Yoon in 2017.  */

#include "stm32f103xe.h"
#include "OK-STM103.h"

int main(void)
{
  unsigned int xo = 0, yo = 0;

  Initialize_MCU();                              // initialize MCU and kit
  Delay_ms(50);                                  // wait for system stabilization
  Initialize_LCD();                              // initialize text LCD module
  Initialize_TFT_LCD();                          // initialize TFT-LCD module

  LCD_string(0x80," OK-STM103 V1.0 ");           // display title
  LCD_string(0xC0,"    Exp08_2.c     ");
  Beep();

  Initialize_touch_screen();                     // initialize touch screen

  Rectangle(0,0, 319,239, Green);                //draw screen outline
  Rectangle(1,1, 318,238, Green);
  TFT_string(5,1, White,Magenta, " 터치 스크린을 이용한 낙서장 ");

  while(1)
    { Touch_screen_input();                      // input touch screen

      if((x_touch == 0) && (y_touch == 0))       // if not touch, skip
        { xo = 0;
          yo = 0;
        }

      if((xo == 0) && (yo == 0))                 // if first touch, skip
        { xo = x_touch;
          yo = y_touch;
        }
      else
        { Line(xo,yo, x_touch,y_touch, White);
          xo = x_touch;
          yo = y_touch;
        }
    }
}
```

☞ 이전에 읽은 좌표값과 현재의 좌표값을 직선으로 연결할 때는 항상 이전 값을 처리하는 방법에 주의해야 한다. 즉, 처음으로 펜을 터치 스크린에 대는 경우에는 처음으로 터치 스크린 값이 (0, 0)이 아닌 좌표값을 읽게 되고 이 때 이전의 좌표값은 당연히 (0, 0)이었으므로 (0, 0)의 좌표와 현재의 좌표를 직선으로 연결하게 되어 화면처리가 이상해진다. 따라서, 새로 터치 스크린에 펜을 대는 경우에는 현재의 좌표값을 이전의 좌표값에 미리 복사해놓고 직선을 그리기 시작해야 한다.

(3) 터치 스크린을 이용한 그림판

이번에는 앞의 낙서장 프로그램을 좀더 발전시켜서 퍼스널컴퓨터에서 사용하는 그림판과 유사한 프로그램을 만들어 보기로 한다. 낙서장은 그냥 사용자가 터치 스크린에서 움직이는대로 써지는 기능만을 가지고 있지만, 그림판에서는 선의 굵기를 지정하거나 색깔을 변경하거나 화면을 지우는 메뉴 아이콘을 가지고 있다.

<프로그램 Exp08_3.c> 터치 스크린을 이용한 그림판 프로그램

```
/* ========================================================================== */
/*      Exp08_3_drawing_board.c : 터치스크린을 이용한 그림판 프로그램          */
/* ========================================================================== */
/*                                      Programmed by Duck-Yong Yoon in 2017.  */

#include "stm32f103xe.h"
#include "OK-STM103.h"

#define icon_clear      0x01                    // clear
#define icon_width1     0x02                    // line width 1
#define icon_width2     0x03                    // line width 2
#define icon_width3     0x04                    // line width 3
#define icon_white      0x05                    // white
#define icon_red        0x06                    // red
#define icon_magenta    0x07                    // magenta
#define icon_yellow     0x08                    // yellow
#define icon_green      0x09                    // green
#define icon_cyan       0x0A                    // cyan
#define icon_blue       0x0B                    // blue
#define no_icon         0x00                    // no icon

void Draw_select(void);                         /* draw selected line width and color */
void Title_screen(void);                        /* draw title screen */
unsigned int Icon_input(void);                  /* input touch screen icon */

unsigned char icon_flag = 0;
unsigned char line_width = 2;                   // line width (default = middle)
unsigned int  user_color = White;               // user color (default = White)

/* ----- 메인 프로그램 -------------------------------------------------------- */

int main(void)
{
  unsigned int icon;

  Initialize_MCU();                             // initialize MCU and kit
  Delay_ms(50);                                 // wait for system stabilization
  Initialize_LCD();                             // initialize text LCD module
  Initialize_TFT_LCD();                         // initialize TFT-LCD module

  LCD_string(0x80," OK-STM103 V1.0 ");          // display title
  LCD_string(0xC0,"   Exp08_3.c    ");
  Beep();

  Initialize_touch_screen();                    // initialize touch screen
  Title_screen();                               // draw title screen

  while(1)
    { icon = Icon_input();                      // input touch screen icon
      if(icon == icon_width1)
        { line_width = 1;       Draw_select(); }
      else if(icon == icon_width2)
        { line_width = 2;       Draw_select(); }
      else if(icon == icon_width3)
        { line_width = 3;       Draw_select(); }
      else if(icon == icon_clear)
        { TFT_clear_screen();   Title_screen(); }
      else if(icon == icon_white)
        { user_color = White;   Draw_select(); }
      else if(icon == icon_red)
        { user_color = Red;     Draw_select(); }
      else if(icon == icon_yellow)
```

```
		{ user_color = Yellow;  Draw_select(); }
	else if(icon == icon_green)
		{ user_color = Green;   Draw_select(); }
	else if(icon == icon_cyan)
		{ user_color = Cyan;    Draw_select(); }
	else if(icon == icon_blue)
		{ user_color = Blue;    Draw_select(); }
	else if(icon == icon_magenta)
		{ user_color = Magenta; Draw_select(); }

	Touch_screen_input();                              // input touch screen
	if((x_touch != 0) || (y_touch != 0))
	  { if((line_width == 1) && (x_touch >= 2) && (x_touch <= 317) && (y_touch >= 2) && (y_touch <= 210))
	      TFT_pixel(x_touch, y_touch, user_color);
	    else if((line_width == 2) && (x_touch >= 3) && (x_touch <= 316) && (y_touch >= 3) && (y_touch <= 209))
	      { TFT_pixel(x_touch, y_touch, user_color);
	        Rectangle(x_touch-1, y_touch-1, x_touch+1, y_touch+1, user_color);
	      }
	    else if((line_width == 3) && (x_touch >= 4) && (x_touch <= 315) && (y_touch >= 4) && (y_touch <= 208))
	      { TFT_pixel(x_touch, y_touch, user_color);
	        Rectangle(x_touch-1, y_touch-1, x_touch+1, y_touch+1, user_color);
	        Rectangle(x_touch-2, y_touch-2, x_touch+2, y_touch+2, user_color);
	      }
	  }
    }
}

/* ----- 사용자 정의 함수 --------------------------------------------------------- */

void Draw_select(void)                                 /* draw selected line width and color */
{
  if(line_width == 1)                                  // line_width = 1 ?
    { Rectangle( 8,212,  47,234,  Black);
      Rectangle( 9,213,  46,233,  user_color);
      Rectangle(10,214,  45,232,  Black);
    }
  else if(line_width == 2)                             // line_width = 2 ?
    { Rectangle( 8,212,  47,234,  Black);
      Rectangle( 9,213,  46,233,  user_color);
      Rectangle(10,214,  45,232,  user_color);
    }
  else if(line_width == 3)                             // line_width = 3 ?
    { Rectangle( 8,212,  47,234,  user_color);
      Rectangle( 9,213,  46,233,  user_color);
      Rectangle(10,214,  45,232,  user_color);
    }
}

void Title_screen(void)                                /* draw title screen */
{
  Rectangle(0,0,  319,239,  Green);                    // draw outline of sheet
  Rectangle(1,1,  318,238,  Green);

  TFT_string(16,1, White,Magenta, " 그림판 ");          // display title

  TFT_string(3,27, Green,Black, "C");                  // clear selection button
  Draw_select();                                       // select box

  Rectangle(58,213,  78,233,  Green);                  // line_width selection button
  Line(63,223,  73,223,  White);

  Rectangle(83,213,  103,233,  Green);
  Line(88,222,  98,222,  White);
  Line(88,223,  98,223,  White);
  Line(88,224,  98,224,  White);

  Rectangle(108,213,  128,233,  Green);
  Line(113,221,  123,221,  White);
  Line(113,222,  123,222,  White);
  Line(113,223,  123,223,  White);
  Line(113,224,  123,224,  White);
  Line(113,225,  123,225,  White);
```

```
  Block(139,213, 159,233, White, White);         // color selection button
  Block(164,213, 184,233, White, Red);
  Block(189,213, 209,233, White, Magenta);
  Block(214,213, 234,233, White, Yellow);
  Block(239,213, 259,233, White, Green);
  Block(264,213, 284,233, White, Cyan);
  Block(289,213, 309,233, White, Blue);
}

unsigned int Icon_input(void)                    /* input touch screen icon */
{
  unsigned int icon;

  Touch_screen_input();                          // input touch screen

  if((icon_flag == 0) && (x_touch >= 10) && (x_touch <= 45) && (y_touch >= 213) && (y_touch <= 233))
    { icon = icon_clear;
      icon_flag = 1;
      Beep();
    }
  else if((icon_flag == 0) && (x_touch >= 58) && (x_touch <= 78) && (y_touch >= 213) && (y_touch <= 233))
    { icon = icon_width1;
      icon_flag = 1;
      Beep();
    }
  else if((icon_flag == 0) && (x_touch >= 83) && (x_touch <= 103) && (y_touch >= 213) && (y_touch <= 233))
    { icon = icon_width2;
      icon_flag = 1;
      Beep();
    }
  else if((icon_flag == 0) && (x_touch >= 108) && (x_touch <= 128) && (y_touch >= 213) && (y_touch <= 233))
    { icon = icon_width3;
      icon_flag = 1;
      Beep();
    }
  else if((icon_flag == 0) && (x_touch >= 139) && (x_touch <= 159) && (y_touch >= 213) && (y_touch <= 233))
    { icon = icon_white;
      icon_flag = 1;
      Beep();
    }
  else if((icon_flag == 0) && (x_touch >= 164) && (x_touch <= 184) && (y_touch >= 213) && (y_touch <= 233))
    { icon = icon_red;
      icon_flag = 1;
      Beep();
    }
  else if((icon_flag == 0) && (x_touch >= 189) && (x_touch <= 209) && (y_touch >= 213) && (y_touch <= 233))
    { icon = icon_magenta;
      icon_flag = 1;
      Beep();
    }
  else if((icon_flag == 0) && (x_touch >= 214) && (x_touch <= 234) && (y_touch >= 213) && (y_touch <= 233))
    { icon = icon_yellow;
      icon_flag = 1;
      Beep();
    }
  else if((icon_flag == 0) && (x_touch >= 239) && (x_touch <= 259) && (y_touch >= 213) && (y_touch <= 233))
    { icon = icon_green;
      icon_flag = 1;
      Beep();
    }
  else if((icon_flag == 0) && (x_touch >= 264) && (x_touch <= 284) && (y_touch >= 213) && (y_touch <= 233))
    { icon = icon_cyan;
      icon_flag = 1;
      Beep();
    }
  else if((icon_flag == 0) && (x_touch >= 289) && (x_touch <= 309) && (y_touch >= 213) && (y_touch <= 233))
    { icon = icon_blue;
      icon_flag = 1;
      Beep();
    }
  else if((icon_flag == 1) && (x_touch == 0) && (y_touch == 0))
    { icon = no_icon;
      icon_flag = 0;
```

```
      Delay_ms(50);
    }
  else
    icon = no_icon;

  return icon;
}
```

(4) 터치 스크린을 이용한 메뉴방식 프로그램

이번에는 *OK-STM103* 키트에서 사용하는 3.2인치 TFT-LCD 모듈에 여러 가지의 선택 메뉴를 만들어 놓고 터치 스크린으로 이 메뉴를 선택하여 실행하는 형식의 프로그램을 작성하여 보기로 한다.

<프로그램 Exp08_4.c> 터치 스크린을 이용한 메뉴방식 프로그램

```
/* ============================================================================ */
/*      Exp08_4_touch_menu(1).c : 터치 스크린을 이용한 메뉴 처리 프로그램          */
/* ============================================================================ */
/*                                     Programmed by Duck-Yong Yoon in 2017.    */

#include "stm32f103xe.h"
#include "OK-STM103.h"

void Display_menu(void);                        /* display menu screen */
void Menu1(void);                               /* menu1 : landscape mode test */
void Menu2(void);                               /* menu2 : portrait mode test */
void Menu3(void);                               /* menu3 : color bar in landscape mode */
void Menu4(void);                               /* menu4 : color bar in portrait mode */

unsigned char menu;                             // menu number

/* ----- 메인 프로그램 ------------------------------------------------------- */

int main(void)
{
  Initialize_MCU();                             // initialize MCU and kit
  Delay_ms(50);                                 // wait for system stabilization
  Initialize_LCD();                             // initialize text LCD module
  Initialize_TFT_LCD();                         // initialize TFT-LCD module
  Initialize_touch_screen();                    // initialize touch screen

  LCD_string(0x80," OK-STM103 V1.0 ");          // display title
  LCD_string(0xC0,"   Exp08_4.c    ");
  Beep();

  menu = 1;                                     // initial value

  while(1)
    { Display_menu();                           // update screen menu

      Touch_screen_input();                     // input touch screen
      if((x_touch >= 32) && (x_touch <= 288) && (y_touch >= 59) && (y_touch <= 82))
        { Beep();                               // menu1
          Delay_ms(200);
          if(menu == 1) Menu1();
          else          menu = 1;
        }
      else if((x_touch >= 32) && (x_touch <= 288) && (y_touch >= 83) && (y_touch <= 106))
        { Beep();                               // menu2
          Delay_ms(200);
```

```
            if(menu == 2) Menu2();
            else          menu = 2;
          }
        else if((x_touch >= 32) && (x_touch <= 288) && (y_touch >= 107) && (y_touch <= 130))
          { Beep();                                  // menu3
            Delay_ms(200);
            if(menu == 3) Menu3();
            else          menu = 3;
          }
        else if((x_touch >= 32) && (x_touch <= 288) && (y_touch >= 131) && (y_touch <= 154))
          { Beep();                                  // menu4
            Delay_ms(200);
            if(menu == 4) Menu4();
            else          menu = 4;
          }
        else if((x_touch >= 9) && (x_touch <= 64) && (y_touch >= 196) && (y_touch <= 235))
          { Beep();                                  // icon1
            Delay_ms(200);
            if(menu == 1)      Menu1();
            else if(menu == 2) Menu2();
            else if(menu == 3) Menu3();
            else if(menu == 4) Menu4();
          }
        else if((x_touch >= 176) && (x_touch <= 231) && (y_touch >= 196) && (y_touch <= 235))
          { menu--;                                  // icon3
            if(menu == 0) menu = 4;
            Beep();
            Delay_ms(200);
          }
        else if((x_touch >= 256) && (x_touch <= 311) && (y_touch >= 196) && (y_touch <= 235))
          { menu++;                                  // icon4
            if(menu == 5) menu = 1;
            Beep();
            Delay_ms(200);
          }
      }
}

/* ----- 사용자 정의 함수 ---------------------------------------------------- */

void Display_menu(void)                              /* display menu screen */
{
  TFT_string(7, 3,White,Magenta," 터치스크린 메뉴 프로그램 ");  // display menu
  TFT_string(5, 8, Cyan,Black, "메뉴1 : 풍경화 모드 터치스크린");
  TFT_string(5,11, Cyan,Black, "메뉴2 : 초상화 모드 터치스크린");
  TFT_string(5,14,Green,Black, "메뉴3 : 풍경화 모드 컬러바    ");
  TFT_string(5,17,Green,Black, "메뉴4 : 초상화 모드 컬러바    ");

  if(menu == 1) Rectangle(32,59, 288,82, Magenta); // display selection bar
  else          Rectangle(32,59, 288,82, Black);
  if(menu == 2) Rectangle(32,83, 288,106, Magenta);
  else          Rectangle(32,83, 288,106, Black);
  if(menu == 3) Rectangle(32,107, 288,130, Magenta);
  else          Rectangle(32,107, 288,130, Black);
  if(menu == 4) Rectangle(32,131, 288,154, Magenta);
  else          Rectangle(32,131, 288,154, Black);

  Rectangle( 9,196, 64,235, Yellow);                // display touch icon
  Rectangle(10,197, 63,234, Yellow);
  TFT_string(2,25, Cyan,    Black, "ICON1");
  TFT_string(2,27, Magenta,Black, "(RUN)");
  Rectangle(176,196, 231,235, Yellow);
  Rectangle(177,197, 230,234, Yellow);
  TFT_string(23,25, Cyan,    Black, "ICON3");
  TFT_xy(24,27); TFT_color(Magenta,Black);
  TFT_English('('); TFT_English(0x18); TFT_English(')');
  Rectangle(256,196, 311,235, Yellow);
  Rectangle(257,197, 310,234, Yellow);
  TFT_string(33,25, Cyan,    Black, "ICON4");
  TFT_xy(34,27); TFT_color(Magenta,Black);
  TFT_English('('); TFT_English(0x19); TFT_English(')');
}
```

```
void Menu1(void)                                        /* menu1 : landscape mode test */
{
  unsigned int exit_flag;                               // menu exit flag

  TFT_clear_screen();                                   // TFT-LCD clear screen
  TFT_landscape_mode();                                 // landscape mode

  Rectangle(0,0, 319,239, Green);                       // display title
  Rectangle(1,1, 318,238, Green);

  TFT_string( 8,5,White,Magenta," 터치스크린 좌표 테스트 ");

  TFT_string( 1, 1, Cyan,    Black, "(0,0)");
  TFT_string(32, 1, Cyan,    Black, "(319,0)");
  TFT_string( 1,27, Cyan,    Black, "(0,239)");
  TFT_string(30,27, Cyan,    Black, "(319,239)");

  TFT_string( 9, 9, Cyan,    Black, " 원시 데이터");
  TFT_string(21, 9, Magenta,Black, " x = 0000 ");
  TFT_string(21,11, Magenta,Black, " y = 0000 ");
  TFT_string( 9,15, Cyan,    Black, " 픽셀 데이터");
  TFT_string(21,15, Magenta,Black, " x =  000 ");
  TFT_string(21,17, Magenta,Black, " y =  000 ");
  TFT_string(17,22, White,   Red,   " 종료 ");
  Rectangle(131,172, 188,195, White);
  Rectangle(132,173, 187,194, White);

  exit_flag = 0;
  while(exit_flag == 0)
    { Touch_screen_input();                             // input touch screen

      TFT_color(Cyan,Black);
      TFT_xy(26,9);                                     // display 12-bit original X data
      TFT_unsigned_decimal(x_12bit,0,4);
      TFT_xy(26,11);                                    // display 12-bit original Y data
      TFT_unsigned_decimal(y_12bit,0,4);
      TFT_xy(27,15);                                    // display pixel X data
      TFT_unsigned_decimal(x_touch,0,3);
      TFT_xy(27,17);                                    // display pixel Y data
      TFT_unsigned_decimal(y_touch,0,3);

      if((x_touch >= 131) && (x_touch <= 188) && (y_touch >= 172) && (y_touch <= 195))
        { exit_flag = 1;
          Beep();
          Delay_ms(200);
          TFT_clear_screen();                           // TFT-LCD clear screen
          TFT_landscape_mode();                         // landscape mode
        }
    }
}

void Menu2(void)                                        /* menu2 : portrait mode test */
{
  unsigned int exit_flag;                               // menu exit flag

  TFT_clear_screen();                                   // TFT-LCD clear screen
  TFT_portrait_mode();                                  // portrait mode

  Rectangle(0,0, 239,319, Green);                       // display title
  Rectangle(1,1, 238,318, Green);

  TFT_string( 3,8,White,Magenta," 터치스크린 좌표 테스트 ");

  TFT_string( 1, 1, Cyan,    Black, "(0,0)");
  TFT_string(22, 1, Cyan,    Black, "(239,0)");
  TFT_string( 1,37, Cyan,    Black, "(0,319)");
  TFT_string(20,37, Cyan,    Black, "(239,319)");

  TFT_string( 4,15, Cyan,    Black, " 원시 데이터");
  TFT_string(16,15, Magenta,Black, " x = 0000 ");
  TFT_string(16,17, Magenta,Black, " y = 0000 ");
  TFT_string( 4,22, Cyan,    Black, " 픽셀 데이터");
  TFT_string(16,22, Magenta,Black, " x =  000 ");
```

```
  TFT_string(16,24, Magenta,Black, " y =  000 ");
  TFT_string(12,30, White,     Red, " 종료 ");
  Rectangle(92,236, 147,259, White);
  Rectangle(93,237, 146,258, White);

  exit_flag = 0;
  while(exit_flag == 0)
    { Touch_screen_input();                        // input touch screen

      TFT_color(Cyan,Black);
      TFT_xy(21,15);                               // display 12-bit original X data
      TFT_unsigned_decimal(x_12bit,0,4);
      TFT_xy(21,17);                               // display 12-bit original Y data
      TFT_unsigned_decimal(y_12bit,0,4);
      TFT_xy(22,22);                               // display pixel X data
      TFT_unsigned_decimal(x_touch,0,3);
      TFT_xy(22,24);                               // display pixel Y data
      TFT_unsigned_decimal(y_touch,0,3);

      if((x_touch >= 92) && (x_touch <= 147) && (y_touch >= 236) && (y_touch <= 259))
        { exit_flag = 1;
          Beep();
          Delay_ms(200);
          TFT_clear_screen();                      // TFT-LCD clear screen
          TFT_landscape_mode();                    // landscape mode
        }
    }
}

unsigned int Color[8] =                            // 8-color data
   { White, Black, Red, Green, Blue, Yellow, Cyan, Magenta };

void Menu3(void)                                   /* menu3 : color bar in landscape mode */
{
  unsigned int i, j, k;

  TFT_clear_screen();                              // TFT-LCD clear screen
  TFT_landscape_mode();                            // landscape mode

  for(i = 0; i < 8; i++)
    { TFT_GRAM_address(0,i*30);                    // display 8-color bar
      for(j = 0; j < 30; j++)
        for(k = 0; k < 320; k++)
          TFT_data(Color[i]);
      if(i == 0)                                   // display name of color bar
        TFT_string(14, 1, Black,Transparent, "백색(White)");
      else if(i == 1)
        TFT_string(14, 5, White,Transparent, "흑색(Black)");
      else if(i == 2)
        TFT_string(14, 8, Green,Transparent, "적색(Red)");
      else if(i == 3)
        TFT_string(14,12, Red,  Transparent, "녹색(Green)");
      else if(i == 4)
        TFT_string(14,16, Cyan, Transparent, "청색(Blue)");
      else if(i == 5)
        TFT_string(14,20, Black,Transparent, "노랑(Yellow)");
      else if(i == 6)
        TFT_string(14,24, Red,  Transparent, "녹청(Cyan)");
      else if(i == 7)
        TFT_string(14,27, White,Transparent, "자홍(Magenta)");
      Delay_ms(500);
    }
  Delay_ms(2000);

  TFT_clear_screen();                              // TFT-LCD clear screen
  TFT_landscape_mode();                            // landscape mode
}

void Menu4(void)                                   /* menu4 : color bar in portrait mode */
{
  unsigned int i, j, k;

  TFT_clear_screen();                              // TFT-LCD clear screen
```

```
  TFT_portrait_mode();                                   // portrait mode

  for(i = 0; i < 8; i++)
    { TFT_GRAM_address(0,i*40);                          // display 8-color bar
      for(j = 0; j < 40; j++)
        for(k = 0; k < 240; k++)
          TFT_data(Color[i]);
      if(i == 0)                                         // display name of color bar
        TFT_string(9, 2, Black,Transparent, "백색(White)");
      else if(i == 1)
        TFT_string(9, 7, White,Transparent, "흑색(Black)");
      else if(i == 2)
        TFT_string(9,12, Green,Transparent, "적색(Red)");
      else if(i == 3)
        TFT_string(9,17, Red,   Transparent, "녹색(Green)");
      else if(i == 4)
        TFT_string(9,22, Cyan,  Transparent, "청색(Blue)");
      else if(i == 5)
        TFT_string(9,27, Black,Transparent, "노랑(Yellow)");
      else if(i == 6)
        TFT_string(9,32, Red,   Transparent, "녹청(Cyan)");
      else if(i == 7)
        TFT_string(9,37, White,Transparent, "자홍(Magenta)");
      Delay_ms(500);
    }
  Delay_ms(2000);

  TFT_clear_screen();                                    // TFT-LCD clear screen
  TFT_landscape_mode();                                  // landscape mode
}
```

☞ 이 프로그램에는 4개의 메뉴가 있는데, 각 메뉴를 선택하려면 해당 메뉴를 직접 터치하거나 또는 아이콘 ICON3, ICON4를 사용하여 선택바를 이동시켜도 된다. 메뉴를 실행하려면 해당 메뉴에 선택바가 위치하는 상태에서 이 메뉴를 다시 한번 터치하거나 또는 아이콘 ICON1을 누르면 된다. 각 메뉴를 실행하고 나면 프로그램은 다시 메인 메뉴로 되돌아온다.

이 메뉴방식 예제 프로그램에서는 터치 스크린의 메뉴 아이콘을 입력하는데 문제가 좀 있다. 즉, 프로그램에서 터치 스크린을 무조건 반복하여 입력하므로 메뉴 아이콘을 조금 긴 시간동안 누르고 있으면 이를 여러 번 누른 것처럼 반복하여 인식한다.

이러한 현상을 방지하려면 터치 스크린에서 아이콘을 입력할 때 키입력 함수에서처럼 디바운싱(debouncing) 기능과 원터치(one touch) 기능을 넣어야 한다. 이렇게 하면 메뉴 아이콘을 누르는 시간이 길거나 짧더라도 항상 아이콘을 정확히 한번만 누른 것으로 인식하게 된다. 다음은 위의 메뉴방식 프로그램을 이와 같이 개선한 것이다.

<프로그램 Exp08_5.c> 터치 스크린을 이용한 메뉴방식 프로그램 - 아이콘 입력 개선

```
/* ============================================================================ */
/*      Exp08_5_touch_menu(2).c : 터치 스크린을 이용한 메뉴 처리 프로그램          */
/* ============================================================================ */
/*                                      Programmed by Duck-Yong Yoon in 2017.   */

#include "stm32f103xe.h"
#include "OK-STM103.h"
```

```
void Display_menu(void);                        /* display menu screen */
void Menu1(void);                               /* menu1 : landscape mode test */
void Menu2(void);                               /* menu2 : portrait mode test */
void Menu3(void);                               /* menu3 : color bar in landscape mode */
void Menu4(void);                               /* menu4 : color bar in portrait mode */

unsigned char menu;                             // menu number
unsigned char icon_flag;                        // icon touch flag

/* ----- 메인 프로그램 ------------------------------------------------ */

int main(void)
{
  Initialize_MCU();                             // initialize MCU and kit
  Delay_ms(50);                                 // wait for system stabilization
  Initialize_LCD();                             // initialize text LCD module
  Initialize_TFT_LCD();                         // initialize TFT-LCD module
  Initialize_touch_screen();                    // initialize touch screen

  LCD_string(0x80," OK-STM103 V1.0 ");          // display title
  LCD_string(0xC0,"   Exp08_5.c    ");
  Beep();

  menu = 1;                                     // initial value
  icon_flag = 1;

  while(1)
    { if(icon_flag == 1)                        // update screen menu
        Display_menu();

      Touch_screen_input();                     // input touch screen
      if((icon_flag == 0) && (x_touch >= 32) && (x_touch <= 288) && (y_touch >= 59) && (y_touch <= 82))
        { icon_flag = 1;                        // menu1
          Beep();
          if(menu == 1) Menu1();
          else          menu = 1;
        }
      else if((icon_flag == 0) && (x_touch >= 32) && (x_touch <= 288) && (y_touch >= 83) && (y_touch <= 106))
        { icon_flag = 1;                        // menu2
          Beep();
          if(menu == 2) Menu2();
          else          menu = 2;
        }
      else if((icon_flag == 0) && (x_touch >= 32) && (x_touch <= 288) && (y_touch >= 107) && (y_touch <= 130))
        { icon_flag = 1;                        // menu3
          Beep();
          if(menu == 3) Menu3();
          else          menu = 3;
        }
      else if((icon_flag == 0) && (x_touch >= 32) && (x_touch <= 288) && (y_touch >= 131) && (y_touch <= 154))
        { icon_flag = 1;                        // menu4
          Beep();
          if(menu == 4) Menu4();
          else          menu = 4;
        }
      else if((icon_flag == 0) && (x_touch >= 9) && (x_touch <= 64) && (y_touch >= 196) && (y_touch <= 235))
        { icon_flag = 1;
          Beep();                               // icon1
          Rectangle( 9,196, 64,235, Magenta);
          Rectangle(10,197, 63,234, Magenta);
          Delay_ms(200);
          if(menu == 1)      Menu1();
          else if(menu == 2) Menu2();
          else if(menu == 3) Menu3();
          else if(menu == 4) Menu4();
        }
      else if((icon_flag == 0) && (x_touch >= 176) && (x_touch <= 231) && (y_touch >= 196) && (y_touch <= 235))
        { icon_flag = 1;
          menu--;                               // icon3
          if(menu == 0) menu = 4;
          Beep();
          Rectangle(176,196, 231,235, Magenta);
          Rectangle(177,197, 230,234, Magenta);
```

```
        Delay_ms(200);
      }
    else if((icon_flag == 0) && (x_touch >= 256) && (x_touch <= 311) && (y_touch >= 196) && (y_touch <= 235))
      { icon_flag = 1;
        menu++;                               // icon4
        if(menu == 5) menu = 1;
        Beep();
        Rectangle(256,196, 311,235, Magenta);
        Rectangle(257,197, 310,234, Magenta);
        Delay_ms(200);
      }
    else if((x_touch == 0) && (y_touch == 0))
      icon_flag = 0;
  }
}
/* ----- 사용자 정의 함수 -------------------------------------------------------- */
void Display_menu(void)                       /* display menu screen */
{
  TFT_string(7, 3,White,Magenta," 터치스크린 메뉴 프로그램 ");  // display menu
  TFT_string(5, 8, Cyan,Black, "메뉴1 : 풍경화 모드 터치스크린");
  TFT_string(5,11, Cyan,Black, "메뉴2 : 초상화 모드 터치스크린");
  TFT_string(5,14,Green,Black, "메뉴3 : 풍경화 모드 컬러바    ");
  TFT_string(5,17,Green,Black, "메뉴4 : 초상화 모드 컬러바    ");

  if(menu == 1) Rectangle(32,59, 288,82, Magenta); // display selection bar
  else          Rectangle(32,59, 288,82, Black);
  if(menu == 2) Rectangle(32,83, 288,106, Magenta);
  else          Rectangle(32,83, 288,106, Black);
  if(menu == 3) Rectangle(32,107, 288,130, Magenta);
  else          Rectangle(32,107, 288,130, Black);
  if(menu == 4) Rectangle(32,131, 288,154, Magenta);
  else          Rectangle(32,131, 288,154, Black);

  Rectangle( 9,196, 64,235, Yellow);          // display touch icon
  Rectangle(10,197, 63,234, Yellow);
  TFT_string(2,25, Cyan,   Black, "ICON1");
  TFT_string(2,27, Magenta,Black, "(RUN)");
  Rectangle(176,196, 231,235, Yellow);
  Rectangle(177,197, 230,234, Yellow);
  TFT_string(23,25, Cyan,   Black, "ICON3");
  TFT_xy(24,27); TFT_color(Magenta,Black);
  TFT_English('('); TFT_English(0x18); TFT_English(')');
  Rectangle(256,196, 311,235, Yellow);
  Rectangle(257,197, 310,234, Yellow);
  TFT_string(33,25, Cyan,   Black, "ICON4");
  TFT_xy(34,27); TFT_color(Magenta,Black);
  TFT_English('('); TFT_English(0x19); TFT_English(')');
}

void Menu1(void)                              /* menu1 : landscape mode test */
{
  unsigned int exit_flag;                     // menu exit flag

  TFT_clear_screen();                         // TFT-LCD clear screen
  TFT_landscape_mode();                       // landscape mode

  Rectangle(0,0, 319,239, Green);             // display title
  Rectangle(1,1, 318,238, Green);

  TFT_string( 8,5,White,Magenta," 터치스크린 좌표 테스트 ");

  TFT_string( 1, 1, Cyan,   Black, "(0,0)");
  TFT_string(32, 1, Cyan,   Black, "(319,0)");
  TFT_string( 1,27, Cyan,   Black, "(0,239)");
  TFT_string(30,27, Cyan,   Black, "(319,239)");

  TFT_string( 9, 9, Cyan,   Black, " 원시 데이터");
  TFT_string(21, 9, Magenta,Black, " x = 0000 ");
  TFT_string(21,11, Magenta,Black, " y = 0000 ");
  TFT_string( 9,15, Cyan,   Black, " 픽셀 데이터");
  TFT_string(21,15, Magenta,Black, " x =  000 ");
  TFT_string(21,17, Magenta,Black, " y =  000 ");
```

```
  TFT_string(17,22, White,    Red, " 종료 ");
  Rectangle(131,172, 188,195, White);
  Rectangle(132,173, 187,194, White);

  exit_flag = 0;
  while(exit_flag == 0)
    { Touch_screen_input();                      // input touch screen

      TFT_color(Cyan,Black);
      TFT_xy(26,9);                              // display 12-bit original X data
      TFT_unsigned_decimal(x_12bit,0,4);
      TFT_xy(26,11);                             // display 12-bit original Y data
      TFT_unsigned_decimal(y_12bit,0,4);
      TFT_xy(27,15);                             // display pixel X data
      TFT_unsigned_decimal(x_touch,0,3);
      TFT_xy(27,17);                             // display pixel Y data
      TFT_unsigned_decimal(y_touch,0,3);

      if((x_touch >= 131) && (x_touch <= 188) && (y_touch >= 172) && (y_touch <= 195))
        { exit_flag = 1;
          Beep();
          Rectangle(131,172, 188,195, Magenta);
          Rectangle(132,173, 187,194, Magenta);
          Delay_ms(200);
          TFT_clear_screen();                    // TFT-LCD clear screen
          TFT_landscape_mode();                  // landscape mode
        }
    }
}

void Menu2(void)                                 /* menu2 : portrait mode test */
{
  unsigned int exit_flag;                        // menu exit flag

  TFT_clear_screen();                            // TFT-LCD clear screen
  TFT_portrait_mode();                           // portrait mode

  Rectangle(0,0, 239,319, Green);                // display title
  Rectangle(1,1, 238,318, Green);

  TFT_string( 3,8,White,Magenta," 터치스크린 좌표 테스트 ");

  TFT_string( 1, 1, Cyan,    Black,  "(0,0)");
  TFT_string(22, 1, Cyan,    Black,  "(239,0)");
  TFT_string( 1,37, Cyan,    Black,  "(0,319)");
  TFT_string(20,37, Cyan,    Black,  "(239,319)");

  TFT_string( 4,15, Cyan,    Black,  " 원시 데이터");
  TFT_string(16,15, Magenta,Black,  " x = 0000 ");
  TFT_string(16,17, Magenta,Black,  " y = 0000 ");
  TFT_string( 4,22, Cyan,    Black,  " 픽셀 데이터");
  TFT_string(16,22, Magenta,Black,  " x =  000 ");
  TFT_string(16,24, Magenta,Black,  " y =  000 ");
  TFT_string(12,30, White,     Red,  " 종료 ");
  Rectangle(92,236, 147,259, White);
  Rectangle(93,237, 146,258, White);

  exit_flag = 0;
  while(exit_flag == 0)
    { Touch_screen_input();                      // input touch screen

      TFT_color(Cyan,Black);
      TFT_xy(21,15);                             // display 12-bit original X data
      TFT_unsigned_decimal(x_12bit,0,4);
      TFT_xy(21,17);                             // display 12-bit original Y data
      TFT_unsigned_decimal(y_12bit,0,4);
      TFT_xy(22,22);                             // display pixel X data
      TFT_unsigned_decimal(x_touch,0,3);
      TFT_xy(22,24);                             // display pixel Y data
      TFT_unsigned_decimal(y_touch,0,3);

      if((x_touch >= 92) && (x_touch <= 147) && (y_touch >= 236) && (y_touch <= 259))
        { exit_flag = 1;
          Beep();
```

```
        Rectangle(92,236, 147,259, Magenta);
        Rectangle(93,237, 146,258, Magenta);
        Delay_ms(200);
        TFT_clear_screen();                   // TFT-LCD clear screen
        TFT_landscape_mode();                 // landscape mode
      }
  }
}

unsigned int Color[8] =                       // 8-color data
  { White, Black, Red, Green, Blue, Yellow, Cyan, Magenta };

void Menu3(void)                              /* menu3 : color bar in landscape mode */
{
  unsigned int i, j, k;

  TFT_clear_screen();                         // TFT-LCD clear screen
  TFT_landscape_mode();                       // landscape mode

  for(i = 0; i < 8; i++)
    { TFT_GRAM_address(0,i*30);               // display 8-color bar
      for(j = 0; j < 30; j++)
        for(k = 0; k < 320; k++)
          TFT_data(Color[i]);
      if(i == 0)                              // display name of color bar
        TFT_string(14, 1, Black,Transparent, "백색(White)");
      else if(i == 1)
        TFT_string(14, 5, White,Transparent, "흑색(Black)");
      else if(i == 2)
        TFT_string(14, 8, Green,Transparent, "적색(Red)");
      else if(i == 3)
        TFT_string(14,12, Red,  Transparent, "녹색(Green)");
      else if(i == 4)
        TFT_string(14,16, Cyan, Transparent, "청색(Blue)");
      else if(i == 5)
        TFT_string(14,20, Black,Transparent, "노랑(Yellow)");
      else if(i == 6)
        TFT_string(14,24, Red,  Transparent, "녹청(Cyan)");
      else if(i == 7)
        TFT_string(14,27, White,Transparent, "자홍(Magenta)");
      Delay_ms(500);
    }
  Delay_ms(2000);

  TFT_clear_screen();                         // TFT-LCD clear screen
  TFT_landscape_mode();                       // landscape mode
}

void Menu4(void)                              /* menu4 : color bar in portrait mode */
{
  unsigned int i, j, k;

  TFT_clear_screen();                         // TFT-LCD clear screen
  TFT_portrait_mode();                        // portrait mode

  for(i = 0; i < 8; i++)
    { TFT_GRAM_address(0,i*40);               // display 8-color bar
      for(j = 0; j < 40; j++)
        for(k = 0; k < 240; k++)
          TFT_data(Color[i]);
      if(i == 0)                              // display name of color bar
        TFT_string(9, 2, Black,Transparent, "백색(White)");
      else if(i == 1)
        TFT_string(9, 7, White,Transparent, "흑색(Black)");
      else if(i == 2)
        TFT_string(9,12, Green,Transparent, "적색(Red)");
      else if(i == 3)
        TFT_string(9,17, Red,  Transparent, "녹색(Green)");
      else if(i == 4)
        TFT_string(9,22, Cyan, Transparent, "청색(Blue)");
      else if(i == 5)
        TFT_string(9,27, Black,Transparent, "노랑(Yellow)");
      else if(i == 6)
        TFT_string(9,32, Red,  Transparent, "녹청(Cyan)");
```

```
      else if(i == 7)
        TFT_string(9,37, White,Transparent, "자홍(Magenta)");
      Delay_ms(500);
    }
  Delay_ms(2000);

  TFT_clear_screen();                          // TFT-LCD clear screen
  TFT_landscape_mode();                        // landscape mode
}
```

☞ 터치 스크린 입력의 디바운싱 및 원터치 처리 기술도 제4.4절에서 설명한 키입력의 디바운싱 및 원터치 처리 기술과 매우 유사하다. 평소에는 icon_flag = 0 상태에 있다가 처음으로 터치 스크린 입력이 확인되면 위치 데이터를 읽고 icon_flag = 1로 표시하며 비프음을 울려서 50ms의 시간지연을 준다. 그러면, 터치 스크린에서 손을 떼어 다시 icon_flag = 0 상태로 되는 것을 확인하기 전에는 터치 스크린을 누른 것이 확인되더라도 이를 터치 스크린 입력으로 처리하지 않는다. 이렇게 하면 터치 스크린을 누르고 있는 시간이 길든 짧든 관계없이 터치 스크린의 입력은 오직 1번만 인식된다.

또한, 터치 아이콘이 눌려진 것으로 인식되면 약 200ms의 시간동안 아이콘의 색깔을 변경시켜 표시함으로써 시각적인 효과를 좋게 하였다.

3. 실습 과제

(1) 터치 스크린에서 저항막 방식의 동작 원리를 설명하라.

(2) 터치 스크린에서 멀티 터치 기능이란 무엇인가?

(3) 예제 프로그램 Exp08_3.c에서 화면에 선을 그릴 때 선의 굵기를 굵게 그리는 원리를 설명하라.

(4) 예제 프로그램 Exp08_5.c에서 메뉴 아이콘 입력의 디바운싱 및 원터치 기능을 구현한 원리를 설명하라.

(5) 예제 프로그램 Exp08_5.c에 "메뉴5 : 수학함수에 의한 그래픽"을 추가하고, 이 메뉴5를 선택하여 실행하면 앞의 Exp07_1.c 프로그램과 같은 그래픽 기능을 1회 수행하고 자동적으로 메인 메뉴로 되돌아오는 프로그램 Exp08_5R.c를 작성하라.

4.9 SysTick 타이머 인터럽트 응용 프로그램

이 절에서는 Cortex-M3 코어에 기본 내장되어 있는 SysTick 타이머를 이용하여 정확한 시간 주기(period)로 인터럽트를 발생하고 처리하는 프로그래밍 기술을 익힌다. 이를 이용한 응용으로 전자 스톱워치나 디지털 시계를 만들어 본다.

관련 내용	(1) 제1.3절 STM32F103VET6의 기본 시스템 제어기 4. 시스틱 타이머(SysTick) 5. 인터럽트 제어기(NVIC, EXTI) (2) 제3.1절 *OK-STM103* 키트의 구조와 기능

1. 타이머를 이용한 주기적인 인터럽트 발생

SysTick 타이머는 Cortex-M3의 기본 코어에 포함되는 24비트의 타이머로서 모든 Cortex-M3 마이크로컨트롤러 소자에 공통적으로 들어있으므로 동일한 방법, 동일한 기능으로 사용할 수 있는 유용한 주변장치이다. 이를 사용하면 다른 일반 타이머의 경우보다 훨씬 더 간편하게 정확한 주기의 타이머 인터럽트를 발생할 수 있다.

마이크로컨트롤러에서 타이머를 이용하여 일정한 주기로 인터럽트를 발생시키는 일은 매우 많다. 주기적인 인터럽트를 발생하여 디지털 시계를 구현하는 것도 이러한 예이며, 자동제어에서 일정한 샘플링 주기로 제어를 수행하는 경우도 이에 해당한다. 이런 경우 인터럽트의 발생 주기를 사용자가 임의로 결정할 수 있어야 하고 또한 그 주기가 매우 정확해야 하는데, 이는 마이크로컨트롤러에 내장된 타이머의 기능을 이용하는 것이 좋다. 특히 이처럼 정확한 주기의 인터럽트를 발생시켜야 하는 경우에는 타이머의 인터럽트 주기가 하드웨어적으로 자동 처리되는 기능을 가져야 한다.

마이크로컨트롤러의 전형적인 16비트 타이머에서 주기가 소프트웨어적으로 처리되는 타이머 오버플로우 인터럽트의 동작을 그림으로 설명하면 <그림 4.9.1>과 같다. 즉, 타이머 오버플로우 인터럽트가 발생하면 오버플로우 동작에 의하여 타이머의 값이 0xFFFF→0x0000으로 클리어되므로 인터럽트 서비스 루틴에서 이를 소프트웨어적으로 다시 원하는 주기를 만들기 위한 값으로 초기화해 주어야 한다.

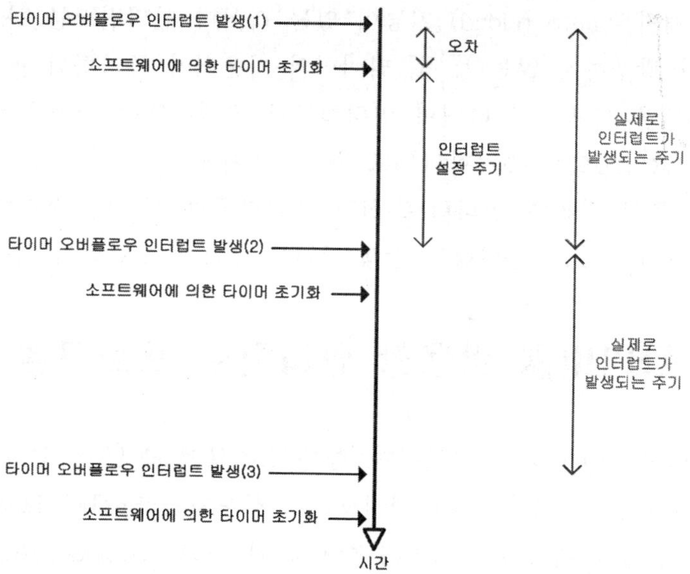

<그림 4.9.1> 타이머 오버플로우 인터럽트를 이용한 주기적인 인터럽트

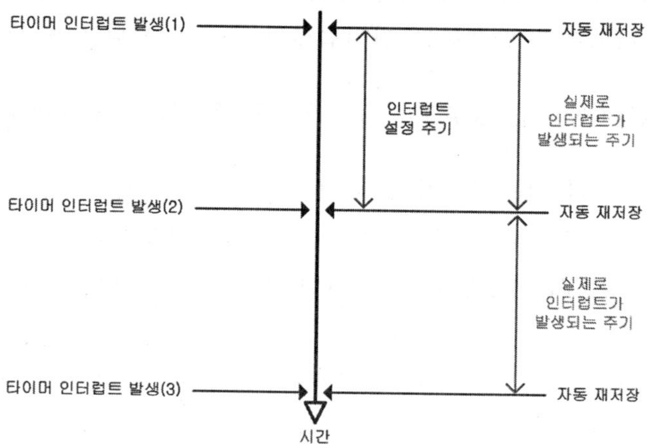

<그림 4.9.2> 자동 재저장 기능이 있는 타이머에서 주기적인 인터럽트

그러나, 이 경우에는 인터럽트가 발생되어 처리를 시작하기까지의 지연시간과 타이머를 초기화하는 소프트웨어의 처리시간이 인터럽트 설정 주기에 추가되므로 실제로 발생하는 인터럽트 주기가 이론적인 설정값에 비하여 더 길어지게 된다. 그런데, 이러한 오차가 일정하다면 인터럽트 설정 주기를 그만큼 줄이는 방법으로 보완할 수도 있겠지만, 인터럽트 지연시간은 상황에 조금씩 따라 달라지므로 이러한 보완 방법을 사용하는 것도 사실상 불가능하다.

이에 비하여 <그림 4.9.2>와 같이 Cortex-M3의 SysTick 타이머처럼 주기 레지스터를 이용한 자동 재저장(auto reload) 기능이 있는 타이머 인터럽트를 사용하면 원천적으로 이런 문제가 발생하지 않는다. 즉, 타이머의 카운터가 증가하다가 주기 레지스터와 같아지면 그 다음 클록에서 타이머 인터럽트가 발생하면서 하드웨어에 의하여 자동으로 카운터의 값이 0으로 초기화되므로 소프트웨어에 의한 카운터 초기화 처리 과정이 없어서 이후부터 정확히 인터럽트 설정 주기만큼의 시간이 경과하면 또다시 이 인터럽트를 발생하게 되므로 인터럽트 발생 주기에 오차가 포함되지 않는다.

2. SysTick 타이머를 이용한 인터럽트 프로그램

SysTick 타이머는 24비트의 타이머이며, 클록 소스로서 HCLK 또는 HCLK/8의 주파수를 선택하여 사용할 수 있다. 주기 레지스터로 사용되는 SysTick_LOAD 레지스터의 값은 인터럽트가 발생할 때마다 타이머의 현재값 레지스터 SysTick_VAL에 재저장되어 0까지 감소하는 동작을 수행한다.

OK-STM103 키트에서는 HCLK이 72MHz이므로 만약 HCLK/8을 클록 소스로 사용한다면 SysTick 타이머가 발생하는 인터럽트의 주파수는 다음과 같다.

$$f_{INT} = HCLK/8/(SysTick\_LOAD + 1) = 72MHz/8/(SysTick\_LOAD + 1)$$

이제 SysTick 타이머를 사용하여 주기적인 인터럽트를 발생하고, 인터럽트가 발생될 때마다 LED1을 점멸하는 프로그램을 C언어로 작성하면 다음과 같다. 인터럽트를 발생하는 주기는 KEY1~KEY4를 사용하여 변경할 수 있다.

<프로그램 Exp09_1.c> SysTick 타이머를 이용한 주기적인 인터럽트의 발생

```
/* ======================================================================== */
/*              Exp09_1_SysTick.c : SysTick 타이머 인터럽트                   */
/* ======================================================================== */
/*                                   Programmed by Duck-Yong Yoon in 2017.  */

#include "stm32f103xe.h"
#include "OK-STM103.h"

void SysTick_Handler(void);                   /* SysTick interrupt function */
void Display_key(U08 key);                    /* display key input */

/* ----- 인터럽트 처리 프로그램 --------------------------------------------- */

void SysTick_Handler(void)                    /* SysTick interrupt function */
{
  LED_toggle();                               // toggle LED
}

/* ----- 메인 프로그램 ------------------------------------------------------ */
```

```
int main(void)
{
  unsigned char key;

  Initialize_MCU();                           // initialize MCU and kit
  Delay_ms(50);                               // wait for system stabilization
  Initialize_LCD();                           // initialize text LCD module
  Initialize_TFT_LCD();                       // initialize TFT-LCD module

  LCD_string(0x80," OK-STM103 V1.0 ");        // display title
  LCD_string(0xC0,"   Exp09_1.c    ");
  Beep();

  TFT_string( 1, 4, White,Magenta, " SysTick 타이머 인터럽트 이용 LED 점멸 ");
  TFT_string(10,10, Green,  Black, " 50ms ON /  50ms OFF");
  TFT_string(7,16, White,Black, "KEY1 -  50ms 주기 인터럽트");
  TFT_string(7,19, White,Black, "KEY2 - 100ms 주기 인터럽트");
  TFT_string(7,22, White,Black, "KEY3 - 200ms 주기 인터럽트");
  TFT_string(7,25, White,Black, "KEY4 - 400ms 주기 인터럽트");

  SysTick->LOAD  = 449999;                    // 9MHz/(449999+1) = 20Hz
  SysTick->VAL   = 0;                         // clear SysTick Counter
  SysTick->CTRL  = 0x00000003;                // 72MHz/8 = 9MHz, enable SysTick and interrupt

  while(1)
    { key = Key_input();                      // key input
      switch(key)
        { case KEY1 : SysTick->LOAD  = 449999;  // 9MHz/(449999+1) = 20Hz
                      Display_key(KEY1);
                      TFT_string(10,10, Green,  Black, " 50ms ON /  50ms OFF");
                      break;
          case KEY2 : SysTick->LOAD  = 899999;  // 9MHz/(899999+1) = 10Hz
                      Display_key(KEY2);
                      TFT_string(10,10, Green,  Black, "100ms ON / 100ms OFF");
                      break;
          case KEY3 : SysTick->LOAD  = 1799999; // 9MHz/(1799999+1) = 5Hz
                      Display_key(KEY3);
                      TFT_string(10,10, Green,  Black, "200ms ON / 200ms OFF");
                      break;
          case KEY4 : SysTick->LOAD  = 3599999; // 9MHz/(3599999+1) = 2.5Hz
                      Display_key(KEY4);
                      TFT_string(10,10, Green,  Black, "400ms ON / 400ms OFF");
                      break;
        }
    }
}

/* ----- 사용자 정의 함수 ---------------------------------------------------- */

void Display_key(U08 key)                     /* display key input */
{
  TFT_string(7,16, White,Black, "KEY1");
  TFT_string(7,19, White,Black, "KEY2");
  TFT_string(7,22, White,Black, "KEY3");
  TFT_string(7,25, White,Black, "KEY4");

  if(key == KEY1)       TFT_string(7,16, Magenta,Black, "KEY1");
  else if(key == KEY2)  TFT_string(7,19, Magenta,Black, "KEY2");
  else if(key == KEY3)  TFT_string(7,22, Magenta,Black, "KEY3");
  else if(key == KEY4)  TFT_string(7,25, Magenta,Black, "KEY4");
}
```

☞ KEY1~KEY4에 따라 SysTick 타이머의 주기 레지스터에 해당하는 SysTick_LOAD 레지스터의 값을 변경함으로써 SysTick 타이머가 인터럽트를 발생하는 시간 주기를 변화시킨다.

3. SysTick 타이머를 이용한 스톱워치

이번에는 SysTick 타이머를 이용하여 전자 스톱워치(stop watch)를 구현해보기로 한다. 스톱워치의 시간을 1/100초까지 표시하기 위하여 SysTick 타이머로 100Hz의 인터럽트를 발생시켜야 한다.

이 프로그램에서 스톱워치의 스타트 버튼은 KEY1, 스톱 버튼은 KEY4, 리셋 버튼은 KEY3을 사용하기로 한다. SysTick 타이머를 이용하여 전자 스톱워치를 C언어로 구현한 프로그램은 다음과 같다.

〈프로그램 Exp09_2.c〉 SysTick 타이머를 이용한 스톱워치 프로그램

```
/* ============================================================================ */
/*      Exp09_2_stopwatch.c : SysTick 타이머를 이용한 전자 스톱워치              */
/* ============================================================================ */
/*                               Programmed by Duck-Yong Yoon in 2017.    */

#include "stm32f103xe.h"
#include "OK-STM103.h"
#include "OK-STM103_large.h"

void SysTick_Handler(void);                     /* SysTick interrupt function */
void Clear_time(void);                          /* clear time */
void Display_key(U08 key);                      /* display key input */

volatile unsigned int second, minute, hour;
volatile unsigned char run_flag;

/* ----- 인터럽트 처리 프로그램 ------------------------------------------- */

void SysTick_Handler(void)                      /* SysTick interrupt function */
{
  second++;                                     // increment 1/100 second
  if(second == 6000)                            // second = 60 ?
    { second = 0;                               // if yes, second = 0 and minute++
      minute++;
      if(minute == 60)                          // minute = 60 ?
        { minute = 0;                           // if yes, minute = 0 and hour++
          hour++;
          if(hour == 100)                       // hour = 100 ?
            hour = 0;                           // if yes, hour = 0
        }
    }

  TFT_color(Green,Black);                       // display time
  TFT_xy(5,10);
  TFT_unsigned_decimal_large(hour,1,2);
  TFT_xy(10,10);
  TFT_unsigned_decimal_large(minute,1,2);
  TFT_xy(15,10);
  TFT_unsigned_decimal_large(second / 100,1,2);
  TFT_xy(18,10);
  TFT_unsigned_decimal_large(second % 100,1,2);
}

/* ----- 메인 프로그램 ---------------------------------------------------- */

int main(void)
{
```

```
  unsigned char key;

  Initialize_MCU();                             // initialize MCU and kit
  Delay_ms(50);                                 // wait for system stabilization
  Initialize_LCD();                             // initialize text LCD module
  Initialize_TFT_LCD();                         // initialize TFT-LCD module

  LCD_string(0x80," OK-STM103 V1.0 ");          // display title
  LCD_string(0xC0,"    Exp09_2.c     ");
  Beep();

  TFT_string(0,4, White,Magenta, " SysTick 타이머를 이용한 전자 스톱워치 ");
  TFT_string_large(5,10, Magenta,Black, "00 : 00 : 00.00");
  TFT_string(10,18, White,Black, "KEY1 - 스타트(start)");
  TFT_string(10,20, White,Black, "KEY2 -");
  TFT_string(10,22, White,Black, "KEY3 - 리셋(reset)");
  TFT_string(10,24, White,Black, "KEY4 - 스톱(stop)");
  Clear_time();                                 /* clear time */

  SysTick->LOAD  = 89999;                       // 9MHz/(89999+1) = 100Hz
  SysTick->VAL   = 0;                           // clear SysTick Counter
  SysTick->CTRL  = 0x00000001;                  // 72MHz/8 = 9MHz, enable interrupt

  run_flag = 0;                                 // initial status

  while(1)
    { key = Key_input();                        // key input
      switch(key)
        { case KEY1 : if(run_flag == 1) break;  // if run_flag=1, ignore KEY1
                      run_flag =  1;
                      Display_key(KEY1);
                      SysTick->CTRL  = 0x00000003;// interrupt enable
                      break;
          case KEY3 : if(run_flag == 1) break;  // if run_flag=1, ignore KEY3
                      SysTick->CTRL  = 0x00000001;// interrupt disable
                      Clear_time();
                      Display_key(KEY3);
                      break;
          case KEY4 : if(run_flag == 0) break;  // if run_flag=0, ignore KEY4
                      run_flag = 0;
                      SysTick->CTRL  = 0x00000001;// interrupt disable
                      Display_key(KEY4);
                      break;
          default:    break;
        }
    }
}

/* ----- 사용자 정의 함수 ------------------------------------------------------- */

void Clear_time(void)                           /* clear time */
{
  second = 0;                                   // clear time
  minute = 0;
  hour = 0;

  TFT_string_large( 5,10, Green,Black, "00 : 00 : 00.00"); // clear display
  TFT_string_large( 8,10, Green,Black, ":");
  TFT_string_large(13,10, Green,Black, ":");
  TFT_string_large(17,10, Green,Black, ".");
}

void Display_key(U08 key)                       /* display key input */
{
  TFT_string(10,18, White,Black, "KEY1");
  TFT_string(10,22, White,Black, "KEY3");
  TFT_string(10,24, White,Black, "KEY4");

  if(key == KEY1)      TFT_string(10,18, Magenta,Black, "KEY1");
  else if(key == KEY3) TFT_string(10,22, Magenta,Black, "KEY3");
  else if(key == KEY4) TFT_string(10,24, Magenta,Black, "KEY4");
```

```
}
```

☞ 이 예제에서는 전체 프로그램의 구조를 파악하는 것이 중요하다. 메인 프로그램에서는 키입력을 검출하여 그에 따른 동작을 지시하는 것만을 수행하며, 스톱워치의 동작은 모두 인터럽트 서비스 루틴에서 처리된다. 이 때문에 스톱워치를 TFT-LCD에 표시하는 루틴은 약간 길지만 인터럽트 서비스 루틴내에서 처리하였다.

스톱워치에서 시간을 측정하는 중에는 KEY3의 리셋 기능이 동작하지 않음에 유의하라. 이는 KEY4에 의하여 스톱워치가 정지되었을 경우에만 동작한다. 물론 스톱워치가 정지된 상태에서 리셋하지 않고 KEY1을 누르면 스톱워치는 정지되었던 값에서부터 계속하여 다시 시간을 측정한다.

4. SysTick 타이머를 이용한 디지털 시계

마이크로컨트롤러에 내장된 타이머를 이용하여 디지털 시계를 구현하려면 기본적으로 정확한 1Hz 속도의 주기적인 인터럽트 발생이 필요하다. 즉, 1초에 한번씩 발생하는 인터럽트를 이용하여 초(秒)를 증가시키고, 이것이 60번 반복되면 분(分)을 증가시키며, 그 결과 60분에 도달하면 다시 시(時)를 증가시키고, 이때 만약 12시제를 사용하는 경우라면 오전(AM)/오후(PM)를 함께 처리하는 방식으로 프로그램을 작성하면 된다. 그러나, 다음의 예제에서는 그러한 기능을 사용하지 않지만 만약 디지털 시계에서 문자판 내의 콜론(:)을 점멸시키려면 이는 0.5초 간격으로 ON/OFF가 수행되어야 하므로 1Hz가 아니라 2Hz의 주기적인 타이머 인터럽트를 발생시켜 처리하는 것이 바람직하다.

이러한 디지털 시계를 실용성 있게 구현하려면, 첫째는 표시되는 시각을 언제라도 수정할 수 있어야 하며, 둘째는 전원을 껐다가 다시 켜더라도 항상 표시되는 값이 현재 시각과 맞아야 한다. 이중에서 후자의 기능을 위해서는 최소한 클록에 관련되는 회로들을 배터리로 백업해야 하는데 이러한 기능을 가지는 소자를 특별히 RTC(Real Time Clock)라고 한다. *OK-STM103* 키트에는 배터리 백업 기능을 포함하는 RTC 소자인 DS3234를 내장하여 아주 쉽게 정확한 시계를 구현할 수 있다. 이 소자를 사용하면 배터리 백업 기능 이외에도 캘린더나 알람 기능을 용이하게 처리할 수 있다. 오늘날 이러한 RTC의 기능들은 퍼스널컴퓨터나 많은 산업용 제어기에서도 사용하고 있다. RTC 소자를 사용한 디지털 시계 프로그램에 대하여는 제4.17절에서 별도로 취급하기로 한다.

SysTick 타이머를 이용하여 TFT-LCD에 C언어로 기본적인 시계를 구현한 프로그램은 다음과 같다.

<프로그램 Exp09_3.c> SysTick 타이머를 이용한 기본적인 디지털 시계 프로그램

```
/* ========================================================================== */
/*      Exp09_3_clock(1).c : SysTick 타이머를 이용한 디지털 시계(1)            */
/* ========================================================================== */
/*                                   Programmed by Duck-Yong Yoon in 2017.    */

#include "stm32f103xe.h"
#include "OK-STM103.h"

void SysTick_Handler(void);                      /* SysTick interrupt function */

volatile unsigned char ampm = 'A', hour = 12, minute = 0, second = 0;

/* ----- 인터럽트 처리 프로그램 ---------------------------------------------- */

void SysTick_Handler(void)                       /* SysTick interrupt function */
{
  second++;                                      // increment second
  if(second == 60)                               // if second = 60, second = 0
    { second = 0;
      minute++;                                  // increment minute
      if(minute == 60)                           // if minute = 60, minute = 0
        { minute = 0;
          hour++;                                // increment hour
          if(hour == 13)                         // if hour = 13, hour = 1
            hour = 1;
          if(hour == 12)                         // if hour = 12, adjust AM/PM
            { if(ampm == 'A') ampm = 'P';
              else            ampm = 'A';
            }
        }
    }

  if(ampm == 'A') TFT_string(13,14,White,Black,"오전"); // display AM/PM
  else            TFT_string(13,14,White,Black,"오후");

  TFT_color(Green,Black);
  TFT_xy(18,14);                                 // display hour
  TFT_unsigned_decimal(hour,1,2);
  TFT_xy(21,14);                                 // display minute
  TFT_unsigned_decimal(minute,1,2);
  TFT_xy(24,14);                                 // display second
  TFT_unsigned_decimal(second,1,2);

  if((minute == 0x00) && (second == 0x00))       // beep on every hour
    Beep();
}

/* ----- 메인 프로그램 ------------------------------------------------------- */

int main(void)
{
  Initialize_MCU();                              // initialize MCU and kit
  Delay_ms(50);                                  // wait for system stabilization
  Initialize_LCD();                              // initialize text LCD module
  Initialize_TFT_LCD();                          // initialize TFT-LCD module

  LCD_string(0x80," OK-STM103 V1.0 ");           // display title
  LCD_string(0xC0,"   Exp09_3.c    ");
  Beep();

  Rectangle(0,0, 319,239, Green);                // display clock title
  Rectangle(1,1, 318,238, Green);
  TFT_string( 1, 4,White,Magenta," SysTick 인터럽트에 의한  디지털 시계 ");
  TFT_string(13,14,White,   Black,"오전 12:00:00");

  SysTick->LOAD  = 8999999;                      // 9MHz/(8999999+1) = 1Hz
  SysTick->VAL   = 0;                            // clear SysTick Counter
  SysTick->CTRL  = 0x00000003;                   // 72MHz/8 = 9MHz, enable interrupt
```

```
  while(1);
}
```

☞ 앞에서 설명하였듯이 이와 같은 시계를 구현하려면 1Hz의 주기적인 인터럽트가 필요하다. 이 책의 *OK-STM103* 키트에서는 시스템 클록으로 72MHz를 사용하므로 STM32F103VET6의 SysTick 타이머에는 72MHz/8 = 9MHz의 클록을 인가하고 이를 9000000으로 분주하여 1Hz를 만들 수 있다.

여기서는 12시제를 사용하여 디지털 시계를 구현하였으므로 시간은 01:00:00부터 12:59:59까지 표현되며 오전/오후를 한글로 표시하였다. 시계 기능을 스타트하고 나면 메인 루틴은 특별히 할 일이 없으므로 무한 루프로 처리하였다.

이 프로그램을 컴파일하여 다운로드하고 실행하라. 이 프로그램에서 시각의 초기값은 항상 오전 12:00:00으로 설정되는데, 만약 이 시계를 현재의 시각으로 맞추려면 매번 프로그램을 실행할 때마다 소스 파일에서 시간 변수의 초기값 부분을 수정하고 다시 컴파일하여 실행해야 한다.

▣ 현재 시각을 수정하는 기능을 갖는 디지털 시계

앞의 Exp09_3.c에서 구현한 디지털 시계는 프로그램 내부에서 설정한 시간 변수의 초기값에 따라 시계가 동작하므로 현재 시각과 맞는 시계를 구현하려면 실행할 때마다 프로그램의 소스를 수정하여야 하는 불편함이 있다. 이 문제를 개선하려면 프로그램의 실행중에 화면에 표시되는 시간값을 수정할 수 있도록 해야만 한다. 이는 4개의 키입력 스위치 KEY1~KEY4로 쉽게 구현할 수 있다.

그러나, 이렇게 현재 시각에 맞도록 시계를 수정하더라도 이는 *OK-STM103* 키트의 전원을 끄면 모두 소실되므로, 이 프로그램은 매번 실행할 때마다 현재 시각을 다시 맞춰야만 한다. 전원을 껐다가 다시 켜더라도 언제나 현재 시각과 정확히 맞는 시계를 만들려면 배터리 백업형 RTC 소자를 사용해야 한다.

앞의 Exp09_3.c에서 구현한 디지털 시계에 현재 시각을 수정하는 기능을 추가한 프로그램은 다음과 같다.

<프로그램 Exp09_4.c> 현재 시각을 수정할 수 있는 디지털 시계 프로그램

```
/* ========================================================================== */
/*      Exp09_4_clock(2).c : SysTick 타이머를 이용한 디지털 시계(2)           */
/* ========================================================================== */
/*                                   Programmed by Duck-Yong Yoon in 2017.    */

#include "stm32f103xe.h"
#include "OK-STM103.h"
```

```
void SysTick_Handler(void);                       /* SysTick interrupt function */
void Display_time(void);                          /* display current time */
void Time_increment(void);                        /* increment time */
void Time_decrement(void);                        /* decrement time */
void Cursor_left(void);                           /* go cursor left */
void Cursor_right(void);                          /* go cursor right */

volatile unsigned char ampm = 'A', hour = 12, minute = 0, second = 0;

/* ----- 인터럽트 처리 프로그램 ---------------------------------------------- */

void SysTick_Handler(void)                        /* SysTick interrupt function */
{
  second++;                                       // increment second
  if(second == 60)                                // if second = 60, second = 0
    { second = 0;
      minute++;                                   // increment minute
      if(minute == 60)                            // if minute = 60, minute = 0
        { minute = 0;
          hour++;                                 // increment hour
          if(hour == 13)                          // if hour = 13, hour = 1
            hour = 1;
          if(hour == 12)                          // if hour = 12, adjust AM/PM
            { if(ampm == 'A') ampm = 'P';
              else            ampm = 'A';
            }
        }
    }

  if((minute == 0x00) && (second == 0x00))        // beep on every hour
    Beep();
}

/* ----- 메인 프로그램 ------------------------------------------------------- */

int main(void)
{
  unsigned char key;

  Initialize_MCU();                               // initialize MCU and kit
  Delay_ms(50);                                   // wait for system stabilization
  Initialize_LCD();                               // initialize text LCD module
  Initialize_TFT_LCD();                           // initialize TFT-LCD module

  LCD_string(0x80," OK-STM103 V1.0 ");            // display title
  LCD_string(0xC0,"   Exp09_4.c    ");
  Beep();

  Rectangle(0,0, 319,239, Green);                 // display clock title
  Rectangle(1,1, 318,238, Green);
  TFT_string( 1, 4,White,Magenta," SysTick 인터럽트에 의한  디지털 시계 ");
  TFT_string(13,14,White,   Black,"오전 12:00:00");

  TFT_string( 2,25,White,Blue,"KEY1");            // display icon
  TFT_string(12,25,White,Blue,"KEY2");
  TFT_string(24,25,White,Blue,"KEY3");
  TFT_string(34,25,White,Blue,"KEY4");
  TFT_string( 2,27,Red, Black,"좌측");
  TFT_string(12,27,Red, Black,"우측");
  TFT_string(24,27,Red, Black,"증가");
  TFT_string(34,27,Red, Black,"감소");
  Rectangle( 10,196,  53,234, Cyan);
  Rectangle( 90,196, 133,234, Cyan);
  Rectangle(186,196, 229,234, Cyan);
  Rectangle(266,196, 309,234, Cyan);

  TFT_cursor(Red);                                // display cursor
  Xcursor = 38;
  Ycursor = 14;
```

```
  SysTick->LOAD  = 8999999;                        // 9MHz/(8999999+1) = 1Hz
  SysTick->VAL   = 0;                              // clear SysTick Counter
  SysTick->CTRL  = 0x00000003;                     // 72MHz/8 = 9MHz, enable interrupt

  while(1)
    { key = Key_input();                           // key input
      switch(key)
        { case KEY1 : Cursor_left();               // if KEY1, go cursor left
                      break;
          case KEY2 : Cursor_right();              // if KEY2, go cursor right
                      break;
          case KEY3 : Time_increment();            // if KEY3, increment time
                      break;
          case KEY4 : Time_decrement();            // if KEY4, decrement time
                      break;
          default   : Display_time();              // display time
                      break;
        }
    }
}

/* ----- 사용자 정의 함수 ----------------------------------------------------- */

void Display_time(void)                            /* display current time */
{
  if(ampm == 'A') TFT_string(13,14,White,Black,"오전"); // display AM/PM
  else            TFT_string(13,14,White,Black,"오후");

  TFT_color(Green,Black);
  TFT_xy(18,14);                                   // display hour
  TFT_unsigned_decimal(hour,1,2);
  TFT_xy(21,14);                                   // display minute
  TFT_unsigned_decimal(minute,1,2);
  TFT_xy(24,14);                                   // display second
  TFT_unsigned_decimal(second,1,2);

  TFT_xy(38,14);                                   // display home
  TFT_English(' ');
}

void Cursor_left(void)                             /* go cursor left */
{
  if     ((Xcursor == 38) && (Ycursor == 14)) { Xcursor = 25; Ycursor = 14; }
  else if((Xcursor == 25) && (Ycursor == 14)) { Xcursor = 22; Ycursor = 14; }
  else if((Xcursor == 22) && (Ycursor == 14)) { Xcursor = 19; Ycursor = 14; }
  else if((Xcursor == 19) && (Ycursor == 14)) { Xcursor = 15; Ycursor = 14; }
  else if((Xcursor == 15) && (Ycursor == 14)) { Xcursor = 38; Ycursor = 14; }
}

void Cursor_right(void)                            /* go cursor right */
{
  if     ((Xcursor == 38) && (Ycursor == 14)) { Xcursor = 15; Ycursor = 14; }
  else if((Xcursor == 15) && (Ycursor == 14)) { Xcursor = 19; Ycursor = 14; }
  else if((Xcursor == 19) && (Ycursor == 14)) { Xcursor = 22; Ycursor = 14; }
  else if((Xcursor == 22) && (Ycursor == 14)) { Xcursor = 25; Ycursor = 14; }
  else if((Xcursor == 25) && (Ycursor == 14)) { Xcursor = 38; Ycursor = 14; }
}

void Time_increment(void)                          /* increment time */
{
  if((Xcursor == 15) && (Ycursor == 14))           // in case of AM/PM
    { if(ampm == 'A') ampm = 'P';
      else            ampm = 'A';
    }
  else if((Xcursor == 19) && (Ycursor == 14))      // in case of hour
    { if(hour == 12) hour = 1;
      else           hour++;
    }
  else if((Xcursor == 22) && (Ycursor == 14))      // in case of minute
    { if(minute == 59) minute = 0;
      else             minute++;
```

```
    }
  else if((Xcursor == 25) && (Ycursor == 14))    // in case of second
    { if(second == 59) second = 0;
      else             second++;
    }
}

void Time_decrement(void)                        /* decrement time */
{
  if((Xcursor == 15) && (Ycursor == 14))         // in case of AM/PM
    { if(ampm == 'A') ampm = 'P';
      else            ampm = 'A';
    }
  else if((Xcursor == 19) && (Ycursor == 14))    // in case of hour
    { if(hour == 1) hour = 12;
      else          hour--;
    }
  else if((Xcursor == 22) && (Ycursor == 14))    // in case of minute
    { if(minute == 0) minute = 59;
      else            minute--;
    }
  else if((Xcursor == 25) && (Ycursor == 14))    // in case of second
    { if(second == 0) second = 59;
      else            second--;
    }
}
```

☞ 이 프로그램에서는 1초에 한번씩 SysTick 타이머의 인터럽트가 발생하여 시간값을 변화시키고 있으며, 메인 프로그램에서는 항상 화면에 현재 시각을 표시하거나 키입력을 검출하여 현재 시각을 수정하는 일을 수행하고 있다.

현재 시각 중에서 오전/오후, 시, 분, 초를 눈으로 보면서 수정할 수 있으려면 TFT-LCD 화면에서 커서가 보이도록 설정해야 한다. 이 프로그램에서 각 키의 기능은 화면 하단에 표시되는대로 KEY1은 커서 좌측 이동, KEY2는 커서 우측 이동, KEY3은 시간값 증가, KEY4는 시간값 감소의 기능을 수행한다.

▣ 터치 스크린을 사용할 수 있도록 기능을 추가한 디지털 시계

앞에서 제공한 Exp09_4.c의 디지털 시계 프로그램에서 현재 시각을 수정하기 위하여 KEY1～KEY4는 물론이고 TFT-LCD 화면의 하단에 만들어 놓은 아이콘을 터치 스크린으로 입력하는 기능을 추가하여 다시 작성하면 다음과 같다.

<프로그램 Exp09_5.c> 터치 스크린 기능을 추가한 디지털 시계 프로그램

```
/* ============================================================================ */
/*      Exp09_5_clock(3).c : SysTick 타이머를 이용한 디지털 시계(3)              */
/* ============================================================================ */
/*                                      Programmed by Duck-Yong Yoon in 2017.   */

#include "stm32f103xe.h"
#include "OK-STM103.h"

void SysTick_Handler(void);                     /* SysTick interrupt function */
void Display_time(void);                        /* display current time */
void Time_increment(void);                      /* increment time */
void Time_decrement(void);                      /* decrement time */
void Cursor_left(void);                         /* go cursor left */
```

```
void Cursor_right(void);                          /* go cursor right */
unsigned char Icon_input(void);                   /* input touch screen icon */

volatile unsigned char ampm = 'A', hour = 12, minute = 0, second = 0;

/* ----- 인터럽트 처리 프로그램 ----------------------------------------------- */

void SysTick_Handler(void)                        /* SysTick interrupt function */
{
  second++;                                       // increment second
  if(second == 60)                                // if second = 60, second = 0
    { second = 0;
      minute++;                                   // increment minute
      if(minute == 60)                            // if minute = 60, minute = 0
        { minute = 0;
          hour++;                                 // increment hour
          if(hour == 13)                          // if hour = 13, hour = 1
            hour = 1;
          if(hour == 12)                          // if hour = 12, adjust AM/PM
            { if(ampm == 'A') ampm = 'P';
              else            ampm = 'A';
            }
        }
    }

  if((minute == 0x00) && (second == 0x00))        // beep on every hour
    Beep();
}

/* ----- 메인 프로그램 ------------------------------------------------------- */

int main(void)
{
  unsigned char key;

  Initialize_MCU();                               // initialize MCU and kit
  Delay_ms(50);                                   // wait for system stabilization
  Initialize_LCD();                               // initialize text LCD module
  Initialize_TFT_LCD();                           // initialize TFT-LCD module
  Initialize_touch_screen();                      // initialize touch screen

  LCD_string(0x80," OK-STM103 V1.0 ");            // display title
  LCD_string(0xC0,"    Exp09_5.c    ");
  Beep();

  Rectangle(0,0, 319,239, Green);                 // display clock title
  Rectangle(1,1, 318,238, Green);
  TFT_string( 1, 4,White,Magenta," SysTick 인터럽트에 의한  디지털 시계 ");
  TFT_string(13,14,White,   Black,"오전 12:00:00");

  TFT_string( 2,25,White,Blue,"KEY1");            // display icon
  TFT_string(12,25,White,Blue,"KEY2");
  TFT_string(24,25,White,Blue,"KEY3");
  TFT_string(34,25,White,Blue,"KEY4");
  TFT_string( 2,27,Red, Black,"좌측");
  TFT_string(12,27,Red, Black,"우측");
  TFT_string(24,27,Red, Black,"증가");
  TFT_string(34,27,Red, Black,"감소");
  Rectangle( 10,196,  53,234, Cyan);
  Rectangle( 90,196, 133,234, Cyan);
  Rectangle(186,196, 229,234, Cyan);
  Rectangle(266,196, 309,234, Cyan);

  TFT_cursor(Red);                                // display cursor
  Xcursor = 38;
  Ycursor = 14;

  SysTick->LOAD  = 8999999;                       // 9MHz/(8999999+1) = 1Hz
  SysTick->VAL   = 0;                             // clear SysTick Counter
  SysTick->CTRL  = 0x00000003;                    // 72MHz/8 = 9MHz, enable interrupt
```

```
  while(1)
    { key = Key_input();                          // key input
      if(key == no_key)                           // if no key input, read touch screen icon
        key = Icon_input();

      switch(key)
        { case KEY1 : Cursor_left();              // if KEY1, go cursor left
                      break;
          case KEY2 : Cursor_right();             // if KEY2, go cursor right
                      break;
          case KEY3 : Time_increment();           // if KEY3, increment time
                      break;
          case KEY4 : Time_decrement();           // if KEY4, decrement time
                      break;
          default   : Display_time();             // display time
                      break;
        }
    }
}

/* ----- 사용자 정의 함수 ----------------------------------------------------- */

void Display_time(void)                           /* display current time */
{
  if(ampm == 'A') TFT_string(13,14,White,Black,"오전"); // display AM/PM
  else            TFT_string(13,14,White,Black,"오후");

  TFT_color(Green,Black);
  TFT_xy(18,14);                                  // display hour
  TFT_unsigned_decimal(hour,1,2);
  TFT_xy(21,14);                                  // display minute
  TFT_unsigned_decimal(minute,1,2);
  TFT_xy(24,14);                                  // display second
  TFT_unsigned_decimal(second,1,2);

  TFT_xy(38,14);                                  // display home
  TFT_English(' ');
}

void Cursor_left(void)                            /* go cursor left */
{
  if     ((Xcursor == 38) && (Ycursor == 14)) { Xcursor = 25; Ycursor = 14; }
  else if((Xcursor == 25) && (Ycursor == 14)) { Xcursor = 22; Ycursor = 14; }
  else if((Xcursor == 22) && (Ycursor == 14)) { Xcursor = 19; Ycursor = 14; }
  else if((Xcursor == 19) && (Ycursor == 14)) { Xcursor = 15; Ycursor = 14; }
  else if((Xcursor == 15) && (Ycursor == 14)) { Xcursor = 38; Ycursor = 14; }
}

void Cursor_right(void)                           /* go cursor right */
{
  if     ((Xcursor == 38) && (Ycursor == 14)) { Xcursor = 15; Ycursor = 14; }
  else if((Xcursor == 15) && (Ycursor == 14)) { Xcursor = 19; Ycursor = 14; }
  else if((Xcursor == 19) && (Ycursor == 14)) { Xcursor = 22; Ycursor = 14; }
  else if((Xcursor == 22) && (Ycursor == 14)) { Xcursor = 25; Ycursor = 14; }
  else if((Xcursor == 25) && (Ycursor == 14)) { Xcursor = 38; Ycursor = 14; }
}

void Time_increment(void)                         /* increment time */
{
  if((Xcursor == 15) && (Ycursor == 14))          // in case of AM/PM
    { if(ampm == 'A') ampm = 'P';
      else            ampm = 'A';
    }
  else if((Xcursor == 19) && (Ycursor == 14))     // in case of hour
    { if(hour == 12) hour = 1;
      else           hour++;
    }
  else if((Xcursor == 22) && (Ycursor == 14))     // in case of minute
    { if(minute == 59) minute = 0;
      else             minute++;
    }
```

```
  else if((Xcursor == 25) && (Ycursor == 14))   // in case of second
    { if(second == 59) second = 0;
      else             second++;
    }
}

void Time_decrement(void)                       /* decrement time */
{
  if((Xcursor == 15) && (Ycursor == 14))        // in case of AM/PM
    { if(ampm == 'A') ampm = 'P';
      else            ampm = 'A';
    }
  else if((Xcursor == 19) && (Ycursor == 14))   // in case of hour
    { if(hour == 1) hour = 12;
      else          hour--;
    }
  else if((Xcursor == 22) && (Ycursor == 14))   // in case of minute
    { if(minute == 0) minute = 59;
      else            minute--;
    }
  else if((Xcursor == 25) && (Ycursor == 14))   // in case of second
    { if(second == 0) second = 59;
      else            second--;
    }
}

unsigned char icon_flag = 0;

unsigned char Icon_input(void)                  /* input touch screen icon */
{
  unsigned char icon;

  Touch_screen_input();                         // input touch screen

  if((icon_flag == 0) && (x_touch >= 10) && (x_touch <= 53) && (y_touch >= 196) && (y_touch <= 234))
    { icon = KEY1;
      icon_flag = 1;
      Rectangle( 10,196,  53,234, Magenta);
      Beep();
    }
  else if((icon_flag == 0) && (x_touch >= 90) && (x_touch <= 133) && (y_touch >= 196) && (y_touch <= 234))
    { icon = KEY2;
      icon_flag = 1;
      Rectangle( 90,196, 133,234, Magenta);
      Beep();
    }
  else if((icon_flag == 0) && (x_touch >= 186) && (x_touch <= 229) && (y_touch >= 196) && (y_touch <= 234))
    { icon = KEY3;
      icon_flag = 1;
      Rectangle(186,196, 229,234, Magenta);
      Beep();
    }
  else if((icon_flag == 0) && (x_touch >= 266) && (x_touch <= 309) && (y_touch >= 196) && (y_touch <= 234))
    { icon = KEY4;
      icon_flag = 1;
      Rectangle(266,196, 309,234, Magenta);
      Beep();
    }
  else if((icon_flag == 1) && (x_touch == 0) && (y_touch == 0))
    { icon = no_key;
      icon_flag = 0;
      Rectangle( 10,196,  53,234, Cyan);
      Rectangle( 90,196, 133,234, Cyan);
      Rectangle(186,196, 229,234, Cyan);
      Rectangle(266,196, 309,234, Cyan);
      Delay_ms(50);
    }
  else
    icon = no_key;

  return icon;
```

```
}
```

5. 실습 과제

(1) STM32F103VET6의 SysTick 타이머를 이용하여 구현한 시계와 DS3234 RTC 소자를 이용하여 만든 시계의 근본적인 차이점은 무엇인지 설명하라.

(2) 예제 프로그램 Exp09_4.c에서 시계 부분 "오전 12:00:00"의 콜론(:)을 1초에 한번씩 점멸하는 기능을 추가한 프로그램 Exp09_4R.c를 작성하라.

(3) 예제 프로그램 Exp09_5.c에서 시계 부분 "오전 12:00:00"을 12×24 픽셀의 영문 ASCII 및 24×24 픽셀의 한글 큰 글씨로 표시하고, 여기에 시간값의 콜론(:)을 1초에 한번씩 점멸하는 기능을 추가한 프로그램 Exp09_5R.c를 작성하라.

4.10 TV 리모컨 응용 프로그램

이 절에서는 TV 리모컨의 원리를 이해하고 *OK-STM103* 키트에서 TV 리모컨의 신호를 수신하여 원격제어에 응용할 수 있는 프로그램 작성 기술을 공부한다.

관련 내용	(1) 제1.3절 STM32F103VET6의 기본 시스템 제어기 (2) 제2.7절 기본 타이머(TIM6/7) (3) 제3.1절 *OK-STM103* 키트의 구조와 기능

1. TV 리모컨의 구조와 기능

리모컨(Remote Controller)은 빛이나 전파를 사용하여 원거리의 장치에 신호를 보내는 방법으로 먼 거리의 기계를 제어할 수 있는 원격제어장치이다. TV나 에어컨과 같은 가전제품에서 널리 사용하는 적외선(Ir ; Infrared) LED 리모컨은 적외선 LED를 사용하여 변조된 신호를 빛으로 보내고 포토 트랜지스터로 이를 수신하는 원리로 동작하며, 이는 기본적으로 신호 전송에 LED 불빛을 사용하기 때문에 저가격에 구현 가능하지만 직사광선이 있는 옥외에서는 사용하기 어렵고 주로 실내에서 사용한다.

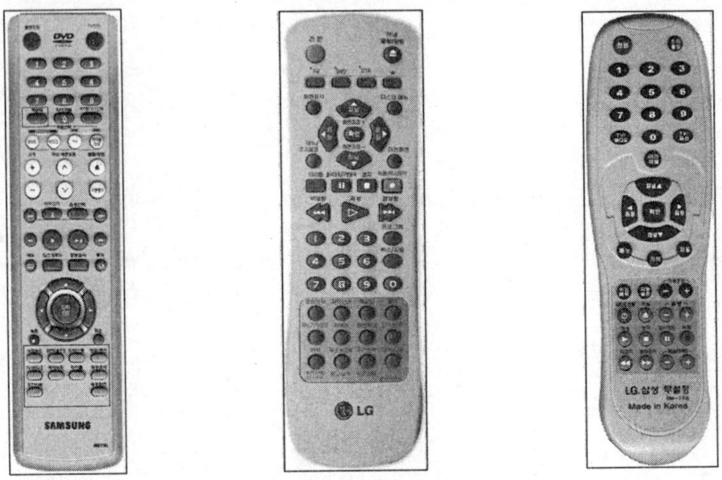

(a) 삼성전자 (b) LG전자 (c) 삼성/LG 겸용

〈그림 4.10.1〉 가정용 TV의 리모컨

이에 비하여 자동차의 원격시동이나 무선조종 자동차, 비행기 등에 널리 사용하는 RF(Radio Frequency) 무선 리모컨은 전자파로 변조된 신호를 전송하므로 옥외에서 사용하는데 적합하고 비교적 먼 거리의 장치까지 사용할 수 있다.

<그림 4.10.1>에는 삼성전자와 LG전자의 TV용 리모컨 모델을 보였으며, 이 2개 회사의 TV 모델에 겸용으로 사용할 수 있는 만능 리모컨도 함께 보였다.

(1) TV 리모컨의 데이터 전송 포맷

TV에서 사용하는 적외선 LED 방식의 리모컨은 전등과 같은 외란광의 영향을 받지 않도록 하기 위하여 데이터 신호를 약 30kHz～40kHz(보통 38kHz) 정도의 주파수로 변조시켜 송수신한다.

데이터 전송 포맷에는 여러 가지 방식이 있으나 NEC에서 만든 NEC 포맷을 가장 널리 사용하고 있으며, 우리나라의 LG전자 TV에서도 현재 이 방식을 사용하고 있다. 그러나, NEC 포맷은 1개의 데이터를 전송하는 시간이 좀 길어서 오늘날은 이를 약간 변형하여 만든 도시바(Toshiba) 방식도 많이 사용하고 있는데, 우리나라의 삼성전자 TV에서는 현재 이 방식을 사용하고 있다.

TV 리모컨 신호는 기본적으로 <그림 4.10.2>에 보인 것과 같이 리더 코드(Leader Code), 2바이트의 커스텀 코드(Custom Code), 2바이트의 데이터 코드(Data Code)의 구조로 되어 있다. 리더 코드는 이제부터 1개의 리모컨 키에 대응하는 정보가 전송되기 시작한다는 것을 의미하며, 커스텀 코드(또는 시스템 코드)는 TV나 VTR의 제조사를 구분하는 고유 코드이고, 데이터 코드는 리모컨의 각 키에 따라 달라지는 값이다. 초창기의 리모컨에서는 전송 데이터의 에러를 검출하려는 용도로 커스텀 코드와 데이터 코드에 각각 정상값과 반전값을 2바이트씩 연속으로 전송하였으나, 점차로 가전제품의 제조사나 모델 수가 많아져서 8비트 값으로는 이것들을 구분하는 커스텀 코드를 모두 수용할 수 없게 되었으므로 현재는 커스텀 코드를 정상값과 반전값으로 구분하지 않고 연속된 16비트 값으로 사용하고 있다.

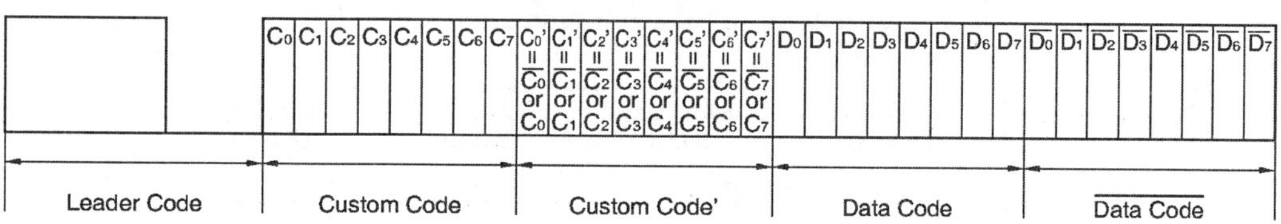

<그림 4.10.2> TV의 리모컨의 기본적인 데이터 포맷

이와 같이 TV나 VTR용 리모컨의 데이터 전송 포맷은 다소 복잡한 구조로 되어 있기 때문에 이를 하드웨어로 구현하는데는 송신부와 수신부에 각각 전용의 IC를 사용하여 왔다. 그러나, 요즈음은 좀더 다양한 부가 기능을 쉽게 구현할 수 있도록 하기 위하여 전용 IC를 사용하지 않고 마이크로컨트롤러를 사용하는 경우도 많다.

리모컨의 송신용 IC에는 리모컨의 각 키가 눌려진 것을 검출하여 이에 대응하는 디지털 데이터를 인코딩하며, 이 데이터를 송신용 주파수 신호로 변조하고 적외선 LED를 구동하기까지의 모든 기능이 1개의 소자에 내장되어 있다. NEC 포맷 송신용 IC로는 NEC사의 μPD6121/6122 소자를 많이 사용하여 왔기 때문에 여기서 사용하는 데이터 포맷을 μPD6121형 포맷이라고도 부르는데, 이는 LG전자의 TV 및 VTR용 리모컨에서 사용하고 있다. 그러나, 현재 이 μPD6121/6122 소자들은 모두 단종되었다. 수정된 NEC 포맷 송신용 IC로는 도시바사의 TC9012/9243 소자를 많이 사용하였기 때문에 여기서 사용하는 데이터 포맷을 TC9012형 포맷이라고도 부르는데, 이는 삼성전자의 TV 및 VTR용 리모컨에서 사용하고 있다. 현재는 TC9012/9243 소자들도 모두 단종되어 사용되지 않는다.

▣ NEC 포맷(μPD6121형 포맷)

NEC 포맷의 TV 리모컨 신호는 <그림 4.10.3>에 보인 것과 같은 구조로 되어 있다. 그러나, 실제로는 이를 38kHz로 변조시켜 송신하며, 수신측에서는 모든 신호가 반전되어 수신되므로 수신 파형은 이를 논리적으로 반전시켜 생각해야 한다.

NEC 포맷은 리더 코드 + 커스텀 코드1 + 커스텀 코드2 + 데이터 코드1 + 데이터 코드2 + 스톱 비트 + 40ms frame space로 구성되는데 초창기에는 커스텀 코드2가 커스텀 코드1의 반전값이었으나 현재는 커스텀 코드1과 커스텀 코드2를 합쳐서 16비트의 커스텀 코드로 사용한다. 그러나, 데이터 코드2는 데이터 코드1의 반전값을 전송하여 전송 에러 검출용으로 사용한다.

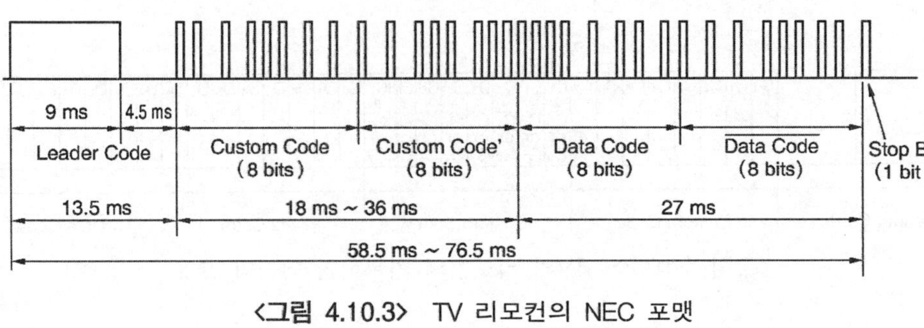

〈그림 4.10.3〉 TV 리모컨의 NEC 포맷

NEC 포맷에서 리더 코드는 <그림 4.10.4>에 자세히 보인 것처럼 9ms의 high 구간과 4.5ms의 low 구간을 합하여 13.5ms로 이루어진다. 여기서 리모컨의 기본 시간단위인 0.5625ms를 T라고 하면 high 구간은 16T에 해당하고 low 구간은 8T에 해당하며 전체 리더 코드는 24T에 해당한다.

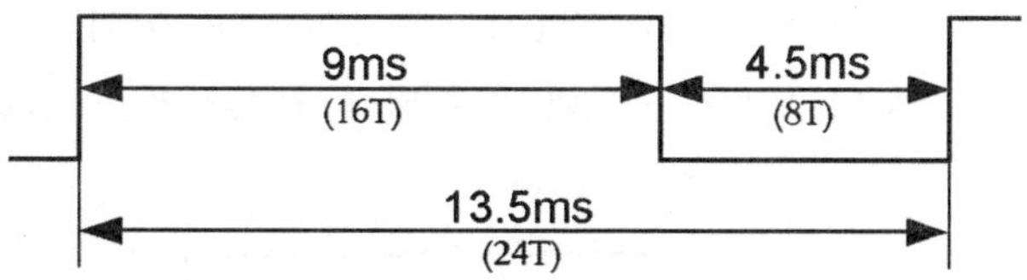

<그림 4.10.4> NEC 포맷에서 리더 코드의 신호

NEC 포맷에서 커스텀 코드와 데이터 코드는 모두 32비트(4바이트)의 디지털 데이터로 구성되는데, 여기서 사용하는 각 비트 0과 1의 신호를 <그림 4.10.5>에 자세히 보였다. 즉, 0의 신호는 0.5625ms(T)의 high 구간과 0.5625ms(T)의 low 구간을 합하여 1.125ms(2T)로 되어 있고, 1은 0.5625ms(T)의 high 구간과 1.6875ms(3T)의 low 구간을 합하여 2.25ms(4T)로 이루어진다. 이처럼 0과 1을 전송하는데 필요한 시간이 다르기 때문에 정상값과 반전값을 전송하는 데이터 코드는 8개의 0과 8개의 1로 구성되어 총 1.125×8 + 2.25×8 = 27ms의 시간을 필요로 한다. 그러나, 16비트로 된 커스텀 코드를 전송하는데 소요되는 시간은 일정하지 않아 최소값이 1.125×16 = 18ms이고, 최대값이 2.25×16 = 36ms로 된다.

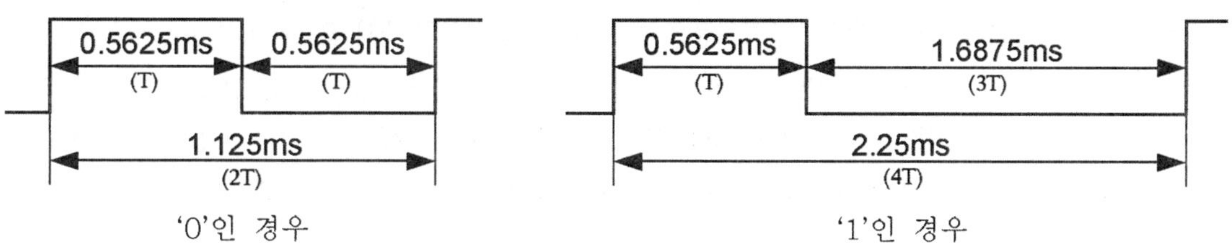

<그림 4.10.5> NEC 포맷에서 1비트 0과 1의 신호

결국 NEC 포맷의 TV 리모컨에서는 리더 코드, 커스텀 코드, 데이터 코드를 모두 전송하는데 58.5~76.5ms가 필요하며, 스톱 비트와 40ms frame space에 해당하는 부수적인 시간까지를 고려하면 100ms 이상의 많은 시간이 소요된다. NEC 포맷은 현재 LG전자의 TV나 VTR 제품의 리모컨에서 사용하고 있다.

■ 도시바의 수정된 NEC 포맷(TC9012형 포맷)

도시바에 의하여 수정된 NEC 포맷에서는 나중에 개선된 NEC 포맷처럼 16비트의 커스텀 코드를 사용하고 모두 NEC 포맷과 같은 구조로 되어 있으나, 전체 전송 시간을 줄이기 위하여 리더 코드를 13.5ms에서 9ms로 좀더 짧게 하였다. 즉, 수정된 NEC 포맷에서는 <그림 4.10.6>에 보인 것처럼 리더 코드가 4.5ms(8T)의 high 구간과 4.5ms(8T)의 low 구간을 합하여 9ms(16T)로 이루어진다. 이와 같이 수정된 NEC 포맷은 현재 삼성전자의 TV나 VTR 제품의 리모컨에서 사용하고 있다.

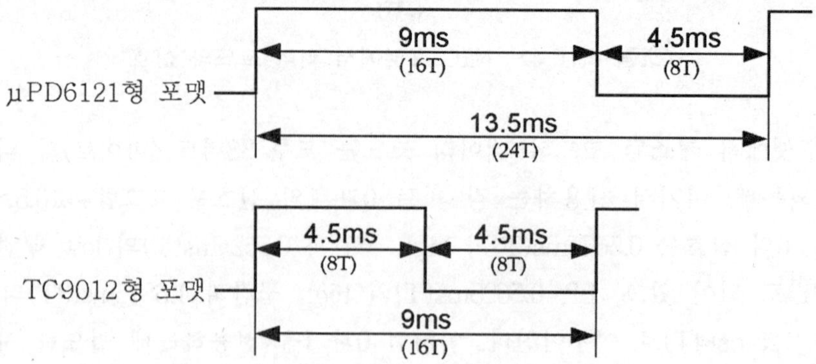

<그림 4.10.6> NEC 포맷(상)과 수정된 NEC 포맷(하)에서 리더 코드 신호의 비교

NEC 포맷이나 수정된 NEC 포맷에서는 옵션으로 반복 코드(repeat code) 신호를 사용하기도 한다. 즉, 리모컨에서 동일한 키를 연속하여 누르고 있으면 처음에는 그 키에 해당하는 키 코드가 전송되지만 그 이후부터는 주기적인 시간 간격으로 반복 코드를 전송한다. NEC 포맷에서 반복 코드는 9ms의 high 구간과 2.25ms의 low 구간을 합하여 11.25ms로 이루어지며, 수정된 NEC 포맷에서는 4.5ms와 2.25ms를 합하여 6.75ms로 된다. 그러나 리모컨에 따라서는 동일한 키를 계속 누르고 있더라도 이러한 반복 코드를 사용하지 않고 해당 키 코드를 반복하여 전송하기도 한다.

(2) TV 리모컨 신호의 수신

리모컨의 신호를 수신할 때는 대역통과 필터(BPF ; band-pass filter)를 사용하여 변조 주파수만을 검출한 후에 여기서 디지털 데이터 신호를 추출하여 원래 송신하였던 지정된 포맷의 직렬 데이터로 출력하는 기능을 수행한다. 이러한 기능을 수행하는 하드웨어는 매우 민감한 아날로그 회로를 포함하고 있으므로 리모컨 수신 전용의 IC를 사용하는데, 현재 널리 사용되는 TV 리모컨 수신 전용의 소자로는 Kodenshi사의

KSM-603LM이나 AUK사의 SRM-354VF 등이 있다. *OK-STM103* 키트에서는 이중에서 KSM-603LM을 사용하는데 이 소자의 외형은 <그림 4.10.7>에 보였다.

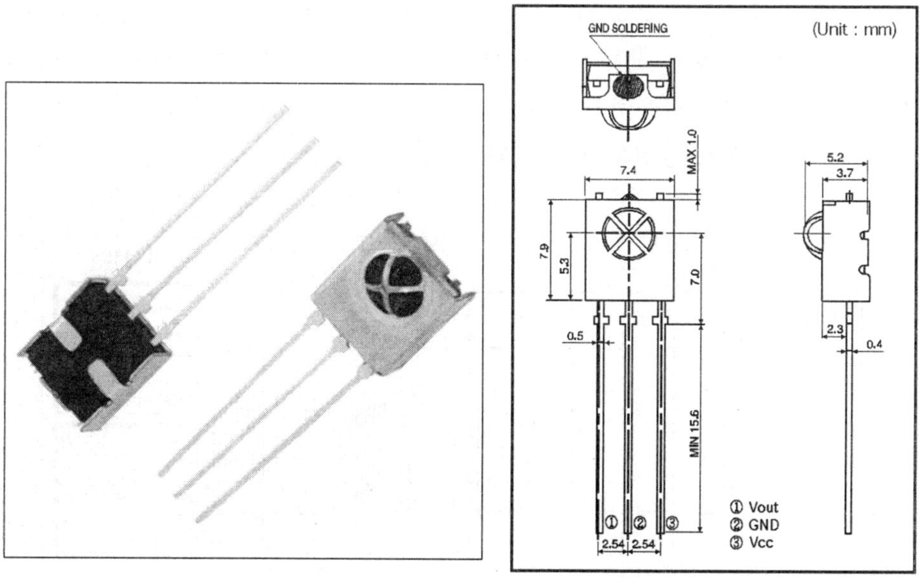

<그림 4.10.7> TV 리모컨 수신 모듈 KSM-603LM의 외형

TV 리모컨에서는 앞에서 설명한 포맷의 데이터를 38kHz로 변조시켜 출력하므로 송신하려는 데이터와 실제로 송신되는 신호 그리고 수신된 신호를 비교하여 설명하면 <그림 4.10.8>과 같다. 여기서 파형 ①은 리모컨이 송신하려는 데이터 포맷을 나타내고, 파형 ②는 리모컨 송신부에 의하여 38kHz의 반송파 주파수(carrier frequency)로 변조된 신호이며, 파형 ③은 리모컨 수신용 소자 KSM-603LM에서 수신되어 출력되는 신호를 나타낸다. 파형 ①과 ③은 서로 상태가 반전되어 있음을 알 수 있다.

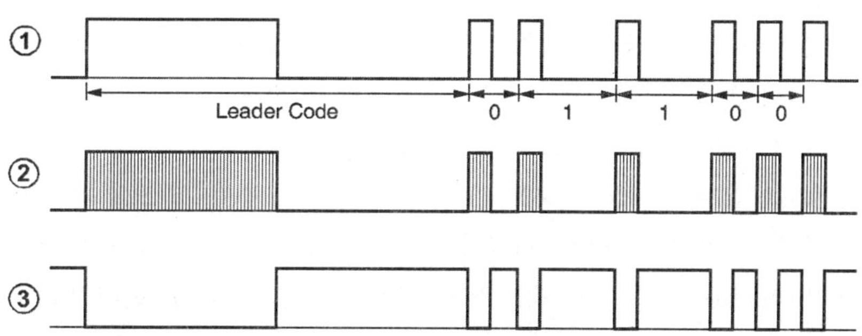

<그림 4.10.8> TV 리모컨에서 ①송신 데이터, ②변조된 신호, ③수신 데이터의 관계

TV 리모컨 신호의 변조에 사용되는 반송파는 38kHz(±5%, 듀티비 33%)를 사용하는 것이 표준이며, KSM-603LM의 내부에는 37.9kHz의 대역통과 필터를 내장하고 있어서 잡음을 제거하고 리모컨 신호만을 수신한다.

실제로 삼성전자 TV의 리모컨 신호를 KSM-603LM 소자로 수신하여 출력한 신호를 오실로스코프로 관측한 예를 <그림 4.10.9>에 보였다. 이 파형에서 삼성전자 제품은 수정된 NEC 포맷을 사용하기 때문에 리더 코드가 9ms로 되어 있으며, 모든 데이터 신호들이 논리적으로 반전되어 수신되는 것을 확인할 수 있다.

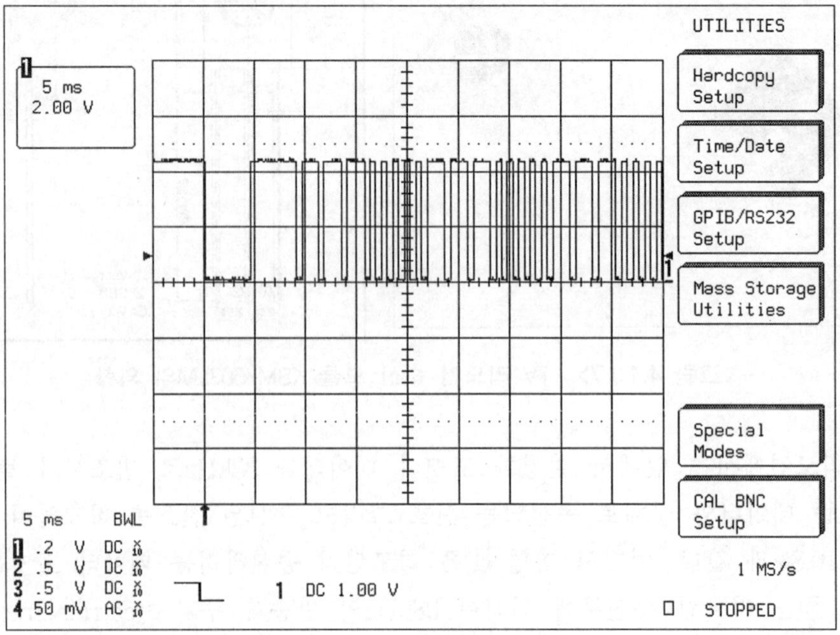

<그림 4.10.9> 삼성 TV 리모컨의 실제 수신 신호

(3) TV 리모컨 코드표

현재 삼성전자에서 사용하고 있는 TV/VTR 겸용 리모컨의 코드표를 <표 4.10.1>에 보였다. 여기서 보듯이 삼성전자 TV 리모컨의 16비트 커스텀 코드는 0x0707이며, 삼성전자 VTR 리모컨의 커스텀 코드는 0x0505이다.

또한, 현재 LG전자에서 사용하고 있는 TV/VTR 겸용 리모컨의 코드표를 <표 4.10.2>에 보였다. 여기서 보듯이 LG전자 TV 리모컨의 8비트 커스텀 코드는 0x04(반전값은 0xFB)이며, LG전자 VTR 리모컨의 커스텀 코드는 0x6E(반전값은 0x91)이다.

<표 4.10.1> 삼성전자 TV/VTR 겸용 수정된 NEC 포맷(TC9012형) 리모컨의 코드표

버튼	커스텀 코드1	커스텀 코드2	데이터 코드1	데이터 코드2
전원	0x07	0x07	0x02	0xFD
TV/비디오	0x07	0x07	0x01	0xFE
TV/유선	0x07	0x07	0x27	0xD8
0	0x07	0x07	0x11	0xEE
1	0x07	0x07	0x04	0xFB
2	0x07	0x07	0x05	0xFA
3	0x07	0x07	0x06	0xF9
4	0x07	0x07	0x08	0xF7
5	0x07	0x07	0x09	0xF6
6	0x07	0x07	0x0A	0xF5
7	0x07	0x07	0x0C	0xF3
8	0x07	0x07	0x0D	0xF2
9	0x07	0x07	0x0E	0xF1
메뉴	0x07	0x07	0x1A	0xE5
채널+	0x07	0x07	0x12	0xED
채널-	0x07	0x07	0x10	0xEF
음량+	0x07	0x07	0x07	0xF8
음량-	0x07	0x07	0x0B	0xF4
조정+	0x07	0x07	0x1D	0xE2
조정-	0x07	0x07	0x1C	0xE3
조용히	0x07	0x07	0x0F	0xF0
자동채널	0x07	0x07	0x3A	0xC5
앞채널	0x07	0x07	0x13	0xEC
기억	0x07	0x07	0x19	0xE6
지움	0x07	0x07	0x18	0xE7
화면크기	0x07	0x07	0x3E	0xC1
취침예약	0x07	0x07	0x03	0xFC
비디오 전원	0x05	0x05	0x02	0xFD
비디오/TV	0x05	0x05	0x01	0xFE
재생	0x05	0x05	0x19	0xE6
정지	0x05	0x05	0x15	0xEA
되감기	0x05	0x05	0x18	0xE7
빨리감기	0x05	0x05	0x1A	0xE5
일시정지	0x05	0x05	0x16	0xE9
음량+	0x05	0x05	0x07	0xF8
음량-	0x05	0x05	0x0B	0xF4
채널/트래킹+	0x05	0x05	0x12	0xED
채널/트래킹-	0x05	0x05	0x10	0xEF

〈표 4.10.2〉 LG전자 TV/VTR 겸용 NEC 포맷(μPD6121형) 리모컨의 코드표

버튼	커스텀 코드1	커스텀 코드2	데이터 코드1	데이터 코드2
전원	0x04	0xFB	0x08	0xF7
TV/비디오	0x04	0xFB	0x0B	0xF4
TV/유선	0x04	0xFB	0x0F	0xF0
0	0x04	0xFB	0x10	0xEF
1	0x04	0xFB	0x11	0xEE
2	0x04	0xFB	0x12	0xED
3	0x04	0xFB	0x13	0xEC
4	0x04	0xFB	0x14	0xEB
5	0x04	0xFB	0x15	0xEA
6	0x04	0xFB	0x16	0xE9
7	0x04	0xFB	0x17	0xE8
8	0x04	0xFB	0x18	0xE7
9	0x04	0xFB	0x19	0xE6
메뉴	0x04	0xFB	0x43	0xBC
채널+	0x04	0xFB	0x00	0xFF
채널-	0x04	0xFB	0x01	0xFE
음량+	0x04	0xFB	0x02	0xFD
음량-	0x04	0xFB	0x03	0xFC
조정+	0x04	0xFB	0x06	0xF9
조정-	0x04	0xFB	0x07	0xF8
조용히	0x04	0xFB	0x09	0xF6
자동채널	0x04	0xFB	0x54	0xAB
앞채널	0x04	0xFB	0x1A	0xE5
기억	0x04	0xFB	0x44	0xBB
지움	0x04	0xFB	0x55	0xAA
취침예약	0x04	0xFB	0x0E	0xF1
비디오 전원	0x6E	0x91	0x14	0xEB
비디오/TV	0x6E	0x91	0x15	0xEA
재생	0x6E	0x91	0x08	0xF7
정지	0x6E	0x91	0x01	0xFE
되감기	0x6E	0x91	0x02	0xFD
빨리감기	0x6E	0x91	0x03	0xFC
일시정지	0x6E	0x91	0x0B	0xF4
음량+	0x6E	0x91	0x58	0xA7
음량-	0x6E	0x91	0x59	0xA6
채널/트래킹+	0x6E	0x91	0x18	0xE7
채널/트래킹-	0x6E	0x91	0x19	0xE6

2. 타이머 TIM7을 이용한 TV 리모컨 수신 프로그램

이제 삼성전자와 LG전자의 TV의 리모컨 신호를 수신하는 프로그램을 작성하여 보기로 한다. *OK-STM103* 키트에서는 앞의 <그림 3.1.2> 회로도에서 볼 수 있듯이 KSM-603LM의 출력 신호는 STM32F103VET6의 PC4 단자에 연결되어 있다. 그런데, TV 리모컨 신호는 항상 반전되어 수신되기 때문에 리더 코드나 모든 데이터 비트들이 항상 하강 에지에서 시작되며, 따라서 이 하강 에지 신호를 STM32F103VET6의 외부 인터럽트 입력신호로 사용하면 각 신호 펄스의 주기를 측정할 수 있다. 즉, 하나의 인터럽트가 걸린 시점부터 다음 인터럽트가 걸린 시점까지의 시간을 타이머로 측정하면 이로부터 리더 코드나 비트값 0 또는 비트값 1의 신호를 인식할 수 있다.

(1) TV 리모컨 신호 수신의 원리

각 펄스의 주기를 측정하는데는 간단한 구조의 타이머 TIM7을 이용한다. 즉, 타이머 TIM7에서 프리스케일러를 72로 사용하여 72MHz/72 = 1MHz의 클록 주파수를 타이머에 인가하면 이것의 1주기는 1μs가 되며, 따라서 수정된 NEC 포맷을 사용하는 TV 리모컨 신호에서 가장 긴 펄스폭을 갖는 9ms의 리더 코드는 9000개의 카운트값으로 측정된다. 만약 NEC 포맷을 사용하는 TV 리모컨이라면 가장 긴 펄스폭을 갖는 13.5ms의 리더 코드는 13500개의 카운트값으로 측정되고, 이것의 약 120%인 16200을 넘으면 오버플로우 인터럽트가 발생하면서 비정상적인 잡음 신호로 처리한다. 데이터 비트 0은 펄스폭이 1.125ms이므로 1125개의 카운트값에 해당하며, 데이터 비트 1은 펄스폭이 2.25ms이므로 2250개의 카운트값에 해당한다.

STM32F103VET6은 TV 리모컨 수신 신호의 하강 에지에서 인터럽트를 발생할 때마다 타이머 TIM7의 카운터 값을 읽어서 펄스폭을 측정하며, 즉시 카운터를 0으로 클리어하여 다음 펄스의 측정에 대비한다. 읽은 카운터 값을 사용하여 펄스폭을 확인할 때는 리모컨마다 존재할 수 있는 오차를 감안하여 ±10%의 여유폭을 준다.

리더 코드가 인식된 후에는 32비트의 데이터 비트들을 수신하는데, 8비트가 수신되었을 때마다 이를 바이트 데이터로 모아서 배열에 저장하며, 4바이트가 모두 수신되면 이를 리모컨 수신 데이터로 사용한다.

만약, 이러한 수신 동작 중에 엉뚱한 신호가 확인되면 이는 잡음에 해당하므로 즉시 수신 상태를 리더 코드 대기상태로 만들어야 한다. 특히 전자식 안정기를 사용하는 형광등 불빛 아래서는 리모컨 신호에 잡음이 많이 섞여 들어오는데, 이는 전자식 안정기의 동작 주파수가 리모컨 신호의 변조 주파수와 비슷한 대역에 있기 때문이다.

수신측의 회로는 항상 리더 코드 수신 대기상태에서 리모컨의 수신 동작을 시작해야 한다. 따라서, 수신 인터럽트에 의하여 측정된 펄스의 폭이 리더 코드, 0, 1 이외의 것은 무조건 잡음으로 간주하여 모든 수신 동작을 중단하고 수신 상태를 리더 코드 대기상태로 만든다. 예를 들어 <그림 4.10.10>의 noise (2)가 발생하였다면 리더 코드가 너무 짧아서 오류로 처리되고 수신 상태는 즉시 리더 코드 대기상태로 되돌려진다. 그러나, 만약 <그림 4.10.10>의 noise (1)으로 표시된 것처럼 수신 대기상태에서 잡음이 발생하면 이것이 리더 코드의 시작으로 오인되기 때문에 나중에 진짜 리더 코드의 시작을 올바르게 인식하지 못한다. 이를 방지하려면 수신 대기상태에서 인터럽트가 발생한 후에 리더 코드의 120% 이상이 지나도록 다음 인터럽트가 검출되지 않으면 이 인터럽트는 잡음으로 간주하여 리더 코드의 검출을 포기하고 수신 상태를 리더 코드 수신 대기상태로 되돌리는 것이 좋다. 그러나, noise (1) 발생 이후 리더 코드의 120% 이전 시간에 진짜 리더 코드가 수신되면 이 경우는 리더 코드를 인식하지 못하므로 이 1개의 리모컨 코드를 수신하지 못하고 놓치게 된다. 그러나, 이러한 방식의 간단한 조치만으로도 TV 리모컨 신호의 수신율이 크게 향상된다.

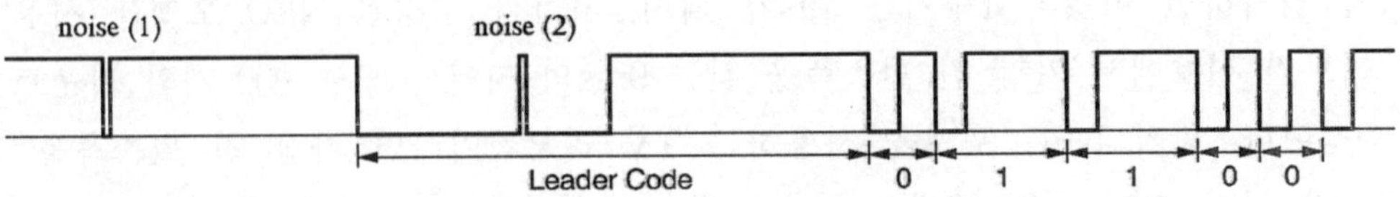

<그림 4.10.10> 리모컨의 수신 신호에 잡음이 포함되는 경우

(2) 삼성전자 TV 리모컨의 수신 프로그램

수정된 NEC 포맷을 사용하는 삼성전자의 TV 리모컨 신호를 수신하여 TFT-LCD 모듈의 화면에 키 코드값과 이 키의 기능을 표시하는 프로그램을 작성하여 보면 다음과 같다. TV 리모컨 모델에 따라 일부 키가 추가될 수도 있는데, 기능이 확인되지 않는 키는 코드값만을 표시하고 기능은 공백으로 처리하였다.

<프로그램 Exp10_1.c> 삼성전자 TV 리모컨의 신호를 수신하는 프로그램

```
/* ========================================================================== */
/*            Exp10_1_Samsung.c : 삼성전자 TV 리모컨 입력 프로그램              */
/* ========================================================================== */
/*                                Programmed by Duck-Yong Yoon in 2017.       */

#include "stm32f103xe.h"
#include "OK-STM103.h"

void EXTI4_IRQHandler(void);                          /* EXTI4 interrupt function */
```

```
void TIM7_IRQHandler(void);                      /* TIM7 interrupt function */

// Leader_Code  = 9000                           // 9ms / 1us = 9000
// Low_Bit      = 1125                           // 1.125ms / 1us = 1125
// High_Bit     = 2250                           // 2.25ms / 1us = 2250

#define ARR_value       10800                    // 120% of Leader_Code for noise rejection
#define Leader_Max      9900                     // 110% of Leader_Code
#define Leader_Min      8100                     //  90% of Leader_Code
#define Low_Bit_Max     1238                     // 110% of Low_Bit_Code
#define Low_Bit_Min     1013                     //  90% of Low_Bit_Code
#define High_Bit_Max    2475                     // 110% of High_Bit_Code
#define High_Bit_Min    2025                     //  90% of High_Bit_Code

volatile unsigned char Remocon_state;            // step to recognize remocon signal
volatile unsigned int Remocon_count;             // 1us base time counter
volatile unsigned char Remocon_data;             // temporary byte data of remocon signal
volatile unsigned char Remocon_bit_count;        // bit count of data to recognize remocon signal
volatile unsigned char Remocon_OK_flag;          // remocon command receive OK
volatile unsigned char Remocon_command[4];       // remocon command string

/* ----- 인터럽트 처리 프로그램 -------------------------------------------- */

void EXTI4_IRQHandler(void)                      /* EXTI4 interrupt function */
{
  unsigned char x;

  EXTI->PR = 0x00000010;                         // clear pending bit of EXTI4 interrupt
  Remocon_count = TIM7->CNT;                     // read Remocon_count
  TIM7->CNT = 0;                                 // start new Remocon_count

  switch(Remocon_state)
    { case 0 :                                   // if ready state, go to step 1(leader state)
             Remocon_state = 1;
             Remocon_count = 0;
             break;

      case 1 :                                   // if leader state, check leader signal
             if((Remocon_count >= Leader_Min) && (Remocon_count <= Leader_Max))
               { Remocon_state = 2;              // if lead signal, go to step 2(data state)
                 Remocon_data = 0;
                 Remocon_bit_count = 0;
               }
             else
               Remocon_state = 0;                // if not lead signal, go to step 0(ready state)
             break;

      case 2:                                    // if data state, check data signal 0 or 1
             Remocon_data >>= 1;
             if((Remocon_count >= Low_Bit_Min) && (Remocon_count <= Low_Bit_Max))
               Remocon_data &= 0x7F;             // if data 0, add data bit 0
             else if((Remocon_count >= High_Bit_Min) && (Remocon_count <= High_Bit_Max))
               Remocon_data |= 0x80;
             else
               Remocon_state = 0;                // if not 0 and not 1, go to step 0(ready state)
             Remocon_bit_count++;
             if((Remocon_bit_count % 8) == 0) // if a character complete, store it
               { x = Remocon_data;
                 Remocon_command[(Remocon_bit_count/8)-1] = x;
                 Remocon_data = 0;
               }
             if(Remocon_bit_count == 32)         // if remocon OK, check custom code and checksum
               { x = Remocon_command[3];
                 if((~Remocon_command[2] & 0xFF) == x)
                   { Remocon_state = 0;
                     Remocon_OK_flag = 1;
                   }
                 else
                   Remocon_state = 0;
               }
             break;

      default : break;
```

```
    }
}

void TIM7_IRQHandler(void)                      /* TIM7 interrupt function */
{
  TIM7->SR = 0x0000;                            // clear pending bit of TIM7 interrupt
  Remocon_state = 0;                            // if overflow, the signal is noise
}

/* ----- 메인 프로그램 ------------------------------------------------------ */

int main(void)
{
  Initialize_MCU();                             // initialize MCU and kit
  Delay_ms(50);                                 // wait for system stabilization
  Initialize_LCD();                             // initialize text LCD module
  Initialize_TFT_LCD();                         // initialize TFT-LCD module

  LCD_string(0x80," OK-STM103 V1.0 ");          // display title
  LCD_string(0xC0,"    Exp10_1.c    ");
  Beep();

  TFT_string(10,10,White,Magenta," 삼성전자 TV 리모컨 ");
  TFT_string(11,16,Green,Black, "코드 : 00 00 00 00");
  TFT_string(11,19,Green,Black, "기능 :            ");
  TFT_color(White,Black);

  Remocon_state = 0;                            // remocon ready state
  Remocon_OK_flag = 0;                          // remocon not character

  RCC->APB2ENR |= 0x00000010;                   // enable GPIOC clock
  GPIOC->CRL &= 0xFFF0FFFF;                     // PC4 = REMOCON
  GPIOC->CRL |= 0x00040000;

  AFIO->EXTICR[1] = 0x00000002;                 // PC4 = REMOCON = EXTI4
  EXTI->IMR |= 0x00000010;                      // enable EXTI4 interrupt
  EXTI->RTSR = 0x00000000;                      // disable EXTI4 rising edge
  EXTI->FTSR = 0x00000010;                      // enable EXTI4 falling edge
  NVIC->ISER[0] |= 0x00000400;                  // enable (10)EXTI4 interrupt

  RCC->APB1ENR |= 0x00000020;                   // enable TIM7 clock
  TIM7->EGR = 0x0001;                           // enable update
  TIM7->PSC = 71;                               // 72MHz/(71+1) = 1MHz = 1us base time
  TIM7->ARR = ARR_value;                        // 120% of Leader_Code
  TIM7->DIER = 0x0001;                          // enable update interrupt
  TIM7->CR1 = 0x0005;                           // enable TIM7 and update event
  NVIC->ISER[1] |= 0x00800000;                  // enable (55)TIM7 interrupt

  while(1)
    { if(Remocon_OK_flag == 1)
        { Remocon_OK_flag = 0;
          TFT_color(White,Black);
          TFT_xy(18,16); TFT_hexadecimal(Remocon_command[0],2);          // code
          TFT_xy(21,16); TFT_hexadecimal(Remocon_command[1],2);
          TFT_xy(24,16); TFT_hexadecimal(Remocon_command[2],2);
          TFT_xy(27,16); TFT_hexadecimal(Remocon_command[3],2);
          Beep();

          if((Remocon_command[0] == 0x07) && (Remocon_command[2] == 0x02)) // function
            TFT_string(18,19,White,Black,"전원      ");
          else if((Remocon_command[0] == 0x07) && (Remocon_command[2] == 0x01))
            TFT_string(18,19,White,Black,"TV/비디오");
          else if((Remocon_command[0] == 0x07) && (Remocon_command[2] == 0x27))
            TFT_string(18,19,White,Black,"TV/유선   ");
          else if((Remocon_command[0] == 0x07) && (Remocon_command[2] == 0x11))
            TFT_string(18,19,White,Black,"0         ");
          else if((Remocon_command[0] == 0x07) && (Remocon_command[2] == 0x04))
            TFT_string(18,19,White,Black,"1         ");
          else if((Remocon_command[0] == 0x07) && (Remocon_command[2] == 0x05))
            TFT_string(18,19,White,Black,"2         ");
          else if((Remocon_command[0] == 0x07) && (Remocon_command[2] == 0x06))
            TFT_string(18,19,White,Black,"3         ");
          else if((Remocon_command[0] == 0x07) && (Remocon_command[2] == 0x08))
```

```
        TFT_string(18,19,White,Black,"4         ");
      else if((Remocon_command[0] == 0x07) && (Remocon_command[2] == 0x09))
        TFT_string(18,19,White,Black,"5         ");
      else if((Remocon_command[0] == 0x07) && (Remocon_command[2] == 0x0A))
        TFT_string(18,19,White,Black,"6         ");
      else if((Remocon_command[0] == 0x07) && (Remocon_command[2] == 0x0C))
        TFT_string(18,19,White,Black,"7         ");
      else if((Remocon_command[0] == 0x07) && (Remocon_command[2] == 0x0D))
        TFT_string(18,19,White,Black,"8         ");
      else if((Remocon_command[0] == 0x07) && (Remocon_command[2] == 0x0E))
        TFT_string(18,19,White,Black,"9         ");
      else if((Remocon_command[0] == 0x07) && (Remocon_command[2] == 0x1A))
        TFT_string(18,19,White,Black,"메뉴      ");
      else if((Remocon_command[0] == 0x07) && (Remocon_command[2] == 0x12))
        TFT_string(18,19,White,Black,"채널+     ");
      else if((Remocon_command[0] == 0x07) && (Remocon_command[2] == 0x10))
        TFT_string(18,19,White,Black,"채널-     ");
      else if((Remocon_command[0] == 0x07) && (Remocon_command[2] == 0x07))
        TFT_string(18,19,White,Black,"음량+     ");
      else if((Remocon_command[0] == 0x07) && (Remocon_command[2] == 0x0B))
        TFT_string(18,19,White,Black,"음량-     ");
      else if((Remocon_command[0] == 0x07) && (Remocon_command[2] == 0x1D))
        TFT_string(18,19,White,Black,"조정+     ");
      else if((Remocon_command[0] == 0x07) && (Remocon_command[2] == 0x1C))
        TFT_string(18,19,White,Black,"조정-     ");
      else if((Remocon_command[0] == 0x07) && (Remocon_command[2] == 0x0F))
        TFT_string(18,19,White,Black,"조용히    ");
      else if((Remocon_command[0] == 0x07) && (Remocon_command[2] == 0x3A))
        TFT_string(18,19,White,Black,"자동채널  ");
      else if((Remocon_command[0] == 0x07) && (Remocon_command[2] == 0x13))
        TFT_string(18,19,White,Black,"앞채널    ");
      else if((Remocon_command[0] == 0x07) && (Remocon_command[2] == 0x19))
        TFT_string(18,19,White,Black,"기억      ");
      else if((Remocon_command[0] == 0x07) && (Remocon_command[2] == 0x18))
        TFT_string(18,19,White,Black,"지움      ");
      else if((Remocon_command[0] == 0x07) && (Remocon_command[2] == 0x3E))
        TFT_string(18,19,White,Black,"화면크기  ");
      else if((Remocon_command[0] == 0x07) && (Remocon_command[2] == 0x03))
        TFT_string(18,19,White,Black,"취침예약  ");
      else
        TFT_string(18,19,White,Black,"          ");
    }
  }
}
```

(3) LG전자 TV 리모컨의 수신 프로그램

NEC 포맷을 사용하는 LG전자의 TV 리모컨 신호를 수신하여 TFT-LCD 모듈의 화면에 키 코드값과 이 키의 기능을 표시하는 프로그램을 작성하여 보면 다음과 같다. TV 리모컨 모델에 따라 일부 키가 추가될 수도 있는데, 기능이 확인되지 않는 키는 코드값만을 표시하고 기능은 공백으로 처리하였다.

<프로그램 Exp10_2.c> LG전자 TV 리모컨의 신호를 수신하는 프로그램

```
/* ====================================================================== */
/*             Exp10_2_LG.c : LG전자 TV 리모컨 입력 프로그램               */
/* ====================================================================== */
/*                                 Programmed by Duck-Yong Yoon in 2017.  */

#include "stm32f103xe.h"
```

```
#include "OK-STM103.h"

void EXTI4_IRQHandler(void);                        /* EXTI4 interrupt function */
void TIM7_IRQHandler(void);                         /* TIM7 interrupt function */

// Leader_Code  = 13500                             // 13.5ms / 1us = 13500
// Low_Bit      = 1125                              // 1.125ms / 1us = 1125
// High_Bit     = 2250                              // 2.25ms / 1us = 2250

#define ARR_value       16200                       // 120% of Leader_Code for noise rejection
#define Leader_Max      14850                       // 110% of Leader_Code
#define Leader_Min      12150                       //  90% of Leader_Code
#define Low_Bit_Max     1238                        // 110% of Low_Bit_Code
#define Low_Bit_Min     1013                        //  90% of Low_Bit_Code
#define High_Bit_Max    2475                        // 110% of High_Bit_Code
#define High_Bit_Min    2025                        //  90% of High_Bit_Code

volatile unsigned char Remocon_state;               // step to recognize remocon signal
volatile unsigned int Remocon_count;                // 1us base time counter
volatile unsigned char Remocon_data;                // temporary byte data of remocon signal
volatile unsigned char Remocon_bit_count;           // bit count of data to recognize remocon signal
volatile unsigned char Remocon_OK_flag;             // remocon command receive OK
volatile unsigned char Remocon_command[4];          // remocon command string

/* ----- 인터럽트 처리 프로그램 ------------------------------------------------ */

void EXTI4_IRQHandler(void)                         /* EXTI4 interrupt function */
{
  unsigned char x;

  EXTI->PR = 0x00000010;                            // clear pending bit of EXTI4 interrupt
  Remocon_count = TIM7->CNT;                        // read Remocon_count
  TIM7->CNT = 0;                                    // start new Remocon_count

  switch(Remocon_state)
    { case 0 :                                      // if ready state, go to step 1(leader state)
               Remocon_state = 1;
               Remocon_count = 0;
               break;

      case 1 :                                      // if leader state, check leader signal
               if((Remocon_count >= Leader_Min) && (Remocon_count <= Leader_Max))
                 { Remocon_state = 2;               // if lead signal, go to step 2(data state)
                   Remocon_data = 0;
                   Remocon_bit_count = 0;
                 }
               else
                 Remocon_state = 0;                 // if not lead signal, go to step 0(ready state)
               break;

      case 2:                                       // if data state, check data signal 0 or 1
               Remocon_data >>= 1;
               if((Remocon_count >= Low_Bit_Min) && (Remocon_count <= Low_Bit_Max))
                 Remocon_data &= 0x7F;              // if data 0, add data bit 0
               else if((Remocon_count >= High_Bit_Min) && (Remocon_count <= High_Bit_Max))
                 Remocon_data |= 0x80;
               else
                 Remocon_state = 0;                 // if not 0 and not 1, go to step 0(ready state)
               Remocon_bit_count++;
               if((Remocon_bit_count % 8) == 0) // if a character complete, store it
                 { x = Remocon_data;
                   Remocon_command[(Remocon_bit_count/8)-1] = x;
                   Remocon_data = 0;
                 }
               if(Remocon_bit_count == 32)          // if remocon OK, check custom code and checksum
                 { x = Remocon_command[3];
                   if((~Remocon_command[2] & 0xFF) == x)
                     { Remocon_state = 0;
                       Remocon_OK_flag = 1;
                     }
                   else
                     Remocon_state = 0;
                 }
```

```
            break;

      default : break;
    }
}

void TIM7_IRQHandler(void)                          /* TIM7 interrupt function */
{
  TIM7->SR = 0x0000;                                // clear pending bit of TIM7 interrupt
  Remocon_state = 0;                                // if overflow, the signal is noise
}

/* ----- 메인 프로그램 ------------------------------------------------------- */

int main(void)
{
  Initialize_MCU();                                 // initialize MCU and kit
  Delay_ms(50);                                     // wait for system stabilization
  Initialize_LCD();                                 // initialize text LCD module
  Initialize_TFT_LCD();                             // initialize TFT-LCD module

  LCD_string(0x80," OK-STM103 V1.0 ");              // display title
  LCD_string(0xC0,"   Exp10_2.c    ");
  Beep();

  TFT_string(10,10,White,Magenta," LG전자 TV 리모컨  ");
  TFT_string(11,16,Green,Black,  "코드 : 00 00 00 00");
  TFT_string(11,19,Green,Black,  "기능 :            ");
  TFT_color(White,Black);

  Remocon_state = 0;                                // remocon ready state
  Remocon_OK_flag = 0;                              // remocon not character

  RCC->APB2ENR |= 0x00000010;                       // enable GPIOC clock
  GPIOC->CRL &= 0xFFF0FFFF;                         // PC4 = REMOCON
  GPIOC->CRL |= 0x00040000;

  AFIO->EXTICR[1] = 0x00000002;                     // PC4 = REMOCON = EXTI4
  EXTI->IMR |= 0x00000010;                          // enable EXTI4 interrupt
  EXTI->RTSR = 0x00000000;                          // disable EXTI4 rising edge
  EXTI->FTSR = 0x00000010;                          // enable EXTI4 falling edge
  NVIC->ISER[0] |= 0x00000400;                      // enable (10)EXTI4 interrupt

  RCC->APB1ENR |= 0x00000020;                       // enable TIM7 clock
  TIM7->EGR = 0x0001;                               // enable update
  TIM7->PSC = 71;                                   // 72MHz/(71+1) = 1MHz = 1us base time
  TIM7->ARR = ARR_value;                            // 120% of Leader_Code
  TIM7->DIER = 0x0001;                              // enable update interrupt
  TIM7->CR1 = 0x0005;                               // enable TIM7 and update event
  NVIC->ISER[1] |= 0x00800000;                      // enable (55)TIM7 interrupt

  while(1)
    { if(Remocon_OK_flag == 1)
        { Remocon_OK_flag = 0;
          TFT_color(White,Black);
          TFT_xy(18,16); TFT_hexadecimal(Remocon_command[0],2);        // code
          TFT_xy(21,16); TFT_hexadecimal(Remocon_command[1],2);
          TFT_xy(24,16); TFT_hexadecimal(Remocon_command[2],2);
          TFT_xy(27,16); TFT_hexadecimal(Remocon_command[3],2);
          Beep();

          if((Remocon_command[0] == 0x04) && (Remocon_command[2] == 0x08)) // function
            TFT_string(18,19,White,Black,"전원      ");
          else if((Remocon_command[0] == 0x04) && (Remocon_command[2] == 0x0B))
            TFT_string(18,19,White,Black,"TV/비디오");
          else if((Remocon_command[0] == 0x04) && (Remocon_command[2] == 0x0F))
            TFT_string(18,19,White,Black,"TV/유선  ");
          else if((Remocon_command[0] == 0x04) && (Remocon_command[2] == 0x10))
            TFT_string(18,19,White,Black,"0        ");
          else if((Remocon_command[0] == 0x04) && (Remocon_command[2] == 0x11))
            TFT_string(18,19,White,Black,"1        ");
          else if((Remocon_command[0] == 0x04) && (Remocon_command[2] == 0x12))
            TFT_string(18,19,White,Black,"2        ");
```

```
        else if((Remocon_command[0] == 0x04) && (Remocon_command[2] == 0x13))
          TFT_string(18,19,White,Black,"3        ");
        else if((Remocon_command[0] == 0x04) && (Remocon_command[2] == 0x14))
          TFT_string(18,19,White,Black,"4        ");
        else if((Remocon_command[0] == 0x04) && (Remocon_command[2] == 0x15))
          TFT_string(18,19,White,Black,"5        ");
        else if((Remocon_command[0] == 0x04) && (Remocon_command[2] == 0x16))
          TFT_string(18,19,White,Black,"6        ");
        else if((Remocon_command[0] == 0x04) && (Remocon_command[2] == 0x17))
          TFT_string(18,19,White,Black,"7        ");
        else if((Remocon_command[0] == 0x04) && (Remocon_command[2] == 0x18))
          TFT_string(18,19,White,Black,"8        ");
        else if((Remocon_command[0] == 0x04) && (Remocon_command[2] == 0x19))
          TFT_string(18,19,White,Black,"9        ");
        else if((Remocon_command[0] == 0x04) && (Remocon_command[2] == 0x43))
          TFT_string(18,19,White,Black,"메뉴     ");
        else if((Remocon_command[0] == 0x04) && (Remocon_command[2] == 0x00))
          TFT_string(18,19,White,Black,"채널+    ");
        else if((Remocon_command[0] == 0x04) && (Remocon_command[2] == 0x01))
          TFT_string(18,19,White,Black,"채널-    ");
        else if((Remocon_command[0] == 0x04) && (Remocon_command[2] == 0x02))
          TFT_string(18,19,White,Black,"음량+    ");
        else if((Remocon_command[0] == 0x04) && (Remocon_command[2] == 0x03))
          TFT_string(18,19,White,Black,"음량-    ");
        else if((Remocon_command[0] == 0x04) && (Remocon_command[2] == 0x06))
          TFT_string(18,19,White,Black,"조정+    ");
        else if((Remocon_command[0] == 0x04) && (Remocon_command[2] == 0x07))
          TFT_string(18,19,White,Black,"조정-    ");
        else if((Remocon_command[0] == 0x04) && (Remocon_command[2] == 0x09))
          TFT_string(18,19,White,Black,"조용히   ");
        else if((Remocon_command[0] == 0x04) && (Remocon_command[2] == 0x54))
          TFT_string(18,19,White,Black,"자동채널 ");
        else if((Remocon_command[0] == 0x04) && (Remocon_command[2] == 0x1A))
          TFT_string(18,19,White,Black,"앞채널   ");
        else if((Remocon_command[0] == 0x04) && (Remocon_command[2] == 0x44))
          TFT_string(18,19,White,Black,"기억     ");
        else if((Remocon_command[0] == 0x04) && (Remocon_command[2] == 0x55))
          TFT_string(18,19,White,Black,"지움     ");
        else if((Remocon_command[0] == 0x04) && (Remocon_command[2] == 0x0E))
          TFT_string(18,19,White,Black,"취침예약 ");
        else
          TFT_string(18,19,White,Black,"         ");
      }
    }
}
```

(4) 삼성전자/LG전자 겸용 TV 리모컨 수신 프로그램

앞의 예제 프로그램을 수정하여 삼성전자의 TV 리모컨과 LG전자의 TV 리모컨 신호를 모두 수신할 수 있는 겸용 프로그램으로 다시 작성하면 다음과 같다.

실제로 양사의 TV 모델에 대하여 겸용으로 사용할 수 있는 리모컨 제품이 나오는데, 이런 제품에는 2가지의 유형이 있다. 1가지는 리모컨에 삼성전자와 LG전자를 선택하는 키를 가지고 있어서 해당 모델의 동작 모드로 설정하여 사용하는 방식이며, 또 한가지는 무설정 방식이라고 불리는 것으로 임의의 키를 누르면 삼성전자와 LG전자의 리모컨 신호를 차례로 연속하여 출력하는 방식이다.

<프로그램 Exp10_3.c> 삼성전자/LG전자 겸용 TV 리모컨 수신 프로그램

```
/* ============================================================================ */
/*      Exp10_3_all.c : 삼성전자/LG전자 겸용 TV 리모컨 입력 프로그램               */
/* ============================================================================ */
/*                                    Programmed by Duck-Yong Yoon in 2017.     */

#include "stm32f103xe.h"
#include "OK-STM103.h"

void EXTI4_IRQHandler(void);                      /* EXTI4 interrupt function */
void TIM7_IRQHandler(void);                       /* TIM7 interrupt function */

// SS_Leader_Code      = 9000                    // 9ms / 1us = 9000
// LG_Leader_Code      = 13500                   // 13.5ms / 1us = 13500
// Low_Bit             = 1125                    // 1.125ms / 1us = 1125
// High_Bit            = 2250                    // 2.25ms / 1us = 2250

#define ARR_value       16200                     // 120% of maximum Leader_Code
#define SS_Leader_Max   9900                      // 110% of Leader_Code for Samsung
#define SS_Leader_Min   8100                      //  90% of Leader_Code
#define LG_Leader_Max   14850                     // 110% of Leader_Code for LG
#define LG_Leader_Min   12150                     //  90% of Leader_Code
#define Low_Bit_Max     1238                      // 110% of Low_Bit_Code
#define Low_Bit_Min     1013                      //  90% of Low_Bit_Code
#define High_Bit_Max    2475                      // 110% of High_Bit_Code
#define High_Bit_Min    2025                      //  90% of High_Bit_Code

volatile unsigned char Remocon_state;             // step to recognize remocon signal
volatile unsigned int Remocon_count;              // 1us base time counter
volatile unsigned char Remocon_data;              // temporary byte data of remocon signal
volatile unsigned char Remocon_bit_count;         // bit count of data to recognize remocon signal
volatile unsigned char Remocon_OK_flag;           // remocon command receive OK
volatile unsigned char Remocon_command[4];        // remocon command string
volatile unsigned char format;                    // data format('S' = Samsung, 'L' = LG)

/* ----- 인터럽트 처리 프로그램 --------------------------------------------- */

void EXTI4_IRQHandler(void)                       /* EXTI4 interrupt function */
{
  unsigned char x;

  EXTI->PR = 0x00000010;                          // clear pending bit of EXTI4 interrupt
  Remocon_count = TIM7->CNT;                      // read Remocon_count
  TIM7->CNT = 0;                                  // start new Remocon_count

  switch(Remocon_state)
    { case 0 :                                    // if ready state, go to step 1(leader state)
             Remocon_state = 1;
             Remocon_count = 0;
             break;

      case 1 :                                    // if leader state, check leader signal
             if((Remocon_count >= SS_Leader_Min) && (Remocon_count <= SS_Leader_Max))
               { format = 'S';                    // if Samsung lead signal, go to step 2(data state)
                 Remocon_state = 2;
                 Remocon_data = 0;
                 Remocon_bit_count = 0;
               }
             else if((Remocon_count >= LG_Leader_Min) && (Remocon_count <= LG_Leader_Max))
               { format = 'L';                    // if LG lead signal, go to step 2(data state)
                 Remocon_state = 2;
                 Remocon_data = 0;
                 Remocon_bit_count = 0;
               }
             else
               Remocon_state = 0;                 // if not lead signal, go to step 0(ready state)
             break;

      case 2:                                     // if data state, check data signal 0 or 1
```

```
            Remocon_data >>= 1;
            if((Remocon_count >= Low_Bit_Min) && (Remocon_count <= Low_Bit_Max))
              Remocon_data &= 0x7F;              // if data 0, add data bit 0
            else if((Remocon_count >= High_Bit_Min) && (Remocon_count <= High_Bit_Max))
              Remocon_data |= 0x80;
            else
              Remocon_state = 0;                 // if not 0 and not 1, go to step 0(ready state)
            Remocon_bit_count++;
            if((Remocon_bit_count % 8) == 0) // if a character complete, store it
              { x = Remocon_data;
                Remocon_command[(Remocon_bit_count/8)-1] = x;
                Remocon_data = 0;
              }
            if(Remocon_bit_count == 32)          // if remocon OK, check custom code and checksum
              { x = Remocon_command[3];
                if((~Remocon_command[2] & 0xFF) == x)
                  { Remocon_state = 0;
                    Remocon_OK_flag = 1;
                  }
                else
                  Remocon_state = 0;
              }
            break;

    default : break;
  }
}

void TIM7_IRQHandler(void)                       /* TIM7 interrupt function */
{
  TIM7->SR = 0x0000;                             // clear pending bit of TIM7 interrupt
  Remocon_state = 0;                             // if overflow, the signal is noise
}

/* ----- 메인 프로그램 ------------------------------------------------------------ */

int main(void)
{
  Initialize_MCU();                              // initialize MCU and kit
  Delay_ms(50);                                  // wait for system stabilization
  Initialize_LCD();                              // initialize text LCD module
  Initialize_TFT_LCD();                          // initialize TFT-LCD module

  LCD_string(0x80," OK-STM103 V1.0 ");           // display title
  LCD_string(0xC0,"   TV remocon    ");
  LCD_string(0xC0,"    Exp10_3.c    ");
  Beep();

  TFT_string(10,10,White,Magenta," 삼성/LG  TV 리모컨 ");
  TFT_string(11,16,Green,Black,   "코드 : 00 00 00 00");
  TFT_string(11,19,Green,Black,   "기능 :            ");
  TFT_color(White,Black);

  Remocon_state = 0;                             // remocon ready state
  Remocon_OK_flag = 0;                           // remocon not character

  RCC->APB2ENR |= 0x00000010;                    // enable GPIOC clock
  GPIOC->CRL &= 0xFFF0FFFF;                      // PC4 = REMOCON
  GPIOC->CRL |= 0x00040000;

  AFIO->EXTICR[1] = 0x00000002;                  // PC4 = REMOCON = EXTI4
  EXTI->IMR |= 0x00000010;                       // enable EXTI4 interrupt
  EXTI->RTSR = 0x00000000;                       // disable EXTI4 rising edge
  EXTI->FTSR = 0x00000010;                       // enable EXTI4 falling edge
  NVIC->ISER[0] |= 0x00000400;                   // enable (10)EXTI4 interrupt

  RCC->APB1ENR |= 0x00000020;                    // enable TIM7 clock
  TIM7->EGR = 0x0001;                            // enable update
  TIM7->PSC = 71;                                // 72MHz/(71+1) = 1MHz = 1us base time
  TIM7->ARR = ARR_value;                         // 120% of Leader_Code
  TIM7->DIER = 0x0001;                           // enable update interrupt
```

```
TIM7->CR1 = 0x0005;                              // enable TIM7 and update event
NVIC->ISER[1] |= 0x00800000;                     // enable (55)TIM7 interrupt

while(1)
  { if(Remocon_OK_flag == 1)
      { Remocon_OK_flag = 0;
        TFT_color(White,Black);
        TFT_xy(18,16); TFT_hexadecimal(Remocon_command[0],2);          // code
        TFT_xy(21,16); TFT_hexadecimal(Remocon_command[1],2);
        TFT_xy(24,16); TFT_hexadecimal(Remocon_command[2],2);
        TFT_xy(27,16); TFT_hexadecimal(Remocon_command[3],2);
        Beep();

        if((format == 'S') && (Remocon_command[0] == 0x07))
          { TFT_string(10,10,White,Magenta," 삼성전자 TV 리모컨 ");

            if(Remocon_command[2] == 0x02)                             // function
              TFT_string(18,19,White,Black,"전원      ");
            else if(Remocon_command[2] == 0x01)
              TFT_string(18,19,White,Black,"TV/비디오");
            else if(Remocon_command[2] == 0x27)
              TFT_string(18,19,White,Black,"TV/유선  ");
            else if(Remocon_command[2] == 0x11)
              TFT_string(18,19,White,Black,"0         ");
            else if(Remocon_command[2] == 0x04)
              TFT_string(18,19,White,Black,"1         ");
            else if(Remocon_command[2] == 0x05)
              TFT_string(18,19,White,Black,"2         ");
            else if(Remocon_command[2] == 0x06)
              TFT_string(18,19,White,Black,"3         ");
            else if(Remocon_command[2] == 0x08)
              TFT_string(18,19,White,Black,"4         ");
            else if(Remocon_command[2] == 0x09)
              TFT_string(18,19,White,Black,"5         ");
            else if(Remocon_command[2] == 0x0A)
              TFT_string(18,19,White,Black,"6         ");
            else if(Remocon_command[2] == 0x0C)
              TFT_string(18,19,White,Black,"7         ");
            else if(Remocon_command[2] == 0x0D)
              TFT_string(18,19,White,Black,"8         ");
            else if(Remocon_command[2] == 0x0E)
              TFT_string(18,19,White,Black,"9         ");
            else if(Remocon_command[2] == 0x1A)
              TFT_string(18,19,White,Black,"메뉴      ");
            else if(Remocon_command[2] == 0x12)
              TFT_string(18,19,White,Black,"채널+     ");
            else if(Remocon_command[2] == 0x10)
              TFT_string(18,19,White,Black,"채널-     ");
            else if(Remocon_command[2] == 0x07)
              TFT_string(18,19,White,Black,"음량+     ");
            else if(Remocon_command[2] == 0x0B)
              TFT_string(18,19,White,Black,"음량-     ");
            else if(Remocon_command[2] == 0x1D)
              TFT_string(18,19,White,Black,"조정+     ");
            else if(Remocon_command[2] == 0x1C)
              TFT_string(18,19,White,Black,"조정-     ");
            else if(Remocon_command[2] == 0x0F)
              TFT_string(18,19,White,Black,"조용히    ");
            else if(Remocon_command[2] == 0x3A)
              TFT_string(18,19,White,Black,"자동채널 ");
            else if(Remocon_command[2] == 0x13)
              TFT_string(18,19,White,Black,"앞채널    ");
            else if(Remocon_command[2] == 0x19)
              TFT_string(18,19,White,Black,"기억      ");
            else if(Remocon_command[2] == 0x18)
              TFT_string(18,19,White,Black,"지움      ");
            else if(Remocon_command[2] == 0x3E)
              TFT_string(18,19,White,Black,"화면크기 ");
            else if(Remocon_command[2] == 0x03)
              TFT_string(18,19,White,Black,"취침예약 ");
            else
```

```
      TFT_string(18,19,White,Black,"          ");
    }
  else if((format == 'L') && (Remocon_command[0] == 0x04))
    { TFT_string(10,10,White,Magenta," LG전자 TV 리모컨 ");

      if(Remocon_command[2] == 0x08)                          // function
        TFT_string(18,19,White,Black,"전원      ");
      else if(Remocon_command[2] == 0x0B)
        TFT_string(18,19,White,Black,"TV/비디오");
      else if(Remocon_command[2] == 0x0F)
        TFT_string(18,19,White,Black,"TV/유선  ");
      else if(Remocon_command[2] == 0x10)
        TFT_string(18,19,White,Black,"0        ");
      else if(Remocon_command[2] == 0x11)
        TFT_string(18,19,White,Black,"1        ");
      else if(Remocon_command[2] == 0x12)
        TFT_string(18,19,White,Black,"2        ");
      else if(Remocon_command[2] == 0x13)
        TFT_string(18,19,White,Black,"3        ");
      else if(Remocon_command[2] == 0x14)
        TFT_string(18,19,White,Black,"4        ");
      else if(Remocon_command[2] == 0x15)
        TFT_string(18,19,White,Black,"5        ");
      else if(Remocon_command[2] == 0x16)
        TFT_string(18,19,White,Black,"6        ");
      else if(Remocon_command[2] == 0x17)
        TFT_string(18,19,White,Black,"7        ");
      else if(Remocon_command[2] == 0x18)
        TFT_string(18,19,White,Black,"8        ");
      else if(Remocon_command[2] == 0x19)
        TFT_string(18,19,White,Black,"9        ");
      else if(Remocon_command[2] == 0x43)
        TFT_string(18,19,White,Black,"메뉴      ");
      else if(Remocon_command[2] == 0x00)
        TFT_string(18,19,White,Black,"채널+     ");
      else if(Remocon_command[2] == 0x01)
        TFT_string(18,19,White,Black,"채널-     ");
      else if(Remocon_command[2] == 0x02)
        TFT_string(18,19,White,Black,"음량+     ");
      else if(Remocon_command[2] == 0x03)
        TFT_string(18,19,White,Black,"음량-     ");
      else if(Remocon_command[2] == 0x06)
        TFT_string(18,19,White,Black,"조정+     ");
      else if(Remocon_command[2] == 0x07)
        TFT_string(18,19,White,Black,"조정-     ");
      else if(Remocon_command[2] == 0x09)
        TFT_string(18,19,White,Black,"조용히    ");
      else if(Remocon_command[2] == 0x54)
        TFT_string(18,19,White,Black,"자동채널 ");
      else if(Remocon_command[2] == 0x1A)
        TFT_string(18,19,White,Black,"앞채널   ");
      else if(Remocon_command[2] == 0x44)
        TFT_string(18,19,White,Black,"기억      ");
      else if(Remocon_command[2] == 0x55)
        TFT_string(18,19,White,Black,"지움      ");
      else if(Remocon_command[2] == 0x0E)
        TFT_string(18,19,White,Black,"취침예약 ");
      else
        TFT_string(18,19,White,Black,"          ");
    }
  else if((format == 'S') && (Remocon_command[0] == 0x05))
    { TFT_string(10,10,White,Magenta," 삼성전자 TV 리모컨 ");
      TFT_string(18,19,Magenta,Black,"(Video용)");
    }
  else if((format == 'L') && (Remocon_command[0] == 0x6E))
    { TFT_string(10,10,White,Magenta," LG전자 TV 리모컨 ");
      TFT_string(18,19,Magenta,Black,"(Video용)");
    }
  else
    { TFT_string(10,10,White,Magenta," 불확실한 TV 리모컨 ");
      TFT_string(18,19,Magenta,Black,"          ");
```

```
        }
      }
    }
}
```

☞ 이 프로그램에서는 삼성전자와 LG전자의 TV 리모컨 신호를 모두 인식하므로 이들 2가지의 신호를 차례로 전송하는 무설정 방식의 양사 겸용 리모컨에서는 문제가 될 수 있다. 빠른 속도로 2개 회사의 리모컨 신호를 모두 인식하여 사람이 키를 한번만 눌렀는데도 2번 누른 것처럼 동작할 수 있기 때문이다. 이러한 경우에는 처음에 TV 리모컨 신호를 한번 수신하여 이것이 삼성전자인지 LG전자인지를 구분한 후에 그 다음부터는 이 회사의 방식으로만 TV 리모컨 신호를 검출하면 해결할 수 있다.

3. SysTick을 이용한 TV 리모컨 수신 프로그램

타이머 TIM7 대신에 시스틱 타이머 SysTick을 사용하여 삼성전자와 LG전자 겸용의 TV의 리모컨 신호를 수신하는 프로그램을 다시 작성하여 보면 다음과 같다. 이 마이크로컨트롤러에는 여러 가지의 타이머가 있으나 시스템을 설계하다보면 타이머 TIM7을 불가피하게 다른 용도로 사용해야 하는 경우가 있으므로 이처럼 TV 리모컨 수신용으로는 다른 타이머를 사용해야 할 수도 있다.

시스틱 타이머 SysTick에서 프리스케일러를 8로 사용하여 72MHz/8 = 9MHz의 클록 주파수를 타이머에 인가하면 이것의 1주기는 약 111.1ns가 되며, 따라서 수정된 NEC 포맷을 사용하는 TV 리모컨 신호에서 가장 긴 펄스폭을 갖는 9ms의 리더 코드는 81000개의 카운트 값으로 측정된다. 만약 NEC 포맷을 사용하는 TV 리모컨이라면 가장 긴 펄스폭을 갖는 13.5ms의 리더 코드는 121500개의 카운트 값으로 측정되고, 이것의 약 120%인 145800을 넘으면 오버플로우 인터럽트가 발생하면서 잡음으로 처리한다. 데이터 비트 0은 펄스폭이 1.125ms이므로 10125개의 카운트 값에 해당하며, 데이터 비트 1은 펄스폭이 2.25ms이므로 20250개의 카운트 값에 해당한다.

<프로그램 Exp10_4.c> SysTick 타이머를 사용한 TV 리모컨 수신 프로그램

```
/* ======================================================================== */
/*    Exp10_4_all_SysTick.c : 삼성전자/LG전자 겸용 TV 리모컨 입력 프로그램     */
/* ======================================================================== */
/*                                  Programmed by Duck-Yong Yoon in 2017.   */

#include "stm32f103xe.h"
#include "OK-STM103.h"

void EXTI4_IRQHandler(void);                    /* EXTI4 interrupt function */
void SysTick_Handler(void);                     /* SysTick interrupt function */

// SS_Leader_Code        = 81000                // 9ms / 111.1ns = 81000
```

```
// LG_Leader_Code        = 121500                // 13.5ms / 111.1nus = 121500
// Low_Bit               = 10125                 // 1.125ms / 111.1ns = 10125
// High_Bit              = 20250                 // 2.25ms / 111.1ns = 20250

#define ARR_value        145800                  // 120% of maximum Leader_Code
#define SS_Leader_Max    89100                   // 110% of Leader_Code for Samsung
#define SS_Leader_Min    72900                   //  90% of Leader_Code
#define LG_Leader_Max    133650                  // 110% of Leader_Code for LG
#define LG_Leader_Min    109350                  //  90% of Leader_Code
#define Low_Bit_Max      11138                   // 110% of Low_Bit_Code
#define Low_Bit_Min      9113                    //  90% of Low_Bit_Code
#define High_Bit_Max     22275                   // 110% of High_Bit_Code
#define High_Bit_Min     18225                   //  90% of High_Bit_Code

volatile unsigned char Remocon_state;            // step to recognize remocon signal
volatile unsigned int Remocon_count;             // 1us base time counter
volatile unsigned char Remocon_data;             // temporary byte data of remocon signal
volatile unsigned char Remocon_bit_count;        // bit count of data to recognize remocon signal
volatile unsigned char Remocon_OK_flag;          // remocon command receive OK
volatile unsigned char Remocon_command[4];       // remocon command string
volatile unsigned char format;                   // data format('S' = Samsung, 'L' = LG)

/* ----- 인터럽트 처리 프로그램 ------------------------------------------------- */

void EXTI4_IRQHandler(void)                      /* EXTI4 interrupt function */
{
  unsigned char x;

  EXTI->PR = 0x00000010;                         // clear pending bit of EXTI4 interrupt
  Remocon_count = ARR_value - SysTick->VAL;      // read Remocon_count
  SysTick->VAL  = ARR_value;                     // start new Remocon_count

  switch(Remocon_state)
    { case 0 :                                   // if ready state, go to step 1(leader state)
             Remocon_state = 1;
             Remocon_count = 0;
             break;

      case 1 :                                   // if leader state, check leader signal
             if((Remocon_count >= SS_Leader_Min) && (Remocon_count <= SS_Leader_Max))
               { format = 'S';                   // if Samsung lead signal, go to step 2(data state)
                 Remocon_state = 2;
                 Remocon_data = 0;
                 Remocon_bit_count = 0;
               }
             else if((Remocon_count >= LG_Leader_Min) && (Remocon_count <= LG_Leader_Max))
               { format = 'L';                   // if LG lead signal, go to step 2(data state)
                 Remocon_state = 2;
                 Remocon_data = 0;
                 Remocon_bit_count = 0;
               }
             else
               Remocon_state = 0;                // if not lead signal, go to step 0(ready state)
             break;

      case 2:                                    // if data state, check data signal 0 or 1
             Remocon_data >>= 1;
             if((Remocon_count >= Low_Bit_Min) && (Remocon_count <= Low_Bit_Max))
               Remocon_data &= 0x7F;             // if data 0, add data bit 0
             else if((Remocon_count >= High_Bit_Min) && (Remocon_count <= High_Bit_Max))
               Remocon_data |= 0x80;
             else
               Remocon_state = 0;                // if not 0 and not 1, go to step 0(ready state)
             Remocon_bit_count++;
             if((Remocon_bit_count % 8) == 0) // if a character complete, store it
               { x = Remocon_data;
                 Remocon_command[(Remocon_bit_count/8)-1] = x;
                 Remocon_data = 0;
               }
             if(Remocon_bit_count == 32)         // if remocon OK, check custom code and checksum
               { x = Remocon_command[3];
```

```
                if((~Remocon_command[2] & 0xFF) == x)
                  { Remocon_state = 0;
                    Remocon_OK_flag = 1;
                  }
                else
                  Remocon_state = 0;
              }
            break;

      default : break;
    }
}

void SysTick_Handler(void)                          /* SysTick interrupt function */
{
  Remocon_state = 0;                                // if overflow, the signal is noise
}

/* ----- 메인 프로그램 -------------------------------------------------------- */

int main(void)
{
  Initialize_MCU();                                 // initialize MCU and kit
  Delay_ms(50);                                     // wait for system stabilization
  Initialize_LCD();                                 // initialize text LCD module
  Initialize_TFT_LCD();                             // initialize TFT-LCD module

  LCD_string(0x80," OK-STM103 V1.0 ");              // display title
  LCD_string(0xC0,"   TV remocon   ");
  LCD_string(0xC0,"   Exp10_4.c    ");
  Beep();

  TFT_string(10,10,White,Magenta," 삼성/LG  TV 리모컨 ");
  TFT_string(11,16,Green,Black,   "코드 : 00 00 00 00");
  TFT_string(11,19,Green,Black,   "기능 :            ");
  TFT_color(White,Black);

  Remocon_state = 0;                                // remocon ready state
  Remocon_OK_flag = 0;                              // remocon not character

  RCC->APB2ENR |= 0x00000010;                       // enable GPIOC clock
  GPIOC->CRL &= 0xFFF0FFFF;                         // PC4 = REMOCON
  GPIOC->CRL |= 0x00040000;

  AFIO->EXTICR[1] = 0x00000002;                     // PC4 = REMOCON = EXTI4
  EXTI->IMR |= 0x00000010;                          // enable EXTI4 interrupt
  EXTI->RTSR = 0x00000000;                          // disable EXTI4 rising edge
  EXTI->FTSR = 0x00000010;                          // enable EXTI4 falling edge
  NVIC->ISER[0] |= 0x00000400;                      // enable (10)EXTI4 interrupt

  SysTick->LOAD  = ARR_value;                       // 120% of Leader_Code
  SysTick->VAL   = 0;                               // clear SysTick Counter
  SysTick->CTRL  = 0x00000003;                      // 72MHz/8 = 9MHz, 111.1ns clock

  while(1)
    { if(Remocon_OK_flag == 1)
        { Remocon_OK_flag = 0;
          TFT_color(White,Black);
          TFT_xy(18,16); TFT_hexadecimal(Remocon_command[0],2);        // code
          TFT_xy(21,16); TFT_hexadecimal(Remocon_command[1],2);
          TFT_xy(24,16); TFT_hexadecimal(Remocon_command[2],2);
          TFT_xy(27,16); TFT_hexadecimal(Remocon_command[3],2);
          Beep();

          if((format == 'S') && (Remocon_command[0] == 0x07))
            { TFT_string(10,10,White,Magenta," 삼성전자 TV 리모컨 ");

              if(Remocon_command[2] == 0x02)                           // function
                TFT_string(18,19,White,Black,"전원      ");
              else if(Remocon_command[2] == 0x01)
                TFT_string(18,19,White,Black,"TV/비디오");
```

```
        else if(Remocon_command[2] == 0x27)
          TFT_string(18,19,White,Black,"TV/유선  ");
        else if(Remocon_command[2] == 0x11)
          TFT_string(18,19,White,Black,"0        ");
        else if(Remocon_command[2] == 0x04)
          TFT_string(18,19,White,Black,"1        ");
        else if(Remocon_command[2] == 0x05)
          TFT_string(18,19,White,Black,"2        ");
        else if(Remocon_command[2] == 0x06)
          TFT_string(18,19,White,Black,"3        ");
        else if(Remocon_command[2] == 0x08)
          TFT_string(18,19,White,Black,"4        ");
        else if(Remocon_command[2] == 0x09)
          TFT_string(18,19,White,Black,"5        ");

                    (중간 생략)

        else if(Remocon_command[2] == 0x19)
          TFT_string(18,19,White,Black,"기억     ");
        else if(Remocon_command[2] == 0x18)
          TFT_string(18,19,White,Black,"지움     ");
        else if(Remocon_command[2] == 0x3E)
          TFT_string(18,19,White,Black,"화면크기 ");
        else if(Remocon_command[2] == 0x03)
          TFT_string(18,19,White,Black,"취침예약 ");
        else
          TFT_string(18,19,White,Black,"         ");
      }
    else if((format == 'L') && (Remocon_command[0] == 0x04))
      { TFT_string(10,10,White,Magenta,"  LG전자 TV 리모컨  ");

        if(Remocon_command[2] == 0x08)                          // function
          TFT_string(18,19,White,Black,"전원     ");
        else if(Remocon_command[2] == 0x0B)
          TFT_string(18,19,White,Black,"TV/비디오");
        else if(Remocon_command[2] == 0x0F)
          TFT_string(18,19,White,Black,"TV/유선  ");
        else if(Remocon_command[2] == 0x10)
          TFT_string(18,19,White,Black,"0        ");
        else if(Remocon_command[2] == 0x11)
          TFT_string(18,19,White,Black,"1        ");
        else if(Remocon_command[2] == 0x12)
          TFT_string(18,19,White,Black,"2        ");
        else if(Remocon_command[2] == 0x13)
          TFT_string(18,19,White,Black,"3        ");
        else if(Remocon_command[2] == 0x14)
          TFT_string(18,19,White,Black,"4        ");
        else if(Remocon_command[2] == 0x15)
          TFT_string(18,19,White,Black,"5        ");
        else if(Remocon_command[2] == 0x16)

                    (중간 생략)

        else if(Remocon_command[2] == 0x44)
          TFT_string(18,19,White,Black,"기억     ");
        else if(Remocon_command[2] == 0x55)
          TFT_string(18,19,White,Black,"지움     ");
        else if(Remocon_command[2] == 0x0E)
          TFT_string(18,19,White,Black,"취침예약 ");
        else
          TFT_string(18,19,White,Black,"         ");
      }
    else if((format == 'S') && (Remocon_command[0] == 0x05))
      { TFT_string(10,10,White,Magenta," 삼성전자 TV 리모컨 ");
        TFT_string(18,19,Magenta,Black,"(Video용)");
      }
    else if((format == 'L') && (Remocon_command[0] == 0x6E))
      { TFT_string(10,10,White,Magenta,"  LG전자 TV 리모컨  ");
        TFT_string(18,19,Magenta,Black,"(Video용)");
      }
    else
```

```
            { TFT_string(10,10,White,Magenta," 불확실한 TV 리모컨 ");
              TFT_string(18,19,Magenta,Black,"              ");
            }
        }
    }
}
```

4. 실습 과제

(1) TV 리모컨에서 리더 코드나 32비트의 데이터 비트 신호들을 그대로 송신하지 않고 38kHz의 주파수로 변조하여 송신하는 이유는 무엇인지 설명하라.

(2) TV 리모컨 수신 모듈에서 밴드패스 필터가 필요한 이유는 무엇인가? 그리고, TV 리모컨 신호의 원활한 수신을 위하여 이 밴드패스 필터에는 어떤 동작 특징이 요구되는가?

(3) 삼성전자나 LG전자 이외의 TV에서는 어떤 포맷의 리모컨 신호를 사용하고 있는지 조사하여 보라.

(4) TV 이외에 가정용 에어컨이나 로봇 청소기, 선풍기 등과 같은 다른 가전제품에서는 어떤 리모컨 신호를 사용하는지 조사하여 보라.

(5) 예제 프로그램 Exp10_4.c에서 처음에 수신되는 신호로부터 삼성전자 또는 LG전자의 신호를 구분하고 그 다음부터는 그 1개의 회사 TV 리모컨 신호만을 검출하도록 수정한 프로그램 Exp10_4R.c를 작성하라.

4.11 타이머 응용 프로그램

이 절에서는 STM32F103VET6의 고성능 타이머 TIM1/8, 범용 타이머 TIM2/3/4/5, 기본 타이머 TIM6/7을 사용하는 프로그래밍 기술을 익힌다. 여기서는 이것들을 사용하여 주로 주기적인 인터럽트를 발생하는 프로그램을 작성한다.

관련 내용	(1) 제1.3절 STM32F103VET6의 기본 시스템 제어기 (2) 제2.5절 고성능 제어 타이머(TIM1/8) (3) 제2.6절 범용 타이머(TIM2/3/4/5) (4) 제2.7절 기본 타이머(TIM6/7)

1. 타이머를 사용한 주기적인 인터럽트 발생

마이크로컨트롤러를 사용하여 시스템을 제어할 때는 정확한 시간 주기의 인터럽트를 필요로 하는 경우가 매우 많다. 타이머를 사용하여 정확한 주기로 인터럽트를 발생하기 위해서는 반드시 타이머의 자동 재저장(auto-reload) 기능을 이용해야 한다는 점을 앞의 제4.9절에서 설명한 바 있다. STM32F103VET6의 모든 타이머에는 자동 재저장 레지스터 TIMx_ARR을 가지고 있어서 정확한 시간 주기로 인터럽트를 발생하는 일이 매우 쉽게 처리된다. 이때 만약 클록 주파수가 적절하지 않아서 원하는 인터럽트 발생 주기를 만들기 어려울 경우에는 프리스케일러 레지스터 TIMx_PSC를 사용하여 클록 소스의 주파수를 적절히 분주하여 카운터에 입력하면 된다.

(1) 고성능 제어 타이머 TIM1을 사용하는 경우

먼저 고성능 제어 타이머 TIM1을 사용하여 2Hz의 속도로 주기적인 인터럽트를 발생하는 예제 프로그램을 작성하여 보기로 한다.

<프로그램 Exp11_1.c> 타이머1을 사용한 주기적인 인터럽트의 발생

```
/* ============================================================================ */
/*              Exp11_1_timer1.c : 타이머1을 사용한 주기적인 인터럽트              */
/* ============================================================================ */
/*                                     Programmed by Duck-Yong Yoon in 2017.   */
```

```
#include "stm32f103xe.h"
#include "OK-STM103.h"

void TIM1_UP_IRQHandler(void);                         /* TIM1 interrupt function (2Hz)*/

volatile unsigned int interrupt_count;                        // interrupt count
volatile unsigned char interrupt_flag, beep_flag;             // flag by interrupt

/* ----- 인터럽트 처리 프로그램 ---------------------------------------------- */

void TIM1_UP_IRQHandler(void)                          /* TIM1 interrupt function (2Hz)*/
{
  TIM1->SR = 0x0000;                                   // clear pending bit of TIM1 interrupt
  interrupt_flag = 1;                                  // interrupt ocurred

  interrupt_count++;                                   // increment interrupt count
  if((interrupt_count % 10) == 0)                      // beep in 5-second interval
    beep_flag = 1;
  else
    Tick();                                            // tick sound

  LED_toggle();                                        // toggle LED
}

/* ----- 메인 프로그램 ------------------------------------------------------- */

int main(void)
{
  Initialize_MCU();                                    // initialize MCU and kit
  Delay_ms(50);                                        // wait for system stabilization
  Initialize_LCD();                                    // initialize text LCD module
  Initialize_TFT_LCD();                                // initialize TFT-LCD module

  LCD_string(0x80," OK-STM103 V1.0 ");                 // display title
  LCD_string(0xC0,"   Exp11_1.c    ");
  Beep();

  TFT_string( 2,10,White,Magenta," 고성능 타이머 TIM1 인터럽트 (2Hz) ");
  TFT_string(18,16,Green,Black,  "00000");

  interrupt_count = 0;                                 // initialize interrupt variables
  interrupt_flag = 0;
  beep_flag = 0;

  RCC->APB2ENR |= 0x00000800;                          // enable TIM1 clock
  TIM1->PSC = 719;                                     // 72MHz/(719+1) = 100kHz
  TIM1->ARR = 49999;                                   // 100kHz/(49999+1) = 2Hz
  TIM1->CNT = 0;                                       // clear counter
  TIM1->DIER = 0x0001;                                 // enable update interrupt
  TIM1->CR1 = 0x0005;                                  // enable TIM1 and update event
  NVIC->ISER[0] |= 0x02000000;                         // enable (25)TIM1 interrupt

  while(1)
    { if(interrupt_flag == 1)
        { interrupt_flag = 0;
          TFT_xy(18,16);                               // display interrupt count
          TFT_color(Green,Black);
          TFT_unsigned_decimal(interrupt_count,1,5);

          if(beep_flag == 1)                           // if 5 seconds, beep
            { beep_flag = 0;
              Beep();
            }
        }
    }
}
```

☞ 타이머 TIM1은 RCC로부터 72MHz의 주변장치 클록을 공급받는다. 이를 프리스케일러로 분주하여 100kHz의 주파수를 만들고, 이를 다시 자동 재저장 레지스터로 분주하여 2Hz의 인터럽트 발생 주파수를 만들었다. 인터럽트가 발생할 때마다 버저로 틱(tick) 사운드를 발생하고 LED1을 점멸하여 시각적으로 알 수 있도록 하였고, 또한 인터럽트 발생 횟수를 카운트하여 TFT-LCD에 표시하였다. 10번의 인터럽트가 발생할 때마다(즉, 5번 LED가 점멸할 때마다) 버저에서 비프음을 울리도록 하였다.

인터럽트 처리 함수에서는 가장 먼저 이 인터럽트를 발생시킨 상태 레지스터 TIM1_SR의 UIF 비트를 0으로 클리어해주어야 한다는 점에 유의하라.

제어 프로그램을 작성할 때 시간이 많이 걸릴 수 있는 작업은 가능하면 인터럽트 처리함수 내에서 수행하지 말고 밖에서 처리하는 것이 좋다. 하나의 인터럽트가 처리되는 동안에 다른 인터럽트가 금지되어 처리되지 못하면 문제가 될 수 있으며, 더욱 심한 경우에는 인터럽트 작업 처리시간이 인터럽트 발생 주기보다 길어져서 스택 오버플로우(stack overflow)가 발생할 수도 있기 때문이다. 이와 같이 인터럽트가 발생할 때마다 처리해야 하는 일을 밖에서 처리하려면 인터럽트 처리함수와 외부 사이를 연결하여 주는 플랙 변수가 필요하다. 즉, 인터럽트 처리 함수에서는 인터럽트가 발생하였다는 사실을 플랙에 1로 세트하여 표시해 놓으며, 외부에서는 이 플랙의 값을 확인하고 작업을 처리한 후에 인터럽트 플랙을 다시 0으로 클리어한다. 위의 예제 프로그램에서는 interrupt_flag을 사용하여 2Hz의 속도(0.5초 주기)로 인터럽트 발생 사실을 표시하였으며, beep_flag을 사용하여 0.2Hz의 속도(5초 주기)로 비프음을 울려야 하는 시간이라는 것을 표시하였다.

(2) 범용 타이머 TIM5를 사용하는 경우

이번에는 범용 타이머 TIM5를 사용하여 앞의 예제 프로그램 Exp11_1.c와 동일한 기능을 수행하여 보기로 한다.

<프로그램 Exp11_2.c> 타이머5를 사용한 주기적인 인터럽트의 발생

```
/* ========================================================================== */
/*                Exp11_2_timer5.c : 타이머5를 사용한 주기적인 인터럽트          */
/* ========================================================================== */
/*                                 Programmed by Duck-Yong Yoon in 2017.      */

#include "stm32f103xe.h"
#include "OK-STM103.h"

void TIM5_IRQHandler(void);                         /* TIM5 interrupt function (2Hz)*/

volatile unsigned int interrupt_count;                      // interrupt count
volatile unsigned char interrupt_flag, beep_flag;           // flag by interrupt

/* ----- 인터럽트 처리 프로그램 ----------------------------------------------- */

void TIM5_IRQHandler(void)                          /* TIM5 interrupt function (2Hz)*/
{
  TIM5->SR = 0x0000;                                // clear pending bit of TIM5 interrupt
  interrupt_flag = 1;                               // interrupt ocurred

  interrupt_count++;                                // increment interrupt count
  if((interrupt_count % 10) == 0)                   // beep in 5-second interval
    beep_flag = 1;
  else
    Tick();                                         // tick sound
```

```
  LED_toggle();                                       // toggle LED
}

/* ----- 메인 프로그램 ------------------------------------------------------ */

int main(void)
{
  Initialize_MCU();                                   // initialize MCU and kit
  Delay_ms(50);                                       // wait for system stabilization
  Initialize_LCD();                                   // initialize text LCD module
  Initialize_TFT_LCD();                               // initialize TFT-LCD module

  LCD_string(0x80," OK-STM103 V1.0 ");               // display title
  LCD_string(0xC0,"    Exp11_2.c     ");
  Beep();

  TFT_string( 3,10,White,Magenta," 범용 타이머 TIM5 인터럽트 (2Hz) ");
  TFT_string(18,16,Green,Black,  "00000");

  interrupt_count = 0;                                // initialize interrupt variables
  interrupt_flag = 0;
  beep_flag = 0;

  RCC->APB1ENR |= 0x00000008;                         // enable TIM5 clock
  TIM5->PSC = 719;                                    // 72MHz/(719+1) = 100kHz
  TIM5->ARR = 49999;                                  // 100kHz/(49999+1) = 2Hz
  TIM5->CNT = 0;                                      // clear counter
  TIM5->DIER = 0x0001;                                // enable update interrupt
  TIM5->CR1 = 0x0005;                                 // enable TIM5 and update event
  NVIC->ISER[1] |= 0x00040000;                        // enable (50)TIM5 interrupt

  while(1)
    { if(interrupt_flag == 1)
        { interrupt_flag = 0;
          TFT_xy(18,16);                              // display interrupt count
          TFT_color(Green,Black);
          TFT_unsigned_decimal(interrupt_count,1,5);

          if(beep_flag == 1)                          // if 5 seconds, beep
            { beep_flag = 0;
              Beep();
            }
        }
    }
}
```

(3) 기본 타이머 TIM7을 사용하는 경우

이번에는 기본 타이머 TIM7을 사용하여 제4.9절의 예제 프로그램 Exp09_1.c와 동일한 기능을 수행하여 보기로 한다. 이 프로그램에서는 KEY1~KEY4를 눌러서 인터럽트 발생 주기를 4가지로 변경할 수 있다.

<프로그램 Exp11_3.c> 타이머7을 사용한 주기적인 인터럽트의 발생

```
/* ========================================================================== */
/*            Exp11_3_timer7.c : 타이머7을 사용한 가변 주기 인터럽트          */
/* ========================================================================== */
/*                                  Programmed by Duck-Yong Yoon in 2017.     */
```

```
#include "stm32f103xe.h"
#include "OK-STM103.h"

void TIM7_IRQHandler(void);                          /* TIM7 interrupt function */
void Display_key(U08 key);                           /* display key input */

/* ----- 인터럽트 처리 프로그램 ------------------------------------------------- */

void TIM7_IRQHandler(void)                           /* TIM7 interrupt function */
{
  TIM7->SR = 0x0000;                                 // clear pending bit of TIM7 interrupt

  LED_toggle();                                      // toggle LED
}

/* ----- 메인 프로그램 ---------------------------------------------------------- */

int main(void)
{
  unsigned char key;

  Initialize_MCU();                                  // initialize MCU and kit
  Delay_ms(50);                                      // wait for system stabilization
  Initialize_LCD();                                  // initialize text LCD module
  Initialize_TFT_LCD();                              // initialize TFT-LCD module

  LCD_string(0x80," OK-STM103 V1.0 ");               // display title
  LCD_string(0xC0,"    Exp11_3.c    ");
  Beep();

  TFT_string( 2, 4, White,Magenta, " 타이머7 인터럽트를 이용한 LED 점멸 ");
  TFT_string(10,10, Green,  Black, " 50ms ON /  50ms OFF");
  TFT_string( 7,16, White,  Black, "KEY1 -  50ms 주기 인터럽트");
  TFT_string( 7,19, White,  Black, "KEY2 - 100ms 주기 인터럽트");
  TFT_string( 7,22, White,  Black, "KEY3 - 200ms 주기 인터럽트");
  TFT_string( 7,25, White,  Black, "KEY4 - 400ms 주기 인터럽트");

  RCC->APB1ENR |= 0x00000020;                        // enable TIM7 clock
  TIM7->PSC = 1079;                                  // 72MHz/(719+1) = 100kHz
  TIM7->ARR = 4999;                                  // 100kHz/(4999+1) = 20Hz
  TIM7->CNT = 0;                                     // clear counter
  TIM7->DIER = 0x0001;                               // enable update interrupt
  TIM7->CR1 = 0x0085;                                // enable TIM7, update event, and preload
  NVIC->ISER[1] |= 0x00800000;                       // enable (55)TIM7 interrupt

  while(1)
    { key = Key_input();                             // key input
      switch(key)
        { case KEY1 : TIM7->ARR  = 4999;             // 100kHz/(4999+1) = 20Hz
                      Display_key(KEY1);
                      TFT_string(10,10, Green,  Black, " 50ms ON /  50ms OFF");
                      break;
          case KEY2 : TIM7->ARR  = 9999;             // 100kHz/(9999+1) = 10Hz
                      Display_key(KEY2);
                      TFT_string(10,10, Green,  Black, "100ms ON / 100ms OFF");
                      break;
          case KEY3 : TIM7->ARR  = 19999;            // 100kHz/(19999+1) = 5Hz
                      Display_key(KEY3);
                      TFT_string(10,10, Green,  Black, "200ms ON / 200ms OFF");
                      break;
          case KEY4 : TIM7->ARR  = 39999;            // 100kHz/(3999+1) = 2.5Hz
                      Display_key(KEY4);
                      TFT_string(10,10, Green,  Black, "400ms ON / 400ms OFF");
                      break;
        }
    }
}

/* ----- 사용자 정의 함수 ------------------------------------------------------- */

void Display_key(U08 key)                            /* display key input */
```

```
  {
    TFT_string(7,16, White,Black, "KEY1");
    TFT_string(7,19, White,Black, "KEY2");
    TFT_string(7,22, White,Black, "KEY3");
    TFT_string(7,25, White,Black, "KEY4");

    if(key == KEY1)       TFT_string(7,16, Magenta,Black, "KEY1");
    else if(key == KEY2) TFT_string(7,19, Magenta,Black, "KEY2");
    else if(key == KEY3) TFT_string(7,22, Magenta,Black, "KEY3");
    else if(key == KEY4) TFT_string(7,25, Magenta,Black, "KEY4");
  }
```

☞ 앞의 두 예제 프로그램에서는 자동 재저장 레지스터에서 프리로드 버퍼를 사용하지 않았으나, 여기서는 TIM7_ARR 레지스터의 값을 수시로 변경해야 하므로 TIM7_CR1 레지스터를 0x05가 아니라 0x85로 설정하여 자동 재저장 레지스터 TIM7_ARR의 프리로드 버퍼(preload buffer)를 사용한다는 점에 주목하라. 만약, 프리로드 버퍼를 사용하지 않고 자동 재저장 레지스터 TIM7_ARR의 값을 변경하게 되면 인터럽트 발생 주파수에 일시적으로 큰 오류가 발생하는 글리치(glitch) 현상이 나타날 수 있다.

2. 타이머를 이용한 스톱워치

여기서는 기본 타이머 TIM7을 사용하여 제4.9절의 예제 프로그램 Exp09_2.c와 동일한 기능의 전자 스톱워치(stop watch)를 구현해보기로 한다. 스톱워치는 최소 시간 단위가 1/100초까지 표시되며, 스톱워치의 스타트 버튼은 KEY1, 스톱 버튼은 KEY4, 리셋 버튼은 KEY3을 사용하기로 한다.

<프로그램 Exp11_4.c> 타이머7을 이용한 전자 스톱워치 프로그램

```
/* ========================================================================== */
/*              Exp11_4_stopwatch.c : 타이머7을 이용한 전자 스톱워치             */
/* ========================================================================== */
/*                                  Programmed by Duck-Yong Yoon in 2017.      */

#include "stm32f103xe.h"
#include "OK-STM103.h"
#include "OK-STM103_large.h"

void TIM7_IRQHandler(void);                       /* TIM7 interrupt function */
void Clear_time(void);                            /* clear time */
void Display_key(U08 key);                        /* display key input */

volatile unsigned int second, minute, hour;
volatile unsigned char run_flag;

/* ----- 인터럽트 처리 프로그램 ------------------------------------------------ */

void TIM7_IRQHandler(void)                        /* TIM7 interrupt function */
{
  TIM7->SR = 0x0000;                              // clear pending bit of TIM7 interrupt

  second++;                                       // increment 1/100 second
  if(second == 6000)                              // second = 60 ?
    { second = 0;                                 // if yes, second = 0 and minute++
```

```
      minute++;
      if(minute == 60)                          // minute = 60 ?
        { minute = 0;                           // if yes, minute = 0 and hour++
          hour++;
          if(hour == 100)                       // hour = 100 ?
            hour = 0;                           // if yes, hour = 0
        }
    }

  TFT_color(Green,Black);                       // display time
  TFT_xy(5,10);
  TFT_unsigned_decimal_large(hour,1,2);
  TFT_xy(10,10);
  TFT_unsigned_decimal_large(minute,1,2);
  TFT_xy(15,10);
  TFT_unsigned_decimal_large(second / 100,1,2);
  TFT_xy(18,10);
  TFT_unsigned_decimal_large(second % 100,1,2);
}
/* ----- 메인 프로그램 ------------------------------------------------------------ */

int main(void)
{
  unsigned char key;

  Initialize_MCU();                             // initialize MCU and kit
  Delay_ms(50);                                 // wait for system stabilization
  Initialize_LCD();                             // initialize text LCD module
  Initialize_TFT_LCD();                         // initialize TFT-LCD module

  LCD_string(0x80," OK-STM103 V1.0 ");          // display title
  LCD_string(0xC0,"   Exp11_4.c    ");
  Beep();

  TFT_string(2,4, White,Magenta, " 타이머 TIM7을 이용한 전자 스톱워치 ");
  TFT_string_large(5,10, Magenta,Black, "00 : 00 : 00.00");
  TFT_string(10,18, White,Black, "KEY1 - 스타트(start)");
  TFT_string(10,20, White,Black, "KEY2 -");
  TFT_string(10,22, White,Black, "KEY3 - 리셋(reset)");
  TFT_string(10,24, White,Black, "KEY4 - 스톱(stop)");
  Clear_time();                                 /* clear time */

  RCC->APB1ENR |= 0x00000020;                   // enable TIM7 clock
  TIM7->PSC = 719;                              // 72MHz/(719+1) = 100kHz
  TIM7->ARR = 999;                              // 100kHz/(999+1) = 100Hz
  TIM7->CNT = 0;                                // clear counter
  TIM7->DIER = 0x0000;                          // disable update interrupt
  TIM7->CR1 = 0x0005;                           // enable TIM7 and update event
  NVIC->ISER[1] |= 0x00800000;                  // enable (55)TIM7 interrupt

  run_flag = 0;                                 // initial status

  while(1)
    { key = Key_input();                        // key input
      switch(key)
        { case KEY1 : if(run_flag == 1) break;  // if run_flag=1, ignore KEY1
                      run_flag = 1;
                      Display_key(KEY1);
                      TIM7->DIER = 0x0001;      // enable update interrupt
                      break;
          case KEY3 : if(run_flag == 1) break;  // if run_flag=1, ignore KEY3
                      TIM7->DIER = 0x0000;      // disable update interrupt
                      Clear_time();
                      Display_key(KEY3);
                      break;
          case KEY4 : if(run_flag == 0) break;  // if run_flag=0, ignore KEY4
                      run_flag = 0;
                      TIM7->DIER = 0x0000;      // disable update interrupt
                      Display_key(KEY4);
                      break;
```

```
        default:    break;
      }
    }
}

/* ----- 사용자 정의 함수 ------------------------------------------------------- */

void Clear_time(void)                                  /* clear time */
{
  second = 0;                                          // clear time
  minute = 0;
  hour = 0;

  TFT_string_large( 5,10, Green,Black, "00 : 00 : 00.00"); // clear display
  TFT_string_large( 8,10, Green,Black, ":");
  TFT_string_large(13,10, Green,Black, ":");
  TFT_string_large(17,10, Green,Black, ".");
}

void Display_key(U08 key)                              /* display key input */
{
  TFT_string(10,18, White,Black, "KEY1");
  TFT_string(10,22, White,Black, "KEY3");
  TFT_string(10,24, White,Black, "KEY4");

  if(key == KEY1)        TFT_string(10,18, Magenta,Black, "KEY1");
  else if(key == KEY3) TFT_string(10,22, Magenta,Black, "KEY3");
  else if(key == KEY4) TFT_string(10,24, Magenta,Black, "KEY4");
}
```

3. 실습 과제

(1) 기본 타이머 TIM7에서 자동 재저장 레지스터 TIM7_ARR의 프리로드 버퍼가 하는 기능은 무엇인지 설명하라.

(2) 예제 프로그램 Exp11_3.c에서 TIM7 제어 레지스터1 TIM7_CR1을 0x0085가 아니라 0x0005로 설정하고 프로그램을 실행하여 보라. 여러 키를 누를 때 가끔 LED가 긴 시간동안 멈추는 현상을 볼 수 있는가? 왜 이런 현상이 생기는지 설명하라.

(3) 기본 타이머 TIM7을 사용하여 예제 프로그램 Exp09_5.c와 동일한 디지털 시계 프로그램 Exp11_5R.c를 작성하라.

4.12 타이머를 이용한 PWM 제어 프로그램

이 절에서는 STM32F103VET6의 타이머 관련 기능중에서 PWM 출력을 발생하는 프로그래밍 기술을 익힌다.

관련 내용	(1) 제2.5절 고성능 제어 타이머(TIM1/8) (2) 제2.6절 범용 타이머(TIM2/3/4/5) (2) 제3.1절 *OK-STM103* 키트의 구조와 기능

1. 1채널 PWM 출력 프로그램

먼저 STM32F103VET6의 고성능 제어 타이머 TIM1을 사용하여 1채널의 PWM 신호를 발생하는 프로그램을 작성하여 보기로 한다. 여기서는 *OK-STM103* 키트에서 테스트 단자 TP10에 TIM1의 4번 채널 출력신호인 TIM1_CH4를 연결하여 PWM 출력을 관찰한다. TIM1의 채널4 PWM 출력인 TIM1_CH4는 <표 1.2.3> 및 <표 3.1.3>에 보인 것처럼 PE14 단자의 재배치 상태에 해당하는 부수적인 기능으로 정의되어 있으며, 이 단자는 <그림 3.1.2>의 회로도에서 보는 바와 같이 테스트 핀 TP10에도 연결되어 있다.

PWM 스위칭 주파수(또는 주기)는 타이머 TIM1의 프리스케일러 레지스터와 자동 재저장 레지스터를 사용하여 다음과 같이 결정된다.

$$
\begin{aligned}
f_{\mathrm{PWM}}\ [\mathrm{Hz}] &= f_{\mathrm{CK\_TIM1}}/(\mathrm{TIM1\_PSC}+1)/(\mathrm{TIM1\_ARR}+1) \\
&= 72\mathrm{MHz}/(\mathrm{TIM1\_PSC}+1)/(\mathrm{TIM1\_ARR}+1)
\end{aligned}
$$

또한 채널4의 PWM 출력신호 TIM1_CH4의 듀티비(duty ratio)는 TIM1_CCR4 레지스터에 의하여 다음과 같이 결정된다. 이러한 원리를 그림으로 설명하면 <그림 4.12.1>과 같다.

$$
D_{\mathrm{TIM1\_CH4}}\ [\%] = \frac{\mathrm{TIM1\_CCR4}}{\mathrm{TIM1\_ARR}+1} \times 100
$$

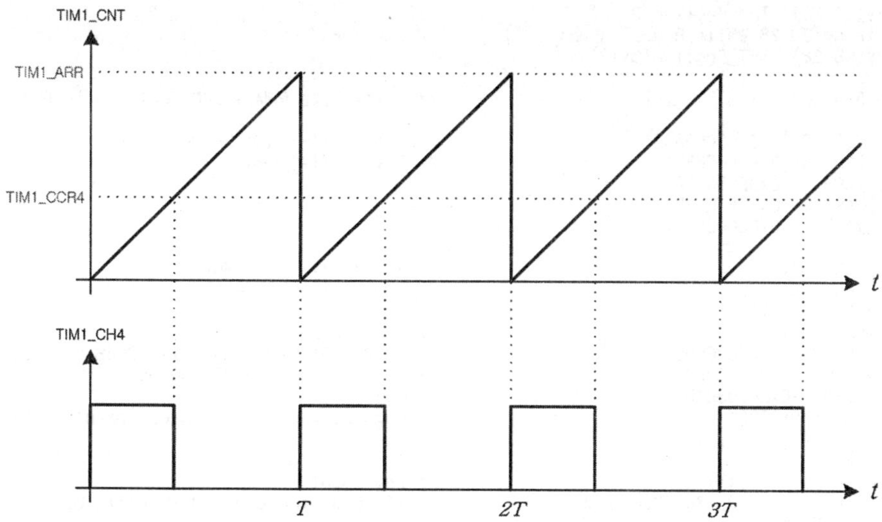

<그림 4.12.1> 고성능 제어 타이머 TIM1을 사용한 PWM 출력신호 발생

다음의 예제 프로그램에서는 고성능 타이머 TIM1의 채널4 단자 TIM1_CH4에서 1kHz의 PWM 신호를 발생하여 테스트 단자 TP10으로 출력한다. 사용자가 KEY3과 KEY4를 이용하여 이 신호의 듀티비를 10~90%의 범위에서 가변할 수 있다.

<프로그램 Exp12_1.c> 타이머1을 사용한 가변 듀티비의 PWM 출력 프로그램

```
/* ============================================================================ */
/*              Exp12_1_PWM(1).c : 타이머1의 1채널 PWM 출력 프로그램              */
/* ============================================================================ */
/*                                   Programmed by Duck-Yong Yoon in 2017.     */

#include "stm32f103xe.h"
#include "OK-STM103.h"

int main(void)
{
  unsigned char key;
  unsigned int PWM;                               // pulse width

  Initialize_MCU();                               // initialize MCU and kit
  Delay_ms(50);                                   // wait for system stabilization
  Initialize_LCD();                               // initialize text LCD module
  Initialize_TFT_LCD();                           // initialize TFT-LCD module

  LCD_string(0x80," OK-STM103 V1.0 ");            // display title
  LCD_string(0xC0,"   Exp12_1.c    ");
  Beep();

  TFT_string( 0,4,White,Magenta, "   고성능 타이머 TIM1의 PWM 출력 모드   ");
  TFT_string(10,7,White,  Black, "TP10(TIM1_CH4) 단자");
  TFT_string(12,12, Cyan,Black, "주기   = 1000 us");
  TFT_string(12,15, Cyan,Black, "펄스폭 =  500 us");
  TFT_string(12,18, Cyan,Black, "듀티비 =   50 %");
  TFT_string( 4,24, White,Black, "KEY3~KEY4로 듀티비를 가변하시오!");
  TFT_string(20,28,White,Blue," 증가( ) ");
```

```
   TFT_xy(26,28); TFT_English(0x18);
   TFT_string(30,28,White,Blue," 감소( ) ");
   TFT_xy(36,28); TFT_English(0x19);

   PWM = 500;                                  // initialize PWM = 500 (duty ratio 50%)

   RCC->APB2ENR |= 0x00000840;                 // enable TIM1 and GPIOE clock
   GPIOE->CRH &= 0xF0FFFFFF;                   // PE14 = TIM1_CH4
   GPIOE->CRH |= 0x0B000000;
   AFIO->MAPR &= 0xFFFFFF3F;
   AFIO->MAPR |= 0x000000C0;

   TIM1->PSC = 71;                             // 72MHz/(71+1) = 1MHz
   TIM1->ARR = 999;                            // 1MHz / (999+1) = 1kHz
   TIM1->CCR4 = PWM;
   TIM1->CNT = 0;                              // clear counter
   TIM1->CCMR2 = 0x00006C00;                   // OC4M = 0110(PWM mode 1), CC4S = 00(output)
   TIM1->CCER = 0x00001000;                    // CC4E = 1(enable OC4 output)
   TIM1->BDTR = 0x00008000;                    // MOE = 1
   TIM1->CR1 = 0x0005;                         // edge-aligned, up-counter, enable TIM1

   while(1)
     { key = Key_input();                      // key input
       if((key == KEY3) && (PWM < 900))        // if KEY3, increment duty ratio by 10%
         { PWM += 100;
           TIM1->CCR4  = PWM;
           TFT_color(Yellow,Black);
           TFT_xy(21,15);
           TFT_unsigned_decimal(PWM,0,4);
           TFT_xy(22,18);
           TFT_unsigned_decimal(PWM/10,0,3);
         }
       else if((key == KEY4) && (PWM > 100))   // if KEY4, decrement duty ratio by 10%
         { PWM -= 100;
           TIM1->CCR4  = PWM;
           TFT_color(Yellow,Black);
           TFT_xy(21,15);
           TFT_unsigned_decimal(PWM,0,4);
           TFT_xy(22,18);
           TFT_unsigned_decimal(PWM/10,0,3);
         }
     }
}
```

☞ 고성능 타이머 TIM1의 채널4 PWM 출력 신호 TIM1_CH4는 PE14 단자의 재배치 상태에 해당하는 부수적인 기능으로 정의되어 있으므로 AFIO_MAPR 레지스터를 사용하여 설정해주어야 한다.

이 프로그램에서는 TIM1_CCR4 레지스터의 값을 수시로 변경하여 PWM 듀티비를 가변하고 있기 때문에 TIM1_CCMR2 레지스터에서 OC4PE=1로 하여 TIM1_CCR4 레지스터의 프리로드(preload) 버퍼를 사용하도록 설정하는 것이 중요하다. 이 버퍼를 사용하지 않으면 듀티비를 변경할 때 일시적으로 PWM 출력 파형에 글리치(glitch)가 발생할 수 있다.

2. 2채널 PWM 출력 프로그램

이번에는 범용 타이머 TIM3을 사용하여 2채널의 PWM 신호를 발생하는 프로그램을 작성하여 보기로 한다. *OK-STM103* 키트에서는 테스트 핀 TP11과 TP12를 통하여 각각 PWM 출력 신호 TIM3_CH1 및 TIM3_CH2를 관측할 수 있도록 하였다. 이들

PWM 신호는 <표 1.2.3> 및 <표 3.1.3>에 보인 것처럼 각각 PC6과 PC7 단자의 재배치 상태에 해당하는 부수적인 기능으로 정의되어 있다.

여기서 PWM 스위칭 주파수(또는 주기)는 타이머 TIM3의 프리스케일러 레지스터와 자동 재저장 레지스터를 사용하여 다음과 같이 결정된다.

$$f_{PWM}\ [\mathrm{Hz}] = f_{CK\_TIM3}/(\mathrm{TIM3\_PSC}+1)/(\mathrm{TIM3\_ARR}+1)$$
$$= 36\mathrm{MHz}/(\mathrm{TIM3\_PSC}+1)/(\mathrm{TIM3\_ARR}+1)$$

또한 채널1과 채널2의 PWM 출력신호 TIM3_CH1과 TIM3_CH2의 듀티비는 각각의 캡쳐/비교 레지스터에 의하여 다음과 같이 결정된다. 이러한 원리를 그림으로 설명하면 <그림 4.12.2>와 같다.

$$D_{\mathrm{TIM3\_CH1}}\ [\%] = \frac{\mathrm{TIM3\_CCR1}}{\mathrm{TIM3\_ARR}+1}\times 100$$

$$D_{\mathrm{TIM3\_CH2}}\ [\%] = \frac{\mathrm{TIM3\_CCR2}}{\mathrm{TIM3\_ARR}+1}\times 100$$

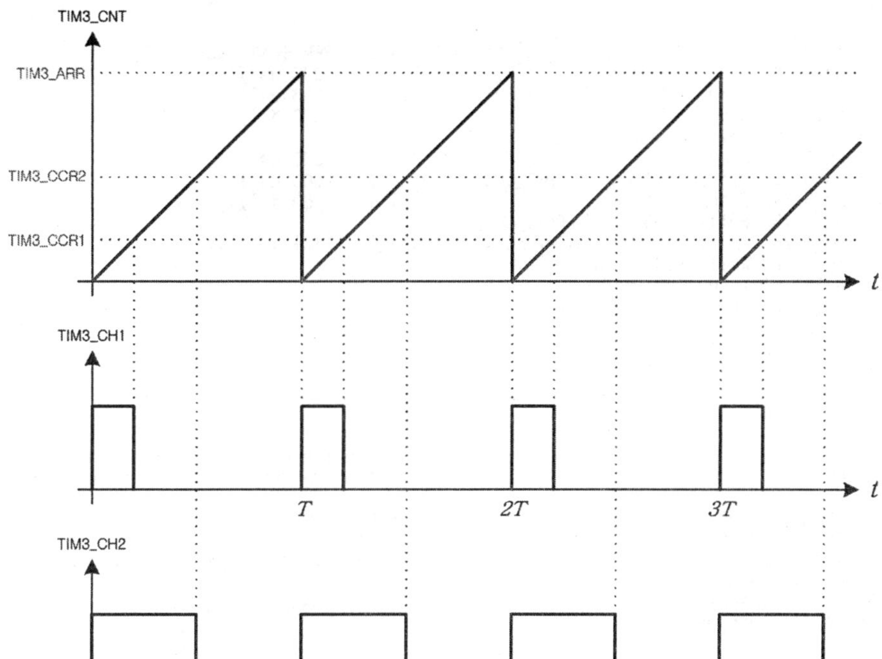

〈그림 4.12.2〉 범용 타이머 TIM3을 사용한 2채널의 PWM 출력신호 발생

다음 예제 프로그램에서는 범용 타이머 TIM3의 채널1 출력신호 TIM3_CH1과 채널2 출력신호 TIM3_CH2에서 1kHz의 PWM 신호를 발생하여 출력한다. 키트의 KEY1과 KEY2를 이용하여 채널1의 듀티비를 10~90%의 범위에서 가변하고, KEY3과 KEY4를 이용하여 채널2의 듀티비를 역시 10~90%의 범위에서 변화시킬 수 있다.

〈프로그램 Exp12_2.c〉 타이머3을 사용한 2채널의 PWM 출력 프로그램

```
/* ============================================================================ */
/*              Exp12_2_PWM(2).c : 타이머3의 2채널 PWM 출력 프로그램               */
/* ============================================================================ */
/*                                  Programmed by Duck-Yong Yoon in 2017.   */

#include "stm32f103xe.h"
#include "OK-STM103.h"

int main(void)
{
  unsigned char key;
  unsigned int PWM1, PWM2;                      // pulse width of TIM3_CH1 and TIM3_CH2

  Initialize_MCU();                             // initialize MCU and kit
  Delay_ms(50);                                 // wait for system stabilization
  Initialize_LCD();                             // initialize text LCD module
  Initialize_TFT_LCD();                         // initialize TFT-LCD module

  LCD_string(0x80," OK-STM103 V1.0 ");          // display title
  LCD_string(0xC0,"   Exp12_2.c    ");
  Beep();

  TFT_string(0, 2, White,Magenta, "    범용 타이머 TIM3의 PWM 출력 모드    ");
  TFT_string(5, 6, Cyan,   Black, " TP11 핀     : 주기   = 1000 us");
  TFT_string(5, 8, Cyan,   Black, "(TIM3_CH1)     펄스폭 =  200 us");
  TFT_string(5,10, Cyan,   Black, "               듀티비 =   20 % ");
  TFT_string(5, 8, White,    Red, "(TIM3_CH1)");
  TFT_string(5,14, Cyan,   Black, " TP12 핀     : 주기   = 1000 us");
  TFT_string(5,16, Cyan,   Black, "(TIM3_CH2)     펄스폭 =  500 us");
  TFT_string(5,18, Cyan,   Black, "               듀티비 =   50 % ");
  TFT_string(5,16, White,   Blue, "(TIM3_CH2)");
  TFT_string(4,25, White,  Black, "KEY1~KEY4로 듀티비를 가변하시오!");
  TFT_string( 1,28,White,Red," CH1( ) ");
  TFT_xy( 6,28); TFT_English(0x18);
  TFT_string(11,28,White,Red," CH1( ) ");
  TFT_xy(16,28); TFT_English(0x19);
  TFT_string(21,28,White,Blue," CH2( ) ");
  TFT_xy(26,28); TFT_English(0x18);
  TFT_string(31,28,White,Blue," CH2( ) ");
  TFT_xy(36,28); TFT_English(0x19);

  PWM1 = 200;                                   // initialize PWM1 = 200 (duty ratio 20%)
  PWM2 = 500;                                   // initialize PWM2 = 500 (duty ratio 50%)

  RCC->APB1ENR |= 0x00000002;                   // enable TIM3 clock
  RCC->APB2ENR |= 0x00000010;                   // enable GPIOC clock
  GPIOC->CRL &= 0x00FFFFFF;                     // PA7 = TIM3_CH2, PA6 = TIM3_CH1
  GPIOC->CRL |= 0xBB000000;
  AFIO->MAPR &= 0xFFFFF3FF;                     // PA7 = TIM3_CH2, PA6 = TIM3_CH1
  AFIO->MAPR |= 0x00000C00;

  TIM3->PSC = 71;                               // 72MHz/(71+1) = 1MHz
  TIM3->ARR = 999;                              // 1MHz/(999+1) = 1kHz
  TIM3->CCR1 = PWM1;
  TIM3->CCR2 = PWM2;
  TIM3->CNT = 0;                                // clear counter
```

```
  TIM3->CCMR1  =  0x00006C6C;                                  //  OC2M=OC1M=0110(PWM  mode  1),
CC2S=CC1S=00(output)
  TIM3->CCER = 0x0011;                          // CC2E = CC1E = 1(enable OC2/OC1 output)
  TIM3->CR1 = 0x0005;                           // edge-aligned, up-counter, enable TIM3

  while(1)
    { key = Key_input();                        // key input
      if((key == KEY1) && (PWM1 < 900))         // if KEY1, increment CH1 duty ratio by 10%
        { PWM1 += 100;
          TIM3->CCR1  = PWM1;
          TFT_color(Yellow,Black);
          TFT_xy(28,8);
          TFT_unsigned_decimal(PWM1,0,4);
          TFT_xy(29,10);
          TFT_unsigned_decimal(PWM1/10,0,3);
        }
      else if((key == KEY2) && (PWM1 > 100))    // if KEY2, decrement CH1 duty ratio by 10%
        { PWM1 -= 100;
          TIM3->CCR1  = PWM1;
          TFT_color(Yellow,Black);
          TFT_xy(28,8);
          TFT_unsigned_decimal(PWM1,0,4);
          TFT_xy(29,10);
          TFT_unsigned_decimal(PWM1/10,0,3);
        }
      else if((key == KEY3) && (PWM2 < 900))    // if KEY3, increment CH2 duty ratio by 10%
        { PWM2 += 100;
          TIM3->CCR2  = PWM2;
          TFT_color(Yellow,Black);
          TFT_xy(28,16);
          TFT_unsigned_decimal(PWM2,0,4);
          TFT_xy(29,18);
          TFT_unsigned_decimal(PWM2/10,0,3);
        }
      else if((key == KEY4) && (PWM2 > 100))    // if KEY4, decrement CH2 duty ratio by 10%
        { PWM2 -= 100;
          TIM3->CCR2  = PWM2;
          TFT_color(Yellow,Black);
          TFT_xy(28,16);
          TFT_unsigned_decimal(PWM2,0,4);
          TFT_xy(29,18);
          TFT_unsigned_decimal(PWM2/10,0,3);
        }
    }
}
```

☞ 범용 타이머 TIM3의 PWM 출력 신호 TIM3_CH1과 TIM3_CH2는 각각 PC6, PC7 단자의 재배치 상태에 해당하는 부수적인 기능으로 정의되어 있으므로 AFIO_MAPR 레지스터를 사용하여 설정해준다.

여기서는 1개의 PWM 주기가 1000개의 카운트로 이루어지므로 TIM3_CCR1 및 TIM3_CCR2 레지스터의 값을 0~1000의 범위에서 100씩 변화시키면 PWM 듀티비가 10%씩 변하게 된다. 이 2개의 PWM 신호는 동일한 타이머를 사용하여 발생하였으므로 스위칭 주기는 동일하지만 각각의 듀티비는 서로 독립적으로 설정할 수 있다.

이 프로그램을 실행하고 *OK-STM103* 키트의 PCB 뒷면에 있는 테스트 핀 TP11 및 TP12에서 각각 타이머 TIM3의 채널1 PWM 출력신호 TIM3_CH1과 채널2 PWM 출력신호 TIM3_CH2를 관찰하면 <그림 4.12.3>과 같다. 이 파형은 채널1의 듀티비가 20%이고 채널2의 듀티비가 50%인 경우이다.

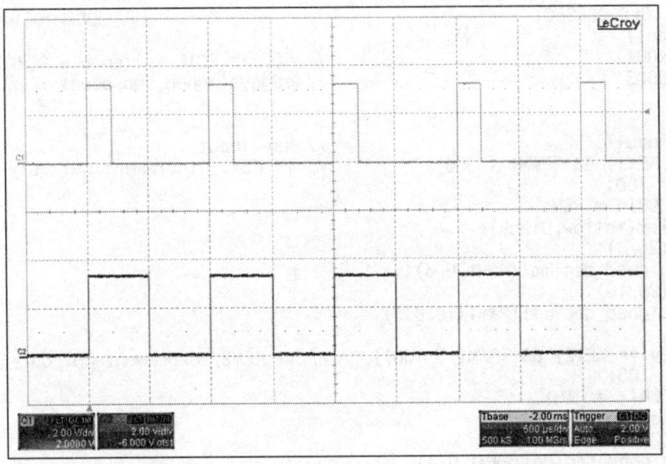

<그림 4.12.3> 오실로스코프로 측정한 TP13, TP14의 PWM 출력 파형

3. 실습 과제

(1) PWM 출력신호에서 글리치(glitch)란 무엇이며, 이것은 어떤 경우에 발생하는지 구체적으로 예를 들어 설명하라.

(2) STM32F103VET6의 타이머 TIM1에서 증가형 또는 감소형의 카운터일 때 에지 정렬 방식의 PWM 모드 파형과 증가/감소형 카운터로 동작하는 중앙 정렬 방식의 PWM 모드 파형이 어떻게 다른지 설명하라.

(3) 예제 프로그램 Exp12_1.c를 동일한 주파수의 중앙 정렬 방식 PWM 모드로 동작하도록 수정한 프로그램 Exp12_1R.c를 작성하라.

(4) 예제 프로그램 Exp12_2.c를 PWM 스위칭 주파수가 100Hz로 되도록 수정한 프로그램 Exp12_2R.c를 작성하라.

4.13 A/D 컨버터 응용 프로그램

이 절에서는 STM32F103VET6에 내장된 A/D 컨버터의 여러 가지 기능을 익히고 이를 응용하는 프로그램 작성 기술을 공부하기로 한다.

관련 내용	(1) 제2.2절 A/D 컨버터(ADC) (3) 제3.1절 *OK-STM103* 키트의 구조와 기능

1. *OK-STM103* 키트의 A/D 컨버터

STM32F103VET6에는 외부에서 16채널의 아날로그 신호(ADC_IN0～ADC_IN15)를 입력할 수 있는 12비트의 A/D 컨버터를 내장하고 있으며, 여기에 마이크로컨트롤러 내부의 2개 채널(ADC_IN16, ADC_IN17)이 추가된다. A/D 컨버터의 분해능은 12비트이고, A/D 변환에 소요되는 최소 시간은 1μs이며, A/D 컨버터의 기준전압으로는 아날로그 전원전압 V_{DDA}를 사용한다.

OK-STM103 키트에서는 외부의 아날로그 입력 ADC0～ADC3을 <그림 4.13.1>처럼 사용하고 있다. 이 키트에서 아날로그 전원 단자 V_{DDA}에는 디지털 전원 V_{DD}를 필터링하여 안정화된 +3.3V 전압을 인가하고 있으므로 A/D 컨버터의 각 채널에 입력될 수 있는 아날로그 신호의 전압 범위는 0～+3.3V이다.

OK-STM103 키트에서 ADC0은 +5V의 전원전압을 측정하기 위한 신호인데 아날로그 전압 범위가 0～+3.3V로 감소되도록 저항 R15와 R16으로 분압하였다. 또한, ADC1은 +3.3V의 전원전압을 측정하기 위한 신호인데 이를 저항 R17과 R18로 분압하여 사용한다. ADC2는 10kΩ의 가변저항 VR1을 사용하여 만든 0～+3.3V 범위의 가변전압 신호이며, ADC4는 반도체 온도센서 LM35DZ의 출력 신호이다. LM35DZ의 출력은 섭씨 1도에 10mV가 변화하므로 0～100℃의 온도변화에 대하여 0～1V의 직류전압 신호를 출력한다. 이러한 아날로그 입력 신호에는 잡음이나 리플을 제거하고 좀더 안정된 동작을 위하여 0.1μF의 세라믹 커패시터 C15～C18을 사용하였다. 이들 아날로그 신호의 전압값은 STM32F103VET6의 A/D 컨버터를 사용하여 다양한 방법으로 읽어들일 수 있다.

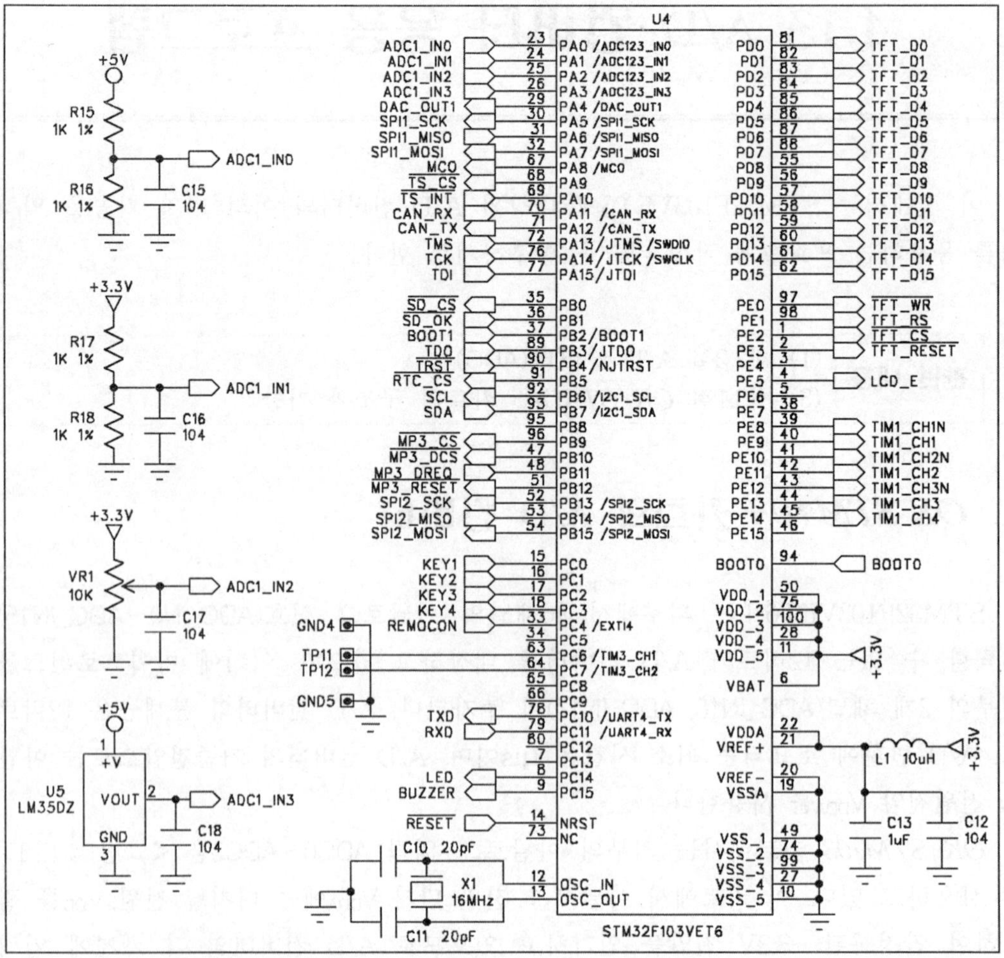

〈그림 4.13.1〉 *OK-STM103* 키트의 A/D 컨버터 관련 회로

2. 단일 변환 모드를 사용한 A/D 변환

(1) A/D 컨버터의 캘리브레이션을 실시한 경우

먼저 A/D 컨버터의 단일 변환 모드를 사용하여 ADC0~ADC3 및 ADC16~ADC17 채널에서 가장 단순하게 한번에 한 채널씩 A/D 변환하는 방법으로 전압 및 온도를 읽어들이는 프로그램을 작성하여 보기로 한다.

STM32F103VET6의 A/D 컨버터에는 측정의 오차를 줄이기 위한 캘리브레이션 기능을 가지고 있는데, 캘리브레이션은 부팅후 처음에 1번만 실시하며 이 책의 예제에서는 이러한 A/D 컨버터의 캘리브레이션 기능을 반드시 사용한다.

<프로그램 Exp13_1.c> 단일 변환 모드에 의한 A/D 변환(캘리브레이션 사용)

```
/* ========================================================================== */
/*      Exp13_1_single.c : A/D 컨버터의 단일변환 모드(캘리브레이션 사용)        */
/* ========================================================================== */
/*                                      Programmed by Duck-Yong Yoon in 2017.   */

#include "stm32f103xe.h"
#include "OK-STM103.h"

int main(void)
{
  unsigned short result;
  float temperature;

  Initialize_MCU();                                 // initialize MCU and kit
  Delay_ms(50);                                     // wait for system stabilization
  Initialize_LCD();                                 // initialize text LCD module
  Initialize_TFT_LCD();                             // initialize TFT-LCD module

  LCD_string(0x80," OK-STM103 V1.0 ");              // display title
  LCD_string(0xC0,"   Exp13_1.c    ");
  Beep();

  TFT_string(0,3,White,Magenta,"A/D 컨버터 단일변환 모드(캘리브레이션 0)");
  TFT_string(7, 7, White,Black,"ADC0  (+5.00V) = +0.00V");
  TFT_string(7,10, White,Black,"ADC1  (+3.30V) = +0.00V");
  TFT_string(7,13, White,Black,"ADC2   ( VR1 ) = +0.00V");
  TFT_string(7,16, White,Black,"ADC3  (LM35DZ) = +00.0 C");
  TFT_string(7,19,Yellow,Black,"ADC16  (Temp.) = +00.0 C");
  TFT_string(7,22,Yellow,Black,"ADC17 (+1.20V) = +0.00V");
  TFT_xy(29,16);
  TFT_English(0x7F);
  TFT_xy(29,19);
  TFT_English(0x7F);

  RCC->APB2ENR |= 0x00000200;                       // enable ADC1 clock
  ADC1->CR2 = 0x00000001;                           // enable ADC1(ADON = 1)
  Delay_us(1);
  ADC1->CR2 |= 0x00000004;                          // start ADC1 calibration(CAL = 1)
  while(ADC1->CR2 & 0x00000004);

  RCC->APB2ENR |= 0x00000004;                       // enable GPIOA clock
  GPIOA->CRL &= 0xFFFF0000;                         // use ADC0~ADC3
  RCC->CFGR &= 0xFFFF3FFF;                          // ADCCLK = PCLK2/6 = 72MHz/6 = 12MHz
  RCC->CFGR |= 0x00008000;

  ADC1->CR1 = 0x00000000;                           // 12-bit resolution, right alignment
  ADC1->CR2 = 0x009E0001;                           // TSVREFE = 1, use SWSTART, CONT = 0, ADON = 1
  ADC1->SQR1 = 0x00000000;                          // total regular channel number = 1
  ADC1->SMPR1 = 0x00FC0000;                         // sampling time of channel 16~17 = 239.5 cycle
  ADC1->SMPR2 = 0x00000249;                         // sampling time of channel 0~3 = 7.5 cycle

  while(1)
    { ADC1->SQR3 = 0x00000000;                      // channel 0 (+5.0V)
      ADC1->CR2 |= 0x00400000;                      // start conversion by software
      while(!(ADC1->SR & 0x00000002));              // wait for end of conversion
      result = ADC1->DR;
      TFT_xy(24,7);                                 // display voltage
      TFT_color(Cyan,Black);
      TFT_signed_float((float)result*2.*3.3/4095., 1, 2);

      ADC1->SQR3 = 0x00000001;                      // channel 1 (+3.3V)
      ADC1->CR2 |= 0x00400000;                      // start conversion by software
      while(!(ADC1->SR & 0x00000002));              // wait for end of conversion
      result = ADC1->DR;
      TFT_xy(24,10);                                // display voltage
      TFT_color(Cyan,Black);
      TFT_signed_float((float)result*2.*3.3/4095., 1, 2);
```

```
        ADC1->SQR3 = 0x00000002;                        // channel 2 (VR1)
        ADC1->CR2 |= 0x00400000;                        // start conversion by software
        while(!(ADC1->SR & 0x00000002));                // wait for end of conversion
        result = ADC1->DR;
        TFT_xy(24,13);                                  // display voltage
        TFT_color(Cyan,Black);
        TFT_signed_float((float)result*3.3/4095., 1, 2);

        ADC1->SQR3 = 0x00000003;                        // channel 3 (LM35DZ)
        ADC1->CR2 |= 0x00400000;                        // start conversion by software
        while(!(ADC1->SR & 0x00000002));                // wait for end of conversion
        result = ADC1->DR;
        TFT_xy(24,16);                                  // display temperature
        TFT_color(Magenta,Black);
        TFT_signed_float((float)result*330./4095., 2, 1);

        ADC1->SQR3 = 0x00000010;                        // channel 16 (temperature sensor)
        ADC1->CR2 |= 0x00400000;                        // start conversion by software
        while(!(ADC1->SR & 0x00000002));                // wait for end of conversion
        result = ADC1->DR;
        temperature = (float)result*3.3/4095.;          // calculate temperature
        temperature = (1.43-temperature)/0.0043 + 25.;
        TFT_xy(24,19);                                  // display temperature
        TFT_color(Magenta,Black);
        TFT_signed_float(temperature, 2, 1);

        ADC1->SQR3 = 0x00000011;                        // channel 17 (VREFINT = +1.20V)
        ADC1->CR2 |= 0x00400000;                        // start conversion by software
        while(!(ADC1->SR & 0x00000002));                // wait for end of conversion
        result = ADC1->DR;
        TFT_xy(24,22);                                  // display voltage
        TFT_color(Cyan,Black);
        TFT_signed_float((float)result*3.3/4095., 1, 2);

        LED_toggle();                                   // blink LED1
        Delay_ms(500);
    }
}
```

☞ 여기서는 6개의 채널을 차례로 1개씩 지정하고 A/D 변환을 스타트한 후에 상태 레지스터에서 A/D 변환이 완료되었다는 표시로 EOC=1로 되는 것을 확인하여 A/D 변환 결과를 읽는 방법을 사용하였다. 이것은 여러 채널을 A/D 변환할 때 효율성이 떨어지지만 가장 단순하여 널리 사용되는 방식이다.

A/D 변환 결과로 읽어들인 값을 원래의 측정하고자 하는 아날로그 물리량으로 환산하고 이를 텍스트 LCD 모듈 또는 TFT-LCD 모듈에 실수값으로 표시하는 프로그램 작성 기술이 중요하다.

12비트 A/D 변환결과의 0x0000~0x0FFF(0~4095)는 0~+3.3V의 전압에 대응한다. 따라서, A/D 컨버터로 읽어들인 임의의 값 x가 얼마의 아날로그 입력전압에 대응하는지를 계산하려면 비례식으로부터

$$4095 : 3.3 = x : \text{전압} \qquad \therefore \text{전압} = \frac{3.3x}{4095}\ [\text{V}]$$

와 같이 계산된다. 그러나, ADC0 및 ADC1 신호의 경우에는 아날로그 입력전압이 피측정 전압을 1/2로 분압한 것이므로 최종적으로 피측정 전압을 계산하려면 위의 식에 다시 2를 곱해주어야 한다.

온도센서 LM35DZ의 경우에는 12비트 A/D 변환결과의 0x0000~0x0FFF(0~4095)는 0~+3.3V의 전압에 대응하고 이 전압은 다시 0~+330℃의 온도에 대응한다. 따라서, A/D 컨버터로 읽어들인 임의의 값 x가 얼마의 온도에 대응하는지를 계산하려면 비례식으로부터

$$4095 : 330 = x : 온도 \qquad \therefore 온도 = \frac{330x}{4095}\ [℃]$$

로 계산된다.

A/D 변환 결과를 TFT-LCD에 표시할 때는 A/D 컨버터의 변환속도에 따라 너무 자주 화면에 디스플레이하면 표시값이 변동할 경우 그 변동속도가 너무 빨라서 사람의 눈으로 이를 읽거나 알아보기가 매우 어렵게 된다. 이를 위해 여기서는 250ms의 시간지연을 주어 1초에 약 4회 정도로 천천히 디스플레이되도록 하였다. 그리고, 새로운 값이 표시될 때마다 LED1을 점멸하여 외부에서 A/D 컨버터의 동작 상황을 쉽게 알 수 있도록 하였다.

A/D 컨버터를 캘리브레이션하려면 해당 A/D 컨버터에 클록을 공급하고, ADCx_CR2 레지스터에서 ADON=1로 설정한 이후에 CAL=1로 설정하여 시작한다. 캘리브레이션 동작이 완료되면 다시 CAL=0으로 된다.

(2) A/D 컨버터의 캘리브레이션을 실시하지 않은 경우

이번에는 앞의 Exp13_1.c와 동일한 예제에서 A/D 컨버터에서 캘리브레이션 기능을 사용하지 않고 A/D 변환을 수행하여 보기로 한다. 이렇게 하면 A/D 변환 결과에 상당한 오차가 발생하는 것을 확인할 수 있다.

<프로그램 Exp13_2.c> 단일 변환 모드에 의한 A/D 변환(캘리브레이션 미사용)

```c
/* ========================================================================== */
/*  Exp13_2_no_calibration.c : A/D 컨버터의 단일변환 모드(캘리브레이션 미사용)  */
/* ========================================================================== */
/*                                      Programmed by Duck-Yong Yoon in 2017.  */

#include "stm32f103xe.h"
#include "OK-STM103.h"

int main(void)
{
  unsigned short result;
  float temperature;

  Initialize_MCU();                          // initialize MCU and kit
  Delay_ms(50);                              // wait for system stabilization
  Initialize_LCD();                          // initialize text LCD module
  Initialize_TFT_LCD();                      // initialize TFT-LCD module

  LCD_string(0x80," OK-STM103 V1.0 ");       // display title
  LCD_string(0xC0,"   Exp13_2.c    ");
  Beep();

  TFT_string(0,3,White,Magenta,"A/D 컨버터 단일변환 모드(캘리브레이션 X)");
  TFT_string(7, 7, White,Black,"ADC0  (+5.00V) = +0.00V");
  TFT_string(7,10, White,Black,"ADC1  (+3.30V) = +0.00V");
  TFT_string(7,13, White,Black,"ADC2   ( VR1 ) = +0.00V");
  TFT_string(7,16, White,Black,"ADC3  (LM35DZ) = +00.0 C");
  TFT_string(7,19,Yellow,Black,"ADC16  (Temp.) = +00.0 C");
  TFT_string(7,22,Yellow,Black,"ADC17 (+1.20V) = +0.00V");
  TFT_xy(29,16);
  TFT_English(0x7F);
  TFT_xy(29,19);
  TFT_English(0x7F);
```

```
RCC->APB2ENR |= 0x00000204;                        // enable ADC1, GPIOA clock
GPIOA->CRL &= 0xFFFF0000;                          // use ADC0~ADC3
RCC->CFGR &= 0xFFFF3FFF;                           // ADCCLK = PCLK2/6 = 72MHz/6 = 12MHz
RCC->CFGR |= 0x00008000;

ADC1->CR1 = 0x00000000;                            // 12-bit resolution, right alignment
ADC1->CR2 = 0x009E0001;                            // TSVREFE = 1, use SWSTART, CONT = 0, ADON = 1
ADC1->SQR1 = 0x00000000;                           // total regular channel number = 1
ADC1->SMPR1 = 0x00FC0000;                          // sampling time of channel 16~17 = 239.5 cycle
ADC1->SMPR2 = 0x00000249;                          // sampling time of channel 0~3 = 7.5 cycle

while(1)
  { ADC1->SQR3 = 0x00000000;                       // channel 0 (+5.0V)
    ADC1->CR2 |= 0x00400000;                       // start conversion by software
    while(!(ADC1->SR & 0x00000002));               // wait for end of conversion
    result = ADC1->DR;
    TFT_xy(24,7);                                  // display voltage
    TFT_color(Cyan,Black);
    TFT_signed_float((float)result*2.*3.3/4095., 1, 2);

    ADC1->SQR3 = 0x00000001;                       // channel 1 (+3.3V)
    ADC1->CR2 |= 0x00400000;                       // start conversion by software
    while(!(ADC1->SR & 0x00000002));               // wait for end of conversion
    result = ADC1->DR;
    TFT_xy(24,10);                                 // display voltage
    TFT_color(Cyan,Black);
    TFT_signed_float((float)result*2.*3.3/4095., 1, 2);

    ADC1->SQR3 = 0x00000002;                       // channel 2 (VR1)
    ADC1->CR2 |= 0x00400000;                       // start conversion by software
    while(!(ADC1->SR & 0x00000002));               // wait for end of conversion
    result = ADC1->DR;
    TFT_xy(24,13);                                 // display voltage
    TFT_color(Cyan,Black);
    TFT_signed_float((float)result*3.3/4095., 1, 2);

    ADC1->SQR3 = 0x00000003;                       // channel 3 (LM35DZ)
    ADC1->CR2 |= 0x00400000;                       // start conversion by software
    while(!(ADC1->SR & 0x00000002));               // wait for end of conversion
    result = ADC1->DR;
    TFT_xy(24,16);                                 // display temperature
    TFT_color(Magenta,Black);
    TFT_signed_float((float)result*330./4095., 2, 1);

    ADC1->SQR3 = 0x00000010;                       // channel 16 (temperature sensor)
    ADC1->CR2 |= 0x00400000;                       // start conversion by software
    while(!(ADC1->SR & 0x00000002));               // wait for end of conversion
    result = ADC1->DR;
    temperature = (float)result*3.3/4095.;         // calculate temperature
    temperature = (1.43-temperature)/0.0043 + 25.;
    TFT_xy(24,19);                                 // display temperature
    TFT_color(Magenta,Black);
    TFT_signed_float(temperature, 2, 1);

    ADC1->SQR3 = 0x00000011;                       // channel 17 (VREFINT = +1.20V)
    ADC1->CR2 |= 0x00400000;                       // start conversion by software
    while(!(ADC1->SR & 0x00000002));               // wait for end of conversion
    result = ADC1->DR;
    TFT_xy(24,22);                                 // display voltage
    TFT_color(Cyan,Black);
    TFT_signed_float((float)result*3.3/4095., 1, 2);

    LED_toggle();                                  // blink LED1
    Delay_ms(500);
  }
}
```

(3) 디지털 온도계 프로그램

이번에는 LM35DZ 온도센서를 사용하여 TFT-LCD 화면에 가장 큰 글씨로 디지털 온도계를 구현하는 프로그램을 작성하였다. 표시값이 흔들리는 것을 방지하기 위하여 매번 온도센서를 256회 읽어서 평균 처리하였으며, 1초에 2회씩 천천히 디스플레이하였다.

<프로그램 Exp13_3.c> 가장 큰 글씨로 구현한 디지털 온도계 프로그램

```
/* ============================================================================ */
/*      Exp13_3_thermometer.c : 매우 큰 글씨로 표시한 디지털 온도계           */
/* ============================================================================ */
/*                                    Programmed by Duck-Yong Yoon in 2017.   */

#include "stm32f103xe.h"
#include "OK-STM103.h"
#include "OK-STM103_large.h"
#include "OK-STM103_xlarge.h"

int main(void)
{
  unsigned int i, result;

  Initialize_MCU();                             // initialize MCU and kit
  Delay_ms(50);                                 // wait for system stabilization
  Initialize_LCD();                             // initialize text LCD module
  Initialize_TFT_LCD();                         // initialize TFT-LCD module

  LCD_string(0x80," OK-STM103 V1.0 ");          // display title
  LCD_string(0xC0,"   Exp13_3.c    ");
  Beep();

  TFT_string(0,1,Green,  Black,"****************************************");
  TFT_string(0,3,Magenta,Black,"              디 지 털  온 도 계          ");
  TFT_string(0, 5,Green, Black,"****************************************");
  TFT_string(0,27,Green, Black,"****************************************");
  TFT_string(3,27,White, Black,"(설계/제작:윤덕용)");

  Rectangle(30,105, 289,171, Cyan);
  Rectangle(31,106, 288,170, Cyan);

  TFT_xy(7,14);
  TFT_color(White,Black);
  TFT_English_xlarge('+');
  TFT_xy(21,17);
  TFT_color(Yellow,Black);
  TFT_English_large(0x7F);
  TFT_English_large('C');

  RCC->APB2ENR |= 0x00000200;                   // enable ADC1 clock
  ADC1->CR2 = 0x00000001;                       // enable ADC1(ADON = 1)
  Delay_us(1);
  ADC1->CR2 |= 0x00000004;                      // start ADC1 calibration(CAL = 1)
  while(ADC1->CR2 & 0x00000004);

  RCC->APB2ENR |= 0x00000004;                   // enable GPIOA clock
  GPIOA->CRL &= 0xFFFF0000;                     // use ADC0~ADC3
  RCC->CFGR &= 0xFFFF3FFF;                      // ADCCLK = PCLK2/6 = 72MHz/6 = 12MHz
  RCC->CFGR |= 0x00008000;

  ADC1->CR1 = 0x00000000;                       // 12-bit resolution, right alignment
  ADC1->CR2 = 0x001E0001;                       // use SWSTART, CONT = 0, ADON = 1
  ADC1->SQR1 = 0x00000000;                      // total regular channel number = 1
```

```
    ADC1->SQR3 = 0x00000003;                            // channel 3 (LM35DZ)
    ADC1->SMPR2 = 0x00000200;                           // sampling time of channel 3 = 7.5 cycle

  while(1)
    { result = 0;
      for(i = 0; i < 256; i++)
        { ADC1->CR2 |= 0x00400000;                      // start conversion by software
          while(!(ADC1->SR & 0x00000002));              // wait for end of conversion
          result += ADC1->DR;
          Delay_ms(1);
        }

      result >>= 8;                                     // calculate average
      TFT_xy(12,14);                                    // display temperature
      TFT_color(White,Black);
      TFT_unsigned_float_xlarge((float)result*330./4095., 2, 1);

      Delay_ms(250);
    }
}
```

3. 샘플링 시간의 중요성을 확인하는 프로그램

A/D 컨버터에서는 샘플링 시간을 올바르게 설정하여 사용하는 것이 중요하다. 이것이 적절하게 설정된 경우와 그렇지 않은 경우의 A/D 변환 결과를 확인하는 프로그램을 작성하여 보면 다음과 같다.

<프로그램 Exp13_4.c> 샘플링 시간의 중요성을 확인하는 프로그램

```
/* ========================================================================== */
/*      Exp13_4_sampling_time.c : A/D 컨버터에서 샘플링 시간 설정의 중요성      */
/* ========================================================================== */
/*                                       Programmed by Duck-Yong Yoon in 2017.  */

#include "stm32f103xe.h"
#include "OK-STM103.h"

void AD_conversion(U08 column);                         /* A/D conversion and display */

/* ----- 메인 프로그램 ---------------------------------------------------------- */

int main(void)
{
  Initialize_MCU();                                     // initialize MCU and kit
  Delay_ms(50);                                         // wait for system stabilization
  Initialize_LCD();                                     // initialize text LCD module
  Initialize_TFT_LCD();                                 // initialize TFT-LCD module

  LCD_string(0x80," OK-STM103 V1.0 ");                  // display title
  LCD_string(0xC0,"   Exp13_4.c    ");
  Beep();

  TFT_string(0, 1, White,Magenta," A/D 컨버터의 샘플링 시간(7.5/1.5 클록) ");
  TFT_string(22,3,Yellow,Magenta,                     " (239.5/1.5 클록) ");
  TFT_string(5, 7, White,Black,"ADC0  (+5.00V) = +0.00/+0.00V");
  TFT_string(5,10, White,Black,"ADC1  (+3.30V) = +0.00/+0.00V");
  TFT_string(5,13, White,Black,"ADC2   ( VR1 ) = +0.00/+0.00V");
  TFT_string(5,16, White,Black,"ADC3  (LM35DZ) = +00.0/+00.0 C");
```

```
   TFT_string(5,19,Yellow,Black,"ADC16  (Temp.) = +00.0/+00.0 C");
   TFT_string(5,22,Yellow,Black,"ADC17 (+1.20V) = +0.00/+0.00V");
   TFT_xy(33,16);
   TFT_English(0x7F);
   TFT_xy(33,19);
   TFT_English(0x7F);

   RCC->APB2ENR |= 0x00000200;                // enable ADC1 clock
   ADC1->CR2 = 0x00000001;                    // enable ADC1(ADON = 1)
   Delay_us(1);
   ADC1->CR2 |= 0x00000004;                   // start ADC1 calibration(CAL = 1)
   while(ADC1->CR2 & 0x00000004);

   RCC->APB2ENR |= 0x00000004;                // enable GPIOA clock
   GPIOA->CRL &= 0xFFFF0000;                  // use ADC0~ADC3
   RCC->CFGR &= 0xFFFF3FFF;                   // ADCCLK = PCLK2/6 = 72MHz/6 = 12MHz
   RCC->CFGR |= 0x00008000;

   ADC1->CR1 = 0x00000000;                    // 12-bit resolution, right alignment
   ADC1->CR2 = 0x009E0001;                    // TSVREFE = 1, use SWSTART, CONT = 0, ADON = 1
   ADC1->SQR1 = 0x00000000;                   // total regular channel number = 1

   while(1)
     { ADC1->SMPR2 = 0x00000249;              // sampling time of channel 0~3   = 7.5 cycle
       ADC1->SMPR1 = 0x00FC0000;              // sampling time of channel 16~17 = 239.5 cycle
       AD_conversion(22);

       ADC1->SMPR2 = 0x00000000;              // sampling time of channel 0~3   = 1.5 cycle
       ADC1->SMPR1 = 0x00000000;              // sampling time of channel 16~17 = 1.5 cycle
       AD_conversion(28);

       LED_toggle();                          // blink LED1
       Delay_ms(500);
     }
}

/* ----- 사용자 정의 함수 ---------------------------------------------------- */

void AD_conversion(U08 column)                /* A/D conversion and display */
{
  unsigned short result;
  float temperature;

  ADC1->SQR3 = 0x00000000;                    // channel 0 (+5.0V)
  ADC1->CR2 |= 0x00400000;                    // start conversion by software
  while(!(ADC1->SR & 0x00000002));            // wait for end of conversion
  result = ADC1->DR;
  TFT_xy(column,7);                           // display voltage
  TFT_color(Cyan,Black);
  TFT_signed_float((float)result*2.*3.3/4095., 1, 2);

  ADC1->SQR3 = 0x00000001;                    // channel 1 (+3.3V)
  ADC1->CR2 |= 0x00400000;                    // start conversion by software
  while(!(ADC1->SR & 0x00000002));            // wait for end of conversion
  result = ADC1->DR;
  TFT_xy(column,10);                          // display voltage
  TFT_color(Cyan,Black);
  TFT_signed_float((float)result*2.*3.3/4095., 1, 2);

  ADC1->SQR3 = 0x00000002;                    // channel 2 (VR1)
  ADC1->CR2 |= 0x00400000;                    // start conversion by software
  while(!(ADC1->SR & 0x00000002));            // wait for end of conversion
  result = ADC1->DR;
  TFT_xy(column,13);                          // display voltage
  TFT_color(Cyan,Black);
  TFT_signed_float((float)result*3.3/4095., 1, 2);

  ADC1->SQR3 = 0x00000003;                    // channel 3 (LM35DZ)
  ADC1->CR2 |= 0x00400000;                    // start conversion by software
  while(!(ADC1->SR & 0x00000002));            // wait for end of conversion
  result = ADC1->DR;
```

```
    TFT_xy(column,16);                                   // display temperature
    TFT_color(Magenta,Black);
    TFT_signed_float((float)result*330./4095., 2, 1);

    ADC1->SQR3 = 0x00000010;                             // channel 16 (temperature sensor)
    ADC1->CR2 |= 0x00400000;                             // start conversion by software
    while(!(ADC1->SR & 0x00000002));                     // wait for end of conversion
    result = ADC1->DR;
    temperature = (float)result*3.3/4095.;               // calculate temperature
    temperature = (1.43-temperature)/0.0043 + 25.;
    TFT_xy(column,19);                                   // display temperature
    TFT_color(Magenta,Black);
    TFT_signed_float(temperature, 2, 1);

    ADC1->SQR3 = 0x00000011;                             // channel 17 (VREFINT = 1.20V)
    ADC1->CR2 |= 0x00400000;                             // start conversion by software
    while(!(ADC1->SR & 0x00000002));                     // wait for end of conversion
    result = ADC1->DR;
    TFT_xy(column,22);                                   // display voltage
    TFT_color(Cyan,Black);
    TFT_signed_float((float)result*3.3/4095., 1, 2);
}
```

☞ 여기서는 왼쪽에 표시한 데이터는 A/D 컨버터의 샘플링 시간을 채널0~3에 대하여는 7.5클록 주기(=0.625μs)로 설정하고, 채널16~17에 대하여는 239.5클록 주기(=19.958μs)로 설정한 경우의 A/D 변환 결과이다. 데이터 시트에서는 A/D 컨버터의 외부 채널인 채널0~15에 대하여는 특별한 언급이 없지만, 내부 채널인 채널16~17에 대하여는 샘플링 시간을 17.1μs 이상으로 크게 설정하라고 규정하고 있다.

여기서 오른쪽에 표시한 데이터는 A/D 컨버터의 샘플링 시간을 일부러 매우 짧게 하여 채널0~17에 대하여는 1.5클록 주기(=0.125μs)로 설정한 경우의 A/D 변환 결과이다. 오른쪽의 경우처럼 샘플링 시간을 최소한으로 짧게 설정하면 외부 채널에서는 별로 변화가 없으나 내부 채널에 대하여는 샘플링 시간이 너무 짧아서 측정 데이터에 많은 오차가 발생하는 것을 볼 수 있다.

이와 같이 A/D 컨버터에서는 샘플링 시간을 올바르게 설정하는 것이 중요하다. 이를 너무 짧게 설정하면 측정 데이터의 오차가 커지므로 올바른 A/D 변환 결과를 얻을 수 없게 된다. 그러나, 샘플링 시간을 너무 크게 설정하면 이로 인한 측정값의 오차는 방지할 수 있지만 전체 A/D 변환에 시간이 많이 소요되는 단점이 있다. 앞으로 이 책의 모든 A/D 변환 예제 프로그램에서는 샘플링 시간을 외부 채널 0~15에 대하여는 7.5클록 주기(=0.625μs)로 설정하고, 내부 채널 16~17에 대하여는 239.5클록 주기(=19.958μs)로 설정하여 사용할 것이다.

4. A/D 변환 결과의 평균 처리

아날로그 입력신호를 반복적으로 A/D 변환하여 보면 회로의 불안정이나 잡음 등의 영향으로 변환 결과값이 상당히 흔들리는 것을 자주 경험하게 된다. 이 문제는 시스템을 설계하는 단계에서부터 원인적으로 해결하는 것이 중요하지만, 만약 불가피한 경우에는 소프트웨어적으로 A/D 변환값을 평균 처리하여 사용하게 된다.

(1) 산술평균 처리 방식

A/D 변환 값이 흔들리는 것을 방지하기 위한 가장 간단한 소프트웨어적인 처리 방법은 하나의 아날로그 입력을 여러번 A/D 변환하고 이를 더하여 평균값으로 처리하는 것이다. 다음은 앞의 Exp13_1.c의 예제 프로그램을 산술평균 처리 방식으로 수정한 것이다.

<프로그램 Exp13_5.c> A/D 변환 결과를 산술평균 처리하는 프로그램

```
/* ============================================================================ */
/*          Exp13_5_average.c : A/D 변환 결과의 평균 처리 (산술평균)              */
/* ============================================================================ */
/*                                     Programmed by Duck-Yong Yoon in 2017.    */

#include "stm32f103xe.h"
#include "OK-STM103.h"

int main(void)
{
  unsigned char i;
  unsigned short result;
  unsigned int count;
  float temperature;

  Initialize_MCU();                             // initialize MCU and kit
  Delay_ms(50);                                 // wait for system stabilization
  Initialize_LCD();                             // initialize text LCD module
  Initialize_TFT_LCD();                         // initialize TFT-LCD module

  LCD_string(0x80," OK-STM103 V1.0 ");          // display title
  LCD_string(0xC0,"    Exp13_5.c     ");
  Beep();

  TFT_string(0,3,White,Magenta,"  A/D 변환 결과의 평균 처리 (산술평균)  ");
  TFT_string(7, 7, White,Black,"ADC0  (+5.00V) = +0.00V");
  TFT_string(7,10, White,Black,"ADC1  (+3.30V) = +0.00V");
  TFT_string(7,13, White,Black,"ADC2   ( VR1 ) = +0.00V");
  TFT_string(7,16, White,Black,"ADC3  (LM35DZ) = +00.0 C");
  TFT_string(7,19,Yellow,Black,"ADC16  (Temp.) = +00.0 C");
  TFT_string(7,22,Yellow,Black,"ADC17 (+1.20V) = +0.00V");
  TFT_string(4,26, White,Black,"ADC0 의 변환 시간 = 00.000 ms");
  TFT_string(4,28,Yellow,Black,"ADC17의 변환 시간 = 00.000 ms");
  TFT_xy(29,16);
  TFT_English(0x7F);
  TFT_xy(29,19);
  TFT_English(0x7F);

  RCC->APB2ENR |= 0x00000200;                   // enable ADC1 clock
  ADC1->CR2 = 0x00000001;                       // enable ADC1(ADON = 1)
  Delay_us(1);
  ADC1->CR2 |= 0x00000004;                      // start ADC1 calibration(CAL = 1)
  while(ADC1->CR2 & 0x00000004);

  RCC->APB2ENR |= 0x00000004;                   // enable GPIOA clock
  GPIOA->CRL &= 0xFFFF0000;                     // use ADC0~ADC3
  RCC->CFGR &= 0xFFFF3FFF;                      // ADCCLK = PCLK2/6 = 72MHz/6 = 12MHz
  RCC->CFGR |= 0x00008000;

  ADC1->CR1 = 0x00000000;                       // 12-bit resolution, right alignment
  ADC1->CR2 = 0x009E0001;                       // TSVREFE = 1, use SWSTART, CONT = 0, ADON = 1
  ADC1->SQR1 = 0x00000000;                      // total regular channel number = 1
  ADC1->SMPR1 = 0x00FC0000;                     // sampling time of channel 16~17 = 239.5 cycle
  ADC1->SMPR2 = 0x00000249;                     // sampling time of channel 0~3 = 7.5 cycle
```

```
SysTick->LOAD  = 0x00FFFFFF;                    // maximum value
SysTick->CTRL  = 0x00000001;                    // SysTick enable and clock source = 72MHz/8
SysTick->VAL   = 0;                             // clear SysTick Counter

while(1)
  { SysTick->VAL = 0;                           // start measurement of A/D conversion time

    ADC1->SQR3 = 0x00000000;                    // channel 0 (+5.0V)
    result = 0;
    for(i = 0; i < 16; i++)
      { ADC1->CR2 |= 0x00400000;                // start conversion by software
        while(!(ADC1->SR & 0x00000002));        // wait for end of conversion
        result += ADC1->DR;
        Delay_ms(1);
      }
    result >>= 4;                               // calculate average

    count = SysTick->VAL;                       // calculate A/D conversion time
    count = 0x00FFFFFF + 1 - count;
    TFT_color(Green,Black);
    TFT_xy(24,26);
    TFT_unsigned_float((float)count/9000.,2,3);

    TFT_xy(24,7);                               // display voltage
    TFT_color(Cyan,Black);
    TFT_signed_float((float)result*2.*3.3/4095., 1, 2);

    ADC1->SQR3 = 0x00000001;                    // channel 1 (+3.3V)
    result = 0;
    for(i = 0; i < 16; i++)
      { ADC1->CR2 |= 0x00400000;                // start conversion by software
        while(!(ADC1->SR & 0x00000002));        // wait for end of conversion
        result += ADC1->DR;
        Delay_ms(1);
      }
    result >>= 4;                               // calculate average
    TFT_xy(24,10);                              // display voltage
    TFT_color(Cyan,Black);
    TFT_signed_float((float)result*2.*3.3/4095., 1, 2);

    ADC1->SQR3 = 0x00000002;                    // channel 2 (VR1)
    result = 0;
    for(i = 0; i < 16; i++)
      { ADC1->CR2 |= 0x00400000;                // start conversion by software
        while(!(ADC1->SR & 0x00000002));        // wait for end of conversion
        result += ADC1->DR;
        Delay_ms(1);
      }
    result >>= 4;                               // calculate average
    TFT_xy(24,13);                              // display voltage
    TFT_color(Cyan,Black);
    TFT_signed_float((float)result*3.3/4095., 1, 2);

    ADC1->SQR3 = 0x00000003;                    // channel 3 (LM35DZ)
    result = 0;
    for(i = 0; i < 16; i++)
      { ADC1->CR2 |= 0x00400000;                // start conversion by software
        while(!(ADC1->SR & 0x00000002));        // wait for end of conversion
        result += ADC1->DR;
        Delay_ms(1);
      }
    result >>= 4;                               // calculate average
    TFT_xy(24,16);                              // display temperature
    TFT_color(Magenta,Black);
    TFT_signed_float((float)result*330./4095., 2, 1);

    ADC1->SQR3 = 0x00000010;                    // channel 16 (temperature sensor)
    result = 0;
    for(i = 0; i < 16; i++)
      { ADC1->CR2 |= 0x00400000;                // start conversion by software
```

```
        while(!(ADC1->SR & 0x00000002));        // wait for end of conversion
        result += ADC1->DR;
        Delay_ms(1);
      }
    result >>= 4;                              // calculate average
    temperature = (float)result*3.3/4095.;     // calculate temperature
    temperature = (1.43-temperature)/0.0043 + 25.;
    TFT_xy(24,19);                             // display temperature
    TFT_color(Magenta,Black);
    TFT_signed_float(temperature, 2, 1);

    SysTick->VAL = 0;                          // start measurement of A/D conversion time

    ADC1->SQR3 = 0x00000011;                   // channel 17 (VREFINT = 1.20V)
    result = 0;
    for(i = 0; i < 16; i++)
      { ADC1->CR2 |= 0x00400000;               // start conversion by software
        while(!(ADC1->SR & 0x00000002));       // wait for end of conversion
        result += ADC1->DR;
        Delay_ms(1);
      }
    result >>= 4;                              // calculate average

    count = SysTick->VAL;                      // calculate A/D conversion time
    count = 0x00FFFFFF + 1 - count;
    TFT_color(Green,Black);
    TFT_xy(24,28);
    TFT_unsigned_float((float)count/9000.,2,3);

    TFT_xy(24,22);                             // display voltage
    TFT_color(Cyan,Black);
    TFT_signed_float((float)result*3.3/4095., 1, 2);

    LED_toggle();                              // blink LED1
    Delay_ms(500);
  }
}
```

☞ 산술평균 처리 방식으로 A/D 변환을 수행하기 위하여 여러번 반복하여 입력 신호를 A/D 변환할 때는 이들 사이에 충분한 시간 간격(이 프로그램에서는 1ms를 사용)을 두지 않으면 아날로그 값이 변하지 않은 거의 동일한 A/D 변환 결과를 여러번 읽게 되어 평균처리의 효과를 기대하기 어렵다.

여기서는 각 채널에 대하여 모두 16번을 A/D 변환하여 평균 처리하였는데, 이와 같이 반복 횟수를 2의 누승으로 수행하면 나중에 평균값을 계산하기 위하여 나눗셈을 수행할 때 간단히 우측 시프트 명령으로 처리할 수 있으므로 편리하다.

그러나, 이렇게 1ms의 시간 간격으로 16번의 A/D 변환을 수행하고 이를 평균 처리하게 되면 하나의 A/D 변환 결과를 얻는데 너무 많은 시간이 소요되어 문제가 될 수 있다. 위의 예제 프로그램에서는 이렇게 하나의 A/D 변환 결과를 얻는데 소요되는 시간을 실시간으로 측정하여 TFT-LCD 화면의 하단에 표시하고 있는데, 7.5 클록 주기의 샘플링 시간을 사용하는 채널 ADC0의 경우에는 16.049ms가 소요되고, 239.5 클록 주기의 샘플링 시간을 사용하는 채널 ADC17의 경우에는 16.358ms가 소요된다.

(2) 이동평균 처리 방식

위의 예제 프로그램에서처럼 1ms 정도의 시간 간격을 두어 여러번 A/D 변환을 수행하고 이를 평균값으로 처리하게 되면 1개의 아날로그 입력신호에 대하여 A/D 변환 결과를 얻어내는데 너무 많은 시간이 소요되는 단점이 있다. 이를 해결하려면 다음 예제 프로그램과 같이 이동평균(moving average) 기법을 사용하면 된다. 이동평균 처리 기법에서는 1번만 A/D 변환을 수행하고 이것을 가장 최근의 데이터와 합하여 평균 처리하므로 A/D 변환에 소요되는 시간을 크게 단축할 수 있다.

〈프로그램 Exp13_6.c〉 A/D 변환 결과를 이동평균 처리하는 프로그램

```
/* ========================================================================== */
/*      Exp13_6_moving_average.c : A/D 변환 결과의 평균 처리 (이동평균)      */
/* ========================================================================== */
/*                                  Programmed by Duck-Yong Yoon in 2017.     */

#include "stm32f103xe.h"
#include "OK-STM103.h"

int main(void)
{
  unsigned char i, ADC0_count = 0, ADC1_count = 0, ADC2_count = 0, ADC3_count = 0;
  unsigned char ADC16_count = 0, ADC17_count = 0;
  unsigned char ADC0_start_flag = 0, ADC1_start_flag = 0, ADC2_start_flag = 0, ADC3_start_flag = 0;
  unsigned char ADC16_start_flag = 0, ADC17_start_flag = 0;
  unsigned short result, ADC0_buffer[16], ADC1_buffer[16], ADC2_buffer[16], ADC3_buffer[16];
  unsigned short ADC16_buffer[16], ADC17_buffer[16];
  unsigned int count;
  float temperature;

  Initialize_MCU();                              // initialize MCU and kit
  Delay_ms(50);                                  // wait for system stabilization
  Initialize_LCD();                              // initialize text LCD module
  Initialize_TFT_LCD();                          // initialize TFT-LCD module

  LCD_string(0x80," OK-STM103 V1.0 ");           // display title
  LCD_string(0xC0,"   Exp13_6.c    ");
  Beep();

  TFT_string(0,3,White,Magenta,"  A/D 변환 결과의 평균 처리 (이동평균)  ");
  TFT_string(7, 7, White,Black,"ADC0  (+5.00V) = +0.00V");
  TFT_string(7,10, White,Black,"ADC1  (+3.30V) = +0.00V");
  TFT_string(7,13, White,Black,"ADC2  ( VR1 ) = +0.00V");
  TFT_string(7,16, White,Black,"ADC3  (LM35DZ) = +00.0 C");
  TFT_string(7,19,Yellow,Black,"ADC16  (Temp.) = +00.0 C");
  TFT_string(7,22,Yellow,Black,"ADC17 (+1.20V) = +0.00V");
  TFT_string(4,26, White,Black,"ADC0 의 변환 시간 = 00.000 ms");
  TFT_string(4,28,Yellow,Black,"ADC17의 변환 시간 = 00.000 ms");
  TFT_xy(29,16);
  TFT_English(0x7F);
  TFT_xy(29,19);
  TFT_English(0x7F);

  RCC->APB2ENR |= 0x00000200;                    // enable ADC1 clock
  ADC1->CR2 = 0x00000001;                        // enable ADC1(ADON = 1)
  Delay_us(1);
  ADC1->CR2 |= 0x00000004;                       // start ADC1 calibration(CAL = 1)
  while(ADC1->CR2 & 0x00000004);

  RCC->APB2ENR |= 0x00000004;                    // enable GPIOA clock
  GPIOA->CRL &= 0xFFFF0000;                      // use ADC0~ADC3
  RCC->CFGR &= 0xFFFF3FFF;                       // ADCCLK = PCLK2/6 = 72MHz/6 = 12MHz
  RCC->CFGR |= 0x00008000;

  ADC1->CR1 = 0x00000000;                        // 12-bit resolution, right alignment
  ADC1->CR2 = 0x009E0001;                        // TSVREFE = 1, use SWSTART, CONT = 0, ADON = 1
  ADC1->SQR1 = 0x00000000;                       // total regular channel number = 1
  ADC1->SMPR1 = 0x00FC0000;                      // sampling time of channel 16~17 = 239.5 cycle
  ADC1->SMPR2 = 0x00000249;                      // sampling time of channel 0~3 = 7.5 cycle
```

```
SysTick->LOAD  = 0x00FFFFFF;                 // maximum value
SysTick->CTRL  = 0x00000001;                 // SysTick enable and clock source = 72MHz/8
SysTick->VAL   = 0;                          // clear SysTick Counter

while(1)
  { SysTick->VAL = 0;                        // start measurement of A/D conversion time

    ADC1->SQR3 = 0x00000000;                 // ***** channel 0 (+5.0V) *****
    ADC1->CR2 |= 0x00400000;                 // start conversion by software
    while(!(ADC1->SR & 0x00000002));         // wait for end of conversion
    result = ADC1->DR;

    if(ADC0_start_flag == 1)                 // if not start new, store result
      { ADC0_buffer[ADC0_count] = result;
        ADC0_count++;
        ADC0_count = ADC0_count % 16;
      }
    else
      { for(i = 0; i < 16; i++)              // if start new, initialize buffer
          ADC0_buffer[i] = result;
        ADC0_start_flag = 1;
      }

    result = 0;
    for(i = 0; i < 16; i++)                  // calculate moving average of buffer
      result += ADC0_buffer[i];
    result >>= 4;

    count = SysTick->VAL;                    // calculate A/D conversion time
    count = 0x00FFFFFF + 1 - count;
    TFT_color(Green,Black);
    TFT_xy(24,26);
    TFT_unsigned_float((float)count/9000.,2,3);

    TFT_xy(24,7);                            // display voltage
    TFT_color(Cyan,Black);
    TFT_signed_float((float)result*2.*3.3/4095., 1, 2);

    ADC1->SQR3 = 0x00000001;                 // ***** channel 1 (+3.3V) *****
    ADC1->CR2 |= 0x00400000;                 // start conversion by software
    while(!(ADC1->SR & 0x00000002));         // wait for end of conversion
    result = ADC1->DR;

    if(ADC1_start_flag == 1)                 // if not start new, store result
      { ADC1_buffer[ADC1_count] = result;
        ADC1_count++;
        ADC1_count = ADC1_count % 16;
      }
    else
      { for(i = 0; i < 16; i++)              // if start new, initialize buffer
          ADC1_buffer[i] = result;
        ADC1_start_flag = 1;
      }

    result = 0;
    for(i = 0; i < 16; i++)                  // calculate moving average of buffer
      result += ADC1_buffer[i];
    result >>= 4;
    TFT_xy(24,10);                           // display voltage
    TFT_color(Cyan,Black);
    TFT_signed_float((float)result*2.*3.3/4095., 1, 2);

    ADC1->SQR3 = 0x00000002;                 // ***** channel 2 (VR1) *****
    ADC1->CR2 |= 0x00400000;                 // start conversion by software
    while(!(ADC1->SR & 0x00000002));         // wait for end of conversion
    result = ADC1->DR;

    if(ADC2_start_flag == 1)                 // if not start new, store result
      { ADC2_buffer[ADC2_count] = result;
        ADC2_count++;
        ADC2_count = ADC2_count % 16;
```

```
  }
else
  { for(i = 0; i < 16; i++)                   // if start new, initialize buffer
      ADC2_buffer[i] = result;
    ADC2_start_flag = 1;
  }

result = 0;
for(i = 0; i < 16; i++)                       // calculate moving average of buffer
  result += ADC2_buffer[i];
result >>= 4;
TFT_xy(24,13);                                // display voltage
TFT_color(Cyan,Black);
TFT_signed_float((float)result*3.3/4095., 1, 2);

ADC1->SQR3 = 0x00000003;                      // ***** channel 3 (LM35DZ) *****
ADC1->CR2 |= 0x00400000;                      // start conversion by software
while(!(ADC1->SR & 0x00000002));              // wait for end of conversion
result = ADC1->DR;

if(ADC3_start_flag == 1)                      // if not start new, store result
  { ADC3_buffer[ADC3_count] = result;
    ADC3_count++;
    ADC3_count = ADC3_count % 16;
  }
else
  { for(i = 0; i < 16; i++)                   // if start new, initialize buffer
      ADC3_buffer[i] = result;
    ADC3_start_flag = 1;
  }

result = 0;
for(i = 0; i < 16; i++)                       // calculate moving average of buffer
  result += ADC3_buffer[i];
result >>= 4;
TFT_xy(24,16);                                // display temperature
TFT_color(Magenta,Black);
TFT_signed_float((float)result*330./4095., 2, 1);

ADC1->SQR3 = 0x00000010;                      // ***** channel 16 (temperature sensor) *****
ADC1->CR2 |= 0x00400000;                      // start conversion by software
while(!(ADC1->SR & 0x00000002));              // wait for end of conversion
result = ADC1->DR;

if(ADC16_start_flag == 1)             // if not start new, store result
  { ADC16_buffer[ADC16_count] = result;
    ADC16_count++;
    ADC16_count = ADC16_count % 16;
  }
else
  { for(i = 0; i < 16; i++)                   // if start new, initialize buffer
      ADC16_buffer[i] = result;
    ADC16_start_flag = 1;
  }

result = 0;
for(i = 0; i < 16; i++)                       // calculate moving average of buffer
  result += ADC16_buffer[i];
result >>= 4;
temperature = (float)result*3.3/4095.;        // calculate temperature
temperature = (1.43-temperature)/0.0043 + 25.;
TFT_xy(24,19);                                // display temperature
TFT_color(Magenta,Black);
TFT_signed_float(temperature, 2, 1);

SysTick->VAL = 0;                             // start measurement of A/D conversion time

ADC1->SQR3 = 0x00000011;                      // ***** channel 17 (VREFINT = 1.20V) *****
ADC1->CR2 |= 0x00400000;                      // start conversion by software
while(!(ADC1->SR & 0x00000002));              // wait for end of conversion
result = ADC1->DR;
```

```
        if(ADC17_start_flag == 1)                    // if not start new, store result
          { ADC17_buffer[ADC17_count] = result;
            ADC17_count++;
            ADC17_count = ADC17_count % 16;
          }
        else
          { for(i = 0; i < 16; i++)                  // if start new, initialize buffer
              ADC17_buffer[i] = result;
            ADC17_start_flag = 1;
          }

        result = 0;
        for(i = 0; i < 16; i++)                      // calculate moving average of buffer
          result += ADC17_buffer[i];
        result >>= 4;

        count = SysTick->VAL;                        // calculate A/D conversion time
        count = 0x00FFFFFF + 1 - count;
        TFT_color(Green,Black);
        TFT_xy(24,28);
        TFT_unsigned_float((float)count/9000.,2,3);

        TFT_xy(24,22);                               // display voltage
        TFT_color(Cyan,Black);
        TFT_signed_float((float)result*3.3/4095., 1, 2);

        LED_toggle();                                // blink LED1
        Delay_ms(500);
      }
  }
```

☞ 여기서는 현재 1번의 A/D 변환을 수행하고 이것과 버퍼에 저장되어 있는 가장 최근에 A/D 변환한 15개의 데이터를 합하여 평균 처리하므로 원하는 A/D 변환 결과를 얻는데 소요되는 시간이 1번 A/D 변환을 수행하는 시간과 거의 같게 된다. 위의 예제 프로그램에서 이 시간을 실시간으로 측정하여 TFT-LCD 화면의 하단에 표시하는데, 7.5 클록 주기의 샘플링 시간을 사용하는 채널 ADC0의 경우에는 0.007ms가 소요되고, 239.5 클록 주기의 샘플링 시간을 사용하는 채널 ADC17의 경우에는 0.027ms가 소요되어 산술평균 처리 방식에 비해 시간이 엄청나게 단축되는 것을 알 수 있다.

이와 같이 16번의 A/D 변환 결과를 이동평균 방법으로 처리하는 경우에는 처음 15번의 A/D 변환을 수행하기까지는 최근 15개의 데이터가 완전하게 존재하기 않으므로 이동평균 값을 계산할 수 없게 된다. 이를 해결하기 위하여 이 프로그램을 실행한 후에 첫번째로 A/D 변환할 때는 이 변환 결과 데이터를 16개의 버퍼에 모두 저장하여 둔다.

5. A/D 컨버터로 여러 채널을 변환하는 방법

각 채널에 입력되는 아날로그 입력신호를 번갈아 가면서 A/D 변환하는 방법은 여러 가지가 있다. 여기서는 그러한 예로서 불연속 모드와 듀얼 모드를 사용하는 예제 프로그램을 작성하여 보기로 한다.

(1) 불연속 모드의 A/D 변환 - 레귤러 그룹 채널

다음은 여러 개의 아날로그 입력신호를 레귤러 그룹 채널로 지정하여 불연속 모드로 A/D 변환하여 읽어들이는 방식을 소개하는 예제 프로그램이다. 레귤러 그룹 채널에서는 하나의 시퀀스에 최대 16개의 채널을 지정할 수 있다. 여기서는 시퀀스에 지정된 6개의 채널을 차례로 트리거하면서 A/D 변환하는 것을 볼 수 있다.

<프로그램 Exp13_7.c> 레귤러 그룹 채널을 사용한 불연속 모드의 A/D 변환

```c
/* ============================================================================ */
/*        Exp13_7_disc_regular.c : A/D 컨버터의 불연속 모드(레귤러 채널)          */
/* ============================================================================ */
/*                                        Programmed by Duck-Yong Yoon in 2017.  */

#include "stm32f103xe.h"
#include "OK-STM103.h"

int main(void)
{
  unsigned short result;
  float temperature;

  Initialize_MCU();                             // initialize MCU and kit
  Delay_ms(50);                                 // wait for system stabilization
  Initialize_LCD();                             // initialize text LCD module
  Initialize_TFT_LCD();                         // initialize TFT-LCD module

  LCD_string(0x80," OK-STM103 V1.0 ");          // display title
  LCD_string(0xC0,"   Exp13_7.c    ");
  Beep();

  TFT_string(0,3,White,Magenta," A/D 컨버터의 불연속 모드 (레귤러 채널) ");
  TFT_string(7, 7, White,Black,"ADC0  (+5.00V) = +0.00V");
  TFT_string(7,10, White,Black,"ADC1  (+3.30V) = +0.00V");
  TFT_string(7,13, White,Black,"ADC2  ( VR1 ) = +0.00V");
  TFT_string(7,16, White,Black,"ADC3  (LM35DZ) = +00.0 C");
  TFT_string(7,19,Yellow,Black,"ADC16  (Temp.) = +00.0 C");
  TFT_string(7,22,Yellow,Black,"ADC17 (+1.20V) = +0.00V");
  TFT_xy(29,16);
  TFT_English(0x7F);
  TFT_xy(29,19);
  TFT_English(0x7F);

  RCC->APB2ENR |= 0x00000200;                   // enable ADC1 clock
  ADC1->CR2 = 0x00000001;                       // enable ADC1(ADON = 1)
  Delay_us(1);
  ADC1->CR2 |= 0x00000004;                      // start ADC1 calibration(CAL = 1)
  while(ADC1->CR2 & 0x00000004);

  RCC->APB2ENR |= 0x00000004;                   // enable GPIOA clock
  GPIOA->CRL &= 0xFFFF0000;                     // use ADC0~ADC3
  RCC->CFGR &= 0xFFFF3FFF;                      // ADCCLK = PCLK2/6 = 72MHz/6 = 12MHz
  RCC->CFGR |= 0x00008000;

  ADC1->CR1 = 0x00000800;                       // DISCEN = 1, DISCNUM[2:0] = 000(single channel)
  ADC1->CR2 = 0x009E0001;                       // TSVREFE = 1, use SWSTART, CONT = 0, ADON = 1
  ADC1->SQR1 = 0x00500000;                      // total regular channel number = 6
  ADC1->SQR3 = 0x23018820;                      // channel 0, 1, 2, 3, 16, 17
  ADC1->SMPR1 = 0x00FC0000;                     // sampling time of channel 16~17 = 239.5 cycle
  ADC1->SMPR2 = 0x00000249;                     // sampling time of channel 0~3 = 7.5 cycle

  while(1)
    { ADC1->CR2 |= 0x00400000;                  // start conversion by software
```

```
      while(!(ADC1->SR & 0x00000002));          // check EOC of channel 0 (+5.0V)
      result = ADC1->DR;
      TFT_xy(24,7);
      TFT_color(Cyan,Black);
      TFT_signed_float((float)result*2.*3.3/4095., 1, 2);

      ADC1->CR2 |= 0x00400000;                  // start conversion by software
      while(!(ADC1->SR & 0x00000002));          // check EOC of channel 1 (+3.3V)
      result = ADC1->DR;
      TFT_xy(24,10);
      TFT_color(Cyan,Black);
      TFT_signed_float((float)result*2.*3.3/4095., 1, 2);

      ADC1->CR2 |= 0x00400000;                  // start conversion by software
      while(!(ADC1->SR & 0x00000002));          // check EOC of channel 2 (VR1)
      result = ADC1->DR;
      TFT_xy(24,13);
      TFT_color(Cyan,Black);
      TFT_signed_float((float)result*3.3/4095., 1, 2);

      ADC1->CR2 |= 0x00400000;                  // start conversion by software
      while(!(ADC1->SR & 0x00000002));          // check EOC of channel 3 (LM35DZ)
      result = ADC1->DR;
      TFT_xy(24,16);
      TFT_color(Magenta,Black);
      TFT_signed_float((float)result*330./4095., 2, 1);

      ADC1->CR2 |= 0x00400000;                  // start conversion by software
      while(!(ADC1->SR & 0x00000002));          // check EOC of channel 16 (temperature sensor)
      result = ADC1->DR;
      TFT_xy(24,19);
      TFT_color(Magenta,Black);
      temperature = (float)result*3.3/4095.;    // calculate temperature
      temperature = (1.43-temperature)/0.0043 + 25.;
      TFT_signed_float(temperature, 2, 1);

      ADC1->CR2 |= 0x00400000;                  // start conversion by software
      while(!(ADC1->SR & 0x00000002));          // check EOC of channel 17 (VREFINT = 1.20V)
      result = ADC1->DR;
      TFT_xy(24,22);
      TFT_color(Cyan,Black);
      TFT_signed_float((float)result*3.3/4095., 1, 2);

      LED_toggle();                             // blink LED1
      Delay_ms(500);
    }
}
```

☞ 여기서는 ADC1_CR1 레지스터에서 DISCEN=1로 설정하여 A/D 컨버터가 레귤러 채널 방식의 불연속 모드로 동작하도록 하고, DISCNUM[2:0]=000으로 설정하여 한번 트리거할 때마다 1개의 채널씩 A/D 변환이 수행되도록 하였다. 레귤러 그룹의 불연속 모드에서는 A/D 변환을 종료할 때마다 EOC=1로 표시되며 A/D 변환 결과는 ADCx_DR 레지스터에 저장된다.

(2) 불연속 모드의 A/D 변환 - 인젝티드 그룹 채널

다음은 여러 개의 아날로그 입력신호를 인젝티드 그룹 채널로 지정하여 불연속 모드로 A/D 변환하여 읽어들이는 방식을 소개하는 예제 프로그램이다. 인젝티드 그룹 채널에서는 하나의 시퀀스에 최대 4개의 채널을 지정할 수 있다. 여기서는 시퀀스에 지정된 4개의 채널을 차례로 트리거하면서 A/D 변환하는 것을 볼 수 있다.

<프로그램 Exp13_8.c> 인젝티드 그룹 채널을 사용한 불연속 모드의 A/D 변환

```
/* ============================================================================ */
/*      Exp13_8_disc_injected.c : A/D 컨버터의 불연속 모드(인젝티드 채널)      */
/* ============================================================================ */
/*                                       Programmed by Duck-Yong Yoon in 2017.  */

#include "stm32f103xe.h"
#include "OK-STM103.h"

int main(void)
{
  unsigned short result;

  Initialize_MCU();                             // initialize MCU and kit
  Delay_ms(50);                                 // wait for system stabilization
  Initialize_LCD();                             // initialize text LCD module
  Initialize_TFT_LCD();                         // initialize TFT-LCD module

  LCD_string(0x80," OK-STM103 V1.0 ");          // display title
  LCD_string(0xC0,"    Exp13_8.c     ");
  Beep();

  TFT_string(0,3,White,Magenta," A/D 컨버터 불연속 모드 (인젝티드 채널) ");
  TFT_string(7, 7, White,Black,"ADC0  (+5.00V) = +0.00V");
  TFT_string(7,10, White,Black,"ADC1  (+3.30V) = +0.00V");
  TFT_string(7,13, White,Black,"ADC2  ( VR1  ) = +0.00V");
  TFT_string(7,16, White,Black,"ADC3  (LM35DZ) = +00.0 C");
  TFT_xy(29,16);
  TFT_English(0x7F);

  RCC->APB2ENR |= 0x00000200;                   // enable ADC1 clock
  ADC1->CR2 = 0x00000001;                       // enable ADC1(ADON = 1)
  Delay_us(1);
  ADC1->CR2 |= 0x00000004;                      // start ADC1 calibration(CAL = 1)
  while(ADC1->CR2 & 0x00000004);

  RCC->APB2ENR |= 0x00000004;                   // enable GPIOA clock
  GPIOA->CRL &= 0xFFFF0000;                     // use ADC0~ADC3
  RCC->CFGR &= 0xFFFF3FFF;                      // ADCCLK = PCLK2/6 = 72MHz/6 = 12MHz
  RCC->CFGR |= 0x00008000;

  ADC1->CR1 = 0x00001000;                       // JDISCEN = 1, DISCNUM[2:0] = 000(single channel)
  ADC1->CR2 = 0x0000F001;                       // use JSWSTART, CONT = 0, ADON = 1
  ADC1->JSQR = 0x00318820;                      // total injected channel number = 4(0,1,2,3)
  ADC1->SMPR2 = 0x00000249;                     // sampling time of channel 0~3 = 7.5 cycle

  while(1)
    { ADC1->SR = 0x00000000;                    // JEOC = 0

      ADC1->CR2 |= 0x00200000;                  // start 1st conversion by software
      Delay_us(2);
      ADC1->CR2 |= 0x00200000;                  // start 2nd conversion by software
      Delay_us(2);
      ADC1->CR2 |= 0x00200000;                  // start 3rd conversion by software
      Delay_us(2);
      ADC1->CR2 |= 0x00200000;                  // start 4th conversion by software
      while(!(ADC1->SR & 0x00000004));          // wait for JEOC

      result = ADC1->JDR1;                      // read channel 0 (+5.0V)
      TFT_xy(24,7);
      TFT_color(Cyan,Black);
      TFT_signed_float((float)result*2.*3.3/4095., 1, 2);

      result = ADC1->JDR2;                      // read channel 1 (+3.3V)
      TFT_xy(24,10);
      TFT_color(Cyan,Black);
      TFT_signed_float((float)result*2.*3.3/4095., 1, 2);

      result = ADC1->JDR3;                      // read channel 2 (VR1)
```

```
    TFT_xy(24,13);
    TFT_color(Cyan,Black);
    TFT_signed_float((float)result*3.3/4095., 1, 2);

    result = ADC1->JDR4;                        // read channel 3 (LM35DZ)
    TFT_xy(24,16);
    TFT_color(Magenta,Black);
    TFT_signed_float((float)result*330./4095., 2, 1);

    LED_toggle();                               // blink LED1
    Delay_ms(500);
  }
}
```

☞ 여기서는 ADC1_CR1 레지스터에서 JDISCEN=1로 설정하여 A/D 컨버터가 인젝티드 채널 방식의 불연속 모드로 동작하도록 하고, DISCNUM[2:0]=000으로 설정하여 한번 트리거할 때마다 1개의 채널씩 A/D 변환이 수행되도록 하였다. 인젝티드 그룹의 불연속 모드에서는 A/D 변환 시퀀스를 종료해야만 JEOC=1로 표시되며 A/D 변환 결과는 ADCx_JDR1~4 레지스터에 저장된다.

위의 예제에서 보는 것처럼 인젝티드 채널 방식의 불연속 모드에서 4개의 채널을 차례로 A/D 변환하려면 4번의 연속적인 트리거 동작이 필요한데, 각 채널의 샘플링 시간이 7.5클록으로 설정되어 있으므로 1번의 A/D 변환에는 7.5클록 + 12.5클록 = 20클록 = 1.667μs가 소요된다. 따라서, 각 트리거는 이보다 긴 시간인 2μs의 간격으로 수행하였음에 주목해야 한다. JEOC=1로 모든 A/D 변환이 완료되었음을 확인한 이후에는 ADCx_JDR1~4 레지스터에서 그 결과를 읽어 사용하면 된다.

(3) 듀얼 모드의 A/D 변환

STM32F103VET6에는 3개의 A/D 컨버터 ADC1~ADC3을 가지고 있으므로 이들 중에서 2개 또는 3개를 동시에 사용하여 A/D 변환하면 여러 개의 아날로그 신호를 좀 더 빠르게 읽어들일 수 있다.

다음은 2개의 A/D 컨버터 ADC1과 ADC2를 듀얼 모드로 사용하는 방식을 소개하는 예제 프로그램이다. 여기서는 듀얼 모드 중에서 Injected Simultaneous Mode를 사용하는데, 4개의 아날로그 입력을 각 A/D 컨버터에서 2개씩 분담하여 빠르게 읽어들이게 된다.

<프로그램 Exp13_9.c> 듀얼 모드를 사용한 A/D 변환

```
/* ============================================================================ */
/*  Exp13_9_dual_ADC.c : A/D 컨버터 2개의 동시 변환(Injected Simultaneous Mode) */
/* ============================================================================ */
/*                                    Programmed by Duck-Yong Yoon in 2017.     */

#include "stm32f103xe.h"
#include "OK-STM103.h"

int main(void)
{
  unsigned short result;
```

```
	Initialize_MCU();				// initialize MCU and kit
	Delay_ms(50);					// wait for system stabilization
	Initialize_LCD();				// initialize text LCD module
	Initialize_TFT_LCD();				// initialize TFT-LCD module

	LCD_string(0x80," OK-STM103 V1.0 ");		// display title
	LCD_string(0xC0,"    Exp13_9.c    ");
	Beep();

	TFT_string(0, 3,White,Magenta,"   A/D 컨버터의 듀얼 모드 (ADC1,ADC2)    ");
	TFT_string(7, 7, White,Black,"ADC0  (+5.00V) = +0.00V");
	TFT_string(7,10, White,Black,"ADC1  (+3.30V) = +0.00V");
	TFT_string(7,13, White,Black,"ADC2   ( VR1 ) = +0.00V");
	TFT_string(7,16, White,Black,"ADC3  (LM35DZ) = +00.0 C");
	TFT_xy(29,16);
	TFT_English(0x7F);

	RCC->APB2ENR |= 0x00000600;			// enable ADC1, ADC2 clock
	ADC1->CR2 = 0x00000001;				// enable ADC1(ADON = 1)
	ADC2->CR2 = 0x00000001;				// enable ADC2(ADON = 1)
	Delay_us(1);
	ADC1->CR2 |= 0x00000004;			// start ADC1 calibration(CAL = 1)
	while(ADC1->CR2 & 0x00000004);
	ADC2->CR2 |= 0x00000004;			// start ADC2 calibration(CAL = 1)
	while(ADC2->CR2 & 0x00000004);

	RCC->APB2ENR |= 0x00000004;			// enable GPIOA clock
	GPIOA->CRL &= 0xFFFF0000;			// use ADC0~ADC3
	RCC->CFGR &= 0xFFFF3FFF;			// ADCCLK = PCLK2/6 = 72MHz/6 = 12MHz
	RCC->CFGR |= 0x00008000;

	ADC1->CR1 = 0x00050100;				// DUALMOD[3:0] = 0101(injected simultaneous mode)
	ADC2->CR1 = 0x00050100;				// DUALMOD[3:0] = 0101(injected simultaneous mode)
	ADC1->CR2 = 0x0000F001;				// use JSWSTART, CONT = 0, ADON = 1
	ADC2->CR2 = 0x0000F001;				// use JSWSTART, CONT = 0, ADON = 1
	ADC1->JSQR = 0x00110000;			// total injected channel number = 2(0,2)
	ADC2->JSQR = 0x00118420;			// total injected channel number = 2(1,3)
	ADC1->SMPR2 = 0x00000249;			// sampling time of channel 0~3 = 7.5 cycle
	ADC2->SMPR2 = 0x00000249;			// sampling time of channel 0~3 = 7.5 cycle

	while(1)
	  { ADC1->SR = 0x00000000;			// JEOC = 0
	    ADC2->SR = 0x00000000;			// JEOC = 0

	    ADC1->CR2 |= 0x00200000;			// start conversion by software(JSWSTART = 1)
	    while(!(ADC1->SR & 0x00000004));		// wait for JEOC of ADC1
	    while(!(ADC2->SR & 0x00000004));		// wait for JEOC of ADC2

	    result = ADC1->JDR1;			// read channel 0 (+5.0V)
	    TFT_xy(24,7);
	    TFT_color(Cyan,Black);
	    TFT_signed_float((float)result*2.*3.3/4095., 1, 2);

	    result = ADC2->JDR1;			// read channel 1 (+3.3V)
	    TFT_xy(24,10);
	    TFT_color(Cyan,Black);
	    TFT_signed_float((float)result*2.*3.3/4095., 1, 2);

	    result = ADC1->JDR2;			// read channel 2 (VR1)
	    TFT_xy(24,13);
	    TFT_color(Cyan,Black);
	    TFT_signed_float((float)result*3.3/4095., 1, 2);

	    result = ADC2->JDR2;			// read channel 3 (LM35DZ)
	    TFT_xy(24,16);
	    TFT_color(Cyan,Black);
	    TFT_signed_float((float)result*330./4095., 2, 1);

	    LED_toggle();				// blink LED1
	    Delay_ms(500);
	  }
```

```
}
```

☞ 여기서는 2개의 A/D 컨버터 ADC1과 ADC2를 인젝티드 채널의 듀얼 모드로 설정하여 사용하였다. ADC1에는 아날로그 채널 0과 2가 시퀀스에 지정되고, ADC2에는 아날로그 채널 1과 3이 시퀀스에 지정되었다.

6. 아날로그 워치독 기능

A/D 컨버터 채널2의 ADC2 신호로 입력되는 가변저항 VR1의 입력전압에 대하여 A/D 컨버터의 아날로그 워치독 기능을 사용하는 예제 프로그램을 작성하여 보면 다음과 같다.

<프로그램 Exp13_10.c> A/D 컨버터의 아날로그 워치독 기능 사용

```
/* ============================================================================ */
/*                 Exp13_10_AWD.c : A/D 컨버터의 아날로그 워치독 기능              */
/* ============================================================================ */
/*                                        Programmed by Duck-Yong Yoon in 2017.    */

#include "stm32f103xe.h"
#include "OK-STM103.h"

int main(void)
{
  unsigned short result;

  Initialize_MCU();                          // initialize MCU and kit
  Delay_ms(50);                              // wait for system stabilization
  Initialize_LCD();                          // initialize text LCD module
  Initialize_TFT_LCD();                      // initialize TFT-LCD module

  LCD_string(0x80," OK-STM103 V1.0 ");       // display title
  LCD_string(0xC0,"   Exp13_10.c   ");
  Beep();

  TFT_string(0, 5,White,Magenta," A/D 컨버터의 아날로그 워치독(AWD) 기능 ");
  TFT_string(10,11,White,Black,"HT = 0x0C1F = +2.50V");
  TFT_string(10,14,White,Black,"LT = 0x04D9 = +1.00V");
  TFT_string(10,18,White,Black,"  ADC2(VR1) = +0.00V");
  TFT_string(24,11,Cyan,Black,"+2.50");
  TFT_string(24,14,Cyan,Black,"+1.00");

  RCC->APB2ENR |= 0x00000200;                // enable ADC1 clock
  ADC1->CR2 = 0x00000001;                    // enable ADC1(ADON = 1)
  Delay_us(1);
  ADC1->CR2 |= 0x00000004;                   // start ADC1 calibration(CAL = 1)
  while(ADC1->CR2 & 0x00000004);

  RCC->APB2ENR |= 0x00000004;                // enable GPIOA clock
  GPIOA->CRL &= 0xFFFF0000;                  // use ADC0~ADC3
  RCC->CFGR &= 0xFFFF3FFF;                   // ADCCLK = PCLK2/6 = 72MHz/6 = 12MHz
  RCC->CFGR |= 0x00008000;

  ADC1->CR1 = 0x00800202;                    // AWDEN = 1, use channel 2 (VR1)
  ADC1->CR2 = 0x001E0001;                    // use SWSTART, CONT = 0, ADON = 1
```

```
  ADC1->SQR1 = 0x00000000;                  // total regular channel number = 1
  ADC1->SQR3 = 0x00000002;                  // channel 2 (VR1)
  ADC1->SMPR2 = 0x00000249;                 // sampling time of channel 0~3 = 7.5 cycle
  ADC1->HTR = 0x00000C1F;                   // HT = 0x0C1F for analog watchdog
  ADC1->LTR = 0x000004D9;                   // LT = 0x04D9

  while(1)
    { ADC1->SR = 0x00000000;                // clear AWD flag

      ADC1->CR2 |= 0x00400000;              // start conversion by software
      while(!(ADC1->SR & 0x000002));        // wait for EOC
      result = ADC1->DR;
      TFT_xy(24,18);                        // display voltage
      TFT_color(Magenta,Black);
      TFT_signed_float((float)result*3.3/4095., 1, 2);

      if(ADC1->SR & 0x00000001)
        { TFT_string(15,22,Magenta,Black,"(AWD = 1)");
          TFT_string(1,24,Yellow,Black,"VR1 is out of analog watchdog window. ");
        }
      else
        { TFT_string(15,22,Magenta,Black,"(AWD = 0)");
          TFT_string(1,24, Green,Black,"   VR1 is in analog watchdog window.  ");
        }

      LED_toggle();                         // blink LED1
      Delay_ms(250);
    }
}
```

☞ 이 예제 프로그램에서는 TFT-LCD 화면에 아날로그 워치독 기능의 동작을 표시하였다. 즉, ADC2 신호로 입력되는 VR1의 전압을 A/D 변환하여 이것이 아날로그 워치독의 범위로 설정된 전압 1.0V~2.5V의 사이에 들어가는지 여부를 메시지로 표시하도록 하였다.

이 프로그램을 컴파일하여 *OK-STM103* 키트에 다운로드하여 실행하라. 그리고 작은 시계 드라이버를 사용하여 가변저항 VR1을 좌우로 돌리면서 TFT-LCD 화면에서 이 전압이 워치독의 범위 1.00~2.50V에 들어가는지 여부가 올바르게 표시되는지 관찰하라.

7. 실습 과제

(1) <그림 4.13.1.>의 회로에서 ADC0 및 ADC1의 아날로그 신호에는 왜 전원전압을 저항으로 분압하여 입력하는지, 그리고 이런 회로에는 왜 정밀한 저항을 사용해야 하는지 설명하라.

(2) 예제 프로그램 Exp13_1.c에서 A/D 변환의 완료 여부를 체크하는

```
while(!(ADC1->SR & 0x00000002));
```

부분은 원래

```
while((ADC1->SR & 0x00000002) != 0x00000002);
```

에 해당하는 것이다. 이것들의 의미를 설명하라.

(3) A/D 변환을 수행할 때 변환 결과를 산술평균 처리하는 방식과 이동평균 처리하는 방식의 장단점을 요약하여 설명하라.

(4) 예제 프로그램 Exp13_3.c에서 온도값을 표시하는 사각형의 아래에 큰 글씨로 채널 16을 사용하여 마이크로컨트롤러 내부의 온도를 측정하여 표시하는 기능을 추가한 예제 프로그램 Exp13_3R.c를 작성하라.

(5) 예제 프로그램 Exp13_10.c에서 플랙 AWD가 0에서 1로 바뀌거나 또는 반대로 1에서 0으로 바뀌는 순간에 비프음을 1번 울리도록 수정한 프로그램 Exp13_10R.c를 작성하라.

4.14 D/A 컨버터 응용 프로그램

이 절에서는 STM32F103VET6에 내장된 12비트 D/A 컨버터를 응용하는 프로그램 작성 기술을 공부하기로 한다.

관련 내용	(1) 제1.3절 STM32F103VET6의 기본 시스템 제어기 (2) 제2.3절 D/A 컨버터(DAC) (3) 제3.1절 *OK-STM103* 키트의 구조와 기능

1. *OK-STM103* 키트의 D/A 컨버터 관련 회로

STM32F103VET6 마이크로컨트롤러에는 12비트 2채널 D/A 컨버터를 1개 내장하고 있다. 이것은 아날로그 전원전압 V_{DDA}를 기준전압으로 사용하여 0~V_{DDA} 범위의 아날로그 전압을 출력할 수 있다. *OK-STM103* 키트에서는 전원전압 V_{DDA}로 +3.3V를 사용하므로 아날로그 출력전압의 범위는 0~+3.3V가 된다.

D/A 컨버터의 출력 신호인 DAC_OUT1과 DAC_OUT2는 각각 PA4, PA5 단자에 추가적인 기능으로 포함되는데, *OK-STM103* 키트에서는 이중에서 DAC_OUT1만을 사용한다. <그림 4.14.1>의 회로도에서 보인 바와 같이 *OK-STM103* 키트에서는 이 신호를 테스트 핀 TP1에 연결하여 오실로스코프로 파형을 관측할 수 있도록 하였다. 또한, 이 D/A 컨버터의 출력은 음악을 연주하는데 사용하기 위하여 스피커 접속 커넥터 CN6에도 연결된다. 이 커넥터 CN6은 원래 MP3 플레이어의 스피커 접속용으로 사용하기 위한 것인데, D/A 컨버터의 출력신호를 스피커에 연결하고자 하면 점퍼 스위치 J1, J2, J3을 모두 아래쪽의 2-3번 핀으로 연결해야 한다.

2. D/A 컨버터를 사용한 함수 파형 출력 프로그램

여기서는 STM32F103VET6의 D/A 컨버터를 사용하여 일정한 주파수와 진폭을 가지는 삼각파(triangular wave) 및 정현파(sinusoidal wave)를 발생시키는 프로그램을 작성하여 보기로 한다.

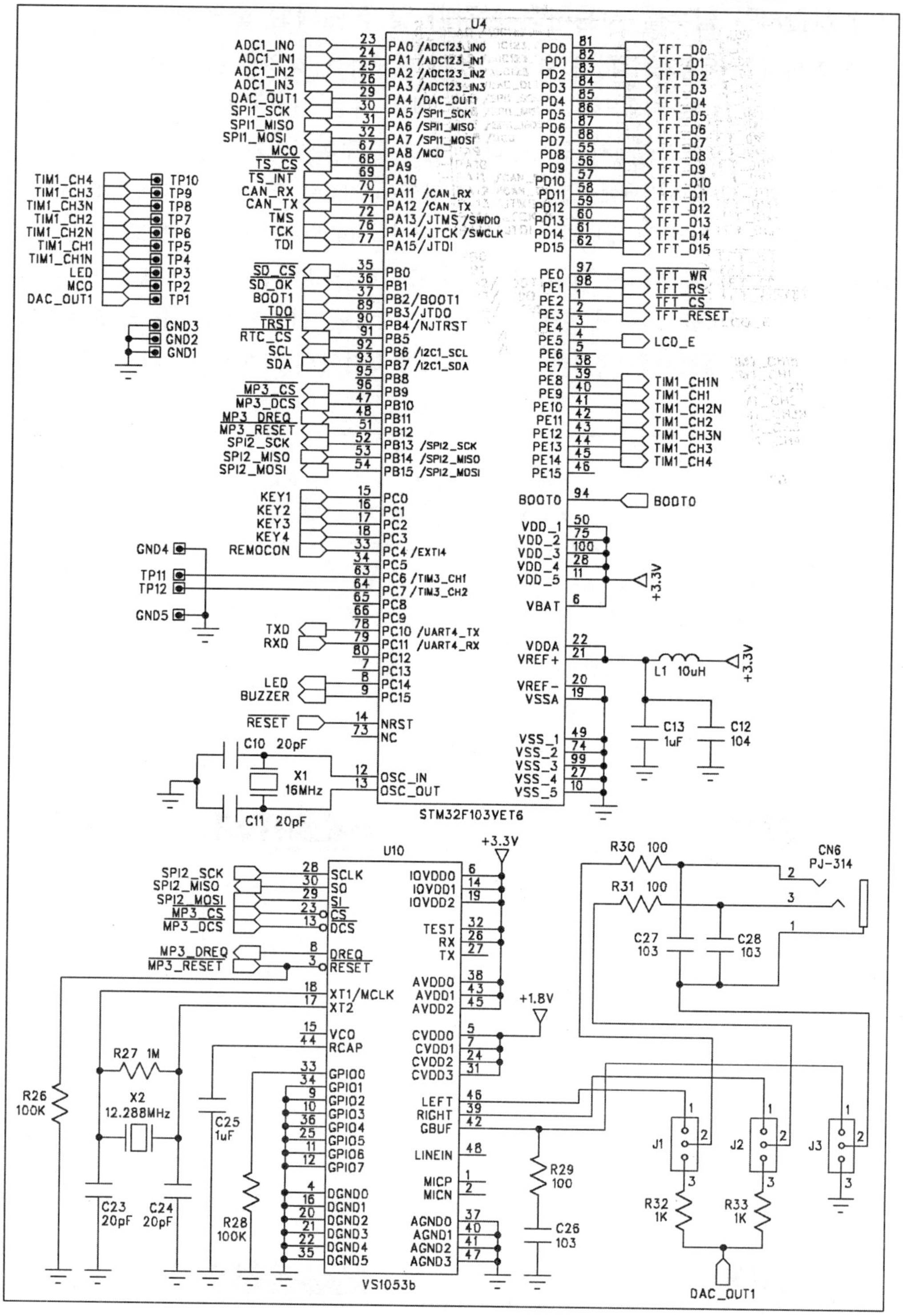

〈그림 4.14.1〉 *OK-STM103* 키트의 D/A 컨버터 관련 회로

(1) 시간지연 함수를 사용하여 삼각파 및 정현파를 출력하기

D/A 컨버터를 이용하여 어떤 함수 파형을 발생하는 경우에 이 함수 데이터를 실시간으로 계산하여 D/A 컨버터에 출력하려면 매우 빠른 연산처리가 필요하므로 실수형 DSP 정도의 마이크로프로세서를 사용하지 않으면 구현하기가 어렵다. 따라서, 대부분 중저속의 마이크로프로세서에서는 이를 온라인(on-line) 또는 오프라인(off-line)으로 미리 계산하여 그 결과를 메모리에 데이터 테이블(table)로 만들어 두고 이를 일정한 시간 간격으로 차례로 읽어서 D/A 컨버터에 출력하는 방법을 사용한다.

테이블의 데이터를 읽어서 출력할 때마다 일정한 시간지연을 주는 방법으로 약 1kHz의 삼각파와 정현파를 출력하는 프로그램을 C언어로 작성하면 다음과 같다.

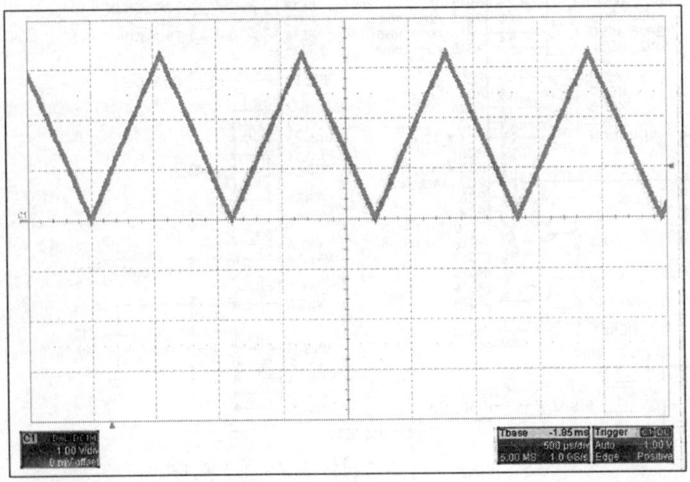

(a) 삼각파

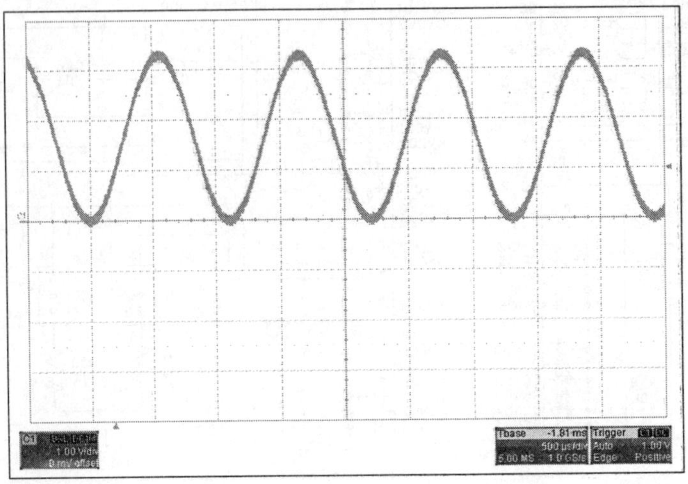

(b) 정현파

<그림 4.14.2> 예제 프로그램 Exp14_1.c에서 출력한 약 1kHz의 삼각파 및 정현파

<프로그램 Exp14_1.c> 시간지연 방식으로 파형을 출력하는 프로그램

```
/* ============================================================================ */
/*   Exp14_1_function(1).c : D/A 컨버터의 함수 파형 출력(시간지연 함수 사용)     */
/* ============================================================================ */
/*                                  Programmed by Duck-Yong Yoon in 2017.       */

#include "stm32f103xe.h"
#include "OK-STM103.h"

int main(void)
{
  unsigned short i, x, DAC1_data[200], DAC2_data[200];

  Initialize_MCU();                             // initialize MCU and kit
  Delay_ms(50);                                 // wait for system stabilization
  Initialize_LCD();                             // initialize text LCD module
  Initialize_TFT_LCD();                         // initialize TFT-LCD module

  LCD_string(0x80," OK-STM103 V1.0 ");          // display title
  LCD_string(0xC0,"   Exp14_1.c    ");

  TFT_string(0,4,Cyan,   Black,"        (시간지연 함수를 사용함)        ");
  TFT_string(0,6,White,Magenta," D/A 컨버터를 사용한 수학함수 파형 출력 ");
  TFT_string(0,9,White,  Black,"            (TP1 단자에서 측정)          ");

  RCC->APB1ENR |= 0x20000000;                   // enable DAC clcok
  RCC->APB2ENR |= 0x00000004;                   // enable GPIOA clock
  GPIOA->CRL &= 0xFFF0FFFF;                     // PA4 = DAC_OUT1

  DAC->CR = 0x00000003;                         // DAC channel 1 enable, output buffer disable

  for(x = 0; x <= 100; x++)                     // calculate data of triangular wave
    DAC1_data[x] = (unsigned short)((4095./100.) * (float)x);
  i = 1;
  for(x = 101; x < 200; x++)
    { DAC1_data[x] = DAC1_data[100-i];
      i++;
    }

  for(x = 0; x < 200; x++)                      // calculate data of sinusoidal wave
    DAC2_data[x] = (signed short)(2047. * sin(x * 1.8 * 3.141592 / 180.)) + 2047;

  while(1)
    { Beep();
      TFT_string(4,18,Green,Black,"약 1kHz의 삼각파 출력 (0~+3.3V)");

      for(i = 0; i < 5000; i++)                 // display for 5 sec
        { for(x = 0; x < 200; x++)
            { DAC->DHR12R1 = DAC1_data[x];      // output data of DAC channel 1
              Delay_us(5);                      // delay 5 us
            }
        }

      Beep();
      TFT_string(4,18,Green,Black,"약 1kHz의 정현파 출력 (0~+3.3V)");

      for(i = 0; i < 5000; i++)                 // display for 5 sec
        { for(x = 0; x < 200; x++)
            { DAC->DHR12R1 = DAC2_data[x];      // output data of DAC channel 1
              Delay_us(5);                      // delay 5 us
            }
        }
    }
}
```

☞ 여기서는 1주기에 200개로 구성되는 테이블 데이터를 D/A 컨버터에 출력할 때마다 5μs의 시간지연을 주었으므로 1주기는 약 1000μs 즉 1ms가 되고, 따라서 출력 파형의 주파수는 1kHz가 된다. 그러나, *OK-STM103* 키트에서 이 프로그램을 실행하고 오실로스코프로 테스트 핀 TP1의 파형을 측정하여 보면 <그림 4.14.2>에 보인 것처럼 1주기가 1ms보다 크고, 따라서 출력 파형의 주파수는 1kHz보다 약간 낮아진다. 이는 시간지연 함수로 구현한 5μs의 시간지연 값이 약간 부정확하기도 하고, 여기에 매주기마다 마이크로컨트롤러가 여러 개의 명령을 실행하는 시간이 더 추가되기 때문이다. 그렇다고 시간지연을 4μs로 줄이면 이번에는 주파수가 1kHz보다 너무 높아지게 된다.

이처럼 출력 파형의 주파수가 부정확해지는 문제를 해결하여 정확한 주파수의 파형을 출력하려면 일정한 시간 주기로 타이머 인터럽트를 발생하여 D/A 컨버터에 파형을 출력하면 된다.

(2) 인터럽트를 사용하여 정확한 주파수의 함수 파형을 출력하기

위의 예제 프로그램 Exp14_1.c에서와 같이 일정한 시간지연을 주면서 D/A 컨버터에 미리 계산된 데이터를 출력하는 방법은 시간지연 루틴의 부정확성이나 프로그램의 처리시간 때문에 일반적으로 사용자가 원하는 것보다 더 낮은 주파수의 신호를 출력하게 되고, 더구나 그것이 CPU의 명령처리 속도에 따라 달라지기 때문에 사용자가 원하는 주파수의 출력신호를 정확히 만들기가 매우 어렵게 된다.

이 문제를 해결하는 방법은 마이크로컨트롤러의 타이머 인터럽트를 사용하는 것이다. 즉, 타이머를 이용하여 주기적인 인터럽트를 발생하고, 인터럽트가 걸릴 때마다 데이터 테이블을 차례로 하나씩 읽어서 D/A 컨버터로 출력하면 된다.

시스틱 타이머 SysTick의 주기적인 인터럽트를 사용하여 테이블에 미리 만들어 놓은 200개의 데이터를 1개씩 차례로 출력하는 방법으로 1kHz의 정확한 주파수를 갖는 삼각파와 정현파를 발생시키는 프로그램을 작성하면 다음과 같고, 이때의 출력 파형을 오실로스코프로 관측한 것은 <그림 4.14.3>과 같다. 1주기에 200개의 데이터를 출력하여 1kHz의 파형을 만들기 위해서는 타이머 인터럽트를 200kHz의 주파수로 발생시켜야 한다.

<프로그램 Exp14_2.c> 인터럽트 방식으로 파형을 출력하는 프로그램

```
/* ============================================================================ */
/*      Exp14_2_function(2).c : D/A 컨버터의 함수 파형 출력(인터럽트 사용)      */
/* ============================================================================ */
/*                                   Programmed by Duck-Yong Yoon in 2017.      */

#include "stm32f103xe.h"
#include "OK-STM103.h"

void SysTick_Handler(void);                         /* SysTick interrupt function */

volatile unsigned char mode = 'T';
volatile unsigned short DAC1_data[200], DAC2_data[200], data_count = 0;
```

```
/* ----- 인터럽트 처리 프로그램 ------------------------------------------------ */

void SysTick_Handler(void)                        /* SysTick interrupt function */
{
  if(mode == 'T')
    DAC->DHR12R1 = DAC1_data[data_count];         // output triangular wave of DAC channel 1
  else if(mode == 'S')
    DAC->DHR12R1 = DAC2_data[data_count];         // output sinusoidal wave of DAC channel 2

  data_count++;
  if(data_count >= 200) data_count = 0;
}

/* ----- 메인 프로그램 -------------------------------------------------------- */

int main(void)
{
  unsigned short i, x;

  Initialize_MCU();                               // initialize MCU and kit
  Delay_ms(50);                                   // wait for system stabilization
  Initialize_LCD();                               // initialize text LCD module
  Initialize_TFT_LCD();                           // initialize TFT-LCD module

  LCD_string(0x80," OK-STM103 V1.0 ");            // display title
  LCD_string(0xC0,"   Exp14_2.c    ");

  TFT_string(0,4,Cyan,   Black,"         (인터럽트를 사용함)         ");
  TFT_string(0,6,White,Magenta," D/A 컨버터를 사용한 수학함수 파형 출력 ");
  TFT_string(0,9,White,  Black,"         (TP1 단자에서 측정)         ");

  RCC->APB1ENR |= 0x20000000;                     // enable DAC clcok
  RCC->APB2ENR |= 0x00000004;                     // enable GPIOA clock
  GPIOA->CRL &= 0xFFF0FFFF;                       // PA4 = DAC_OUT1

  DAC->CR = 0x00000003;                           // DAC channel 1 enable, output buffer disable

  for(x = 0; x <= 100; x++)                       // calculate data of triangular wave
    DAC1_data[x] = (unsigned short)((4095./100.) * (float)x);
  i = 1;
  for(x = 101; x < 200; x++)
    { DAC1_data[x] = DAC1_data[100-i];
      i++;
    }

  for(x = 0; x < 200; x++)                        // calculate data of sinusoidal wave
    DAC2_data[x] = (signed short)(2047. * sin(x * 1.8 * 3.141592 / 180.)) + 2047;

  SysTick->LOAD  = 44;                            // 9MHz/(44+1) = 200kHz
  SysTick->VAL   = 0;                             // clear SysTick Counter
  SysTick->CTRL  = 0x00000003;                    // 72MHz/8 = 9MHz, enable interrupt

  while(1)
    { Beep();
      TFT_string(6,18,Green,Black,"1kHz의 삼각파 출력 (0~+3.3V)");
      mode = 'T';
      data_count = 0;
      Delay_ms(5000);

      Beep();
      TFT_string(6,18,Green,Black,"1kHz의 정현파 출력 (0~+3.3V)");
      mode = 'S';
      data_count = 0;
      Delay_ms(5000);
    }
}
```

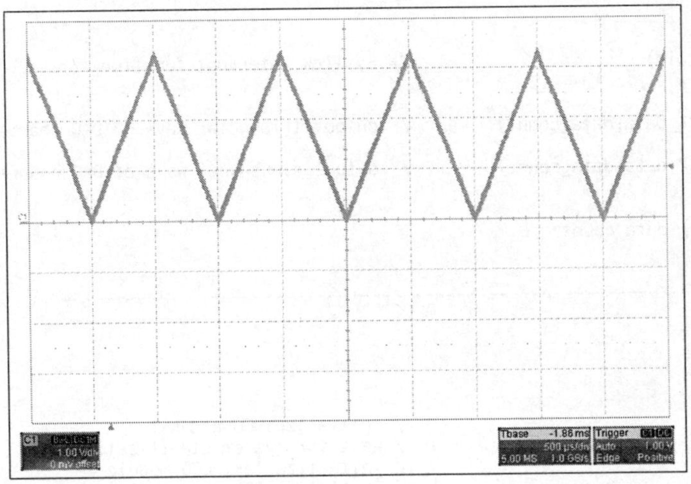

(a) 삼각파

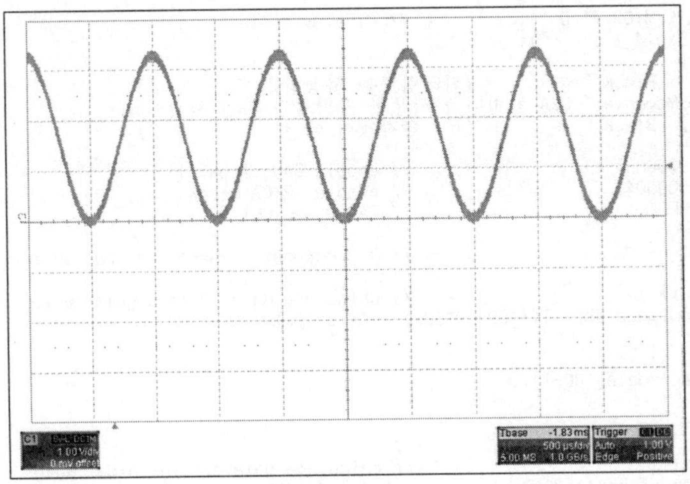

(b) 정현파

<그림 4.14.3> 예제 프로그램 Exp14_2.c에서 출력한 1kHz의 삼각파 및 정현파

3. D/A 컨버터를 사용한 전자 오르간 프로그램

여기서는 STM32F103VET6에 내장된 타이머와 D/A 컨버터를 사용하여 음악의 멜로디를 연주하는 전자 오르간 프로그램을 작성하여 보기로 한다. 기본적으로 음악의 멜로디(melody)는 스피커를 구동하는 신호의 주파수와 연주시간에 따라 결정되는데 이는 타이머의 분주 기능이나 주기적인 인터럽트 발생 기능을 이용하면 쉽게 원하는 주파수의 신호를 발생할 수 있으며, 박자에 해당하는 연주시간은 시간지연 루틴을 사용하면 용이하게 구현할 수 있다. 또한 주기적인 인터럽트를 이용하여 주파수 신호를 출력하는 수단으로 D/A 컨버터를 사용하면 쉽게 음량을 가변할 수 있다.

(1) 음악의 기본 구성

음악은 기본적으로 음의 높이(음계, 음정, tone), 음의 길이(박자, beat), 음의 강약, 음의 색깔 등으로 구성된다. 음의 높이는 스피커를 구동하는 신호의 주파수와 관계되어 주파수가 높으면 고음이 되고 주파수가 낮으면 저음이 된다. 음의 길이는 음표(note)와 쉼표(rest)로 구분되는데 이는 각 음계에 해당하는 신호 발생시간의 길고 짧음에 의해 결정된다. 또한, 음의 강약은 신호 파형의 진폭에 의해 결정되고, 음의 색깔은 신호 파형에 고조파(高調波) 성분의 포함 정도나 진폭의 변화(envelope)에 의해 결정된다.

마이크로프로세서는 디지털 신호(digital signal)만을 직접 처리할 수 있기 때문에 음의 높이나 음의 길이를 변화시키는 것은 쉽게 구현할 수 있지만, 음의 강약 또는 음의 색깔을 변화시키는 것은 그렇게 단순하지 않다. 이와 같은 음악 발생 기능을 갖는 본격적인 전자 음악 합성기(electronic music synthesizer)를 만들려면 주파수 발생 회로는 물론 각종 고조파 신호들을 증폭하고 합성할 수 있어야 하는데, 이를 위해서는 D/A 컨버터나 연산증폭기와 같은 별도의 복잡한 아날로그 회로들이 필요하게 된다. 이러한 방식으로 된 사운드 카드나 전자 악기는 이미 많은 제품들이 개발되어 판매되고 있다.

그러나, 여기서는 마이크로컨트롤러에 내장된 타이머를 이용하여 음의 높이와 길이를 변경함으로써 단순히 음악의 멜로디를 연주할 수 있고, D/A 컨버터를 통하여 출력하는 신호의 크기를 조절함으로써 음량을 가변할 수 있는 정도의 프로그램 작성에 대하여 연구하기로 한다. 이러한 프로그램은 기본적인 음악 이론에 근거하여 다양한 방법으로 작성될 수 있을 것이나, 여기서는 마이크로컨트롤러의 프로그래밍 기술을 익히고 실제 악보를 보고 이를 프로그램으로 옮기기 쉽도록 하려는 목적에 주안점을 두어 저자가 직접 설계한 방법을 사용하여 설명한다.

(2) 음계 발생의 원리

음악에서 음계는 0에서 8까지 총 9개의 옥타브(octave)로 구성되며, 각 옥타브에는 C, C#, D, D#, E, F, F#, G, G#, A, A#, B 등 반음(半音)의 간격으로 볼 때 12개의 음이 존재한다. 이들 각 음계에는 모두 표준 주파수가 정해져 있고, 이웃하는 2개의 음계 사이에는 1 : $2^{1/12}$, 즉 1 : 1.05946의 비율로 주파수가 증가하게 된다. 따라서, 이와 같이 각 음계마다 약 6%씩 주파수가 증가하면 어느 음계와 이보다 1 옥타브 증가한 12번째 음과는 정확히 2배의 주파수 차이가 생기게 된다.

음계를 발생시키려면 타이머의 주기적인 인터럽트를 이용하여 D/A 컨버터로 데이터를 출력하면서 각 음계에 따라 인터럽트 주기를 바꾸면 되는데, 여기서는 시스틱 타이머 SysTick의 인터럽트 발생 기능을 사용하기로 한다. 타이머 인터럽트가 발생될 때마다 주파수 출력 신호를 토글하면 2번의 인터럽트가 발생할 때마다 1주기의 신호가 만들어지므로 SysTick과 D/A 컨버터를 이용한 출력 주파수는 다음과 같다.

$$f_{\mathrm{DAC\_OUT}} = \frac{\mathrm{HCLK}/8}{2\times(\mathrm{SysTick\_LOAD}+1)} = \frac{9\mathrm{MHz}}{2\times(\mathrm{SysTick\_LOAD}+1)}\ [\mathrm{Hz}]$$

<표 4.14.1> 음계별 표준주파수와 시스틱 타이머를 사용한 출력 주파수

옥타브	음계		표준 주파수[Hz]	SysTick_LOAD 설정값	출력 주파수[Hz]	정확도[%] = 출력/표준
	음계	사용 음계명				
3	F	F3	174.614	25770	174.615	100.001
	F#	F3X	184.997	24324	184.995	99.999
	G	G3	195.998	22958	196.002	100.002
	G#	G3X	207.652	21670	207.651	100.000
	A	A3	220.000	20454	219.995	99.998
	A#	A3X	233.082	19306	233.076	99.997
	B	B3	246.942	18222	246.941	100.000
4	C	C4	261.626	17199	261.628	100.001
	C#	C4X	277.183	16234	277.179	99.999
	D	D4	293.665	15323	293.657	99.997
	D#	D4X	311.127	14463	311.117	99.997
	E	E4	329.628	13651	329.622	99.998
	F	F4	349.228	12885	349.162	99.981
	F#	F4X	369.994	12161	370.005	100.003
	G	G4	391.995	11479	391.986	99.998
	G#	G4X	415.305	10834	415.321	100.004
	A	A4	440.000	10226	440.012	100.003
	A#	A4X	466.164	9652	466.176	100.003
	B	B4	493.883	9110	493.908	100.005
5	C	C5	523.251	8599	523.256	100.000
	C#	C5X	554.365	8116	554.392	100.005
	D	D5	587.330	7661	587.314	99.997
	D#	D5X	622.254	7231	622.235	99.997
	E	E5	659.255	6825	659.244	99.998
	F	F5	698.456	6442	698.432	99.997
	F#	F5X	739.989	6080	740.010	100.003
	G	G5	783.991	5739	783.972	99.998
	G#	G5X	830.609	5417	830.565	99.995
	A	A5	880.000	5113	879.937	99.993
	A#	A5X	932.328	4826	932.256	99.992

<표 4.14.1>에 옥타브 3~5의 표준 주파수와 STM32F103VET6의 시스틱 타이머를 사용하여 음계를 발생시키는 방법을 보였다. 9개의 옥타브중에서 중간은 옥타브 4이므로 이를 중심으로 하여 상하로 1개씩의 옥타브만을 고려하면 대부분 음악을 연주하는데 별 문제가 없다. 그러나, 더욱 넓은 음역을 포함시켜 실용적으로 문제가 없게 하려면 옥타브 2의 일부 음계와 옥타브 6의 일부 음계까지를 포함시키는 것이 좋다.

앞에서 설명한 바와 같이 표준 주파수는 무리수(無理數)로 증가하여 소숫점 이하의 값을 가지게 되는데, 시스틱 타이머에서 9MHz의 클록 입력 및 분주를 위한 시정수로는 24비트의 정수만을 사용할 수 있으므로 이들 음계 주파수를 정확히 발생시키는 것은 불가능하다. 따라서, 위의 식에 근거하여 SysTick_LOAD 레지스터의 설정값을 <표 4.14.1>에 보인 값으로 프로그램함으로써 가장 근사치의 주파수를 발생하도록 하면 모든 음계들의 출력 주파수가 거의 ±0.003% 이내의 오차 범위에 들어가는 매우 만족스러운 결과를 얻을 수 있다.

이들 음계를 발생하는 루틴은 C언어의 사용자 함수 Play_note()로 만들고 각 음계의 종류는 입력 파라미터로 처리하면 편리하다.

(3) 음표 및 쉼표 발생의 원리

음표나 쉼표는 각 음계의 연주시간(演奏時間) 또는 휴지시간(休止時間)을 나타내는 것으로 <표 4.14.2>와 같이 각각 10가지씩의 종류가 있다. 그러나, 여기서 연주시간이라 하면 상대적인 것이며 절대적인 시간값을 갖는 것은 아니다. 예를 들어 4분 음표는 온음표에 비하여 연주시간이 1/4의 길이를 가지며, 32분 음표는 온음표의 1/32에 해당한다. 이와 같은 연주시간의 상대 길이를 <표 4.14.2>에 함께 표시하였다. 이 표에서는 보이지 않았지만 실제로는 음표의 경우에 셋잇단음표(triplet)가 포함된다.

각 음표의 실제 연주시간은 음표의 종류뿐만 아니라 해당 음악의 연주 속도를 표시하는 템포(tempo)에 의해 결정된다. 여기서는 편의상 템포를 1~5로 정의하는데, tempo = 1이 가장 느리며 tempo = 5는 가장 빠른 것으로 한다. 또한, 가장 짧은 연주시간 단위인 32분 음표를 21[ms]의 기본 시간(base time)으로 정의하고, 이 기본 시간에 상대 길이와 (7-템포) 값을 곱한 시간을 실제 음표의 연주시간으로 한다.

예를 들어 tempo = 3(보통 빠르기)에서 32분 음표, 16분 음표, 8분 음표, 4분음표의 연주시간을 각각 계산하여 보면

𝅘𝅥𝅰 = base time × 상대 길이 × tempo
　= 21[ms] × 1 × (7-3) = 84[ms]
𝅘𝅥𝅯 = 21[ms] × 2 × (7-3) = 168[ms]
𝅘𝅥𝅮 = 21[ms] × 4 × (7-3) = 336[ms]
𝅘𝅥 = 21[ms] × 8 × (7-3) = 672[ms]

가 된다. 이렇게 하면 tempo = 3에서 4분 음표를 약 89개 연주하여 보통 빠르기의 기준인 88개와 거의 유사하게 된다.

〈표 4.14.2〉 음표 및 쉼표의 종류와 상대길이

종류	음표		쉼표		상대 길이	
32분	𝅘𝅥𝅰	NOTE32	𝅀	REST32	$\frac{1}{32}$	$=\frac{1}{32}$
16분	𝅘𝅥𝅯	NOTE16	𝄿	REST16	$\frac{1}{16}$	$=\frac{2}{32}$
점16분	𝅘𝅥𝅯.	NOTE16D	𝄿.	REST16D	$\frac{1}{16}+\frac{1}{16}\times\frac{1}{2}$	$=\frac{3}{32}$
8분	♪	NOTE8	𝄾	REST8	$\frac{1}{8}$	$=\frac{4}{32}$
점8분	♪.	NOTE8D	𝄾.	REST8D	$\frac{1}{8}+\frac{1}{8}\times\frac{1}{2}$	$=\frac{6}{32}$
4분	♩	NOTE4	𝄽	REST4	$\frac{1}{4}$	$=\frac{8}{32}$
점4분	♩.	NOTE4D	𝄽.	REST4D	$\frac{1}{4}+\frac{1}{4}\times\frac{1}{2}$	$=\frac{12}{32}$
2분	𝅗𝅥	NOTE2	𝄼	REST2	$\frac{1}{2}$	$=\frac{16}{32}$
점2분	𝅗𝅥.	NOTE2D	𝄼.	REST2D	$\frac{1}{2}+\frac{1}{2}\times\frac{1}{2}$	$=\frac{24}{32}$
온	𝅝	NOTE1	𝄻	REST1	1	$=\frac{32}{32}$

☞ **셋잇단음표**는 NOTE16T, NOTE8T, NOTE4T로 하였음.

음표를 프로그램으로 작성하는 것도 음계 발생 사용자 함수 Play_note()에서 음표의 길이를 입력 파라미터로 지정하여 처리하면 편리하다. 즉, 음계에 맞는 시스틱 타이머의 설정값을 지정하고 이 타이머의 인터럽트를 허용함으로써 주파수가 출력되어 연주를 개시하였으면 음표는 지정된 시간만큼의 단순한 시간지연 루틴(delay routine)을 수행하면 된다. 그러나, 쉼표는 음계를 발생하지 않은 상태에서 지정된 길이의 시간지연만 주면 되므로 이를 위한 별도의 사용자 함수 Play_rest()로 수행한다.

(4) 악보에 대한 연주 프로그램의 작성

앞에서 설명한 바와 같이 음계, 음표, 쉼표 등을 처리하는 사용자 함수를 모두 완성하였으면 주어진 악보를 연주하는 프로그램을 작성하는 것은 악보를 보면서 각 음에 대하여 음계 및 음표 처리 함수를 호출(call)하기만 하면 된다. 이와 같은 음악연주 프로그램 작성시 유의 사항을 나열하면 다음과 같다.

① 프로그램 또는 각 연주곡의 서두에서 반드시 템포를 지정하라. 템포는 1~5의 범위에서 적절히 선택한다.

② 곡이 어떤 장조(長調) 또는 단조(短調)이든 관계없이 그냥 음계로 읽어라. 이때 #(sharp) 또는 ♭(flat)이 붙은 음에 유의하고, ♭이 붙은 음은 그 아래의 음에 #이 붙은 것으로 간주하여 처리하라.

③ 각 음계는 음계명에 옥타브를 나타내는 숫자를 붙여서 A4처럼 표시하며, 여기에 반올림 기호 #(sharp)이 붙으면 X자를 추가하여 A4X처럼 표시한다. 음표와 쉼표는 각각 NOTE8 및 REST8처럼 표시하고, 점이 붙은 음표와 쉼표는 각각 NOTE8D 및 REST8D로 표시하며, 셋잇단음표는 해당 음표 2개의 길이를 균등하게 3등분하여 3개의 음으로 연주하라는 뜻인데 NOTE8T처럼 표시한다.

④ 동일한 음계가 연속될 경우에는 마이크로컨트롤러의 처리속도가 매우 빨라서 하나의 음표처럼 붙어서 연주될 수 있으므로 이를 방지하기 위하여 음표와 음표 사이에 아주 짧은 시간동안의 시간 간격을 두어 음이 짧게 끊어지도록 하였다. 따라서, 이를 원하지 않으면 2개의 음표를 1개의 음으로 처리하는 것이 좋다. 예를 들어 같은 음계의 4분 음표와 8분 음표가 연속되면 이를 점4분 음표인 것으로 처리한다.

(5) 전자 오르간 프로그램

이제 시스틱 타이머 SysTick와 D/A 컨버터를 사용한 전자 오르간 프로그램을 작성하여 보면 다음과 같다.

TFT-LCD 화면에 약 3개의 옥타브에 걸쳐서 오르간의 건반이 그려지므로 터치 펜으로 건반을 눌러서 연주를 수행할 수 있으며, 곡목을 선택하고 이 곡목 부분을 누르면 자동연주 기능이 수행된다. 이 프로그램을 수행하고 커넥터 CN6에 앰프를 내장하고 있는 형태의 스피커를 연결하여 오르간이 연주하는 음악을 들으려면 점퍼 스위치 J1, J2, J3을 모두 아래쪽의 2-3번 핀(DAC_OUT 쪽)으로 연결해야 한다.

<프로그램 Exp14_3.c> 타이머 및 D/A 컨버터를 이용한 전자 오르간 프로그램(1)

```
/* ============================================================================ */
/*              Exp14_3_organ(1).c : D/A 컨버터를 이용한 전자 오르간            */
/* ============================================================================ */
/*                                      Programmed by Duck-Yong Yoon in 2017.   */

#include "stm32f103xe.h"
```

```
#include "OK-STM103.h"

#define F3      1       // note F of octave 3
#define F3X     2       // note F# of octave 3
#define G3      3       // note G of octave 3
#define G3X     4       // note G# of octave 3
#define A3      5       // note A of octave 3
#define A3X     6       // note A# of octave 3
#define B3      7       // note B of octave 3
#define C4      8       // note C of octave 4
#define C4X     9       // note C# of octave 4
#define D4      10      // note D of octave 4
#define D4X     11      // note D# of octave 4
#define E4      12      // note E of octave 4
#define F4      13      // note F of octave 4
#define F4X     14      // note F# of octave 4
#define G4      15      // note G of octave 4
#define G4X     16      // note G# of octave 4
#define A4      17      // note A of octave 4
#define A4X     18      // note A# of octave 4
#define B4      19      // note B of octave 4
#define C5      20      // note C of octave 5
#define C5X     21      // note C# of octave 5
#define D5      22      // note D of octave 5
#define D5X     23      // note D# of octave 5
#define E5      24      // note E of octave 5
#define F5      25      // note F of octave 5
#define F5X     26      // note F# of octave 5
#define G5      27      // note G of octave 5
#define G5X     28      // note G# of octave 5
#define A5      29      // note A of octave 5
#define A5X     30      // note A# of octave 5
#define NOTE32  1*3     // define note length
#define NOTE16  2*3
#define NOTE16D 3*3
#define NOTE16T 2*2
#define NOTE8   4*3
#define NOTE8D  6*3
#define NOTE8T  4*2
#define NOTE4   8*3
#define NOTE4D  12*3
#define NOTE4T  8*2
#define NOTE2   16*3
#define NOTE2D  24*3
#define NOTE1   32*3

#define REST32  1*3     // define rest length
#define REST16  2*3
#define REST16D 3*3
#define REST8   4*3
#define REST8D  6*3
#define REST4   8*3
#define REST4D  12*3
#define REST2   16*3
#define REST2D  24*3
#define REST1   32*3

void SysTick_Handler(void);                        /* SysTick interrupt function */
void Draw_organ(void);                             /* draw organ screen */
void Draw_left(U16 x, U16 y, U16 color1, U16 color2);   /* display left arrow for touch screen */
void Draw_right(U16 x, U16 y, U16 color1, U16 color2);  /* display right arrow for touch screen */
void Draw_up(U16 x, U16 y, U16 color1, U16 color2);     /* display up arrow for touch screen */
void Draw_down(U16 x, U16 y, U16 color1, U16 color2);   /* display down arrow for touch screen */
void Draw_symbol(U16 xPos,U16 yPos, U16 colorfore,U16 colorback, U08 code); /* draw arrow for touch screen */
void Check_organ(void);                            /* check organ key or icon */
void Play_note(U08 sound, U32 note);               /* play note */
void Play_rest(U32 rest);                          /* play rest */
void Set_tempo(U08 tempo_value);                   /* set tempo */
void Play_song1(void);                             /* play song 1 - 고향의 봄*/
void Play_song2(void);                             /* play song 2 - 산바람 강바람*/
```

```
void Play_song3(void);                          /* play song 3 - 퐁당퐁당*/
void Play_song4(void);                          /* play song 4 - 낭랑 18세*/
void Play_song5(void);                          /* play song 5 - 돌아가는 삼각지*/
void Play_song6(void);                          /* play song 6 - 칠갑산*/
void Play_song7(void);                          /* play song 7 - 허공*/

unsigned char song;                             // song for auto play (1~6)
unsigned char tempo;                            // music tempo (1~5)
unsigned char organ_key;                        // organ key

/* ----- 인터럽트 처리 프로그램 ---------------------------------------------- */

volatile unsigned char volume;                  // speaker volume (1~5)
volatile unsigned char toggle_flag;

void SysTick_Handler(void)                      /* SysTick interrupt function */
{
  toggle_flag++;
  toggle_flag %= 2;
  if(toggle_flag == 1)
    DAC->DHR12R1 = 0;                           // clear output data
  else
   DAC->DHR12R1 = 150 * volume^2;               // output data
}

/* ----- 메인 프로그램 ------------------------------------------------------- */

int main(void)
{
  Initialize_MCU();                             // initialize MCU and kit
  Delay_ms(50);                                 // wait for system stabilization
  Initialize_LCD();                             // initialize text LCD module
  Initialize_TFT_LCD();                         // initialize TFT-LCD module
  Initialize_touch_screen();                    // initialize touch screen

  LCD_string(0x80," OK-STM103 V1.0 ");          // display title
  LCD_string(0xC0,"    Exp14_3.c     ");
  Beep();

  RCC->APB1ENR |= 0x20000000;                   // enable DAC clcok
  RCC->APB2ENR |= 0x00000004;                   // enable GPIOA clock
  GPIOA->CRL &= 0xFFF0FFFF;                     // PA4 = DAC_OUT1

  DAC->CR = 0x00000003;                         // DAC channel 1 enable, output buffer disable
  DAC->DHR12R1 = 0;                             // clear output data

  song = 0;                                     // initial value
  volume = 1;
  tempo = 3;

  Draw_organ();                                 // draw organ screen

  while(1)
    Check_organ();                              // draw organ screen
}

/* ----- 사용자 정의 함수 ---------------------------------------------------- */

void Draw_organ(void)                           /* draw organ screen */
{
  unsigned int i, x;

  Rectangle(0,0, 319,145, Green);               // display outline
  Rectangle(1,1, 318,144, Green);

  TFT_string(1, 1,White,Magenta," OK-STM103 키트를 이용한  전자 오르간 "); // display title

  TFT_string(8,5,White,Black,"음 량");          // volume
  TFT_string(8,8,Silver,Black,"12345");
  TFT_string(8,8,Red,Black,"1");
  Rectangle(59,61, 107,81, Magenta);
```

```
  Rectangle(60,62, 106,80, Magenta);
  Draw_left(32,61, White,Cyan);
  Draw_right(111,61, White,Cyan);

  TFT_string(27,5,White,Black,"속 도");              // tempo
  TFT_string(27,8,Silver,Black,"12345");
  TFT_string(29,8, Red,Black,"3");
  Rectangle(211,61, 259,81, Magenta);
  Rectangle(212,62, 258,80, Magenta);
  Draw_left(184,61, White,Cyan);
  Draw_right(263,61, White,Cyan);

  TFT_string(12,12,White,Black," 자동 연주 기능 ");      // auto play
  TFT_string( 5,15,Cyan,Black," ---------------------------- ");
  Rectangle(38,118, 281,138, Cyan);
  Draw_up(11,118, White,Cyan);
  Draw_down(285,118, White,Cyan);

  for(i = 0; i < 16; i++)                            // draw white key
    { x = 20*i + 1;
      Block(x,148, x+17,238, White,White);
    }

  for(i = 0; i < 16; i++)                            // draw black key
    { x = 20*i + 11;
      if((i != 3) && (i != 6) && (i != 10) && (i != 13) && (i != 15))
        Block(x,148, x+17,205, Black,Black);
      else if(i == 15)
        Block(x,148, x+8,205, Black,Black);
    }
}

void Draw_left(U16 x, U16 y, U16 color1, U16 color2)    /* display left arrow for touch screen */
{
  Rectangle(x,y, x+23,y+20, color1);
  Draw_symbol(x+4,y+2, color2,Black, 0);
}

void Draw_right(U16 x, U16 y, U16 color1, U16 color2)   /* display right arrow for touch screen */
{
  Rectangle(x,y, x+23,y+20, color1);
  Draw_symbol(x+4,y+2, color2,Black, 1);
}

void Draw_up(U16 x, U16 y, U16 color1, U16 color2)      /* display up arrow for touch screen */
{
  Rectangle(x,y, x+23,y+20, color1);
  Draw_symbol(x+4,y+2, color2,Black, 2);
}

void Draw_down(U16 x, U16 y, U16 color1, U16 color2)    /* display down arrow for touch screen */
{
  Rectangle(x,y, x+23,y+20, color1);
  Draw_symbol(x+4,y+2, color2,Black, 3);
}

const unsigned short symbol[5][16] = {                        /* 16x16 arrow */
  { 0x0000,0x0100,0x0300,0x0700,0x0F00,0x1F00,0x3FFF,0x7FFF,      // (0) left arrow
    0xFFFF,0x7FFF,0x3FFF,0x1F00,0x0F00,0x0700,0x0300,0x0100 },
  { 0x0000,0x0080,0x00C0,0x00E0,0x00F0,0x00F8,0xFFFC,0xFFFE,      // (1) right arrow
    0xFFFF,0xFFFE,0xFFFC,0x00F8,0x00F0,0x00E0,0x00C0,0x0080 },
  { 0x0100,0x0380,0x07C0,0x0FE0,0x1FF0,0x3FF8,0x7FFC,0xFFFE,      // (2) up arrow
    0x07C0,0x07C0,0x07C0,0x07C0,0x07C0,0x07C0,0x07C0,0x07C0 },
  { 0x07C0,0x07C0,0x07C0,0x07C0,0x07C0,0x07C0,0x07C0,0x07C0,      // (3) down arrow
    0xFFFE,0x7FFC,0x3FF8,0x1FF0,0x0FE0,0x07C0,0x0380,0x0100 },
  { 0x00C0,0x00E0,0x00F0,0x00D8,0x00CC,0x00CC,0x00CC,0x00CC,      // (4) note4 symbol
    0x00C8,0x00D0,0x03C0,0x0FC0,0x0F80,0x1F80,0x1F00,0x0C00 }};

void Draw_symbol(U16 xPos,U16 yPos, U16 colorfore,U16 colorback, U08 code) /* draw arrow for touch screen */
{
  unsigned char  x, y;
```

```
   unsigned short font;

   for(y = 0; y < 16; y++)
     { TFT_GRAM_address(xPos,yPos+y);
       font = symbol[code][y];
       for(x = 0; x < 16; x++)
         { if((font << x) & 0x8000) TFT_data(colorfore);
           else                     TFT_data(colorback);
         }
     }
}

unsigned char icon_flag = 0;                        // icon touch flag

void Check_organ(void)                              /* check organ key or icon */
{
  Touch_screen_input();                             // input touch screen
  if((icon_flag == 0) && (x_touch >= 32) && (x_touch <= 55) && (y_touch >= 61) && (y_touch <= 81))
    { icon_flag = 1;                                // volume down
      Draw_left(32,61, Magenta,Magenta);
      if(volume > 1)
        { Beep();
          volume--;
        }
      else
        Beep_3times();
      TFT_string(8,8, Silver,Black, "12345");
      if(volume == 1)      TFT_string( 8,8, Red,Black,"1");
      else if(volume == 2) TFT_string( 9,8, Red,Black,"2");
      else if(volume == 3) TFT_string(10,8, Red,Black,"3");
      else if(volume == 4) TFT_string(11,8, Red,Black,"4");
      else                 TFT_string(12,8, Red,Black,"5");
      Delay_ms(200);
      Draw_left(32,61, White,Cyan);
    }
  else if((icon_flag == 0) && (x_touch >= 111) && (x_touch <= 134) && (y_touch >= 61) && (y_touch <= 81))
    { icon_flag = 1;                                // volume up
      Draw_right(111,61, Magenta,Magenta);
      if(volume < 5)
        { Beep();
          volume++;
        }
      else
        Beep_3times();
      TFT_string(8,8, Silver,Black, "12345");
      if(volume == 1)      TFT_string( 8,8, Red,Black,"1");
      else if(volume == 2) TFT_string( 9,8, Red,Black,"2");
      else if(volume == 3) TFT_string(10,8, Red,Black,"3");
      else if(volume == 4) TFT_string(11,8, Red,Black,"4");
      else                 TFT_string(12,8, Red,Black,"5");
      Delay_ms(200);
      Draw_right(111,61, White,Cyan);
    }
  else if((icon_flag == 0) && (x_touch >= 184) && (x_touch <= 207) && (y_touch >= 61) && (y_touch <= 81))
    { icon_flag = 1;                                // tempo down
      Draw_left(184,61, Magenta,Magenta);
      if(tempo > 1)
        { Beep();
          tempo--;
        }
      else
        Beep_3times();
      TFT_string(27,8, Silver,Black, "12345");
      if(tempo == 1)      TFT_string(27,8, Red,Black,"1");
      else if(tempo == 2) TFT_string(28,8, Red,Black,"2");
      else if(tempo == 3) TFT_string(29,8, Red,Black,"3");
      else if(tempo == 4) TFT_string(30,8, Red,Black,"4");
      else                TFT_string(31,8, Red,Black,"5");
      Delay_ms(200);
      Draw_left(184,61, White,Cyan);
    }
```

```
else if((icon_flag == 0) && (x_touch >= 263) && (x_touch <= 286) && (y_touch >= 61) && (y_touch <= 81))
  { icon_flag = 1;                                    // tempo up
    Draw_right(263,61, Magenta,Magenta);
    if(tempo < 5)
      { Beep();
        tempo++;
      }
    else
      Beep_3times();
    TFT_string(27,8, Silver,Black, "12345");
    if(tempo == 1)        TFT_string(27,8, Red,Black,"1");
    else if(tempo == 2) TFT_string(28,8, Red,Black,"2");
    else if(tempo == 3) TFT_string(29,8, Red,Black,"3");
    else if(tempo == 4) TFT_string(30,8, Red,Black,"4");
    else                TFT_string(31,8, Red,Black,"5");
    Delay_ms(200);
    Draw_right(263,61, White,Cyan);
  }
else if((icon_flag == 0) && (x_touch >= 11) && (x_touch <= 34) && (y_touch >= 118) && (y_touch <= 138))
  { icon_flag = 1;                                    // previous song
    Draw_up(11,118, Magenta,Magenta);
    if(song > 1)
      { Beep();
        song--;
      }
    else
      Beep_3times();
    if(song == 1)       TFT_string( 5,15,Cyan,Black,"     (1) 고향의 봄      ");
    else if(song == 2) TFT_string( 5,15,Cyan,Black,"   (2) 산바람 강바람    ");
    else if(song == 3) TFT_string( 5,15,Cyan,Black,"      (3) 퐁당퐁당      ");
    else if(song == 4) TFT_string( 5,15,Cyan,Black,"     (4) 낭랑 18세      ");
    else if(song == 5) TFT_string( 5,15,Cyan,Black,"  (5) 돌아가는 삼각지   ");
    else if(song == 6) TFT_string( 5,15,Cyan,Black,"       (6) 칠갑산       ");
    else               TFT_string( 5,15,Cyan,Black,"        (7) 허공        ");
    Delay_ms(200);
    Draw_up(11,118, White,Cyan);
  }
else if((icon_flag == 0) && (x_touch >= 285) && (x_touch <= 308) && (y_touch >= 118) && (y_touch <= 138))
  { icon_flag = 1;                                    // next song
    Draw_down(285,118, Magenta,Magenta);
    if(song < 7)
      { Beep();
        song++;
      }
    else
      Beep_3times();
    if(song == 1)       TFT_string( 5,15,Cyan,Black,"     (1) 고향의 봄      ");
    else if(song == 2) TFT_string( 5,15,Cyan,Black,"   (2) 산바람 강바람    ");
    else if(song == 3) TFT_string( 5,15,Cyan,Black,"      (3) 퐁당퐁당      ");
    else if(song == 4) TFT_string( 5,15,Cyan,Black,"     (4) 낭랑 18세      ");
    else if(song == 5) TFT_string( 5,15,Cyan,Black,"  (5) 돌아가는 삼각지   ");
    else if(song == 6) TFT_string( 5,15,Cyan,Black,"       (6) 칠갑산       ");
    else               TFT_string( 5,15,Cyan,Black,"        (7) 허공        ");
    Delay_ms(200);
    Draw_down(285,118, White,Cyan);
  }
else if((icon_flag == 0) && (x_touch >= 38) && (x_touch <= 281) && (y_touch >= 118) && (y_touch <= 138))
  { Rectangle(38,118, 281,138, Magenta);        // auto play
    if(song == 1)       Play_song1();
    else if(song == 2) Play_song2();
    else if(song == 3) Play_song3();
    else if(song == 4) Play_song4();
    else if(song == 5) Play_song5();
    else if(song == 6) Play_song6();
    else if(song == 7) Play_song7();
    Rectangle(38,118, 281,138, Cyan);
  }
else if((icon_flag == 0) && (x_touch >= 1) && (x_touch <= 18) && (y_touch >= 206) && (y_touch <= 238))
  { icon_flag = 1;                                    // key F3
    organ_key = F3;
    Play_note(organ_key, 0);
```

```
}
else if((icon_flag == 0) && (x_touch >= 11) && (x_touch <= 28) && (y_touch >= 148) && (y_touch <= 205))
  { icon_flag = 1;                              // key F3X
    organ_key = F3X;
    Play_note(organ_key, 0);
  }
else if((icon_flag == 0) && (x_touch >= 21) && (x_touch <= 38) && (y_touch >= 206) && (y_touch <= 238))
  { icon_flag = 1;                              // key G3
    organ_key = G3;
    Play_note(organ_key, 0);
  }
else if((icon_flag == 0) && (x_touch >= 31) && (x_touch <= 48) && (y_touch >= 148) && (y_touch <= 205))
  { icon_flag = 1;                              // key G3X
    organ_key = G3X;
    Play_note(organ_key, 0);
  }
else if((icon_flag == 0) && (x_touch >= 41) && (x_touch <= 58) && (y_touch >= 206) && (y_touch <= 238))
  { icon_flag = 1;                              // key A3
    organ_key = A3;
    Play_note(organ_key, 0);
  }
else if((icon_flag == 0) && (x_touch >= 51) && (x_touch <= 68) && (y_touch >= 148) && (y_touch <= 205))
  { icon_flag = 1;                              // key A3X
    organ_key = A3X;
    Play_note(organ_key, 0);
  }
else if((icon_flag == 0) && (x_touch >= 61) && (x_touch <= 78) && (y_touch >= 206) && (y_touch <= 238))
  { icon_flag = 1;                              // key B3
    organ_key = B3;
    Play_note(organ_key, 0);
  }
else if((icon_flag == 0) && (x_touch >= 81) && (x_touch <= 98) && (y_touch >= 206) && (y_touch <= 238))
  { icon_flag = 1;                              // key C4
    organ_key = C4;
    Play_note(organ_key, 0);
  }
else if((icon_flag == 0) && (x_touch >= 91) && (x_touch <= 108) && (y_touch >= 148) && (y_touch <= 205))
  { icon_flag = 1;                              // key C4X
    organ_key = C4X;
    Play_note(organ_key, 0);
  }
else if((icon_flag == 0) && (x_touch >= 101) && (x_touch <= 118) && (y_touch >= 206) && (y_touch <= 238))
  { icon_flag = 1;                              // key D4
    organ_key = D4;
    Play_note(organ_key, 0);
  }
else if((icon_flag == 0) && (x_touch >= 111) && (x_touch <= 128) && (y_touch >= 148) && (y_touch <= 205))
  { icon_flag = 1;                              // key D4X
    organ_key = D4X;
    Play_note(organ_key, 0);
  }
else if((icon_flag == 0) && (x_touch >= 121) && (x_touch <= 138) && (y_touch >= 206) && (y_touch <= 238))
  { icon_flag = 1;                              // key E4
    organ_key = E4;
    Play_note(organ_key, 0);
  }
else if((icon_flag == 0) && (x_touch >= 141) && (x_touch <= 158) && (y_touch >= 206) && (y_touch <= 238))
  { icon_flag = 1;                              // key F4
    organ_key = F4;
    Play_note(organ_key, 0);
  }
else if((icon_flag == 0) && (x_touch >= 151) && (x_touch <= 168) && (y_touch >= 148) && (y_touch <= 205))
  { icon_flag = 1;                              // key F4X
    organ_key = F4X;
    Play_note(organ_key, 0);
  }
else if((icon_flag == 0) && (x_touch >= 161) && (x_touch <= 178) && (y_touch >= 206) && (y_touch <= 238))
  { icon_flag = 1;                              // key G4
    organ_key = G4;
    Play_note(organ_key, 0);
  }
```

```
  else if((icon_flag == 0) && (x_touch >= 171) && (x_touch <= 188) && (y_touch >= 148) && (y_touch <= 205))
    { icon_flag = 1;                               // key G4X
      organ_key = G4X;
      Play_note(organ_key, 0);
    }
  else if((icon_flag == 0) && (x_touch >= 181) && (x_touch <= 198) && (y_touch >= 206) && (y_touch <= 238))
    { icon_flag = 1;                               // key A4
      organ_key = A4;
      Play_note(organ_key, 0);
    }
  else if((icon_flag == 0) && (x_touch >= 191) && (x_touch <= 208) && (y_touch >= 148) && (y_touch <= 205))
    { icon_flag = 1;                               // key A4X
      organ_key = A4X;
      Play_note(organ_key, 0);
    }
  else if((icon_flag == 0) && (x_touch >= 201) && (x_touch <= 218) && (y_touch >= 206) && (y_touch <= 238))
    { icon_flag = 1;                               // key B4
      organ_key = B4;
      Play_note(organ_key, 0);
    }
  else if((icon_flag == 0) && (x_touch >= 221) && (x_touch <= 238) && (y_touch >= 206) && (y_touch <= 238))
    { icon_flag = 1;                               // key C5
      organ_key = C5;
      Play_note(organ_key, 0);
    }
  else if((icon_flag == 0) && (x_touch >= 231) && (x_touch <= 248) && (y_touch >= 148) && (y_touch <= 205))
    { icon_flag = 1;                               // key C5X
      organ_key = C5X;
      Play_note(organ_key, 0);
    }
  else if((icon_flag == 0) && (x_touch >= 241) && (x_touch <= 258) && (y_touch >= 206) && (y_touch <= 238))
    { icon_flag = 1;                               // key D5
      organ_key = D5;
      Play_note(organ_key, 0);
    }
  else if((icon_flag == 0) && (x_touch >= 251) && (x_touch <= 268) && (y_touch >= 148) && (y_touch <= 205))
    { icon_flag = 1;                               // key D5X
      organ_key = D5X;
      Play_note(organ_key, 0);
    }
  else if((icon_flag == 0) && (x_touch >= 261) && (x_touch <= 278) && (y_touch >= 206) && (y_touch <= 238))
    { icon_flag = 1;                               // key E5
      organ_key = E5;
      Play_note(organ_key, 0);
    }
  else if((icon_flag == 0) && (x_touch >= 281) && (x_touch <= 298) && (y_touch >= 206) && (y_touch <= 238))
    { icon_flag = 1;                               // key F5
      organ_key = F5;
      Play_note(organ_key, 0);
    }
  else if((icon_flag == 0) && (x_touch >= 291) && (x_touch <= 308) && (y_touch >= 148) && (y_touch <= 205))
    { icon_flag = 1;                               // key F5X
      organ_key = F5X;
      Play_note(organ_key, 0);
    }
  else if((icon_flag == 0) && (x_touch >= 301) && (x_touch <= 318) && (y_touch >= 206) && (y_touch <= 238))
    { icon_flag = 1;                               // key G5
      organ_key = G5;
      Play_note(organ_key, 0);
    }
  else if((x_touch == 0) && (y_touch == 0))
    { icon_flag = 0;                               // key off
      Play_note(organ_key, 0xFF);
    }
}

void Play_note(U08 sound, U32 note)                /* play note */
{
  float frequency;
  unsigned long period;
```

```
  if(note == 0xFF)
    { SysTick->CTRL  = 0x00000001;                    // 72MHz/8 = 9MHz, enable SysTick and no interrupt
      DAC->DHR12R1 = 0;                               // clear output data
      if(sound == F3)        Draw_symbol(2,210,  White,White,  4); // clear note4 symbol
      else if(sound == F3X) Draw_symbol(12,165,  Black,Black,  4);
      else if(sound == G3)  Draw_symbol(22,210,  White,White,  4);
      else if(sound == G3X) Draw_symbol(32,165,  Black,Black,  4);
      else if(sound == A3)  Draw_symbol(42,210,  White,White,  4);
      else if(sound == A3X) Draw_symbol(52,165,  Black,Black,  4);
      else if(sound == B3)  Draw_symbol(62,210,  White,White,  4);
      else if(sound == C4)  Draw_symbol(82,210,  White,White,  4);
      else if(sound == C4X) Draw_symbol(92,165,  Black,Black,  4);
      else if(sound == D4)  Draw_symbol(102,210,  White,White,  4);
      else if(sound == D4X) Draw_symbol(112,165,  Black,Black,  4);
      else if(sound == E4)  Draw_symbol(122,210,  White,White,  4);
      else if(sound == F4)  Draw_symbol(142,210,  White,White,  4);
      else if(sound == F4X) Draw_symbol(152,165,  Black,Black,  4);
      else if(sound == G4)  Draw_symbol(162,210,  White,White,  4);
      else if(sound == G4X) Draw_symbol(172,165,  Black,Black,  4);
      else if(sound == A4)  Draw_symbol(182,210,  White,White,  4);
      else if(sound == A4X) Draw_symbol(192,165,  Black,Black,  4);
      else if(sound == B4)  Draw_symbol(202,210,  White,White,  4);
      else if(sound == C5)  Draw_symbol(222,210,  White,White,  4);
      else if(sound == C5X) Draw_symbol(232,165,  Black,Black,  4);
      else if(sound == D5)  Draw_symbol(242,210,  White,White,  4);
      else if(sound == D5X) Draw_symbol(252,165,  Black,Black,  4);
      else if(sound == E5)  Draw_symbol(262,210,  White,White,  4);
      else if(sound == F5)  Draw_symbol(282,210,  White,White,  4);
      else if(sound == F5X) Draw_symbol(292,165,  Black,Black,  4);
      else if(sound == G5)  Draw_symbol(302,210,  White,White,  4);
      else if(sound == G5X) Draw_symbol(312,165,  Black,Black,  4);
      return;
    }
  else if(sound == F3)  { Draw_symbol(2,210,  Red,White,  4); frequency = 174.614; }
  else if(sound == F3X) { Draw_symbol(12,165,  Red,Black,  4); frequency = 184.997; }
  else if(sound == G3)  { Draw_symbol(22,210,  Red,White,  4); frequency = 195.998; }
  else if(sound == G3X) { Draw_symbol(32,165,  Red,Black,  4); frequency = 207.652; }
  else if(sound == A3)  { Draw_symbol(42,210,  Red,White,  4); frequency = 220.000; }
  else if(sound == A3X) { Draw_symbol(52,165,  Red,Black,  4); frequency = 233.082; }
  else if(sound == B3)  { Draw_symbol(62,210,  Red,White,  4); frequency = 246.942; }
  else if(sound == C4)  { Draw_symbol(82,210,  Red,White,  4); frequency = 261.626; }
  else if(sound == C4X) { Draw_symbol(92,165,  Red,Black,  4); frequency = 277.183; }
  else if(sound == D4)  { Draw_symbol(102,210,  Red,White,  4); frequency = 293.665; }
  else if(sound == D4X) { Draw_symbol(112,165,  Red,Black,  4); frequency = 311.127; }
  else if(sound == E4)  { Draw_symbol(122,210,  Red,White,  4); frequency = 329.628; }
  else if(sound == F4)  { Draw_symbol(142,210,  Red,White,  4); frequency = 349.228; }
  else if(sound == F4X) { Draw_symbol(152,165,  Red,Black,  4); frequency = 369.994; }
  else if(sound == G4)  { Draw_symbol(162,210,  Red,White,  4); frequency = 391.995; }
  else if(sound == G4X) { Draw_symbol(172,165,  Red,Black,  4); frequency = 415.305; }
  else if(sound == A4)  { Draw_symbol(182,210,  Red,White,  4); frequency = 440.000; }
  else if(sound == A4X) { Draw_symbol(192,165,  Red,Black,  4); frequency = 466.164; }
  else if(sound == B4)  { Draw_symbol(202,210,  Red,White,  4); frequency = 493.883; }
  else if(sound == C5)  { Draw_symbol(222,210,  Red,White,  4); frequency = 523.251; }
  else if(sound == C5X) { Draw_symbol(232,165,  Red,Black,  4); frequency = 554.365; }
  else if(sound == D5)  { Draw_symbol(242,210,  Red,White,  4); frequency = 587.330; }
  else if(sound == D5X) { Draw_symbol(252,165,  Red,Black,  4); frequency = 622.254; }
  else if(sound == E5)  { Draw_symbol(262,210,  Red,White,  4); frequency = 659.255; }
  else if(sound == F5)  { Draw_symbol(282,210,  Red,White,  4); frequency = 698.456; }
  else if(sound == F5X) { Draw_symbol(292,165,  Red,Black,  4); frequency = 739.989; }
  else if(sound == G5)  { Draw_symbol(302,210,  Red,White,  4); frequency = 783.991; }
  else if(sound == G5X) { Draw_symbol(312,165,  Red,Black,  4); frequency = 830.609; }
  else if(sound == A5)  frequency = 880.000;
  else if(sound == A5X) frequency = 932.328;

  toggle_flag = 0;
  period = (unsigned long)(9000000./2./frequency + 0.5);
  SysTick->LOAD  = period - 1;                       // N-1 for frequecny = 9MHz/2/frequency - 1
  SysTick->VAL   = 0;                                // clear SysTick Counter
  SysTick->CTRL  = 0x00000003;                       // 72MHz/8 = 9MHz, enable SysTick and interrupt

  if(note != 0)
```

```
    { Delay_ms(note*7*(7-tempo));                     // note play time
      SysTick->CTRL  = 0x00000001;                    // 72MHz/8 = 9MHz, enable SysTick and no interrupt
      DAC->DHR12R1 = 0;                               // clear output data
      if(sound == F3)       Draw_symbol(2,210, White,White, 4); // clear note4 symbol
      else if(sound == F3X) Draw_symbol(12,165, Black,Black, 4);
      else if(sound == G3)  Draw_symbol(22,210, White,White, 4);
      else if(sound == G3X) Draw_symbol(32,165, Black,Black, 4);
      else if(sound == A3)  Draw_symbol(42,210, White,White, 4);
      else if(sound == A3X) Draw_symbol(52,165, Black,Black, 4);
      else if(sound == B3)  Draw_symbol(62,210, White,White, 4);
      else if(sound == C4)  Draw_symbol(82,210, White,White, 4);
      else if(sound == C4X) Draw_symbol(92,165, Black,Black, 4);
      else if(sound == D4)  Draw_symbol(102,210, White,White, 4);
      else if(sound == D4X) Draw_symbol(112,165, Black,Black, 4);
      else if(sound == E4)  Draw_symbol(122,210, White,White, 4);
      else if(sound == F4)  Draw_symbol(142,210, White,White, 4);
      else if(sound == F4X) Draw_symbol(152,165, Black,Black, 4);
      else if(sound == G4)  Draw_symbol(162,210, White,White, 4);
      else if(sound == G4X) Draw_symbol(172,165, Black,Black, 4);
      else if(sound == A4)  Draw_symbol(182,210, White,White, 4);
      else if(sound == A4X) Draw_symbol(192,165, Black,Black, 4);
      else if(sound == B4)  Draw_symbol(202,210, White,White, 4);
      else if(sound == C5)  Draw_symbol(222,210, White,White, 4);
      else if(sound == C5X) Draw_symbol(232,165, Black,Black, 4);
      else if(sound == D5)  Draw_symbol(242,210, White,White, 4);
      else if(sound == D5X) Draw_symbol(252,165, Black,Black, 4);
      else if(sound == E5)  Draw_symbol(262,210, White,White, 4);
      else if(sound == F5)  Draw_symbol(282,210, White,White, 4);
      else if(sound == F5X) Draw_symbol(292,165, Black,Black, 4);
      else if(sound == G5)  Draw_symbol(302,210, White,White, 4);
      else if(sound == G5X) Draw_symbol(312,165, Black,Black, 4);
    }
}

void Play_rest(U32 rest)                              /* play rest */
{
  Delay_ms(rest*7*(7-tempo));                         // rest play time
}

void Set_tempo(U08 tempo_value)                       /* set tempo */
{
  tempo = tempo_value;

  TFT_string(27,8, Silver,Black, "12345");
  if(tempo == 1)       TFT_string(27,8, Red,Black,"1");
  else if(tempo == 2) TFT_string(28,8, Red,Black,"2");
  else if(tempo == 3) TFT_string(29,8, Red,Black,"3");
  else if(tempo == 4) TFT_string(30,8, Red,Black,"4");
  else                 TFT_string(31,8, Red,Black,"5");
}

void Play_song1(void)                                 /* play song 1 - 고향의 봄*/
{
  Set_tempo(3);                                       // tempo = 3(normal speed)

  Play_note(G4,NOTE4);                                // line 1
  Play_note(G4,NOTE4);
  Play_note(E4,NOTE8);
  Play_note(F4,NOTE8);
  Play_note(G4,NOTE4);
  Play_note(A4,NOTE4);
  Play_note(A4,NOTE4);
  Play_note(G4,NOTE4D);
  Play_rest(REST8);
  Play_note(G4,NOTE4);
  Play_note(C5,NOTE4);
  Play_note(E5,NOTE4);
  Play_note(D5,NOTE8);
  Play_note(C5,NOTE8);
  Play_note(D5,NOTE2D);
  Play_rest(REST4);
```

```
  Play_note(E5,NOTE4);                          // line 2
  Play_note(E5,NOTE4);
  Play_note(D5,NOTE4);
  Play_note(D5,NOTE4);
  Play_note(C5,NOTE4);
  Play_note(D5,NOTE8);
  Play_note(C5,NOTE8);
  Play_note(A4,NOTE4D);
  Play_rest(REST8);
  Play_note(G4,NOTE4);
  Play_note(G4,NOTE4);
  Play_note(G4,NOTE4);
  Play_note(E4,NOTE8);
  Play_note(D4,NOTE8);
  Play_note(C4,NOTE2D);
  Play_rest(REST4);
  Play_note(D4,NOTE4);                          // line 3
  Play_note(D4,NOTE4);
  Play_note(E4,NOTE4);
  Play_note(C4,NOTE4);
  Play_note(D4,NOTE4);
  Play_note(D4,NOTE4);
  Play_note(E4,NOTE4);
  Play_note(G4,NOTE4);
  Play_note(A4,NOTE4);
  Play_note(C5,NOTE4);
  Play_note(E5,NOTE4);
  Play_note(D5,NOTE8);
  Play_note(C5,NOTE8);
  Play_note(D5,NOTE2D);
  Play_rest(REST4);
  Play_note(E5,NOTE4);                          // line 4
  Play_note(E5,NOTE4);
  Play_note(D5,NOTE4);
  Play_note(D5,NOTE4);
  Play_note(C5,NOTE4);
  Play_note(D5,NOTE8);
  Play_note(C5,NOTE8);
  Play_note(A4,NOTE4);
  Play_note(A4,NOTE4);
  Play_note(G4,NOTE4);
  Play_note(G4,NOTE4);
  Play_note(G4,NOTE4);
  Play_note(E4,NOTE8);
  Play_note(D4,NOTE8);
  Play_note(C4,NOTE2D);
  Play_rest(REST4);
}

void Play_song2(void)                           /* play song 2 - 산바람 강바람*/
{
  Set_tempo(3);                                 // tempo = 3(normal speed)

  Play_note(A4,NOTE4D);                         // line 1
  Play_note(B4,NOTE8);

          (중략)

  Play_note(D4,NOTE2);
  Play_rest(REST4);
}

void Play_song3(void)                           /* play song 3 - 퐁당퐁당*/
{
  Set_tempo(3);                                 // tempo = 3(normal speed)

  Play_note(C4,NOTE8);                          // line 1
  Play_note(D4,NOTE8);

          (중략)
```

```
  Play_note(C4,NOTE4D);
  Play_rest(REST8);
}

void Play_song4(void)                                 /* play song 4 - 낭랑 18세*/
{
  Set_tempo(4);                                       // tempo = 4(fast speed)

  Play_note(G4,NOTE4D);                               // line 1
  Play_note(G4,NOTE16);

          (중략)

  Play_note(C5,NOTE8);
  Play_note(C5,NOTE2);
}

void Play_song5(void)                                 /* play song 5 - 돌아가는 삼각지*/
{
  Set_tempo(2);                                       // tempo = 2(slow speed)

  Play_note(C4,NOTE4);                                // prelude
  Play_note(C4,NOTE16);

          (중략)

  Play_note(D4,NOTE8);
  Play_note(C4,NOTE2D);
}

void Play_song6(void)                                 /* play song 6 - 칠갑산*/
{
  Set_tempo(3);                                       // tempo = 3(normal speed)

  Play_note(G5,NOTE16);                               // prelude line 1
  Play_note(A5X,NOTE16);
  Play_note(G5,NOTE2);

          (중략)
  Play_note(A4X,NOTE8T);
  Play_note(G4,NOTE1);
}

void Play_song7(void)                                 /* play song 7 - 허공*/
{
  Set_tempo(3);                                       // tempo = 3(normal speed)

  Play_note(A4,NOTE8);                                // line 1
  Play_note(B4,NOTE8);

          (중략)

  Play_note(B4,NOTE8);
  Play_note(D5,NOTE1);
}
```

☞ 이 프로그램을 실행하고 건반을 눌러서 자신이 아는 곡을 연주하여 보라. 또한, 자동연주 기능을 이용하여 오르간에 내장되어 있는 곡을 연주하여 보라. 이 프로그램에서 건반이 눌려지는 것을 그래픽으로 처리하기 곤란하므로 현재 연주되는 건반 위에 적색으로 8분음표를 표시하는 방법을 사용하였다.

실제로 건반을 눌러서 음악을 연주할 때 건반을 누르는 시간만큼 음표가 연주되는 것이 중요하다. 이 기능이 제대로 구현되지 않으면 전자 오르간이라고 할 수 없다. 또한, 이 예제 프로그램에서 사용자가 건반을 눌러서 연주하는 동작이 원활하게 수행되려면 TFT-LCD 화면에 부착되어 있는 터치 스크린의 위치 정밀도가 높아야 한다. 이 터치 스크린은 제품마다 오차가 좀 있으므로 정확한 동작을 위해서는 헤더 파일 OK-STM103.h에서 상수값 x_touch_min, x_touch_max, y_touch_min, y_touch_max를 조정함으로써 터치 스크린의 위치 정밀도를 높여야 한다.

위의 전자 오르간 예제 프로그램에서는 음량을 1~5레벨의 범위에서 가변할 수 있고, 자동연주 속도도 1~5레벨의 범위에서 가변할 수 있다. 그러나, 이것들은 연주를 시작하기 전에 미리 설정해야 하며 자동연주가 시작되면 이것의 변경이 불가능하므로 불편하다. 다음은 위의 예제 프로그램 Exp14_3.c에서 자동연주를 수행하는 동안에도 터치 스크린을 눌러서 음량 및 연주속도를 변경할 수 있도록 수정한 프로그램이다.

<프로그램 Exp14_4.c> 타이머 및 D/A 컨버터를 이용한 전자 오르간 프로그램(2)

```
/* ============================================================================ */
/*              Exp14_4_organ(2).c : D/A 컨버터를 이용한 전자 오르간              */
/* ============================================================================ */
/*                                  Programmed by Duck-Yong Yoon in 2017.       */

#include "stm32f103xe.h"
#include "OK-STM103.h"

          (중략)

/* ----- 인터럽트 처리 프로그램 ---------------------------------------------- */

volatile unsigned char volume;                // speaker volume (1~5)
volatile unsigned char toggle_flag;

void SysTick_Handler(void)                    /* SysTick interrupt function */
{
          (중략)
}

/* ----- 메인 프로그램 -------------------------------------------------------- */

int main(void)
{
  Initialize_MCU();                           // initialize MCU and kit
  Delay_ms(50);                               // wait for system stabilization
  Initialize_LCD();                           // initialize text LCD module
  Initialize_TFT_LCD();                       // initialize TFT-LCD module
  Initialize_touch_screen();                  // initialize touch screen

  LCD_string(0x80," OK-STM103 V1.0 ");        // display title
  LCD_string(0xC0,"   Exp14_4.c    ");
  Beep();

  RCC->APB1ENR |= 0x20000000;                 // enable DAC clcok
  RCC->APB2ENR |= 0x00000004;                 // enable GPIOA clock
  GPIOA->CRL &= 0xFFF0FFFF;                   // PA4 = DAC_OUT1

  DAC->CR = 0x00000003;                       // DAC channel 1 enable, output buffer disable
  DAC->DHR12R1 = 0;                           // clear output data

  song = 0;                                   // initial value
  volume = 1;
  tempo = 3;

  Draw_organ();                               // draw organ screen
```

```
  while(1)
    Check_organ();                                   // draw organ screen
}

/* ----- 사용자 정의 함수 ------------------------------------------------------- */

void Draw_organ(void)                              /* draw organ screen */
{
  unsigned int i, x;

  Rectangle(0,0, 319,145, Green);                  // display outline
  Rectangle(1,1, 318,144, Green);

  TFT_string(1, 1,White,Magenta," OK-STM103 키트를 이용한  전자 오르간 "); // display title

  TFT_string(8,5,White,Black,"음 량");             // volume
  TFT_string(8,8,Silver,Black,"12345");
  TFT_string(8,8,Red,Black,"1");
  Rectangle(59,61, 107,81, Magenta);
  Rectangle(60,62, 106,80, Magenta);
  Draw_left(32,61, White,Cyan);
  Draw_right(111,61, White,Cyan);

  TFT_string(27,5,White,Black,"속 도");            // tempo
  TFT_string(27,8,Silver,Black,"12345");
  TFT_string(29,8, Red,Black,"3");
  Rectangle(211,61, 259,81, Magenta);
  Rectangle(212,62, 258,80, Magenta);
  Draw_left(184,61, White,Cyan);
  Draw_right(263,61, White,Cyan);

  TFT_string(12,12,White,Black," 자동 연주 기능 ");     // auto play
  TFT_string( 5,15,Cyan,Black," ----------------------------- ");
  Rectangle(38,118, 281,138, Cyan);
  Draw_up(11,118, White,Cyan);
  Draw_down(285,118, White,Cyan);

  for(i = 0; i < 16; i++)                          // draw white key
    { x = 20*i + 1;
      Block(x,148, x+17,238, White,White);
    }

  for(i = 0; i < 16; i++)                          // draw black key
    { x = 20*i + 11;
      if((i != 3) && (i != 6) && (i != 10) && (i != 13) && (i != 15))
        Block(x,148, x+17,205, Black,Black);
      else if(i == 15)
        Block(x,148, x+8,205, Black,Black);
    }
}

          (중략)

void Play_note(U08 sound, U32 note)               /* play note */
{
  float frequency;
  unsigned long period;

  if(note == 0xFF)
    { SysTick->CTRL  = 0x00000001;                 // 72MHz/8 = 9MHz, enable SysTick and no interrupt
      DAC->DHR12R1 = 0;                            // clear output data
      if(sound == F3)       Draw_symbol(2,210, White,White, 4); // clear note4 symbol
      else if(sound == F3X) Draw_symbol(12,165, Black,Black, 4);
      else if(sound == G3)  Draw_symbol(22,210, White,White, 4);
      else if(sound == G3X) Draw_symbol(32,165, Black,Black, 4);
      else if(sound == A3)  Draw_symbol(42,210, White,White, 4);
      else if(sound == A3X) Draw_symbol(52,165, Black,Black, 4);
      else if(sound == B3)  Draw_symbol(62,210, White,White, 4);
      else if(sound == C4)  Draw_symbol(82,210, White,White, 4);
      else if(sound == C4X) Draw_symbol(92,165, Black,Black, 4);
      else if(sound == D4)  Draw_symbol(102,210, White,White, 4);
```

```
      else if(sound == D4X) Draw_symbol(112,165, Black,Black, 4);
      else if(sound == E4)  Draw_symbol(122,210, White,White, 4);
      else if(sound == F4)  Draw_symbol(142,210, White,White, 4);
      else if(sound == F4X) Draw_symbol(152,165, Black,Black, 4);
      else if(sound == G4)  Draw_symbol(162,210, White,White, 4);
      else if(sound == G4X) Draw_symbol(172,165, Black,Black, 4);
      else if(sound == A4)  Draw_symbol(182,210, White,White, 4);
      else if(sound == A4X) Draw_symbol(192,165, Black,Black, 4);
      else if(sound == B4)  Draw_symbol(202,210, White,White, 4);
      else if(sound == C5)  Draw_symbol(222,210, White,White, 4);
      else if(sound == C5X) Draw_symbol(232,165, Black,Black, 4);
      else if(sound == D5)  Draw_symbol(242,210, White,White, 4);
      else if(sound == D5X) Draw_symbol(252,165, Black,Black, 4);
      else if(sound == E5)  Draw_symbol(262,210, White,White, 4);
      else if(sound == F5)  Draw_symbol(282,210, White,White, 4);
      else if(sound == F5X) Draw_symbol(292,165, Black,Black, 4);
      else if(sound == G5)  Draw_symbol(302,210, White,White, 4);
      else if(sound == G5X) Draw_symbol(312,165, Black,Black, 4);
      return;
    }
  else if(sound == F3)  { Draw_symbol(2,210, Red,White, 4); frequency = 174.614; }
  else if(sound == F3X) { Draw_symbol(12,165, Red,Black, 4); frequency = 184.997; }
  else if(sound == G3)  { Draw_symbol(22,210, Red,White, 4); frequency = 195.998; }
  else if(sound == G3X) { Draw_symbol(32,165, Red,Black, 4); frequency = 207.652; }
  else if(sound == A3)  { Draw_symbol(42,210, Red,White, 4); frequency = 220.000; }
  else if(sound == A3X) { Draw_symbol(52,165, Red,Black, 4); frequency = 233.082; }
  else if(sound == B3)  { Draw_symbol(62,210, Red,White, 4); frequency = 246.942; }
  else if(sound == C4)  { Draw_symbol(82,210, Red,White, 4); frequency = 261.626; }
  else if(sound == C4X) { Draw_symbol(92,165, Red,Black, 4); frequency = 277.183; }
  else if(sound == D4)  { Draw_symbol(102,210, Red,White, 4); frequency = 293.665; }
  else if(sound == D4X) { Draw_symbol(112,165, Red,Black, 4); frequency = 311.127; }
  else if(sound == E4)  { Draw_symbol(122,210, Red,White, 4); frequency = 329.628; }
  else if(sound == F4)  { Draw_symbol(142,210, Red,White, 4); frequency = 349.228; }
  else if(sound == F4X) { Draw_symbol(152,165, Red,Black, 4); frequency = 369.994; }
  else if(sound == G4)  { Draw_symbol(162,210, Red,White, 4); frequency = 391.995; }
  else if(sound == G4X) { Draw_symbol(172,165, Red,Black, 4); frequency = 415.305; }
  else if(sound == A4)  { Draw_symbol(182,210, Red,White, 4); frequency = 440.000; }
  else if(sound == A4X) { Draw_symbol(192,165, Red,Black, 4); frequency = 466.164; }
  else if(sound == B4)  { Draw_symbol(202,210, Red,White, 4); frequency = 493.883; }
  else if(sound == C5)  { Draw_symbol(222,210, Red,White, 4); frequency = 523.251; }
  else if(sound == C5X) { Draw_symbol(232,165, Red,Black, 4); frequency = 554.365; }
  else if(sound == D5)  { Draw_symbol(242,210, Red,White, 4); frequency = 587.330; }
  else if(sound == D5X) { Draw_symbol(252,165, Red,Black, 4); frequency = 622.254; }
  else if(sound == E5)  { Draw_symbol(262,210, Red,White, 4); frequency = 659.255; }
  else if(sound == F5)  { Draw_symbol(282,210, Red,White, 4); frequency = 698.456; }
  else if(sound == F5X) { Draw_symbol(292,165, Red,Black, 4); frequency = 739.989; }
  else if(sound == G5)  { Draw_symbol(302,210, Red,White, 4); frequency = 783.991; }
  else if(sound == G5X) { Draw_symbol(312,165, Red,Black, 4); frequency = 830.609; }
  else if(sound == A5)  frequency = 880.000;
  else if(sound == A5X) frequency = 932.328;

  toggle_flag = 0;
  period = (unsigned long)(9000000./2./frequency + 0.5);
  SysTick->LOAD  = period - 1;                  // N-1 for frequecny = 9MHz/2/frequency - 1
  SysTick->VAL   = 0;                           // clear SysTick Counter
  SysTick->CTRL  = 0x00000003;                  // 72MHz/8 = 9MHz, enable SysTick and interrupt

  if(note != 0)
    { Play_ms(note*7*(7-tempo));                // note play time
      SysTick->CTRL  = 0x00000001;              // 72MHz/8 = 9MHz, enable SysTick and no interrupt
      DAC->DHR12R1 = 0;                         // clear output data
      if(sound == F3)       Draw_symbol(2,210, White,White, 4); // clear note4 symbol
      else if(sound == F3X) Draw_symbol(12,165, Black,Black, 4);
      else if(sound == G3)  Draw_symbol(22,210, White,White, 4);
      else if(sound == G3X) Draw_symbol(32,165, Black,Black, 4);
      else if(sound == A3)  Draw_symbol(42,210, White,White, 4);
      else if(sound == A3X) Draw_symbol(52,165, Black,Black, 4);
      else if(sound == B3)  Draw_symbol(62,210, White,White, 4);
      else if(sound == C4)  Draw_symbol(82,210, White,White, 4);
      else if(sound == C4X) Draw_symbol(92,165, Black,Black, 4);
      else if(sound == D4)  Draw_symbol(102,210, White,White, 4);
```

```
    else if(sound == D4X) Draw_symbol(112,165, Black,Black, 4);
    else if(sound == E4)  Draw_symbol(122,210, White,White, 4);
    else if(sound == F4)  Draw_symbol(142,210, White,White, 4);
    else if(sound == F4X) Draw_symbol(152,165, Black,Black, 4);
    else if(sound == G4)  Draw_symbol(162,210, White,White, 4);
    else if(sound == G4X) Draw_symbol(172,165, Black,Black, 4);
    else if(sound == A4)  Draw_symbol(182,210, White,White, 4);
    else if(sound == A4X) Draw_symbol(192,165, Black,Black, 4);
    else if(sound == B4)  Draw_symbol(202,210, White,White, 4);
    else if(sound == C5)  Draw_symbol(222,210, White,White, 4);
    else if(sound == C5X) Draw_symbol(232,165, Black,Black, 4);
    else if(sound == D5)  Draw_symbol(242,210, White,White, 4);
    else if(sound == D5X) Draw_symbol(252,165, Black,Black, 4);
    else if(sound == E5)  Draw_symbol(262,210, White,White, 4);
    else if(sound == F5)  Draw_symbol(282,210, White,White, 4);
    else if(sound == F5X) Draw_symbol(292,165, Black,Black, 4);
    else if(sound == G5)  Draw_symbol(302,210, White,White, 4);
    else if(sound == G5X) Draw_symbol(312,165, Black,Black, 4);
  }
}

void Play_rest(U32 rest)                        /* play rest */
{
  Play_ms(rest*7*(7-tempo));                    // rest play time
}

void Play_ms(U32 time_ms)                       /* time delay for music play */
{
  unsigned int i;

  for(i = 0; i < time_ms; i++)
    { Delay_us(990);
      Touch_screen_input();                     // input touch screen
      if((icon_flag == 0) && (x_touch >= 32) && (x_touch <= 55) && (y_touch >= 61) && (y_touch <= 81))
        { Draw_left(32,61, Magenta,Magenta);    // volume down
          icon_flag = 1;
          if(volume > 1) volume--;
          TFT_string(8,8, Silver,Black, "12345");
          if(volume == 1)      TFT_string( 8,8, Red,Black,"1");
          else if(volume == 2) TFT_string( 9,8, Red,Black,"2");
          else if(volume == 3) TFT_string(10,8, Red,Black,"3");
          else if(volume == 4) TFT_string(11,8, Red,Black,"4");
          else                 TFT_string(12,8, Red,Black,"5");
        }
      else if((icon_flag == 0) && (x_touch >= 111) && (x_touch <= 134) && (y_touch >= 61) && (y_touch <= 81))
        { Draw_right(111,61, Magenta,Magenta);  // volume up
          icon_flag = 1;
          if(volume < 5) volume++;
          TFT_string(8,8, Silver,Black, "12345");
          if(volume == 1)      TFT_string( 8,8, Red,Black,"1");
          else if(volume == 2) TFT_string( 9,8, Red,Black,"2");
          else if(volume == 3) TFT_string(10,8, Red,Black,"3");
          else if(volume == 4) TFT_string(11,8, Red,Black,"4");
          else                 TFT_string(12,8, Red,Black,"5");
        }
      else if((icon_flag == 0) && (x_touch >= 184) && (x_touch <= 207) && (y_touch >= 61) && (y_touch <= 81))
        { Draw_left(184,61, Magenta,Magenta);   // tempo down
          icon_flag = 1;
          if(tempo > 1) tempo--;
          TFT_string(27,8, Silver,Black, "12345");
          if(tempo == 1)      TFT_string(27,8, Red,Black,"1");
          else if(tempo == 2) TFT_string(28,8, Red,Black,"2");
          else if(tempo == 3) TFT_string(29,8, Red,Black,"3");
          else if(tempo == 4) TFT_string(30,8, Red,Black,"4");
          else                TFT_string(31,8, Red,Black,"5");
        }
      else if((icon_flag == 0) && (x_touch >= 263) && (x_touch <= 286) && (y_touch >= 61) && (y_touch <= 81))
        { Draw_right(263,61, Magenta,Magenta);  // tempo up
          icon_flag = 1;
          if(tempo < 5) tempo++;
          TFT_string(27,8, Silver,Black, "12345");
```

```
            if(tempo == 1)        TFT_string(27,8, Red,Black,"1");
            else if(tempo == 2) TFT_string(28,8, Red,Black,"2");
            else if(tempo == 3) TFT_string(29,8, Red,Black,"3");
            else if(tempo == 4) TFT_string(30,8, Red,Black,"4");
            else                 TFT_string(31,8, Red,Black,"5");
          }
        else if((icon_flag == 1) && (x_touch == 0) && (x_touch == 0))
          { icon_flag = 0;
            Draw_left(32,61, White,Cyan);
            Draw_right(111,61, White,Cyan);
            Draw_left(184,61, White,Cyan);
            Draw_right(263,61, White,Cyan);
          }
      }
  }

           (이하 생략)
```

☞ 이 프로그램에서는 음표나 쉼표를 수행하는 함수 내부에서 사용하는 시간지연 함수 Delay_ms() 대신에 Play_ms()를 만들어 사용하고, 이 함수에서 시간지연을 수행하면서 터치스크린 입력을 체크하여 음량이나 연주속도를 변경할 수 있도록 하였다.

4. 실습 과제

(1) *OK-STM103* 키트에서 STM32F103VET6 마이크로컨트롤러의 D/A 컨버터를 사용하여 아날로그 전압을 출력할 수 있는 범위는 0~+3.3V이므로 이를 사용하여 정현파를 출력할 경우 <그림 4.14.3>과 같이 0보다 큰 양극성의 출력전압만을 얻을 수 있다. 이를 양극성 및 음극성 신호가 대칭적인 구조를 갖는 정현파 교류 파형으로 바꾸려면 어떤 회로를 추가해야 하는지 설명하라.

(2) 앞의 예제 Exp14_1.c 및 Exp14_2.c에서는 삼각파와 정현파를 발생할 때 1주기를 200등분하여 테이블에 데이터가 200개 존재하도록 만들었다. 만약 1주기의 데이터를 100개로 줄이거나 400개로 늘리면 각각 어떤 장단점이 있는지 설명하라.

(3) 예제 프로그램 Exp14_2.c에서 출력 파형의 주파수를 5kHz로 높이고 1주기의 데이터를 100개로 사용하도록 수정한 프로그램 Exp14_2R.c를 작성하라.

(4) 예제 프로그램 Exp14_4.c에는 7개의 자동연주곡이 있는데, 여기에 자신이 3곡 이상을 추가한 프로그램 Exp14_4R.c를 작성하라.

4.15 RS-232C 직렬통신 프로그램

이 절에서는 STM32F103VET6에 내장된 직렬통신 포트 UART4를 사용하여 비동기 RS-232C 통신을 수행하는 프로그램 작성 기술을 익힌다.

퍼스널컴퓨터와 *OK-STM103* 키트 사이에 비동기 직렬통신을 수행하려면 퍼스널 컴퓨터에도 당연히 이에 대응되는 통신 프로그램이 있어야 한다. 여기서는 윈도우즈 운영체제에 포함된 하이퍼터미널이나 또는 프리웨어로 널리 사용되는 통신용 소프트웨어 Tera Term 등을 사용한다.

관련 내용	(1) 제2.8절 동기 및 비동기 직렬통신 포트(USART) (2) 제3.1절 *OK-STM103* 키트의 구조와 기능

1. UART4 포트의 루프백 테스트

모든 직렬통신은 최소한 2개 이상의 DTE 장비 사이에서 수행되는 것이므로 직렬통신을 테스트하려면 외부에 별도로 동일한 방식을 사용하는 통신 장비를 가지고 있어야 한다. 그러나, 때로는 자신이 가지고 있는 장비 1개만을 가지고 직렬통신 동작이 정상적으로 수행되는지 확인하고 싶을 경우가 있다. 이런 경우에는 이 장비의 송신 신호선을 수신 신호선에 연결하여 자신이 송신한 데이터를 곧바로 수신하여 보는 방법을 사용할 수 있는데 이를 루프백 테스트(loopback test)라고 한다.

OK-STM103 키트에서는 STM32F103VET6에 내장된 직렬통신 포트 UART4의 신호선 TXD 및 RXD가 MAX3232 소자(U9)를 거쳐서 RS-232C 통신 커넥터 CN5에 연결되어 있다. 여기에 RS-232C 직렬통신 케이블을 연결하면 이것은 양쪽에 모두 암컷 커넥터를 사용하므로 <그림 3.1.8>에서 보였듯이 반대편 끝에서 쉽게 점퍼선으로 TXD(3번)와 RXD(2번) 신호선을 연결하여 루프백 테스트가 가능하게 만들 수 있다.

여기서는 이와 같이 *OK-STM103* 키트의 UART4 포트를 루프백 테스트하는 프로그램을 작성하여 보기로 한다. UART4 포트의 클록 소스는 36MHz인 PCLK1을 사용하고, 전송 데이터 포맷은 19200 bps, 8비트 데이터, 1 스톱 비트로 하였으며, 패리티 비트는 사용하지 않는 것으로 설정하였다.

<프로그램 Exp15_1.c> UART4 포트의 루프백 테스트 프로그램

```c
/* ============================================================================ */
/*              Exp15_1_loopback.c : RS-232C 직렬통신 루프백 테스트              */
/* ============================================================================ */
/*                                  Programmed by Duck-Yong Yoon in 2017.      */

#include "stm32f103xe.h"
#include "OK-STM103.h"

int main(void)
{
  unsigned char i, test_count, RXD;
  unsigned char string[24] = { "OK-STM103 Loopback Test" };

  Initialize_MCU();                              // initialize MCU and kit
  Delay_ms(50);                                  // wait for system stabilization
  Initialize_LCD();                              // initialize text LCD module
  Initialize_TFT_LCD();                          // initialize TFT-LCD module

  LCD_string(0x80," OK-STM103 V1.0 ");           // display title
  LCD_string(0xC0,"   Exp15_1.c    ");

  TFT_string(0,4,White,Magenta," RS-232C 직렬통신(UART4)  루프백 테스트 ");
  TFT_string(1, 9,White,Black,"CN5 컨넥터에 RS-232C 케이블을 접속하고");
  TFT_string(6,12,White,Black,"2번핀과 3번핀을 연결하시오 !");
  TFT_string(2,18,Cyan, Black,"송신 문자 : ");
  TFT_string(2,21,Cyan, Black,"수신 문자 : ");
  Beep();
  Delay_ms(1000);

  RCC->APB1ENR |= 0x00080000;                    // enable UART4 clock
  RCC->APB2ENR |= 0x00000010;                    // enable PORTC clock
  GPIOC->CRH &= 0xFFFF00FF;                      // PC11 = UART4_RX, PC10 = UART4_TX
  GPIOC->CRH |= 0x00008B00;

  UART4->CR1 = 0x0000200C;                       // TE=RE=UE = 1, 8 data bit
  UART4->CR2 = 0x00000000;                       // 1 stop bit
  UART4->CR3 = 0x00000000;
  UART4->BRR = 0x0753;                           // 19200 bps for 36MHz
  Delay_ms(1);
  i = UART4->DR;                                 // dummy read

  while(1)
    { test_count = 0;
      for(i = 0; i < 23; i++)
        { UART4->DR = string[i];                 // transmit test data
          TFT_xy(14+i,18);                       // display transmitted test data
          TFT_color(Green,Black);
          TFT_English(string[i]);
          Tick();
          Delay_ms(10);

          if(UART4->SR & 0x00000020) RXD = UART4->DR; // receive test data
          else                       RXD = ' ';
          TFT_xy(14+i,21);                       // display received test data
          TFT_color(Magenta,Black);
          TFT_English(RXD);

          if(RXD == string[i])                   // data OK ?
            test_count++;

          Delay_ms(500);
        }

      if(test_count == 23)
        { TFT_string(12,25,  Green,Black,"통신 테스트 OK !");
          Beep();
        }
      else
```

```
        { TFT_string(11,25,Magenta,Black,"통신 테스트 에러 !");
          Beep_3times();
        }
      Delay_ms(3000);

      TFT_string(14,18,White,Black,"                    "); // clear message
      TFT_string(14,21,White,Black,"                    ");
      TFT_string(11,25,White,Black,"                 ");
      Delay_ms(1000);
    }
}
```

☞ 이 예제 프로그램을 수행하면 23문자의 메시지 "OK-STM103 Loopback Test"를 1문자씩 차례로 송신하고 수신하여 UART4 포트에서 직렬통신이 정상적으로 수행되는지를 테스트한다. 모든 송수신 동작이 정상적으로 수행되었으면 "통신 테스트 OK !"라는 결과 메시지가 TFT-LCD에 출력되고, 송수신이 정상적으로 수행되지 않았으면 "통신 테스트 에러 !"라는 결과 메시지가 출력된다.

2. 폴링 방법에 의한 비동기 전송

다음에는 송신 및 수신 동작에서 상태 레지스터의 플랙 비트를 폴링하는 방법으로 통신을 수행하는 프로그램을 작성한다. 송신할 때는 UART4_SR 레지스터의 TXE 플랙 비트를 조사하여 현재 송신 버퍼가 비어있는지를 확인하고 송신할 데이터를 출력해야 하며, 수신할 때는 역시 상태 레지스터의 RXNE 플랙 비트를 조사하여 현재 버퍼에 수신되어 있는 데이터가 있는지를 확인하고 수신 문자를 읽어야 한다. 직렬통신 포트의 이러한 플랙 비트를 마이크로프로세서가 빈번하게 조사하여 상태를 확인하는 방식으로 동작을 처리하는 것을 폴링(polling)이라고 한다.

OK-STM103 키트에서 UART4 포트를 사용하여 폴링 방식으로 데이터를 전송하는 프로그램을 작성하면 다음과 같다. UART4 포트의 클록 소스는 36MHz인 PCLK1을 사용하고, 전송 데이터 포맷은 19200 bps, 8비트 데이터, 1 스톱 비트로 하였으며, 패리티 비트는 사용하지 않는 것으로 하였다.

OK-STM103 키트에서 이 프로그램을 실행하고 퍼스널컴퓨터에서는 하이퍼터미널 또는 Tera Term 프로그램을 실행한 상태에서 키트의 KEY1~KEY4를 누르면 각각의 키에 해당하는 메시지가 *OK-STM103* 키트에서 UART4 포트를 통해 퍼스널컴퓨터로 전송되어 모니터 화면에 표시되며, 퍼스널컴퓨터의 키보드를 사용하여 임의의 문자를 입력하면 퍼스널컴퓨터는 직렬포트를 통하여 이를 전송하고 *OK-STM103* 키트에서 수신된 문자는 TFT-LCD 모듈의 화면에 표시된다.

<프로그램 Exp15_2.c> UART4 포트를 이용한 폴링 방식의 통신 프로그램

```
/* ============================================================================ */
/*      Exp15_2_polling.c : RS-232C 직렬통신에서 폴링 방식에 의한 송수신        */
/* ============================================================================ */
/*                                  Programmed by Duck-Yong Yoon in 2017.    */

#include "stm32f103xe.h"
#include "OK-STM103.h"

unsigned char RX4_char(void);                   /* receive a character by UART4 */
void TX4_char(U08 data);                        /* transmit a character by UART4 */
void TX4_string(U08 *string);                   /* transmit a string by UART4 */

/* ----- 메인 프로그램 -------------------------------------------------------- */

int main(void)
{
  unsigned char RXD, count;
  unsigned short color;

  Initialize_MCU();                             // initialize MCU and kit
  Delay_ms(50);                                 // wait for system stabilization
  Initialize_LCD();                             // initialize text LCD module
  Initialize_TFT_LCD();                         // initialize TFT-LCD module

  LCD_string(0x80," OK-STM103 V1.0 ");          // display title
  LCD_string(0xC0,"    Exp15_2.c    ");

  TFT_string( 2, 4,White,Magenta," RS-232C 직렬통신(폴링 방식 송수신) ");
  TFT_string(17, 8,White,Blue," 송신 ");
  TFT_string( 9,11,White,Black,"KEY1~KEY4를 누르시오 !");
  TFT_string(17,16,White,Blue," 수신 ");
  Line(0,156,319,156,White);
  Line(0,212,319,212,White);

  RCC->APB1ENR |= 0x00080000;                   // enable UART4 clock
  RCC->APB2ENR |= 0x00000010;                   // enable PORTC clock
  GPIOC->CRH &= 0xFFFF00FF;                     // PC11 = UART4_RX, PC10 = UART4_TX
  GPIOC->CRH |= 0x00008B00;

  UART4->CR1 = 0x0000200C;                      // TE=RE=UE = 1, 8 data bit
  UART4->CR2 = 0x00000000;                      // 1 stop bit
  UART4->CR3 = 0x00000000;
  UART4->BRR = 0x0753;                          // 19200 bps for 36MHz
  Delay_ms(1);
  RXD = UART4->DR;                              // dummy read

  count = 0;                                    // initialize received data display
  color = Cyan;
  TFT_xy(0,20);
  TFT_color(color,Black);

  while(1)
    { switch(Key_input())                       // key input
        { case KEY1 : TX4_string("  KEY1 is OK !  ");
                      TX4_char(0x0D); TX4_char(0x0A);
                      break;
          case KEY2 : TX4_string("  KEY2 is OK !  ");
                      TX4_char(0x0D); TX4_char(0x0A);
                      break;
          case KEY3 : TX4_string("  KEY3 is OK !  ");
                      TX4_char(0x0D); TX4_char(0x0A);
                      break;
          case KEY4 : TX4_string("  KEY4 is OK !  ");
                      TX4_char(0x0D); TX4_char(0x0A);
                      break;
          default:    break;
        }
```

```
      RXD = RX4_char();                          // receive data if any
      if((RXD >= 0x20) && (RXD <= 0x7F))
        { TFT_English(RXD);                      // display a character
          count++;                               // 120 character OK ?
          if(count >= 120)                       // if yes, go home
            { count = 0;
              TFT_xy(0,20);
              color ^= 0xF81F;
              TFT_color(color,Black);
            }
        }
    }
}

/* ----- 사용자 정의 함수 ------------------------------------------------------ */

unsigned char RX4_char(void)                     /* receive a character by UART4 */
{
  if(UART4->SR & 0x00000020)                     // if RXNE=1, return with a received character
    return UART4->DR;
  else                                           // if RXNE=0, return with 0x00
    return 0x00;
}

void TX4_char(U08 data)                          /* transmit a character by UART4 */
{
  while(!(UART4->SR & 0x00000080));              // wait until TXE = 1
  UART4->DR = data;
}

void TX4_string(U08 *string)                     /* transmit a string by UART4 */
{
  while(*string != '\0')
    { TX4_char(*string);
      string++;
    }
}
```

☞ 이 예제 프로그램의 문자 수신 함수 RX4_char()에서는 상태 레지스터의 RXNE 비트를 조사하여 현재까지 수신된 문자가 없으면 0x00값을 리턴하고, 수신된 문자가 있는 경우에는 그 문자를 리턴한다. 그러나, 메인 루틴에서는 이 수신 문자중에서 ASCII 코드의 도형문자에 해당하는 문자(0x20~0x7F)만을 검색하여 TFT-LCD 화면에 표시한다. 이렇게 폴링 방식으로 수신을 수행하는 프로그램에서는 특별한 경우가 아니라면 문자 수신 함수 RX4_char()에서 RXNE=1로 될 때까지 기다리며 폴링하는 방법을 사용하지 않도록 조심하라. 그렇게 할 경우 만약 직렬통신 포트에서 문자가 수신되지 않으면 프로그램이 무한루프에 빠져서 묶여버리기 때문이다.

또한, 문자 송신 함수 TX4_char()에서는 상태 레지스터의 TXE 비트를 조사하여 송신버퍼가 비어있을 때만 송신할 문자를 라이트한다. 특별한 경우가 아니라면 TC 플랙을 폴링하는 것보다는 TXE 플랙을 폴링하는 것이 바람직하다.

이 프로그램을 *OK-STM103* 키트에 다운로드하고 실행하라. 프로그램을 실행할 때는 <그림 3.1.7>처럼 제작한 RS-232C 통신 케이블을 *OK-STM103* 키트의 커넥터 CN5와 퍼스널컴퓨터의 직렬포트 COM1 또는 COM2 사이에 연결해야 한다. 그리고, 퍼스널 컴퓨터에서 하이퍼터미널이나 Tera Term과 같은 통신 프로그램을 실행한다.

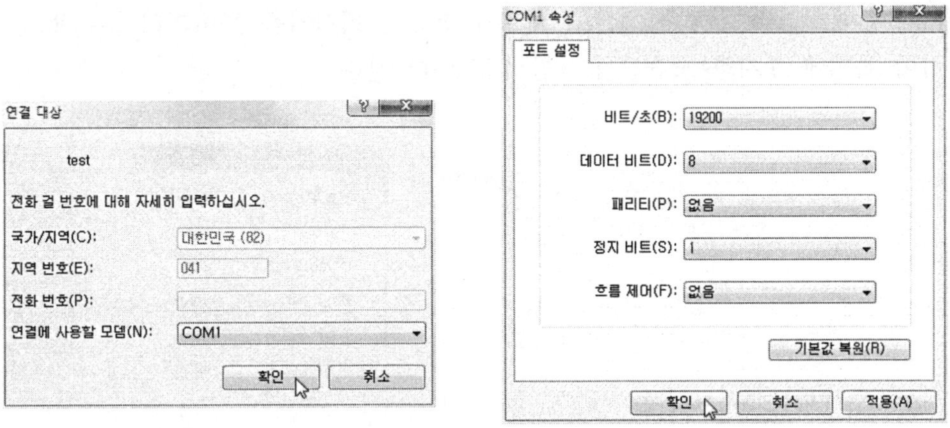

<그림 4.15.1> Windows 7에서 하이퍼터미널 프로그램의 설정

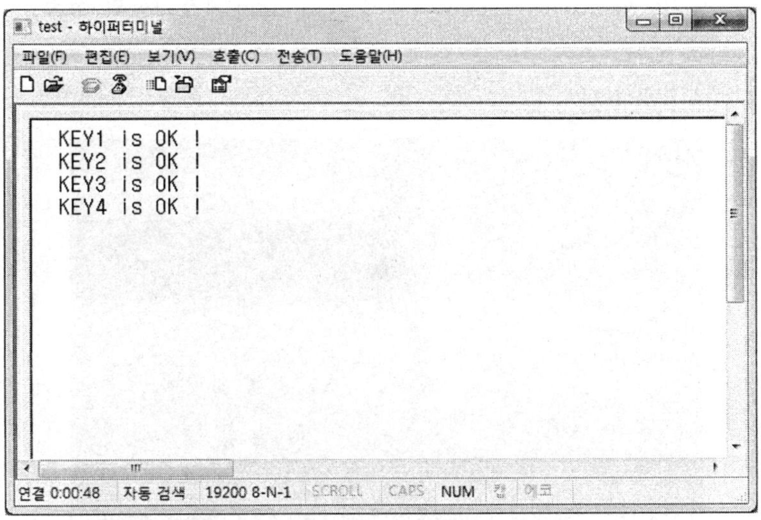

<그림 4.15.2> Windows 7에서 하이퍼터미널이 문자열을 수신한 모습

만약 이제 여러분이 Windows 7 운영체제에서 "하이퍼터미널" 프로그램을 사용한다면 <그림 4.15.1>과 같이 직렬포트를 COM1 또는 COM2로 적절히 선택하고, 이것의 통신 포맷을 "비트/초" 19200, "데이터 비트" 8, "패리티" 없음, "정지 비트" 1, "흐름 제어" 없음으로 설정해야 한다.

이러한 준비가 완료되었으면 *OK-STM103* 키트에서 KEY1~KEY4를 각각 누르면서 퍼스널 컴퓨터의 모니터 화면을 관찰하여 직렬통신의 송신 동작이 정상적으로 수행되는지 확인하라. 또한, 퍼스널 컴퓨터에서 키보드로 임의의 문자를 입력하면서 *OK-STM103* 키트의 TFT-LCD 모듈을 관찰하여 직렬통신의 수신 동작이 정상적으로 수행되는지 확인하라. *OK-STM103* 키트가 전송한 메시지를 하이퍼터미널 프로그램이 수신하여 화면에 표시한 모습은 <그림 4.15.2>와 같다.

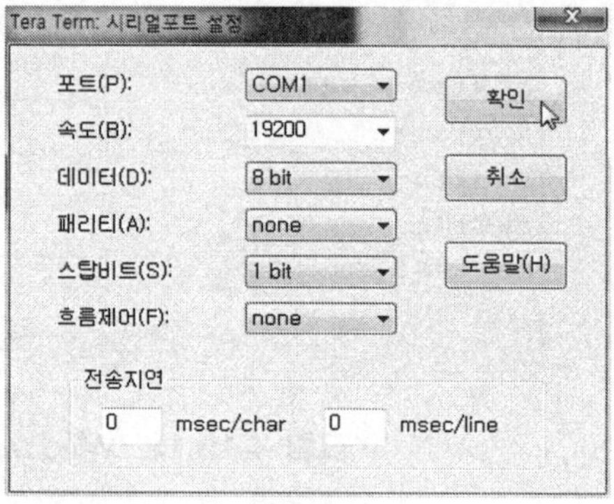

<그림 4.15.3> Windows 7에서 Tera Term 프로그램의 설정

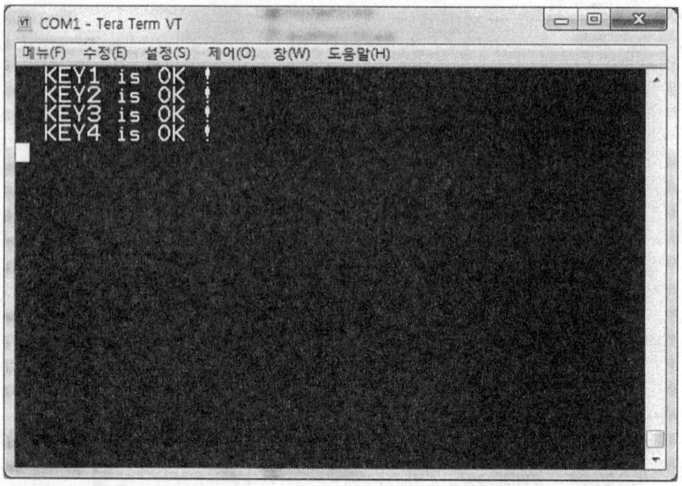

<그림 4.15.4> Windows 7에서 Tera Term이 문자열을 수신한 모습

그러나, 여러분이 Tera Term 프로그램을 사용한다면 <그림 4.15.3>과 같이 직렬포트를 COM1 또는 COM2로 적절히 선택하고, 이것의 통신 포맷을 "속도" 19200, "데이터" 8 bit, "패리티" none, "스탑비트" 1 bit, "흐름 제어" none으로 설정해야 한다.

이러한 준비가 완료되었으면 *OK-STM103* 키트에서 KEY1~KEY4를 각각 누르면서 퍼스널 컴퓨터의 모니터 화면을 관찰하여 직렬통신의 송신 동작이 정상적으로 수행되는지 확인하라. 또한, 퍼스널 컴퓨터에서 키보드로 임의의 문자를 입력하면서 *OK-STM103* 키트의 TFT-LCD 모듈을 관찰하여 직렬통신의 수신 동작이 정상적으로 수행되는지 확인하라. *OK-STM103* 키트가 전송한 메시지를 Tera Term 프로그램이 수신하여 화면에 표시한 모습은 <그림 4.15.4>와 같다.

3. 인터럽트 방법에 의한 비동기 전송

이번에는 인터럽트를 사용하여 데이터를 수신하는 방법으로 직렬통신을 수행하는 프로그램을 작성한다. 그러나, 송신을 인터럽트로 수행할 필요성은 거의 없으므로 송신 동작은 앞에서와 같이 폴링 방법을 사용한다.

앞의 예제 프로그램 Exp15_2.c에서 데이터 수신을 인터럽트 방식으로 변경하고 데이터 송신은 그대로 폴링 방식을 사용하는 프로그램을 작성하면 다음과 같다.

<프로그램 Exp15_3.c> UART4 포트를 이용한 인터럽트 방식의 통신 프로그램

```
/* ============================================================================ */
/*     Exp15_3_interrupt.c : RS-232C 직렬통신에서 인터럽트 방식에 의한 수신       */
/* ============================================================================ */
/*                                  Programmed by Duck-Yong Yoon in 2017.       */

#include "stm32f103xe.h"
#include "OK-STM103.h"

void UART4_IRQHandler(void);                    /* UART4 interrupt function */
void TX4_char(U08 data);                        /* transmit a character by UART4 */
void TX4_string(U08 *string);                   /* transmit a string by UART4 */

/* ----- 인터럽트 처리 프로그램 ---------------------------------------------- */

volatile unsigned char RXD, count;
volatile unsigned short color;

void UART4_IRQHandler(void)                     /* UART4 interrupt function */
{
  if(UART4->SR & 0x00000020)                    // if RXNE=1, receive a character
    { RXD = UART4->DR;
      if((RXD >= 0x20) && (RXD <= 0x7F))
        { TFT_English(RXD);                     // display a character
          count++;                              // 120 character OK ?
          if(count >= 120)                      // if yes, go home
            { count = 0;
              TFT_xy(0,20);
              color ^= 0xF81F;
              TFT_color(color,Black);
            }
        }
    }
}

/* ----- 메인 프로그램 ------------------------------------------------------- */

int main(void)
{
  Initialize_MCU();                             // initialize MCU and kit
  Delay_ms(50);                                 // wait for system stabilization
  Initialize_LCD();                             // initialize text LCD module
  Initialize_TFT_LCD();                         // initialize TFT-LCD module
```

```
  LCD_string(0x80," OK-STM103 V1.0 ");                // display title
  LCD_string(0xC0,"   Exp15_3.c    ");

  TFT_string( 1, 4,White,Magenta," RS-232C 직렬통신(인터럽트 방식 수신) ");
  TFT_string(17, 8,White,Blue," 송신 ");
  TFT_string( 9,11,White,Black,"KEY1~KEY4를 누르시오 !");
  TFT_string(17,16,White,Blue," 수신 ");
  Line(0,156,319,156,White);
  Line(0,212,319,212,White);

  RCC->APB1ENR |= 0x00080000;                          // enable UART4 clock
  RCC->APB2ENR |= 0x00000010;                          // enable PORTC clock
  GPIOC->CRH &= 0xFFFF00FF;                            // PC11 = UART4_RX, PC10 = UART4_TX
  GPIOC->CRH |= 0x00008B00;

  UART4->CR1 = 0x0000202C;                             // TE=RE=UE=RXNEIE = 1, 8 data bit
  UART4->CR2 = 0x00000000;                             // 1 stop bit
  UART4->CR3 = 0x00000000;
  UART4->BRR = 0x0753;                                 // 19200 bps for 36MHz
  Delay_ms(1);
  RXD = UART4->DR;                                     // dummy read

  NVIC->ISER[1] = 0x00100000;                          // enable (52)UART4 interrupt

  count = 0;                                           // initialize received data display
  color = Cyan;
  TFT_xy(0,20);
  TFT_color(color,Black);

  while(1)
    { switch(Key_input())                              // key input
        { case KEY1 : TX4_string("  KEY1 is OK !  ");
                      TX4_char(0x0D); TX4_char(0x0A);
                      break;
          case KEY2 : TX4_string("  KEY2 is OK !  ");
                      TX4_char(0x0D); TX4_char(0x0A);
                      break;
          case KEY3 : TX4_string("  KEY3 is OK !  ");
                      TX4_char(0x0D); TX4_char(0x0A);
                      break;
          case KEY4 : TX4_string("  KEY4 is OK !  ");
                      TX4_char(0x0D); TX4_char(0x0A);
                      break;
          default:    break;
        }
    }
}
/* ----- 사용자 정의 함수 ------------------------------------------------------ */

void TX4_char(U08 data)                                /* transmit a character by UART4 */
{
  while(!(UART4->SR & 0x00000080));                    // wait until TXE = 1
  UART4->DR = data;
}

void TX4_string(U08 *string)                           /* transmit a string by UART4 */
{
  while(*string != '\0')
    { TX4_char(*string);
      string++;
    }
}
```

4. 실습 과제

(1) STM32F103VET6에 내장된 USARTn 포트에서 동기식 전송 모드와 비동기식 전송 모드는 서로 어떤 장단점이 있는지 설명하라.

(2) 비동기식 직렬통신의 송신 동작에서 폴링을 사용하는 경우 상태 레지스터의 TC 플랙을 체크하는 방법과 TXE 플랙을 체크하는 방법의 차이점 또는 장단점을 설명하라.

(3) 비동기식 직렬통신에서 폴링을 사용하는 방법과 인터럽트를 사용하는 방법에는 어떤 장단점이 있는지 설명하라.

(4) 예제 프로그램 Exp15_2.c에서 현재 송신 버퍼가 비어있는지를 체크하는

```
while(!(UART4->SR & 0x00000080));
```

부분은

```
while((UART4->SR & 0x00000080) == 0x00000000);
```

과 같은 결과가 된다. 이것이 동일한 동작을 수행하는 이유를 설명하라.

(5) 예제 프로그램 Exp15_2.c와 Exp15_3.c에서 *OK-STM103* 키트가 퍼스널컴퓨터로 문자열을 전송할 때 마지막에 TX4_char(0x0D); TX4_char(0x0A);로 2개의 문자를 추가 전송하는 이유는 무엇인지 설명하라.

(6) 예제 프로그램 Exp15_1.c를 전송속도 115200 bps로 동작하도록 수정한 프로그램 Exp15_1R.c를 작성하라.

(7) 예제 프로그램 Exp15_3.c에서 데이터를 송신하는 것도 인터럽트를 사용하는 방식으로 수정한 프로그램 Exp15_3R.c를 작성하라.

4.16 SPI 및 I2C 직렬통신 프로그램

이 절에서는 STM32F103VET6의 SPI 직렬통신 포트를 사용한 통신 프로그램과 I^2C 직렬통신 포트를 사용한 통신 프로그램 작성 기술을 익힌다. SPI 통신의 상대측으로는 TFT-LCD의 터치 스크린을 사용하며, I^2C 통신의 상대측으로는 *OK-STM103* 키트에 내장한 2-wire serial EEPROM 소자인 AT24C16을 사용한다.

관련 내용	(1) 제2.9절 동기식 직렬통신 포트(SPI) (2) 제2.10절 동기식 직렬통신 포트(I2C) (3) 제3.1절 *OK-STM103* 키트의 구조와 기능 (4) AT24C16 EEPROM의 데이터 시트(Atmel사)

1. 터치스크린과 SPI 직렬통신 프로그램

STM32F103VET6의 SPI 직렬통신 포트에서는 전송 데이터 문자의 길이를 8비트 또는 16비트로 사용자가 설정하여 사용할 수 있다. ADS7846을 사용한 터치 스크린은 X, Y 방향의 좌표값을 12비트 데이터로 읽도록 되어 있으므로 SPI 통신에서 16비트 데이터 포맷을 사용하여 이를 액세스하면 더욱 편리하다. 그러나, 어느 마이크로컨트롤러에서나 SPI 직렬통신은 기본으로 8비트 데이터 포맷을 지원하므로 이러한 표준적인 8비트 데이터 포맷으로 터치 스크린을 읽는 방법도 알아둘 필요가 있다.

(1) 16비트 데이터 포맷을 사용하는 경우

OK-STM103 키트에서 SPI 직렬통신을 사용하여 16비트 길이의 데이터 포맷으로 터치스크린을 읽어들이는 프로그램을 작성하면 다음과 같다.

<프로그램 Exp16_1.c> 16비트 데이터 포맷의 SPI 통신으로 터치스크린을 읽기

```
/* ============================================================================ */
/*    Exp16_1_SPI_16bit(1).c : 16비트 SPI 전송 포맷을 사용한 터치 스크린 입력      */
/* ============================================================================ */
/*                                        Programmed by Duck-Yong Yoon in 2017.  */

#include "stm32f103xe.h"
```

```
#include "OK-STM103.h"

void Initialize_SPI2_16bit(void);                  /* initialize touch screen using 16-bit SPI2 */
unsigned short Read_ADS7846_16bit(U16 command);   /* read X, Y value from ADS7846 using 16-bit SPI2 */
void Input_touch_screen(void);                     /* touch screen input of X, Y value from ADS7846 */

/* ----- 메인 프로그램 ------------------------------------------------------ */

int main(void)
{
  Initialize_MCU();                                // initialize MCU and kit
  Delay_ms(50);                                    // wait for system stabilization
  Initialize_LCD();                                // initialize text LCD module
  Initialize_TFT_LCD();                            // initialize TFT-LCD module
  Initialize_SPI2_16bit();                         // initialize touch screen using 16-bit SPI2

  LCD_string(0x80," OK-STM103 V1.0 ");             // display title
  LCD_string(0xC0,"    Exp16_1.c    ");
  Beep();

  Rectangle(0,0, 319,239, Green);                  // display title
  Rectangle(1,1, 318,238, Green);

  TFT_string( 1,5,White,Magenta, "16비트 SPI 통신에 의한 터치스크린 입력");

  TFT_string( 1, 1, Cyan,   Black, "(0,0)");
  TFT_string(32, 1, Cyan,   Black, "(319,0)");
  TFT_string( 1,27, Cyan,   Black, "(0,239)");
  TFT_string(30,27, Cyan,   Black, "(319,239)");

  TFT_string( 9, 9, Cyan,   Black, " 원시 데이터");
  TFT_string(21, 9, Magenta,Black, " x = 0000 ");
  TFT_string(21,11, Magenta,Black, " y = 0000 ");
  TFT_string( 9,15, Cyan,   Black, " 픽셀 데이터");
  TFT_string(21,15, Magenta,Black, " x =  000 ");
  TFT_string(21,17, Magenta,Black, " y =  000 ");
  TFT_string( 8,22, White,  Blue,  " 비프음 ");
  TFT_string(20,22, White,   Red,  " LED ON/OFF ");
  Rectangle(61,173, 130,194, White);
  Rectangle(157,173, 258,194, White);

  while(1)
    { Input_touch_screen();                        // input touch screen

      TFT_color(Cyan,Black);
      TFT_xy(26,9);                                // display 12-bit original X data
      TFT_unsigned_decimal(x_12bit,0,4);
      TFT_xy(26,11);                               // display 12-bit original Y data
      TFT_unsigned_decimal(y_12bit,0,4);
      TFT_xy(27,15);                               // display pixel X data
      TFT_unsigned_decimal(x_touch,0,3);
      TFT_xy(27,17);                               // display pixel Y data
      TFT_unsigned_decimal(y_touch,0,3);

      if((x_touch >= 61) && (x_touch <= 130) && (y_touch >= 173) && (y_touch <= 194))
        { Beep();
          Delay_ms(200);
        }
      else if((x_touch >= 157) && (x_touch <= 258) && (y_touch >= 173) && (y_touch <= 194))
        { Beep();
          LED_toggle();
          Delay_ms(200);
        }
    }
}

/* ----- 사용자 정의 함수 --------------------------------------------------- */

void Initialize_SPI2_16bit(void)                   /* initialize touch screen using 16-bit SPI2 */
{
  RCC->APB2ENR |= 0x00001004;                      // enable clock of SPI1, GPIOA (PCLK2=72MHz)
```

```
  GPIOA->CRH &= 0xFFFFF00F;                          // PA10 = -TS_INT, PA9 = -TS_CS
  GPIOA->CRH |= 0x00000430;
  GPIOA->CRL &= 0x000FFFFF;                          // PA7 = SPI1_MOSI, PA6 = SPI1_MISO, PA5 = SPI1_SCK
  GPIOA->CRL |= 0xB4B00000;
  GPIOA->BSRR = 0x00000200;                          // -TS_CS = 1

  SPI1->CR1 = 0x0B64;                                // master mode, 72MHz/32 = 2.25MHz (Max 2.5MHz)
  SPI1->CR2 = 0x0000;                                // 16-bit data, disable SS output, CPOL = CPHA = 0

  Read_ADS7846(ADS7846_CMD_X);                       // dummy input for -TS_INT signal
}

unsigned short Read_ADS7846_16bit(U16 command)  /* read X, Y value from ADS7846 using 16-bit SPI2 */
{
  unsigned short axis;

  axis = SPI1->DR;                                   // clear RXNE flag

  GPIOA->BSRR = 0x02000000;                          // -TS_CS = 0
  SPI1->DR = command;
  while((SPI1->SR & 0x0003) != 0x0003);
  axis = SPI1->DR;
  Delay_us(1);
  SPI1->DR = 0x0000;
  while((SPI1->SR & 0x0003) != 0x0003);
  axis = SPI1->DR;
  GPIOA->BSRR = 0x00000200;                          // -TS_CS = 1

  axis >>= 3;
  return axis;
}

void Input_touch_screen(void)                        /* touch screen input of X, Y value from ADS7846 */
{
  unsigned char i;
  unsigned short temp;

  x_12bit = 0;                                       // initial value
  y_12bit = 0;

  for(i = 0; i < 16; i++)                            // read X, Y value by 16 times if -PENIRQ enable
    { if((GPIOA->IDR & 0x00000400) == 0)             // -TS_INT = 0 ?
        x_12bit += Read_ADS7846_16bit(ADS7846_CMD_X); // if yes, measure X position
      else                                           // if not, return with 0
        { x_12bit = 0;
          y_12bit = 0;
          break;
        }
      Delay_us(10);

      if((GPIOA->IDR & 0x00000400) == 0)             // -TS_INT = 0 ?
        y_12bit += Read_ADS7846_16bit(ADS7846_CMD_Y); // if yes, measure Y position
      else                                           // if not, return with 0
        { x_12bit = 0;
          y_12bit = 0;
          break;
        }
      Delay_us(10);
    }

  x_12bit >>= 4;                                     // calculate average for 16 times
  y_12bit >>= 4;

  if((x_12bit == 0) && (y_12bit == 0))
    { x_touch = 0;
      y_touch = 0;
      return;
    }

  if(x_12bit <= x_touch_min)                         // convert to pixel x-axis value
```

```
    x_touch = 0;
  else if(x_12bit >= x_touch_max)
    x_touch = 239;
  else
    x_touch = (unsigned int)((float)(x_12bit - x_touch_min) * 239./(float)(x_touch_max - x_touch_min));

  if(y_12bit <= y_touch_min)                    // convert to pixel y-axis value
    y_touch = 319;
  else if(y_12bit >= y_touch_max)
    y_touch = 0;
  else
    y_touch = 319 - (unsigned int)((float)(y_12bit - y_touch_min) * 319./(float)(y_touch_max - y_touch_min));

  if(ScreenMode == 'L')                         // adjust axis value for landscape mode
    { temp = x_12bit;                           // exchange x_12bit and y_12bit
      x_12bit = y_12bit;
      y_12bit = temp;
      temp = x_touch;                           // exchange x_touch and y_touch
      x_touch = y_touch;
      y_touch = 239 - temp;
    }
}
```

☞ 이 예제에서는 함수 Initialize_SPI2_16bit(), Read_ADS7846_16bit(), Input_touch_screen()을 자체적으로 만들어 사용하였다. 그러나, 이들 사용자 함수는 헤더파일 OK-STM103.h에서 각각 Initialize_touch_screen(), Read_ADS7846(), Touch_screen_input()라는 이름으로 제공하기 때문에 이를 사용하는 것이 좋다.

기본 헤더파일 OK-STM103.h에서 제공하는 함수들을 사용하여 16비트 포맷의 SPI 직렬통신으로 터치스크린을 읽어들이도록 앞의 예제 프로그램 Exp16_1.c를 수정하여 보면 다음과 같다.

<프로그램 Exp16_2.c> OK-STM103.h 파일의 함수를 사용하여 터치스크린을 읽기

```
/* ============================================================================ */
/*    Exp16_2_SPI_16bit(2).c : 16비트 SPI 전송 포맷을 사용한 터치 스크린 입력    */
/* ============================================================================ */
/*                                    Programmed by Duck-Yong Yoon in 2017.    */

#include "stm32f103xe.h"
#include "OK-STM103.h"

/* ----- 메인 프로그램 -------------------------------------------------------- */

int main(void)
{
  Initialize_MCU();                             // initialize MCU and kit
  Delay_ms(50);                                 // wait for system stabilization
  Initialize_LCD();                             // initialize text LCD module
  Initialize_TFT_LCD();                         // initialize TFT-LCD module
  Initialize_touch_screen();                    // initialize touch screen

  LCD_string(0x80," OK-STM103 V1.0 ");          // display title
  LCD_string(0xC0,"   Exp16_2.c    ");
  Beep();

  Rectangle(0,0, 319,239, Green);               // display title
  Rectangle(1,1, 318,238, Green);
```

```
  TFT_string( 1,3,White,  Black, "   (OK-STM103.h 파일의 함수를 사용)   ");
  TFT_string( 1,5,White,Magenta, "16비트 SPI 통신에 의한 터치스크린 입력");

  TFT_string( 1, 1, Cyan,   Black, "(0,0)");
  TFT_string(32, 1, Cyan,   Black, "(319,0)");
  TFT_string( 1,27, Cyan,   Black, "(0,239)");
  TFT_string(30,27, Cyan,   Black, "(319,239)");

  TFT_string( 9, 9, Cyan,   Black, " 원시 데이터");
  TFT_string(21, 9, Magenta,Black, " x = 0000 ");
  TFT_string(21,11, Magenta,Black, " y = 0000 ");
  TFT_string( 9,15, Cyan,   Black, " 픽셀 데이터");
  TFT_string(21,15, Magenta,Black, " x =  000 ");
  TFT_string(21,17, Magenta,Black, " y =  000 ");
  TFT_string( 8,22, White,   Blue, " 비프음 ");
  TFT_string(20,22, White,    Red, " LED ON/OFF ");
  Rectangle(61,173, 130,194, White);
  Rectangle(157,173, 258,194, White);

  while(1)
    { Touch_screen_input();                      // input touch screen

      TFT_color(Cyan,Black);
      TFT_xy(26,9);                              // display 12-bit original X data
      TFT_unsigned_decimal(x_12bit,0,4);
      TFT_xy(26,11);                             // display 12-bit original Y data
      TFT_unsigned_decimal(y_12bit,0,4);
      TFT_xy(27,15);                             // display pixel X data
      TFT_unsigned_decimal(x_touch,0,3);
      TFT_xy(27,17);                             // display pixel Y data
      TFT_unsigned_decimal(y_touch,0,3);

      if((x_touch >= 61) && (x_touch <= 130) && (y_touch >= 173) && (y_touch <= 194))
        { Beep();
          Delay_ms(200);
        }
      else if((x_touch >= 157) && (x_touch <= 258) && (y_touch >= 173) && (y_touch <= 194))
        { Beep();
          LED_toggle();
          Delay_ms(200);
        }
    }
}
```

(2) 8비트 데이터 포맷을 사용하는 경우

OK-STM103 키트에서 SPI 직렬통신을 사용하여 8비트 길이의 데이터 포맷으로 터치스크린을 읽어들이는 프로그램을 작성하면 다음과 같다.

<프로그램 Exp16_3.c> 8비트 데이터 포맷의 SPI 통신으로 터치스크린을 읽기

```
/* ========================================================================== */
/*      Exp16_3_SPI_8bit.c : 8비트 SPI 전송 포맷을 사용한 터치 스크린 입력          */
/* ========================================================================== */
/*                                   Programmed by Duck-Yong Yoon in 2017.     */

#include "stm32f103xe.h"
#include "OK-STM103.h"

void Initialize_SPI2_8bit(void);                  /* initialize touch screen using 8-bit SPI2 */
unsigned short Read_ADS7846_8bit(U08 command);    /* read X, Y value from ADS7846 using 8-bit SPI2 */
```

```
void Input_touch_screen(void);                  /* touch screen input of X, Y value from ADS7846 */

/* ----- 메인 프로그램 --------------------------------------------------------- */

int main(void)
{
  Initialize_MCU();                             // initialize MCU and kit
  Delay_ms(50);                                 // wait for system stabilization
  Initialize_LCD();                             // initialize text LCD module
  Initialize_TFT_LCD();                         // initialize TFT-LCD module
  Initialize_SPI2_8bit();                       // initialize touch screen using 8-bit SPI2

  LCD_string(0x80," OK-STM103 V1.0 ");          // display title
  LCD_string(0xC0,"   Exp16_3.c    ");
  Beep();

  Rectangle(0,0, 319,239, Green);               // display title
  Rectangle(1,1, 318,238, Green);

  TFT_string( 1,5,White,Magenta, "8-비트 SPI 통신에 의한 터치스크린 입력");

  TFT_string( 1, 1, Cyan,   Black, "(0,0)");
  TFT_string(32, 1, Cyan,   Black, "(319,0)");
  TFT_string( 1,27, Cyan,   Black, "(0,239)");
  TFT_string(30,27, Cyan,   Black, "(319,239)");

  TFT_string( 9, 9, Cyan,   Black, " 원시 데이터");
  TFT_string(21, 9, Magenta,Black, " x = 0000 ");
  TFT_string(21,11, Magenta,Black, " y = 0000 ");
  TFT_string( 9,15, Cyan,   Black, " 픽셀 데이터");
  TFT_string(21,15, Magenta,Black, " x =  000 ");
  TFT_string(21,17, Magenta,Black, " y =  000 ");
  TFT_string( 8,22, White,   Blue, " 비프음 ");
  TFT_string(20,22, White,    Red, " LED ON/OFF ");
  Rectangle(61,173, 130,194, White);
  Rectangle(157,173, 258,194, White);

  while(1)
    { Input_touch_screen();                     // input touch screen

      TFT_color(Cyan,Black);
      TFT_xy(26,9);                             // display 12-bit original X data
      TFT_unsigned_decimal(x_12bit,0,4);
      TFT_xy(26,11);                            // display 12-bit original Y data
      TFT_unsigned_decimal(y_12bit,0,4);
      TFT_xy(27,15);                            // display pixel X data
      TFT_unsigned_decimal(x_touch,0,3);
      TFT_xy(27,17);                            // display pixel Y data
      TFT_unsigned_decimal(y_touch,0,3);

      if((x_touch >= 61) && (x_touch <= 130) && (y_touch >= 173) && (y_touch <= 194))
        { Beep();
          Delay_ms(200);
        }
      else if((x_touch >= 157) && (x_touch <= 258) && (y_touch >= 173) && (y_touch <= 194))
        { Beep();
          LED_toggle();
          Delay_ms(200);
        }
    }
}

/* ----- 사용자 정의 함수 ------------------------------------------------------ */

void Initialize_SPI2_8bit(void)                 /* initialize touch screen using 8-bit SPI2 */
{
  RCC->APB2ENR |= 0x00001004;                   // enable clock of SPI1, GPIOA (PCLK2=72MHz)

  GPIOA->CRH &= 0xFFFFF00F;                     // PA10 = -TS_INT, PA9 = -TS_CS
  GPIOA->CRH |= 0x00000430;
  GPIOA->CRL &= 0x000FFFFF;                     // PA7 = SPI1_MOSI, PA6 = SPI1_MISO, PA5 = SPI1_SCK
```

```
  GPIOA->CRL |= 0xB4B00000;
  GPIOA->BSRR = 0x00000200;                      // -TS_CS = 1

  SPI1->CR1 = 0x0364;                            // master mode, 72MHz/32 = 2.25MHz (Max 2.5MHz)
  SPI1->CR2 = 0x0000;                            // 8-bit data, disable SS output, CPOL = CPHA = 0

  Read_ADS7846_8bit(ADS7846_CMD_X);              // dummy input for -TS_INT signal
}

unsigned short Read_ADS7846_8bit(U08 command)    /* read X, Y value from ADS7846 using 8-bit SPI2 */
{
  unsigned short axis;

  axis = SPI1->DR;                               // clear RXNE flag

  GPIOA->BSRR = 0x02000000;                      // -TS_CS = 0
  SPI1->DR = command;
  while((SPI1->SR & 0x0003) != 0x0003);
  axis = SPI1->DR;
  Delay_us(1);
  SPI1->DR = 0x00;
  while((SPI1->SR & 0x0003) != 0x0003);
  axis = SPI1->DR & 0x00FF;
  axis <<= 8;
  Delay_us(1);
  SPI1->DR = 0x00;
  while((SPI1->SR & 0x0003) != 0x0003);
  axis += (SPI1->DR & 0x00FF);
  GPIOA->BSRR = 0x00000200;                      // -TS_CS = 1

  axis >>= 3;
  return axis;
}

void Input_touch_screen(void)                    /* touch screen input of X, Y value from ADS7846 */
{
  unsigned char i;
  unsigned short temp;

  x_12bit = 0;                                   // initial value
  y_12bit = 0;

  for(i = 0; i < 16; i++)                        // read X, Y value by 16 times if -PENIRQ enable
    { if((GPIOA->IDR & 0x00000400) == 0)         // -TS_INT = 0 ?
        x_12bit += Read_ADS7846_8bit(ADS7846_CMD_X); // if yes, measure X position
      else                                       // if not, return with 0
        { x_12bit = 0;
          y_12bit = 0;
          break;
        }
      Delay_us(10);

      if((GPIOA->IDR & 0x00000400) == 0)         // -TS_INT = 0 ?
        y_12bit += Read_ADS7846_8bit(ADS7846_CMD_Y); // if yes, measure Y position
      else                                       // if not, return with 0
        { x_12bit = 0;
          y_12bit = 0;
          break;
        }
      Delay_us(10);
    }

  x_12bit >>= 4;                                 // calculate average for 16 times
  y_12bit >>= 4;

  if((x_12bit == 0) && (y_12bit == 0))
    { x_touch = 0;
      y_touch = 0;
      return;
    }
```

```
    if(x_12bit <= x_touch_min)                      // convert to pixel x-axis value
      x_touch = 0;
    else if(x_12bit >= x_touch_max)
      x_touch = 239;
    else
      x_touch = (unsigned int)((float)(x_12bit - x_touch_min) * 239./(float)(x_touch_max - x_touch_min));

    if(y_12bit <= y_touch_min)                      // convert to pixel y-axis value
      y_touch = 319;
    else if(y_12bit >= y_touch_max)
      y_touch = 0;
    else
      y_touch = 319 - (unsigned int)((float)(y_12bit - y_touch_min) * 319./(float)(y_touch_max - y_touch_min));

    if(ScreenMode == 'L')                           // adjust axis value for landscape mode
      { temp = x_12bit;                             // exchange x_12bit and y_12bit
        x_12bit = y_12bit;
        y_12bit = temp;
        temp = x_touch;                             // exchange x_touch and y_touch
        x_touch = y_touch;
        y_touch = 239 - temp;
      }
}
```

2. AT24C16과 I2C 직렬통신 프로그램

OK-STM103 키트에는 I2C1 직렬통신 포트에 2선식 직렬 EEPROM 메모리 소자인 AT24C16(U7)을 접속하였으므로 I^2C 직렬통신으로 이를 액세스하는 것을 직접 수행해 볼 수 있다.

OK-STM103 키트에서 이 부분의 회로를 다시 그려보면 <그림 4.16.1>과 같은데, 클록 신호 I2C1_SCL과 데이터 신호 I2C1_SDA는 각각 GPIO의 PB6, PB7 단자에 부수적인 기능으로 포함되어 있으며, 이들 단자는 모두 4.7kΩ의 저항으로 풀업하였다.

이 키트에서 U7의 슬레이브 어드레스 입력 A2~A0 부분만을 필요에 따라 적절히 수정한다면 여러가지의 2선식 직렬 EEPROM 모델인 AT24C16/32/64/128/512/1024 중에서 어느 것이라도 하드웨어적으로 문제없이 접속할 수 있다. 이 키트에서 사용하는 AT24C16은 I^2C 직렬통신으로 액세스하는 2048×8비트 구조의 8핀짜리 EEPROM 소자이다. 2개의 신호 SCL, SDA는 I^2C 통신을 위한 것이며, 3개의 어드레스 신호 A2, A1, A0은 마스터가 슬레이브를 지정할 수 있도록 슬레이브 어드레스를 설정하는데 사용되는 것이지만 AT24C16 모델에서는 내부적으로 이 어드레스 신호를 사용하지 않는다. WP는 H가 입력될 때 라이트를 금지하는 신호인데, 여기서는 이를 접지하여 항상 라이트가 가능하도록 하였다.

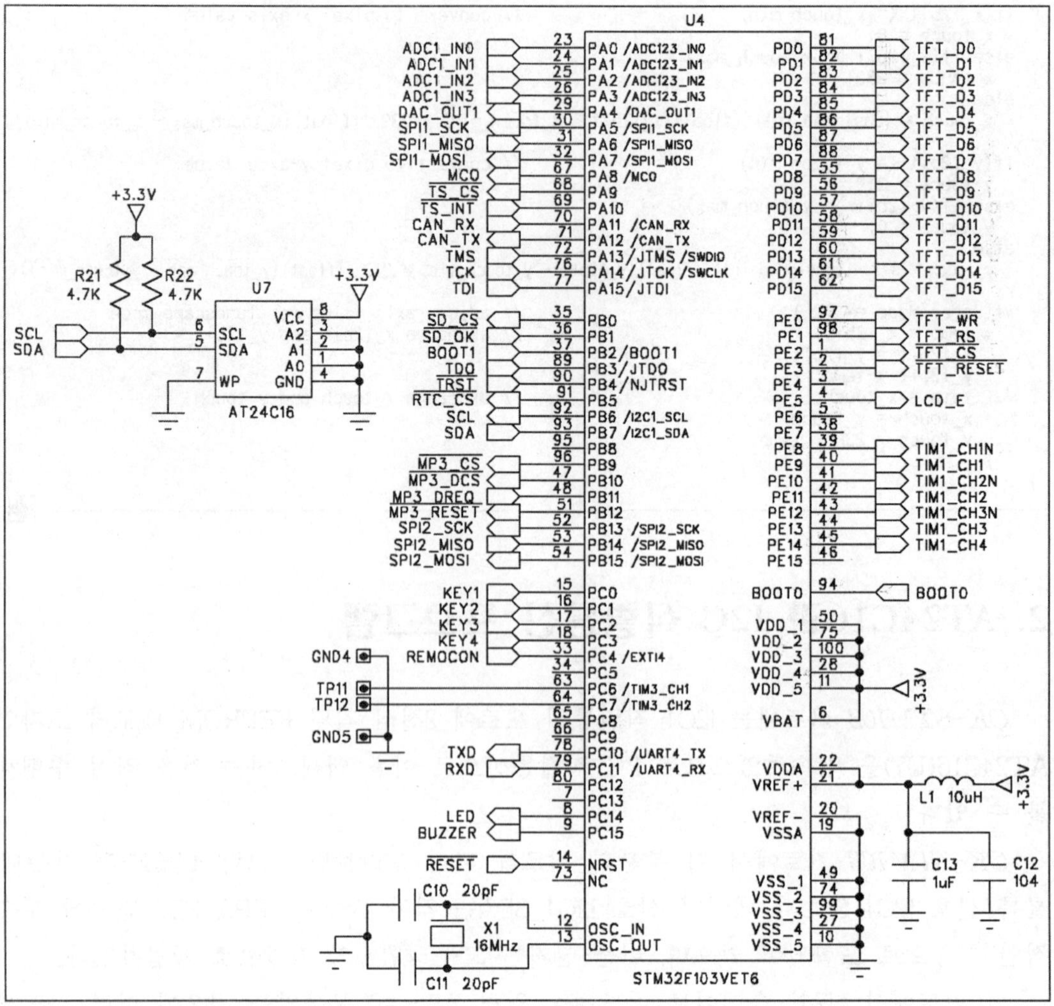

<그림 4.16.1> *OK-STM103* 키트에서 사용하는 AT24C16 관련 회로

마스터인 STM32F103VET6이 슬레이브인 AT24C16을 지정할 때 사용하는 디바이스 어드레스(device address) 형식은 <그림 4.16.2>와 같다. 여기서 P2~P0은 11비트 메모리 어드레스(A10~A0)의 상위 3비트(A10~A8)에 해당하는 페이지 어드레스를 지정하며, AT24C16은 2048×8비트 구조이므로 256바이트의 페이지가 8개 있게 된다. 이와 같이 AT24C16은 외부의 슬레이브 어드레스 설정용 신호 A2~A0을 내부적으로 사용하지 않는다. 그러나, 다른 2선식 직렬 EEPROM 모델에서는 이 어드레스 신호선들을 사용하는 경우도 있다.

1	0	1	0	P2	P1	P0	R/W

<그림 4.16.2> AT24C16의 디바이스 어드레스 지정 형식

AT24C16의 라이트 동작은 <그림 4.16.3>과 같이 2가지가 있다. 첫째로, 바이트 라이트(byte write)는 임의 번지를 지정하여 1바이트의 데이터를 라이트하는 방식이다. 지정되는 메모리 어드레스는 디바이스 어드레스에 포함된 3비트와 워드 어드레스의 8비트를 합하여 11비트가 된다. 둘째로, 페이지 라이트(page write)는 지정된 메모리 어드레스로부터 16바이트로 구성되는 1페이지를 연속으로 라이트하는 방식이다. 이때는 1페이지를 16바이트로 간주하는데 유의해야 한다.

이러한 라이트 동작이 수행되고 나면 AT24C16은 곧바로 내부적인 라이트 사이클에 들어가며, 이것이 완료되는 최대시간 5ms 동안은 모든 입력 핀이 동작 금지 상태로 된다.

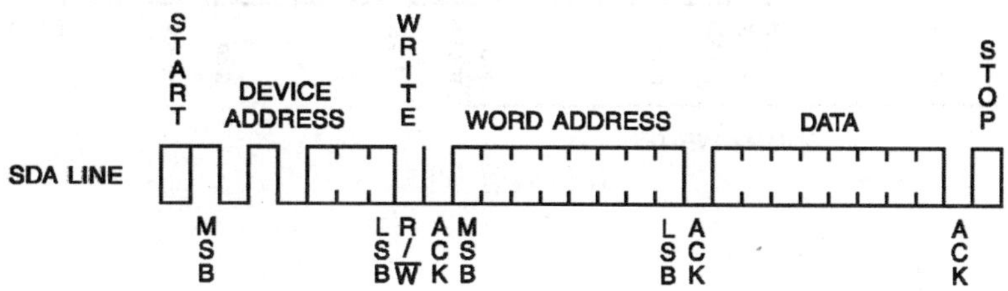

(a) 바이트 라이트

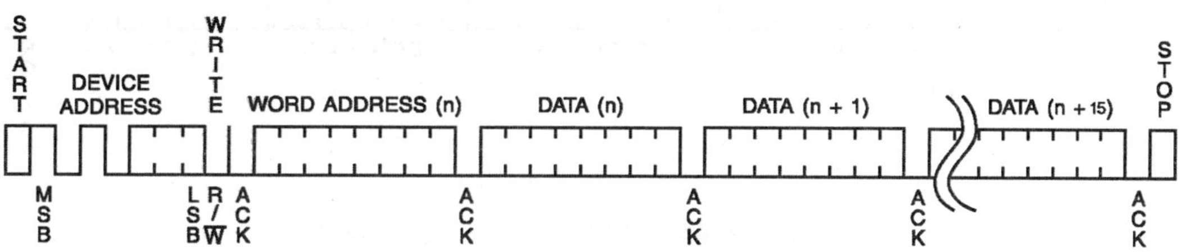

(b) 페이지 라이트

<그림 4.16.3> AT24C16의 라이트 동작 파형

AT24C16의 리드 방법은 <그림 4.16.4>와 같이 3가지가 있다. 첫째로, 현재의 어드레스 리드(current address read)는 가장 최근에 리드 또는 라이트하였던 메모리 소자 내부의 워드 어드레스 카운터 값을 기억하고 있다가 이 번지를 읽는 방식이다.

둘째로, 랜덤 리드(random read)는 읽고자 하는 워드 어드레스를 라이트하는 더미 라이트 동작을 먼저 수행한 후에 이 어드레스에서 리드 동작을 수행하는 방식이다. 이

것은 임의의 번지를 라이트하는 바이트 라이트 동작처럼 임의의 번지를 읽는데 유용하다.

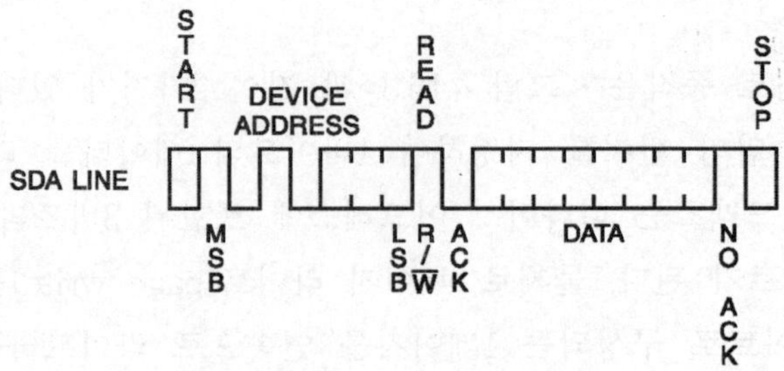

(a) 현재의 어드레스 리드

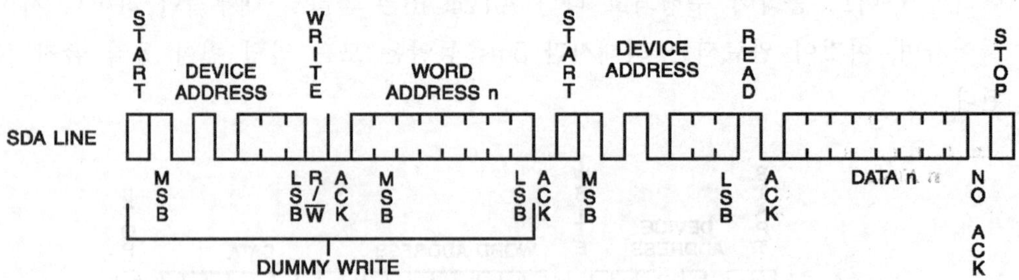

(b) 랜덤 리드

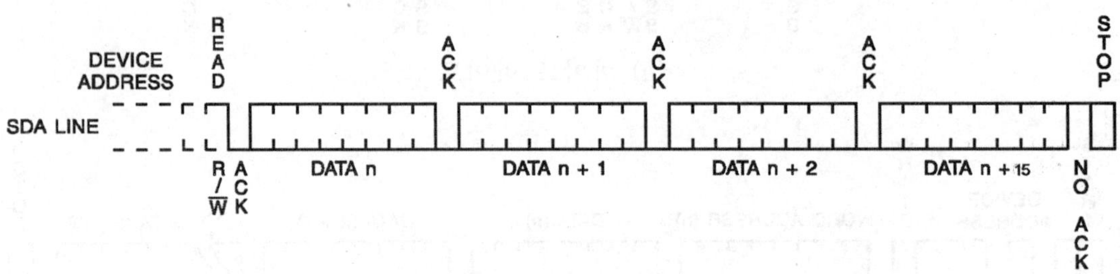

(c) 시퀀셜 리드

〈그림 4.16.4〉 AT24C16의 리드 동작 파형

셋째로, 시퀀셜 리드(sequential read)는 현재의 어드레스 리드나 랜덤 리드 동작에 이어지는 연속 리드 방식이다. 즉, 현재의 어드레스 리드나 랜덤 리드 방식에서는 STM32F103VET6이 1바이트의 데이터를 수신하고 나서 확인(acknowledge) 신호를 출력하지 않고 STOP 모드로 들어가지만, 만약 마이크로컨트롤러가 수신 확인 신호를 출력한다면 AT24C16은 내부에서 워드 어드레스 카운터가 증가하며 클록 신호가 계속 인가되면 그 다음의 데이터를 출력하게 된다. 이와 같이 STM32F103VET6 마이크로컨트롤러가 수신 확인 신호를 출력하면서 16바이트까지 연속하여 읽어들일 수 있는데 이것이 시퀀셜 리드 동작이다.

AT24C16은 최대 400kbps까지 동작할 수 있으며, 1개의 번지를 라이트하는데 내부적으로 소요되는 시간 t_{WR}은 최대 5ms이다. 이 소자에는 각 번지에 데이터를 1백만번까지 라이트할 수 있다.

이제 *OK-STM103* 키트에서 I2C 직렬통신을 통하여 AT24C16 EEPROM의 어드레스 0x0000~0x07FF에 차례로 데이터를 라이트 및 리드하는 프로그램을 작성하여 보기로 한다. I2C 통신으로 이와 같이 AT24C16을 라이트 및 리드하는 프로그램을 C언어로 작성하면 다음과 같다.

<프로그램 Exp16_4.c> AT24C16을 라이트 및 리드하는 프로그램

```
/* ============================================================================ */
/*      Exp16_4_I2C.c : I2C 직렬통신에 의한 AT24C16 EEPROM의 액세스               */
/* ============================================================================ */
/*                                      Programmed by Duck-Yong Yoon in 2017.   */

#include "stm32f103xe.h"
#include "OK-STM103.h"
#include "OK-STM103_large.h"

void Initialize_I2C1(void);                        /* initialize I2C1 */
void AT24C16_write(U16 address,U08 byte);          /* write a byte to AT24C16 */
unsigned char AT24C16_read(U16 address);           /* read a byte from AT24C16 */

/* ----- 메인 프로그램 ----------------------------------------------------- */

int main(void)
{
  unsigned char byte, error;
  unsigned short address;

  Initialize_MCU();                                // initialize MCU and kit
  Delay_ms(50);                                    // wait for system stabilization
  Initialize_LCD();                                // initialize text LCD module
  Initialize_TFT_LCD();                            // initialize TFT-LCD module
  Initialize_I2C1();                               // initialize I2C1

  LCD_string(0x80," OK-STM103 V1.0 ");             // display title
  LCD_string(0xC0,"    Exp16_4.c     ");
  Beep();

  TFT_string( 2, 5,White,Magenta, " I2C를 사용한 AT24C16 EEPROM 액세스 ");
  TFT_string(10,11,White,Black,  "어드레스 = 0x0000");
  TFT_string( 6,16,White,Black,  "메모리 쓰기 데이터 = 0x00");
  TFT_string( 6,20,White,Black,  "메모리 읽기 데이터 = 0x00");

  error = 0;
  for(address = 0x0000; address <= 0x07FF; address++)
    { TFT_color(Yellow,Black);
      TFT_xy(14,10);                               // display address
      TFT_0x_hexadecimal_large(address,4);

      TFT_color(Cyan,Black);
      TFT_xy(18,15);                               // test 0x55
      TFT_0x_hexadecimal_large(0x55,2);

      AT24C16_write(address,0x55);
```

```
      byte = AT24C16_read(address);

      TFT_xy(18,19);
      TFT_0x_hexadecimal_large(byte,2);
      Delay_ms(200);

      if(byte != 0x55)                           // if error, beep 3 times
        { error = 1;
          Beep_3times();
          Delay_ms(3000);
        }

      TFT_xy(18,15);                             // test 0xAA
      TFT_0x_hexadecimal_large(0xAA,2);

      AT24C16_write(address,0xAA);
      byte = AT24C16_read(address);

      TFT_xy(18,19);
      TFT_0x_hexadecimal_large(byte,2);
      Delay_ms(200);

      if(byte != 0xAA)                           // if error, beep 3 times
        { error = 1;
          Beep_3times();
          Delay_ms(3000);
        }
    }

  Beep();
  if(error == 0) TFT_string(9,26,Green,Black,"AT24C16 읽기/쓰기 OK !");
  else           TFT_string(8,26,Red,Black,"AT24C16 읽기/쓰기 에러 !");

  while(1);
}

/* ----- 사용자 정의 함수 ------------------------------------------------------ */

void Initialize_I2C1(void)                       /* initialize I2C1 */
{
  RCC->APB1ENR |= 0x00200000;                    // enable I2C1 clock(PCLK1 = 36MHz)
  RCC->APB2ENR |= 0x00000008;                    // enable GPIOB clock
  GPIOB->CRL &= 0x00FFFFFF;                      // PB7 = I2C1_SDA, PB6 = I2C1_SCL
  GPIOB->CRL |= 0xEE000000;

  I2C1->CR2 = 0x0024;                            // use 36MHz
  I2C1->CCR = 0x801E;                            // use 400kHz
  I2C1->CR1 = 0x00000001;                        // PE = 1
}

void AT24C16_write(U16 address,U08 byte)         /* write a byte to AT24C16 */
{
  I2C1->CR1 |= 0x0100;                           // START condition
  while(!(I2C1->SR1 & 0x0001));                  // SB = 1 ?

  I2C1->DR = 0xA0 + ((address >> 7) & 0x000E);   // write address
  while(!(I2C1->SR1 & 0x0002));                  // ADDR = 1 ?
  while((I2C1->SR2 & 0x0003) != 0x0003);         // BUSY = MSL = 1 ?

  I2C1->DR = address & 0x00FF;                   // write address
  while(!(I2C1->SR1 & 0x0080));                  // TxE = 1 ?

  I2C1->DR = byte;                               // write data
  while((I2C1->SR1 & 0x0084) != 0x0084);         // TxE = BTF = 1 ?

  I2C1->CR1 |= 0x0200;                           // STOP condition
  Delay_ms(5);                                   // delay 5 ms for twr time
}

unsigned char AT24C16_read(U16 address)          /* read a byte from AT24C16 */
{
  unsigned char byte;
```

```
  I2C1->CR1 |= 0x0100;                              // START condition
  while(!(I2C1->SR1 & 0x0001));                     // SB = 1 ?

  I2C1->DR = 0xA0 + ((address >> 7) & 0x000E);      // write address
  while(!(I2C1->SR1 & 0x0002));                     // ADDR = 1 ?
  while((I2C1->SR2 & 0x0003) != 0x0003);            // BUSY = MSL = 1 ?

  I2C1->DR = address & 0x00FF;                      // write address
  while(!(I2C1->SR1 & 0x0080));                     // TxE = 1 ?

  I2C1->CR1 |= 0x0100;                              // START condition
  while(!(I2C1->SR1 & 0x0001));                     // SB = 1 ?

  I2C1->DR = 0xA1 + ((address >> 7) & 0x000E);      // write address
  while(!(I2C1->SR1 & 0x0002));                     // ADDR = 1 ?
  while((I2C1->SR2 & 0x0003) != 0x0003);            // BUSY = MSL = 1 ?

  while(!(I2C1->SR1 & 0x0040));                     // RxNE = 1 ?
  byte = I2C1->DR & 0x00FF;                         // read data

  I2C1->CR1 |= 0x0200;                              // STOP condition
  Delay_us(10);

  return byte;                                      // return data
}
```

☞ 이 프로그램에서는 사람이 눈으로 각 메모리 번지의 라이트 및 리드 동작 상황을 볼 수 있도록 0.2초 간격으로 천천히 리드/라이트 동작을 수행하면서 동작 상황을 TFT-LCD에 표시하였다. AT24C16에는 0x0000~0x07FF 번지가 있으므로 여기서는 이들 모든 번지에 각각 0x55와 0xAA를 썼다가 다시 읽어서 정상 동작 여부를 테스트하였다. 여기서 각 번지를 쓰는 동작은 바이트 라이트 방식을 사용하였고, 각 번지를 읽는 동작은 랜덤 리드 방식을 사용하였다.

3. 실습 과제

(1) SPI와 I^2C는 모두 동기식 직렬통신 방식이지만 여러 가지로 다른 점이 있다. 이 2가지 통신방식의 특징이나 장단점을 요약하여 설명하라.

(2) serial EEPROM은 parallel EEPROM에 비하여 어떤 장단점이나 특징이 있는지 설명하라.

(3) 예제 프로그램 Exp16_4.c에서는 데이터를 읽는데 랜덤 리드 방식을 사용하였다. 그러나, 이 프로그램에서는 항상 직전에 데이터를 썼던 번지를 읽으므로 현재의 어드레스 리드 방식을 사용해도 된다. 이러한 방식으로 수정한 프로그램 Exp16_4R.c를 작성하라.

4.17 DS3234를 이용한 시계 프로그램

이 절에서는 배터리 백업형 시계용 IC인 DS3234 RTC 소자의 구조와 원리를 이해하고, 이를 응용하는 디지털 시계 및 아날로그 시계 프로그램 작성 기술을 익힌다.

관련 내용	(1) 제2.9절 동기식 직렬통신 포트(SPI) (2) 제3.1절 *OK-STM103* 키트의 구조와 기능 (3) DS3234 RTC의 데이터 시트(Maxim사)

1. RTC의 원리 및 종류

실시간 시계(RTC ; Real Time Clock)는 우리가 일상 생활에서 사용하는 실제의 시간을 표시하는 소자이다. 오늘날 이것은 현재의 시간 정보가 필요한 범용 컴퓨터나 자동제어 기기에 널리 사용되고 있다.

RTC가 항상 실시간으로 현재의 시간을 표시하기 위해서는 최소한 ① 정확한 기준 주파수를 발생하는 수정발진자, ② 이 기준 주파수를 적절히 분주하여 초/분/시(오전, 오후 포함)/일(요일 포함)/월/년(윤년 환산기능 포함) 등의 정보로 변환하는 카운터 회로, 그리고 ③ 공급전원이 꺼지더라도 시계가 멈추지 않도록 항상 회로를 동작시켜 주는 배터리 백업 회로 등의 3가지가 필요하다.

이러한 구성을 기준으로 생각할 때 RTC 소자에는 다음과 같은 4가지의 형태가 있다. 첫째는 수정발진자와 배터리 백업 회로를 외부에 별도로 접속하게 되어 있어서 사실상 카운터 및 제어회로만을 가지고 있는 가장 초보적인 형태이다. 이러한 소자의 대표적인 모델로는 Ricoh사의 RP5C15, Motorola사의 MC146818A 등이 있다. 물론 이러한 기능을 수행하는 시계 회로는 카운터 전용의 소자나 논리소자들을 사용하여 사용자가 설계할 수도 있지만, 이렇게 하드웨어적으로만 구성할 경우에는 회로가 상당히 복잡하여 경제적으로나 보드를 차지하는 면적으로 볼 때 불리해진다.

초창기의 RTC는 대부분 이러한 형태였지만, 외부에 별도로 사용하는 32.768kHz 수정발진자의 정밀도나 안정도가 비교적 낮고, 또한 배터리 회로를 사용하는데 여러가지의 불편이 있어서 오늘날은 거의 사용되지 않고 있다. IBM PC AT 이상의 퍼스널컴퓨터에서 초창기에는 MC146818A 호환의 RTC 소자를 많이 사용하였다. 이들 소자에서는 경우에 따라 배터리 백업회로를 사용하지 않기도 하는데, 이러한 경우에는 컴퓨터의 전원을 켤 때마다 사용자가 올바른 시간값을 다시 설정해 주어야 하므로 상당히 불편하다.

둘째는 이 3가지의 구성 요소를 1개의 패키지에 모두 내장(encapsulated package)한 소자로서 이 구조는 <그림 4.17.1>과 같다. 이러한 소자로는 종래의 MC146818A와 핀 배열이 동일하여 직접 대치가 가능한 Maxim사(원래는 Dallas사의 제품이나 현재는 Maxim사에 흡수 합병되었음)의 DS1287, DS12C887 등이 있다. 이것은 패키지에 내장된 수정 발진 회로의 정밀도나 안정도가 상당히 높고, 또한 배터리 회로를 내장하고 있어서 단일 소자로서 1개의 IC처럼 보드에 실장하기가 쉬우며, 외부 전원이 차단된 상태에서도 데이터의 보증시간이 약 10년 정도로서 매우 길기 때문에 오늘날 그 사용 빈도가 크게 증가하고 있다. 현재는 IBM PC 호환 퍼스널컴퓨터나 각종 제어계측 장비에서 이러한 모델들이 널리 사용되고 있다.

이 소자에는 수십 바이트 이상(DS1287은 50바이트, DS12C887은 113바이트)의 배터리 백업 SRAM을 내장하고 있어서 불휘발성 데이터를 저장하는 용도로 사용할 수 있다. 그러나, 대부분의 경우 어드레스 및 데이터 버스가 시분할 다중화되어 있어서 이와 동일한 버스 구조를 갖는 Intel사의 마이크로컨트롤러에 접속하는 경우에는 별 문제가 없으나 다른 CPU의 경우에는 하드웨어적인 인터페이스가 불편할 수도 있다.

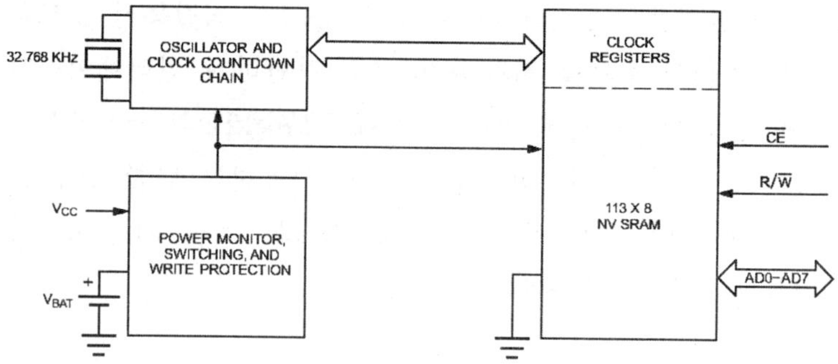

<그림 4.17.1> 수정발진자 및 배터리를 내장한 일체형 RTC 소자의 구조

셋째는 위의 일체형 RTC처럼 3가지의 구성 요소를 1패키지에 모두 내장하는 것은 물론이고, 여기에 대용량(수KB~수백KB)의 SRAM까지 포함하는 소자로서 그 구조는 <그림 4.17.2>와 같다. 이러한 소자로는 Maxim사의 DS1243Y/1244Y/1248Y/1251Y, DS1742/1743 등이 있다. 이것은 RTC 기능에 주기억장치로 사용할 수 있는 대용량의 SRAM을 포함하고 있기 때문에 RAM 전체를 배터리 백업해야 하는 제어계측 시스템

의 경우에 유용하다.

이러한 소자들은 앞에서 설명한 일체형 RTC와 달리 어드레스 버스와 데이터 버스가 별도로 분리되어 있으며, 더구나 이것들이 기존의 일반 SRAM이나 EEPROM과 호환이 되는 핀 배열로 되어 있어서 인터페이스하기에 매우 편리하다. 그러나, 이러한 소자들의 가격이 상대적으로 비싼 편이며 액세스 시간이 비교적 느려서 널리 사용되지는 않고 있다.

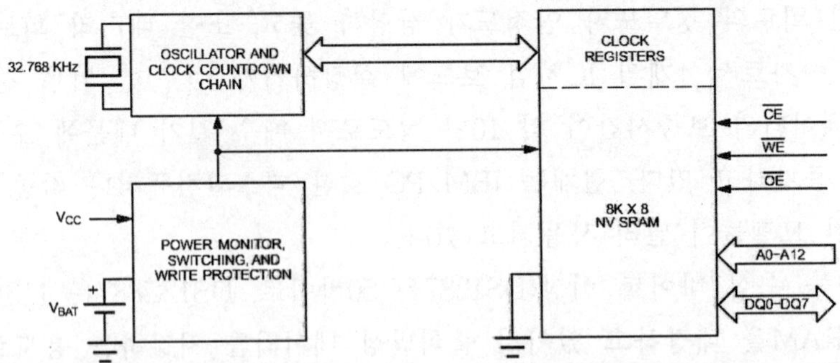

〈그림 4.17.2〉 대용량의 배터리 백업 SRAM을 내장하는 일체형 RTC 소자

넷째는 위의 첫번째 경우와 유사하지만 마이크로프로세서와의 인터페이스를 병렬이 아닌 SPI나 I^2C와 같은 동기식 직렬통신으로 구현할 수 있는 형태이다. 오늘날 대부분의 마이크로컨트롤러들은 SPI나 I^2C와 같은 동기식 직렬통신 포트를 내장하고 있으므로 이런 형태의 RTC 소자를 사용하면 아주 간단하게 인터페이스가 가능하여 최근에 점점 사용이 많아지는 추세에 있다. 외부에 32.768kHz의 크리스털과 배터리 백업 회로를 사용해야 하는 불편은 있지만, 직렬통신을 사용하는 만큼 외부 핀 수가 적어져서 8핀짜리 패키지가 많다. 이런 형태의 RTC 소자도 역시 Maxim사의 제품에 많이 있으며, DS1302나 DS1307은 그 예이다.

이밖에도 RTC 소자에는 워치독 기능을 함께 가지거나 기타 여러 가지의 부수적인 기능을 갖는 다양한 모델들이 있다. 이 책의 *OK-STM103* 키트에서는 SPI 직렬통신 인터페이스 방식의 DS3234 RTC 소자를 사용하는데, 이것은 위의 네 번째 부류와 유사하게 직렬통신으로 인터페이스하고 외부에 배터리를 부착해야 하지만 시계의 정확성을 높이기 위하여 정밀도가 높은 크리스털 발진회로를 소자에 내장하고 있다.

2. DS3234 RTC의 구조와 기능

DS3234는 외부에 배터리를 사용하는 SPI 직렬통신 인터페이스형의 RTC 소자로서 내부에 매우 정밀도가 높은 크리스털 발진회로를 내장하고 있어서 0~+40℃의 온도범위에서 ±2ppm, -40~+85℃의 온도범위에서 ±3.5ppm의 정밀도를 보장한다.

(1) 특징

① 외부에 배터리 백업 회로를 추가로 사용해야 하는 RTC이다.

② 최대 4MHz 속도의 SPI 직렬통신 방식으로 인터페이스한다.

③ 소자 내부에 32.768kHz의 수정발진 회로를 가지고 있어서 0~+40℃에서 ±2ppm, -40~+85℃에서 ±3.5ppm의 높은 정밀도를 보장한다.

④ 연, 월, 일, 요일, 시, 분, 초 데이터를 저장하고 있으며, 서기 2099년까지 윤년을 자동으로 환산하여 처리하는 기능을 가진다.

⑤ 12시제 및 24시제를 임의로 사용할 수 있으며, 12시제를 사용하는 경우에는 오전, 오후를 표시할 수 있다.

⑥ 모든 데이터는 BCD 형식으로 표시한다.

⑦ 2개의 알람(time-of-day alarm) 기능을 사용할 수 있다.

⑧ 내부에 ±3℃의 정밀도를 갖는 디지털 온도센서를 가지고 있다.

⑨ 32kHz 단자를 통하여 32.768kHz의 클록 신호를 출력할 수 있으며, SQW 단자를 통하여 32.768kHz를 분주한 4가지의 주파수를 선택하여 외부로 출력할 수 있다.

⑩ 이 소자를 사용하는 시간이 늘어남에 따라 경년(aging) 변화로 달라지는 발진주파수를 조정(trim)할 수 있는 레지스터를 가지고 있다.

⑪ 내부에 256바이트의 배터리 백업 SRAM을 가지고 있다.

⑫ +2.0~+5.5V의 전원으로 동작하고, V_{BAT} 단자에는 +2.0~+3.8V의 배터리를 연결해야 하며, 20핀 SO(Small Outline)형 패키지로 되어 있다.

⑬ 내부에 전압검출 회로를 가지고 있어서 전원 전압 V_{CC}가 V_{PF}=2.575V 보다 낮고 또한 V_{BAT}보다 낮으면 소자의 전원은 자동적으로 V_{CC}에서 V_{BAT}로 교체된다.

⑭ 배터리로 동작할 때는 소비전력이 극히 적어져서 전원 전류가 1.5μA 정도로 낮아진다.

(2) 외부 구조

DS3234의 외부 구조는 <그림 4.17.3>과 같이 20핀 SO형으로 되어 있으며, 각 핀의 기능을 요약하면 <표 4.17.1>과 같다.

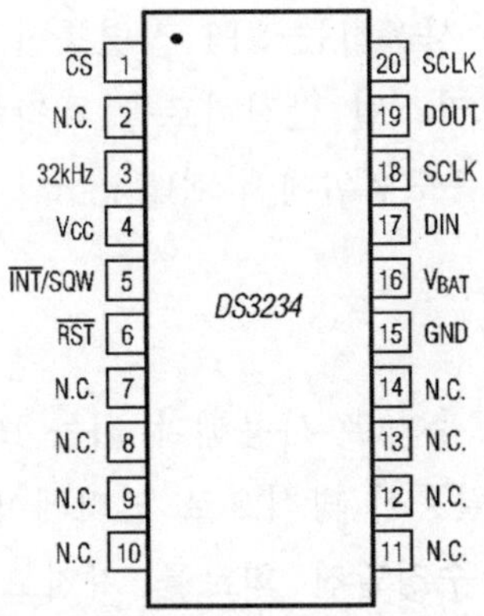

〈그림 4.17.3〉 DS3234의 외부 구조

〈표 4.17.1〉 DS3234 외부 핀의 기능

신호 이름	I/O	기능
V_{CC}, GND	-	Primary Power Supply : +3.3V 또는 +5V 전원 및 접지 단자이다. 이 전원 전압이 V_{PF}=2.575V 보다 낮고 또한 V_{BAT}보다 낮으면 소자의 전원은 자동적으로 V_{CC}에서 V_{BAT}로 교체된다. 이 전원은 0.1μF~1.0μF의 커패시터를 사용하여 디커플링해야 한다.
V_{BAT}	-	Backup Power Supply : +2.0V~+3.8V의 배터리 전원을 연결하는 단자이다. V_{CC}로 입력되는 전원 전압이 이 전압보다 낮고 또한 V_{PF}=2.575V 보다도 낮으면 이 소자의 동작전원은 V_{CC}에서 V_{BAT}로 교체된다. 배터리 백업 전원을 사용하지 않으려면 이 단자를 접지시켜야 한다.
$\overline{RST}$	I/O	Reset : 이 단자는 오픈 드레인형의 입출력 단자로서 내부에서 50kΩ의 저항을 사용하여 V_{CC} 단자로 풀업되어 있다. 만약 V_{CC} 전압이 V_{PF} 전압 이하로 떨어지면 이 단자는 low로 출력되며, V_{CC} 전압이 t_{RST} = 250ms 이상동안 V_{PF} 전압 이상으로 유지되면 이 단자는 하이 임피던스 상태로 된다. 이 단자를 외부에서 강제로 low로 드라이브하면 이 소자는 리셋된다. 사용자가 추가적으로 외부에 풀업저항을 접속하지 말아야 하며, 만약 이 단자를 사용하지 않을 경우에는 오픈시켜 둔다.
$\overline{CS}$	I	Chip Select : 외부에서 SPI 직렬통신으로 이 소자를 액세스하기 위한 칩선택 신호이다.
SCLK	I	SPI Clock : SPI 직렬통신의 클록 신호이다. 2개의 SCLK 신호는 내부에서 서로 연결되어 있다.
DIN	I	SPI Data Input : SPI 직렬통신의 데이터 입력 신호이다. SPI 직렬통신의 MOSI에 해당한다.
DOUT	O	SPI Data Output : SPI 직렬통신의 데이터 출력 신호이다. SPI 직렬통신의 MISO에 해당한다.
32kHz	O	32kHz Push-Pull Output : 32.768kHz의 주파수 신호를 출력하는 단자이다. 만약 EN32kHz = 0이거나 BB32kHz = 0이면 클록 신호는 출력되지 않으며 이 단자가 low를 출력한다.
$\overline{INT}$/SQW	O	Interrupt or Square-Wave Output : 이 단자는 외부의 풀업저항을 필요로 하는 오픈드레인형 출력 단자이다. 만약 INTCN = 0으로 설정하면 이 단자는 SQW로 사용되어 RS2 및 RS1 비트로 지정한 클록 주파수를 출력한다. 그러나, INTCN = 1로 설정하면 이 단자는 $\overline{INT}$로 사용되어 알람 조건이 만족되었을 경우 인터럽트 신호를 출력한다. 이 단자를 사용하지 않을 경우에는 오픈시켜 두어야 한다.

(3) 내부 구조

DS3234의 내부 구조는 <그림 4.17.4>와 같고, 내부의 레지스터 및 SRAM 어드레스는 <표 4.17.2>와 같다.

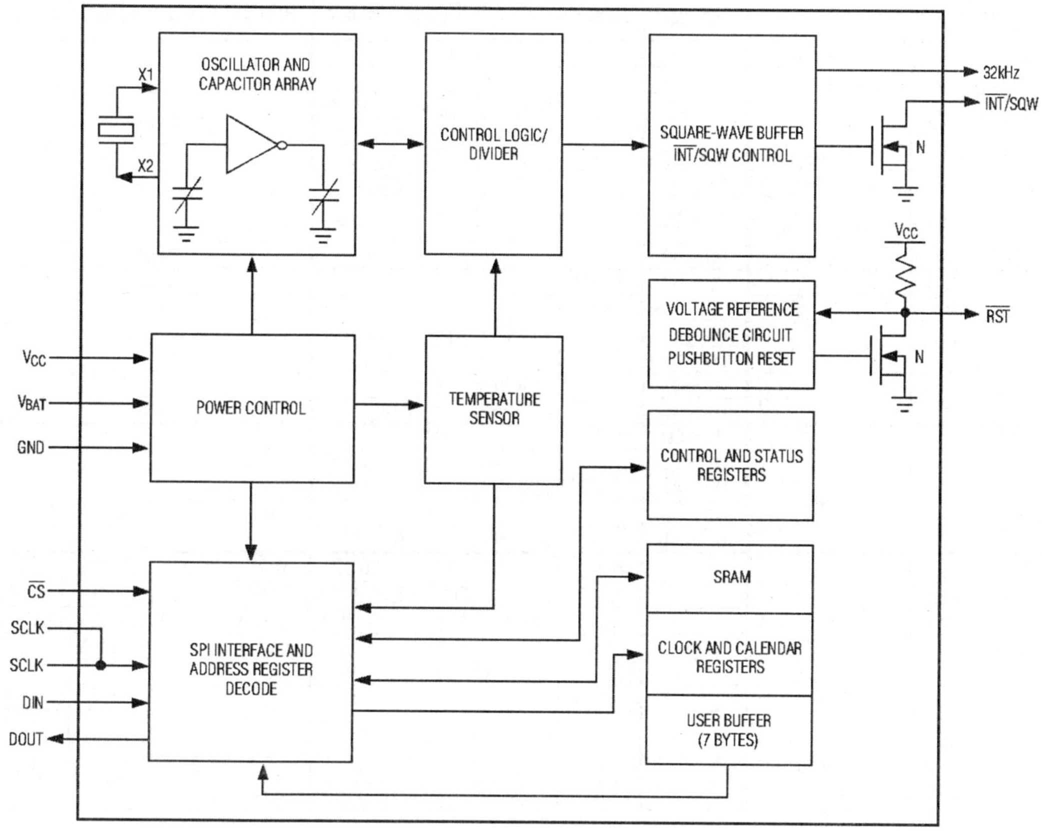

<그림 4.17.4> DS3234의 내부 구조

각 번지의 시각, 요일, 날짜 등은 모두 8비트 BCD(Binary-Coded Decimal) 표현법으로 동작하는데 이를 요약하면 <표 4.17.2>와 같다.

시간(hour)을 설정하는 02H 번지에서 비트6을 1로 설정하면 12시제로 동작하고 0으로 설정하면 24시제로 동작한다. 12시제를 사용할 때는 비트5가 0이면 오전(AM)을 나타내고 1이면 오후(PM)를 나타낸다.

요일을 설정하는 03H 번지에서 1이면 일요일에서 시작하여, 차례로 2면 화요일이고, 마지막으로 7이면 토요일이다.

06H 번지의 연도는 마지막의 2자리 00~99만 저장되며 사용자가 앞에 20을 붙이면

된다. 그러나, 세기(century) 값이 자동으로 처리되도록 하려면 05H 번지의 세기 비트는 연도가 99에서 00으로 바뀔 때마다 토글되므로 이 비트를 응용하면 된다.

<표 4.17.2> DS3234의 내부 레지스터 및 SRAM

번지 리드	번지 라이트	기능	설정 범위	비트7	비트6	비트5	비트4	비트3	비트2	비트1	비트0
00H	80H	초(second)	00~59	0	10초			1초			
01H	81H	분(minute)	00~59	0	10분			1분			
02H	82H	시(hour)	01~12	0	1(12시제)	$\overline{\text{AM}}$/PM	10시간	1시간			
			00~23		0(24시제)	10시간					
03H	83H	요일(day)	01~07	0	0	0	0	0	요일		
04H	84H	날짜(date)	01~31	0	0	10일		1일			
05H	85H	월(month)/ 세기(century)	01~12	세기	0	0	10월	1월			
06H	86H	연(year)	00~99	10년				1년			
07H	87H	알람1 초	00~59	A1M1	10초			1초			
08H	88H	알람1 분	00~59	A1M2	10분			1분			
09H	89H	알람1 시	01~12	A1M3	1(12시제)	$\overline{\text{AM}}$/PM	10시간	1시간			
			00~23		0(24시제)	10시간					
0AH	8AH	알람1 요일/날짜	01~07	A1M4	1(요일)	0	0	0	요일		
			01~31		0(날짜)	10일		1일			
0BH	8BH	알람2 분	00~59	A2M2	10분			1분			
0CH	8CH	알람2 시	01~12	A2M3	1(12시제)	$\overline{\text{AM}}$/PM	10시간	1시간			
			00~23		0(24시제)	10시간					
0DH	8DH	알람2 요일/날짜	01~07	A2M4	1(요일)	0	0	0	요일		
			01~31		0(날짜)	10일		1일			
0EH	8EH	제어	-	$\overline{\text{EOSC}}$	BBSQW	CONV	RS2	RS1	INTCN	A2IE	A1IE
0FH	8FH	제어/상태	-	OSF	BB32kHz	CRATE1	CRATE0	EN32kHz	BSY	A2F	A1F
10H	90H	발진 주파수 보정	-	SIGN	DATA	DATA	DATA	DATA	DATA	DATA	DATA
11H	-	온도 MSB	-	SIGN	DATA	DATA	DATA	DATA	DATA	DATA	DATA
12H	-	온도 LSB	-	DATA	DATA	0	0	0	0	0	0
13H	93H	온도변환 금지	-	0	0	0	0	0	0	0	BB_TD
14H~ 17H	94H~ 97H	(사용하지 않음)	-	-	-	-	-	-	-	-	-
18H	98H	SRAM 번지	-	A7	A6	A5	A4	A3	A2	A1	A0
19H	99H	SRAM 데이터	-	D7	D6	D5	D4	D3	D2	D1	D0

<표 4.17.3> DS3234의 알람 마스크 비트 기능

	비트6	A1M4	A1M3	A1M2	A1M1	알람 기능
알람1	X	1	1	1	1	알람을 설정하지 않음
	X	1	1	1	0	초가 일치할 때마다 알람 발생
	X	1	1	0	0	분, 초가 일치할 때마다 알람 발생
	X	1	0	0	0	시, 분, 초가 일치할 때마다 알람 발생
	0	0	0	0	0	날짜, 시, 분, 초가 일치할 때마다 알람 발생
	1	0	0	0	0	요일, 시, 분, 초가 일치할 때마다 알람 발생
	비트6	**A2M4**	**A2M3**	**A2M2**	**-**	**알람 기능**
알람2	X	1	1	1	-	알람을 설정하지 않음
	X	1	1	0	-	분이 일치할 때마다 알람 발생
	X	1	0	0	-	시, 분이 일치할 때마다 알람 발생
	0	0	0	0	-	날짜, 시, 분이 일치할 때마다 알람 발생
	1	0	0	0	-	요일, 시, 분이 일치할 때마다 알람 발생

▣ 알람 기능

알람은 2가지를 사용할 수 있는데, 07H~0AH 번지에는 알람1로서 A1M1~A1M4 비트와 0AH 번지의 비트6을 사용하여 초, 분, 시, 요일/날짜를 설정하며, 0BH~0DH 번지에는 알람2로서 A2M2~A2M4 비트와 0DH 번지의 비트6을 사용하여 분, 시, 요일/날짜를 설정한다. 현재의 RTC 값이 알람 설정 조건과 일치하면 각각 해당되는 알람의 플랙 비트 A1F, A2F가 1로 세트되며, 만약 이때 A1IE, A2IE 비트에 의하여 해당 인터럽트가 허용상태로 되고 INTCN = 1로 설정되어 있다면 $\overline{\text{INT}}$/SQW 단자로 인터럽트 신호가 출력된다.

모든 알람 설정 레지스터의 비트7은 마스크 비트(mask bit)로서 이를 0으로 설정해야만 알람의 동작이 유효하도록 인에이블된다. 따라서, 이 마스크 비트들을 잘 조합하면 <표 4.17.3>과 같이 일부 조건만을 사용하여 알람을 발생시킬 수 있다.

▣ 제어 레지스터

0EH 번지의 제어 레지스터(Control Register)는 DS3234의 여러가지 기능을 제어하는 용도로 사용하며, 리셋 후의 디폴트 값은 0x1C이다.

비트7의 $\overline{\text{EOSC}}$(Enable Oscillator)는 DS3234가 V_{BAT} 전원으로 동작하고 있을 때 0이면 오실레이터가 정상으로 작용하고, 1이면 오실레이터가 정지한다. 그러나, 이 소자가 V_{CC} 전원으로 동작하고 있을 때는 이 비트에 관계없이 오실레이터가 정상적으로 작용한다.

비트6의 BBSQW(Battery-Backed Square-Wave Enable)는 이 소자가 배터리 백업 전원으로 동작하고 있을 때 $\overline{\text{INT}}$/SQW 단자로 구형파를 출력하도록 지정한다. 즉, INTCN = 0이고 $V_{CC} < V_{PF}$인 조건에서 이 비트를 1로 설정하면 구형파를 출력하며, 이 비트를 0으로 하면 $\overline{\text{INT}}$/SQW 단자가 하이 임피던스 상태로 된다.

비트5의 CONV(Convert Temperature)를 1로 설정하면 이 소자 내부의 온도센서가 현재의 온도를 디지털값으로 변환하는 TXCO 알고리즘을 수행하도록 한다. 이 알고리즘이 실행되는 동안에는 제어 및 상태 레지스터에서 BSY = 1로 유지된다.

비트4~3의 RS2 및 RS1(Rate Select)은 $\overline{\text{INT}}$/SQW 단자로 출력되는 구형파 신호의 주파수를 지정한다. 즉, RS2:RS1 = 00, 01, 10, 11일 때 각각 출력 주파수는 1Hz, 1024Hz, 4096Hz, 8192Hz이다.

비트2의 INTCN(Interrupt Control)은 $\overline{\text{INT}}$/SQW 단자가 인터럽트 출력신호로 사용되도록 한다. 즉, 이 비트를 1로 설정하면 $\overline{\text{INT}}$/SQW 단자가 $\overline{\text{INT}}$로 사용되고, 이 비

트를 0으로 설정하면 SQW로 사용된다.

비트1~0의 A2IE 및 A1IE(Alarm 2/1 Interrupt Enable)은 각각 알람2와 1의 인터럽트 발생을 허용하는 비트이다. 해당 비트를 1로 세트하고 INTCN = 1로 설정되어 있을 경우 알람이 발생하면 $\overline{\text{INT}}$/SQW 단자로 인터럽트 신호가 출력된다.

▣ 제어 및 상태 레지스터

0FH 번지의 제어 및 상태 레지스터(Control and Status Register)는 DS3234의 여러가지 기능을 제어하거나 상태를 표시하는 용도로 사용하며, 리셋 후의 디폴트 값은 0xC8이다.

비트7의 OSF(Oscillator Stop Flag)는 DS3234의 오실레이터가 동작하지 않고 정지해 있거나 정지했었음을 나타내는 플랙 비트이다. 이 비트는 한번 1로 세트되면 계속하여 이 값을 유지하기 때문에 사용자가 0으로 클리어시켜 주어야 한다.

비트6의 BB32kHz(Battery-Backed 32kHz Output)는 EN32kHz = 1로 설정된 상태에서 이 소자가 V_{BAT} 전원으로 동작하고 있을 때 32kHz 주파수 신호를 출력하도록 설정하는 비트이다. 이 비트를 0으로 설정하면 32kHz 단자는 0을 출력한다.

비트5~4의 CRATE1 및 CRATE0(Conversion Rate)은 온도센서가 온도를 디지털로 자동 변환하는 속도인 sample rate를 지정한다. 즉, CRATE1:CRATE0 = 00, 01, 10, 11일 때 각각 1초당 sample rate는 64, 128, 256, 512이다. 이 속도를 느리게 설정하면 소비전력을 절감할 수 있다.

비트3의 EN32kHz(Enable 32kHz Output)는 이 소자의 32kHz 단자에 32.768kHz 주파수 신호를 출력하도록 설정하는 비트이다. 이 비트를 0으로 설정하면 32kHz 단자는 0을 출력한다.

비트2의 BSY(Busy)는 이 소자가 TXCO 알고리즘을 수행하느라 busy 상태에 있음을 나타내는 상태 비트이다. 온도 센서의 데이터 변환이 완료되면 이 비트는 다시 0으로 클리어된다.

비트1~0의 A2F 및 A1F(Alarm 2/1 Flag)는 각각 알람2와 1에 설정된 알람 시각과 현재의 시각이 일치하여 알람 조건이 충족되었음을 나타내는 플래 비트이다. 각각 A2IE나 A1IE 비트가 1로 설정되고 INTCN = 1로 설정되어 있을 경우 해당 알람이 발생하면 $\overline{\text{INT}}$/SQW 단자로 인터럽트 신호가 출력된다.

▣ 경년변화 오프셋 레지스터

10H 번지의 경년변화 오프셋 레지스터(Aging Offset Register)는 DS3234를 오래

사용하여 발진주파수가 부정확해졌을 경우 이를 보상하기 위한 8비트 2의 보수 값을 설정하는 레지스터이며, 리셋 후의 디폴트 값은 0x00이다.

이 값을 양수로 설정하면 오실레이터 커패시터 어레이의 정전용량을 증가시켜 발진 주파수를 느리게 하며, 이 값을 음수로 설정하면 오실레이터 커패시터 어레이의 정전용량을 감소시켜 발진 주파수를 빠르게 한다. 이때 주파수 변화량은 온도에 따라 달라지는데, 25℃에서 1비트의 값은 약 0.1ppm의 주파수 변화에 대응한다.

▣ 온도 레지스터

11H~12H 번지의 온도 레지스터(Temperature Register)는 DS3234 내부의 온도 센서를 사용하여 비트당 0.25℃ 분해능으로 온도값을 읽어들이는 레지스터이다. 온도값은 10비트 2의 보수로 표현되며, 16비트 레지스터에 좌측 정렬되어 저장된다.

▣ 온도 제어 레지스터

13H 번지의 온도 제어 레지스터(Temperature Control Register)는 1비트만 유효한데, 이 레지스터의 비트0 BB_TD(Battery-Backed Temperature Conversion Disable)는 이 소자가 V_{BAT} 전원으로 동작하고 있을 때 온도센서의 자동 데이터 변환을 금지시켜 소비전력을 절감할 수 있는 비트이다.

▣ SRAM 어드레스 레지스터

18H 번지의 SRAM 어드레스 레지스터는 256바이트 SRAM의 어드레스를 지정하는데 사용한다. 1번에 연속적으로 여러 번지를 액세스할 때는 이 번지값이 자동으로 1씩 증가하며, FFH 번지 이후에는 00H 번지로 된다.

▣ SRAM 데이터 레지스터

19H 번지의 SRAM 데이터 레지스터는 256바이트 SRAM을 액세스하는 데이터를 저장하는 레지스터이다. 리드 사이클에서는 SRAM 어드레스 레지스터로 지정한 번지의 SRAM 내용이 읽혀져서 이 레지스터에 저장되며, 라이트 사이클에서는 이 레지스터에 데이터를 미리 써두면 이것이 SRAM 어드레스 레지스터로 지정한 번지의 SRAM에 써진다.

(4) SPI 통신 포맷

DS3234를 외부에서 마이크로컨트롤러가 액세스할 때는 SPI 통신을 사용한다. 이

SPI 통신의 최고 속도는 4MHz까지이며, SCLK 신호는 <그림 4.17.5>에서 보는 것처럼 CPOL=0 및 CPHA=1인 모드1을 사용한다.

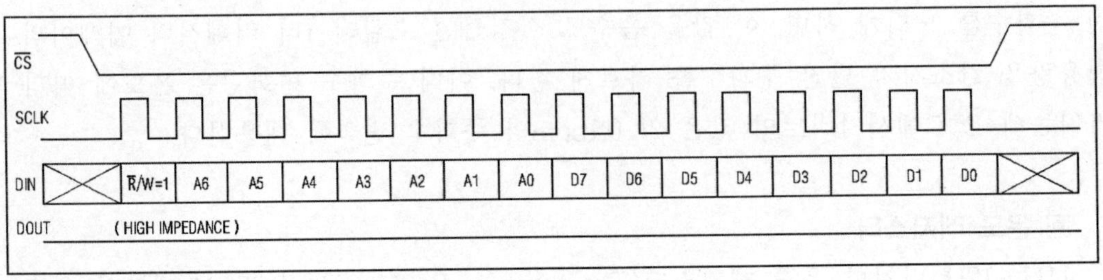

(a) 1바이트 데이터 라이트 동작

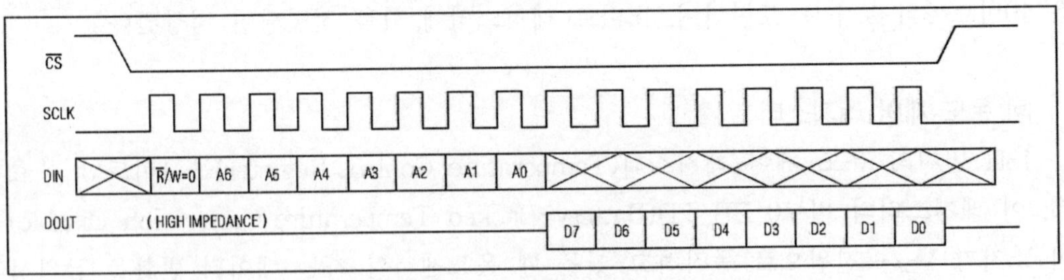

(b) 1바이트 데이터 리드 동작

<그림 4.17.5> DS3234의 SPI 직렬통신에 의한 단일 바이트 액세스

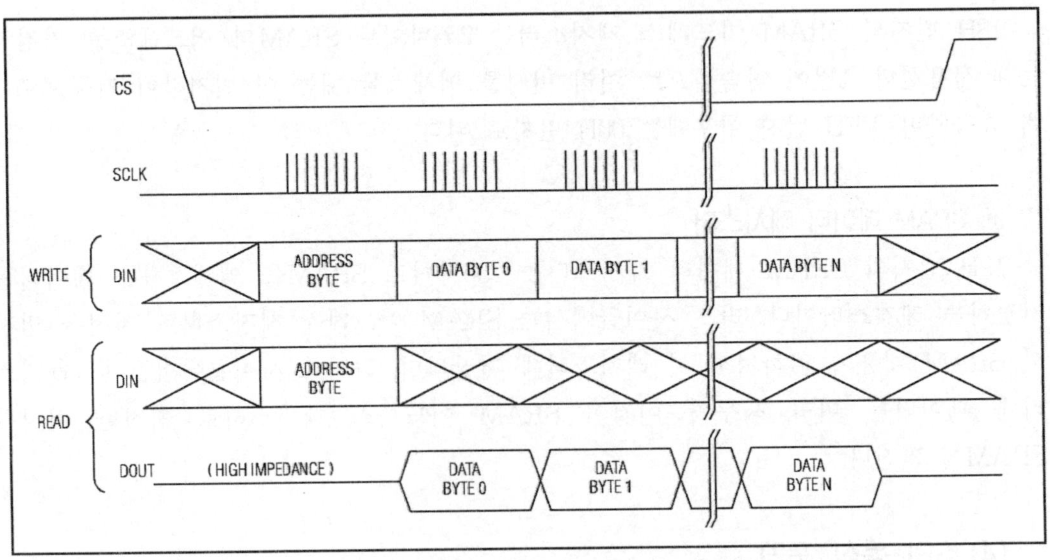

<그림 4.17.6> DS3234의 SPI 직렬통신에 의한 멀티 바이트 액세스

마이크로프로세서를 사용하여 DS3234를 액세스하는 방법은 <그림 4.17.5>와 같이 단일 바이트 액세스를 사용할 수도 있고, <그림 4.17.6>과 같이 멀티 바이트 액세스를 사용할 수도 있다.

3. 텍스트 LCD 모듈에 표시하는 디지털 시계

(1) 간단한 텍스트 LCD용 디지털 시계

앞의 제4.9절에서는 STM32F103VET6의 SysTick 타이머를 이용하여 디지털 시계를 구현하였는데, 여기서는 DS3234를 이용하여 전원을 꺼놓았다가 다시 켜도 현재 시각이 틀리지 않고 동작하는 시계를 만들어 보기로 한다.

DS3234를 이용하여 텍스트 LCD 모듈에 표시하기 위한 캘린더 기능을 포함하는 간단한 디지털 시계 프로그램을 C언어로 작성하여 보면 다음과 같다.

<프로그램 Exp17_1.c> 텍스트 LCD 모듈에 구현한 디지털 시계 프로그램(1)

```
/* ========================================================================== */
/*    Exp17_1_Text-LCD(1).c : 텍스트 LCD에 표시한 디지털 시계 프로그그램(1)      */
/* ========================================================================== */
/*                                      Programmed by Duck-Yong Yoon in 2017.   */

#include "stm32f103xe.h"
#include "OK-STM103.h"

void Display_time(void);                          /* display DS3234 time */

/* ----- 메인 프로그램 ------------------------------------------------------- */

unsigned char year, month, date, weekday, hour, minute, second;
unsigned char beep_flag = 0;

int main(void)
{
  Initialize_MCU();                               // initialize MCU and kit
  Delay_ms(50);                                   // wait for system stabilization
  Initialize_LCD();                               // initialize text LCD module
  Initialize_TFT_LCD();                           // initialize TFT-LCD module
  DS3234_initialize();                            // initialize DS3234
  Beep();

  LCD_string(0x80,"2017/10/01 (SUN)");            // display initial screen
  LCD_string(0xC0,"   12:00:00  AM  ");

  while(1)
    { Display_time();                             // display time
      Delay_ms(50);
    }
}

/* ----- 사용자 정의 함수 ---------------------------------------------------- */

void Display_time(void)                           /* display DS3234 time */
{
  LCD_command(0x80);                              // display year
```

```
  LCD_hexadecimal(0x20,2);
  year = DS3234_read(0x06);
  LCD_hexadecimal(year,2);
  LCD_command(0x85);                                      // display month
  month = DS3234_read(0x05);
  LCD_hexadecimal(month,2);
  LCD_command(0x88);                                      // display date
  date = DS3234_read(0x04);
  LCD_hexadecimal(date,2);
  weekday = DS3234_read(0x03);                            // display weekday
  if(weekday == 0x01)       LCD_string(0x8C,"SUN");
  else if(weekday == 0x02) LCD_string(0x8C,"MON");
  else if(weekday == 0x03) LCD_string(0x8C,"TUE");
  else if(weekday == 0x04) LCD_string(0x8C,"WED");
  else if(weekday == 0x05) LCD_string(0x8C,"THU");
  else if(weekday == 0x06) LCD_string(0x8C,"FRI");
  else if(weekday == 0x07) LCD_string(0x8C,"SAT");

  LCD_command(0xC2);                                      // display hour
  hour = DS3234_read(0x02);
  LCD_hexadecimal(hour & 0x1F,2);
  if((hour & 0x20) == 0x00) LCD_string(0xCC,"AM");
  else                      LCD_string(0xCC,"PM");
  LCD_command(0xC5);                                      // display minute
  minute = DS3234_read(0x01);
  LCD_hexadecimal(minute,2);
  LCD_command(0xC8);                                      // display second
  second = DS3234_read(0x00);
  LCD_hexadecimal(second & 0x7F,2);

  if((minute == 0x00) && (second == 0x00) && (beep_flag == 0))  // beep
    { beep_flag = 1;
      Beep();
    }
  else if(second != 0x00)
    beep_flag = 0;
}
```

☞ DS3234를 초기화하고 여기서 바이트 데이터를 읽거나 쓰는 함수는 기본 헤더파일 OK-STM103.h에 만들어 제공하므로 이를 사용하면 편리하다. DS3234를 사용하여 시계를 구현할 때는 모든 시간값이 이 소자에서 처리되므로 프로그램에서는 단지 이를 읽어서 텍스트 LCD 모듈에 표시하는 일과 현재 시각을 설정하기 위한 키 입력을 검출하는 일 등을 반복하면 되기 때문에 인터럽트를 사용할 필요가 없이 프로그램이 단순해진다.

(2) 현재 시각을 수정할 수 있는 디지털 시계

앞의 예제 프로그램 Exp17_1.c에 키 KEY1~KEY4의 입력으로 현재 시각을 수정하는 기능을 추가한 텍스트 LCD용 디지털 시계 프로그램을 C언어로 작성하여 보면 다음과 같다.

<프로그램 Exp17_2.c> 텍스트 LCD 모듈에 구현한 디지털 시계 프로그램(2)

```
/* ======================================================================== */
/*    Exp17_2_Text-LCD(2).c : 텍스트 LCD에 표시한 디지털 시계 프로그그램(2)      */
/* ======================================================================== */
/*                                 Programmed by Duck-Yong Yoon in 2017.    */
```

```
#include "stm32f103xe.h"
#include "OK-STM103.h"

void Display_time(void);                              /* display DS3234 time */
unsigned char BCD_increment(U08 number);              /* BCD increment */
unsigned char BCD_decrement(U08 number);              /* BCD decrement */
void Cursor_left(void);                               /* go cursor left */
void Cursor_right(void);                              /* go cursor right */
void Digital_increment(void);                         /* increment time */
void Digital_decrement(void);                         /* decrement time */

/* ----- 메인 프로그램 ------------------------------------------------------- */

unsigned char cursor_position, year, month, date, weekday, hour, minute, second;
unsigned char beep_flag = 0;

int main(void)
{
  unsigned char key;

  Initialize_MCU();                                   // initialize MCU and kit
  Delay_ms(50);                                       // wait for system stabilization
  Initialize_LCD();                                   // initialize text LCD module
  Initialize_TFT_LCD();                               // initialize TFT-LCD module
  DS3234_initialize();                                // initialize DS3234
  Beep();

  cursor_position = 0xCF;                             // initial cursor position
  LCD_command(0x0F);                                  // cursor ON

  LCD_string(0x80,"2017/10/01 (SUN)");                // display initial screen
  LCD_string(0xC0,"  12:00:00  AM  ");

  while(1)
    { key = Key_input();                              // key input

      switch(key)
        { case KEY1 : Cursor_left();                  // if KEY1, go cursor left
                      break;
          case KEY2 : Cursor_right();                 // if KEY2, go cursor right
                      break;
          case KEY3 : Digital_increment();            // if KEY3, increment time
                      break;
          case KEY4 : Digital_decrement();            // if KEY4, decrement time
                      break;
          default   : Display_time();                 // display time
                      break;
        }
      Delay_ms(50);
    }
}

/* ----- 사용자 정의 함수 ---------------------------------------------------- */

void Display_time(void)                               /* display DS3234 time */
{
  LCD_command(0x0C);                                  // cursor OFF

  LCD_command(0x80);                                  // display year
  LCD_hexadecimal(0x20,2);
  year = DS3234_read(0x06);
  LCD_hexadecimal(year,2);
  LCD_command(0x85);                                  // display month
  month = DS3234_read(0x05);
  LCD_hexadecimal(month,2);
  LCD_command(0x88);                                  // display date
  date = DS3234_read(0x04);
  LCD_hexadecimal(date,2);
  weekday = DS3234_read(0x03);                        // display weekday
  if(weekday == 0x01)      LCD_string(0x8C,"SUN");
  else if(weekday == 0x02) LCD_string(0x8C,"MON");
  else if(weekday == 0x03) LCD_string(0x8C,"TUE");
  else if(weekday == 0x04) LCD_string(0x8C,"WED");
```

```
  else if(weekday == 0x05) LCD_string(0x8C,"THU");
  else if(weekday == 0x06) LCD_string(0x8C,"FRI");
  else if(weekday == 0x07) LCD_string(0x8C,"SAT");

  LCD_command(0xC2);                            // display hour
  hour = DS3234_read(0x02);
  LCD_hexadecimal(hour & 0x1F,2);
  if((hour & 0x20) == 0x00) LCD_string(0xCC,"AM");
  else                      LCD_string(0xCC,"PM");
  LCD_command(0xC5);                            // display minute
  minute = DS3234_read(0x01);
  LCD_hexadecimal(minute,2);
  LCD_command(0xC8);                            // display second
  second = DS3234_read(0x00);
  LCD_hexadecimal(second & 0x7F,2);

  LCD_command(cursor_position);                 // go cursor position
  LCD_command(0x0F);                            // cursor ON

  if((minute == 0x00) && (second == 0x00) && (beep_flag == 0))
    { beep_flag = 1;
      Beep();
    }
  else if(second != 0x00)
    beep_flag = 0;
}

unsigned char BCD_increment(U08 number)         /* BCD increment */
{
  unsigned char i;

  i = (number >> 4)*10 + (number & 0x0F);       // convert BCD to binary
  i++;                                          // increment
  i = ((i/10) << 4) + (i % 10);                 // convert binary to BCD
  return i;
}

unsigned char BCD_decrement(U08 number)         /* BCD decrement */
{
  unsigned char i;

  i = (number >> 4)*10 + (number & 0x0F);       // convert BCD to binary
  i--;                                          // decrement
  i = ((i/10) << 4) + (i % 10);                 // convert binary to BCD
  return i;
}

void Cursor_left(void)                          /* go cursor left */
{
  if     (cursor_position == 0xCF) cursor_position = 0xCD;
  else if(cursor_position == 0xCD) cursor_position = 0xC9;
  else if(cursor_position == 0xC9) cursor_position = 0xC6;
  else if(cursor_position == 0xC6) cursor_position = 0xC3;
  else if(cursor_position == 0xC3) cursor_position = 0x8E;
  else if(cursor_position == 0x8E) cursor_position = 0x89;
  else if(cursor_position == 0x89) cursor_position = 0x86;
  else if(cursor_position == 0x86) cursor_position = 0x83;
  else if(cursor_position == 0x83) cursor_position = 0xCF;
}

void Cursor_right(void)                         /* go cursor right */
{
  if     (cursor_position == 0xCF) cursor_position = 0x83;
  else if(cursor_position == 0x83) cursor_position = 0x86;
  else if(cursor_position == 0x86) cursor_position = 0x89;
  else if(cursor_position == 0x89) cursor_position = 0x8E;
  else if(cursor_position == 0x8E) cursor_position = 0xC3;
  else if(cursor_position == 0xC3) cursor_position = 0xC6;
  else if(cursor_position == 0xC6) cursor_position = 0xC9;
  else if(cursor_position == 0xC9) cursor_position = 0xCD;
  else if(cursor_position == 0xCD) cursor_position = 0xCF;
}
```

```
void Digital_increment(void)                         /* increment time */
{
  if(cursor_position == 0x83)                        // in case of year
    { year = DS3234_read(0x06);
      if(year == 0x99)        year = 0x00;
      else                    year = BCD_increment(year);
      DS3234_write(0x06,year);
    }
  else if(cursor_position == 0x86)                   // in case of month
    { month = DS3234_read(0x05);
      if(month == 0x12)       month = 0x01;
      else                    month = BCD_increment(month);
      DS3234_write(0x05,month);
    }
  else if(cursor_position == 0x89)                   // in case of date
    { date = DS3234_read(0x04);
      if(date == 0x31)        date = 0x01;
      else                    date = BCD_increment(date);
      DS3234_write(0x04,date);
    }
  else if(cursor_position == 0x8E)                   // in case of weekday
    { weekday = DS3234_read(0x03);
      if(weekday == 0x07)     weekday = 0x01;
      else                    weekday++;
      DS3234_write(0x03,weekday);
    }
  else if(cursor_position == 0xC3)                   // in case of hour
    { hour = DS3234_read(0x02);
      if((hour & 0x1F) == 0x12) hour = (hour & 0xE0) + 0x01;
      else                      hour = BCD_increment(hour);
      DS3234_write(0x02,hour);
    }
  else if(cursor_position == 0xC6)                   // in case of minute
    { minute = DS3234_read(0x01);
      if(minute == 0x59)      minute = 0x00;
      else                    minute = BCD_increment(minute);
      DS3234_write(0x01,minute);
    }
  else if(cursor_position == 0xC9)                   // in case of second
    { second = DS3234_read(0x00);
      if(second == 0x59)      second = 0x00;
      else                    second = BCD_increment(second);
      DS3234_write(0x00,second);
    }
  else if(cursor_position == 0xCD)                   // in case of AM/PM
    { hour = DS3234_read(0x02);
      if((hour & 0x20) == 0x00) hour |= 0x20;
      else                      hour &= 0xDF;
      DS3234_write(0x02,hour);
    }
}

void Digital_decrement(void)                         /* decrement time */
{
  if(cursor_position == 0x83)                        // in case of year
    { year = DS3234_read(0x06);
      if(year == 0x00)        year = 0x99;
      else                    year = BCD_decrement(year);
      DS3234_write(0x06,year);
    }
  else if(cursor_position == 0x86)                   // in case of month
    { month = DS3234_read(0x05);
      if(month == 0x01)       month = 0x12;
      else                    month = BCD_decrement(month);
      DS3234_write(0x05,month);
    }
  else if(cursor_position == 0x89)                   // in case of date
    { date = DS3234_read(0x04);
      if(date == 0x01)        date = 0x31;
      else                    date = BCD_decrement(date);
      DS3234_write(0x04,date);
    }
  else if(cursor_position == 0x8E)                   // in case of weekday
```

```
    { weekday = DS3234_read(0x03);
      if(weekday == 0x01)    weekday = 0x07;
      else                   weekday--;
      DS3234_write(0x03,weekday);
    }
  else if(cursor_position == 0xC3)                // in case of hour
    { hour = DS3234_read(0x02);
      if((hour & 0x1F) == 0x01) hour = (hour & 0xE0) + 0x12;
      else                      hour = BCD_decrement(hour);
      DS3234_write(0x02,hour);
    }
  else if(cursor_position == 0xC6)                // in case of minute
    { minute = DS3234_read(0x01);
      if(minute == 0x00)     minute = 0x59;
      else                   minute = BCD_decrement(minute);
      DS3234_write(0x01,minute);
    }
  else if(cursor_position == 0xC9)                // in case of second
    { second = DS3234_read(0x00);
      if(second == 0x00)     second = 0x59;
      else                   second = BCD_decrement(second);
      DS3234_write(0x00,second);
    }
  else if(cursor_position == 0xCD)                // in case of AM/PM
    { hour = DS3234_read(0x02);
      if((hour & 0x20) == 0x00) hour |= 0x20;
      else                      hour &= 0xDF;
      DS3234_write(0x02,hour);
    }
}
```

☞ 현재 시각에서 연, 월, 일, 요일, 시, 분, 초, 오전/오후를 눈으로 보면서 수정할 수 있으려면 텍스트 LCD 모듈에서 커서가 보이도록 설정해야 하며, 이 값을 수정하고 있는 동안에도 반복적으로 현재의 시간값을 텍스트 LCD 모듈을 표시하게 되므로 커서의 위치가 수시로 달라지게 된다. 따라서, 항상 사용자가 화면에서 수정중인 시간에 해당하는 커서의 위치를 내부적으로 기억하고 있다가(변수 cursor_position을 사용) 시간값의 표시가 끝난 후에는 커서를 원래의 위치로 되돌려 놓아야 한다는 것이 매우 중요한 프로그래밍 포인트이다.

이 프로그램에서 KEY1은 커서 좌측 이동, KEY2는 커서 우측 이동, KEY3은 시간값 증가, KEY4는 시간값 감소의 기능을 수행한다.

4. TFT-LCD 모듈에 표시하는 디지털 시계

이번에는 DS3234를 이용하여 현재 시각을 수정하는 기능을 포함하는 디지털 시계를 TFT-LCD 모듈에 구현하여 보기로 한다. 디지털 시계가 잘 보이도록 글씨 크기를 큰 글씨, 매우 큰 글씨, 가장 큰 글씨의 3가지로 각각 구현한다.

(1) 큰 글씨체의 디지털 시계

DS3234를 이용하여 TFT-LCD 모듈에 12×24 픽셀의 숫자와 24×24 픽셀의 한글 큰 글씨체로 현재 시각을 표시하고, 키 입력이나 터치 스크린으로 현재 시각을 수정할 수 있는 디지털 시계 프로그램을 C언어로 작성하여 보면 다음과 같다.

<프로그램 Exp17_3.c> TFT-LCD 모듈에 구현한 디지털 시계 프로그램(1)

```
/* ========================================================================== */
/*         Exp17_3_digital.c : DS3234를 이용한 디지털 시계 프로그그램           */
/* ========================================================================== */
/*                                  Programmed by Duck-Yong Yoon in 2017.    */

#include "stm32f103xe.h"
#include "OK-STM103.h"
#include "OK-STM103_large.h"

void Digital_display_time(void);                 /* display DS3234 time */
unsigned char BCD_increment(U08 number);         /* BCD increment */
unsigned char BCD_decrement(U08 number);         /* BCD decrement */
void Digital_cursor_left(void);                  /* go cursor left */
void Digital_cursor_right(void);                 /* go cursor right */
void Digital_increment(void);                    /* increment time */
void Digital_decrement(void);                    /* decrement time */
unsigned char Icon_input(void);                  /* input touch screen icon */

/* ----- 메인 프로그램 ------------------------------------------------------ */

unsigned char year, month, date, weekday, hour, minute, second, second_old;
unsigned char beep_flag = 0;

int main(void)
{
  unsigned int key = no_key;

  Initialize_MCU();                              // initialize MCU and kit
  Delay_ms(50);                                  // wait for system stabilization
  Initialize_LCD();                              // initialize text LCD module
  Initialize_TFT_LCD();                          // initialize TFT-LCD module
  Initialize_touch_screen();                     // initialize touch screen
  DS3234_initialize();                           // initialize DS3234 RTC

  LCD_string(0x80," OK-STM103 V1.0 ");           // display title
  LCD_string(0xC0,"   Exp17_3.c    ");
  Beep();

  Rectangle(0,0, 319,239, Green);                // display title
  Rectangle(1,1, 318,238, Green);

  TFT_string( 5, 4,White,Magenta," DS3234를 이용한  디지털 시계 ");
  TFT_string(10,12,White,  Black,"2017년 10월 01일 (일)");
  TFT_string_large(7,15,White,Black,"오전 12:00:00");

  TFT_cursor(Red);                               // display cursor
  Xcursor = 38;
  Ycursor = 16;

  while(1)
    { key = Key_input();                         // key input
      if(key == no_key)                          // if no key input, read touch screen icon
        key = Icon_input();

      switch(key)
        { case KEY1 : Digital_cursor_left();     // if KEY1, go cursor left
                      break;
          case KEY2 : Digital_cursor_right();    // if KEY2, go cursor right
                      break;
          case KEY3 : Digital_increment();       // if KEY3, increment time
                      break;
          case KEY4 : Digital_decrement();       // if KEY4, decrement time
                      break;
          default   : Digital_display_time();    // display time
```

```
            break;
        }
    }
}

/* ----- 사용자 정의 함수 ------------------------------------------------------- */

void Digital_display_time(void)                     /* display DS3234 time */
{
  TFT_xy(10,12); TFT_color(Cyan,Black);             // display year
  TFT_hexadecimal(0x20, 2);
  year = DS3234_read(0x06);
  TFT_hexadecimal(year,2);
  TFT_xy(17,12); TFT_color(Cyan,Black);             // display month
  month = DS3234_read(0x05);
  TFT_hexadecimal(month,2);
  TFT_xy(22,12); TFT_color(Cyan,Black);             // display date
  date = DS3234_read(0x04);
  TFT_hexadecimal(date,2);
  weekday = DS3234_read(0x03);                      // display weekday
  if(weekday == 0x01)       TFT_string(28,12,Cyan,Black,"일");
  else if(weekday == 0x02) TFT_string(28,12,Cyan,Black,"월");
  else if(weekday == 0x03) TFT_string(28,12,Cyan,Black,"화");
  else if(weekday == 0x04) TFT_string(28,12,Cyan,Black,"수");
  else if(weekday == 0x05) TFT_string(28,12,Cyan,Black,"목");
  else if(weekday == 0x06) TFT_string(28,12,Cyan,Black,"금");
  else if(weekday == 0x07) TFT_string(28,12,Cyan,Black,"토");
  TFT_xy(12,15); TFT_color(Green,Black);            // display hour
  hour = DS3234_read(0x02);
  TFT_hexadecimal_large(hour & 0x1F,2);
  if((hour & 0x20) == 0x00) TFT_string_large(7,15,White,Black,"오전");
  else                      TFT_string_large(7,15,White,Black,"오후");
  TFT_xy(15,15); TFT_color(Green,Black);            // display minute
  minute = DS3234_read(0x01);
  TFT_hexadecimal_large(minute,2);
  TFT_xy(18,15); TFT_color(Green,Black);            // display second
  second = DS3234_read(0x00);
  TFT_hexadecimal_large(second & 0x7F,2);
  TFT_xy(38,16); TFT_color(Green,Black);            // display home
  TFT_English(' ');

  TFT_string( 3,25,White,Blue,"KEY1");              // display icon
  TFT_string(13,25,White,Blue,"KEY2");
  TFT_string(23,25,White,Blue,"KEY3");
  TFT_string(33,25,White,Blue,"KEY4");
  TFT_string( 3,27,Red, Black,"좌측");
  TFT_string(13,27,Red, Black,"우측");
  TFT_string(23,27,Red, Black,"증가");
  TFT_string(33,27,Red, Black,"감소");

  Rectangle( 18,196,  61,234, Cyan);
  Rectangle( 98,196, 141,234, Cyan);
  Rectangle(178,196, 221,234, Cyan);
  Rectangle(258,196, 301,234, Cyan);

  if((minute == 0x00) && (second == 0x00) && (beep_flag == 0))
    { beep_flag = 1;
      Beep();
    }
  else if(second != 0x00)
    beep_flag = 0;
}

unsigned char BCD_increment(U08 number)             /* BCD increment */
{
  unsigned char i;

  i = (number >> 4)*10 + (number & 0x0F);           // convert BCD to binary
  i++;                                              // increment
  i = ((i/10) << 4) + (i % 10);                     // convert binary to BCD
  return i;
}
```

```
unsigned char BCD_decrement(U08 number)          /* BCD decrement */
{
  unsigned char i;

  i = (number >> 4)*10 + (number & 0x0F);        // convert BCD to binary
  i--;                                           // decrement
  i = ((i/10) << 4) + (i % 10);                  // convert binary to BCD
  return i;
}

void Digital_cursor_left(void)                   /* go cursor left */
{
  if     ((Xcursor == 38) && (Ycursor == 16)) { Xcursor = 19; Ycursor = 15; }
  else if((Xcursor == 19) && (Ycursor == 15)) { Xcursor = 16; Ycursor = 15; }
  else if((Xcursor == 16) && (Ycursor == 15)) { Xcursor = 13; Ycursor = 15; }
  else if((Xcursor == 13) && (Ycursor == 15)) { Xcursor =  9; Ycursor = 15; }
  else if((Xcursor ==  9) && (Ycursor == 15)) { Xcursor = 28; Ycursor = 12; }
  else if((Xcursor == 28) && (Ycursor == 12)) { Xcursor = 23; Ycursor = 12; }
  else if((Xcursor == 23) && (Ycursor == 12)) { Xcursor = 18; Ycursor = 12; }
  else if((Xcursor == 18) && (Ycursor == 12)) { Xcursor = 13; Ycursor = 12; }
  else if((Xcursor == 13) && (Ycursor == 12)) { Xcursor = 38; Ycursor = 16; }
}

void Digital_cursor_right(void)                  /* go cursor right */
{
  if     ((Xcursor == 38) && (Ycursor == 16)) { Xcursor = 13; Ycursor = 12; }
  else if((Xcursor == 13) && (Ycursor == 12)) { Xcursor = 18; Ycursor = 12; }
  else if((Xcursor == 18) && (Ycursor == 12)) { Xcursor = 23; Ycursor = 12; }
  else if((Xcursor == 23) && (Ycursor == 12)) { Xcursor = 28; Ycursor = 12; }
  else if((Xcursor == 28) && (Ycursor == 12)) { Xcursor =  9; Ycursor = 15; }
  else if((Xcursor ==  9) && (Ycursor == 15)) { Xcursor = 13; Ycursor = 15; }
  else if((Xcursor == 13) && (Ycursor == 15)) { Xcursor = 16; Ycursor = 15; }
  else if((Xcursor == 16) && (Ycursor == 15)) { Xcursor = 19; Ycursor = 15; }
  else if((Xcursor == 19) && (Ycursor == 15)) { Xcursor = 38; Ycursor = 16; }
}

void Digital_increment(void)                     /* increment time */
{
  if((Xcursor == 13) && (Ycursor == 12))         // in case of year
    { year = DS3234_read(0x06);
      if(year == 0x99)       year = 0x00;
      else                   year = BCD_increment(year);
      DS3234_write(0x06,year);
    }
  else if((Xcursor == 18) && (Ycursor == 12))    // in case of month
    { month = DS3234_read(0x05);
      if(month == 0x12)      month = 0x01;
      else                   month = BCD_increment(month);
      DS3234_write(0x05,month);
    }
  else if((Xcursor == 23) && (Ycursor == 12))    // in case of date
    { date = DS3234_read(0x04);
      if(date == 0x31)       date = 0x01;
      else                   date = BCD_increment(date);
      DS3234_write(0x04,date);
    }
  else if((Xcursor == 28) && (Ycursor == 12))    // in case of weekday
    { weekday = DS3234_read(0x03);
      if(weekday == 0x07)    weekday = 0x01;
      else                   weekday++;
      DS3234_write(0x03,weekday);
    }
  else if((Xcursor == 9) && (Ycursor == 15))     // in case of AM/PM
    { hour = DS3234_read(0x02);
      if((hour & 0x20) == 0x00) hour |= 0x20;
      else                      hour &= 0xDF;
      DS3234_write(0x02,hour);
    }
  else if((Xcursor == 13) && (Ycursor == 15))    // in case of hour
    { hour = DS3234_read(0x02);
      if((hour & 0x1F) == 0x12) hour = (hour & 0xE0) + 0x01;
      else                      hour = BCD_increment(hour);
      DS3234_write(0x02,hour);
```

```
    }
  else if((Xcursor == 16) && (Ycursor == 15))    // in case of minute
    { minute = DS3234_read(0x01);
      if(minute == 0x59)     minute = 0x00;
      else                   minute = BCD_increment(minute);
      DS3234_write(0x01,minute);
    }
  else if((Xcursor == 19) && (Ycursor == 15))    // in case of second
    { second = DS3234_read(0x00);
      if(second == 0x59)     second = 0x00;
      else                   second = BCD_increment(second);
      DS3234_write(0x00,second);
    }
}

void Digital_decrement(void)                     /* decrement time */
{
  if((Xcursor == 13) && (Ycursor == 12))         // in case of year
    { year = DS3234_read(0x06);
      if(year == 0x00)       year = 0x99;
      else                   year = BCD_decrement(year);
      DS3234_write(0x06,year);
    }
  else if((Xcursor == 18) && (Ycursor == 12))    // in case of month
    { month = DS3234_read(0x05);
      if(month == 0x01)      month = 0x12;
      else                   month = BCD_decrement(month);
      DS3234_write(0x05,month);
    }
  else if((Xcursor == 23) && (Ycursor == 12))    // in case of date
    { date = DS3234_read(0x04);
      if(date == 0x01)       date = 0x31;
      else                   date = BCD_decrement(date);
      DS3234_write(0x04,date);
    }
  else if((Xcursor == 28) && (Ycursor == 12))    // in case of weekday
    { weekday = DS3234_read(0x03);
      if(weekday == 0x01)    weekday = 0x07;
      else                   weekday--;
      DS3234_write(0x03,weekday);
    }
  else if((Xcursor == 9) && (Ycursor == 15))     // in case of AM/PM
    { hour = DS3234_read(0x02);
      if((hour & 0x20) == 0x00) hour |= 0x20;
      else                      hour &= 0xDF;
      DS3234_write(0x02,hour);
    }
  else if((Xcursor == 13) && (Ycursor == 15))    // in case of hour
    { hour = DS3234_read(0x02);
      if((hour & 0x1F) == 0x01) hour = (hour & 0xE0) + 0x12;
      else                      hour = BCD_decrement(hour);
      DS3234_write(0x02,hour);
    }
  else if((Xcursor == 16) && (Ycursor == 15))    // in case of minute
    { minute = DS3234_read(0x01);
      if(minute == 0x00)     minute = 0x59;
      else                   minute = BCD_decrement(minute);
      DS3234_write(0x01,minute);
    }
  else if((Xcursor == 19) && (Ycursor == 15))    // in case of second
    { second = DS3234_read(0x00);
      if(second == 0x00)     second = 0x59;
      else                   second = BCD_decrement(second);
      DS3234_write(0x00,second);
    }
}

unsigned char icon_flag = 0;

unsigned char Icon_input(void)                   /* input touch screen icon */
{
  unsigned char icon;
```

```
  Touch_screen_input();                         // input touch screen

  if((icon_flag == 0) && (x_touch >= 18) && (x_touch <= 61) && (y_touch >= 196) && (y_touch <= 234))
    { icon = KEY1;
      icon_flag = 1;
      Rectangle( 18,196,  61,234, Magenta);
      Beep();
    }
  else if((icon_flag == 0) && (x_touch >= 98) && (x_touch <= 141) && (y_touch >= 196) && (y_touch <= 234))
    { icon = KEY2;
      icon_flag = 1;
      Rectangle( 98,196, 141,234, Magenta);
      Beep();
    }
  else if((icon_flag == 0) && (x_touch >= 178) && (x_touch <= 221) && (y_touch >= 196) && (y_touch <= 234))
    { icon = KEY3;
      icon_flag = 1;
      Rectangle(178,196, 221,234, Magenta);
      Beep();
    }
  else if((icon_flag == 0) && (x_touch >= 258) && (x_touch <= 301) && (y_touch >= 196) && (y_touch <= 234))
    { icon = KEY4;
      icon_flag = 1;
      Rectangle(258,196, 301,234, Magenta);
      Beep();
    }
  else if((icon_flag == 1) && (x_touch == 0) && (y_touch == 0))
    { icon = no_key;
      icon_flag = 0;
      Rectangle( 18,196,  61,234, Cyan);
      Rectangle( 98,196, 141,234, Cyan);
      Rectangle(178,196, 221,234, Cyan);
      Rectangle(258,196, 301,234, Cyan);
      Delay_ms(50);
    }
  else
    icon = no_key;

  return icon;
}
```

☞ TFT-LCD 모듈에는 하드웨어적으로 커서를 디스플레이하는 기능을 가지고 있지 않으므로 사용자 프로그램에서 소프트웨어적으로 이를 처리하여 주어야 한다. 헤더 파일 OK-STM103.h에서는 커서의 위치를 Xcursor 및 Ycursor 변수로 처리하므로 여기서도 이 변수를 사용하여 현재 수정중인 항목의 위치에 커서를 표시한다.

여기서 KEY1은 커서 좌측 이동, KEY2는 커서 우측 이동, KEY3은 시간값 증가, KEY4는 시간값 감소의 기능을 수행한다. 또한, 이들 키를 사용하는 대신에 터치 스크린으로 화면에 표시된 해당 아이콘을 눌러서 현재 시각을 수정하는 것도 가능하다.

(2) 매우 큰 글씨체의 디지털 시계

DS3234를 이용하여 TFT-LCD 모듈에 32×48 픽셀의 매우 큰 글씨체로 현재 시각을 표시하고, 키 입력이나 터치 스크린으로 현재 시각을 수정할 수 있는 디지털 시계 프로그램을 C언어로 작성하여 보면 다음과 같다.

<프로그램 Exp17_4.c> TFT-LCD 모듈에 구현한 디지털 시계 프로그램(2)

```
/* ============================================================================ */
/*    Exp17_4_digital_vlarge.c : 매우 큰 글씨로 표시한 디지털 시계 프로그그램   */
/* ============================================================================ */
/*                                      Programmed by Duck-Yong Yoon in 2017.   */

#include "stm32f103xe.h"
#include "OK-STM103.h"
#include "OK-STM103_large.h"
#include "OK-STM103_xlarge.h"

void Display_time(void);                        /* display current time */
void Time_increment(void);                      /* increment time */
void Time_decrement(void);                      /* decrement time */
void Cursor_left(void);                         /* go cursor left */
void Cursor_right(void);                        /* go cursor right */
unsigned char Icon_input(void);                 /* input touch screen icon */

unsigned char year, month, date, weekday, hour, minute, second, second_old;
unsigned char blink_count = 0, hour_flag = 0;

/* ----- 메인 프로그램 ---------------------------------------------------------- */

int main(void)
{
  unsigned int key = no_key;

  Initialize_MCU();                             // initialize MCU and kit
  Delay_ms(50);                                 // wait for system stabilization
  Initialize_LCD();                             // initialize text LCD module
  Initialize_TFT_LCD();                         // initialize TFT-LCD module
  Initialize_touch_screen();                    // initialize touch screen
  DS3234_initialize();                          // initialize DS3234 RTC

  LCD_string(0x80," OK-STM103 V1.0 ");          // display title
  LCD_string(0xC0,"   Exp17_4.c    ");
  Beep();

  TFT_string( 0,1,Green,  Black,"****************************************");
  TFT_string( 0,3,Magenta,Black,"       OK-STM103 키트 디지털 시계       ");
  TFT_string( 0,5,Green,  Black,"****************************************");

  TFT_string_large(6,8,Cyan,Black,"2017/10/01 (일)");
  TFT_string_large(2,13,Cyan,Black,"A");
  TFT_string_large(2,16,Cyan,Black,"M");
  Rectangle(12,96, 307,157, Cyan);
  Rectangle(13,97, 306,156, Cyan);
  TFT_xy(5,13);
  TFT_color(White,Black);
  TFT_hexadecimal_vlarge(0,2);
  TFT_English_vlarge(':');
  TFT_hexadecimal_vlarge(0,2);
  TFT_English_vlarge(':');
  TFT_hexadecimal_vlarge(0,2);

  TFT_cursor(Magenta);                          // display cursor
  Xcursor = 39;
  Ycursor = 17;

  TFT_string(3,25,White,Blue,"커서");           // display key function
  TFT_string(3,27,White,Blue," 좌 ");
  TFT_string(13,25,White,Blue,"커서");
  TFT_string(13,27,White,Blue," 우 ");
  TFT_string(23,25,White,Magenta," 값 ");
  TFT_string(23,27,White,Magenta,"증가");
  TFT_string(33,25,White,Magenta," 값 ");
  TFT_string(33,27,White,Magenta,"감소");

  Rectangle(18,194, 61,237, Cyan);
  Rectangle(19,195, 60,236, Cyan);
```

```
  Rectangle(98,194, 141,237, Cyan);
  Rectangle(99,195, 140,236, Cyan);
  Rectangle(178,194, 221,237, Cyan);
  Rectangle(179,195, 220,236, Cyan);
  Rectangle(258,194, 301,237, Cyan);
  Rectangle(259,195, 300,236, Cyan);

  while(1)
    { second = DS3234_read(0x00);                    // new second ?
      if(second != second_old)                       // if yes, read time
        { second_old = second;
          minute = DS3234_read(0x01);
          hour = DS3234_read(0x02) & 0x3F;
          weekday = DS3234_read(0x03);
          date = DS3234_read(0x04);
          month = DS3234_read(0x05);
          year = DS3234_read(0x06);

          blink_count = 0;                           // start colon blink count
        }

      if((minute == 0x00) && (second == 0x00) && (hour_flag == 0)) // 매시 정각 경보
        { hour_flag = 1;
          Beep();
        }
      else if(second >= 0x01)
        hour_flag = 0;

      key = Key_input();                             // key input
      if(key == no_key)                              // if no key input, read touch screen icon
        key = Icon_input();

      switch(key)
        { case KEY1 : Cursor_left();                 // if KEY1, go cursor left
                      break;
          case KEY2 : Cursor_right();                // if KEY2, go cursor right
                      break;
          case KEY3 : Time_increment();              // if KEY3, increment time
                      break;
          case KEY4 : Time_decrement();              // if KEY4, decrement time
                      break;
        }

      Display_time();                                // display current time
      if(blink_count < 80)                           // display colon for 0.5 sec
        { TFT_color(Cyan,Black);
          TFT_xy(13,13);
          TFT_English_vlarge(':');
          TFT_xy(25,13);
          TFT_English_vlarge(':');
        }
      else
        { TFT_color(Cyan,Black);
          TFT_xy(13,13);
          TFT_English_vlarge(' ');
          TFT_xy(25,13);
          TFT_English_vlarge(' ');
        }

      Delay_ms(5);                                   // delay count for blink time
      blink_count++;
    }
}

/* ----- 사용자 정의 함수 ---------------------------------------------------- */

void Display_time(void)                              /* display current time */
{
  TFT_color(Yellow,Black);                           // display color
  TFT_xy(6,8);                                       // display year
  TFT_hexadecimal_large(0x20,2);
  TFT_hexadecimal_large(year,2);
  TFT_xy(11,8);                                      // display month
```

```
  TFT_hexadecimal_large(month,2);
  TFT_xy(14,8);                                        // display date
  TFT_hexadecimal_large(date,2);
  if(weekday == 0x01)      TFT_string_large(18,8, Yellow,Black, "일"); // display weekday
  else if(weekday == 0x02) TFT_string_large(18,8, Yellow,Black, "월");
  else if(weekday == 0x03) TFT_string_large(18,8, Yellow,Black, "화");
  else if(weekday == 0x04) TFT_string_large(18,8, Yellow,Black, "수");
  else if(weekday == 0x05) TFT_string_large(18,8, Yellow,Black, "목");
  else if(weekday == 0x06) TFT_string_large(18,8, Yellow,Black, "금");
  else if(weekday == 0x07) TFT_string_large(18,8, Yellow,Black, "토");

  if((hour & 0x20) == 0x00) TFT_string_large(2,13,Cyan,Black,"A"); // display AM/PM
  else                      TFT_string_large(2,13,Cyan,Black,"P");

  TFT_color(White,Black);                              // display color
  TFT_xy(5,13);                                        // display hour
  TFT_hexadecimal_vlarge(hour & 0x1F,2);
  TFT_xy(17,13);                                       // display minute
  TFT_hexadecimal_vlarge(minute,2);
  TFT_xy(29,13);                                       // display second
  TFT_hexadecimal_vlarge(second,2);

  TFT_string(39,17, White,Black, " ");                 // display home
}

void Cursor_left(void)                                 /* go cursor left */
{
  if     ((Xcursor == 39) && (Ycursor == 17)) { Xcursor = 33; Ycursor = 13; }
  else if((Xcursor == 33) && (Ycursor == 13)) { Xcursor = 29; Ycursor = 13; }
  else if((Xcursor == 29) && (Ycursor == 13)) { Xcursor = 21; Ycursor = 13; }
  else if((Xcursor == 21) && (Ycursor == 13)) { Xcursor = 17; Ycursor = 13; }
  else if((Xcursor == 17) && (Ycursor == 13)) { Xcursor = 9;  Ycursor = 13; }
  else if((Xcursor == 9)  && (Ycursor == 13)) { Xcursor = 5;  Ycursor = 13; }
  else if((Xcursor == 5)  && (Ycursor == 13)) { Xcursor = 2;  Ycursor = 13; }
  else if((Xcursor == 2)  && (Ycursor == 13)) { Xcursor = 18; Ycursor = 8; }
  else if((Xcursor == 18) && (Ycursor == 8))  { Xcursor = 15; Ycursor = 8; }
  else if((Xcursor == 15) && (Ycursor == 8))  { Xcursor = 14; Ycursor = 8; }
  else if((Xcursor == 14) && (Ycursor == 8))  { Xcursor = 12; Ycursor = 8; }
  else if((Xcursor == 12) && (Ycursor == 8))  { Xcursor = 11; Ycursor = 8; }
  else if((Xcursor == 11) && (Ycursor == 8))  { Xcursor = 9;  Ycursor = 8; }
  else if((Xcursor == 9)  && (Ycursor == 8))  { Xcursor = 8;  Ycursor = 8; }
  else if((Xcursor == 8)  && (Ycursor == 8))  { Xcursor = 39; Ycursor = 17; }
}

void Cursor_right(void)                                /* go cursor right */
{
  if     ((Xcursor == 39) && (Ycursor == 17)) { Xcursor = 8;  Ycursor = 8; }
  else if((Xcursor == 8)  && (Ycursor == 8))  { Xcursor = 9;  Ycursor = 8; }
  else if((Xcursor == 9)  && (Ycursor == 8))  { Xcursor = 11; Ycursor = 8; }
  else if((Xcursor == 11) && (Ycursor == 8))  { Xcursor = 12; Ycursor = 8; }
  else if((Xcursor == 12) && (Ycursor == 8))  { Xcursor = 14; Ycursor = 8; }
  else if((Xcursor == 14) && (Ycursor == 8))  { Xcursor = 15; Ycursor = 8; }
  else if((Xcursor == 15) && (Ycursor == 8))  { Xcursor = 18; Ycursor = 8; }
  else if((Xcursor == 18) && (Ycursor == 8))  { Xcursor = 2;  Ycursor = 13; }
  else if((Xcursor == 2)  && (Ycursor == 13)) { Xcursor = 5;  Ycursor = 13; }
  else if((Xcursor == 5)  && (Ycursor == 13)) { Xcursor = 9;  Ycursor = 13; }
  else if((Xcursor == 9)  && (Ycursor == 13)) { Xcursor = 17; Ycursor = 13; }
  else if((Xcursor == 17) && (Ycursor == 13)) { Xcursor = 21; Ycursor = 13; }
  else if((Xcursor == 21) && (Ycursor == 13)) { Xcursor = 29; Ycursor = 13; }
  else if((Xcursor == 29) && (Ycursor == 13)) { Xcursor = 33; Ycursor = 13; }
  else if((Xcursor == 33) && (Ycursor == 13)) { Xcursor = 39; Ycursor = 17; }
}

void Time_increment(void)                              /* time increment */
{
  if((Xcursor == 8) && (Ycursor == 8))                 // in case of year
    { year = DS3234_read(0x06);
      if((year & 0xF0) < 0x90) year += 0x10;
      else                     year &= 0x0F;
      DS3234_write(0x06,year);
    }
  else if((Xcursor == 9) && (Ycursor == 8))            // in case of year
    { year = DS3234_read(0x06);
```

```
      if((year & 0x0F) < 0x09) year += 0x01;
      else                     year &= 0xF0;
      DS3234_write(0x06,year);
    }
  else if((Xcursor == 11) && (Ycursor == 8))     // in case of month
    { month = DS3234_read(0x05);
      month ^= 0x10;
      if(month == 0x00) month += 0x01;
      if(month > 0x12)  month = 0x12;
      DS3234_write(0x05,month);
    }
  else if((Xcursor == 12) && (Ycursor == 8))     // in case of month
    { month = DS3234_read(0x05);
      if((month & 0x0F) < 0x09)
        { month += 0x01;
          if(month > 0x12) month &= 0xF0;
        }
      else
        { month &= 0xF0;
          if(month == 0x00) month = 0x01;
        }
      DS3234_write(0x05,month);
    }
  else if((Xcursor == 14) && (Ycursor == 8))     // in case of date
    { date = DS3234_read(0x04);
      if((date & 0xF0) < 0x30)
        { date += 0x10;
          if(date > 0x31) date = 0x31;
        }
      else
        { date &= 0x0F;
          if(date == 0x00) date = 0x01;
        }
      DS3234_write(0x04,date);
    }
  else if((Xcursor == 15) && (Ycursor == 8))     // in case of date
    { date = DS3234_read(0x04);
      if((date & 0x0F) < 0x09)
        { date += 0x01;
          if(date > 0x31) date &= 0xF0;
        }
      else
        { date &= 0xF0;
          if(date == 0x00) date = 0x01;
        }
      DS3234_write(0x04,date);
    }
  else if((Xcursor == 18) && (Ycursor == 8))     // in case of weekday
    { weekday = DS3234_read(0x03);
      if(weekday < 0x07) weekday += 0x01;
      else               weekday = 0x01;
      DS3234_write(0x03,weekday);
    }
  else if((Xcursor == 2) && (Ycursor == 13))     // in case of AM/PM
    { hour = DS3234_read(0x02);
      hour ^= 0x20;
      DS3234_write(0x02,hour);
    }
  else if((Xcursor == 5) && (Ycursor == 13))     // in case of hour
    { hour = DS3234_read(0x02);
      hour ^= 0x10;
      if((hour & 0x1F) == 0x00) hour += 0x01;
      if((hour & 0x1F) > 0x12)  hour = (hour & 0x60) + 0x12;
      DS3234_write(0x02,hour);
    }
  else if((Xcursor == 9) && (Ycursor == 13))     // in case of hour
    { hour = DS3234_read(0x02);
      if((hour & 0x0F) < 0x09)
        { hour += 0x01;
          if((hour & 0x1F) > 0x12) hour &= 0xF0;
        }
      else
        { hour &= 0xF0;
```

```
        if((hour & 0x1F) == 0x00) hour += 0x01;
      }
    DS3234_write(0x02,hour);
  }
  else if((Xcursor == 17) && (Ycursor == 13))    // in case of minute
    { minute = DS3234_read(0x01);
      if((minute & 0xF0) < 0x50) minute += 0x10;
      else                       minute &= 0x0F;
      DS3234_write(0x01,minute);
    }
  else if((Xcursor == 21) && (Ycursor == 13))    // in case of minute
    { minute = DS3234_read(0x01);
      if((minute & 0x0F) < 0x09) minute += 0x01;
      else                       minute &= 0xF0;
      DS3234_write(0x01,minute);
    }
  else if((Xcursor == 29) && (Ycursor == 13))    // in case of second
    { second = DS3234_read(0x00);
      if((second & 0xF0) < 0x50) second += 0x10;
      else                       second &= 0x0F;
      DS3234_write(0x00,second);
    }
  else if((Xcursor == 33) && (Ycursor == 13))    // in case of second
    { second = DS3234_read(0x00);
      if((second & 0x0F) < 0x09) second += 0x01;
      else                       second &= 0xF0;
      DS3234_write(0x00,second);
    }
}

void Time_decrement(void)                       /* time decrement */
{
  if((Xcursor == 8) && (Ycursor == 8))          // in case of year
    { year = DS3234_read(0x06);
      if((year & 0xF0) >= 0x10) year -= 0x10;
      else                      year += 0x90;
      DS3234_write(0x06,year);
    }
  else if((Xcursor == 9) && (Ycursor == 8))     // in case of year
    { year = DS3234_read(0x06);
      if((year & 0x0F) >= 0x01) year -= 0x01;
      else                      year += 0x09;
      DS3234_write(0x06,year);
    }
  else if((Xcursor == 11) && (Ycursor == 8))    // in case of month
    { month = DS3234_read(0x05);
      month ^= 0x10;
      if(month == 0x00) month += 0x01;
      if(month > 0x12)  month = 0x12;
      DS3234_write(0x05,month);
    }
  else if((Xcursor == 12) && (Ycursor == 8))    // in case of month
    { month = DS3234_read(0x05);
      if((month & 0x0F) >= 0x01)
        { month -= 0x01;
          if(month == 0x00) month = 0x09;
        }
      else
        { month += 0x09;
          if(month > 0x12) month = 0x12;
        }
      DS3234_write(0x05,month);
    }
  else if((Xcursor == 14) && (Ycursor == 8))    // in case of date
    { date = DS3234_read(0x04);
      if((date & 0xF0) >= 0x10)
        { date -= 0x10;
          if(date == 0x00) date = 0x01;
        }
      else
        { date += 0x30;
          if(date > 0x31) date = 0x31;
        }
```

```
        DS3234_write(0x04,date);
      }
    else if((Xcursor == 15) && (Ycursor == 8))      // in case of date
      { date = DS3234_read(0x04);
        if((date & 0x0F) >= 0x01)
          { date -= 0x01;
            if(date == 0x00) date = 0x09;
          }
        else
          { date += 0x09;
            if(date > 0x31) date = 0x31;
          }
        DS3234_write(0x04,date);
      }
    else if((Xcursor == 18) && (Ycursor == 8))      // in case of weekday
      { weekday = DS3234_read(0x03);
        if(weekday > 0x01) weekday -= 0x01;
        else               weekday = 0x07;
        DS3234_write(0x03,weekday);
      }
    else if((Xcursor == 2) && (Ycursor == 13))      // in case of AM/PM
      { hour = DS3234_read(0x02);
        hour ^= 0x20;
        DS3234_write(0x02,hour);
      }
    else if((Xcursor == 5) && (Ycursor == 13))      // in case of hour
      { hour = DS3234_read(0x02);
        hour ^= 0x10;
        if((hour & 0x1F) == 0x00) hour += 0x01;
        if((hour & 0x1F) > 0x12)  hour = (hour & 0x60) + 0x12;
        DS3234_write(0x02,hour);
      }
    else if((Xcursor == 9) && (Ycursor == 13))      // in case of hour
      { hour = DS3234_read(0x02);
        if((hour & 0x0F) >= 0x01)
          { hour -= 0x01;
            if((hour & 0x1F) == 0x00) hour = (hour & 0xE0) + 0x09;
          }
        else
          { hour += 0x09;
            if((hour & 0x1F) > 0x12) hour = (hour & 0xE0) + 0x12;
          }
        DS3234_write(0x02,hour);
      }
    else if((Xcursor == 17) && (Ycursor == 13))     // in case of minute
      { minute = DS3234_read(0x01);
        if((minute & 0xF0) >= 0x10) minute -= 0x10;
        else                        minute += 0x50;
        DS3234_write(0x01,minute);
      }
    else if((Xcursor == 21) && (Ycursor == 13))     // in case of minute
      { minute = DS3234_read(0x01);
        if((minute & 0x0F) >= 0x01) minute -= 0x01;
        else                        minute += 0x09;
        DS3234_write(0x01,minute);
      }
    else if((Xcursor == 29) && (Ycursor == 13))     // in case of second
      { second = DS3234_read(0x00);
        if((second & 0xF0) >= 0x10) second -= 0x10;
        else                        second += 0x50;
        DS3234_write(0x00,second);
      }
    else if((Xcursor == 33) && (Ycursor == 13))     // in case of second
      { second = DS3234_read(0x00);
        if((second & 0x0F) >= 0x01) second -= 0x01;
        else                        second += 0x09;
        DS3234_write(0x00,second);
      }
}

unsigned char icon_flag = 0;

unsigned char Icon_input(void)                  /* input touch screen icon */
```

```
{
  unsigned char icon;

  Touch_screen_input();                              // input touch screen

  if((icon_flag == 0) && (x_touch >= 18) && (x_touch <= 61) && (y_touch >= 196) && (y_touch <= 234))
    { icon = KEY1;
      icon_flag = 1;
      Rectangle(18,194, 61,237, Magenta);
      Rectangle(19,195, 60,236, Magenta);
      Beep();
    }
  else if((icon_flag == 0) && (x_touch >= 98) && (x_touch <= 141) && (y_touch >= 196) && (y_touch <= 234))
    { icon = KEY2;
      icon_flag = 1;
      Rectangle(98,194, 141,237, Magenta);
      Rectangle(99,195, 140,236, Magenta);
      Beep();
    }
  else if((icon_flag == 0) && (x_touch >= 178) && (x_touch <= 221) && (y_touch >= 196) && (y_touch <= 234))
    { icon = KEY3;
      icon_flag = 1;
      Rectangle(178,194, 221,237, Magenta);
      Rectangle(179,195, 220,236, Magenta);
      Beep();
    }
  else if((icon_flag == 0) && (x_touch >= 258) && (x_touch <= 301) && (y_touch >= 196) && (y_touch <= 234))
    { icon = KEY4;
      icon_flag = 1;
      Rectangle(258,194, 301,237, Magenta);
      Rectangle(259,195, 300,236, Magenta);
      Beep();
    }
  else if((icon_flag == 1) && (x_touch == 0) && (y_touch == 0))
    { icon = no_key;
      icon_flag = 0;
      Rectangle(18,194, 61,237, Cyan);
      Rectangle(19,195, 60,236, Cyan);
      Rectangle(98,194, 141,237, Cyan);
      Rectangle(99,195, 140,236, Cyan);
      Rectangle(178,194, 221,237, Cyan);
      Rectangle(179,195, 220,236, Cyan);
      Rectangle(258,194, 301,237, Cyan);
      Rectangle(259,195, 300,236, Cyan);
      Delay_ms(50);
    }
  else
    icon = no_key;

  return icon;
}
```

☞ TFT-LCD 모듈에 매우 큰 글씨나 가장 큰 글씨를 출력하려면 헤더파일 OK-STM103_xlarge.h를 인클루드시켜 주어야 한다.

(3) 가장 큰 글씨체의 디지털 시계

DS3234를 이용하여 TFT-LCD 모듈에 40×56 픽셀의 가장 큰 글씨체로 현재 시각을 표시하고, 키 입력으로 현재 시각을 수정할 수 있으며, 알람 설정 기능을 갖는 디지털 시계 프로그램을 C언어로 작성하여 보면 다음과 같다.

<프로그램 Exp17_5.c> TFT-LCD 모듈에 구현한 디지털 시계 프로그램(3)

```
/* ========================================================================== */
/*    Exp17_5_digital_xlarge.c : 가장 큰 글씨로 표시한 디지털 시계 프로그그램    */
/* ========================================================================== */
/*                                  Programmed by Duck-Yong Yoon in 2017.     */

#include "stm32f103xe.h"
#include "OK-STM103.h"
#include "OK-STM103_large.h"
#include "OK-STM103_xlarge.h"

void Screen1_initialize(void);                  /* initialize screen 1 */
void Display_time(void);                        /* display current time on screen 1 */
void Read_temperature(void);                    /* read temperature from LM35DZ */

void Screen2_initialize(void);                  /* initialize screen 2 */
void Display_screen2_time(void);                /* display current time on screen 2 */
void Screen2_cursor_right(void);                /* move cursor to right */
void Screen2_increment(void);                   /* increment value */
void Screen2_decrement(void);                   /* decrement value */

void Screen3_initialize(void);                  /* initialize screen 3 */
void Alarm_initialize(void);                    /* initialize alarm of DS3234 RTC */
void Display_screen3_alarm(void);               /* display alarm time on screen 3 */
void Screen3_cursor_right(void);                /* move cursor to right */
void Screen3_increment(void);                   /* increment value */
void Screen3_decrement(void);                   /* decrement value */
void DS3234_alarm_set(void);                    /* set alarm of DS3234 RTC */

unsigned char screen_mode = 1;                  // screen mode 1~4
unsigned char blink_count = 0;                  // colon blink count
unsigned char year, month, date, weekday, hour, minute, second, second_old;

unsigned char alarm_set = 0x80;                 // alarm set flag(0x80 = off, 0x00 = on)
unsigned char alarm_status = 0;
unsigned char alarm_ampm, alarm_hour, alarm_minute;

/* ----- 메인 프로그램 ------------------------------------------------------- */

int main(void)
{
  unsigned char key, date_flag = 0, hour_flag = 0;

  Initialize_MCU();                             // initialize MCU and kit
  Delay_ms(50);                                 // wait for system stabilization
  Initialize_LCD();                             // initialize text LCD module
  Initialize_TFT_LCD();                         // initialize TFT-LCD module
  DS3234_initialize();                          // initialize DS3234 RTC
  Alarm_initialize();                           // initialize alarm of DS3234 RTC
  Beep();                                       // beep

  LCD_string(0x80," OK-STM103 V1.0 ");          // display title
  LCD_string(0xC0,"   Exp17_5.c    ");

  RCC->APB2ENR |= 0x00000200;                   // enable ADC1 clock
  ADC1->CR2 = 0x00000001;                       // enable ADC1(ADON = 1)
  Delay_us(1);
  ADC1->CR2 |= 0x00000004;                      // start ADC1 calibration(CAL = 1)
  while(ADC1->CR2 & 0x00000004);

  RCC->APB2ENR |= 0x00000004;                   // enable GPIOA clock
  GPIOA->CRL &= 0xFFFF0000;                     // use ADC0~ADC3
  RCC->CFGR &= 0xFFFF3FFF;                      // ADCCLK = PCLK2/6 = 72MHz/6 = 12MHz
  RCC->CFGR |= 0x00008000;

  ADC1->CR1 = 0x00000000;                       // 12-bit resolution, right alignment
  ADC1->CR2 = 0x001E0001;                       // use SWSTART, CONT = 0, ADON = 1
  ADC1->SQR1 = 0x00000000;                      // total regular channel number = 1
  ADC1->SQR3 = 0x00000003;                      // channel 3 (LM35DZ)
  ADC1->SMPR2 = 0x00000200;                     // sampling time of channel 3 = 7.5 cycle
```

```
Screen1_initialize();                           // initialize screen 1

while(1)
  { second = DS3234_read(0x00);                 // new second ?
    if(second != second_old)                    // if yes, read time
      { second_old = second;
        minute = DS3234_read(0x01);
        hour = DS3234_read(0x02) & 0x3F;
        weekday = DS3234_read(0x03);
        date = DS3234_read(0x04);
        month = DS3234_read(0x05);
        year = DS3234_read(0x06);

        if(alarm_status == 1)                   // go alarm
          Beep_3times();

        blink_count = 0;                        // start colon blink count
        if(screen_mode == 1)
          Read_temperature();                   // read and display temperature
      }

    if((minute == 0x00) && (second == 0x00) && (hour_flag == 0)) // 매시 정각 경보
      { hour_flag = 1;
        Beep();
      }
    else if(second >= 0x01)
      hour_flag = 0;

    if((hour == 0x12) && (minute == 0x00) && (second == 0x00) && (date_flag == 0)) // 새로운 날짜의 시작
      { date_flag = 1;
        screen_mode = 1;
        Initialize_TFT_LCD();
        Screen1_initialize();
      }
    else if(second >= 0x01)
      date_flag = 0;

    if(alarm_set == 0x00)                       // check alarm
      { if((DS3234_read(0x0F) & 0x01) == 0x01)
          alarm_status = 1;
      }
    if((alarm_set == 0x00) && (alarm_status == 1) && (second >= 0x05)) // end alarm
      { alarm_status = 0;
        alarm_set = 0x80;
        DS3234_alarm_set();
      }

    key = Key_input();                          // key input
    if((key == KEY1) && (screen_mode == 1))     // ***** change screen_mode from 1 to 2
      { screen_mode = 2;
        Screen2_initialize();                   // initialize screen 2
        key = no_key;
      }
    else if((key == KEY1) && (screen_mode == 2)) // ***** change screen_mode from 2 to 3
      { screen_mode = 3;
        TFT_cursor(Transparent);
        Screen3_initialize();                   // initialize screen 3
        key = no_key;
      }
    else if((key == KEY1) && (screen_mode == 3)) // ***** change screen_mode from 3 to 1
      { DS3234_alarm_set();
        screen_mode = 1;
        TFT_cursor(Transparent);
        Screen1_initialize();                   // initialize screen 1
        key = no_key;
      }

    if(screen_mode == 1)                        // ***** 화면1 : 시스템 상태
      { Display_time();                         // display current time
        if(blink_count < 80)                    // display colon for 0.5 sec
          { TFT_color(Cyan,Black);
            TFT_xy(13,14);
```

```
            TFT_English_xlarge(':');
            TFT_xy(26,14);
            TFT_English_xlarge(':');
            if(alarm_set == 0x00)
              { TFT_string(10,5,White,Black," 알람 (");
                if(alarm_ampm == 0x40) TFT_string(17,5,White,Black,"오전 ");
                else                   TFT_string(17,5,White,Black,"오후 ");
                TFT_hexadecimal(alarm_hour,2);
                TFT_English(':');
                TFT_hexadecimal(alarm_minute,2);
                TFT_English(')');
                TFT_English(' ');
              }
          }
        else
          { TFT_color(Cyan,Black);
            TFT_xy(13,14);
            TFT_English_xlarge('/');
            TFT_xy(26,14);
            TFT_English_xlarge('/');
            if(alarm_set == 0x00)
              TFT_string(10,5,Green,Black,"*******************");
          }
      }
    else if(screen_mode == 2)                 // ***** 화면2 : 현재 날짜/시각 설정
      { if(key == KEY2)       Screen2_cursor_right();
        else if(key == KEY3)  Screen2_increment();
        else if(key == KEY4)  Screen2_decrement();
        else                  Display_screen2_time();
      }
    else if(screen_mode == 3)                 // ***** 화면3 : 알람 설정
      { if(key == KEY2)       Screen3_cursor_right();
        else if(key == KEY3)  Screen3_increment();
        else if(key == KEY4)  Screen3_decrement();
        else                  Display_screen3_alarm();
      }

    Delay_ms(1);                              // delay count for blink time
    blink_count++;
  }
}

/* ----- 화면1 관련 함수 (기본 화면) ---------------------------------------- */

void Screen1_initialize(void)                 /* initialize screen 1 */
{
  TFT_clear_screen();                         // clear screen

  TFT_string(0,1,Green,  Black,"****************************************");
  TFT_string(0,3,Magenta,Black,"        OK-STM103 키트 디지털 시계       ");
  TFT_string(0, 5,Green, Black,"****************************************");
  TFT_string(0,27,Green, Black,"****************************************");
  TFT_string(3,27,White, Black,"(설계/제작:윤덕용)");

  Rectangle(0,105, 319,171, Cyan);
  Rectangle(1,106, 318,170, Cyan);

  TFT_string_large(6,9,Cyan,Black,"2017/10/01 (일)");
  TFT_color(Cyan,Black);
  TFT_English_pixel_large(9,115,'A');
  TFT_English_pixel_large(9,139,'M');
  TFT_xy(3,14);
  TFT_color(White,Black);
  TFT_hexadecimal_xlarge(0,2);
  TFT_English_xlarge(':');
  TFT_hexadecimal_xlarge(0,2);
  TFT_English_xlarge(':');
  TFT_hexadecimal_xlarge(0,2);

  TFT_string_large(7,22,Yellow,Black,"온도 00.0  C");
  TFT_xy(17,22);
  TFT_English_large(0x7F);
}
```

```
void Display_time(void)                                /* display current time on screen 1 */
{
  TFT_color(Yellow,Black);                             // display color
  TFT_xy(6,9);                                         // display year
  TFT_hexadecimal_large(0x20,2);
  TFT_hexadecimal_large(year,2);
  TFT_xy(11,9);                                        // display month
  TFT_hexadecimal_large(month,2);
  TFT_xy(14,9);                                        // display date
  TFT_hexadecimal_large(date,2);
  if(weekday == 0x01)      TFT_string_large(18,9, Yellow,Black, "일"); // display weekday
  else if(weekday == 0x02) TFT_string_large(18,9, Yellow,Black, "월");
  else if(weekday == 0x03) TFT_string_large(18,9, Yellow,Black, "화");
  else if(weekday == 0x04) TFT_string_large(18,9, Yellow,Black, "수");
  else if(weekday == 0x05) TFT_string_large(18,9, Yellow,Black, "목");
  else if(weekday == 0x06) TFT_string_large(18,9, Yellow,Black, "금");
  else if(weekday == 0x07) TFT_string_large(18,9, Yellow,Black, "토");

  TFT_color(Cyan,Black);                               // display color
  if((hour & 0x20) == 0x00) TFT_English_pixel_large(9,115,'A'); // display AM/PM
  else                      TFT_English_pixel_large(9,115,'P');

  TFT_color(White,Black);                              // display color
  TFT_xy(3,14);                                        // display hour
  TFT_hexadecimal_xlarge(hour & 0x1F, 2);
  TFT_xy(16,14);                                       // display minute
  TFT_hexadecimal_xlarge(minute, 2);
  TFT_xy(29,14);                                       // display second
  TFT_hexadecimal_xlarge(second, 2);
}

unsigned char ADC_start_flag = 0, ADC_count = 0;
unsigned long result, ADC_buffer[32];

void Read_temperature(void)                            /* read temperature from LM35DZ */
{
  unsigned char i;

  ADC1->CR2 |= 0x00400000;                             // start A/D conversion by software
  while(!(ADC1->SR & 0x00000002));                     // wait A/D conversion complete
  result = ADC1->DR;

  if(ADC_start_flag == 1)                              // if not start new, store A/D result
    { ADC_buffer[ADC_count] = result;
      ADC_count++;
      ADC_count = ADC_count % 32;
    }
  else
    { for(i = 0; i < 32; i++)                          // if start new, initialize buffer
        ADC_buffer[i] = result;
      ADC_start_flag = 1;
    }

  result = 0;
  for(i = 0; i < 32; i++)                              // calculate moving average of buffer
    result += ADC_buffer[i];
  result >>= 5;

  TFT_xy(12,22);                                       // display temperature
  TFT_color(Cyan,Black);
  TFT_unsigned_float_large((float)result*330./4096.,2,1);
}

/* ----- 화면2 관련 함수 (현재 날짜/시각 설정) ---------------------------------- */

void Screen2_initialize(void)                          /* initialize screen 2 */
{
  TFT_clear_screen();                                  // clear screen

  TFT_string(3,25,White,Blue,"화면");                  // display key function
  TFT_string(3,27,White,Blue,"변경");
  TFT_string(13,25,White,Brown,"커서");
```

```
  TFT_string(13,27,White,Brown,"이동");
  TFT_string(23,25,White,Magenta," 값 ");
  TFT_string(23,27,White,Magenta,"증가");
  TFT_string(33,25,White,Magenta," 값 ");
  TFT_string(33,27,White,Magenta,"감소");

  Rectangle(18,194,  61,237,  Cyan);
  Rectangle(19,195,  60,236,  Cyan);
  Rectangle(98,194,  141,237,  Cyan);
  Rectangle(99,195,  140,236,  Cyan);
  Rectangle(178,194,  221,237,  Cyan);
  Rectangle(179,195,  220,236,  Cyan);
  Rectangle(258,194,  301,237,  Cyan);
  Rectangle(259,195,  300,236,  Cyan);

  TFT_string(0,3,White,Blue,"          현재 날짜/시각 설정          ");

  TFT_string_large(6,10,Green,Black,"2017/10/01 (일)");
  TFT_string_large(6,15,Green,Black," 오전 12:00:00 ");

  TFT_cursor(Magenta);                          // display cursor
  Xcursor = 9;
  Ycursor = 15;
}

void Display_screen2_time(void)                 /* display current time on screen 2 */
{
  TFT_color(White,Black);                       // display color
  TFT_xy(6,10);                                 // display year
  TFT_hexadecimal_large(0x20,2);
  TFT_hexadecimal_large(year,2);
  TFT_xy(11,10);                                // display month
  TFT_hexadecimal_large(month,2);
  TFT_xy(14,10);                                // display date
  TFT_hexadecimal_large(date,2);
  if(weekday == 0x01)       TFT_string_large(18,10, White,Black, "일"); // display weekday
  else if(weekday == 0x02) TFT_string_large(18,10, White,Black, "월");
  else if(weekday == 0x03) TFT_string_large(18,10, White,Black, "화");
  else if(weekday == 0x04) TFT_string_large(18,10, White,Black, "수");
  else if(weekday == 0x05) TFT_string_large(18,10, White,Black, "목");
  else if(weekday == 0x06) TFT_string_large(18,10, White,Black, "금");
  else if(weekday == 0x07) TFT_string_large(18,10, White,Black, "토");

  TFT_color(White,Black);                       // display color
  if((hour & 0x20) == 0x00) TFT_string_large(7,15,White,Black,"오전"); // display AM/PM
  else                      TFT_string_large(7,15,White,Black,"오후");
  TFT_xy(12,15);                                // display hour
  TFT_hexadecimal_large(hour & 0x1F,2);
  TFT_xy(15,15);                                // display minute
  TFT_hexadecimal_large(minute,2);
  TFT_xy(18,15);                                // display second
  TFT_hexadecimal_large(second,2);
}

void Screen2_cursor_right(void)                 /* move cursor to right */
{
  if((Xcursor == 8) && (Ycursor == 10))        { Xcursor = 9;  Ycursor = 10; }
  else if((Xcursor == 9)  && (Ycursor == 10)) { Xcursor = 11; Ycursor = 10; }
  else if((Xcursor == 11) && (Ycursor == 10)) { Xcursor = 12; Ycursor = 10; }
  else if((Xcursor == 12) && (Ycursor == 10)) { Xcursor = 14; Ycursor = 10; }
  else if((Xcursor == 14) && (Ycursor == 10)) { Xcursor = 15; Ycursor = 10; }
  else if((Xcursor == 15) && (Ycursor == 10)) { Xcursor = 18; Ycursor = 10; }
  else if((Xcursor == 18) && (Ycursor == 10)) { Xcursor = 9;  Ycursor = 15; }
  else if((Xcursor == 9)  && (Ycursor == 15)) { Xcursor = 12; Ycursor = 15; }
  else if((Xcursor == 12) && (Ycursor == 15)) { Xcursor = 13; Ycursor = 15; }
  else if((Xcursor == 13) && (Ycursor == 15)) { Xcursor = 15; Ycursor = 15; }
  else if((Xcursor == 15) && (Ycursor == 15)) { Xcursor = 16; Ycursor = 15; }
  else if((Xcursor == 16) && (Ycursor == 15)) { Xcursor = 18; Ycursor = 15; }
  else if((Xcursor == 18) && (Ycursor == 15)) { Xcursor = 19; Ycursor = 15; }
  else if((Xcursor == 19) && (Ycursor == 15)) { Xcursor = 8;  Ycursor = 10; }
}

void Screen2_increment(void)                    /* increment value */
```

```
{
  if((Xcursor == 8) && (Ycursor == 10))            // in case of year
    { year = DS3234_read(0x06);
      if((year & 0xF0) < 0x90) year += 0x10;
      else                     year &= 0x0F;
      DS3234_write(0x06,year);
    }
  else if((Xcursor == 9) && (Ycursor == 10))       // in case of year
    { year = DS3234_read(0x06);
      if((year & 0x0F) < 0x09) year += 0x01;
      else                     year &= 0xF0;
      DS3234_write(0x06,year);
    }
  else if((Xcursor == 11) && (Ycursor == 10))      // in case of month
    { month = DS3234_read(0x05);
      month ^= 0x10;
      if(month == 0x00) month += 0x01;
      if(month > 0x12)  month = 0x12;
      DS3234_write(0x05,month);
    }
  else if((Xcursor == 12) && (Ycursor == 10))      // in case of month
    { month = DS3234_read(0x05);
      if((month & 0x0F) < 0x09)
        { month += 0x01;
          if(month > 0x12) month &= 0xF0;
        }
      else
        { month &= 0xF0;
          if(month == 0x00) month = 0x01;
        }
      DS3234_write(0x05,month);
    }
  else if((Xcursor == 14) && (Ycursor == 10))      // in case of date
    { date = DS3234_read(0x04);
      if((date & 0xF0) < 0x30)
        { date += 0x10;
          if(date > 0x31) date = 0x31;
        }
      else
        { date &= 0x0F;
          if(date == 0x00) date = 0x01;
        }
      DS3234_write(0x04,date);
    }
  else if((Xcursor == 15) && (Ycursor == 10))      // in case of date
    { date = DS3234_read(0x04);
      if((date & 0x0F) < 0x09)
        { date += 0x01;
          if(date > 0x31) date &= 0xF0;
        }
      else
        { date &= 0xF0;
          if(date == 0x00) date = 0x01;
        }
      DS3234_write(0x04,date);
    }
  else if((Xcursor == 18) && (Ycursor == 10))      // in case of weekday
    { weekday = DS3234_read(0x03);
      if(weekday < 0x07) weekday += 0x01;
      else               weekday = 0x01;
      DS3234_write(0x03,weekday);
    }
  else if((Xcursor == 9) && (Ycursor == 15))       // in case of AM/PM
    { hour = DS3234_read(0x02);
      hour ^= 0x20;
      DS3234_write(0x02,hour);
    }
  else if((Xcursor == 12) && (Ycursor == 15))      // in case of hour
    { hour = DS3234_read(0x02);
      hour ^= 0x10;
      if((hour & 0x1F) == 0x00) hour += 0x01;
      if((hour & 0x1F) > 0x12)  hour = (hour & 0x60) + 0x12;
      DS3234_write(0x02,hour);
```

```
      }
    else if((Xcursor == 13) && (Ycursor == 15))    // in case of hour
      { hour = DS3234_read(0x02);
        if((hour & 0x0F) < 0x09)
          { hour += 0x01;
            if((hour & 0x1F) > 0x12) hour &= 0xF0;
          }
        else
          { hour &= 0xF0;
            if((hour & 0x1F) == 0x00) hour += 0x01;
          }
        DS3234_write(0x02,hour);
      }
    else if((Xcursor == 15) && (Ycursor == 15))    // in case of minute
      { minute = DS3234_read(0x01);
        if((minute & 0xF0) < 0x50) minute += 0x10;
        else                       minute &= 0x0F;
        DS3234_write(0x01,minute);
      }
    else if((Xcursor == 16) && (Ycursor == 15))    // in case of minute
      { minute = DS3234_read(0x01);
        if((minute & 0x0F) < 0x09) minute += 0x01;
        else                       minute &= 0xF0;
        DS3234_write(0x01,minute);
      }
    else if((Xcursor == 18) && (Ycursor == 15))    // in case of second
      { second = DS3234_read(0x00);
        if((second & 0xF0) < 0x50) second += 0x10;
        else                       second &= 0x0F;
        DS3234_write(0x00,second);
      }
    else if((Xcursor == 19) && (Ycursor == 15))    // in case of second
      { second = DS3234_read(0x00);
        if((second & 0x0F) < 0x09) second += 0x01;
        else                       second &= 0xF0;
        DS3234_write(0x00,second);
      }
}

void Screen2_decrement(void)                        /* decrement value */
{
  if((Xcursor == 8) && (Ycursor == 10))             // in case of year
    { year = DS3234_read(0x06);
      if((year & 0xF0) >= 0x10) year -= 0x10;
      else                      year += 0x90;
      DS3234_write(0x06,year);
    }
  else if((Xcursor == 9) && (Ycursor == 10))        // in case of year
    { year = DS3234_read(0x06);
      if((year & 0x0F) >= 0x01) year -= 0x01;
      else                      year += 0x09;
      DS3234_write(0x06,year);
    }
  else if((Xcursor == 11) && (Ycursor == 10))       // in case of month
    { month = DS3234_read(0x05);
      month ^= 0x10;
      if(month == 0x00) month += 0x01;
      if(month > 0x12)  month = 0x12;
      DS3234_write(0x05,month);
    }
  else if((Xcursor == 12) && (Ycursor == 10))       // in case of month
    { month = DS3234_read(0x05);
      if((month & 0x0F) >= 0x01)
        { month -= 0x01;
          if(month == 0x00) month = 0x09;
        }
      else
        { month += 0x09;
          if(month > 0x12) month = 0x12;
        }
      DS3234_write(0x05,month);
    }
  else if((Xcursor == 14) && (Ycursor == 10))       // in case of date
```

```
    { date = DS3234_read(0x04);
      if((date & 0xF0) >= 0x10)
        { date -= 0x10;
          if(date == 0x00) date = 0x01;
        }
      else
        { date += 0x30;
          if(date > 0x31) date = 0x31;
        }
      DS3234_write(0x04,date);
    }
  else if((Xcursor == 15) && (Ycursor == 10))    // in case of date
    { date = DS3234_read(0x04);
      if((date & 0x0F) >= 0x01)
        { date -= 0x01;
          if(date == 0x00) date = 0x09;
        }
      else
        { date += 0x09;
          if(date > 0x31) date = 0x31;
        }
      DS3234_write(0x04,date);
    }
  else if((Xcursor == 18) && (Ycursor == 10))    // in case of weekday
    { weekday = DS3234_read(0x03);
      if(weekday > 0x01) weekday -= 0x01;
      else               weekday = 0x07;
      DS3234_write(0x03,weekday);
    }
  else if((Xcursor == 9) && (Ycursor == 15))     // in case of AM/PM
    { hour = DS3234_read(0x02);
      hour ^= 0x20;
      DS3234_write(0x02,hour);
    }
  else if((Xcursor == 12) && (Ycursor == 15))    // in case of hour
    { hour = DS3234_read(0x02);
      hour ^= 0x10;
      if((hour & 0x1F) == 0x00) hour += 0x01;
      if((hour & 0x1F) > 0x12)  hour = (hour & 0x60) + 0x12;
      DS3234_write(0x02,hour);
    }
  else if((Xcursor == 13) && (Ycursor == 15))    // in case of hour
    { hour = DS3234_read(0x02);
      if((hour & 0x0F) >= 0x01)
        { hour -= 0x01;
          if((hour & 0x1F) == 0x00) hour = (hour & 0xE0) + 0x09;
        }
      else
        { hour += 0x09;
          if((hour & 0x1F) > 0x12) hour = (hour & 0xE0) + 0x12;
        }
      DS3234_write(0x02,hour);
    }
  else if((Xcursor == 15) && (Ycursor == 15))    // in case of minute
    { minute = DS3234_read(0x01);
      if((minute & 0xF0) >= 0x10) minute -= 0x10;
      else                        minute += 0x50;
      DS3234_write(0x01,minute);
    }
  else if((Xcursor == 16) && (Ycursor == 15))    // in case of minute
    { minute = DS3234_read(0x01);
      if((minute & 0x0F) >= 0x01) minute -= 0x01;
      else                        minute += 0x09;
      DS3234_write(0x01,minute);
    }
  else if((Xcursor == 18) && (Ycursor == 15))    // in case of second
    { second = DS3234_read(0x00);
      if((second & 0xF0) >= 0x10) second -= 0x10;
      else                        second += 0x50;
      DS3234_write(0x00,second);
    }
  else if((Xcursor == 19) && (Ycursor == 15))    // in case of second
    { second = DS3234_read(0x00);
```

```
      if((second & 0x0F) >= 0x01) second -= 0x01;
      else                        second += 0x09;
      DS3234_write(0x00,second);
    }
}

/* ----- 화면3 관련 함수 (알람 설정) ----------------------------------------- */

void Screen3_initialize(void)                       /* initialize screen 3 */
{
  TFT_clear_screen();                               // clear screen

  TFT_string(3,25,White,Blue,"화면");               // display key function
  TFT_string(3,27,White,Blue,"변경");
  TFT_string(13,25,White,Brown,"커서");
  TFT_string(13,27,White,Brown,"이동");
  TFT_string(23,25,White,Magenta," 값 ");
  TFT_string(23,27,White,Magenta,"증가");
  TFT_string(33,25,White,Magenta," 값 ");
  TFT_string(33,27,White,Magenta,"감소");

  Rectangle(18,194, 61,237, Cyan);
  Rectangle(19,195, 60,236, Cyan);
  Rectangle(98,194, 141,237, Cyan);
  Rectangle(99,195, 140,236, Cyan);
  Rectangle(178,194, 221,237, Cyan);
  Rectangle(179,195, 220,236, Cyan);
  Rectangle(258,194, 301,237, Cyan);
  Rectangle(259,195, 300,236, Cyan);

  TFT_string(0,3,White,Blue,"                 알람 설정                  ");

  TFT_string_large(8,10,Green,Black," 알람 OFF ");
  TFT_string_large(8,15,Green,Black,"오전 12:00");

  TFT_cursor(Magenta);                              // display cursor
  Xcursor = 16;
  Ycursor = 10;

  Alarm_initialize();                               // initialize alarm of DS3234 RTC
}

void Alarm_initialize(void)                         /* initialize alarm of DS3234 RTC */
{
  unsigned char A1M123, A1M4;

  A1M123 = DS3234_read(0x07) & 0x80;                // read alarm_set
  A1M123 &= (DS3234_read(0x08) & 0x80);
  A1M123 &= (DS3234_read(0x09) & 0x80);
  A1M4 = (DS3234_read(0x0A) & 0x80);

  if((A1M123 == 0x00) && (A1M4 == 0x80))            // alarm = on
    alarm_set = 0x00;
  else if((A1M123 == 0x80) && (A1M4 == 0x80))       // alarm = off
    alarm_set = 0x80;
  else
    alarm_set = 0x80;

  if(alarm_set == 0x80)                             // if alarm off, initialize alarm value
    { DS3234_write(0x07, 0x80 + 0x00);              // second = 0x00
      DS3234_write(0x08, 0x80 + 0x00);              // minute = 0x00
      DS3234_write(0x09, 0x80 + 0x52);              // hour = 0x12 AM
      DS3234_write(0x0A, 0x80 + 0x01);              // date = 0x01
      DS3234_write(0x0A, 0x80 + 0x41);              // weekday = 0x01
    }

  alarm_ampm = DS3234_read(0x09) & 0x60;            // read alarm_ampm
  alarm_hour = DS3234_read(0x09) & 0x1F;            // read alarm_hour
  alarm_minute = DS3234_read(0x08) & 0x7F;          // read alarm_minute
}

void Display_screen3_alarm(void)                    /* display alarm time on screen 3 */
{
```

```
  if(alarm_set == 0x80)                              // display alarm on/off
    TFT_string_large(14,10,White,Black,"OFF");
  else
    TFT_string_large(14,10,White,Black," ON");

  if(alarm_ampm == 0x40) TFT_string_large(8,15,White,Black,"오전"); // display alarm AM/PM
  else                   TFT_string_large(8,15,White,Black,"오후");
  TFT_xy(13,15);                                     // display alarm hour
  TFT_hexadecimal_large(alarm_hour,2);
  TFT_xy(16,15);                                     // display alarm minute
  TFT_hexadecimal_large(alarm_minute,2);
}

void Screen3_cursor_right(void)                      /* move cursor to right */
{
  if((Xcursor == 16) && (Ycursor == 10))
    { Xcursor = 10;
      Ycursor = 15;
    }
  else if((Xcursor == 10) && (Ycursor == 15))
    { Xcursor = 13;
      Ycursor = 15;
    }
  else if((Xcursor == 13) && (Ycursor == 15))
    { Xcursor = 14;
      Ycursor = 15;
    }
  else if((Xcursor == 14) && (Ycursor == 15))
    { Xcursor = 16;
      Ycursor = 15;
    }
  else if((Xcursor == 16) && (Ycursor == 15))
    { Xcursor = 17;
      Ycursor = 15;
    }
  else if((Xcursor == 17) && (Ycursor == 15))
    { Xcursor = 16;
      Ycursor = 10;
    }
}

void Screen3_increment(void)                         /* increment value */
{
  if((Xcursor == 16) && (Ycursor == 10))             // in case of alarm_set
    { if(alarm_set == 0x80) alarm_set = 0x00;
      else                  alarm_set = 0x80;
      DS3234_alarm_set();
    }
  else if((Xcursor == 10) && (Ycursor == 15))        // in case of alarm_ampm
    { if(alarm_ampm == 0x40) alarm_ampm = 0x60;
      else                   alarm_ampm = 0x40;
    }
  else if((Xcursor == 13) && (Ycursor == 15))        // in case of hour
    { alarm_hour ^= 0x10;
      if((alarm_hour & 0x1F) == 0x00) alarm_hour += 0x01;
      if((alarm_hour & 0x1F) > 0x12)  alarm_hour = (alarm_hour & 0x60) + 0x12;
    }
  else if((Xcursor == 14) && (Ycursor == 15))        // in case of hour
    { if((alarm_hour & 0x0F) < 0x09)
        { alarm_hour += 0x01;
          if((alarm_hour & 0x1F) > 0x12) alarm_hour &= 0xF0;
        }
      else
        { alarm_hour &= 0xF0;
          if((alarm_hour & 0x1F) == 0x00) alarm_hour = (alarm_hour & 0x60) + 0x01;
        }
    }
  else if((Xcursor == 16) && (Ycursor == 15))        // in case of minute
    { if((alarm_minute & 0xF0) < 0x50) alarm_minute += 0x10;
      else                             alarm_minute &= 0x0F;
    }
  else if((Xcursor == 17) && (Ycursor == 15))        // in case of minute
    { if((alarm_minute & 0x0F) < 0x09) alarm_minute += 0x01;
```

```
      else                            alarm_minute &= 0xF0;
    }
}

void Screen3_decrement(void)                    /* decrement value */
{
  if((Xcursor == 16) && (Ycursor == 10))        // in case of alarm_set
    { if(alarm_set == 0x80) alarm_set = 0x00;
      else                  alarm_set = 0x80;
      DS3234_alarm_set();
    }
  else if((Xcursor == 10) && (Ycursor == 15))   // in case of alarm_ampm
    { if(alarm_ampm == 0x40) alarm_ampm = 0x60;
      else                   alarm_ampm = 0x40;
    }
  else if((Xcursor == 13) && (Ycursor == 15))   // in case of hour
    { alarm_hour ^= 0x10;
      if((alarm_hour & 0x1F) == 0x00) alarm_hour += 0x01;
      if((alarm_hour & 0x1F) > 0x12)  alarm_hour = (alarm_hour & 0x60) + 0x12;
    }
  else if((Xcursor == 14) && (Ycursor == 15))   // in case of hour
    { if((alarm_hour & 0x0F) >= 0x01)
        { alarm_hour -= 0x01;
          if((alarm_hour & 0x1F) == 0x00) alarm_hour = (alarm_hour & 0xE0) + 0x09;
        }
      else
        { alarm_hour += 0x09;
          if((alarm_hour & 0x1F) > 0x12) alarm_hour = (alarm_hour & 0xE0) + 0x12;
        }
    }
  else if((Xcursor == 16) && (Ycursor == 15))   // in case of minute
    { if((alarm_minute & 0xF0) >= 0x10) alarm_minute -= 0x10;
      else                              alarm_minute += 0x50;
    }
  else if((Xcursor == 17) && (Ycursor == 15))   // in case of minute
    { if((alarm_minute & 0x0F) >= 0x01) alarm_minute -= 0x01;
      else                              alarm_minute += 0x09;
    }
}

void DS3234_alarm_set(void)                     /* set alarm of DS3234 RTC */
{
  if(alarm_set == 0x80)
    { DS3234_write(0x07, 0x80);                 // second = alarm off
      DS3234_write(0x08, 0x80 + alarm_minute);  // minute = alarm off
      DS3234_write(0x09, 0x80 + alarm_ampm + alarm_hour); // hour = alarm off
      DS3234_write(0x0A, 0x80 + 0x01);          // date = alarm off
      DS3234_write(0x0A, 0x80 + 0x41);          // weekday = alarm off
      DS3234_write(0x0F, 0x00);                 // control register
    }
  else
    { DS3234_write(0x07, 0x00);                 // second = 00 = alarm on
      DS3234_write(0x08, alarm_minute);         // minute = alarm on
      DS3234_write(0x09, alarm_ampm + alarm_hour); // hour = alarm on
      DS3234_write(0x0A, 0x80 + 0x01);          // date = alarm off
      DS3234_write(0x0A, 0x80 + 0x41);          // weekday = alarm off
      DS3234_write(0x0F, 0x00);                 // control register
    }
}
```

☞ 이 프로그램에서는 3개의 화면이 있는데 첫번째 화면은 시계 화면이고, 두번째 화면은 현재시각 수정 화면이며, 세번째 화면은 알람기능 설정 화면이다. 현재의 화면을 변경하여 다른 화면으로 이동하려면 KEY1을 누르면 된다.

5. TFT-LCD 모듈에 표시하는 아날로그 시계

이번에는 DS3234를 이용한 아날로그/디지털 시계를 TFT-LCD 모듈에 구현하여 보기로 한다. 아날로그 시계는 TFT-LCD 모듈의 화면에 실시간 그래픽으로 구현하며, 그 내부에 디지털 시계와 캘린더를 포함하고 있다.

(1) 초상화 모드에서의 아날로그 시계

DS3234를 이용하여 TFT-LCD에서 초상화 모드로 아날로그/디지털 시계를 표시하고, 키 입력으로 현재 시각을 수정하는 것이 가능한 프로그램을 C언어로 작성하여 보면 다음과 같다.

<프로그램 Exp17_6.c> TFT-LCD 모듈에 표시하는 아날로그/디지털 시계 프로그램(1)

```
/* ========================================================================== */
/*    Exp17_6_analog_portrait.c : DS3234를 이용한 아날로그 시계 - 초상화 모드    */
/* ========================================================================== */
/*                                   Programmed by Duck-Yong Yoon in 2017.    */

#include "stm32f103xe.h"
#include "OK-STM103.h"

unsigned char BCD_increment(U08 number);          /* BCD increment */
unsigned char BCD_decrement(U08 number);          /* BCD decrement */
void Analog_cursor_left(void);                    /* go cursor left */
void Analog_cursor_right(void);                   /* go cursor right */
void Analog_increment(void);                      /* increment time */
void Analog_decrement(void);                      /* decrement time */
void Draw_analog_clock(void);                     /* draw analog clock */
void Analog_display_time(void);                   /* display analog and digital time */
void Draw_pin(void);                              /* draw hour, minute, second pin */

/* ----- 메인 프로그램 ------------------------------------------------------ */

unsigned char year, month, date, weekday, hour, minute, second, second_old;
unsigned char start_flag, tick_flag = 0;

int main(void)
{
  unsigned int key = no_key;

  Initialize_MCU();                               // initialize MCU and kit
  Delay_ms(50);                                   // wait for system stabilization
  Initialize_LCD();                               // initialize text LCD module
  Initialize_TFT_LCD();                           // initialize TFT-LCD module
  TFT_portrait_mode();                            // portrait mode
  DS3234_initialize();                            // initialize DS3234 RTC

  LCD_string(0x80," OK-STM103 V1.0 ");            // display title
  LCD_string(0xC0,"   Exp17_6.c    ");
  Beep();

  TFT_cursor(Magenta);                            // display cursor by Magenta color
  Xcursor = 28;
  Ycursor = 37;
  start_flag = 0;
```

```
  TFT_string(0,1, White,Magenta," DS3234에 의한 아날로그 시계 "); // display title
  Draw_analog_clock();                             // draw analog clock
  TFT_string( 8,37, Cyan,  Black, "오전");          // display digital clock
  TFT_string(13,37, Silver,Black, "12:00:00");

  while(1)
    { key = Key_input();                           // key input

      switch(key)
        { case KEY1 : Analog_cursor_left();        // if KEY1, go cursor left
                      break;
          case KEY2 : Analog_cursor_right();       // if KEY2, go cursor right
                      break;
          case KEY3 : Analog_increment();          // if KEY3, increment time
                      break;
          case KEY4 : Analog_decrement();          // if KEY4, decrement time
                      break;
          default   : Analog_display_time();       // display time
                      break;
        }
    }
}

/* ----- 사용자 정의 함수 ---------------------------------------------------- */

unsigned char BCD_increment(U08 number)            /* BCD increment */
{
  unsigned char i;

  i = (number >> 4)*10 + (number & 0x0F);          // convert BCD to binary
  i++;                                             // increment
  i = ((i/10) << 4) + (i % 10);                    // convert binary to BCD
  return i;
}

unsigned char BCD_decrement(U08 number)            /* BCD decrement */
{
  unsigned char i;

  i = (number >> 4)*10 + (number & 0x0F);          // convert BCD to binary
  i--;                                             // decrement
  i = ((i/10) << 4) + (i % 10);                    // convert binary to BCD
  return i;
}

void Analog_cursor_left(void)                      /* go cursor left */
{
  if     ((Xcursor == 28) && (Ycursor == 37)) { Xcursor = 20; Ycursor = 37; }
  else if((Xcursor == 20) && (Ycursor == 37)) { Xcursor = 17; Ycursor = 37; }
  else if((Xcursor == 17) && (Ycursor == 37)) { Xcursor = 14; Ycursor = 37; }
  else if((Xcursor == 14) && (Ycursor == 37)) { Xcursor = 10; Ycursor = 37; }
  else if((Xcursor == 10) && (Ycursor == 37)) { Xcursor = 19; Ycursor = 24; }

  else if((Xcursor == 19) && (Ycursor == 24)) { Xcursor = 17; Ycursor = 24; }
  else if((Xcursor == 17) && (Ycursor == 24)) { Xcursor = 14; Ycursor = 24; }
  else if((Xcursor == 14) && (Ycursor == 24)) { Xcursor = 11; Ycursor = 24; }
  else if((Xcursor == 11) && (Ycursor == 24)) { Xcursor = 28; Ycursor = 37; }
}

void Analog_cursor_right(void)                     /* go cursor right */
{
  if     ((Xcursor == 28) && (Ycursor == 37)) { Xcursor = 11; Ycursor = 24; }
  else if((Xcursor == 11) && (Ycursor == 24)) { Xcursor = 14; Ycursor = 24; }
  else if((Xcursor == 14) && (Ycursor == 24)) { Xcursor = 17; Ycursor = 24; }
  else if((Xcursor == 17) && (Ycursor == 24)) { Xcursor = 19; Ycursor = 24; }
  else if((Xcursor == 19) && (Ycursor == 24)) { Xcursor = 10; Ycursor = 37; }

  else if((Xcursor == 10) && (Ycursor == 37)) { Xcursor = 14; Ycursor = 37; }
  else if((Xcursor == 14) && (Ycursor == 37)) { Xcursor = 17; Ycursor = 37; }
  else if((Xcursor == 17) && (Ycursor == 37)) { Xcursor = 20; Ycursor = 37; }
  else if((Xcursor == 20) && (Ycursor == 37)) { Xcursor = 28; Ycursor = 37; }
```

```
}

void Analog_increment(void)                         /* increment time */
{
  if((Xcursor == 10) && (Ycursor == 37))            // in case of AM/PM
    { hour = DS3234_read(0x02);
      if((hour & 0x20) == 0x00) hour |= 0x20;
      else                      hour &= 0xDF;
      DS3234_write(0x02,hour);
    }
  else if((Xcursor == 14) && (Ycursor == 37))       // in case of hour
    { hour = DS3234_read(0x02);
      if((hour & 0x1F) == 0x12) hour = (hour & 0xE0) + 0x01;
      else                      hour = BCD_increment(hour);
      DS3234_write(0x02,hour);
    }
  else if((Xcursor == 17) && (Ycursor == 37))       // in case of minute
    { minute = DS3234_read(0x01);
      if(minute == 0x59)    minute = 0x00;
      else                  minute = BCD_increment(minute);
      DS3234_write(0x01,minute);
    }
  else if((Xcursor == 20) && (Ycursor == 37))       // in case of second
    { second = DS3234_read(0x00);
      if(second == 0x59)    second = 0x00;
      else                  second = BCD_increment(second);
      DS3234_write(0x00,second);
    }
  else if((Xcursor == 11) && (Ycursor == 24))       // in case of year
    { year = DS3234_read(0x06);
      if(year == 0x99)      year = 0x00;
      else                  year = BCD_increment(year);
      DS3234_write(0x06,year);
    }
  else if((Xcursor == 14) && (Ycursor == 24))       // in case of month
    { month = DS3234_read(0x05);
      if(month == 0x12)     month = 0x01;
      else                  month = BCD_increment(month);
      DS3234_write(0x05,month);
    }
  else if((Xcursor == 17) && (Ycursor == 24))       // in case of date
    { date = DS3234_read(0x04);
      if(date == 0x31)      date = 0x01;
      else                  date = BCD_increment(date);
      DS3234_write(0x04,date);
    }
  else if((Xcursor == 19) && (Ycursor == 24))       // in case of weekday
    { weekday = DS3234_read(0x03);
      if(weekday == 0x07)   weekday = 0x01;
      else                  weekday++;
      DS3234_write(0x03,weekday);
    }
}

void Analog_decrement(void)                         /* decrement time */
{
  if ((Xcursor == 10) && (Ycursor == 37))           // in case of AM/PM
    { hour = DS3234_read(0x02);
      if((hour & 0x20) == 0x00) hour |= 0x20;
      else                      hour &= 0xDF;
      DS3234_write(0x02,hour);
    }
  else if((Xcursor == 14) && (Ycursor == 37))       // in case of hour
    { hour = DS3234_read(0x02);
      if((hour & 0x1F) == 0x01) hour = (hour & 0xE0) + 0x12;
      else                      hour = BCD_decrement(hour);
      DS3234_write(0x02,hour);
    }
  else if((Xcursor == 17) && (Ycursor == 37))       // in case of minute
    { minute = DS3234_read(0x01);
      if(minute == 0x00)    minute = 0x59;
      else                  minute = BCD_decrement(minute);
```

```
        DS3234_write(0x01,minute);
      }
    else if((Xcursor == 20) && (Ycursor == 37))    // in case of second
      { second = DS3234_read(0x00);
        if(second == 0x00)         second = 0x59;
        else                       second = BCD_decrement(second);
        DS3234_write(0x00,second);
      }
    else if((Xcursor == 11) && (Ycursor == 24))    // in case of year
      { year = DS3234_read(0x06);
        if(year == 0x00)           year = 0x99;
        else                       year = BCD_decrement(year);
        DS3234_write(0x06,year);
      }
    else if((Xcursor == 14) && (Ycursor == 24))    // in case of month
      { month = DS3234_read(0x05);
        if(month == 0x01)          month = 0x12;
        else                       month = BCD_decrement(month);
        DS3234_write(0x05,month);
      }
    else if((Xcursor == 17) && (Ycursor == 24))    // in case of date
      { date = DS3234_read(0x04);
        if(date == 0x01)           date = 0x31;
        else                       date = BCD_decrement(date);
        DS3234_write(0x04,date);
      }
    else if((Xcursor == 19) && (Ycursor == 24))    // in case of weekday
      { weekday = DS3234_read(0x03);
        if(weekday == 0x01)        weekday = 0x07;
        else                       weekday--;
        DS3234_write(0x03,weekday);
      }
}

unsigned short Xcenter = 120;                       // center x,y of analog clock
unsigned short Ycenter = 160;

void Draw_analog_clock(void)                        /* draw analog clock */
{
 unsigned short i;
 unsigned short scale_out = 118;
 unsigned short scale_in1 = 112;
 unsigned short scale_in2 = 106;
 signed short Xstart, Ystart, Xend, Yend;

 for(i = 0; i < 60 ; i++)                           // draw clock scale
   if((i % 5) != 0)
     { Xstart = Xcenter + (signed short)(scale_in1*sin(3.141592/180*(i*6)));
       Ystart = Ycenter - (signed short)(scale_in1*cos(3.141592/180*(i*6)));
       Xend   = Xcenter + (signed short)(scale_out*sin(3.141592/180*(i*6)));
       Yend   = Ycenter - (signed short)(scale_out*cos(3.141592/180*(i*6)));

       Line(Xstart,Ystart, Xend,Yend, LightGrey);
     }
 for(i = 0; i < 12 ; i++)
   { Xstart = Xcenter + (signed short)(scale_in2*sin(3.141592/180*(i*30)));
     Ystart = Ycenter - (signed short)(scale_in2*cos(3.141592/180*(i*30)));
     Xend   = Xcenter + (signed short)(scale_out*sin(3.141592/180*(i*30)));
     Yend   = Ycenter - (signed short)(scale_out*cos(3.141592/180*(i*30)));

     Line(Xstart,Ystart, Xend,Yend, White);
   }

  Circle(Xcenter,Ycenter, 119, Cyan);               // draw outline
  Circle(Xcenter,Ycenter, 118, Cyan);

  for(i = 4; i > 0; i--)                            // draw center
    Circle(Xcenter,Ycenter, i, Yellow);
}

void Analog_display_time(void)                      /* display analog and digital time */
{
```

```
  second = DS3234_read(0x00);                          // new second ?
  if(second == second_old)
    return;
  else
    second_old = second;

  minute = DS3234_read(0x01);
  hour = DS3234_read(0x02);
  weekday = DS3234_read(0x03);
  date = DS3234_read(0x04);
  month = DS3234_read(0x05);
  year = DS3234_read(0x06);

  TFT_xy(13,37);                                       // display hour
  TFT_color(Green,Black);
  TFT_hexadecimal(hour & 0x1F,2);
  if((hour & 0x20) == 0x00) TFT_string(8,37, Cyan,Black, "오전");
  else                      TFT_string(8,37, Cyan,Black, "오후");
  TFT_xy(16,37);                                       // display minute
  TFT_color(Green,Black);
  TFT_hexadecimal(minute,2);
  TFT_xy(19,37);                                       // display second
  TFT_color(Green,Black);
  TFT_hexadecimal(second,2);

  TFT_xy(28,37); TFT_color(Green,Black);               // display home
  TFT_English(' ');

  Draw_pin();                                          // draw hour, minute, second pin
  Circle(Xcenter,Ycenter, 5, Green);

  if((minute == 0x00) && (second == 0x00) && (tick_flag == 0))
    { tick_flag = 1;
      Beep();
    }
  else if((minute != 0x00) || (second != 0x00)) // tick sound
    { tick_flag = 0;
      Tick();
    }
}

signed short Xstart1_hour_old, Ystart1_hour_old, Xstart2_hour_old, Ystart2_hour_old, Xend_hour_old, Yend_hour_old;
signed short Xstart1_minute_old, Ystart1_minute_old, Xstart2_minute_old, Ystart2_minute_old, Xend_minute_old, Yend_minute_old;

signed short Xstart_second_old, Ystart_second_old, Xend_second_old, Yend_second_old;
signed short Xcircle_second_old, Ycircle_second_old;

void Draw_pin(void)                                   /* draw hour, minute, second pin */
{
  unsigned short i;
  unsigned short pin_hour, length_hour = 70;
  signed short Xstart1_hour, Ystart1_hour, Xstart2_hour, Ystart2_hour, Xend_hour, Yend_hour;

  unsigned short pin_minute, length_minute = 90;
  signed short Xstart1_minute, Ystart1_minute, Xstart2_minute, Ystart2_minute, Xend_minute, Yend_minute;

  unsigned short pin_second, length_second = 100, center_second = 80;
  signed short Xstart_second, Ystart_second, Xend_second, Yend_second;
  signed short Xcircle_second, Ycircle_second;

  pin_hour = ((hour & 0x10) >> 4)*10 + (hour & 0x0F);   // convert hour to binary
  pin_minute = (minute >> 4)*10 + (minute & 0x0F);      // convert minute to binary
  pin_second = (second >> 4)*10 + (second & 0x0F);      // convert second to binary

                                                        // calculate hour variables
  Xstart1_hour = Xcenter + (signed short)(6.*sin((pin_hour*30.+pin_minute/2.-30.)*3.141592/180.)+0.5);
  Ystart1_hour = Ycenter - (signed short)(6.*cos((pin_hour*30.+pin_minute/2.-30.)*3.141592/180.)+0.5);

  Xstart2_hour = Xcenter + (signed short)(6.*sin((pin_hour*30.+pin_minute/2.+30.)*3.141592/180.)+0.5);
  Ystart2_hour = Ycenter - (signed short)(6.*cos((pin_hour*30.+pin_minute/2.+30.)*3.141592/180.)+0.5);

  Xend_hour = Xcenter + (signed short)(length_hour*sin((pin_hour*30.+pin_minute/2.)*3.141592/180.)+0.5);
```

```
Yend_hour = Ycenter - (signed short)(length_hour*cos((pin_hour*30.+pin_minute/2.)*3.141592/180.)+0.5);
                                                          // calculate minute variables
Xstart1_minute = Xcenter + (signed short)(6.*sin((pin_minute*6.+pin_second/10.-30.)*3.141592/180.)+0.5);
Ystart1_minute = Ycenter - (signed short)(6.*cos((pin_minute*6.+pin_second/10.-30.)*3.141592/180.)+0.5);

Xstart2_minute = Xcenter + (signed short)(6.*sin((pin_minute*6.+pin_second/10.+30.)*3.141592/180.)+0.5);
Ystart2_minute = Ycenter - (signed short)(6.*cos((pin_minute*6.+pin_second/10.+30.)*3.141592/180.)+0.5);

Xend_minute = Xcenter + (signed short)(length_minute*sin((pin_minute*6.+pin_second/10.)*3.141592/180.)+0.5);
Yend_minute = Ycenter - (signed short)(length_minute*cos((pin_minute*6.+pin_second/10.)*3.141592/180.)+0.5);

                                                          // calculate second variables
Xstart_second = Xcenter + (signed short)(6.*sin(3.141592/180.*(pin_second*6.))+0.5);
Ystart_second = Ycenter - (signed short)(6.*cos(3.141592/180.*(pin_second*6.))+0.5);

Xend_second = Xcenter + (signed short)(length_second*sin(3.141592/180.*(pin_second*6.))+0.5);
Yend_second = Ycenter - (signed short)(length_second*cos(3.141592/180.*(pin_second*6.))+0.5);

Xcircle_second = Xcenter + (signed short)(center_second*sin(3.141592/180.*(pin_second*6.))+0.5);
Ycircle_second = Ycenter - (signed short)(center_second*cos(3.141592/180.*(pin_second*6.))+0.5);

if(start_flag == 0)                                       // initialize old value
  { start_flag = 1;

    Xstart1_hour_old = Xstart1_hour;
    Ystart1_hour_old = Ystart1_hour;
    Xstart2_hour_old = Xstart2_hour;
    Ystart2_hour_old = Ystart2_hour;
    Xend_hour_old = Xend_hour;
    Yend_hour_old = Yend_hour;

    Xstart1_minute_old = Xstart1_minute;
    Ystart1_minute_old = Ystart1_minute;
    Xstart2_minute_old = Xstart2_minute;
    Ystart2_minute_old = Ystart2_minute;
    Xend_minute_old = Xend_minute;
    Yend_minute_old = Yend_minute;

    Xstart_second_old = Xstart_second;
    Ystart_second_old = Ystart_second;
    Xend_second_old = Xend_second;
    Yend_second_old = Yend_second;
    Xcircle_second_old = Xcircle_second;
    Ycircle_second_old = Ycircle_second;
  }

                                                          // delete old hour and minute pin
if((Xend_hour != Xend_hour_old) || (Yend_hour != Yend_hour_old) || (Xend_minute != Xend_minute_old) || (Yend_minute != Yend_minute_old))
  { Line(Xstart1_hour_old, Ystart1_hour_old,  Xend_hour_old, Yend_hour_old,  Black);
    Line(Xstart2_hour_old, Ystart2_hour_old,  Xend_hour_old, Yend_hour_old,  Black);

    Line(Xstart1_hour_old+1, Ystart1_hour_old,  Xend_hour_old, Yend_hour_old,  Black);
    Line(Xstart1_hour_old-1, Ystart1_hour_old,  Xend_hour_old, Yend_hour_old,  Black);
    Line(Xstart2_hour_old+1, Ystart2_hour_old,  Xend_hour_old, Yend_hour_old,  Black);
    Line(Xstart2_hour_old-1, Ystart2_hour_old,  Xend_hour_old, Yend_hour_old,  Black);

    Line(Xstart1_hour_old, Ystart1_hour_old+1,  Xend_hour_old, Yend_hour_old,  Black);
    Line(Xstart1_hour_old, Ystart1_hour_old-1,  Xend_hour_old, Yend_hour_old,  Black);
    Line(Xstart2_hour_old, Ystart2_hour_old+1,  Xend_hour_old, Yend_hour_old,  Black);
    Line(Xstart2_hour_old, Ystart2_hour_old-1,  Xend_hour_old, Yend_hour_old,  Black);

    Line(Xstart1_minute_old, Ystart1_minute_old,  Xend_minute_old, Yend_minute_old,  Black);
    Line(Xstart2_minute_old, Ystart2_minute_old,  Xend_minute_old, Yend_minute_old,  Black);

    Line(Xstart1_minute_old+1, Ystart1_minute_old,  Xend_minute_old, Yend_minute_old,  Black);
    Line(Xstart1_minute_old-1, Ystart1_minute_old,  Xend_minute_old, Yend_minute_old,  Black);
    Line(Xstart2_minute_old+1, Ystart2_minute_old,  Xend_minute_old, Yend_minute_old,  Black);
    Line(Xstart2_minute_old-1, Ystart2_minute_old,  Xend_minute_old, Yend_minute_old,  Black);

    Line(Xstart1_minute_old, Ystart1_minute_old+1,  Xend_minute_old, Yend_minute_old,  Black);
    Line(Xstart1_minute_old, Ystart1_minute_old-1,  Xend_minute_old, Yend_minute_old,  Black);
```

```
    Line(Xstart2_minute_old,Ystart2_minute_old+1, Xend_minute_old,Yend_minute_old, Black);
    Line(Xstart2_minute_old,Ystart2_minute_old-1, Xend_minute_old,Yend_minute_old, Black);
  }

 for(i = 3; i > 0; i--)                           // delete old second pin
   Circle(Xcircle_second_old,Ycircle_second_old, i, Black);
 Line(Xstart_second_old,Ystart_second_old, Xend_second_old,Yend_second_old, Black);

 TFT_color(White,Black);                          // display hour number
 TFT_English_pixel(112,54, '1'); TFT_English_pixel(120,54, '2');
 TFT_English_pixel(62,68, '1'); TFT_English_pixel(70,68, '1');
 TFT_English_pixel(164,68, '1');
 TFT_English_pixel(28,104, '1'); TFT_English_pixel(36,104, '0');
 TFT_English_pixel(202,104, '2');
 TFT_English_pixel(18,152, '9');
 TFT_English_pixel(216,152, '3');
 TFT_English_pixel(32,202, '8');
 TFT_English_pixel(202,202, '4');
 TFT_English_pixel(68,238, '7');
 TFT_English_pixel(164,238, '5');
 TFT_English_pixel(117,252, '6');

 TFT_color(Silver,Black);                         // *** display calendar
 TFT_xy(12,24);                                   // display slash and ()
 TFT_English('/');
 TFT_xy(15,24);
 TFT_English('/');
 TFT_xy(18,24);
 TFT_English('(');
 TFT_xy(21,24);
 TFT_English(')');
 TFT_string(8,24, Green,Black, "20");             // display year
 TFT_hexadecimal(year,2);
 TFT_xy(13,24);                                   // display month
 TFT_hexadecimal(month,2);
 TFT_xy(16,24);                                   // display date
 TFT_hexadecimal(date,2);
 if(weekday == 0x01)      TFT_string(19,24, Red,Black, "일"); // display weekday
 else if(weekday == 0x02) TFT_string(19,24, Red,Black, "월");
 else if(weekday == 0x03) TFT_string(19,24, Red,Black, "화");
 else if(weekday == 0x04) TFT_string(19,24, Red,Black, "수");
 else if(weekday == 0x05) TFT_string(19,24, Red,Black, "목");
 else if(weekday == 0x06) TFT_string(19,24, Red,Black, "금");
 else if(weekday == 0x07) TFT_string(19,24, Red,Black, "토");

 Rectangle(59,189, 179,209, DarkGrey);
 Rectangle(60,190, 178,208, Red);

 Line(Xstart1_minute,Ystart1_minute, Xend_minute,Yend_minute, Cyan); // draw new minute pin
 Line(Xstart2_minute,Ystart2_minute, Xend_minute,Yend_minute, Cyan);

 Line(Xstart1_hour,Ystart1_hour, Xend_hour, Yend_hour, Magenta); // draw new hour pin
 Line(Xstart2_hour,Ystart2_hour, Xend_hour, Yend_hour, Magenta);

 for(i = 3; i > 0; i--)                           // draw new second pin
   Circle(Xcircle_second,Ycircle_second, i, Yellow);
 Line(Xstart_second,Ystart_second, Xend_second,Yend_second, Yellow);

 Xstart1_hour_old = Xstart1_hour;                 // store old value
 Ystart1_hour_old = Ystart1_hour;
 Xstart2_hour_old = Xstart2_hour;
 Ystart2_hour_old = Ystart2_hour;
 Xend_hour_old = Xend_hour;
 Yend_hour_old = Yend_hour;

 Xstart1_minute_old = Xstart1_minute;
 Ystart1_minute_old = Ystart1_minute;
 Xstart2_minute_old = Xstart2_minute;
 Ystart2_minute_old = Ystart2_minute;
 Xend_minute_old = Xend_minute;
 Yend_minute_old = Yend_minute;
```

```
    Xstart_second_old = Xstart_second;
    Ystart_second_old = Ystart_second;
    Xend_second_old = Xend_second;
    Yend_second_old = Yend_second;
    Xcircle_second_old = Xcircle_second;
    Ycircle_second_old = Ycircle_second;
  }
```

☞ 아날로그 시계를 화면에 표시할 때는 움직이는 시계 바늘을 처리하는 것이 핵심이다. 시계 바늘이 움직이려면 1초 간격으로 이전의 바늘을 지우고 새로운 바늘을 그려주어야 하며, 만약 이로 인하여 바탕의 다른 이미지가 지워진다면 다시 그려주어야 한다. 바늘을 지우고 다시 그릴 때 그 사이의 시간 간격이 크면 화면이 깜빡이는 것처럼 느껴지므로 화면의 깜빡임이 없도록 빠르게 처리하는 것이 중요하다.

디지털 시계 부분을 처리하는 프로그래밍 기술은 이미 앞의 Exp17_3.c 예제 프로그램에서 공부하였으며, 아날로그 시계는 항상 내부의 DS3234를 이용하므로 디지털 시계에서 현재 시각을 수정하면 아날로그 시계도 자동적으로 이에 맞게 수정된다.

아날로그 시계에서 1시~12시의 숫자를 화면의 정확한 위치에 표시하려면 가로 및 세로 방향으로 8픽셀의 간격으로만 위치를 지정하여 영문 ASCII 문자를 표시할 수 있는 TFT_English() 함수는 부적합하며 문자의 위치를 1픽셀의 단위로 지정하여 출력할 수 있는 TFT_English_pixel() 함수를 사용해야 한다.

(2) 초상화 모드에서의 아날로그 시계

DS3234를 이용하여 TFT-LCD에서 풍경화 모드로 아날로그/디지털 시계를 표시하고, 키 입력으로 현재 시각을 수정하는 것이 가능한 프로그램을 C언어로 작성하여 보면 다음과 같다.

<프로그램 Exp17_7.c> TFT-LCD 모듈에 표시하는 아날로그/디지털 시계 프로그램(2)

```
/* ========================================================================== */
/*   Exp17_7_analog_landscape.c : DS3234를 이용한 아날로그 시계 - 풍경화 모드    */
/* ========================================================================== */
/*                                       Programmed by Duck-Yong Yoon in 2017.  */

#include "stm32f103xe.h"
#include "OK-STM103.h"

unsigned char BCD_increment(U08 number);        /* BCD increment */
unsigned char BCD_decrement(U08 number);        /* BCD decrement */
void Analog_cursor_left(void);                  /* go cursor left */
void Analog_cursor_right(void);                 /* go cursor right */
void Analog_increment(void);                    /* increment time */
void Analog_decrement(void);                    /* decrement time */
void Draw_analog_clock(void);                   /* draw analog clock */
void Analog_display_time(void);                 /* display analog and digital time */
void Draw_pin(void);                            /* draw hour, minute, second pin */

/* ----- 메인 프로그램 ------------------------------------------------------ */

unsigned char year, month, date, weekday, hour, minute, second, second_old;
unsigned char start_flag, tick_flag = 0;

int main(void)
{
```

```
  unsigned int key = no_key;

  Initialize_MCU();                              // initialize MCU and kit
  Delay_ms(50);                                  // wait for system stabilization
  Initialize_LCD();                              // initialize text LCD module
  Initialize_TFT_LCD();                          // initialize TFT-LCD module
  DS3234_initialize();                           // initialize DS3234 RTC

  LCD_string(0x80," OK-STM103 V1.0 ");           // display title
  LCD_string(0xC0,"   Exp17_7.c    ");
  Beep();

  TFT_cursor(Magenta);                           // display cursor by Magenta color
  Xcursor = 38;
  Ycursor = 27;
  start_flag = 0;

  Draw_analog_clock();                           // draw analog clock

  while(1)
    { key = Key_input();                         // key input

      switch(key)
        { case KEY1 : Analog_cursor_left();      // if KEY1, go cursor left
                      break;
          case KEY2 : Analog_cursor_right();     // if KEY2, go cursor right
                      break;
          case KEY3 : Analog_increment();        // if KEY3, increment time
                      break;
          case KEY4 : Analog_decrement();        // if KEY4, decrement time
                      break;
          default   : Analog_display_time();     // display time
                      break;
        }
    }
}

/* ----- 사용자 정의 함수 ------------------------------------------------------ */

unsigned char BCD_increment(U08 number)          /* BCD increment */
{
  unsigned char i;

  i = (number >> 4)*10 + (number & 0x0F);        // convert BCD to binary
  i++;                                           // increment
  i = ((i/10) << 4) + (i % 10);                  // convert binary to BCD
  return i;
}

unsigned char BCD_decrement(U08 number)          /* BCD decrement */
{
  unsigned char i;

  i = (number >> 4)*10 + (number & 0x0F);        // convert BCD to binary
  i--;                                           // decrement
  i = ((i/10) << 4) + (i % 10);                  // convert binary to BCD
  return i;
}

void Analog_cursor_left(void)                    /* go cursor left */
{
  if     ((Xcursor == 38) && (Ycursor == 27)) { Xcursor = 25; Ycursor = 19; }
  else if((Xcursor == 25) && (Ycursor == 19)) { Xcursor = 22; Ycursor = 19; }
  else if((Xcursor == 22) && (Ycursor == 19)) { Xcursor = 19; Ycursor = 19; }
  else if((Xcursor == 19) && (Ycursor == 19)) { Xcursor = 15; Ycursor = 19; }
  else if((Xcursor == 15) && (Ycursor == 19)) { Xcursor = 24; Ycursor = 9;  }

  else if((Xcursor == 24) && (Ycursor == 9)) { Xcursor = 22; Ycursor = 9;  }
  else if((Xcursor == 22) && (Ycursor == 9)) { Xcursor = 19; Ycursor = 9;  }
  else if((Xcursor == 19) && (Ycursor == 9)) { Xcursor = 16; Ycursor = 9;  }
  else if((Xcursor == 16) && (Ycursor == 9)) { Xcursor = 38; Ycursor = 27; }
}
```

```
void Analog_cursor_right(void)                      /* go cursor right */
{
  if     ((Xcursor == 38) && (Ycursor == 27)) { Xcursor = 16; Ycursor = 9; }
  else if((Xcursor == 16) && (Ycursor == 9))  { Xcursor = 19; Ycursor = 9; }
  else if((Xcursor == 19) && (Ycursor == 9))  { Xcursor = 22; Ycursor = 9; }
  else if((Xcursor == 22) && (Ycursor == 9))  { Xcursor = 24; Ycursor = 9; }
  else if((Xcursor == 24) && (Ycursor == 9))  { Xcursor = 15; Ycursor = 19; }

  else if((Xcursor == 15) && (Ycursor == 19)) { Xcursor = 19; Ycursor = 19; }
  else if((Xcursor == 19) && (Ycursor == 19)) { Xcursor = 22; Ycursor = 19; }
  else if((Xcursor == 22) && (Ycursor == 19)) { Xcursor = 25; Ycursor = 19; }
  else if((Xcursor == 25) && (Ycursor == 19)) { Xcursor = 38; Ycursor = 27; }
}

void Analog_increment(void)                         /* increment time */
{
  if((Xcursor == 15) && (Ycursor == 19))            // in case of AM/PM
    { hour = DS3234_read(0x02);
      if((hour & 0x20) == 0x00) hour |= 0x20;
      else                      hour &= 0xDF;
      DS3234_write(0x02,hour);
    }
  else if((Xcursor == 19) && (Ycursor == 19))       // in case of hour
    { hour = DS3234_read(0x02);
      if((hour & 0x1F) == 0x12) hour = (hour & 0xE0) + 0x01;
      else                      hour = BCD_increment(hour);
      DS3234_write(0x02,hour);
    }
  else if((Xcursor == 22) && (Ycursor == 19))       // in case of minute
    { minute = DS3234_read(0x01);
      if(minute == 0x59)    minute = 0x00;
      else                  minute = BCD_increment(minute);
      DS3234_write(0x01,minute);
    }
  else if((Xcursor == 25) && (Ycursor == 19))       // in case of second
    { second = DS3234_read(0x00);
      if(second == 0x59)    second = 0x00;
      else                  second = BCD_increment(second);
      DS3234_write(0x00,second);
    }
  else if((Xcursor == 16) && (Ycursor == 9))        // in case of year
    { year = DS3234_read(0x06);
      if(year == 0x99)      year = 0x00;
      else                  year = BCD_increment(year);
      DS3234_write(0x06,year);
    }
  else if((Xcursor == 19) && (Ycursor == 9))        // in case of month
    { month = DS3234_read(0x05);
      if(month == 0x12)     month = 0x01;
      else                  month = BCD_increment(month);
      DS3234_write(0x05,month);
    }
  else if((Xcursor == 22) && (Ycursor == 9))        // in case of date
    { date = DS3234_read(0x04);
      if(date == 0x31)      date = 0x01;
      else                  date = BCD_increment(date);
      DS3234_write(0x04,date);
    }
  else if((Xcursor == 24) && (Ycursor == 9))        // in case of weekday
    { weekday = DS3234_read(0x03);
      if(weekday == 0x07)   weekday = 0x01;
      else                  weekday++;
      DS3234_write(0x03,weekday);
    }
}

void Analog_decrement(void)                         /* decrement time */
{
  if ((Xcursor == 15) && (Ycursor == 19))           // in case of AM/PM
    { hour = DS3234_read(0x02);
      if((hour & 0x20) == 0x00) hour |= 0x20;
      else                      hour &= 0xDF;
      DS3234_write(0x02,hour);
```

```
    }
  else if((Xcursor == 19) && (Ycursor == 19))    // in case of hour
    { hour = DS3234_read(0x02);
      if((hour & 0x1F) == 0x01) hour = (hour & 0xE0) + 0x12;
      else                      hour = BCD_decrement(hour);
      DS3234_write(0x02,hour);
    }
  else if((Xcursor == 22) && (Ycursor == 19))    // in case of minute
    { minute = DS3234_read(0x01);
      if(minute == 0x00)      minute = 0x59;
      else                    minute = BCD_decrement(minute);
      DS3234_write(0x01,minute);
    }
  else if((Xcursor == 25) && (Ycursor == 19))    // in case of second
    { second = DS3234_read(0x00);
      if(second == 0x00)      second = 0x59;
      else                    second = BCD_decrement(second);
      DS3234_write(0x00,second);
    }
  else if((Xcursor == 16) && (Ycursor == 9))     // in case of year
    { year = DS3234_read(0x06);
      if(year == 0x00)        year = 0x99;
      else                    year = BCD_decrement(year);
      DS3234_write(0x06,year);
    }
  else if((Xcursor == 19) && (Ycursor == 9))     // in case of month
    { month = DS3234_read(0x05);
      if(month == 0x01)       month = 0x12;
      else                    month = BCD_decrement(month);
      DS3234_write(0x05,month);
    }
  else if((Xcursor == 22) && (Ycursor == 9))     // in case of date
    { date = DS3234_read(0x04);
      if(date == 0x01)        date = 0x31;
      else                    date = BCD_decrement(date);
      DS3234_write(0x04,date);
    }
  else if((Xcursor == 24) && (Ycursor == 9))     // in case of weekday
    { weekday = DS3234_read(0x03);
      if(weekday == 0x01)   weekday = 0x07;
      else                  weekday--;
      DS3234_write(0x03,weekday);
    }
}

unsigned short Xcenter = 160;                    // center x,y of analog clock
unsigned short Ycenter = 120;

void Draw_analog_clock(void)                     /* draw analog clock */
{
 unsigned short i;
 unsigned short scale_out = 118;
 unsigned short scale_in1 = 112;
 unsigned short scale_in2 = 106;
 signed short Xstart, Ystart, Xend, Yend;

 Rectangle(0,0,319,239,Brown);                   // draw outline

 for(i = 0; i < 60 ; i++)                        // draw clock scale
   if((i % 5) != 0)
     { Xstart = Xcenter + (signed short)(scale_in1*sin(3.141592/180.*(i*6.)));
       Ystart = Ycenter - (signed short)(scale_in1*cos(3.141592/180.*(i*6.)));
       Xend   = Xcenter + (signed short)(scale_out*sin(3.141592/180.*(i*6.)));
       Yend   = Ycenter - (signed short)(scale_out*cos(3.141592/180.*(i*6.)));

       Line(Xstart,Ystart, Xend,Yend, LightGrey);
     }
 for(i = 0; i < 12 ; i++)
   { Xstart = Xcenter + (signed short)(scale_in2*sin(3.141592/180.*(i*30.)));
     Ystart = Ycenter - (signed short)(scale_in2*cos(3.141592/180.*(i*30.)));
     Xend   = Xcenter + (signed short)(scale_out*sin(3.141592/180.*(i*30.)));
     Yend   = Ycenter - (signed short)(scale_out*cos(3.141592/180.*(i*30.)));
```

```
      Line(Xstart,Ystart, Xend,Yend, White);
    }

  Circle(Xcenter,Ycenter, 119, Cyan);                  // draw outline
  Circle(Xcenter,Ycenter, 118, Cyan);

  for(i = 4; i > 0; i--)                               // draw center
    Circle(Xcenter,Ycenter, i, Yellow);
}

void Analog_display_time(void)                         /* display analog and digital time */
{
  second = DS3234_read(0x00);                          // new second ?
  if(second == second_old)
    return;
  else
    second_old = second;

  minute = DS3234_read(0x01);
  hour = DS3234_read(0x02);
  weekday = DS3234_read(0x03);
  date = DS3234_read(0x04);
  month = DS3234_read(0x05);
  year = DS3234_read(0x06);

  Draw_pin();                                          // draw hour, minute, second pin
  Circle(Xcenter,Ycenter, 5, Green);

  if((minute == 0x00) && (second == 0x00) && (tick_flag == 0))
    { tick_flag = 1;
      Beep();
    }
  else if((minute != 0x00) || (second != 0x00)) // tick sound
    { tick_flag = 0;
      Tick();
    }
}

signed short Xstart1_hour_old, Ystart1_hour_old, Xstart2_hour_old, Ystart2_hour_old, Xend_hour_old, Yend_hour_old;
signed short Xstart1_minute_old, Ystart1_minute_old, Xstart2_minute_old, Ystart2_minute_old, Xend_minute_old, Yend_minute_old;

signed short Xstart_second_old, Ystart_second_old, Xend_second_old, Yend_second_old;
signed short Xcircle_second_old, Ycircle_second_old;

void Draw_pin(void)                                    /* draw hour, minute, second pin */
{
  unsigned short i;
  unsigned short pin_hour, length_hour = 70;
  signed short Xstart1_hour, Ystart1_hour, Xstart2_hour, Ystart2_hour, Xend_hour, Yend_hour;

  unsigned short pin_minute, length_minute = 90;
  signed short Xstart1_minute, Ystart1_minute, Xstart2_minute, Ystart2_minute, Xend_minute, Yend_minute;

  unsigned short pin_second, length_second = 100, center_second = 80;
  signed short Xstart_second, Ystart_second, Xend_second, Yend_second;
  signed short Xcircle_second, Ycircle_second;

  pin_hour = ((hour & 0x10) >> 4)*10 + (hour & 0x0F);    // convert hour to binary
  pin_minute = (minute >> 4)*10 + (minute & 0x0F);       // convert minute to binary
  pin_second = (second >> 4)*10 + (second & 0x0F);       // convert second to binary

                                                      // calculate hour variables
  Xstart1_hour = Xcenter + (signed short)(6.*sin((pin_hour*30.+pin_minute/2.-30.)*3.141592/180.)+0.5);
  Ystart1_hour = Ycenter - (signed short)(6.*cos((pin_hour*30.+pin_minute/2.-30.)*3.141592/180.)+0.5);

  Xstart2_hour = Xcenter + (signed short)(6.*sin((pin_hour*30.+pin_minute/2.+30.)*3.141592/180.)+0.5);
  Ystart2_hour = Ycenter - (signed short)(6.*cos((pin_hour*30.+pin_minute/2.+30.)*3.141592/180.)+0.5);

  Xend_hour = Xcenter + (signed short)(length_hour*sin((pin_hour*30.+pin_minute/2.)*3.141592/180.)+0.5);
  Yend_hour = Ycenter - (signed short)(length_hour*cos((pin_hour*30.+pin_minute/2.)*3.141592/180.)+0.5);

                                                      // calculate minute variables
  Xstart1_minute = Xcenter + (signed short)(6.*sin((pin_minute*6.+pin_second/10.-30.)*3.141592/180.)+0.5);
```

```
Ystart1_minute = Ycenter - (signed short)(6.*cos((pin_minute*6.+pin_second/10.-30.)*3.141592/180.)+0.5);

Xstart2_minute = Xcenter + (signed short)(6.*sin((pin_minute*6.+pin_second/10.+30.)*3.141592/180.)+0.5);
Ystart2_minute = Ycenter - (signed short)(6.*cos((pin_minute*6.+pin_second/10.+30.)*3.141592/180.)+0.5);

Xend_minute = Xcenter + (signed short)(length_minute*sin((pin_minute*6.+pin_second/10.)*3.141592/180.)+0.5);
Yend_minute = Ycenter - (signed short)(length_minute*cos((pin_minute*6.+pin_second/10.)*3.141592/180.)+0.5);

                                                    // calculate second variables
Xstart_second = Xcenter + (signed short)(6.*sin(3.141592/180.*(pin_second*6.))+0.5);
Ystart_second = Ycenter - (signed short)(6.*cos(3.141592/180.*(pin_second*6.))+0.5);

Xend_second = Xcenter + (signed short)(length_second*sin(3.141592/180.*(pin_second*6.))+0.5);
Yend_second = Ycenter - (signed short)(length_second*cos(3.141592/180.*(pin_second*6.))+0.5);

Xcircle_second = Xcenter + (signed short)(center_second*sin(3.141592/180.*(pin_second*6.))+0.5);
Ycircle_second = Ycenter - (signed short)(center_second*cos(3.141592/180.*(pin_second*6.))+0.5);

if(start_flag == 0)                                 // initialize old value
  { start_flag = 1;

    Xstart1_hour_old = Xstart1_hour;
    Ystart1_hour_old = Ystart1_hour;
    Xstart2_hour_old = Xstart2_hour;
    Ystart2_hour_old = Ystart2_hour;
    Xend_hour_old = Xend_hour;
    Yend_hour_old = Yend_hour;

    Xstart1_minute_old = Xstart1_minute;
    Ystart1_minute_old = Ystart1_minute;
    Xstart2_minute_old = Xstart2_minute;
    Ystart2_minute_old = Ystart2_minute;
    Xend_minute_old = Xend_minute;
    Yend_minute_old = Yend_minute;

    Xstart_second_old = Xstart_second;
    Ystart_second_old = Ystart_second;
    Xend_second_old = Xend_second;
    Yend_second_old = Yend_second;
    Xcircle_second_old = Xcircle_second;
    Ycircle_second_old = Ycircle_second;
  }

                                                    // delete old hour and minute pin
if((Xend_hour != Xend_hour_old) || (Yend_hour != Yend_hour_old) || (Xend_minute != Xend_minute_old) || (Yend_minute != Yend_minute_old))
  { Line(Xstart1_hour_old,Ystart1_hour_old, Xend_hour_old,Yend_hour_old, Black);
    Line(Xstart2_hour_old,Ystart2_hour_old, Xend_hour_old,Yend_hour_old, Black);

    Line(Xstart1_hour_old+1,Ystart1_hour_old, Xend_hour_old,Yend_hour_old, Black);
    Line(Xstart1_hour_old-1,Ystart1_hour_old, Xend_hour_old,Yend_hour_old, Black);
    Line(Xstart2_hour_old+1,Ystart2_hour_old, Xend_hour_old,Yend_hour_old, Black);
    Line(Xstart2_hour_old-1,Ystart2_hour_old, Xend_hour_old,Yend_hour_old, Black);

    Line(Xstart1_hour_old,Ystart1_hour_old+1, Xend_hour_old,Yend_hour_old, Black);
    Line(Xstart1_hour_old,Ystart1_hour_old-1, Xend_hour_old,Yend_hour_old, Black);
    Line(Xstart2_hour_old,Ystart2_hour_old+1, Xend_hour_old,Yend_hour_old, Black);
    Line(Xstart2_hour_old,Ystart2_hour_old-1, Xend_hour_old,Yend_hour_old, Black);

    Line(Xstart1_minute_old,Ystart1_minute_old, Xend_minute_old,Yend_minute_old, Black);
    Line(Xstart2_minute_old,Ystart2_minute_old, Xend_minute_old,Yend_minute_old, Black);

    Line(Xstart1_minute_old+1,Ystart1_minute_old, Xend_minute_old,Yend_minute_old, Black);
    Line(Xstart1_minute_old-1,Ystart1_minute_old, Xend_minute_old,Yend_minute_old, Black);
    Line(Xstart2_minute_old+1,Ystart2_minute_old, Xend_minute_old,Yend_minute_old, Black);
    Line(Xstart2_minute_old-1,Ystart2_minute_old, Xend_minute_old,Yend_minute_old, Black);

    Line(Xstart1_minute_old,Ystart1_minute_old+1, Xend_minute_old,Yend_minute_old, Black);
    Line(Xstart1_minute_old,Ystart1_minute_old-1, Xend_minute_old,Yend_minute_old, Black);
    Line(Xstart2_minute_old,Ystart2_minute_old+1, Xend_minute_old,Yend_minute_old, Black);
    Line(Xstart2_minute_old,Ystart2_minute_old-1, Xend_minute_old,Yend_minute_old, Black);
  }

for(i = 3; i > 0; i--)                              // delete old second pin
```

```
  Circle(Xcircle_second_old, Ycircle_second_old, i, Black);
Line(Xstart_second_old, Ystart_second_old, Xend_second_old, Yend_second_old, Black);

TFT_color(White, Black);                       // display hour number
TFT_English_pixel(152, 15, '1'); TFT_English_pixel(160, 15, '2');
TFT_English_pixel(102, 29, '1'); TFT_English_pixel(110, 29, '1');
TFT_English_pixel(204, 29, '1');
TFT_English_pixel(68, 65, '1'); TFT_English_pixel(76, 65, '0');
TFT_English_pixel(242, 65, '2');
TFT_English_pixel(58, 113, '9');
TFT_English_pixel(256, 113, '3');
TFT_English_pixel(72, 163, '8');
TFT_English_pixel(242, 163, '4');
TFT_English_pixel(108, 199, '7');
TFT_English_pixel(204, 199, '5');
TFT_English_pixel(157, 213, '6');

TFT_color(Silver, Black);                      // *** display calendar
TFT_xy(17, 9);                                 // display slash and ()
TFT_English('/');
TFT_xy(20, 9);
TFT_English('/');
TFT_xy(23, 9);
TFT_English('(');
TFT_xy(26, 9);
TFT_English(')');
TFT_string(13, 9, Green, Black, "20");         // display year
TFT_hexadecimal(year, 2);
TFT_xy(18, 9);                                 // display month
TFT_hexadecimal(month, 2);
TFT_xy(21, 9);                                 // display date
TFT_hexadecimal(date, 2);
if(weekday == 0x01)      TFT_string(24, 9, Red, Black, "일");   // display weekday
else if(weekday == 0x02) TFT_string(24, 9, Red, Black, "월");
else if(weekday == 0x03) TFT_string(24, 9, Red, Black, "화");
else if(weekday == 0x04) TFT_string(24, 9, Red, Black, "수");
else if(weekday == 0x05) TFT_string(24, 9, Red, Black, "목");
else if(weekday == 0x06) TFT_string(24, 9, Red, Black, "금");
else if(weekday == 0x07) TFT_string(24, 9, Red, Black, "토");

Rectangle(99, 69, 219, 89, DarkGrey);
Rectangle(100, 70, 218, 88, Red);

TFT_color(Silver, Black);                      // *** display digital clock
TFT_xy(20, 19);                                // display colon
TFT_English(':');
TFT_xy(23, 19);
TFT_English(':');
TFT_xy(18, 19);                                // display hour
TFT_color(Green, Black);
TFT_hexadecimal(hour & 0x1F, 2);
if((hour & 0x20) == 0x00) TFT_string(14, 19, Red, Black, "AM");
else                      TFT_string(14, 19, Red, Black, "PM");
TFT_xy(21, 19);                                // display minute
TFT_color(Green, Black);
TFT_hexadecimal(minute, 2);
TFT_xy(24, 19);                                // display second
TFT_color(Green, Black);
TFT_hexadecimal(second, 2);

Rectangle(107, 149, 211, 169, DarkGrey);
Rectangle(108, 150, 210, 168, Red);

TFT_xy(38, 27); TFT_color(Green, Black);       // display home
TFT_English(' ');

Line(Xstart1_minute, Ystart1_minute, Xend_minute, Yend_minute, Cyan); // draw new minute pin
Line(Xstart2_minute, Ystart2_minute, Xend_minute, Yend_minute, Cyan);

Line(Xstart1_hour, Ystart1_hour, Xend_hour, Yend_hour, Magenta); // draw new hour pin
Line(Xstart2_hour, Ystart2_hour, Xend_hour, Yend_hour, Magenta);

for(i = 3; i > 0; i--)                         // draw new second pin
```

```
  Circle(Xcircle_second,Ycircle_second, i, Yellow);
  Line (Xstart_second,Ystart_second, Xend_second,Yend_second, Yellow);

  Xstart1_hour_old = Xstart1_hour;              // store old value
  Ystart1_hour_old = Ystart1_hour;
  Xstart2_hour_old = Xstart2_hour;
  Ystart2_hour_old = Ystart2_hour;
  Xend_hour_old = Xend_hour;
  Yend_hour_old = Yend_hour;

  Xstart1_minute_old = Xstart1_minute;
  Ystart1_minute_old = Ystart1_minute;
  Xstart2_minute_old = Xstart2_minute;
  Ystart2_minute_old = Ystart2_minute;
  Xend_minute_old = Xend_minute;
  Yend_minute_old = Yend_minute;

  Xstart_second_old = Xstart_second;
  Ystart_second_old = Ystart_second;
  Xend_second_old = Xend_second;
  Yend_second_old = Yend_second;
  Xcircle_second_old = Xcircle_second;
  Ycircle_second_old = Ycircle_second;
}
```

6. 실습 과제

(1) <그림 3.1.2>의 DS3234 관련 회로에서 저항 R24(10kΩ)과 저항 R25(1kΩ) 및 다이오드 D2(1N4148)는 각각 어떤 기능을 수행하기 위하여 이렇게 사용되었는지 설명하라.

(2) 예제 프로그램 Exp17_2.c의 main() 함수에서 while()문 내부의 Delay_ms(50); 명령이 없으면 어떻게 되는지 확인하라. 그리고, 왜 이런 현상이 나타나는지 설명하라.

(3) 예제 프로그램 Exp17_5.c에서 키 입력 이외에 터치 스크린을 추가로 사용할 수 있도록 수정한 프로그램 Exp17_5R.c를 작성하라. 단, 터치 스크린을 사용하여 첫화면에서 두번째 화면으로 넘어가는 동작은 현재 시각을 표시하는 사각형 내부를 터치하면 수행되도록 하라.

(4) 예제 프로그램 Exp17_7.c에서 아날로그 시계를 자신의 개성을 살려 더욱 예쁘게 디자인한 프로그램 Exp17_7R.c를 작성하라. 그리고, 이 프로그램에는 DS3234의 온도센서를 읽어서 화면의 우측 상단에 xx.x℃로 표시하는 기능을 추가하라.

4.18 TFT-LCD를 이용한 게임 프로그램

여기서는 MS-DOS 운영체제 시절부터 퍼스널컴퓨터에서 유명했던 게임인 푸시푸시 게임과 오목 게임을 *OK-STM103* 키트의 TFT-LCD 화면에 구현해 본다. 이러한 게임을 수행하려면 적절한 입력장치가 필요한데 여기서는 게임 입력장치로 KEY1∼KEY4 또는 TFT-LCD의 터치 스크린을 사용한다.

이 책에서는 TFT-LCD 모듈을 사용하여 게임을 구현하면서 STM32F103VET6의 프로그래밍 기술을 익히는 것이 목적이므로 게임의 알고리즘이나 수준에는 그다지 중점을 두지 않는다. 만약 게임 알고리즘의 수준을 높이는 작업이 필요하다면 그것은 독자 여러분이 좀더 공부하고 노력할 몫이다. 특히 졸업작품을 만들 목적으로 이 책의 예제 프로그램을 응용하려는 학생이라면 마땅히 이런 정도의 프로그램 소스는 자신의 힘으로 적극적으로 분석하여 자신의 작품에 발전적으로 응용할 수 있는 의지와 노력이 있어야 한다.

관련 내용	(1) 제3.1절 *OK-STM103* 키트의 구조와 기능 (2) 제4.7절 TFT-LCD 모듈 그래픽 출력 프로그램 (3) 제4.8절 터치 스크린 입력 프로그램

1. 푸시푸시 게임 프로그램

현재까지 푸시푸시(PushPush) 게임이라고 널리 알려져 있는 이것은 원래 소코반(Soko-Ban)이라는 게임 프로그램으로서 아주 단순하지만 시간이 많이 소요되면서 두뇌를 많이 활용해야 하는 좋은 게임 프로그램이다. 소코반은 1980년에 일본의 히로유키 이마바야시(Hiroyuki Imabayashi)라는 사람이 비디오 게임기용으로 개발한 게임이며, 나중에 IBM PC에서 MS-DOS용으로 변형되어 큰 인기를 끌었다. 이것은 그래픽 해상도가 낮은 화면에서도 쉽게 구현할 수 있고, 키나 터치 스크린 등 아무 입력장치를 사용하더라도 게임을 수행할 수 있으며, 그다지 스피드를 요구하는 게임도 아니면서 지루하지 않게 게임에 깊이 빠져드는 재미가 있어서 모바일 제품의 취향에 잘 어울리기 때문에 최근에는 휴대전화에 적용되어 대단한 인기를 끌기도 하였다.

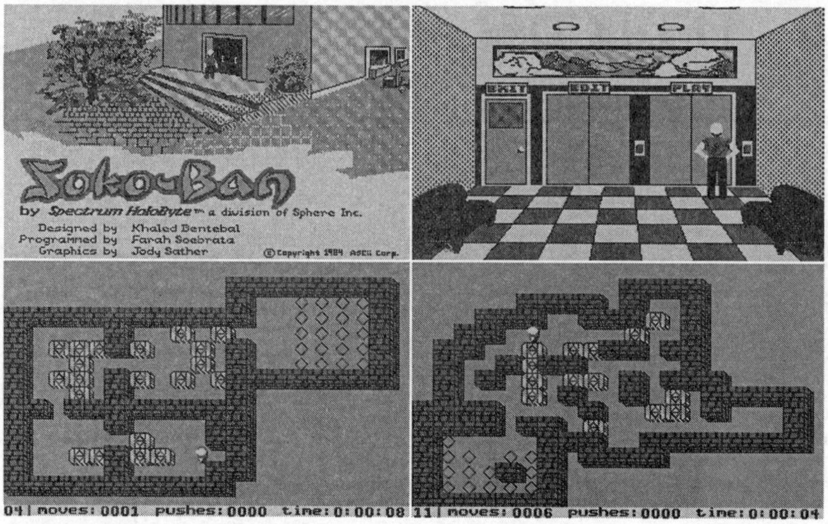

<그림 4.18.1> MS-DOS에서 사용하던 오리지널 소코반 게임의 화면 캡쳐

이것은 다양한 미로 구조를 가지는 방의 안에서 사람이 박스를 1개씩 밀어서 지정된 위치로 모두 옮겨 놓으면 게임이 완료되고 새로운 스테이지로 넘어가는 게임이다. 박스는 한번에 1개씩만 밀 수 있으며, 항상 정면으로만 밀고 갈 수가 있다. 따라서, 박스를 정면으로 밀고 갈 수 없는 위치에 빠져들게 되면 그 스테이지는 더 진행할 수가 없으므로 게임 오버(game over)가 된다. 이렇게 되지 않으려면 각 박스를 어떤 방향에서 어떤 순서로 밀어서 옮겨야 하는지가 중요한 관건이다.

현재까지 이 게임은 수많은 아류가 쏟아져 나왔으며 공개된 스테이지의 수도 엄청나게 많다. 따라서, 메모리 용량만 허용된다면 이 게임에서는 스테이지 수를 거의 무제한으로 늘려서 구현할 수 있다.

다음 프로그램은 푸시푸시 게임을 *OK-STM103* 키트의 TFT-LCD에서 240×320 픽셀 해상도를 갖는 초상화 모드에 맞도록 구현한 것으로 키 KEY1~KEY4 및 터치스크린을 입력장치로 사용하여 게임을 수행할 수 있다. 터치 스크린으로는 게임의 모든 기능을 사용할 수 있지만 키를 사용하는 경우에는 키가 4개밖에 없어서 게임 기능의 일부를 사용할 수 없게 된다.

이 게임은 현재까지 나와 있는 많은 종류의 소코반 또는 푸시푸시 게임을 참조로 하여 프로그래밍한 것이며, 여기에는 현재 35개의 스테이지가 포함되어 있다. 게임 내용과 알고리즘이 비교적 간단하므로 독자 여러분 스스로의 노력으로 충분히 파악할 수 있을 것이다.

<프로그램 Exp18_1.c> 푸시푸시 게임 프로그램 - 초상화 모드

```
/* ========================================================================== */
/*      Exp18_1_PushPush_portrait.c : 푸시푸시(PushPush) 게임 - 초상화 모드      */
/* ========================================================================== */
/*                                       Programmed by Duck-Yong Yoon in 2017.  */

#include "stm32f103xe.h"
#include "OK-STM103.h"

void SysTick_Handler(void);                             // SysTick interrupt function by 1Hz
void Draw_symbol(U16 xPos,U16 yPos,U16 color,U08 code); // draw 16x16 symbol
void Draw_arrow(U16 xPos,U16 yPos,U16 color,U08 code);  // draw 32x32 arrow
void Draw_board(void);                                  // draw game board
void Draw_control(void);                                // draw game control
void Draw_left(U16 color1, U16 color2, U16 color3);          // draw left arrow for touch screen
void Draw_right(U16 color1, U16 color2, U16 color3);         // draw right arrow for touch screen
void Draw_down(U16 color1, U16 color2, U16 color3);          // draw down arrow for touch screen
void Draw_up(U16 color1, U16 color2, U16 color3);            // draw up arrow for touch screen
void Draw_clear(U16 color1, U16 color2);                // display clear for touch screen
void Draw_previous(U16 color1, U16 color2);             // display previous stage for touch screen
void Draw_next(U16 color1, U16 color2);                 // display previous stage for touch screen
unsigned char Icon_input(void);                         // input touch screen icon
void PushPush(U16 direction);                           // push box by direction arrow
unsigned char Check_OK(void);                           // check game stage OK

/* -------------------------------------------------------------------------- */

#define Left            KEY1                    // direction by KEY1
#define Right           KEY2                    // direction by KEY2
#define Up              KEY3                    // direction by KEY3
#define Down            KEY4                    // direction by KEY4

#define KEY5            0x15                    // previous stage icon of touch screen
#define KEY6            0x16                    // next stage icon of touch screen
#define KEY7            0x17                    // clear icon of touch screen

#define Xbase            8                      // x base position of board
#define Ybase           23                      // y base position of board

#define stage_max       35                      // maximum stage number

unsigned char  beep_flag;                       // beep on/off flag
unsigned char  stage;                           // game stage
unsigned char  buffer[12][14];                  // board buffer of a stage(x=12, y=12)
unsigned short xo, yo;                          // current x, y position

/* ----- 게임 스테이지 정의 ----------------------------------------------- */

const unsigned char board[stage_max][12][14]={  /* define board of each stage */
        { "              ",                     // stage 1
          "              ",
          "   XXXXXXXX   ",
          "   XX@ XXXX   ",
          "   XX *  XX   ",
          "   XXX X XX   ",
          "   XOX X  X   ",
          "   XO*  X X   ",
          "   XO   * X   ",
          "   XXXXXXXX   ",
          "              ",
          "              "},
        { "              ",                     // stage 2
          "  XXXXXXXXXX  ",
          "  XX@  XXXXX  ",
          "  XX **XX  X  ",
          "  XX *     X  ",
          "  XXXXXX   X  ",
          "  XX   X XXX  ",
          "  XX XXX  XX  ",
          "  XX XOOO XX  ",
```

```
      "  XXXXXXXXXX  ",
      "              ",
      "              "},
    { "              ",        // stage 3
      "              ",
      "   XXXXXXXX   ",
      "   XX00 0XX   ",
      "   XX0* 0XX   ",
      "   XX*   XX   ",
      "   X *  *@X   ",
      "   X XX*X X   ",
      "   X      X   ",
      "   XXXXXXXX   ",
      "              ",
      "              "},
    { "              ",        // stage 4
      "              ",
      "   XXXXXXX    ",
      "   XXX  XX    ",
      "   X *   X    ",
      "   X X X X    ",
      "   X * X X    ",
      "   X *@**X    ",
      "   X00000X    ",
      "   XXXXXXX    ",
      "              ",
      "              "},
    { "              ",        // stage 5
      "              ",
      "              ",
      "  XXXXXXXXXX  ",
      "  X  XXXXXX   ",
      "  X * 00*  X  ",
      "  XX* 00**@X  ",
      "  XX  00*  X  ",
      "  XXXXXXXXXX  ",
      "              ",
      "              ",
      "              "},
    { "              ",        // stage 6
      "              ",
      "  XXXXXXXXXX  ",
      "  XX     XXX  ",
      "  XX*XXX   X  ",
      "  X @ *  * X  ",
      "  X 00X * XX  ",
      "  XX00X   XX  ",
      "  XXXXXXXXXX  ",
      "              ",
      "              ",
      "              "},
    { "              ",        // stage 7
      "              ",
      "  XXXXXXXXXX  ",
      "  XXXX  X @X  ",
      "  XXX   X  X  ",
      "  XXX* * * X  ",
      "  XXX *XX  X  ",
      "  XXX * X XX  ",
      "  X00000  XX  ",
      "  XXXXXXXXXX  ",
      "              ",
      "              "},
    { "              ",        // stage 8
      "  XXXXXXXXXX  ",
      "  XXX    XXX  ",
      "  XXX *    X  ",
      "  XXX * XX X  ",
      "  X000 *   X  ",
      "  X000*X* XX  ",
      "  XXXX X * X  ",
      "  XXXX  @  X  ",
      "  XXXXXXXXXX  ",
```

```
  "              ",
  "              "},
{ "              ",                    // stage 9
  "  XXXXXXXXX   ",
  "  X       X   ",
  "  X X**  XX   ",
  "  X OOOX XX   ",
  "  XXOOO* XX   ",
  "  XX XX * X   ",
  "  XX*  *  X   ",
  "  XX  X  @X   ",
  "  XXXXXXXXX   ",
  "              ",
  "              "},
{ "              ",                    // stage 10
  "              ",
  "  XXXXXXXXX   ",
  "  XXXXO  @X   ",
  "  X  ***  X   ",
  "  XOXXOXXOX   ",
  "  X   *   X   ",
  "  X  *OX XX   ",
  "  XXXX   XX   ",
  "  XXXXXXXXX   ",
  "              ",
  "              "},
{ "              ",                    // stage 11
  " XXXXXXXXXXXX ",
  " XXXX   XX  X ",
  " X@*  OO X  X ",
  " X   XOX XXXX ",
  " XX XO O    X ",
  " XX XX*XX*X X ",
  " XX * *     X ",
  " XXXX   X  XX ",
  " XXXXXXXXXXXX ",
  "              ",
  "              "},
{ "              ",                    // stage 12
  " XXXXXXXXXXXX ",
  " X   X   X  X ",
  " X       X  X ",
  " XX XXX XXXXX ",
  " XX   OOO   X ",
  " XX*XXX X X X ",
  " X   *@   * X ",
  " X   X  XXXXX ",
  " XXXXXXXXXXXX ",
  "              ",
  "              "},
{ "              ",                    // stage 13
  "              ",
  "   XXXXXXXX   ",
  "   X XOOX X   ",
  "   XXX OXXX   ",
  "   X   *OXX   ",
  "   X  *  XX   ",
  "   X  X** X   ",
  "   X  @   X   ",
  "   XXXXXXXX   ",
  "              ",
  "              "},
{ "              ",                    // stage 14
  "              ",
  "   XXXXXXXX   ",
  "   XXO OOXX   ",
  "   XXO *OXX   ",
  "   XXX  *XX   ",
  "   X *  * X   ",
  "   X X*XX X   ",
  "   X   @  X   ",
  "   XXXXXXXX   ",
  "              ",
```

```
   "                  " },
  { "                  ",                    // stage 15
   "                  ",
   "   XXXXXXXXXX     ",
   "   X  XXXXXXX     ",
   "   XXXX    XX     ",
   "   XXO *XX XX     ",
   "   XOO* * @ X     ",
   "   XOO * * XX     ",
   "   XXXXXX  XX     ",
   "   XXXXXXXXXXX    ",
   "                  ",
   "                  "},
  { "                  ",                    // stage 16
   "                  ",
   "     XXXXXXXX     ",
   "     XO    O X    ",
   "     X X X   X    ",
   "     X@*   *OX    ",
   "     XXXXX *X     ",
   "     X   X  X     ",
   "     XXXXXXXX     ",
   "                  ",
   "                  ",
   "                  "},
  { "                  ",                    // stage 17
   "                  ",
   "    XXXXXXXXX     ",
   "    XXOO*OOXX     ",
   "    XXOOXOOXX     ",
   "    XX *** XX     ",
   "    XX  *  XX     ",
   "    XX *** XX     ",
   "    XX  X@ XX     ",
   "    XXXXXXXXX     ",
   "                  ",
   "                  "},
  { "                  ",                    // stage 18
   "                  ",
   "    XXXXXXXXX     ",
   "    XOOOOOOXX     ",
   "    X  * X XX     ",
   "    X * X * X     ",
   "    XX* * * X     ",
   "    XX  @   X     ",
   "    XXXXXXXXX     ",
   "                  ",
   "                  ",
   "                  "},
  { "                  ",                    // stage 19
   "                  ",
   "      XXXXXXXX    ",
   "      XXX     X   ",
   "      XXX*** X    ",
   "      X@ *OO X    ",
   "      X *OOOXX    ",
   "      XXXX  XX    ",
   "      XXXXXXXX    ",
   "                  ",
   "                  ",
   "                  "},
  { "                  ",                    // stage 20
   "                  ",
   "    XXXXXXXXXX    ",
   "    XXXXXXX  X    ",
   "    XX    X  X    ",
   "    XX ***XX X    ",
   "    XX  XOOXXX    ",
   "    XXX  OO* X    ",
   "    XXX @    X    ",
   "    XXXXXXXXXX    ",
   "                  ",
   "                  "},
```

```
{ "                ",                    // stage 21
  "                ",
  "  XXXXXXXXXX    ",
  "  XX0000 XXX    ",
  "  XXX000*XXX    ",
  "  X  *X* * X    ",
  "  X **  X* X    ",
  "  X    X   X    ",
  "  XXXX @ XXX    ",
  "  XXXXXXXXXX    ",
  "                ",
  "                "},
{ "                ",                    // stage 22
  "                ",
  " XXXXXXXXXXXX   ",
  " X  X 000X  X   ",
  " XXXX0000X  X   ",
  " X  XXX*  XXX   ",
  " X * *   ** X   ",
  " X@ * *     X   ",
  " X   XXX    X   ",
  " XXXXXXXXXXXX   ",
  "                ",
  "                "},
{ "                ",                    // stage 23
  "                ",
  "  XXXXXXXXXX    ",
  "  XXX   XXXX    ",
  "  X   * *  X    ",
  "  X *   * @X    ",
  "  XXX**XXXXX    ",
  "  X X  00X X    ",
  "  X X0000X X    ",
  "  XXXXXXXXXX    ",
  "                ",
  "                "},
{ "                ",                    // stage 24
  " XXXXXXXXXXXX   ",
  " X        X X   ",
  " X   * * *X X   ",
  " XX X*XX  X X   ",
  " XX 00 00XXX    ",
  " XXX00 00 XX    ",
  " X X XX*X XX    ",
  " X X* * *  X    ",
  " X X      @X    ",
  " XXXXXXXXXXXX   ",
  "                "},
{ "                ",                    // stage 25
  "  XXXXXXXXXX    ",
  "  XX  XXXXXX    ",
  "  XX* XX  XX    ",
  "  X  *@*  XX    ",
  "  X   XX* XX    ",
  "  XXX0XX XXX    ",
  "  XX000* * X    ",
  "  XXX00    X    ",
  "  XXXXXXXXXX    ",
  "                ",
  "                "},
{ "                ",                    // stage 26
  " XXXXXXXXXXXX   ",
  " X    X     X   ",
  " X *@*****  X   ",
  " X          X   ",
  " XXXXX XXXXX    ",
  " X  X0  X  X    ",
  " X  X0  X  X    ",
  " X  X000X  X    ",
  " X  X0  X  X    ",
  " XXXXXXXXXXXX   ",
  "                "},
{ "                ",                    // stage 27
```

```
     "              ",
     " XXXXXXXXXXX  ",
     " XXXX    0 X  ",
     " X  * * *0 X  ",
     " X  0XXXX0XX  ",
     " X *0* * @XX  ",
     " X  0  XXXXX  ",
     " XXXXXXXXXXX  ",
     "              ",
     "              ",
     "              " },
   { "              ",                   // stage 28
     " XXXXXXXXXXX  ",
     " XXX  @   XX  ",
     " X   * *  XX  ",
     " X  * * * XX  ",
     " XXXXX*XXXXX  ",
     " X  XX 0 00X  ",
     " X  X  0X  X  ",
     " X  X 0   0X  ",
     " X  XXXX  XX  ",
     " XXXXXXXXXXX  ",
     "              " },
   { "              ",                   // stage 29
     " XXXXXXXXXXX  ",
     " X @X  XXXXX  ",
     " X **  *   X  ",
     " X  XOXX*X X  ",
     " XX*X000   X  ",
     " XX 000XX*XX  ",
     " X  XX0XX  X  ",
     " X  *  *   X  ",
     " X  X   X  X  ",
     " XXXXXXXXXXX  ",
     "              " },
   { "              ",                   // stage 30
     " XXXXXXXXXXXX ",
     " XXXXXX0   XX ",
     " XX  X00XX XX ",
     " XX  *00   XX ",
     " XX  X 0X XXX ",
     " XXX XX*X  XX ",
     " X *    ** XX ",
     " X X*X  X  XX ",
     " X@  XXXXXXXX ",
     " XXXXXXXXXXXX ",
     "              " },
   { "XXXXXXXXXXXXXX",                   // stage 31
     "X00000XXXX   X",
     "X00000   XXXXX",
     "X000 0X  X   X",
     "XXX XXX XX * X",
     "X **  *   *  X",
     "X   *   *X   X",
     "X *  *XX X * X",
     "X  XX *    XXX",
     "XX   *@* * X X",
     "XXXXX    XXX X",
     "XXXXXXXXXXXXXX" },
   { "XXXXXXXXXXXXXX",                   // stage 32
     "XX   XXX  X XX",
     "X  * X  *    X",
     "X *    X@ *  X",
     "X   XXXXXX XXX",
     "XXX*XX  XX XXX",
     "XX00 XXXX  * X",
     "XX000  * * * X",
     "XX000XXXX    X",
     "XX000X  X ** X",
     "XXXXXXXXXXX  X",
     "XXXXXXXXXXXXXX" },
   { "XXXXXXXXXXXXXX",                   // stage 33
     "X XXX    XXX X",
```

```
         "XXX   *X   X X",
         "X **   *   X X",
         "X    *X ** X X",
         "X *   *   XX X",
         "XXXXX*X XXXXXX",
         "X   X  *X @00X",
         "X   XX*  00X0X",
         "X    X X*0000X",
         "X    X   0000X",
         "XXXXXXXXXXXXXX" },
       { "XXXXXXXXXXXXXX",                          // stage 34
         "XX    XXX   XX",
         "XX*X *X * * XX",
         "XX *  *   *  X",
         "X0000  XX  X X",
         "X0XX0  * XX  X",
         "X0000    *   X",
         "X0000X*X **  X",
         "XX *X   X@   X",
         "XX    * XXXXXX",
         "XXX  XXXX    X",
         "XXXXXXXXXXXXXX" },
       { "XXXXXXXXXXXXXX",                          // stage 35
         "X XXX    XXX X",
         "X X   X*   XXX",
         "X X   *   ** X",
         "X X ** X*    X",
         "X XX   *   * X",
         "XXXXXX X*XXXXX",
         "X00@ X*  X   X",
         "X0X00  *XX   X",
         "X0000*X X    X",
         "X0000   X    X",
         "XXXXXXXXXXXXXX" }};

/* ----- 인터럽트 처리 프로그램 ---------------------------------------------- */

volatile unsigned char second, minute;

void SysTick_Handler(void)                          /* SysTick interrupt function by 1Hz */
{
  second++;                                         // increment second
  if(second == 60)                                  // if second = 60, second = 0
    { second = 0;
      minute++;                                     // increment minute
      if(minute == 60)                              // if minute = 60, minute = 0
        minute = 0;
    }
}

/* ----- 메인 프로그램 ------------------------------------------------------- */

int main(void)                                      /* main routine of PushPush game */
{
  unsigned char x, y, key, direction = 0;

  Initialize_MCU();                                 // initialize MCU and kit
  Delay_ms(50);                                     // wait for system stabilization
  Initialize_LCD();                                 // initialize text LCD module
  Initialize_TFT_LCD();                             // initialize TFT-LCD module
  TFT_portrait_mode();                              // portrait mode
  Initialize_touch_screen();                        // initialize touch screen

  LCD_string(0x80," OK-STM103 V1.0 ");              // display title
  LCD_string(0xC0,"   Exp18_1.c    ");
  Beep();

  stage = 0;                                        // initial stage
  beep_flag = 1;                                    // beep on
  second = 0;                                       // initialize time
  minute = 0;

  SysTick->LOAD  = 8999999;                         // N-1 for 1sec (9MHz/9000000 = 1Hz)
```

```
  SysTick->VAL   = 0;                                    // clear SysTick Counter
  SysTick->CTRL  = 0x00000003;                           // 72MHz/8 = 9MHz, enable interrupt

  while(1)
    { TFT_clear_screen();                                // clear screen for new stage

      for(y = 0; y < 12; y++)                            // get new board and initial @ position
        for(x = 0; x < 14; x++)
          { buffer[y][x] = board[stage][y][x];
            if(buffer[y][x] == '@')
              { xo = x;
                yo = y;
                buffer[y][x] = ' ';
              }
          }

      second = 0;                                        // initialize time
      minute = 0;
      Draw_board();                                      // draw new board
      Draw_control();                                    // draw game control

      while(1)                                           // game of current stage
        { direction = 0;

          key = Key_input();                             // key input
          if(key == no_key)                              // if no key input, read touch screen icon
            key = Icon_input();

          if(key == KEY1)          direction = Left;
          else if(key == KEY2) direction = Right;
          else if(key == KEY3) direction = Up;
          else if(key == KEY4) direction = Down;
          else if(key == KEY5)                           // go previous stage
            { if(stage != 0) stage--;
              else           stage = stage_max - 1;
              break;
            }
          else if(key == KEY6)                           // go next stage
            { if(stage != (stage_max-1)) stage++;
              else                       stage = 0;
              break;
            }
          else if(key == KEY7)                           // clear current stage
            break;

          PushPush(direction);                           // go to push

          TFT_color(White,Black);                        // display time
          TFT_xy(6,30); TFT_unsigned_decimal(minute,1,2);
          TFT_xy(9,30); TFT_unsigned_decimal(second,1,2);

          if(Check_OK())                                 // check if stage is OK
            { TFT_string(1,28, Green,Black, "  축하합니다!  ");
              Delay_ms(300);
              if(beep_flag == 1) Beep_3times();
              Delay_ms(2000);
              if(stage != (stage_max-1)) stage++;
              else                       stage = 0;
              break;
            }
        }
    }
}
/* ----- 사용자 정의 함수 ------------------------------------------------------- */

const unsigned short Symbol[6][16] = {                           /* define board symbol */
 { 0x07E0,0x0FF0,0x3FFC,0x3FFC,0x7FFE,0xF3CF,0xF3CF,0xFFFF,      // (0) 사람
   0xFFFF,0xEFF7,0xE7E7,0x700E,0x3C3C,0x3FFC,0x0FF0,0x07E0 },
 { 0xFC7F,0xFEFF,0xFEFF,0xFEFF,0xFEFF,0xFEFF,0xFC7F,0x0000,      // (1) 벽
   0x7FFC,0xFFFE,0xFFFE,0xFFFE,0xFFFE,0xFFFE,0x7FFC,0x0000 },
 { 0x0000,0x7FFE,0x7FFE,0x781E,0x7C3E,0x6E76,0x67E6,0x63C6,      // (2) 박스
   0x63C6,0x67E6,0x6E76,0x7C3E,0x781E,0x7FFE,0x7FFE,0x0000 },
```

```
  { 0x0000, 0x0000, 0x0000, 0x0000, 0x0000, 0x07E0, 0x07E0, 0x07E0,        // (3) 목표점
    0x07E0, 0x07E0, 0x07E0, 0x0000, 0x0000, 0x0000, 0x0000, 0x0000 },
  { 0x0000, 0x0100, 0x0300, 0x0700, 0x0F00, 0x1F00, 0x3FFF, 0x7FFF,        // (4) left arrow
    0xFFFF, 0x7FFF, 0x3FFF, 0x1F00, 0x0F00, 0x0700, 0x0300, 0x0100 },
  { 0x0000, 0x0080, 0x00C0, 0x00E0, 0x00F0, 0x00F8, 0xFFFC, 0xFFFE,        // (5) right arrow
    0xFFFF, 0xFFFE, 0xFFFC, 0x00F8, 0x00F0, 0x00E0, 0x00C0, 0x0080 }};

void Draw_symbol(U16 xPos,U16 yPos, U16 color, U08 code)        /* draw 16x16 symbol */
{
  unsigned char  x, y;
  unsigned short font;

  for(y = 0; y < 16; y++)
    { TFT_GRAM_address(xPos, yPos+y);
      font = Symbol[code][y];
      for(x = 0; x < 16; x++)
        { if((font << x) & 0x8000) TFT_data(color);
          else                     TFT_data(Black);
        }
    }
}

const unsigned short Arrow[4][64] = {                           /* define arrow of touch screen */
 { 0x0000, 0x0000, 0x0000, 0x0100, 0x0000, 0x0300, 0x0000, 0x0700,      // (0) left arrow
   0x0000, 0x0F00, 0x0000, 0x1F00, 0x0000, 0x3F00, 0x0000, 0x7F00,
   0x0000, 0xFF00, 0x0001, 0xFF00, 0x0003, 0xFF00, 0x0007, 0xFF00,
   0x000F, 0xFF00, 0x001F, 0xFF00, 0x003F, 0xFF00, 0x007F, 0xFF00,
   0x00FF, 0xFF00, 0x007F, 0xFF00, 0x003F, 0xFF00, 0x001F, 0xFF00,
   0x000F, 0xFF00, 0x0007, 0xFF00, 0x0003, 0xFF00, 0x0001, 0xFF00,
   0x0000, 0xFF00, 0x0000, 0x7F00, 0x0000, 0x3F00, 0x0000, 0x1F00,
   0x0000, 0x0F00, 0x0000, 0x0700, 0x0000, 0x0300, 0x0000, 0x0100 },
 { 0x0000, 0x0000, 0x0080, 0x0000, 0x00C0, 0x0000, 0x00E0, 0x0000,      // (1) right arrow
   0x00F0, 0x0000, 0x00F8, 0x0000, 0x00FC, 0x0000, 0x00FE, 0x0000,
   0x00FF, 0x0000, 0x00FF, 0x8000, 0x00FF, 0xC000, 0x00FF, 0xE000,
   0x00FF, 0xF000, 0x00FF, 0xF800, 0x00FF, 0xFC00, 0x00FF, 0xFE00,
   0x00FF, 0xFF00, 0x00FF, 0xFE00, 0x00FF, 0xFC00, 0x00FF, 0xF800,
   0x00FF, 0xF000, 0x00FF, 0xE000, 0x00FF, 0xC000, 0x00FF, 0x8000,
   0x00FF, 0x0000, 0x00FE, 0x0000, 0x00FC, 0x0000, 0x00F8, 0x0000,
   0x00F0, 0x0000, 0x00E0, 0x0000, 0x00C0, 0x0000, 0x0080, 0x0000 },
 { 0x0000, 0x0000, 0x0000, 0x0000, 0x0000, 0x0000, 0x0000, 0x0000,      // (2) down arrow
   0x0000, 0x0000, 0x0000, 0x0000, 0x0000, 0x0000, 0x0000, 0x0000,
   0x7FFF, 0xFFFF, 0x3FFF, 0xFFFE, 0x1FFF, 0xFFFC, 0x0FFF, 0xFFF8,
   0x07FF, 0xFFF0, 0x03FF, 0xFFE0, 0x01FF, 0xFFC0, 0x00FF, 0xFF80,
   0x007F, 0xFF00, 0x003F, 0xFE00, 0x001F, 0xFC00, 0x000F, 0xF800,
   0x0007, 0xF000, 0x0003, 0xE000, 0x0001, 0xC000, 0x0000, 0x8000,
   0x0000, 0x0000, 0x0000, 0x0000, 0x0000, 0x0000, 0x0000, 0x0000,
   0x0000, 0x0000, 0x0000, 0x0000, 0x0000, 0x0000, 0x0000, 0x0000 },
 { 0x0000, 0x0000, 0x0000, 0x0000, 0x0000, 0x0000, 0x0000, 0x0000,      // (3) up arrow
   0x0000, 0x0000, 0x0000, 0x0000, 0x0000, 0x0000, 0x0000, 0x0000,
   0x0000, 0x8000, 0x0001, 0xC000, 0x0003, 0xE000, 0x0007, 0xF000,
   0x000F, 0xF800, 0x001F, 0xFC00, 0x003F, 0xFE00, 0x007F, 0xFF00,
   0x00FF, 0xFF80, 0x01FF, 0xFFC0, 0x03FF, 0xFFE0, 0x07FF, 0xFFF0,
   0x0FFF, 0xFFF8, 0x1FFF, 0xFFFC, 0x3FFF, 0xFFFE, 0x7FFF, 0xFFFF,
   0x0000, 0x0000, 0x0000, 0x0000, 0x0000, 0x0000, 0x0000, 0x0000,
   0x0000, 0x0000, 0x0000, 0x0000, 0x0000, 0x0000, 0x0000, 0x0000 }};

void Draw_arrow(U16 xPos, U16 yPos, U16 color, U08 code)     /* draw 32x32 arrow */
{
  unsigned char x, y;
  unsigned int  font;

  for(y = 0; y < 64; y += 2)
    { TFT_GRAM_address(xPos, yPos+(y/2));
      font = (Arrow[code][y] << 16) | Arrow[code][y+1];
      for(x = 0; x < 32; x++)
        { if((font << x) & 0x80000000) TFT_data(color);
          else                         TFT_data(Black);
        }
    }
}

void Draw_board(void)                               /* draw game board */
{
```

```
  unsigned short x, y;

  for(y = 0; y < 12; y++)
    { for(x = 0; x < 14; x++)
        { switch(buffer[y][x])
            { case 'X': Draw_symbol(x*16 + Xbase, y*16 + Ybase, Magenta, 1); // 벽
                        break;
              case '*': Draw_symbol(x*16 + Xbase, y*16 + Ybase, Yellow,  2); // 박스
                        break;
              case 'O': Draw_symbol(x*16 + Xbase, y*16 + Ybase, Green,   3); // 목표점
                        break;
              case '@': Draw_symbol(x*16 + Xbase, y*16 + Ybase, Cyan,    0); // 사람
                        break;
              default:  Draw_symbol(x*16 + Xbase, y*16 + Ybase, Black,   0); // 여백
                        break;
            }
        }
      Draw_symbol(xo*16 + Xbase, yo*16 + Ybase, Cyan, 0);
    }

  Draw_symbol(xo*16 + Xbase, yo*16 + Ybase, Cyan, 0);
}

void Draw_control(void)                         /* draw game control */
{
  TFT_string(1,0,White,Blue, "         PushPush 게임         "); // display title

  Draw_left(White, Cyan, Yellow);               // draw left  (KEY1)
  Draw_right(White, Cyan, Yellow);              // draw right (KEY2)
  Draw_up(White, Cyan, Yellow);                 // draw up    (KEY3)
  Draw_down(White, Cyan, Yellow);               // draw down  (KEY4)

  TFT_string(1,28,Blue,Cyan," 비프음 ON/OFF "); // beep on/off
  if(beep_flag == 1)
    TFT_string(9,28,Red,Cyan,"ON");
  else
    TFT_string(12,28,Red,Cyan,"OFF");
  TFT_string(5,30,White,  Black,  "(00:00)");   // display time
  TFT_string(6,32,Magenta,Black,  "STAGE");     // display stage
  TFT_string(6,34,Green,  Black,  "00/00");
  TFT_color(Green,Black);
  TFT_xy( 6,34); TFT_unsigned_decimal(stage + 1, 1, 2);
  TFT_xy( 9,34); TFT_unsigned_decimal(stage_max, 1, 2);

  Draw_clear(White, Cyan);                      // display clear of current stage

  Draw_previous(White, Cyan);                   // display stage change
  Draw_next(White, Cyan);
}

void Draw_left(U16 color1, U16 color2, U16 color3)     /* display left arrow for touch screen */
{
  Draw_arrow(139,247, color2, 0);
  TFT_string(21,32, color3,Black,  "1");
  Line(144,246,  168,246,  color1);
  Line(168,246,  185,263,  color1);
  Line(185,263,  168,280,  color1);
  Line(168,280,  144,280,  color1);
  Line(144,280,  144,246,  color1);
}

void Draw_right(U16 color1, U16 color2, U16 color3)    /* display right arrow for touch screen */
{
  Draw_arrow(205,247, color2, 1);
  TFT_string(25,32, color3,Black,  "2");
  Line(231,246,  207,246,  color1);
  Line(207,246,  190,263,  color1);
  Line(190,263,  207,280,  color1);
  Line(207,280,  231,280,  color1);
  Line(231,280,  231,247,  color1);
}

void Draw_up(U16 color1, U16 color2, U16 color3)       /* display up arrow for touch screen */
```

```
{
  Draw_arrow(172,214, color2, 3);
  TFT_string(23,30, color3,Black,  "3");
  Line(171,219, 171,243, color1);
  Line(171,243, 188,260, color1);
  Line(188,260, 205,243, color1);
  Line(205,243, 205,219, color1);
  Line(205,219, 172,219, color1);
}

void Draw_down(U16 color1, U16 color2, U16 color3)      /* display down arrow for touch screen */
{
  Draw_arrow(172,280, color2, 2);
  TFT_string(23,34, color3,Black,  "4");
  Line(171,306, 171,282, color1);
  Line(171,282, 188,265, color1);
  Line(188,265, 205,282, color1);
  Line(205,282, 205,306, color1);
  Line(205,306, 171,306, color1);
}

void Draw_clear(U16 color1, U16 color2)          /* display clear for touch screen */
{
  Rectangle(45,294, 91,312, color1);
  TFT_string(6,37,color2,Black, "CLEAR");
}

void Draw_previous(U16 color1, U16 color2)       /* display previous stage for touch screen */
{
  Rectangle(14,261, 35,281, color1);
  Draw_symbol(17, 263, color2, 4);
}

void Draw_next(U16 color1, U16 color2)           /* display next stage for touch screen */
{
  Rectangle(101,261, 122,281, color1);
  Draw_symbol(104, 263, color2, 5);
}

unsigned char icon_flag = 0;

unsigned char Icon_input(void)                   /* input touch screen icon */
{
  unsigned char icon;

  Touch_screen_input();                          // input touch screen

  if((icon_flag == 0) && (x_touch >= 144) && (x_touch <= 172) && (y_touch >= 246) && (y_touch <= 280))
    { icon = KEY1;                               // left
      icon_flag = 1;
      Draw_left(Magenta, Magenta, Magenta);
      if(beep_flag == 1) Beep();
    }
  else if((icon_flag == 0) && (x_touch >= 203) && (x_touch <= 231) && (y_touch >= 246) && (y_touch <= 280))
    { icon = KEY2;                               // right
      icon_flag = 1;
      Draw_right(Magenta, Magenta, Magenta);
      if(beep_flag == 1) Beep();
    }
  else if((icon_flag == 0) && (x_touch >= 171) && (x_touch <= 205) && (y_touch >= 219) && (y_touch <= 247))
    { icon = KEY3;                               // up
      icon_flag = 1;
      Draw_up(Magenta, Magenta, Magenta);
      if(beep_flag == 1) Beep();
    }
  else if((icon_flag == 0) && (x_touch >= 171) && (x_touch <= 205) && (y_touch >= 278) && (y_touch <= 306))
    { icon = KEY4;                               // down
      icon_flag = 1;
      Draw_down(Magenta, Magenta, Magenta);
      if(beep_flag == 1) Beep();
    }
  else if((icon_flag == 0) && (x_touch >= 45) && (x_touch <= 91) && (y_touch >= 294) && (y_touch <= 312))
    { icon = KEY7;                               // clear
```

```
      icon_flag = 1;
      Draw_clear(Magenta, Magenta);
      if(beep_flag == 1) Beep();
    }
  else if((icon_flag == 0) && (x_touch >= 14) && (x_touch <= 35) && (y_touch >= 261) && (y_touch <= 281))
    { icon = KEY5;                              // previous stage
      icon_flag = 1;
      Draw_previous(Magenta, Magenta);
      if(beep_flag == 1) Beep();
    }
  else if((icon_flag == 0) && (x_touch >= 101) && (x_touch <= 122) && (y_touch >= 261) && (y_touch <= 281))
    { icon = KEY6;                              // next stage
      icon_flag = 1;
      Draw_next(Magenta, Magenta);
      if(beep_flag == 1) Beep();
    }
  else if((icon_flag == 0) && (x_touch >= 8) && (x_touch <= 120) && (y_touch >= 224) && (y_touch <= 240))
    { icon = no_key;                            // beep on/off
      icon_flag = 1;
      Beep();
      if(beep_flag == 0)
        { beep_flag = 1;
          TFT_string( 9,28,Red, Cyan,"ON");
          TFT_string(12,28,Blue,Cyan,"OFF");
        }
      else
        { beep_flag = 0;
          TFT_string( 9,28,Blue,Cyan,"ON");
          TFT_string(12,28,Red, Cyan,"OFF");
        }
    }
  else if((icon_flag == 1) && (x_touch == 0) && (y_touch == 0))
    { icon = no_key;
      icon_flag = 0;
      Draw_left(White, Cyan, Yellow);
      Draw_right(White, Cyan, Yellow);
      Draw_down(White, Cyan, Yellow);
      Draw_up(White, Cyan, Yellow);
      Draw_clear(White, Cyan);
      Draw_previous(White, Cyan);
      Draw_next(White, Cyan);
      Delay_ms(50);
    }
  else
    icon = no_key;

  return icon;
}

/* ----- 게임 알고리즘 함수 ---------------------------------------------------- */

void PushPush(U16 direction)                    /* push box by direction arrow */
{
  signed char mx = 0, my = 0;

  if(direction == Left)       mx = -1;          // check direction
  else if(direction == Right) mx = +1;
  else if(direction == Up)    my = -1;
  else if(direction == Down)  my = +1;
  else return;

  if(buffer[yo+my][xo+mx] != 'X')               // 이동할 곳이 벽이 아닌 경우에만
    { if(buffer[yo+my][xo+mx] == '*')           // 이동할 곳에 박스가 있는 경우에만
        { if((buffer[yo+my*2][xo+mx*2] == ' ') || (buffer[yo+my*2][xo+mx*2] == '0')) // 박스가 갈 곳
            { if(board[stage][yo+my][xo+mx] == '0')
                buffer[yo+my][xo+mx] = '0';
              else
                buffer[yo+my][xo+mx] = ' ';
              buffer[yo+my*2][xo+mx*2] = '*';
            }
          else return;
        }
```

```
      if(buffer[yo][xo] == '0')                    // 지나간 자리
        Draw_symbol(xo*16 + Xbase, yo*16 + Ybase, Green, 3);
      else if(buffer[yo][xo] == ' ')
        Draw_symbol(xo*16 + Xbase, yo*16 + Ybase, Black, 0);

      Draw_symbol((xo+mx)*16 + Xbase, (yo+my)*16 + Ybase, Cyan, 0); // 사람

      if(buffer[yo+my*2][xo+mx*2] == '*')          // 박스
        Draw_symbol((xo+mx*2)*16 + Xbase, (yo+my*2)*16 + Ybase, Yellow,  2);

      xo += mx;                                    // 사람이 이동한 새 위치
      yo += my;
    }
}

unsigned char Check_OK(void)                       /* check game stage OK */
{
  unsigned char x, y;

  for(y = 0; y < 12; y++)
    for(x = 0; x < 14; x++)
      if((board[stage][y][x] == '0') && (buffer[y][x] != '*'))
        return 0;

  return 1;
}
```

☞ 이 프로그램에서는 총 35개의 스테이지를 제공하고 있으며, 사용자가 필요하면 얼마든지 추가할 수 있다. 사용자가 게임 스테이지를 새로 추가하려면 위의 예제 프로그램에서 board[stage_max][12][14]에 자신이 디자인한 스테이지를 배열로 추가하고, 이렇게 배열에 정의된 총 스테이지 수를 프로그램 서두에서 stage_max 값으로 지정하면 된다. 모든 스테이지에서 가로×세로 벽의 크기를 최대 14×12까지 설정할 수 있다. 배열에서 벽은 X로 표시하고, 박스는 *로 표시하며, 목표점은 0으로 표시하고, 사람이 처음에 출발하는 위치는 @로 표시한다.

게임은 KEY1~KEY4를 입력하거나 화면의 아이콘을 터치 스크린으로 입력하는 방법으로 수행한다. 터치 스크린의 입력에는 제4.8절에서 공부한 것처럼 디바운싱 및 원터치 입력 기술을 적용하였다.

게임 중에 박스를 밀거나 스테이지를 이동하는 등의 이벤트가 발생할 때마다 기본적으로 비프음이 울리도록 되어 있는데, 만약 주위 환경이 정숙을 유지해야 하는 경우에는 이러한 게임 사운드가 문제가 될 수도 있으므로 비프음 ON/OFF 기능을 사용하여 언제든지 비프음을 금지시킬 수 있도록 하였다.

원래의 게임에서는 하나의 스테이지를 완료해야만 다음 스테이지로 넘어갈 수 있는데, 이렇게 하면 게임의 신비감은 있지만 높은 스테이지의 게임을 수행할 때마다 쓸데없이 낮은 스테이지의 게임을 거쳐가야만 하기 때문에 상당히 불편하다. 따라서, 이 프로그램에서는 스테이지를 임의로 이동할 수 있는 기능을 추가하였는데, 터치 스크린을 사용하는 경우에는 이것이 쉽지만 키를 사용하는 경우에는 키가 4개밖에 없어서 스테이지 이동 기능을 사용할 수가 없다.

이 게임은 스피드 게임은 아니지만 얼마나 빨리 현재의 스테이지를 완료하고 다음 스테이지로 넘어가느냐가 중요하다. 따라서, 게임 중에 현재의 스테이지에서 게임 시간이 얼마나 경과하고 있는지를 항상 화면에 표시하여 주면 편리하므로 SysTick 타이머를 이용하여 시계 기능을 구현하였다.

앞의 프로그램은 푸시푸시 게임을 초상화 모드에서 구현하였는데, *OK-STM103* 키트에서는 TFT-LCD를 기본적으로 풍경화 모드로 사용하기 때문에 게임을 하려면 키

트를 90도 옆으로 돌려놓아야 하므로 다소 불편하다. 그래서 이번에는 이 푸시푸시 게임을 TFT-LCD의 풍경화 모드에서 사용하도록 다음과 같이 수정하였다.

<프로그램 Exp18_2.c> 푸시푸시 게임 프로그램 - 풍경화 모드

```
/* ========================================================================= */
/*      Exp18_2_PushPush_landscape.c : 푸시푸시(PushPush) 게임 - 풍경화 모드    */
/* ========================================================================= */
/*                                  Programmed by Duck-Yong Yoon in 2017.    */

#include "stm32f103xe.h"
#include "OK-STM103.h"

void SysTick_Handler(void);                            // SysTick interrupt function by 1Hz
void Draw_symbol(U16 xPos,U16 yPos,U16 color,U08 code); // draw 16x16 symbol
void Draw_arrow(U16 xPos,U16 yPos,U16 color,U08 code);// draw arrow for touch screen
void Draw_board(void);                                 // draw game board
void Draw_control(void);                               // draw game control
void Draw_previous(U16 color1, U16 color2);            // display previous stage for touch screen
void Draw_next(U16 color1, U16 color2);                // display previous stage for touch screen
void Draw_clear(U16 color1, U16 color2);               // display clear for touch screen
void Draw_left(U16 color1, U16 color2);                // display left arrow for touch screen
void Draw_right(U16 color1, U16 color2);               // display right arrow for touch screen
void Draw_up(U16 color1, U16 color2);                  // display up arrow for touch screen
void Draw_down(U16 color1, U16 color2);                // display down arrow for touch screen
unsigned char Icon_input(void);                        // input touch screen icon
void PushPush(U16 direction);                          // push box by direction arrow
unsigned char Check_OK(void);                          // check game stage OK

/* ------------------------------------------------------------------------- */

#define Left            KEY1                           // direction by KEY1
#define Right           KEY2                           // direction by KEY2
#define Up              KEY3                           // direction by KEY3
#define Down            KEY4                           // direction by KEY4

#define KEY5            0x11                           // previous stage icon of touch screen
#define KEY6            0x12                           // next stage icon of touch screen
#define KEY7            0x13                           // clear icon of touch screen

#define Xbase            8                             // x base position of board
#define Ybase           31                             // y base position of board

#define stage_max       35                             // maximum stage number

unsigned char  beep_flag;                              // beep on/off flag
unsigned char  stage;                                  // game stage
unsigned char  buffer[12][14];                         // board buffer of a stage(x=12, y=12)
unsigned short xo, yo;                                 // current x, y position

/* ----- 게임 스테이지 정의 ------------------------------------------------- */

const unsigned char board[stage_max][12][14]={  /* define board of each stage */
        { "            ",                          // stage 1
          "            ",
          "  XXXXXXXX  ",
          "  XX@ XXXX  ",
          "  XX *  XX  ",
          "  XXX X XX  ",
          "  XOX X  X  ",
          "  XO*  X X  ",
          "  XO   * X  ",
          "  XXXXXXXX  ",
          "            ",
          "            "},

                    (중간 생략)
```

```
        { "XXXXXXXXXXXXXX",                     // stage 35
          "X XXX    XXX X",
          "X X   X*   XXX",
          "X X   *   ** X",
          "X X ** X*    X",
          "X XX   *   * X",
          "XXXXXX X*XXXXX",
          "XOO@ X*  X   X",
          "XOXOO  *XX   X",
          "XOOOO*X X    X",
          "XOOOO   X    X",
          "XXXXXXXXXXXXXX" }};

/* ----- 인터럽트 처리 프로그램 ---------------------------------------------- */

volatile unsigned char second, minute;

void SysTick_Handler(void)                       /* SysTick interrupt function by 1Hz */
{
  second++;                                      // increment second
  if(second == 60)                               // if second = 60, second = 0
    { second = 0;
      minute++;                                  // increment minute
      if(minute == 60)                           // if minute = 60, minute = 0
        minute = 0;
    }
}

/* ----- 메인 프로그램 ------------------------------------------------------- */

int main(void)                                   /* main routine of PushPush game */
{
  unsigned char x, y, key, direction = 0;

  Initialize_MCU();                              // initialize MCU and kit
  Delay_ms(50);                                  // wait for system stabilization
  Initialize_LCD();                              // initialize text LCD module
  Initialize_TFT_LCD();                          // initialize TFT-LCD module
  TFT_landscape_mode();                          // landscape mode
  Initialize_touch_screen();                     // initialize touch screen

  LCD_string(0x80," OK-STM103 V1.0 ");           // display title
  LCD_string(0xC0,"   Exp18_2.c    ");
  Beep();

  stage = 0;                                     // initial stage
  beep_flag = 1;                                 // beep on
  second = 0;                                    // initialize time
  minute = 0;

  SysTick->LOAD  = 8999999;                      // N-1 for 1sec (9MHz/9000000 = 1Hz)
  SysTick->VAL   = 0;                            // clear SysTick Counter
  SysTick->CTRL  = 0x00000003;                   // 72MHz/8 = 9MHz, enable interrupt

  while(1)
    { TFT_clear_screen();                        // clear screen for new stage

      for(y = 0; y < 12; y++)                    // get new board and initial @ position
        for(x = 0; x < 14; x++)
          { buffer[y][x] = board[stage][y][x];
            if(buffer[y][x] == '@')
              { xo = x;
                yo = y;
                buffer[y][x] = ' ';
              }
          }

      second = 0;                                // initialize time
      minute = 0;
      Draw_board();                              // draw new board
      Draw_control();                            // draw game control
```

```
    while(1)                                        // game of current stage
      { direction = 0;

        key = Key_input();                          // key input
        if(key == no_key)                           // if no key input, read touch screen icon
          key = Icon_input();

        if(key == KEY1)          direction = Left;
        else if(key == KEY2) direction = Right;
        else if(key == KEY3) direction = Up;
        else if(key == KEY4) direction = Down;
        else if(key == KEY5)                        // go previous stage
          { if(stage != 0) stage--;
            else           stage = stage_max - 1;
            break;
          }
        else if(key == KEY6)                        // go next stage
          { if(stage != (stage_max-1)) stage++;
            else                       stage = 0;
            break;
          }
        else if(key == KEY7)                        // clear current stage
          break;

        PushPush(direction);                        // go to push

        TFT_color(White,Black);                     // display time
        TFT_xy(33,9); TFT_unsigned_decimal(minute,1,2);
        TFT_xy(36,9); TFT_unsigned_decimal(second,1,2);

        if(Check_OK())                              // check if stage is OK
          { TFT_string(8,28, Green,Black, " 축하합니다! ");
            Delay_ms(300);
            if(beep_flag == 1) Beep_3times();
            Delay_ms(2000);
            if(stage != (stage_max-1)) stage++;
            else                       stage = 0;
            break;
          }
      }
  }
}

/* ----- 사용자 정의 함수 ------------------------------------------------------- */

const unsigned short Symbol[6][16] = {                       /* define board symbol */
 { 0x07E0,0x0FF0,0x3FFC,0x3FFC,0x7FFE,0xF3CF,0xF3CF,0xFFFF,  // (0) 사람
   0xFFFF,0xEFF7,0xE7E7,0x700E,0x3C3C,0x3FFC,0x0FF0,0x07E0 },
 { 0xFC7F,0xFEFF,0xFEFF,0xFEFF,0xFEFF,0xFEFF,0xFC7F,0x0000,  // (1) 벽
   0x7FFC,0xFFFE,0xFFFE,0xFFFE,0xFFFE,0xFFFE,0x7FFC,0x0000 },
 { 0x0000,0x7FFE,0x7FFE,0x781E,0x7C3E,0x6E76,0x67E6,0x63C6,  // (2) 박스
   0x63C6,0x67E6,0x6E76,0x7C3E,0x781E,0x7FFE,0x7FFE,0x0000 },
 { 0x0000,0x0000,0x0000,0x0000,0x0000,0x07E0,0x07E0,0x07E0,  // (3) 목표점
   0x07E0,0x07E0,0x07E0,0x0000,0x0000,0x0000,0x0000,0x0000 },
 { 0x0000,0x0100,0x0300,0x0700,0x0F00,0x1F00,0x3FFF,0x7FFF,  // (4) left arrow
   0xFFFF,0x7FFF,0x3FFF,0x1F00,0x0F00,0x0700,0x0300,0x0100 },
 { 0x0000,0x0080,0x00C0,0x00E0,0x00F0,0x00F8,0xFFFC,0xFFFE,  // (5) right arrow
   0xFFFF,0xFFFE,0xFFFC,0x00F8,0x00F0,0x00E0,0x00C0,0x0080 }};

void Draw_symbol(U16 xPos,U16 yPos, U16 color, U08 code)      /* draw 16x16 symbol */
{
  unsigned char  x, y;
  unsigned short font;

  for(y = 0; y < 16; y++)
    { TFT_GRAM_address(xPos,yPos+y);
      font = Symbol[code][y];
      for(x = 0; x < 16; x++)
        { if((font << x) & 0x8000) TFT_data(color);
          else                     TFT_data(Black);
        }
    }
}
```

```
const unsigned short Arrow[4][16] = {                                    /* 16x16 arrow */
  { 0x0000, 0x0100, 0x0300, 0x0700, 0x0F00, 0x1F00, 0x3FFF, 0x7FFF,       // (0) left arrow
    0xFFFF, 0x7FFF, 0x3FFF, 0x1F00, 0x0F00, 0x0700, 0x0300, 0x0100 },
  { 0x0000, 0x0080, 0x00C0, 0x00E0, 0x00F0, 0x00F8, 0xFFFC, 0xFFFE,       // (1) right arrow
    0xFFFF, 0xFFFE, 0xFFFC, 0x00F8, 0x00F0, 0x00E0, 0x00C0, 0x0080 },
  { 0x0100, 0x0380, 0x07C0, 0x0FE0, 0x1FF0, 0x3FF8, 0x7FFC, 0xFFFE,       // (2) up arrow
    0x07C0, 0x07C0, 0x07C0, 0x07C0, 0x07C0, 0x07C0, 0x07C0, 0x07C0 },
  { 0x07C0, 0x07C0, 0x07C0, 0x07C0, 0x07C0, 0x07C0, 0x07C0, 0x07C0,       // (3) down arrow
    0xFFFE, 0x7FFC, 0x3FF8, 0x1FF0, 0x0FE0, 0x07C0, 0x0380, 0x0100 }};

void Draw_arrow(U16 xPos, U16 yPos, U16 color, U08 code)   /* draw arrow for touch screen */
{
  unsigned char  x, y;
  unsigned short font;

  for(y = 0; y < 16; y++)
    { TFT_GRAM_address(xPos, yPos+y);
      font = Arrow[code][y];
      for(x = 0; x < 16; x++)
        { if((font << x) & 0x8000) TFT_data(color);
          else                     TFT_data(Black);
        }
    }
}

void Draw_board(void)                                     /* draw game board */
{
  unsigned short x, y;

  for(y = 0; y < 12; y++)
    { for(x = 0; x < 14; x++)
        { switch(buffer[y][x])
            { case 'X': Draw_symbol(x*16 + Xbase, y*16 + Ybase, Magenta, 1); // 벽
                        break;
              case '*': Draw_symbol(x*16 + Xbase, y*16 + Ybase, Yellow,  2); // 박스
                        break;
              case 'O': Draw_symbol(x*16 + Xbase, y*16 + Ybase, Green,   3); // 목표점
                        break;
              case '@': Draw_symbol(x*16 + Xbase, y*16 + Ybase, Cyan,    0); // 사람
                        break;
              default:  Draw_symbol(x*16 + Xbase, y*16 + Ybase, Black,   0); // 여백
                        break;
            }
        }
      Draw_symbol(xo*16 + Xbase, yo*16 + Ybase, Cyan, 0);
    }

  Draw_symbol(xo*16 + Xbase, yo*16 + Ybase, Cyan, 0);

  Rectangle(1,23, 238,231, White);                        // draw outline
}

void Draw_control(void)                                   /* draw game control */
{
  TFT_string(1,0,White,Blue, "         PushPush 게임          "); // display title

  TFT_string(33,1,Magenta,Black, "STAGE");               // display stage
  TFT_string(33,3,Green,  Black, "00/00");
  TFT_color(Green,Black);
  TFT_xy(33,3); TFT_unsigned_decimal(stage + 1, 1, 2);
  TFT_xy(36,3); TFT_unsigned_decimal(stage_max, 1, 2);

  Draw_previous(Magenta, Green);                          // display stage change
  Draw_next(Magenta, Green);

  TFT_string(32,9,White,  Black, "(00:00)");             // display time

  Draw_clear(White, Yellow);                              // display clear of current stage

  TFT_string(31,15,Black,Cyan,"효과음");                  // beep on/off
  if(beep_flag == 1)
    TFT_string(37,15,Red,Cyan," ON");
```

```
  else
    TFT_string(37,15,Red,Cyan,"OFF");

  Draw_left(White, Cyan);                      // draw left  (KEY1)
  Draw_right(White, Cyan);                     // draw right (KEY2)
  Draw_up(White, Cyan);                        // draw up    (KEY3)
  Draw_down(White, Cyan);                      // draw down  (KEY4)
}

void Draw_previous(U16 color1, U16 color2)     /* display previous stage for touch screen */
{
  Rectangle(247,44, 270,64, color1);
  Draw_arrow(251, 46, color2, 0);
}

void Draw_next(U16 color1, U16 color2)         /* display next stage for touch screen */
{
  Rectangle(296,44, 319,64, color1);
  Draw_arrow(300, 46, color2, 1);
}

void Draw_clear(U16 color1, U16 color2)        /* display clear for touch screen */
{
  Rectangle(260,92, 307,114, color1);
  TFT_string(33,12, color2,Black, "CLEAR");
}

void Draw_left(U16 color1, U16 color2)         /* display left arrow for touch screen */
{
  Rectangle(247,185, 270,205, color1);
  Draw_arrow(251, 187, color2, 0);
}

void Draw_right(U16 color1, U16 color2)        /* display right arrow for touch screen */
{
  Rectangle(296,185, 319,205, color1);
  Draw_arrow(300, 187, color2, 1);
}

void Draw_up(U16 color1, U16 color2)           /* display up arrow for touch screen */
{
  Rectangle(273,159, 293,182, color1);
  Draw_arrow(276, 163, color2, 2);
}

void Draw_down(U16 color1, U16 color2)         /* display down arrow for touch screen */
{
  Rectangle(273,208, 293,231, color1);
  Draw_arrow(276, 212, color2, 3);
}

unsigned char icon_flag = 0;

unsigned char Icon_input(void)                 /* input touch screen icon */
{
  unsigned char icon;

  Touch_screen_input();                        // input touch screen

  if((icon_flag == 0) && (x_touch >= 247) && (x_touch <= 270) && (y_touch >= 44) && (y_touch <= 64))
    { icon = KEY5;                             // previous stage
      icon_flag = 1;
      Draw_previous(White, White);
      if(beep_flag == 1) Beep();
    }
  else if((icon_flag == 0) && (x_touch >= 296) && (x_touch <= 319) && (y_touch >= 44) && (y_touch <= 64))
    { icon = KEY6;                             // next stage
      icon_flag = 1;
      Draw_next(White, White);
      if(beep_flag == 1) Beep();
    }
  else if((icon_flag == 0) && (x_touch >= 260) && (x_touch <= 307) && (y_touch >= 92) && (y_touch <= 114))
    { icon = KEY7;                             // clear
```

```
      icon_flag = 1;
      Draw_clear(Magenta, Magenta);
      if(beep_flag == 1) Beep();
    }
  else if((icon_flag == 0) && (x_touch >= 248) && (x_touch <= 319) && (y_touch >= 120) && (y_touch <= 135))
    { icon = no_key;                              // beep on/off
      icon_flag = 1;
      Beep();
      if(beep_flag == 0)
        { beep_flag = 1;
          TFT_string(37,15,Red, Cyan," ON");
        }
      else
        { beep_flag = 0;
          TFT_string(37,15,Red, Cyan,"OFF");
        }
    }
  else if((icon_flag == 0) && (x_touch >= 247) && (x_touch <= 270) && (y_touch >= 185) && (y_touch <= 205))
    { icon = KEY1;                                // left
      icon_flag = 1;
      Draw_left(Magenta, Magenta);
      if(beep_flag == 1) Beep();
    }
  else if((icon_flag == 0) && (x_touch >= 296) && (x_touch <= 319) && (y_touch >= 185) && (y_touch <= 205))
    { icon = KEY2;                                // right
      icon_flag = 1;
      Draw_right(Magenta, Magenta);
      if(beep_flag == 1) Beep();
    }
  else if((icon_flag == 0) && (x_touch >= 273) && (x_touch <= 293) && (y_touch >= 159) && (y_touch <= 182))
    { icon = KEY3;                                // up
      icon_flag = 1;
      Draw_up(Magenta, Magenta);
      if(beep_flag == 1) Beep();
    }
  else if((icon_flag == 0) && (x_touch >= 273) && (x_touch <= 293) && (y_touch >= 208) && (y_touch <= 231))
    { icon = KEY4;                                // down
      icon_flag = 1;
      Draw_down(Magenta, Magenta);
      if(beep_flag == 1) Beep();
    }
  else if((icon_flag == 1) && (x_touch == 0) && (y_touch == 0))
    { icon = no_key;
      icon_flag = 0;
      Draw_previous(Magenta, Green);
      Draw_next(Magenta, Green);
      Draw_clear(White, Yellow);
      Draw_left(White, Cyan);
      Draw_right(White, Cyan);
      Draw_up(White, Cyan);
      Draw_down(White, Cyan);
      Delay_ms(50);
    }
  else
    icon = no_key;

  return icon;
}

/* ----- 게임 알고리즘 함수 ------------------------------------------------ */

void PushPush(U16 direction)                      /* push box by direction arrow */
{

                        (중간 생략)

  return 1;
}
```

2. 오목 게임 프로그램

오목은 오래 전부터 바둑판에서 하던 게임으로 내용이 매우 간단하기 때문에 남녀노소 누구나 쉽게 즐길 수 있는 게임이다. 바둑판에서는 2명의 사람이 서로 경쟁하는 게임이지만, 이것이 퍼스널컴퓨터나 휴대전화용으로 구현되면서 2명의 사용자가 서로 경쟁하거나 또는 1명의 사용자가 컴퓨터를 상대로 하는 게임 방식으로 구현되었다.

현재까지 이 게임 프로그램은 수많은 종류가 쏟아져 나왔지만 오목이라는 게임의 기본 원리는 수직, 수평, 대각선 방향으로 연속하여 5개의 돌을 먼저 정렬시켜 놓으면 승리하는 오직 1가지이기 때문에 결국은 모두 같은 것이라고 볼 수 있다. 다만, 화면의 해상도에 따라 가로×세로의 라인 수가 여러 가지로 변형된 경우도 있으나 이는 실제의 바둑판처럼 19행×19열로 만드는 것이 원칙이다.

또한, 2명의 사용자가 서로 경쟁하는 방식으로 게임을 수행한다면 게임 알고리즘이랄 것도 없지만, 1명의 사용자가 CPU와 게임을 수행하는 경우에는 CPU측의 게임 알고리즘이 가장 중요하다. CPU측의 알고리즘이 단순하면 게임이 너무 쉬워서 재미가 없을 것이고, CPU측의 알고리즘이 너무 우수하면 사용자가 게임을 이기기 어려우니 또한 재미가 없을 것이다. 그러나, 여기서는 TFT-LCD 모듈에 게임 프로그램을 구현하는 기술을 익히는 것이 목적일 뿐 이러한 게임 알고리즘을 개발하는 것이 핵심이 아니므로 만약 게임 알고리즘을 더욱 개선하는 것이 필요하다면 그것은 독자 여러분의 몫으로 남겨둔다.

다음은 *OK-STM103* 키트의 TFT-LCD에 240×320 픽셀 해상도의 초상화 모드로 오목 게임을 구현한 예제 프로그램이다. 이 프로그램에서는 사용자 1명과 CPU가 경쟁하는 방식으로만 게임을 수행할 수 있고, 실제 바둑판처럼 가로×세로 = 19×19 라인으로 구현하였으며, 따라서 해상도가 낮은 화면에서 라인 간격이 좁고 바둑돌 1개의 크기가 상당히 작아질 수밖에 없다.

이렇게 바둑판의 라인 간격이 좁고 바둑돌의 크기가 작다보니 터치 스크린 입력방식으로 직접 바둑돌을 원하는 위치에 놓도록 하면 입력 좌표의 부정확성 때문에 간혹 사용자의 의지와 다른 점에 바둑돌이 놓여지는 사고가 발생할 수 있다. 따라서, 이런 문제점을 피하기 위하여 바둑돌을 직접 원하는 위치에 놓지 않고 다소 불편하더라도 터치 스크린 화면에 상, 하, 좌, 우 이동용 화살표 아이콘을 만들고 해당 아이콘을 눌러서 바둑돌을 이동하고 원하는 위치에 도달하면 ENTER 아이콘을 눌러서 바둑돌을 놓는 방식으로 처리하였다. 이렇게 처리하려면 5개의 터치 아이콘이 필요하므로 이 게임에서는 반드시 터치 스크린을 사용할 수밖에 없으며 키 KEY1~KEY4는 사용하지 못한다. 이렇게 스피드를 요구하지 않는 게임은 키를 사용하지 않고 터치 스크린을 사용하더라도 아무 무리가 되지 않는다.

<프로그램 Exp18_3.c> 오목 게임 프로그램 - 19행×19열

```
/* ========================================================================== */
/*              Exp18_3_Omok_19x19.c : 19 x 19 라인 오목 게임                  */
/* ========================================================================== */
/*                                  Programmed by Duck-Yong Yoon in 2017.    */

#include "stm32f103xe.h"
#include "OK-STM103.h"

void SysTick_Handler(void);                         // SysTick interrupt function
unsigned char Icon_input(void);                     // input touch screen icon
void Initialize_board(void);                        // initialize board
void Draw_symbol(U08 xPos,U08 yPos, U16 color, U08 code); // draw cross of bopard
void Draw_board(void);                              // draw board
void Draw_control(void);                            // draw game control
void Draw_cleargame(U16 color1, U16 color2);        // display clear game for touch screen
void Draw_left(U16 color1, U16 color2);             // display left arrow for touch screen
void Draw_right(U16 color1, U16 color2);            // display right arrow for touch screen
void Draw_up(U16 color1, U16 color2);               // display up arrow for touch screen
void Draw_down(U16 color1, U16 color2);             // display down arrow for touch screen
void Draw_enter(U16 color1, U16 color2);            // display stone enter for touch screen
void Draw_arrow(U16 xPos,U16 yPos,U16 color,U08 code);    // draw arrow for touch screen

void Omok_game(void);                               // omok game algorism
void Check_user(U08 countmax, U08 danger);          // check if user win
void Check_MCU(U08 countmax, U08 danger);           // check if MCU win

/* -------------------------------------------------------------------------- */

#define Xbase           15                          // x base position of board
#define Ybase           23                          // y base position of board

#define White_stone     1
#define Black_stone     2

#define Left            0x01                        // menu code of touch screen
#define Right           0x02
#define Down            0x03
#define Up              0x04
#define Enter           0x05
#define Clear           0x06

unsigned char cursor_x = 9, cursor_y = 9;           // cursor position
unsigned char cursor_x_old, cursor_y_old;
unsigned char game_over;                            // game over flag
unsigned char beep_flag;                            // beep on/off flag

unsigned char board[19][19];                        // board data
unsigned char board_old[19][19];

unsigned char danger_MCU[19][19];                   // MCU danger count
unsigned char danger_user[19][19];                  // user danger count

/* ----- 인터럽트 처리 프로그램 -------------------------------------------- */

volatile unsigned char second, minute;

void SysTick_Handler(void)                          /* SysTick interrupt function */
{
  second++;                                         // increment second
  if(second == 60)                                  // if second = 60, second = 0
    { second = 0;
      minute++;                                     // increment minute
      if(minute == 60)                              // if minute = 60, minute = 0
        minute = 0;
    }
}

/* ----- 메인 프로그램 ------------------------------------------------------ */

int main(void)
{
```

```
  unsigned char key, exit;

  Initialize_MCU();                              // initialize MCU and kit
  Delay_ms(50);                                  // wait for system stabilization
  Initialize_LCD();                              // initialize text LCD module
  Initialize_TFT_LCD();                          // initialize TFT-LCD module
  TFT_portrait_mode();                           // portrait mode
  Initialize_touch_screen();                     // initialize touch screen

  LCD_string(0x80," OK-STM103 V1.0 ");           // display title
  LCD_string(0xC0,"   Exp18_3.c    ");
  Beep();

  beep_flag = 1;                                 // beep on

  SysTick->LOAD  = 8999999;                      // N-1 for 1sec (9MHz/9000000 = 1Hz)
  SysTick->VAL   = 0;                            // clear SysTick Counter
  SysTick->CTRL  = 0x00000003;                   // 72MHz/8 = 9MHz, enable interrupt

  while(1)
    { game_over = 0;                             // initial game state
      exit = 0;
      second = 0;                                // initialize time
      minute = 0;
      Initialize_board();                        // initialize board
      Draw_control();                            // draw control

      while(!exit)
        { Draw_board();                          // draw board

          key = Icon_input();                    // read touch screen icon
          switch(key)
            { case Left:  if((game_over == 0) && (cursor_x != 0))  cursor_x--;
                          break;
              case Right: if((game_over == 0) && (cursor_x != 18)) cursor_x++;
                          break;
              case Down:  if((game_over == 0) && (cursor_y != 18)) cursor_y++;
                          break;
              case Up:    if((game_over == 0) && (cursor_y != 0))  cursor_y--;
                          break;
              case Enter: if((game_over == 0) && (board[cursor_y][cursor_x] == 0))
                            { board[cursor_y][cursor_x] = Black_stone;
                              Omok_game();       // omok game algorithm
                            }
                          else if((game_over == 0) && (board[cursor_y][cursor_x] != 0))
                            Beep_3times();
                          break;
              case Clear: exit = 1;
                          break;
            }

          if(game_over == 0)
            { Check_user(5,0);                   // check if user win
              Check_MCU(5,0);                    // check if MCU win
            }

          if(game_over == 0)                     // display time
            { TFT_color(White,Black);
              TFT_xy(5,38); TFT_unsigned_decimal(minute,1,2);
              TFT_xy(8,38); TFT_unsigned_decimal(second,1,2);
            }
        }
    }
}

/* ----- 사용자 정의 함수 ------------------------------------------------------ */

unsigned char icon_flag = 0;

unsigned char Icon_input(void)                   /* input touch screen icon */
{
  unsigned char icon;

  Touch_screen_input();                          // input touch screen

  if((icon_flag == 0) && (x_touch >= 83) && (x_touch <= 106) && (y_touch >= 269) && (y_touch <= 289))
    { icon = Left;                               // left
      icon_flag = 1;
      Draw_left(Magenta, Magenta);
      if(beep_flag == 1) Beep();
    }
  else if((icon_flag == 0) && (x_touch >= 132) && (x_touch <= 155) && (y_touch >= 269) && (y_touch <= 289))
    { icon = Right;                              // right
```

```
        icon_flag = 1;
        Draw_right(Magenta, Magenta);
        if(beep_flag == 1) Beep();
      }
    else if((icon_flag == 0) && (x_touch >= 109) && (x_touch <= 129) && (y_touch >= 243) && (y_touch <= 266))
      { icon = Up;                                  // up
        icon_flag = 1;
        Draw_up(Magenta, Magenta);
        if(beep_flag == 1) Beep();
      }
    else if((icon_flag == 0) && (x_touch >= 109) && (x_touch <= 129) && (y_touch >= 292) && (y_touch <= 315))
      { icon = Down;                                // down
        icon_flag = 1;
        Draw_down(Magenta, Magenta);
        if(beep_flag == 1) Beep();
      }
    else if((icon_flag == 0) && (x_touch >= 173) && (x_touch <= 218) && (y_touch >= 265) && (y_touch <= 293))
      { icon = Enter;                               // stone enter
        icon_flag = 1;
        Draw_enter(Magenta, Magenta);
        if(beep_flag == 1) Beep();
      }
    else if((icon_flag == 0) && (x_touch >= 20) && (x_touch <= 66) && (y_touch >= 265) && (y_touch <= 293))
      { icon = Clear;                               // clear game
        icon_flag = 1;
        Draw_cleargame(Magenta, Magenta);
        if(beep_flag == 1) Beep();
        Delay_ms(200);
      }
    else if((icon_flag == 0) && (x_touch >= 160) && (x_touch <= 232) && (y_touch >= 304) && (y_touch <= 319))
      { icon = no_key;                              // beep on/off
        icon_flag = 1;
        Beep();
        if(beep_flag == 0)
          { beep_flag = 1;
            TFT_string(24,38,Red, Cyan,"ON");
            TFT_string(27,38,Blue,Cyan,"OFF");
          }
        else
          { beep_flag = 0;
            TFT_string(24,38,Blue,Cyan,"ON");
            TFT_string(27,38,Red, Cyan,"OFF");
          }
      }
    else if((icon_flag == 1) && (x_touch == 0) && (y_touch == 0))
      { icon = no_key;
        icon_flag = 0;
        Draw_left(White, Cyan);
        Draw_right(White, Cyan);
        Draw_up(White, Cyan);
        Draw_down(White, Cyan);
        Draw_enter(White, Cyan);
        Draw_cleargame(White, Magenta);
        Delay_ms(50);
      }
    else
      icon = no_key;

  return icon;
}

void Initialize_board(void)                        /* initialize board */
{
  unsigned char x, y;

  cursor_x = 9;                                    // initial cursor position
  cursor_y = 9;

  for(y = 0 ; y < 19; y++)                         // clear board
    { for(x = 0; x < 19; x++)
        { board_old[y][x] = 0xFF;
          board[y][x] =  0;
          danger_MCU[y][x] = 0;
          danger_user[y][x] = 0;
        }
    }
}

const unsigned short symbol[11][11] =
 {{ 0x0000,0x0E00,0x3F80,0x3F80,0x7FC0,0x7FC0,0x7FC0,0x3F80,0x3F80,0x0E00,0x0000 },     // (0) stone
  { 0x0000,0x0000,0x0000,0x0000,0x0000,0x07E0,0x0400,0x0400,0x0400,0x0400,0x0400 },     // (1) "┌"
  { 0x0000,0x0000,0x0000,0x0000,0x0000,0xFC00,0x0400,0x0400,0x0400,0x0400,0x0400 },     // (2) "┐"
  { 0x0400,0x0400,0x0400,0x0400,0x0400,0x07E0,0x0000,0x0000,0x0000,0x0000,0x0000 },     // (3) "└"
```

```
  { 0x0400,0x0400,0x0400,0x0400,0x0400,0xFC00,0x0000,0x0000,0x0000,0x0000,0x0000 },    // (4) "┘"
  { 0x0400,0x0400,0x0400,0x0400,0x0400,0x07E0,0x0400,0x0400,0x0400,0x0400,0x0400 },    // (5) "├"
  { 0x0400,0x0400,0x0400,0x0400,0x0400,0xFC00,0x0400,0x0400,0x0400,0x0400,0x0400 },    // (6) "┤"
  { 0x0000,0x0000,0x0000,0x0000,0x0000,0xFFE0,0x0400,0x0400,0x0400,0x0400,0x0400 },    // (7) "┬"
  { 0x0400,0x0400,0x0400,0x0400,0x0400,0xFFE0,0x0000,0x0000,0x0000,0x0000,0x0000 },    // (8) "┴"
  { 0x0400,0x0400,0x0400,0x0400,0x0400,0xFFE0,0x0400,0x0400,0x0400,0x0400,0x0400 },    // (9) "┼"
  { 0xC060,0xE0E0,0x71C0,0x3B80,0x1F00,0x0E00,0x1F00,0x3B80,0x71C0,0xE0E0,0xC060 }};   // (10) cursor

void Draw_symbol(U08 xPos,U08 yPos, U16 color, U08 code)        /* draw cross of board */
{
  unsigned char  x, y;
  unsigned short font, cursor_font;

  for(y = 0; y < 11; y++)
    { TFT_GRAM_address(Xbase+(xPos*11),Ybase+(yPos*11)+y);
      font = symbol[code][y];
      cursor_font = symbol[10][y];
      for(x = 0; x < 11; x++)
        { if((cursor_x == xPos) && (cursor_y == yPos) && ((cursor_font << x) & 0x8000))
            TFT_data(Red);
          else if((font << x) & 0x8000)
            TFT_data(color);
          else
            TFT_data(Orange);
        }
    }
}

void Draw_board(void)                                   /* draw board */
{
  unsigned char x, y;

  for(y = 0; y < 19; y++)
    { for(x = 0; x < 19; x++)
        { if((board[y][x] != board_old[y][x]) || (cursor_x_old == x && cursor_y_old == y))
            { board_old[y][x] = board[y][x];
              if(board[y][x] == White_stone)    // draw white stone
                Draw_symbol(x,y, White, 0);
              else if(board[y][x] == Black_stone) // draw black stone
                Draw_symbol(x,y, Black, 0);
              else                              // draw cross line
                { if(x == 0 && y == 0)                         Draw_symbol(x,y,Black,1); // "┌"
                  else if(x == 18 && y == 0)                   Draw_symbol(x,y,Black,2); // "┐"
                  else if(x == 0  && y == 18)                  Draw_symbol(x,y,Black,3); // "└"
                  else if(x == 18 && y == 18)                  Draw_symbol(x,y,Black,4); // "┘"
                  else if(x == 0  && y != 0  && y != 18) Draw_symbol(x,y,Black,5); // "├"
                  else if(x == 18 && y != 0  && y != 18) Draw_symbol(x,y,Black,6); // "┤"
                  else if(x != 0  && x != 18 && y == 0)  Draw_symbol(x,y,Black,7); // "┬"
                  else if(x != 0  && x != 18 && y == 18) Draw_symbol(x,y,Black,8); // "┴"
                  else                                         Draw_symbol(x,y,Black,9); // "┼"
                }
            }
        }
    }

  cursor_x_old = cursor_x;
  cursor_y_old = cursor_y;
}

void Draw_control(void)                                 /* draw game control */
{
  TFT_string( 1, 0,White,Blue, "      오목 게임(19x19)      "); // display title

  TFT_string( 0,29,Green,Black, "(MCU = White)");
  TFT_string(17,29,Green,Black, "(You = Black)");

  Draw_cleargame(White, Magenta);                       // display clear for new game

  Draw_left(White, Cyan);                               // display arrow for touch screen
  Draw_right(White, Cyan);
  Draw_up(White, Cyan);
  Draw_down(White, Cyan);

  Draw_enter(White, Cyan);                              // display stone enter

  TFT_string(0,38,White,Black,"시간 00:00");      // display time

  TFT_string(20,38,Blue,Cyan,"소리ON/OFF");       // beep on/off
  if(beep_flag == 1)
    TFT_string(24,38,Red,Cyan,"ON");
  else
    TFT_string(27,38,Red,Cyan,"OFF");
}
```

```
void Draw_cleargame(U16 color1, U16 color2)       /* display clear game for touch screen */
{
  Rectangle(20,265, 66,293, color1);
  TFT_string(3,34, color2,Black, "CLEAR");
}

void Draw_left(U16 color1, U16 color2)            /* display left arrow for touch screen */
{
  Rectangle( 83,269, 106,289, color1);
  Draw_arrow( 87, 271, color2, 0);
}

void Draw_right(U16 color1, U16 color2)           /* display right arrow for touch screen */
{
  Rectangle(132,269, 155,289, color1);
  Draw_arrow(136, 271, color2, 1);
}

void Draw_up(U16 color1, U16 color2)              /* display up arrow for touch screen */
{
  Rectangle(109,243, 129,266, color1);
  Draw_arrow(112, 247, color2, 2);
}

void Draw_down(U16 color1, U16 color2)            /* display down arrow for touch screen */
{
  Rectangle(109,292, 129,315, color1);
  Draw_arrow(112, 296, color2, 3);
}

void Draw_enter(U16 color1, U16 color2)           /* display stone enter for touch screen */
{
  Rectangle(173,265, 218,293, color1);
  TFT_string(22,34, color2,Black, "ENTER");
}

const unsigned short Arrow[4][16] = {                              /* 16x16 arrow */
 { 0x0000,0x0100,0x0300,0x0700,0x0F00,0x1F00,0x3FFF,0x7FFF,       // (0) left arrow
   0xFFFF,0x7FFF,0x3FFF,0x1F00,0x0F00,0x0700,0x0300,0x0100 },
 { 0x0000,0x0080,0x00C0,0x00E0,0x00F0,0x00F8,0xFFFC,0xFFFE,       // (1) right arrow
   0xFFFF,0xFFFE,0xFFFC,0x00F8,0x00F0,0x00E0,0x00C0,0x0080 },
 { 0x0100,0x0380,0x07C0,0x0FE0,0x1FF0,0x3FF8,0x7FFC,0xFFFE,       // (2) up arrow
   0x07C0,0x07C0,0x07C0,0x07C0,0x07C0,0x07C0,0x07C0,0x07C0 },
 { 0x07C0,0x07C0,0x07C0,0x07C0,0x07C0,0x07C0,0x07C0,0x07C0,       // (3) down arrow
   0xFFFE,0x7FFC,0x3FF8,0x1FF0,0x0FE0,0x07C0,0x0380,0x0100 }};

void Draw_arrow(U16 xPos,U16 yPos, U16 color, U08 code) /* draw arrow for touch screen */
{
  unsigned char  x, y;
  unsigned short font;

  for(y = 0; y < 16; y++)
    { TFT_GRAM_address(xPos,yPos+y);
      font = Arrow[code][y];
      for(x = 0; x < 16; x++)
        { if((font << x) & 0x8000) TFT_data(color);
          else                     TFT_data(Black);
        }
    }
}

/* ----- 게임 알고리즘 함수 -------------------------------------------------- */

void Omok_game(void)                              /* omok game algorism */
{
  unsigned char x, y;
  unsigned char max_danger_value = 0, max_attack_value = 0;
  unsigned char max_danger_x = 0, max_danger_y = 0;
  unsigned char max_attack_x = 0, max_attack_y = 0;

  for(y = 0; y < 19; y++)                         // 위험도 초기화
    for(x = 0; x < 19; x++)
      { danger_MCU[y][x] = 0;
        danger_user[y][x] = 0;
      }

  for(y = 0; y < 19; y++)                         // 상,하,좌,우,대각선 방향의 위험도
    for(x = 0; x < 19; x++)
      { if(board[y][x] == Black_stone)
          { if(x > 0)  if(board[y][x-1] == 0) danger_MCU[y][x-1]++;
            if(x < 18) if(board[y][x+1] == 0) danger_MCU[y][x+1]++;
            if(y > 0)  if(board[y-1][x] == 0) danger_MCU[y-1][x]++;
```

```
          if(y < 18) if(board[y+1][x] == 0) danger_MCU[y+1][x]++;

          if(y > 0 && x > 0)   if(board[y-1][x-1] == 0) danger_MCU[y-1][x-1]++;
          if(y > 0 && x < 18)  if(board[y-1][x+1] == 0) danger_MCU[y-1][x+1]++;
          if(y < 18 && x > 0)  if(board[y+1][x-1] == 0) danger_MCU[y+1][x-1]++;
          if(y < 18 && x < 18) if(board[y+1][x+1] == 0) danger_MCU[y+1][x+1]++;
        }
    }

  Check_user(4,10);                               // check user
  Check_user(3,7);
  Check_user(2,5);
  Check_MCU(4,10);                                // check MCU
  Check_MCU(3,7);
  Check_MCU(2,5);

  for(y = 0; y < 19; y++)                         // 최고 위험지역 검색
    for(x = 0; x < 19; x++)
      { if(danger_MCU[y][x] > max_danger_value)
          { if(board[y][x] == 0)
              { max_danger_value = danger_MCU[y][x];
                max_danger_x = x;
                max_danger_y = y;
              }
          }
      }

  for(y = 0; y < 19; y++)                         // 최고 공격지역 검색
    for(x = 0; x < 19; x++)
      { if(danger_user[y][x] > max_attack_value)
          { if(board[y][x] == 0)
              { max_attack_value = danger_user[y][x];
                max_attack_x = x;
                max_attack_y = y;
              }
          }
      }

  if(max_danger_value > max_attack_value)         // 최고 위험지역과 최고 공격지역의 수치중 높은 곳을 선택
    { board[max_danger_y][max_danger_x] = White_stone;
      cursor_x = max_danger_x;
      cursor_y = max_danger_y;
    }
  else
    { board[max_attack_y][max_attack_x] = White_stone;
      cursor_x = max_attack_x;
      cursor_y = max_attack_y;
    }
}

void Check_user(U08 countmax, U08 danger)         /* check if user win */
{
  unsigned char x, y, i;
  unsigned char count = 0;                        // 돌 갯수를 세는 변수
  unsigned char count2 = 0;                       // 양쪽 모두 비어있는지 검사용

  for(y = 0; y < 19; y++)                         // ***** 가로 방향 검사
    { for(x = 0; x < 19-countmax; x++)
        { for(i = x; i < x+countmax; i++)
            if(board[y][i] == Black_stone) count++; // 돌 갯수 검사
          if(count >= countmax)
            { if(countmax >= 5)                   // 5개가 연결되면 게임 끝
                { TFT_string(1,0,White,Magenta, " You win.  Congratulation ! ");
                  game_over = 1;
                  if(beep_flag == 1) Beep_3times();
                  return;
                }

              if(x > 0)                 danger_MCU[y][x-1] += danger;
              if(x+(countmax-1) < 18) danger_MCU[y][x+(countmax-1)+1] += danger; // 위험값을 추가

              if(board[y][x-1] == 0)                 count2++;
              if(board[y][x+(countmax-1)+1] == 0) count2++;

              if(count2 >= 2)                     // 만약에 양쪽이 전부 비어있으면 위험값의 50%를 추가
                { if(x > 0)                 danger_MCU[y][x-1] += danger/2;
                  if(x+(countmax-1) < 18) danger_MCU[y][x+(countmax-1)+1] += danger/2;
                }
              else if(count2 >= 1)                // 한쪽만 비어있으면 위험값의 25%를 추가
                { if(x > 0)                 danger_MCU[y][x-1] += danger/4;
                  if(x+(countmax-1) < 18) danger_MCU[y][x+(countmax-1)+1] += danger/4;
                }
              count2 = 0;
```

```
        }
        if(countmax == 4 && count == 3)         // 4개를 체크했는데 한칸 띄고 3개가 있으면
          { for(i = x; i < x+countmax; i++)
              { if(board[y][i] == 0 && i > x && i < x+countmax-1) // 빈곳이면서 사이에 들어있으면
                  danger_MCU[y][i] += danger/2;         // 위험값의 50%를 추가
              }
          }
        count = 0;
      }
  }
  count = 0;
  count2 = 0;

  for(y = 0; y < 19-countmax; y++)                // ***** 세로 방향 검사
    { for(x = 0; x < 19; x++)
        { for(i = y; i < y+countmax; i++)
            if(board[i][x] == Black_stone) count++; // 돌 갯수 검사
          if(count >= countmax)
            { if(countmax >= 5)                  // 5개가 연결되면 게임 끝
                { TFT_string(1,0,White,Magenta, " You win.  Congratulation ! ");
                  game_over = 1;
                  if(beep_flag == 1) Beep_3times();
                  return;
                }

              if(y > 0)                   danger_MCU[y-1][x] += danger;
              if(y+(countmax-1) < 18) danger_MCU[y+(countmax-1)+1][x]+=danger; // 위험값을 추가

              if(board[y-1][x] == 0)               count2++;
              if(board[y+(countmax-1)+1][x] == 0) count2++;

              if(count2 >= 2)                     // 만약에 양쪽이 전부 비어있으면 위험값의 50%를 추가
                { if(y > 0)                   danger_MCU[y-1][x] += danger/2;
                  if(y+(countmax-1) < 18) danger_MCU[y+(countmax-1)+1][x] += danger/2;
                }
              else if(count2 >= 1)                // 한쪽만 비어있으면 위험값의 25%를 추가
                { if(y > 0)                   danger_MCU[y-1][x] += danger/4;
                  if(y+(countmax-1) < 18) danger_MCU[y+(countmax-1)+1][x] += danger/4;
                }
              count2 = 0;
            }
          if(countmax == 4 && count == 3)       // 4개를 체크했는데 한칸 띄고 3개가 있으면
            { for(i = y; i < y+countmax; i++)
                { if(board[i][x] == 0 && i > y && i < y+countmax-1) // 빈곳이면서 사이에 들어있으면
                    danger_MCU[i][x] += danger/2;       // 위험값의 50%를 추가
                }
            }
          count = 0;
        }
    }
  count = 0;
  count2 = 0;

  for(y = 0; y < 19-countmax; y++)               // ***** 대각선 ＼ 방향 검사
    { for(x = 0; x < 19-countmax; x++)
        { for(i = 0; i < countmax; i++)
            if(board[y+i][x+i] == Black_stone) count++; // 돌 갯수 검사
          if(count >= countmax)
            { if(countmax >= 5)                  // 5개가 연결되면 게임 끝
                { TFT_string(1,0,White,Magenta, " You win.  Congratulation ! ");
                  game_over = 1;
                  if(beep_flag == 1) Beep_3times();
                  return;
                }

              if(x > 0 && y > 0)                                   danger_MCU[y-1][x-1]+=danger;
              if(y+(countmax-1) < 18 && x+(countmax-1) < 18) danger_MCU[y+(countmax-1)+1][x+(countmax-1)+1] += danger;

              if(board[y-1][x-1] == 0)                              count2++;
              if(board[y+(countmax-1)+1][x+(countmax-1)+1] == 0) count2++;

              if(count2 >= 2)                    // 만약에 양쪽이 전부 비어있으면 위험값의 50%를 추가
                { if(x > 0 && y > 0)                               danger_MCU[y-1][x-1] += danger/2;
                  if(y+(countmax-1) < 18 && x+(countmax-1) < 18) danger_MCU[y+(countmax-1)+1][x+(countmax-1)+1] += danger/2;
                }
              else if(count2 >= 1)               // 한쪽만 비어있으면 위험값의 25%를 추가
                { if(x > 0 && y > 0)                               danger_MCU[y-1][x-1] += danger/4;
                  if(y+(countmax-1) < 18 && x+(countmax-1) < 18) danger_MCU[y+(countmax-1)+1][x+(countmax-1)+1] += danger/4;
                }
              count2 = 0;
            }
          if(countmax == 4 && count == 3)       // 4개를 체크했는데 한칸 띄고 3개가 있으면
            { for(i = 0; i < countmax; i++)
```

```
            { if(board[y+i][x+i] == 0 && i > 0 && i < countmax-1) // 빈곳이면서 사이에 들어있으면
                danger_MCU[y+i][x+i] += danger/2; // 위험값의 50%를 추가
            }
          }
        count = 0;
      }
    }
  count = 0;
  count2 = 0;

  for(y = 0; y < 19-countmax; y++)                // ***** 대각선 / 방향 검사
    { for(x = (countmax-1); x < 19; x++)
      { for(i = 0; i < countmax; i++)
          if(board[y+i][x-i] == Black_stone) count++; // 돌 갯수 검사
        if(count >= countmax)
          { if(countmax >= 5)                     // 5개가 연결되면 게임 끝
              { TFT_string(1,0,White,Magenta, " You win.  Congratulation ! ");
                game_over = 1;
                if(beep_flag == 1) Beep_3times();
                return;
              }

            if(x+1 < 18 && y > 0)                          danger_MCU[y-1][x+1] += danger;
            if(y+(countmax-1) < 18 && x-(countmax-1) > 0) danger_MCU[y+(countmax-1)+1][x-(countmax-1)-1] += danger;

            if(board[y-1][x+1] == 0)                          count2++;
            if(board[y+(countmax-1)+1][x-(countmax-1)-1] == 0) count2++;

            if(count2 >= 2)                       // 만약에 양쪽이 전부 비어있으면 위험값의 50%를 추가
              { if(x+1 < 18 && y > 0)                          danger_MCU[y-1][x+1] += danger/2;
                if(y+(countmax-1) < 18 && x-(countmax-1) > 0) danger_MCU[y+(countmax-1)+1][x-(countmax-1)-1] += danger/2;
              }
            else if(count2 >= 1)                  // 한쪽만 비어있으면 위험값의 25%를 추가
              { if(x+1 < 18 && y > 0)                          danger_MCU[y-1][x+1] += danger/4;
                if(y+(countmax-1) < 18 && x-(countmax-1) > 0) danger_MCU[y+(countmax-1)+1][x-(countmax-1)-1] += danger/4;
              }
            count2 = 0;
          }
        if(countmax == 4 && count == 3)           // 4개를 체크했는데 한칸 띄고 3개가 있으면
          { for(i = 0; i < countmax; i++)
              { if(board[y+i][x-i] == 0 && i > 0 && i < countmax-1) // 빈곳이면서 사이에 들어있으면
                  danger_MCU[y+i][x-i] += danger/2; // 위험값의 50%를 추가
              }
          }
        count = 0;
      }
    }
  count = 0;
  count2 = 0;
}

void Check_MCU(U08 countmax, U08 danger)          /* check if MCU win */
{
  unsigned char x, y, i;
  unsigned char count = 0;                        // 돌 갯수를 세는 변수
  unsigned char count2 = 0;                       // 양쪽 모두 비어있는지 검사용

  for(y = 0; y < 19; y++)                         // ***** 가로 방향 검사
    { for(x = 0; x < 19-countmax; x++)
      { for(i = x; i < x+countmax; i++)
          if(board[y][i] == White_stone) count++; // 돌 갯수 검사
        if(count >= countmax)
          { if(countmax >= 5)                     // 5개가 연결되면 게임 끝
              { TFT_string(1,0,White,Magenta, "         MCU 승리 !!!         ");
                game_over = 1;
                if(beep_flag == 1) Beep_3times();
                return;
              }

            if(x > 0)                    danger_user[y][x-1] += danger;
            if(x+(countmax-1) < 18) danger_user[y][x+(countmax-1)+1] += danger; // 위험값을 추가

            if(board[y][x-1] == 0)                  count2++;
            if(board[y][x+(countmax-1)+1] == 0) count2++;

            if(count2 >= 2)                       // 만약에 양쪽이 전부 비어있으면 위험값의 50%를 추가
              { if(x > 0)                    danger_user[y][x-1] += danger/2;
                if(x+(countmax-1) < 18) danger_user[y][x+(countmax-1)+1] += danger/2;
              }
            else if(count2 >= 1)                  // 한쪽만 비어있으면 위험값의 25%를 추가
              { if(x > 0)                    danger_user[y][x-1] += danger/4;
                if(x+(countmax-1) < 18) danger_user[y][x+(countmax-1)+1] += danger/4;
              }
```

```
            count2 = 0;
          }
        if(countmax == 4 && count == 3)        // 4개를 체크했는데 한칸 띄고 3개가 있으면
          { for(i = x; i < x+countmax; i++)
              { if(board[y][i] == 0 && i > x && i < x+countmax-1)     // 빈곳이면서 사이에 들어있으면
                  danger_user[y][i] += danger/2; // 위험값의 50%를 추가
              }
          }
        count = 0;
      }
  }
count = 0;
count2 = 0;

for(y = 0; y < 19-countmax; y++)                // ***** 가로 방향 검사
  { for(x = 0; x < 19; x++)
      { for(i = y; i < y+countmax; i++)
          if(board[i][x] == White_stone) count++; // 돌 갯수 검사
        if(count >= countmax)
          { if(countmax >= 5)                   // 5개가 연결되면 게임 끝
              { TFT_string(1,0,White,Magenta, "          MCU 승리 !!!          ");
                game_over = 1;
                if(beep_flag == 1) Beep_3times();
                return;
              }

            if(y > 0)                  danger_user[y-1][x] += danger;
            if(y+(countmax-1) < 18) danger_user[y+(countmax-1)+1][x] += danger; // 위험값을 추가

            if(board[y-1][x] == 0)              count2++;
            if(board[y+(countmax-1)+1][x] == 0) count2++;

            if(count2 >= 2)                     // 만약에 양쪽이 전부 비어있으면 위험값의 50%를 추가
              { if(y > 0)                  danger_user[y-1][x] += danger/2;
                if(y+(countmax-1) < 18) danger_user[y+(countmax-1)+1][x] += danger/2;
              }
            else if(count2 >= 1)                // 한쪽만 비어있으면 위험값의 25%를 추가
              { if(y > 0)                  danger_user[y-1][x] += danger/4;
                if(y+(countmax-1) < 18) danger_user[y+(countmax-1)+1][x] += danger/4;
              }
            count2 = 0;
          }
        if(countmax == 4 && count == 3)        // 4개를 체크했는데 한칸 띄고 3개가 있으면
          { for(i = y; i < y+countmax; i++)
              { if(board[i][x] == 0 && i > y && i < y+countmax-1)     // 빈곳이면서 사이에 들어있으면
                  danger_user[i][x] += danger/2; // 위험값의 50%를 추가
              }
          }
        count = 0;
      }
  }
count = 0;
count2 = 0;

for(y = 0; y < 19-countmax; y++)                // ***** 대각선 \ 방향 검사
  { for(x = 0; x < 19-countmax; x++)
      { for(i = 0; i < countmax; i++)
          if(board[y+i][x+i] == White_stone) count++; // 돌 갯수 검사
        if(count >= countmax)
          { if(countmax >= 5)                   // 5개가 연결되면 게임 끝
              { TFT_string(1,0,White,Magenta, "          MCU 승리 !!!          ");
                game_over = 1;
                if(beep_flag == 1) Beep_3times();
                return;
              }

            if(x > 0 && y > 0)                                   danger_user[y-1][x-1] += danger;
            if(y+(countmax-1) < 18 && x+(countmax-1) < 18) danger_user[y+(countmax-1)+1][x+(countmax-1)+1] += danger;

            if(board[y-1][x-1] == 0)                             count2++;
            if(board[y+(countmax-1)+1][x+(countmax-1)+1] == 0) count2++;

            if(count2 >= 2)                     // 만약에 양쪽이 전부 비어있으면 위험값의 50%를 추가
              { if(x > 0 && y > 0)                               danger_user[y-1][x-1] += danger/2;
                if(y+(countmax-1) < 18 && x+(countmax-1) < 18) danger_user[y+(countmax-1)+1][x+(countmax-1)+1] += danger/2;
              }
            else if(count2 >= 1)                // 한쪽만 비어있으면 위험값의 25%를 추가
              { if(x > 0 && y > 0)                               danger_user[y-1][x-1] += danger/4;
                if(y+(countmax-1) < 18 && x+(countmax-1) < 18) danger_user[y+(countmax-1)+1][x+(countmax-1)+1] += danger/4;
              }
            count2 = 0;
          }
        if(countmax == 4 && count == 3)        // 4개를 체크했는데 한칸 띄고 3개가 있으면
```

```
          { for(i = 0; i < countmax; i++)
              { if(board[y+i][x+i] == 0 && i > 0 && i < countmax-1)   // 빈곳이면서 사이에 들어있으면
                  danger_user[y+i][x+i] += danger/2; // 위험값의 50%를 추가
              }
          }
        count = 0;
      }
  }
  count = 0;
  count2 = 0;

  for(y = 0; y < 19-countmax; y++)              // ***** 대각선 / 방향 검사
    { for(x = (countmax-1); x < 19; x++)
        { for(i = 0; i < countmax; i++)
            if(board[y+i][x-i] == White_stone) count++; // 돌 갯수 검사
          if(count >= countmax)
            { if(countmax >= 5)                  // 5개가 연결되면 게임 끝
                { TFT_string(1,0,White,Magenta, "         MCU 승리 !!!        ");
                  game_over = 1;
                  if(beep_flag == 1) Beep_3times();
                  return;
                }

              if(x+1 < 18 && y > 0)                              danger_user[y-1][x+1] += danger;
              if(y+(countmax-1) < 18 && x-(countmax-1) > 0) danger_user[y+(countmax-1)+1][x-(countmax-1)-1] += danger;

              if(board[y-1][x+1] == 0)                         count2++;
              if(board[y+(countmax-1)+1][x-(countmax-1)-1] == 0) count2++;

              if(count2 >= 2)                    // 만약에 양쪽이 전부 비어있으면 위험값의 50%를 추가
                { if(x+1 < 18 && y > 0)                            danger_user[y-1][x+1] += danger/2;
                  if(y+(countmax-1) < 18 && x-(countmax-1) > 0) danger_user[y+(countmax-1)+1][x-(countmax-1)-1] += danger/2;
                }
              else if(count2 >= 1)               // 한쪽만 비어있으면 위험값의 25%를 추가
                { if(x+1 < 18 && y > 0)                            danger_user[y-1][x+1] += danger/4;
                  if(y+(countmax-1) < 18 && x-(countmax-1) > 0) danger_user[y+(countmax-1)+1][x-(countmax-1)-1] += danger/4;
                }
              count2 = 0;
            }
          if(countmax == 4 && count == 3)        // 4개를 체크했는데 한칸 띄고 3개가 있으면
            { for(i = 0; i < countmax; i++)
                { if(board[y+i][x-i] == 0 && i > 0 && i < countmax-1)   // 빈곳이면서 사이에 들어있으면
                    danger_user[y+i][x-i] += danger/2; // 위험값의 50%를 추가
                }
            }
          count = 0;
        }
    }
  count = 0;
  count2 = 0;
}
```

☞ 이 프로그램에서 사용자는 항상 흑색 바둑돌을 사용하며 CPU는 백색 바둑돌을 사용한다. 커서는 적색의 ×표를 사용하여 표시하였다. 게임은 화면의 아이콘을 터치 스크린으로 입력하는 방법으로 수행한다. 터치 스크린의 입력에는 제4.8절에서 공부한 것처럼 디바운싱 및 원터치 입력 기술을 적용하였다.

게임 중에 터치 스크린을 입력하거나 승부가 결정되었을 때와 같은 이벤트가 발생할 때마다 기본적으로 비프음이 울리도록 되어 있는데, 만약 주위환경이 정숙을 유지해야 하는 경우에는 이러한 게임 사운드가 문제가 될 수도 있으므로 비프음 ON/OFF 기능을 사용하여 비프음을 금지시킬 수 있도록 하였다.

또한 이 프로그램에는 시계 기능을 포함하고 있어서 게임이 시작되고 나서 경과한 시간을 화면에 표시하여 준다.

위의 오목 게임 예제 프로그램에서는 실제 바둑판처럼 가로×세로 = 19×19 라인으로 구현하였기 때문에 1칸의 크기가 작고 간격이 좁아서 이를 직접 터치 스크린으로 입력하기가 어려우며, 따라서 방향을 제어하는 아이콘을 만들어서 사용하였다. 여기서

바둑돌 1개의 크기는 11×11 픽셀이다. 이렇게 하면 실제 바둑판과 동일한 화면을 사용하는 장점이 있지만, 라인 해상도가 낮은 화면에서 라인 간격이 좁고 바둑돌 1개의 크기가 상당히 작아질 수밖에 없다.

다음은 *OK-STM103* 키트에서 실제 바둑판과는 다르게 가로×세로 = 16×16 라인으로 오목 게임을 구현한 예제 프로그램이다. 이렇게 하면 바둑돌의 크기가 15×15 픽셀로 커져서 터치 스크린의 해당 위치를 직접 터치하는 방식으로 오목 프로그램을 실행할 수도 있고, 기존의 방식처럼 방향제어 아이콘을 사용할 수도 있다.

<프로그램 Exp18_4.c> 오목 게임 프로그램 - 16행×16열

```
/* ========================================================================== */
/*            Exp18_4_Omok_16x16.c : 16 x 16 라인 오목 게임                   */
/* ========================================================================== */
/*                                    Programmed by Duck-Yong Yoon in 2017.   */

#include "stm32f103xe.h"
#include "OK-STM103.h"

void SysTick_Handler(void);                     // SysTick interrupt function
unsigned char Icon_input(void);                 // input touch screen icon
void Initialize_board(void);                    // initialize board
void Draw_symbol(U08 xPos,U08 yPos, U16 color, U08 code); // draw cross of bopard
void Draw_board(void);                          // draw board
void Draw_control(void);                        // draw game control
void Draw_cleargame(U16 color1, U16 color2);    // display clear game for touch screen
void Draw_left(U16 color1, U16 color2);         // display left arrow for touch screen
void Draw_right(U16 color1, U16 color2);        // display right arrow for touch screen
void Draw_up(U16 color1, U16 color2);           // display up arrow for touch screen
void Draw_down(U16 color1, U16 color2);         // display down arrow for touch screen
void Draw_enter(U16 color1, U16 color2);        // display stone enter for touch screen
void Draw_arrow(U16 xPos,U16 yPos,U16 color,U08 code);    // draw arrow for touch screen

void Omok_game(void);                           // omok game algorism
void Check_user(U08 countmax, U08 danger);      // check if user win
void Check_MCU(U08 countmax, U08 danger);       // check if MCU win

/* -------------------------------------------------------------------------- */

#define Xbase          0                        // x base position of board
#define Ybase          0                        // y base position of board

#define White_stone    1
#define Black_stone    2

#define Left           0x01                     // menu code of touch screen
#define Right          0x02
#define Down           0x03
#define Up             0x04
#define Enter          0x05
#define Clear          0x06

unsigned char cursor_x = 7, cursor_y = 7;       // cursor position
unsigned char cursor_x_old, cursor_y_old;
unsigned char game_over;                        // game over flag
unsigned char beep_flag;                        // beep on/off flag

unsigned char board[16][16];                    // board data
unsigned char board_old[16][16];

unsigned char danger_MCU[16][16];               // MCU danger count
unsigned char danger_user[16][16];              // user danger count

/* ----- 인터럽트 처리 프로그램 ---------------------------------------------- */

volatile unsigned char second, minute;

void SysTick_Handler(void)                      /* SysTick interrupt function */
{
```

```
  second++;                                      // increment second
  if(second == 60)                               // if second = 60, second = 0
    { second = 0;
      minute++;                                  // increment minute
      if(minute == 60)                           // if minute = 60, minute = 0
        minute = 0;
    }
}
/* ----- 메인 프로그램 ------------------------------------------------------- */

int main(void)
{
  unsigned char key, exit;

  Initialize_MCU();                              // initialize MCU and kit
  Delay_ms(50);                                  // wait for system stabilization
  Initialize_LCD();                              // initialize text LCD module
  Initialize_TFT_LCD();                          // initialize TFT-LCD module
  TFT_portrait_mode();                           // portrait mode
  Initialize_touch_screen();                     // initialize touch screen

  LCD_string(0x80," OK-STM103 V1.0 ");           // display title
  LCD_string(0xC0,"   Exp18_4.c    ");
  Beep();

  beep_flag = 1;                                 // beep on

  SysTick->LOAD  = 8999999;                      // N-1 for 1sec (9MHz/9000000 = 1Hz)
  SysTick->VAL   = 0;                            // clear SysTick Counter
  SysTick->CTRL  = 0x00000003;                   // 72MHz/8 = 9MHz, enable interrupt

  while(1)
    { game_over = 0;                             // initial game state
      exit = 0;
      second = 0;                                // initialize time
      minute = 0;
      Initialize_board();                        // initialize board
      Draw_control();                            // draw control

      while(!exit)
        { Draw_board();                          // draw board

          key = Icon_input();                    // read touch screen icon
          switch(key)
            { case Left:  if((game_over == 0) && (cursor_x != 0))  cursor_x--;
                          break;
              case Right: if((game_over == 0) && (cursor_x != 15)) cursor_x++;
                          break;
              case Down:  if((game_over == 0) && (cursor_y != 15)) cursor_y++;
                          break;
              case Up:    if((game_over == 0) && (cursor_y != 0))  cursor_y--;
                          break;
              case Enter: if((game_over == 0) && (board[cursor_y][cursor_x] == 0))
                            { board[cursor_y][cursor_x] = Black_stone;
                              Omok_game();       // omok game algorithm
                            }
                          else if((game_over == 0) && (board[cursor_y][cursor_x] != 0))
                            Beep_3times();
                          break;
              case Clear: exit = 1;
                          break;
            }

          if(game_over == 0)
            { Check_user(5,0);                   // check if user win
              Check_MCU(5,0);                    // check if MCU win
            }

          if(game_over == 0)                     // display time
            { TFT_color(White,Black);
              TFT_xy(5,38); TFT_unsigned_decimal(minute,1,2);
              TFT_xy(8,38); TFT_unsigned_decimal(second,1,2);
            }
        }
    }
}
/* ----- 사용자 정의 함수 ---------------------------------------------------- */

unsigned char icon_flag = 0;

unsigned char Icon_input(void)                   /* input touch screen icon */
```

```
{
  unsigned char icon;

  Touch_screen_input();                         // input touch screen

  if((icon_flag == 0) && (x_touch > 0) && (x_touch <= 14) && (y_touch > 0) && (y_touch <= 14))
    { icon = Enter;                             // cursor = (0, 0)
      icon_flag = 1;
      cursor_x = 0;
      cursor_y = 0;
      if(beep_flag == 1) Beep();
    }
  else if((icon_flag == 0) && (x_touch >= 15) && (x_touch <= 29) && (y_touch > 0) && (y_touch <= 14))
    { icon = Enter;                             // cursor = (1, 0)
      icon_flag = 1;
      cursor_x = 1;
      cursor_y = 0;
      if(beep_flag == 1) Beep();
    }
  else if((icon_flag == 0) && (x_touch >= 30) && (x_touch <= 44) && (y_touch > 0) && (y_touch <= 14))
    { icon = Enter;                             // cursor = (2, 0)
      icon_flag = 1;
      cursor_x = 2;
      cursor_y = 0;
      if(beep_flag == 1) Beep();
    }
  else if((icon_flag == 0) && (x_touch >= 45) && (x_touch <= 59) && (y_touch > 0) && (y_touch <= 14))
    { icon = Enter;                             // cursor = (3, 0)
      icon_flag = 1;
      cursor_x = 3;
      cursor_y = 0;
      if(beep_flag == 1) Beep();
    }
  else if((icon_flag == 0) && (x_touch >= 60) && (x_touch <= 74) && (y_touch > 0) && (y_touch <= 14))
    { icon = Enter;                             // cursor = (4, 0)
      icon_flag = 1;
      cursor_x = 4;
      cursor_y = 0;
      if(beep_flag == 1) Beep();
    }
  else if((icon_flag == 0) && (x_touch >= 75) && (x_touch <= 89) && (y_touch > 0) && (y_touch <= 14))
    { icon = Enter;                             // cursor = (5, 0)
      icon_flag = 1;
      cursor_x = 5;
      cursor_y = 0;
      if(beep_flag == 1) Beep();
    }
  else if((icon_flag == 0) && (x_touch >= 90) && (x_touch <= 104) && (y_touch > 0) && (y_touch <= 14))
    { icon = Enter;                             // cursor = (6, 0)
      icon_flag = 1;
      cursor_x = 6;
      cursor_y = 0;
      if(beep_flag == 1) Beep();
    }
  else if((icon_flag == 0) && (x_touch >= 105) && (x_touch <= 119) && (y_touch > 0) && (y_touch <= 14))
    { icon = Enter;                             // cursor = (7, 0)
      icon_flag = 1;
      cursor_x = 7;
      cursor_y = 0;
      if(beep_flag == 1) Beep();
    }
  else if((icon_flag == 0) && (x_touch >= 120) && (x_touch <= 134) && (y_touch > 0) && (y_touch <= 14))
    { icon = Enter;                             // cursor = (8, 0)
      icon_flag = 1;
      cursor_x = 8;
      cursor_y = 0;
      if(beep_flag == 1) Beep();
    }
  else if((icon_flag == 0) && (x_touch >= 135) && (x_touch <= 149) && (y_touch > 0) && (y_touch <= 14))
    { icon = Enter;                             // cursor = (9, 0)
      icon_flag = 1;
      cursor_x = 9;
      cursor_y = 0;
      if(beep_flag == 1) Beep();
    }
  else if((icon_flag == 0) && (x_touch >= 150) && (x_touch <= 164) && (y_touch > 0) && (y_touch <= 14))
    { icon = Enter;                             // cursor = (10, 0)
      icon_flag = 1;
      cursor_x = 10;
      cursor_y = 0;
      if(beep_flag == 1) Beep();
    }
  else if((icon_flag == 0) && (x_touch >= 165) && (x_touch <= 179) && (y_touch > 0) && (y_touch <= 14))
```

```
{ icon = Enter;                                    // cursor = (11, 0)
  icon_flag = 1;
  cursor_x = 11;
  cursor_y = 0;
  if(beep_flag == 1) Beep();
}
else if((icon_flag == 0) && (x_touch >= 180) && (x_touch <= 194) && (y_touch > 0) && (y_touch <= 14))
  { icon = Enter;                                  // cursor = (12, 0)
    icon_flag = 1;
    cursor_x = 12;
    cursor_y = 0;
    if(beep_flag == 1) Beep();
  }
else if((icon_flag == 0) && (x_touch >= 195) && (x_touch <= 209) && (y_touch > 0) && (y_touch <= 14))
  { icon = Enter;                                  // cursor = (13, 0)
    icon_flag = 1;
    cursor_x = 13;
    cursor_y = 0;
    if(beep_flag == 1) Beep();
  }
else if((icon_flag == 0) && (x_touch >= 210) && (x_touch <= 224) && (y_touch > 0) && (y_touch <= 14))
  { icon = Enter;                                  // cursor = (14, 0)
    icon_flag = 1;
    cursor_x = 14;
    cursor_y = 0;
    if(beep_flag == 1) Beep();
  }
else if((icon_flag == 0) && (x_touch >= 225) && (x_touch <= 239) && (y_touch > 0) && (y_touch <= 14))
  { icon = Enter;                                  // cursor = (15, 0)
    icon_flag = 1;
    cursor_x = 15;
    cursor_y = 0;
    if(beep_flag == 1) Beep();
  }

else if((icon_flag == 0) && (x_touch > 0) && (x_touch <= 14) && (y_touch >= 15) && (y_touch <= 29))
  { icon = Enter;                                  // cursor = (0, 1)
    icon_flag = 1;
    cursor_x = 0;
    cursor_y = 1;
    if(beep_flag == 1) Beep();
  }
else if((icon_flag == 0) && (x_touch >= 15) && (x_touch <= 29) && (y_touch >= 15) && (y_touch <= 29))
  { icon = Enter;                                  // cursor = (1, 1)
    icon_flag = 1;
    cursor_x = 1;
    cursor_y = 1;
    if(beep_flag == 1) Beep();
  }
else if((icon_flag == 0) && (x_touch >= 30) && (x_touch <= 44) && (y_touch >= 15) && (y_touch <= 29))
  { icon = Enter;                                  // cursor = (2, 1)
    icon_flag = 1;
    cursor_x = 2;
    cursor_y = 1;
    if(beep_flag == 1) Beep();
  }
else if((icon_flag == 0) && (x_touch >= 45) && (x_touch <= 59) && (y_touch >= 15) && (y_touch <= 29))
  { icon = Enter;                                  // cursor = (3, 1)
    icon_flag = 1;
    cursor_x = 3;
    cursor_y = 1;
    if(beep_flag == 1) Beep();
  }
else if((icon_flag == 0) && (x_touch >=60) && (x_touch <= 74) && (y_touch >= 15) && (y_touch <= 29))
  { icon = Enter;                                  // cursor = (4, 1)
    icon_flag = 1;
    cursor_x = 4;
    cursor_y = 1;
    if(beep_flag == 1) Beep();
  }

                         (중간 생략)

else if((icon_flag == 0) && (x_touch > 0) && (x_touch <= 14) && (y_touch >= 225) && (y_touch <= 239))
  { icon = Enter;                                  // cursor = (0, 15)
    icon_flag = 1;
    cursor_x = 0;
    cursor_y = 15;
    if(beep_flag == 1) Beep();
  }
else if((icon_flag == 0) && (x_touch >= 15) && (x_touch <= 29) && (y_touch >= 225) && (y_touch <= 239))
  { icon = Enter;                                  // cursor = (1, 15)
    icon_flag = 1;
```

```
      cursor_x = 1;
      cursor_y = 15;
      if(beep_flag == 1) Beep();
    }
  else if((icon_flag == 0) && (x_touch >= 30) && (x_touch <= 44) && (y_touch >= 225) && (y_touch <= 239))
    { icon = Enter;                              // cursor = (2, 15)
      icon_flag = 1;
      cursor_x = 2;
      cursor_y = 15;
      if(beep_flag == 1) Beep();
    }
  else if((icon_flag == 0) && (x_touch >= 45) && (x_touch <= 59) && (y_touch >= 225) && (y_touch <= 239))
    { icon = Enter;                              // cursor = (3, 15)
      icon_flag = 1;
      cursor_x = 3;
      cursor_y = 15;
      if(beep_flag == 1) Beep();
    }
  else if((icon_flag == 0) && (x_touch >= 60) && (x_touch <= 74) && (y_touch >= 225) && (y_touch <= 239))
    { icon = Enter;                              // cursor = (4, 15)
      icon_flag = 1;
      cursor_x = 4;
      cursor_y = 15;
      if(beep_flag == 1) Beep();
    }
  else if((icon_flag == 0) && (x_touch >= 75) && (x_touch <= 89) && (y_touch >= 225) && (y_touch <= 239))
    { icon = Enter;                              // cursor = (5, 15)
      icon_flag = 1;
      cursor_x = 5;
      cursor_y = 15;
      if(beep_flag == 1) Beep();
    }
  else if((icon_flag == 0) && (x_touch >= 90) && (x_touch <= 104) && (y_touch >= 225) && (y_touch <= 239))
    { icon = Enter;                              // cursor = (6, 15)
      icon_flag = 1;
      cursor_x = 6;
      cursor_y = 15;
      if(beep_flag == 1) Beep();
    }
  else if((icon_flag == 0) && (x_touch >= 105) && (x_touch <= 119) && (y_touch >= 225) && (y_touch <= 239))
    { icon = Enter;                              // cursor = (7, 15)
      icon_flag = 1;
      cursor_x = 7;
      cursor_y = 15;
      if(beep_flag == 1) Beep();
    }
  else if((icon_flag == 0) && (x_touch >= 120) && (x_touch <= 134) && (y_touch >= 225) && (y_touch <= 239))
    { icon = Enter;                              // cursor = (8, 15)
      icon_flag = 1;
      cursor_x = 8;
      cursor_y = 15;
      if(beep_flag == 1) Beep();
    }
  else if((icon_flag == 0) && (x_touch >= 135) && (x_touch <= 149) && (y_touch >= 225) && (y_touch <= 239))
    { icon = Enter;                              // cursor = (9, 15)
      icon_flag = 1;
      cursor_x = 9;
      cursor_y = 15;
      if(beep_flag == 1) Beep();
    }
  else if((icon_flag == 0) && (x_touch >= 150) && (x_touch <= 164) && (y_touch >= 225) && (y_touch <= 239))
    { icon = Enter;                              // cursor = (10, 15)
      icon_flag = 1;
      cursor_x = 10;
      cursor_y = 15;
      if(beep_flag == 1) Beep();
    }
  else if((icon_flag == 0) && (x_touch >= 165) && (x_touch <= 179) && (y_touch >= 225) && (y_touch <= 239))
    { icon = Enter;                              // cursor = (11, 15)
      icon_flag = 1;
      cursor_x = 11;
      cursor_y = 15;
      if(beep_flag == 1) Beep();
    }
  else if((icon_flag == 0) && (x_touch >= 180) && (x_touch <= 194) && (y_touch >= 225) && (y_touch <= 239))
    { icon = Enter;                              // cursor = (12, 13)
      icon_flag = 1;
      cursor_x = 12;
      cursor_y = 15;
      if(beep_flag == 1) Beep();
    }
  else if((icon_flag == 0) && (x_touch >= 195) && (x_touch <= 209) && (y_touch >= 225) && (y_touch <= 239))
    { icon = Enter;                              // cursor = (13, 15)
```

```
    icon_flag = 1;
    cursor_x = 13;
    cursor_y = 15;
    if(beep_flag == 1) Beep();
  }
else if((icon_flag == 0) && (x_touch >= 210) && (x_touch <= 224) && (y_touch >= 225) && (y_touch <= 239))
  { icon = Enter;                             // cursor = (14, 15)
    icon_flag = 1;
    cursor_x = 14;
    cursor_y = 15;
    if(beep_flag == 1) Beep();
  }
else if((icon_flag == 0) && (x_touch >= 225) && (x_touch <= 239) && (y_touch >= 225) && (y_touch <= 239))
  { icon = Enter;                             // cursor = (15, 15)
    icon_flag = 1;
    cursor_x = 15;
    cursor_y = 15;
    if(beep_flag == 1) Beep();
  }

else if((icon_flag == 0) && (x_touch >= 83) && (x_touch <= 106) && (y_touch >= 269) && (y_touch <= 289))
  { icon = Left;                              // left
    icon_flag = 1;
    Draw_left(Magenta, Magenta);
    if(beep_flag == 1) Beep();
  }
else if((icon_flag == 0) && (x_touch >= 132) && (x_touch <= 155) && (y_touch >= 269) && (y_touch <= 289))
  { icon = Right;                             // right
    icon_flag = 1;
    Draw_right(Magenta, Magenta);
    if(beep_flag == 1) Beep();
  }
else if((icon_flag == 0) && (x_touch >= 109) && (x_touch <= 129) && (y_touch >= 243) && (y_touch <= 266))
  { icon = Up;                                // up
    icon_flag = 1;
    Draw_up(Magenta, Magenta);
    if(beep_flag == 1) Beep();
  }
else if((icon_flag == 0) && (x_touch >= 109) && (x_touch <= 129) && (y_touch >= 292) && (y_touch <= 315))
  { icon = Down;                              // down
    icon_flag = 1;
    Draw_down(Magenta, Magenta);
    if(beep_flag == 1) Beep();
  }
else if((icon_flag == 0) && (x_touch >= 173) && (x_touch <= 218) && (y_touch >= 265) && (y_touch <= 293))
  { icon = Enter;                             // stone enter
    icon_flag = 1;
    Draw_enter(Magenta, Magenta);
    if(beep_flag == 1) Beep();
  }
else if((icon_flag == 0) && (x_touch >= 20) && (x_touch <= 66) && (y_touch >= 265) && (y_touch <= 293))
  { icon = Clear;                             // clear game
    icon_flag = 1;
    Draw_cleargame(Magenta, Magenta);
    if(beep_flag == 1) Beep();
    Delay_ms(200);
  }
else if((icon_flag == 0) && (x_touch >= 160) && (x_touch <= 232) && (y_touch >= 304) && (y_touch <= 319))
  { icon = no_key;                            // beep on/off
    icon_flag = 1;
    Beep();
    if(beep_flag == 0)
      { beep_flag = 1;
        TFT_string(24,38,Red, Cyan,"ON");
        TFT_string(27,38,Blue,Cyan,"OFF");
      }
    else
      { beep_flag = 0;
        TFT_string(24,38,Blue,Cyan,"ON");
        TFT_string(27,38,Red, Cyan,"OFF");
      }
  }
else if((icon_flag == 1) && (x_touch == 0) && (y_touch == 0))
  { icon = no_key;
    icon_flag = 0;
    Draw_left(White, Cyan);
    Draw_right(White, Cyan);
    Draw_up(White, Cyan);
    Draw_down(White, Cyan);
    Draw_enter(White, Cyan);
    Draw_cleargame(White, Magenta);
    Delay_ms(50);
  }
```

```
  else
    icon = no_key;

  return icon;
}

void Initialize_board(void)                        /* initialize board */
{
  unsigned char x, y;

  cursor_x = 7;                                    // initial cursor position
  cursor_y = 7;

  for(y = 0 ; y < 16; y++)                         // clear board
    { for(x = 0; x < 16; x++)
        { board_old[y][x] = 0xFF;
          board[y][x] =  0;
          danger_MCU[y][x] = 0;
          danger_user[y][x] = 0;
        }
    }
}

const unsigned short symbol[11][15] =
 {{ 0x0000,0x0380,0x0FE0,0x1FF0,0x3FF8,0x3FF8,0x7FFC,0x7FFC,0x7FFC,0x3FF8,0x3FF8,0x1FF0,0x0FE0,0x0380,0x0000 }, // (0) stone
  { 0x0000,0x0000,0x0000,0x0000,0x0000,0x0000,0x0000,0x01FE,0x0100,0x0100,0x0100,0x0100,0x0100,0x0100,0x0100 }, // (1) "┌"
  { 0x0000,0x0000,0x0000,0x0000,0x0000,0x0000,0x0000,0xFF00,0x0100,0x0100,0x0100,0x0100,0x0100,0x0100,0x0100 }, // (2) "┐"
  { 0x0100,0x0100,0x0100,0x0100,0x0100,0x0100,0x0100,0x01FE,0x0000,0x0000,0x0000,0x0000,0x0000,0x0000,0x0000 }, // (3) "└"
  { 0x0100,0x0100,0x0100,0x0100,0x0100,0x0100,0x0100,0xFF00,0x0000,0x0000,0x0000,0x0000,0x0000,0x0000,0x0000 }, // (4) "┘"
  { 0x0100,0x0100,0x0100,0x0100,0x0100,0x0100,0x0100,0x01FE,0x0100,0x0100,0x0100,0x0100,0x0100,0x0100,0x0100 }, // (5) "├"
  { 0x0100,0x0100,0x0100,0x0100,0x0100,0x0100,0x0100,0xFF00,0x0100,0x0100,0x0100,0x0100,0x0100,0x0100,0x0100 }, // (6) "┤"
  { 0x0000,0x0000,0x0000,0x0000,0x0000,0x0000,0x0000,0xFFFE,0x0100,0x0100,0x0100,0x0100,0x0100,0x0100,0x0100 }, // (7) "┬"
  { 0x0100,0x0100,0x0100,0x0100,0x0100,0x0100,0x0100,0xFFFE,0x0000,0x0000,0x0000,0x0000,0x0000,0x0000,0x0000 }, // (8) "┴"
  { 0x0100,0x0100,0x0100,0x0100,0x0100,0x0100,0x0100,0xFFFE,0x0100,0x0100,0x0100,0x0100,0x0100,0x0100,0x0100 }, // (9) "┼"
  { 0xC006,0xE00E,0x701C,0x3838,0x1C70,0x0EE0,0x07C0,0x0380,0x07C0,0x0EE0,0x1C70,0x3838,0x701C,0xE00E,0xC006 }};// (10) cursor

void Draw_symbol(U08 xPos,U08 yPos, U16 color, U08 code)        /* draw cross of board */
{
  unsigned char  x, y;
  unsigned short font, cursor_font;

  for(y = 0; y < 15; y++)
    { TFT_GRAM_address(Xbase+(xPos*15),Ybase+(yPos*15)+y);
      font = symbol[code][y];
      cursor_font = symbol[10][y];
      for(x = 0; x < 15; x++)
        { if((cursor_x == xPos) && (cursor_y == yPos) && ((cursor_font << x) & 0x8000))
            TFT_data(Red);
          else if((font << x) & 0x8000)
            TFT_data(color);
          else
            TFT_data(Orange);
        }
    }
}

void Draw_board(void)                              /* draw board */
{
  unsigned char x, y;

  for(y = 0; y < 16; y++)
    { for(x = 0; x < 16; x++)
        { if((board[y][x] != board_old[y][x]) || (cursor_x_old == x && cursor_y_old == y))
            { board_old[y][x] = board[y][x];
              if(board[y][x] == White_stone)    // draw white stone
                Draw_symbol(x,y, White, 0);
              else if(board[y][x] == Black_stone) // draw black stone
                Draw_symbol(x,y, Black, 0);
              else                             // draw cross line
                { if(x == 0 && y == 0)                  Draw_symbol(x,y,Black,1); // "┌"
                  else if(x == 15 && y == 0)            Draw_symbol(x,y,Black,2); // "┐"
                  else if(x == 0  && y == 15)           Draw_symbol(x,y,Black,3); // "└"
                  else if(x == 15 && y == 15)           Draw_symbol(x,y,Black,4); // "┘"
                  else if(x == 0  && y != 0  && y != 15) Draw_symbol(x,y,Black,5); // "├"
                  else if(x == 15 && y != 0  && y != 15) Draw_symbol(x,y,Black,6); // "┤"
                  else if(x != 0  && x != 15 && y == 0)  Draw_symbol(x,y,Black,7); // "┬"
                  else if(x != 0  && x != 15 && y == 15) Draw_symbol(x,y,Black,8); // "┴"
                  else                                  Draw_symbol(x,y,Black,9); // "┼"
                }
            }
        }
    }
```

```
  cursor_x_old = cursor_x;
  cursor_y_old = cursor_y;
}

void Draw_control(void)                              /* draw game control */
{
  TFT_string( 0,30,Green,Black, "(MCU = White)");
  TFT_string(17,30,Green,Black, "(You = Black)");

  Draw_cleargame(White, Magenta);                   // display clear for new game

  Draw_left(White, Cyan);                           // display arrow for touch screen
  Draw_right(White, Cyan);
  Draw_up(White, Cyan);
  Draw_down(White, Cyan);

  Draw_enter(White, Cyan);                          // display stone enter

  TFT_string(0,38,White,Black,"시간 00:00");          // display time

  TFT_string(20,38,Blue,Cyan,"소리ON/OFF");           // beep on/off
  if(beep_flag == 1)
    TFT_string(24,38,Red,Cyan,"ON");
  else
    TFT_string(27,38,Red,Cyan,"OFF");
}
void Draw_cleargame(U16 color1, U16 color2)         /* display clear game for touch screen */
{
  Rectangle(20,265, 66,293, color1);
  TFT_string(3,34, color2,Black, "CLEAR");
}

void Draw_left(U16 color1, U16 color2)              /* display left arrow for touch screen */
{
  Rectangle( 83,269, 106,289, color1);
  Draw_arrow( 87, 271, color2, 0);
}

void Draw_right(U16 color1, U16 color2)             /* display right arrow for touch screen */
{
  Rectangle(132,269, 155,289, color1);
  Draw_arrow(136, 271, color2, 1);
}

void Draw_up(U16 color1, U16 color2)                /* display up arrow for touch screen */
{
  Rectangle(109,243, 129,266, color1);
  Draw_arrow(112, 247, color2, 2);
}

void Draw_down(U16 color1, U16 color2)              /* display down arrow for touch screen */
{
  Rectangle(109,292, 129,315, color1);
  Draw_arrow(112, 296, color2, 3);
}

void Draw_enter(U16 color1, U16 color2)             /* display stone enter for touch screen */
{
  Rectangle(173,265, 218,293, color1);
  TFT_string(22,34, color2,Black, "ENTER");
}

const unsigned short Arrow[4][16] = {                                 /* 16x16 arrow */
 { 0x0000,0x0100,0x0300,0x0700,0x0F00,0x1F00,0x3FFF,0x7FFF,          // (0) left arrow
   0xFFFF,0x7FFF,0x3FFF,0x1F00,0x0F00,0x0700,0x0300,0x0100 },
 { 0x0000,0x0080,0x00C0,0x00E0,0x00F0,0x00F8,0xFFFC,0xFFFE,          // (1) right arrow
   0xFFFF,0xFFFE,0xFFFC,0x00F8,0x00F0,0x00E0,0x00C0,0x0080 },
 { 0x0100,0x0380,0x07C0,0x0FE0,0x1FF0,0x3FF8,0x7FFC,0xFFFE,          // (2) up arrow
   0x07C0,0x07C0,0x07C0,0x07C0,0x07C0,0x07C0,0x07C0,0x07C0 },
 { 0x07C0,0x07C0,0x07C0,0x07C0,0x07C0,0x07C0,0x07C0,0x07C0,          // (3) down arrow
   0xFFFE,0x7FFC,0x3FF8,0x1FF0,0x0FE0,0x07C0,0x0380,0x0100 }};

void Draw_arrow(U16 xPos,U16 yPos, U16 color, U08 code) /* draw arrow for touch screen */
{
  unsigned char  x, y;
  unsigned short font;

  for(y = 0; y < 16; y++)
    { TFT_GRAM_address(xPos,yPos+y);
      font = Arrow[code][y];
      for(x = 0; x < 16; x++)
        { if((font << x) & 0x8000) TFT_data(color);
```

```
          else                      TFT_data(Black);
        }
    }
}

/* ----- 게임 알고리즘 함수 ------------------------------------------------- */

void Omok_game(void)                              /* omok game algorism */
{
  unsigned char x, y;
  unsigned char max_danger_value = 0, max_attack_value = 0;
  unsigned char max_danger_x = 0, max_danger_y = 0;
  unsigned char max_attack_x = 0, max_attack_y = 0;

  for(y = 0; y < 16; y++)                         // 위험도 초기화
    for(x = 0; x < 16; x++)
      { danger_MCU[y][x] = 0;
        danger_user[y][x] = 0;
      }

  for(y = 0; y < 16; y++)                         // 상,하,좌,우,대각선 방향의 위험도
    for(x = 0; x < 16; x++)
      { if(board[y][x] == Black_stone)
          { if(x > 0)  if(board[y][x-1] == 0) danger_MCU[y][x-1]++;
            if(x < 15) if(board[y][x+1] == 0) danger_MCU[y][x+1]++;
            if(y > 0)  if(board[y-1][x] == 0) danger_MCU[y-1][x]++;
            if(y < 15) if(board[y+1][x] == 0) danger_MCU[y+1][x]++;

            if(y > 0 && x > 0)   if(board[y-1][x-1] == 0) danger_MCU[y-1][x-1]++;
            if(y > 0 && x < 15)  if(board[y-1][x+1] == 0) danger_MCU[y-1][x+1]++;
            if(y < 15 && x > 0)  if(board[y+1][x-1] == 0) danger_MCU[y+1][x-1]++;
            if(y < 15 && x < 15) if(board[y+1][x+1] == 0) danger_MCU[y+1][x+1]++;
          }
      }

  Check_user(4,10);                               // check user
  Check_user(3,7);
  Check_user(2,5);
  Check_MCU(4,10);                                // check MCU
  Check_MCU(3,7);
  Check_MCU(2,5);

  for(y = 0; y < 16; y++)                         // 최고 위험지역 검색
    for(x = 0; x < 16; x++)
      { if(danger_MCU[y][x] > max_danger_value)
          { if(board[y][x] == 0)
              { max_danger_value = danger_MCU[y][x];
                max_danger_x = x;
                max_danger_y = y;
              }
          }
      }

  for(y = 0; y < 16; y++)                         // 최고 공격지역 검색
    for(x = 0; x < 16; x++)
      { if(danger_user[y][x] > max_attack_value)
          { if(board[y][x] == 0)
              { max_attack_value = danger_user[y][x];
                max_attack_x = x;
                max_attack_y = y;
              }
          }
      }

  if(max_danger_value > max_attack_value)         // 최고 위험지역과 최고 공격지역의 수치중 높은 곳을 선택
    { board[max_danger_y][max_danger_x] = White_stone;
      cursor_x = max_danger_x;
      cursor_y = max_danger_y;
    }
  else
    { board[max_attack_y][max_attack_x] = White_stone;
      cursor_x = max_attack_x;
      cursor_y = max_attack_y;
    }
}

void Check_user(U08 countmax, U08 danger)         /* check if user win */
{
  unsigned char x, y, i;
  unsigned char count = 0;                        // 돌 갯수를 세는 변수
  unsigned char count2 = 0;                       // 양쪽 모두 비어있는지 검사용

  for(y = 0; y < 16; y++)                         // ***** 가로 방향 검사
```

```
  { for(x = 0; x < 16-countmax; x++)
      { for(i = x; i < x+countmax; i++)
          if(board[y][i] == Black_stone) count++; // 돌 갯수 검사

                    (중간 생략)

      }
  }
 count = 0;
 count2 = 0;

 for(y = 0; y < 16-countmax; y++)                // ***** 세로 방향 검사
   { for(x = 0; x < 16; x++)
       { for(i = y; i < y+countmax; i++)
           if(board[i][x] == Black_stone) count++; // 돌 갯수 검사

                    (중간 생략)

       }
   }
 count = 0;
 count2 = 0;

 for(y = 0; y < 16-countmax; y++)                // ***** 대각선 \ 방향 검사
   { for(x = 0; x < 16-countmax; x++)
       { for(i = 0; i < countmax; i++)
           if(board[y+i][x+i] == Black_stone) count++; // 돌 갯수 검사

                    (중간 생략)

       }
   }
 count = 0;
 count2 = 0;

 for(y = 0; y < 16-countmax; y++)                // ***** 대각선 / 방향 검사
   { for(x = (countmax-1); x < 16; x++)
       { for(i = 0; i < countmax; i++)
           if(board[y+i][x-i] == Black_stone) count++; // 돌 갯수 검사

                    (중간 생략)

       }
   }
 count = 0;
 count2 = 0;
}

void Check_MCU(U08 countmax, U08 danger)         /* check if MCU win */
{
 unsigned char x, y, i;
 unsigned char count = 0;                        // 돌 갯수를 세는 변수
 unsigned char count2 = 0;                       // 양쪽 모두 비어있는지 검사용

 for(y = 0; y < 16; y++)                         // ***** 가로 방향 검사
   { for(x = 0; x < 16-countmax; x++)
       { for(i = x; i < x+countmax; i++)
           if(board[y][i] == White_stone) count++; // 돌 갯수 검사

                    (중간 생략)

       }
   }
 count = 0;
 count2 = 0;

 for(y = 0; y < 16-countmax; y++)                // ***** 가로 방향 검사
   { for(x = 0; x < 16; x++)
       { for(i = y; i < y+countmax; i++)
           if(board[i][x] == White_stone) count++; // 돌 갯수 검사

                    (중간 생략)

       }
   }
 count = 0;
 count2 = 0;

 for(y = 0; y < 16-countmax; y++)                // ***** 대각선 \ 방향 검사
   { for(x = 0; x < 16-countmax; x++)
       { for(i = 0; i < countmax; i++)
           if(board[y+i][x+i] == White_stone) count++; // 돌 갯수 검사
```

```
                    (중간 생략)
        }
    }
    count = 0;
    count2 = 0;

    for(y = 0; y < 16-countmax; y++)            // ***** 대각선 / 방향 검사
      { for(x = (countmax-1); x < 16; x++)
          { for(i = 0; i < countmax; i++)
              if(board[y+i][x-i] == White_stone) count++; // 돌 갯수 검사

                    (중간 생략)

        }
    }
    count = 0;
    count2 = 0;
}
```

3. 실습 과제

(1) 예제 프로그램 Exp18_2.c의 푸시푸시 게임에서 35개의 모든 스테이지 게임을 차례로 완료하라.

(2) 예제 프로그램 Exp18_2.c의 푸시푸시 게임에서 자신이 고안한 새로운 스테이지를 5개 이상 추가하여 수정한 프로그램 Exp18_2R.c를 작성하라.

(3) 예제 프로그램 Exp18_3.c에서 10번의 오목 게임을 수행하여 스코어가 어떻게 나오는지 기록하여 보라.

(4) 예제 프로그램 Exp18_3.c에서 CPU의 승률을 높일 수 있도록 수정한 Exp18_3R.c를 작성하라. 그리고, 수정된 프로그램에서 10번의 오목 게임을 수행하여 스코어가 어떻게 나오는지 기록하여 보라.

(5) 이 책에 없는 새로운 게임 프로그램을 자신의 노력으로 작성하여 보라. 작성한 프로그램은 Exp18_5.c로 저장하라.

4.19 SD 카드를 이용한 전자앨범 프로그램

이 절에서는 퍼스널컴퓨터와 모바일 기기에서 널리 사용되고 있는 플래시 메모리 카드의 일종인 SD 카드의 구조와 기능을 공부하고 이를 활용하는 프로그래밍 기술을 익히기로 한다. 이와 함께 SD 카드에 FAT32 형식으로 저장된 파일을 읽어들이거나, 전자앨범에 사용할 BMP 형식의 그림 파일을 읽어들이는 프로그래밍 기술에 대하여도 공부한다.

관련 내용	(1) 제3.1절 *OK-STM103* 키트의 구조와 기능 (2) 제2.9절 동기식 직렬통신 포트(SPI)

1. SD 카드의 구조와 특성

현재 스마트폰, 디지털 카메라, 태블릿 PC(Tablet Personal Computer) 등과 같은 휴대용 전자기기가 널리 사용됨에 따라 여기에 대용량의 데이터를 저장하기 위한 플래시 메모리(flash memory) 카드가 각광을 받고 있다. 이러한 플래시 메모리 카드에는 CF(Compact Flash) 카드, MMC(MultiMedia Card) 카드, SD(Secure Digital) 카드, 마이크로SD(micro SD) 카드 등 여러가지가 있다. 플래시 메모리 카드는 모두 1990년대 중반 이후에 개발된 매우 최신의 제품들이며 여기에는 기본적으로 NAND형의 플래시 메모리가 사용되는데, 이는 우리나라의 삼성전자가 압도적으로 세계 1위의 시장 점유율을 가지고 있는 반도체 소자이다.

(a) CF 카드 (b) SD 카드 (c) 마이크로SD 카드

<그림 4.19.1> 플래시 메모리 카드의 종류

플래시 메모리는 NOR형과 NAND형으로 구분되는데, NOR형은 외부 구조가 어드레스 버스, 데이터 버스, 제어 신호 및 전원 핀으로 구성되어 있어서 프로그램 저장용의 불휘발성 메모리로 적합하며, CPU가 실시간으로 실행할 프로그램을 저장하는데 널리 사용된다. 이에 비하여 NAND형 플래시 메모리는 외부에 버스가 없고 보통 8비트의 입출력 데이터 신호와 제어 신호 및 전원 핀으로 구성되어 있어서 어드레스와 데이터를 모두 입출력 데이터 신호선으로 액세스해야 하는 불편은 있지만 메모리 용량이 증가하더라도 핀 구조가 동일하게 유지할 수 있다는 장점 때문에 하드웨어 호환성을 유지하기가 용이하다. 더구나 NAND형은 내부 메모리 셀의 구조가 대용량화, 고집적화, 저가격화에 유리한 특성을 가지고 있어서 대용량 데이터 저장용으로 훨씬 유리하며, 따라서 플래시 메모리 카드에는 당연히 NAND형 플래시 메모리 소자가 사용되고 있고 전체 시장 규모도 NOR형에 비하여 NAND형이 압도적으로 크다.

또한, 최근에는 플래시 메모리를 사용한 SSD(Solid State Drive)가 여러가지 장점을 내세워 컴퓨터의 HDD(Hard Disk Drive) 시장을 빠르게 대체하고 있다. 초기에는 플래시 메모리가 비싸서 가격면에서 HDD와 경쟁하기 어려웠지만, 현재는 가격 경쟁이 충분히 가능해지면서 액세스 속도가 빠르고 저소비전력이며, 소형경량이고 소음과 발열이 적으며 외부 충격에 강한 플래시 메모리의 여러가지 장점 때문에 이를 사용한 SSD가 기존의 HDD 시장을 거의 장악하여 나가고 있다.

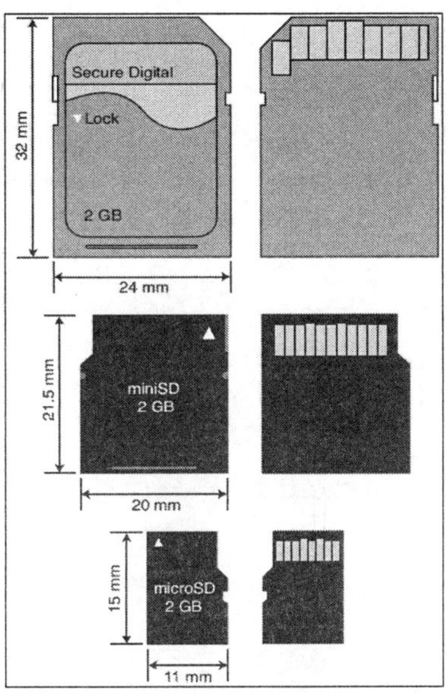

	표준 SD	미니SD	마이크로SD
핀 수	9	11	8
동작 전압	2.7~3.6V		
가로[mm]	24	20	11
세로[mm]	32	21.5	15
두께[mm]	2.1	1.4	1.0
무게	약 2g	약 1g	약 0.5g
쓰기 방지 탭	있음	없음	없음
발표	1999년	2003년	2005년
동작 모드	SD 모드(4비트 병렬 전송) SPI 모드(동기식 직렬 전송)		
클록 속도	디폴트 모드 : 0~25MHz 고속 모드 : 0~50MHz		
최대 용량	표준형 : 2GB 이하 SDHC형 : 4GB~32GB SDXC형 : 64GB~2TB		

〈그림 4.19.2〉 표준 SD 카드, 미니SD 카드, 마이크로SD 카드의 비교

(1) SD 카드의 구조

SD 카드는 1999년에 미국의 샌디스크(SanDisk), 일본의 마쓰시다(Matsushita), 도시바(Toshiba) 등 3개사가 합작하여 만든 플래시 메모리 카드로서, 초기에는 표준 SD 카드만 사용되었으나 더욱 소형화된 메모리 카드가 필요해짐에 따라 2003년에 미니SD(mini SD) 카드가 추가되었고, 2005년에는 마이크로SD(micro SD) 카드도 추가되었다. <그림 4.19.2>에 표준 SD 카드, 미니SD 카드, 마이크로SD 카드의 외형을 비교하였다. 마이크로SD 카드의 외형은 표준 SD 카드에 비하여 거의 1/4의 크기이다.

SD 카드는 3.3V의 저전압 전원으로 동작하는 9핀짜리 소형 플래시 메모리 카드로서 이보다 먼저 나온 MMC 카드에 대하여 상향 호환성을 갖는다. 표준 포맷에서는 2GB 이하의 용량을 사용하지만, 최근의 고밀도 포맷인 SDHC(SD High Capacity)에서는 4GB~32GB의 용량을 사용할 수 있으며, 2009년에 발표된 SDXC(SD eXtended Capacity) 포맷에서는 64GB~2TB의 용량을 사용할 수 있도록 더욱 개선되었다.

SD 카드의 최고 데이터 액세스 속도는 CD-ROM에서처럼 150KB/s를 1배속으로 하여 6×, 40×, 133×, 200× 등으로 나타낸다. 그러나, 최근에는 데이터 전송속도를 클래스 2(2MB/s), 클래스 4(4MB/s), 클래스 6(6MB/s), 클래스 10(10MB/s) 등의 계열로 나타내기도 하며, SDXC 포맷에서는 전송속도가 100MB/s에 이른다. SD 카드에서는 기본적으로 SD 모드(SD Bus mode)에서 데이터를 전송하지만, 이를 SPI 모드로 변경하면 SPI 직렬통신으로 데이터를 전송할 수도 있다. *OK-STM103* 키트에서는 마이크로컨트롤러 STM32F103VET6이 SPI 통신을 지원하므로 SPI 모드를 사용한다.

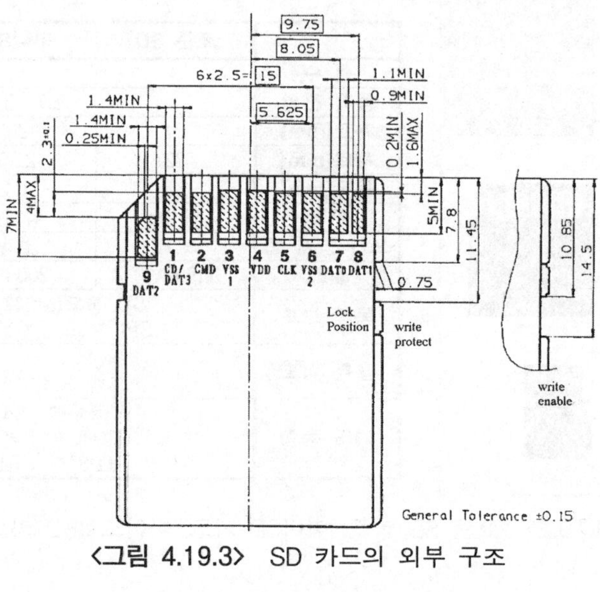

<그림 4.19.3> SD 카드의 외부 구조

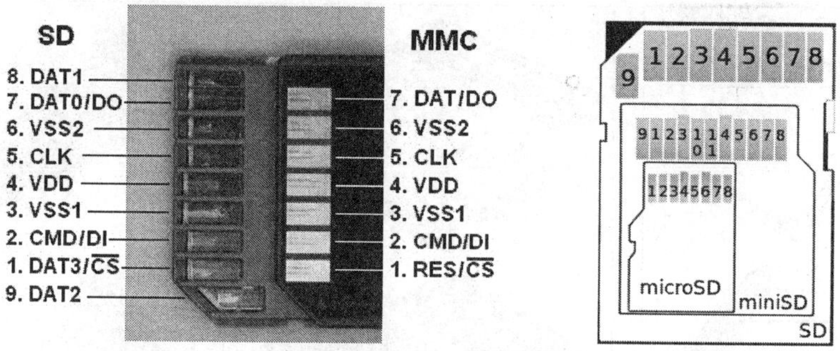

<그림 4.19.4> MMC 카드와 SD 카드의 핀 호환성

SD 카드의 외부 핀 구조 및 핀의 물리적인 규격은 <그림 4.19.3>과 같다. SD 카드의 핀 구조는 그 이전에 나온 MMC 카드와 상향 호환성을 유지하도록 만들어져 있는데, <그림 4.19.4>에 보인 것처럼 SD 카드에는 8번과 9번 핀이 추가되었고, 전원 핀인 3번과 4번 핀이 약간 길게 만들어져 있어서 카드를 꽂을 때 전원이 시간적으로 먼저 카드에 인가되도록 되어 있다. 표준 SD 카드와 미니SD, 마이크로SD 카드의 핀 배열을 비교한 그림도 <그림 4.19.4>에 함께 보였다.

SD 카드의 9개 핀은 SD 모드와 SPI 모드에서 서로 이름 및 기능이 달라지는데, 이를 요약하면 <표 4.19.1>과 같다. 여기서 보듯이 SD 카드가 SD 모드에서는 4비트 병렬전송 방식으로 데이터를 전송하고, SPI 모드에서는 동기식 직렬전송 방식으로 동작한다.

<표 4.19.1> SD 카드의 핀 이름 및 기능

핀 번호	SD 모드			SPI 모드		
	이름	I/O	기능	이름	I/O	기능
1	CD/DAT3	I/O	카드 검출/데이터 비트3	-CS	I	칩 선택 신호(active low)
2	CMD	I/O	명령 또는 응답	DI	I	데이터 입력 신호
3	VSS1	-	전원 접지	VSS1	-	전원 접지
4	VDD	-	+3.3V 전원	VDD	-	+3.3V 전원
5	CLK	I	클록	CLK	I	클록
6	VSS2	-	전원 접지	VSS2	-	전원 접지
7	DAT0	I/O	데이터 비트0	DO	O	데이터 출력 신호
8	DAT1	I/O	데이터 비트1	NC	-	(사용하지 않음)
9	DAT2	I/O	데이터 비트2	NC	-	(사용하지 않음)

SD 카드를 PCB에 장착하려면 SD 카드 전용의 소켓을 사용해야 한다. SD 카드 전용의 소켓 커넥터 제품들은 <그림 4.19.5>에 보였으며, 이것들은 전자부품 상가에서 쉽게 구입할 수 있다.

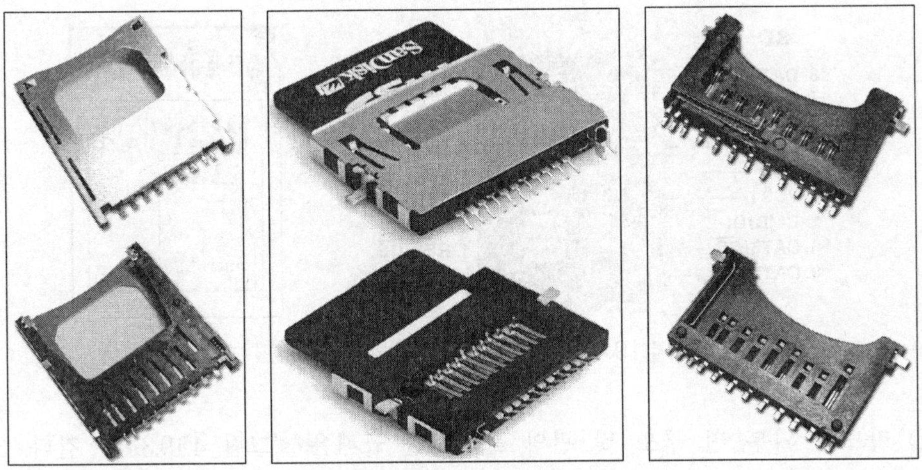

<그림 4.19.5> SD 카드 전용의 소켓 커넥터

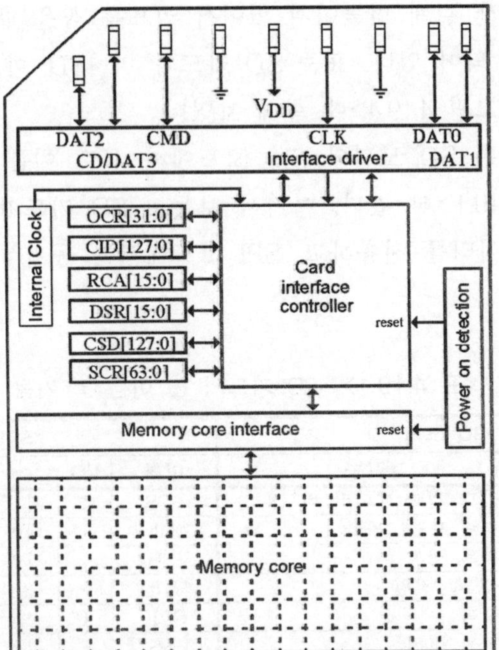

<그림 4.19.6> SD 카드의 내부 구성 블록도

SD 카드의 내부 구조는 <그림 4.19.6>에 보인 것처럼 메모리 코어, 메모리 코어 인터페이스, 카드 인터페이스 컨트롤러 등으로 구성된다. 외부에서는 9핀의 단자와 내부의 카드 인터페이스 컨트롤러를 통하여 SD 카드를 액세스하게 된다. SD 카드의 내부에서 이러한 여러가지 기능을 제어하는데는 마이크로컨트롤러가 사용된다.

SD 카드의 외부 액세스 동작 타이밍은 <그림 4.19.7>에 보인 것처럼 SD 모드와 SPI 모드에서 동일하다. 여기서 SD 카드의 입장에서 Input은 외부 마이크로컨트롤러에서의 데이터 출력신호에 해당하고, Output은 마이크로컨트롤러가 입력할 SD 카드의 출력신호를 의미한다. 따라서, SD 카드에 데이터를 라이트하는 경우에는 클록 신호의 상승 에지에서 라이트 동작이 이루어지므로 이는 STM32F103VET6에 내장된 SPI 직렬통신 포트의 동작에서 클록 신호의 동작을 CPOL=0, CPHA=0으로 설정한 경우에 해당한다. SPI의 전송속도는 최대 25MHz까지 사용할 수 있으나, 처음에 카드를 인식하고 초기화하는 동작 모드에서는 400kHz 이하의 느린 속도로 사용해야 한다.

Parameter	Symbol	Min	Max	Unit
Clock frequency in data transfer mode	f_{PP}	0	25	MHz
Clock frequency in card id mode	f_{OD}	0	400	KHz
Clock low time	t_{WL}	10		ns
Clock high time	t_{WH}	10		ns
Clock rise time	t_{TLH}		10	ns
Clock fall time	t_{THL}		10	ns
CMD, DAT input setup time	t_{ISU}	5		ns
CMD, DAT input hold time	t_{IH}	5		ns
CMD, DAT output delay time	t_{ODLY}	0	14	ns

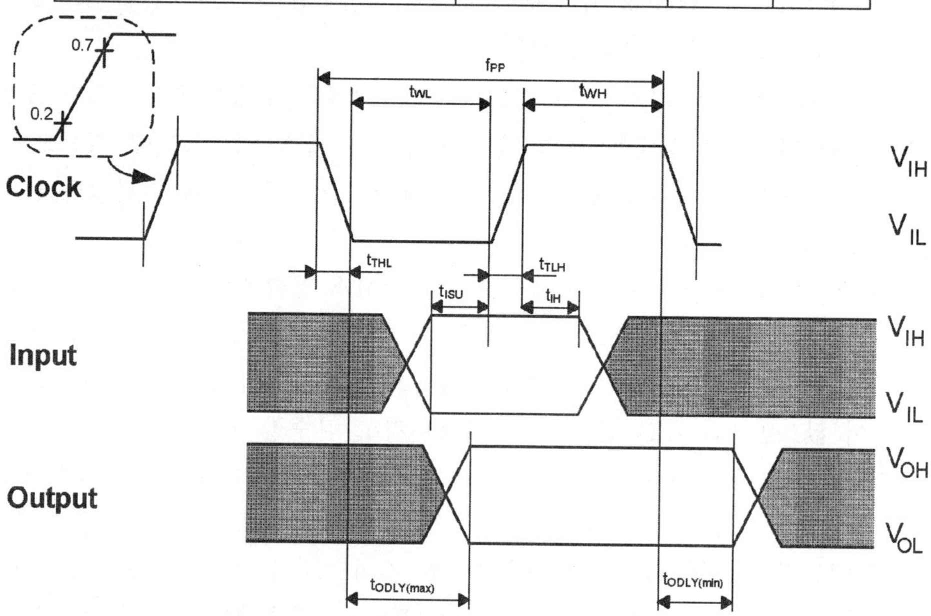

<그림 4.19.7> SD 카드의 SD 모드 및 SPI 모드 동작 타이밍

(2) SD 카드를 SPI 모드로 초기화하는 과정

SD 카드를 액세스하는 방법에는 4비트 병렬 데이터 신호선을 사용하는 SD 모드와 직렬 데이터 통신을 사용하는 SPI 모드가 있다. SD 모드는 전송속도가 빠른 장점이 있고, SPI 모드는 이 통신을 지원하는 대부분의 마이크로컨트롤러에서 하드웨어적으로 좀더 간단하게 인터페이스가 가능하다는 장점을 갖는다. *OK-STM103* 키트에서는 SD 카드를 간편하게 SPI 모드로 인터페이스하여 사용하므로 여기서는 SD 모드는 대부분 생략하고 SPI 모드를 중심으로 SD 카드의 프로그래밍 방법에 대하여 설명하기로 한다.

SD 카드는 전원 투입 후에 디폴트로 SD 모드에서 동작하며, 이를 SPI 모드로 변경하고 카드를 인식하여 정상적인 액세스 동작이 가능한 상태로 만들려면 다음과 같은 절차로 수행해야 한다. SD 카드가 일단 이처럼 한번 SPI 모드로 변경된 후에는 다시 전원을 껐다 켜지 않으면 SD 모드로 되돌리지 못한다.

① 전원을 투입하여 250ms 이내에 최소의 전원전압 Vdd_min(= 2.0V)까지 전압이 상승하도록 한다.

② DI 단자(CMD 단자)와 $\overline{\text{CS}}$ 단자(CD/DAT3 단자)를 논리값 1(high)로 유지한 상태에서 CLK 단자에 400kHz 이하의 주파수로 74사이클 이상의 클록 신호를 보내어 SD 카드가 idle state에 들어가도록 한다.

③ $\overline{\text{CS}}$ 단자를 논리값 0(low)으로 하고 CMD0 명령을 보내어 SD 카드가 SPI 모드로 들어가도록 한다. 이 명령을 보낼 때 SD 카드는 아직 SD 모드에 있으므로 CRC 바이트 0x95를 전송해야 하며, 이 명령으로 SD 카드가 SPI 모드에 진입하였으면 R1 형식으로 응답한다.

④ 만약 SD 카드 V2.00 이상을 사용한다면 CMD8 명령을 보내어 SD 카드의 동작 조건을 체크한다. 이 명령에서도 CRC 데이터가 필요하므로 CRC 바이트로 0x87을 전송하며, SD 카드는 이 명령에 대하여 R7 형식으로 응답한다. 만약 CMD8 명령에 대하여 응답이 없으면 이는 SD 카드 V1.x 제품이라고 간주할 수 있다.

⑤ ACMD41 명령을 보내어 SD 카드를 초기화한다. 초기화가 완료되었으면 SD 카드는 R1 형식으로 응답하는데, 만약 응답이 busy 상태(in idle state 비트가 1)를 나타내면 아직 내부적으로 초기화 동작이 수행중인 것이므로 응답이 R1=0x00(in idle state 비트가 0)으로 되돌아올 때까지 반복하여 ACMD41 명령을 보낸다. 이 초기화 과정은 최대 1초 이내에 종료되어야 정상이다. 이 명령부터는 SD 카드가 완전하게 SPI 모드에서 동작하므로 더 이상 CRC를 체크하지 않으며, 따라서 CRC 바이트에는 더미

(dummy) 값 1을 포함하여 0xFF를 보내면 된다.

⑥ CMD58 명령을 보내어 CCS(Card Capacity Status) 정보를 읽는다. 이 명령은 R3 형식으로 OCR 레지스터 값을 알려준다. 만약 CCS=1이면 SD 카드의 종류가 고밀도 용량(SDHC)이며, CCS=0이면 표준 용량이라는 것을 나타낸다.

⑦ 이상의 과정이 완료되었으면 이제 SD 카드가 SPI 모드로 초기화되었으므로 원하는 명령을 사용하여 SD 카드를 액세스하면 된다.

이상의 과정을 도시하면 <그림 4.19.8>과 같으며, 여기서 각 명령의 응답을 받는데는 다소의 시간이 필요하므로 명령 전송후 더미 데이터 0xFF를 1~9회 정도 반복하여 보내면서 SD 카드로부터 정상적인 응답이 수신되는지를 확인하는 것이 좋다.

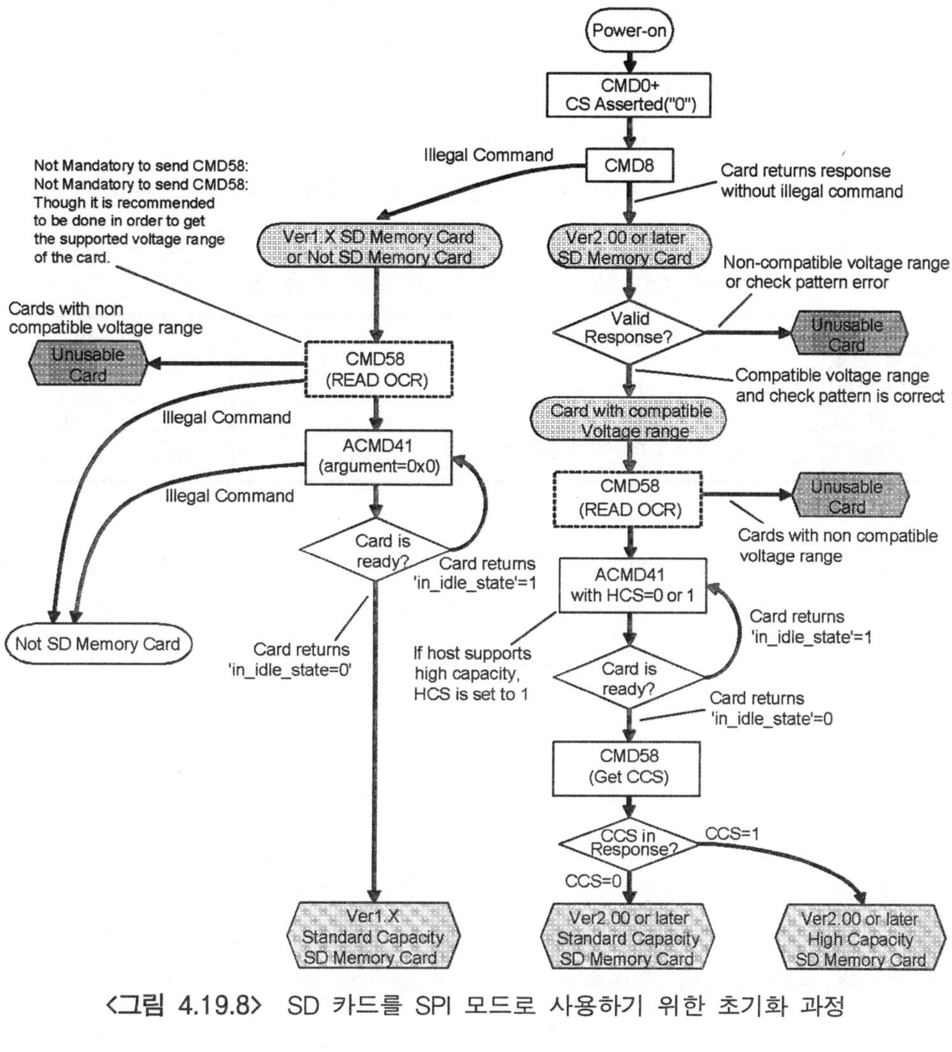

<그림 4.19.8> SD 카드를 SPI 모드로 사용하기 위한 초기화 과정

SD 카드를 SPI 모드로 초기화하였으면 CMD17 명령을 사용하여 1개의 블록을 읽거나 CMD18 명령을 사용하여 여러 개의 블록을 읽을 수 있으며, CMD24 명령을 사용하여 1개의 블록을 쓰거나 CMD25 명령을 사용하여 여러 개의 블록을 쓸 수 있다. 1블록의 길이는 512바이트로 구성된다.

(3) SD 카드의 SPI 모드 명령

SD 카드를 SPI 모드로 사용할 때 모든 명령은 <표 4.19.2>에 보인 바와 같이 총 6바이트(48비트)로 구성된다. 첫번째 바이트는 최상위 비트에 start bit의 의미로 0을 앞세워 01xxxxxx의 형태로 표시되며 하위 6비트에 명령의 번호를 포함한다. 그 다음 4바이트는 이 명령에서 필요로 하는 인수(argument)를 전송하는데 인수를 사용하지 않는 명령에서는 인수 값을 모두 0으로 표시한다. 마지막 6번째 바이트에서는 상위 7비트가 CRC 값이고 최하위 비트는 end bit의 의미로 무조건 1이다. 이러한 7비트 형식의 CRC 값은 SD 카드가 SD 모드로 사용될 때만 체크하므로 SPI 모드를 사용하는 경우에는 초기화 과정에서 CMD0과 CMD8 명령에서만 필요하며, 나머지 다른 명령에서는 CRC 데이터로 더미값 1을 사용하여 6번째 바이트를 0xFF로 전송한다.

<표 4.19.2> SD 카드의 SPI 모드 명령 형식

바이트	제1바이트			제2~5바이트	제6바이트	
비트 번호	47	46	45~40	39~8	7~1	0
길이(비트)	1	1	6	32	7	1
값	0	1	x	x	x	1
기능	start bit	transmission bit	command index	argument	CRC7	end bit

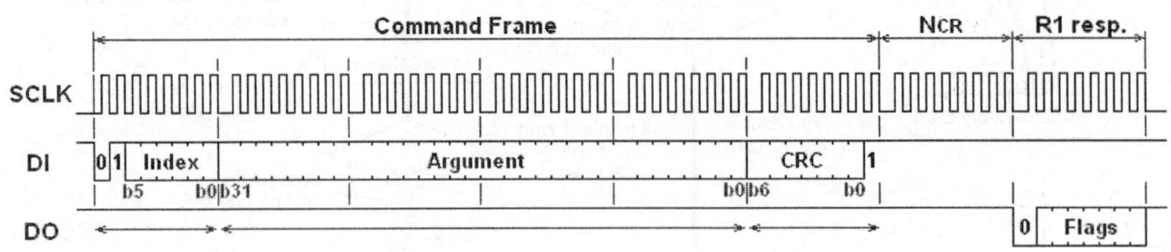

<그림 4.19.9> SD 카드에 SPI 모드로 명령을 전송하는 형식

이처럼 SPI 모드에서 명령을 전송하는 형식을 도시하면 <그림 4.19.9>와 같다. 6바이트의 명령을 전송한 후에는 SPI 통신으로 더미 데이터 0xFF를 전송하면서 응답 데이터를 수신하는데 응답이 올바르게 수신되기 까지의 시간 공백 N_{CR}은 0~8 바이트

정도이다. 따라서, 각 명령 전송에서 응답 수신 동작은 1~9번 정도까지 반복하여 시도하는 것이 바람직하다.

SD 카드에서 사용하는 SPI 모드 명령(CMDn)을 요약하면 <표 4.19.3>과 같고, SPI 모드의 응용을 위해 추가된 명령(application specific command, ACMDn)을 요약하면 <표 4.19.4>와 같다. 이들 ACMD 명령들은 항상 CMD55 명령과 1조가 되어 CMD55 명령의 다음에 연속으로 전송되어야 한다. 만약 이들 명령에 대한 좀더 자세한 정보가 필요하면 SD 카드의 사양서를 참조하기 바란다.

〈표 4.19.3〉 SD 카드의 SPI 모드 CMD 명령

명령	인수	응답	생략형	기 능
CMD0	-	R1	GO_IDLE_STATE	SD 카드를 리셋하고 SPI 모드로 변경한다.
CMD1	있음	R1	SEND_OP_COND	HCS 정보를 입력하고 초기화를 시작한다. (SD 카드 재초기화의 경우에만 사용)
CMD6	있음	R1	SWITCH_FUNC	SD 카드의 기능을 스위치한다.
CMD8	있음	R7	SEND_IF_COND	SD 카드의 동작전압을 설정하고 정상동작 여부를 확인한다. (인수는 b11~b8 = 0001로 표시하여 동작전압을 2.7~3.6V로 지정하고, b7~b0에는 check pattern을 10101010으로 준다.)
CMD9	-	R1	SEND_CSD	SD 카드의 CSD 레지스터를 읽는다.
CMD10	-	R1	SEND_CID	SD 카드의 CID 레지스터를 읽는다.
CMD12	-	R1b	STOP_TRANSMISSION	여러 블록의 데이터를 읽는 동작을 강제로 중단시킨다.
CMD13	-	R2	SEND_STATUS	SD 카드의 상태 레지스터를 읽는다.
CMD16	있음	R1	SET_BLOCKLEN	1블록의 크기를 바이트 수로 설정한다. SDHC 카드에서는 블록의 크기가 512바이트로 고정되어 있다.
CMD17	있음	R1	READ_SINGLE_BLOCK	SD 카드로부터 1블록의 데이터를 읽는다.(표준 SD 카드에서는 인수를 바이트 수로 지정하고, SDHC 카드에서는 블록 단위로 지정한다.)
CMD18	있음	R1	READ_MULTIPLE_BLOCK	SD 카드로부터 여러 블록 데이터를 읽는다.(표준 SD 카드에서는 인수를 바이트 수로 지정하고, SDHC 카드에서는 블록 단위로 지정한다.)
CMD24	있음	R1	WRITE_BLOCK	SD 카드에 1블록의 데이터를 쓴다.
CMD25	있음	R1	WRITE_MULTIPLE_BLOCK	SD 카드에 지정된 수의 블록 데이터를 쓴다.
CMD27	-	R1	PROGRAM_CSD	SD 카드의 CSD 레지스터에 정보를 쓴다.
CMD28	있음	R1b	SET_WRITE_PROT	SD 카드에 쓰기 금지 기능을 설정한다. SDHC 카드에서는 이 기능이 사용되지 않는다.
CMD29	있음	R1b	CLR_WRITE_PROT	SD 카드에 쓰기 금지 기능을 해제한다. SDHC 카드에서는 이 기능이 사용되지 않는다.
CMD30	있음	R1	SEND_WRITE_PROT	SD 카드에 쓰기 금지 기능의 설정 상태를 읽는다. SDHC 카드에서는 이 기능이 사용되지 않는다.
CMD32	있음	R1	ERASE_WR_BLK_START_ADDR	SD 카드에서 삭제할 블록의 첫번째 번지를 지정한다.
CMD33	있음	R1	ERASE_WR_BLK_END_ADDR	SD 카드에서 삭제할 블록의 마지막 번지를 지정한다.
CMD38	-	R1b	ERASE	앞에서 지정한 SD 카드의 블록 영역을 삭제한다.
CMD42	있음	R1	LOCK_UNLOCK	SD 카드에 암호(password)를 설정하거나 해제한다.
CMD55	-	R1	APP_CMD	다음에 오는 명령이 ACMD(application specific command)라는 것을 나타낸다.
CMD56	있음	R1	GEN_CMD	SD 카드에 1블록의 데이터를 쓰거나 읽는다.
CMD58	-	R3	READ_OCR	SD 카드의 OCR 레지스터를 읽는다.
CMD59	있음	R1	CRC_ON_OFF	SD 카드 전송 동작에서 CRC 체크 기능을 사용할 것인지 여부를 설정한다.

<표 4.19.4> SD 카드의 SPI 모드 ACMD 명령

명령	인수	응답	생략형	기 능
ACMD13	-	R2	SD_STATUS	SD 카드의 상태 레지스터를 읽는다.
ACMD22	-	R1	SEND_NUM_WR_BLOCKS	SD 카드에 올바르게 써진 데이터의 블록 수를 읽는다.
ACMD23	있음	R1	SET_WR_BLK_ERASE_COUNT	SD 카드에 데이터를 쓰기 전에 지울 데이터의 블록 수를 지정한다.
ACMD41	있음	R1	SD_SEND_OP_COND	HCS 정보를 입력하고 초기화를 시작한다.(인수의 b30에는 HCS 정보를 표시하고 나머지 비트들은 모두 0이 된다.)
ACMD42	있음	R1	SET_CLR_CARD_DETECT	SD 카드의 -CS 단자에 50kΩ의 풀업 저항을 설정하거나 해제한다.
ACMD51	-	R1	SEND_SCR	SD 카드의 SCR 레지스터를 읽는다.

☞ SDHC 카드에서는 HCS(Host Capacity Support) 비트를 1로 지정한다.

SD 카드의 명령에 대한 응답은 R1~R7의 여러가지 형식이 있다. R1의 응답 형식은 <그림 4.19.10>처럼 1바이트로 구성되는데, 최상위 비트는 항상 0의 값을 가지며 나머지 비트들은 1의 값으로 에러를 표시한다. 여기서, 각 비트를 b7~b0으로 표시할 때 최하위의 b0(in idle state)은 SD 카드가 현재 아이들 상태에 있고 초기화가 진행되는 중이라는 것을 나타낸다. 또한, b2(illegal command)는 잘못된 명령이 수신되었음을 나타내며, b3(communication CRC error)은 CRC 체크 결과 에러가 발생하였음을 나타낸다. b5(address error)는 블록의 크기와 매치되지 않는 잘못된 어드레스가 사용되었음을 나타내며, b6(parameter error)은 명령의 파라미터가 잘못 지정되었음을 나타낸다. 그리고, b4(erase sequence error)는 삭제 명령의 순서가 잘못된 것을 나타내며, b1(erase reset)은 삭제 명령이 잘못되어 취소되었음을 나타낸다.

R1b 응답 형식은 busy 상태를 표시하는 기능이 포함되는 것 이외에는 R1 응답과 같다. 값이 0x00이면 SD 카드가 busy 상태에 있음을 나타내고 그 외의 값이면 다음 명령을 수신할 준비가 되어 있음을 나타낸다.

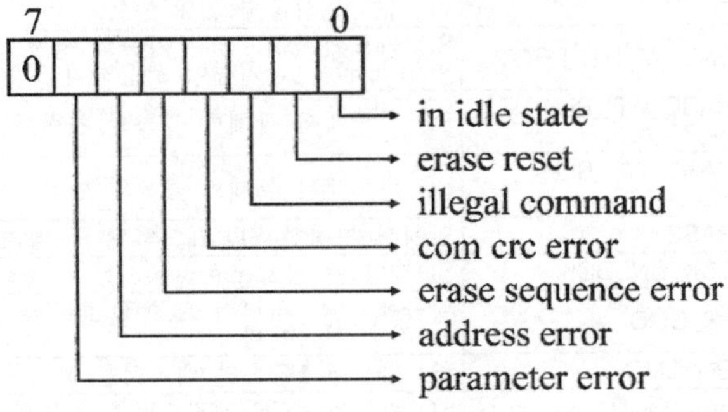

<그림 4.19.10> SD 카드의 SPI 모드에서 R1 응답 형식

R2 응답 형식은 <그림 4.19.11>에 보인 것처럼 특별히 2바이트로 구성되며 CMD13의 SEND_STATUS 명령에서만 사용된다. 여기서, 첫번째 바이트는 R1 응답과 같고 나머지 비트들은 추가적인 에러를 나타낸다. 두번째 바이트의 b2(error)는 동작중에 기타 원인으로 에러가 발생하였음을 나타낸다.

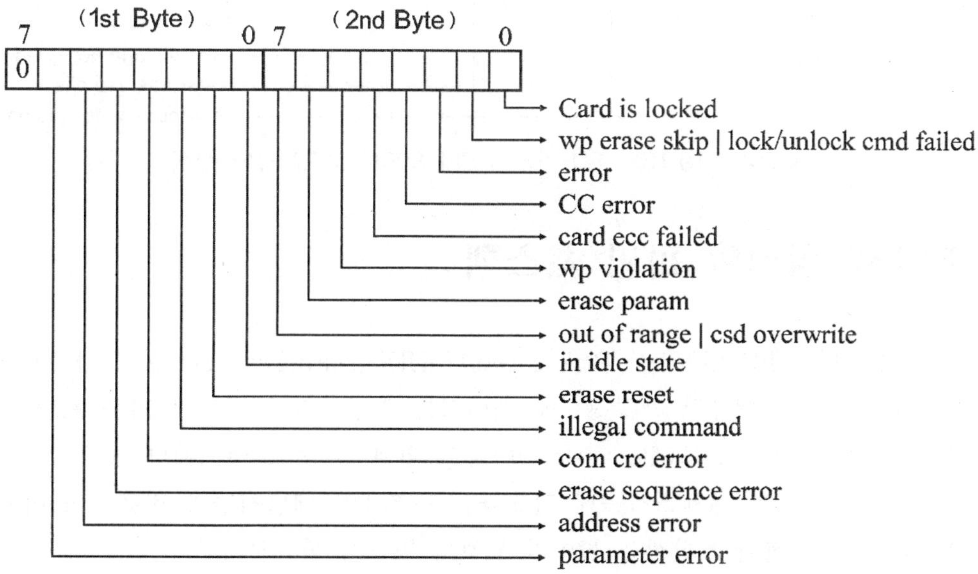

<그림 4.19.11> SD 카드의 SPI 모드에서 R2 응답 형식

R3 응답 형식은 <그림 4.19.12>에 보인 것처럼 총 5바이트로 구성되며 CMD58의 READ_OCR 명령에서만 사용된다. 여기서, 첫번째 바이트는 R1 응답과 같고, 나머지 4바이트(32비트)에는 OCR 레지스터 값을 포함한다.

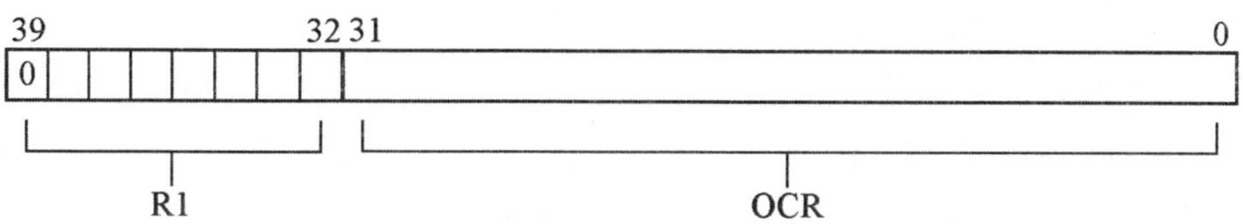

<그림 4.19.12> SD 카드의 SPI 모드에서 R3 응답 형식

R7 응답 형식은 <그림 4.19.13>처럼 5바이트로 구성되며 CMD8의 SEND_IF_COND 명령에서만 사용된다. 여기서, 첫번째 바이트는 R1 응답과 같고, 나머지 4바이트(32비트)에는 SD 카드의 동작전압에 관한 정보나 인수의 check pattern을 되돌려 주는(echo back) 정보를 포함하고 있다. 만약 현재의 동작전압이 2.7~3.6V의 범위라면 동작전압을 나타내는 4비트는 0001로 표시된다.

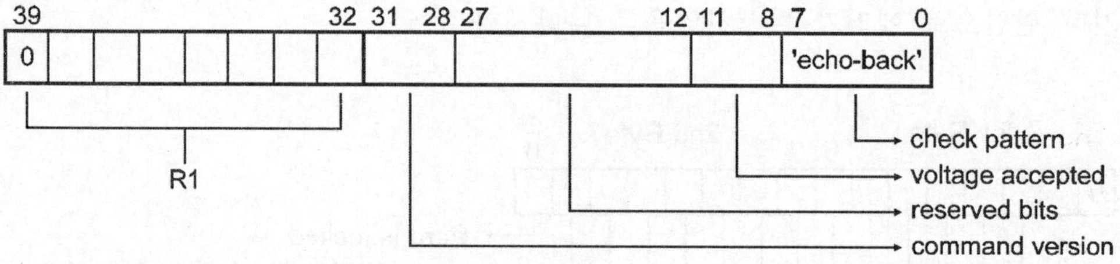

〈그림 4.19.13〉 SD 카드의 SPI 모드에서 R7 응답 형식

2. FAT32 형식의 파일 시스템

퍼스널컴퓨터의 FDD(Floppy Disk Drive)나 HDD(Hard Disk Drive) 또는 SD 카드와 같은 불휘발성의 대용량 저장장치에 데이터를 저장하거나 읽는 방법을 표준적으로 정해놓은 것을 파일 시스템(file system)이라고 한다. 이는 운영체제나 응용 프로그램에서 이들 저장장치를 액세스하는데 필요한 소프트웨어 개발시간과 비용을 줄이고 제품간의 소프트웨어적인 호환성을 높이기 위하여 반드시 필요하다.

퍼스널컴퓨터에서 MS-DOS 시절부터 현재의 윈도우즈 운영체제까지 널리 사용되어온 파일 시스템에는 FAT12(File Allocation Table), FAT16, FAT32, NTFS(New Technology File System) 등이 있다. FAT 뒤의 숫자는 각 파일에 대한 클러스터의 위치와 순서를 기록한 FAT 엔트리의 비트 수를 가리키므로 이 숫자가 크다면 보다 용량이 큰 저장장치를 사용할 수 있게 된다. FAT12는 1980년에 IBM PC가 등장했던 초창기부터 주로 플로피 디스크에 사용되었던 파일 시스템으로 최대 32MB까지의 용량을 지원하고, FAT16은 1984년에 IBM PC AT와 함께 사용된 HDD용의 파일 시스템으로 최대 2GB까지의 용량을 지원하며, FAT32는 1996년에 Windows 95 OSR2와 함께 사용되어 현재에 이르는 파일 시스템으로 이론적으로는 최대 4TB의 용량까지 처리가 가능하지만 실제 윈도우즈 운영체제에서는 32GB까지 사용하고 있다. NTFS는 1993년 Windows NT에서 사용하기 시작하여 Windows 2000, Windows XP 등을 거쳐서 현재에 이르는 파일 시스템으로 클러스터 사이즈를 4KB로 할 때 최대 4TB의 용량을 지원한다. 오늘날의 SD 카드에서는 이중에서 64MB~2GB 또는 4GB~32GB 용량의 FAT32 포맷을 일반적으로 가장 많이 사용한다. 따라서, *OK-STM103* 키트의 예제 프로그램에서도 SD 카드를 액세스할 때 FAT32 포맷만을 지원하도록 하였다.

SD 카드에 사용되는 파일 시스템은 근본적으로 HDD와 동일한 방식으로 윈도우즈 운영체제에서 처리하고 있으므로 SD 카드의 파일 시스템을 이해하려면 HDD의 파일 시스템을 익히면 된다. 이에 관한 기술적인 사항은 이 책의 범위를 넘으므로 만약 필요하다면 관련 분야의 자료나 문헌을 참고하기 바란다.

3. BMP 파일을 이용한 전자앨범 프로그램

여기서는 *OK-STM103* 키트의 TFT-LCD 화면에 BMP 형식의 그림 파일을 출력하는 전자앨범 프로그램을 구현해 보기로 한다. 그러기 위해서는 먼저 BMP 형식의 그림 파일에 대하여 알아야 한다.

(1) BMP 형식의 그림파일 구조

그림파일의 형식에는 여러 가지가 있는데 이중에서 BMP(bitmap) 파일은 마이크로소프트사에서 만든 방식으로서, 여기서는 영상 데이터를 압축하지 않고 픽셀마다 컬러 데이터를 비트맵 방식으로 단순하게 저장한다. BMP 파일은 이렇게 압축기술을 사용하지 않으므로 파일의 용량이 매우 커지는 단점이 있으나, 화면처리 방식이 단순하고 디스플레이 속도가 빠른 것은 장점이라고 할 수 있다. 이렇게 데이터 압축에 관한 문제를 고려하지 않아도 되는 장점 때문에 *OK-STM103* 키트에서도 BMP 형식의 파일을 사용하여 전자앨범을 구현하기로 한다.

BMP 파일에는 서두에 파일의 정보를 표시하는 14바이트의 BMP 헤더와 그림의 정보를 표시하는 40바이트의 DIB(Device-Independent Bitmap) 헤더가 차례로 놓이며, 그 다음에는 픽셀의 데이터가 24비트 RGB 방식으로 저장된다. BMP 파일의 헤더에 포함되는 내용을 요약하면 <표 4.19.5>와 같다. 헤더에 사용되는 모든 수치 데이터는 리틀 엔디안 방식으로 표시된다.

OK-STM103 키트에서는 240×320 해상도의 BMP 파일은 초상화 모드(portrait mode)에서 출력하고, 320×240 해상도의 BMP 파일은 풍경화 모드(landscape mode)에서 출력해야 한다. 따라서, BMP 파일을 읽어서 디스플레이하려면 먼저 DIB 헤더로부터 Bitmap Width 부분과 Bitmap Height 부분을 읽어서 그림 파일의 해상도를 확인하고 TFT-LCD 모듈의 화면을 그에 맞게 초기화해야 한다.

BMP 파일을 사용할 때 한가지 주의할 사항은 그림의 끝부분에서 시작하여 시작부분으로 오면서 반대의 순서로 이미지 데이터가 파일에 저장되어 있다는 점이다. 따라서, 이미지 데이터를 파일에 저장되어 있는 순서대로 읽어서 그대로 화면의 위부터 출력하면 이 그림은 상하가 반대로 뒤집혀 보이게 된다. 이를 해결하려면 BMP 파일을 뒷부분부터 읽어서 TFT-LCD 모듈에 출력하거나 또는 파일에서 데이터를 순서대로 읽어서 TFT-LCD 모듈 화면의 아래에서부터 위로 올라가면서 출력하면 된다. TFT-LCD 모듈은 화면 표시방식이 여러가지가 있어서 데이터를 아래쪽부터 디스플레이하는 모드로 설정하는 것이 가능하므로 *OK-STM103* 키트의 예제 프로그램에서는 후자의 방법을 사용하기로 한다.

또한, 24비트 형식의 BMP 파일에는 이미지 데이터가 BGR의 순서로 저장된다는 점에도 유의해야 한다. 즉, 각 픽셀의 데이터는 24비트로 표현되는데 B(blue) 컬러가 8비트, G(green) 컬러가 8비트, R(red) 컬러가 8비트씩 차례로 저장된다. 따라서, 이를 *OK-STM103* 키트의 TFT-LCD 모듈에 출력하기 위해서는 모든 픽셀 데이터를 16비트 RGB의 형식으로 변환해야 하는데, 이때는 최상위 비트부터 차례로 R(red) 컬러가 5비트, G(green) 컬러가 6비트, B(blue) 컬러가 5비트로 표현되어야 한다.

<표 4.19.5> BMP 파일의 헤더에 포함되는 내용 및 기능

오프셋 번지	크기 (byte)	명칭 및 기능
0	2	Signature Byte. 이것이 BMP 파일임을 나타내는 2바이트의 식별 코드로서 0x42("B")와 0x4D("M")가 차례로 온다. Magic Number라고도 부른다.
2	4	File Size. BMP 파일의 크기를 바이트 단위로 나타낸다. 그림 해상도가 240×320의 경우 54 + 240×320×3 = 230,454 = 0x00038436으로 된다.
6	2	Reserved. 사용하지 않는 부분이다. 0x0000으로 한다.
8	2	Reserved. 사용하지 않는 부분이다. 0x0000으로 한다.
10	4	Start Offset Address. 이미지 데이터가 시작되는 오프셋 번지를 나타낸다. 전체 헤더가 54바이트이고 바로 이어서 이미지 데이터가 오므로 이 항목은 0x00000036으로 된다.
14	4	DIB Header Size. DIB 헤더의 크기를 나타낸다. 헤더의 크기가 40바이트이므로 이 항목은 항상 0x00000028로 된다.
18	4	Bitmap Width. 가로 방향의 픽셀 수를 나타낸다. 240×320 해상도의 경우 이 항목은 0x000000F0으로 표시되고, 320×240 해상도의 경우 이 항목은 0x00000140으로 표시된다.
22	4	Bitmap Height. 세로 방향의 픽셀 수를 나타낸다. 240×320 해상도의 경우 이 항목은 0x00000140으로 표시되고, 320×240 해상도의 경우 이 항목은 0x000000F0으로 표시된다.
26	2	Number of Color Planes. 컬러 플레인의 수를 나타낸다. 항상 0x0001로 된다.
28	2	Number of Bits. 픽셀당 컬러를 표시하기 위한 비트수를 나타낸다. 1, 4, 8, 16, 24, 32중에서 선택하여 사용하는데, 보통 24비트 방식을 많이 사용하므로 0x0018로 된다.
30	4	Compression Type. 이미지 데이터 압축 방식을 나타낸다. 보통 압축을 사용하지 않으므로 0이지만, BMP 파일에 따라서는 몇가지의 압축 방식을 사용하기도 한다.
34	4	Image Size. 헤더 부분을 뺀 순수한 이미지 데이터의 크기를 바이트수로 나타낸다. 해상도가 240×320의 경우 240×320×3 = 230,400 = 0x00038400으로 된다.
38	4	Horizontal Resolution. 가로 방향으로 미터당 픽셀수를 나타낸다. 잘 사용하지 않는다.
42	4	Vertical Resolution. 세로 방향으로 미터당 픽셀수를 나타낸다. 잘 사용하지 않는다.
46	4	Number of Colors. 컬러 팔레트에 있는 색의 수를 나타낸다. 2^n일 때 0으로 표시한다.
50	4	Number of Important Colors. 중요한 색의 수를 나타낸다. 보통 0으로 한다.

(2) SD 카드에서 FAT32 형식으로 파일을 처리하는 헤더 파일

이제 *OK-STM103* 키트에서 전자앨범을 구현하기 위하여 SD 카드를 액세스하는데 필요한 기본 함수들은 다음과 같이 OK-STM103_SD_card.h 헤더 파일에 만들어 두었으므로 사용자 프로그램에서 항상 이를 인클루드하여 사용하면 된다. 또한, SD 카드에서 FAT32 포맷의 파일을 액세스하는데 필요한 함수들도 이 헤더 파일에 만들어 놓았으므로 사용자는 이를 활용하여 자신의 프로그램을 작성할 수 있다.

이 책에 있는 *OK-STM103* 키트의 모든 예제 프로그램(전자앨범, MP3 플레이어 등)에서는 SD 카드에 대하여 FAT32 포맷만을 지원하며 FAT16 포맷은 지원하지 않는다. 따라서, 사용자는 64MB~2GB의 표준 SD 카드나 4GB~32GB의 SDHC 카드를 사용해야 하며, 반드시 이것들을 FAT32 파일 시스템으로 포맷하여 사용해야 한다.

헤더 파일 OK-STM103_SD_card.h의 내용을 보면 각각 아래와 같다.

<OK-STM103_SD_card.h> SD 카드를 FAT32 형식으로 액세스하기 위한 헤더 파일

```
/* ============================================================================ */
/*       OK-STM103 V1.0 키트용(STM32F103VET6) SD 카드 헤더 파일                  */
/* ============================================================================ */
/*                                      Programmed by Duck-Yong Yoon in 2017.   */

// -----------------------------------------------------------------------------
//  이 헤더파일은 OK-STM103 키트 V1.0을 위한 것입니다. 이것은 아래의 조건에서만
//  올바른 동작을 보장합니다.
// -----------------------------------------------------------------------------
//      (1) 시스템 클록 : 72MHz
//      (2) C 컴파일러  : IAR EWARM V7.80.2
//      (3) 최적화 옵션 : High/Size
//      (4) CSTACK 크기 : 0x1000
//      (5) 인클루드    : 기본 헤더 파일 OK-STM103.h의 뒤에 인클루드할 것.
// -----------------------------------------------------------------------------

/* ============================================================================ */
/*                          SD 카드 관련 기본 함수                               */
/* ============================================================================ */

void SPI2_low_speed(void);                      // initialize SPI2(281.25kHz)
void SPI2_medium_speed(void);                   // initialize SPI2(1.125MHz)
void SPI2_high_speed(void);                     // initialize SPI2(4.5MHz)
unsigned char SPI2_write(U08 data);             // send a byte to SPI2 and receive

void Initialize_SD(void);                       // initialize SD card
void SD_command(U08 command, U32 sector);       // send SD card command
void SD_read_sector(U32 sector, U08* buffer);   // read a sector of SD card

/* ---------------------------------------------------------------------------- */

#define CMD0            0                       // GO_IDLE_STATE
#define CMD8            8                       // SEND_IF_COND

#define CMD17           17                      // READ_SINGLE_BLOCK
#define CMD55           55                      // APP_CMD
#define CMD58           58                      // READ_OCR
#define ACMD41          41                      // SD_SEND_OP_COND

#define VER1X           10                      // Ver1.X SD Memory Card
#define VER2X           20                      // Ver2.X SD Memory Card
```

```
#define VER2X_SC        21              // Ver2.X Standard Capacity SD Memory Card
#define VER2X_HC        22              // Ver2.X High Capacity SD Memory Card(SDHC)

unsigned char SD_type;                  // SD card version(Ver1.X or Ver2.0)

/* ---------------------------------------------------------------------------- */

void SPI2_low_speed(void)               /* initialize SPI2(281.25kHz) */
{
  RCC->APB1ENR |= 0x00004000;           // enable SPI2 clock
  RCC->APB2ENR |= 0x00000008;           // enable GPIOB clock
  GPIOB->CRH &= 0x000FFFFF;             // PC15 = SPI2_MOSI, PC14 = SPI2_MISO
  GPIOB->CRH |= 0xB4B00000;             // PC13 = SPI2_SCK
  GPIOB->CRL &= 0xFFFFFF00;             // PC1 = -SD_OK, PC0 = -SD_CS
  GPIOB->CRL |= 0x00000043;
  GPIOB->BSRR = 0x00000001;             // -SD_CS = 1

  SPI2->CR1 = 0x0374;                   // master mode, 36MHz/128 = 281.25kHz(Max 400kHz)
  SPI2->CR2 = 0x0000;                   // 8-bit data, disable SS output, CPOL = CPHA = 0
}

void SPI2_medium_speed(void)            /* initialize SPI2(1.125MHz) */
{
  RCC->APB1ENR |= 0x00004000;           // enable SPI2 clock
  RCC->APB2ENR |= 0x00000008;           // enable GPIOB clock
  GPIOB->CRH &= 0x000FFFFF;             // PC15 = SPI2_MOSI, PC14 = SPI2_MISO
  GPIOB->CRH |= 0xB4B00000;             // PC13 = SPI2_SCK
  GPIOB->CRL &= 0xFFFFFF00;             // PC1 = -SD_OK, PC0 = -SD_CS
  GPIOB->CRL |= 0x00000043;
  GPIOB->BSRR = 0x00000001;             // -SD_CS = 1

  SPI2->CR1 = 0x0364;                   // master mode, 36MHz/32 = 1.125MHz(Max 1.755MHz)
  SPI2->CR2 = 0x0000;                   // 8-bit data, disable SS output, CPOL = CPHA = 0
}

void SPI2_high_speed(void)              /* initialize SPI2(4.5MHz) */
{
  RCC->APB1ENR |= 0x00004000;           // enable SPI2 clock
  RCC->APB2ENR |= 0x00000008;           // enable GPIOB clock
  GPIOB->CRH &= 0x000FFFFF;             // PC15 = SPI2_MOSI, PC14 = SPI2_MISO
  GPIOB->CRH |= 0xB4B00000;             // PC13 = SPI2_SCK
  GPIOB->CRL &= 0xFFFFFF00;             // PC1 = -SD_OK, PC0 = -SD_CS
  GPIOB->CRL |= 0x00000043;
  GPIOB->BSRR = 0x00000001;             // -SD_CS = 1

  SPI2->CR1 = 0x0354;                   // master mode, 36MHz/8 = 4.5MHz(Max 25MHz)
  SPI2->CR2 = 0x0000;                   // 8-bit data, disable SS output, CPOL = CPHA = 0
}

unsigned char SPI2_write(U08 data)      /* send a byte to SPI2 and receive */
{
  unsigned char byte = 0;

  byte |= SPI2->DR;                     // clear RXNE flag

  SPI2->DR = data;
  while((SPI2->SR & 0x0003) != 0x0003);

  return SPI2->DR;
}

/* ---------------------------------------------------------------------------- */

void Initialize_SD(void)                /* initialize SD/SDHC card */
{
  unsigned char i, j;
  unsigned char R1, CMD_flag, R3[5], R7[5];

  TFT_string(0,2,White,Magenta,"           (1) SD 카드 초기화             ");
  Delay_ms(100);

  if(GPIOB->IDR & 0x00000002)
    { TFT_string(10,20,Red,Black,"SD 카드가 없습니다 !");
```

```
    Beep_3times();
    while(1);
  }

SPI2_low_speed();                                   // initialize SPI2 (below 400kHz)
GPIOB->BSRR = 0x00000001;                           // -SD_CS = 1
for(i = 0; i < 10; i++) SPI2_write(0xFF);          // set SPI mode(80 clocks)
Delay_ms(1);

GPIOB->BSRR = 0x00010000;                           // -SD_CS = 0

TFT_string(4,5,Magenta,Black,"CMD0 :  ");          // second CMD0
TFT_color(Cyan, Black);
SD_command(CMD0, 0);                                // send CMD0(reset and go to SPI mode)
CMD_flag = 0;
for(i = 0; i < 5; i++)                              // display R1
  { R1 = SPI2_write(0xFF);
    TFT_hexadecimal(R1,2);
    TFT_English(' ');
    if(R1 == 0x01)
      CMD_flag = 1;
  }
if(CMD_flag == 1)
  TFT_string(30,5,Green,  Black,"/ OK !");
else
  { TFT_string(30,5,Red,Black,"/ Error!");
    TFT_string(6,20,Red,Black,"SD 카드가 응답하지 않습니다 !");
    TFT_hexadecimal(SPI2->CR2,4);
    Beep_3times();
    while(1);
  }

GPIOB->BSRR = 0x00000001;                           // -SD_CS = 1

SPI2_high_speed();                                  // initialize SPI2 (below 25MHz)
GPIOB->BSRR = 0x00010000;                           // -SD_CS = 0

TFT_string(4,7,Magenta,Black,"CMD8 :  ");
TFT_color(Cyan, Black);
SD_command(CMD8, 0x000001AA);                       // send CMD8(check version)
CMD_flag = 0;
for(i = 0; i < 5; i++)
  { TFT_xy(12,7);
    R7[0] =  SPI2_write(0xFF);
    TFT_hexadecimal(R7[0],2);
    TFT_English(' ');
    if(R7[0] == 0x05)                               // if R1 = 0x05, Ver 1.X
      { SD_type = VER1X;
        CMD_flag = 1;
        TFT_string(30,7,Magenta,Black,"/ V1.X");
        break;
      }
    else if(R7[0] == 0x01)                          // if R1 = 0x01, Ver 2.X
      { for(j = 1; j <= 4; j++)
          { R7[j] = SPI2_write(0xFF);
            TFT_hexadecimal(R7[j],2);
            TFT_English(' ');
          }
        if((R7[3] == 0x01) && (R7[4] == 0xAA))
          { SD_type = VER2X;
            CMD_flag = 1;
            TFT_string(30,7,Magenta,Black,"/ V2.X");
            break;
          }
      }
  }
SPI2_write(0xFF);                                   // send dummy clocks
if(CMD_flag == 0)
  { TFT_string(30,7,Red,Black,"/ Error!");
    TFT_string(5,20,Red,Black,"SD card with unknown format !");
    Beep_3times();
    while(1);
  }
```

```
  CMD_flag = 0;
  for(i = 0; i < 100; i++)                             // send ACMD41(start initialization)
    { TFT_string(4,10,Magenta,Black,"CMD55:  ");
      TFT_color(Cyan, Black);
      SD_command(CMD55, 0);
      Delay_ms(1);
      for(j = 0; j < 5; j++)                           // receive R1 = 0x01
        { R1 = SPI2_write(0xFF);
          TFT_hexadecimal(R1,2);
          TFT_English(' ');
        }
      TFT_string(4,12,Magenta,Black,"ACMD41: ");
      TFT_color(Cyan, Black);
      SD_command(ACMD41, 0x40000000);                  // HCS = 1
      Delay_ms(1);
      for(j = 0; j < 5; j++)                           // receive R1 = 0x00
        { R1 = SPI2_write(0xFF);
          TFT_hexadecimal(R1,2);
          TFT_English(' ');
          if(R1 == 0x00)
            CMD_flag = 1;
        }
      if(CMD_flag == 1)
        break;
    }
  if(CMD_flag == 1)
    TFT_string(30,12,Green, Black,"/ OK !");
  else
    { TFT_string(30,12,Red,Black,"/ Error!");
      TFT_string( 9,20,Red,Black,"SD card is not ready !");
      Beep_3times();
      while(1);
    }

  if(SD_type == VER2X)
    { TFT_string(4,14,Magenta,Black,"CMD58:  "); // send CMD58(check SDHC)
      TFT_color(Cyan, Black);
      SD_command(CMD58, 0);
      for(i = 0; i < 5; i++)
        { TFT_xy(12,14);
          R3[0] =  SPI2_write(0xFF);
          TFT_hexadecimal(R3[0],2);
          TFT_English(' ');
          if(R3[0] == 0x00)
            { for(j = 1; j <= 4; j++)
                { R3[j] = SPI2_write(0xFF);
                  TFT_hexadecimal(R3[j],2);
                  TFT_English(' ');
                }
              break;
            }
        }
      if((R3[1] & 0xC0) == 0xC0)                       // if CCS = 1, High Capacity(SDHC)
        { SD_type = VER2X_HC;
          TFT_string(30,14,Magenta,Black,"/ SDHC");
        }
      else                                             // if CCS = 0, Standard Capacity
        { SD_type = VER2X_SC;
          TFT_string(30,14,Magenta,Black,"/ SC");
        }
      SPI2_write(0xFF);                                // send dummy clocks
    }

  GPIOB->BSRR = 0x00000001;                            // -SD_CS = 1

  TFT_string(13,17,Green,Black,"초기화 완료 !");
}

void SD_command(U08 command, U32 sector)               /* send SD card command */
{
  unsigned char check;
```

```
  SPI2_write(0xFF);                              // dummy
  SPI2_write(command | 0x40);                    // send command index
  SPI2_write(sector >> 24);                      // send 32-bit argument
  SPI2_write(sector >> 16);
  SPI2_write(sector >> 8);
  SPI2_write(sector);

  if(command == CMD0)      check = 0x95;         // CRC for CMD0
  else if(command == CMD8) check = 0x87;         // CRC for CMD8(0x000001AA)
  else                     check = 0xFF;         // no CRC for other CMD

  SPI2_write(check);                             // send CRC
}

void SD_read_sector(U32 sector, U08 *buffer)     /* read a sector of SD card */
{
  unsigned int i;

  if((SD_type == VER1X) || (SD_type == VER2X_SC)) // if not SDHC, sector = sector*512
    sector <<= 9;

  GPIOB->BSRR = 0x00010000;                      // -SD_CS = 0

  SD_command(CMD17, sector);                     // send CMD17(read a block)

  while(SPI2_write(0xFF) != 0x00);               // wait for R1 = 0x00
  while(SPI2_write(0xFF) != 0xFE);               // wait for Start Block Token = 0xFE

  for(i = 0; i < 512; i++)                       // receive 512-byte data
    buffer[i] = SPI2_write(0xFF);

  SPI2_write(0xFF);                              // receive CRC(2 bytes)
  SPI2_write(0xFF);
  SPI2_write(0xFF);                              // send dummy clocks

  GPIOB->BSRR = 0x00000001;                      // -SD_CS = 1
}

/* ======================================================================== */
/*                      SD 카드의 FAT32 관련 함수                           */
/* ======================================================================== */

void Initialize_FAT32(void);                     // initialize FAT32
unsigned char fatGetDirEntry(U32 cluster);       // get directory entry
unsigned char *fatDir(U32 cluster, U32 offset);  // get directory entry sector
unsigned int  fatNextCluster(U32 cluster);       // get next cluster
unsigned int  fatClustToSect(U32 cluster);       // convert cluster to sector

unsigned char Get_long_filename(U08 file_number); // check long file name
void TFT_short_filename(U08 xchar,U08 ychar, U16 colorfore,U16 colorback);
void TFT_long_filename(U08 xchar,U08 ychar, U16 colorfore,U16 colorback);
unsigned short Unicode_to_KS(U16 unicode);       // convert Unicode(유니코드) to KS(조합형)
void Filename_arrange(U16 new, U16 old, U08 *FileNameBuffer); // arrange file name

/* ------------------------------------------------------------------------ */

#define MAX_FILE                250              // maximum file number

#define BYTES_PER_SECTOR        512              // bytes per sector
#define CLUST_FIRST             2                // first legal cluster number
#define CLUST_EOFE              0xFFFFFFFF       // end of eof cluster range
#define FAT16_MASK              0x0000FFFF       // mask for 16 bit cluster numbers
#define FAT32_MASK              0x0FFFFFFF       // mask for FAT32 cluster numbers

unsigned int  file_start_cluster[MAX_FILE];      // file start cluster
unsigned int  file_start_sector[MAX_FILE];       // file start sector number
unsigned char file_start_entry[MAX_FILE];        // file directory entry
unsigned int  file_size[MAX_FILE];               // file size

unsigned char SectorBuffer[512];                 // sector buffer
unsigned char EntryBuffer[512];                  // directory entry buffer

unsigned int  sector_cluster = 0;
```

```
unsigned int   extension = 0;              // filename extension string(3 character)

unsigned char Fat32Enabled;                // indicate if is FAT32 or FAT16
unsigned int  FirstDataSector;             // first data sector address
unsigned short SectorsPerCluster;          // number of sectors per cluster
unsigned int  FirstFATSector;              // first FAT sector address
unsigned int  FirstFAT2Sector;             // first FAT2 sector address
unsigned int  FirstDirCluster;             // first directory(data) cluster address

/* ------------------------------------------------------------------------- */

#pragma pack(1)                            // byte(8 bit) align

struct MBR                                 /* MBR(Master Boot Record) */
{
  unsigned char  mbrBootCode[512-64-2];    // boot code
  unsigned char  mbrPartition[64];         // four partition records (64 = 16*4)
  unsigned char  mbrSignature0;            // signature byte 0 (0x55)
  unsigned char  mbrSignature1;            // signature byte 1 (0xAA)
};

struct partition                           /* partition table(16 byte) of MBR */
{
  unsigned char  partBootable;             // 0x80 indicates active bootable partition
  unsigned char  partStartHead;            // starting head for partition
  unsigned short partStartCylSect;         // starting cylinder and sector
  unsigned char  partPartType;             // partition type
  unsigned char  partEndHead;              // ending head for this partition
  unsigned short partEndCylSect;           // ending cylinder and sector
  unsigned int   partStartLBA;             // first LBA sector for this partition
  unsigned int   partSize;                 // size of this partition(bytes or sectors)
};

#define PART_TYPE_FAT16         0x04       // partition type
#define PART_TYPE_FAT16BIG      0x06
#define PART_TYPE_FAT32         0x0B
#define PART_TYPE_FAT32LBA      0x0C
#define PART_TYPE_FAT16LBA      0x0E

struct bootrecord                          /* PBR(Partition Boot Record) */
{
  unsigned char brJumpBoot[3];             // jump instruction E9xxxx or EBxx90
  char          brOEMName[8];              // OEM name and version
  char          brBPB[53];                 // volume ID(= BIOS parameter block)
  char          brExt[26];                 // Bootsector Extension
  char          brBootCode[418];           // pad so structure is 512 bytes
  unsigned char brSignature2;              // 2 & 3 are only defined for FAT32
  unsigned char brSignature3;
  unsigned char brSignature0;              // boot sector signature byte 0(0x55)
  unsigned char brSignature1;              // boot sector signature byte 1(0xAA)
};

struct volumeID                            /* BPB for FAT16 and FAT32 */
{
                                  // same at FAT16 and FAT32
  unsigned short bpbBytesPerSec;           // bytes per sector
  unsigned char  bpbSecPerClust;           // sectors per cluster
  unsigned short bpbResSectors;            // number of reserved sectors
  unsigned char  bpbFATs;                  // number of FATs
  unsigned short bpbRootDirEnts;           // number of root directory entries(0 = FAT32)
  unsigned short bpbSectors;               // total number of sectors(0 = FAT32)
  unsigned char  bpbMedia;                 // media descriptor
  unsigned short bpbFATsecs;               // number of sectors per FAT16(0 = FAT32)
  unsigned short bpbSecPerTrack;           // sectors per track
  unsigned short bpbHeads;                 // number of heads
  unsigned int   bpbHiddenSecs;            // number of hidden sectors
  unsigned int   bpbHugeSectors;           // number of sectors for FAT32
                                  // only at FAT32
  unsigned int   bpbBigFATsecs;            // number of sectors per FAT32
  unsigned short bpbExtFlags;              // extended flags
  unsigned short bpbFSVers;                // file system version
  unsigned int   bpbRootClust;             // start cluster for root directory
  unsigned short bpbFSInfo;                // file system info structure sector
```

```
  unsigned short bpbBackup;                         // backup boot sector
  unsigned char  bpbReserved[12];
                                          // same at FAT16 and FAT32
  unsigned char  bpbDriveNum;                       // INT 0x13 drive number
  unsigned char  bpbReserved1;
  unsigned char  bpbBootSig;                        // extended boot signature(0x29)
  unsigned char  bpbVolID[4];                       // extended
  unsigned char  bpbVolLabel[11];                   // extended
  unsigned char  bpbFileSystemType[8];              // extended
};

typedef struct Dir_entry                            /* structure of DOS directory entry */
{
  unsigned char  dirName[8];                        // filename, blank filled
  unsigned char  dirExtension[3];                   // extension, blank filled
  unsigned char  dirAttributes;                     // file attributes
  unsigned char  dirLowerCase;                      // NT VFAT lower case flags
  unsigned char  dirCHundredth;                     // hundredth of seconds in CTime
  unsigned char  dirCTime[2];                       // create time
  unsigned char  dirCDate[2];                       // create date
  unsigned char  dirADate[2];                       // access date
  unsigned short dirHighClust;                      // high bytes of cluster number
  unsigned char  dirMTime[2];                       // last update time
  unsigned char  dirMDate[2];                       // last update date
  unsigned short dirStartCluster;                   // starting cluster of file
  unsigned int   dirFileSize;                       // size of file in bytes
} Dir_entry;

#define        SLOT_EMPTY             0x00    // slot has never been used
#define        SLOT_DELETED           0xE5    // file in this slot deleted

#define        ATTR_NORMAL            0x00    // normal file
#define        ATTR_READONLY          0x01    // file is read-only
#define        ATTR_HIDDEN            0x02    // file is hidden
#define        ATTR_SYSTEM            0x04    // file is a system file
#define        ATTR_VOLUME            0x08    // entry is a volume label
#define        ATTR_LONG_FILENAME     0x0F    // this is a long filename entry
#define        ATTR_DIRECTORY         0x10    // entry is a directory name
#define        ATTR_ARCHIVE           0x20    // file is new or modified

#define        LCASE_BASE             0x08    // filename base in lower case
#define        LCASE_EXT              0x10    // filename extension in lower case

typedef struct Long_dir_entry                       /* structure of long directory entry */
{
  unsigned char  Longdir_Ord;                       // 00(0x00)
  unsigned char  Longdir_Name1[10];                 // 01(0x01)
  unsigned char  Longdir_Attr;                      // 11(0x0B)
  unsigned char  Longdir_Type;                      // 12(0x0C)
  unsigned char  Longdir_Chksum;                    // 13(0x0D)
  unsigned char  Longdir_Name2[12];                 // 14(0x0E)
  unsigned short Longdir_FstClusLO;                 // 26(0x1A)
  unsigned char  Longdir_Name3[4];                  // 28(0x1C)
} Long_dir_entry;

#pragma pack()                                      // word(32 bit) align

/* ------------------------------------------------------------------------ */
/*                    FAT32 포맷을 확인하고 초기화                              */
/* ------------------------------------------------------------------------ */

void Initialize_FAT32(void)                         /* initialize FAT32 */
{
  struct volumeID *BPB;
  struct partition PartInfo;

  TFT_string(0,21,White,Magenta,"          (2) FAT32 초기화            ");

  SD_read_sector(0, SectorBuffer);                  // read partition table
  PartInfo = *((struct partition *) ((struct MBR *) SectorBuffer)->mbrPartition);

  SD_read_sector(PartInfo.partStartLBA, SectorBuffer);  // read start LBA sector
  BPB = (struct volumeID *) ((struct bootrecord *) SectorBuffer)->brBPB;
```

```
  FirstDataSector = PartInfo.partStartLBA;        // setup global disk constants

  if(BPB->bpbFATsecs)
    FirstDataSector += BPB->bpbResSectors + BPB->bpbFATs * BPB->bpbFATsecs;
  else
    FirstDataSector += BPB->bpbResSectors + BPB->bpbFATs * BPB->bpbBigFATsecs;

  SectorsPerCluster = BPB->bpbSecPerClust;
  FirstFATSector = BPB->bpbResSectors + PartInfo.partStartLBA;

  switch(PartInfo.partPartType)
    { case PART_TYPE_FAT32:                       // FAT32
      case PART_TYPE_FAT32LBA:
                         FirstDirCluster = BPB->bpbRootClust;
                         Fat32Enabled = 1;
                         TFT_string(13,24,Green,Black,"초기화 완료 !");
                         break;

      case PART_TYPE_FAT16:                       // FAT16
      case PART_TYPE_FAT16BIG:
      case PART_TYPE_FAT16LBA:
                         FirstDirCluster = CLUST_FIRST;
                         Fat32Enabled = 0;
                         TFT_string(2,25,Red,Black,"본 FAT32 파일 시스템은 FAT16 포맷의");
                         TFT_string(5,27,Red,Black,"SD 카드를 지원하지 않습니다 !");
                         Beep_3times();
                         while(1);

      default:           TFT_string(9,25,Red,Black,"본 FAT32 파일 시스템은");
                         TFT_string(0,27,Red,Black,"이 SD 카드의 포맷을 지원하지 않습니다 !");
                         Beep_3times();
                         while(1);
    }

  if(Fat32Enabled == 1)
    FirstFAT2Sector = FirstFATSector + BPB->bpbBigFATsecs;
  else
    FirstFAT2Sector = FirstFATSector + BPB->bpbFATsecs;
}

/* ------------------------------------------------------------------------------------ */
/*      각 디렉토리 엔트리에서 클러스터 넘버를 추출하고 총 파일수 파악                  */
/* ------------------------------------------------------------------------------------ */

unsigned char fatGetDirEntry(U32 cluster)         /* get directory entry */
{
  unsigned char index, files = 0;
  unsigned int  cluster_number, offset = 0;

  Dir_entry      *pDirentry;
  Long_dir_entry *pLDirentry;

  for(offset = 0; ; offset++)
    { pDirentry = (Dir_entry *)fatDir(cluster, offset);

      if(pDirentry == 0)
        return files;
      for(index = 0; index < 16; index++)        // 16 direntries
        { if(*pDirentry->dirName == SLOT_EMPTY)
            break;
          else
            { if((*pDirentry->dirName != SLOT_DELETED) && (pDirentry->dirAttributes == ATTR_LONG_FILENAME))
                { pLDirentry = (Long_dir_entry *)pDirentry;
                  if(((pLDirentry->Longdir_Ord & 0x40) == 0x40) || ((pLDirentry->Longdir_Ord & 0x50) == 0x50))
                    { file_start_sector[files] = sector_cluster;
                      file_start_entry[files] = index;
                    }
                }

              if((*pDirentry->dirName != SLOT_DELETED) && (pDirentry->dirAttributes != ATTR_LONG_FILENAME) &&
                   (pDirentry->dirAttributes != ATTR_VOLUME) && (pDirentry->dirAttributes != ATTR_DIRECTORY))
                { if(((pDirentry->dirLowerCase & 0x18) == 0x18) || ((pDirentry->dirLowerCase & 0x18) == 0x10))
                    { file_start_sector[files] = sector_cluster;
```

```
                  file_start_entry[files] = index;
                }

              cluster_number = (unsigned int)(pDirentry->dirHighClust);
              cluster_number <<= 16;
              cluster_number |= (unsigned int)(pDirentry->dirStartCluster);

              file_size[files] = pDirentry->dirFileSize;

              file_start_cluster[files++] = cluster_number;

              if(files > MAX_FILE)
                { TFT_string(9,25,Red,Black,"본 FAT32 파일 시스템은");
                  TFT_string(3,27,Red,Black,"250개 이하의 파일만을 지원합니다 !");
                  Beep_3times();
                  while(1);
                }
            }
          pDirentry++;
        }
    }                                        // end of sector
  }                                          // end of cluster
}

/* ------------------------------------------------------------------------ */
/*      클러스터에서 디렉토리 엔트리 정보와 오프셋을 가진 섹터를 추출          */
/* ------------------------------------------------------------------------ */

unsigned char *fatDir(U32 cluster, U32 offset)  /* get directory entry sector */
{
  unsigned int index;

  for(index = 0; index < offset/SectorsPerCluster; index++)
    cluster = fatNextCluster(cluster);

  if(cluster == 0)
    return 0;

  sector_cluster =  fatClustToSect(cluster) + offset % SectorsPerCluster;
  SD_read_sector(sector_cluster, SectorBuffer);

  return SectorBuffer;
}

/* ------------------------------------------------------------------------ */
/*              FAT 체인으로 다음 클러스터를 찾음                             */
/* ------------------------------------------------------------------------ */

unsigned int fatNextCluster(U32 cluster)        /* get next cluster */
{
  unsigned int   nextCluster, fatOffset, fatMask, sector;
  unsigned short offset;
  unsigned char  FAT_cache[512];

  if(Fat32Enabled == 1)
    { fatOffset = cluster << 2;              // four FAT bytes(32 bits) for every cluster
      fatMask = FAT32_MASK;
    }
  else
    { fatOffset = cluster << 1;              // two FAT bytes(16 bits) for every cluster
      fatMask = FAT16_MASK;
    }

  sector = FirstFATSector + (fatOffset/BYTES_PER_SECTOR); // calculate the FAT sector

  offset = fatOffset % BYTES_PER_SECTOR;         // calculate offset of entry in FAT sector

  SD_read_sector(sector,(unsigned char *)FAT_cache);

  nextCluster = (*((unsigned int *) &((char *)FAT_cache)[offset])) & fatMask;

  if(nextCluster == (CLUST_EOFE & fatMask))      // check the end of the chain
    nextCluster = 0;
```

```
  return nextCluster;
}

/* ------------------------------------------------------------------------ */
/*              클러스터 번호를 섹터 번호로 변환                                 */
/* ------------------------------------------------------------------------ */

unsigned int fatClustToSect(U32 cluster)        /* convert cluster to sector */
{
  if(cluster == 0)
    cluster = 2;

  return ((cluster-2)*SectorsPerCluster) + FirstDataSector;
}

/* ------------------------------------------------------------------------ */
/*              긴 파일명을 추출(13*15 = 195자까지 사용)                        */
/* ------------------------------------------------------------------------ */

unsigned char Get_long_filename(U08 file_number) /* check long file name */
{
  unsigned short i, n = 0;
  unsigned short dir_address, dir_number = 0;
  unsigned int   dir_sector = 0;

  unsigned char ShortFileName[11];              // short file name buffer

  SD_read_sector(file_start_sector[file_number], SectorBuffer); // read directory entry
  dir_address = file_start_entry[file_number]*32;

  if(SectorBuffer[dir_address+11] == 0x0F)      // *** long file name entry
    { dir_number = (SectorBuffer[dir_address] & 0x1F) + 1; // total number of directory entry

      if(dir_number > 16)                       // if file name character > 13*15, return 2
        return 2;

      for( ; dir_address < 512; dir_address++)
        EntryBuffer[n++] = SectorBuffer[dir_address];

      if((dir_number*32) >= n)                  // directory entry use 2 sectors
        { dir_sector = file_start_sector[file_number];
          SD_read_sector(++dir_sector, SectorBuffer);

          i = 0;
          for( ; n < 512; n++)
            EntryBuffer[n] = SectorBuffer[i++];
        }

      dir_number = (EntryBuffer[0] & 0x1F)*32;  // last entry is short file name entry
      for(n = 0; n < 11; n++)
        ShortFileName[n] = EntryBuffer[dir_number++];

      extension = ShortFileName[8];             // get filename extension character
      extension <<= 8;
      extension += ShortFileName[9];
      extension <<= 8;
      extension += ShortFileName[10];
      return 1;                                 // if long file name, return 1
    }

  else if(SectorBuffer[dir_address+11] == 0x20) // *** short file name entry
    { for( ; dir_address < 512; dir_address++)
        EntryBuffer[n++] = SectorBuffer[dir_address];

      for(n = 0; n < 11; n++)
        ShortFileName[n] = EntryBuffer[dir_number++];

      extension = ShortFileName[8];             // get filename extension character
      extension <<= 8;
      extension += ShortFileName[9];
      extension <<= 8;
      extension += ShortFileName[10];
```

```
      return 0;                                   // if short file name, return 0
    }

  else                                            // if file name error, return 3
    return 3;
}

/* ------------------------------------------------------------------------ */
/*             짧은 파일명 출력                                                */
/* ------------------------------------------------------------------------ */

void TFT_short_filename(U08 xchar,U08 ychar, U16 colorfore,U16 colorback) /* display short filename */
{
  unsigned char  ch1, i;
  unsigned short ch2;

  Xcharacter = xchar;                             // start position
  Ycharacter = ychar;

  foreground = colorfore;                         // foreground color and background color
  background = colorback;

  for(i = 0; i < 11; i++ )                        // convert upper case to lower case
    { if((EntryBuffer[i] >= 'A') && (EntryBuffer[i] <= 'Z'))
        EntryBuffer[i] += 0x20;
    }

  for(i = 0; i < 11; i++)                         // display 8.3 format
    { if(i == 8)
        TFT_English('.');

      ch1= EntryBuffer[i];
      if(ch1 < 0x80)                              // English ASCII character
        {if(ch1 != 0x20)
           TFT_English(ch1);
        }
      else                                        // Korean character
        { ch2 = (ch1 << 8) + EntryBuffer[++i];
          ch2 = KS_code_conversion(ch2);
          TFT_Korean(ch2);
        }
    }
}

/* ------------------------------------------------------------------------ */
/*             긴 파일명 출력(40자까지 표시)                                   */
/* ------------------------------------------------------------------------ */

void TFT_long_filename(U08 xchar,U08 ychar, U16 colorfore,U16 colorback) /* display long filename */
{
  unsigned char  ch1;
  unsigned short ch2, i, entrynumber, charnumber, newindex, oldindex;
  unsigned char  FileNameBuffer[512];

  Xcharacter = xchar;                             // start position
  Ycharacter = ychar;

  foreground = colorfore;                         // foreground color and background color
  background = colorback;

  entrynumber = EntryBuffer[0] & 0x1F;            // long entry number
  charnumber = (EntryBuffer[0] & 0x1F)*13;        // character number of file name
  oldindex = ((EntryBuffer[0] & 0x1F) - 0x01)*32;
  newindex = 0;

  for(i = 0; i < entrynumber; i++)                // arrange file name
    { Filename_arrange(newindex,oldindex,FileNameBuffer);
      newindex += 26;
      oldindex -= 32;
    }

  for(i = 0; i < charnumber*2; i++)               // display long file name format
    { if(i >= 40*2)                               // limit length(40 character)
```

```
        { TFT_English('~');
          TFT_English('1');
          return;
        }

      ch1 = FileNameBuffer[i];
      if(ch1 == 0xFF)
        return;

      if(ch1 < 0x80)                            // English ASCII character
        TFT_English(FileNameBuffer[++i]);
      else                                      // Korean character
        { ch2 = (ch1 << 8) + FileNameBuffer[++i];
          ch2 = Unicode_to_KS(ch2);
          TFT_Korean(ch2);
        }
    }
}

/* ------------------------------------------------------------------------ */
/*            파일명 문자들을 순서대로 정리하여 재배열                      */
/* ------------------------------------------------------------------------ */

void Filename_arrange(U16 newx, U16 oldx, U08 *FileNameBuffer) /* arrange file name */
{
  FileNameBuffer[newx+0]  = EntryBuffer[oldx+2];  // 1
  FileNameBuffer[newx+1]  = EntryBuffer[oldx+1];
  FileNameBuffer[newx+2]  = EntryBuffer[oldx+4];  // 2
  FileNameBuffer[newx+3]  = EntryBuffer[oldx+3];
  FileNameBuffer[newx+4]  = EntryBuffer[oldx+6];  // 3
  FileNameBuffer[newx+5]  = EntryBuffer[oldx+5];
  FileNameBuffer[newx+6]  = EntryBuffer[oldx+8];  // 4
  FileNameBuffer[newx+7]  = EntryBuffer[oldx+7];
  FileNameBuffer[newx+8]  = EntryBuffer[oldx+10]; // 5
  FileNameBuffer[newx+9]  = EntryBuffer[oldx+9];
  FileNameBuffer[newx+10] = EntryBuffer[oldx+15]; // 6
  FileNameBuffer[newx+11] = EntryBuffer[oldx+14];
  FileNameBuffer[newx+12] = EntryBuffer[oldx+17]; // 7
  FileNameBuffer[newx+13] = EntryBuffer[oldx+16];
  FileNameBuffer[newx+14] = EntryBuffer[oldx+19]; // 8
  FileNameBuffer[newx+15] = EntryBuffer[oldx+18];
  FileNameBuffer[newx+16] = EntryBuffer[oldx+21]; // 9
  FileNameBuffer[newx+17] = EntryBuffer[oldx+20];
  FileNameBuffer[newx+18] = EntryBuffer[oldx+23]; // 10
  FileNameBuffer[newx+19] = EntryBuffer[oldx+22];
  FileNameBuffer[newx+20] = EntryBuffer[oldx+25]; // 11
  FileNameBuffer[newx+21] = EntryBuffer[oldx+24];
  FileNameBuffer[newx+22] = EntryBuffer[oldx+29]; // 12
  FileNameBuffer[newx+23] = EntryBuffer[oldx+28];
  FileNameBuffer[newx+24] = EntryBuffer[oldx+31]; // 13
  FileNameBuffer[newx+25] = EntryBuffer[oldx+30];
}

/* ------------------------------------------------------------------------ */
/*            한글 유니코드를 KS 조합형 코드로 변환                         */
/* ------------------------------------------------------------------------ */

unsigned short Unicode_to_KS(U16 unicode)      /* convert Unicode(유니코드) to KS(조합형) */
{
  unsigned char  cho = 0, joong = 0, jong = 0;
  unsigned short value;

  value = unicode - 0xAC00;                     // 유니코드에서 '가'에 해당하는 값을 뺀다.

  jong  = value % 28;                           // 유니코드를 초성,중성,종성으로 분리한다.
  joong = ((value - jong) / 28 ) % 21;
  cho   = ((value - jong) / 28 ) / 21;

  cho += 2;                                     // 초성 + 오프셋

  if(joong < 5)        joong += 3;              // 중성 + 오프셋
  else if(joong < 11)  joong += 5;
  else if(joong < 17)  joong += 7;
```

```
    else            joong += 9;

    if(jong < 17) jong++;                    // 종성 + 오프셋
    else          jong += 2;

    return 0x8000 | (cho << 10) | (joong << 5) | jong; // 조합형 코드를 가지고 리턴한다.
}
```

☞ 이 헤더 파일에서는 64MB~2GB 용량의 표준형 SD 카드나 4GB~32GB 용량의 SDHC 카드를 사용해야 하며, 이것들은 반드시 FAT32 형식으로 포맷되어야만 올바르게 동작한다. SD 카드를 초기화할 때는 400kHz 이하로 사용해야 하므로 STM32F103VET6의 SPI 직렬통신 포트를 281.25kHz로 설정하여 사용하였으며, 그 이후에는 최대 25MHz까지 빠르게 사용할 수 있으나 VS1053b와의 SPI 통신에서와 동일하게 4.5MHz의 전송속도를 사용한다. 여기서 4.5MHz의 속도로 SPI 통신을 수행하여 SD 카드를 액세스하는 것은 전자앨범을 구현하거나 나중에 MP3 플레이어 프로그램을 작성하는데 충분한 속도이다.

전자앨범 예제 프로그램이나 MP3 플레이어 예제 프로그램을 실행할 때 서두의 SD 카드 초기화 과정에서 에러가 발생한다면 리셋 스위치를 누르거나 전원을 껐다가 다시 켜서 프로그램을 실행할 필요가 있다. SD 카드 소켓의 커넥터 접속은 그다지 신뢰성이 높은 편이 아니기 때문에 가끔 에러가 발생하는 경우가 있다. 만약, 계속하여 동일한 에러가 발생한다면 TFT-LCD 화면에 출력되는 초기화 명령과 그에 따른 응답 값을 면밀하게 체크하여 초기화 과정의 어느 단계에서 어떤 에러가 발생하는지를 찾아내고 그에 따라 적절한 조치를 취해야 한다.

이 헤더 파일의 FAT32에서는 파일명 디렉토리 엔트리가 1섹터 분량을 넘지 않도록 195문자까지만 사용하는 것으로 제한하였으며, 나중에 MP3 플레이어 프로그램에서 TFT-LCD 화면에 파일명을 표시하는 공간이 2행 정도인 것을 고려하여 파일명을 출력하는 것은 40자까지로 제한하였다. 즉, 사용자가 퍼스널 컴퓨터에서 SD 카드에 파일을 저장할 때 파일명은 파일의 이름과 확장자를 합하여 영문이든 한글이든 무조건 195자 이내로 사용해야 하며, TFT-LCD 화면에 파일명을 표시할 때는 최대 40문자까지만 표시하고 나머지 부분은 생략한다.

SD 카드의 초기화 과정에서 만약 SD 카드가 FAT32 형식으로 포맷되어 있지 않으면 에러로 처리하며, 영문 파일명은 항상 소문자로 바꾸어 출력하고, 한글 파일명은 모두 유니코드로 저장되어 있으므로 TFT-LCD 화면에 이를 출력할 때 KS 조합형으로 변환하여 처리한다.

(3) 기본적인 전자앨범 프로그램

먼저 *OK-STM103* 키트의 SD 카드에 저장되어 있는 BMP 그림 파일을 연속으로 읽어서 TFT-LCD 화면에 출력하는 전자앨범 프로그램을 작성하면 다음과 같다.

이 프로그램에서는 TFT-LCD 화면의 좌측 상단에 현재의 파일 번호와 파일명이 표시되며, 그림 파일은 타이머를 사용하여 5초마다 자동적으로 넘어간다. 그러나, 만약 필요하다면 프로그램을 수정하여 시간 간격을 다르게 설정할 수도 있다. 이 프로그램에서는 SD 카드의 파일을 읽으면서 BMP 파일인지 여부를 확인하며, 만약 BMP 파일이 아닌 파일이 검출되면 이를 그냥 건너뛰어 다음 파일로 진행한다.

TFT-LCD 모듈의 화면에 그림을 표시할 때 BMP 형식의 그림은 240×320 해상도

의 초상화 모드형과 320×240 해상도의 풍경화 모드형이 있다. 이에 대한 정보는 BMP 파일의 헤더 부분에 표시되어 있으므로 프로그램에서 이를 인식하여 그에 맞도록 화면 모드를 변경하면서 올바르게 처리하면 된다.

특히 BMP 형식의 그림에는 데이터가 화면의 아래 부분부터 저장되어 있기 때문에 이를 그대로 읽어서 화면의 위부터 출력하면 그림이 위 아래로 뒤집혀 보이게 된다. 따라서, TFT-LCD 화면에 BMP 그림 데이터를 출력할 때는 화면의 위부터가 아니라 아래부터 출력하도록 처리하는 것이 중요하다.

<프로그램 Exp19_1.c> 기본 기능만을 갖는 전자앨범 프로그램

```
/* ============================================================================ */
/*      Exp19_1_photo_album(1).c : SD 카드의 BMP 파일을 사용한 전자 앨범         */
/* ============================================================================ */
/*                                     Programmed by Duck-Yong Yoon in 2017.    */

#include "stm32f103xe.h"
#include "OK-STM103.h"
#include "OK-STM103_SD_card.h"

void SysTick_Handler(void);                     // SysTick interrupt function
void TFT_filename(void);                        // display BMP file name
void TFT_display_BMP(U32 sector);               // display BMP file of SD card

volatile unsigned char timer = 0;               // 1 sec timer

unsigned char total_file;                       // total file number
unsigned char file_number = 0;                  // current file number
unsigned char BMP_type;                         // BMP image type(P=portrait, L=landscape)

/* ----- 인터럽트 처리 프로그램 ------------------------------------------------ */

void SysTick_Handler(void)                      /* SysTick interrupt function */
{
  timer++;
}

/* ----- 메인 프로그램 -------------------------------------------------------- */

int main(void)
{
  unsigned char i;
  unsigned char display_flag = 1;               // new screen display flag
  unsigned int  BMP_start_sector[MAX_FILE];     // BMP file start sector

  Initialize_MCU();                             // initialize MCU and kit
  Delay_ms(50);                                 // wait for system stabilization
  Initialize_LCD();                             // initialize text LCD module
  Initialize_TFT_LCD();                         // initialize TFT-LCD module

  LCD_string(0x80," OK-STM103 V1.0 ");          // display title
  LCD_string(0xC0,"   Exp19_1.c    ");

  TFT_string(0,4,Green,  Black,"****************************************");
  TFT_string(0,6,White,  Black,"             BMP 파일  전자앨범             ");
  TFT_string(0,8,Green,  Black,"****************************************");
  TFT_string(0,12,Silver,Black,"     320x240 픽셀의 랜드스케이프 화면      ");
  TFT_string(0,14,Silver,Black,"                  또는                  ");
  TFT_string(0,16,Silver,Black,"     240x320 픽셀의 포트레이트 화면        ");
  TFT_string(0,23,Cyan,  Black,"             SD 카드 초기화...          ");
  Beep();
```

```
  Delay_ms(1000);
  TFT_clear_screen();

  Initialize_SD();                              // initialize SD card
  Initialize_FAT32();                           // initialize FAT32 file system
  Delay_ms(1000);

  SysTick->LOAD  = 4499999;                     // 9MHz/(4499999+1) = 2Hz
  SysTick->VAL   = 0;                           // clear SysTick Counter
  SysTick->CTRL  = 0x00000003;                  // 72MHz/8 = 9MHz, enable SysTick and interrupt

  total_file = fatGetDirEntry(FirstDirCluster); // get total file number

  for(i = 0; i < total_file; i++)               // get start address of all files
    BMP_start_sector[i] = fatClustToSect(file_start_cluster[i]);

  file_number = 0;

  while(1)
    { if(display_flag == 1)                     // display BMP file, file number, and file name
        { Get_long_filename(file_number);       // check file name
          if(extension != 0x00424D50)           // if not BMP file, skip
            { if(file_number < (total_file - 1))
                file_number++;
              else
                file_number = 0;
            }
          else                                  // if BMP file, display
            { TFT_display_BMP(BMP_start_sector[file_number]);
              TFT_filename();

              display_flag = 0;
            }
        }

      if(timer >= 6)                            // go next file by 3 sec step
        { timer = 0;
          if(file_number < (total_file - 1))
            file_number++;
          else
            file_number = 0;

          display_flag = 1;
        }
    }
}

/* ----- 사용자 정의 함수 ------------------------------------------------------ */

void TFT_filename(void)                         /* display BMP file name */
{
  unsigned char file_flag;

  if(BMP_type == 'P')                           // screen mode(Portrait or Landscape)
    TFT_portrait_mode();
  else if(BMP_type == 'L')
    TFT_landscape_mode();

  TFT_xy(0,0);                                  // start position and color
  TFT_color(White,Black);

  TFT_English('(');                             // current file number
  if((file_number+1) >= 100)      TFT_unsigned_decimal(file_number+1,0,3);
  else if((file_number+1) >= 10)  TFT_unsigned_decimal(file_number+1,0,2);
  else                            TFT_unsigned_decimal(file_number+1,0,1);
  TFT_English('/');                             // total file number
  if(total_file >= 100)      TFT_unsigned_decimal(total_file,0,3);
  else if(total_file >= 10)  TFT_unsigned_decimal(total_file,0,2);
  else                       TFT_unsigned_decimal(total_file,0,1);
  TFT_English(')');
  TFT_English(' ');
```

```
  file_flag = Get_long_filename(file_number);   // check file name

  if(file_flag == 0)                            // short file name(8.3 format)
    TFT_short_filename(Xcharacter,0,Yellow,Black);
  else if(file_flag == 1)                       // long file name
    TFT_long_filename(Xcharacter,0,Yellow,Black);
  else if(file_flag == 2)                       // file name is longer than 195 characters
    TFT_string(Xcharacter,0,White,Black,"* 파일명 길이 초과 *");
  else                                          // file name error
    TFT_string(Xcharacter,0,White,Black,"*** 파일명 오류 ***");
}

/* ----------------------------------------------------------------------------------- */

#pragma pack(1)                                 // byte(8 bit) align

struct BMP_header{                              /* Header 14 bytes + InfoHeader 40 bytes */
 unsigned char  signature[2];                   // 'BM'
 unsigned int   file_size;                      // file size in bytes
 unsigned int   reserved;                       // unused (= 0)
 unsigned int   data_offset;                    // file offset to Raster Data

 unsigned int   size;                           // size of InfoHeader (= 40)
 unsigned int   width;                          // bitmap width
 unsigned int   height;                         // bitmap height
 unsigned short planes;                         // number of planes (= 1)
 unsigned short bit_count;                      // bits per pixel
 unsigned int   compression;                    // type of compression
 unsigned int   image_size;                     // size of image
 unsigned int   x_pixels_per_m;                 // horizontal resolution(pixels/meter)
 unsigned int   y_pixels_per_m;                 // vertical resolution(pixels/meter)
 unsigned int   colors_used;                    // number of actually used colors
 unsigned int   colors_important;               // number of important colors. 0 = all
};

#pragma pack()                                  // word(32 bit) align

// Description : SD 카드에 저장된 BMP 이미지 파일을 TFT-LCD에 출력하기
// sector = BMP 이미지가 들어있는 파일시작 섹터번호
//
//          [B]          [G]        [R]
//           5            6          5
//       11111000    11111100   11111000
//           &            &          &
//        buf[0]       buf[1]     buf[2]
//
//          >> 3         << 3       << 8 (BGR 형태를 RGB 형태로 다시 배열)
//
//           [R]          [G]        [B]
// pixel = ?????       ??????      ????? = 16 bit

void TFT_display_BMP(U32 sector)                /* display BMP file of SD card */
{
  unsigned char  buffer_control;
  unsigned short i, pixel, sector_cnt;
  unsigned char  BMPbuffer[512];                // BMP data from SD card

  struct BMP_header *bmp_ptr;

  SD_read_sector(sector, BMPbuffer);            // read sector of BMP header
  bmp_ptr = (struct BMP_header *)BMPbuffer;

  if(bmp_ptr->width == 240)                     // if 240*320, Portrait screen(bottom --> top)
    { BMP_type = 'P';
      TFT_write(0x16, 0x0088);                  // MV=0, MX=0, MY=1, BGR=1
      TFT_write(0x02, 0x0000);                  // x = 0~239
      TFT_write(0x03, 0x0000);
      TFT_write(0x04, 0x0000);
      TFT_write(0x05, 0x00EF);
      TFT_write(0x06, 0x0000);                  // y = 0~319
```

```
      TFT_write(0x07, 0x0000);
      TFT_write(0x08, 0x0001);
      TFT_write(0x09, 0x003F);
      TFT_command(0x22);
    }
  else if(bmp_ptr->width == 320)                       // if 320*240, Landscape screen(bottom --> top)
    { BMP_type = 'L';
      TFT_write(0x16, 0x0028);                         // MV=1, MX=0, MY=0, BGR=1
      TFT_write(0x02, 0x0000);                         // x = 0~319
      TFT_write(0x03, 0x0000);
      TFT_write(0x04, 0x0001);
      TFT_write(0x05, 0x003F);
      TFT_write(0x06, 0x0000);                         // y = 0~239
      TFT_write(0x07, 0x0000);
      TFT_write(0x08, 0x0000);
      TFT_write(0x09, 0x00EF);
      TFT_command(0x22);
    }

  for(i = 0x36; i <= 509; i += 3)
    { pixel  = (BMPbuffer[i] & 0xf8) >> 3;             // Blue
      pixel |= (BMPbuffer[i+1] & 0xfc) << 3;           // Green
      pixel |= (BMPbuffer[i+2] & 0xf8) << 8;           // Red
      TFT_data(pixel);
    }
  sector++;
  buffer_control = 1;

  for(sector_cnt = 0; sector_cnt <= 449; sector_cnt++)  // read next sector and output RGB data
    {
      switch (buffer_control)                          // rotate case 1, 2, 3
        { case 1: pixel  = (BMPbuffer[510] & 0xF8) >> 3;
                  pixel |= (BMPbuffer[511] & 0xFC) << 3;
                  SD_read_sector(sector, BMPbuffer);
                  pixel |= (BMPbuffer[0] & 0xF8) << 8;
                  TFT_data(pixel);

                  for(i = 1; i <= 509; i += 3)
                    { pixel  = (BMPbuffer[i] & 0xf8) >> 3;
                      pixel |= (BMPbuffer[i+1] & 0xfc) << 3;
                      pixel |= (BMPbuffer[i+2] & 0xf8) << 8;
                      TFT_data(pixel);
                    }
                  sector++;
                  buffer_control = 2;
                  break;

          case 2: pixel  = (BMPbuffer[511] & 0xF8) >> 3;
                  SD_read_sector(sector, BMPbuffer);
                  pixel |= (BMPbuffer[0] & 0xFC) << 3;
                  pixel |= (BMPbuffer[1] & 0xF8) << 8;
                  TFT_data(pixel);

                  for(i = 2; i <= 509; i += 3)
                    { pixel  = (BMPbuffer[i] & 0xF8) >> 3;
                      pixel |= (BMPbuffer[i+1] & 0xFC) << 3;
                      pixel |= (BMPbuffer[i+2] & 0xF8) << 8;
                      TFT_data(pixel);
                    }
                  sector++;
                  buffer_control = 3;
                  break;

          case 3: SD_read_sector(sector, BMPbuffer);
                  if(sector_cnt != 449)
                    { for(i = 0; i <= 509; i += 3)
                        { pixel  = (BMPbuffer[i] & 0xF8) >> 3;
                          pixel |= (BMPbuffer[i+1] & 0xFC) << 3;
                          pixel |= (BMPbuffer[i+2] & 0xF8) << 8;
                          TFT_data(pixel);
                        }
```

```
                }
              else                                        // if last sector, read 54 bytes only
                { for(i = 0; i < 54; i += 3)
                    { pixel  = (BMPbuffer[i] & 0xF8) >> 3;
                      pixel |= (BMPbuffer[i+1] & 0xFC) << 3;
                      pixel |= (BMPbuffer[i+2] & 0xF8) << 8;
                      TFT_data(pixel);
                    }
                }
              sector++;
              buffer_control = 1;
              break;
          }
      }
    TFT_landscape_mode();                                  // landscape mode
}
```

☞ 32비트 마이크로컨트롤러의 C컴파일러에서 구조체를 정의할 때는 구조체 내부의 각 인자들이 기본적으로 32비트의 메모리를 차지하므로 사용자의 의도와는 다른 결과가 되는 경우가 있다. 구조체에서 바이트로 정의된 인자가 실제 메모리에서 바이트 길이로 저장되도록 하려면 지시어 #pragma pack(1)을 사용하는 것에 유의하라. 이를 다시 원상태로 되돌리려면 #pragma pack()이라고 하면 된다.

이 예제 프로그램에서는 BMP 형식의 그림이 초상화 모드형인 경우와 풍경화 모드형인 경우에 각각 TFT-LCD 컨트롤러를 어떻게 초기화하여 처리하는지 주목하여 이해하는 것이 중요하다. 이러한 처리 루틴은 당연히 TFT_display_BMP() 함수 내부에 위치한다.

만약, 이 프로그램에서 그림이 넘어가는 속도를 변경하고자 하면 main() 함수에서 if(timer >= 5) 부분을 다른 시간값으로 수정하면 된다.

(4) 개선된 기능의 전자앨범 프로그램

앞의 전자앨범 프로그램에서는 파일명을 표시하는 글씨 부분의 그림이 지워지고, 항상 일정한 시간 간격으로 그림이 넘어가므로 여러 가지로 불편한 점이 있었다. 이번의 예제 프로그램에서는 파일명을 투명 글씨 및 외곽선체로 출력하여 화면에 파일명을 표시하더라도 그림이 지워지지 않으면서 또렷하게 보이도록 개선하고, 4개의 키 KEY1~KEY4 및 터치스크린을 사용하여 여러가지의 새로운 기능을 추가함으로써 이러한 불편을 개선하였다.

이번의 예제 프로그램에서는 *OK-STM103* 키트의 4개 키로 전자앨범의 여러가지 기능을 조작하는데, 먼저 KEY4는 그림이 넘어가도록 하거나 멈추게 하는 기능을 갖는다. 즉, 한번 KEY4를 누르면 SD 카드의 모든 BMP 파일을 5초 간격으로 차례로 반복하여 출력하며, 다시 한번 KEY4를 누르면 그림이 현재의 위치에서 정지되고, 또 다시 KEY4를 누르면 다시 5초 간격으로 넘어간다.

또한, KEY3은 글씨 출력 여부를 선택하는 키로서 한번 누르면 TFT-LCD 화면에 파일 번호 및 파일명을 표시하고, 또 한번 누르면 파일 번호 및 파일명을 표시하지 않도록 설정한다.

KEY1은 감소 키로 사용되고 KEY2는 증가 키로 사용되어 5초가 경과하기 전에도 그림을 앞뒤로 넘길 수 있다. 즉, KEY1을 누르면 즉시 BMP 파일 번호가 감소하여 이전 파일로 돌아가고, KEY2를 누르면 즉시 BMP 파일 번호가 증가하여 다음 파일로 진행한다.

터치스크린은 KEY2와 같은 기능을 수행하여 TFT-LCD 화면의 어느 부분을 누르더라도 즉시 다음 그림으로 넘어간다.

<프로그램 Exp19_2.c> 여러가지 기능을 개선한 전자앨범 프로그램

```
/* ============================================================================ */
/*  Exp19_2_photo_album(2).c : SD 카드의 BMP 파일을 사용한 전자 앨범(기능 개선) */
/* ============================================================================ */
/*                                    Programmed by Duck-Yong Yoon in 2017.     */

#include "stm32f103xe.h"
#include "OK-STM103.h"
#include "OK-STM103_SD_card.h"

void SysTick_Handler(void);                     // SysTick interrupt function
void TFT_filename(void);                        // display BMP file name
void TFT_display_BMP(U32 sector);               // display BMP file of SD card

volatile unsigned char timer = 0;               // 1 sec timer

unsigned char total_file;                       // total file number
unsigned char file_number = 0;                  // current file number
unsigned char BMP_type;                         // BMP image type(P=portrait, L=landscape)

/* ----- 인터럽트 처리 프로그램 ----------------------------------------------- */

void SysTick_Handler(void)                      /* SysTick interrupt function */
{
  timer++;
}

/* ----- 메인 프로그램 -------------------------------------------------------- */

int main(void)
{
  unsigned char i;
  unsigned char display_flag = 1;               // new screen display flag
  unsigned char filename_flag = 1;              // file name display flag
  unsigned char play_flag = 1;                  // play or stop flag
  unsigned int  BMP_start_sector[MAX_FILE];     // BMP file start sector

  Initialize_MCU();                             // initialize MCU and kit
  Delay_ms(50);                                 // wait for system stabilization
  Initialize_LCD();                             // initialize text LCD module
  Initialize_TFT_LCD();                         // initialize TFT-LCD module
  Initialize_touch_screen();                    // initialize touch screen

  LCD_string(0x80," OK-STM103 V1.0 ");          // display title
  LCD_string(0xC0,"   Exp19_2.c    ");

  TFT_string(0,4,Green,  Black,"****************************************");
  TFT_string(0,6,White,  Black,"            BMP 파일  전자앨범           ");
  TFT_string(0,8,Green,  Black,"****************************************");
  TFT_string(0,12,Silver,Black,"   320x240 픽셀의 랜드스케이프 화면    ");
  TFT_string(0,14,Silver,Black,"                 또는                  ");
```

```
TFT_string(0,16,Silver,Black,"      240x320 픽셀의 포트레이트 화면      ");
TFT_string(0,23,Cyan,  Black,"           SD 카드 초기화...            ");
Beep();
Delay_ms(1000);
TFT_clear_screen();

Initialize_SD();                                // initialize SD card
Initialize_FAT32();                             // initialize FAT32 file system
Delay_ms(1000);

SysTick->LOAD  = 4499999;                       // 9MHz/(4499999+1) = 2Hz
SysTick->VAL   = 0;                             // clear SysTick Counter
SysTick->CTRL  = 0x00000003;                    // 72MHz/8 = 9MHz, enable SysTick and interrupt

total_file = fatGetDirEntry(FirstDirCluster); // get total file number

for(i = 0; i < total_file; i++)                 // get start address of all files
  BMP_start_sector[i] = fatClustToSect(file_start_cluster[i]);

file_number = 0;

while(1)
  { if(display_flag == 1)                       // display BMP file, file number, and file name
      { Get_long_filename(file_number);         // check file name
        if(extension != 0x00424D50)             // if not BMP file, skip
          { if(file_number < (total_file - 1))
              file_number++;
            else
              file_number = 0;
          }
        else                                    // if BMP file, display
          { TFT_display_BMP(BMP_start_sector[file_number]);
            if(filename_flag == 1)
                TFT_filename();

            display_flag = 0;
          }
      }

    if((play_flag == 1) && (timer >= 6))        // go next file by 3 sec step
      { timer = 0;
        if(file_number < (total_file - 1))
          file_number++;
        else
          file_number = 0;

        display_flag = 1;
      }

    switch(Key_input())                         // key input
      { case KEY1: if(file_number > 0)          // if KEY1, go previous file
                     file_number--;
                   else
                     file_number = total_file - 1;
                   display_flag = 1;
                   timer = 0;
                   break;

        case KEY2: if(file_number < (total_file - 1)) // if KEY2, go next file
                     file_number++;
                   else
                     file_number = 0;
                   display_flag = 1;
                   timer = 0;
                   break;

        case KEY3: filename_flag ^= 0x01;       // file name display ?
                   if(filename_flag == 1)
                       TFT_filename();
                   else
                     TFT_display_BMP(BMP_start_sector[file_number]);
```

```
                    timer = 0;
                    break;

          case KEY4: play_flag ^= 0x01;          // go or stop ?
                    timer = 0;
                    break;

          default:   break;
        }

      Touch_screen_input();                      // input touch screen
      if((x_touch != 0) && (y_touch != 0))
        { Beep();
          if(file_number < (total_file - 1))     // if touch screen input, go next file
            file_number++;
          else
            file_number = 0;

          display_flag = 1;
          timer = 0;
        }
    }
}

/* ----- 사용자 정의 함수 ---------------------------------------------------- */

void TFT_filename(void)                          /* display BMP file name */
{
  unsigned char file_flag;

  if(BMP_type == 'P')                            // screen mode(Portrait or Landscape)
    TFT_portrait_mode();
  else if(BMP_type == 'L')
    TFT_landscape_mode();

  TFT_xy(0,0);                                   // start position and color
  TFT_color(White,Transparent);
  TFT_outline(Blue);                             // enable outline Blue

  TFT_English('(');                              // current file number
  if((file_number+1) >= 100)      TFT_unsigned_decimal(file_number+1,0,3);
  else if((file_number+1) >= 10) TFT_unsigned_decimal(file_number+1,0,2);
  else                            TFT_unsigned_decimal(file_number+1,0,1);
  TFT_English('/');                              // total file number
  if(total_file >= 100)      TFT_unsigned_decimal(total_file,0,3);
  else if(total_file >= 10) TFT_unsigned_decimal(total_file,0,2);
  else                       TFT_unsigned_decimal(total_file,0,1);
  TFT_English(')');
  TFT_English(' ');

  TFT_outline(Red);                              // enable outline Red

  file_flag = Get_long_filename(file_number);    // check file name

  if(file_flag == 0)                             // short file name(8.3 format)
    TFT_short_filename(Xcharacter,0,Yellow,Transparent);
  else if(file_flag == 1)                        // long file name
    TFT_long_filename(Xcharacter,0,Yellow,Transparent);
  else if(file_flag == 2)                        // file name is longer than 195 characters
    TFT_string(Xcharacter,0,White,Transparent,"* 파일명 길이 초과 *");
  else                                           // file name error
    TFT_string(Xcharacter,0,White,Transparent,"*** 파일명 오류 ***");

  TFT_outline(Transparent);                      // disable outline
}

/* ------------------------------------------------------------------------- */

#pragma pack(1)                                  // byte(8 bit) align

struct BMP_header{                               /* Header 14 bytes + InfoHeader 40 bytes */
```

```
    unsigned char  signature[2];                 // 'BM'
    unsigned int   file_size;                    // file size in bytes
    unsigned int   reserved;                     // unused (= 0)
    unsigned int   data_offset;                  // file offset to Raster Data

    unsigned int   size;                         // size of InfoHeader (= 40)
    unsigned int   width;                        // bitmap width
    unsigned int   height;                       // bitmap height
    unsigned short planes;                       // number of planes (= 1)
    unsigned short bit_count;                    // bits per pixel
    unsigned int   compression;                  // type of compression
    unsigned int   image_size;                   // size of image
    unsigned int   x_pixels_per_m;               // horizontal resolution(pixels/meter)
    unsigned int   y_pixels_per_m;               // vertical resolution(pixels/meter)
    unsigned int   colors_used;                  // number of actually used colors
    unsigned int   colors_important;             // number of important colors. 0 = all
};

#pragma pack()                                   // word(32 bit) align

// Description : SD 카드에 저장된 BMP 이미지 파일을 TFT-LCD에 출력하기
// sector = BMP 이미지가 들어있는 파일시작 섹터번호
//
//          [B]         [G]        [R]
//           5           6          5
//       11111000   11111100   11111000
//          &           &          &
//        buf[0]      buf[1]     buf[2]
//
//         >> 3        << 3       << 8 (BGR 형태를 RGB 형태로 다시 배열)
//
//          [R]         [G]        [B]
// pixel = ?????      ??????      ????? = 16 bit

void TFT_display_BMP(U32 sector)                 /* display BMP file of SD card */
{

                    (중간 생략)

}
```

☞ 이 전자앨범 프로그램은 기능이 단순하게 보일지라도 대부분의 독자 여러분에게 결코 이해하기가 그다지 만만한 프로그램이 아니다. 여기서는 BMP 파일을 액세스하기 위하여 이 예제 프로그램과 헤더 파일 OK-STM103_SD_card.h가 서로 복잡하게 얽혀지면서 STM32F103VET6 마이크로컨트롤러, SD 카드, TFT-LCD 사이에 여러가지의 기능들이 수행되기 때문이다. 그러나, SD 카드의 사용법이나 FAT32 파일 구조를 꼼꼼히 공부하면서 헤더 파일들과 예제 프로그램의 소스를 열심히 분석하여 보면 조금씩 이해를 해나갈 수 있을 것이다.

4. 실습 과제

(1) SD 카드를 SD 모드와 SPI 모드로 사용할 때 각각 어떤 장단점이 있는지 비교하여 설명하라.

(2) SD 카드의 V1.x와 V2.x에는 어떤 차이가 있는지 설명하라.

(3) 표준 SD 카드와 미니 SD 카드, 마이크로 SD 카드의 특징을 비교하여 설명하라.

(4) 헤더 파일 OK-STM103_SD_card.h에는 파일 액세스 기능중에서 파일을 읽는 기능만을 지원하고 있다. SD 카드에 파일을 쓰는 방법에 대하여 알아보라.

(5) 앞의 전자앨범 예제 프로그램들에서는 SD 카드의 파일을 읽을 때 이것의 파일 확장자가 ".BMP" 또는 ".bmp"인지를 확인한다. 그러나, 이것이 그 파일이 240×320 또는 320×240 픽셀 크기를 갖는 BMP 형식의 그림 파일이라는 것을 확인하는 것은 아니다. 따라서, 적합한 BMP 파일이 아닌데도 이를 화면에 출력하는 오류가 발생할 수 있다. 예제 프로그램 Exp19_1.c에서 파일이 240×320 또는 320×240 픽셀의 크기를 갖는 BMP 형식의 그림 파일인지를 확인하고, 만약 파일이 그것이 아니라면 TFT-LCD 화면에 파일 에러 메시지를 출력하고 다음 파일로 건너뛰도록 수정한 프로그램 Exp19_1R.c를 작성하라.

(6) 예제 프로그램 Exp19_2.c에서는 터치 스크린을 누르면 무조건 다음 화면으로 넘어간다. 이를 수정하여 TFT-LCD 화면의 하단에 적절한 크기로 좌우 방향의 화살표 모양으로 아이콘 메뉴를 만들고, 터치 스크린으로 각 아이콘을 누름에 따라 이전 화면 또는 다음 화면으로 넘어가는 프로그램 Exp19_2R.c를 작성하라.

4.20 MP3 플레이어 프로그램

이 절에서는 *OK-STM103* 키트에 기본으로 내장하고 있는 VS1053b CODEC을 사용하여 MP3 음악 플레이어를 구현한다. MP3 플레이어는 1990년 후반에 처음으로 실용화된 최첨단의 디지털 오디오 기술로서 우리나라가 세계적으로 앞선 기술을 가지고 있다. 여기서는 먼저 MP3가 무엇인지 알아보고 MP3 플레이어의 기본적인 하드웨어 구조와 여기서 음악연주 프로그램을 작성하는 기술에 대하여 설명한다. 이렇게 만든 결과로 상업용 MP3 플레이어 제품에 버금가는 음질로 음악을 감상할 수 있다.

관련 내용	(1) 제3.1절 *OK-STM103* 키트의 구조와 기능 (2) 제4.19절 SD 카드를 이용한 전자앨범 프로그램

1. MP3 플레이어의 구조와 기능

MP3 플레이어는 MP3(MPEG-1 Audio Layer-3) 형식의 디지털 음악 파일을 재생하는 디지털 오디오 플레이어(DAP ; Digital Audio Player)의 하나로서 1997년 12월 우리나라의 새한정보시스템에서 MPMan이라는 브랜드명으로 세계 최초로 개발하였고, 1998년 3월 독일 하노버에서 열린 세빗박람회에 MPMan F10 모델을 출품하여 큰 주목을 받았다. 새한정보시스템은 MP3 플레이어 사업을 전담하는 앰피맨닷컴을 설립하고 본격적으로 이 사업을 벌였으나 얼마 지나지 않아 사업 실패로 인하여 폐사하였으며, 그 이후 레인콤, 코원 시스템, 삼성전자, Apple, Creative Technology 등 여러 국내외 회사가 MP3 사업에 경쟁적으로 뛰어들었고 결국에는 우리나라의 앞선 원천기술마저 외국회사에 넘어가게 되었다.

(1) MP3의 개요

MP3는 디지털 음성 데이터를 고효율로 압축하여 부호화하기 위한 기술 규격이다. 이것은 원래 독립적으로 만들어진 규격이 아니라 캠코더 등에서 동화상을 압축하여 부호화하기 위한 국제표준규격인 MPEG(Moving Picture Experts Group) 규격중에서 영상이 아닌 음성 데이터를 압축하여 부호화하기 위한 부분으로 만들어졌다.

(a) MPMan F10　　(b) 레인컴 아이리버　　(c) 애플 아이팟

<그림 4.20.1> 상업용 MP3 플레이어의 몇가지 예

MPEG은 그 용도에 따라 MPEG-1, MPEG-2, MPEG-4, MPEG-7, MPEG-21 등으로 나누어지는데, 이것들은 서로 호환되는 다른 버전이 아니라 각각의 규격이 독립적인 기능과 용도를 가지는 규격이다. 예를 들면 MPEG-1은 음악용 CD-ROM이나 HDD 등에 동화상 데이터를 저장하기 위한 규격이고, MPEG-2는 DVD나 디지털 TV 방송 등에서 동화상 데이터를 취급하기 위한 규격이며, MPEG-4는 인터넷이나 이동통신, 디지털 TV 등에서 쌍방향(interactive)으로 동화상 데이터를 취급하기 위한 규격이고, MPEG-7은 동화상 데이터를 범용으로 검색하거나 관리하기 위한 규격이다.

이들 각각의 MPEG 규격은 대략 Part1(시스템), Part2(비디오), Part3(오디오) 등으로 나누어지며, Part3은 다시 데이터 압축률과 데이터 구조에 따라 Layer-1, Layer-2, Layer-3 등으로 나누어진다. MP3는 1991년에 ISO(International Organization for Standardization) 및 IEC(International Electrotechnical Commission)에서 공동으로 만든 MPEG-1 규격중에서 CD급의 음질을 가지고 1/10 이상의 데이터 압축률을 가지는 Layer-3의 오디오 압축 기술규격이다. Layer-1의 압축률은 1/4이고, Layer-2의 압축률은 1/6~1/8 정도인데 비하여 Layer-3의 압축률은 1/10~1/12 정도로서 매우 뛰어나다. 또한, 데이터 샘플링 레이트(sampling rate)는 32kHz, 44.1kHz, 48kHz 등을 사용하며, 음악 데이터의 비트 레이트(bit rate)는 Layer-1에서 32k~448kbit/s, Layer-2에서 32k~384kbit/s, Layer-3에서 32k~320kbit/s 범위이다. 동일한 데이터에 대하여 압축률을 높게 하면 비트 레이트는 낮아지며, 처리 엔진인 디코더에서는 데이터를 복원할 때 처리가 복잡하여 디코더의 부하가 커질 수도 있다.

이와 같이 MP3는 MPEG-1의 Layer-3에 해당하는 디지털 음악 데이터 압축저장 기술로서 이를 사용하면 기존의 CD 음악 파일을 최소 1/10 이하의 크기로 압축하여 저장할 수 있고, 여러번 복제 또는 전송을 반복하더라도 음질이 저하되지 않고 원래의 수준을 그대로 유지하는 장점을 갖는다.

(2) MP3 플레이어의 구조와 기능

MP3 플레이어는 불휘발성 데이터 저장장치에 MP3 포맷의 음악파일을 저장해놓고 마이크로컨트롤러가 이를 실시간으로 불러다가 압축을 풀고 아날로그 파형으로 재생하여 스피커를 구동하는 소형 모바일형 가전제품이다. 이와 같은 MP3 플레이어는 데이터 파일 저장장치로 무엇을 사용하느냐에 따라 <표 4.20.1>처럼 CD(Compact Disk)형, 플래시 메모리형, HDD(Hard Disk Drive)형으로 나눌 수 있는데, 초기에는 CD형으로 시작하였으나 2002년 이후부터 현재까지는 소형경량화가 상대적으로 쉽게 가능한 플래시 메모리형이 주류를 이루고 있으며, HDD형은 2001년부터 이를 상품화한 Apple사가 주도하여 왔다.

그러나, 스마트폰의 시대가 도래하면서 MP3 플레이어는 이와 유사한 많은 모바일 전자기기와 마찬가지로 스마트폰에 흡수 내장되는 운명을 맞이하였다. 초창기에는 이것이 MP3 플레이어 전용의 디지털 음악 재생용 기기였으나 요즈음은 통신, 디지털 카메라, 전자사전, FM 라디오, PMP(Portable Multimedia Player) 등의 기능과 함께 스마트폰에 모두 내장되는 추세이며, 이것이 지원하는 음악 파일도 기본적인 MP3 형식 이외에 WMA(Window Media Audio), AAC(Advanced Audio Coding ; MP4) 등으로 점점 다양해지고 있고, 현재는 이러한 음악 파일 이외에 .mpg, .mp4, .mov, .wmv(Window Media Video), .avi(Audio Video Interleave) 등 거의 모든 형식의 동영상 재생까지 가능하다.

<표 4.20.1> MP3 플레이어의 주요 방식별 비교

방식	장점	단점	비 고
CD형	- 가격이 저렴한 CD 사용. - 일반 오디오 CD 겸용 가능.	- 제품의 부피가 크다. - 사용자가 데이터를 직접 기록하는 것이 불가능하다.	- 초창기에 주로 사용.
플래시 메모리형	- 소형경량화 가능. - 충격에 강하고 휴대가 용이. - 메모리 용량에 따라 다양한 가격으로 제품 라인업 가능.	- 메모리 가격에 의존도가 높다. - 대용량화가 어렵다.	- 현재의 주력 제품.
HDD형	- 대용량화에 유리. - PC 보조 저장장치로도 활용.	- 충격에 약하다. - 대용량이 되면 가격이 높다.	- 애플사가 시장 주도.
스마트폰 내장형	- 별도의 하드웨어 추가 없이 소프트웨어만으로 구현. - 스마트폰 자체의 대용량 플래시 메모리를 사용. - 대부분의 기능을 스마트폰의 운영체제가 처리하므로 다양한 부수적인 기능이 가능.		- 모든 스마트폰에 해당. - 이제 MP3 플레이어 전용 기기는 대부분 단종됨.

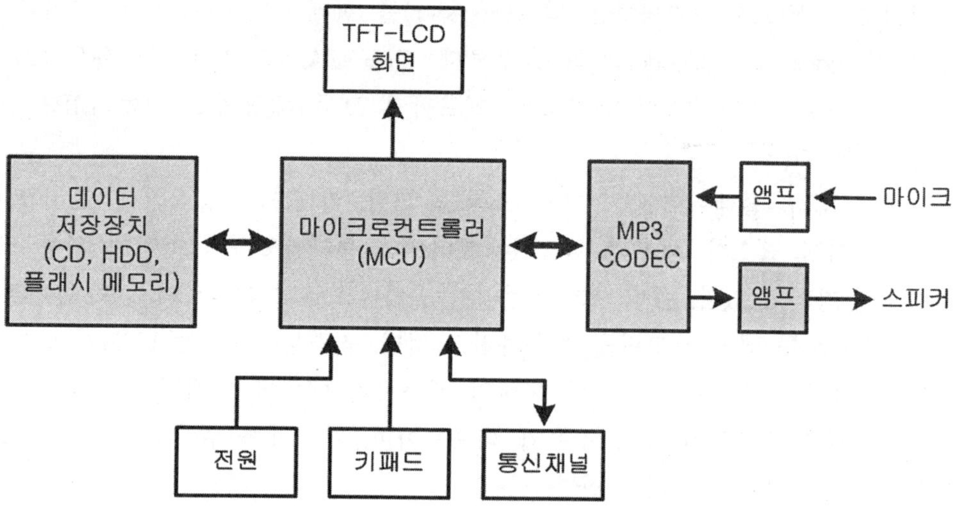

<그림 4.20.2> MP3 플레이어의 기본 구조

MP3 플레이어의 일반적인 기본 구조를 블록도로 보이면 <그림 4.20.2>와 같다. 여기서 보듯이 MP3 플레이어는 마이크로컨트롤러가 데이터 저장장치에 저장되어 있는 MP3 형식의 음악파일을 차례로 읽어다가 MP3 디코더에 출력하여 음악을 재생한다. 데이터 저장장치로는 초창기에 CD를 사용하였으나 현재는 대부분 플래시 메모리를 사용하고 있으며, Apple사에서는 1인치 이하의 초소형 HDD를 사용하기도 하였다. 현재는 플래시 메모리의 가격이 저렴해지면서 대부분 이를 저장장치로 사용하고 있는데, 보통 MP3 형식으로 음악 1곡의 용량이 3~4MB를 차지하는 것을 고려하면 1GB의 메모리를 장착하였을 경우 250곡 이상을 저장할 수 있다. 최근에는 32GB 정도의 SD 카드도 수천원 정도에 불과하므로 플래시 메모리에 필적할만한 경쟁자는 당분간 없을 것으로 예상된다. *OK-STM103* 키트에서는 데이터 저장장치로서 64MB~32GB 용량의 SD 카드로 된 플래시 메모리를 사용한다.

MP3 플레이어를 제어하는 마이크로컨트롤러는 고성능이 요구되기 때문에 일반 DSP 소자나 고성능의 마이크로컨트롤러가 많이 사용되어 왔으나, 외부에 MP3 디코더 전용의 IC소자를 사용하면 8비트급의 저성능 마이크로컨트롤러로도 쉽게 MP3 플레이어를 구현할 수 있다.

MP3 디코더는 MP3 형식의 데이터를 하드웨어적으로 빠르게 디코딩하는데 여기에는 스피커를 구동하기 위한 아날로그 출력 앰프(amplifier)를 함께 내장한 제품도 있고, 음성녹음을 위한 아날로그 입력 앰프와 인코더 회로를 함께 내장하고 있는 모델도 있다. 이와 같이 아날로그 신호를 디지털 값으로 인코딩하는 회로(coder)와 디지털 데이터를 아날로그 신호로 디코딩하는 회로(decoder)를 함께 내장하고 있는 소자를 코덱(CODEC ; Coder and Decoder)이라고 부른다. *OK-STM103* 키트에서 사용하고 있는 VS1053b는 아날로그 입력 앰프와 출력 앰프까지 모두 내장하고 있는 MP3 전용의 CODEC 소자이다.

이밖에도 MP3 플레이어에는 기능 조작을 위한 키패드와 동작상태 표시를 위한 LCD가 내장되어 있으며, 외부의 퍼스널컴퓨터에서 음악파일을 내려받기 위한 직렬통신 커넥터를 가지고 있다. 좀더 고급제품에서는 화면으로 고해상도의 TFT-LCD를 사용하고 입력으로는 터치 스크린을 사용하기도 하며, 직렬통신으로는 USB가 널리 사용되고 있다. MP3 플레이어는 소형의 모바일 제품이기 때문에 전체적인 부피를 줄이기 위하여 스피커를 내장하지 않는 경우가 대부분이며, 따라서 외부에 별도로 스피커 또는 이어폰을 연결하여 사용해야 한다.

(3) MP3 음악 파일의 구조

CD의 디지털 오디오 데이터는 충분히 좋은 음질을 유지하기 위하여 16비트 분해능에 44.1kHz의 샘플링 주파수로 A/D 변환하여 만들어지며, 재생도 이와 같은 포맷으로 D/A 컨버터에 의하여 수행된다. 따라서, 스테레오인 경우 이것의 데이터 비트 레이트는 44100×16×2 = 1,411,200bit/s에 이르게 되며, 이는 1분당 약 10MB에 해당하는 대용량의 데이터가 된다. MP3 포맷은 이 데이터를 약 1/10~1/12 정도로 압축하여 1분당 1MB 정도의 크기로 줄인 것이다. 이 때문에 MPEG-1의 Layer-3에 해당하는 MP3 포맷에서는 스테레오 채널 음악의 경우 128kbps의 비트 레이트를 표준으로 사용하고, 모노의 경우에는 64kbps의 비트 레이트를 표준으로 사용한다. 결국 MP3 음악 파일의 목적은 원래 데이터의 높은 음질을 그대로 유지하면서 데이터는 최대한 압축하여 파일을 작게 만드는 것이다.

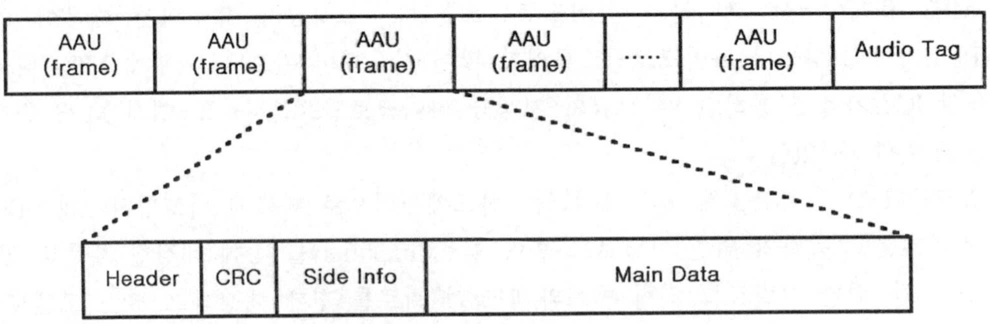

〈그림 4.20.3〉 MP3 파일의 프레임 구조

MP3 음악 데이터 파일은 <그림 4.20.3>에 보인 것처럼 기본적으로 프레임(frame)이라고 불리는 독립적인 AAU(Audio Access Unit) 단위들이 모여서 구성된다. 각 프레임에는 헤더와 오디오 정보, 음악 데이터 등을 포함하고 있어서 다른 프레임과 연계되지 않고 독립적인 기능을 수행하므로 하나의 프레임만을 별도로 분리하여 연주해도 해당 부분의 음악이 별 문제없이 정상적으로 연주된다. 또한, 이 때문에 MP3 파일은 연주를 중단하였다가 언제라도 중단된 위치부터 다시 연주를 계속하는 것이 가능하다. 마지막의 오디오 태그에는 MP3 파일에 대한 부가 정보를 가지고 있다.

각 프레임은 다시 헤더(Header), CRC(Cyclic Redundancy Check), 사이드 인포(Side Info), 메인 데이터(Main Data) 등으로 나누어진다. 헤더는 4바이트(32비트)의 길이를 가지며, 각 프레임의 음악 데이터에 대한 정보를 저장하고 있다. 헤더의 내용을 자세히 설명하면 <표 4.20.2>와 같다.

헤더에서 CRC를 사용하는 것으로 지정되면 헤더의 뒤에 2바이트(16비트) 길이의 CRC 데이터가 이어진다. 따라서, CRC의 사용 유무에 따라 프레임의 길이가 달라지며, 데이터 길이도 상황에 따라 달라지므로 프레임의 전체 길이는 일정하지 않다. 각 프레임의 헤더 내용은 대체로 일정하지만 하나의 음악 파일에서 헤더의 내용이 여러 가지로 다른 경우도 있다. 예를 들어 대부분의 경우 하나의 파일에서 비트 레이트는 일정하지만, 음질은 그대로 유지하면서 더욱 높은 압축률을 사용하기 위하여 어떤 경우에는 프레임마다 비트 레이트가 달라서 비트 레이트 스위칭이라고 불리는 가변 비트 레이트 방식을 사용하기도 한다.

사이드 인포(side info)는 MPEG-1의 Layer-3에서만 사용하는 것으로 압축된 데이터를 복원하는데 필요한 여러가지 정보를 포함하고 있다. 사이드 인포는 모노 채널의 경우 136비트로 구성되고, 스테레오 채널일 경우 256비트로 구성된다.

메인 데이터는 실제의 음악 디지털 데이터가 들어 있는 부분으로서 MPEG-1의 Layer-3에서는 한 개의 프레임에 1152개의 샘플 데이터를 저장한다. 이 메인 데이터 내부는 다시 2개의 그래뉼(granule) 단위로 구성되는데, 각 그래뉼은 32개 서브밴드가 18개 샘플 데이터를 포함하므로 총 576개의 샘플 데이터를 가진다.

모든 프레임이 끝나고 MP3 음악 파일의 끝 부분에는 오디오 태그(audio tag)가 위치한다. 이것은 실제 연주되는 음악 데이터가 아니라 파일의 정보를 포함하는 부분이므로 MP3 플레이어로 재생하지 말아야 한다. 오디오 태그는 현재 ID3v1, ID3v1.1, ID3v2 버전 등이 있는데, 이중에서 ID3v1의 오디오 태그는 128바이트로 구성되며 그 내용을 상세하게 설명하면 <표 4.20.4>와 같다.

〈표 4.20.2〉 MP3 파일에서 프레임 헤더의 내용

	b31 b0 **AAAAAAAA AAABBCCD EEEEFFGH IIJJKLMN**		
	비트 번호	길이(비트)	기 능
A	31~21	11	Frame synchronizer. 동기를 취하기 위한 비트로서 11비트가 모두 1로 되어 있다. MPEG Version 1과 2에서는 비트 31~20의 12비트를 사용한다.
B	20~19	2	MPEG version ID. MPEG 버전을 표시한다. 00 = MPEG-2.5(1/4-rate) 01 = MPEG-2.5(1/4-rate) 10 = MPEG-2.0(1/2-rate) (ISO 13818-3 규격) 11 = **MPEG-1.0** (ISO 11172-3 규격) ※ V2.5를 지원하지 않는 규격에서는 비트31~20의 12비트를 프레임 동기 비트로 사용한다.
C	18~17	2	Layer description. 오디오 레이어 번호를 표시한다. 00 = (reserved) 01 = **Layer-3** 10 = Layer-2 11 = Layer-1
D	16	1	CRC protection bit. CRC를 사용하는지 여부를 표시한다. 0 = CRC를 사용하며, 헤더의 뒤에 2바이트(16비트)의 CRC 데이터가 놓인다. 1 = CRC를 사용하지 않는다.
E	15~12	4	Bit rate index. <표 4.20.3>에 보인 것처럼 비트 레이트를 표시한다.
F	11~10	2	Sampling rate frequency index. 데이터 샘플링 주파수를 표시한다. (MPEG-1) (MPEG-2) (MPEG-2.5) 00 = **44100Hz** 22050Hz 11025Hz 01 = **48000Hz** 24000Hz 12000Hz 10 = **32000Hz** 16000Hz 8000Hz 11 = (reserved) (reserved) (reserved)
G	9	1	Padding bit. 비트 레이트를 정확하게 지정된 값으로 맞추기 위하여 부가적인 비트를 덧붙일지를 표시한다. 0 = 부가적인 비트를 사용하지 않는다. 1 = 부가적인 비트를 사용한다.
H	8	1	Private bit. 특별한 용도가 없으며, 임의의 용도로 사용할 수 있다.
I	7~6	2	Channel mode. 오디오 데이터의 채널 정보를 표시한다. 00 = stereo 01 = joint stereo 10 = dual channel(stereo) 11 = single channel(mono)
J	5~4	2	Mode extension. joint stereo 모드에서 부가적인 정보를 제공한다. (Layer-1/2) (**Layer-3**) 00 = bands 4 to 31 Intensity stereo=off, MS stereo=off 01 = bands 8 to 31 Intensity stereo=on, MS stereo=off 10 = bands 12 to 31 Intensity stereo=off, MS stereo=on 11 = bands 16 to 31 Intensity stereo=on, MS stereo=on
K	3	1	Copyright. 음악 파일의 저작권이 있는지를 표시한다. 0 = 저작권이 없다. 1 = 저작권이 있다.
L	2	1	Original. 음악 파일이 원본인지를 표시한다. 0 = 복사본이다. 1 = 원본이다.
M	1~0	2	Emphasis. 엠퍼시스 특성을 나타낸다. 00 = none 01 = 50/15 ms 10 = (reserved) 11 = CCIT J.17

<표 4.20.3> MP3 파일 헤더의 비트 레이트 지정

Bit rate index	MPEG-1.0 Layer-1	MPEG-1.0 Layer-2	MPEG-1.0 Layer-3	MPEG-2.0/2.5 Layer-1	MPEG-2.0/2.5 Layer-2/3
0000	free	free	**free**	free	free
0001	32 kbps	32 kbps	**32 kbps**	32 kbps	8 kbps
0010	64 kbps	48 kbps	**40 kbps**	48 kbps	16 kbps
0011	96 kbps	56 kbps	**48 kbps**	56 kbps	24 kbps
0100	128 kbps	64 kbps	**56 kbps**	64 kbps	32 kbps
0101	160 kbps	80 kbps	**64 kbps**	80 kbps	40 kbps
0110	192 kbps	96 kbps	**80 kbps**	96 kbps	48 kbps
0111	224 kbps	112 kbps	**96 kbps**	112 kbps	56 kbps
1000	256 kbps	128 kbps	**112 kbps**	128 kbps	64 kbps
1001	288 kbps	160 kbps	**128 kbps**	144 kbps	80 kbps
1010	320 kbps	192 kbps	**160 kbps**	160 kbps	96 kbps
1011	352 kbps	224 kbps	**192 kbps**	176 kbps	112 kbps
1100	384 kbps	256 kbps	**224 kbps**	192 kbps	128 kbps
1101	416 kbps	320 kbps	**256 kbps**	224 kbps	144 kbps
1110	448 kbps	384 kbps	**320 kbps**	256 kbps	160 kbps
1111	bad	bad	**bad**	bad	bad

<표 4.20.4> MP3 파일에서 오디오 태그 ID3v1의 내용

```
byte 0                                  byte 31
  AAABBBBB BBBBBBBB BBBBBBBB BBBBBBBB
  BCCCCCCC CCCCCCCC CCCCCCCC CCCCCCCD
  DDDDDDDD DDDDDDDD DDDDDDDD DDDDDEEE
  EFFFFFFF FFFFFFFF FFFFFFFF FFFFFFFG
byte 96                                 byte 127
```

	바이트 번호	길이(바이트)	기 능
A	0~2	3	Tag identification. 태그의 시작을 알리는 문자열 "TAG"를 저장하고 있다.
B	3~32	30	Title(Song name). 음악 파일의 제목을 표시한다.
C	33~62	30	Artist. 음악의 연주자를 표시한다.
D	63~92	30	Album. 이 음악이 수록된 앨범의 제목을 표시한다.
E	93~96	4	Year. 음악 파일의 출판 연도를 표시한다.
F	97~126	30	Comment. 주석을 표시한다.
G	127	1	Genre. 음악의 장르를 표시한다. 0 = Blues 5 = Funk 10 = New Age 75 = Polka 1 = Classic Rock 6 = Grunge 11 = Oldies 76 = Retro 2 = Country 7 = Hip-Hop 12 = Other 77 = Musical 3 = Dance 8 = Jazz 13 = Pop 78 = Rock & Roll 4 = Disco 9 = Metal ..... 79 = Hard Rock

2. VS1053b 오디오 CODEC의 구조와 기능

OK-STM103 키트에는 MP3 CODEC 소자로서 VS1053b를 사용하는 MP3 플레이어 회로를 내장하고 있는데, 이 회로를 블록도로 요약하면 <그림 4.20.4>와 같다.

OK-STM103 키트에서 마이크로컨트롤러, TFT-LCD, SD 카드, VS1053b가 모두

기본적으로 +3.3V의 전원으로 동작하므로 이것들을 하드웨어적으로 인터페이스하는데 아무 문제가 없다. 그러나, VS1053b 소자에는 추가적으로 +1.8V 전원을 필요로 한다. 또한, 32비트 STM32F103VET6 마이크로컨트롤러는 72MHz의 매우 높은 시스템 클록으로 동작하므로 192~320kbps의 높은 비트 레이트로 만들어진 MP3 음악파일을 충분히 원활하게 재생할 수 있다.

데이터 파일 저장장치로는 SD 카드를 사용하고 있으므로 퍼스널컴퓨터에서 음악파일을 직렬통신으로 내려받는 기능은 사용하지 않고 직접 퍼스널컴퓨터에서 음악파일을 SD 카드에 저장하여 가져오면 된다. SD 카드로는 FAT32로 포맷되는 표준형의 64MB~2GB 용량이나 SDHC형의 4GB~32GB를 모두 사용할 수 있다.

MP3 플레이어의 여러가지 기능 조작은 4개의 키 KEY1~KEY4를 각각 PLAY, FUNC, INC, DEC 키로 사용할 것이며, 이밖에 터치스크린을 사용할 수도 있도록 프로그램할 것이다.

스피커는 *OK-STM103* 키트의 PCB 면적을 절약하기 위하여 커넥터 CN6을 사용하여 외부에 장착하도록 처리하였다. 여기서 스피커는 시중에서 쉽게 구입할 수 있는 앰프 내장형의 MP3용 미니 스피커를 사용하는 것이 좋다.

MP3 오디오 CODEC인 VS1053b에 이 소자의 데이터 시트에서 권장하는대로 그냥 스피커를 접속하여 사용하면 스피커에서 상당한 잡음이 들리는 경우가 있으므로 이 경우에 필요하다면 사용자가 적절한 잡음 제거회로를 설계하여 사용하면 좋다.

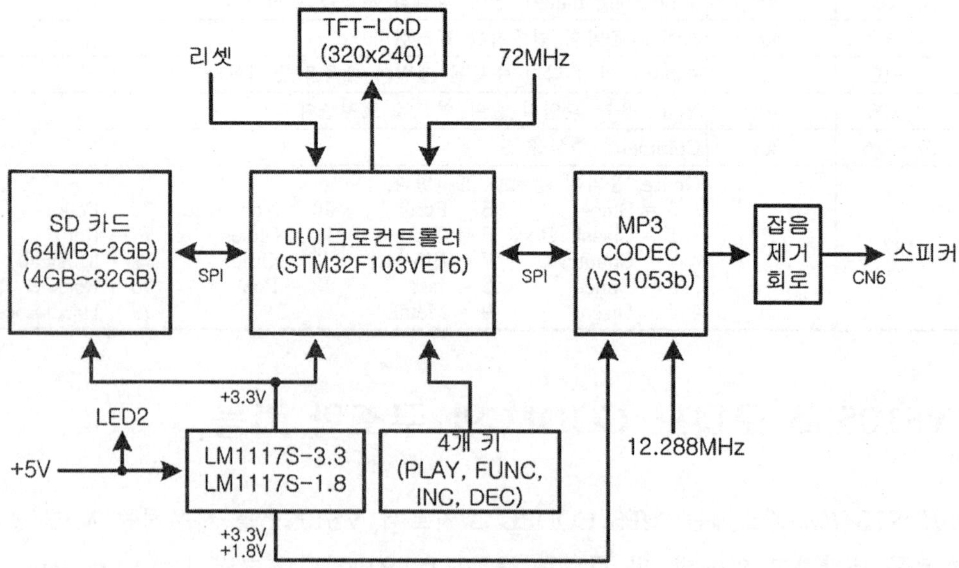

〈그림 4.20.4〉 *OK-STM103* 키트에 내장된 MP3 플레이어 회로의 구성 블록도

(1) VS1053b의 구조 및 특징

OK-STM103 키트에 내장된 MP3 플레이어의 하드웨어 중에서 가장 중요한 부분은 무엇보다도 VS1053b 오디오 CODEC이다. MP3 플레이어 프로그램을 작성하려면 이 소자를 제대로 이해하는 것이 매우 중요하다.

이제부터 이 소자의 구조와 기능을 요약 정리하여 설명한다. 먼저 VS1053b 오디오 CODEC의 특징을 요약하면 다음과 같다.

① MP3, MP4, AAC, WMA, WAV, MIDI, FLAC 음악 파일 포맷을 디코딩하여 재생할 수 있다.

② 마이크 또는 라인 입력의 아날로그 입력 신호를 IMA(International Multimedia Association) ADPCM(Adaptive Differential Pulse Code Modulation) 방식으로 인코딩할 수 있다.

③ MP3와 WAV를 위한 스트리밍(streaming)을 지원한다.

④ 음량(volume)은 물론이고 저음 강조 기능(bass)과 고음 강조 기능(treble)을 제어할 수 있다.

⑤ 스테레오 D/A 컨버터를 내장하고 있으며, 30Ω의 부하를 사용할 수 있는 스테레오 이어폰 드라이버 회로를 가지고 있다. I2S 통신 포트를 통하여 외부에 D/A 컨버터를 접속할 수도 있다.

⑥ 제어 명령 및 음악 데이터를 전송하기 위하여 마이크로프로세서와 접속하는데는 SPI 직렬통신을 사용한다. SPI는 부팅용으로도 사용될 수 있고, 디버깅 목적으로 UART 통신을 사용할 수도 있다.

⑦ 프로그램 메모리용으로 16KB의 RAM과 데이터 메모리용으로 0.5KB의 RAM을 가지고 있으며, SPI 데이터 수신용으로 2048바이트의 FIFO를 가지고 있다.

⑧ 디지털 회로의 전원으로 +1.8V를 사용하며, 아날로그 회로 및 입출력 회로의 전원으로 +2.8V 또는 +3.3V를 사용한다. 그러나, 종래의 VS1033 모델에서는 디지털 회로의 전원으로 +2.5V의 전원을 사용했었다.

⑨ 12.288MHz의 크리스털에 의하여 발생되는 클록으로 동작하며, 내부에서 이를 2~5배로 체배하여 사용할 수 있다.

⑩ 외형은 LQFP-48 패키지로 되어 있다.

OK-STM103 키트에서 사용하는 VS1053b의 각 핀 이름과 기능을 요약하면 <표 4.20.5>와 같고, 전형적인 응용회로는 <그림 4.20.5>에 보였다.

<표 4.20.5> VS1053b의 외부 핀 이름 및 기능

핀 이름	번호	I/O형	기 능
CVDD0 CVDD1 CVDD2 CVDD3	5 7 24 31	전원	내부 코어의 전원(+1.8V).
AVDD0 AVDD1 AVDD2	38 43 45	전원	아날로그 회로의 전원(+2.8V 또는 +3.3V). ※ *OK-STM103* 키트에서는 +3.3V를 사용함.
IOVDD0 IOVDD1 IOVDD2	6 14 19	전원	I/O 회로의 전원(+2.8V 또는 +3.3V). ※ *OK-STM103* 키트에서는 +3.3V를 사용함.
DGND0 DGND1 DGND2 DGND3 DGND4	4 16 20 21 22	전원	내부 코어 및 I/O 회로 전원의 접지.
GND	35	전원	I/O 회로 전원의 접지.
AGND0 AGND1 AGND2 AGND3	37 40 41 47	전원	아날로그 회로 전원의 접지. (※ DGND, GND, AGND 단자들은 VS1053b와 가장 가까운 곳에서 서로 연결되어야 한다.)
XTALI	18	AI	12.288MHz 크리스털 입력.
XTALO	17	AO	12.288MHz 크리스털 출력.
SCLK	28	DI	SPI 직렬통신의 클록 신호(SCK).
SI	29	DI	SPI 직렬통신의 입력 신호(MOSI).
SO	30	DO3	SPI 직렬통신의 출력 신호(MISO).
XCS	23	DI	SPI 직렬통신으로 명령을 전송하기 위한 칩 선택 신호.(low enable)
XDCS/BSYNC	13	DI	SPI 직렬통신으로 데이터를 전송하기 위한 칩 선택 신호.(low enable) (BSYNC는 구모델 VS1001과 호환을 위한 직렬 동기 신호)
DREQ	8	DO	데이터 요청 신호.
XRESET	3	DI	VS1053b 소자 리셋 신호.(low enable) 리셋 후 4ms를 지나서 사용.
RCAP	44	AIO	내부 기준전압을 위한 필터링 커패시터.
XTEST	32	DI	제조회사의 테스트용 단자.(IOVDD에 접속할 것)
VCO	15	DO	제조회사의 테스트용 단자.(VCO 클록 출력)
LEFT	46	AO	좌측 채널의 아날로그 출력 신호.
RIGHT	39	AO	우측 채널의 아날로그 출력 신호.
GBUF	42	AO	헤드폰 또는 이어폰을 접속하기 위한 공통 신호.(접지시키지 말 것)
MICP/LINE1	1	AI	마이크 입력의 양극 신호 또는 라인 입력1.
MICN	2	AI	마이크 입력의 음극 신호.
LINE2	48	AI	라인 입력2.
RX	26	DI	UART 수신 신호.(사용하지 않으면 IOVDD에 접속할 것)
TX	27	DO	UART 송신 신호.
GPIO0	33	DIO	범용 I/O 0.(100kΩ의 저항으로 풀다운할 것)
GPIO1	34	DIO	범용 I/O 1.
GPIO2/DCLK	9	DIO	범용 I/O 2 또는 구모델 VS1001과 호환을 위한 직렬 클록 신호.
GPIO3/SDATA	10	DIO	범용 I/O 3 또는 구모델 VS1001과 호환을 위한 직렬 데이터 신호.
GPIO4/I2S_LROUT	36	DIO	범용 I/O 4 또는 I2S의 좌측(0), 우측(1) 데이터 출력표시 신호.
GPIO5/I2S_MCLK	25	DIO	범용 I/O 5 또는 I2S의 클록 신호.
GPIO6/I2S_SCLK	11	DIO	범용 I/O 6 또는 I2S의 클록 신호.
GPIO7/I2S_SDATA	12	DIO	범용 I/O 7 또는 I2S의 데이터 신호.

※ DI : 디지털 입력, DO : 디지털 출력, DIO : 디지털 입출력, DO3 : 3스테이트형 디지털 출력
AI : 아날로그 입력, AO : 아날로그 출력, AIO : 아날로그 입출력

※ 사용하지 않는 모든 GPIO 핀들은 풀다운해야 한다.

※ 만약 GPIO0 핀이 풀업저항으로 IOVDD에 연결되면 SPI 통신으로 외부 EEPROM으로부터 부팅한다.

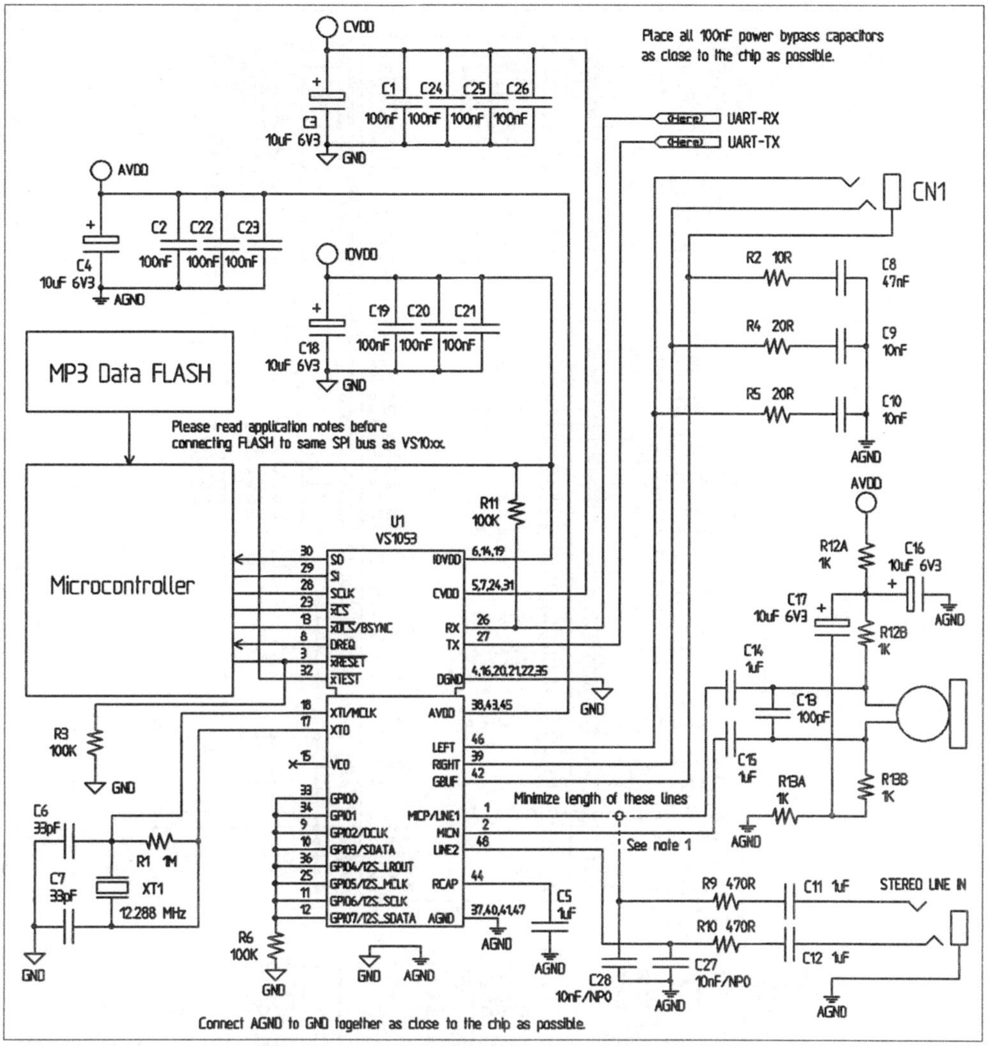

Note 1: Connect either Microphone In or Line In, but not both at the same time.

<그림 4.20.5> VS1053b의 전형적인 응용 회로

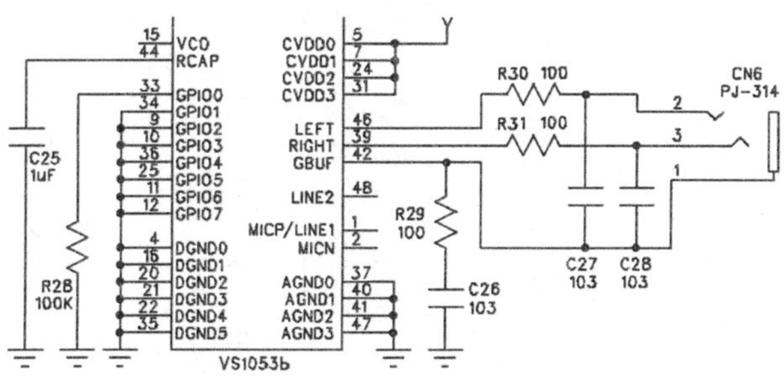

<그림 4.20.6> *OK-STM103* 키트에서 사용한 VS1053b 스피커 출력의 잡음제거 회로

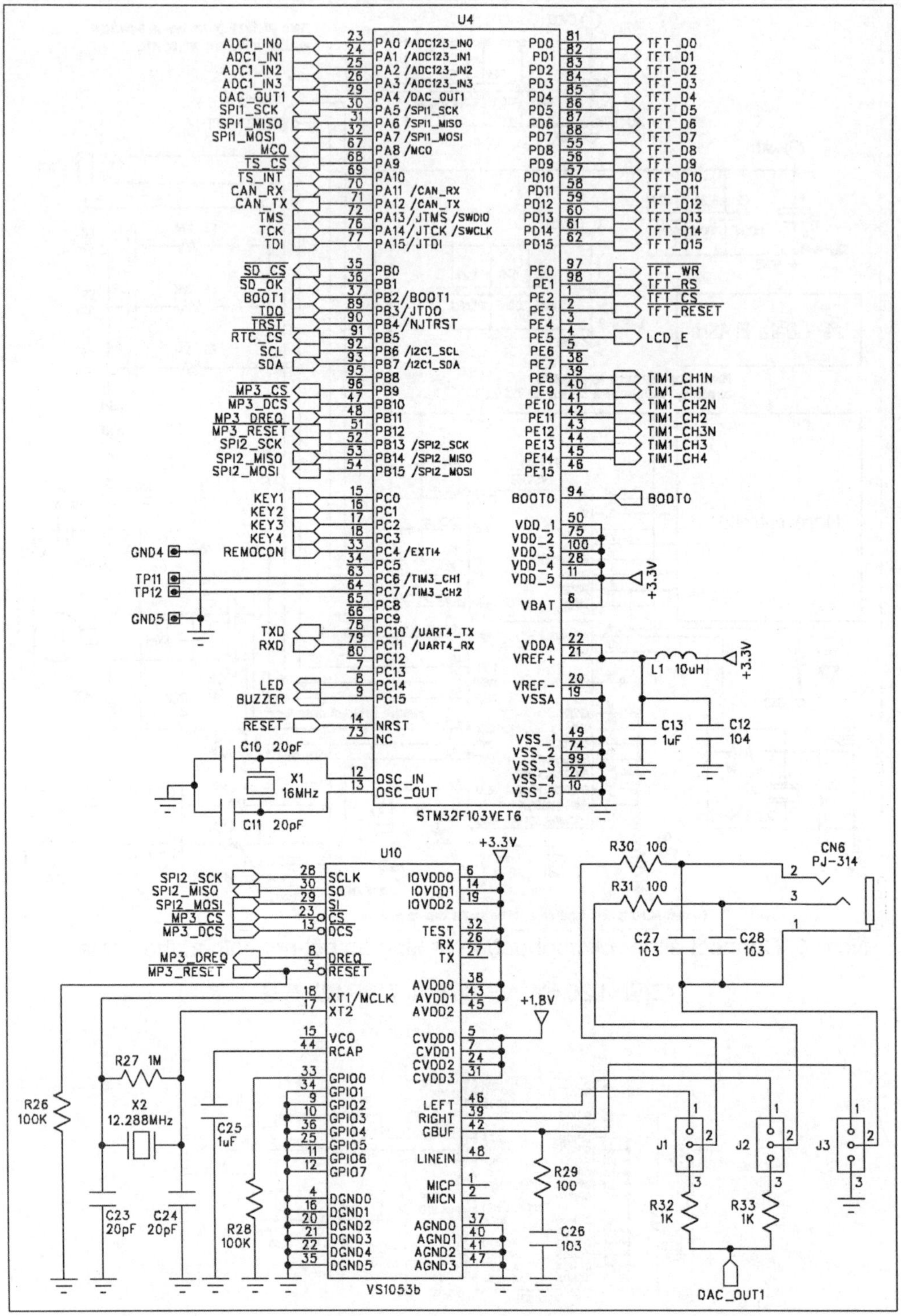

<그림 4.20.7> *OK-STM103* 키트의 MP3 플레이어 관련 전체 회로도

<그림 4.20.5>에 보인 VS1053b 데이터 시트의 권장 회로는 스피커에 적지 않은 잡음을 포함하여 출력하므로 *OK-STM103* 키트에서는 이 잡음을 제거할 수 있도록 스피커 출력회로를 <그림 4.20.6>처럼 수정하여 사용하였다.

OK-STM103 키트에서 사용하는 MP3 플레이어와 관련된 전체 회로도는 <그림 4.20.7>과 같다. MP3 플레이어를 사용하려면 점퍼 스위치 J1~J3을 모두 위쪽 1-2번으로 연결해야 한다.

(2) VS1053b의 기능 및 동작

VS1053b의 기능적인 내부 블록도는 <그림 4.20.8>과 같고, VS1053b가 데이터를 처리하여 음악을 재생하는 과정을 그림으로 보이면 <그림 4.20.9>와 같다.

<그림 4.20.9>에서 보듯이 SDI 버스로 MP3, AAC, WMA, WAV, MIDI 포맷의 음악 데이터가 입력되면 이것들이 디코딩되고 내부의 응용 프로그램을 거쳐서 저음 강조 기능과 고음 강조 기능이 처리된다. 그리고, 2048바이트의 오디오 FIFO를 거쳐서 SCI_MODE 레지스터로 이어 스피커 처리 기능(Ear Speaker spatial processing)을 설정하였다면 이것이 처리된 후 마지막으로 스테레오 D/A 컨버터로 아날로그 신호가 재생된다. 여기서 이어 스피커 처리 기능은 헤드폰으로 음악을 들을 때 보다 현장감 있게 음질을 처리하는 독특한 기능이다.

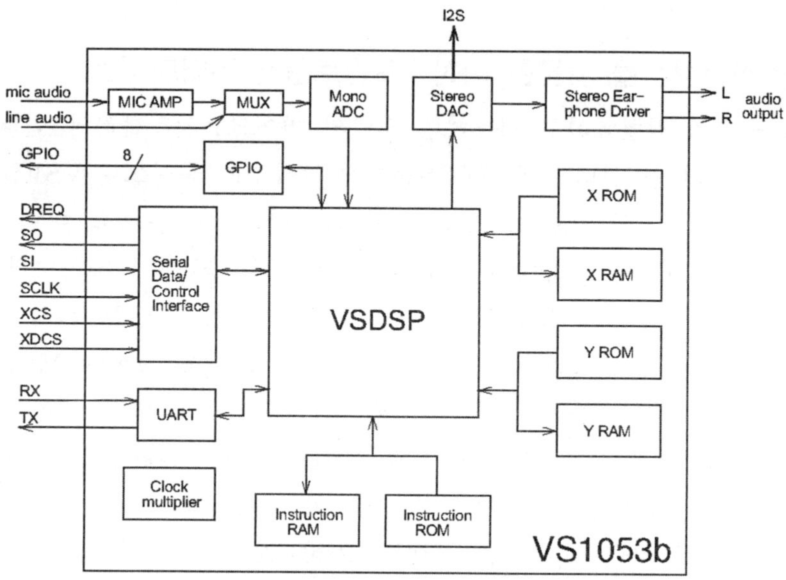

<그림 4.20.8> VS1053b의 내부 기능 블록도

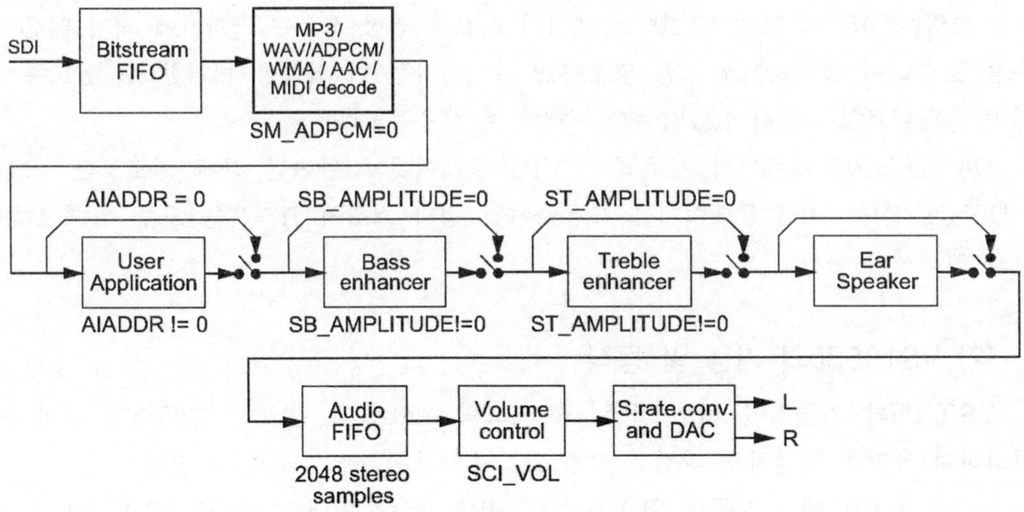

<그림 4.20.9> VS1053b의 데이터 처리 흐름도

VS1053b CODEC 소자는 MP3 파일의 MPEG-1/2/2.5에서 Layer-3과 MPEG-1/2에서의 Layer-1, MPEG-1/2에서의 Layer-2 포맷을 모두 지원한다. 또한, AAC 형식의 파일은 MPEG2-AAC와 MPEG4-AAC 스트림을 모두 지원하며, WMA 형식의 파일은 WMA 2/4.0/4.1/7/8/9 버전을 모두 지원한다. WAV 파일은 대부분의 RIFF WAV 포맷을 지원하며, MIDI 파일은 일반 MIDI와 SP-MIDI 포맷을 지원한다.

(3) SPI 직렬통신을 사용한 마이크로컨트롤러 인터페이스

VS1053b는 SPI 직렬통신을 사용하여 외부의 마이크로컨트롤러와 인터페이스된다. 마이크로컨트롤러가 칩 선택 신호 XDCS를 사용하여 SPI 통신으로 VS1053b에게 데이터를 전송하는 방법을 SDI(Serial Data Interface) 버스라고 부르고, 마이크로컨트롤러가 칩 선택 신호 XCS를 사용하여 SPI 통신으로 VS1053b에게 제어명령을 전송하는 방법을 SCI(Serial Control Interface) 버스라고 부른다. 이러한 SPI 통신 방식은 VS1002부터 그 이후의 모델에서 기본으로 사용되는데 이를 Native Mode 또는 New Mode라고 한다. 그러나, 초기의 VS1001에서는 이와 달리 데이터 전송에 BSYNC, DCLK, SDATA 신호가 사용되었는데 이를 Compatibility Mode라고 부른다.

VS1053b의 수신 버퍼인 2048바이트의 FIFO가 데이터를 수신할 준비가 되어 있으면 DREQ = 1로 출력되는데, 이때는 적어도 32바이트의 SDI 데이터나 1개의 SCI 커맨드를 수신할 수 있다. 데이터 스트림 버퍼가 충분히 채워지거나 또는 SCI 커맨드가 실행중일 때는 DREQ = 0으로 출력된다.

SDI 전송에서는 칩 선택 신호 XDCS가 사용되고 SCI 전송에서는 칩 선택 신호 XCS가 사용되는데, 만약 SCI_MODE 레지스터에서 SM_SDISHARE = 1로 설정하면 XCS 단자가 2가지의 공통 칩 선택 신호로 사용된다.

VS1053b 소자에서 모든 타이밍은 CLKI 단위로 나타내는데 이것은 외부 크리스털의 발진 주파수 XTALI를 SCI_CLOCKF 레지스터로 체배한 값이다. 즉, XTALI를 5체배하여 사용한다면 CLKI = 5×XTALI에 해당한다. <그림 4.20.10>에 보인 것처럼 SPI 통신에서 클록 신호의 high 구간 t_{WH} 및 low 구간 t_{WL}은 각각 2개의 CLKI 사이클 이상이면 되지만, VS1053b의 데이터 시트에서는 홀드 타임 t_H까지를 고려하여 SPI 통신의 클록 주파수를 안전하게 CLKI의 1/7 이하로 사용하는 것을 권장하고 있다. 따라서, *OK-STM103* 키트에서처럼 VS1053b의 외부에 12.288MHz의 크리스털을 접속하고 이 주파수를 SCI_CLOCKF 레지스터로 5체배하도록 설정한다면 SPI 통신을 12.288MHz × 5 / 7 = 8.777MHz 이하로 사용하는 것이 바람직하다.

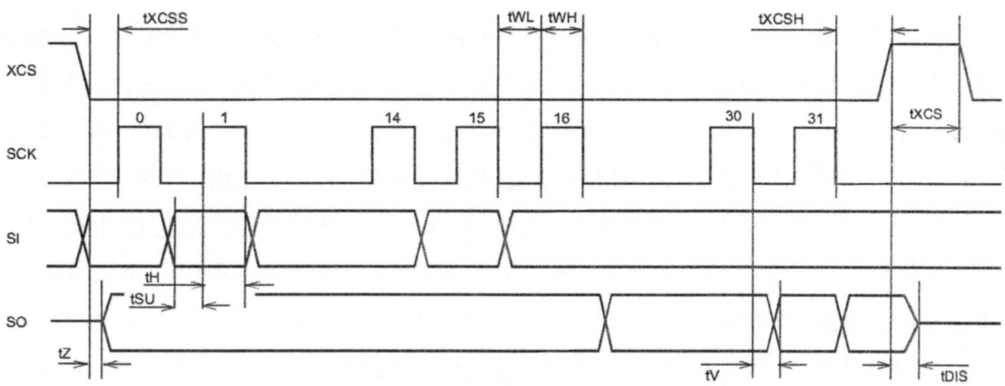

Symbol	Min	Max	Unit
tXCSS	5		ns
tSU	0		ns
tH	2		CLKI cycles
tZ	0		ns
tWL	2		CLKI cycles
tWH	2		CLKI cycles
tV	2 (+25 ns)		CLKI cycles
tXCSH	1		CLKI cycles
tXCS	2		CLKI cycles
tDIS		10	ns

<그림 4.20.10> VS1053b에서 SCI 버스의 동작 타이밍도

(4) SCI 버스에 의한 제어명령

VS1053b는 외부의 마이크로컨트롤러로부터 SPI 직렬통신 포트에 XCS 칩 선택 신호를 사용한 SCI 버스를 통하여 제어명령을 전송받아 동작한다. 모든 제어명령은 16비트 구조인 각 제어 레지스터의 값에 해당한다. 이 제어 레지스터를 액세스하기 위한 SCI 버스 전송 프로토콜은

동작 바이트(1) + 어드레스 바이트(1) + 16비트 제어 레지스터값(2)

의 4바이트 형식으로 구성된다. 여기서, 동작 바이트는 쓰기(write) 동작 명령의 경우 0x02이고, 읽기(read) 동작 명령의 경우 0x03이다. 어드레스 바이트는 제어 레지스터의 번호에 해당하는 1바이트이며, 마지막 2바이트는 제어 레지스터에 쓰기 위한 값 즉 제어명령이다. 그러나, 읽기 동작의 경우에는 마지막 2바이트에 모두 더미 데이터로 0xFF를 전송하고 이때 리턴되는 값을 읽으면 된다.

마이크로컨트롤러가 VS1053b에게 제어명령을 전송하고 나면 내부에서 이 명령을 수행중인 동안에는 DREQ = 0으로 유지되며, 이 명령의 수행이 종료되고 나면 다시 DREQ = 1로 되므로 새로운 액세스 동작이 가능하다. SCI 버스를 사용한 제어명령 쓰기 및 읽기 동작을 파형으로 보이면 <그림 4.20.11> 및 <그림 4.20.12>와 같다.

먼저 SCI 버스를 사용한 제어명령 쓰기 동작은 칩 선택 신호 XCS를 low 레벨로 하고 나서 SPI 통신으로 4바이트를 전송하며, 마지막 바이트의 전송이 완료되면 XCS 신호를 다시 high 레벨로 되돌린다. 마지막 바이트의 전송이 완료되고 나면 VS1053b는 이 제어명령을 수행하기 시작하며 이 동안에 DREQ = 0으로 만드는데, 수행 시간은 <표 4.20.6>에 보인 바와 같이 제어명령의 종류에 따라 다르며 이때는 마이크로컨트롤러가 SCI 버스로 새로운 제어명령이나 SDI 버스로 음악 데이터를 전송하지 말아야 한다.

SCI 버스를 사용한 제어명령 읽기 동작은 칩 선택 신호 XCS를 low 레벨로 하고 나서 SPI 통신으로 동작 바이트, 어드레스 바이트, 2바이트의 0xFF 더미 데이터 등을 차례로 전송하며, 마지막 바이트의 전송이 완료되면 XCS 신호를 다시 high 레벨로 되돌린다. 2바이트의 더미 데이터를 전송하는 동안에 리턴되는 수신값이 지정된 어드레스의 제어 레지스터 값이 된다. 제어명령 읽기 동작이 완료되고 나면 VS1053b는 잠시 DREQ = 0으로 떨어지는데, 이 시간은 매우 짧으므로 마이크로컨트롤러 측에서 무시해도 좋다.

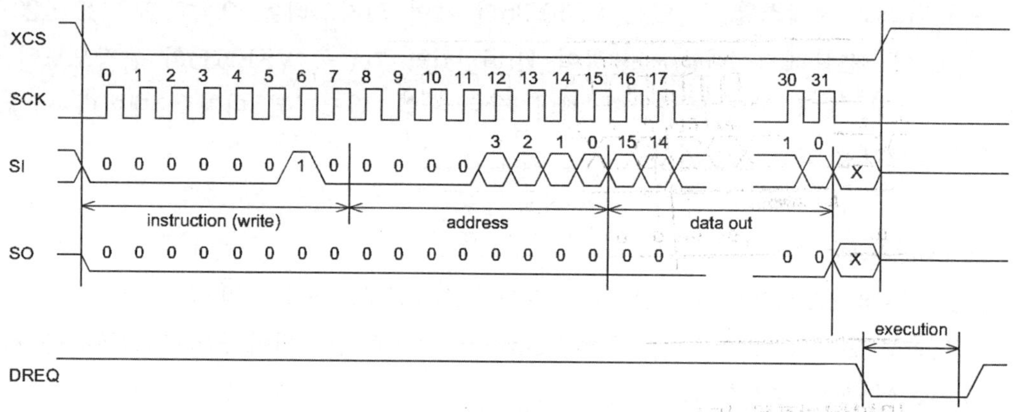

<그림 4.20.11> VS1053b의 SCI 쓰기 동작 타이밍

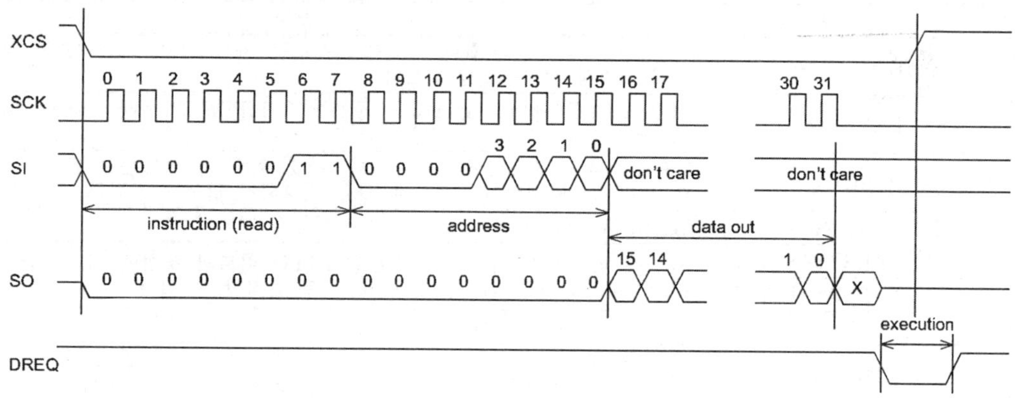

<그림 4.20.12> VS1053b의 SCI 읽기 동작 타이밍

<표 4.20.6> VS1053b의 제어 레지스터 요약

레지스터 주소	레지스터 이름	I/O형	디폴트 값	명령 수행 시간	기 능
0x00	SCI_MODE	R/W	0x4800	80 CLKI	모드 제어(※ 리셋은 최대 22000 XTALI 소요)
0x01	SCI_STATUS	R/W	0x0048	80 CLKI	VS1053b의 상태 표시
0x02	SCI_BASS	R/W	0x0000	80 CLKI	bass/treble 제어
0x03	SCI_CLOCKF	R/W	0x0000	1200 XTALI	클록 주파수 체배 설정
0x04	SCI_DECODE_TIME	R/W	0x0000	100 CLKI	디코딩 시간을 초단위로 표시
0x05	SCI_AUDATA	R/W	0x0000	450 CLKI	샘플링 레이트와 채널수(mono/stereo)를 표시
0x06	SCI_WRAM	R/W	0x0000	100 CLKI	RAM 리드/라이트
0x07	SCI_WRAMADDR	R/W	0x0000	100 CLKI	RAM 리드/라이트를 위한 베이스 어드레스
0x08	SCI_HDAT0	R	0x0000	80 CLKI	음악파일의 정보를 가진 헤더 데이터 0
0x09	SCI_HDAT1	R	0x0000	80 CLKI	음악파일의 정보를 가진 헤더 데이터 1
0x0A	SCI_AIADDR	R/W	0x0000	210 CLKI	응용 프로그램의 시작 번지
0x0B	SCI_VOL	R/W	0x0000	80 CLKI	음량 제어
0x0C	SCI_AICTRL0	R/W	0x0000	80 CLKI	응용 제어 레지스터 0
0x0D	SCI_AICTRL1	R/W	0x0000	80 CLKI	응용 제어 레지스터 1
0x0E	SCI_AICTRL2	R/W	0x0000	80 CLKI	응용 제어 레지스터 2
0x0F	SCI_AICTRL3	R/W	0x0000	80 CLKI	응용 제어 레지스터 3

SCI 버스로 액세스할 수 있는 VS1053b의 제어 레지스터를 요약하면 <표 4.20.6>과 같다. 이 제어 레지스터를 사용하여 할 수 있는 기능은 VS1053b의 동작모드나 내부 기능 설정, 동작 상태나 파일의 헤더 정보 확인, 인코딩된 디지털 데이터 액세스, 사용자 프로그램 업로드 등이다.

▣ SCI_MODE 레지스터

이것은 <표 4.20.7>에 나타낸 바와 같이 VS1053b의 동작을 제어하는 기능을 설정한다. 디폴트 값은 0x4800으로서 SM_SDINEW = 1로 설정되어 SPI 직렬통신을 사용한 Native Mode로 동작한다.

〈표 4.20.7〉 SCI_MODE 레지스터의 기능

비트	이름	기 능
0	SM_DIFF	좌측 신호 출력을 뒤집어 모노의 경우에는 차동 신호, 스테레오의 경우에는 가상 서라운드를 만든다.
1	SM_LAYER12	MPEG-1/2/2.5에서 Layer-3은 물론이고 MPEG-1/2에서 Layer-1과 Layer-2의 디코딩을 가능하도록 한다.
2	SM_RESET	VS1053b를 소프트웨어 리셋시킨다. 리셋 후에 이 비트는 자동으로 0이 되며, 모든 제어 레지스터의 값은 변경되지 않고 유지된다.
3	SM_OUTOFWAV	WAV, WMA, MIDI 파일의 디코딩 기능을 정지시킨다.
4	SM_EARSPEAKER_LO	EarSpeaker 처리 기능을 설정한다. HI:LO 비트의 조합에 따라 3단계(01=minimal, 10=normal, 11=extreme)로 설정할 수 있다.
7	SM_EARSPEAKER_HI	
5	SM_TESTS	SDI 기능을 테스트하는데 사용한다.
6	SM_STREAM	MP3와 WAV 파일에서 스트림 모드로 동작한다. 스트림 모드에서는 데이터가 512바이트의 블록이 아니라 짝수 간격으로 전송된다.
8	SM_DACT	SDI 버스에서 클록 신호의 에지를 지정한다. 0이면 상승 에지로 동작하고, 1이면 하강 에지로 동작한다.
9	SM_SDIORD	SDI 버스에서 전송 비트의 순서를 지정한다. 0이면 MSB부터 전송되고, 1이면 LSB부터 전송된다.
10	SM_SDISHARE	SCI 및 SDI 버스의 칩 선택 신호를 XCS로 공유하여 사용한다.
11	SM_SDINEW	VS1002 이후의 Native Mode로 동작한다.(default로 설정됨)
12	SM_ADPCM	SM_RESET과 함께 이를 1로 설정하면 IMA ADPCM 레코딩 동작을 시작한다. 이때 SM_ADPCM_HP도 1로 하였다면 고역통과 필터가 동작한다.
13	SM_ADPCM_HP	
14	SM_LINE_IN	ADPCM 레코딩을 위한 입력을 선택한다. 0이면 마이크 입력 단자 MICP 및 MICN이 사용되고, 1이면 라인 입력 단자 LINE1 및 LINE2가 사용된다.
15	SM_CLK_RANGE	크리스털의 주파수 범위를 선택한다. 0이면 12~13MHz 범위이고, 1이면 24~26MHz 범위이다.

▣ SCI_STATUS 레지스터

이것은 <표 4.20.8>에 나타낸 바와 같이 VS1053b의 상태를 제어 또는 표시한다.

<표 4.20.8> SCI_STATUS 레지스터의 기능

비트	이름	기 능
15	SS_DO_NOT_JUMP	헤더를 디코딩하고 있는 동안 다른 곳으로 점프하지 못한다는 의미.
14~12	SS_SWING	아날로그 출력을 제어한다. 000=+0dB, 001=+0.5dB, 010=+1.0dB, 011=+1.5dB, 100=+2.0dB, 101=+2.5dB, 110=+3.0dB, 111=+3.5dB 011 이상은 출력을 오버 드라이브하므로 사용하지 말아야 한다.
11	SS_VCM_OVERLOAD	과전류 때문에 GBUF 드라이버를 차단하였음을 의미한다.
10	SS_VCM_DISABLE	GBUF 차단 기능을 금지시킨다.
9~8		(사용하지 않음)
7~4	SS_VER	칩의 버전. 0000=VS1001, 0001=VS1011, 0010=VS1002, 0011=VS1003, 0100=VS1053, 0101=VS1033, 0110=VS1063, 0111=VS1103
3	SS_APDOWN0	아날로그 출력 드라이버의 전원 차단을 제어하거나 표시한다.
2	SS_APDOWN1	아날로그 내부 회로의 전원 차단을 제어하거나 표시한다.
1	SS_AD_CLOCK	A/D 클록 선택. 0=6MHz, 1=3MHz.
0	SS_REFERENCE_SEL	D/A 컨버터 레퍼런스 전압 선택. 0=1.23V, 1=1.65V. (AVDD가 3.3V 이상일 때 1=1.65V를 선택하면 아날로그 출력이 커진다.)

■ SCI_BASS 레지스터

이것은 <표 4.20.9>에 나타낸 바와 같이 저음 강조(bass) 및 고음 강조(treble) 기능을 설정하는데 사용된다.

<표 4.20.9> SCI_BASS 레지스터의 기능

비트	이름	기 능
15~12	ST_AMPLITUDE	-8~+7의 범위에서 1.5dB 간격으로 treble 기능을 제어한다. 0으로 설정하면 treble 기능이 해제된다.
11~8	ST_FREQLIMIT	treble 기능의 주파수 하한선을 1~15의 범위에서 1000Hz 단위로 설정한다. 예를 들어 이를 5로 하면 5000Hz 이상을 treble 기능으로 처리한다.
7~4	SB_AMPLITUDE	0~15의 범위에서 1dB 간격으로 bass 기능을 제어한다. 0으로 설정하면 bass 기능이 해제된다.
3~0	SB_FREQLIMIT	bass 기능의 주파수 상한선을 2~15의 범위에서 10Hz 단위로 설정한다. 예를 들어 이를 10으로 하면 100Hz 이하를 bass 기능으로 처리한다.

■ SCI_CLOCKF 레지스터

이것은 <표 4.20.10>에 나타낸 바와 같이 VS1053b의 클록 주파수를 설정하는데 사용된다.

<표 4.20.10> SCI_CLOCKF 레지스터의 기능

비트	이름	기 능
15~13	SC_MULT	12.288MHz의 주파수 XTALI를 체배하여 CLKI 주파수를 만든다. 000 = XTALI×1.0　　100 = XTALI×3.5 001 = XTALI×2.0　　101 = XTALI×4.0 010 = XTALI×2.5　　110 = XTALI×4.5 011 = XTALI×3.0　　111 = XTALI×5.0
12~11	SC_ADD	WMA 또는 AAC 스트림을 디코딩할 때 SC_MULT로 체배하는 비율에 내부 디코더 펌웨어가 일시적으로 더하는 숫자이다. 00 = 0, 01 = 1.0, 10 = 1.5, 11 = 2.0
10~0	SC_FREQ	XTALI로서 12.288MHz 이외의 크리스털이 사용되었을 경우 이를 4kHz 간격으로 보정하기 위한 값을 설정한다.

■ SCI_DECODE_TIME 레지스터

음악 파일을 디코딩할 때 현재 디코딩된 시간을 초단위로 나타낸다.

■ SCI_AUDATA 레지스터

음악 파일을 디코딩할 때 현재의 샘플링 레이트와 채널 수를 표시한다. 샘플링 레이트는 2로 나누어진 값이 비트15~1에 저장되며, 비트0이 0이면 모노(mono)를 나타내고 1이면 스테레오(stereo)를 나타낸다.

■ SCI_WRAM 레지스터

VS1053b의 내부 RAM에 사용자 응용 프로그램과 데이터를 업로드하는데 사용한다. 사용자 프로그램의 명령은 32비트로 구성되므로 big-endian 방식으로 2차례 연속하여 라이트/리드하며, 1개의 명령에 대한 액세스가 완료되면 내부에서 어드레스 포인터가 자동으로 1만큼 증가한다. 이를 처음 사용하기 전에 먼저 SCI_WRAMADDR 레지스터에 시작번지를 지정해야 한다.

■ SCI_WRAMADDR 레지스터

SCI_WRAM 레지스터를 사용하여 VS1053b의 프로그램 또는 데이터 메모리를 액세스하기 위하여 시작번지를 지정한다.

■ SCI_HDAT0 및 SCI_HDAT1 레지스터

음악 파일의 헤더 정보를 나타낸다. MP3 파일의 경우 이 레지스터의 내용은 <표 4.20.2>와 <표 4.20.3>에 나타낸 바와 같다. 즉, <표 4.20.2>에서 보였던 32비트 헤더 정보 중에서 상위 16비트인 A~D는 SCI_HDAT1 레지스터에 저장되고, 하위 16비트인 E~N은 SCI_HDAT0 레지스터에 저장된다.

■ SCI_AIADDR 레지스터

SCI_WRAMADDR 레지스터와 SCI_WRAM 레지스터를 사용하여 라이트한 응용 프로그램 코드의 시작번지를 지정한다.

■ SCI_VOL 레지스터

아날로그 출력 신호의 음량(volume)을 설정한다. 이 레지스터의 상위 바이트는 좌측 채널에 대한 음량을 나타내고, 하위 바이트는 우측 채널에 대한 음량을 나타낸다.

각 채널의 음량 값은 0(0x00)~244(0xFE)의 범위에서 설정하며, 0일 때의 음량이 가장 크고 숫자가 증가할수록 음량은 작아진다. 설정하는 숫자가 1씩 증가함에 따라 각 음량의 값은 최대값에 대하여 0.5dB 간격으로 감쇄하는 결과가 된다.

만약 이 레지스터에 0xFFFF의 값을 라이트하면 VS1053b는 아날로그 파워다운 모드로 설정된다.

■ SCI_AICTRL0/1/2/3 레지스터

이 제어 레지스터들은 사용자 응용 프로그램을 액세스하는데 사용된다.

(5) VS1053b를 사용할 때 기타 유의할 사항

VS1053b에서는 DREQ 신호가 SDI 동작과 SCI 동작에서 기능을 공유하고 있으므로 사용에 주의가 필요하다. VS1053b의 수신 버퍼인 2048바이트의 FIFO가 데이터를 수신할 준비가 되어 있으면 DREQ = 1로 되는데, 이때는 적어도 32바이트의 SDI 데이터나 1개의 SCI 커맨드를 전송할 수 있다. 내부에 32바이트의 안전 영역을 가지고 있으므로 일단 DREQ = 1이 확인되었으면 더 이상 DREQ 신호의 상태를 확인할 필요 없이 무조건 32바이트의 SDI 데이터를 연속으로 전송할 수 있으며, 이러한 동작은 속도가 느린 마이크로컨트롤러를 사용하더라도 VS1053b를 제어하는 것을 가능하게 한다. 따라서, 이와 같이 프로그램을 처리하면 웬만한 8비트 마이크로컨트롤러를 사용하더라도 비트 레이트가 높은 음악파일을 충분히 재생할 수 있다.

또한, DREQ 신호는 현재 VS1053b가 제어 명령을 실행하고 있는 중인지를 표시하는 용도로 사용된다. VS1053b가 현재 임의의 SCI 커맨드를 실행중일 때는 DREQ = 0으로 된다. 따라서, DREQ = 1일 때 SCI 커맨드를 전송하여 DREQ = 0으로 되었다면 이 제어 명령의 실행이 완료되어 다시 DREQ = 1이 되기까지는 다음 SCI 커맨드를 전송하지 말고 기다려야 한다. 각 제어 명령의 실행시간은 명령의 종류에 따라 다르며 <표 4.20.6>에 보였다.

그런데, 때로는 DREQ = 0일 때 SCI 커맨드를 전송해야 하는 상황을 만날 수 있다. 이때 DREQ가 0인 상태는 VS1053b가 SCI 커맨드의 실행중임을 나타내는 것인지 또는 SDI 데이터를 수신할 수 없는 상태를 나타내는 것인지를 구분할 수 없으므로, 이런 경우에는 현재 VS1053b가 어떤 SCI 커맨드를 실행중이라고 가정하고 제어 명령의 최대 실행시간만큼 기다린 후에 다음 SCI 커맨드를 전송하는 것이 좋은 해결 방법이다. 제어 명령의 최대 실행시간은 SCI_CLOCKF의 1200 CLKI이므로 12.288MHz를 5체배하여 사용한다면 약 19.5μs 정도이며, 이 명령을 사용하지 않는다면 그밖에 가장 실행시간이 긴 명령은 SCI_AUDATA의 450 CLKI이므로 약 7.3μs 정도이다.

VS1053b가 디코딩할 데이터가 더 이상 없으면 SCI_HDAT1 및 SCI_HDAT0 레지스터가 0으로 되면서 아날로그 출력은 나오지 않게 된다. 만약 VS1053b에 디코딩할 데이터가 입력되지 않으면 VS1053b는 아이들 모드(idle mode)로 들어가며, 이때는 정상 동작의 경우에 비하여 VS1053b의 소비전력이 크게 낮아진다.

만약 WAV, WMA, MIDI 파일의 디코딩을 도중에 중단하려면 SCI_MODE 레지스터에서 SM_OUTOFWAV = 1로 설정하고 이 비트가 다시 0으로 되며 SCI_HDAT1 레지스터가 클리어될 때까지 DREQ 신호를 체크하면서 데이터를 전송해야 한다. 이 경우 WMA와 MIDI 파일이라면 음악 데이터를 계속 보내면 되고, WAV 파일이라면 0을 보내면 되며, 3초 정도의 시간제한을 두는 것이 좋다. MP3 파일은 이런 과정을 거치지 않고 연주를 중단해도 무방하다.

VS1053b CODEC은 MP3, AAC, WMA, WAV, MIDI 음악 파일을 모두 디코딩하여 재생할 수 있으므로 이들 여러 종류의 파일이 서로 교대로 번갈아 연주될 수 있다. 그러나, 그럴 경우에는 종종 음악파일 포맷 인식에 문제가 발생하여 음악의 재생이 정상적으로 수행되지 않거나 VS1053b의 동작이 멈출 수 있는데, 이런 경우에는 하나의 음악이 끝난 후 마지막에 2052바이트의 0을 SDI 데이터로 전송하면 된다. 그러나, 이 문제를 근본적으로 해결하기 위해서는 음악파일이 바뀔 때마다 VS1053b의 소프트웨어 리셋을 수행하는 것이 더 권장할만한 방법이다.

VS1053b의 소프트웨어 리셋은 SCI_MODE 레지스터에서 SM_RESET = 1로 설정하는 것으로 수행된다. 소프트웨어 리셋을 수행하고 나면 최소 2ms 이상을 기다린 후에 DREQ 신호를 체크해야 한다. 소프트웨어 리셋을 수행할 때 DREQ 신호는 최소 22000 XTALI의 시간동안 0으로 유지되는데 12.288MHz의 크리스털을 사용하는 경우 이를 시간으로 환산하면 약 1.8ms에 해당하는 시간이다. DREQ 신호가 다시 1로 되면 정상적으로 다음 곡의 음악 연주를 계속하면 된다. 그러나, 이처럼 VS1053b의 소프트웨어 리셋을 수행하더라도 모든 제어 레지스터는 리셋 전의 값을 그대로 유지하므로 VS1053b를 다시 초기화할 필요는 없다.

◀참고▶ 이전의 VS1033 모델에서는 음악파일이 바뀔 때마다 이러한 소프트웨어 리셋이 필수적으로 요구되었던데 비하여 새로 개선된 VS1053b 모델의 데이터 시트에서는 이러한 소프트웨어 리셋이 필요없다고 강조하고 있다. 그러나, 실제로 이를 사용하여 보면 여러가지 포맷의 음악파일이 교대로 사용될 때 VS1053b에서도 여전히 포맷을 인식하지 못하는 문제가 발생한다. 따라서, 본 저자의 판단으로는 VS1053b에서도 음악파일이 바뀔 때마다 소프트웨어 리셋을 수행하는 과정이 필요한 것으로 사료된다.

3. MP3 플레이어 프로그램

이제 *OK-STM103* 키트에 내장된 회로와 VS1053b를 사용하여 기본적인 MP3 플레이어 프로그램을 작성하여 보기로 한다.

(1) VS1053b 관련 헤더파일

STM32F103VET6 마이크로컨트롤러가 VS1053b를 액세스하는데 관련되는 모든 기본 함수들은 다음과 같이 OK-STM103_VS1053b.h 헤더 파일에 만들어 두었으므로 MP3 플레이어 프로그램에서는 항상 이를 인클루드하여 사용하면 된다. 또한 SD 카드를 액세스하는데 필요한 OK-STM103_SD_card.h 헤더 파일은 앞의 제4.19절에서 설명한 바와 같다.

<OK-STM103_VS1053b.h> VS1053b를 액세스하기 위한 헤더 파일

```
/* ========================================================================== */
/*          OK-STM103 V1.0 키트용(STM32F103VET6) VS1053b 헤더 파일            */
/* ========================================================================== */
/*                                     Programmed by Duck_Yong Yoon in 2017.  */

// ----------------------------------------------------------------------------
//   이 헤더파일은 OK-STM103 키트 V1.0을 위한 것입니다. 이것은 아래의 조건에서만
//  올바른 동작을 보장합니다.
// ----------------------------------------------------------------------------
//      (1) 시스템 클록  : 72MHz
//      (2) C 컴파일러   : IAR EWARM V7.80.2
//      (3) 최적화 옵션  : High/Size
//      (4) CSTACK 크기  : 0x1000
//      (5) 인클루드     : 기본 헤더 파일 OK-STM103.h의 뒤에 인클루드할 것.
// ----------------------------------------------------------------------------

void Initialize_VS1053b(void);                   // initialize VS1053b
void VS1053b_SCI_Write(U08 address, U16 data);   // write VS1053b control register
unsigned short VS1053b_SCI_Read(U08 address);    // read VS1053b control register
void VS1053b_SCI_Read_Hexadecimal(U08 address); // read and display VS1053b control register
void VS1053b_software_reset(void);               // VS1053b software reset to change music file
void VS1053b_SetVolume(U16 volume);              // set volume to 5~250(range : 0~254)
void VS1053b_SetBassTreble(U16 bass, S16 treble);// set bass(0~15) and treble(-8 ~ +7)

/* -------------------------------------------------------------------------- */

unsigned short volume;                           // volume value 5 ~ 250(range : 0~254)
unsigned short bass;                             // bass value 0 ~ 15
signed short   treble;                           // treble value -8 ~ +7

/* -------------------------------------------------------------------------- */

void Initialize_VS1053b(void)                    /* initialize VS1053b */
{
  unsigned short word;

  RCC->APB2ENR |= 0x00000008;                    // enable GPIOB clock
  GPIOB->CRH &= 0xFFF0000F;                      // PC12 = -MP3_RESET, PC11 = MP3_DREQ
  GPIOB->CRH |= 0x00034330;                      // PC10 = -MP3_DCS, PC9 = -MP3_CS
  GPIOB->BSRR = 0x00001600;                      // -MP3_RESET = -MP3_DCS = -MP3_CS = 1
```

```
  GPIOB->BSRR = 0x10000000;                      // -MP3_RESET = 0
  Delay_us(10);
  GPIOB->BSRR = 0x00001000;                      // -MP3_RESET = 1
  Delay_ms(10);

  TFT_string(0,24,White,Magenta,"             (3) VS1053b 초기화             ");

  SPI2_medium_speed();                           // must use below 12.288MHz / 7 = 1.755MHz

  TFT_string(9,27,Magenta,Black,"0x00=");        // read address 0(result = 0x4800)
  TFT_color(Cyan,Black);
  VS1053b_SCI_Read_Hexadecimal(0x00);
  Delay_ms(1);

  TFT_string(19,27,Magenta,Black,"0x01=");       // read address 1(result = 0x0048)
  word = VS1053b_SCI_Read(0x01);
  TFT_color(Cyan,Black);
  TFT_hexadecimal(word,4);
  word &= 0x00F0;
  if(word == 0x0000)      TFT_string(2,27, Cyan,Black, "VS1001");
  else if(word == 0x0010) TFT_string(2,27, Cyan,Black, "VS1011");
  else if(word == 0x0020) TFT_string(2,27, Cyan,Black, "VS1002");
  else if(word == 0x0030) TFT_string(2,27, Cyan,Black, "VS1003");
  else if(word == 0x0040) TFT_string(2,27, Cyan,Black, "VS1053");
  else if(word == 0x0050) TFT_string(2,27, Cyan,Black, "VS1033");
  else if(word == 0x0060) TFT_string(2,27, Cyan,Black, "VS1063");
  else if(word == 0x0070) TFT_string(2,27, Cyan,Black, "VS1103");
  Delay_ms(1);

  VS1053b_SCI_Write(0x03, 0xE000);               // multiply 5.0 to XTALI
  TFT_string(29,27,Magenta,Black,"0x03=");       // read address 3(result = 0xE000)
  TFT_color(Cyan,Black);
  VS1053b_SCI_Read_Hexadecimal(0x03);
  Delay_ms(1);

  SPI2_high_speed();                             // must use below 12.288MHz x 5.0 / 7 = 8.777MHz
}

void VS1053b_SCI_Write(U08 address, U16 data)    /* write VS1053b control register */
{
  GPIOB->BSRR = 0x02000000;                      // -MP3_CS = 0

  SPI2_write(0x02);                              // write instruction
  SPI2_write(address);                           // write address
  SPI2_write(data >> 8);                         // write control register
  SPI2_write(data);

  GPIOB->BSRR = 0x00000200;                      // -MP3_CS = 1
}

unsigned short VS1053b_SCI_Read(U08 address)     /* read VS1053b control register */
{
  unsigned short HB, LB;

  GPIOB->BSRR = 0x02000000;                      // -MP3_CS = 0

  SPI2_write(0x03);                              // read instruction
  SPI2_write(address);                           // write address
  HB = SPI2_write(0xFF);                         // read control regitser
  LB = SPI2_write(0xFF);

  GPIOB->BSRR = 0x00000200;                      // -MP3_CS = 1

  return (HB << 8) + LB;                         // return control register
}

void VS1053b_SCI_Read_Hexadecimal(U08 address)   /* read and display VS1053b control register */
{
  GPIOB->BSRR = 0x02000000;                      // -MP3_CS = 0
```

```
  SPI2_write(0x03);                                   // read instruction
  SPI2_write(address);                                // write address
  TFT_hexadecimal(SPI2_write(0xFF),2);                // read control regitser
  TFT_hexadecimal(SPI2_write(0xFF),2);

  GPIOB->BSRR = 0x00000200;                           // -MP3_CS = 1
}

/* ------------------------------------------------------------------------- */

void VS1053b_software_reset(void)                     /* VS1053b software reset to change music file */
{
  unsigned short command;

  command = 0xFFFF;                                   // wait until HDAT1 =  HDAT0 = 0x0000
  while(command == 0x0000)
    { command = VS1053b_SCI_Read(0x09);
      command |= VS1053b_SCI_Read(0x08);
    }

  command = VS1053b_SCI_Read(0x00);                   // software reset
  VS1053b_SCI_Write(0x00, command | 0x0004);
  Delay_ms(2);
  VS1053b_SCI_Write(0x04, 0);                         // clear decode time
}

void VS1053b_SetVolume(U16 volume)                    /* set volume(5~250) */
{
  unsigned short value;

  if(volume > 250) volume = 250;                      // limit max volume
  if(volume < 5)   volume = 5;                        // limit min volume

  value = (254 - volume);

  VS1053b_SCI_Write(0x0B, (value << 8) | value); // set left and right volume
}

void VS1053b_SetBassTreble(U16 bass, S16 treble) /* set bass(0~15) and treble(-8 ~ +7) */
{
  unsigned short value;

  value = 0x050A;                                     // treble limit = 5kHz, bass limit = 100Hz
  value = value + ((treble << 12) & 0xF000);          // treble = -8 ~ +7
  value = value + ((bass << 4) & 0x00F0);             // bass = 0 ~ 15

  VS1053b_SCI_Write(0x02, value);                     // set bass and treble
}
```

(2) 기본적인 MP3 플레이어 프로그램

먼저 *OK-STM103* 키트의 SD 카드에 저장된 MP3 음악 파일을 자동으로 읽어서 연주하는 MP3 플레이어 프로그램을 작성하여 보면 다음과 같다.

이 프로그램에서는 *OK-STM103* 키트의 4개 키 KEY1~KEY4로 MP3 플레이어의 모든 기능을 조작하는데, 먼저 KEY1은 연주 또는 정지를 지시하는 기능을 갖는다. 즉, 한번 KEY1을 누르면 SD 카드의 모든 MP3 파일을 차례로 반복하여 재생하며, 다시 한번 KEY1을 누르면 연주가 정지되고, 또 다시 KEY1을 누르면 다시 연주가 재개된다.

또한, KEY2는 기능 선택 키로서 KEY3과 KEY4로 수행할 수 있는 기능을 선택한다. 즉, KEY2를 차례로 누르면 음악 선택, 음량 설정 변경(volume), 저음 강조 변경(bass), 고음 강조 변경(treble) 기능이 차례로 선택되며, 이렇게 KEY2로 현재 선택된 기능은 TFT-LCD 화면에서 >> 기호로 표시된다.

KEY3은 증가(increment) 키로 사용되고 KEY4는 감소(decrement) 키로 사용된다. 즉, KEY2를 사용하여 기능이 음악 선택 모드로 설정된 경우에는 KEY3을 누르면 MP3 파일의 번호가 증가하여 다음(next) 파일로 넘어가고, KEY4를 누르면 MP3 파일의 번호가 감소하여 이전(previous) 파일로 돌아간다. 또한, KEY2를 사용하여 기능이 저음 강조 변경 모드로 설정된 경우에는 KEY3과 KEY4가 0~15 범위의 설정값을 각각 증가 및 감소시키는 기능을 수행한다. 마찬가지로 KEY2를 사용하여 기능이 고음 강조 변경 모드로 설정된 경우에는 KEY3과 KEY4가 -8~+7 범위의 설정값을 각각 증가 및 감소시키는 기능을 수행한다.

이 프로그램에서는 SD 카드의 파일을 읽으면서 현재의 파일이 MP3 형식의 음악 파일인지 여부를 확인하며, 만약 MP3 파일이 아닌 파일이 검출되면 이를 그냥 건너뛰어 다음 파일로 진행한다.

◀주의▶ *OK-STM103* 키트에서 이 프로그램을 실행하려면 사용자는 먼저 점퍼 스위치 J1~J3을 모두 위쪽의 1-2번으로 연결하여 VS1053b의 출력신호가 스피커 커넥터 CN6으로 나가도록 하드웨어를 설정해야 한다. 만약, 이것들을 아래쪽의 2-3번으로 연결하면 D/A 컨버터의 출력신호 DAC_OUT1이 스피커에 연결되므로 정상적으로 음악이 연주되지 않는다.

또한, 커넥터 CN6에 접속할 스피커는 가급적이면 앰프 내장형을 사용해야 한다. 만약, 앰프가 내장되지 않은 단순형 스피커를 연결하면 VS1053b의 출력신호가 약하여 스피커의 소리가 모기 소리처럼 매우 작게 들릴 것이다.

<프로그램 Exp20_1.c> 기본적인 MP3 플레이어 프로그램

```
/* ========================================================================== */
/*  Exp20_1_MP3(1).c : VS1053b를 이용한 MP3 플레이어(MP3/AAC/WMA/WAV/MIDI 재생) */
/* ========================================================================== */
/*                                      Programmed by Duck-Yong Yoon in 2017.   */

#include "stm32f103xe.h"
#include "OK-STM103.h"
#include "OK-STM103_SD_card.h"
#include "OK-STM103_VS1053b.h"

void TFT_filename(void);                        // display MP3 file name, number, size
void TFT_volume(void);                          // display volume
void TFT_bass(void);                            // display bass
void TFT_treble(void);                          // display treble
void Check_valid_increment_file(void);          // check if valid file for increment
void Check_valid_decrement_file(void);          // check if valid file for decrement

unsigned char total_file;                       // total file number
```

```
unsigned char file_number = 0;                          // current file number

/* ----- 메인 프로그램 ----------------------------------------------------------- */

int main(void)
{
  unsigned char  i, key;
  unsigned char  func_mode = 0;                         // function key mode
  unsigned char  play_flag = 0;                         // play or stop flag
  unsigned short index = 512;                           // byte index in a sector
  unsigned short loop = 0;                              // MP3 play loop counter
  unsigned int   percentage;                            // play percentage

  unsigned int   MP3_start_sector[MAX_FILE];            // MP3 file start sector
  unsigned int   MP3_start_backup[MAX_FILE];
  unsigned char  MP3buffer[512];                        // MP3 data from SD card
  unsigned int   MP3_end_sector;                        // MP3 file end sector

  unsigned short time;                                  // decode time

  Initialize_MCU();                                     // initialize MCU and kit
  Delay_ms(50);                                         // wait for system stabilization
  Initialize_LCD();                                     // initialize text LCD module
  Initialize_TFT_LCD();                                 // initialize TFT-LCD module
  Initialize_touch_screen();                            // initialize touch screen

  LCD_string(0x80," OK-STM103 V1.0 ");                  // display title
  LCD_string(0xC0,"   Exp20_1.c    ");

  TFT_string(0,4,Green,Black,"****************************************");
  TFT_string(0,6,White,Black,"  OK-STM103 키트를 이용한 MP3 플레이어  ");
  TFT_string(0,8,Green,Black,"****************************************");
  TFT_string(0,23,Cyan,Black,"            SD 카드 초기화...           ");
  Beep();
  Delay_ms(1000);
  TFT_clear_screen();

  Initialize_SD();                                      // initialize SD card
  Initialize_FAT32();                                   // initialize FAT32 file system
  Initialize_VS1053b();                                 // initialize VS1053b
  Delay_ms(1000);

  volume = 175;                                         // initial volume = 175/250(70%)
  VS1053b_SetVolume(volume);
  Delay_ms(1);
  bass = 10;                                            // initial bass = 10 and treble = 5
  treble = 5;
  VS1053b_SetBassTreble(bass,treble);

  TFT_clear_screen();                                   // display basic screen
  TFT_string(0, 0, White,Magenta, "  OK-STM103 키트를 이용한 MP3 플레이어  ");
  TFT_string(0, 3, Cyan,    Black, "----------------------------------------");
  TFT_string(0, 5, Magenta,Black, ">>");
  TFT_string(0, 7, Cyan,    Black, "----------------------------------------");
  TFT_string(0, 9, Cyan,    Black, "       파일 번호 : 000/000              ");
  TFT_string(0,11, Cyan,    Black, "       파일 용량 : 0000KB               ");
  TFT_string(0,13, Cyan,    Black, "       연주 진행 : 00:00(000%)          ");
  TFT_string(0,15, Cyan,    Black, "----------------------------------------");
  TFT_string(0,17, Green,   Black, "   음량(Volume)  : 000% (000/250)       ");
  TFT_string(0,19, Green,   Black, "     저음(Bass)  :  00  (00 ~ 15)       ");
  TFT_string(0,21, Green,   Black, "   고음(Treble)  :  00  (-8 ~ +7)       ");
  TFT_string(0,23, Cyan,    Black, "----------------------------------------");
  TFT_string(0,25, Cyan,    Black, "  KEY1      KEY2      KEY3      KEY4    ");
  TFT_string(0,27, Magenta,Black, "  (PLAY)    (FUNC)    (INC)     (DEC)   ");
  TFT_string(18,13, Magenta, Black, "00");
  TFT_string(21,13, Magenta, Black, "00");

  Rectangle( 12,196,  67,235, Yellow);                  // display touch key outline
  Rectangle( 92,196, 147,235, Yellow);
  Rectangle(176,196, 231,235, Yellow);
  Rectangle(256,196, 311,235, Yellow);

  TFT_volume();                                         // display initial play value
```

```
   TFT_bass();
   TFT_treble();

   total_file = fatGetDirEntry(FirstDirCluster);  // get total file number

   for(i = 0; i < total_file; i++)                // get start address of all files
     { MP3_start_sector[i] = fatClustToSect(file_start_cluster[i]);
       MP3_start_backup[i] = MP3_start_sector[i];
     }

   TFT_xy(22,9);                                  // display total file number
   TFT_color(Yellow,Black);
   TFT_unsigned_decimal(total_file,1,3);
   file_number = 0;                               // display first file name
   TFT_filename();
   Check_valid_increment_file();

   MP3_end_sector = (file_size[file_number] >> 9) + MP3_start_sector[file_number];

   while(1)
     { if(((GPIOB->IDR & 0x0800) == 0x0800) && (play_flag == 1)) // if VS1053b request MP3 data
         { if(index == 512)
             { if(MP3_end_sector == MP3_start_sector[file_number])
                 { if(file_number != (total_file - 1))
                     file_number++;
                   else if(file_number == (total_file - 1))
                     file_number = 0;

                   TFT_filename();
                   Check_valid_increment_file();

                   MP3_start_sector[file_number] = MP3_start_backup[file_number];
                   MP3_end_sector = (file_size[file_number] >> 9) + MP3_start_sector[file_number];
                   VS1053b_software_reset();     // VS1053b software reset to change music file
                 }
               index = 0;
               SD_read_sector(MP3_start_sector[file_number]++, MP3buffer);
             }

           for(i = 0; i < 32; i++)               // send 32 data byte
             { GPIOB->BSRR = 0x04000000;          // -MP3_DCS = 0
               SPI2_write(MP3buffer[index++]);    // write a byte of MP3 data to VS1053b
               GPIOB->BSRR = 0x00000400;          // -MP3_DCS = 1
             }
         }

       loop++;                                    // display MP3 file bitrate or play percentage
       if((loop == 500) && (play_flag == 1))
         { loop = 0;

           time = VS1053b_SCI_Read(0x04);         // decode time
           TFT_xy(18,13);
           TFT_color(Magenta, Black);
           TFT_unsigned_decimal(time / 60,1,2);
           TFT_xy(21,13);
           TFT_unsigned_decimal(time % 60,1,2);

           percentage = MP3_end_sector - MP3_start_sector[file_number];
           percentage = (unsigned int)((float)percentage / (float)(file_size[file_number] >> 9) * 100.);
           percentage = 100 - percentage;

           TFT_xy(24,13);                         // display play percentage
           TFT_color(Yellow,Black);
           if(percentage >= 100)      TFT_unsigned_decimal(percentage,0,3);
           else if(percentage >= 10)  TFT_unsigned_decimal(percentage,0,2);
           else                       TFT_unsigned_decimal(percentage,0,1);
           TFT_color(Cyan,Black);
           TFT_English('%');
           TFT_English(')');
           TFT_English(' ');
           TFT_English(' ');
         }
```

```
key = Key_input();                        // key input

switch(key)
  { case KEY1: play_flag ^= 0x01;         // toggle play or stop
               break;

    case KEY2: if(func_mode == 0)          // select function
                 { func_mode = 1;
                   TFT_string(0, 5,Magenta,Black,"  ");
                   TFT_string(0,17,Magenta,Black,">>");
                 }
               else if(func_mode == 1)
                 { func_mode = 2;
                   TFT_string(0,17,Magenta,Black,"  ");
                   TFT_string(0,19,Magenta,Black,">>");
                 }
               else if(func_mode == 2)
                 { func_mode = 3;
                   TFT_string(0,19,Magenta,Black,"  ");
                   TFT_string(0,21,Magenta,Black,">>");
                 }
               else
                 { func_mode = 0;
                   TFT_string(0,21,Magenta,Black,"  ");
                   TFT_string(0, 5,Magenta,Black,">>");
                 }
               break;

    case KEY3: if(func_mode == 0)          // if func_mode == 0, select next music
                 { if(file_number != (total_file - 1))
                     file_number++;
                   else
                     file_number = 0;

                   VS1053b_software_reset();
                   TFT_filename();
                   Check_valid_increment_file();

                   MP3_start_sector[file_number] = MP3_start_backup[file_number];
                   MP3_end_sector = (file_size[file_number] >> 9) + MP3_start_sector[file_number];
                   index = 512;
                   VS1053b_software_reset(); // VS1053b software reset to change music file
                 }
               else if(func_mode == 1)     // if func_mode == 1, set volume for increment
                 { if(volume < 250)
                     { volume++;
                       VS1053b_SetVolume(volume);
                       TFT_volume();
                     }
                 }
               else if(func_mode == 2)     // if func_mode == 2, set bass for increment
                 { if(bass < 15)
                     { bass++;
                       VS1053b_SetBassTreble(bass, treble);
                       TFT_bass();
                     }
                 }
               else                        // if func_mode == 3, set treble for increment
                 { if(treble < +7)
                     { treble++;
                       VS1053b_SetBassTreble(bass, treble);
                       TFT_treble();
                     }
                 }
               break;

    case KEY4: if(func_mode == 0)          // if func_mode == 0, select previous music
                 { if(file_number != 0)
                     file_number--;
                   else
                     file_number = total_file - 1;

                   TFT_filename();
```

```
                        Check_valid_decrement_file();

                        MP3_start_sector[file_number] = MP3_start_backup[file_number];
                        MP3_end_sector = (file_size[file_number] >> 9) + MP3_start_sector[file_number];
                        index = 512;
                        VS1053b_software_reset(); // VS1053b software reset to change music file
                      }
                    else if(func_mode == 1)      // if func_mode == 1, set volume for decrement
                      { if(volume > 5)
                          { volume--;
                            VS1053b_SetVolume(volume);
                            TFT_volume();
                          }
                      }
                    else if(func_mode == 2)      // if func_mode == 2, set bass for decrement
                      { if(bass != 0)
                          { bass--;
                            VS1053b_SetBassTreble(bass, treble);
                            TFT_bass();
                          }
                      }
                    else                         // if func_mode == 3, set treble for decrement
                      { if(treble > -8)
                          { treble--;
                            VS1053b_SetBassTreble(bass, treble);
                            TFT_treble();
                          }
                      }
                    break;

          default:  break;
        }
    }
}

/* ----- 사용자 정의 함수 ---------------------------------------------------- */

void TFT_filename(void)                         /* display MP3 file name, number, size */
{
  unsigned char  file_flag;
  unsigned short file_KB;

  TFT_string(0,7, Cyan, Black, "----------------------------------------");
  TFT_string(3,5, Green,Black, "                                    ");

  file_flag = Get_long_filename(file_number);   // check file name

  if(file_flag == 0)                            // short file name(8.3 format)
    TFT_short_filename(3,5, Green,Black);
  else if(file_flag == 1)                       // long file name
    TFT_long_filename(3,5, Green,Black);
  else if(file_flag == 2)                       // file name is longer than 195 characters
    TFT_string(3,5, Red,Black, "* 파일명 길이 초과 *");
  else                                          // file name error
    TFT_string(3,5, Red,Black, "*** 파일명 오류 ***");

  file_KB = file_size[file_number]/1024;        // calculate file size in KB
  if((file_size[file_number] % 1024) != 0)
    file_KB++;

  if(file_flag != 3)
    { TFT_xy(18,9);                             // file number
      TFT_color(Magenta, Black);
      TFT_unsigned_decimal(file_number + 1,1,3);
      TFT_xy(17,11);                            // file size
      TFT_color(Magenta, Black);
      TFT_unsigned_decimal(file_KB,0,5);
    }

  TFT_xy(24,13);                                // display percentage = 0
  TFT_color(Yellow,Black);
  TFT_English('0');
  TFT_color(Cyan,Black);
```

```
    TFT_English('%');
    TFT_English(')');
    TFT_English(' ');
    TFT_English(' ');
  }

  void TFT_volume(void)                                /* display volume */
  {
    TFT_xy(18,17);
    TFT_color(Magenta,Black);
    TFT_unsigned_decimal((unsigned int)(volume*100./250.+0.5), 0, 3);
    TFT_xy(24,17);
    TFT_color(Yellow,Black);
    TFT_unsigned_decimal(volume,1,3);
  }

  void TFT_bass(void)                                  /* display bass */
  {
    TFT_xy(19,19);
    TFT_color(Magenta,Black);
    TFT_unsigned_decimal(bass,1,2);
  }

  void TFT_treble(void)                                /* display treble */
  {
    TFT_xy(19,21);
    TFT_color(Magenta,Black);
    TFT_signed_decimal(treble,0,1);
  }

  void Check_valid_increment_file(void)                /* check if valid file for increment */
  {
    unsigned char file_OK_flag;

    file_OK_flag = 0;
    do{ if((extension != 0x004D5033) && (extension != 0x00414143) && (extension != 0x00574D41) && (extension != 0x004D4944))
          { if(file_number != (total_file - 1))    // if not MP3/AAC/WMA/MID file, skip
              file_number++;
            else
              file_number = 0;
            TFT_filename();
          }
        else
          file_OK_flag = 1;
      } while(file_OK_flag == 0);
  }

  void Check_valid_decrement_file(void)                /* check if valid file for decrement */
  {
    unsigned char file_OK_flag;

    file_OK_flag = 0;
    do{ if((extension != 0x004D5033) && (extension != 0x00414143) && (extension != 0x00574D41) && (extension != 0x004D4944))
          { if(file_number != 0)                   // if not MP3/AAC/WMA/MID file, skip
              file_number--;
            else
              file_number = total_file - 1;
            TFT_filename();
          }
        else
          file_OK_flag = 1;
      } while(file_OK_flag == 0);
  }
```

☞ 이 프로그램에서는 MP3 파일명에 영문은 물론 한글 문자를 사용할 수 있으며, 파일명과 확장자를 합하여 영문이든 한글이든 무조건 195자 이내에서만 사용해야 한다. 그러나, TFT-LCD 화면에서는 여러 가지 정보를 디스플레이하기 위하여 파일명을 표시할 수 있는 공간이 최대 2행 정도라서 한글 기준의 경

우 최대 38문자까지만 사용하는 것이 바람직하므로 40문자로 제한하였다.

여기서 SD 카드는 64MB~32GB 범위의 용량을 모두 사용할 수 있으며 반드시 FAT32 형식으로 포맷되어야 한다. 이 프로그램에서는 SD 카드에 기본적으로 최대 250개까지의 음악 파일을 저장하여 사용하는 것으로 제한하였지만, STM32F103VET6의 내부 SRAM 용량이 64KB로 충분히 크므로 만약 필요하다면 OK-STM103_SD_card.h 파일에서 MAX_FILE 등과 같은 일부 상수 및 변수값을 수정하여 더 많은 음악 파일을 사용할 수 있도록 늘릴 수도 있다.

(3) 개선된 MP3 플레이어 프로그램

앞의 MP3 플레이어 프로그램은 기본적인 MP3 음악파일 연주 기능만을 가지며, 모든 기능의 조작은 4개의 키 KEY1~KEY4를 사용하여 수행하였다. 이번에는 조작 기능을 4개의 키 이외에 터치스크린으로도 수행할 수 있도록 하고, 여기에 음악 파일의 여러가지 정보를 TFT-LCD 화면에 실시간으로 표시하는 기능을 추가한 프로그램을 작성하였다.

이 프로그램에서는 4개의 키에 해당하는 기능을 TFT-LCD 화면의 아이콘으로 터치하여 보다 편리하게 조작할 수 있는 기능을 추가하였으며, KEY1로 현재 연주가 수행중인 상태인지 아니면 연주가 중지된 상태인지를 화면에 표시하도록 하였다.

또한, 이 프로그램에서는 현재 연주중인 음악 파일의 샘플링 레이트(sampling rate), 비트 레이트(bit rate), 연주 진행시간, 모노(mono)/스테레오(stereo) 등의 정보를 화면에 실시간으로 표시하도록 하였다.

<프로그램 Exp20_2.c> 여러가지 기능을 개선한 MP3 플레이어 프로그램

```
/* ========================================================================== */
/*      Exp20_2_MP3(2).c : VS1053b를 이용한 MP3 플레이어(기능 개선)             */
/* ========================================================================== */
/*                                   Programmed by Duck-Yong Yoon in 2017.    */

#include "stm32f103xe.h"
#include "OK-STM103.h"
#include "OK-STM103_SD_card.h"
#include "OK-STM103_VS1053b.h"

void TFT_filename(void);                          // display MP3 file name, number, size
void TFT_volume(void);                            // display volume
void TFT_bass(void);                              // display bass
void TFT_treble(void);                            // display treble
void Check_valid_increment_file(void);            // check if valid file for increment
void Check_valid_decrement_file(void);            // check if valid file for decrement
void TFT_MP3_bitrate(U16 highbyte,U16 lowbyte);   // display MP3 file bitrate
unsigned char Icon_input(void);                   // input touch screen icon

unsigned char total_file;                         // total file number
unsigned char file_number = 0;                    // current file number

/* ----- 메인 프로그램 -------------------------------------------------------- */

int main(void)
{
```

```
unsigned char  i, key;
unsigned char  func_mode = 0;                    // function key mode
unsigned char  play_flag = 0;                    // play or stop flag
unsigned short index = 512;                      // byte index in a sector
unsigned short loop = 0;                         // MP3 play loop counter
unsigned int   percentage;                       // play percentage

unsigned int   MP3_start_sector[MAX_FILE];       // MP3 file start sector
unsigned int   MP3_start_backup[MAX_FILE];
unsigned char  MP3buffer[512];                   // MP3 data from SD card
unsigned int   MP3_end_sector;                   // MP3 file end sector

unsigned short time, stereo;                     // decode time and mono/stereo
unsigned short HDAT1, HDAT0;                     // MP3 file frame header information data

Initialize_MCU();                                // initialize MCU and kit
Delay_ms(50);                                    // wait for system stabilization
Initialize_LCD();                                // initialize text LCD module
Initialize_TFT_LCD();                            // initialize TFT-LCD module
Initialize_touch_screen();                       // initialize touch screen

LCD_string(0x80," OK-STM103 V1.0 ");             // display title
LCD_string(0xC0,"    Exp20_2.c    ");

TFT_string(0,4,Green,Black,"****************************************");
TFT_string(0,6,White,Black,"  OK-STM103 키트를 이용한 MP3 플레이어  ");
TFT_string(0,8,Green,Black,"****************************************");
TFT_string(0,23,Cyan,Black,"            SD 카드 초기화...           ");
Beep();
Delay_ms(1000);
TFT_clear_screen();

Initialize_SD();                                 // initialize SD card
Initialize_FAT32();                              // initialize FAT32 file system
Initialize_VS1053b();                            // initialize VS1053b
Delay_ms(1000);

volume = 175;                                    // initial volume = 175/250(70%)
VS1053b_SetVolume(volume);
Delay_ms(1);
bass = 10;                                       // initial bass = 10 and treble = 5
treble = 5;
VS1053b_SetBassTreble(bass,treble);

TFT_clear_screen();                              // display basic screen
TFT_string(0, 0, White,Magenta, "  OK-STM103 키트를 이용한 MP3 플레이어  ");
TFT_string(0, 3, Cyan,    Black, "----------------------------------------");
TFT_string(0, 5, Magenta,Black, ">>");
TFT_string(0, 7, Cyan,    Black, "----------------------------------------");
TFT_string(0, 9, Cyan,    Black, "       파일 번호 : 000/000 (    kbps)    ");
TFT_string(0,11, Cyan,    Black, "       파일 용량 : 0000KB  (      Hz)    ");
TFT_string(0,13, Cyan,    Black, "       연주 진행 : 00:00(000%)  (      )");
TFT_string(0,15, Cyan,    Black, "----------------------------------------");
TFT_string(0,17, Green,   Black, "    음량(Volume)  : 000%(000/250)        ");
TFT_string(0,19, Green,   Black, "    저음(Bass)    :  00 (00 ~ 15)        ");
TFT_string(0,21, Green,   Black, "    고음(Treble)  :  00 (-8 ~ +7)        ");
TFT_string(0,23, Cyan,    Black, "----------------------------------------");
TFT_string(0,25, Cyan,    Black, "   KEY1      KEY2      KEY3      KEY4    ");
TFT_string(0,27, Magenta,Black, "  (PLAY)    (FUNC)    (INC)     (DEC)    ");
TFT_string(27,11, Yellow, Black, "00000");
TFT_string(18,13, Magenta, Black, "00");
TFT_string(21,13, Magenta, Black, "00");
TFT_string(33,13, Magenta,Black, " 정지 ");

Rectangle( 12,196,  67,235, Yellow);             // display touch key outline
Rectangle( 92,196, 147,235, Yellow);
Rectangle(176,196, 231,235, Yellow);
Rectangle(256,196, 311,235, Yellow);

TFT_volume();                                    // display initial play value
TFT_bass();
TFT_treble();
```

```
total_file = fatGetDirEntry(FirstDirCluster); // get total file number

for(i = 0; i < total_file; i++)               // get start address of all files
  { MP3_start_sector[i] = fatClustToSect(file_start_cluster[i]);
    MP3_start_backup[i] = MP3_start_sector[i];
  }

TFT_xy(22,9);                                 // display total file number
TFT_color(Yellow,Black);
TFT_unsigned_decimal(total_file,1,3);
file_number = 0;                              // display first file name
TFT_filename();
Check_valid_increment_file();

MP3_end_sector = (file_size[file_number] >> 9) + MP3_start_sector[file_number];

while(1)
  { if(((GPIOB->IDR & 0x0800) == 0x0800) && (play_flag == 1)) // if VS1053b request MP3 data
      { if(index == 512)
          { if(MP3_end_sector == MP3_start_sector[file_number])
              { if(file_number != (total_file - 1))
                  file_number++;
                else if(file_number == (total_file - 1))
                  file_number = 0;

                TFT_filename();
                Check_valid_increment_file();

                MP3_start_sector[file_number] = MP3_start_backup[file_number];
                MP3_end_sector = (file_size[file_number] >> 9) + MP3_start_sector[file_number];
                VS1053b_software_reset();     // VS1053b software reset to change music file
              }
            index = 0;
            SD_read_sector(MP3_start_sector[file_number]++, MP3buffer);
          }

        for(i = 0; i < 32; i++)               // send 32 data byte
          { GPIOB->BsRR = 0x04000000;          // -MP3_DCS = 0
            SPI2_write(MP3buffer[index++]);   // write a byte of MP3 data to VS1053b
            GPIOB->BSRR = 0x00000400;         // -MP3_DCS = 1
          }
      }

    loop++;                                   // display MP3 file bitrate or play percentage
    if((extension == 0x004D5033) && (loop == 250) && (play_flag == 1))
      { HDAT1 = VS1053b_SCI_Read(0x09);
        HDAT0 = VS1053b_SCI_Read(0x08);

        if((HDAT1 & 0xFFE0) == 0xFFE0)
          if(((HDAT1 & 0x0006) != 0x0000) && ((HDAT0 & 0x0C00) != 0x0C00))
            TFT_MP3_bitrate(HDAT1,HDAT0);
      }
    else if((loop == 500) && (play_flag == 1))
      { loop = 0;

        time = VS1053b_SCI_Read(0x04);        // decode time
        TFT_xy(18,13);
        TFT_color(Magenta, Black);
        TFT_unsigned_decimal(time / 60,1,2);
        TFT_xy(21,13);
        TFT_unsigned_decimal(time % 60,1,2);

        percentage = MP3_end_sector - MP3_start_sector[file_number];
        percentage = (unsigned int)((float)percentage / (float)(file_size[file_number] >> 9) * 100.);
        percentage = 100 - percentage;

        TFT_xy(24,13);                        // display play percentage
        TFT_color(Yellow,Black);
        if(percentage >= 100)     TFT_unsigned_decimal(percentage,0,3);
        else if(percentage >= 10) TFT_unsigned_decimal(percentage,0,2);
        else                      TFT_unsigned_decimal(percentage,0,1);
        TFT_color(Cyan,Black);
        TFT_English('%');
```

```
      TFT_English(')');
      TFT_English(' ');
      TFT_English(' ');

      stereo = VS1053b_SCI_Read(0x05);
      TFT_xy(27,11);                          // sampling rate
      TFT_color(Yellow, Black);
      TFT_unsigned_decimal(stereo >> 1,0,5);
      if((stereo & 0x0001) == 0x0001)         // channel mode = stereo
        { TFT_string(32,17, Cyan,Black, "(");
          TFT_string(33,17, Yellow,Black, "stereo");
          TFT_string(39,17, Cyan,Black, ")");
        }
      else                                    // channel mode = mono
        { TFT_string(32,17, Cyan,Black, "(");
          TFT_string(33,17, Yellow,Black, " mono ");
          TFT_string(39,17, Cyan,Black, ")");
        }
    }

  key = Key_input();                          // key input
  if(key == no_key)                           // if no key input, read touch screen icon
    key = Icon_input();

  switch(key)
    { case KEY1: play_flag ^= 0x01;           // toggle play or stop
                 if(play_flag == 1) TFT_string(33,13, Yellow, Black, "연주중");
                 else               TFT_string(33,13, Magenta,Black, " 정지 ");
                 break;

      case KEY2: if(func_mode == 0)           // select function
                   { func_mode = 1;
                     TFT_string(0, 5,Magenta,Black,"  ");
                     TFT_string(0,17,Magenta,Black,">>");
                   }
                 else if(func_mode == 1)
                   { func_mode = 2;
                     TFT_string(0,17,Magenta,Black,"  ");
                     TFT_string(0,19,Magenta,Black,">>");
                   }
                 else if(func_mode == 2)
                   { func_mode = 3;
                     TFT_string(0,19,Magenta,Black,"  ");
                     TFT_string(0,21,Magenta,Black,">>");
                   }
                 else
                   { func_mode = 0;
                     TFT_string(0,21,Magenta,Black,"  ");
                     TFT_string(0, 5,Magenta,Black,">>");
                   }
                 break;

      case KEY3: if(func_mode == 0)           // if func_mode == 0, select next music
                   { if(file_number != (total_file - 1))
                       file_number++;
                     else
                       file_number = 0;

                     VS1053b_software_reset();
                     TFT_filename();
                     Check_valid_increment_file();

                     MP3_start_sector[file_number] = MP3_start_backup[file_number];
                     MP3_end_sector = (file_size[file_number] >> 9) + MP3_start_sector[file_number];
                     index = 512;
                     VS1053b_software_reset(); // VS1053b software reset to change music file
                   }
                 else if(func_mode == 1)      // if func_mode == 1, set volume for increment
                   { if(volume < 250)
                       { volume++;
                         VS1053b_SetVolume(volume);
                         TFT_volume();
                       }
```

```
                  }
                else if(func_mode == 2)     // if func_mode == 2, set bass for increment
                  { if(bass < 15)
                      { bass++;
                        VS1053b_SetBassTreble(bass, treble);
                        TFT_bass();
                      }
                  }
                else                        // if func_mode == 3, set treble for increment
                  { if(treble < +7)
                      { treble++;
                        VS1053b_SetBassTreble(bass, treble);
                        TFT_treble();
                      }
                  }
                break;

      case KEY4: if(func_mode == 0)         // if func_mode == 0, select previous music
                  { if(file_number != 0)
                      file_number--;
                    else
                      file_number = total_file - 1;

                    TFT_filename();
                    Check_valid_decrement_file();

                    MP3_start_sector[file_number] = MP3_start_backup[file_number];
                    MP3_end_sector = (file_size[file_number] >> 9) + MP3_start_sector[file_number];
                    index = 512;
                    VS1053b_software_reset(); // VS1053b software reset to change music file
                  }
                else if(func_mode == 1)     // if func_mode == 1, set volume for decrement
                  { if(volume > 5)
                      { volume--;
                        VS1053b_SetVolume(volume);
                        TFT_volume();
                      }
                  }
                else if(func_mode == 2)     // if func_mode == 2, set bass for decrement
                  { if(bass != 0)
                      { bass--;
                        VS1053b_SetBassTreble(bass, treble);
                        TFT_bass();
                      }
                  }
                else                        // if func_mode == 3, set treble for decrement
                  { if(treble > -8)
                      { treble--;
                        VS1053b_SetBassTreble(bass, treble);
                        TFT_treble();
                      }
                  }
                break;

      default:   break;
     }
  }
}
/* ----- 사용자 정의 함수 --------------------------------------------------- */

void TFT_filename(void)                     /* display MP3 file name, number, size */
{
  unsigned char  file_flag;
  unsigned short file_KB;

  TFT_string(0,7, Cyan, Black, "----------------------------------------");
  TFT_string(3,5, Green,Black, "                                      ");

  file_flag = Get_long_filename(file_number);   // check file name

  if(file_flag == 0)                        // short file name(8.3 format)
    TFT_short_filename(3,5, Green,Black);
```

```
  else if(file_flag == 1)                        // long file name
    TFT_long_filename(3,5, Green,Black);
  else if(file_flag == 2)                        // file name is longer than 195 characters
    TFT_string(3,5, Red,Black, "* 파일명 길이 초과 *");
  else                                           // file name error
    TFT_string(3,5, Red,Black, "*** 파일명 오류 ***");

  file_KB = file_size[file_number]/1024;        // calculate file size in KB
  if((file_size[file_number] % 1024) != 0)
    file_KB++;

  if(file_flag != 3)
    { TFT_xy(18,9);                              // file number
      TFT_color(Magenta, Black);
      TFT_unsigned_decimal(file_number + 1,1,3);
      TFT_xy(17,11);                             // file size
      TFT_color(Magenta, Black);
      TFT_unsigned_decimal(file_KB,0,5);
    }

  TFT_string(27,9, Yellow,Black, "000");        // clear bitrate

  TFT_xy(24,13);                                 // display percentage = 0
  TFT_color(Yellow,Black);
  TFT_English('0');
  TFT_color(Cyan,Black);
  TFT_English('%');
  TFT_English(')');
  TFT_English(' ');
  TFT_English(' ');
}

void TFT_volume(void)                            /* display volume */
{
  TFT_xy(18,17);
  TFT_color(Magenta,Black);
  TFT_unsigned_decimal((unsigned int)(volume*100./250.+0.5), 0, 3);
  TFT_xy(23,17);
  TFT_color(Yellow,Black);
  TFT_unsigned_decimal(volume,1,3);
}

void TFT_bass(void)                              /* display bass */
{
  TFT_xy(19,19);
  TFT_color(Magenta,Black);
  TFT_unsigned_decimal(bass,1,2);
}

void TFT_treble(void)                            /* display treble */
{
  TFT_xy(19,21);
  TFT_color(Magenta,Black);
  TFT_signed_decimal(treble,0,1);
}

void Check_valid_increment_file(void)            /* check if valid file for increment */
{
  unsigned char file_OK_flag;

  file_OK_flag = 0;
  do{ if((extension != 0x004D5033) && (extension != 0x00414143) && (extension != 0x00574D41) && (extension != 0x004D4944))
        { if(file_number != (total_file - 1))   // if not MP3/AAC/WMA/MID file, skip
            file_number++;
          else
            file_number = 0;
          TFT_filename();
        }
      else
        file_OK_flag = 1;
    } while(file_OK_flag == 0);
}
```

```
void Check_valid_decrement_file(void)           /* check if valid file for decrement */
{
  unsigned char file_OK_flag;

  file_OK_flag = 0;
  do{ if((extension != 0x004D5033) && (extension != 0x00414143) && (extension != 0x00574D41) && (extension != 0x004D4944))
        { if(file_number != 0)                  // if not MP3/AAC/WMA/MID file, skip
            file_number--;
          else
            file_number = total_file - 1;
          TFT_filename();
        }
      else
        file_OK_flag = 1;
    } while(file_OK_flag == 0);
}

void TFT_MP3_bitrate(U16 highbyte,U16 lowbyte)  /* display MP3 file bitrate */
{
  unsigned short MPEG10_Layer1[16] = {   0,  32,  64,  96, 128, 160, 192, 224,
                                       256, 288, 320, 352, 384, 416, 448,   0 };
  unsigned short MPEG10_Layer2[16] = {   0,  32,  48,  56,  64,  80,  96, 112,
                                       128, 160, 192, 224, 256, 320, 384,   0 };
  unsigned short MPEG10_Layer3[16] = {   0,  32,  40,  48,  56,  64, 80,   96,
                                       112, 128, 160, 192, 224, 256, 320,   0 };
  unsigned short MPEG20_Layer1[16] = {   0,  32,  48,  56,  64,  80,  96, 112,
                                       128, 144, 160, 176, 192, 224, 256,   0 };
  unsigned short MPEG20_Layer2[16] = {   0,   8,  16,  24,  32,  40,  48,  56,
                                        64,  80,  96, 112, 128, 144, 160,   0 };

  if((highbyte & 0x0018) == 0x0018)             // MPEG-1.0
    { switch(highbyte & 0x0006)
        { case 0x0002 : TFT_xy(27,9);           // Layer-3
                        TFT_color(Yellow,Black);
                        TFT_unsigned_decimal(MPEG10_Layer3[lowbyte >> 12],1,3);
                        break;
          case 0x0004 : TFT_xy(27,9);           // Layer-2
                        TFT_color(Yellow,Black);
                        TFT_unsigned_decimal(MPEG10_Layer2[lowbyte >> 12],1,3);
                        break;
          case 0x0006 : TFT_xy(27,9);           // Layer-1
                        TFT_color(Yellow,Black);
                        TFT_unsigned_decimal(MPEG10_Layer1[lowbyte >> 12],1,3);
                        break;
        }
    }
  else if((highbyte & 0x0018) == 0x0010)        // MPEG-2.0
    { switch(highbyte & 0x0006)
        { case 0x0002 : TFT_xy(27,9);           // Layer-3
                        TFT_color(Yellow,Black);
                        TFT_unsigned_decimal(MPEG20_Layer2[lowbyte >> 12],1,3);
                        break;
          case 0x0004 : TFT_xy(27,9);           // Layer-2
                        TFT_color(Yellow,Black);
                        TFT_unsigned_decimal(MPEG20_Layer2[lowbyte >> 12],1,3);
                        break;
          case 0x0006 : TFT_xy(27,9);           // Layer-1
                        TFT_color(Yellow,Black);
                        TFT_unsigned_decimal(MPEG20_Layer1[lowbyte >> 12],1,3);
                        break;
        }
    }
  else                                          // MPEG-2.5
    { switch(highbyte & 0x0006)
        { case 0x0002 : TFT_xy(27,9);           // Layer-3
                        TFT_color(Yellow,Black);
                        TFT_unsigned_decimal(MPEG20_Layer2[lowbyte >> 12],1,3);
                        break;
          case 0x0004 : TFT_xy(27,9);           // Layer-2
                        TFT_color(Yellow,Black);
                        TFT_unsigned_decimal(MPEG20_Layer2[lowbyte >> 12],1,3);
                        break;
          case 0x0006 : TFT_xy(27,9);           // Layer-1
```

```
                        TFT_color(Yellow,Black);
                        TFT_unsigned_decimal(MPEG20_Layer1[lowbyte >> 12],1,3);
                        break;
          }
      }
}

unsigned char icon_flag = 0;

unsigned char Icon_input(void)                      /* input touch screen icon */
{
  unsigned char icon;

  Touch_screen_input();                             // input touch screen

  if((icon_flag == 0) && (x_touch >= 12) && (x_touch <= 67) && (y_touch >= 196) && (y_touch <= 235))
    { icon = KEY1;
      icon_flag = 1;
      Rectangle( 12,196,  67,235, Magenta);
      Beep();
    }
  else if((icon_flag == 0) && (x_touch >= 92) && (x_touch <= 147) && (y_touch >= 196) && (y_touch <= 235))
    { icon = KEY2;
      icon_flag = 1;
      Rectangle( 92,196, 147,235, Magenta);
      Beep();
    }
  else if((icon_flag == 0) && (x_touch >= 176) && (x_touch <= 231) && (y_touch >= 196) && (y_touch <= 235))
    { icon = KEY3;
      icon_flag = 1;
      Rectangle(176,196, 231,235, Magenta);
      Beep();
    }
  else if((icon_flag == 0) && (x_touch >= 256) && (x_touch <= 311) && (y_touch >= 196) && (y_touch <= 235))
    { icon = KEY4;
      icon_flag = 1;
      Rectangle(256,196, 311,235, Magenta);
      Beep();
    }
  else if((icon_flag == 1) && (x_touch == 0) && (y_touch == 0))
    { icon = no_key;
      icon_flag = 0;
      Rectangle( 12,196,  67,235, Yellow);
      Rectangle( 92,196, 147,235, Yellow);
      Rectangle(176,196, 231,235, Yellow);
      Rectangle(256,196, 311,235, Yellow);
      Delay_ms(50);
    }
  else
    icon = no_key;

  return icon;
}
```

☞ *OK-STM103* 키트에서 이 프로그램을 실행하고 MP3 음악 파일을 연주하여 보면 거의 대부분의 MP3 음악파일은 MPEG-1.0, Layer-3이고, 샘플링 레이트는 44100Hz이며, 비트 레이트는 96kbps, 128kbps, 192kbps로 된 것이 많음을 알 수 있다. 드물게 음악 파일에 따라서는 곡의 중간에서 비트 레이트 스위칭을 사용하고 있는 것을 볼 수도 있다. *OK-STM103* 키트에서는 STM32F103VET6을 72MHz로 동작시켰으므로 비트 레이트가 320kbps인 파일도 무난히 잘 재생하지만, 만약 마이크로컨트롤러의 시스템 클록이 8MHz 이하 정도로 낮아지면 마이크로컨트롤러의 처리 속도가 낮아서 192kbps 이상의 높은 비트 레이트로 된 파일은 음악이 자주 끊기며 정상적으로 재생하지 못하게 된다.

이 책에서 소개하는 MP3 플레이어 프로그램은 상당히 난이도가 높으므로 독자 여러분이 이를 이해하기는 결코 쉽지 않을 것이다. 그러나, 제4.19절에서 공부한 SD 카드의 사용법과 FAT32 파일 구조를 꼼꼼히 공부하고, 이 절에서 설명한 VS1053b의 기능 및 MP3 파일의 구조를 익히면서 프로그램의 소스를 열심히 분석하여 보면 조금씩 이해를 해나갈 수 있을 것이다. 임베디드 시스템 기술 분야에서는 항상 하드웨어에 대한 철저한 이해가 선행된 이후에만 소프트웨어를 이해할 수 있다는 점을 강조한다. 마이크로컨트롤러의 세계에서 하드웨어 없는 소프트웨어는 쓰레기에 불과하다. 여러분은 이 과정에서 필요하다면 보다 많고 자세한 관련 기술자료를 구하여 읽어야 한다. 필요한 자료는 인터넷에 무궁무진하게 많다. 이를 찾아서 나의 지식과 기술로 만드는 것은 나 자신의 몫이다. 어느 분야에서나 그러하듯이 마이크로컨트롤러의 세계에서도 기초부터 철저하게 수련을 하고 나면 새로운 창조가 가능하다.

4. 실습 과제

(1) MP3 CODEC 소자에는 VS1053b 이외에 어떤 것들이 있는지 조사하여 보라.

(2) 예제 프로그램 Exp20_1.c에서 새로운 곡이 바뀔 때마다 VS1053b에서 소프트웨어 리셋을 수행하는 이유를 설명하라.

(3) 예제 프로그램 Exp20_2.c에서 TFT-LCD의 화면을 자신만의 개성을 살려 더 예쁘게 수정한 프로그램 Exp20_2R.c를 작성하여 보라. 예를 들어 음량, 저음, 고음 설정을 막대 그래프와 %로 표시할 수 있으며, 터치스크린 아이콘을 눌렀을 때와 누르지 않았을 때 더 예쁘게 구분되도록 표시할 수 있다.

4.21 CAN 직렬통신 프로그램

이 마지막 절에서는 STM32F103VET6의 bxCAN 직렬통신 포트를 사용한 통신 프로그램의 작성 기술을 익힌다. 이 절에서 정상적인 CAN 통신의 실습을 위해서는 부득이 2대의 *OK-STM103* 키트가 필요하다.

관련 내용	(1) 제2.11절 비동기 직렬통신 포트(bxCAN) (2) 제3.1절 *OK-STM103* 키트의 구조와 기능

1. *OK-STM103* 키트의 CAN 통신 회로

(1) *OK-STM103* 키트의 CAN 통신 회로

OK-STM103 키트에서 bxCAN 직렬통신 포트를 사용한 CAN 통신 부분의 회로를 다시 정리하여 그려보면 <그림 4.21.1>과 같은데, STM32F103VET6에서 CAN_TX와 CAN_RX 신호는 각각 GPIO의 PA12, PA11 단자에 부수적인 기능으로 포함되어 있는 것을 사용한다.

STM32F103VET6의 bxCAN 직렬통신 포트는 CAN 컨트롤러 기능만을 가지고 있으므로 실제로 CAN 통신을 위해서는 외부에 추가로 CAN 트랜시버 소자를 사용해야 하는데, *OK-STM103* 키트에서는 CAN 트랜시버로 Microchip사의 MCP2551(U11)을 사용하였다. CAN_TX와 CAN_RX 신호가 MCP2551 소자를 거치면 CANH 및 CANL 신호로 변환되는데, 이 신호들은 RS-232C 통신용 컨넥터(CN5)의 8번 및 9번핀에 각각 연결하였다. 따라서, CAN 통신을 사용하려면 <그림 4.21.2>에 보인 바와 같이 CAN 통신 케이블을 만들어서 컨넥터 CN5를 통하여 외부 기기와 연결하면 된다.

MCP2551의 CANH 및 CANL 단자에는 기본적으로 120Ω의 종단저항(R34)을 사용하고 있는데, 만약 이것이 필요없는 경우에는 제거하면 된다.

이와 같이 *OK-STM103* 키트에서 CAN 통신을 수행하려면 루프백 모드 예제 프로그램을 사용할 경우에는 단독으로 가능하지만, 그 이외의 예제 프로그램을 사용하려면 통신의 상대방으로서 또 하나의 *OK-STM103* 키트나 또는 *OK-STM091* 키트, *OK-STM767* 키트 등을 사용해야 한다.

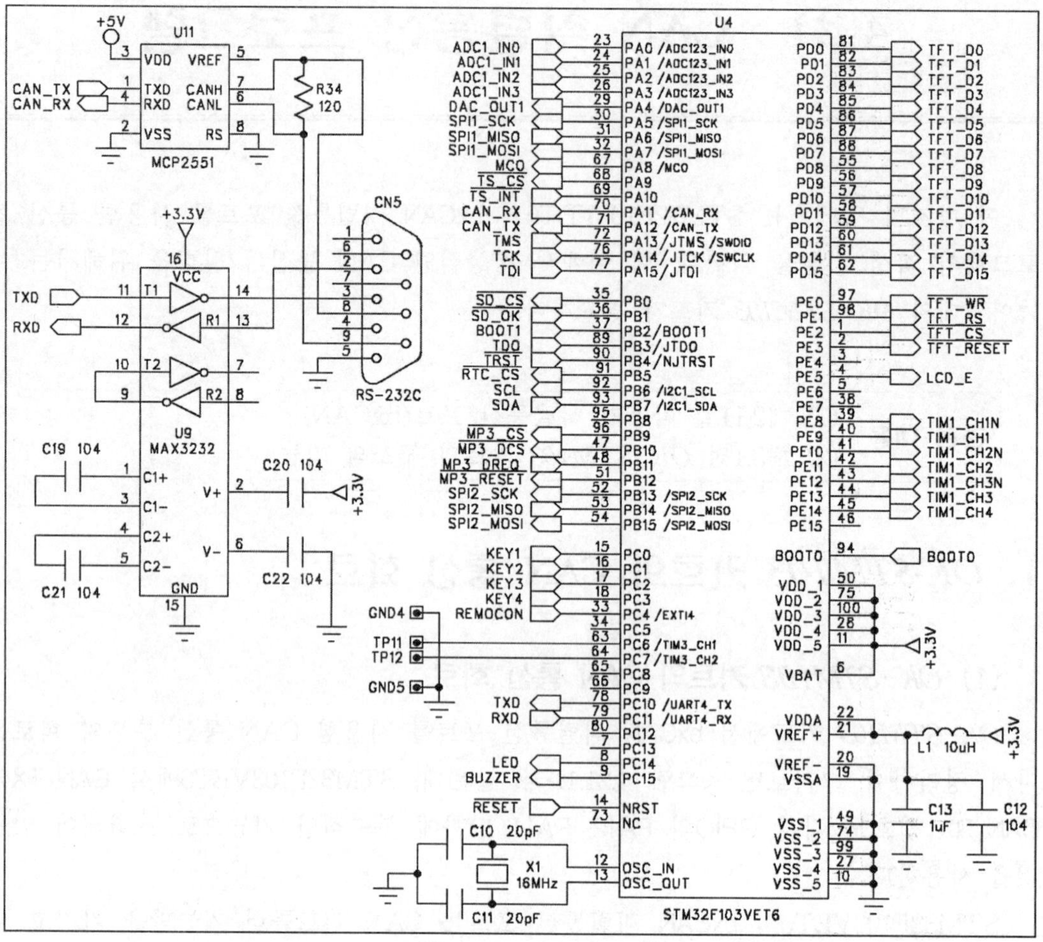

<그림 4.21.1> *OK-STM103* 키트의 CAN 통신 관련 회로

(2) CAN 통신 케이블의 제작

OK-STM103 키트에서는 별도의 CAN 통신 컨넥터를 사용하지 않고 RS-232C 통신용의 컨넥터 CN5를 CAN 통신 겸용으로 사용한다. 9핀짜리 수컷 D형 컨넥터에는 RS-232C용의 통신 신호 이외에 사용하지 않고 남는 단자가 몇 개 있으므로 이것이 가능하다. 컨넥터는 CN5를 함께 사용하지만 RS-232C 통신과 CAN 통신을 위해서는 서로 다른 단자들을 사용하므로 각각 다른 전용의 통신 케이블을 사용해야 한다.

RS-232C 통신용 케이블은 <그림 3.1.7>에 보인 것처럼 만들어 사용해도 되고, 시장에서 상업용 제품을 구입하여 사용해도 된다. 그러나, *OK-STM103* 키트에서 사용할 수 있는 CAN 통신 케이블은 이 키트를 위한 특별한 것이므로 <그림 4.21.2>와 같이 사용자가 직접 만들어서 사용해야 한다.

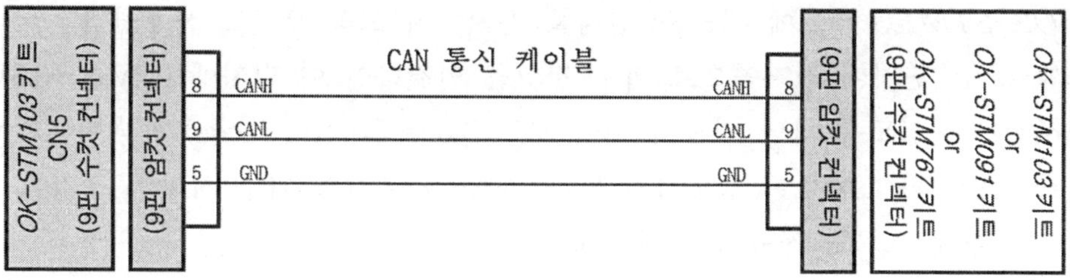

<그림 4.21.2> *OK-STM103* 키트에서 사용하기 위한 CAN 통신 케이블

(3) CAN 트랜시버 소자 MCP2551

<그림 4.21.1>과 같이 *OK-STM103* 키트의 CAN 통신 회로에서 사용하고 있는 CAN 트랜시버 소자는 Microchip사의 MCP2551인데, 이 소자의 외부 핀 배열과 내부 구성 블록도를 보이면 <그림 4.21.3>과 같다.

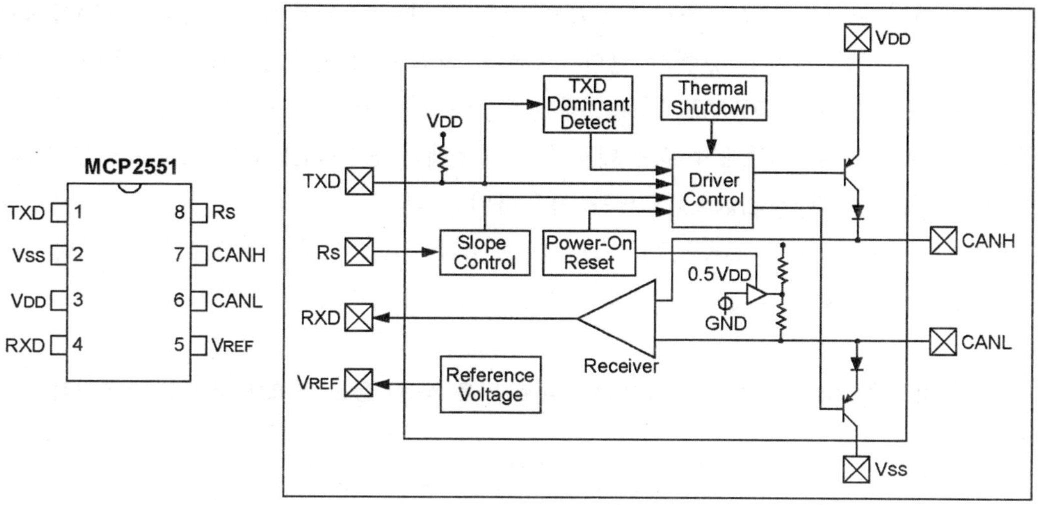

<그림 4.21.3> MCP2551의 외부 핀 배열 및 내부 구성 블록도

MCP2551 소자는 V_{DD}=4.5~5.5V의 전원으로 동작하며, 최대 112개 까지의 노드를 구동할 수 있다. V_{REF} 단자에는 전원 전압 V_{DD}가 1/2로 출력되는데, 특별한 이유가 없으면 사용하지 않고 비워둔다.

기울기 입력(Slope Control Input) 단자 Rs는 이 소자를 3가지의 동작 모드 중의 하나로 설정하는 단자로서, 첫째로 이 단자를 V_{SS}에 접지시켜 이 단자에 0.3V_{DD} 미만의 낮은 전압을 인가하면 고속 모드(High-Speed mode)가 되어 CAN 버스의 신호 CANH와 CANL이 매우 빠르게 상승하고 하강하므로 고속의 데이터 전송이 가능하게 된다. *OK-STM103* 키트에서는 Rs 단자를 접지하여 고속 모드로 사용한다.

둘째로, Rs 단자에 접지쪽으로 외부 저항을 연결하여 이 단자에 $0.4V_{DD}$~$0.6V_{DD}$ 범위의 전압이 걸리도록 하면 기울기 제어 모드(Slope-Control mode)가 되어 CAN 버스의 신호 CANH와 CANL이 상승하거나 하강하는 기울기가 외부 저항의 크기에 반비례하고 이 저항에 흐르는 전류에 비례한다.

셋째로, Rs 단자 V_{DD}에 연결하여 이 단자의 전압이 $0.75V_{DD}$를 초과하도록 높게 하면 대기 모드(Standby mode) 또는 슬립 모드(Sleep mode)가 되어 CAN 버스의 송신 기능은 차단되고 수신 기능은 매우 느리게 동작한다.

2. CAN 통신 루프백 테스트 프로그램

CAN을 포함한 모든 직렬통신은 최소한 2개 이상의 컴퓨터 사이에서 수행되는 것이므로 CAN 통신을 테스트하려면 *OK-STM103* 키트의 외부에 또 하나의 CAN 통신이 가능한 장비를 가지고 있어야 한다. 그러나, 이러한 조건이 불가능한 경우에는 자신이 가지고 있는 *OK-STM103* 키트 1대만을 가지고 어떻게든 CAN 통신 동작이 정상적으로 수행되는지 확인해야 하는데, 이런 경우에는 STM32F103VET6에서 bxCAN이 가지고 있는 루프백(loopback) 모드를 사용하며 된다.

여기서는 이와 같이 *OK-STM103* 키트에서 bxCAN 직렬통신 포트를 루프백 모드로 사용하여 CAN 통신 동작을 테스트하는 프로그램을 작성하여 보기로 한다.

<프로그램 Exp21_1.c> CAN 2.0A(11비트 ID를 사용) 통신 루프백 테스트 프로그램

```
/* ========================================================================== */
/*      Exp21_1_loopback(1).c : CAN 2.0A(11비트 ID를 사용) 루프백 테스트         */
/* ========================================================================== */
/*                                    Programmed by Duck-Yong Yoon in 2017.   */

#include "stm32f103xe.h"
#include "OK-STM103.h"

void USB_LP_CAN1_RX0_IRQHandler(void);          /* CAN FIFO 0 receive interrupt */
void CAN_initialize(void);                       /* initialize bxCAN */
void CAN_transmit(U32 ID, U32 DLC);              /* transmit CAN message with ID and data length */
void CAN_receive(U08 FIFO);                      /* receive CAN data from FIFO 0/1 */

volatile unsigned char RX_flag = 0;
unsigned int  TX_ID = 100, TX_DLC;               // transmit information
unsigned int  RX_ID, RX_FMI, RX_DLC;             // receive information
unsigned char TX_data[8]={0,0,0,0,0,0,0,0};      // 8-byte transmit data
unsigned char RX_data[8]={0,0,0,0,0,0,0,0};      // 8-byte receive data

/* ----- 인터럽트 처리 프로그램 ---------------------------------------------- */

void USB_LP_CAN1_RX0_IRQHandler(void)            /* CAN FIFO 0 receive interrupt */
```

```
{
  CAN_receive(0);                                      // receive data from FIFO 0
  RX_flag = 1;
}

/* ----- 메인 프로그램 ------------------------------------------------------------ */

int main(void)
{
  unsigned char i, loop = 0;

  Initialize_MCU();                                    // initialize MCU and kit
  Delay_ms(50);                                        // wait for system stabilization
  Initialize_LCD();                                    // initialize text LCD module
  Initialize_TFT_LCD();                                // initialize TFT-LCD module
  CAN_initialize();                                    // initialize bxCAN

  LCD_string(0x80," OK-STM103 V1.0 ");                 // display title
  LCD_string(0xC0,"   Exp21_1.c    ");

  TFT_string(10,3,White,Black,"CAN 2.0A(11비트 ID)");
  TFT_string(0,5,White,Magenta,"   CAN 직렬통신(bxCAN)  루프백 테스트   ");
  TFT_string(2,10,Yellow,Black,"    <<송신측>>          <<수신측>>");
  TFT_string(2,13,  Cyan,Black,"ID      =           ID      = ");
  TFT_string(2,16,  Cyan,Black,"DLC     =           DLC     = ");
  TFT_string(2,19,  Cyan,Black,"데이터 =            데이터 = ");
  TFT_string(2,22,  Cyan,Black,"                    필터 인덱스 = ");
  Beep();
  Delay_ms(1000);

  while(1)
    { if(loop == 0)
        { TX_data[0] = 'C';                            // 첫번째 테스트 데이터(8문자)
          TX_data[1] = 'A';
          TX_data[2] = 'N';
          TX_data[3] = ' ';
          TX_data[4] = 'T';
          TX_data[5] = 'e';
          TX_data[6] = 's';
          TX_data[7] = 't';
          TX_DLC = 8;
          CAN_transmit(TX_ID,TX_DLC);                  // transmit CAN message with 8 data
        }
      else if(loop == 1)
        { TX_data[0] = 'b';                            // 두번째 테스트 데이터(5문자)
          TX_data[1] = 'x';
          TX_data[2] = 'C';
          TX_data[3] = 'A';
          TX_data[4] = 'N';
          TX_DLC = 5;
          CAN_transmit(TX_ID,TX_DLC);                  // transmit CAN message with 5 data
        }
      loop ^= 0x01;

      TFT_string(11,19,White,Black,"          "); // clear 8 transmit data
      TFT_string(30,19,White,Black,"          "); // clear 8 receive data

      TFT_xy(11,13);                                   // display TX ID
      TFT_unsigned_decimal(TX_ID,0,3);
      TFT_xy(11,16);                                   // display TX data length
      TFT_unsigned_decimal(TX_DLC,0,1);
      TFT_xy(11,19);                                   // display TX data
      for(i = 0; i < TX_DLC; i++)
        TFT_English(TX_data[i]);

      LED_on();                                        // LED flash and tick sound
      Delay_ms(50);
      Tick();
      LED_off();

      if(RX_flag == 1)
```

```
        { RX_flag = 0;
          TFT_xy(30,13);                          // display RX ID
          TFT_unsigned_decimal(RX_ID,0,3);
          TFT_xy(30,16);                          // display RX data length
          TFT_unsigned_decimal(RX_DLC,0,1);
          TFT_xy(30,19);                          // display RX data
          for(i = 0; i < RX_DLC; i++)
            TFT_English(RX_data[i]);
          TFT_xy(35,22);                          // display filter index
          TFT_unsigned_decimal(RX_FMI,0,1);
        }

      Delay_ms(1000);
    }
}

/* ----- 사용자 정의 함수 ------------------------------------------------------- */

void CAN_initialize(void)                        /* initialize bxCAN */
{
  RCC->APB1ENR |= 0x02000000;                    // enable CAN clock
  RCC->APB2ENR |= 0x00000004;                    // enable GPIOA clock
  GPIOA->CRH &= 0xFFF00FFF;                      // PA12 = CAN_TX, PA11 = CAN_RX
  GPIOA->CRH |= 0x000B4000;

  CAN1->MCR &= 0xFFFFFFFD;                       // exit sleep mode
  while((CAN1->MSR & 0x00000002) != 0x00000002);// wait until SLAK=1
  CAN1->MCR |= 0x00000001;                       // enter initilization mode
  while((CAN1->MSR & 0x00000001) != 0x00000001);// wait until INAK=1
  CAN1->BTR = 0x00540005;                        // 36MHz/(5+1)/(5+4+3)=500kbps, SILM=LBKM=1
  CAN1->BTR |= 0xC0000000;                       // BRP[9:0]=5,TS1[3:0]=5,TS2[2:0]=4,SJW[1:0]=0
  CAN1->MCR &= 0xFFFFFFFE;                       // enter normal mode
  while((CAN1->MSR & 0x00000001) != 0x00000000);// wait until INAK=0
  CAN1->MCR |= 0x00000040;                       // ABOM=1

  CAN1->FMR = 0x00000001;                        // enter filter initialization mode
  CAN1->FFA1R = 0x00003F80;                      // filter bank 0~6 = FIFO 0
  CAN1->FS1R = 0x0000007F;                       // filter bank 0~6 = 32 bit
  CAN1->FM1R = 0x0000007F;                       // filter bank 0~6 = list mode
  CAN1->sFilterRegister[0].FR1 = 0x00000000;     // set ID of filter number 0 and IDE=0
  CAN1->sFilterRegister[0].FR1 |= (TX_ID << 21);
  CAN1->sFilterRegister[0].FR2 = 0x00000000;     // set ID of filter number 1
  CAN1->FA1R = 0x00000001;                       // filter bank 0 = active
  CAN1->FMR &= 0xFFFFFFFE;                       // exit filter initialization mode

  CAN1->IER = 0x00000002;                        // enable FIFO 0 message pending interrupt
  NVIC->ISER[0] = 0x00100000;                    // enable (20)USB_LP_CAN1_RX0 interrupt
}

void CAN_transmit(U32 ID, U32 DLC)               /* transmit CAN message with ID and data length */
{
  unsigned char TX_empty;

  TX_empty = 0xFF;
  while(TX_empty == 0xFF)                        // check if transmit mailbox is empty
    { if((CAN1->TSR & 0x04000000) == 0x04000000)
        TX_empty = 0;
      else if((CAN1->TSR & 0x08000000) == 0x08000000)
        TX_empty = 1;
      else if((CAN1->TSR & 0x10000000) == 0x10000000)
        TX_empty = 2;
    }

  CAN1->sTxMailBox[TX_empty].TIR = 0x00000000;  // IDE=0, RTR=0
  CAN1->sTxMailBox[TX_empty].TIR |= (ID << 21); // 11-bit ID(CAN 2.0A)

  CAN1->sTxMailBox[TX_empty].TDTR = DLC;         // data length

  CAN1->sTxMailBox[TX_empty].TDHR = ((U32)TX_data[7] << 24) | // data byte
                                    ((U32)TX_data[6] << 16) |
                                    ((U32)TX_data[5] <<  8) |
```

```
                                        ((U32)TX_data[4]);
  CAN1->sTxMailBox[TX_empty].TDLR = ((U32)TX_data[3] << 24) |
                                        ((U32)TX_data[2] << 16) |
                                        ((U32)TX_data[1] << 8) |
                                        ((U32)TX_data[0]);

  CAN1->sTxMailBox[TX_empty].TIR |= 0x00000001;   // transmit request (TXRQ=1)
}

void CAN_receive(U08 FIFO)                          /* receive CAN data from FIFO 0/1 */
{
  if((CAN1->sFIFOMailBox[FIFO].RIR & 0x00000004) == 0x00000000) // get 11-bit ID
    RX_ID = (CAN1->sFIFOMailBox[FIFO].RIR >> 21) & 0x000007FF;
  else                                                           // get 29-bit ID
    RX_ID = (CAN1->sFIFOMailBox[FIFO].RIR >>  3) & 0x1FFFFFFF;

  RX_FMI = (CAN1->sFIFOMailBox[FIFO].RDTR >> 8) & 0x000000FF;   // get filter match index
  RX_DLC = CAN1->sFIFOMailBox[FIFO].RDTR & 0x0000000F;          // get data length

  RX_data[0] = CAN1->sFIFOMailBox[FIFO].RDLR & 0x000000FF;      // get 8-byte data
  RX_data[1] = (CAN1->sFIFOMailBox[FIFO].RDLR >>  8) & 0x000000FF;
  RX_data[2] = (CAN1->sFIFOMailBox[FIFO].RDLR >> 16) & 0x000000FF;
  RX_data[3] = (CAN1->sFIFOMailBox[FIFO].RDLR >> 24) & 0x000000FF;
  RX_data[4] = CAN1->sFIFOMailBox[FIFO].RDHR & 0x000000FF;
  RX_data[5] = (CAN1->sFIFOMailBox[FIFO].RDHR >>  8) & 0x000000FF;
  RX_data[6] = (CAN1->sFIFOMailBox[FIFO].RDHR >> 16) & 0x000000FF;
  RX_data[7] = (CAN1->sFIFOMailBox[FIFO].RDHR >> 24) & 0x000000FF;

  if(FIFO == 0)
    CAN1->RF0R = 0x00000020;                          // release FIFO 0
  else if(FIFO == 1)
    CAN1->RF1R = 0x00000020;                          // release FIFO 1
}
```

☞ 이 예제 프로그램에서는 침묵 모드 및 루프백 모드를 동시에 사용하여 "CAN Test"라는 8문자와 "bxCAN"이라는 5문자를 약 1초 간격으로 교대로 송신하고, 이를 루프백 방식으로 수신하여 화면에 표시하고 있다. 송신 정보와 수신 정보를 비교하여 표시하고 있으므로 양쪽의 상황을 실시간으로 볼 수 있다.

여기서, 송신측의 ID는 100으로 하였고 CAN 2.0A의 사양에 따라 이를 11비트 값으로 메시지에 포함시켜 전송하였다. 전송 속도는 36MHz의 PCLK1을 분주하여 500kbps로 설정하였다. 수신측에서는 필터 번호 0을 ID 리스트 모드로 설정하여 사용하였으며, 수신 메시지가 FIFO 0에 저장되도록 하였다.

사용자가 이 프로그램의 실행 상황을 쉽게 알 수 있도록 하기 위하여 1번 송신 동작을 수행할 때마다 LED1을 점멸하고 tick sound를 발생시켜 표시하였다.

위의 예제 프로그램 Exp21_1.c를 CAN 2.0B 사양으로 29비트 ID를 사용하는 것으로 수정하면 다음과 같다. 이 책의 나머지 예제에서는 모두 11비트 ID의 CAN 2.0A 사양을 사용하기로 한다.

<프로그램 Exp21_2.c> CAN 2.0B(29비트 ID를 사용) 통신 루프백 테스트 프로그램

```
/* ====================================================================== */
/*      Exp21_2_loopback(2).c : CAN 2.0B(29비트 ID를 사용) 루프백 테스트      */
/* ====================================================================== */
/*                              Programmed by Duck-Yong Yoon in 2017.     */
```

```
#include "stm32f103xe.h"
#include "OK-STM103.h"

void USB_LP_CAN1_RX0_IRQHandler(void);        /* CAN FIFO 0 receive interrupt */
void CAN_initialize(void);                     /* initialize bxCAN */
void CAN_transmit(U32 ID, U32 DLC);            /* transmit CAN message with ID and data length */
void CAN_receive(U08 FIFO);                    /* receive CAN data from FIFO 0/1 */

volatile unsigned char RX_flag = 0;
unsigned int  TX_ID = 100, TX_DLC;             // transmit information
unsigned int  RX_ID, RX_FMI, RX_DLC;           // receive information
unsigned char TX_data[8]={0,0,0,0,0,0,0,0};    // 8-byte transmit data
unsigned char RX_data[8]={0,0,0,0,0,0,0,0};    // 8-byte receive data

/* ----- 인터럽트 처리 프로그램 ---------------------------------------------- */

void USB_LP_CAN1_RX0_IRQHandler(void)          /* CAN FIFO 0 receive interrupt */
{
  CAN_receive(0);                              // receive data from FIFO 0
  RX_flag = 1;
}

/* ----- 메인 프로그램 ------------------------------------------------------- */

int main(void)
{
  unsigned char i, loop = 0;

  Initialize_MCU();                            // initialize MCU and kit
  Delay_ms(50);                                // wait for system stabilization
  Initialize_LCD();                            // initialize text LCD module
  Initialize_TFT_LCD();                        // initialize TFT-LCD module
  CAN_initialize();                            // initialize bxCAN

  LCD_string(0x80," OK-STM103 V1.0 ");         // display title
  LCD_string(0xC0,"    Exp21_2.c     ");

  TFT_string(10,3,White,Black,"CAN 2.0B(29비트 ID)");
  TFT_string(0,5,White,Magenta,"   CAN 직렬통신(bxCAN)  루프백 테스트   ");
  TFT_string(2,10,Yellow,Black,"   <<송신측>>          <<수신측>>");
  TFT_string(2,13,   Cyan,Black,"ID     =            ID     = ");
  TFT_string(2,16,   Cyan,Black,"DLC    =            DLC    = ");
  TFT_string(2,19,   Cyan,Black,"데이터 =            데이터 = ");
  TFT_string(2,22,   Cyan,Black,"                    필터 인덱스 = ");
  Beep();
  Delay_ms(1000);

  while(1)
    { if(loop == 0)
        { TX_data[0] = 'C';                    // 첫번째 테스트 데이터(8문자)
          TX_data[1] = 'A';
          TX_data[2] = 'N';
          TX_data[3] = ' ';
          TX_data[4] = 'T';
          TX_data[5] = 'e';
          TX_data[6] = 's';
          TX_data[7] = 't';
          TX_DLC = 8;
          CAN_transmit(TX_ID,TX_DLC);          // transmit CAN message with 8 data
        }
      else if(loop == 1)
        { TX_data[0] = 'b';                    // 두번째 테스트 데이터(5문자)
          TX_data[1] = 'x';
          TX_data[2] = 'C';
          TX_data[3] = 'A';
          TX_data[4] = 'N';
          TX_DLC = 5;
          CAN_transmit(TX_ID,TX_DLC);          // transmit CAN message with 5 data
        }
      loop ^= 0x01;
```

```
      TFT_string(11,19,White,Black,"        "); // clear 8 transmit data
      TFT_string(30,19,White,Black,"        "); // clear 8 receive data

      TFT_xy(11,13);                          // display TX ID
      TFT_unsigned_decimal(TX_ID,0,3);
      TFT_xy(11,16);                          // display TX data length
      TFT_unsigned_decimal(TX_DLC,0,1);
      TFT_xy(11,19);                          // display TX data
      for(i = 0; i < TX_DLC; i++)
        TFT_English(TX_data[i]);

      LED_on();                               // LED flash and tick sound
      Delay_ms(50);
      Tick();
      LED_off();

      if(RX_flag == 1)
        { RX_flag = 0;
          TFT_xy(30,13);                      // display RX ID
          TFT_unsigned_decimal(RX_ID,0,3);
          TFT_xy(30,16);                      // display RX data length
          TFT_unsigned_decimal(RX_DLC,0,1);
          TFT_xy(30,19);                      // display RX data
          for(i = 0; i < RX_DLC; i++)
            TFT_English(RX_data[i]);
          TFT_xy(35,22);                      // display filter index
          TFT_unsigned_decimal(RX_FMI,0,1);
        }

      Delay_ms(1000);
    }
}

/* ----- 사용자 정의 함수 ---------------------------------------------------- */

void CAN_initialize(void)                     /* initialize bxCAN */
{
  RCC->APB1ENR |= 0x02000000;                 // enable CAN clock
  RCC->APB2ENR |= 0x00000004;                 // enable GPIOA clock
  GPIOA->CRH &= 0xFFF00FFF;                   // PA12 = CAN_TX, PA11 = CAN_RX
  GPIOA->CRH |= 0x000B4000;

  CAN1->MCR &= 0xFFFFFFFD;                    // exit sleep mode
  while((CAN1->MSR & 0x00000002) != 0x00000002);// wait until SLAK=1
  CAN1->MCR |= 0x00000001;                    // enter initilization mode
  while((CAN1->MSR & 0x00000001) != 0x00000001);// wait until INAK=1
  CAN1->BTR = 0x00540005;                     // 36MHz/(5+1)/(5+4+3)=500kbps, SILM=LBKM=1
  CAN1->BTR |= 0xC0000000;                    // BRP[9:0]=5,TS1[3:0]=5,TS2[2:0]=4,SJW[1:0]=0
  CAN1->MCR &= 0xFFFFFFFE;                    // enter normal mode
  while((CAN1->MSR & 0x00000001) != 0x00000000);// wait until INAK=0
  CAN1->MCR |= 0x00000040;                    // ABOM=1

  CAN1->FMR = 0x00000001;                     // enter filter initialization mode
  CAN1->FFA1R = 0x00003F80;                   // filter bank 0~6 = FIFO 0
  CAN1->FS1R = 0x0000007F;                    // filter bank 0~6 = 32 bit
  CAN1->FM1R = 0x0000007F;                    // filter bank 0~6 = list mode
  CAN1->sFilterRegister[0].FR1 = 0x00000004;  // set ID of filter number 0 and IDE=1
  CAN1->sFilterRegister[0].FR1 |= (TX_ID << 3);
  CAN1->sFilterRegister[0].FR2 = 0x00000000;  // set ID of filter number 1
  CAN1->FA1R = 0x00000001;                    // filter bank 0 = active
  CAN1->FMR &= 0xFFFFFFFE;                    // exit filter initialization mode

  CAN1->IER = 0x00000002;                     // enable FIFO 0 message pending interrupt
  NVIC->ISER[0] = 0x00100000;                 // enable (20)USB_LP_CAN1_RX0 interrupt
}

void CAN_transmit(U32 ID, U32 DLC)            /* transmit CAN message with ID and data length */
{
  unsigned char TX_empty;

  TX_empty = 0xFF;
```

```
  while(TX_empty == 0xFF)                         // check if transmit mailbox is empty
    { if((CAN1->TSR & 0x04000000) == 0x04000000)
        TX_empty = 0;
      else if((CAN1->TSR & 0x08000000) == 0x08000000)
        TX_empty = 1;
      else if((CAN1->TSR & 0x10000000) == 0x10000000)
        TX_empty = 2;
    }

  CAN1->sTxMailBox[TX_empty].TIR = 0x00000004;    // IDE=1, RTR=0
  CAN1->sTxMailBox[TX_empty].TIR |= (ID << 3);    // 29-bit ID(CAN 2.0B)

  CAN1->sTxMailBox[TX_empty].TDTR = DLC;          // data length

  CAN1->sTxMailBox[TX_empty].TDHR = ((U32)TX_data[7] << 24) | // data byte
                                    ((U32)TX_data[6] << 16) |
                                    ((U32)TX_data[5] <<  8) |
                                    ((U32)TX_data[4]);
  CAN1->sTxMailBox[TX_empty].TDLR = ((U32)TX_data[3] << 24) |
                                    ((U32)TX_data[2] << 16) |
                                    ((U32)TX_data[1] <<  8) |
                                    ((U32)TX_data[0]);

  CAN1->sTxMailBox[TX_empty].TIR |= 0x00000001; // transmit request (TXRQ=1)
}

void CAN_receive(U08 FIFO)                        /* receive CAN data from FIFO 0/1 */
{
  if((CAN1->sFIFOMailBox[FIFO].RIR & 0x00000004) == 0x00000000) // get 11-bit ID
    RX_ID = (CAN1->sFIFOMailBox[FIFO].RIR >> 21) & 0x000007FF;
  else                                                          // get 29-bit ID
    RX_ID = (CAN1->sFIFOMailBox[FIFO].RIR >>  3) & 0x1FFFFFFF;

  RX_FMI = (CAN1->sFIFOMailBox[FIFO].RDTR >> 8) & 0x000000FF;   // get filter match index
  RX_DLC = CAN1->sFIFOMailBox[FIFO].RDTR & 0x0000000F;          // get data length

  RX_data[0] = CAN1->sFIFOMailBox[FIFO].RDLR & 0x000000FF;      // get 8-byte data
  RX_data[1] = (CAN1->sFIFOMailBox[FIFO].RDLR >>  8) & 0x000000FF;
  RX_data[2] = (CAN1->sFIFOMailBox[FIFO].RDLR >> 16) & 0x000000FF;
  RX_data[3] = (CAN1->sFIFOMailBox[FIFO].RDLR >> 24) & 0x000000FF;
  RX_data[4] = CAN1->sFIFOMailBox[FIFO].RDHR & 0x000000FF;
  RX_data[5] = (CAN1->sFIFOMailBox[FIFO].RDHR >>  8) & 0x000000FF;
  RX_data[6] = (CAN1->sFIFOMailBox[FIFO].RDHR >> 16) & 0x000000FF;
  RX_data[7] = (CAN1->sFIFOMailBox[FIFO].RDHR >> 24) & 0x000000FF;

  if(FIFO == 0)
    CAN1->RF0R = 0x00000020;                      // release FIFO 0
  else if(FIFO == 1)
    CAN1->RF1R = 0x00000020;                      // release FIFO 1
}
```

3. 인터럽트 방식으로 수신하는 프로그램

2대의 키트 사이에 CAN 통신으로 데이터를 송신 및 수신하려면 프로그램도 2가지를 따로 사용해야 한다. 메인 키트에는 *OK-STM103* 키트를 ID=100으로 설정하여 사용하고, 상대방 키트는 또 다른 *OK-STM103* 키트나 *OK-STM091*, *OK-STM767* 키트를 ID=200으로 설정하여 사용한다. 이들 사이에는 <그림 4.21.2>에서 제작한 CAN 통신 케이블을 접속한다.

아래에 인터럽트 방식으로 수신 동작을 수행하는 CAN 송수신 프로그램을 보였다.

<프로그램 Exp21_3.c> 인터럽트 방식의 송수신 프로그램(ID=100 사용측)

```
/* ============================================================================ */
/*    Exp21_3_interrupt(100).c : CAN 2.0A 인터럽트 수신 - 100번 ID측 프로그램    */
/* ============================================================================ */
/*                                  Programmed by Duck-Yong Yoon in 2017.       */

#include "stm32f103xe.h"
#include "OK-STM103.h"

void USB_LP_CAN1_RX0_IRQHandler(void);          /* CAN FIFO 0 receive interrupt */
void CAN_initialize(void);                      /* initialize bxCAN */
void CAN_transmit(U32 ID, U32 DLC);             /* transmit CAN message with ID and data length */
void CAN_receive(U08 FIFO);                     /* receive CAN data from FIFO 0/1 */
void ADC_initialize(void);                      /* initialize ADC */
void ADC_read(void);                            /* read ADC */

volatile unsigned char RX_flag = 0;
unsigned int  TX_ID = 100, TX_DLC = 8;          // transmit information(송신측 ID=100)
unsigned int  RX_ID = 200, RX_DLC = 8;          // receive information(수신측 ID=200)
unsigned short TX_data[4]={0,0,0,0};            // 4-data(8-byte) transmit data
unsigned short RX_data[4]={0,0,0,0};            // 4-data(8-byte) receive data

/* ----- 인터럽트 처리 프로그램 --------------------------------------------- */

void USB_LP_CAN1_RX0_IRQHandler(void)           /* CAN FIFO 0 receive interrupt */
{
  CAN_receive(0);                               // receive data from FIFO 0
  RX_flag = 1;
}

/* ----- 메인 프로그램 ------------------------------------------------------- */

int main(void)
{
  Initialize_MCU();                             // initialize MCU and kit
  Delay_ms(50);                                 // wait for system stabilization
  Initialize_LCD();                             // initialize text LCD module
  Initialize_TFT_LCD();                         // initialize TFT-LCD module
  CAN_initialize();                             // initialize bxCAN

  LCD_string(0x80," OK-STM103 V1.0 ");          // display title
  LCD_string(0xC0,"   Exp21_3.c    ");

  TFT_string(10,3,White,Black,"CAN 2.0A(11비트 ID)");
  TFT_string(0,5,White,Magenta,"   CAN 직렬통신(bxCAN)  송수신 테스트   ");
  TFT_string(3,9,Yellow,Black,"<<나의 데이터>>   <<상대측 데이터>>");
  TFT_string(3,12,Cyan, Black," ID   = 000        ID   = 000");
  TFT_string(3,16,Cyan, Black," 5.0V = 0.00V      5.0V = 0.00V");
  TFT_string(3,19,Cyan, Black," 3.3V = 0.00V      3.3V = 0.00V");
  TFT_string(3,22,Cyan, Black," VR1  = 0.00V      VR1  = 0.00V");
  TFT_string(3,25,Cyan, Black," LM35 = 00.0 C     LM35 = 00.0 C");
  TFT_xy(15,25);
  TFT_English(0x7F);
  TFT_xy(34,25);
  TFT_English(0x7F);
  Beep();
  Delay_ms(1000);

  ADC_initialize();                             // initialize ADC

  while(1)
    { ADC_read();                               // read ADC
      CAN_transmit(TX_ID,TX_DLC);               // transmit CAN message with 8 data
```

```
        TFT_color(White,Black);
        TFT_xy(11,12);                                   // display TX ID
        TFT_unsigned_decimal(TX_ID,0,3);
        TFT_xy(30,12);                                   // display RX ID
        TFT_unsigned_decimal(RX_ID,0,3);

        TFT_xy(11,16);                                   // display TX_data[0] = 5.0V
        TFT_unsigned_float((float)TX_data[0]*2.*3.3/4095., 1, 2);
        TFT_xy(11,19);                                   // display TX_data[1] = 3.3V
        TFT_unsigned_float((float)TX_data[1]*2.*3.3/4095., 1, 2);
        TFT_xy(11,22);                                   // display TX_data[2] = VR1
        TFT_unsigned_float((float)TX_data[2]*3.3/4095., 1, 2);
        TFT_xy(11,25);                                   // display TX_data[3] = LM35
        TFT_unsigned_float((float)TX_data[3]*330./4095., 2, 1);

        LED_on();                                        // LED flash and tick sound
        Delay_ms(50);
        Tick();
        LED_off();

        if(RX_flag == 1)
          { RX_flag = 0;
            TFT_xy(30,16);                               // display RX_data[0] = 5.0V
            TFT_unsigned_float((float)RX_data[0]*2.*3.3/4095., 1, 2);
            TFT_xy(30,19);                               // display RX_data[1] = 3.3V
            TFT_unsigned_float((float)RX_data[1]*2.*3.3/4095., 1, 2);
            TFT_xy(30,22);                               // display RX_data[2] = VR1
            TFT_unsigned_float((float)RX_data[2]*3.3/4095., 1, 2);
            TFT_xy(30,25);                               // display RX_data[3] = LM35
            TFT_unsigned_float((float)RX_data[3]*330./4095., 2, 1);
          }

        Delay_ms(1000);
      }
}

/* ----- 사용자 정의 함수 ------------------------------------------------------ */

void CAN_initialize(void)                           /* initialize bxCAN */
{
  RCC->APB1ENR |= 0x02000000;                       // enable CAN clock
  RCC->APB2ENR |= 0x00000004;                       // enable GPIOA clock
  GPIOA->CRH &= 0xFFF00FFF;                         // PA12 = CAN_TX, PA11 = CAN_RX
  GPIOA->CRH |= 0x000B4000;

  CAN1->MCR &= 0xFFFFFFFD;                          // exit sleep mode
  while((CAN1->MSR & 0x00000002) != 0x00000002);// wait until SLAK=1
  CAN1->MCR |= 0x00000001;                          // enter initilization mode
  while((CAN1->MSR & 0x00000001) != 0x00000001);// wait until INAK=1
  CAN1->BTR = 0x00540005;                           // 36MHz/(5+1)/(5+4+3)=500kbps, SJW[1:0]=0
  CAN1->MCR &= 0xFFFFFFFE;                          // enter normal mode
  while((CAN1->MSR & 0x00000001) != 0x00000000);// wait until INAK=0
  CAN1->MCR |= 0x00000040;                          // ABOM=1

  CAN1->FMR = 0x00000001;                           // enter filter initialization mode
  CAN1->FFA1R = 0x00003F80;                         // filter bank 0~6 = FIFO 0
  CAN1->FS1R = 0x0000007F;                          // filter bank 0~6 = 32 bit
  CAN1->FM1R = 0x0000007F;                          // filter bank 0~6 = list mode
  CAN1->sFilterRegister[0].FR1 = 0x00000000;        // set ID of filter number 0 and IDE=0
  CAN1->sFilterRegister[0].FR1 |= (RX_ID << 21);
  CAN1->sFilterRegister[0].FR2 = 0x00000000;        // set ID of filter number 1
  CAN1->FA1R = 0x00000001;                          // filter bank 0 = active
  CAN1->FMR &= 0xFFFFFFFE;                          // exit filter initialization mode

  CAN1->IER = 0x00000002;                           // enable FIFO 0 message pending interrupt
  NVIC->ISER[0] = 0x00100000;                       // enable (20)USB_LP_CAN1_RX0 interrupt
}

void CAN_transmit(U32 ID, U32 DLC)                  /* transmit CAN message with ID and data length */
{
  unsigned char TX_empty;
```

```
  TX_empty = 0xFF;
  while(TX_empty == 0xFF)                       // check if transmit mailbox is empty
    { if((CAN1->TSR & 0x04000000) == 0x04000000)
        TX_empty = 0;
      else if((CAN1->TSR & 0x08000000) == 0x08000000)
        TX_empty = 1;
      else if((CAN1->TSR & 0x10000000) == 0x10000000)
        TX_empty = 2;
    }

  CAN1->sTxMailBox[TX_empty].TIR = 0x00000000;  // IDE=0, RTR=0
  CAN1->sTxMailBox[TX_empty].TIR |= (ID << 21); // 11-bit ID(CAN 2.0A)

  CAN1->sTxMailBox[TX_empty].TDTR = DLC;        // data length

  CAN1->sTxMailBox[TX_empty].TDHR = ((U32)TX_data[3] << 16) | // data byte
                                    ((U32)TX_data[2]);
  CAN1->sTxMailBox[TX_empty].TDLR = ((U32)TX_data[1] << 16) |
                                    ((U32)TX_data[0]);

  CAN1->sTxMailBox[TX_empty].TIR |= 0x00000001; // transmit request (TXRQ=1)
}

void CAN_receive(U08 FIFO)                      /* receive CAN data from FIFO 0/1 */
{
  unsigned int ID, DLC;

  ID = (CAN1->sFIFOMailBox[FIFO].RIR >> 21) & 0x000007FF;// get 11-bit ID
  DLC = CAN1->sFIFOMailBox[FIFO].RDTR & 0x0000000F;      // get data length

  if((ID == RX_ID) && (DLC == RX_DLC))          // if message is OK, get 4 data
    { RX_data[0] = CAN1->sFIFOMailBox[FIFO].RDLR & 0x0000FFFF;
      RX_data[1] = (CAN1->sFIFOMailBox[FIFO].RDLR >> 16) & 0x0000FFFF;
      RX_data[2] = CAN1->sFIFOMailBox[FIFO].RDHR & 0x0000FFFF;
      RX_data[3] = (CAN1->sFIFOMailBox[FIFO].RDHR >> 16) & 0x0000FFFF;
    }
  else                                          // if message is not OK, clear 4 data
    { RX_data[0] = 0;
      RX_data[1] = 0;
      RX_data[2] = 0;
      RX_data[3] = 0;
    }

  if(FIFO == 0)
    CAN1->RF0R = 0x00000020;                    // release FIFO 0
  else if(FIFO == 1)
    CAN1->RF1R = 0x00000020;                    // release FIFO 1
}

void ADC_initialize(void)                       /* initialize ADC */
{
  RCC->APB2ENR |= 0x00000200;                   // enable ADC1 clock
  ADC1->CR2 = 0x00000001;                       // enable ADC1(ADON = 1)
  Delay_us(1);
  ADC1->CR2 |= 0x00000004;                      // start ADC1 calibration(CAL = 1)
  while(ADC1->CR2 & 0x00000004);

  RCC->APB2ENR |= 0x00000004;                   // enable GPIOA clock
  GPIOA->CRL &= 0xFFFF0000;                     // use ADC0~ADC3
  RCC->CFGR &= 0xFFFF3FFF;                      // ADCCLK = PCLK2/6 = 72MHz/6 = 12MHz
  RCC->CFGR |= 0x00008000;

  ADC1->CR1 = 0x00000000;                       // 12-bit resolution, right alignment
  ADC1->CR2 = 0x001E0001;                       // use SWSTART, CONT = 0, ADON = 1
  ADC1->SQR1 = 0x00000000;                      // total regular channel number = 1
  ADC1->SMPR2 = 0x00000249;                     // sampling time of channel 0~3 = 7.5 cycle
}

void ADC_read(void)                             /* read ADC */
{
```

```
  ADC1->SQR3 = 0x00000000;                        // channel 0 (+5.0V)
  ADC1->CR2 |= 0x00400000;                        // start conversion by software
  while(!(ADC1->SR & 0x00000002));                // wait for end of conversion
  TX_data[0] = ADC1->DR;

  ADC1->SQR3 = 0x00000001;                        // channel 1 (+3.3V)
  ADC1->CR2 |= 0x00400000;                        // start conversion by software
  while(!(ADC1->SR & 0x00000002));                // wait for end of conversion
  TX_data[1] = ADC1->DR;

  ADC1->SQR3 = 0x00000002;                        // channel 2 (VR1)
  ADC1->CR2 |= 0x00400000;                        // start conversion by software
  while(!(ADC1->SR & 0x00000002));                // wait for end of conversion
  TX_data[2] = ADC1->DR;

  ADC1->SQR3 = 0x00000003;                        // channel 3 (LM35DZ)
  ADC1->CR2 |= 0x00400000;                        // start conversion by software
  while(!(ADC1->SR & 0x00000002));                // wait for end of conversion
  TX_data[3] = ADC1->DR;
}
```

<프로그램 Exp21_4.c> 인터럽트 방식의 송수신 프로그램(ID=200 사용측)

```
/* ============================================================================ */
/*    Exp21_4_interrupt(200).c : CAN 2.0A 인터럽트 수신 - 200번 ID측 프로그램    */
/* ============================================================================ */
/*                                   Programmed by Duck-Yong Yoon in 2017.      */

#include "stm32f103xe.h"
#include "OK-STM103.h"

void USB_LP_CAN1_RX0_IRQHandler(void);            /* CAN FIFO 0 receive interrupt */
void CAN_initialize(void);                        /* initialize bxCAN */
void CAN_transmit(U32 ID, U32 DLC);               /* transmit CAN message with ID and data length */
void CAN_receive(U08 FIFO);                       /* receive CAN data from FIFO 0/1 */
void ADC_initialize(void);                        /* initialize ADC */
void ADC_read(void);                              /* read ADC */

volatile unsigned char RX_flag = 0;
unsigned int  TX_ID = 200, TX_DLC = 8;            // transmit information(송신측 ID=200)
unsigned int  RX_ID = 100, RX_DLC = 8;            // receive information(수신측 ID=100)
unsigned short TX_data[4]={0,0,0,0};              // 4-data(8-byte) transmit data
unsigned short RX_data[4]={0,0,0,0};              // 4-data(8-byte) receive data

/* ----- 인터럽트 처리 프로그램 ------------------------------------------------ */

void USB_LP_CAN1_RX0_IRQHandler(void)             /* CAN FIFO 0 receive interrupt */
{
  CAN_receive(0);                                 // receive data from FIFO 0
  RX_flag = 1;
}

/* ----- 메인 프로그램 ------------------------------------------------------- */

int main(void)
{
  Initialize_MCU();                               // initialize MCU and kit
  Delay_ms(50);                                   // wait for system stabilization
  Initialize_LCD();                               // initialize text LCD module
  Initialize_TFT_LCD();                           // initialize TFT-LCD module
  CAN_initialize();                               // initialize bxCAN

  LCD_string(0x80," OK-STM103 V1.0 ");            // display title
  LCD_string(0xC0,"   Exp21_4.c    ");

  TFT_string(10,3,White,Black,"CAN 2.0A(11비트 ID)");
```

```
    TFT_string(0,5,White,Magenta,"   CAN 직렬통신(bxCAN)  송수신 테스트   ");
    TFT_string(3,9,Yellow,Black,"<<나의 데이터>>   <<상대측 데이터>>");
    TFT_string(3,12,Cyan, Black," ID   = 000         ID   = 000");
    TFT_string(3,16,Cyan, Black," 5.0V = 0.00V       5.0V = 0.00V");
    TFT_string(3,19,Cyan, Black," 3.3V = 0.00V       3.3V = 0.00V");
    TFT_string(3,22,Cyan, Black," VR1  = 0.00V       VR1  = 0.00V");
    TFT_string(3,25,Cyan, Black," LM35 = 00.0 C      LM35 = 00.0 C");
    TFT_xy(15,25);
    TFT_English(0x7F);
    TFT_xy(34,25);
    TFT_English(0x7F);
    Beep();
    Delay_ms(1000);

    ADC_initialize();                                  // initialize ADC

    while(1)
      { ADC_read();                                    // read ADC
        CAN_transmit(TX_ID,TX_DLC);                    // transmit CAN message with 8 data

        TFT_color(White,Black);
        TFT_xy(11,12);                                 // display TX ID
        TFT_unsigned_decimal(TX_ID,0,3);
        TFT_xy(30,12);                                 // display RX ID
        TFT_unsigned_decimal(RX_ID,0,3);

        TFT_xy(11,16);                                 // display TX_data[0] = 5.0V
        TFT_unsigned_float((float)TX_data[0]*2.*3.3/4095., 1, 2);
        TFT_xy(11,19);                                 // display TX_data[1] = 3.3V
        TFT_unsigned_float((float)TX_data[1]*2.*3.3/4095., 1, 2);
        TFT_xy(11,22);                                 // display TX_data[2] = VR1
        TFT_unsigned_float((float)TX_data[2]*3.3/4095., 1, 2);
        TFT_xy(11,25);                                 // display TX_data[3] = LM35
        TFT_unsigned_float((float)TX_data[3]*330./4095., 2, 1);

        LED_on();                                      // LED flash and tick sound
        Delay_ms(50);
        Tick();
        LED_off();

        if(RX_flag == 1)
          { RX_flag = 0;
            TFT_xy(30,16);                             // display RX_data[0] = 5.0V
            TFT_unsigned_float((float)RX_data[0]*2.*3.3/4095., 1, 2);
            TFT_xy(30,19);                             // display RX_data[1] = 3.3V
            TFT_unsigned_float((float)RX_data[1]*2.*3.3/4095., 1, 2);
            TFT_xy(30,22);                             // display RX_data[2] = VR1
            TFT_unsigned_float((float)RX_data[2]*3.3/4095., 1, 2);
            TFT_xy(30,25);                             // display RX_data[3] = LM35
            TFT_unsigned_float((float)RX_data[3]*330./4095., 2, 1);
          }

        Delay_ms(700);
      }
}

        (이하 생략)
```

☞ 이 예제 프로그램에서는 A/D 컨버터의 4개 채널 ADC_IN0~ADC_IN3을 통하여 각각 5.0V 전원 전압, 3.3V 전원 전압, VR1의 가변 전압, LM35DZ를 사용한 현재 온도 등을 측정하여 이를 TFT-LCD에 표시하고 상대방에게도 전송한다. 동시에 인터럽트를 사용하여 상대방으로부터 수신되는 이들 4가지 물리량을 화면에 비교하여 표시한다. 첫번째 예제는 내 키트에서 실행하기 위한 것으로서 내 ID가 100이고 상대방 ID는 200으로 간주하며, 두번째 예제는 상대방 측의 키트에서 실행하기 위한 것으로서 내 ID가 200

이고 상대방 ID는 100으로 간주하여 동작한다.

FIFO 0 수신 인터럽트가 발생하면 수신 함수 CAN_receive()를 사용하여 메시지를 읽어들이는데, 여기서는 수신 ID와 수신 문자수를 조사하여 이 조건을 만족하는 메시지의 경우에는 4개 데이터(8바이트)의 데이터를 읽어오고 그렇지 않은 경우에는 4개 데이터를 클리어시킨다.

전송의 편의를 위하여 4개의 데이터는 전압이나 온도값으로 환산한 실수값이 아니라 A/D 컨버터에서 읽은 그대로의 부호 없는 16비트 정수로 전송한다. CAN 메일박스에서 데이터는 8바이트까지 사용 가능하므로 4개의 16비트 정수는 쉽게 8바이트 길이의 메일박스에 저장하여 송신할 수 있다. 이들 정수값은 수신 후에 실수값의 물리량으로 환산하여 TFT-LCD에 표시한다.

또한, 이 프로그램 예제에서는 양측에서 서로 송신하는 시간을 가급적 랜덤하게 어긋나도록 하기 위하여 첫번째 예제에서는 1초 주기로 송신하고, 두번째 예제에서는 0.7초 주기로 송신하도록 하였다.

4. 폴링 방식으로 수신하는 프로그램

위의 예제 프로그램 Exp21_3.c 및 Exp21_4.c에서 수신 동작을 폴링 방식으로 처리하도록 수정하면 다음과 같다.

<프로그램 Exp21_5.c> 폴링 방식의 송수신 프로그램(ID=100 사용측)

```
/* ========================================================================== */
/*      Exp21_5_polling(100).c : CAN 2.0A 폴링 수신 - 100번 ID측 프로그램      */
/* ========================================================================== */
/*                                   Programmed by Duck-Yong Yoon in 2017.    */

#include "stm32f103xe.h"
#include "OK-STM103.h"

void CAN_initialize(void);                      /* initialize bxCAN */
void CAN_transmit(U32 ID, U32 DLC);             /* transmit CAN message with ID and data length */
void CAN_receive(U08 FIFO);                     /* receive CAN data from FIFO 0/1 */
void ADC_initialize(void);                      /* initialize ADC */
void ADC_read(void);                            /* read ADC */

unsigned int  TX_ID = 100, TX_DLC = 8;          // transmit information(송신측 ID=100)
unsigned int  RX_ID = 200, RX_DLC = 8;          // receive information(수신측 ID=200)
unsigned short TX_data[4]={0,0,0,0};            // 4-data(8-byte) transmit data
unsigned short RX_data[4]={0,0,0,0};            // 4-data(8-byte) receive data

/* ----- 메인 프로그램 -------------------------------------------------------- */

int main(void)
{
  Initialize_MCU();                             // initialize MCU and kit
  Delay_ms(50);                                 // wait for system stabilization
  Initialize_LCD();                             // initialize text LCD module
  Initialize_TFT_LCD();                         // initialize TFT-LCD module
  CAN_initialize();                             // initialize bxCAN

  LCD_string(0x80," OK-STM103 V1.0 ");          // display title
  LCD_string(0xC0,"   Exp21_5.c    ");

  TFT_string(10,3,White,Black,"CAN 2.0A(11비트 ID)");
  TFT_string(0,5,White,Magenta,"   CAN 직렬통신(bxCAN)  송수신 테스트   ");
  TFT_string(3,9,Yellow,Black,"<<나의 데이터>>   <<상대측 데이터>>");
  TFT_string(3,12,Cyan, Black," ID   = 000         ID   = 000");
```

```
  TFT_string(3,16,Cyan, Black," 5.0V = 0.00V        5.0V = 0.00V");
  TFT_string(3,19,Cyan, Black," 3.3V = 0.00V        3.3V = 0.00V");
  TFT_string(3,22,Cyan, Black," VR1  = 0.00V        VR1  = 0.00V");
  TFT_string(3,25,Cyan, Black," LM35 = 00.0 C       LM35 = 00.0 C");
  TFT_xy(15,25);
  TFT_English(0x7F);
  TFT_xy(34,25);
  TFT_English(0x7F);
  Beep();
  Delay_ms(1000);

  ADC_initialize();                             // initialize ADC

  while(1)
    { ADC_read();                               // read ADC
      CAN_transmit(TX_ID,TX_DLC);               // transmit CAN message with 8 data

      TFT_color(White,Black);
      TFT_xy(11,12);                            // display TX ID
      TFT_unsigned_decimal(TX_ID,0,3);
      TFT_xy(30,12);                            // display RX ID
      TFT_unsigned_decimal(RX_ID,0,3);

      TFT_xy(11,16);                            // display TX_data[0] = 5.0V
      TFT_unsigned_float((float)TX_data[0]*2.*3.3/4095., 1, 2);
      TFT_xy(11,19);                            // display TX_data[1] = 3.3V
      TFT_unsigned_float((float)TX_data[1]*2.*3.3/4095., 1, 2);
      TFT_xy(11,22);                            // display TX_data[2] = VR1
      TFT_unsigned_float((float)TX_data[2]*3.3/4095., 1, 2);
      TFT_xy(11,25);                            // display TX_data[3] = LM35
      TFT_unsigned_float((float)TX_data[3]*330./4095., 2, 1);

      LED_on();                                 // LED flash and tick sound
      Delay_ms(50);
      Tick();
      LED_off();

      if((CAN1->RF0R & 0x00000003) != 0)        // check if FIFO 0 has message pending
        { CAN_receive(0);                       // if yes, receive data from FIFO 0

          TFT_xy(30,16);                        // display RX_data[0] = 5.0V
          TFT_unsigned_float((float)RX_data[0]*2.*3.3/4095., 1, 2);
          TFT_xy(30,19);                        // display RX_data[1] = 3.3V
          TFT_unsigned_float((float)RX_data[1]*2.*3.3/4095., 1, 2);
          TFT_xy(30,22);                        // display RX_data[2] = VR1
          TFT_unsigned_float((float)RX_data[2]*3.3/4095., 1, 2);
          TFT_xy(30,25);                        // display RX_data[3] = LM35
          TFT_unsigned_float((float)RX_data[3]*330./4095., 2, 1);
        }

      Delay_ms(1000);
    }
}

/* ----- 사용자 정의 함수 ------------------------------------------------------ */

void CAN_initialize(void)                       /* initialize bxCAN */
{
  RCC->APB1ENR |= 0x02000000;                   // enable CAN clock
  RCC->APB2ENR |= 0x00000004;                   // enable GPIOA clock
  GPIOA->CRH &= 0xFFF00FFF;                     // PA12 = CAN_TX, PA11 = CAN_RX
  GPIOA->CRH |= 0x000B4000;

  CAN1->MCR &= 0xFFFFFFFD;                      // exit sleep mode
  while((CAN1->MSR & 0x00000002) != 0x00000002);// wait until SLAK=1
  CAN1->MCR |= 0x00000001;                      // enter initilization mode
  while((CAN1->MSR & 0x00000001) != 0x00000001);// wait until INAK=1
  CAN1->BTR = 0x00540005;                       // 36MHz/(5+1)/(5+4+3)=500kbps, SJW[1:0]=0
  CAN1->MCR &= 0xFFFFFFFE;                      // enter normal mode
  while((CAN1->MSR & 0x00000001) != 0x00000000);// wait until INAK=0
  CAN1->MCR |= 0x00000040;                      // ABOM=1
```

```
  CAN1->FMR = 0x00000001;                          // enter filter initialization mode
  CAN1->FFA1R = 0x00003F80;                        // filter bank 0~6 = FIFO 0
  CAN1->FS1R = 0x0000007F;                         // filter bank 0~6 = 32 bit
  CAN1->FM1R = 0x0000007F;                         // filter bank 0~6 = list mode
  CAN1->sFilterRegister[0].FR1 = 0x00000000;       // set ID of filter number 0 and IDE=0
  CAN1->sFilterRegister[0].FR1 |= (RX_ID << 21);
  CAN1->sFilterRegister[0].FR2 = 0x00000000;       // set ID of filter number 1
  CAN1->FA1R = 0x00000001;                         // filter bank 0 = active
  CAN1->FMR &= 0xFFFFFFFE;                         // exit filter initialization mode
}

void CAN_transmit(U32 ID, U32 DLC)                 /* transmit CAN message with ID and data length */
{
  unsigned char TX_empty;

  TX_empty = 0xFF;
  while(TX_empty == 0xFF)                          // check if transmit mailbox is empty
    { if((CAN1->TSR & 0x04000000) == 0x04000000)
        TX_empty = 0;
      else if((CAN1->TSR & 0x08000000) == 0x08000000)
        TX_empty = 1;
      else if((CAN1->TSR & 0x10000000) == 0x10000000)
        TX_empty = 2;
    }

  CAN1->sTxMailBox[TX_empty].TIR = 0x00000000;  // IDE=0, RTR=0
  CAN1->sTxMailBox[TX_empty].TIR |= (ID << 21); // 11-bit ID(CAN 2.0A)

  CAN1->sTxMailBox[TX_empty].TDTR = DLC;         // data length

  CAN1->sTxMailBox[TX_empty].TDHR = ((U32)TX_data[3] << 16) | // data byte
                                    ((U32)TX_data[2]);
  CAN1->sTxMailBox[TX_empty].TDLR = ((U32)TX_data[1] << 16) |
                                    ((U32)TX_data[0]);

  CAN1->sTxMailBox[TX_empty].TIR |= 0x00000001; // transmit request (TXRQ=1)
}

void CAN_receive(U08 FIFO)                         /* receive CAN data from FIFO 0/1 */
{
  unsigned int ID, DLC;

  ID = (CAN1->sFIFOMailBox[FIFO].RIR >> 21) & 0x000007FF;// get 11-bit ID
  DLC = CAN1->sFIFOMailBox[FIFO].RDTR & 0x0000000F;       // get data length

  if((ID == RX_ID) && (DLC == RX_DLC))             // if message is OK, get 4 data
    { RX_data[0] = CAN1->sFIFOMailBox[FIFO].RDLR & 0x0000FFFF;
      RX_data[1] = (CAN1->sFIFOMailBox[FIFO].RDLR >> 16) & 0x0000FFFF;
      RX_data[2] = CAN1->sFIFOMailBox[FIFO].RDHR & 0x0000FFFF;
      RX_data[3] = (CAN1->sFIFOMailBox[FIFO].RDHR >> 16) & 0x0000FFFF;
    }
  else                                             // if message is not OK, clear 4 data
    { RX_data[0] = 0;
      RX_data[1] = 0;
      RX_data[2] = 0;
      RX_data[3] = 0;
    }

  if(FIFO == 0)
    CAN1->RF0R = 0x00000020;                       // release FIFO 0
  else if(FIFO == 1)
    CAN1->RF1R = 0x00000020;                       // release FIFO 1
}

void ADC_initialize(void)                          /* initialize ADC */
{
  RCC->APB2ENR |= 0x00000200;                      // enable ADC1 clock
  ADC1->CR2 = 0x00000001;                          // enable ADC1(ADON = 1)
  Delay_us(1);
  ADC1->CR2 |= 0x00000004;                         // start ADC1 calibration(CAL = 1)
```

```
  while(ADC1->CR2 & 0x00000004);

  RCC->APB2ENR |= 0x00000004;                  // enable GPIOA clock
  GPIOA->CRL &= 0xFFFF0000;                    // use ADC0~ADC3
  RCC->CFGR &= 0xFFFF3FFF;                     // ADCCLK = PCLK2/6 = 72MHz/6 = 12MHz
  RCC->CFGR |= 0x00008000;

  ADC1->CR1 = 0x00000000;                      // 12-bit resolution, right alignment
  ADC1->CR2 = 0x001E0001;                      // use SWSTART, CONT = 0, ADON = 1
  ADC1->SQR1 = 0x00000000;                     // total regular channel number = 1
  ADC1->SMPR2 = 0x00000249;                    // sampling time of channel 0~3 = 7.5 cycle
}

void ADC_read(void)                            /* read ADC */
{
  ADC1->SQR3 = 0x00000000;                     // channel 0 (+5.0V)
  ADC1->CR2 |= 0x00400000;                     // start conversion by software
  while(!(ADC1->SR & 0x00000002));             // wait for end of conversion
  TX_data[0] = ADC1->DR;

  ADC1->SQR3 = 0x00000001;                     // channel 1 (+3.3V)
  ADC1->CR2 |= 0x00400000;                     // start conversion by software
  while(!(ADC1->SR & 0x00000002));             // wait for end of conversion
  TX_data[1] = ADC1->DR;

  ADC1->SQR3 = 0x00000002;                     // channel 2 (VR1)
  ADC1->CR2 |= 0x00400000;                     // start conversion by software
  while(!(ADC1->SR & 0x00000002));             // wait for end of conversion
  TX_data[2] = ADC1->DR;

  ADC1->SQR3 = 0x00000003;                     // channel 3 (LM35DZ)
  ADC1->CR2 |= 0x00400000;                     // start conversion by software
  while(!(ADC1->SR & 0x00000002));             // wait for end of conversion
  TX_data[3] = ADC1->DR;
}
```

<프로그램 Exp21_6.c> 폴링 방식의 송수신 프로그램(ID=200 사용측)

```
/* ========================================================================== */
/*      Exp21_6_polling(200).c : CAN 2.0A 폴링 수신 - 200번 ID측 프로그램      */
/* ========================================================================== */
/*                                   Programmed by Duck-Yong Yoon in 2017.    */

#include "stm32f103xe.h"
#include "OK-STM103.h"

void CAN_initialize(void);                    /* initialize bxCAN */
void CAN_transmit(U32 ID, U32 DLC);           /* transmit CAN message with ID and data length */
void CAN_receive(U08 FIFO);                   /* receive CAN data from FIFO 0/1 */
void ADC_initialize(void);                    /* initialize ADC */
void ADC_read(void);                          /* read ADC */

unsigned int  TX_ID = 200, TX_DLC = 8;        // transmit information(송신측 ID=200)
unsigned int  RX_ID = 100, RX_DLC = 8;        // receive information(수신측 ID=100)
unsigned short TX_data[4]={0,0,0,0};          // 4-data(8-byte) transmit data
unsigned short RX_data[4]={0,0,0,0};          // 4-data(8-byte) receive data

/* ----- 메인 프로그램 ------------------------------------------------------ */

int main(void)
{
  Initialize_MCU();                           // initialize MCU and kit
  Delay_ms(50);                               // wait for system stabilization
  Initialize_LCD();                           // initialize text LCD module
  Initialize_TFT_LCD();                       // initialize TFT-LCD module
  CAN_initialize();                           // initialize bxCAN
```

```
LCD_string(0x80," OK-STM103 V1.0 ");              // display title
LCD_string(0xC0,"   Exp21_6.c     ");

TFT_string(10,3,White,Black,"CAN 2.0A(11비트 ID)");
TFT_string(0,5,White,Magenta,"   CAN 직렬통신(bxCAN)  송수신 테스트   ");
TFT_string(3,9,Yellow,Black,"<<나의 데이터>>   <<상대측 데이터>>");
TFT_string(3,12,Cyan, Black," ID   = 000         ID   = 000");
TFT_string(3,16,Cyan, Black," 5.0V = 0.00V       5.0V = 0.00V");
TFT_string(3,19,Cyan, Black," 3.3V = 0.00V       3.3V = 0.00V");
TFT_string(3,22,Cyan, Black," VR1  = 0.00V       VR1  = 0.00V");
TFT_string(3,25,Cyan, Black," LM35 = 00.0 C      LM35 = 00.0 C");
TFT_xy(15,25);
TFT_English(0x7F);
TFT_xy(34,25);
TFT_English(0x7F);
Beep();
Delay_ms(1000);

ADC_initialize();                                 // initialize ADC

while(1)
  { ADC_read();                                   // read ADC
    CAN_transmit(TX_ID,TX_DLC);                   // transmit CAN message with 8 data

    TFT_color(White,Black);
    TFT_xy(11,12);                                // display TX ID
    TFT_unsigned_decimal(TX_ID,0,3);
    TFT_xy(30,12);                                // display RX ID
    TFT_unsigned_decimal(RX_ID,0,3);

    TFT_xy(11,16);                                // display TX_data[0] = 5.0V
    TFT_unsigned_float((float)TX_data[0]*2.*3.3/4095., 1, 2);
    TFT_xy(11,19);                                // display TX_data[1] = 3.3V
    TFT_unsigned_float((float)TX_data[1]*2.*3.3/4095., 1, 2);
    TFT_xy(11,22);                                // display TX_data[2] = VR1
    TFT_unsigned_float((float)TX_data[2]*3.3/4095., 1, 2);
    TFT_xy(11,25);                                // display TX_data[3] = LM35
    TFT_unsigned_float((float)TX_data[3]*330./4095., 2, 1);

    LED_on();                                     // LED flash and tick sound
    Delay_ms(50);
    Tick();
    LED_off();

    if((CAN1->RF0R & 0x00000003) != 0)            // check if FIFO 0 has message pending
      { CAN_receive(0);                           // if yes, receive data from FIFO 0

        TFT_xy(30,16);                            // display RX_data[0] = 5.0V
        TFT_unsigned_float((float)RX_data[0]*2.*3.3/4095., 1, 2);
        TFT_xy(30,19);                            // display RX_data[1] = 3.3V
        TFT_unsigned_float((float)RX_data[1]*2.*3.3/4095., 1, 2);
        TFT_xy(30,22);                            // display RX_data[2] = VR1
        TFT_unsigned_float((float)RX_data[2]*3.3/4095., 1, 2);
        TFT_xy(30,25);                            // display RX_data[3] = LM35
        TFT_unsigned_float((float)RX_data[3]*330./4095., 2, 1);
      }

    Delay_ms(700);
  }
}
```

(이하 생략)

5. 실습 과제

(1) CAN 통신이 또 다른 직렬통신 방식인 RS-232C 통신에 비하여 유리한 장점은 뭐가 있을지 설명하여 보라.

(2) CAN 통신이 또 다른 직렬통신 방식인 RS-485 통신에 비하여 유리한 장점은 뭐가 있을지 설명하여 보라.

(3) CAN 통신에서 ID(Identifier)가 수행하는 역할은 무엇인가?

(4) CAN 통신을 수행하고자 하는 2개의 키트 사이에 CAN 통신 케이블을 연결하지 않고 예제 프로그램 Exp21_3.c ~ Exp21_6.c를 실행하면 상대방으로부터 데이터 수신 동작을 수행하지 못하는 것은 당연한데, 송신 동작도 2~3번 정도만 잠깐 수행하고 프로그램이 정지하게 된다. 이처럼 CAN 통신 케이블을 연결하지 않으면 왜 송신 동작을 잠깐만 수행하다가 시스템이 멈추는지 그 이유를 설명하라.

(5) 예제 프로그램 Exp21_5.c와 Exp21_6.c에서 일정한 주기로 무조건 데이터를 상대측으로 송신하는 것이 아니라 상대방으로부터 데이터를 보내달라는 리모트 프레임을 수신하였을 경우에만 한번씩 데이터를 송신하는 방식으로 동작하도록 수정한 프로그램 Exp21_5R.c와 Exp21_6R.c를 작성하라. 단, 이와 같은 리모트 프레임은 키트에서 키를 검출하여 KEY1을 눌렀을 때만 보내도록 하라.

참고 문헌

[1] Cortex-M3 Technical Reference Manual(ARM 100165_0201_00_en), ARM, 2015.
[2] Cortex-M3 Devices Generic User Guide(ARM DUI 0552A), ARM, 2010.
[3] RM0008 Reference Manual(STM32F101xx/102xx/103xx/105xx/107xx advanced ARM-based 32-bit MCUs), STMicroelectronics, Nov. 2015.
[4] STM32F103xC/103xD/103xE datasheet, STMicroelectronics, Nov. 2015.
[5] PM0056 STM32F10xxx/20xxx/21xxx Cortex-M3 Programming Manual, STMicroelectronics, May 2013.
[6] PM0075 STM32F10xxx Flash Memory Microcontrollers Programming Manual, STMicroelectronics, Aug. 2012.
[7] IAR C/C++ Development Guide(Compiling and Linking) for ARM Cores, IAR Systems, Jun. 2016.
[8] Procedure Call Standard for the ARM Architecture(ARM IHI 0042F), ARM, Nov. 2015.

저자 소개

(1) 학력

1981. 2. 서울대학교 전기공학과 졸업
1983. 2. 서울대학교 대학원 전기공학과 졸업(공학석사)
1995. 2. 단국대학교 대학원 전기공학과 졸업(공학박사)

(2) 주요 경력

1982. 12.~1984. 5. 삼성전자(주) 종합연구소 근무
1984. 6. ~1985. 2. 한독(주) 컴퓨터기술연구소 근무
1985. 3. ~2006. 2. 국립 천안공업대학 전자계산기과/제어계측과 교수
2005. 3. ~현재 국립 공주대학교 천안공과대학 전기전자제어공학부 교수

(3) 저서

마이크로프로세서 응용실습 (1988, 자유아카데미)
16비트 마이크로프로세서 및 IBM PC 하드웨어 입문 (1991, 조원사)
마이크로프로세서 응용 -Z80 MASTER- (1998, Ohm사)
DSP 마스터 시리즈 ① - TMS320C31 마스터 (1998, Ohm사)
DSP 마스터 시리즈 ② - TMS320C32 마스터 (1999, Ohm사)
어셈블리와 C언어로 익히는 80C196KC 마스터(I) (2000, Ohm사)
어셈블리와 C언어로 익히는 80C196KC 마스터(II) (2000, Ohm사)
어셈블리와 C언어로 익히는 8051 마스터 (2001, Ohm사)
어셈블리와 C언어로 익히는 AT89S52 마스터 (2006, Ohm사)
프로세서 응용 시리즈 ① - LCD 모듈의 철저 활용 (2002, Ohm사)
프로세서 응용 시리즈 ② - LCD 모듈 활용 마스터 (2004, Ohm사)
프로세서 응용 시리즈 ③ - ATmega128을 활용한 졸업작품 만들기(I) (2005, Ohm사)
프로세서 응용 시리즈 ④ - 졸업작품 만들기(VII) TFT-LCD 모듈 활용 마스터 (2009, Ohm사)
AVR 마스터 시리즈 ① - AVR ATmega128 마스터 (2004, Ohm사)
AVR 마스터 시리즈 ② - AVR ATmega162 마스터 (2004, Ohm사)
AVR 마스터 시리즈 ③ - AVR ATmega8515 마스터 (2004, Ohm사)
고성능 AVR 정복 시리즈 ① - AVR ATmega128 정복 (2006, Ohm사)
고성능 AVR 정복 시리즈 ② - AVR ATmega1281/2561 정복 (2006, Ohm사)
고성능 AVR 정복 시리즈 ③ - AVR ATmega1280/2560 정복 (2006, Ohm사)
고성능 AVR 정복 시리즈 ④ - AVR ATxmega 패밀리 정복 (2010, Ohm사)
고성능 AVR 정복 시리즈 ⑤ - AVR ATmega128A 바이블 (2011, Ohm사)
ARM 시작하기 시리즈 ① - ARM7TDMI AT91SAM7S256으로 시작하기 (2007, Ohm사)
ARM 시작하기 시리즈 ② - ARM Cortex-M0 STM32F051 마스터 (2013, Ohm사)
실용 모터제어 시리즈 ① - 직류전동기 제어 기술 (2015, Ohm사)
실용 모터제어 시리즈 ② - BLDC 모터 제어 기술 (2015, Ohm사)
NXP사의 ARM Cortex-M0+ MKL25Z128VLK4 활용 (2016, Ohm사)
ARM Cortex-M 시리즈 ① - ARM Cortex-M0 STM32F091 정복 (2016, Ohm사)
ARM Cortex-M 시리즈 ② - ARM Cortex-M7 STM32F767 정복 (2017, Ohm사)
ARM Cortex-M 시리즈 ③ - ARM Cortex-M3 STM32F103 정복 (2018, Ohm사)

(4) 주 관심 분야

벡터제어 인버터를 이용한 유도전동기 및 동기전동기 서보제어 시스템 설계
마이크로프로세서를 이용한 자동화 시스템 및 제어계측 시스템 설계
기타 마이크로프로세서, 마이크로컨트롤러 및 DSP 응용 시스템 개발
마이크로프로세서와 마이크로컨트롤러의 기초 및 응용분야 교육

http://www.ohm.co.kr
E-mail : ohm@ohm.co.kr

소스는 홈페이지 자료실에 있습니다.

ARM Cortex-M3
STM32F103 정복

STM103 키트 -

1판 3쇄 2018년 12월 15일
초판발행 2007년 9월 10일

저 자 윤 덕 용
발 행 인 곽 종 학
발 행 처 도서출판 Ohm사

주 소 140-150 서울 용산구 갈월동 17번지 세기B/D
전 화 02-776-4868 ~ 9
팩 스 02-779-6757
등록번호 1975년 9월 12일 제3-3호

ISBN 978-89-7101-829-3 정가 55,000원

OK-STM103 키트

OK-STM103
키트 별매

ARM Cortex-M3
STM32F103 정복

저 자 : 윤 덕 용
ISBN : 978-89-7101-829-3
판 형 : B5
쪽 수 : 1100
가 격 : 55,000원

OK-STM103 키트 V1.0의 설계 사양

항 목	사 양	비 고
CPU	STM32F103VET6	72MHz로 동작
ROM	CPU에 내장된 512KB의 플래시 메모리	프로그램 및 상수 데이터 저장
RAM	CPU에 내장된 64KB의 SRAM	프로그램, 스택, 사용자 데이터 저장
프로그램의 입력/실행	1. 전용 JTAG/SWD 에뮬레이터를 사용하는 방법	기본으로 ST-LINK/V2 에뮬레이터 사용
	2. 기타 JTAG/SWD 에뮬레이터를 사용하는 방법	J-Link, ULINK 에뮬레이터도 사용 가능
I/O	1. CPU 프로그램용 커넥터	
	JTAG/SWD 인터페이스용 20핀 커넥터(CN2)	ST-LINK/V2 에뮬레이터 사용
	2. 기본 입출력 장치	
	(1) 16자×2행 텍스트 LCD 모듈	
	(2) 320×240픽셀 터치스크린 TFT-LCD 모듈	별도의 *TFT-32A* 보드를 장착하여 사용
	(3) SPI를 사용한 SD 카드 인터페이스(CN7)	
	(4) 4개의 키입력 스위치(KEY1~KEY4)	
	(5) 1개의 상태표시 LED(LED1)	
	(6) +5V용 버저	
	(7) RS-232C 직렬통신 커넥터(CN5)	표준 9핀 RS-232C 케이블 사용
	(8) CAN 직렬통신 커넥터(CN5)	RS-232C와 CAN을 동일 커넥터로 사용
	3. 기타 입출력 장치	
	(1) +5V, 3.3V 전압센서(ADC1_IN0, ADC1_IN1)	A/D 입력 범위는 0V~+3.3V
	(2) 가변저항 VR1에 의한 전압센서(ADC1_IN2)	
	(3) LM35DZ 온도센서(U5, ADC1_IN3)	온도측정 범위는 0~100℃
	(4) D/A 컨버터 출력(DAC_OUT1)	D/A 출력 범위는 0V~+3.3V
	D/A 컨버터를 사용한 음악연주 출력	CN6 커넥터에 외장형 스피커를 연결
	(5) TV 리모컨 입력(U6)	
	(6) 12개의 테스트 포인트(TP1~TP12)	
	(7) SPI를 사용한 DS3234 리얼타임 클록(U8)	2.4V 충전용 NiMH 배터리로 전원 백업
	(8) I2C를 사용한 AT24C16 EEPROM(U7)	
	(9) VS1053b를 사용한 MP3 플레이어 회로	CN6 커넥터에 외장형 스피커를 연결
전원	+5V(키트에서 +3.3V 및 +1.8V 레귤레이터 사용)	
PCB	160×130mm 양면 에폭시 기판	